DICTIONNAIRE BIOGRAPHIQUE DU CANADA

DICTIONNAIRE BIOGRAPHIQUE DU CANADA

DICTIONARY OF CANADIAN BIOGRAPHY

FRANCESS G. HALPENNY GENERAL EDITOR

JEAN HAMELIN DIRECTEUR GÉNÉRAL ADJOINT

Volume VII

QUÉBEC

HUGUETTE FILTEAU, MICHEL PAQUIN codirecteurs de la rédaction
THÉRÈSE P. LEMAY rédactrice-historienne principale

PAULETTE M. CHIASSON, CÉLINE CYR,
CHRISTIANE DEMERS, FRANCE GALARNEAU, JAMES H. LAMBERT,
MICHEL DE LORIMIER, JACQUELINE ROY rédacteurs-historiens

ROGER FISET réviseur-traducteur

MARCELLE DUQUET éditrice

MICHÈLE BRASSARD chargée de recherche

RÉJEAN BANVILLE auxiliaire de recherche

PIERRETTE DESROSIERS, SUZANNE EAST, LOUISE D. BARABÉ secrétaires

TORONTO

MARY P. BENTLEY supervisory editor JANE E. GRAHAM associate editor
HENRI PILON executive officer

CHARLES DOUGALL, ROBERT LOCHIEL FRASER, STUART R. J. SUTHERLAND
senior manuscript editors
CURTIS FAHEY, DAVID ROBERTS, CATHERINE A. WAITE, ROBERT G. WUETHERICK
manuscript editors

PHYLLIS CREIGHTON translations editor
SUSAN E. BÉLANGER bibliographies editor
DEBORAH MARSHALL editorial assistant
JOANNA DAVIS, MARA L. DE DIEGO secretaries

TRADUCTRICE PRINCIPALE Sylvie Chaput
TRADUCTEURS Pierre Bédard, Estelle Dallaire, Roger Martel

LES PRESSES DE L'UNIVERSITÉ LAVAL

UNIVERSITY OF TORONTO PRESS

DICTIONNAIRE BIOGRAPHIQUE DU CANADA

VOLUME VII

DE 1836 À 1850

LES PRESSES DE L'UNIVERSITÉ LAVAL

Table des matières

Introduction

LE PRÉSENT VOLUME, qui porte le numéro VII, est le onzième tome du *Dictionnaire biographique du Canada/Dictionary of Canadian Biography*. Les volumes I à VI ont paru en 1966, 1969, 1974, 1980, 1983 et 1987 ; ils présentaient des personnages dont la date de décès ou la dernière date d'activité se situait entre les années 1000 et 1835 (un *Guide de consultation* des quatre premiers volumes a été publié en 1981). Le volume VII (1836–1850) poursuit l'ordre chronologique et fait le pont avec les volumes suivants. Les volumes VIII à XI, qui traitent de personnages décédés entre 1851 et 1890, ont paru respectivement en 1985, 1976, 1972 et 1982. Le volume XII (1891–1900), en préparation, viendra clore l'étude du XIXᵉ siècle. Le lecteur peut maintenant parcourir des siècles d'histoire à l'aide d'un vaste réseau de renvois.

Les 326 collaborateurs du volume VII ont rédigé, soit en français soit en anglais, 538 biographies dont la longueur varie de 600 à plus de 10 000 mots. Le DBC/DCB a fait appel à eux en raison de leur connaissance particulière de la période et des personnages qui s'y sont illustrés et les a invités à observer les directives énoncées à leur intention dans ses *Instructions générales* :

1) Leurs exposés devront être exacts, précis et fondés, autant que possible, sur des sources de première main et dignes de foi.
2) Ils éviteront les simples énumérations de faits et de dates ou les compilations d'études déjà existantes sur le sujet.
3) Ils tâcheront de retracer de façon vivante l'image du personnage, son œuvre et les événements auxquels il a pu être mêlé.

Les collaborateurs ont également enrichi le volume VII de connaissances nouvelles, tant sur des figures majeures et mineures que sur la société environnante.

Le présent ouvrage, à l'instar des volumes VI et VIII, a pour toile de fond de grands moments de l'histoire européenne et nord-américaine. Il illustre aussi comment les colonies de Terre-Neuve, de la Nouvelle-Écosse, du Cap-Breton, de l'Île-du-Prince-Édouard, du Nouveau-Brunswick, du Bas-Canada et du Haut-Canada ont agi dans un contexte caractérisé par une intensification du peuplement, une modification des tendances commerciales et de graves problèmes de gouvernement. La traite des fourrures atteint l'extrême-nord et l'extrême-ouest du territoire, et la colonie de la Rivière-Rouge se retrouve au cœur des luttes que se livrent les compagnies rivales. Grâce aux expéditions de sir John Franklin, l'Arctique attire de plus en plus d'explorateurs.

Comme dans le volume VI, la guerre d'Indépendance américaine, la Révolution française, les batailles de la Grande-Bretagne contre la France révolutionnaire et napoléonienne, ainsi que la guerre de 1812 qui a mis à l'épreuve puis confirmé l'existence de l'Amérique du Nord britannique, font abondamment sentir leurs effets. Nombreux sont les habitants des Treize Colonies qui montent vers le nord ; la Révolution française met fin à des liens religieux et culturels ; les militaires se déplacent au gré des conflits qui, comme les embargos, ont des répercussions sur la vie des civils. Les vagues d'immigration qui ont commencé dans les années 1820 continuent de déferler sur l'Amérique du Nord britannique. Des Américains cherchent une terre où s'établir ; des milliers de Britanniques espèrent se refaire une vie, qui dans un port ou une ville, qui dans un village ou une ferme (par exemple, 90 000 immigrants irlandais débarquent à Québec en 1847, année d'une terrible épidémie de thyphus).

Un thème revient constamment dans ce volume : le débat autour des institutions gouvernementales. Dans les décennies antérieures à 1850, Terre-Neuve, dont la population s'est accrue surtout à cause de l'immigration irlandaise des années 1820 et 1830, enregistre des gains successifs : gouverneurs à demeure, amélioration de l'appareil judiciaire, gouvernement représentatif en 1832. Dix ans plus tard, la Chambre basse, turbulente, est fusionnée avec la Chambre haute. Ces événements sont relatés dans les biographies de vigoureux chefs de file comme Peter Brown, rude marchand irlandais de Harbour Grace ; William Carson, médecin, journaliste et promoteur agricole ; Francis Forbes, juge en chef de la Cour suprême de 1816 à 1822 qui, par ses décisions, met au pas magistrats et gouverneur ; l'Irlandais Patrick Morris, importateur-exportateur et agent de voyages. La façon dont un puissant chef religieux comme Michael Anthony Fleming réagit aux événements politiques des années 1830 et de la décennie qui suit donne un aperçu des problèmes persistants que posent les luttes interconfessionnelles. Quiconque s'intéresse aux débats néo-écossais sur la réforme consultera la biographie de l'avocat et haut fonctionnaire Samuel George William Archibald, imposant dans son rôle de défenseur de la constitution, et celle du rédacteur en chef Jotham Blanchard, un radical dans la lignée de Joseph Hume qui s'en prend à un régime de favoritisme par trop sinueux et à un système judiciaire réservé aux riches. La biographie de Richard Simonds, du Nouveau-Brunswick, fait état des discussions que soulèvent régulièrement le contrôle des revenus, la gestion des terres de la couronne et le financement du King's College.

Dans le Bas et le Haut-Canada, les conflits politiques et sociaux provoquent des débats de plus en plus orageux puis débouchent sur les rébellions de 1837 et 1838. On peut suivre les événements étape par étape : projet d'union chaudement discuté en 1822 ; crises parlementaires provoquées par l'affectation de crédits ; pressions en faveur de l'application de la procédure parlementaire britannique dans les colonies ; critiques contre la place des juges dans l'appareil législatif ; chez les gens du commun, mécontentement quant à la façon de concéder les terres et inquiétude devant l'état civil des non-naturalisés, la partialité du pouvoir judiciaire, le régime des réserves du clergé et des terres de la couronne, le favoritisme dans la distribution des charges publiques ; revendications en faveur de la langue française et du droit français au Bas-Canada ; présentation, en 1831, d'un projet de loi sur les fabriques qui vise à réduire le pouvoir du clergé dans les paroisses ; adoption en 1834 des Quatre-vingt-douze Résolutions, et adoption des résolutions de lord John Russell en Grande-Bretagne en 1837 ; activités des Fils de la liberté ; soulèvements armés suivis de répression, décisions sur le sort des patriotes et autres rebelles, raids lancés à partir d'outre-frontière ; union des deux provinces en 1841. De nombreuses biographies retracent cette histoire qui hésite longtemps avant d'en arriver au gouvernement responsable. Les problèmes concrets que l'on connaît sous l'Union et le gouvernement responsable se rattachent à des thèmes importants du volume VIII et des suivants.

Le présent ouvrage fait revivre toute une galerie de personnages aux opinions diverses. Qu'en est-il, d'abord, du Bas-Canada ? Joseph Papineau, lecteur des philosophes français des Lumières et des théoriciens anglais du XVIIIe siècle, admirateur de la monarchie constitutionnelle britannique, s'inquiète du sort des Canadiens mais désapprouve la révolte de son fils. Le marchand trifluvien Ezekiel Hart, passionné de politique, se voit empêché d'occuper son siège à l'Assemblée, ce qui pose le problème des droits civils des Juifs. Herman Witsius Ryland, colonial tory, est favorable au parti des bureaucrates. L'encanteur Austin Cuvillier, pourtant lié au cercle des marchands britanniques de Montréal, est membre d'une délégation envoyée à Londres en 1828 par le parti patriote pour dénoncer des abus. Elzéar Bédard, avocat et modéré, présente les Quatre-vingt-douze Résolutions à l'Assemblée ; devenu juge, il rend en novembre 1838 une ordonnance d'habeas corpus qui lui fait perdre son poste. Le nationaliste Cyrille-Hector-Octave Côté remet d'abord en question les fondements institutionnels de la société canadienne puis prend les armes. Dans le Haut-Canada, on trouve William Warren Baldwin, gentleman d'York qui, s'appuyant sur l'Acte de 1791, réclame une constitution pour la province et, invoquant sir William Blackstone, revendique les libertés des sujets ; de plus, tout comme le juge Robert Thorpe semblait l'avoir fait plus tôt, il élabore un concept de gouvernement responsable. Charles Fothergill, imprimeur du roi et journaliste, siège dans l'opposition au cours des années 1820 et préconise une réforme conservatrice. Christopher Hagerman, homme bourru mais avocat éloquent, défend avec vigueur l'alliance entre l'Église et l'État. Le médecin John Johnston Lefferty, de St Catharines, franc-tireur sympathique, défend les droits des non-naturalisés, comme le fait aussi le fermier Joseph Shepard. Nombreux sont les juristes qui apportent une contribution importante à la vie politique du Bas et du Haut-Canada. Entrent dans cette catégorie, outre Baldwin et Hagerman, des hommes aux carrières complexes et contrastées : au Bas-Canada, Jonathan Sewell, procureur général, juge en chef de 1808 à 1838, défenseur de la prérogative royale, qui espère faire de la colonie un lieu où les immigrants britanniques se sentiront chez eux ; Joseph-Rémi Vallières de Saint-Réal, brillant plaideur, nationaliste mais rival de Louis-Joseph Papineau à l'Assemblée, et premier Canadien à devenir juge en chef.

En raison des aléas de leur carrière et de leur date de décès, un groupe important de gouverneurs (ou d'administrateurs) se retrouvent au volume VII. Face à la puissante volonté d'affirmation des colonies, ils s'efforceront de la combattre, de la comprendre, d'en venir à des compromis ou à des solutions. Les biographies suivantes brossent un bon portrait de leurs attitudes et de leurs initiatives : Archibald Acheson (comte de Gosford), George Robert Ainslie, sir Charles Bagot, sir Archibald Campbell, sir Colin Campbell, sir Donald Campbell, sir Charles Hamilton, John George Lambton (comte de Durham), Charles Theophilus Metcalfe (baron Metcalfe), sir Robert Shore Milnes, George Ramsay (comte de Dalhousie), John Ready, Hugh Swayne, Charles Edward Poulett Thomson (baron Sydenham), Matthew Whitworth-Aylmer (baron Aylmer). (Le ministère des Colonies, dont eux-mêmes et les fonctionnaires de leur administration relevaient, et auquel en appelaient souvent les hommes publics, fait l'objet d'un texte d'introduction de Phillip Buckner dans le volume VIII.)

Les journalistes forment un autre groupe inéluctablement lié aux affaires publiques. Ils représentent toutes les tendances de l'opinion et ont aussi des préoccupations bien à eux. En 1807, John Ryan lance la *Royal Gazette* à St John's ; c'est le début, modeste il est vrai, de la presse terre-neuvienne. Frederick John Martin Collard contribue à faire avancer le débat politique à l'Île-du-Prince-Édouard. Personnage éminent du milieu culturel québécois, John Charlton Fisher, de *la Gazette de Québec,* fonde en 1824, avec William Smith et Vallières, la Société littéraire et historique, que parraine le gouverneur lord Dalhousie. Rédacteur en chef de journaux montréalais, David Chisholme fait une place de choix à la littérature d'ici dans *Canadian Review.* L'orangiste George Perkins Bull lance la *Hamilton Gazette,* d'obédience tory. Thomas Dalton, qui publie le *Patriot* à Kingston et à York, montre que pour lui le nom de son journal n'est pas un mot creux : il rêve d'une union qui rassemblerait, d'un océan à l'autre, toutes les colonies britanniques d'Amérique du Nord et combat les méthodistes américains. Pendant une brève période, Léon Gosselin est rédacteur en chef de *la Minerve,* journal radical, puis fonde en 1837 – année difficile – *le Populaire,* bihebdomadaire plus prudent. Le plus important hebdomadaire du Bas et du Haut-Canada, *la Gazette de Québec,* a un éditeur remarquable en la personne de John Neilson, né en Écosse mais devenu un véritable Canadien, qui excelle dans différents domaines. Imprimeur-éditeur et libraire, il imprime et vend des ouvrages tant anglais que français, encourage l'éducation, s'occupe d'agriculture et de colonisation et, à titre d'homme politique de premier plan du Bas-Canada, travaille à obtenir des réformes sous la bannière du parti canadien (devenu le parti patriote en 1826), jusqu'à ce que l'adoption des Quatre-vingt-douze Résolutions en 1834 vienne heurter son profond respect de la constitution et des liens avec la Grande-Bretagne.

Naturellement, dans des colonies en cours de peuplement, les terres sont un grand sujet de préoccupation : comment en obtenir, et où, comment les conserver, comment les mettre en valeur, voilà autant de questions auxquelles on s'intéresse beaucoup. Dans les années 1790, David William Smith, l'un des subordonnés de Simcoe, joue un rôle important dans le choix des cantons à arpenter dans la nouvelle province du Haut-Canada. Plusieurs biographies ont pour cadre les seigneuries du Bas-Canada. Qu'elles soient obtenues par héritage, achetées, administrées ou détenues par des francophones ou des anglophones, il faut y modifier les usages et les règles traditionnelles afin de s'adapter à un âge nouveau, qui réclame l'accès aux marchés. On consultera, à ce sujet, les textes consacrés à Kenelm Conor Chandler, de Nicolet, Antoine-Gaspard Couillard, de Rivière-du-Sud, Barthélemy Joliette, de Lavaltrie. Marie-Charles-Joseph Le Moyne de Longueuil, quatrième baronne de Longueuil, est la dernière descendante française en titre de la vieille famille Le Moyne de Longueuil. À la fois arpenteur et notaire, Joseph Papineau travaille pour des communautés religieuses détentrices de biens fonciers et prête aux propriétaires, puis devient le seigneur, consciencieux et exigeant, de la Petite-Nation. Les régions en friche attirent des colons qui y feront leur marque : Joseph Marshall, officier loyaliste originaire de Géorgie, devient fermier dans la région de Guysborough ; William Hanington exploite une ferme dans la baie de Shédiac ; Frederick George Heriot sert à titre d'officier de 1812 à 1815 puis réside dans la colonie militaire qui deviendra Drummondville ; en 1815, George Hamilton acquiert une propriété sur l'emplacement de la ville qui portera son nom ; Robert Nelles, descendant des Palatins établis dans l'état de New York et pillard loyaliste, possède une vaste propriété sur l'emplacement de Grimsby, dans la région du Niagara ; Christian Nafziger fait partie des amish qui immigrent dans le sud-ouest du Haut-Canada. Les ambitieux projets de peuplement ne manquent pas. John Galt s'associe dès 1824 à l'énorme entreprise d'achat de terres et de colonisation qui sera constituée sous le nom de Canada Company. Cette société engage le docteur William « Tiger » Dunlop, personnage haut en couleur, comme gardien des bois et forêts. Peter Robinson recrute des milliers d'immigrants irlandais qui, dans les années 1820, s'installent dans les districts de Bathurst et de Newcastle avec l'aide de l'État, puis devient commissaire des terres de la couronne et des réserves du clergé. William Bowman Felton, dans l'espoir de constituer une gentry dans les Cantons-de-l'Est, s'associe à la Lower Canada Land Company. William Dickson, de Niagara, est l'un de ceux, fort nombreux, qui convoitent les terres de la rivière Grand assignées aux Six-Nations. La mise en valeur des terres agricoles préoccupe des fermiers comme Robert Wade, du canton haut-canadien de Hamilton, ou Toler Thompson, des marais de Tantramar, au Nouveau-Brunswick ; en Nouvelle-Écosse, le même souci amène John Young à publier en 1821–1822 des lettres dans un journal, sous le pseudonyme d'Agricola, initiative qui débouche, avec l'encouragement de Dalhousie, sur la formation de sociétés d'agriculture.

Les peuples autochtones tentent, parfois désespérément, de conserver leurs territoires. Mécontents des empiétements des colons blancs et inquiets de la rareté des vivres, leurs chefs continuent de faire appel aux agents des Affaires indiennes, aux organismes gouvernementaux, voire au roi George IV et à la reine Victoria. Les bandes sont déchirées entre la volonté de respecter les coutumes tribales et l'insistance des autorités pour les amener à se constituer en communautés agricoles ; elles sont aussi partagées entre leurs propres croyances religieuses et les efforts de conversion. Parmi ceux qui réclament des garanties foncières et de l'assistance se trouvent Francis Condo et Joseph Malie, sur la Restigouche, et Louis-Benjamin Peminuit Paul, de Shubenacadie. Peter Gonish, de la région de la Miramichi, et Nicolas Vincent, de Jeune-Lorette, se rendent en Angleterre pour présenter leurs doléances. Le chef sauteux John Aisance, méthodiste à compter de 1828 puis catholique à partir de 1832, finit, après plusieurs déplacements, par établir sa bande dans l'île Beausoleil. Bauzhi-geezhig-waeshikum, sorcier sauteux, devient le patriarche de l'île Walpole. L'enseignement méthodiste a divers effets sur les Indiens : le « chemin du ciel » du Cri Abishabis, à Severn House dans le Nord-Ouest, en est un exemple. La famille Brant conserve sa notoriété : Catharine Brant (Ohtowaʔkéhson), troisième femme de Joseph Brant, exerce avec majesté la fonction de chef agnier sur la rivière Grand. William Johnson Kerr, fonctionnaire du département des Affaires indiennes, commande des forces indiennes à Queenston et à Beaver Dams et se taille une position respectée dans le district de Niagara. Toujours à Beaver Dams, Jean-Baptiste de Lorimier dirige une troupe de guerriers indiens du Bas-Canada ; officier à Saint-Régis, il est le fils d'une Iroquoise de Caughnawaga. Même loin des centres de peuplement, des autochtones ont des contacts avec les Blancs. C'est le cas de Louis Callihoo, trafiquant de fourrures iroquois, aux alentours du Petit lac des Esclaves ; de ʔKwah, chef des Indiens porteurs, dans le district de New Caledonia ; de l'Inuk Eenoolooapik, guide de pêcheurs de baleine, qui est acclamé au cours d'une tournée en Écosse ; de Marguerite-Magdelaine Marcot, fille d'une Outaouaise, qui une fois devenue veuve continue de faire la traite des fourrures aux lacs Supérieur, Michigan et Huron.

Pour obtenir les biens et produits manufacturés dont elles ont besoin, les colonies exportent, outre-Atlantique, des pelleteries, du poisson, des navires, du bois et de plus en plus de produits agricoles (farine et potasse notamment). En dépit des interruptions causées par les guerres, le commerce prend de l'expansion : en effet, les marchands peuvent compter sur les marchés militaires et ont des correspondants à Glasgow, à Liverpool, à Londres ou aux Antilles. Bien des chefs d'entreprise suivent de près les débats politiques ou y participent. Soit en qualité de simples citoyens ou d'entrepreneurs, ils s'intéressent aux répercussions que pourraient avoir telle loi (l'union du Bas et du Haut-Canada n'étant qu'un exemple parmi d'autres) ou la construction d'ouvrages publics (installations portuaires, canaux). Nombre d'entre eux se réunissent pour fonder des banques, des sociétés de services publics, des compagnies d'assurance, ou encore contribuent à la vie collective par la voie de la milice, de l'éducation, d'un groupe religieux ou d'une association d'aide aux pauvres et aux immigrants. Les biographies suivantes permettent de retracer les ramifications du commerce : Benjamin Bowring, à St John's, ville dont la population atteint 10 000 âmes en 1815, ainsi que Thomas Meagher, Patrick Morris et Pierce Sweetman, qui ont tous trois des attaches à Waterford, en Irlande ; Stephen Wastie Deblois et Thomas Forrester, à Halifax ; Thomas Barlow, John McNeil Wilmot et John Ward, à Saint-Jean, au Nouveau-Brunswick, qui est alors en pleine expansion. Henry Usborne entre dans le commerce du bois à Québec dès 1801, et William John Chapman Benson y connaît l'année faste de 1845, où 1 499 chargements de produits forestiers partent de 30 anses à bois. Allan Gilmour exploite à fond les vastes forêts de la Miramichi. George Hamilton est entrepreneur forestier dans la vallée de l'Outaouais et dans le « monopole » de la Gatineau ; Philemon Wright, dans le canton de Hull. À Montréal, John Forsyth, de la Forsyth, Richardson and Company, occupe une place importante dans la traite des fourrures et l'import-export. Parmi les Canadiens, il y a Claude Dénéchau, de Québec, et Joseph Masson, de Montréal, qui a d'excellentes relations d'affaires à Glasgow. Adam Lymburner, aussi à Québec, est intégré au commerce triangulaire du poisson et s'intéresse aux questions constitutionnelles. Louis-Édouard Hubert est un bourgeois prospère de Saint-Denis, sur le Richelieu. L'Acadienne Vénérande Robichaux acquiert des intérêts commerciaux à Québec après 1775 et connaît des gens dans toute l'Acadie. William Chisholm construit des schooners et aménage un port à Oakville. James Gray Bethune, de Cobourg, marchand et transitaire, se consacre à l'amélioration du transport maritime à l'intérieur du pays. Samuel Street, de Niagara, recherche le profit par tous les moyens. Alexander Wood, d'York, est considéré comme l'un des maillons de la chaîne qui, de Halifax à Detroit, relie des marchands écossais pleins de ressource.

Très proche des activités commerciales, parfois mêlée à elles, il y a l'industrie. William Cooper, maître de la première école d'York, construit des moulins à la rivière Humber et des quais en ville ; Charles Jones, lui, a des moulins à Brockville. L'histoire des forges du Saint-Maurice se poursuit avec leur locataire Mathew Bell, qui les administre avec compétence et en fait une communauté paternaliste. Anthony Manahan essaie de rentabiliser la Marmora Iron Works. Charles Frederick Grece et John Covert tentent, sans succès, d'exploiter le chanvre. À Halifax, de l'atelier de Henry Joseph Philips, originaire de

Hambourg, sortent les premiers pianos construits en Amérique du Nord britannique, et ils sont fabriqués en tenant compte des particularités du climat. À Kingston, John Leys travaille à titre de mécanicien au premier navire à vapeur lancé sur les Grands Lacs, le *Frontenac*. L'époque des entreprises familiales et des compagnies de grande envergure s'annonce avec l'histoire de John Molson, qui immigre à Montréal à l'âge de 18 ans, achète à 21 ans une brasserie qu'il dote de l'équipement le plus moderne et exploite dès 1809 des navires à vapeur.

La traite des fourrures, qui domine l'histoire du Nord-Ouest, connaît une expansion constante ; elle se prolonge dans le district de New Caledonia et, le long du Columbia, dans les régions de l'Athabasca et du Mackenzie. Jusqu'à leur fusion et leur réorganisation, la Hudson's Bay Company et la North West Company (ainsi que les compagnies associées à cette dernière et celles qu'elle a absorbées) se livrent une dure concurrence : guerres entre postes de traite rivaux, combats singuliers, attaques des colons de la Rivière-Rouge par des bandes armées. Plusieurs biographies font état de ces luttes et de la fusion : celle de Simon McGillivray, associé de la North West Company ; celles de Pierre de Rastel de Rocheblave et de Colin Robertson, qui travailleront pour les deux compagnies ; celle de William Williams, gouverneur de Rupert's Land puis du département du Sud, toujours pour la Hudson's Bay Company. Samuel Black est l'un des trafiquants de fourrures les plus belliqueux. Daniel Williams Harmon, dans le district de New Caledonia, et Neil McLaren, à Chicoutimi, écrivent sur leur expérience de la traite ; Roderick Mackenzie rassemble des documents à ce sujet. Autre thème, le sort des familles issues d'un mariage à la façon du pays avec une Indienne ou une Métisse ; des trafiquants comme William Hemmings Cook, Peter Grant, John McDonell et John McLeod, qui retrouvent à leur retraite la société blanche de la Rivière-Rouge ou de l'Est, s'en préoccupent ; John George McTavish, par contre, ne s'en soucie pas.

Dans des sociétés où le peuplement et l'expansion sont des impératifs, arpenteurs et ingénieurs jouent un rôle essentiel. Leur nécessité se fait particulièrement sentir dans le Bas et le Haut-Canada. Notons, parmi les arpenteurs, Joseph Bouchette, arpenteur général du Bas-Canada de 1804 à 1830, qui fait des levés, dresse des cartes et rédige des descriptions topographiques ; William Chewett, cartographe et arpenteur prolifique pendant plus d'un demi-siècle dans le Haut-Canada ; Augustus Jones, homme indépendant et haut en couleur, qui arpente de vastes portions du Haut-Canada et acquiert la notoriété à cause de ses relations avec les Indiens. Des ingénieurs travaillent à un important ouvrage de transport et de communication, le canal Rideau, dont on peut suivre l'histoire dans les biographies de sir James Carmichael Smyth, de John By et des associés Nicol Hugh Baird (qui travaillera ensuite au canal Trent et dans les ports de Whitby et de Cobourg) et John Burrows, de Bytown. Elias Walker Durnford supervise d'importants ouvrages militaires à la citadelle de Québec, position stratégique de défense. William Redmond Casey fait figure de précurseur dans un domaine qui ne cessera de progresser : il est ingénieur du premier chemin de fer public du Canada, le chemin à lisses de Champlain et du Saint-Laurent, inauguré en juillet 1836. De même, James Cull construit le premier tronçon macadamisé du Haut-Canada, sur la route à péage Yonge.

Habituellement difficile à retracer, l'histoire des épouses d'hommes d'affaires, de propriétaires terriens ou de fonctionnaires, peut jeter un éclairage différent sur la vie de l'époque. Ann Kirby, veuve du marchand kingstonien John Macaulay, devient chef de famille, conseille son frère et son fils en affaires, soutient de nobles causes et, à l'âge de 76 ans, prend en charge la famille de son fils. Anne Murray, femme du juge William Dummer Powell, d'York, conserve une position élevée dans la ville jusqu'aux escapades de sa fille et de sa petite-fille, et laisse une belle collection de lettres. Hannah Peters Jarvis, devenue pauvre à la mort de son mari, le secrétaire de la province William Jarvis, passe sa vieillesse à Queenston avec l'une de ses filles et mène discrètement une existence laborieuse.

Les fonctionnaires coloniaux sont souvent choisis parmi les marchands, les propriétaires terriens, les militaires ou les avocats. Pour certains toutefois une carrière dans l'administration publique constitue leur principal travail, tandis que d'autres, comme William Firth et Grant Powell, en font l'objet de toutes leurs ambitions. Plusieurs biographies illustrent le rôle de secrétaire civil. Herman Witsius Ryland sert dans le Bas-Canada sous plusieurs gouverneurs, lord Dorchester étant le premier ; il est aussi, pendant longtemps, greffier du Conseil exécutif et a des idées bien précises sur le rôle d'un Parlement colonial et la prérogative royale. Andrew William Cochran sert sous Sherbrooke et Dalhousie. George Hillier, ancien combattant de la guerre d'Espagne, est très proche de Maitland, dans le Haut-Canada, et poursuit ensuite sa carrière en Inde. Charles Buller vient dans la colonie à titre de secrétaire principal de Durham et fait partie de plusieurs de ses commissions. Certains sont installés pour plus longtemps que d'autres dans leur poste : William Franklin Odell partage les fonctions de secrétaire de la province du Nouveau-Brunswick avec son père loyaliste pendant 60 ans ; Charles Jeffery Peters, lui aussi membre de l'élite loyaliste, est procureur général à vie. John Caldwell, qui prend la succession de son père au poste de receveur général du Bas-Canada, utilise des fonds publics pour ses affaires personnelles, ce qui est admis, mais est mêlé à des années de litige à partir du moment où il ne peut plus financer la liste civile. Thomas Nickleson Jeffery est receveur des douanes à Halifax pendant 40 ans et s'occupe des Noirs envoyés en Nouvelle-Écosse après la guerre de 1812. George Heriot, maître général des Postes adjoint d'Amérique du Nord britannique, de même qu'Andrew Porteous, tente d'améliorer ce que le gouvernement britannique persiste à considérer comme une source de revenus plutôt que comme un service. Jean-Marie Mondelet, coroner à Montréal, est mêlé à la célèbre émeute survenue au cours de l'élection partielle de 1832, où trois Canadiens sont tués par balle. Le service dans la milice, en temps de paix ou de guerre, forme un épisode long ou bref dans bien des carrières. Pour quelques-uns, il peut aboutir à une nomination importante ; c'est notamment le cas, au Bas-Canada, de Charles-Étienne Chaussegros de Léry.

Pendant les conflits qui sévissent entre 1775 et 1815, les soldats de métier font du service en mer ou sur terre (dans les Treize Colonies, dans les stations de l'Atlantique, aux Antilles, au sein des armées de Wellington) ; une fois la paix revenue, ils ne peuvent se désintéresser des problèmes de défense. Isaac Coffin, officier de carrière dans la marine royale, devient en 1798 seigneur absentéiste des Acadiens des Îles-de-la-Madeleine. Au cours des années difficiles qui précèdent 1812, Martin Hunter, commandant des forces armées des provinces de l'Atlantique, doit prendre des mesures d'urgence. Robert Heriot Barclay livre et perd un dur combat naval sur le lac Érié en 1813, comme Daniel Pring sur le lac Champlain en 1814. À la même époque, Phineas Riall et John Vincent participent aux campagnes de la presqu'île du Niagara en qualité d'officiers supérieurs. Sir Richard Henry Bonnycastle, du génie royal, favorise à York la construction d'ouvrages utiles aux civils et organise une défense efficace à Kingston pendant la période agitée de 1837–1838. Les coloniaux peuvent parfois mener une carrière inhabituelle, comme en témoigne le cas de sir William Robert Wolseley Winniett, d'Annapolis Royal : entré dans la marine à 14 ans, il devient gouverneur de la Côte-de-l'Or en 1845 et combat la traite des esclaves et les sacrifices humains en Afrique occidentale.

Comme on le devine en voyant la période traitée dans le volume VII, ceux qui choisissent la rébellion armée forment un groupe non négligeable. Le notaire Chevalier de Lorimier joue un rôle caractéristique : il participe aux débats politiques et aux manifestations publiques qui précèdent la rébellion bas-canadienne, se bat à Saint-Eustache, rejoint l'armée patriote en exil, est capturé à Beauharnois au cours du second soulèvement et meurt sur l'échafaud. Le médecin Jean-Olivier Chénier, patriote de longue date, est tué au plus fort de la bataille qui sévit à Saint-Eustache, autour de l'église en flammes ; le sort de sa dépouille déclenchera plus tard des débats célèbres. L'auteur Amury Girod, lui aussi engagé dans la cause des patriotes, se suicide pour éviter d'être pris après les défaites de décembre 1837. Lucien Gagnon, fermier prospère mais écrasé sous les redevances seigneuriales, est intimement mêlé aux raids et aux défaites de 1838 et meurt, désillusionné, en 1842. Le cas de plusieurs rebelles haut-canadiens démontre que depuis longtemps on était convaincu d'être victime d'injustice. Jacob R. Beamer, du canton d'Oakland, opte pour le soulèvement armé et les raids de 1838 ; il est déporté, tout comme Elijah Crooker Woodman, sympathisant mais non rebelle, qui laisse, sous forme de journal, un récit de ses expériences. Peter Matthews, fermier prospère de Pickering, et Samuel Lount, forgeron respecté de la région située au sud du lac Simcoe, tous deux membres du mouvement d'organisation de cellules politiques, prennent la tête d'un groupe de manifestants qui vont se joindre à la marche de protestation sur Toronto ; les autorités les exécutent tous deux, pour donner l'exemple, malgré des pétitions en leur faveur.

Comme dans tout le XIXe siècle canadien, les personnalités et questions associées à l'expansion des groupes religieux occupent une grande place, qu'il s'agisse de petites paroisses ou d'une scène plus vaste. À Terre-Neuve, l'évêque catholique Michael Anthony Fleming, venu d'Irlande, consacre plus de 20 ans à l'édification de son diocèse ; pour y arriver, il doit lutter contre le gouverneur, le ministère des Colonies ou Rome, et vaincre la résistance de ses coreligionnaires libéraux ainsi que celle des protestants, et doit encore se débattre pour construire son imposante cathédrale. Les dissensions entre prêtres d'origine écossaise, irlandaise ou française sont fréquentes dans les provinces Maritimes. Souvent, l'immensité et la géographie du diocèse posent à elles seules des problèmes ardus : Antoine Gagnon en fait l'expérience quand il dessert les Acadiens de Richibouctou, Alexander MacDonell (« trop lourd pour [se déplacer en] raquettes »), quand il doit visiter ses paroissiens gaélophones d'Arisaig ou du Cap-Breton. Jean-Mandé Sigogne, homme frêle et savant, quitte la France révolutionnaire et débarque en 1799 en Acadie, où l'on a besoin depuis longtemps d'un prêtre résidant de langue française ; pendant 45 ans, il exercera avec vigueur son ministère auprès de communautés pauvres et indisciplinées. Le vaillant missionnaire Louis-Charles Lefebvre de Bellefeuille fait des voyages en Abitibi et au Témiscamingue pour rejoindre des groupes d'Indiens. Comme dans d'autres volumes, on trouve des sulpiciens venus au Bas-Canada à cause de la Révolution française : par exemple le rigoureux Charles-Vincent Fournier, curé à Baie-du-Febvre, qui s'intéresse à la décoration des églises. Sulpicien né au Canada, et qui résiste à l'influence française, l'infatigable Jean-Jacques Lartigue, évêque auxiliaire puis évêque de Montréal, ultramontain convaincu, cherche à dégager l'épiscopat de l'emprise des autorités britanniques. Naviguant prudemment dans les débats politiques, il est conscient des problèmes des Canadiens mais, comme le montre sa lettre pastorale d'octobre 1837, refuse de pactiser avec les rebelles. L'archevêque Joseph Signay qui, lui, n'est pas ultramontain, est coincé entre Lartigue et Ignace Bourget, qui font de vigoureuses déclarations sur les affaires externes et internes de l'Église. Des prêtres réfractaires ou inflexibles comme Louis Nau ou François-Xavier Pigeon ne rendent pas la vie facile aux paroissiens ni aux évêques. Alexander McDonell arrive dans le Haut-Canada à la tête d'un groupe de compatriotes highlanders en 1804 ; à titre de vicaire général et d'évêque, il négocie, avec York, Québec, Londres ou Rome, le versement de salaires gouvernementaux aux prêtres et aux instituteurs catholiques et la création d'un diocèse. Les réformateurs politiques de toutes tendances, tout comme William John O'Grady, prêtre indiscipliné d'York, trouvent en lui un adversaire de taille. Michael Power, d'ascendance irlandaise, est sacré évêque de Toronto en 1842 ; il développe son grand diocèse et construit sa cathédrale, puis meurt du typhus. Parmi les religieuses, qu'elles soient éducatrices ou auxiliaires, plusieurs détiennent des fonctions importantes : Eulalie Durocher (fondatrice des Sœurs des Saint-Noms de Jésus et de Marie au Canada) ou Marie-Marguerite Lemaire (des Sœurs de la charité de l'Hôpital Général de Montréal).

Que ce soit dans des postes importants ou isolés, l'Église d'Angleterre peut compter sur des prêtres persévérants : Amos Ansley dessert 14 cantons dans les régions forestières et la colonie militaire de l'Outaouais ; Charles Caleb Cotton œuvre dans les Cantons-de-l'Est. Le cas de John Inglis à Halifax, *rector* de l'église St Paul et évêque à compter de 1825, montre combien les règlements sur l'enseignement universitaire, le droit de célébrer des mariages et la résistance aux anglicans de tradition évangélique et aux non-conformistes préoccupent les autorités anglicanes. À Thornhill, dans le Haut-Canada, George Mortimer, bénéficiaire d'un *rectory* du gouverneur Colborne, mène une existence studieuse et une vie domestique confortable. Robert Lugger arrive à la rivière Grand en 1827 : il est le premier missionnaire résidant de la New England Company auprès des Six-Nations, à qui il donne un enseignement religieux et une formation en arts mécaniques. John West, nommé aumônier de la Hudson's Bay Company en 1819, aurait voulu surtout œuvrer auprès des Indiens de la région de la rivière Rouge mais, finalement, il tient une école et une église pour les colons et déplore les mariages à la façon du pays.

Pendant des années, le méthodiste wesleyen Stephen Bamford dessert plusieurs circonscriptions ecclésiastiques des Maritimes, bien que le froid et les voyages lui déplaisent. Le fermier Samuel Heck obtient un permis de prédicateur laïque dans le canton haut-canadien d'Augusta, suivant la pratique des méthodistes américains. John Jones (Thayendanegea), fils d'Augustus Jones et frère de Peter, est instituteur et prédicateur auprès des Mississagués, à Credit Mission. James Evans s'installe à Norway House en 1840 à titre de surintendant des wesleyens britanniques, établit un syllabaire de la langue crie et soutient le droit des autochtones à la libre concurrence. John Burton est apparemment le seul baptiste de Halifax en 1794 mais, dès 1812, il est modérateur de la Nova Scotia Baptist

Association ; comme les baptistes sont nombreux parmi les 2 000 réfugiés noirs de la guerre de 1812, il s'efforce de former des conseillers presbytéraux aussi bien parmi les Noirs que les Blancs. Washington Christian fonde une église à Toronto pour ses frères noirs et devient un personnage très respecté dans la communauté baptiste. Les conflits entre calvinistes et partisans de Henry Alline sur les conditions d'admission à la communion tourmentent beaucoup de Néo-Écossais, dont Joseph Dimock et Asa McGray. Benjamin Gottlieb Kohlmeister contribue par ses efforts à l'établissement d'une solide théocratie morave dans le nord du Labrador ; le morave Christian Frederick Denke pratique le missionnariat auprès des Loups (Delawares) et des Sauteux de la rivière Thames, dans le Haut-Canada. David Burpe, qui en 1763 est un jeune colon de Maugerville, représente bien, parmi les congrégationalistes de la frange pionnière, les valeurs religieuses du puritanisme tel qu'il était à ses débuts en Nouvelle-Angleterre. Avant de se réunifier, les presbytériens sont partagés en diverses tendances, comme en témoignent les textes consacrés à Edward Black, ministre de l'église Scotch Presbyterian de Montréal, à Donald Allan Fraser, qui va desservir les gaélophones du comté de Pictou en Nouvelle-Écosse, ou à Robert McDowall, de l'Église protestante réformée de Hollande, qui vient de la région d'Albany pour s'établir sur les rives de la baie de Quinte. Le nom de Pictou évoque Thomas McCulloch, vaillant ministre de l'Église scissionniste qui tient tête aux anglicans, à l'Église d'Écosse et au Conseil de la Nouvelle-Écosse afin de fonder un collège interconfessionnel qui dispenserait une éducation libérale et la formation dont les ministres de la colonie ont besoin.

Bien d'autres s'efforcent d'asseoir l'éducation sur des bases solides. Certains le font dans des organismes de supervision ou dans des écoles normales : c'est le cas de Pierre-Antoine Dorion et d'Hector-Simon Huot dans les années 1830 au Bas-Canada. Cette colonie voit aussi, en 1821, la formation de la Société d'éducation du district de Québec, à laquelle Joseph-François Perrault et Jacques Voyer participent activement, et la fondation d'autres écoles pour enfants pauvres. Plusieurs établissements d'enseignement présentent des caractéristiques dignes de mention : le séminaire baptiste dirigé par Frederick William Miles à Fredericton, qui reçoit des étudiants de toutes les confessions et admet femmes et hommes sur un pied d'égalité ; le séminaire de Nicolet, dont le directeur Joseph-Onésime Leprohon représente bien le type d'administrateurs qui façonneront des générations de prêtres et de membres des professions libérales ; la Red River Academy de David Thomas Jones et de John Macallum, qui est la première école secondaire anglophone du Nord-Ouest ; la *grammar school* d'Alexander Skakel à Montréal, qui est placée sous l'égide de l'Institution royale pour l'avancement des sciences. En 1813–1814, malgré l'opposition de certains anglicans, Walter Bromley, évangélique et officier à la demi-solde, fonde en Nouvelle-Écosse la Royal Acadian School, établissement non confessionnel qui admet à la fois des enfants de la classe moyenne, contre paiement, et des enfants pauvres, et tient un atelier pour les chômeurs. Nancy Purvis, en Nouvelle-Écosse, est l'une des institutrices qui tentent de donner une formation aux jeunes filles. Conçue en Grande-Bretagne par le non-conformiste Joseph Lancaster et adoptée par la British and Foreign School Society, la méthode qui consiste à employer comme moniteurs les élèves les plus âgés fait sentir son influence dans bien des écoles coloniales. Cependant, Joseph Spragg applique, dans son école anglicane d'York, la méthode des moniteurs de la National Society.

Les médecins sont aux prises avec le choléra et le typhus, qui défient leur savoir. Ils ne sont pas épargnés par les épidémies, qui tuent des médecins comme William Bruce Almon, officier de santé du port de Halifax, et James Patrick Collins, de Saint-Jean, où plus de 2 000 immigrants irlandais, fuyant la famine causée par une maladie de la pomme de terre, meurent en 1847. Assister ces malheureuses victimes et les survivants, aider les pauvres, fixer des normes d'hygiène publique afin de combattre les fléaux sont des tâches auxquelles se consacrent des médecins comme Samuel Head qui, à Halifax, dirige un hôpital pour marins et voyageurs et répond à un besoin urgent en tenant une pharmacie. Daniel Arnoldi, examinateur des candidats à la médecine dans le district de Montréal, est l'un de ceux qui se soucient des normes d'exercice de sa profession ; il devient en 1847 le premier président du Collège des médecins et chirurgiens du Bas-Canada. Thomas Fargues, qui comme beaucoup d'autres a fait ses études à Londres et à Édimbourg, et qui est très respecté à Québec, pratique l'homéopathie.

Influent promoteur des beaux-arts, Louis-Joseph Desjardins n'est pas artiste mais prêtre : il reçoit de France, en 1817, une imposante collection de tableaux religieux à distribuer dans le diocèse de Québec et parraine des artistes locaux comme Louis-Hubert Triaud. Louis Dulongpré, de Montréal, peint nombre de portraits et de sujets religieux. Cependant, les artistes professionnels ne sont nombreux nulle part en Amérique du Nord britannique, et ils peuvent avoir du mal à gagner leur vie. James Bowman exécute des peintures pour les chapelles latérales de l'église Notre-Dame de Montréal, ainsi que quelques scènes du chemin de la croix, puis il fait des portraits de partisans du *family compact* à Toronto. William Eagar, comme d'autres, donne des leçons et se met à graver des scènes néo-écossaises. Jean-Baptiste Roy-Audy abandonne la menuiserie pour la copie de tableaux, mais il laisse des portraits naïfs qui attireront l'attention au XXᵉ siècle. Les premières lithographies bas-canadiennes sont des paysages de Robert Auchmuty Sproule ; dans le Haut-Canada, Samuel Oliver Tazewell inaugure l'emploi de cette technique en découvrant à Kingston de la pierre calcaire appropriée. Pour sa part, Elizabeth Posthuma Gwillim (Mme Simcoe) est l'exemple parfait de ces dames qui peignent, à l'aquarelle, un environnement nouveau. La formation en dessin que les militaires reçoivent à Woolwich, en Angleterre, peut avoir des retombées heureuses en art : George Heriot et James Pattison Cockburn, qui connaissent bien les aquarellistes anglais, profitent de leurs voyages dans le Bas et le Haut-Canada pour proposer de nouveaux sujets.

Le sculpteur écossais John Cochrane participe à l'impressionnante décoration du St Lawrence Hall de Toronto. Henry Musgrave Blaiklock dessine des plans d'édifices néo-classiques à Québec. La biographie de Charles-Simon Delorme rend compte des relations qui règnent au Bas-Canada parmi les constructeurs d'immeubles. Laurent Amiot, qui a étudié à Paris, exécute d'importantes pièces d'argenterie religieuse et domestique ; James J. Langford est l'un des orfèvres d'avant-garde à Halifax. John Geddie, de Pictou, fabrique des horloges qu'il décore de scènes locales. Thomas Nisbet fait de beaux meubles à Saint-Jean.

La musique et le théâtre se manifestent de façon sporadique. Frederick Glackemeyer enseigne, vend des instruments et compose à Québec, tout comme Charles Sauvageau, qui publie un manuel de théorie. Jonathan Sewell, mécène, possède un théâtre et fonde un quatuor dans lequel il joue. Stephen Humbert dirige une école de chant à Saint-Jean et compile le premier recueil de chansons anglaises publié au Canada. Le comédien itinérant Frederick Brown vient de Boston et de New York pour jouer Shakespeare à Montréal.

La situation est passablement différente en littérature. Plusieurs écrivains accomplis passent quelque temps, voire la plus grande partie de leur carrière, dans les colonies. Si John Galt suscite l'admiration en écrivant des œuvres qui s'inspirent de l'Écosse, il publie aussi des articles, des contes et une autobiographie dans lesquels il raconte ses expériences canadiennes. Le docteur William Dunlop, de la Huron Tract, écrit une œuvre originale, *Statistical sketches of Upper Canada,* et publie ses « Recollections of the American war » dans le *Literary Garland.* Standish O'Grady compose un long poème, *The emigrant,* qui figure encore dans les anthologies. Thomas McCulloch remporte un immense succès populaire dans les années 1820 grâce aux lettres de Stepsure, vigoureuse satire des mœurs néo-écossaises, mais les éditeurs britanniques refusent ses thèmes écossais car ils jugent leur humour vulgaire. Adam Hood Burwell est le premier auteur né au pays à composer un long poème sur la vie des pionniers hauts-canadiens et emprunte, pour cela, la langue du XVIIIe siècle. Sarah Herbert écrit des contes et poèmes sentimentaux et religieux ; dans les années 1840, elle est propriétaire et rédactrice en chef de l'*Olive Branch.* La pauvreté et l'isolement culturel pèsent à des poètes comme James Haskins et John McPherson. John MacLean (Iain MacGhillEathain), barde et colon d'Antigonish, compose des « poèmes villageois ». Par ailleurs, plusieurs intéressants essais historiques ou ouvrages descriptifs dont la vie en Amérique du Nord britannique forme l'arrière-plan proviennent de gens qui ne sont pas des écrivains de métier. Citons les livres de sir Richard Henry Bonnycastle sur le Bas-Canada, le Haut-Canada et Terre-Neuve ; deux histoires du Nouveau-Brunswick, par l'industrieux loyaliste Peter Fisher ; sur cette même colonie, les *Sketches and tales* d'Emily Elizabeth Shaw (Mme Beavan) ; les journaux de Mme Simcoe ; *Travels* de George Heriot; *History of Canada* de William Smith; les mémoires d'une loyaliste, d'Elizabeth Lichtenstein. Jean-Baptiste Boucher écrit des commentaires religieux et Jacques Odelin participe à une vigoureuse controverse sur les doctrines de La Mennais.

Les biographies susmentionnées montrent que le volume VII forme une fresque pleine de couleur et de variété, mais quelques personnages se distinguent de façon particulière. Jeanne-Charlotte Allamand (Mme Berczy) supporte courageusement la pauvreté et soutient son mari dans les longues épreuves qu'il traverse pour faire de la colonisation. Walter Bates écrit, à la manière de Daniel Defoe, un ouvrage populaire sur un ingénieux voleur. William Brass est à l'origine d'un célèbre procès pour viol et d'une exécution publique. John Church, illettré, remplit ses livres de comptes à l'aide de pictogrammes. James Dickson se qualifie de « libérateur des nations indiennes » ; dans les années 1830, ses partisans, en nombre toujours décroissant, se rendent par bateau à Sault-Sainte-Marie et par terre à la Rivière-Rouge en hiver. William Forsyth livre une dure bataille au gouverneur et à ses voisins pour conserver, à l'intention des touristes, la plus belle vue sur les chutes du Niagara. La vie de sir John Franklin, symbole de courage, soulève des questions sur la manière dont on en vient à identifier quelqu'un à un héros. Sans pitié, Hugh Denoon envoie deux bateaux surchargés d'immigrants sur l'Atlantique. En 1842, l'esclave fugitif Nelson Hackett est extradé du Canada, ce qui soulève une colère internationale. Henry Lamb projette de construire une cité modèle, appelée « Romulus », près du grand marais du canton de Beverly. Joshua Marsden rend compte de la vie intérieure et des actes d'un méthodiste plein de simplicité. François-Hyacinthe Séguin parle avec ironie, dans son journal, des gens de Terrebonne et des manifestations des patriotes. Dernier survivant des récollets de Québec, Louis Martinet y mène une existence solitaire. Maria Monk écrit des ouvrages scabreux sur les religieuses et les prêtres catholiques. Nils von Schoultz, canaille sympathique et grand voyageur, participe à la rébellion de 1838 par goût de l'héroïsme. George Pozer, vieux et riche homme d'affaires allemand de Québec, s'habille à la mode du xviiie siècle et s'assied sur le seuil de sa porte pour bavarder. John Tanner, élevé par les Chaouanons à partir de l'âge de neuf ans, mène ensuite une vie errante et difficile dans le Nord-Ouest. Thomas Irwin se voit constamment découragé dans ses efforts pour aider les Micmacs de l'Île-du-Prince-Édouard et enseigner leur langue pleine de subtilité. Alexander Wedderburn, officier de marine, suit jusqu'à Saint-Jean une jeune dame qu'il a aperçue sur un paquebot. À Charlottetown, John Henry White, éditeur d'un journal religieux, défie les droits de publication de la couronne britannique en imprimant une version autorisée de la Bible ; composée en stéréotypie, elle est enrichie d'illustrations remarquables. John Troyer, aimable guérisseur de Baldoon, a la réputation de bien connaître les sorcières et de savoir comment s'en débarrasser.

Le volume VII marque une étape importante pour les collaborateurs et le personnel au moment où leur attention se tourne vers le dernier volume du xixe siècle et le premier du xxe. Nous adressons nos remerciements les plus chaleureux à ceux et celles qui ont participé si fidèlement à ce long processus de création.

FRANCESS G. HALPENNY

JEAN HAMELIN

Remerciements

LE *Dictionnaire biographique du Canada/Dictionary of Canadian biography* reçoit régulièrement les conseils et les encouragements de plusieurs personnes et de plusieurs organismes. Nous ne pouvons malheureusement mentionner tous ceux qui nous ont apporté leur aide, mais nous leur exprimons toute notre reconnaissance.

Le DBC/DCB, qui doit sa création à la générosité du regretté James Nicholson, bénéficie depuis ses débuts de l'appui des établissements auxquels il est rattaché : l'université Laval, les Presses de l'université Laval, l'University of Toronto et l'University of Toronto Press. Depuis 1973, le Conseil des arts du Canada a accordé de généreuses subventions qui ont permis de continuer et d'accélérer la préparation des volumes du DBC/DCB. Le Conseil de recherches en sciences humaines du Canada, créé en 1978, a pris la relève et a même accru le montant des subventions. Nous tenons à remercier tout spécialement le CRSHC de ses encouragements lorsqu'il s'est agi de faire face à nos échéanciers de publication pour les volumes couvrant le XIXe siècle. Nous voulons aussi témoigner notre gratitude à l'université Laval pour le soutien financier qu'elle nous accorde.

Un grand nombre de collaborateurs ont participé à la réalisation du volume VII, et nous tenons à citer tout spécialement nos auteurs qui ont fait de ce travail une œuvre vraiment collective. Sans eux, ce volume n'aurait pas vu le jour. Plusieurs personnes, parmi lesquelles se trouvent aussi des collaborateurs, nous ont fourni une aide toute spéciale au cours des diverses étapes de la préparation du volume. Nous remercions : Joyce Banks, Marie-Thérèse Béchire, Patricia Birkett, Phyllis R. Blakeley†, Louise-Hélène Boileau, Denise Bousquet, Phillip Buckner, Susan Buggey, Susan Burke, Raymond Dumais, Micheline Fortin, Armand Gagné, Gilles Héon, H. T. Holman, Orlo Jones, Patricia Kennedy, Louis-Joseph Lépine, Allan J. MacDonald, G. Edward MacDonald, Monique Mailloux, André Martineau, Keith Matthews†, Pamela J. Miller, Shirlee Anne Smith, George M. Story et Lucille Vachon.

Nous avons eu l'avantage de pouvoir compter sur l'entière coopération des bibliothèques et des dépôts d'archives au Canada comme à l'étranger. Nous sommes particulièrement reconnaissants envers les organismes auxquels nous avons fait régulièrement appel. En plus des Archives nationales du Canada, des Archives nationales du Québec et de leurs centres régionaux, et des autres dépôts d'archives provinciaux, nous aimerions mentionner : au Québec, les archives civiles et judiciaires, les Archives de l'archidiocèse de Québec, les Archives de la ville de Québec, les Archives de l'université de Montréal, la Bibliothèque de l'Assemblée nationale (Québec), la Bibliothèque et les Archives du séminaire de Québec, la Bibliothèque générale de l'université Laval et le musée McCord (Montréal) ; à l'Île-du-Prince-Édouard, le Prince Edward Island Museum and Heritage Foundation (Charlottetown) ; au Manitoba, les Hudson's Bay Company Archives (Winnipeg) ; au Nouveau-

Brunswick, le Musée du Nouveau-Brunswick (Saint-Jean) et l'University of New Brunswick Library (Fredericton) ; en Ontario, la Genealogical Library of the Church of Jesus Christ of Latter-Day Saints (Toronto), la Kingston Public Library, la Metropolitan Toronto Reference Library et l'University of Toronto Library. Nous tenons aussi à remercier les archives départementales de France, les différents dépôts d'archives du Royaume-Uni ainsi que plusieurs centres d'archives, bibliothèques et sociétés historiques des États-Unis qui ont répondu avec amabilité à nos nombreuses demandes de renseignements.

Les membres de l'équipe du DBC/DCB qui étaient affectés à la préparation du volume VII ont aussi bénéficié de l'aide de leurs collègues. À Québec, Louise Boucher et Marie-Hélène Lévesque ont secondé l'équipe à une étape ou l'autre du volume. À Toronto, Elizabeth Hulse et Monica Sandor ont apporté leur concours à la dernière révision du manuscrit, et Tracey Pegg a fait de même au cours des dernières étapes de la préparation du volume. Enfin, nous avons profité des judicieux conseils du personnel de l'Office de la langue française ainsi que du Bureau des traductions relevant du Secrétariat d'État.

Les autorités de l'université Laval et les administrateurs des presses des deux universités nous ont également facilité la tâche. Nous tenons à remercier Marc Boucher et Denis-Marc Pinsonnault à Québec, de même que Harald Bohne, H. C. Van Ierssel et Peter Scaggs à Toronto.

DICTIONNAIRE BIOGRAPHIQUE DU CANADA   DICTIONARY OF CANADIAN BIOGRAPHY

Liste des personnages

ABISHABIS (mort en 1843)
Abrams, William (mort en 1844)
Acheson, Archibald, 2e comte de Gosford
  (1776–1849)
Ainslie, George Robert (1776–1839)
Aisance, John (mort en 1847)
Albro, John (1764–1839)
Allamand, Jeanne-Charlotte (Berczy) (1760–1839)
Allan, Peter John (1825–1848)
Allsopp, George Waters (mort en 1837)
Almon, William Bruce (1787–1840)
Amiot, Laurent (1764–1839)
Amiot, Noël-Laurent (1793–1845)
Ansley, Amos (mort en 1837)
Anthony, Gabriel (mort en 1846)
Archibald, Samuel George William (1777–1846)
Arnoldi, Daniel (1774–1849)
Auffray, Charles-Dominique (1794–1837)
Auldjo, George (1790–1846)

BADGLEY, Francis (1767–1841)
Bagot, sir Charles (1781–1843)
Baird, Nicol Hugh (1796–1849)
Baldwin, William Warren (1775–1844)
Bamford, Stephen (1770–1848)
Barclay, Robert Heriot (1786–1837)
Barlow, Thomas (1788–1844)
Barnes, Richard (1805–1846)
Barrett, Alfred (mort en 1849)
Barrie, sir Robert (1774–1841)
Barry, Robert (mort en 1843)
Bates, Walter (1760–1842)
Baudry, Marie-Victoire, dite de la Croix (1782–1846)
Bauzhi-geezhig-waeshikum (mort en 1841 ou en
  1842)
Beamer, Jacob R. (*circa* 1837–1847)
Beasley, Richard (1761–1842)
Beaubien, Marguerite (1797–1848)
Beauvais, dit Saint-James, René (1785–1837)
Bédard, Elzéar (1799–1849)
Belcher, Andrew (1763–1841)
Bell, Mathew (mort en 1849)
Bell, William (1806–1844)
Benson, William John Chapman (mort en 1850)
Berthelot, Amable (1777–1847)
Berton, George Frederick Street (1808–1840)
Bethune, James Gray (1793–1841)

Binns, Charles (mort en 1847)
Black, Edward (1793–1845)
Black, Samuel (mort en 1841)
Blackwood, Thomas (1773–1842)
Blaiklock, Henry Musgrave (1790–1843)
Blanchard, Jotham (1800–1839)
Blanchard, Tranquille (mort en 1843)
Blowers, Sampson Salter (1741/1742–1842)
Bobbie. V. Eenoolooapik
Boisseau, Nicolas-Gaspard (1765–1842)
Bonnycastle, sir Richard Henry (1791–1847)
Bostwick, John (1780–1849)
Boucher, Jean-Baptiste (1763–1839)
Bouchette, Joseph (1774–1841)
Bourne, John Gervas Hutchinson (mort en 1845)
Bowman, James (1793–1842)
Bowring, Benjamin (mort en 1846)
Brant, Catharine. V. Ohtowaʔkéhson
Brass, William (mort en 1837)
Brecken, John (1800–1847)
Brenton, Edward Brabazon (1763–1845)
Brien, Jean-Baptiste-Henri (1816–1841)
Broke, sir Philip Bowes Vere (1776–1841)
Bromley, Walter (mort en 1838)
Brown, Frederick (mort en 1838)
Brown, James (1776–1845)
Brown, Peter (mort en 1845)
Buchan, David (mort après 1838)
Bull, George Perkins (1795–1847)
Buller, Charles (1806–1848)
Bureau, Pierre (1771–1836)
Burpe, David (1752–1845)
Burrows, John (1789–1848)
Burton, John (1760–1838)
Burwell, Adam Hood (1790–1849)
Burwell, Mahlon (1783–1846)
By, John (1779–1836)

CADIEUX, Louis-Marie (1785–1838)
Caldwell, Billy (mort en 1841)
Caldwell, sir John (mort en 1842)
Callihoo, Louis (*circa* 1819–1845)
Cameron, Duncan (mort en 1848)
Campbell, sir Archibald (1769–1843)
Campbell, sir Colin (1776–1847)
Campbell, sir Donald (1800–1850)
Canac, dit Marquis, Pierre (1780–1850)

Cardinal, Joseph-Narcisse (1808–1838)
Carson, William (mort en 1843)
Cartwright, John Solomon (1804–1845)
Casey, William Redmond (mort en 1846)
Casgrain, Charles-Eusèbe (1800–1848)
Cawdell, James Martin (mort en 1842)
Cawthra, Joseph (1759–1842)
Chaloux, Marie-Esther, dite de Saint-Joseph (morte en 1839)
Chandler, Kenelm Conor (1773–1850)
Charron, Amable (1785–1844)
Chasseur, Pierre (1783–1842)
Chaussegros de Léry, Charles-Étienne (1774–1842)
Chazelle, Jean-Pierre (1789–1845)
Chénier, Jean-Olivier (1806–1837)
Chewett, William (1753–1849)
Chinic, Martin (1770–1836)
Chipman, William Allen (1757–1845)
Chisholm, William (1788–1842)
Chisholme, David (1796–1842)
Christian, Washington (mort en 1850)
Christie, Alexander James (1787–1843)
Christie, William Plenderleath (1780–1845)
Church, John (1757–1839)
Clopper, Henry George (1792–1838)
Clouet, Michel (1770–1836)
Cochran, Andrew William (mort en 1849)
Cochrane, John (mort en 1850)
Cockburn, James Pattison (1779–1847)
Coffin, sir Isaac (1759–1839)
Coffin, John (mort en 1838)
Coffin, Nathaniel (1766–1846)
Coffin, Thomas (1762–1841)
Collard, Frederick John Martin (mort en 1848)
Collins, James Patrick (mort en 1847)
Condo, Francis (mort en 1837)
Connolly, William (mort en 1848)
Cook, William Hemmings (mort en 1846)
Cooper, William (mort en 1840)
Côté, Cyrille-Hector-Octave (1809–1850)
Cotton, Charles Caleb (1775–1848)
Couillard, Antoine-Gaspard (1789–1847)
Covert, John (mort en 1843)
Coy, Amasa (1757–1838)
Croke, sir Alexander (1758–1842)
Croke, Nicholas (mort en 1850)
Cubit, George (mort en 1850)
Cull, James (mort en 1849)
Cutler, Thomas (1752–1837)
Cuvillier, Austin (1779–1849)

DALTON, Thomas (1782–1840)
Darveau, Jean-Édouard (1816–1844)
Davie, Allison (1796–1836)
Davis, Robert (mort en 1838)
Debartzch, Pierre-Dominique (1782–1846)
Deblois, Stephen Wastie (1780–1844)

Decoigne, Pierre-Théophile (1808–1839)
Delorme, Charles-Simon (1769–1837)
Dénéchau, Claude (1768–1836)
Denis, Pierre (*circa* 1837–1841)
Denke, Christian Frederick (1775–1838)
Denoon, Hugh (1762–1836)
Desjardins, dit Desplantes, Louis-Joseph (1766–1848)
Des Rivières, Rodolphe (1812–1847)
Dickson, James (*circa* 1835–1837)
Dickson, William (1769–1846)
Dimock, Joseph (1768–1846)
Doan, Joshua Gwillen (1811–1839)
Dorion, Pierre-Antoine (mort en 1850)
Dulongpré, Louis (mort en 1843)
Dumaresq, Perry (1788–1839)
Dumouchelle, Jean-Baptiste (1784–1844)
Dunlop, Robert Graham (1790–1841)
Dunlop, William, dit Tiger Dunlop (1792–1848)
Duquet, Joseph (1815–1838)
Durnford, Elias Walker (1774–1850)
Durocher, Eulalie, dite mère Marie-Rose (1811–1849)
DuVernet, Henry Abraham (1787–1843)

EAGAR, William (mort en 1839)
Eenoolooapik (mort en 1847)
Elder, William (1784–1848)
Ellis, William (1780–1837)
Emerson, Thomas (mort en 1843)
Entremont, Benoni d' (mort en 1841)
Evans, James (1801–1846)

FAIRBANKS, Charles Rufus (1790–1841)
Fargues, Thomas (1777–1847)
Felton, William Bowman (1782–1837)
Ferrie, Adam (1813–1849)
Firth, William (1768–1838)
Fisher, John Charlton (1794–1849)
Fisher, Peter (1782–1848)
Fleming, Michael Anthony (mort en 1850)
Fletcher, John (mort en 1844)
Forbes, sir Francis (1784–1841)
Forbin-Janson, Charles-Auguste-Marie-Joseph de (1785–1844)
Forrester, Thomas (mort en 1841)
Forsyth, John (mort en 1837)
Forsyth, William (1771–1841)
Foster, Colley Lyons Lucas (1778–1843)
Fothergill, Charles (1782–1840)
Fournier, Charles-Vincent (1771–1839)
Franklin, sir John (1786–1847)
Franks, Jacob (mort en 1840)
Fraser, Donald Allan (1793–1845)
Fraser, Peter (1765–1840)

GAGNON, Antoine (1785–1849)

Gagnon, Lucien (1793–1842)
Galt, John (1779–1839)
Gatien, Félix (1776–1844)
Geddie, John (mort en 1843)
Gillespie, George (1771–1842)
Gilmour, Allan (1775–1849)
Girod, Amury (mort en 1837)
Givins, James (mort en 1846)
Glackemeyer, Frederick (1759–1836)
Goessman, John (1786–1841)
Goff, Fade (1780–1836)
Gonish, Peter (*circa* 1841–1846)
Gosselin, Léon (1801–1842)
Grant, Colin P. (mort en 1839)
Grant, Peter (mort en 1848)
Grece, Charles Frederick (mort en 1844)
Griffith, John (*circa* 1825–1847)
Gugy, Louis (1770–1840)
Guy, Louis (1768–1850)
Gwillim, Elizabeth Posthuma (Simcoe) (morte en 1850)

Hackett, Nelson (*circa* 1840–1842)
Hagerman, Christopher Alexander (1792–1847)
Hale, John (1765–1838)
Hamel, André-Rémi (1788–1840)
Hamilton, Alexander (1790–1839)
Hamilton, sir Charles (1767–1849)
Hamilton, George (1788–1836)
Hamilton, George (1781–1839)
Hanington, William (mort en 1838)
Harmon, Daniel Williams (1778–1843)
Hart, Ezekiel (1770–1843)
Haskins, James (mort en 1845)
Hassall, Thomas (mort en 1844)
Head, Samuel (mort en 1837)
Heck, Samuel (1771–1841)
Heney, Hugues (1789–1844)
Henry, Edme (1760–1841)
Herbert, Sarah (1824–1846)
Heriot, Frederick George (1786–1843)
Heriot, George (1759–1839)
Herron, William (1784–1838)
Heustis, Daniel D. (né en 1806 ; mort après 1846)
Hill, John (mort en 1841)
Hillier, George (mort en 1840)
Hindenlang, Charles (1810–1839)
Holbrook, James (mort en 1846)
Holland, John Frederick (mort en 1845)
Homer, John (1781–1836)
Horne, Robert Charles (mort en 1845)
Howard, Peter (mort en 1843)
Hoyles, Newman Wright (1777–1840)
Hubert, Louis-Édouard (1766–1842)
Hudon, Hyacinthe (1792–1847)
Humbert, Stephen (mort en 1849)
Hunt, James (1779–1847)

Hunter, Charles (1808–1839)
Hunter, sir Martin (1757–1846)
Huot, Hector-Simon (1803–1846)
Huot, Marie-Françoise, dite Sainte-Gertrude (1795–1850)

Inglis, John (1777–1850)
Irwin, Thomas (mort en 1847)

Jackson, John Mills (mort en 1836)
Jackson, sir Richard Downes (1777–1845)
Jeffery, Thomas Nickleson (1782–1847)
Jenkins, William (1779–1843)
John, Noel (*circa* 1821–1841)
Johnston, Hugh (1790–1850)
Johnston, James (mort en 1849)
Joliette, Barthélemy (1789–1850)
Jones, Augustus (mort en 1836)
Jones, Charles (1781–1840)
Jones, David Thomas (mort en 1844)
Jones, John (1798–1847)
Jones, Jonas (1791–1848)
Juchereau Duchesnay, Michel-Louis (1785–1838)

Kemble, William (1781–1845)
Kendall, Edward Nicholas (1800–1845)
Kerr, James (1765–1846)
Kerr, William Johnson (1787–1845)
Ketchum, Seneca (1772–1850)
Kimber, René (1762–1841)
Kirby, Ann (Macaulay) (morte en 1850)
Kirby, John (1772–1846)
Kittson, William (mort en 1841)
Kohlmeister, Benjamin Gottlieb (1756–1844)
ʔKwah (mort en 1840)

Lamb, Henry (mort en 1841)
Lambton, John George, 1er comte de Durham (1792–1840)
Lancaster, Joseph (1778–1838)
Langford, James J. (mort en 1847)
Languedoc, François (1790–1840)
Lartigue, Jean-Jacques (1777–1840)
Lawrence, Alexander (1788–1843)
Lawson, William (mort en 1848)
Leavitt, Thomas (mort en 1850)
Le Breton, John (mort en 1848)
Lefebvre de Bellefeuille, Louis-Charles (1795–1838)
Lefferty, John Johnston (mort en 1842)
Leith, James (1777–1838)
Lemaire, Marie-Marguerite (1769–1838)
Le Moyne de Longueuil, Marie-Charles-Joseph, baronne de Longueuil (Grant) (1756–1841)
Leprohon, Joseph-Onésime (1789–1844)
Létourneau, Jean-Charles (1775–1838)
Le Vasseur Borgia, Joseph (1773–1839)
Leys, John (mort en 1846)

Lichtenstein, Elizabeth (Johnston) (1764–1848)
Lilly, George (mort en 1846)
Lloyd, Jesse (1786–1838)
Longley, George (mort en 1842)
Longworth, Francis (1766–1843)
Lorimier, Chevalier de (1803–1839)
Lorimier, Jean-Baptiste de (mort en 1845)
Loring, Robert Roberts (mort en 1848)
Lount, Samuel (1791–1838)
Lugger, Robert (1793–1837)
Lusher, Robert Langham (mort en 1849)
Lymburner, Adam (mort en 1836)

MACALLUM, John (1806–1849)
McConville, John (mort en 1849)
McCormick, William (1784–1840)
McCulloch, Thomas (1776–1843)
Macdonald, John Small (mort en 1849)
MacDonald, William Peter (1771–1847)
McDonell, Alexander (1762–1840)
MacDonell, Alexander (1782–1841)
McDonell, John (1768–1850)
McDonell (Collachie), Alexander (1762–1842)
McDouall, Robert (1774–1848)
McDowall, Robert (1768–1841)
Macfarlane, James (mort en 1847)
MacGhillEathain, Iain (1787–1848)
McGillivray, Simon (mort en 1840)
McGray, Asa (1780–1843)
McIntosh, John (né en 1777 ; mort en 1845 ou en 1846)
McKenzie, James (mort en 1849)
Mackenzie, Roderick (mort en 1844)
MacKintosh, William (mort en 1842)
McLaren, Neil (1766–1844)
McLeod, Alexander Roderick (mort en 1840)
McLeod, John (1788–1849)
McLeod, John M. (né en 1795 ; mort après 1841)
McLoughlin, Marie-Louise, dite de Saint-Henri (1780–1846)
McMahon, John Baptist (né en 1796 ; mort après 1840)
Macnider, Adam Lymburner (1778–1840)
McPherson, John (1817–1845)
McTavish, John George (mort en 1847)
Malie, Joseph (circa 1841–1846)
Manahan, Anthony (mort en 1849)
Maranda, Jean-Baptiste (1803–1850)
Marcot, Marguerite-Magdelaine (La Framboise) (1780–1846)
Markland, Thomas (1757–1840)
Marryat, Frederick (1792–1848)
Marsden, Joshua (1777–1837)
Marshall, Joseph (mort en 1847)
Marsters, Richard Upham (1787–1845)
Martin, John Wills (circa 1816–1843)
Martinet, dit Bonami, Louis (1764–1848)

Masson, Joseph (1791–1847)
Matthews, Peter (mort en 1838)
Meagher, Thomas (mort en 1837)
Menzies, Archibald (mort en 1842)
Menzies, George (mort en 1847)
Merritt, Nehemiah (1770–1842)
Merritt, Thomas (1759–1842)
Metcalfe, Charles Theophilus, 1er baron Metcalfe (1785–1846)
Meuse, Andrew James (circa 1821–1850)
Miles, Frederick William (mort en 1842)
Millar, James (mort en 1838)
Millidge, Thomas (1776–1838)
Milnes, sir Robert Shore (1746–1837)
Molson, John (1763–1836)
Mondelet, Jean-Marie (mort en 1843)
Monk, Maria (1816–1849)
Morris, Patrick (mort en 1849)
Mortimer, George (1784–1844)
Moschell, Johann Adam (1795–1849)
Munro, Hugh (mort en 1846)
Murray, Anne (Powell) (1755–1849)
Murray, sir George (1772–1846)

NAFZIGER, Christian (1776–1836)
Nau, Louis (né en 1799 ; mort après 1842)
Neilson, John (1776–1848)
Neilson, Samuel (1800–1837)
Nelles, Robert (1761–1842)
Newbigging, James (mort en 1838)
Nisbet, Thomas (mort en 1850)

ODELIN, Jacques (1789–1841)
Odell, William Franklin (1774–1844)
O'Grady, Standish (circa 1807–1845)
O'Grady, William John (mort en 1840)
Ohtowaʔkéhson (morte en 1837)
O'Sullivan, Michael (mort en 1839)

PAINCHAUD, Charles-François (1782–1838)
Pambrun, Pierre-Chrysologue (1792–1841)
Panet, Bonaventure (1765–1846)
Papineau, Joseph (1752–1841)
Paquin, Jacques (1791–1847)
Parent, Louis-François (1778–1850)
Parker, Snow (1760–1843)
Parkin, Edward (1791–1844)
Peabody, Francis (1760–1841)
Peminuit Paul, Louis-Benjamin (1755–1843)
Pépin, Joseph (mort en 1842)
Perrault, Jean-Baptiste (1761–1844)
Perrault, Joseph-François (1753–1844)
Peters, Charles Jeffery (1773–1848)
Peters, Hannah (Jarvis) (1763–1845)
Philips, Henry Joseph (né en 1811 ; mort après 1850)
Philips, James (mort en 1838)
Pienovi, Angelo (mort en 1845)

Pierpoint, Richard (*circa* 1779–1838)
Pigeon, François-Xavier (1778–1838)
Porteous, Andrew (mort en 1849)
Post, Jordan (1767–1845)
Pothier, Toussaint (1771–1845)
Powell, Grant (mort en 1838)
Power, Michael (1804–1847)
Pozer, George (1752–1848)
Pring, Daniel (mort en 1846)
Prophet. V. Tenskwatawa
Proulx, Louis (1751–1838)
Purdy, William (1769–1847)
Purvis, Nancy (morte en 1839)
Pushee, Nathan (1758–1838)
Putnam, William (mort en 1838)

QUESNEL, Jules-Maurice (1786–1842)
Quirouet, François (1776–1844)

RADCLIFF, Thomas (1794–1841)
Raimbault, Jean (1770–1841)
Ramsay, George, 9ᵉ comte de Dalhousie (1770–1838)
Randal, Stephen (1804–1841)
Rankin, William (mort en 1837)
Rastel de Rocheblave, Pierre de (1773–1840)
Raymond, Jean-Moïse (1787–1843)
Ready, John (mort en 1845)
Reiffenstein, John Christopher (mort en 1840)
Riall, sir Phineas (1775–1850)
Richards, Jackson John (1787–1847)
Richardson, Samuel (mort en 1843)
Robertson, Colin (1783–1842)
Robertson, William (1784–1844)
Robichaux, Vénérande (1753–1839)
Robinson, Peter (1785–1838)
Rodier, Édouard-Étienne (1804–1840)
Roque, Jacques-Guillaume (1761–1840)
Roy, Thomas (mort en 1842)
Roy-Audy, Jean-Baptiste (né en 1778 ; mort vers 1848)
Roy Portelance, Louis (1764–1838)
Ryan, John (mort en 1847)
Ryland, Herman Witsius (mort en 1838)

SAMSON, James Hunter (mort en 1836)
Sattin, Antoine (1767–1836)
Sauvageau, Charles (mort en 1849)
Sayer, Pierre-Guillaume (*circa* 1824–1849)
Sayre, James (1761–1849)
Schneider, Joseph (1772–1843)
Schoultz, Nils von (1807–1838)
Secord, David (1759–1844)
Séguin, François-Hyacinthe (1787–1847)
Selee, Peet (1766–1844)
Sewell, Jonathan (mort en 1839)
Shaw, Emily Elizabeth (Beavan) (*circa* 1838–1845)

Shawnee Prophet. V. Tenskwatawa
Shea, William Richard (1813–1844)
Shepard, Joseph (mort en 1837)
Sherwood, Levius Peters (1777–1850)
Shirreff, Charles (1768–1847)
Signay, Joseph (1778–1850)
Sigogne, Jean-Mandé (1763–1844)
Simonds, Richard (1789–1836)
Simpson, Alexander (né en 1811 ; mort après 1845)
Skakel, Alexander (1776–1846)
Skerry, John (1763–1838)
Small Eyes. V. Abishabis
Smith, sir David William (1764–1837)
Smith, Titus (1768–1850)
Smith, William (1769–1847)
Smyth, sir James Carmichael (1779–1838)
Somerville, James (1775–1837)
Sou-neh-hoo-way (Thomas Splitlog) (mort en 1838)
Spragg, Joseph (1775–1848)
Sproule, Robert Auchmuty (mort en 1845)
Stephenson, John (1796–1842)
Stewart, Charles James (1775–1837)
Stewart, Thomas Alexander (1786–1847)
Strange, James Charles Stuart (1753–1840)
Strange, sir Thomas Andrew Lumisden (1756–1841)
Street, Samuel (1775–1844)
Stuart, Andrew (1785–1840)
Stuart, John (1780–1847)
Swayne, Hugh (mort en 1836)
Sweetman, Pierce (mort en 1841)

TALBOT, Edward Allen (mort en 1839)
Tanner, John (mort après 1845)
Tazewell, Samuel Oliver (*circa* 1820–1838)
Tenskwatawa (mort en 1836)
Thavenet, Jean-Baptiste (1763–1844)
Thom, Alexander (1775–1845)
Thompson, Hannah Maynard (Pickard) (1812–1844)
Thompson, Toler (mort en 1846)
Thomson, Charles Edward Poulett, 1ᵉʳ baron Sydenham (1799–1841)
Thorne, Benjamin (1794–1848)
Thorpe, Robert (mort en 1836)
Tiarks, Johann Ludwig (1789–1837)
Tobin, James (mort en 1838)
Toler, Joseph (*circa* 1831–1842)
Tomah, Francis (*circa* 1813–1850)
Triaud, Louis-Hubert (1790–1836)
Troyer, John (1753–1842)

UNIACKE, Norman Fitzgerald (mort en 1846)
Usborne, Henry (mort en 1840)

VALENTINE, William (1798–1849)
Vallières de Saint-Réal, Joseph-Rémi (1787–1847)
Van Egmond, Anthony Jacob William Gysbert (1775–1838)

Vassal de Monviel, François (1759–1843)
Viau, Pierre (1784–1849)
Vincent, John (1764–1848)
Vincent, Nicolas (1769–1844)
Vondy, John (mort en 1847)
Voyer, Jacques (1771–1843)

WADE, Robert (mort en 1849)
Walker, William (1797–1844)
Ward, John (1753–1846)
Washburn, Simon Ebenezer (mort en 1837)
Watteville, Louis de (1776–1836)
Wedderburn, Alexander (mort en 1843)
Wentworth, Thomas Hanford (1781–1849)
West, John (1778–1845)
White, John Henry (mort en 1843)
Whitworth-Aylmer, Matthew, 5e baron Aylmer (1775–1850)

Whyte, James Matthew (mort en 1843)
Wilkins, Lewis Morris (mort en 1848)
Williams, Thomas (mort en 1848)
Williams, William (mort en 1837)
Willoughby, Mark (mort en 1847)
Wilmot, John McNeil (mort en 1847)
Winniett, James (mort en 1849)
Winniett, sir William Robert Wolseley (1793–1850)
Wolhaupter, John (mort en 1839)
Wood, Alexander (1772–1844)
Wood, Charles (1790–1847)
Wood, Robert (1792–1847)
Woodman, Elijah Crocker (1797–1847)
Wright, George (1779–1842)
Wright, Philemon (1760–1839)
Wyatt, Charles Burton (mort en 1840)

YOUNG, John (1773–1837)

Notice d'emploi

NOMS PROPRES

Les personnages sont classés d'après leur nom de famille et non d'après leur titre, leur pseudonyme, leur sobriquet ou leur nom en religion. Chaque fois que c'est possible, la forme du nom reproduit la signature de la personne, mais on a pris aussi en considération l'usage de l'époque. Les variantes les plus utilisées sont indiquées entre parenthèses après le nom de famille.

Dans le cas de noms français, *La, Le, Du, Des* et parfois *De* sont censés faire partie du nom et prennent la majuscule. Même si le personnage signe en un seul mot, avec deux majuscules, son nom apparaît en deux mots, comme le veut l'usage français ; toutefois, pour les personnes qui se sont intégrées à un milieu anglophone, cette règle n'a été appliquée que si elle était confirmée par une signature. Quelques personnages ont des noms composés, Joseph LE VASSEUR Borgia et Pierre de RASTEL de Rocheblave, par exemple. En pareil cas, le texte renvoie des composés aux noms-vedettes : de *Borgia* à *Le Vasseur* et de *Rocheblave* à *Rastel*.

Pour les noms de famille commençant par *Mc* ou *Mac* et dont l'orthographe ne peut être confirmée par une signature, la forme *Mac* a été privilégiée, suivie d'une majuscule. Les Écossais qui avaient droit, selon la loi, d'ajouter une désignation territoriale à leur nom ont été présentés comme Angus Mackintosh* of Mackintosh, 26ᵉ chef du clan Chattan et 25ᵉ chef du clan Mackintosh du volume VI. Quant à ceux qui ne l'utilisaient que pour se distinguer d'une autre personne, cette désignation a été ajoutée entre parenthèses : Alexander McDONELL (Collachie). Les noms en gaélique n'ont été retenus que lorsqu'il était évident que les personnages continuaient à parler cette langue et à vivre dans un milieu gaélique. Exemple : Iain MacGHILLEATHAIN (John MacLean). Dans tous les cas, les renvois appropriés ont été faits.

Les femmes mariées et les religieuses sont classées d'après leur nom de jeune fille, auquel renvoie celui de leur mari ou leur nom en religion, conformément à la règle générale du classement par noms de famille. Exemples : Elizabeth Posthuma GWILLIN (Simcoe) ; Marie-Françoise HUOT, dite Sainte-Gertrude.

Les noms amérindiens présentent un problème particulier. Un Indien ou un Inuk pouvait en effet être connu sous son propre nom, que les gens, peu familiarisés avec la langue, orthographiaient à leur façon ; il pouvait aussi porter un sobriquet ou un nom de baptême. De plus, à la fin du XVIIIᵉ siècle, certaines familles indiennes, comme celle des Tomah [V. Francis TOMAH], ont commencé à utiliser un nom de famille à l'européenne. Le nom indien ou inuit a été conservé lorsque nous pouvions le trouver et, puisqu'il est impossible de reconstituer l'orthographe originale, la forme sous laquelle il figure est celle que nous retrouvons dans les sources les plus consultées ou celle que les linguistes considèrent aujourd'hui comme la plus juste. Les variantes apparaissent entre parenthèses. Exemples : SOU-NEH-HOO-WAY (To-oo-troon-too-ra ; baptisé Thomas Splitlog) ; EENOOLOOAPIK (Bobbie). Les sang-mêlé sont présentés sous leur nom « européen », sauf s'ils se sont intégrés à un milieu amérindien. Exemple : John JONES. Dans tous les cas, les renvois nécessaires ont été faits.

La section III de la Bibliographie générale énumère les ouvrages de référence qui ont servi à établir la forme définitive des noms des personnages qui n'ont pas de biographie dans le *Dictionnaire*.

RENVOIS

La première fois que, dans une biographie, apparaît le nom d'un personnage qui a aussi une biographie dans le volume VII, son nom de famille est imprimé en petites capitales (avec grande capitale initiale), dans la forme sous laquelle il figure comme nom-vedette à sa place alphabétique. Exemples : Mathew BELL ; Charles-Auguste-Marie-Joseph de FORBIN-JANSON.

ASTÉRISQUES (*)

Sont marqués d'un astérisque les noms des personnages ayant leur biographie dans les volumes déjà parus, par exemple sir Isaac Brock* et Louis-Joseph Papineau*, ou à paraître, tels sir Antoine-Aimé Dorion* et sir John Alexander Macdonald*. Les dates de naissance et de décès (ou encore celles de la période d'activité) des personnages ci-dessus mentionnés sont indiquées dans l'index afin de préciser dans quel volume apparaît ou apparaîtra leur biographie.

NOMS DE LIEUX

Les noms de lieux utilisés dans le volume VII sont ceux de l'époque, suivis, si cela est nécessaire, du nom actuel du toponyme ou parfois du nom moderne de la province, du territoire, de l'État ou du pays entre parenthèses. Exemples : York (Toronto) ; Norway House (Manitoba) ; Terre de Van Diemen (Tasmanie) ; Danzig (Gdańsk, Pologne). Le DBC a toutefois établi une liste de noms de lieux qui ne nécessitent aucune identification, telles les capitales des provinces canadiennes et les villes bien connues comme Londres, Paris, Rome et Boston. Le nom de la province, du territoire, de l'État ou du pays est indiqué chaque fois qu'il diffère de celui qui précède ou, dans certains cas, pour faciliter la compréhension.

Plusieurs ouvrages ont été utilisés pour préciser la forme des noms de lieux du XVIIIᵉ siècle et du début du XIXᵉ siècle :

Bouchette, *Description topographique du B.-C.* ; *Canadian Encyclopedia* ; *Docs. relating to NWC* (Wallace) ; *Encyclopædia Britannica* ; *Encyclopedia Canadiana* ; *HBRS* (plusieurs volumes de cette série ont été utiles) ; « Historic forts and trading posts of the French regime and of the English fur trading companies », Ernest Voorhis, compil. (copie ronéotypée, Ottawa, 1930) ; Hormisdas Magnan, *Dictionnaire historique et géographique des paroisses, missions et municipalités de la province de Québec* (Arthabaska, Québec, 1925) ; Morton, *Hist. of Canadian west* (Thomas ; 1973) ; *Place-names of N.S.* ; *Places in Ont.* (Mika) ; Rayburn, *Geographical names of N.B.* et *Geographical names of P.E.I.* ; P.-G. Roy, *Inv. concessions* ; W. H. Smith, *Canada : past, present and future* […] (2 vol., Toronto, [1852] ; réimpr., Belleville, Ontario, 1973–1974) ; J. T. Walbran, *British Columbia coast names, 1592–1906* […] (Ottawa, 1909 ; réimpr., Seattle, Wash., et Londres, 1972). Le lecteur trouvera dans la Bibliographie générale une description complète de tous les titres abrégés. Au moment de la révision des biographies, l'*Atlas historique du Canada* (1 vol. paru, Toronto, [1987]–) n'était pas encore publié.

Les ouvrages suivants ont servi à déterminer les noms actuels : *Répertoire géographique du Canada* (collection publiée par le Comité permanent canadien des noms géographiques, Ottawa) ; *Canada atlas toponymique* (s.l., 1980) ; *Répertoire toponymique du Québec* (publié par la Commission de toponymie, Québec, 1979) et les suppléments parus à la *Gazette officielle du Québec*. Pour les lieux situés en dehors du Canada, nous avons consulté : *Bartholomew gazetteer of Britain*, Oliver Mason, compil. ([Édimbourg, 1977]) ; *Dictionnaire universel des noms propres* […] *le Petit Robert 2*, Paul Robert *et al.*, édit. (3ᵉ éd., Paris, 1977) ; *Grand Larousse encyclopédique* ; *National Geographic atlas of the world*, W. E. Garrett *et al.*, édit. (5ᵉ éd., Washington, 1981).

RAISONS SOCIALES

Les noms des maisons d'éducation, des établissements commerciaux, hospitaliers, philanthropiques, des compagnies et des organismes gouvernementaux ont été établis, dans la plupart des cas, à partir des *Statuts* des différentes provinces. Tout organisme œuvrant au Bas-Canada a été présenté sous sa forme française lorsque celle-ci avait été reconnue juridiquement. Pour le reste du Canada, l'appellation française n'a pas été retenue, sauf dans le cas des départements et ministères des différents gouvernements et des organismes qui leur sont directement rattachés.

TERMINOLOGIE

Dans ce volume, nous avons utilisé la plupart du temps le nom de Canadien dans le sens en usage au XVIIIᵉ siècle et au début du XIXᵉ siècle, qui identifiait ainsi les habitants francophones de la province de Québec. Toutefois, pour éviter l'ambiguïté dans certains textes, nous avons aussi employé Canadien français, comme on a commencé à le faire dans les années 1820. Il faut souligner que le nom de Canadien fut aussi donné par les marchands du réseau du commerce des fourrures aux trafiquants qui venaient de Montréal, qu'ils aient été francophones ou anglophones.

Certains mots ou expressions employés durant la période que couvre le volume VII ont été conservés, même s'ils n'ont plus aujourd'hui le sens qu'ils avaient autrefois. Exemples : paquebot ; marchandises sèches. Le lecteur pourra trouver la plupart de ces termes dans L.-N. Bescherelle, *Dictionnaire national* […] (12ᵉ éd., 2 vol., Paris, 1867) et dans Émile Littré, *Dictionnaire de la langue française* (nouv. éd., 7 vol., Paris, 1959).

Les canadianismes littéraires ou de bon aloi ont aussi été conservés. En outre, on retrouve plusieurs canadianismes populaires qui servent à dénommer des réalités particulières et qui témoignent de tout un héritage culturel. Ils se réfèrent, entre autres, aux domaines du commerce, de la politique, de l'agriculture, de la chasse et de la pêche. Pour leur définition exacte, on consultera L.-A. Bélisle, *Dictionnaire nord-américain de la langue française* (Ottawa, 1979) et *Glossaire du parler français au Canada* (Québec, 1930 ; réimpr., 1968).

D'autres termes sont, pour leur part, des créations ou possèdent encore une signification que ne leur donne aucun dictionnaire usuel de langue française. Ils se rapportent à des domaines d'application spécifiques, notamment la traite des fourrures, et constituent un apport nouveau pour le terminologue. Citons, à titre d'exemple, les mots équipeur, hivernant, voyageur et leurs composés. Le contexte de chaque biographie permettra au lecteur de comprendre le sens de ces termes.

Certains mots d'usage courant à l'époque, mais reconnus aujourd'hui comme des anglicismes, ont été rejetés. Ainsi, l'orateur de la chambre d'Assemblée a fait place au président, l'officier rapporteur au directeur du scrutin et le comté à la circonscription électorale. Toutefois, les raisons sociales ou les noms des maisons d'éducation, des établissements commerciaux, hospitaliers et philanthropiques ont été respectés, même s'ils contenaient des anglicismes.

Des mots anglais ont dû être conservés parce qu'ils n'avaient pas d'équivalents en français. On trouvera dans le Glossaire une explication des différents cas rencontrés.

CITATIONS

Les citations dont la langue originale diffère du texte de la biographie ont été traduites. Les lecteurs du DBC pourront consulter le DCB afin de retrouver l'original des citations traduites. Dans le cas de certaines citations anglaises tirées d'un ouvrage ayant aussi été publié en français, la version française a généralement été retenue. Tout changement apporté à une citation est indiqué entre crochets. On a parfois placé entre crochets le nom d'un personnage de manière à l'identifier de façon plus précise ou à titre de renvoi à une autre biographie.

DATES

Il arrive que malgré de nombreuses recherches il soit impossible de déterminer les dates de naissance et de mort d'un personnage et que seules des années précises de sa vie soient connues. Dans le paragraphe d'introduction et dans les différents index, nous utilisons alors *circa* pour présenter les dates limites de l'activité dont l'exactitude est confirmée par des documents.

BIBLIOGRAPHIE

Chaque biographie est suivie d'une bibliographie particulière. Les titres des ouvrages utilisés fréquemment par les auteurs, les rédacteurs-historiens et les rédactrices-historiennes au cours de la préparation du volume apparaissent en abrégé dans les bibliographies particulières et sont cités au long dans la Bibliographie générale. Plusieurs sigles ont été utilisés dans ces bibliographies, spécialement pour les dépôts d'archives : la liste de ces sigles se trouve aux pages 2 et 1016.

Les bibliographies particulières sont habituellement divisées en cinq sections, tout comme la Bibliographie générale : les sources manuscrites, les sources imprimées comprenant une sous-section pour les journaux de l'époque,

les ouvrages de référence, les études et les thèses, et les périodiques. Lorsque c'est possible, les références aux sources manuscrites renvoient aux documents originaux ; toutefois, si l'auteur a consulté des copies, la provenance de celles-ci sera aussi indiquée.

Aux sources et ouvrages cités par les collaborateurs en bibliographie particulière, d'autres ont souvent été ajoutés par les équipes du DBC/DCB, à Québec et à Toronto, de façon à fournir une plus ample documentation. Dans certains cas, les bibliographies sont commentées par les collaborateurs ; leurs initiales apparaissent alors entre crochets à la fin du commentaire.

Glossaire

Tout comme les autres volumes du DBC, le volume VII contient un certain nombre de termes étrangers, surtout anglais, qui n'ont pas d'équivalents en français. Plusieurs parmi eux ne sont accompagnés d'aucune explication parce que le lecteur est à même d'en comprendre le sens ou d'en retrouver aisément la définition. Tel est le cas de *attorney, barrister, impeachment, rector* et *solicitor,* que certains dictionnaires français retiennent d'ailleurs. D'autres, par contre, peuvent dérouter le lecteur. Les auteurs ou les éditeurs du volume français ont parfois jugé utile d'en expliquer la signification dans le texte même ou de renvoyer le lecteur à une biographie qui en donne la définition.

La liste qui suit contient une série de termes qu'on a cru bon de définir, soit qu'ils constituent des canadianismes introuvables dans les dictionnaires usuels de la langue anglaise, soit qu'ils fassent partie des expressions vieillies. À noter qu'on a omis les termes désignant des formations politiques ou des sectes religieuses, comme *Loyal Electors, New Light, anti-burgher,* dont le lecteur peut facilement trouver la définition dans les biographies du *Dictionnaire* qui traitent de ces réalités ou dans les bons manuels d'histoire.

Ce modeste glossaire constitue une tentative pour éliminer dans la mesure du possible les explications accompagnant les termes étrangers et vise avant tout à faciliter la lecture du volume. Les ouvrages suivants ont servi de base à la définition des termes qu'on a retenus : *A dictionary of canadianisms on historical principles,* W. S. Avis *et al.,* édit. *(Toronto, 1967)* ; *The compact edition of the Oxford English dictionary ; complete text reproduced micrographically* (2 vol., Oxford, Angl., 1971 ; réimpr., 1981) ; *Dictionary of Newfoundland English,* G. M. Story *et al.,* édit. (Toronto, [1982]) ; J. E. Mansion, *Harrap's new standard French and English dictionary,* R. P. L. et Margaret Ledésert, édit. (éd. rév., 4 vol., Londres, 1980), 3–4 ; *The shorter Oxford English dictionary on historical principles,* C. T. Onions *et al.,* édit. (3ᵉ éd., Londres, 1944 ; réimpr. en 2 vol., 1973) ; *Webster's third new international dictionary of the English language unabridged,* P. B. Gove *et al.,* édit. (16ᵉ éd., Springfield, Mass., 1971).

Class leader. Chez les méthodistes, maître chargé de diriger un groupe de fidèles qui désiraient approfondir leurs connaissances religieuses.

Commander. Dans la marine britannique du XVIIIᵉ siècle et des débuts du XIXᵉ siècle, officier dont le grade vient immédiatement après celui de lieutenant de vaisseau.

Custos rotulorum. Juge de paix principal dans un comté, qui a la garde des dossiers et des archives des sessions de la paix.

Escheat. Terme utilisé presque uniquement dans les biographies des personnages de l'Île-du-Prince-Édouard, qui signifie dans ce contexte confiscation des terres. Il se réfère aux terres qui furent concédées dès 1767 à des propriétaires britanniques qui, la plupart du temps, négligèrent de les mettre en valeur ou de remplir les conditions fixées dans les actes de concession. Cette inertie retarda le développement de l'île et, pendant un siècle, fit l'objet de plaintes fréquentes au gouvernement britannique. On demandait, entre autres choses, l'*escheat,* c'est-à-dire la confiscation des terres pour lesquelles les propriétaires n'avaient pas rempli leurs engagements. D'où les expressions : question de l'*escheat,* mouvement en faveur de l'*escheat,* partisan de l'*escheat,* tribunaux d'*escheat.*

Fencible. Volontaire qui ne combat que dans son pays.

Grammar school. École où l'on dispensait un enseignement plus poussé que dans les écoles publiques, lequel devait conduire au collège ; on y exigeait généralement des frais de scolarité.

Nor'Wester. Associé ou employé de la North West Company.

Planter. 1° Colon établi à Terre-Neuve en tant qu'opposé au pêcheur saisonnier venu d'Angleterre. 2° Pêcheur et propriétaire d'une pêcherie ou d'un petit bateau de pêche. Financé par un marchand, il engage un équipage à qui il offre une part des profits en guise de salaire. 3° Pêcheur saisonnier de Terre-Neuve qui fait la pêche estivale sur la côte du Labrador à partir d'un havre ou d'un établissement de pêche. 4° (rare) Colon de la côte du Labrador, né de parents européens ou de sang-mêlé (européen-inuit), qui s'adonne à la pêche et au trappage.

Post captain. Dans la marine britannique, capitaine d'un très gros navire.

Surrogate. 1° À Terre-Neuve, officier de marine nommé par le gouverneur pour exercer les fonctions de juge. Les *surrogates* jouent un grand rôle dans l'administration embryonnaire de l'île à ses débuts, se substituant souvent au gouverneur lui-même. Tribunal de *surrogate* : tribunal présidé par un *surrogate.* 2° Dans les autres provinces, juge qui préside la cour chargée de la vérification et de l'homologation des testaments.

Tacksman. Dans les Highlands d'Écosse, sorte d'intermédiaire qui loue une vaste pièce de terre d'un grand propriétaire et qui la sous-loue ensuite à plusieurs locataires.

BIOGRAPHIES

Sigles

AAQ	Archives de l'archidiocèse de Québec
AC	Archives civiles
ACAM	Archives de la chancellerie de l'archevêché de Montréal
AD	Archives départementales
ADB	*Australian dictionary of biography*
ANC	Archives nationales du Canada
ANQ	Archives nationales du Québec
AO	Archives of Ontario
AP	Archives paroissiales
APC	Archives publiques du Canada
APNB	Archives provinciales du Nouveau-Brunswick
ASN	Archives du séminaire de Nicolet
ASQ	Archives du séminaire de Québec
ASSH	Archives du séminaire de Saint-Hyacinthe
ASSM	Archives du séminaire de Saint-Sulpice, Montréal
ASTR	Archives du séminaire de Trois-Rivières
AUM	Archives de l'université de Montréal
AVQ	Archives de la ville de Québec
BL	British Library
BRH	*Le Bulletin des recherches historiques*
BVM-G	Bibliothèque de la ville de Montréal, Salle Gagnon
CHR	*Canadian Historical Review*
CTA	City of Toronto Archives
DAB	*Dictionary of American biography*
DBC	*Dictionnaire biographique du Canada*
DBF	*Dictionnaire de biographies françaises*
DHB	*Dictionary of Hamilton biography*
DNB	*Dictionary of national biography*
DOLQ	*Dictionnaire des œuvres littéraires du Québec*
DPL	Detroit Public Library
EEC	Église épiscopale du Canada
GRO	General Register Office
HBC	Hudson's Bay Company
HBCA	Hudson's Bay Company Archives
HBRS	*Hudson's Bay Record Society, Publications*
HPL	Hamilton Public Library
HS	*Histoire sociale*
MAC-CD	Ministère des Affaires culturelles, Centre de documentation
MHA	Maritime History Archives
MTRL	Metropolitan Toronto Reference Library
NLS	National Library of Scotland
NMM	National Maritime Museum
NWC	North West Company
OH	*Ontario History*
PABC	Provincial Archives of British Columbia
PAM	Provincial Archives of Manitoba
PANL	Provincial Archives of Newfoundland and Labrador
PANS	Public Archives of Nova Scotia
PAPEI	Public Archives of Prince Edward Island
PRO	Public Record Office
QUA	Queen's University Archives
RHAF	*Revue d'histoire de l'Amérique française*
RHL	Rhodes House Library
SCHEC	Société canadienne d'histoire de l'Église catholique
SGCF	Société généalogique canadienne-française
SHC	Société historique du Canada
SOAS	School of Oriental and African Studies
SRC	Société royale du Canada
SRO	Scottish Record Office
UCC	United Church of Canada
UNBL	University of New Brunswick Library
USPG	United Society for the Propagation of the Gospel
UTFL	University of Toronto, Thomas Fisher Rare Books Library
UWOL	University of Western Ontario Library

Biographies

A

ABISHABIS (Small Eyes), chef religieux cri ; décédé le 30 août 1843 à Severn House (Fort Severn, Ontario).

En 1842–1843, un puissant mouvement religieux se répandit, telle une traînée de poudre, parmi les Indiens cris qui vivaient dans la région comprise entre le fort Churchill (Churchill, Manitoba) et la rivière Moose (Ontario). Les annales de poste et la correspondance de la Hudson's Bay Company, ainsi que les documents de George Barnley, missionnaire méthodiste à Moose Factory (Ontario), permettent de retracer assez bien l'ascension et la chute rapides du grand prophète de ce mouvement, Abishabis.

On relève pour la première fois un bouleversement dans l'activité religieuse des Cris au fort Churchill et à Severn House dans les derniers mois de 1842, soit en même temps que s'étendait l'influence du missionnaire méthodiste James EVANS, établi depuis deux ans à Norway House (Manitoba). Ainsi, le 4 septembre 1842, à Severn House, John Cromartie notait à propos des Indiens rassemblés à cet endroit : « ils m'exaspèrent [...] parce que chanter des psaumes et peindre des livres ont été leurs seules occupations depuis trois semaines ». Le 15 septembre, ils ne faisaient « rien d'autre que hurler et chanter nuit et jour au lieu de chasser l'oie ». Dès la fin d'octobre, les Indiens étaient plus nombreux ; « les bois retentissent [...] de leur musique, écrivait Cromartie, et en même temps ils ont le ventre vide et je crains qu'il n'en soit encore ainsi [...] s'ils continuent d'agir comme ils l'ont fait depuis le début de l'automne ».

Le 6 octobre 1842, à Moose Factory, Barnley fut lui aussi témoin de manifestations d'exaltation religieuse, celles-là liées explicitement aux activités d'Evans. Deux Indiens venus de Severn House lui demandèrent de « déchiffrer un passage écrit par un Indien [... où] les caractères employés [étaient] de l'invention du rév. J. Evans ». Comme il ne connaissait pas encore ce nouveau code syllabique, Barnley échoua, ce qui renforça peut-être l'influence des Cris qui, eux, le possédaient. Il nota plus tard qu'Abishabis et ses compagnons avaient ajouté à leur répertoire symbolique d'autres textes et cartes, ainsi que des pictogrammes gravés sur bois.

Le mouvement s'étendit au cours de l'hiver de 1842–1843, et sa vigueur se manifesta à l'évidence au fort Albany (Fort Albany, Ontario) lorsque les Indiens s'y réunirent au printemps. Le 8 juin, George Barnston*, fonctionnaire de la Hudson's Bay Company et responsable du fort, jugea nécessaire de réunir ses chasseurs cris pour leur parler d'Abishabis (qu'on appelait Jésus-Christ) et de Wasiteck (« la Lumière ») qui, croyaient les chasseurs, étaient « allés au ciel et en [étaient] revenus afin de dispenser bienfaits et enseignements à leurs frères ». Il affirma que « ces imposteurs [...] se faisaient passer pour des personnages que les Indiens ne connaissaient pas avant d'avoir entendu prêcher les missionnaires ». Il qualifia leurs prétentions, notamment celle de pouvoir indiquer le « chemin du paradis » en traçant des lignes sur du papier ou du bois, de mensonges et de « ruses du Diable ». Sur ce, les Indiens lui répondirent qu'ils abandonneraient « ces idées folles » et lui remirent une feuille où était dessiné le chemin du paradis pour qu'elle soit brûlée par « la prêtresse, une vieille femme venue à pied d'York Factory l'automne précédent ». Le mouvement inquiétait Barnston et d'autres employés de la Hudson's Bay Company pour deux raisons : ses adeptes se désintéressaient de la chasse aux animaux à fourrure, de sorte que la traite en souffrait, et certains, disait-on, étaient si absorbés par leur nouvelle foi qu'ils renonçaient à toute activité et se laissaient mourir de faim. Ce fut notamment le cas d'un Indien du fort Albany qui, selon les mots de Barnston, « se fiait, pour tous ses besoins, aux *cartes* des chemins du ciel et de l'enfer qu'il avait en sa possession. Ces rayures insignifiantes, faites sur du papier ou du bois [...], il ne cessa pas de [les] regarder, à compter du moment où il planta sa tente à l'automne jusqu'à l'heure de sa mort. »

Au milieu de 1843, en partie à cause de l'opposition de la Hudson's Bay Company, le mouvement devint moins visible dans la région comprise entre le fort Churchill et York Factory. Abishabis lui-même, disait-on, perdait de l'influence. Selon James Hargrave*, il avait, à titre de prophète, prélevé auprès de ses fidèles une grande quantité de « tributs constitués de vêtements, d'armes et de munitions ». Cependant, sa popularité déclina après qu'il leur eut réclamé cinq ou six femmes : « certains donn[èrent] leurs filles et d'autres [furent] obligés de lui céder leur compagne », avec un supplément de matériel. Hargrave

Abrams

apprit au printemps de 1843, à York Factory, qu'Abishabis était « dans une situation de mendicité aussi grande que celle dont il s'était sorti au début ».

En juillet 1843, rejeté et désespéré, Abishabis assassina une famille d'Indiens dans la région d'York Factory et vola tous ses biens, manifestement pour assurer sa subsistance pendant qu'il retournait chez lui, dans le district de Severn. Il arriva à Severn House le 9 août, mais trois jours plus tard John Cromartie le mit aux fers. Les Indiens de l'endroit, informés de son crime, « se plaignaient de ce qu'il les menaçait [de se venger] s'ils ne satisfaisaient pas à ses demandes en lui donnant, entre autres, de la nourriture, et ils craignaient même de quitter les lieux pendant qu'il y était ». Le 13 août, Cromartie lui permit de s'enfuir, tout en espérant qu'il allait « quitter les environs une fois libéré ». Toutefois, il ne s'absenta pas longtemps : le 28 août, il était de nouveau sous les verrous. Le 30, trois de ses compatriotes décidèrent de se faire justice : ils le tirèrent de sa prison, lui ouvrirent le crâne d'un coup de hache et brûlèrent son cadavre dans une île voisine « pour s'assurer de ne pas être hantés par un « windigo », esprit cannibale associé aux humains dangereux.

Dans la région du fort Albany, le mouvement conserva des fidèles pendant une bonne partie de l'hiver suivant, surtout chez les Indiens de l'arrière-pays qui ignoraient la mort d'Abishabis. Thomas Corcoran, responsable à Albany, prévint ses collègues de Moose Factory et de Martin Falls (Ontario) de surveiller les manifestations du mouvement et se plaignit au gouverneur sir George Simpson* de ses effets sur la traite. Assuré par Hargrave que la mort d'Abishabis avait « tout à fait neutralisé le ferment » dans le Nord, Simpson informa Corcoran qu'il n'y avait plus guère lieu de s'inquiéter.

Cependant, le mouvement persista parmi les Cris. En février 1844, de retour à Moose Factory après une absence, Barnley découvrit que les Indiens étaient toujours sous la « pernicieuse influence » des doctrines d'Abishabis. En août, il apprit que « le ramassis d'absurdités et de faussetés conçu à Severn » se répandait parmi les Cris de la côte est de la baie d'Hudson et de la baie James. Le révérend William Mason rencontra à Norway House pendant l'hiver de 1847–1848 un Cri dénommé James Nanoo, qui disait avoir été ordonné ministre de la nouvelle religion. Il semble cependant que, conscients de la désapprobation de la Hudson's Bay Company et des missionnaires, la plupart des adeptes en vinrent à dissimuler toute manifestation de leur foi, synthèse originale des religions crie et chrétienne. Aussi ne trouve-t-on guère d'allusions écrites à ce sujet au cours des années suivantes.

Dans les années 1930, l'anthropologue John Montgomery Cooper découvrit, en écoutant ses informateurs de Moose Factory, qu'il subsistait des traditions orales bien vivantes concernant le mouvement, même si son message avait été modifié. Sauf son nom de famille, les Indiens avaient tout oublié de Barnley, premier missionnaire de l'endroit, et attribuaient à Abishabis et à ses compagnons le mérite de les avoir initiés au christianisme.

JENNIFER S. H. BROWN

APC, MG 19, A21, James Hargrave corr., Robert Harding à Hargrave, 23 juin 1843 ; MG 24, J40 (mfm). — PAM, HBCA, B.3/a/148: f° 22 ; 149 : f° 30 ; B.3/b/70 : f°s 9–10, 19, 27, 45 ; B.42/a/177 : f°s 3, 6, 17 ; B.198/a/84 : f°s 9–10, 13 ; 85 : f°s 5–6, 8, 13 ; B.239/a/157 : f° 50 ; 163 : f° 4 ; D.5/9 : f°s 308–309. — SOAS, Methodist Missionary Soc. Arch., Wesleyan Methodist Missionary Soc., corr., Canada, William Mason, « Extracts from my journal », 1847–1848 (mfm à l'UCC-C). — UWOL, Regional Coll., James Evans papers. — J. S. H. Brown, « The track to heaven : the Hudson's Bay Cree religious movement of 1842–1843 », Papers of the thirteenth Algonquian conference, William Cowan, édit. (Ottawa, 1982), 53–63. — J. S. Long, « Shaganash » : early Protestant missionaries and the adoption of Christianity by the Western James Bay Cree, 1840–1893 » (thèse de D. ED., Univ. of Toronto, 1986). — J. M. Cooper, « The Northern Algonquian Supreme Being », Primitive Man (Washington), 6 (1933) : 41–111. — N. J. Williamson, « Abishabis the Cree », Studies in Religion (Waterloo, Ontario), 9 (1980) : 217–241.

ABRAMS, WILLIAM, homme d'affaires, juge de paix, juge, fonctionnaire et officier de milice, né vers 1785 à Plymouth, Angleterre ; en 1807, il épousa Sarah Trigholon, et ils eurent deux fils et huit filles ; décédé le 6 février 1844 à Newcastle, Nouveau-Brunswick.

En 1818, William Abrams, qui était dans les affaires à Greenock, en Écosse, décida de s'établir dans la région de la Miramichi, au Nouveau-Brunswick, pour ouvrir un établissement commercial. En février 1819, il y loua des magasins pour 12 mois puis quitta l'Écosse sans délai pour Miramichi. Sa famille le suivit peu après, et ils s'installèrent à Rosebank (Nordin). Moins de quatre semaines après son arrivée, il achetait des biens pour une valeur de plus de £1 300 et fondait la William Abrams and Company. Ses cinq associés résidaient tous en Écosse. Après la dissolution de la compagnie en 1830, Abrams continua seul dans les affaires jusqu'à sa mort.

La compagnie avait des magasins à Chatham et à Newcastle, mais son principal établissement se trouvait à Rosebank, où Abrams avait deux vastes magasins et un chantier naval prospère. Ayant fait venir d'Écosse des artisans qualifiés, il dirigeait dès 1825 le plus grand chantier naval de la rivière Miramichi. Il n'existe malheureusement pas de documents sur les navires construits avant 1822, mais à partir de cette année-là et jusqu'en 1832 Abrams en construisit 12 d'une valeur totale de £34 570. De 1833 à sa mort, au moins 15 autres navires sortirent de son chantier. Au moment de l'incendie de Miramichi, en octobre 1825, il avait deux navires sur cale qui furent détruits, tout comme ses magasins et des marchandises d'une valeur de £9 354. Le total de ses pertes fut estimé à £40 000, ce qui correspondait à celles du plus gros exportateur de bois de la région, la Gilmour, Rankin and Company. Pire encore, deux de ses enfants moururent après avoir été brûlés et exposés au froid.

Abrams fit partie du comité d'aide aux victimes de l'incendie avec, entre autres, Alexander Rankin* et Francis PEABODY. Il s'employa à rebâtir son entreprise, et en 1826, son chantier naval de Rosebank reconstruit, il lançait le *Phoenix*. Son maître constructeur était John Harley* qui, en 1834, construisit deux navires pour lui sans « recourir à des spiritueux » ; jusque-là, c'était la coutume de payer une partie du salaire en alcool, que les hommes buvaient en travaillant.

Homme d'affaires actif, Abrams joua aussi un rôle au sein de sa communauté. Nommé juge de paix en 1821, il devint juge à la Cour inférieure des plaids communs en 1824. Il fut élu en 1826 président de la chambre de commerce de Miramichi, dont il était l'un des fondateurs. En 1828, il était membre de la Chatham Joint Stock Company, dont le but était de vendre des lots dans la ville. Deux ans plus tard, il devint commissaire du Seaman's Hospital de Douglastown (son gendre John Thomson* en serait le surintendant pendant de nombreuses années). Commissaire du phare qui allait être construit dans l'île St Paul en 1830, il superviserait en 1841 la construction d'un autre à la pointe Escuminac, avec Rankin et Joseph Cunard*. Capitaine dans le 2nd battalion of the Northumberland County militia au début des années 1830, il fut aussi capitaine du port de Miramichi de 1832 à 1835. En 1833, il entra au bureau de santé du comté de Northumberland et devint commissaire chargé des bouées du port et du havre de Miramichi ainsi que de celles de la rivière du même nom. De plus, en 1836, il contribua à l'ouverture d'une succursale de la Banque de l'Amérique septentrionale britannique à Newcastle et fut à la fin des années 1830, avec le constructeur de navires Joseph Russell*, l'un des promoteurs de la Miramichi Bank, qui ne vit jamais le jour. Enfin, il était membre des sociétés d'agriculture de la région et donna un terrain à la ville de Chatham pour la construction d'un hôpital.

Abrams tenta d'entrer à la chambre d'Assemblée en 1827 en se présentant à l'un des deux sièges de la circonscription de Northumberland. Il avait comme adversaires deux de ses amis intimes, Rankin et Richard SIMONDS. Ayant essuyé une défaite sans équivoque, il n'essaya plus jamais d'accéder à la scène politique.

Marchand prospère, membre de l'élite locale, William Abrams fut aussi, parmi les premiers constructeurs de navires du Nouveau-Brunswick, l'un des plus importants.

WILLIAM A. SPRAY

APNB, MC 216/15, notes sur William Abrams. Ce document est rempli d'erreurs. [w. a. s.] ; RG 3, RS538, B5 ; RG 4, RS24, S28-P35 ; S36-P31 ; RG 10, RS108, William Abrams, 20 juin 1823. — Northumberland Land Registry Office (Newcastle, N.-B.), Registry books, 14 : 248–250 ; 15 : 116–119 ; 27 : 437–446 ; 30 : 193–195 ; 31 : 309–313 (mfm aux APNB). — Robert Cooney, *A compendious history of the northern part of the province of New Brunswick and of the district of Gaspé, in Lower Canada* (Halifax, 1832 ; réimpr., Chatham, N.-B., 1896), 86, 96, 109. — [Beamish Murdoch], *A narrative of the late fires at Miramichi, New Brunswick [...]* (Halifax, 1825), 17, 28, 43. — *Gleaner* (Miramichi [Chatham]), 14 sept. 1830, 15 févr., 2 août 1831, 28 févr., 3 avril, 5 juin 1832, 7 mai 1833, 13 mai 1834, 19 mai, 8 sept. 1835, 19 déc. 1837, 7 févr. 1844. — *Mercury,* 21 févr. 1826, 5, 26 juin, 3 juill. 1827. — *Royal Gazette* (Fredericton), 7 avril, 8 sept. 1830, 17 avril 1833, 18 juill. 1838. — J. A. Fraser, *By favourable winds : a history of Chatham, New Brunswick* ([Chatham], 1975), 30, 56, 60, 140, 157–158, 170–171. — Louise Manny, *Ships of Miramichi : a history of shipbuilding on the Miramichi River, New Brunswick, Canada, 1773–1919* (Saint-Jean, N.-B., 1960).

ACHESON, ARCHIBALD, 2e comte de GOSFORD, administrateur colonial, né le 1er août 1776 en Irlande, fils aîné d'Arthur Acheson, 1er comte de Gosford, et de Millicent Pole ; le 20 juillet 1805, il épousa à Londres Mary Sparrow, et ils eurent un fils et deux filles ; décédé le 27 mars 1849 dans son domaine de Markethill (Irlande du Nord).

Archibald Acheson était issu d'une famille protestante d'origine écossaise qui s'était établie en Irlande en 1610. Comme les fils de bien des pairs d'Irlande, il fit ses études en Angleterre : l'University of Oxford lui décerna un baccalauréat ès arts en 1796 et une maîtrise ès arts l'année suivante. Au cours de la répression de la rébellion irlandaise de 1798, il servit à titre de lieutenant-colonel dans la milice du comté d'Armagh (Irlande du Nord). La même année, il fut élu à la chambre des Communes d'Irlande comme député de ce comté, où sa famille avait son domaine. En 1800, il s'opposa en vain à la loi unissant l'Irlande à la Grande-Bretagne ; l'année suivante, en vertu de cette même loi, il devint député à la chambre des Communes britannique. En 1807, il abandonna son siège pour succéder à son père à titre de comte de Gosford et, en 1811, il fut élu à la chambre des Lords à titre de représentant des pairs d'Irlande. Beau-frère de lord William Cavendish Bentinck, il était lié à une puissante famille de whigs et soutint ce parti avec constance au Parlement. Lorsque les whigs prirent le pouvoir, il obtint plusieurs nominations.

5

Acheson

Même si Gosford était issu de l'establishment protestant et défendait « la cause protestante », il préconisait le partage du pouvoir avec la majorité catholique en Irlande. En 1825, il s'opposa au projet de loi qui bannissait la Catholic Association de Daniel O'Connell. Quatre ans plus tard, il vota en faveur de l'émancipation des catholiques et, en 1833, il appuya l'assaut lancé par le gouvernement whig contre les privilèges de l'Église d'Irlande, reconnue comme l'Église établie dans ce pays. Il appuyait également le programme lancé par les whigs en vue d'accroître le nombre de catholiques dans la magistrature. Qualifié de « gentleman généreux, aimable et libéral », il vota pour le *Reform Bill* en 1832 et pour l'émancipation des Juifs, avec une minorité de députés, en 1833. Il critiquait ouvertement l'ordre d'Orange, responsable selon lui d'une bonne part des frictions religieuses en Irlande. Lord-lieutenant du comté d'Armagh à compter de 1831, il chercha à maintenir la paix à une époque de plus en plus violente en faisant appel à la force constabulaire irlandaise, constituée depuis peu, plutôt qu'aux troupes régulières. Accusé aux Communes de faire montre de favoritisme envers les catholiques, il fut défendu par Joseph Hume ainsi que par O'Connell selon qui Gosford n'avait montré « nul esprit de parti ». Comme les whigs se maintenaient au pouvoir grâce à l'appui des députés radicaux et de ceux du parti irlandais, la popularité de Gosford auprès de ces deux groupes explique en partie sa nomination, le 1er juillet 1835, au poste de gouverneur en chef de l'Amérique du Nord britannique. Mais il fut choisi aussi parce que les ministres espéraient le voir appliquer avec succès dans le Bas-Canada les techniques de conciliation si brillamment employées en Irlande. Pour avoir bien voulu accepter cette nomination, on l'avait fait accéder le 13 juin à la pairie du Royaume-Uni sous le titre de baron Worlingham.

Comme Gosford était civil, contrairement à ses prédécesseurs, il ne fut pas nommé commandant des troupes du Canada, mais se vit attribuer une autorité exceptionnelle sur les lieutenants-gouverneurs des colonies voisines, qui reçurent copie de ses instructions. En outre, il fut placé à la tête d'une commission d'enquête sur les problèmes politiques du Bas-Canada dont étaient également membres sir Charles Edward Grey, auparavant juge en Inde, et sir George Gipps, qui avait servi aux Antilles. Thomas Frederick Elliot, responsable du Département des affaires nord-américaines au ministère des Colonies, en avait été détaché pour servir de secrétaire à la commission et devint commissaire en fait, sinon en titre. Les instructions du secrétaire d'État aux Colonies, lord Glenelg, précisaient bien que les commissaires étaient en « mission de paix et de conciliation ». Ils devaient trouver une solution au conflit qui opposait l'exécutif et la chambre d'Assemblée et qui avait à peu près paralysé le gouvernement du Bas-Canada. Cepen-dant, le roi Guillaume IV était intervenu pour restreindre leur liberté d'action : ils n'avaient pas le droit de discuter des avantages et inconvénients qu'il y aurait à rendre électif le Conseil législatif.

Gosford prit la tête du gouvernement bas-canadien le 24 août 1835. Comme son prédécesseur lord Aylmer [WHITWORTH-AYLMER] avait été de plus en plus identifié au parti des bureaucrates, ou parti constitutionnaliste, Gosford le fréquenta le moins possible jusqu'à son départ le mois suivant. Ensuite, il tint une série de dîners et de bals somptueux où il se tailla une réputation de « bon vivant » et réserva tous les égards aux principaux membres du parti patriote et à leurs femmes. Suspect à bien des patriotes, Gosford était tout de même assez populaire au moment de l'ouverture de la session, en octobre 1835, pour empêcher leur chef Louis-Joseph Papineau* de convaincre la chambre de se disperser en attendant d'avoir obtenu gain de cause sur l'ensemble des Quatre-vingt-douze Résolutions. Il promit dans son discours d'ouverture que des réformes seraient adoptées « avec promptitude, impartialité et fermeté ». Au cours de la session, il répondit favorablement à 67 des 72 adresses de l'Assemblée et réserva la sanction d'un seul projet de loi sur 59. La presse anglophone lui reprocha vivement son attitude, Adam Thom*, rédacteur en chef du *Montreal Herald*, se montrant particulièrement offensant dans une série d'articles intitulée « Anti-Gallic letters ». Papineau et ses partisans éprouvèrent du mécontentement lorsqu'ils virent Gosford refuser de démettre de leur poste plusieurs fonctionnaires impopulaires avant que leur conduite n'ait fait l'objet d'un examen complet et impartial. Néanmoins, le gouverneur parvint à gagner l'appui d'un certain nombre de patriotes modérés [V. George Vanfelson*] et prédit que l'Assemblée voterait les crédits.

Le premier rapport de la commission Gosford, présenté en janvier 1836, reflétait cette présomption. Le document, qui portait sur la question critique des finances coloniales, était l'œuvre de Gipps, figure dominante de la commission et porte-parole de Gosford auprès des patriotes dans les négociations sur les subsides. Convaincu que le « pouvoir immodéré » de la chambre découlait de la « résistance malavisée » qu'elle avait rencontrée dans des cas où ses demandes étaient justifiées, Gipps recommandait de lui concéder tous les revenus de la couronne en échange d'une liste civile extrêmement modeste. Comme il arriverait souvent par la suite, les commissaires prirent des positions adverses : Gosford et Elliot appuyèrent la proposition, mais Grey souligna qu'il fallait une liste civile beaucoup plus consistante pour assurer l'indépendance de l'exécutif et apaiser les craintes légitimes de la minorité britannique. L'Assemblée n'étudia jamais sérieusement le rapport. Au début de 1836, le nouveau lieutenant-gouverneur du Haut-Canada, sir

Francis Bond Head*, remit sa copie des instructions de Gosford à l'Assemblée de sa province. Quand on apprit dans le Bas-Canada que les commissaires ne pouvaient pas accepter un Conseil législatif électif ni abandonner inconditionnellement les revenus de la couronne, bien des patriotes modérés retournèrent dans le giron de Papineau. En février, « un changement soudain » se produisit dans les sentiments de l'Assemblée : elle refusa de voter des arrérages de salaire dus à des fonctionnaires qui n'avaient pas été payés depuis près de trois ans, adopta un projet de loi de finances valide pour six mois que le Conseil législatif ne put rejeter tant il était contestable et réitéra son appui aux Quatre-vingt-douze Résolutions. En mars, Papineau et ses partisans quittèrent la chambre, de sorte que le quorum n'était plus atteint. Gosford prorogea le Parlement le 21 mars et puisa dans les revenus imprévus et fonciers pour payer les dépenses les plus pressantes. Un règlement satisfaisant de la crise financière était, admit-il, « aussi lointain et plus improbable que jamais ».

C'est sur ce même ton pessimiste que fut rédigé à la mi-mars 1836 le deuxième rapport de la commission. Ses auteurs prédisaient avec réalisme que l'Assemblée ne voterait jamais les crédits à moins que toutes ses exigences ne soient satisfaites, mais ils sentaient qu'y céder entraînerait la création d'« une république française au Canada ». En conséquence, ils recommandaient d'abroger la loi de 1831 sur le revenu, qui avait cédé au Parlement le contrôle des revenus substantiels réservés à la couronne en 1774 par la loi de la province de Québec sur le revenu ; ainsi l'exécutif disposerait de fonds suffisants pour maintenir les services essentiels du gouvernement. Les commissaires ne s'entendaient toutefois pas sur les détails : Gosford, Gipps et Elliot estimaient qu'il fallait abroger la loi pour une période limitée, le temps de convaincre la chambre de reconsidérer sa position, tandis que Grey souhaitait une abrogation d'une durée indéfinie. À Londres, le secrétaire à la Guerre, lord Howick, qui à titre de sous-secrétaire aux Colonies en 1831 avait rédigé le projet de loi et l'avait défendu au Parlement, força Glenelg à refuser l'abrogation. Selon Howick, les commissaires étaient trop divisés pour être d'une utilité quelconque, mais il ne put convaincre le cabinet de les remplacer par « un gouverneur réellement compétent », qui aurait eu de vastes pouvoirs et des instructions précises, ni de leur donner des instructions qui auraient augmenté leurs chances d'aboutir dans leurs négociations avec l'Assemblée. L'influence négative de Howick plaça Gosford dans une impasse : seule l'Assemblée pouvait voter des crédits, mais il ne pouvait accepter les conditions qu'elle posait pour le faire.

Gosford persévéra dans ses efforts de conciliation. En février 1836, il donna à Elzéar BÉDARD, qui avait présenté à l'Assemblée les Quatre-vingt-douze Réso-lutions du parti patriote, un poste vacant de juge, même s'il n'occupait que le vingt-quatrième rang d'ancienneté au barreau. En avril, il soumit à Glenelg une liste de dix candidats au Conseil législatif dont sept appartenaient au parti majoritaire à l'Assemblée. Il souhaitait également modifier la composition du Conseil exécutif qui ne lui inspirait guère confiance. Au début de mai, dans leur troisième rapport, les commissaires rejetèrent l'idée de rendre le Conseil exécutif responsable devant l'Assemblée et suggérèrent plutôt que ses membres conservent leur siège à la discrétion du gouverneur et non pas aussi longtemps que leur conduite serait bonne. Comme d'habitude, Grey différa d'opinion ; il craignait que ce changement ne force le gouverneur à choisir ses conseillers dans le parti qui dominerait l'Assemblée. Le 5 mai, souhaitant restructurer immédiatement le conseil, Gosford soumit à Glenelg une liste de 14 candidats où figuraient notamment des patriotes aussi éminents que René-Édouard Caron*, Hector-Simon HUOT, Pierre-Dominique DEBARTZCH et Augustin-Norbert Morin*, tous de tendance modérée sauf Morin peut-être, qui adoptait de plus en plus les vues de Papineau. Au cours de l'été de 1836, en attendant une réponse à ses recommandations, Gosford entreprit une grande tournée de la province. « Je ne me suis jamais trouvé dans un pays où le confort était aussi généralisé et les habitants aussi paisibles, heureux et satisfaits », rapporta-t-il. Lorsqu'il reçut la réponse attendue, il fut consterné d'apprendre que Glenelg ne ferait aucune modification au Conseil législatif et au Conseil exécutif avant que les commissaires n'aient terminé leur enquête et qu'un règlement global puisse être offert à l'Assemblée. Il convoqua de nouveau le Parlement le 22 septembre mais, dès le 30, l'Assemblée ajourna ses travaux jusqu'à l'entière satisfaction de ses exigences. Gosford prorogea le Parlement et souligna à Glenelg que d'importantes lois sur le commerce et les banques viendraient à échéance si le gouvernement impérial n'intervenait pas.

Le 15 novembre 1836, les membres de la commission Gosford déposèrent leur rapport final. Ils concluaient que la Grande-Bretagne ne serait pas justifiée de modifier le régime électoral de la colonie pour accroître le nombre de députés britanniques. D'un autre côté, ils soulignaient que, puisque les Britanniques ne voulaient pas d'un Conseil législatif électif et que cette modification, à elle seule, ne satisferait pas les Canadiens français, il fallait seulement procéder à des réformes mineures et à de nouvelles nominations. Conscients que l'Assemblée accueillerait mal cette décision, les commissaires suggérèrent encore d'abroger la loi de 1831 sur le revenu pour mettre des fonds à la disposition de l'exécutif. Ils recommandèrent aussi que le Parlement britannique rejette les réclamations extrêmes de l'Assemblée. Comme on pouvait le prévoir, Grey présenta

Acheson

son propre rapport : il préconisait des changements substantiels au régime électoral afin de renforcer la position de la minorité britannique à l'Assemblée.

Au terme d'un long débat, le cabinet accepta les recommandations de la commission Gosford, à l'exception de celle qui portait sur l'abrogation de la loi sur le revenu. Le 6 mars 1837, lord John Russell déposa aux Communes dix propositions qui exposaient le programme du gouvernement ; elles étaient beaucoup plus conciliantes que coercitives. Le gouvernement ne demandait pas au Parlement britannique de donner à l'exécutif une source permanente de revenus, mais seulement de l'autoriser à puiser dans le trésor colonial de quoi payer les arrérages dus aux fonctionnaires. Glenelg promettait que dorénavant seuls les revenus imprévus et fonciers serviraient à payer les dépenses pour lesquelles l'Assemblée ne voterait pas de crédits. La seule autre ingérence du gouvernement dans les pouvoirs de l'Assemblée serait une mesure pour prolonger la durée des lois sur le commerce et les banques qui n'auraient pas été renouvelées. Plusieurs propositions, dont une qui promettait de ne pas établir de compagnies de colonisation sans l'approbation de l'Assemblée, montraient que le gouvernement désirait parvenir à une entente. Même s'il s'opposait à l'électivité du Conseil législatif et à la responsabilité du Conseil exécutif, il promettait d'appliquer les réformes recommandées par la commission Gosford.

En juin 1837, Gosford soumit de nouveau les noms de ceux qu'il souhaitait voir siéger aux conseils. Plusieurs candidats avaient été écartés parce qu'ils avaient déclaré ouvertement leur opposition aux résolutions de Russell, mais ceux qu'il proposait appartenaient pour la plupart au parti patriote ; et Gosford prédit donc que l'Assemblée voterait les crédits si ces nominations étaient confirmées. Cependant, la dépêche de Glenelg les confirmant arriva trop tard : l'Assemblée, convoquée pour voter les crédits et devancer par le fait même l'affectation des fonds coloniaux par le Parlement, s'était réunie, avait refusé de voter les crédits et avait été prorogée.

Gosford n'était ni un incompétent au grand cœur ni le « vil hypocrite » que dépeignaient ses critiques. Il espérait créer dans le Bas-Canada une alliance entre les modérés des deux partis et maintenir l'équilibre du pouvoir, comme le gouvernement whig le faisait en Irlande entre les catholiques et les protestants. Là-bas, la politique des whigs consistait à distribuer des faveurs aux protestants libéraux et aux catholiques afin de corriger un déséquilibre historique aux niveaux supérieurs de l'administration. Gosford poursuivit le même but. Il augmenta les nominations de Canadiens français dans le domaine judiciaire et la magistrature, insista pour qu'un juge en chef et un commissaire des Terres de la couronne soient choisis parmi eux et leur donna la majorité au Conseil exécutif ainsi qu'une majorité virtuelle au Conseil législatif. Il accrut

substantiellement le nombre de ceux qui occupaient une charge rémunérée. En outre, il refusa d'autoriser le cumul des fonctions, de fermer les yeux sur le népotisme et de nommer à des postes importants des gens connus pour leur antipathie envers les Canadiens français. Mais le Bas-Canada n'était pas l'Irlande. Dans les années 1830, O'Connell et l'élite catholique, conscients de n'avoir rien à gagner d'un affrontement avec les autorités impériales, coopéraient avec les whigs. Moins au fait de la politique impériale qu'O'Connell et aiguillonné par des radicaux anglais comme John Arthur Roebuck*, Papineau exigeait que son parti puisse diriger la colonie par l'intermédiaire de l'Assemblée et avait la folie de croire que la Grande-Bretagne céderait. Conscient de l'extrémisme de Papineau, Gosford continua ses efforts pour miner le leadership de celui-ci en persuadant l'élite canadienne-française qu'elle atteindrait la plupart de ses objectifs par la modération et le partage du pouvoir. Il exploita habilement les divisions qui régnaient au sein du parti patriote, alliance d'hommes politiques de Québec, de Montréal et des différentes régions, qui ne s'entendaient pas sur le degré d'affrontement que le parti devait rechercher. Au cours de sa première année, il avait gagné à sa cause des hommes politiques de Québec. Il sut également tirer parti de l'antagonisme entre les patriotes radicaux et la hiérarchie catholique en collaborant harmonieusement avec Jean-Jacques LARTIGUE et Ignace Bourget* ; il confirma la nomination de Lartigue comme premier évêque de Montréal et approuva celle de Bourget comme coadjuteur de l'évêque. Cependant, il ne parvint pas à arracher à Papineau la maîtrise de l'Assemblée, quoique ses tactiques aient probablement contribué par la suite à limiter les appuis à la rébellion.

L'indécision du gouvernement whig contribua sans aucun doute à l'échec de Gosford en renforçant chez bien des patriotes la conviction que la Grande-Bretagne céderait. Cependant, même sans ce handicap, Gosford n'aurait probablement pas réussi. Il avait constamment sous-estimé l'appui dont bénéficiait Papineau. De plus, une fois les résolutions de Russell adoptées, obtenir le soutien des modérés lui était moins utile qu'auparavant : il ne pouvait pas confier de charges à ceux qui rejetaient ces résolutions et ceux qui les défendaient étaient traités de « vendus ». Dès l'été de 1837, le gouvernement ne pouvait plus maintenir l'ordre dans les campagnes. En septembre, Gosford destitua 18 magistrats et 35 officiers de milice qui avaient assisté à des réunions où la désobéissance civile avait été prônée. Le mois suivant, il concéda que la constitution devrait être suspendue. En novembre, il présenta sa démission et recommanda la nomination d'un nouveau gouverneur qui aurait le pouvoir de proclamer la loi martiale.

À mesure que le gouvernement perdait la maîtrise

des régions rurales, l'exécutif et la minorité britannique renouaient leurs liens naturels. Aux yeux de Gosford, le parti des bureaucrates était au Bas-Canada ce que l'ordre d'Orange était à l'Irlande. En 1835 et 1836, il avait dénoncé publiquement les clubs de fusiliers et les unités volontaires de cavalerie que des constitutionnalistes mettaient sur pied à Montréal et à Québec. Par la suite, en recommandant que les réserves du clergé soient affectées à l'éducation de tous et non pas à l'Église d'Angleterre seulement, il exploita les différends qui, au sein du parti des bureaucrates, opposaient partisans et adversaires des privilèges accordés à l'Église établie. Toutefois, lorsque l'appareil de la magistrature se mit à s'effondrer en 1837, le parti des bureaucrates resserra les rangs en écartant les modérés, et on pressa de plus en plus Gosford de recourir à ce parti pour maintenir l'ordre. S'il avait disposé de plus de soldats britanniques ou d'un équivalent à la force constabulaire irlandaise, il aurait peut-être résisté, mais le Bas et le Haut-Canada ne comptaient, au début de 1837, que 2 400 soldats britanniques de métier. D'abord réfractaire à l'idée d'accroître leur nombre, il usa en juin de son pouvoir discrétionnaire pour faire venir un régiment de Nouvelle-Écosse, ce qui irrita le major général sir John Colborne*, commandant des troupes du Canada. Mais dès octobre celui-ci admettait qu'il fallait des renforts, que Gosford demanda dans les Maritimes. En novembre, sous la pression de ses conseillers militaires, il sanctionna officieusement les préparatifs de défense de la minorité britannique. En fait, il démissionnait en partie parce qu'il se savait *persona non grata* auprès du parti des bureaucrates, dont l'appui pourrait être nécessaire advenant une rébellion.

Le 16 novembre 1837, convaincu que les griefs des patriotes étaient « de simples prétextes pour masquer des desseins plus profonds et plus noirs », Gosford lança à contrecœur 26 mandats d'arrestation, dont un contre Papineau. Ce fut l'étincelle qui mit le feu aux poudres : une semaine plus tard, la rébellion éclatait à Saint-Denis, sur le Richelieu [V. Wolfred Nelson*]. En décembre, Gosford soumit le district de Montréal à la loi martiale. Il faut dire à sa décharge qu'il tenta de contenir les forces qu'il avait dû libérer. Il pressa Colborne de recourir à la loi civile aussi souvent que possible. À la fin de décembre, quand la rébellion sembla écrasée, il relâcha 112 habitants pour montrer sa clémence. Tout en acceptant que les leaders rebelles soient traduits en cour martiale, il insista pour que Colborne procède « avec la plus grande prudence ». Il ne tolérerait ni représailles de la part du parti des bureaucrates ni persécutions contre ceux qui n'avaient pas participé au soulèvement.

En janvier 1838, Gosford apprit que sa démission avait été acceptée. Il était alors un personnage isolé et assez pathétique. Ses seuls alliés et compagnons

réguliers étaient quelques Canadiens français modérés, dont Elzéar Bédard et Étienne Parent*, rédacteur en chef du *Canadien* de Québec. Il se sentait trahi par Glenelg. Depuis la fin de son mandat de commissaire spécial, le 18 février 1837, son salaire de gouverneur ne suffisait plus à ses nombreuses dépenses officielles. La goutte le faisait de plus en plus souffrir. Retardé par une chute sur la glace, il partit seulement le 27 février 1838. Colborne assuma alors officiellement la charge de l'administration.

De retour en Angleterre, Gosford reçut un vote de remerciement de la part du ministère whig et, le 19 juillet 1838, la grand-croix de l'ordre du Bain (division civile). Il ne cessa pas de s'intéresser au Canada. En apprenant la nomination de lord Durham [LAMBTON] comme gouverneur, il déclara qu'« on n'aurait pas pu faire de choix plus judicieux ». Il lui écrivit que la majorité des Canadiens français n'avaient pas participé à la rébellion et qu'il devait se méfier du parti des bureaucrates. Mais Durham se montra de plus en plus ethnocentrique, et Gosford le critiqua amèrement lorsqu'il confia des postes à d'aussi ardents adversaires des Canadiens français que James Stuart* et Peter McGill*. Il attribua même la deuxième rébellion, à l'automne de 1838, à la stupidité de Durham et se montra tout aussi sévère pour Colborne et « ces sauvages volontaires ». Lorsque Colborne démit de leurs fonctions trois juges francophones, Bédard, Philippe Panet* et Joseph-Rémi VALLIÈRES de Saint-Réal, Gosford prit leur parti devant le ministère des Colonies et leur obtint un congé de 12 mois avec plein salaire. Jugeant « injuste » et « arbitraire » le projet d'union de 1840, il présenta à la chambre des Lords une pétition de protestation du Bas-Canada à ce sujet. Au cours des années 1840, il s'intéressa de nouveau à l'Irlande, et il s'opposa à O'Connell sur la question du rappel de l'Union. Dans ses dernières années, il s'occupa surtout de ses domaines.

À son départ du Bas-Canada, Archibald Acheson n'était guère aimé de la minorité britannique ni des patriotes. Le gouvernement de Londres ne tint pas compte de son avis mais suivit les recommandations de Durham, selon qui Gosford « ignor[ait] absolument tout [...] ce qui se pass[ait] autour de lui ». Cette remarque est injuste. Gosford avait manifesté de remarquables qualités d'administrateur ; il avait plus de sensibilité politique que ses prédécesseurs et plus de tolérance que ses successeurs immédiats. Sa sincérité ne saurait être mise en doute. Il fit probablement tout ce qui était possible, dans les circonstances, pour limiter la gravité de la rébellion, et si Durham l'avait écouté le second soulèvement aurait peut-être été beaucoup moins sanglant. Bien sûr, Gosford n'atteignit pas ses objectifs, mais il n'eut probablement jamais une chance raisonnable de réussir.

PHILLIP BUCKNER

Adonwentishon

Un portrait d'Archibald Acheson, 2ᵉ comte de Gosford, qu'il offrit à Jean-Jacques Lartigue à la demande de ce dernier est reproduit dans Joseph Schull, *Rebellion: the rising in French Canada, 1837* (Toronto, 1971).

APC, MG 24, A17; A19; A25; A27; A40; B1; B36; B37; B126; B127; C11. — National Library of Ireland (Dublin), Dept. of MSS, MSS 13345–13417 (Monteagle papers). — NLS, Dept. of MSS, MSS 15001–15195. — PRO, CO 42/258–280; 43/31–33. — Univ. of Durham, Dept. of Palaeography and Diplomatic (Durham, Angl.), Earl Grey papers. — Camillus [Adam Thom], *Anti-Gallic letters; addressed to His Excellency, the Earl of Gosford, governor-in-chief of the Canadas* (Montréal, 1836). — G.-B., Parl., *Hansard's parliamentary debates* (Londres), [2ᵉ] sér., 12 (1825), 3 mars; 22 (1830), 26 févr.; 3ᵉ sér., 2 (1831), 21 févr.; 3 (1831), 22 mars; 19 (1833), 17 juill.; 20 (1833), 1ᵉʳ août; 27 (1835), 14 mai; House of Commons paper, 1835, 15, nᵒ 377: 229–299, *Report from the select committee appointed to inquire into the nature, character, extent and tendency of Orange lodges, associations or societies in Ireland [...].* — L.-J.-A. Papineau, *Journal d'un Fils de la liberté.* — *Quebec Gazette,* 14 oct. 1835, 4, 8 janv. 1836. — *Times* (Londres), 7 avril 1836, 30 mars 1849. — *Vindicator and Canadian Advertiser,* 30 oct. 1835. — *Burke's peerage* (1970). — *Complete baronetage,* G. E. Cokayne, édit. (5 vol., Exeter, Angl., 1900–1906). — *DNB.* — R. B. Mosse, *The parliamentary guide: a concise history of the members of both houses* (Londres, 1835). — George Bell, *Rough notes by an old soldier, during fifty years' service, from Ensign G.B. to Major-General C.B.* (2 vol., Londres, 1867). — G. C. Bolton, *The passing of the Irish Act of Union: a study in parliamentary politics* (Londres, 1966). — Buckner, *Transition to responsible government.* — Chaussé, *Jean-Jacques Lartigue.* — Christie, *Hist. of L.C.* (1848–1855), 3–4. — G. B. Judd, *Members of Parliament, 1734–1832* (Handen, Conn., 1972). — W. E. Lecky, *A history of Ireland in the eighteenth century* (nouv. éd., 5 vol., Londres, 1892), 4: 320–321. — R. B. McDowell, *Public opinion and government policy in Ireland, 1801–1846* (Londres, 1952). — Ouellet, *Lower Canada.* — Claude Thibault, «The Gosford commission, 1835–1837, and the French Canadians» (thèse de M.A., Bishop's Univ., Lennoxville, Québec, 1963). — Léon Pouliot, «Lord Gosford et Mgr Lartigue», *CHR,* 46 (1965): 238–246.

ADONWENTISHON (Ahdohwahgeseon). V. OHTOWAᵖKÉHSON

AINSLIE, GEORGE ROBERT, officier et administrateur colonial, né en 1776 près d'Édimbourg, fils aîné de Philip Ainslie et d'Elizabeth Gray, fille de lord Gray; le 17 décembre 1802, il épousa Sophia Charlotte Nevile, nièce du 4ᵉ comte de Gainsborough, et ils eurent deux fils et trois filles; décédé le 16 avril 1839 à Édimbourg.

Devenu enseigne dans le 19th Foot en 1793, George Robert Ainslie servit d'abord en Flandre. La même année, il passa au 85th Foot à titre de lieutenant; le 15 avril 1794, il obtint une compagnie. Affecté aux Pays-Bas, en premier lieu dans l'île Walcheren puis, à compter de septembre 1794, sur le Waal, il y combattit les Français jusqu'en 1799; on le promut alors au grade de major. Comme il ne s'était pas distingué, cette année-là, pendant l'expédition dans le nord de la Hollande, on le relégua en janvier 1800 dans une unité auxiliaire, le Birmingham Fencibles, en qualité de lieutenant-colonel. En dépit des relations de sa famille, il n'eut pas d'avancement avant 1807, année où il redevint lieutenant-colonel de l'armée régulière, d'abord du 5th Garrison Battalion puis du 25th Foot. Le 25 juillet 1810, on le promut colonel honoraire.

Même s'il n'avait aucune expérience du gouvernement, Ainslie usa de l'influence de sa famille pour obtenir en 1812 le poste de gouverneur d'une des îles Leeward, Saint-Eustache; deux mois après cette nomination, il devint lieutenant-gouverneur de la Grenade. Fait général de brigade la même année, il fut nommé gouverneur de la Dominique en avril 1813. Cette affectation se révéla cependant peu judicieuse. De tempérament nerveux, Ainslie n'était pas fait pour le gouvernement civil. La suspension du secrétaire et registraire de la colonie lui valut des réprimandes. Pire encore, à l'occasion d'un soulèvement d'esclaves marrons, il fit décapiter l'un des meneurs et menaça de tuer tous les fugitifs – hommes, femmes et enfants. Le Parlement s'indigna de ces excès de violence et Whitehall le rappela moins d'un an après sa nomination. Comme sanction, il dut accepter un poste inférieur, celui de lieutenant-gouverneur du Cap-Breton.

Bien qu'il ait été le dixième dirigeant de cette colonie fondée en 1784, Ainslie n'en était que le troisième lieutenant-gouverneur. Parti en 1795, son prédécesseur, William Macarmick*, avait gouverné *in absentia* jusqu'à sa mort en 1815 et une série d'administrateurs avaient effectivement exercé ses fonctions. Cette affectation était un dur coup pour Ainslie, qui avait dû consentir aussi à une énorme réduction de salaire. En outre, il souffrait de problèmes hépatiques et d'accès d'amaurose qui, selon lui, provenaient d'une exposition prolongée au soleil des tropiques. Comme l'éclat de la neige aggravait l'état de ses yeux, le Cap-Breton ne devait guère l'attirer. On lui avait offert le poste de lieutenant-gouverneur en décembre 1815, mais il n'arriva à Sydney que le 4 novembre 1816, après des escales à Paris, à Amsterdam et à Halifax. Entre-temps, le Cap-Breton connaissait une crise que le retard du nouveau dirigeant aggravait et qui allait finalement détruire la colonie.

En septembre 1815, le colonel Jonas Fitzherbert, commandant de la garnison, était devenu administrateur. Un ancien procureur général, Richard Collier Bernard DesBarres Marshall Gibbons, profita alors du manque d'expérience politique de Fitzherbert et fit circuler une pétition qui réclamait la convocation d'une chambre d'Assemblée. La colonie avait droit à une Assemblée depuis sa création, mais jamais on n'en avait convoquée parce que la plupart des administrateurs avaient jugé l'île trop mal pourvue en ressources financières et en électeurs instruits. Aussi on n'avait prélevé aucun impôt avant que John Despard* n'impose un droit sur le rhum d'importation en 1801. La légalité de cette taxe ne faisait toujours pas l'unanimité parmi l'élite de la colonie, et Gibbons dirigeait ceux qui la contestaient. En 1813, l'administrateur Hugh SWAYNE avait forcé Gibbons à quitter son poste de procureur et ainsi avait mis fin, temporairement, au débat. Contrairement à Swayne, Fitzherbert ne s'inquiétait pas du mouvement en faveur d'une Assemblée, et il fit donc peu de cas de la pétition de Gibbons. Comme celui-ci n'avait pas subi de représailles, il reprit l'offensive et persuada son allié Ranna Cossit, percepteur adjoint de l'impôt sur le rhum, d'en cesser le prélèvement en juin 1816. Conscient que la situation lui échappait, Fitzherbert menaça Cossit de renvoi en août. Cossit se soumit et recommença à percevoir les impôts en exigeant les sommes qui n'avaient pas été versées entre-temps. La compagnie Ritchie and Leaver, qui exploitait les mines de charbon de l'île, refusa alors de payer les arriérés, et Fitzherbert n'eut pas d'autre choix que de la traîner en justice. Le juge en chef Archibald Charles Dodd* donna raison à l'avocat de la compagnie, Gibbons : faute d'avoir été autorisés par une Assemblée, les impôts étaient illégaux au Cap-Breton.

Arrivé au cœur de cette crise, Ainslie constata que le jugement de Dodd avait interrompu la perception des revenus au moment même où les colons pauvres avaient un urgent besoin d'aide gouvernementale. On était en effet en 1816, l'« année sans été » : il avait neigé et gelé pendant la saison des cultures. Ainslie ne put que quémander au ministère des Colonies une assistance qui ne vint pas. Quand, en 1817, il tenta de garnir le trésor en percevant un droit sur les exportations de gypse, Gibbons protesta. Furieux, Ainslie affirma son autorité en décrétant que les réunions du Conseil exécutif se dérouleraient selon des règles rigides et qu'il limiterait les pouvoirs des conseillers. Comme en Dominique, il renvoya de leur poste et du conseil ceux qui contestaient ses décisions, notamment l'arpenteur général Thomas H. Crawley, en fonction depuis longtemps, et Richard Stout*, le plus gros marchand de la colonie. Ce fut bientôt la guerre ouverte entre le lieutenant-gouverneur et presque tous les fonctionnaires de l'île qui, en dépit de leurs divergences politiques, s'allièrent pour le combattre. Quasiment réduit à l'impuissance, Ainslie déclarait en 1818 que les coloniaux étaient « liés par [...] la fourberie ». Les citoyens du Cap-Breton y allaient aussi de leurs récriminations, probablement dans l'espoir que la réputation d'Ainslie donnerait du poids à leurs arguments.

Entre-temps, en avril 1818, Gibbons avait soumis au Parlement une pétition dans laquelle il réclamait une chambre d'Assemblée et alléguait que toutes les ordonnances du Conseil exécutif étaient illégales, puisqu'on n'avait jamais réuni aucune Assemblée pour les approuver. Le secrétaire d'État aux Colonies, lord Bathurst, consulta les légistes de la couronne, qui jugèrent fondée la position de Gibbons. Cependant, Ainslie avait déjà fait valoir que la population du Cap-Breton était trop pauvre et trop ignorante pour s'offrir une Assemblée. La Grande-Bretagne décida donc d'annexer de nouveau la colonie à la Nouvelle-Écosse pour qu'elle bénéficie d'un gouvernement représentatif.

Ainslie accueillit avec ravissement, au début de 1819, la missive secrète qui lui annonçait ce projet. Il détestait profondément les insulaires, ces « rebuts des 3 Royaumes », et espérait que la réannexion amoindrirait leur « importance négligeable ». Après qu'on eut annoncé publiquement à Sydney le transfert imminent des pouvoirs, il dut se sentir très misérable car il obtint trop tard en 1819 la permission de s'en aller et dut attendre juin 1820. Le 16 octobre de cette année-là, le lieutenant-gouverneur de la Nouvelle-Écosse, sir James Kempt*, proclama que le Cap-Breton cessait d'être une colonie distincte.

De retour en Angleterre, Ainslie demanda qu'on lui verse une allocation de retraite de £500 à même les recettes des mines de charbon du Cap-Breton, mais les autorités, mécontentes de sa conduite dans la colonie, refusèrent. Ses échecs le hantèrent jusqu'à la fin de sa vie ; il fut promu lieutenant général en mai 1825 mais n'eut pas d'autre affectation. Il profita de son temps libre pour s'adonner à la numismatique, qui le passionnait, et publia en 1830 un magnifique in-quarto, *Illustrations of the Anglo-French coinage* [...].

De toute évidence, George Robert Ainslie aurait mieux réussi dans la recherche que dans l'armée ou le gouvernement colonial. Persévérant et assidu dans l'étude des monnaies, il était impatient, irascible et injurieux quand il avait affaire à des êtres humains. En Dominique, cette attitude engendra une réprobation générale ; au Cap-Breton, elle mit brusquement un terme aux longues tergiversations sur la destinée politique de l'île. Son mandat marqua tristement la fin du Cap-Breton comme colonie distincte.

ROBERT J. MORGAN

George Robert Ainslie est l'auteur de : *Illustrations of the Anglo-French coinage : taken from the cabinet of a fellow of the antiquarian societies of London, and Scotland ; of the royal societies of France, Normandy, and many others, British as well as foreign* [...] (Londres, 1830).

PRO, CO 217/134–136 ; 217/138–139. — *Annual Reg.* (Londres), 1839 : 333. — *Gentleman's Magazine*, janv.–juin 1814 : 509.— *DNB*. — *The royal military calendar, containing the service of every general officer in the British*

Aisance

army, from the date of their first commission [...], John Philippart, édit. (3 vol., Londres, 1815–[1816]), 2–3.

AISANCE (Aisaince, Ascance, Essens), JOHN, chef sauteux, né vers 1790 ; décédé à l'été de 1847 près de Penetanguishene, Haut-Canada.

En 1798, au bas d'un traité par lequel des Sauteux cédaient à la couronne les terres entourant Penetanguishene Harbour (Penetang Harbour), on apposa le nom Aasance à côté de la marque d'un chef du clan de la Loutre. Il s'agissait probablement du père de John Aisance, qui, pour sa part, est appelé « jeune Aisaince » dans le rapport d'une réunion du conseil d'Indiens menée par des fonctionnaires du département des Affaires indiennes en 1811. À cette occasion, ceux-ci demandèrent des terres pour « agrandir et améliorer le chemin » qui menait aux « enfants » du roi « habitant l'Ouest ». John Aisance consentit, mais il exigea pour son peuple le privilège de pouvoir continuer à cultiver ses jardins à Penetanguishene Harbour jusqu'à ce que les Blancs aient besoin des lots.

Il est bien possible qu'Aisance ait participé à la guerre de 1812 puisque, dans les années qui suivirent, on nota qu'il possédait une médaille militaire. Il était l'un des trois hommes importants qui, en 1815, ratifièrent un traité en vertu duquel les Indiens cédaient 250 000 acres de terre entre les baies Kempenfelt et Nottawasaga. Treize ans plus tard, à l'occasion d'une assemblée méthodiste qui se déroula en plein air, il se convertit au christianisme. Par suite de sa conversion, on lui demanda de se séparer de deux de ses trois femmes, ce à quoi il consentit tout en continuant d'assumer la responsabilité de tous ses enfants. Dès 1831, un de ceux-ci, John fils, faisait officiellement des affaires au nom du clan de la Loutre.

En 1828, au moment où Aisance s'était converti, le méthodisme suscitait un très fort sentiment religieux parmi la population indienne du Haut-Canada. Les chefs William Yellowhead [Musquakie*] et William Snake, dont les peuples vivaient en étroite relation avec celui d'Aisance, furent également touchés et les trois groupes ne tardèrent pas à accueillir des missions méthodistes actives. La tournure des événements intéressa fort le lieutenant-gouverneur, sir John Colborne*, et après 1830 le gouvernement du Haut-Canada accorda une attention particulière à l'établissement des groupes d'autochtones dans des territoires déterminés, à leur formation dans le domaine de l'agriculture et à leur conversion au christianisme. Dans le but de favoriser la « civilisation » des autochtones, Colborne ouvrit un poste du département des Affaires indiennes à Coldwater et le peuple d'Aisance aménagea des fermes aux alentours avec l'aide du gouvernement. Aux Narrows (Orillia), les Indiens qui suivaient les chefs Yellowhead et Snake s'engagèrent dans des activités similaires.

Bientôt, cependant, Aisance se brouilla avec le surintendant du poste de Coldwater, Thomas Gummersall Anderson*. En 1831, il l'accusa de détourner les sommes dues à son peuple par la couronne. Anderson répliqua en qualifiant Aisance de « sauvage indigne » et de « grande fripouille ». Ce différend était étroitement relié à l'hostilité croissante qui existait entre les missionnaires méthodistes de Coldwater et des Narrows et le personnel du département des Affaires indiennes d'allégeance tory. Aisance échappa partiellement à ces tensions lorsqu'il abjura le méthodisme en 1832 pour adhérer à l'Église catholique. Sa conversion s'explique probablement par l'arrivée au même moment dans la région du fervent catholique Jean-Baptiste Assignack*, Indien outaouais qui s'était distingué par ses qualités de guerrier et d'orateur.

Au cours du soulèvement du Haut-Canada en 1837, Aisance servit loyalement la couronne à la tête de 21 guerriers. Il demeura fidèle en dépit du fait que les membres de sa bande avaient le sentiment d'avoir été trahis, puisqu'ils se retrouvaient sans terre après avoir remis aux Blancs le territoire situé entre Coldwater et les Narrows. Cette cession et plusieurs autres avaient été obtenues des Indiens par le lieutenant-gouverneur sir Francis Bond Head* en 1836. Selon une requête envoyée à sir Charles Bagot six ans plus tard par Aisance et plusieurs autres chefs, il y avait eu fraude dans cette transaction. Les Indiens affirmaient qu'« au moment où sir F. Bond Head avait insisté pour qu'[ils] vend[ent] cette terre [... ils] n'[avaient] pas été informés de toute la portée de la transaction, de sorte qu'[ils] n'en connaiss[aient] pas les implications ».

La bande de John Aisance demeura sans terre jusqu'en 1842. À ce moment-là, on leur assigna un territoire dans l'île Beausoleil, située dans la baie Géorgienne. Toutefois, dès 1844, le chef envoya un groupe d'Indiens potéouatamis, ses proches alliés, occuper un territoire voisin dans l'île Christian, au cas où son peuple en aurait besoin. Le sol de l'île Beausoleil n'étant guère fertile, cette précaution s'avéra fort judicieuse. La bande d'Aisance s'installa donc à l'île Christian en 1856 et ses descendants s'y trouvent toujours. Au moment où les Indiens y arrivèrent, Aisance était mort depuis neuf ans. D'après les archives méthodistes, il serait tombé d'un canot alors qu'il était ivre. Sa vie durant, il avait vu son autorité, à titre de chef héréditaire, de plus en plus sapée par les représentants du gouvernement et de l'Église qui cherchaient à prendre en main la vie des peuples indigènes.

ANTHONY J. HALL

APC, RG 10, A2, 27 ; A4, 47, 51, 64, 68, 499. — Arch. of the Roman Catholic Archdiocese of Toronto, M (Macdonell papers), AC14.02 (mfm aux AO). — Arch. privées, A. J. Hall (Sudbury, Ontario), Mathew King papers. — Aborigines' Protection Soc., *Report on the Indians of Upper Canada* ([Londres, 1839]), 21. — Canada, prov. du, Assemblée législative, *App. des journaux*, 1844–1845, app. EEE, sect. II, n° 1. — *Canada, Indian treaties and surrenders* [...] [1680–1906] (3 vol., Ottawa, 1891–1912 ; réimpr., Toronto, 1971), 1 : 15–17, 42–43, 203–205. — *Muskoka and Haliburton, 1615–1875 ; a collection of documents*, F. B. Murray, édit. ([Toronto], 1963), 115–116.— J. [S.] Carroll, *Case and his cotemporaries* [...] (5 vol., Toronto, 1867–1877), 3 : 180–181.— J. A. Clifton, *A place of refuge for all time : migration of the American Potawatomi into Upper Canada, 1830 to 1850* (Musée national de l'homme, *Collection Mercure*, Service canadien d'ethnologie, paper n° 26, Ottawa, 1975), 51. — Elizabeth Graham, *Medicine man to missionary : missionaries as agents of change among the Indians of southern Ontario, 1784–1867* (Toronto, 1975). — A. J. Hall, « The red man's burden : land, law, and the Lord in the Indian affairs of Upper Canada, 1791–1858 » (thèse de PH.D., Univ. of Toronto, 1984), 83–115.

ALBRO, JOHN, artisan, marchand, fonctionnaire, officier de milice et homme politique, né le 6 mai 1764 dans le canton de Newport, Nouvelle-Écosse, fils de Samuel Albro et de Jane Cole, colons originaires du Rhode Island ; le 22 octobre 1793, il épousa à Halifax Elizabeth Margaret Vandergrift, et ils eurent deux fils, puis le 1ᵉʳ décembre 1803, dans la même ville, Elizabeth Margaret Dupuy ; décédé le 23 octobre 1839 à Halifax.

À l'âge de 17 ans, John Albro se présentait dans les journaux comme exploitant d'une tannerie à Halifax ; en 1800, il était boucher et en 1812, marchand. Avec son frère Samuel, il établit au nord de Dartmouth une tannerie pourvue d'un moulin à vent qui devint une grande entreprise. En 1818, les frères Albro prièrent le gouvernement de les encourager en leur concédant des terrains qui s'ajouteraient à leurs propriétés originales. Les deux beaux bâtiments de pierre de style géorgien qu'il fit construire sur le côté ouest de la rue Hollis, non loin du quartier de la haute société, rue Sackville, sont bien le meilleur indice de l'ascension de John à Halifax. À titre de marchand, il finit par se spécialiser dans la quincaillerie, son succès dans cette entreprise semble dû à son ardeur au travail.

Albro participa activement à la vie sociale et économique de la capitale dans les premières années du XIXᵉ siècle. Il fut cofondateur ou membre de diverses organisations : la Fire Insurance Association of Halifax (1809), la Halifax Marine Insurance Company (1809), la Charitable Irish Society (1809), la Nova Scotia Philanthropic Society (1815), la Halifax Steam Boat Company (1815) et la Halifax Commercial Society (1822). Grand maître de l'ordre maçonnique de la Nouvelle-Écosse de 1820 à 1839, Albro fit aussi partie du conseil paroissial de l'église St Paul en 1824 et 1825, et fut marguillier de 1828 à 1834.

Pendant près de 20 ans, il occupa à Halifax les postes de commissaire de la voirie et de responsable de la lutte anti-incendie. Officier de milice actif, il devint lieutenant-colonel du 4th Regiment of Halifax militia le 21 août 1828. Plus tard, il remplit les fonctions d'inspecteur des digues ainsi que de commissaire responsable de la maison d'industrie. En ce qui concerne la Fire Insurance Association, la première compagnie d'assurances contre le feu en Amérique du Nord britannique, Albro avait non seulement participé à sa fondation, mais il en avait aussi acheté la première police. Grâce à la concurrence que cette entreprise locale faisait aux sociétés britanniques, les Néo-Écossais bénéficièrent dès 1817 de taux d'assurance plus bas. Albro préconisa aussi un système sûr d'approvisionnement en eau pour Halifax et, en 1822, il participa à une tentative infructueuse qui visait à fonder une banque locale. On peut considérer, d'une manière générale, qu'il s'occupa activement des intérêts de sa ville.

L'engagement d'Albro en politique résulta probablement du rôle de plus en plus important qu'il jouait au sein de sa communauté. Sa carrière à la chambre d'Assemblée ne fut pas spectaculaire : il se fit simplement l'écho de l'élite commerçante de Halifax. Élu en 1818 dans le canton de Halifax, réélu en 1820 malgré la défaite qu'on lui prédit, Albro cessa toute participation active à la politique en 1826, après avoir perdu son siège aux mains de Beamish Murdoch*. Cette année-là, la campagne fut mouvementée : d'un côté, on porta des accusations selon lesquelles des partisans d'Albro avaient été intimidés, de l'autre, on se plaignit qu'Albro lui-même s'était livré à de grossières insultes.

Il semble effectivement qu'Albro se soit parfois montré bourru et querelleur. En 1820, par dépit, il se retira de la Charitable Irish Society pour une courte période ; les accusations qu'il porta contre John YOUNG relativement à la conduite d'un concours agricole se révélèrent sans fondement et Albro finit par admettre qu'il avait parlé « inconsidérément ». Il appuya activement le révérend John Thomas Twining* dans le conflit qui divisa la congrégation St Paul en 1824–1825, mais demeura de même membre de celle-ci. Une querelle avec Edmund Ward*, éditeur du *Free Press,* lui fit probablement perdre en partie l'appui de ce journal aux élections de 1826. Enfin, il semble qu'il ait désapprouvé le genre de vie et le mariage de son fils John et qu'il l'ait pratiquement déshérité.

Les dernières années de John Albro furent apparemment paisibles et fructueuses. À Halifax, la rue et l'école baptisées en l'honneur de sa famille sont disparues depuis longtemps mais, à Dartmouth, une rue et deux lacs rappellent le rôle important que jouèrent Albro et certains de ses parents dans l'évolution de la ville. De l'avis de ses pairs, Albro fut un

Allamand

homme intègre, agissant toujours avec droiture et esprit d'indépendance. Décédé à l'âge de 75 ans, il fut inhumé au cimetière St Paul, en présence de membres de sociétés fraternelles et d'une imposante foule de Haligoniens.

ALLAN C. DUNLOP

PANS, MG 3, 154 ; MG 9, n° 315 : 11 ; RG 20A, 70, John Albro, 1818. — J. V. Duncanson, *Newport, Nova Scotia – a Rhode Island township* (Belleville, Ontario, 1985). — [M.] H. Creighton, *Helen Creighton : a life in folklore* (Toronto, 1975). — « Masonic grand masters of the jurisdiction of Nova Scotia, 1738–1965 », E. T. Bliss, compil. (copie dactylographiée, s.l., 1965 ; copie aux PANS).

ALLAMAND, JEANNE-CHARLOTTE (Berczy), colonisatrice et institutrice, née le 16 avril 1760 à Lausanne, Suisse, deuxième fille de Jean-Emmanuel Allamand et de Judith-Henriette-Françoise David ; le 1er novembre 1785, elle épousa Albert-Guillaume (William) Berczy*, et ils eurent deux fils, William Bent* et Charles Albert* ; décédée le 18 septembre 1839 à Sainte-Mélanie, Bas-Canada.

Jeanne-Charlotte Allamand, dont le père était drapier et teinturier, reçut, semble-t-il, une bonne éducation. Elle était peut-être gouvernante lorsqu'elle fit la connaissance du peintre miniaturiste Albert-Guillaume Berczy, qui adopta par la suite le prénom de William. Leur mariage eut lieu près de Lausanne.

Jusque vers 1790, les époux vécurent à Florence (Italie), même si Berczy voyageait fréquemment. Pendant leur séjour à Londres en 1790, ils exposèrent à la Royal Academy of Arts, lui une miniature et elle deux « intérieurs de cuisines toscanes ». Mme Berczy avait peut-être appris à peindre à Lausanne, et son mari lui avait donné des leçons à Florence. L'année suivante, celui-ci accepta de recruter des colons allemands et de les accompagner dans le territoire de la Genesee Association, dans l'état de New York. Les Berczy et leur fils William Bent s'embarquèrent avec le premier groupe de colons au printemps de 1792.

Dans les derniers mois de 1793, comme le représentant de la Genesee Association, Charles Williamson, ne respectait pas les modalités de l'entente conclue avec les colons, Berczy quitta l'établissement, situé près de l'emplacement actuel de Canaseraga, dans l'état de New York, pour trouver de l'aide. Mme Berczy et le ministre luthérien venu en compagnie des immigrants assumèrent la responsabilité du groupe durant l'hiver de 1793–1794. Ce rôle, elle allait le jouer avec compétence en plusieurs occasions. Quand Berczy participa à la fondation d'une nouvelle association qui devait mettre en valeur des terres dans le Haut-Canada, la German Company, elle fut chargée, avec le pasteur, d'organiser le départ des colons à l'insu de Williamson.

Une fois dans le Haut-Canada, les colons reçurent des terres dans le canton de Markham, tandis que les Berczy s'installèrent à York (Toronto). Étant donné que les approvisionnements manquaient et que ses bailleurs de fonds se faisaient réticents, Berczy dut se déplacer fréquemment pour obtenir des outils et des vivres, souvent à crédit. Encore une fois, Mme Berczy se vit confier la direction de l'établissement, avec quelque aide. Il semble aussi qu'à cette époque elle ouvrit une mercerie et un magasin de tissus, probablement pour subvenir aux besoins de sa famille. Comme les colons ne remboursaient, au mieux, qu'une maigre part de leurs dettes envers Berczy, elle vivait presque dans la pauvreté.

En 1797, les concessions foncières auxquelles Berczy avait droit à titre de propriétaire de canton furent substantiellement réduites et, pour en appeler de cette décision, il entreprit une série de voyages qui allaient occuper le reste de son existence. En l'absence de son mari, Mme Berczy eut encore une fois la responsabilité des colons. Celui-ci dut vendre sa maison, où sa femme ne fut autorisée à rester que grâce à la compassion du nouveau propriétaire.

Berczy installa sa famille à Montréal en 1798 et partit pour l'Angleterre l'année suivante, pour ne rentrer qu'en 1802. Mme Berczy veilla aux affaires de l'établissement du canton de Markham par l'intermédiaire de représentants, d'abord William Weekes* puis William Willcocks*, tout en tentant de faire vivre sa famille. Revenu d'Angleterre, Berczy passa les années 1802 à 1804 à York, puis il séjourna à Québec en 1808–1809. Sa femme ouvrit dans son logement de Montréal une école où elle enseignait le dessin et l'aquarelle, la musique et les langues et qui, de toute évidence, obtint passablement de succès. Son élève la plus douée était probablement Louise-Amélie Panet, fille de Pierre-Louis Panet*, qui devint peintre et professeure d'art et épousa William Bent Berczy en 1819. Jeanne-Charlotte Berczy donnait également des cours à son autre fils, Charles Albert. Son mari mourut à New York en 1813, et elle continua d'enseigner au moins jusqu'en 1817.

Après cette date, Mme Berczy alla habiter à Sandwich (Windsor), dans le Haut-Canada, avec William Bent, qui était déjà installé dans la maison qu'on lui avait donnée en compensation des concessions foncières de son père. Elle y mena une existence paisible, peignant à l'occasion pour meubler ses loisirs. Vers 1832, William Bent et sa femme s'installèrent à Sainte-Mélanie, dans la seigneurie d'Ailleboust, dont cette dernière avait hérité. Mme Berczy, qui s'y était apparemment établie en même temps qu'eux, y mourut en 1839.

Les lettres de Jeanne-Charlotte et de William Berczy sont pleines d'amour et de respect. À travers toutes les épreuves et les tribulations que connut Berczy, sa femme ne manqua jamais de le soutenir ni de s'acquitter de ses devoirs. De toute évidence, ce fut grâce au courage de celle-ci et à ses talents que sa famille put se tirer d'affaire pendant qu'il était absent. Sans elle, les projets de colonisation de Berczy auraient été beaucoup plus difficiles à réaliser et sa famille aurait bien pu connaître la misère noire.

RONALD J. STAGG

L'auteur tient à remercier John Andre pour les renseignements et la documentation qu'il lui a fournis. [R. J. S.]

AO, MS 526. — APC, MG 23, HII, 6. — AUM, P 58, S. — EEC, Diocese of Montreal Arch., Christ Church (William Henry [Sorel]), Parish reg., 21 sept. 1835. — MTRL, H. J. Cowan, MS and notes for a book on William Berczy. — Harper, *Early painters and engravers*. — John Andre, *Infant Toronto as Simcoe's folly* (Toronto, 1971); *William Berczy, co-founder of Toronto; a sketch* (Toronto, 1967). — P.-G. Roy, «le Peintre Berczy», *BRH*, 1 (1895): 172–173. — John Andre, «William Bent Berczy (1791–1873)», *German-Canadian yearbook* (Toronto), 2 (1975): 167–180.

ALLAN, PETER JOHN, poète, né le 6 juin 1825 à York, Angleterre, troisième fils du docteur Colin Allan et de Jane Gibbon; décédé le 21 octobre 1848 à Fredericton.

Le père de Peter John Allan avait été chef du service de santé à Halifax avant de prendre sa retraite et d'aller s'installer à Fredericton en 1836. C'est là que Peter John grandit; il fréquenta le King's College pendant quelque temps, mais il le quitta avant d'avoir obtenu son diplôme et se tourna ensuite vers l'étude du droit. À peu près au même moment, ayant adopté, comme il le disait, «cette aimable marotte qu'est l'art de versifier», il commença à faire paraître ses compositions dans le *New Brunswick Reporter and Fredericton Advertiser,* journal local publié par James Hogg*, lui-même quelque peu poète. Encouragé par l'accueil que recevaient ses vers et plutôt ennuyé par ses études de droit, Allan se mit à préparer la publication d'un recueil de poèmes. Il en vendit suffisamment d'exemplaires à l'avance pour garantir le paiement des frais de publication et il avait mis la dernière main au manuscrit quand il mourut subitement à Fredericton le 21 octobre 1848, après une brève maladie. Ses poèmes furent publiés à titre posthume à Londres par son frère pendant l'été de 1853; le volume s'intitulait *The poetical remains of Peter John Allan* [...].

Dans sa recension du recueil d'Allan, le *Morning Post* de Londres déclarait: «Sa poésie n'est peut-être pas la meilleure qui se puisse imaginer; elle ne relève sans doute pas de la plus haute inspiration; on ne peut pas vraiment la qualifier de véhémente, d'irrésistible, de passionnée ou de sublime, mais elle est touchante et contemplative; [elle] est essentiellement douce et humaine [...] singulièrement agréable, élégante et tendre, et part d'un sentiment pur et élevé.» Cette critique est assez juste et peut-être même généreuse,

mais naturellement elle examine les efforts d'Allan à la lumière des attentes littéraires des Britanniques plutôt que de les replacer dans le contexte culturel qui était celui du Nouveau-Brunswick vers le milieu du XIXe siècle. Ce qui n'offrait qu'un intérêt passager pour la métropole eut un effet plus marqué sur les poètes de la province. Les meilleurs vers d'Allan apportent une note nouvelle dans la poésie des Maritimes:

> Je t'entends dans le cours bouillonnant des sources,
> Le joyeux chant ascendant de l'alouette,
> Le zéphyr qui soupire dans l'air du soir;
> Je t'entends – tu es la nature venue à moi;
> Et tout espoir terrestre, tout souci fiévreux
> S'évanouit dès que je t'imagine, toi
> Dont l'amour peut vaincre jusqu'au dur désespoir
> De savoir que tu ne seras jamais mienne.

Influencé par la pensée esthétique des poètes romantiques et surtout par le style et la versification de lord Byron, Peter John Allan sut, dans ses poèmes les mieux réussis, rompre avec les attitudes moralistes et le ton sentimental qui dominaient la poésie coloniale depuis la fin du XVIIIe siècle. Il s'enthousiasmait devant les possibilités de l'imagination humaine, devant la gamme d'expériences que cette faculté ouvre à la conscience et devant la relation qui unit le monde naturel à la réalité idéale, que seule l'imagination a révélée à l'homme. Dans ses plus beaux vers, il se sert de cette intense sensibilité à la réalité idéale pour maîtriser le flot des émotions qui l'envahit lorsqu'il est placé devant la beauté sensuelle de la nature. Cette maîtrise donne à ses vers une solidité intellectuelle que l'on ne retrouve pas chez des poètes contemporains des Maritimes comme Joseph Howe* et Mary Jane Katzmann* (Lawson), qui ont une vision sentimentale de la nature. Sans doute peu de gens remarquèrent-ils la nouveauté de l'œuvre d'Allan. Elle eut un effet immédiat, quoique discret, sur la poésie de James Hogg, mais il fallut attendre les premiers vers de Charles George Douglas Roberts* et de William Bliss Carman* pour retrouver dans la poésie des Maritimes un équilibre aussi subtil entre la perception intellectuelle et la sensibilité émotive.

THOMAS B. VINCENT

Peter John Allan est l'auteur de: *The poetical remains of Peter John Allan, esq., late of Fredericton, New Brunswick, with a short biographical notice,* Henry Christmas, édit., introd. de J. M'G. Allan (Londres, 1853).

Church of Jesus Christ of Latter-Day Saints, Geneal. Soc. (Salt Lake City, Utah), International geneal. index. — *New-Brunswick Courier,* 28 oct. 1848. — *New Brunswick Reporter and Fredericton Advertiser,* 1846–1853, particulièrement le numéro du 30 sept. 1853 qui cite le *Morning Post* (Londres). — *DNB.* — L. M. Beckwith Maxwell, *The River St. John and its poets* ([Newcastle, N.-B.], 1946).

Allsopp

ALLSOPP, GEORGE WATERS, homme d'affaires, seigneur, juge de paix, homme politique, officier de milice et fonctionnaire, baptisé le 12 octobre 1769 à Québec, fils aîné de George Allsopp* et d'Anna Marie Bondfield ; décédé le 28 septembre 1837 à Cap-Santé, Bas-Canada.

À la fin de 1784, le marchand George Allsopp emmena en Angleterre ses fils George Waters, John et Carleton, et il inscrivit les deux premiers à l'école secondaire Eaton, près de Londres. Il avait décidé d'orienter son aîné vers les affaires, mais il fut déçu par les malaises imaginaires de son fils et la lenteur de ses progrès à l'école. Même si la comptabilité commerciale faisait partie des matières scolaires de George Waters Allsopp, son père considérait que l'expérience était nécessaire et il emmenait fréquemment ses garçons dans les dîners et les réunions qu'il avait avec ses associés commerciaux.

De retour dans la province de Québec en octobre 1785, George Waters commença son apprentissage dans le commerce de son père à Québec et dans l'importante exploitation meunière que ce dernier possédait dans la seigneurie Jacques-Cartier, près de Cap-Santé. Il dirigea la reconstruction du moulin principal après qu'un incendie l'eut détruit en 1793. Deux ans plus tard, la famille se réunit autour de George père, qui éprouvait des difficultés financières, et George Waters acheta les moulins ainsi que des actions dans la seigneurie. D'autres actions passèrent aux mains de ses frères et de sa sœur Ann Maria, qui devait mourir en 1831.

Les moulins ne retrouvèrent jamais leur importance des années 1780, mais Allsopp y resta attaché même après la mort de son père survenue en 1805. S'il tenait à ses intérêts dans les seigneuries Jacques-Cartier et d'Auteuil, c'était davantage à cause de la valeur de l'investissement que pour le prestige social qui s'y rattachait. En 1808, il offrit en location des maisons et un quai à Québec, ainsi que ses moulins ; c'était la première démarche que faisait Allsopp pour se mettre à l'abri des exigences et des risques que comportait l'exploitation de moulins. Cinq ans plus tard, la guerre et une mauvaise récolte forcèrent Adam Rennie, le fermier à bail des moulins, à demander l'annulation des contrats qu'il avait passés avec le gouvernement, son unique client. Allsopp établit une petite papeterie, qui fonctionnait déjà en mars 1815 ; c'était la deuxième en Amérique du Nord britannique, et elle était dirigée par Rennie. Allsopp loua à bail un moulin à farine qu'il avait construit en 1817 ; en 1820, il loua également le moulin banal qu'il possédait sur la rivière Portneuf.

Les activités d'Allsopp dans le domaine des affaires l'amenèrent à s'engager aussi dans la vie publique. Il reçut sa première commission de juge de paix en 1794 et siégea à la chambre d'Assemblée à titre de député de Buckingham de 1796 à 1800, puis de Hampshire de 1814 à 1820. Sa présence aux sessions était irrégulière, et il appuya le parti des bureaucrates comme le parti canadien. En avril 1812, il devint lieutenant-colonel du bataillon de milice de Cap-Santé, qui regroupait un grand nombre de protestants. En 1814 et 1815, il servit également comme caissier suppléant au Bureau des billets de l'armée à Québec [V. James Green*]. Après la guerre, en 1816–1817, il participa à titre de syndic à l'érection et à la bonne marche d'une école de l'Institution royale à Cap-Santé [V. Charles Desroches* ; Joseph Langley Mills*]. Nommé commissaire de la voirie du comté de Hampshire en 1817, il servit également à titre de commissaire chargé des réclamations concernant les terres du district de Gaspé de 1819 à 1825. Les recommandations qu'il fit en 1821 et 1823 pour l'établissement d'un bureau d'enregistrement des inventions et des découvertes reflétaient bien ses préoccupations d'homme d'affaires et d'homme politique.

Allsopp manifesta beaucoup d'intérêt pour la construction d'un pont au-dessus des torrents de la Jacques-Cartier. Vers 1777, sa famille exploitait un traversier près de l'embouchure de cette rivière. De 1810 à 1822, Allsopp présenta des requêtes au gouvernement pour obtenir l'autorisation d'ériger avec ses frères un pont payant privé, même si d'autres ponts existaient déjà. Le pont à péage fut construit à la fin des années 1820, assurant une nouvelle source de revenus à la famille.

Dans les années 1830, les relations étroites qui avaient uni les frères Allsopp dès leur enfance avaient depuis longtemps fait place à la coopération dans le domaine des affaires. De 1832 à 1835, George Waters, Carleton, Robert et leur frère James s'associèrent pour fabriquer des planches et, en 1833, ils louèrent conjointement la papeterie à Angus McDonald* et d'autres. Toutefois, les relations familiales se détériorèrent au cours de la décennie lorsque George Waters contesta à ses frères la copropriété des seigneuries. Avant sa mort, en 1837, il transféra des propriétés à Adélaïde et à George Alfred, les enfants qu'il avait eus d'un mariage inconnu ou d'une liaison.

Devant les complexités de la succession de George Waters Allsopp, son frère Carleton se plaignit qu'« on n'a[vait] jamais réussi à amener GWA à terminer quoi que ce soit ». L'administration des affaires de la seigneurie fut prise en charge d'abord par la femme de Carleton, Maria Concepsion d'Alfaro, et plus tard par James. Quant aux moulins, ce fut selon toute évidence George Alfred qui s'en occupa. Les dissensions survenues au cours des dernières années de George Waters et la canadianisation graduelle des Allsopp sont des indices du changement radical survenu dans la famille et dans ses entreprises depuis l'époque de George père. S'adressant à son fils, Carleton faisait remarquer qu'au XVIIIe siècle la famille Allsopp avait été mêlée aux « familles les plus réputées » de Québec, mais il déplorait qu'il y avait eu « un déclin, une nouvelle génération succédant à l'ancienne, [et] ces relations n'[ayant] pas été entretenues ».

DAVID ROBERTS

ANQ-Q, CE1-61, 12 oct. 1769, 30 sept. 1837 ; CN1-21, 19, 30 août 1834, 30 juill., 30 déc. 1835, 26 juin 1837, 16 janv., 8–9 mars 1838 ; CN1-28, 7 oct. 1835 ; P-240, 26 ; P-313 ; P1000-2-26. — APC, MG 23, GIII, 1, vol. 2 ; MG 24, B1, 4 : 317–318 ; MG 30, D1, 2 : 178, 196–197, 199 ; RG 8, I (C sér.), 117 : 83–84 ; 994 : 79, 82 ; RG 9, I, A5, 4 : 23 ; RG 68, General index, 1651–1841. — AUM, P 58, U, G. W. Allsopp à François Baby, 27 juill., 28 oct. 1812. — Brome County Hist. Soc. Arch. (Knowlton, Québec), Allsopp and McCorkill family papers : 100, 105–106, 210, 214–217, 10831, 11834 (mfm aux APC). — Harvard College Library, Houghton Library, Harvard Univ. (Cambridge, Mass.), MS Can. 18 (James Monk). — McGill Univ. Arch., RG 4, c.38–c.40, Allsopp à Mills, 18 avril 1821, 23 oct. 1822, 28 sept. 1823 ; Hale à Mills, 23 oct. 1822. — B.-C., chambre d'Assemblée, *Journaux*, 1796–1800 ; 1805 ; 1808 ; 1810–1811 ; 1814–1820 ; *Statuts*, 1800, chap. 6 ; 1805, chap. 7 ; 1819, chap. 27 ; 1823, chap. 34. — Canada, prov. du, Assemblée législative, *Journaux*, 1844–1845. — *La Gazette de Québec*, 4 nov. 1790, 18 août 1791, 13 févr. 1794, 18 juill. 1799, 11, 25 janv., 8 févr. 1810, 7, 14 mars 1811, 27 avril 1812, 9 oct. 1813, 12 janv. 1815, 28 mars, 16 mai, 8 août 1816, 5, 26 juin, 28 août 1817, 13 août, 7, 17 sept., 5 oct., 16 nov. 1818, 8, 25 févr., 8 avril, 6 mai, 14 juin, 13, 16 août, 7 oct. 1819, 27 janv., 25 mai, 27 nov. 1820, 24 mai, 11 juin, 5, 12, 16 juill., 8 nov. 1821, 21 nov., 19 déc. 1822, 20, 24 févr., 3 avril 1823. — F.-J. Audet et Fabre Surveyer, *les Députés de Saint-Maurice et de Buckinghamshire*, 59–61. — Bouchette, *Topographical description of L.C.*, 386–391. — Desjardins, *Guide parl.* — Langelier, *Liste des terrains concédés.* — *Officers of British forces in Canada* (Irving). — [Madeleine Bourque *et al.*], *Livre souvenir : la vie du Cap-Santé* (s.l., 1979). — George Carruthers, *Paper-making* (Toronto, 1947), 330–332. — Félix Gatien et David Gosselin, *Histoire du Cap Santé […]* (Québec, 1899), 102–103, 124, 130–131, 136–137, 148–149. — Ouellet, *Lower Canada.* — D. J. Roberts, « George Allsopp : Quebec merchant, 1733–1805 » (thèse de M.A., Queen's Univ., Kingston, Ontario, 1974).

ALMON, WILLIAM BRUCE, médecin, fonctionnaire et homme politique, né le 25 octobre 1787 à Halifax, fils de William James Almon* et de Rebecca Byles, fille de Mather Byles* ; le 29 janvier 1814, il épousa à Annapolis Royal, Nouvelle-Écosse, Laleah Peyton Johnston, fille de William Martin Johnston et d'Elizabeth LICHTENSTEIN, et ils eurent 11 enfants, dont William Johnston* ; décédé le 12 juillet 1840 à Halifax.

William Bruce Almon appartenait à une famille éminente qui a fourni des médecins et des chirurgiens à la population de Halifax pendant plus d'un siècle. Son père et sa mère étaient des loyalistes venus s'établir en Nouvelle-Écosse en 1776 et vers 1780

respectivement. Son père servit à titre de chirurgien du Board of Ordnance et du Royal Regiment of Artillery à Halifax. Toute sa famille était de stricte allégeance tory. Sa sœur Amelia Elizabeth épousa James William Johnston*, leader du groupe conservateur de la colonie et adversaire du gouvernement responsable. Son frère, Mather Byles Almon*, figure parmi les premiers administrateurs de la Banque de la Nouvelle-Écosse et en fut le président de 1837 à 1870. Tout comme William Bruce, il fut nommé au Conseil législatif et appuya le gouvernement Johnston.

Une fois ses études terminées au King's College de Windsor, Almon décida d'embrasser la même carrière que son père. Le 29 octobre 1806, il commença ses études de médecine à l'University of Edinburgh. Il fut ainsi l'un des premiers natifs de la Nouvelle-Écosse à se rendre à l'étranger pour y recevoir une formation médicale. En 1809, diplômé de cet établissement, il revint à Halifax où il exerça la médecine et la pharmacie conjointement avec son père. Durant quelques années, il aida celui-ci à soigner les pensionnaires de l'hospice. En 1816, il adressa une requête à la chambre d'Assemblée afin de se faire payer les médicaments et les soins professionnels donnés à 158 réfugiés noirs qui, souffrant de dysenterie et de variole à bord du *Chesapeake,* avaient été admis à l'hospice. À la mort de son père en 1817, Almon assuma le poste de chirurgien et de médecin de l'hospice et de la prison, où il continua à prodiguer ses soins aux malades et aux indigents.

Comme beaucoup de ses collègues, Almon était soucieux d'améliorer la qualité des soins médicaux en Nouvelle-Écosse. Il appuya l'adoption du *Medical Act* de 1828, conçu dans le but d'exclure « les ignorants et les incompétents de la pratique de la médecine et de la chirurgie », et fit partie du premier bureau de la province qui accorda l'autorisation de pratiquer. Un certain nombre de jeunes étudiants en médecine firent leur apprentissage auprès d'Almon, entre autres Daniel McNeill Parker*, qui allait devenir l'un des fondateurs de la Medical Society of Nova Scotia et président de l'Association médicale canadienne. Parker se souvenait d'Almon comme de « l'homme le plus chaleureux et le meilleur qu'[il ait] jamais rencontré ».

Almon fit des placements dans plusieurs compagnies, mais il n'était pas particulièrement intéressé aux affaires, et pas davantage aux questions concernant sa congrégation ou la politique. Avant tout partisan du statu quo, il se rangea du côté du révérend Robert Willis* dans la querelle qui divisa la congrégation anglicane St Paul en 1824–1825 au sujet de la nomination du rector. C'est sans doute en reconnaissance de son travail dans le domaine de la santé publique qu'il fut nommé au Conseil législatif en 1838.

En août 1831, William Bruce Almon avait été

Amiot

nommé officier de santé du port de Halifax. En 1832, il s'adressa à l'Assemblée afin d'être payé pour ses services. Un comité de la chambre conclut qu'une indemnité devrait d'abord être versée au prédécesseur d'Almon, Charles Wentworth Wallace, ainsi qu'à l'assistant de ce dernier, William Grigor*, qui n'avaient jamais reçu aucune rémunération, et que dorénavant les officiers de santé devraient être payés par les navires qu'ils visitaient. C'est en accomplissant son devoir d'officier de santé qu'Almon contracta la maladie qui devait entraîner sa mort. En juin 1840, un bateau accosta à Halifax avec un grand nombre de passagers souffrant du typhus. Almon monta à bord, soigna les malades du mieux qu'il put et organisa leur transfert à terre. Ce faisant, il contracta la maladie. Il mourut le 12 juillet 1840, à l'âge de 52 ans. Le *Novascotian* rapporta que sa mort avait « plongé une grande partie de la population dans un deuil profond ».

COLIN D. HOWELL

PANS, Biog., Almon family, n° 2, W. J. Almon and Son, letter-book, 1813–1833 (mfm) ; MG 1, 11 ; MG 20, 670, n° 4 (copie dactylographiée) ; RG 5, P, 80, n° 2. — St Luke's (Anglican) Church (Annapolis Royal, N.-É.), Reg. of marriages (mfm aux PANS). — N.-É., House of Assembly, *Journal and proc.*, 1832. — *Acadian Recorder*, 18 juill. 1840. — *Novascotian*, 16 juill. 1840. — A. W. H. Eaton, « Old Boston families, number four : the Byles family », *New England Hist. and Geneal. Reg.* (Boston), 69 (1915) : 113. — *N.S. vital statistics, 1813–22* (Punch), n° 2515. — R. V. Harris, *The Church of Saint Paul in Halifax, Nova Scotia : 1749–1949* (Toronto, 1949). — D. A. Sutherland, « The merchants of Halifax, 1815–1850 : a commercial class in pursuit of metropolitan status » (thèse de PH.D., Univ. of Toronto, 1975), 63, 88–89, 156–157, 177. — *Evening Mail* (Halifax), 22 déc. 1896. — *Herald* (Halifax), 23 déc. 1896. — K. A. MacKenzie, « The Almons », *Nova Scotia Medical Bull.* (Halifax), 30 (1951) : 31–36 ; « Honorable Daniel McNeill Parker, M.D. Edinburgh, D.C.L. Acadia, 1822–1907 : a dean of Canadian medicine », 29 (1950) : 149–154. — « Nineteenth century physicians in Nova Scotia », N.S. Hist. Soc., *Coll.*, 31 (1957) : 119–129.

AMIOT, LAURENT, orfèvre, né le 10 août 1764 à Québec, fils de Jean Amiot, aubergiste, et de Marie-Louise Chrestien ; le 9 avril 1793, il épousa à Québec Marguerite Levasseur, dit Borgia, et ils eurent cinq enfants dont NOËL-LAURENT ; décédé le 3 juin 1839 au même endroit et inhumé le 7 dans la chapelle Sainte-Anne de la cathédrale Notre-Dame.

Laurent Amiot commença fort probablement son apprentissage dans l'atelier d'orfèvrerie de son frère aîné Jean-Nicolas vers 1780, si l'on présume qu'il débuta vers l'âge de 16 ans. Auparavant, de 1778 à 1780, il avait étudié au petit séminaire de Québec. Contrairement à ce qu'affirme la tradition orale véhiculée depuis l'abbé Lionel Lindsay, il est peu probable qu'il ait travaillé dans l'atelier de François Ranvoyzé* et que ce dernier, ayant pressenti en Amiot un concurrent potentiel, l'ait mis à la porte. S'il y eut rivalité entre les deux orfèvres, c'est plutôt après le retour d'Europe d'Amiot.

Amiot resta cinq ans à Paris afin de parfaire sa formation. C'est tout probablement sa famille qui paya les frais de son séjour ; le séminaire de Québec s'était proposé en quelque sorte à titre d'intermédiaire, comme il l'avait fait quelques années plus tôt pour François Baillairgé*. Le jeune orfèvre fit selon toute vraisemblance la traversée en 1782, en compagnie de l'abbé Arnauld-Germain Dudevant*, prêtre du séminaire de Québec qui retournait en France. On ignore malheureusement le nom de l'orfèvre chez qui il travailla. Cependant, quelques missives de l'abbé François Sorbier* de Villars, procureur du séminaire des Missions étrangères à Paris, attestent des bonnes dispositions et de l'évolution de l'apprentissage du jeune homme. En mai 1783, il écrivait : « M^r. amiot continue à travailler à paris avec succès, et il s'y comporte bien. » Puis, en janvier 1785, il ajoutait : « [Amiot] s'applique beaucoup [et] a fait des progrès considérables. » L'orfèvre débarqua à Québec au printemps de 1787, porteur d'une excellente lettre de Villars qui le recommandait vivement à la protection du supérieur du séminaire, l'abbé Thomas-Laurent Bédard*, en ces termes : « je vous prie de rendre service [à Amiot], autant que vous le pourrés, pour l'exercice de son talent ». Au fait des plus récentes innovations techniques, Amiot était prêt à diffuser le style Louis XVI alors en vogue à Paris.

Amiot ouvrit son premier atelier au pied de la rue de la Montagne (côte de la Montagne), au numéro 1 ; en fin de carrière, il déménagerait non loin, rue Saint-Pierre. La plupart des orfèvres que comptait Québec à cette époque étaient établis dans le voisinage ; on y retrouvait notamment James Orkney*, Louis Robitaille et Michel Forton*. En 1795, hormis Robitaille, tous apposèrent leur signature au bas d'une requête afin qu'on les exempte d'une ordonnance de la Cour des sessions générales de la paix qui réglementait l'usage des feux de forge [V. Michel Forton]. Amiot entretint des liens avec d'autres artistes, notamment avec Baillairgé qui, comme lui, était allé parfaire sa formation artistique à Paris. Tout au long de leur carrière et de leur vie, ces deux artistes eurent sans doute de fréquents rapports. Baillairgé, qui assista au mariage d'Amiot en 1793, lui fournit au fil des ans plusieurs modèles de Christ, en bois ou en plomb, au moins un modèle de pot et de nombreux boutons et anses destinés à des théières ou à des vases. C'est d'ailleurs Baillairgé qui fabriqua son enseigne de boutique. Amiot assistera aux funérailles de son ami en septembre 1830. Mais, par delà le quotidien, des préoccupations esthétiques communes les rapprochaient.

Quelques documents révèlent qu'Amiot avait une haute opinion de l'orfèvrerie et de ses créateurs, et ce, comme aucun autre orfèvre québécois avant lui. Sous sa dictée, un notaire le qualifia en 1816 de « Maître ès Art Orfèvre ». Vingt ans plus tard, dans une circonstance analogue, à l'embauche d'un jeune apprenti, il fit rayer le mot « metier », pour le remplacer par « Art d'Orfevrerie ». Certes, on peut voir là un trait de caractère propre à l'homme, mais c'est aussi le témoignage d'un créateur conscient de son rang. Avec lui, on cessa de considérer l'orfèvrerie comme de l'artisanat pour l'envisager plutôt comme un art ; dès lors, l'orfèvre n'était plus un artisan mais bel et bien un artiste.

Toujours dans le même sens, il faut noter qu'Amiot est l'un des rares orfèvres québécois desquels sont parvenus jusqu'à ce jour des dessins qui révèlent leur mode de création. Tout comme on le constate chez les maîtres orfèvres parisiens de cette époque, qui s'inscrivaient dans la meilleure tradition académique, l'œuvre est d'abord suggérée par le dessin avant d'être exécutée.

Sans compter ses années d'apprentissage, Amiot maintint une activité artistique professionnelle régulière durant plus de 50 ans ; on retrouve en effet des mentions relatives à la pratique de son art à partir de 1788, année qui suivit son retour de Paris, jusqu'à 1839, année de sa mort. Tant en quantité qu'en qualité, son œuvre est sans contredit le plus important, si on le compare à celui de tous les autres orfèvres québécois qui travaillèrent entre 1790 et 1840, et notamment à celui de Ranvoyzé, qui exerçait dans la même ville. La manière d'Amiot se répandit rapidement dans la région de Québec où, dès 1788, Ranvoyzé commença à l'imiter ; après 1800, son influence gagna graduellement la région de Montréal, ainsi qu'en témoignent éloquemment des œuvres de Robert Cruickshank* et de Pierre Huguet*, dit Latour.

Dès le début, Amiot jouit de l'appui du clergé et le conserva sa carrière durant ; ce soutien fut du reste en partie responsable de son succès. Amiot fut l'initiateur de profonds changements dans l'orfèvrerie religieuse : il tenta de renouveler l'aspect de presque toutes les pièces en proposant des formes nouvelles, en modifiant les proportions et en introduisant un nouveau vocabulaire décoratif, tout cela, en puisant largement au style Louis XVI. Entre 1788 et 1795, il réalisa plusieurs ouvrages particulièrement achevés, qui indiquaient la voie qu'il entendait suivre dans la production d'objets religieux. De cette époque, il convient de signaler la lampe de sanctuaire de l'église de Repentigny, exécutée en 1788. Cette œuvre somptueuse, aux lignes pures, s'écarte très nettement de la manière archaïque des devanciers d'Amiot. Sa forme est plus allongée et les éléments décoratifs, puisés dans le répertoire néo-classique, sont agencés avec soin et parfaitement liés les uns aux autres. De façon para-

doxale, c'est pendant cette période, plus précisément en 1794, qu'Amiot réalisa la seule œuvre qui emprunte au vocabulaire décoratif de Ranvoyzé ; mais la syntaxe et le rendu sont tout autres. L'explication la plus plausible d'une semblable digression dans l'exécution du ciboire de l'église de Saint-Marc, sur le Richelieu, demeure la volonté expresse du client.

Après 1800, la production d'Amiot présente moins d'innovations marquantes. Il façonna des centaines de vases pour des fabriques de paroisses et se consacra alors à la diffusion d'une esthétique. Ses détracteurs parlent plutôt de répétition. Certes, dans cette vaste production, l'évolution se fait plus subtile et semble plus difficile à cerner. Si la silhouette et même l'allure générale des vases ne varient guère, l'agencement des éléments décoratifs, par contre, est sans cesse différent, d'où une recréation constante.

Il arriva bien sûr à Amiot de concevoir encore des formes et des décors nouveaux après 1800, tel le magnifique calice historié qu'il réalisa en 1812 pour la fabrique de la paroisse Saint-Cuthbert, près de Berthier-en-Haut (Berthierville). Cette œuvre connut un succès indéniable, tant sous sa forme première que dans ses dérivés. Influencés par des importations françaises, les héritiers d'Amiot feront évoluer ce type d'orfèvrerie, toujours populaire à la fin du XIXe siècle. À la faveur de commandes particulières, Amiot créa des objets remarquables, tel le reliquaire de Charlesbourg exécuté en 1823. L'orfèvrerie religieuse au Bas-Canada connut, sous son impulsion, un renouvellement certain par l'introduction d'une esthétique qui dérivait du style Louis XVI.

Bien qu'il soit difficile d'avoir une connaissance aussi approfondie de la production d'orfèvrerie domestique d'Amiot, à cause de la difficulté d'accéder aux œuvres, il est néanmoins possible de la situer dans son essence. Au début de sa carrière, l'orfèvre produisit quelques superbes pièces d'esprit Louis XVI ; à titre d'exemple, on peut mentionner une aiguière que possède l'archevêché de Québec. Il fit aussi, à l'occasion, de très beaux couverts ornés d'une coquille sur la spatule, comme on en fabriquait dans les ateliers parisiens à la même époque. Mais l'ensemble de sa production domestique demeure plutôt marqué par l'influence du néo-classicisme anglais, ainsi qu'en font foi les théières, les sucriers et la plupart des ustensiles qui sont sortis de son atelier. En cela, Amiot démontre sa capacité de répondre au goût de la bourgeoisie, en s'inspirant des vases et autres objets que cette dernière import principalement de Londres. Occasionnellement, il a réussi une admirable synthèse du rococo anglais et du Louis XVI : la soupière acquise par la famille Baby en constitue un précieux exemple. À cette production déjà considérable, il faut ajouter le produit de l'activité d'Amiot à titre de bijoutier. Il fabriqua en effet de nombreuses alliances – entre autres pour son voisin, l'imprimeur John NEILSON – et même des médailles commémoratives.

Pour répondre à toutes ces commandes, Amiot eut besoin d'aide. Il engagea au moins quatre apprentis : Paul Morin, Jacques-Richard Filteau, Joseph Babineau et Pierre Lespérance*. Âgés de 16 ou 17 ans, ces derniers signèrent tous un brevet d'apprentissage qui les liait au maître pour une période de quatre à cinq ans et demi. En outre, des liens étroits unissaient sans doute Amiot à François Sasseville*, qui fut possiblement son compagnon. Sinon, comment expliquer que Lespérance, neveu de Sasseville, ait fait son apprentissage chez Amiot plutôt que chez son oncle ? Quoi qu'il en soit, le 2 juillet 1839, Sasseville loua des enfants d'Amiot, ses héritiers, la boutique qui avait appartenu à leur père. Le bail stipulait que ces derniers « abandonn[aient] au dit Sieur Sasseville toute la boutique [alors] existante telle que laissée par leur père avec le peu de masse en argent qui [pouvait] exister compris tous les Engrediens et tous effets et articles propres à l'art d'orfèvrie ». Héritier de la boutique et de la clientèle d'Amiot, Sasseville fut également son successeur, puisque, sa carrière durant, il sut poursuivre la tradition stylistique qu'avait inaugurée son maître.

Il est dommage que jusqu'à ce jour l'historiographie ait, à peu de chose près, oublié Laurent Amiot pour lui préférer les artistes qui œuvrèrent sous le Régime français de même que ceux qui en perpétuèrent la tradition. Pourtant, par son œuvre, Amiot a largement contribué à la redéfinition de l'esthétique au Bas-Canada, dans la première moitié du XIXe siècle. Il fut à l'orfèvrerie ce que François Baillairgé fut à l'architecture et à la sculpture.

RENÉ VILLENEUVE

Des œuvres de Laurent Amiot sont conservées dans une multitude de paroisses anciennes du Québec. Les deux principales collections publiques qui recèlent de ses œuvres sont celles du Musée du Québec, à Québec, et du Musée des beaux-arts du Canada, à Ottawa. Le Musée d'art de Saint-Laurent, à Montréal, conserve pour sa part de l'outillage qui proviendrait de l'atelier de l'orfèvre.

ANQ-Q, CE1-1, 11 août 1764, 9 avril 1793, 16 sept. 1830, 7 juin 1839 ; CN1-212, 21 déc. 1816, 20 juin 1836, 2 juill. 1839 ; CN1-284, 10 sept. 1791, 12 janv. 1795 ; P-398, journal ; P1000-2-34. — ASQ, Fichier des anciens ; Lettres, P, 22, 28–29, 35. — MAC-CD, Fonds Morisset, 2, dossier Laurent Amiot. — « Les Dénombrements de Québec » (Plessis), ANQ Rapport, 1948–1949 : 26, 76, 125, 177. — « Très humble requête des citoyens de la ville de Québec [1787] », ANQ Rapport, 1944–1945 : h.t. 2. — Montreal Gazette, 4 sept. 1834. — Marius Barbeau, Québec où survit l'ancienne France (Québec, 1937), 61–63. — J. E. Langdon, Canadian silversmiths, 1700–1900 (Toronto, 1966), 41. — L'Abeille (Québec), 25 avril 1878. — Gérard Morisset, « Coup d'œil sur les trésors artistiques de nos paroisses », SCHEC Rapport, 15 (1947–1948) : 62. — P.-G. Roy, « les Canotiers entre Québec et Lévis », BRH, 48 (1942) : 324 ; « la famille de Jean Amyot », 25 (1919) : 232–234. — Henri Têtu, « l'Abbé André Doucet, curé de Québec, 1807–1814 », BRH, 13 (1907) : 18. — Victor Tremblay, « les Archives de la Société historique du Saguenay », RHAF, 4 (1950–1951) : 12.

AMIOT, NOËL-LAURENT, prêtre catholique et auteur, né le 25 décembre 1793 à Québec, fils de Laurent AMIOT et de Marguerite Levasseur, dit Borgia ; décédé le 10 octobre 1845 à Vienne, Autriche.

Noël-Laurent Amiot est issu d'une famille établie à Québec depuis quelques générations et dont certains membres se sont spécialisés dans l'orfèvrerie. En 1793, son père est déjà considéré comme l'orfèvre le plus important du Bas-Canada. En 1808, Noël-Laurent entre au petit séminaire de Québec où, selon le palmarès de la fin de l'année, il se classe parmi les meilleurs étudiants de sa promotion. Sous l'influence des prêtres du séminaire et de sa famille, il opte pour la prêtrise à la fin de ses études classiques et fait son entrée au grand séminaire de Québec à l'automne de 1817. Au cours de l'été suivant, Mgr Joseph-Octave Plessis*, évêque de Québec, l'envoie dans la mission d'Odanak et dans la paroisse Saint-François-du-Lac afin qu'il y seconde le curé Jacques PAQUIN et se familiarise avec la langue des Abénaquis.

Amiot est ordonné prêtre par Mgr Bernard-Claude Panet* le 13 février 1820. Après un vicariat de courte durée dans les paroisses Sainte-Anne, à Yamachiche, et Saint-Gervais, près de Québec, il devient curé de Saint-François-du-Lac et desservant de la mission d'Odanak à la fin de l'année 1821. Il s'adapte assez facilement à sa nouvelle tâche, mais n'en rencontre pas moins certaines difficultés avec les Abénaquis. C'est d'abord auprès d'eux qu'il doit lutter contre le prosélytisme protestant qui se répand dans la mission ; certains Abénaquis souhaitent même y construire une église protestante. En 1826, Amiot exprime le désir qu'on l'affecte ailleurs. Mgr Panet refuse, mais il consent à lui envoyer un ecclésiastique, Michael POWER, pour le seconder. Trois ans plus tard, l'arrivée d'un jeune Abénaquis, Osunkhirhine (Pierre-Paul Masta), devenu ministre protestant, n'est pas sans soulever la colère du curé Amiot. En effet, ce jeune pasteur, qui a l'appui des sociétés bibliques canadiennes, réussit à mettre sur pied une école protestante dans la mission. Amiot réagit rapidement à cette situation et défend aux Abénaquis d'y envoyer leurs enfants sous peine d'interdiction des sacrements. Son geste lui vaut même l'approbation de Mgr Panet.

Amiot est aux prises avec plusieurs autres problèmes. Ainsi les habitants de la seigneurie de Pierreville, agrégés à la paroisse Saint-François-du-Lac, préfèrent souvent que ce soit le curé de la paroisse Saint-Antoine-de-Padoue, à Baie-du-Febvre (Baieville), qui les desserve. Il en est de même pour ceux du canton d'Aston. En dépit de nombreux pourparlers avec ces gens, Amiot ne parviendra pas à les ramener à sa paroisse. Ses altercations avec le procureur des Abénaquis, Augustin Gill, sont également fréquentes, car ce dernier favorise l'expansion du protestantisme dans la mission et refuse toute collaboration avec Amiot.

À l'été de 1830, Amiot doit quitter sa cure à la suite d'une « pénible constatation » – probablement une affaire de mœurs – faite par l'évêque à l'occasion de sa visite pastorale. C'est Joseph-Marie Bellenger* qui le remplace. Amiot va alors se réfugier aux États-Unis chez les sulpiciens de Baltimore, au Maryland. En août 1831, Mgr Panet lui permet de revenir au Bas-Canada, car il estime qu'il a suffisamment « réparé le scandale qu'il a donné ».

En octobre de cette année-là, Amiot devient curé de Saint-Cyprien, à Napierville. Là encore, il ne sera pas au bout de ses peines. Déjà ce village est au centre de plusieurs activités politiques. En 1834, Amiot dénonce en chaire les agissements politiques du docteur Cyrille-Hector-Octave Côté, député de L'Acadie, propagandiste du libéralisme doctrinaire et l'un des leaders patriotes de sa région. Ce dernier organise des assemblées publiques après la messe, harangue les paroissiens sur le perron de l'église et les incite à s'opposer ouvertement au gouvernement. À cet affrontement politique avec Côté s'ajoute la turbulence grandissante des cultivateurs qui protestent contre la dîme et les redevances seigneuriales. Fort inquiet, Amiot se croit obligé de s'en tenir à un loyalisme obstiné, presque aveugle, qui le séparera de plus en plus de ses paroissiens. En cela, il a beaucoup de points communs avec ses collègues de la région de Montréal, qui suivent aveuglément les directives de leurs supérieurs et sont d'ardents défenseurs de l'ordre établi.

Au début de l'automne de 1837, au moment où un climat de révolte s'installe dans la paroisse, Amiot n'hésite pas à s'en prendre aux patriotes qui organisent des assemblées tumultueuses et des démonstrations antigouvernementales. Le 24 octobre, à la parution du mandement de Mgr Jean-Jacques Lartigue, qui condamne la conduite des patriotes, son attitude envers ces derniers est encore plus ferme. En chaire, non seulement lit-il avec détermination et conviction le mandement de l'évêque de Montréal, mais il proclame sans ambages le caractère sacré de l'union du trône et de l'autel. Des prises de position aussi nettes le rangent alors dans le camp des partisans du gouvernement britannique, naturellement suspects et tout désignés à la vindicte populaire. Certains de ses paroissiens ne tardent pas à réagir : ils lui font un charivari politique au cours duquel ils entonnent *la Marseillaise,* profèrent des menaces et lancent quelques pierres contre les fenêtres de son presbytère. En

1838, les patriotes de sa paroisse séquestrent Amiot et le gardent prisonnier dans son presbytère.

Après l'échec de 1837–1838, la situation revient vite au calme. Noël-Laurent Amiot mène une vie paisible et se contente d'exercer son ministère avec zèle et empressement. Toutefois, cet état de choses ne dure guère. En novembre 1842, l'évêque de Montréal, Mgr Ignace Bourget*, l'accuse d'être « en flagrant délit de révolte contre [l']Évêque » parce qu'il a refusé qu'on l'affecte à une autre cure, plus proportionnée à ses forces. Bourget se voit donc dans l'obligation de lui retirer tous ses pouvoirs sacerdotaux. C'est sans doute ce qui incite Amiot, qui a reçu un héritage important de son père peu auparavant, à entreprendre, à la fin de l'année, un voyage à Saint-Pierre de Rome et en Terre Sainte. Il y écrit son journal personnel et décrit avec emphase et émotion ses différents périples. À dire vrai, c'est surtout en pèlerin qu'il se comporte et il affermit sa foi dans ces milieux de chrétienté fervente. Il profite aussi de ce voyage pour visiter l'Europe, mais une maladie inattendue le force à s'arrêter à Vienne, où il meurt le 10 octobre 1845.

RICHARD CHABOT

Noël-Laurent Amiot est l'auteur d'un journal personnel qui contient le récit de son voyage en Europe et en Terre Sainte. Ce journal est conservé aux ASQ, sous la cote MSS, 141.

ANQ-Q, CE1-1, 25 déc. 1793. — APC, MG 8, F74 ; RG 4, B37, 1 : 98. — Arch. de l'évêché de Nicolet (Nicolet, Québec), Cartable Saint-François-du-Lac, I. — Arch. du diocèse de Saint-Jean-de-Québec (Longueuil, Québec), 13A/71–116. — ASQ, C 38 : 229, 243, 260, 281, 294 ; Lettres, P, 22, 29 ; Séminaire, 9, n° 33 ; 123, nos 15–18 ; 128, n° 7 ; 130, nos 217. — *L'Ami du peuple, de l'ordre et des lois,* 2 sept. 1835. — Caron, « Inv. de la corr. de Mgr Panet », ANQ *Rapport,* 1933–1934 : 312 ; 1935–1936 : 189, 198, 200 ; « Inv. de la corr. de Mgr Plessis », ANQ *Rapport,* 1932–1933 : 121, 134, 150–151, 153. — Desrosiers, « Inv. de la corr. de Mgr Bourget », ANQ *Rapport,* 1948–1949 : 384. — T.-M. Charland, *Histoire des Abénakis d'Odanak (1675–1937)* (Montréal, 1964), 188–195 ; *Histoire de Saint-François-du-Lac* (Ottawa, 1942), 224–233. — P.-G. Roy, « la Famille de Jean Amyot », *BRH,* 25 (1919) : 225–234.

ANSLEY (Annesley), AMOS, ministre de l'Église d'Angleterre, baptisé le 25 janvier 1801 à Kingston, Haut-Canada, septième enfant d'Amos Ansley et de Christina (Christian) McMichael ; en 1826, il épousa Harriet Kirkpatrick Henderson, et ils eurent quatre fils et deux filles ; décédé en 1837 à Montréal.

Loyaliste de New York, le père d'Amos Ansley s'installa dans le jeune district de Cataraqui (Kingston) et contribua activement, par ses talents d'entrepreneur-charpentier, au développement de cette région. Le jeune Amos étudia à l'University of Edinburgh et obtint une maîtrise ès arts le 14 janvier

Anthony

1822. Envoyé à titre de missionnaire par la Society for the Propagation of the Gospel in Foreign Parts pour desservir Hull, dans le Bas-Canada, et le canton de March, dans le Haut-Canada, il accéda au diaconat en 1824. C'est l'évêque anglican de Québec, Charles James STEWART, qui l'ordonna prêtre en 1826. Il avait la charge d'environ 14 cantons situés des deux côtés de la rivière Outaouais. Hull et March y étaient les deux principales agglomérations : le village de Hull était né au début du siècle, à la faveur des initiatives de l'entrepreneur forestier américain Philemon WRIGHT, tandis que March était un établissement militaire où des officiers et des marchands retraités essayaient de perpétuer les valeurs sociales et culturelles de la Grande-Bretagne malgré l'isolement de la vallée de l'Outaouais [V. Hamnett Kirkes Pinhey*]. Ansley œuvra dans les deux communautés. En plus de célébrer les différents offices (baptêmes, mariages et funérailles) inhérents à la vie du missionnaire, le jeune ministre aida à l'achèvement des églises St James de Hull et St Mary de March ; il donna son soutien très actif à des écoles et à des bibliothèques.

La construction du canal Rideau [V. John BY] entraîna pour Ansley une charge accrue. Même si Bytown (Ottawa) ne faisait pas officiellement partie de son territoire, il assuma la responsabilité de cette population toujours croissante d'ouvriers, de bûcherons et de fonctionnaires militaires qui affluaient dans la région. En fait, cette dernière connaissait un tel essor que l'évêque Stewart demanda à la Society for the Propagation of the Gospel de subdiviser le territoire de la mission. En 1829, on détacha donc le canton de March, ce qui laissa à Ansley le côté bas-canadien de la rivière.

Cet allégement n'inaugurait malheureusement pas un avenir plus prospère pour Ansley et sa famille. En 1831, l'évêque dut l'affecter à Berthier-en-Haut (Berthierville) parce que « des circonstances fâcheuses » avaient ruiné son autorité auprès de ses paroissiens. Il quitta Hull en 1832, mais ce déplacement ne produisit pas les résultats désirés. En 1834, Stewart fut obligé de le suspendre à cause de ses « habitudes d'ivrognerie ». À la même époque, Ansley semble avoir également souffert de ce que sa femme appelait un « état de dérangement mental » héréditaire. Il vagabonda jusqu'aux États-Unis et laissa sa femme et ses enfants dans l'indigence. Il revint par la suite à Montréal où il mourut en 1837. Sa femme eut d'extrêmes difficultés à subvenir aux besoins de sa famille.

À travers les rapports qu'il soumit à la Society for the Propagation of the Gospel, Amos Ansley se révèle un prêtre assidu et dévoué ; son évêque vantait la « grande diligence » avec laquelle il abordait son travail. Le sermon qu'il publia dénote un homme à l'esprit rationnel et orthodoxe, d'un raffinement qui pouvait même paraître incongru dans cet univers commercial que devenait la vallée de l'Outaouais. Quant aux problèmes qui écourtèrent sa carrière, ils n'étaient pas rares chez les missionnaires qui devaient affronter les privations inhérentes à la vie dans les confins du monde anglican. Bien que l'histoire d'Ansley ne soit pas conforme aux récits héroïques popularisés par la presse religieuse de l'ère victorienne, elle n'en traduit pas moins, par ses succès et ses échecs, une dimension importante de la vie missionnaire dans les premières décennies du XIXe siècle.

WILLIAM WESTFALL

Amos Ansley est l'auteur de : *A sermon preached at the opening of St. Mary's Church, township of March, Upper-Canada* [...] (Montréal, 1828).

RHL, USPG Arch., C/CAN/Que., folders 368, 370, 384. — Univ. of Edinburgh Library, Special Coll. Dept., Graduation roll, 1822 ; Matriculation reg., 1818–1822. — K. M. Bindon, « Kingston : a social history, 1785–1830 » (thèse de PH.D., Queen's Univ., Kingston, Ontario, 1979).— M. S. Cross, « The dark druidical groves ; the lumber community and the commercial frontier in British North America, to 1854 » (thèse de PH.D., Univ. of Toronto, 1968). — H. A. Davidson, « Our Ansley family » [...] (Jenkintown, Pa., 1933). — H. P. Hill, *History of Christ Church Cathedral, Ottawa, 1832–1932* (Ottawa, 1932). — E. G. May et W. H. Millen, *History of the parish of Hull, Que.,* [...] 1823–1923 (Ottawa, 1923). — C. F. Pascoe, *Two hundred years of the S.P.G.* [...] (2 vol., Londres, 1901). — B. S. Elliott, « The famous township of Hull » : image and aspirations of a pioneer Quebec community », *HS*, 12 (1979) : 339–367.

ANTHONY, GABRIEL, chef micmac ; décédé en octobre 1846 à Bear River, Nouvelle-Écosse.

Le 16 novembre 1843, Gabriel Anthony fut reconnu chef des Indiens des comtés d'Annapolis, Digby, Yarmouth, Shelburne et Queens par des lettres patentes portant le grand sceau de la Nouvelle-Écosse. Il estimait à 500 le nombre de personnes placées « sous sa responsabilité ».

En 1845, le mildiou de la pomme de terre se répandait dans toute la Nouvelle-Écosse et avait des effets particulièrement désastreux chez les Indiens. La sous-alimentation les empêchait de s'adonner suffisamment à la chasse et, au moindre signe de fièvre, les Blancs refusaient d'acheter leurs objets d'artisanat par peur de la contagion. Quant aux responsables de l'aide aux pauvres, ils n'avaient nulle envie d'ajouter les Indiens à la liste de leurs bénéficiaires.

En janvier 1846, Anthony soumit à la chambre d'Assemblée une requête en vue d'obtenir du secours pour son peuple. Appelé à témoigner devant la chambre, il prononça dignement un bref discours en anglais, soulignant ses mots avec soin en frappant la paume de sa main gauche de l'index de sa main droite. « Monsieur, dit-il, je ne comprends pas l'anglais – [je] ne le parle pas très bien. Si je pouvais vous parler ma langue, je pourrais vous dire en un mot, en deux mots, en trois mots ; et vous comprendriez ce que j'ai à vous dire. » Il expliqua qu'en tant que chef, il voyageait constamment d'un village indien à l'autre. Un doigt pointé vers le ciel, il déclara : « Je leur dis de penser seulement au Suprême. Vous me comprenez. » Le président répondit : « Oui, nous vous comprenons. » Ces tournées, poursuivait le chef, ne lui laissaient pas le temps de veiller à ses propres affaires, et il était sans ressources. À la demande de plusieurs députés, Anthony s'adressa ensuite à la chambre en micmac ; son éloquence était telle que les députés en furent impressionnés, même s'ils ne comprenaient rien à ce qu'il disait. Joseph Howe*, ancien commissaire provincial aux Affaires indiennes, traduisit l'essentiel du message : chez les Indiens, comme chez les Blancs, ceux qui avaient les fonctions les plus ingrates étaient souvent les plus mal payés. L'appel permit de recueillir 43 couvertures pour les Indiens des comtés de l'Ouest. En mai, Anthony fit une nouvelle tentative et demanda, dans une requête adressée au lieutenant-gouverneur lord Falkland [Cary*], £15 pour acheter 50 couvertures ; on ne lui accorda que la moitié de cette somme.

Quarante Indiens vivaient à proximité de la chapelle de Bear River au début d'octobre 1846 ; 8 avaient déjà succombé et 29 des survivants étaient malades. On attribua à des « sécrétions corrompues et [à une] torpeur du foie » la fièvre qui les frappait. Elle se manifestait par des douleurs à la poitrine et au cou, après quoi apparaissaient des maux de tête, des frissons, de la fièvre et des spasmes stomacaux et intestinaux. Ceux qui étaient sur le point de mourir avaient l'abdomen très distendu et montraient « une impatience et un désir inhabituels de voir la mort venir les délivrer de leurs souffrances ». Le chef Gabriel Anthony fut l'un de ceux qui connurent cette délivrance.

L. F. S. UPTON

PANS, MG 15, B, 3, nos 95, 102, 104. — *Halifax Morning Post & Parliamentary Reporter*, 14 janv. 1846. — Upton, *Micmacs and colonists*.

ARCHIBALD, SAMUEL GEORGE WILLIAM, fonctionnaire, juge, avocat et homme politique, né le 5 février 1777 à Truro, Nouvelle-Écosse, troisième fils de Samuel Archibald, de cette même ville, et de Rachel Todd, du Massachusetts ; le 16 mars 1802, il épousa Elizabeth Dickson, d'Onslow, Nouvelle-Écosse, sœur de Thomas Dickson*, puis le 15 août 1832 Joanna Allen, veuve de William Birch Brinley ; décédé le 28 janvier 1846 à Halifax.

Petit-fils de David Archibald, qui était originaire de Londonderry (Irlande du Nord) et avait participé en 1762, avec ses trois frères, à la fondation de Truro, Samuel George William Archibald fut apparemment baptisé Samuel George Washington – indice des sympathies de sa famille –, mais il changea son dernier prénom pour augmenter ses chances de succès. Son père, acheteur et expéditeur de bois, mourut des fièvres aux îles Leeward quand lui-même n'avait que trois ans. Élevé par son grand-père jusqu'à l'âge de 15 ans, Archibald était déjà connu à l'époque pour son amour du plaisir et ses espiègleries, signes avant-coureurs de l'irrépressible gaieté qui le conduirait « toute sa vie à mêler le jeu au travail ».

De 1792 à 1796, Archibald étudia à Haverhill et à Andover, au Massachusetts, sous la surveillance de parents de sa mère. À son retour, il songea d'abord à se faire ministre presbytérien. Il fut ensuite protonotaire à la Cour suprême et greffier de la paix du district de Colchester, après quoi, vers 1800, il se mit à l'étude du droit dans le cabinet de Simon Bradstreet Robie*. Deux ans plus tard, il épousa Elizabeth Dickson, qui avait 15 ans et appartenait à une famille très influente dans la société néo-écossaise. Quelques mois après, il devint juge de la Cour d'enregistrement et d'examen des testaments des districts de Colchester et de Pictou. Reçu attorney et barrister le 16 avril 1805, il fut élu l'année suivante député de la circonscription de Halifax, qui englobait alors les deux mêmes districts. Son grand-père et son père avaient siégé à l'Assemblée et son fils aîné, Charles Dickson*, y siégerait par la suite ; sa famille compta donc, en ligne directe, quatre générations de députés. À une certaine époque, Archibald et trois de ses beaux-frères Dickson siégèrent en même temps, ce qui fit dire à un esprit malveillant qu'ils se liguaient pour obtenir des crédits routiers en faveur de leurs commettants.

Dès le début de sa carrière, Archibald avait des atouts qui assureraient sa réussite aussi bien comme juriste que comme député. Peter Lynch, avocat de Halifax et historien, se souvenait de lui comme d'« un homme d'une beauté supérieure à la moyenne, [ayant] des manières aimables, une voix mélodieuse, une conversation captivante et une profonde connaissance de la nature humaine ». Il parlait, poursuivait Lynch, « avec beaucoup de facilité et d'élégance, ses phrases [étaient] bien rythmées, et sa façon de s'exprimer [était...] brillante ». Dès ses premiers jours à l'Assemblée, Archibald fut témoin d'un geste presque sans précédent : le lieutenant-gouverneur, sir John Wentworth*, rejeta l'élection de William Cottnam Tonge* au siège de président. Le compte rendu des débats n'indique pas si Archibald joignit sa voix au concert des protestations, mais lorsque le nouveau président, Lewis Morris WILKINS, annonça qu'il s'absenterait pour assister à une réunion du conseil d'administration du King's College, Archibald fit adopter par la chambre deux propositions déclarant que le président se devait avant tout à l'Assemblée et qu'en convoquant Wilkins les administrateurs du collège avaient manqué de déférence envers la cham-

Archibald

bre. Toujours pointilleux sur les questions constitutionnelles, Archibald montra bien vite qu'il entendait résister à tout empiétement sur les droits de la Chambre basse.

D'une manière plus générale, durant ses premières années à l'Assemblée, Archibald s'intéressa de près à l'amélioration des routes, et surtout de celles qui allaient vers l'est à partir de Halifax. Un peu plus tard, il appuya fermement Thomas McCULLOCH et la Pictou Academy. Presbytérien scissionniste animé d'une foi profonde, « il ne disait jamais, sur le sujet [de la religion], aucune des hypocrisies à la mode » et ne prenait aucune « part active aux offices publics ». Par contre, il s'opposait à l'exclusivisme du King's College et soutint McCulloch pendant deux décennies dans ses efforts pour rehausser le prestige de la Pictou Academy et obtenir en permanence pour elle une subvention annuelle. Tout en reconnaissant les faiblesses de McCulloch – il écrivit un jour au juge Peleg Wiswall : « l'Empereur est vraiment devenu le John Knox de la Nouvelle-Écosse et menace de vous dévorer tous un à un, vous les membres de l'Église d'Angleterre » – il lui arriva plus d'une fois de dire qu'il aurait bien aimé avoir le dixième de ses talents. Non seulement sa position sur la Pictou Academy créa-t-elle des conflits entre lui et les membres extrémistes du conseil de la province, comme Richard John Uniacke* père, mais elle l'empêcha de se lier véritablement à John YOUNG et à sa famille qui, en tant que membres de l'Église d'Écosse, s'opposaient au scissionniste McCulloch.

Dès 1817, Archibald était devenu un membre important du barreau, et le lieutenant-gouverneur lord Dalhousie [RAMSAY] fit de lui, avec William Hersey Otis Haliburton*, le premier conseiller du roi dans la province. Dans les années qui suivirent, il participa à la plupart des procès d'importance. En 1819, il obtint l'acquittement de William Q. Sawers, accusé de voies de fait sur la personne du docteur Matthias Francis Hoffmann*, mais quelques mois plus tard il ne parvint pas à faire condamner Richard John Uniacke* fils, poursuivi pour avoir tué William Bowie dans le dernier duel mortel de l'histoire de la province. Au cours d'une poursuite civile visant à obtenir des dommages-intérêts pour voies de fait, il admit la culpabilité de son client, Anthony Henry Holland*, mais il se moqua tellement des prétentions du plaignant, Edmund Ward*, que celui-ci faillit devoir quitter le tribunal. Par contre, à l'occasion d'un procès en diffamation au criminel, il emprunta un ton extrêmement sérieux et réussit à faire condamner Thomas FORRESTER par le jury en dix minutes. En 1835, il participa à la poursuite contre Joseph Howe* pour diffamation criminelle, mais il se contenta de prononcer un plaidoyer modéré, sachant très bien que, même si en droit Howe était coupable, il ne réussirait jamais à convaincre un jury de le condamner. Les comptes rendus de ces plaidoiries, quoique maigres, montrent bien « les multiples facettes de l'éloquence avec laquelle il s'adressait aux jurés ».

En fait, avec le temps, Archibald « en vint à mener ses procès et […] à manier les jurés […] avec une adresse inégalée », d'autant plus qu'il savait « éveiller toute la gamme des émotions ». « Jamais, disait le juge George Geddie Patterson, on n'a connu d'avocat qui ait tant de victoires à son tableau de chasse. » Tant ses contemporains que des historiens plus récents ont maintenu qu'il n'était ni érudit en matière de droit ni prêt à entreprendre la tâche fastidieuse de fouiller dans les recueils pour dénicher « l'aride détail juridique lié à une cause ». Selon A. A. Mackenzie, « dans les faits » il n'était pas « le grand juriste qu'évoque la légende familiale, mais un avocat à l'esprit vif qui racontait des histoires aux jurés, qui dans sa jeunesse se sortait d'embarras par son éloquence et qui plus tard s'en servit pour décrocher les emplois qu'il convoitait ». Peter Lynch, qui le vit à l'œuvre, nota qu'il employait au maximum ses assistants, en particulier James F. Gray. « En examinant rapidement les dossiers [de Gray], son patron en apprenait autant sur un cas que d'autres en auraient su après des heures d'étude et de labeur. » La suite de la carrière d'Archibald montre cependant que ces remarques ne lui rendent pas tout à fait justice.

De 1817 à 1830, la chance ne cessa pas de sourire à Archibald. Rarement refusait-il les causes des grands de la province, à moins de ne pouvoir faire autrement. En 1818, à titre de juge suppléant de la Cour de vice-amirauté, il participa au règlement des dernières causes relatives aux anciennes prises de guerre, et ce non pas surtout parce qu'il le désirait, mais parce qu'on le lui avait « demandé avec insistance dans un contexte tel qu'il aurait été malavisé de refuser ». La même année, il proposa la fondation d'une société provinciale d'agriculture et, en 1822, il ouvrit à ses frais un moulin pour moudre l'avoine à Truro. Bien plus tard, dans une remarque dirigée contre John Young, il souligna que, « au lieu de spéculer en théorie » sur les possibilités agricoles, il avait investi personnellement pour démontrer qu'elles étaient réalisables. Thomas Chandler Haliburton* a raconté qu'en 1824 Archibald était revenu d'un voyage en Grande-Bretagne et en Europe avec une foule d'anecdotes sur le Vieux Monde, car il avait vu Paris, *fait escale à Bruxelles*, *parlé à Strasbourg et fait des provisions à Whitehall* ». Il reçut également un doctorat honorifique en droit de l'University of Glasgow et accepta le siège de juge en chef de l'Île-du-Prince-Édouard après avoir reçu l'assurance qu'il n'aurait pas à vivre là-bas. En novembre 1824, il passa trois semaines dans l'île afin d'accomplir la tâche pour laquelle il avait été nommé : mettre de l'ordre dans le chaos qu'était devenue la Cour suprême.

Simon Bradstreet Robie étant entré au Conseil de

la Nouvelle-Écosse en 1824, le poste de président était vacant lorsque la chambre se réunit l'année suivante. Archibald fut élu président par acclamation et le demeura jusqu'en 1841. Après sa mort, Howe eut pour lui ce compliment : « Jamais nous n'avons vu président plus digne et plus imposant occuper le fauteuil de quelque Assemblée législative que ce soit. » En 1824, on accusa Archibald et d'autres avocats qui siégeaient à la chambre d'imposer sans nécessité à la province quatre nominations judiciaires majeures. Deux ans plus tard, il allait bénéficier de l'expansion des tribunaux qui en avait résulté : Robie ayant obtenu l'un des nouveaux postes, celui de maître des rôles, il lui succéda à titre de solliciteur général. Par contre, comme il ne résidait pas à l'Île-du-Prince-Édouard, son rendement comme juge en chef de l'île soulevait une vive insatisfaction là-bas. N'ayant jamais envisagé sérieusement d'abandonner sa grosse clientèle et ses importantes fonctions en Nouvelle-Écosse ni de renoncer à ses espoirs d'y devenir juge en chef, il démissionna de son poste à l'île en 1828.

L'année 1830 fut la plus faste de la carrière d'Archibald : il était « l'ornement du barreau, l'aigle de l'[Assemblée], et le boute-en-train des cercles mondains ». Il donnait dans sa spacieuse résidence de Halifax des dîners splendides où son esprit raffiné et ses talents de conteur – peut-être les plus grands de la province – s'exprimaient mieux qu'en toute autre circonstance. Selon son biographe, Israel Longworth, son domaine campagnard de Truro, où il séjournait plusieurs semaines par an, était l'un des points d'attraction de la province où « la magnifique rivière [rivière Salmon] décrivait de gracieux méandres [... entre] des ormes gigantesques ». Les Dalhousie, les Kempt et « les simples habitants des environs y bénéficiaient de son hospitalité et chantaient ses louanges ». Mais le dernier objectif d'Archibald – devenir juge en chef – allait être contrecarré par la querelle du Brandy en 1830 [V. Enos Collins*]. Dans une série de discours, prononcés nécessairement en comité, il affirma que la perception des revenus, loin d'être une simple formalité, découlait d'un pouvoir lié à la nature même de l'Assemblée. « Les conséquences seront désastreuses, disait-il, si nous laissons le Conseil de Sa Majesté se servir de nous comme d'un instrument et préparons les projets de loi sur le revenu comme ils nous dictent de le faire [...] nous avons un droit, qui pour l'Anglais et l'homme libre est le plus cher de tous les droits – celui de *nous taxer nous-mêmes, sans qu'aucun pouvoir au monde n'intervienne ou ne nous dicte notre conduite.* » Et surtout, il soulignait que sa qualité de président et de « gardien naturel des droits et privilèges de la chambre » lui imposait d'intervenir. Galvanisée par ces déclarations, la chambre maintint sa position, même si celle-ci entraînait, avec le rejet des projets de loi de finances et d'affectation de crédits, tous les inconvé-

nients qui y étaient liés. Ravi, Howe déclara qu'en raison de ses discours Archibald était « plus éminent qu'il ne l'a[vait] jamais été dans toute sa carrière politique », et Jotham BLANCHARD se montra presque aussi louangeur. Au cours des élections qui suivirent, les votants condamnèrent en masse le conseil et Archibald remporta la victoire dans la circonscription de Halifax. Mais sa position était celle d'un défenseur de la constitution, non celle d'un partisan des causes populaires ou d'un réformiste, et elle soulevait des espoirs qu'il ne pourrait pas combler.

D'après les partisans du conseil, Archibald s'était aliéné la confiance populaire dès avant la querelle du Brandy « en raison de ses intrigues peu franches pour recevoir une promotion » et, au cours de « la dernière tempête, [il n'avait] fait que se nuire tout en trompant autrui ». Les intrigues en question avaient marqué la course au poste de juge en chef, laquelle battait son plein dès 1829. Trois candidats se présentaient au poste occupé par Sampson Salter BLOWERS, âgé de près de 90 ans et dont les forces diminuaient : Richard John Uniacke père, âgé et frêle lui aussi, mais qui en raison de ses longues années de service comme procureur général avait une prétention particulière au poste ; Brenton Halliburton*, juriste aux talents modestes, bien traité par le gouvernement puisqu'il était devenu juge puîné moins de quatre ans après son admission au barreau, mais qui avait exercé la plupart des fonctions de juge en chef pendant une longue période, ce qui renforçait sa candidature ; et Archibald, qui méritait une promotion à cause des nombreux services rendus à la couronne. Ce dernier aurait pu prendre le siège de juge puîné rendu vacant par la mort de James Stewart en 1830, mais il estimait avoir déjà une situation supérieure à celle-là.

Uniacke mourut en octobre de la même année et le lieutenant-gouverneur, sir Peregrine Maitland*, nomma Archibald procureur général par intérim. Toutefois, Maitland et le conseil intervinrent dans la course au poste de juge en chef en annonçant l'envoi de Halliburton à Londres pour protester contre la réduction des droits sur le bois étranger importé en Grande-Bretagne ; c'était là la raison officielle, mais en réalité on l'y envoyait pour lui donner l'occasion de plaider en faveur de sa promotion. Archibald n'avait donc d'autre choix que de se rendre lui-même à Londres. On se demanda dans la capitale néo-écossaise s'il n'avait pas fait appel à lady Mary FitzClarence, fille naturelle de Guillaume IV, qu'il avait reçue royalement l'année précédente à sa résidence de Halifax.

Apparemment, l'éloquence d'Archibald impressionna le marquis de Lansdowne qui, dit-on, le pressa d'entrer au Parlement britannique mais obtint pour toute réponse : « Je suis déjà la tête d'une Assemblée, je ne tiens pas à devenir la queue d'une autre. » Après avoir retardé sa décision, le vicomte Goderich, secré-

Archibald

taire d'État aux Colonies, nomma Halliburton juge en chef le 4 décembre 1832, alléguant qu'il avait rempli fort longtemps cette fonction. Quant à Archibald, dont on avait confirmé la nomination au poste de procureur général, Goderich proposa de hausser son salaire en attendant qu'une place plus avantageuse puisse lui être offerte. Les Haligoniens bien informés étaient certains qu'Archibald avait perdu le poste de juge en chef dès le moment où il avait pris la tête de l'Assemblée dans la querelle du Brandy.

Archibald avait connu deux autres épreuves en 1830 : la mort de son second fils et de son épouse, Elizabeth Dickson, femme accomplie avec qui il avait eu 15 enfants (dont Edward Mortimer*) et qui partageait son goût pour la vie mondaine. Moins de deux ans plus tard, il épousa une veuve, Joanna Brinley ; le couple allait avoir trois filles. Archibald ne se consola jamais de la perte de sa première femme, peut-être parce que la seconde n'aimait pas les mondanités ; toutefois son deuxième mariage fut tout aussi heureux que le premier.

À compter de 1830, Archibald se trouva de plus en plus en désaccord avec la majorité des députés. En 1832, à l'encontre de Howe et de Young, il se prononça pour la commutation des redevances dues à la couronne sur les terres en retour d'un versement annuel de £2 000 par le gouvernement. Ceux qui suggérèrent alors qu'il était « personnellement intéressé » à augmenter les revenus imprévus de la couronne afin de faciliter le paiement des salaires prélevés sur eux, dont celui qu'il touchait à titre de procureur général, semblent avoir été injustes et excessifs. Deux ans plus tard, un certain Ichabod ne se montra pas moins partial en déclarant, dans l'*Acadian Recorder,* qu'Archibald avait essayé de faire augmenter son salaire de procureur général à un moment « où le trésor [était] presque à sec, où il [fallait] emprunter pour affecter la moindre somme à la voirie et où le commerce languissait » sous l'effet d'une faillite générale.

Au fond, Archibald ne correspondait pas à la légende qui faisait de lui un partisan des causes populaires. Jusqu'en 1830, le statu quo faisant l'objet d'un large consensus, on avait pu compter sur lui pour s'opposer à tout retour en arrière, comme dans la querelle du Brandy. Mais au fil des années 1830, à mesure que Howe découvrait les vices fondamentaux du gouvernement provincial et invitait les électeurs, par le truchement du *Novascotian, or Colonial Herald,* à se donner un nouveau type d'Assemblée et de député, Archibald se trouva de plus en plus dans la position de celui qui observe avec déplaisir un style politique contraire à ses penchants. Dès juillet 1836, l'*Acadian Recorder* participait résolument au combat contre l'ordre établi en publiant sous le pseudonyme de Joe Warner les lettres de John Young. Entre autres choses, ces lettres accusaient Archibald d'une foule de délits publics, y compris l'indulgence pour le gaspillage et l'extravagance. Howe, qui lui portait un respect considérable, trouvait cette critique beaucoup trop dure puisque, en dépit des « complots et plans » qu'on lui attribuait, Archibald n'avait pas la moitié des « avantages » que possédaient le secrétaire de la province, sir Rupert Dennis George, le receveur des douanes, Thomas Nickleson JEFFERY, et d'autres hauts fonctionnaires. En fait, alléguait Howe, « si [Archibald] avait montré moins de scrupules à se soumettre à une certaine petite clique de la province, il aurait pu se débrouiller beaucoup mieux ».

Aux élections de 1836, Archibald eut à faire face, dans la nouvelle circonscription de Colchester, à un adversaire énergique : Isaac Logan, qui appartenait à la nouvelle fournée de candidats et reprenait les arguments de Warner. Avec une amertume rare chez lui, il traita Warner de « fabricant de calomnies et de diffamations » et Logan de « pauvre petit colporteur [préoccupé de vendre] sa marchandise ». « Mon nom, poursuivait-il, survivra et demeurera lié au comté de Colchester alors même que celui de Joe Warner sera pourri comme ses restes et puant comme le tas de fumier qu'il sera devenu. » Archibald tenta aussi de « régler son compte » à Young au cours de la première session de la nouvelle législature, où on déposa des propositions qui visaient à interdire l'exportation de céréales et de pommes de terre parce que les récoltes avaient été mauvaises. Lorsque, selon son habitude, Young s'opposa à ce que l'Assemblée agisse au mépris des principes de l'économie politique, Archibald se moqua de l'idée de recourir à des doctrines tirées de l'œuvre d'Adam Smith pour empêcher l'Assemblée d'intervenir en un temps de famine et de misère. « Faut-il comprendre, demanda-t-il, que nous ne devrons jamais légiférer à l'encontre de certaines lois et règles établies par des théoriciens politiques ? » Ce devait être son dernier affrontement avec Young, qui mourut en octobre 1837.

Au cours de cette session, Archibald ne fit pas d'autres interventions majeures en chambre : en dépit de sa réélection au siège de président, il avait perdu son ascendant sur les députés. Les réformistes, qui s'étaient multipliés à la vitesse de l'éclair, obtenaient la majorité sur la plupart des questions et se laissaient guider par Howe et Laurence O'Connor Doyle*. Archibald ne dit presque rien sur les Douze Résolutions de Howe mais, de toute évidence, il n'aimait pas voir les réformistes bouleverser les habitudes tranquilles de la chambre. Il fut absent les derniers jours de la session pour cause de maladie ; les journaux parlèrent d'érysipèle, mais il s'agissait plutôt d'une grave attaque d'apoplexie. Il ne s'en remit jamais tout à fait et, dans les dernières années de sa vie, souffrit d'« une paralysie des muscles qui déformait ses traits et faisait parfois qu'il avait du mal à articuler, quand il n'en était pas totalement incapable ». Néanmoins, il se trouva assez bien en décembre pour présenter les principales propositions adoptées à l'occasion d'une assemblée publique qui désapprouva la rébellion du Bas-Canada et qui exprima sa détermination à s'occuper des familles des soldats partis faire échec à l'insurrection. Il continua de présider les sessions législatives jusqu'à la fin de 1840, mais sans se mêler à la vigoureuse défense de la cause populaire que poursuivait la Chambre basse.

En 1840, Archibald fut pris dans un dilemme. L'Assemblée exigeait le rappel du lieutenant-gouverneur sir Colin CAMPBELL parce qu'il refusait de reconnaître que la dépêche écrite le 16 octobre 1839 par le secrétaire d'État aux Colonies conférait « une constitution nouvelle et améliorée » aux colonies. Lorsque Campbell lui demanda de se prononcer sur cette missive, Archibald lui répondit que, même s'il était inconvenant de sa part de s'opposer aux souhaits de l'Assemblée, le lieutenant-gouverneur avait le droit de connaître son opinion à titre de procureur général. Il poursuivit donc en disant douter que cette dépêche pouvait être interprétée dans le sens de l'Assemblée et croire que Campbell avait eu raison d'attendre un supplément d'instructions de la part du secrétaire d'État aux Colonies. Ces vues montrent combien « les opinions de la majorité de la chambre s'étaient éloignées de celles de son président ».

Quand, en octobre 1840, le nouveau lieutenant-gouverneur, lord Falkland [CARY*], reconstitua le Conseil exécutif, Archibald se trouva en tête de la liste des nouveaux conseillers mais, après les élections tenues cette année-là, il ne put reprendre le fauteuil de président de la chambre, parce que Londres avait décidé de modifier la coutume néo-écossaise pour la rendre conforme à la règle britannique. Forcé de choisir entre le poste de président et celui de procureur général, Archibald résolut de conserver le second. Il ne resta pas très longtemps à l'Assemblée : le 29 avril 1841, après la mort de Charles Rufus FAIRBANKS, il fut assermenté comme maître des rôles, fonction qu'il exerça jusqu'à ce que, cinq ans plus tard, une violente attaque d'apoplexie le tue instantanément. Ceux qui craignaient que son manque de connaissances juridiques et son peu de goût pour le travail ne fassent de lui un médiocre maître des rôles furent surpris de son application. Sans être un grand juge, il était, de l'avis général, très bon ; son rendement n'était certainement pas inférieur à celui des autres maîtres, Robie, Fairbanks et Alexander Stewart*.

Par son éloquence et sa prestance, Samuel George William Archibald donna une note de dignité et de raffinement à l'Assemblée de la Nouvelle-Écosse. Ce fut fort justement que le *Sun,* journal de Halifax, dit de lui qu'il comptait « parmi les plus aimables des hommes ». Comme le précisait Howe : « Le juge Archibald n'avait ni méchanceté ni malveillance – faire plaisir aux autres et partager ce plaisir était chez lui un besoin naturel – mais il n'éprouvait jamais d'agrément à faire souffrir autrui. » Par contre, Israel Longworth n'a pas raison de prétendre qu'« aucun homme n'a autant contribué à façonner les institutions et les destinées de la Nouvelle-Écosse ». L'Assemblée, dès qu'elle s'engagea dans un programme de réforme modérée, devint pour lui un milieu tout à fait inhospitalier. Cependant, il faut au moins reconnaître qu'en défendant la constitution, il barra la route aux réactionnaires.

J. MURRAY BECK

PANS, MG 1, 89, particulièrement n° 1a ; 979–980. — *Acadian Recorder,* 1830–1836. — *Novascotian,* 1830–1846. — John Doull, *Sketches of attorney generals of Nova Scotia* (Halifax, 1964). — Israel Longworth, *Life of S. G. W. Archibald* (Halifax, 1881). — G. [G.] Patterson, *Studies in Nova Scotian history* (Halifax, 1940). — Peter Lynch, « Early reminiscences of Halifax – men who have passed from us », N.S. Hist. Soc., *Coll.,* 16 (1912) : 199–201.

ARNOLDI, DANIEL, médecin, fonctionnaire et juge de paix, né le 7 mars 1774 à Montréal, fils de Peter Arnoldi, militaire originaire de Hesse (République fédérale d'Allemagne), et de Philipina Maria (Phébé) Horn, frère de Phebe* et de Michael* Arnoldi ; il épousa Élisabeth Franchère, et ils eurent trois fils et sept filles ; décédé le 19 juillet 1849 dans sa ville natale.

Après avoir étudié en Angleterre, Daniel Arnoldi fit son apprentissage médical à Montréal sous la direction de Robert Sym et de John Rowand. Ces derniers, de même que Charles Blake*, examinateurs en médecine du district de Montréal, signèrent le 22 juin 1795 la licence qui l'autorisait à pratiquer. Arnoldi s'établit d'abord à Rivière-du-Loup (Louiseville). Sans doute à cause d'une concurrence trop vive et d'une clientèle restreinte, il alla s'installer dans la baie de Quinte, dans le Haut-Canada, vers 1797. Après trois années difficiles dans une région peu exploitée, où il mania aussi fréquemment l'aviron et la hache que ses instruments de chirurgie, il revint au Bas-Canada et s'établit à Laprairie (La Prairie). En 1802, il se fixa définitivement à Montréal.

Selon son ami et collègue Archibald Hall*, les débuts d'Arnoldi furent difficiles, mais très tôt il put compter sur une clientèle nombreuse et fortunée. En 1808, il prit en apprentissage John Fraser, originaire du Haut-Canada ; Henry Munro, Robert Nelson* et Andrew Fernando Holmes* lui devront aussi leur formation médicale et ce dernier deviendra même son associé.

En 1812, Arnoldi fut nommé examinateur en médecine du district de Montréal. C'était à son tour de juger les candidats aptes à la profession médicale. Lord Dalhousie [RAMSAY] modifia en 1823 le bureau des examinateurs et décida que seuls les médecins du

Arnoldi

Montreal General Hospital en feraient partie. Arnoldi fut donc exclu de ce cénacle de médecins qui comprenait les docteurs John STEPHENSON, Holmes, William Caldwell* et William ROBERTSON. Ceux-ci détenaient alors le monopole de l'accès à la profession médicale. Ils fondèrent la Montreal Medical Institution en 1823, qui devint six ans plus tard la faculté de médecine du McGill College.

En 1831, en vertu d'une nouvelle loi sur la pratique de la médecine, les membres des bureaux d'examinateurs ne furent plus désignés par le gouverneur, mais élus par les médecins autorisés de chaque district. À la première réunion des médecins du district de Montréal, en juillet, le groupe du McGill College, qui jouissait de la protection du gouverneur et qui avait la mainmise sur la nomination des médecins depuis huit ans, fut complètement éliminé. Arnoldi, avec entre autres les docteurs Jacques Labrie*, Robert Nelson, Wolfred Nelson*, Pierre Beaubien*, Timothée Kimber* et Jean-Baptiste Meilleur*, fut élu. Les anciens examinateurs, pris par surprise à cette élection, voulurent revenir à la charge au moment du renouvellement des mandats le 7 juillet 1834. Ainsi, lorsque Wolfred Nelson, secondé par Joseph-François Davignon, proposa la candidature d'Arnoldi comme président du Bureau d'examinateurs, Robertson et Stephenson s'opposèrent énergiquement, mais en vain. Arnoldi devait toutefois démissionner quatre mois après sa nomination, en raison de son désaccord croissant avec l'idéologie politique de ses confrères.

Les sympathies politiques d'Arnoldi avaient semblé se modifier au cours des années 1810 à 1830. D'abord loyaliste ardent, il avait signé en 1814 une adresse pour la défense des juges Jonathan SEWELL et James Monk*, attaqués par la chambre d'Assemblée [V. James Stuart*]. À la suite de son éviction en 1823 à titre d'examinateur en médecine, des membres du parti canadien, profitant de son ressentiment à l'endroit des médecins responsables de son exclusion, avaient tenté de le gagner à leur cause. Arnoldi profita de la situation en appuyant, sans jamais se compromettre, l'idéologie de ses alliés temporaires. Déjà en mai 1832, son soutien à la cause patriote paraît très douteux. À l'occasion d'une élection complémentaire dans Montréal-Ouest, il accorda son appui à Stanley Bagg, représentant du parti des bureaucrates, plutôt qu'à Daniel Tracey*, du parti patriote, et, lors de l'émeute du 21 mai, il approuva sans restriction l'intervention des militaires.

D'autres événements devaient amener les chefs de l'Assemblée à douter de la sincérité d'Arnoldi. Ainsi, sa nomination à titre de médecin de la prison de Montréal par le gouverneur en 1833 et sa commission de juge de paix parurent suspectes à plusieurs. La chambre d'Assemblée prétexta alors la mort d'un détenu, causée, selon elle, par la « négligence coupable » du geôlier et d'Arnoldi, pour demander sa destitution de son poste de médecin de la prison. Par la suite, les relations se détériorèrent entre Arnoldi et ses anciens alliés. À la fin de 1835, Beaubien, dans une lettre au chef du parti patriote, Louis-Joseph Papineau*, signala la nomination d'Arnoldi au poste de juge de paix en ces mots : « ne pouvons nous pas dire que l'administration dernière leur a adjoint de ces *fous furieux* qu'elle aurait mieux fait d'envoyer aux loges ? N'avions nous pas assez du Dr Robertson ? fallait-il encore y ajouter le Dr Arnoldi. » Beaubien reprochait aussi à Arnoldi d'être venu dire en pleine cour qu'on aurait dû « casser la tête » de Louis-Hippolyte La Fontaine* pour sa participation aux événements du 21 mai 1832.

À la suite du soulèvement de 1837-1838, certains patriotes accusèrent Arnoldi d'avoir négligé de soigner les prisonniers incarcérés à la prison de Montréal pour leur participation à la rébellion. D'autres cependant louèrent l'humanité dont il fit preuve en cette même occasion. Plusieurs lui reprochèrent, ainsi qu'à son fils François-Cornelius-Thomas, lui aussi médecin, d'avoir outragé le corps du patriote Jean-Olivier CHÉNIER. Jacques PAQUIN, curé de Saint-Eustache, affirma : « Le corps du Dr. Chénier fut trouvé vers six heures [...] les docteurs l'ouvrirent pour s'assurer de la cause de sa mort, mais il est faux qu'on lui ait arraché le cœur, et qu'on en ait fait un objet de curiosité. » Louis-Joseph-Amédée Papineau* s'insurgea contre le témoignage de Paquin et écrivit : « Débiter un homme tué sur le champ de bataille, & criblé de balles, & fendre son corps en quatre, & en arracher le cœur & le porter à Montréal, pour s'assurer de la cause de la mort ! ! ! ! ! Postérité ! N'oublie pas les Docteurs ARNOLDI, père & fils, de la ville de Montréal, bouchers ! ! ! » Si les contemporains ne s'entendent pas sur le rôle d'Arnoldi à l'autopsie de Chénier, du moins semblent-ils d'accord pour reconnaître la cruauté de son fils, l'un des chefs d'un bataillon de volontaires loyalistes de Montréal qui terrorisèrent les habitants de Saint-Eustache et de Saint-Benoît (Mirabel).

Le loyalisme d'Arnoldi lui permit de retrouver en 1839 sa fonction au sein du Bureau d'examinateurs en médecine tandis que plusieurs de ses anciens confrères étaient en exil à la suite de leur participation à la rébellion, ou simplement évincés du bureau à cause de leur tiédeur loyaliste. Arnoldi en fit partie jusqu'à la dissolution du bureau en 1847.

Si les idées politiques d'Arnoldi furent plutôt conservatrices, sa participation au mouvement de modernisation de la législation médicale le range du côté des réformistes. En 1823, il participa à une assemblée de médecins du district de Montréal où l'on étudia les moyens de donner à la profession médicale un prestige qui lui faisait terriblement défaut. Cette assemblée présenta une requête au gouverneur pour le presser de modifier la loi de 1788 qui régissait l'enseignement et la pratique de la médecine. La première véritable loi fut sanctionnée en 1831. À l'époque de l'union des deux Canadas, cette loi avait subi certains changements et les membres du Bureau d'examinateurs en médecine du district de Montréal la contestèrent régulièrement. À leur réunion du 4 mai 1841, les docteurs James Crawford, Holmes et Arnoldi rédigèrent une pétition et l'envoyèrent à l'Assemblée dans le but de faire modifier cette loi. Dans les années qui suivirent, cette préoccupation revint régulièrement à l'ordre du jour et, à chaque fois, Arnoldi participa aux débats. Lorsqu'en 1843 le Bureau d'examinateurs créa un comité d'étude chargé de rédiger un projet de loi pour réglementer d'une façon plus rigide l'enseignement et la pratique de la médecine, il en devint l'un des membres les plus actifs. Cependant, il fut absent des nombreuses assemblées de médecins tenues entre 1844 et 1847 et qui aboutirent, cette année-là, à l'adoption de la loi considérée comme la grande charte de la médecine et qui créait le Collège des médecins et chirurgiens du Bas-Canada. Cette loi renforçait le pouvoir de la profession et lui conférait un prestige nouveau. Une fois cette loi adoptée, les dissensions qui opposaient les médecins des différents districts et des différentes écoles compliquèrent le choix du président du collège. Le gouverneur désigna finalement Arnoldi le 10 août 1847.

Comme la majorité de ses confrères, Arnoldi ne limitait pas ses activités au domaine médical. Au début de sa carrière, il semble que des spéculations foncières malheureuses l'aient mis pour un temps à la gêne. Il surmonta rapidement ces déboires financiers et fit l'acquisition, en 1806, d'une très belle maison de pierre rue Saint-François-Xavier, considérée à l'époque comme un modèle. Au printemps de 1829, il acheta la moitié de la seigneurie de Bourg-Louis qu'il revendit plus tard. Le 3 octobre 1831, un avis parut dans la *Minerve* : Arnoldi, en compagnie notamment de Joseph MASSON, de Peter McGill* et de Horatio Gates*, s'adressait à l'Assemblée afin d'obtenir le privilège de créer une compagnie pour la construction d'un canal entre Lac-des-Deux-Montagnes (Oka) et Lachine.

Daniel Arnoldi fréquentait la « meilleure » bourgeoisie montréalaise, et plusieurs de ses filles épousèrent de grands bourgeois. Élisabeth s'unit à Benjamin Holmes*, Caroline Matilda convola avec Robert Gillespie*, Aurelia Felicite avec William King McCord*, et Louise Priscille avec Albert Furniss. Emporté par le choléra le 19 juillet 1849, Arnoldi était alors juge de paix et président du Collège des médecins et chirurgiens du Bas-Canada. Il avait reçu l'année précédente un doctorat *honoris causa* du McGill College.

GILLES JANSON

ANQ-M, CE1-51, 21 août 1807, 3 août 1809, 7 juill. 1811, 9 mars 1815, 5 sept. 1816, 22 déc. 1818, 14 mai 1833, 12 juill. 1837, 16 juin 1845 ; CE1-63, 13 mars 1774, 19 juill. 1849 ; CN1-134, 30 août 1816, 13 févr. 1818, 19 avril, 5 juill. 1828, 8 oct. 1829, 18 oct. 1830, 15 sept. 1837 ; CN1-135, 9 août 1845, 20 févr. 1846 ; CN1-185, 12 avril 1806, 22 janv. 1808 ; CN1-187, 9, 12 oct. 1815, 31 mai 1821 ; CN1-216, 12 sept. 1834, 23 févr. 1837, 5 sept. 1838, 22 août 1843 ; P-26, 11 sept. 1832. — ANQ-Q, P-69, 21, 25 déc. 1835, 16 janv., 25 févr. 1836. — APC, MG 24, A27, sér. 2, 22 : 527–528 ; B2 : 2062–2064 ; B28, 52 : 1532–1539 ; RG 4, B28, 47 : 101–102 ; B37, 1 : 570–572 ; RG 68, General index, 1651–1841. — Arch. de la Corporation professionnelle des médecins du Québec (Montréal), Montreal Medical Board, procès-verbaux, 1839–1847 ; Collège des médecins et chirurgiens du Bas-Canada, procès-verbaux, 1847–1850. — BVM-G, Coll. Gagnon, corr., Daniel Arnoldi à Louis Gugy, 29 mai 1821, 15 janv. 1826. — B.-C., chambre d'Assemblée, *Journaux*, 9 févr. 1833 ; 1836, 25 févr., 4 mars, app. WW ; 24 nov. 1843. — Émélie Berthelot-Girouard, « les Journaux d'Émélie Berthelot-Girouard », Béatrice Chassé, édit., ANQ *Rapport*, 1975 : 13–20. — L.-J.-A. Papineau, *Journal d'un Fils de la liberté*, 2 : 52. — *Le Canadien*, 2 juin 1824, 4 janv., 25, 28 août 1833, 22 déc. 1837, 13 août 1845. — *La Minerve*, 11 juill., 3 oct. 1831, 7, 10 juill. 1834. — *Montreal Gazette*, 7 oct. 1834. — *Montreal Herald*, 25 juin, 12 juill. 1814. — *Le Populaire*, 22 déc. 1837, 3 janv. 1838.—Abbott, *Hist. of medicine*. — *Biographical sketch of the late Daniel Arnoldi, M.D.* [...] (Montréal, 1850). — Canniff, *Medical profession in U.C.* — Filteau, *Hist. des patriotes* (1975). — J. J. Heagerty, *Four centuries of medical history in Canada and a sketch of the medical history of Newfoundland* (2 vol., Toronto, 1928). — Germain Lesage, *Histoire de Louiseville, 1665–1960* (Louiseville, Québec, 1961). — B. [R.] Tunis, « The medical profession in Lower Canada : its evolution as a social group, 1788–1838 » (mémoire de B.A., Carleton Univ., Ottawa, 1979). — Édouard Fabre Surveyer, « Une famille d'orfèvres », *BRH*, 46 (1940) : 310–315. — B. R. Tunis, « Medical licensing in Lower Canada : the dispute over Canada's first medical degree », *CHR*, 55 (1974) : 489–504.

ASCANCE. V. AISANCE

AUDY. V. ROY-AUDY

AUFFRAY, CHARLES-DOMINIQUE, instituteur et cultivateur, né en 1794 à Lamballe, France, fils naturel de Jeanne-Mathurine Auffray ; décédé le 28 mars 1837 à Pré-d'en-Haut, Nouveau-Brunswick.

Charles-Dominique Auffray ne connut jamais son père, un soldat mort au combat quelques mois avant sa naissance. Sa mère décida d'aller demeurer chez son père, Charles Auffray. Elle se maria par la suite, mais mourut peu de temps après, et son père la suivit dans la tombe en 1807. Charles-Dominique n'avait alors que 13 ans, et c'est son oncle Victor Auffray qui le recueillit.

Durant sa jeunesse, Auffray fréquenta l'école communale, puis s'engagea comme apprenti chez des maîtres orfèvres dans différentes villes françaises. En

Auldjo

1813, il s'enrôla dans l'armée de Napoléon. Après six mois de campagne, il fut blessé et par la suite, soit à la restauration de Louis XVIII, il obtint un congé provisoire de l'armée. Même s'il n'était nullement déchargé du service actif, il s'embarqua à Saint-Malo en 1816 pour St John's en compagnie d'un orfèvre du nom d'Auguste Flulin, qui l'avait engagé. Toutefois, en arrivant à destination, maître Flulin, qui avait en sa possession des articles de contrebande, vit les agents des douanes confisquer tous ses effets, et il n'eut alors pas d'autre choix que de donner congé à son engagé.

Après un séjour de six semaines à St John's, Auffray réussit à passer à l'Île-du-Prince-Édouard, plus précisément au village acadien de Cascumpec, situé non loin de Tignish sur la côte nord-ouest de l'île. Comme il savait lire et écrire – les habitants le considéraient comme savant –, il offrit ses services à titre d'instituteur. Pendant les trois années qui suivirent, soit de 1816 à 1819, il enseigna dans cette localité, mais ne tarda pas à susciter de la méfiance, selon ce que rapportera un chroniqueur quelque 80 ans plus tard : « Il se conduisit de manière à s'attirer les soupçons et bientôt par ses bizarreries il se mérita le nom de sorcier. On en dit tant sur son compte, qu'à la fin, Auffry fut obligé de déguerpir de l'endroit. » De fait, les parents d'une fille qui portait son enfant le poursuivirent devant le juge de paix. Après avoir donné satisfaction aux parents, Auffray quitta Cascumpec en 1819 et alla s'établir dans un autre village acadien, mais cette fois dans le sud-est du Nouveau-Brunswick, à Barachois, où on l'engagea également comme instituteur.

Auffray passa deux ans dans ce village où il semble avoir eu l'intention de se fixer de façon permanente : il était fiancé à une fille de l'endroit et il présenta une requête au lieutenant-gouverneur de la province, George Stracey Smyth*, pour obtenir une concession de terre dans un nouvel établissement sis à proximité de Barachois. Toutefois, on rejeta sa demande et Antoine GAGNON, missionnaire responsable de la desserte de Barachois, refusa, semble-t-il, de le marier en raison de présomptions sérieuses qu'il y avait des empêchements. L'archevêque de Québec, Mgr Joseph-Octave Plessis*, consulté par Gagnon sur cette affaire, donna son consentement au mariage mais conseilla au missionnaire d'en référer également à l'évêque de son diocèse, Mgr Angus Bernard MacEachern*. Ce dernier avait déjà fait savoir à Gagnon qu'il ne célébrerait le mariage que si deux témoins pouvaient jurer sur l'Évangile et le crucifix que le prétendant n'était pas marié ou que sa femme était morte. Comme il n'y avait personne à Barachois pour témoigner en sa faveur, Auffray, de toute évidence, dut renoncer à cette union.

À l'automne de 1822, à Memramcook, Auffray servit de témoin au mariage d'un ami et compatriote, Gabriel Herbert, de Dunkerque, lui aussi instituteur.

D'après la tradition, il y rencontra une jeune demoiselle et en devint amoureux, de sorte qu'il quitta Barachois pour s'établir dans la mission voisine de Memramcook, où le missionnaire Louis Gingras* ne posa aucun obstacle à ses projets de mariage. Ainsi donc, le 4 novembre 1823, il épousa Nathalie Bourgeois et s'établit définitivement à Pré-d'en-Haut, village acadien sis sur la rive est de la Petitcodiac. Fait intéressant à noter, il avait déclaré au missionnaire qu'il était le fils de Charles-Victor Auffray et de Jeanne Cantin ; il jugeait sans doute qu'en disant la vérité son mariage serait annulé. Au moment de la cérémonie, il se présentait toujours comme « maître d'école », mais un an plus tard, au baptême de son premier enfant (il en aurait cinq autres entre 1827 et 1835), il était qualifié de « laboureur ». C'est d'ailleurs ce métier qu'il exerça jusqu'à sa mort, survenue le 28 mars 1837. Depuis un certain temps, il projetait, semble-t-il, un voyage dans son pays natal et avait mis de côté, dans ce but, un peu d'or, mais sa mort prématurée vint mettre fin à ce projet.

Charles-Dominique Auffray figure au nombre des premiers instituteurs ou « maîtres ambulants » de la communauté acadienne, tant à l'Île-du-Prince-Édouard qu'au Nouveau-Brunswick, après le Grand Dérangement de 1755. De fait, il fut en quelque sorte le précurseur de Jean Leménager – marié d'ailleurs à sa belle-sœur Élizabeth Bourgeois –, de Gabriel Herbert, d'Alexis-Théodore de La Burgue, de Jacques Grenet et d'Henri Renouard, des Français qui au cours de la première moitié du XIXe siècle communiquèrent aux Acadiens du sud-est du Nouveau-Brunswick les rudiments de la grammaire et de l'arithmétique.

R. GILLES LEBLANC

AAQ, 210 A, X : 424 ; 311 CN, V : 54, 56–58. — Arch. of the Diocese of Saint John (Saint-Jean, N.-B.), Antoine Gagnon papers, n° 126. — Arch. paroissiales, Saint-Henri (Barachois, N.-B.), Reg. des baptêmes, mariages et sépultures (mfm au Centre d'études acadiennes, univ. de Moncton, Moncton, N.-B.) ; Saint-Thomas (Memramcook, N.-B.), Reg. des baptêmes, mariages et sépultures (mfm au Centre d'études acadiennes). — Centre d'études acadiennes, 604-1-1 (C. Renaud, « Histoire généalogique de Dr. Jean-Marie Auffrey ») ; A-4-7, n° 503. — G. Buote, « la Paroisse de Cascumpec », *l'Impartial* (Tignish, Î.-P.-É.), 17 mars 1904 : 3.

AULDJO, GEORGE, homme d'affaires, officier de milice, fonctionnaire et juge de paix, né le 2 avril 1790 à Aberdeen, Écosse, fils de George Auldjo, marchand, et de Susan Beauvais ; décédé le 11 avril 1846 à Montréal.

George Auldjo fit au moins une partie de ses études à l'Aberdeen Grammar School avant d'immigrer à Montréal pour rejoindre son oncle Alexander Auldjo*, associé de William Maitland dans l'Auldjo, Maitland, and Company. En 1815, cette société était devenue la Maitland, Garden, and Auldjo ; Maitland et peut-être Alexander Auldjo la représentaient à Londres tandis que George Auldjo et George Garden* la dirigeaient à Montréal. En 1816, Auldjo était représentant de la Phoenix Assurance Company de Londres et, six ans plus tard, Garden et lui avaient, semble-t-il, une entreprise à Québec, la Garden, Auldjo and Company.

Entre-temps, la Maitland, Garden, and Auldjo était devenue l'une des principales maisons d'import-export de Montréal et faisait de nombreuses transactions dans le Haut-Canada avec des marchands de Kingston et de Niagara (Niagara-on-the-Lake). Dès 1825, elle importait de grandes quantités de vin, de porto, de brandy, d'articles de mercerie, d'indigo, de poudre à canon, de verrerie, d'huile ainsi que des cordages et d'autres matériaux pour la construction navale. La compagnie faisait venir du rhum de Demerara (Guyane), de la toile de Greenock, en Écosse, de la bière d'Aberdeen, du charbon de Liverpool ainsi qu'une gamme d'objets de cuivre et de fer de Londres et de Dundee, en Écosse ; elle recevait également, de Halifax, des envois de mélasse, de café, de cuir et de sucre. Elle expédiait vers ces ports et ailleurs des pièces de bois, des douves et fonds de tonneau de même que des barils de jambon, de saumon, de morue et d'essence d'épinette.

Souvent, Auldjo achetait et vendait à son propre compte certains de ces produits. Il agissait aussi à titre d'agent d'embauche pour des hommes d'affaires haut-canadiens tels James*, Mathew et William Crooks, qui employaient des Canadiens et des immigrants dans leurs magasins et leurs moulins. À trois reprises au début des années 1820, Auldjo projeta avec Horatio Gates*, entre autres, des travaux dans la région de Montréal : la construction d'un nouveau marché, l'aménagement d'une route à péage jusqu'à Longue-Pointe et le prolongement de la rue Saint-Pierre jusqu'au Saint-Laurent. En 1822 au moins, et peut-être jusqu'en 1825, il fut membre du conseil d'administration de la Banque de Montréal.

Comme il appartenait à une compagnie importante, Auldjo occupait dans le milieu des affaires montréalais une position éminente qui se trouva consolidée par son mariage, le 5 octobre 1816, avec Helen Richardson, âgée de 17 ans ; elle était la fille de l'un des membres les plus influents des cercles d'affaires et du milieu politique de l'époque, John Richardson*. Le couple allait avoir deux fils et trois filles. Tout comme son beau-père, Auldjo joua un rôle de chef de file dans la promotion des intérêts commerciaux. Il se joignit à ceux qui protestaient contre les *Corn Laws* britanniques à cause du tort qu'elles faisaient aux exportations de blé vers la mère patrie et, en 1822, avec Richardson, Gates et d'autres, il organisa le Committee of Trade parce que « les conséquences ruineuses que mena[çaient] d'engendrer les difficultés croissantes

du commerce canadien ne [pouvaient] plus être prévenues ni même retardées par des efforts individuels ». On le nomma président du comité de 1825 à 1833 puis en 1835–1836. Il avait fait du service militaire pendant la guerre de 1812 à titre d'enseigne dans le 1er bataillon de milice de la ville de Montréal et, en 1821, on le promut capitaine dans le 2e bataillon ; en 1831, il était encore actif dans la milice. En 1824, il devint examinateur des candidats au poste d'inspecteur de potasse et de perlasse dans le district de Montréal, fut chargé, à titre de commissaire, de faire rapport sur l'état du port de Montréal et reçut une commission de juge de paix. Il était aussi un membre influent de la congrégation Scotch Presbyterian, connue plus tard sous le nom de congrégation St Gabriel Street. Dans sa vie privée, Auldjo se montrait un homme généreux et fidèle. Ainsi, en 1825, il accompagna son cousin Thomas Thain* qui retournait en Angleterre dans un état voisin de la dépression nerveuse. « Il est impossible de rendre compte du dévouement [...] du jeune Auldjo », fit savoir Edward Ellice* à John FORSYTH ; « il est demeuré aux côtés de Thain jour et nuit, l'entourant d'une tendre et incessante attention ».

Au cours des années 1820, grâce à des emprunts contractés en Grande-Bretagne, Auldjo investit massivement dans le transport maritime au nom de la Maitland, Garden, and Auldjo. En 1823, il se joignit à un consortium qui commanda la construction d'un moteur marin à vapeur à l'Eagle Foundry de John Dod Ward à Montréal. La Maitland, Garden, and Auldjo baillait également une grande partie des fonds qui servaient à construire, à Montréal, à William Henry (Sorel) et à Québec, des voiliers qu'on exportait ensuite en Grande-Bretagne. On estime que de 1824 à 1827 ses investissements furent à l'origine de 29,4 % (en termes de tonnage) des voiliers construits dans les chantiers montréalais, ce qui correspondait à une valeur de £40 000. Cependant, en raison du resserrement du marché monétaire britannique et du déclin que connut la demande de navires à compter de 1824, ces énormes investissements ruinèrent la compagnie, qu'on confia à un syndic de faillite en 1826. Sur ses £242 624 d'actif, on recouvra dix ans plus tard quelque £70 800.

L'échec de la compagnie ne fit pas d'Auldjo un citoyen moins en vue. Il conserva ses commissions, devint administrateur à vie du Montreal General Hospital en 1829, syndic de la Maison de la Trinité de Montréal en 1832, commissaire chargé d'améliorer la navigation intérieure l'année suivante, commissaire chargé de surveiller la construction du canal de Lachine en 1835 et, en 1838, inspecteur des cendres destinées à l'exportation. Sa situation financière se redressa quelque peu en 1833 quand sa femme racheta une partie de ses dettes. Lorsqu'elle mourut, en 1837, il hérita des précieux biens immobiliers qu'elle possédait

Aylmer

au cœur du district commercial de Montréal et peut-être aussi de ses grands terrains dans le Haut-Canada.

Il existe une analogie curieuse entre le sort que connut l'entreprise de George Auldjo et les voyages qu'il fit pour elle. En juillet 1831, le *Lady Sherbrooke* heurta des rochers dans le golfe du Saint-Laurent ; Auldjo fut tout de même parmi les survivants. Sept ans plus tard, il voyageait à bord du vapeur *Sir Robert Peel* quand celui-ci fut pris d'assaut et incendié à l'île de Wells (île Wellesley, New York) par des patriotes haut-canadiens que dirigeait William Johnston* ; cette fois, on le délesta de tous ses effets ainsi que de £600 qu'il transportait pour un collègue. Nullement découragé par ces incidents, il fit en juillet 1843, avec d'autres passagers, à bord du vapeur *North America*, une excursion qui le mena à Kamouraska et à Rivière-du-Loup, dans le Bas-Canada, puis sur le Saguenay. Heureusement, cette traversée fut sans histoires. Par contre, son voyage sur cette terre ne s'acheva pas dans la félicité. Frappé par de nouvelles difficultés commerciales, Auldjo en fut réduit à passer ses dernières années dans un hôtel déclassé de la rue Saint-Paul, à Montréal.

GERALD J. J. TULCHINSKY

L'auteur tient à remercier George A. Mackenzie qui l'a aidé dans une partie de la recherche sur cette biographie. [G. J. J. T.]

ANQ-M, CE1-126, 5 oct. 1816, 14 avril 1846. — APC, MG 24, A2 : 1060–1061 ; D19 : 78–83 ; RG 68, General index, 1651–1841. — GRO (Édimbourg), Aberdeen, reg. of births and baptisms, 4 mai 1790. — Groupe de recherche sur l'hist. des milieux d'affaires de Montréal, Extracts and digests of Montreal Notarial Arch., W. N. Crawford : 406, 408–409, 507 ; N.-B. Doucet : 10170–10172, 10338–10339, 10669–10670, 10962–10963, 11696 ; Henry Griffin : 4158–4159, 4249–4250. — Musée McCord, J. H. Dorwin, « Antiquarian autographs », 571. — QUA, 2270. — *Quebec Commercial List*, 14, 16–17, 21, 23 mai, 23–25 juin, 20, 22, 28–30 juill., 17, 27 août, 5, 7–8, 16 sept., 10, 18, 31 oct., 27 nov. 1825. — *Quebec Gazette*, 31 août 1815, 14 mars 1816, 25 juin, 5 oct. 1818, 1er avril 1819, 18 mai, 26 oct., 9 nov. 1820, 23 avril 1821, 8, 15 août 1822, 13 oct. 1823, 17 mai 1824, 22 août 1831, 9 nov. 1832, 22 mai 1837, 21 juill. 1843. — Caron, « Inv. des doc. relatifs aux événements de 1837 et 1838 », ANQ *Rapport*, 1925–1926 : 313. — *Montreal almanack, 1839* : 16. — *Montreal directory, 1845* : 18, 257. — F. W. Terrill, *A chronology of Montreal and of Canada from A.D. 1752 to A.D. 1893 [...]* (Montréal, 1893). — Campbell, *Hist. of Scotch Presbyterian Church*. — E. A. Collard, *The Montreal Board of Trade, 1822–1972 : a story* ([Montréal], 1972), 1–7. — Creighton, *Empire of St. Lawrence*. — Denison, *Canada's first bank.* — Robert Sweeny, *Protesting history : 4 papers* (Montréal, 1984). — « Origins of the Montreal Board of Trade », *Journal of Commerce* (Gardenvale, Québec), 2e sér., 55 (avril 1927) : 28–29.

AYLMER, MATTHEW WHITWORTH-AYLMER, 5e baron. V. WHITWORTH-AYLMER

B

BADGLEY, FRANCIS, marchand, homme politique, officier de milice, comptable, rédacteur en chef et juge de paix, né le 26 mars 1767 à Londres ; décédé le 7 octobre 1841 à Montréal.

Francis Badgley est issu d'une famille de petits propriétaires terriens et de fermiers qui vivaient aux confins du Derbyshire et du Cheshire, mais ses parents étaient peut-être marchands de fourrures à Londres. Vers 1785, il immigra dans la province de Québec et choisit de se fixer à Montréal, où il avait probablement de la parenté : un marchand du nom de James Badgley y vivait en 1784.

Badgley s'associa en 1788 à Richard Dobie*, important marchand montréalais, dans une entreprise qui équipait les trafiquants de fourrures des Grands Lacs et du sud-ouest de Michillimakinac (Mackinac Island, Michigan) et qui achetait et vendait des fourrures. Leur association dura jusqu'en 1792. Le 1er mai de cette année-là, Badgley se mit en route pour Grand Portage (près de Grand Portage, Minnesota) avec le convoi qui s'y rendait chaque année au printemps. La North West Company avait retenu ses services pour qu'il rapporte certains renseignements, et il tint un journal dans lequel il décrivit son voyage, qui le mena de Lachine, dans le Bas-Canada, jusqu'au lac Nipissing (Ontario) par la rivière des Outaouais, puis à la baie Géorgienne et à Grand Portage. Son ancien associé et lui ne tirèrent de l'expédition qu'un revenu net de £71, mais on baptisa en son honneur une petite île proche de l'île Manitoulin.

De retour à Montréal à l'automne de 1792, Badgley s'embarqua pour l'Angleterre dès la fin d'octobre, probablement afin de négocier l'importation de brandy et d'autres alcools. Le 27 novembre 1795, il épousa Elizabeth Lilly, fille d'un des plus gros marchands de Montréal, John Lilly, ce qui consolida sa situation dans la ville. De 1796 à 1799, avec James Badgley et le marchand québécois Louis Dunière*, il fit partie d'une société appelée Dunière, Badgley and Company. C'est en 1799, à Montréal, qu'il lança sa propre entreprise, la Francis Badgley and Company. Cette année-là, sa situation financière était telle qu'il put s'engager à verser une contribution égale à celle de son beau-père, soit £20 par an, à la souscription qui se faisait dans la colonie pour aider l'Angleterre à payer ses dépenses de guerre contre la France.

En 1800, Badgley se présenta comme candidat à l'un des deux sièges de député de la circonscription de Montréal-Est. Pierre-Louis Panet* et lui-même recueillirent 178 voix ; ils éliminaient ainsi le troisième candidat. Durant ses quatre années à l'Assemblée, Badgley appuya le parti des bureaucrates. Il fut très actif au sein du comité chargé d'étudier la démolition des fortifications de Montréal, fut président du comité sur l'abolition de l'esclavage dans la province, aida Joseph Frobisher* et ses associés à obtenir que soit constituée en société la Compagnie des propriétaires des eaux de Montréal et joua un rôle important dans l'imposition d'un droit sur le tabac américain. Il ne sollicita pas un deuxième mandat en 1804, peut-être pour des raisons financières : les députés n'étaient pas rémunérés, et un marchand montréalais ne pouvait faire autrement que de négliger ses affaires pendant ses séjours à Québec. L'on sait par ailleurs qu'en 1803 les graves embarras financiers d'un « M. Badgley » causèrent de sérieux problèmes au marchand Henry Joseph* de Berthier-en-Haut (Berthierville). Durant son unique mandat à l'Assemblée, Badgley se révéla un député énergique et responsable, désireux de promouvoir les intérêts commerciaux de Montréal.

Pendant la guerre de 1812, Francis Badgley servit en qualité de capitaine dans le 1er bataillon de milice de la ville de Montréal. Le plus souvent, on l'affecta au service du commissariat à Laprairie (La Prairie), où son expérience de marchand et ses talents en comptabilité le rendaient particulièrement utile. En 1819, l'annuaire de Thomas Doige le présentait comme marchand et comptable. Il devint comptable à la brasserie Molson en 1822 ; il devait probablement ce poste à son gendre William Molson*, qui avait épousé en 1819 sa fille aînée, Elizabeth. Parmi ses cinq autres enfants, deux acquirent la notoriété à Montréal, William* à titre de juge et d'homme politique, Francis* à titre de médecin. Badgley était encore actif dans plusieurs domaines au début des années 1820. À un certain moment entre 1816 et 1822, il fut rédacteur en chef de la *Montreal Gazette* [V. James BROWN] ; en 1821, il fut nommé juge de paix et promu major dans la milice.

ELINOR KYTE SENIOR

ANQ-M, CE1-63, 11 oct. 1841. — APC, MG 11, [CO 42] Q, 24 ; MG 30, D1, 3 : 156–195. — Arch. privées, Mme C. M. Badgley (Westmount, Québec), Badgley papers. — AUM, P 58. — *La Gazette de Québec*, 28 nov. 1799. — *Montreal Gazette*, 3 mai, 13 déc. 1792, 30 nov. 1795, 21 nov. 1796, 7, 21 oct., 2, 30 déc. 1799, 25 juin, 7, 10, 15 juill. 1800, 2 juin 1819, 8 oct. 1841. — F.-J. Audet, *les Députés de Montréal*. — Borthwick, *Hist. and biog. gazetteer*. — E. [O.] Clark Watson, *Loyalist Clarks, Badgleys and allied families* […] (2 part. en 1 vol., Rutland, Vt.,

[1954]). — Desjardins, *Guide parl.* — *Montreal directory, 1819.* — *Officers of British forces in Canada* (Irving). — W. H. Atherton, *Montreal, 1535–1914* (3 vol., Montréal et Vancouver, 1914), 3 : 20–22. — Campbell, *Hist. of Scotch Presbyterian Church.* — Christie, *Hist. of L.C.* (1848–1855), 1. — Merrill Denison, *The barley and the stream : the Molson story ; a footnote to Canadian history* (Toronto, 1955).

BAGOT, sir CHARLES, administrateur colonial, né le 23 septembre 1781 à Blithfield Hall, Angleterre, deuxième fils survivant de William Bagot, 1er baron Bagot, et d'Elizabeth Louisa St John, fille aînée de John St John, 2e vicomte St John ; décédé le 19 mai 1843 à Kingston, Haut-Canada.

Charles Bagot était issu de familles de l'aristocratie anglaise dont l'origine remontait à la conquête normande. Aussi fréquenta-t-il des établissements distingués, la Rugby School et le Christ Church College d'Oxford. En 1801, on l'admit à la Lincoln's Inn mais, comme il n'aimait pas le droit, il ne termina pas son année. De retour à Oxford, il obtint en 1804 une maîtrise ès arts. Le 22 juillet 1806, il épousa Mary Charlotte Anne Wellesley-Pole, fille de William Wellesley-Pole, futur comte de Mornington, et nièce d'Arthur Wellesley, futur duc de Wellington. Le couple allait avoir quatre fils et six filles.

En 1807, Bagot entra au Parlement à titre de député de Castle Rising, bourg pourri qu'administrait son oncle Richard Howard. Protégé du secrétaire d'État aux Affaires étrangères, George Canning, il devint sous-secrétaire de ce ministère en août de la même année. À la fin du mandat de son mentor, en 1809, il se trouva sans poste. En outre, il ne siégeait plus au Parlement, car en 1807 il avait accepté l'intendance des Chiltern Hundreds, fiction légale qui lui permettait de quitter les Communes pour une charge de fonctionnaire. Cependant, ses liens avec Canning s'étaient mués en une chaleureuse amitié qui, ajoutée à ses nombreuses relations familiales, devait lui ouvrir une prestigieuse carrière diplomatique.

Bagot devint ministre plénipotentiaire en France le 11 juillet 1814, mais son affectation n'était que temporaire, et Wellington le remplaça dans le courant de l'été. Sa carrière diplomatique s'amorça vraiment le 31 juillet 1815, date où il devint plénipotentiaire et envoyé extraordinaire aux États-Unis. C'était une charge difficile, car la guerre de 1812 avait laissé des rancunes dans le cœur des Américains et engendré des problèmes complexes. Même si Bagot avait seulement 34 ans et peu d'expérience de la diplomatie, il s'acquitta de ses responsabilités avec tact et compréhension, gagna le respect et l'amitié du gouvernement américain et devint un personnage très apprécié à Washington.

Bagot se révéla en outre un habile négociateur et laissa son nom à l'accord Rush-Bagot sur la réduction des forces navales sur les Grands Lacs et le lac

Bagot

Champlain. Élaborée en 1816 avec le secrétaire d'État américain James Monroe, l'entente fut confirmée par un échange de notes diplomatiques entre Bagot et le nouveau secrétaire d'État, Richard Rush, les 28 et 29 avril 1817, puis ratifiée par le Sénat américain. Elle stipulait que les vaisseaux de guerre qui manœuvraient sur les Grands Lacs et le lac Champlain ne devaient pas jauger plus de 100 tonneaux, et que chacune des parties n'avait droit qu'à un bâtiment de ce genre sur les lacs Champlain et Ontario et à deux bâtiments au maximum sur les autres lacs. De plus, Bagot participa aux négociations sur les pêches et sur la frontière à partir du lac des Bois jusqu'au Pacifique. Ces questions qui faisaient l'objet de plusieurs litiges avec le gouvernement américain furent finalement réglées à Londres par la convention anglo-américaine de 1818. Rentré en Angleterre l'année suivante, Bagot reçut le 20 mai 1820, en vue du couronnement de George IV, la grand-croix de l'ordre du Bain. Son rôle dans la solution des problèmes frontaliers qui touchaient l'Amérique du Nord britannique ne s'acheva cependant pas en même temps que son mandat à Washington. Ambassadeur en Russie de 1820 à 1824, il prit part à la négociation du traité anglo-russe qui, en 1825, donna au territoire de ce qui est aujourd'hui l'Alaska les frontières qu'il conserverait pendant 75 ans.

À l'automne de 1824, Bagot devint ambassadeur à La Haye, où le roi Guillaume Ier des Pays-Bas tentait, en vain allait-il s'avérer, d'unifier la Hollande et la Belgique par le droit, la langue et la religion. Il put y observer les problèmes inhérents à la coexistence de deux cultures dans un même État et prit part aux pourparlers qui devaient mener en 1831 à l'indépendance de la Belgique.

Que Bagot se soit vu offrir en 1828 le poste de gouverneur général de l'Inde montre à quel point sa réputation était solide. Il refusa cependant cette distinction et, dans les dix années qui suivirent son départ de La Haye en 1831, on ne lui confia qu'une brève mission, soit à Vienne en 1835. Lorsque sir Robert Peel redevint premier ministre en septembre 1841, Bagot accepta de succéder à lord Sydenham [THOMSON] au poste de gouverneur en chef de la nouvelle province du Canada, alors en proie à une crise politique. Cette nomination était judicieuse car en dépit de sa faible expérience parlementaire, Bagot avait la personnalité et le jugement qu'exigeaient les affaires coloniales. En outre, sa connaissance des États-Unis était un atout précieux puisque, encore une fois, certains groupements américains manifestaient d'agressives visées expansionnistes qui faisaient craindre une rupture des relations anglo-américaines. D'ailleurs, comme Peel l'expliqua en réponse à une lettre de Charles BULLER sur le choix d'un bon candidat, « le sentiment que [Bagot] était l'un des plus populaires ambassadeurs jamais accrédités au-près des États-Unis » compta pour beaucoup dans sa désignation. Nommé le 27 septembre 1841, Bagot arriva à Kingston, la capitale du Canada, le 10 janvier 1842 et entra en fonction deux jours plus tard.

Par suite des rébellions de 1837–1838, le ministère des Colonies avait décidé d'harmoniser les relations entre l'exécutif et le législatif afin de satisfaire la chambre d'Assemblée sans pour autant céder aux réformistes, qui réclamaient un gouvernement responsable. Toutefois, cette ligne de conduite était de plus en plus difficile à suivre à cause de la formidable opposition que constituaient désormais, ensemble, les réformistes francophones et anglophones de la province. Sydenham avait formé tant bien que mal un Conseil exécutif et gagné la paix avec l'Assemblée en offrant des adoucissements qui transcendaient les divisions de parti mais, à mesure que ses promesses avaient tourné court, les tendances partisanes avaient commencé à resurgir.

Conformément à la stratégie d'assimilation que proposait lord Durham [LAMBTON], Sydenham avait pris des mesures pour faire du Bas-Canada un territoire essentiellement britannique. Bagot devait maintenir cette stratégie mais, selon les instructions du ministère des Colonies, il lui fallait aussi tenter d'amener les Canadiens à accepter l'union du Bas et du Haut-Canada. À titre de nouveau gouverneur, il eut la sagesse de s'entourer de conseillers qui connaissaient mieux que lui la colonie. Parmi eux se trouvaient Thomas William Clinton Murdoch, qui était déjà secrétaire civil sous Sydenham et connaissait bien les aspirations et revendications des Canadiens, de même que sir Richard Downes JACKSON, qui avait administré la province après la mort de Sydenham et commencé à confier d'importantes charges publiques à des Canadiens dans le but de faire accepter l'Union à leurs compatriotes. Bagot suivit l'exemple de Jackson en nommant à plusieurs postes de l'appareil gouvernemental et judiciaire d'éminents Canadiens, tel Jean-Baptiste Meilleur*, un catholique qui devint surintendant adjoint de l'Éducation dans le Bas-Canada. En outre, il suspendit la proclamation d'un décret que le Conseil spécial du Bas-Canada avait adopté en 1837 dans le but d'introduire la *common law* dans les tribunaux. Ces gestes, il le savait, rassureraient les Canadiens quant à la préservation de leurs systèmes éducatif et judiciaire. Il se rendit ensuite à Montréal et à Québec, où sa courtoisie, son âge et son charme, tout comme son aisance à s'exprimer en français, l'aidèrent grandement à gagner la faveur des Canadiens.

Dans le Haut-Canada, Bagot prit à cœur son rôle de chancelier d'office du King's College de Toronto. Il mit fin, par ses pressions, aux atermoiements qui retardaient depuis longtemps l'ouverture de l'établissement [V. John Strachan*], se démena pour trouver de bons professeurs dans les colonies et en Grande-

Bretagne [V. Henry Holmes Croft*] et posa la pierre angulaire le 21 avril 1842.

Au début de l'été, dans l'espoir de renforcer son Conseil exécutif, Bagot nomma Francis Hincks* inspecteur général des comptes publics. Il comptait que Hincks lui assurerait l'appui des réformistes modérés et que Henry Sherwood*, assermenté solliciteur général à la fin de juillet, rallierait les tories à son gouvernement. Mais il fut déçu. Dès la fin de l'été, il devint manifeste que le Conseil exécutif ne parviendrait qu'à grand-peine, et encore, à conserver la confiance de l'Assemblée au cours de la session qui s'ouvrirait en septembre. Bagot se rendit donc à l'avis de conseillers exécutifs modérés, tels William Henry Draper* et Samuel Bealey Harrison*, selon qui le cabinet avait besoin du soutien du bloc francophone. Le 10 septembre 1842, il convoqua Louis-Hippolyte La Fontaine* pour discuter des conditions de son appui à l'Assemblée. Le leader réformiste canadien consulta son allié Robert Baldwin*, le partisan le plus ouvert du gouvernement responsable chez les réformistes haut-canadiens, et revint le lendemain en exigeant quatre places au conseil, dont une pour Baldwin. Bagot, qui souhaitait éviter toute concession susceptible de mener au gouvernement responsable, répondit qu'il accepterait Baldwin à condition que celui-ci « se considère admis grâce au parti canadien-français », et non à titre de leader des réformistes haut-canadiens. En outre, il offrit moins de sièges que n'en exigeait La Fontaine, ce qui causa la rupture des pourparlers. Pendant une réunion du Conseil exécutif le 12 septembre, Draper, de crainte que cette impasse ne favorise une alliance des adversaires tories et canadiens de l'Union, offrit de démissionner et indiqua que l'on pourrait demander à d'autres conseillers de faire de même si cela était de nature à faciliter les négociations de Bagot. Il menaça le gouverneur de recourir aux démissions massives s'il ne suivait pas son avis. Le lendemain, Bagot offrit à La Fontaine les quatre sièges exigés, mais eut la surprise de se voir opposer un refus.

Bagot soupçonnait que ce refus découlait d'une consultation de La Fontaine avec Baldwin et visait délibérément à le contraindre à reconstituer complètement le Conseil exécutif en fonction de l'allégeance réformiste. Ses craintes semblèrent se confirmer lorsque, plus tard dans la journée, Baldwin présenta à l'Assemblée une motion de censure et réclama encore une fois le gouvernement responsable, ce que Bagot était décidé à empêcher. Comme il espérait que les députés de l'arrière-ban forceraient la chambre à accepter un compromis, il fit connaître à l'Assemblée, par l'intermédiaire de Draper, sa deuxième offre à La Fontaine. Au terme d'un vif débat, les leaders réformistes cédèrent effectivement à la pression de leurs partisans et acceptèrent l'offre de Bagot. Reprises le 14 septembre, les négociations, cette fois, aboutirent. Le nouveau Conseil exécutif comprit finalement La Fontaine et ses partisans Augustin-Norbert Morin* et Thomas Cushing Aylwin* ; Baldwin et son partisan James Edward Small* ; les réformistes modérés Harrison, Hincks et John Henry Dunn* ; le tory Robert Baldwin Sullivan* ainsi que les indépendants Hamilton Hartley Killaly* et Dominick Daly*. Grâce à son habileté et à son prestige personnel, Bagot avait préservé le principe de l'harmonie et, comme on n'avait pas formé le nouvel exécutif en fonction d'un seul parti, le gouvernement responsable semblait écarté. Pourtant, il écrivait dans une lettre au secrétaire d'État aux Colonies : « que le principe du gouvernement responsable soit ouvertement reconnu ou ne soit que tacitement accepté, en pratique il existe ».

À Londres, les concessions de Bagot et le tollé général alimenté par l'opposition, qui prétendait qu'on avait abandonné le gouvernement du Canada à des ultra-radicaux et à d'anciens rebelles qui rompraient bientôt le lien impérial, alarmèrent Peel. Cependant, Murdoch, de retour en Angleterre, prit la défense de Bagot, et le cabinet finit par reconnaître la sagesse de ce que ce dernier avait appelé sa « grande mesure ».

Bagot établit une collaboration fructueuse et amicale avec La Fontaine et Baldwin, mais les tensions des premiers mois de son mandat avaient, semble-t-il, été trop dures pour lui. Déjà, avant son arrivée au Canada, sa santé était chancelante. À la fin de l'automne, il souffrait de plusieurs maux et, trop faible pour jouer un rôle de premier plan dans les affaires publiques, il laissa une bonne part de responsabilités à La Fontaine et à Baldwin. Le secrétaire d'État aux Colonies accepta sa démission en janvier 1843. Son successeur, sir Charles Theophilus METCALFE, entra en fonction le 30 mars. À ce moment, Bagot était trop malade pour rentrer en Angleterre. Il mourut à la résidence du gouverneur, Alwington House, moins de deux mois plus tard.

La « grande mesure » de sir Charles Bagot demeure la principale réalisation de son bref mandat et démontre qu'il pouvait avoir un sens aigu des manœuvres parlementaires et une autorité ferme. Premier homme d'État britannique à faire entrer des Canadiens dans le gouvernement de leur pays, il a posé un jalon décisif dans l'histoire constitutionnelle du Canada. Quant aux problèmes américains dont il était censé s'occuper, ils s'étaient déjà estompés grâce au traité Webster-Ashburton, signé en août 1842. Néanmoins, c'est Bagot qui, ce mois-là, conseilla aux Britanniques de mettre fin au litige sur le territoire de l'Oregon avant que la colonisation américaine n'ait affaibli leur position. Il ne vécut pas assez longtemps pour voir son conseil suivi en 1845 mais, pour cette raison et pour son apport antérieur aux négociations sur les frontières de l'Amérique du Nord britannique, son nom appar-

Baird

tient certainement à la longue histoire de la « frontière sans défense ».

JACQUES MONET

APC, MG 11, [CO 42] Q ; MG 24, A13 ; B14 ; RG 8, I (C sér.). — MTRL, Robert Baldwin papers. — Egerton Ryerson, *Some remarks upon Sir Charles Bagot's Canadian government* (Kingston, Ontario, 1843). — *Statutes, treaties and documents of the Canadian constitution, 1713–1929*, W. P. M. Kennedy, édit. (2ᵉ éd., Toronto, 1930). — *Burke's peerage* (1890). — *DNB*. — J. M. S. Careless, *The union of the Canadas : the growth of Canadian institutions, 1841–1857* (Toronto, 1967). — G. P. de T. Glazebrook, *Sir Charles Bagot in Canada : a study in British colonial government* (Oxford, Angl., 1929). — Monet, *Last cannon shot* (Toronto, 1969). — Paul Knaplund, « The Buller–Peel correspondence regarding Canada », *CHR*, 8 (1927): 41–50. — J. L. Morison, « Sir Charles Bagot : an incident in Canadian parliamentary history », *Queen's Quarterly* (Kingston), 20 (1912): 1–22. — W. O. Mulligan, « Sir Charles Bagot and Canadian boundary questions », SHC *Report*, 1936 : 40–52.

BAIRD, NICOL HUGH, ingénieur et inventeur, né le 26 août 1796 à Glasgow, Écosse, fils de Hugh Baird et de Margaret Burnthwaite ; le 21 septembre 1831, il épousa à Montréal Mary White, fille d'Andrew White*, et ils eurent quatre fils et quatre filles ; décédé le 18 octobre 1849 à Brattleboro, Vermont.

On sait relativement peu de chose sur les premières années de Nicol Hugh Baird. Vers l'âge de 16 ans, il se rendit en Russie où il resta plusieurs années avec son oncle Charles Baird, qui avait ouvert un atelier de constructions mécaniques à Saint-Pétersbourg (Leningrad). Aux alentours de 1816, il rentra en Écosse où il poursuivit son apprentissage auprès de son père, ingénieur et constructeur de canaux. Après la mort de Hugh Baird, en 1827, Nicol Hugh chercha en vain une situation dans l'armée et un poste d'arpenteur. Au printemps de 1828, muni de lettres de recommandation du duc de Montrose et de Thomas Telford, éminent ingénieur britannique, il s'embarqua pour le Canada.

Grâce à ses références, Baird se trouva vite du travail. En effet, le gouverneur en chef, lord Dalhousie [RAMSAY], le reçut le 5 juillet et le dépêcha au canal Rideau dès le lendemain. Huit jours plus tard, à Bytown (Ottawa), les dispositions nécessaires étaient prises pour qu'il remplace John Mactaggart* comme conducteur des travaux du canal. Surveillant exigeant, Baird ne tarda pas à impressionner ses supérieurs par ses dons. Pendant ses quatre années de travail au canal Rideau, il s'intéressa aux problèmes que posait la construction des ponts dans le Haut et le Bas-Canada et dessina le plan d'un « pont suspendu en bois » pour lequel il reçut un brevet en 1831. En septembre 1832, avec l'appui, semble-t-il, du lieutenant-colonel John BY, il fut chargé par le gouvernement provincial de faire des levés à l'embouchure de la rivière Trent et de concevoir un pont qui l'enjamberait. En février 1831, son admission à l'Institution of Civil Engineers, dont Telford était le président, avait marqué la reconnaissance en Grande-Bretagne de ses qualités professionnelles.

Réagissant à des pressions locales en faveur de l'amélioration de la navigation dans le district de Newcastle, le lieutenant-gouverneur du Haut-Canada, sir John Colborne*, chargea Baird, au printemps de 1833, d'entreprendre des levés et d'établir des devis pour la construction d'un canal entre la baie de Quinte et la baie Presqu'île, puis d'un autre entre l'embouchure de la rivière Trent et le lac Rice. En 1835, avec l'aide de Frederick Preston Rubidge*, Baird étudia, dans un rapport, la possibilité de joindre le lac Rice et le lac Simcoe au moyen d'un canal. Ce rapport soulignait non seulement l'utilité pour la région d'une voie navigable qui relierait les lacs Ontario et Huron, mais aussi les avantages commerciaux et militaires d'une telle voie pour l'ensemble de la colonie. Baird eut l'occasion de mettre ses plans à exécution en 1836 : il fut alors employé comme ingénieur-surintendant par les commissaires chargés de l'aménagement de la rivière Trent et par les commissaires responsables des eaux du district de Newcastle.

Les travaux de canalisation furent entrepris sous la surveillance de Baird, mais ils progressèrent lentement en raison de la rébellion de 1837–1838 et des difficultés financières que la province connaissait alors. Finalement, en 1841, suivant la recommandation de Hamilton Hartley Killaly*, le gouvernement conclut qu'il n'était pas nécessaire de construire le canal au complet entre Trent Port (Trenton) et le lac Simcoe. On décida plutôt de recourir à un expédient semblable à celui que Baird avait proposé dans son rapport de 1835 : terminer les travaux qui étaient en bonne voie et relier les lacs Scugog et Rice, compris dans le trajet du canal, par une route conduisant au lac Ontario. Baird supervisa la réalisation de ce plan sous la direction du bureau des Travaux publics de la province, formé en 1841. Il participa sans interruption aux travaux du canal Trent jusqu'en octobre 1843, sauf pendant une brève période en 1842.

Comme bien des ingénieurs de son époque, Baird avait tendance à se disperser et à entreprendre plusieurs tâches à la fois. En janvier 1835, il étudia la possibilité de creuser un canal entre les lacs Saint-Louis et Saint-François, sur le Saint-Laurent. L'année suivante, William Hamilton Merritt* lui offrit de devenir l'ingénieur du canal Welland, mais il demanda un salaire que Merritt jugea excessif. En 1837, la chambre d'Assemblée adopta une loi qui exigeait que deux ingénieurs bien informés étudient le trajet à suivre pour élargir le canal Welland, et Baird ainsi que Killaly furent choisis. Ils rédigèrent ensemble un rapport qui fut présenté à l'Assemblée en février 1838.

En outre, Baird participa aux levés et à la construction du port de Windsor (port de Whitby), à l'amélioration du port de Cobourg, à l'arpentage d'une ligne ferroviaire Cobourg-Peterborough, à la construction du phare de Presqu'ile Point et à la rédaction d'un rapport commandé par la Gananoque and Wiltsie Navigation Company [V. John McDonald*]. Il fut ingénieur au canal Chambly pendant une courte période en 1840, mais fut renvoyé en novembre de la même année.

Au début de 1840, le gouverneur Charles Edward Poulett THOMSON demanda à Baird de lui livrer, dans un rapport, ses vues sur la navigation intérieure au Canada. Les réseaux du canal Welland et du fleuve Saint-Laurent, affirma Baird, avaient une grande importance pour le commerce canadien. Selon lui, il fallait y installer des écluses aussi grandes que celles du canal Rideau, capables de laisser passer les grands voiliers tout comme les vapeurs de dimensions moyennes qui constituaient la majorité des navires des Grands Lacs. Baird voyait un double avantage à sa proposition. Les voiliers étaient « moins exposés que les vapeurs au monopole des compagnies riches, les seules à pouvoir exploiter la navigation à vapeur » ; ainsi la concurrence entre les deux types de bâtiments réduirait le tarif de transport des marchandises. En même temps, en ouvrant la voie aux gros navires, on permettrait aux bâtiments des Grands Lacs de se rendre aux Antilles et d'en revenir sans rompre charge.

Même s'il avait fait valoir ces opinions, Baird se mit bientôt à chercher un moyen de modifier les bateaux à vapeur pour qu'ils puissent plus facilement franchir les écluses existantes. Il conçut une « roue à aubes de fort diamètre » qu'il fit breveter dans le Haut-Canada en 1842. Cette roue plus étroite que la normale, installée sur chacun des flancs du navire, réduisait la largeur du bâtiment et s'enfonçait plus profondément dans l'eau, assurant plus de vitesse et de stabilité. En 1841, le capitaine qui commandait la flotte britannique des Grands Lacs, Williams Sandom*, avait refusé de mettre l'invention de Baird à l'essai sur un vapeur de la marine. Par contre, son successeur, William Newton Fowell*, se montra intéressé, de sorte qu'en 1845 l'Amirauté accepta que le *Mohawk* soit modifié à Penetanguishene pour recevoir les roues à aubes de Baird. Ainsi pourvu, le navire put descendre tout le canal Welland et « patrouiller l'ensemble des lacs ».

Comme les contrats de génie se faisaient plus rares à la fin des années 1830 et au début des années 1840, Baird se préoccupa de plus en plus de la reconnaissance accordée aux ingénieurs d'origine britannique dans le Haut et le Bas-Canada et de la concurrence que leur livraient les Américains. En 1840 ou 1841, les commissaires du canal de Cornwall ayant expliqué qu'ils avaient embauché un Américain pour surveiller les travaux parce qu'ils ne connaissaient « aucun ingénieur dans le pays », Baird écrivit avec humeur qu'il ne voulait pas « concéder une once de supériorité à quelque ingénieur des États-Unis ». Ensuite, il rédigea à l'intention de la *Montreal Gazette* une lettre ouverte dans laquelle il montrait qu'il était pleinement qualifié pour l'emploi.

Au cours de cette période, Baird accumula des dettes considérables, notamment envers George Strange Boulton* et John Redpath*, et se mit apparemment à dos un certain nombre de gens. Même si Killaly le traitait toujours avec amitié et de ses conseils l'aidait à éviter les erreurs, il croyait bon de prévenir Mme Baird de ne pas laisser d'argent ni de biens à son mari. Quand le bureau des Travaux publics confia les travaux du canal Trent à des ingénieurs du district, en 1843, Baird fut délaissé au profit d'un homme moins expérimenté. Parti du district de Newcastle en octobre de la même année, il fut incapable pendant une certaine période de se trouver un emploi à temps plein. En juin 1845, cédant peut-être à des pressions de Killaly, le bureau des Travaux publics le réembaucha pour qu'il trace la route Arthabaska, de Québec à Melbourne, dans le Bas-Canada, et en supervise la construction. Il devait aussi entreprendre la réfection de la route Kennebec, qui reliait Québec à la frontière du Maine. Baird termina les levés dès la fin de l'année et surveilla ces deux chantiers jusqu'à l'été de 1848. L'été suivant, il travailla quelque temps avec un ingénieur américain qui étudiait le trajet de la future ligne de chemin de fer entre Montréal et Burlington, au Vermont. Apparemment, il était sans travail au moment de sa mort, en octobre 1849.

Nicol Hugh Baird se signala avant tout par sa participation à l'aménagement des premiers réseaux de canaux et de routes du Haut et du Bas-Canada. Ses travaux furent le plus souvent d'envergure régionale, mais il eut quand même l'occasion de contribuer au creusage ou à l'amélioration de grandes voies navigables comme les canaux Rideau, Trent et Welland. Jusqu'au début des années 1840, il eut ses entrées chez les gens en place, qui recherchaient et écoutaient, semble-t-il, ses avis en matière de travaux publics. En outre, ce qui importe peut-être davantage, il a laissé des documents abondants et complets qui éclairent de façon exceptionnelle les premières années du génie au Canada.

JOHN WITHAM

AO, MS 393. — APC, RG 1, L3, 54 : B17/183 ; RG 5, A1 : 59532–59533, 59542, 67405–67408, 103137–103154, 130725–130727 ; RG 11, A2, 94, nᵒˢ 449, 3344 ; 100 ; A3, 115 : 175 ; RG 43, CII, 1, 2434. — Institution of Civil Engineers (Londres), Minute-book, nᵒ 242 (enregistrement de N. H. Baird comme membre, 8 févr. 1831). — H.-C., House of Assembly, *App. to the journal*, 1836, 1, nᵒ 12 ; *Journal*, app., 1833–1834 : 154–161. — « Mortality schedules of Vermont, nᵒ 3 : census of 1850 », Carrie Hollister,

Baldwin

compil. (copie dactylographiée, Rutland, Vt., 1948 ; copie à la Vt. Hist. Soc., Montpelier), 7. — *The valley of the Trent*, introd. de E. C. Guillet, édit. (Toronto, 1957). — *Montreal Witness, Weekly Review and Family Newspaper*, 5 nov. 1849. — *Patents of Canada* [...] [1824–1855] (2 vol., Toronto, 1860–1865), 1 : 389.

BALDWIN, WILLIAM WARREN, médecin, officier de milice, juge de paix, avocat, fonctionnaire, juge, homme d'affaires et homme politique, né le 25 avril 1775 au domaine familial de Knockmore, au sud de Cork (république d'Irlande), cinquième des 16 enfants de Robert Baldwin et de Barbara Spread ; le 26 juillet 1803, il épousa à York (Toronto) Margaret Phœbe Willcocks, fille de William Willcocks*, et ils eurent cinq fils, dont Robert* ; décédé le 8 janvier 1844 à Toronto.

Robert Baldwin était un gentleman-farmer protestant. Au moment de la naissance de William Warren, il avait du prestige et détenait des charges publiques. Pendant un temps, dans les années 1780, il publia avec son frère le *Volunteer Journal ; or, Independent Gazetteer,* dont Charles James Fox aurait « parlé favorablement », selon ce qu'affirma plus tard William Warren. Même pendant son engagement politique dans le mouvement des corps volontaires irlandais, Robert Baldwin s'occupa constamment de ses domaines ; en outre, il pouvait compter sur le soutien financier de son protecteur, sir Robert Warren. Pourtant, vers 1788, il fit faillite. Le jeune William Warren reçut malgré tout une solide instruction. Dans son testament, il allait léguer une petite somme à un héritier de son « bon et consciencieux instituteur », le révérend Thomas Cooke, « dont l'attention et la gentillesse [...] exige[aient] ce modeste témoignage de reconnaissance ». Vers 1794, il entra à l'école de médecine de l'University of Edinburgh, où il obtint son diplôme en 1797.

La même année, enthousiasmé par les descriptions reçues d'un ancien voisin, Robert Baldwin décidait, contre l'avis de son protecteur, d'émigrer dans le Haut-Canada. En 1798, il s'embarqua donc avec William Warren, un autre de ses fils et quatre de ses filles. Forcés de passer l'hiver en Angleterre, ils se remirent en route au printemps. Des documents familiaux donnent le 13 juillet 1799 comme date de leur arrivée à York, mais en fait la première requête foncière de Robert Baldwin est datée du 6 juillet. Il désirait obtenir une concession, disait-il, parce qu'il avait entendu parler « de la fertilité du sol, de la douceur [du climat] et du bon gouvernement » de la province. Cependant, comme le raconta la plus jeune de ses filles, d'autres motifs l'avaient poussé à émigrer : les rumeurs persistantes de débarquements français en Irlande l'avaient alarmé au point qu'il avait barricadé sa maison et armé ses domestiques. L'agitation qui avait précédé le soulèvement de la Society of United Irishmen en 1798 l'avait aussi influencé. En 1801, William Warren notait : « les horreurs de la guerre civile ont concouru à nous arracher à notre terre natale ».

Robert Baldwin avait bien préparé son entrée dans la société haut-canadienne. Le 20 août 1798, son ami Hugh Hovell Farmar, dans une lettre d'introduction au président Peter Russell*, Irlandais lui aussi, en parlait comme d'un « gentleman d'excellente famille, honorable, très industrieux et extrêmement compétent dans le domaine agricole ». Russell recommanda fortement au Conseil exécutif d'accepter la requête de Baldwin, qui reçut 1 200 acres. Cependant, il s'installa sur une terre achetée dans le canton de Clarke, près de chez l'une de ses connaissances. Grâce à ses excellentes relations, il ne tarda pas à acquérir de l'influence et à occuper des postes, dont la lieutenance du comté de Durham.

Vivre dans une région sauvage du Haut-Canada déplaisait à William Warren. En ces lieux, écrivit-il à son frère en 1801, il ne trouvait rien de « ce qui agrémente l'existence, nourrit l'espoir ou récompense l'effort ». Les fonctions que le lieutenant-gouverneur Peter Hunter* avait confiées à son père n'apportaient « que de l'honneur et nul profit » ; elles étaient néanmoins « agréables », car elles aidaient, « dans une certaine mesure, à tranquilliser l'esprit ». Lui-même fut nommé lieutenant-colonel de la milice de Durham – « ramassis de maudites canailles [...] sans loi », trouvait-il. Le 1er février 1800, il devint aussi juge de paix. L'agitation qui régnait dans la province l'inquiétait ; selon lui, elle était le fait d'Américains « dépourvus de principes ». Ces individus, disait-il, « tenteraient dès demain de renverser l'ordre des choses au pays s'ils avaient la moindre chance de réussir ».

En 1802, tant par goût que par ambition, Baldwin quitta le canton perdu de Clarke pour s'installer dans la petite ville d'York, où il pénétra dans le cercle assez fermé des Russell et des Willcocks. Il fit leur connaissance dans le Haut-Canada, mais ces familles avaient aussi des attaches à Cork, et Farmar leur était « étroitement apparenté ». Pour Baldwin, l'« amitié » de Russell (cousin germain de son futur beau-père, Willcocks) fut particulièrement précieuse. Il était aussi très lié avec un lointain parent de ce dernier, Joseph Willcocks*. En juin 1802, Baldwin servit d'ailleurs d'intermédiaire à Russell auprès de lui : les deux hommes s'étaient brouillés quand Joseph Willcocks avait courtisé Elizabeth Russell*. Toutefois, même York n'offrait guère de possibilités à un jeune médecin ambitieux, et en décembre il annonça l'ouverture d'une école classique pour jeunes gentlemen. On ignore ce qu'il en advint. Sa carrière prit alors une nouvelle orientation. Le jeune homme, qui avait emprunté à Peter Russell les *Commentaries on the laws of England,* de sir William Blackstone, devint attorney le 22 janvier 1803 et la même année, au trimestre de Pâques, on l'admit au barreau.

Bien en vue dans le milieu mondain, Baldwin apparut pendant quelques mois comme l'un des meilleurs partis d'York. Finalement, en 1803, il épousa Phœbe Willcocks. Les jeunes époux vécurent quelque temps chez les Willcocks ; peu avant la naissance de leur premier enfant, Robert, en mai 1804, ils s'installèrent dans leur propre maison. Malgré la mort de leur deuxième fils en 1806 et la frêle santé du troisième, William Willcocks affirmait en 1807 que sa fille avait fait un « heureux mariage ». Les derniers enfants de la famille, des fils, naquirent en 1808 et 1810. Baldwin était un père affectueux ; dans les journaux personnels de l'époque, on mentionne souvent qu'il se promenait en ville, suivi d'un ou de plusieurs de ses fils.

La société yorkaise était formée de clans à l'exclusivisme d'autant plus âpre que les postes lucratifs étaient rares. La tradition attribue l'ascension de William Warren Baldwin à Peter Russell, mais en fait le pouvoir de celui-ci déclinait déjà à l'arrivée des Baldwin, et c'est de Hunter qu'ils obtinrent la plupart de leurs premières faveurs. En 1806, tandis que les fonctionnaires d'York attendaient, tels des vautours, la chute de James Clark*, greffier du Conseil législatif, Peter Russell pressa en vain le président Alexander Grant* de confier la succession à Baldwin. Pendant plusieurs semaines, au début de la même année, ce dernier occupa à titre intérimaire le poste de greffier de la couronne et des plaids communs mais, en dépit du fait que le juge Robert THORPE avait affirmé qu'il était « la seule personne, dans la province, à avoir l'instruction et les qualités » nécessaires, la permanence alla plutôt à John Small*. Baldwin ne fut tout de même pas laissé pour compte. Le 5 février 1806, il succéda à David Burns comme maître de la Cour de la chancellerie ; le 19 novembre 1808, il devint greffier de la Cour d'enregistrement et d'examen des testaments ; enfin, le 22 juillet 1809, on le nomma juge d'un tribunal de district.

Pendant le premier mandat du lieutenant-gouverneur Francis Gore* (1806–1811), bien des amis de Baldwin – Joseph Willcocks, William FIRTH, Thorpe et Charles Burton WYATT – furent soit suspendus, soit démis de leurs fonctions. Malgré ses liens avec eux, et même si Gore le soupçonnait d'être l'un de ces « Irlandais prêts à s'allier à n'importe quel groupe pour semer la confusion », il fut épargné. Son astuce, durant cet épisode, fut en effet remarquable : ses amitiés étaient connues, et il soutint Thorpe pendant son procès pour diffamation en 1807, mais il ne manifesta pas ouvertement ses sympathies politiques. En octobre 1809, dans une lettre à Wyatt, il put même dire que Gore était « disposé à [lui] venir en aide ». La chance lui souriait donc, comme le montrent ses nominations de 1808 et 1809, mais d'autres se

débrouillaient encore mieux que lui. Baldwin n'était pas le seul avocat compétent et ambitieux de la ville, et il prenait en mauvaise part, tout en protestant du contraire, l'ascension fulgurante de John Macdonell* (Greenfield). Après que celui-ci eut prononcé en cour quelques remarques « gratuites et désobligeantes » sur son compte, Baldwin exigea des excuses puis finit par le provoquer en duel. Dans un billet à sa femme (laquelle, avait-il affirmé dans un testament rédigé en toute hâte, était « douée plus que quiconque de toutes les excellentes qualités de son sexe »), il écrivit : « [je t'enjoins] de ne pas te laisser aller à la précipitation ni au ressentiment, mais de me protéger des insultes qu'à titre de gentleman je ne puis tolérer ». Le 3 avril 1812, les deux hommes se rencontrèrent dans l'île Toronto. Macdonell ne leva pas son pistolet, ce que Baldwin interpréta « comme un aveu de son erreur » ; « nous nous sommes serré la main, ajoutait-il, ce qui a mis fin à l'incident ».

Baldwin était fier de sa maisonnée qui, à la fin de la guerre de 1812, comprenait sa femme, ses quatre fils, son père, trois sœurs, sa belle-sœur Elizabeth Russell et quelques domestiques. Pendant encore plusieurs générations, les Baldwin allaient vivre en famille élargie, d'ordinaire à proximité d'autres parents. Baldwin croyait que « la nature a donné au père le rôle de gouverneur absolu dans sa maison ». La figure centrale du foyer était Phœbe, que son fils Robert décrivit plus tard comme « l'esprit supérieur de [la] famille ». Une sœur de William Warren a exalté « l'intelligence admirable et les prouesses intellectuelles » de Phœbe, qui « furent de la plus grande importance et du plus grand secours pour lui ». Dans une lettre à Laurent Quetton* St George en 1815, Phœbe a elle-même résumé ce que le mariage signifiait pour les hommes de la famille Baldwin : « On ne saurait goûter de réel confort domestique sans une *bonne épouse*. » Elle émerge rarement de l'ombre (il subsiste peu de lettres de sa main), mais ce qu'on peut lire à son sujet révèle un personnage de haute stature. William Warren, de son côté, était un gentleman courtois, raffiné et réaliste, qui avait une haute opinion de lui-même. Il cachait cependant une vulnérabilité qui, bien que négligeable en comparaison de celle de son fils Robert, était plus réelle qu'on ne l'a souvent cru. Elizabeth Russell, dans son journal, parle de lui comme d'« une pauvre créature timorée qui crai[gnait] toujours le pire ». La maladie de Phœbe, à l'automne de 1809, le plongea dans « une humeur chagrine » ; comme il l'expliqua plus tard à St George : « Je suis irlandais et ma femme était malade. » Naturellement, dans une aussi nombreuse tribu, la maladie et la mort n'étaient pas rares. Peter Russell mourut en 1808, William Willcocks en 1813. Robert Baldwin, homme sujet à la « mélancolie », s'éteignit en novembre 1816. William Warren lui-même eut au printemps de 1817 « une attaque qui [...]

Baldwin

faillit [l]'emporter » et dont il mit longtemps à se remettre. À peu près à la même époque, sa sœur Alice (Ally) sombra dans une « folie malheureuse » et parfois violente. En 1819, après deux tentatives de suicide, on l'envoya à l'Hôpital Général de Québec ; elle y resta jusqu'à sa mort, en 1832. Quoique prévu depuis longtemps, le décès d'Elizabeth Russell, en 1822, fut un autre coup dur. Plus éprouvante encore pour Baldwin fut la mort de ses enfants, « la plus grande bénédiction de la vie humaine ». La mort du « doux » Henry, en 1820, l'atteignit profondément, comme celle d'ailleurs de son benjamin en 1829. Dans son testament, il allait demander qu'on place sa « dépouille mortelle » aussi près que possible de celle du dernier de ses fils, son « enfant chéri ».

Par contraste, la vie professionnelle de Baldwin ne fut guère touchée par le malheur, sans être pour autant toujours facile. Attaché à une cour d'assises itinérante, il trouvait du travail là où il le pouvait et intentait des poursuites au nom de divers clients. En juin 1814, il passa quelques jours à Ancaster, où se déroulaient les procès pour trahison [V. Jacob Overholser*], mais « on n'eut recours à [lui] pour aucun d'entre eux ». Cette existence nomade était dure, voire dangereuse. On raconte qu'en 1815 il se perdit dans les bois et dut nager au matin dans les eaux gonflées de la rivière Credit. Toutefois, sa clientèle se multipliait. En 1819, il estima gagner un revenu net d'environ £600 par an. Cette somme, jointe à ses émoluments et à ses revenus immobiliers, lui avait permis de construire l'année précédente, à environ trois milles d'York, sur une terre reçue en cadeau de son beau-père, une maison de campagne qu'il appela Spadina (« mot indien qui signifie colline – ou mont »). Il ouvrit « une avenue à travers bois, si bien que l'on [pouvait] voir les navires monter et descendre la baie ». Tout compte fait, avec l'écurie et les jardins, la maison coûta environ £1 500. En 1819, Baldwin avait trois clercs dans son cabinet : James Edward Small*, son neveu Daniel Sullivan et Simon Ebenezer Washburn. L'année suivante, son fils Robert y entra comme étudiant en droit, et en 1823 son neveu Robert Baldwin Sullivan* y entreprit son stage. Washburn fut son associé à compter de 1820, année de son admission au barreau, et le demeura jusqu'en 1825 ; cette année-là, à son tour, Robert fut admis au barreau et devint son associé.

Dans le Haut-Canada, le commerce était l'assise de tout cabinet d'avocat, et celui de William ne faisait pas exception. Ainsi à partir de 1815 il fut le superviseur principal des entreprises haut-canadiennes de St George, qui était retourné en France. L'année suivante, il abandonna le poste de greffier de la Cour d'enregistrement et d'examen des testaments pour occuper, à la suite de son père, la position lucrative de juge à la Cour de *surrogate*. Les successions qui revinrent à sa famille (et qu'il gérait avec clairvoyance) accroissaient le volume des affaires de son cabinet ; de

surcroît, elles formèrent la base de l'énorme fortune sur laquelle la génération suivante put compter. La femme et la belle-sœur de Baldwin avaient hérité les propriétés de William Willcocks, et quand Maria Willcocks mourut en 1834 sa succession alla à la famille Baldwin. Après la mort d'Elizabeth Russell, Maria et Phœbe avaient aussi pris possession des vastes terres des Russell. William Warren lui-même reçut en héritage la propriété de son père. L'acquisition de terres et la gestion domaniale étaient des facteurs primordiaux de sa prospérité, et il amassa des lots d'excellente qualité, soit cultivés soit en friche. Les années d'après-guerre furent, pour York, une période d'expansion [V. John Ewart*] ; la valeur des propriétés augmenta, au grand avantage de Baldwin. Il possédait en ville de très bons terrains ; il en avait acheté certains, et d'autres provenaient de la succession de son beau-père. Dès les années 1820, il était un gros propriétaire foncier et un homme riche. Chaque année, son cabinet lui rapportait £700, et ses terres en friche, £1 400 (on ignore combien il retirait de la location de ses fermes et immeubles, mais le montant était sans doute considérable). Certes, ses propriétés étaient éparpillées, mais il en tirait un revenu quasi équivalent à celui des propriétaires terriens d'Angleterre. En plus, il avait tout ce que ces gens possédaient : instruction, raffinement, maison de campagne, indépendance financière. Enfin, il était le doyen de sa profession, et il occupa le poste prestigieux de trésorier de la Law Society of Upper Canada pendant quatre mandats non consécutifs (1811–1815, 1820–1821, 1824–1828 et 1832–1836).

Pourtant, la place que Baldwin occupe dans l'histoire du Canada a peu à voir avec tous ces motifs. S'il est si célèbre, c'est qu'il contribua à l'élaboration du principe le mieux connu – mais aussi le plus mal compris – de la vie politique canadienne : le gouvernement responsable. Des générations d'historiens ont reconnu aux Baldwin, père et fils, le mérite d'avoir développé la grande théorie concernant la transformation de la colonie en nation et de l'Empire en Commonwealth.

Pour un homme dont on juge le rôle si essentiel, Baldwin s'engagea publiquement plutôt tard, et cela délibérément, semble-t-il, dans le processus de maturation politique auquel son nom est associé. Avant 1820, comme le prouvent ses liens avec l'opposition d'avant-guerre, il n'était pas sans opinions politiques, mais elles sont difficiles à cerner. On remarque par exemple qu'en 1812 il donna raison à Firth, selon qui « un changement de gouverneur ne [pouvait] modifier que légèrement les mesures ou l'attitude du gouvernement ». Il fut certes déçu, comme Wyatt, de la trahison de Joseph Willcocks, mais il applaudit lorsqu'il vit Wyatt répliquer à « ceux qui le persécutaient ». De plus, comme bien d'autres, il était mécontent du favoritisme du gouvernement. Un de ses correspondants fit observer, à propos du départ de Gore en 1817 : « Cela a bien peu d'importance puisque le parti écossais mène encore et que [ses membres] se partagent tout le gâteau. » Ce grief (l'opposition d'avant-guerre, déjà, avait maintenu que les Écossais monopolisaient les charges publiques et avaient une influence indue sur l'exécutif), Baldwin le trouvait justifié. En 1813, il avait raconté à Wyatt un incident à ce propos. Par suite d'une altercation avec un frère d'Alexander WOOD, on avait accusé au criminel des officiers du Royal Newfoundland Regiment et ceux-ci avaient pris Baldwin comme avocat. Après qu'on les eut trouvés coupables de voies de fait, il avait réclamé une suspension de jugement, mais le juge en chef Thomas Scott* rejeta sa requête et leur imposa des « amendes tout à fait excessives ». « Voilà ce qu'on en coûte, concluait Baldwin, de lever la main sur un Écossais. »

Baldwin entra en politique à l'occasion des élections générales de 1820. Confiant de gagner (c'est du moins ce qu'affirmait son fils Robert), il remporta effectivement la victoire, avec Peter ROBINSON, dans la circonscription d'York and Simcoe. Ces élections suivaient de peu le bannissement de Robert Gourlay*, la poursuite de son partisan l'imprimeur Bartemas Ferguson*, la destitution de Richard BEASLEY, président du congrès convoqué par Gourlay, et la période où Robert Nichol* avait, avec une énergie remarquable, dirigé les députés de l'opposition en chambre. Baldwin considérait que ses électeurs avaient sollicité sa candidature parce qu'ils attendaient de lui une « rigoureuse fidélité envers la constitution ». Dans une envolée à l'emporte-pièce, il déclara son « tendre respect » pour la liberté britannique et pour la constitution britannique ; « pour garder cette dernière pure à jamais, dit-il, il faut que la première demeure intacte ». Il promettait d'éviter toute opposition factieuse aux « objectifs légitimes du gouvernement », tout en maintenant « que le gouvernement le plus pur exige une activité vigilante de la part de tous ceux que la constitution autorise à le contrôler ». Ainsi William Warren estimait que sa victoire avait donné « une grande satisfaction politique aux milieux indépendants de la collectivité et mortifié les autres ». Pourtant, un historien qui a analysé sa conduite durant cette campagne l'a dépeint comme l'éloquent défenseur du gouvernement, débordant de gratitude pour le poste qu'il lui devait. Cette interprétation est injuste. Baldwin était « reconnaissant » à l'administration de lui avoir donné ce poste, et au gouvernement de l'y avoir maintenu, rien de plus. Deux choses sont évidentes : d'abord, Baldwin était dans une situation assez prospère pour risquer une brouille avec le gouvernement ; ensuite, il n'était pas encore certain que cela était justifié.

Baldwin ne fut ni un administrateur, ni un organisateur, ni un leader des affaires courantes de la huitième législature (1821–1824). Nichol reprit la direction de l'opposition, quoique Barnabas Bidwell* en ait aussi été une figure dominante au cours de l'unique session à laquelle il prit part. Le procureur général John Beverley Robinson* et ses principaux aides, Christopher Alexander HAGERMAN et Jonas JONES, assumaient le leadership gouvernemental. Des députés comme John Willson* ou Charles JONES intervinrent plus souvent que Baldwin dans les débats et présentèrent plus de projets de loi que lui. Dans l'ensemble, il ne fit que débattre de questions qui reflétaient ses propres priorités.

Baldwin avouait en privé que la situation économique l'inquiétait. Ses préoccupations se concrétisèrent sous la forme d'une motion dans laquelle il proposa de former un comité pour étudier la dépression agricole et l'effondrement des marchés britanniques. Ce comité, qui porta le nom de comité sur les ressources intérieures (Baldwin en faisait partie et Nichol le présidait), déposa son rapport – première ébauche d'une stratégie globale de développement économique pour la province – le 31 mars 1821. Huit mois plus tard, Baldwin appuya la résolution de Hagerman en faveur du soutien à la production de chanvre, secteur que protégeait l'exécutif depuis le mandat de Hunter. Par la suite, dans le but conscient de promouvoir ses intérêts de grand propriétaire, il dénonça, en parlant de l'administration des concessions foncières, « ces restrictions, frais et règlements qui jouaient tant contre les pauvres que contre les capitalistes » et défendit le principe selon lequel la prospérité exigeait « la fusion du capital et du travail ». En 1824, puis en 1828, il fut l'un des critiques les plus perspicaces des lois par lesquelles le gouvernement de Robinson taxait les terres en friche qui appartenaient à des spéculateurs comme lui. À ces deux occasions, il s'allia à Thomas Clark* et à William DICKSON, marchands de la région de Niagara qui s'opposèrent à ces mesures au Conseil législatif.

Partisan de la hiérarchie sociale, Baldwin prononça en décembre 1821 le plus limpide énoncé de ses convictions aristocratiques. Il s'opposait alors à un projet de loi parrainé par Bidwell et David McGregor Rogers*, qui aurait éliminé l'application de la règle de primogéniture dans les cas d'intestat. Ce « projet chimérique », qui aurait mieux convenu à une république, « vis[ait] une révolution complète du droit ». « L'aristocratie, fondement de la *bienheureuse, bienheureuse* constitution de Grande-Bretagne, serait détruite », disait-il. Or, il souhaitait que l'aristocratie soit « défendue dans la colonie afin de préserver la constitution [… et d'éviter] que l'on se précipite vers un régime démocratique en adoptant de nouvelles lois clinquantes ». Robinson, l'avatar de l'ancien régime, n'eut rien à ajouter sinon qu'il était « d'accord en tous points avec lui ».

Baldwin était un constitutionnel whig dont les idées

Baldwin

en matière de droit et de politique ressemblaient à celles de l'opposition d'avant-guerre, que dirigeaient Thorpe et William Willcocks, comme à celles de l'opposition d'après-guerre, organisée par Nichol. En prônant une intervention restreinte du gouvernement, la compression des dépenses, l'indépendance des diverses composantes de la constitution et les libertés et droits civils des sujets, il s'inscrivait dans la tradition rurale de la politique anglaise. Son premier discours important, en 1821, exigeait l'abrogation du *Sedition Act* de 1804 qui, même si on ne l'avait invoqué que pour bannir Gourlay, avait fréquemment été la cible de Nichol depuis 1817. Tant que cette loi demeurait, disait Baldwin, les Haut-Canadiens n'avaient « pas de constitution ; du moins pas de constitution *libre* ». La loi sur la sédition « restait en vigueur, non seulement en dépit de la Grande Charte, mais en dépit de tous les textes de loi conçus pour garantir la liberté et la protection du sujet ». Il lut ensuite à l'Assemblée de longs passages de Blackstone sur la liberté des sujets de Sa Majesté. Invoquée contre des sujets britanniques, affirmait-il, la loi sur la sédition était « arbitraire et tyrannique ». Elle attaquait le droit au procès devant jury, « grand point de repère de [la] constitution [du pays] », et était plus cruelle que « l'Inquisition ou la Star Chamber ».

Ces propos étaient courants et ne servent qu'à situer Baldwin dans la tradition whig. Plus importantes étaient ses idées concernant la constitution du Haut-Canada. Il s'appuyait abondamment sur la prestigieuse autorité de Blackstone pour parler de liberté mais préférait des modèles irlandais quand il s'agissait de la souveraineté des Parlements coloniaux. Il parla de cette question après le dépôt, en décembre 1821, du rapport d'un comité conjoint de l'Assemblée et du conseil sur les relations commerciales avec le Bas-Canada. (Le rapport de ce comité présidé par Dickson et Robinson était l'œuvre de ce dernier.) Baldwin avait des objections précises contre ce document, mais dans son intervention il fit surtout valoir des questions de principe. « [Le rapport], disait-il, a admis en principe que [...] notre Parlement ne peut imposer des droits sur les importations » ; « il reconnaît que nous sommes incapables de [nous] gouverner [...] nous-mêmes – et en fait consent à abandonner notre constitution [l'Acte constitutionnel de 1791] au Parlement britannique » ; « il n'expose pas en termes clairs ce que nous souhaiterions – mais laisse à la discrétion du Parlement impérial le soin de faire de nous ce qui lui plaira ». Ces principes étaient « propres à ébranler tout ce qui fai[sait] la valeur de [la] constitution [de la province] ». « Le Parlement britannique, poursuivait-il, ne saurait abroger cette loi – le Parlement britannique peut adopter et abroger les lois d'Angleterre parce que les parties qui font les lois sont celles qui les abrogent, mais il n'en va pas de même ici – cette loi donne le pouvoir législatif aux

habitants de la province – et on ne peut abroger une loi sans que ces habitants soient partie à son abrogation. » « Mais hélas ! ajoutait-il, voilà justement ce qu'il faut craindre. »

Ce danger devint plus évident, comme Baldwin l'avait prévu, au moment du débat sur un projet d'union entre le Haut et le Bas-Canada, en 1823. Selon lui, l'Acte constitutionnel de 1791 conférait aux habitants de la province « le droit de faire des lois pour [se garantir] la paix, le bien-être et un bon gouvernement, tout en réservant certains pouvoirs au roi et au Parlement [...] afin qu'ils légifèrent dans des cas particuliers ». Le Parlement impérial, soutenait-il, « ne pouvait, constitutionnellement, modifier *cette* loi sans [le] consentement [du Haut-Canada], sinon [celui-ci] n'aurait pas eu de constitution du tout ». La proposition d'union venait d'une « clique de marchands » bas-canadiens, prêts à troquer quelques « avantages imaginaires [...] en échange de [la] constitution ». Il qualifiait d'« innovations ruineuses » nombre des articles du projet de loi impérial d'union et ne trouvait, « chez les concepteurs de ce monstrueux projet de loi, aucune trace de sagesse, de bon sens ni de justice ». L'élément le plus mystérieux du débat fut l'affirmation de Baldwin selon laquelle les deux colonies canadiennes avaient reçu non pas, comme l'avait souvent prétendu le lieutenant-gouverneur John Graves Simcoe*, « l'image et la transcription » de la constitution britannique, mais plutôt son esprit. Pourquoi, se demandait-il, des esprits impatients voulaient-ils abandonner l'Acte constitutionnel justement au moment où il était sur le point « de transformer le Français en Anglais ; ou plutôt [...] le Français en Canadien » ? Et Baldwin d'ajouter par parenthèse : « car il pourrait exister, et il *existe* un tempérament canadien distinct du français et qui, sans être anglais, est déjà suffisamment conciliable et parfaitement compatible avec les sentiments anglais, le lien avec l'Angleterre et la constitution anglaise ».

Baldwin se porta de nouveau candidat dans York and Simcoe aux élections de 1824, mais il se classa de justesse troisième sur dix et perdit donc son siège. Hélas ! sa défaite l'excluait des débats de l'Assemblée, dont le compte rendu aide tant les historiens à étudier la pensée politique haut-canadienne à l'époque de la tumultueuse neuvième législature (1825–1828). Pendant cette période, Baldwin s'intéressa à la partialité qu'il commençait à percevoir dans l'administration provinciale de la justice et, ce faisant, devint un vigoureux adversaire du gouvernement de sir Peregrine Maitland* et de ses principaux conseillers.

En 1818, Baldwin avait écrit, à propos de son fils Robert : « J'entends, si telle est la volonté de Dieu, le faire accéder au barreau. » Aucune profession n'était plus digne. En quittant le poste de trésorier de la Law Society en 1836, il exposa en détail, dans sa lettre de démission, la relation particulière qui unissait la constitution, le Parlement et la loi. Telle qu'elle s'exprimait dans l'Acte de 1791, la constitution était résolument aristocratique ; Baldwin n'en était pas seulement l'un des plus grands admirateurs, mais aussi l'un des plus grands défenseurs. S'il était prêt à se battre en duel pour une question d'honneur et prônait ardemment le maintien de la règle de primogéniture, c'est que ces questions étaient liées à l'inégalité naturelle, politique et sociale qu'il souhaitait préserver. En 1821, il avait défendu un projet de loi qui autoriserait la Law Society à recueillir des fonds pour ouvrir des cabinets et une bibliothèque afin que les nouveaux avocats n'aient pas à exercer leurs fonctions en des lieux « indignes [...] de gentlemen ». « Il n'y a, expliquait-il, aucune société pour laquelle le pays devrait éprouver un si vif intérêt [...] Sans elle, qui aurait la sécurité de ses biens ? » Comme il l'écrivait en 1836, la Law Society lui avait « toujours semblé de la plus haute importance pour la préservation et la juste application de [la] constitution ». Une province dépourvue d'aristocratie ne pouvait se passer de l'autorité des gentlemen ni de la présence des gens de robe. Les premiers se devaient d'être honnêtes, désintéressés, et de respecter les formes ; les seconds, de défendre la constitution et les droits qu'elle garantissait.

On trouve un exemple précis des convictions de Baldwin dans l'exposé qu'il fit au jury en 1827, à l'occasion du procès que George Rolph avait intenté au civil contre ceux qui l'avaient recouvert de goudron et de plumes (cet incident est demeuré célèbre). Il était troublé de voir, parmi les assaillants de Rolph (finalement acquittés grâce à la défense d'Allan Napier MacNab*), plusieurs éminents gentlemen du district de Gore : « [ce sont] des personnes qui occupent des postes de responsabilités, qui siègent même dans un tribunal – et dont l'une tient [...] l'épée de la Justice ». Par la suite, d'autres événements entretinrent l'attention qu'il portait à l'appareil judiciaire. L'affaire Rolph fut suivie, en janvier 1828, de la requête dans laquelle l'hôtelier William Forsyth se plaignait à l'Assemblée que Maitland avait eu recours à l'armée et non aux tribunaux pour « trancher la question du bon droit » dans une querelle connue, dans la tradition de l'opposition, sous le nom d'« outrage des chutes du Niagara ». L'enquête d'un comité spécial déboucha sur un grave affrontement constitutionnel entre l'Assemblée et Maitland, qui prorogea celle-ci le 31 mars 1828. Puis, en avril, durant les assises d'York tenues devant John Walpole Willis*, le journaliste d'opposition Francis Collins* reprocha au procureur général Robinson de se montrer partial dans l'administration de la justice.

Le 12 mai 1828, en réponse à cette accusation, Robinson envoya aux membres du barreau une lettre dans laquelle il soulevait la question de la partialité de son département. Le 31 du même mois Baldwin lui répondit longuement. Jusque-là, disait-il, il avait « gardé le silence en public », mais par sa circulaire Robinson l'obligeait à exposer « franchement » en quoi selon lui le procureur général avait « manqué à [son] devoir ». D'abord, il signalait que Robinson n'avait pas, « publiquement et sans équivoque, condamné ceux de [ses] clercs qui [avaient] participé » au désordre qui, en 1826, s'était terminé par la destruction de la presse de William Lyon Mackenzie*. Leur conduite était « tout à fait inconvenante pour des gentlemen et encore plus pour des étudiants en droit ». L'imprimeur lui-même avait « très mal » agi, mais on aurait dû le punir par « une réprimande ou une poursuite », non par un « attentat ». L'attaque dont Rolph avait été victime était un autre exemple de manquement au devoir, et ni Robinson ni le solliciteur général Henry John Boulton*, qui n'avaient pas « promptement et vigoureusement brandi la loi contre les coupables », ne pouvaient échapper à la réprobation publique. Toujours selon Baldwin, il était inadmissible que Boulton ait pu ensuite représenter la couronne à l'occasion d'un procès au criminel intenté contre les coupables, puisqu'il les avait déjà défendus. Toute cette affaire, disait-il, était « si pernicieuse pour la justice qu'[il] a[vait] entièrement partagé la désapprobation populaire ». Le dernier cas qu'il citait est celui de Singleton Gardiner [V. William Dummer Powell*] qui, en 1822–1823, avait affronté deux juges de paix au sujet de l'accomplissement des corvées. Abusé par eux, Gardiner, avec l'assistance de Baldwin, leur avait intenté une poursuite au civil. Robinson, leur avocat, allégua qu'il lui incombait de protéger les juges. Baldwin répliqua : « [Je suis d'accord] dans la mesure où ils ont raison ; mais je pense aussi que c'est votre devoir de les poursuivre quand ils ont manifestement tort. »

L'affrontement s'aggrava encore en juin 1828. Le 16, Willis déclara que, pour exercer sa compétence, la Cour du banc du roi avait besoin de la présence du juge en chef et des deux juges puînés. Comme le juge en chef William Campbell* était en congé, seuls Willis et Levius Peters Sherwood siégeaient. Puisque la constitutionnalité du tribunal était douteuse, les Baldwin et Washburn écrivirent à Willis, le lendemain, pour savoir s'il soumettrait la question à Sherwood et pour lui demander, advenant que celui-ci ne répondrait pas dans un bref délai, de « réserver son jugement », dans tous les litiges qui impliquaient leurs clients, « jusqu'à ce qu'en tant que leurs avocats, [ils soient] mieux informés sur l'orientation à adopter ». Le 23 juin, les Baldwin, conjointement avec John Rolph*, protestèrent auprès de Sherwood contre la tenue de « tout procès [...] jusqu'à ce que la cour soit établie conformément aux dispositions des lois provinciales ». Il ne s'agissait pas simplement

Baldwin

d'un débat sur « les principes juridiques les plus stricts ». « Il n'existe pas de lois, disaient les signataires, exigeant une plus religieuse observance que celles qui limitent et définissent le pouvoir que les individus formant le gouvernement exercent sur leurs semblables. » À la fin de juin, le gouvernement décida de démettre Willis, ce qui déclencha une réaction politique sans précédent dans la province. L'atmosphère était d'autant plus survoltée que des élections générales auraient lieu dès juillet. Les Baldwin entrèrent dans la lutte – William Warren dans Norfolk et Robert dans la circonscription d'York. C'est John Rolph qui avait « *obligé*, et non *invité* », Baldwin père à se présenter, car il était à ses yeux « la seule personne [...] à réunir toutes les qualités désirables chez un représentant d'un peuple libre ». Robert perdit, mais William Warren remporta la victoire avec le député sortant Duncan McCall*. L'opposition fit élire une forte majorité dans le Haut-Canada.

À York, William Warren Baldwin se trouvait au centre d'un tourbillon d'activités. Pendant la campagne, il était devenu, selon le journaliste progouvernemental Robert Stanton*, « un *harangueur* politique itinérant ». Stanton le croyait « fou », mais l'adhésion de Baldwin à l'opposition était bien réfléchie et totale. L'agitation qui avait entouré l'affaire Willis durant l'été et l'automne de 1828 eut plusieurs conséquences : la création, à York, de groupes réformistes bien organisés qui allaient durer jusqu'à la rébellion de 1837, une collaboration soutenue entre les grands leaders réformistes, et la mise au point, par l'opposition, d'une tactique en vue de la session législative de 1829. À titre de doyen des hommes politiques réunis dans la coalition de l'opposition, Baldwin occupa le premier plan dans ces événements ; son fils Robert joua aussi un grand rôle. Ce n'est pas tant les Baldwin qui avaient besoin des autres réformistes, mais plutôt ceux-ci qui avaient besoin d'eux. Après tout, on était encore à l'ère des gentlemen, et qu'étaient les Baldwin, sinon des gentlemen – donc des symboles de légitimité pour l'alliance réformiste dans son ensemble ? Maitland exprima clairement cette réalité en disant, en septembre 1828, que Baldwin était « le seul gentleman de toute la province à s'être associé aux promoteurs des projets de M. Hume », c'est-à-dire du radical britannique Joseph Hume. Les chefs les plus perspicaces de l'opposition, John Rolph et Marshall Spring Bidwell*, conscients de toute l'utilité que les Baldwin pouvaient avoir à ce titre, usèrent de leurs talents d'organisateurs et de manipulateurs pour amener le père et le fils à jouer le rôle que leur indiquait leur devoir d'avocats, de chrétiens et de gentlemen.

Le 5 juillet 1828, William Warren Baldwin prononça un discours à l'occasion d'une assemblée constitutionnelle convoquée pour « déplorer la conduite arbitraire, oppressive et autoritaire » qu'avait eue l'exécutif colonial en démettant Willis. Le but de cette assemblée, dit-il, était d'examiner la possibilité de demander justice au roi. Les participants n'étaient pas là parce qu'ils éprouvaient des « craintes ridicules ou indignes d'un homme » ; au contraire, c'étaient « des hommes et des patriotes jaloux de leurs droits et pressés de préserver leurs libertés [...] contre le pouvoir arbitraire ». Accepter l'attitude de l'exécutif revenait à abandonner la constitution. Baldwin pria ses auditeurs d'être « circonspects lors des élections », car il leur appartenait de choisir des candidats indépendants de l'exécutif. Dans un langage qui rappelait un peu son attaque contre l'Union, il laissa entendre : « Les Parlements des provinces n'ont jamais été formés dans l'esprit de notre constitution. » Ainsi dans le Haut-Canada les conseillers législatifs étaient « des gens à place et des pensionnés dont la subsistance dépend[ait] de l'exécutif, et non des membres d'une gentry indépendante ». Il espérait qu'on remanie le conseil, qu'on abroge les lois « odieuses » et qu'on « administre impartialement » la justice. Parmi les sept propositions qu'il soumit pour résoudre les griefs de la colonie, la sixième est particulièrement intéressante. Il y réclamait une loi provinciale « pour faciliter l'application pratique possible de la présente responsabilité constitutionnelle des conseillers du gouvernement colonial, non seulement par la destitution de ces conseillers lorsqu'ils perdent la confiance du peuple, mais aussi par une mise en accusation relativement aux infractions plus lourdes qui leur sont imputables ».

Comme les participants avaient résolu d'en appeler au roi, Baldwin présida, le 15 août, la réunion où on devait rédiger la requête. On proposa et adopta diverses résolutions. La plus importante, qui portait le numéro 13 et que présenta Robert, résumait sans équivoque la position de William Warren sur la souveraineté du Parlement haut-canadien : « Notre loi constitutionnelle [...] est un traité entre la mère patrie et nous [...] qui expose et règle la manière dont nous exercerons les droits qui, indépendamment de cette loi, nous appartenaient en qualité de sujets britanniques, et [...] cette loi étant en fait un traité ne peut être abrogée ou modifiée qu'avec le consentement des deux parties. »

Selon nombre d'historiens, l'apport le plus marquant de Baldwin à l'histoire du Canada et de l'Empire britannique fut l'idée d'un gouvernement responsable. D'autres ont souligné son rôle dans la transition qui, de 1822 à 1828 présume-t-on, amena les réformistes canadiens à passer de l'idée de responsabilité ministérielle (responsabilité légale, sanctionnée par l'impeachment, des ministres du roi devant le Parlement) à l'idée de gouvernement responsable (responsabilité de chaque ministre du cabinet devant la chambre élue). Le premier concept était déjà courant en Angleterre dès les années 1760 ; Thorpe et Pierre-Stanislas Bédard* l'avaient utilisé avant la guerre de 1812 et Nichol l'avait développé en 1820. Dans la mesure où les comptes rendus journalistiques des débats de la huitième législature (1821–1824) sont fidèles, on peut affirmer que Baldwin n'en parla pas au cours de cette période et se contenta plutôt de poser que le Parlement colonial, en vertu de sa constitution, était souverain. Cependant, étant donné ses déclarations sur ces questions, on peut raisonnablement supposer que la notion de responsabilité ministérielle lui était familière. Il fit allusion aux deux notions dans son discours du 5 juillet 1828.

Dans son exemplaire de *Responsible government for colonies* (Londres, 1840), de Charles BULLER, Baldwin a noté, à propos d'un gouvernement responsable pour le Haut-Canada : « [ce] sujet mérite bien d'être approfondi dans un exposé historique des maux qui, apparus tôt et devenus enracinés, ont mené à sa régénération [dans la province] ». Comme il croyait disparus la plupart des premiers documents publics de la province, il commence son historique par un projet de pétition que lui-même avait rédigé contre l'union en 1822. Il ne cite pas ce document parce qu'il touche la question du gouvernement responsable mais parce qu'il confirme l'existence des « droits constitutionnels qu'envisageait alors le peuple, contrairement à l'opinion du pouvoir exécutif […] et de ses tributaires et partisans ». Il passe ensuite aux résolutions du 15 août 1828, jalon suivant dans l'élaboration du grand principe. Puis il parle de ses lettres aux autorités coloniales, qui « exposent la nature de la responsabilité requise et les moyens de l'atteindre, suivant l'exemple de la constitution britannique ». « Telle qu'elle apparaît, précise-t-il, la proposition m'a été faite par Robert Baldwin […] dans des conversations privées […] lors de la rédaction de ces lettres. »

William Warren Baldwin avait compris dès 1812 que remplacer un gouverneur ne changeait pas nécessairement le gouvernement. Pour ce whig d'esprit aristocratique, c'était le Conseil législatif qui préservait la liberté et assurait l'équilibre entre les diverses parties de la constitution ; en juillet 1828, semble-t-il, il envisageait encore la constitution dans cette perspective. La nouvelle position qu'il adopta, sous l'influence de son fils ou non, exigeait d'admettre la responsabilité politique de l'exécutif devant l'Assemblée, et celle de l'Assemblée devant l'électorat. Toutefois, l'électorat haut-canadien, au contraire du britannique, n'était pas limité au monde des gentlemen, mais englobait presque tous les citoyens de sexe masculin. Pourquoi les Baldwin pensaient-ils qu'un tel principe préserverait la hiérarchie sociale ? C'est la grande question, et la réponse, s'il y en a une, n'est pas claire.

Dans les coulisses, John Rolph et Bidwell exerçaient leur influence sur le doyen des députés

réformistes. Le 8 septembre 1828, Bidwell lui proposa de tenir, avec Rolph, une conférence « sur les mesures à prendre pour guérir la province des maux qu'un *family compact* y a[vait] fait naître ». « Il faut en finir, disait-il, avec le régime actuel et sa mentalité. » Baldwin transmit le message à Rolph qui, « en tant que membre de la loyale opposition de Sa Majesté », fit valoir qu'il fallait se concerter pour choisir le président de l'Assemblée à la session suivante et que ce geste devrait constituer « une part importante de [la] stratégie » de l'opposition. En outre, il espérait que la chambre, guidée par « les conseils éclairés » de Baldwin, « pourra[it] adopter les mesures les plus vigoureuses et les améliorations les plus vitales ».

Durant l'automne et le début de l'hiver de 1828, les réformistes firent largement circuler la pétition du mois d'août pour la faire signer. Le 3 janvier 1829, Baldwin en envoya tous les exemplaires au premier ministre de Grande-Bretagne, le duc de Wellington, en l'invitant à « réfléchir sur ce principe de la Constitution britannique dont l'application réelle [était], pour les colons, le seul espoir d'avoir *la paix, le bon gouvernement et la prospérité* » prévus par l'Acte constitutionnel de 1791. Le principe en question était la « présence d'un cabinet provincial (si je peux employer ce terme, précisait-il) responsable devant le Parlement provincial et révocable au gré du représentant de Sa Majesté, particulièrement dans le cas où il perdrait la confiance du peuple telle qu'elle s'exprime par la voix de ses représentants à l'Assemblée ». « Tout acte du représentant du roi, ajoutait-il, aura valeur d'acte du gouvernement provincial de par la signature d'un membre de ce cabinet. » Une fois qu'il eut adopté ce langage et ce principe, la rhétorique de Baldwin se durcit. Dans une lettre écrite à ce dernier le 28 mai 1828, Bidwell avait affirmé qu'« on ne peut jamais confier le pouvoir en toute sécurité à un homme, sans responsabilité réelle ou pratique ». L'influence de Rolph et de Bidwell, dont le ton était depuis longtemps plus incisif, avait vraisemblablement fait son œuvre : ils avaient montré à Baldwin comment on pouvait rendre le pouvoir exécutif responsable dans la pratique.

Les commentaires que Baldwin fit à la chambre au début de janvier 1829, en réponse au discours du trône, reflétaient bien sa nouvelle pensée. En oubliant commodément certaines des remarques favorables qu'il avait lui-même faites, soit en privé ou en public, sur le gouvernement de Maitland, il stigmatisa tous les gouvernements qui s'étaient succédé à partir de Simcoe et les blâma d'avoir appliqué « la même politique pernicieuse ». Il qualifia aussi de « mauvais » les conseillers qui avaient tenté d'imposer l'union à la province. L'Assemblée, estimait-il, devait être « considérée comme le grand conseil du pays ». Dans une lettre personnelle à Robert, le 25

Baldwin

janvier, il dressa la liste des mauvais conseillers, dont certains siégeaient au Conseil exécutif : Robinson et son frère Peter, John Strachan*, Henry John Boulton et James Buchanan Macaulay*. On devait les « démettre de leurs fonctions et les renvoyer du *conseil du cabinet* – terme qu'il pourrait être avantageux d'adopter ». Les expressions de ce genre venaient de Rolph et de Bidwell. À l'occasion du débat sur le discours du trône, Baldwin avait préconisé la nomination immédiate de Rolph « à la première place du banc de la Trésorerie, comme on l'avait appelé ». Or, c'est Rolph lui-même qui, quelques minutes auparavant, avait employé cette appellation. Au niveau abstrait, Baldwin notait en chambre que l'Assemblée devait « être placée sur le même pied que la chambre des Communes […] sans quoi ceux qui y siégeaient ne pouvaient proprement être appelés représentants du peuple ». Sous un gouvernement responsable, l'exécutif devrait rendre compte de ses actes à l'Assemblée – ce qui supposait l'existence de partis, même embryonnaires – et à l'électorat. En 1836, il allait écrire à Robert : « Peu importait quel serait le nom des partis, whig ou tory – il y aura des partis, et il doit y en avoir […] il devient donc important [pour l'exécutif] d'avoir l'accord de l'Assemblée. » Un an après le débat sur le discours du trône, Baldwin proposa à Hume quatre remèdes aux maux du Haut-Canada : contrôle des revenus par l'Assemblée, interdiction aux membres de l'appareil judiciaire de siéger aux conseils, réorganisation du Conseil législatif (mais non selon le principe de l'électivité) et « formation d'un nouvel exécutif ou conseil de cabinet, responsable et révocable selon les exigences de l'intérêt public ». Baldwin attendait beaucoup de cette mesure : « en soi [elle] mènerait indirectement à l'élimination de tous nos griefs présents et empêcherait l'apparition de tout autre dans l'avenir ».

Tous deux candidats aux élections d'octobre 1830, William et Robert Baldwin connurent la défaite. Amer, William Warren quitta la vie politique. En 1831, semble-t-il, il se retira de son cabinet d'avocats ou, du moins, laissa Robert et son nouvel associé, Robert Baldwin Sullivan, faire la plus grande partie du travail. La même année, avec Phœbe, il s'installa de nouveau à York pour vivre chez Robert et sa famille. Comme il n'avait pas oublié l'« extrême volatilité de l'opinion populaire » en temps d'élections, il refusa, en 1834, de participer à une assemblée politique. Cependant, il n'était pas tombé dans l'oubli. Les administrateurs conciliants auraient préféré avoir, dans l'opposition, des hommes distingués comme les Baldwin. Il fut question de les nommer au Conseil législatif en 1835, mais on n'en fit rien. La même année, un incendie rasa Spadina. Une plus petite résidence fut construite sur le même emplacement ; en outre, William Warren allait ériger en ville, selon ses propres plans, une vaste maison de style georgien.

L'arrivée d'un nouveau lieutenant-gouverneur à Toronto, le 23 janvier 1836, redonna espoir aux réformistes. Sir Francis Bond Head* tendit la main à l'opposition en remodelant le Conseil exécutif. Après d'intenses négociations, Head y fit entrer Robert Baldwin, John Rolph et John Henry Dunn*. William Warren, dont on avait prononcé le nom, n'était pas intéressé. Il était persuadé que la réponse aux problèmes de la colonie était « un gouvernement responsable par l'entremise du Conseil exécutif […] remplissant ses obligations d'une manière analogue à celle du conseil de cabinet en Angleterre ». La démission du conseil, en mars, jeta la province dans la pire crise politico-constitutionnelle qu'elle eût connue depuis l'affaire Willis. Robert, dont la femme était morte le 11 janvier, se réfugia en Angleterre et en Irlande pour la pleurer dans la solitude. William Warren, de son côté, s'occupa des affaires familiales et fut témoin, en mars, de la désertion politique de son frère Augustus Warren* et de son neveu Robert Baldwin Sullivan qui, en entrant au conseil de Head, se jetèrent dans la « junte tory », comme il l'appelait.

Entre-temps, sans doute sous la pression de son voisin Francis Hincks*, Baldwin entra au comité exécutif de la Constitutional Reform Society of Upper Canada, où militaient notamment Rolph et William John O'Grady. On lui donna les postes les plus prestigieux : il devint président de cette société et de la Toronto Political Union. En juillet, Head lui retira les sièges de juge à la cour de district et à la Cour de *surrogate* parce qu'il avait signé, à titre de président d'une société vouée à la réforme, un document qui préconisait les grands principes réformistes. Pour Baldwin, les élections de 1836 avaient été un « odieux triomphe [de Head] sur le peuple ». Head était convaincu qu'on avait mis Baldwin au courant des préparatifs de la rébellion de 1837, mais celui-ci le niait, et Mackenzie corrobora ses déclarations par la suite. Le 1er janvier 1838, Baldwin exposa sa position dans une lettre publique. Il fallait encore une « grande réforme », mais elle devait être « conforme à la loi et à la constitution ». Ses activités politiques, après les élections de 1836, avaient été « uniquement axées sur les moyens de mettre au jour les cas d'ingérence inconstitutionnelle dans l'exercice du pouvoir ». Quand les discussions des groupes réformistes s'étaient avérées « improductives », il avait cessé d'aller aux réunions et, depuis que Robert était revenu d'Angleterre en février 1837, il ne se souvenait pas d'avoir assisté à une seule. Il déplora la « téméraire insurrection », qui eut pour effet de « bâillonner pour des années la voix même la plus raisonnable et tempérée de la réforme ». Quant aux incursions des patriotes, il les considérait comme des invasions étrangères et était prêt à prendre les armes pour les arrêter.

Dans les années 1830, les réformistes proposèrent

bien des remèdes à la triste domination de ce que la plupart considéraient comme une oligarchie corrompue. Le gouvernement responsable, solution que privilégiaient les Baldwin, n'en était qu'un – bien que, selon eux, le moins menaçant pour la constitution, l'ordre social et le lien impérial. William Warren voyait l'oligarchie à la manière des penseurs politiques classiques : elle était la forme dégénérée, ou inconstitutionnelle, de l'aristocratie. Même au milieu des années 1830, il estimait que l'agitation politique, dans le Haut-Canada, était reliée à « la simple administration des affaires » ; dans le Bas-Canada, c'était la « forme de gouvernement » qui était en cause. L'échec de la rébellion élimina les propositions plus radicales et donna du crédit au principe modéré des Baldwin. Comme on l'a vu, un geste dans leur direction fut envisagé en 1835 et fait en 1836. Ils eurent un bref entretien avec lord Durham [LAMBTON] pendant sa tournée du Haut-Canada en juillet 1838. À ce moment, le gouvernement responsable et le principe de la séparation de l'Église et de l'État figuraient en première place dans le programme des réformistes [V. Francis Hincks]. Leur plus grand désir, comme l'expliqua Hincks dans l'*Examiner* du 18 juillet, était que le lieutenant-gouverneur « administre les affaires intérieures de la province en consultant un *cabinet provincial responsable,* et non sous l'influence d'un *family compact,* comme c'[était alors] le cas ». Le 1er août, William Warren Baldwin, tout comme Robert, envoya à Durham une longue lettre « sur le mécontentement populaire ». Il lui attribua 20 causes, dont les réserves de la couronne et du clergé, le Bureau des Terres, le monopole de la Canada Company [V. Thomas Mercer Jones*], l'ingérence de l'exécutif dans les élections, les revenus que touchait l'exécutif indépendamment de l'Assemblée, l'obstruction du processus parlementaire par le Conseil législatif, l'encouragement dont bénéficiaient les sociétés orangistes et l'« extravagant gaspillage » qui se faisait sur des chantiers comme celui du canal Welland [V. John Macaulay*]. Il recommandait surtout d'appliquer « les principes anglais de responsabilité [... au] Conseil exécutif [de la province] ». La mise en pratique de ces principes s'effectuerait petit à petit.

Trop âgé pour la politique active, Baldwin se contentait désormais de conseiller le principal porte-étendard du gouvernement responsable, Robert. La conception qu'il avait de ce principe était fixée depuis un certain temps et n'allait pas changer. Selon lui, le secrétaire d'État aux Colonies, lord John Russell, avait « concédé » le gouvernement responsable dans sa dépêche du 10 octobre 1839 [V. Robert Baldwin]. À la veille de l'union des deux provinces, les projets du gouverneur Charles Edward Poulett THOMSON de reconstituer le Conseil exécutif suscitèrent chez lui de grands espoirs. Néanmoins, à la fin des années 1830, comme ce fut le cas en 1828, son ton se fit plus sévère.

L'ingérence de Head dans les élections de 1836 était sans équivalent : « Le gouvernement le plus despotique ne pourrait concevoir [...] un plan plus inique pour nous opprimer. » En juin 1841, il considérait la politique comme une « grande lutte entre bon gouvernement et mauvais gouvernement ». Plusieurs mois plus tard, il parlait en termes manichéens : « Je crois vraiment que le combat se livre contre les puissances des ténèbres. » Et il était sincère. L'« horrible violence des tories », qui l'avait tant consterné lors de l'émeute de la rue Yonge en novembre 1839, semblait s'être enracinée au point que, même en 1843, le « vieux et vil régime tory » tenait toujours.

Anglican convaincu, Baldwin s'opposait farouchement à l'ordre d'Orange (il avait tenté en 1823 de faire une loi pour le supprimer) et aux réserves du clergé, mais il était tolérant envers les non-conformistes et les catholiques. Il partageait avec la plupart de ses contemporains une foi en la Providence qui, à compter de la fin des années 1830, s'investit de plus en plus dans le rôle que Robert était appelé à jouer dans le plan divin. « Dieu te guidera, lui écrivait-il en 1841 ; par conséquent tu ne peux errer. » Pour Robert, qui le croyait, la moindre décision était d'autant plus douloureuse. Dans son testament de 1842, William Warren, qui croyait encore fermement en la primogéniture, lui légua presque tous ses biens, geste qu'il expliqua ainsi à Phœbe : « Un seul enfant peut naître le premier – et cela, à toutes les époques et dans toutes les sociétés [...] a été perçu comme une disposition de la Providence [...] Cela tend à préserver la vénération pour les institutions de nos ancêtres qui, quoiqu'elles tendent toujours à changer, comme par nature toutes les choses humaines, résistent néanmoins aux innovations qui ne sont pas graduelles et modérées. » Peut-être la profonde impression qu'il fit sur son fils aîné fut-elle son plus grand legs. Après la mort de son père en 1844, Robert écrivit : « Seuls ceux qui l'ont connu intimement peuvent comprendre quelle perte a été pour nous la mort d'un tel parent – Désormais, il ne nous reste plus qu'à honorer sa mémoire en tentant de suivre son exemple. » Et à cet engagement Robert fut fidèle.

William Warren Baldwin avait participé de multiples façons à la vie sociale et culturelle. Riche, il contribua à la plupart des groupes philanthropiques. Il fut membre du conseil d'administration de la Bank of Upper Canada, directeur de la Home District Savings Bank et membre du Medical Board of Upper Canada et du bureau de santé d'York. Il fut aussi l'un des premiers présidents du Toronto Mechanics' Institute, membre de la congrégation anglicane St James et partisan du missionnariat auprès des Indiens. Charles Morrison Durand, avocat de Hamilton, disait que c'était un « gentleman irlando-protestant hautain, bourré de préjugés [...] très dur et aristocratique dans ses manières ». Quoique chaleureux avec sa famille, il avait ailleurs une attitude distante qui révélait un fond de rudesse. Ce trait de sa personnalité ne lui échappait pas. « Il me semble que je suis plutôt dur – quand je vois la détresse de ceux qui m'entourent – quel étrange comportement est le mien – vraiment je ne sais rien de moi-même – j'aimerais qu'un ami puisse me dire – et pourtant je m'abriterais contre sa sincérité. »

ROBERT LOCHIEL FRASER

Nous avons grandement apprécié la coopération de J. P. B. Ross et de Simon Scott, qui nous ont donné accès à leur documentation. Nous tenons également à remercier notre associé dans cette recherche, Michael S. Cross.

On trouve des références à William Warren Baldwin dans la plupart des collections privées et gouvernementales de son époque. Les papiers Baldwin et Laurent Quetton de St George déposés à la MTRL et les papiers Baldwin aux AO, MS 88, constituent les sources essentielles. Les papiers Baldwin-Ross aux APC, MG 24, B 11, 9–10, et la collection Ross-Baldwin, qui appartient à Simon Scott, sont aussi utiles. Pour cette étude, les journaux contemporains ont été particulièrement importants, notamment : *Canadian Freeman*, 1825–1833 ; *Colonial Advocate*, 1824–1834 ; *Constitution*, 1836–1837 ; *Examiner* (Toronto), 1838–1844 ; *Kingston Chronicle*, 1820–1833, et son successeur *Chronicle & Gazette*, 1833–1836 ; *Upper Canada Gazette*, 1819–1824 ; et *Weekly Register*, 1823–1824.

Parmi les études les plus approfondies sur le gouvernement responsable dans le Haut-Canada, citons trois articles de Graeme H. Patterson : « Whiggery, nationality, and the Upper Canadian reform tradition », *CHR*, 56 (1975) : 25–44 ; « An enduring Canadian myth : responsible government and the family compact », *Journal of Canadian Studies* (Peterborough, Ontario), 12 (1977), n° 2 : 3–16 ; et « Early compact groups in the politics of York » (inédit) ; et deux articles de Paul Romney : « A conservative reformer in Upper Canada : Charles Fothergill, responsible government and the « British Party », 1824–1840 », *SHC Communications hist.*, 1984 : 42–62 ; et « From the types riot to the rebellion : elite ideology, anti-legal sentiment, political violence, and the rule of law in Upper Canada », *OH*, 79 (1987) : 113–144. À part ces exceptions remarquables, les études sur le gouvernement responsable ont grandement négligé l'apport de l'Angleterre à l'arrière-plan de la politique en Amérique du Nord britannique. Sur ce sujet, la documentation est abondante. L'ouvrage de J. C. D. Clark, *Revolution and rebellion : state and society in England in the seventeenth and eighteenth centuries* (Cambridge, Angl., 1986), donne un bon point de départ. Les études de John Brewer, *Party ideology and popular politics at the accession of George III* (Cambridge, 1976), H. T. Dickinson, *Liberty and property : political ideology in eighteenth-century Britain* (Londres, 1977), et la stimulante collection d'essais de J. G. A. Pocock, *Virtue, commerce and history ; essays on political thought and history, chiefly in the eighteenth century* (Cambridge, 1985), s'avèrent particulièrement valables. Une des rares tentatives d'étudier le développement de la culture politique canadienne est l'ouvrage de Gordon T. Stewart, *The origins of Canadian politics : a comparative approach* (Vancouver, 1986), qui provoque certaines réflexions. Le meilleur ouvrage sur le ministère des Colonies, la politique impériale et les politiques anglaises ainsi que leur impact sur les colonies est celui de Buckner, *Transition to responsible government*.

Il n'y a pas d'étude exhaustive sur la vie de Baldwin, mais on en trouve quelques aspects dans G. E. Wilson, *The life of Robert Baldwin ; a study in the struggle for responsible government* (Toronto, 1933) ; R. M. et Joyce Baldwin, *The Baldwins and the great experiment* (Don Mills [Toronto], 1969) ; et J. M. S. Careless's, « Robert Baldwin », *The pre-confederation premiers : Ontario government leaders, 1841–1867*, J. M. S. Careless, édit. (Toronto, 1980), 89–147. L'article de M. S. Cross et R. L. Fraser, « The waste that lies before me » : the public and the private worlds of Robert Baldwin », *SHC Communications hist.*, 1983 : 164–183, est aussi utile.

On trouve au Royal Ont. Museum, Sigmund Samuel Canadiana Building (Toronto), un portrait bien réussi de Baldwin ; il est reproduit en regard de la page 48 dans l'ouvrage de R. M. et Joyce Baldwin. [R. L. F.]

BAMFORD, STEPHEN, soldat et ministre méthodiste wesleyen, né en décembre 1770 près de Nottingham, Angleterre ; en 1799, il épousa une prénommée Jane (décédée le 4 juin 1839), puis le 28 octobre 1840 Abigail Kirk, fille d'Abdiel Kirk, musicien, et ils eurent au moins une fille, Margaret ; décédé le 14 août 1848 à Digby, Nouvelle-Écosse.

On sait peu de chose de la jeunesse de Stephen Bamford avant qu'il ne s'enrôle dans l'armée britannique en 1793 et qu'on l'affecte au 29th Foot. Il servit d'abord aux Pays-Bas, aux Antilles et en Irlande puis, à compter de septembre 1802, fut en garnison à Halifax. Il était devenu méthodiste pendant son séjour en Irlande, et on ne tarda pas à lui demander de prêcher au temple de Halifax. Il devint un prédicateur populaire et efficace, et ses amis obtinrent sa démobilisation en 1806. La même année, le district de la Nouvelle-Écosse le recommanda à la Conférence wesleyenne britannique et lui confia la circonscription ecclésiastique de Cumberland. Admis sans réserve par l'Église britannique en 1810, Bamford reçut l'ordination la même année à Pittsfield, au Massachusetts, des évêques Francis Asbury et William McKendree. Il fut le dernier des missionnaires du district de la Nouvelle-Écosse que l'Église méthodiste épiscopale des États-Unis ordonna.

Après son ordination, Bamford desservit plusieurs circonscriptions des provinces Maritimes, dont Liverpool, Saint-Jean, Horton, Annapolis, Charlottetown, Halifax et Windsor, mais peu de documents témoignent de ses activités. En 1824, il succéda à James Priestley à titre de président du district de la Nouvelle-Écosse. Un an plus tard, il affirmait au comité missionnaire de Londres qu'en dépit du scandale causé par l'alcoolisme de Priestley, « l'œuvre de Dieu prospérait ». Bamford demeura président du district de la Nouvelle-Écosse après la division qui donna naissance au district du Nouveau-Brunswick en

1826. C'est William Croscombe qui le remplaça à ce poste trois ans plus tard.

Dès 1833, Bamford décidait de retourner en Angleterre. L'année suivante, dans une lettre à son vieil ami le révérend Robert Alder*, alors secrétaire des missions de l'Amérique du Nord britannique, il déclarait : « Je ne puis plus supporter le climat et les voyages épuisants de ce pays glacial et, par conséquent, je n'essayerai pas de prendre la charge d'une autre circonscription, sauf s'il s'en trouvait une où je n'aurais pas à voyager. » Cependant, il se plaignit par la suite que ses propres collègues l'avaient traité injustement en l'affectant à la circonscription de Windsor, qui demandait peu d'efforts, et en réduisant son salaire sous prétexte qu'« il n'avait plus la force requise pour desservir, jusque dans ses régions les plus éloignées, une circonscription normale de la Nouvelle-Écosse !!! » Il fut donc profondément reconnaissant à Alder de lui avoir trouvé un poste à Exeter, en Angleterre.

Bamford s'embarqua pour son pays natal en 1836, même si sa femme était retenue en Nouvelle-Écosse par la maladie. Après une absence de plus de 30 ans, il se sentit étranger et solitaire en Angleterre ; il décida donc bien vite de revenir dans les Maritimes et, la même année, il était inscrit sur la liste des surnuméraires dans la circonscription ecclésiastique de Saint-Jean. Il allait conserver ce titre jusqu'à sa mort. Après le décès de sa femme en 1839, il partit de nouveau pour l'Angleterre et prêcha pendant quelque temps à Guernesey. En 1841, il s'installa à Digby, en Nouvelle-Écosse, et prêcha régulièrement dans cette région. Après avoir été blessé dans un accident de voiture, il continua à prêcher, d'abord chez lui puis, pendant neuf mois, en se faisant porter jusqu'à la chapelle où il faisait sa prédication assis. Ce détail caractérise bien Bamford. Il mourut à Digby le 14 août 1848, et on l'enterra à côté de sa première femme à Saint-Jean. Après avoir assisté à ses derniers instants, un témoin déclara que jusqu'à la fin il avait été « bon et plein d'égards comme toujours ». Par sa simplicité, sa douceur et sa piété sans prétention, il avait sûrement su se faire apprécier d'un grand nombre de personnes.

Stephen Bamford n'a laissé aucun document qui rende compte de sa conversion et de son cheminement spirituel. Sa correspondance, peu abondante, est celle d'un homme simple et modeste qui aimait ses amis, son Église, son pays natal et la Nouvelle-Écosse. « Je me suis toujours efforcé de maintenir l'honneur et la pureté du méthodisme, écrivit-il, j'ai prêché ses doctrines, imposé sa discipline et vécu saintement. » Selon lui, « la vieille Angleterre [était] le plus grand, le plus sage, le plus courageux et le meilleur de tous les pays », mais il ajoutait : « j'aime la Nouvelle-Écosse ; ses collines, ses vallons et ses vastes forêts me plaisent ». Il ne fait aucun doute que Bamford a contribué à établir dans son pays d'adoption une forme de méthodisme dans laquelle l'attachement aux enseignements de John Wesley et la loyauté envers l'Angleterre étaient inextricablement liés.

GOLDWIN S. FRENCH

Une gravure de T. A. Dean représentant Stephen Bamford est reproduite dans le *Wesleyan-Methodist Magazine*, 57 (1834), sur la planche face à la page 241.

SOAS, Methodist Missionary Soc. Arch., Wesleyan Methodist Missionary Soc., corr., North America (mfm à la UCC-C). — Francis Asbury, *The journal and letters of Francis Asbury*, E. T. Clark *et al.*, édit. (3 vol., Londres et Nashville, Tenn., 1958), 2–3. — Wesleyan Methodist Church, *Minutes of the conferences* (Londres), 3 (1808–1813) : 129 ; 6 (1825–1830), minutes for 1828–1829 ; 7 (1831–1835), minutes for 1834 ; 8 (1836–1839) : 48. — *New-Brunswick Courier*, 8 juin 1839, 31 oct. 1840. — *Novascotian*, 28 août 1848. — *N.B. vital statistics, 1840–42* (Johnson *et al.*). — Smith, *Hist. of Methodist Church*. — William Burt, « Memoir of the Rev. Stephen Bamford, of British North America », *Wesleyan-Methodist Magazine*, 74 (1851) : 833–840.

BARCLAY, ROBERT HERIOT (Herriot), officier de marine, né le 18 septembre 1786 à Kettle (Kettlehill, Écosse), fils du révérend Peter Barclay, ministre de Kettle, et frère de John* ; le 11 août 1814, il épousa Agnes Cosser, de Westminster (Londres), et ils eurent plusieurs enfants ; décédé le 8 mai 1837 à Édimbourg.

Robert Heriot Barclay entra dans la marine royale en mai 1798, à l'âge de 11 ans. Il servit à titre de midshipman sur l'*Anson*, bâtiment de 44 canons, puis on le muta à bord du vaisseau amiral de lord Nelson, le *Victory*, en février 1805. Promu un mois plus tard lieutenant intérimaire sur le *Swiftsure* (74 canons), il fut confirmé dans ce grade le 11 octobre 1805, dix jours avant de prendre part à la bataille de Trafalgar. Durant la tempête qui suivit la bataille, le *Swiftsure* dut couper le câble de remorque du *Redoutable*, navire français qui avait été capturé, mais Barclay parvint à sauver 170 hommes d'équipage avant que le bâtiment ne coule.

En 1808 et 1809, Barclay servit à titre de lieutenant en second à bord du *Diana*, navire de cinquième classe armé de 38 canons, alors en service dans la Manche, et il fit maintes fois preuve d'une bravoure et d'un savoir-faire exceptionnels. En novembre 1809, en menant à la tête d'un détachement naval une attaque contre un convoi français, il perdit le bras gauche. L'année suivante, remis de sa blessure, il se présenta à la station navale de l'Amérique du Nord, croyant apparemment qu'on le nommerait *commander*. Au lieu de cela, on l'affecta quelque temps au schooner *Bream* à titre de lieutenant ; il s'embarqua ensuite sur l'*Aeolus* (32 canons) puis sur le sloop *Tartarus*. De retour dans l'est de l'Atlantique, il servit

Barclay

à bord de l'*Iphigenia* (36 canons) de juillet 1810 à octobre 1812.

La guerre qui sévissait en Amérique du Nord amena Barclay à Halifax en février 1813. Il conduisit par voie de terre un petit groupe d'officiers jusqu'à Kingston, dans le Haut-Canada. À son arrivée, le 5 mai, il prit en charge toutes les forces navales des lacs à titre de commandant en chef intérimaire. Supplanté dix jours plus tard par le capitaine sir James Lucas Yeo*, il fut envoyé au lac Érié comme officier supérieur. « On avait offert cette région navale, révéla Barclay, au capitaine [William Howe] Mulcaster, le second de sir James Yeo, qui à ma connaissance l'avait refusée à cause de sa désorganisation et du refus de sir James Yeo d'envoyer des marins. »

Lorsque Barclay atteignit Amherstburg, à la mi-juin, après un voyage mouvementé et difficile effectué en grande partie par voie de terre, il prit le commandement du *Queen Charlotte* (16 canons) et d'une petite escadre. En termes d'effectifs, de bâtiments et de puissance de feu, il avait la supériorité sur les forces américaines, mais le manque de matériel et d'hommes expérimentés, partiellement attribuable à une pénurie chronique et au refus de Yeo de dépêcher du lac Ontario les effectifs voulus, le plaçait dans une position désavantageuse. Son adversaire, le capitaine Oliver Hazard Perry, pouvait compter sur d'importantes ressources industrielles et de nombreuses voies de communication ; il put donc construire et équiper en marins de métier et en matériel suffisamment de vaisseaux pour surmonter l'avantage de Barclay. De plus, comme le major général Francis de Rottenburg* refusait de prendre part à une attaque avec Barclay, la base de Perry à Erie, en Pennsylvanie, était en sécurité.

L'escadre américaine était concentrée à cet endroit pendant que des charpentiers s'évertuaient à préparer pour le combat les bricks de 20 canons *Niagara* et *Lawrence*. Le 30 juillet, comme aucun bateau ne semblait s'apprêter à sortir du port, Barclay leva le blocus qu'il avait établi et reprit le large pour se rendre de l'autre côté du lac, à Dover (Port Dover). À l'occasion d'un banquet tenu à cet endroit, on porta un toast en son honneur ; il aurait alors répondu : « J'espère trouver les vaisseaux yankees bien pris sur la barre à Erie lorsque j'y retournerai, auquel cas il sera très facile de les détruire. » Le 4 août, il était de retour à Erie ; le *Niagara* était bien échoué, mais les vaisseaux plus petits et le *Lawrence* étaient ancrés au large. Selon Daniel Dobbins, maître charpentier américain, un vent du sud-est avait placé tous les navires dans la même direction et, « à observer la côte à partir du large par un vent du sud-est, la brume qui accompagnait ce vent et les hautes terres en arrière-plan fauss[aient] la vision ». Après une heure de reconnaissance, Barclay arriva à la conclusion que tous les vaisseaux étaient sortis et prêts à livrer combat à sa petite escadre, sous-équipée en hommes et en matériel. Il retourna à Amherstburg pour armer son nouveau navire, le *Detroit* (20 canons), et préparer les équipages, dont l'entraînement laissait plutôt à désirer, en vue du combat qu'il savait désormais inévitable. Il partit à la rencontre de Perry le 9 septembre ; le 10, au petit jour, il découvrit l'escadre américaine au milieu des îles Bass et, juste avant midi, il ouvrit le feu. « Le combat se poursuivit avec grande fureur jusqu'à deux heures et demie », rapporta Barclay. À ce moment-là, il semblait vainqueur, mais la situation fut bientôt renversée. À la fin de l'engagement, 90 minutes plus tard, les capitaines britanniques et les officiers les plus expérimentés étaient tous morts ou grièvement blessés ; Barclay se rendit à Perry, qui s'empara de tous les vaisseaux britanniques.

Par la suite, on exonéra Barclay de tout blâme. Son unique bras avait été atteint et il avait une partie de la cuisse arrachée, si bien qu'il dut « se traîner devant le conseil de guerre avec l'air d'un trophée romain : rien que le casque et le haubert ». Des habitants de Québec et des commerçants canadiens de Londres lui donnèrent en cadeau des pièces d'orfèvrerie. L'Amirauté le confirma dans son grade de *commander* le 13 novembre 1813 et, le 7 novembre 1815, elle lui accorda une pension de £200 en plus de l'allocation quotidienne de 5d qu'il recevait déjà pour ses blessures.

Le souvenir de Barclay soulevait des sentiments variés chez les habitants du Haut-Canada. Amelia Harris [Ryerse*] rappela plus tard que s'il avait levé le blocus en juillet 1813, c'est qu'il était préoccupé par une « jolie veuve », accusation qui ne fut d'ailleurs jamais prouvée. Malgré la bravoure incontestable dont Barclay avait fait preuve, elle ajoutait : « ceux qui savaient qu'il avait levé le blocus ne pouvaient s'empêcher de lui attribuer la responsabilité de toutes les calamités du haut de la province ».

Dans les récriminations concernant les pertes navales qu'avait subies la Grande-Bretagne durant la guerre de 1812, Robert Heriot Barclay fut victime des luttes parlementaires. L'Amirauté le relégua dans l'ombre même si le débat sur la défaite du lac Érié, soulevé par le marquis de Buckingham en 1815, prit fin lorsque Napoléon Ier s'enfuit de l'île d'Elbe. Barclay se mit à chercher un emploi auprès du gouvernement en 1822 ; il espérait alors obtenir de l'aide de Buckingham, son protecteur. Il obtint le commandement de la galiote à bombes *Infernal* du 12 avril au 11 octobre 1824 et devint *post-captain* le 14 octobre. Après cette reconnaissance tardive du verdict du conseil de guerre, à savoir que « le jugement et le courage du capitaine Barclay [...] furent hautement manifestes et lui donnaient droit aux plus grands éloges », on ne lui confia aucun autre poste pendant les 13 dernières années de sa vie.

W. A. B. DOUGLAS

APC, RG 8, I (C sér.), 678, 729. — NMM, C. G. Pitcairn-Jones, notes on sea officers. — PRO, ADM 1/2737–2738 ; 1/4541 (mfm aux APC) ; 9/4/1241 ; 12/168/721. — William L. Clements Library, Univ. of Mich. (Ann Arbor), War of 1812 coll. — *Select British docs. of War of 1812* (Wood), 2. — Marshall, *Royal naval biog.*, 3, part. I. — *The defended border : Upper Canada and the War of 1812* [...], Morris Zaslow et W. B. Turner, édit. (Toronto, 1964). — W. W. Dobbins, *History of the battle of Lake Erie (September 10, 1813), and reminescences of the flagships* Lawrence *and* Niagara (2ᵉ éd., Erie, Pa., 1913). — B. J. Lossing, *The pictorial field-book of the War of 1812* [...] (New York, 1869). — A. T. Mahan, *Sea power in its relations to the War of 1812* (2 vol., Londres, 1905). — Theodore Roosevelt, *The naval war of 1812 ; or, the history of the United States Navy during the last war with Great Britain ; to which is appended an account of the battle of New Orleans* (3ᵉ éd., New York, 1883). — Max Rosenberg, *The building of Perry's fleet on Lake Erie, 1812–1813* (s.l., 1968). — Egerton Ryerson, *The loyalists of America and their times : from 1620 to 1816* (2 vol., Toronto et Montréal, 1880). — E. A. Cruikshank, « The contest for the command of Lake Ontario in 1812 and 1813 », SRC *Mémoires*, 3ᵉ sér., 10 (1916), sect. II : 161–223. — H. H. Peckham, « Commodore Perry's captive », *Ohio Hist.* (Columbus), 72 (1963) : 220–227. — C. P. Stacey, « Another look at the battle of Lake Erie », *CHR*, 39 (1958) : 41–51.

BARLOW, THOMAS, homme d'affaires et homme politique, né en 1788 à Saint-Jean, Nouveau-Brunswick, fils d'Ezekiel Barlow ; le 24 mai 1834, il épousa à Halifax Eliza Hoosse Morris ; décédé le 9 décembre 1844 dans sa ville natale.

Ezekiel Barlow était un loyaliste de Pennsylvanie qui se fixa à Parrtown (Saint-Jean) après la Révolution américaine. Charpentier de navires, il se tailla une place dans le commerce avec les Antilles et devint l'un des gros marchands de spiritueux de la ville. Thomas Barlow fit ses études à Saint-Jean puis, à l'âge de 20 ans, se joignit à son père et à son frère dans la compagnie paternelle. La même année, on l'admit comme citoyen de Saint-Jean en qualité de marchand. Avec son frère Ezekiel, il s'associa à son père, à une date indéterminée entre 1813 et 1822, et on rebaptisa la compagnie E. Barlow and Sons.

Au moment où apparaissait cette nouvelle compagnie, s'amorçait la plus forte période de croissance qu'ait connue Saint-Jean. Peuplé d'environ 5 000 habitants en 1815, Saint-Jean en comptait, en incluant Portland, 25 000 en 1840, ce qui en faisait la troisième ville de l'Amérique du Nord britannique en termes démographiques. La compagnie prospéra de même, si bien qu'elle était, cette année-là, l'une des plus grosses entreprises commerciales de Saint-Jean. À preuve, les Barlow occupaient à titre de locataires perpétuels deux beaux lots de grève près des quais du marché de la ville et, en 1841, Thomas Barlow et la compagnie possédaient des navires, dont un vapeur, qui jaugeaient en tout 2 000 tonneaux. À peu près à la même époque, les Barlow étaient les plus gros clients privés de la Bank of New Brunswick ; seul le trésorier de la province y avait un total d'escomptes plus élevé que le leur. Leur compagnie faisait alors du commerce transatlantique, ainsi que du cabotage avec des bateaux à vapeur ; elle fabriquait même des moteurs à vapeur, quoique l'on ne sache pas exactement dans quelles circonstances car, vers 1840, un autre Thomas Barlow était un important propriétaire de fonderie.

Barlow siégea au conseil d'administration de la Bank of New Brunswick et de la New Brunswick Marine Assurance Company pendant la plus grande partie de la dernière décennie de sa vie. Il fit aussi partie du conseil de la New Brunswick Mining Company, constituée juridiquement en 1837 pour exploiter les gisements houillers de la région du lac Grand, dans le centre de la province. Tout comme son frère et Moses Henry Perley*, il fut administrateur de la Lancaster Mill Company. Porte d'entrée d'une bonne partie des capitaux américains qui financèrent le commerce du bois au Nouveau-Brunswick avant l'effondrement de 1837, cette compagnie acquit de vastes concessions forestières et installa plusieurs grandes scieries dans l'est du comté de Saint-Jean. Le fait que Barlow y était associé le mettait en conflit avec bien des tories et petits entrepreneurs forestiers, qui désapprouvaient fortement cette intrusion des Américains dans l'économie provinciale. Barlow fut aussi l'un des premiers promoteurs d'une importante société d'utilité publique, la Saint John Water Company, et en fut l'un des administrateurs de 1836 à 1840, soit au moment où elle tentait d'amener l'eau du lac Lily à la ville par des conduites. Par ailleurs, il participa en 1842 à l'assemblée au cours de laquelle le groupe des détenteurs d'obligations municipales, dont il était, poussa la ville à la faillite et obligea le conseil municipal à se soumettre à l'autorité des syndics nommés par les créanciers.

Les requêtes de Barlow à la chambre d'Assemblée, présentées surtout dans les années 1820, sont bien celles d'un marchand important. En 1822, il s'opposa à un projet de loi qui visait à soustraire les débiteurs à certaines peines de prison et, en 1828, à la vente aux enchères de produits étrangers dans la province. Il appuya en 1829 un projet de loi grâce auquel on autoriserait les propriétaires à évincer leurs tenanciers. Deux ans plus tard, pendant qu'il était député, il signa une pétition pour protester contre l'arrivée, au port de Saint-Jean, d'un millier d'immigrants irlandais pauvres.

Comme la plupart des gros marchands de l'époque, Barlow participa directement à la vie politique de son milieu. Il entra à la chambre d'Assemblée comme député de la ville de Saint-Jean en 1828, par suite de l'invalidation, en appel, de l'élection de Gregory VanHorne, contre qui il avait mené une dure campagne aux élections de l'année précédente. Son premier

Barnes

mandat se déroula sans incident. Il fit partie du comité du commerce, ce qui prouve qu'il ne tarda pas à acquérir de l'influence. Les députés n'étaient pas encore divisés en partis, et les votes de Barlow reflètent beaucoup plus les préoccupations d'un marchand qui faisait du commerce outre-Atlantique que des principes politiques. Il favorisa les lois qui protégeaient les créanciers britanniques et, pour des raisons d'économie, s'opposa aux efforts faits pour fournir des missionnaires aux Indiens et pour aider la New-Brunswick Agricultural and Emigrant Society. Réélu en 1830, il s'objecta chaque fois qu'il était question d'augmenter les revenus de la province par l'imposition de droits supplémentaires sur l'alcool et appuya le versement de primes aux expéditions de chasse au phoque, à la construction de voiliers, à l'exportation de poisson et à la production de blé.

Pendant son deuxième mandat, Barlow fut mêlé au débat sur les terres de la couronne, lequel domina la vie politique du Nouveau-Brunswick de 1820 à 1837 [V. Thomas Baillie*]. Au début des années 1830, les radicaux de l'Assemblée, sous la gouverne de Charles Simonds*, de Saint-Jean, disputaient à l'exécutif la gestion des revenus de ces terres, de plus en plus intéressants. Barlow, d'abord, ne les soutint pas. En 1831, avec sept autres députés, tous de l'extérieur de Saint-Jean et tous défenseurs des prérogatives de la couronne, il vota contre l'adresse dans laquelle la chambre demandait au roi de redresser des griefs contre le bureau des Terres de la couronne. Par la suite cependant, son radicalisme ne cessa de croître. En 1832, il abandonna ses amis traditionalistes et appuya la majorité qui présenta une proposition au lieutenant-gouverneur, sir Archibald CAMPBELL, lui demandant de produire un relevé des revenus de tous les fonctionnaires ainsi que de l'ensemble des recettes et dépenses de la couronne. Pendant les deux années suivantes, il fut de la minorité radicale (qui regroupait la plupart des députés de Saint-Jean) qui tenta de refuser à Campbell tout crédit pour les dépenses imprévues de la province. En 1834, avec la majorité, il condamna le ton sur lequel le lieutenant-gouverneur avait répondu, cette année-là, à l'adresse de l'Assemblée. Il était alors connu dans toute la province comme un radical, un partisan de Simonds et un ennemi personnel de Campbell. Il ne se présenta pas aux élections de 1834, mais il continua à mener contre le lieutenant-gouverneur une lutte qui culmina en 1836 par l'envoi d'une pétition dans laquelle neuf marchands de Saint-Jean demandaient à la couronne de rappeler Campbell.

Thomas Barlow ne se maria qu'à l'âge de 46 ans. À sa mort, dix ans plus tard, sa fortune alla à sa femme et à leurs quatre petites filles. Trois de ces enfants vivaient encore à la mort de son frère, en 1853, et elles héritèrent aussi de la deuxième fortune des Barlow.

THOMAS WILLIAM ACHESON

APNB, MC 1156; RG 2, RS7, 31, petition to the Executive Council, 16 juill. 1831; RG 3, RS538, B5; RG 4, RS24, S31-P23, S32-P6, S37-P6, S40-P10, S52-P80; RG 7, RS71, 1853, Ezekiel Barlow Jr. — City of Saint John (Saint-Jean, N.-B.), City Clerk's Office, Common Council, minutes, 9 déc. 1840, 14 janv. 1841, 7 sept. 1842. — Musée du N.-B., Bank of New Brunswick, ledger, 1er avril 1837–31 mars 1838; Saint John, «Register of voters», 1785–1854. — *A schedule of the real estate belonging to the mayor, aldermen and commonalty of the city of Saint John [...] January, 1842* (Saint-Jean, 1849; copie aux APNB). — N.-B., House of Assembly, *Journal*, 1828: 106; 1829: 46, 70–71, 86; 1831: 52, 110, 156; 1832: 36; 1833: 115–116; 1834; 1842, app.: cclvii–cclxxii. — *New-Brunswick Courier*, 31 mai 1834, 14 déc. 1844. — Esther Clark Wright, *The loyalists of New Brunswick* (Fredericton, 1955; réimpr., Hantsport, N.-É., 1981).

BARNES, RICHARD, homme d'affaires et homme politique, né le 15 mars 1805 à St John's, fils cadet de William Barnes, marchand, et de Hannah Butler; le 16 décembre 1840, il épousa dans la même ville Eunice Alice Morris, et ils eurent une fille, qui mourut en bas âge, et un fils; décédé le 3 septembre 1846 à St John's.

À une époque où l'élite gouvernante de Terre-Neuve était formée surtout d'immigrants britanniques ou irlandais, Richard Barnes avait une conscience aiguë de sa condition de Terre-Neuvien de naissance. La famille de sa mère s'était établie à Port de Grave à la fin du XVIIe siècle et son grand-père paternel, qui selon la tradition familiale venait de Waterford (république d'Irlande), avait immigré dans les années 1760 à St John's, où il était devenu poulier. Après des études rudimentaires, Barnes entra dans l'entreprise de transport maritime et de charpenterie de son père, connue plus tard sous le nom de J. B. Barnes and Company, et finit par y devenir associé. Grand liseur, il participa en 1835 à la fondation de la St John's Reading Room and Library, dont il fut secrétaire et trésorier à plusieurs reprises au cours de sa vie.

En 1840, Barnes faisait ses premières armes en politique en contribuant à la fondation de la Natives' Society, qui se voulait non seulement une organisation de bienfaisance mais aussi un nouveau parti politique voué à la défense et à la promotion des intérêts des natifs de l'île, qu'ils soient Irlandais ou Anglais, catholiques ou protestants. Le rédacteur en chef du *Newfoundland Patriot*, Robert John Parsons*, saluait en elle le foyer de ralliement des libéraux et des marchands. À la première réunion, Barnes présenta aux sociétaires un projet de fanion portant un emblème entouré de roses, de chardons et de trèfles sur lequel se lisait la devise *Union and Philanthropy* – l'ancêtre du drapeau «rose, blanc et vert». La «gracieuse fille de Terre-Neuve» qu'il remercia pour l'exécution de l'emblème était probablement sa cousine et future épouse, Eunice Alice Morris, fille de Rachel

Butler et de Rutton Morris, ancien ministre de l'Église congrégationaliste de St John's. Barnes était lui-même congrégationaliste.

Aux élections de 1842, tenues à la suite de la suspension du gouvernement représentatif l'année précédente, Barnes gagna la faveur de l'électorat de Trinity Bay à titre de champion des Terre-Neuviens de naissance. En janvier suivant, il faisait son entrée à la chambre fusionnée, qui réunissait le Conseil législatif et la chambre d'Assemblée. Cependant, sa réputation de « député natif par excellence » se trouva presque immédiatement ternie lorsqu'il vota, avec les conservateurs, contre la nomination d'un Terre-Neuvien d'origine au poste de greffier de la chambre, geste condamné par une résolution de la Natives' Society. Convaincu que la suspension du gouvernement représentatif était due à un manque d'autonomie des députés, Barnes continua d'affirmer son indépendance en s'opposant à la rémunération des députés, à l'augmentation du budget de la résidence du gouverneur, sir John Harvey*, et à la nomination d'un secrétaire particulier auprès de celui-ci.

Après avoir objecté que les £350 qui seraient versées en salaire au secrétaire du gouverneur suffiraient à instruire pendant un an les enfants de tout un district, Barnes déposa un projet de loi qui visait à remplacer le système public d'instruction établi par la loi de 1836 sur l'éducation [V. Charles Dalton*]. Ce système avait été suspendu en raison des difficultés confessionnelles qui le rendaient inapplicable. Barnes proposait de répartir la responsabilité des écoles élémentaires entre les catholiques et les protestants et de leur assurer un financement égal. Des conseils scolaires catholiques et protestants seraient nommés dans chacun des neuf districts électoraux, la majorité des membres de chaque conseil protestant étant choisis parmi la dénomination principale du district. Le total de la subvention annuelle aux écoles élémentaires passerait de £2 100 à £5 000. Le projet de loi, adopté en 1843 sans guère de débats, créait en droit un système confessionnel d'instruction dans la colonie.

Félicité par les deux côtés de la chambre pour avoir rédigé le projet de loi et l'avoir défendu jusqu'à son adoption, Barnes était reconnu dès la fin de la session comme l'un des députés les plus populaires. Déjà membre du conseil d'administration de la Savings Bank et secrétaire du conseil scolaire protestant de St John's, il fut élu en juin 1843 président de la Natives' Society, dont il avait été jusque-là le trésorier. La construction d'une salle de réunions, le Natives' Hall, commença au cours de son mandat de deux ans.

Estimant que la chambre devait se pencher sur le régime gouvernemental, Barnes présenta au début de 1844 un projet de loi en vue de modifier la constitution imposée en 1841. Le projet proposait essentiellement de revenir à la constitution de 1832, mais prévoyait une Assemblée de 25 députés représentant 24 districts. La façon dont il avait divisé et réaménagé les districts, en s'appuyant supposément sur la répartition de la population, souleva l'ire des libéraux catholiques, qui virent là un moyen de réduire leur influence et de placer les protestants en position de force. Accusé à la chambre d'être un bigot sectaire, un pion des marchands et d'avoir provoqué un affrontement entre les groupes religieux par son projet de loi sur l'éducation, Barnes rétorqua qu'il n'avait aucune visée sectaire et qu'il aurait proposé de délimiter les districts de la même manière si la colonie avait été peuplée de Turcs. Les libéraux tentèrent de retarder la deuxième lecture, mais ils échouèrent après sept mises aux voix. Parsons, qui appartenait aussi à la Natives' Society, fut le seul protestant à voter dans le même sens que les libéraux. Ce long et pénible débat prit fin lorsque Barnes retira son projet de loi, après avoir appris des membres du Conseil de Terre-Neuve que Harvey était disposé à le porter, avec quelques modifications, à l'attention du secrétaire d'État aux Colonies, lord Stanley. Le débat sur la constitution reprit en 1846, mais le projet de loi de Barnes représenta la seule tentative sérieuse de réforme constitutionnelle que fit la chambre fusionnée.

Le 15 juillet 1845, à une réunion de la Natives' Society, Richard Barnes fit valoir que le gouvernement manifestait dans ses nominations une « préférence aussi contraire à la bonne politique qu'à la justice » envers des gens « qui étaient bien moins dignes de considération que les natifs de l'île auxquels ils étaient préférés » et pressa la société d'affirmer davantage son indépendance en tant que parti politique. Mais les temps étaient au sectarisme, et la Natives' Society ne put rivaliser avec les libéraux et les conservateurs. Deux coups vinrent la frapper en septembre 1846 : la mort prématurée de Barnes, à 41 ans, et l'effondrement du Natives' Hall, qui n'était même pas achevé. Ambrose Shea*, président de l'organisation, affirma dans l'éloge funèbre de Barnes qu'il était le membre « le plus aimé de la société » et qu'il avait été « le premier à proclamer les droits de ses compatriotes ». En 1878, la Natives' Society éleva un monument à sa mémoire dans le cimetière de la cathédrale anglicane.

PAMELA BRUCE

Cathedral of St John the Baptist (Anglican) (St John's), Reg. of burials, 1845–1846. — Centre for Nfld. Studies, Memorial Univ. of Nfld. Library (St John's), Biog. information on Richard Barnes. — MHA, Barnes name file. — PANL, P8/A/11. — PRO, CO 194/120. — St Thomas Parish (Anglican) Church (St John's), Reg. of marriages (copies aux PANL). — T.-N., General Assembly, *Journal*, 1843–1846. — *Courier* (St John's), 5 sept. 1846. — *Newfoundlander*, 25 mai 1843, 8 févr., 10–11, 18 avril, 15 août 1844, 24 juill. 1845. — *Newfoundland Patriot*, 15 sept., 1er

Barrett

oct. 1840. — *Patriot & Terra-Nova Herald,* 18 janv. 1843. — *Public Ledger,* 4 févr., 30 juin 1840. — *Royal Gazette and Newfoundland Advertiser,* 21 févr., 10 oct. 1843. — *Times and General Commercial Gazette* (St John's), 9 sept. 1846. — W. M. Barnes, *Rolling home ; when ships were ships and not tin pots* (Londres, 1931). — [M. J. Bruce, dite] sœur Mary Teresina, « The first forty years of educational legislation in Newfoundland » (thèse de M.A., Univ. of Ottawa, 1956). — Garfield Fizzard, « The Amalgamated Assembly of Newfoundland, 1841–1847 » (thèse de M.A., Memorial Univ. of Nfld., 1963). — Gunn, *Political hist. of Nfld.,* 94–96. — F. W. Rowe, *The development of education in Newfoundland* (Toronto, 1964). — A. M. Butler, « The family of Butler in the New-Founde-Lande », *Nfld. Quarterly,* 72 (1975–1976), nᵒ 1 : 32–35.

BARRETT, ALFRED, ingénieur civil, né en Nouvelle-Angleterre ; il se maria et eut au moins un fils ; décédé à Montréal le 18 juillet 1849.

Alfred Barrett commença vers 1818 à travailler pour le personnel technique du canal Érié, dans l'état de New York. Il y acquit de l'expérience, gravit rapidement les échelons et devint ingénieur dès 1821. Après l'achèvement du canal Érié en 1825, Barrett fut nommé ingénieur-surintendant des travaux du canal Welland, dans le Haut-Canada, le 10 mai 1826. Il dut peut-être sa nomination à la visite que fit en 1824 le promoteur du projet, William Hamilton Merritt*, aux ingénieurs et aux entrepreneurs du canal Érié. Barrett et David Thomas, l'ingénieur en chef du canal Welland, furent sans doute les premiers ingénieurs américains à travailler en Amérique du Nord britannique.

Après la démission de Thomas en juin 1827, Barrett continua seul. Les travaux se déroulèrent bien jusqu'en novembre 1828, lorsque s'affaissèrent les bords escarpés de la « Deep Cut », une section particulièrement haute située au sommet du canal. Comme une reconstruction était impossible, il fallut repenser le système d'alimentation de la tête du canal. On chargea James Geddes, l'un des ingénieurs les plus expérimentés du canal Érié, d'aider Barrett à reprendre les levés. Ils trouvèrent une nouvelle source d'alimentation et, le 30 novembre 1829, on ouvrait le canal. L'année suivante, dans le but d'améliorer la navigation, Barrett fit des levés sur le Saint-Laurent, à partir du lac Ontario jusqu'au lac Saint-François, mais cette étude n'aboutit à rien. Il revint au canal Welland en 1831 pour travailler à son prolongement jusqu'à Port Colborne, dans le Haut-Canada.

Comme les ingénieurs étaient moins en demande au Canada au cours des années 1830, Barrett retourna aux États-Unis. Il obtint le poste d'ingénieur du canal Chenango, un embranchement de l'Érié. En 1837, il était l'un des ingénieurs des travaux au canal Érié et, l'année suivante, l'un des cinq ingénieurs en chef chargés de son agrandissement. Il démissionna en

1843 parce que l'état de New York avait adopté des lois qui sabraient dans les budgets affectés au canal.

En 1841, le gouvernement impérial consentit un prêt important pour les travaux publics au Canada. La somme devait servir en grande partie à reconstruire le réseau canadien de canaux, du lac Érié jusqu'à Montréal. Le canal de Lachine, qu'on avait construit de 1821 à 1825, constituait l'un des principaux goulots d'étranglement. En 1843, peu après la fin des grèves d'ouvriers, on y nomma Barrett ingénieur des travaux d'agrandissement. Au cours des quatre années qui suivirent, il fit aménager une cuvette élargie, une nouvelle écluse et de nouveaux ouvrages de retenue des eaux, tout en gardant le vieux canal ouvert autant que possible. On dut réaliser une partie de ces travaux durant l'hiver, fait inusité au Canada à cette époque. Barrett assurait également la surveillance des entrepreneurs et accomplissait des tâches auxiliaires comme tracer des plans de bassins, de docks et d'entrepôts ou établir les plans et devis d'installations destinées à transformer le surplus d'eau en énergie pour l'industrie. Dès les années 1850, l'énergie hydraulique fournie par les eaux du canal de Lachine contribua à faire de Montréal la première ville industrielle du Canada.

Barrett était en outre responsable des travaux au canal de Chambly ainsi qu'au barrage et à l'écluse de Saint-Ours. Le département des Travaux publics le chargea de produire des rapports spéciaux concernant la navigation sur la rivière Grand, dans le Haut-Canada, et la rivière Saint-Charles, à Québec, ou la possibilité de construire un pont sur le lac des Deux Montagnes, près de Montréal. Après les travaux d'agrandissement du canal de Lachine, grâce à ses antécédents, Barrett obtint à l'automne de 1848 une mutation au canal Welland pour remplacer Samuel Keefer*. Il y travailla peu de temps, puisqu'il mourut du choléra à Montréal en juillet 1849.

On sait peu de chose sur la vie privée d'Alfred Barrett, sinon qu'il était franc-maçon et qu'il participa en 1829 à la formation d'une société d'abstinence chez les ouvriers du canal Welland. Force est donc de le juger d'après son travail professionnel. Il détint des postes importants sur les chantiers des canaux Érié, Welland et de Lachine, qui comptaient parmi les projets les plus vastes et les plus prestigieux du XIXᵉ siècle. Le conseil d'administration de la Welland Canal Company attribua en partie le succès de Barrett à la capacité qu'il avait, dans ses réalisations techniques, de « combiner résistance et faible coût d'exécution ». Les ingénieurs de son temps et d'autres qui allaient suivre l'avaient en haute estime. N'eût été sa mort prématurée, il aurait sûrement acquis une renommée égale à celle de ses collègues mieux connus.

LARRY McNALLY

AO, MS 74, package 12. — APC, MG 24, E1, 6 (mfm) ; RG 11, A1, 59–65 ; A3, 132. — Canada, Parl., *Doc. de la session*, 1891, 10, n° 9, app. 19. — Canada, prov. du, Assemblée législative, *Journaux*, 1843–1850. — *Daylight through the mountain : letters and labours of civil engineers Walter and Francis Shanly*, F. N. Walker, édit. ([Montréal], 1957). — R. C. Douglas, *Confidential reports to the Hon. Sir Charles Tupper, K.C.M.G., C.B., Minister of railways and canals, on the hydraulic powers situated upon the St. Lawrence and Welland canals* (Ottawa, 1882). — John Mactaggart, *Three years in Canada : an account of the actual state of the country in 1826–7–8 [...]* (2 vol., Londres, 1829). — *Montreal in 1856 ; a sketch prepared for the celebration of the opening of the Grand Trunk Railway of Canada* (Montréal, 1856). — Welland Canal Company, Board of Directors, *Annual Report* (St Catharines, Ontario, 1828). — *Montreal Gazette*, 19 juill. 1849. — H. G. J. Aitken, *The Welland Canal Company : a study in Canadian enterprise* (Cambridge, Mass., 1954). — J. P. Merritt, *Biography of the Hon. W. H. Merritt [...]* (St Catharines, 1875). — R. E. Shaw, *Erie water west ; a history of the Erie Canal, 1792–1854* ([Lexington, Ky., 1966]). — N. E. Whitford, *History of the canal system of the state of New York together with brief histories of the canals of the United States and Canada [...]* (Albany, N.Y., 1906). — J. P. Heisler, « The canals of Canada », *Lieux hist. canadiens*, n° 8 (1973). — H. C. Pentland, « The Lachine strike of 1843 », *CHR*, 29 (1948) : 255–277.

BARRIE, sir ROBERT, officier de marine, né le 5 mai 1774 à St Augustine (Floride), unique enfant survivant du docteur Robert Barrie, de Sanquhar, Écosse, aide-chirurgien dans le 31st Foot, et de Dorothea (Dolly) Gardner ; le 24 octobre 1816, il épousa à Warrington (Cheshire, Angleterre) Julia Wharton Ingilby, fille de sir John Ingilby, et ils eurent un fils et quatre filles ; décédé le 7 juin 1841 dans son manoir de Swarthdale, Angleterre.

Devenue veuve en 1775, la mère de Robert Barrie quitta l'Amérique du Nord pour retourner dans sa famille à Preston, dans le Lancashire, en Angleterre, où elle épousa en 1784 un homme aisé, George Clayton, fabricant de textile. Le jeune Robert fréquenta d'abord une petite école de Neston, dans le Cheshire, puis une école de Dedham. Le 5 juin 1788, son oncle, le capitaine Alan Gardner, le fit entrer dans la marine royale. Passé à l'Amirauté, où il faisait partie de ceux qui préparaient l'expédition du capitaine George Vancouver* dans le Pacifique, Gardner affecta Barrie sur le *Discovery* en décembre 1790, à titre de midship. Le jeune Thomas Pitt, futur baron Camelford, qui devint le meilleur ami de Barrie, était aussi midship sur ce navire, mais Vancouver le congédia à Hawaï en 1794. Bien vu de son commandant, Barrie dirigea pendant un temps l'une des équipes qui explorèrent la côte nord de ce qui est maintenant la Colombie-Britannique. Dès le retour de l'expédition en Angleterre, en octobre 1795, il passa au grade de lieutenant. En 1800, il servit aux Antilles

sous le commandement d'un ancien camarade de bord du *Discovery*, Thomas Manby ; il fut promu *commander* le 23 octobre 1801. Sept mois plus tard, soit pendant qu'il commandait le sloop *Calypso*, il accéda au grade de capitaine.

Barrie commanda, à compter de juin 1806, la frégate *Pomone*, d'abord au large des côtes françaises puis en Méditerranée. En juin 1809, il fit prisonnier le chevalier Charles de Boissi, aide-major général de France, puis, en octobre 1810, Lucien Bonaparte, frère de Napoléon Ier, qui tentait de fuir l'Italie pour gagner l'Amérique. Ce fut le 1er mai 1811 qu'il accomplit son plus remarquable exploit sur le *Pomone*. Avec deux autres navires placés sous son commandement, il pénétra dans le golfe de Sagone, en Corse, coula deux vaisseaux de guerre ainsi qu'un navire marchand armé et détruisit les fortifications qui les protégeaient. Plus tard dans l'année, Barrie eut pour mission de ramener en Angleterre l'ambassadeur britannique en Perse. Le *Pomone* fut coulé aux abords de Portsmouth, mais on exonéra Barrie de tout blâme.

En octobre 1812, Barrie devint capitaine du *Dragon*, à bord duquel il prit une part déterminante au blocus de la baie de Chesapeake, sur le littoral américain. Pendant les quelques mois où il la dirigea en qualité de commodore, l'escadre britannique saisit plus de 85 vaisseaux. En septembre 1814, Barrie participa à l'assaut lancé par les Britanniques dans la région du fleuve Penobscot (Maine) [V. sir John Coape Sherbrooke*]. Son rôle consista à commander une expédition conjointe qui prit Hampden puis y détruisit la frégate américaine *Adams* et deux autres bâtiments armés. Les forces britanniques incendièrent aussi une vingtaine d'autres navires et prirent possession de toutes les localités riveraines, de Hampden à Bangor. En racontant l'expédition à sa mère, Barrie écrivit : « Si nos ministres font preuve de jugement, on fera du Penobscot la frontière qui nous séparera des Yankees. »

Une fois la paix conclue, en 1815, on mit Barrie à la demi-solde. Peu après, il se maria et alla vivre en France. En janvier 1819, après des mois de négociations, il accepta le poste de commissaire du chantier naval de Kingston, dans le Haut-Canada, ce qui le plaçait à la tête de tous les officiers de marine du Haut et du Bas-Canada. Le commandement, que Barrie parvint à faire détacher de celui de Halifax, englobait le port de Québec et les voies navigables de l'intérieur des deux colonies. Le chantier naval de Kingston se trouvait à Point Frederick, là où s'élève maintenant le Collège militaire royal du Canada, et les Barrie y avaient une maison. En 1819 et 1820, Barrie fit construire un vaste entrepôt de trois étages, en pierre, afin d'abriter l'équipement de l'imposante flotte de réserve constituée en vertu de l'entente Rush-Bagot de 1817. Cette construction sert aujourd'hui de dortoir aux élèves officiers et porte le nom de Stone Frigate.

Barry

Étant donné les réductions progressives de l'effectif, Barrie devait, toujours à titre de commissaire, veiller à ce que les navires placés sous son commandement et leur gréement ne se détériorent pas. Il devait aussi s'assurer que certains parmi ces bâtiments puissent être affectés sans délai advenant une reprise des hostilités contre les États-Unis. Les plans prévus pour former les équipages de ces bateaux se modifièrent au fur et à mesure que les officiers et hommes de réserve réintégraient leurs foyers. Après la réduction de 1830, on décida de recourir seulement à l'ancien personnel de la marine qui s'était installé au Canada.

À titre d'officier le plus élevé en grade, Barrie s'occupa de divers aspects des affaires maritimes : commission internationale de la frontière, levé hydrographique du bassin des Grands Lacs et du Saint-Laurent [V. Henry Wolsey Bayfield*], construction des canaux Rideau et Welland [V. John By ; William Hamilton Merritt*], relations avec les États-Unis. Il était en très bons termes avec le gouverneur lord Dalhousie [RAMSAY] et plus encore avec le gouverneur lord Aylmer [WHITWORTH-AYLMER], qu'il avait connu à la Jamaïque. À York (Toronto), sa femme et lui devinrent des amis intimes de sir Peregrine Maitland* et de lady Sarah Maitland, qui les accueillirent pour de longs séjours à leur maison d'été près des chutes du Niagara. En tablant sur cette relation, Barrie sonda sir George Cockburn, à l'Amirauté, quant à la possibilité d'obtenir un siège aux conseils exécutifs du Haut et du Bas-Canada, mais la réponse ne fut pas encourageante.

À la fin de 1825, l'Amirauté convoqua Barrie en Angleterre pour qu'il participe à des consultations sur l'effectif naval et les ouvrages de défense du Canada. Avant son retour à Kingston en 1827, il fut promu commodore de première classe. En juin 1834, on abolit l'effectif naval de l'intérieur des colonies, et Barrie rentra pour de bon en Angleterre. Dès son retour, Guillaume IV le fit chevalier, puis chevalier commandeur de l'ordre des Guelfes. Il fut promu contre-amiral en 1837 et devint chevalier commandeur de l'ordre du Bain en 1840.

Courageux en temps de guerre, déterminé en toutes occasions, sir Robert Barrie n'en était pas moins un homme chaleureux et généreux. Ses nombreuses lettres, conservées dans diverses bibliothèques, témoignent de ses qualités, de sa loyauté envers ses subordonnés, de son dévouement à sa famille et de l'exactitude de ses prévisions sur l'avenir du Canada et des États-Unis. Au Canada, plusieurs lieux perpétuent sa mémoire, dont Barrie Point et Barrie Reach, en Colombie-Britannique, le village de Barriefield près de Kingston, l'île Barrie sur le lac Huron et la ville ontarienne de Barrie. En 1833, sa femme nota que cette nouvelle localité lui semblait une retraite idéale mais, ajoutait-elle, son mari ne partageait « aucune de [ses] opinions ».

THOMAS L. BROCK

Outre diverses collections de documents maintenant déposés dans les dépôts d'archives mentionnés plus bas, nous avons utilisé plusieurs lettres et artefacts relatifs à sir Robert Barrie que nous ont fournis Kathleen Barrie, une arrière-petite-fille, sa sœur Mme Evelyn French, son cousin Rodney Barrie, et le capitaine R. L. B. Cunliffe, arrière-petit-fils de Frances Clayton Lyon, demi-sœur de Barrie. [T. L. B.]

Un portrait de sir Robert Barrie a été peint en 1967 par Cecil Jameson pour le collège militaire royal du Canada (Kingston, Ontario), à partir d'une miniature que possède Rodney Barrie, de Londres. Cette peinture est reproduite sur la couverture du *Historic Kingston*, n° 23 (1975).

APC, MG 24, F66 ; RG 8, III, 24–51, 72. — Collège militaire royal du Canada, Special Coll. Division, Acc. 1032748 (transcriptions des lettres de Barrie avec une biographie et des notes de T. L. Brock, copie dactylographiée, Montréal, 1967) ; Acc. 1136880 (lettres de Barrie). — College of Arms (Londres), Barrie genealogy. — Duke Univ. Library (Durham, N.C.), MS Dept., Sir Robert Barrie papers. — Lancashire Record Office (Preston, Angl.), DDX 510/1–38 (Dolly [Gardner Barrie] Clayton, diaries, 1777, 1783, 1798, 1801–1833 à l'exception de 1812). — NLS, Dept. of MSS, MS 2333 : fᵒˢ 96–110 ; MS 2335 : fᵒˢ 72–75. — NMM, BIE/1–4. — PRO, ADM 1/417 ; 1/828 ; 1/5355 ; 1/5419 ; CO 158/16. — SRO, GD45/3 ; GD51/2/603/1–5 ; 51/2/622. — William L. Clements Library, Univ. of Mich. (Ann Arbor), Robert Barrie papers. — G.-B., ADM, *Navy list*, 20 mars 1838 : 4–5. — T. L. Brock, « H.M. Dock Yard, Kingston under Commissioner Robert Barrie, 1819–1834 », *Historic Kingston*, n° 16 (1968) : 3–22 ; « Commodore Robert Barrie and his family in Kingston, 1819–1834 », n° 23 : 1–18. — J. W. Spurr, « The Royal Navy's presence in Kingston, part I : 1813–1836 », *Historic Kingston*, n° 25 (1977) : 63–77.

BARRY, ROBERT, prédicateur laïque méthodiste, instituteur, marchand, fonctionnaire et juge de paix, né vers 1759 à Kinross, Écosse, fils de John Barry ; en mai 1789, il épousa dans le Delaware Mary Jessop, et ils eurent cinq fils et six filles ; décédé le 3 septembre 1843 à Liverpool, Nouvelle-Écosse.

Né en Écosse, Robert Barry grandit à Fratton, en Angleterre, où son père, petit commerçant, le prépara aux affaires. Comme il le raconta ultérieurement, il fut attiré dans sa jeunesse par l'évangélisme méthodiste. Vers 1774, après avoir été enrôlé de force, il traversa l'Atlantique comme marin, mais une fois parvenu au port de New York il réussit à s'enfuir. On sait peu de chose sur la vie qu'il mena dans cette ville, sinon qu'il appartint à une société commerciale, qu'il fut l'ami du révérend Charles Inglis*, *rector* de l'église Trinity (où il fréquentait les sacrements), et qu'il assista aux offices méthodistes à l'église John Street. Ce temple, érigé en 1768, fut le premier bâtiment en Amérique du Nord voué dès sa construction au méthodisme. C'est là, dit-on, que Barry devint prédicateur laïque, ce qu'il devait demeurer toute sa vie.

Au printemps de 1783, certains des méthodistes les plus en vue de l'église John Street, dont Barry, quittèrent New York avec des milliers de loyalistes pour se rendre à Port Roseway (Shelburne, Nouvelle-Écosse). Contrairement à la plupart de ces réfugiés, qui finirent par s'installer ailleurs, Barry décida de rester à Shelburne. Il y enseigna durant deux ans puis s'associa à son unique frère, Alexander, qui vivait à Portsmouth, en Angleterre. Leur compagnie, la A. and R. Barry, se lança dans le commerce du poisson, du bois, du sucre et du rhum avec les Antilles. Elle transportait aussi des tonnes de produits agricoles à partir de l'isthme Chignecto jusqu'à Halifax et St John's, et importait de Londres des marchandises sèches britanniques pour les vendre en Nouvelle-Écosse. Une petite flotte, dont les bateaux appartenaient totalement ou en partie aux deux frères, approvisionnait les magasins que la compagnie exploitait à Shelburne, à Liverpool, au détroit de Canso et à Dorchester (Nouveau-Brunswick). Après la dissolution de la compagnie en 1810, Barry se fixa à Liverpool et y établit un commerce, tout en conservant à Shelburne son magasin et ses intérêts de transporteur maritime. Quatre de ses fils l'assistaient, qui fondèrent à leur tour leurs propres magasins à Halifax. L'un d'eux, John Alexander*, accrut le prestige de la famille en épousant en 1814 une fille du surintendant méthodiste William Black* et en devenant en 1827 député de la circonscription de Shelburne. Robert Barry, de son côté, servit à titre de juge de paix et on le nomma en 1817 à la Cour des commissaires, autorisée à statuer en procédure sommaire sur les petites réclamations. Il se joignit à des organisations du comté de Queens, telles la société d'agriculture, la société de tempérance et la société biblique, et fut membre de l'exécutif de la Wesleyan Methodist Missionary Auxiliary Society. Il menait ses affaires avec « probité, intégrité et franchise » ; en 1834, le missionnaire méthodiste Robert Cooney* le qualifiait de « magistrat droit et intelligent ».

Disciple de John Wesley, Barry, tout comme Simeon Perkins*, fut l'un de ces marchands qui contribuèrent largement à consolider le méthodisme en Nouvelle-Écosse, tant en jouant un rôle de meneurs qu'en rehaussant la respectabilité du mouvement. *Class leader* et prédicateur laïque à Shelburne, point d'attache du ministre méthodiste James Man*, il aida en outre la cause de la secte sur la côte sud en collaborant à la construction de temples à Shelburne, à Barrington et à Sable River, ainsi que d'un autre près de Liverpool, destiné à des Noirs. En 1783, après une visite du surintendant Black à Shelburne, il avait entrepris une correspondance avec John Wesley. Leurs lettres fournissent des indices utiles sur les liens qui unissaient les méthodistes des deux côtés de l'Atlantique ; elles donnent également des aperçus de la communauté méthodiste de Shelburne et montrent le fervent attachement de Barry pour la doctrine de son maître. De plus, elles révèlent combien les méthodistes néo-écossais étaient déchirés entre la fidélité à l'Église d'Angleterre, à laquelle Wesley les exhortait, et l'acceptation de prédicateurs comme Freeborn Garrettson*, de l'Église méthodiste épiscopale des États-Unis.

Sur le plan profane, Robert Barry fut de ces marchands loyalistes qui surent se créer une belle situation en Nouvelle-Écosse. Son zèle pour la cause méthodiste lui inspira un attachement spirituel particulier pour la colonie. Il l'aida aussi à s'intégrer, par des relations d'affaires choisies, au milieu commerçant d'alors, ce qui lui permit de rester en contact avec un monde plus vaste, celui des wesleyens d'outre-Atlantique et d'Amérique. Sa vie illustre de façon concrète l'effet dynamique que l'évangélisme protestant eut sur la formation de la société de l'est du Canada.

ALLEN B. ROBERTSON

En plus des sources mentionnées ci-bas, nous avons consulté les archives de la Nova Scotia Court of Probate pour les comtés de Queens (Liverpool) et Shelburne et les Registry of Deeds pour les comtés de Halifax, Hants (Windsor), Queens et Shelburne ; ces archives sont disponibles sur microfilm aux PANS.

PANS, MG 1, 120, 817 ; MG 3, 306 ; MG 100, 170, doc. 13 (copies) ; RG 34-321. — UCC, Maritime Conference Arch. (Halifax), Black-McColl papers, John Wesley letters, Wesley à Robert Barry, 15 sept. 1786 ; Granville Ferry Methodist Church (Granville Ferry, N.-É.), board of trustees, minutes, 1887–1913, copie de lettre, John Wesley à Robert Barry, 4 juin 1790. — *The Newlight Baptist journals of James Manning and James Innis*, D. G. Bell, édit. (Saint-Jean, N.-B., 1984).— John Wesley, *The letters of the Rev. John Wesley [...]*, John Telford, édit. (8 vol., Londres, 1931 ; réimpr., [1960]), 7 : 225, 254 ; 8 : 12. — *Christian Messenger*, 1843. — *Nova-Scotia Royal Gazette*, 1802, 1806, 1812, 1814–1816, 1820–1821, 1824. — *Times* (Halifax), 1843. — G. A. Rawlyk, *Ravished by the spirit : religious revivals, Baptists, and Henry Alline* (Kingston, Ontario, et Montréal, 1984). — A. B. Robertson, « Loyalist, Methodist, merchant – Robert Barry – from refugee to Nova Scotian » (thèse de M.A., Acadia Univ., Wolfville, N.-É., 1984). — Marion Robertson, *King's bounty : a history of early Shelburne, Nova Scotia [...]* (Halifax, 1983). — Smith, *Hist. of Methodist Church*.

BATES, WALTER, fonctionnaire et auteur, né le 14 mars 1760 dans la partie de Stamford, Connecticut, qui s'appelle aujourd'hui Darien, quatrième fils de John Bates et de Sarah Bostwick ; le 7 octobre 1784, il épousa à Kingston, Nouveau-Brunswick, Abigail Lyon, et ils eurent quatre enfants dont trois moururent en bas âge, puis le 12 septembre 1826 à Hampton, Nouveau-Brunswick, Mme Lucy Smith ; décédé le 11 février 1842 à Kingston.

Élevé dans l'est du Connecticut par des parents qui le destinaient à devenir fermier, Walter Bates n'aurait probablement pas abandonné son métier ni sa région si la conjoncture ne l'y avait forcé. Animé d'une piété

Baudry

authentique, Bates était un homme stable qui n'avait aucun goût pour l'aventure. Cependant, la guerre d'Indépendance américaine faisait rage, et ses trois frères aînés s'étaient engagés du côté des tories. À l'âge de 15 ans, Bates fut capturé par des sympathisants rebelles, interrogé par un comité, soumis à des affronts et menacé de mort s'il ne révélait pas où se trouvaient un de ses frères et d'autres tories importants, soupçonnés de se cacher dans le voisinage. Il finit par être libéré mais ne rentra pas dans son village avant deux ans. Moins de trois jours après son retour, en dépit du fait que son père se mourait de la petite vérole, il dut se réfugier auprès de la garnison britannique à New York, où il jura fidélité à George III.

En 1783, Bates figurait parmi les fermiers tories de l'île Long (où il enseignait depuis quelque temps) qui acceptèrent l'offre du roi, à savoir 200 acres de terre en Nouvelle-Écosse, le transport gratuit jusque là-bas et des provisions pour deux ans. Il fit le voyage à bord de l'*Union*, premier navire de la flotte à arriver au printemps de 1783 à l'emplacement qui allait devenir Parrtown (Saint-Jean, Nouveau-Brunswick). Il fut du premier groupe de colons qui s'installèrent à Kingston, au bord du ruisseau Belleisle (ruisseau Kingston), où il demeura jusqu'à sa mort. Devenu membre du conseil municipal dès l'âge de 26 ans, il allait être shérif en chef du comté de Kings pendant nombre d'années.

Le récit que Bates fit de ses expériences, *Kingston and the loyalists of the « spring fleet » of A.D. 1783* [...], fut publié à titre posthume en 1889. Il révèle un partisan tory d'une extrême modestie personnelle, très soucieux de bien rapporter les faits et qui, tant dans ses décisions conscientes que dans la conduite de sa vie, se préoccupait beaucoup de la situation de l'Église d'Angleterre en général et de la congrégation Trinity de Kingston en particulier. L'un des principaux fondateurs de cette congrégation, Bates s'en occupa tout au long de sa vie. On le choisit bientôt comme successeur de Frederick Dibblee* qui était officiant laïque quand il n'y avait pas de ministre.

L'intérêt que Walter Bates portait à Henry More Smith, voleur et escroc notoire, provenait sans doute, bien que Smith ait eu un côté religieux très prononcé, de ce que les contraires s'attirent. Quoi qu'il en soit, c'est avant tout comme auteur de *The mysterious stranger ; or, memoirs of Henry More Smith* [...], paru d'abord en 1817, que Bates mérite de passer à la postérité. Ce livre, qui a connu de nombreuses rééditions aussi bien en Amérique du Nord qu'en Angleterre et s'est vendu à des milliers d'exemplaires, a très bien résisté au temps. Son intérêt repose sur deux facteurs. D'abord, la personnalité remarquable du protagoniste : voici un bandit doux, ingénieux et déroutant à la fois qui, s'il avait opté pour une existence honnête, aurait pu assez aisément se distin-

guer dans l'Église ou la politique. Ensuite, le talent littéraire de l'auteur : par son choix de détails factuels, son souci de la vérité et son style dénué de prétention, Bates a en effet produit là un ouvrage qui, mélange de suspense et de vraisemblance, se compare aux meilleures œuvres de Daniel Defoe.

FRED COGSWELL

Walter Bates est l'auteur de : *Kingston and the loyalists of the « spring fleet » of A.D. 1783, with reminiscenses of early days in Connecticut : a narrative* [...], W. O. Raymond, édit. (Saint-Jean, N.-B., 1889 ; réimpr., Fredericton, 1980) ; *The mysterious stranger ; or, memoirs of Henry More Smith ; alias Henry Frederick Moon ; alias William Newman : who is now confined in Simbury mines, in Connecticut, for the crime of burglary ; containing an account of his* [...] *confinement in the gaol of King's County, province of New-Brunswick* [...] *with a statement of his succeeding conduct* [...] (New Haven, Conn., 1817), lequel fut publié à Londres la même année sous le titre de *Companion for Caraboo : a narrative of the conduct and adventures of Henry Frederic Moon, alias Henry Frederic More Smith, alias William Newman – now under sentence of imprisonment, in Connecticut, in North America, containing an account of his unparalleled artifices, impostures, mechanical ingenuity, &c. &c. displayed during and subsequently to his confinement in one of his majesty's gaols in the province of New Brunswick, with an introductory description of New Brunswick, and a postscript containing some account of Caraboo, the late female impostor, of Bristol* ; et *A serious conference by letters on the subject of religious worship, and of the church of God, from a member of the established episcopal Church of England, in* [...] *New-Brunswick, to a member of the established congregational Presbyterian Church, in the state of Connecticut* [...] (Saint-Jean, 1826).

APNB, RG 4, RS24, S24-P29, S24-P35. — Saint John Regional Library (Saint-Jean), « Biographical data relating to New Brunswick families, especially of loyalist descent », D. R. Jack, compil. (4 vol., copie dactylographiée ; copie au Musée du N.-B.). — *New-Brunswick Courier*, 19 févr. 1842. — *Royal Gazette* (Fredericton), 19 sept. 1826. — DAB. — W. G. MacFarlane, *New Brunswick bibliography : the books and writers of the province* (Saint-Jean, 1895). — G. P. Beyea, « The Canadian novel prior to confederation » (thèse de M.A., Univ. of N.B., Fredericton, 1950). — E. B. Huntington, *History of Stamford, Connecticut* [...] (Stamford, 1868 ; réimpr. avec corrections, Harrison, N.Y., 1979).

BAUDRY, MARIE-VICTOIRE, dite de la Croix, sœur de la Congrégation de Notre-Dame, professeure et supérieure de la communauté (supérieure générale), née le 12 décembre 1782 à Pointe-aux-Trembles (Montréal), fille de Toussaint Baudry et d'Élisabeth Truteau ; décédée le 10 novembre 1846 à Montréal.

Marie-Victoire Baudry fit ses études au couvent de Pointe-aux-Trembles. Elle entra au noviciat de la Congrégation de Notre-Dame à Montréal en 1799 et fit profession deux ans plus tard sous le nom de sœur de la Croix. À partir de 1802, elle enseigna à la mission de Saint-Laurent, dans l'île de Montréal, et en 1804 elle était titulaire d'une classe dans la mission de la basse ville de Québec.

Membre d'une communauté vouée essentiellement à l'enseignement, sœur de la Croix aurait dû enseigner longtemps, mais dès 1809 on l'appela à diriger la mission de Pointe-aux-Trembles (Neuville), puis celle de Saint-François (à Saint-François-Montmagny) en 1811. Sept ans plus tard, elle devint maîtresse des novices à la maison mère à Montréal, fonction qu'elle remplit jusqu'à son élection comme supérieure en 1822. Au terme de son sexennat, c'est Marie-Catherine Huot*, dite Sainte-Madeleine, qui la remplaça. Elle devint alors première conseillère, poste qu'elle conserva jusqu'à sa mort.

Pendant ses six années à titre de supérieure, sœur de la Croix mit sur pied trois nouvelles missions, celles de Sainte-Marie-de-la-Nouvelle-Beauce (Sainte-Marie) en 1823, de Berthier-en-Haut (Berthierville) en 1825, et de Terrebonne l'année suivante. Comme les religieuses de la Congrégation de Notre-Dame n'étaient pas cloîtrées, on faisait appel à elles en plusieurs milieux pour instruire et éduquer les jeunes. La supérieure décidait de l'orientation des programmes où la promotion des valeurs chrétiennes occupait une place importante. Sœur de la Croix ajouta au programme déjà existant l'étude de la langue anglaise, du dessin, des arts ménagers et diverses autres activités, selon les besoins.

Grâce au dévouement du sulpicien Jean-Baptiste Thavenet, représentant financier des communautés religieuses du Bas-Canada en Europe, la Congrégation de Notre-Dame put récupérer les rentes laissées en France depuis la Révolution française [V. Marie-Louise Compain*, dite Saint-Augustin]. Sœur de la Croix contribua encore à la tentative d'établissement des sœurs trappistines en Nouvelle-Écosse. En 1822, elle accueillit au noviciat trois jeunes filles choisies par le père Vincent de Paul [Jacques Merle*], qui voulait ajouter une branche féminine à la Trappe. L'année suivante, les novices retournèrent en Nouvelle-Écosse ; elles conservèrent une vive reconnaissance envers la Congrégation de Notre-Dame, spécialement à l'endroit de la supérieure.

Sœur de la Croix était douée d'un jugement solide et d'une forte constitution. Elle faisait preuve de bonté tout en se montrant ferme quant à l'observance de la règle et la fidélité aux usages alors en vigueur dans la communauté. À la suite d'un accident survenu dans sa jeunesse, elle boitait et, plus tard, elle devint sourde. Malgré cette double infirmité, elle était présente aux exercices de la vie religieuse et visitait toutes les missions. À son décès, l'évêque de Montréal, Mgr Ignace Bourget*, écrivait à la communauté : « J'ai toujours admiré dans la bonne Sœur de la Croix un zèle ardent pour le maintien de la discipline et l'exacte observance de vos saintes règles ; elle avait abondam-ment participé aux riches trésors cachés dans l'inestimable vertu de *simplicité évangélique* que vous a légués votre pieuse Fondatrice [Marguerite Bourgeoys*, dite du Saint-Sacrement …] Dieu […] lui avait donné de grandes lumières sur tout ce qui intéress[ait] votre Communauté. » Le nom de sœur de la Croix reste attaché à la lignée de celles qui accomplirent une œuvre considérable en répondant aux appels de l'Église et de l'éducation.

Thérèse Lambert

ANQ-M, CE1-5, 12 déc. 1782 ; CE1-51, 12 nov. 1846. — Arch. de la Congrégation de Notre-Dame (Montréal), Marie-Catherine Huot, dite Sainte-Madeleine, Journal et notes hist. — [D.-A. Lemire-Marsolais, dite Sainte-Henriette et] Thérèse Lambert, dite Sainte-Marie-Médiatrice, *Histoire de la Congrégation de Notre-Dame* (11 vol. en 13 parus, Montréal, 1941–), 6–8.

BAUZHI-GEEZHIG-WAESHIKUM (**Pazheke-zhikquashkum, Pechegechequistqum, Beyigishi-queshkam,** qui signifie « qui enjambe le ciel »), chef indien et sorcier, né sur les bords de la rivière des Miamis (rivière Maumee, Ohio) ; il eut trois fils qui atteignirent l'âge adulte ; décédé à la fin de 1841 ou au début de 1842 dans l'île Walpole (comté de Lambton, Ontario).

Bauzhi-geezhig-waeshikum naquit probablement bien avant la Révolution américaine. Il passa sa jeunesse sur la rive ouest du lac Saint-Clair, dans ce qui est aujourd'hui le Michigan ; à la fin des années 1820, devenu assez âgé et chef des siens, il partit s'installer avec sa famille de l'autre côté de la frontière, dans l'île Walpole. Après la Révolution américaine, Alexander McKee*, du département des Affaires indiennes, avait encouragé les Sauteux et les Outaouais de la région, alliés de la Grande-Bretagne, à s'établir dans la grande île. Celle-ci, qui n'avait jamais été cédée à la couronne, comptait à l'époque environ 300 habitants.

En août 1829, le révérend Peter Jones*, missionnaire méthodiste autochtone, essaya en vain de convertir Bauzhi-geezhig-waeshikum. Le vieux chef et sorcier répliqua à Jones et aux Indiens convertis qui étaient avec lui : « L'homme blanc fabrique l'eau-de-vie, il en boit, il la vend aux Indiens, il ment aux pauvres Indiens et les trompe. Je l'ai vu se rendre à sa chapelle au [fort] Malden et, sitôt sorti, je l'ai vu s'en aller directement à la taverne, se soûler, se disputer et se battre. Alors, la religion de l'homme blanc n'est pas meilleure que la mienne. Je garde la religion de mes ancêtres. » Sans se décourager, Jones revint à la charge en deux occasions au début des années 1830, mais ce fut peine perdue. Bauzhi-geezhig-waeshikum lui donna sans doute la même réponse qu'à sa première visite, à savoir que des voies différentes avaient été tracées pour les Blancs et les Indiens. « Le Grand Manitou nous a créés tous, avait-il dit. Lorsqu'[il] a fait l'homme blanc, il lui a donné son culte, écrit dans un livre, et a préparé une place pour son âme là-haut dans le ciel. Il lui a appris également une manière de préparer et d'administrer les remèdes qui diffère de celle des Indiens. Mes frères et amis, lorsque le Grand Manitou a créé l'Indien, il lui a donné son culte et lui a enseigné comment utiliser les remèdes et les administrer aux malades. Le Grand Manitou a donné à l'Indien de connaître la vertu des racines et des plantes qui conservent la vie et c'est en respectant ces choses que nous préservons nos vies. » Après des échecs répétés, Jones confia à propos de la mission de Saint-Clair : « [c'est] la plus dure que je connaisse ».

Reconnu grand chef de tous les Indiens de l'île Walpole et du haut de la rivière Saint-Clair, du côté canadien, Bauzhi-geezhig-waeshikum résista aux pressions exercées par les autorités gouvernementales pour les amener, lui et son peuple, à adopter le christianisme et l'agriculture. En guise de protestation, il bouda le recensement organisé par le département des Affaires indiennes et refusa tout présent pendant plusieurs années. Cependant, comme il le dit à Jones au cours de l'été de 1833, il était « disposé à envoyer [les] enfants à l'école pour qu'ils apprennent à lire, à mettre des mots sur papier et à compter, de façon que les trafiquants blancs ne puissent pas les duper ».

L'arrivée imprévue de colons blancs dans l'île Walpole exaspéra le chef indien. En 1839, il informa Samuel Peters Jarvis*, surintendant en chef des Affaires indiennes du Haut-Canada, que les squatters avaient tué une centaine de porcs qui appartenaient aux Indiens, volé leurs chevaux et abattu leurs chiens « à la porte même de [leurs] wigwams ». Les Blancs firent en outre courir la rumeur que les Indiens seraient chassés comme ils l'avaient été aux États-Unis. Heureusement, le département des Affaires indiennes protégea leur droit de propriété et expulsa les squatters au début des années 1840.

Bauzhi-geezhig-waeshikum était un orateur-né ; sa facilité de parole et sa grande connaissance de la médecine ancestrale lui avaient valu le profond respect des Indiens de la région. Jones écrivit à son sujet : « les autres chefs n'entreprennent rien d'important sans le consulter [...], ce chef est un peu un patriarche parmi son peuple ».

Même si, vers 1835, le révérend James EVANS réussit à gagner un bon nombre de Sauteux de la rive ouest de la rivière Saint-Clair, ni lui ni aucun de ses successeurs ne firent de conversions chez les Indiens de l'île Walpole du vivant de Bauzhi-geezhig-waeshikum. Celui-ci fut l'un des derniers grands défenseurs de la tradition des Sauteux et des Outaouais de la région. Sa mort, survenue peu avant le 10 janvier 1842, élimina, au dire de l'agent des Affaires indiennes John W. Keating, « un grand obstacle [...] à la lutte du missionnaire pour la conversion des Indiens ».

DONALD B. SMITH

L'auteur tient à remercier Basil Johnston du Royal Ont. Museum (Toronto) pour ses avis concernant les noms des Sauteux. [D. B. S.]

AO, MS 296. — APC, RG 10, A4, 58 : 59781 ; 67 : 64211–64214 ; 126 : 70969 ; B3, 2022, file 8520 ; C1, 2, vol. 569 : 10. — MTRL, S. P. Jarvis papers, B57 : 373–376, 381–384. — Victoria Univ. Library (Toronto), Peter Jones coll., Peter Jones papers, letter-book, 10 juin 1833. — Canada, prov. du, Assemblée législative, *App. des journaux*, 1847, app. T, app. 21, J. W. Keating, lettre, 16 déc. 1842. — Peter Jones, *History of the Ojebway Indians ; with especial reference to their conversion to Christianity [...]*, [Elizabeth Field, édit.] (Londres, 1861) ; *Life and journals of Kah-ke-wa-quo-nā-by (Rev. Peter Jones), Wesleyan missionary*, [Elizabeth Field et Enoch Wood, édit.] (Toronto, 1860). — « Missionary intelligence », *Christian Guardian*, 27 févr. 1830 : 115. — K. J. Tyler et R. T. Ryan, « The government's management of Indian trust funds : a case study of the Chippewas and Pottawatomies of Walpole Island » (rapport préparé pour la National Indian Brotherhood, polycopié, 1981), V-2, VII-3.

BEAMER (Beemer, Bemer), JACOB R., charpentier, hôtelier et patriote, né vers 1810 dans le comté de Norfolk, Haut-Canada, fils de Joseph Beamer et d'une prénommée Mary ; de sa femme, qui portait aussi le prénom de Mary, il eut deux enfants ; *circa* 1837–1847.

Le père de Jacob R. Beamer partit du New Jersey pour le Haut-Canada en 1796 et obtint une concession dans le canton de Townsend. C'est là que grandit Jacob, au sein d'une nombreuse famille. Il devint d'abord charpentier et, par la suite, hôtelier lorsque son père et lui ouvrirent une taverne à Scotland, dans le canton d'Oakland.

En décembre 1837, Beamer, qui était réformiste, entendit dire que le leader du mouvement réformiste, William Lyon Mackenzie*, avait pris Toronto et que les autorités cherchaient à arrêter Charles Duncombe* et Eliakim Malcolm*, deux réformistes en vue dans la région. Ces derniers optèrent pour la rébellion et Malcolm tint une assemblée à la taverne des Beamer, le 7 décembre, dans le but de recruter des hommes. Le père de Jacob et son frère David appuyaient la cause des rebelles ; Jacob lui-même s'occupait d'instruire les recrues et de réunir des armes. Toronto n'avait cependant pas été pris ; en réalité, les troupes du gouvernement dirigées par Allan Napier MacNab* étaient sur le point de fondre sur la troupe bigarrée de Duncombe et de Malcolm. Informés de ce fait nouveau le 13 décembre, les insurgés battirent en retraite et s'enfuirent ; parvenu à Simcoe, Jacob se livra. Les autorités le libérèrent, mais envoyèrent son père à la prison de Hamilton. Plus tard, lorsque Jacob découvrit qu'il devait être mis en accusation, il se sauva à Niagara Falls, dans l'état de New York, où il continua à travailler pour la cause des rebelles.

En juin 1838, sous les ordres de James Morreau, Beamer commandait une compagnie de la « Canada Volunteer Army », au sein du « Patriot Service ». Vingt-neuf hommes de cette « armée » pénétrèrent dans le Haut-Canada en traversant la rivière Niagara le 11 juin pour porter « des armes et des munitions à Short Hills » et apporter « l'indépendance au Canada ». Ils s'aperçurent vite qu'on les avait induits en erreur ; la région de Niagara n'était pas mûre pour la rébellion. Morreau voulut faire marche arrière, mais Beamer et d'autres « décidèrent de persévérer ». Durant la nuit du 20 juin, les rebelles descendirent donc au village de St Johns (St Johns West). Beamer et sa compagnie pillèrent quelques maisons avant que la troupe, renforcée par quelques villageois, ne s'attaque à une auberge qui logeait un petit contingent des Queen's Lancers. Ils capturèrent les soldats, mais eurent tôt fait de les relâcher, au grand déplaisir de Beamer, qui voulait les faire tuer.

Les attaquants se dispersèrent alors, mais la plupart furent bientôt arrêtés. On prit Beamer à St Thomas et on l'envoya à Niagara (Niagara-on-the-Lake) via London. Le 17 août, jour du procès de Beamer, Morreau avait déjà été exécuté. Le père de Jacob et deux des rebelles, Stephen Hart et Edward Seymour, vinrent à la barre des témoins et firent des efforts désespérés pour le faire acquitter, mais ce fut en vain. Le lieutenant-gouverneur sir George Arthur* estimait que son cas était des plus graves ; il fut donc très contrarié lorsque le gouverneur en chef, lord Durham [LAMBTON], intervint pour le sauver de l'échafaud et le déporter à vie dans la terre de Van Diemen (Tasmanie) avec d'autres condamnés.

On expédia Beamer et plusieurs prisonniers politiques d'abord en Angleterre, où ils débarquèrent en décembre 1838, puis on les achemina vers la terre de Van Diemen, où Beamer arriva en janvier 1840. À ce moment, il s'était déjà fait des ennemis acharnés parmi ses ex-compagnons de Short Hills. Au début de 1842, trois d'entre eux, Samuel Chandler*, James Gammill (Gemmell, Gamble) et Benjamin Wait* s'évadèrent. Le 28 juin 1842, pour éveiller l'indignation publique, Gammill rapporta dans le *Daily Plebeian* de New York que Beamer était devenu constable. Wait pour sa part déclara dans *Letters from Van Dieman's Land* […], paru aux États-Unis en 1843, que Beamer avait régulièrement trahi ses camarades dans l'espoir d'obtenir une commutation de peine. Linus Wilson Miller* confirma les accusations de Wait après avoir obtenu sa grâce en 1844. Dans *Notes of an exile to Van Dieman's Land* […], publié en 1846, il affirma même que Beamer avait commis une

trahison dès 1838 en dévoilant aux autorités un plan secret conçu pour faire évader les prisonniers d'État de la prison de Hamilton. Miller ajoutait qu'au moment où il avait quitté la colonie pénitentiaire pour les États-Unis en 1845, Beamer avait sombré dans la dépravation et dans une situation désespérée. Juste avant de quitter la terre de Van Diemen, au début de mars 1847, un autre prisonnier libéré, Elijah Crocker WOODMAN, nota que Beamer était encore « en captivité ».

Ce qu'il advint de Jacob R. Beamer par la suite demeure un mystère. Il est peut-être le Jacob Bremmer qui fut condamné à Melbourne en juillet 1851 à deux ans de travaux forcés pour contrefaçon, ou le Jacob Beemer qui vivait dans cette ville en 1856–1857. Quitta-t-il ou non l'Australie ? On peut concevoir qu'il retourna dans le Haut-Canada. De toute façon, de nombreuses personnes, y compris des camarades d'antan, se souvenaient de lui comme d'un « traître ».

COLIN FREDERICK READ

L'auteur remercie le personnel de l'*ADB* pour les informations qu'il lui a fournies. [C. F. R.]

APC, MG 24, I26, 65 ; RG 5, A1 : particulièrement 104502–104511, 106180–106185, 108705–108712, 110429–110451, 110820–110821, 111392–111433, 111583–111586, 111977–112007, 112222–112236, 112458–112488, 114649–114651. — PRO, CO 42/450 (mfm aux AO). — L. W. Miller, *Notes of an exile to Van Dieman's Land : comprising incidents of the Canadian rebellion in 1838, trial of the author in Canada, and subsequent appearance before her majesty's Court of Queen's Bench, in London, imprisonment in England, and transportation to Van Dieman's Land* […] (Fredonia, N.Y., 1846 ; réimpr., East Ardsley, Angl., 1968). — Benjamin Wait, *Letters from Van Dieman's Land, written during four years imprisonment for political offences committed in Upper Canada* (Buffalo, N.Y., 1843). — Guillet, *Lives and times of Patriots.* — C. [F.] Read, *Rising in western U.C.* ; « The Short Hills raid of June, 1838, and its aftermath », *OH*, 68 (1976) : 93–115.

BEASLEY, RICHARD, trafiquant de fourrures, homme d'affaires, juge de paix, homme politique, officier de milice, agent de développement, fermier et juge, né le 21 juillet 1761 dans la colonie de New York, fils de Henry Beasley et de Maria Noble ; en 1791, il épousa Henrietta Springer, et ils eurent trois fils et cinq filles ; décédé le 16 février 1842 à Hamilton, Haut-Canada.

Richard Beasley était peut-être tombé aux mains des rebelles le 14 septembre 1777, pendant la Révolution américaine. D'après une requête datée de 1795, il était arrivé dans la province de Québec en 1777 et avait travaillé deux ans à titre de « commissaire intérimaire », présumément au fort Niagara (près de Youngstown, New York). C'est là qu'en 1781 il servit

Beasley

de témoin à la conclusion d'une association entre John Askin* et la compagnie de Robert Hamilton* et de Richard Cartwright*, son cousin. Il s'associa à Peter Smith* en 1783 pour faire la traite avec les Indiens, et tous deux construisirent des postes de traite à Toronto et à Pemitescutiang (Port Hope). Cinq ans plus tard, ils demandèrent des terres à ces endroits, mais le gouvernement opta pour d'autres emplacements. Par la suite, Beasley s'installa sur une terre du canton de Barton, à l'extrémité ouest du lac Ontario. Lors d'une visite en 1792, Patrick Campbell* observa qu'il tenait « un magasin [...] et fai[sait] beaucoup de traite de pelleteries avec les Indiens ». La même année, l'arpenteur général adjoint de la nouvelle province du Haut-Canada, David William SMITH, notait que Beasley et James Wilson avaient une scierie et un moulin à farine dans le canton d'Ancaster, sur un ruisseau qui se jetait dans la baie de Burlington (port de Hamilton).

Au début des années 1790, Beasley s'installa à l'extrémité sud-est de Burlington Heights (alors dans le canton de Barton mais à présent dans Hamilton), où il construisit une maison, une écurie et une grange. En dépit de ces travaux, une famille de l'endroit, les Lottridge, lui contestait la propriété de la terre. Située entre la baie de Burlington et le marais qui s'étendait à l'ouest, Coote's Paradise, cette terre assurait à son occupant la mainmise sur le transbordement qui se faisait là. Le 11 juin 1796, le lieutenant-gouverneur John Graves Simcoe* et sa femme, qui se trouvaient dans le voisinage, prirent un bateau pour se rendre chez Beasley. Elizabeth Posthuma Simcoe [GWIL-LIM] dit de cet emplacement surélevé, qui offrait une vue superbe, qu'il était « plus propice au peuplement que toutes les parties de la province qu'[elle avait] vues ». Beasley profita de cette visite pour faire valoir au lieutenant-gouverneur son droit de propriété, et celui-ci se déclara prêt à l'appuyer s'il construisait un quai et un entrepôt. Beasley ne parvint à un règlement avec les Lottridge qu'en 1798, après que Simcoe eut quitté le Haut-Canada. Ensuite, dans une requête au Conseil exécutif, il réclama la confirmation officielle de son titre et nota que le quai et l'entrepôt qu'il entendait installer seraient « utiles à la population aussi bien qu'à [lui]-même ». Autorisé à les construire sur la plage qui bordait la propriété, il reçut son titre en 1799.

De tous les résidents de Head of the Lake (près du port actuel de Hamilton), Beasley était probablement le mieux en mesure de profiter de la croissance de la région. Non seulement c'était un homme d'affaires, mais il était devenu, en 1796, juge de paix et député de la circonscription de Durham, York, and 1st Lincoln. Officier dans la milice de Lincoln, il prit en 1798, dans la milice d'York, le commandement de la Company of the Burlington Circle. Ses débuts en politique n'eurent rien de remarquable ; en 1798, il accorda son suffrage à un projet de loi de Christopher Robinson* qui autorisait les immigrants à emmener des esclaves dans la province et, l'année suivante, avec la majorité, il rejeta un projet de loi qui aurait permis aux ministres méthodistes de célébrer des mariages. En juillet 1800, Beasley et Robert NELLES devinrent députés de la circonscription de West York, 1st Lincoln, and Haldimand. William Claus*, qui avait assisté au scrutin, trouva que « les gens de [l'endroit étaient] prévenus contre les fonctionnaires du gouvernement, et ce à cause de M. Beasley [...] grand fauteur de troubles ». Durant la troisième législature (1801–1804), Beasley se distingua surtout comme président de la chambre (1803–1804). Battu aux élections de 1804, il remporta la victoire dans York West en 1808, mais il y eut contestation sous le motif que le directeur du scrutin avait « mis fin prématurément au vote ». Malgré ses protestations, Beasley perdit son siège en février 1809 ; l'agrarien radical John Willson* lui succéda.

Sur le plan financier, Beasley n'eut pas plus de chance. Après avoir vendu sa part des moulins du canton d'Ancaster et 400 acres de terre à John Baptist Rousseaux* St John pour la somme de £1 200, il se servit en 1798 de cette rentrée de fonds, en dépit des avertissements de Cartwright sur les dangers de la spéculation foncière, pour acheter au prix de £8 887, avec James Wilson et Rousseaux (dont il racheta la part ensuite), le bloc 2 (canton de Waterloo) qui faisait partie des terres de la rivière Grand, propriété des Six-Nations. Contrairement à la plupart de ceux qui spéculaient sur ces terres, Beasley y fit venir quelques colons. Cependant, il n'arrivait pas à rembourser son hypothèque aux administrateurs des Indiens et, en 1800, Hamilton gagna contre lui un procès pour dettes. Afin de s'acquitter de diverses obligations, Beasley mit en vente sa « riche et agréable propriété » du canton de Barton, qui comprenait 976 acres de terre, dont 150 en culture, une maison, des écuries, un quai, un entrepôt et des stocks de bois. Toutefois, il parvint finalement à la conserver et vendit plutôt des terres du bloc 2 à des mennonites de Pennsylvanie [V. Samuel D. Betzner*], sans les mettre au courant de l'hypothèque. Il fallut plusieurs années avant de régler cette affaire confuse.

Beasley voyait s'écrouler tous les pans de son univers. Il avait abandonné imprudemment ses moulins pour la spéculation foncière et n'avait réussi qu'à tomber dans le guêpier du bloc 2. Le leadership commercial de Head of the Lake passait aux mains de Richard Hatt*, tandis qu'en politique c'est Willson qui dominait. Cependant, Beasley ne vivait pas pour autant dans la misère. Certes, il devait à présent assurer la subsistance de sa famille et de ses domestiques « à même le produit » de sa ferme, mais il habitait une belle villa en brique, de style néoclassique, construite avant la guerre de 1812 et qu'on allait décrire en 1833 en ces termes : « très spacieuse, de 50 pieds sur 40, avec deux ailes de 20 pieds carrés et une cuisine à charpente de bois de 18 pieds sur 30 ». Sa ferme comprenait un verger d'environ 200 pommiers, « plusieurs arbres fruitiers de choix et une pépinière de jeunes pommiers » ; dès les années 1830, on y trouvait aussi une vaste plantation de pêchers, « réputée la meilleure de la province ». En somme c'était là un domaine tout à fait convenable pour celui qui, depuis le 26 mai 1802, était lieutenant-colonel de la West Riding Militia of York.

La guerre et ses suites érodèrent aussi le prestige de Beasley. Après l'offensive des Américains le long de la presqu'île du Niagara, au printemps de 1813, et la défaite du major général Henry Procter* dans l'ouest de la province, à l'automne, les troupes britanniques en retraite et leurs alliés indiens se rassemblèrent au dépôt de Burlington Heights, près de la ferme de Beasley. De juin 1813 à septembre 1815, les soldats occupèrent sa maison aussi bien que ses bâtiments, parsemèrent sa ferme de batteries et de tranchées, rendirent « inutiles » ses vergers et ses champs, détruisirent son jardin, brûlèrent ses clôtures, coupèrent son bois, confisquèrent ses céréales et ravagèrent plusieurs de ses bâtiments. Les dommages excédaient les £3 000 ; par la suite, les commissaires chargés de rembourser les pertes de guerre lui versèrent un peu plus de £1 300.

Par ailleurs, et c'était pire, on prétendait que Beasley avait manqué de ferveur pendant les hostilités, et il aggrava son cas en participant, après la guerre, à l'agitation que déclencha Robert Gourlay*. Comme le rapportait en 1818 le journal de Hatt, dans le nouveau district de Gore « on défend[ait] ardemment la grande cause qu'[était] l'enquête sur l'état de la province ». En décembre 1817, Beasley avait présidé l'assemblée au cours de laquelle les habitants du canton de Barton avaient répondu aux questions de Gourlay. Élu, en 1818, à titre de représentant de son district au congrès provincial de Gourlay, il présida ce congrès, qui s'ouvrit à York le 6 juillet et qu'il inaugura « par un vigoureux discours dans lequel il s'éleva contre les insinuations et assertions fausses et malveillantes lancées devant la population quant aux opinions et aux intentions » des délégués. Plus tard dans le mois, John Strachan* le traita de « personnage désagréable, faible et mécontent », qui avait « mal agi pendant la guerre ».

En octobre, dans une adresse au lieutenant-gouverneur sir Peregrine Maitland*, Beasley, qu'on avait chargé à titre de commissaire, pendant la guerre, d'enquêter sur les cas de haute trahison, minimisa la nécessité de souligner l'évidente loyauté d'une population « qui, trois années durant, a[vait] résisté, dans le seul but de maintenir la souveraineté britannique, à tous les assauts d'un ennemi insidieux, audacieux et puissant ». Selon lui, il fallait plutôt mettre l'accent sur l'administration coloniale qui, pendant les 20

années précédentes, « sauf en de rares cas, n'a[vait] apporté que déception ». Il espérait « des temps meilleurs » ; toutefois, le mécontentement était réel, et « pareille agitation [devait] avoir des motifs sérieux ». Contrairement à la tradition, Beasley ne se contentait pas de réclamer un redressement des torts. Il voulait une enquête impériale sur la situation de la province, chose que l'Assemblée haut-canadienne « n'[était] pas, en fait, habilitée à entreprendre ». Jusque-là, la septième législature avait négligé des questions « d'une importance vitale ». Le prédécesseur de Maitland, Francis Gore*, avait, « par des gestes arbitraires, [...] fait obstacle aux lois du pays », si bien qu'on aurait été « justifié » de le « mettre en accusation ». Quoique « excellentes », la série de résolutions présentées par Robert Nichol* en 1817 contre le gouvernement de Gore étaient venues trop tard. La province pâtissait de la « mauvaise application de bonnes lois » ; on freinait sa prospérité ; « en dépit d'un climat des plus favorables et d'un sol des plus fertiles, le mécontentement et la pauvreté » y régnaient. Devant la crainte d'une reprise des hostilités avec les États-Unis et d'une éventuelle rupture avec la Grande-Bretagne, Beasley pressait Maitland de transmettre au prince régent l'adresse du congrès d'York. Cependant, les congressistes avaient dépassé les limites du raisonnable et, le 31 octobre, tous les députés sauf un votèrent en faveur d'un projet de loi qui visait à proscrire la tenue de réunions semblables.

Le gouvernement répliqua vite aux partisans de Gourlay. En 1819, on radia Beasley de la magistrature et il perdit le commandement du 2nd Regiment of Gore militia, qu'il exerçait depuis dix ans. À sa demande, il comparut au printemps devant un conseil d'enquête. L'adjudant général Nathaniel COFFIN l'accusa alors de s'être retiré du combat à Lundy's Lane en 1814 et de s'être rendu coupable de désobéissance, de négligence et conduite malséante. L'audience ne fut qu'une parodie de justice : Beasley n'eut le droit ni de prendre la parole pour se défendre, ni d'appeler des témoins. « Cela, se plaignit-il, a davantage l'allure d'une inquisition [...] J'aurais pu aussi bien être dans le coin le plus reculé de l'Inde que présent à Grimsby. » Le conseil d'enquête confirma son renvoi. Beasley demanda alors de comparaître devant un conseil de guerre où il pourrait « [se] défendre, conformément au véritable esprit de la constitution britannique ». Réuni à Grimsby le 24 janvier 1820, ce conseil écarta toutes les accusations, sauf celle de négligence, et conclut dans ce cas à l'absence de préméditation. Beasley eut pour toute sentence une lettre de blâme dans laquelle Maitland, le 6 mars, l'informa que le gouvernement n'avait plus besoin de ses services et que cette décision, indépendante des conclusions du conseil de guerre, « s'appu[yait] uniquement sur le rôle [qu'il avait] joué dans les

Beaubien

délibérations du récent congrès de délégués, rôle si contraire à [son] rang ». Beasley écrivit à un ami : « J'ai perdu la confiance du gouvernement et, par la suite, on m'a relevé de toutes les fonctions honorables – je ne dirai pas lucratives – que j'exerçais. » Il n'en demeurait pas moins convaincu que la situation de la province avait « exigé une enquête », et la suite des événements ne le fit pas changer d'avis.

Candidat dans la circonscription de Middlesex en 1820, Richard Beasley perdit la bataille contre Mahlon BURWELL. Quatre ans plus tard, il remporta la victoire dans la circonscription de Halton. À cause de ses antécédents, George Tiffany, avocat d'Ancaster, le présenta à William Lyon Mackenzie* comme un « partisan » de la réforme et un candidat tout indiqué pour la présidence de la chambre. Cependant, ce poste alla plutôt à Willson, en janvier 1825. Beasley avait fait son temps. En 1827, il redevint juge de paix ; à compter de 1834, il siégea en qualité de juge assesseur aux assises du district. Aux prises avec des difficultés financières depuis l'épisode de Gourlay, il avait dû, en 1819, hypothéquer ses terres, soit 11 350 acres, au profit de la compagnie montréalaise de François Desrivières* et de Thomas BLACKWOOD. Incapable de rembourser son hypothèque ou de continuer à verser les intérêts, il vendit sa propriété de Burlington Heights à Allan Napier MacNab* en 1832. Deux ans plus tard, tandis que MacNab se mettait à construire Dundurn, Beasley se débattait encore pour acquitter le solde de sa dette à Blackwood. En 1842, il possédait une maison et deux lots à Hamilton ; de plus, il représentait plusieurs compagnies dans cette localité.

ROBERT LOCHIEL FRASER

AO, MS 88 ; MS 302 ; MS 502 ; MS 503 ; MS 516 ; MU 500, Richard Cartwright, letter-book, 1793–1796 ; MU 2555 ; RG 22, sér. 131 ; sér. 155. — APC, RG 1, E1 ; L3 ; RG 5, A1 ; RG 8, I (C sér.) ; RG 9, I, B1 ; RG 19, E5(a), 3740, 3756 ; RG 68, General index, 1651–1841. — HPL, Barton Township, census and assessment rolls, 1816–1819, 1835–1842. — MTRL, Laurent Quetton de St George papers. — Patrick Campbell, *Travels in the interior inhabited parts of North America in the years 1791 and 1792* [...], H. H. Langton et W. F. Ganong, édit. (Toronto, 1937). — Canada, chambre des Communes, *Journaux*, 1870, app. 1. — *Corr. of Hon. Peter Russell* (Cruikshank et Hunter). — *Corr. of Lieut. Governor Simcoe* (Cruikshank). — « District of Nassau ; letter book n° 2 », AO *Report*, 1905 : 335. — [Thomas Douglas, 5e comte de] Selkirk, *Lord Selkirk's diary, 1803–1804 ; a journal of his travels in British North America and the northeastern United States*, P. C. T. White, édit. (Toronto, 1958 ; réimpr., New York, 1969), 303. — « Grants of crown lands, etc., in Upper Canada, 1792–1796 », AO *Report*, 1929. — [E. P. Gwillim] Simcoe, *Mrs. Simcoe's diary*, M. [E.] Quayle Innis, édit. (Toronto et New York, 1965). — *John Askin papers* (Quaife), 1. — « Journals of Legislative Assembly of U.C. », AO *Report*, 1909, 1911–1913. — *Kingston before War of 1812* (Preston). — « Records of Niagara [...] », E. A. Cruikshank, édit., Niagara Hist. Soc., [*Pub.*], n° 40 (s.d.). — *Select British docs. of War of 1812* (Wood). — *Statistical account of U.C.* (Gourlay ; Mealing, édit. ; 1974). — John Strachan, *The John Strachan letter book, 1812–1834*, G. W. Spragge, édit. (Toronto, 1946). — *Town of York, 1793–1815* (Firth). — « Upper Canada land book D, 22nd December, 1797, to 13th July, 1798 », AO *Report*, 1931. — *Kingston Chronicle, 1819–1820*. — *Kingston Gazette, 1818*. — *Upper Canada Gazette, 1794, 1801*. — *Death notices of Ont.* (Reid). — *DHB*. — Reid, *Loyalists in Ont*. — Darroch Milani, *Robert Gourlay, gadfly*. — Gates, *Land policies of U.C.* — Johnston, *Head of the Lake* (1958). — Isabel Thompson Kelsay, *Joseph Brant, 1743–1807, man of two worlds* (Syracuse, N.Y., 1984). — B. G. Wilson, *Enterprises of Robert Hamilton*. — Nicholas Leblovic, « The life and history of Richard Beasley, esquire », *Wentworth Bygones* (Hamilton), n° 7 (1967) : 3–16.

BEAUBIEN. V. DES RIVIÈRES

BEAUBIEN, MARGUERITE, supérieure des Sœurs de la charité de l'Hôpital Général de Montréal, née le 29 janvier 1797 à Nicolet, Bas-Canada, fille d'Alexis Beaubien, cultivateur, et de Marguerite Durocher ; décédée le 11 août 1848 à Montréal.

Les parents de Marguerite Beaubien étaient propriétaires d'une terre à l'île Moras, dans la région de Trois-Rivières. Cultivateurs aisés, ils surent donner à leur fille une éducation soignée. Marguerite entra à l'Hôpital Général le 12 juillet 1816 et y prononça ses vœux de religion le 17 juillet 1818. Sœur Beaubien devint hospitalière des orphelines et, en 1828, pharmacienne. En 1833, on la choisit pour remplacer mère Marie-Marguerite LEMAIRE qui venait de démissionner de son poste de supérieure. Contrairement à ses devancières, dont le mandat était d'une durée indéterminée, elle remplit cette fonction pendant cinq ans, puis fut réélue pour un second quinquennat.

Dès son entrée en fonction, mère Beaubien fit construire un lavoir contigu à l'Hôpital Général, où on amena l'eau courante afin de favoriser la santé des sœurs ; l'ancien lavoir devint un magasin au profit des pauvres. En vue d'orner la chapelle, elle fit peindre trois tableaux en France. Elle fit aussi construire un perron en pierre à l'entrée de cette chapelle, puis fermer le mur autour de la propriété par une barrière en fer forgé surmontée de ces paroles significatives tirées du psaume 27 : « Mon père et ma mère m'ont abandonné mais le Seigneur m'a recueilli. » La pauvreté de l'hôpital, déjà grande, s'accrut à la suite de l'inondation survenue en janvier 1838.

Les pauvres furent constamment l'objet de la sollicitude de mère Beaubien. En 1834, elle donna l'ordre à l'économe de la communauté de distribuer du blé à tous les nécessiteux de la seigneurie de Châteauguay, propriété de l'Hôpital Général, et de faire couper les chênes dans l'île Saint-Bernard pour ensuite les vendre au profit des pauvres. On rebâtit en 1836 le manoir seigneurial, devenu vétuste et trop exigu, et les religieuses y hébergèrent quelques familles dont les chefs participaient à la rébellion de 1837–1838. En 1838, mère Beaubien présenta à la chambre d'Assemblée un mémoire par lequel elle sollicitait une aide pécuniaire supplémentaire afin d'aider l'œuvre des enfants abandonnés et de rebâtir les loges pour les aliénés, devenues inhabitables. On accorda la subvention mais sans le supplément demandé, aussi les religieuses cessèrent-elles le soin des aliénés en 1844.

En 1840, mère Beaubien avait accepté qu'une maison des Sœurs de la charité soit fondée à Saint-Hyacinthe. Trois ans plus tard, la communauté se dota de nouvelles constitutions que rédigea le sulpicien Sauveur-Romain Larré, assisté de Mgr Ignace Bourget*. Aux élections qui eurent lieu en 1843 dans la communauté, mère Beaubien fut élue assistante. À l'automne de 1844, elle devint supérieure de la nouvelle communauté des Sœurs de la charité à Bytown (Ottawa). Malheureusement, une attaque de paralysie l'obligea à démissionner, et c'est mère Élisabeth Bruyère* qui la remplaça. Sœur Beaubien, trop malade, ne put assumer aucune autre fonction. Quatre années de souffrances devaient s'écouler avant son décès.

Selon un de ses biographes, Marguerite Beaubien « était d'un caractère doux et paisible, d'un esprit judicieux et pénétrant, d'un jugement sûr et solide ». Le sulpicien Jean-Baptiste THAVENET appréciait « l'exactitude et la précision avec lesquelles elle [faisait] les choses ». Durant son mandat de supérieure, la communauté avait atteint son premier siècle d'existence. Elle avait agrandi son aire d'apostolat et pouvait ainsi envisager l'avenir avec confiance.

LAURETTE DUCLOS

ANQ-M, CE1-51, 14 août 1848. — ANQ-MBF, CE1-13, 29 janv. 1797. — Arch. des Sœurs Grises (Montréal), Aliénés, historique ; Ancien journal, I ; Corr., J.-B. Thavenet ; Dossier de la communauté de Saint-Hyacinthe ; Dossier de sœur Marguerite Beaubien ; Maison mère, corr., chapelle ; Mémoire de sœur Saint-Jean-de-la-Croix ; Notices biographiques (1741–1848) ; Reg. des affaires temporelles, I ; Reg. des entrées, 1737–1889 ; Reg. des minutes du Conseil général. — P.-G. Roy, Inv. concessions. — É.-J.[-A.] Auclair, Histoire de Châteauguay, 1735–1935 (Montréal, 1935). — Bellemare, Hist. de Nicolet. — [Albina Fauteux et Clémentine Drouin], l'Hôpital Général des Sœurs de la charité (Sœurs Grises) depuis sa fondation jusqu'à nos jours (3 vol. parus, Montréal, 1916–   ).

BEAUVAIS, dit Saint-James, RENÉ, sculpteur et menuisier, né le 8 octobre 1785 à Laprairie (La Prairie, Québec), fils de Jean-Baptiste Bauvais et de Marianne Lancto ; décédé célibataire le 4 septembre 1837 au même endroit.

On ignore quand et avec qui René Beauvais, dit Saint-James, fit son apprentissage. On peut croire, mais aucun document ne le confirme, qu'il le fit avec l'un des membres de l'atelier de Louis Quévillon*, dans la première décennie du XIXe siècle. On sait de façon certaine qu'il habitait à Saint-Vincent-de-Paul (Laval) et qu'il était maître sculpteur en 1812. L'année suivante, il signa un contrat pour exécuter des ouvrages de menuiserie, de sculpture et de dorure dans l'église de Sainte-Thérèse-de-Blainville (Sainte-Thérèse). Il travailla de 1813 à 1816 au retable, au jubé, à la corniche et à la voûte de cette église ; après 1816, c'est le sculpteur François Dugal qui poursuivit les travaux. À compter de 1813, Saint-James fit également des ouvrages de sculpture, de dorure, de marbrure et d'argenture aux corniches, au banc d'œuvre et à la voûte de l'église de Saint-Constant. La fabrique de la paroisse Sainte-Marie-de-Monnoir (Saint-Nom-de-Marie, Marieville) l'engagea en janvier 1815 pour des travaux de sculpture.

Un mois plus tard, Saint-James s'associa à Quévillon, à Joseph PÉPIN et à Paul Rollin*. Ensemble, ils travaillèrent aux églises de Varennes et de Pointe-Claire, mais en janvier 1817 cette société fut dissoute. Cependant, Saint-James s'associa de nouveau à Quévillon et ils entreprirent des ouvrages de sculpture et de dorure dans les églises de Pointe-Claire, de Verchères, de Saint-Eustache et de Pierrefonds. En 1821, il forma une société avec Rollin pour la sculpture, la dorure et l'argenture de l'église de Saint-Mathias. Avec la collaboration de Dugal, il sculpta la chaire, le banc d'œuvre, le retable et plusieurs éléments décoratifs de l'église de La Présentation. Il fit aussi certains travaux de menuiserie dans les églises de Saint-Benoît (Mirabel) et de Saint-Eustache l'année suivante.

Après le décès de Quévillon en 1823, Saint-James céda plusieurs des marchés qu'il s'était engagé à exécuter ; c'est ainsi que Dugal termina certaines pièces sculptées à La Présentation. La même année, Saint-James s'associa à Rollin et à Dugal : le 21 août 1823, les trois sculpteurs signèrent un contrat pour construire le clocher de l'église de Lachine. La même année, Rollin et Saint-James s'adjoignirent le menuisier Simon Hogue afin d'effectuer des travaux à la toiture de l'église de Saint-Vincent-de-Paul. La société de Rollin, de Dugal et de Saint-James fut dissoute le 7 avril 1824. La semaine suivante, Saint-James et Dugal en formèrent une autre qui, elle, allait durer dix ans. En octobre 1825, un important incendie détruisit l'atelier de Saint-James. Trois ans plus tard, il signa un contrat pour l'église de Rigaud que Nicolas Perrin allait terminer. En 1831, il fit de la sculpture dans les églises de Saint-Sulpice et de Saint-Édouard.

René Beauvais, dit Saint-James, eut plusieurs apprentis qu'il engageait pour environ cinq ans et qui habitaient chez lui. Il leur enseignait la sculpture, la dorure et la marbrure. À son décès, *la Minerve* lui rendit cet hommage : « La société vient de perdre un de ses bons citoyens, Mr René St. James, architecte, capitaine de milice et ancien juge de paix et commissaire, de la paroisse St. Vincent de Paul, où était ordinairement son atelier. Mr. St. James travaillait depuis un grand nombre d'années dans les décorations de nos églises, et a beaucoup contribué à améliorer ce genre d'industrie auquel se livrent actuellement avec avantage plusieurs des nombreux ouvriers qui ont été formés sous lui. » L'influence de Saint-James sur la sculpture de la région montréalaise est indéniable. Il est cependant difficile de cerner son œuvre, puisqu'elle est intimement liée à la production de l'atelier de Quévillon entre 1815 et 1823. Par la suite, il travailla en étroite collaboration avec Rollin et Dugal. Deux Vierges de la collection du Musée du Québec, l'une provenant de l'église de Chambly et l'autre de La Prairie, lui sont attribuées. L'intérieur de l'église de Saint-Mathias est un excellent exemple d'un travail de sculpture auquel il a participé.

NICOLE CLOUTIER

ANQ-M, CE1-54, 9 oct. 1785, 6 sept. 1837 ; CN1-14, 12 oct. 1826, 26 juin 1832 ; CN1-68, 12 févr. 1817 ; CN1-96, 13 nov. 1812, 15 janv., 31 août, 22 oct. 1816, 3 janv. 1818, 15, 19 févr. 1820, 9 mars, 10 oct. 1821, 24 mars, 21 août, 13 oct. 1823, 7, 14 avril 1824 ; CN1-107, 9, 12 sept. 1813 ; CN1-173, 26 déc. 1833 ; CN1-273, 16 mai, 4 juill. 1813, 23 janv., 30 mars 1823 ; CN1-317, 5 mars 1820 ; CN1-334, 3 févr. 1815 ; CN1-375, 21 janv. 1815, 21 févr. 1821 ; CN1-383, 14 juill. 1816 ; CN1-391, 19 août 1817 ; CN2-79, 4 mars 1822 ; CN6-2, 12 févr. 1820 ; CN6-27, 1er avril 1819. — MAC-CD, Fonds Morisset, 2, dossier René Beauvais, dit Saint-James. — *La Minerve,* 14 sept. 1837.— Émile Vaillancourt, *Une maîtrise d'art en Canada (1800–1823)* (Montréal, 1920). — Marius Barbeau, « Louis Quévillon, des Écorres », Académie canadienne-française, *Cahiers* (Montréal), 9 : 142–158.— Gérard Morisset, « Louis Quévillon, fondateur de l'école des Écorres, 1749–1823 », *la Patrie*, 2 oct. 1949 : 112.

BEAVAN, EMILY ELIZABETH. V. SHAW

BÉDARD, ELZÉAR, avocat, homme politique et juge, né le 24 juillet 1799 à Québec, deuxième fils de Pierre-Stanislas Bédard*, avocat et député, et de Luce Lajus, fille de François Lajus*, médecin de Québec ; le 15 mai 1827, il épousa dans la même ville Julie-Henriette Marett, fille de James Lamprière Marett, négociant, et ils eurent une fille qui mourut en bas âge ; décédé le 11 août 1849 à Montréal.

Elzéar Bédard fit ses études classiques au séminaire de Nicolet de 1812 à 1814, puis au petit séminaire de Québec où il termina son cours en 1818. À la fin de ses études, il prit la soutane et fut tonsuré en même temps que son ami Pierre-Martial Bardy* par Mgr Joseph-Octave Plessis*. Il renonça par la suite à l'état

ecclésiastique et, en 1819, il entreprit son stage de clerc dans le cabinet d'Andrew STUART, avocat en vue de Québec. Il fut admis au barreau le 17 août 1824.

Comme beaucoup de ses confrères, Bédard se lança très tôt dans la politique provinciale. Aux élections générales de 1830, il se porta candidat conjointement avec Pierre Marcoux dans la circonscription de Kamouraska, mais tous deux furent défaits à plates coutures par Amable Dionne* et Charles-Eusèbe CASGRAIN. La même année, il participa avec Étienne Parent*, René-Édouard Caron*, Jean-Baptiste Fréchette et Hector-Simon HUOT à la cueillette des fonds nécessaires à la relance du quatrième *Canadien*. Le journal, dont le premier numéro parut le 7 mai 1831, eut son bureau au « Foyer politique du district de Québec », rue de la Montagne (côte de la Montagne), et représenta les intérêts du groupe modéré de Québec. Puis, à une élection partielle tenue le 31 juillet 1832, Bédard fut élu sans concurrent député de la circonscription de Montmorency laissée vacante par Philippe Panet*, qui venait d'être nommé juge de la Cour du banc du roi. Il conserva son siège aux élections générales de 1834.

À la chambre d'Assemblée, Bédard joignit les rangs du parti de Louis-Joseph Papineau* et, le 17 février 1834, il présenta les fameuses Quatre-vingt-douze Résolutions. Cependant, les historiens ont grandement minimisé le rôle joué par Bédard dans l'élaboration du programme du parti patriote. Selon Thomas Chapais*, ces résolutions, préparées au domicile de Bédard par Papineau, Augustin-Norbert Morin*, Louis Bourdages* et Bédard lui-même, avaient été fortement inspirées par Papineau et rédigées par Morin. D'après François-Xavier Garneau*, on modifia même le texte des résolutions afin de rallier Bédard qui faisait déjà preuve de tiédeur. Et Chapais ajoutait à ce propos : « comme on désirait plaire à M. Bédard, quelque peu vaniteux, on lui en confia la présentation ».

Les Quatre-vingt-douze Résolutions, après avoir souligné la fidélité du peuple canadien à l'Empire britannique, constituaient une charge à fond de train contre le système existant à l'époque. Les auteurs critiquaient le fonctionnement du Conseil législatif qu'ils voulaient électif et réclamaient des institutions plus populaires et plus conformes aux vœux et aux mœurs des habitants du Bas-Canada. Ils dénonçaient le fonctionnement de l'appareil judiciaire, l'exclusion des Canadiens de l'administration coloniale de même que la loi relative à la tenure des terres adoptée par le Parlement de Londres. En outre, ils condamnaient d'une manière générale toute l'administration financière du gouvernement et réclamaient pour la chambre d'Assemblée les mêmes pouvoirs, privilèges et immunités que ceux qui étaient dévolus au Parlement britannique. Ils demandaient enfin le rappel du gouverneur en chef, lord Aylmer [WHITWORTH-AYLMER].

Papineau défendit vigoureusement les Quatre-vingt-douze Résolutions, mais, fit observer Michel Bibaud*, Bédard « put à peine dire quelque chose à leur soutien […] il n'y eût que M. Papineau qui en parût connaître le fond ». Quoi qu'il en soit, les résolutions furent adoptées à 56 voix contre 23 après cinq jours de débats, le 21 février 1834. Il convient toutefois d'ajouter qu'en décembre de la même année Bédard agissait encore comme secrétaire du Comité de correspondance de Québec, qui s'occupait des griefs des Canadiens formulés dans les Quatre-vingt-douze Résolutions.

C'est surtout durant la session de 1835–1836 que Bédard joua un rôle politique plus important. Considéré au sein du parti patriote comme le chef du groupe modéré qu'on appelait le « parti de Québec », où figuraient aussi René-Édouard Caron et George Vanfelson*, Bédard, qui ne suivait la majorité qu'à contrecœur, prenait de plus en plus ses distances vis-à-vis de Papineau. Les « modérés » de Québec reprochaient ouvertement à Papineau son intransigeance et se montraient beaucoup plus conciliants envers le nouveau gouverneur en chef, lord Gosford [ACHESON]. Il faut dire que lors d'un grand bal donné à l'occasion de la Sainte-Catherine, le 25 novembre 1835, lord Gosford avait eu des prévenances particulières à l'égard de Mme Bédard, voulant ainsi manifester son désir de se rapprocher de Bédard et de ses partisans. Malheureusement, lorsque Bédard fut nommé juge de la Cour du banc du roi le 22 février 1836 par lord Gosford, en remplacement de James KERR, ses adversaires, les radicaux du parti patriote, exploitèrent à fond cette nomination par trop évidente et la virent comme un acte de corruption. Ils donnèrent par ironie le surnom de « petite famille » à Bédard et à ses amis, qu'ils considéraient comme des hommes plus prompts à servir leurs propres intérêts que ceux de leur pays.

Entre-temps, Bédard s'était également intéressé à la politique municipale. Aux premières élections de la ville de Québec, le 25 avril 1833, il avait été élu sans concurrent l'un des conseillers du quartier Saint-Louis. Six jours plus tard, le 1er mai, le conseil municipal l'élisait premier maire de Québec par 12 voix contre 8 à Caron. Sous la gouverne de Bédard, le conseil définit sa propre régie interne, adopta les règles qui touchaient les devoirs du maire, des conseillers et du secrétaire et délimita les tâches des futurs employés municipaux. De plus, le maire et son conseil durent s'occuper de l'organisation policière, sanitaire et financière de la ville. Aux élections municipales du 25 mars 1834, Bédard conserva son siège de conseiller mais, six jours plus tard, le 31 mars, le conseil lui préféra Caron au poste de maire par une seule voix de majorité. Selon *la Gazette de Québec* et le *Quebec Mercury*, cette défaite était imputable à la conduite politique de Bédard pendant le débat sur les Quatre-

vingt-douze Résolutions. Narcisse-Eutrope Dionne* attribua plus tard la raison de ce changement au fait qu'« [on] allégua […] que c'eût été consacrer un mauvais précédent que de garder un maire en sa fonction pendant plus d'un an ». Bédard abandonna la politique municipale le 3 avril 1835.

La carrière de juge de Bédard ne fut pas non plus exempte de soubresauts. En effet, durant la période des troubles, Bédard et Philippe Panet acquiescèrent le 21 novembre 1838 à des demandes d'habeas corpus en faveur de John Teed, tailleur de Québec. Les deux juges passaient ainsi outre à des ordonnances du Conseil spécial qui interdisaient la loi de l'habeas corpus introduite en 1784. Le 10 décembre suivant, Bédard et Panet étaient suspendus de leurs charges de juges par sir John Colborne*.

Le 26 décembre 1838, Bédard partit de New York pour aller défendre sa cause en Angleterre. On ne sait ce qu'il advint de ses démarches, mais il fut réhabilité avec Panet le 8 août 1840 par le gouverneur en chef Charles Edward Poulett THOMSON. Bédard siégea à Québec jusqu'en 1848. Il passa par la suite à Montréal où il eut une dispute de préséance avec son confrère puîné, Charles Dewey Day* ; ce litige fut porté jusque devant le comité judiciaire du Conseil privé de Londres. Ce n'est que sur son lit de mort qu'il apprit par le premier ministre de la province du Canada, Louis-Hippolyte La Fontaine*, que le gouvernement britannique s'était prononcé en sa faveur. Bédard mourut prématurément à Montréal le 11 août 1849, à l'âge de 50 ans, pendant une épidémie de choléra.

Un des notables de son époque, promu à de hautes fonctions, Elzéar Bédard connut une existence pour le moins mouvementée. Que ce soit comme personne ou à titre de député, de maire ou de juge, il semble que l'adversité l'ait poursuivi sans relâche. Cette adversité s'explique en partie par le fait qu'au cours de la période troublée des années 1834 à 1839, où l'exaspération et l'extrémisme régnaient, Bédard fit montre de modération devant Papineau et ses partisans et sut garder son intégrité face aux décrets de Colborne et du Conseil spécial. Toutefois, les historiens ont minimisé le rôle qu'il joua dans la préparation des Quatre-vingt-douze Résolutions. Quant à la mairie de Québec, elle lui échappa de justesse après moins d'un an de pouvoir. Le persiflage salua sa nomination à la charge de juge ; suspendu de cette dernière fonction, puis réhabilité, il mourut après une dernière querelle relative à une question de préséance sur le banc. Même sa mort semble empreinte d'ironie, puisqu'il fut emporté sans postérité et peu fortuné par la dernière épidémie de choléra au Bas-Canada. Sa femme ainsi qu'une fille adoptive, Hélène, née Ellen McEnes, qui avait épousé en avril 1849 Joseph-Amable Berthelot, avocat et futur juge, lui survécurent.

CLAUDE VACHON

Beemer

AAQ, 12 A, H : 213v°. — ANQ-M, CE1-51, 13 août 1849. — ANQ-Q, CE1-1, 24 juill. 1799, 15 mai 1827 ; P-144. — APC, MG 30, D1, 4 : 1–3 ; RG 4, B8 : 7764–7770 ; RG 68, General index, 1651–1841. — ASQ, Fichier des anciens. — *Le Canadien*, 17 août 1849. — *La Minerve*, 13 août 1849. — F.-J. Audet, « les Législateurs du B.-C. ». — F.-J. Audet et Fabre Surveyer, *les Députés au premier Parl. du B.-C.*, 36. — Desjardins, *Guide parl.* — Fauteux, *Patriotes*, 379–380.— Le Jeune, *Dictionnaire*, 1 : 145 ; 2 : 318. — P.-G. Roy, *les Avocats de la région de Québec* ; *Fils de Québec*, 3 : 100–101 ; *les Juges de la prov. de Québec*. — Wallace, *Macmillan dict.* — Michel Bibaud, *Histoire du Canada et des Canadiens, sous la domination anglaise* [1830–1837], J.-G. Bibaud, édit. (Montréal, 1878). — Chapais, *Cours d'hist. du Canada*, 4 : 15–20, 72–85, 115, 193, 225. — F.-X. Chouinard et al., *la Ville de Québec, histoire municipale* (4 vol., Québec, 1963–1983), 3 : 136. — L.-M. Côté et al., *les Maires de la vieille capitale* (Québec, 1980), 1–3, 5. — N.-E. Dionne, *Pierre Bédard et ses fils* (Québec, 1909), 161–217 ; *les Trois Comédies du « statu quo »*, *1834* (Québec, 1909), 46–47. — Douville, *Hist. du collège-séminaire de Nicolet*. — Alfred Duclos De Celles, *Papineau, 1786–1871* (Montréal, 1905), 93–119. — F.-X. Garneau, *Histoire du Canada depuis sa découverte jusqu'à nos jours*, Hector Garneau, édit. (8e éd., 9 vol., Montréal, 1944–1946), 8 : 180 ; 9 : 20–21, 32, 38, 109. — Marcel Plouffe, « Quelques particularités sociales et politiques de la charte, du système administratif et du personnel politique de la cité de Québec, 1833–1867 » (thèse de M.A., univ. Laval, 1971), 113. — F.-J. Audet, « les Maires de Québec », *BRH*, 2 (1896) : 13. — Monique Duval, « Premier Maire de Québec – Elzéar Bédard, digne fils du patriote Pierre Bédard », *le Soleil* (Québec), 2 juill. 1983 : E-3. — Antonio Perrault, « le Conseil spécial, 1838–1841 ; son œuvre législative », *la Rev. du Barreau* (Montréal), 3 (1943) : 213–215. — « Le Premier Conseil municipal de Québec », *BRH*, 69 (1967) : 37–39. — « Le Premier Maire de Québec », *BRH*, 69 : 37. — Antoine Roy, « les Patriotes de la région de Québec pendant la rébellion de 1837–1838 », *Cahiers des Dix*, 24 (1959) : 241–254.

BEEMER. V. BEAMER

BELCHER, ANDREW, marchand, juge de paix et homme politique, né le 22 juillet 1763 à Halifax, fils de Jonathan Belcher* et d'Abigail Allen ; le 6 septembre 1792, il épousa à Boston Mary Ann Geyer, et ils eurent 11 enfants ; décédé le 17 novembre 1841 à Boulogne-sur-Mer, France.

L'homme qui marqua le plus Andrew Belcher dans sa jeunesse ne fut pas son père, juge en chef de la Nouvelle-Écosse de 1754 à sa mort en 1776, mais Alexander Brymer*, entrepreneur d'origine écossaise qui domina le milieu haligonien des affaires durant le dernier quart du XVIIIe siècle. Comme Jonathan Belcher était mort criblé de dettes, Andrew n'aurait pas eu d'aussi vastes perspectives d'avenir si Brymer ne l'avait guidé en affaires. C'était bien là le protecteur idéal. À ce que l'on croit, Brymer débarqua à Halifax dans les années 1770 avec une somme de £4 000 et en repartit 25 ans plus tard riche de £250 000, fortune amassée surtout grâce à des contrats d'approvisionnement avec la marine royale. Formé au rôle de gentleman-marchand, Belcher se lança en affaires en 1784 avec un neveu de Brymer. Leur association prit fin en 1795, lorsque Belcher devint le principal représentant haligonien de l'empire commercial de Brymer, dont le siège était à Londres. De 1792 à 1810, les entreprises de Brymer livrèrent à Halifax plus de £140 000 en marchandises, ce qui dénote leur importance. Les contemporains de Belcher, on ne s'en surprendra pas, le considéraient comme « l'un des marchands les plus éminents » de la Nouvelle-Écosse.

Avec la richesse, toute une série de distinctions vinrent à Belcher. Dans les 20 premières années de sa carrière, il devint juge de paix, marguillier de l'église anglicane St Paul, président du conseil de la *grammar school* locale, grand officier dans la franc-maçonnerie, membre du Committee of Trade de Halifax [V. William Sabatier*] et administrateur de la Shubenacadie Canal Company (qui allait connaître un sort malheureux) ; il participa aussi à la fondation de la Fire Insurance Association of Halifax. Candidat dans le canton de Halifax aux élections législatives de 1799, il parvint, après sa défaite, à faire annuler le scrutin dans sa circonscription. Il gagna ensuite l'élection partielle : le candidat adverse, un député de la vieille garde, ne put rivaliser avec un marchand aussi influent. Cependant, sa présence à l'Assemblée fut de courte durée. En 1801, grâce en partie au lieutenant-gouverneur sir John Wentworth*, il remplaçait Brymer au sein du Conseil de la Nouvelle-Écosse.

Devenu de ce fait membre à part entière de l'oligarchie haligonienne, Belcher menait la grande vie : il avait une maison à la ville et une autre à la campagne, de grandes propriétés foncières, et il fit peindre son portrait par le célèbre Robert Field*. Cependant, ses dissensions avec d'autres membres de l'élite néo-écossaise le contrariaient. À plusieurs reprises, le trésorier de la province, Michael Wallace*, contesta sa prétention à la préséance au sein du conseil et donc au privilège de diriger l'administration en l'absence du lieutenant-gouverneur. Mais le marchand eut beaucoup plus de fil à retordre avec Alexander CROKE, Anglais envoyé en Nouvelle-Écosse pour siéger à titre de juge à la Cour de vice-amirauté. Enclin à déprécier tous les coloniaux, le conseiller Croke avait une dent contre Belcher, qu'il accusait d'ailleurs de se livrer à la contrebande. Son attaque la plus vive survint en 1805 sous la forme d'une épopée satirique intitulée *The Inquisition* [...], dans laquelle on pouvait facilement identifier les personnages, même s'ils portaient des pseudonymes classiques. La femme de Belcher y était accusée d'avoir commis l'adultère plusieurs fois avec des officiers et des fonctionnaires, dont le fils de Wentworth. Ce document largement diffusé dut certainement blesser Belcher, dépeint par Croke comme un « cocu content » qui ne pouvait savoir au juste qui était le père de ses enfants, mais il ne répliqua pas, vraisemblablement parce que sa femme n'était pas au-dessus de tout reproche. Toutefois, Croke était si impopulaire que les Belcher ne subirent pas l'ostracisme.

Parti pour l'Angleterre en 1811, Belcher établit dans la banlieue londonienne une résidence qui devint une retraite à la mode pour les Néo-Écossais en voyage. Dans les années suivantes, pour montrer son attachement à ce qu'il appelait son « pays natal », il donna des cloches à l'église St Paul, contribua à une campagne de souscription du King's College et fournit des livres à la toute nouvelle bibliothèque de Halifax. Qui plus est, il continua de faire affaire dans la capitale néo-écossaise. Associé tour à tour à Alexander Wright, Stephen Newton Binney et Mather Byles Almon*, il demeurait membre de la communauté marchande de Halifax, mais en qualité de non-résident. Il s'intéressa aussi quelque peu à la New Brunswick and Nova Scotia Land Company, entreprise de spéculation qui visait à promouvoir le peuplement et la mise en valeur des richesses naturelles. S'il ne s'était pas ravisé à la dernière minute, il serait devenu associé du premier établissement bancaire de la province, la Halifax Banking Company, fondée en 1825 [V. Henry Hezekiah Cogswell*].

Apparemment en raison de multiples investissements douteux, et peut-être d'un train de vie excessif, Belcher souffrit durement de la grave récession commerciale de 1826. Harcelé par ses créanciers, il abandonna sa maison de Londres pour s'installer à Cheltenham, station thermale du Gloucestershire, où lui et sa femme purent reprendre des forces et retrouver quelque tranquillité d'esprit. Cependant, les choses empirèrent encore lorsque, en 1828, Belcher perdit ses contrats d'approvisionnement à Halifax et aux Bermudes. Décidé à tout tenter pour éviter la faillite, il supplia ses amis néo-écossais de prolonger son crédit et de l'aider à obtenir un poste, celui de représentant de la province à Londres ou de trésorier, à la place de Michael Wallace. Finalement, en désespoir de cause, il rentra à Halifax au début de 1829 pour veiller lui-même aux intérêts qu'il avait encore.

À la faveur du nouveau cycle d'expansion dans lequel entrait le commerce haligonien, Belcher s'employa à remonter la pente. Il avait conservé assez d'influence pour qu'on le nomme, à Halifax, représentant de la General Mining Association, compagnie britannique qui se lançait alors dans l'exportation massive de charbon néo-écossais vers les États-Unis. Outre ce poste lucratif, il obtint un siège à la commission chargée d'émettre le papier-monnaie de la province. Avec sa femme, il fut admis dans l'entourage du lieutenant-gouverneur sir Peregrine Maitland*, et le bruit commença à courir que peut-être

on le nommerait de nouveau au conseil. En 1823, il avait assez de capital pour acheter £1 000 d'actions de la Bank of Nova Scotia, rivale toute nouvelle de la Halifax Banking Company [V. William LAWSON].

Cependant, Belcher n'avait pas les reins assez solides pour résister à la dislocation du commerce et affronter la rivalité des autres entrepreneurs. Comme il avait contracté des emprunts à longue échéance, il ne put faire face à la récession des années 1833–1834. Samuel Cunard* manœuvra avec succès pour le remplacer à titre de représentant de la General Mining Association. Au début de 1834, trois de ses gros créanciers, dont Cunard, exigèrent un remboursement de plus de £12 000 : ce fut le coup fatal. Une foule de plus petits créanciers suivirent. Un contemporain, qui parlait des victimes de la récession, alla jusqu'à dire : « le plus à plaindre de tous est ce pauvre vieux Belcher qui, après avoir *tout* cédé à ses créanciers, a reçu mandat d'arrêt sur mandat d'arrêt à cause des bouchers, des boulangers, et autres ». Moins d'un an plus tard, la famille Belcher s'enfuit de Halifax ; elle finit par trouver refuge en France, où Belcher et sa femme moururent dans une pauvreté relative. Ce qui subsistait du prestige familial échut largement à leur fils Edward*, capitaine dans la marine royale et commandant de l'expédition controversée qui partit en 1852 à la recherche de sir John FRANKLIN.

Andrew Belcher finit sa carrière un peu comme il l'avait commencée : sans le sou. Mais son échec ne découle pas uniquement de faiblesses personnelles. Autant les amis puissants, les contrats militaires et la prospérité engendrée par les commandes de guerre avaient aidé sa réussite, autant l'instabilité économique des années 1820 à 1840 le desservit. Laissé à lui-même, il ne put soutenir la concurrence. Comme son père, il fut victime du changement.

DAVID A. SUTHERLAND

Halifax County Court of Probate (Halifax), Estate papers, B37 (mfm aux PANS). — Halifax County Registry of Deeds (Halifax), Deeds, 33 : 238 ; 34 : 247. — PANS, MG 1, 334, n°s 22a–22c ; 793, n°s 77, 80a, 81–83, 91–93, 99 ; RG 1, 172 : 122 ; 174 : 311 ; 305, n° 56 ; 312, n°s 3, 56 ; 413, n° 2 ; RG 4, LC, 25 févr. 1811 ; RG 5, P, 121, 31 janv. 1832 ; RG 39, HX, J, 38 : 293. — PRO, CO 217/64 : 97 ; 217/68 : 197 ; 217/74 : 11 ; 217/84 : 92 ; 217/87 : 127 ; 217/88 : 102 ; 217/102 : 241 ; 217/144 : 143 ; 217/145 : 320 ; 217/150 : 351. — N.-É., House of Assembly, *Journal and proc.*, 21 juin 1798, 21 févr. 1800, 25 févr. 1811. — *Acadian Recorder*, 21 févr., 18 juill. 1818, 20 nov. 1824. — *Novascotian, or Colonial Herald*, 20 janv., 3 févr., 17 mars 1831, 10 mai 1832, 23 janv. 1834, 30 avril 1835, 8 août 1839. — *Nova-Scotia Royal Gazette*, 1er sept. 1808, 25 avril 1809, 13 févr., 27 nov. 1811. — *Royal Gazette and the Nova Scotia Advertiser*, 16 déc. 1794, 12 janv. 1796, 2 avril, 26 nov. 1799, 1er, 15 avril 1800. — *A calendar of the White collection of manuscripts in the Public Archives of Nova Scotia*, Margaret Ells, compil. (Halifax, 1940). — *Annals, North British Society, Halifax,*

Bell

Nova Scotia, with portraits and biographical *notes, 1768–1903*, J. S. Macdonald, compil. ([3ᵉ éd.], Halifax, 1905). — *Directory of N.S. MLAs.* — *Halifax almanac, 1797–1812.* — *N.S. calender*, 1794. — R. V. Harris, *The Church of Saint Paul in Halifax, Nova Scotia : 1749–1949* (Toronto, 1949). — *History of the Bank of Nova Scotia, 1832–1900 : together with copies of annual statements* ([Halifax, 1901]). — Murdoch, *Hist. of N.S.*, 3. — Victor Ross et A. St L. Trigge, *A history of the Canadian Bank of Commerce, with an account of the other banks which now form part of its organization* (3 vol., Toronto, 1920–1934), 1. — C. J. Townshend, « Jonathan Belcher, first chief justice of Nova Scotia [...] », N.S. Hist. Soc., *Coll.*, 18 (1941) : 25–57. — T. B. Vincent, « The Inquisition » : Alexander Croke's satire of Halifax society during the Wentworth years », *Dalhousie Rev.*, 53 (1973–1974) : 404–430.

BELL, MATHEW (on trouve aussi **Matthew** ; il signait **Mᵂ Bell**), homme d'affaires, juge de paix, fonctionnaire, homme politique, officier de milice et seigneur, baptisé le 29 juin 1769 dans l'église Holy Trinity de Berwick-upon-Tweed, Angleterre, fils de James Bell et d'une prénommée Margaret ; décédé le 24 juin 1849 à Trois-Rivières, Bas-Canada.

Né d'un père à l'aise et qui fut à deux reprises maire de Berwick-upon-Tweed, Mathew Bell arrive à Québec vers l'âge de 15 ans. Il entre à titre de commis chez John Lees*, puis s'associe avec David Monro* vers 1790. La Monro and Bell importe des vins et de la mélasse de la Barbade ; elle loue des grèves, des quais et des entrepôts à Québec où elle possède un magasin, et acquiert la goélette *l'Iroquois* en 1794 et le sloop *Abenakis* l'année suivante. La firme semble connaître une expansion rapide. Durant la première décennie du XIXᵉ siècle, les registres du port rapportent chaque année des arrivages, entre autres, de porto, de rhum, de *shrub*, de jus de citron, de vins blancs ou rouges d'Espagne, de sucre brut ou raffiné, de piment, de farine et de charbon de terre de Berwick-upon-Tweed.

Signe d'une prospérité certaine, Bell achète, le 5 septembre 1805, d'Isabell Mabane, pour la somme de £1 200, Woodfield, magnifique villa en pierre de deux étages – appelée Samos au temps où Mgr Pierre-Herman Dosquet* l'habitat – bâtie sur un emplacement de 42 arpents de superficie et qui surplombe le Saint-Laurent. Le 10 juin 1807, il acquiert du séminaire de Québec le lot de grève « formant la devanture » de cette propriété. Cependant, Bell semble ne résider à Woodfield que l'été et se contente d'en améliorer le potager. Il la revendra d'ailleurs avec le lot de grève, le 21 septembre 1816, pour la somme de £3 550 à William Sheppard* et à John Saxton Campbell*, deux constructeurs navals.

Monro et Bell semblent devoir leur rapide succès en affaires aux liens qui les unissent à John Lees ainsi qu'aux frères Alexander et George* Davison, originaires de la même région que Bell et protégés du duc de Northumberland. En société avec Lees, Alexander fait depuis 1773 du commerce d'import-export et il est le pourvoyeur attitré des troupes britanniques en Amérique du Nord. De plus, la société Davison and Lees détient, avec George, le bail du Domaine du roi sur la Côte-Nord et celui des forges du Saint-Maurice. Les Davison vivent surtout en Angleterre où ils s'occupent des contacts politiques et commerciaux, tandis que Lees gère la société au Canada. Le 15 août 1791, Lees et Davison mettent fin à leur association : le premier se retire des affaires et le second jette son dévolu sur Monro et Bell pour le remplacer. Ceux-ci deviennent agents des Davison à Québec. Ils s'occupent de l'achat des provisions pour les troupes britanniques et de leur expédition puis, avec Peter Stuart, ils administrent au nom d'Alexander le Domaine du roi. Tout naturellement, Monro et Bell en viennent à s'intéresser à la région de Trois-Rivières où les Davison ont fait de gros investissements fonciers. Au cours de l'été de 1792, Bell achète une terre dans le canton de Caxton et, en octobre, avec Monro et George Davison, il acquiert un emplacement à Trois-Rivières. Établi définitivement à Londres à la fin des années 1780, Alexander Davison se déleste de ses entreprises canadiennes. Le 6 juin 1793, il cède à son frère cadet, George, et à la société Monro and Bell son bail, valide jusqu'au 10 juin 1799, ainsi que l'inventaire des forges du Saint-Maurice pour la somme de £4 434 11s 8½d. George possède la moitié des actions, mais, atteint d'un mal chronique, il se retire en Angleterre et laisse à Monro et à Bell le soin d'administrer les forges.

Les nouveaux locataires améliorent les installations déjà existantes. Ils recrutent en Europe des ouvriers qualifiés et introduisent de nouveaux modèles de poêles et d'ustensiles. Ils écoulent leur production au magasin de la société à Trois-Rivières, tandis que James Laing, à Montréal, et la Monro and Bell, à Québec, gardent en consignation divers articles fabriqués aux forges. Très tôt, ils sont aux prises avec les mêmes problèmes qu'ont connu tous leurs devanciers à la tête des forges du Saint-Maurice : la délimitation exacte du territoire, la constitution d'une réserve de minerai et de bois nécessaire au fonctionnement de l'entreprise, le loyer du bail et les modalités d'indemnisation des locataires en cas de non-renouvellement. Ces problèmes donnent lieu à une volumineuse correspondance entre les locataires et le gouvernement. Celui-ci, soucieux de l'intérêt public, songe à vendre à l'encan un bail d'une durée de 99 ans : la mise aux enchères ferait peut-être monter le loyer du bail, et une longue période de location inciterait les locataires à investir davantage dans l'entreprise, ce qui serait profitable à la région. Puisqu'il ne dispose pas de toutes les informations, le gouverneur Robert Prescott* propose, en janvier 1799, de prolonger le bail jusqu'au 1ᵉʳ avril 1801 et d'autoriser les locataires, comme Bell l'avait demandé à plusieurs reprises, à s'approvisionner en bois et en minerai à même les terres de la couronne. Monro et Bell acceptent cette offre généreuse. En juin 1799, à la suite de la mort de George Davison, survenue le 21 février, Bell et Monro deviennent les seuls locataires des forges, à la condition, selon un arrangement en date du 8 janvier 1800, de verser aux héritiers £10 523 18s 7d (cours d'Angleterre). Et le 18 décembre 1799, la Monro and Bell obtient du père jésuite Jean-Joseph Casot*, sur la rive est du Saint-Maurice, une concession de 2 lieues de front sur 20 arpents de profondeur.

En juin 1800, à l'approche de l'expiration du bail des forges prévue pour avril 1801, la concurrence est vive. Thomas COFFIN, au nom de la Compagnie des forges de Batiscan, fait monter les enchères à £500 par année au lieu de £25 ! L'offre de Coffin va dans le sens des visées du gouvernement. Les deux groupes rivaux surenchérissent : Coffin offre £800 et Monro et Bell ajoutent à l'offre la plus élevée £50 par an. Ces derniers obtiennent donc le renouvellement de leur bail au taux de £850 par année pour une période de cinq ans, soit du 1er avril 1801 au 1er avril 1806. Le 15 juillet 1805, le bail est reconduit d'une année, afin de donner le temps au Conseil exécutif d'amasser toutes les informations pour l'élaboration d'une nouvelle politique, dont les éléments fondamentaux seraient la vente à l'encan, préalablement annoncée dans les journaux canadiens et britanniques, d'un bail de longue durée. L'encan se déroule à Québec le 1er octobre 1806. Trois groupes s'affrontent, du moins en apparence : John Mure*, le notaire Michel Berthelot, qui représente Pierre de Sales* Laterrière et ses associés, ainsi que Monro et Bell. Assez curieusement, la Compagnie des forges de Batiscan est absente. À la stupeur générale, Monro et Bell remportent les enchères avec une mise de £60 par an. En l'absence du gouverneur Prescott, le Conseil exécutif, qui ne sait que faire, soumet le cas aux autorités métropolitaines. Lord Castlereagh flaire la transaction frauduleuse : les enchérisseurs se seraient concertés. Par contre, le président du conseil, Thomas Dunn*, qui possède, ainsi que ses fils, des actions dans les forges de Batiscan, n'y voit aucune irrégularité. Le nouveau gouverneur sir James Henry Craig*, qui arrive à l'automne de 1807, laisse Monro et Bell chauffer le haut fourneau, même s'ils n'ont pas de bail. Il souhaite une entente à l'amiable. Monro et Bell justifient le bas niveau de leur mise par les investissements qu'ils ont consentis pour améliorer les forges et par l'augmentation des coûts de production à la suite de mauvaises récoltes et de l'éloignement progressif des sources d'approvisionnement ; de plus, la concurrence des fonderies britanniques et canadiennes – notamment de la Carron Ironworks, entreprise écossaise qui copie les produits des forges du Saint-Maurice – infléchirait à la baisse le prix de vente des produits manufacturés. Tout en misant sur la faillite

prochaine de la Compagnie des forges de Batiscan, Monro et Bell proposent de verser un loyer de £500 par année. Le 7 juin 1810, le Conseil exécutif suggère l'arrangement suivant : un bail de 21 ans, du 1er janvier 1810 au 31 mars 1831, au taux de £500 par année, assorti d'une extension du territoire des forges vers le nord-ouest.

Vers 1810, les forges du Saint-Maurice ont l'aspect d'un village : de 1793 à 1807, Bell et Monro y ont construit 23 bâtisses, pour des fins domestiques ou industrielles. On y trouve un haut fourneau, une fonderie, deux forges, un moulin à charbon, un moulin à farine et une scierie. Une grande maison, résidence des locataires, et une cinquantaine d'autres habitations abritent environ 200 ou 300 personnes que dessert le magasin de la compagnie. Le territoire des forges couvre environ 120 milles carrés. L'entreprise emploie une vingtaine d'ouvriers qualifiés, des apprêteurs, des charretiers et des manœuvres. Elle donne aussi de l'emploi occasionnel à quelques centaines de cultivateurs. Ces derniers, au début d'avril, ramassent avec leurs chevaux le minerai à la surface de leur terre ou des terres de la compagnie. Durant l'été, ils travaillent dans leur ferme. Au début de novembre, certains s'en vont sur les terres de la compagnie couper quelque 8 000 cordes de bois, dont au moins 5 300 sont converties en charbon de bois ; d'autres profitent des chemins de glace pour charroyer le minerai. Ces matières brutes alimentent les forges qui fonctionnent jour et nuit durant six à huit mois par année. À la fonderie, les ouvriers préposés au haut fourneau travaillent en équipe et se relaient à toutes les six heures ; les mouleurs et les finisseurs sont à l'œuvre du lever au coucher du soleil. On procède chaque jour à deux coulées. Dans les forges, qui elles aussi fonctionnent jour et nuit, les équipes se remplacent également à toutes les six heures. La production annuelle s'élève en moyenne à 549 tonnes, soit $2\frac{1}{4}$ tonnes par jour. Le minerai converti en gueuse a un rendement de 45 %. La valeur de la fonte produite atteint en moyenne la somme de £12 000 par année. On y trouve surtout du fer en barres, des poêles, des chaudrons à potasse ou à sirop d'érable, des pièces moulées pour les moulins ou les machines à vapeur, de même que des objets forgés, tels les socs de charrue. Bell maintient en activité une autre fonderie à Trois-Rivières. Équipée de deux cubilots pour fondre les gueuses et les rebuts de fonte, elle se spécialise dans la production de poêles et de chaudrons à potasse.

L'association avec les Davison aura donc été profitable à Bell et sans doute constitue-t-elle l'un des facteurs de sa réussite. Elle l'a introduit dans un puissant réseau au sein duquel le commerce et la politique font bon ménage. Elle a alimenté l'activité de la Monro and Bell et a amené Bell à s'engager dans l'exploitation des forges du Saint-Maurice. Bien plus, elle lui a fourni un modèle à imiter. Les Davison

Bell

devaient leur succès à la protection d'hommes politiques bien placés et à un réseau complexe de relations sociales qu'ils entretenaient par des réceptions fastueuses. C'est la voie dans laquelle Bell s'engage dès qu'il entre en contact avec eux : il se révèle un partisan avoué du parti des bureaucrates, signe en 1794 la déclaration de loyauté au gouvernement britannique, puis en 1795 la promesse de fidélité au roi d'Angleterre, et en 1799 il souscrit avec Monro £100 par année pour soutenir l'Angleterre durant la guerre qu'elle mène à la France. Il jouit en Angleterre de la protection d'Alexander Davison et, à Québec, de celle de John Lees, député de Trois-Rivières et membre honoraire du Conseil exécutif. Quand avec Monro il devient seul locataire des forges du Saint-Maurice, il commence sa vie publique. En juin 1799, il obtient la première d'une longue série de commissions de juge de paix, qui prendra fin en 1839. En décembre 1799, il devient trésorier de la commission chargée de la construction d'une cathédrale anglicane à Québec. Au cours de l'été de 1800, il se fait élire député de Saint-Maurice puis, pendant son séjour en Angleterre en 1804, c'est Monro qui occupe ce siège. À l'élection partielle tenue dans la circonscription de Trois-Rivières en avril 1807, Bell brigue les suffrages à la place de Lees, son ancien patron décédé. Battu par Ezekiel HART, il réussit à se faire élire en novembre 1809 et représente Trois-Rivières jusqu'au 22 mars 1814.

À titre de député, Bell prend peu d'initiatives à la chambre d'Assemblée et se contente le plus souvent d'appuyer les mesures que propose le parti des bureaucrates. Il se montre, cependant, plus intéressé par les affaires maritimes. Le 31 mai 1802, on le nomme membre du Board of Pilots du Bas-Canada et, le 16 mai de l'année suivante, il est l'un des commissaires mandatés pour établir des règlements concernant les pilotes et les capitaines. Il devient l'un des syndics de la toute nouvelle Maison de la Trinité de Québec le 6 mai 1805, puis maître adjoint le 15 septembre 1812, et enfin maître le 18 avril 1814, poste qu'il occupe jusqu'au 22 octobre 1816. La chambre d'Assemblée et la Maison de la Trinité sont des lieux d'observation, à partir desquels Bell a servi les intérêts de ses concitoyens, tout en veillant aux siens.

Bell est donc un personnage en vue quand éclate la guerre de 1812. Marié depuis le 17 septembre 1799 avec Ann MacKenzie, fille de feu James Mackenzie, commerçant de Trois-Rivières, avec laquelle il aura 12 enfants, il réside à Québec mais fait de longs séjours à Trois-Rivières. Il est l'un des 21 membres du Club des barons de Québec – connu avant 1800 sous le nom de Beef-Steak Club – qui se cooptent parmi les membres de l'aristocratie commerciale et gouvernementale. Il mène la vie d'un seigneur entouré d'une grande domesticité. Ses réceptions et ses parties de chasse à courre sont réputées. Il est amateur de courses

de chevaux et horticulteur averti. Il appartient à la Société d'agriculture et participe activement aux affaires de la Société du feu. Capitaine dans le 3e bataillon de milice de la ville de Québec, il se met, dès le début des hostilités, au service du gouverneur sir George Prevost* qui, le 22 avril 1812, lui commande de lever une troupe de cavalerie légère, rattachée au 3e bataillon. Le 27 juin, Bell a déjà 34 volontaires sous ses ordres. Le 27 juillet, le major général George Glasgow* fait de cette troupe un corps indépendant, la Quebec Volunteer Cavalry. Le régiment compte une soixantaine d'hommes au début de mars 1813 ; il est cantonné rue de la Fabrique et surveille les prisonniers américains. Le même mois, il se rend à Saint-Joseph-de-Beauce mettre aux arrêts des miliciens qui refusent de s'enrôler, puis revient faire de la garnison à Québec.

Le retour de la paix amorce un virage dans la carrière de Bell. Fort d'un bail de 21 ans aux forges du Saint-Maurice, il ne cherche pas à redevenir député et mise davantage sur ses relations étroites avec les membres de l'exécutif et les bureaucrates pour mettre ses intérêts de l'avant. Il consacre ses énergies à la réorganisation de ses activités commerciales compromises par le retrait inopiné de Monro. Le 31 décembre 1815, la société Monro and Bell est dissoute. Le notaire Joseph-Bernard Planté* dresse le 26 octobre 1816 deux actes aux termes desquels Bell devient l'unique propriétaire de la Monro and Bell pour la somme de £14 350, payables en cinq versements, et l'unique locataire des forges contre le versement de £13 123 10s 2d, payables en sept versements échelonnés de 1817 à 1823. Bell hypothèque alors tous ses biens en faveur de Monro et met en location la maison de la rue Saint-Pierre. Ces arrangements ne couvrent cependant pas toutes les propriétés que Monro et Bell possèdent en commun. Pour remplacer Monro, Bell prend alors John Stewart* comme associé dans son commerce d'import-export. Celui-ci est l'étoile montante de la communauté commerçante de Québec et un ami de longue date dont il avait été l'associé, avec Monro, dans la John Stewart and Company, société dissoute à l'automne de 1806. On sait peu de chose de la Bell and Stewart qui possède un magasin à Québec et un autre à Trois-Rivières. Elle continue le même type d'activités que la Monro and Bell. En septembre 1820, elle fait construire un entrepôt à Trois-Rivières et semble disparaître vers 1825, au moment où Stewart accède à de hautes fonctions politiques. Il est sûr, cependant, que ce dernier, commissaire des biens des jésuites depuis 1815, président du Committee of Trade de Québec de 1822 à 1825 et maître de la Maison de la Trinité de Québec en 1824, est bien placé pour surveiller les intérêts de Bell.

Après avoir réorganisé son commerce et effectué un séjour en Grande-Bretagne, sans doute de l'automne de 1816 au printemps de 1819, Bell se lance dans la spéculation foncière, activité qu'il n'avait poursuivie jusque-là qu'à l'occasion. Ainsi, le 23 mai 1817, Monro avait acquis conjointement avec Bell, alors absent, la seigneurie Champlain pour la somme de £2 520 et, en août de la même année, un terrain de la commune de Trois-Rivières. Dans la région de Trois-Rivières, Edward Greive, futur gendre de Bell et son agent, achète en son nom des maisons, des emplacements et des fermes. De plus en plus, Bell est attiré par les cantons. En décembre 1821, il demande 1 200 acres dans Wolfestown pour services rendus à titre de major dans la milice en 1813 ; il les obtiendra le 24 janvier 1830, mais dans Caxton. Le 22 février 1823, il achète de Joseph-Rémi VALLIÈRES de Saint-Réal une portion de la seigneurie Hertel dans la paroisse Notre-Dame-de-la-Visitation à Champlain. D'heureuses transactions en 1823 et 1831 le rendront vraisemblablement propriétaire de la totalité de la seigneurie. Le 20 juillet 1824, il acquiert la seigneurie de Mont-Louis, dont il obtiendra en juin 1839 la commutation en franc et commun socage. Le 15 juin 1825, Bell souscrit 50 actions de £100 chacune dans la Lower Canada Land Company, entreprise en formation destinée à acheter des terres de la couronne. Le 21 septembre 1830, il acquiert 2 940 acres dans le canton de Simpson. Le 12 novembre, il met la main sur 25 acres dans Sillery pour la somme de £566. En 1832, il commence à acheter les propriétés du juge Anthony Gilbert Douglas dans le canton d'Aston et, le 11 juillet, il autorise Frederick Griffin à acquérir en son nom 9 100 acres de terre que possède George Pyke* dans les cantons de Tingwick et de Warwick. Il obtient par lettres patentes 526 acres dans le canton de Wendover le 27 février 1835 et, le 15 avril 1836, 1 181 acres dans Aston. Le 9 mai 1837, il achète avec Greive 31 lots de 200 acres dans Brompton et plusieurs autres dans Durham. Au total, en 1838, la commission d'enquête d'Arthur William Buller* estime que Bell possède 30 000 acres de terre en dehors du territoire seigneurial.

Ces spéculations demeurent quand même une activité marginale. Bell est d'abord et avant tout le directeur des forges du Saint-Maurice. Après la dissolution de la Monro and Bell, il prolonge ses séjours à Trois-Rivières, puis s'y installe définitivement en 1829. Il est alors âgé de 60 ans. Il fait partie du Conseil législatif depuis 1823 – et son ami Stewart siège au même conseil depuis 1825 et au Conseil exécutif depuis janvier 1826. Les fonctions publiques ne l'attirent plus : la santé lui fait défaut. Il maintient toujours son train de vie de grand seigneur et le sort des forges et l'avenir de ses enfants sont ses grandes préoccupations. Au printemps de 1829, à Trois-Rivières, il fait l'acquisition de trois lots contigus pour ses fils mineurs, tandis que l'aîné, James, en achète un lui aussi. Pour lui-même, Bell acquiert un autre lot de la commune, puis deux autres en copro-

priété. En octobre, entrevoyant peut-être le destin de la Mauricie, il prend les dispositions nécessaires pour faire ériger un moulin à scier dans Champlain, dont il écoulera une partie de la production sur le marché de Québec. En 1831, il demande une concession de 84 arpents de superficie dans la seigneurie du Cap-de-la-Madeleine, près de la rivière Cachée, et, sans attendre la confirmation officielle, il prête £850 à Greive pour qu'il entreprenne la construction d'un barrage et d'un moulin à scier. Il s'engage plus activement dans la vie trifluvienne. Membre de longue date de la Société d'agriculture du district de Trois-Rivières, il en devient le président en 1832. La même année, il accepte la même charge du bureau de santé créé à son instigation. Il préside aussi, d'octobre 1833 à octobre 1834, la Société d'éducation de Trois-Rivières et donne £125 pour le soutien de deux écoles. Bell semble vouloir regrouper sa famille à Trois-Rivières, autour des forges, et faire de la région le royaume de sa dynastie.

C'est à cette époque que Bell émerge comme le symbole du favoritisme gouvernemental. À partir de 1829, le renouvellement du bail des forges du Saint-Maurice crée une certaine effervescence dans la population de Trois-Rivières et au sein de la chambre d'Assemblée. Des Trifluviens, parmi lesquels des marchands mécontents du monopole commercial dont Bell tire parti au village des forges, soutiennent que cette situation freine le développement de leur ville et le mouvement de colonisation dans l'arrière-pays. Les pétitions affluent à l'Assemblée qui radicalise son opposition à l'exécutif et appuie les griefs de la population. En février 1829, elle siège en comité plénier pour étudier cette question. L'administrateur, sir James Kempt*, demande au commissaire des Terres de la couronne de mener une enquête. Même si Bell plaide sa cause dans des mémoires circonstanciés, le Conseil exécutif décide de soumettre le cas à Londres et se contente de renouveler annuellement le bail jusqu'en 1833. En février 1834, l'une des Quatre-vingt-douze Résolutions de la chambre d'Assemblée [V. Elzéar Bédard], plus précisément la trente-quatrième, stigmatise Bell comme « concessionnaire indûment et illégalement favorisé par l'exécutif ». Le gouverneur, lord Aylmer [WHITWORTH-AYLMER], fort de l'appui de Londres, renouvelle le 25 novembre 1834 le bail des forges pour la période du 1er janvier 1834 au 1er juin 1844, moyennant un loyer annuel de £500. Le bail comporte aussi le droit de constituer une réserve de bois et de minerai à même les terres de la couronne.

Lorsque les patriotes se soulèvent, Bell monte aux barricades. En novembre 1837, il fait prêter le serment d'allégeance aux officiers du 1er bataillon de milice du comté de Saint-Maurice, unité constituée des travailleurs des forges et de leurs fils. En décembre, il met sur pied deux compagnies de volontaires. Il nomme son fils Bryan enseigne, et Greive capitaine. Craignant pour la sécurité de Bell et désireux de maintenir l'ordre dans la région, le gouvernement dépêche, en janvier 1838, une centaine de soldats à Trois-Rivières et d'abondantes munitions. Bell, invité à siéger au Conseil spécial, décline cette offre, tout comme en 1831 il avait refusé de siéger à la Cour d'appel.

À 70 ans, Bell ralentit son activité. Il souffre de diverses infirmités et il se sent seul : sa femme est morte à Québec en juillet 1837 ; l'un de ses fils, David, meurt célibataire le 25 juin 1839. Son ami Stewart siège encore au Conseil exécutif, mais son influence décline. Le contexte politique est en train de changer. Bien que Bell se replie de plus en plus sur sa famille, il continue pour un temps de spéculer. De 1839 à 1843, il mise beaucoup sur son moulin à scier de Champlain : il achète des billots de pin et d'épinette (quelque 7 200 dans le seul hiver de 1843–1844) qu'il fait scier à son moulin, puis qu'il expédie à Québec. À partir de 1841, le renouvellement du bail des forges devient sa grosse affaire. Les discussions reprennent à ce sujet à l'Assemblée et au Conseil exécutif, mais l'atmosphère est différente : députés et conseillers sont sympathiques aux Trifluviens. Le gouvernement hésite à fixer sa politique et se contente de renouveler annuellement le bail. Toutefois, le 22 novembre 1845, le bureau du commissaire des Terres de la couronne annonce la vente à l'encan des forges pour le 4 août 1846. On vendra l'établissement et le domaine, dont l'étendue sera cependant réduite afin de favoriser la mise en valeur de terres neuves et le développement de Trois-Rivières. L'acquéreur aura le droit d'acheter 350 autres acres de terre à 7s 6d pour se constituer une réserve et il pourra, durant les cinq années qui suivront, s'approvisionner à même les terres de la couronne. L'ancien locataire aura 15 jours pour libérer les lieux. Bell mise jusqu'à £5 450, mais Henry Stuart l'emporte avec une enchère de £5 575.

Au début de l'automne de 1846, Bell quitte les lieux : il se retire alors avec sa famille dans sa maison de Trois-Rivières. Il fait une dernière spéculation importante le 27 mai 1847 en achetant 8 800 acres de terre dans le canton de Durham. Mais sa situation financière semble compromise. David Arthur Monro, fils de David Monro, lui intente une action de £60 000 : à titre de procureur, avec Stewart, de la succession de son ex-associé, Bell a refusé de rendre des comptes. Il meurt le 24 juin 1849 en laissant une succession litigieuse que ses enfants refusent.

Bell est représentatif de cette génération d'hommes d'affaires qui vécurent dans une colonie à l'apogée du capitalisme commercial britannique. La société en commandite, le crédit personnalisé, la collusion avec les pouvoirs politiques et l'appartenance à des réseaux que dominent les métropolitains caractérisent l'activité de cette génération. De surcroît, Bell dispose de qualités éminentes : sa carrure en impose et sa physionomie respire la force, la perspicacité et la détermination. Le gouverneur lord Dalhousie [RAMSAY], qui se plaît en sa compagnie, le trouve « très intelligent, large d'esprit et honorable ».

Fils d'un commerçant à l'aise, Bell a évolué très jeune dans les milieux d'affaires et parmi les notables. Son association avec les Davison, qui le propulsent au sein de la grande bourgeoisie marchande britannique, est déterminante. Ceux-ci l'introduisent en effet dans un réseau influent, lui enseignent l'art de brasser de grosses affaires et lui lèguent des activités qu'il n'a plus qu'à développer. Surtout, ils lui inculquent ce style de vie de gentilhomme bourgeois dans lequel se complaisent les maîtres du pouvoir et des affaires. Dans la grande maison des forges du Saint-Maurice, Bell dispose d'une chambre richement meublée, dite du Gouverneur, de pièces spacieuses et d'une salle de bal. Dans ses écuries, se trouvent des chevaux racés. Il peut donc recevoir avec apparat les personnalités du pays et les visiteurs de marque. Au dire de Dalhousie, Bell « parle et vit à la manière d'un gentleman anglais plus que la plupart des gens au pays ».

Pour ses contemporains, monsieur Bell est d'abord et avant tout le directeur des forges du Saint-Maurice, poste qu'il occupe durant plus de 47 ans. Il se révèle un gestionnaire averti. Dès son arrivée, il consent les investissements nécessaires pour ajuster la production aux besoins du marché. Il choisit les créneaux les plus rémunérateurs. La qualité des produits et les prix concurrentiels constituent les fondements de sa stratégie. Sur le plan technologique, il innove peu mais conserve les procédés introduits par la compagnie qu'avait fondée François-Étienne Cugnet* en 1736. Ce sont sa condition de locataire et l'absence de charbon qui le détournent de l'innovation technologique. Pour renforcer sa position concurrentielle, il mise sur la vingtaine d'ouvriers qualifiés qui, de père en fils, ont acquis et se transmettent un savoir-faire adapté à l'environnement et aux procédés en usage. Le premier, il réussit à discipliner la main-d'œuvre des forges qui vit dans un village isolé, solidement hiérarchisé par la qualification des ouvriers et par la tradition. Un paternalisme de type aristocratique régit les relations de travail, voire la vie de la communauté. Bell semble avoir introduit la rémunération à la pièce et divers types de pénalité dans les contrats de travail. Il a la haute main sur l'entrée des visiteurs et des spiritueux dans le village, de même que sur les loisirs dans la communauté, et il arbitre les différends entre les individus et les familles. Il préfère assurer à ses employés des conditions de vie agréable et une vie communautaire intense – surtout en hiver – plutôt que de hauts salaires, et renforce ainsi les facteurs qui freinent la mobilité de la main-d'œuvre.

À l'inverse des Davison, cependant, Mathew Bell s'est pris d'affection pour son pays d'adoption. Toujours selon Dalhousie, il s'indigne du fait qu'on le considère toujours comme un étranger à cause de sa religion et de ses origines. Peut-être a-t-il rêvé, à l'instar des Hart et comme en témoignent ses spéculations foncières et son intérêt pour les scieries, de lier l'avenir de sa famille au destin de la Mauricie, même s'il n'est que le locataire des forges du Saint-Maurice. L'évolution de la conjoncture politique, les choix effectués par ses enfants et surtout ses extravagances de grand seigneur qui épongent ses bénéfices et grugent son patrimoine foncier ont brisé ce rêve, s'il a jamais existé. Au lieu d'un royaume, c'est une succession si hypothéquée qu'il lègue à ses enfants que ceux-ci n'ont d'autre choix que de la refuser.

MICHEL BÉDARD, ANDRÉ BÉRUBÉ
ET JEAN HAMELIN

La direction des Parcs et Lieux historiques nationaux (Parcs Canada) possède une documentation informatisée sur les forges du Saint-Maurice, à l'intérieur de laquelle on trouve une foule de renseignements sur Mathew Bell. Ces informations sont tirées principalement de *la Gazette de Québec,* des appendices aux *Journaux* de la chambre d'Assemblée, des minutiers de notaires de Québec et de Trois-Rivières, des bureaux d'enregistrement, des archives judiciaires et de divers fonds déposés aux ANQ et aux APC. Bien que considérable, cette documentation sur Bell ne compense pas l'absence d'un fonds organique. Les comptabilités de la Monro and Bell, de la Bell and Stewart et des forges du Saint-Maurice sont inexistantes ; de la correspondance de Bell, on n'a retrouvé que quelques fragments. Cette absence d'un fonds limite notre connaissance de la personnalité et des activités de Bell et invite à la prudence dans l'interprétation. De plus, Bell n'a fait l'objet d'aucune étude en profondeur. La biographie rédigée par Francis-Joseph Audet* et Édouard Fabre Surveyer dans *les Députés de Saint-Maurice et de Buckinghamshire,* 26–34, demeure à la surface des événements et des faits. Trois études récentes nous ont aidés à situer le rôle et l'activité de Bell aux forges du Saint-Maurice : Réal Boissonneault et Michel Bédard, *la Structure chronologique des forges du Saint-Maurice, des débuts à 1883* (Québec, 1980) ; H. C. Pentland, *Labour and capital in Canada, 1650–1860,* Paul Phillips, édit. (Toronto, 1981) ; Roch Samson, *les Ouvriers des forges du Saint-Maurice : aspects démographiques (1762–1851)* (Canada, Direction des parcs et lieux hist. nationaux, *Rapport sur microfiches,* n° 119, Ottawa, 1983). [M. B., A. B. et J. H.].

ANQ-M, CN1-187, 9 avril 1837. — ANQ-MBF, CN1-4, 17 sept. 1799 ; CN1-6, 11 avril 1831 ; CN1-7, 14 mai, 11 juill. 1832, 2 avril 1836, 30 sept. 1839 ; CN1-32, 4 nov. 1816, 23 mai 1817, 11 sept. 1820, 8 mars 1823, 21 oct. 1829, 21 sept. 1830 ; CN1-56, 30 mars, 4 avril 1829 ; CN1-62, 9–10, 24 déc. 1840 ; CN1-79, 6 août 1817. — ANQ-Q, CN1-49, 20 juill. 1821, 27 mai 1847, 22 août 1849 ; CN1-208, 22 févr. 1823 ; CN1-230, 21 sept., 26 oct. 1816 ; CN1-262, 10 juin 1807. — APC, MG 24, K13 : 9–17 ; RG 1, E11, 2 ; L3^L : 20214–20215, 20297–20298, 20388–20389, 62165–62170 ; RG 4, A1, 283 : 119 ; 292 : 111 ; A2, 86 ; C2, 17 : 334–335 ; RG 8, I (C sér.), 661 : 87 ; RG 68, General index, 1651–1841. — B.-C., chambre d'Assemblée, *Journaux,* 1831–1832, app. II, 3e rapport, D, n° 3 ; 1835, app. U, 9. — *La Gazette de Québec,* 3 juill. 1794, 18 juill. 1799, 13 nov. 1806, 8 déc. 1808, 30 nov. 1809, 8 oct. 1812.

BELL, WILLIAM, homme d'affaires et officier de milice, né le 1er mai 1806 à Londres, deuxième enfant de William Bell* et de Mary Black ; le 6 octobre 1831, il épousa à Kingston, Haut-Canada, Maria Miller, et ils eurent deux fils et deux filles ; décédé le 4 août 1844 à Perth, Haut-Canada.

William Bell n'avait que 11 ans lorsqu'il vit pour la première fois, en compagnie de son père, missionnaire presbytérien, l'établissement militaire isolé de Perth. Après avoir passé trois ans à titre de commis débutant au magasin général de William Morris*, il s'associa à son frère jumeau, John, formé auprès du marchand Roderick Matheson*. La W. and J. Bell ouvrit un magasin général à Perth le 4 janvier 1828 et s'attira bientôt le mépris et la colère du puissant Morris en vendant moins cher et à profit moindre que celui-ci. Cette concurrence mina toute possibilité de relations amicales entre les familles Bell et Morris, puis finit par diviser la congrégation presbytérienne de Perth.

En 1829, John et son jeune frère Robert* ouvrirent une succursale à Morphy's Falls (Carleton Place), tandis que William continuait à étendre les activités des frères Bell à titre de commissionnaire de la compagnie montréalaise de Benjamin Hart*, entre autres, surtout pour la vente de potasse et de beurre. Par ailleurs, les frères Bell s'engagèrent directement dans la traite des fourrures et le commerce du bois sur la rivière Tay et le fleuve Mississippi. Ils investirent dans l'immobilier et, de concert avec James Rosamond, financèrent plusieurs des premières entreprises industrielles de Carleton Place. Dès 1838, William Bell et cinq de ses six frères faisaient du commerce dans le comté de Lanark, à titre de marchands ou de commis. Ils avaient une vaste gamme d'activités, à partir de l'acquisition des ressources dans l'arrière-pays jusqu'à la vente dans les agglomérations. Bien que les Bell n'aient pas été actionnaires de la Tay Navigation Company, dont Morris était le principal propriétaire, la W. and J. Bell bénéficia de l'ouverture du canal Rideau en 1832, puis du canal Tay en 1834. En octobre 1839, William Bell représenta Perth à une rencontre préparatoire à la fondation de l'Inland Steam Transportation and Insurance Company ; cette société devait concurrencer l'Ottawa and Rideau Forwarding Company, qui détenait le monopole du commerce transitaire vers Montréal par le canal Rideau. L'Inland Steam Transportation and Insurance Company ne parvint jamais à s'organiser vraiment, mais les Bell, qui envisageaient de constituer une flotte à Perth, construisirent un chaland en 1841.

Pendant la crise commerciale de 1837–1838, les banques du Bas et du Haut-Canada suspendirent leurs

Bellefeuille

paiements en numéraire, ce qui épuisa les réserves de monnaie des marchands. Déjà aux prises avec des arriérés et des stocks importants, la W. and J. Bell, comme plusieurs autres compagnies, réagit en émettant en 1837 son propre papier-monnaie, qui pouvait être converti en billets de banque mais non en pièces de monnaie à son magasin de Perth. Joliment dessinés et gravés à Montréal par Adolphus Bourne*, les billets, présentés en cinq coupures de 50 cents et moins, demeurèrent en circulation jusqu'à la fin de 1839.

Réformiste modéré et partisan de Malcolm Cameron*, élu député de Lanark en 1836, Bell était un ennemi farouche du *family compact*. Néanmoins, il prouva ses sentiments loyalistes à titre de capitaine dans le 3rd Regiment of Leeds militia pendant les rébellions de 1837–1838. Aux tensions politiques et commerciales d'après 1837 s'ajouta un drame personnel qui perturba son équilibre émotif. La mort de sa femme et de son fils né en mars 1837 le plongea dans la dépression. C'est à l'insu et sans la bénédiction de son père, un homme de principes, qu'il avait épousé Maria Miller, de naissance illégitime. Après la mort de Maria, William aggrava l'embarras de son père en se soûlant en public ; à plusieurs reprises, ses parents durent s'occuper de ses enfants. Troublé, le patriarche de la famille exigea une déclaration d'abstinence totale de la part de chacun de ses descendants vivants, mais ce fut peine perdue.

La W. and J. Bell se tira d'affaire après le marasme du début des années 1840, mais pas William Bell fils. Sa mort, survenue à 38 ans après une période de maladie, enleva à Perth l'un de ses plus brillants leaders commerciaux ; privée de sa direction, la W. and J. Bell s'effondra en 1846. Contrairement à la vie de son père, qui fut marquée par la persistance et la stabilité, celle de William Bell se caractérisa par une réussite rapide et un déclin déconcertant.

LARRY TURNER

AO, MU 842, J. G. Malloch diary ; RG 22, sér. 155, William Bell Jr et John Bell. — APC, MG 24, D61, 2–3. — Presbyterian Church in Canada Arch. (Toronto), William Bell, diary, vol. 13. — QUA, 2402, 5–12 ; 14–15 ; A. M. Campbell, « Fractional currency instituted by W. and J. Bell, Perth, Upper Canada, in 1837 ». — *Bathurst Courier and Ottawa General Advertiser* (Perth, Ontario), 14 août 1834, 24 nov. 1839. — *Brockville Recorder,* 16 mars 1837. — *Chronicle & Gazette,* 23 oct. 1839. — *Toronto Herald,* 12 août 1844. — Isabel [Murphy] Skelton, *A man austere : William Bell, parson and pioneer* (Toronto, 1947). — Tulchinsky, *River barons,* 50. — Larry Turner, *The first Tay Canal in the Rideau corridor, 1830–1850* (Canada, Direction des parcs et lieux hist. nationaux, *Rapport sur microfiches,* nº 142, Ottawa, 1984) ; « The « Shinplasters » of W. & J. Bell, Perth, Upper Canada, 1837–1839 », *Canadian Paper Money Journal* (West Hill [Toronto]), 22 (1986) : 4–13.

BELLEFEUILLE, LOUIS-CHARLES LEFEBVRE DE. V. LEFEBVRE

BELLEVILLE. V. BOUCHER

BEMER. V. BEAMER

BENSON, WILLIAM JOHN CHAPMAN, homme d'affaires, né vers 1818, probablement à Londres ; décédé le 3 décembre 1850 à Whitehall, New York.

William John Chapman Benson débarqua à Québec vraisemblablement à l'été de 1845 ; il venait de Londres et était alors dans la vingtaine avancée. À son arrivée, il loua une maison rue Mont-Carmel, dans la haute ville. Nanti de £10 000 empruntées à Edward Henry Chapman, de Haringey (Londres), il se prépara à se lancer dans le domaine fort encombré du commerce du bois. À Québec, au début du siècle, Henry USBORNE avait entrepris l'exportation massive du bois et, grâce aux droits préférentiels britanniques qui la protégeaient de la concurrence des pays baltes, celle-ci avait atteint une telle ampleur au début des années 1830 que les fournisseurs québécois de bois équarri dominaient le vaste marché britannique. Pendant que des exploitants, tel Philemon WRIGHT, continuaient de produire du bois équarri, des scieries voisines de Québec comme celles de Peter Patterson* et de sir John CALDWELL, d'autres situées plus haut sur le Saint-Laurent ou dans la vallée de l'Outaouais, par exemple celles de George HAMILTON, alimentaient le marché en madriers et en bois de construction scié, de telle sorte que les produits du bois constituèrent certaines années les trois quarts des exportations de Québec. La crise financière de 1837 et la réduction des droits préférentiels, en 1842, s'étaient répercutées sur le commerce, mais seulement de façon passagère, si bien qu'à l'époque où Benson arriva on s'apprêtait à exporter une quantité record de bois d'œuvre : en 1845, en effet, les marchands allaient expédier 1 499 chargements de bois depuis une trentaine d'anses qui bordent le Saint-Laurent, de Cap-Rouge à la rivière Montmorency. Cette année-là, les exportations du principal produit, le bois équarri, s'élevèrent à 24 000 000 de pieds cubes.

Comme il était arrivé tard dans la saison en 1845, Benson n'entreprit ses activités qu'en 1846, après être entré en contact avec les personnes requises. En juillet, il passa un contrat avec George Browse, du comté de Dundas, dans le Haut-Canada, pour prendre livraison à Québec, au cours de la saison, de 50 cages d'orme et de pin blanc en retour d'avances de £299 destinées à couvrir les frais de production engagés pendant l'hiver précédent. En juin, il avait conclu avec l'entreprise québécoise Allan Gilmour and Company [V. Allan Gilmour*] une entente par laquelle il s'engageait à acheter 100 000 pieds cubes de pin rouge au coût approximatif de £4 600 ; cette entente prévoyait la livraison du bois à Québec au plus tard le 31 août, mais comme la compagnie dépassa l'échéance Benson reçut la somme de £591 à titre de dédommagement. Vers la fin de la saison, selon la coutume établie chez les marchands de bois de Québec, Benson s'occupa de financer la production pendant l'hiver afin de s'assurer un approvisionnement pour l'année suivante. Il avança par exemple à James Jardine, de Pembroke, dans le Haut-Canada, £1 200 à 6 % d'intérêt, pour s'assurer la livraison de 50 000 pieds cubes de pin rouge et de la même quantité de pin blanc. Il se réservait le droit de choisir entre deux possibilités : acheter le bois au prix courant à son arrivée à Québec, ou le vendre à un autre marchand, en imputant au compte de Jardine un montant qui engloberait les frais, une commission de 5 %, les avances et l'intérêt.

En octobre 1847, Benson consolida sa présence à Québec en achetant un domaine sur le bord du Saint-Laurent, en face de Sillery. Appelé New Liverpool, ce domaine était situé entre les rivières Chaudière et Etchemin, près d'un autre établissement du même nom qui appartenait à l'importante société Hamilton and Low, fondée par Hamilton. La propriété de Benson comprenait un lot de grève de 66 acres aménagé comme une anse à bois et 381 acres de terre arable qui s'étendaient vers l'arrière. Avec son chantier de construction de navires océaniques, ses jetées, ses quais, ses maisons et ses bâtiments sur la plage, cette propriété avait déjà constitué l'un des principaux établissements de la zone portuaire, et avait employé une soixantaine d'hommes en été. Les anciens propriétaires, William Price* et Peter McGill*, avaient été forcés de la mettre en vente par suite des réductions tarifaires de 1842 et des difficultés financières éprouvées par McGill ; Benson fut apparemment le premier acheteur potentiel capable d'en payer le prix de £8 000, dont il versa £5 300 en espèces.

Depuis New Liverpool, où se trouvait aussi sa demeure, et un bureau de la rue Saint-Pierre, dans la basse ville, Benson dirigeait une grande entreprise de transport maritime. Les journaux de Québec publiaient à sa demande toutes sortes d'informations : des avis pour signaler l'arrivée des navires qu'il avait affrétés, des annonces d'espaces à louer sur des bateaux en partance pour la Grande-Bretagne, des demandes d'espace pour des cargaisons et des ventes de briques ou de sel transportés comme lest à bord de navires entrants. Selon ces mêmes journaux, plus de 100 navires chargés par Benson partirent chaque année de Québec, de 1846 jusqu'en 1850. Cette année-là, comme il avait assuré le chargement de 159 des 1 162 navires qui avaient passé aux douanes, le *Morning Chronicle* de Québec le cita comme le plus important des 47 expéditeurs du port. Benson construisit aussi au moins deux navires à son chantier naval : le *New Liverpool*, de 722 tonneaux, en 1847 et le *Harbinger*, de 751 tonneaux, en 1848. La même

année, il loua l'anse pour trois ans à son agent Robert Roberts, moyennant la somme annuelle de £1 500. À l'été de 1849 cependant, on liquida le chantier dans une vente aux enchères. L'entreprise d'expédition de bois continua tout de même à fonctionner sous le nom de Benson.

Malgré son jeune âge, Benson, capitaliste de respectable envergure, s'engagea tout naturellement dans des entreprises qu'avaient lancées les gens d'affaires de Québec. En 1848, il entra au conseil d'administration de l'Association du télégraphe électrique de l'Amérique britannique du Nord, qui se proposait de relier la région du Saint-Laurent au marché britannique, par Halifax, dès 1850. Il s'agissait là d'un projet commercialement vital pour Québec. Parmi les intéressés à l'entreprise, au nombre d'une trentaine, on comptait les compagnies forestières H. and E. Burstall, G. B. Symes and Company, Sharples, Wainwright and Company et quelques particuliers en vue comme Edward Boxer*, James Gibb* et Henry LeMesurier*. En octobre 1849, Benson fit partie du groupe d'actionnaires qui lança la Quebec and Melbourne Railway Company, devenue par la suite la Compagnie du chemin de fer de Québec et Richmond, une autre entreprise indispensable au développement portuaire de Québec. Il devint l'un des vice-présidents fondateurs de la compagnie en 1850 ; après Patterson, c'est lui qui avait investi le plus d'argent, soit £1 000.

En décembre 1850, pendant qu'il était en route pour l'Angleterre afin de préparer les activités de la saison suivante, selon l'habitude des marchands de bois de Québec, William John Chapman Benson mourut subitement à Whitehall, dans l'état de New York. Cette mort prématurée priva Québec d'un chef d'entreprise dynamique. Par ailleurs, deux autres individus du nom de Benson, apparemment ses frères, s'étaient également installés à Québec : Thomas prit la relève à New Liverpool sous la raison sociale de Benson and Company, tandis que Willis A. se joignit à Timothy Hibbard Dunn* pour faire le commerce du bois dans les années 1850.

JOHN KEYES

ANQ-Q, CN1-49, 2 sept. 1846, 24–25 oct. 1848, 19 déc. 1849 ; CN1-67, 8 juill., 10, 25 sept., 5 oct. 1846 ; CN1-197, 14 oct. 1847, 6 juin 1850 ; P-600/4, D-362-Québec-1861.— *Morning Chronicle* (Québec), 5 juill., 5 oct., 10 déc. 1849, 13 déc. 1850. — *Quebec Gazette*, 21 déc. 1849. — *Quebec Mercury*, 11 juill., 5 nov., 10 déc. 1850. — *Quebec directory*, 1848–1849 : 22, 165, 210–211, 236 ; 1850 : 23, 252–253. — J. E. Defebaugh, *History of the lumber industry of America* (2 vol., Chicago, 1906–1907), 1 : 139–140. — A. R. M. Lower, *Great Britain's woodyard : British America and the timber trade, 1763–1867* (Montréal et Londres, 1973), 71. — P. D. McClelland, « The New Brunswick economy in the nineteenth century » (thèse de PH.D., Harvard Univ., Cambridge, Mass., 1966), tableau XVIII.

Berczy

BERCZY, JEANNE-CHARLOTTE. V. ALLAMAND

BERTHELOT, AMABLE, avocat, officier de milice, homme politique, auteur et bibliophile, né le 10 février 1777 à Québec, fils de Michel-Amable Berthelot* Dartigny et de Marie-Angélique Bazin ; décédé célibataire le 24 novembre 1847 dans la même ville.

Fils d'un marchand épicier de Paris, l'ancêtre des Berthelot, Charles Berthelot, débarqua en Nouvelle-France en 1726. Il se maria à Québec avec Thérèse Roussel, fille de Timothée Roussel*, chirurgien de cette ville. Très doué pour le commerce, il s'enrichit en quelques années et s'assura une solide fortune. En 1748, il acheta le fief de Villeray, situé en dehors de la porte Saint-Louis, sur l'emplacement actuel de la Grande Allée. Son fils, Michel-Amable Berthelot Dartigny, héritier de son domaine et de sa fortune, se tourna vers les professions d'avocat et de notaire. En 1792, il fut élu député de la circonscription de Québec à la première chambre d'Assemblée du Bas-Canada.

Amable Berthelot était le troisième de sept enfants, dont quatre moururent en bas âge. Il fit ses études classiques au petit séminaire de Québec de 1785 à 1793. Puis, marchant sur les traces de son père, il entra comme clerc dans le cabinet de Jean-Antoine Panet*, avocat en vue de Québec, qui l'initia au droit. Il fut admis au barreau le 17 janvier 1799, à l'âge de 21 ans. Toute sa formation fut celle que recevait habituellement un fils de famille bourgeoise à la fin du XVIIIe siècle. Il garda de ses années de formation un goût marqué pour les études et la recherche et commença dès cette époque à se constituer une excellente bibliothèque personnelle.

Jeune avocat, Berthelot alla s'établir à Trois-Rivières et y ouvrit un cabinet. Il parvint à se faire bientôt une clientèle considérable et devint l'un des notables de sa ville d'adoption. Pendant la guerre de 1812, il servit en qualité de capitaine dans le 1er bataillon de milice de Trois-Rivières, placé sous les ordres de Louis-Charles Foucher. Il fut d'ailleurs gratifié de concessions de terre pour services rendus à la couronne. En 1814, vers la fin de la guerre, il se laissa tenter à son tour par la politique et se porta candidat dans la circonscription de la ville de Trois-Rivières ; il fut élu député avec Charles Richard Ogden*. À la chambre d'Assemblée, Berthelot, comme son père, rallia le parti canadien. Cependant, il n'appuya pas immédiatement le jeune Louis-Joseph Papineau* qui siégeait à l'Assemblée depuis 1808. À la session de 1815, il soutint la candidature de Jean-Thomas Taschereau* au poste de président de préférence à celle de Papineau. Berthelot conserva son siège de député jusqu'en 1816.

En 1820, Berthelot avait amassé une fortune personnelle qui lui permit de s'éloigner de la pratique du droit pour se consacrer aux voyages et aux études. Il ferma alors son cabinet de Trois-Rivières et quitta le Bas-Canada pour aller séjourner en France. L'Europe devait très certainement fasciner depuis longtemps un intellectuel comme Berthelot. Il vécut quatre ans en France, de 1820 à 1824, époque où il découvrit le Paris de Louis XVIII et où sa fortune lui ouvrit les salons de la capitale. Il put satisfaire ses goûts de bibliophile et c'est sans doute pendant ce séjour qu'il constitua en bonne partie la riche bibliothèque historique qui fit plus tard sa renommée.

Peu après son retour au Bas-Canada en 1824, Berthelot fut de nouveau élu député de la circonscription de la ville de Trois-Rivières qu'il représenta jusqu'en 1827. Défait cette année-là dans la Haute-Ville de Québec, il se retira pendant quelque temps de la vie publique. En 1831, il entreprit un nouveau voyage en France. Juste avant de s'embarquer, il décida de mettre sa bibliothèque en vente. La transaction s'effectua sous la forme habituelle d'une vente aux enchères, le 23 août 1831, à l'hôtel Malhiot de Québec. La publicité relative à cet événement, parue dans *la Minerve,* mentionnait qu'il s'agissait d'une « collection de près de Quinze Cens Volumes de Livres rares et précieux en Religion, Loi, Gouvernement, Littérature et Histoire ». On sait qu'un catalogue de cette imposante collection fut imprimé à cette occasion, mais malheureusement aucun exemplaire n'en subsiste. Néanmoins, une partie du contenu de cette bibliothèque est connue grâce à un article que Michel Bibaud* publia dans le *Magasin du Bas-Canada* de Montréal en 1832 et grâce au rapport du bibliothécaire de la chambre d'Assemblée qui acheta plusieurs des livres d'histoire de la collection Berthelot. Ne sachant pas combien de temps il allait séjourner en Europe, peut-être Berthelot préféra-t-il vendre sa collection plutôt que de devoir l'apporter en voyage ou l'entreposer pendant plusieurs années à Québec ?

Quoi qu'il en soit, revenu au Bas-Canada en 1834, Berthelot décida de se réinstaller définitivement dans sa ville natale. La même année, il revint à la politique et fut élu député de la circonscription de la Haute-Ville de Québec. Il conserva son siège jusqu'à la suspension de la constitution en 1838. Pendant ces années cruciales, Berthelot, de nature timide et peu enclin à la polémique, s'éloigna du parti patriote pour rejoindre les rangs du « parti de Québec » où figuraient notamment Elzéar BÉDARD, Étienne Parent*, John NEILSON et d'autres nationalistes modérés de la région de Québec. En février 1835, au cours d'un débat à la chambre d'Assemblée, il résuma lui-même sa position par la maxime suivante : *Suaviter in modo, fortiter in re* (Il faut être constant dans ses principes, mais conciliant dans ses actes.) Cet aphorisme traduit bien, en effet, la conduite politique de Berthelot. À titre de député, il s'intéressa particulièrement aux questions relatives à l'éducation. Sous le régime de l'Union, il termina sa carrière politique en représentant la circonscription de Kamouraska de 1841 à 1847.

C'est au cœur de ses activités intellectuelles que Berthelot semble avoir cependant été le plus à l'aise. Il s'intéressa à l'histoire pendant de nombreuses années et publia quelques dissertations sur divers sujets d'archéologie historique. Il partageait ce goût pour la recherche avec plusieurs notables canadiens du début du XIXe siècle intéressés par les origines de la Nouvelle-France, tels Michel Bibaud, Joseph-François PERRAULT et Georges-Barthélemi Faribault*, avec lesquels Berthelot eut souvent l'occasion d'échanger des idées. Dans certains domaines comme l'histoire militaire, il découvrit, en mettant de l'ordre dans les papiers de son père, des témoignages relatifs à l'invasion américaine de 1775. Ces documents, dont une relation du siège du fort Saint-Jean (Saint-Jean-sur-Richelieu) par les Bostonnais, ont été conservés grâce à lui. À l'époque de son second séjour en France, Berthelot se lia d'amitié avec François-Xavier Garneau* qu'il rencontra à Paris. Celui-ci profita de l'expérience européenne de Berthelot et conserva une grande estime pour lui. Déjà vieillissant, Berthelot accorda son affection à Garneau et l'encouragea plus tard en apportant son soutien financier à la publication du premier volume de l'*Histoire du Canada depuis sa découverte jusqu'à nos jours*. Berthelot se fit également connaître par ses recherches en grammaire française et, en 1843, il publia un essai d'analyse grammaticale qui fut remarqué.

Si la vie publique de Berthelot est bien connue, sa vie privée par contre l'est beaucoup moins. On sait qu'il ne se maria jamais. À Paris, il confiait parfois à Garneau sa grande solitude de célibataire. Cependant, il adopta deux enfants : Adèle, née en 1813, qui épousa en 1831 Louis-Hippolyte La Fontaine*, et Amable, né en 1815, qui devint médecin à Saint-Eustache. La naissance de ces deux enfants demeure obscure et le nom de leur mère n'apparaît pas sur les registres d'état civil.

On ne possède pas de précisions sur les relations qu'Amable Berthelot entretint avec sa famille vers la fin de sa vie. Il mourut à Québec le 24 novembre 1847, à l'âge de 70 ans, au moment où il siégeait toujours comme député de Kamouraska. Les journaux soulignèrent l'événement et le barreau de Québec décréta un deuil parmi ses membres en l'honneur du disparu. Dans l'article qu'il rédigea à l'occasion de sa mort, Garneau le disait « plus homme de cabinet qu'homme d'activité et de mouvement ». Ce bref témoignage décrit bien Berthelot et résume tant sa carrière que ses aptitudes et ses goûts.

GILLES GALLICHAN

Outre quelques allocutions sur la publicité de l'hypothèque et l'éducation, Amable Berthelot a écrit plusieurs dissertations sur divers sujets d'archéologie historique dont : *Dissertation sur le canon de bronze que l'on voit dans le musée de M. Chasseur, à Québec* (Québec, 1830) ; *Discours fait devant la Société de discussion de Québec, le 15 juillet 1844, sur le vaisseau trouvé à l'embouchure du ruisseau St-Michel, et que l'on prétend être la « Petite-Hermine » de Jacques Cartier* (Québec, 1844). Il a aussi consigné le fruit de ses recherches en grammaire française dans deux ouvrages intitulés : *Essai de grammaire française suivant les principes de l'abbé Girard* (Québec, 1840) ; *Essai d'analyses grammaticales suivant les principes de l'abbé Girard* (Québec, 1843 ; nouv. éd., 1847).

La Division de la reconstitution des débats de la Bibliothèque de l'Assemblée nationale du Québec conserve des dossiers de presse sur les débats de la chambre d'Assemblée du Bas-Canada. On peut y retrouver les discours et les interventions de Berthelot en chambre pour la période 1835–1837. On trouvera également les discours que Berthelot prononça à l'Assemblée législative de la province du Canada à partir de 1841 en consultant l'index des participants dans *Debates of the Legislative Assembly of United Canada* (Abbott Gibbs *et al.*).

ANQ-Q, CE1-1, 10 févr. 1777, 27 nov. 1847 ; P1000-11-184. — APC, MG 23, B35 ; MG 30, D1, 4 : 498–518 ; RG 4, B8 : 6384–6387 ; RG 68, General index, 1651–1841. — ASQ, Fichier des anciens. — B.-C., chambre d'Assemblée, *Journaux*, 1815 ; 1831–1832, app. B ; 1835.— F.-X. Garneau, *Voyage en Angleterre et en France dans les années 1831, 1832 et 1833*, Paul Wyczynski, édit. (Ottawa, 1968), 282–283.— *Le Canadien*, 2 mars 1835, 24, 29 nov. 1847. — *La Minerve*, 4 août 1831, 30 déc. 1847. — F.-J. Audet, *les Députés des Trois-Rivières (1808–1838)* (Trois-Rivières, Québec, 1934) ; « les Législateurs du B.-C. ». — F.-J. Audet et Fabre Surveyer, *les Députés au premier Parl. du B.-C.* — F.-M. Bibaud, *le Panthéon canadien* (A. et V. Bibaud ; 1891). — Desjardins, *Guide parl.* — Réginald Hamel *et al.*, *Dictionnaire pratique des auteurs québécois* (Montréal, 1976). — Le Jeune, *Dictionnaire*, 1 : 165.— H. J. Morgan, *Bibliotheca Canadensis. — Officers of British forces in Canada* (Irving). — P.-G. Roy, *les Avocats de la région de Québec* ; *Fils de Québec*, 2 : 186–187. — Wallace, *Macmillan dict.* — Serge Gagnon, *le Québec et ses historiens de 1840 à 1920 : la Nouvelle-France de Garneau à Groulx* (Québec, 1978). — Labarrère-Paulé, *les Instituteurs laïques*. — Edmond Lareau, *Histoire de la littérature canadienne* (Montréal, 1874). — Mason Wade, *les Canadiens français, de 1760 à nos jours*, Adrien Venne et Francis Dufau-Labeyrie, trad. (2e éd., 2 vol., Ottawa, 1966). — « Bibliophilie », *Magasin du Bas-Canada* (Montréal), 1 (1832) : 63–65. — [Hervé Biron], « Ceux qui firent notre pays : Amable Berthelot », *le Nouvelliste* (Trois-Rivières), 10 déc. 1946 : 2. — « La Famille Berthelot d'Artigny », *BRH*, 41 (1935) : 3–38. — Antoine Roy, « Sur quelques ventes aux enchères et bibliothèques privées », *Cahiers des Dix*, 26 (1961) : 219–233.

BERTON, GEORGE FREDERICK STREET, avocat et fonctionnaire, né le 10 décembre 1808 dans la paroisse de Burton, Nouveau-Brunswick, fils aîné

Berton

de George Duncan Berton et d'Ann Frances Street ; le 28 septembre 1833, il épousa à Fredericton Delia Hooke, et ils eurent trois enfants ; décédé dans la même ville le 31 janvier 1840.

George Frederick Street Berton naquit dans la plus grande famille néo-brunswickoise de juristes du début du XIXᵉ siècle, et sa courte mais brillante carrière illustre le processus d'organisation que son milieu professionnel connut entre 1820 et 1840. Son grand-père maternel, Samuel Denny Street*, avait été le premier avocat du Nouveau-Brunswick. Parmi ses oncles avocats, on comptait George Frederick Street*, John Ambrose Sharman Street* et Alfred Locke Street. Par son père, il était apparenté à la famille du premier juge en chef de la province, George Duncan Ludlow*.

Fils du shérif en chef du comté d'York, Berton passa son enfance à Fredericton et à St Andrews. Entré en 1822 au College of New Brunswick, il n'y obtint pas de diplôme mais fit par la suite un stage de cinq ans au cabinet de son oncle et homonyme George Frederick Street. Reçu attorney en 1830, il s'associa à son oncle puis fut nommé, le 3 juin, greffier de la paix non résidant du comté de Sunbury à la suite de son grand-père Street, qui avait exercé cette fonction depuis la fondation de la province. Après son admission au barreau, en 1832, il se fixa à Fredericton où, avec George Jarvis Dibblee, il ouvrit cinq ans plus tard un cabinet qui allait attirer une nombreuse clientèle jusqu'à sa mort. Berton accéda aussi à de modestes charges publiques, comme il convenait à un jeune avocat qui avait de bonnes relations, puis le 15 janvier 1838, par suite de l'éviction de William Hunter Odell*, il devint greffier de la couronne à la Cour suprême. D'ordinaire, ce poste annonçait l'obtention de fonctions juridiques plus prestigieuses, mais Berton mourut trop tôt pour en cumuler. Ses principales réalisations ressortent donc plus clairement. Aujourd'hui, on se souvient de la contribution qu'il apporta à la maturation de la profession juridique au Nouveau-Brunswick.

En 1821, à la suite d'une querelle au tribunal, l'oncle de Berton, George Frederick Street, se battit en duel contre George Ludlow Wetmore* et le tua. Cet événement déclencha l'application d'une série de mesures qui visaient à préserver la respectabilité du barreau. En 1823, la Cour suprême imposa pour la première fois un code précis pour l'admission des étudiants en droit, des attorneys et des barristers. Deux ans plus tard, les juges et avocats de la province créèrent la Law Society of New Brunswick afin de resserrer la surveillance au sein de la profession. En 1826, cette société mit à exécution un projet ambitieux, soit l'ouverture, à Fredericton, d'une auberge appelée Barrister's Inn, où pourraient loger les avocats venus de l'extérieur pour assister aux audiences de la Cour suprême. Trop jeune pour participer à la création de la Law Society, Berton se joignit cependant, avec Lemuel Allan Wilmot*, William Hayden Needham* et Charles Fisher*, au noyau de fondateurs d'un autre organisme qui joua un rôle primordial dans la professionnalisation du droit : la Law Students' Society, qui commença d'exercer ses activités à Fredericton au plus tard en 1828. Il participa en 1834 à un autre événement d'importance, soit l'assemblée au cours de laquelle les membres du barreau, sous la présidence du procureur général Charles Jeffery Peters, protestèrent parce qu'on avait nommé à la Cour suprême l'Anglais James Carter* plutôt qu'un Néo-Brunswickois.

En 1835, malgré sa jeunesse, George Frederick Street Berton était si respecté de ses pairs qu'il se vit confier la lourde tâche de préparer la première refonte complète des lois adoptées par le Nouveau-Brunswick à compter de 1786. Sous l'œil attentif du juge en chef Ward Chipman*, il produisit une minutieuse édition qui demeure la principale source de référence sur les lois d'avant 1836. C'est aussi en 1836 que Berton, toujours par « désir de rendre service à [ses] collègues », commença à publier ses notes sur certains jugements d'appel de la Cour suprême ; quelques-uns de ses commentaires parurent dans la *Royal Gazette*, puis sous forme de brochures. Il était le premier dans la province à produire des rapports de ce genre, et on reconnut l'utilité de son initiative en le nommant officiellement l'année suivante au poste d'arrêtiste. (Il était déjà agent de distribution d'au moins deux éditeurs anglais qui publiaient des livres de droit.) En 1839, à l'approche de sa mort qu'il pressentait, il rassembla ses commentaires en un volume, qu'il publia à « grands frais » et dont il voulut faire son testament. À son décès, l'année suivante, le juge en chef Chipman et ses collègues exprimèrent publiquement le « grand regret » que leur causait cette « perte [pour] la cour, la profession et le pays ». En moins de 20 ans, le barreau du Nouveau-Brunswick avait cessé d'être le bastion d'un réseau familial pour devenir un organisme nombreux et bien engagé sur la voie de la professionnalisation. Les travaux de pionnier que Berton avait accomplis dans la refonte des lois et la rédaction de recueils de jurisprudence avaient largement contribué à cette transformation.

D. G. Bell

La compilation que fit George Frederick Street Berton des lois du Nouveau-Brunswick parut sous le titre de *The acts of the General Assembly of her majesty's province of New Brunswick, from the twenty sixth year of the reign of King George the Third to the sixth year of the reign of King William the Fourth* (Fredericton, 1838). Ses notes sur certains jugements d'appel, consignées dans *Reports of cases adjudged in the Supreme Court of the province of New Brunswick, commencing in Hilary term, 1835* (Fredericton,

1839), parurent dans une seconde édition sous le titre de *Reports of cases decided in the Supreme Court of New Brunswick, from Hilary term, 5 Wm. 4, to Hilary term, 2 Vic.* [...], A. A. Stockton, édit. (Toronto et Édimbourg, 1882). Cette édition est encore imprimée. Même s'il s'agit du premier rapport sur les lois du Nouveau-Brunswick, on réfère à cet ouvrage, pour des raisons qu'il ne vaut pas la peine d'expliquer, comme au vol. 2 des *New Brunswick reports*. [D. G. B.]

APNB, MC 288 ; RG 2, RS7, 98 : 1144–1146 ; RG 11, RS657, Q12. — Musée du N.-B., A67–A71, A75, A147, A156 (Berton and Berton–Dibblee account- and process-books) ; Berton–Dibblee coll. ; N.B. Hist. Soc. papers, packets 5, 8. — *American Jurist and Law Magazine* (Boston), 19 (1838) : 246–248. — *Royal Gazette* (Fredericton), 4 oct. 1833, 5 févr. 1840. — Hill, *Old Burying Ground.* — *The New Brunswick militia commissioned officers' list, 1787–1867,* D. R. Facey-Crowther, compil. (Fredericton, 1984). — D. G. Bell, « The transformation of the New Brunswick bar, 1785–1830 : from family connexion to peer control », *Papers presented at the 1987 Canadian law in history conference* (3 vol., Ottawa, 1987), 1 : 240–256. — Lawrence, *Judges of N.B.* (Stockton et Raymond). — Jennifer Nedelsky et Dorothy Long, « Law reporting in the Maritime provinces : history and development » (rapport préparé pour le Canadian Law Information Council, Ottawa, 1981).

BETHUNE, JAMES GRAY, homme d'affaires, fonctionnaire, juge de paix et officier de milice, né le 1er avril 1793 à Williamstown, Haut-Canada, fils de John Bethune* et de Véronique Waddens ; le 4 février 1830, il épousa Martha Covert, et ils eurent une fille qui mourut en bas âge ; décédé le 13 octobre 1841 à Rochester, New York, et inhumé à Cobourg, Haut-Canada.

Quatrième fils du révérend John Bethune, éminent loyaliste, James Gray Bethune fréquenta l'école de John Strachan* à Cornwall puis, vers 1812, élut domicile dans le hameau de pionniers de Hamilton (Cobourg), sur la rive nord du lac Ontario. Dès 1817 il y avait ouvert un magasin et construit une scierie. Il exploitait aussi une distillerie et avait été nommé maître de poste de Hamilton ; c'est dans son magasin qu'il exerça jusqu'en 1834 cette fonction, dont il fut le premier titulaire. Comme marchand et propriétaire de magasin, Bethune réussit à survivre là où d'autres échouèrent, parce qu'il put établir de solides relations commerciales avec des marchands de Montréal, par l'entremise de son frère Norman, important marchand et transitaire de cette ville. Mais il n'y a aucun doute que Bethune était un homme d'affaires entreprenant et innovateur, qui se fit le champion du développement économique du district de Newcastle et qui tenta, en particulier, de faire en sorte que le commerce vers l'intérieur du district passe par Cobourg.

Bethune mit en œuvre plusieurs moyens pour améliorer l'économie de son district. En 1826, il ouvrit une succursale de son magasin à Peterborough dans le but de barrer la route aux marchands rivaux de Port Hope ; plus tard, il entreprit de vendre en gros aux commerçants de l'arrière-pays. Il s'intéressa activement à l'immobilier et, en 1819, il fit partie du premier conseil des terres du district de Newcastle. Au cours des années 1820, il acheta à titre personnel des terres dans différents coins du district en vue de faire de la spéculation ; il acquit, entre autres, une vaste étendue de terre avantageusement située tout près du port, à Cobourg. En 1831, il devint représentant régional de la Canada Company et, deux ans plus tard, il rédigea à l'intention des immigrants éventuels une brochure publicitaire intitulée *A schedule of real estate in the Newcastle District* [...]. Bethune était déterminé à améliorer les moyens de transport entre Cobourg et l'arrière-pays, et son activité dans ce domaine fut particulièrement importante. En 1827, avec John Covert, il joua un rôle de premier plan dans la mise sur pied du comité du port de Cobourg (constitué juridiquement sous le nom de Cobourg Harbour Company en 1829), et il en fut le trésorier. En 1832, il établit le premier service de bateau à vapeur sur le lac Rice et la rivière Otonabee. Un an plus tard, il ouvrit de vastes entrepôts à Peterborough et à Cobourg, procéda au lancement d'un bateau à vapeur sur le lac Chemung (au nord de Peterborough) et travailla activement à faire construire un pont sur la rivière Trent, probablement à l'endroit où se trouve aujourd'hui le village de Hastings. De plus, il fut à la tête du groupe d'investisseurs, dont faisaient partie Zacheus Burnham* et John Gilchrist*, qui construisit en 1833 le vapeur *Cobourg,* destiné au transport sur le lac Ontario, et il joua un rôle actif dans la Cobourg Rail Road Company, qui reçut sa charte en 1834 pour construire une ligne de chemin de fer entre Cobourg et le lac Rice. Il était donc tout à fait normal qu'on le nomme, en 1833, membre de la commission provinciale chargée d'améliorer la navigation dans le district de Newcastle.

Le dynamisme de Bethune en matière de commerce et son goût marqué pour les projets de mise en valeur de la région en firent un personnage important et estimé dans le district. En tant que frère d'Alexander Neil Bethune*, pasteur anglican respecté de Cobourg, et à titre de juge de paix et commissaire à la Cour des requêtes du district, il était aussi considéré comme un homme de confiance. En 1831, il fut nommé lieutenant-colonel du 2nd Regiment of Northumberland militia. Il fit aussi partie d'un certain nombre d'organisations qui desservaient la collectivité, dont la Northumberland Agricultural Society et la Newcastle District Emigrant Relief Society. Cette dernière avait été mise sur pied pendant l'épidémie de choléra de 1832. Comme Bethune entretenait de solides relations, à la fois personnelles et d'affaires, avec des membres très importants du monde commercial et

Beyigishiqueshkam

politique de la province, tels John Strachan et John Macaulay*, il n'est pas étonnant qu'il ait été nommé représentant, à Cobourg, de la Bank of Upper Canada en août 1830, puis caissier (directeur général) de la succursale en septembre 1832. Cependant, ses activités de banquier entraînèrent sa ruine.

L'argent était rare dans le Haut-Canada, et Bethune mit à la disposition des clients de la banque, ainsi qu'à la sienne, de généreux crédits par le biais de pratiques aussi risquées que les endossements réciproques de billets (auxquels furent souvent mêlés ses frères Norman et Donald*) et l'émission de traites de complaisance sans garantie suffisante, toutes pratiques qui enfreignaient les règles de la banque centrale. En spéculant sur les bateaux à vapeur, Bethune avait pris des engagements qui dépassaient ses moyens ; de plus, il était coincé par des débiteurs qui tardaient à le rembourser ou ne le remboursaient pas du tout, si bien qu'à l'été de 1833 il était sur le chemin de la ruine. En juin, il y eut un mystérieux vol de £3 000 à sa banque ; selon John Langton*, certains crurent que c'était Bethune qui avait pris l'argent. Après qu'une enquête entreprise par le président de la banque, William Allan*, eut révélé que Bethune avait toléré le non-remboursement de prêts qui totalisaient presque £8 000, il fut forcé de démissionner en novembre 1833. En dépit de ses avoirs, il se vit dans l'impossibilité de couvrir ses pertes et, en 1834, il fut mis en faillite. Furent aussi durement touchés par son retrait des affaires ceux qui s'étaient portés garants pour lui (son beau-père, John Covert, et George Strange Boulton*) ainsi que les habitants du district qui lui avaient confié leurs épargnes.

Sans se laisser décourager, James Gray Bethune se présenta comme candidat tory aux élections générales d'octobre 1834, mais il fut battu par John Gilchrist et Alexander McDonell*. À partir de ce moment-là, ses problèmes financiers ne lui laissèrent plus de répit ; en 1836, pendant un bref séjour à la prison d'Amherst (Cobourg), où il avait été incarcéré pour dettes, il continua à mettre de l'ordre dans ses comptes. Ayant perdu la considération dont il avait joui à titre de « grand homme » du district de Newcastle, il alla s'installer à Rochester. C'est là qu'il mourut, en 1841, après une longue maladie.

PETER ENNALS

James Gray Bethune est l'auteur de : *A schedule of real estate in the Newcastle District to be disposed of at public sale ; on the first day of August 1833* […] (Cobourg, Ontario, 1833). Sur la copie qui se trouve à la MTRL, la date a été corrigée à la main, on y lit « 29ᵉ jour ».

AO, MS 78, William Allan à Macaulay, 31 août, 2 sept. 1833 ; John Strachan à Macaulay, 11 sept. 1833 ; MS 107, reg. of baptisms and marriages, 16 ; MS 524, J. G. Bethune à Peter Robinson, 6 mars 1827, 19 mai 1836 ; MU 502, Zacheus Burnham à J. G. Bethune, 25 avril 1829 ; MU 2883 ; RG 1, A-I-6, 12–13 ; RG 22, Newcastle District, clerk of the peace, reg. of tax payments, 1821–1830. — APC, RG 68, General index, 1651–1841 : 443, 451, 466, 490. — EEC, Diocese of Toronto Arch., Church of St Peter (Cobourg), reg. of baptisms, burials, and marriages, 1819–1837 ; vestry minute-books, 1827–1893 (mfm aux AO). — MTRL, William Allan papers, John Macaulay à Allan, 5 juill. 1832, 2 juill. 1834. — Northumberland West Land Registry Office (Cobourg), Abstract index to deeds, Cobourg, vol. 1, lot 16, concession A ; lot 18, concessions A et B (mfm aux AO). — H.-C., House of Assembly, *Journal,* app., 1828, « Report on Cobourg harbour » ; 1829 : 28†–29† ; 1831 : 97 ; 1833–1834 : 111. — John Langton, *Early days in Upper Canada : letters of John Langton from the backwoods of Upper Canada and the Audit Office of the Province of Canada,* W. A. Langton, édit. (Toronto, 1926). — *Cobourg Star,* 8 févr. 1831–20 oct. 1841. — P. [A.] Baskerville, « The entrepreneur and the metropolitan impulse : James Gray Bethune and Cobourg, 1825–1836 », *Victorian Cobourg : a nineteenth century profile,* Jaroslav Petryshyn et al., édit. (Belleville, Ontario, 1976), 56–70. — E. C. Guillet, *Cobourg, 1798–1948* (Oshawa, Ontario, 1948), 13. — D. E. Wattie, « Cobourg, 1784–1867 » (2 vol., thèse de M.A., Univ. of Toronto, 1949). — P. [A.] Baskerville, « Donald Bethune's steamboat business : a study of Upper Canadian commercial and financial practice », *OH,* 67 (1975) : 135–149. — A. H. Young, « The Bethunes », *OH,* 27 (1931) : 560.

BEYIGISHIQUESHKAM. V. BAUZHI-GEEZHIG-WAESHIKUM

BINNS, CHARLES, homme d'affaires, avocat, fonctionnaire, homme politique et officier de milice, né vers 1786, peut-être dans la division ouest du Yorkshire, Angleterre ; le 13 mai 1809, il épousa à Charlottetown Elizabeth Clarke, et ils eurent 12 enfants ; décédé le 28 avril 1847 dans la même ville.

Charles Binns reçut sa formation d'avocat en Angleterre et s'associa par la suite à un marchand nommé Peter Hope. En août 1808, grâce à l'aide de James Bardin Palmer*, de Charlottetown, Binns s'embarqua pour l'Île-du-Prince-Édouard dans le but d'y fonder une agence qui fournirait Hope en bois d'œuvre et autres produits locaux. Ce projet n'eut guère de succès. Pour des raisons difficiles à établir, Palmer et Binns ne tardèrent pas à se brouiller. Privé du soutien de Palmer, Binns se retrouva en 1813 devant un échec financier ; son association avec Hope semble avoir pris fin peu après.

Binns qui était alors marié décida de ne pas retourner en Angleterre et s'inscrivit comme barrister à la Cour suprême de l'île le 16 février 1813. Il acheta quelques terrains dans le lot 25 et dans Charlottetown and Royalty. Il devint aussi agent foncier de plusieurs propriétaires. En 1819, à « la demande de certains grands propriétaires fonciers », il ouvrit un bureau d'immigration à Charlottetown, mais il connut dans cette entreprise, comme dans tant d'autres, un échec rapide. Heureusement pour Binns, il n'y eut guère d'avocats compétents dans l'île avant les années 1830. En misant sur son modeste talent d'homme de loi plutôt que sur sa témérité en affaires, il fut en mesure de se créer à Charlottetown une position sociale et financière respectable. Le manque d'avocats compte également pour beaucoup dans la fréquence avec laquelle le lieutenant-gouverneur Charles Douglass Smith* fit appel à lui pour remplir des postes officiels. Il fut sous-secrétaire de la colonie d'avril 1816 à janvier 1818, solliciteur général de janvier 1818 à décembre 1820 et procureur général intérimaire de novembre 1819 à décembre 1820.

Même s'il fut éclipsé comme avocat par Palmer, Robert Hodgson* et d'autres personnages semblables, Binns prit part à un grand nombre des procès importants de son époque. Le plus notoire eut lieu en octobre 1823 à la Cour de la chancellerie. Binns y tenta vainement de défendre le comité d'opposants et l'imprimeur qui avaient publié des résolutions qui critiquaient le gouvernement de Smith. Présumés coupables d'outrage au tribunal pour avoir accusé Smith et sa famille d'utiliser la cour pour leur bénéfice personnel, les prévenus furent en fait déclarés coupables d'opposition politique. Ces procès étaient très pénibles pour Binns, qui était plutôt d'un naturel à éviter la controverse. Pendant son mandat comme député de Georgetown (de 1818 à 1820), il avait d'ailleurs essayé de demeurer neutre dans les différends qui opposaient Smith à l'Assemblée. Quand il défendait les adversaires de Smith en cour, il niait être lié politiquement à leur cause. Trouvant plus sûr de suivre le courant, il n'attaqua ouvertement le gouvernement de Smith qu'après le départ de ce dernier en 1824.

La timidité politique foncière de Binns transparaît dans sa réaction devant la question de l'*escheat*. À titre de député de Charlottetown de 1830 à 1838, il avait partagé l'enthousiasme de ses électeurs quand on proposa cette mesure comme panacée à l'épineux problème des terres dans l'île. Cependant, son conservatisme finit par reprendre le dessus. Dans une série d'interventions légalistes et fastidieuses, il s'opposa à la tenue d'élections tous les quatre ans, à l'imposition d'une lourde taxe foncière destinée aux propriétaires et finalement à l'*escheat* même. Il craignait que l'agitation provoquée par William Cooper* et d'autres partisans de l'*escheat* à l'occasion de nombreuses réunions de fermiers ne vienne bouleverser le processus législatif. Binns était d'ailleurs à la tête du mouvement qui fit mettre Cooper et deux de ses alliés sous la garde du sergent d'armes de l'Assemblée durant les sessions de 1837 et de 1838. Trop malade, il manqua cependant presque toute la session de 1838 ; sa santé chancelante, de nouvelles difficultés financières et la perspective d'une victoire écrasante du parti de l'*escheat* sont probablement autant de facteurs qui l'incitèrent à ne pas se présenter aux élections cette

année-là. Au cours des dernières années de sa vie, il ne parut en public qu'à titre de capitaine de milice et de greffier en loi de l'Assemblée durant les sessions de 1844 et de 1845.

Semblable au Polonius de Shakespeare, Charles Binns s'exprimait avec une prétention et un pathos comiques. Ses discours interminables devant le tribunal et l'Assemblée étaient remplis de rationalisations qui exaspéraient ses adversaires et stupéfiaient même ceux qui étaient de son avis. Sa mort passa presque inaperçue.

M. BROOK TAYLOR

PAPEI, Acc. 2810/25 ; 2849/23–24 ; 2849/38 ; RG 1, commission books, 5, 10 avril 1816, 22 janv. 1818 ; RG 6, Supreme Court, barristers' roll ; RG 16, land registry records, 1809–1847 ; conveyance reg., liber 59 : f° 601. — P.E.I. Museum, « Charlottetown manuscript » (s.d.) ; File information concerning Charles Binns. — PRO, CO 226/36 : 131 ; 226/37 : 3. — St Paul's Anglican Church (Charlottetown), Reg. of baptisms, marriages, and burials (mfm aux PAPEI). — Î.-P.-É., House of Assembly, *Journal*, 1818, 1820, 3 févr. 1831, 26 janv. 1835, 22 janv. 1839. — *Prince Edward Island Gazette,* 14 oct., 5 nov. 1818, 3 sept. 1819. — *Prince Edward Island Register,* 25 oct., 1er, 8 nov. 1823, 3 nov. 1829. — *Royal Gazette* (Charlottetown), 7 févr. 1832, 5, 19, 26 févr., 26 nov. 1833, 18 févr., 2, 16 déc. 1834, 31 mars 1835, 26, 30 avril 1836, 14, 21 févr. 1837, 27 mars 1838, 20 févr., 27 août 1844, 11 mars 1845, 29 avril 1847. — A. B. Warburton, *A history of Prince Edward Island from its discovery in 1534 until the departure of Lieutenant-Governor Ready in A.D. 1831* (Saint-Jean, N.-B., 1923), 336–343.

BLACK, EDWARD, ministre de l'Église d'Écosse et instituteur, né le 10 décembre 1793 dans la paroisse de Penninghame, Écosse, troisième fils du révérend James Black ; avant 1822, il épousa Elizabeth McCullough Craw, et ils eurent une fille, puis vers 1837 Wilhemina MacMillan, et de ce mariage naquit un fils ; décédé le 7 ou le 8 mai 1845 à Montréal.

Après avoir fréquenté des écoles de sa région, Edward Black étudia à l'University of Edinburgh de 1808 à 1815. Autorisé à prêcher par le consistoire de Wigtown en juin 1815, il fut nommé assistant de son père mais, comme il n'avait pas été choisi pour le remplacer après la mort de celui-ci en 1822, il immigra à Montréal avec sa femme.

Ce fut probablement un vieil ami, l'homme d'affaires Peter McGill*, qui présenta Black au révérend Henry Esson*, ministre de la plus prestigieuse congrégation presbytérienne de Montréal, la Scotch Presbyterian, connue plus tard sous le nom de St Gabriel Street. Les deux ecclésiastiques ne se ressemblaient ni par leur physique ni par leur manière d'exercer leurs fonctions. Esson était un homme fluet et un intellectuel qui prononçait des sermons probablement peu accessibles à tous ses fidèles ; Black, pour sa part, avait une forte carrure, des traits qui

Black

rappelaient ceux de Luther et, en chaire, il manifestait d'intenses émotions, à la manière des évangéliques. Sur l'invitation d'Esson, il prêcha devant la congrégation et obtint un tel succès qu'on le nomma le 26 février 1823 assistant d'Esson et de James SOMERVIL-LE qui, bien qu'à la retraite, était toujours ministre principal. À la mort de l'un, Black deviendrait le collègue de l'autre.

Un consistoire officieux de ministres presbytériens qui avait été formé au Canada, probablement en 1820, ordonna Black le 4 mars 1823. Ce consistoire s'était réuni périodiquement et avait espéré recueillir des statistiques pour étayer une requête présentée en vue de faire de l'Église d'Écosse une Église établie tant dans le Haut que le Bas-Canada, ce qui accroîtrait ses chances d'obtenir une assistance financière du gouvernement. En outre, le consistoire était prêt, semble-t-il, à ordonner des ministres, du moins jusqu'à l'institution d'une structure administrative plus officielle au sein de l'Église presbytérienne du Canada. Des difficultés survinrent cependant. John Burns, ministre presbytérien de tendance évangélique qui débarqua à Montréal en 1824 pour prendre la succession de Robert Easton* à l'église St Peter Street, contesta la légalité de l'ordination de Black. Selon lui, le consistoire, du fait qu'il n'était pas affilié directement à l'Église mère, n'avait pas le pouvoir d'ordonner un ministre. De plus il craignait, en aidant Black dans ses fonctions religieuses, de mettre en danger sa propre position au sein de l'Église d'Écosse. Furieux, des membres du consistoire résolurent de faire parvenir en Écosse les documents pertinents et de cesser toute relation avec Burns. L'affaire n'eut plus d'écho, et Burns rentra en Écosse à l'échéance de son mandat de deux ans.

La situation de Black dans la congrégation Scotch Presbyterian n'en demeura pas moins incertaine. Son salaire n'avait été garanti que pour deux ans. Ce salaire, comme celui d'Esson et la pension de Somerville, provenait des quêtes et de la location des bancs, qui ne suffisaient pas à combler les besoins de trois ministres. On fit en vain plusieurs tentatives de solution ; bien des rumeurs circulèrent et des factions émergèrent, l'une favorable à Esson, l'autre à Black. Au printemps de 1831, les partisans de Black en arrivèrent à occuper l'église tandis que ceux d'Esson tentaient d'en forcer l'entrée. À la suite de l'avis émis par l'assemblée générale de l'Église d'Écosse, selon lequel des ministres de la colonie devaient régler la question, 15 ministres presbytériens et plusieurs conseillers presbytéraux du Bas et du Haut-Canada se réunirent à Kingston au début de juin 1831 et formèrent le synode de l'Église presbytérienne du Canada affiliée à l'Église d'Écosse. Le 23 mai 1832, les arbitres qu'avait nommés le synode conclurent qu'Esson et Black devaient former des congrégations distinctes, et le premier demeurer à l'église St Gabriel

Street. Au début, Black et ses fidèles durent se réunir dans une église baptiste mais, le 24 août 1834, ils purent célébrer leur office à l'église St Paul, construite peu de temps auparavant rue Sainte-Hélène. Au cours des années qui suivirent immédiatement la séparation, pendant que s'établissait sa nouvelle congrégation, Black avait subvenu à ses besoins et à ceux de sa famille en ouvrant une école. James Moir Ferres* l'y assistait à titre d'instituteur.

Père d'une fille, Black était devenu veuf en 1828. L'University of Edinburgh lui décerna un doctorat en théologie en 1837 et c'est probablement au cours d'un voyage fait en Écosse pour aller chercher son diplôme que Black épousa Wilhemina MacMillan, du Wigtownshire. Le couple allait avoir un fils.

Décédé à l'âge de 52 ans, Edward Black fut vivement regretté. La notice nécrologique de la *Montreal Gazette* le décrivait comme « un homme doué par la nature de talents remarquables, qui aimait et pratiquait la littérature, montrait une sincérité, une gentillesse sans mélange en plus d'être animé d'une piété calme et profonde ». Ministre hors du commun et personnage à l'esprit ouvert, il avait exprimé le désir de participer à l'avancement du christianisme avec d'autres confessions religieuses. En outre, sa connaissance de la procédure s'était révélée extrêmement utile dans les différents corps de la structure administrative de l'Église presbytérienne.

ELIZABETH ANN KERR MCDOUGALL

ANQ-M, CE1-125, 12 mai 1845. — QUA, 2263, Presbyterian Church of Canada in connection with the Church of Scotland, Synod papers. — UCC, Montreal–Ottawa Conference Arch. (Montréal), St Gabriel Street Church, parish records, box II. — *Montreal Gazette*, 13 mai 1845. — Borthwick, *Hist. and biog. gazetteer*. — Scott et al., *Fasti ecclesiæ scoticanæ*, 7. — Campbell, *Hist. of Scotch Presbyterian Church*. — Gregg, *Hist. of Presbyterian Church* (1885). — E. A. [Kerr] McDougall, « The Presbyterian Church in western Lower Canada, 1815–1842 » (thèse de PH.D., McGill Univ., Montréal, 1969).

BLACK, SAMUEL, trafiquant de fourrures et explorateur, baptisé le 3 mai 1780 dans la paroisse de Pitsligo, Écosse, fils de John Black et de Mary Leith, qui se marièrent en 1781 ; décédé le 8 février 1841 au poste de la rivière Thompson (Kamloops, Colombie-Britannique).

Samuel Black naquit dans une famille de commerçants écossais qui avait des liens avec le Canada : son oncle maternel James LEITH appartenait à la New North West Company (appelée parfois la XY Company). C'est peut-être grâce à lui que Black arriva à Montréal en 1802 et fut embauché à titre de commis par cette compagnie. Il manifesta son indépendance d'esprit en « ayant des mots » avec le principal associé, sir Alexander Mackenzie*. En 1804, la firme fut absorbée par la North West Company, et Black entra alors à son service.

Pendant les premières années où il participa à la traite des fourrures, Black acquit une réputation de brute qui tablait sur sa grande taille et son allure déterminée pour intimider les trafiquants de la Hudson's Bay Company à qui il tendait souvent des pièges, parfois dangereux. En 1803, on l'avait envoyé dans la région de la rivière de la Paix, où s'était installée la XY Company, puis deux ans plus tard au fort Chipewyan (Fort Chipewyan, Alberta), sur le lac Athabasca, pour repousser les hommes de la Hudson's Bay Company ; il les harcela si bien qu'en 1806 Peter Fidler* abandonna Nottingham House. Commis dans la région de l'Athabasca pendant 15 ans, Black incendia en 1811 le poste de la Hudson's Bay Company à Île-à-la-Crosse (Saskatchewan) et prit part, quatre ans plus tard, à une échauffourée au cours de laquelle plusieurs employés de cette compagnie furent tués [V. Joseph Howse*]. En 1817, il prit possession du fort que l'on avait reconstruit à Île-à-la-Crosse. En 1818, sur l'ordre de William McGillivray* et en vertu du *Canada Jurisdiction Act,* il arrêta Colin ROBERTSON au fort Wedderburn (Alberta) et l'y retint prisonnier. De tous les *Nor'Westers,* Black était celui que les hommes de la Hudson's Bay Company haïssaient le plus ; en novembre 1820, George Simpson*, qui avait remplacé Robertson comme responsable de la campagne menée par la Hudson's Bay Company contre la North West Company dans la région de l'Athabasca, notait : « ce hors-la-loi est si étranger à tout sentiment d'honneur ou d'humanité qu'il n'est pas déraisonnable de le soupçonner des actes les plus noirs ».

À ce moment, la chance avait abandonné les *Nor'Westers* et, en juin 1820, pour éviter d'être arrêté, Black s'était enfui au poste que sa compagnie possédait sur les bords du lac McLeod, dans le district de New Caledonia (Colombie-Britannique). Quand il retourna dans la région de l'Athabasca, au cours de l'hiver, Simpson y dirigeait les opérations. Au moment de la fusion des deux compagnies de traite en 1821 [V. Simon McGILLIVRAY], les hommes de la Hudson's Bay Company ne se montrèrent pas prêts à oublier les violences de Black envers eux et l'exclurent de la nouvelle compagnie (qui avait conservé le nom de Hudson's Bay Company), tout comme Alexander Macdonell* Greenfield, Peter Skene Ogden* et Cuthbert Grant*. En 1822, Black se rendit en Angleterre, manifestement pour plaider sa cause devant le comité de Londres de la Hudson's Bay Company. Au début de l'année suivante, il fut nommé commis de première classe et se vit garantir le salaire mais non le titre de chef de poste. Plus tard cette année-là, il retourna dans le Nord-Ouest pour prendre en charge le fort St John (près de Fort St John, Colombie-Britannique). Lorsqu'il devint chef de pos-

te, en 1824, il explora la rivière Finlay et tint un journal qui fut publié par la suite. Grâce à son infatigable curiosité et à la vivacité de ses descriptions, Black a produit là un document précieux sur les régions situées au nord-ouest des Rocheuses à l'époque des premières explorations. Il avait entrepris son expédition en partie parce que la Hudson's Bay Company projetait d'explorer la région jusqu'au territoire de traite russe le long du littoral, mais il conclut que le secteur n'était pas assez riche et que l'accès par la rivière semblait trop difficile pour songer à une quelconque expansion de la traite des fourrures.

Après avoir passé l'hiver de 1824–1825 au fort Dunvegan, dans la région de la rivière de la Paix, Black retourna à York Factory (Manitoba) pour être affecté en juillet 1825 au fort Colvile (près de Colville, Washington), sur le Columbia. Peu après, il fut muté comme agent principal au fort Nez Percés (Walla Walla), endroit stratégique à partir duquel la Hudson's Bay Company protégeait son territoire contre les intrusions des trafiquants américains. Dès 1828, le fonctionnaire de cette compagnie qui dirigeait le district de la Colombie, John McLoughlin*, estimait qu'il fallait déplacer Black parce qu'il ne s'entendait pas avec les Indiens, mais sa mutation au poste de la rivière Thompson n'eut lieu qu'à la fin de 1830. Dans son célèbre « Character book » de 1832, George Simpson a laissé ce portrait de Black : « L'homme le plus étrange que j'aie jamais connu. Si défiant et soupçonneux qu'il n'est guère possible d'obtenir de lui une réponse directe sur quelque sujet que ce soit, et lorsqu'il se met à parler ou à écrire [... il est] si prolixe qu'essayer de le suivre est assez fatigant. Homme parfaitement honnête dont la générosité pourrait être prise pour un signe de bonté s'il n'était pas connu comme un type insensible qui ne reculerait devant aucune cruauté et serait le pire des tyrans s'il avait quelque pouvoir [...] Pourtant quand il en vient au fait, on peut se fier à ce qu'il dit. Don Quichotte à la mine patibulaire, aux joues creuses et au corps décharné, mais fort, vigoureux et actif. Ne sait pas se concilier les Indiens, qui ne l'aiment pas et le redoutent sans cesse, avec raison. Car il est [...] si soupçonneux qu'il semble passer sa vie en préparatifs d'attaque et de défense : il cache des poignards, des couteaux et des pistolets chargés sur lui et dans tous les coins de son logis, jusque sous la nappe pendant les repas, et dans son lit. »

En 1837, Black s'organisa pour quitter la région du fleuve Columbia, et il était déjà en route pour York Factory lorsqu'il fut rappelé et chargé, à titre d'agent principal, des postes de l'intérieur de la région. Cette fois, son incapacité de créer des relations harmonieuses avec les Indiens allait lui être fatale. Au début de 1841, le chef des Shuswaps, Tranquille, se querella avec Black au sujet d'un fusil, puis rentra chez lui et mourut peu après. Convaincue qu'il avait été ensorcelé par le trafiquant de fourrures, sa veuve fit pression sur le neveu du chef, qui se rendit au poste de la rivière Thompson et abattit Black le 8 février.

Samuel Black laissait une fortune considérable pour un trafiquant de fourrures. Au moment de sa mort, il avait auprès de la Hudson's Bay Company un crédit de £7 887 qui devint l'objet d'un interminable litige. Sa parenté en Écosse tenta de s'approprier cette somme sans pourvoir aux besoins des enfants survivants de Black (il en avait eu huit) et de ses épouses à la façon du pays, toutes deux Métisses. Sa première femme s'était remariée mais pas la seconde, Angélique Cameron, qui continua de faire valoir ses droits. La querelle se poursuivit jusque dans les années 1850, tant devant les tribunaux qu'à l'extérieur, mais on ne sait pas avec certitude si Angélique Cameron ou l'un des enfants reçut jamais quoi que ce soit. Brandon de discorde pendant sa vie, Black continua donc de susciter des disputes même après sa mort.

GEORGE WOODCOCK

Samuel Black est l'auteur de : A journal of a voyage from Rocky Mountain Portage in Peace River to the sources of Finlays Branch and North West Ward in summer 1824, édité par Edwin Ernest Rich et Alice Margaret Johnson et publié à Londres en 1955 ; il constitue le HBRS, 18.

GRO (Édimbourg), Pitsligo, reg. of births and baptisms, 3 mai 1780. — Docs. relating to NWC (Wallace). — HBRS, 1 (Rich) ; 2 (Rich et Fleming) ; 3 (Fleming) ; 4 (Rich) ; 6 (Rich). — Simpson, « Character book », HBRS, 30 (Williams). — Brown, Strangers in blood. — Innis, Fur trade in Canada (1930). — Morton, Hist. of Canadian west (Thomas ; 1973). — Rich, Hist. of HBC (1958–1959), 2. — Van Kirk, « Many tender ties ». — J. N. Wallace, « The explorer of Finlay River in 1824 », CHR, 9 (1928) : 25–31.

BLACK DICK, RICHARD PIERPOINT, dit. V. PIERPOINT

BLACKWOOD, THOMAS, marchand, officier de milice, juge de paix et fonctionnaire, né le 10 février 1773 dans le Lanarkshire, Écosse ; décédé le 22 novembre 1842 à Montréal.

Thomas Blackwood vint s'établir à Québec en mai 1790 et, jusqu'en 1795 environ, il travailla pour le compte de John Blackwood* avec qui, dit-on, il n'avait aucun lien de parenté. En 1798, en compagnie de James McGill*, il prit part à l'établissement d'une colonie royaliste française sous la direction de Joseph-Geneviève de Puisaye*, comte de Puisaye, à Windham, dans le Haut-Canada. Deux ans plus tard, il se joignit à la firme montréalaise de McGill, la James and Andrew McGill and Company. Au cours des mois de juin et juillet 1806 et 1807, il se trouvait à Michillimakinac (Mackinac Island, Michigan) pour représenter les intérêts de cette firme. Les lettres qu'il y écrivit

abondent en détails sur les activités commerciales de la région des Grands Lacs au début du XIXe siècle et démontrent qu'il avait la responsabilité de sommes et de lots de marchandises considérables. Lorsque Blackwood était à Montréal, il se joignait souvent au cercle des relations de Joseph Frobisher* pour le dîner ; si bien que le 27 décembre 1806 ce dernier assista à son mariage avec Margaret Grant, fille aînée de John Grant, de Lachine. Le couple allait avoir deux enfants.

En 1810, après la dissolution de la James and Andrew McGill and Company, Blackwood, François Desrivières* (beau-fils de McGill) et Peter Harkness fondèrent la Desrivières, Blackwood and Company. James McGill mourut en 1813 ; il laissait £500 à Blackwood et l'exemptait de toute responsabilité par rapport à la dette de son ancienne compagnie. Avant 1815, Blackwood s'associa en outre à son frère John pour faire le commerce du grain et du bois d'œuvre. Il figurait parmi les marchands qui fondèrent en 1822 le Committee of Trade à Montréal [V. John Richardson*] ; il en fut le premier président et le demeura jusqu'en 1825. Membre du conseil d'administration de la Banque d'épargne de Montréal, il y exerça les fonctions de secrétaire-trésorier pendant quelques années à compter de 1819. Peu après 1827, cependant, il fit faillite et ne connut jamais plus la même prospérité.

Comme la plupart des marchands en vue de Montréal, Blackwood prit une part active à la vie mondaine et aux affaires publiques de Montréal. En 1804, il était enseigne dans le 1er bataillon de milice de la ville de Montréal et il se peut qu'il ait servi à titre de lieutenant d'artillerie dans les Montreal Incorporated Volunteers en 1812–1813. En 1821, on le nomma capitaine dans le 1er bataillon de milice. Il s'était joint à 20 autres Écossais en 1807 pour fonder le Montreal Curling Club, le plus ancien club de curling de l'Amérique du Nord. Il en fut le premier président et occupa de nouveau ce poste au cours des années 1815–1816, 1822–1823, 1829–1830 et 1831–1832. On le nomma membre du premier conseil d'administration du Montreal General Hospital, fondé en 1819 [V. William Caldwell*]. Il reçut une commission de juge de paix en 1821 et, en 1824, il devint examinateur des candidats au poste d'inspecteur de potasse et de perlasse et l'un des cinq commissaires chargés de faire une étude sur l'état du port de Montréal.

Dès son arrivée à Montréal, Blackwood avait porté un grand intérêt à la congrégation Scotch Presbyterian, connue plus tard sous le nom de St Gabriel Street. À compter de 1808, il prit fréquemment part au comité des affaires séculières et fut élu président tous les ans de 1819 à 1822. Ordonné conseiller presbytéral en 1819, nommé secrétaire du tribunal ecclésiastique en 1832, il représenta la congrégation, à compter de 1834, à toutes les réunions du consistoire et du synode à titre de conseiller presbytéral. Il travailla surtout pour que soient accordés aux congrégations canadiennes de l'Église d'Écosse des privilèges comparables à ceux qui étaient consentis aux congrégations de l'Église d'Angleterre. En 1828, au moment où l'archidiacre John Strachan* d'York (Toronto) prônait le droit exclusif des anglicans sur les réserves du clergé, Blackwood publia une lettre que Strachan lui avait écrite en 1802 pour se renseigner à propos du poste de ministre de la congrégation Scotch Presbyterian. En 1836, dans une lettre ouverte à l'assemblée générale de l'Église d'Écosse, il réfutait « l'assertion gratuite et mensongère qui veut que l'Église d'Angleterre soit l'Église établie dans tous les territoires britanniques, exception faite de l'Écosse seulement ». Deux ans plus tard, dans *Remarks and observations on the constitution of the Canadas, civil and ecclesiastical* […], il soutenait que l'Église d'Écosse et d'autres dénominations pouvaient aspirer aux mêmes droits et privilèges que ceux de l'Église d'Angleterre.

Dans cette brochure anonyme, qu'il fit distribuer uniquement à ceux « dont on pouvait considérer que les opinions et les décisions avaient le plus de poids dans le règlement des affaires canadiennes », Blackwood traitait des causes des difficultés politiques que connaissait le Canada, ainsi que de leurs remèdes possibles. À l'instar de conservateurs tels que Herman Witsius RYLAND et Robert-Anne d'Estimauville*, il croyait que la racine du mal résidait dans l'attitude servile du parti patriote du Bas-Canada, qui voulait faire de la constitution de la colonie une réplique de la constitution britannique, oubliant que cette dernière s'était transformée au cours des siècles au gré de l'évolution du peuple britannique et qu'elle ne saurait convenir telle quelle à une colonie. Le remède, selon lui, était l'union législative. On imposerait le plus possible l'usage de l'anglais à l'Assemblée et dans les tribunaux, mais il n'allait pas jusqu'à souhaiter l'assimilation des francophones. Il ne fallait pas, pensait-il, que leur langue « tombe en désuétude ou soit entravée » plus que nécessaire ; ils avaient droit à « l'exercice libre et assuré de leur religion », et non à une simple tolérance. Rassurés quant au respect de leur langue et de leur religion, les Canadiens constitueraient un rempart contre la déloyauté et le fanatisme religieux amenés par « des aventuriers sans scrupules » venus de Grande-Bretagne et, plus particulièrement, des États-Unis.

Thomas Blackwood mourut quatre ans après la parution de sa brochure sur la constitution. Selon une notice nécrologique publiée par la *Montreal Gazette* en novembre 1842, durant ses 47 années passées à Montréal, Blackwood avait mérité « l'estime et le respect de tous ceux qui le connaissaient, c'est-à-dire […] d'une très grande partie de la population ».

STANLEY BRICE FROST

Thomas Blackwood est le « laïque de l'Église d'Écosse » qui est l'auteur de : *Remarks and observations on the constitution of the Canadas, civil and ecclesiastical ; with a view to its amendment* […] (Montréal, 1838).

Un portrait de Blackwood se trouve au Royal Montreal Curling Club et un profil a été publié dans Campbell, *Hist. of Scotch Presbyterian Church,* planche qui suit la page 244. Un autre profil est reproduit à la page 2 de l'ouvrage d'E. A. Collard cité plus bas.

APC, RG 4, A1, 232 ; 361 ; 403 ; 476 ; RG 68, General index, 1651–1841 : 60, 186, 349. — McGill Univ. Arch., MG 1007, James McGill will. — McGill Univ. Libraries, Dept. of Rare Books and Special Coll., MS coll., MS430 ; MS433 ; MS435. — *La Gazette de Québec,* 13 mai 1790, 13 févr. 1794, 25 juill. 1799, 16 déc. 1802, 15 mai 1806, 3 mai 1810, 6 sept. 1819, 24 mai, 5 juin, 25 oct. 1821, 27 mars 1824. — *Montreal Gazette,* 27 nov. 1842. — *Almanach de Québec,* 1805 : 47 ; 1821 : 102. — *Montreal directory,* 1819. — *Officers of British forces in Canada* (Irving). — E. A. Collard, *The Montreal Board of Trade, 1822–1972 : a story* ([Montréal], 1972), 1–7. — Creighton, *Empire of St. Lawrence.* — *Semi-centennial report of the Montreal Board of Trade, sketches of the growth of the city of Montreal from its foundation* […] (Montréal, 1893).

BLAIKLOCK, HENRY MUSGRAVE, architecte, ingénieur civil, juge de paix et fonctionnaire, né le 26 avril 1790 à Londres, fils de Musgrave Blaiklock et d'Elizabeth Harris ; vers 1810, il épousa dans sa ville natale une prénommée Catherine, puis avant 1823, peut-être au même endroit, Mary Morris, et de ce mariage naquirent trois fils et une fille ; décédé le 9 octobre 1843 à Québec.

Henry Musgrave Blaiklock vit le jour au sein de la petite bourgeoisie anglaise, si l'on en juge par les professions qu'ont exercées les membres de sa famille. Il avait au moins deux frères cadets : George, qui fut architecte, et John, marchand. On ne sait rien de sa formation, mais vers 1812 il commença à pratiquer l'architecture à Londres et peu après s'associa avec son frère George. Ce dernier épousa par la suite Caroline Cecilia Price qui, selon une tradition familiale, aurait été la nièce de lord Dalhousie [RAMSAY]. C'est à l'invitation de celui-ci que George serait venu se fixer à Québec, en 1823 ou en 1824, avec sa femme, ses enfants ainsi que sa mère et ses deux frères accompagnés de leur famille respective.

Les contrats et les postes avantageux que décrochèrent George et Henry Musgrave Blaiklock au Bas-Canada semblent confirmer le lien de parenté du premier avec le gouverneur, par ailleurs reconnu pour sa propension au favoritisme. Dès 1824, George conçut et réalisa les plans de la chapelle Holy Trinity de Québec pour le compte de Jonathan SEWELL. À l'hiver de 1826, il se vit confier à la suite d'un concours la préparation des plans de la future prison de Montréal, qui fut cependant érigée par un autre architecte, John Wells. Peu avant son décès survenu le 13 décembre 1828, George dressa un projet de

Blanchard

construction pour l'hôpital de la Marine et des Émigrés de Québec à la demande expresse du gouverneur. Quant à Henry Musgrave, on le retrouve dans la région de Lévis en décembre 1827. Il remplissait depuis le 12 juin 1826 la fonction de juge de paix du district de Québec, et on renouvela cette commission le 15 février 1828. En fait, durant les premières années de l'installation des deux frères dans la province, seul George semble s'être adonné à l'architecture.

La carrière québécoise d'architecte et d'ingénieur civil de Blaiklock débuta lors de son entrée au bureau du génie royal, le 22 juillet 1830. Il y détint le poste de conducteur de travaux pendant 13 ans, soit jusqu'à son décès. L'administrateur sir James Kempt* recourut à ses services pour tracer les plans du nouvel édifice de la douane à Québec. Livrés à l'automne de 1830, ceux-ci prévoyaient une construction en H, haute d'un étage sur rez-de-chaussée, dont le corps central était précédé d'un portique à colonnes doriques. Seul le corps central, sans le portique, fut finalement construit, de 1831 à 1839. Au cours de l'année 1831, on eut recours de nouveau à Blaiklock pour concevoir un bâtiment important : l'hôpital de la Marine et des Émigrés. Son projet comportait un édifice en U, haut de deux étages ; les ailes se déployaient à l'arrière du corps principal précédé d'un portique à colonnes ioniques, sur le modèle d'un temple grec consacré aux muses, selon Alfred Hawkins*. Ce nouveau projet, peut-être inspiré de celui qu'avait laissé George, eut la préférence car il se révélait moins coûteux et permettait d'accueillir un plus grand nombre de malades. Réalisé partiellement de 1831 à 1843 et achevé au cours des années 1860, l'édifice a été démoli depuis.

En plus de leurs proportions imposantes et de leur fidélité à un vocabulaire classique recherché, ces deux immeubles se distinguaient par la présence de nombreux renfoncements décoratifs, tables et embrasures en arcade, autour des ouvertures. Ils constituaient ainsi d'excellents exemples du néo-classicisme anglais. L'hôpital en particulier compte parmi les premières constructions d'envergure de ce style au Québec, alors que l'édifice de la douane, inachevé, se présente comme une adaptation au contexte local. Toutefois, en multipliant les renfoncements, Henry Musgrave Blaiklock manifestait un net penchant pour la décoration et se distinguait ainsi de son frère dont les édifices révélaient une démarche plus rigoureuse.

De l'étude des deux principales réalisations de Henry Musgrave Blaiklock, on peut déduire, à l'instar de l'historien Arthur John Hampson Richardson, qu'il est l'auteur des plans d'une maison sise au 73 de la rue Sainte-Ursule à Québec. La façade de cette résidence bâtie au début des années 1830 reprend les tables décoratives de l'hôpital de la Marine et des Émigrés. Par la suite, Blaiklock assuma la direction de travaux mineurs. Il vit à la rénovation du palais de justice en 1840 et à l'exhaussement de l'École nationale, rue

d'Auteuil, en 1842. On lui confia de 1840 à 1843 l'entretien des édifices gouvernementaux, laissés vacants depuis l'installation du gouvernement à Kingston, dans le Haut-Canada. Sa carrière québécoise recèle bien des énigmes que seules élucideraient des recherches sur sa formation et sur son œuvre londonienne. Néanmoins, grâce à l'importance et à la qualité de ses réalisations, Blaiklock a apporté une contribution remarquable au développement du néo-classicisme au Québec.

ANDRÉ LABERGE

ANQ-Q, CE1-61, 3, 8 déc. 1824, 17 déc. 1828, 16 janv. 1833, 19 oct. 1839, 26 avril 1842, 11 oct. 1843 ; CE1-68, 3 mai 1853 ; CE1-75, 7 janv. 1828. — APC, RG 8, I (C sér.), 151 : 281 ; RG 11, A2, 93 : 188 ; A3, 136. — City of Westminster Arch. (Londres), Reg. of baptisms, 26 avril 1790. — B.-C., chambre d'Assemblée, *Journaux*, 1826 ; 1827, app. H ; 1828–1829, app. DD ; 1829–1830, app. MM ; 1831–1832, app. H, S ; 1832–1833, app. I ; 1835–1836. — Canada, prov. du, Assemblée législative, *App. des journaux*, 1842, app. K ; 1844–1845, app. A. — Alfred Hawkins, *Hawkins's picture of Quebec ; with historical recollections* (Québec, 1834). — A. J. H. Richardson *et al.*, *Quebec City : architects, artisans and builders* (Ottawa, 1984). — Leslie Maitland, *l'Architecture néo-classique au Canada* ([Ottawa], 1984). — A. J. H. Richardson, « Guide to the architecturally and historically most significant buildings in the old city of Quebec with a biographical dictionary of architects and builders and illustrations », Assoc. pour l'avancement des méthodes de préservation, *Bull.* (Ottawa), 2 (1970), nᵒˢ 3–4 : 75.

BLANCHARD, JOTHAM, avocat, rédacteur en chef et homme politique, né le 15 mars 1800 à Peterborough, New Hampshire, fils aîné de Jonathan Blanchard et de Sarah Goggins ; le 7 août 1832, il épousa à Truro, Nouvelle-Écosse, Mme Margaret Spears, et ils n'eurent pas d'enfants ; décédé le 14 juillet 1839 à Pictou, Nouvelle-Écosse.

Jotham Blanchard avait 15 mois lorsqu'il arriva avec ses parents à Truro, où son grand-père, le colonel Jotham Blanchard, s'était fixé en 1785. À l'époque où il y fréquentait l'école, il tomba sur la glace et se blessa au genou, ce qui le rendit boiteux pour la vie. Installée en 1813 à la rivière West, aux abords de Pictou, sa famille tint une auberge, la Ten Mile House, pendant sept ou huit ans avant de s'établir dans le village même. Élève de la première classe de la Pictou Academy, dont il fut aussi l'un des premiers diplômés, Blanchard devint le disciple du directeur, Thomas McCULLOCH, qui allait exercer sur lui une influence durable. Le 18 octobre 1821, après des études de droit faites en bonne partie au cabinet de Thomas Dickson* à Pictou, il fut inscrit comme attorney ; un an plus tard, il était admis au barreau.

D'après le juge George Geddie Patterson, Blanchard refusait d'être « enfermé, confiné et emprisonné entre les quatre murs d'une poussiéreuse étude d'avocat ». Il devint donc rédacteur en chef du *Colonial Patriot* de Pictou dès son lancement par Jacob Sparling Cunnabell et William H. Milne le 7 décembre 1827, même si on ne connut publiquement la chose qu'en 1830. Le *Patriot*, premier journal néo-écossais de quelque importance à paraître hors de Halifax, était aussi le premier à embrasser des principes libéraux, voire radicaux. Bien que l'on ait laissé entendre qu'en réalité son but était de promouvoir les intérêts de la Pictou Academy, il donnait entière priorité aux grandes questions politiques et gouvernementales de la colonie. Au début, Blanchard était un extrémiste whig, apparemment dans la lignée des Joseph Hume, John Arthur Roebuck* et autres radicaux britanniques. Comme sa pensée était tout à fait étrangère à la tradition politique de la Nouvelle-Écosse, il se fit accuser de républicanisme et de déloyauté par des réactionnaires tels que Richard John Uniacke* fils, qui voulait le traîner devant la chambre d'Assemblée.

Le cartouche du *Patriot* arborait la devise *Pro rege, pro patria* (Pour le roi et la patrie), et Blanchard soutenait que quiconque faisait passer la dignité du souverain avant le bonheur collectif « trahi[ssait] à la fois le roi et ses sujets ». D'après lui, tous les maux dont souffraient la société et le gouvernement de la Nouvelle-Écosse découlaient du « système en vertu duquel les autorités provinciales gard[aient] toutes les bonnes choses pour elles et leurs familles », en d'autres termes le labyrinthe de favoritisme édifié par les tories. À l'occasion, le partisan de Jeremy Bentham transparaissait dans ses paroles, par exemple quand il maintenait que le gouvernement américain était le seul à avoir « jamais respecté le glorieux principe selon lequel la fin véritable du gouvernement *est le plus grand bonheur du plus grand nombre* ».

À la fin de mai et en juin 1828, sans révéler son identité, Blanchard s'engagea dans une bavarde querelle avec Joseph Howe*, coéditeur de l'*Acadian* en 1827 et, dès le début de 1828, propriétaire d'une publication plus prestigieuse encore, le *Novascotian, or Colonial Herald*. La bataille commença quand un journal radical de Montréal, le *Canadian Spectator*, publia des extraits d'une lettre d'un Néo-Écossais – Blanchard en l'occurrence – adressée au réformiste bas-canadien James Leslie* et qui disait : « nos journaux et notre Parlement sont serviles à l'extrême ». Indigné, Howe défia « l'auteur de la lettre canadienne » de relever « un seul sentiment abject » dans son journal. En dissimulant toujours son identité, Blanchard répliqua dans le *Patriot* qu'« un jeune homme associé aux Postes et, bien sûr, lié à un parti » avait dirigé l'*Acadian* et qu'il allait plus tard le « démasquer ». Fidèle à sa parole, il dépeignit Howe comme le représentant d'un vieux système conçu pour étouffer la liberté et la discussion. La controverse prit

un tour de plus en plus hargneux : Howe accusa les collaborateurs du *Patriot*, les « gribouilleurs de Pictou », comme il les appelait, d'être « simplement le porte-voix » de la Pictou Academy ; Blanchard allégua qu'un récent article de Howe sur lord Byron et James Henry Leigh Hunt avait été plagié dans le *Blackwood's Edinburgh Magazine*. Du moins Blanchard, par ce débat, aida-t-il Howe à développer ses talents pour la riposte et l'invective...

De mars à juillet 1828, Blanchard demeura à Halifax pour observer de plus près le jeu de la politique provinciale puis, jusqu'en mai 1829, il fit de même sur une scène plus vaste, celle de la Grande-Bretagne. Apparemment, McCulloch le remplaça au pupitre de rédacteur en chef du *Patriot* jusqu'en novembre de cette année-là, même si Blanchard était revenu à Pictou en juin en tendant à Howe « le rameau d'olivier, [symbole] de la paix » – selon l'expression de Howe – et en admettant avoir écrit la « lettre canadienne ». Bien que l'on ait souvent rapporté que Howe reconnaissait avoir été ramené dans la bonne voie par les « gribouilleurs de Pictou », le fait est probablement apocryphe et aucun document de l'époque ne l'atteste. Par contre, les deux hommes virent d'un même œil la célèbre querelle du Brandy, qui éclata au début de 1830 [V. Enos Collins*] quand l'Assemblée refusa de laisser le conseil la priver du droit exclusif de déterminer « le montant des fardeaux à imposer au peuple qu['elle] représent[ait] », même si cela signifiait la perte du projet de loi qui portait sur l'affectation de crédits. Dans le *Patriot*, Blanchard salua la prise de position de l'Assemblée comme la « glorieuse émancipation » de la Nouvelle-Écosse et reproduisit, en les approuvant, des articles du *Novascotian*. Cependant, Blanchard et Howe étaient loin de s'entendre sur le remède qui convenait. Tandis que le premier songeait à un « *parti organisé qui combattrait l'incurie gouvernementale* », le second, par crainte des formations politiques et de leur esprit de chicane, soutenait encore : « le parti auquel nous appartenons est *la province de la Nouvelle-Écosse* ».

Plus tard en 1830, Blanchard décida de se présenter à l'un des quatre sièges de la circonscription de Halifax. Identifié comme l'un des candidats « populaires » de ces élections, qui demeurent peut-être les plus célèbres de l'histoire néo-écossaise, il eut un déficit de plus de 700 voix dans Halifax même, où l'influence des « autorités » était forte, mais récolta près d'un millier de voix de majorité dans le district de Colchester. Toutefois, le véritable drame se joua à Pictou : les différends religieux entre les *anti-burghers* de l'Église scissionniste, partisans de McCulloch, et les fidèles de l'Église d'Écosse, adversaires de ce dernier et de la Pictou Academy, y provoquèrent la mort d'un homme et obligèrent à protéger la maison de Blanchard et le collège contre les actes de violence. Même si les membres de l'Église d'Écosse votèrent en

Blanchard

plus grand nombre que les scissionnistes à Pictou, Blanchard l'emporta par 139 voix.

Au cours de la session législative de 1830–1831, Blanchard s'efforça surtout d'obtenir des réformes judiciaires, et en particulier d'étendre le territoire de la prison à l'ensemble de Pictou afin que, comme le rapporta le *Novascotian,* les débiteurs incarcérés puissent « travailler dans toute la localité » et rembourser ainsi leurs dettes tout en purgeant leur peine. Choqué de voir ses efforts contrés, il appuya ensuite sans réserve un « projet de loi d'accès économique à la justice », qui visait à réduire les honoraires des avocats et à réformer l'ensemble de la pratique du droit, projet que William Henry Roach, député du comté d'Annapolis, avait déjà présenté sans succès. Les puissants députés et avocats Charles Rufus FAIRBANKS, William Blowers Bliss*, Uniacke et Alexander Stewart* lui infligèrent « une terrible raclée », selon le député tory Nathaniel White, qui ne manque pas d'ajouter : « [il] beugle toujours, sans se laisser impressionner le moins du monde par le déploiement de talents dirigé contre lui […] et entraîne avec lui une écrasante majorité ». En fait, il rendait bien les coups : ses adversaires, disait-il, étaient « vulgaires » ; « plus […] des canailles que des gentlemen », ils étaient les champions d'« une sale et pitoyable aristocratie qui s'[était] promue elle-même et [voulait] dompter tout le monde sauf elle-même ». En décembre 1830, l'Assemblée adopta par 23 voix contre 16 le projet de loi de Blanchard, mais le conseil le bloqua. White note que, même s'il était « un agitateur enfiévré », Blanchard avait trop de bon sens pour épouser l'« ultra-libéralisme » ou pour aller « au delà de la barrière constitutionnelle ». Comme il « parl[ait] avec audace et montr[ait] tout son jeu », il n'était pas susceptible d'être dangereux ; en fait, « mise à part sa jambe difforme, [il avait] assez l'air d'un gentleman ». Mais il avait « toute l'effronterie et l'obstination du docteur [McCulloch], dont il [était] le disciple […] et en se pliant à l'humeur de l'époque [il allait] devenir la coqueluche de la populace ».

Blanchard, quant à lui, était nettement insatisfait de la session. Les doyens de l'Assemblée, disait-il dans le *Patriot,* « semblaient disposés à s'asseoir sur leurs lauriers » tandis que les nouveaux élus étaient « inexpérimentés en matière législative et se méfiaient de leur propre jugement ». Mais, tout comme Howe, il avait mal interprété la querelle du Brandy, où même les députés plus conservateurs s'étaient opposés à l'action excessive du conseil, et il avait beaucoup surestimé le libéralisme de la nouvelle Assemblée. Pendant la session, le bruit avait couru que McCulloch, las de réclamer en vain depuis des années au Parlement une charte sans entraves et un soutien financier permanent pour la Pictou Academy, avait décidé d'en appeler directement au ministère des Colonies et que Blanchard lui avait offert d'être son

émissaire. Une centaine de « gentlemen très respectables » de Pictou brûlèrent donc Blanchard en effigie au milieu de la ville, ce qui l'amena à leur répondre facétieusement, dans le *Patriot* du 19 février 1831 : « Être rangé aux côtés des papes, des rois, des ducs et des gouverneurs est un honneur qui n'échoit pas tous les jours aux rédacteurs en chef ».

Le moment semblait propice à McCulloch et à Blanchard puisque leurs homologues, les whigs, avaient pris le pouvoir en Grande-Bretagne. Parti de Halifax le 3 mars, Blanchard s'arrêta d'abord en Écosse, où il obtint pour sa mission l'appui de l'United Associate Synod of the Secession Church. Cependant, à l'encontre de ses attentes, le secrétaire d'État aux Colonies, lord Goderich, se montra froid avec lui parce qu'il n'agissait pas dans les formes. Blanchard dut faire le pied de grue à Londres pendant quelques mois avant de recevoir du gouvernement néo-écossais l'autorisation officielle de présenter son propre mémoire. Selon Patterson toutefois, dans la rupture du lien exclusif entre le Conseil de la Nouvelle-Écosse et le ministère des Colonies, il fut bien « l'initiateur et Howe [ne fut] que son compagnon d'armes ». Finalement, Goderich coupa la poire en deux : il voulait que la Pictou Academy obtienne une subvention permanente sans qu'on attache des conditions inacceptables à la constitution du conseil d'administration, mais il escomptait que la chose se ferait de manière à « satisfaire et à concilier les vœux et sentiments des deux parties », ce qui était proprement impossible. Pour Blanchard, ce voyage eut aussi une conséquence toute personnelle : en Écosse, il était tombé malade chez Mme Margaret Spears, sa logeuse ; l'année suivante, son père alla la chercher en Grande-Bretagne pour qu'il l'épouse.

Blanchard avait probablement quelques problèmes de santé quand la session de 1832 s'ouvrit, et les frustrations qu'elle apporta les aggravèrent peut-être. À chaque tournant, il se heurtait à James Boyle Uniacke* qui, disait-il, cherchait à exterminer ses adversaires par sa seule grandiloquence et dont les « basses et misérables remarques » étaient « une insulte à l'intelligence et aux sentiments » des députés. Malgré l'implacable opposition de 15 d'entre eux, il obtint de l'Assemblée une loi sur la Pictou Academy, qu'il aurait trouvée acceptable si le conseil ne l'avait totalement défigurée. Dans sa version définitive, elle facilitait la nomination de membres de l'Église d'Écosse au conseil d'administration ; de plus, elle limitait le soutien financier à une période de dix ans et en répartissait les crédits de telle façon que les disciplines supérieures n'en auraient que la portion congrue.

Toutefois, la plus grande source d'ennuis de Blanchard fut, en 1832, le projet de loi sur la constitution juridique de la Bank of Nova Scotia, que nombre de ses électeurs voulaient le voir appuyer afin d'imposer une rivale à la Halifax Banking Company, société privée dont cinq des administrateurs siégeaient au conseil de la province. Comme il constata que la plupart des députés connaissaient mal le domaine bancaire, il se plongea dans l'étude des ouvrages les plus sérieux sur la question puis lança à ses collègues qu'il « ne fléchira i[t] pas devant eux » avant qu'ils n'aient consacré à cet exercice autant d'heures que lui. Son principal souci était de s'assurer que le capital versé et la réserve des actionnaires seraient imposants, et ce pour éviter le genre de pertes qu'avaient subies les veuves et les orphelins aux États-Unis par suite de faillites bancaires. Dans ce but, il eut de vigoureux débats avec les députés qui étaient actionnaires de la nouvelle banque. En fait, il aurait pu ménager ses efforts puisque le conseil veilla de lui-même à ce que la Bank of Nova Scotia, à son ouverture en août 1832, présente « plus de garanties contre les catastrophes que toute autre banque contemporaine en Amérique du Nord britannique ». Cependant, il ne put échapper à des accusations de connivence avec Enos Collins et les administrateurs de la Halifax Banking Company. Non moins fâcheux fut le qualificatif de « législateurs de quatorze livres » que Howe attribua à Blanchard et à d'autres députés parce qu'ils s'étaient alloué une indemnité supplémentaire de £1 par jour pendant deux semaines. Piqué, Blanchard rétorqua que la ville de Halifax aurait bien dû être la dernière à se plaindre, puisque c'était le projet de loi sur la banque, essentiellement destiné à promouvoir ses intérêts, qui avait prolongé indûment la session. De plus, trop de sièges en dehors de Halifax étaient occupés par des Haligoniens et il ne fallait surtout pas décourager la candidature de résidents du reste de la province.

Au moins la session permit-elle d'adopter une version amendée du projet de loi de Roach sur la justice et de prendre en faveur des débiteurs insolvables des dispositions que Blanchard réclamait depuis longtemps, même s'il n'en était pas l'initiateur, et qui tinrent pendant de nombreuses années : à l'avenir, il ne serait plus question de garder en prison un débiteur qui aurait cédé tous ses biens sauf s'il s'agissait de fraude. Pendant l'été de 1832, le retour au pouvoir du cabinet Grey en Grande-Bretagne et l'adoption du *Reform Bill* réjouirent Blanchard. Il signa aussi avec plaisir deux éditoriaux où il prônait la création de bibliothèques itinérantes semblables à celles qui, ainsi qu'il l'avait constaté, fonctionnaient si bien dans la métropole. Pour le reste, il eut peu de motifs de satisfaction. L'automne amena un nouveau conflit avec Howe, qui l'accusait injustement de sanctionner les abus de la Cour de la chancellerie. Si tous les rédacteurs en chef étaient « aussi prompts [que Howe] à jouter », répliqua-t-il, la presse allait « dégénérer au point de n'être que l'exutoire des épanchements de bile des journalistes ».

En 1833, les crises économique et monétaire dominèrent les travaux de la chambre. Blanchard présenta une proposition fort bien construite qui préconisait d'interdire aux banques l'émission de billets de moins de £5 et qu'on intégra finalement à un projet de loi qui obligeait les banques à convertir leurs billets en espèces. Tard dans la session, il accepta cependant les amendements interposés par le conseil, qui autorisaient les deux banques à faire la conversion en bons du Trésor provincial. Pour certains, les conseillers parurent légiférer dans leur propre intérêt, et Blanchard s'attira des railleries en suggérant que des hommes comme Collins et Samuel Cunard* ne feraient pas passer « leur petite banque à deux sous » avant leurs intérêts plus importants. Ironique, Howe dénonça les législateurs de la Nouvelle-Écosse qui, « d'un trait de plume, transformaient tout en papier ». Blanchard ne savait-il pas que certains députés étaient « des marionnettes manipulées à partir de l'autre bout de l'édifice – et que jamais […] le vieux régime des festins arrosés de champagne […] n'avait connu une telle faveur » que pendant les sessions de 1832 et 1833 ?

Dans ses éditoriaux, Blanchard demeurait un allié convaincu de Louis-Joseph Papineau* et de William Lyon Mackenzie*; selon lui, jamais les colonies nord-américaines ne seraient « telles qu'elles devraient être tant qu'on n'aurait pas transféré aux coloniaux eux-mêmes toutes les affaires internes ». Mais dans l'ensemble ses éditoriaux n'avaient plus de mordant, et il était de plus en plus porté à fuir les solutions extrêmes. À son avis, il était « brutal » de crier haro sur des hommes comme le comte Grey et lord Brougham puisqu'ils n'allaient pas « détruire d'un seul coup toutes les institutions en place ». En juillet 1833, il dénonça les radicaux – même si « en gros il partage[ait] leurs opinions » – pour la « manière imprudente » dont ils harcelaient le gouvernement whig. En septembre, il prôna un règlement pacifique du différend entre l'Église d'Écosse et l'Église scissionniste et alla même jusqu'à préconiser leur fusion, positions carrément inacceptables pour McCulloch. Ce dernier laissait entendre en privé la manière dont Blanchard avait remporté son siège à l'Assemblée aurait tourné la tête à n'importe qui, et lui reprochait d'avoir exigé £560 pour défendre la cause de la Pictou Academy à Londres alors qu'il avait promis de le faire pour £250. Enfin, Blanchard se montrait si élogieux envers Thomas Nickleson JEFFERY, administrateur de la province, que même le tory Hugh DENOON se demandait si « le rédacteur en chef boiteux [… en] attend[ait] des faveurs ».

En 1834, Blanchard manifesta encore quelques signes de combativité en chambre. Il soutint avec vigueur Fairbanks, qui proposait d'emprunter £100 000 en Angleterre pour terminer une fois pour toutes l'aménagement des grandes routes : « Nous devons finalement en venir à cela – et j'estime que le plus tôt sera le mieux. » Se contenter de rafistoler le conseil, disait-il à Alexander Stewart, ne réformerait pas la constitution provinciale : « Le principe de l'élection est l'unique remède absolu [à ses déficiences fondamentales]. Je n'ai jamais dévié de cette opinion, et n'ai pas l'intention de le faire. » Il voulait qu'on remplace les honoraires versés aux juges, que ne sanctionnait aucune loi et qui selon lui pesaient très lourdement sur les pauvres, par un autre mode de rémunération. Au grand déplaisir de Howe, il était d'accord, au nom de la tranquillité d'esprit de milliers de Néo-Écossais, pour substituer aux redevances sur les terres un versement annuel de £2 000 à la couronne, comme le proposait le gouvernement britannique ; cependant, il souhaitait qu'on ramène cette somme à £890 en déduisant de ces £2 000 le coût de la modification du régime de rémunération des juges ainsi que les salaires du procureur général et du solliciteur général.

Ce fut presque le chant du cygne de Blanchard. Il cessa de publier le *Patriot* au milieu de 1834, peut-être pour des raisons de santé, et il ne participa aucunement à la session de 1835. McCulloch, jamais tendre envers ceux qui ne faisaient pas ses quatre volontés, murmura que Blanchard aurait pu devenir le « plus grand homme politique de la province » s'il avait eu « plus d'étoffe » ; mais il avait voulu « un siège de juge ou quelque chose du genre », commençait à « encenser » l'évêque John INGLIS et d'autres adversaires de la Pictou Academy, acceptait des invitations à dîner ici et là et devenait « un homme inoffensif », sans « la moindre parcelle d'influence » à l'Assemblée. Howe, par contre, se montra beaucoup plus compréhensif. Il avait souhaité, écrivit-il à Blanchard, le voir apporter à la province les connaissances et l'autorité dont manquaient les gens ordinaires et avait été secoué de le voir apparemment devenir « un ennemi secret des mesures populaires » ou à tout le moins « un partisan très suspect et mou » des principes qu'il avait longtemps défendus. Il venait seulement d'apprendre que c'était la maladie qui privait Blanchard de l'énergie indispensable en ces temps et il regrettait d'avoir été aussi dur dans ses critiques.

La tradition raconte qu'en 1836 Blanchard se rendit à Halifax dans une voiture fermée, chauffée par un petit poêle, et qu'il se contenta de veiller aux affaires de ses électeurs à partir de sa résidence. En fait, il fut présent à l'Assemblée une vingtaine de jours où il y eut vote, même s'il n'intervint vraiment qu'une fois. Inquiet d'une loi adoptée en son absence pendant la session précédente et qui autorisait un juge à parcourir seul les circonscriptions de la Cour suprême, il souligna combien il était dangereux de confier à un seul homme des pouvoirs absolus, sans droit d'appel pour les citoyens. La chambre, compatissante, le laissa parler assis, renvoya la question à un comité

mais ne prit aucune mesure concrète. Ensuite, Blanchard disparut de la scène publique. En 1838, il sombra dans l'imbécillité ; sa mort survint au cours de l'année suivante.

On a dit que Jotham Blanchard avait « écrit son nom en lettres d'or dans l'histoire de la Nouvelle-Écosse ». L'affirmation est excessive. En fait, son destin fut plutôt tragique. D'abord convaincu, comme McCulloch, que l'instruction ferait émerger le libéralisme qui dominait en chacun, il comprit vite que les factions du pouvoir législatif étaient imperméables aux exposés de faits et aux efforts de persuasion et que tout recours à la logique était impuissant devant l'opiniâtreté des groupes d'intérêts religieux et économiques. Pour ne pas être l'unique député à défendre des opinions avancées et ne pas se buter la plupart du temps contre un mur, il aurait fallu qu'il siège à l'Assemblée suivante. Quand il se fit plus accommodant, sa mauvaise santé le rendit moins efficace. Large d'esprit, il n'hésitait pas à complimenter ses adversaires habituels lorsqu'à ses yeux ils le méritaient, ce qui le faisait accuser d'incohérence. Il eut quand même un succès à tout le moins limité comme réformateur judiciaire et, même s'il ne « convertit » pas Howe sans aide, il contribua nettement à le sensibiliser aux grands maux politiques de la province. N'eût été de la maladie, il aurait été plus qu'un vague précurseur des grands changements politiques des années 1840.

J. MURRAY BECK

PANS, MG 1, 553, 955. — *Colonial Patriot, 1827–1834.* — *Novascotian, or Colonial Herald, 1828–1836.* — B. F. MacDonald, « Intellectual forces in Pictou, 1803–1843 » (thèse de M.A., Univ. of N.B., Fredericton, 1977). — Thomas Miller, *Historical and genealogical record of the first settlers of Colchester County* [...] (Halifax, 1837 ; réimpr., Belleville, Ontario, 1972). — G. [G.] Patterson, « Jotham Blanchard », G. [G.] Patterson, *Studies in Nova Scotian history* (Halifax, 1940), 34–46.

BLANCHARD, TRANQUILLE, marchand, né vers 1773, probablement à Caraquet, Nouveau-Brunswick, fils d'Olivier Blanchard et de Catherine-Josephe Amirault ; vers 1800, il épousa Marie-Modeste Robichaux, fille de Jean-Baptiste Robichaux*, et ils eurent trois fils et sept filles, dont deux moururent en bas âge ; décédé le 21 mai 1843 dans son village natal.

La carrière de Tranquille Blanchard est liée à la Charles Robin and Company. L'association de sa famille avec la puissante compagnie remonte à 1766, année où son père devint pilote du *Seaflower* de Charles Robin*, qui venait explorer au nom de la Robin, Pipon and Company les possibilités offertes au commerce dans la baie des Chaleurs. Capitaine de goélette et charpentier, Olivier Blanchard compte

Company et ses clients de la région de Caraquet que

parmi les fondateurs de Caraquet [V. Alexis Landry*] et semble avoir toujours joui à ce titre du plus grand respect de la part de ses concitoyens.

Cinquième d'une famille de neuf enfants, Tranquille Blanchard se retrouve seul héritier mâle des biens de la famille lorsqu'il parvient à l'âge adulte. En 1814, il commence à faire du commerce à son propre compte, « à la maison ». Quelques années plus tard, il acquiert à la pointe de Roche un petit magasin qui lui sert de comptoir de commerce et d'entrepôt pour ses marchandises. À partir de 1818, il fait fonction d'intermédiaire entre la Charles Robin and Company et ses clients de la région de Caraquet. Cette compagnie, dont le principal établissement se trouve à Paspébiac, dans le Bas-Canada, est le plus gros exportateur de poisson de la région de la baie des Chaleurs. Elle a mis en place un système de paiement en nature selon lequel elle avance aux pêcheurs les marchandises dont ils ont besoin en échange du produit de leur pêche. Blanchard est chargé de livrer aux clients de la compagnie le sel et les ballots de marchandises qu'elle leur réserve dans deux petits dépôts à Caraquet. En retour, cette dernière l'assiste dans son commerce personnel : d'une part, elle lui vend les produits qu'il commande en son nom à Paspébiac et, d'autre part, elle achète la morue séchée que lui fournissent ses pratiques. Bien qu'on l'ait considéré comme l'agent attitré de la compagnie pour le nord-est du Nouveau-Brunswick, Blanchard n'a jamais été à proprement parler son employé. Ses services de transporteur et de gardien des marchandises de la compagnie lui ont bien valu quelque rémunération, mais c'est du commerce avec ses pratiques qu'il a tiré l'essentiel de ses revenus. La concentration en ses mains du commerce local de la compagnie et le maintien d'un chiffre d'affaires élevé – de l'ordre de £1 000 à £1 200 (cours d'Angleterre) par an, avant 1834 – lui ont permis de jouir de taux d'escompte exceptionnels sur la valeur des produits vendus à ses pratiques (10 %, sauf sur le sel).

De 1826 à 1837, Blanchard livre à la Charles Robin and Company de 500 à 2 500 quintaux de morue séchée par an, ce qui le place en tête des fournisseurs de la compagnie. Il fait affaire régulièrement avec une trentaine de propriétaires d'établissements de pêche. Son chiffre d'affaires augmente régulièrement pour atteindre un sommet au terme de sa carrière : £2 200 en moyenne de 1834 à 1836 et £2 900 en 1837. En plus de la morue séchée et de l'huile de foie de morue, il livre à la compagnie des peaux de lièvre, de martre, de renard et de lynx, ainsi que des quantités substantielles de sirop d'érable. Ces petits commerces, qu'il cherche à promouvoir chez ses clients afin d'alléger le fardeau de leurs dettes envers lui, demeurent toutefois secondaires et régressent nettement vers la fin des années 1830.

Le rôle d'intermédiaire entre la Charles Robin and Company et ses clients de la région de Caraquet que joue Blanchard le place dans une position peu confortable. Il doit appliquer localement la politique de crédit de son créditeur ; fortement encouragé à pratiquer une allocation parcimonieuse des marchandises, à faire pression sur les clients afin qu'ils honorent leurs obligations et à sélectionner sévèrement les candidats à l'obtention d'avances et de crédit en fonction de leur performance économique et de leur solvabilité, il se dit limité dans la réalisation de cette tâche par ses « liens » avec les membres de sa communauté. S'il use parfois de menaces de sanctions envers ses pratiques déloyales pour les amener à payer leurs dettes, il s'emploie surtout à leur prêcher une plus grande responsabilité dans la conduite de leur entreprise familiale. Dans les périodes difficiles, lorsque la communauté a peine à assurer sa subsistance, Blanchard cède volontiers aux instances des familles les plus démunies. À son créditeur qui lui reproche alors de contracter de mauvaises dettes et de garder des clients peu solvables, il s'empresse de répondre que cette libéralité est nécessaire pour contrer la concurrence des autres marchands et conserver la clientèle de la compagnie. La concurrence, fictive ou réelle, qu'il anticipe lui sert parfois de simple prétexte pour réclamer de son créditeur la livraison d'autres articles de subsistance au terme de la saison de navigation.

Les contraintes sociales auxquelles Blanchard est soumis à titre de membre à part entière de la communauté acadienne de Caraquet le forcent à faire crédit à sa clientèle la plus démunie. Elles expliquent la précarité de sa situation financière personnelle et le caractère limité de ses ambitions économiques. En 1834, Blanchard, dont la santé est chancelante, rédige ses dernières volontés. Il cède à deux de ses fils, Agapit et Tranquille, deux petites maisons de mêmes dimensions construites à proximité de sa résidence, à la condition qu'ils demeurent avec lui jusqu'au moment de leur mariage.

En 1838, la Charles Robin and Company décide d'installer à Caraquet un agent de la compagnie et d'y faire construire un magasin et des entrepôts. On charge alors Blanchard de préparer sa succession commerciale et de faire construire le magasin, dont le plan a été conçu par la direction de Jersey ; dès lors, semble-t-il, il abandonne son magasin et cesse de faire du commerce. À son arrivée, le nouveau gérant, Francis Briard, prend contact avec ses clients, les anciennes pratiques du marchand. Il ne tarde pas à se rendre compte de la libéralité avec laquelle Blanchard a distribué les marchandises au cours de l'hiver précédent, et la compagnie lui reprochera de ne pas l'avoir informée adéquatement de la qualité réelle de la clientèle.

Tranquille Blanchard était un homme profondément religieux. Les malheurs qui semblaient s'achar-

Blowers

ner sur lui – surtout les morts dans sa famille – l'ont ébranlé et ont provoqué chez lui des réflexions désabusées et une réelle compassion pour la misère des autres. Doué d'une vive conscience morale, il a toujours placé ses activités commerciales sous le signe de l'intégrité la plus totale et il a réagi violemment aussi bien contre la malhonnêteté de ses clients que contre la moindre atteinte à sa réputation sur ce plan. S'il s'est souvent permis de tromper la vigilance des agents des douanes et de faire la contrebande du rhum, c'est qu'il estimait que l'institution qu'ils représentaient ne pouvait exercer qu'un effet néfaste sur le commerce et le bien-être de la population.

ANDRÉ LEPAGE ET CLARENCE LEBRETON

APC, MG 28, III18. — « Document inédit », *la Rev. d'hist. de la Soc. hist. Nicolas-Denys* (Bertrand, N.-B.), 2 (1974), n° 1 : 22–25. — Patrice Gallant, *les Registres de la Gaspésie (1752–1850)* (6 vol., Sayabec, Québec, 1968). — Fidèle Thériault, *les Familles de Caraquet : dictionnaire généalogique* [...] (Fredericton, 1985). — Antoine Bernard, *Histoire de la survivance acadienne, 1755–1935* (Montréal, 1935). — W. F. Ganong, *The history of Caraquet and Pokemouche*, S. B. Ganong, édit. (Saint-Jean, N.-B., 1948). — David Lee, *The Robins in Gaspé, 1766–1825* (Markham, Ontario, 1984). — André Lepage, « le Capitalisme marchand et la Pêche à la morue en Gaspésie : la Charles Robin and Company dans la baie des Chaleurs (1820–1870) » (thèse de PH.D., univ. Laval, 1983). — Fidèle Thériault, « Olivier Blanchard, 1726–1796 », *la Rev. d'hist. de la Soc. hist. Nicolas-Denys*, 6 (1978), n° 3 : 9–17.

BLOWERS, SAMPSON SALTER, avocat, fonctionnaire, homme politique et juge, né le 10 mars 1741/1742 à Boston, fils de John Blowers et de Sarah Salter ; le 5 avril 1774, il épousa dans cette ville Sarah Kent, fille de Benjamin Kent, barrister de Boston, et ils n'eurent pas d'enfants, mais adoptèrent Sarah Ann Anderson ; décédé le 25 octobre 1842 à Halifax.

Sampson Salter Blowers fut élevé par son grand-père maternel, Sampson Salter : son père était mort peu après être revenu du siège de Louisbourg, dans l'île Royale (île du Cap-Breton), en 1745, et sa mère était décédée quelque temps plus tard. Après avoir fréquenté la Boston Grammar School, il entra au Harvard College, où il obtint un baccalauréat ès arts en 1763 et une maîtrise ès arts en 1765. Blowers étudia ensuite le droit au cabinet de Thomas Hutchinson et fut admis en 1766 comme attorney à la Cour inférieure du comté de Suffolk. Quatre ans plus tard, il devint barrister à la Cour supérieure du Massachusetts. Il connut, comme avocat plaidant, une ascension spectaculaire : en 1770, ce fut aux côtés de John Adams et de Josiah Quincy qu'il défendit les soldats du 29th Foot accusés de meurtre par suite du « massacre » de Boston. À l'époque, il tirait £400 par an de la pratique

du droit, soit plus que la majorité des avocats bostoniens.

Le *Massachusetts Government Act*, qui abrogeait la charte de la colonie, entraîna la fermeture des tribunaux de Boston en juin 1774. Blowers, déjà fort critiqué en raison de ses sentiments loyalistes, résolut alors de quitter le Massachusetts. Cinq mois plus tard, il s'embarqua pour l'Angleterre avec sa femme, Sarah Kent. Blowers avait quelques économies et sa femme avait touché un héritage de quelques milliers de livres « placées principalement dans des hypothèques » mais, avec le temps, percevoir des loyers et des intérêts sur des immeubles situés au Massachusetts devint de plus en plus difficile. « Dépourvu des moyens de gagner un seul shilling », Blowers fit donc appel à la Trésorerie, qui lui accorda une allocation annuelle de £100.

Lorsqu'il apprit, en 1776, que les Britanniques occupaient New York ainsi que Newport, dans le Rhode Island, Blowers songea qu'il pourrait se tailler là un bel avenir et, convaincu qu'il servirait « aussi bien les intérêts du gouvernement que les [siens] propres en résidant en Amérique », il quitta l'Angleterre en 1777 avec sa femme et s'installa à Newport. En avril 1778, il se rendit à Boston rejoindre sa femme qui y était tombée malade au cours d'une visite. En dépit du sauf-conduit que lui avaient délivré les autorités américaines, il fut arrêté dès son arrivée et « mis dans une cave lugubre et infecte ». Il refusa de demander réparation et déclara que son seul désir était de « quitter le pays aussi vite que possible ». Transféré à Halifax à l'occasion d'un échange de prisonniers, il retourna en Angleterre et fut renvoyé à Newport nanti d'une commission de juge de la Cour de vice-amirauté. Cependant, quelques jours après son arrivée, la garnison de Newport se replia jusqu'à New York. Le 13 mars 1781, grâce à l'influence de lord George Germain, secrétaire d'État aux Colonies américaines, Blowers devint solliciteur général de New York. Il ne pouvait pas exercer le droit, parce que New York était sous régime militaire, mais son travail à la Cour de vice-amirauté était « suffisant et de bon rapport ». En effet, il suppléa le juge pendant que celui-ci était en Angleterre, ce qui lui permit de toucher de gros honoraires sur la confiscation des navires capturés.

En septembre 1783, Blowers s'embarqua pour Halifax. Malgré une lettre de recommandation de sir Guy Carleton* et l'accueil poli du gouverneur John Parr*, ses chances de réussir lui semblaient minces : « il y a ici, confia-t-il à son confrère Ward Chipman*, très peu de travail pour les gens de notre profession ; le peu qu'on y trouve n'est que médiocrement payé, et il n'y a aucune pénurie d'avocats ». Pourtant, on ne tarda pas à recourir à ses services. En 1785, il plaida 100 causes devant la Cour suprême, soit seulement deux fois moins environ que le solliciteur général Richard John Uniacke*. Il eut par ailleurs un succès mitigé dans le recouvrement de ses pertes de guerre. La commission chargée d'examiner les réclamations des loyalistes refusa de lui verser les quelque £4 800 qu'il revendiquait pour des biens meubles et immeubles, mais elle lui consentit une pension annuelle de £100. Une fois la paix conclue, il avait touché £1 000 de créances, mais en 1788 il tentait encore de percevoir des sommes qui lui étaient dues sur des immeubles, obligations et hypothèques aux États-Unis.

Bien vu dans le milieu judiciaire, Blowers bénéficia bientôt des faveurs du gouvernement. En 1784, par suite des pressions exercées en Angleterre par un éminent loyaliste de la Nouvelle-Angleterre, sir William Pepperrell, il fut nommé procureur général du Nouveau-Brunswick, devenu une province distincte depuis peu. Cependant, fatigué de ses nombreux déplacements, il refusa le poste : « maintenant que me voilà installé à Halifax, expliqua-t-il, je ne saurais imposer à ma famille le désagrément de tout recommencer à neuf à Saint-Jean ». Puis en décembre, Richard Gibbons* ayant été muté au Cap-Breton, il devint procureur général de la Nouvelle-Écosse. Sa nomination amorça une querelle qui l'opposa à Uniacke jusqu'à la mort de ce dernier. Comme Uniacke avait escompté succéder à Gibbons, Parr le nomma, en guise de compensation, avocat général de la Cour de vice-amirauté. Blowers s'y opposa en alléguant que ce poste lui revenait à titre de procureur général et écrivit au secrétaire d'État à l'Intérieur qu'on « n'a[vait] jamais trouvé et ne trouvera[it] jamais [personne de] moins loyal » qu'Uniacke. Celui-ci répliqua en l'accusant de favoriser la contrebande. Les deux hommes s'affrontèrent de nouveau en 1790 : à la suite de l'embauche par Blowers d'un domestique noir qu'Uniacke avait renvoyé, celui-ci eut des « mots durs », et Blowers le provoqua en duel. On empêcha le combat et le juge en chef Thomas Andrew Lumisden STRANGE leur enjoignit de garder la paix. Un autre incident connut une conclusion semblable en 1798, lorsque Blowers jeta de nouveau le gant après qu'Uniacke eut rossé son protégé, Jonathan Sterns, dans une rixe.

En 1785, Blowers fit son entrée en politique comme député du comté de Halifax et fut élu président par la nouvelle Assemblée. Les premières années de la sixième législature furent calmes, mais en 1787, insatisfaite de l'administration de la justice, la chambre demanda à Parr une enquête sur la conduite du juge James Brenton* et du juge en chef intérimaire Isaac Deschamps*. Le 3 janvier 1788, Blowers devint le premier loyaliste à entrer au Conseil de la Nouvelle-Écosse, où il « soutint résolument » les juges contre les attaques de l'Assemblée. Certains députés loyalistes critiquèrent ses agissements. Selon Isaac Wilkins, il n'avait pas défendu assez fermement la position de l'Assemblée au sein du conseil ; Thomas Henry

Barclay*, de son côté , l'accusait d'« avoir tacitement sanctionné l'attitude de la chambre » puis d'avoir pris « clairement le parti adverse ». D'aucuns attribuaient à des motifs personnels le peu d'enthousiasme de Blowers pour la cause de l'Assemblée. Lorsque Strange prit sa retraite en 1797, il nota que Blowers, sans avoir nécessairement espéré décrocher le siège de juge en chef, alors vacant, avait « à tout le moins pensé que le zèle avec lequel il tentait de défendre l'innocence » des juges amènerait peut-être les autorités à étudier sa candidature.

Blowers finit par devenir juge en chef, mais seulement le 9 septembre 1797, une fois que Strange eut remis sa démission. Il avait été chaudement recommandé par le lieutenant-gouverneur sir John Wentworth* et par Strange, qui l'avait présenté au gouvernement britannique comme le meilleur candidat qu'on pouvait « trouver au pays pour le poste ». À titre de juge en chef, Blowers devint président du Conseil de la Nouvelle-Écosse. Strange avait souligné dans sa recommandation qu'au sein de cet organisme les services de Blowers avaient « contribué réellement à la bonne marche des affaires tant ministérielles que législatives ». Blowers était jaloux de son titre de président : lorsque, en 1808, un conseiller moins ancien que lui, le juge Alexander CROKE, fut désigné pour être administrateur pendant l'absence du lieutenant-gouverneur sir George Prevost*, il refusa d'assister aux réunions du conseil. Dans une lettre adressée en 1826 à son collègue le juge Peleg Wiswall, il notait qu'au conseil il se contentait d'« assumer la présidence sans entrer dans les débats relatifs à une nouvelle émission de papier-monnaie ou à la fameuse question du canal Shubenacadie ». Outre ses fonctions de juge en chef et de conseiller, Blowers exerça celles de juge à la Cour de vice-amirauté de 1821 à 1833.

Membre du tout premier conseil d'administration du King's College de Windsor, Blowers assistait fidèlement aux réunions tenues dans cette ville. À titre de membre du comité qui en 1803 rédigea les statuts du collège, il pensait, comme Croke, que le King's College devait être un établissement d'éducation libérale et non un séminaire comme le voulait l'évêque Charles Inglis*. Tous, cependant, tenaient à ce que les étudiants souscrivent aux Trente-neuf Articles de foi de l'Église d'Angleterre. Comme cette exigence fermait les portes de l'établissement aux trois quarts de la population, le lieutenant-gouverneur lord Dalhousie [RAMSAY] proposa en 1817 de fonder un collège non confessionnel à Halifax. Blowers comprenait combien cette fondation menacerait le King's College, aussi soumit-il, en mai 1818, avec le vice-président de l'établissement, William Cochran*, une résolution en faveur du rappel des statuts qui exigeaient l'adhésion aux Trente-neuf Articles. Toutefois, l'archevêque de Cantorbéry, protecteur du

Blowers

King's College, rejeta la proposition. En 1824, certains tentèrent de fusionner le King's College et l'établissement non confessionnel de Halifax, le Dalhousie College, mais Blowers s'y opposa en déclarant que ce geste se rapprocherait trop d'un abus de confiance de la part des administrateurs du King's College.

En qualité de juge en chef, Blowers inspirait un grand respect. Jetant un regard sur les premières années du xixe siècle, John George Marshall* a écrit qu'en 1804 il était « reconnu d'emblée pour sa solide connaissance du droit, la force de sa logique et de son argumentation ainsi que la simplicité et l'attrait de son langage [...] En ce début de siècle, le juge en chef entendait toutes les causes et rendait ses décisions après discussion juridique, les deux assesseurs ne faisant que manifester leur assentiment. » Presque tous les procès instruits devant Blowers portaient sur des questions de dettes ; quelques-uns avaient trait à des violations de propriété ou à la contrebande, et certains découlaient d'appels interjetés contre la Cour inférieure des plaids communs. En 1809, Blowers présida une commission spéciale de 15 hommes qui jugea Edward Jordan pour piraterie. Il présida également, en 1820, le procès de William Wilkie* pour publication diffamatoire. Selon Thomas Beamish Akins*, avocat de Halifax et historien, il ne se montra pas tout à fait impartial en cette occasion : en fait, il termina son allocution en disant aux jurés d'acquitter Wilkie s'ils croyaient honnêtement qu'il avait écrit pour le bien public.

La question de l'esclavage était importante pour Blowers. Pendant qu'il était procureur général, il s'était fréquemment entretenu sur le sujet avec le juge en chef Strange et avait constaté que celui-ci, au lieu de rendre une décision sur la légalité de l'esclavage, « souhait[ait] décourager peu à peu les prétentions » des propriétaires d'esclaves. Blowers adopta cette attitude quand il devint juge en chef. Ainsi, lorsqu'une Noire arrêtée à Annapolis Royal fut réclamée comme esclave par son prétendu maître, Blowers laissa entendre que celui-ci devait porter sa réclamation en justice. Comme le plaignant ne fut pas en mesure de prouver que la loi l'avait autorisé à acheter cette femme, sa cause s'effondra. C'est en partie parce que Blowers exigeait des preuves de sa légalité que l'esclavage disparut de la Nouvelle-Écosse relativement tôt au xixe siècle ; il n'en fut pas de même au Nouveau-Brunswick où le juge en chef George Duncan Ludlow* statua qu'il était légal.

Non seulement les juges de la Cour suprême siégeaient-ils à Halifax, mais ils faisaient aussi des tournées dans la plupart des comtés et, à partir de 1816, dans toute la province. Deux juges suffisaient pour tenir une audience mais, la charge de travail étant lourde, un troisième juge fut nommé à titre de suppléant en 1809 et un juge assesseur en 1816.

Malgré tout, il était toujours difficile de trouver assez de juges quand l'âge ou la maladie empêchait certains d'entre eux de voyager. Blowers lui-même s'absenta de plus en plus souvent des tribunaux itinérants et même du tribunal de Halifax à mesure que s'écoulèrent les années 1820. En 1830, il admettait être depuis plusieurs années « obligé de refuser d'instruire des procès en raison de l'affaiblissement de [son] ouïe et de [sa] vue », mais il affirmait assister aux réunions du conseil et conférer sur des questions de droit avec les autres juges.

À cette époque cependant, les pressions en faveur de la démission de Blowers s'intensifiaient, surtout de la part de son subordonné, Brenton Halliburton*. Mais il n'était pas prêt à passer la main. Dans une lettre écrite en 1831 à son frère Henry*, William Blowers Bliss*, qui avait épousé la fille adoptive de Blowers, nota que celui-ci n'avait « nullement l'intention de démissionner » et qu'il était « irrité que d'autres cherchent à prendre sa place ». Néanmoins, en octobre 1832, Blowers accepta l'inévitable et demanda au lieutenant-gouverneur sir Peregrine Maitland*, qui retournait en Angleterre, d'informer en conséquence le gouvernement britannique. Londres chargea l'administrateur Thomas Nickleson Jeffery d'accepter la démission du juge en chef une fois que l'Assemblée aurait été invitée à lui verser une pension. Mais, en bon vieux loyaliste qu'il était, Blowers estimait avoir droit à une pension de la couronne et quitta son siège « sans attendre de la colonie une rémunération qu'[il avait] peu de raisons d'espérer ». Il avait vu juste en ceci que l'Assemblée lui refusa une pension, mais aucune ne s'annonça non plus du côté de l'Angleterre. Halliburton devint juge en chef et, comme on créait ainsi une vacance à la Cour suprême, Blowers demanda à Jeffery et à lord Goderich, secrétaire d'État aux Colonies, de nommer Bliss, son gendre. Celui-ci n'obtint le poste que le 15 mai 1834, car il manquait d'ancienneté.

Une fois à la retraite, Sampson Salter Blowers continua de passer les étés à sa ferme de Windsor et les hivers à sa résidence de Halifax. En octobre 1842, sept mois après avoir célébré son centième anniversaire, il se brisa la hanche en faisant une chute ; il mourut le 25 du mois. Il laissa à sa femme un intérêt à vie sur ses biens et de petits legs à ses sœurs, nièces et neveux, mais la plus grande part de sa succession alla à sa fille adoptive, qui était pour lui « comme une véritable fille ». Le mari de cette dernière estima la valeur de l'héritage à environ £40 000, dont une partie était constituée de « près de £10 000 investies dans les Fonds de Grande-Bretagne et de £2 000 à £3 000 » placées chez des banquiers londoniens.

PHYLLIS R. BLAKELEY

Pendant son voyage en 1776, Sampson Salter Blowers a écrit

un journal intitulé « Journey to & Thro' part of France &c », qui est conservé aux PANS, MG 1, 139B. Il a été publié dans PANS, Board of Trustees, *Report* (Halifax), 1948 : 13–38.

Halifax County Court of Probate (Halifax), Estate papers, B83 (mfm aux PANS). — PANS, MG 1, 979–980, particulièrement 979, folder 3 ; 1598–1600 ; 1603, particulièrement n°s 56, 56b ; RG 39, AP, C, 1 ; HX, J, 12 ; 14–15 ; 17, 9 sept. 1797 ; 24–26 ; 99–100 ; J, 14. — PRO, CO 217/37 : 87–89, 123–124 ; 217/149 : 170–177 ; 217/154 : 715–729, 803–810. — Boston, Registry Dept., *Records relating to the early history of Boston*, W. H. Whitmore *et al.*, édit. (39 vol., Boston, 1876–1909), [24] : *Boston births, 1700–1800*, 239, 242, 251 ; [30] : *Boston marriages, 1752–1809*, 16, 56, 325, 393, 402. — *Acadian Recorder*, 11 nov. 1820, 16 avril, 29 oct. 1842. — *Novascotian*, 7, 21 févr. 1833, 27 oct. 1842. — E. A. Jones, *The loyalists of Massachusetts : their memorials, petitions and claims* (Londres, 1930 ; réimpr., Baltimore, Md., 1969). — C. K. Shipton, *Sibley's Harvard graduates* [...] (17 vol. parus, Cambridge, Angl., et Boston, Mass., 1933–), 15. — Beck, *Government of N.S.* — Cuthbertson, *Old attorney general.* — John Doull, *Sketches of attorney generals of Nova Scotia* (Halifax, 1964), 19–25. — H. Y. Hind, *The University of King's College, Windsor, Nova Scotia, 1790–1890* (New York, 1890), 32–34, 50–54, 60–62. — J. G. Marshall, *A brief history of public proceedings and events, legal, – parliamentary, – and miscellaneous, in the province of Nova Scotia, during the earliest years of the present century* (Halifax, [1878]). — C. J. Townshend, *History of the Court of Chancery of Nova Scotia* (Toronto, 1900). — Margaret Ells, « Nova Scotian « Sparks of Liberty »», *Dalhousie Rev.*, 16 (1936–1937) : 475–492. — G. V. V. Nicholls, « A forerunner of Joseph Howe », *CHR*, 8 (1927) : 224–232.

BOBBIE. V. Eenoolooapik

BOISSEAU, NICOLAS-GASPARD, auteur, notaire, homme politique et fonctionnaire, né le 10 octobre 1765 à Saint-Pierre, île d'Orléans, Québec, fils de Nicolas-Gaspard Boisseau* et de Claire Jolliette ; le 11 janvier 1790, il épousa à Saint-Jean-Port-Joli, Québec, Catherine Gaspé, fille d'Ignace-Philippe Aubert* de Gaspé, et ils eurent 11 enfants dont 4 moururent en bas âge ; décédé le 9 mars 1842 dans la paroisse Saint-Thomas (à Montmagny, Québec).

Nicolas-Gaspard Boisseau entreprend des études au petit séminaire de Québec qu'il doit interrompre pendant le siège de la ville par les Américains en 1775 [V. Benedict Arnold* ; Richard Montgomery*]. Il retourne alors à l'île d'Orléans, où son père se charge de l'instruire. Il revient au petit séminaire en 1778 et y étudie jusqu'en 1780. Il devient par la suite commis de son père, alors greffier de la Cour des plaids communs du district de Québec et greffier de la paix.

Fort de son expérience auprès de son père, Boisseau sollicite du gouverneur lord Dorchester [Carleton*], le 14 janvier 1787, une commission de notaire. Il semble que son expérience de commis ne puisse remplacer un stage de clerc, normalement exigé des candidats à la profession, aussi n'obtient-il sa com-

mission que le 22 juillet 1791, après des examens et de longues entrevues.

Dans l'attente de sa commission, Boisseau rédige ses mémoires entre 1787 et 1789. Constitués essentiellement de notes de lecture tirées de journaux ou de quelques livres sans doute empruntés à la bibliothèque paternelle, ces mémoires témoignent tout de même de ses intérêts. On y retrouve un peu d'histoire universelle et nationale, un peu de géographie, par exemple des descriptions des villes de Québec et de Montréal et de quelques accidents de terrain pittoresques. Boisseau a une prédilection pour la connaissance de la terre et du cosmos, aussi plusieurs notations concernent-elles le climat, les astres, les volcans, les tempêtes ou bien les chutes de neige inusitées. L'espace qu'il réserve aux sciences naturelles n'est peut-être surpassé que par celui qu'il consacre à la chronique politique. En effet, il relate les grands événements politiques et militaires, passés et présents, canadiens ou étrangers. Il accorde une attention particulière aux allées et venues du gouverneur et du prince William Henry à l'occasion de son passage dans la colonie en 1787.

Boisseau s'intéresse aux faits curieux et aux anecdotes amusantes. Quelques pages d'ethnographie sur la formation du couple, les mœurs paysannes, la plantation du mai, la fabrication du charbon et du sucre d'érable constituent de bonnes observations, mais sont-elles vraiment de lui ? Boisseau est avare de commentaires sur sa personne. Il fait allusion à sa santé et à ses difficultés d'obtenir sa commission de notaire. Il brosse de lui-même un court portrait, réduit aux traits physiques, comme ceux qu'il trace de ses parents. Cet homme de l'Ancien Régime s'intéresse moins à ses semblables que les mémorialistes de l'époque romantique ou contemporaine. Il se peut aussi que son jeune âge ou sa nature extravertie expliquent ses silences à son propos. Si Boisseau reproduit une vingtaine de lettres tirées de la correspondance familiale, c'est qu'il les juge dignes de paraître dans une production intime. Mais elles ne semblent pas revêtir plus d'importance que des découvertes et inventions, quelques statistiques sur le trafic maritime, la population de la province au recensement de 1784, ou le nombre de cordes de bois utilisées pour le chauffage domestique dans la colonie. Par contre, les mémoires témoignent d'une sensibilité nouvelle à l'organisation rigoureuse et détachée des faits.

Sur la nature et la condition humaine, Boisseau tient un discours abstrait, dans le style éthico-philosophique qui fait une large place aux fables, aux maximes, aux proverbes ou à la prose sentencieuse en vogue à la fin du XVIIIe siècle et si bien illustrée en France par Nicolas de Chamfort, Pierre Choderlos de Laclos et Antoine Rivarol, ses contemporains. Peut-être avait-il lu les *Maximes* de La Rochefoucauld ou

Bonami

les Caractères de La Bruyère. Mais comment savoir si des extraits de ces auteurs et d'autres passages étaient simplement réimprimés dans les journaux de l'époque et glanés ou pastichés par l'apprenti notaire ? Dans ce cas, son intérêt pour les sciences naturelles et le discours moral ne serait pas vraiment le fruit de ses goûts profonds mais résulterait plutôt de la rencontre banale d'idées que le journal lui offrait régulièrement.

Aux premières élections à la chambre d'Assemblée du Bas-Canada en 1792, Nicolas-Gaspard Boisseau est élu député de la circonscription d'Orléans, qui comprend alors toute l'île du même nom. Toutefois, il abandonne la politique en 1796 ; c'est Jérôme Martineau* qui le remplace à titre de député. Dès lors, Boisseau se consacre presque exclusivement au notariat. Il pratique d'abord à Saint-Vallier, puis il s'installe dans la paroisse Saint-Thomas en 1799. Il est nommé commissaire chargé d'ériger une école dans la paroisse en 1803, commissaire autorisé à faire prêter le serment d'allégeance en 1812, puis commissaire des chemins du comté de Devon en 1817. Il mène donc une vie professionnelle à respectable distance des affaires publiques d'envergure nationale. De 1818 à 1820, il connaît des déboires financiers qui l'obligent à disposer d'une bonne partie de ses biens à Saint-Thomas et de 500 acres de terre dans le canton de Nelson, qu'il avait obtenues en 1804.

SERGE GAGNON

Le minutier de Nicolas-Gaspard Boisseau, contenant des actes passés entre 1791 et 1841, est conservé aux ANQ-Q, sous la cote CN3-7. Ses mémoires se trouvent aux APC, sous la cote MG 23, GV, 1.

ANQ-Q, CE1-12, 10 oct. 1765 ; CE2-7, 12 mars 1842 ; CE2-18, 11 janv. 1790. — APC, RG 68, General index, 1651–1841. — ASQ, Fichier des anciens. — *La Gazette de Québec*, 24 févr. 1791, 6 nov. 1817, 16 avril, 16 juill., 9 nov. 1818, 7 sept., 19 oct. 1820, 4 janv., 29 mars, 31 mai, 26 juill. 1821. — F.-J. Audet, « les Législateurs du B.-C. ».— F.-J. Audet et Fabre Surveyer, *les Députés au premier Parl. du B.-C.* — Desjardins, *Guide parl.* — Langelier, *Liste des terrains concédés*, 1199. — Wallace, *Macmillan dict.* — P.-G. Roy, *la Famille Aubert de Gaspé* (Lévis, Québec, 1907) ; *la Famille Boisseau* (Lévis, 1907).

BONAMI, LOUIS MARTINET, dit. V. MARTINET

BONNYCASTLE, sir RICHARD HENRY, officier, ingénieur militaire, peintre et auteur, né le 30 septembre 1791 à Woolwich (Londres), fils aîné de John Bonnycastle, professeur de mathématiques à la Royal Military Academy, et de sa deuxième femme, Bridget Johnstone ; en 1814, il épousa Frances Johnstone, et ils eurent deux fils et trois filles ; décédé le 3 novembre 1847 à Kingston, Haut-Canada.

La famille de Richard Henry Bonnycastle présentait deux traits exceptionnels : elle appartenait à la bourgeoisie, non par descendance ou parce qu'elle faisait des affaires, mais en raison des mérites intellectuels de son chef ; elle était associée à un établissement militaire unique en son genre. La Royal Military Academy de Woolwich fut dans tout le monde anglophone le premier collège à dispenser des cours scientifiques et techniques avancés aux futurs officiers de l'artillerie et du génie, et John Bonnycastle fut l'un des pionniers de ce système de formation militaire à dominante théorique. Les diplômés de cet établissement ne connaissaient pas que les armes lourdes et les fortifications : ils savaient construire des routes, aménager des ports, creuser des canaux, dresser des cartes, faire des observations météorologiques et géologiques, voire dessiner et peindre, car l'armée avait besoin de croquis. Richard Henry obtint une place à la Royal Military Academy parce que son père y enseignait mais aussi parce qu'il satisfaisait aux rigoureuses conditions d'admission. L'établissement était l'une des rares voies d'accès à l'élite militaire et mondaine, et il en tira le meilleur parti possible. Sa carrière ne fut pas brillante, mais par la manière dont il mit sa formation au service de la société civile, surtout dans le Haut-Canada, il fut un modèle d'utilité parmi les officiers du Board of Ordnance. On peut même dire qu'avec le lieutenant-colonel John BY, de tous les officiers impériaux du Haut-Canada, c'est celui qui se montra le plus constructif.

Bonnycastle quitta la Royal Military Academy en recevant, le 28 septembre 1808, un grade de lieutenant en second dans le génie royal. En 1809, pendant la campagne des Pays-Bas, il prit part au siège de Flushing (Vlissingen) et on le promut lieutenant en premier. Parti pour la Nouvelle-Écosse trois ans plus tard, il participa en 1814, à titre d'officier responsable des fortifications érigées dans la presqu'île de Castine, à l'occupation d'une partie du Maine par les Britanniques. Pendant cette mission, il accéda au grade de capitaine en second. Du Maine, Bonnycastle rejoignit ensuite les troupes britanniques d'occupation en France. En 1818, à Woolwich, il termina et publia les deux volumes de son premier ouvrage, une description des colonies hispano-américaines assortie de commentaires historiques, *Spanish America* […]. Il parlait couramment le français et avait consulté en France, semble-t-il, la plupart des sources espagnoles qui lui avaient servi dans ses recherches.

Bonnycastle passa encore quelques années en Angleterre à exercer des fonctions qui relevaient du service courant. Envoyé dans le Haut-Canada en 1826, il servit au fort George (Niagara-on-the-Lake) et à Kingston, puis on le muta à York (Toronto) en 1832. À cette époque, les Haut-Canadiens les plus en vue le connaissaient déjà de réputation. Apparemment, dès le début de son séjour, il s'intéressa vivement à tout ce qui contribuait au développement de la colonie, mit à la disposition des civils des renseignements tirés de ses levés militaires et fit des recherches minéralogiques et géologiques. À son départ de Kingston, James MACFARLANE, rédacteur en chef du *Kingston Chronicle,* le félicita pour ses études géologiques et les efforts qu'il déployait « pour promouvoir la découverte [des] richesses canadiennes ». À York, Bonnycastle se distingua dans la franc-maçonnerie et encouragea beaucoup les arts. En janvier 1834, il devint président du premier cercle artistique de la ville, la Society of Artists and Amateurs ; les visiteurs de l'unique exposition de la société, en juillet, purent admirer plusieurs de ses toiles, qui représentaient des sujets bas-canadiens ou européens. Il attribuait son goût pour la peinture à l'influence de son parrain, l'artiste Henry Fuseli.

En 1835, avec un enthousiasme fort prisé, Bonnycastle céda à la ville, au nom de la couronne, deux ponts qui enjambaient la rivière Don. Construits grâce à des fonds britanniques, ils appartenaient à l'origine au Board of Ordnance, qui avait pour principe, quand les ouvrages de ce genre ne servaient plus à des fins militaires, de les remettre aux civils et de contribuer ainsi au bien public. Bonnycastle fut également le promoteur d'autres outils de développement : ainsi, en 1835, il pressa le lieutenant-gouverneur sir John Colborne* de demander au gouvernement britannique de construire à Toronto l'un des observatoires astronomiques dont il entendait doter les colonies. Cet observatoire, affirmait-il, serait d'une valeur inestimable pour l'université déjà projetée et contribuerait à lancer l'étude des sciences dans le Haut-Canada ; de plus, son apport à l'éducation populaire compenserait amplement son coût. On ignore quel effet eurent les pressions de Bonnycastle mais, en 1840, le Board of Ordnance ouvrit à Toronto un observatoire géomagnétique et météorologique. Cédé en 1853 à l'University of Toronto, il devint une importante station de météorologie et un département universitaire.

En 1837 et 1838, les activités militaires de Bonnycastle éclipsèrent cependant ses contributions à la vie civile. Promu major honoraire et placé à la tête du service du génie à Kingston en 1837, il eut pour tâche précise d'achever la construction du nouveau fort Henry, entreprise en 1832. Son équipe, composée d'artisans et d'ouvriers en majorité irlandais, termina les travaux vers la fin de 1837. Presque tout de suite après, la rébellion éclata dans le Haut et le Bas-Canada. Le lieutenant-gouverneur sir Francis Bond Head* avait précédemment appelé à Montréal le gros des troupes régulières du Haut-Canada, et n'avait laissé dans la région de Kingston que le personnel du Board of Ordnance et quelques marins. Le 6 décembre, en qualité d'officier supérieur apte au service, Bonnycastle reçut de Head une lettre qui, tout en l'informant qu'un soulèvement avait eu lieu à Toronto, lui ordonnait de tenir le fort Henry et ses précieux magasins militaires en cas d'attaque des rebelles. Sur

ce, Bonnycastle s'employa à constituer une garnison à même les disponibilités locales et gagna, grâce à son énergie et à son tact, un appui solide de la part des colons. Au début de 1838, sa troupe comprenait les ouvriers du fort Henry, qu'il avait armés, des miliciens des comtés voisins de Kingston, les Frontenac Light Dragoons (unité formée de membres de l'élite kingstonienne), un détachement de la Perth Artillery, une unité de marins réguliers appelée la Queen's Marine Artillery, de même que quelques Agniers de la région de la baie de Quinte.

À ce moment, Kingston vivait sous la menace de quelque 2 000 réfugiés haut-canadiens et sympathisants américains qui projetaient de libérer le Haut-Canada en partant de l'état de New York. Décidés à franchir les glaces du Saint-Laurent pour attaquer le fort Henry, ils quittèrent Clayton, dans l'état de New York, le 22 février 1838 et prirent d'abord possession de l'île Hickory, près de Gananoque. Bonnycastle et les Kingstoniens s'attendaient à devoir combattre, mais les patriotes, dissuadés par leurs espions, se replièrent le lendemain. Les habitants de la ville couvrirent Bonnycastle de louanges : c'est probablement lui qui, par son vigoureux leadership, avait convaincu l'ennemi qu'attaquer coûterait trop cher. Ses supérieurs, impressionnés eux aussi, le créèrent chevalier en mars 1840.

La même année, sir Richard, qui se considérait désormais comme un résident permanent de Kingston, obtint le grade de lieutenant-colonel et peu après fit un tour de service à Terre-Neuve en qualité d'ingénieur en chef. De 1841 à 1846, il publia le plus gros de son œuvre : en effet, il fit paraître à Londres, avec Henry Colburn, *The Canadas in 1841* (2 vol., 1842), *Newfoundland in 1842 : a sequel to* The Canadas in 1841 (2 vol., 1842) et *Canada and the Canadians, in 1846* (2 vol., 1846). Il quitta le génie en juin 1847 et mourut à Kingston peu après, à l'âge de 56 ans. Un collègue officier et ami, sir James Edward Alexander, rassembla ses volumineuses notes et les publia sous le titre de *Canada as it was, is, and may be* (2 vol., Londres, 1852). Les livres de Bonnycastle n'appartiennent pas à la grande littérature, mais ils sont fort bien documentés. Ils contribuèrent à faire connaître l'Amérique du Nord britannique dans la métropole et à attirer aussi bien des investissements que des immigrants de la classe moyenne.

Sir Richard Henry Bonnycastle prônait avec ferveur le développement de l'Empire et considérait l'éducation et le travail acharné comme des facteurs certains de progrès. Animé de toutes les qualités du bourgeois de l'ère victorienne, il avait, si l'on en croit ses écrits, très peu des préjugés qui allaient souvent de pair avec elles. Même si son ouvrage posthume est le seul à manifester quelque souci historique, toutes ses œuvres canadiennes contiennent des renseignements utiles sur son époque. De plus, elles ont le mérite de refléter les

Borgia

attitudes de leur auteur, fonctionnaire impérial qui se montra des plus utiles dans la colonie et fondateur d'une respectable famille de la bourgeoisie ontarienne.

GEORGE KARL RAUDZENS

Les principales sources de renseignements sur la vie de sir Richard Henry Bonnycastle sont deux compilations qui se trouvent dans les papiers Bonnycastle déposés aux AO, MU 281. La première est une histoire de famille écrite par une descendante, Evelyn Frances Bonnycastle Luttrell. La plupart des références de l'auteure sont clairement identifiées. La seconde est une biographie de J. E. R. Munro probablement basée sur le document précédent; elle s'intitule «Sir Richard Henry Bonnycastle, Lieutenant-Colonel Royal Engineers». Aucune date n'apparaît sur l'une ou l'autre compilation, mais il semble qu'elles ont été préparées à la fin des années 1950 ou au début des années 1960.

On trouve des notices biographiques de Bonnycastle dans les dictionnaires biographiques canadiens usuels, dans le *DNB* et dans Norah Story, *The Oxford companion to Canadian history and literature* (Toronto et Londres, 1967). Son nom paraît aussi dans des études relatives au Board of Ordnance : Whitworth Porter *et al.*, *History of the Corps of Royal Engineers* (9 vol. parus, Londres et Chatham, Angl., 1899– ; réimpr., vol. 1–3, Chatham, 1951–1954), 1–2 ; R. [F.] Legget, *Rideau waterway* (Toronto, 1955); et G. [K.] Raudzens, *The British Ordnance Department and Canada's canals, 1815–1855* (Waterloo, Ontario, 1979). La presse canadienne des années 1830 et 1840 en parle régulièrement, par exemple le *Kingston Chronicle* et son successeur le *Chronicle & Gazette,* le *British Colonist,* la *Montreal Gazette* et le *Toronto Patriot.* Les ouvrages précités contiennent des références aux sources manuscrites. [G. K. R.]

BORGIA, JOSEPH LE VASSEUR. V. LE VASSEUR

BOSTWICK, JOHN, arpenteur, fonctionnaire, officier de milice, homme politique, juge de paix et homme d'affaires, né le 24 février 1780 à Great Barrington, Massachusetts, fils de Gideon Bostwick et de Gesie Burghardt ; vers 1802, il épousa Mary Ryerson, et ils eurent quatre fils et trois filles, puis après 1821 une prénommée Polly ; décédé le 9 septembre 1849 à Port Stanley, Haut-Canada.

En 1788, le père de John Bostwick, ministre de l'Église d'Angleterre, signa avec Edward Jessup* et d'autres personnes une requête en vue d'obtenir une étendue de terre au bord de la rivière des Outaouais, mais leur démarche fut vaine. En 1793, il reçut en concession le canton d'Oxford, dans le sud-ouest du Haut-Canada, mais il mourut la même année avant d'avoir pu quitter Great Barrington. Pionnier plein de ressources, John Bostwick arriva dans le Haut-Canada quatre ans plus tard et s'installa dans la région de Long Point, sur la rive nord du lac Érié. Il devint l'apprenti de l'arpenteur William Hambly, qui délimita entre

1793 et 1812 plus de 30 cantons, dont plusieurs dans le district de London.

Bostwick ne tarda pas à se tailler une place dans la société naissante du district, concentrée dans la région de Long Point, près de Vittoria, capitale du district, et constituée en grande partie de colons d'origine américaine. Sa nomination au poste de constable en chef du district en octobre 1800, puis à celui de shérif adjoint dès avril 1801, témoigne de la rapidité de son avancement. En septembre 1804, il devint propriétaire en titre de 600 acres de terre à l'embouchure du ruisseau Kettle, dans le canton de Yarmouth. La même année, avec trois autres résidents importants du district de London, dont Thomas Talbot*, il fit partie de la commission chargée de proposer un tracé pour la route projetée entre Port Talbot et la région de Long Point. La route Bostwick, comme on l'appelait, ne fut pas achevée, faute d'argent, mais on ouvrit un sentier qui en suivait le tracé. En 1805, à l'âge de 25 ans, Bostwick succéda comme shérif à Joseph Ryerson, grand loyaliste de Charlotteville dont il avait épousé la fille, Mary.

Bostwick se porta volontaire quand la guerre de 1812 éclata. Nommé capitaine d'une compagnie de flancs-gardes du 1st Norfolk Militia, il acquit vite de l'expérience en participant à la prise de Detroit en août 1812. En septembre, dans une demande de renforts adressée à Talbot, qui supervisait la milice dans le district de London, le major général Isaac Brock* déclarait : «Vous ne pouvez pas envoyer de meilleur capitaine que Bothwick.» Deux mois plus tard, sa compagnie prenait part à la bataille du ruisseau Frenchman, près du fort Erie (Fort Erie), où elle subissait de lourdes pertes et méritait les louanges du lieutenant-colonel Cecil Bisshopp*. Douze mois plus tard, à Nanticoke, après que les troupes britanniques régulières se furent repliées à l'extrémité ouest du lac Ontario, Bostwick faillit trouver la mort en participant, au sein d'un parti de volontaires commandé par son frère Henry, à la capture d'une bande de marauders.

Après la guerre, Bostwick continua de faire des levés, mais il ne passa son examen officiel d'arpenteur qu'en 1819. En 1816, il avait fait sans supervision deux séries de levés dans le canton de Westminster et sur la route Talbot. L'année suivante, il quitta Long Point pour s'établir sur sa terre de Kettle Creek. Les Bostwick furent les premiers à s'installer à cet endroit et leurs plus proches voisins étaient à huit milles de là, sur la partie est de la route Talbot.

Bostwick demeura shérif du district de London jusqu'en 1818. Deux ans plus tard, avec l'arpenteur Mahlon BURWELL il fut élu député de la circonscription de Middlesex. Tous deux tories et membres de l'oligarchie régionale qui appuyait Thomas Talbot, ils eurent comme adversaires des candidats soutenus par les colons écossais du canton d'Aldborough, à qui

Talbot n'avait délivré que quelques titres de propriété. Comme ces colons avaient officiellement très peu de terres, ils n'étaient pas autorisés à voter. Il semble que Bostwick se présenta aux élections de 1824 mais qu'il se retira au cours de la campagne ; il fut défait aux élections de 1830 et de 1836.

Sa première femme, Mary Ryerson, morte en 1821, avait laissé à Bostwick des responsabilités considérables : il avait alors 7 enfants âgés de 5 à 20 ans et son installation à Kettle Creek était encore assez récente. Cependant, toujours en 1821, il reçut une concession de 1 200 acres par suite de sa promotion au grade de lieutenant-colonel du 3rd Regiment of Middlesex militia. En 1824, il devint secrétaire du Talbot Dispensatory à St Thomas ; fondé à l'instigation de John Rolph* et de Charles Duncombe*, cet établissement de santé était novateur mais ne devait connaître qu'une brève existence. Par ailleurs, Bostwick reçut en 1829 sa première commission de juge de paix. Devenu colonel de son régiment, il prit part en 1837 à la répression du soulèvement dirigé par Duncombe.

Les activités de Bostwick au port de Kettle Creek, baptisé Port Stanley à la fin des années 1820, étaient en partie celles d'un entrepreneur. Dès 1822, il avait fait construire un petit entrepôt et pratiquait entre autres le commerce des cendres et des céréales. Bostwick était impatient d'assurer au village le rôle qui semblait lui revenir, celui de principal port de la colonie de Talbot. Le fait qu'il hypothéqua à la fin de 1827 certains des lots donnant sur le havre indique que ses besoins financiers étaient alors pressants. Deux ans plus tard, il vendait plusieurs petits lots, dont certains bordaient le ruisseau, pour des sommes allant de £12 10s à £25. Par contre, il refusa de vendre ses autres lots de grève pour moins de £100 chacun. Il se peut que Bostwick n'ait contribué que faiblement à l'essor du village. Le principal homme d'affaires de l'endroit était presque certainement James Hamilton, marchand de St Thomas. Aux yeux d'Edward Ermatinger*, l'un des premiers à raconter l'histoire de l'établissement de Talbot, Bostwick était un homme modeste à l'excès qui « n'avait pas le sens de la spéculation et pas de talent pour faire de l'argent ». En vendant des lots à des prix qui, disait-on, décourageaient le développement commercial et résidentiel, il se vit attribuer par des critiques contemporains des responsabilités plus ou moins grandes dans la croissance lente de Port Stanley. D'autres, par contre, imputaient cette situation aux défauts majeurs que le havre présentait.

Dans les années 1820, les installations du port étaient rudimentaires. Une loi provinciale autorisa en 1827 la construction de quais et le dragage du havre, qui était peu profond. Les appontements furent terminés en 1831, sous la supervision d'une commission où siégeait Bostwick, mais les tempêtes, l'envasement et les coûts excessifs retardèrent la suite des travaux. Bostwick fut nommé receveur du droit de péage en 1831 ; quand Port Stanley fut reconnu comme port d'entrée, trois ans plus tard, il devint receveur des douanes, poste qu'il allait conserver pendant 10 ans. Port Stanley devint peu à peu un centre de commerce transitaire et de production de farine ainsi qu'un point de transit pour les immigrants ; pourtant, l'artiste et naturaliste William Pope se montrait dégoûté en 1835 par son « apparence sale et misérable », et Henry Dalley, du canton de Malahide, n'y voyait qu'un « lamentable fiasco » affligé d'un havre plein de boue.

Dans les années 1840, John Bostwick possédait des biens immobiliers considérables et assumait dans sa famille et dans la collectivité des responsabilités diverses. Il était le chef d'une grande maisonnée, soit 12 personnes selon le recensement de 1842. Il avait fait don d'une terre pour la construction d'une église anglicane en 1826, mais ce n'est qu'en 1836 qu'une congrégation fut organisée. Tenace, Bostwick présida au début des années 1840 le comité de construction de la Christ Church ; l'église fut achevée en 1845. Dans l'ensemble, les terres qu'il possédait dans plusieurs cantons n'étaient pas préparées pour la culture, car il s'était surtout occupé de Port Stanley. Le commerce y connut un essor remarquable au cours des années 1840, mais la perspective d'une liaison ferroviaire entre London, Toronto, Montréal et New York venait déjà menacer la vocation commerciale des petits établissements riverains comme Port Stanley. Décédé en 1849, Bostwick ne vit pas le chemin de fer s'installer dans sa région. Il laissait peu de biens, peut-être parce qu'il avait dispersé ses préoccupations et ses énergies au lieu de ne viser qu'à devenir un entrepreneur prospère.

ALAN G. BRUNGER

AO, MU 2136, 1938, n° 6 ; RG 1, A-I-6 : 5687, 12223–12232 ; RG 22, sér. 155. — APC, RG 1, L3, 34 : B7/34 ; RG 5, A1 : 110173–110178 ; RG 68, General index, 1651–1841 : 182, 465, 666, 668. — Christ Church (Anglican) Cemetery (Port Stanley), Ontario), Inscription sur la pierre tombale, John Bostwick. — H.-C., House of Assembly, *Journal*, 1828 : 95–96 ; 1831, app. : 109–110. — « Minutes of the Court of General Quarter Sessions of the Peace for the London District [...] », AO *Report*, 1933 : 17, 81, 166. — William Pope, « William Pope's journal [...] », [M. A. Garland, édit.], *Western Ontario Hist. Nuggets* (Londres), n° 18 (1953) : 26. — *The Talbot papers*, J. H. Coyne, édit. (2 vol., Ottawa, 1908–1909). — *Farmers' Journal and Welland Canal Intelligencer* (St Catharines, Ontario), 28 janv. 1829. — Armstrong, *Handbook of Upper Canadian chronology* (1967). — *Land surveys of southern Ontario : an introduction and index to the field notebooks of the Ontario land surveyors, 1784–1859*, [R.] L. Gentilcore et Kate Donkin, compil., C. E. Heidenreich, édit. (Toronto, 1973), 39–101.—W. H. Smith, *Canada : past, present and future* [...] (2 vol., Toronto, [1852] ; réimpr., Belleville, Ontario, 1973–1974), 1 : 93. — « State papers, [1761–99] », APC

Boucher

Report, 1890 : 213. — *Booklet on the local history of Elgin County*, George Thorman et Ralph Parker, compil. (St Thomas, Ontario, [1965]). — A. G. Brunger, « A spatial analysis of individual settlements in southern London District, Upper Canada, 1800–1836 » (thèse de PH.D., Univ. of Western Ontario, London, 1974). — Brian Dawe, *« Old Oxford is wide awake ! » : pioneer settlers and politicians in Oxford County, 1793–1853* (s.l., 1980). — Edward Ermatinger, *Life of Colonel Talbot, and the Talbot settlement [...]* (St Thomas, 1859 ; réimpr., Belleville, 1972). — D. J. Hall, *Economic development in Elgin County, 1850–1880* (Petrolia, Ontario, 1972), 83–84. — F. C. Hamil, *Lake Erie baron : the story of Colonel Thomas Talbot* (Toronto, 1955). — *Historical sketch of the village of Port Stanley*, A. M. Hepburn, compil. ([Port Stanley, 1952]). — *History of the county of Middlesex, Canada [...]* (Toronto et London, 1889 ; réimpr. avec introd. de D. [J.] Brock, Belleville, 1972). — Patterson, « Studies in elections in U.C. ». — Read, *Rising in western U.C.* — C. J. Taylor et al., *History of Great Barrington (Berkshire), Massachusetts [...]* ([nouv. éd.], 2 part. en 1, Great Barrington, 1928), part. I : 178–179, 345. — N. J. Thomas, « Port Stanley », *A pioneer history : Elgin County*, J. S. Brierley, édit. (St Thomas, 1896 ; réimpr., Petrolia, 1971), 137–144. — E. A. Cruikshank, « The county of Norfolk in the War of 1812 », *OH*, 20 (1923) : 9–40. — A. M. Hepburn, « Early visitors and explorers to Port Stanley », *Western Ontario Hist. Notes* (London), 14 (1957–1958), n° 40 : 29–30.

BOUCHER (Boucher, dit Belleville), JEAN-BAPTISTE, prêtre catholique et auteur, né le 23 juillet 1763 à Québec, fils de Jean-Baptiste Boucher, dit Belleville, et de Marie Martin ; décédé le 6 septembre 1839 à Laprairie (La Prairie, Québec).

Entré au petit séminaire de Québec en cinquième, en 1777, Jean-Baptiste Boucher eut la bonne fortune de faire ses classes de rhétorique et de philosophie sous la direction experte de Charles Chauveaux. En 1784, ses études classiques terminées, il fut aussitôt admis au grand séminaire. Au cours de sa dernière année de théologie, en 1786–1787, les autorités du petit séminaire lui confièrent les élèves de seconde. Ordonné prêtre le 7 octobre 1787, Boucher ne fut pas nommé professeur au séminaire, mais vicaire à Saint-Ours. Il devint curé de la paroisse deux ans plus tard, avant d'être envoyé à la cure de La Nativité-de-la-Très-Sainte-Vierge, à Laprairie, où il exerça son ministère de 1792 jusqu'à sa mort. Durant près d'un demi-siècle il se donna à ses devoirs de pasteur, tout en jouant le rôle de conseiller de l'évêque de Québec et des curés de la région montréalaise. Il fut également un intellectuel de qualité, dont les moments de loisir étaient consacrés à l'étude. L'activité d'un curé de campagne s'écoulait alors au rythme des saisons et de la liturgie, cette dernière paraissant avoir été créée pour accompagner la vie des champs. Le dimanche ramenait l'ensemble de la population à la messe et au prône, et Boucher, qui aimait beaucoup prêcher, ne s'en priva jamais.

Sur le plan politique, Boucher fut d'un loyalisme sans réserve. À l'instar des autres membres du clergé, c'est la Révolution française et la contre-révolution qui lui fournirent ses catégories mentales. Le 25 mars 1810, il se plia à la demande de Mgr Joseph-Octave Plessis* de rappeler en chaire à ses paroissiens l'obligation de fidélité qu'ils avaient envers le roi George III et il lut ce dimanche-là la proclamation du gouverneur sir James Henry Craig* qui, entre autres choses, enjoignait au peuple d'être loyal. Comme Boucher l'écrivit à l'évêque trois jours plus tard, il croyait que, ce faisant, le clergé s'attirerait la « haine implacable de la part du parti Révolutionnaire [le parti canadien] ». Le 9 avril, *la Gazette de Montréal* publiait, sous le pseudonyme d'Æquitas, une lettre dans laquelle Boucher invoquait les « sentimens véritablement paternels » du gouverneur et affirmait que « la Religion Catholique [...] étoit essentiellement fidèle à la Royauté et au Gouvernement établi ».

La région de Laprairie, au sud de Montréal, se trouvait à un endroit stratégique durant la guerre de 1812. Un camp militaire y était d'ailleurs installé et, en 1813, des mouvements de troupe s'y produisirent constamment. Le régiment de De Meuron, arrivé à Québec à l'été de 1813, se rendit à Laprairie. Il comprenait des soldats napoléoniens faits prisonniers en Espagne qui avaient accepté de combattre en Amérique, pourvu que ce ne soit pas contre la France. Les officiers étaient par contre des royalistes éprouvés. Boucher dut loger des soldats de ce régiment dans son presbytère et il fut requis, à quelques reprises, d'assister à l'échafaud des déserteurs d'origine espagnole, puisqu'il avait appris la langue de Cervantes. Il s'entendait à merveille avec les officiers et les recevait à sa table, mais il avait fort à faire avec certains hommes de troupe qui haïssaient les prêtres et les dénigraient auprès des paroissiens.

Mgr Plessis appréciait les talents de Boucher avec qui il s'était probablement lié d'amitié au séminaire. Comme le diocèse manquait de livres français pour contrer la pénétration possible du protestantisme chez les catholiques, il demanda à Boucher de traduire l'ouvrage de John Mannock, *The poor man's catechism : or the Christian doctrine explained, with short admonitions,* publié à Londres en 1752. La traduction parut à Québec en 1806 sous le titre de *Manuel abrégé de controverse : ou Controverse des pauvres.* Il s'agissait plus d'une défense du catholicisme que d'une attaque du protestantisme ; on évitait ainsi d'offenser l'Église d'Angleterre. Boucher traduisit aussi *The grounds of the Catholick doctrine contain'd in the profession of faith of Pius IV,* de Richard Challoner, sous le titre de « Fondements de la foi », mais le livre resta manuscrit et n'aurait été utilisé qu'au grand séminaire de Québec. Boucher s'était mis aussi à composer un traité intitulé « Preuves abrégées des dogmes de la religion catholique [...] » dans lequel il tentait cette fois de discréditer la succession apostolique dans l'Église d'Angleterre. Les « Preuves » ou « Lettres dogmatiques », adressées à Mgr Plessis de 1801 à 1813, ne parurent pas plus que les « Fondements ». Quand l'évêque entreprit la refonte du grand catéchisme de Québec, entre 1811 et 1818, il s'adjoignit Jean-Charles Bédard* et Boucher. Il avait auparavant demandé à Boucher de traduire le catéchisme de Douai qui était en usage en Irlande et à Halifax.

Boucher n'avait cependant pas attendu les commandes de l'évêque pour publier car, dès 1795, il avait fait imprimer chez John NEILSON, à Québec, *Recueil de cantiques à l'usage des missions, des retraites et des catéchismes*. Il présenta au même éditeur, en 1817, un ouvrage qui se voulait le complément de *Recueil* et devait être utile dans les leçons de catéchisme et dans les écoles. « Extraits pieux et élégants », qui resta manuscrit, comprenait les morceaux les plus brillants de la prose et de la poésie françaises pour servir de preuves aux vérités de la religion, sur le modèle de la *Bibliothèque portative des écrivains français ou Choix des meilleurs morceaux extraits de leurs ouvrages*, publié par François Moysant à Londres, en 1800.

Mgr Louis-Adolphe Paquet* a jadis parlé du talent et de l'érudition étonnante pour l'époque de Jean-Baptiste Boucher. Dans ses seules « Lettres dogmatiques », le curé cite et commente 120 auteurs et pourtant la pensée demeure claire et le style élégant. Un tel travail de théologie et de controverse supposait des lectures immenses et la connaissance de plusieurs langues. Outre le français et le latin appris au séminaire, il s'était mis à l'étude du grec, de l'hébreu, de l'anglais et de l'espagnol. C'est assez dire son besoin de livres. Le procès-verbal de la vente après décès de ses biens montre qu'il s'était constitué une bibliothèque de plus de 800 titres et de plus de 2 000 volumes, sans compter les livres vendus en lot. Les classiques latins et grecs, les grands auteurs français, anglais et espagnols des XVIIe, XVIIIe et XIXe siècles s'y retrouvent, que ce soit en théologie, en histoire-géographie, en sciences et en arts, ou en belles-lettres. Il possédait même la *Somme théologique* de saint Thomas d'Aquin. Les dictionnaires de traduction et les 27 grammaires de 7 langues différentes prouvent le sérieux de ses études linguistiques. Boucher était abonné aux journaux de Québec et de Montréal et échangeait des livres avec Mgr Plessis et certains curés. Il jouissait de la considération de l'évêque et de celle du clergé de Québec et de Montréal. Il avait également l'estime de son père et de ses frères, qui étaient venus s'établir à Laprairie aux environs de 1800. Désireux de préparer des jeunes au sacerdoce, Boucher en logeait toujours quelques-uns dans son presbytère et leur enseignait surtout la rhétorique. On ignore quelle a été son attitude durant les événements de 1837–1838, mais il était alors âgé et malade depuis

1834. Avec lui disparaissait, le 6 septembre 1839, un prêtre de grande qualité intellectuelle et morale.

CLAUDE GALARNEAU

Jean-Baptiste Boucher est l'auteur de : *Recueil de cantiques à l'usage des missions, des retraites et des catéchismes*, paru à Québec en 1795. Ce livre connut de nombreuses éditions, dont la dixième en 1833. Un exemplaire de cet ouvrage est conservé à la bibliothèque du séminaire de Québec. Puis, de 1801 à 1813, Boucher a fait parvenir à Mgr Plessis des « Lettres dogmatiques ». Rassemblées en deux volumes inédits sous le titre de « Preuves abrégées des dogmes de la religion catholique attaqués dans les trente-neuf articles de la confession de foi de l'Église anglicane, dans une suite de lettres adressées à Sa Grandeur, monseigneur J.-O. Plessis, évêque de Canath, et coadjuteur de Québec », ces lettres se trouvent aux ASQ sous la cote MSS, 218–219. Les ASQ possèdent également (sous la cote MSS, 281) un exemplaire de *Manuel abrégé de controverse ou Controverse des pauvres*, publié à Québec en 1806.

AAQ, CD, Diocèse de Québec, V : 6 ; 60 CN, IV : 12–95 ; 26 CP, D : 62. — ANQ-M, CE1-2, 9 sept. 1839 ; CN1-233, 23 sept.–3 oct. 1839. — ANQ-Q, CE1-1, 24 juill. 1763. — APC, MG 24, B1, 1–3 ; 7–8 ; 12 ; 18 ; 20. — Arch. du diocèse de Saint-Jean-de-Québec (Longueuil, Québec), 2A/16-123. — ASQ, Fichier des anciens ; Lettres, Y, 107. — AUM, P 58, U, Boucher, dit Belleville, à Augustin Chaboillez, 27 mai 1834. — J.-B. Boucher, « Lettre de l'abbé J.-B. Boucher à John Neilson », *BRH*, 35 (1929) : 255–256. — Pierre Caron, « le Livre dans la vie du clergé québécois sous le Régime anglais » (thèse de M.A., univ. Laval, 1980). — Claude Galarneau, *la France devant l'opinion canadienne (1760–1815)* (Québec et Paris, 1970) ; *les Collèges classiques au Canada français (1620–1970)* (Montréal, 1978), 24. — Lambert, « Joseph-Octave Plessis », 764–793, 820–825, 895–896, 948. — Fernand Porter, *l'Institution catéchistique au Canada ; deux siècles de formation religieuse, 1633–1833* (Montréal, 1949). — Luc Lacourcière, « le Général de Flipe [Phips] », *Cahiers des Dix*, 39 (1974) : 256. — É.-Z. Massicotte, « la Complainte des 40 noyés », *BRH*, 26 (1920) : 90–93. — L.-A. Paquet, « Un controversiste canadien », *le Canada français* (Québec), 2e sér., 6 (1920–1921) : 10–17. — P.-G. Roy, « Cantique de Noël », *BRH*, 1 (1895) : 77.

BOUCHETTE, JOSEPH, arpenteur, officier de marine et de milice et auteur, né le 14 mai 1774 à Québec, fils aîné de Jean-Baptiste Bouchette* et de Marie-Angélique Duhamel ; le 4 juillet 1797, il épousa à Montréal Adélaïde Chaboillez, fille de Charles-Jean-Baptiste Chaboillez*, et ils eurent cinq enfants ; décédé le 8 avril 1841 à Montréal.

Le nom de Joseph Bouchette ne figure pas sur la liste des élèves qui ont fréquenté le petit séminaire de Québec. Plusieurs historiens en ont conclu qu'il n'avait reçu qu'une éducation sommaire. Pourtant, bien des aspects de sa vie et de sa carrière laissent croire le contraire. La facilité avec laquelle Bouchette écrira et parlera l'anglais ainsi que le fait d'assimiler en un an seulement les connaissances nécessaires à

Bouchette

l'obtention de son brevet d'arpenteur-géomètre permettent de croire qu'il jouit d'un certain degré d'instruction. Il se peut qu'il ait reçu cette formation de sa mère, qui était fort instruite, ou bien qu'il ait suivi des cours d'un maître anglais, ou encore qu'il ait pu s'embarquer sur un navire-école.

Dans l'un de ses états de service, en 1817, Bouchette affirme avoir participé à des travaux d'arpentage avec l'équipe de William CHEWETT dans la région de Montréal en 1788, puis entre Vaudreuil et Long Sault (Ontario) l'année suivante. En mars 1790, il apparaît sur la liste des employés du bureau de l'arpenteur général à Québec, où on l'engagea à titre de dessinateur adjoint pour recopier des plans de la province. Le fait que son oncle, Samuel Johannes Holland*, était l'arpenteur général lui a sans doute permis d'obtenir plus facilement ce poste. Bouchette se lie d'amitié avec un adjoint de ce dernier, James Peachey*, aquarelliste de talent. Il en profite aussi pour suivre des cours de François Baillairgé*, artiste, architecte et sculpteur bien connu de Québec.

Bouchette est nommé arpenteur-géomètre le 25 mars 1791, mais il préfère s'engager dans la marine provinciale. La même année, il se rend à York (Toronto) pour servir sous les ordres de son père, alors officier de navigation et capitaine de vaisseau dans la région des Grands Lacs. Son habileté et ses connaissances en arpentage lui valent de diriger les levés hydrographiques du port d'York, qu'il complète en novembre 1792. En mai 1794, il se distingue en renflouant un schooner échoué près du port d'York et que l'on considérait irrécupérable. Cet exploit lui vaut une promotion au rang de lieutenant en second le même mois. L'hiver suivant, Bouchette travaille à titre de dessinateur chargé de reproduire en plusieurs exemplaires une carte du Haut-Canada. Cependant, il doit quitter la marine provinciale en 1796 à la suite d'une importante réduction des effectifs. Il achète alors une commission de lieutenant dans le Royal Canadian Volunteer Regiment, revient au Bas-Canada et s'installe à Montréal. Le 1er juin 1797, il reçoit le commandement d'un bateau armé et d'un détachement de 30 hommes de son régiment. On lui confie une mission sur le Saint-Laurent entre Québec et Montréal.

Pendant l'hiver de 1800–1801, à la demande de Holland, Bouchette agit en qualité d'examinateur des candidats au poste d'arpenteur. Il va habiter à Québec au printemps de 1801 et, dès juillet, réintègre le bureau de l'arpenteur général. Holland se fait vieux et a besoin d'une personne de confiance pour le seconder et, éventuellement, le remplacer. Il désire que son fils JOHN FREDERICK prenne la relève, mais le lieutenant-gouverneur Robert Shore MILNES use de son pouvoir et de son influence, et c'est Bouchette qui obtient le poste en juillet. Le choix de Milnes n'est guère surprenant quand on sait l'importance qu'il accordait

au développement des cantons. De plus, Bouchette, qui a maintes fois démontré sa loyauté à la couronne, qui s'est même lié d'amitié avec le duc de Kent [Edward* Augustus], est l'homme sur lequel le lieutenant-gouverneur peut compter. Holland meurt le 28 décembre suivant ; Bouchette assure l'intérim jusqu'à ce qu'on le nomme officiellement arpenteur général en 1804. Sa première tâche consiste à remettre de l'ordre dans un bureau que son prédécesseur, à la suite de tensions avec les Américains, et plus encore sans doute à cause de son âge avancé, avait passablement négligé.

En mars 1806, Bouchette rédige un rapport sur la seigneurie Saint-Maurice et le terrain occupé par les forges. Ce document contient des cartes et des plans accompagnés d'un texte qui donne le détail des travaux qu'exécutèrent ses collaborateurs, ainsi que ses propres observations et vérifications. L'année suivante, Bouchette se rend à Londres afin d'attirer l'attention des autorités sur l'importance de préciser la frontière entre le Bas-Canada et les États-Unis. Il insiste alors sur la nécessité d'établir correctement le tracé du 45 parallèle. De retour à Québec à la fin de 1807, il recueille des données afin de réaliser une carte du Bas-Canada et de rédiger un ouvrage statistique et descriptif pour accompagner cette carte. Ce projet ne l'empêche pas de s'occuper activement des travaux reliés à son poste d'arpenteur général. Ainsi le 12 décembre 1808 il soumet un rapport sur la délimitation de la frontière entre les États-Unis et le Bas-Canada. À l'été de 1809, il effectue les levés topographiques et hydrographiques des rives du Saint-Laurent, de Cap-Rouge à Sillery. L'été suivant, il fait le même travail dans l'estuaire de la Saint-Charles. En 1811, il s'occupe de nouveau du problème de la frontière avec les États-Unis.

Bouchette mène aussi une brillante carrière militaire. La guerre de 1812 lui permet de s'illustrer en effectuant d'importantes missions de reconnaissance. À titre d'arpenteur, il sait décrire toutes les voies d'accès que l'on doit pouvoir maîtriser à l'intérieur d'un réseau de défense. Ses missions l'amènent à Lachine, sur les rives du lac Saint-François, à Rivière-du-Loup, ainsi qu'à Lacolle et à Odelltown. Il profite aussi de la guerre pour établir des liens avec plusieurs personnages importants, tel le gouverneur sir George Prevost*. Bouchette devient major du bataillon de milice de l'île d'Orléans le 26 octobre 1812. Dès le mois suivant, il recrute des miliciens pour mettre sur pied le Quebec Volunteers, qu'il commande par la suite. En mars 1813, il est promu lieutenant-colonel de la milice du Bas-Canada. La fin de la guerre met un terme à sa carrière militaire, mais il conserve son titre de lieutenant-colonel. Il fera souvent état de ses exploits, entre autres lorsqu'il demandera au gouvernement de lui accorder un meilleur salaire.

Le 18 février 1814, Bouchette présente devant la

chambre d'Assemblée, qui le renvoie à un comité spécial, son projet de réaliser une carte à grande échelle du Bas-Canada, accompagnée d'un dictionnaire topographique ; le 23 février, le comité dépose un rapport favorable. La chambre se réunit en comité et décide de mettre £1 500 à la disposition de Bouchette. Une souscription publique est aussi lancée au montant de cinq guinées, payables au moment de la réception de la carte. La majorité des souscripteurs sont anglophones, ce qui illustre bien les liens privilégiés entre Bouchette et cette communauté. Fort de l'appui de la chambre, Bouchette s'embarque pour l'Angleterre en août 1814 avec l'objectif de tenter de faire publier ses travaux. Il compte sur l'appui du gouverneur et des hauts fonctionnaires, de même que sur l'amitié de quelques personnes particulièrement influentes, dont le duc de Kent.

Bouchette publie à Londres en 1815 une carte du Bas-Canada, à l'échelle de 2¾ milles au pouce, accompagnée de *Description topographique du Bas-Canada*, qui paraît aussi en anglais. L'ouvrage est bien reçu des milieux scientifiques, puisque le 1er avril 1816 la Society for the Encouragement of Arts, Manufactures, and Commerce, de Londres, lui décerne une médaille d'or. À son retour au Bas-Canada, Bouchette reçoit une autre marque d'appréciation de la part du seigneur Alexander Fraser qui, en novembre 1817, lui fait don d'un quart des seigneuries de Madawaska et du lac Témiscouata. En mars de l'année suivante, Fraser ajoute à ce don un douzième indivis.

Pendant son séjour à Londres, Bouchette a été nommé arpenteur spécial de Sa Majesté chargé de l'application de l'article 5 du traité de Gand, qui prévoyait la création de commissions qui devaient régler le problème de la délimitation de la frontière entre le Nouveau-Brunswick et les États-Unis [V. Thomas Henry Barclay*]. Désireux de bien remplir sa tâche, il a suivi, à ses frais, des cours d'astronomie avant de revenir au pays. Il débarque à Halifax en septembre 1816 et en novembre il est à Québec où il prépare alors un projet qu'il va lui-même soumettre aux commissaires britanniques.

Au printemps de 1817, Bouchette se rend aux sources de la rivière Sainte-Croix en compagnie d'arpenteurs américains. C'est à partir de cet endroit qu'on détermine la limite entre le Nouveau-Brunswick et le Maine. Il remet ensuite aux commissaires un volumineux rapport qui lui vaut de nombreuses félicitations. Il part aussitôt pour Burlington, au Vermont, d'où il organise une expédition dont le but est d'établir le tracé du 45e parallèle. Mais il contracte la « fièvre du Lac Champlain » ; dangereusement malade, il se fait reconduire à Montréal et c'est l'arpenteur William Franklin ODELL qui le remplace en 1818.

À cette époque, Bouchette ne se heurte pas seulement au problème de la délimitation de la frontière. Il doit aussi tenter de préciser les limites entre les terres de la couronne et les seigneuries. Dans ce but, il réclame de tous les seigneurs une copie de leurs titres afin de diriger le travail de ses équipes d'arpenteurs. De plus, son bureau est littéralement débordé par les demandes d'anciens militaires à qui la couronne a accordé des lots et qui veulent les faire arpenter. La situation est à ce point confuse que le gouverneur, lord Dalhousie [RAMSAY], demande à Bouchette, en 1820, d'enquêter sur l'état du pays entre le lac Champlain et la frontière américaine et le Saint-Laurent. Il s'agit alors de distinguer ce qui, en fonction de l'état d'occupation des terres, a déjà été arpenté et ce qui ne l'a pas encore été. L'année suivante, Bouchette travaille encore au tracé de la frontière ; il dépose un rapport dans lequel il expose les problèmes rencontrés. Subséquemment, il dirige un très grand nombre de dossiers qui traitent de l'arpentage des terres de la couronne dans le Bas-Canada. La confusion au sujet des nombreux lots cédés aux militaires amène lord Dalhousie à demander à Bouchette, en 1824, d'effectuer une tournée dans les différents cantons où on a attribué de tels lots. À la suite de cette visite, Bouchette publie l'année suivante un rapport qui lui mérite une lettre de félicitations du gouverneur.

De 1826 à 1829, Bouchette recueille des données pour un autre ouvrage. Le 29 septembre 1829, il s'embarque à destination de Londres avec sa femme et son fils Robert-Shore-Milnes*. Fort de l'appui du gouvernement (il reçoit de la chambre une promesse d'achat de 100 exemplaires) et de nombreux amis en Angleterre, il lui faudra tout de même trois ans d'efforts pour parvenir à publier trois volumes, et en anglais seulement. Les deux premiers s'intitulent *The British dominions in North America ; or a topographical description of the provinces of Lower and Upper Canada* [...] et le troisième, *A topographical dictionary of the province of Lower Canada*. À ces livres est jointe une carte du Bas-Canada qui montre, entre autres, les divisions administratives de la province ; il s'agit de la même carte qui accompagne le recensement de 1831.

Bouchette demeure en Europe jusqu'en 1834 ; il en profite pour visiter la France et l'Italie. Pendant ce temps, son fils Joseph, arpenteur général adjoint depuis quelques années déjà, le remplace et semble très bien s'acquitter de sa tâche. À son retour, Bouchette reprend ses fonctions, mais il laisse la direction de plusieurs dossiers à son fils.

Bouchette est alors un homme âgé qui supporte mal l'animosité que lui manifestent ses compatriotes à la chambre d'Assemblée. Dès son entrée dans la fonction publique, il s'est montré un serviteur dévoué, d'une très grande loyauté envers la couronne, mais son association avec le parti des bureaucrates a suscité le mécontentement de la majorité canadienne à l'Assemblée. Bouchette a affirmé clairement ses positions. En 1822, il a participé à la création d'un comité en faveur de l'union des deux Canadas ; il était d'ailleurs le seul membre francophone de ce comité. Dans un discours public, le 28 novembre, il a démontré la nécessité de l'union, même si elle devait favoriser grandement le Haut-Canada. C'est pour lui une dure épreuve lorsque son plus jeune fils, Robert-Shore-Milnes, embrasse la cause des patriotes puis est condamné à l'exil aux Bermudes en 1838.

Le désir de Bouchette de s'identifier à la communauté anglophone lui occasionne d'autres problèmes. Comme il fait partie de la bureaucratie, il soigne beaucoup son image et a donc un niveau de vie trop élevé pour ses moyens, ce qui lui cause de nombreuses difficultés financières. Ainsi entre 1809 et 1829 il est cité plus de 75 fois devant les tribunaux pour des comptes impayés. Il s'agit généralement de petites sommes qu'il doit à un tailleur, à un cordonnier ou à un marchand général. À partir de 1817, ses ennuis financiers deviennent plus sérieux. En effet, la publication de son premier ouvrage sur le Bas-Canada s'est soldée par un déficit de £1 702. Comme la chambre d'Assemblée ne lui avait versé que 500 des £1 500 promises avant son départ, Bouchette réclame alors la somme qui lui est due. Son cas est maintes fois débattu en chambre, mais la majorité canadienne fait toujours obstacle au règlement du litige. Ce n'est qu'en 1875 que la couronne indemnisera ses petits-fils. En 1818, Bouchette voit son salaire annuel chuter de £600 à £400. Il proteste alors vigoureusement auprès des autorités en dressant une liste de ses nombreux et loyaux services et en réclamant un siège au Conseil législatif. Devant la dégradation de sa situation financière, il tente de faire de la spéculation foncière. Ainsi on retrouve dans *la Gazette de Québec*, entre 1818 et 1824, plusieurs annonces de maisons à vendre ou à louer par Bouchette. Toutefois, cette tentative tourne mal, puisqu'en trois occasions ses propriétés sont mises en vente par le shérif. Sa situation est à ce point désastreuse qu'il doit se départir en 1824 des planches et des originaux de son ouvrage de 1815. Tout semble finalement rentrer dans l'ordre en 1829, après la vente de ses terres au lac Témiscouata.

Malgré ses nombreux problèmes financiers, Bouchette souscrit régulièrement au feu de Québec entre 1803 et 1821. En 1801, il fait partie de la commission qui administre les biens des jésuites. Puis, en 1805 et 1806, il est membre du conseil d'administration de la Compagnie de l'Union de Québec. En 1820, il apporte une contribution financière à la Société de Québec des émigrés. L'année suivante, il adhère à la Société d'agriculture du district de Québec ; on l'élit également membre d'un comité pour la promotion de l'éducation. Il contribue en 1824 à la fondation de la Société littéraire et historique de Québec. Il est aussi à l'origine de la fondation de la

Société pour l'encouragement des sciences et des arts en Canada en 1827 ; il en sera président jusqu'à sa fusion avec la Société littéraire et historique de Québec en 1829.

Bouchette quitte Québec à l'automne de 1840, apparemment à la suite de démêlés avec le gouverneur, lord Sydenham [THOMSON]. Celui-ci abolit le poste d'arpenteur général que Bouchette aura donc été le dernier à occuper. Dorénavant, ces responsabilités relèveront du commissaire des Terres de la couronne. Il s'installe à Montréal, où il meurt le 8 avril 1841. Ses funérailles ont lieu à l'église Notre-Dame, puis il y est inhumé.

S'il fut un grand homme, Bouchette suscita néanmoins beaucoup de controverse. Admiré par les autorités coloniales, il était de ce fait en très mauvais termes avec la majorité canadienne de la chambre d'Assemblée. Sa loyauté envers la couronne, son désir d'établir une colonie axée sur la culture anglaise, son poste important dans la bureaucratie et ses positions sur l'Union font de lui un homme que l'on a dit vendu aux Anglais.

Certains biographes accusent Bouchette d'avoir utilisé et même plagié les travaux de William Berczy* pour la préparation de son ouvrage de 1815. Il apparaît toutefois peu probable que tel soit le cas parce que, d'une part, l'on n'a retrouvé aucune trace des travaux de Berczy et que, d'autre part, Bouchette possédait de par ses fonctions tout le matériel nécessaire à la réalisation de ses volumes. L'ouvrage de 1815 représente la première synthèse des connaissances sur le territoire bas-canadien. Certes, Bouchette travaillait dans l'intérêt de l'Empire britannique, mais ses travaux n'en dénotent pas moins un très grand souci de l'avancement de la science. Ainsi ses publications de 1832 sont encore plus détaillées et plus complètes que les précédentes.

Il est évident qu'à titre d'arpenteur général Joseph Bouchette s'est trouvé dans une situation qui favorisait l'élaboration et la publication de ses ouvrages. Toutefois, la synthèse qu'il a produite de ses travaux, augmentée de ses recherches personnelles, force l'admiration et fait de lui un homme particulièrement important pour l'histoire et le développement du Canada. En plus d'avoir réorganisé complètement les services d'arpentage et de cartographie du Bas-Canada, il a publié des œuvres qui témoignent de ses talents d'artiste et de scientifique. Il a laissé pour en juger, en plus de ses publications, un nombre impressionnant de cartes.

CLAUDE BOUDREAU ET PIERRE LÉPINE

Joseph Bouchette est l'auteur de : *Description topographique du B.-C.* ; *The British dominions in North America ; or a topographical description of the provinces of Lower and Upper Canada* [...] (2 vol., Londres, 1832) ; et *A topogra-*

phical dictionary of the province of Lower Canada (Londres, 1832).

ANQ-M, CE1-51, 13 avril 1841; P1000-1-57. — ANQ-Q, P1000-14-255.— APC, MG 11, [CO 42] Q, 81; 123; 135; 157; 159; RG 31, C1, 1831. — B.-C., chambre d'Assemblée, Journaux, 1815; 1817–1819, 1821, 1823–1825, 1827. — R.-S.-M. Bouchette, Mémoires de Robert-S.-M. Bouchette, 1805–1840 (Montréal, 1903). — La Gazette de Québec, 11 avril 1805, 6 févr. 1806, 15 mars 1819, 6 avril, 23 oct., 2 nov. 1820, 10 mai, 25 juin, 9 août 1821, 6 juin, 2, 5 déc. 1822, 1er avril 1824. — La Minerve, 25 mai, 18 juin 1827. — F.-M. Bibaud, Dict. hist. — DOLQ, 1: 68–71, 179–181. — Le Jeune, Dictionnaire. — H. J. Morgan, Sketches of celebrated Canadians. — Claude Boudreau, « l'Analyse de la carte ancienne, essai méthodologique : la carte du Bas-Canada de 1831, de Joseph Bouchette » (thèse de M.A., univ. Laval, 1985). — M.-A. Guérin, « le Lieutenant-Colonel et Arpenteur général du Bas-Canada, Joseph Bouchette, père » (thèse de bibliothéconomie, univ. de Montréal, 1951). — Gérard Parizeau, la Société canadienne-française au XIXᵉ siècle : essais sur le milieu (Montréal, 1975). — N.-E. Dionne, « Joseph Bouchette », BRH, 20 (1914) : 226–230.— Édouard Fabre Surveyer, « Joseph Bouchette, ses frères et sœurs », BRH, 47 (1941) : 180–182; « The Bouchette family », SRC Mémoires, 3ᵉ sér., 35 (1941), sect. II : 135–140. — « Joseph Bouchette en Angleterre de 1829 à 1833 », BRH, 43 (1937) : 245–246. — Gérard Parizeau, « Joseph Bouchette : l'homme et le haut fonctionnaire », SRC Mémoires, 4ᵉ sér., 9 (1971), sect. I : 95–126. — Benjamin Sulte, « Jean-Baptiste Bouchette », SRC Mémoires, 3ᵉ sér., 2 (1908), sect. I : 67–83. — Albert Tessier, « De Jacques Buteux à l'arpenteur Bouchette », Cahiers des Dix, 4 (1939) : 223–242.

BOURNE, JOHN GERVAS HUTCHINSON, juge, baptisé le 1er juillet 1804 à Eastwood, Nottinghamshire, Angleterre, fils unique de John Bourne et d'une prénommée Ruth Elizabeth; en mai 1831, il épousa une prénommée Elizabeth, et ils eurent deux enfants; décédé le 21 novembre 1845 à Londres.

John Gervas Hutchinson Bourne fut admis au Pembroke College, à Oxford, le 17 octobre 1821; il y obtint un baccalauréat ès arts en 1825 et une maîtrise ès arts trois ans plus tard. Fellow du Magdalen College de 1826 à 1831, il dut démissionner au moment de son mariage. On l'admis à l'Inner Temple le 28 novembre 1825 et au barreau le 20 novembre 1829. Une fois devenu barrister, il s'adonna à la pratique du droit dans la circonscription judiciaire de Midland où il attira l'attention de Thomas Denman, éminent avocat whig qui accéda à la présidence de la Cour du banc du roi en 1832. Denman, mêlé à la destitution de Henry John Boulton*, juge en chef de Terre-Neuve, fut sans aucun doute responsable de la nomination de Bourne pour le remplacer en juillet 1838. Bourne avait, semble-t-il, de vagues liens avec les réformistes en Grande-Bretagne, mais rien ne permet d'affirmer qu'il était un partisan engagé. On le connaissait surtout, selon le gouverneur Henry Prescott*, comme « un homme cultivé et un parfait

gentleman ». Il avait écrit The exile of Idria : a German tale, paru à Londres en 1833, et The picture, and the prosperous man, publié en 1835, et avait fait paraître une traduction des chansons de Pierre-Jean de Béranger en 1837. Bourne était un avocat compétent mais, comme il le disait en 1843 à lord Stanley, secrétaire d'État aux Colonies, s'il s'était « vraiment distingué […] dans le domaine du droit ou [avait fait] fortune » en pratiquant en Angleterre, il ne serait pas parti pour Terre-Neuve.

Bourne débarqua dans la colonie en septembre 1838. Il ne trouva pas ses fonctions de juge trop lourdes, mises à part les tournées qu'il devait faire dans les petits villages de pêcheurs, car il était très éprouvé par le mal de mer. Dans ses recommandations aux jurés, il ne tarissait pas d'éloges sur Terre-Neuve, où les crimes graves étaient rares. Malheureusement pour lui, les cas qu'il eut à trancher touchaient souvent de très près à la politique. En raison de la révocation de Boulton, considérée comme une victoire par les réformistes et comme un affront par les conservateurs, Bourne devint la cible des luttes partisanes. Dès son arrivée, il avait ajouté à son impopularité auprès des conservateurs en s'affichant comme un « ardent défenseur des droits des catholiques », qui avait épousé une catholique et élevé sa fille aînée selon les principes de cette foi. Lorsque, dans la cause qui opposait Kielley à Carson [V. William CARSON], Bourne soutint que la chambre d'Assemblée de Terre-Neuve avait droit aux mêmes privilèges que la chambre des Communes britannique, et encore lorsqu'il se prononça en faveur d'une révision de la formation des jurys afin d'y assurer la présence d'un plus grand nombre de catholiques, Henry David Winton*, du journal conservateur Public Ledger, l'accusa de se jeter « dans les bras des radicaux ».

Tout en admirant le « cœur » de Bourne, les réformistes estimaient qu'il n'avait pas « le courage de se laisser guider par ses bons sentiments », et ils furent souvent déçus par ses décisions. Particulièrement quand Bourne s'engagea dans « les voies tracées par Boulton » et dénia aux pêcheurs le premier droit de réclamation sur l'actif d'un planter en faillite, dans la cause qui opposait Nowlan à McGrath. Le Newfoundland Patriot déclara alors : « il ne peut être un ami de Terre-Neuve l'homme qui, du tribunal, émettrait l'avis qu'une coutume protégeant les pêcheries [de l'île] est une coutume qui n'a pas de support légal ». Lorsque Bourne présida un procès au cours duquel l'influent réformiste John Kent* fut reconnu coupable de diffamation, ce dernier cessa de lui « adresser la parole ». En fait, la presse conservatrice le félicita pour ses décisions dans plusieurs procès en diffamation contre des journalistes réformistes et pour la fermeté dont il fit preuve pendant les troubles de Conception Bay en 1840.

Si Bourne ne peut être accusé de conduite partisane

dans ses fonctions, on peut par contre le tenir responsable de sa vivacité de caractère. Il se disputa fréquemment avec les autres juges et particulièrement avec Augustus Wallet DesBarres pour qui il avait peu de respect. Sa bête noire fut toutefois Bryan Robinson*, éminent avocat conservateur qui porta en appel devant le Conseil privé la décision rendue dans la cause qui opposait Kielley à Carson et gagna. Tribun d'une remarquable éloquence, Robinson s'opposa à Bourne au cours de procès en diffamation au début des années 1840 et leurs disputes devinrent un sujet de divertissement public. Bourne finit par croire qu'« il était devenu pour tous l'objet de critiques ».

Au moment d'accepter en septembre 1843 le poste de juge de la Cour de vice-amirauté, Bourne supplia lord Stanley de l'affecter « à n'importe quel poste en Europe [...] même avec un salaire de beaucoup inférieur à la moitié [de celui qu'il recevait alors] ». Robinson était également mécontent et, en février 1843, il demanda au ministère des Colonies la révocation de Bourne. Il accusa le juge en chef « de faire preuve de partialité, de déformer la loi du pays », de « ne rien connaître à sa profession » et, pour faire une bonne mesure, de battre sa femme. Le conseiller juridique du ministère des Colonies, James Stephen, fut d'avis que cette dernière accusation n'était pas prouvée mais qu'elle semblait fondée. Toutefois, ajouta-t-il, « si disgracieux » qu'il soit de battre sa femme, on pouvait « difficilement dire que cela rend[ait] un homme inapte à être juge ». Les autres plaintes étaient si peu fondées qu'on recommanda à Robinson de les « retirer ou de [les] nuancer considérablement ». Finalement, il accepta « à contrecœur » de ne pas poursuivre l'affaire.

Malgré les conseils de son ami sir Richard Henry BONNYCASTLE, du génie royal, qui lui recommandait de traiter les accusations de Robinson « avec un mépris empreint de dignité », Bourne eut une réaction excessive et chercha à prendre sa revanche. Pour amener les conservateurs à appuyer son gouvernement, sir John Harvey*, gouverneur de l'île, avait nommé Robinson au Conseil exécutif. Du fait que ce dernier était un anglican engagé de la Haute Église, sa nomination consterna les presbytériens de la colonie, parmi lesquels se trouvaient Walter Grieve* et plusieurs autres personnes qui avaient des liens très étroits avec Bourne, de même que les anglicans de la Basse Église dirigée par Charles Blackman*, congrégation à laquelle appartenait Bourne. Ils firent apparemment pression sur Bourne qui, soutenu par Henry David Winton, s'employa à faire annuler la nomination de Robinson. Devant le refus de Harvey, Bourne accusa le gouverneur d'avoir nommé Robinson parce qu'il lui devait de l'argent. Incapable de fournir au ministère des Colonies des preuves à l'appui de cette accusation, il fut rappelé en mai 1844 et remplacé temporairement par James Simms*.

John Gervas Hutchinson Bourne rentra à Londres où il publia en 1845 un interminable poème, *England won*, et commença à travailler sur « certains articles concernant les affaires coloniales ». Il mourut le 21 novembre 1845, à la suite « d'une affection cérébrale causée peut-être par son travail intellectuel intense et ses espoirs déçus », selon une notice nécrologique. Il fut jusqu'à un certain point victime du sectarisme politique qui sévissait à Terre-Neuve et qui avait entraîné le départ de ses deux prédécesseurs immédiats, Richard Alexander Tucker* et Boulton. Contrairement à eux, cependant, il ne fut pas rappelé pour cause d'activités politiques manifestes. Comme le déclarait le *Patriot* dans sa notice nécrologique, Bourne « aurait dû se contenter d'avoir fait échouer les machinations de Robinson ; son erreur fut de s'attaquer inutilement au gouverneur. Ce faisant, il joua le jeu de ses adversaires. » Dans ce sens, c'est son manque de discrétion et de maîtrise de soi qui fut la cause de ses espoirs déçus.

PHILLIP BUCKNER

PANL, GN 2/2, 40 ; 43–44 ; 46–47. — PRO, CO 194/118–120. — *Newfoundlander*, 1838–1844. — *Newfoundland Patriot*, 1838–1842. — *Patriot & Terra-Nova Herald*, 1842–1844. — *Public Ledger*, 1838–1844. — *Royal Gazette and Newfoundland Advertiser*, 1838–1844. — *Times and General Commercial Gazette* (St John's), 1838–1844. — Gunn, *Political hist. of Nfld.* — Prowse, *Hist. of Nfld.* (1895). — Malcolm MacDonell, « The conflict between Sir John Harvey and Chief Justice John Gervase Hutchinson Bourne », SHC *Rapport*, 1956 : 45–54.

BOWMAN, JAMES, peintre, né en 1793 dans le comté d'Allegheny, Pennsylvanie ; en 1836, il épousa à Detroit Julia M. Chew ; décédé le 18 mai 1842 à Rochester, New York.

James Bowman représente bien ces portraitistes américains à succès qui firent une carrière itinérante au Canada et dans l'est des États-Unis entre 1830 et 1850. D'abord charpentier dans l'Ohio, il apprit les rudiments de la peinture d'un artiste de cet état puis fit du portrait à Pittsburgh, à Philadelphie et à Washington. À compter de 1822, il passa environ huit ans outre-Atlantique, étudiant à Londres, auprès de sir Thomas Lawrence, ainsi qu'à Paris et à Rome. De retour aux États-Unis vers 1829, il peignit à Charleston, en Virginie-Occidentale et à Boston. En 1831, Bowman s'installa à Québec, où on lui commanda des portraits du gouverneur lord Aylmer [WHITWORTH-AYLMER], de lady Aylmer et de Marie-Louise de Saint-Henri [McLOUGHLIN], du couvent des ursulines. Au printemps de 1833, il présenta à Montréal un diorama qui dépeignait l'intérieur de la chapelle des capucins à Rome ; en juillet, l'exposition fut transportée à Québec, qui voyait pour la première fois un diorama. Le *Quebec Mercury* parla avec chaleur de l'étonnante illusion qu'il créait, mais

Antoine Plamondon* affirma dans le Canadien qu'il présentait d'« énormes défauts » et produisait un « faible effet ».

Durant son séjour à Montréal en 1833 et 1834, Bowman ajouta à son œuvre des portraits des membres de l'establishment anglophone. En outre, peu après son arrivée en 1833, il peignit la mission sulpicienne de Lac-des-Deux-Montagnes (Oka) ; cette toile représentait des prêtres, dont Joseph-Vincent Quiblier*, distribuant des présents du pape à quelque 70 Indiens. La même année, Quiblier commanda à Bowman six tableaux pour les chapelles latérales de la nouvelle église Notre-Dame de Montréal. Une fois ces toiles terminées, on lui demanda d'exécuter pour Notre-Dame les 14 scènes du chemin de la Croix, travail qu'il allait entreprendre avec l'assistance de son élève Thomas-Henri Valin. En 1834, après avoir achevé seulement quatre de ces toiles, Bowman abandonna l'entreprise et alla s'installer à Toronto. C'est Plamondon qui reprit la commande en 1836 ; il écrivit alors à Quiblier que les quatre toiles de Bowman étaient mauvaises et qu'elles avaient été expédiées au couvent des ursulines de Québec pour y être suspendues « dans des corridors noir » (elles ont été perdues depuis). Parmi les six premiers tableaux que Bowman avait peints pour l'église, deux seulement subsistent encore, l'Éducation de la Vierge et le Christ désignant saint Roch comme patron contre la peste.

Bowman reçut maints éloges du Patriot de Toronto, journal conservateur, après qu'il se fut installé dans la ville, en octobre 1834. Ses modèles appartenaient à la gentry locale et comptaient parmi les principaux partisans du family compact. Comme William Lyon Mackenzie* prônait alors la réforme dans le Haut-Canada, ces portraits paraissaient peut-être avoir une certaine valeur comme outils de propagande. On organisa une collecte pour faire peindre un portrait du lieutenant-gouverneur sir John Colborne*. De plus, Bowman exécuta notamment des portraits d'Allan Napier MacNab*, de la belle-mère de celui-ci (à la manière de sir Thomas Lawrence, disait-on) et de plusieurs membres de sa famille, ainsi que du fils de Colborne, du juge Levius Peters SHERWOOD, de John Strachan* et de William DUNLOP. Selon le Patriot, les toiles de Bowman étaient « les meilleures [...] à avoir jamais été exposées dans le pays ». Quant au peintre, disait le journal, il représentait un « beau sujet de réflexion morale ; il était littéralement un homme des bois de l'Amérique et, dans les profondeurs de la forêt, il avait été enflammé par la noble ambition de rivaliser avec les plus grands artistes ». Le jeune Paul Kane*, emporté par l'enthousiasme de Bowman, s'organisa pour faire un voyage d'études en Europe avec lui ; cependant, le mariage de Bowman modifia ce projet, et Kane se rendit seul outre-mer en 1841.

James Bowman avait quitté Toronto en 1835. Après son mariage l'année suivante, il exerça son art dans plusieurs villes américaines avant d'ouvrir en octobre 1841 un studio à Rochester. Il y noua une brève mais solide amitié avec Cornelius Krieghoff*, qui travaillait alors dans cette ville et qui copia le portrait le plus remarqué de Bowman, celui du sculpteur danois Bertel Thorvaldsen. Bowman mourut subitement en mai 1842. L'année suivante, Krieghoff tint une exposition de ses propres œuvres en vue d'utiliser tout produit de leur vente pour élever un monument à la mémoire de Bowman, inspirateur incontesté de tous les jeunes artistes qui l'avaient connu.

J. RUSSELL HARPER

L'Ami du peuple, de l'ordre et des lois, 11 oct. 1834. — Le Canadien, 24 juill. 1833. — Patriot (Toronto), 21, 28, 31 oct., 7 nov., 5, 23 déc. 1834, 16 janv. 1835. — Le Populaire, 23 oct. 1837. — Quebec Gazette, 30 sept. 1831, 2 janv. 1832, 15 juill. 1833. — Quebec Mercury, 13 juill. 1833. — Rochester Daily Advertiser (Rochester, N.Y.), 19 mai 1842, 30 mai 1843. — Rochester Daily Democrat, 1er juin 1842. — Rochester Evening Post, 18 mai 1842. — G. C. Groce et D. H. Wallace, The New-York Historical Society's dictionary of artists in America, 1564–1860 (New Haven, Conn., et Londres, 1957 ; réimpr., 1964). — Harper, Early painters and engravers. — Maurault, la Paroisse : hist. de N.-D. de Montréal, 114, 163. — Morisset, Coup d'œil sur les arts, 80–81 ; Peintres et tableaux, 2 : 82 ; la Peinture traditionnelle, 138. — Paul Kane's frontier ; including « Wanderings of an artist among the Indians of North America » by Paul Kane, introd. de J. R. Harper, édit. (Toronto, 1971). — Yves Lacasse, « la Contribution du peintre américain James Bowman (1793–1842) au premier décor intérieur de l'église Notre-Dame de Montréal », Annales d'hist. de l'art canadien (Montréal), 7 (1983-1984) : 74–91.

BOWRING, BENJAMIN, horloger et homme d'affaires, baptisé le 17 mai 1778 à Exeter, Angleterre, l'un des trois enfants de Nathaniel Bowring et de Susannah White ; le 9 octobre 1803, il épousa dans la paroisse de Wellington, Somerset, Angleterre, Charlotte Price, et ils eurent cinq fils et une fille ; décédé le 1er juin 1846 à Liverpool, Angleterre.

Benjamin Bowring était issu d'une famille engagée depuis plus de deux siècles dans l'industrie lainière d'Exeter. Après avoir fréquenté l'école du temple unitarien du village natal maternel, Moretonhampstead, il fut placé comme apprenti chez l'horloger Charles Price, dont il épousa plus tard la fille. Trois jours avant son mariage, il ouvrit à Exeter sa propre boutique d'horloger, qui devint au fil des ans une entreprise prospère. Non conformiste, Bowring était un farouche partisan de l'abolition de la traite des esclaves et, en général, il participait activement à la vie sociale d'Exeter.

Comme il cherchait de nouveaux débouchés pour

Bowring

son entreprise, Bowring se rendit en 1811 à Terre-Neuve, où la population et l'industrie de la pêche connaissaient alors une croissance remarquable. Les marchands du sud-ouest de l'Angleterre avaient depuis longtemps des intérêts dans cette industrie, et c'est sans doute pourquoi Bowring connaissait la colonie. Durant les guerres napoléoniennes, St John's se développa de façon remarquable : port isolé qui comptait à peine plus de 3 200 âmes en 1794, il avait une population d'environ 10 000 habitants en 1815.

Après être allé plusieurs fois à St John's, Bowring s'y établit à demeure en 1815 ; le printemps suivant, sa femme et leurs enfants l'y rejoignirent. Ses premières années à Terre-Neuve ne furent pas faciles : la pêche subissait un sérieux ralentissement et lui-même traversa des phases difficiles, car entre 1816 et 1819 son atelier d'horlogerie fut détruit à plusieurs reprises par les flammes. Pendant qu'il continuait à exercer son métier, sa femme ouvrit dans un local attenant à sa boutique un petit magasin de tissus et d'articles de mercerie où elle sut attirer une bonne clientèle. Bowring décida alors d'abandonner l'horlogerie pour s'occuper de ce commerce de détail déjà florissant. Malgré l'incertitude qui caractérisait l'économie de St John's dans les années 1820, il fut en mesure de se tailler une place solide : en Angleterre, sa famille avait des relations commerciales qui pouvaient lui procurer les articles et produits manufacturés dont il avait besoin. Lorsqu'une saison de pêche était mauvaise, bien des commerçants terre-neuviens faisaient faillite, mais Bowring était prêt à prendre des risques, ce qui l'avantageait incontestablement. En 1823, sa position était assez sûre et lui-même se sentait suffisamment d'audace pour acheter deux schooners qui rapporteraient des marchandises d'Angleterre et repartiraient de Terre-Neuve avec des produits de la pêche à la morue et de la chasse au phoque. L'année suivante, il prit comme associé son fils aîné, William, et rebaptisa sa compagnie Benjamin Bowring and Son.

Au début des années 1820, Bowring était membre du conseil d'administration de plusieurs sociétés d'éducation et de bienfaisance de St John's. Il préconisait en outre avec fermeté la création d'un gouvernement municipal qui réglementerait notamment la construction et la lutte contre les incendies. À l'instar des autres marchands, il estimait que, tant que le gouvernement de Terre-Neuve serait assuré par un gouverneur nommé par l'Empire britannique, les problèmes politiques croissants de la capitale et du reste de la colonie ne pourraient pas être résolus. Il fut l'un des principaux promoteurs d'un projet qui visait à constituer St John's en municipalité, projet qui échoua en 1826 parce que les hommes d'affaires ne s'entendaient pas sur le régime de taxation que la future municipalité devrait adopter. Après cet échec, Bowring et d'autres personnages influents de la colonie se remirent à réclamer la création d'un Parlement à

Terre-Neuve, ce qui se réalisa finalement en 1832. Cependant, l'enthousiasme avec lequel il avait accueilli le nouveau Parlement s'évanouit dès 1833, car il vit les hommes politiques se ranger selon leurs convictions religieuses et se quereller à propos de questions de favoritisme [V. William CARSON]. Bowring fut quand même heureux que l'une des premières lois adoptées par la chambre d'Assemblée, au début de 1833, prévoie un corps de sapeurs-pompiers volontaires à St John's.

Ce nouveau moyen de lutte contre l'incendie ne se révéla d'aucune utilité lorsque les installations de Bowring et une grande partie du côté sud de la rue Water furent détruites par les flammes, le 7 juillet. Cette perte retarda d'un an sa décision de confier l'entreprise de Terre-Neuve à son fils Charles Tricks (William s'était noyé en 1828). Bowring projetait d'implanter solidement la compagnie en Angleterre en fournissant à St John's les marchandises dont la ville avait besoin et en vendant en Angleterre et sur le continent européen des produits des pêcheries terre-neuviennes. Comme il avait encore assez de capital, il décida de remettre sur pied son commerce de St John's. Au milieu de 1834, les installations presque achevées, il confia la direction de la compagnie à Charles Tricks et rentra en Angleterre avec le reste de sa famille. En 1835, il fonda à Liverpool une société de commerce, la Benjamin Bowring. Il correspondait régulièrement avec son fils pour le conseiller et examiner les comptes de la Benjamin Bowring and Son. Sous la direction de Charles Tricks, cette firme connut durant les années 1830 une expansion appréciable et devint l'un des plus grands établissements commerciaux de la rue Water. Une décision contribua de manière déterminante à cette croissance : celle d'engager directement la compagnie, après 1834, dans ce secteur lucratif qu'était la chasse au phoque et ce, en la dotant de ses propres navires et en construisant à St John's un bac d'entreposage pour l'huile. L'augmentation du volume des affaires qui en résulta imprima une poussée à la société de Liverpool, dont les transactions financières et commerciales étaient étroitement liées à celles de l'entreprise de Terre-Neuve. Celle-ci devint la Bowring Brothers en 1839, le frère de Charles Tricks, Henry Price, étant devenu son associé. Deux ans plus tard, leur frère Edward se joignait à eux.

En 1841, après que Henry Price et Edward eurent commencé à participer à la gestion de la Bowring Brothers, Benjamin Bowring put confier l'entreprise de Liverpool à Charles Tricks, qui continua quand même à superviser la compagnie terre-neuvienne. Sous la direction de ce dernier, la société de Liverpool, rebaptisée C. T. Bowring and Company, devint une grande entreprise internationale de transport maritime et d'assurances, tandis que la Bowring Brothers se classait parmi les principales compagnies qui s'occupaient de pêche à la morue, de chasse au phoque ainsi que de fourniture de comestibles et de produits manufacturés aux gens de Terre-Neuve ; la Bowring Brothers devait poursuivre son expansion sous la direction de Charles R.*, le fils de Charles Tricks. Tel fut le legs de Benjamin Bowring : l'établissement de ces deux entreprises qui, notait ironiquement le *Newfoundland Patriot* en 1839, passèrent à toute la « tribu de Benjamin ».

MELVIN BAKER

MHA, Bowring name file ; Keith Matthews, « Profiles of Water Street merchants » (copie dactylographiée, 1980). — PRO, RG 4/965 : 67. — Melvin Baker, « The government of St. John's, Newfoundland, 1800–1921 » (thèse de PH.D., Univ. of Western Ontario, London, 1981).— Gunn, *Political hist. of Nfld.* — David Keir, *The Bowring story* (Londres, 1962). — Paul O'Neill, *The story of St. John's, Newfoundland* (2 vol., Erin, Ontario, 1975–1976), 2. — A. C. Wardle, *Benjamin Bowring and his descendants ; a record of mercantile achievement* (Londres, 1938).

BRANT, CATHARINE. V. OHTOWAʔKÉHSON

BRASS, WILLIAM, trafiquant de fourrures et marchand condamné à mort pour viol, baptisé le 8 mai 1796 à Kingston, Haut-Canada, fils de David Brass et de Mary Magdalen Mattice ; il épousa une prénommée Elizabeth, et ils n'eurent pas d'enfants ; décédé le 1er décembre 1837 à Kingston.

Né vers 1792, William Brass était le fils d'un riche et respectable colon loyaliste de Kingston. En 1821, il reçut une concession de terre dans le canton de Loughborough, au nord de la ville, où il se lança en affaires à titre de marchand et de trafiquant de fourrures. On ne sait pas grand-chose de ses activités, si ce n'est qu'il passa un temps considérable à trafiquer parmi les Indiens. En 1834, la nouvelle se répandit qu'il avait été dévoré par les loups au cours d'une expédition. Un morceau de crâne et quelques ossements avaient été découverts à 12 milles de Kingston et identifiés comme siens. La rumeur se révéla fausse, mais elle n'en témoigne pas moins de son existence nomade et plutôt sauvage.

Avec le peuplement du canton de Loughborough au cours des années 1820 et 1830 et l'importance décroissante de la traite des fourrures dans l'économie de la province, les affaires de Brass commencèrent à péricliter. Il assista à l'occasion aux réunions des réformistes, mais il ne semble pas avoir manifesté beaucoup d'intérêt pour les conventions morales et sociales chères à la majorité de la population du Haut-Canada. Il commença à boire exagérément et sa femme le quitta. En juin 1835, il retint les services de l'avocat Henry Smith* pour redresser sa situation financière. Mais, profitant de l'ivrognerie de Brass,

Smith manœuvra plutôt pour faire mettre à son nom les titres de propriété de son client.

En juin 1837, au cours d'une de ses soûleries épouvantables, Brass fut arrêté sous l'inculpation d'avoir violé Mary Ann Dempsey, fillette de huit ans du canton de Loughborough qui avait été laissée à sa garde. Après huit jours de delirium tremens, Brass dégrisa et prit connaissance de la situation dans laquelle il se trouvait. En septembre, il poursuivit Smith sous trois chefs d'accusation différents : d'abord pour le vol présumé de ses terres, ensuite pour dommages et intérêts et finalement pour effraction à son domicile. Henry Cassady et John Alexander Macdonald* furent chargés de sa défense dans la cause de viol. Le *British Whig* déclara alors que Brass était « victime d'une abominable conspiration fomentée par un individu retors en qui il avait eu confiance et mise à exécution par de pauvres hères comme lui ».

Le procès, tenu le 7 octobre devant le juge Jonas JONES, causa un grand émoi. Le solliciteur général William Henry Draper*, qui représentait le ministère public, fit venir la présumée victime à la barre et lui fit relater l'incident. Les témoignages de deux médecins et d'une sage-femme permirent d'établir que l'enfant avait probablement été violée. Le dernier témoin de la couronne, John Caswell, affirma avoir vu le viol sans toutefois avoir pu intervenir puisque, dit-il, l'accusé était armé. La « très habile défense » était menée par Macdonald, et le *British Whig* fut impressionné par ce jeune avocat de 22 ans à qui il prédisait une ascension rapide. Macdonald et Cassady essayèrent de prouver que Smith, Caswell, Stephen Acroid et d'autres voisins de Brass conspiraient contre lui pour lui enlever ses terres. La défense tenta aussi de démontrer qu'étant ivre au moment du présumé viol, Brass était incapable de relations sexuelles. Et même s'il avait commis ce viol, soutenaient-ils, il était indiscutablement privé de sa raison à ce moment-là et, en conséquence, il n'avait pas à répondre de ses actes devant la loi. Néanmoins, après un peu plus d'une heure de délibération, le jury déclara Brass coupable et Jones le condamna à être pendu le 1er décembre.

De nombreuses personnes étaient d'avis que Brass ne méritait pas la pendaison. Une pétition adressée au lieutenant-gouverneur sir Francis Bond Head* par 135 habitants du district de Midland, dont 18 juges de paix, demandait d'épargner la vie de Brass, mais ce fut en vain. En insistant sur les services rendus à la couronne par son père lorsqu'il avait servi sous l'étendard des Butler's Rangers, la pétition mettait en évidence la tension qui existait dans le canton de Loughborough entre les familles loyalistes et les groupes d'immigrants arrivés depuis moins longtemps. Le préambule de John Solomon CARTWRIGHT révèle bien l'attitude favorable à laquelle s'attendaient les loyalistes de la part des administrateurs coloniaux dans les cas laissés à leur pouvoir discrétionnaire.

Brecken

Entre-temps, la défense essaya d'obtenir un nouveau procès, et on retint des dépositions qui mettaient en doute le témoignage de Caswell ; plusieurs de celles-ci venaient de descendants de loyalistes. Trois individus jurèrent que ce dernier n'était pas dans la maison de Brass le jour du présumé viol, mais quelque part ailleurs. Une déposante, Filinda Chadwick, jura avoir surpris, quelques jours avant le procès, une conversation au cours de laquelle Caswell disait à Mme Brass qu'il pouvait aussi bien sauver son mari que le faire pendre. Bref, Kingston fut le théâtre d'une vive controverse jusqu'au 1er décembre.

Ce jour-là, Brass et son bourreau, tous deux vêtus de robes blanches, firent leur apparition sur la potence dressée pour la circonstance à partir d'une fenêtre du palais de justice. À la fois méprisé et craint de ses voisins, Brass devenait alors une attraction publique. Sur un ton calme et résolu, il proclama son innocence et, à maintes reprises, accusa Smith, Acroid et Caswell de conspirer contre lui. Il s'enquit de leur présence, disant qu'il espérait les voir une dernière fois. À peine avait-il fini de parler qu'une partie de la plate-forme céda et il y resta suspendu, se balançant pendant un moment. Un coup de pied le fit basculer hors de la plate-forme, mais au lieu d'atterrir dans l'autre monde, il tomba directement dans le cercueil qui l'attendait juste en bas. La foule se mit à crier au meurtre et tenta de le délivrer, mais les soldats réussirent à maintenir l'ordre. Plein de morgue, le shérif Richard Bullock coupa la corde du cou de Brass et le traîna dans l'escalier du palais de justice. Triomphant, le condamné criait à la foule : « Vous voyez bien que je suis innocent ; ce n'est pas pour moi que cette potence a été construite, c'est pour le jeune Henry Smith. » Il fut de nouveau jeté de la fenêtre, avec une corde plus courte cette fois, et il plongea dans la mort en prononçant le nom de Smith. Le lendemain, Brass fut enterré, non pas dans le lot familial à Kingston, mais dans sa ferme du canton de Loughborough.

Les réactions à la condamnation et à l'exécution de William Brass furent des plus partagées. Pour un grand nombre de fermiers du canton de Loughborough, constamment aux prises avec ces vastes étendues sauvages, l'aisance avec laquelle Brass allait et venait dans cet environnement hostile en avait fait un être quasi surnaturel. Réduit presque à l'état d'animal, symbole de ces vastes étendues sauvages, il leur inspirait de l'horreur. C'est sans doute à cause de cette inimitié qu'ils étaient plutôt enclins à croire en sa culpabilité et se montraient moins réceptifs aux témoignages qui pouvaient laisser croire à son innocence. Dans d'autres régions, par contre, des gens s'indignaient devant les doutes qui persistaient dans cette cause et devant cette exécution sabotée. Le *British Whig* publia une lettre dans laquelle un citoyen d'Adolphustown demandait des renseignements addi-

tionnels concernant cette pendaison et affirmait que la « passion soulevée par le récit de son m[eurtre] » dépassait en intensité toutes les réactions qu'il avait pu observer dans sa région à la suite d'un crime. La rumeur publique voulait, poursuivait-il, que Brass ait été ramené à la vie grâce aux secours de la chirurgie et qu'il soit encore vivant.

WILLIAM TEATERO

APC, RG 5, A1 : 98346–98393. — *The parish register of Kingston, Upper Canada, 1785–1811*, A. H. Young, édit. (Kingston, Ontario, 1921), 89. — *British Whig*, 28 févr. 1834, 12, 28 sept., 7 oct., 1er, 8 déc. 1837. — *Chronicle & Gazette*, 26 avril, 17 mai 1834, 11 oct. 1837. — *Upper Canada Herald*, 10 oct. 1837. — W. [R.] Teatero, « He worked in shadow of the gallows », *Whig-Standard* (Kingston), 13 juill. 1978 : 7, 15.

BRECKEN, JOHN, homme d'affaires, homme politique et fonctionnaire, né le 23 février 1800 à Charlottetown, fils aîné de Ralph Brecken et de Matilda Robinson ; le 20 juin 1826, il épousa dans sa ville natale Margaret Leah de St Croix, et ils eurent une fille et trois fils dont Frederick de St Croix Brecken* ; décédé le 2 novembre 1847 au même endroit.

John Brecken était le petit-fils d'un loyaliste du même nom qui avait quitté Shelburne, en Nouvelle-Écosse, en 1784 pour venir s'installer à l'île Saint-Jean (Île-du-Prince-Édouard). Établi comme marchand, il prospéra rapidement et prit Ralph, le père de John, à son emploi. Ralph Brecken mourut alors que John n'avait que 13 ans et laissa une succession estimée à près de £25 000, en grande partie sous forme de sommes dues à l'entreprise. L'héritage ne fut pas distribué aux enfants et le commerce continua ses activités sous son nom. La direction semble avoir été entre les mains de sa veuve et de leur fils John. Jusqu'à la mort de Matilda Brecken en 1842, la Cour d'enregistrement et d'examen des testaments procéda périodiquement au partage du capital et des revenus de la succession. Des sept enfants, c'est John qui retira le plus de ces distributions qui, ajoutées à une rente laissée par son grand-père en 1827, semblent avoir constitué un fonds de capital qu'il conserva et augmenta peut-être.

En utilisant ses fonds personnels ainsi que ceux que détenait sa mère, Brecken commença à faire office de banquier pour beaucoup de gens dans la colonie. Pendant un certain nombre d'années, il servit à titre de trésorier adjoint de la colonie et fut en quelques occasions trésorier par intérim. En 1836, il fut nommé administrateur pour l'île de la Banque de l'Amérique septentrionale britannique. Contrairement à d'autres riches marchands et financiers, les biens que possédait Brecken n'étaient pas directement associés à la propriété foncière. Il ne détenait que quelques parcelles de terre léguées par son grand-père et rien ne permet de croire qu'il se soit engagé dans la spéculation foncière ou ait prêté de l'argent sur hypothèque.

En plus de la sécurité financière, Brecken hérita d'un rang relativement élevé dans la structure sociale de l'île. Sa mère était la fille de l'homme politique Joseph Robinson*, et sa femme, l'unique enfant du docteur Benjamin de St Croix et de Margaret Desbrisay, petite-fille de l'ancien lieutenant-gouverneur Thomas Desbrisay*. La plupart des sœurs de John firent également des mariages prestigieux et avantageux, de sorte que dès 1840 il s'était formé un réseau économique et social au centre duquel se trouvait Matilda Brecken. Ce réseau était constitué de liens politiques tout autant que sociaux et économiques.

Ralph Brecken avait été membre de la chambre d'Assemblée pendant quelques années et y avait servi à titre de président en 1812. Les activités politiques de John débutèrent en 1829, lorsqu'il défit James Bardin Palmer* dans une élection complémentaire à Charlottetown ; il allait conserver son siège l'année suivante. En janvier 1834, il fut nommé au Conseil de l'Île-du-Prince-Édouard par le lieutenant-gouverneur Aretas William Young*. En 1839, lorsque le lieutenant-gouverneur sir Charles Augustus FitzRoy* divisa le conseil en deux parties, exécutive et législative, Brecken fut membre des deux. Il était donc, en tant que tel, l'un des personnages visés par la proposition de l'Assemblée de 1841 au sujet des « alliances de famille » au sein du Conseil exécutif et des « alliances et de l'influence » au Conseil législatif. Au moment où cette proposition fut adoptée, Brecken siégeait au Conseil exécutif avec deux de ses beaux-frères, Thomas Heath Haviland*, secrétaire de la colonie, et James Ellis Peake, le plus grand constructeur de navires de l'île. Un autre de ses beaux-frères, l'important propriétaire foncier Donald McDonald*, siégeait avec lui au Conseil législatif. Il avait aussi des liens de parenté, quoique plus éloignés, avec d'autres membres des deux organismes. Bien qu'on ne puisse mettre en doute l'existence d'un véritable *family compact* dans la colonie, rien ne laisse croire que Brecken se soit engagé dans une activité concertée en vue d'en retirer un avantage personnel direct. Aucun incident grave ne vint d'ailleurs marquer sa vie politique.

La notice nécrologique de John Brecken fut plutôt sommaire. Dès 1847, la richesse et les relations familiales qui avaient délimité son champ d'action avaient été en grande partie supplantées par de nouvelles forces politiques et sociales.

HARRY TINSON HOLMAN

Arch. de la Banque de Montréal, Court Committee of Directors, minute-book n° 1 (mfm aux APC). — PAPEI, RG 6.2, Probate Court records, inventaire des biens de Ralph Brecken. — PRO, CO 226/51 : 12, 15, 103. — Supreme Court of P.E.I. (Charlottetown), Estates Division, estate of Ralph Brecken. — Î.-P.-É., House of Assembly, *Journa l*, 23 avril 1841. — *Prince Edward Island Register*, 9, 16 juin 1829. — *Royal Gazette* (Charlottetown), 7, 28 sept., 12 oct. 1830, 4 févr. 1834, 18 oct. 1836, 7 janv. 1840, 9 nov. 1847. — *An Island refuge : loyalists and disbanded troops on the Island of Saint John*, Orlo Jones et Doris Haslam, édit. (Charlottetown, 1983). — I. L. Rogers, *Charlottetown : the life in its buildings* (Charlottetown, 1983).

BRENTON, EDWARD BRABAZON, avocat, homme politique, juge et fonctionnaire, né le 22 avril 1763 à Halifax, unique enfant de James Brenton* et de sa première femme, Rebecca Scott ; le 13 janvier 1791, il épousa à Halifax Catherine Taylor, et ils eurent une fille ; décédé le 11 mars 1845 à Royal Leamington Spa, Angleterre.

Fils aîné d'un homme qui allait devenir, en Nouvelle-Écosse, solliciteur général, procureur général et juge suppléant à la Cour suprême, Edward Brabazon Brenton semblait destiné à une carrière d'avocat et de juge. Il étudia le droit à la Lincoln's Inn de Londres, où il fut admis le 30 octobre 1781, mais il ne devint pas membre du barreau d'Angleterre. Inscrit au barreau de la Nouvelle-Écosse le 5 avril 1785, il commença à pratiquer à Halifax. Probablement était-il l'un des deux « jeunes gentlemen » qui assurèrent la défense de James Brenton et d'Isaac Deschamps* lorsque la chambre d'Assemblée les mit en accusation en 1790, pendant ce qu'on a appelé l'affaire des Juges. En décembre 1792, nanti de recommandations du lieutenant-gouverneur John Wentworth* et du juge en chef Thomas Andrew Lumisden STRANGE, qui avait déjà dit de lui qu'il serait « tout à fait digne d'attention plus tard », Edward Brabazon s'embarqua pour l'Angleterre afin de solliciter le poste de juge-avocat du district militaire de la Nouvelle-Écosse, qu'il obtint d'ailleurs en mars suivant. En juillet 1799, le duc de Kent [Edward* Augustus], commandant en chef des forces armées de l'Amérique du Nord britannique, le promut au nouveau poste d'adjoint du juge-avocat général de l'Amérique du Nord britannique.

Dès 1792, Wentworth avait prédit que Brenton entrerait peut-être à l'Assemblée, où son père avait siégé pendant 14 ans. Cependant, comme il se trouvait outre-mer au moment de la dissolution de la chambre, en janvier 1793, il fut dans l'impossibilité de se porter candidat. En 1802, Wentworth, qui le tenait toujours en haute estime, recommanda de le nommer au conseil de la province. Cette nomination eut lieu le 13 juin 1805, mais Brenton n'occupa son siège qu'après la mort de son père, survenue en décembre 1806. Le poste de James Brenton à la Cour suprême n'alla pas à Edward Brabazon mais à son cousin Brenton Halliburton*, admis au barreau 18 ans après lui.

En mars 1808, Brenton devint maître extraordinaire à la Cour de la chancellerie. Le successeur de

Briand

Wentworth, sir George Prevost*, le nomma, en janvier 1810, commissaire du revenu et juge subrogé à la Cour de vice-amirauté. Sa carrière néo-écossaise s'acheva l'année suivante. Il assista pour la dernière fois à une réunion du conseil le 16 août 1811 puis, neuf jours plus tard, s'embarqua pour Québec avec Prevost, qui allait exercer les fonctions de gouverneur en chef et commandant des forces britanniques de l'Amérique du Nord. Durant le mandat de Prevost, Brenton fut son secrétaire civil (charge qu'occupait auparavant Herman Witsius RYLAND) et son aide de camp. Apparemment, il accompagna Prevost lorsqu'on rappela celui-ci en Angleterre en 1815, et y demeura durant la décennie suivante. Cette période de sa vie reste cependant assez obscure. Il toucha une pension à compter de l'abolition du poste d'adjoint du juge-avocat général, en 1817. À la suite de la parution à Londres, dans la *Quarterly Review* d'octobre 1822, d'un article diffamatoire sur la conduite de Prevost pendant la guerre de 1812, il publia une réplique anonyme, *Some account of the public life of the late Lieutenant-General Sir George Prevost [...]*. Cette banale apologie ne réussit pas à rehausser la mémoire de son ancien supérieur.

Brenton revint en Amérique du Nord britannique en 1825 avec le nouveau gouverneur de Terre-Neuve, Thomas John Cochrane*, pour exercer les fonctions de secrétaire de la colonie. Un an plus tard, par suite de la démission forcée d'un juge suppléant, il entra à la Cour suprême. À deux reprises, à compter d'octobre 1827, Brenton présida ce tribunal à la place du juge en chef, Richard Alexander Tucker*, qui dirigeait alors le gouvernement en l'absence de Cochrane. Déjà âgé de plus de 60 ans à son arrivée à St John's, il dut prendre un congé de maladie en 1838. Il quitta Terre-Neuve en laissant derrière lui le souvenir d'un juge assidu et d'un philanthrope. Il allait conserver son titre de juge jusqu'à sa mort, au moment où il serait remplacé par George LILLY.

Edward Brabazon Brenton avait servi à divers titres comme fonctionnaire en Amérique du Nord britannique durant près d'un demi-siècle. À son retour en Angleterre, il se retira à Royal Leamington Spa, où il passa les sept dernières années de sa vie.

BARRY CAHILL

Edward Brabazon Brenton est l'auteur anonyme de : *Some account of the public life of the late Lieutenant-General Sir George Prevost, bart., particularly of his services in the Canadas [...]* (Londres, 1823).

APC, RG 7, G15C ; RG 8, I (C sér.). — Honourable Soc. of Lincoln's Inn (Londres), Reg. of admissions, 30 oct. 1781. — PANS, RG 1, 172 : 173 ; 173 : 3–4 ; 192 : 21, 152 ; 525, part. III : 41. — PRO, CO 217/36 : 143 ; 217/76 : 100–101 ; 217/80 : 255 ; PROB 11/2013 ; WO 85/2, 27 mars 1793 ; 85/3, 19 juill. 1799. — St Paul's Anglican Church (Halifax), Reg. of baptisms. — *Gentleman's Magazine*, janv.–juin 1845 : 565. — *Nova-Scotia Magazine* (Halifax), 2 (janv.–juin 1790) : 457. — *Newfoundlander*, 1er mai 1845. — *Royal Gazette and the Nova-Scotia Advertiser*, 18 janv. 1791. — *Encyclopedia Canadiana*. — G.-B., WO, *Army list, 1817–1818*. — *N.S. vital statistics, 1769–1812* (Punch), n° 199. — *The book of Newfoundland*, J. R. Smallwood et al., édit. (6 vol., St John's, 1937–1975), 5 : 545. — Prowse, *Hist. of Nfld.* (1895), 662.

BRIAND. V. TRIAUD

BRIEN, JEAN-BAPTISTE-HENRI, médecin et patriote, né en 1816 à Saint-Martin (Laval, Québec) ; décédé présumément célibataire en 1841 à New York.

Issu d'une famille de cultivateurs, Jean-Baptiste-Henri Brien, après avoir fréquenté le petit séminaire de Montréal de 1827 à 1833, se prépare à la pratique de la médecine. Il commence son apprentissage avec le docteur William Robinson, de Saint-Vincent-de-Paul (Laval), puis le poursuit avec le docteur Charles Smallwood*, de Saint-Martin. On admet Brien à l'exercice de la profession à l'automne de 1837. Il s'associe alors avec le docteur Jean-Baptiste Trestler de la paroisse Saint-Laurent.

Le 5 septembre 1837, Brien compte parmi les plus jeunes des membres fondateurs des Fils de la liberté [V. André Ouimet*], à Montréal. À la mi-novembre, il gagne Saint-Eustache où s'organise une résistance armée contre la politique gouvernementale d'arrestation des leaders patriotes. Toutefois il ne semble pas avoir participé à la bataille de Saint-Eustache le 14 décembre. À la fin de ce mois-là, il réussit, avec le curé Étienne Chartier*, de Saint-Benoît (Mirabel), et Jean-Baptiste-Chamilly de Lorimier, frère cadet de CHEVALIER, à franchir la frontière pour se réfugier aux États-Unis.

Brien vit d'abord à St Albans, au Vermont, puis à Plattsburgh, dans l'état de New York. Il participe à la réunion du 9 janvier 1838, à Swanton, au Vermont, au cours de laquelle Robert Nelson*, Cyrille-Hector-Octave CÔTÉ et Chevalier de Lorimier formulent le projet de revenir en force au Canada. Il travaille à préparer des balles et des munitions, particulièrement à Plattsburgh, et prend une part active, le 28 février 1838, à l'incursion de Caldwell's Manor, près de la baie Missisquoi, au cours de laquelle Nelson proclame l'indépendance du Bas-Canada. Peu après, à St Albans, on l'initie aux secrets de l'Association des frères-chasseurs et aux projets qui visent à coordonner une invasion à partir des États-Unis et un soulèvement du Bas-Canada.

Brien séjourne à Montréal à l'été de 1838, puis il s'installe à Sainte-Martine. Il a mission de travailler à l'insurrection dans le comté de Beauharnois. La semaine du 3 au 10 novembre devait être celle du soulèvement général. Dans la soirée du 3 et la nuit du 4, à Beauharnois, les insurgés s'emparent des armes du quartier-maître des volontaires, prennent le manoir du seigneur Edward Ellice* et font des prisonniers, dont le fils Ellice et la femme de celui-ci. C'est Brien qui les conduira à Châteauguay. Plus que les autres chefs, comme Toussaint Rochon, forgeron de Beauharnois, et Joseph Dumouchelle, cultivateur de Sainte-Martine, Brien fait preuve de délicatesse envers les adversaires, au point où on le soupçonne d'être ambivalent. De fait, dès son retour à Sainte-Martine, le 4 novembre, il décide de tout lâcher et de fuir aux États-Unis. Il convainc un cultivateur et un commerçant de Sainte-Martine de l'accompagner, mais les deux hommes rebroussent chemin à l'approche de la nuit. Le lendemain, seul, Brien est fait prisonnier par les volontaires de Russeltown (Saint-Chrysostome).

Peut-être à la suggestion d'Edward Ellice fils, Brien aurait accepté de faire une confession complète, pour avoir la vie sauve. Un ordre du procureur général Charles Richard Ogden*, donné le 16 novembre 1838, au moment où Brien est détenu à la prison de Montréal, stipule que personne ne doit communiquer avec lui. Deux jours plus tard, Brien signe une longue déclaration dans laquelle il dévoile les activités des réfugiés aux États-Unis, les règles et les plans des frères-chasseurs, les actions de Beauharnois et de Sainte-Martine. Ce document est compromettant pour plusieurs, dont Chevalier de Lorimier, futur compagnon de cellule de Brien, qui sera pendu le 15 février 1839.

D'abord condamné à mort lui aussi par un conseil de guerre, pour crime de haute trahison, Brien échappera toutefois à cette peine. Le brouillon d'un texte adressé au Conseil exécutif, le 11 février 1839, se lit comme suit : « En conséquence des renseignements qu'il a fournis, Jean-Baptiste-Henri Brien ne sera pas exécuté. » Il demeure en prison jusqu'au 26 septembre 1839, date de sa remise en liberté sous condition de bannissement. Il gagne alors les États-Unis, en passant, croit-on, par le Haut-Canada, afin d'éviter qu'on le reconnaisse et de faire des rencontres indésirées.

Selon le journal de Louis-Joseph-Amédée Papineau*, on aurait vu Jean-Baptiste-Henri Brien à New York à l'été de 1840 et il serait mort dans cette ville en 1841, après un voyage au Texas. Le *Canadian Antiquarian and Numismatic Journal,* qui publie en 1908 la déposition de Brien, écrit toutefois que ce dernier serait « décédé il y a peu d'années ». La première hypothèse, à défaut de plus amples informations, semble correspondre davantage aux probabilités.

JEAN-PAUL BERNARD

Les informations concernant la naissance de Jean-Baptiste-Henri Brien proviennent d'un article paru le 4 déc. 1839 dans le *North American*.

APC, MG 24, B39. — BVM-G, Fonds Ægidius Fauteux, notes compilées par Ægidius Fauteux sur les patriotes de 1837–1838 dont les noms commencent par la lettre B. — Jane Ellice, *The diary of Jane Ellice,* Patricia Godsell, édit. (Ottawa, 1975). — L.-J.-A. Papineau, *Journal d'un Fils de la liberté.* — [Jacques Paquin], *Journal historique des événemens arrivés à Saint-Eustache, pendant la rébellion du comté du lac des Deux Montagnes, depuis les soulèvemens commencés à la fin de novembre, jusqu'au moment où la tranquillité fut parfaitement rétablie* (Montréal, 1838). — *Report of state trials,* 2 : 548–561. — « Un document inédit sur les événements assez obscurs de l'insurrection de 1837–38 », [F.-L.-G.] Baby, édit., *Canadian Antiquarian and Numismatic Journal,* 3e sér., 1 (1908) : 3–31. — *Le Canadien,* 23, 25 oct. 1839. — *Montreal Gazette,* 11 oct. 1838. — *North American,* 15 nov., 11 déc. 1839. — *Le Patriote canadien* (Burlington, Vt.), 23 oct. 1839. — Caron, « Inv. des doc. relatifs aux événements de 1837 et 1838 », ANQ *Rapport,* 1925–1926 : 235, 269, 275, 279 ; « Papiers Duvernay », 1926–1927 : 178–179, 182, 193, 201, 207, 209, 219, 221. — Fauteux, *Patriotes,* 141–143. — F.-T. Bègue-Clavel, *Histoire pittoresque de la franc-maçonnerie et des sociétés secrètes anciennes et modernes* (3e éd., Paris, 1844). — L.-O. David, « Révélations faites en prison par le Dr Brien, le faux ami du noble de Lorimier », *l'Opinion publique,* 24 mars 1881 : 133–134 ; 31 mars 1881 : 145–146 ; 7 avril 1881 : 157–158 ; 14 avril 1881 : 169–170 ; 21 avril 1881 : 181.

BROKE, sir PHILIP BOWES VERE, officier de marine, né le 9 septembre 1776 dans le domaine de Broke Hall, Nacton, Angleterre, fils aîné de Philip Bowes Broke et d'Elizabeth Beaumont ; le 25 novembre 1802, il épousa Sarah Louisa Middleton, et ils eurent 11 enfants ; décédé le 2 janvier 1841 à Londres.

Philip Bowes Vere Broke entra à la Royal Naval Academy de Portsmouth en 1788 et, quatre ans plus tard, devint midshipman à bord du *Bulldog.* Promu lieutenant en 1797, il prit part à la bataille du cap Saint-Vincent au cours de la même année et servit en outre au large de l'Irlande et dans la mer du Nord. Il devint capitaine le 14 février 1801 et prit le commandement de la frégate *Shannon* le 31 août 1806. Affecté à l'escadre du vice-amiral Herbert Sawyer en août 1811, il la rejoignit à Halifax le 24 septembre. Pendant les 18 mois qui suivirent, tout en retournant à l'occasion à Halifax, il passa son temps à sillonner l'ouest de l'Atlantique pour intercepter les navires de guerre français et, à partir de l'été de 1812, les navires américains. Après avoir pris le commandement du *Shannon,* Broke avait consacré ses énergies à perfectionner ses canonniers, en leur faisant suivre scrupuleusement un entraînement fort bien conçu. Grâce à ces efforts, son bâtiment devint l'un des plus efficaces de la marine royale, à une époque où l'artillerie navale était souvent déficiente.

Le 21 mars 1813, Broke, de conserve avec la frégate *Tenedos,* partit surveiller le port de Boston où étaient rassemblées plusieurs des redoutables « superfrégates » américaines. À la fin de mai, ayant envoyé le *Tenedos* ailleurs, il commençait à manquer d'eau douce ; mais avant de retourner à Halifax, il

Bromley

voulait absolument attaquer l'un des navires tant vantés de l'ennemi. Le matin du 1er juin, il s'approcha de terre et aperçut la frégate *Chesapeake*, qui avait l'air prête à prendre la mer. Il lança un défi au capitaine James Lawrence, mais avant que le message ne parvienne à son destinataire le navire américain appareilla et se présenta à la hanche tribord du *Shannon*. À cinq heures cinquante de l'après-midi, le *Shannon* ouvrit le feu. Les effets de sa bordée furent catastrophiques pour le *Chesapeake* : l'équipe de barre fut tuée, des écoutes et des cargues furent emportées, de sorte qu'il perdit de l'erre et donna contre le *Shannon*. Le vaisseau britannique prit alors son adversaire en enfilade, faisant des ravages chez les servants de pièce ennemis. Broke fit amarrer les deux navires côte à côte et, voyant que les Américains abandonnaient leurs canons, mena ses hommes à l'abordage à partir du pont supérieur. Après un combat bref mais acharné, au cours duquel Broke fut grièvement blessé à la tête par un coup de crosse de mousquet, le *Chesapeake* se rendit. Son capitaine était mortellement atteint et avait perdu près de la moitié de son équipage. Onze minutes s'étaient écoulées depuis le premier coup de feu. Le vaisseau américain avait beau être plus gros et plus lourdement armé, ses hommes avaient eu peu de temps pour s'habituer à travailler ensemble. Le *Shannon* l'emporta grâce aux qualités de chef de Broke et à l'excellent entraînement de son équipage. Halifax salua l'arrivée du *Shannon* et de sa prise avec allégresse. Les membres du clergé et la chorale de l'église St Paul auraient même dévalé la rue George en soutane et en surplis pour voir les bateaux.

Philip Bowes Vere Broke se remit suffisamment de sa blessure pour reprendre le commandement du *Shannon* lorsque le navire fit voile vers l'Angleterre en octobre 1813. Sa victoire eut sur le moral des Britanniques un effet tonique, qui s'imposait grandement par suite des succès navals des Américains. On le combla donc d'honneurs. Il fut fait baronnet le 25 septembre 1813 et chevalier commandeur de l'ordre du Bain le 3 janvier 1815. Il reçut également la petite médaille d'or réservée aux *post captains* qui s'étaient distingués au combat. Cependant, très affecté par sa blessure, il ne reprit jamais le service en mer et passa presque tout le reste de sa vie à Broke Hall. Il porta un vif intérêt à la vie communautaire et employa son temps à entretenir une correspondance sur des questions navales, principalement l'artillerie. Il fut promu contre-amiral de l'escadre rouge le 22 juillet 1830. En 1840, inquiet de sa santé, il décida d'aller subir une opération à Londres afin de faire corriger les séquelles de sa blessure. L'intervention fut cependant trop dure pour lui. Il mourut le 2 janvier 1841 et fut inhumé sept jours plus tard à Nacton, dans l'église St Martin.

H. F. PULLEN

Admiral Sir P. V. B. Broke, bart., K.C.B., &c. : a memoir, J. G. Brighton, compil. (Londres, 1866). — *DNB*. — H. F. Pullen, *The* Shannon *and the* Chesapeake (Toronto et Montréal, 1970).

BROMLEY, WALTER, réformateur social, philanthrope, éducateur et administrateur scolaire, baptisé le 27 février 1775 à Keelby, Angleterre, fils aîné de Robert Bromley et d'une prénommée Jane ; il se maria en 1794 à Port-au-Prince (Haïti) et eut au moins deux enfants dont l'un, Stephen, épousa Ann DeLancey, fille de James DeLancey*, et étudia le droit auprès de Thomas Chandler Haliburton* ; le 25 décembre 1831, il épousa à Boston, Angleterre, Jane Ashton, et ils eurent plusieurs enfants ; trouvé noyé le 7 mai 1838 dans la rivière Torrens, Australie-Méridionale.

Issu d'une famille d'agriculteurs du Lincolnshire, Walter Bromley s'enrôla très jeune dans le 23rd Foot. Pendant les guerres contre la France révolutionnaire et napoléonienne, il servit sur des scènes aussi diverses que les Antilles, les Pays-Bas, le Danemark, Malte, l'Asie Mineure, la Nouvelle-Écosse (1808–1810) et la péninsule Ibérique. De retour en Angleterre en 1811, il quitta le service actif avec le grade de capitaine. Comme il toucha une demi-solde jusque dans les années 1830, Bromley put satisfaire librement son penchant pour le militantisme social. Cet enthousiasme s'était d'abord éveillé en lui au contact de ses supérieurs dans l'armée qui manifestaient de l'intérêt pour le renouveau évangélique, puis devant la pauvreté, l'analphabétisme et l'exploitation qui régnaient en Angleterre comme ailleurs, à la ville comme à la campagne, chez les Blancs comme chez les gens de couleur ; son esprit éclairé ne pouvait que réagir à la vue de ces misères.

Lorsqu'en 1813 Bromley revint en Nouvelle-Écosse pour s'attaquer à la réforme sociale, seul le menait le désir de faire le bien et de répandre outre-mer l'influence des évangéliques de Grande-Bretagne. Son choix, cependant, ne s'était pas porté d'abord sur la Nouvelle-Écosse. Après avoir consacré pendant quelque temps ses talents à l'étude des plaies sociales de Londres, il avait projeté d'aller poursuivre l'œuvre de la British and Foreign Bible Society auprès de la population de l'Espagne et du Portugal et parmi les soldats britanniques qui faisaient campagne dans la péninsule Ibérique. Comme la société avait refusé d'encourager cette audacieuse initiative, Bromley décida de promouvoir plutôt les objectifs de la British and Foreign School Society en Nouvelle-Écosse, sous le parrainage officiel du duc de Kent [Edward* Augustus].

Quand Bromley ouvrit à Halifax la Royal Acadian School au cours de l'année scolaire 1813–1814, il n'y avait pas, dans les colonies britanniques de l'Amérique du Nord, d'autre établissement d'enseignement de ce genre. Il s'agissait là d'une école multiconfessionnelle qui, à l'instar de la société biblique de Halifax, se gagna l'appui d'éléments libéraux qui provenaient de toutes les classes de la colonie et appartenaient ou non à l'Église d'Angleterre. Même si l'école avait pour but de diminuer l'analphabétisme, d'encourager les bonnes mœurs et de promouvoir le travail, elle défiait les notions de privilège et d'autorité qui avaient alors cours dans la société. La controverse que des anglicans déclenchèrent en s'opposant à sa fondation – le juge Alexander CROKE était l'un des plus farouches détracteurs de l'école – aurait maté quiconque n'avait pas l'envergure de Bromley. Loin de se laisser abattre, celui-ci, à titre d'instituteur et d'administrateur, profita de la réclame que suscitait son initiative. Ceux qui, sous la direction de Thomas McCULLOCH, combattaient les privilèges de l'Église d'Angleterre se rangèrent à ses côtés. Son école bénéficia aussi du fait qu'elle répondait à des besoins locaux immédiats et se révéla, sur le plan social, une expérience importante. Elle offrait sous un même toit plus d'une possibilité : un enseignement peu coûteux aux enfants de la classe moyenne, laquelle commençait à prendre de l'importance ; un enseignement gratuit aux enfants des familles pauvres durant la grave crise économique qui suivit les guerres napoléoniennes ; un atelier aux chômeurs qui, à l'époque, comme l'ensemble des pauvres valides, ne recevaient encore aucun secours de la société de Halifax.

En dépit d'une situation financière toujours précaire, l'école conservait la protection de l'élite haligonienne et attirait une clientèle de boutiquiers et d'artisans qui n'avaient guère d'autre espoir de faire instruire leurs enfants dans une ville dépourvue d'écoles publiques. Ni gratuit ni privé, l'établissement de Bromley offrait à la nouvelle classe moyenne de Halifax, et ce pour la première fois, une solution dont elle avait grand besoin. La Royal Acadian School était l'un des premiers établissements coloniaux où pouvaient se conjuguer les intérêts de la classe moyenne et ceux d'une société où ce groupe occupait de plus en plus de place. Les élèves accueillis à titre gracieux – Noirs et immigrants – et les élèves payants – enfants des familles montantes de Halifax (tant catholiques que protestantes) – devaient tous recevoir un enseignement religieux et une formation professionnelle en plus d'apprendre à lire, à écrire et à compter. Les parents étaient ravis à l'idée de frais de scolarité si modestes ; quant aux élèves, la Royal Acadian School leur donnait une chance inestimable de bien débuter dans la vie. Le rédacteur en chef George Edward Fenety*, qui avait fréquenté l'école de Bromley au début des années 1820, affirma en 1858 qu'outre de futurs journalistes comme lui, il avait eu pour compagnons des gens qui allaient devenir « des avocats, des hommes d'État, des marins (au service de Sa Majesté) et autres ». Joseph Howe* était de ceux-là, comme d'ailleurs Daniel

Cronan* qui, au moment de sa mort en 1892, passait pour l'homme le plus riche de Halifax.

Utile aux membres des classes moyenne et inférieure, l'école de Bromley assura une base solide à l'essor du mouvement éducatif. Son succès entraîna la fondation par l'Église d'Angleterre et d'autres groupes et dénominations de nombreuses écoles assez semblables et qui desservaient les mêmes groupes socio-économiques, de sorte que le gouvernement provincial se trouva constamment pressé de subventionner un enseignement qui serait public. Le fait que l'école de Bromley appliquait une philosophie pédagogique précise fut l'un des facteurs qui provoquèrent un débat sur la nature et le but de l'instruction. De plus, la méthode d'enseignement employée, soit la prise en charge des plus jeunes élèves par les aînés (appelés moniteurs), prépara une nouvelle génération d'instituteurs dans les écoles publiques. L'idée de confier la gestion de l'école à des administrateurs bénévoles fut tout aussi importante. Ce mode de gestion assurait à l'école des appuis prestigieux et un soutien durable de la part du gouvernement et des particuliers ; il plaisait aux éléments respectueux d'une société traditionnelle qui étaient favorablement impressionnés de voir leurs employeurs et dirigeants s'intéresser à l'établissement. Longtemps après que Bromley eut quitté la Nouvelle-Écosse, son école (elle allait devenir une école de filles dans les années 1870) continua de jouer un rôle prépondérant dans la campagne en faveur de la gratuité scolaire.

L'école alimenta aussi le débat sur les mesures politiques à prendre pour enrayer la pauvreté et fut le tremplin qui permit à Bromley de se lancer dans ses activités d'« ami du pauvre ». À une époque où l'inertie du commerce et l'arrivée de vagues d'immigrants engendraient dans la colonie de graves problèmes économiques, Bromley se servit de son école pour suppléer à la faiblesse de l'industrie locale. Pour contrer le paupérisme, il privilégiait les solutions pratiques et énergiques, parmi lesquelles figuraient en bonne place les initiatives susceptibles d'accroître l'emploi. Particulièrement préoccupé de prévenir le mal et le vice parmi la classe démunie des domestiques de Halifax et convaincu qu'il n'y avait pas de meilleure prévention que de l'occuper à temps plein, il embaucha 67 filles et femmes en 1823 pour filer et tricoter de la laine du pays dans son école ou chez elles, sous la surveillance d'une de ses anciennes monitrices. La plus grande partie de cette laine servait à confectionner des chaussettes que Bromley vendait 2s la paire. Conformément à son habitude, il avait mis sur pied cette petite entreprise privée sans rechercher de profit personnel. Il payait ses ouvrières 2s par jour et considérait qu'il contribuait à réduire le chômage. « Halifax, soutenait-il, avait grand besoin de [cette] filature, car la dernière guerre avait détruit l'armature même du travail, de sorte que l'on avait du mal à

Bromley

trouver un seul rouet dans toute la ville, tandis que le lin et la laine abondaient dans tout le pays et que celle-ci était expédiée en grandes quantités aux États-Unis. »

À première vue, la manufacture domestique que Bromley avait installée dans son établissement rappelle beaucoup les fameuses écoles d'industrie qui existaient en Angleterre au XVIIIe siècle. Mais, comme il versait à ses employées un tarif à la pièce raisonnable, la situation était bien différente, et il faut accorder un certain crédit à sa prétention selon laquelle cet emploi s'avérait « une bénédiction pour bien des gens, qui [étaient] ainsi en mesure d'assurer leur subsistance par leur propre travail ». Comme il employait de la main-d'œuvre et des produits locaux, Bromley demanda en 1823 au Central Board of Agriculture [V. John YOUNG] de soutenir sa fabrique de toile et de laine. L'initiative soulevait assez d'intérêt dans la région pour que le bureau d'agriculture offre une prime à la confection de vêtements de laine. Grâce à ce don, Bromley put combler les pertes financières que sa manufacture avait subies pendant l'année, même si, comme le dit un commentateur, « il devait acheter des roues, des métiers à tisser la laine, des métiers à tisser le lin et autres, et ne pouvait consacrer [à la fabrique] toute l'attention qu'y aurait portée celui qui aurait voulu en tirer des profits ». Toutefois, le bureau d'agriculture allait s'effondrer en 1825 et Bromley allait quitter la Nouvelle-Écosse peu après, de sorte que ces efforts ne rapporteraient aucun bénéfice à long terme.

Pour Bromley, faire la promotion du travail manufacturier était un complément à sa participation enthousiaste à la Poor Man's Friend Society de Halifax, fondée en 1820. Il ne croyait pas à la charité aveugle et avait déjà, dans des tracts publiés en Angleterre en 1812, exprimé son aversion pour la mendicité. D'ailleurs, la Poor Man's Friend Society, dont il était l'un des membres les plus actifs, avait pour but « l'adoption de mesures qui satisferaient plus efficacement les besoins de la multitude des pauvres et réduiraient à néant le système de la mendicité publique ». La mendicité à laquelle les enfants de la ville étaient réduits jetait le discrédit sur l'éducation hautement morale qu'ils étaient censés recevoir dans les écoles où des moniteurs les prenaient en charge. Il ne fait pas de doute que la Poor Man's Friend Society, calquée sur le modèle d'organismes britanniques, fut créée en réaction à la crise des années 1820 et fixa son programme d'activités en conséquence. Ses membres, avec à leur tête des médecins praticiens de la ville, espéraient trouver une solution de rechange viable au secours dispensé sous l'égide de l'asile des pauvres, qui avait fort mauvaise réputation. L'accent que la société mettait, à ses débuts, sur la distribution sélective de matières premières et de vivres et sur la recherche d'emplois pour les pauvres

valides plaisait à Bromley. Bientôt, cependant, les protecteurs de la Poor Man's Friend Society se montrèrent moins enthousiastes et moins généreux, de sorte qu'elle se laissa aller à appliquer des méthodes moins constructives de secours massif, par l'intermédiaire des soupes populaires et de l'asile des pauvres.

Malgré sa compassion, Bromley déplorait probablement cette nouvelle orientation de la Poor Man's Friend Society et devait se laisser gagner par les critiques d'inspiration malthusienne que publiait la presse de Halifax. Il se peut que son tempérament de militant ait été frustré par la tournure des événements et qu'en faisant, à la même époque, la promotion de sa manufacture domestique, il ait voulu encourager la Poor Man's Friend Society à favoriser de nouveau l'initiative pratique. En 1824, Bromley allégua que la société était prête à adopter la mesure économique qu'il préconisait, c'est-à-dire la mise sur pied d'ateliers, comme modèle pour ses activités futures. Ce fut surtout à titre de membre du comité sur le travail que Bromley collabora avec cette société éphémère en compagnie de Samuel George William ARCHIBALD, qui le défendait dans les cercles politiques, de John Starr, généreux propagandiste de toutes les sociétés de bienfaisance, de John Young et de quelques ministres non conformistes. Les bourgeois, qui composaient l'élément actif de la Poor Man's Friend Society, préféraient aider les pauvres à s'aider eux-mêmes en leur donnant de l'emploi et en créant une banque d'épargne où ils pourraient mettre de côté une part suffisante de leur salaire d'été pour traverser un dur hiver. L'effondrement de ces projets et, finalement en 1827, de la société elle-même doit être attribué à une organisation qui s'appuyait sur une poignée d'individus et à une meilleure conjoncture économique bien plus qu'à « la doctrine du laisser-faire et à l'opposition moralisatrice que les malthusiens exprimaient à l'endroit de l'aide aux pauvres », comme le prétend George E. Hart dans l'étude qu'il a consacrée à la société en 1953.

Quand Bromley quitta Halifax en 1825, il abandonnait non seulement une organisation de secours aux pauvres qui déclinait, mais aussi une expérience éducative qui n'avait pas comblé ses espoirs. Il avait voulu encourager l'ouverture d'écoles de la British and Foreign School Society sur tout le territoire des Maritimes. Les premiers rapports qu'il expédia à la société, à Londres, signalent la fondation de plusieurs écoles et, dès 1817, il affirmait avoir formé 12 instituteurs. Cependant, malgré l'optimisme constant de ses observations, il n'y avait que la Royal Acadian School et quelques écoles du dimanche au moment de son départ. Son rêve s'était évanoui lorsque la chambre d'Assemblée de la Nouvelle-Écosse avait conclu en 1815 « qu'il n'[était] pas expédient d'ouvrir des écoles [comme la Royal Acadian School] dans toute la province ». De 1826 à 1836, Bromley continua d'agir à titre de représentant de la British and Foreign School Society, à partir de sa résidence près de Boston, dans le Lincolnshire. Selon son témoignage, il réussit à promouvoir l'établissement d'écoles et de sociétés d'éducation dans tous les comtés les plus ouverts d'Angleterre.

Pendant son long séjour en Nouvelle-Écosse, Bromley s'occupa également d'une autre cause, celle des Indiens. On ne sait pas exactement comment il prit connaissance de leur situation, mais peut-être est-ce à travers son assistance aux pauvres et aux démunis. Il se trouvait certainement des Indiens parmi les mendiants et les ivrognes qu'il rencontrait dans les rues de Halifax. Dès que son œuvre haligonienne serait solidement établie, avait-il annoncé en 1814, il se rendrait « dans les bois, parmi les Indiens, où [il resterait] probablement jusqu'à la fin de [ses] jours ». Toutefois, au delà de son souci particulier à l'endroit des Noirs et des Indiens, Bromley mérite qu'on se souvienne de lui surtout parce qu'il dénonça publiquement les difficultés que connaissaient les populations indiennes de la Nouvelle-Écosse et du Nouveau-Brunswick, dont le nombre déclinait rapidement.

Bromley entreprit sa campagne d'aide aux Indiens en même temps qu'il ouvrait son école. Cependant, il ne parvint pas à éveiller suffisamment d'intérêt dans la colonie pour y maintenir une société bénévole qui se serait occupée d'améliorer leur condition. Le tableau s'assombrit encore après 1815 : la paix revenue, l'Assemblée se montra peu soucieuse du bien-être des Indiens, qui ne représentaient plus aucune menace et n'étaient plus que des résidents sans droit de vote. Bromley dut donc faire appel aux sociétés missionnaires d'Angleterre. Il put surtout compter sur la New England Company qui contribua à son travail auprès des Micmacs de Shubenacadie. À cet endroit, et pendant quelque temps dans des établissements similaires à Chester et à Fredericton, Bromley encouragea les Indiens à se prendre en main en pratiquant l'agriculture qui, selon lui, était une occupation plus « civilisée » que la chasse et pouvait les protéger des mauvaises influences de la vie urbaine. Toutefois, pour que le travail de Bromley se poursuive, il aurait fallu le financer en permanence et montrer plus de tolérance envers l'inébranlable foi catholique des Indiens, que son protecteur, le lieutenant-gouverneur lord Dalhousie [RAMSAY], répugnait à contrecarrer. Au bout du compte, la plus grande contribution de Bromley fut d'avoir aidé à mettre au jour le plan scandaleux que la New England Company soutenait à Sussex Vale (Sussex Corner, Nouveau-Brunswick), où, comme il le découvrit en 1822, l'instruction religieuse et la formation professionnelle cédaient le pas à l'exploitation des jeunes Indiens [V. Oliver Arnold*].

En dépit de l'échec de son propre plan, Walter Bromley avait envers les Indiens une attitude singuliè-rement éclairée pour son époque, qui se refléterait dans son travail auprès des aborigènes de l'Australie-Méridionale, à partir de 1836 jusqu'à sa mort accidentelle, en mai 1838. Dans l'une et l'autre partie de l'Empire britannique, il rejeta complètement l'idée que les autochtones étaient inférieurs de nature et chercha à améliorer leurs conditions de vie en les encourageant à se sédentariser, à pratiquer l'agriculture et à développer leurs talents grâce à l'éducation. Il contribua aussi à stimuler leur fierté en étudiant lui-même leurs langues. Cependant, aux yeux des Haligoniens de l'époque victorienne, Bromley demeura non pas l'ami des Indiens mais le fondateur de la Royal Acadian School, ce qui démontre bien qu'au XIXᵉ siècle, pour devenir un héros du peuple, il fallait servir les intérêts de la classe moyenne.

JUDITH FINGARD

Pour plus d'informations sur les publications de Walter Bromley de même que sur les sources et les études relatives à sa carrière, voir Judith Fingard, « English humanitarianism and the colonial mind : Walter Bromley in Nova Scotia, 1813–25 », *CHR*, 54 (1973) : 123–151. Les principales sources de même que les études pertinentes découvertes ou parues depuis la publication de cet article sont les suivantes : APC, MG 24, B16. — British and Foreign Bible Soc. Arch. (Londres), Home corr., 1812, 1815, 1836. — Church of Jesus Christ of Latter-Day Saints, Geneal. Soc. (Salt Lake City, Utah), International geneal. index. — Guildhall Library (Londres), MSS 7920/2 ; 7956 ; 7969–7970 (New England Company papers) (mfm aux APC). — Lincolnshire Arch. Office (Lincoln, Angl.), Anderson Pelham, rental books ; Keelby, vestry records, 1775 ; Yarborough wapentake, land tax accounts. — PANS, MG 15, B, 3, doc. 24 ; MG 20, 180 ; RG 1, 230, 305, 411 ; RG 5, P, 80 ; RG 20C, 40, nᵒ 436. — PRO, CO 13/5 ; 13/7 ; 13/9 ; 13/11 ; 15/1 ; WO 25/751 : fᵒˢ 128–128vᵒ. — SOAS, Methodist Missionary Soc. Arch., Wesleyan Methodist Missionary Soc., corr., North America, box 4 ; Council for World Mission Arch., London Missionary Soc., corr., North America, folder 2, nᵒ 41, folder 5, nᵒˢ 7–8, 12. — SRO, GD45/3/18–27 (mfm aux APC). — J. M. Beck, *Joseph Howe* (2 vol., Kingston, Ontario, et Montréal, 1982–1983), 1. — Susan Buggey, « Churchmen and dissenters : religious toleration in Nova Scotia, 1758–1835 » (thèse de M.A., Dalhousie Univ., Halifax, 1981). — Upton, *Micmacs and colonists*. — *Herald* (Halifax), 23 sept. 1892. — *Morning Chronicle* (Halifax), 10 juill. 1868, 11 juill. 1874. — *Morning Herald* (Halifax), 7, 12 sept. 1885. — *Morning News* (Saint-Jean, N.-B.), 2 août 1858.

BROWN, FREDERICK, comédien et directeur de théâtre, né à Londres, fils de D. L. Brown ; décédé en 1838 en Caroline du Nord.

Bien qu'on l'ait appelé le « Roscius de Liverpool », Frederick Brown, l'enfant prodige, ne combla jamais tout à fait les espoirs qu'il avait éveillés. Petit et mince, le « visage sans traits remarquables [et] de forme assez commune », il avait la réputation

Brown

d'être un acteur important, courtois et fort respectable, mais il n'était pas de toute première force. Le 28 mai 1814, à Sunderland (Tyne and Wear, Angleterre), il épousa la comédienne et danseuse Sophia De Camp, et se lia ainsi à de grandes familles d'acteurs. La sœur de sa femme, Maria Theresa (Marie-Thérèse), elle-même comédienne bien connue, avait épousé l'acteur Charles Kemble, jeune frère du célèbre John Philip Kemble et de Mme Sarah Siddons.

Arrivés en Amérique du Nord en 1816, les Brown tinrent l'affiche au Federal Street Theatre de Boston durant la saison de 1816–1817. Leur premier contrat au Bas-Canada fut un « engagement spécial » avec la compagnie de répertoire montréalaise de John Duplessis Turnbull, en avril 1818. Après avoir reçu en juillet un « accueil très favorable » au Fairbanks Wharf Theatre de Halifax, Brown revint à Montréal, où il demeura d'octobre 1818 à avril 1819, ne s'absentant que pour remplir des engagements à Kingston en février et faire ses débuts à New York, au Park Theatre, le 9 mars, dans le rôle d'Hamlet. Le public montréalais applaudit la diversité de ses talents et goûta son répertoire, qui se composait de personnages shakespeariens ainsi que de rôles classiques créés à la fin du XVIIIe siècle et rendus célèbres par John Philip Kemble. Son Othello, en particulier, fit l'objet d'analyses serrées et fut même comparé à celui de Kemble.

De retour à Boston pour l'automne de 1819, Brown souleva la colère de ses auditoires en interprétant médiocrement une série de personnages secondaires. Par crainte d'une rixe, la direction le laissa retourner à Montréal où, de la mi-décembre 1819 à la mi-février 1820, il occupa le devant de la scène ; il obtint notamment un succès remarquable en jouant le rôle tragique de George Barnwell dans The London merchant [...], de George Lillo. Le 4 mai 1820, un incendie ravagea la salle de Turnbull ; Brown n'allait pas revenir à Montréal avant 1825. Il regagna le respect de son public bostonien le 25 mai 1821 en remplaçant dans le rôle de Richard III le légendaire Edmund Kean, qui avait refusé de jouer. Par la suite, on put voir son nom sur les affiches du littoral atlantique. En 1823, il donna la réplique à l'Américain Junius Brutus Booth à Philadelphie et à Richmond, en Virginie. Pendant la saison de 1824–1825, il devint, pour la première fois, directeur de théâtre à Charleston, en Caroline du Sud, et à Savannah, en Géorgie. Toutefois, son jeu d'acteur suscita de sévères critiques à New York en octobre 1824 puis en mai et juin 1825. Ces commentaires défavorables le poussèrent peut-être à poser sa candidature au poste de directeur du Theatre Royal, alors en chantier à Montréal.

Ce théâtre de 1 000 places, de style georgien, qui occupait l'emplacement de l'actuel marché Bonsecours, fut construit au coût de £7 500. John MOLSON en était le principal actionnaire. L'établissement ouvrit le 21 novembre 1825, à peine une semaine après la date prévue, et Brown, qui en était locataire, « reçut les plus chaleureux témoignages d'approbation » pour son interprétation de Vapid, le dramaturge d'une pièce de Frederic Reynolds intitulée justement The dramatist [...]. Le nouveau directeur, consciencieux quoique assez peu expérimenté, connut cependant des pertes financières. Les aménagements extravagants, les frais généraux à payer chaque semaine, le gigantisme de la compagnie (30 comédiens et comédiennes, 14 musiciens, plus le personnel de coulisse), le répertoire ambitieux (trop de Shakespeare et pas assez de mélodrames populaires), le nombre relativement restreint de Montréalais anglophones (10 881), tout cela concourut à l'échec. Les vedettes invitées furent d'un piètre secours et le mauvais chauffage du théâtre découragea les spectateurs, surtout lorsque les températures hivernales frôlaient les −32° F. L'assistance diminua, la presse parla de moins en moins du théâtre, certains acteurs trouvèrent même à se placer ailleurs. Du 6 au 21 février 1826, Brown fit à Québec une tournée qui eut quelque succès mais rapporta peu. La saison de 24 semaines se termina le 8 mai, mais Brown conserva le théâtre jusqu'à l'automne dans l'espoir que la venue d'Edmund Kean le sauverait. Ce comédien réputé attira les foules et permit au directeur de terminer son aventure en beauté, mais le cachet réclamé par la vedette annula les bénéfices. Les Brown avaient donné la réplique à Kean, notamment en jouant Iago et Emilia dans Othello. Le 3 novembre, les citoyens de Montréal tinrent un dîner d'adieux en l'honneur de Brown et lui remirent un anneau d'or en gage d'estime. Il avait tenu plus d'une centaine de rôles au cours de la saison de 1825–1826.

De janvier à la mi-mai 1827, Brown séjourna à Charleston avec une bonne partie de sa troupe montréalaise, qu'il dirigea encore une fois sans tirer de profit. Il joua dans de petits théâtres new-yorkais pendant les étés de 1827 et 1833, mais le plus souvent il se produisait dans les états du Sud. Avec sa femme, il revint à Montréal plusieurs fois de 1829 à 1833, période pendant laquelle son beau-frère, Vincent De Camp, prit en main le Theatre Royal pour quatre brèves saisons estivales. Le 9 juillet 1831, le critique de théâtre de la Montreal Gazette trouva que son interprétation s'était « grandement améliorée » et présentait « beaucoup moins de cette inutile déclamation qui auparavant gâtait plutôt [...] son jeu ». La dernière mention des activités de Brown date de l'été de 1834. Tandis qu'il se trouvait avec des comédiens à Wilmington, dans le Delaware, il composa à propos d'une église délabrée quelques vers qui incitèrent à la restaurer. Quatre ans plus tard, il mourut quelque part en Caroline du Nord. Sa femme s'éteignit en octobre 1841 à Mobile, en Alabama.

Les vicissitudes qu'éprouva Frederick Brown à titre d'acteur et de directeur de théâtre étaient communes chez les artistes anglais en tournée en Amérique du Nord. Son jeu de style épique, dans la tradition de Kemble, devait paraître quelque peu anachronique en cette époque où les mélodrames et les spectacles équestres gagnaient en popularité. Comme directeur de théâtre, il est passé à la postérité grâce aux efforts qu'il déploya pour donner du bon théâtre aux Montréalais de son temps.

DAVID GARDNER

Univ. of Pa. Library (Philadelphie), Charles Durang, « History of the Philadelphia stage between the years 1749 and 1855 » (mfm). — F. C. Wemyss, *Chronology of the American stage from 1752 to 1852* (New York, [1852]; réimpr., 1968). — Baudoin Burger, *l'Activité théâtrale au Québec (1765–1825)* (Montréal, 1974). — W. W. Clapp, *A record of the Boston stage* (Boston et Cambridge, Mass., 1853 ; réimpr., New York et Londres, [1963]). — Merrill Denison, *The barley and the stream : the Molson story ; a footnote to Canadian history* (Toronto, 1955).—Franklin Graham, *Histrionic Montreal : annals of the Montreal stage with biographical and critical notices of the plays and players of a century* (2e éd., Montréal, 1902 ; réimpr., New York et Londres, 1969). — W. S. Hoole, *The ante-bellum Charleston theatre* (Tuscaloosa, Ala., 1946). — Glen Hughes, *A history of the American theatre, 1700–1950* (New York, [1951]). — G. C. D. Odell, *Annals of the New York stage* (15 vol., New York, 1927–1949), 3. — Y. S. Bains, « The articulate audience and the fortunes of the theatre in Halifax in 1816–1819 », *Dalhousie Rev.,* 57 (1977–1978) : 726–735 ; « Canadian newspaper reviews of Frederick Brown », *Rev. d'études canadiennes* (Peterborough, Ontario), 20 (1985–1986), n° 2 : 150–158 ; « Frederick Brown and Montreal's doomed Theatre Royal, 1825–26 », *Theatre Survey* (Albany, N.Y.), 24 (1983) : 65–75 ; « The New Montreal Theatre : battling way back then », *Canadian Theatre Rev.* (Downsview [Toronto]), 24 (1979) : 64–68. — Owen Klein, « The opening of Montreal's Theatre Royal, 1825 », *Histoire du théâtre au Canada* (Toronto et Kingston), 1 (1980) : 24–38.

BROWN, JAMES, relieur et homme d'affaires, né en 1776 à Glasgow, Écosse ; vers 1795, il se maria et eut au moins quatre enfants ; décédé le 23 mai 1845 à Montréal.

James Brown arrive à Montréal en 1797, puis il entre au service de l'imprimeur québécois John NEILSON en qualité de relieur. Après quelques années, il retourne s'établir à Montréal à titre de libraire et de relieur. En novembre 1801, par le biais de *la Gazette de Montréal,* il invite le public à venir voir les ouvrages qu'il a reliés ainsi que les livres en vente dans sa librairie située rue Saint-François-Xavier. Outre des volumes en anglais et en français, dont certains sont imprimés à Montréal et à Québec, notamment chez Neilson, il offre des articles de bureau et des marchandises diverses telles que bas, mitaines, barriques de charbon, lunettes et brosses à plancher.

En 1803, Walter Ware, originaire du Massachusetts, signe un bail de 30 ans avec le seigneur d'Argenteuil, James Murray, par lequel il loue six acres de terre dans le village de St Andrews (Saint-André-Est), où il construira une papeterie à l'été de 1804. Cette année-là, Ware demande à Brown d'être son agent de vente à Montréal. Ce dernier accepte et décide en plus de ramasser la matière première, le chiffon, pour la fabrication du papier. Il demande alors à Neilson de lui imprimer 500 prospectus pour annoncer l'existence de la papeterie de St Andrews. Dès septembre 1805, il met en vente à sa librairie le premier papier d'emballage sorti de la papeterie.

Brown achète une part de la compagnie de Ware en décembre 1806. Il touche 5 % de commission sur la vente du papier et 25 % sur la récolte de la matière première. Toutefois, des embarras financiers amènent la dissolution de la compagnie le 29 mars 1809. Quelques jours plus tard, Brown se joint à John Chesser pour acquérir la papeterie et, peu après, il en devient l'unique propriétaire. Engagé plus que jamais dans cette entreprise, il s'établit à St Andrews en octobre 1810. Il produit une grande variété de papiers : papier d'emballage, papier bleu et buvard, papier à lettres, carton de chapeau, papier d'impression et papier à cartouche. Il s'entoure de plusieurs ouvriers, de jeunes apprentis, d'artisans et d'un ingénieur.

Le 28 février 1807, Brown avait fait part à Neilson de son intention de créer un journal. N'ayant pas encore reçu le matériel d'imprimerie qu'il avait commandé à Glasgow, et afin de ne pas se faire devancer par l'Américain Nahum Mower qui caresse le même projet, il demande à Neilson de lui imprimer un prospectus bilingue qui annonce son nouveau journal. En juillet, Brown fonde *la Gazette canadienne/Canadian Gazette.* Son frère Charles l'assiste et se charge de l'impression. L'hebdomadaire bilingue contient des nouvelles étrangères et locales, quelques poèmes, des anecdotes, des lettres et des annonces. Pour distribuer le journal dans le Bas et le Haut-Canada, Brown fait appel à une quinzaine d'agents.

À cette époque, deux autres journaux montréalais circulent : le *Canadian Courant and Montreal Advertiser* de Mower et *la Gazette de Montréal* d'Edward Edwards*. Ce dernier, criblé de dettes, n'arrive plus à soutenir la concurrence et, en février 1808, vend son journal à Brown, qui retire *la Gazette canadienne* du marché. À partir du 7 mars, il poursuit la publication de *la Gazette de Montréal* et en confie l'impression à son frère. Dès le 23 juin, il publie *la Gazette de Montréal* dans sa propre imprimerie et le nom de Charles n'y apparaît plus.

Malgré le désir de Brown d'apporter certains changements au journal, *la Gazette de Montréal* conserve le même format et le même style que sous l'administration d'Edwards. Le journal demeure bilingue et, en dépit de quelques critiques, Brown continue de publier les textes dans leur langue originale uniquement. À compter du 1ᵉʳ juillet 1816, le titre et la date apparaissent en anglais seulement et la grande majorité des articles sont publiés dans cette langue. En 1822, Brown vend son journal et son imprimerie à Thomas Andrew Turner. Il préfère se consacrer à sa papeterie.

Brown a aussi imprimé une cinquantaine d'ouvrages entre 1808 et 1822. Sa production se compose notamment d'ouvrages à caractères religieux, politique et historique, de grammaires françaises et latines, de règlements de police et de calendriers.

En 1824, James Brown décide de vendre sa librairie pour, semble-t-il, s'occuper uniquement de sa papeterie par la suite. Dix ans plus tard, le nouveau seigneur d'Argenteuil, Charles Christopher Johnson, refuse de renouveler le bail et, après quelques années, il achète la propriété de Brown. La papeterie cesse désormais de produire et il revient alors s'installer à Montréal. Pendant la rébellion de 1837–1838, il va diriger un groupe de miliciens de St Andrews. Après les événements, il revient à Montréal, où il meurt le 23 mai 1845.

LUCIE CHÉNÉ

ANQ-M, CE1-92, 23 mai 1845 ; CN1-7, 29 mars 1832 ; CN1-117, 31 mai 1804 ; CN1-185, 6 déc. 1806. — ANQ-Q, CN1-262, 21 oct. 1811, 9 févr. 1815 ; P-193. — APC, MG 24, B1, 1 : 66–67 ; 2 : 27–29, 41–42, 115–116 ; 3 : 336–337 ; 16 : 22 ; 18 : 293, 295, 297–298, 300–301, 305 ; 39 : 1139 ; 137 : 114 ; 147 : 14, 114, 116, 162, 183–184, 206, 276, 310, 438, 471, 480 ; 148 : 2, 4, 9, 20, 35, 99, 129, 193, 224, 268, 286, 301, 358, 414, 460, 497, 501 ; 149 : 1, 6, 23, 45, 53–54, 66, 70, 82, 96, 119, 182, 187, 231, 250, 270, 281, 326, 339–340, 367, 370, 384, 411, 424 ; 150 : 5, 10, 13, 25, 41, 60, 94, 102, 119, 135, 141, 145, 147, 153, 157, 161, 163, 210, 234, 245, 268, 270–272, 288, 311 ; 158 : 626, 682 ; 184 : 749–846. — « Les Dénombrements de Québec » (Plessis), ANQ Rapport, 1948–1949 : 125. — L'Aurore des Canadas, 27 mai 1845. — Le Canadien, 26 mai 1845. — La Gazette canadienne (Montréal), juill. 1807–mars 1808. — Montreal Gazette, 1808–1845. — Quebec Gazette, 28 mai 1845. — Quebec Mercury, 5 janv. 1805, 27 mai 1845. — Beaulieu et Hamelin, la Presse québécoise, 1. — Borthwick, Hist. and biog. gazetteer. — Béatrice Chassé, « Collection Neilson », ANQ Rapport, 1974 : 25–37. — Hare et Wallot, les Imprimés dans le B.-C. — Yolande Buono, « Imprimerie et Diffusion de l'imprimé à Montréal, de 1776 à 1820 » (thèse de M.A., univ. de Montréal, 1980). — George Carruthers, Papermaking (Toronto, 1947). — E. A. Collard, A tradition lives ; the story of the Gazette, Montreal, founded June 3, 1778 (Montréal, 1953). — Ægidius Fauteux, The introduction of printing into Canada (Montréal, 1930). — J. C. Oswald, Printing in the Americas (2 vol., Port Washington, N.Y., 1965). — É.-Z. Massicotte, « le Premier Moulin à papier au Canada », BRH, 39 (1933) : 635–637.

BROWN, PETER, marchand, homme politique et juge de paix, né vers 1797 en Irlande ; décédé le 28 décembre 1845 à Harbour Grace, Terre-Neuve.

Peter Brown passa son enfance en Irlande. Il était charpentier de métier. En 1817, on le trouve installé à Harbour Grace ; dès les années 1820, il était devenu un important marchand de poisson et un membre en vue de la communauté catholique. Même s'il n'avait apparemment pas fait de longues études, il faisait partie en 1826 du comité chargé de construire la St Patrick's Free School à Harbour Grace. Les questions éducatives allaient toujours l'intéresser ; en 1845, il s'occuperait encore de cette école. Brown ne participa pas activement aux réunions tenues à Harbour Grace en 1829 et 1830 en vue d'obtenir que Terre-Neuve soit doté d'un corps législatif, mais en 1831 son nom figure avec ceux d'autres personnalités qui appuyaient cette demande. Quand la Grande-Bretagne accorda à l'île un gouvernement représentatif, en 1832, il parut d'abord réfractaire à l'idée de se présenter aux élections si un autre marchand, Thomas Ridley*, n'en faisait pas autant. Finalement, il se ravisa et remporta l'un des quatre sièges du district de la baie Conception ; les autres élus étaient Robert Pack*, Charles Cozens et James Power. Les quatre candidats s'étaient présentés solidairement et avaient pris l'engagement, semble-t-il, de « s'opposer à l'imposition de toute taxe susceptible de nuire à la pêche ou à l'agriculture ou qui pourrait peser exclusivement sur les pauvres », de « faire adopter une loi qui obligerait à PAYER EN ESPÈCES » le solde du salaire des employés » et de refuser « du gouvernement toute charge portant émoluments tant qu'ils siégeraient comme députés à la chambre d'Assemblée ». Leur deuxième promesse évoque très bien le climat du moment. Manifestement, l'élection de Brown et de ses collègues était un signe du fort mécontentement populaire que soulevait le régime de troc à Harbour Grace et à Carbonear au début des années 1830, mécontentement qui avait déjà donné lieu à de dangereuses émeutes. Le mouvement de réforme qui agitait la baie Conception à cette époque avait donc ses racines dans le peuple.

Dès l'ouverture de la nouvelle Assemblée, le 1ᵉʳ janvier 1833, Brown proposa que la chambre « procède tout de suite » à l'élection de ses propres officiers (le greffier, le sergent d'armes et le messager). Peu après, il déposa un projet de loi qui visait à empêcher les fonctionnaires et ceux qui avaient conclu des marchés avec le gouvernement de siéger à l'Assemblée. Tout au long des premières années d'existence de la chambre, ces deux questions allaient sans cesse soulever des controverses. Brown tentait de prévenir et d'empêcher tout empiétement de la couronne sur les droits de l'Assemblée ; ainsi il montrait que dans les faits, même s'il se qualifiait de « vrai radical », il envisageait les choses d'une manière assez traditionnelle, comme un vieux whig transplanté dans les colonies. Les deux premières sessions se déroulèrent dans un calme relatif, et Brown prouva qu'il entendait travailler sérieusement, comme il l'avait promis, à l'amélioration de la situation de ses électeurs. Il fit adopter deux projets de loi, dont l'un visait à créer des corps de sapeurs-pompiers à Harbour Grace et l'autre avait trait aux rues de la ville. Cependant, ces lois s'avérèrent déficientes et durent bien vite être modifiées. La seconde voulait réglementer la reconstruction de la ville après l'incendie d'août 1832, qui avait épargné les installations de Brown. On l'accusa en 1833 d'avoir rédigé le projet de manière à favoriser sa propre entreprise. On l'attaqua aussi lorsqu'il proposa de rebaptiser la colonie Île-Clarence.

Les divisions partisanes qui séparaient les députés apparurent seulement après l'élection complémentaire que William CARSON avait remportée en décembre 1833. À ce moment, Pack, Brown et Power se retrouvèrent au sein d'un groupe clairsemé de réformistes qui comprenait aussi Carson et un autre député de St John's, John Kent*. Il existait entre ces hommes une alliance mitigée : ils s'opposaient à ce qu'ils considéraient comme des violations des droits civils et des applications inconstitutionnelles du pouvoir exécutif, et se souciaient d'affirmer l'autorité de la chambre. Dans l'ensemble, à l'occasion des débats sur ces questions, Brown appuyait Carson. Ainsi, en février 1835, il approuva les efforts que celui-ci avait déployés, en vain, pour qu'un comité spécial de la chambre enquête sur l'administration de la justice – dans le but de nuire au juge en chef Henry John Boulton*. Brown prononça à cette occasion un discours prudent et modéré. Il ne semble pas que Carson l'ait dominé, même pendant la période de 1834 à 1836. En fait, lorsqu'il fut question de fonder un collège classique, d'imposer des taxes ou d'augmenter le nombre de députés, Brown fut peut-être son adversaire le plus tenace. Il craignait ce qu'il appelait l'« influence prépondérante » de St John's sur l'Assemblée et estimait que plusieurs des mesures qu'appuyait Carson oubliaient les intérêts des petits villages de pêcheurs. Le projet de collège classique, cheval de bataille de Carson, l'irritait au plus haut point car, comme il le disait avec dédain, on allait ainsi « apprendre les langues savantes aux opulents, dans la ville la plus riche de l'île, alors même que l'on refus[ait] une école anglaise publique aux pauvres gens des petits villages de pêcheurs ». Au fil des ans, ses discours allaient mettre de plus en plus l'accent sur la négligence avec laquelle on traitait les villages de pêcheurs. Brown n'avait peut-être pas la parole facile – on se moquait de lui parce qu'« il s'étranglait tant il avait du mal à s'exprimer » –, mais c'était un homme bien nanti, un Irlandais rude et prompt qui défendait ses convictions. En 1836, après un violent échange à l'Assemblée, il frappa Kent et fit tomber son chapeau. Le lendemain matin, Kent s'excusa de sa mauvaise conduite.

Nommé juge de paix en 1834, Brown se présenta de nouveau dans la baie Conception aux élections tumultueuses de 1836. Apparemment, il n'encouragea d'aucune façon les désordres qui survinrent durant le scrutin tenu dans son district ; en fait, d'après un rapport du magistrat Thomas Danson, il essaya en vain d'« empêcher la populace de se montrer tapageuse et brutale » durant le vote. Il fut élu et, après l'invalidation du scrutin, réélu en 1837 ; pour la première fois, les réformistes dominaient l'Assemblée. On y trouvait Patrick MORRIS, le brillant John Valentine Nugent* et, encore une fois, Kent. Sous la présidence de Carson, la chambre ne tarda pas à adopter un ton mordant à l'endroit du Conseil de Terre-Neuve (ou Chambre haute) et à faire preuve en général de combativité, deux traits qui allaient la caractériser pendant quatre ans. Brown lui-même n'attendit pas pour proposer des projets de loi controversés. Dès le jour de l'ouverture, il réaffirmait que la chambre avait le droit de choisir ses officiers et, peu après, il la persuadait d'ouvrir une enquête sur les agissements de John Stark, magistrat de Harbour Grace, pendant les élections de 1836. Brown se trouvait donc à l'aise dans le climat d'agressivité qui caractérisa la législature de 1837–1841. Son alliance avec les réformistes de St John's, qui dominaient le groupe, n'était cependant pas des plus confortables. Dès l'ouverture de la session, il se disputa avec Morris. De plus, il s'en prit tout de suite au *Newfoundland Patriot*, journal ordinairement considéré comme le porte-parole des réformistes, et se fit assurément un ennemi dangereux en la personne de son rédacteur en chef, Robert John Parsons*. En août 1837, il s'attira les foudres de Nugent et de Morris en présentant un projet de loi qui menaçait d'éliminer peu à peu le jugement par jury et de réintroduire la procédure sommaire dans les tribunaux. Il aurait même dit qu'à Harbour Grace on avait vu des jurys « dont aucun membre ne savait que deux plus deux font quatre ». En fait, il proposait de revenir à une formule semblable à l'ancien système des *surrogates* [V. James Lundrigan*].

Brown irrita encore davantage Morris et Carson en persistant dans son opposition à l'ouverture d'un collège à St John's. En 1839, Carson se déclara « sidéré » que Brown puisse « s'opposer aussi systématiquement à l'éducation ». L'accusation était injuste : Brown voulait simplement un traitement équitable pour « les pauvres et les moins bien nantis [...] de toute l'île ». Il avait même sur l'éducation des opinions éclairées. Ainsi il était contre la ségrégation religieuse dans les écoles : « il devrait, disait-il, y avoir une seule école pour les chrétiens de toute obédience, car c'est en mêlant catholiques et protestants que l'on pourra vaincre les préjugés ». En 1836, Brown faisait partie du bureau d'éducation de la baie Conception quand les protestants, en insistant pour que la version de la Bible de Jacques Ier d'Angleterre soit lue dans les écoles, allumèrent les dissensions qui devaient amener à Terre-Neuve un système confessionnel d'enseignement [V. Charles Dalton*]. Par la suite, il présida le bureau mixte et le bureau catholique d'éducation du district.

Malgré des excentricités occasionnelles, comme son projet de loi réactionnaire sur les jurys, Brown était un authentique réformiste. En fait, par son souci des pauvres – thème constant dans sa carrière politique – il se montrait peut-être plus préoccupé de réforme sociale que certains collègues citadins aux grands idéaux. D'ailleurs ces derniers, semble-t-il, lui reprochaient moins un relâchement à l'égard des principes que son manque de raffinement, son entêtement, sa rhétorique terre à terre et ses prises de position inflexibles en faveur des petits villages de pêcheurs. De toute façon, Brown refusait de jouer un rôle mineur à l'Assemblée. Il devint président de l'important comité des finances, responsabilité dont apparemment il s'acquitta bien. À la lecture des débats de la chambre, on constate que de temps à autre il se montrait impatient de passer aux questions pratiques. Dans l'ensemble, sa conduite à l'Assemblée était jugée si acceptable qu'on parlait de le faire entrer au conseil. Par contre, on croyait qu'il briguait le poste de magistrat en chef de la baie Conception, rumeur qu'entretenait Parsons dans le *Patriot* et qui nuisit peut-être à sa carrière politique. Le gouverneur Henry Prescott* semblait préférer Brown à tous les autres réformistes ; apparemment, il le considérait comme un élément stabilisateur et modérateur au sein d'une Assemblée changeante. « Il a l'esprit solide, mais il est peu instruit », notait Prescott ; il ajoutait encore : « Il n'est pas aussi docile que d'autres [réformistes] et déplore, je crois, la composition de l'actuelle chambre d'Assemblée. »

En 1841, Brown fut l'un des quatre délégués choisis pour aller défendre les positions de l'Assemblée devant un comité spécial de la chambre des Communes sur Terre-Neuve. Les quatre hommes passèrent l'été de 1841 à Londres mais ne purent faire de pressions efficaces sur le gouvernement impérial, peut-être à cause du changement de cabinet survenu en Angleterre. En 1842, ils apprirent le dépôt aux Communes d'un projet de loi qui, dans les faits, visait à annuler la constitution terre-neuvienne et à instaurer par exception un Parlement qui réunirait la Chambre haute et la Chambre basse. Même si l'Assemblée n'avait pas siégé depuis un an, les délégués rédigèrent une pétition de protestation que Daniel O'Connell, l'homme politique irlandais, présenta aux Communes. Le document s'élevait avec éloquence contre pareille modification constitutionnelle, qui allait « neutraliser l'influence du peuple et donner à Terre-Neuve un simulacre de gouvernement représentatif ». Le gouvernement britannique n'en adopta pas moins le projet, et Terre-Neuve fut gratifié pendant cinq ans d'un système législatif qui s'avéra une bizarrerie dans son histoire constitutionnelle.

Aux élections de décembre 1842, après l'adoption de la nouvelle constitution, Brown se présenta encore une fois dans la baie Conception. Il connut une cuisante défaite puisqu'il se classa sixième sur sept candidats. Il était l'objet de constantes attaques de la part du *Patriot* depuis 1837, et cette sévérité avait même gagné la presse de la baie Conception. Pour cette raison et d'autres peut-être, il était devenu impopulaire. À la fin de 1839, un incident étrange, apparemment sans rapport avec la politique, s'était produit : quatre hommes avaient déchargé simultanément leurs fusils sur sa maison. Impitoyable, Parsons avait allégué que Brown avait tiré lui-même.

Durant les dernières années de sa vie, Brown continua de s'intéresser à l'éducation et s'occupa activement d'une association formée à Harbour Grace pour le rappel de l'union entre la Grande-Bretagne et l'Irlande. En juin 1844, les flammes ravagèrent son commerce. Malgré ses pertes – il n'était assuré qu'en partie –, sa situation financière demeura confortable.

Peter Brown fut le principal député de la baie Conception de 1833 à 1841. Sa carrière rappelle que le mouvement réformiste à Terre-Neuve s'enracina aussi bien dans les petits villages de pêcheurs que dans la capitale et qu'une fois devenu puissant à l'Assemblée, ce mouvement connut des conflits entre des intérêts régionaux. Étudier la carrière de Brown permet de voir Carson, Kent et Morris sous un angle différent, c'est-à-dire comme des hommes politiques de St John's plutôt que des porte-étendard de la réforme dans l'ensemble de l'île. Le rôle principal de Brown comme député fut de rappeler sans cesse à l'Assemblée qu'elle avait des responsabilités envers toutes les régions de la colonie.

PATRICK O'FLAHERTY

NLS, Dept. of MSS, MS 2274. — PANL, GN 2/1, 28–45 ; GN 5/1/B/1, Harbour Grace, 1813–1826. — PRO, CO 194/60–124. — T.-N., General Assembly, *Journal*, 1843–1845 ; House of Assembly, *Journal*, 1833–1841. — *Newfoundlander*, 1827–1834, 1837–1845. — *Newfoundland Mercantile Journal*, 1816–1827. — *Newfoundland Patriot*, 1834–1842. — *Newfoundland Vindicator* (St John's), 1841–1842. — *Patriot & Terra-Nova Herald*, 1842–1847. — *Public Ledger*, 1828–1847. — *Royal Gazette and Newfoundland Advertiser*, 1828–1831, 1845. — *Sentinel and Conception Bay Advertiser* (Carbonear, T.-N.), 1839–1840. — Gunn, *Political hist. of Nfld.*

BUCHAN, DAVID, officier de marine, administrateur colonial, juge, explorateur et fonctionnaire, né en 1780 en Écosse ; en 1802 ou 1803, il épousa Maria Adye, et ils eurent au moins trois enfants ; décédé apparemment en mer, après le 8 décembre 1838.

Nommé lieutenant dans la marine royale en 1806, David Buchan faisait deux ans plus tard, à titre d'officier dans l'escorte de la flotte de pêche, la première de ses nombreuses visites à Terre-Neuve. En octobre 1810, le gouverneur John Thomas Duckworth* le choisissait pour mener à l'intérieur de l'île une expédition qui établirait un contact avec les Béothuks, petite tribu indienne qu'on ne trouvait qu'à Terre-Neuve et que le gouvernement estimait essentiel de protéger. Le 13 janvier 1811, en compagnie de 27 hommes qui venaient surtout de son schooner *Adonis*, Buchan partit vers l'ouest, en longeant la rivière des Exploits, avec de lourds traîneaux remplis de provisions et de cadeaux. Avançant malgré le mauvais temps et le sol glacé, le groupe aperçut des signes de plus en plus nombreux de la présence des Indiens puis, le 24, certains de ses membres arrivèrent finalement au village des Béothuks, près du lac Red Indian.

Même si aucun des deux groupes ne parlait la langue de l'autre, la rencontre fut amicale. Afin de cimenter ces nouvelles relations, Buchan décida de redescendre la rivière pour aller chercher les cadeaux qu'il avait laissés avec une partie du groupe dans un campement à 12 milles de là. Quatre Béothuks l'accompagnèrent et deux fusiliers marins restèrent sur place. Deux jours plus tard, quand Buchan revint, les deux fusiliers marins étaient morts et les Indiens s'étaient dispersés. Inquiet de la sécurité de ses hommes, Buchan décida de mettre fin à sa mission auprès des Béothuks. « Je ne pouvais, notait-il, [...] entretenir aucun espoir de ramener [des Béothuks] sans qu'il y ait effusion de sang, ce qui aurait ruiné à jamais notre grand projet, à savoir nous les concilier et les civiliser. » Épuisé, le groupe rebroussa chemin et rejoignit l'*Adonis* le 30 janvier. Une deuxième expédition eut lieu du 4 au 19 mars. Les hommes furent retardés par de violentes tempêtes et souffrirent du froid. Quand ils parvinrent à une tente de provisions percée de flèches, Buchan comprit que les Béothuks étaient toujours hostiles et regagna la côte.

En décembre 1813, Buchan accompagna le convoi vers l'Angleterre à titre de commandant de l'*Adonis* et, en 1815, comme capitaine du *Pike,* il occupa Saint-Pierre pendant une courte période. Il agit comme gouverneur intérimaire de Terre-Neuve durant ces hivers de 1815–1816 et 1816–1817 où la colonie fut frappée par la famine et où St John's connut trois graves incendies. À l'automne de 1817, il accompagna encore une fois le convoi.

Promu *commander* le 13 avril 1816, Buchan se vit confier le 15 janvier 1818 le commandement du *Dorothea,* avec mission de préparer une expédition polaire. Probablement en raison de l'intérêt que John Barrow, deuxième secrétaire de l'Amirauté, portait à l'exploration de l'Arctique, Buchan reçut des instructions détaillées qui lui enjoignaient de trouver un passage à travers les glaces du pôle Nord puis de rejoindre l'océan Pacifique par le détroit de Béring. John FRANKLIN commandait le *Trent,* second navire de l'expédition. Le 25 avril, après avoir fait renforcer leurs deux baleiniers, Buchan et Franklin quittèrent la Tamise. Les navires passèrent la plus grande partie de l'été à côtoyer les havres du littoral ouest et nord du Spitzberg, en manœuvrant au milieu du pack et en pénétrant dans les voies navigables chaque fois que les glaces présentaient une ouverture. En juillet, ils se trouvèrent pris à 80° 34′ de latitude nord ; ils n'allaient pas pouvoir se rendre plus au nord. Il fallut trois semaines d'efforts épuisants pour dégager les navires des glaces.

Buchan mit alors le cap sur l'ouest, vers le Groenland, mais un grain repoussa les navires dans les glaces, au pourtour de la banquise. Au bout de quatre heures, ceux-ci étaient si endommagés qu'il fallut renoncer à poursuivre l'expédition. Après avoir procédé à des réparations dans un havre tranquille du Spitzberg, les explorateurs refirent voile vers l'ouest en surveillant les glaces jusqu'à ce qu'ils se trouvent à moins de 12 lieues du Groenland. Finalement, comme le temps menaçait de nouveau, Buchan rebroussa chemin ; le 22 octobre 1818, il arrivait sans dommage sur la Tamise. Il n'avait pas découvert de passage par le pôle Nord, mais les spécialistes affectés à l'expédition avaient recueilli nombre d'observations cartographiques et scientifiques, notamment sur l'histoire naturelle.

L'année suivante, Buchan retourna à Terre-Neuve à titre de commandant du *Grasshopper* et, en l'absence du gouverneur, assuma de nouveau l'administration de la colonie durant l'hiver. Le 8 août 1819, le gouverneur sir Charles HAMILTON lui confia une autre mission concernant les Béothuks : faire de nouvelles tentatives pour ramener à sa tribu Demasduwit*, une femme que des Blancs avaient capturée peu de temps auparavant. Cependant, elle mourut de tuberculose avant qu'il ait pu faire quoi que ce soit. Il décida alors de transporter son corps jusqu'à un campement béothuk, et entreprit de nouveau, le 21 janvier, de remonter la rivière des Exploits. Après avoir placé le corps de Demasduwit, ses biens et quelques présents dans une tente spéciale au lac Red Indian, les membres de l'expédition poursuivirent leur route vers l'ouest pendant trois jours. Des signes leur montraient qu'il y avait des Béothuks dans les environs, mais ils n'en rencontrèrent aucun. Le groupe regagna le *Grasshopper* le 29 février 1820. Trois ans plus tard, Buchan manifesta encore une fois sa compassion envers les Béothuks, en particulier à l'égard de trois femmes, dont Shawnadithit*, qui avaient été amenées à St John's. À titre d'administrateur, il ordonna à John Peyton fils, magistrat de Twillingate, de faire tout ce qui était en son pouvoir pour les ramener chez elles.

En plus de faire office d'administrateur lorsque le gouverneur s'absentait, Buchan était juge itinérant, et

Bull

plus précisément *surrogate* de la marine dans les petits villages de pêcheurs. En 1820, il fut mêlé à une série d'affaires controversées. Lui-même et le révérend John Leigh* condamnèrent au fouet deux pêcheurs, Philip Butler et James Lundrigan*. Sur la foi de renseignements déposés plus tard par les pêcheurs, les deux *surrogates* furent accusés de violation de propriété avec tentative de voies de fait, ainsi que d'emprisonnement arbitraire ; ils furent cependant acquittés. Buchan, promu capitaine de la marine royale le 12 juin 1823, fut cependant radié du cadre actif à son retour en Angleterre à l'automne. Ayant demandé un emploi quelconque au secrétaire d'État aux Colonies, il fut nommé shérif en chef de Terre-Neuve le 1er mars 1825. Il allait conserver ce poste jusqu'après l'instauration du gouvernement représentatif, en 1832, et donner officiellement sa démission le 27 août 1835.

Après avoir accompli pendant une trentaine d'années diverses missions dans cette colonie en mutation rapide qu'était Terre-Neuve, David Buchan entra probablement au service de l'East India Company. En effet, la dernière fois qu'on entendit parler de lui, il se trouvait à bord d'un des navires de la compagnie, l'*Upton Castle,* qui partit de Calcutta le 8 décembre 1838.

WILLIAM KIRWIN

David Buchan n'a publié aucun compte rendu de ses expéditions qui visaient à établir un contact avec les Béothuks. Les renseignements que nous avons proviennent de ses rapports conservés par l'Amirauté, lesquels furent publiés avec plusieurs modifications dans : [David] Buchan, « Mr. Buchan's expedition into the interior of Newfoundland », [John Barrow, édit.], Barrow, *A chronological history of voyages into the Arctic regions* [...] (Londres, 1818 ; réimpr. avec introd. de Christopher Lloyd, New York, 1971), app., 1–23 ; « Narrative of Captain Buchan's journey up the River Exploits, in search of the native Indians, in the winter of 1810–11 », *Royal Gazette and Newfoundland Advertiser,* 30 juill., 6, 13 août 1861 ; Charles Pedley, *The history of Newfoundland from the earliest times to the year 1860* (Londres, 1863), 482–502 ; et J. P. Howley, *The Beothucks or Red Indians : the aboriginal inhabitants of Newfoundland* (Cambridge, Angl., 1915 ; réimpr., Toronto, 1974, et New York, 1979), 72–90, 121–126.

Nfld. Public Library Services, Provincial Reference and Resource Library (St John's), David Buchan, journal. — PRO, CO 194/50–93.— John Barrow, *Voyages of discovery and research within the Arctic regions, from the year 1818 to the present time* [...] (New York, 1846), 49–61. — F. W. Beechey, *A voyage of discovery towards the North Pole, performed in his majesty's ships* « Dorothea » *and* « Trent » *under the command of Captain David Buchan, R.N. ; 1818* [...] (Londres, 1843), 1–211. — Edward Chappell, *Voyage of his majesty's ship* « Rosamond » *to Newfoundland and the southern coast of Labrador, of which countries no account has been published by any British traveller since the reign of Queen Elizabeth* (Londres, 1818), 185–187, 248–250, 259–260 . — *Lloyd's register of British*

and foreign shipping (Londres), 1838–1839.— W. L. Clowes, *The Royal Navy ; a history from the earliest times to the present* (7 vol., Londres, 1897–1903), 6 : 508. — B. D. Fardy, *Captain David Buchan in Newfoundland* (St John's, 1983). Il s'agit d'une relation intéressante mais historiquement imprécise. [W. K.] — C. R. Fay, *Life and labour in Newfoundland* (Toronto, 1956). — Prowse, *Hist. of Nfld.* (1895), 384–411. — F. G. Speck, *Beothuk and Micmac* (New York, 1922 ; réimpr., 1981), 49–50. — Edward Curran, « David Buchan – explorer », *Nfld. Quarterly,* 52 (1953), n° 1 : 26–28. — L. F. S. Upton, « The extermination of the Beothucks of Newfoundland », *CHR,* 58 (1977) : 133–153 ; « A portrait by Shanawdithit », *Nfld. Quarterly,* 73 (1977), n° 2 : 44.

BULL, GEORGE PERKINS (il avait peut-être un troisième prénom : **Bothesby**), imprimeur, libraire, éditeur, journaliste et fonctionnaire, né le 14 juin 1795 à Drogheda (république d'Irlande), fils du capitaine Joseph Bull ; le 28 juin 1818, il épousa Dorothea Burland, et ils eurent quatre fils ; décédé le 5 décembre 1847 à Hamilton, Haut-Canada.

George Perkins Bull était issu d'une famille de militaires dont les ressources étaient très modestes. Son père et son frère Richard étaient officiers dans les dragons légers ; George, quant à lui, reçut une formation d'imprimeur à Dublin. Dès 1823, il était devenu assez prospère pour prendre à sa charge les deux enfants de Richard. En 1827, il devint éditeur de l'*Antidote, or Protestant Guardian,* périodique de Dublin dont le rédacteur en chef était Ogle Robert Gowan*. Orangistes tous les deux, ils essayèrent d'assurer dans ce journal une défense de dernière heure aux protestants dont les privilèges étaient menacés par l'émancipation des catholiques. La parution de l'*Antidote* prit fin lorsque Bull fut contraint de purger une peine d'emprisonnement d'un an pour diffamation contre un prêtre catholique. Au même moment Bull rompit avec Gowan. Ce dernier avait sans aucun doute abusé de Bull, mais leur différend venait surtout d'une incompatibilité de caractères entre l'homme doué et haut en couleur qu'était Gowan et le travailleur acharné à l'imagination moins fertile qu'était Bull. Celui-ci se vengea en menant contre Gowan une campagne qu'il allait poursuivre une fois établi au Nouveau Monde.

Bull partit pour le Bas-Canada à la fin de 1831 et s'installa à Montréal. Il se lança d'abord en affaires à titre d'« imprimeur, papetier et libraire » et, par la suite, il entreprit la publication du *London and Canada Record.* Gowan, qui s'était installé deux ans plus tôt dans le comté de Leeds, Haut-Canada, était parvenu à réunir la plupart des orangistes canadiens sous son leadership dans la Grand Orange Lodge of British North America, fondée le 1er janvier 1830. La première intention de Bull fut de ruiner l'œuvre de Gowan. Aussi s'employa-t-il à convaincre les orangistes montréalais que Gowan était un imposteur et qu'il avait mauvaise réputation, ce qui amena les orangistes du Bas-Canada à rompre leurs relations avec la loge de Gowan et à établir des liens directs avec la grande loge du Royaume-Uni. Bull devint temporairement le maître de la Montreal Lodge No. 434. Au cours de l'année 1832, Gowan réussit à se disculper suffisamment des accusations que Bull avait publiées dans la presse du Haut-Canada pour conserver l'estime de ses disciples et même obtenir des témoignages de confiance de la grande loge britannique.

Bull s'efforça de se tailler une situation à Montréal en donnant son appui au parti des bureaucrates. Il servit à titre de constable spécial dans les bagarres électorales de 1832 et de témoin de la couronne dans les procès qui suivirent. Malgré tout, selon les termes d'une pétition qu'il adressa le 20 juin 1833 à sir John Colborne*, lieutenant-gouverneur du Haut-Canada, il n'avait pas « reçu suffisamment d'encouragement » pour demeurer à Montréal et il était parti pour York (Toronto). Sa pétition à Colborne, qui donnait comme références les noms de plus de 40 gentilshommes, aristocrates, magistrats et membres du clergé, tous orangistes, témoigne de l'empressement avec lequel il utilisait ses relations orangistes. Même s'il ne reçut aucune aide de Colborne, Bull fut en mesure de fonder en juillet 1834 le *Recorder and General Advertiser* de Toronto, journal important qui prit la défense des intérêts des tories aux élections de 1834.

Bull s'empressa de rapporter dans le *Recorder* la violence exercée au cours du scrutin qui se déroula dans le comté de Leeds, violence qui entraîna l'invalidation de l'élection de Gowan. C'est peut-être à cause de leur querelle continuelle qu'Allan Napier MacNab*, un autre adversaire obstiné de Gowan, invita Bull à fonder un journal tory à Hamilton en 1835. La *Hamilton Gazette,* journal de ton modéré que Bull fit paraître deux fois la semaine et qui se voulait le porte-parole du torysme de la Haute Église, connut un succès moyen. Au milieu des années 1840, toutefois, le dynamisme du *Journal and Express*, journal réformiste de Solomon Brega, convainquit les tories de Hamilton du besoin d'une voix plus énergique que la *Hamilton Gazette,* dont les intérêts semblaient se porter de plus en plus vers la théologie. Le 15 juillet 1846, le *Hamilton Spectator, and Journal of Commerce,* fondé par Robert Reid Smiley*, commença à défendre la cause tory. Bull, nommé coroner du district de Gore le 19 juin 1846, continua de publier la *Hamilton Gazette* jusqu'à sa mort, l'année suivante. L'un des trois fils qui lui survivaient, Harcourt Burland, prit alors la relève et assura la parution du journal jusqu'à ce qu'il soit absorbé par le *Hamilton Spectator* au milieu des années 1850.

Fils d'un officier de l'armée, George Perkins Bull, même sans fortune, put maintenir son rang social en se taillant une place dans le journalisme politique. Dans

le conflit qui l'opposa à Gowan, comme dans la plupart de ses écrits, il a adopté le ton d'un honnête homme outré par la suffisance arrogante de ses ennemis personnels et politiques. Cette attitude, associée à la pratique d'un journalisme populaire et efficace, lui permit de s'assurer la sécurité et les contacts politiques qu'il recherchait.

HEREWARD SENIOR

AO, MU 1857, n° 2311 ; RG 22, sér. 205, n° 740. — APC, MG 11, [CO 42] Q, 202-1 : 17–18 ; MG 27, I, E30 ; RG 5, A1 : 71753–71756.—G.-B., Parl., House of Commons paper, 1835, 17, n° 605, *Report from the select committee appointed to inquire into the origin, nature, extent and tendency of Orange institutions in Great Britain and the colonies,* app., n° 23 : 396. — *Interesting trial : Hopkins against Gowan, Wexford spring assizes, March 14, 15, 1827* [...] (Dublin, 1827 ; réimpr., Kingston, Ontario, et Toronto, 1837 ; copie à la Queen's Univ. Library, Special Coll. Dept., Kingston). — *Brockville Gazette* (Brockville, Ontario), 21 juin, 16 août 1832. — *Church,* 10 déc. 1847. — *Constitution,* 14 juin 1837. — *Hamilton Gazette, and General Advertiser* (Hamilton, Ontario), 1835–1847. — *Recorder and General Advertiser* (Toronto), 14 mai, 6 juin 1835. — *St. Catharines Journal,* 16 déc. 1847. — *Vindicator* (Montréal), 2 avril 1832. — *Death notices of Ont.* (Reid). — *DHB.* — Hereward Senior, *Orangeism, the Canadian phase* (Toronto, 1972), 41–42, 48.

BULLER, CHARLES, fonctionnaire et homme politique, né le 6 août 1806 à Calcutta, fils aîné de Charles Buller et de Barbara Isabella Kirkpatrick ; décédé célibataire le 29 novembre 1848 à Londres.

Décrit par l'historien Thomas Carlyle comme un homme aux « principes élevés et [à la] conduite honorable » qui avait l'« air enjoué, aimable et charmant », Charles Buller possédait l'« authenticité », la « probité et le savoir-vivre parfaits » de son père, employé de l'East India Company, de même que l'esprit et l'imagination de sa mère, une personne « gracieuse, désinvolte, ingénieuse [et] intelligente ». Il étudia à Harrow de 1819 à 1821 puis, jusqu'en 1823, suivit des cours pendant plusieurs trimestres à l'University of Edinburgh. De 1822 à 1825, il reçut, comme son frère Arthur William*, des leçons particulières de Carlyle. Ce dernier dut se remettre au latin et au grec pour se maintenir au niveau de Charles, « un prodige [...] fort docile, intelligent, joyeux et bien apprécié ». Buller obtint son baccalauréat ès arts du Trinity College de Cambridge en 1828, puis se consacra à l'étude du droit. On l'admit au barreau en 1831, mais il n'exerça pas immédiatement.

Buller se tourna plutôt vers la politique et le journalisme. Au Parlement, en 1830–1831, il représenta West Looe, la circonscription où habitait sa famille, puis celle de Liskeard de 1832 à 1848. Radical populaire, il appuya de nombreuses mesures réformistes. En 1836, il proposa la formation et assuma la présidence d'un comité spécial d'enquête sur l'état des archives gouvernementales. Plus tard, il dirigea un comité chargé d'étudier la loi électorale de l'Irlande. Il en vint aussi à s'intéresser de plus en plus aux questions coloniales. Même si parfois on le critiqua pour sa légèreté au Parlement, Buller savait être sérieux et grave. Autant il avait la parole facile, autant il maniait la plume avec habileté. Il écrivit pour des journaux et dirigea même à Londres, avec Henry Cole, un hebdomadaire, le *Guide to Knowledge* ; il contribua également à l'*Edinburgh Review* et à la *Westminster Review,* et signa de nombreuses brochures.

En janvier 1838, on offrit à Buller de devenir le premier secrétaire de lord Durham [LAMBTON], qui venait d'être nommé gouverneur en chef de l'Amérique du Nord britannique, avec mission d'enquêter sur le gouvernement du Haut et du Bas-Canada après l'insurrection de 1837. Buller refusa d'abord le poste mais, convaincu par Durham, il changea d'idée. Il s'embarqua pour Québec en avril 1838, après la répression du soulèvement, en compagnie de son frère Arthur William et de Durham. Ce départ tardif l'inquiétait cependant, car il rendait moins urgente la mission du gouverneur et moins nécessaires les pouvoirs extraordinaires dont on l'avait investi. Au contraire de Durham, qui selon lui « en voulait trop aux Canadiens français en raison de leur récente insurrection », Buller était bien disposé à leur égard et croyait plutôt que de « longues années d'injustice » et « la déplorable ineptie de [la] politique coloniale » britannique les avaient poussés à se rebeller. Le premier secrétaire nota que Durham, même s'il était prêt à tempérer sa justice de pitié, avait décidé « qu'il ne [fallait] faire aucun quartier aux absurdes prétentions raciales, et qu'il [devait] viser à rendre le Canada entièrement britannique ». Pour le reste, Buller appréciait son supérieur, dont il jugeait favorablement le caractère, les actions et les réalisations, et qui s'était montré « invariablement aimable [... envers lui] dès le début » et « très réceptif aux bons conseils ».

Peu après son arrivée à Québec, Durham remplaça tous les membres du Conseil exécutif du Bas-Canada et forma plusieurs sous-commissions chargées d'étudier des problèmes particuliers et de rassembler des informations en vue de l'établissement de son rapport final. Buller entra au Conseil exécutif le 2 juin et au Conseil spécial le 28 du même mois ; on le mit de plus à la tête de certaines sous-commissions, mais il délégua son autorité. Ainsi, même si on l'avait désigné au début de juin pour diriger l'enquête sur les terres de la couronne et l'immigration en Amérique du Nord britannique, ce furent plutôt les commissaires adjoints, Richard Davies Hanson et Charles Franklin Head, qui supervisèrent le travail, accompli principalement par Edward Gibbon Wakefield*. Il en fut de même pour la commission sur les institutions munici-

pales qu'on lui confia le 25 août : ses adjoints William Kennedy et Adam Thom* firent le gros de l'enquête et établirent le rapport. À titre de premier secrétaire, Buller devait principalement seconder Durham dans l'administration interne de la colonie. Il accompagna donc le gouverneur à Montréal et à Niagara (Niagara-on-the-Lake, Ontario) en juillet, mais pour des raisons de santé il ne put le suivre à Toronto, à Kingston et à Prescott. De retour à Montréal, Buller mit au point les modalités de commutation des droits seigneuriaux détenus par le séminaire de Saint-Sulpice ; vers la fin d'octobre, il conclut une entente à ce sujet avec le supérieur de l'établissement, Joseph-Vincent Quiblier*.

Buller avait aussi pour tâche de conseiller Durham au sujet du sort qu'il fallait réserver aux rebelles bas-canadiens emprisonnés. Buller et le conseiller juridique Thomas Edward Michell Turton craignaient qu'un procès n'ameute l'opinion et qu'il soit difficile de former un jury impartial ; ils suggérèrent donc de punir les chefs du soulèvement au moyen d'une loi rétroactive. Durham rejeta d'abord cette idée mais, comme il était forcé de se reposer énormément sur Buller, il finit par mettre de côté ses réserves. Il décida donc de rédiger une ordonnance en vertu de laquelle on exilerait aux Bermudes, après avoir obtenu leurs aveux, huit des insurgés les plus coupables, et par laquelle on interdirait à ces patriotes et à ceux qui s'étaient réfugiés aux États-Unis de revenir au Bas-Canada. Cette ordonnance devait être accompagnée d'une proclamation qui amnistierait les autres prisonniers, sauf ceux qui avaient commis un meurtre. De Québec, on dépêcha Buller à Montréal pour qu'il y recueille un appui politique en faveur de la décision de Durham et pour qu'il obtienne les aveux des coupables, avec l'aide de John Simpson*, un fonctionnaire qui avait la confiance des patriotes. Il semble que la majorité des habitants du Bas-Canada finirent par approuver l'ordonnance, ratifiée le 28 juin par le Conseil spécial.

Dès le 7 septembre cependant, on constata que l'opinion anglaise et bas-canadienne critiquait de plus en plus certains aspects de la mission de Durham. Malade et découragé, ce dernier songeait à démissionner mais, compte tenu des attentes considérables que sa mission avait partout soulevées, Buller le pria de rester à son poste. Il écrivit à Durham : « les raisons qui, selon vous, expliquent votre échec ou justifient votre démission [...] ne seront pas jugées suffisantes ». Faisant preuve de réalisme politique, il remarqua que Durham ne pouvait pas compter sur le soutien des tories de Grande-Bretagne ni sur celui du gouvernement de lord Melbourne. Quand le gouverneur en chef apprit plus tard, toujours en septembre 1838, qu'on avait rejeté son ordonnance et que le gouvernement britannique ne l'avait pas appuyé dans le débat, il se démit de sa charge. Buller estima alors que

Durham n'avait par reçu l'appui désiré parce qu'il n'avait pas su renseigner le gouvernement de façon adéquate. Il donna son acquiescement à la démission, « un acte qui découlait d'une dure et triste nécessité ». Du reste, il se rendait compte que la mauvaise santé et l'« agitation nerveuse » de son supérieur exigeaient aussi son départ pour l'Angleterre. Il aurait aimé cependant que Durham regagne son pays via les États-Unis, où il aurait reçu des honneurs salutaires pour sa crédibilité politique.

Buller resta au Bas-Canada pour rassembler des documents aux fins de la rédaction des rapports des sous-commissions et ne fut de retour en Angleterre que le 21 décembre 1838. La paternité du rapport final lui fut attribuée, peut-être par lord Brougham, un adversaire de Durham, mais Buller déclara qu'il s'agissait là d'une affirmation gratuite. Effectivement, même s'il avait de belle façon aidé son chef à compiler les documents et peut-être à rédiger certaines parties du rapport, celui-ci fut bel et bien l'œuvre de Durham. Buller tenait à réparer l'injustice dont ce dernier était victime ; néanmoins, après sa rentrée en Angleterre, il cessa de le défendre pour respecter les désirs de Durham lui-même, qui ne voulait pas compromettre les intérêts du Canada.

Buller reprit sa carrière d'homme politique. Il commença aussi à pratiquer le droit devant le comité judiciaire du Conseil privé, et s'occupa d'appels qui provenaient des colonies et des Indes. Pendant une partie de l'année 1841, il fut secrétaire du Board of Control. Le gouvernement whig de lord John Russell le nomma juge-avocat général en 1846. L'année suivante, Buller accepta le poste de commissaire en chef de l'assistance publique, « avec l'espoir de faire du bien ». Au Parlement, il exprima son opinion sur le scrutin secret, la question irlandaise, la taxe d'Église, l'éducation nationale, les lois sur l'assistance publique, les *Corn Laws*, l'impôt sur le revenu et la dépréciation de la pièce d'or.

Buller continuait de s'intéresser aux colonies britanniques. En 1843, il déclara avec éloquence que la colonisation était « un moyen pour les colonies d'augmenter chez elles et ailleurs les possibilités d'utilisation du capital et de la main-d'œuvre », et il ajouta : « la colonisation de grande envergure est un remède approprié contre les maux de notre société, et un remède qui tend à favoriser et à augmenter l'efficacité de tout autre remède ». Dans une brochure, *Responsible government for colonies*, Buller traita des arrangements politiques possibles avec les colonies ; selon lui, « l'union des Canadas entraînait comme conséquence nécessaire [l'adoption du] gouvernement responsable ». Dans la même brochure, Buller, qui voulut garder l'anonymat pour pouvoir s'exprimer librement, développa également les idées de Durham qui avaient été les moins bien comprises et les plus déformées. En plus d'expliquer et de définir le

rôle du gouverneur dans une colonie régie par un gouvernement responsable, il y attaqua avec vigueur le ministère des Colonies. Par ses écrits et ses discours aux Communes, peut-on affirmer, Buller contribua à la réforme de la politique coloniale.

Charles Buller mourut prématurément d'une attaque de typhus consécutive aux « maladresses d'un chirurgien ». Les chefs de file libéraux et réformistes regrettèrent sa disparition. Carlyle fit son éloge et le décrivit comme un « homme fort honnête » et comme « le radical le plus aimable qu'[il ait] jamais rencontré ». On fit de lui un buste, qui se trouve aujourd'hui dans l'abbaye de Westminster. En 1860, sir Edward George Earle Lytton Bulwer-Lytton rappela son souvenir dans un poème intitulé *St. Stephen's : a poem* : « Adieu, subtil humoriste, raisonneur encore plus subtil / Pétulant comme Luttrell, logique autant que Mill. »

HEATHER LYSONS-BALCON

Charles Buller est l'auteur de « Sketch of Lord Durham's mission to Canada » ; manuscrit conservé aux APC dans le fonds Buller (MG 24, A26). Il a été publié dans « The Durham papers », APC *Report*, 1923 : 341–369. La correspondance de Buller avec divers personnages en Amérique du Nord britannique est conservée aux APC (MG 24, A2 ; A17 ; B2 ; B14 (mfm)). Buller est l'auteur de *Responsible government for colonies* (Londres, 1840) qui parut d'abord dans la *Colonial Gazette* (Londres) de déc. 1839 à févr. 1840 et qui fut réimprimé dans *Charles Buller and responsible government*, E. M. Wrong, édit. (Oxford, Angl., 1926). Les chapitres VI et VII ont également été réimprimés dans E. G. Wakefield, *A view of the art of colonization, with present reference to the British empire ; in letters between a statesman and a colonist* (Londres, 1849). D'autres publications de Buller sont recensées dans le *British Library general catalogue*.

[J. G. Lambton, 1er comte de] Durham, *Lord Durham's report on the affairs of British North America*, C. P. Lucas, édit. (3 vol., Oxford, 1912 ; réimpr., New York, 1970). — Desjardins, *Guide parl.* — *DNB.* — H. J. Morgan, *Sketches of celebrated Canadians.* — C. W. New, *Lord Durham ; a biography of John George Lambton, first Earl of Durham* (Oxford, 1929). — S. J. Reid, *Life and letters of the first Earl of Durham, 1792–1840* (Londres, 1906).

BUREAU, PIERRE, homme d'affaires et homme politique, né le 9 octobre 1771 à L'Ancienne-Lorette, Québec, fils de Jean-Baptiste Bureau et d'Angélique Allain ; le 12 juillet 1791, il épousa à Québec Geneviève Gilbert ; décédé le 6 juin 1836 à Trois-Rivières, Bas-Canada.

En décembre 1800, Pierre Bureau publie une annonce dans *la Gazette de Québec* « pour faire connoître au Public, et à Messieurs les Voyageurs en particulier », sa maison avec écuries située à Sainte-Anne-de-la-Pérade (La Pérade), où « ils trouveront de bons lits et des meilleurs vins et autres liqueurs,

Burpe

ainsi que tous les autres objets convenables pour leur réception, à un prix raisonnable ». À ce moment, et jusqu'en 1808, Bureau tient un relais de poste et agit aussi à titre de passeur sur la rivière Sainte-Anne. En 1810, il est poursuivi en justice par le seigneur de l'endroit, Charles-Louis Tarieu* de Lanaudière, mais gagne sa cause.

En décembre 1810, Bureau se propose de présenter à la chambre d'Assemblée une requête afin d'obtenir le droit exclusif de construire un pont à péage sur la rivière Sainte-Anne. Toutefois, son projet ne semble pas avoir de suite, puisqu'il s'installe à Trois-Rivières peu après. C'est d'ailleurs à titre de résident de cette ville qu'il demande à l'Assemblée, en 1815, la permission de construire un pont sur la rivière Champlain.

Le fait que Bureau se soit établi à Trois-Rivières à titre de marchand ne l'empêche pas de conclure des affaires à Québec et d'agir en qualité de procureur en certaines occasions. Par exemple, en février 1809, il vend 400 quintaux de farine à un maître boulanger de la haute ville. Sept ans plus tard, la vente d'une maison de deux étages, rue Saint-Charles dans la basse ville, lui rapporte £600. Il effectue également quelques transactions avec John NEILSON, imprimeur et propriétaire de la Gazette de Québec.

Les affaires de Bureau vont bon train, du moins jusqu'en 1820. En mars de cette année-là, Daniel ARNOLDI le poursuit en justice et il se voit dans l'obligation de se départir de quatre maisons et de quatre terrains situés à Trois-Rivières. En 1821, des marchands de Québec, Jacques et Joseph Leblond, lui intentent également des poursuites. En conséquence, la cour ordonne la saisie d'une partie de l'île Saint-Ignace et de l'île Sainte-Marguerite, de trois terres à Sainte-Anne-de-la-Pérade, dont une comporte deux maisons et plusieurs bâtiments de ferme.

Le 18 février 1819, Bureau a été élu député de Saint-Maurice à la chambre d'Assemblée ; il remplace alors Louis GUGY, nommé conseiller législatif. Il entre en fonction le 19 mars mais, dès le 2 avril, on conteste son élection. À ce propos, Isaac Ogden lit en chambre une requête d'Étienne Ranvoyzé* et d'autres électeurs de la circonscription. Bien que Bureau ait obtenu le plus grand nombre de voix, les opposants prétendent qu'on l'a illégalement proclamé élu et qu'il a contrevenu aux lois de la province. On l'accuse d'avoir soudoyé des personnes pour les empêcher de voter ou d'en avoir récompensé d'autres pour obtenir leurs voix. Enfin, on lui reproche d'avoir ouvert et soutenu à ses frais des auberges et des tavernes pendant l'élection.

La chambre, par résolution, nomme alors trois commissaires chargés d'entendre les témoins des personnes mises en cause. En juin suivant, les auditions ont lieu dans les presbytères des paroisses de Champlain et de Yamachiche. Il semble que Pierre

Bureau ait eu gain de cause puisque, aux élections générales tenues en mars 1820, il est réélu dans sa circonscription, avec Louis Picotte* comme colistier. Dès le mois de décembre suivant, Bureau se prononce contre une motion qui vise à faire publier le résultat des votes de la chambre. Quatre ans plus tard, il est mêlé aux discussions qui entourent le Canada Trade Act. Le groupe que dirige le député Louis Bourdages* réussit à obtenir que l'on charge un comité spécial d'enquêter sur les répercussions possibles de cette loi. Quelques jours plus tard, Bureau se rallie à Louis-Joseph Papineau*. Il sera d'ailleurs du nombre des partisans de ce dernier à l'occasion de l'élection à la présidence de la chambre d'Assemblée en 1825. Il appuie en 1830 une motion qui propose le versement d'une indemnité aux députés pour leurs frais de voyage et de séjour à Québec durant les sessions parlementaires. Il se prononce aussi en faveur des nouvelles mesures concernant la milice. L'année suivante, il approuve deux résolutions très hostiles au Conseil législatif et favorise la création d'un Conseil législatif électif. Toujours en 1831, il appuie la loi des fabriques [V. Louis Bourdages]. Au total, Bureau participe à 14 comités parlementaires et se montre très assidu en chambre, où il siège jusqu'à son décès.

SONIA CHASSÉ

ANQ-MBF, CE1-48, 8 juin 1836 ; CN1-32, 14 avril 1817 ; CN1-56, 24, 26 sept. 1823, 17 mars 1824, 1er mars 1827, 5 oct. 1829 ; CN1-91, 20 oct. 1801, 29 mars 1802, 18 mars 1803, 25 août, 26 oct., 9 nov. 1804, 25 janv. 1805, 4 juin, 9 août 1806, 22 févr., 21 sept., 10 déc. 1807, 24 oct. 1808, 25 févr. 1809, 25 mai, 29 juill., 22 nov. 1810, 17 sept. 1811, 22 févr., 26 avril 1812. — ANQ-Q, CE1-1, 12 juill. 1791 ; CE1-2, 10 oct. 1771 ; CN1-16, 12 oct. 1808, 13 févr. 1809, 6 sept. 1816 ; CN1-230, 10 juill. 1791 ; P-192. — B.-C., chambre d'Assemblée, Journaux, 1819-1820. — La Gazette de Québec, 25 déc. 1800, 14 nov. 1805, 9 juin 1808, 30 août 1810, 17, 24 janv., 11 avril 1811, 14 janv. 1813, 8 juin, 23 nov. 1815, 8 févr., 14, 21 mars, 4 avril, 27 juin, 7 nov. 1816, 11 sept., 4, 11 déc. 1817, 5 oct. 1818, 25 févr., 11 mars, 5, 19 avril, 17, 31 mai 1819, 9, 13, 16 mars, 13, 20, 24 avril, 10 juill., 21 août, 11 déc. 1820, 31 mai, 2 août, 13 sept., 22 nov., 10, 17, 27 déc. 1821, 25 juill., 5 déc. 1822, 27 nov. 1823, 4 mars 1824, 10 juin 1836. — F.-J. Audet, les Députés de Saint-Maurice (1808-1838) et de Champlain (1830-1838) (Trois-Rivières, Québec, 1934). — Christine Chartré et al., Répertoire des marchés de construction et des actes de société des Archives nationales du Québec à Trois-Rivières, de 1760 à 1825 ([Ottawa], 1980). — Maurice Grenier, « la Chambre d'Assemblée du Bas-Canada, 1815-1837 » (thèse de M.A., univ. de Montréal, 1966). — L.-S. Rheault, Autrefois et Aujourd'hui à Sainte-Anne de la Pérade (Trois-Rivières, 1895).

BURPE (Burpee), DAVID, fermier, juge de paix, juge et fonctionnaire, né le 22 avril 1752 à Rowley, Massachusetts, fils aîné de Jeremiah Burpe, charpentier, et de Mary Saunders ; le 1er janvier 1778, il épousa Elizabeth Gallishan, et ils eurent sept fils et sept filles ; décédé le 31 mai 1845 à Maugerville, Nouveau-Brunswick.

David Burpe dut recevoir sa formation scolaire dans le Massachusetts, car après 1763 il eut sûrement peu de chances de poursuivre des études. Cette année-là, son père se joignit à Israel Perley* et à d'autres pour aller fonder l'établissement de Maugerville, dans ce qui était alors la colonie de la Nouvelle-Écosse. Faisait aussi partie du groupe le grand-père de David, Jonathan Burpe. Cet homme assez âgé devint le premier diacre de la communauté congrégationaliste qu'on ne tarda pas à organiser dans le nouvel établissement. Dans les premières années, on administra Maugerville comme une communauté traditionnelle de la Nouvelle-Angleterre : un conseil exerçait le pouvoir civil, et l'ordre social relevait de l'Église.

À la mort de ses parents, Burpe, alors âgé de 19 ans, dut assumer la responsabilité de ses sept frères et sœurs. Déjà, les traits de sa personnalité adulte se manifestaient : actif, réservé, prudent et méthodique. Tout en s'acquittant des travaux de la ferme, il s'astreignait à la tenue d'un journal qui, s'il témoigne de sa culture et de son souci du détail, demeure néanmoins muet sur ses idées et ses ambitions. Le livre de comptes où sont inscrits tous les articles qu'il a achetés ou vendus de 1772 à 1784 s'avère une source importante de renseignements pour les historiens. Il permet en effet de voir à quel point le prix des marchandises et des services a fluctué à l'époque de la Révolution américaine dans un milieu où l'argent était rare et le troc, pratique commune. Les historiens lui sont en outre redevables d'avoir dressé soigneusement la liste des biens laissés par son grand-père en 1781 ; elle jette une lumière exceptionnelle sur le style de vie que pouvait mener dans ces régions éloignées un fermier relativement bien nanti.

La famille Burpe partageait les sentiments antibritanniques de leurs anciens compatriotes du Massachusetts, et il est bien possible que David ait joué un certain rôle dans l'organisation du soutien que Maugerville offrit au nouveau gouvernement de cet état en 1775. L'année suivante, Edward Burpe, l'un de ses jeunes frères, se joignit à l'expédition de Jonathan Eddy* contre le fort Cumberland (près de Sackville, Nouveau-Brunswick). En 1777, on posta une garnison britannique au fort Howe (Saint-Jean) et, six ans plus tard, les loyalistes américains prirent possession d'un grand nombre de fermes de Maugerville. La majorité de ces nouveaux venus n'avaient aucune raison de respecter les sentiments des « rebelles », et les anciennes familles, pour leur part, voyaient d'un mauvais œil les faveurs accordées à ces intrus. Troublés par les changements survenus dans leur milieu et inspirés par les théories *New Light* de Henry Alline*, qui avait tenu des assemblées de « réforme » à Maugerville en 1779 et 1781, certains parmi les anciens s'isolèrent dans une ferveur religieuse sectaire. Parmi eux se trouvaient les disciples d'Archelaus Hammond, lequel préconisait un antinomisme qui menait à des formes bizarres de culte.

Même si Burpe, fidèle aux idées conservatrices *Old Light* de son grand-père Jonathan, n'était pas disposé à faire des concessions aux *New Lights* sur les questions théologiques, il s'employa à combattre les divisions profondes dans son groupe et s'avéra une influence modératrice entre les loyalistes nouvellement arrivés et les anciens habitants. En 1787, Jacob Barker fils et lui furent nommés juges de paix du comté de Sunbury dont faisait partie le canton de Maugerville, alors partagé entre les paroisses de Maugerville et de Sheffield. C'étaient des postes de privilège, car l'autorité ne relevait plus d'un conseil formé selon le modèle de la Nouvelle-Angleterre mais des juges qui se réunissaient à la Cour des sessions générales pour administrer les affaires du comté.

La division du canton de Maugerville, effectuée en 1786, fut renforcée par les différences d'appartenance religieuse. Les loyalistes anglicans étaient en majorité dans la paroisse de Maugerville, tandis que dans Sheffield les anciens habitants prédominaient. Lorsque l'Église d'Angleterre réclama le lot public sur lequel se trouvait le vieux temple dont le style rappelait ceux de la Nouvelle-Angleterre, Burpe et Barker prirent l'initiative de déplacer la bâtisse, en 1789, jusqu'à un lot public situé dans la paroisse de Sheffield, à plusieurs milles en aval, en le traînant sur la glace de la rivière avec soixante paires de bœufs. Les membres de l'Église congrégationaliste signèrent un nouveau covenant cette année-là. Ils descendaient tous d'un petit nombre de familles de la Nouvelle-Angleterre, mais leur Église recevait aussi le soutien d'immigrants écossais et d'autres non-conformistes, dont quelques loyalistes. Pour des raisons inconnues, quoiqu'il semble probable que ce soit parce qu'il s'en jugeait indigne, Burpe ne devint pas, selon les termes de la constitution congrégationaliste, membre de son Église avant 1805, même s'il occupait la fonction de secrétaire et participait à tous les comités importants. La congrégation invita John James, un méthodiste calviniste d'Angleterre, à devenir son pasteur.

Le ministère de James se termina d'une manière désastreuse. En 1792, après qu'on l'eut accusé d'ivrognerie, d'entretenir des relations avec des personnes de mœurs douteuses et finalement d'avoir eu une « conduite scandaleuse » à l'endroit d'une jeune femme, James joignit les rangs de l'Église d'Angleterre. C'est seulement le 6 août 1793 que les non-conformistes réussirent à reprendre possession du presbytère ainsi que du temple dont il faisait partie lorsque Burpe, qui trouva les lieux temporairement vacants, y entra et défia les autorités de l'en déloger. Déjà, à ce moment, le fossé entre les anglicans et les non-conformistes était devenu infranchissable. L'a-

Burrows

version de ces derniers pour l'exclusivisme anglican fit du comté de Sunbury le centre d'opposition aux politiques du lieutenant-gouverneur Thomas Carleton*. C'est peut-être à cette époque que Burpe commença à se lier avec Samuel Denny Street*, principal opposant du gouvernement après James Glenie*. Ces liens s'avérèrent utiles tant à Burpe qu'à Street.

Durant les trois premières décennies du XIXe siècle, Burpe fut l'un des juges les plus actifs du comté. Il devint juge de la Cour inférieure des plaids communs et s'acquitta de nombreuses tâches de routine : interroger des témoins, signer des cautions et obliger certaines personnes à respecter l'ordre public. En 1814, il devint juge du quorum et se servit de son poste pour contourner l'article de la loi sur le mariage qui obligeait les non-conformistes à se marier devant un ministre anglican. Entre janvier 1815 et septembre 1835, il célébra 124 mariages civils dans Sheffield. Il agit également à titre de vérificateur des comptes du comté.

La participation de Burpe aux affaires publiques était motivée par un solide attachement aux valeurs religieuses et sociales du puritanisme qui s'était développé en Nouvelle-Angleterre au XVIIe siècle. Relativement jeune encore, il devint connu sous le nom de « squire » Burpe, sorte de personnage patriarcal dont tous les efforts tendaient à restaurer la prospérité de la congrégation non conformiste et à maintenir la théologie calviniste ainsi que les formes traditionnelles de culte, malgré les demandes des New Lights, des méthodistes et des baptistes. Ses efforts portèrent fruit en 1820 : la congrégation de Sheffield, réorganisée et, à cette époque, affiliée à l'Église d'Écosse, reçut une petite partie de la terre qu'on avait réservée à l'Église au moment de la fondation du canton de Maugerville et elle obtint finalement d'Écosse un pasteur résidant permanent. Elle recouvra par la suite son identité congrégationaliste jusqu'au moment où elle adhéra à la United Church of Canada en 1925.

Lorsque David, fils de David Burpe, mourut en 1830, il eut droit à une longue notice nécrologique dans les journaux de la province. Il avait beau être trésorier du comté et diacre de l'Église, la chronique publiée rendait en réalité hommage à son père, qui était alors dans sa soixante-dix-huitième année et occupait toujours ses fonctions de juge. Parmi les documents que laissa le vieux David lorsqu'il mourut à l'âge de 93 ans, il y en a un, intitulé « Record Book kept by the Town Clerk of Sheffield Sunbury County 1767–1835 », qui est un monument digne de sa carrière ; Burpe avait conservé l'esprit de l'ancien canton de Maugerville et, en continuant de tenir les registres, il a permis aux générations suivantes de connaître l'histoire de la persévérance d'une communauté de pionniers.

D. MURRAY YOUNG

La satire politique écrite par Edward Winslow*, qui parut au Nouveau-Brunswick en 1795 sous le titre de *Substance of the debates, in the Young Robin Hood Society* [...], apparaît comme une satire à peine voilée de David Burpe. Ann Gorman Condon édita ce texte qui parut sous le titre de « The Young Robin Hood Society [...] », dans *Acadiensis* (Fredericton), 15 (1985–1986), no 2 : 120–143. Cependant, madame Condon n'a pas souligné le parallèle entre le personnage de Zedekiah T. et Burpe. [D. M. Y.]

APNB, MC 1, Burpee family ; MC 300, MS5/144 ; MS33/36 (« A copy of the record book kept by the town clerk of Sheffield, Sunbury County, 1767–1835 », William McLeod, édit. (copie dactylographiée, 1932) ; RG 3, RS307, C1, 10 avril 1787 ; RG 18, RS157. — Musée du N.-B., Sheffield, N.-B., papers, David Burpe, « Record Book kept by the Town Clerk of Sheffield Sunbury County 1767–1835 » (mfm aux APNB). — UNBL, MG H9, F. M. Miles, « Maugerville School, 1763–1951 » (copie dactylographiée, 1951). — « Documents of the Congregational Church at Maugerville », N.B. Hist. Soc., *Coll.*, 1 (1894–1897), no 1 : 119–152 ; no 2 : 153–159. — « Documents relating to Sunbury County : David Burpee's diary », N.B. Hist. Soc., *Coll.*, 1, no 1 : 89–95. — *The Newlight Baptist journals of James Manning and James Innis*, D. G. Bell, édit. (Saint-Jean, N.-B., 1984). — « The Pickard papers », Gerald Keith, édit., N.B. Hist. Soc., *Coll.*, no 15 (1959) : 55–78. — « Sunbury County documents », N.B. Hist. Soc., *Coll.*, 1, no 1 : 100–118. — *Head Quarters, or Literary, Political, and Commercial Journal* (Fredericton), 4 juin 1845. — *Early settlers of Rowley, Massachusetts : a genealogical record of the families who settled in Rowley before 1700 with several generations of their descendants*, G. B. Blodgette, compil., A. E. Jewett, édit. (Rowley, 1933). — *The Stickney family : a genealogical memoir of the descendants of William and Elizabeth Stickney, from 1637 to 1869* (Salem, Mass., 1869). — MacNutt, *New Brunswick*. — W. D. Moore, « Sunbury County, 1760–1830 » (thèse de M.A., Univ. of N.B., Fredericton, 1977). — George Patterson, *Memoir of the Rev. James MacGregor, D.D.* [...] (Philadelphie, 1859). — R. W. Colston, « Old Sunbury [...] », *St. John Daily Sun* (Saint-Jean), 9 sept. 1898 : 6–7. — James Hannay, « The Maugerville settlement, 1763–1824 », N.B. Hist. Soc., *Coll.*, 1, no 1 : 63–88. — G. C. Warren, « Canada's pioneer missionary », *Tidings* (Wolfville, N.-É.), 70 (1944), no 11 : 3–5.

BURROWS, JOHN (nommé à l'origine **John Burrows Honey**), arpenteur, ingénieur, artiste et homme politique, né le 1er mai 1789, peut-être dans la paroisse de Buckland Monachorum, près de Plymouth, Angleterre, fils de Christopher Honey et d'Elizabeth Burrows ; le 7 juin 1809, il épousa dans la paroisse de Stoke Damerel (Plymouth) Ann Boden (Bowden), puis le 4 février 1833 Maria Elizabeth Hoskin, née Blake, et de ces mariages il eut six fils et cinq filles ; décédé le 27 juillet 1848 à Kingston, Haut-Canada.

John Burrows Honey exerça d'abord la profession d'ingénieur civil à Plymouth où il servit aussi dans une unité de milice, le Prince of Wales regiment. Cependant, selon un petit-neveu, William Thomas Rochester Preston*, il fut contraint de quitter le pays en raison de son radicalisme politique. En 1815 ou vers cette année-là, il immigra au Canada et s'établit dans le canton de Nepean (Ontario). Il retourna apparemment à Plymouth, mais il revint bientôt au Canada ; le 20 octobre 1817, il débarqua à Québec et se réinstalla dans le canton de Nepean, à l'endroit où se trouve aujourd'hui Ottawa. Grâce à sa compétence, Honey obtint un poste d'arpenteur à Hull, dans le Bas-Canada, en décembre 1820. L'année suivante, il se procura les titres de 200 acres de terre dans le canton de Nepean. Plus tard, ce lot allait être traversé par le canal Rideau et prendrait alors beaucoup de valeur, mais il n'appartiendrait plus à Honey, qui le vendit pour £95 à Nicholas Sparks* en septembre 1821.

Honey se fit connaître en travaillant à la construction du canal ; il faisait partie du personnel du lieutenant-colonel John BY. On l'avait engagé le 1er mars 1827 à titre d'inspecteur des travaux ; c'était là un poste de responsabilités, puisque l'inspecteur aidait le génie royal à mesurer et à évaluer le travail des différents entrepreneurs ainsi qu'à certifier des comptes. C'est à peu près à cette époque que Honey adopta le patronyme de Burrows ; on a dit que l'ancien radical voulait ainsi éviter d'être reconnu en Angleterre. En juin 1828, lorsqu'on congédia pour mauvaise conduite John Mactaggart*, le conducteur des travaux, By aurait nommé Burrows à son poste, plutôt que Nicol Hugh BAIRD, s'il avait eu plus d'expérience. Burrows avait d'ailleurs assumé les fonctions de Mactaggart en plusieurs occasions, quand ce dernier avait été malade, et il avait servi à titre de dessinateur et d'arpenteur dans le service du génie. Selon les termes mêmes de By, Burrows s'était rendu « extrêmement utile en toutes occasions ». Il n'est donc pas étonnant qu'au début de 1830 By ait recommandé qu'on porte son salaire de 7s 6d à 13s par jour, salaire qui égalait à 1s près celui du conducteur des travaux. On ne donna cependant pas suite à cette recommandation. En 1832, une fois le canal achevé, By nomma sans hésiter Burrows pour représenter la couronne devant le jury chargé d'examiner les réclamations des propriétaires terriens au sujet des inondations survenues le long du canal. Cette année-là, il devint également membre permanent dans le service du génie du Board of Ordnance à Bytown (Ottawa).

Peu après le début des travaux de canalisation, Burrows était devenu l'un des citoyens les plus en vue de Bytown. À partir de 1828, il fut conseiller municipal ; il garda son siège au conseil jusqu'en 1847. Il se maria pour la seconde fois en 1833, et sa correspondance témoigne de son dévouement en tant que mari et père. Ardent méthodiste, il bâtit la première chapelle de Bytown en 1827 ; après que le feu l'eut détruite, il mit sa maison à la disposition de la congrégation en attendant la construction d'une nouvelle chapelle. Burrows était un homme modéré, ce

qui ne l'empêchait pas d'aimer prendre un verre de vin de temps à autre avec sa femme.

En février 1837, Burrows possédait au moins 17 maisons dans Bytown ; il avait donc réussi à atteindre une certaine prospérité. Dans une lettre écrite cette année-là à sa sœur qui vivait en Angleterre, Maria Elizabeth Burrows parle du mauvais état de santé de son mari confiné à la maison pendant presque tout l'hiver à cause du rhumatisme et d'un lumbago. Malgré sa santé chancelante, Burrows continua tout de même à travailler à titre de surveillant des travaux au service du génie du Board of Ordnance jusqu'à sa mort. Pendant qu'il occupait ce poste, il reproduisit au crayon et à l'aquarelle différentes vues des écluses du canal, et cette série de dessins demeure un document historique fort utile. Il mourut le 27 juillet 1848 et fut enterré à Hull. Par la suite, on transféra ses restes à New Edinburgh (Ottawa).

Les services que John Burrows a rendus pendant la construction du canal Rideau et sa contribution à la vie de la communauté qui s'y développa sont considérables. Ses principes et sa ferveur religieuse ne furent jamais entachés d'intolérance ou de pharisaïsme.

EDWARD F. BUSH

Le cahier d'esquisses ou journal de John Burrows daté de 1827 est conservé par l'Ottawa, Hist. Soc., Bytown Museum and Arch. (Ottawa), JBUR ; une photocopie est disponible aux APC. Le journal a paru sous le titre de *Sights and surveys : two diarists on the Rideau*, Edwin Welch, édit. (Ottawa, 1979). Un bon nombre de ses dessins au crayon et à l'aquarelle qui représentent le canal Rideau sont reproduits dans R. W. Passfield, *Building the Rideau Canal : a pictorial history* (Don Mills [Toronto], 1982).

AO, MU 938, biog. information relating to John Burrows ; RG 22, sér. 155. — APC, MG 29, D106 ; RG 5, A1 : 48488, 65430 ; RG 8, I (C sér.), 43 : 236 ; 45 : 236. — PRO, WO 44/20 : 65–68 ; 44/23 : 249–252 (copies aux APC). — *Christian Guardian*, 9 août, 4 oct. 1848. — *Church*, 17 août 1848. — *Packet* (Bytown [Ottawa]), 29 juill. 1848. — Lucien Brault, *Ottawa old & new* (Ottawa, 1946). — E. F. Bush, *The builders of the Rideau Canal, 1826–32* (Canada, Direction des parcs et lieux hist. nationaux, *Travail inédit*, no 185, Ottawa, 1976), 89–93. — Blodwen Davies, *The charm of Ottawa* [...] (Toronto, 1932). — H. T. Douglas, « Bits and pieces, that's all ; ten thousand words concerning Ottawa and the Ottawa area » (copie dactylographiée, [Ottawa], 1969 ; copie à l'Ottawa, Hist. Soc., Bytown Museum and Arch.). — R. [F.] Legget, *Rideau waterway* (Toronto, 1955). — H. [J. W.] Walker et Olive [Moffatt] Walker, *Carleton saga* (Ottawa, 1968).

BURTON, JOHN, ministre méthodiste et baptiste, né en juillet 1760 dans le comté de Durham, Angleterre ; il épousa une prénommée Mary, aussi originaire d'Angleterre, et ils eurent un fils et une fille ; décédé le 6 février 1838 à Halifax.

Parti pour les États-Unis afin d'y œuvrer comme

Burton

missionnaire sous le patronage de la comtesse de Huntingdon, riche bienfaitrice de la cause méthodiste, John Burton s'arrêta à Halifax avec sa famille le 20 mai 1792. Dès son arrivée, on lui offrit la chaire de la chapelle de Philip Marchinton*. Il y prêcha jusqu'à l'automne de 1793 puis se rendit enfin aux États-Unis. Pendant qu'il se trouvait à Knowlton, dans le New Jersey, il embrassa les principes baptistes et reçut le baptême par immersion ; en janvier 1794, il était ordonné ministre baptiste. Ayant apparemment décidé de ne pas s'installer aux États-Unis, il rentra en Nouvelle-Écosse en juin.

Il semble qu'en 1794 Burton était le seul baptiste de Halifax, mais dès 1795 ses sermons avaient fait assez de convertis pour qu'une petite assemblée de fidèles se forme. En 1802, elle s'installait dans sa nouvelle chapelle construite, à l'intersection des rues Barrington et Buckingham, grâce à des fonds recueillis par Burton au cours d'une visite aux congrégations baptistes de la Nouvelle-Angleterre. Modelée sur le baptisme strict, la congrégation de Burton adhérait à la profession de foi de Philadelphie, credo calviniste rigide qui, notamment, restreignait la communion aux personnes baptisées par immersion. La petite congrégation était la seule dans toute la colonie à respecter à la lettre la doctrine et les pratiques baptistes les plus rigoureuses. Toutes les autres congrégations de la Nova Scotia Baptist Association (fondée en 1800) admettaient en effet des personnes non baptisées par immersion. En raison de ses principes, Burton tint sa congrégation à l'écart de l'association baptiste jusqu'en 1811, soit deux ans après que cet organisme ait finalement adopté le baptisme strict. Cependant, même s'il ne fut pas membre de leur association pendant nombre d'années, les baptistes le consultèrent souvent sur des questions de doctrine et d'organisation. En fait, il était si estimé qu'un an après son entrée dans l'association, celle-ci le choisit comme président.

Comme les prédicateurs Joseph DIMOCK, Edward Manning*, Harris Harding* et Richard Preston*, Burton contribua à l'essor remarquable que l'Église baptiste connut en Nouvelle-Écosse au début du XIXe siècle. En outre, par son travail auprès des baptistes noirs de la colonie, il combla en partie le vide créé par le départ de David George*, prédicateur noir qui s'était joint à l'exode vers la Sierra Leone en 1792. En fait, Burton assura la transition entre l'œuvre accomplie par George à la fin du XVIIIe siècle et celle qui allait être entreprise par Richard Preston dans les années 1820, car durant ce long intervalle il fut le seul prédicateur à prendre à cœur la santé morale des baptistes noirs de la Nouvelle-Écosse. En 1811, sa congrégation comptait 33 membres dont la plupart étaient des Noirs affranchis de Halifax ou des villages voisins de Preston et de Hammonds Plains. Carrément écartés ou simplement tolérés par les autres chrétiens de Halifax, les Noirs furent tout de suite accueillis

chaleureusement par la congrégation baptiste. L'association baptiste allait souvent envoyer Burton, connu peu à peu comme « apôtre des gens de couleur », en visite missionnaire dans les communautés noires des environs de Halifax. Même s'il était d'une pauvreté extrême, comme les autres membres de sa congrégation, on le voyait fréquemment se rendre chez les Noirs avec des provisions et du pain pour les démunis.

Durant et immédiatement après la guerre de 1812, quelque 2 000 réfugiés noirs quittèrent le sud des États-Unis sous la protection des Britanniques pour s'établir en Nouvelle-Écosse [V. Thomas Nickleson JEFFERY]. Comme Burton connaissait bien la communauté noire, le gouvernement néo-écossais en fit l'un des responsables des établissements de réfugiés situés à Hammonds Plains et à Preston ; il lui donna même les pouvoirs d'un magistrat pour qu'il puisse régler les questions juridiques. Non seulement les Noirs durent-ils faire face à l'épidémie de petite vérole de 1815, mais ils devaient s'adapter à leur nouveau pays, ce qui laisse entrevoir combien la charge de Burton était écrasante.

Dès 1819, grâce au travail de Burton et à la venue de ces réfugiés, dont la plupart étaient baptistes, la congrégation de Halifax comptait 300 fidèles ; celle qui la suivait en importance au sein de l'association baptiste en comprenait moins de 150. Tout au long de cette période, Burton forma des conseillers presbytéraux, tant de race noire que blanche, pour l'assister à l'église et travailler parmi les Noirs de la colonie, de plus en plus nombreux. Ces conseillers firent de longues tournées de prédication qui engendrèrent de nouvelles congrégations baptistes noires dans toute la Nouvelle-Écosse. Richard Preston était l'un de ces conseillers itinérants.

En 1824–1825, par suite d'une controverse à l'église anglicane St Paul [V. John Thomas Twining*], plusieurs fidèles quittèrent l'Église d'Angleterre et adoptèrent la foi baptiste. Ces Blancs, parmi lesquels se trouvaient James Walton Nutting*, James William Johnston* et Edmund Albern Crawley*, se joignirent à la congrégation baptiste de Halifax, mais à contrecœur, parce que ses membres appartenaient aux classes inférieures et que, selon eux, Burton manquait d'instruction. Peu de temps après, les nouveaux baptistes formèrent donc leur propre congrégation dans une chapelle de la rue Granville ; elle devint l'église First Baptist après la dissolution de la congrégation de Burton et porte encore ce nom.

La congrégation de Burton à Halifax connut d'autres dissensions ; les luttes de pouvoir et les tensions raciales en particulier y semèrent la discorde. Finalement, en 1832, Preston emmena 29 fidèles avec lui et fonda le temple African, rue Cornwallis, qui allait devenir en quelques années le foyer de l'apostolat et du ministère noirs de la colonie. La congrégation de Burton dépérit et lui-même, en raison de son âge et de sa santé chancelante, cessa d'y exercer régulièrement son ministère. Après sa mort en 1838, tous ses fidèles se joignirent aux deux congrégations baptistes plus récentes de Halifax.

John Burton marqua profondément la communauté baptiste blanche de la Nouvelle-Écosse et exerça une influence sans égale sur l'organisation et la croissance de la communauté baptiste noire de la colonie. Il contribua à donner une unité doctrinale et structurelle aux baptistes blancs en les persuadant d'adopter les principes de leurs coreligionnaires de la Nouvelle-Angleterre. Déjà, de son vivant, on le reconnaissait comme « un père de la dénomination baptiste en Nouvelle-Écosse ». Son travail à Halifax permit la naissance de congrégations baptistes noires dans toute la colonie. C'est lui qui forma les premiers conseillers presbytéraux noirs et fit en sorte que leurs congrégations adhèrent strictement aux modèles d'organisation baptistes. Par cette double contribution, il donna à la communauté baptiste noire de la Nouvelle-Écosse la direction qu'elle allait suivre dans l'avenir.

STEPHEN ERIC DAVIDSON

Un portrait de John Burton se trouve dans l'Atlantic Baptist Hist. Coll. à l'Acadia Univ. (Wolfville, N.-É.). Sa bible (Londres, 1708) est conservée à la St Paul's Anglican Church à Halifax.

Atlantic Baptist Hist. Coll., Joseph Dimock, diary ; Edward Manning, corr. and journals, 2 ; 4–7 ; Menno [J. M. Cramp], « The Baptists of Nova Scotia (1760–1860) » (cahier de coupures de journaux des articles de Cramp parus dans le *Christian Messenger*, 18 janv. 1860–23 sept. 1863) ; « A sketch of the history of the Baptists in the city and county of Halifax » (copie dactylographiée, [1897]). — PANS, MG 100, 115, n° 15 ; RG 5, P, 42. — David Benedict, *A general history of the Baptist denomination in America and other parts of the world* (New York, 1848). — N.S. and N.B. Baptist Assoc., *Minutes* (Halifax ; Saint-Jean), 1811 ; 1818–1819. — N.S. Baptist Assoc., *Minutes* (Halifax), 1835. — *Acadian Recorder*, 10 févr. 1827. — *Christian Messenger*, 16 févr. 1838. — Bill, *Fifty years with Baptist ministers*. — A. P. [Borden] Oliver, *A brief history of the colored Baptists of Nova Scotia, 1782–1953 ; in commemoration of centennial celebrations of the African United Baptist Association of Nova Scotia, Inc.* ([Halifax, 1953]). — J. M. Cramp, *Baptist history : from the foundation of the Christian church to the close of the eighteenth century* (Philadelphie, [1869]). — S. E. Davidson, « Leaders of the black Baptists of Nova Scotia, 1782–1832 » (thèse de B.A., Acadia Univ., 1975). — Levy, *Baptists of Maritime prov.* — P. E. McKerrow, *A brief history of the coloured Baptists of Nova Scotia [...]* (Halifax, 1895). — *Repent and believe : the Baptist experience in Maritime Canada*, B. M. Moody, édit. (Hantsport, N.-É., 1980). — R. W. Winks, *The blacks in Canada : a history* (Londres et New Haven, Conn., 1971). — R. M. Hattie, « Old-time Halifax churches », N.S. Hist. Soc., *Coll.*, 26 (1945) : 49–103.

BURWELL, ADAM HOOD, auteur, ministre de l'Église d'Angleterre et journaliste, né le 4 juin 1790 près du fort Erie (Fort Erie, Ontario), fils d'Adam Burwell et de Sarah Veal ; le 22 février 1829, il épousa à Troy, New York, Sarah Barnard ; décédé le 2 novembre 1849 à Kingston, Haut-Canada.

Adam Hood Burwell passa son enfance dans la ferme familiale, dans le canton de Bertie. En 1818, sa famille habitait le florissant établissement fondé par Thomas Talbot* sur la rive nord du lac Érié et arpenté en partie par son frère aîné, MAHLON, qui avait fait le tracé de la route Talbot. Pendant qu'il travaillait dans la ferme de Mahlon à Port Talbot, Burwell eut une vision dans laquelle un oracle annonçait la naissance d'un grand poète dans le Haut-Canada. Ce poète, conclut Burwell, c'était lui. *Talbot Road : a poem,* paru la même année dans le *Niagara Spectator* (Niagara-on-the-Lake), est le premier long poème qu'un homme né au pays ait composé sur la vie des pionniers haut-canadiens. Dédié à Talbot, il allie le langage aristocratique du XVIIIe siècle au charme de la couleur locale. Burwell publia aussi des vers dans le *Gleaner,* de Niagara, sous le pseudonyme d'Erieus, ainsi que dans le *Scribbler* et la *Canadian Review and Literary and Historical Journal.* La plupart décrivent les joies et les peines du quotidien ; certains exposent les sentiments politiques de l'auteur. Son amour des paysages, évident dans *Talbot Road* et dans certains de ses premiers poèmes tels que *A summer's evening* et *Journal of a day's journey in Upper Canada in October, 1816,* préfigure le caractère apocalyptique que la nature allait prendre dans ses écrits religieux. Poète sensible, Burwell croyait sincèrement que la littérature était un outil de changement social. Il participait à la vie de son milieu et s'intéressait manifestement aux problèmes politiques de son époque. Une réclame parue en 1819 citait, comme ouvrage en préparation, un recueil poétique de Burwell où devait figurer *The Gourlay-ad,* morceau consacré sans doute à ce personnage controversé qu'était Robert Gourlay*. Burwell fut peut-être aussi le Spanish Freeholder qui signa en 1824, dans le *Colonial Advocate* de William Lyon Mackenzie*, un article diffamatoire sur le juge en chef William Dummer Powell*.

Talbot recommanda Burwell à l'évêque Jacob Mountain* à titre de candidat au pastorat, et c'est l'évêque Charles James STEWART qui l'ordonna diacre de l'Église d'Angleterre en mars 1827, à Québec. On l'affecta d'abord à Lennoxville mais, dès 1830, il vivait à Trois-Rivières avec sa famille. En 1830–1831, il fut rédacteur en chef d'un hebdomadaire anglican, le *Christian Sentinel and Anglo-Canadian Churchman's Magazine,* qu'il espérait transformer en un « journal politique de soutien à la constitution » ; cependant, il y publiait aussi des poèmes et beaucoup de prose littéraire. Au terme d'une seule année de parution (et malgré l'appui moral de l'archidiacre John Strachan*), le journal tomba sous la pression de ses difficultés financières et administratives. Les écrits produits par Burwell au début des années 1830 reflètent un penchant de plus en plus prononcé pour l'évangélisme engagé. Ainsi en dépit d'une santé fragile et des avertissements de Stewart, qui lui conseillait d'atténuer son « évangélisme calviniste de la Basse Église », Burwell exprima vigoureusement ses idées religieuses et politiques, sous le pseudonyme de One of the People, dans une série d'articles publiés par le *Kingston Chronicle* de mars 1831 à février 1832.

En mai suivant, Burwell prit la succession d'Amos ANSLEY à Hull. Dès lors, il prôna avec ardeur une forme controversée de fondamentalisme religieux, fondé en partie sur les enseignements d'Edward Irving, prédicateur d'origine écossaise dont le mouvement devint l'Église catholique apostolique. En 1835, il publia deux brochures inspirées d'Irving : *Doctrine of the Holy Spirit* [...] (Toronto) et *A voice of warning and instruction concerning the signs of the time* [...] (Kingston). En octobre 1836, ses positions doctrinales l'avaient mis à l'écart de l'Église d'Angleterre ; il se fixa à Kingston, où il participa à la fondation de la première congrégation nord-américaine de l'Église catholique apostolique.

Adam Hood Burwell continua d'écrire et de publier (surtout dans le *Literary Garland* de Montréal de janvier à septembre 1849) mais, au lieu d'être de style néo-classique comme au début, ses poèmes, notamment *Nebuchadnezzar's vision of the tree* et *Summer evening contemplations,* exprimaient désormais un profond mysticisme. Des essais tels que « On the doctrine of social unity » et « On the philosophy of human perfection and happiness » révèlent qu'il œuvrait encore à l'avènement d'une société chrétienne fondamentaliste. Ces écrits, semble-t-il, ne reçurent pas un bon accueil. En 1844, Strachan loua ses talents d'auteur mais le prévint avec tact que ses œuvres étaient « peut-être trop compliquées – trop rationalistes ou trop abstraites pour le lecteur ordinaire ». Burwell servit au sein de l'Église catholique apostolique jusqu'à sa mort.

R. J. MICHAEL WILLIAMS

En 1965, tous les poèmes d'Adam Hood Burwell qui avaient été retracés dans les journaux et périodiques de son temps furent publiés dans « The poems of Adam Hood Burwell, pioneer poet of Upper Canada », C. F. Klinck, édit., *Western Ontario Hist. Nuggets* (London), n° 30 (1965). Quatorze autres poèmes parurent dans « New » poems of Adam Hood Burwell », M. L. MacDonald, édit., *Canadian Poetry* (London), n° 18 (printemps–été 1986) : 99–117. On n'a découvert aucun exemplaire de l'ouvrage qui avait été annoncé dans le *Gleaner, and Niagara Newspaper* du 5 août 1819.

AO, MS 35, letter-books, 1844–1849 ; MS 78, Burwell corr., 1831.— *Literary Garland,* nouv. sér., 7 (1849) : 15–16, 69–73, 119–126, 178–181, 403–409, 448–457. — *Daily British Whig,* 3 nov. 1849. — *Scribbler* (Montréal), 9 août 1821–12 juin 1823. — *Upper Canada Gazette,* 1er juin, 11 juill. 1822, 24 avril, 3 juill. 1823. — *Weekly Register,* 1er août 1822. — Lucien Brault, *Hull, 1800–1950* (Ottawa, 1950) ; *Ottawa old & new* (Ottawa, 1946). — T. R. Millman, *The life of the Right Reverend, the Honourable Charles James Stewart, D.D., Oxon., second Anglican bishop of Quebec* (London, 1953). — P. E. Shaw, *The Catholic Apostolic Church, sometimes called Irvingite : a historical study* (New York, 1946). — Paul Romney, « The Spanish freeholder imbroglio of 1824 : inter-elite and intra-elite rivalry in Upper Canada », *OH,* 76 (1984) : 32–47.

BURWELL, MAHLON, arpenteur, officier de milice, homme d'affaires, fonctionnaire, homme politique et juge de paix, né le 18 février 1783 dans le New Jersey, fils d'Adam Burwell et de Sarah Veal ; le 20 avril 1810, il épousa à Niagara (Niagara-on-the-Lake, Ontario) Sarah Haun, et ils eurent sept fils et deux filles ; décédé le 25 janvier 1846 à Port Talbot, Haut-Canada.

On pense que Mahlon Burwell venait d'une famille anglaise établie dans le Bedfordshire et le Northamptonshire. Une partie de la famille immigra en Amérique au XVIIᵉ siècle et se fixa en Virginie. Né au New Jersey, le père de Burwell était probablement du côté des loyalistes durant la guerre d'Indépendance américaine. En 1786, il vint s'installer dans ce qui allait devenir peu après le Haut-Canada et, en 1796, il reçut, pour avoir servi dans l'armée, une concession de 850 acres dans le canton de Bertie.

Selon un article de journal paru en 1833, Burwell fréquenta l'école pendant à peine plus de 12 mois et, quand il décida de faire de l'arpentage, il avait peu étudié dans ce domaine. Lorsqu'il demanda son permis d'arpenteur en 1805, il n'était pas en mesure de satisfaire aux exigences du gouvernement et dut prolonger son apprentissage. Il acquit tout de même les notions mathématiques nécessaires pour utiliser les instruments du temps : le graphomètre et la chaîne d'arpentage. Malgré les dures conditions de son emploi, ses notes de travail, ses cartes et ses agendas sont fort détaillés et contiennent un nombre remarquable de données scientifiques. Bien sûr on exigeait ces documents dans tout contrat d'arpentage, mais les arpenteurs ne les fournissaient pas toujours, et c'est probablement à cause de son souci de perfection qu'on fit tant appel à Burwell pour arpenter le sud-ouest du Haut-Canada. Sur la recommandation de Thomas Talbot*, le gouvernement provincial l'employa en 1809 pour arpenter des cantons (presque tous dans l'établissement de Talbot) et pour commencer la route Talbot. Entre 1809 et 1812, il quitta Bertie pour Port Talbot, situé dans le canton de Southwold, sur la rive nord du lac Érié ; par la suite, il s'installa à la limite des cantons de Southwold et de Dunwich.

Au cours de la guerre de 1812, Burwell servit à titre de lieutenant-colonel du régiment de milice que commandait Talbot, le 1st Middlesex, mais il n'eut guère à combattre. En décembre 1812, il fut mis en service commandé et aida à l'organisation de la défense du district de London. Il se peut qu'il ait participé aux hostilités survenues à la frontière du Niagara en 1812–1813. En 1814, il était en service au ruisseau Otter (ruisseau Big Otter), au nord du lac Érié. En août de cette année-là, des maraudeurs le firent prisonnier et le conduisirent aux États-Unis. Un mois plus tard, on détruisit sa propriété de Port Talbot. Emmené finalement à Chillicothe, dans l'Ohio, il fut relâché sur parole en décembre.

De retour chez lui, Burwell se remit à son métier. De 1814 à 1825, il arpenta en tout ou en partie 24 cantons répartis au nord et au sud de la rivière Thames, dans les comtés de Kent et d'Essex. Il recommença également à travailler à la route Talbot. Longtemps considérée comme la meilleure du Haut-Canada, cette route constitua un témoignage durable de sa compétence. Après 1825, les contrats qu'il obtint du gouvernement l'amenèrent dans des régions beaucoup plus dispersées. En 1834, il avait déjà le rare mérite d'avoir exécuté 49 contrats d'arpentage ou de réarpentage. Les intempéries et le manque de ressources pour nourrir, loger et payer les employés rendaient le travail très dur physiquement et moralement. Ces privations minèrent la santé de Burwell et il commença à souffrir de rhumatisme. Voilà pourquoi en 1832, à 49 ans seulement, il écrivait à l'arpenteur général intérimaire, William Chewett, pour le prier de ne pas exiger qu'il réarpente le canton de Dunwich dans le cas où ce travail serait nécessaire.

D'abord rémunéré en argent, Burwell accepta par la suite d'être payé en terres. Lorsqu'il soumissionnait un travail d'arpentage, il demandait invariablement 4,5 % de la superficie à arpenter. Il se constitua ainsi de vastes domaines dans différentes parties du Haut-Canada et plus particulièrement dans le sud-ouest. Officiellement, il reçut au total 39 759 acres. Ce chiffre ne comprend cependant aucune des compensations qu'on lui versa pour 18 contrats impossibles à retracer dans les archives, et pour lesquels d'ailleurs il a peut-être été rétribué en argent. Il acheta ou reçut en concession 3 525 acres supplémentaires, portant ainsi ses possessions à 43 284 acres au moins. En 1830–1831, avec son frère John, Burwell traça les plans d'un village à l'embouchure du ruisseau Otter, sur la terre qu'on lui avait concédée en paiement de l'arpentage du canton de Bayham. Dans ce village, qui devint Port Burwell, il fit plus tard construire l'église anglicane Trinity et forma une compagnie dans le but d'aménager un port et d'assurer le transport du bois.

Comme on octroyait les terres par tirage au sort, Burwell ne pouvait choisir les meilleurs lots. Néanmoins, à condition de s'en départir rapidement, il y gagnait à être payé en parcelles de terre plutôt qu'en argent. Pour mieux comprendre, on peut analyser le cas du comté d'Essex, où se trouvaient la majorité de ses terrains. Dans ce comté, sur les 67 parcelles que détinrent Burwell et sa succession entre 1815 et 1854, six seulement étaient de bonne qualité. Pourtant, de 1823 jusqu'à sa mort en 1846, 54 % de ses propriétés se vendirent en moins de deux ans, et le reste, en moins de dix ans. Ce sont ses collègues, les arpenteurs Benjamin Springer, Peter Carroll et Roswell Mount* qui acquirent la plupart. Burwell semble par surcroît avoir obtenu le prix du marché. Les conditions furent probablement les mêmes en ce qui concerne la vente des terres de qualité supérieure qu'il possédait dans les régions plus peuplées du centre.

Néanmoins, tant que les terres n'étaient pas vendues, Burwell avait des taxes à payer et, comme ses propriétés étaient éparpillées, il avait le sentiment de ne pas en tirer tous les bénéfices qu'il aurait dû. Aussi, dans les années 1830, sa correspondance avec le gouvernement traitait-elle souvent d'échanges de terres. En qualité de membre de l'Église d'Angleterre, il fut autorisé à échanger des terres du canton de Caradoc contre des réserves du clergé dans Bayham, qu'il voulait donner comme terres bénéficiales à la nouvelle église de Port Burwell. On lui avait refusé antérieurement un marché plus audacieux. En 1829, il avait en effet cherché à échanger des lots épars, au total 10 000 acres, contre une superficie équivalente dans la région située au sud de la Huron Tract et qui fait maintenant partie du canton de Sarnia. Il se proposait d'y établir des fermiers et de réserver ces terres en bloc pour ses héritiers. Financièrement, la démarche était astucieuse, mais comme on avait déjà cédé ces terres et que l'acceptation d'une telle requête créerait nécessairement, croyait-on, un précédent, elle échoua. Il revint donc aux héritiers de Burwell de disposer de ces parcelles de terre éparses, de qualité variable.

Durant toute sa vie, Burwell fut l'ami et l'assistant de Talbot, aristocrate autoritaire d'origine anglo-irlandaise qui joua un rôle de premier plan dans la colonisation du sud-ouest de l'Ontario. Ce dernier sut apprécier la compétence de Burwell ainsi que la qualité de ses services, et sans doute eut-il largement son mot à dire dans sa nomination au poste lucratif de registrateur du comté de Middlesex en 1809. Il contribua en outre à le faire élire à la chambre d'Assemblée en 1812. Cet appui, de même que l'amitié qui unissait les deux hommes, aida peut-être Burwell à supporter les sarcasmes de Talbot. Pourtant, en 1817, il s'opposa publiquement à ce qu'on célèbre l'anniversaire de l'établissement de Talbot, fête qu'il jugeait trop coûteuse et « prématurée » du fait que Talbot était toujours vivant. Le comité d'anniversaire adopta des résolutions qui reprochaient à Burwell son opinion « inconvenante et obstructionniste », rédigée sur un « ton des plus irrespectueux ». Les deux hommes restèrent liés malgré tout et, en 1846, la mort de son ami Burwell affligea hautement Talbot. Dans un livre paru en 1859, Edward Ermatinger* utilisait au sujet de Burwell les termes autoritaire, tenace, assidu, ambitieux et politiquement conséquent, attributs qui étaient peut-être de nature à plaire à Talbot ; d'autre part, il le disait aussi intéressé, égotiste, vindicatif, borné et enclin aux bravades. Le portrait qu'esquissa Ermatinger est celui d'un homme qui aurait pu, par les circonstances, « s'élever au plus haut rang parmi les hommes d'État », mais qui en fut empêché par sa personnalité. Par contre, le fils d'Ermatinger, Charles Oakes Zaccheus, voyait en Burwell un homme qui, malgré un manque de délicatesse dans les manières, était foncièrement honnête. Caractère fort, il ne laissait personne indifférent ; peu de gens l'aimaient et beaucoup ne pouvaient absolument pas le sentir. Sa personnalité transparaît dans les prénoms dont il affubla ses fils : Alexander, Hercules, Isaac Brock, Hannibal, John Walpole, Leonidas et Edward.

À la chambre d'Assemblée, Burwell représenta la circonscription d'Oxford and Middlesex de 1812 à 1820, puis Middlesex de 1820 à 1824. Défait cette année-là et en 1828 par John Rolph* et John Matthews*, il siégea de nouveau comme député de Middlesex de 1830 à 1834. Battu en 1834, il ne retourna pas à la chambre avant 1836, année où il représenta la ville de London. De 1812 à 1824, Burwell appuya le gouvernement en chambre et, en 1828, le rédacteur en chef du journal réformiste *Colonial Advocate,* William Lyon Mackenzie*, le rangeait parmi les « candidats nettement favorables au gouvernement et à la cour ».

À titre de partisan et de fonctionnaire, Burwell eut droit aux faveurs du gouvernement. Il reçut en 1813 la première de ses nombreuses commissions de juge de paix et, un an plus tard, on le désigna pour procéder à l'arrestation des personnes soupçonnées de haute trahison durant la guerre. En 1820, il devint receveur des douanes à Port Talbot et, en 1821, il fit partie du comité parlementaire chargé de faire rapport sur les problèmes financiers entre le Haut et le Bas-Canada. On le nomma l'année suivante commissaire pour le district de London en vertu de la loi des non-naturalisés et, en 1824, il devint coroner de ce même district. En 1828, son adversaire politique, John Matthews, soutenait qu'il avait décroché suffisamment de postes lucratifs pour être appelé « commissaire du banc du roi ». Plus tard la même année, le *Colonial Advocate* fit écho à ce grief ; Mackenzie considérait la conduite du « méprisable Mahlon Burwell » comme « dissolue, débauchée et impudente ». Selon lui, les avantages que lui assuraient ses postes et surtout le succès de ses démarches pour obtenir des contrats d'arpentage suffisaient à expliquer sa loyauté à toute épreuve.

Chose certaine, en 1828, Burwell jouissait déjà d'une influence et d'un pouvoir considérables. En janvier de cette année-là, Matthews écrivait à Zacariah Mudge que, sous l'influence de Talbot, Burwell avait eu pendant des années la haute main sur toutes les nominations civiles et militaires dans le comté de Middlesex et qu'en sa qualité de président de la Cour des sessions trimestrielles et de chef du jury d'accusation, il avait détenu un énorme pouvoir administratif et judiciaire : « Il faut donc graviter autour de cet homme, ou subir les persécutions et châtiments qu'il se permet d'infliger. » En 1832, ce que le *Liberal,* journal réformiste de St Thomas, appelait la « dynastie Burwell » (c'est-à-dire John BOSTWICK, Mahlon Burwell et son frère John) détenait un pouvoir « presque absolu » grâce à l'appui de Talbot. Le rédacteur en chef, Asahel Bradley Lewis*, écrivit en 1833 que Middlesex était dirigé aussi « autocratiquement […] que la petite principauté d'un despote allemand ».

Le poste de juge de paix était un élément très important dans l'exercice de ce pouvoir. Burwell faisait en sorte que le gouvernement central nomme les candidats qui lui convenaient. Sur les 60 personnes qu'on proposa en 1835 pour un poste dans le district de London, il en avait recommandé 20. Fait intéressant, quatre ans plus tôt, il avait trouvé moyen de faire nommer Eliakim Malcolm*, qu'il jugeait « plutôt *radical* » en politique. Il avait alors agi contre l'avis de John Baptist Askin*, son collègue tory qui, en qualité de greffier de la paix, se trouvait au sommet de l'oligarchie du district. La tolérance de Burwell, remarquable en cette période d'agitation politique qui précéda la rébellion, permit maintes nominations de réformistes. Selon l'historien Colin Frederick Read, Burwell croyait probablement qu'il y avait peu à craindre de la part de gens qui possédaient le talent, la situation et les avoirs nécessaires pour être admissibles à ces postes. Il se souciait également de la représentativité géographique des magistrats. En 1835 et 1836, il prévint le gouvernement provincial du fait que les magistrats de London et des environs influençaient indûment les travaux de la Cour des sessions trimestrielles parce qu'ils demeuraient tout près et pouvaient ainsi être présents de façon régulière. Ses conseils ont certainement pesé dans la décision de diviser le district de London en 1837.

Paradoxalement, même si Burwell avait cherché à limiter l'influence de la ville de London, il en fut le premier représentant à la chambre d'Assemblée en 1836 ; Askin, avec qui il était fréquemment en désaccord, l'aida à se faire élire. Cette année-là, Burwell avait fait parvenir au secrétaire civil de la province, John Joseph*, la liste de ses partisans qui auraient droit de vote si on leur délivrait des titres de concession et qu'on les faisait parvenir immédiatement à Askin. On exauça ses désirs. Par contre, en janvier 1838, quand Askin demanda à Burwell de l'aider à interroger les rebelles du district, ce dernier, bien que colonel du 2nd Regiment of Middlesex militia, ne répondit même pas. Ce mois-là, il ne se présenta pas non plus à la Cour des sessions trimestrielles, dont il était le président. Était-il malade, ou jugeait-il la situation politiquement trop explosive, ou encore avait-il décidé de consacrer son temps à la rentrée parlementaire ? Quoi qu'il en soit, il finit par croire que l'on conspirait pour l'écarter de la présidence et, effectivement, on l'évinça en avril au profit de Joseph Brant Clench*. En outre, Burwell fut bientôt l'objet d'attaques à titre de registrateur, fonction dans laquelle il avait comme adjoint son fils Leonidas. Les fonctionnaires de London cherchaient à nommer à ce poste l'un de leurs concitoyens et à amener dans leur ville le bureau d'enregistrement des terres, installé près de Port Talbot. En invoquant ses longues années de service, les dépenses que lui avait occasionnées la construction du bureau et le fait que ce dernier était proche du « centre géographique » du district, Burwell parvint à conjurer un certain temps les pressions exercées contre lui. Son influence était toutefois en baisse et il avait la réputation de négliger ses fonctions. Plusieurs sans doute l'associaient aux abus de pouvoir et à la moralité défaillante de John, son frère et collègue à la magistrature. Il aurait pu chercher un appui auprès d'Askin s'il n'avait été brouillé avec lui. Accusé de mauvaise gestion des fonds du district, il se défendit en 1839 en soutenant que cette accusation anonyme provenait de bûcherons qui refusaient de lui verser le prix fixé pour les services de la Port Burwell Harbour Company, dont il était le principal entrepreneur. Après la rébellion, le gouvernement central ne pouvait plus se permettre de maintenir la vieille « clique de courtisans ». Thomas Talbot lui-même avait perdu en 1838 son droit de regard sur l'établissement qui portait son nom.

En 1842, Mahlon Burwell céda à son fils Leonidas les intérêts qu'il possédait à Port Burwell. Il mourut quatre ans plus tard à Port Talbot. En qualité d'arpenteur et de registrateur, il avait joué un rôle important dans la colonisation du sud-ouest de l'Ontario. À titre d'ami et conseiller de Thomas Talbot, de magistrat et de député, il occupa une grande place dans l'histoire politique de la région. Certains auteurs ont prétendu qu'il agissait par intérêt personnel. Malheureusement, une bonne partie des documents conservés furent écrits par ses détracteurs, dans une période chargée d'émotivité. Burwell ne fut pas un simple courtisan. Sur les questions d'éducation, il était plus libéral que bien d'autres, au point qu'il exigea en 1831 la formation d'un comité spécial dont il assura ensuite la présidence. Il souhaitait la mise en place d'un système provincial centralisé. Sachant qu'un tel système requérait un financement adéquat, ce qu'oubliaient bien des réformistes, il présenta en 1832, 1833 et 1837 une série de projets de loi progressistes sur les écoles, où il proposait d'utiliser une taxe locale comme moyen de financement et de recourir à des bureaux de district et à des commissaires que la couronne désignerait et doterait de pouvoirs de surveillance. Il ne craignit pas de s'opposer à Talbot et trouva le moyen de recommander des radicaux à la magistrature. À une époque où tous les hommes politiques prétendaient se distinguer par leur indépendance, cet homme énergique sut manifester cette qualité dans sa pensée et son action même si, paradoxalement, il se montrait très partisan quand il s'agissait de questions et de principes qui lui tenaient à cœur. Peu importe comment on interprète ses mobiles, que l'auteur pour sa part ne juge pas indignes, Burwell joua un rôle important, quoique largement méconnu jusqu'ici, dans la vie de la province.

JOHN CLARKE

Les volumineux registres d'arpentage de Mahlon Burwell se retrouvent dans deux dépôts distincts. Les AO possèdent notamment : de la correspondance dans RG 1, A-I-1, 17 et A-I-6, 4–10, 12, 16–17, 19, 24 ; des journaux et des carnets d'arpentage dans RG 1, CB-1, boxes 2, 16, 19, 23–24, 26, 32, 36–37, 39–40 ; et plusieurs cartes de levés topographiques dans la Map Coll. D'autres documents, dont des journaux, des carnets d'arpentage et des cartes, se trouvent à l'Ontario, Ministry of Natural Resources, Survey Records Office (Toronto). Un des journaux d'arpentage de Burwell a été publié sous le titre de « The diary of Mahlon Burwell, January 24 to August 4, 1827 », R. M. Lewis, édit., *OH*, 49 (1957) : 199–219.

APC, MG 24, G46 ; RG 1, E3, 87 : 48–50 ; L1, 28 : 427 ; 29 : 57, 188, 362, 366, 487 ; 30 : 19, 25, 405 ; 31 : 353, 599, 604 ; 32 : 557 ; 33 : 418 ; 34 : 134 ; 35 : 321 ; 36 : 149 ; 37 : 224, 416 ; 38 : 585 ; 39 : 471 ; L3, 36 : B9/71 ; 40 : B11/164 ; 44 : B13/9 ; 49 : B15/53 ; 50 : B15/145 ; 60 : B20/43 ; 61 : B20/113 ; 63 : B21/151 ; 64 : B22/73 ; 65 : B22/120 ; RG 5, A1 : 47897–47899, 70880, 83070, 84377, 91306–91307, 93684, 93956–93957, 97746, 106552–106562 ; B36, 1 : 58 ; C1, 12, file 1501, n° 6469 ; RG 8, I (C sér.), 681 : 149 ; 685 : 156 ; 1222 : 205 ; RG 68, General index, 1651–1841 : 122, 124, 126–127, 130–131, 133, 135–136, 138–139, 141, 144, 147, 150, 153, 156, 162, 182, 194, 245, 300, 302, 423. — UWOL, Regional Coll., Burwell family papers. — « Early records of St. Mark's and St. Andrew's churches, Niagara », Janet Carnochan, compil., *OH*, 3 (1901) : 58. — H.-C., House of Assembly, *Journal*, 1831 : 34–35 ; 1833–1834, app. : 120–122. — « Journals of Legislative Assembly of U.C. », AO *Report*, 1913 : 111, 129, 311 ; 1914 : 266. — *Colonial Advocate*, 1ᵉʳ mai, 5 juin 1828. — *Liberal* (St Thomas, Ontario), 29 nov., 6 déc. 1832, 25 juill. 1833. — *Death notices of Ont.* (Reid). — *Land surveys of southern Ontario : an introduction and index to the field notebooks of the Ontario land surveyors, 1784–1859*, [R.] L. Gentilcore et Kate Donkin, compil., C. E. Heidenreich, édit. (Toronto, 1973), 39–101. — A. G. Brunger, « A spatial analysis of individual settlements in southern London District, Upper Canada, 1800–1836 » (thèse de PH.D., Univ. of Western Ontario, London, 1974). — *Canadian education : a history*, J. D. Wilson *et al.*, édit. (Scarborough

By

[Toronto], 1970). — John Clarke, « A geographical analysis of colonial settlement in the Western District of Upper Canada, 1788–1850 » (thèse de PH.D., Univ. of Western Ontario, 1970). — C. O. [Z.] Ermatinger, *The Talbot regime ; or the first half century of the Talbot settlement* (St Thomas, 1904). — Edward Ermatinger, *Life of Colonel Talbot, and the Talbot settlement* […] (St Thomas, 1859 ; réimpr., Belleville, Ontario, 1972). — F. C. Hamil, *Lake Erie baron : the story of Colonel Thomas Talbot* (Toronto, 1955). — E. N. Lewis, *Sidelights on the Talbot settlement* (St Thomas, 1938). — Patterson, « Studies in elections in U.C. ». — D. W. Thomson, *Men and meridians : the history of surveying and mapping in Canada* (3 vol., Ottawa, 1966–1969), 1. — Archibald Blue, « Colonel Mahlon Burwell, land surveyor », Canadian Institute, *Proc.* (Toronto), nouv. sér., 2 ([1898–1905]) : 41–56. — John Clarke, « Mapping the lands supervised by Colonel the Honourable Thomas Talbot in the Western District of Upper Canada, 1811–1849 », *Canadian Cartographer* (Toronto), 8 (1971) : 8–18. — R. L. Gentilcore, « Lines on the land : crown surveys and settlement in Upper Canada », *OH*, 61 (1969) : 57–73. — C. [F.] Read, « The London District oligarchy in the rebellion era », *OH*, 72 (1980) : 195–209.

BY, JOHN, officier et ingénieur militaire, né pendant l'été de 1779, probablement le 7 août, à Lambeth (Londres), deuxième fils de George By et de Mary Bryan ; le 12 novembre 1801, il épousa à Madron, Angleterre, Elizabeth Baines, puis le 14 mars 1818, à Cheshunt, Angleterre, Esther March, et de ce mariage naquirent deux filles ; décédé le 1er février 1836 à Frant, Angleterre.

Contrairement à la tradition familiale, John By n'entra pas au service des douanes mais à la Royal Military Academy de Woolwich (Londres). Fait lieutenant en second dans l'artillerie royale le 1er août 1799, il passa au génie royal le 20 décembre. Il servit d'abord à Woolwich puis à Plymouth et devint lieutenant en premier le 18 avril 1801. En août 1802, on l'envoya au Canada, où il travailla notamment aux ouvrages de défense de Québec et à un nouveau canal aux Cascades (près de l'île des Cascades, Québec). En outre, il aida Jean-Baptiste Duberger* à construire une maquette de Québec, qu'il emporta en Angleterre en 1810, quand on le rappela pour aller servir dans la péninsule Ibérique. Il avait été promu capitaine en second le 1er mars 1805 et capitaine le 24 juin 1809. Il servit avec quelque distinction dans la guerre d'Espagne et participa aux sièges de Badajoz en 1811.

Rappelé en Angleterre en janvier 1812, By se vit confier la responsabilité des poudrières de Waltham Abbey (Londres), de Faversham et de Purflect, tâche dont il s'acquitta avec compétence. On le promut major honoraire le 23 juin 1814 ; la même année, il acheva de construire à Enfield Lock (Londres) une nouvelle fabrique d'armes portatives, dont il avait lui-même dressé les plans. En 1821, par suite des mesures d'économie prises à l'époque, on le mit à la

demi-solde ; il avait alors 42 ans. Le 2 décembre 1824, il accéda au grade de lieutenant-colonel. En mars 1826, le général Gother Mann*, inspecteur général des fortifications au Board of Ordnance, le nomma ingénieur-surintendant du réseau de canaux qui devait relier la rivière des Outaouais et le lac Ontario via les rivières Rideau et Cataraqui. Débarqué à Québec le 30 mai 1826, By n'allait retourner en Angleterre qu'à la fin de 1832, après l'achèvement du canal Rideau. Il élut alors domicile à Shernfold Park, dans le village de Frant. Mais c'était désormais un homme brisé, à la santé précaire, et il mourut un peu plus de trois ans plus tard.

La guerre de 1812 avait démontré que le Saint-Laurent, de Montréal à Kingston, dans le Haut-Canada, était une route d'approvisionnement militaire beaucoup trop vulnérable. Même avant la fin des hostilités, les commandants britanniques du Bas et du Haut-Canada avaient compris qu'il en fallait une autre et, à la fin de 1814, le lieutenant-colonel George Richard John Macdonell* avait arpenté sommairement la section Rideau-Cataraqui. Afin que les petits navires de la marine puissent se rendre de Montréal à Kingston par l'Outaouais, la Rideau et la Cataraqui, il était nécessaire de construire une écluse à l'embouchure de l'Outaouais, trois petits canaux qui contourneraient les rapides de ce cours d'eau et un réseau de canaux qui relierait l'embouchure de la Rideau à Kingston. Malgré des représentations auprès de Londres, ce n'est que tard en 1815 qu'on donna l'ordre d'étudier le trajet. Le lieutenant Joshua Jebb* fit des levés de la section Rideau-Cataraqui au printemps de 1816, mais les choses en restèrent là. Cependant, la même année, des intérêts privés érigèrent l'écluse d'entrée de la rivière des Outaouais.

En juillet 1818, le duc de Richmond [Lennox*] vint occuper, à Québec, le siège de gouverneur en chef de l'Amérique du Nord britannique. Il avait le mandat de faire rapport sur les ouvrages de défense des colonies et, moins de quatre mois après son arrivée, il soumit un excellent compte rendu de la situation et une description des travaux à faire. En transmettant son rapport au duc de Wellington, maître général du Board of Ordnance, Richmond souligna fermement l'urgence de creuser les canaux de l'Outaouais et de la Rideau. De son propre chef, il affecta deux compagnies du Royal Staff Corps à la construction des canaux de l'Outaouais [V. Henry Abraham DuVernet]. Malheureusement, il mourut en 1819, en inspectant le parcours de la Rideau, ce qui empêcha d'entreprendre les travaux sur cette rivière. Rien ne passa jusqu'à ce qu'une commission d'officiers du génie présidée par sir James Carmichael Smyth parte d'Angleterre, en avril 1825, pour venir faire le point sur la défense de l'Amérique du Nord britannique. La commission recommanda de construire un canal qui emprunterait le parcours de la Rideau. Wellington appuya fermement cette conclusion et autorisa l'amorce des travaux au début de 1826.

À la fin de septembre de la même année, By arriva à l'embouchure de la rivière Rideau pour s'occuper des préparatifs. En avril 1827, en compagnie notamment de John BURROWS, il parcourut en canot les 123 milles du trajet établi afin de voir l'emplacement des futurs chantiers ; dès l'été, la construction commença en divers points des rivières Rideau et Cataraqui. Selon les instructions reçues, By devait élever des écluses de 100 pieds de longueur sur 22 de largeur, mais il comprit que les navires à vapeur allaient révolutionner le transport par eau et, en juillet 1826, avant même d'examiner le trajet, il avait conclu qu'il fallait des écluses plus grandes. À la fin de 1827, en annexe de ses premiers devis estimatifs complets pour le canal, il joignit donc une autre évaluation, basée sur des écluses de 150 pieds sur 50, donc de dimensions suffisantes pour les petits bateaux à vapeur de la marine et la mâture de pin blanc exigée par la marine royale. Il suivit alors le conseil du gouverneur lord Dalhousie [RAMSAY] et fit porter ses devis par un assistant digne de confiance, en y joignant un fervent plaidoyer pour l'agrandissement des écluses.

Londres fut consterné par ces estimations. En préconisant de si grandes écluses, By se montrait tellement radical, et ses chiffres dépassaient tellement tous les calculs antérieurs qu'un comité spécial d'officiers supérieurs du génie reçut, en janvier 1828, le mandat de les revoir. Le comité reconnut la valeur de tout ce qu'il avait fait et approuva l'agrandissement des écluses. Cependant, comme les autorités avaient toujours des doutes, elles chargèrent sir James Kempt*, lieutenant-gouverneur de la Nouvelle-Écosse, de présider un autre comité d'enquête qui irait examiner les travaux accomplis et donner son avis sur les dimensions des écluses. Le comité visita tous les chantiers en juin et appuya sans réserve les actes de By. Toutefois, il recommanda des écluses de 134 pieds de longueur sur 33 de largeur ; ces dimensions étaient quelque peu inférieures à celles que By proposait, mais les écluses n'en seraient pas moins les plus imposantes du Canada. Le Board of Ordnance accepta ces recommandations, et By construisit toutes les écluses selon ces nouvelles dimensions.

La construction du canal se fit en cinq saisons de travail ; on commença en septembre 1826, et le tout fut pratiquement terminé en novembre 1831. Une fois achevé, l'ouvrage comprenait 47 écluses de maçonnerie et 52 barrages ; ces derniers, pour la plupart, étaient aussi en maçonnerie, et l'un d'eux, le remarquable barrage cintré de Jones Falls, avait plus de 60 pieds de hauteur, ce qui en faisait de loin le plus élevé en Amérique du Nord. Il avait fallu installer huit écluses à l'extrémité nord du réseau de canaux pour contourner les chutes de l'embouchure de la Rideau. L'ensemble, ambitieux même selon des critères modernes, fut réalisé avec des méthodes simples. Le forage du roc se fit, péniblement, à la main ; tous les lourds madriers des portes d'écluse et toutes les pierres taillées de leurs parois furent mis en place par les ouvriers à l'aide de treuils et de mâts de charge actionnés à la main.

L'organisation du travail fut peut-être encore plus remarquable. Conformément aux instructions qu'il avait reçues, By recourut beaucoup à des entrepreneurs civils, pratique tout à fait nouvelle. Parmi ceux qu'on choisit pour les travaux de maçonnerie, John Redpath*, Robert Drummond*, Thomas Phillips, Andrew White* et Thomas McKay* donnèrent tant satisfaction que By leur remit des coupes d'argent à la fermeture des chantiers. Par contre, les entrepreneurs en excavation manquaient en général d'expérience et causèrent à By d'autant plus de soucis et de problèmes qu'il dut mettre fin à certains contrats, ce qui souleva des difficultés juridiques. Au plus fort des travaux, quelque 2 000 hommes, surtout des ouvriers mais aussi les membres de deux compagnies des Royal Sappers and Miners, vivaient dans des campements rudimentaires, au cœur de clairières défrichées le long du tracé. On dut amener sur les lieux tous ces ouvriers, et leurs provisions, le plus souvent dans des canots ou de petites embarcations. Le problème le plus grave fut la malaria, qui éclata plusieurs fois, surtout pendant l'été de 1828. Elle obligea à suspendre les travaux et fut particulièrement virulente le long de la Cataraqui, où des centaines d'ouvriers moururent. By lui-même faillit y succomber ; seule sa constitution de fer lui permit de se rétablir et de se remettre rapidement au travail.

By et ses compétents subalternes du génie royal organisaient et supervisaient tous les travaux. Il devait être un chef et un instructeur merveilleux, car plusieurs de ses assistants devinrent généraux et occupèrent avec distinction de hauts postes dans les colonies britanniques du monde entier. Le fait qu'il choisit d'établir son quartier général non pas à la base militaire de Kingston, mais au campement dressé au confluent des rivières Outaouais et Rideau, révèle aussi quel genre d'homme il était. Ce campement devint le petit village de Bytown, qui prit rapidement de l'expansion et qu'on rebaptisa Ottawa en 1855. De toute évidence, By était un ingénieur exceptionnel. Il montra souvent un esprit novateur, peut-être surtout en élevant maints barrages pour transformer en lacs calmes et navigables les rapides les plus dangereux et maîtriser les crues printanières. De plus, les plans qu'il dressa pour le pont à charpente métallique des chutes des Chaudières, sur l'Outaouais, s'inspiraient d'Andrea Palladio, ce qui témoigne de sa vaste culture et de son bon goût.

En mai 1832, le canal étant terminé, By le parcourut avec sa famille et des amis ; en Angleterre, le même mois, ses dépenses créèrent des remous. Le gouver nement britannique avait autorisé le commencement de l'ouvrage en se fondant sur les toutes premières estimations de la commission Smyth, qui étaient de £169 000. C'est seulement à la fin de 1827 que By put présenter une évaluation plus précise, soit £474 000 ; ce chiffre augmenta encore après que les autorités eurent autorisé la construction d'écluses plus grandes que prévu et l'ajout de quelques ouvrages de défense. En tout, les travaux coûtèrent environ £800 000. On découvrit cependant qu'une partie de cette somme n'avait pas été approuvée par la Trésorerie. Quand le Board of Ordnance reçut la dernière estimation de By, au printemps de 1832, il prit la décision inhabituelle de la soumettre directement à la Trésorerie. Celle-ci rédigea le 25 mai une note qui fustigeait les dépenses excessives de By et réclamait qu'on le rappelle pour répondre à des questions sur ses comptes.

En fait, By retourna en Angleterre sans savoir qu'un blâme pesait sur lui et n'apprit l'existence de la note de la Trésorerie qu'en juin 1833. Bien sûr, la critique le blessa profondément. Comme Wellington lui avait bien précisé de « ne pas attendre les crédits du Parlement, mais de procéder avec toute la célérité compatible avec [les règles de] l'économie », il put répondre à la Trésorerie, qui l'accusait d'avoir trop dépensé ; apparemment, il ne fut appelé à se défendre devant aucun comité. Il avait tenu une comptabilité minutieuse, tant pour chaque partie des travaux que pour l'ensemble, et il aurait pu produire ses documents si son cas avait fait l'objet d'une enquête approfondie. De hauts fonctionnaires du Board of Ordnance, dont Kempt, l'appuyaient en privé, mais personne ne prit publiquement sa défense, malgré ses demandes instantes et celles de sa femme et des officiers supérieurs qui étaient ses amis. Il eut cependant la satisfaction de recevoir quelques mots de félicitations du roi, mais ce fut tout. Malgré les preuves en sa faveur, By mourut sans qu'on n'ait rétabli officiellement sa réputation.

Le début des années 1830, en Grande-Bretagne, fut marqué non seulement par des réformes politiques, mais aussi par des changements dans l'administration gouvernementale. La Trésorerie tentait d'acquérir,

sur les autres ministères et services, l'ascendant qu'elle eut par la suite, et critiquer vigoureusement la négligence avec laquelle le Board of Ordnance surveillait ses dépenses faisait partie de sa stratégie. À cause de son éloignement, By servit probablement un peu de bouc émissaire dans ce duel. Le fait qu'on envoya sa dernière estimation directement à la Trésorerie, qui rédigea sa note seulement quatre jours plus tard, étaye cette hypothèse.

Critiqué à Londres, John By ne reçut au Canada que des commentaires positifs, et son départ fut accueilli partout avec regret. Les citoyens de Montréal, de Brockville et de Kingston, notamment, louèrent ses réalisations. Il convient de citer, en conclusion, un extrait du discours que lui lut un comité du Montreal Committee of Trade : « Pour mener à bien une entreprise d'une telle ampleur et d'une telle importance, en un temps si court, malgré des difficultés et des obstacles insoupçonnés, et dans une région quasi inexplorée et inhabitée [...], il vous fallait une force morale, une détermination et un alliage de science et de compétence administrative qui tous suscitent notre admiration et méritent nos éloges. »

ROBERT F. LEGGET

On ne connaît pas de portrait de John By formellement identifié. Des publications récentes ont reproduit deux silhouettes, mais elles ne peuvent être identifiées positivement.

On trouve une biographie exhaustive de By dans R. [F.] Legget, *John By, lieutenant colonel, Royal Engineers, 1779–1836 : builder of the Rideau Canal, founder of Ottawa* ([Ottawa], 1982). Le même auteur a écrit une biographie sommaire et une description de ses travaux de construction du canal dans *Rideau waterway* (Toronto, 1955 ; éd. rév., Toronto et Buffalo, N.Y., 1972 ; nouv. éd., Toronto, 1986). La plupart des informations sur la vie de By proviennent de l'article de H. P. Hill, « Lieutenant-Colonel John By – a biography », *Royal Engineers Journal* (Chatham, Angl.), [nouv. sér.], 46 (1932) : 522–525, auquel s'ajoutent quelques documents, tel son acte de baptême tiré des registres de St-Mary-at-Lambeth (Londres), 10 août 1779, au Greater London Record Office.

C

CADIEUX, LOUIS-MARIE, prêtre catholique, administrateur scolaire, auteur et vicaire général, né le 7 mars 1785 à Montréal, fils de Louis Cadieux et de Madeleine Serre ; décédé le 13 juin 1838 à Rivière-Ouelle, Bas-Canada, et inhumé deux jours plus tard dans 1 même village.

Louis-Marie Cadieux suit le cours classique au

collège Saint-Raphaël, à Montréal, de 1798 à 1806. Il se rend ensuite au séminaire de Nicolet où, tout en poursuivant des études en théologie, il enseigne de 1807 à 1810 successivement aux classes de méthode, de belles-lettres, de rhétorique. Il reçoit la tonsure le 22 janvier 1807, puis les ordres mineurs le 31 juillet 1808. Le supérieur du séminaire de Nicolet et curé de la paroisse Saint-Jean-Baptiste, à Nicolet, Jean RAIM-BAULT, est pressé de voir ordonner son protégé et, en janvier 1810, il informe l'évêque de Québec, Mgr Joseph-Octave Plessis*, en ces termes : « le sujet est mûr, a l'âge requis et [...] il est aussi bien disposé qu'il le pourra être dans 6 mois, tant pour la science que pour la piété et s'il y a des cas pour avancer un terme [...] c'est, je crois, celui où nous nous trouvons ». Mgr Plessis ne partage pas cet enthousiasme et n'ordonne Cadieux que le 26 août dans l'église de Baie-du-Febvre (Baieville). Aussitôt consacré, Cadieux est nommé directeur du séminaire de Nicolet, poste qu'il occupe jusqu'à son départ de ce village en 1813.

Cette année-là, Cadieux est envoyé comme curé dans la paroisse de La Nativité-de-Notre-Dame, à Beauport, près de Québec, où il œuvre pendant six ans. En 1819, il est nommé curé de la paroisse de l'Immaculée-Conception, à Trois-Rivières. Il refuse d'abord de se rendre dans cette ville, car il croit qu'« il n'y a rien de plus opposé à [son] caractère et à [ses] manières que d'avoir autant de rapports [...] avec des gens d'un certain ton ». Il s'oppose d'autant plus à son transfert qu'on vient d'investir d'importantes sommes dans la réfection du presbytère de Beauport. Cadieux finit tout de même par accepter sa mutation.

Dès son arrivée à Trois-Rivières, Cadieux exerce son ministère, et peu après il obtient le poste de supérieur des ursulines de l'endroit ; il cumulera ces deux charges jusqu'en 1835. Il s'intéresse de plus au journalisme en collaborant à l'éphémère *Ami de la religion et du roi,* que publie Ludger Duvernay*. C'est également Duvernay qui imprime en 1823 *Observations sur un écrit intitulé* Questions sur le gouvernement écclésiastique du district de Montréal. Dans cette brochure, Cadieux réfute les dires d'Augustin Chaboillez*, curé de la paroisse Saint-Antoine, à Longueuil, qui s'oppose à l'établissement d'un nouvel évêché à Montréal. À cette époque, la paternité du texte demeure incertaine. Mgr Plessis en fut longtemps considéré comme l'auteur, ce qui d'ailleurs n'est pas tout à fait erroné, puisque celui-ci apporte pas moins de 144 modifications au texte original que lui fait parvenir Cadieux avant sa publication. Deux ans plus tard, Cadieux rédige un mémoire dans lequel il propose, compte tenu de l'état de délabrement du séminaire de Nicolet, de reloger cette maison d'enseignement à Trois-Rivières dans un ancien château devenu caserne et propriété du gouvernement. Quoique convaincant, ce mémoire n'a que très peu d'influence et ne modifie en rien les intentions des autorités religieuses qui n'envisagent aucunement un tel déménagement.

Au moment de sa nomination à la charge de vicaire général du diocèse de Québec, le 20 février 1833, Cadieux éprouve quelques difficultés dans l'administration de sa paroisse. Tout d'abord, les notables de Trois-Rivières insistent grandement pour participer à l'élection du président des réunions de la fabrique. Cadieux repousse ces prétentions, ce qui amène la création d'un nouveau conseil de fabrique dont le curé est exclu. Cette querelle avec les notables se résorbe, mais elle laisse tout de même des séquelles qui se manifestent dans les problèmes financiers que connaît Cadieux. Le 16 août 1834, il se plaint à l'archevêque de Québec, Mgr Joseph SIGNAY, que la fabrique ne lui paie qu'irrégulièrement les sommes dues et que, pendant son séjour à Trois-Rivières, il a épuisé tout son patrimoine. Dans la même lettre, il demande son transfert dans la paroisse plus rémunératrice de Sainte-Anne, à Varennes. Cadieux est alors considéré comme un candidat sérieux au poste d'auxiliaire de l'archevêque de Québec à Montréal. Il refuse l'offre mais, malgré une pétition de 400 paroissiens qui désirent le retenir à Trois-Rivières, accepte en septembre 1835 les fonctions de curé de la paroisse Notre-Dame-de-Liesse, à Rivière-Ouelle, où il deviendra membre fondateur de la corporation du collège de Sainte-Anne-de-la-Pocatière.

À peine installé à Rivière-Ouelle, Louis-Marie Cadieux demande à Mgr Signay la permission de construire un nouveau presbytère digne d'un vicaire général, car, souligne-t-il, ses paroissiens sont disposés à faire quelque chose de beau et de grand. Malheureusement, il profite très peu de ses nouveaux locaux, puisqu'il meurt le 13 juin 1838. Par testament, il lègue à la corporation du séminaire de Nicolet la totalité de ses biens, avec toutefois l'obligation de verser à sa sœur Rose Cadieux, jusqu'à la fin de ses jours, une rente annuelle de £25. Le séminaire de Nicolet trouve le legs désavantageux et le refuse ; suivant les dispositions testamentaires, la corporation du collège de Sainte-Anne-de-la-Pocatière hérite de la succession.

ALAIN GAMELIN

Louis-Marie Cadieux est le coauteur de : *Observations sur un écrit intitulé* Questions sur le gouvernement ecclésiastique du district de Montréal (Trois-Rivières, Québec, 1823). Il a aussi écrit en 1825 « Mémoire de M. Cadieux pour la translation du séminaire de Nicolet aux Trois-Rivières » qui a été reproduit dans Douville, *Hist. du collège-séminaire de Nicolet,* 1 : 173–176.

AAQ, 1 CB. — ANQ-M, CE1-51, 7 mars 1785. — ANQ-Q, CE3-1, 15 juin 1838. — ASN, AO, Polygraphie, I–IV ; Séminaire, II : 78–81 ; lettres de Mgr Plessis à Jean Raimbault, I, 1806–1811 ; II, 1811–1815 ; lettres des directeurs et autres à l'évêque de Québec, 1804–1806 ; Transfert du séminaire de Nicolet, boîte I, n° 1 ; AP-G, L.-É. Bois, D, 4 ; G, 3 ; 6 ; 9. — ASTR, 0123. — *L'Ami de la religion et du roi* (Trois-Rivières), juin–sept. 1820. — Allaire, *Dictionnaire* . — F.-M. Bibaud, *le Panthéon canadien* (A. et V. Bibaud ; 1891). — Caron, « Inv. de la corr. de Mgr Panet », ANQ *Rapport,* 1933–1934 ; 1934–1935 ; 1935–1936 ; « Inv. de la corr. de Mgr Plessis », ANQ *Rapport,* 1927–1928 ; 1928–1929 ; « Inv. de la corr. de

Caldwell

Mgr Signay », ANQ *Rapport,* 1936–1937 ; 1937–1938 ; 1938–1939. — Desrosiers, « Inv. de la corr. de Mgr Lartigue », ANQ *Rapport,* 1943–1944. — Wallace, *Macmillan dict.* — Hervé Biron, *Grandeurs et Misères de l'Église trifluvienne (1615–1947)* (Trois-Rivières, 1947). — Chabot, *le Curé de campagne.* — Douville, *Hist. du collège-séminaire de Nicolet.* — P.-H. Hudon, *Rivière-Ouelle de la Bouteillerie ; 3 siècles de vie* (Ottawa, 1972). — Wilfrid Lebon, *Histoire du collège de Sainte-Anne-de-la-Pocatière* (2 vol., Québec, 1948–1949). — Lemieux, *l'Établissement de la première prov. eccl.* — Maurault, *le Collège de Montréal* (Dansereau ; 1967). — *Les Ursulines des Trois-Rivières depuis leur établissement jusqu'à nos jours* (4 vol., Trois-Rivières, 1888–1911). — Yves Tessier, « Ludger Duvernay et les Débuts de la presse périodique aux Trois-Rivières », *RHAF,* 18 (1964–1965) : 387–404, 566–581.

CALDWELL, BILLY (peut-être baptisé **Thomas** et quelquefois appelé **Sagaunash**), fonctionnaire et marchand, né un 17 mars, vers 1780, dans le voisinage du fort Niagara (près de Youngstown, New York) ; décédé le 27 septembre 1841 à Trader's Point (près de Council Bluffs, Iowa).

Billy Caldwell est l'un de ces personnages de la frange pionnière qui naquirent de liaisons passagères entre des Britanniques et des femmes autochtones et qui ne s'intégrèrent jamais tout à fait aux institutions soit indiennes, soit britanniques ou américaines. Fils naturel de William Caldwell*, capitaine des Butler's Rangers, et d'une Agnière dont le nom est inconnu (elle était la fille de Rising Sun), il fut abandonné très tôt par son père envoyé vers l'ouest, à Detroit, et il passa son enfance chez les Agniers, d'abord près du fort Niagara puis à la rivière Grand (Ontario). Vers 1789, son père le reprit et l'amena dans la famille qu'il avait fondée avec sa femme, Suzanne Baby, à Detroit. Caldwell y reçut une instruction rudimentaire qui visait à le mettre au service de la famille à titre de régisseur de la ferme, située du côté sud de la rivière. Cependant, il refusa d'être traité comme un fils de second ordre et passa en territoire américain pour se lancer dans la traite des fourrures.

En 1797, Caldwell entra au service de la société de traite de Thomas Forsyth et de John Kinzie ; il allait y demeurer 37 ans. Il travailla d'abord dans le sud-ouest du Michigan et le long de la rivière Wabash, puis dans le nord de ce qui est aujourd'hui l'Illinois où, en 1803, il fut promu commis en chef du nouveau poste de la compagnie, à Chicago. Sa première femme fut La Nanette, de la tribu des Potéouatamis, qui appartenait au puissant clan du Poisson ; elle mourut peu de temps après leur mariage. Caldwell épousa ensuite la fille de Robert Forsyth et d'une femme de la tribu des Sauteux. Après la mort de sa deuxième épouse, il se maria de nouveau, cette fois à une femme connue simplement sous le nom de La Française et qui était probablement la fille d'un influent trafiquant métis de

Chicago. Il eut de huit à dix enfants dont aucun ne vécut jusqu'à l'âge adulte ou ne lui survécut.

Jusqu'en 1820 Caldwell se définissait comme un « vrai Britannique ». Il demeurait fidèle aux valeurs qui lui avaient été inculquées dans les communautés frontalières de la rivière Detroit où il avait grandi et ce, même si son père ne le reconnut jamais de plein droit comme son fils aîné. Au début de 1812, on le disait particulièrement influent auprès des puissantes communautés de Potéouatamis, d'Outaouais et de Sauteux installées sur les bords du lac Michigan, de sorte que les autorités tant américaines que britanniques tentèrent d'obtenir sa collaboration dans la guerre qui s'annonçait. Il rejeta les offres du gouverneur de l'Ohio, William Henry Harrison, et pendant l'hiver de 1812–1813 se rendit à Amherstburg, dans le Haut-Canada, où il obtint une commission de capitaine au département des Affaires indiennes. Le premier combat auquel il participa se déroula sur les bords de la rivière Raisin (Michigan) en janvier 1813 ; il subit une grave blessure en tentant de secourir un officier américain blessé. Par la suite, pendant le siège du fort Meigs (près de Perrysburg, Ohio) et du fort Stephenson (Fremont), à la bataille de Moraviantown et sur la frontière du Niagara, il servit d'officier de liaison avec les troupes indiennes.

Lorsque Matthew Elliott* mourut, en 1814, on tenta de faire de Caldwell son successeur au poste de surintendant des Indiens du district de Western, mais on nomma plutôt son père tandis que lui devenait son assistant. Par la suite, il aida le lieutenant-colonel Reginald James, commandant de la garnison au fort Malden (Amherstburg), à déloger son père ; il s'assurait ainsi le poste de surintendant. Cependant, il se montra incompétent en matière administrative et fut congédié par le département des Affaires indiennes en septembre 1816. Devenu marchand à Amherstburg et dans les environs, il n'y connut aucun succès. Dès 1820, il avait quitté le Haut-Canada pour de bon. Installé dans la région de Chicago, il fit de la traite avec les Indiens et devint bientôt citoyen américain.

C'est à Chicago, entre 1827 et 1833, que naquirent au sujet des ancêtres, du rang et de la position sociale de Caldwell diverses légendes qui allaient faire de lui un « grand chef sang-mêlé » des Potéouatamis. Certains éléments de ces inventions – il aurait été chef, Potéouatami et sauveur des Blancs qui avaient survécu à la bataille livrée près du fort Dearborn (Chicago) en 1812 – n'ont aucun fondement historique. Ils provenaient de ses employeurs, qui l'avaient embauché comme un chef reconnu par les Américains pour mieux servir leurs intérêts commerciaux. D'autres éléments, par exemple la fable selon laquelle il était secrétaire particulier de Tecumseh*, sont de son cru. Transmises par tradition orale, ces légendes furent sanctionnées à la fin du XIXe siècle par leur publication dans des ouvrages de référence sérieux.

Quant à son prétendu nom potéouatami, Sagaunash, il appert que ce n'était pas du tout un nom propre mais une étiquette ethnique, *sakonosh,* par laquelle les Potéouatamis l'identifiaient comme « le Canadien de langue anglaise ».

Par son influence, Billy Caldwell facilita la négociation de la dernière série de traités que signèrent les bandes unies de Potéouatamis, d'Outaouais et de Sauteux du Wisconsin et de l'Illinois et qui prirent fin en 1833, avec le traité de Chicago, en vertu duquel ils cédaient leurs dernières terres. Ses services n'étant plus requis, il fut abandonné par ses protecteurs américains et entra à plein temps au service des bandes unies. Il migra avec elles dans l'ouest du Missouri et de l'Iowa, où il s'établit définitivement ; il géra leurs affaires commerciales et négocia en leur nom avec les autorités américaines jusqu'à ce qu'il meure du choléra en 1841.

JAMES A. CLIFTON

Une bibliographie exhaustive des sources manuscrites concernant Billy Caldwell et une liste des différentes notices biographiques traditionnelles publiées à son sujet se trouvent dans les articles de James A. Clifton, « Merchant, soldier, broker, chief ; a corrected obituary of Billy Caldwell », Ill. State Hist. Soc., *Journal* (Springfield), 71 (1978) : 185–210, et « Personal and ethnic identity on the Great Lakes frontier : the case of Billy Caldwell, Anglo-Canadian », *Ethnohistory* (Tucson, Ariz.), 25 (1978) : 69–94.

Parmi les sources manuscrites les plus importantes, on consultera : BL, Add. MSS 21885 : 121 (copie aux APC) ; Chicago Hist. Soc., Billy Caldwell à Francis Caldwell, 17 mars 1834 ; et Wis., State Hist. Soc., Draper MSS, 17S229–235, 238–240 ; 21S74–88. Aux APC, RG 10, A1, 4, et A2, 28, 30–34, on trouve une grande partie de la vaste correspondance au sujet de ou envoyée ou reçue par Caldwell à l'époque de son passage au département des Affaires indiennes ; d'autres informations relatives à cette période ou à celle de 1816–1819 se trouvent dans les papiers Caldwell, APC, MG 24, B147 (photocopies).

CALDWELL, sir JOHN, avocat, homme politique, fonctionnaire, homme d'affaires et seigneur, baptisé le 25 février 1775 à Québec, fils unique de Henry Caldwell* et d'Ann Hamilton ; le 21 août 1800, il épousa à Québec Jane Davidson, et ils eurent deux fils et une fille ; décédé le 26 octobre 1842 à Boston.

C'est au manoir de Belmont, près de Québec, que John Caldwell passa son enfance. Ce domaine comptait parmi les propriétés que son père avait louées du lieutenant général James Murray* en 1774 et qu'il allait acheter en 1801. En plus de la gestion de ses nombreux fiefs, de ses activités commerciales et de son poste de conseiller législatif, Henry Caldwell remplissait depuis 1794 la charge de receveur général. Le 29 janvier 1799, il décida de donner procuration à son fils pour administrer tous ses biens et toutes ses affaires. Aussi John Caldwell n'exerça-t-il jamais la profession d'avocat, bien qu'il ait reçu sa commission le 20 juin 1798, après avoir bénéficié d'une éducation soignée sous l'égide d'Alexander Spark*.

En 1800, Caldwell fit son entrée en politique après que les habitants de la seigneurie de Lauzon, que son père avait également louée pour 99 ans, l'eurent incité à briguer un siège à la chambre d'Assemblée du Bas-Canada. Il se présenta cette année-là dans la circonscription de Dorchester et fut élu avec Jean-Thomas Taschereau*. Il demeura député jusqu'aux élections de 1809, au cours desquelles certaines irrégularités se produisirent à ses dépens. En effet, le directeur du scrutin, Jean-Baptiste Demers, qui sympathisait avec le parti canadien et les adversaires de Caldwell, déclara Taschereau et Pierre Langlois élus avant l'heure fixée pour la fermeture des bureaux de vote. Peu de temps après la reprise des débats en chambre en janvier 1810, Caldwell et ses partisans protestèrent contre la conduite de Demers et réclamèrent l'invalidation de l'élection. On rejeta d'abord cette requête, puis on la reconsidéra ; il fut résolu qu'on procéderait le 10 mars suivant à la vérification du mandat des députés élus. Mais le gouverneur sir James Henry Craig* prorogea le Parlement le 1er mars et de ce fait annula la prescription. Aux élections qui suivirent, Caldwell l'emporta sur Taschereau, mais par 51 voix seulement. Après une dizaine d'années passées à la chambre, il quitta son siège le 15 décembre 1811. Son rôle n'y avait pas été considérable : il s'était davantage fait remarquer par ses absences répétées que par ses interventions. Il donnait généralement son appui aux « partisans du château », mais n'en conservait pas moins une certaine indépendance d'esprit. Ainsi avait-il témoigné en faveur de l'inéligibilité des juges à devenir députés, en faisant ressortir les difficultés qui pouvaient surgir de l'exercice simultané de ces deux fonctions. Appelé au Conseil législatif en 1811, Caldwell y siégea jusqu'en 1838.

À la mort de son père, en mai 1810, Caldwell était entré en possession de tous les biens de ce dernier, sauf quelques exceptions comme la seigneurie de Lauzon, léguée à son fils Henry John. On n'avait alors trouvé qu'un testament olographe sans date ni signature, et le seul autre testament datait de 1799, au moment où la mère de Caldwell vivait encore. Comme son fils n'avait que neuf ans, Caldwell, déjà propriétaire de Belmont et titulaire des seigneuries de Gaspé et de Foucault, continua d'administrer la seigneurie de Lauzon. Il avait acquis en 1803 celle de Saint-Étienne.

Les descriptions des propriétés de Caldwell qu'a faites Joseph BOUCHETTE dans son ouvrage paru en 1815 donnent une idée du stade de leur développement. Si l'arpenteur général s'attarde peu sur Foucault, Gaspé et Saint-Étienne, plus riches en bois qu'en hommes, il insiste par contre sur les avantages qu'offre la seigneurie de Lauzon. Située près de

Caldwell

Québec, elle possède des sols de qualité et le bois de construction y est abondant. Traversée de nombreuses rivières, elle compte trois moulins à grain et plusieurs scieries. Favorisé par le contexte économique et fort d'un domaine aux ressources tout autant prisées que diversifiées, Caldwell n'avait pas attendu la mort de son père pour mettre en valeur et aménager la seigneurie dont il avait alors la gérance. Il avait mis à profit ses talents d'ingénieur et n'avait pas hésité à détourner quelques rivières afin d'améliorer le rendement des moulins. Son père avait acheté la seigneurie en 1801 et, quelques années plus tard, les deux hommes avaient institué de nouvelles normes de concession. Soucieux de rentabiliser et de préserver leurs avoirs, ils avaient augmenté les rentes et, plus encore, ajouté aux clauses des précédents contrats une série de restrictions concernant la construction des moulins. Ils n'avaient cependant pas agi différemment des autres seigneurs.

Tout en se réservant les meilleurs emplacements, Caldwell cherchait également à assurer l'approvisionnement de ses scieries. À titre d'exemple, en 1826, il accorda à Pierre Lambert l'arrière-fief Saint-Félix, dans la seigneurie de Gaspé, mais conserva tous les droits sur l'exploitation des bois de pin et d'épinette qui pouvaient s'y trouver. Dix ans auparavant, il avait présenté à lord Bathurst un mémoire dans lequel il demandait un changement de tenure pour les seigneuries de Gaspé et Saint-Étienne. Cette mesure devait favoriser la venue d'immigrants britanniques peu enclins à s'installer en territoire seigneurial. On avait finalement rejeté la requête mais, s'il en avait été autrement, Caldwell se serait retrouvé détenteur en toute propriété de 40 000 arpents dont 4 000 seulement étaient déboisés.

Il fallait davantage qu'un refus pour que Caldwell mette un frein à ses initiatives. Son père, en édifiant des moulins à farine et des scieries à l'embouchure de l'Etchemin, y avait en quelque sorte généré la formation d'un village. Cette réalisation séduisait John qui travaillait dans le même sens. Dès 1804, usant alors de son droit de retrait, il avait commencé d'acquérir des terrains sur la rive du fleuve, à l'emplacement de l'actuel quartier Notre-Dame, à Lévis. Il poursuivit ses transactions et, en 1818, en l'espace de deux mois, il obtint toute l'étendue qui domine la falaise. On nomma l'endroit ville d'Aubigny. Caldwell divisa ensuite ce magnifique domaine en lots à bâtir avec des terrains réservés à un marché public et à un parc, puis il fit construire un hôtel et un temple épiscopalien. Les résidents fortunés de Québec y avaient leur maison d'été. Néanmoins, l'agglomération ne crût jamais comme l'avait espéré Caldwell et, à l'époque de Bouchette, elle ne comptait qu'une quarantaine d'habitations. Selon l'arpenteur, le seigneur exigeait des redevances beaucoup trop élevées.

Le 19 novembre 1808, Caldwell avait été nommé receveur général intérimaire à la demande de son père qui délaissait de plus en plus ses activités, mais ce n'est que le 6 juin 1810 que le poste lui échut officiellement. À titre de receveur général, il ne gagnait que £400 par an, salaire bien insuffisant à ses yeux compte tenu de l'ampleur de sa charge. Ses projets et le train de vie qu'il menait nécessitaient des mises de fonds importantes. En 1817, Caldwell vendit donc son domaine de Belmont à James Irvine* pour la somme de £4 000, et partagea ensuite son temps entre sa résidence de Québec et son manoir seigneurial à Pointe-Lévy (Lauzon et Lévis).

Caldwell pouvait aussi compter sur les montants qu'il retirait du commerce du bois et de la farine. Il était associé à son beau-frère John Davidson qui depuis 1811 agissait à titre de chargé d'affaires et de procureur du seigneur de Lauzon. La maison Caldwell and Davidson se spécialisait dans la préparation du bois de construction. Caldwell s'approvisionnait dans le Haut-Canada, mais surtout à même les réserves dont il disposait dans ses seigneuries. Il engageait ses censitaires pour couper le bois et l'amener à ses moulins, où il était débité en planches. Toutes les installations nécessaires à l'embarquement de la marchandise se trouvaient à proximité.

À l'instar d'autres marchands de bois de Québec, Caldwell et Davidson se lancèrent dans la construction navale. Le 28 septembre 1816, ils formèrent une société avec Hiran Nicholas, négociant de Montréal, François LANGUEDOC, John White et John Goudie*, de Québec, et Richard Lilliot, marchand de la Pointe-Lévy. La compagnie devait mettre en circulation entre les deux rives du fleuve un bateau à vapeur pour assurer le transport des personnes et des marchandises. Chaque associé avait droit à une action, et le rôle de Caldwell dans l'entreprise consistait à importer de Grande-Bretagne l'engin et tout l'appareillage nécessaire, puis à faire construire un quai d'embarquement. C'est en 1818 que le *Lauzon* entra en service. Le 28 septembre 1816, les deux hommes s'étaient associés également à Robert Armour*, George Davis (Davies) et James Macdowall, négociants de Montréal, et à White, Languedoc, Robert Melvin, François Bélanger et Goudie pour former la Quebec Steamboat Company, dont l'objectif était de faire naviguer un vapeur entre Québec et Montréal. Caldwell et Davidson détenaient conjointement l'une des sept actions, et le seigneur de Lauzon devait fournir le même gréement que dans le premier cas.

En 1820, désireux de préparer la relève, Caldwell et Davidson s'adjoignirent, par un acte de société passé le 27 octobre, leur fils respectif, Henry John et John, dans l'exploitation du moulin à farine de Saint-Nicolas. Mais les événements se chargèrent de contrecarrer ce projet. Caldwell avait beau tirer profit de l'exportation des farines et du négoce du bois, ses dépenses pour Aubigny, les moulins qu'il érigeait et les acquisitions de terrains qu'il ne cessait de faire surpassaient les revenus qu'il pouvait escompter. Sa position, comme celle de tous les marchands de bois, restait précaire et soumise aux jeux de la politique protectionniste de la métropole. Que le receveur général mène un si grand train de vie semait quelques doutes au sein de la chambre d'Assemblée quant à l'utilisation qu'il pouvait faire des fonds publics. À partir de 1815, l'Assemblée réclama de connaître ses comptes et la véritable situation financière de la province. Même si Caldwell jouissait d'amis sûrs au sein de l'administration, le scandale éclata en 1823.

Dans l'exercice de ses fonctions, le receveur général relevait directement du gouvernement impérial. Il avait le plein pouvoir de lever et de recevoir les droits, les impôts et autres revenus payables dans la province qui devaient servir aux dépenses de l'administration de la justice et au soutien du gouvernement civil. Ses appointements étaient minimes mais le receveur général pouvait disposer, à des fins personnelles, des fonds dont il se trouvait le dépositaire, à condition d'en rendre compte sur demande. Caldwell avait largement usé de ce privilège, à tel point qu'il ne put payer les dépenses prévues dans la liste civile le 1er mai 1822. Afin de couvrir son insolvabilité, lord Dalhousie [RAMSAY] prit £30 000 à même la caisse militaire. Il voulut recouvrer son emprunt et, en janvier 1823, s'adressa à la chambre à cette fin. Celle-ci, puisqu'elle considérait qu'il s'agissait d'une faveur personnelle accordée à Caldwell et estimait qu'il devait avoir plus de £100 000 à sa disposition, ne donna pas suite à la réclamation du gouverneur et vota les subsides comme s'il n'y avait eu aucun déficit. La situation devenait embarrassante pour Dalhousie. Il soumit alors l'affaire au Conseil exécutif qui interrogea Caldwell. Pas plus que l'année précédente, ce dernier ne pouvait honorer ses obligations. Le conseil déclara donc qu'il fallait en référer aux ministres de Sa Majesté et que le mieux consistait à retarder le paiement des dépenses courantes jusqu'en juillet et celui des subsides jusqu'en novembre ou décembre. Ce délai donnait le temps de connaître la position de la couronne et peut-être permettrait-il à Caldwell de renflouer sa caisse.

Dalhousie dépêcha Davidson en Angleterre pour exposer les faits, défendre son attitude à titre de gouverneur ainsi que les prétentions de Caldwell. Celui-ci, pour sa part, essayait tant bien que mal d'obtenir quelques fonds en vue de rembourser ses dettes les plus pressantes. Afin d'y parvenir, il se départit des actions qu'il possédait dans le *Lauzon* et dans la Quebec Steamboat Company. Il engagea également tous les arrérages que devaient les censitaires de Lauzon et le prix de vente de l'hôtel Lauzon. Il signa une promesse de vente pour la seigneurie Foucault à Robert Christie* et reçut de ce dernier un acompte de £2 000.

Entre-temps, Dalhousie se préparait à affronter la chambre sur cet épineux dossier qui mettait en cause près de £100 000 et, plus encore, tout le fonctionnement de l'administration coloniale. Or, la chambre d'Assemblée s'était plainte à plus d'une reprise de ne pas exercer de contrôle suffisant sur les revenus publics. Cette affaire lui fournissait nombre d'arguments pour étayer son point de vue, à commencer par la connivence du gouverneur. Soutenu par l'exécutif et pressé d'agir, Dalhousie nomma d'abord deux contrôleurs pour assister Caldwell puis, quelques jours avant l'ouverture de la session le 25 novembre 1823, démit le receveur général de ses fonctions. Informée des faits, l'Assemblée, quant à elle, vota la formation d'un comité, présidé par Austin CUVILLIER, pour étudier la situation. On convoqua Caldwell devant ce comité et on l'interrogea sur l'organisation du bureau du receveur général et sur les mesures qu'il entendait prendre pour éponger son déficit. Il proposa, entre autres, de vendre sa maison de la basse ville de Québec, les seigneuries de Gaspé, Saint-Étienne et Foucault, environ 50 acres de terre en banlieue de Québec et quelque 40 000 autres dans divers cantons. Dans son rapport, le comité s'attarda peu aux modalités qu'avait suggérées Caldwell mais insista davantage sur les doléances de la chambre face à l'administration coloniale. Dans le message envoyé à Londres, l'Assemblée, sous prétexte que le receveur général relevait directement de la métropole, se disait d'avis qu'il incombait à cette dernière de rembourser à la province les deniers qu'elle avait perdus.

Caldwell, de son côté, voulait à tout prix réintégrer son office. Davidson se rendit en Angleterre pour plaider encore une fois la cause de son associé et présenter aux lords de la Trésorerie les mesures que celui-ci envisageait de prendre pour effacer sa dette. On refusa la réintégration de Caldwell à son poste soi-disant parce qu'il ne présentait pas de garanties suffisantes. Les poursuites judiciaires débutèrent : le 13 juin 1825, deux plaintes furent portées devant la Cour du banc du roi à Québec. La première impliquait Caldwell personnellement et visait le recouvrement des sommes qu'il aurait dû payer le 17 novembre 1823, soit un peu plus de £219 000, avec les intérêts. La seconde le concernait à titre d'héritier de son père et portait sur un montant de près de £40 000 que devait ce dernier à sa mort. Caldwell s'opposa aux deux poursuites mais, le 20 octobre suivant, la cour le condamnait à payer plus de £96 000. Il proposa alors à Dalhousie un mode de remboursement semblable à celui qu'il avait exposé devant le comité de la chambre d'Assemblée. Il insista cependant pour demeurer propriétaire de Lauzon en échange du versement d'une rente annuelle de £2 000. Le gouverneur soumit ces propositions au Conseil exécutif, qui suggéra d'attendre les ordres de la Trésorerie. Tous ces atermoiements, l'attitude de Caldwell, qui tantôt se

Caldwell

montrait conciliant, tantôt rejetait les accusations portées contre lui et refusait obstinément de se départir de la seigneurie de Lauzon, indisposaient grandement l'Assemblée. Celle-ci se rendait bien compte qu'il jouissait d'appuis de part et d'autre de l'Atlantique.

Malgré les relations de Caldwell et tous ses efforts, la seigneurie de Lauzon devait être mise en vente le 27 août 1826. Henry John Caldwell s'objecta à la vente sous prétexte que son grand-père lui avait légué cette seigneurie et qu'elle ne pouvait donc servir à éponger le déficit de son père. Mais le testament écrit de la main de Henry Caldwell n'était ni signé ni daté, et la Cour du banc du roi décréta en juin 1827 qu'il n'était pas valide. La cause fut donc portée en appel et, le 30 juillet 1828, un arrêt maintint le jugement. Henry John Caldwell décida d'en appeler au Conseil privé. En attendant l'ultime décision, son père demanda à la Trésorerie qu'on le considère comme locataire de Lauzon pour une période de cinq à sept ans et non plus sur une base annuelle, mais on rejeta sa requête.

Le 21 septembre 1829, on procéda à la vente des autres propriétés de Caldwell. Moses Hart* acheta la seigneurie de Gaspé, George POZER celle de Saint-Étienne et John Anthony Donegani*, la seigneurie Foucault. Thomas Scott se porta acquéreur des terrains de Sainte-Foy, et la propriété de la basse ville revint à John Jones. Pendant ce temps, Caldwell ne resta pas inactif et continua, jusqu'en 1835, de concéder des terres. Dans sa situation, il se montrait très empressé à percevoir les rentes et les arrérages qui lui étaient dus. Afin de satisfaire ses créanciers, il cédait là un lopin de terre, ailleurs le droit de construire un moulin, toujours contre compensation financière. Toutefois, il prenait soin de concéder les plus beaux coins de la seigneurie de Lauzon à ses enfants. Pour protéger le plus possible ses sources de revenus, il loua même le moulin banal pour 20 ans à son beau-frère Davidson. Il continua aussi de s'adonner au commerce du bois. Au Conseil législatif, l'ancien receveur général, qui en 1830 avait hérité d'un cousin le titre de baronnet, bénéficiait toujours de la confiance de ses pairs, et lord Aylmer [WHITWORTH-AYLMER] n'hésita pas à le nommer président intérimaire en 1831.

En janvier 1834, comme le Conseil privé n'avait pas encore donné son avis, l'Assemblée voulut rouvrir le débat et savoir où en étaient les choses. On forma alors un comité de cinq membres, lequel présenta un bilan de la situation et en souligna les irrégularités. On se demandait, entre autres, pourquoi Caldwell n'aurait pas à payer d'intérêts sur le montant reconnu de sa défalcation ? Finalement, la chambre exigea soit le remboursement par la métropole des sommes dues à la province, soit la saisie des biens qui restaient au seigneur de Lauzon.

Ce fameux scandale trouva écho dans les Quatre-vingt-douze Résolutions, votées le 21 février 1834,

d'abord à la trente-quatrième, où l'on retrouve un portrait de Caldwell, puis à la quatre-vingt-quatrième, qui donne comme l'un des griefs de l'Assemblée « le refus du gouvernement de Sa Majesté, de rembourser à la province, le montant de la défalcation du ci-devant receveur-général ». En juin de la même année, le Conseil privé confirmait le jugement de la Cour d'appel.

Dépité, Caldwell qui n'arrivait même pas à payer la rente exigée pour la seigneurie de Lauzon voulut, en 1836, démissionner de son poste de conseiller législatif. Il était alors retiré à Boston. Comme les membres du conseil étaient nommés à vie et qu'il n'y avait aucun précédent, on refusa sa démission. Cette année-là, la chambre ordonna la formation d'un nouveau comité chargé d'étudier les modalités de la vente de la seigneurie de Lauzon ainsi que la proposition de Caldwell de la céder au gouvernement en échange de l'extinction complète de sa dette, plutôt que de la mettre aux enchères. Toutefois, la majorité de l'Assemblée était d'avis qu'il s'avérait plus avantageux de procéder à une vente publique. Mais avec les événements de 1837–1838 le débat tourna court.

L'affaire Caldwell rebondit au Conseil spécial en 1840. L'ancien receveur général devait encore à la province quelque £78 675. Sir John Caldwell ne vécut pas assez longtemps pour apprendre la décision des autorités. Un projet de loi, adopté un an après sa mort, ordonna la vente de la seigneurie de Lauzon par le shérif du district de Québec. Le gouvernement s'en porta acquéreur le 17 mars 1845 au coût de £40 500. Il avait fallu plus de 20 ans de procès, de manœuvres, de délais et de débats passionnés avant que l'affaire connaisse son dénouement. Ces événements témoignent bien sûr de l'ambition d'un homme, John Caldwell, mais ils reflètent aussi toutes les tensions qui animèrent le Bas-Canada jusqu'à l'Union.

ANDRÉE HÉROUX

ANQ-Q, CE1-61, 25 févr. 1775, 21 août 1800 ; CN1-49, 2 juill. 1824, 22 déc. 1830 ; CN1-116, 23 oct. 1818, 31 août 1826, 28–29 mai 1831, 30 mars, 1er août 1832 ; CN1-178, 2 févr. 1801, 10 mai 1814 ; CN1-208, 22 avril, 13 oct., 7 nov. 1823, 1er oct. 1824, 22 mars 1825, 11 avril 1827, 19 avril, 31 oct. 1829, 17 déc. 1830, 12 avril 1832, 12, 24 sept. 1834, 17 déc. 1836, 24 sept. 1840 ; CN1-230, 9 janv. 1817, 13 mars 1823 ; CN1-262, 29 janv. 1799, 9, 21 oct. 1811, 28 sept. 1816, 18–19, 31 août, 4, 8, 14, 17, 19 sept., 23 oct. 1818, 12 nov. 1825, 21 janv. 1828, 20 janv. 1843, 8 mai 1846. — B.-C., chambre d'Assemblée, *Journaux*, 1802 : 213 ; 1803 : 171, 173, 177 ; 1810 : 131, 151–157, 195 ; 1815 : 342, 344, 346, 434, 436, 494 ; 1820–1821 : 87, 107, 160–161, 280 ; 1823 : 45, app. H ; 1823–1824 : 23, 55, 107, 197, 230, app. E, L, S ; 1825, app. O ; 1826 : 25, 59, 78 ; 1827 : 23, 42, 95, 153, 187, 294 ; 1828–1829 : 226, 320, 322, 346, 349–351 ; 1832–1833 : 191 ; 1834 : 26, 31, 147, 194, 264, 482, app. CC ; 1835–1836 : 366, 526–527, 604, 633, 645, 648 ; Conseil législatif, *Journaux*, 1835 : 22–23 ; 1835–

1836 : 114, 216 ; Conseil spécial, *Journaux*, 1840–1841, app. A. — Canada, prov. du, Conseil législatif, *Journaux*, 1843 : 12, 29, 32–33, 62, 130 ; *Statuts*, 1843, chap. 26. — *Doc. relatifs à l'hist. constitutionnelle, 1791–1818* (Doughty et McArthur), 495–506 ; *1819–1828* (Doughty et Story), 90–91, 188–203, 316, 324–339, 454–468, 482–486. — *Quebec Gazette*, 19 avril 1810, 1er avril 1813, 19 déc. 1825, 31 oct. 1842, 17 mars 1845. — *Almanach de Québec*, 1799 ; 1830 ; 1831. — Bouchette, *Description topographique du B.-C.* — P.-G. Roy, *les Avocats de la région de Québec* ; *Inv. concessions*. — Turcotte, *le Conseil législatif*.— Christie, *Hist. of L.C.* (1866), 3. — J.-E. Roy, *Hist. de Lauzon*, 3–5. — D. T. Ruddell, « Quebec City, 1765–1831 : the evolution of a colonial town » (thèse de D. ès L., univ. Laval, 1981). — P.-G. Roy, « le Testament de l'honorable Henry Caldwell », *BRH*, 29 (1923) : 202–204.

CALLIHOO (Calehue, Kalliou), LOUIS, trafiquant de fourrures, trappeur et chasseur iroquois, né probablement à Caughnawaga (Kahnawake, Québec) ; *circa* 1819–1845.

Louis Callihoo faisait partie des nombreux Iroquois qui, à la fin du XVIIIe siècle et au début du XIXe, s'en allèrent dans l'Ouest pour suivre la progression de la traite des fourrures. Probablement venait-il, comme la plupart de ces hommes, du village missionnaire de Caughnawaga, parfois appelé Sault-Saint-Louis. On trouve, dans le registre de cette paroisse, mention du baptême d'un certain Louis Karhiio, né le 17 octobre 1782, fils de Thomas Anatoha (Kanakonme) et de Marie-Anne Tekonwakwehinni. À côté du nom, une note précise : « [il] est parti pour le Nord, s'y est marié, a eu des enfants [et] n'est jamais revenu ». Cette description correspond à la vie de Louis Callihoo ; contrairement à la plupart des Iroquois qui allèrent dans l'Ouest, il y demeura jusqu'à la fin de ses jours et fonda une famille nombreuse et influente.

On a prétendu que la famille dont était issu Callihoo portait à l'origine le nom de Kwarakwante et que c'est le père Albert Lacombe* qui avait donné à la branche installée près de la mission de Saint-Albert (Alberta) le nom de Callioux, devenu plus tard Callihoo. Les documents historiques n'étayent pas cette hypothèse. En effet, on trouve des individus du nom de Callihoo (épelé de différentes façons) dans les registres de la traite des fourrures dès le début du XIXe siècle et dans les registres paroissiaux dès les années 1840, ce qui est bien antérieur à l'époque du père Lacombe. En 1800, la McTavish, Frobisher and Company, agent de la North West Company, embaucha un certain Louis Cahiheue de Sault-Saint-Louis pour qu'il passe deux hivers dans le Nord. En 1812–1813, un nommé Louis Calihue travailla pour la North West Company dans le district de l'Athabasca.

Durant la saison de traite de 1819–1820, Louis Callihoo, comme plusieurs autres trafiquants indépendants, tant iroquois que canadiens, chassait et trappait dans la région de la rivière Smoky, dans le nord-ouest de l'Alberta d'aujourd'hui, et faisait de la traite dans les postes de l'Athabasca et du Petit lac des Esclaves. La Hudson's Bay Company ne signa jamais de contrat d'engagement avec lui, mais il fit à l'occasion des travaux pour elle ; ainsi il transporta des marchandises au poste du Petit lac des Esclaves en 1819 et hiverna des chevaux de la compagnie en 1829.

Apparemment, Callihoo épousa deux sœurs issues de l'une des familles de trafiquants indépendants de la rivière Smoky. Sa première femme s'appelait Josephte Patenaude et la deuxième, Marie Patenaude ; selon les registres, entre 1822 et 1845, elles lui donnèrent respectivement deux et sept enfants. Tout au long des années 1820 et même dans les années 1830, les annales de la Hudson's Bay Company le décrivent comme le chef d'un petit réseau de trappeurs et de chasseurs indépendants qui vivaient sur les bords de la Smoky. Lui et sa famille figurent dans un recensement des trafiquants indépendants qui, en 1838, faisaient de la traite au Petit lac des Esclaves. En 1842, il ne vivait plus à la rivière Smoky mais à la pointe Shaw, sur le lac.

Callihoo fut probablement élevé dans la religion catholique. Le premier missionnaire qui, au début des années 1840, atteignit la région du Petit lac des Esclaves fut un méthodiste, le révérend Robert Terrill Rundle*. Callihoo le fréquenta et l'appela même à son chevet quand il tomba malade, mais il ne se convertit pas au protestantisme. Tous ses enfants dont la naissance a été rapportée furent baptisés et mariés par des prêtres, dont six baptisés en octobre 1845 par Joseph Bourassa, l'un des premiers missionnaires catholiques à rejoindre le Petit lac des Esclaves.

Louis Callihoo mourut entre 1845 et 1856. Ses neuf enfants survécurent et fondèrent une famille. Quelques-uns de ses descendants sont bien connus : Michel Callihoo (Calistrois) qui, en qualité de chef, signa en 1878 une adhésion au traité no 6 et établit sa bande près de Saint-Albert ; Felix Calihoo, qui participa en 1932 à la fondation de la Métis Association of Alberta, et John Callihoo, qui fut en 1939 l'un des fondateurs de l'Indian Association of Alberta.

GERTRUDE NICKS

Arch. of the Archdiocese of Edmonton (Roman Catholic), Sainte-Anne (Lac Ste Anne), reg. des baptêmes, mariages et sépultures, 1844–1859. — PAM, HBCA, B.8/a/1 ; B.94/a/2 ; B.115/a/3–9 ; B.239/z/10 ; F.4/32. — Provincial Arch. of Alta. (Edmonton), 71.185 (O. J. Rath, corr., reports, and geneal. charts tracing hereditary condition in descendants of Louis l'Iroquois (1954–1955) ; Oblats de Marie-Immaculée, Forts des Prairies/1 (reg. des baptêmes, mariages et sépultures, 1842–1859) ; Forts des Prairies/5 (index des reg. des mariages, s.d.). — R. T. Rundle, *The Rundle journals, 1840–1848*, introd. et notes de G. M. Hutchinson, H. A. Dempsey, édi. (Calgary, 1977). — Trudy Nicks, « The Iroquois and the fur trade in western Canada », *Old trails and new directions : papers of the third North American Fur*

Cameron

Trade Conference, C. M. Judd et A. J. Ray, édit. (Toronto, 1980), 85–101. — D. I. Buchanan, « Blood genotypes -D-/-D- and CDe/-D- ; transfusion therapy and some effects of multiple pregnancy », *American Journal of Clinical Pathology* (Baltimore, Md.), 26 (janv.–juin 1956) : 21–30.

CAMERON, DUNCAN, trafiquant de fourrures et homme politique, né vers 1764 à Glen Moriston, Écosse, fils d'Alexander Cameron et de Margaret McDonell ; décédé le 15 mai 1848 à Williamstown, Haut-Canada.

En 1773, Duncan Cameron immigra dans la colonie de New York avec ses parents, qui s'établirent dans le comté de Tryon ; sept ans plus tard, pendant la Révolution américaine, il se joignit à un régiment loyaliste, probablement le King's Royal Regiment of New York [V. sir John Johnson*]. Arrivé dans la province de Québec en 1785, il s'initia la même année à la traite des fourrures en qualité de commis d'Alexander Shaw et de Gabriel Cotté*, tous deux trafiquants indépendants de la région du lac Nipigon (Ontario).

Cameron se révéla bientôt un formidable adversaire de la Hudson's Bay Company, qui tentait d'étendre son emprise sur le nord et l'ouest du lac Nipigon. Un employé de cette compagnie, James Sutherland*, qui passa l'hiver de 1790–1791 au lac Red, découvrit que Cameron était déjà « très respecté des Indiens car il [était] sur les lieux depuis quelques années ». Il notait avec consternation que son rival était bien pourvu en rhum de la Jamaïque, en tabac du Brésil et en uniformes élégants pour les Indiens ; de plus, Cameron arborait « un gros tromblon de cuivre qui produisait des détonations épouvantables » et « un magnifique drapeau de chalon » qui contrastait vivement avec le sien, une « vieille guenille ». Par ailleurs, « comme deux postes de traite attirent plus d'Indiens » qu'un seul, Sutherland ne passa pas un hiver infructueux, puisqu'il rapporta 33 ballots de fourrures à sa compagnie ; mais son adversaire, qui était mieux pourvu, qui connaissait mieux la région et savait en imposer, conserva la haute main et en amassa 45. Les deux trafiquants n'en eurent pas moins d'excellentes relations : lorsqu'ils se quittèrent au printemps, Sutherland remercia Cameron pour « sa conduite distinguée et son naturel obligeant ». Cameron séjourna encore au lac Red en 1791–1792 , et son rival était cette fois John Best, un autre employé de la Hudson's Bay Company, avec qui les rapports furent cependant beaucoup moins cordiaux. À titre d'associé hivernant de Shaw et de Cotté, il envoya également des trafiquants dans le bassin du lac Winnipeg, plus précisément dans le haut de la rivière Bloodvein.

En 1793–1794, Cameron envoya Jean-Baptiste Turcotte faire de la traite au lac Big (lac MacDowell, Ontario) et maintint sur la Bloodvein deux postes qui nuisaient aux activités de la Hudson's Bay Company au lac Red. Il passa l'hiver de 1795–1796 à l'ouest du lac Winnipeg, à Partridge Crop, sur la rivière Fairford (Manitoba), alors que ses rivaux étaient Best à la rivière Dauphin ainsi que deux trafiquants indépendants, Joseph Rhéaume et Gabriel Atina Laviolette. Les rapports de traite étaient tendus. Le 31 mars 1796, Best écrivait qu'il était « presque impossible d'obtenir des fourrures sans se battre, puisque [Cameron] était constamment en désaccord avec [lui] au sujet de la traite ».

Après la mort de Cotté, en février 1795, Cameron prit comme fournisseurs de marchandises de traite la Forsyth, Richardson and Company et la Todd, McGill and Company. Puis, comme ces sociétés avaient temporairement cessé la traite dans le Nord-Ouest après avoir refusé en 1795 les actions que leur offrait la North West Company, Cameron n'eut d'autre choix que de se joindre à cette compagnie, dont il devint associé. En 1796, celle-ci lui confia la direction du département de Nipigon, qu'il allait conserver jusqu'en 1807. De 1796 à 1798, au lac Fly (lac Whiteloon, Ontario), dans le haut de la rivière Severn, il fit concurrence à David Sanderson de la Hudson's Bay Company. Les deux hommes se trouvèrent de nouveau face à face au lac Sandy de 1798 à 1801 ; puis Sanderson partit pour la rivière Berens, et Cameron et ses hommes eurent presque le champ libre à la rivière Severn.

En 1803–1804, au lac Island (Manitoba), Cameron et ses 26 hommes écrasèrent leurs rivaux de la Hudson's Bay Company que dirigeait James Peter Whitford. Au même endroit, en 1804–1805, Charles Thomas Isham* ne fit guère mieux que son prédécesseur contre les *Nor'Westers,* tandis que Cameron passait l'hiver au lac Owl (lac McInnes, Ontario) à rivaliser avec John Sanderson. Il subsiste des extraits du journal que Cameron tint cet hiver-là, de même que d'intéressantes observations ethnographiques sur la région, probablement écrites pendant la même période. Durant l'hiver de 1806–1807, il séjourna au lac Trout (lac Big Trout), à l'est du lac Severn, où selon James Swain, un employé de la Hudson's Bay Company, il « traita avec les autochtones d'une manière très extravagante ».

En 1807, Cameron et Alexander MacKay* remplacèrent le frère de celui-ci, William*, à la tête du département du lac Winnipeg, dont la base était le fort Bas-de-la-Rivière (Fort Alexander, Manitoba). L'hiver suivant, au lac Drunken (lac Wrong), à l'est du lac Winnipeg, Cameron livra concurrence à Alexander Kennedy, un employé de la Hudson's Bay Company. En juillet 1808, sur l'insistance de Cameron, la North West Company réduisit de moitié le nombre de ses postes et de sa main-d'œuvre dans le département, car ses dépenses y avaient largement dépassé ses recettes. De 1808 à 1811, il demeura au fort Alexander, ancien fort Bas-de-la-Rivière, à superviser la traite, que la concurrence et la chasse abusive au gibier à fourrure avaient grandement réduite. Pendant cette période, l'un de ses commis au lac Winnipeg, George Nelson* (qui épousa une cousine de sa femme, membre de la tribu des Sauteux), nota combien il avait « de l'estime et du respect » pour son patron Cameron : « jamais, disait-il, nous [les commis] ne sommes plus heureux que lorsque nous sommes réunis en sa compagnie ». En 1811, Cameron céda sa place à John Dugald Cameron* pour se rendre dans le département du lac à la Pluie, qu'il dirigea pendant trois ans.

La période la plus connue de la carrière de Cameron commence en 1814, lorsqu'il assuma avec Alexander Macdonell* (Greenfield) la direction du département de la rivière Rouge. Il se heurta à la colonie de la Rivière-Rouge, de la Hudson's Bay Company, qu'avait établie deux ans plus tôt lord Selkirk [Douglas*] et que gouvernait Miles Macdonell*. À ce moment, les *Nor'Westers* avaient déjà intensifié leur opposition à la colonie en dressant contre elle les trafiquants indépendants locaux, les sang-mêlé et les Indiens [V. Cuthbert Grant*]. En août 1814, un employé de la Hudson's Bay Company, Peter Fidler*, rapporta que Cameron et Macdonell, « vêtus d'un uniforme militaire », avaient quitté la Rivière-Rouge pour le fort Gibraltar (Winnipeg), poste de la North West Company. Cameron, qui s'était donné le grade de capitaine et avait attribué à son compagnon celui de lieutenant, affirmait que c'était lui le « chef de la contrée », et non l'administrateur Macdonell ; il envoya chercher tous les trafiquants indépendants de la région « dans l'espoir de les engager – afin de les empêcher [...] de chasser le bison pour faire vivre les colons ». Le 5 septembre, avec en main un mandat que leur avait délivré le *Nor'Wester* Archibald Norman McLeod, magistrat du territoire indien en vertu du *Canada Jurisdiction Act,* Cameron et sept hommes armés arrêtèrent John Spencer, shérif de la colonie, pour être « entré par effraction dans leurs magasins de Brandon House le printemps précédent ».

En juin 1815, comme les *Nor'Westers* poursuivaient leur harcèlement contre la colonie et comme on racontait que les Sioux et les Métis avaient proféré des menaces contre elle, quelque 140 colons quittèrent les lieux et Macdonell se rendit à Cameron, en échange, espérait-il, de la sécurité de ceux qui restaient. Lorsque les déprédations reprirent, les derniers occupants partirent eux aussi. Finalement, sur la route d'York Factory (Manitoba), ils rencontrèrent Colin ROBERTSON, qui les persuada de retourner à la Rivière-Rouge.

En mars 1816, Robertson fit main basse sur le fort Gibraltar. Il y saisit des documents qui impliquaient la North West Company dans des raids menés contre la colonie et arrêta Cameron, qu'on envoya d'abord à York Factory puis, après un an de détention, en Angleterre. Libéré sans avoir subi de procès, il revint

au Canada vers 1820 et intenta des poursuites contre Robertson « pour emprisonnement illégal [... et] pour des dommages-intérêts considérables ». Après s'être retiré de la traite des fourrures, il s'installa dans le comté de Glengarry, près de Williamstown, région où d'autres *Nor'Westers* s'étaient fixés, notamment David Thompson*.

Au moins de 1807 à 1812, Duncan Cameron avait eu une épouse et une famille indiennes qui le liaient de toute évidence au clan sauteux du Huard, dans la région du lac Nipigon. Dans une lettre du 28 juillet 1812, il prévenait un jeune parent de ne pas laisser « l'amour prendre le pas sur la raison ». « Se marier avant d'avoir une situation satisfaisante, poursuivait-il, c'est ruiner toutes ses perspectives d'avenir [...] cela, je le sais trop bien car j'ai payé cher pour l'apprendre. » À l'automne de 1820, il épousa dans le Haut-Canada Margaret McLeod, avec qui il eut une fille et trois fils, dont sir Roderick William*, qui s'occupa activement de commerce maritime avec l'Australie. Duncan Cameron fut député de Glengarry à la chambre d'Assemblée du Haut-Canada au cours de la neuvième législature (1825–1828). Il mourut à Williamstown le 15 mai 1848.

JENNIFER S. H. BROWN

AO, MU 2102, 1812, n° 14, item 2 ; MU 2198, n° 3 (photocopie). — APC, RG 1, L3, 107 : C14/252 ; RG 5, A1 : 38177–38178. — MTRL, George Nelson papers, journal n° 5 : 190, 199, 206–207, 227 ; lettre à sa sœur, 4 juin 1811. — PAM, HBCA, B.3/b/46 : f°s 32–33 ; B.51/a/1 : f° 18 ; B.149/a/7 : f° 3 ; B.177/a/1 : f°s 11–12, 16, 22–23, 26, 31–32 ; B.198/b/5 : f° 44 ; B.235/a/3 : f°s 4–5. — *Les Bourgeois de la Compagnie du Nord-Ouest* (Masson), 2. — *Docs. relating to NWC* (Wallace). — *HBRS*, 1 (Rich) ; 2 (Rich et Fleming). — « United Empire Loyalists : enquiry into the losses and services in consequence of their loyalty ; evidence in the Canadian claims », AO *Report*, 1904 : 1093. — *Legislators and legislatures of Ont.* (Forman), 1 : 57. — *Marriage bonds of Ont.* (T. B. Wilson), 39. — H. W. Duckworth, « The Nipigon trade to 1796 » (communication faite devant la fifth North American Fur Trade Conference, Montréal, 1985). — J. G. Harkness, *Stormont, Dundas and Glengarry : a history, 1784–1945* (Oshawa, Ontario, 1946). — V. P. Lytwyn, *The fur trade of the little north : Indians, pedlars, and Englishmen east of Lake Winnipeg, 1760–1821* (Winnipeg, 1986). — J. A. Macdonell, *Sketches illustrating the early settlement and history of Glengarry in Canada, relating principally to the Revolutionary War of 1775–83, the War of 1812–14 and the rebellion of 1837–8 [...]* (Montréal, 1893). — Rich, *Fur trade* (1976).

CAMPBELL, sir ARCHIBALD, officier et administrateur colonial, né le 12 mars 1769 à Glen Lyon, Écosse, troisième fils du capitaine Archibald Campbell et de Margaret Small ; le 6 juillet 1801, il épousa Helen Macdonald of Garth, et ils eurent deux fils et trois filles ; décédé le 6 octobre 1843 à Édimbourg.

Campbell

Archibald Campbell prit le métier des armes « comme un héritage de famille », pour reprendre une expression déjà utilisée, et devint le 28 décembre 1787 enseigne dans le 77th Foot en recrutant 20 hommes. Il passa les années 1788 à 1801 aux Indes orientales, où il fut promu lieutenant le 26 avril 1791 et capitaine le 24 mai 1799. Forcé de rentrer en Grande-Bretagne en 1801 pour des raisons de santé, il travailla surtout au service du recrutement, jusqu'en 1804. Après sa promotion au grade de major le 14 septembre de cette année-là, il servit dans diverses garnisons de Guernesey, d'Écosse et d'Irlande. En 1808, sous le commandement de sir John Moore, il prit part à la désastreuse campagne de La Corogne, en Espagne. Le 16 février 1809, on l'éleva au grade de lieutenant-colonel et on l'affecta à la réorganisation de l'armée portugaise, dans laquelle il devint par la suite major général. Il commanda une brigade à toutes les grandes batailles de la péninsule Ibérique et du midi de la France et reçut la croix militaire avec agrafe, l'ordre de la Tour et de l'Épée, des mains du roi du Portugal, puis le titre de chevalier le 28 avril 1814. Le 4 juin de la même année, il fut promu colonel honoraire dans l'armée britannique et devint l'un des aides de camp du prince régent. À compter de 1816, il commanda la division de Lisbonne dans l'armée portugaise mais démissionna après la révolution de 1820, avec laquelle il ne sympathisait pas. Peu après son retour en Angleterre, on le nomma lieutenant-colonel du 38th Foot, qu'il rejoignit dans la colonie du Cap (Afrique du Sud) et accompagna en Inde en 1822.

Campbell connut son heure de gloire à titre de commandant du corps expéditionnaire qui partit le 5 mai 1824 des îles Andaman pour conquérir la Birmanie. Les fonctionnaires britanniques ignoraient tout des embûches de la guerre tropicale, et un historien a décrit cette campagne comme « la plus mal dirigée de toutes les guerres coloniales du dix-neuvième siècle ». La faute en revient sûrement en partie à Campbell, qui fut maintes fois coupable d'optimisme excessif et de mauvaise préparation, mais grâce à un mélange de chance et d'audace il mena la campagne à bien en février 1826. Même l'historien militaire John William Fortescue, sévère envers l'expédition, reconnaissait que Campbell avait eu « des nerfs d'acier, une volonté à toute épreuve, une grande force morale et beaucoup de courage ». Devenu major général le 27 mai 1825, il obtint une pension annuelle de £1 000 de l'East India Company, la grand-croix (militaire) de l'ordre du Bain et un vote de remerciement de la part des deux chambres du Parlement britannique. De 1826 à 1829, il demeura à la tête des provinces cédées à la Grande-Bretagne par la Birmanie et agit en tant que commissaire civil auprès de ce royaume et du Siam (Thaïlande). À son retour en Grande-Bretagne, il chercha à être affecté de nouveau en Orient mais dut se contenter du poste de lieutenant-gouverneur du Nouveau-Brunswick, coup dur que son élévation au titre de baronnet, le 30 septembre 1831, l'aida sans aucun doute à supporter.

Campbell prit la suite de William Black* au gouvernement du Nouveau-Brunswick le 8 septembre 1831. Le premier problème qui se posa à lui fut un acte d'« agression injustifiable » du Maine : l'envoi (par les autorités de l'état, croyait-il) d'une députation qui devait organiser l'élection d'édiles municipaux dans les villages de la région du Madawaska, dont la possession faisait l'objet d'un litige avec le Nouveau-Brunswick. Campbell mena promptement un détachement militaire dans le secteur et arrêta plusieurs Américains. Même s'il relâcha par la suite ceux qui furent jugés coupables d'avoir déclenché les désordres dans la région du Madawaska, il soutint que pour prévenir de tels incidents il fallait renforcer les troupes régulières en poste au Nouveau-Brunswick. Il entreprit de construire la « route royale », entre Fredericton et Grand Falls, afin d'accélérer l'envoi de soldats et de colons britanniques dans le territoire en litige. Toutefois, il ne put convaincre les autorités militaires de Halifax de muter au Nouveau-Brunswick le nombre de soldats qu'il jugeait nécessaire.

Campbell n'eut guère de succès non plus lorsqu'il tenta d'améliorer l'efficacité de la milice, « mal organisée » selon lui. En 1831, la chambre d'Assemblée, qui ne partageait pas ses inquiétudes et tentait d'accroître son pouvoir sur la structure de la milice, sabra dans les salaires des officiers supérieurs de visite ; en 1832, elle ne leur accorda que de mauvais gré la même somme que l'année précédente. En 1833, elle demanda que les miliciens ne soient contraints qu'à un jour d'entraînement par an, au lieu de trois, et qu'on réduise de beaucoup la solde des adjudants et des sergents-majors. Campbell rejeta ces deux requêtes et persuada l'Assemblée de renouveler pour une autre année les fonds destinés aux officiers de visite. D'après lui, l'hostilité de la chambre était le signe d'un « jugement perverti ou [d'une] mauvaise disposition », et il protesta en voyant que le ministère des Colonies n'avait pas prévu de crédits pour la milice dans la liste civile permanente demandée à l'Assemblée. En mars 1834, on adopta les crédits annuels alloués aux officiers de visite « avec moins d'opposition que d'habitude », mais la nouvelle chambre qui se réunit en 1835 refusa de pourvoir au traitement des officiers de milice. Campbell fulmina contre « ces mesures contraires au patriotisme et [...] à la loyauté ». L'Assemblée restaura temporairement les crédits destinés aux adjudants et aux sergents-majors mais, en 1837, elle les rejeta de nouveau et suspendit la loi de milice. Campbell tenta bien de resserrer la discipline de la milice et d'avoir davantage la haute main sur les nominations, mais comme l'assistance financière de l'Assemblée était insuffisante et que la métropole ne lui apportait qu'un appui tiède (elle refusait de distribuer des armes aux miliciens), ses efforts de rationalisation ne réussirent guère.

Ce n'était là qu'un des fronts sur lesquels l'Assemblée et le nouveau lieutenant-gouverneur avaient tôt fait de s'opposer. Dans les premières années du XIXe siècle, le Nouveau-Brunswick avait acquis une relative stabilité politique, qu'avait cependant compromise en 1824 la nomination de Thomas Baillie* au poste de commissaire des Terres de la couronne. La série de réformes introduite par Baillie avait eu pour conséquences de mécontenter les marchands de bois de la colonie et de gonfler les revenus provinciaux tout comme sa fortune personnelle. Toutefois, ces revenus servaient en bonne partie à éponger les frais d'administration de son bureau, qui ne cessaient de grossir. Campbell lui-même reconnaissait que « les *énormes* dépenses (non compensées par un profit suffisant en revenus imprévus) du département des Terres de la couronne fourniss[aient] un sujet tout indiqué d'indignation populaire ». Lorsque Baillie, au début de 1832, convainquit le ministère des Colonies d'abolir les postes de receveur général et de vérificateur général, devenus superflus selon lui, la concentration du pouvoir entre ses mains souleva un tel tollé que Campbell fit renverser la décision.

Malgré les irrégularités patentes observées dans le service de Baillie, Campbell n'apporta que des changements mineurs au régime de concession des terres et refusa avec véhémence de laisser à l'Assemblée quelque pouvoir en matière de politique foncière. Les détracteurs de Baillie, disait-il, étaient des « agitateurs » ; lorsqu'il scinda en deux le Conseil du Nouveau-Brunswick, en 1833, il lui donna le siège le plus important au Conseil exécutif, où il fit aussi entrer le beau-père de Baillie, William Franklin ODELL, et George Frederick Street*, qui était très lié à Baillie. Devant les protestations de l'Assemblée, il allégua que les plaintes étaient attribuables aux ambitions déçues de « certains personnages très gênants et dangereux – deux frères du nom de Simonds [Charles* et RICHARD Simonds] ». En dépit des pressions du ministère des Colonies, il refusa de nommer au Conseil exécutif même un seul des députés influents. Son choix de candidats pour le Conseil législatif n'était pas plus judicieux. En 1832, il avait recommandé à peu près tous ceux qu'il proposait de faire entrer au Conseil exécutif sauf un seul député, William Crane*, qui déclina son offre. En mai 1833, après la formation du Conseil législatif, il demanda d'y ajouter le procureur général, le solliciteur général et l'avocat général pour lui donner plus de poids, mais le ministère des Colonies refusa de sanctionner la nomination d'autres fonctionnaires à ce moment-là. Obligé de soumettre une nouvelle liste, Campbell y inscrivit plusieurs des mêmes noms, dont celui du procureur général. On confirma ces nominations en

dépit du fait qu'elles n'étaient pas acceptables pour la majorité en chambre.

Campbell appréciait encore moins le désir de l'Assemblée d'avoir la mainmise sur les revenus imprévus et territoriaux de la couronne. Quand le ministère des Colonies envisagea en 1832 d'abandonner ces revenus en échange d'une liste civile permanente, il demanda qu'une grosse somme soit réclamée « advenant l'adoption, à [son] regret, d'une telle mesure », pour parer aux dépenses imprévues et empêcher à jamais que le gouvernement ne dépende de l'Assemblée. L'année suivante, il refusa de remettre à la chambre une ventilation des recettes qui provenaient des revenus de la couronne et qualifia les principaux députés d'« agitateurs malfaisants ». Après que l'Assemblée eut envoyé Charles Simonds et Edward Barron Chandler* à Londres, en mai 1833, pour arrêter les modalités de cession des revenus imprévus et territoriaux, il proposa que le gouvernement britannique réclame une liste civile de £18 000 à £20 000, somme que le secrétaire d'État aux Colonies, Edward George Geoffrey Smith Stanley, jugea faramineuse. Campbell parvint néanmoins à persuader le ministère des Colonies d'exiger plus de concessions que l'Assemblée n'était prête à en faire, si bien que l'offre de Stanley fut rejetée. Campbell demeurait « convaincu que l'aménagement du pays […] sera[it] retardé » par la cession des revenus de la couronne et il condamnait amèrement le régime de financement des routes et des ponts, régi par la chambre. Il procéda à la dissolution de l'Assemblée en novembre 1834, mais la nouvelle chambre continua d'exiger la mainmise sur tous les revenus de la province. Elle refusa un projet de loi sur la commutation des redevances, que Campbell avait commencé à percevoir, et se querella avec le Conseil législatif, de sorte qu'aucune loi de finances ne fut adoptée. Campbell prorogea le Parlement en mars 1835 mais le convoqua de nouveau le 15 juin ; l'Assemblée vota alors les crédits et accepta la commutation des redevances. Elle redemanda la cession des revenus imprévus et territoriaux, mais comme ces derniers montaient en flèche Campbell s'opposa encore à toute entente sur le sujet.

Après avoir essuyé une nouvelle rebuffade à la session de 1836, l'Assemblée envoya à Londres une autre délégation, composée de William Crane et de Lemuel Allan Wilmot*. Campbell prétendit que l'envoi de cette délégation était « généralement désapprouvé *dans toute* la province », mais le secrétaire d'État aux Colonies, lord Glenelg, qui était whig, fut assez favorablement impressionné par Crane et Wilmot pour négocier une entente avec eux. Atterré par la décision de céder les revenus imprévus et territoriaux, Campbell fit tout pour retarder l'application de ses instructions à cet effet. L'Assemblée, réunie de nouveau en décembre 1836, écarta ses objections en disant, rapporta Campbell, qu'elles

Campbell

étaient « de piètre conséquence et inspirées de motifs indignes », puis adopta un projet de loi sur la liste civile, qu'il rejeta. Campbell envoya alors Street à Londres afin de justifier son opposition au projet de loi et offrit de démissionner si ses vues ne coïncidaient pas avec celles de lord Glenelg. Celui-ci accepta sa démission et, en mai 1837, muta sir John Harvey* de l'Île-du-Prince-Édouard au Nouveau-Brunswick pour qu'il négocie une entente avec l'Assemblée selon les modalités acceptées plus tôt par le ministère des Colonies.

Campbell quitta Saint-Jean le 1er juin, « au milieu des regrets d'une grande foule de citoyens parmi les plus respectables », nota un journal. Peut-être les conservateurs de la colonie le voyaient-ils partir avec tristesse, mais une vaste majorité de Néo-Brunswickois étaient contents. Le 28 juin 1838, Campbell fut promu lieutenant général ; en août, il accepta le commandement en chef de Bombay. Des problèmes de santé qui l'avaient déjà affligé au Nouveau-Brunswick le forcèrent cependant à démissionner presque tout de suite. Il se retira à Édimbourg, où il mourut en 1843.

Sir Archibald Campbell, écrit James Hannay* dans *History of New Brunswick*, était un « vieux tyran militaire [...] tout à fait inapte » à occuper une charge publique. Par ses opinions conservatrices, il se distinguait peu de la majorité des officiers affectés au gouvernement des colonies de l'Amérique du Nord britannique après les guerres napoléoniennes. Cependant, il défendait ces opinions avec une rigidité exceptionnelle, peut-être parce qu'il avait passé la plus grande partie de sa vie en service outre-mer, surtout en Orient, où il n'avait guère acquis les vertus politiques indispensables dans une colonie dotée d'institutions représentatives. Il critiquait « les vues étroites, les connaissances et compétences extrêmement limitées des législateurs de la province », mais ses propres dépêches fourmillent d'exemples de préjugés. Il était sûrement sincère quand il disait n'avoir « pas de plus cher dessein que d'assurer l'inviolabilité de la prérogative » de la couronne et, comme l'affirme l'historien William Stewart MacNutt*, il avait toutes les raisons de douter que l'Assemblée ferait bon usage des revenus qui lui seraient cédés. Mais il était distant, inflexible, et aurait employé ces revenus à des fins aussi discutables : l'entretien du clergé anglican, le financement de l'impopulaire King's College, l'augmentation des traitements de la coterie de fonctionnaires qui l'entourait. Quand il était manifeste, même aux yeux de ses supérieurs londoniens, qu'il faisait fausse route, il avait la sottise de confondre opposition et manque de loyauté. Comme le déclare Hannay : « Aucun gouverneur du Nouveau-Brunswick n'a été aussi peu au diapason de la population. »

PHILLIP BUCKNER

Le National Army Museum (Londres) expose un portrait de sir Archibald Campbell.

La source principale pour l'étude de la carrière de Campbell est PRO, CO 188/41–56. Il existe une petite collection de documents de sir Archibald Campbell aux APC, sous la cote MG 24, A21, mais elle consiste principalement en reproductions de ce qui se trouve dans les dossiers du PRO, CO. Le *New-Brunswick Courier*, de 1831 à 1837, le *Times* (Halifax), 2 mai, 13, 20 juin 1837, et le *Loyalist* (Fredericton), 16 nov. 1843, sont également utiles. Les renseignements biographiques sont tirés de : PRO, CO 323/133 : fos 353–354 et WO 211/4 : fos 40–41 ; *Burke's peerage* (1927) ; Robert Chambers, *A biographical dictionary of eminent Scotsmen* (nouv. éd., révisée et poursuivie par Thomas Thomson, 3 vol., Londres, 1870 ; réimpr., New York, 1971) ; *Colburn's United Service Magazine* (Londres), 1843, part. III : 440–443, 480 ; *DNB* ; G.-B., WO, *Army list*, 1788–1844 ; et W. A. Shaw, *The knights of England ; a complete record from the earliest times to the present day [...]* (2 vol., Londres, 1906), 1 : 224 ; 2 : 313. Le rôle que Campbell a joué dans la première guerre birmane est étudié dans George Bruce, *The Burma wars, 1824–1886* (Londres, 1973), et J. W. Fortescue, *A history of the British army* (13 vol. en 14, Londres, 1899–1930), 11. James Hannay critique sévèrement Campbell dans *Hist. of N.B.*, tandis que William Stewart MacNutt, dans *New Brunswick*, lui est plus sympathique. Différents aspects de la carrière de Campbell sont traités dans D. R. Facey-Crowther, « The New Brunswick militia : 1784–1871 » (thèse de M.A., Univ. of N.B., Fredericton, 1965), 118–133 ; Charlotte Lenentine, *Madawaska : a chapter in Maine–New Brunswick relations* (Madawaska, Maine, 1975) ; et Buckner, *Transition to responsible government*. [P. B.]

CAMPBELL, sir COLIN, officier et administrateur colonial, né en 1776 en Écosse, cinquième fils de John Campbell of Melfort et de Colina Campbell of Achallader, elle-même fille de John Campbell of Achallader ; il épousa Jane Hendon, et ils eurent quatre fils et trois filles ; décédé le 13 juin 1847 à Londres.

Colin Campbell appartenait à une famille de Highlanders chez qui la tradition militaire était forte. Son père, officier dans le 42nd Foot, servit en Amérique du Nord pendant la guerre de Sept Ans ; ses six frères et ses quatre fils embrassèrent tous la carrière des armes. En février 1792, à l'âge de 16 ans, Campbell s'enfuit de la Perth Academy pour s'embarquer sur un navire à destination des Antilles. Il revint ensuite en Écosse pour entrer à la Moor's Navigation Academy de Perth mais, en décembre 1792, il partit pour l'Inde en qualité de midship. Nommé lieutenant dans les Breadalbane Fencibles en février 1795, il passa en 1799 au 1st West India Regiment à titre d'enseigne et servit comme major de brigade dans l'île Saint-Vincent en 1800. Le 21 août 1801, Campbell entra dans le 35th Foot comme lieutenant et, le 12 février 1802, il joignit les rangs du 78th Foot, qui servait en Inde dans l'armée du colonel Arthur Wellesley. Le courage avec lequel il affronta le feu ennemi pendant l'attaque d'Ahmadnagar, le 8 août 1803, impressionna tant Wellesley que celui-ci le nomma major de brigade.

Promu capitaine le 9 janvier 1805, Campbell rentra en Angleterre en qualité d'aide de camp de lord Wellesley, le frère d'Arthur. Au cours de l'expédition contre Copenhague en 1807, il accompagna Arthur qui le cita ensuite dans les ordres généraux. D'abord à titre d'adjudant général adjoint, puis de sous-adjoint au quartier-maître général et d'adjoint au quartier-maître général, il servit sous Wellesley (qui devint lord Wellington) dans la péninsule Ibérique pendant la guerre d'Espagne, puis à Waterloo. Campbell devint major le 2 septembre 1808, lieutenant-colonel le 3 mai 1810 et colonel le 4 juin 1814. Il reçut de nombreuses décorations britanniques et étrangères, dont celle de chevalier commandeur de l'ordre du Bain le 2 janvier 1815. De 1815 à 1818, il demeura membre de l'état-major de Wellington et vécut chez lui à Paris ; de 1819 à 1825, il servit en Angleterre avec son régiment. Il devint major général le 27 mai 1825. Désigné lieutenant-gouverneur de Tobago en février 1828, il n'exerça apparemment jamais cette fonction et fut nommé lieutenant-gouverneur de Portsmouth le 20 du mois suivant. En janvier 1834, il reçut la charge de lieutenant-gouverneur de la Nouvelle-Écosse.

Le 2 juillet 1834, l'administrateur de la province, Thomas Nickleson JEFFERY, lui passa les pouvoirs. Sir Colin et lady Campbell firent grande impression sur « la belle et élégante société de Halifax ». L'été, il ne se passait « guère une semaine » sans qu'ils n'organisent « un pique-nique ou quelque banquet » à leur résidence officielle, et l'hiver était ponctué de bals et de « spectacles privés ». Ils parrainaient des écrivains et des artistes de la colonie, et Campbell devint le protecteur d'une foule d'organisations telles que le Halifax Mechanics' Institute, la Nova Scotia Horticultural Society et la Highland Society. Les Haligoniens louèrent la promptitude avec laquelle il accepta de visiter les « foyers d'infection » pendant l'épidémie de choléra de 1834. Ils appréciaient son intérêt pour l'amélioration du réseau routier. Campbell gagna également l'approbation générale en demandant, à des fins de développement économique, une multiplication des ports francs en Nouvelle-Écosse ainsi que des modifications au règlement impérial sur les douanes.

Campbell eut d'abord des relations harmonieuses avec la chambre d'Assemblée. Il la convoqua le 27 novembre 1834 et la persuada, par l'entremise du président, Samuel George William ARCHIBALD, et d'un député de la circonscription de Cumberland, Alexander Stewart*, d'affecter £2 000 par an à son salaire afin de devancer la perception des redevances. Par contre, il ne réussit pas à la convaincre de mettre des fonds de côté pour « la réfection des grandes routes et ponts qui allaient de la capitale aux diverses extrémités de la province ». En janvier 1835, il s'employa à redresser les griefs qu'avait formulés le jury d'accusation de Halifax concernant l'administration de la justice dans la ville et procéda à d'importants changements dans la magistrature. Après la prorogation de la session, le 19 février, il entreprit une série de tournées dans sa « belle et intéressante province » ; le 17 janvier 1836, il informa ses supérieurs qu'il trouvait la population « modérée et accommodante ». La session législative de 1836 « se passa en douceur » elle aussi, mais Campbell ne put davantage persuader l'Assemblée de modifier le régime de répartition des fonds de voirie et il eut le déplaisir de la voir suspendre la subvention annuelle aux officiers supérieurs inspecteurs de la milice. À la dissolution de la chambre, en novembre, le *Times* de Halifax se déclara confiant que les Néo-Écossais se rallieraient encore à la faction conservatrice, alors dominante en chambre.

Mais au grand étonnement des conservateurs, les élections de janvier 1837 assurèrent plutôt la majorité à une vague coalition de réformistes qui ne tarda pas à s'opposer au lieutenant-gouverneur et au conseil. Non seulement l'Assemblée refusa-t-elle d'affecter des crédits aux officiers inspecteurs, mais elle révoqua la loi de milice et exigea la mainmise sur les revenus imprévus et territoriaux. Le 13 avril, par 38 voix contre 4, elle adopta à l'intention de la couronne une adresse qui réclamait que le conseil devienne électif ou soit entièrement reconstitué de manière à ne plus être le bastion de l'élite commerçante de Halifax et des partisans de l'Église d'Angleterre. Comme le ministère des Colonies s'était déjà engagé à faire de grandes réformes dans le Bas-Canada, le Haut-Canada et le Nouveau-Brunswick, Campbell savait que le conseil de sa province devrait à tout le moins être scindé en deux instances législative et exécutive, mais il préférait « laisser les choses à peu près comme elles [étaient] ». Or, les premières listes de candidats qu'il soumit en vue de la formation des deux conseils déplurent tellement au ministère qu'il dut les réviser. Quand il annonça ses nominations provisoires, en janvier 1838, même le réformiste Joseph Howe* reconnut qu'il avait fait « plusieurs choix judicieux ». Il reste que les deux conseils comptaient une nette majorité d'anglicans et qu'« aucun homme de tendance libérale » n'était affecté au Conseil exécutif, sauf Herbert Huntington*. Campbell avait aussi reçu instructions d'entreprendre des pourparlers avec l'Assemblée en vue d'établir une liste civile. Il modifia alors les propositions du ministère des Colonies sur les salaires afin d'agir « de manière plus libérale » envers les juges, même si l'Assemblée avait critiqué l'échelle de rémunération appliquée dans l'appareil judiciaire.

Les initiatives de Campbell déçurent les réformistes modérés comme William Young*, mais celui-ci s'engagea à « donner honnêtement une chance au nouveau corps politique » et renonça à « la réforme, qui a[vait] dégénéré en rébellion » au Canada. Le 30 mars, tout en disant regretter les nominations de Campbell, l'Assemblée se déclara confiante en ses bonnes intentions et alla même jusqu'à adopter un projet de loi sur la liste civile (le montant accordé était cependant inférieur à la demande de Campbell et le Conseil législatif rejeta ensuite le projet). Pourtant, lorsque Campbell dut réduire l'effectif des deux conseils à cause d'un écart entre les instructions qu'il avait reçues et le mandat remis au nouveau gouverneur en chef de l'Amérique du Nord britannique, lord Durham [LAMBTON], il augmenta la proportion d'anglicans, exclut encore les leaders réformistes et écarta même Huntington. Le 12 avril 1838, l'Assemblée répliqua par une adresse dans laquelle elle se plaignait que les conseils étaient formés en majorité d'hommes « généralement hostiles au parti libéral ». Par crainte que le Parlement ne soit dissous par Campbell, l'Assemblée résolut même d'envoyer ses propres délégués auprès de Durham dès son arrivée. Campbell qualifia d'insultantes ces résolutions de l'Assemblée et, dans son discours de clôture de la session, le 17, il redit sa détermination à « résister à toute tentative d'empiétement sur la prérogative de Sa Majesté ». Par contre, il nomma aussi bien des réformistes que des conservateurs dans la délégation qu'il envoya discuter avec Durham du projet d'union conçu par ce dernier pour l'Amérique du Nord britannique.

De 1837 à 1839, les tensions croissantes que les rébellions canadiennes et le différend sur la frontière du Maine et du Nouveau-Brunswick créaient entre la Grande-Bretagne et les États-Unis sollicitèrent de plus en plus l'attention de Campbell. Beaucoup de soldats traversèrent alors la Nouvelle-Écosse pour se rendre au Nouveau-Brunswick ou au Canada, et c'est lui qui supervisa personnellement leur entraînement et les préparatifs de leur voyage vers l'ouest. De plus, l'effectif de la garnison provinciale s'accroissait régulièrement. Campbell devint lieutenant général le 28 juin 1838 ; à la fin de 1839, cinq régiments et plusieurs compagnies relevaient directement de lui. À titre de commandant des forces militaires de la région de l'Atlantique, il avait autorité sur l'affectation des troupes du Nouveau-Brunswick. De multiples conflits surgirent entre lui et le lieutenant-gouverneur de cette province, sir John Harvey*, qui à l'encontre des ordres de Campbell dispersait les soldats en de petites unités près du territoire que se disputaient la province et le Maine. Harvey réclama à Londres davantage d'autonomie. Même après le rejet de sa demande, il continua à ne tenir aucun compte de Campbell et, au grand déplaisir de celui-ci, persuada les autorités canadiennes de sanctionner ses décisions. Nombre des difficultés entre les deux hommes venaient de ce que Harvey cherchait délibérément à court-circuiter la

hiérarchie ; cependant, plusieurs disputes mineures sont attribuables à la rigidité de Campbell en matière de discipline militaire et à son désir de conserver un pouvoir direct sur la plus grande partie possible des troupes de la Nouvelle-Écosse.

En août 1838, Campbell alla rencontrer lord Durham à Québec. Bien que fortement influencé par les opinions de Young, l'un des délégués néo-écossais envoyés par Campbell, le gouverneur en chef ne jugeait pas nécessaire de remplacer le lieutenant-gouverneur et se disait satisfait de pouvoir compter sur son « bon sens et [sa] bonne volonté ». Il recommanda même de le nommer commandant des troupes du Canada à la suite de sir John Colborne*. Quand l'Assemblée néo-écossaise se réunit, en janvier 1839, elle désavoua la composition du Conseil exécutif et refusa d'adopter une liste civile d'après l'échelle demandée par Campbell, qui écarta les griefs des réformistes en les qualifiant d'imaginaires et pressa le ministre des Colonies de résister à la « marche [de l'Assemblée] vers la démocratie ».

En avril, l'Assemblée dépêcha Young et Huntington à Londres afin de réclamer au secrétaire d'État aux Colonies, lord Normanby, des changements semblables à ceux faits au Nouveau-Brunswick par Harvey, qui avait accordé au parti dominant de la chambre une majorité de sièges aux deux conseils, plus la mainmise sur les revenus imprévus et territoriaux. Campbell réagit alors de façon plutôt sournoise : devant Young et Huntington, il prétendit que la décision de l'Assemblée ne l'inquiétait pas, mais en même temps il sanctionna l'envoi à Londres des conseillers législatifs Stewart et Lewis Morris Wilkins*, avec mission de défendre le statu quo. Campbell était certain que la délégation de l'Assemblée ne gagnerait pas grand-chose et qualifia d'absurde la recommandation de Durham en faveur du gouvernement responsable. Or, Young et Huntington avaient une influence considérable auprès du sous-secrétaire parlementaire aux Colonies, Henry Labouchere. Celui-ci rédigea à l'intention de Campbell une dépêche où Normanby soulignait qu'il fallait constituer le Conseil exécutif de manière à obtenir « la collaboration de la branche populaire de la constitution », et offrir des sièges aux députés importants chaque fois que l'occasion se présentait. Résolu à montrer que « ceux qui profess[aient] des principes ultra-radicaux et entret[enaient] systématiquement l'agitation populaire » ne recevraient pas de faveurs du gouvernement, Campbell refusa d'appliquer ces instructions et, quand une vacance survint, nomma Stewart.

En février 1840, James Boyle Uniacke*, devenu partisan du gouvernement responsable, démissionna du Conseil exécutif. Campbell le remplaça par un libéral modéré, James McNab, mais seulement après que ce dernier eut dit ne pas être en faveur du gouvernement responsable. Le même mois, l'Assemblée pressa Campbell d'user de l'autorité que lui avait donnée le secrétaire d'État aux Colonies, lord John Russell, pour reconstituer le conseil, mais le lieutenant-gouverneur continua d'arguer qu'il serait injuste de démettre des conseillers auxquels il n'avait rien à reprocher. L'Assemblée le condamna alors en disant qu'il consolidait le pouvoir d'un « petit groupe exclusif » et demanda au ministère des Colonies de le rappeler. Ce geste déclencha une guerre de pétitions : plus de 3 000 Néo-Écossais signèrent des résolutions d'appui au lieutenant-gouverneur. Campbell, sûr que le ministère ne céderait pas à « Howe et à sa clique », demanda l'autorisation de dissoudre l'Assemblée. À son grand étonnement, Russell refusa et chargea le nouveau gouverneur en chef, Charles Edward Poulett THOMSON, d'aller arbitrer le différend entre Campbell et les députés.

Arrivé en Nouvelle-Écosse le 9 juin 1840, Thomson ne fut pas ravi de la situation. Tout en essayant de « justifier » les agissements de Campbell, il insista pour que le Conseil exécutif compte des représentants du parti libéral. Il espérait voir Campbell superviser la formation du conseil de coalition. Cependant, le lieutenant-gouverneur s'opposait toujours à la nomination de Howe, à cause de sa « conduite excessive et [de son] attitude offensante [...] envers [lui] ». Howe ayant rapporté à Thomson que Campbell refusait de « fumer le calumet de la paix », Russell chargea lord Falkland [Cary*] d'appliquer les recommandations de Thomson. Campbell fut d'abord « profondément mortifié », mais sa nomination au poste de lieutenant-gouverneur de Ceylan (Sri Lanka) – « l'un des meilleurs gouvernements de l'Empire » – l'apaisa quelque peu. Comme les conservateurs firent de son départ, le 3 octobre, un événement politique, les réformistes, selon le *Novascotian,* « refusèrent de se montrer » ; seulement quelques centaines d'habitants de Halifax vinrent lui faire leurs adieux. Le journal exprimait l'espoir qu'il aurait « plus de succès dans son nouveau gouvernement ». Débarqué à Ceylan le 5 avril 1841, Campbell ne tarda pas à manifester bien des faiblesses qu'il avait montrées en Nouvelle-Écosse. Il laissa largement l'administration de la colonie à ses subordonnés, et en 1845 James Stephen, sous-secrétaire permanent aux Colonies, le traita de « faible vieillard » qui n'avait « plus toute sa tête ». Campbell quitta Ceylan le 19 avril 1847 et rentra à Londres, où il mourut le 13 juin.

Peu avant que sir Colin Campbell ne parte de la Nouvelle-Écosse, le *Novascotian* avait loué sa conduite « courtoise » et « franche » et attribué ses difficultés à « un parti organisé » qui exerçait « une influence écrasante sur son gouvernement ». Howe lui-même disait croire que Campbell avait compris ses erreurs avant son départ. Dans une certaine mesure, la thèse des influences extérieures est une interprétation valable. Campbell s'en remettait effectivement aux conseils d'hommes comme l'évêque John INGLIS et le juge en chef Brenton Halliburton*. Cependant, l'exonérer de toute responsabilité paraît inutilement généreux. Bien qu'il ait été un presbytérien accommodant et un homme d'un abord beaucoup plus facile que son homologue du Nouveau-Brunswick, sir Archibald CAMPBELL, il était aussi un produit de la « vieille école de Wellington » et ses sympathies allaient instinctivement à l'élite coloniale. En 1837 et 1838, et probablement même en 1839 ou 1840, il aurait pu devenir aussi populaire que Harvey le devint au Nouveau-Brunswick s'il avait élargi la composition du Conseil exécutif. Mais il fut victime de ses préjugés. Dans une colonie peuplée en grande majorité de presbytériens et de non-conformistes, il affirmait que pour combler dignement un poste il était plus facile de trouver 12 anglicans qu'un seul non-conformiste ; il croyait que la Nouvelle-Écosse ne comptait qu'un catholique qualifié pour un haut poste et refusait de prendre au sérieux les réformistes : « aucun d'entre eux, disait-il, n'a investi cent livres dans la province ». Pour expliquer ses problèmes, il affirmait : « [j'ai été] gêné par des instructions que je savais inapplicables étant donné l'état de la province ». C'était là une prétention naïve. Une réforme substantielle était aussi nécessaire qu'inévitable en Nouvelle-Écosse. Campbell s'exposa à être fourvoyé, et il le fut. L'artisan de son impopularité ne fut nul autre que lui-même.

PHILLIP BUCKNER

APC, MG 24, A17 ; A40. — Harvard College Library, Houghton Library, Harvard Univ. (Cambridge, Mass.), MS Can. 58 (Joseph Howe papers) (mfm aux APC). — Musée du N.-B., W. F. Ganong papers, box 42 ; Harvey papers, Campbell corr. ; letter-books. — PANS, MG 2, 720, 732. — PRO, CO 54/188–235 ; 217/156–175 ; 218/31–32 ; WO 43/529 : 320–323.— N.-É., House of Assembly, *Journal and proc.,* 1834–1840. — *Novascotian,* 1834–1840. — *Nova-Scotia Royal Gazette,* 1834–1840.— *Times* (Halifax), 1834–1840. — F.-J. Audet, « Governors, lieutenant-governors, and administrators of Nova Scotia, 1604–1932 » (copie dactylographiée, s.d. ; copie aux PANS). — *DNB.* — G.-B., WO, *Army list.* — *A memorial history of the Campbells of Melfort, Argyllshire [...],* M. O. Campbell, compil. (Londres, 1882). — Beck, *Government of N.S.,* 78–79 ; *Joseph Howe* (2 vol., Kingston, Ontario, et Montréal, 1982–1983), 1 : 175–176, 186–187, 189–190, 193, 201–206, 209–210, 214–215. — Buckner, *Transition to responsible government.* — K. M. De Silva, *Social policy and missionary organization in Ceylon, 1840–1855* (Londres, 1965). — H. A. J. Hulugalle, *British governors of Ceylon* (Columbo, Sri Lanka, 1963). — W. R. Livingston, *Responsible government in Nova Scotia : a study of the constitutional beginnings of the British Commonwealth* (Iowa City, 1930). — W. S. MacNutt, *The Atlantic provinces : the emergence of colonial society, 1712–1857* (Toronto, 1965), 201–203, 217–218. — S. W. Spavold, « Nova

Campbell

Scotia under the administration of Sir Colin Campbell » (thèse de M.A., Dalhousie Univ., Halifax, 1953). — D. A. Sutherland, « J. W. Johnston and the metamorphosis of Nova Scotian conservatism » (thèse de M.A., Dalhousie Univ., 1967).

CAMPBELL, sir DONALD, administrateur colonial, né le 3 avril 1800 à Dunstaffnage, Écosse, fils unique d'Angus Campbell et de Lillias Buchanan ; le 21 juin 1825, il épousa Caroline Eliza Plomer, fille de sir William Plomer, et ils eurent quatre fils et une fille ; décédé le 10 octobre 1850 à Charlottetown.

On s'explique mal la nomination de sir Donald Campbell, cet obscur gentilhomme campagnard issu d'une « branche ancienne de la noble maison des Campbell » d'Argyll, au poste de lieutenant-gouverneur de l'Île-du-Prince-Édouard le 20 octobre 1847. Après un bref service dans la cavalerie pendant sa jeunesse et après avoir succédé à son oncle en 1829 à titre de 16e lord de Dunnstaffnage, il connut, semble-t-il, une éclipse. Il était devenu baronnet le 11 mars 1836, mais il n'avait encore aucune expérience de gouvernement et était « un inconnu » pour lord Grey, le secrétaire d'État aux Colonies. Ce dernier choisit Campbell probablement pour deux raisons : sa réputation de whig irréprochable et son empressement à accepter ce poste relativement mal payé. Contrairement à la rumeur qui eut cours par la suite, Campbell n'était pas l'homme désigné par les propriétaires absentéistes (dont l'influence auprès de Grey fut d'ailleurs négligeable) même si, comme tous les autres lieutenants-gouverneurs de l'île, il chercha à protéger leurs intérêts et à empêcher une nouvelle agitation en faveur de l'*escheat*. Le choix de Campbell n'est pas davantage attribuable à l'influence des trois conservateurs, dont Edward Palmer* et Joseph Pope*, qui se rendirent en délégation à Londres à l'été de 1847 pour demander la destitution de son prédécesseur, sir Henry Vere Huntley*, déjà mal vu de Grey à cause de son esprit partisan et de sa conduite déconcertante. Cette délégation réussit tout de même à persuader le ministère des Colonies de dépêcher Campbell sur-le-champ, et Pope l'accompagna.

La Highland Society accueillit chaleureusement Campbell, premier Highlander à devenir lieutenant-gouverneur de l'île, lorsqu'il entra en fonction le 9 décembre 1847. Sa nomination réjouit également la bureaucratie de l'île, qui avait ardemment souhaité le départ de Huntley et fut vite rassurée de voir que Campbell, s'il était whig, avait néanmoins des tendances conservatrices. Le personnage central de cette bureaucratie, le secrétaire colonial Thomas Heath Haviland*, devint rapidement le conseiller principal du nouveau lieutenant-gouverneur. En 1848, accompagné de Haviland, Campbell parcourut l'île en tous sens pour rassembler des fonds à distribuer aux indigents, dont le nombre s'était multiplié par suite de

la perte d'une partie de la récolte de pommes de terre, et pour tenter d'enrayer une épidémie de petite vérole. Il devint le protecteur d'établissements locaux et organisa la plus grande réception qui « ait jamais été donnée à la résidence du gouverneur ». « Véritable fermier », il restaura le jardin de la résidence, que Huntley avait négligé. Il jeta les bases de la Royal Agricultural Society et en présida les réunions dans une tentative, hélas vaine, d'aviver l'intérêt pour le développement agricole. Il était considéré, au moins par la petite élite de l'île, comme un « homme honnête et bien intentionné ».

Au début, même les réformistes approuvèrent la nomination d'un homme qui avait « des principes politiques très voisins des [leurs], puisqu'il était membre du Reform Club d'Angleterre ». Cependant, la popularité de Campbell déclina sérieusement lorsqu'il devint évident qu'il n'accordait à bien dire sa protection que sur recommandation de la vieille bureaucratie. Le 1er février 1848, dans son premier discours à la chambre d'Assemblée, Campbell recommanda une série de réformes qui touchaient l'administration des services postaux, les lois sur l'immigration et les élections, ainsi que les règlements concernant la monnaie locale. On rejeta la plupart de ses propositions, et ses relations avec George Coles*, seul réformiste de l'Assemblée à siéger au Conseil exécutif, tournèrent à l'hostilité presque ouverte. En juin, lorsque survint une vacance au conseil, Campbell s'opposa aux démarches pour y faire entrer James Warburton, autre réformiste désigné par Huntley ; il recommanda plutôt Palmer, qu'il nomma d'ailleurs solliciteur général en septembre de la même année. Coles démissionna alors du conseil et accusa Campbell de « manquer de sincérité » et de céder son autorité « aux fonctionnaires qui l'entouraient ».

Ironie du sort, dans son discours du 1er février, Campbell s'était montré si optimiste au sujet de la situation financière de la colonie que Grey décida d'arrêter les subventions du Parlement britannique ; à la mi-janvier 1849, on l'informa donc que la colonie devrait dorénavant payer elle-même tous les salaires de ses fonctionnaires, sauf celui du lieutenant-gouverneur. Cependant, même avec l'appui de Palmer, tout ce que Campbell obtint de l'Assemblée fut que l'île paie ses fonctionnaires pour un an seulement et à un taux réduit. On rejeta une proposition des réformistes en faveur du gouvernement responsable, mais la majorité conservatrice exigea qu'au moins quatre membres du Conseil exécutif soient responsables devant l'Assemblée et passa outre aux recommandations de Campbell pour que la gestion des dépenses de la voirie soit plus centralisée et qu'un corps de police soit établi à Charlottetown. À la clôture de la session en mai, Campbell admit que les résultats n'étaient « pas très satisfaisants ». En janvier 1850, n'espérant plus un changement d'attitude de la part de l'Assemblée, il procéda à la dissolution du Parlement, mesure qui prit même ses partisans par surprise. Pendant la période qui précéda les élections de février, il aida à répandre la rumeur que l'île pourrait être annexée à la Nouvelle-Écosse si l'Assemblée demeurait récalcitrante.

Les réformistes remportèrent haut la main les élections. À la session de mars, l'Assemblée adopta à 19 contre 5 une motion de censure à l'endroit du Conseil exécutif, qui eut vite fait de démissionner. Campbell rencontra les leaders du parti réformiste, Coles, Warburton et William Swabey*, et leur offrit trois des neuf sièges au conseil en échange d'un compromis sur la longueur de la liste civile. Mais ils exigèrent la mainmise sur la composition du conseil et une liste civile réduite. Campbell prorogea le Parlement jusqu'au 25 avril et, à ce moment, comme les députés réitéraient leurs demandes tout en persistant dans leur refus de voter des subsides, il manifesta sa « désapprobation devant ce manquement prémédité à [leur] fonction législative ». Il prorogea de nouveau la chambre le 1er mai et chercha à suspendre des services publics comme la livraison postale pour laquelle l'Assemblée n'avait rien accordé.

De plus, Campbell demanda à Grey l'autorisation de dissoudre le Parlement à l'automne. Il admettait cependant en privé que le gouvernement responsable serait « sûrement concédé » et il fit appel à Grey pour qu'au moins il modifie le système électoral en portant de 40s à £5 par an le cens électoral des fermiers, afin qu'une classe d'hommes plus respectables soit envoyée à l'Assemblée. En fait, Grey avait déjà rédigé une dépêche qui ordonnait à Campbell d'accorder le gouvernement responsable. On peut penser que Campbell n'aurait pu conclure une entente avec l'Assemblée, puisque les réformistes n'avaient aucune confiance en lui. Il n'eut d'ailleurs pas à essayer, car il mourut le 10 octobre 1850, après « une maladie très longue et très pénible », apparemment un cancer de l'estomac. En attendant l'arrivée de son successeur, sir Alexander Bannerman*, c'est Ambrose Lane* qui administra la colonie.

La plupart des gens de l'île partageaient sans doute l'opinion de l'*Examiner,* qui refusa de considérer la mort de sir Donald Campbell comme une calamité et condamna son « amour du pouvoir ». Ce verdict est peut-être sévère, mais il est évident que Campbell n'avait pas le tempérament pour bien gouverner la colonie durant cette période préparatoire au gouvernement responsable, et qu'il ne savait trop comment s'y prendre avec une Assemblée élue par le peuple. Au printemps de 1850, il était à couteaux tirés même avec Palmer, qui prétendit plus tard lui avoir souligné « la nécessité d'établir le gouvernement responsable ». Il y a sans doute une grande part de vérité dans le jugement de Charles Wright fils qui, même si Camp-bell lui était sympathique, trouvait qu'il ressemblait « trop à un laird des Highlands ».

PHILLIP BUCKNER

APC, MG 24, B133 : 176–184, 190–218, 221–224, 228–229, 231–237, 250–256 (photocopies ; copies aux PAPEI). — Court of the Lord Lyon (Édimbourg), Public reg. of all arms and bearings in Scotland, 4 : f° 6. — GRO (Édimbourg), Kilmore and Kilbride, reg. of births and baptisms, 3, 16 avril 1800. — Musée du N.-B., Jarvis family papers, E. J. Jarvis à William Jarvis, 14 févr. 1848 ; Mme William Jarvis à Jane Boyd, 16 janv. 1849. — PAPEI, Acc. 2918/3. — PRO, CO 226/71–79 ; 227/9–10. — [H. G. Grey, 3e] comte Grey, *The colonial policy of Lord John Russell's administration* (2e éd., 2 vol., Londres, 1853), 1 : 349. — Î.-P.-É., House of Assembly, *Journal*, 1848–1850. — *Examiner* (Charlotte-town), 1847–1850. — *Islander*, 1847–1850. — *Royal Gazette* (Charlottetown), 1847–1850. — *A memorial history of the Campbells of Melfort, Argyllshire* [...], M. O. Campbell, compil. (Londres, 1882), 81. — *Burke's landed gentry* (1965–1972). — G.-B., WO, *Army list*, 1819 ; 1824. — Buckner, *Transition to responsible government*, 319–320. — Duncan Campbell, *History of Prince Edward Island* (Charlottetown, 1875 ; réimpr., Belleville, Ontario, 1972), 107–108. — W. R. Livingston, *Responsible government in Prince Edward Island : a triumph of self-government under the crown* (Iowa City, 1931), 24, 31 et suivantes. — MacKinnon, *Government of P.E.I.*, 66–67, 83–84.— W. E. MacKinnon, *The life of the party : a history of the Liberal party in Prince Edward Island* (Summerside, Î.-P.-É., 1973), 19–21.

CANAC, dit **Marquis, PIERRE** (baptisé **Pierre Canac,** il signa **Pierre Canac** dit **Marquis** à son mariage puis, au cours des années 1810, sa signature devint **P. C. Marquis** et, vers la fin de sa vie, on le désignait sous le nom de **Canac Marquis**), marchand, propriétaire foncier, juge de paix, fonctionnaire, officier de milice et homme politique, né le 8 octobre 1780 à Sainte-Famille, île d'Orléans, Québec, fils de Jean Canac (Canac, dit Marquis) et d'Angélique (Judith) Pepin (Pepin, dit Lachance) ; décédé le 25 novembre 1850 à Saint-André, près de Kamouraska, Bas-Canada.

Pierre Canac, dit Marquis, amorce sa carrière de commerçant à Québec où il réside jusqu'à ce qu'il fasse la connaissance de Marie-Salomé Michaud, fille mineure du cultivateur Alexandre Michaud et d'Élisabeth Ouellet, de Saint-André. Cet événement va transformer sa vie. Le 15 janvier 1810, il se marie à Saint-André et, dès lors, Canac, dit Marquis, élit domicile dans cette paroisse. C'est chez lui, principal marchand de l'endroit, que les habitants de la région viennent s'approvisionner en marchandises ou, dans certains cas, emprunter de l'argent. Il devient également un important propriétaire foncier qui afferme ou revend à bon prix des terres à des gens désireux de s'établir à Saint-André. En outre, en 1824, il acquiert une maison dans le faubourg Saint-Roch à Québec,

Captain Dick

propriété qu'il louera subséquemment à diverses personnes.

En novembre 1821, Canac, dit Marquis, reçoit une commission pour juger des petites causes dans les paroisses rurales. Juge de paix du district de Québec de 1821 à 1828, il est ensuite nommé juge de paix de Saint-André. Il remplit cette fonction jusqu'à son abolition au milieu des années 1840. Au moment du recensement de 1831, Canac, dit Marquis, est à la tête d'une famille qui comprend ses enfants et ses petits-enfants, au total 19 personnes, toutes catholiques, qui occupent 785 arpents de terre dont le tiers sert à la culture des céréales et à l'élevage du bétail. Certaines d'entre elles fréquentent probablement la petite école privée qu'il a établie sur sa terre. De plus, son magasin sert de débit de boissons. La même année, Canac, dit Marquis, devient commissaire chargé de recevoir les affidavits dans la seigneurie de L'Islet-du-Portage, en compagnie de son ami Hypolite Sirois, dit Duplessis. À cette époque, il s'affirme comme l'un des principaux notables de Saint-André. En 1833, on le retrouve capitaine dans le 1er bataillon de milice du comté de Kamouraska. Il gravira ensuite d'autres échelons pour accéder au grade de colonel, ainsi que le rapporte son acte de sépulture.

Pierre Canac, dit Marquis, s'intéresse également à la politique. Défait en 1830, il est élu en 1834, avec Amable Dionne*, pour représenter la circonscription de Kamouraska à la chambre d'Assemblée du Bas-Canada. Il y joue d'abord un rôle effacé, se ralliant à la majorité patriote que dirige Louis-Joseph Papineau*. Toutefois, malgré son désir de voir l'Assemblée contrôler les subsides, il s'oppose au changement constitutionnel, notamment à la réforme du Conseil législatif. À partir de 1836, il prend ses distances d'avec les radicaux et, l'année suivante, vote contre le projet d'adresse au gouverneur lord Gosford [ACHESON] en réponse aux résolutions Russell. Sa fidélité aux institutions coloniales lui vaut d'être nommé commissaire habilité à faire prêter serment après la suspension de la constitution le 10 février 1838. Durant les insurrections de 1837–1838 et au début du régime de l'Union, Canac, dit Marquis, conserve l'estime de ses concitoyens et devient maire de Saint-André après la création de la municipalité de paroisse en 1845. Commerçant toujours actif, il demeure un personnage des plus influents dans sa région. En 1848, on le réélit député de Kamouraska. Durant ce second mandat, il participe davantage aux travaux parlementaires, en présidant notamment quelques comités pléniers de la chambre. En 1849, il vote en faveur du projet de loi controversé qui vise à indemniser les habitants du Bas-Canada qui ont subi des pertes en 1837–1838 [V. James Bruce*]. Il se rend à Toronto pour la session de 1850 et meurt en novembre de cette année-là à Saint-André.

FRANÇOIS DROUIN

ANQ-Q, CE1-11, 9 oct. 1780 ; CE3-11, 15 janv. 1810, 26 nov. 1850 ; CN1-104, 1832–1849 ; CN1-178, 6 oct. 1827 ; CN1-262, 4 juin 1805 ; CN3-8, 1819–1829. — APC, RG 31, C1, 1831, Saint-André, Québec (mfm aux ANQ-Q) ; RG 68, General index, 1651–1841. — B.-C., chambre d'Assemblée, *Journaux*, 1835–1837. — Canada, prov. du, Assemblée législative, *Journaux*, 1848–1850. — *Debates of the Legislative Assembly of United Canada* (Abbott Gibbs *et al*.), 7–9. — *Almanach de Québec*, 1821–1841. — F.-J. Audet, « les Législateurs du B.-C. ». — Desjardins, *Guide parl*. — *Répertoire des mariages de Saint-André de Kamouraska, 1791–1968*, Armand Proulx, compil. (La Pocatière, Québec, [1970]). — P.-H. Hudon, *Rivière-Ouelle de la Bouteillerie ; 3 siècles de vie* (Ottawa, 1972), 338–340. — Labarrère-Paulé, *les Instituteurs laïcs*, 18, 21, 96.

CAPTAIN DICK, RICHARD PIERPOINT, dit. V. PIERPOINT

CARDINAL, JOSEPH-NARCISSE, notaire, administrateur scolaire, officier de milice, homme politique et patriote, né le 8 février 1808 à Saint-Constant, Bas-Canada, deuxième des huit enfants de Joseph Cardinal et de Marguerite Cardinal ; décédé le 21 décembre 1838 à Montréal.

Joseph-Narcisse Cardinal appartenait à une famille de cultivateurs qui vivait dans une honnête aisance à Saint-Constant, près de Laprairie (La Prairie), au commencement du XIXe siècle. Il semble que son père faisait du commerce à Montréal en 1817. Désireux de faire instruire son fils, il l'inscrivit la même année au petit séminaire de Montréal. À sa sortie de cette institution en 1822, celui-ci serait retourné chez son père qui avait apparemment quitté Montréal trois ans plus tôt pour aller s'établir comme cultivateur à Châteauguay. En 1823, Joseph-Narcisse entreprit dans ce village un stage de clerc sous la direction du notaire François-Georges Lepailleur.

Reçu notaire le 19 juin 1829, Cardinal entra à titre d'associé dans l'étude de Lepailleur. Il se fixa à Châteauguay où il commença à exercer sa profession, à l'âge de 21 ans. Son talent et son honnêteté lui permirent de se faire une belle clientèle. À titre de notable, Cardinal s'occupa très tôt des affaires de sa paroisse. En mars de cette année-là, la chambre d'Assemblée du Bas-Canada avait adopté la loi sur les écoles de syndics, qui eut pour effet d'intensifier la lutte entre le clergé et la petite bourgeoisie canadienne pour la mainmise sur les écoles dans plusieurs paroisses de la province. C'est dans ce contexte que l'on procéda à la nomination des syndics de l'école de la paroisse Saint-Joachim ; parmi ces syndics se trouvèrent, entre 1829 et 1832, le curé Pierre Grenier, Lepailleur et Cardinal. Les syndics laïcs préparèrent à l'intention de la chambre d'Assemblée des rapports sur l'administration de l'école ; ils surveillaient ainsi de près l'instruction des enfants. Ces faits donnent à penser que ces notables durent alors rivaliser d'influence avec leur curé.

Outre la question scolaire, le problème de l'emplacement de l'église agitait à cette époque Saint-Joachim. Les habitants du bas de la paroisse voulaient s'en tenir à des travaux de réparation à l'église, tandis que ceux du haut de la paroisse réclamaient la construction d'une église sur un nouvel emplacement situé au centre de la paroisse. En novembre 1831, Cardinal agit à titre de secrétaire d'une assemblée de notables au cours de laquelle on rédigea une requête à l'archevêque de Québec, Mgr Bernard-Claude Panet*, qui demandait l'autorisation de faire des réparations à l'église. Cette requête fut suivie d'une contre-requête en février 1834. Pendant les discussions, Cardinal eut des démêlés avec le curé Grenier ; il entra par la suite en conflit avec le successeur de celui-ci, Jean-Baptiste Labelle. Dans une lettre adressée en juin 1834 au curé de la mission Saint-François-Xavier, à Caughnawaga (Kahnawake), Joseph Marcoux*, chargé par le nouvel archevêque de Québec, Mgr Joseph SIGNAY, d'enquêter sur cette affaire, Cardinal reprocha vivement au curé Labelle d'avoir un parti pris en faveur des habitants du haut de la paroisse. Cette querelle de clocher dura jusqu'aux insurrections de 1837–1838.

Selon l'auteur de sa biographie publiée dans le *North American* de Swanton, dans le Vermont, le 10 avril 1839, Cardinal avait pris une part active à la politique dès sa majorité. Il est donc très plausible qu'en 1830 il se soit mêlé de la campagne électorale de Jean-Moïse RAYMOND, partisan de Louis-Joseph Papineau* et candidat du parti patriote, élu avec son colistier Austin CUVILLIER député de la nouvelle circonscription de Laprairie à la chambre d'Assemblée. Le 31 mai 1831, Cardinal épousa à Montréal Eugénie Saint-Germain, fille de Bernard Saint-Germain, interprète au département des Affaires indiennes, et ils eurent quatre filles et un fils. Par ce mariage, il consolidait sa position au sein de la petite bourgeoisie canadienne de la région de Laprairie. Un an plus tard, il perdit cependant son père, sa mère et l'un de ses jeunes frères, tous trois emportés par l'épidémie de choléra. Nommé adjudant-lieutenant dans le 2e bataillon de milice du comté de Laprairie en 1833, il devint capitaine dans le même bataillon en 1834. Cette année-là, il occupait de plus le poste de secrétaire de la société d'agriculture du même comté.

À l'assemblée du comté de Laprairie, qui eut lieu à Saint-Constant en avril 1834, Cardinal approuva les Quatre-vingt-douze Résolutions. On le pressentit alors pour se présenter aux élections de l'automne suivant contre Cuvillier, critiqué pour ses prises de position modérées. Après une période de réflexion, il accepta de briguer les suffrages sous la bannière du parti patriote. Sa grande popularité aurait fait craindre à Cuvillier pour ses chances de réélection, de sorte que celui-ci préféra ne pas se porter candidat. Quelques jours après l'ouverture du scrutin, au moment où une

nouvelle épidémie de choléra sévissait dans le Bas-Canada, au début de novembre, Papineau, Denis-Benjamin Viger*, Louis-Hippolyte La Fontaine*, Augustin-Norbert Morin*, Cardinal et plusieurs autres patriotes se réunirent à la librairie d'Édouard-Raymond Fabre*, à Montréal ; sans doute en bonne partie par ressentiment envers les autorités pour la mort de ses parents, Cardinal appuya la mise sur pied d'un comité constitutionnel chargé de « s'enquérir […] de la participation du gouverneur général [WHITWORTH-AYLMER] et de l'exécutif provincial [aux] causes [de l'introduction du choléra], par action ou omission coupable ou volontaire ».

À l'issue des élections générales de 1834, Cardinal fut élu sans opposition député de la circonscription de Laprairie avec Raymond. S'il faut en croire son biographe Joseph-Alfred Mousseau*, il en aurait coûté à Cardinal d'aller siéger à Québec. Estimé de ses concitoyens, attaché à sa femme et à ses enfants, il était peu riche et ses séjours dans la capitale l'obligeraient à délaisser son étude plusieurs mois chaque année et à négliger clientèle et famille. Il consentit tout de même à ce sacrifice, car il crut de son devoir de représenter ses compatriotes et de défendre comme député le programme de son parti, qui contenait les demandes de réformes exigées depuis bon nombre d'années pour améliorer le sort des Canadiens. À la chambre d'Assemblée, Cardinal ne se fit pas remarquer comme l'un des ténors du parti patriote, mais il se rangea constamment du côté des partisans de Papineau. Toujours intéressé par les problèmes d'ordre scolaire, il fit partie en 1835 du comité permanent d'éducation et des écoles et participa à la préparation de rapports qui aboutirent l'année suivante à l'élaboration du projet de loi sur les écoles normales. La question nationale retenait cependant plus encore son attention et, durant les dernières sessions, à l'automne de 1836 et à l'été de 1837, il figura parmi les députés qui refusèrent de voter les subsides que demandait le gouverneur lord Gosford [ACHESON].

L'adoption des résolutions de lord John Russell par le Parlement de Londres en mars 1837 indigna Cardinal. En juin, la proclamation de lord Gosford qui interdisait certaines assemblées publiques « séditieuses » ne fit qu'ajouter à son exaspération. Ces mesures achevèrent de le convaincre que le salut de la nation canadienne résidait dans la seule indépendance. Cardinal passa donc outre à la défense de lord Gosford et prit part, le 6 août, à la grande assemblée anticoercitive du comté de Laprairie, tenue à Saint-Constant, où il prononça même un discours. De retour à Châteauguay, après la dissolution de la chambre d'Assemblée le 26 août, il recommença à exercer à titre de notaire. Avant la fin de l'été, il aurait renvoyé sa commission de capitaine de milice pour protester contre les nombreuses destitutions de patriotes de leurs charges de magistrats et d'officiers de milice. La

Cardinal

présence de Cardinal à la tête de sa délégation à l'assemblée des six comtés, qui eut lieu à Saint-Charles-sur-Richelieu le 23 octobre, le consacrait comme l'un des chefs patriotes du comté de Laprairie.

Au dire de Laurent-Olivier David*, Cardinal était un homme « calme, réfléchi, prudent, mais déterminé, entêté même une fois décidé ». Il s'abstint de participer à l'insurrection de 1837. À ses yeux ce mouvement n'était qu'une échauffourée et lui paraissait voué à l'échec, car isolé et dépourvu de toute aide extérieure. Cardinal ne faisait cependant pas mystère de ses sympathies, si bien que les bureaucrates du comté menacèrent de le dénoncer aux autorités. Devant les instances de sa femme et de ses amis, il gagna les États-Unis vers la mi-décembre et séjourna à Fort Covington, dans l'état de New York. Durant son exil, il se rendit à Plattsburgh où il rencontra Robert Nelson*. Il expliqua à ce dernier qu'il voulait une insurrection véritable, faite avec de l'argent, des fusils et des canons et le concours des Américains. Nelson réussit à le persuader qu'une forte aide américaine assurerait le succès du prochain soulèvement. Sur la foi des informations et des garanties « sérieuses » de celui-ci, Cardinal s'engagea à fond dans la préparation d'une nouvelle insurrection.

Revenu au Bas-Canada en février ou en mars 1838, Cardinal se remit à pratiquer clandestinement à Châteauguay, en société avec Abraham Desmarais, dans la maison d'Élisabeth Saint-Denis, veuve de J.-B. Boudria. Dès le printemps, il avait adhéré à l'Association des frères-chasseurs, société secrète qui avait pour but de fomenter de l'intérieur, en vue de l'indépendance du Bas-Canada, une insurrection qui serait appuyée par une invasion de l'armée patriote venue des États-Unis et bénéficiant du soutien des Américains. Il convertit alors la maison qui abritait son bureau en une loge de frères-chasseurs où ses compatriotes vinrent prêter serment en grand nombre. L'amnistie de lord Durham [LAMBTON] en juin permit à Cardinal d'exercer de nouveau sa profession au grand jour, mais elle ne suffit pas à le dissuader de poursuivre ses activités révolutionnaires. Son ardeur et sa détermination incitèrent Nelson à en faire vers la mi-juillet l'un de ses principaux adjoints et à le charger d'organiser le soulèvement dans le comté de Laprairie.

Lorsque la seconde insurrection éclata, dans la nuit du 3 au 4 novembre 1838, Cardinal commanda en qualité de brigadier général de l'armée patriote à Châteauguay une troupe qui désarma et arrêta les principaux bureaucrates de la paroisse. Cette partie du programme remplie, Cardinal, son ancien clerc et ami, Joseph DUQUET, et son beau-frère, François-Maurice Lepailleur, se rendirent avec un détachement de patriotes, la même nuit, à Caughnawaga pour tenter de prendre aux Indiens des armes et des munitions dont les insurgés avaient grand besoin. Parvenus aux abords de la réserve le 4 novembre au matin, le groupe se cacha dans un bois, et Cardinal, Duquet et Lepailleur pénétrèrent dans le village où ils entamèrent des discussions avec les chefs indiens. Ces derniers, prévenus de la présence du détachement, invitèrent l'ensemble des patriotes à venir prendre part aux entretiens. Ceux-ci acceptèrent l'offre, mais mal leur en prit, car à peine étaient-ils entrés dans le village que les guerriers de la réserve les cernaient. L'expédition des patriotes échoua parce qu'elle avait été mal préparée et, faute d'échappatoire, Cardinal, Duquet, Lepailleur et la plupart de leurs partisans furent pris par les Indiens qui les conduisirent immédiatement à la prison de Montréal. Peu après, la maison de Cardinal fut incendiée par des volontaires.

Le 28 novembre 1838, Cardinal fut traduit avec 11 compagnons devant le conseil de guerre constitué par sir John Colborne*. Plusieurs avocats canadiens voulurent se porter à la défense des accusés, mais des membres du conseil de guerre s'y opposèrent en s'écriant : « Des rebelles ne peuvent pas défendre des rebelles ! » Les accusés purent finalement retenir les services des avocats Pierre Moreau et Lewis Thomas Drummond*. Toutefois, on ne les autorisa pas à plaider devant le conseil de guerre. Tout au plus leur accorda-t-on la permission de produire des mémoires. Bien conseillé par ses procureurs, Cardinal déposa d'abord un protêt qui contestait la compétence du tribunal militaire et il demanda un procès par jury. Il alléguait que le délit reproché avait été commis avant la proclamation des ordonnances d'exception du 8 novembre qui suspendaient l'habeas corpus et que sa cause devait être instruite devant un tribunal civil. On rejeta cette objection.

Le procès débuta sans plus tarder. On entendit neuf témoins à charge, dont trois Indiens de Caughnawaga. Cardinal procéda lui-même à des contre-interrogatoires. Dès le 1er décembre 1838, les procureurs de la couronne avaient terminé leurs plaidoiries. Cardinal sollicita alors un délai de trois jours pour permettre aux accusés de préparer leur défense avec leurs procureurs. Le tribunal accéda à cette requête et ajourna au 4 décembre. À la reprise du procès, on admit l'avocat Aaron Philip Hart comme troisième procureur auprès des accusés. Ces derniers interrogèrent ensuite une dizaine de témoins qui parlèrent en leur faveur. À la fin des audiences, le 6 décembre, Drummond et Hart obtinrent la permission de « commenter » l'ensemble du procès. Au nom de la défense, Drummond prononça avec l'aide de Hart un vibrant « plaidoyer » qui fit une forte impression sur les membres du tribunal. Le juge-avocat suppléant Charles Dewey Day* lui donna la réplique en se livrant à un long et violent réquisitoire contre tous les accusés dont il réclama la condamnation à mort.

Au cours des délibérations qui suivirent, le président du conseil de guerre, le major général John

Clitherow*, demanda aux conseillers juridiques de la couronne s'il était possible de prononcer une autre sentence que la peine de mort pour le crime de haute trahison. Le procureur général, Charles Richard Ogden*, estima que ce crime devait être puni de cette peine. Le solliciteur général, Andrew STUART, exprima la même opinion. Le 8 décembre 1838, le conseil de guerre trouva tous les accusés coupables de haute trahison, à l'exception de deux d'entre eux qu'il acquitta. Le tribunal admit cependant dans son jugement que la sentence liée à l'accusation de haute trahison était disproportionnée avec le délit. C'est pourquoi il condamna à mort quatre des accusés, dont Cardinal, Duquet et Lepailleur, considérés comme les chefs des rebelles de Châteauguay, mais avec recommandation à la clémence de l'exécutif, et il prononça une peine de déportation pour les six autres. Cette sentence n'était pas conforme aux dispositions de la loi martiale. Appelés par Colborne à donner leur avis, Ogden et Stuart rejetèrent évidemment ce jugement. Le 14 décembre, Colborne demanda donc au conseil de guerre de réviser son jugement. Le même jour, le tribunal condamna tous les accusés à mort, avec recommandation à la clémence de l'exécutif.

Le sort des condamnés reposait dès lors entre les mains des autorités. Le 15 décembre 1838, Colborne réunit le Conseil exécutif qui examina le cas de Cardinal et de ses compagnons. Le 18 décembre, le conseil en arriva à la conclusion qu'il fallait faire des exemples. Il décida en conséquence qu'on exécuterait tous les condamnés le 21 décembre. En réalité, huit d'entre eux virent leur sentence de mort commuée in extremis en sentence de déportation.

Dès que la décision du conseil fut connue, Drummond et Hart multiplièrent les démarches auprès de Colborne et des membres du Conseil spécial pour obtenir la grâce de Cardinal, mais en vain. Le 20 décembre 1838, à la veille de l'exécution de Cardinal et de Duquet, Drummond fit une suprême tentative. Dans une requête adressée à Colborne, il exprima ses doutes sur la légalité du conseil de guerre et recommanda de suspendre les exécutions jusqu'à ce que les tribunaux aient statué sur cette question. Il en appela de plus à l'éthique des nations civilisées qui interdit de juger un homme en vertu d'une loi promulguée après l'offense dont il est accusé. Il soutint en terminant que, si on exécutait la sentence, Cardinal et Duquet seraient «élevés de la position de coupables présumés, à celle de martyrs d'une persécution odieuse». Ce jour-là, les Indiens de Caughnawaga, qui avaient fait prisonniers Cardinal et ses compagnons, adressèrent eux aussi une pétition qui implorait la clémence de Colborne. Le même jour, Eugénie Saint-Germain écrivit enfin une lettre à lady Colborne dans laquelle elle la suppliait d'intercéder pour elle en faveur de son mari. Colborne demeura inflexible.

C'est ainsi que, le 21 décembre 1838 au matin, Joseph-Narcisse Cardinal marcha à l'échafaud avec Duquet. Cardinal monta le premier; il ne prononça aucune parole et mourut en brave. Pour respecter un vœu qu'il avait exprimé, semble-t-il, avant son exécution, on aurait placé son corps dans un cercueil couvert du drap funéraire des victimes de l'émeute du 21 mai 1832 [V. Daniel Tracey*]. On l'enterra ensuite dans une fosse de l'ancien cimetière catholique de Montréal, dont l'emplacement est maintenant occupé par le square Dominion. En 1858, François-Maurice Lepailleur s'occupa de transporter ses restes au cimetière Notre-Dame-des-Neiges, où ils reposent sous le monument élevé à la mémoire des patriotes de 1837–1838. D'après Ægidius Fauteux*, qui citait le *North American*, Cardinal était un homme de taille moyenne, plutôt mince, aux yeux noirs et au teint brun. L'histoire se souvient de lui comme du premier martyr de la cause de l'indépendance du Bas-Canada.

MICHEL DE LORIMIER

Le minutier de Joseph-Narcisse Cardinal, contenant des actes passés entre 1829 et 1838, est conservé aux AC, Beauharnois (Valleyfield).

Cardinal a de plus laissé une intéressante correspondance qui comprend plusieurs lettres, adressées à sa femme et à des connaissances, écrites pour la plupart durant son séjour à la prison de Montréal et à la veille de son exécution. Les originaux et les copies de ces lettres sont dispersés dans différents dépôts d'archives, dont: les ANQ-M, P1000-61-1240; les ANQ-Q, P-239; les Arch. de la chancellerie de l'évêché de Valleyfield (Valleyfield), Saint-Joachim (Châteauguay), corr., Cardinal à Ignace Bourget, 26 nov. 1838; les AUM, P 58, U, Cardinal et autres à L. T. Drummond, 24 nov. 1838. Cardinal a également écrit à l'époque de son exil aux États-Unis une lettre à son beau-père dans laquelle il exprimait son opinion sur la rébellion de 1837; cette lettre est conservée aux APC, MG 24, B2: 2550–2552.

Cette correspondance a été reproduite dans plusieurs journaux, études et revues. Laurent-Olivier David a publié un extrait d'une lettre de Cardinal dans le cadre de son article intitulé «les Hommes de 37–38: Cardinal», *la Tribune* (Montréal), 23 oct. 1880: 1–2; 27 nov. 1880: 1, et *l'Opinion publique*, 24 févr. 1881: 85; David a repris cet article dans *Patriotes*, 199–206. Avant David, Joseph-Alfred Mousseau avait publié des extraits de quelques lettres de Cardinal dans son esquisse biographique *Lecture publique sur Cardinal et Duquet, victimes de 1837–38 [...]* (Montréal, 1860). Cinquante ans plus tard, Élie-Joseph-Arthur Auclair fit paraître deux lettres de Cardinal dans «Un souvenir de 1838», *Rev. canadienne*, 54 (1910): 97–105. Enfin, Francis-Joseph Audet* a lui aussi publié une lettre de Cardinal dans «Pierre-Édouard Leclère (1798–1866)», *Cahiers des Dix*, 8 (1943): 109–140.

AAQ, 211 A, G: fᵒ 180rᵒ–189rᵒ. — AC, Beauharnois, Minutiers, Louis Demers, 15 mars 1823; F.-G. Lepailleur, 30 mai 1831. — ACAM, RLB, I: 244–245, 253. — ANQ-M, CC1, 9 juill. 1839, 13 mars 1840; CE1-18, 9 févr. 1808; CE1-51, 31 mai 1831. — ANQ-Q, E17/6, nᵒ 32; E17/30, nᵒˢ 2231, 2239–2249, 2251–2252, 2254, 2257–2258, 2264, 2266, 2268–2270, 2274; E17/35, nᵒˢ 2791–2792, 2795–

Carson

2799 ; E17/39, n° 3112 ; E17/40, n°ˢ 3176–3179, 3183–3187 ; E17/51, n° 4105. — APC, MG 24, B2, 17–21 ; RG 4, B8 : 2884–2893. — Arch. de la chancellerie de l'évêché de Valleyfield, Saint-Joachim, corr., Cardinal à Joseph Marcoux, 11 juin 1834. — BVM-G, Fonds Ægidius Fauteux, notes compilées par Ægidius Fauteux sur les patriotes de 1837–1838 dont les noms commencent par la lettre C, carton 3. — B.-C., chambre d'Assemblée, *Journaux*, 1834–1837. — *Le Boréal express, journal d'histoire du Canada* (Montréal, 1962), 529, 542–543. — [A.-R. Cherrier], *Procès de Joseph N. Cardinal, et autres, auquel on a joint la requête argumentative en faveur des prisonniers, et plusieurs autres documents précieux* [...] (Montréal, 1839 ; réimpr., 1974). — [L.-]L. Ducharme, *Journal d'un exilé politique aux terres australes* (Montréal, 1845 ; réimpr., 1974). — F.-M. Lepailleur, *Journal d'exil : la vie d'un patriote de 1838 déporté en Australie* (Montréal, 1972), 191–194. — L.-J.-A. Papineau, *Journal d'un Fils de la liberté*. — *Report of state trials*, 1 : 17–111. — *La Minerve*, 31 mars, 7 avril 1834, 3, 14 août 1837. — *Montreal Gazette*, 18 déc. 1838. — *North American*, 10 avril, 6, 13, 20, 27 nov. 1839. — *Almanach de Québec*, 1830–1838. — *Appletons' cyclopædia of American biography*, J. G. Wilson et John Fiske, édit. (7 vol., New York, 1888–1901), 1 : 523. — F.-J. Audet, « les Législateurs du B.-C. ». — Borthwick, *Hist. and biog. gazetteer*, 286–287. — Desjardins, *Guide parl.* — Fauteux, *Patriotes*, 65–67, 153–155. — J.-J. Lefebvre, *le Canada, l'Amérique : géographie, histoire* (éd. rév., Montréal, 1968), 45–46. — Le Jeune, *Dictionnaire*, 1 : 303. — Wallace, *Macmillan dict.* — É.-J.[-A.] Auclair, *Histoire de Châteauguay, 1735–1935* (Montréal, 1935), 81–99. — L.-P. Audet, *le Système scolaire*, 5 : 258–287 ; 6 : 136–137. — J. D. Borthwick, *History of the Montreal prison from A.D. 1784 to A.D. 1886* [...] (Montréal, 1886), 43–45, 48–49, 86–88. — Chabot, *le Curé de campagne*. — Christie, *Hist. of L.C.* (1866). — David, *Patriotes*, 171–188, 193–197, 199–206, 216–218, 277–279. — E. J. Devine, *Historic Caughnawaga* (Montréal, 1922), 358–362. — Filteau, *Hist. des patriotes* (1975), 117, 207–208, 274–276, 401–409, 428–432. — Labarrère-Paulé, *les Instituteurs laïques*, 17, 23, 63. — Maurault, *le Collège de Montréal* (Dansereau ; 1967). — Ouellet, *Bas-Canada*. — Francine Parent, « les Patriotes de Châteauguay (1838) » (thèse de M.A., univ. de Montréal, 1984). — J.-E. Roy, *Hist. du notariat*, 2 : 453 ; 3 : 7–8. — Rumilly, *Papineau et son temps*. — Robert Sellar, *The history of the county of Huntingdon and of the seigniories of Chateauguay and Beauharnois from their first settlement to the year 1838* (Huntingdon, Québec, 1888), 505–516. — André Vachon, *Histoire du notariat canadien, 1621–1960* (2ᵉ éd., Québec, 1962). — É.-J.[-A.] Auclair, « le Notaire Joseph-N. Cardinal — 1808–1838 », *l'Avenir du Nord* (Saint-Jérôme, Québec), 21 déc. 1934 : 1. — Ivanhoë Caron, « Une société secrète dans le Bas-Canada en 1838 : l'Association des Frères Chasseurs », SRC *Mémoires*, 3ᵉ sér., 20 (1926), sect. ɪ : 17–34. — J.-J. Lefebvre, « le Notaire Joseph-Narcisse Cardinal (1808–1838), député de Laprairie en 1834 ; victime de l'échafaud en 1838 », *BRH*, 62 (1956) : 195–207. — Victor Morin, « Clubs et Sociétés notoires d'autrefois », *Cahiers des Dix*, 15 (1950) : 185–218 ; « la « République canadienne » de 1838 », *RHAF*, 2 (1948–1949) : 483–512. — Marcelle Reeves-Morache, « la Canadienne pendant les troubles de 1837–1838 », *RHAF*, 5 (1951–1952) : 99–117.

CARSON, WILLIAM, médecin, auteur, agitateur politique, journaliste, homme politique, fonctionnaire et fermier, baptisé le 4 juin 1770 dans la paroisse de Kelton, Écosse, fils de Samuel Carson et de Margaret Clachertie ; il épousa une prénommée Esther (dont le nom de famille était peut-être Giles, et qui mourut en 1827), et ils eurent cinq filles et trois fils ; décédé le 26 février 1843 à St John's.

William Carson fréquenta la faculté de médecine de l'University of Edinburgh de 1787 à 1790 mais, contrairement à ce qu'il prétendit plus tard, il semble qu'il n'obtint pas de diplôme. Avant 1808, selon son propre témoignage, il pratiqua la médecine à Birmingham, en Angleterre, durant 13 ou 14 ans ; de 1800 à 1803, il figure à titre de chirurgien dans les annuaires de cette ville. Pendant qu'il vivait en Angleterre, il se contenta d'observer la scène politique sans y entrer, tout en choisissant comme mentors Charles James Fox et Charles Grey, futur comte Grey. On présume que ce sont ces deux whigs qui lui inspirèrent le zèle avec lequel il allait prôner la réforme et défendre les droits constitutionnels à Terre-Neuve, qui n'avait alors que des institutions embryonnaires. Carson habitait Birmingham quand il se maria et il déclara plus tard que des « affaires domestiques » liées à la famille de sa femme l'avaient poussé à quitter la ville. Sur l'avis de « plusieurs marchands influents » qui faisaient du commerce à Terre-Neuve, il décida d'émigrer et débarqua à St John's le 23 avril 1808.

C'est en 1810 que Carson figure pour la première fois dans des documents publics qui ont trait à Terre-Neuve. Il demandait alors des lettres patentes qui lui garantiraient « le privilège exclusif de capturer des baleines » dans les eaux côtières de l'île grâce à une nouvelle méthode de pêche complexe et quelque peu fantaisiste. Cette requête, qu'on rejeta, montre que, malgré son sens pratique déficient, Carson porta très tôt un intérêt sérieux à la mise en valeur des ressources de Terre-Neuve. Quant à sa longue carrière d'agitateur politique, elle commença par une collaboration avec les marchands de St John's, qui dominaient une collectivité encore peu réglementée et mollement gouvernée. En 1811, le Parlement britannique adopta une loi qui eut pour effet d'interdire à la population d'utiliser certaines anciennes graves du port. Comme il venait moins de pêcheurs saisonniers d'Angleterre, ces terrains étaient devenus propriété commune : marchands et pêcheurs de l'endroit s'en servaient, sans frais, à des fins telles que la construction de bateaux et l'entreposage du bois. En novembre 1811, les marchands de St John's et d'autres « habitants en vue » se réunirent pour discuter de la loi. Dans une adresse au prince régent, ils demandèrent que le produit de la location des graves soit affecté à des travaux municipaux et qu'une nouvelle loi vienne créer un « bureau de police » autorisé à percevoir le loyer et à l'employer à cette fin. Le procès-verbal montre que les participants estimaient que leur initiative ne comportait aucun « blâme à l'endroit du gouvernement », même s'ils élirent tout de suite le bureau de police qu'ils réclamaient. Carson joua un rôle de premier plan dans cette intervention modérée, qui souleva une polémique dans la *Royal Gazette and Newfoundland Advertiser* (c'était la première fois qu'un conflit ouvert entre factions se dessinait à Terre-Neuve), mais qui ne modifia nullement la politique gouvernementale. Puis en 1812, sans attendre une réponse officielle à l'adresse, il publia un tract qui dénonçait la loi de 1811. Selon lui, cette loi avait « surpris et alarmé » non seulement les habitants de St John's mais tous les insulaires, lesquels tenaient l'absence d'un Parlement pour l'un de « leurs grands malheurs ». Carson s'inspira de l'ouvrage historique de John Reeves* publié en 1793 pour déclarer que les Terre-Neuviens n'avaient jamais cessé d'être desservis et brimés par les marchands du sud-ouest de l'Angleterre ; il accusait les gouverneurs d'« ignorance » et de conduite illégale et arbitraire ; il avançait que les officiers de marine (qui présidaient les cours de *surrogate* dans l'île) ne connaissaient rien « des principes les plus élémentaires du droit et de la justice » et enfin il protestait contre les obstacles qu'on semblait accumuler à dessein contre l'agriculture. Dans un deuxième pamphlet, paru en 1813, il se déclara convaincu que « Terre-Neuve [pouvait] devenir une contrée pastorale et agricole », et réclama « un gouverneur civil à demeure et une Assemblée législative ».

Ces pamphlets furent les premiers textes contestataires de Terre-Neuve. Même si Carson, malgré lui sans doute, y déformait l'histoire et la géographie de l'île, il y révélait son talent littéraire, son courage et sa parfaite maîtrise de la noble rhétorique whig. Néanmoins, il avait probablement tort de présumer que les marchands, en cherchant à accroître leur influence à St John's, voulaient un changement plus global. Ses tracts exaspérèrent les autorités de l'île. On invita le gouverneur John Thomas Duckworth* à le poursuivre pour diffamation, mais le ministère des Colonies refusa. Toutefois, Duckworth lui retira immédiatement son unique situation officielle, celle de chirurgien des Loyal Volunteers of St John's, et Carson ne parvint pas à la réintégrer en dépit des vives protestations faites auprès du gouverneur et du secrétaire d'État aux Colonies à Londres. Assez curieusement, il prit toujours en très mauvaise part le déplaisir que sa conduite ne manqua pas de causer aux gouverneurs qui, l'un après l'autre, le regardèrent non sans raison comme « la cause première » de leurs difficultés à régler les affaires de l'île.

Pendant ses premières années à Terre-Neuve, Carson ne se limita nullement à l'action politique. Son cabinet de médecin à St John's était très fréquenté ; il proposa en 1810 de construire un hôpital public, et en

devint le médecin-chef peu après son inauguration en 1814. Il s'employait aussi à accumuler des terres pour les cultiver. En juin 1812, il offrit des abonnements à une série de 20 conférences sur des sujets scientifiques qu'il devait prononcer l'hiver suivant. En 1815, il manifesta son intérêt pour l'écriture en ébauchant un ouvrage sur les habitants et les ressources de Terre-Neuve, mais il abandonna ce projet après s'être vu interdire la consultation des archives gouvernementales. Les dossiers judiciaires montrent qu'il intentait souvent des poursuites et plaidait à l'occasion des causes populaires. Ainsi, en 1814, il représenta avec succès un certain John Ryan, accusé d'avoir diffamé le juge en chef Thomas Tremlett*. Le journalisme était une autre de ses occupations. On fonda le *Newfoundland Mercantile Journal* en 1815, et dès lors il y publia sous le pseudonyme de Man une série d'articles dont l'un affirmait que la moitié de la Bible était « nuisible et inutile ». Cette allégation déchaîna d'ailleurs une controverse dont le point culminant fut, en 1817, un retentissant procès en diffamation où il était plaignant. Il le perdit, peut-être parce qu'une servante déclara l'avoir entendu « ridiculiser les Saintes Écritures » et « nier la divinité [du] Sauveur », témoignage crédible puisque Carson, bien qu'issu d'une famille presbytérienne, admit plus tard avoir des vues sociniennes. Dans le *Newfoundland Sentinel and General Commercial Register,* premier périodique réformiste de la colonie, fondé en 1818, il parla avec vigueur « en faveur des droits constitutionnels ».

L'effondrement de l'économie de Terre-Neuve, après les guerres napoléoniennes, alluma le débat sur l'avenir de la colonie et créa un climat propice à l'essor du mouvement réformiste. Dès 1815, le gouverneur sir Richard Goodwin Keats* notait qu'« un parti qui affectait un caractère populaire » était de plus en plus influent dans la ville de St John's, « trop prompte à s'agiter ». La solution de Carson aux difficultés économiques croissantes était simple : appliquer la constitution britannique dans l'île en y instaurant un régime où l'on retrouverait l'équivalent colonial du roi, des lords et de la chambre des Communes. Avec « un gouverneur résidant et un Parlement », écrivait-il en 1817, Terre-Neuve pourrait escompter « des jours de prospérité et de bonheur ». Un observateur sceptique se demanda comment au juste un « Parlement terre-neuvien » pourrait « influencer le prix du poisson sur un marché étranger » mais, dès 1817, même les marchands de St John's étaient convaincus qu'il fallait changer en profondeur le régime politique. Le gouvernement britannique ne fit cependant que de légères concessions : en 1817, il accepta que le gouverneur réside dans la colonie 12 mois par an, gain dont Carson s'attribua immédiatement le mérite. Dans une lettre où il vilipendait le gouverneur Francis Pickmore* et exposait une litanie de griefs, il prévint le secrétaire

Carson

d'État aux Colonies, lord Bathurst, que d'autres réclamations suivraient. Mais jusqu'en 1820 il ne put trouver aucun abus scandaleux pour sensibiliser la population à la nécessité d'une réforme.

Les cours de *surrogate* furent l'une des premières cibles de Carson et l'une de celles qu'il visa le plus souvent, pour des raisons qui sont loin d'être évidentes. Dans l'ensemble, elles rendaient justice avec indulgence et efficacité, en convoquant un jury si l'accusé l'exigeait et si la somme en cause dépassait 40s. En juillet 1820, cependant, deux pêcheurs de la baie Conception, Philip Butler et James Lundrigan*, comparurent devant David BUCHAN et le révérend John Leigh*, *surrogates,* puis furent accusés d'outrage au tribunal, condamnés et fouettés. À St John's, Carson et Patrick MORRIS, marchand irlandais qui en était à ses premières armes comme agitateur politique, transformèrent l'événement en scandale public. La Cour suprême acquitta les *surrogates* mais le juge, Francis FORBES, les blâma d'avoir infligé un châtiment aussi « dur ». Le 14 novembre, au cours d'une assemblée publique où Morris et Carson occupèrent le devant de la scène, on résolut de recourir à des moyens constitutionnels « pour faire *abroger la loi* » qui sanctionnait « pareils procédés arbitraires ». Suivit une pétition adressée au roi : les signataires réclamaient une réforme de l'appareil judiciaire et reliaient le cas Butler-Lundrigan à d'autres doléances, notamment en ce qui concernait la nécessité d'un « corps législatif superviseur ». Bathurst rejeta carrément l'idée d'un Parlement mais indiqua que la Grande-Bretagne « envisage[ait] » de modifier les lois qui avaient trait à Terre-Neuve.

La cause réformiste gagnait alors du terrain à St John's : que la pauvreté ait été de plus en plus criante ne prouvait-il pas qu'un changement s'imposait ? Le gouverneur sir Charles HAMILTON concédait qu'il fallait créer un certain « pouvoir colonial » susceptible de « remplir tous les bons offices d'un Parlement sans en avoir les tares ». Durant les années 1823 et 1824, Carson présida un comité de résidents qui cherchaient à faire amender le projet de loi sur Terre-Neuve qu'on allait présenter au Parlement britannique. Lorsque son contenu fut connu à St John's, les réformistes surent qu'ils allaient devoir se contenter d'institutions municipales. Carson accepta l'idée de la création d'une municipalité à St John's, même si elle ne correspondait pas à ses espoirs : il voyait probablement là un premier pas vers une réforme plus complète. En juin 1824, de nouvelles lois remplacèrent les cours de *surrogate* par des tribunaux itinérants, donnèrent plus d'ampleur à la Cour suprême, autorisèrent la création d'un gouvernement municipal à Terre-Neuve et habilitèrent le gouverneur à disposer des terres inoccupées. Les réformistes avaient eu une influence manifeste sur la conception de cette nouvelle constitution.

En janvier 1825, Carson annonça qu'il quittait la politique en invoquant « l'âge qui avan[çait] », ses devoirs professionnels et ses responsabilités familiales. Il semble qu'une maladie survenue dans sa famille influa sur sa décision. Cependant, il remonta dans l'arène dès 1826, cette fois pour prendre part au débat acharné que suscitait la forme d'administration à donner à St John's. Carson et Morris avaient changé d'avis : ils souhaitaient que soient modifiés, dans la loi de 1824, les articles qui autorisaient la création d'un corps municipal nommé, et ils réclamaient qu'on dote plutôt la ville d'un conseil élu ; ils demandaient aussi que l'on perçoive des taxes sur la valeur locative des propriétés, tandis que la loi autorisait le conseil à prélever « des impôts et contributions » sur les habitants, les propriétaires et locataires de maison. Cette proposition fâcha les propriétaires et, après une tumultueuse assemblée publique en mai, les marchands firent parvenir au gouverneur Thomas John Cochrane* une pétition contre l'érection de la ville en municipalité. Apparemment, cette dispute provoqua à St John's une polarisation qui ne s'était jamais vue et dans laquelle on peut déceler des signes de ce qui caractérisa la vie politique de Terre-Neuve à compter de 1833 : le clivage entre les intérêts populaires et commerciaux. Cochrane rapporta que la population préférait voir son gouvernement lui imposer des règlements plutôt que d'assister au « triomphe de l'un des partis sur l'autre ». Finalement, on abandonna l'idée d'une municipalité. L'absence de consensus sur la forme que devait avoir l'administration municipale eut un effet inattendu au ministère des Colonies : James Stephen s'en servit pour illustrer la nécessité de créer un Conseil législatif constitué de quelques membres élus. Manifestement, l'octroi d'un Parlement ne pouvait plus guère tarder.

En novembre 1827, c'est l'ami de Carson, le juge en chef Richard Alexander Tucker*, administrateur en l'absence de Cochrane, qui le nomma chirurgien de district. À son retour, « comme il désirait que le docteur se tienne tranquille », Cochrane confirma cette nomination. Carson devait, contre un salaire annuel de £200, soigner les pauvres. Mais loin de le tenir à l'écart, son poste lui donna, semble-t-il, plus de temps à consacrer à la politique. En 1828, il se battait de nouveau aux premières lignes pour des institutions représentatives. La création d'un Parlement gagna rapidement des adeptes en 1830–1831, en même temps que Carson voyait s'étendre sa réputation de patriote vénérable. Une fois encore, la détérioration de la conjoncture économique accentuait la nécessité d'un changement. En mars 1832, lorsqu'on apprit que le gouvernement représentatif avait été accordé, Carson offrit immédiatement de se porter candidat dans le district de St John's.

À mesure que les élections de 1832 approchaient, la solidarité que les gens de Terre-Neuve avaient manifestée devant la Grande-Bretagne lorsqu'ils réclamaient un Parlement fit place au sectarisme qui allait caractériser la vie politique de l'île pendant un demi-siècle. À St John's, l'évêque catholique Michael Anthony FLEMING appuya trois candidats, notamment John Kent*, un marchand irlandais qui devint rapidement un personnage controversé en raison de sa flamboyante campagne menée auprès des catholiques, et Carson, qui courtisait les Irlandais depuis 1817. En août et septembre, comme si le soutien de Fleming ne suffisait pas à lui mettre les protestants à dos, Carson attaqua deux fois en public l'archidiacre anglican Edward Wix*, qui avait relevé des hérésies dans une brochure qu'il avait écrite sur le choléra. Carson répliqua dans le *Public Ledger* que Wix était « un fléau encore plus terrible » que cette maladie. Ainsi à l'instar de Kent, Carson attisait par son attitude la peur de voir les catholiques dominer St John's, et c'est peut-être la cause de sa défaite en novembre, à moins que ce ne soit, comme il le soutint plus tard dans une protestation officielle à la chambre, parce qu'il fut victime de manœuvres injustes durant le scrutin. Sa réaction fut caractéristique : « En politique, écrivit-il plus tard, on n'a jamais rien obtenu par la soumission. » En janvier 1833, parut un prospectus qui annonçait un nouvel hebdomadaire, le *Newfoundland Patriot*. Selon Robert John Parsons*, qui en était l'unique propriétaire en 1840, Carson fut rédacteur en chef du périodique à compter de son lancement en juillet 1833 jusqu'à décembre. En 1835, il y signait encore des éditoriaux à l'occasion.

Les numéros du *Patriot* qui parurent pendant que Carson était rédacteur en chef n'existent plus, mais à partir des réactions des milieux officiels et des autres périodiques, on peut conclure que l'hebdomadaire, conformément à ce qu'annonçait le prospectus, défendit dans la colonie « les principes libéraux et constitutionnels » contre les « autorités constituées ». L'agressivité de Carson indisposa encore davantage Cochrane de même que Henry David Winton* du *Public Ledger* ; elle exaspéra même John Shea, rédacteur en chef du *Newfoundlander* et homme ordinairement calme, qui s'était fait dire de « penser davantage à John Kent et à Terre-Neuve et moins à Daniel O'Connell et à la verte Érin ». Cette remarque révèle le peu d'intérêt que Carson portait à l'Irlande, qui passionnait alors les catholiques terre-neuviens. Ce fut néanmoins vers les Irlandais qu'il dut se tourner encore une fois au moment de l'élection partielle tenue dans St John's en décembre 1833. La campagne fut encore plus âpre qu'en 1832 : Fleming pesa de tout son poids en faveur de Carson et força pratiquement son adversaire à se retirer. Winton écrivit, dans un éditorial virulent, que Carson devait sa victoire à la « domination » qu'exerçait le clergé catholique sur des paroissiens à l'esprit asservi. Par la suite, Carson allait essuyer constamment les attaques du *Public*

Ledger et d'un autre nouveau journal, le *Times and General Commercial Gazette,* dont le rédacteur en chef était John Williams McCoubrey*. Sa carrière de député s'amorçait donc dans un climat très agité, qui était de mauvais augure.

À la réouverture de la chambre, en janvier 1834, Carson s'allia à un groupe minoritaire de députés « populaires » et accepta de disputer le fauteuil de président à Thomas Bennett*. Avant même la mise aux voix, il fit valoir au greffier que trois députés étaient inaptes à siéger et ne devaient pas participer au choix du président. Le vote eut tout de même lieu et Bennett en sortit vainqueur. Carson déposa alors avec ses amis une pétition qui réclamait la dissolution de la chambre et de nouvelles élections. Cette première intervention annonçait bien ce qu'il allait privilégier à titre de député. Il ne supportait aucune atteinte à l'autorité parlementaire et défendait avec acharnement les droits et privilèges de la chambre contre les empiétements réels ou supposés du conseil, du gouverneur, du ministère des Colonies et des particuliers. Même s'il s'intéressait par exemple à l'éducation, à la voirie ou à la réforme municipale, ces questions ne le préoccupaient pas autant que le respect pointilleux de la constitution. Il n'est donc pas surprenant de le voir en février 1834 déclencher à la chambre un interminable débat sur l'admissibilité d'un failli au titre de député, au moment même où la colonie était en faillite et se trouvait dans l'obligation d'en appeler au gouvernement britannique pour qu'il éponge un déficit de £4 000.

Ce n'est pas non plus sans une certaine hypocrisie que Carson, lui-même encore chirurgien de district, allégua que Patrick Kough* n'avait pas le droit de siéger à la chambre en raison des contrats de construction qu'il avait obtenus du gouvernement. Piqué par plusieurs attaques de sa part, Cochrane le démit de son poste de chirurgien en mars 1834 sous le prétexte que la Trésorerie impériale ne fournissait plus les sommes nécessaires. Carson informa alors le gouverneur que l'Assemblée avait voté des crédits pour le poste à la condition qu'il le conserve. Le 9 mai, la chambre adopta contre Carson deux propositions de blâme dans lesquelles elle l'accusait pratiquement de mensonge. Ces événements, de toute évidence, plongèrent Carson dans l'angoisse. La perte de son poste l'éprouva peut-être beaucoup financièrement car, selon Cochrane, il avait laissé son cabinet à son fils Samuel au moment de son entrée en politique. En avril 1834 puis en 1835, il annonça son retour à l'exercice de la médecine.

En 1835, une véritable fièvre partisane et sectaire s'empara de la population de St John's, qui dirigea son animosité contre Winton et le juge en chef Henry John Boulton*. En janvier, dans un discours à la chambre, Carson amorça contre Boulton une guerre qui allait durer quatre ans et, le 18 février, il proposa de confier

167

Carson

à un comité spécial le mandat d'examiner les prétendues dérogations du juge en chef à la charte en vertu de laquelle on avait établi la nouvelle Cour suprême. On rejeta sa proposition mais en mai, au moment même où la ville était en émoi après la mutilation dont Winton venait d'être victime, Boulton prêta flanc de nouveau à une attaque de Carson. Sans prendre la peine de convoquer un jury, il condamna Parsons, du *Patriot*, à trois mois de prison et à une amende de £50 pour outrage. Cette décision poussa Carson et Morris à fonder la Constitutional Society, et O'Connell présenta à la chambre des Communes une pétition contre Boulton signée de 5 000 noms. Carson aggrava le climat de crise en écrivant dans le *Patriot* une lettre ouverte à Boulton où il disait que le juge était « un sujet digne d'être blâmé et puni ». Boulton était alors en Angleterre et on ne croyait pas qu'il reviendrait. Cet été orageux était terminé et la colonie était « en train de retrouver la paix » lorsque Carson publia dans le *Patriot* une autre lettre incendiaire, qui dévoile clairement ses penchants politiques profonds. « Il faut entretenir l'agitation, disait-il, l'enthousiasme d'un peuple noble doit être chéri et soutenu. » Pour lui, l'effervescence politique était l'un des signes de la maturation d'un pays. De tous les réformistes de St John's, aucun ne se rapprochait davantage, par son tempérament, des rebelles du Haut et du Bas-Canada.

Aux élections générales de 1836, après que leurs adversaires se furent retirés de la course, Carson, Kent et Morris remportèrent la victoire dans St John's. Mais surtout les réformistes s'assurèrent la domination de la chambre, malgré l'enquête d'un jury d'accusation sur des actes de violence commis durant le scrutin et malgré un événement plus spectaculaire encore : la tenue immédiate de nouvelles élections générales, décidée après que Boulton eut découvert une illégalité subtile. La nouvelle législature commença en juillet 1837. Pendant cinq ans, Carson allait présider l'une des Assemblées les plus inflammables de l'histoire de la colonie.

Comme Carson était président, on ne peut mesurer avec exactitude l'influence qu'il exerça alors à la chambre, mais il n'y a aucun doute qu'il se réjouissait de voir les députés montrer autant d'aplomb et qu'il les aida en coulisse à prendre des initiatives. On devine son intervention par exemple dans la tentative qui visait à compromettre le chirurgien de district Edward Kielley*, dans l'octroi d'un salaire annuel de £200 au président de l'Assemblée, ou encore dans la décision extrême de faire rayer des débats le blâme prononcé contre lui le 9 mai 1834. Quant au cheval de bataille de la nouvelle Assemblée, à savoir son refus de présenter des projets de loi de finances amendés par le conseil, Carson fit clairement comprendre au gouverneur qu'il l'approuvait. Mais là où son rôle est peut-être le plus manifeste, c'est dans l'acharnement que l'Assemblée montra envers Boulton, dont la nomination au poste de juge en chef avait, contre toute attente, été approuvée et qui était revenu à Terre-Neuve. À la première séance de l'Assemblée, le 3 juillet, Morris déclara que la chambre, réunie en comité plénier, examinerait l'administration de la justice. Cette année-là, trois affaires vinrent attiser l'antipathie de Carson envers Boulton et aviver l'inquiétude générale concernant l'équité des tribunaux. D'abord, on accusa Carson, Morris et d'autres d'avoir formé un attroupement séditieux, ce qui indigna Carson au point qu'il refusa de comparaître avant qu'on l'ait assigné. Puis en mai, à l'occasion d'une poursuite intentée par Carson contre McCoubrey, Boulton informa le jury que l'expression « ce fou de docteur Carson » n'était pas diffamatoire. Enfin, toujours en mai, le procès pour atteinte à la réputation que fit Samuel Carson à Kielley apporta aussi sa part d'humiliation. On y révéla que William Carson, pour pouvoir témoigner en faveur de son fils, était entré chez une patiente que ce dernier avait soignée et, sans avoir reçu la moindre autorisation, lui avait fait subir un examen douloureux et des plus intimes. En apprenant cette atteinte à la vie privée, Boulton se mit dans une telle colère qu'il tança longuement Carson, alors à la barre des témoins. Ce dernier n'était pas homme à supporter pareil traitement. En octobre, l'Assemblée demanda à la reine de rappeler Boulton et, lorsque Carson s'embarqua pour l'Angleterre avec les autres membres de la délégation de députés qui allaient présenter une liste de doléances, dont celle-là, au gouvernement britannique, il dit à la population que son « seul but » était le renvoi de Boulton, « à qui on n'aurait jamais dû permettre de contaminer [les] rives [de Terre-Neuve] ». En juillet 1838, le comité judiciaire du Conseil privé exprima l'avis qu'il serait « inopportun » de laisser Boulton à son poste de juge en chef.

Arrivé à Londres en janvier 1838, Carson était parti le 19 février pour Liverpool afin de rendre visite à son frère ; il avait alors confié le travail de la délégation à John Valentine Nugent*. Il rentra à St John's en mai. Comme son séjour en Angleterre avait ravivé ses convictions constitutionnelles, il publia dans le *Newfoundlander* des lettres où il pressait l'Assemblée de « ne pas démordre » du principe selon lequel elle devait être modelée sur la chambre des Communes. Il défendit lui-même ce principe avec beaucoup de ténacité. Le 9 août 1838, au nom de la chambre, il lança un mandat d'arrestation contre Kielley, accusé d'avoir prononcé dans les rues de St John's des paroles offensantes pour l'Assemblée. Après la libération de Kielley par une ordonnance d'habeas corpus que rendit le juge adjoint George LILLY, on lança un mandat d'arrestation semblable contre celui-ci et le shérif. Le 11 août, on emmena Lilly, qui résistait à l'arrestation, du palais de justice au domicile du sergent d'armes. Il y resta deux jours, après quoi le gouverneur Henry Prescott* prorogea la session et le libéra. À l'ouverture de la session suivante, le 20 août, le shérif, au nom de Kielley, assigna Carson en justice pour arrestation illégale et lui réclama £3 000 de dommages-intérêts. Ainsi commença le procès de Kielley contre Carson, dont l'enjeu était le droit de l'Assemblée de décerner des mandats d'arrestation pour offense, droit qu'elle avait, selon Carson, en vertu de sa parenté avec la chambre des Communes [V. sir Bryan Robinson*]. L'affaire passa en décembre 1838 devant la Cour suprême de Terre-Neuve qui rendit une décision majoritaire en faveur de l'Assemblée. On enregistra cependant la dissidence de Lilly. Kielley fit part de son intention d'interjeter appel devant le Conseil privé. Il fallut attendre plus de trois ans avant que le conseil ne donne son avis, qui annulait la décision.

Les agissements de la chambre dans l'affaire Kielley non seulement valurent au gouvernement britannique une pluie de pétitions qui réclamaient l'abolition de l'Assemblée mais, avec la campagne menée contre Boulton, renforcèrent l'opposition des marchands coloniaux à l'égard des réformistes. En 1838, la St John's Chamber of Commerce fit parvenir à la reine une pétition qui associait « certains des principaux députés » de Terre-Neuve aux rebelles canadiens et réclamait l'« abolition immédiate » des institutions représentatives. Après le jugement rendu par la Cour suprême dans l'affaire Kielley, Carson déclara qu'il n'avait « aucun doute » que, lorsque la chambre se réunirait à nouveau, elle voudrait voir si la pétition portait atteinte à « sa dignité et [à] ses justes privilèges ». Sa lettre – l'une des initiatives qu'il prit, à titre de président, indépendamment de l'Assemblée – équivalait à menacer John Sinclair, président de la St John's Chamber of Commerce, de citation pour offense, ce que Prescott n'était pas porté à prendre à la légère. On ne peut guère douter que l'attitude querelleuse des députés entre 1837 et 1839 contribua à jeter le discrédit sur le gouvernement représentatif et ouvrit la voie à la fusion de l'Assemblée et du Conseil législatif. Par la persistance avec laquelle il affirma les droits de l'Assemblée, Carson fut responsable au moins en partie de la déconsidération qu'elle connut.

Les années 1839 à 1841 allaient révéler des divisions dans les rangs des réformistes et faire apparaître dans le paysage politique terre-neuvien de nouvelles forces qui tendraient à reléguer Carson au second plan. Les débats de la chambre font état d'échanges virulents entre Carson, Kent, Peter BROWN et Morris, et à l'automne de 1839 Parsons se mit à attaquer les réformistes dans le *Patriot* et à promouvoir le gouvernement responsable. Carson inclinait à penser que la « responsabilité » ministérielle existait depuis 1833, opinion que Parsons rejetait d'un ton cassant. Carson persistait tout de même à affirmer que la constitution « repos[ait] sur une base large et libérale » et exigeait

seulement que les députés « mettent l'épaule à la roue ». Par ailleurs, Parsons s'était mis à défendre les droits des Terre-Neuviens d'origine, question de plus en plus importante à laquelle Carson, pour des raisons évidentes, ne pouvait guère s'intéresser. La pire dissension que connut le parti réformiste survint au début de 1840, quand Morris et Carson se trouvèrent en désaccord. Manifestement, la solidarité des réformistes s'effritait, ce qui les empêcha d'organiser une opposition efficace à l'expérience constitutionnelle de 1842, où l'on fusionna la Chambre haute et la Chambre basse. Carson lui-même s'était senti de plus en plus frustré devant les obstacles que le Conseil de Terre-Neuve et certains députés avaient élevés contre des initiatives comme la fondation d'un collège à St John's ou la construction de routes. En 1840, il en appela à la population pour qu'elle « manifeste, [...] envoie des pétitions » afin de préserver l'Assemblée, mais après huit ans de gouvernement représentatif ces modes d'intervention ne semblaient plus susciter aucun intérêt.

À 69 ans, Carson se mit à étudier l'agronomie, qui de toute évidence l'absorba de plus en plus. Sa grande ferme lui avait peut-être déjà causé des pertes financières, mais l'agriculture le passionnait presque autant que les droits constitutionnels. Il inonda la presse de lettres sur les avantages de l'élevage du porc, la préparation du compost et les vertus de la pomme de terre de Rohan. À la fin de 1841, il devint le premier président de l'Agricultural Society et annonça qu'il consacrerait une partie de ses loisirs à « quelques conférences sur des questions agricoles ». Il présida en juin 1842 le premier concours de labourage jamais tenu à Terre-Neuve ; un mois plus tard, il se vit imposer une amende pour avoir charroyé des têtes de morue (les déchets de poisson servaient de fertilisant). Sir John Harvey*, l'unique gouverneur à avoir réussi à vaincre l'hostilité de Carson envers les autorités, l'avait encouragé à s'occuper d'agriculture. Malgré les réserves du ministère des Colonies, il le nomma au conseil en septembre.

En décembre 1842, Carson fut élu dans St John's avec Nugent et Laurence O'Brien*. Lorsque la chambre fusionnée se réunit pour la première fois, en janvier 1843, il chercha à obtenir le fauteuil de président, mais on lui préféra James Crowdy*, qui avait été nommé à la chambre. Il ne tarda pas à constater que les membres élus n'avaient guère de poids dans le nouveau régime et, en février, il indiqua que « si sa santé le lui permet[tait] », il se rendrait en Angleterre protester contre l'élection de Crowdy, « exercice inopportun de pouvoir arbitraire ». Il demeura donc attaché à ses principes politiques jusqu'à la fin. La nuit qui précéda sa mort, il appela Parsons à son chevet pour le presser de préconiser un retour au gouvernement représentatif et de « secouer les amis du peuple ». Selon Parsons, il avait aussi

Cartwright

fait venir un ministre de l'Église d'Écosse et renoncé à ses opinions sociniennes.

William Carson était un homme d'une énergie infatigable et d'une ambition dévorante. En lui s'alliaient une répulsion instinctive à l'égard de l'exercice du pouvoir arbitraire et un besoin tout aussi fort de s'opposer à ce pouvoir, de le démasquer et de le vaincre. Il avait également une confiance inébranlable en la justesse de ses principes whigs, était d'une franchise dévastatrice et possédait une volonté de fer. En colère – et il ne fallait pas une crise alarmante pour le mettre dans cet état –, c'était un adversaire redoutable. Partisan par nature, il ne fut guère porté au compromis et n'hésita jamais à traduire ses convictions en gestes politiques. En lui on trouve le plus radical et le plus influent des premiers réformistes de Terre-Neuve. En qualité d'agitateur, il contribua à ébranler le vieux régime paternaliste de Terre-Neuve. En qualité de propagandiste, il répandit sur l'histoire de l'île et ses possibilités de développement des vues qui allaient influencer des générations d'écrivains et d'hommes politiques. En qualité de législateur, il s'efforça de doter Terre-Neuve d'institutions sociales utiles et de préserver ce qu'il considérait comme les droits et privilèges de la chambre d'Assemblée.

PATRICK O'FLAHERTY

William Carson est l'auteur de trois brochures, dont : *A letter to the members of parliament of the United Kingdom of Great Britain and Ireland* […] (Greenock, Écosse, 1812) ; et *Reasons for colonizing the island of Newfoundland, in a letter addressed to the inhabitants* (Greenock, 1813) ; la troisième, qui traite du choléra, n'a pu être localisée.

GRO (Édimbourg), Kelton, reg. of births and baptisms, 4 juin 1770. — PANL, GN 2/1, 20–45 ; GN 5/2/A/1, 1811–1821 ; GN 5/2/B/1, 1819–1820. — PRO, CO 194/45–116 ; 195/16–20 ; 199/19. — Univ. of Edinburgh Library, Special Coll. Dept., Faculty of Medicine, minutes of the proc., 1776–1811 ; Matriculation reg., 1786–1803 ; Medical matriculation index, 1783–1790. — *Dr William Carson, the great Newfoundland reformer : his life, letters and speeches ; raw material for a biography,* J. R. Smallwood, compil. (St John's, 1978). — T.-N., General Assembly, *Journal,* 1843 ; House of Assembly, *Journal,* 1833–1842. — *Aris's Birmingham Gazette ; or the General Correspondent* (Birmingham, Angl.), 1794–1808. — *Newfoundlander,* 1827–1843. — *Newfoundland Mercantile Journal,* 1816–1827. — *Newfoundland Patriot,* 1834–1842. — *Newfoundland Vindicator* (St John's), 1841–1842. — *Patriot & Terra-Nova Herald,* 1842–1843. — *Public Ledger,* 1827–1843. — *Royal Gazette and Newfoundland Advertiser,* 1810–1831. — Gunn, *Political hist. of Nfld.*

CARTWRIGHT, JOHN SOLOMON, avocat, officier de milice, auteur, juge, juge de paix, homme d'affaires, homme politique, fermier et protecteur de l'architecture, né le 17 septembre 1804 à Kingston, Haut-Canada, fils de Richard Cartwright* et de Magdalen Secord ; le 11 janvier 1831, il épousa à York (Toronto) Sarah Hayter Macaulay, fille du docteur James Macaulay*, et ils eurent trois fils et quatre filles ; décédé le 15 janvier 1845 dans son domaine, Rockwood, près de Kingston.

De son père, mort quand il avait à peine dix ans, John Solomon Cartwright reçut une fortune d'environ £10 000 et une position influente. Richesse et puissance ne le mirent cependant pas à l'abri du malheur : quatre frères aînés et une sœur moururent dans leur adolescence ou dans la vingtaine, une autre sœur et un autre frère s'éteignirent aussi avant lui. Bon nombre de ces décès étaient attribuables à la maladie qui allait l'emporter à 40 ans : la tuberculose pulmonaire.

Après des études à la Midland District Grammar School de Kingston, Cartwright s'installa à York en 1820 afin d'entrer au cabinet d'avocats de John Beverley Robinson*, procureur général du Haut-Canada. Étudiant à la Law Society of Upper Canada à compter du premier trimestre de l'année scolaire, il allait être admis au barreau cinq ans plus tard. Peut-être retourna-t-il à Kingston à l'été de 1822, pendant lequel fut publiée sa nomination comme enseigne dans le 1st Regiment of Frontenac militia. Cependant, ce n'est qu'en septembre 1826 qu'un journal le mentionna pour la première fois comme avocat plaidant. En août de la même année, il était secrétaire de l'exécutif de la Cataraqui Bridge Company. En janvier 1827, il perdit sa mère. N'ayant plus de proches parents à Kingston, il décida d'aller poursuivre ses études de droit à la Lincoln's Inn de Londres. Ainsi, il serait proche de son frère jumeau, Robert David, étudiant en théologie à Oxford.

Cartwright tint un journal de son voyage, du moins dans les premiers mois. On y constate qu'il savait très bien apprécier, et de manière personnelle, la beauté des paysages et, dans une moindre mesure, celle des ouvrages d'architecture, toutes choses qui pouvaient aussi l'émouvoir à l'occasion par les souvenirs littéraires et historiques qu'elles évoquaient. Le document révèle en outre un jugement sûr et un esprit indépendant. Même s'il avait grandi dans la tradition loyaliste, Cartwright ne nourrissait apparemment aucune rancœur envers les Américains. En traversant l'état de New York, il s'arrêta à Albany, que son père avait quitté un demi-siècle auparavant à cause des persécutions des rebelles. Songeant au passé, il écrivait, serein : « Tous ses contemporains ont sans doute, comme lui, trouvé le repos ; ne pouvons-nous pas souhaiter qu'ils soient heureux là où ne subsiste plus aucune dissension et où tous nos pleurs seront séchés ? » Ses premières impressions de Londres ne furent pas favorables. Au bout de quatre jours, il notait avec dépit : « Dans l'ensemble, ne puis pas dire que j'admire Londres. » À propos de la Cour du banc du roi, il faisait observer : « N'ai pas eu l'impression que les affaires s'y traitent avec moins de bruit ou plus de régularité que chez nous. » Seul le West End éveilla son enthousiasme : « Ai été enchanté de voir [Hyde] Parc, qui doit être un véritable trésor pour le Londonien – après avoir connu le bruit et la fumée de Londres, [je] puis concevoir le délice que procure une demi-heure de promenade sous le ciel clair, au milieu de tout ce qui fait le charme de la campagne. » Cartwright et son frère passèrent les mois de juillet et août 1828 à visiter la Suisse ; l'été suivant, ils parcoururent l'Écosse.

À l'automne de 1830, de retour à Kingston, Cartwright se remit à la pratique du droit. Les fortes sommes qu'il consacrait à l'achat d'ouvrages juridiques montrent qu'il prenait sa profession au sérieux. En Angleterre, il avait probablement mis £250 de côté pour une « bibliothèque de droit ». En 1834, il devint juge à la Cour du district de Midland ; élu membre du conseil de la Law Society of Upper Canada en 1835, il fut nommé conseiller de la reine en 1838.

Cartwright portait aussi un vif intérêt aux affaires bancaires. En mai 1832, il fut élu au conseil d'administration de la Commercial Bank of the Midland District, de fondation toute récente. Réunis, les administrateurs le choisirent à l'unanimité président ; il allait le demeurer pendant 14 ans. Apparemment, sa banque fut la seule en Amérique du Nord britannique à ne pas suspendre les paiements en numéraire durant les rébellions de 1837. Dynamique, elle « était dès 1844, dit l'historien Maxwell Leroy Magill, bien établie en tant que bailleur de fonds de la partie est du Haut-Canada ».

Cartwright fit également, pour son propre compte, d'ambitieuses transactions commerciales. En 1832, il vendit une vaste terre située à l'extérieur de Hamilton à Allan Napier MacNab*, qui y construisit plus tard Dundurn Castle. En 1832–1833, il planifia, notamment avec John Macaulay*, la fondation d'une ville près des chutes du Niagara. Principalement avec son grand ami le marchand James Bell Forsyth*, né à Kingston et devenu l'un des barons du bois, il conçut en 1842–1843, à Montréal, un projet d'aménagement encore plus vaste qui, semble-t-il, échoua parce que Forsyth s'était ruiné dans d'autres entreprises. Il en réchappa, mais uniquement grâce à l'aide de Cartwright.

Cartwright s'intéressa surtout à la mise en valeur des terres situées à Kingston même et dans les environs ainsi qu'à Napanee. On raconte que dans cette municipalité, il n'y avait pas une école, un édifice public ni un lieu de culte qui ne fût construit sur un terrain dont il était le donateur. Pour ses coreligionnaires anglicans, il fit encore davantage : il assuma le coût de construction de l'église St Mary Magdalene.

Cartwright aménagea, sur une terre alors située à l'ouest de Kingston, un domaine bien à lui, Rockwood (qu'il baptisa peut-être Rockhurst). Dès le début des années 1840 c'était une ferme florissante. Le 28 mai 1842, le *Chronicle & Gazette* de Kingston rapportait : « M. Cartwright n'a reculé devant aucune dépense pour doter sa ferme, déjà bien exploitée, de bestiaux et moutons de la meilleure race » ; ses animaux furent d'ailleurs primés aux comices agricoles du comté de Frontenac en octobre 1841. Pourtant, au printemps de 1843, il décida de laisser tomber une bonne partie de sa ferme pour la subdiviser en lots à bâtir. Kingston était devenue la capitale de la province du Canada en 1841 et la propriété de Cartwright se trouvait près de la résidence du gouverneur, Alwington House : dans tout le secteur, la valeur des terres avait donc grimpé.

Cartwright avait fait son entrée en politique en 1834 en se portant candidat dans la circonscription de Lennox and Addington, représentée alors par les populaires réformistes Marshall Spring Bidwell* et Peter Perry*. Il s'était classé troisième. Il retenta sa chance en juillet 1836 avec un autre tory, George Hill Detlor ; cette fois, tous deux remportèrent une éclatante victoire sur les réformistes : Cartwright recueillait 475 voix et Bidwell, 370. Jusqu'à sa mort, Cartwright allait représenter cette circonscription sans ménager ses énergies. Il siégea au comité des finances, présenta divers projets de loi de réforme juridique et, à compter de 1837, fut membre des comités qui s'occupaient du canal Welland, de l'aménagement de la rivière Trent et des levés de la rivière des Outaouais. En 1839, il présida un comité chargé de choisir l'emplacement d'un asile d'aliénés à Kingston.

Durant la rébellion, Cartwright soutint le gouvernement avec vigueur. Comme il commandait, à titre de lieutenant-colonel, le 2nd Regiment of Lennox militia, il fit partie du conseil de guerre qui jugea, en novembre 1838, les « patriotes » capturés à la bataille de Windmill Point – l'infortuné Nils von SCHOULTZ par exemple. Il exerça aussi des fonctions plus agréables : aider Kingston à obtenir sa charte municipale et, en mars 1838, en qualité de président de la Cour des sessions trimestrielles, établir le règlement d'élection du conseil de ville. Le conseil l'élut maire à l'unanimité, mais il refusa le poste. C'est lui cependant qui rédigea et lut l'adresse des citoyens à lord Durham [LAMBTON] à l'occasion de sa brève visite du 21 juillet 1838.

En 1839, une bonne partie de l'opinion estimait qu'il fallait changer radicalement le système gouvernemental de la province. Quand un comité spécial de l'Assemblée recommanda l'union législative avec le Bas-Canada, Cartwright proposa une série de résolutions destinées à assurer la prépondérance des Canadiens anglais en pareil cas. Selon lui, sans les précautions qu'il proposait, le lien impérial serait menacé. Ces résolutions, qu'on appela bientôt « les conditions Cartwright », convainquirent une majorité de députés de se prononcer en faveur de l'union le 30 mars 1839. Toutefois, le nouveau gouverneur en chef, Charles Edward Poulett THOMSON (futur lord Sydenham), les rejeta et exigea l'assentiment inconditionnel de l'Assemblée à l'union, ce qu'il obtint le 19 décembre 1839. Convaincu de travailler à la défense des institutions britanniques, Cartwright ne lâcha pas prise et proposa, le 13 janvier 1840, une adresse qui insistait sur certaines conditions. Elle fut adoptée, et Thomson accepta entre autres que, sous l'union, l'anglais soit la seule langue officielle des documents gouvernementaux.

Disposé à donner sa chance au nouvel arrangement constitutionnel, Cartwright envisagea pendant un temps, en 1840–1841, d'aider William Henry Draper* à former un groupe de conservateurs modérés. Cependant, il se ravisa, sous l'influence de MacNab, Robinson et d'autres, et demeura plutôt lié aux tories extrémistes. Au printemps de 1842, le successeur de Sydenham, sir Charles BAGOT, tenta de le faire entrer au cabinet qu'il essayait de former avec des hommes politiques non associés à Robert Baldwin* et à Louis-Hippolyte La Fontaine*. Cartwright se vit offrir le poste de solliciteur général, mais le refusa. Dans une lettre du 16 mai, il exposa ses motifs à Bagot. L'Union semblait fonctionner de manière insatisfaisante. « Je souhaite vivement, disait-il, qu'on la rende si possible avantageuse en tous points pour les deux sections de la province. Mais je ne vois pas comment on parviendra à ce but désirable sans le concours et la collaboration des Canadiens français. » Sydenham avait eu grand tort de remanier arbitrairement les circonscriptions bas-canadiennes. « Je ne puis imaginer, poursuivait Cartwright, comment on a jamais pu supposer créer l'harmonie au moyen d'une injustice aussi criante. » En outre, il s'opposait tout à fait au gouvernement responsable. Pareil régime était incompatible « avec l'état de colonie – surtout dans un pays où le suffrage [était] quasi universel, où la grande masse de la population [était] sans instruction et où l'on vo[yait] bien peu de cette influence bénéfique que la noblesse héréditaire et les gens très riches exer[çaient] en Grande-Bretagne ». Enfin, et c'était peut-être le principal motif de son refus, il ne voulait pas siéger aux côtés de Francis Hincks* qui, « jusqu'au moment même de l'éclatement de la rébellion, a[vait] défendu la conduite » de Louis-Joseph Papineau* et de William Lyon Mackenzie*.

Tout conservateur qu'il ait été, Cartwright ne craignait pas de s'associer à des mesures progressistes. En octobre 1843, il déposa à l'Assemblée une résolution dans laquelle il proposait de fonder des « maisons de refuge pour la jeunesse ». « Rien, disait-il, ne pourrait apporter davantage au pays que la création d'établissements où les éléments vagabonds et corrompus de la jeunesse seraient préservés des influences qui détruisent la moralité et où, par le travail et l'éducation morale, ils deviendraient de bons citoyens. » « Sensiblerie », répliqua le docteur William « Tiger » DUNLOP : il n'y avait qu'à fouetter les

enfants et à les envoyer au lit. D'autres députés par contre, et particulièrement le solliciteur général du Bas-Canada, Thomas Cushing Aylwin*, appuyèrent la proposition, dont l'étude fut confiée à un comité spécial. Quand, en novembre, le ministère La Fontaine-Baldwin démissionna sur la question du gouvernement responsable, Cartwright s'indigna, non seulement parce qu'il s'opposait au principe – une « fumisterie » selon lui – mais parce que sa chère proposition serait reléguée aux oubliettes. En effet, le principe des écoles de réforme, comme on en vint à les appeler, ne fut adopté que 15 ans plus tard.

La dernière initiative politique de Cartwright ne donna pas non plus de résultats immédiats. En novembre 1843, l'Assemblée avait résolu d'installer le siège du gouvernement à Montréal, donc dans une partie non britannique du Canada-Uni. Convaincu que ce déménagement menacerait le maintien des institutions parlementaires britanniques au pays, Cartwright s'embarqua pour l'Angleterre le 2 mars 1844 afin d'aller remettre à la reine une pétition dans laquelle 16 000 Haut-Canadiens demandaient que la capitale demeure dans leur partie de la colonie. Quoique très attaché aux institutions britanniques, Cartwright était d'abord et avant tout un Canadien, contrairement à son frère jumeau. En témoigne cet écrit ultérieur de sa belle-sœur : « [John] éprouva toujours un attachement et une préférence enthousiastes pour le Canada ; certes, séjourner en Angleterre lui plaisait beaucoup, il aimait et admirait le pays, mais jamais sa terre natale ne perdit la première place dans son cœur. »

Cartwright avait déjà des problèmes de santé avant d'entreprendre son voyage ; qu'il soit parti quand même démontre la profondeur de ses convictions et son sens du devoir. En octobre 1844, il comprit qu'il devait quitter la scène publique. Le gouverneur sir Charles Theophilus METCALFE exprima de profonds regrets. Cartwright avait été pour lui un conseiller utile, quoique officieux, et sans aucun doute Metcalfe avait-il espéré l'avoir comme ministre. Dans un discours d'adieux à ses électeurs, Cartwright fit allusion aux élections générales à venir. Ses remarques ne contenaient nulle rancune partisane. « Il est souhaitable, disait-il, qu'en choisissant leurs représentants, les habitants du Haut-Canada se souviennent de l'avis donné par Jéthro à Moïse et désignent des personnes « craignant Dieu et détestant la cupidité ». Nous pourrions alors espérer raisonnablement que nos malheureuses dissensions s'apaiseraient et que nous deviendrions un peuple vertueux, donc heureux. »

En confiant ses enfants aux soins de John Strachan*, bien des années auparavant, Richard Cartwright avait déclaré : « Je tiens particulièrement à ce que les garçons reçoivent une éducation qui les rende utiles à leurs amis et à leur pays et qui, en leur insufflant un goût pour la littérature, les garantisse pour toujours contre l'oisiveté. » John Solomon avait bien été à la hauteur des espoirs que son père avait mis en lui. Sa mort fut l'occasion d'un concert de louanges. Le révérend Saltern Givins lança : « Assurément, mes frères, la société qu'il lui a été donné d'orner pendant un temps a perdu en lui un joyau exceptionnel – les pauvres et les miséreux, un bienfaiteur d'une rare générosité. » Quant au juge Stafford Frederick Kirkpatrick, il lui rendit cet hommage au nom de ses collègues : « Le barreau a certes perdu un homme irremplaçable […] aimé et respecté de tous les membres [de la profession]. » Dans le sermon qu'il prononça aux funérailles à l'église St George de Kingston, le révérend Robert Vashon Rogers s'exclama : « Un grand homme est tombé ! – grand dans tout ce qui constitue la vraie grandeur. »

L'unique portrait connu de Cartwright, peint par William Tinsley en 1842, laisse entrevoir un homme qui aimait l'étude. Sa bibliothèque était très diversifiée : histoire, littérature, classiques de l'Antiquité, religion, architecture, peinture, jardinage, botanique, optique, géologie, agriculture. Sa collection d'ouvrages juridiques était substantielle ; Cartwright ne la considérait d'ailleurs pas simplement comme un bien personnel, mais aussi comme une richesse communautaire. Quelques mois avant sa mort, il publia dans le *Chronicle & Gazette* une annonce dans laquelle il demandait à ceux qui lui avaient emprunté des livres de droit de les lui retourner, parce qu'il voulait les vendre. L'acheteur était le jeune John Alexander Macdonald*, à qui il consentit un gros escompte parce qu'il espérait, ce qui était bien de lui, que sa collection ne quitterait pas la région. Cependant, Cartwright n'était pas uniquement un intellectuel ; c'était aussi un homme d'action, comme le montre sa carrière dans les affaires, en politique et dans la milice. Fervent anglican, il était en outre un énergique franc-maçon : il accéda au rang de premier surveillant de l'Ancient St John's Lodge No. 3 de Kingston. Amateur de chevaux et d'équipages, il fut maître de cérémonie aux courses de Kingston en 1839. Il faisait de grosses mises aux cartes, aimait l'élégance et goûtait les plaisirs de la vie, dont le vin et la bonne chère.

« Homme de goût » formé sous la régence anglaise, John Solomon Cartwright éprouvait pour l'architecture une passion dont on voit encore les traces dans sa ville natale. Trouver un bon architecte n'est pas chose aisée ; il aurait pu facilement porter son choix sur des hommes médiocres. Ses premières commandes allèrent à Thomas Rogers* qui, entre 1820 et 1840, fut probablement l'architecte le plus compétent et le plus polyvalent du Haut-Canada. Rogers dessina les plans des grandes maisons de ville de Cartwright et de son frère, et vraisemblablement ceux de l'édifice de la Commercial Bank à Kingston et de l'église St Mary Magdalene à Napanee. En 1841, George Browne* arriva à Kingston comme architecte du gouvernement. Cartwright perçut la supériorité de ce jeune homme,

qui fut peut-être le représentant le plus distingué de sa profession au Canada pendant la première moitié du siècle. Pour Cartwright, Browne conçut la villa de Rockwood, un pur chef-d'œuvre. Le plus remarquable ouvrage de Browne est l'hôtel de ville, dont Cartwright l'aida presque certainement à avoir la commande. Il influença peut-être aussi le choix de Browne comme concepteur de la succursale locale de la Banque de Montréal et d'une maison de John Alexander Macdonald. La ville de Kingston lui doit quelques-uns des plus beaux édifices du XIXe siècle qui l'ornent encore ; ils constituent ainsi l'héritage le plus visible de Cartwright.

J. DOUGLAS STEWART et MARY STEWART

Le portrait de John Solomon Cartwright peint par William Tinsley se trouve au Agnes Etherington Art Centre, Queen's Univ. (Kingston, Ontario).

QUA, 2199a ; 2254 ; 2256. — Saltern Givins, *A discourse delivered in St. Mary Magdalene's Church, Napanee, on Sunday, the 2nd of February, 1845, on the occasion of the death of John Solomon Cartwright […]* (Cobourg, Ontario, 1845). — R. V. Rogers, *Confidence in death : a sermon preached in St. George's Church, Kingston, Canada West, on Sunday, January 26th, 1845, on the occasion of the death of John Solomon Cartwright […]* (Kingston, [1845]). — *British Whig*, 6 janv., 17 nov. 1836. — *Chronicle & Gazette*, 1833–1845. — *Church*, 31 janv. 1845. — *Kingston Chronicle*, 1822–1833. — *Heritage Kingston*, J. D. Stewart et I. E. Wilson, édit. (Kingston, 1973). — J. D. Stewart, « Architecture for a boom town : the primitive and the neo-baroque in George Browne's Kingston buildings » et M. L. Magill, « The failure of the Commercial Bank », *To preserve and defend : essays on Kingston in the nineteenth century*, G. [J. J.] Tulchinsky, édit. (Montréal et Londres, 1976), 37–61 et 169–181. — Adam Shortt, « Founders of Canadian banking : John Solomon Cartwright, banker, legislator and judge », *Canadian Bankers' Assoc., Journal* (Toronto), 30 (1922–1923) : 475–487. — J. D. et Mary Stewart, « John Solomon Cartwright : Upper Canadian gentleman and Regency « man of taste », *Historic Kingston*, no 27 (1979) : 61–77.

CASEY, WILLIAM REDMOND, ingénieur, né vers 1805 ou 1808, probablement à Brooklyn, New York ; décédé le 6 août 1846 à Montréal.

William Redmond Casey commença sa carrière au début des années 1830 à titre de sous-ingénieur adjoint pour la construction du Philadelphia, Germantown and Norristown Railroad. Il occupa par la suite un poste analogue lorsqu'on fit l'aqueduc de Croton, dans l'état de New York, puis assuma les fonctions de sous-ingénieur durant la construction du Long Island Rail Road. Au printemps de 1834, il arriva aux chantiers de construction du canal de Chambly, dans le Bas-Canada, comme sous-ingénieur.

En 1832, la Compagnie des propriétaires du chemin à lisses de Champlain et du Saint-Laurent, fondée

Casgrain

dans le but de relier Dorchester (Saint-Jean-sur-Richelieu) à Laprairie (La Prairie), sur le Saint-Laurent, avait été constituée légalement. La loi l'obligeait à présenter un tracé de la voie avant décembre 1834. Comme on n'avait encore rien fait deux mois avant la date d'échéance, Jason C. Pierce, commerçant de Dorchester et membre de la compagnie, décida de produire le plan à ses frais. Il s'adressa alors aux commissaires du canal de Chambly afin d'obtenir les services de leur ingénieur en chef, W. R. Hopkins, pour faire le levé nécessaire, mais ils lui envoyèrent plutôt Casey. Assisté d'un arpenteur, ce dernier produisit en moins d'un mois le plan de la ligne projetée. À la fin de novembre, on forma officiellement la compagnie et on approuva le plan de Casey. Dès janvier 1835, la compagnie s'était assuré l'appui financier dont elle avait besoin en faisant appel à des investisseurs tels que Peter McGill* et George Simpson*, et elle avait engagé Casey pour diriger les travaux. À Montréal, cet hiver-là, celui-ci « s'occupa de fournir les renseignements et devis nécessaires au comité [de direction] afin de lui permettre, sans plus tarder, de passer des contrats pour le bois d'œuvre, le fer et les autres matériaux [requis] pour les clôtures ». On donna les premiers coups de pioche en avril 1835 et, dès décembre, Casey déclara que « les clôtures, le nivellement, la maçonnerie , les ponts, le grand quai de Laprairie et la charpente des gares étaient achevés ». On avait tout réalisé, notait-il, « avec un respect de l'ordre et de l'harmonie [...] rarement vu dans les travaux publics ». Les membres du conseil d'administration précisaient dans leur rapport que cet esprit de corps était attribuable au « tact et à l'attention » de Casey. À cette époque où les relations entre les deux ethnies s'avéraient de plus en plus tendues, seule l'attitude de Casey permettait d'expliquer son succès. « Les Canadiens, écrivit-il, formaient la très grande majorité des ouvriers et, fidèles à leur réputation, ils savaient, lorsqu'ils étaient nombreux à travailler ensemble, faire preuve d'une bonhomie et d'un sens de l'ordre qu'aucun autre peuple ne peut égaler. »

Au printemps de 1836, les travaux reprirent pour la dernière étape de la construction, l'infrastructure et la pose de la voie. Les fonds étaient restreints, mais les dépenses de Casey n'outrepassèrent pas les limites fixées. Pour la pose de la voie, il adopta la méthode américaine, reconnue comme « le procédé bon marché », qui consistait à faire grand usage de rails de bois recouverts de fer en bandes d'un demi-pouce d'épaisseur. Ces voies ferrées étaient moins solides que le modèle britannique qui utilisait des rails de fer, mais jusqu'en 1848, année où l'on remplaça le dernier rail construit par Casey, aucun accident sérieux ne survint sur cette ligne à cause d'une défectuosité de la voie. Pendant neuf ans, ce fut d'ailleurs le seul chemin de fer pour passagers au Canada.

Lord Gosford [ACHESON] inaugura le chemin à lisses de Champlain et du Saint-Laurent le 21 juillet 1836. Au cours de ces cérémonies, à Dorchester, on rendit tout particulièrement hommage à Casey. Les membres du conseil d'administration le louangèrent pour son travail ; les ouvriers lui offrirent une médaille d'or en signe d'appréciation de sa « courtoisie envers eux » ; Gosford, pour sa part, porta un toast à l'ingénieur « dont la compétence avait été louée par ses employeurs, et la conduite applaudie par ses subalternes ». Quelques jours plus tard, Thomas Storrow Brown* écrivait dans le *Vindicator and Canadian Advertiser* : « Au Canada, nous sommes tellement habitués de voir des choses mal faites qu'un travail bien fait tient du miracle. »

Comme il n'y avait pas d'autre chemin de fer à construire au Canada, William Redmond Casey s'en retourna à New York. Au cours de la décennie suivante, il effectua « de nombreux levés [...] dans différentes régions du Haut et du Bas-Canada », mais ce n'est qu'en 1846 qu'il revint pour construire une voie ferrée, celle de la Compagnie du chemin à rails de Montréal et de Lachine qui venait de recevoir sa charte. Il travaillait à ce projet à Montréal, au cours de l'été, lorsque la tuberculose l'emporta. Le ministre unitarien John Cordner* présida à sa sépulture. Il repose dans une tombe sans inscription sur le flanc de la montagne, à Montréal.

JOHN BESWARICK THOMPSON

ANQ-M, CE1-132, 8 août 1846. — APC, RG 30, 281. — Canada, prov. du, Assemblée législative, *App. des journaux*, 1842, app. Z. — *Montreal Gazette*, 4 déc. 1834, 25 janv. 1845, 11 août 1846, 24 janv. 1848. — *Morning Courier* (Montréal), 23 juill. 1836. — *Vindicator and Canadian Advertiser*, 26 juill. 1836. — *1836–1986, a tribute to Canada's first railway on its sesquincentennial* (Saint-Constant, Québec, 1986). — R. R. Brown, « The Champlain and St Lawrence Railroad », Railway and Locomotive Hist. Soc., *Bull.* (Boston), 39 (avril 1936) : 6–61.— E. A. Collard, « Of many things [...] », *Gazette* (Montréal), 30 mai 1970 : 6. — J. B. Thompson, « William R. Casey, the forgotten engineer », *Engineering Journal* (Montréal), 54 (1971), nos 1–2 : 8–9.

CASGRAIN, CHARLES-EUSÈBE, avocat, homme politique et fonctionnaire, né le 28 décembre 1800 à Rivière-Ouelle, Bas-Canada, fils de Pierre Casgrain* et de Marie-Marguerite Bonnenfant ; le 26 octobre 1824, il épousa à Québec Eliza Anne Baby, fille de James Baby*, et ils eurent 14 enfants dont Henri-Raymond* ; décédé le 29 février 1848 à Montréal et inhumé à Rivière-Ouelle le 9 mars suivant.

Charles-Eusèbe Casgrain fréquenta le petit séminaire de Québec de 1812 à 1816. Il étudia par la suite au séminaire de Nicolet jusqu'en 1818. En juin de l'année suivante, malgré une santé délicate, il entreprit des études en droit dans le cabinet de Louis Moquin à Québec et reçut sa commission d'avocat le 7 mai 1824. Il exerça à Québec jusqu'en 1827 puis alla s'établir à Rivière-Ouelle.

À la suite de la dissolution du Parlement en septembre 1830, Casgrain se présenta comme candidat à la chambre d'Assemblée du Bas-Canada, dans la circonscription de Kamouraska. Il fut élu aux côtés du marchand Amable Dionne*. Il intervint rarement en chambre d'où il s'absenta d'ailleurs régulièrement. Selon les témoignages de sa famille, il se dégoûta rapidement de la vie parlementaire et prit ses distances par rapport au parti de Louis-Joseph Papineau*. Aussi vota-t-il contre les Quatre-vingt-douze Résolutions, qui exposaient les principaux griefs et demandes de l'Assemblée. Il fut défait aux élections de 1834.

Le peu d'intérêt de Casgrain pour la vie politique ne l'empêcha pas d'accepter de siéger au Conseil spécial, sanctionné le 10 février 1838 et chargé d'administrer le Bas-Canada à la suite des insurrections et de la suspension de la constitution. Cette nomination n'est guère surprenante, puisque Casgrain s'était ouvertement déclaré contre un soulèvement armé en 1837, en plus d'accueillir chez lui des officiers appartenant aux troupes britanniques qui faisaient mouvement entre Québec et Halifax. Son parti pris le rendit sans doute impopulaire parmi l'élite francophone bas-canadienne.

En avril 1839, Casgrain obtint une commission qui l'habilitait à faire prêter le serment d'allégeance. Sept ans plus tard, on le nomma commissaire adjoint des Travaux publics, nomination évidemment liée aux services qu'il avait rendus à l'époque des troubles ; il s'installa alors à Montréal. À ce titre, il fut particulièrement responsable de la construction des abris de Pointe-Saint-Charles (Montréal) et de Grosse Île, destinés à recevoir les immigrants irlandais victimes du typhus. En novembre 1847, il prit froid et, de santé délicate, ne parvint pas à se rétablir. Il mourut avant d'atteindre la cinquantaine.

Certains auteurs ont décrit Charles-Eusèbe Casgrain comme un piètre homme politique ou comme un opportuniste qui cherchait à plaire aux autorités britanniques. En vouant, à l'instar de plusieurs de ses contemporains, une grande loyauté à la couronne britannique, il a permis au groupe dominant de légitimer son pouvoir sur la société bas-canadienne. Il aurait d'ailleurs été difficile à cet homme qui avait épousé une femme issue d'une famille reconnue depuis la Conquête pour sa loyauté à la couronne britannique de se démarquer trop ouvertement de l'autorité coloniale. Plusieurs années après sa mort, sa femme écrivit *Mémoires de famille* […], dans lequel elle présente Casgrain comme une victime de la politique de son temps qu'il importe de justifier aux yeux de la postérité. Malgré ce plaidoyer, il demeure une figure obscure de l'histoire politique bas-canadienne de la première moitié du XIXe siècle.

ANTONIO LECHASSEUR

ANQ-Q, CE1-1, 26 oct. 1824 ; CE3-1, 29 déc. 1800, 9 mars 1848. — APC, MG 29, D61 : 1548–1554, 1557–1558, 1560–1563 ; MG 30, D1, 7 : 591–594 ; RG 4, B8 : 7737–7746 ; RG 11, A2, 95, 110 ; A3, 121 ; RG 68, General index, 1651–1841 ; 1841–1867. — ASQ, Fichier des anciens. — *Cyclopædia of Canadian biog.* (Rose et Charlesworth), 1 : 278. — F.-J. Audet, « Commissions d'avocats », *BRH*, 39 : 583 ; « les Législateurs du B.-C. ». — Desjardins, *Guide parl.* — H. J. Morgan, *Sketches of celebrated Canadians*, 354. — P.-G. Roy, *les Avocats de la région de Québec.* — [E. A.] Baby, Mme C.-E. Casgrain, *Mémoires de famille : l'honorable C.-E. Casgrain* (Rivière-Ouelle, Québec, 1891). — Chapais, *Cours d'hist. du Canada*, 4 : 36, 209, 278, 287. — Antoine Gérin-Lajoie, *Dix ans au Canada, de 1840 à 1850 ; histoire de l'établissement du gouvernement responsable* (Québec, 1888). — P.-H. Hudon, *Rivière-Ouelle de la Bouteillerie ; 3 siècles de vie* (Ottawa, 1972). — [M.-E. Perreault], Mme E. Croff, *Nos ancêtres à l'œuvre à la Rivière-Ouelle* (Montréal, 1931).

CATHARINE. V. OHTOWAʔKÉHSON

CAWDELL, JAMES MARTIN, officier dans l'armée et dans la milice, auteur, instituteur, bibliothécaire et éditeur, baptisé le 24 février 1784 à Sunderland, comté de Durham, Angleterre, fils de James Cawdell et de Sarah Martin ; décédé célibataire le 13 juillet 1842 dans une pension de Toronto.

Selon son propre témoignage, James Martin Cawdell reçut l'« instruction classique habituelle » avant d'entreprendre, « conformément aux vœux de [son] père mais à l'encontre des [siens] », des études de droit. Romantique déclaré, plus avide de « distinctions et [d']honneurs » que de richesses, il choisit de venir réaliser ses ambitions au Canada. Comme il avait acheté une commission d'enseigne dans le 100th Foot, il rejoignit son unité à Montréal en juillet 1810. Le récit de ce qui lui arriva ensuite provient largement d'une requête qu'il rédigea en décembre 1818.

Le tour de service de Cawdell l'amena en 1810 à York (Toronto), où il provoqua le lieutenant-gouverneur Francis Gore* en se liant d'amitié avec un mécontent, le procureur général William FIRTH. Le général de brigade Isaac Brock* le muta alors au quartier général régimentaire, au fort George (Niagara-on-the-Lake). Cawdell fut tellement « irrité » qu'il composa sur Gore une satire intitulée *Puppet Shew*. Comme Brock avait entendu dire – à tort cependant – qu'il y était lui-même raillé, il expédia le jeune insoumis à l'île St Joseph, la « Sibérie militaire du H[aut]-Canada ». En août 1811, Cawdell afficha à cet endroit un autre écrit, qu'on arracha cependant avant qu'il ait produit quelque effet.

Cawdell

Offensé, Cawdell résolut de vendre sa commission et de s'établir sur une terre qu'il avait achetée dans la province. Toutefois, la guerre de 1812 retarda l'exécution de son projet, et il servit en diverses qualités dans le 100th Foot jusqu'à l'approbation de sa démission, en octobre 1813. Alors stationné à Stoney Creek, il était impatient « de faire quelque chose qui [lui] apporterait la renommée tout en étant utile à [son] pays ». En octobre, il exposa par écrit au gouverneur sir George Prevost* un projet qui, il le savait, « a[vait] une allure plus donquichottesque que sensée », soit la constitution d'un État indépendant près du fort George. Il y lèverait une troupe de partisans afin de planter une « épine » au pied des Américains. On rejeta sa proposition. Par la suite, les maraudeurs de Joseph Willcocks* capturèrent Cawdell. Après s'être enfui, il tenta de nouveau, en vain, d'obtenir une commission dans la milice. Plusieurs mois après, George Crookshank* lui confia la responsabilité des approvisionnements du commissariat à Holland Landing, poste qu'il occupa jusqu'à la fin des hostilités. En janvier 1816, il demanda à succéder à l'imprimeur du roi, dont la santé déclinait, mais on écarta sa candidature. Cawdell était conscient qu'on le tenait pour un excentrique, voire pour un fou, mais, selon lui, il n'était que de caractère emporté ; pourtant, choisissant une voie qui l'exclurait à jamais de toute place et de tout honneur dans la société provinciale, il ridiculisa Gore encore une fois.

Ainsi Cawdell s'aliéna le gouvernement et tomba vite dans « la pauvreté et l'obscurité ». Au milieu de 1817, il enseignait dans une école de canton. Sûr d'avoir en lui « une petite étincelle de génie » et pressé de sortir de cette ombre qui, pour lui, équivalait à la mort, il sollicita en décembre 1818 les faveurs du nouveau lieutenant-gouverneur, sir Peregrine Maitland*. Benêt en politique, et aussi vaniteux qu'impénitent, il rapporta ne s'être moqué de Gore que par indignation pour avoir été « victime de malice et de duplicité ». De même, il se plaignait de ne pas faire partie de la magistrature alors que « n'importe quel cul-terreux ignare [...] sachant à peine [...] compter jusqu'à dix » y était nommé. Cawdell défendait vivement sa cause ; il préparait un exposé sur la colonisation qui, soulignait-il, n'était « nullement à la Gourlay [Robert Gourlay*] » et « quelques petites choses en vers ». Évidemment, la réponse de Maitland fut cinglante : « [je refuse] d'encourager la publication d'une personne qui m'annonce être le railleur de mon prédécesseur ». Il ajouta que les fermiers étaient plus qualifiés pour devenir magistrats que quelqu'un « qui à [l']entendre [était] excentrique et doué pour la satire ».

En 1822, Cawdell obtint un modeste poste d'adjudant dans une unité de milice d'York. Un an plus tard, « en proie à de graves embarras pécuniaires », sans domicile fixe et n'ayant pour subsister que son maigre salaire d'instituteur – £16 par an –, il mendia auprès de Maitland, encore une fois sans succès, deux postes vacants depuis peu dans le district de Western. Sa longue quête ne prit fin qu'en 1833 : probablement grâce à l'appui de Robert Baldwin*, il devint secrétaire et bibliothécaire de la Law Society of Upper Canada.

Même si autrefois Cawdell avait préféré la vie de soldat à la littérature parce qu'il croyait ainsi parvenir aux honneurs plus sûrement ou plus rapidement, ce furent ses maigres talents de rimailleur qui lui permirent d'entrer dans l'histoire : il compte en effet parmi les premiers poètes haut-canadiens. À compter du 12 décembre 1810, il publia des vers pendant quelques mois dans la *York Gazette,* sous le pseudonyme de Roseharp. Composés à la gloire de la constitution ou de l'armée anglaises, de la nature ou des femmes, ses écrits ne semblent pas avoir reçu un bon accueil. Pour John Beverley Robinson*, ce n'étaient que des « inepties ». En mai 1811, soit au moment où Cawdell tomba en disgrâce, Roseharp disparut des pages de la *Gazette.* Cependant, au début des années 1820, il avait une modeste réputation. Charles FOTHERGILL, en publiant un poème écrit par Roseharp à l'occasion d'un bal de miliciens, signalait que c'était l'œuvre d'un gentleman « bien connu pour son talent poétique ». En 1826, il publia une plaquette de poèmes dont les recettes allèrent à l'une des œuvres de bienfaisance les plus prisées des dames d'York.

Les historiens ont retenu aussi le rôle de Cawdell dans les débuts de la vie littéraire du Haut-Canada. En 1823, il fonda un trimestriel, le *Rose Harp.* Aucun exemplaire n'en subsiste, mais en juillet de cette année-là un journal de Niagara indiquait avoir reçu le premier numéro. En 1835, Cawdell lança un autre périodique du même nom. Convaincu que la colonie avait « alors atteint un stade de développement suffisant, en termes de population et de richesse, pour que l'on voie déjà s'annoncer l'ère des Arts et des Sciences », il projetait de fonder une « Roseharp Patriotic Academy » pour financer le périodique et pour « encourager et diffuser des sentiments de patriotisme loyal – un goût pour la littérature et les beaux-arts ». De toute évidence, les appuis lui manquèrent car la nouvelle revue ne parut qu'une seule fois.

Avant sa mort, en 1842, James Martin Cawdell souffrit d'une assez grave maladie qui l'empêchait même d'écrire. En mauvais termes avec sa mère et sa sœur, restées en Angleterre, il légua à un petit cercle d'amis ses biens les plus chers : ses livres. La vie ne lui avait pas apporté les honneurs qu'il estimait mériter et il était demeuré le seul à s'attribuer du génie. Si la société dont il convoitait les applaudissements le tint à l'écart, c'est en raison de son tempérament. Contrairement à Gourlay, qu'on percevait comme un critique de la société, Cawdell était seulement un caricaturiste de la personnalité des puissants. Son impétuosité le perdit. Même s'il devint plus prudent après ses démêlés avec Gore, il ne se départit jamais tout à fait de la sensibilité de sa jeunesse. La Roseharp Academy, qui ne vit jamais le jour, devait être « teintée de l'esprit romantique » et, grommelait-il, « si elle attei[gnait] son objectif, les insensibles enfants de la prudence pourr[aient] bien se moquer d'elle autant qu'ils le voudr[aient] ».

ROBERT LOCHIEL FRASER

Le volume de poésie de James Martin Cawdell, *The wandering rhymer, a fragment, with other poetical trifles*, a paru anonymement à York (Toronto) en 1826. L'unique édition de son second journal, intitulé *Roseharp : for Beauty, Loyalty and Song*, a été publiée à Toronto le 1er janv. 1835 ; il semble que le journal ait été entièrement écrit et édité par Cawdell. Des copies de ces deux ouvrages se trouvent à la MTRL qui possède aussi le manuscrit d'une chanson, *The Raven Plume, A Romance From a Welsh Legendary Tale* […], que Cawdell a composée pour le York Bazaar Concert de 1833. La requête de Cawdell a été publiée sous le titre de « The memorial of J. M. Cawdell, 1818 », Adam Shortt, édit., *CHR*, 1 (1920) : 289–301.

AO, MS 4, J. M. Cawdell à J. B. Robinson, 8 juill. 1840 ; MS 78, J. B. Robinson à Macaulay, 15 févr. 1811 ; RG 22, sér. 302, reg. 6 (1838–1842) : 472–474. — APC, RG 1, L3, 106 : C14/7 ; RG 5, A1 : 5026–5027, 11553, 19777–19791, 19795–19798, 31870–31872, 56711–56713 ; RG 8, I (C sér.), 680 : 322 ; 790 : 26–34 ; 1015 : 66 ; 1016 : 105 ; 1168 : 144 ; 1170 : 327 ; 1171 : 41 ; 1203½ : 187, 266 ; 1220 : 152. — Church of Jesus-Christ of Latter-Day Saints, Geneal. Soc. (Salt Lake City, Utah), International geneal. index. — CTA, RG 1, B, J. M. Cawdell à T. McCord, 30 août 1841 (mfm aux AO). — MTRL, Robert Baldwin papers, corr. de M. A. Cawdell à Baldwin. — *Doc. hist. of campaign upon Niagara frontier* (Cruikshank), 8 : 96. — *John Askin papers* (Quaife), 2 : 691–693, 697. — *Gleaner, and Niagara Newspaper*, 19 juill. 1823. — *Weekly Register*, 29 avril 1824. — *York Gazette*, 1810–1811. — Law Soc. of U.C., *Law Society of Upper Canada, 1797–1972* […], J. D. Honsberger, édit. ([Toronto], 1972), 59–60, 114.

CAWTHRA, JOSEPH, marchand et homme politique, né le 14 octobre 1759 à Yeadon, Angleterre, fils de Henry Cawthra et de Mary Brown ; le 29 janvier 1781, il épousa Mary Turnpenny, et ils eurent au moins six fils et trois filles ; décédé le 15 février 1842 à Toronto.

Joseph Cawthra était issu d'une importante souche yeoman du Yorkshire, car ses ancêtres étaient demeurés dans la paroisse de Guiseley, près de Bradford, pendant plusieurs générations. La première profession qu'on lui connaît fut celle de fabricant de lainages ; en 1792 ou 1793, il construisit l'un des premiers moulins à vapeur du comté, qui servait à carder, à filer et à fouler la laine. Selon les dires de la famille, il serait arrivé dans le Haut-Canada en 1803, après un bref séjour dans l'état de New York.

Cependant, dans un document de l'époque, il précise lui-même avoir vécu à New York de 1803 jusqu'au printemps de 1806, date à laquelle il ouvrait à York (Toronto) un magasin général où les produits d'apothicaire étaient particulièrement abondants. Sa famille le rejoignit entre 1806 et 1809. Les profits qu'il réalisa durant la guerre de 1812 contribuèrent à en faire dans l'après-guerre l'un des plus riches marchands d'York. Au cours des années 1820, il était un gros importateur de thé et autres denrées alimentaires.

Le premier geste politique de Cawthra, une fois établi dans le Haut-Canada, fut de signer en août 1807 une déclaration contre le parti de Robert THORPE, juge de la Cour du banc du roi qu'on venait de limoger. Mais, durant les années 1820 et 1830, il fut un pilier de l'agitation antigouvernementale à York. En 1828, il soutint la candidature de Thomas David Morrison* à titre de député de la ville à la chambre d'Assemblée. Même s'il était anglican, il participa au « comité central » formé à York afin d'assurer la coordination de la campagne contre le King's College, que les réformistes voyaient comme un élément de la stratégie mise en place par John Strachan* en vue de faire de l'Église d'Angleterre l'Église établie dans la colonie. La même année, en juillet, son nom figurait en tête de la pétition que les propriétaires du district de Home adressèrent au gouvernement impérial en faveur du juge John Walpole Willis*, qu'on venait de destituer de son poste à la Cour du banc du roi. C'est cette pétition que les réformistes du Haut-Canada demandèrent formellement pour la première fois que le gouvernement ait à répondre devant la chambre d'Assemblée. La notoriété que prit Cawthra en cette occasion incita le lieutenant-gouverneur sir Peregrine Maitland* à le discréditer, ainsi que d'autres signataires importants de la pétition. Dans une lettre qu'il adressait le 12 septembre à sir George MURRAY, secrétaire d'État aux Colonies, Maitland se laissa aller à sa propension au mensonge : « M. Cawthra est venu aussi des États-Unis ; il a été cordonnier dans cette ville [York] pendant de nombreuses années et, maintenant, il tient un magasin ; il sait à peine écrire. » En réalité, le séjour de Cawthra aux États-Unis avait été relativement bref, il n'avait jamais été cordonnier et il pouvait écrire aussi bien que Maitland.

La carrière politique de Cawthra a souvent été confondue avec celle de ses fils John et William*. C'est John et non Joseph qui fut député de Simcoe de 1828 à 1830. C'est Joseph et non William qui fut échevin du quartier St Lawrence au premier conseil municipal de Toronto, formé en 1834 et que dominaient les réformistes [V. William Lyon Mackenzie*]. Joseph connut la défaite en janvier 1835, mais William fut élu échevin à sa place un an plus tard. Le bref séjour de Joseph au conseil municipal, son unique expérience en politique active, reflète non seulement l'importance qu'il avait prise dans la politique réformiste, mais aussi son engagement dans les affaires municipales.

Même si Cawthra était un marchand de tout premier plan, son attitude envers la Bank of Upper Canada [V. William Allan*] fut pendant très longtemps conforme à ses idées politiques. Dans une déposition qu'il fit sur l'état de la monnaie provinciale devant le comité spécial de la chambre d'Assemblée en 1830, il dénonçait la position privilégiée de cette banque, la seule dans la colonie à avoir une charte, et préconisait un marché financier plus ouvert à la concurrence. À cette occasion, il déclara n'avoir jamais été administrateur ni actionnaire de cette banque. Toutefois, plus tard la même année, il acquit ses premières actions, dans le but peut-être de se présenter au conseil d'administration en qualité de candidat « opposé aux pouvoirs établis », avec Jesse Ketchum*, Thomas David Morrison et Robert Baldwin*. Il fut élu au conseil en 1835 et réélu en 1836 et 1837. Il n'eut cependant rien à voir dans la fondation de la Bank of the People que d'autres importants réformistes, dont James Lesslie* et John Rolph*, mirent sur pied en 1835.

Tels étaient les antécédents du rôle controversé que Cawthra allait jouer afin de renflouer la Bank of Upper Canada durant la crise financière de mai et juin 1837. La suspension du paiement en espèces par les banques aux États-Unis déclencha alors une ruée vers les banques du Haut et du Bas-Canada. À Toronto, la campagne que mena le journal de William Lyon Mackenzie contre les banques aggrava la situation. Mackenzie exhortait ses lecteurs à se faire rembourser leurs billets et à retirer leurs dépôts en espèces. Le 17 mai, il rapporta que, la veille, Cawthra avait fait le tour de toutes les banques de la ville pour se faire rembourser des billets. Celui-ci rétorqua qu'il avait déposé au delà de £1 000 à la Bank of Upper Canada ce jour-là et qu'au total il y avait versé £15 000. Francis Hincks*, caissier de la Bank of the People, déclara sous serment que le 16 William Cawthra, le bras droit de Joseph dans son commerce, avait encaissé £600 contre des billets émis par cette banque et avait manifesté son intention de se faire rembourser des billets d'autres banques de la ville, y compris la Bank of Upper Canada. Joseph répliqua en déclarant sous serment qu'il avait déposé une forte somme à la Bank of Upper Canada le 16 et n'avait rien retiré depuis. À la fin de juin, il dut démentir publiquement la rumeur qui voulait que ses £15 000 aient été déposées selon une entente spéciale qui interdisait à la banque de s'en servir pour payer d'autres obligations. Une autre rumeur affirmait que pendant la crise Cawthra, alors administrateur de la banque, avait offert d'acheter les stocks de l'établissement à 20 % d'escompte.

Il est plausible que le 16 mai les Cawthra aient retiré des fonds en espèces de la Bank of the People, et peut-être aussi d'autres banques torontoises, pour renflouer la Bank of Upper Canada. On se serait attendu à ce que Mackenzie les vilipende pour avoir agi ainsi. Cependant, le fait qu'il leur chercha plutôt des excuses en rappelant à plusieurs reprises les longues années que Joseph avait consacrées à la cause réformiste et en attribuant sa conduite à l'état de nécessité est peut-être un indice du prestige dont celui-ci jouissait dans les cercles réformistes. Mackenzie expliqua que Cawthra avait une somme de £30 000 ou davantage, y compris ses dépôts, immobilisée à la Bank of Upper Canada et avait été, de ce fait, forcé de défendre l'établissement malgré ses principes.

Joseph Cawthra fut un personnage exceptionnel et énigmatique de la société torontoise au moment où celle-ci prenait forme. Riche marchand anglican mêlé à la politique réformiste de Mackenzie à Toronto et dans le comté d'York dans les années 1830, il constitue une exception à ce titre, tout comme il demeure une énigme parce qu'aucune preuve de ses raisons d'agir ne subsiste. Traditionnellement, sa famille a fait état de son antipathie pour le *family compact* et a attribué son adhésion à l'Église d'Angleterre à John Wesley, père du méthodisme, qui lui avait conseillé de demeurer anglican. On peut penser que Cawthra jouissait de l'indépendance financière suffisante pour donner libre cours à ses idées bien personnelles. La crise financière de 1837 le força à choisir entre les politiques anticapitalistes de Mackenzie et les exigences du capitalisme en difficulté, mais la rébellion de Mackenzie, survenue plus tard au cours de la même année, rendit en fait cette contradiction insignifiante. Aux élections générales qui suivirent, en 1841, Robert Baldwin, dont la famille comptait depuis longtemps parmi les actionnaires importants de la Bank of Upper Canada, dirigeait le parti réformiste, et à Toronto les candidats de ce parti étaient John Henry Dunn* et Isaac Buchanan*, capitalistes influents ; Cawthra vota pour eux, probablement sans scrupule.

PAUL ROMNEY

AO, RG 4-32, I408/1880 ; RG 22, sér. 155. — APC, RG 1, L3, 96 : C8/41 ; 97 : C9/59. — *City of Toronto poll book ; exhibiting a classified list of voters, at the late great contest for responsible government* [...] (Toronto, 1841). — H.-C., House of Assembly, *App. to the journal*, 1835, n° 3 ; *Journal*, 1830, app. : 21–48. — *Town of York, 1793–1815* (Firth) ; *1815–34* (Firth). — *Colonial Advocate*, 14 juin 1827, 2 oct., 4 déc. 1828, 18 févr. 1830, 10 juin 1834. — *Toronto Patriot*, 16 janv. 1835, 19, 26 mai, 30 juin 1837, 18 févr. 1842. — *History of Toronto and county of York, Ontario* [...] (2 vol., Toronto, 1885), 2 : 26–27. — *Past and present ; notes by Henry Cawthra and others*, A. M. [Cawthra] Brock, compil. (Toronto, 1924).

CHALOUX, MARIE-ESTHER, dite de Saint-

Joseph, hospitalière de l'Hôpital Général de Québec et supérieure, née vers 1770, fille de Jean-Baptiste Chaloux et de Marie-Anne Bellefontaine ; décédée le 1er septembre 1839 à Québec.

Le père de Marie-Esther Chaloux, natif de Québec, servit, de gré ou de force, comme pilote dans la flotte qui amena les troupes britanniques à Québec en 1759. À partir de 1775, on l'envoie en Angleterre à tous les ans, et sa famille, contrainte à vivre pauvrement sur une terre à Cacouna, ne reçoit que £25 du gouvernement en six ans. Comble de malheur, Jean-Baptiste Chaloux meurt à Portsmouth, en Angleterre, le 7 mars 1781. Marie-Anne Bellefontaine, qui reste seule avec cinq enfants mineurs, traverse alors une période de dépression : « négligeant son ménage, abbandonnant ses enfans, donnant à tort et à travers toute sorte de chose de son ménage pour des bagatelles, courant souvent jour et nuit les bois, les grands chemins et la grève nuds pieds et nuds jambes dans la neige, se jettant à l'eau jusqu'à la ceinture [elle] disa[it] qu'elle vouloit mourir ». Devant cette situation pénible, on confie ses enfants à Pierre Sirois, son gendre et voisin. Le 4 mars 1782, Louis Saindon devient officiellement curateur et tuteur des enfants. À cette époque, la mère de Marie-Esther demeure tantôt chez un parent, tantôt chez un autre. Elle se rend ensuite à pied à Québec et erre dans plusieurs paroisses des environs. Vers la fin de 1782, elle est reçue à l'Hôpital Général de Québec où elle recouvre peu à peu la santé. En août de l'année suivante, on la nomme tutrice de ses enfants mineurs.

C'est donc dans un contexte difficile que grandit Marie-Esther. Le 16 janvier 1784, on l'admet comme pensionnaire à l'Hôpital Général. Le gouvernement, en reconnaissance des services qu'a rendus son père, lui accorde, du moins jusqu'en 1787, une rente annuelle d'un peu plus de 400*ll*. Le 10 février 1784, sa mère est réadmise à l'Hôpital Général, où elle meurt le 21 septembre de l'année suivante. Marie-Esther devient religieuse de chœur le 1er avril 1787 et prend le nom de Saint-Joseph. Puisqu'elle ne dispose d'aucune ressource, c'est Mgr Jean-Olivier Briand* qui verse les deux tiers de sa dot de 3 000*ll* et une personne charitable donne le reste. Elle prononce ses vœux perpétuels le 25 septembre 1788.

Marie-Esther de Saint-Joseph remplit d'abord la fonction de pharmacienne puis celle de dépositaire (économe). Sa tâche n'est pas facile, puisqu'à la fin du XVIIIe siècle les finances de l'Hôpital Général, déjà précaires à la suite de la Conquête, subissent les contrecoups de la Révolution française. En 1791, les intérêts qui provenaient des rentes que les religieuses avaient en France, et qui leur avaient été léguées par leur fondateur, Mgr de Saint-Vallier [La Croix*], cessent de parvenir à la communauté. L'hôpital s'appauvrit et il s'ensuit une baisse dans le nombre d'entrées en religion qui passe de 11 entre 1780 et 1789 à 3 seulement dans la décennie suivante. Les religieuses se voient même contraintes de faire une grande partie des travaux des champs.

Toutefois, bien secondée par les libéralités et les conseils d'une bienfaitrice, Marie-Esther de Saint-Joseph contribue, par sa bonne gestion, à sortir l'Hôpital Général de son état de pauvreté. Le 6 mai 1809, en reconnaissance du travail accompli, on l'élit supérieure. Cependant, les règles prévoient qu'une même religieuse ne peut occuper ce poste pendant plus de deux triennats consécutifs. Elle redevient donc supérieure, à chaque fois pour six ans, en 1819 et en 1831. Entre-temps, elle reprend sa charge de dépositaire. À partir de 1837, et jusqu'à sa mort, elle occupe le poste d'assistante de la supérieure.

Sous la gouverne de Marie-Esther de Saint-Joseph le nombre d'entrées en religion à l'Hôpital Général atteint bientôt de nouveaux sommets avec 33 admissions entre 1820 et 1839. Les finances s'améliorent. L'aide gouvernementale s'accroît ; la charge de travail aussi. En plus de tenir un pensionnat pour l'éducation des filles, les hospitalières offrent le refuge à plusieurs personnes invalides, infirmes ou âgées. En 1818, le Conseil législatif met sur pied un comité spécial chargé de s'enquérir de la situation des établissements de santé et d'assistance au Bas-Canada. En 1824, ce comité conclut que l'Hôpital Général est bien administré. Il note l'existence de deux grandes salles, l'une réservée aux hommes, l'autre aux femmes, qui peuvent accueillir chacune 18 à 20 malades. Le rapport signale aussi la présence de 16 « lunatiques enfermés ». À la fin de la vie de Marie-Esther de Saint-Joseph, les religieuses récupèrent une partie des rentes placées en France et les utilisent pour réparer leurs bâtiments.

Bien que la santé de Marie-Esther de Saint-Joseph se soit détériorée avec les années, elle demeure active jusqu'à sa mort survenue le 1er septembre 1839 à la suite d'une attaque d'apoplexie. Elle laisse le souvenir d'une personne douce, charitable et simple. Pendant plus de 50 ans, elle s'est dévouée à sa communauté et, grâce à ses talents, à sa persévérance et à sa prudence, elle a grandement contribué à redresser les finances de l'Hôpital Général au début du XIXe siècle.

JULIETTE CLOUTIER ET RENALD LESSARD

ANQ-Q, CC1, 14 août 1783, 12 oct. 1785 ; CN3-11, 15 mars 1782 ; T11-1/2490. — Arch. de l'Hôpital Général de Québec, Actes capitulaires (1739–1823), 75, 151–153, 424, 427, 700 ; Annales du monastère (1793–1843), 291–297 ; Délibérations du chapitre, 148 ; Reg. des élèves admises au pensionnat, nos 271, 273 ; Reg. des entrées des religieuses ; Reg. des pauvres invalides, no 52 ; Reg. des pensionnaires, 144 ; Vêtures des novices et élections (1812–1861), 1–32. — BL, Add. MSS 21879 (mfm aux APC). — B.-C., Conseil législatif, *Journaux*, 1824, app. I. — [Helena O'Reilly, dite de Saint-Félix], *Monseigneur de Saint-Vallier et l'Hôpital Général de Québec : histoire du monastère de Notre-Dame des Anges* […] (Québec, 1882).

Chandler

CHANDLER, KENELM CONOR, officier dans l'armée et dans la milice, fonctionnaire et seigneur, né le 22 août 1773 à Québec, fils naturel de Kenelm Chandler* et d'Elizabeth Conor ; décédé le 29 janvier 1850 à Nicolet, Bas-Canada, et inhumé le 7 février suivant dans le même village.

Kenelm Conor Chandler descend par son père d'une vieille famille de grands propriétaires fonciers de Tewkesbury, en Angleterre. C'est en 1764 que Kenelm Chandler vient s'établir à Québec où il poursuivra une carrière de militaire et de fonctionnaire au service du Board of Ordnance. À l'instar des membres des familles de l'aristocratie britannique, il se fait le défenseur d'un ordre social basé sur les privilèges de son groupe et préconise le maintien de la monarchie et de la propriété seigneuriale.

On ne sait rien de l'enfance ni de la jeunesse de Kenelm Conor Chandler. Il est possible que les valeurs aristocratiques l'aient dès lors marqué. Comme ses pairs, Chandler entre de bonne heure dans l'armée britannique. C'est naturellement dans les Royal Americans (60th Foot), où son père a servi, qu'il fait ses premières armes. En 1803, à l'âge de 30 ans, il est élevé au grade de capitaine dans ce régiment. La même année, son père meurt et il hérite avec Charlotte Dunière, femme de son père, d'une fortune évaluée à £4 730. L'entrée en possession de cet héritage permet alors à Chandler de se marier. Le 18 septembre 1804, il épouse à Québec Jane Grant, fille de Charles Grant, associé important de la North West Company et grand magnat du commerce des fourrures. Plusieurs représentants du gouvernement bas-canadien, militaires de carrière, membres de la bourgeoisie assistent au mariage. La mariée apporte une dot de 6 000ll et plusieurs autres biens familiaux. Ce mariage constitue donc un autre indice de l'honorabilité de la famille Chandler. Une seule fille naîtra de cette union.

En 1805, Chandler part pour l'Inde où son régiment doit servir. Même si on perd ensuite sa trace jusqu'en 1810, on sait néanmoins que durant cette période il fait un séjour aux Antilles et y contracte une maladie infectieuse qui le force à abandonner sa carrière militaire. De retour au Bas-Canada à la fin de 1810, il est nommé par le gouverneur sir James Henry Craig* maître de caserne à Québec, charge que son père a occupée jusqu'à sa mort en 1803. À cette époque, la vie de Chandler témoigne d'un certain nombre de mutations quant à son activité. Non seulement accomplit-il adéquatement sa tâche de fonctionnaire, mais il s'applique aussi à accroître sa fortune en achetant des terres et en prêtant de l'argent. En 1819, son futur gendre Thomas Trigge le remplace dans ses fonctions de maître de caserne.

Pour Chandler, une nouvelle vie va commencer. Gentilhomme, il ambitionne alors d'atteindre un nouveau palier social qui le ferait passer de fonction-naire au rang de seigneur. L'occasion se présente, idéale, en 1821, lorsque la seigneurie de Nicolet est mise aux enchères. Nul n'est mieux placé que lui pour s'en porter acquéreur, puisqu'il est le principal créancier du propriétaire de la seigneurie, Charles-François-Xavier Baby*. Chandler l'achète donc pour la modique somme de £6 530, plus les £1 020 qu'il doit débourser pour le manoir et la ferme domaniale. Peu après cette transaction, il s'installe dans son manoir, où il restera jusqu'à sa mort.

Dès son arrivée à Nicolet, Chandler fait valoir ses droits seigneuriaux et tient aux honneurs qui y sont rattachés : banc seigneurial, privilèges de l'eau bénite et du pain bénit dans l'église. Accumulant les charges honorifiques, il se voit aussi attribuer en 1822 les fonctions de commissaire responsable de la décision sommaire des petites causes à Nicolet. De plus, le gouverneur lord Dalhousie [RAMSAY] le nomme la même année lieutenant-colonel et commandant du 2e bataillon de milice du comté de Buckingham. Épris de grandeurs, Chandler rêve par ailleurs pour sa seigneurie d'une importante population de Britanniques et, en 1823, il fait construire à cette fin une église anglicane près de son manoir.

Âpre au gain, Chandler tient à gérer sa seigneurie avec rigueur. Au moment où celle-ci se développe et que le rapport terre/homme commence à se resserrer sous étau sur la terre, il se rend bien compte qu'il lui faut prêter plus d'attention à l'exploitation de ses biens. S'il veut rentabiliser au maximum sa seigneurie, il doit fixer des conditions de gestion plus rigides et plus contraignantes. Dans ce but, il engage en 1823 le notaire Luc-Michel Cressé dont la tâche principale sera d'administrer et de gérer efficacement la seigneurie. Grâce aux talents de ce dernier, la gestion de la seigneurie se trouve alors profondément modifiée dans le sens d'un rétablissement de l'ordre traditionnel, d'une rationalisation plus grande des structures administratives et d'un durcissement des exigences seigneuriales. En moins de dix ans, sous la surveillance étroite de Chandler, la seigneurie deviendra une entreprise extrêmement rentable.

Chandler ne se contente pas d'une saine gestion de ses biens. À partir de 1830, la densité de population de la seigneurie lui commande d'envisager une meilleure organisation collective et d'adopter un ensemble de règles qui encadreront mieux cette petite communauté rurale. Les chemins, le village, les côtes et les censives, les moulins, les terres non acensées consti-tuent un environnement naturel ou créé auquel il lui apparaît nécessaire de donner un véritable statut et qu'il doit mieux réglementer et surveiller. Il s'agit en fin de compte, pour Chandler, de préserver ou de rétablir certains droits fondamentaux, d'exiger de nouveaux services et d'autres redevances, de recenser les terres non concédées, de consentir de nouvelles conditions à ses tenanciers et, pour ce faire, d'avoir une connaissance aussi exacte que possible de l'ensemble de sa seigneurie. Dans ce contexte, la confection d'un nouveau terrier lui semble essentielle pour consolider son emprise sur la seigneurie. De plus, il fait procéder à l'arpentage du sol et il y introduit la levée d'un plan parcellaire afin d'acquérir une meilleure connaissance des transformations rapides de la seigneurie et d'assurer des bases encore plus solides à la rédaction du terrier.

Ainsi, en 1832, Chandler charge l'arpenteur Jean-Baptiste Legendre, de Gentilly (Bécancour), de tirer les lignes, de mesurer chacune des terres et de résoudre certaines difficultés de délimitation du côté sud-ouest de la seigneurie. Pour préserver ses droits territoriaux, il s'engage alors dans une série de procès et de contre-procès coûteux qui seront encore en suspens à sa mort. Il ne s'affirme pas moins comme un seigneur tout-puissant qui impose de plus en plus à ses voisins le respect des limites de sa seigneurie. En 1837, Chandler, aguerri et méticuleux, ordonne la confection définitive du terrier. Cressé, qui s'en est vu confier la rédaction, n'ignore pas l'ampleur du travail. Dans de gros registres, il note les noms des tenanciers et délimite chacune des parcelles en prenant en considération sa taille, son emplacement, son habitat, son exploitation, ses fréquentes mutations et ses charges. Chandler acquiert ainsi une connaissance parfaite de sa seigneurie : terres acensées, domaine seigneurial et terres non concédées, revenus et droits. Cependant, la confection du terrier provoque beaucoup de mécontentement parmi les cultivateurs de la seigneurie. À la veille des troubles de 1837–1838, la campagne nicolétaine connaît même plusieurs signes d'agitation et de révolte [V. Jean-Baptiste Proulx*]. Chandler n'en parvient pas moins avec l'appui du curé de la paroisse Saint-Jean-Baptiste, Jean RAIMBAULT, à endiguer facilement le mouvement patriote de sa région.

Après cet incident malheureux, Chandler axe le gros de son activité sur la gestion de son domaine principal qui occupe près de 300 arpents de superficie. On y trouve un manoir spacieux, deux modestes maisons réservées aux domestiques et une ferme domaniale des mieux équipées, avec deux granges, trois étables, deux remises et trois hangars. À partir de 1840, il convertit une partie de sa terre en prairie, souhaitant ainsi favoriser l'élevage d'un cheptel important. Il y installe même un abattoir et une laiterie dans le but d'accentuer la production laitière et la vente de viande de boucherie sur les marchés locaux. Chandler gère ses domaines secondaires avec autant d'efficacité. Près de la rivière Nicolet, il retient plusieurs portions de terre et y installe deux moulins à farine et six moulins à scier. Au même titre, il s'empare de plusieurs terres non défrichées et les incorpore à son domaine en vue d'y faire la coupe du bois. La possession d'un tel domaine représente

sûrement pour lui un élément de prestige. Il utilise une partie des revenus de son domaine pour des dépenses de distinction sociale – toilettes pour les dames, réceptions mondaines pour les hauts dignitaires du gouvernement, entretien d'une kyrielle de domestiques de tous genres.

À la veille de sa mort, en 1850, Kenelm Conor Chandler possède une importante seigneurie de deux lieues de front sur cinq de profondeur. Son manoir, vaste demeure aux allures de château, contient des pièces d'argenterie, d'orfèvrerie et de joaillerie. Sa garde-robe et celle de son épouse regorgent de draps riches et de vêtements de toutes sortes. Le linge de maison confirme également la richesse du seigneur Chandler : dans plusieurs pièces s'empilent couvertures, coussins, draps, nappes, linges de toutes espèces. L'inventaire des meubles est aussi impressionnant : bancs, chaises, buffets, armoires, lits. Sa bibliothèque renferme beaucoup d'ouvrages pieux et d'écrits politiques sur la monarchie ainsi que plusieurs livres sur la Coutume de Paris et les pratiques seigneuriales. Ces divers éléments viennent confirmer que Chandler est bel et bien un digne représentant de cette nouvelle aristocratie britannique du Bas-Canada qui, dans la première moitié du XIXe siècle, s'est fort bien accommodée des vieilles institutions françaises et en a tiré le maximum de profit.

RICHARD CHABOT

ANQ-MBF, CE1-12, 7 févr. 1850 ; CN1-21, 8 mai 1844, 13–15 mai, 3 juin 1850. — ANQ-Q, CE1-61, 22 août 1773, 18 sept. 1804 ; CN1-230, 15 sept. 1804 ; CN1-262, 13 nov. 1804 ; P-34. — APC, RG 68, General index, 1651–1841. — ASN, AO, Polygraphie, IX : 25 ; Seigneurie de Nicolet, Cahier de cens et rentes de la seigneurie de Nicolet, 11–18 ; Terrier, 2–9. — B.-C., chambre d'Assemblée, *Journaux,* 1828–1829, app. R. — *Almanach de Québec,* 1803 – 1805 ; 1810–1819 ; 1822. — P.-G. Roy, *Inv. concessions.*— Bellemare, *Hist. de Nicolet,* 213–253. — Richard Chabot, « les Terriers de Nicolet : une source importante pour l'histoire rurale du Québec au début du XIXe siècle », *les Cahiers nicolétains* (Nicolet, Québec), 6 (1984) : 115–126. — Denis Fréchette, « la Querelle du pain bénit dans la seigneurie de Nicolet », *les Cahiers nicolétains,* 1 (1979) : 19–33. — A. St-L. Trigge, « The two Kenelm Chandlers », *BRH,* 49 (1943) : 108–113.

CHARRON, AMABLE, maître sculpteur et marchand, né le 9 juillet 1785 à Varennes, Québec, fils de Charles Charron et d'Amable Bénard, dit Carignan ; décédé le 8 mai 1844 à Saint-Jean-Port-Joli, Bas-Canada.

Orphelin de père dès l'âge de cinq ans et pourvu d'un minimum d'instruction, Amable Charron devient l'associé, sinon l'apprenti, de Louis Quévillon*, maître sculpteur, qui, requis de toutes parts, lui confie le soin de terminer certains contrats. C'est ainsi que

Charron

Charron exécute entre 1808 et 1812 des travaux pour les fabriques de Saint-Martin, dans l'île Jésus, près de Montréal, de Saint-Michel, près de Québec, et de Notre-Dame-de-Liesse, à Rivière-Ouelle, bien qu'il puisse s'agir, dans ce dernier cas, d'un engagement de Charron lui-même.

Les séjours de Charron sur la Côte-du-Sud l'ont probablement convaincu de la possibilité d'y trouver du travail. En 1811, il a réalisé le retable et le jubé de l'église de Saint-Roch-des-Aulnaies. Peu de chose le retiennent à Saint-Vincent-de-Paul (Laval), dans l'île Jésus, en 1812, après la mort de Marguerite Hogue, fille de Simon Hogue, maître menuisier, qu'il a épousée en 1808, et dont les trois enfants meurent en bas âge. Il décide donc de s'installer sur la Côte-du-Sud où, de 1812 à 1816, il exécute l'essentiel de son œuvre artistique. À l'église de L'Islet, il boise les murs de la nef, sculpte la corniche et huit statues. À Sainte-Anne-de-la-Pocatière (La Pocatière), il réalise le retable, le jubé (identique à celui de Saint-Roch-des-Aulnaies) et quatre sculptures représentant les évangélistes ; il aurait aussi travaillé à la voûte. Pour l'église de Saint-Roch-des-Aulnaies, il construit le banc d'œuvre, modifie la chaire et signe diverses pièces de sculpture ; dans un contrat ultérieur, il s'engage à effectuer des tableaux représentant les quatre évangélistes. Durant cette période, il a comme apprentis Chrysostôme Perrault et Joseph Goupil. Le 7 juin 1813, il s'est remarié à Saint-Roch-des-Aulnaies avec Marie-Geneviève Audrie, fille de feu Jean-Baptiste Audrie, marchand de Saint-Jean-Port-Joli, dont elle a hérité. Le couple s'est installé à Saint-Jean-Port-Joli où Charron devient marchand général, père de trois enfants et l'un des notables du village.

En 1817, la mort de la deuxième femme de Charron coïncide avec un tournant dans sa carrière. Il délaisse alors l'architecture et la sculpture pour se consacrer exclusivement au commerce. Libres de dettes, les sommes reçues périodiquement des fabriques pour lesquelles il a travaillé, de même que les profits de son commerce, lui permettent d'accorder des prêts à plusieurs de ses concitoyens et d'effectuer des placements immobiliers ; il tente même d'acquérir une partie de la seigneurie de L'Islet. Cette aisance s'accompagne de la fondation d'une nouvelle famille. Le 18 janvier 1819, Charron convole en troisièmes noces avec Marie-Anastasie Babin, fille de Jean-Marie Babin, marchand, et de ce mariage naîtront dix enfants dont six atteindront l'âge adulte.

Cette période de prospérité se termine au milieu des années 1830, alors qu'il lui faut rendre des comptes. La deuxième femme de Charron, en effet, est décédée sans testament et le couple n'avait pas de contrat de mariage. Dès leur majorité, les trois enfants issus de ce mariage réclament leurs parts d'héritage. Charron règle difficilement avec son fils aîné. Pour ajouter à son malheur, en octobre 1832, il devient veuf une troisième fois. À la fin de cette décennie, au moment où toutes les fabriques ont acquitté leurs dettes, il commence à vendre des biens immobiliers et, au début des années 1840, il liquide vraisemblablement son commerce. En 1842, il vend sa maison du village et se retire sur sa terre du 3ᵉ Rang de Saint-Jean-Port-Joli où il meurt, laissant dans un état proche de l'indigence sa quatrième femme, Marie Pélerin, qu'il a épousée le 18 juin 1834.

Le souvenir et le nom même d'Amable Charron sont disparus de la région. Une seule des églises qu'il a contribué à décorer, celle de L'Islet, existe toujours. D'ailleurs, Charron ne semble pas avoir possédé de grands talents artistiques. À L'Islet, il n'a fait que poursuivre les travaux à la corniche commencée par Jean* et Pierre-Florent* Baillairgé et ses statues sont pour la plupart disparues. En 1814, l'évêque de Québec, Mgr Joseph-Octave Plessis*, ordonne de couvrir les statues qu'il a sculptées pour l'église de Sainte-Anne-de-la-Pocatière, tandis que les cariatides du jubé de l'église de Rivière-Ouelle finiront leurs jours comme « ornements » d'un « jeu de paume » du collège de Sainte-Anne-de-la-Pocatière. Par contre, son ami Philippe-Joseph Aubert* de Gaspé le décrit comme un excellent chasseur doué d'une « force athlétique » et certains de ses actes témoignent d'un esprit généreux.

GASTON DESCHÊNES

ANQ-M, CE1-10, 10 juill. 1785, 31 août 1790 ; CE1-59, 3 oct. 1808, 13, 16 août 1809, 7, 9 avril 1810, 3 juill. 1811, 7 févr., 6 mai 1812 ; CN1-96, 1ᵉʳ oct. 1808, 19 févr., 13 juill. 1812. — ANQ-Q, CE2-18, 18 janv. 1819, 18 juin 1834, 10 mai 1844 ; CE2-25, 7 juin 1813 ; CN2-6, 12 oct. 1822 ; CN2-12, 21 sept., 18 oct. 1812, 23 mai 1813, 19 nov. 1814, 8–9, 11 juill. 1817, 31 déc. 1818, 30 déc. 1821, 18 août 1826, 22 févr. 1833, 21 août 1836, 7 janv. 1839, 7 déc. 1842 ; CN2-21, 22 juill. 1826 ; CN2-24, 4 août 1836 ; CN2-28, 6 nov. 1842 ; CN2-34, 21 juin 1841, 29 janv. 1844 ; CN2-35, 18 oct. 1812, 2 août 1814 ; CN2-48, 17 juin, 31 déc. 1818, 25 juin 1819 ; CN3-17, 23, 28 févr. 1798, 4 août 1805. — MAC-CD, Fonds Morisset, 1, dossier Saint-Roch-des-Aulnaies ; 1, dossier Amable Charron. — B.-C., chambre d'Assemblée, *Journaux*, 1817, app. B. — P.[-J.] Aubert de Gaspé, *les Anciens Canadiens* (17ᵉ éd., Québec, 1971) ; *Mémoires* (Ottawa, 1866 ; réimpr., Montréal, 1971). — Léon Bélanger, *l'Église de L'Islet, 1768–1968* (L'Islet, Québec, 1968). — Gaston Deschênes, *Amable Charron et Chrysostôme Perrault, sculpteurs de Saint-Jean-Port-Joli* (La Pocatière, Québec, 1983). — P.-H. Hudon, *Rivière-Ouelle de la Bouteillerie ; 3 siècles de vie* (Ottawa, 1972). — Wilfrid Lebon, *Histoire du collège de Sainte-Anne-de-la-Pocatière* (2 vol., Québec, 1948–1949). — Alexis Mailloux, *Histoire de l'Île-aux-Coudres depuis son établissement jusqu'à nos jours, avec ses traditions, ses légendes, ses coutumes* (Montréal, 1879). — Gérard Ouellet, *Histoire de Sainte-Anne-de-la-Pocatière, 1672–1972* (La Pocatière, 1973) ; *Ma paroisse : Saint-Jean Port-Joly* (Québec,

1946). — Angéline Saint-Pierre, *l'Église de Saint-Jean-Port-Joli* (Québec, 1977). — Émile Vaillancourt, *Une maîtrise d'art en Canada (1800–1823)* (Montréal, 1920). — Marius Barbeau, « Louis Quévillon (1749–1823) (école des Écorres, à Saint-Vincent-de-Paul) », *Rev. trimestrielle canadienne*, 32 (1946) : 3–17. — Desbras [ ], « Un justicier de la statuaire et de la peinture dans nos vieilles églises », *BRH*, 25 (1919) : 153–154. — J.-M. Gauvreau, « Médard Bourgault et l'École de sculpture sur bois de Saint-Jean-Port-Joli », *Technique* (Montréal), 15 (1940) : 87–98. — Ramsay Traquair, « The Church of St. John the Baptist at St. Jean Port-Joli, Quebec », Royal Architectural Institute of Canada, *Journal* (Toronto), 16 (1939) : 26–34.

CHASSEUR, PIERRE, doreur, sculpteur et fondateur d'un musée d'histoire naturelle, né le 10 octobre 1783 à Québec ; décédé le 21 mai 1842 dans la même ville.

On connaît peu de chose des origines, sans doute modestes, et des premières années de Pierre Chasseur. Il reçoit une instruction élémentaire et fait, on ne sait où, l'apprentissage de l'art de la dorure. En 1815, il se déclare doreur, établi à Québec au faubourg Saint-Jean. Comme il est d'usage à l'époque, il pratique aussi la sculpture. En 1816, il offre en vente, dans *la Gazette de Québec*, des « Estampes Françoises et Angloises » que les acheteurs pourront faire encadrer par ses soins. L'année suivante, il argente quelques cadres pour la fabrique Notre-Dame de Québec.

Dès 1824, Chasseur rassemble une collection de spécimens d'histoire naturelle dans la maison qu'il occupe rue Sainte-Hélène (rue McMahon), dans la haute ville. Cependant, ce n'est qu'en 1826 qu'il ouvre son musée au public. On peut se demander comment Chasseur, modeste artisan, en est venu à l'histoire naturelle. Québec à cette époque est le théâtre d'un remarquable éveil de l'intérêt pour les arts, les lettres et les sciences. En 1824, sous le patronage de lord Dalhousie [RAMSAY], s'est constituée la Société littéraire et historique de Québec. Quelques jeunes médecins de la ville lancent en 1826 le *Journal de médecine de Québec*, dont les pages sont largement ouvertes aux sciences et à l'histoire naturelle. Chasseur compte d'ailleurs au nombre des abonnés. L'année suivante, le même groupe, auquel se joignent des notables tels Joseph BOUCHETTE et le marchand William Sheppard*, fervent botaniste, forme la Société pour l'encouragement des sciences et des arts en Canada.

Toutefois, cet intérêt du public québécois pour les sciences n'est pas suffisant pour assurer le succès de l'entreprise de Chasseur. Dès l'année de la création de son musée, il doit solliciter l'appui du gouvernement. Cette première démarche reste vaine, mais en 1828 la chambre d'Assemblée, où il peut compter sur l'appui de plusieurs députés, dont John NEILSON et le docteur François Blanchet*, lui accorde £350. Après avoir épuisé cette somme et s'être endetté d'autant pour l'achat et l'aménagement de la maison où il a établi son musée, Chasseur doit revenir à la charge auprès des députés du Bas-Canada dès 1830 ; il obtient alors £400.

Malheureusement, les affaires de Chasseur ne s'améliorent pas et, après plusieurs tentatives auprès de l'État pour obtenir son appui, le naturaliste se voit forcé de remettre sa collection entre les mains du gouvernement en 1836. On envisage alors de créer un musée provincial à partir des pièces réunies par Chasseur. Un inventaire du docteur Jean-Baptiste Meilleur*, homme politique et naturaliste, révèle que la collection comprenait notamment 500 spécimens d'oiseaux, près d'une centaine de mammifères, une quarantaine de reptiles et des poissons. Chasseur ignorait les classifications scientifiques, mais il avait fait des efforts pour présenter ses spécimens de manière à évoquer leur milieu naturel et leurs mœurs. Conformément au goût de l'époque, il avait également rassemblé des artefacts amérindiens, des objets exotiques, tel un parapluie chinois, et quelques curiosités, comme la hache d'un meurtrier célèbre et un canon de bronze que Jacques Cartier* ou Giovanni da Verrazzano* aurait perdu dans le Saint-Laurent.

À partir du moment où le gouvernement prend possession de la collection, le sort de celle-ci devient incertain. Selon quelques sources, les pièces seraient disparues dans un incendie survenu entre mars 1836 et novembre 1837, vraisemblablement dans la maison de la rue Sainte-Hélène. Selon d'autres, plus nombreuses, on aurait transféré la collection dans le nouvel édifice du Parlement dès 1836. Cependant, sans doute à cause des événements politiques de cette époque, le projet d'un musée public n'a pas de suite. Lorsqu'en 1841 le gouvernement de la province du Canada s'établit à Kingston, dans le Haut-Canada, on offre à la Société littéraire et historique de Québec certaines des salles laissées vacantes dans le Parlement de Québec, pour qu'elle y installe sa bibliothèque et son musée. Par la même occasion, la société se voit confier le soin de veiller à la conservation du musée de Chasseur, dont l'existence se confond dès lors avec celle du musée de la société. Le 1er février 1854, un incendie ravage l'ancien édifice du Parlement et entraîne la perte de toutes ses collections.

Quant à Pierre Chasseur, il fut étroitement mêlé aux événements de 1837 et de 1838. Dès 1826, il avait affiché ses convictions en prenant pour devise *Dieu et la Liberté*. De plus, il comptait parmi ses amis et relations de nombreuses personnalités du parti patriote. En 1830, nul autre que Louis-Joseph Papineau* avait fait son éloge dans les pages de *la Minerve*. Pendant les troubles de 1837, c'est dans sa maison que se réunissait le Comité permanent de Québec. En raison de ces activités politiques, on l'arrêta à deux reprises. Le 11 novembre 1837, après une enquête du juge de paix Robert Symes, on le mit aux arrêts et on

Chaussegros

l'incarcéra à la prison de Québec. Il recouvra sa liberté dès le 18, grâce à une ordonnance d'habeas corpus qu'accorda le juge en chef Jonathan SEWELL, moyennant un cautionnement personnel de £500 et deux autres cautions de £250, de Narcisse-Fortunat Belleau* et du docteur Jean Blanchet*. En novembre 1838, on l'arrêta de nouveau, cette fois sous une accusation de haute trahison ; il ne put recouvrer sa liberté que cinq mois plus tard. Il mourut à Québec, ruiné, le 21 mai 1842.

RAYMOND DUCHESNE

ANQ-Q, CE1-1, 23 mai 1842 ; CN1-230, 16 oct. 1815, 12 mai 1817 ; P-239/21. — APC, MG 24, B2, 1–3 ; RG 4, A1, 351. — Arch. du séminaire de Chicoutimi (Chicoutimi, Québec), Fonds Léon Provancher, lettre de J.-B. Meilleur à Léon Provancher, 16 mars 1869. — MAC-CD, Fonds Morisset, 2, dossier Pierre Chasseur. — B.-C., chambre d'Assemblée, *Journaux*, 1828–1833 ; 1835–1836. — Amable Berthelot, *Dissertation sur le canon de bronze que l'on voit dans le musée de M. Chasseur, à Québec* (Québec, 1830). — *Journal de médecine de Québec*, 2 (1827). — *Le Canadien*, 16 août 1833, 8 avril 1836, 24 févr. 1840, 23 mai 1842. — *La Gazette de Québec*, 6, 13 juin 1816, 1er mai, 19 oct. 1826. — *La Minerve*, 25 févr. 1830. — F.-M. Bibaud, *le Panthéon canadien* (A. et V. Bibaud ; 1891). — Fauteux, *Patriotes*. — P.-G. Roy, *Fils de Québec*, 3 : 184–186. — I.[-F.-T.] Lebrun, *Tableau statistique et politique des deux Canadas* (Paris, 1833). — J. R. Porter, *l'Art de la dorure au Québec du XVIIIe siècle à nos jours* (Québec, 1975). — «Combat entre un aigle et un enfant», *la Bibliothèque canadienne* (Montréal), 5 (1827) : 159. — Raymond Duchesne, «Magasin de curiosités ou Musée scientifique ? Le musée d'histoire naturelle de Pierre Chasseur à Québec (1824–1854)», *HSTC Bull.* (Thornhill, Ontario), 7 (1983) : 59–79. — Damase Potvin, «le Musée Chasseur», *Carnets de zoologie de Québec* (Québec), 12 (1952), n° 2 : 47–50. — Antoine Roy, «les Patriotes de la région de Québec pendant la rébellion de 1837–1838», *Cahiers des Dix*, 24 (1959) : 241–254. — Henri Têtu, «le Musée Chasseur à Québec», *BRH*, 8 (1902) : 251–252. — «Zoologie du Bas-Canada», *la Bibliothèque canadienne*, 2 (1825–1826) : 74–75.

CHAUSSEGROS DE LÉRY, CHARLES-ÉTIENNE, fonctionnaire, seigneur, officier de milice, juge de paix et homme politique, né le 30 septembre 1774 à Québec, fils de Gaspard-Joseph Chaussegros* de Léry et de Louise Martel de Brouague ; le 25 novembre 1799, il épousa à Québec Josephte Fraser, fille de feu John Fraser, juge de la Cour du banc du roi, et de ce mariage naquirent six enfants dont trois moururent jeunes ; décédé le 17 février 1842 dans sa ville natale et inhumé le 24 suivant à Saint-François (Beauceville, Québec).

Charles-Étienne Chaussegros de Léry appartient à une famille respectable, financièrement à l'aise et liée de près au gouvernement colonial. Cette appartenance lui permet d'amorcer très tôt sa carrière sur des bases solides. Son père, usant de son influence au sein du gouvernement, lui procure les postes de greffier adjoint et d'adjoint au traducteur du Conseil législatif dès 1793. Charles-Étienne n'a alors que 19 ans. En 1794, une alternative s'offre à lui : terminer son stage de clerc d'avocat, commencé le 1er août de la même année auprès de Michel-Amable Berthelot* Dartigny, ou continuer de travailler au sein de l'administration publique. Abandonnant son stage de clerc à une date inconnue, il préfère se consacrer à ses fonctions d'employé du Conseil législatif. En 1797, il succède à Jacques-François Cugnet et devient greffier adjoint et traducteur de ce même organisme. Au fil des ans, ses émoluments passent de £100 à £360. À ces fonctions s'ajoute en 1805 la charge de greffier de la Cour d'audition et de jugement des causes criminelles.

La renommée et la position privilégiée de Chaussegros de Léry auprès des autorités lui valent d'être nommé commissaire à plusieurs reprises : en 1815, il est chargé d'étudier les demandes d'indemnités des miliciens victimes de la guerre de 1812, en 1817, d'acheter des grains de semence pour aider des paroisses en détresse et d'améliorer les communications dans la région de Québec, puis, en 1819, de faire prêter serment aux fonctionnaires et enfin, en 1830, de voir à la construction d'églises et de presbytères. De plus, il assume les fonctions de juge de paix depuis au moins 1815. Ses nominations à titre de membre du Conseil exécutif en 1826 et de membre du Conseil spécial du Bas-Canada en 1838 marquent l'aboutissement d'une carrière vouée au service du gouvernement.

Parallèlement à l'exercice de ses nombreuses charges publiques, Chaussegros de Léry fait une brillante carrière dans la milice. Durant la guerre de 1812, il s'illustre dans ses fonctions de quartier-maître général adjoint et d'adjudant général adjoint. Sa compétence est alors grandement appréciée. En 1828, il est promu quartier-maître général de la milice du Bas-Canada et, en 1830, il est élevé au rang de colonel commandant des cinq bataillons de milice de la ville de Québec ; il conservera ces grades jusqu'à la fin de sa vie.

À la mort de son père, en 1797, Chaussegros de Léry a hérité d'une partie de ses vastes propriétés foncières qui incluaient les seigneuries Rigaud De Vaudreuil, de Gentilly, Le Gardeur Belle-Plaine, de Beauvais, Perthuis et Sainte-Barbe. Par la suite, il acquiert les parts de plusieurs autres héritiers pour finalement reconstituer la plus grande partie du patrimoine immobilier que détenait son père. C'est ainsi que la maison paternelle, rue Sainte-Famille, à Québec, lui est adjugée en 1800 pour £460. Certaines transactions ne sont toutefois pas aussi simples et donnent même lieu à l'utilisation de procédés douteux. En 1809, Charles-Étienne agit comme procureur de son frère, le baron François-Joseph Chaussegros de Léry, qui vit en France. En cette qualité, il vend à Jean-Baptiste Noël les droits échus à François-Joseph dans une partie de la seigneurie Le Gardeur Belle-Plaine. Cependant, Charles-Étienne néglige d'aviser son frère de cette transaction. Le 9 février 1818, par l'intermédiaire d'Antoine-Louis Juchereau* Duchesnay, François-Joseph vend à Charles-Étienne la moitié indivise des seigneuries Rigaud De Vaudreuil, Perthuis et Sainte-Barbe pour £1 550. Cet acte de vente est immédiatement suivi d'une contre-lettre dans laquelle Juchereau Duchesnay et Charles-Étienne conviennent de dissimuler à François-Joseph la vente de la seigneurie Le Gardeur Belle-Plaine passée en 1809. Ces deux exemples montrent que les rumeurs de l'époque à propos de la réputation de Charles-Étienne étaient loin d'être sans fondement.

Issu d'une famille en vue, Charles-Étienne Chaussegros de Léry suit la voie tracée par son père. Tout comme lui, il détient à sa mort des propriétés foncières considérables. Malgré quelques transactions douteuses, il doit sa réussite sociale à ses talents personnels et surtout à ses relations étroites avec le gouvernement. Investi de fonctions importantes tant dans l'administration publique que dans la milice, il fait preuve de loyauté envers les autorités et cette fidélité indéfectible lui vaut d'être nommé au Conseil exécutif, puis au Conseil spécial du Bas-Canada.

MARC DUVAL ET RENALD LESSARD

ANQ-Q, CE1-1, 1er oct. 1774, 25 nov. 1799 ; CN1-178, 18 sept. 1818 ; CN1-230, 1er août 1794, 25 nov. 1799, 9 oct. 1800, 5 avril 1809, 9 févr. 1818 ; P-40/10 ; P-386/2 ; T11-1/207, no 162 ; 2734, no 129 ; 3611, no 162 ; ZQ6-45-3, 24 févr. 1842. — ASQ, Séminaire, 202, nos 125–126. — B.-C., chambre d'Assemblée, Journaux, 1795 ; 1798–1834. — Le Canadien, 18 févr. 1842. — La Gazette de Québec, 8 juin, 30 nov. 1815, 13 mars, 10 avril, 1er mai 1817. — Almanach de Québec, 1794. — F.-J. Audet, « les Législateurs du B.-C. ». — Le Jeune, Dictionnaire, 1 : 379–380. — Officers of British forces in Canada (Irving). — P.-G. Roy, Inventaire des papiers de Léry conservés aux Archives de la province de Québec (3 vol., Québec, 1939–1940). — Turcotte, le Conseil législatif. — [François Daniel], le Vicomte C. de Léry, lieutenant-général de l'empire français, ingénieur en chef de la grande armée, et sa famille (Montréal, 1867). — P.-G. Roy, « la Famille Chaussegros de Léry », BRH, 40 (1934) : 577–614.

CHAZELLE, JEAN-PIERRE, prêtre, jésuite et missionnaire, né le 12 janvier 1789 à Saint-Just-en-Bas, France, fils de Pierre Chazelle, laboureur, et de Blandine Chalette ; décédé le 4 septembre 1845 à La Baye (Green Bay, Wisconsin).

Jean-Pierre Chazelle fait ses études classiques et théologiques au séminaire de Montbrison, près de Lyon, en France. Ordonné prêtre le 14 juin 1812, il œuvre ensuite comme professeur de philosophie, de théologie et de rhétorique dans le même établissement, où il aurait compté parmi ses étudiants le futur curé d'Ars, Jean-Baptiste-Marie Vianney. En 1816, il passe à la cure de Moingt, puis il occupe les charges d'aumônier militaire dans le 28e d'infanterie de la légion du Gard en 1817 et à l'École royale et militaire de La Flèche en 1819.

Désireux de se faire jésuite, Chazelle entre le 1er mars 1822, à l'âge de 33 ans, au noviciat de Montrouge, près de Paris. Les jésuites sont à cette époque sollicités de toutes parts pour des œuvres diverses. Après six mois de probation, Chazelle est nommé professeur de théologie au scolasticat des jésuites à Paris. Désigné pour le collège de Montmorillon, près de Poitiers, en 1823, il va exercer tour à tour les fonctions de ministre, d'assistant et de recteur de cette maison. En 1828, les fameuses Ordonnances excluent les jésuites du domaine de l'enseignement en France, en attendant que la révolution de juillet 1830 ne les expulse complètement de ce pays.

Chazelle, qui est alors à Bordeaux, se voit nommer supérieur des missions jésuites en Amérique du Nord et part pour les États-Unis le 19 novembre 1830 avec deux autres prêtres et un frère jésuites. Les quatre religieux vont ainsi répondre à la demande que Mgr Benoît-Joseph Flaget, évêque du diocèse de Bardstown, dans le Kentucky, a adressée au provincial des jésuites de France, Nicolas Godinot, en 1828. À leur arrivée sur le sol américain en février 1831, Chazelle et ses compagnons sont retenus par la saison hivernale à La Nouvelle-Orléans où ils étudient les propositions de Mgr Léo-Raymond de Neckère de s'établir plutôt dans son diocèse. En avril, au moment de repartir, Chazelle laisse deux de ses compagnons sur place et se rend avec le troisième dans le diocèse de Bardstown. Mgr Flaget les y accueille très favorablement, mais il ne peut plus leur offrir la direction du St Joseph's College tel que promis dans sa lettre à Godinot car, croyant que les jésuites ne viendraient pas, il a confié l'établissement à des membres de son clergé séculier. Chazelle songe à retourner à La Nouvelle-Orléans, mais finalement Mgr Flaget lui confie le St Mary's Seminary, fondé par William Byrne vers 1819. Sous sa direction, l'établissement ne tarde pas à donner des cours plus avancés et à prendre un essor remarquable.

En 1839, Chazelle reçoit une lettre de Joseph-Vincent Quiblier*, supérieur du séminaire de Saint-Sulpice à Montréal. Au nom de Mgr Jean-Jacques LARTIGUE, évêque de Montréal, Quiblier invite Chazelle à venir prêcher en août la première retraite sacerdotale dans ce diocèse. Malgré la période troublée que traverse le Bas-Canada et la discrétion qui s'impose à lui, Chazelle y fait un séjour qui ne passe pas complètement inaperçu. Sa présence réveille le souvenir des jésuites dont l'action passée demeure gravée dans les esprits. Partout leur retour dans la province est vivement souhaité.

Quand Mgr Ignace Bourget* succède à Mgr Lartigue comme évêque de Montréal en 1840, il veut

185

donner suite au désir de son prédécesseur de faire venir des jésuites au Bas-Canada. En 1841, il se rend à Rome où il rencontre le général des jésuites, Jean Roothaan, à qui il demande quelques sujets pour un collège et pour les missions auprès des Indiens. À ce moment-là, Chazelle est également à Rome où l'a délégué Flaget, et il revoit Mgr Bourget qu'il a connu pendant son séjour à Montréal. Il est bientôt nommé supérieur des jésuites du Canada et chargé de recruter le personnel nécessaire.

Le 31 mai 1842, Chazelle arrive à Montréal à la tête d'un groupe de neuf jésuites. Il s'installe momentanément à l'évêché puis, en juillet, il accepte de prendre en charge la paroisse Notre-Dame-de-la-Prairie-de-la-Madeleine (paroisse de la Nativité-de-la-Très-Sainte-Vierge), à Laprairie (La Prairie), près de Montréal, dont le curé, Michael POWER, vient d'être nommé premier évêque de Toronto et s'apprête à gagner son diocèse. Chazelle s'occupe aussi de prédications, de retraites et assume les fonctions d'aumônier militaire. Toutefois, il refuse de prendre en charge le collège de Chambly, et les sulpiciens se montrent très réticents à lui remettre le petit séminaire de Montréal. De plus, le noviciat ouvert à l'évêché n'amène aucun sujet, si bien qu'on doit le transporter à Laprairie en juillet 1843.

Entre-temps, dès l'été de 1842, Mgr Power et l'archevêque de New York, John Joseph Hughes, ont envisagé de faire venir des jésuites dans leurs diocèses respectifs ; le général Roothaan et le provincial de France, Clément Boulanger*, soupèsent la question. Au début de l'automne, Mgr Power invite Chazelle à venir prêcher une retraite sacerdotale en préparation du synode qui doit marquer l'inauguration de son diocèse. Pendant son séjour dans le Haut-Canada, Chazelle s'éprend des missions indiennes jadis évangélisées par ses prédécesseurs au temps des martyrs canadiens [V. Isaac Jogues*]. En novembre, Mgr Power adresse une demande officielle au général Roothaan et, en juillet 1843, deux jésuites français, Pierre Point et Jean-Pierre Choné, arrivent à Toronto où les attend Chazelle. Quelques jours plus tard, ils s'installent dans la paroisse de l'Assomption, à Sandwich (Windsor), point de départ des futures missions que Chazelle ira fonder à l'île Walpole, à l'île Manitoulin, dans la baie Géorgienne, et à Sault-Sainte-Marie (Sault Ste Marie, Ontario). Finalement, le 31 juillet 1844, à la demande de Mgr Power, la mission jésuite du Canada est divisée en deux sections : Chazelle est supérieur de la nouvelle mission du Haut-Canada tandis que Félix Martin* l'est pour celle du Bas-Canada [V. Clément Boulanger].

C'est en pleine activité apostolique, au moment où il tente de se rendre à Sault-Sainte-Marie en passant par les États-Unis, que Jean-Pierre Chazelle meurt à La Baye le 4 septembre 1845. Ses confrères perdent en lui un être totalement engagé que ne rebute aucune tâche. À un tempérament qui ne semble tolérer l'inaction s'ajoute chez Chazelle son obéissance conjuguée à sa grande ouverture de cœur et à sa foi en la Providence. Ainsi s'explique le rendement incroyable de cette vie partagée entre l'enseignement, les fonctions administratives et les retraites sacerdotales.

GEORGES-ÉMILE GIGUÈRE

La documentation relative à Jean-Pierre Chazelle et à ses œuvres se trouve en majeure partie dans les Arch. de la Compagnie de Jésus, prov. du Canada français (Saint-Jérôme, Québec), Fonds général et Sér. A, B, D. Une autre partie de la documentation concernant Chazelle est conservée aux Archivum Romanum Societatis Iesu (Rome), Fonds Missio Kentuckeiensis et Missio Canadensis. L'auteur possède un bon nombre des documents romains sur microfilm dans ses archives privées.

ACAM, 465.103 ; 901.055, 846-13 ; 901.062. — AD, Loire (Saint-Étienne), État civil, Saint-Just-en-Bas, 12 janv. 1789. — Allaire, *Dictionnaire*. — G.-É. Giguère, « la Restauration de la Compagnie de Jésus au Canada, 1839-1857 » (thèse de PH.D., univ. de Montréal, 1965). — Laval Laurent, *Québec et l'Église aux États-Unis sous Mgr Briand et Mgr Plessis* (Montréal, 1945). — Édouard Lecompte, *les Jésuites du Canada au XIXᵉ siècle* (Montréal, 1920), 27-55, 59-70, 82-84, 87-90, 116-117, 163-164. — F. X. Curran, « Father Pierre Chazelle, S.J., 1789-1845 », *Catholic Hist. Rev.* (Washington), 41 (1955) : 1-17 ; « The Jesuits in Kentucky, 1831-1846 », *Mid-America* (Chicago), 24 (1953) : 223-246. — F. J. Nelligan, « Father Pierre Chazelle, S.J., 1789-1845 », *Canadian Messenger of the Sacred Heart* (Toronto), 58 (1955) : 383-389. — Léon Pouliot, « Notes sur le court supériorat du P. Chazelle à Montréal (1842-1844) », *Lettres du Bas-Canada* (Montréal), 11 (1957) : 97-101 ; « la Première Retraite ecclésiastique du diocèse de Montréal : 21-30 août 1839 », *la Semaine religieuse de Montréal* (Montréal), 98 (1939) : 230-236.

CHÉNIER, JEAN-OLIVIER, médecin et patriote, né le 9 décembre 1806, probablement à Lachine, Bas-Canada, ou peut-être à Montréal, et baptisé le lendemain dans cette ville, fils de Victor Chénier et de Cécile Morel ; décédé le 14 décembre 1837 à Saint-Eustache, Bas-Canada.

Jean-Olivier Chénier appartient à une famille de cultivateurs qui n'est pas étrangère au commerce. Son grand-père, François Chénier, avait épousé Suzanne-Amable Blondeau, issue d'une famille de riches marchands montréalais de la fin du XVIIIᵉ siècle, et au baptême de Jean-Olivier c'est Jean-Baptiste Trudeau (Truteau), trafiquant de fourrures et explorateur, qui agit comme parrain. Il semble que Chénier ait pu s'instruire grâce à la protection de René-Joseph Kimber, médecin de Montréal. Chénier voudra suivre les traces de son protecteur et, en 1820, il entreprend sous sa direction son apprentissage en médecine. Il est admis à l'exercice de la profession le 20 février 1828, à l'âge de 21 ans.

Jeune médecin, Chénier va s'établir la même année à Saint-Benoît (Mirabel), village qui fait alors partie de la circonscription d'York, où il ne tarde pas à se mêler de politique. En 1827, dans un contexte d'affrontement entre la chambre d'Assemblée et le gouverneur sur la question des subsides, lord Dalhousie [RAMSAY] avait d'abord prorogé la session en mars, puis annoncé la tenue d'élections générales pour juillet. Ripostant au choix de Louis-Joseph Papineau* comme président de la chambre par une nouvelle prorogation en novembre, lord Dalhousie veut ainsi affirmer les droits de la couronne et de l'exécutif colonial. À quoi les partisans de la chambre d'Assemblée répondent par des réunions populaires, par la célèbre pétition au Parlement impérial qui porte 80 000 signatures et par l'envoi de représentants à Londres [V. Denis-Benjamin Viger*]. La circonscription d'York prend une part active à ce conflit. Aux élections de juillet, ses habitants préfèrent les candidats du parti patriote, Jacques Labrie*, médecin de Saint-Eustache, et Jean-Baptiste Lefebvre, marchand de Vaudreuil, à ceux du parti des bureaucrates, Nicolas-Eustache Lambert* Dumont, coseigneur des Mille-Îles, et John Simpson*, receveur des douanes de Coteau-du-Lac. À Saint-Benoît, dans un geste symbolique de résistance aux autorités, Jean-Joseph Girouard*, notaire de ce village et capitaine dans le bataillon de milice de Rivière-du-Chêne, et ses amis politiques omettent de procéder aux rassemblements des miliciens généralement effectués à l'été de chaque année. En 1828, Chénier fait partie d'un groupe de sept personnes, dont Labrie et Girouard, que l'officier commandant de la milice, le lieutenant-colonel Lambert Dumont, accuse d'obstruction.

En 1829, à la suite de la mort accidentelle de Lefebvre, Chénier est de ceux qui aident William Henry Scott*, marchand de Saint-Eustache, à se faire élire député de la circonscription d'York. Puis, aux élections générales de 1830, les premières à se dérouler selon une nouvelle division de la carte électorale qui scindait York en trois circonscriptions distinctes – Deux-Montagnes, Vaudreuil et Ottawa –, Chénier compte parmi ceux qui réussissent à faire élire Labrie et Scott députés de la nouvelle circonscription de Deux-Montagnes. Le 26 septembre 1831, il épouse à Saint-Eustache la fille de Labrie, Zéphirine. Celui-ci meurt un mois plus tard et, en décembre 1831, Chénier contribue dans une large mesure à l'élection de Girouard en remplacement de Labrie comme député de Deux-Montagnes. En juin 1832, peu après l'élection complémentaire dans la circonscription de Montréal-Ouest au cours de laquelle la troupe avait ouvert le feu et tué trois personnes [V. Daniel Tracey*], il fait partie du groupe de notables qui invitent les francs-tenanciers du comté de Deux-Montagnes à se réunir à Saint-Benoît « aux fins de convenir des moyens les plus efficaces pour prévenir

le monopole, l'agiotage et tout système exclusif au sujet de l'établissement des terres incultes ». À l'assemblée qui suit, il est nommé membre d'un comité de 30 personnes, dont 6 de Saint-Benoît, chargées de veiller aux intérêts des Canadiens. Ce n'est qu'en 1834, d'après la plupart des historiens, que Chénier quitte Saint-Benoît et vient s'installer à Saint-Eustache.

Les élections de 1834, qui ont lieu après l'adoption des Quatre-vingt-douze Résolutions, démontrent, généralement de façon éclatante, la popularité du parti patriote. Dans la circonscription de Deux-Montagnes, en dépit de la violence et de l'intimidation, Scott et Girouard remportent la victoire. Ces élections confirment des clivages entre ce qu'on appelait le bas et le haut de la circonscription, c'est-à-dire entre la partie comprenant les villages de Saint-Eustache, de Saint-Benoît et de Sainte-Scholastique (Mirabel), plus anciennement peuplée et largement francophone, et celle qui comprend la seigneurie d'Argenteuil et les cantons de Chatham et de Grenville, habitée depuis moins longtemps et pour une bonne part anglophone. L'auteur de *Relation historique des événements de l'élection du comté du lac des Deux Montagnes en 1834 ; épisode propre à faire connaître l'esprit public dans le Bas-Canada*, peut-être Girouard lui-même, dans sa description de la fête organisée à la suite des élections, mentionne Chénier parmi les principaux artisans de la victoire de la cause patriote. Il ajoute : « Mais c'est surtout au Dr Chénier que les électeurs témoignèrent combien ils étaient satisfaits de sa conduite active infatigable, et de sa bravoure dans le combat ; tandis que sa Dame, digne fille de feu le Dr Labrie, n'avait cessé nuit et jour d'accueillir dans sa maison les habitans éloignés qui venaient par centaines lui demander gîte, n'y ayant aucune auberge d'ouverte aux Canadiens dans le Village. Ils exprimèrent publiquement leur reconnaissance à cette Dame. »

Au cours des années suivantes, Chénier est engagé dans les assemblées populaires du comté de Deux-Montagnes. Ainsi, le 11 avril 1836, conjointement avec Luc-Hyacinthe Masson*, médecin de Saint-Benoît, il agit comme secrétaire de l'assemblée de Saint-Benoît, où, entre autres, une résolution invite à s'abstenir d'acheter « les marchandises et les produits des manufactures britanniques » et où on suggère plutôt la fondation de manufactures nationales. Au cours de la grande assemblée de Sainte-Scholastique, tenue le 1er juin 1837, dans le mouvement de protestation contre les résolutions de lord John Russell, Chénier est choisi comme membre du comité permanent chargé de donner suite aux travaux de cette assemblée. Il aurait déclaré là sa détermination en affirmant : « Ce que je dis, je le pense et je le ferai ; suivez-moi et je vous permets de me tuer si jamais vous me voyez fuir. » Entre juin et novembre 1837,

Chénier

le comité organise une dizaine de réunions. Chénier compte parmi ses principaux membres, avec Girouard, Masson et Joseph-Amable Berthelot, notaire de Saint-Eustache.

À l'été de 1837, le comté de Deux-Montagnes est le théâtre de tiraillements incessants. Les adversaires des patriotes se disent victimes de tactiques de harcèlement, voire d'actes de violence, et ont recours à des dénonciations auprès des autorités. Le gouvernement veut faire enquête et procéder à des arrestations. Il décide plutôt de brandir des menaces de destitution et réussit surtout à provoquer la démission de juges de paix et d'officiers de milice. L'assemblée de Saint-Benoît qui a lieu le 1er octobre, et dont le journal le *Populaire* de Montréal rendra compte dans un article intitulé « la Révolution commence », décide de procéder à l'élection des juges de paix et de laisser aux miliciens dans chaque paroisse la tâche d'élire leurs officiers. Chénier exerce les fonctions de secrétaire de l'assemblée subséquente qui se tient le 15 octobre dans le rang Saint-Joachim, à Sainte-Scholastique, et il est du nombre des 22 magistrats qui y sont élus. Le 23 octobre, il participe avec Girouard et Scott à la grande assemblée des six comtés, à Saint-Charles-sur-Richelieu. Scott apparaît alors comme le principal chef patriote à Saint-Eustache et Chénier comme le second. Scott, Chénier et Joseph Robillard, maçon et marchand, sont les seuls à faire partie à la fois du comité permanent et des organisations de justice et de milice improvisées. Parmi les autres leaders se trouvent le notaire Berthelot, l'arpenteur Émery Féré et le cultivateur Jean-Baptiste Bélanger.

Dès les premières arrestations, le 16 novembre 1837, Chénier figure sur la liste des personnes contre lesquelles le gouvernement a lancé un mandat. Le lendemain, Amury GIROD arrive dans le comté de Deux-Montagnes et, se réclamant de Louis-Joseph Papineau et d'un petit conseil de guerre tenu à Varennes, près de Montréal, avec Papineau, Edmund Bailey O'Callaghan* et Jean-Philippe Boucher-Belleville*, il s'impose comme général des forces mobilisées pour la résistance et pour l'établissement d'un gouvernement provisoire. Mais le « Général », qui a grande allure et s'entoure d'aides de camp recrutés parmi de jeunes hommes de loi de Montréal, ne peut que laisser beaucoup d'autonomie à Chénier, commandant du camp de Saint-Eustache, car il doit faire la navette entre ce village et Saint-Benoît. Chénier a ses hommes et Girod les siens quand les deux groupes tentent, à Lac-des-Deux-Montagnes (Oka), de s'emparer des armes des Indiens et de la Hudson's Bay Company.

Achat et réquisitions forcées d'armes et de nourriture, activités d'information, de surveillance et de contrôle forment le quotidien du commandant, plus que l'entraînement militaire proprement dit. Après la défaite de Saint-Charles-sur-Richelieu, les chefs pa-

triotes ont du mal à maintenir le moral des troupes. Au début de décembre, Scott et Féré, qui n'approuvent pas le recours aux armes, se retirent du mouvement car ils l'estiment dès lors sans espoir. Le curé Jacques PAQUIN, de Saint-Eustache, le vicaire François-Xavier Desève et leur ami François-Magloire Turcotte, de Sainte-Rose (à Laval), essaient de démontrer que c'est folie de penser triompher des forces gouvernementales qui préparent l'attaque contre les insurgés.

Le 14 décembre 1837, l'armée de sir John Colborne*, venue de Montréal par l'île Jésus, et les volontaires locaux, commandés par Maximilien Globensky*, donnent l'assaut contre les hommes de Chénier retranchés dans l'église, le presbytère, le couvent et les maisons environnantes de Saint-Eustache. Ils sont originaires principalement de Saint-Eustache, de Sainte-Scholastique et de Saint-Jérôme. Girod a filé vers Saint-Benoît et les quelques jeunes gens de Montréal qui se réclamaient de l'organisation centrale ont aussi quitté les lieux. L'affrontement est inégal : dans le camp de Chénier, moins nombreux et relativement mal armé, une quarantaine de morts dont les noms sont connus et sans doute autant de victimes anonymes. Chénier lui-même est tué au moment où il tente de sortir de l'église en flammes. Il venait d'avoir 31 ans.

En possession du corps de Chénier, l'armée britannique victorieuse l'a-t-elle traité avec ou sans respect [V. Daniel Arnoldi] ? La question a fait couler beaucoup d'encre, particulièrement dans les années 1883 et 1884, à l'époque de la publication par Charles-Auguste-Maximilien Globensky de *la Rébellion de 1837 à Saint-Eustache* [...] et par Laurent-Olivier David* de *Patriotes*. Mais encore en 1952–1953, dans la *Revue de l'université Laval*, Émile Castonguay défendait sous le pseudonyme de Bernard Dufebvre la thèse de Globensky et Robert-Lionel Séguin celle de David ; et même dans les années 1970, la question refaisait surface dans le journal *la Victoire* de Saint-Eustache. Le fait a moins d'importance que de signification symbolique. De toute manière, il concerne moins Chénier lui-même que le comportement des militaires britanniques.

De même, l'histoire assez extraordinaire des projets de monuments à la gloire de Chénier renseigne surtout sur l'importance que peut avoir un enjeu symbolique. En 1885, dans le contexte du débat David-Globensky et de l'affaire Riel [V. Louis Riel*], à l'initiative du docteur David Marsil – ancien maire de Saint-Eustache de 1871 à 1875 et candidat libéral défait en 1878 – et de ses amis politiques, on veut élever à Saint-Eustache un monument à Chénier, mais les adversaires du projet usent de leur influence pour lui faire échec et même pour tourner l'affaire en dévoilement d'une plaque souvenir en l'honneur du curé Jacques Paquin. En 1891, Marsil pense pouvoir faire transporter les restes de Chénier dans le cimetière catholique Notre-Dame-des-Neiges, à Montréal, au monument érigé en 1858 au souvenir des victimes de 1837–1838. Il fait procéder à l'exhumation dans la section du cimetière de Saint-Eustache réservée aux morts sans baptême. On fait même graver sur le monument du cimetière Notre-Dame-des-Neiges, sous le nom de Chénier, les mots « ses restes reposent ici ». Mais l'archevêque de Montréal, Mgr Édouard-Charles Fabre*, refuse d'autoriser le transfert et la cérémonie. Un comité formé en 1893, dont Marsil fait partie et qui peut compter sur l'influence d'Honoré Mercier*, donnera à Chénier son monument au square Viger, à Montréal, le 24 avril 1895. En 1937, à l'occasion du centenaire de sa mort, on lui élève un monument à Saint-Eustache. La Société Saint-Jean-Baptiste de Montréal conservera ses restes jusqu'en juillet 1987, au moment où ils seront cette fois déposés dans la partie bénite du cimetière de Saint-Eustache.

Chénier laissait une femme et une petite fille, qui ne vivra que quelque temps après sa mort. Quant à sa femme, elle se fait institutrice et se remarie bientôt avec Louis-Auguste Desrochers, fonctionnaire et professeur de musique. Après avoir examiné les réclamations de la veuve de Chénier, la commission chargée d'enquêter sur les pertes subies pendant la rébellion lui verse en 1852 une petite indemnité pour la part des biens possédés en communauté avec Chénier et perdus au moment de l'incendie de leur maison en 1837. Elle obtient gain de cause grâce, pour une part, à Jean-Joseph Girouard et à sa seconde femme, Émilie Berthelot, dont elle était l'amie. D'autres membres de sa famille survivaient à Chénier : un frère, Victor, qui habitait Longueuil, près de Montréal, deux sœurs, qui résideront à Montebello, et un cousin, Félix, jeune notaire aussi établi à Saint-Eustache et mêlé aux événements de 1837–1838.

D'après un témoignage oral rapporté par Joseph-Arthur-Calixte Éthier dans une conférence donnée et publiée en 1905, Jean-Olivier Chénier était « un petit homme, carré, bien fait, pas gênant, poli, mais qui n'avait pas froid aux yeux ». Qu'il soit mort en brave ne fait aucun doute. Bien sûr, ceux qui en estiment généralement la cause légitime et l'action opportune parleront de courage et de générosité sincère, alors que ceux qui pensent le contraire y verront plutôt entêtement et influence néfaste. L'historien de la rébellion de 1837 dans la région du lac des Deux Montagnes, Émile Dubois, brosse un portrait moral nuancé et au total sympathique de Chénier. Quant à Fernand Ouellet, historien de l'ensemble du mouvement insurrectionnel, s'il reproche aux chefs patriotes leur ambivalence à propos du recours aux armes et leur tendance à ne pas assumer jusqu'au bout les conséquences d'une mobilisation à laquelle leurs propos et leurs gestes avaient conduit, il fait exception pour Wolfred Nelson*, à Saint-Denis, sur le Richelieu, et pour Chénier, à Saint-Eustache, qui se seraient distingués par la cohérence ou par la consistance de leur action.

JEAN-PAUL BERNARD

ANQ-M, CE1-51, 10 déc. 1806 ; CE6-11, 26 sept. 1831, 14 déc. 1837. — ANQ-Q, E17/13, nᵒˢ 665, 691, 695, 744 ; E17/14, nᵒˢ 767, 770, 773, 775, 779–781, 788, 793, 800. — APC, RG 4, B28, 51 : 1238–1241. — BVM-G, Fonds Ægidius Fauteux, notes compilées par Ægidius Fauteux sur les patriotes de 1837–1838 dont les noms commencent par la lettre C, carton 3. — Émélie Berthelot-Girouard, « les Journaux d'Émélie Berthelot-Girouard », Béatrice Chassé, édit., ANQ *Rapport*, 1975 : 1–104. — [J.-J. Girouard], *Relation historique des événements de l'élection du comté du lac des Deux Montagnes en 1834 ; épisode propre à faire connaître l'esprit public dans le Bas-Canada* (Montréal, 1835 ; réimpr., Québec, 1968). — [P.-G. Roy], *Premier rapport de la Commission des monuments historiques de la province de Québec, 1922–1923* (Québec, 1923), 182, 243–246. — F.-M. Bibaud, *le Panthéon canadien* (A. et V. Bibaud ; 1891), 56. — Borthwick, *Hist. and biog. gazetteer*. — Fauteux, *Patriotes*, 174–176. — Wallace, *Macmillan dict.* — Béatrice Chassé, « le Notaire Girouard, patriote et rebelle » (thèse de D. ès L., univ. Laval, 1974). — L.-O. David, *le Héros de Saint-Eustache : Jean-Olivier Chénier* (Montréal, s.d.) ; *Patriotes*, 45–52, 147–151. — Émile Dubois, *le Feu de la Rivière-du-Chêne ; étude historique sur le mouvement insurrectionnel de 1837 au nord de Montréal* (Saint-Jérôme, Québec, 1937), 122. — J.-A.-C. Éthier, *Conférence sur Chénier* (Montréal, 1905). — Filteau, *Hist. des patriotes* (1975), 369–371. — [C.-A.-M. Globensky], *la Rébellion de 1837 à Saint-Eustache avec un exposé préliminaire de la situation politique du Bas-Canada depuis la cession* (Québec, 1883 ; réimpr., Montréal, 1974), 220–224. — Laurin, *Girouard & les Patriotes*, 45. — Raymond Paiement, *la Bataille de Saint-Eustache* (Montréal, [1975]). — Gilles Boileau, « Mais qui donc était Chénier ? », *la Victoire* (Saint-Eustache, Québec), 14 oct. 1970 : 12. — C.-M. Boissonnault, « la Bataille de Saint-Eustache », *Rev. de l'univ. Laval*, 6 (1951–1952) : 425–441. — Gaston Derome, « le Patriote Chénier », *BRH*, 59 (1953) : 222. — Bernard Dufebvre [Émile Castonguay], « À propos du cœur de Chénier », *Rev. de l'univ. Laval*, 7 (1952–1953) : 905–910 ; « Encore à propos des patriotes », *Rev. de l'univ. Laval*, 8 (1953–1954) : 41–48. — Ægidius Fauteux, « le Docteur Chénier », *BRH*, 38 (1932) : 715–717. — Clément Laurin, « David Marsil, médecin et patriote de Saint-Eustache », Soc. d'hist. de Deux-Montagnes, *Cahiers* (Saint-Eustache), été 1978 : 27–37. — R.-L. Séguin, « À propos du cœur de Chénier », *Rev. de l'univ. Laval*, 7 : 724–729 ; « la Dépouille de Chénier fut-elle outragée ? », *BRH*, 58 (1952) : 183–188 ; « Questions et Réponses à propos des patriotes », *Rev. de l'univ. Laval*, 8 : 32–40. — Soc. d'hist. de Deux-Montagnes, *Cahiers*, 5 (1982), nᵒ 2.

CHEWETT (Chewitt), WILLIAM, fonctionnaire, arpenteur, juge de paix et officier de milice, né le 21 décembre 1753 à Londres ; en 1791, il épousa Isabella

Chewett

Macdonell et ils eurent quatre enfants ; décédé le 24 septembre 1849 à Toronto.

Après avoir obtenu son diplôme d'ingénieur hydrographe de l'East India College de Londres, William Chewett vint à Québec en 1771 et, trois ans plus tard, commença à y exercer un emploi auprès de l'arpenteur général adjoint, John Collins*. Pendant le siège de Québec par les Américains en 1775–1776, il traça des plans de fortifications et détermina la distance des batteries de l'ennemi. En 1777, il fut nommé payeur par intérim à l'île aux Noix et au fort Saint-Jean (Saint-Jean-sur-Richelieu), où il travailla jusqu'en 1785. Il retourna ensuite à Québec et au bureau de l'arpenteur général.

Fonctionnaire dévoué, Chewett subit de nombreuses frustrations pendant sa carrière. En 1791, son poste fut mis en danger par la décision que prit le Conseil exécutif d'abolir l'année suivante le programme de règlement des réclamations des militaires ; déçu, Chewett écrivit à Collins : « Je découvre aujourd'hui que j'ai travaillé toute ma vie pour rien [...] aucun arpenteur de ma spécialité n'est autant en droit que moi, qui ai toujours été en service, de s'attendre à poursuivre ses activités [...] J'espère que vous pourrez me trouver un emploi dans notre département ou dans un autre avant l'échéance. »

L'espoir de Chewett s'avéra bien fondé : en 1792, il avait une place dans l'administration de la nouvelle province du Haut-Canada. La charge d'arpenteur général, à laquelle il aspirait, alla cependant à David William SMITH. Chewett ne cessa de soutenir que le lieutenant-gouverneur John Graves Simcoe* lui avait fait « lui-même de nombreuses promesses, bien connues des principaux personnages de presque tous les milieux des deux provinces, et qui n'aboutirent qu'à un tas de balivernes ». Chewett attribua son insuccès au fait que des « insinuations mensongères et des rapports défavorables » circulaient sur son compte. Il fut nommé arpenteur principal et dessinateur. Il s'installa avec sa famille dans le canton de Williamsburgh, qu'il quitta en 1796 pour s'établir à York (Toronto), la nouvelle capitale. Il subit une autre déception en 1798 quand il ne fut pas choisi pour remplacer l'inspecteur adjoint des forêts, Christopher Robinson* ; le président, Peter Russell*, refusa d'appuyer la candidature de Chewett, par crainte qu'une nouvelle charge ne gêne son efficacité dans ses autres fonctions.

En 1800, Chewett devint greffier de la Cour de *surrogate* pour le district de Home. L'année suivante, il occupa le poste de directeur du scrutin à l'élection complémentaire que remporta Angus Macdonell* (Collachie) dans la circonscription de Durham, Simcoe, and the East Riding of York. La même année, Collachie fut relevé de ses fonctions de greffier de la chambre d'Assemblée et les pressions que fit Chewett pour lui succéder furent infructueuses, malgré

l'appui puissant que lui accordèrent Smith et le juge en chef John Elmsley*. Quand l'arpenteur général Smith retourna en Angleterre en juillet 1802, il chargea Chewett et le premier commis, Thomas Ridout*, d'assurer conjointement la suppléance. Chewett tenta de nouveau d'obtenir la charge d'arpenteur général. En 1804, Smith démissionna et c'est Charles Burton WYATT qui prit sa place, même si le lieutenant-gouverneur Peter Hunter* avait promis de recommander la nomination de Chewett. Wyatt essaya de faire renvoyer ce dernier, mais le Conseil exécutif s'y opposa. En 1807, le lieutenant-gouverneur Francis Gore* suspendit Wyatt ; Chewett et Ridout assumèrent alors à nouveau la direction intérimaire du bureau. À l'automne de 1809, Ridout, avec la bénédiction de Gore, se rendit en Angleterre pour solliciter le poste vacant. Chewett dirigea seul le bureau jusqu'à ce que Ridout revienne, l'année suivante, avec le titre d'arpenteur général. C'est manifestement pour compenser que Gore confia à Chewett le poste de commis principal, qui s'ajouta à ses multiples charges.

En plus d'exercer divers emplois au bureau de l'arpenteur général, Chewett fut juge de paix pendant de nombreuses années dans le district de Home. Il fit longtemps partie de la milice, dans laquelle il servit à titre de capitaine dans le district d'Eastern, puis à York. Pendant la guerre de 1812, il commandait le 3rd York Militia. Il travailla également comme dessinateur auprès du major général Isaac Brock* à Detroit et le long de la frontière du Niagara. Quand le major général sir Roger Hale Sheaffe* retira ses troupes d'York en avril 1813, Chewett et William Allan*, à titre d'officiers supérieurs de milice, négocièrent les conditions de la capitulation avec les Américains victorieux. Pendant cette guerre, Chewett fut aussi membre de la Loyal and Patriotic Society of Upper Canada. Sa santé défaillante l'obligea à quitter la milice en 1818.

Dans son rôle d'arpenteur et de dessinateur, Chewett établit des plans et des élévations pour les résidences de Simcoe, d'Elmsley et de Smith, dont il supervisa aussi la construction. En 1796, il arpenta avec Æneas Shaw* les terrains réservés pour l'église, la prison, le palais de justice et la place du marché d'York. Il aida peut-être Smith à dresser la première carte imprimée du Haut-Canada, publiée en 1800. Plus tard, Chewett conseilla Ridout quant à l'établissement d'une nouvelle carte de la province, destinée à remplacer celle qui avait été détruite pendant l'occupation d'York par les Américains en 1813. Bien que Chewett ait fait la carte de nombreux cantons et districts, ainsi que celle de la province, son nom ne figure que sur une seule carte publiée, qui parut à Londres en 1813. Après la mort de Ridout en 1829, Chewett fut appelé à remplir la charge d'arpenteur général suppléant pour une dernière fois. Quand il apprit que la succession de Ridout allait à Samuel Proudfoot Hurd*, il demanda l'autorisation de prendre sa retraite, ce qu'on lui accorda. Après l'entrée en fonction de Hurd en 1832, Chewett se retira avec plein traitement.

Tout au long de sa carrière, William Chewett vit constamment ses ambitions contrariées. Il occupa souvent le poste d'arpenteur général suppléant, mais en dépit de son ancienneté considérable il ne réussit jamais à obtenir la permanence, pas plus d'ailleurs qu'à entrer au Conseil exécutif. La dernière requête qu'il adressa au lieutenant-gouverneur sir John Colborne* et à la chambre d'Assemblée, en 1831, révèle un homme aigri, frustré par le favoritisme du régime colonial et par les barrières sociales. Au cours de sa carrière d'arpenteur, il avait pourtant dressé, reproduit et soumis plus de cartes qu'aucun de ses contemporains (et probablement plus que tout autre employé qu'ait jamais eu le bureau de l'arpenteur général), apportant ainsi une contribution importante à la colonisation du Haut-Canada et à ses archives cartographiques permanentes.

RICHARD J. SIMPSON

Des extraits d'un journal de William Chewett, qui couvrent les années 1792–1793, constituent la plus grande partie de l'article « Biographical sketch of the late Colonel Chewett », Assoc. of Ontario Land Surveyors, *Proc.* (Toronto), 1890 : 101–116. Une gravure de Chewett faite à partir d'une miniature en ivoire de Hoppner Francis Meyer est reproduite sur la page frontispice du volume et décrite à la page 101 de la biographie ; l'original de la gravure se trouve dans la bibliothèque de l'association à Toronto.

ANQ-Q, E21/356. — AO, MS 35, unbound papers, William Chewitt and J. B. Robinson, report of committee of Loyal and Patriotic Society, 1er mai 1815 ; MS 75, Russell à John Wentworth, 17 déc. 1798 ; MS 537, Chewitt à Ridout, 20 avril 1812 ; MU 2036, 1812, no 6 ; RG 1, A-I-1, 1 : 3 ; 2 : 55–57, 61–65 ; 8 : 383 ; 14 : 116, 136, 138–139, 160, 166–167 ; 15 : 116 ; 16 : 79, 114, 202 ; 17 : 16 ; 18 : 14, 20 ; 40 : 163, 169 ; 49 : 527, 540, 543, 639, 1071–1072 ; A-I-2, 14 : 1658 ; 16 : 2471, 3472, 3486 ; 20 : 3776–3777 ; 22 : 11–12 ; 25 : 203 ; A-I-4 ; A-I-7 ; A-II-1 ; B-IV ; C-I-9, 2 : 9 ; CB-1, box 42 ; RG 22, sér. 155. — APC, RG 5, A1 : 2306, 5149. — MTRL, John Elmsley letter-book, 24 nov. 1800 ; Peter Russell papers, misc. letters, 7 nov. 1796, janv.–mai 1797 ; office-book, 1796 ; D. W. Smith papers, B7 : 3, 23. — H.-C., House of Assembly, *Journal*, 1831–1832, app., 176–199. — *Town of York, 1793–1815* (Firth). — Scadding, *Toronto of old* (1873).

CHINIC, MARTIN (baptisé Cheniqui, il signait Chinnequy en 1791 et Chinic dès 1794), marchand, juge de paix et fonctionnaire, né le 10 janvier 1770 à Québec, fils de Martin Chenneque* et de Marie-Louise Grenete ; le 15 novembre 1791, il épousa Julienne-Claire Enouille, dit Lanois, et ils eurent un fils et quatre filles, puis le 20 janvier 1817, Marie-Antoinette Bourdages, veuve de Louis Dubord ; mort noyé le 28 mars 1836 dans le Saint-Laurent.

Martin Chinic suivit les traces de son père qui appartenait au milieu des petits commerçants et expéditeurs de la basse ville de Québec. En juillet 1792, il était installé comme marchand sur la place du Marché (place Notre-Dame), mais en juin 1795 on le retrouve commis chez « M. Caldwell » (probablement Henry Caldwell*). De 1794 à 1806, manifestement établi à son compte, Chinic fit immatriculer au moins trois navires, dont l'un avec Louis Borgia, marchand et voisin de son père, et vendit de la farine, des biscuits, de l'alcool, des « marchandises d'importation », du bois, des cordages, de la toile à voile et d'autres produits.

Sans occuper une place dominante, la famille Chinic fut présente dans les cercles d'affaires de Québec durant presque tout le XIXe siècle. Le fils de Martin, Joseph-Martin, se lança en affaires en janvier 1815 à titre de marchand commissionnaire et encanteur ; d'abord associé à son futur beau-frère, Alexandre-Augustin Vézina, il le fut ensuite à un autre parent, Joseph Measam. En 1816, Martin Chinic, François QUIROUET et son frère Olivier formèrent l'une des quelques sociétés d'encanteurs, courtiers et marchands commissionnaires dont Québec avait besoin à titre de grand centre d'importation et de transbordement. La Quirouet, Chinic et Compagnie fut dissoute quatre ans plus tard, mais Chinic et Olivier Quirouet tinrent jusqu'en 1826 dans la rue du Sault-au-Matelot une prospère maison d'encan, de transport et de vente à commission appelée Chinic et Quirouet.

Au début des années 1820, Chinic jouissait d'un certain prestige au sein de la communauté des hommes d'affaires canadiens de la ville. Entre octobre 1820 et avril 1824, on le désigna à quelque 18 reprises (par roulement hebdomadaire) au poste d'administrateur délégué de la Banque de Québec, dont il était actionnaire. (Entre 1818, année de sa fondation, et 1835, le tiers des administrateurs de cette banque furent des francophones.) En 1826, il déposa en vain une requête pour devenir commissaire-priseur. Il faisait partie du comité de la Société d'éducation du district de Québec [V. Joseph-François PERRAULT] en 1821, fut juge de paix du district de Québec à compter de 1826 et devint en 1831 l'un des commissaires chargés d'ouvrir un marché dans le faubourg Saint-Roch. En outre, il fut marguillier de la paroisse Notre-Dame. Respecté de tous, Chinic était en 1829, avec plusieurs autres Canadiens, membre d'une nouvelle section de la Society of the Friends of Ireland in Quebec. Six ans plus tard, il présida un banquet au cours de célébrations qui visaient à ranimer la dévotion à saint Louis.

À la suite de la mort prématurée de son fils en 1828, Martin Chinic s'occupa d'élever ses petits-fils,

Chipman

Joseph-Martin et Guillaume-Eugène* ; ce dernier allait devenir un important quincaillier et assurerait ainsi la présence d'une quatrième génération de Chinic dans le milieu des affaires de Québec. Le 28 mars 1836, Martin Chinic se noya dans le Saint-Laurent. On repêcha son corps le 1er avril, et le lendemain on l'inhuma à la cathédrale. L'inventaire de ses biens suggère qu'au moment de sa mort il faisait le commerce des étoffes, de l'alcool et d'autres marchandises. Cependant, il n'était sûrement pas prospère, car sa veuve renonça à la succession, jugeant « le tout plus onéreux que profitable ».

DAVID ROBERTS

ANQ-Q, CE1-1, 10 janv. 1770, 15 nov. 1791, 20 janv. 1817, 2 avril 1836 ; CN1-49, 26 sept. 1826 ; CN1-116, 1er mai 1820, 4 oct. 1827, 24 juill. 1834, 9, 20 avril, 3 oct. 1836. — APC, RG 8, I (C sér.), 76 : 122, 162 ; 603 : 101 ; 1695 : 13–14 ; RG 42, E1, 1382 : 44, 47, 56 ; RG 68, General index, 1651–1841 : 245, 642. — AUM, P 58, U, Chinic et Quirouet à Eustache Soupras, 27 sept. 1824. — « Les Dénombrements de Québec » (Plessis), ANQ *Rapport*, 1948–1949 : 32, 87, 131, 182. — *La Gazette de Québec*, 1794–1824. — *Quebec Mercury*, 16 avril 1816. — *Vindicator and Canadian Advertiser*, 12 mai 1829. — Marianna O'Gallagher, *Saint Patrick's, Quebec : the building of a church and of a parish, 1827 to 1833* (Québec, 1981). — P.-G. Roy, *les Cimetières de Québec* (Lévis, Québec, 1941) ; *Toutes Petites Choses du Régime anglais* (2 sér., Québec, 1946), 1 : 274–275 ; « la Famille Chinic », *BRH*, 45 (1939) : 207–210.

CHIPMAN, WILLIAM ALLEN, marchand, fonctionnaire, juge de paix, homme politique et juge, né le 8 novembre 1757 à Newport, Rhode Island, neuvième des 11 enfants de Handley Chipman et de Jean Allen ; le 20 novembre 1777, il épousa Ann Osborn, fille d'un marchand de Saint-Jean, Nouveau-Brunswick, et ils eurent au moins six enfants ; décédé le 28 décembre 1845 dans le canton de Cornwallis, Nouvelle-Écosse.

William Allen Chipman était le fils d'un ébéniste du Rhode Island, homme pieux « à la personnalité forte et [doué] d'une grande intelligence » qui, en mai 1761, s'installa avec sa femme et ses enfants dans le canton de Cornwallis. La famille se tailla une place dominante dans la vie économique, politique et religieuse du comté de Kings. William Allen, qui vécut peut-être quelque temps à Annapolis Royal avant de retourner dans le canton de Cornwallis, devint un riche marchand et, disait-on, l'un des plus gros propriétaires terriens du comté. Il détint en outre de nombreuses charges publiques : greffier du canton de Cornwallis et receveur des douanes du comté de 1794 à 1845, juge de paix de 1797 à 1845, juge à la Cour inférieure des plaids communs de 1821 à 1841 et *custos rotulorum* de 1841 à 1845. John, son frère aîné et député de Cornwallis de 1776 à 1785, avait occupé ces trois derniers postes pendant un certain temps.

William Allen siégea lui aussi à l'Assemblée, à titre de député de Kings de 1799 à 1806, de Sydney en 1807 et 1808, et de Cornwallis de 1811 à 1818 ; de 1818 à 1826 et de 1828 à 1830, il représenta de nouveau la circonscription de Kings où son fils Samuel* lui succéda. Même s'il n'était pas un grand orateur, Chipman manifestait de l'indépendance dans ses opinions et, comme le disait Beamish Murdoch*, « du bon sens, de la fermeté et de la promptitude à défendre l'intérêt public ». À la chambre, il s'opposa au service obligatoire dans la milice, se fit le champion de la cause des agriculteurs et prit parti en faveur des ports francs, d'un impôt sur le revenu pour l'instruction publique et d'une réduction des dépenses gouvernementales. Il épousa la cause des non-conformistes mais, en 1823, il vota avec une minorité contre une motion qui autorisait le catholique Laurence Kavanagh* à siéger à l'Assemblée sans prêter le serment contre la transsubstantiation. Au cours de sa dernière session, Chipman défendit les droits de la chambre à l'occasion de la célèbre querelle du Brandy [V. Enos Collins*]. En général, il appuyait la coalition réformiste contre le « parti de l'Église et de l'État ». Il contribua même à cimenter cette coalition, particulièrement en travaillant à priver l'Église d'Angleterre de ses privilèges et à obtenir des fonds publics pour des établissements d'enseignement baptistes et presbytériens, la Horton Academy et la Pictou Academy.

Franc-maçon, Chipman appartenait à la St George's Lodge No. 11, formée chez lui le 22 novembre 1784. Avec sa famille, il contribua à l'implantation de la dénomination baptiste en Nouvelle-Écosse. Son frère Thomas Handley et son fils William comptent parmi les premiers ministres baptistes de la colonie. Membre de la communauté congrégationaliste *New Light* de Cornwallis dès 1799 et baptisé par immersion, il était un solide partisan du révérend Edward Manning*, du même endroit, et fut pendant 20 ans trésorier de la Nova Scotia Home Missionary Society, qui recueillait des fonds pour les missions baptistes de la colonie et de l'étranger. Il siégea aussi au conseil de la Nova Scotia Baptist Education Society, qui fonda la Horton Academy en 1828 et le Queen's College en 1838.

Selon le révérend Ingraham Ebenezer Bill*, William Allen Chipman « valait à lui seul une armée » ; il avait un « tempérament impétueux » et considérait que sa femme était « d'un bien plus grand prix que les perles ». Il mourut à l'âge de 88 ans. Le *Novascotian* annonça, dans le style fleuri qui lui était habituel, qu'il était parti « à la rencontre de la Faucheuse avec le calme et la sérénité que seul peut avoir celui qui a conscience d'avoir mené une bonne vie et avec la pleine assurance de la valeur salvatrice du sacrifice offert par le bien-aimé Rédempteur ». Il contribua largement à asseoir dans le comté de Kings l'autorité de sa famille, qu'on appela bientôt le « Chipman

Chisholm

compact », et dont le membre le plus influent allait être son petit-fils William Henry*, grand marchand et adversaire de la Confédération.

CARMAN MILLER

PANS, MG 1, 184. — *Novascotian*, 26 janv. 1846. — *Sun* (Halifax), 26 janv. 1846. — *A Chipman genealogy, circa 1583–1969, beginning with John Chipman (1620–1708), first of that surname to arrive in the Massachusetts Bay colony* [...], J. H. Chipman, compil. (Norwell, Mass., 1970). — *Directory of N.S. MLAs*. — Esther Clark Wright, *Planters and pioneers* (Hantsport, N.-É., 1978). — A. W. H. Eaton, *The history of Kings County, Nova Scotia* [...] (Salem, Mass., 1910 ; réimpr., Belleville, Ontario, 1972).— Murdoch, *Hist. of N.S.*, 3 : 407, 433, 479, 494, 497, 531. — G. A. Rawlyk, *Ravished by the spirit : religious revivals, Baptists, and Henry Alline* (Kingston, Ontario, et Montréal, 1984). — Saunders, *Hist. of Baptists*. — Norah Story, « The church and state « party » in Nova Scotia, 1749–1851 », N.S. Hist. Soc., *Coll.*, 27 (1947) : 33–57.

CHISHOLM, WILLIAM, officier de milice, fermier, homme politique, fonctionnaire, juge de paix et homme d'affaires, né le 15 octobre 1788 à Jordan Bay, Nouvelle-Écosse, fils de George Chisholm et de Barbara McKenzie ; le 23 mai 1812, il épousa Rebecca Silverthorn, et ils eurent quatre filles et sept fils ; décédé le 4 mai 1842 à Oakville, Haut-Canada.

Originaire des Highlands d'Écosse, le père de William Chisholm venait à peine de s'établir dans le comté new-yorkais de Tryon lorsque la Révolution américaine éclata. Loyaliste, il se joignit à une organisation de réfugiés, les Port Roseway Associates [V. Gideon WHITE*], passa quelques années en Nouvelle-Écosse, avec sa famille de plus en plus nombreuse, puis gagna en 1793 le Haut-Canada, où son frère John s'était installé. Il se fixa finalement dans la région de la baie de Burlington (port de Hamilton), où William et ses frères grandirent.

En août 1812, moins de trois mois après son mariage, William participa à la prise de Detroit ; il était alors enseigne dans le 2nd York militia. En octobre, il combattit à Queenston Heights et, deux mois plus tard, fut promu lieutenant dans son unité. Devenu capitaine dans le 2nd Regiment of Gore militia peu après la guerre, il obtint le grade de lieutenant-colonel en 1824 et de colonel en 1831.

Installé en 1816 dans une ferme du canton de Nelson, Chisholm participa l'année suivante à la formulation des réponses de sa région au questionnaire de Robert Gourlay* sur la situation du Haut-Canada. Tant dans son district qu'à l'Upper Canadian Convention of Friends to Enquiry, réunie à York (Toronto) l'été suivant, il soutint Gourlay avec constance. Élu en 1820 député de Halton, il vota en chambre pour l'abrogation du *Sedition Act* et contre l'expulsion de Barnabas Bidwell*. Il ne se présenta

pas aux élections de 1824, mais appuya les candidats réformistes John Rolph* et John Matthews* dans Middlesex. En même temps, il devint représentant du *Colonial Advocate* de William Lyon Mackenzie*.

Au début de 1826, Chisholm prit un tournant qui allait faire de lui, comme le dirait plus tard Mackenzie, « un traître à la cause de Gourlay et un réformiste réformé ». En janvier, il reprochait encore au lieutenant-gouverneur sir Peregrine Maitland* de refuser aux participants du congrès tenu en 1818 par Gourlay les terres qu'avait promises le prince régent en récompense de leur service militaire. « Si nous avons mal agi, s'exclama-t-il dans une lettre à Mackenzie, qu'on nous traîne en justice et qu'on nous punisse. » Puis à la fin de mai, il prévint froidement le rédacteur en chef du *Colonial Advocate* de trouver un autre représentant et d'annuler son abonnement. Même s'il ne fut pas candidat aux élections de 1828, Mackenzie l'inscrivit sur sa « liste noire » de législateurs. Pendant la rébellion de 1837–1838, il commanda le flanc gauche de la troupe d'Allan Napier MacNab* au moment de l'avance sur les rebelles de Mackenzie, rassemblés à la taverne Montgomery.

Peut-être le changement de cap de Chisholm s'explique-t-il en partie par le fait qu'il avait commencé à recevoir des faveurs. Promu lieutenant-colonel en 1824, il devint en 1825 maître de poste du canton de Nelson et commissaire du canal de la baie de Burlington [V. James Gordon Strobridge*], puis juge de paix en 1827. Après avoir enfin reçu, l'année suivante, la terre qui lui revenait en qualité de milicien, il ne faisait plus mystère de ses sympathies pour les conservateurs modérés. Ses heurs et malheurs électoraux – il remporta la victoire en 1830 et 1836 mais connut la défaite en 1834 et 1841 – reflétaient ceux des tories de l'ensemble de la province.

Le favoritisme dont bénéficiait Chisholm n'explique cependant pas totalement pourquoi il avait pris parti pour le canal de la baie de Burlington et était devenu l'un des administrateurs d'un ouvrage voisin, le canal Desjardins [V. Peter Desjardins*]. Comme l'agriculture ne lui avait pas longtemps suffi, il avait ouvert un magasin général et, en 1827, il avait l'autorisation d'y tenir une auberge et d'y avoir un alambic. Engagé dans le commerce du bois dès 1822, il avait commencé à se constituer une flottille de goélettes. De plus, en 1829, il était associé à la McCay, Smith and Company de Wellington Square (Burlington, Ontario), qui avait un magasin sur la plage Burlington.

En s'adonnant au transport maritime et au commerce du bois dans le comté de Halton, Chisholm en vint à s'intéresser de près, et de façon visible dès 1822, aux terres réservées aux Indiens sauteux de la tribu des Mississagués à l'embouchure du ruisseau Sixteen Mile (ruisseau Oakville). Toutefois, ce n'est qu'au printemps de 1827 qu'il fit à Maitland une proposition

Chisholme

concrète en vue de leur acquisition. La réserve fut mise à l'encan, et il l'acheta cet été-là pour la somme de £1 029. Il entendait notamment y aménager, en priorité, un chantier naval et un port. Moins d'un an après l'achat, Chisholm et ses hommes avaient « tracé le plan d'un village », Oakville, et « construit un entrepôt pour la réception des marchandises ». En 1828, Chisholm réussit à faire adopter une loi qui lui garantissait le droit d'usage du port pendant 50 ans. En août de la même année, bien avant l'achèvement du port, ses hommes terminaient la première d'une nombreuse série de goélettes. Cinq ans plus tard, le chantier lançait son premier vapeur, le *Constitution,* parrainé entre autres par Chisholm et Colin Campbell Ferrie*. En 1833, on fit appel à l'expérience de Chisholm en matière d'aménagement portuaire en le nommant commissaire du port d'York avec Hugh Richardson* et James Grant Chewett*.

À mesure qu'Oakville grossissait, les intérêts de Chisholm s'y multipliaient. Il y ouvrit la première taverne (au plus tard en 1828), la première scierie (en 1830) et le premier moulin à farine (en 1833) ; peu après, soit en 1834 et 1835 respectivement, on le nomma receveur des douanes et maître de poste. Mais il n'était prospère qu'en apparence. Il mit en vente en 1834 sa propriété du canton de Nelson, hypothéquée en 1829 pour financer des travaux à Oakville. Cependant, la maison de 12 pièces, ses dépendances, le magasin et une deuxième habitation ne furent vendus qu'en 1839, après quoi Chisholm s'installa à Oakville. Il finit de payer à temps, en 1831, l'emplacement du village, mais pour financer l'achèvement du port il dut contracter auprès du gouvernement une hypothèque de £2 500. Peu après, il en contracta une deuxième, de £6 500, auprès d'une société marchande de Montréal, la Forsyth, Richardson and Company. Qu'il lui en ait fallu une troisième en 1839, cette fois de la Gore Bank (dont il avait été l'un des administrateurs), montre combien les travaux étaient coûteux et combien il avait du mal à liquider sa dette.

En raison de ses investissements, Chisholm ne nageait « absolument pas dans l'opulence », notait l'inspecteur du bureau des Postes Charles Albert Berczy*, qui l'employa aussi à titre d'agent secret après la rébellion. En 1841, Chisholm s'occupait beaucoup de l'amélioration du chemin de colonisation qui menait au district d'Owen Sound ainsi que d'autres programmes gouvernementaux de développement. En 1840, avec d'autres habitants d'Oakville, il avait constitué une société privée, l'Oakville Hydraulic Company, afin d'accroître le potentiel énergétique du ruisseau Sixteen Mile. L'entreprise fit faillite et entraîna dans sa chute Chisholm lui-même, son frère George et son beau-frère Merrick Thomas. La vente judiciaire de leurs biens eut lieu le 2 mars 1842.

Bien qu'il ait été un personnage d'une assez grande envergure régionale, William Chisholm représentait pour la plupart de ses contemporains l'homme d'un village, Oakville. À l'occasion d'un dîner en 1836, le député Archibald McLean* leva son verre à ce « gentleman dont la libéralité et les bonnes mœurs étaient reconnues de tous – et qui, par son initiative, son énergie et son souci du bien commun, avait doté Oakville de la plupart des atouts dont il bénéficiait ». Le destin de sa famille demeura lié à celui d'Oakville après sa mort. Son fils Robert Kerr lui succéda comme maître de poste et receveur des douanes ; un autre de ses fils, John Alexander, reprit la scierie et le moulin à farine, et son fils aîné, George King*, devint maire en 1857.

WALTER LEWIS

AO, MS 106, « The Chisholms of the parish of Croy, Inverness-shire, Scotland », Hazel [Chisholm] Mathews, compil. (copie dactylographiée) ; MS 516, William Chisholm à W. L. Mackenzie, 28 juill. 1824, 10 janv., 23 mai 1826 ; RG 1, C-IV, Trafalgar Township, concession 3 (South Dundas Street), lot 13. — APC, RG 1, E3, 10 : 120–122 ; L3, 89 : C1/96 ; 108 : C15/109 ; RG 5, A1 ; RG 68, General index, 1651–1841 : 460. — Halton Land Registry Office (Milton, Ontario), Abstract index to deeds, Nelson Township, concession 1, lots 9, 14 ; Trafalgar Township, concession 3, lots 13–16 (mfm aux AO). — Oakville Hist. Soc. Museum (Oakville, Ontario), Chisholm papers (mfm à l'Oakville Public Library). — H.-C., House of Assembly, *Journal*, 1828, app., public accounts for 1826–1827. — « Journals of Legislative Assembly of U.C. », AO *Report*, 1913–1914. — *Statistical account of U.C.* (Gourlay). — « U.C. land book D », AO *Report*, 1931 : 151, 157. — *Albion of U.C.* (Toronto), 9 avril 1836. — *British Whig*, 30 sept. 1836. — *Colonial Advocate*, 18 mai 1824, 29 janv., 16 mars 1826, 29 mai, 31 juill. 1828, 22 sept. 1831. — *Courier of Upper Canada* (Toronto), 15 août 1835. — *Gore Gazette, and Ancaster, Hamilton, Dundas and Flamborough Advertiser* (Ancaster, Ontario), 2 juin 1827. — *Hamilton Free Press* (Hamilton, Ontario), 25 août 1831. — *Hamilton Journal Express*, janv.–févr. 1842. — *Kingston Gazette*, 21–28 juill. 1818. — *Toronto Herald*, 5 mai 1842. — *Western Mercury* (Hamilton), 22 déc. 1831, 29 août 1833. — *Canadian biog. dict.*, 1. — Hazel [Chisholm] Mathews, *Oakville and the Sixteen : the history of an Ontario port* (Toronto, 1954 ; réimpr., 1971). — Marion Robertson, *King's bounty : a history of early Shelburne, Nova Scotia* [...] (Halifax, 1983).

CHISHOLME, DAVID, rédacteur en chef, fonctionnaire et auteur, né en 1796 dans le Ross-shire, Écosse ; le 16 mai 1822, il épousa à Montréal Rachel Cuthbert Robertson ; décédé dans cette ville le 24 septembre 1842.

David Chisholme vint au Bas-Canada en 1822, probablement sous les auspices de lord Dalhousie [RAMSAY] qui, précisa-t-il plus tard, avait « la bonté de ne pas [le] juger tout à fait indigne de son amitié dans la vie privée et de sa protection en tant que gouverneur en chef ». Chisholme avait étudié le droit et détenu des charges juridiques en Écosse mais, après sa soudaine installation au Canada, il décida de mettre ses « talents » au service de la littérature et de la politique. En 1823, il prit la direction de la *Montreal Gazette* et devint en même temps le premier rédacteur en chef d'un périodique lancé en juillet, le *Canadian Magazine and Literary Repository*. Il quitta la *Montreal Gazette* après le 1er mars 1824 et le *Canadian Magazine* un peu plus tard, à cause d'un différend financier et probablement politique avec le nouveau propriétaire de ces deux publications, Thomas Andrew Turner. C'est Alexander James CHRISTIE qui lui succéda. En mai, Chisholme prit la barre du *Montreal Herald* ; peu après, il fonda la *Canadian Review and Literary and Historical Journal*, sans aucun doute avec l'appui de Dalhousie, qui avait créé la Société littéraire et historique de Québec plus tôt dans l'année. Il abandonna la rédaction du *Montreal Herald* en mai 1826 ; la *Canadian Review*, rebaptisée *Canadian Review and Magazine*, cessa de paraître en septembre.

Le 11 novembre 1826, Dalhousie nomma Chisholme greffier de la paix du district de Trois-Rivières. De 1829 à novembre 1835, il délivra des permis de magasin et de taverne au nom du secrétaire de la province. À cette fonction s'était ajoutée, le 2 avril 1834, celle de coroner de Trois-Rivières. En novembre 1835, un comité spécial de l'Assemblée, qui étudiait les émoluments et honoraires des fonctionnaires gouvernementaux, l'assigna à comparaître. L'Assemblée exigeait son congédiement pour « fraude, abus d'autorité, malversations » dans ses fonctions de greffier de la paix. Accusé entre autres choses d'avoir rédigé des actes d'accusation qui aggravaient les délits commis (ce qui lui permettait de réclamer des honoraires plus élevés), Chisholme se défendit dans une longue adresse à lord Gosford [ACHESON]. Le gouverneur ne prit aucune mesure mais soumit le cas au secrétaire d'État aux Colonies, lord Glenelg, en août 1836. Le mois suivant, le secrétaire de la province, Dominick Daly*, eut vent de plaintes selon lesquelles on aurait payé Chisholme, pendant la période où il lui avait servi d'agent, pour des permis qu'il avait négligé de délivrer et qu'en outre il n'aurait pas déclaré ce revenu. Au terme d'une autre enquête, Gosford expliqua à Glenelg que, après examen de la preuve, il avait ordonné qu'on destitue Chisholme de ses fonctions de coroner et de greffier de la paix. L'intéressé apprit la nouvelle le 28 octobre. Cependant, le gouvernement avait résolu de ne pas porter d'accusations car la destitution lui semblait un châtiment suffisant. En 1839, dans une longue déclaration à sir John Colborne*, gouverneur en chef, Chisholme dénonça l'injustice et l'illégalité prétendues des mesures prises contre lui, mais on ne le réintégra jamais dans ses fonctions.

Chisholme redevint rédacteur en chef de la *Montreal Gazette* [V. Robert Armour*] en 1837 et le demeura jusqu'à sa mort. Il y maintint l'attitude qui lui avait valu l'antipathie de l'Assemblée et qui avait peut-être incité celle-ci à l'assigner à comparaître en 1835. Son extrémisme tory, qui le portait à défendre le Conseil législatif et le gouverneur et à refuser qu'on cède le moindre pouvoir réel à l'Assemblée, lui inspirait en matières linguistique, culturelle et politique un parti pris constant à l'égard des Canadiens de langue française. Comme lord Durham [LAMBTON], il préconisait l'union du Haut et du Bas-Canada, car selon lui elle assurerait la prépondérance des intérêts britanniques et « l'entière destruction de l'ignorance et des préjugés canadiens-français ».

Chisholme se considérait comme un « auteur littéraire et politique » et il laissa effectivement plusieurs ouvrages sur le Canada. D'après le *Vindicator and Canadian Advertiser*, c'est lui qui rédigea sous un pseudonyme *Letter from Delta to Senex* […] (1827), violente réplique à un manifeste écrit par Louis-Joseph Papineau* et d'autres députés. Cependant, l'œuvre qui le fit le plus remarquer des réformistes est *The Lower-Canada watchman*, série de 13 essais politiques publiés d'abord dans le *Kingston Chronicle* en 1828 et 1829. Pour reprendre l'euphémisme employé le 25 avril 1830 par l'homme politique réformiste William Lyon Mackenzie* dans une lettre à John NEILSON, Chisholme « n'[était] pas un auteur prudent » ; ses essais étaient tellement bourrés d'invectives et d'injures qu'ils firent plus de tort que de bien à ses protecteurs tories. Aucun partisan de la réforme ne trouvait grâce à ses yeux, mais il se montrait particulièrement hargneux envers Papineau et la mentalité canadienne-française en général. Par contre, il défendait tous les gestes de Dalhousie qui, croyait-on, l'avait payé pour rédiger ces essais. En 1832 parut un traité d'économie politique, *Observations on the rights of the British colonies to representation in the imperial parliament*, où Chisholme montrait des connaissances encyclopédiques : il recourait à des sources classiques et modernes pour considérer les droits naturels et constitutionnels des colonies ainsi que les conséquences de la représentation. Pour lui évidemment, le but principal de cette représentation était de subordonner les intérêts canadiens-français aux intérêts britanniques.

L'ouvrage de Chisholme intitulé *Annals of Canada for 1837 and 1838* parut d'abord par tranches dans la *Montreal Gazette*, de janvier 1838 à février 1840. Il reflète son opposition à la rébellion et à la destruction de la vie et de la propriété, mais il constitue avant tout un ouvrage d'histoire militaire qui regorge de détails sur les acteurs, les circonstances et les objectifs de diverses campagnes. Bien que tendancieux, ce récit donne une bonne idée de l'ampleur et de la difficulté des engagements militaires. De tous les livres de Chisholme, *Annals* est celui qui se lit le mieux, à cause de son caractère narratif et de la relative absence

Christian

d'invectives politiques. Vers la fin de sa vie, Chisholme travaillait à une histoire du Bas-Canada, mais il ne la termina jamais.

L'héritage littéraire de David Chisholme est plus précieux que son legs politique. Dans les années 1820, à titre de rédacteur en chef, de critique et d'essayiste, il contribua beaucoup à l'essor de la littérature d'expression anglaise à Montréal. Dans les périodiques qu'il dirigea, il se distingua surtout par la quantité de collaborations originales qu'il suscita, particulièrement à la *Canadian Review*, dont plus des trois quarts des articles portaient sur l'Amérique du Nord britannique. Dans les critiques et essais qu'il écrivait pour les magazines, il se montrait optimiste quant à l'éclosion d'une littérature indigène. Il préconisait le recours à des thèmes canadiens et affirmait : « notre climat, notre sol, nos productions, notre paysage et nos gens sont si différents de ceux des vieux pays que tout ce qui s'écrit sur ces sujets à partir d'une étude et d'une observation sur place porte nécessairement la marque de son origine ». Constamment, il pressait les écrivains de dépeindre les particularités du pays et de mettre en valeur l'utile et l'instructif plutôt que l'agréable. Ennemi du sentimental et du sensationnel, il appréciait peu la poésie et le roman en général ; néanmoins, *The rising village* [...] (Londres, 1825), d'Oliver Goldsmith*, et *The charivari* [...] (Montréal, 1824), de George Longmore, eurent une recension favorable de sa part à cause de leur caractère documentaire. Même si Chisholme présenta toujours l'éducation et la littérature comme des sources de lumière et de moralité, des armes contre l'obscurantisme et l'ignorance, il ne parvint jamais à surmonter son propre entêtement ni à cesser de montrer, même dans les périodiques qu'il dirigeait, ses préjugés contre les Canadiens français.

CARL P. A. BALLSTADT

David Chisholme est l'auteur de : *The Lower-Canada watchman* (Kingston, Ontario, 1829) ; *Observations on the rights of the British colonies to representation in the imperial parliament* (Trois-Rivières, Québec, 1832) ; *Annals of Canada for 1837 and 1838* (Montréal, [1849]) ; et *Memorial and case of David Chisholme* (s.l., 1839). De plus, il est probablement l'auteur de *Letter from Delta to Senex* [...] (Montréal, 1827). De 1823 au 1er mars 1824 et entre 1837 et sept. 1842, il fut rédacteur en chef de la *Montreal Gazette*. Il occupa la même position au *Montreal Herald* de mai 1824 à mai 1826, au *Canadian Magazine and Literary Repository* (Montréal), 1 (juill.–déc. 1823)–2 (janv.–juin 1824) et à la *Canadian Rev. and Literary and Hist. Journal* (Montréal), n° 1 (juill. 1824)–n° 3 (mars 1825) qui devient la *Canadian Rev. and Magazine* (Montréal), n° 4 (févr. 1826)–n° 5 (sept. 1826).

ANQ-M, CE1-126, 16 mai 1822 ; CE1-130, 26 sept. 1842. — APC, MG 11, [CO 42] Q, 263–264 ; MG 23, GI, 3 ; MG 24, I9 ; Reference file 1974 ; RG 68, General index, 1651–1841. — [Launcelot Longstaff] [George Longmore], *The charivari, or Canadian poetics*, introd. de M. L.

MacDonald (Ottawa, 1977). — *Montreal Gazette,* 26 sept. 1842. — *Vindicator and Canadian Advertiser,* 13, 21 déc. 1830, 13 déc. 1836. — H. J. Morgan, *Bibliotheca Canadensis,* 74. — C. P. A. Ballstadt, « The quest for Canadian identity in pre-confederation English-Canadian literary criticism » (thèse de M.A., Univ. of Western Ontario, London, 1959). — M. L. MacDonald, « Some notes on the Montreal literary scene in the mid-1820's », *Canadian Poetry* (London, Ontario), n° 5 (automne–hiver 1979) : 29–40.

CHRISTIAN, WASHINGTON, ministre baptiste, né vers 1776, probablement en Virginie ; décédé le 3 juillet 1850 à Toronto.

On possède peu de données sur les premières étapes de la vie de Washington Christian : sa naissance, son ordination au sein de la congrégation baptiste Abyssinian de New York, son œuvre de ministre itinérant en Nouvelle-Angleterre et son installation à York (Toronto) en 1825. Lui-même de race noire, il exerça son ministère dans cette ville auprès d'une petite congrégation de Noirs et de Blancs. Premier pasteur baptiste, semble-t-il, à officier régulièrement dans la capitale haut-canadienne, il eut dès 1827 un lieu de réunion permanent : les locaux de la St George's Lodge. À compter de 1834, ses fidèles – apparemment tous des Noirs à ce moment – purent se rassembler rue March (rue Lombard), dans une petite église neuve à charpente de bois que l'on appelait la « chapelle des nègres ». Thomas Rolph* écrivait d'ailleurs en 1836 : les « gens de couleur [...] ont [...] une église qui est beaucoup fréquentée ». Un an plus tard, le nombre des fidèles s'élevait à 66, comme l'indique un rapport de Christian à la Haldimand Association, la plus proche organisation baptiste, qui regroupait les congrégations voisines de la baie de Quinte. Dans les années 1820, la majorité de ses ouailles étaient probablement des descendants d'esclaves emmenés au Canada entre 1763 et 1793 ; pour sa part Rolph croyait qu'ils étaient de fait arrivés plus tard, « la plupart après avoir échappé à l'esclavage ». La construction de l'église de la rue March avait coïncidé avec l'afflux de Noirs partis des États-Unis après les désordres qui avaient agité l'Ohio en 1829.

En 1841, Christian érigea une nouvelle église à l'intersection des rues Queen et Victoria. Après un séjour en Jamaïque en 1843–1844, il pouvait annoncer : « grâce à la générosité des baptistes de la Jamaïque, l'église est libre de dettes ». Ce voyage révèle aussi la place qu'occupaient les Antilles dans l'esprit des Noirs haut-canadiens. Le pasteur établit par la suite une école du dimanche, une société de tempérance pour les jeunes et une bibliothèque ; Christian demeura, jusqu'à sa mort en 1850, responsable de la congrégation, qui prit le nom de First Baptist moins d'une décennie plus tard.

Christian se dévouait pour la cause baptiste en général. Membre respecté de la Haldimand Associa-

196

tion, il jouait un rôle important dans ses délibérations et prêchait souvent à ses assemblées d'ouverture. À la fin des années 1840, on l'invita aux assemblées de l'Amherstburg Association, dans le sud-ouest de la province, et en 1848 on le nomma membre à vie de cet organisme. De plus, son appartenance à l'American Baptist Missionary Convention, organisation parrainée par la congrégation Abyssinian, lui permettait de conserver des liens avec les États-Unis. Dans le Haut-Canada, il remporta un succès remarquable dans la fondation de congrégations baptistes parmi les communautés noires de la presqu'île du Niagara, en particulier celles de St Catharines (1838) et de Hamilton (1847). En 1847, il fit une grande tournée des établissements noirs situés entre Chatham et Sandwich (Windsor). On ne peut guère douter, comme l'a affirmé l'historienne Dorothy Shadd Shreve, qu'il « fonda plus de congrégations baptistes au Canada que tout autre ministre baptiste de couleur ». Plein d'énergie et de force morale, Christian était un prédicateur émouvant qui faisait courir les foules. Un observateur notait, après l'avoir entendu à Whitby en 1837 : « la vérité qui sortait de sa bouche rejoignait bien des cœurs et remplissait de larmes bien des yeux ».

Washington Christian eut cependant à souffrir des querelles qui divisaient sa congrégation torontoise, car les administrateurs, qui détenaient les titres de propriété, tentaient de s'immiscer dans la conduite des affaires de la congrégation. Selon le révérend William P. Newman, rédacteur en chef du *Provincial Freeman and Weekly Advertiser*, ils traitèrent « le vieil homme si durement qu'il mourut pratiquement de chagrin ». Assurément, son existence s'acheva dans la pauvreté. On l'inhuma d'abord dans le Potter's Field, et 12 ans plus tard on transféra son corps au Necropolis, aux côtés de celui de sa femme Ann.

EN COLLABORATION

Les informations sur Washington Christian sont rares et souvent non justifiées. Quelques-uns des ouvrages cités plus bas, par exemple, affirment sans preuves qu'il était antillais. Une photographie de Christian est reproduite dans D. G. Hill, *The freedom-seekers : blacks in early Canada* (Agincourt [Toronto], 1981).

Canadian Baptist Arch., McMaster Divinity College (Hamilton, Ontario), Amherstburg Regular Baptist Assoc., minutes, 1841–1879. — Haldimand Baptist Assoc., *Minutes* (Cobourg, Ontario, et al.), 1837–1851. — Long Point Baptist Assoc., *Minutes* (London, Ontario), 1837–1841. — Thomas Rolph, *A brief account, together with observations, made during a visit in the West Indies, and a tour through the United States of America, in parts of the years 1832–3 ; together with a statistical account of Upper Canada* (Dundas, Ontario, 1836). — *Provincial Freeman and Weekly Advertiser* (Chatham, Ontario), 24 nov. 1855. — *A history of the Amherstburg Regular Missionary Baptist Association ; its auxiliaries and churches* [...], Dorothy Shadd Shreve,

édit. (Amherstburg, Ontario, 1940). — J. K. Lewis, « Religious life of fugitive slaves and rise of coloured Baptist churches, 1820–1865, in what is now known as Ontario » (thèse de B.D., McMaster Divinity College, 1965). — *Robertson's landmarks of Toronto*, 4. — W. J. T. Sheffield, « Background and development of Negro Baptists in Ontario » (thèse de B.D., McMaster Divinity College, 1952). — D. G. Simpson, « Negroes in Ontario from early times to 1870 » (thèse de PH.D., Univ. of Western Ontario, London, 1971). — R. W. Winks, *The blacks in Canada : a history* (Montréal, 1971). — F. H. Armstrong, « The Toronto directories and the Negro community in the late 1840's », *OH*, 61 (1969) : 111–119. — J. K. A. Farrell [O'Farrell], « Schemes for the transplanting of refugee American Negroes from Upper Canada in the 1840's », *OH*, 52 (1960) : 245–249. — D. G. Hill, « Negroes in Toronto, 1793–1865 », *OH*, 55 (1963) : 73–91. — Fred Landon, « The Negro migration to Canada after the passing of the Fugitive Slave Act », *Journal of Negro Hist.* (Washington), 5 (1920) : 22–36.

CHRISTIE, ALEXANDER JAMES, médecin, journaliste, auteur, homme d'affaires, fonctionnaire, juge de paix et notaire, né en 1787 et baptisé le 14 octobre dans la paroisse de Fyvie, Écosse, fils du révérend Alexander Christie, doyen du chapitre d'Aberdeen ; il épousa Jane Turner, et ils eurent au moins trois enfants, dont Alexander, ingénieur et constructeur de ponts ; décédé le 13 novembre 1843 à Bytown (Ottawa) et inhumé à Glencairn, sa ferme du canton de March, Haut-Canada.

Dans les premières notices biographiques qui portent sur lui et dans les textes qui font état de ses activités comme résident des régions de Montréal et de Bytown, Alexander James Christie a le plus souvent le titre de docteur. Certes, il pratiqua la médecine et s'intéressa toute sa vie aux questions de santé, mais on n'est pas certain qu'il ait été un médecin diplômé. Il étudia les mathématiques au Marischal College d'Aberdeen pendant deux ans, et l'on rapporte que par la suite il fit sa médecine à l'University of Edinburgh, mais aucun document ne prouve hors de tout doute qu'il reçut un diplôme. On dit qu'il exerça dans le nord de l'Écosse ; en 1827, lorsqu'il sollicita auprès du docteur James Forbes, chef du service de santé de l'armée haut-canadienne, le poste de chirurgien sur le chantier du canal Rideau, il déclara avoir été médecin pendant plusieurs années dans la marine britannique. Par ailleurs, ses vastes connaissances et la diversité de ses centres d'intérêt incitent à croire qu'il enseigna en Écosse, mais on n'a guère de précisions à ce sujet. On ne plus sur bien d'autres aspects de sa vie outre-mer.

Les choses s'éclaircissent à compter de l'arrivée de Christie dans le Bas-Canada en mai 1817. Probablement avait-il fait le voyage sur l'invitation de son beau-frère, Thomas Andrew Turner, qui lui trouva une maison et une clientèle à Dorchester (Saint-Jean-sur-Richelieu). Bien qu'il ait reçu le 22 juillet l'autorisation de pratiquer la médecine dans la provin-

Christie

ce, son goût pour la politique et l'écriture le mena bientôt dans une autre direction. En septembre 1818, il devint rédacteur en chef et, avec William Gray, copropriétaire du *Montreal Herald*. Toutefois, l'aventure se termina mal : Gray le congédia du poste de rédacteur en chef le 20 février 1821 et annonça la nouvelle dans le *Herald* du lendemain. Le renvoi de Christie faisait suite à son arrestation pour dettes, qui l'amènerait à passer « plus de trois longs mois » en prison. Plus tard, en relatant ces événements, il allégua que Gray avait manigancé sa faillite et son arrestation pour mettre fin à leur association. De plus, il prétendit qu'il avait dû remplir des tâches non prévues dans leur entente et que, pour cette raison, Gray lui devait plus de £2 000. Au moins un autre déposant, un employé du *Herald* nommé William Langhorne, confirma cette version des faits, mais de toute façon le séjour de Christie au journal était bel et bien terminé.

Cette première étape de la vie de Christie au Canada renferme tous les éléments de base de sa carrière future : pendant ses longues années de résidence à Bytown, il allait en effet soutenir les mêmes opinions politiques, exercer la médecine, écrire et publier, participer aux affaires publiques et occuper des postes dans l'administration. En politique, il était conservateur et impérialiste : satisfait du gouvernement, il s'opposait aux réformistes comme Robert Gourlay* et se méfiait beaucoup des visées des États-Unis sur l'Amérique du Nord britannique. Dans les pages du *Herald* et dans ses lettres à destination de la Grande-Bretagne, il notait combien les Américains se montraient solidaires quand l'intérêt national était en jeu ; à son avis, ils mobilisaient leurs ressources et leurs compétences afin de construire dans la région du lac Champlain des installations militaires et une puissante flotte, signe de leur profonde aversion pour tout ce qui était britannique.

C'est pourquoi, dès son arrivée au Canada et jusqu'à la fin de sa vie, Christie pressa ses concitoyens de réagir fermement. Selon lui, il fallait ériger de solides fortifications en des points stratégiques des rives laurentiennes et creuser ou élargir des canaux et des voies navigables. Il lui paraissait également essentiel d'unir le Haut et le Bas-Canada en situant la capitale dans un lieu facile à défendre ; aussi devint-il un ardent partisan de la construction du canal Rideau, auquel il attribuait des avantages économiques aussi bien que militaires, et du choix de Bytown comme capitale. Ce dernier point était l'un de ses chevaux de bataille lorsqu'il fut rédacteur en chef de l'hebdomadaire *Bytown Gazette, and Ottawa and Rideau Advertiser*.

Pour Christie, tout rédacteur en chef devait être d'une objectivité et d'un éclectisme remarquables puisqu'il orchestrait la publication d'une chronique de son époque. En septembre 1818, dans le *Herald*, il donna la définition suivante d'un journal : « l'abrégé des actes des grands et des humbles [...] En fait, un journal doit refléter [...] les sentiments du peuple ; il doit être l'écho de l'opinion publique ; il doit promulguer les principes les plus élevés ; il doit défendre les intérêts les meilleurs. » À titre de rédacteur en chef du *Herald*, puis de la *Montreal Gazette* (mars 1824–août 1825) et de la *Bytown Gazette* (1836–1843), il rédigea des comptes rendus et commentaires sur des sujets très variés : politique, économie, conduite des Américains, problèmes sociaux. Toutefois, comme ses homologues des autres périodiques, il avait ses marottes : critique des réformistes et de William Lyon Mackenzie* (avec qui il avait été en bons termes pendant quelque temps, en 1820, quand celui-ci collaborait au *Herald*), défense de sir Francis Bond Head* et insistance sur la nécessité d'unir le Haut et le Bas-Canada afin de réduire, sinon d'annihiler, le pouvoir des francophones.

En qualité de médecin, Christie s'intéressait certainement au bien-être d'autrui. Au début de son séjour à Montréal, il participa à la fondation du Montreal General Hospital et fut secrétaire de l'Emigrant Society of Montreal. Cette dernière activité l'amena à chercher un terrain où construire un établissement d'accueil pour les immigrants et à rédiger son propre guide, *The emigrant's assistant : or remarks on the agricultural interest of the Canadas* [...]. Comme il était lui-même un immigrant de fraîche date, il écrivit, dans tous les coins des deux provinces, à des hommes d'expérience afin de rassembler de la documentation. Son ouvrage, qui présentait « la vérité [...] sans apprêt », contenait des chapitres sur l'histoire du peuplement du Canada et sur les meilleurs moyens, pour les immigrants, de faciliter leur installation, puis brossait un bref tableau de l'histoire et des institutions politiques du Haut et du Bas-Canada ; d'autres chapitres expliquaient la tenure des terres, leur répartition, les moyens d'en obtenir puis de les défricher. Christie envisageait apparemment de publier un deuxième volume, largement statistique, mais rien n'indique qu'il le fit.

Grâce à ce livre et à ses fonctions de rédacteur en chef, Christie avait ses entrées dans un petit cercle littéraire de Montréal. Il était, semble-t-il, en bons termes avec Samuel Hull Wilcocke*, rédacteur en chef d'une publication violente et satirique, le *Scribbler*. Wilcocke lui écrivit plusieurs fois et se rangea vraisemblablement de son côté dans sa lutte contre Gray. Il fit en outre une bonne critique de *The emigrant's assistant* dans le Scribbler. De même, David CHISHOLME, Écossais lui aussi, eut d'abord des liens d'amitié avec Christie, qu'il invita à collaborer au *Canadian Magazine and Literary Repository,* dont il était le rédacteur en chef en 1823. Cependant, les deux hommes devinrent des rivaux et s'injurièrent mutuellement quand, en 1824, Chisholme fut nommé rédacteur en chef du *Herald* et d'une nouvelle publication, la *Canadian Review and Literary and Historical Journal.* Après avoir quitté Montréal en 1821, Christie avait décidé d'y revenir après qu'on lui eut offert £200 par année pour diriger la *Gazette* et le *Canadian Magazine,* ce qu'il fit de mars 1824 au milieu de 1825. Chisholme et lui s'entendaient cependant en matière littéraire : ils encourageaient les productions locales, appelaient la venue d'une littérature axée sur « les faits réels ou les objets tangibles » et repoussaient l'utilisation excessive des « artifices de la poésie » dont le recours à des « êtres imaginaires issus d'un monde féerique ». Comme Chisholme, Christie profita de la fondation de la Société littéraire et historique de Québec, en 1824, pour examiner comment les organismes de ce genre pouvaient contribuer au progrès de la culture dans une société neuve.

Christie quitta de nouveau Montréal à l'été de 1825 et retourna dans le canton de March, où il s'était installé avec sa femme et ses enfants au cours de l'été de 1821. Toutefois, comme la terre du rang 7 ne produisait guère, la famille s'établit en 1822 sur un lot du rang 1. Christie y construisit Glencairn et une ferme qu'il confia à son fils Thomas. En 1827, probablement par désir de se rapprocher de l'animation de la ville, Christie alla se fixer là où se trouve aujourd'hui l'intersection des rues Wellington et Lyon, à Ottawa. Vers 1835, il construisit une maison rue Sparks ; les bureaux de son imprimerie occupaient une propriété adjacente.

En plus de s'essayer à l'agriculture, Christie pratiquait la médecine, vendait au détail diverses marchandises et était membre du conseil d'administration de la Hull Mining Company. De septembre 1826 à avril 1827, il occupa un poste temporaire de médecin auprès des ouvriers du canal Rideau ; il continua d'exercer cette fonction à titre officieux jusque vers la fin de 1827, en tenant comme toujours un relevé détaillé de ses activités. Même s'il fit appel au lieutenant-colonel John BY, à James Forbes, inspecteur des hôpitaux militaires de la province, et au gouverneur lord Dalhousie [RAMSAY], il ne put obtenir de poste officiel permanent, probablement parce qu'il était civil. En mars 1830, il devint coroner du district de Bathurst (nomination renouvelée en 1836 et 1839). Ce n'était pas sa première charge publique puisqu'il avait déjà occupé celle de juge de paix de la ville de Bytown. En outre, il s'était toujours intéressé aux affaires de son milieu : il avait contribué de manière fort importante à la construction de l'église anglicane St Mary, sur un terrain dont son ami Hamnett Kirkes Pinhey* était propriétaire, et avait prononcé l'adresse de bienvenue à lord Dalhousie quand celui-ci avait visité le district en septembre 1826. En janvier 1834, Christie fut habilité à délivrer des dispenses de bans ; en septembre 1835, sir John Colborne* le proclama notaire. En

1836, il fut secrétaire de la Bathurst Agricultural Society et de l'Ottawa Lumber Association ; l'année suivante, il agit pendant un moment en qualité de greffier de canton.

À titre de coroner, Christie devint secrétaire du bureau de santé et eut à faire face en 1832 à la menace de choléra. En juin, il tenta d'isoler Bytown en interdisant au *Shannon* et à d'autres navires de s'en approcher. Le commandant du *Shannon* obéit, mais le choléra gagna quand même la ville, où l'on déplorait trois morts au 12 juillet. Pour traiter la maladie, Christie prescrivait un mélange de charbon d'érable argenté, de lard et de sucre d'érable. Il tint des relevés financiers des mesures prises à Bytown : en 1832, la construction et l'équipement d'un hôpital coûtèrent plus de £115 et en 1834, quand la maladie resurgit, les dépenses s'élevèrent à £123.

Du 9 juin 1836 jusqu'à sa mort, Christie dirigea la *Bytown Gazette.* Plus tôt dans l'année, après la fin prématurée du *Bytown Independent, and Farmer's Advocate* de James JOHNSTON, il avait acheté la presse de celui-ci. Malgré sa nouvelle fonction, il n'abandonna ni la recherche de nominations gouvernementales ni l'action politique. À l'occasion d'une élection partielle dans Carleton, en 1832, il avait participé à la campagne de Pinhey. La dureté de la lutte apparaît dans un récit satirique en vers paru en 1832, *The Carleton election ; or, the tale of a Bytown ram ; an epic poem, in ten cantos,* parfois attribué à Christie. Toujours par souci d'obtenir une place dans l'administration et de participer à la vie politique, il fut, en 1838, l'un des principaux signataires d'une pétition qui réclamait la formation d'un nouveau district, Dalhousie, à partir des districts de Bathurst, Johnstown et Ottawa.

À la fin de 1840, on choisit Christie comme candidat en prévision des élections de mars 1841, destinées à former la première Assemblée législative de la province du Canada. Toutefois, on le persuada de se retirer, avec Johnston et Robert Shirreff, en faveur d'un rédacteur en chef montréalais, Stewart Derbishire*, parachuté dans la circonscription par son ami le gouverneur lord Sydenham [THOMSON]. En mai 1842, grâce surtout à l'intervention de Derbishire, devenu député, Christie obtint en récompense le poste de greffier de la paix du nouveau district de Dalhousie.

Même si Christie avait invoqué la maladie pour se retirer de la campagne électorale de 1841, il n'abandonna pas son travail de rédacteur en chef. Apparemment, il tomba gravement malade au début de novembre 1843 ; sa mort survint le 13. Sa famille continua de publier le journal pendant quelque temps puis le vendit.

Alexander James Christie était un journaliste au tempérament vif et aux idées controversées ; il fut aussi un témoin de son époque. Ses dossiers et mémoires contiennent des renseignements utiles au-

Christie

tant sur l'histoire que sur les conditions sociales et économiques de son milieu. Le journal qu'il tenait sous le titre de « Medical and Chirurgical Observations » montre qu'il ne cessa jamais de parfaire sa connaissance de la médecine et illustre comment sa profession se pratiquait en région isolée ; ses lettres et journaux de voyage décrivent les ressources humaines et agricoles propres à la région du canal Rideau et de l'Outaouais ; son carnet de philosophie de la nature révèle sa vaste curiosité pour les sciences physiques.

CARL P. A. BALLSTADT

Alexander James Christie est l'auteur de : *The emigrant's assistant : or remarks on the agricultural interest of the Canadas* [...] (Montréal, 1821).

AO, MU 934–944. — APC, MG 24, B1 ; I9, 1–8 ; I102 ; MG 30, D1, 8. — McGill Univ. Libraries, Dept. of Rare Books and Special Coll., MS coll., CH202.S180. — Ottawa, Hist. Soc., Bytown Museum and Arch. (Ottawa), JCHR. — *Canadian Magazine and Literary Repository* (Montréal), 1 (juill.–déc. 1823)–4 (janv.–juin 1825). — *Canadian Rev. and Literary and Hist. Journal* (Montréal), n° 1 (juill. 1824)–n° 3 (mars 1825). — *The search for English-Canadian literature : an anthology of critical articles from the nineteenth and early twentieth centuries*, C. [P. A.] Ballstadt, édit. (Toronto et Buffalo, N.Y., 1975). — *Bytown Gazette, and Ottawa and Rideau Advertiser*, 9 juin 1836–16 nov. 1843. — *Montreal Gazette*, mars 1824–sept. 1825. — *Montreal Herald*, sept. 1818–févr. 1821. — *Scribbler* (Montréal), 1821–1822. — C. P. A. Ballstadt, « The quest for Canadian identity in pre-confederation English-Canadian literary criticism » (thèse de M.A., Univ. of Western Ontario, London, 1959). — W. P. Lett, *Recollections of old Bytown*, Edwin Welch, édit. (Ottawa, 1979). — H. [J. W.] Walker et Olive [Moffatt] Walker, *Carleton saga* (Ottawa, 1968). — C. C. J. Bond, « Alexander James Christie, Bytown pioneer : his life and times, 1787–1843 », *OH*, 56 (1964) : 17–36. — H. P. Hill, « The *Bytown Gazette*, a pioneer newspaper », *OH*, 27 (1931) : 407–423. — M. L. MacDonald, « Some notes on the Montreal literary scene in the mid-1820's », *Canadian Poetry* (London), n° 5 (automne–hiver 1979) : 29–40.

CHRISTIE, WILLIAM PLENDERLEATH (connu jusqu'en 1835 sous le nom de **William Plenderleath**), seigneur et homme politique, né le 13 décembre 1780 en Angleterre ; décédé le 4 mai 1845 à Blackwood (république d'Irlande).

William Plenderleath était le troisième fils de Gabriel Christie* et de sa maîtresse Rachel Plenderleath. Le 20 avril 1793, il joignit les rangs du régiment de son père, le 60th Foot, en qualité d'enseigne ; le 29 mai 1803, il accéda au grade de capitaine. En garnison aux Antilles pendant la plus grande partie des guerres napoléoniennes, il servit aussi en Italie et passa 18 mois à Madère à titre de sous-adjoint à l'adjudant général. Il donna sa démission en 1810.

Peut-être dès 1816, Plenderleath s'établit à Montréal, où il se peut qu'il ait vécu chez les Christie. La même année, il intenta une poursuite à son demi-frère Napier Christie Burton afin de toucher le solde des £1 500 (cours d'Angleterre) que lui avait léguées son père. Avant 1820, il épousa Elizabeth McGinnis, sœur d'Alexander McGinnis, négociant entre Bristol et la Dominique. Devenu veuf, il épousa en secondes noces Amelia Martha Bowman, le 30 mars 1835 à Montréal. On sait peu de chose sur ses premières années dans cette ville, sinon qu'il fut exécuteur testamentaire de plusieurs membres de la famille de sa première femme, ce qui le mena à Bristol en 1820.

À Montréal, Christie habitait une maison appelée Clifton Lodge, dans le faubourg Québec. Il possédait aussi une ferme à Cornwall et 1 200 acres de terre dans le canton d'Ascot. En 1842, il acheta la maison de Joseph PAPINEAU à Montréal. Il détenait des actions de la Bank of England, de la Banque de Montréal, de la Banque de la cité et de la British American Land Company.

À la mort de Napier Christie Burton en 1835, et après avoir, probablement le 27 juin, pris le nom et le blason des Christie, Plenderleath hérita le majorat de son père. Il devint ainsi propriétaire de quelques lots de ville à Dorchester (Saint-Jean-sur-Richelieu) et seigneur de Repentigny, Bleury, Sabrevois, Noyan, Léry et Lacolle. Sa prestation de foi et hommage eut lieu le 7 novembre 1835.

Afin de gérer ses domaines, Christie prit comme agent foncier William McGinnis, de L'Acadie, neveu de sa première femme. Après un an de salariat, McGinnis toucha une commission de 15 % sur la perception des droits seigneuriaux. Ses intérêts étaient donc étroitement liés à ceux du seigneur. En outre, il partageait les fortes tendances tories de Christie et l'aidait tant en matière commerciale que dans ses efforts de promotion du protestantisme. Christie appréciait cet homme : « Il n'est personne, lui écrivit-il, qui pourrait ou voudrait me rendre des services aussi nécessaires ; personne, sauf votre frère, en qui je peux mettre ma confiance. »

Même si Christie agissait toujours par l'intermédiaire de son agent, il veillait de près à l'administration de ses seigneuries. Il en fit un levé et dressa un dossier distinct sur chacune en prévision de la subdivision de ses domaines. Il remarquait les absentéistes, surtout ceux qui avaient participé à la rébellion de 1837–1838, afin de les poursuivre pour arriérés de fermage s'il y avait lieu. Grâce à des travaux de drainage, il accrut la superficie des terres arables dans la seigneurie de Léry, dont la partie non concédée devint le domaine de Lakefield après qu'il eut demandé, en vain, de la transformer en « franc et commun soccage ». Des travaux semblables à Noyan donnèrent de moins bons résultats. Il construisit deux scieries à Saint-Valentin, mais dans l'ensemble il laissait les travaux d'aménagement à des entrepreneurs. Il vendit les plus importants emplacements de moulin des seigneuries ; les autres, mis en location, revinrent par la suite à ses héritiers. Le principal mérite de Christie fut donc de rationaliser la gestion de ses seigneuries afin qu'elles rapportent un revenu régulier, mais il dut pour cela recourir à des ventes judiciaires. Bien que sa correspondance révèle un fort préjugé en faveur des « tenanciers » anglais, il traitait ses censitaires avec équité. Il avait l'habitude de recueillir régulièrement les fermages, qu'il laissa au taux de l'administration précédente.

Christie encouragea activement la création d'écoles et le missionnariat protestant au Bas-Canada, et prit un intérêt particulier à l'instruction des autochtones. Il assuma les coûts de la construction de la chapelle Trinity de Montréal, dont il choisit le premier titulaire, Mark WILLOUGHBY. À Christieville (Iberville), il finança la construction de l'église Trinity et d'une école paroissiale ; à cet endroit et à Napierville, il donna des biens-fonds pour un bénéfice et une église. La Church Society, dont il était membre fondateur et vice-président, reçut de lui des terres dans le canton d'Ascot. C'est avec son assentiment qu'Henriette Feller [Odin*] ouvrit sa mission à Grande-Ligne, et il payait un colporteur qui distribuait des tracts protestants à Repentigny et dans les seigneuries de la haute vallée du Richelieu. Cependant, il prenait soin d'entourer de discrétion sa participation à ces activités. Christie était d'une piété évidente et faisait preuve d'amabilité dans ses relations personnelles ; par contre, dans ses gestes publics de charité, il semble qu'il agissait plutôt par prosélytisme que par philanthropie.

Pendant la rébellion de 1837–1838, Christie s'était porté volontaire comme secrétaire militaire du Bas-Canada et d'une partie du Haut-Canada et il occupa ce poste pendant un certain temps. Du 2 avril au 1er juin 1838 puis du 2 novembre de la même année au 10 février 1841, il siégea au Conseil spécial du Bas-Canada. Ensuite, il s'installa au manoir qu'il avait fait construire à Christieville. En 1843, en compagnie de sa femme, il partit pour la Grande-Bretagne, dans l'espoir de trouver un traitement pour son bras paralysé. Il mourut à Blackwood deux ans plus tard.

Christie n'eut aucun enfant de ses mariages. Sa femme, légataire universelle, reçut £4 200 en vertu de leur contrat de mariage ainsi que le manoir de Christieville, la seigneurie de Bleury et les domaines des seigneuries de Léry et Lacolle. Les autres seigneuries allèrent aux parents. Divers avoirs, dont des biens meubles, passèrent aux membres des familles McGinnis et Bowman. Des amis personnels, 32 en tout, reçurent £50 chacun, à prélever sur les arriérés de fermage. Le solde, le cas échéant, devait être réparti entre plusieurs sociétés missionnaires.

Mis en doute aussi bien après qu'avant sa mort, le droit de William Plenderleath Christie à la succession de son père fit l'objet d'une première contestation devant les tribunaux après 1864. Cependant, le 21 juillet 1874, le Comité judiciaire du Conseil privé confirma son droit d'héritage, en dépit de son état de « bâtard adultérin », si bien que ses héritiers ne furent plus inquiétés.

FRANÇOISE NOËL

ANQ-M, CE1-63, 30 mars 1835 ; CN1-134, 24 mars 1835 ; CN1-175, 3 mars 1842. — ANQ-Q, P-52, n°s 498–511. — APC, MG 8, F99, sér. 1–2, 8–9 ; RG 1, L3^L : 30175–30177 ; RG 4, B53, 3 ; RG 8, I (C sér.), 392 : 49. — Musée McCord, M20483. — *King* v. *Tunstall* (1874), 7 C.R.A.C., 126. — *Quebec Gazette*, 3 sept. 1840. — Elinor Kyte Senior, *British regulars in Montreal : an imperial garrison, 1832–1854* (Montréal, 1981). — Françoise Noël, « Gabriel Christie's seigneuries : settlement and seigneurial administration in the upper Richelieu valley, 1764–1854 » (thèse de PH.D., McGill Univ., Montréal, 1985). — N. W. Wallace, *A regimental chronicle and list of officers of the 60th, or King's Royal Rifle Corps, formerly the 62nd, or the Royal American Regiment of Foot* (Londres, 1879).

CHURCH, JOHN, officier de milice et homme d'affaires, né le 30 septembre 1757 ; décédé le 19 octobre 1839 à Churchville (Sweetsburg, Québec).

Les origines de John Church sont obscures. Il descendrait d'une famille originaire du Palatinat (République fédérale d'Allemagne) qui aurait immigré vers 1710 dans la colonie de New York, aux environs de la vallée de la rivière Hudson, et dont le nom aurait évolué de Shirts ou Shertz vers la forme anglaise de Church. Durant la guerre d'Indépendance américaine, Church serait passé dans la province de Québec pour offrir ses services à la couronne britannique. Il se peut qu'il ait alors joint les rangs de l'armée de John Burgoyne*. Un an après la fin des hostilités, en 1784, il s'installe à Caldwell's Manor, près de la baie Missisquoi. Peu après, il épouse Tryphena Huntington, elle aussi originaire de la vallée de la rivière Hudson, et ils auraient eu cinq enfants, un fils et quatre filles, tous nés à Caldwell's Manor.

Le 5 mai 1795, Church prête le serment d'allégeance, procédure indispensable pour obtenir des terres au Bas-Canada. En 1799, il va s'établir dans le canton de Dunham en compagnie du capitaine Jacob Ruiter et de quelques autres. Il y retrouve son frère Henry et son beau-frère William Shufelt, mari de sa sœur Catherine, arrivés depuis peu en suivant la piste tracée en 1795 par John Savage* ; ce sentier deviendra la principale voie de communication entre le canton de Shefford et la baie Missisquoi.

Après avoir acheté un lot de l'arpenteur Jesse Pennoyer* en 1800, Church décide de se fixer dans le canton de Dunham. Le choix de ce lot est judicieux, car il comprend l'emplacement de la future Churchville qui deviendra plus tard le village de Sweetsburg. D'autres acquisitions contribueront à agrandir son

Clopper

domaine. Sa qualité de loyaliste authentique ne semble pas avoir poussé Church à faire de grandes réclamations. Cependant, en 1803, il obtient avec son frère Henry des lots dans le canton de Potton à titre d'associés de Henry Ruiter. Mais Church et son frère ne semblent pas s'être intéressés à ces terres et ont probablement servi, comme beaucoup d'autres, de prête-noms dans ces transactions en retour d'un certain dédommagement.

Assez rapidement, Church met sur pied dans le canton de Dunham un commerce axé sur l'échange des cendres et de la potasse contre certaines marchandises de première nécessité. Située sur une route achalandée, l'entreprise prospère et comprend bientôt une boutique de forge, une potasserie et une distillerie. En 1814, Church s'associe à son fils John et, vers 1819, il construit avec son aide une vaste maison de brique, l'une des premières de la région ; cette maison deviendra une auberge connue à la ronde où d'importantes réunions seront tenues et même des mariages célébrés, mais où le jeu ne sera jamais toléré.

Les pratiques commerciales de Church sont restées légendaires. Il croyait qu'en revendant ses marchandises quatre fois le prix d'achat, il réalisait un profit de 4 %. Ne sachant pas écrire – à peine peut-il signer son nom – ses livres de comptes sont truffés de pictogrammes. Son magasin abrite vers 1830 le premier bureau de poste de Churchville, et c'est son fils qui en prend la responsabilité. On voudrait construire à cette époque une église sur un terrain voisin, mais une souscription ouverte par Charles Caleb COTTON, ministre de l'Église d'Angleterre, rapporte peu malgré un don généreux de Church.

Le 15 mai 1804, Church avait par ailleurs reçu une commission de lieutenant de milice et, en 1805, on l'avait intégré au 1er bataillon des Cantons-de-l'Est, formé cette année-là, ce qui ne l'oblige pas à grand-chose en temps de paix ; il réussit même à ne pas participer à la guerre de 1812. Cependant, vers 1817, il est nommé capitaine de milice, charge dont il s'acquitte assez fidèlement même s'il doit se plaindre au gouverneur, sir John Coape Sherbrooke*, pour se faire indemniser de ses frais de déplacement à Montréal. C'est peut-être à la suite de cette intervention qu'il reçoit une concession de terre dans le canton de Brome.

En 1826, Church et son fils renouvellent les termes de leur association et le père fait dresser son testament. En 1829, il démissionne de son poste de capitaine de milice et recommande son fils comme successeur. Il semble ensuite s'être retiré des affaires, puisque son fils prend un autre associé en 1830. Malheureusement, John Church fils meurt en 1831 et sa femme, Elizabeth Shufelt, le suit dans la tombe en 1833, en laissant trois fils mineurs. Les biens de cette communauté sont alors vendus aux enchères et Church n'est même pas présent au conseil de famille qui suit.

John Church meurt à Churchville le 19 octobre 1839, à l'âge de 82 ans, entouré des membres de sa famille, et il est enterré deux jours plus tard dans le petit cimetière de la famille Ruiter, près de chez lui. Ce n'est que plus tard que son corps sera transporté dans le cimetière de la Christ Church, à Sweetsburg, où il repose toujours. Le nom de Churchville disparaîtra en 1854, mais le souvenir de Church, homme honnête et débonnaire, subsistera longtemps encore dans la région. Dans toute la mesure de ses moyens, il a participé à la vie de son milieu et a contribué à son progrès.

MARIE-PAULE R. LaBRÈQUE

ANQ-E, CE2-38, 19 oct. 1839 ; CN2-21, 31 mai 1810 ; CN2-26, 17 août 1800, 11 mars 1826, 29 janv. 1827, 24 mai 1830, 30 juin, 18 juill. 1834. — APC, RG 1, L3L : 24874, 31112–31115, 72581, 92522 ; RG 9, I, A5, 1 : 98 ; RG 31, C1, 1825, 1831, Dunham. — Brome County Hist. Soc. Arch. (Knowlton, Québec), Fonds H. B. Shufelt, Harrington, « Churchville » (copie dactylographiée). — Missisquoi Hist. Soc. Arch. (Stanbridge-East, Québec), Dossier Church, généalogie. — Bouchette, *Topographical description of L.C.* — *Illustrated atlas of the Eastern Townships and south western Quebec* ([Toronto], 1881 ; réimpr., Port Elgin, Ontario, 1972). — *Illustrated dictionary of place names, United States and Canada*, K. B. Harder, édit. (New York, 1971). — Langelier, *Liste des terrains concédés*. — Hormisdas Magnan, *Dictionnaire historique et géographique des paroisses, missions et municipalités de la province de Québec* (Arthabaska, Québec, 1925). — *Officers of British forces in Canada* (Irving). — « Papiers d'État – B.-C. », APC *Rapport*, 1892 : 241–248. — Ivanhoë Caron, *la Colonisation de la province de Québec* (2 vol., Québec, 1923–1927), 2. — C. M. Day, *History of the Eastern Townships, province of Quebec, Dominion of Canada, civil and descriptive* [...] (Montréal, 1869) ; *Pioneers of the Eastern Townships* [...] (Montréal, 1863). — J. C. Furnas, *The Americans : a social history of the United States, 1587–1914* (New York, 1969). — B. F. Hubbard, *Forests and clearings : the history of Stanstead County, province of Quebec, with sketches of more than five hundred families*, John Lawrence, édit. (Montréal, 1874 ; réimpr., 1963). — *The loyalists of the Eastern Townships of Quebec, 1783–84 : 1983–84, bicentennial* (Stanbridge-East, 1984). — T. R. Millman, *A short history of the parish of Dunham, Quebec* (Granby, Québec, 1946). — H. B. Shufelt, *Along the old roads : reflections, recollections, romance of Eastern Townships history* (Knowlton, 1956). — Cyrus Thomas, *Contributions to the history of the Eastern Townships* [...] (Montréal, 1866). — J. P. Noyes, « The Canadian loyalists and early settlers in the district of Bedford », Missisquoi County Hist. Soc., *Report* (Saint-Jean-sur-Richelieu, Québec), 3 (1908) : 90–107 ; « The Missisquoi German or Dutch », 2 (1907) : 31–35 ; « The old Church Tavern », 3 : 45–46. — Marion Phelps, « Dunham Township's oldest brick building burned », *Eastern Townships Advertiser* (Knowlton), 3 juin 1965 : 3.

CLOPPER, HENRY GEORGE, fonctionnaire, banquier, juge de paix et juge, né le 25 avril 1792 à

Kingsclear, Nouveau-Brunswick, fils de Garret Clopper et de Penelope Miller ; le 9 février 1820, il épousa à Woodstock, Nouveau-Brunswick, Mary Ann Ketchum, et ils eurent deux filles ; décédé le 4 novembre 1838 à Fredericton.

Le père de Henry George Clopper était un loyaliste new-yorkais d'origine hollandaise qui avait servi dans les troupes provinciales pendant la Révolution américaine et occupé des postes secondaires dans l'administration du Nouveau-Brunswick ; sa mère descendait d'une famille de loyalistes distingués établie au Massachusetts et apparentée à Edward Winslow*. Après avoir fréquenté la Fredericton Academy et travaillé quelque temps à titre d'apprenti chez un marchand de Halifax, Clopper devint en 1813 commis au commissariat de l'armée britannique au fort Cumberland (près de Sackville, Nouveau-Brunswick). Jusqu'en 1818 au moins, il travailla pour le commissariat en divers endroits, notamment à Presque Isle, où il fut quelque temps responsable du dépôt. Il demeura en poste lorsqu'on réduisit les effectifs après la guerre de 1812, sans doute en partie grâce à l'influence du beau-frère de sa mère, Harris William Hailes, administrateur du Nouveau-Brunswick en 1816–1817, puis aide de camp du lieutenant-gouverneur George Stracey Smyth*.

En février 1821, on désigna Clopper pour succéder à son père à titre de registrateur du comté d'York. Lorsque ce dernier mourut en juillet 1823, il le remplaça aussi aux postes de sergent d'armes de la chambre d'Assemblée et de greffier de comté. D'autres petits postes lucratifs continuèrent de lui échoir, entre autres celui de sous-receveur des douanes pour Fredericton en 1831. Vers la fin de 1837, il abandonna sa charge de greffier de comté, qui englobait la fonction de procureur, et devint juge de paix et juge de la Cour inférieure des plaids communs. Il y avait peu d'activités communautaires dans lesquelles il n'était pas engagé. Il fit partie de la commission chargée de la construction d'une maison d'industrie à Fredericton en 1822 et fut longtemps membre du conseil d'administration de cet établissement. Il fut en outre clerc du conseil paroissial, secrétaire de la Fredericton Savings Bank dès sa fondation en 1824, et secrétaire-trésorier de la Fredericton Library. En 1825, il compta au nombre des membres fondateurs du Central Committee of Relief for the Miramichi Fire et, l'année suivante, il fit partie de la commission chargée de distribuer les fonds qu'avait ramassés cet organisme.

La participation de Clopper au recensement de 1824 constitue un fait marquant de sa carrière dans l'administration publique. Non seulement le chargea-t-on, à titre de greffier de comté, d'organiser le recensement dans York, mais William Franklin ODELL, secrétaire de la province, le désigna pour compiler les résultats recueillis dans toute la colonie et en faire rapport à l'Assemblée. Les recenseurs, choisis par les juges de paix, dénombraient les habitants selon le sexe, la race et l'âge (plus ou moins de 16 ans), et comptaient le nombre de familles ainsi que les maisons habitées, inhabitées ou en construction. L'arrivée tardive de certains résultats de régions éloignées et l'oubli de relever l'effectif des chantiers de deux comtés ont malheureusement compromis l'exactitude globale du recensement. Fait à noter, en 1825, l'archidiacre George Best* estimait la population à 79 176, soit 5 000 de plus que le nombre déclaré dans le rapport que publia l'Assemblée.

En 1834, Clopper devint le tout premier président de la Central Bank of New Brunswick, établie à Fredericton. La même année, l'Assemblée qui peu de temps auparavant s'était montrée tout à fait indifférente aux efforts d'un groupe de marchands de Saint-Jean pour fonder une seconde banque dans cette ville [V. John McNeil WILMOT], constitua juridiquement la Central Bank. La facilité avec laquelle ses promoteurs obtinrent la sanction de l'Assemblée était attribuable au fait que l'établissement, par sa situation et son peu d'importance (son capital autorisé n'était au départ que de £15 000), ne menaçait pas le quasi-monopole de la Bank of New Brunswick, fondée à Saint-Jean en 1820. Un autre facteur a pu aider : Clopper avait comme beau-frère Charles Simonds*, figure importante à la Bank of New Brunswick et l'un des hommes politiques les plus puissants de la province. L'engagement de Clopper dans la Central Bank l'amena à se lier à d'autres entreprises commerciales, notamment la Nashwaak Mill and Manufacturing Company, dont il devint administrateur en 1836 avec James Taylor* et d'autres personnalités.

Henry George Clopper était un homme obstiné qui, semble-t-il, manquait de cordialité et de générosité. En 1830, une dispute avec un oncle maternel au sujet d'une somme de £35 perturba ses relations familiales. Ce différend l'entraîna dans un affrontement avec l'avocat George Frederick Street* et, en 1834, la population lut avec amusement dans la section du lecteur du *New-Brunswick Courier* les impolitesses que s'échangèrent ces deux descendants de l'aristocratie loyaliste. Clopper avait néanmoins de grandes capacités. Lorsqu'il mourut, la notice nécrologique de la *Royal Gazette* souligna son « intelligence forte et pénétrante », qui lui avait « permis d'entreprendre et de réaliser des tâches si variées qu'il [allait être] extrêmement difficile de le remplacer dans la colonie ». Des années après, la People's Bank of New Brunswick l'honora en reproduisant son portrait sur ses billets de cinq dollars. Comme Clopper n'avait pas eu de fils et que son unique frère était décédé en 1819, c'est surtout grâce à la carrière du neveu de sa femme, Henry George Clopper Ketchum*, que le patronyme Clopper continua d'être connu au Nouveau-Brunswick.

D. MURRAY YOUNG

Clouet

APC, MG 24, L6, 1. — APNB, MC 300, MS20/25 ; Photograph Sect., P4/2/51 ; RG 1, RS336 ; RG 2, RS7, 115 : 57–89 (mfm aux APC) ; RS8, Central Bank, 1836–1859 ; RG 4, RS24, S32-B32–32.1 ; S47-R2 ; RG 7, RS75, 1840, H. G. Clopper. — Musée du N.-B., Central Bank, solicitor's reg., 1837–1843 ; F85 ; Robinson family papers, misc., H. G. Clopper, gardening diary, 1821. — PRO, CO 188/32. — N.-B., House of Assembly, *Journal*, 1824–1825, 1832–1836 ; Legislative Council, *Journal*, 1832–1836. — *Winslow papers* (Raymond). — *New-Brunswick Courier*, janv.–août 1834. — *Royal Gazette* (Fredericton), 13 févr. 1821, 1er, 29 juill. 1823, 30 mai 1826, 7 nov. 1838. — Hill, *Old Burying Ground*. — L. M. Beckwith Maxwell, *An outline of the history of central New Brunswick to the time of confederation* (Sackville, N.-B., 1937 ; réimpr., Fredericton, 1984). — MacNutt, *New Brunswick*. — W. A. Squires, *History of Fredericton : the last 200 years*, J. K. Chapman, édit. (Fredericton, 1980). — *Royal Gazette*, 12 juill. 1865.

CLOUET, MICHEL, marchand, officier de milice, fonctionnaire, homme politique et juge de paix, né le 9 janvier 1770 à Beauport, Québec, fils de Joseph-Marie Clouet et de Marie-Joseph Bergevin ; le 15 juin 1801, il épousa à Québec Marie-Josephte Lalime, fille mineure de feu Michel Lépine, dit Lalime, navigateur, et ils n'eurent pas d'enfants ; décédé le 5 janvier 1836 à Québec et inhumé quatre jours plus tard à Beauport.

Michel Clouet passa fort probablement son enfance et son adolescence à Beauport, mais on ignore tout de cette période de sa vie. De même, les informations recueillies ne permettent pas de savoir ni quand ni comment il devint marchand. En 1796, il tenait un magasin général dans la rue de la Montagne (côte de la Montagne) à Québec et, en octobre de cette année-là, il s'associa au marchand François Huot* pour fonder la société Huot et Clouet, destinée à faire le commerce de détail. Cette association prit fin au bout d'un an, et Clouet poursuivit seul ses activités commerciales rue de la Montagne. En 1805, il était spécialisé dans la vente d'articles de quincaillerie. Son magasin était situé à l'angle des rues Buade et de la Montagne, dans une maison qu'il louait du seigneur de Sainte-Marie, Gabriel-Elzéar Taschereau*. Son entreprise prospéra rapidement. Dès 1810, il put acquérir cette maison des héritiers Taschereau et, par la suite, il engagea des commis, dont ses neveux Étienne Parent* et Georges-Honoré Simard*.

Durant la guerre de 1812, Clouet servit à titre de capitaine dans le 2e bataillon de milice de la ville de Québec ; plus tard, il fut promu major. Il bénéficia aussi des faveurs du gouvernement. Ainsi en 1815 il devint commissaire chargé de superviser la démolition du vieux marché de Québec. En 1828, il obtint une commission de juge de paix du district de Québec, qu'on lui renouvela en 1830 et en 1833. Cette dernière année, il était également commissaire responsable de la construction de l'hôpital de la Marine et des Émigrés.

Clouet s'engagea aussi sur le plan social et souscrivit à la Société du feu et à la Société de Québec des émigrés. Il donna de l'argent en 1817 pour la construction de la route qui devait relier les plaines d'Abraham à Cap-Rouge. Pendant l'épidémie de choléra qui frappa durement la ville en 1832, il devint membre du bureau de santé de Québec et présida une société de bienfaisance qui tentait de porter secours aux familles pauvres, affligées par la terrible maladie.

Le 22 octobre 1822, Clouet fut élu à la chambre d'Assemblée du Bas-Canada à titre de député de Québec, circonscription qu'il représenta avec John NEILSON. Parlementaire assidu quoique d'arrière-scène, il prit une part active aux travaux de l'Assemblée comme à de nombreux comités formés dans le but d'étudier divers projets de loi. Toutefois, sa santé chancelante l'obligea à abandonner son siège le 23 août 1833, à l'âge de 63 ans ; c'est Louis-Théodore Besserer* qui le remplaça.

Michel Clouet mourut à Québec le 5 janvier 1836. On célébra ses funérailles dans la cathédrale Notre-Dame et l'inhumation de sa dépouille se fit dans l'église paroissiale de Beauport. Marie-Josephte Lalime hérita tous les biens de son mari. Elle délaissa le commerce de détail et préféra faire des placements sous forme de rentes constituées et d'obligations. Elle investit aussi dans l'immobilier en achetant plusieurs terres à Beauport, qu'elle loua à des fermiers. Peu avant de mourir, elle quitta la rue Buade pour se réfugier chez son neveu, le marchand Georges-Honoré Simard, où elle mourut le 4 octobre 1849. On partagea sa fortune évaluée à plus de £2 500 entre les 8 sœurs et frères de Clouet et ses 45 neveux et nièces.

CÉLINE CYR

ANQ-Q, CE1-1, 15 juin 1801 ; CE1-5, 9 janv. 1770, 9 janv. 1836 ; CN1-116, 23 oct. 1849, 23 mars 1850 ; CN1-208, 5, 7, 15 nov. 1836, 21 janv., 2 mars, 21 juill. 1837, 13 févr., 24 mars 1838, 27 août 1844, 24 sept. 1846 ; CN1-230, 11 oct. 1796, 14 juin 1801, 1er déc. 1808, 7 août 1810. — APC, RG 68, General index, 1651–1841. — *Le Canadien*, 4, 6, 9 juill. 1832. — *La Gazette de Québec*, 24 juill. 1794, 30 juin, 7 juill., 17 nov. 1808, 13 mars 1817. — Desjardins, *Guide parl.* — *Officers of British forces in Canada* (Irving), 143. — F.-J. Audet, « Michel Clouet », *BRH*, 36 (1930) : 28–29. — « Michel Clouet, député de Québec », *BRH*, 44 (1938) : 224.

COCHRAN, ANDREW WILLIAM, avocat, fonctionnaire, officier de milice, homme politique, juge de paix et juge, né vers 1793 à Windsor, Nouvelle-Écosse, fils de William Cochran* et de Rebecca Cuppaidge ; décédé le 11 juillet 1849 à Sillery, Bas-Canada.

Fils d'un ministre anglican qui fut le premier directeur du King's College de Windsor, Andrew William Cochran fut un enfant précoce. Sa famille avait de modestes moyens financiers, mais une riche vie intellectuelle. Après des études classiques au collège de son père, il choisit le droit. En mars 1810, James Bagnall* publia, à Halifax, le compte rendu d'un spectaculaire procès pour meurtre et piraterie que Cochran avait rédigé avec Charles Rufus FAIRBANKS. Ses talents pour le droit et les langues le firent remarquer du lieutenant-gouverneur sir George Prevost* qui, après sa nomination au titre de gouverneur du Bas-Canada en 1811, lui promit un poste dans la colonie. Âgé d'à peine 19 ou 20 ans quand il arriva à Québec, Cochran fut nommé, en juin 1812, assistant au cabinet du secrétaire civil. En avril suivant, on le promut adjoint au secrétaire civil.

Peu après son arrivée, Cochran reçut une commission d'enseigne dans la milice. En juillet 1813, il entra dans l'état-major de la milice en qualité de juge-avocat adjoint puis, en novembre 1814, dans l'état-major de l'armée, à titre de juge-avocat adjoint intérimaire. Entre-temps, vers avril 1814, il avait obtenu le poste de greffier de la Cour des prérogatives, qu'il allait conserver jusqu'à sa fusion avec celui de secrétaire civil, en 1827.

Cochran ne tarda pas à constater que, même si la constitution donnait au Parlement britannique l'autorité ultime sur les affaires du Bas-Canada, il y avait lutte de pouvoir entre la chambre d'Assemblée, dominée par le parti canadien, d'obédience nationaliste, et les Conseils exécutif et législatif, qui étaient nominatifs, dominés par le parti des bureaucrates et officieusement alliés au gouverneur. L'attitude conciliatrice que Prevost manifestait envers l'Assemblée l'influença. Comme le successeur de celui-ci, sir John Coape Sherbrooke*, choisit une voie semblable, Cochran parut, à cause de ses opinions et de son expérience, tout désigné pour être son secrétaire civil. Il occupa ce poste de juillet 1816 à la fin de juillet 1818. Par contre, le duc de Richmond [Lennox*], successeur de Sherbrooke, adopta face à l'Assemblée une politique d'affrontement, de sorte qu'il préféra confier le poste stratégique de secrétaire civil à son secrétaire personnel, John READY.

Cochran, qui avait entrepris l'étude du droit bas-canadien avec l'aide du juge en chef Jonathan SEWELL, avait été admis au barreau le 11 juin 1817 et avait ensuite ouvert un cabinet. De juillet 1818 à janvier 1819, date de son remplacement par George Vanfelson*, il fut avocat général intérimaire. Trois autres nominations, survenues en l'espace de trois ans – vérificateur des titres de concessions foncières en 1818, greffier en loi du Conseil législatif en 1819, secrétaire de la Clergy Reserves Corporation en 1821 –, lui permirent d'accroître son expérience juridique et administrative des affaires coloniales et d'ajouter plus de £300 à son revenu annuel.

Entre-temps, le successeur de Richmond, lord Dalhousie [RAMSAY], peut-être autant pour des raisons politiques qu'administratives, avait été déçu par Ready, qu'il avait gardé comme secrétaire civil. Dès 1822, il se tourna de plus en plus vers le parti des bureaucrates, dont Sewell était l'un des chefs. Cochran, qui connaissait mieux les membres de ce parti à cause de ses récentes nominations, remplaça Ready le 4 juin 1822. Une bonne partie de son travail, pour lequel il touchait un salaire annuel de £500 (cours d'Angleterre), consistait à lire, à classer et à enregistrer le courrier officiel – provincial et impérial – du gouverneur. Il jouait donc un rôle de premier plan dans le choix des renseignements destinés à son supérieur. En outre, il répondait souvent aux correspondants de celui-ci et écrivait à « tous les fonctionnaires sur les détails de leurs responsabilités respectives ».

Cochran conseillait le gouverneur surtout dans les matières où il avait le plus d'expérience, soit les détails administratifs et la portée juridique des mesures envisagées ; il lui arriva un jour de s'excuser de donner librement son avis sur les relations avec l'Assemblée. Cependant, le gouvernement de la colonie avait un tel caractère politique que le plus proche collaborateur du gouverneur avait nécessairement des fonctions de type politique. Ainsi, à l'occasion, il sonda les intentions des candidats à des nominations ou encore, en 1824–1825, en Grande-Bretagne, il se vit chargé par Dalhousie, conscient d'avoir peu d'influence sur lord Bathurst, secrétaire d'État aux Colonies, de le représenter auprès de ce ministère. Cochran partageait les sympathies de Dalhousie envers l'ensemble des Canadiens mais, à cause de leurs antécédents britanniques et de l'étroit légalisme de leurs vues constitutionnelles, les deux hommes s'étaient aliéné les chefs du parti canadien. Le fossé s'élargit après le retour de Dalhousie dans la colonie. En son absence, le lieutenant-gouverneur sir Francis Nathaniel Burton* avait conclu avec l'Assemblée un compromis à court terme sur l'épineuse question des dépenses gouvernementales. Encouragée par l'attitude de Burton, l'Assemblée résistait de plus en plus à l'usage que Dalhousie faisait de la prérogative royale et exigeait des changements à la politique et aux lois impériales. Dépourvu d'ascendant sur l'Assemblée, où régnait Louis-Joseph Papineau*, Dalhousie devait d'autant plus s'appuyer sur les conseils nominatifs et, le 15 mai 1827, il confirma le rôle politique de Cochran par une nomination au Conseil exécutif (Cochran n'occupa cependant pas son siège tout de suite). L'année suivante, celui-ci aida probablement Dalhousie à rédiger sa réplique aux attaques lancées contre son gouvernement par les patriotes devant le comité du Canada à Londres. Après son rappel en 1828, Dalhousie informa le secrétaire d'État aux Colonies, sir George MURRAY, que durant son mandat Cochran avait été « le mieux informé et le plus compétent de [ses] adjoints ». Papineau, lui,

Cochran

voyait Cochran d'un mauvais œil : il avait été « le bras droit [de Dalhousie], le vil artisan des complots de son maître, le confident de tous ses injustes projets contre le pays ». Peu avant de quitter la colonie, Dalhousie avait récompensé Cochran en le nommant juge de paix, conseiller du roi de même que commissaire des biens tombés en déshérence et des propriétés confisquées.

Comme sa position dans les cercles gouvernementaux n'avait pas été assurée avant son engagement par Dalhousie, Cochran avait loué, au moins jusqu'en 1818, un modeste logement dans la haute ville. Le 4 septembre de cette année-là, il avait épousé Houstoun Thomson, fille du commissaire général adjoint William Thomson ; ils allaient avoir sept enfants. Dans les années suivantes, Cochran se mêla de plus en plus à la vie sociale. Nommé à l'exécutif de la Société de Québec des émigrés en 1819, il devint président de la Société de secours aux émigrés l'année suivante. En 1823, il fut membre du conseil d'administration d'une société privée d'assurance-incendie, le Bureau d'assurance de Québec. Homme cultivé, il participa aux activités de la Société littéraire et historique de Québec, fondée par Dalhousie en 1824 ; non seulement présenta-t-il des exposés, mais il devint vice-président en 1829 et président en 1837, 1842, 1845 et 1848. Recueillir et publier des textes historiques l'intéressaient particulièrement. Dans les années 1830, il travailla à la publication de contes indiens recueillis par un ami personnel, l'ancien trafiquant de fourrures Roderick MACKENZIE, ainsi que du journal manuscrit de Louis-Léonard Aumasson* de Courville sur les dernières années du Régime français. En 1842, la Société littéraire et historique de Québec l'envoya copier à Albany, dans l'état de New York, des documents sur la Nouvelle-France qu'elle entendait publier. En outre, vers 1835, Cochran s'était occupé de parachever un autre projet de Dalhousie, le monument en l'honneur de James Wolfe* et de Louis-Joseph de Montcalm*, marquis de Montcalm. Collectionneur de beaux livres et d'éditions rares, il prononça le discours inaugural de la Quebec Library Association en 1844. Il fut aussi vice-président et avocat-conseil honoraire de la Church Society du diocèse de Québec, qui avait été constituée juridiquement, et membre de plusieurs autres organismes liés à l'Église d'Angleterre.

En tant que fils d'un directeur de collège, Cochran s'intéressait particulièrement à l'aide à l'éducation. En juin 1823, Dalhousie l'avait nommé au conseil d'administration de l'Institution royale pour l'avancement des sciences ; à ce moment-là, cet organisme était de plus en plus menacé d'inutilité parce que les leaders canadiens le jugeaient anticatholique, et le gouverneur tentait de le sauver en créant un conseil parallèle de foi catholique [V. Joseph Langley Mills*]. Cochran présida l'Institution royale de décembre 1834 à l'automne de 1837. En 1845, il déposa, devant un comité de l'Assemblée qui arbitrait un litige entre l'Institution royale et les administrateurs du McGill College [V. John Bethune*], un témoignage qui eut du poids. La même année, l'Institution royale fut reconstituée de membres exclusivement montréalais, mais Cochran continua de s'occuper d'éducation en qualité de président des commissaires d'école de Québec et d'administrateur du Bishop's College de Lennoxville.

Solidement établi dans la fonction publique et la société québécoise pendant le mandat de Dalhousie, Cochran acheta, au début des années 1830, une « maison canadienne et [un] jardin » à quatre milles à l'ouest de Québec, sur une falaise dominant le Saint-Laurent. Il donna à ce domaine – relativement modeste – le nom de Beauvoir. Il y demeura pendant les épidémies de choléra et de typhus, dans les années 1830 et 1840, en évitant « la ville sauf quand [ses] affaires ou [ses] charges publiques [l']y appelaient ». C'est à Beauvoir que sa femme mourut en 1837. Le 24 juillet 1843, il épousa Magdalen Kerr, fille de James KERR, ancien juge à la Cour du banc de la reine, ce qui montre combien sa position sociale s'était améliorée depuis 1818. De 1830 à 1835, il avait obtenu, par concession, un total de 1 521 acres dans les cantons de Leeds, d'Inverness et d'Ireland.

Cochran cessa d'être secrétaire civil le 1er octobre 1828, peu après le départ de Dalhousie. Comme il espérait alléger le climat politique de la colonie, l'administrateur sir James Kempt* ne voulait pas garder le plus proche collaborateur de son prédécesseur. Toutefois, Cochran ne quitta pas la scène publique. Pendant un temps, il refusa de prêter le serment d'office exigé des conseillers exécutifs car, en entrant au Conseil exécutif, il deviendrait automatiquement membre de la Cour d'appel provinciale, ce qui nuirait à sa modeste pratique d'avocat, mais Kempt finit par vaincre sa résistance. Présent aux réunions du conseil tout au long des années 1830, il y défendit les politiques de Dalhousie. Comme le montrent ses lettres à son ancien protecteur et à Mackenzie, il se méfiait de l'attitude conciliante du gouvernement impérial et déplorait son incapacité à freiner la montée du radicalisme à l'Assemblée. En août 1837, donc quelques mois avant que la rébellion n'éclate au Bas-Canada, il conseilla le gouverneur lord Gosford [ACHESON] sur certains aspects juridiques des relations à entretenir avec les officiers de milice qui montraient de la désaffection et avec l'Assemblée qui refusait de s'occuper des affaires gouvernementales. Le 24 juin 1839, après la rébellion, on le nomma juge suppléant de la Cour du banc du roi à Québec ; les juges Joseph-Rémi VALLIÈRES de Saint-Réal, Elzéar BÉDARD et Philippe Panet* avaient été suspendus en décembre 1838 pour avoir rendu des décisions favorables à la cause des patriotes.

La carrière de Cochran donne une bonne idée de l'état de la fonction publique, qui fut l'une des causes majeures de la rébellion de 1837–1838. L'administration civile était presque exclusivement concentrée à Québec. Dans la capitale, le travail était réparti de manière désordonnée : certains fonctionnaires fort occupés touchaient de modestes émoluments qu'ils devaient affecter en partie au paiement de leurs assistants, tandis que d'autres étaient grassement payés (en salaires ou honoraires) à ne rien faire, ou à faire peu. Prises individuellement, ces sinécures semblaient une forme de corruption ; en fait, elles permettaient de répartir les revenus et privilèges entre les membres de l'élite des fonctionnaires à peu près selon leur utilité pour l'exécutif. Ainsi les appointements de Cochran étaient ou bien très élevés, ou bien très bas. À titre de greffier de la Cour des prérogatives (poste qui n'existait pas officiellement), il n'avait qu'à signer des dispenses de bans une heure par semaine et recevait pourtant environ £200 par an. En qualité de commissaire des biens tombés en déshérence, il touchait chaque année £500 (cours d'Angleterre) pour des fonctions qu'il n'exerçait pas, parce que les gouverneurs successifs ne réussirent pas à faire fonctionner un tribunal qui s'occupe de ces biens. Par contre, ses difficiles fonctions de membre du Conseil exécutif et de la Cour d'appel ne lui rapportaient que £100 (cours d'Angleterre) par année. À certains moments, il toucha, en salaires et honoraires, environ £1 000 par an, soit à peu près la même chose que les juges en chef, les évêques et le président de l'Assemblée, et plus que presque tous les autres fonctionnaires, sauf ceux du service des douanes.

Les gouverneurs tentèrent, l'un après l'autre, d'améliorer cette structure boiteuse, mais en vain : il était trop difficile de pensionner les surnuméraires, et l'Assemblée voulait des changements trop radicaux au goût du ministère des Colonies. Cependant, comme l'Assemblée refusa, vers 1835, de payer les salaires des fonctionnaires, et comme le Parlement britannique suspendit, en 1838, le Parlement colonial, les autorités impériales eurent alors l'occasion d'abolir des postes et de réduire les gains de ceux qui en détenaient plusieurs. Cochran ne gagna rien, à compter de 1836, comme vérificateur des titres de concessions foncières et commissaire des biens tombés en déshérence ; à la suspension du Conseil législatif, on réduisit de moitié son salaire de greffier en loi, et il perdit son siège de conseiller exécutif au moment de l'Union, en 1841. Cependant dès 1838 son nom avait été inscrit parmi ceux des fonctionnaires qui recevraient une pension annuelle de £200 « pour services rendus à l'État ». Il n'était d'ailleurs pas dépourvu de ressources financières ; à titre de conseiller de la reine, il s'occupa jusqu'à la fin de sa vie de plusieurs poursuites au criminel à Québec. Ironie du sort, il mourut du choléra dans sa retraite de Beauvoir ; il était

probablement âgé de 56 ans. Les quatre enfants survivants de son premier mariage – dont trois étaient mineurs – héritèrent une modeste succession.

Grâce à ses talents et à son tempérament – il avait la conversation facile et connaissait beaucoup de monde – Andrew William Cochran avait été, pendant presque 30 ans, près du cœur de l'administration provinciale. Sous bien des rapports, il était le type même du bureaucrate de son époque. Il considérait les charges publiques comme un privilège de classe et, dans le cas des postes importants, comme une prérogative britannique. À la mort d'un fonctionnaire du cabinet du secrétaire de la province, en 1834, il déplora que la succession n'ait pas été offerte au fils du défunt. Le jeune titulaire choisi, dit-il à Roderick Mackenzie, était « brillant et de caractère honnête, mais [n'était] pas de cette condition sociale qui, selon [lui], aurait été désirable pour un poste de confiance comme celui-là » ; cependant, ajoutait-il, « mieux va[lait] lui qu'un Canadien, pour *ce* poste ». Cochran présentait aussi d'autres traits typiques : jamais élu à un poste public et capable, le plus souvent, d'éviter la controverse, il cumulait plusieurs postes, dont certaines sinécures. Cependant, contrairement à ceux de ses contemporains qui étaient paresseux ou qui sautaient sur la moindre occasion de se placer, c'était un fonctionnaire discret, diligent et compétent, qui retirait de la fierté de son travail. Comme il le dit à Mackenzie en 1837, le renvoi de William Bowman Felton, qu'on avait accusé de fraude, était « juste et mérité » ; en même temps, il était sensible au sort de cet homme « qui ach[evait] dans un tel discrédit une carrière de 30 ans dans la fonction publique ». Mais il ajoutait : « Je confesse que je me préoccupe davantage de sa famille, et du discrédit qui retombe sur la fonction publique et sur le Conseil législatif, que de l'individu lui-même. » Ce fut en partie à cause d'hommes comme Cochran, qui veillèrent consciencieusement à ce que la bureaucratie remplisse la plupart des exigences imposées au vieux régime colonial, que celui-ci se prolongea au Bas-Canada.

Philip Goldring

Andrew William Cochran fut probablement coauteur avec lord Dalhousie de : *Observations on the petitions of grievance addressed to the imperial parliament from the districts of Quebec, Montreal, and Three Rivers* (Québec, 1828). Trois communications présentées à la Literary and Hist. Soc. of Quebec furent publiées dans ses *Trans.* ; il s'agit de : « A collection and critical examination of the passages in Greek authors in which mention is made of the Hyperboreans (prize essay) », 3 (1832–1837) : 322–346 ; « Ancient documents relating to Acadia : notices of the families of La Tour and D'Aulnais, therein mentioned, so far as their history is connected with it » : 233–241 ; et « Notes on the measures adopted by government, between 1775 and 1786, to check the St Paul's Bay disease », 4 (1843–1860) : 139–152. En

Cochrane

outre, il a prononcé devant cette société deux conférences non publiées : « The diversity of laws prevailing in the different colonial possessions of Great Britain » en 1843 et « On the diversity of colonial laws, the etymology of Quebec » en 1844. Il est également l'auteur de *Inaugural address, delivered at Quebec, before the Quebec Library Association, on Friday, 26th January, 1844* (Québec, 1844).

ANQ-Q, CE1-61, 4 sept. 1818, 17 juin 1837, 24 juill. 1843, 12 juill. 1849 ; CN1-18, 27 juin, 21 nov. 1848, 21 nov. 1849 ; CN1-208, 3 déc. 1849. — APC, MG 24, A40 : 6341–6349, 6658–6660, 6763–6765, 6798–6800, 7696–7699 ; B14 : 1713–1716 ; C37 ; MG 30, D1, 8 : 473–476 ; RG 68, General index, 1651–1841. — McGill Univ. Libraries, Dept. of Rare Books and Special Coll., MS coll., CH27.S63. — PRO, CO 42/216 : 267 ; 42/295 : 294 ; 47/122 : 30 ; 47/123 : 18 ; 47/126 : 13 ; 47/128 : 92, 144 ; 47/136 : 45 ; 47/137 : 158. — SRO, GD45/3/34A-B. — B.-C., chambre d'Assemblée, *Journaux*, 1828–1829, app. Ii, 28 févr. 1829. — G.-B., Parl., Command paper, 1837, 24, [nº 50] : 35–37, *Report of commissioners on grievances complained of in Lower Canada*. — L.-J. Papineau, « Correspondance » (Ouellet), ANQ *Rapport*, 1953–1955 : 269. — *Morning Chronicle* (Québec), 13 juill. 1849. — *Quebec Gazette*, 18 juin 1812, 12 juin 1817, 7 sept. 1818, 2 août 1819, 23 oct. 1820, 26 nov. 1821, 21 juill., 13 oct. 1823, 5 janv., 29 mars 1824, 12 juill. 1849. — *Almanach de Québec*, 1815 : 32 ; 1821–1827. — F.-J. Audet, « les Législateurs du B.-C. ». — « The Durham papers », APC *Report*, 1923 : 25, 27, 38, 246. — H. J. Morgan, *Bibliotheca Canadensis* ; *Sketches of celebrated Canadians*. — *Officers of British forces in Canada* (Irving). — Ouellet, « Inv. de la Saberdache », ANQ *Rapport*, 1955–1957 : 123, 125, 161. — S. B. Frost, *McGill University : for the advancement of learning* (2 vol., Montréal, 1980–1984), 1 : 65–93. — Philip Goldring, « British colonists and imperial interests in Lower Canada, 1820 to 1841 » (thèse de PH.D., Univ. of London, Londres, 1978). — Taft Manning, *Revolt of French Canada*. — P.-É. Vachon, *Beauvoir, le domaine, la villa* (Cap-Rouge, Québec, 1977), 59–71. — Frère Marcel-Joseph, « les Canadiens veulent conserver le régime seigneurial », *RHAF*, 7 (1953–1954) : 237. — Séraphin Marion, « l'Institution royale, les Biens des jésuites et Honoré Mercier », *Cahiers des Dix*, 35 (1970) : 97–126. — R. G. Thwaites, « le Journal des jésuites », *BRH*, 5 (1899) : 21–22.

COCHRANE, JOHN, sculpteur, baptisé le 31 mars 1813 près de Perth, Écosse, fils de James Cochrane et d'Elizabeth Paton ; décédé célibataire le 31 juillet 1850 à Toronto.

En mai 1845, John Cochrane quitta l'Écosse pour Toronto en compagnie de sa mère et de ses frères, James et David. Artisans accomplis, les trois frères jouissaient d'une excellente réputation dans la région de Perth et tout le monde déplora leur départ. Même s'il n'était pas l'aîné, c'est apparemment John qui prit l'initiative de fonder une entreprise pour laquelle ils travaillèrent probablement tous les trois. Il fit paraître, le 31 août 1847, une réclame dans le *British Colonist* de Toronto pour annoncer à la population qu'il était « SCULPTEUR sur MARBRE ET SUR PIERRE », spécialisé dans les « statues, blasons, monuments, pierres

tombales, cadrans solaires, fonts baptismaux, vases, pièces décoratives pour cheminées, modelages, ornements et autres ».

Après son arrivée au pays, le sculpteur eut tôt fait de s'associer à l'architecte torontois William Thomas*, qui eut recours aux services des frères Cochrane pour toutes ses commandes importantes entre 1845 et 1850. John travailla avec lui à la décoration intérieure de l'église anglicane St Paul de London. Les ornements de pierre et de stuc de la cathédrale catholique St Michael de Toronto sont également son œuvre ainsi que les sculptures de pierre, dont un blason, qui ornent le gable central du palais épiscopal, situé juste au nord de la cathédrale. En 1850, les trois frères Cochrane travaillèrent à l'ornementation extérieure du chef-d'œuvre de Thomas à Toronto, le St Lawrence Hall. Parmi les décorations remarquables qu'ils y réalisèrent figurent les 16 chapiteaux corinthiens de la façade, ainsi que les consoles, guirlandes, rosaces et panneaux finement sculptés. Sur les clefs de voûte des trois entrées du rez-de-chaussée, ils sculptèrent trois têtes dont on dit qu'elles symbolisent respectivement les dieux du fleuve Saint-Laurent, du lac Ontario et des chutes du Niagara. C'est toutefois dans les blasons qu'on retrouve le travail de sculpture le plus raffiné de l'édifice. John Cochrane avait d'ailleurs déjà gagné la faveur populaire par les blasons qu'il avait sculpté avant 1850, grâce, entre autres, à celui qu'il avait réalisé peu après son arrivée à Toronto pour orner l'édifice de la Banque de l'Amérique septentrionale britannique, démoli depuis. Au fronton de la façade du St Lawrence Hall, il reproduisit les armes de la ville de Toronto combinées aux armes royales et aux statues en pied d'un Indien et de Britannia. Cette œuvre constitue presque certainement l'une de ses dernières réalisations.

Même si aucun document ne permet d'associer le nom de Cochrane à d'autres édifices, c'est probablement lui qui est l'auteur des nombreuses sculptures qui ornent la résidence personnelle de Thomas, Oakham House, au 322 de la rue Church. Il est également possible qu'en 1848 Cochrane ait travaillé à l'église (maintenant démolie) de la congrégation de John Jennings* située à l'angle sud-est des rues Richmond et Bay, un autre des projets de Thomas. Cochrane et Thomas n'étaient probablement pas seulement des associés, mais des amis : le portrait de Thomas sculpté dans la pierre sur un mur de l'entrée principale du palais épiscopal est beaucoup plus ressemblant que celui de Mgr Michael POWER qui apparaît sur le mur opposé. On enterra Cochrane et Thomas dans des lots adjacents du cimetière St James de Toronto.

Après la mort de John, ses frères s'occupèrent de l'entreprise avec le tailleur de pierre Robert Pollock, sous le nom de Cochranes and Pollock. Cette association dura jusqu'à ce que David Cochrane et Pollock en forment une nouvelle en 1852.

En 1847, à l'occasion de l'exposition de la Toronto Society of Arts, Cochrane avait exposé une tête gothique sculptée dans la pierre (une tête d'ange réalisée d'après un dessin de Thomas) et les plans de l'intérieur de l'église St Paul. L'année suivante, il fit partie du comité d'administration de l'exposition, et cette fois il exposa une statue de plâtre qui représentait Joseph Brant [Thayendanegea*]. En 1848, à l'exposition du Toronto Mechanics' Institute, il présenta un plâtre du blason royal, un cadran solaire rustique et la statue de Brant, qui était sa propriété. Cette statue lui valut bien des éloges en raison de l'abondance de détails authentiques, et il est possible qu'on l'ait utilisée comme modèle pour l'Indien que l'on retrouve sur le fronton de la façade du St Lawrence Hall.

Si John Cochrane demeure un personnage obscur dont les œuvres se confondent souvent avec celles de ses frères, il n'en reste pas moins que ses sculptures qui subsistent encore témoignent de la supériorité de son talent. Sa mort prématurée, à l'âge de 38 ans, priva sûrement sa ville adoptive d'un bon nombre de belles sculptures de pierre.

C. M. Pfaff et L. R. Pfaff

MTRL, Toronto, Mechanics' Institute papers, D25. — Toronto Soc. of Arts, *Toronto Society of Arts : first exhibition, 1847* […] ([Toronto, 1847]) ; *Toronto Society of Arts : second exhibition, 1848* […] ([Toronto, 1848]). — *British Canadian, and Canada West Commercial and General Advertiser* (Toronto), 27 mars 1847. — *British Colonist*, 19, 26 mars, 31 août, 3 sept. 1847, 28 avril 1848, 2 août 1850. — *Globe*, 1er août 1850. — E. [R.] Arthur, *Toronto, no mean city* ([Toronto], 1964). — M. E. et Merilyn McKelvey, *Toronto, carved in stone* (Toronto, 1984). — C. D. Lowrey, « The Toronto Society of Arts, 1847–48 : patriotism and the pursuit of culture in Canada West », *RACAR* (Québec et Toronto), 12 (1985) : 3–44.

COCKBURN, JAMES PATTISON, officier et aquarelliste, né le 18 mars 1779 à New York, fils du colonel John Cockburn et de Mary Cockburn, fille de sir James Cockburn, colonel ; en 1800, il épousa dans la colonie du Cap (Afrique du Sud) Elizabeth Johanna Vansittart, et ils eurent cinq fils et deux filles ; décédé le 18 mars 1847 à Woolwich (Londres).

James Pattison Cockburn fut élevé dans une famille de militaires. Le 19 mars 1793, il entra comme cadet à la Royal Military Academy de Woolwich où il reçut une formation en dessin dont l'essentiel relevait du premier maître, Paul Sandby. À ces deux années d'apprentissage on peut associer une aquarelle, *The Royal Laboratory, Woolwich,* dans laquelle Cockburn se montre un fidèle topographe : rigueur de la perspective, finesse et précision du dessin. Quelques figures en mouvement animent la composition et compensent la sécheresse du paysage topographique. Ce sont là des caractéristiques qui marqueront durablement son style.

Cockburn participa, en septembre 1795, à la prise de la colonie du Cap, puis, en 1798, il prit part à l'expédition contre Manille. Rentré en Angleterre depuis 1803, il obtint le grade de capitaine dans l'artillerie le 1er juin 1806. Sa compagnie, d'abord cantonnée à Colchester, fut envoyée en août et septembre 1807 au Danemark où Cockburn participa au siège de Copenhague. Un ensemble de cinq aquatintes en couleurs qui relatent l'opération militaire fut publié, en novembre, d'après ses dessins. Ces premières gravures s'insèrent dans une stricte tradition topographique, héritée du xviie siècle, où le paysage est subordonné à la seule présentation des lieux et des événements. Cockburn fut porté malade du 10 septembre 1807 à la fin de novembre 1808, date à laquelle on le retrouve à Norwich. Les années de garnison dans le Norfolk, jusqu'en novembre 1814, furent calmes, exception faite du siège d'Anvers (Belgique), en août 1809, au cours duquel Cockburn se distingua à la tête d'une flottille, ce qui lui valut de négocier les termes de la capitulation. De cette expédition, il est resté un plan, aquatinte en couleurs gravée d'après ses dessins, qui illustre bien l'enseignement reçu à la Royal Military Academy : travail de cartographe à la manière des Hollandais Pieter Saenredam et Gaspar Van Wittel.

Du 31 juillet au 12 août 1809, Cockburn exposa, à titre de membre honoraire, 17 aquarelles à la Norwich Society of Artists, dont quelques vues de la colonie du Cap et du Bengale. C'est une période vitale dans la formation de l'artiste. Dans le creuset des paysagistes de l'école de Norwich, où s'amalgament influences hollandaises et italiennes, et notamment auprès de John Sell Cotman et John Thirtle – on le dit élève de ce dernier –, sa facture trouve une spontanéité jusqu'alors inconnue. La ligne perd de sa précision au profit de la couleur, étendue largement, où les tons sombres des premiers plans, qui vont des ocres profonds aux olives clairs, s'illuminent vers les lointains. L'attention se porte sur les effets atmosphériques, telles les grandes diagonales des rayons solaires.

Cockburn revint à Colchester en décembre 1814 avec le grade de major honoraire, obtenu le 4 juin de la même année. Il y resta jusqu'au début de 1817. Un carnet de croquis d'août 1815 témoigne de son passage à Woolwich et de ses promenades le long de la Tamise. Par le découpage régulier des espaces, il affirme sa maîtrise de la composition. Ces dessins permettent par ailleurs de découvrir une méthode de travail devant le motif qui s'est peu modifiée par la suite : mine de plomb seule ou reprise à la plume et au lavis d'encre brune ; lavis de sépia monochrome qui, seul, indique les masses et les valeurs lumineuses.

Les guerres napoléoniennes terminées, Cockburn multiplia ses séjours sur le continent européen pour le compte du graveur et éditeur anglais William Bernard Cooke. En mars 1816, en 1817 et 1818, il se trouvait à

Cockburn

Naples et à Pompéi, en Italie, où il fit des relevés topographiques des fouilles. Selon le compositeur allemand Ludwig Spohr, auquel il montra plus de 200 paysages de Naples et des environs, Cockburn avait une « extraordinaire habileté à prendre de charmantes vues en quelques minutes ». Déjà s'affirmait le dessinateur infatigable. De 1816 à 1822, que ce soit en Italie, en Suisse ou dans les Alpes, les sépias se multiplient au fil des étapes : les vastes panoramas et les défilés montagneux y côtoient les vues de rues et de places. Une telle richesse ne repose pas uniquement sur la maîtrise des moyens techniques, mais aussi, selon Spohr, sur l'emploi d'une « machine qui reportait le paysage, à échelle réduite, sur le papier ». Il n'est pas certain qu'il s'agisse d'une *camera lucida* ; toutefois, la franchise d'exécution de plusieurs dessins, contemporains de la remarque de Spohr, soutient favorablement l'hypothèse.

Cockburn arriva au Canada en novembre 1822. Ce séjour fut bref : il repartit le 17 juin 1823, et sa compagnie suivit en août. Il y a donc peu de dessins de ce premier voyage. Une aquarelle intitulée *Cape Diamond from below n° 1 tower*, datée du 29 octobre 1823, laisse à penser que Cockburn exécuta des études sur le motif qu'il retravailla ensuite à l'atelier, selon sa pratique habituelle. À son retour à Woolwich, on le nomma major de régiment le 29 juillet 1825 et, le même jour, il était promu lieutenant-colonel. Le 5 avril 1826, âgé de 47 ans, il reçut le commandement du Royal Regiment of Artillery au Canada, où il revint en août.

Pendant ces années de paix, Cockburn eut tout le loisir de dessiner Québec et ses environs, comme les paysages du Haut et du Bas-Canada où le conduisirent ses tournées d'inspection. Ainsi voit-on défiler la route, de Québec aux chutes du Niagara. Dans ces dessins de la pleine maturité, sépias et aquarelles, le vocabulaire est bien fixé. L'ordre et la clarté des mises en page reposent sur deux constantes fondamentales : une ordonnance classique du paysage divisé en plans parallèles et une diagonale (rue, trottoir, sentier ou rivière) qui ordonne la composition des l'avant-plan et conduit directement le regard vers le lointain. Dans les dessins des rues de Québec, Cockburn se montre héritier de Paul Sandby : une lumière légère joue sur une gamme restreinte de couleurs qui riment en tonalités pâles et adoucissent l'esprit analytique de ces aquarelles. S'y ajoute un intérêt très net pour la vie sociale, qu'elle soit solennelle (processions religieuses), quotidienne (coupeurs de glace) ou anecdotique (jours de marché). Ces dessins ne révèlent toutefois qu'un aspect de sa personnalité. C'est en véritable paysagiste, qui sait d'instinct choisir le meilleur point de vue et disposer les masses, que Cockburn regarde la nature canadienne. Il en tire des compositions pittoresques et poétiques, rarement dramatiques et sublimes, sinon dans certaines vues des chutes du Niagara.

L'observation minutieuse demeure : stratifications rocheuses, chemins détrempés aux terres lourdes et grasses, reflets lumineux sur la neige et les glaces. En 1831, il fit paraître, anonymement, un petit « guide pittoresque » de la ville de Québec et des environs, illustré de sept gravures. Rien de comparable, toutefois, avec ses publications antérieures. Le 2 août 1832, accompagné de sa famille, il quitta Québec.

Installé à Woolwich, où il possédait une maison, Cockburn devint, le 10 octobre 1838, directeur du Royal Laboratory du Royal Arsenal. Il conserva ce poste jusqu'au 15 novembre 1846, date à laquelle il prit sa retraite avec le grade de major général, qu'on lui avait conféré le 9 novembre. Sa santé se détériora rapidement, et il mourut le 18 mars 1847 à sa résidence de Woolwich.

Cockburn réalisa une œuvre immense. Paradoxalement, elle n'a été étudiée que très superficiellement et reste donc largement à reconstruire. La raison en est simple : le départ est parfois malaisé entre l'esquisse exécutée d'après nature et l'œuvre d'atelier. La première laisse rarement place à l'improvisation et exprime déjà le vocabulaire poétique de l'artiste ; la seconde conserve la fraîcheur de l'impression première tout en étant élaborée dans l'esprit.

Après sa mort, James Pattison Cockburn ne tomba pas entièrement dans l'oubli. En août 1860, la Norfolk and Norwich Fine Arts Association présenta neuf de ses aquarelles dans le cadre d'une exposition en hommage aux « artistes locaux décédés ». Dans le compte rendu du *Norwich Mercury*, il figure aux côtés des noms fameux de l'école de Norwich et se voit qualifier d'« excellent artiste ». Le temps n'a jamais que transmis l'estime dont Cockburn était déjà l'objet pendant son séjour à Québec. Telle fut certainement l'opinion de Joseph Légaré* qui subit durablement son ascendant. Ses copies littérales et ses emprunts ponctuels, ses imitations de facture et ses pastiches relèvent de l'influence, non de la parenté d'esprit. En cela, Cockburn fut ainsi l'un des rares, sinon le seul Britannique, en ce début du XIXᵉ siècle, à imprimer sa vision de la nature sur un paysagiste québécois.

DIDIER PRIOUL

James Pattison Cockburn est l'auteur de : *Swiss scenery from drawings* (Londres, [1820]), illustré de 60 gravures d'après ses dessins. Notons que cet ouvrage fut annoncé comme étant « presque prêt pour la publication » dans *Gentleman's Magazine,* dès novembre 1818. Un autre ouvrage publié anonymement à Québec en 1831, *Quebec and its environs ; being a picturesque guide to the stranger,* lui est attribué d'abord par lady Aylmer dans « Recollections of Canada, 1831 » (ANQ *Rapport,* 1934–1935 : 283), puis dans *A dictionary of books relating to America, from its discovery to the present time,* Joseph Sabin, compil. (29 vol., New York, 1868–1936 ; réimpr., 29 vol. en 15, Amsterdam, 1961–1962), 3 : 200. L'ouvrage était assurément prêt dès 1829 et déposé chez les éditeurs. En rédigeant *The picture of Quebec* (Québec, 1829), George Bourne y puisa largement – le plagiant presque – pour son chapitre « Itinerary » (64–71).

Plusieurs gravures, séparées ou réunies en recueils, furent publiées à Londres d'après les dessins de Cockburn. Ce sont, chronologiquement : *The siege of Copenhagen* (1807), cinq aquatintes en couleurs ; *Pictural plan of the grand expedition in the West Schelt, Augt 1809 ; shewing the difficulty of approach to Antwerp* (1809), aquatinte en couleurs ; *View of the Royal Artillery barracks* et *View of the Royal Military Academy* (1816), deux aquatintes en couleurs (ces dernières furent probablement gravées d'après les dessins du carnet de croquis d'août 1815 dont seuls les deux feuillets centraux ont été prélevés) ; *Views to illustrate the route of Mont Cenis, drawn from nature* (1822), 50 planches ; *Views to illustrate the route of the Simplon, drawn from nature* (1822), 50 planches (l'exemplaire de ce dernier ouvrage conservé à la BL contient un texte manuscrit de 81 folios – description du voyage – intitulé « Simplon »). Devons-nous y deviner l'intention première de Cockburn d'en faire une publication semblable à *Swiss scenery* ? L'hypothèse n'est pas à écarter) ; *Views in the valley of Aosta, drawn from nature* (1823), 29 planches ; *Quebec* et *The falls of Niagara* (1833), deux ensembles qui comprennent chacun six aquatintes en couleurs (la série *The falls of Niagara* sera republiée en 1857). De plus, *Montmorency waterfall & cone, near Quebec* et *Horse-shoe fall, Niagara*, gravures en couleurs publiées en 1844 d'après les dessins de William Purser et de Thomas Allom, reprenaient des études sur le motif de Cockburn.

En outre, Cockburn collabora par ses dessins à diverses publications. La première, avec le graveur anglais William Bernard Cooke, s'intitule *Delineations of the celebrated city of Pompeii* (Londres, 1818). Le plan du recueil prévoyait deux volumes, en quatre parties, illustrés de 50 vues pittoresques. Il fut annoncé dès janvier 1818 dans *Gentleman's Magazine* comme étant « presque prêt pour la publication ». Une comparaison entre l'exemplaire de la BL et la première partie de l'ouvrage conservée à la Bibliothèque nationale à Paris (Estampes, Vf. 219) laisse à penser qu'il y eut deux éditions : une première, probablement en 1818 ou 1819 ; une seconde, publiée en 1827 avec des ajouts de gravures, des variantes dans l'ordre des planches et dans le titre de l'ouvrage. Deux de ses dessins furent gravés pour l'ouvrage de George Newenham Wright, *The Rhine, Italy, and Greece, in a series of drawings from nature [...] with historical and legendary descriptions* (2 vol., Londres et Paris, [1841]).

Les principales collections d'œuvres canadiennes de Cockburn sont celles du Royal Ont. Museum à Toronto ; du Musée des beaux-arts du Canada et des APC, Division de l'iconographie, à Ottawa ; du musée McCord ; du Musée du Québec, du musée du séminaire de Québec et des ANQ-Q. Les œuvres européennes restent, pour la plupart, dispersées dans des collections particulières, mais mentionnons celles du British Museum (Londres), Dept of Prints and Drawings, du Norwich Castle Museum (Norwich, Angl.), et de la Royal Military Academy (Sandhurst, Angl.). [D. P.]

APC, RG 8, I (C sér.), 747 : 122, 125–126a ; 748 : 1–109 ; RG 37, A2, 298, 339. — GRO (Londres), Registration of death index, n° 376, 27 mars 1847 (copie au Somerset Record Office (Taunton, Angl.). — MAC-CD, Fonds Morisset, 1, Montréal, île de Montréal, bibliothèque municipale et album Viger ; Québec, séminaire de Québec, archives, cartes et peintures. — PRO, PROB 11/2055 : 332 [392] ; WO 17/1526 : 158v° ; 17/1527 : 80v° ; 17/1530 : 105v° ; 17/1536 : 119v° ; 17/2561 ; 17/2582 ; 55/ 1225–1227, particulièrement 55/1227 : 179– 180 ; 76/360 : 60. — *Catalogue of the fifth exhibition by the Norwich Society of Artists in oil & water colours [...]* (Norwich, 1809). — *Gentleman's Magazine*, 1809 : 763, 863–864 ; janv.–juin 1847 : 550–551. — *Records of the Royal Military Academy, 1741–1892*, H. D. Buchanan-Dunlop, édit. (2e éd., Woolwich [Londres], 1895). — *La Gazette de Québec*, 19 juin 1823, 23 nov. 1829, 1er août 1832, 13 déc. 1833. — *Norfolk Chronicle and Norwich Gazette* (Norwich), 29 juill. 1809, 1er sept. 1860. — *Norwich Mercury*, 29 juill., 5, 12 août 1809. — *Quebec Mercury*, 8 avril 1828. — Jeremy Adamson, *From ocean to ocean : nineteenth century water colour painting in Canada* (Toronto, 1976), 5. — *Allgemeines Lexikon der bildenden Künstler von der Antike bis zur Gegenwart [...]*, Hans Vollmer, édit. (37 vol., Leipzig, République démocratique allemande, 1907–1950), 7 : 146–147. — Mary Allodi, *Canadian watercolours and drawings in the Royal Ontario Museum* (2 vol., Toronto, 1974), 1, n°s 270–463. — *Almanach de Québec*, 1823 : 198 ; 1827 : 205, 210 ; 1828 : 145, 150 ; 1829 : 159, 164 ; 1830 : 161, 166 ; 1831 : 183, 187 ; 1832 : 173, 177. — *Battery records of the Royal Artillery, 1716–1859*, M. E. S. Laws, compil. (Woolwich, 1952), 127–186. — W. M. E. Cooke, *Collection d'œuvres canadiennes de W. H. Coverdale, peintures, aquarelles et dessins (Collection du Manoir Richelieu)*, (Ottawa, 1983), 43–60 ; *The last « Lion » [...] rambles in Quebec with James Pattison Cockburn* (Kingston, Ontario, 1978). — *Dictionnaire critique et documentaire des peintres, sculpteurs, dessinateurs et graveurs de tous les temps et de tous les pays* (nouv. éd., 10 vol., Paris, 1976), 3 : 87. — *DNB*. — Harper, *Early painters and engravers*, 69 ; *Everyman's Canada ; paintings and drawings from the McCord Museum of McGill University* (Ottawa, 1962), 68–70. — *Historical records of the Seventy-Ninth Regiment of Foot or Cameron Highlanders*, Robert Jameson, compil. (Édimbourg et Londres, 1863). — *List of officers of the Royal Regiment of Artillery, as they stood in the year 1763, with a continuation to the present time [...]*, John Kane, compil. (Greenwich [Londres], 1815), 26. — *List of officers of the Royal Regiment of Artillery from the year 1716 to the present date*, John Kane, compil. (éd. rév., Woolwich, 1869), 25, 103. — H. L. Mallalieu, *The dictionary of British water-colour artists up to 1920* (Woodbridge, Angl., 1976 ; réimpr., 1984), 63. — *The New-York Historical Society's dictionary of artists in America, 1564–1860*, G. C. Groce et D. H. Wallace, compil. (New Haven, Conn., et Londres, 1957 ; réimpr., 1964). — Norfolk and Norwich Fine Arts Assoc., *Exhibition of the works of deceased local artists, at the government school of art, in the Norwich Free Library* (Norwich, 1860), 13–15. — Miklos Rajnai, *The Norwich Society of Artists, 1805–1833 : a dictionary of contributors and their work* (Norwich, 1976), 27, 104, 130, 137. — Samuel Redgrave, *A dictionary of artists of the English School : painters, sculptors, architects, engravers, and ornamentists ; with notices of their lives and works* (2e éd., Londres, 1878 ; réimpr., Bath, Angl., 1970), 89. — Ann Thomas, *le Réel et l'Imaginaire : peinture et photographie canadiennes, 1860– 1900* (Montréal, 1979), 16–22. — W. T. Vincent, *The records of the Woolwich district* (2 vol., Woolwich, 1888– 1890), 1 : 368 ; 2 : 462, 745. — Marjorie

Coffin

Allthorpe-Guyton, *John Thirtle, 1777–1839 ; drawings in Norwich Castle Museum* ([Norwich], 1977). — Michael Bell, *From Annapolis Royal to the Klondike ; painters in a new land* (Toronto, 1973), 11–12, 47, 49, 73–74, 221. — J. A. Browne, *England's artillerymen ; an historical narrative of the services of the Royal Artillery* (Londres, 1865). — Christina Cameron et Jean Trudel, *Québec au temps de James Patterson Cockburn* (Québec, 1976). — Robert et H. A. Cockburn, *The records of the Cockburn family* (Édimbourg, 1913) (cet ouvrage contient un portrait de J. P. Cockburn, dont le musée McCord possède un exemplaire). — C. P. De Volpi, *The Niagara peninsula, a pictorial record* [...] Montréal, 1966) ; *Québec, recueil iconographique* [...], *1608–1875*, Jules Bazin, trad. (s.l., 1971). — Pierre Doyon, « les Aquarellistes britanniques de l'Académie royale militaire de Woolwich et la Représentation du paysage québécois, de 1759 à 1871 » (2 vol., thèse de M.A., univ. de Montréal, 1982), 1 : 102–130. — Harper, *Painting in Canada* (1977). — A. W. Moore, *The Norwich school of artists* ([Norwich], 1985), 79. — Morisset, *Coup d'œil sur les arts*, 80–81 ; *la Peinture traditionnelle*, 75–77, 84. — Fulgido Pomella, *Piemonte, Valle d'Aosta, Nizza e Savoia, Valli Valdesi nelle illustrazioni di William Brockedon e William H. Bartlett* (Ivrée, Italie, 1982), 14–15. — D. [R.] Reid, *A concise history of Canadian painting* (Toronto, 1973), 29–30, 36. — F. St. G. Spendlove, *The face of early Canada : pictures of Canada which have helped to make history* (Toronto, 1958), 46–51. — Louis [Ludwig] Spohr, *Autobiography* (2 vol., Londres, 1865 ; réimpr., 2 vol. en 1, New York, 1969). — B. M. Stafford, *Voyage into substance : art, science, nature and the illustrated travel account, 1760–1840* (Cambridge, Mass., et Londres, 1984), 83, 91, 242, 272, 420. — N. P. Willis, *Canadian scenery illustrated, from drawings by W. H. Bartlett* (2 vol., Londres, 1842 ; réimpr., Toronto, 1967). — T. S. R. Boase, « English artists and the Val d'Aosta », Warburg and Courtauld Institutes, *Journal* (Londres), 19 (1956) : 288–289. — W. E. Greening, « Some early recorders of the nineteenth century Canadian scene », *Canadian Geographical Journal* (Ottawa), 66 (janv.–juin 1963), n° 4 : 126–127. — Ignotus [Thomas Chapais], « le Monument Wolfe et Montcalm à Québec », *BRH*, 5 (1899) : 305–309. — *Norwich Mercury*, 22, 29 août 1860. — *Notes and Queries* (Londres), 14 oct., 11 nov. 1865, 9 juill. 1910, 31 août 1912. — F. St. G. Spendlove, « The Canadian watercolours of James Pattison Cockburn (1779?–1847) » *Connoisseur* (Londres), 133 (1954), n° 537 : 203–207. — Jean Trudel et Christina Cameron, « Québec vu par Cockburn », *Vie des Arts* (Montréal), 19 (automne 1974) : 55–57.

COFFIN, sir ISAAC, officier de marine et seigneur, né le 16 mai 1759 à Boston, fils de Nathaniel Coffin, fonctionnaire des douanes, et d'Elizabeth Barnes ; le 3 avril 1811, il épousa Elizabeth Browne Greenly, après quoi il prit le nom et les armoiries des Greenly pendant deux ans ; décédé le 23 juillet 1839 à Cheltenham, Angleterre.

Enrôlé comme volontaire dans la station nord-américaine de la marine britannique en 1773, Isaac Coffin fut promu lieutenant à peine trois ans plus tard. Il commanda le schooner *Placentia* au large de Terre-Neuve en 1778–1779, survécut à la fin de 1779, sur la côte du Labrador, au naufrage d'un autre vaisseau armé placé sous son commandement, le *Pinson,* et servit en 1781, à titre de *signal lieutenant* du contre-amiral Mariot Arbuthnot*, sur le *Royal Oak* pendant des manœuvres au large du cap Henry, en Virginie. Le 3 juillet 1781, il accéda au grade de *commander.* En janvier suivant, à titre de volontaire, il participa, sous les ordres de sir Samuel Hood, à un brillant engagement au large de Saint Kitts, aux Antilles, et à compter du 13 juin, grâce à l'intervention de Hood, il commanda un navire de 74 canons, le *Shrewsbury,* en qualité de *post captain.*

De toute évidence, Coffin était un jeune officier compétent et, tout au long de sa carrière, il continua de faire preuve des aptitudes, de l'énergie et du courage qui lui avaient permis d'obtenir rapidement de l'avancement. Il ne manquait pas non plus de goût pour la controverse. Quelques semaines après son affectation sur le *Shrewsbury,* il refusa trois midshipmen non qualifiés que l'amiral lord Rodney, commandant en chef des Antilles, avait nommés lieutenants à son bord. Traduit devant un conseil de guerre le 29 juillet 1782, Coffin fut acquitté. En 1783, il se vit confier le commandement d'un plus petit navire, l'*Hydra,* qu'il désarma en Angleterre avant d'être mis à la demi-solde.

En 1786, Coffin reprit la mer à titre de commandant du *Thisbe,* sur lequel il conduisit lord Dorchester [Carleton*] au Canada. Deux ans plus tard, le capitaine du navire, décidé à lui nuire, l'accusa de signer de faux rôles d'équipage. Cette pratique était courante, mais Coffin affirma avoir agi de bonne foi. Néanmoins, on prouva l'accusation, et un conseil de guerre le condamna à être destitué de son commandement. Le premier lord de l'Amirauté, lord Howe, exigea ensuite qu'on le licencie ; après un appel de Coffin, on déclara cette ordonnance illégale. Howe réintégra alors Coffin dans ses fonctions ; il « n'estim[ait] pas judicieux d'exercer arbitrairement le droit de l'Amirauté en le renvoyant de la marine ». Le cas de Coffin fit jurisprudence pour ce qui était des limites de l'ingérence de l'Amirauté dans les sentences prononcées en conseil de guerre.

En 1790, Coffin prit le commandement de l'*Alligator* (20 canons). L'année suivante, il ramena Dorchester en Angleterre puis on le remit à la demi-solde jusqu'à la reprise des hostilités en 1793 ; on l'affecta alors au commandement du *Melampus* (36 canons). En 1794, une blessure qu'il s'était infligée vers 1790, en sautant par-dessus bord pour sauver la vie d'un marin, s'aggrava ; dès lors, il ne fut plus jamais apte au service actif. En 1795, il devint *regulating captain* à Leith, en Écosse ; en octobre de la même année, il alla occuper un poste de commissaire civil de la marine en Corse. Évacué à Lisbonne lorsque la Corse tomba aux mains des Français en 1796, il servit à cet endroit puis, en 1798, à Minorque. L'année suivante, on le nomma commissaire du chantier maritime de Sheerness, en Angleterre, mais on l'envoya à Halifax, où il assura l'intérim pendant l'absence de Henry Duncan*, commissaire résidant du chantier maritime. Celui-ci, qui était en Angleterre pour y recevoir des soins médicaux, assuma la charge de Coffin à Sheerness.

L'amiral lord St Vincent allait déclarer en 1800 : « il ne faut rien de moins qu'un grand ménage dans nos chantiers maritimes, et cela ne peut se faire qu'en temps de paix ». Déjà, Coffin avait appliqué des réformes radicales au chantier de Halifax. En décembre 1799, il avait rapporté de graves irrégularités et constaté que « la porte était par conséquent ouverte à toutes les formes de fraudes et de détournements de fonds ». Il défendit alors aux maîtres principaux et aux marins de prendre des provisions pour les navires sans qu'il y ait surveillance, retira aux capitaines le droit d'émettre des ordres à l'intention des officiers du chantier, commença à distribuer les vivres et l'alcool tous les mois, et non tous les trimestres, afin de limiter les beuveries et insista pour que le radoub des bâtiments se fasse conformément aux règlements du Navy Board. Ensuite, il élimina les chevaux du chantier (le transport par barque coûtait moins cher), congédia 50 ouvriers, dressa l'inventaire des stocks du maître adjoint et décréta que seuls ceux qui y avaient à faire auraient le droit de s'embarquer et de débarquer au chantier. Cependant, le clou de ses réformes fut le congédiement du maître constructeur de navires, Elias Marshall, qui avait 48 ans de service, dont 37 au chantier de Halifax.

En avril 1800, Coffin retourna en Angleterre en emportant, pour les préserver de la « perte », les preuves qui avaient motivé ses interventions, ce qui n'empêcha pas Duncan et l'amiral sir William Parker, commandant en chef à Halifax, de rappeler certains de ceux qu'il avait congédiés, dont Marshall, « car le public a[vait] très peu souffert de ses écarts de conduite ». Coffin occupa alors sa charge de commissaire du chantier maritime de Sheerness, où il se montra si efficace et énergique qu'on le rappela pour le service en mer (généralement interdit aux commissaires civils). Le 23 avril 1804, on le promut contre-amiral de l'escadre blanche. Le 19 mai, il reçut un titre de baronnet et devint amiral inspecteur à Portsmouth ; il occupa le poste jusqu'au 28 avril 1808 et ce fut son dernier dans la marine.

Promu vice-amiral de l'escadre bleue, Coffin accumula les grades d'officier général jusqu'à ce qu'il devienne amiral de l'escadre le 4 juin 1814. De 1818 à 1826, il fut député de la circonscription d'Ilchester. En 1832, il reçut la grand-croix de l'ordre des Guelfes. Devenu veuf le 27 janvier 1839, il mourut le 23 juillet suivant.

En 1787, Coffin avait attiré l'attention du Conseil législatif de Québec sur le fait que les Américains exploitaient les pêcheries des îles de la Madeleine et que le commerce illicite y florissait. Un comité du conseil, sous la présidence du juge en chef William Smith*, recommanda d'adopter la solution qu'avait mise de l'avant Coffin : faire en sorte qu'il devienne propriétaire des îles. L'affaire traîna ensuite jusqu'à ce que Coffin la soumette à la Trésorerie, à Londres, en 1795. Celle-ci conclut que, « si on ne concédait pas les pêcheries de ces îles à un individu, elles ne rapporteraient aucun bénéfice et seraient exploitées aussi bien par des étrangers que par des sujets de Sa Majesté ». Le 24 avril 1798, Coffin devint seigneur des Îles-de-la-Madeleine. En vertu de ses lettres patentes, il devait permettre aux pêcheurs d'accéder librement aux plages et aux rives.

Étant donné les qualités professionnelles de Coffin et sa présumée connaissance des pêches, on escomptait un grand « bénéfice public » de son accession à la propriété des îles. Pourtant, comme il était un propriétaire absentéiste qui n'agissait que par l'entremise de représentants, il n'eut que des ennuis. À l'instar d'autres personnes d'origine britannique qui avaient des propriétés en Amérique du Nord britannique, il voulait des colons anglophones, mais les îles ne leur offraient que peu d'attraits. Les Acadiens de l'endroit, qui faisaient la pêche au morse, au phoque et à la morue, acceptaient à contrecœur que les directives viennent désormais de Québec, et non plus de Terre-Neuve, et résistaient au paiement d'un loyer. Après sa première et unique visite aux îles, en 1806, Coffin tenta en vain de faire déporter 22 familles venues de Saint-Pierre et Miquelon en 1792 avec un prêtre, Jean-Baptiste Allain*, sous prétexte que ces gens étaient des « *Français* ennemis du Roi qui [...] défi[aient] ouvertement toute loi et [faisaient] de la contrebande avec les Américains, au grand détriment des sujets de Sa Majesté ». En 1822, comme son investissement ne lui avait rien rapporté, il tenta de vendre ou de louer les îles aux États-Unis. Deux ans plus tard, il songea à y installer des amis et des parents du Massachusetts. En 1828, il proposa d'annexer les îles à la Nouvelle-Écosse afin de faciliter l'administration de la justice. Aucune de ces idées ne fut retenue.

L'entreprise des Îles-de-la-Madeleine échoua, en grande partie parce que le régime seigneurial connaissait beaucoup de vicissitudes et parce que le gouvernement britannique, bien que prêt à admettre le bien-fondé des réclamations de sir Isaac Coffin, n'était pas sympathique à sa cause. Lord Dalhousie [Ramsay] trouvait qu'il faisait là « une folle spéculation ». Après une visite aux îles en 1831, le lieutenant Frederick Henry Baddeley* fit allusion aux critiques que Coffin et d'autres avaient formulées sur les Madelinots et nota : « la contrebande, dans ces îles, n'est guère une infraction à la loi, car aucune loi sinon la loi de Dieu ne leur est enseignée [...] Tant qu'ils seront laissés [...] à eux-mêmes, il sera injuste de les

Coffin

priver de l'avantage qu'offre un commerce *libre.* » En assumant sa charge de seigneur avec la mentalité propre à un capitaine de la marine et à un fils de fonctionnaire des douanes, Coffin croyait bien faire, mais il ne comprenait pas ses censitaires et il laissa un héritage archaïque à ses successeurs. La situation dans laquelle il se trouvait à titre de seigneur est d'autant plus ironique que l'on se souvient surtout de lui à cause du zèle réformiste qui marqua sa carrière dans la marine.

W. A. B. DOUGLAS

APC, RG 1, L3^L : 30884–30885, 30892, 30906, 30913, 30922–30935. — NMM, C. G. Pitcairn-Jones, notes on sea officers. — PRO, ADM 1/494–495 ; 12/22/443 ; 106/2027–2028 ; CO 42/123 ; 42/131 ; 42/192 ; 42/202 ; 42/221 (mfm aux APC). — F. H. Baddeley, « On the Magdalen Islands, being the substance of four reports », Literary and Hist. Soc. of Quebec, *Trans.*, 3 (1832–1837) : 128–190. — *Gentleman's Magazine,* janv.–juin 1840 : 205–206. — [John Jervis, 1er comte de] St Vincent, *Letters of Admiral of the Fleet the Earl of St. Vincent whilst first lord of the Admiralty, 1801–1804* […], D. B. Smith, édit. (2 vol., Londres, 1922–1927). — Ramsay, *Dalhousie journals* (Whitelaw), 1 : 115–116. — *DNB.* — G.-B., Admiralty, *The commissioned sea officers of the Royal Navy, 1660–1815,* [D. B. Smith et al., édit.] (3 vol., s.l., [1954]). — Marshall, *Royal naval biog.,* 1 : 229. — Paul Hubert, *les Îles de la Madeleine et les Madelinots* (Rimouski, Québec, 1926). — Robert Rumilly, *les Îles de la Madeleine* (Montréal, 1941 ; réimpr., 1951). — David Spinney, *Rodney* (Londres, 1969).

COFFIN, JOHN, officier, homme d'affaires, homme politique, juge de paix, juge et fonctionnaire, né vers 1751 à Boston, fils de Nathaniel Coffin, dernier receveur général et caissier des douanes britanniques de Boston, et d'Elizabeth Barnes, frère d'Isaac COFFIN et neveu de John Coffin* ; le 21 octobre 1781, il épousa Ann Mathews (Matthews), de Johns Island, Caroline du Sud, et ils eurent dix enfants ; décédé le 12 mai 1838 dans la paroisse de Westfield, Nouveau-Brunswick.

Né dans une famille de marchands prospères liée à l'élite gouvernante de la colonie du Massachusetts, John Coffin passa son enfance à Boston ; il y reçut une éducation respectable et on l'initia à la doctrine de l'Église d'Angleterre. Coffin et sa famille avaient sans doute bien des raisons de rester fidèles à la couronne britannique pendant la Révolution américaine ; il est certain, entre autres, que leur prospérité exigeait le maintien de leur attachement à l'ordre établi.

Coffin commença sa carrière militaire à la bataille de Bunker Hill, le 17 juin 1775. Par la suite, ses activités demeurent obscures jusqu'à ce qu'il devienne capitaine dans un nouveau corps d'armée provincial, les Orange Rangers, le 19 janvier 1777. Il servit avec cette unité dans les états du New Jersey et de New York puis, le 19 juillet 1778, il se joignit aux New York Volunteers à la suite d'une permutation. À la fin

de 1778, on envoya ce régiment dans les colonies du Sud et Coffin prit part au combat en Géorgie et en Caroline du Sud. Comme il s'était illustré à la bataille d'Eutaw Springs, en septembre 1781, il fut promu major du King's American Regiment le 28 août 1782. Après la dissolution de cette unité en 1783, on le mit à la demi-solde. Même s'il ne servit que pendant une brève période après la guerre d'Indépendance – il leva la troupe des New Brunswick Fencibles durant la guerre de 1812 –, il reçut régulièrement des promotions et devint général le 12 août 1819.

Après le retrait des troupes britanniques des colonies du Sud, Coffin passa une grande partie de l'année 1783 à New York, à tenter d'assurer son avenir en prévision du moment où la guerre prendrait fin officiellement. Il choisit de se réinstaller dans ce qui allait devenir le Nouveau-Brunswick. Edward Winslow* lui obtint une propriété à l'ouest du futur port de Saint-Jean ; un ancien subalterne de Coffin dans le King's American Regiment, Henry Nase, reçut le contrat pour la construction de la maison du major. Une fois ces préparatifs terminés, il s'embarqua avec sa famille pour Parrtown (Saint-Jean), où ils arrivèrent le 26 septembre 1783.

Coffin s'occupa immédiatement de son installation. Profitant sans doute de sa situation d'agent foncier loyaliste, il acquit de Beamsley Perkins Glasier* une part dans le Glasier's Manor, domaine de 5 000 acres situé au confluent des rivières Nerepis et Saint-Jean. En 1790, il obtint les titres de la propriété, qui comptait alors 1 000 acres de plus. Coffin effectua bien d'autres transactions foncières, principalement dans le comté de Kings, et fit construire dans son domaine un moulin à farine de même qu'une scierie. Loin de limiter ses entreprises commerciales à la spéculation foncière et aux travaux d'agriculture, il vendait au détail du poisson, du bois d'œuvre et du rhum. Grâce à sa perspicacité en affaires, à son dynamisme et à ses ressources financières, il réussit de façon remarquable, sans jamais toutefois pouvoir se payer le train de vie des aristocrates, ni accumuler une grande fortune.

Malgré sa participation active à la campagne pour la séparation du Nouveau-Brunswick d'avec la Nouvelle-Écosse et ses liens avec une grande partie de l'élite loyaliste, Coffin ne récolta pas de succès politique immédiat lorsqu'on forma la nouvelle province en 1784. On ne lui réserva aucun poste élevé dans le nouveau gouvernement, mais on le nomma juge de paix et juge de la Cour inférieure des plaids communs. En marge du réseau d'influences politiques, il dut devenir député pour être en mesure de prendre part aux affaires de la province. Élu dans la circonscription de Kings en novembre 1785, il conserva ce siège pendant 25 ans. À deux reprises on l'accusa de manœuvre électorale : en 1796, pour avoir distribué des provisions dans le but d'acheter des votes et, en 1810, à cause d'irrégularités survenues à son élection l'année précédente. À cette occasion, on déclara son siège vacant. À titre de député, Coffin se révéla un grand défenseur de l'autorité de l'Église et de l'État et ne cacha pas son mépris pour les champions de la démocratie. Durant la session de 1802, l'Assemblée adopta sous sa conduite un projet de loi sur le revenu, malgré le petit nombre de députés présents en chambre, huit seulement, et par conséquent le défaut de quorum [V. Samuel Denny Street*]. De tempérament fougueux, Coffin fut impliqué dans plusieurs duels dont un avec le radical James Glenie*.

Une oligarchie, dont les membres les plus influents étaient Coffin et George Leonard*, dominait le comté de Kings. À partir de 1786, année où il accéda à la magistrature, Coffin cumula de nombreuses charges dans le comté, y compris celle de juge en chef de la Cour inférieure des plaids communs. Avec le lieutenant-gouverneur Thomas Carleton*, le juge en chef George Duncan Ludlow* et quelques autres, il fonda en 1786 le comité du Nouveau-Brunswick de la New England Company ; en 1807, il devint surintendant de l'école indienne que cette compagnie avait établie à Sussex Vale (Sussex Corner) [V. Oliver Arnold*]. Par ses multiples charges, y compris celle de député, il détenait dans son comté un grand pouvoir en ce qui concernait tant les questions profanes que religieuses.

En 1812, on nomma Coffin au Conseil du Nouveau-Brunswick, honneur qu'il attendait sans doute depuis longtemps. Il souleva là aussi la controverse. En 1824, les membres du conseil en vinrent à se demander si Coffin avait perdu le droit de siéger, puisqu'il était parti vivre en Angleterre depuis 1817, sans renoncer à son siège ni obtenir la permission officielle de s'absenter. On soumit la question au secrétaire d'État aux Colonies, qui décréta que Coffin avait en effet perdu son poste. Il fut cependant réintégré après avoir laissé entendre au lieutenant-gouverneur, sir Howard Douglas*, qu'il reviendrait. Par la suite, il fit bien des séjours périodiques dans la province, mais ne se montra pas plus soucieux de ses obligations et on le renvoya du conseil en 1828. Ce fut la fin de son ascension politique.

John Coffin revint finalement s'installer au Nouveau-Brunswick ; il y passa les dernières années d'une vie marquée par la détermination à tout réussir.

ROBERT S. ELLIOT

APC, MG 23, D1, sér. 1, 7 : 34, 277 ; D9 ; RG 8, I (C sér.), 719 : 15–17, 23–24, 211–212 ; 1874 : 35, 50 ; 1908 : 4, 10, 15, 24 (mfm au Musée du N.-B.). — APNB, RG 7, RS66, 1838, John Coffin ; RG 10, RS108, 1833. — EEC, Diocese of Fredericton Arch., Greenwich and Westfield Parish Church (Kings County, N.-B.), vestry minutes, 1797–1853 (mfm au Musée du N.-B.) ; « Inglis papers, 1787–1842 », W. O. Raymond, compil. (copie aux APNB). — Kings Land Registry Office (Sussex, N.-B.), Registry books, C-1 : 183–185 (mfm aux APNB). — Musée du N.-B., Bibles, n° 65 (Coffin family Bible) ; Coffin family, CB DOC ; Jarvis family papers, E. J. Jarvis à R. F. Hazen et Munson Jarvis, 7 sept. 1823 ; Nase family papers, Henry Nase diary, 20, 29 sept. 1782, 7 août, 4, 26 sept. 1783. — PRO, PRO 30/55, n° 4088 (mfm à l'UNBL). — UNBL, BC-MS, Sir Howard Douglas letter-books, Douglas à William Huskisson, 31 janv. 1828, 18 mai 1829 (transcriptions au Musée du N.-B.). — Winslow papers (Raymond). — Royal Gazette (Saint-Jean, N.-B. ; Fredericton), 11 nov. 1811, 23 mai 1838. — Lorenzo Sabine, Biographical sketches of loyalists of the American revolution (2 vol., Boston, 1864 ; réimpr., Port Washington, N.Y., 1966). — J. H. Stark, The loyalists of Massachusetts and the other side of the American revolution (Boston, 1910). — A memoir of General John Coffin [...], H. [E.] Coffin, compil. (Reading, Angl., 1860). — R. G. Watson, « Local government in a New Brunswick county ; Kings County, 1784–1850 » (thèse de M.A., Univ. of N.B., Fredericton, 1969). — Judith Fingard, « The New England Company and the New Brunswick Indians, 1786–1826 : a comment on the colonial perversion of British benevolence », Acadiensis (Fredericton), 1 (1971–1972), n° 2 : 29–42.

COFFIN, NATHANIEL, arpenteur, homme politique, juge de paix, fonctionnaire et officier de milice, né le 20 février 1766 à Boston, cinquième fils de John Coffin* et d'Isabella Child, et frère de THOMAS ; décédé apparemment célibataire le 12 août 1846 à Toronto.

La famille de Nathaniel Coffin s'enfuit de Boston pendant l'été de 1775 pour trouver refuge à Québec. Le 21 mars 1783, Coffin reçut un brevet d'enseigne du 40th Foot, mais il rejoignit son régiment seulement après que celui-ci eut quitté l'île Staten (New York) pour l'Angleterre, en novembre. Le 11 janvier 1786, il échangea son poste contre une demi-solde, peut-être parce qu'il avait manqué à la discipline en Irlande.

Coffin revint ensuite à Québec, où il obtint un poste d'arpenteur le 19 juillet 1790. Il travailla pendant quelques années dans diverses parties de la province, mais surtout le long de la rivière Bécancour et dans la région de Portneuf. En 1793, avec William Vondenvelden*, Jesse Pennoyer* et d'autres, il forma une loge maçonnique du nom de Select Surveyors No. 9. L'année suivante, son père et lui participèrent à la fondation d'une association de soutien au gouvernement du Bas-Canada.

De 1795 à 1802, Coffin déploya son activité dans la région de la baie Missisquoi et fit partie d'un comité formé notamment par Pennoyer et Samuel Willard* pour inciter le gouvernement à accélérer l'examen des requêtes foncières. Sa participation aux affaires de la région lui valut, en juillet 1796, le siège de député de la circonscription de Bedford, mais il ne se distingua pas durant ses quatre années en chambre. Nommé juge

Coffin

de paix du district de Montréal le 14 décembre 1796, il le demeura jusque vers 1810. En 1797, le gouverneur Robert Prescott* le chargea de rassembler des témoins pour le procès de David McLane*, accusé de trahison.

Le 31 août 1802, Coffin figurait au nombre de ceux qui obtenaient une concession de 1 200 acres dans le nouveau canton de Compton, où il avait déjà commencé à s'établir. On ne connaît guère ses allées et venues pendant la décennie suivante. Apparemment, il se trouvait à Québec lorsqu'on le nomma aide de camp provincial de son beau-frère, le major général Roger Hale Sheaffe*, en juillet 1812. Il servit auprès de lui à Queenston Heights, ce qui lui mérita des mentions dans des dépêches, et il était encore à ses côtés à la bataille d'York (Toronto) en avril 1813.

En janvier 1814, Coffin devint adjudant général adjoint de la milice du Haut-Canada. À ce titre, il veilla à l'administration à partir du bureau de la milice à Kingston pendant que l'adjudant général, Colley Lyons Lucas Foster, se déplaçait avec le quartier général de l'armée. Le 25 mars 1815, il accéda lui-même au poste d'adjudant général ; une fois la guerre terminée, il fut le seul officier de milice gardé en service permanent. Il conserva son grade de lieutenant-colonel, qu'il avait reçu en octobre 1812, et passa à celui de colonel en 1820.

En 1816, les dossiers du bureau général des réclamations de la milice, qui s'occupait des arriérés dus aux miliciens pour le service de guerre, passèrent au bureau de l'adjudant général. Pour vérifier la validité des soldes réclamées et en préparer le paiement, Coffin dut rester à Québec pendant les six premiers mois de 1818, et les versements eux-mêmes occupèrent une bonne partie de son temps pendant encore quelques années. Ce n'est que vers 1821 que d'autres problèmes, qu'avaient soulevés la formation de nouvelles unités et l'équipement, commencèrent à l'absorber davantage.

Après la guerre, Coffin tomba progressivement en disgrâce auprès de l'Assemblée, de tendance réformiste. En 1818, des députés s'opposèrent à ce qu'il embauche un commis, et ce n'est qu'en 1822 qu'on renouvela une loi qui affectait une partie des crédits de l'adjudant général, arrivée à échéance en 1820, et ce, uniquement après les pressions considérables de la part de Coffin et du lieutenant-gouverneur sir Peregrine Maitland*. En 1821, un comité de l'Assemblée examina les responsabilités de l'adjudant général et recommanda une augmentation de son état-major ; pourtant les crédits nécessaires ne furent pas alloués. Il y eut, en 1823, nomination d'un sous-adjudant général, James FitzGibbon*, mais les fonds d'urgence qui permettaient à Coffin de voyager se révélèrent insuffisants. En raison d'autres restrictions financières imposées en mai 1825, le bureau ne pouvait même plus acquitter ses frais de poste, et FitzGibbon démissionna quand l'Assemblée réduisit sa rémunéra-

tion en 1827. De plus, ce qui n'arrangeait pas les choses, une longue querelle opposait Coffin et le député François Baby* à propos de la superficie de terre due à celui-ci pour son service d'officier de milice pendant la guerre de 1812. Les démêlés de Coffin avec la chambre d'Assemblée atteignirent leur point culminant en mars 1828. Un comité spécial, chargé d'étudier un litige relatif à des terres gouvernementales et qui mettait en cause William Forsyth, l'assigna à comparaître avec le surintendant des Affaires indiennes, James Givins. Maitland leur interdit d'y aller et, quelques jours plus tard, les députés réformistes les emprisonnèrent jusqu'à la fin de la session pour refus d'obéir.

De 1833 à 1836, Coffin s'occupa de plus en plus des affaires du 1st Northumberland Regiment, où le commandant, John Covert, tentait de bloquer les activités et l'avancement de certains des officiers parce qu'il ne partageait pas leurs opinions politiques. Quand, finalement, Covert comparut en cour martiale à cause de sa conduite, il blâma Coffin d'avoir laissé l'affaire aller aussi loin.

Au cours des années 1830, Coffin, qui prenait de l'âge et était malade, demanda l'autorisation de prendre sa retraite. L'Assemblée adopta un projet de loi qui lui assurait une pension et apportait d'autres changements à son bureau, mais le Conseil législatif le rejeta. Coffin était toujours adjudant général à la veille de la rébellion de 1837, mais c'était son assistant, Walter O'Hara*, qui se chargeait de la tâche, et une bonne partie du travail n'était pas faite. Quand la révolte éclata, le lieutenant-gouverneur sir Francis Bond Head* remplaça Coffin par FitzGibbon.

Nathaniel Coffin avait commencé sa carrière dans la milice à un âge assez avancé. Nommé en 1812 à cause d'une relation familiale, il avait rarement commandé des troupes en campagne. Quelles qu'aient été ses compétences administratives, il ne fut donc pas, semble-t-il, tenu en très haute estime quand, dans l'après-guerre, il dirigea la milice du Haut-Canada. Pendant la période où il fut le principal officier d'état-major de la milice, celle-ci connut une forte croissance : par suite de l'afflux de colons, de nouvelles unités s'organisaient dans toute la province. Cependant, elles existèrent surtout en théorie, car elles furent rarement convoquées à l'entraînement et, dans la plupart des cas, ne furent pas équipées.

O. A. Cooke

APC, MG 30, D1, 8 ; RG 1, L6B, 1 ; RG 8, I (C sér.), 273 : 138–139 ; 677 : 8–9, 140 ; 678 : 174–177 ; 704 : 126, 246–249 ; 1168 : 220 ; RG 9, I, B1, 3 : 14 ; 42 : 11–14 ; 43 : 47–50 ; 52–53. — Édouard Fabre Surveyer, « Nathaniel Coffin (1766–1846) », SRC Mémoires, 3e sér., 42 (1948), sect. II : 59–71.

COFFIN, THOMAS, homme d'affaires, seigneur, fonctionnaire, homme politique et officier de milice, né le 5 juillet 1762 à Boston, fils de John Coffin* et d'Isabella Child ; décédé le 18 juillet 1841 à Trois-Rivières, Bas-Canada.

Thomas Coffin arrive à Québec au début d'août 1775 avec ses parents et ses dix frères et sœurs. Son père, homme d'affaires de Boston, compte parmi les loyalistes qui ont préféré quitter les colonies américaines au moment de la guerre d'Indépendance. Tandis que plusieurs de ses frères s'orientent vers une carrière dans l'armée ou dans la fonction publique – NATHANIEL entre autres deviendra arpenteur provincial en 1790 – Thomas se lance dans le commerce. Dès novembre 1782, il est établi à Montréal où il vend notamment du rhum des Antilles, du brandy français et anglais, du porto, des vins espagnols, de la mélasse, du thé, du savon, du beurre et des fruits. Toutefois, sa rencontre avec Marguerite Godefroy de Tonnancour, fille de Louis-Joseph Godefroy* de Tonnancour, va modifier le cours de son existence.

Marié devant le pasteur anglican David Chabrand* Delisle à Montréal le 22 février 1786, le couple s'établit dans la seigneurie de la Pointe-du-Lac. Coffin se consacre alors à son nouveau rôle de seigneur, car sa femme a apporté en dot, outre 66 902 livres 5 sols 3 deniers, une part dans les seigneuries de Yamaska et de la Pointe-du-Lac ainsi que dans celles de Roquetaillade, Gastineau et Godefroy. Par suite de différentes transactions en 1786 et 1787, il devient propriétaire à part entière de la seigneurie de la Pointe-du-Lac. Au cours des années qui suivent, il se préoccupe du développement de cette seigneurie et fait de nombreuses concessions. Le 8 avril 1791, il donne à la fabrique de Pointe-du-Lac l'église, le presbytère et une terre de 60 arpents. Personnage en vue dans son milieu, Coffin a obtenu le 1er juillet 1790 le poste de shérif du district de Trois-Rivières, qu'il conserve jusqu'en décembre 1791. Cependant, il ne tarde pas à affronter de sérieux problèmes financiers. Incapable de rembourser une ancienne dette de £1 200, il voit, en juin 1795, les seigneuries de la Pointe-du-Lac et Gastineau saisies par le shérif, puis vendues le 25 octobre suivant à Nicholas Montour* pour £3 740.

Tout en continuant de gérer un patrimoine foncier fort réduit, Coffin participe à la vie politique. En juillet 1792, on l'avait élu député de la circonscription de Saint-Maurice, qu'il représentera jusqu'en juin 1804. À la chambre d'Assemblée, il se range le plus souvent du côté du parti des bureaucrates. En 1793, il vote contre le choix de Jean-Antoine Panet* comme président, et appuie plutôt la candidature de Jacob Jordan*. En décembre, il obtient qu'on forme un comité chargé de préparer une loi concernant les grands chemins et les ponts de la province ; il en sera le président. Toutefois, c'est le projet de loi qu'il présente au début de 1796 afin de réunir la seigneurie Gastineau à la paroisse de Pointe-du-Lac qui suscite le

plus d'inquiétudes, car il met en cause le droit du Parlement d'ériger ou de diviser des paroisses sans l'accord préalable de l'évêque ou sans une érection canonique. Mgr Jean-François Hubert* y voit une tentative d'usurper les pouvoirs de l'évêque. L'Assemblée hésite et, finalement, préfère enterrer le projet. Mais Coffin, nommé commissaire responsable de la construction des églises et des presbytères en juin 1796, présente un autre projet de loi en mars 1798, qui vise cette fois à former une nouvelle paroisse. Joseph-Octave Plessis*, coadjuteur désigné, essaie vainement de faire amender le projet et rencontre même le gouverneur Robert Prescott*, qui l'assure de ses bonnes intentions à l'égard de l'Église et de son opposition au projet de Coffin. La fin de la session permet d'éviter toute décision à ce sujet, et c'est sans succès que Coffin ressuscite le projet en 1800.

Coffin, qui n'a pas brigué les suffrages aux élections de 1804, se porte candidat dans Trois-Rivières à l'élection partielle de 1807. Défait par Ezekiel HART, il fait présenter, par l'entremise de Benjamin Joseph Frobisher*, une pétition dans laquelle il conteste le droit de Hart, en tant que Juif, de siéger à la chambre d'Assemblée, et demande de prendre sa place. Malgré l'expulsion de Hart, Coffin n'en retire aucun bénéfice. En 1808, il réussit à se faire élire dans Saint-Maurice et siège à l'Assemblée jusqu'en octobre 1809. Aux élections qui suivent, il se retire au bout de sept jours de scrutin, après avoir constaté qu'il a reçu bien peu de votes. Finalement, il représentera Trois-Rivières d'avril 1810 à mars 1814.

Parallèlement à sa carrière de député, Coffin continue de s'intéresser aux affaires. Le 18 septembre 1798, en société avec son beau-frère John Craigie*, il fonde la Compagnie des forges de Batiscan dans le but de réaliser l'ambitieux projet d'exploiter le minerai de fer de la seigneurie de Batiscan. En échange de quatre terres qu'il loue pour 99 ans à la compagnie, Coffin reçoit une part qui équivaut à une avance de £1 000. Il est aussi nommé directeur jusqu'au 1er janvier 1800 et touche un salaire annuel de £200. Dès les premières années, l'entreprise doit affronter de sérieux problèmes. En décembre 1800, un incendie ravage le bâtiment de la forge, une perte évaluée à plus de £818 ; dans l'espoir de renflouer leur compagnie, les propriétaires tentent d'obtenir le bail des forges du Saint-Maurice, qui expire en avril 1801 [V. Mathew BELL], mais sans succès. Coffin et Craigie décident donc de s'adjoindre deux autres associés : Thomas Dunn* en 1801 et Joseph Frobisher* en 1802 qui détiennent chacun une part d'un sixième dans l'entreprise. En 1802 également, la compagnie acquiert, grâce à diverses transactions, au moins 10 125 acres dans le canton de Radnor, riche en minerai et en ressources forestières, et en 1803 les associés achètent d'Alexander Ellice* au prix de £2 000 la seigneurie Champlain. Les forges de Batiscan, qui fonctionnent sur le modèle

Coigne

de celles du Saint-Maurice, produisent surtout des poêles, qui sont très recherchés, des chaudrons à sucre et à potasse, des bouilloires domestiques et du fer en barre. L'entreprise éprouve toutefois régulièrement des difficultés financières. Ainsi en décembre 1808, Coffin, à titre de directeur des forges, reconnaît devoir £2 300 à la McTavish, Frobisher and Company pour l'achat de diverses marchandises entre 1804 et 1806 ; afin d'acquitter cette dette, il cède £800 de créances de même que tous les objets en fer ou manufacturés, d'une valeur de £1 500. Ces problèmes ne sont sans doute pas étrangers à la décision qu'il prend de céder sa part à Craigie le 13 novembre 1811 pour la somme de £7 538. Les forges ne réussiront pas à reprendre pied et fermeront vers 1814.

Après avoir quitté la compagnie, Coffin se consacre surtout à son rôle de député et aux nombreuses fonctions que lui valent les faveurs du gouvernement. Juge de paix depuis 1794, il a été nommé en octobre 1811 par sir George Prevost* président des sessions trimestrielles dans le district de Trois-Rivières, ce qui lui rapporte un salaire annuel de £200. Colonel des trois bataillons de milice de Trois-Rivières depuis 1803, il devient en avril 1812 commissaire des transports dans le district de Trois-Rivières. Le 16 février 1813, on le nomme inspecteur de police de Trois-Rivières, charge qu'il conservera pendant plusieurs années. Coffin se voit aussi confier maints postes de commissaire dans le district de Trois-Rivières. Sa nomination au Conseil législatif le 8 mai 1817 vient reconnaître son importance comme homme public ; il remplira cette fonction jusqu'en mars 1838.

Toutefois, à compter de l'automne de 1835, Thomas Coffin, alors âgé de 73 ans, n'assiste plus aux réunions du conseil en raison du mauvais état de sa santé. Un an après avoir abjuré le protestantisme, il meurt à Trois-Rivières le 18 juillet 1841 en laissant au moins un fils, William Craigie Holmes. Le 22 juillet, il est inhumé dans la chapelle des ursulines, où repose déjà Marguerite Godefroy de Tonnancour, morte en 1839.

HUGUETTE FILTEAU

ANQ-M, CN1-29, 18 mai 1803 ; CN1-375, 21 févr. 1786. — ANQ-MBF, CE1-48, 22 juill. 1841. — ANQ-Q, CN1-230, 8 juill., 2 oct. 1807, 7 juill. 1808, 13 nov. 1811 ; Index des dossiers de la Cour des plaidoyers communs de la Cour du banc du roi, district de Québec, 1765–1808 ; T11-1/81, n° 3589 ; 87, n° 3988 ; 310, n° 340 ; 3558, n° 299. — APC, RG 4, A1 : 22805–22808 ; RG 68, General index, 1651–1841. — ASTR, 0329. — Canada, Parcs Canada, région de Québec (Québec), Compagnie des forges de Batiscan, reg. de lettres, août 1807–juill. 1812. — B.-C., chambre d'Assemblée, Journaux, 1793–1814. — Boston, Registry Dept., Records relating to the early history of Boston, W. H. Whitmore et al., édit. (39 vol., Boston, 1876–1909), [24] : Boston births, 1700–1800, 5 juill. 1762. — La Gazette de Québec, 7 nov. 1782, 13 nov., 11 déc. 1788, 17 juill. 1794, 25 juin 1795, 11 févr. 1808, 7 déc. 1809. — Almanach de Québec, 1796 ; 1798–1799. — F.-J. Audet et Fabre Surveyer, les Députés au premier Parl. du B.-C. ; les Députés de Saint-Maurice et de Buckinghamshire, 5–15. — Bouchette, Description topographique du B.-C. — Caron, « Inv. de la corr. de Mgr Denaut », ANQ Rapport, 1931–1932 : 329–330. — Desjardins, Guide parl. — Officers of British forces in Canada (Irving). — « Papiers d'État – B.-C. », APC Rapport, 1893 : 51–52. — P.-G. Roy, Inv. concessions, 2 : 48, 254 ; 3 : 264–265. — Turcotte, le Conseil législatif. — Alexandre Dugré, la Pointe-du-Lac (Trois-Rivières, 1934), 40. — Lambert, « Joseph-Octave Plessis », 293–296, 335, 781, 1078, 1102–1103. — Ouellet, Bas-Canada, 317. — Québec, Ministère des Affaires culturelles, Louise Trottier, « Évaluation du potentiel historique des fours à charbon de bois des Grandes-Piles en relation avec quelques sites sidérurgiques de la Mauricie : les forges Radnor, de Batiscan, L'Islet, Saint-Tite et Shawinigan » (rapport dactylographié, Québec, 1983). — J. [E.] Hare, « l'Assemblée législative du Bas-Canada, 1792–1814 : députation et polarisation politique », RHAF, 27 (1973–1974) : 361–395. — É.-Z. Massicotte, « Notes sur les forges de Ste-Geneviève-de-Batiscan », BRH, 41 (1935) : 708–711. — P.-G. Roy, « la Famille Coffin », BRH, 40 (1934) : 229–232.

COIGNE. V. DECOIGNE

COLLACHIE. V. McDONELL

COLLARD, FREDERICK JOHN MARTIN, avocat et rédacteur en chef, né probablement dans le Bas-Canada ; décédé le 24 mars 1848 à Charlottetown.

Frederick John Martin Collard apparut soudainement sur la scène publique de l'Île-du-Prince-Édouard au mois de septembre 1844 en offrant, dans la presse, ses services à titre d'avocat ; il se présentait comme membre du barreau canadien et disait avoir 16 ans d'expérience. Dans l'une des annonces qu'il fit paraître, il parlait de « récents efforts pour lui nuire » : il faisait probablement allusion au fait qu'en avril il avait été incarcéré à Halifax sous l'accusation d'avoir commis un acte de « bestialité » sur la personne d'un plaignant. Mais en raison de sa mauvaise santé on l'avait libéré en mai sous caution personnelle. Peu après, il avait quitté la Nouvelle-Écosse et n'y était même pas retourné en juillet pour subir son procès. En octobre, le procureur général de l'Île-du-Prince-Édouard, Robert Hodgson*, obtint une attestation de ces faits, qui apparemment empêcha l'admission de Collard au barreau de la colonie. L'été suivant, il comparut en justice sous l'accusation d'avoir, le 15 septembre 1844, à Charlottetown, commis des voies de fait avec l'intention de pratiquer la sodomie. Il assura lui-même sa défense contre Hodgson et le solliciteur général James Horsfield Peters*. En dépit du verdict d'acquittement que prononça le jury, sa réputation demeura entachée et, contrairement à ses espoirs, il ne parvint pas à se constituer une clientèle à titre d'agent foncier.

Il semble qu'à l'Île-du-Prince-Édouard Collard ne réussit dans aucun domaine jusqu'à ce qu'il soit mêlé à la querelle opposant le *family compact* au lieutenant-gouverneur, sir Henry Vere Huntley*, qui avait formé une alliance de convenance avec les réformistes. Collard possédait les talents journalistiques dont l'oligarchie avait besoin, et il allait travailler comme rédacteur en chef de plusieurs journaux de Charlottetown. Le premier fut apparemment le *Morning News,* mais il le quitta à l'automne de 1845 car l'éditeur commençait à pencher en faveur de Huntley. Peu après, sous le pseudonyme de A British Colonist, il publia des lettres sur la controverse dans l'*Islander* et la *Royal Gazette,* deux journaux tories. On lui attribue également un pamphlet de 15 pages signé Junius et paru au cours de la session législative de 1846 : on y voit la colonie entraînée dans la lutte que se livrent un gouverneur despotique et des institutions populaires. Collard devint un très proche collaborateur du président de la chambre d'Assemblée, Joseph Pope*, qui s'acharnait sur Huntley. Au printemps de 1846, un député tory, William Douse*, le décrivit comme le « secrétaire » de Pope.

Le *Constitutionalist,* publié d'avril à octobre 1846, et dont le rédacteur en chef était Collard, joua un rôle important dans la bataille : chaque semaine, des critiques hargneuses contre Huntley constituaient l'élément principal du journal. Selon le lieutenant-gouverneur et le journaliste Edward Whelan*, le champion de la réforme, Collard cumula par la suite les postes de rédacteur en chef de l'*Islander* et de la *Royal Gazette*. Dans une certaine mesure, sa tâche consistait à contrer le brillant Whelan, qui répliquait par de la poésie et de la prose remplies de doubles sens à propos du « gros Martin ». Huntley, qui proclamait son horreur pour Collard, lui reconnaissait néanmoins une « extraordinaire éloquence et de grands talents en tout ».

Auteur compétent et plein de fougue, quoiqu'un peu verbeux, Collard serait probablement demeuré l'un des grands journalistes politiques de l'île s'il n'était pas mort d'érysipèle le 24 mars 1848, après une brève maladie. Les notices nécrologiques de l'*Islander* et de la *Royal Gazette* disaient seulement de lui qu'il avait été « conseiller de la reine » en Gaspésie, dans le Bas-Canada, mais il semble bien qu'il avait connu une existence agitée et instable : il avait vécu non seulement dans le Bas-Canada et en Nouvelle-Écosse, mais aussi au Nouveau-Brunswick et aux îles de la Madeleine avant de débarquer à l'Île-du-Prince-Édouard. Le procureur général de la Nouvelle-Écosse, James William Johnston*, avait accepté de le libérer sous caution personnelle en 1844 parce qu'il lui semblait improbable qu'il puisse réunir la somme nécessaire. À l'Île-du-Prince-Édouard, avant

de devenir l'assistant de Pope, il était selon Huntley « au bord de la misère » et, au moment de sa mort, on estima ses biens à moins de £50.

Frederick John Martin Collard figure dans l'histoire de l'Île-du-Prince-Édouard parce qu'il a contribué à faire avancer le débat politique : il fut l'un des premiers à écrire régulièrement, dans une perspective conservatrice, des éditoriaux sur la politique de la colonie. Si les tories retinrent ses services, c'est que, devant la montée des revendications de réforme, ils jugèrent prudent de cultiver systématiquement l'opinion publique. Sa mort laissa un vide qui ne fut comblé qu'en mars 1850, au moment où l'*Islander* engagea Duncan Maclean*, ancien collègue de Whelan.

IAN ROSS ROBERTSON

Frederick John Martin Collard est connu comme l'auteur de *An address to the people of Prince Edward Island*, publié sous le pseudonyme de Junius ([Charlottetown, 1846]). En effet, les PAPEI possèdent une copie de l'ouvrage sur laquelle se trouvent les notes manuscrites suivantes : « pamphlet de Collard » et « insolence bassement vulgaire et malice d'un esprit inférieur ». [I. R. R.]

PAPEI, RG 6, Supreme Court, case papers, R. *v.* F. J. M. Collard, 1845 ; minutes, 26 juin, 3 juill. 1845. — PRO, CO 226/69 : 175–177, 208–211 ; 226/70 : 289–290 ; 226/71 : 70–72, 120–129, 134–147, 288, 292, 481 ; 226/75 : 19 (mfm aux PAPEI). — Supreme Court of P.E.I. (Charlottetown), Estates Division, papers of administration for F. J. M. Collard estate. — Î.-P.-É., House of Assembly, *Journal,* 1846, app. R : 94, 96, 98 ; 1847 : 142–143 ; Legislative Council, *Journal,* 1847 : 66–67, 69. — *Constitutionalist* (Charlottetown), 27 avril–17 oct. 1846 (mfm aux PAPEI).— *Examiner* (Charlottetown), 18 sept., 2 oct., 13 nov., 18 déc. 1847, 11, 27 mars, 18 sept. 1848. — *Islander,* 22 nov., 6 déc. 1845, 18 avril, 23 oct. 1846, 24 mars 1848. — *Morning News* (Charlottetown), 18 sept. 1844. — *Palladium* (Charlottetown), 26 sept. 1844. — *Royal Gazette* (Charlottetown), 1er oct. 1844, 1er–8 juill., 2–9 déc. 1845, 9 avril 1846 (extra), 7–14, 28 sept. 1847, 1er, 15 févr., 21, 24 (extra), 28 mars 1848. — W. L. Cotton, « The press in Prince Edward Island », *Past and present of Prince Edward Island* [...], D. A. MacKinnon et A. B. Warburton, édit. (Charlottetown, [1906]), 115. Cet article constitue la seule étude qui fasse mention de Collard. [I. R. R.] — *Examiner,* 11 mai 1863. — *Islander,* 25 juin 1852, 25 janv. 1856.

COLLINS, JAMES PATRICK, médecin, né vers 1824 dans le comté de Cork (république d'Irlande), aîné de quatre enfants et seul fils de Patrick Collins et d'Isabella Hughes ; le 24 octobre 1846, il épousa à Portland (Saint-Jean, Nouveau-Brunswick) Mary Quin, et ils eurent une fille ; décédé le 2 juillet 1847 à l'île Partridge, Nouveau-Brunswick.

James Patrick Collins immigra à Saint-Jean en 1837 avec sa famille. Jeune homme, il fit un apprentissage auprès du docteur George R. Peters, éminent médecin de Saint-Jean, alors directeur de l'asile d'aliénés.

Condo

Peters stimula son intérêt pour la médecine et l'aida même dans ses études médicales, entreprises à Paris vers 1844 puis terminées à Londres. Collins revint à Saint-Jean en 1846 et, au mois d'août de la même année, commença à exercer sa profession chez ses parents, rue Mill, à York Point.

À peine quelques mois plus tard, soit en mai 1847, une épidémie de typhus se déclara en Amérique du Nord. La maladie avait été transmise par des immigrants qui avaient fui l'Irlande à cause de la disette de pommes de terre. Le fléau n'épargna pas Saint-Jean : dès le début de juin, les baraques sanitaires de mise en quarantaine installées sur l'île Partridge, près de la ville, étaient bondées de fiévreux et l'on dirigeait les nouveaux malades vers les tentes militaires. À cette date, près de 2 500 immigrants se trouvaient en quarantaine et bon nombre d'entre eux attendaient encore de pouvoir débarquer de leur navire. L'officier de santé responsable, le docteur George Johnstone Harding, ne suffisait plus à la tâche et réclamait de l'aide. Au risque de contracter la maladie, son frère, le docteur William Stenning Harding, ainsi que Collins s'engagèrent à titre de médecins auxiliaires à la station de quarantaine, au salaire de £50 par mois.

Si Collins choisit de se rendre à l'île Partridge, c'était surtout pour répondre aux exhortations de Lewis Burns, qui avait été quelque temps député de Saint-Jean. Burns le persuada qu'un stage comme auxiliaire auprès de l'officier de santé rehausserait sa réputation professionnelle et favoriserait sa carrière médicale encore à ses débuts. Il est tout probable que ses beaux-frères, James et Edmond Quin, tous deux prêtres engagés dans le secours des immigrants, l'aient aussi encouragé en ce sens. Affligé par « les souffrances de ses compatriotes », Collins accepta de relever le défi malgré les protestations de sa famille qui craignait, avec raison, pour son bien-être. Collins joua un rôle important dans la lutte contre la maladie, mais il fallut à peine un mois pour qu'il en devienne la victime. Vers le 26 juin, les deux médecins auxiliaires avaient attrapé le typhus et, une semaine plus tard, le 2 juillet, le jeune Collins mourait. À la demande instante de ses amis, le conseil municipal de Saint-Jean permit exceptionnellement qu'on ramène son corps de l'île Partridge au cimetière catholique d'Indiantown. En raison du risque de contagion, on plaça, sous la surveillance de l'officier de santé, le corps dans un cercueil scellé en plomb. Le cortège funèbre du 4 juillet, fort impressionnant, démontra à quel point la communauté tenait Collins en haute estime. On y comptait près de 4 000 personnes, un phénomène jamais vu à Saint-Jean, affirma-t-on par la suite. Quelques années plus tard, on transféra la dépouille mortelle de Collins au cimetière St Peter, près du fort Howe, et, en 1949, on la plaça dans une fosse commune, au cimetière St Joseph.

Il semble que ni les revenus de Collins pendant sa brève carrière médicale ni le capital qu'avait accumulé son père, épicier, n'aient suffi à assurer la subsistance de sa veuve et de son enfant posthume. En 1847, le Parlement du Nouveau-Brunswick lui rendit justice pour son travail à la station de quarantaine en accordant un montant de £50 à sa succession. Puis, de 1848 à 1855, il versa une somme additionnelle de £205 à sa veuve, en réponse à ses demandes d'aide.

Considéré comme un homme compatissant et un médecin plein de promesses, James Patrick Collins s'attira les éloges de ses contemporains par ses capacités professionnelles et son dévouement envers ses compatriotes. Sa mémoire est encore vénérée aujourd'hui à Saint-Jean, en particulier dans les milieux irlandais. Une croix celtique érigée sur l'île Partridge et une réplique demi-grandeur de cette croix, à Saint-Jean, rappellent son « dévouement et [son] sacrifice » et perpétuent le souvenir de plus de 2 000 immigrants irlandais emportés par l'épidémie de typhus de 1847.

James Murray Whalen

APC, MG 9, A10, 5. — APNB, RG 3, RS266, A11b ; RG 4, RS24, S61-P282, S62-P260. — Arch. of the Diocese of Saint John (Saint-Jean, N.-B.), Cathedral of the Immaculate Conception (Saint-Jean), reg. of baptisms, 22 août 1847 (mfm aux APNB). — City of Saint John, City Clerk's Office, Common Council, minutes, 1847 (mfm aux APNB). — Musée du N.-B., Reg. of marriages for the city and county of Saint John, book C : 524 (mfm aux APNB). — Partridge Island Research Project (Saint-Jean), « The year of the fever » (article anonyme, Saint-Jean, vers 1904). — PRO, CO 188/100–101, 188/108 (mfm aux APC). — St Joseph's Cemetery (Roman Catholic) (Saint-Jean), Cemetery records (mfm aux APNB). — St Mary's Cemetery (Saint-Jean), Tombstone inscription for Patrick Collins. — N.-B., House of Assembly, *Journal,* 1848–1855. — *New-Brunswick Courier,* 22–29 août, 19 sept., 31 oct. 1846, 5, 26 juin, 3–10 juill., 21 août, 4–18 déc. 1847, 19 nov. 1853. — William Murdoch, *Poems and songs* (2e éd., Saint-Jean, 1872). — W. K. Reynolds, « The year of the fever », *New Brunswick Magazine* (Saint-Jean), 1 (juill.–déc. 1898) : 202–214. — *Telegraph-Journal* (Saint-Jean), 10–11 oct. 1927. — J. M. Whalen, « Allmost as bad as Ireland » : Saint John, 1847 », *Archivaria* (Ottawa), no 10 (été 1980) : 85–97.

CONDO, FRANCIS (quelquefois appelé **François Est,** dit **Condeau**), chef micmac, né vers 1761, fils et petit-fils de chef ; décédé le 24 juillet 1837 dans le Bas-Canada ou au Nouveau-Brunswick.

Francis Condo était troisième chef à la réserve indienne de Restigouche, dans la province de Québec, lorsque le chef Joseph Claude* négocia en 1786 les droits de pêche et les revendications territoriales des siens avec Nicholas Cox*, lieutenant-gouverneur du district de Gaspé. En 1812, sur la recommandation du missionnaire Charles-François Painchaud, il succéda à Jacques (Joseph) Gagnon à titre de grand chef.

Il incombait à Condo de préserver les droits territoriaux des Indiens de Restigouche contre les intrus de race blanche, mission extrêmement complexe en raison d'erreurs d'arpentage. Dans l'ensemble, les titres fonciers de la région étaient si vagues qu'on adopta une loi en 1819 « pour assurer aux habitants du district inférieur de Gaspé la possession et la jouissance de leurs terres ». On nomma alors des commissaires chargés d'examiner les revendications, et ce qu'ils découvrirent dans la région de Restigouche incita Condo à s'élever contre cet état de fait en juillet 1820 : les Indiens ne savaient pas qu'Edward Isaac Mann prétendait encore avoir droit aux terres qui avaient fait l'objet de la négociation de 1786. La protestation, reproduite dans la Gazette de Québec en juin 1823, fut jugée en avril de l'année suivante. Le conseil des terres accorda alors aux Indiens de Restigouche quelque 680 acres situées entre les terres que revendiquait Mann et celles d'un autre Blanc, Robert Ferguson*. À l'occasion d'une visite à Restigouche au cours de l'été de 1826, le gouverneur lord Dalhousie [RAMSAY] pria Condo de venir le rencontrer à Québec à l'automne. Ce dernier fit le voyage, mais il n'obtint du gouverneur qu'une déclaration manuscrite qui disait aux Indiens que la décision du conseil constituait « désormais [leur] titre officiel » de propriété et qu'elle était sans appel. Les Indiens n'en continuèrent pas moins à exiger la pleine reconnaissance de leurs droits : en 1838 ils adressèrent une pétition à lord Durham [LAMBTON] puis en 1841 ils envoyèrent à Londres Joseph MALIE, Pierre Basquet* et François Labauve.

Les Micmacs de Restigouche étaient dans une curieuse situation au Bas-Canada. Ils passaient une grande partie de leur temps au Nouveau-Brunswick, où vivaient leurs proches ; leur village, situé justement en bordure de la rivière qui séparait le Bas-Canada du Nouveau-Brunswick, était beaucoup plus une base de chasse et de pêche qu'un lieu de résidence permanent. Le Bas-Canada ne se sentait donc pas envers eux les obligations qui le liaient à d'autres Indiens. Ainsi ils ne recevaient pas de présents annuels, à l'encontre d'autres autochtones du Bas et du Haut-Canada. Cependant, pour marquer la visite de Condo à Québec, Dalhousie ordonna la distribution d'une certaine quantité de cadeaux, mais il prit la peine de souligner que ce geste ne devait pas créer de précédent. Dans une large mesure, les Micmacs de Restigouche relevaient de deux gouvernements, ce qui était loin de simplifier la tâche de leurs chefs.

En 1823, Painchaud, qui était demeuré en relation avec les Indiens même après avoir quitté la réserve, avait prôné la destitution de Francis Condo : c'était un ivrogne, disait-il, qui avait perdu le respect de son peuple et ne vivait plus à Restigouche. Condo finit cependant par regagner la confiance de l'Église. En 1836, un peu courbé sous le poids de ses 75 ans, deux médailles d'argent épinglées sur sa poitrine, c'est lui qui s'avança à la tête de son peuple pour accueillir Mgr Pierre-Flavien Turgeon* à son arrivée à Restigouche. À sa mort, Thomas Barnaby lui succéda.

L. F. S. UPTON

Canada, prov. du, Assemblée législative, App. to the journals, 1847, 1 : app. T, n° 96. — Ramsay, Dalhousie journals (Whitelaw), 3 : 65–66, 71. — Père Pacifique [de Valigny] [H.-J.-L. Buisson], « Ristigouche, métropole des Micmacs, théâtre du « dernier effort de la France au Canada », Soc. de géographie de Québec, Bull. (Québec), 20 (1926) : 171–185.

CONNOLLY, WILLIAM, trafiquant de fourrures, né vers 1786 à Lachine, Québec ; décédé le 3 juin 1848 à Montréal.

Embauché à titre de commis par la North West Company en 1801, William Connolly partit pour l'Ouest, où il allait rester 30 ans. En 1802–1803, il était à Nelson House (Manitoba) et, l'hiver suivant, il se trouvait non loin de là, à Rat River House. Il se préparait à passer l'hiver au lac Southern Indian avec cinq hommes lorsque, le 9 octobre 1804, il vit arriver David Thompson*, qui devait noter à son sujet : « [c'est] un jeune homme qui n'a guère eu sous les yeux que des exemples d'inconduite et d'extravagance ». En 1810, Connolly faisait de nouveau la traite à Nelson House.

Commis principal en 1817, Connolly devint chef de poste l'année suivante. De 1818 à 1821, il dirigea Cumberland House (Saskatchewan), où la Hudson's Bay Company avait aussi un poste. En décembre 1819, il accusa le gouverneur de cette compagnie, William WILLIAMS, d'être indirectement responsable du sort tragique de Benjamin Joseph Frobisher*, Nor'Wester qui, après sa capture par Williams l'été précédent, s'était enfui aux rapides Grand (Manitoba) ; Connolly le croyait mort.

En pleine période d'intense rivalité entre la North West Company et la Hudson's Bay Company, Connolly conclut le 1er décembre 1820 avec son concurrent de Cumberland House, Thomas Swain, une entente en vertu de laquelle « aucune des parties ne [devait] faire de transaction avec les Indiens qui traitaient avec l'autre [...] ni envoyer chercher des Indiens sans avoir donné un préavis de 12 heures à l'autre ». L'année suivante, la fusion vint mettre un terme à la lutte entre ces compagnies [V. Simon McGILLIVRAY] et Connolly demeura chef de poste au sein de la nouvelle organisation.

En août 1821, le conseil du département du Nord confia à Connolly la responsabilité du district de Petit lac des Esclaves. Il y demeura jusqu'en 1824 puis reçut une mission plus difficile : la gestion, de concert avec le chef de poste William Brown, du district de New Caledonia (Colombie-Britannique), où s'étaient

Connolly

produits « des différends et des cas d'insubordination graves ». Il établit son quartier général d'abord au lac Fraser, puis au lac Stuart. Le gouverneur George Simpson* avait demandé à Brown (qui allait quitter le district en 1826 pour cause de maladie) d'affirmer la présence de la Hudson's Bay Company dans la lointaine région de la rivière Babine, car il jugeait que le district de New Caledonia pouvait expédier encore plus de fourrures. Le transport posait un problème majeur : les voyages par terre étaient difficiles, et on manquait de chevaux ainsi que de cuir pour faire des harnais. En 1825, année où Connolly devint agent principal, Simpson obtint l'autorisation d'annexer le district de New Caledonia à celui de la Colombie pour faciliter l'approvisionnement et le transport. En décembre, avec des chevaux de bât, Connolly longea le Fraser en direction du sud puis coupa vers le nord-ouest pour suivre la rivière Chilcotin jusqu'à son cours supérieur ; à cet endroit, constata-t-il, les chevaux pouvaient traverser la Chaîne côtière. Selon l'agent principal John McLoughlin*, cet itinéraire constituait le « chemin le plus court [...] entre New Caledonia et la mer ». Au printemps suivant, sur l'ordre de Simpson, Connolly apporta les fourrures de son district au fort Vancouver (Vancouver, Washington) plutôt qu'à la baie d'Hudson. Trois de ses hommes se noyèrent dans le Columbia en 1828, pendant qu'ils transportaient des fourrures vers l'océan, et des Indiens en tuèrent deux autres. Dans une lettre à James Hargrave*, d'York Factory (Manitoba), Connolly se plaignit qu'en raison de ces pertes et de la rareté des vivres, 1828 avait été l'année la plus triste de sa vie.

En 1829, Simpson jugeait que le district de New Caledonia était bien géré et en mars, dans une dépêche au comité de Londres de la Hudson's Bay Company, il faisait l'observation suivante : « la situation du district de New Caledonia dénote une excellente administration et, si ses recettes n'ont pas augmenté aussi rapidement qu'on aurait pu le souhaiter, il faut l'attribuer uniquement à des circonstances malheureuses sur lesquelles l'agent principal Connolly n'avait aucune prise ». En juin, le conseil du département du Nord ordonna à Connolly de « faire de son mieux pour étendre la traite » dans la région de New Caledonia, « jusqu'à l'ouest et au nord des rivières Babine et Simpson, [secteurs] tombés aux mains des trafiquants américains et russes ». Connolly se trouvait au fort Vancouver lorsqu'on apprit, en août, que le *William and Ann,* navire ravitailleur de la Hudson's Bay Company, s'était échoué à l'embouchure du Columbia et que les Indiens clatsops l'avaient pillé. McLoughlin l'envoya récupérer les marchandises avec un groupe d'hommes. Trois Indiens trouvèrent la mort dans le combat qui s'ensuivit et, lorsque la cargaison fut découverte, Connolly fit incendier le village indien où elle avait été cachée. En 1831, il

abandonna l'administration du district de New Caledonia à Peter Warren Dease* ; selon Charles Ross, trafiquant de la région, il « laiss[ait] le district dans une situation bien plus prospère qu'auparavant ».

La même année, Connolly prit congé et retourna dans le Bas-Canada en compagnie de Suzanne*, une Crie qu'il avait épousée à la façon du pays vers 1803, et de leurs six enfants. Le 16 mai 1832, après avoir répudié Suzanne, il épousa sa petite-cousine Julia Woolrich. En juin, toujours pendant son congé, on le mit en charge de l'année de traite 1832–1833 dans les postes du roi, territoire que le Bas-Canada louait à la Hudson's Bay Company. Il partit donc avec sa nouvelle femme pour Tadoussac, sur la rive nord du Bas-Saint-Laurent. Six ans plus tard, on ajouta la seigneurie de Mingan à son territoire.

Les dernières années de Connolly dans la traite des fourrures ne furent pas heureuses. D'abord, il devait subvenir aux besoins de sa famille indienne qui vivait à Montréal mais ne s'adaptait pas à la civilisation blanche. Ensuite, Julia était un peu maladive et gardait la nostalgie des agréments de la ville. Les Connolly s'absentaient donc souvent du poste de traite, au grand mécontentement de Simpson. En outre, comme celui-ci le fit remarquer à Connolly en avril 1841, la traite dans les postes du roi et les seigneuries adjacentes était devenue « excessivement improductive », et les postes ne présentaient plus « aucun intérêt, sinon à titre de protection [...] pour les parties des territoires de la compagnie qui les jouxt[aient] ».

Plus tard le même mois, Connolly demanda un congé à la dernière minute. Simpson, mécontent de ce qu'il y avait droit, proposa au comité de Londres de le forcer à se retirer en lui demandant de choisir entre une affectation au fort Albany (Fort Albany, Ontario) et un congé de deux ans à la suite duquel il prendrait sa retraite. Le gouverneur savait que Julia Connolly ne laisserait pas son mari partir si loin de Montréal. Connolly choisit en effet le congé et prit sa retraite le 1er juin 1843 ; il conservait toute sa part du produit de l'année de traite 1843–1844 et, pour les six saisons suivantes, la moitié. Il s'installa avec Julia à Montréal, où ils menèrent « grand train ». Suzanne, de son côté, s'était retirée dans un couvent de Saint-Boniface (Manitoba) en 1841. Quand Connolly mourut, en 1848, il légua à Julia toute sa fortune, qui était considérable. En 1864, John Connolly, fils aîné de Suzanne, contesta le testament, ce qui déclencha une série de procès dans le but d'établir lequel des deux mariages était valide ; John eut finalement gain de cause.

William Connolly se disait « un brin Irlandais et [...] très fervent catholique ». Ross Cox*, ancien *Nor'Wester,* soutenait en 1817 que c'était « vraiment un bon garçon et un excellent fils de la verte Érin ». Quant à Simpson, il en a laissé ce portrait dans son « Character book » de 1832 : « homme actif et utile dont le zèle et les efforts ont généralement été couronnés de succès, qu'on peut croire sur parole dans la plupart des cas, [il est] selon moi incapable de rien faire de mesquin ou de déshonorant ». Par ailleurs, le gouverneur le trouvait « parfois hypocondriaque », fier, prompt à s'emporter et « plutôt dominateur et tyrannique ».

BRUCE PEEL

PAM, HBCA, B.49/a/35–36 ; B.141/a/1, 4 ; B.179/a/5 ; B.188/a/5 ; D.4/119 : fᵒˢ 58–58d. — *Les Bourgeois de la Compagnie du Nord-Ouest* (Masson), 2 : 225–226. — Ross Cox, *The Columbia River ; or, scenes and adventures during a residence of six years on the western side of the Rocky Mountains* [...], E. I. et J. R. Stewart, édit. (Norman, Okla., 1957). — John Franklin, *Narrative of a journey to the shores of the polar sea, in the years 1819, 20, 21, and 22* [...] (Londres, 1823 ; réimpr., Edmonton, 1969). — Hargrave, *Hargrave corr.* (Glazebrook). — *HBRS*, 2 (Rich et Fleming) ; 3 (Fleming) ; 4 (Rich) ; 10 (Rich) ; 18 (Rich et Johnson) ; 29 (Williams). — *New light on the early history of the greater northwest : the manuscript journals of Alexander Henry* [...] *and of David Thompson* [...], Elliott Coues, édit. (3 vol., New York, 1897 ; réimpr., 3 vol. en 2, Minneapolis, Minn., [1965]), 3. — Simpson, « Character book », *HBRS*, 30 (Williams). — *The Lower Canada jurist* (35 vol., Montréal, 1857–1891), 11 : 197–265. — Brown, *Strangers in blood.* — Rich, *Hist. of HBC* (1958–1959), 2. — Van Kirk, *« Many tender ties ».*

COOK, WILLIAM HEMMINGS, trafiquant de fourrures, colon et homme politique, baptisé le 30 mai 1768 dans la paroisse St Andrew, Holborn, Londres, fils de John Cook et d'une prénommée Elizabeth ; décédé le 23 février 1846 dans la colonie de la Rivière-Rouge (Manitoba).

Entré au service de la Hudson's Bay Company, William Hemmings Cook quitta Londres pour Rupert's Land en 1786. Il occupa la charge de commis aux écritures à York Factory (Manitoba) au salaire de £15 par an jusqu'à ce qu'on l'envoie dans le haut Nelson en septembre 1790, avec neuf équipiers, dont un seul homme de barre, et quelques Indiens pour établir un poste au lac aux Canards (Duck Lake, Saskatchewan). L'hiver précoce obligea la plupart des Indiens à retourner dans leur famille. Cook organisa donc un groupe qui, sous la direction de James Spence – son seul équipier expérimenté –, poursuivit l'expédition et hiverna à Split Lake tandis que lui-même retournait à York Factory en compagnie de deux hommes, dont un Indien. Le 1ᵉʳ juillet 1791, il remonta de nouveau le Nelson et la rivière Grass jusqu'au lac Wintering où, pour faire concurrence à William McKay* de la North West Company, il fonda Chatham House.

Après trois années passées à cet endroit et dans d'autres postes de la région, Cook retourna en Angleterre. Il revint cependant dans l'arrière-pays en 1795 à titre de trafiquant, au salaire annuel de £60,

pour assumer en 1797 la direction des postes de la Hudson's Bay Company situés dans le haut Nelson. Il établit alors son quartier général à Split Lake. En 1809, à titre d'adjoint à York Factory, il se gagna la faveur de l'agent principal John McNab, qu'il aida en 1808–1809 à utiliser un système de relais pour le transport intérieur. Devenu en 1810 agent principal sous l'autorité de William Auld*, surintendant du département du Nord, Cook avait la responsabilité des « dépendances » d'York, y compris le fort Severn (Fort Severn, Ontario) et les postes intérieurs. En 1811–1812, il connut certains problèmes d'approvisionnement et de transport causés par les colons écossais et irlandais de lord Selkirk [Douglas*] qui, en route vers la colonie de la Rivière-Rouge sous la conduite de Miles Macdonell* et de William Hillier, hivernèrent à York Factory.

Le salaire annuel de Cook atteignit £100, plus un supplément minimum de £50 qu'il recevait en vertu du nouveau plan de « partage des profits » de la Hudson's Bay Company. Cependant, en 1813, le gouverneur et le comité de la compagnie acceptèrent sa démission et, en reconnaissance de sa loyauté et de ses longues années de service, lui permirent de s'installer temporairement avec sa famille, à titre privé, sur les bords du Nelson. Ils regrettaient néanmoins qu'il se soit absenté d'York en 1812–1813 tout en continuant d'encaisser ses émoluments d'agent principal. En 1813–1814 Cook était de nouveau à York Factory, mais en 1815–1816 il se trouvait apparemment à Oxford House ou dans les environs. Il était encore une fois au service de la compagnie en 1816, dans le district du fleuve Nelson, mais à la moitié de son salaire antérieur. En 1818, on l'envoya dans le district de la rivière du Cygne, dont le quartier général se trouvait au fort Hibernia (Saskatchewan). Il démissionna encore l'année suivante pour retenter sa chance à titre de colon, cette fois à la Rivière-Rouge.

Comme un grand nombre de ses collègues de la compagnie, y compris son fils aîné, Joseph, Cook chercha longtemps « une retraite pour [ses] enfants ». En 1815, il avait dix enfants, nés d'au moins trois femmes, qu'il avait épousées à la façon du pays. L'une d'elles était morte dès 1821. Une autre, Mith-coo-coo-man E'Squaw (Agathas ou Mary), était la fille de Matthew Cocking* et il l'épousa officiellement le 8 mars 1838, pour donner suite à son « intention de conclure rapidement une cour de trente-cinq années », comme Thomas Simpson l'avait écrit en 1836. Une troisième femme de Cook, dénommée Wash-e-soo E'Squaw (Agathas, Aggathas), était vraisemblablement elle aussi une fille de Cocking.

En 1821, Cook était établi dans la colonie de la Rivière-Rouge, où la Hudson's Bay Company lui donna 500 acres de terre et lui versa une rente annuelle de £100 pendant sept ans. Il travailla apparemment à

Cooper

titre de « petit trafiquant » (détaillant) et de transporteur. Nommé conseiller du gouverneur d'Assiniboia le 29 mai 1822, il assista à six réunions. Le 27 février 1839, trois ans après que les héritiers de lord Selkirk eurent cédé l'Assiniboia à la Hudson's Bay Company, on le nomma au conseil de ce district. Pourtant, le gouverneur George Simpson* avait déclaré dans les années 1820 qu'il était « timide et faible […], inutile en raison de son âge et de son manque de fermeté » ainsi que de sa crainte d'être impopulaire ; il voyait en lui un « mélange extraordinaire de généreuse excentricité, de religion, d'ivrognerie et de misanthropie ». Simpson ajoutait en 1822 que Cook avait changé « de lieu de résidence une douzaine de fois pour autant de raisons absurdes ». Même s'il passait aux yeux de Donald Gunn* pour un « gentleman au grand cœur », Cook eut de fréquents désaccords avec d'anciens collègues de la Hudson's Bay Company devenus comme lui des colons importants de la Rivière-Rouge. Ainsi, en 1838, il se querella avec Andrew McDermot* au sujet d'une facture de transport et de marchandises endommagées. Selon le rapport du recensement de 1843, le dernier à mentionner son nom, il n'avait alors que 20 acres de terre en culture.

William Hemmings Cook laissa une rente à sa « très chère femme Mary » et légua ses biens à quatre fils, sept filles et une petite-fille. On répartit également ses terres entre dix de ses enfants. Sa descendance constitue sans contredit sa plus importante contribution au développement de l'Ouest canadien. On y retrouve non seulement d'innombrables Cook, mais aussi des Garrioch, Budd, Settee, Calder, Wren et Erasmus. En relatant la mort de Cook, son petit-fils Peter Garrioch, trafiquant et transporteur à la Rivière-Rouge, l'appelait respectueusement « notre père à tous ».

IRENE M. SPRY

APC, MG 19, El, sér. 1, 1, 18, 46–47. — Guildhall Library (Londres), MS 6667/11 (St Andrew, Holborn, Londres, reg. of baptisms, marriages, and burials), 30 mai 1768. — PABC, Add. MSS 345, file 56 ; Add. MSS 635, box 7, folder 201, Thomas Simpson à Donald Ross, 20 févr. 1836. — PAM, HBCA, A.6/15–19 ; A.30/4–17 ; A.31/9 ; A.32/3–17 ; A.36/5 : f°s 5–72 ; B.32/a/1 ; B.159/a/7 ; B.235/d/19–20 ; B.239/b/48–86d ; B.239/c/1–2 ; B.239/d/19–20, 124, 129–130 ; B.239/x/3 ; C.1/398 ; E.4/1a–2 ; E.5/1–11 ; E.6/2, 7 ; E.8/5 ; MG 2, C38, Garrioch journal, 23 févr. 1846. — Canadian North-West (Oliver), 1 : 57, 258–260. — HBRS, 3 (Fleming). — Morton, Hist. of Canadian west (1939). — Rich, Hist. of HBC (1958–1959), 2.

COOPER, WILLIAM, instituteur, homme d'affaires et fonctionnaire, né vers 1761 à Bath, en Angleterre ; il épousa d'abord une prénommée Ann (décédée en 1826), et ils eurent un fils et trois filles, puis le 6 janvier 1829 à York (Toronto) Isabella Watson, et de ce mariage naquit un fils ; décédé le 28 octobre 1840 à Toronto.

William Cooper affirmait s'être installé à York en 1793 et y avoir construit la première maison de l'endroit ; chose certaine, il y demeurait en 1794 et la maison inachevée qu'il vendit à Abner Miles* en novembre était l'une des premières de la nouvelle agglomération. En juillet 1796, il vivait sur son lot de la rue Yonge, au nord de la ville, mais l'année suivante il était revenu habiter York. En décembre 1797, il se disait instituteur et voulait obtenir une plus grande superficie parce que sa maison et son lot étaient « trop petits pour son occupation du moment », mais on refusa sa demande. En novembre de l'année suivante, il ouvrit officiellement ce qui fut probablement la première école de Toronto. Moyennant une somme de 8s par mois par élève, il enseigna aux enfants de James Macaulay*, Thomas Ridout*, William CHEWETT et John Denison, de même qu'à ceux d'autres habitants de la ville et de soldats de la garnison. Parmi ses élèves se trouvait un jeune Noir dont les cours étaient payés par Peter Russell*, l'administrateur de la province, qui possédait des esclaves.

En 1800, Cooper obtint un permis d'encanteur puis devint coroner du district de Home, poste qu'il conserva jusqu'en 1834, et huissier de la Cour du banc du roi. Lorsqu'il n'y avait pas de ministre à York, il présidait des offices anglicans dans l'édifice du Parlement. Même s'il avait obtenu un permis d'enseigner en 1799, il ferma son école au bout de deux ans pour devenir aubergiste. Comme l'hôtel d'Abner Miles venait juste de fermer, c'est le Toronto Coffee House de Cooper qui devint le nouveau centre d'activités sociales.

Depuis son arrivée dans le Haut-Canada, Cooper avait fait de la spéculation foncière à York même et le long de la rivière Humber. En 1806, il vendit son hôtel et entreprit la construction d'un moulin sur la rivière Humber, à la hauteur de la rue Dundas. Le moulin du roi, situé près de l'actuelle rue Bloor, était alors le seul sur la rivière ; il appartenait au gouvernement et était mal administré. Cooper ouvrit son moulin le 1er décembre 1807. Le gouvernement lui avait fourni la machine à condition qu'il en paie le prix ou qu'il la remette avant 18 mois. Le moulin ne disposait alors que d'une paire de meules, mais à partir de lui Cooper créa le premier complexe industriel de la rivière Humber, qui allait couvrir des centaines d'acres de terrain sur les deux rives. Il finit en effet par posséder une meunerie, une scierie, un moulin à foulon, une distillerie, une tonnellerie, une tannerie, un atelier de forge, un magasin et une taverne, de même qu'une ferme de 40 acres et des maisons pour loger ses ouvriers spécialisés. Vers 1820, le barrage qu'il avait construit dans le lit de la rivière, entre ses moulins, lui attira des ennuis parce qu'il entravait la migration du saumon. Deux ans plus tard, comme le barrage bloquait le passage du bois, le solliciteur général, Henry John Boulton*, écrivit en réponse à une plainte de Robert Farr : « les installations, qui sont une nuisance publique [...] peuvent être supprimées par quiconque est assez fort pour se défendre advenant qu'il soit attaqué pendant l'opération ». Les marchands de bois ne tardèrent pas à suivre l'avis de l'homme de loi.

À titre de minotier, Cooper s'intéressait à la navigation. En novembre 1815, il demanda qu'on lui concède un lot de grève à York pour y construire le premier quai commercial de la ville ainsi qu'un hangar, un chantier de scierie et une taverne ; il obtint un lot près du bas de la rue Church. Le quai de Cooper était terminé à l'été de 1817 lorsque les premiers vapeurs commencèrent à naviguer sur le lac Ontario [V. James McKenzie*]. Au même moment, un groupe de marchands influents dirigé par William Allan* entreprenait la construction du Merchants' Wharf.

Pendant quelques années, Cooper géra de front ses moulins sur la rivière Humber et son quai à York. En mars 1827, toutefois, il céda à son fils Thomas la plus grande partie de ses biens de la rivière Humber. En février 1828, il vendit son lot de grève, mais un mois plus tard il acheta le Merchants' Wharf, qui était beaucoup plus long, et continua ses activités de transitaire, de marchand commissionnaire et de propriétaire de quai. Dans la soixantaine avancée, il épousa Isabella Watson, protégée de John Strachan* et de sa famille. Au printemps de 1830, comme il « trouvait les activités du Merchant's Wharf trop exigeantes à son âge », il vendit ses intérêts portuaires à la firme d'Alexander Murray et de James NEWBIGGING. Il mourut en 1840 à l'âge de 79 ans, après une longue maladie.

La carrière de William Cooper dans le Haut-Canada témoigne à la fois de sa polyvalence et de son opportunisme. Il savait déceler les besoins de ses concitoyens et fut souvent le premier à y répondre. Son peu de respect pour l'autorité lui valut de fréquents démêlés avec la justice sur des questions qui touchaient la corvée, les permis de taverne ou les taxes et même des poursuites pour voies de fait. Malgré tout, il fut un industriel prospère dans une colonie naissante, et ses diverses entreprises servirent à la fois ses intérêts personnels et ceux de ses concitoyens.

EDITH G. FIRTH

AO, MS 75 ; RG 22, sér. 94. — APC, MG 23, HII, 6, 1 : 131 ; RG 1, E3, 12 : 81 ; 34, part. 2 : 151–152, 166 ; L3, 89 : C1/119 ; 98 : C10/122 ; 147 : C misc. leases/60 ; RG 5, A1, particulièrement : 13950–13952, 28570–28573, 30657, 33793–33795 ; B9, 53 ; RG 7, G16C, 5 : 29, 38, 80, 129 ; 31 : 203 ; RG 68, General index, 1651–1841 : 162, 164. —

MTRL, William Allan papers, account-books of Abner and [James] Miles, 1793–1809 ; William Cooper papers ; Humber Valley archive ; Abner Miles, day-book B, 1er sept. 1795–15 déc. 1796 ; Peter Russell papers. — Corr. of Hon. Peter Russell (Cruikshank et Hunter). — « Minutes of the Court of General Quarter Sessions of the Peace for the Home District, 13th March, 1800, to 28th December, 1811 », AO Report, 1932. — Town of York, 1793–1815 (Firth) ; 1815–34 (Firth). — York, Upper Canada : minutes of town meetings and lists of inhabitants, 1797–1823, Christine Mosser, édit. (Toronto, 1984). — Canadian Freeman, 1825–1834. — Church, 7 nov. 1840. — Colonial Advocate, 1824–1834. — Examiner (Toronto), 11 nov. 1840. — Upper Canada Gazette, 1793–1828. — John Andre, Infant Toronto as Simcoe's folly (Toronto, 1971). — S. T. Fisher, The merchant-millers of the Humber valley : a study of the early economy of Canada (Toronto, 1985). — E. C. Guillet, Toronto from trading post to great city (Toronto, 1934). — K. M. Lizars, The valley of the Humber, 1615–1913 (Toronto, 1913 ; réimpr., 1974). — Ontario, Dept. of Planning and Development, Humber valley report (Toronto, 1948). — Robertson's landmarks of Toronto. — T. W. Acheson, « The nature and structure of York commerce in the 1820s », CHR, 50 (1969) : 406–428. — Douglas McCalla, « The « loyalist » economy of Upper Canada, 1784–1806 », HS, 16 (1983) : 279–304.

CÔTÉ, CYRILLE-HECTOR-OCTAVE (baptisé Cyrille - Hector), enseignant, médecin, homme politique, patriote, journaliste et ministre baptiste, né le 1er septembre 1809 à Québec, fils de Charles Côté, navigateur, et de Rose Duhamel ; décédé le 4 octobre 1850 à Hinesburg, Vermont.

C'est dans une famille de souche acadienne qu'est né Cyrille-Hector-Octave Côté. En 1756, ses ancêtres immigrent au Canada, peu après la déportation de leurs compatriotes. Démunie, sans ressources financières, la famille Côté s'installe dans la ville de Québec et doit cumuler plusieurs fonctions pour survivre. Le père de Cyrille-Hector-Octave est navigateur, mais il doit aussi se faire menuisier ou journalier durant la morte-saison. Le jeune homme apprend très tôt que la vie est âpre et exigeante, et donc qu'il se doit de travailler très fort s'il veut réussir. Dans ce contexte, il développe précocement l'ambition, qui est certainement l'un des traits frappants de sa personnalité. Dans cette famille d'origine acadienne, il est fort probable qu'on l'ait aussi nourri de traditions antianglaises. Côté va alors sortir de ce milieu populaire par l'un des rares moyens qui s'offrent à l'époque : l'éducation.

En septembre 1818, les parents de Côté l'inscrivent au petit séminaire de Québec. On ne sait à peu près rien des années que le jeune Côté a passées dans cet établissement. La disparition des palmarès scolaires relatifs à cette période empêche d'apprécier ses succès. On ne connaît pas davantage les lectures et les rencontres qui ont pu former ses premières opinions politiques et religieuses. En 1823, le père de Côté quitte la ville de Québec avec femme et enfants pour aller se fixer à Montréal. En septembre de la même année, Côté entre dans la classe de rhétorique du petit séminaire de Montréal ; encore là, on ne sait pas grand-chose de ces années d'études, sinon qu'elles se terminent en 1826 par l'obtention d'un premier prix de philosophie. À sa sortie du petit séminaire, Côté hésite sur l'orientation à prendre ; sa curiosité n'a pas de limites, tout l'attire. Néanmoins, il doit gagner sa vie et c'est sans doute pour cette raison qu'il se dirige momentanément vers l'enseignement.

Côté est apparemment sensible aux événements politiques qui se déroulent dans la province. À partir de 1826, Louis-Joseph Papineau* raffermit son leadership politique sur le parti canadien, qui devient cette année-là le parti patriote. Déjà à cette époque, Côté admire passionnément Papineau dont il épouse rapidement les idées nationalistes et qui représente à ses yeux le seul homme capable de défendre les droits de la collectivité canadienne-française.

Vers 1830, quelques rencontres avec les avocats Édouard-Étienne RODIER et Louis-Hippolyte La Fontaine* permettent à Côté de se joindre à plusieurs groupes d'intellectuels qui se réunissent chez le libraire Édouard-Raymond Fabre* et l'imprimeur-éditeur Ludger Duvernay*. Ces jeunes se mettent à l'étude des philosophes du XVIIIe siècle, défendent les principes de la démocratie et de la souveraineté populaire, affirment leur hostilité farouche au régime colonial et revendiquent la séparation de l'Église et de l'État. Ces années de lectures et de réflexions enracinent les premières convictions politiques et sociales de Côté.

En 1831, soudainement attiré par les professions libérales, Côté s'inscrit en médecine au McGill College. Après quelques mois passés dans cet établissement, il décide de poursuivre ses études médicales à l'University of Vermont, à Burlington. En octobre 1831, Côté obtient de cette université un certificat d'études médicales qui lui reconnaît le droit de pratiquer. Mais en obtenant son diplôme en moins de cinq ans, il se trouve à faire une entorse à la législation médicale du Bas-Canada. À sa séance du 7 janvier 1832, le Bureau d'examinateurs du district de Montréal lui refuse le droit d'exercer la médecine dans la province. Trois mois plus tard, Côté n'en est pas moins accepté par le Bureau d'examinateurs du district de Québec qui lui octroie, le 11 avril de la même année, sa licence de médecin.

À l'été de 1832, Côté décide de s'établir à Sainte-Marguerite-de-Blairfindie (L'Acadie) où se sont installées, depuis quelques générations, plusieurs familles de souche acadienne. Dès son arrivée, il est mis à l'épreuve par l'épidémie de choléra qui frappe les enfants et les vieillards de la paroisse ; au milieu de la peur collective, il pratique sa médecine avec un zèle peu commun. C'est à la même époque qu'il apprend le décès de sa mère, victime elle aussi du choléra, et qu'il rédige son testament, en le dépouillant de toute allusion religieuse et en recommandant son âme directement à Dieu. En 1833, il se fixe à Napierville où, reconnu pour son dévouement, il acquiert en moins d'un an une immense popularité.

Le 25 juin 1833, Côté épouse à Saint-Valentin Margaret Yelloby Jobson, fille aînée de Thomas Jobson, maître de caserne à l'île aux Noix et l'un des plus riches cultivateurs de Saint-Valentin. L'appartenance de Côté à la petite bourgeoisie rurale ne fait plus aucun doute. Certes, il n'est pas détenteur de terres ou de capitaux, mais il possède l'une des plus belles maisons du village de Napierville et se démarque ainsi des artisans et des cultivateurs de son milieu ; son instruction lui donne également une influence considérable sur le plan local. Il ne tarde d'ailleurs pas à entrer en conflit avec le curé Noël-Laurent AMIOT lorsqu'il exige que des notables élus par tous les paroissiens administrent les biens de la paroisse. En revanche, il soutient la cause des cultivateurs aux prises notamment avec la hausse constante des redevances seigneuriales.

Le prestige dont jouit Côté l'amène à s'intéresser de plus en plus à la vie politique. En novembre 1834, il est facilement élu député de la circonscription de L'Acadie et il siégera à la chambre d'Assemblée du Bas-Canada jusqu'en 1838. Réceptif aux revendications constitutionnelles de l'Assemblée et irrité par les usurpations seigneuriales dans sa région, il ne tarde pas à attirer l'attention des députés canadiens-français. Sa vision bien arrêtée de l'Église catholique, du gouvernement colonial, du régime seigneurial et de la classe paysanne l'amène souvent à partager les vues des députés radicaux du parti patriote. En effet, ce médecin lit la Bible, se passionne pour Jean-Jacques Rousseau et Voltaire, se montre sensible aux questions qui se rapportent au colonialisme et attentif aux idées démocratiques et républicaines. Il s'intéresse également à la législation seigneuriale ainsi qu'à la confection de terriers et il possède dès ce moment des notions personnelles sur le fonctionnement du régime seigneurial qui paraissent déterminantes dans la genèse de ses idées démocratiques et sociales.

En 1836, Côté est appelé à témoigner devant un comité de la chambre d'Assemblée chargé d'étudier la question des terres et du régime seigneurial au Bas-Canada. Il dénonce à cette occasion le taux de rentes élevé imposé dans la seigneurie de Léry et s'en prend aux nombreuses pratiques illégales des seigneurs de sa région. Désireux de ne pas apeurer le groupe modéré du parti patriote, il se fait le partisan d'une réforme du régime seigneurial. Il n'en continue pas moins de remettre en question l'ensemble de l'appareil institutionnel sur lequel s'appuie la société canadienne-française : l'union de l'Église et de l'État, le régime seigneurial, l'école confessionnelle. Démocrate et républicain, il voit la nécessité de lier l'idée d'indépendance nationale aux exigences véritables d'une révolution sociale. Malgré son profond désaccord avec Papineau sur la question du régime seigneurial, Côté – sans doute pour des raisons stratégiques – se rallie à l'aile modérée du parti patriote vouée essentiellement à la réalisation de l'indépendance nationale.

Toutefois, c'est surtout au niveau local que l'action politique de Côté a le plus de poids. De 1835 à 1837, il va de paroisse en paroisse et prend part activement aux assemblées publiques. À la veille des troubles, il est le principal porte-parole du mouvement patriote de sa région. Le 7 mai 1837, il participe à l'assemblée de Saint-Ours. Le 17 juillet, il préside avec Papineau une assemblée populaire à Napierville. Il se joint en septembre au groupement révolutionnaire des Fils de la liberté de Montréal. Il assiste à l'importante assemblée des six comtés le 23 octobre et y prononce un discours particulièrement violent. Deux jours plus tard, il s'en prend à l'évêque de Montréal, Mgr Jean-Jacques LARTIGUE, et à son mandement du 24 octobre. En novembre, Côté, de son propre chef, met sur pied une organisation révolutionnaire dans son comté en rassemblant plusieurs cultivateurs et en allant prendre de force dans les presbytères de Napierville et de Saint-Valentin l'argent nécessaire pour procurer des armes aux rebelles. Néanmoins, l'échec des patriotes à Saint-Charles-sur-Richelieu, le 25 novembre, lui confirme que la rébellion ne se poursuivra pas dans sa région. Forcé de prendre le chemin de l'exil parce que sa tête est mise à prix, il gagne les États-Unis où il espère organiser une autre rébellion.

Dès la fin de décembre 1837, Côté joue un rôle important dans la scission entre les éléments modérés et radicaux du mouvement patriote. À ses yeux, Papineau n'est plus l'homme de la situation ; son mystérieux départ de Saint-Denis, sur le Richelieu, le 23 novembre et ses nombreuses tergiversations durant les événements de 1837 amènent Côté à rejeter son leadership. C'est aussi à cette époque que se nouent entre Côté et le docteur Robert Nelson* les liens d'une amitié qui ne devait pas se démentir. Au début de janvier 1838, à l'occasion des réunions tenues à Middlebury et à Swanton, au Vermont, les deux hommes imposent leurs vues sur la rébellion, projettent de mettre sur pied un plan d'invasion, tout en réussissant à écarter Papineau. À ce moment, Côté et Nelson se trouvent incontestablement au sommet de leur influence et ils ont la haute main sur le mouvement patriote. Ils prennent alors l'initiative de rédiger la déclaration d'indépendance du Bas-Canada dans laquelle ils évoquent les grandes orientations qu'entend prendre le futur gouvernement patriote : formation d'une république, instauration de l'égalité des droits pour tous les citoyens, séparation de l'Église et de l'État accompagnée de la liberté de religion, abolition de la tenure féodale et des dîmes, et suppression de la peine de mort.

Le 28 février 1838, Côté et Nelson sont à la tête de 300 à 400 patriotes qui marchent à la conquête du Canada. Mais à peine ont-ils atteint le territoire canadien que très vite les troupes britanniques les repoussent. De retour aux États-Unis, avec plusieurs autres dirigeants patriotes, dont Chevalier de LORIMIER et Lucien GAGNON, ils sont arrêtés pour violation de la neutralité américaine. Néanmoins, ils sont rapidement exonérés par un tribunal du Vermont sympathique à leur cause. Après l'échec de l'invasion de février, Côté tente de réorganiser le mouvement patriote. Il projette alors de mettre sur pied une organisation militaire secrète, l'Association des frères-chasseurs, dont les ramifications s'étendraient au Canada et aux États-Unis. À cette époque, il s'avère quand même difficile de suivre avec précision les traces de Côté. Une chose est certaine : en avril, il s'installe à Plattsburgh, dans l'état de New York, où il pratiquera à l'occasion la médecine. C'est aussi au printemps de 1838 que ses relations avec les réfugiés commencent à se détériorer. Entêté, Côté défend ses idées avec une âpreté extraordinaire, au mépris souvent de ceux qui l'entourent. Au cours de l'été, il fait quelques escapades au Bas-Canada afin de mettre sur pied l'organisation des frères-chasseurs. Toute son action à cette époque consiste à préparer une nouvelle invasion par le moyen de cette société secrète.

Côté et Nelson fixent alors le deuxième soulèvement au 3 novembre 1838. Arrivés avec leurs hommes à Napierville dans la nuit du 3 au 4 novembre, ils prennent possession du village et y établissent un camp pour les insurgés. Général de ce camp, Côté use alors de tous les moyens pour se procurer des armes et assurer le ravitaillement des patriotes. Il réussit entre autres à soutirer £327 à la fabrique de Saint-Cyprien, à Napierville. Le 5 novembre, il commande un détachement d'environ 500 hommes qui vont quérir des armes entreposées à Rouses Point, dans l'état de New York. Encore là, les patriotes sont facilement battus par des volontaires rattachés à l'armée britannique. Le 9 novembre, le combat décisif s'engage à Odelltown, au Bas-Canada, et se termine par la défaite définitive des insurgés [V. Charles HINDENLANG]. Déçu et amer, Côté parvient à regagner les États-Unis.

Après l'échec du mois de novembre, Côté devient méfiant et ombrageux à l'égard de son entourage. Il ne supporte pas la contrariété, ne reconnaît jamais ses torts et se met ainsi à dos plusieurs patriotes. Aux réunions tenues à Swanton, le 24 janvier 1839, et à Corbeau, dans l'état de New York, le 18 mars suivant, il s'en prend à l'inertie de certains insurgés et manifeste à l'égard de Papineau une agressivité profonde. Il exige notamment que l'organisation se débarrasse de l'ancien chef patriote dont l'attitude désapprobatrice fait, selon lui, un tort considérable au mouvement. Il parsème aussi la plupart de ses interventions d'attaques souvent violentes contre l'Église catholique qu'il tient responsable de l'échec des insurrections de 1837–1838. Attaqué par Édouard-Élisée Malhiot*, dénoncé par le curé Étienne Chartier*, Côté se voit accusé de semer la zizanie au sein de l'organisation révolutionnaire. Malgré cela, il se refuse à tout compromis idéologique. Au cours de l'été de 1839, les défections, les mésententes, les coups bas, les conflits de personnalité se multiplient. Côté est de plus en plus souvent l'objet de reproches violents de la part des insurgés qui le perçoivent chaque jour davantage comme un être exécrable. À l'exception de Nelson et de Lucien Gagnon, tous les patriotes sont contre lui. En septembre de la même année, Côté se fixe définitivement à Swanton afin d'y exercer sa profession. Pour se venger de Papineau et de certains anciens compagnons, il écrit plusieurs articles dans le *North American,* publié dans cette ville. Meurtri par les injures dont on l'accable et abattu par la faillite de son rêve de l'indépendance du Bas-Canada, il délaisse définitivement le mouvement patriote à la fin de l'année 1840.

En février suivant, Côté déménage de nouveau et s'installe cette fois à Chazy, dans l'état de New York. Là, il rêve de mener une vie paisible et de pratiquer la médecine en toute quiétude. La même année, il rencontre Henriette Odin* et Louis Roussy* qui le convertissent au protestantisme. Son échec politique se traduit alors par un repli dans un combat religieux. En 1843, à la suite de l'amnistie, Côté revient au Bas-Canada et prêche dans plusieurs paroisses de la région de Saint-Hyacinthe et de Dorchester (Saint-Jean-sur-Richelieu). Un grand nombre de prêtres du diocèse de Montréal redoutent cet apostat instruit et habile qui attaque ouvertement dans ses sermons l'Église catholique et ses institutions. À Saint-Pie, les paroissiens lui font un charivari qui dure une semaine et qui se termine par l'incendie de la maison où il prêchait. En 1844, Côté retourne aux États-Unis et passe un mois à Savannah, dans l'état de Géorgie, où il est soigné pour une pneumonie. De retour au Bas-Canada la même année, il devient ministre baptiste et est fait pasteur de Saint-Pie.

Malgré le mépris et les outrages de ses compatriotes, Côté reste convaincu du bien-fondé de son option religieuse et persiste dans sa lutte contre la religion catholique. Il parvient d'ailleurs à rassembler autour de lui quelques fidèles. En 1848, il quitte sa congrégation et se rend à Philadelphie où l'American Baptist Publication Society lui demande de collaborer à la diffusion d'ouvrages de propagande. La même année, il publie une traduction française de *Reasons for becoming a Baptist* de Stephen Remington. En 1848 et 1849, il écrit des brochures qui mettent en valeur les principes de base du protestantisme. À cette époque,

ses réflexions sur le baptême et le mariage affermissent son influence au Canada et aux États-Unis.

À la fin de l'année 1849, Côté est de retour au Bas-Canada et on le nomme ministre de Sainte-Marie-de-Monnoir (Marieville). Reconnu comme missionnaire de l'American Baptist Home Mission Society, il se rend, en septembre 1850, à Hinesburg où il doit assister à une importante assemblée baptiste. Mais, en cours de route, il est pris d'un malaise au cœur ; on le transporte d'urgence à Hinesburg, où il s'éteint le 4 octobre suivant.

Tout compte fait, Cyrille-Hector-Octave Côté a été sans doute l'un des plus dignes représentants de l'aile radicale du mouvement patriote. Partisan d'un libéralisme doctrinaire, reconnu pour son anticléricalisme, Côté a voulu surtout réconcilier l'idée d'indépendance nationale avec les objectifs d'une véritable révolution sociale. Mais son opposition farouche à Papineau, ses querelles incessantes avec les modérés du mouvement patriote, ses vives attaques contre le clergé ont contribué fortement à le rendre vulnérable. Qu'importe. Par son audace et ses idées radicales, Côté aurait pu ébranler son époque.

RICHARD CHABOT

Cyrille-Hector-Octave Côté a rédigé quelques brochures pour le compte de l'American Baptist Pub. Soc., parmi lesquelles figurent : *Un mot en passant à ceux qui ont abandonné l'Église romaine et ses traditions,* parue à Montréal en 1848 et traduite en 1853 sous le titre de *The basis of infant baptism ; a word in passing to those who have abandoned the church of Rome and her traditions* ; et *Letter from Rev. Dr. C. H. O. Cote to Kirwan, (Rev. Dr. Murray,) on the subject of Christian baptism,* publiée à Elizabethtown, N.Y., en 1849. Il a aussi traduit en français un ouvrage de Stephen Remington, *Reasons for becoming a Baptist* (Philadelphie, s.d.).

ANQ-E, CN2-8, 31 oct. 1843. — ANQ-M, CE4-16, 25 juin 1833 ; CN1-122, 1er août 1832 ; CN4-24, 16 oct. 1843 ; CN4-30, 26 juin 1834, 3 nov. 1835. — ANQ-Q, CE1-1, 1er sept. 1809 ; E17/31, n° 2437. — APC, MG 24, B2 : 2322–2325, 2350–2353, 2368–2371, 2381–2382, 2400–2403, 2412–2419, 2496–2499, 2515–2517, 2531–2538, 2550–2552, 2565–2568, 2591–2594, 2672–2675, 2721–2724, 2729–2732, 2735–2738, 2741, 2766–2773, 2826–2829, 2853–2856, 2965–2968, 2973–2978, 2983–2986, 2991–3002, 3008–3011, 3031–3034, 3123–3126, 3208–3213, 3221–3222, 3232–3235, 3263–3264, 3293–3296, 3371–3374, 3425–3428, 3441–3444, 3478–3483, 3748–3751, 3993–3998 ; B18, 1 : 11 ; B34 : 34–36 ; C3 : 47–48, 85–86, 101, 614–615, 867–868, 897–899, 919–920, 1163–1167, 1201–1208, 1257–1261, 1318–1325, 1335–1350, 1356–1361, 1601–1604, 1616–1620, 1628–1629, 1668–1670, 1699–1700, 1721–1722, 1726–1727, 1744, 1747, 1841–1844, 1846, 1871–1872, 1951–1952, 1969–1970, 2018, 2033–2038, 2161–2165, 2219–2222 ; MG 29, D61, 6 : 1920 ; MG 30, D1, 9 : 47–49 ; RG 4, A1, 516 : 1–6, 74 ; 524 : 8 ; B28, 52 : 1581–1582 ; B37, 1 : 111, 597, 599. — Arch. de la chancellerie de l'évêché de Saint-Hyacinthe (Saint-Hyacinthe, Québec), XVII.C.33, 25 mars,

22 juin 1849. — Arch. du diocèse de Saint-Jean-de-Québec (Longueuil, Québec), 13A/79–83 ; 13A/85–86 ; 13A/92 ; 13A/98 ; 16A/58. — BVM-G, Fonds Ægidius Fauteux, notes compilées par Ægidius Fauteux sur les patriotes de 1837–1838 dont les noms commencent par la lettre C, carton 3. — B.-C., chambre d'Assemblée, *Journaux*, 1835–1836 : 86 ; app. EEE. — Narcisse Cyr, *Memoir of the Rev. C. H. O. Cote, M.D., with a memoir of Mrs. M. Y. Cote and a history of the Grande Ligne mission, Canada East* (Philadelphie, 1852). — *La Gazette de Québec*, 1er juill. 1833. — P.-G. Roy, *Fils de Québec*, 3 : 157–159. — Mario Gendron, « Tenure seigneuriale et Mouvement patriote : le cas du comté de L'Acadie » (thèse de M.A., univ. du Québec à Montréal , 1986), 88–89, 93, 126–127, 130–132, 139–141, 156–159. — Sylvio Leblond, « Docteur Cyrille-Hector-Octave Côté (1809–1850) », *l'Union médicale du Canada* (Montréal), 102 (1973) : 1572–1574 ; « le Docteur Cyrille-Hector-Octave Côté et le Mouvement baptiste français au Canada », *Laval médical* (Québec), 29 (1960) : 633–641.

COTTON, CHARLES CALEB, prêtre de l'Église d'Angleterre et fermier, né le 31 juillet 1775 à Eton, Angleterre, aîné des 13 enfants de Caleb Cotton et d'Ann Lemoine ; le 22 juin 1814, il épousa Drusilla Pettis, et ils eurent sept enfants dont trois leur survécurent ; décédé le 9 octobre 1848 à Cowansville, Bas-Canada.

Le père de Charles Caleb Cotton était maître d'école, et sa mère la fille d'un Suisse qui enseignait le français à l'Eton College. Après avoir fréquenté cet établissement, Cotton obtint une licence ès arts de l'Oriel College, à l'University of Oxford, en 1797. C'est l'évêque de Lincoln, George Pretyman, qui l'ordonna diacre le 31 décembre de cette année-là, puis le nomma vicaire à Wexham. En novembre 1798, il s'embarqua pour les États-Unis. L'année suivante, il devint professeur au Charleston College, à Charleston, en Caroline du Sud, mais comme le salaire lui paraissait insuffisant il démissionna. De 1800 à 1804, il fit successivement du ministère à New York, à New Brunswick, dans le New Jersey, et près de Philadelphie.

Muni de bonnes références, Cotton se présenta en août 1804 à l'évêque de Québec, Jacob Mountain*, ami intime de l'évêque de Lincoln, et il fut ordonné prêtre le 9 septembre. Il était le premier à recevoir les ordres à la nouvelle cathédrale Holy Trinity. On le nomma ensuite à la baie Missisquoi, dans la seigneurie Saint-Armand. Mountain le recommanda à la Society for the Propagation of the Gospel in Foreign Parts en disant qu'il « conv[enait] tout particulièrement à la situation, [car il avait] une grande simplicité, des manières dignes, de bonnes capacités, beaucoup de facilité à communiquer ses idées et, [grâce à] son séjour aux États-Unis, [il était] assez familier avec les manières de [ces] nouveaux colons, lesquelles [étaient] si susceptibles d'inspirer du dégoût à un Anglais ». Même si deux missionnaires de la société,

Robert Quirk Short* et James Marmaduke Tunstall, l'avaient précédé à la baie Missisquoi, il se rendit compte qu'ils avaient eu bien peu de succès auprès de ces rudes pionniers. Pendant quatre ans, sans église ni presbytère, et malgré l'ennui d'avoir à vivre dans une pension rudimentaire, il exerça son ministère auprès des habitants de Saint-Armand et, dans une certaine mesure, auprès de ceux qui étaient installés tout près, à Caldwell's Manor. C'était la première fois que ces gens bénéficiaient des secours de l'Église d'une façon continue. Toutefois, en décembre 1806, Mountain nota que Cotton était découragé de ses paroissiens, « dont un bon nombre […] gard[aient] l'habitude de tenir des propos impies et [avaient] des mœurs dissolues ». Dans une lettre à l'évêque de Lincoln, Mountain admettait que Cotton était « un homme très valeureux, très pieux et très sensé », mais il ajoutait : « son mauvais état de santé le rend incapable de tout effort important ou constant : il semble n'avoir aucune force de caractère ; la perversité le décourage et les difficultés le dépriment ».

En 1807, Mountain envoya Charles James STEWART* à Saint-Armand pour alléger la tâche de Cotton. L'évêque croyait que ce dernier irait s'installer beaucoup plus loin, mais il se fixa à quelques milles seulement, dans le canton de Dunham, et s'attira ainsi un léger reproche de la part de l'évêque qui, tout en lui rappelant que le clergé « n'était pas ordonné en vue des commodités et du confort personnel », lui permit d'y demeurer. Les premières années que Cotton passa dans ce canton furent tout sauf confortables. Il n'eut pas seulement à lutter contre l'indifférence des gens et leur ignorance des coutumes anglicanes, mais aussi contre les missionnaires itinérants baptistes et méthodistes. Il finit de plus par connaître personnellement tous les problèmes auxquels avaient à faire face les colons qu'il desservait. Il partagea une cabane de deux pièces avec huit personnes pendant presque deux ans, et il défricha et cultiva trois fermes, l'une après l'autre, et chacune lui coûta cher en temps, en argent et en efforts physiques. En 1812, Mountain proposa d'envoyer Cotton à York (Toronto), mais Isaac Brock*, alors administrateur du Haut-Canada, s'y opposa et réussit à faire nommer John Strachan*.

Cotton dut célébrer les offices dans des écoles et des maisons privées jusqu'à ce qu'on construise une église à Dunham Flats (Dunham) en 1821. La paroisse fut érigée officiellement la même année par lettres patentes qui émanaient de la province et Cotton en devint *rector* mais, à cause d'une certaine « irrégularité », on dut reprendre la cérémonie d'installation en 1829. La première église à porter le nom d'All Saints – un vaste bâtiment de bois de style assez lourd – demeura en service jusqu'en 1846 ; on la démolit alors pour faire place à un édifice de pierre.

Cotton ne possédait pas de dons remarquables et, selon les dires d'un observateur, était « aussi dépour-

Couagne

vu d'aptitudes pour monter à cheval qu'il était [...] inégalable [...] pour ses talents de marcheur ». Il ne pouvait donc rendre autant de services dans la mission que Stewart, ni couvrir le même territoire. Son ministère ne fut d'ailleurs pas exempt de difficultés. Homme simple, épris de solitude, il était excentrique à certains égards, et son habitude de dire ce qu'il pensait sans ménagement était de nature à blesser. En 1823, Stewart dut régler un différend qui opposait Cotton à ses paroissiens : ces derniers prétendaient qu'il négligeait ses devoirs de pasteur et qu'il avait refusé d'enterrer une jeune femme parce qu'un ministre non conformiste l'avait baptisée. Stewart avait plus d'une fois perdu patience avec Cotton mais, dans ce cas, il semble avoir réglé le litige avec des conseils et des avertissements amicaux.

Néanmoins, dans l'ensemble, les longues années pendant lesquelles Charles Caleb Cotton exerça son ministère dans le canton de Dunham s'écoulèrent dans le calme. Même si une mauvaise santé l'affligea durant ses dernières années, il s'acquitta normalement de ses fonctions pastorales : il célébra 617 baptêmes, 656 mariages, 187 sépultures et prépara 226 candidats à la confirmation. Comme il convenait au fils d'un instituteur, il fit le catéchisme aux enfants, fonda une école du dimanche en 1824 et aida à préparer pour leur ordination deux étudiants en théologie, Micajah Townsend et James Reid. Il observait rigoureusement les rubriques du *Book of Common Prayer*. Cotton, qui comptait déjà parmi les rares membres du clergé à recevoir du gouvernement britannique un traitement de £100, se vit accorder par la Society for the Propagation of the Gospel un supplément de £100 après 1814. Les paroissiens ne contribuèrent au salaire de leur *rector* qu'à partir de 1834, lorsque Stewart, alors évêque de Québec, préconisa l'autofinancement des congrégations. « Priest Cotton », comme on l'appelait familièrement, mourut en 1848 après 40 années de service dans le canton de Dunham.

THOMAS R. MILLMAN

Les descendants de la famille Cotton possèdent une vaste correspondance qui contient beaucoup de renseignements sur Charles Caleb Cotton et sa famille. En 1932, on a fait une transcription dactylographiée de quelque 325 pages tirées de cette correspondance ; les EEC, General Synod Arch. (Toronto) ont fait une photocopie et un microfilm de cette transcription.

All Saints (Anglican) Church (Dunham, Québec), Reg. of baptisms, marriages, and burials, 30 avril 1815, 13 oct. 1848. — EEC, Diocese of Montreal Arch., file C-18. — EEC-Q, 50. — RHL, USPG Arch., C/CAN/folders 362, 410 (mfm aux APC) ; journal of SPG, 29–43. — Trinity Church (Anglican) (Frelighsburg, Québec), Reg. of baptisms, marriages, and burials, 22 juin 1814. — Ernest Hawkins, *Annals of the diocese of Quebec* (Londres, 1849), 39–41. — [G. J. Mountain], *A journal of visitation in a portion of the diocese of Quebec by the lord bishop of Montreal in 1846* (Londres, 1847), 61–62 ; *A journal of visitation to a part of the diocese of Quebec by the lord bishop of Montreal in the spring of 1843* (3e éd., Londres, 1846), 37–38.— SPG, [*Annual report*] (Londres), 1830 : 129–130. — *Church*, 2 nov. 1848. — T. R. Millman, *A short history of the parish of Dunham, Quebec* (Granby, Québec, 1946) ; *Jacob Mountain, first lord bishop of Quebec ; a study in church and state, 1793–1825* (Toronto, 1947) ; *The life of the Right Reverend, the Honourable Charles James Stewart, D.D., Oxon., second Anglican bishop of Quebec* (London, Ontario, 1953). — Cyrus Thomas, *Contributions to the history of the Eastern Townships* [...] (Montréal, 1866), 137–143. — « A brief history of the parish of Dunham », *Church Chronicle for the Diocese of Montreal* (Montréal), 1 (1860–1861) : 4–7, 39–41. — «Historical notes», Missisquoi County Hist. Soc., *Report* (Saint-Jean-sur-Richelieu, Québec), 3 (1908) : 70–81.

COUAGNE. V. DECOIGNE

COUILLARD, ANTOINE-GASPARD, médecin, chirurgien, officier de milice, seigneur, juge de paix, homme politique et fonctionnaire, né le 16 février 1789 à Saint-Thomas-de-la-Pointe-à-la-Caille (Montmagny, Québec), fils de Jean-Baptiste Couillard et de Marie-Angélique Chaussegros de Léry ; décédé le 12 juin 1847 à Montmagny, Bas-Canada.

Antoine-Gaspard Couillard descendait par son père de Guillaume Couillard* de Lespinay, collaborateur de Samuel de Champlain*, anobli par Louis XIV en 1654, et de Guillemette Hébert*, fille de Louis Hébert*, premier agriculteur de la Nouvelle-France. Quant à sa mère, elle était la fille de Gaspard-Joseph Chaussegros* de Léry, officier et ingénieur militaire, architecte de nombreuses fortifications érigées en Nouvelle-France, et de Louise Martel de Brouague.

Fils du seigneur de la Rivière-du-Sud, Couillard commença son cours classique au petit séminaire de Québec où il développa un goût pour l'histoire et les lettres. Son père le retira cependant de cette institution en 1803 pour lui faire étudier le droit chez Alexandre-André-Victor Chaussegros de Léry. Le jeune Antoine-Gaspard n'avait pas de vocation pour les études légales, et mit donc fin prématurément à son stage de clerc. Désirant plutôt devenir médecin, il entreprit son apprentissage sous Samuel Holmes et René-Joseph Kimber, puis il alla parfaire sa formation à l'University of Pennsylvania, à Philadelphie. De retour à Québec en 1811, il recevait le 12 juin de cette année-là, à l'âge de 22 ans, du sous-secrétaire provincial, Lewis Foy, l'autorisation de pratiquer la médecine, la chirurgie et la pharmacie dans le Bas-Canada.

Couillard exerça sa profession pendant une trentaine d'années en milieu urbain et rural, soit à Québec et à Saint-Thomas-de-la-Pointe-à-la-Caille. Il le fit en qualité de médecin civil, mais également, pendant la guerre de 1812, à titre de chirurgien auprès du 4e bataillon de la milice d'élite incorporée du Bas-Canada. On souligna sa compétence professionnelle de façon particulière en l'élisant le 13 juillet 1831 membre du Bureau d'examinateurs en médecine du district de Québec. Son dévouement auprès des humbles lui valut le titre de « médecin des indigents et des pauvres », comme en fait foi un article de *la Gazette de Québec,* publié à l'occasion de son décès.

La seigneurie de la Rivière-du-Sud, qui avait été plusieurs fois divisée et subdivisée, intéressa aussi vivement Couillard. À la mort de son père en 1808, il était entré en possession d'une partie de ce domaine dont il devint par la suite, grâce à l'acquisition d'autres parties en 1816 et en 1841, le seigneur principal. Non dépourvu d'ambition, il fit d'autre part construire, semble-t-il à l'occasion de son mariage contracté le 6 février 1816 avec Marie-Angélique-Flore Wilson, fille de Thomas Wilson, négociant prospère de la ville de Québec, un imposant manoir de deux étages en pierre de taille, qu'on peut encore admirer à Montmagny, à l'ouest de la rivière du Sud. S'ouvrant sur le fleuve Saint-Laurent, cette magnifique résidence est ornée d'un porche monumental couronné d'un imposant fronton triangulaire qui retient agréablement l'attention des passants. À l'époque, elle était considérée comme l'une des plus belles maisons du Bas-Canada. Elle sert aujourd'hui d'hôtel. Malheureusement pour Couillard, le peu de talent qu'il avait pour les questions financières lui rendit onéreuse la gestion de sa seigneurie. Autant il comptait de censitaires, de patients et d'amis qui lui devaient de l'argent, autant il était lui-même endetté. De plus, le coût de son manoir excéda de beaucoup ses prévisions et il dut plus tard se résigner à le vendre pour la modique somme de £3 000. Pour Couillard, ce n'était pas sa première infortune, mais certainement la plus difficile à accepter.

Tout en fréquentant la Société littéraire et historique de Québec dont il était membre, Couillard s'intéressa également, peut-être un peu contre son gré, à l'administration publique et à la politique. Les tracasseries financières le minaient peu à peu, de sorte qu'il se vit contraint en 1842 de renoncer presque totalement à l'exercice de la médecine. Ayant été juge de paix, conseiller législatif de 1832 à 1838 et commissaire chargé de faire prêter le serment d'allégeance, il réussit alors, mais non sans peine, à obtenir en 1842 le poste de registrateur du district de Saint-Thomas. Grâce à cette nomination, il put subvenir décemment aux besoins de ses nombreux enfants. Cet emploi ne lui permit cependant pas de répondre aux exigences de ses créanciers, ni de prévenir, peu avant sa mort, la vente de son domaine et de ses biens à William Randall Patton, riche marchand de Québec.

Antoine-Gaspard Couillard s'éteignit à Montmagny le 12 juin 1847, à l'âge de 58 ans, et fut inhumé au même endroit cinq jours plus tard. Philippe-Joseph Aubert* de Gaspé, qui avait entretenu avec lui une amitié « constante et sans nuage » durant un demi-siècle, lui adressa un émouvant adieu dans *les Anciens Canadiens.* Il désigna Couillard comme le meilleur et le plus vertueux des hommes et rappela, entre autres, comment son ami avait bu lui aussi « à la coupe amère des tribulations » et comment il avait vu passer le domaine de ses aïeux entre les mains de l'étranger.

JACQUES CASTONGUAY

ANQ-Q, CE1-1, 6 févr. 1816 ; CE2-7, 16 févr. 1789, 17 juin 1847 ; CN1-230, 4 févr. 1816. — APC, RG 4, B28, 48 : 297–300 ; RG 68, General index, 1651–1841 ; 1841–1867. — *La Gazette de Québec,* 20 juin 1811, 8 févr. 1816. — *Le Journal de Québec,* 17 juin 1847. — F.-J. Audet, « les Législateurs du B.-C. ». — Desjardins, *Guide parl.* — *Officers of British forces in Canada* (Irving). — Turcotte, *le Conseil législatif,* 19, 116. — P.[-J.] Aubert de Gaspé, *les Anciens Canadiens* (16e éd., Québec, 1970), 304–309. — Azarie Couillard-Després, *Histoire des seigneurs de la Rivière du Sud et de leurs alliés canadiens et acadiens* (Saint-Hyacinthe, Québec, 1912), 351–365. — Raymonde [Landry] Gauthier, *les Manoirs du Québec* (Montréal, 1976), 172–173. — P.-G. Roy, *la Famille Chaussegros de Léry* (Lévis, Québec, 1934), 15–16 ; *Vieux Manoirs, Vieilles Maisons* (Québec, 1927), 200–202. — F.-J. Audet, « la Seigneurie de la Rivière du Sud », *BRH,* 7 (1901) : 117–119.

COVERT, JOHN, fermier, juge de paix, homme d'affaires, auteur et officier de milice, né vers 1770 en Angleterre, peut-être à Christchurch (Dorset) ; il épousa une prénommée Elizabeth, et ils eurent au moins deux fils et deux filles ; décédé le 5 septembre 1843 dans sa ferme, New Lodge, près de Cobourg, Haut-Canada.

À son arrivée dans le Haut-Canada en 1820, John Covert était déjà d'un âge assez avancé et chargé d'une jeune famille. Il avait de l'argent car, après avoir examiné des terres dans la région du lac Rice, il opta pour une ferme déjà mise en valeur, dans le canton de Hamilton, sur la rive nord du lac Ontario, où s'installaient plusieurs Britanniques, membres de la gentry ou officiers à la demi-solde, dont Francis Brockell Spilsbury*. Dès 1821, il avait acheté et mis en culture deux lots situés dans les premiers rangs du même canton. Par la suite, il acquit des terres voisines, dans le but de créer à cet endroit stratégique, sur la route de Kingston, près de Cobourg, un vaste domaine agricole où pourrait s'élever un moulin.

Asseoir l'économie sur une base solide et créer un ordre social plus familier présentaient dans cette région pionnière des difficultés sur lesquelles Covert, comme bien des membres de sa classe, ne tarda pas à se pencher. Le 4 août 1821, on lui confia sa première commission de juge de paix, laquelle fut renouvelée plusieurs fois par la suite. Particulièrement intéressé aux questions de transport, il fut de ceux qui adressè-

Covert

rent une requête à la chambre d'Assemblée en 1825 pour la construction d'une jetée ou d'une digue à Cobourg et, deux ans plus tard, à titre de propriétaire de terres en friche dans le canton d'Otonabee, pour la mise en service d'un traversier sur le lac Rice. Toujours soucieux d'améliorer le port de Cobourg, il figura parmi les principaux fondateurs du comité local du port en octobre 1827. En janvier suivant, il signa avec 143 personnes une autre pétition adressée à l'Assemblée. Dès février, un comité spécial de la chambre recommanda d'entreprendre des travaux et de les confier à une société par actions à responsabilité limitée qui serait habilitée à percevoir un péage. On constitua la Cobourg Harbour Company en mars 1829, mais Covert, même s'il était l'un des premiers actionnaires, ne fit pas partie du conseil d'administration. Son gendre James Gray BETHUNE allait participer activement à l'exploitation de la compagnie dans les années 1830.

Convaincu que les Haut-Canadiens faisaient fausse route en ne se consacrant qu'à la production du blé, Covert se lança dans la culture et l'apprêt du chanvre. Déjà, aussi bien dans le Bas que dans le Haut-Canada, d'autres avaient tenté, sans succès, de cultiver cette plante [V. Charles Frederick GRECE] dont Edward Allen TALBOT avait dit, au début des années 1820 : « actuellement, les deux Canadas n'en produisent pas en quantité suffisante pour pendre leurs propres malfaiteurs ». Covert fut cependant le premier, en 1830, à réclamer en vertu d'une loi de 1822 une subvention gouvernementale pour l'achat de machinerie qui servirait à préparer le chanvre. En novembre de la même année, il présenta des documents qui attestaient qu'il avait construit un grand moulin hydraulique. Quatre mois plus tard, le lieutenant-gouverneur sir John Colborne* et son Conseil exécutif récompensèrent ses efforts en lui accordant la subvention mais, conformément à la loi, on déclara la machinerie propriété de la couronne afin de pouvoir l'utiliser au besoin à des fins publiques. Désireux de se garantir un marché à l'intérieur même de la colonie, Covert envoya un échantillon de son produit au commodore Robert BARRIE, principal officier de la marine à Kingston, qui « le déclara aussi bon que le chanvre de Riga ou de Peterboro » et accepta d'en acheter 20 tonnes à £50 chacune. En mai 1831, dans l'espoir d'assurer un approvisionnement régulier et de faire ainsi de Cobourg le dépôt gouvernemental du commissariat de Kingston, Covert prononça une conférence sur la culture du chanvre devant ses collègues de la Northumberland Agricultural Society. À partir de son expérience, il affirmait que le chanvre aurait « en moyenne un rendement presque deux fois supérieur à celui du blé » et que quelques-uns de ses voisins, tous de prospères fermiers de la gentry, s'étaient laissé convaincre d'en cultiver. Au moins pour un temps, il fut le principal protagoniste de la culture du chanvre

en Amérique du Nord britannique ; la Société d'histoire naturelle de Montréal lui décerna d'ailleurs une médaille pour l'essai qu'il écrivit sur le sujet. Pourtant ses efforts se révélèrent infructueux : peu de fermiers l'imitèrent, et bientôt il dut transformer son moulin pour se rabattre sur une activité plus conventionnelle, la mouture du blé.

L'échec de cette initiative n'est que la première d'une série de tragédies et de défaites personnelles qui assombrirent le reste de sa vie. Ses affaires commerciales, qui consistaient largement en spéculation foncière à Cobourg, dans les environs et dans les cantons situés plus au nord, devinrent plutôt chaotiques. Dans un testament particulièrement amer, écrit peu de temps avant sa mort, Covert allégua qu'« en raison de la mauvaise gestion, sinon de la trahison d'un soi-disant ami », Robert Henry*, banquier à Cobourg, « [ses] biens et [ses] espoirs les plus précieux [lui avaient] été enlevés ». De plus, en 1835, après de spectaculaires mésaventures à titre d'agent de la Bank of Upper Canada à Cobourg, James Gray Bethune lui demanda de le cautionner financièrement.

Conservateur important et peut-être principal orangiste de Cobourg, Covert fut également colonel du 1st Regiment of Northumberland militia. Ses opinions conservatrices influèrent d'ailleurs sur la façon dont il s'acquittait de ses responsabilités dans la milice. À compter d'avril 1832, il tenta de discréditer des sympathisants réformistes de son régiment, surtout le capitaine Wilson Seymour Conger, ce qui finalement, en juillet et août 1836, le mena en cour martiale. Le tribunal le déclara coupable quant à trois des huit accusations déposées contre lui par Conger et conclut qu'il s'était laissé « égarer par son zèle » plutôt qu'il n'avait cédé à des « motifs vindicatifs ou malveillants ». Toutefois, dans une ordonnance générale du 9 décembre, le lieutenant-gouverneur sir Francis Bond Head* déclara qu'« il ne [pouvait] considérer le colonel Covert comme apte à commander un régiment dans la province et qu'en conséquence, à son grand regret, il avait demandé à l'adjudant général d'informer le colonel Covert que Sa Majesté ne requ[érait] plus ses services dans ladite milice ». Cette situation fâcheuse n'empêcha pas les fils de Covert d'être miliciens : en 1838, Henry fut promu lieutenant en premier et, à la fin de la même année, Frederick Peechy succomba à une maladie contractée pendant son service militaire.

Assurément, ce sont les revers qu'il avait subis tant comme homme d'affaires que milicien qui poussèrent Covert à s'éloigner du Haut-Canada en 1837. Pendant qu'il était à l'extérieur de la province, la rébellion éclata en décembre et il s'entendit avec Jonas JONES, aide de camp de Head, pour faire quelques opérations de reconnaissance aux États-Unis. Rentré dans la province après un an d'absence, il découvrit qu'on l'avait radié de la liste des magistrats. Pendant au moins trois ans, il continua de faire des représentations auprès du secrétaire de la province, en protestant contre les injustices dont il avait été victime et en tentant de recouvrer à la fois sa commission dans la milice et ses fonctions de magistrat. Il gagna finalement sur ce dernier point car le 30 août 1843, moins d'une semaine avant sa mort, son nom figurait sur la liste des nouveaux magistrats publiée par le *Cobourg Star*.

En dépit de ses nombreuses difficultés, John Covert put laisser à ses héritiers des legs substantiels, constitués principalement de lots de ville importants et de logements spéculatifs situés à Cobourg, qui entrait justement dans une période de grande expansion. Néanmoins, c'est un homme déçu qui, dans son testament, disait de son unique fils survivant et principal héritier : « Bien que les sentiments de mon fils Henry n'aient pas semblé s'accorder avec les miens ni être faits du respect et de l'affection dus à un père touché par l'affliction et l'infortune […], le devoir d'un chrétien commande d'oublier le passé […] de sorte que par la présente je libère mon fils Henry d'une obligation d'une valeur de mille livres ainsi que d'autres prêts que je lui ai consentis au moment où des projets prématurés l'ont plongé dans la difficulté. »

PETER ENNALS

AO, RG 8, I-1-P, 3, Covert à Jonas Jones, 15 mars 1838 ; Covert à S. B. Harrison, 27 nov. 1840 ; RG 22, sér. 187, reg. G (1858–1862), testament de John Covert, homologué le 8 mai 1860. — APC, RG 1, E3, 19 : 123–130, 193–202 ; 28 : 71–74 ; RG 9, I, B3, 5, nᵒˢ 255, 262, 265 ; B8, 3. — Northumberland West Land Registry Office (Cobourg, Ontario), Hamilton Township, abstract index to deeds (mfm aux AO). — *Bank of U.C.* v. *Covert* (1836–1838), 5 O.S., 541. — H.-C., House of Assembly, *App. to the journal*, 1835, 2, app. 73 ; *Journal*, 10 mars, 9 avril 1825, 28 janv., 12 févr. 1828, 1828, app., report on Cobourg Harbour ; 12, 17–18 déc. 1832. — *Cobourg Star*, 8 févr., 31 mai 1831, 21 août 1833, 20 août, 6, 13 sept. 1843, 26 août 1846. — P. M. Ennals, « Land and society in Hamilton Township, Upper Canada, 1797–1861 » (thèse de PH.D., Univ. of Toronto, 1978). — R. L. Jones, *History of agriculture in Ontario, 1613–1880* (Toronto, 1946 ; réimpr., Toronto et Buffalo, N.Y., 1977). — D. E. Wattie, « Cobourg, 1784–1867 » (2 vol., thèse de M.A., Univ. of Toronto, 1949).

COY (Coye), AMASA (Amassa, Amasy), marchand, né le 31 juillet 1757 à Pomfret, Connecticut, fils aîné de J. Edward Coy (McCoy) et d'Ama (Amy) Titus, et frère de Mary Coy* ; en 1797, il épousa Elizabeth Holly, et ils eurent un fils et deux filles, puis en 1808 Mary Spafford Smith, née Barker, et de ce mariage naquirent deux fils ; décédé le 18 juillet 1838 à Fredericton.

En 1763, Amasa Coy accompagna ses parents au village de Maugerville, dans ce qui était alors la colonie de la Nouvelle-Écosse [V. Israel Perley*]. Ils

rapportèrent par la suite avoir failli y mourir de faim pendant les premières années. Plus tard, ils s'établirent dans le canton de Gage. Comme la plupart des habitants de la vallée de la Saint-Jean originaires de la Nouvelle-Angleterre, les Coy sympathisèrent avec les colons américains au moment de la Révolution. Amasa lui-même connut la défaite aux côtés de Jonathan Eddy* devant le fort Cumberland (près de Sackville, Nouveau-Brunswick) en 1776. Dans un rapport soumis au major de brigade Gilfred Studholme* en 1783 sur les demandes de concessions foncières et la loyauté des candidats, on peut lire, sous la mention de celle que présentèrent Coy et l'un de ses frères en vue d'obtenir 200 acres de terre dans le canton de Gage, cette précision : « Amasa a pris les armes contre le fort à Cumberland. » Leur père, selon le même rapport, était « membre d'un comité de rebelles ».

J. Edward Coy avait participé à la fondation de la communauté congrégationaliste de Maugerville dans les années 1760 et, avec sa femme, il allait signer en 1789 le nouveau covenant de cette congrégation. Durant les premières années d'existence du village, la congrégation domina la vie locale et imposa sa discipline aux individus, mais les tensions de la guerre brisèrent son unité. Les visites de l'évangéliste Henry Alline* en 1779 et 1781 soulevèrent des querelles doctrinales et réveillèrent l'intérêt pour les questions spirituelles. L'arrivée des loyalistes en 1783 mit encore plus en évidence les différends théologiques et les divisions entre Églises.

Lorsque ses compatriotes venus de la Nouvelle-Angleterre, qui parvenaient mal à s'intégrer à la nouvelle société loyaliste, commencèrent à se préoccuper de questions doctrinales, Amasa Coy emprunta la voie de la modération. Il était associé à la fois à un groupe de disciples d'Alline, qui venaient de Waterborough et de Gagetown, et aux traditionalistes qui réorganisèrent la communauté congrégationaliste et réinstallèrent le temple à Sheffield en 1789 [V. David BURPE]. À l'époque de son premier mariage, il quitta Gagetown pour la paroisse de Queensbury, dans le comté d'York, où il participa en 1800 à la fondation de la congrégation baptiste calviniste de Prince William. Celle-ci se joignit à la Baptist Association of Nova Scotia and New Brunswick, que créèrent cette année-là des ministres qui avaient laissé officiellement les *New Lights* (disciples d'Alline) pour se rattacher aux associations baptistes calvinistes de la Nouvelle-Angleterre. Selon l'historien David Graham Bell, ce revirement était dû en partie à un désir de respectabilité, car le mouvement de la « nouvelle loi » avait conduit certains *New Lights* à manifester concrètement leur croyance selon laquelle la conversion dispensait d'obéir aux règles morales et religieuses.

En 1808, Coy fit à Fredericton l'acquisition de quatre lots situés près de Province Hall et des casernes

Croix

de l'armée, ce qui était avantageux du point de vue commercial. Deux ans plus tard, il s'installa dans cette ville et acheta les droits sur 37 acres de terre au bord de la route qui menait à l'emplacement du futur King's College (construit dans les années 1820). À mesure que la ville s'étendait, il profita de la mise en valeur de ces terrains. De plus, il ouvrit rue Queen un magasin qui, en 1825, s'appelait Stewart and Coy, merchants. Son fils Asa et son gendre Thomas B. Smith étaient ses associés dans certaines activités commerciales. Amasa et Asa Coy figurèrent en 1834 au nombre des fondateurs de la Central Bank of New Brunswick [V. Henry George CLOPPER]. Deux ans plus tard, Asa devint le premier président de la Bank of Fredericton.

En 1813, Amasa Coy fit partie du groupe qui projetait de construire un temple baptiste à Fredericton ; il offrit même le terrain sur lequel l'édifice allait s'élever. La congrégation baptiste de Fredericton fut fondée en 1814 (elle comptait alors 13 membres) ; Coy put s'y joindre deux ans plus tard, après avoir obtenu son congé de la congrégation de Queensbury. Aux yeux des autorités, à l'époque, les congrégations baptistes calvinistes étaient proaméricaines, donc potentiellement déloyales. Par la suite, elles pâtirent du fait que l'opinion publique les confondait avec d'autres congrégations de la vallée de la Saint-Jean qui, tout en portant le vocable de baptistes, n'étaient pas aussi bien structurées que les congrégations de la Baptist Association ou transgressaient la règle qu'adopta cette dernière en 1809, laquelle réservait la communion aux baptisés par immersion. Peu à peu cependant, grâce aux efforts qu'ils déployèrent pour adapter à un contexte urbain un mouvement né dans les régions isolées, les baptistes calvinistes virent leur respectabilité reconnue. Leur Église prit un essor rapide, à tel point qu'au moment de la mort de Coy ils possédaient à Fredericton un séminaire, dirigé par le révérend Frederick William MILES, qui menaçait l'hégémonie des anglicans sur l'enseignement supérieur, et qu'ils avaient leur mot à dire dans l'administration politique de la province. En mettant une part de sa fortune au service de ses coreligionnaires, Coy les avait aidés à devenir des citoyens à part entière et à influer sur le cours de la vie du Nouveau-Brunswick.

D. MURRAY YOUNG

APNB, MC 1, Coy family, two files ; MC 239 ; RG 7, RS69, A, 1795–1796, J. E. Coy ; RS75, 1838, Amasa Coy. — Conn. State Library (Hartford), Indexes, Barbour coll., Pomfret vital records, 1 : 38 ; Conn. church records, Abington Congregational Church (Pomfret), 3 : 277. — PRO, CO 188/32, George Best à la SPG, 27 avril 1825. — UNBL, MG H9, H. A. Bridges, « Brief history of the First Baptist Church of Sheffield – sometimes referred to as the Canning Church or the Waterbury Church » (copie dactylographiée, s.d.) ; Waterborough Baptist Church records, 1800–1832 (copie dactylographiée, s.d.). — The Newlight Baptist journals of James Manning and James Innis, D. G. Bell, édit. (Saint-Jean, N.-B., 1984). — « Sunbury County documents », N.B. Hist. Soc., Coll., 1 (1894–1897), nᵒ 1 : 100–118. — Royal Gazette (Fredericton), 25 juill. 1838. — Hill, Old Burying Ground. — The old grave-yard, Fredericton, New Brunswick : epitaphs copied by the York-Sunbury Historical Society, Inc., L. M. Beckwith Maxwell, compil. (Sackville, N.-B., 1938). — Bill, Fifty years with Baptist ministers. — I. L. Hill, Fredericton, New Brunswick, British North America ([Fredericton, 1968]), 49. — W. D. Moore, « Sunbury County, 1760–1830 » (thèse de M.A., Univ. of N.B., Fredericton, 1977).

CROIX, MARIE-VICTOIRE BAUDRY, dite **de la.** V. BAUDRY

CROKE, sir ALEXANDER, juge, homme politique, auteur et administrateur colonial, né le 22 juillet 1758 à Aylesbury, Angleterre, unique fils survivant d'Alexander Croke et de sa première femme, Anne Armistead ; le 11 août 1796, il épousa Alice Blake ; décédé le 27 décembre 1842 à Studley Priory, Angleterre.

Issu de l'aristocratie terrienne, Alexander Croke était l'héritier d'un domaine rural vaste mais modeste. Il fréquenta d'abord une école privée de Bierton où, nota-t-il plus tard, il « développa un goût très vif pour la littérature et les sciences ». Admis le 11 octobre 1775 comme étudiant privilégié à l'Oriel College d'Oxford, il y passa cinq ans. Pendant cette période, il hérita du domaine de Studley Priory. En 1780, il entreprit l'étude du droit aux Inns of Court et accéda au barreau en 1786. Toutefois, il avait de quoi vivre, ce qui explique cette remarque faite par la suite : « même si j'avais étudié la théorie du droit, je ne devins jamais praticien et ne me présentai guère à Westminster Hall ». Sa prédisposition pour les questions théoriques allait se manifester en Nouvelle-Écosse.

« Fatigué d'une vie oisive et devant la nécessité d'[exercer] une profession », Croke reprit ses études de droit à Oxford en 1794. Après avoir obtenu sa licence et son doctorat en droit civil en 1797, il entra au College of Advocates le 3 novembre de la même année. Comme il avait choisi de plaider, il eut bientôt à s'occuper d'une partie des affaires de plus en plus nombreuses que la Haute Cour de l'Amirauté avait à régler en raison des conflits qu'avait engendrés la Révolution française. Plusieurs des rapports qu'il rédigea concoururent à sa notoriété et lui valurent des louanges de la part du gouvernement et de périodiques londoniens, tels l'Anti-Jacobin Review and Magazine et le Gentleman's Magazine.

En 1801, à la faveur d'une restructuration des tribunaux de vice-amirauté dans les colonies britanniques, Croke se vit offrir l'un des sièges de juge devenus vacants en Jamaïque, à la Martinique et en Nouvelle-Écosse. Comme il préférait « le climat dur mais sain de la Nouvelle-Écosse à tous les luxes et à tous les dangers des Antilles », il débarqua à Halifax le 11 novembre 1801 en compagnie de sa femme et de ses tout jeunes enfants, un fils et une fille. Il demeurerait en Nouvelle-Écosse jusqu'en juillet 1815 et 8 de ses 11 enfants allaient y naître. Une seule fois il quitterait la province, en 1810, pour aller inscrire son fils dans une école d'Angleterre.

Le 5 juillet 1816, Croke reçut du prince régent un titre de chevalier en récompense de son travail en Nouvelle-Écosse, puis il se retira avec une pension annuelle de £1 000 dans son domaine, où il « recevait ses amis d'Oxford, s'amusait à dessiner et à peindre et écrivait des livres ». Selon certains de ses contemporains, c'était un artiste accompli ; Benjamin West, président de la Royal Academy of Arts, porta un jugement favorable sur quelques-unes de ses toiles. Malheureusement, elles ont toutes disparu. Assez doué pour la littérature et la poésie, il publia des livres et des brochures sur des sujets très divers. Le plus ambitieux était un ouvrage en deux tomes, *The genealogical history of the Croke family, originally named LeBlount*, paru à Oxford en 1823, pour lequel il avait réuni une documentation abondante et solide. En outre, il écrivit des rapports juridiques, un catéchisme, des poèmes satiriques et polémiques, un essai sur la versification latine et des lettres qui traitaient de questions éducatives ou politiques. Croke mourut à Studley Priory dans sa quatre-vingt-cinquième année. Huit de ses enfants parvinrent à l'âge adulte mais aucun n'eut de descendants.

Croke ne passa qu'un sixième de son existence en Nouvelle-Écosse, mais ces années furent les plus marquantes de sa carrière. Son rôle principal, et le plus visible, fut la présidence de la Cour de vice-amirauté. Depuis son instauration en 1749, ce tribunal de Halifax, qui exerçait la traditionnelle juridiction de l'Amirauté sur toutes les affaires maritimes, avait acquis beaucoup de puissance dans la province. Il comportait trois instances : l'instance provinciale, qui réglait les différends entre marchands et marins, l'instance impériale, qui s'occupait de la réglementation du commerce et des réserves forestières de la marine, et l'instance internationale qui, seulement en temps de guerre, avait autorité de reconnaître la validité des prises de navires et de cargaisons par les corsaires et la marine.

La population de la colonie se plaignait fréquemment, et avec force, de devoir compter avec cette puissance indépendante qui (c'était la doléance la plus courante) imposait des frais exorbitants et appliquait un mode de jugement (un juge seul) contraire au droit des Anglais d'être jugés par leurs pairs. Cependant, dans cette colonie où régnait la contrebande, on se plaignait en fait parce que devant le tribunal de l'Amirauté un verdict de culpabilité était une quasi-certitude, alors que devant les tribunaux ordinaires les

accusés avaient de meilleures chances de bénéficier de la clémence des jurés. La chambre d'Assemblée, dominée par les marchands de Halifax, était le plus bruyant adversaire de la Cour de vice-amirauté, sur laquelle elle tentait d'acquérir quelque autorité en prenant pour arguments le montant excessif des frais de justice et l'absence de jury. Ce sont là des questions de compétence impériale sur lesquelles Croke n'avait aucune prise, mais elles donnaient aux Néo-Écossais des motifs bien suffisants de lui en vouloir à titre de responsable officiel.

L'application des lois de navigation, qui faisait partie du mandat du tribunal, était l'autre grand sujet de mécontentement. Lorsqu'il y était question des colonies, ces lois visaient avant tout à limiter aux navires britanniques le transport colonial afin que la métropole en récolte le bénéfice. Or, à cause de la lenteur de leur développement économique, les Maritimes avaient fini, au début du XIXe siècle, par avoir grand besoin d'approvisionnements qui venaient des États-Unis. Elles exigeaient donc quelques amendements aux lois afin d'obtenir, légalement, de leur voisin du Sud, aussi bien les matières premières dont elles manquaient cruellement que des produits de réexportation pour les autres colonies britanniques. Les lieutenants-gouverneurs de ces provinces s'étaient résignés à considérer comme naturel et inévitable un certain volume de commerce clandestin et affirmaient qu'un barrage de lois préventives ne ferait qu'obstruer « le courant tranquille de l'industrie commerciale ». En conséquence, sir John Wentworth*, sir George Prevost*, sir John Coape Sherbrooke* et d'autres profitaient de leurs pouvoirs d'urgence pour satisfaire les besoins des colons et ouvraient peu à peu des brèches dans la législation.

Croke appartenait à cette partie de la société britannique qui, au début du XIXe siècle, croyait encore en la valeur et la nécessité des lois de navigation. Bien sûr, sa fonction l'obligeait à appliquer la loi, mais un examen de ses jugements révèle avec quelle force il maintenait ses convictions et avec quelle rigidité il interprétait les textes de loi. L'affaire de l'*Economy*, réglée en mars 1813, en donne une bonne idée. Après le déclenchement de la guerre de 1812, la Nouvelle-Angleterre s'était montrée disposée à poursuivre son commerce avec les Maritimes, et les autorités coloniales avaient délivré des permis qui autorisaient des navires américains, dont l'*Economy*, à livrer des vivres en Nouvelle-Écosse. Or, en dépit d'un permis du vice-amiral Herbert Sawyer, le corsaire *Liverpool Packet* [V. Joseph Barss*] avait capturé l'*Economy* et sa cargaison de bétail. À la fin du jugement dans lequel il reconnut la validité de la prise du navire et de sa cargaison parce que Sawyer ne pouvait donner « aucune sorte de légalité à un trafic […] illicite », Croke défendit les lois de navigation à l'aide de tous les arguments traditionnels. Certes,

Croke

disait-il, il fallait consentir à l'importation de certains types de comestibles, définis dans les arrêtés en conseil du gouvernement britannique, mais il ne considérait pas que le bétail – qui, il en était sûr, ne manquait pas en Nouvelle-Écosse – entrait dans cette catégorie. Cependant, depuis le début des hostilités, le nombre de soldats britanniques s'était tellement multiplié en Amérique du Nord que les commandants militaires estimaient que les ressources des Maritimes ne suffiraient pas à les nourrir. Sherbrooke avisa Prevost, commandant en chef des troupes de l'Amérique du Nord britannique, que Croke avait « rendu un jugement [...] qui, s'il n'[était] pas révoqué dans la métropole, causera[it], [il] le crai[gnait] fort, beaucoup de torts aux individus ». Agacé, le lieutenant-gouverneur exprimait probablement le sentiment de bien des victimes de la vision exagérément légaliste de Croke en déclarant : « Le peuple a coutume de dire que le diable ne peut courir plus loin que la longueur de sa longe – celle de Bonaparte s'est arrêtée net à Moscou, et je me permets de souhaiter que M. Croke [ait] presque atteint le bout de la sienne. » Quelle qu'ait été la valeur légale de la décision de Croke, le gouvernement britannique appuya Sherbrooke en autorisant la remise de permis à des navires américains.

Le sentiment général d'hostilité envers la Cour de vice-amirauté, et par le fait même envers Croke, ne s'améliora pas après que celui-ci eut assumé, en l'absence du lieutenant-gouverneur, la fonction d'administrateur de la colonie, du 6 décembre 1808 au 15 avril 1809 puis du 25 août au 16 octobre 1811. C'est en qualité de doyen des conseillers admissibles qu'il avait eu droit à ce poste, mais cela même faisait l'objet d'un différend. En vertu du mandement royal qui l'avait nommé au conseil en 1802, il venait juste après le juge en chef dans l'ordre de préséance, ce qui irritait fort les autres conseillers. Un long poème satirique, *The Inquisition* [...], qu'il composa probablement en 1805 et qui circula abondamment sous sa forme manuscrite, créa aussi des remous. Il y raillait la moralité qui prévalait dans la bonne société de Halifax et critiquait avec un humour souvent caustique des personnages de premier plan, dont nombre de conseillers, que les lecteurs pouvaient reconnaître sous des pseudonymes classiques. Dans un milieu étriqué comme l'était alors Halifax, pareille œuvre ne pouvait manquer de susciter du ressentiment, voire de l'animosité. De plus, l'attitude soupçonneuse et condescendante de Croke envers l'Assemblée ne fit qu'empirer les choses. En prévenant les autorités britanniques qu'en son absence le pouvoir civil passerait aux mains d'un homme « compétent mais impopulaire », Prevost exprimait bien l'avis des citoyens.

Le premier mandat d'administrateur de Croke se déroula sans heurts jusqu'à la présentation du projet de loi annuel sur l'affectation des deniers publics, pièce de résistance au menu législatif. Selon la coutume, l'Assemblée soumit une liste de crédits distincts pour chaque poste de dépenses. Le 20 janvier 1809, après quelques négociations, le conseil approuva le projet de loi, qu'il soumit ensuite à l'approbation officielle de Croke. Celui-ci le rejeta, à la consternation de l'Assemblée ; la controverse qui s'ensuivit allait durer jusqu'à ce que Prevost, de retour dans la province, sanctionne la loi.

Croke justifia son refus dans une longue dépêche au secrétaire d'État aux Colonies. Sa première objection visait un article qui autorisait le versement de 200 guinées aux commissaires chargés de correspondre avec les représentants de la province. Anodin en apparence, il contenait plusieurs nouvelles nominations, manœuvre politique dont Croke ne fut pas dupe et qu'il qualifia d'empiétement sur la prérogative royale. De plus, il s'opposait aux sommes allouées qui, selon lui, étaient excessives et risquaient de nuire au service du roi. Croke proposait de retourner à la pratique courante avant 1786, c'est-à-dire de ne pas adopter de loi portant affectation de crédits et de prélever plutôt un montant global sur le trésor provincial au moyen d'ordonnances du corps législatif. Comme l'Assemblée se montrait aussi intransigeante que lui, il la prorogea, et l'administration civile se trouva paralysée. Il essaya bien d'obtenir du conseil la permission de puiser dans le trésor, mais ce fut en vain. En tentant de préserver les prérogatives de la couronne et d'éviter une lourde dette publique, Croke n'avait réussi qu'à semer le désordre dans l'administration coloniale et à intensifier le mécontentement dont lui-même et son tribunal étaient l'objet. Par contre, son deuxième mandat d'administrateur se passa sans incidents.

De toutes les sphères de la vie néo-écossaise, l'éducation est celle où Croke exerça l'influence la plus durable. Ses nombreux écrits, inédits ou publiés, exposent en détail ses vues sur le sujet. Pour lui, l'éducation avait d'abord un but moral et spirituel : la transmission du savoir devait viser à améliorer les individus plutôt qu'à leur permettre de gravir les échelons de la société. Non seulement était-il convaincu que l'instruction chrétienne devait figurer dans tous les programmes scolaires mais, d'après lui, l'unique interprétation valable du christianisme était celle de l'Église d'Angleterre, « la forme de religion la plus pure et la plus conforme à l'exemple des apôtres [qu'on ait] jamais instaurée dans aucun pays ». En outre, l'adhésion à cette Église renforcerait la fidélité à la couronne et au gouvernement britannique.

En 1802, la charte accordée au King's College prévoyait que Croke ferait partie du conseil d'administration en vertu de sa position de juge à la Cour de vice-amirauté. Le conseil entendait modeler les statuts de l'établissement sur ceux d'Oxford et, à titre de seul diplômé de cette université parmi les membres du conseil, Croke était tout désigné pour éclairer ses collègues. Avec le juge en chef Sampson Salter BLOWERS et l'évêque Charles Inglis*, il fit partie du comité qui devait rédiger ces règlements. Cependant rien n'indique que le comité tint une seule réunion officielle, et il semble que Croke s'occupa seul de la rédaction. Pour les générations suivantes, ces statuts seraient discutables surtout en ce qu'ils obligeaient tous ceux qui voulaient étudier à ce collège à souscrire aux Trente-neuf Articles de foi de l'Église d'Angleterre. Comme la population était aux trois quarts non anglicane, la plupart des Néo-Écossais n'avaient donc pas accès à l'unique établissement postsecondaire de la province. Cette restriction eut comme conséquence directe, au XIXe siècle, une prolifération de collèges confessionnels [V. Thomas McCULLOCH]. Les statuts, qui reflétaient indiscutablement les vues personnelles de Croke en matière éducative, reçurent néanmoins l'assentiment du conseil du collège, du Conseil de la province et des autorités britanniques.

Des années plus tard, à l'occasion de ce que l'on appelle la controverse de Bromley, Croke se trouva mêlé au débat sur l'instruction publique. En 1813, Walter BROMLEY débarqua en Nouvelle-Écosse afin d'ouvrir une école multiconfessionnelle pour les pauvres, projet qui suscita l'intérêt et gagna l'appui de beaucoup de citoyens influents. Après avoir refusé de faire partie du comité organisateur de l'école, Croke publia dans l'*Acadian Recorder* du 13 août 1813 une longue lettre dans laquelle il expliquait pourquoi il désapprouvait le projet. Cette prise de position déclencha un débat public long et animé sur les avantages de l'éducation confessionnelle et multiconfessionnelle. Les efforts des colons en matière d'instruction se dispersèrent : la Royal Acadian School de Bromley perdit de précieux appuis et les anglicans défendirent leurs propres intérêts avec une vigueur nouvelle. En exprimant ses opinions avec force, Croke avait fait croître, encore une fois, l'antipathie des Néo-Écossais à son endroit.

Si Alexander Croke fut tant détesté de ses contemporains néo-écossais comme des historiens, et ce jusqu'au XXe siècle, c'est en partie à cause des fonctions qu'il occupa dans la province. À titre de juge de la Cour de vice-amirauté, il avait le devoir d'appliquer une législation qui devenait de plus en plus désuète et qu'il rendait encore plus désagréable en l'interprétant sans souplesse. Mais sa personnalité ne le faisait guère aimer non plus ; il comprenait mal et traitait sans diplomatie ceux qu'il considérait comme ses inférieurs. Il était, en particulier, insensible aux aspirations croissantes des Néo-Écossais du début du XIXe siècle, de sorte que des conflits naissaient chaque fois qu'il se mêlait de questions sociales. Ces travers, comme l'impopularité de son poste, tendaient à faire oublier sa remarquable connaissance du droit, sa culture, ses talents artistiques et sa grande intégrité.

CAROL ANNE JANZEN

Parmi les écrits de sir Alexander Croke, citons : *A report of the case of Horner against Liddiard, upon the question of what consent is necessary to the marriage of illegitimate minors* [...] (Londres, 1800) ; *Remarks upon Mr. Schlegel's work,* Upon the visitation of neutral vessels under convoy (Londres, 1801) ; un poème inédit intitulé *The Inquisition : An Heroic Poem in Four Cantos* ([Halifax, 1805]), dont une copie est déposée aux PANS, MG 1, 239C ; *The catechism of the Church of England, with parallel passages from the Confession of Faith, and the larger and shorter catechisms of the Church of Scotland* (Halifax, 1813) ; *The substance of a judgement, delivered in the Court of Vice-Admiralty, at Halifax, (in Nova Scotia), on the 5th February, 1813 ; in the case of Little-Joe, Fairweather, Master ; upon some questions relating to droits of admiralty* [...] (Halifax, 1813) ; *The genealogical history of the Croke family, originally named Le Blount* (2 vol., Oxford, Angl., 1823) ; *The case of Otmoor ; with the moor orders* [...] (Oxford, 1831) ; *Plain truths : five letters, addressed to the members of the Conservative Association of the county and city of Oxford* [...] (Oxford, 1837) ; et *The progress of idolatry ; a poem in ten books ; the three ordeals ; or the triumph of virtue, in five cantos ; Studley Priory, and other poems* [...] (2 vol., Oxford, 1841) ; ce dernier ouvrage est en réalité *The Inquisition* réécrit pour le public anglais. De plus, avec le concours de Philip Bliss, il a édité *Thirteen Psalms and the first chapter of Ecclesiastes, translated into English verse by John Croke, in the reign of Henry VIII ; with other documents relating to the Croke family* (Londres, 1844). C'est Bliss qui a mené l'ouvrage à bonne fin après la mort de Croke.

Les procès-verbaux des causes entendues par Croke à la Cour de vice-amirauté de Halifax ont été publiés sous le titre de *Reports of cases, argued and determined in the Court of Vice-Admiralty, at Halifax, in Nova-Scotia, from* [...] *1803, to the end of the year 1813, in the time of Alexander Croke* [...], James Stewart, compil. (Londres, 1814).

APC, RG 8, I (C sér.), 229 ; IV. — PANS, MG 1, 479–480 (transcriptions) ; RG 1, 50–54, 60–63, 213–214, 278–288, 302–305, 498. — PRO, CO 217/75–82 (mfm aux PANS). — Univ. of King's College Library (Halifax), Univ. of King's College, Board of Governors, minutes and proc., 1 (1787–1814) ; statutes, rules, and ordinances, 1803, 1807. — *Anti-Jacobin Rev. and Magazine* (Londres), 39 (sept. 1801). — *Gentleman's Magazine*, janv.–juin 1843. — T. C. Haliburton, *An historical and statistical account of Nova-Scotia* (2 vol., Halifax, 1829 ; réimpr., Belleville, Ontario, 1973). — Beamish Murdoch, *Epitome of the laws of Nova-Scotia* (4 vol. en 2, Halifax, 1832–1833). — N.-É., House of Assembly, *Journal and proc.*, 1798–1816. — *Acadian Recorder*, 1813–1814. — *Nova-Scotia Royal Gazette*, 1811–1814. — *Burke's landed gentry* (1845–1846). — *DNB*. — T. B. Akins, *A brief account of the origin, endowment and progress of the University of King's College, Windsor, Nova Scotia* (Halifax, 1865). — Beck, *Government of N.S.* — J. B. Brebner, *North Atlantic triangle : the interplay of Canada, the United States and Great Britain* (Toronto, 1966). — Judith Fingard, *The Anglican design in*

Croke

loyalist Nova Scotia, 1783–1816 (Londres, 1972). — Grant Gilmore et C. L. Black, *The law of admiralty* (Brooklyn [New York], 1957). — H. Y. Hind, *The University of King's College, Windsor, Nova Scotia, 1790–1890* (New York, 1890). — C. A. Janzen, « Tentacles of power : Alexander Croke in Nova Scotia, 1801–1815 » (thèse de M.A., Univ. of N.B., Fredericton, 1978). — K. E. Knorr, *British colonial theories, 1570–1850* (Toronto, 1944). — Murdoch, *Hist. of N.S.* — K. E. Stokes, « Sir John Wentworth and his times, 1767–1808 » (thèse de PH.D., Univ. of London, Londres, 1938). — I. M. Sutherland, « The civil administration of Sir George Prevost, 1811–1815 ; a study in conciliation » (thèse de M.A., Queen's Univ., Kingston, Ontario, 1959). — P. W. Thibeau, *Education in Nova Scotia before 1811* (Washington, 1922). — J. [E.] Tulloch, « Conservative opinion in Nova Scotia during an age of revolution, 1789–1815 » (thèse de M.A., Dalhousie Univ., Halifax, 1972). — Carl Ubbelonde, *The Vice-Admiralty Courts and the American revolution* (Chapel Hill, N.C., 1960). — Susan Whiteside, « Colonial adolescence : a study of the Maritime colonies of British North America, 1790–1814 » (thèse de M.A., Univ. of B.C., Vancouver, 1965). — F. L. Wiswall, *The development of admiralty jurisdiction and practice since 1800 ; an English study with American comparisons* (Cambridge, Angl., 1970). — A. G. Archibald, « Sir Alexander Croke », N.S. Hist. Soc., *Coll.*, 2 (1879–1880) : 110–128. — C. B. Fergusson, « Inauguration of the free school system in Nova Scotia », *Journal of Education* (Halifax), 5ᵉ sér., 14 (1964) : 3–28. — Judith Fingard, « English humanitarianism and the colonial mind : Walter Bromley in Nova Scotia, 1813–25 », *CHR*, 54 (1973) : 123–151. — D. G. L. Fraser, « The origin and function of the Court of Vice-Admiralty in Halifax, 1749–1759 », N.S. Hist. Soc., *Coll.*, 33 (1961) : 57–80. — L. H. Laing, « Nova Scotia's Admiralty Court as a problem of colonial administration », *CHR*, 16 (1935) : 151–161. — T. B. Vincent, « The Inquisition » : Alexander Croke's satire on Halifax society during the Wentworth years », *Dalhousie Rev.*, 53 (1973–1974) : 404–430.

CROKE, NICHOLAS, constructeur et architecte, né vers 1800, probablement à New Ross (république d'Irlande) ; le 8 août 1821, il épousa à St John's Mary Flynn, et ils eurent trois fils et une fille ; décédé le 8 décembre 1850 dans cette ville.

Nicholas Croke vint à St John's en tant que charpentier (métier que reprit son fils aîné) sans doute peu de temps avant son mariage. Comme Patrick Kough*, originaire lui aussi du comté de Wexford, il dut atteindre une certaine notoriété dans le monde de la construction car dès 1836 il se disait « architecte ». Cependant, on ne connaît que quelques-uns de ses ouvrages, dont l'Orphan Asylum School, construite en 1827 et qu'agrandit plus tard James Purcell*. En qualité de membre de la Benevolent Irish Society qui parrainait l'école, Croke avait soumis une série de plans qui lui avaient valu d'être invité à se joindre au comité de construction. Lorsque l'entrepreneur se trouva dans l'incapacité de terminer les travaux, c'est Croke qui accepta de prendre la relève. L'école, surmontée d'un toit en croupe, est un exemple assez simple du style georgien propre au pays. Dans les années 1880, le révérend Michael Francis Howley* disait qu'elle était « l'un des édifices les plus élégants de la ville et suscit[ait] beaucoup d'admiration chez ceux qui [venaient] des petits villages de pêcheurs pour leur visite annuelle dans la capitale ». Cependant, ces éloges visaient peut-être seulement les ajouts de Purcell, qui donnaient à l'école un certain style, par exemple le portique, qui servait aussi d'observatoire. À lire dans le *Newfoundland Patriot* de Robert John Parsons* que le New Commercial Building (1842) de St John's avait un « extérieur sans attrait », on devine que la manière de Croke était fade. Il fit également plusieurs travaux pour le compte du gouvernement. Ainsi, de 1836 à 1838, il participa à titre d'entrepreneur à la construction des palais de justice de Brigus et d'autres petits villages de pêcheurs.

En politique, Croke adopta une position assez différente de celle de la majorité des catholiques de Terre-Neuve, peut-être en raison des réalités de son métier. L'évêque catholique, Michael Anthony FLEMING, soutenait ardemment la cause réformiste et ses adeptes qui, tels Patrick MORRIS et John Kent*, étaient presque tous irlando-catholiques. Les rares individus qui ne suivaient pas cette orientation, entre autres Patrick Kough et le marchand Michael McLean Little, voyaient quelquefois leurs affaires en souffrir. Croke appuyait publiquement Kough et Little et, en 1834, il s'opposa au projet de loi de William CARSON qui visait à la création d'un gouvernement municipal à St John's. On peut considérer que son alliance avec les conservateurs [V. Henry David Winton*] était en partie un moyen de préserver ses intérêts. La plupart des conservateurs étaient en effet des marchands protestants qui adjugeaient nombre de contrats de construction privés et qui, grâce à leurs liens étroits avec le lieutenant-gouverneur et le Conseil de Terre-Neuve, avaient une influence sur l'adjudication des marchés de construction publics.

Fait étrange, Nicholas Croke semble n'avoir détenu aucune propriété à Terre-Neuve, ce qui à l'époque était assez inhabituel pour un homme de son importance.

SHANE O'DEA

Basilica of St John the Baptist (Roman Catholic) (St John's), St John's parish, reg. of baptisms, 1821–1836 : 308 ; reg. of marriages, 1793–1836 : 21 (copies aux PANL). — MHA, Croke name file. — PRO, CO 194/96 (mfm aux PANL). — Supreme Court of Nfld. (St John's), Registry, administration of Nicholas Croke estate, 1851 ; probate book, 3 : f° 223. — T.-N., House of Assembly, *Journal*, 1837 : 119 ; 1838 : 88. — *Newfoundlander*, 6 oct. 1842. — *Newfoundland Patriot*, 17 août 1842. — *Public Ledger*, 4 avril 1834. — *Royal Gazette and Newfoundland Advertiser*, 10 déc. 1850. — *Centenary volume, Benevolent Irish Society of St. John's, Newfoundland, 1806–1906* (Cork, république d'Irlande, [1906]), 42, 45, 68, 144. — Gunn, *Political hist. of*

Nfld. — M. F. Howley, *Ecclesiastical history of Newfoundland* (Boston, 1888 ; réimpr., Belleville, Ontario, 1979). — R. R. Rostecki, *The early court houses of Newfoundland* (Canada, Direction des parcs et lieux hist. nationaux, *Travail inédit,* n° 312, Ottawa, 1977).

CUBIT (Cubick), GEORGE, ministre wesleyen, né vers 1791 à Norwich, Angleterre ; il se maria en Angleterre et eut deux enfants ; décédé le 13 octobre 1850 à Londres.

Encore enfant, George Cubit partit avec sa famille pour aller vivre à Sheffield où il fréquenta le temple Carver Street. Il se joignit à la Conférence méthodiste wesleyenne en 1808 ; ordonné en 1813, il exerça à titre de ministre itinérant pendant trois ans. Accompagné de sa femme et de deux autres missionnaires, John Bell* et Richard Knight*, il quitta Poole pour Terre-Neuve le 1er août 1816 et arriva à Carbonear le 4 septembre.

Dès le début, Cubit fit preuve de capacités intellectuelles supérieures, et c'est peut-être pour cette raison qu'on l'affecta à St John's. Le 17 septembre, il y prêcha à l'occasion de la pose de la première pierre d'un temple destiné à remplacer celui que les flammes avaient rasé sept mois auparavant. Le nouveau gouverneur, Francis Pickmore*, et le ministre wesleyen William ELLIS, président du district de Terre-Neuve, assistèrent à la cérémonie. Knight assuma les fonctions d'assistant de Cubit pendant quelques mois, et le temple ouvrit ses portes le 24 décembre.

En 1816, à la suite d'une plainte que logea le ministre anglican David Rowland, Cubit et le ministre congrégationaliste James Sabine furent traduits devant Pickmore sous l'accusation de célébrer des mariages dans des secteurs qui relevaient de la juridiction de l'Église d'Angleterre. Même si le gouverneur leur adressa un sévère avertissement, les deux ministres déclarèrent qu'ils n'étaient pas disposés à se soumettre et portèrent leur cause devant la presse locale. Ils obtinrent l'appui de l'opinion publique, mais le gouvernement britannique soutint la position du gouverneur et leur interdit de célébrer des mariages à Terre-Neuve après janvier 1818.

Comme il arrivait souvent chez les wesleyens, Cubit obtint du succès dans son ministère auprès des militaires ; à St John's, il gagna plus de 80 soldats à la cause. En fait, il était probablement le plus compétent des prédicateurs wesleyens alors en poste à Terre-Neuve et il attirait un grand nombre de personnes par son éloquence et la richesse de ses exposés sur les Saintes Écritures. Cependant, les conséquences de la dépression économique qui suivit les guerres napoléoniennes, l'insuffisance des revenus tirés de la pêche en 1817 et plusieurs incendies majeurs qui ravagèrent une grande partie de St John's furent désastreux pour sa congrégation. Comme elle avait deux temples à payer, l'ancien et le nouveau, la congrégation ployait

sous les dettes. Tout en s'excusant d'être importun, Cubit supplia donc le comité missionnaire de Londres de lui envoyer des fonds. La situation se compliqua encore davantage lorsque de nombreux fidèles, réduits à l'indigence, partirent pour des régions éloignées. De plus, des bandes de voyous dévastèrent la ville au cours de l'hiver de 1817–1818.

Ces tensions et ces privations s'avérèrent trop pénibles pour la nature sensible de Cubit. Dès octobre 1817, il commença à se plaindre de maux de tête et, en janvier 1818, il dut renoncer au travail intellectuel. La mort de son tout jeune fils, le 11 avril, ajouta à sa détresse. Au mois de mai, le district de Terre-Neuve acquiesça à sa demande d'être nommé surnuméraire. Sur le conseil de son médecin, il retourna en Angleterre en décembre 1818, sans toutefois avoir obtenu au préalable le consentement du comité missionnaire de Londres. Son cas fut à l'étude pendant plusieurs mois, mais le comité, voyant sans doute le souci constant qu'il avait des difficultés de l'Église d'outre-mer, ne lui adressa aucun blâme. En 1820, il avait repris le ministère actif en Angleterre. Il passa les 16 années suivantes à prêcher dans quelques-unes des chaires les plus influentes de l'Église wesleyenne et publia plusieurs sermons, brochures et livres.

En 1836, on nomma George Cubit adjoint au rédacteur de la Wesleyan Book Room ; il le remplaça deux ans plus tard et assuma de ce fait la responsabilité de tous les ouvrages que publiait l'Église. C'était là un poste où il eut l'occasion de mettre à profit ses talents littéraires. Il réfuta les attaques menées contre le méthodisme par l'homme politique irlandais Daniel O'Connell, et le *Times* de Londres fit grand éloge de la force de son argumentation. Durant ses dernières années, toujours affligé d'une nature trop sensible, il se retira dans la solitude et continua de se consacrer à ses travaux littéraires. Il demeura rédacteur de la Wesleyan Book Room jusqu'à sa mort survenue à la suite d'une attaque en 1850.

CALVIN D. EVANS

James Sabine, *A sermon, in commemoration of the benevolence of the citizens of Boston* […] (St John's, 1818) ; *A view of the moral state of Newfoundland ; with a particular reference to the present state of religious toleration in the island* (Boston, 1818). — *Wesleyan-Methodist Magazine,* 39 (1816) : 954–955 ; 41 (1818) ; 42 (1819) : 75 ; 47 (1824) : 245 ; 48 (1825) : 190 ; 59 (1836) : 691 ; 73 (1850) : 1213 ; 74 (1851). — *Newfoundland Mercantile Journal,* 15, 18 sept., 26, 30 oct., 2 nov. 1816, 11, 17 janv., 11, 18 avril 1817. — *Royal Gazette and Newfoundland Advertiser,* 24 déc. 1816, 4, 25 mars, 8 avril 1817. — *When was that ?* (Mosdell), 27. — *A century of Methodism in St. John's, Newfoundland, 1815–1915,* J. W. Nichols, édit. ([St John's, 1915]), 17–20. — Levi Curtis, « The Methodist (now United) Church in Newfoundland », *The book of Newfoundland,* J. R. Smallwood, édit. (6 vol., St John's, 1937–1975), 2 : 291. — James Dove, « The Methodist Church in Newfound-

Cull

land », Prowse, *Hist. of Nfld.* (1895), suppl., 40. — G. G. Findlay et W. W. Holdsworth, *The history of the Wesleyan Methodist Missionary Society* (5 vol., Londres, 1921–1924), 1 : 276. — Charles Lench, *An account of the rise and progress of Methodism on the Grand Bank and Fortune circuits from 1816 to 1916* […] (s.l., [1916]), 10–11. — D. G. Pitt, *Windows of agates ; a short history of the founding and early years of Gower Street Methodist (now United) Church in St. John's, Newfoundland* (St John's, 1966), 24–41. — George Smith, *History of Wesleyan Methodism* (3 vol., Londres, 1857–1861), 3. — Smith, *Hist. of Methodist Church*, 2 : 35, 38–40, 61, 418–419. — William Wilson, *Newfoundland and its missionaries* […] *to which is added a chronological table of all the important events that have occurred on the island* (Cambridge, Mass., et Halifax, 1866), 230, 238, 243. — Charles Lench, « The makers of Newfoundland Methodism […] », *Methodist Monthly Greeting* (St John's), 12 (1900), n° 8 : 3–4.

CULL, JAMES, ingénieur, homme d'affaires, journaliste et arpenteur, né vers 1779 dans le Dorset, Angleterre ; il épousa une prénommée Sarah, et ils eurent six fils et au moins deux filles ; décédé le 5 septembre 1849 à Kingston, Haut-Canada.

James Cull, brasseur, quitta Wareham dans le Dorset en 1803 pour s'installer à Newport, dans l'île de Wight, où il acheta une brasserie. Il fut aussi aubergiste dès 1809, commissaire de la voirie de 1813 à 1825 et peut-être président d'un institut d'artisans. On ignore dans quelle mesure sa formation d'ingénieur était solide mais, à l'époque, le génie commençait à peine à être une profession, et Cull gagna sa crédibilité grâce à son enthousiasme et à son expérience. Il affirmait avoir travaillé à titre d'arpenteur pendant 25 ans, avoir dirigé une usine publique de distribution d'eau et avoir été au service de la compagnie Liverpool and Manchester Railway. En outre, il se vantait de connaître les usines à gaz, les ponts et « tout ce qui touch[ait] l'énergie engendrée par la vapeur et par l'eau ». Lorsqu'il décida d'immigrer au Canada, il affirma qu'ensemble, lui et ses six grands fils avaient de l'expérience dans les domaines du génie, de la brasserie, du maltage, de la fabrication des briques et des « affaires en général ».

Cull avait aidé l'agent d'émigration William Cattermole à intéresser des habitants de l'île de Wight et de la région de Portsmouth à s'établir dans le Haut-Canada, et il se trouvait probablement au nombre des « personnes nanties d'un capital » qui arrivèrent avec Cattermole dans la province au printemps de 1832. Contrairement à la plupart des immigrants, Cull avait des compétences techniques et savait se faire valoir. À York (Toronto), il présenta des lettres de recommandation au lieutenant-gouverneur sir John Colborne*, qui l'affecta en août à la commission de délimitation du canton de Niagara. On le reconnut très vite comme un « gentleman talentueux et renseigné ». En affirmant qu'il détenait des brevets sur un chemin de fer en

bois et en promettant de donner des conférences sur la pneumatique à l'institut des artisans, il éblouit les fonctionnaires provinciaux soucieux de développement et réussit à gagner leur confiance.

Après l'adoption d'une loi sur l'amélioration des voies qui menaient à York, en 1833, le député John Willson* présenta Cull aux administrateurs responsables de la route à péage Yonge. Ceux-ci acceptèrent la soumission de Cull pour la construction d'un mille de route macadamisée : ce serait, dans le Haut-Canada, le premier tronçon construit à l'aide de couches agglomérées de pierre concassée, selon l'invention britannique. Cependant, Cull n'avait pas prévu combien il serait coûteux d'obtenir et de concasser la pierre ni combien difficile serait le passage de la route dans cette région pleine de collines et de cours d'eau. Les travaux progressaient trop lentement au goût des administrateurs qui, préoccupés de la longueur du chemin et non de sa qualité, contestèrent ses notes de frais. Le 16 septembre 1833, ils lui retirèrent la supervision de la route, qui n'était pas achevée. Cull déposa des réclamations pour ses pertes et obtint gain de cause auprès d'un arbitre dont des comités spéciaux de l'Assemblée et les tribunaux approuvèrent la décision. Les administrateurs, refusant de payer, produisirent en 1835 un rapport dans lequel ils présentaient Cull avec mépris, comme quelqu'un « qui prétendait être ingénieur civil ». Ce conflit fit ressortir l'écart fondamental qui séparait les pratiques des ingénieurs britanniques et les possibilités techniques et financières d'une colonie peu peuplée et installée dans un environnement difficile [V. Thomas ROY]. Dans l'édition de 1833–1834 de l'annuaire de Toronto, donc en plein litige, Cull était inscrit comme ingénieur et comme propriétaire d'un quai et d'un entrepôt.

Cull se lança dans l'édition en 1835 à titre de rédacteur en chef et propriétaire de l'*Albion of U.C.* Ce journal, qui commença probablement à paraître à l'automne de cette année-là, tenta de se distinguer de la presse torontoise, nettement partisane, en présentant des articles sur l'agriculture, la science et le génie. Résolument conservateur, Cull publia pendant la campagne électorale de 1836 des in-planos favorables au gouvernement, mais ses éditoriaux politiques évitaient les questions de principe qui divisaient alors la colonie. Selon lui, les querelles nuisaient à la levée de capitaux et à la progression des travaux publics. Par exemple, il recommandait de louer à bas prix les réserves du clergé à des immigrants pauvres puis d'affecter les recettes « à l'éducation religieuse et morale, aux ponts et aux routes ». Il négligeait ainsi une importante réalité politique : des Églises puissantes luttaient pour obtenir ces réserves.

Installé dans un bureau de la halle de Toronto, Cull faisait la promotion de plusieurs projets liés à la fois à l'édition et au développement de la province. À titre de secrétaire de l'Emigrant Society of Upper Canada, il fit parvenir des exemplaires de l'*Albion* à des sociétés du Royaume-Uni, ce qui, espérait-il, attirerait des annonceurs et éveillerait les Britanniques aux perspectives d'avenir de la colonie. En avril 1836, il tenta en vain de rassembler des capitaux pour une gazette des « centres postaux » du Haut-Canada qui aurait contenu un recensement et une liste des établissements et des manufacturiers. Il lança un autre journal en novembre, le *Royal Standard*, et de concert avec un associé (peut-être un certain M. Osborne) et trois reporters il proposa à la chambre d'Assemblée d'y inclure un compte rendu officiel des débats. Bien qu'un comité de la chambre ait recommandé cette proposition, on la rejeta par une faible majorité.

L'*Albion* traitait de nombreux sujets, mais surtout de génie : ainsi, en février 1837, Cull y publia un plan de travaux pour apporter des améliorations à la ville de Toronto. On ne sait pas dans quelle mesure le journal put l'aider à refaire sa réputation d'ingénieur, mais une chose est certaine, ce fut un échec financier : les appels aux investisseurs et les rares annonces qu'il publiait en témoignent. En 1836, Cull avait obtenu une enquête publique sur son rôle dans la construction de la route à péage Yonge et sur le rapport des administrateurs. L'enquête confirma en janvier 1837 sa compétence de constructeur routier et le lava, comme il le dit, de « la souillure qu'on avait attachée à [s]on nom ». Il ferma l'*Albion* et le *Royal Standard* le mois suivant, mais leur liquidation provoqua une série de réclamations et d'accusations. Après s'être retiré de l'édition, Cull continua de rechercher un poste d'ingénieur : c'était là peut-être sa seule chance d'améliorer sa situation. En mars 1837, il s'adressa donc au lieutenant-gouverneur sir Francis Bond Head* dans ce but.

Cull se remit à la construction routière dans des circonstances difficiles : en pleine période de dépression, de 1837 à 1839, il eut à superviser le macadamisage et le redressement de la route Kingston-Napanee. Indomptable, il défendit devant des agrariens sceptiques le principe de l'endettement public en leur faisant valoir qu'au fil des ans une route bien construite représenterait une économie. Son rapport de 1838, véritable plaidoyer en faveur du développement, révèle un ingénieur obstiné qui insistait sur la qualité et sur son « expérience dans la mère patrie » tout en condamnant la hâte et le souci d'épargne des Haut-Canadiens. Il avait raison d'exprimer son mépris devant cette pratique qui consistait à confier à des fermiers la construction de certains tronçons de la route ; il avait encore raison de noter que les dommages que causaient aux fermes les équipes d'ouvriers étaient compensés par la hausse de la valeur des propriétés. Mais ces remarques montraient aussi son incompréhension du contexte colonial. S'il lui paraissait logique de faire passer une partie de la route par un marécage, il n'en allait pas de même pour les fermiers

qui voyaient ainsi la route passer loin de leur propriété ; d'autres prétendaient que les hommes de Cull volaient des billes de bois pour construire les passages à travers les marais. Tels étaient les problèmes d'un homme qui appliquait des normes qui ne convenaient pas et qui préférait toujours le plus court chemin entre deux points.

Avec la reprise des travaux publics dans les années 1840, Cull vit ses perspectives d'avenir s'améliorer pendant quelque temps. Durant l'été de 1840, il fit des levés dans le havre de Port Stanley, après quoi il rentra à Toronto où il espérait obtenir un poste permanent dans une usine de gaz que l'on se proposait de construire. Il entreprit alors des recherches préliminaires et fit un voyage à Montréal pour recueillir des renseignements, mais on le remplaça en octobre 1841. Toutefois, moins d'une semaine plus tard, il supervisait les travaux de la route London-St Thomas à titre d'arpenteur pour les districts de London et de Brock, sous l'autorité du bureau provincial des Travaux publics. En 1843, il assuma pendant une brève période la direction des travaux de la route London-Port Sarnia (cette route et celle de London-St Thomas étaient probablement macadamisées), mais le bureau jugea les progrès trop lents. En novembre de la même année, on lui retira la direction des travaux et probablement le poste d'arpenteur de district. Il protesta et exprima le mécontentement qu'il ressentait depuis une décennie : il était, disait-il, « évincé, privé de moyens de subsistance et humilié ». Il se trouva néanmoins un autre poste de fonctionnaire, car en 1846 il travaillait en qualité d'ingénieur civil et d'arpenteur au service du Board of Ordnance à Kingston. En août de cette année-là, il tenta, de toute évidence sans succès, d'obtenir un permis d'arpenteur des terres de la couronne. Il mourut du choléra trois ans plus tard. Dans sa notice nécrologique, le *British Colonist* rapporta qu'il avait fondé un établissement de bains publics à Toronto et avait prôné l'installation d'un système d'eau, d'égout et de gaz dans la ville.

James Cull était un homme très ardent, convaincu d'être bien informé sur tout. Il était peut-être compétent, mais il manquait de souplesse, et malgré des débuts prometteurs il connut un destin modeste. Seul le fait qu'il ait supervisé la construction du premier tronçon de route macadamisée du Haut-Canada l'a sauvé de l'oubli. La série de postes qu'il occupa montre bien que la colonie avait de plus en plus besoin de civils compétents, mais dans ce contexte il apparaît comme une figure transitoire. Il importa des techniques britanniques en négligeant les exigences locales. Contrairement à lui, des ingénieurs plus jeunes et peut-être plus doués, tels Nicol Hugh BAIRD, John George Howard* et Casimir Stanislaus Gzowski*, surent faire leur travail tout en tenant compte de la situation politique et des besoins de la province. En raison du niveau de compétence devenu plus élevé

Cutler

parmi les ingénieurs, Cull, déclassé, dut avoir recours à des requêtes et au favoritisme pour se garantir une position, et vers la fin de sa carrière, au moment où les diplômes étaient devenus importants, il pâtit de n'en pas avoir.

JOHN C. WEAVER

APC, RG 1, E3, 19, 43; RG 5, A1: 64050–64052, 73907–73915; C1, 3, file 358; RG 11, A2, 93; RG 68, General index, 1651–1841: 71. — CTA, RG 1, B, James Cull au maire [R. B. Sullivan] et conseillers, 4 mai 1836; Cull au maire [George Gurnett], 20 févr. 1837; Cull au maire [George Monro], 19 oct. 1841. — Dundas Hist. Soc. Museum (Dundas, Ontario), James Lesslie diary, 28 mai–2 juin 1832. — EEC, Diocese of Toronto Arch., Church of the Holy Trinity (Toronto), reg. of baptisms, 1844–1861, nᵒˢ 8–9. — Isle of Wight County Record Office (Newport, Angl.), Index of deeds; Reg. of births, marriages, and burials. — H.-C., House of Assembly, *App. to the journal*, 1835, 1, nᵒ 12; 2, nᵒ 44; 1837, nᵒ 29; 1839, 2, part. I: 181–187; *Journal*, 1836–1837: 41, 56, 84–85, 93–95, 166, 175, 181; 1837–1838: 288. — J. A. Macdonald, *The letters of Sir John A. Macdonald, 1836–1857*, J. K. Johnson, édit. (2 vol., Ottawa, 1968–1969), 1: 40. — *Albion of U.C.* (Toronto), 5 déc. 1835, 2–16 avril, 21–28 mai, 2 juill. 1836. — *British Colonist*, 15 sept. 1849. — *Hamilton Gazette, and General Advertiser* (Hamilton, Ontario), 26 oct. 1840. — *Early Toronto newspapers* (Firth), nᵒˢ 16, 19. — *Toronto directory*, 1833–1834; 1837. — *History of the county of Middlesex, Canada* […] (Toronto et London, Ontario, 1889; réimpr. avec introd. de D. [J.] Brock, Belleville, Ontario, 1972), 13, 194. — *The Royal Canadian Institute, centennial volume, 1849–1949*, W. S. Wallace, édit. (Toronto, 1949), 185. — M. S. Cross, « The stormy history of the York roads, 1833–1865 », *OH*, 54 (1962): 1–24.

CUTLER, THOMAS, avocat, juge de paix, fonctionnaire, juge, officier de milice, homme politique et marchand, né le 11 novembre 1752 à Boston, cinquième enfant de Thomas Cutler et de Sarah Reade; le 3 mars 1783, il épousa probablement à New York Elizabeth Goldsbury, et ils eurent cinq enfants; décédé le 8 février 1837 à Guysborough, Nouvelle-Écosse.

Thomas Cutler naquit dans une famille qui habitait le Massachusetts depuis plus d'un siècle. Étudiant au Yale College, il obtint son diplôme en 1771 et s'installa à Hatfield, au Massachusetts, où il aurait étudié le droit. Lorsque la Révolution américaine éclata, il se joignit aux forces britanniques à Boston et, en septembre 1778, fut proscrit par le *Massachusetts Banishment Act*. Il servit à titre de capitaine dans les Volunteers of New England; à la fin de la guerre, il était établi à New York en qualité d'adjoint au maître des casernes. En septembre 1783, on lui accorda une commission d'enseigne dans les Orange Rangers, manifestement parce qu'un grade régimentaire était mieux rétribué et offrait de meilleures possibilités d'avancement.

On envoya Cutler et sa femme en Nouvelle-Écosse à la fin de 1783 avec un groupe de réfugiés composé principalement de personnel des quartiers généraux et connu sous le nom d'Associated Departments of the Army and Navy. Ils s'installèrent d'abord à Port Mouton, sur la côte sud, mais après un hiver rude et troublé par des querelles avec d'autres loyalistes, ils partirent vers l'est, à la baie Chedabucto. Le 21 juin 1784, le groupe débarqua dans le haut de la baie, là où le village de Guysborough commençait déjà à prendre forme. Cutler et les autres anciens combattants se virent concéder des terres arables le long de la rivière Milford Haven (rivière Guysborough) de même que des lots de grève et de ville dans l'agglomération même.

La formation juridique et l'expérience administrative de Cutler lui furent très utiles dans sa nouvelle patrie. L'un des juges de paix qui siégèrent aux premières séances du district, tenues en novembre 1785, il fut aussi le premier greffier municipal de Guysborough. Plus tard, on le nomma juge de la Cour d'enregistrement et d'examen des testaments pour le comté de Sydney et juge de la Cour inférieure des plaids communs. Pendant de nombreuses années, il détint un permis spécial pour présider à des mariages. Il obtint de plus, en juillet 1794, une commission de lieutenant-colonel dans la nouvelle milice du comté de Sydney.

En 1793, Cutler fut élu à la chambre d'Assemblée pour la circonscription de Sydney. Lui et John Stuart, un autre réfugié, furent les premiers résidents à représenter le district, qui avait voté pour deux Haligoniens aux élections précédentes. Toutefois, Cutler ne participa guère aux travaux de la chambre; il n'assista qu'à deux sessions et ne se présenta pas aux élections de 1799.

Comme la plupart des premiers ruraux de la Nouvelle-Écosse, Cutler s'adonna à de multiples occupations. Il poursuivit la pratique du droit et certains prétendent qu'il a assuré la formation de William Campbell*, devenu par la suite juge en chef du Haut-Canada. Mais on se souvient de lui surtout à cause de ses activités commerciales. Dès 1792, il était inscrit à titre de marchand sur les rôles d'impôt du district et, dans les années 1790, on le nomma à plusieurs postes locaux ayant trait aux douanes, fonctions généralement réservées à des commerçants en vue. Cutler s'intéressa également au développement agricole: il fut l'un des premiers vice-présidents de la Guysborough and Manchester Farmer Society, formée en 1819 à la faveur de l'enthousiasme que suscitaient dans toute la province les lettres d'Agricola, pseudonyme de John YOUNG.

Thomas Cutler mérita dans son comté le surnom flatteur de « King » Cutler, qui atteste la grande influence qu'il y exerçait. Loué pour son « intégrité rigoureuse et bien connue, sa loyauté et sa compétence », il prend place parmi les fondateurs de Guysborough.

JUDITH TULLOCH

PANS, MG 100, 129, n° 40 ; RG 1, 169, 171–173, 223. — *Novascotian, or Colonial Herald,* 23 févr. 1837. — F. B. Dexter, *Biographical sketches of the graduates of Yale College, with annals of the college history* (6 vol., New York et New Haven, Conn., 1885–1912), 3. — J. H. Stark, *The loyalists of Massachusetts and the other side of the American revolution* (Boston, [1907]). — Harriet Cunningham Hart, *History of the county of Guysborough* (Belleville, Ontario, 1975).— A. C. Jost, *Guysborough sketches and essays* (Guysborough, N.-É., 1950).

CUVILLIER, AUSTIN (baptisé **Augustin** et d'abord connu sous ce nom), homme d'affaires, officier de milice, homme politique et juge de paix, né le 20 août 1779 à Québec, fils d'Augustin Cuvillier et d'Angélique Miot, dit Girard ; le 7 novembre 1802, il épousa à Montréal Marie-Claire Perrault, et ils eurent sept enfants ; décédé le 11 juillet 1849 dans la même ville.

Augustin Cuvillier passa son enfance au pied du cap Diamant, à Québec, dans la petite rue Sous-le-Fort, où habitaient de modestes détaillants et des navigateurs. Son père y tenait un magasin qu'il transforma apparemment en boulangerie au printemps de 1785. Il mourut subitement en 1789, à l'âge de 33 ans, ce qui imposa à Augustin, l'aîné des sept enfants, des responsabilités plutôt lourdes pour son âge. Quoi qu'il en soit, en 1794, le jeune garçon, dont le père avait été un homme cultivé et préoccupé d'éducation, était inscrit au collège Saint-Raphaël de Montréal. Il ne semble toutefois pas avoir terminé ses études.

Cuvillier entra ensuite chez un riche encanteur de Montréal, Henry Richard Symes. Associé commanditaire à la fin du siècle, il assuma la direction de l'affaire en mai 1802, car Symes prenait sa retraite. Par la suite, il s'associa à Thomas Aylwin pour former la Cuvillier and Aylwin, puis à Aylwin et à John Harkness pour fonder la Cuvillier, Aylwin, and Harkness à Montréal et la Aylwin, Harkness and Company à Québec. La deuxième de ces entreprises, qui faisait de la vente à l'encan et du commerce général, fut cédée à ses créanciers en octobre 1806. Elle avait alors près de £14 000 de dettes mais un actif de plus de £18 000 ; ses plus gros créanciers étaient James Dunlop*, marchand montréalais, et l'Inglis, Ellice and Company, maison d'approvisionnement londonienne. En dépit de cette faillite, la vente à l'encan, qui consistait à acheter en gros des marchandises sèches d'importation et à les vendre en lots importants à des acheteurs locaux, allait continuer d'occuper une place centrale dans la carrière commerciale de Cuvillier. En la pratiquant, il se familiarisa avec les marchés intérieurs et étrangers, se fit un

réseau de relations, apprit à connaître les banques et les finances et se tailla une réputation dans le monde du commerce entre la colonie et la Grande-Bretagne. Le fait qu'il évoluait dans ce milieu dominé par les Britanniques explique pourquoi, à compter du début des années 1800, d'abord dans les milieux anglophones puis aussi chez les francophones, il se fit de plus en plus appeler Austin, forme abrégée et anglicisée de son nom de baptême.

En 1807, Cuvillier, remis de son échec, avait des salles de ventes rue Notre-Dame, à côté d'un magasin qu'occupait James McGill*. Ses affaires prirent de l'expansion (du moins acheta-t-il des propriétés), mais les difficultés financières continuèrent de l'assaillir. Ses propriétés, dont deux maisons et un magasin de trois étages rue Notre-Dame, firent l'objet de saisies judiciaires à cause de poursuites intentées par le marchand James Finlay (1808), le docteur Jacques Dénéchaud* (1810) et Dunlop (1813). En avril 1811, il forma sous le nom de sa femme une compagnie, la Mary C. Cuvillier and Company (plus communément appelée M. C. Cuvillier and Company), qu'il utilisa peut-être comme façade pour ses propres activités.

Pendant la guerre de 1812, Cuvillier servit dans le 5e bataillon de la milice d'élite incorporée du Bas-Canada – surnommé le « Devil's Own » – d'abord à titre de lieutenant et d'adjudant. Entré dans la clandestinité afin de retrouver les déserteurs de la milice, il se distingua en juin 1813 en obtenant des renseignements sur les forces américaines postées dans la région de la rivière Salmon, le long de la frontière new-yorkaise, où il était bien connu comme marchand. En avril 1814, il était capitaine au sein des Chasseurs canadiens ; il démissionna cependant le même mois après qu'on eut confié le commandement de l'unité à un officier qui n'en faisait pas partie. En récompense des services rendus pendant le conflit, il reçut une médaille ornée de l'agrafe de Châteauguay et, plus tard, 800 acres de terre dans le canton de Litchfield. Il devint finalement capitaine surnuméraire puis commanda une compagnie à partir d'octobre 1820. Après la guerre, en mars 1815, le shérif avait de nouveau saisi ses propriétés. Une nuit de la fin de juin 1816, tandis qu'il se promenait devant son magasin, il aperçut deux voleurs à l'intérieur. Il obéit alors à son naturel combatif et s'agrippa à la porte qui donnait sur la rue ; il les tint enfermés, malgré leurs menaces de violence, jusqu'à ce qu'un voisin, Joseph MASSON, vienne à son secours. Finalement, des soldats arrêtèrent les malfaiteurs.

Entre-temps, Cuvillier était devenu l'un des rares hommes d'affaires canadiens à entrer sur la scène politique. Défait dans la circonscription de Huntingdon en 1809, il avait remporté la victoire lors d'une deuxième tentative en 1814. Bien vite, il devint une étoile montante du parti canadien, d'obédience natio-

Cuvillier

naliste, qui dominait l'Assemblée et jugeait sa connaissance de l'économie coloniale indispensable dans les luttes que les députés menaient pour avoir la haute main sur les finances gouvernementales.

Le milieu des affaires trouvait Cuvillier tout aussi utile. Sa présence aux conseils du parti canadien tempérait l'hostilité naturelle de ce groupe envers les commerçants. De plus, c'est lui qui, à l'Assemblée, fut l'instigateur de la création d'une banque coloniale quand, après la guerre, le remboursement des billets de l'armée menaça encore une fois d'épuiser les réserves de papier-monnaie de la colonie ou de trop l'appauvrir en numéraire [V. James Green*]. En février 1815, il proposa que l'Assemblée étudie la possibilité de fonder une banque ; sa résolution fit l'objet d'un débat, mais on ne prit aucune mesure. Dans les deux années suivantes, ses efforts furent plus fructueux, mais les prorogations de l'Assemblée les empêchèrent d'aboutir. Finalement, las d'attendre, les partisans de Cuvillier dans le milieu des affaires montréalais, sous la direction de John Richardson*, fondèrent en mai 1817 un établissement privé, la Banque de Montréal. Cuvillier entra au conseil d'administration et fit partie de comités d'importance stratégique. Au début de 1818, il parvint à faire adopter par l'Assemblée un projet de loi de constitution juridique, mais le gouverneur sir John Coape Sherbrooke* le mit de côté pour le soumettre à la sanction royale, qui ne fut pas accordée. Tout le processus recommença au début de 1821 ; enfin, à l'été de 1822, la banque obtint sa charte. En septembre 1818, Cuvillier avait aussi fondé, avec huit autres actionnaires, la Compagnie d'assurance de Montréal contre les accidents du feu ; dès 1820, il en était président.

En 1817, Cuvillier avait réalisé un coup d'éclat politique en déclarant à l'Assemblée que le juge Louis-Charles Foucher, qui venait de statuer contre lui dans un litige commercial, avait agi avec partialité et se trouvait en conflit d'intérêts. Le parti canadien, qui avait résolu de harceler systématiquement les fonctionnaires administratifs et judiciaires, avait un peu plus tôt mis en accusation les juges en chef Jonathan SEWELL et James Monk*, sans toutefois obtenir leur destitution. Il mit donc Foucher en accusation à son tour ; cependant, l'évaluation des charges s'embourba dans des subtilités politiques [V. Herman Witsius RYLAND]. En 1820, Cuvillier proposa d'adopter une loi en faveur de la rémunération des députés afin d'ouvrir la porte à d'autres candidats que ceux des professions libérales ; sa motion fut défaite, notamment parce que Louis-Joseph Papineau* la trouvait trop démocratique.

À l'occasion des grands débats concernant la mainmise sur les finances coloniales, Cuvillier examina à la loupe les comptes de l'exécutif et fournit chiffres et analyses financières. De leur côté, Papineau et John NEILSON exposaient les principes du parti. En 1821, l'Assemblée nomma Cuvillier au nombre des quatre commissaires qui devaient entreprendre, avec les délégués du Haut-Canada, de difficiles négociations sur la répartition des droits de douane entre les deux colonies. Deux ans plus tard, il présida le comité de l'Assemblée qui fit enquête sur le détournement de fonds commis par le receveur général John CALDWELL. Tout au long des années 1820 et même après, Cuvillier et Neilson incitèrent l'Assemblée à prendre ses responsabilités en matière fiscale et dénoncèrent ce qu'ils considéraient comme une erreur de sa part : la tendance à affecter des crédits excessifs aux dépenses non administratives, les travaux publics par exemple.

En 1822 et 1823, Cuvillier participa énergiquement à la campagne du parti canadien contre un projet d'union du Bas et du Haut-Canada. Joseph Masson, qui militait lui aussi contre l'union, nota à l'époque que Cuvillier et lui-même bénéficiaient de leur affiliation au parti canadien car nombre de détaillants canadiens préféraient attendre des marchandises d'eux plutôt que de faire affaire avec un grossiste britannique. La vente à l'encan n'en demeurait pas moins une activité précaire, et l'association de Cuvillier avec un certain Jacques Cartier, probablement de la vallée du Richelieu, donna de mauvais résultats à l'été de 1822. Il fallut dissoudre cette société au début de l'année suivante, parce qu'elle n'était pas en mesure d'honorer les gros billets qu'elle avait signés à l'ordre de la Banque de Montréal. Cuvillier retomba encore une fois sur ses pattes, mais la crise commerciale de 1825–1826 le remit dans une situation pénible. À ce moment, il rompit rageusement avec la Banque de Montréal à cause des pratiques de crédit de son président, Samuel Gerrard* ; il réussit toutefois à survivre à la crise.

Les difficultés financières de Cuvillier l'obligeaient parfois à s'absenter de la chambre, mais elles n'entamèrent pas son prestige. En 1824 et 1825, pendant que le gouverneur lord Dalhousie [RAMSAY] était en Grande-Bretagne, le lieutenant-gouverneur sir Francis Nathaniel Burton* le courtisa assidûment, et fit de même avec Neilson et Denis-Benjamin Viger*. C'est Cuvillier qui présidait le comité du budget de l'Assemblée lorsque celle-ci, parvenue à un compromis avec Burton, conçut un projet de loi sur les subsides qui allait inspirer ses revendications futures. Une fois Dalhousie revenu, Cuvillier réagit avec vigueur à ses politiques provocatrices et, en novembre 1827, lorsque le gouverneur refusa d'entériner l'élection de Papineau au poste de président de l'Assemblée, c'est lui, « l'encanteur failli », comme Dalhousie le surnommait dédaigneusement, qui présenta la motion par laquelle la chambre dénonça ce geste. Des comités nationalistes contre-attaquèrent au début de 1828 en déléguant Cuvillier, Neilson et Viger à Londres avec mission d'aller porter de volumineuses pétitions contre l'administration de Dalhousie. Informé de sa désignation quelques heures à peine avant le départ du navire, Cuvillier, en toute hâte, confia sa famille et ses affaires à Masson.

Les délégués arrivèrent à Londres le 12 mars 1828. Comme la grande majorité des visiteurs bas-canadiens, de toutes allégeances politiques, qui l'avaient précédé, Cuvillier fut consterné de voir à quel point les autorités ignoraient les problèmes de la colonie et y étaient indifférentes. Pire encore, le secrétaire d'État aux Colonies, William Huskisson, sembla d'abord hostile. Toutefois, Cuvillier fut bientôt rassuré par ses discussions avec des personnages politiques et commerciaux d'Angleterre. Il informa Masson que l'opinion publique anglaise, à laquelle le gouvernement était très sensible, penchait du côté des Canadiens. À Hugues HENEY, influent nationaliste canadien, il écrivit (en anglais) : « Ici, la grande masse du peuple éprouve pour le despotisme une aversion naturelle qui nous protégera de l'ambition d'un ministre [...] Une fois que la liberté a *pris racine,* elle croît en dépit de tout obstacle et, en Amérique, aucun pouvoir sur terre ne saurait l'arracher. » En juin, à l'occasion de l'enquête officielle d'un comité de la chambre des Communes (habituellement appelé comité du Canada), Cuvillier témoigna longuement sur les questions économiques et politiques les plus controversées de la colonie. Il défendit le maintien du régime seigneurial et du droit français traditionnel et se prononça pour un Conseil législatif et un appareil judiciaire indépendants de l'exécutif et du peuple. Par contre, il exprima son opposition à l'établissement d'une aristocratie coloniale et à toute modification qui toucherait ce qu'il appelait le « pacte » constitutionnel de 1791 sans l'accord des deux parties prenantes, la Grande-Bretagne et la colonie. En attendant le rapport du comité, il se rendit visiter Paris, où « l'état de la moralité [était] déplorable et la religion, évidemment, dans la pire situation imaginable ».

Le rapport du comité s'avéra favorable à la plupart des revendications des délégués et donna tout à fait raison à Cuvillier sur les questions financières. Une fois de retour au Bas-Canada, il espéra que son succès lui mériterait le poste de représentant de la colonie à Londres, « centre nerveux du monde », qu'il considérait désormais comme un paradis pour les hommes d'affaires. Cependant, comme on avait apparemment tranché la question financière en faveur de l'Assemblée, Papineau orienta le parti patriote (nouveau nom du parti canadien depuis 1826) vers des objectifs plus strictement politiques, comme l'obtention d'un Conseil législatif électif. Dans les circonstances, il préférait Viger à titre de représentant. Au début de 1829, à la suite d'un affrontement avec Papineau sur cette question, Cuvillier commença à s'éloigner du parti. Puis le fossé ne fit que s'élargir : plus tard cette année-là et dans les premiers mois de 1830, Cuvillier défendit la Banque de Montréal et sa charte (par moments avec une maladresse étonnante chez lui) face au ressentiment croissant que la population exprimait envers cet établissement et face aux vigoureuses attaques que Papineau et son parti lançaient contre lui. Cependant, en mars 1830, Papineau nota nerveusement qu'un groupe de députés admiratifs se rassemblait autour de Cuvillier.

Cuvillier remporta la victoire dans la circonscription de Laprairie au scrutin de 1830. Quand le gouverneur lord Aylmer [WHITWORTH-AYLMER], en janvier 1831, dut inaugurer la législature de son lit de malade, Cuvillier fut le seul représentant de l'Assemblée, avec Papineau (à titre de président) et Louis Bourdages*, qu'on invita à cette brève cérémonie. Pourtant, le mois suivant, le patriote Louis-Michel Viger* remarquait : « Cuvillier se fait toiser tous les jours. Je crois qu'il perd dans l'opinion des Membres. » En mars, l'Assemblée choisit enfin son représentant auprès de Londres, en l'occurrence Denis-Benjamin Viger ; Papineau nota avec soulagement que seuls les députés des Cantons-de-l'Est et quatre ou cinq Canadiens avaient voté en faveur de Cuvillier. Celui-ci défia de nouveau le parti patriote plus tard dans l'année en affirmant que le bureau provincial de vérification que l'on se proposait de créer devrait être composé de vérificateurs permanents plutôt que de titulaires nommés pour des raisons politiques. À la fin de 1831, avec Neilson, Dominique Mondelet* et d'autres modérés, il s'opposa au projet de loi sur les fabriques qu'avait présenté Bourdages au nom du parti patriote.

Même hors de l'Assemblée, Cuvillier et les patriotes ne coopéraient plus. Au début de 1832, un groupe de nationalistes dirigé par Édouard-Raymond Fabre* se réunit pour fonder une entreprise nationale de vente en gros, la Maison canadienne de commerce ; Cuvillier brillait par son absence. À l'occasion d'une chaude élection partielle dans Montréal, au printemps, il soutint énergiquement le candidat gouvernemental, Stanley Bagg : les électeurs, disait-il, devaient élargir la représentativité de l'Assemblée en accordant leur suffrage à un marchand plutôt qu'au candidat patriote Daniel Tracey*. Après la bagarre qui avait éclaté au bureau de scrutin, Cuvillier, juge de paix depuis 1830, fut l'un des magistrats à qui d'aucuns reprochèrent d'avoir ordonné aux soldats de tirer sur la foule et d'avoir ainsi causé la mort de trois Canadiens. Papineau attisa la colère populaire et Cuvillier se vit traité de « bureaucrate » par les partisans des patriotes.

En 1833, à l'Assemblée, Cuvillier dénonça les revendications du parti patriote en faveur d'un Conseil législatif électif. L'année suivante, seuls lui et cinq autres Canadiens refusèrent d'appuyer les Quatre-vingt-douze Résolutions, qui allaient devenir

Cuvillier

le programme électoral des patriotes. Toujours en 1834, les adversaires des patriotes formèrent une association constitutionnelle à Montréal. À la première réunion, Cuvillier présenta une motion pour « le maintien du lien existant entre le Royaume-Uni et [la] province ». Une chanson patriote populaire à l'époque, *C'est la faute à Papineau*, l'accusait d'être un vendu. Papineau était dès lors déterminé à avoir sa tête. Cuvillier quitta la politique aux élections de 1834, après avoir siégé durant 20 ans à l'Assemblée. Sa défaite fut d'autant plus dure qu'il comprit que ses victoires précédentes étaient dues beaucoup plus à la machine électorale de Papineau qu'à ses propres qualités.

Fait significatif, les conflits de Cuvillier avec le parti patriote avaient pris naissance au moment même où sa situation commerciale s'améliorait. Il était devenu le plus grand encanteur de Montréal, notamment en produits manufacturés d'importation, poisson, sel, spiritueux et stocks de marchands faillis. En 1836, il fit de coûteuses rénovations à son magasin, rue Saint-Paul. À titre de représentant, de syndic et d'agent de change, il vendait des actions de diverses banques canadiennes. En 1836, il entra au conseil d'administration de la Banque de l'Amérique septentrionale britannique, établissement colonial fondé la même année et sis à Londres. Au cours des années 1830, il commença également à faire affaire dans le Haut-Canada. Son importance à Montréal était devenue telle qu'il présida le Committee of Trade de la ville de 1837 à 1841 et fit partie du groupe qui, en 1841–1842, le fit constituer juridiquement sous le nom de Bureau de commerce de Montréal.

Durant la rébellion de 1837, Cuvillier fut major et commandant du 5e bataillon de milice de la ville de Montréal. En novembre 1837, lui-même et Turton Penn signèrent en qualité de magistrats la réquisition d'aide militaire qui autorisa les troupes britanniques à marcher sur Saint-Denis, place forte des rebelles. En janvier 1838, il devint l'un des fondateurs et le vice-président (sous Pierre de RASTEL de Rocheblave) de l'Association loyale canadienne du district de Montréal, qui dénonçait tant les chefs de la rébellion que les partisans de l'union du Bas et du Haut-Canada et qui incitait à poursuivre la réforme politique « en la conformant surtout à l'esprit qui [avait] guidé] la Constitution de 1791 ». Avec l'approbation du commandant et administrateur des troupes, sir John Colborne*, Cuvillier émit du papier-monnaie pour pallier la suspension des paiements en numéraire aux soldats pendant la rébellion ; on remboursa le papier-monnaie après sa suppression. Cuvillier connut une période très difficile en 1837–1838 après que la faillite d'un marchand montréalais lui eut coûté £3 000 et eut provoqué une ruée sur ses billets. Les patriotes espéraient non sans malveillance le voir subir une autre faillite humiliante, mais apparemment ils furent déçus.

Par suite de la parution du rapport de lord Durham [LAMBTON] sur la situation canadienne, en 1839, Cuvillier s'associa à Neilson et à Denis-Benjamin Viger pour s'opposer à l'Union et, en 1841, aux premières élections du Canada-Uni, on l'élut dans Huntingdon avec un programme antiunioniste. Le chef des forces réformistes bas-canadiennes en chambre était l'ancien patriote Louis-Hippolyte La Fontaine*, qui lui en voulait encore de s'être opposé aux Quatre-vingt-douze Résolutions. Toutefois, dans l'espoir de gagner les députés du groupe Neilson-Viger à sa stratégie de survie des Canadiens sous l'Union, La Fontaine se laissa convaincre à regret par le réformiste haut-canadien Francis Hincks* que Cuvillier serait un meilleur candidat à la présidence de l'Assemblée que des réformistes plus radicaux. En effet, Cuvillier pouvait rallier les tories car il parlait couramment l'anglais et avait de nombreuses relations commerciales dans les deux parties de la province unie. De plus, son élection serait une victoire rassurante pour les Canadiens puisqu'il s'était opposé à l'Union, à la liste civile, à une représentation égale pour les deux colonies (le Bas-Canada étant plus populeux) et à l'interdiction du français au Parlement. Il accéda bel et bien à la présidence.

À titre de président, Cuvillier noua des relations extrêmement cordiales avec les gouverneurs qui se succédèrent dans la province. En 1844, il appuya le gouverneur Charles Theophilus METCALFE contre La Fontaine et Robert Baldwin*, qui tentaient d'avoir la haute main sur les nominations dans l'administration publique. Cet appui lui coûta le siège de Huntingdon aux élections de la même année, et il fut défait également par les forces de La Fontaine dans Rimouski. À 65 ans, Cuvillier voyait sa carrière politique se terminer. Il retourna à son entreprise de vente à l'encan, qui s'appelait alors la Cuvillier and Sons et comptait parmi ses clients le séminaire de Saint-Sulpice. En 1845, le séminaire mit aux enchères ses terres domaniales les plus proches de Montréal ; Cuvillier lui-même figura au nombre des plus gros acheteurs et y déboursa £3 220. Quatre ans plus tard, il contracta le typhus ; décédé le 11 juillet 1849, il fut inhumé le lendemain à l'église Notre-Dame.

Austin Cuvillier fut pendant quelque temps un personnage exceptionnel dans les annales du Bas-Canada. Selon les historiens, le conflit entre la communauté des marchands britanniques et les nationalistes du parti canadien (puis patriote) fut un facteur important de la rébellion de 1837–1838. Or, de 1814 à 1828, Cuvillier fut en mesure de concilier les intérêts antagonistes de ces deux groupes. Mais lorsque le parti patriote commença à se radicaliser, à la fin des années 1820, Cuvillier devint représentatif des nationalistes canadiens qui quittèrent le parti, alarmés, ou en furent exclus comme traîtres, tels Heney, Frédéric-Auguste Quesnel*, Pierre-Dominique DEBARTZCH,

Joseph-Rémi VALLIÈRES de Saint-Réal ainsi que Jean-Marie MONDELET et ses fils Dominique et Charles-Elzéar*. Après leur départ, les chefs radicaux des patriotes allaient inexorablement précipiter le mouvement réformiste sur la voie du désastre.

JACQUES MONET ET GERALD J. J. TULCHINSKY

Un portrait d'Austin Cuvillier peint par Théophile Hamel* se trouve dans le corridor des présidents de la chambre des Communes à Ottawa ; les APC possèdent une photographie de ce tableau. Un autre portrait, au château Ramezay à Montréal, a été reproduit dans E. K. Senior, *Redcoats and Patriotes : the rebellions in Lower Canada, 1837–38* (Stittsville, Ontario, 1985).

ANQ-M, CE1-51, 7 nov. 1802, 12 juill. 1849 ; CN1-187, 31 juill., 11, 30 août, 27 sept., 6 nov., 7 déc. 1822, 2 févr., 29 mars, 27 mai 1823, 22 mars, 19 avril, 29 mai 1825, 22 janv., 14 févr. 1826. — ANQ-Q, CE1-1, 21 août 1779, 2 déc. 1789 ; CE1-4, 3 nov. 1778. — APC, MG 24, C3 : 374–377, 1053 ; L3 : 10547–10548, 10558–10560, 10577–10582, 10607–10610, 11825–11826, 12119–12120, 12566–12568, 12765–12767, 12848–12849, 18200–18204 (copies) ; RG 68, General index, 1651–1841. — ASQ, Fonds Viger-Verreau, Sér. O, 0147 : 17, 88–93, 135, 158–161. — «Les Dénombrements de Québec» (Plessis), ANQ *Rapport*, 1948–1949 : 28. — *Doc. relatifs à l'hist. constitutionnelle, 1819–1828* (Doughty et Story), 21–22, 195–203. — G.-B., Parl., House of Commons paper, 1828, 7, n° 569, *Report from the select committee on the civil government of Canada* (réimpr., Québec, 1829). — «La Mission de MM. Viger, Neilson et Cuvillier en Angleterre en 1828», *BRH*, 32 (1926) : 651–669. — Joseph Papineau, «Correspondance de Joseph Papineau (1793–1840)», Fernand Ouellet, édit., ANQ *Rapport*, 1951–1953 : 187, 287. — L.-J. Papineau, «Correspondance» (Ouellet), ANQ *Rapport*, 1953–1955 : 214, 266, 296, 302, 315–316. — Ramsay, *Dalhousie journals* (Whitelaw), 3 : 92. — «Très humble requête des citoyens de la ville de Québec [1787]», ANQ *Rapport*, 1944–1945 : h.t. 2. — *La Gazette de Québec,* 7 avril 1785, 9 nov. 1786, 17 avril 1788, 5 mars 1789, 13 mai 1802, 23 oct. 1806, 28 janv. 1808, 23 nov. 1809, 29 mars 1810, 16 sept. 1813, 16 mars 1815, 4 juill. 1816, 27 nov. 1817, 5 oct. 1818, 26 oct. 1820, 26 oct. 1829. — *Montreal Transcript,* 29 avril 1837. — Caron, «Inv. de la corr. de Mgr Panet», ANQ *Rapport*, 1935–1936 : 239 ; «Papiers Duvernay», 1926–1927 : 182. — *Officers of British forces in Canada* (Irving). — Ouellet, «Inv. de la Saberdache», ANQ *Rapport*, 1955–1957 : 155. — Denison, *Canada's first bank*. — Henri Masson, *Joseph Masson, dernier seigneur de Terrebonne, 1791–1847* (Montréal, 1972). — Maurault, *le Collège de Montréal* (Dansereau ; 1967). — Monet, *Last cannon shot*. — Ouellet, *Bas-Canada*. — Rumilly, *Papineau et son temps.* — Robert Sweeny, *Protesting history : 4 papers* (Montréal, 1984). — Taft Manning, *Revolt of French Canada*. — F.-J. Audet, «Augustin Cuvillier», *BRH*, 33 (1927) : 108–120. — É.-Z. Massicotte, «C'est la faute à Papineau», *BRH*, 24 (1918) : 85–87. — Fernand Ouellet, «Papineau et la Rivalité Québec–Montréal (1820–1840)», *RHAF*, 13 (1959–1960) : 311–327. — Adam Shortt, «Founders of Canadian banking : Austin Cuvillier, merchant, legislator and banker», Canadian Bankers' Assoc., *Journal* (Toronto), 30 (1922–1923) : 304–316.

D

DALHOUSIE, GEORGE RAMSAY, 9ᵉ comte de. V. RAMSAY

DALTON, THOMAS, homme d'affaires, auteur, homme politique et journaliste, né en avril ou mai 1782, baptisé le 28 juin à Birmingham, Angleterre, fils de William Dalton et de Rebecca Watson ; le 30 mai 1803, il épousa Sarah Pratt (décédée en 1804), et ils eurent un fils, puis le 9 novembre 1805 Sophia Simms*, et de ce mariage naquirent trois fils et quatre filles ; décédé le 26 octobre 1840 à Toronto.

Thomas Dalton, fils d'un courtier de marchandises de Birmingham, ne prétendit jamais avoir fait de longues études, mais il avait, disait-il, «développé [ses] quelques dons naturels par le travail» et en avait «élargi l'application par l'expérience» et par de nombreuses lectures. C'est vraisemblablement en travaillant au pays et à l'étranger pour l'entreprise de son père, dont l'une des activités consistait à approvisionner les marchands de poisson de Terre-Neuve en quincaillerie et en ustensiles de ménage, qu'il acquit une certaine connaissance de la finance et du commerce internationaux.

En 1803, nouveau marié et âgé de 21 ans à peine, Dalton assuma la direction de l'entreprise, car son père était alors « injustement détenu » en France où Napoléon Iᵉʳ avait fait interner tous les civils britanniques en âge de servir dans la milice. Forcé de déclarer faillite en janvier 1808, il devint vers 1810 représentant à Terre-Neuve pour le grand marchand James Henry Attwood. Avec sa deuxième femme et ses enfants de plus en plus nombreux, il s'installa à St John's et ne tarda pas à s'y tailler une place. Dès 1814, sa situation était de nouveau solide, et il possédait sa propre maison de commerce.

Dalton s'associa bientôt à un marchand terre-neuvien d'origine irlandaise, John Ryan. Leurs affaires allèrent bien pendant un an ou deux mais, à cause du marasme général qui suivit les guerres européennes et américaines, ils se retrouvèrent avec plusieurs milliers de livres de dettes et incapables de les rembourser. En novembre 1816, pour la deuxième fois en moins de dix ans, Dalton fit faillite. Il quitta Terre-Neuve pour l'Angleterre en février suivant ; cependant, quelques mois plus tard, la famille, accompagnée du père de Dalton et de son jeune frère

Dalton

William, arriva dans le Haut-Canada, bien décidée à tenter de nouveau sa chance.

En décembre 1817, Dalton obtint quelques acres de terre au bord du lac Ontario, juste à l'ouest de Kingston, et ouvrit une brasserie après avoir convaincu un marchand de l'endroit, Smith Bartlet, de s'associer à lui. Ils se séparèrent à l'amiable en juin 1819, après quoi Dalton exploita seul la Kingston Brewery, qui connut une expansion rapide. Selon l'historien Maxwell Leroy Magill, c'était « le plus gros et le plus prospère établissement du genre dans la province » ; Dalton, quant à lui, prétendait que c'était « l'un des meilleurs à [y] avoir jamais été mis sur pied ».

En 1818, tandis qu'on attendait que la charte de la Bank of Upper Canada, qui devait ouvrir à Kingston, reçoive la sanction royale, quelques marchands de la ville fondèrent une banque privée du même nom. Convaincu alors, comme par la suite, que les banques stimulaient l'industrie, Dalton acheta une modeste tranche de dix actions. Élu au conseil d'administration en juin 1819 sans son accord préalable, il accrut par la suite sa participation de manière considérable, au point de devenir le deuxième actionnaire, et emprunta abondamment de la banque pour étendre son entreprise. Grâce à sa grande expérience et à son autorité naturelle, il put aider la banque à traverser plusieurs mauvaises passes dans les premières années. Cependant, aucun de ses efforts ne pouvait empêcher l'établissement de s'écrouler, en septembre 1822, sous les effets conjugués de méthodes d'administration négligentes, de dissensions internes et finalement d'un complot frauduleux où trempait le président, Benjamin Whitney.

En décembre, afin de couvrir ses dettes à la banque, Dalton versa un cautionnement personnel de £7 000 et prit une hypothèque de £3 600 sur sa brasserie. Comme les autres débiteurs principaux avaient aussi pris des initiatives semblables, la banque amassa assez de réserves pour faire face à toutes ses obligations. Toutefois, un groupe de banquiers d'York (Toronto), avec à sa tête William Allan*, avait obtenu la charte préparée pour la banque de Kingston et constitué juridiquement en 1821 un établissement du nom de Bank of Upper Canada. Tout en négligeant le fait que les réserves étaient suffisantes, le Parlement de la province adopta en mars 1823 une loi bancaire rédigée en toute hâte qui déclarait illégale la « prétendue » banque de Kingston et rendait les administrateurs personnellement responsables des dettes. On nomma alors trois tories de Kingston, John Macaulay*, George Herchmer Markland* et John KIRBY, membres d'une commission – « une junte issue d'un même clan », dit Dalton en juillet – qui devait prendre en main les affaires de la banque. Parmi les administrateurs, ceux qui faisaient du commerce furent les plus durement touchés car on leur interdisait de vendre quoi que ce soit avant la liquidation. En janvier 1824, une loi bancaire moins dure leva cette restriction. Même si plus tard dans l'année, grâce à leur avocat John Beverley Robinson*, Dalton et Smith Bartlet remportèrent des procès que leur intentèrent les commissaires, Dalton se trouva bel et bien ruiné par toute cette affaire.

Les journaux de Kingston, d'York et même de Montréal, ainsi que de nombreuses brochures publiées par des particuliers, débattirent avec passion la faillite de la banque et l'intervention du Parlement. Dalton fit paraître maints articles, sur les tons les plus divers, dans l'*Upper Canada Herald* de Kingston comme dans le *Free Press* et le *Scribbler* de Montréal. Certains portaient sa signature ; plusieurs, anonymes, étaient manifestement de lui. Parmi ces derniers, l'un des meilleurs occupait toute la première page de l'*Upper Canada Herald* du 11 novembre 1823 ; Dalton y ridiculisait les commissaires de la banque par une satire qui se présentait comme leur premier rapport, impatiemment attendu. En 1824, il publia un long pamphlet où, tout en se défendant avec vigueur, il attaquait férocement Christopher Alexander HAGERMAN, administrateur et avocat de la banque, qu'il croyait l'initiateur de la sévère loi bancaire de 1823 et qui l'accusait d'avoir été pour beaucoup dans la faillite.

Dalton en vint à la conclusion que c'était à la chambre d'Assemblée qu'il fallait aller se battre. Comme il était connu pour ses sympathies radicales, les tories resserrèrent nerveusement les rangs pour empêcher son élection dans Kingston en 1824, mais il se retira de la course à la dernière minute pour assurer la défaite de Hagerman. À la faveur de la grande victoire réformiste de 1828, il remporta l'un des deux sièges de la circonscription de Frontenac ; selon bien des tories, il était le pire membre d'une bande d'indésirables. En mars 1829, il réussit à faire adopter une nouvelle loi bancaire qui prévoyait l'arbitrage de toutes les dettes passées mais, dans son cas, les nouveaux commissaires (dont Hugh Christopher Thomson*, un franc-maçon comme lui et jusque-là l'un de ses amis) rejetèrent le résultat de la procédure (qui réduisait sa dette à une fraction du montant original). Dalton abandonna alors la lutte en alléguant que la commission lui devait davantage, en termes de dépenses et de pertes commerciales, qu'il n'en avait jamais dû à la banque. Il quitta la politique en 1830, mais la controverse autour de la banque dura encore près de 20 ans.

Afin d'assurer l'exploitation de sa brasserie, Dalton l'avait placée en d'autres mains en juillet 1823. La loi bancaire de 1824, plus clémente, lui avait permis de la reprendre en juillet de la même année, mais un an d'intérim lui avait coûté cher et le gérant s'était enfui avec les livres, si bien qu'il ne put jamais recouvrer bon nombre des comptes en souffrance. À court de capital, Dalton se débattit désespérément pendant quelques années puis, en novembre 1828, un incendie endommagea gravement la brasserie, et il la ferma pour de bon. En décembre 1830, les commissaires de la banque lui remirent enfin le terrain sur lequel on l'avait construite ; quatre mois après, il le vendit à Thomas Molson*.

Depuis quelques années, Dalton s'intéressait à l'édition de journaux. En 1824, il avait offert à John Macaulay d'acheter le *Kingston Chronicle* mais, selon son propre témoignage, il avait déjà commencé à « écrire pour le public », dès 1820 environ, en publiant quelques articles anonymes dans l'*Upper Canada Herald*. Ces textes n'ont pu être identifiés mais en quelques années, outre ses nombreuses publications sur la banque, Dalton composa deux longs poèmes héroï-burlesques, *An address, to the liege men of every British colony and province in the world,* qui parut en 1822, et *Kingston,* mis en vente par souscription en 1823. L'année suivante, il publia *A warning to the Canadian Land Company,* où il relevait des points faibles dans le prospectus de la Canada Company [V. John GALT] et prévenait les investisseurs des risques qu'ils couraient. Comme il craignait que sa brochure ait peu de lecteurs s'il utilisait son nom, il la signa An Englishman resident in Upper Canada.

Le 12 novembre 1829, Dalton lança le plus important de ses projets, le *Patriot and Farmer's Monitor*. Cet hebdomadaire gagna vite une assez grande popularité, semble-t-il, mais les profits se firent attendre. En octobre 1830, en collaboration avec Mgr Alexander McDONELL, Dalton imprima le *Catholic,* hebdomadaire officiel de l'Église dont le rédacteur en chef était William Peter MACDONALD et qui ne dura qu'un an. En avril 1832, Dalton tenta sans succès de vendre le *Patriot* (il offrait de rester comme rédacteur en chef jusqu'à la fin de l'année) puis, à l'automne, il quitta Kingston pour York avec sa famille. Ainsi il pourrait observer de plus près la politique provinciale et donner à son journal un marché plus vaste en même temps que, espérait-il, plus généreux. La publication à York commença le 7 décembre 1832 ; moins d'un an plus tard, le *Patriot* paraissait deux fois la semaine.

À titre de rédacteur en chef du *Patriot,* Dalton se révélait différent de l'homme que plusieurs avaient perçu jusque-là. À l'époque où il était brasseur, il avait appuyé Robert Gourlay*, était entré dans le cercle de William Lyon Mackenzie* et avait compté parmi ses amis les fameux Bidwell, Barnabas* et Marshall Spring*. Les flèches qu'il avait décochées au régime du lieutenant-gouverneur sir Peregrine Maitland*, aux tories en général et aux commissaires de la banque en particulier l'avaient sûrement peu fait aimer de l'establishment kingstonien et des leaders gouvernementaux à York. À cause de son indépendance, de son agressivité, de son franc-parler et de ses

positions politiques, il s'était même fait des ennemis en haut lieu. Plusieurs des demandes de réparation et d'indemnisation qu'il avait adressées au pouvoir législatif dans les années 1820 par suite de dommages financiers, juridiques ou matériels n'avaient reçu guère plus que l'accueil exigé par le protocole. Le lancement du *Patriot* en 1829 sembla cependant amener des changements. Le journal, dont la devise était « Sens commun », avait dans ses articles de fond un ton réformiste mais non radical. Comme l'indiquait son nom, il prônait la fidélité à la couronne et le respect de la tradition britannique. Bien que très critique à l'endroit des faiblesses qu'il attribuait au gouvernement, il cultivait l'élément loyal de la population.

Au moment de son départ pour York en 1832, Dalton avait pour ainsi dire rompu avec ses compagnons radicaux et courtisait nombre de ses anciens adversaires qui, dans une certaine mesure, faisaient de même. Ce revirement avait même commencé, semble-t-il, pendant son mandat à l'Assemblée car, après l'adoption de la nouvelle loi bancaire de mars 1829, il avait souvent voté contre des amendements et clauses d'obstruction présentés par les réformistes. Mackenzie, le plus visible d'entre les radicaux, fut de plus en plus la cible de ses critiques. Un de ses nouveaux partisans était un vieil ennemi, John Strachan*, ce qui surprendra peut-être, tandis que d'autres rédacteurs en chef, tel Egerton Ryerson*, commençaient à signaler dans leurs écrits que le *Patriot* était désormais habilité à parler au nom de l'Église d'Angleterre. Dalton se raccommoda même avec Hagerman en 1833, après avoir découvert que le rédacteur et promoteur de la loi bancaire de 1823 était le solliciteur général Henry John Boulton*, actionnaire de la banque, qui avait apparemment voulu détourner l'attention de sa propre responsabilité.

L'apparente conversion politique de Dalton a suscité nombre de spéculations et de commentaires. Ses détracteurs faisaient valoir à l'époque, comme le font ⸱ceux d'aujourd'hui, qu'il agissait par opportunisme et non par conviction ; Mackenzie affirmait qu'« on avait embauché et amené à York le rédacteur en chef du *Patriot* dans le but exprès de démolir l'*Advocate* ». Par contre, ses amis et les collaborateurs de son journal vantaient sa loyauté aux traditions britanniques et sa ferme conviction que la liberté, telle que la Grande-Bretagne la garantissait à ses citoyens, était la « lumière du monde ». Tout compte fait, il appert que, si Dalton changea de cap, ce fut surtout parce que ses compagnons radicaux le décevaient de plus en plus. Il ne refusait nullement l'étiquette de réformiste car, comme il le disait, aucun citoyen attaché à sa patrie ne pouvait manquer de souhaiter des réformes. Pendant sa brève carrière de rédacteur en chef, il défendit donc des principes conservateurs sans pour autant perdre le zèle réformiste qui le poussait parfois

Dalton

à se battre contre des moulins à vent, et le *Patriot* devint le journal conservateur le plus influent de la province.

Quelque peu visionnaire, Dalton pensait que son pays d'adoption était promis à un brillant avenir et il ne ménageait rien pour transmettre cette conviction à ses concitoyens. Par exemple, on estime qu'il fut le premier, en 1834, à rêver d'une Amérique du Nord britannique qui s'étendrait d'un océan à l'autre grâce à un réseau de transport à vapeur. En dépit de son expérience à Kingston, il croyait toujours en la valeur des banques et encourageait activement leur croissance. Cependant, comme sa situation financière demeurait précaire, il ne put finalement publier le livre qu'il avait tant annoncé, « Money is power ».

Ennemi juré des méthodistes américains, Dalton combattit avec acharnement le *Christian Guardian* de Ryerson dès sa fondation en 1829. Réfractaire au mode de vie « démocratique » des Américains qu'il assimilait à une « voyoucratie », et perpétuellement inquiet de son influence possible sur la jeune colonie, il se plaignait que les prédicateurs méthodistes itinérants venus des États-Unis propageaient une doctrine politique quasi séditieuse. Toutefois, l'« intransigeance » constante des Canadiens français le hérissait peut-être plus que tout. Il considérait « la perpétuation de la langue française » comme « le pire fléau pour les Bas-Canadiens [...], la grande erreur politique de l'époque ». À compter de 1831, il préconisa l'union des deux Canadas afin de libérer le Haut-Canada de l'emprise que la province voisine exerçait sur les recettes douanières et de noyer le vote gênant des Canadiens français grâce à une population britannique plus nombreuse. Avec le temps, sa vision devint plus ambitieuse. En octobre 1836, il écrivait que la fusion des cinq provinces nord-américaines était « la seule union qui mérit[ait] d'être envisagée un seul instant et [qu'elle devait] se réaliser le plus vite possible ». Il mettait beaucoup d'espoir dans la mission de lord Durham [LAMBTON], car il y voyait la preuve tant attendue que les colonies nord-américaines comptaient pour l'Empire, mais les propositions qui en résultèrent le déçurent. Inlassablement, il s'attaqua au gouvernement whig de Londres, « vil, imbécile, traître, prodigue », jusqu'à ce que, tard en 1839, le nouveau gouverneur en chef, Charles Edward Poulett THOMSON, ordonne d'annuler les ententes en vertu desquelles le *Patriot* publiait des avis gouvernementaux, ce qui aggrava beaucoup les problèmes financiers de Dalton et ajouta à ses frustrations.

Même un homme aussi obstiné que Dalton ne pouvait éternellement se battre contre toutes sortes d'adversaires réels ou imaginaires ; en mars 1840, une grave attaque d'apoplexie le frappa. Il put reprendre son poste au journal en août, mais il n'était plus que l'ombre de lui-même. Le 26 octobre, une deuxième attaque l'emporta rapidement. Sa femme, Sophia Simms, dirigea le *Patriot* pendant huit ans puis le vendit à Edward George O'Brien*.

Une notice nécrologique disait de Thomas Dalton qu'il était « amical, gentil et joyeux ». Sur la scène publique, c'était un auteur enthousiaste et puissant qui se prononçait avec audace sur toutes les questions du jour et se laissait souvent aller à des excès de langage que même sa famille désapprouvait. John George Bourinot*, devait faire remarquer : « si son zèle l'entraînait fréquemment à débattre sans mesure de questions publiques, l'ardeur de l'époque doit être pour lui [...] la meilleure excuse ». Un seul procès en diffamation fut intenté contre lui, et la cause en était un article publié en son absence dans le *Patriot*, pendant qu'il se remettait de son attaque. Un adversaire politique aussi bien que journalistique, Francis Hincks*, du journal torontois *Examiner*, le décrivait comme « un rédacteur politique vigoureux bien qu'enclin à laisser voir trop d'amertume envers ses adversaires », mais il blâmait autrui pour cela et ajoutait : « Nous ne nous rappelons pas avoir eu envers lui la moindre animosité. » En rapportant la mort de Dalton, le *Cobourg Star* dit qu'il était « sûrement l'un des plus compétents et des plus énergiques défenseurs des principes conservateurs que la presse provinciale [eût] comptés » et que « sa disparition ne [pouvait] manquer d'attrister profondément tout sujet britannique loyal ». Le *Commercial Herald* de Toronto le qualifia d'« homme à l'esprit puissant et ardent », d'« Anglais de cœur et d'esprit aussi bien que de naissance ». Selon un historien moderne, Sydney Francis Wise, Dalton « joua, dans la formation de la conscience conservatrice du Haut-Canada, un rôle qu'on n'a jamais apprécié à sa juste valeur ».

IAN ROBERT DALTON

Le pamphlet de Thomas Dalton dans lequel il attaque Christopher Alexander Hagerman s'intitule « *By the words of thy own mouth will I condemn thee* » ; *to Christopher Alexander Hagerman, esq.* ([Kingston, Ontario, 1824]) ; la MTRL en possède une copie. On trouve la plus grande partie de la correspondance de Dalton avec les fonctionnaires de même que les réponses de ces derniers dans APC, RG 1, E3 ; RG 5, A1 ; RG 7, G16C ; et dans PRO, CO 42. Le nom de Dalton apparaît dans plusieurs collections privées dont les Macaulay family papers (MS 78), les Mackenzie-Lindsey papers (MS 516) et le journal de Matthew Teefy (MU 2113, 1858, n° 16) déposés aux AO ; dans les W. D. Powell papers à la MTRL ; et dans les Egerton Ryerson papers à l'UCC-C. Les premières années de Dalton à Kingston sont très bien décrites dans I. R. Dalton, « The Kingston brewery of Thomas Dalton », *Historic Kingston,* n° 26 (1978) : 38–50 ; une copie révisée de cette étude (copie dactylographiée, 1979) est disponible aux AO, MU 7598, n° 8. Ses liens avec la banque sont parfaitement expliqués dans un autre manuscrit du même auteur, « Thomas Dalton and the « pretended » Bank » (Toronto, 1987) ; le meilleur moyen de le suivre dans le dédale des sources imprimées est de consulter les journaux, particulièrement l'*Upper Canada Herald* et le *Kingston Chronicle*, de même que les journaux et les appendices aux journaux de la chambre d'Assemblée. C'est en étudiant le *Patriot* qu'on peut le mieux cerner la carrière d'éditeur de Dalton. [I. R. D.]

St James' Cemetery and Crematorium (Toronto), Record of burials. — *Bytown Gazette, and Ottawa and Rideau Advertiser*, 12 nov. 1840. — *Cobourg Star*, 29 oct. 1840. — *Commercial Herald* (Toronto), 28 oct. 1840. — *Examiner* (Toronto), 28 oct. 1840. — *Toronto Patriot*, 27 oct. 1840. — J. G. Bourinot, *The intellectual development of the Canadian people : an historical review* (Toronto, 1881). — Patterson, « Studies in elections in U.C. ». — Adam Shortt, « The history of Canadian currency, banking and exchange […] », Canadian Bankers' Assoc., *Journal* (Toronto), 8 (1900–1901) : 1–15, 145–164, 227–243, 305–326. — S. F. Wise, « Tory factionalism : Kingston elections and Upper Canadian politics, 1820–1836 », *OH*, 57 (1965) : 205–225.

DARVEAU, JEAN-ÉDOUARD, prêtre catholique et missionnaire, né le 17 mars 1816 à Québec, deuxième fils de Charles Darveau, tanneur de la rue Saint-Vallier, et de Marguerite-Marie Roi, dit Audi ; décédé le 4 juin 1844 à Baie-des-Canards (Duck Bay, Manitoba).

Jean-Édouard Darveau entra au petit séminaire de Québec en 1827 pour y commencer ses études classiques. Celles-ci terminées, il devint matelot à la suite de différends avec son père et partit en mer en octobre 1836. Ses aventures le conduisirent au Havre-de-Grâce (Le Havre, France) via New York et La Nouvelle-Orléans. Son silence dura 14 mois.

Pendant le dernier voyage que Darveau effectua, le capitaine lui parla de ses études. Darveau décida alors de rentrer à Québec pour faire des études en théologie et se fit présenter à l'archevêque de Québec, Mgr Joseph SIGNAY, en 1838. Même si son père refusa de l'accompagner au grand séminaire pour y demander son admission, l'ex-marin entra dans cet établissement le 1er octobre 1838 en promettant à l'archevêque de se consacrer aux missions après son ordination. Il fut ordonné le 21 février 1841 entouré de sa famille et d'un père revenu à de meilleures dispositions.

Son caractère décidé, son esprit d'aventure et de dévouement et la promesse faite à son archevêque poussèrent Darveau à s'offrir pour les missions lointaines. Comme il n'y avait plus de place dans le convoi de la Hudson's Bay Company, il renonça au premier départ des canots vers l'ouest et devint vicaire de la paroisse Saint-Roch dans la basse ville de Québec. Mais le 19 avril 1841 il quitta son poste pour se rendre à Lachine, près de Montréal. Il s'embarqua pour la colonie de la Rivière-Rouge (Manitoba) le 1er mai ; il prit place dans le canot mis gratuitement à sa disposition par le gouverneur de la Hudson's Bay Company, sir George Simpson*. Il arriva à Saint-Boniface le 22 juin. Mgr Joseph-Norbert Provencher*

se proposait d'envoyer Darveau dans les missions du lac Winnipegosis, mais le nouveau missionnaire dut d'abord, pendant six mois, se mettre à l'apprentissage de la langue des Sauteux avec l'abbé George-Antoine Bellecourt* en mission à la Rivière-Rouge depuis 1831. Bellecourt et l'abbé Jean-Baptiste Thibault* avaient déjà visité les Moskégons ou Cris des Marécages qui formaient les missions confiées à Darveau. Celui-ci passa donc l'hiver auprès de Mgr Provencher et de Bellecourt.

En mai 1842, Darveau partit avec trois compagnons pour Baie-des-Canards. Les représentants de l'Église d'Angleterre, qui devaient rendre son ministère difficile, se trouvaient déjà dans cette région. Les Indiens de l'endroit étaient confus au sujet de la vraie religion, puisque le prêtre catholique tout comme son « rival », l'anglican Abraham Cowley*, prêchaient qu'il n'y en avait qu'une seule. Les ressources financières étaient minimes, et Darveau s'imposa de nombreuses privations. Il ne parvenait pas à payer les Indiens pour les services rendus, mais son dévouement pour les catéchiser était sans bornes. Cette année-là, il effectua deux autres séjours dans ces missions.

Dès le printemps de 1843, Darveau quitta de nouveau Saint-Boniface et fit du ministère en cours de route. Arrivé à sa mission de Baie-des-Canards, il bâtit une chapelle qu'il dédia à saint Norbert. C'est au cours d'une deuxième visite, de juillet à octobre, que non seulement il rencontra plus d'opposition dans l'exercice de son ministère, de la part du catéchiste indien Henry Budd*, son rival protestant à Le Pas, mais qu'il faillit se noyer. En outre, il planifia la reconstruction de la chapelle de Baie-des-Canards, qui avait été détruite par une tempête, puis il établit une société de tempérance à Saint-François-Xavier avant de rentrer à Saint-Boniface.

En mars 1844, Jean-Édouard Darveau repartit pour sa mission avec un jeune Indien et le Métis Jean-Baptiste Boyer, en passant par la région du lac de la Poule d'Eau. Il gela presque à mort après s'être égaré dans une île, mais il survécut. Toutefois, au moment du départ pour Le Pas au début de juin, lui et ses deux compagnons trouvèrent la mort. On a longtemps cru que les trois hommes s'étaient noyés mais, d'après les témoignages recueillis plus tard, notamment celui d'un missionnaire et les dépositions d'Indiens directement ou indirectement liés au drame, on dut conclure à des assassinats. Selon ces derniers, sous l'influence de Budd, ils en étaient venus à considérer Darveau comme un « windigo », c'est-à-dire un esprit malfaisant, et comme la cause de l'épidémie qui les avait frappés. C'est à Saint-Boniface qu'on inhuma les restes de ce martyr, victime de rivalités religieuses.

CORINNE TELLIER

Davie

Arch. de l'archevêché de Saint-Boniface (Saint-Boniface, Manitoba), Fonds Langevin ; Fonds Provencher. — Arch. de la Soc. hist. de Saint-Boniface, Dossier J.-É. Darveau. — PAM, HBCA, D.5/8 : f°s 358–359 ; MG 7, D13. — G.-A. Bellecourt, « Mon itinéraire du lac des Deux Montagnes à la Rivière-Rouge », *Rev. canadienne*, 57 (1913) : 1–57. — Henry Budd, *The diary of the Reverend Henry Budd, 1870–1875*, Katherine Pettipas, édit. (Winnipeg, 1974). — *HBRS*, 29 (Williams). — L.-P.-A. Langevin, « Procès-verbal de l'exhumation [...] », *les Cloches de Saint-Boniface* (Saint-Boniface), 8 (1909) : 137–138. — C.-M. Mestre, « Notes sur les missions de la Rivière-Rouge », *les Cloches de Saint-Boniface*, 8 : 101–110. — *Notice sur les missions du diocèse de Québec, qui sont secourues par l'Association de la propagation de la foi* (Québec), n° 4 (janv. 1842). — [J.-N.] Provencher, « Lettres de Mgr Provencher à Mgr Ignace Bourget », *les Cloches de Saint-Boniface*, 18 (1919) : 192–193, 243–245, 263–265. — *Rapport sur les missions du diocèse de Québec [...]* (Québec), n° 6 (juill. 1845). — *Recensement de Québec, 1818* (Provost), 2. — Alexander Ross, *The Red River settlement : its rise, progress and present state ; with some account of the native races and its general history, to the present day* (Londres, 1856 ; réimpr., Edmonton, 1972). — A.-A. Sinnott, « Un monument au prêtre martyr du lac Winnipegosis ; lettre de S. G. Mgr l'archevêque de Winnipeg », *les Cloches de Saint-Boniface*, 29 (1930) : 83–84. — A.-A. Taché, *Vingt années de missions dans le Nord-Ouest de l'Amérique* (Montréal, 1866). — Allaire, *Dictionnaire*. — Morice, *Dict. hist. des Canadiens et des Métis*. — Wallace, *Macmillan dict.* — [J.-P.-A.] Benoît, *Vie de Mgr Taché, archevêque de Saint-Boniface* (2 vol., Montréal, 1904), 1. — Benoît Brouillette, *la Pénétration du continent américain par les Canadiens français, 1763–1846 [...]* (Montréal, 1939). — *Canada and its provinces ; a history of the Canadian people and their institutions [...]*, Adam Shortt et A. G. Doughty, édit. (23 vol., Toronto, 1913–1917), 11. — J.-É. Champagne, *les Missions catholiques dans l'Ouest canadien (1818– 1875)* (Ottawa, 1949). — Georges Dugas, *Monseigneur Provencher et les Missions de la Rivière-Rouge* (Montréal, 1889). — Donatien Frémont, *Mgr Provencher et son temps* (Winnipeg, 1935). — *Georges-Antoine Belcourt* (s.l., 1984). — Marcel Giraud, *le Métis canadien*, introd. de J. E. Foster (2e éd., 2 vol., Saint-Boniface, 1984). — A.-G. Morice, *Histoire de l'Église catholique dans l'Ouest canadien, du lac Supérieur au Pacifique (1659–1905)* (3 vol., Winnipeg et Montréal, 1912) ; *M. Darveau, martyr du Manitoba* (Winnipeg, 1934). — *Reverend Henry Budd* (s.l., 1981). — Étienne Bonnald, « Notes sur Le Pas », *les Cloches de Saint-Boniface*, 21 (1922) : 211–212. — T. C. B. Boon, « Henry Budd : the first native Indian ordained in the Anglican Church on the North American continent », *Manitoba Pageant* (Winnipeg), 3 (1957), n° 1 : 15–16. — « La Confession est un besoin de l'âme coupable ; à propos de l'assassinat de M. l'abbé Darveau », *les Cloches de Saint-Boniface*, 13 (1914) : 220–221. — « Duck Bay, Manitoba », *Home Missions* (Toronto), sept. 1983 : 51–54. — « Inhumation [...] », *les Cloches de Saint-Boniface*, 8 : 173–176. — « Le Monument Darveau », *la Liberté* (Winnipeg), 20 avril 1932. — A.-G. Morice, « la Mort de M. l'abbé J.-E. Darveau », *les Cloches de Saint-Boniface*, 14 (1915) : 142–144. — A.-G. Morice, « M. Darveau, martyr inconnu du Manitoba », *la Liberté*, 9–23 avril 1930. — « Mort de Monsieur Darveau », *les Cloches de Saint-Boniface*, 78 (1979) : 35–40. — « Notice sur la Rivière Rouge », *les Cloches de Saint-Boniface*, 26 (1927) : 177–182. — « Pèlerinage à l'endroit où fut massacré M. l'abbé Darveau et Plantation d'une croix », *les Cloches de Saint-Boniface*, 13 : 185–186. — « Quatre événements importants à Camperville, Man. [...] », *les Cloches de Saint-Boniface*, 11 (1912) : 184–186. — Soc. hist. de Saint-Boniface, *Bull.*, n° 5 (juin 1984) : 11. — « Un martyr au Manitoba », *l'Ami du foyer* (Winnipeg), 45 (1949), n° 4 : 59.

DAVIE, ALLISON, capitaine et constructeur de navires, né le 4 mai 1796 et baptisé en privé le lendemain à Great Yarmouth, Angleterre, fils du capitaine Allison Davie (inhumé à Gorleston, près de Great Yarmouth, en 1818) et d'Elizabeth Cock ; il se noya en juin 1836 entre Québec et Pointe-Lévy (Lauzon et Lévis, Québec).

Allison Davie est issu d'une vieille famille anglaise dont les origines remontent jusqu'en 1603 à William Davie, de Stanfield dans le comté de Norfolk ; il est l'aîné de quatre garçons et a plusieurs sœurs. Jeune, il entre au service de l'East India Company au moment des guerres napoléoniennes, auxquelles il participe en transportant les troupes britanniques en Méditerranée.

Au cours d'un voyage à Québec en 1825, Davie fait la connaissance d'Elizabeth Johnson Taylor, fille unique de George Taylor, constructeur de navires, et d'Elizabeth Taylor. Née à North Shields en 1803, cette jeune fille a quitté son Angleterre natale avec ses parents le 27 mai 1811 et est arrivée à Québec, à bord du *Three Brothers*, le 9 août. Son père a ouvert aussitôt un chantier maritime à l'île d'Orléans, sur la rive sud-ouest, à un endroit communément appelé le « Trou Saint-Patrick ». Cependant, à cause de la guerre contre les États-Unis, il a dû interrompre ses activités dès décembre 1812, afin de se rendre dans le Haut-Canada avec d'autres marins et charpentiers pour y construire des navires. De retour à l'île d'Orléans après la fin des hostilités, il a repris l'exploitation de son entreprise. Ce chantier est prospère au moment où Davie, « géant » de 300 livres et capitaine de navire d'excellente réputation, débarque à Québec et s'éprend d'Elizabeth. Taylor consent au mariage de sa fille avec Davie, mais à deux conditions : qu'il renonce à naviguer pour s'établir à titre d'héritier de l'entreprise Taylor et qu'il donne le nom de Taylor à ses enfants, ce à quoi le prétendant acquiesce. Selon les registres de l'église presbytérienne St Andrew à Québec, c'est le révérend James Harkness qui célèbre le mariage le 16 avril 1825.

Deux ans plus tard, le 14 mai 1827, l'entreprise Taylor, à laquelle Davie est associé, lance le *King Fisher*, un brick jaugeant 221 tonneaux et muni de 16 canons, construit pour le service du gouvernement colonial. Il s'agit là d'un grand événement pour l'époque. Parmi les nombreux invités qui assistent à la cérémonie se trouve le gouverneur lord Dalhousie [RAMSAY] ; il remet à Taylor une coupe en argent frappée aux armes du gouverneur, surmontée d'une licorne, la figure de proue du bâtiment, et réalisée par l'orfèvre Laurent AMIOT. Peu de temps après cependant le chantier de l'île d'Orléans est fermé.

Le 2 décembre 1829, Davie achète un terrain situé sur la rive sud du Saint-Laurent, au pied de la falaise de Pointe-Lévy, en bordure du fleuve, dans le but d'y installer son entreprise. L'année suivante, le 28 décembre, il acquiert un autre emplacement. Il fait construire sur ses terrains les infrastructures nécessaires à la réparation des navires. Mais en 1832, par suite de la violente débâcle du printemps, comme le rapporte *la Gazette de Québec* du 5 mars, les glaces soulèvent le quai de son chantier maritime et l'entraînent à la dérive. Face à ce désastre, Davie ne se décourage pas et recommence avec tant d'ardeur qu'à l'automne de la même année il peut reprendre l'exploitation du chantier de la Pointe Levis Patent Slip.

De toutes les qualités que ses contemporains reconnaissent à Davie, c'est son ingéniosité qui est le plus soulignée. Par exemple, il est le premier au Canada à utiliser un système d'origine anglaise qui permet de réparer les navires sans les mettre en cale sèche. À cette fin, il fait construire un quai en plan incliné sur lequel sont apposés des rails qu'emprunte une « voiture » ou chariot à roues de fer. À l'aide de puissantes chaînes et à la faveur de la marée haute, on hâle les navires du fleuve jusqu'à la terre ferme. « C'est le premier établissement du genre dans l'Amérique britannique », affirme *la Gazette de Québec* du 29 octobre 1832.

Cependant, l'ingénieux capitaine Davie ne devait pas survivre longtemps à cette innovation. « Un soir du mois de juin 1836, relate Joseph-Edmond Roy*, comme il passait en chaloupe près d'un bâtiment ancré au milieu du fleuve, le capitaine de celui-ci lui jeta un paquet, qui, au lieu de tomber dans la chaloupe, tomba à la mer. » Davie en se penchant pour saisir le paquet est lui-même précipité dans le fleuve, et ne reparaît pas à la surface. *Le Canadien* du 20 juin 1836 rapporte qu'on a retrouvé son corps à Saint-Pierre, île d'Orléans, dans l'après-midi du 19, « quelques jours » après l'accident survenu « dans la rade », ainsi que « sa montre d'or, de l'argent et des clefs qu'il avait sur lui ».

Afin de sauvegarder l'héritage familial, Elizabeth, devenue veuve à l'âge de 33 ans avec neuf enfants, prend la direction de l'affaire. Première femme à la tête d'une entreprise de construction de navires au pays, elle dirige le chantier et se taille rapidement une réputation de constructrice talentueuse qui a l'œil pour choisir les arbres à couper. À l'occasion, elle demande l'aide de son père, qui s'est retiré des affaires, mais qui vivra jusqu'en 1861. Vers 1850, elle cède la direction de l'exploitation à l'aîné de ses fils, George

Taylor Davie*, qui a fait son apprentissage aux chantiers de John Munn*, situés dans le faubourg Saint-Roch, à Québec. Graduellement, il rachète les unes après les autres les parts de ses frères et sœurs, tant et si bien que, le 28 mai 1885, tous les héritiers d'Allison Davie le déclarent propriétaire unique de l'entreprise familiale. Entre-temps, en 1873, Elizabeth meurt à l'âge de 70 ans. Grâce au sens des affaires et à l'habileté professionnelle de son nouveau directeur, l'entreprise prospère et s'agrandit par l'acquisition d'un emplacement à Saint-Joseph (à Lauzon), où il fonde la Davie Shipbuilding and Repairing Company Limited.

Malgré sa brève et modeste carrière, Allison Davie a jeté les bases d'une entreprise qui, grâce à ses successeurs, s'est taillé une place de choix dans le domaine de la construction navale.

DIANE SAINT-PIERRE

ANQ-Q, CE1-66, 16 avril 1825. — Arch. paroissiales, Gorleston with South Town (Gorleston, Angl.), Reg. of burials, 24 déc. 1818. — Arch. privées, DBC, dossier personnage Allison Davie, « A shipbuilding dynasty », E. R. Axelson, édit., *Canada's shipyards* (photocopie) ; « Davie Shipbuilding Limited, Lauzon, P.Q. » (document dactylographié) ; « Shipbuilding industry in our district » (photocopie). — Norfolk Record Office (Norwich, Angl.), Great Yarmouth, reg. of baptisms, 4–5 mai 1796. — *Le Canadien*, 20 juin 1836. — *La Gazette de Québec*, 14 mai, 20 août 1827, 5 mars, 29 oct. 1832. — P.-G. Roy, *Dates lévisiennes* (12 vol., Lévis, Québec, 1932–1940), 1 : 77, 101, 130–131, 177, 256, 318 ; 2 : 17 ; 3 : 165 ; 5 : 257–258 ; 7 : 259. — George Gale, *Historic tales of old Quebec* (Québec, 1923), 145. — G. W. Haws, *The Haws family and their seafaring kin* (Dunfermline, Écosse, 1932), 150–159. — J.-E. Roy, *Hist. de Lauzon*, 5 : 162–164. — P.-G. Roy, *Glanures lévisiennes* (4 vol., Lévis, Québec, 1920–1922), 1 : 33–35 ; *Profils lévisiens* (2 sér., Lévis, 1948), 2 : 74–75. — « Historique du chantier », *l'Écho maritime* (s.l.), févr. 1945. — Denis Masse, « Québec, berceau de l'industrie de la construction maritime au Canada », *le Soleil* (Québec), 2 nov. 1957 : 40, 42. — « Naissance de la Davie : tout commence par un mariage », Canada Steamship Lines, *le Monde* (s.l.), 2 (1976), n° 3 : 8.

DAVIS, ROBERT, fermier, auteur et patriote, né vers 1800 dans le comté de Cavan (république d'Irlande), fils de Hugh Davis ; il épousa une prénommée Rosina, et ils eurent plusieurs enfants ; décédé en juillet 1838 dans le canton de Malden, Haut-Canada.

En 1819, le fermier irlandais Hugh Davis partit pour l'Amérique du Nord avec sa nombreuse famille. Il s'établit dans le canton de Nissouri, dans le district haut-canadien de London. En 1824, le Conseil exécutif accepta que son fils Robert reçoive une terre à côté de la sienne. Robert réussit assez bien comme fermier, il se maria, éleva une famille et devint, selon les mots de William Proudfoot*, « un fervent méthodiste – un prédicateur ».

Debartzch

L'existence de Robert Davis ne se déroula cependant pas sans conflits. En 1837, par suite de démêlés d'origine inconnue avec les autorités, il comparut avec d'autres devant la Cour des sessions trimestrielles. Déjà réformiste, il dut sortir de cette expérience avec la conviction encore plus profonde qu'une petite clique régentait la province en persécutant ses adversaires et en s'emplissant les poches. Toujours en 1837, soit dans l'année qui suivit un voyage aux États-Unis, il publia *The Canadian farmer's travels* [...] dans lequel il énumérait les doléances réformistes. Méthodiste wesleyen, il reprochait à son Église d'accepter des subventions gouvernementales et aux chefs de celle-ci d'avoir fait une alliance avec le lieutenant-gouverneur sir Francis Bond Head* aux élections décisives de 1836. En outre, il comparait les beautés et les avantages économiques de la liberté américaine avec le triste état des affaires haut-canadiennes. Selon lui, si les réformistes voulaient avoir une chance de sortir un jour le Haut-Canada de l'ornière, ils devaient se mettre tout de suite à la tâche. En supposant que Head continue sur sa lancée, poursuivait-il, « les réformistes [...] se réveilleront et se vengeront des torts qu'on leur aura infligés [...] Une fois le lion tiré de son sommeil, qui pourra le rendormir en le berçant ? » De toute évidence, le livre de Davis, dont William Lyon Mackenzie* publia des extraits dans son journal torontois, le *Constitution,* contribua à créer le sentiment d'urgence et l'atmosphère de crise qui rendirent possibles les rébellions de 1837.

Au cours de l'été de 1837, Mackenzie et ses alliés commencèrent à former des cellules politiques et à préparer un grand congrès réformiste. Dans l'ouest de la province, leur campagne d'organisation déboucha, en octobre, sur le rassemblement d'un millier de réformistes près de London. À cette occasion, Davis s'adressa à la foule. Le mois suivant, l'auditoire d'une réunion tenue dans le canton de West Oxford le choisit comme délégué en prévision du congrès.

À la fin de novembre, à Toronto, Mackenzie conclut que le moment était venu de se rebeller. Il organisa en vitesse un soulèvement que les autorités réprimèrent sans peine, mais l'un des correspondants de Davis, Charles Duncombe*, député de la circonscription d'Oxford, entendit dire le contraire. Il résolut donc de rassembler des rebelles près de Brantford pour profiter de la situation et prévenir l'arrestation éventuelle des réformistes locaux. À la mi-décembre, le colonel Allan Napier MacNab* dispersa son groupe.

Peu après, dans le canton de Nissouri, Davis commença à organiser la résistance contre les miliciens de London et des environs, qui cherchaient à « saisir des armes pour le service de la reine ». Bientôt cependant il s'enfuit vers l'ouest, à Detroit, afin d'échapper à la colère des autorités. Selon le greffier du district, John Baptist Askin*, qui le tenait pour un insensé et un poltron « de la pire espèce », on l'aurait libéré sous caution, et non emprisonné, s'il s'était rendu.

À Detroit, Davis rejoignit vite les réfugiés haut-canadiens et les Américains qui se préparaient à défendre la cause de la liberté en envahissant la province. Après avoir volé des armes à la prison municipale, ces patriotes s'assemblèrent le long de la rivière Detroit. Le 6 janvier 1838, ils commencèrent leur « invasion » en tentant de prendre possession de plusieurs îles haut-canadiennes. Peu d'entre eux avaient déjà suivi un entraînement, et Davis, qui n'avait aucune expérience de la navigation, assuma le commandement du *Anne* jusqu'à ce qu'Edward Alexander Theller* prenne la relève. Toutefois, Theller n'était pas plus qualifié que lui et, le 9, le navire échoua près de la côte du Haut-Canada. Les miliciens du colonel Thomas Radcliff le prirent d'assaut et capturèrent 21 hommes, dont Theller et Davis.

Blessé grièvement par balle à la cuisse et au bras, Robert Davis fut emmené au fort Malden, à Amherstburg. Il y écrivit, dit-on, une lettre à plusieurs patriotes, dont son jeune frère Hugh, pour les convaincre d'abandonner leurs projets d'invasion. En juillet, après des mois d'agonie, il rendit son dernier souffle. Après sa mort, le redoutable colonel John Prince* nota : « c'était un rebelle intelligent et courageux, quoique très désespéré, et il tint bon jusqu'à la fin ». Dans *Canada in 1837–38* [...], paru en 1841, Theller rendit hommage à son camarade défunt, dont la bravoure avait manifestement imposé le respect à ses ennemis aussi bien qu'à ses amis.

COLIN FREDERICK READ

Robert Davis est l'auteur de : *The Canadian farmer's travels in the United States of America, in which remarks are made on the arbitrary colonial policy practised in Canada, and the free and equal rights, and happy effects of the liberal institutions and astonishing enterprise of the United States* (Buffalo, N.Y., 1837).

APC, RG 5, A1 : particulièrement 98408–98411, 98951, 99468, 111098 ; B36, 1–2. — *Rebellion of 1837* (Read et Stagg). — E. A. Theller, *Canada in 1837–38* [...] (2 vol.), Philadelphie et New York, 1841). — Read, *Rising in western U.C.* — J. J. Talman, « The value of crown lands papers in historical research, with an illustration of their use », SRC *Mémoires*, 3e sér., 30 (1936), sect. II : 131–136.

DEBARTZCH, PIERRE-DOMINIQUE, seigneur, avocat, homme politique, officier de milice, fonctionnaire et propriétaire de journaux, né le 22 septembre 1782 à Saint-Charles-sur-Richelieu, Québec, fils de Dominique Debartzch, négociant, et de Marie-Josephte Simon, dit Delorme ; décédé le 6 septembre 1846 à Saint-Marc, sur le Richelieu, Bas-Canada, et inhumé trois jours plus tard à Saint-Charles-sur-Richelieu.

L'ancêtre de Pierre-Dominique Debartzch, Dominicus Bartzsch, était originaire de la paroisse catholique de Sainte-Marie, à Danzig (Gdańsk, Pologne). On ne sait à quel moment exactement il était venu s'établir en Nouvelle-France, mais la première mention de sa présence remonte à 1752. Le 16 avril de cette année-là, Bartzsch, marchand-pelletier, avait signé à Montréal un contrat de mariage avec Thérèse Filiau, dit Dubois, fille de François Filiau, dit Dubois, marchand-menuisier. Après un certain temps, Bartzsch avait commencé à écrire son nom Bartzch et il y avait bientôt ajouté la particule de, d'où le nom de Bartzch ou Debartzch, selon l'usage des Polonais qui prétendaient faire partie de la noblesse et qui vivaient dans un milieu francophone.

Fils unique, Pierre-Dominique fait des études au Harvard College, à Boston. Puis, le 28 mars 1800, il passe un brevet de cléricature avec Denis-Benjamin Viger*. Déjà orphelin de père, il est accompagné à la ratification de cet acte de son oncle et tuteur, Hyacinthe-Marie Simon, dit Delorme, futur député de la circonscription de Richelieu à la chambre d'Assemblée du Bas-Canada de 1808 à 1814. Dès cette époque, Debartzch commence à acquérir des propriétés foncières. En 1802, il prête foi et hommage pour une partie de la seigneurie de Saint-Hyacinthe. Admis au barreau le 9 juillet 1806, il part le mois suivant en voyage pour l'Europe.

De retour au Bas-Canada en 1807, Debartzch ne tarde pas à se lancer dans la politique. En 1809, il est élu en compagnie de Louis-Joseph Papineau* député de la circonscription de Kent à la chambre d'Assemblée. L'année suivante, on le réélit codéputé de la même circonscription avec Papineau. À la chambre d'Assemblée, il se range du côté du parti canadien et soutient la cause de la réforme. En 1811, le partage de la seigneurie de Saint-Hyacinthe est arrêté et Debartzch hérite des trois huitièmes de la seigneurie [V. Jean Dessaulles*], qui lui valent 88 420 arpents de terre. Durant la guerre de 1812, il sert en qualité de capitaine dans le 5e bataillon de la milice d'élite incorporée du Bas-Canada. En octobre 1813, il commande une compagnie à la bataille de Châteauguay [V. Charles-Michel d'Irumberry* de Salaberry] où il montre sa bravoure et ses qualités de chef militaire. John Douglas Borthwick* écrit à ce sujet : « Tous accomplirent leur devoir [avec courage] et noblesse alors, mais une mention spéciale doit être accordée aux capitaines Ferguson [George Richard Ferguson], de Bartzch et Levesque [Marc-Antoine-Louis Lévesque]. »

Le 17 janvier 1814, Debartzch abandonne ses fonctions de député pour aller siéger comme membre du Conseil législatif, charge qu'il occupera jusqu'au 27 mars 1838. C'est certainement une distinction, surtout si l'on note que le président de la chambre d'Assemblée, Jean-Antoine Panet*, y sera nommé en 1815 et qu'un siège de conseiller sera offert à Papineau sept ans plus tard. Le 7 juin 1815, Debartzch est nommé avec Thomas McCord* et Louis-René Chaussegros* de Léry commissaire chargé de l'amélioration des communications intérieures dans la région de Montréal. Le 25 juillet de la même année, il épouse à Saint-Ours Josette, fille de Charles de Saint-Ours*, son collègue au Conseil législatif et l'un des plus riches seigneurs canadiens de l'époque, et de Josette Murray, nièce de l'ancien gouverneur James Murray*. En 1818, Debartzch prononce au Conseil législatif un discours à l'appui de la proposition de la chambre d'Assemblée qui demandait la transformation du Conseil législatif en une haute cour habilitée à instruire le procès du juge Louis-Charles Foucher, de Montréal, accusé d'avoir prévariqué dans l'exercice de ses fonctions. Le 31 mai 1819, Debartzch est nommé commissaire chargé d'examiner les titres et les réclamations des propriétaires fonciers de la seigneurie de La Salle, dans le canton de Sherrington.

En 1822, Debartzch prend une part active au vaste mouvement de protestation qui s'organise contre le projet d'union du Bas et du Haut-Canada [V. Denis-Benjamin Viger]. Le 7 octobre de cette année-là, la première assemblée antiunioniste a lieu à Montréal. Les membres présents nomment un comité composé de 18 des plus importants citoyens de la ville et de la région de Montréal, parmi lesquels figurent notamment Saint-Ours, Debartzch, Irumberry de Salaberry et Papineau. Ce comité a pour but de procéder au choix des délégués qui doivent porter en Angleterre les requêtes dénonçant le projet d'union. Michel Bibaud* dit dans sa chanson intitulée *les Orateurs canadiens* :

> L'Aréopage,
> Malgré lui, me dit-on,
> Envoie un sage,
> Ici, donner le ton :
> Ah ! c'est D... [Debartzch],
> C'est l'orateur profond.

C'est une allusion à l'intervention de Debartzch contre le projet d'union. Le même jour, les citoyens de Montréal donnent un banquet dit constitutionnel à deux hôtes d'honneur, soit Debartzch, représentant du Conseil législatif, et Papineau, représentant de la chambre d'Assemblée.

Soucieux d'agrandir son domaine foncier, Debartzch se porte acquéreur par adjudication en 1826 de la seigneurie de Saint-François, appelée aussi seigneurie de Saint-Charles. Ses préoccupations de seigneur ne l'empêchent pas de rester un partisan de la réforme. En 1830, il préside à Saint-Charles-sur-Richelieu une assemblée qui réunit les principaux habitants des comtés de Richelieu, de Verchères, de Saint-Hyacinthe, de Rouville et de Chambly ; cette assemblée adopte des propositions qui visent la ré-

Debartzch

forme du Conseil législatif et du Conseil exécutif. En 1832, il préside, conjointement avec Louis Bourdages*, une assemblée des mêmes cinq comtés, qui adopte à l'unanimité 21 propositions contenant en germe les Quatre-vingt-douze Résolutions [V. Elzéar BÉDARD], et dont la principale réclame la suppression du pouvoir du président de l'exécutif de nommer les conseillers législatifs.

Pour promouvoir la lutte constitutionnelle, Debartzch fonde en 1833 à Saint-Charles-sur-Richelieu *l'Écho du pays,* un journal d'opposition au régime gouvernemental rédigé d'abord par le Français Alfred-Xavier Rambau*. D'après *le Populaire* de Montréal du 18 octobre 1837, des articles révolutionnaires ont été publiés dans ce journal. Debartzch, qui n'en est pas l'auteur, se prononce contre ces articles et refuse de maintenir son appui au journal qui cessera de paraître en 1836. Cette année-là, il crée dans le même village le périodique *le Glaneur* et il en confie la rédaction à Jean-Philippe Boucher-Belleville*. Ce journal, qui traite surtout d'agriculture, connaît une existence éphémère, puisqu'il publiera son dernier numéro en septembre 1837.

Depuis 1835, Debartzch entretient par ailleurs une correspondance « journalière », comme la décrit Charles-Ovide Perrault, député de la circonscription de Vaudreuil à la chambre d'Assemblée, avec le gouverneur lord Gosford [ACHESON]. Le 22 août 1837, il est nommé au Conseil exécutif où il siégera jusqu'au 10 février 1841. Cette nomination semble indiquer chez lui un changement d'attitude politique, qui entraîne, entre autres, sa condamnation par *la Minerve,* organe des patriotes. Toutefois, cette nomination fait en sorte que les Canadiens se trouvent à égalité avec les conseillers anglophones.

Pendant la rébellion, Debartzch doit cependant quitter Saint-Charles-sur-Richelieu pour gagner Montréal avec sa famille. *Le Canadien* du 22 novembre 1837 relate que des hommes armés ont cerné sa maison et l'ont mise à sac. Debartzch réclamera plus tard une indemnité de 26 000 $ au gouvernement pour les pertes matérielles qu'il a subies pendant la rébellion. Entre-temps, en 1841, il a acquis la seigneurie de Cournoyer, qui occupe le territoire de ce qui deviendra plus tard la municipalité de Saint-Marc, où il semble qu'il se soit retiré avec sa femme et ses enfants.

Pierre-Dominique Debartzch meurt le 6 septembre 1846 à Saint-Marc, à l'âge de 63 ans. Il sera inhumé trois jours plus tard sous le banc seigneurial de l'église de Saint-Charles-sur-Richelieu. Jean-Jacques Lefebvre, dans une biographie publiée dans la *Revue trimestrielle canadienne* de Montréal, écrit : « En lui disparaissait l'un des personnages les plus remarquables et les plus honnêtes de la première moitié du XIXe siècle au Canada. » Debartzch et sa femme ont eu quatre filles. Elmire et Caroline épousent respectivement Lewis Thomas Drummond* et Samuel Cornwallis Monk, deux avocats de Montréal, tandis que Cordelia et Louise se marient avec deux exilés polonais, Édouard-Sylvestre de Rottermund* et Alexandre-Édouard Kierzkowski*, qui laisseront leur marque dans la province du Canada.

LUDWIK KOS RABCEWICZ ZUBKOWSKI

Pierre-Dominique Debartzch serait l'auteur de *Vie politique de Mr... ex-membre de la chambre d'Assemblée du B.C.* [...] ([Québec, 1811]).

Son discours prononcé au Conseil législatif en 1818 a été reproduit dans Christie, *Hist. of L.C.* (1866), 6 : 348–352.

ANQ-M, CE2-10, 23 sept. 1782, 9 sept. 1846 ; CE3-6, 25 juill. 1815 ; CN1-16, 28 mars 1800 ; CN1-134, 10 avril 1841 ; CN1-313, 23 sept. 1811 ; CN2-27, 23 juill. 1815. — APC, MG 30, D1, 10 : 72–87 ; RG 4, B8 : 6491–6494 ; RG 68, General index, 1651–1841 ; 1841–1867. — Michel Bibaud, *Épître, satires, chansons, épigrammes et autres pièces de vers* (Montréal, 1830). — «Lettres de 1835 et de 1836», Alfred Duclos De Celles, édit., SRC *Mémoires,* 3e sér., 7 (1913), sect. I : 174. — *La Gazette de Québec,* 8 juin 1815. — *La Minerve,* 7 sept. 1846. — F.-J. Audet, «les Législateurs du B.-C.». — Beaulieu et Hamelin, *la Presse québécoise,* 1 : 76–79, 91–92. — F.-M. Bibaud, *le Panthéon canadien* (1858), 76–78 ; (A. et V. Bibaud, 1891), 68. — Borthwick, *Hist. and biog. gazetteer,* 44, 46–48, 68, 214. — Desjardins, *Guide parl.* — *Dictionnaire historique et géographique du Canada* (Montréal, 1885), 28. — H. J. Morgan, *Sketches of celebrated Canadians,* 357. — *Officers of British forces in Canada* (Irving). — P.-G. Roy, *Inv. concessions,* 4 : 97–98, 101 ; 5 : 66–68. — Turcotte, *le Conseil législatif,* 18, 77. — Wallace, *Macmillan dict.* — Barthe, *Souvenirs d'un demi-siècle,* 359. — T.-P. Bédard, *Histoire de cinquante ans (1791–1841), annales parlementaires et politiques du Bas-Canada, depuis la Constitution jusqu'à l'Union* (Québec, 1869), 29, 295–296. — Chapais, *Cours d'hist. du Canada,* 2 : 268 ; 3 : 121–122 ; 4 : 59, 114, 188–189. — C.-P. Choquette, *Histoire de la ville de Saint-Hyacinthe* (Saint-Hyacinthe, Québec, 1930), 117–119, 124, 130–132 ; *Histoire du séminaire de Saint-Hyacinthe depuis sa fondation jusqu'à nos jours* (2 vol., Montréal, 1911–1912), 1 : 154, 170–171. — Christie, *Hist. of L.C.* (1866), 4 : 422 ; 6 : 352–358. — Azarie Couillard-Després, *Histoire de la seigneurie de Saint-Ours* (2 vol., Montréal, 1915–1917), 2 : 74–76, 221. — [François Daniel], *Histoire des grandes familles françaises du Canada ou Aperçu sur le chevalier Benoist et quelques familles contemporaines* (Montréal, 1867), 422. — David, *Patriotes,* 37–38. — F.-X. Garneau, *Histoire du Canada depuis sa découverte jusqu'à nos jours,* Hector Garneau, édit. (8e éd., 9 vol., Montréal, 1944–1946), 7 : 184 ; 8 : 145. — Ludwik Kos-Rabcewicz-Zubkowski, *The Poles in Canada* (Ottawa et Montréal, 1968), 10, 18–22, 27, 162. — Benjamin Sulte, *Histoire des Canadiens-français, 1608–1880* [...] (8 vol., Montréal, 1882–1884), 8 : 72. — Claude de Bonnault, «Généalogie de la famille de Saint-Ours : Dauphiné et Canada», *BRH,* 56 (1950) : 106–107. — J.-J. Lefebvre, «les Députés de Chambly, 1792–1967», *BRH,* 70 (1968) : 11–12 ; «Pierre-Dominique Debartzch», *le Devoir* (Montréal), 30 oct. 1939 : 6 ; «Pierre-Dominique Debartzch, 1782–1846», *Rev. trimestrielle canadienne,* 27 (1941) : 179–200.

DEBLOIS, STEPHEN WASTIE, homme d'affaires, fonctionnaire et homme politique, né le 16 janvier 1780 à New York, fils aîné de George Deblois et de Sarah Deblois* ; il eut deux fils et une fille avec Jane Catherine Witham, qu'il épousa par la suite ; décédé le 26 décembre 1844 à Halifax.

Le père de Stephen Wastie Deblois, Anglais d'ascendance huguenote, quitta Oxford en 1761 et s'établit à Salem, au Massachusetts, à titre de marchand général. Forcé de fuir cette ville en 1775 à cause de ses convictions loyalistes, il trouva refuge à Halifax pour s'installer ensuite, en 1777, à New York, toujours comme marchand. Vers la fin de la guerre, il retourna à Halifax, rouvrit un commerce et commença à se tailler une place dans l'oligarchie locale ; ainsi on le choisit comme juge de paix en 1793. Sa mort prématurée, en 1799, plongea sa famille dans les difficultés, mais Sarah Deblois reprit en main son entreprise. Probablement Stephen y travaillait-il déjà quand, en 1808, des annonces parues dans les journaux le reconnurent pour la première fois comme chef de l'entreprise.

On ignore quelles études Stephen avait faites et quelle formation il avait reçue en affaires mais, de toute évidence, il avait l'étoffe d'un marchand accompli. La prospérité que Halifax connut dans la dernière phase des guerres napoléoniennes l'aida sans aucun doute à prendre un bon départ. En 1814, tandis que les butins de guerre inondaient le marché local, il se spécialisa dans la vente aux enchères. Une fois la paix revenue, il demeura encanteur mais se mit plutôt à offrir des comestibles et autres produits analogues importés des États-Unis. Ses méthodes, radicalement nouvelles sur le marché haligonien, irritaient les marchands plus conformistes : ils se plaignaient que les encanteurs leur livraient une concurrence déloyale puisqu'ils avaient besoin de peu de capital et agissaient en fait pour le compte de marchands de l'extérieur de la province. Néanmoins, Deblois persista, si bien qu'au début des années 1820 le volume annuel de ses ventes dépassait les £10 000.

Deblois eut des associés tout au long de sa carrière. En 1816, il recruta le premier d'entre eux, William Bowie, qui fournit probablement le capital et les relations nécessaires pour survivre à la dislocation qui frappa le commerce d'après-guerre. Bowie devait toutefois mourir en 1819, des suites d'un duel contre Richard John Uniacke* fils. Deblois s'associa alors à William Minet Deblois, son frère, puis à Samuel Mitchell, et enfin à James W. Merkel. Au milieu des années 1840, il était l'associé principal d'une entreprise dont l'actif, supérieur à £25 000, lui appartenait aux deux tiers. Il comptait parmi les plus grands propriétaires du front de mer de Halifax et accroissait ses revenus en faisant des prêts sur hypothèque. L'une de ses plus grosses transactions fut un prêt de £9 000 consenti au début des années 1840 à Samuel Cunard*, alors menacé de faillite.

Le fait que Deblois fut élu à la Halifax Chamber of Commerce et qu'il remplit un mandat à titre de vice-président témoigne de son importance dans le milieu des affaires. Il investit dans des entreprises comme la Halifax East India Company, la Shubenacadie Canal Company, l'Albion Fire Insurance Company, la Nova Scotia Marine Insurance Company et la Banque de l'Amérique septentrionale britannique et fit partie de leur conseil d'administration. Au fil de sa carrière commerciale, il accumula des charges publiques ou des postes honorifiques, tels ceux de commissaire du terrain communal de Halifax, commissaire des cimetières publics, secrétaire de la Cour de vice-amirauté et vice-président de la St George's Society. De plus, on l'élit une fois député du canton de Halifax à la chambre d'Assemblée.

La controverse qui demeure associée au nom de Deblois résulta, pour l'essentiel, de sa présence en chambre à une époque où l'agitation réformiste prenait de l'ampleur. Choisi candidat par l'oligarchie de Halifax aux élections de 1830, il fit la lutte au député sortant, Beamish Murdoch*, avocat alors associé à la cause réformiste. Des actes de violence et des harangues passionnées marquèrent la campagne ; pour Murdoch, les loyalistes étaient « la lie des États-Unis » et avaient « fui dettes et embarras » par « prétendue » fidélité à la couronne. Après une écrasante victoire, Deblois se distingua vite en chambre par le ton agressif et esbrouffeur sur lequel il défendait les droits acquis. Partisan enthousiaste du progrès par la construction de canaux et la navigation à vapeur, il soutenait que les monopoles et privilèges étaient essentiels au développement économique de la Nouvelle-Écosse. Ainsi, bien que favorable à une banque et au papier-monnaie, il s'opposa à la constitution de la Bank of Nova Scotia : imposer une concurrente à la Halifax Banking Company, disait-il, menacerait la stabilité des affaires. De même, il arguait que Halifax, « cœur et âme du pays », ne devait pas perdre son droit exclusif de gérer l'importation de marchandises étrangères grâce à sa qualité d'unique port franc de la province. Pendant la crise économique régionale du milieu des années 1830, qui exacerba les revendications politiques, il attribua les problèmes commerciaux aux contrebandiers des petits villages de pêcheurs et invita la population à demeurer fidèle à l'élite traditionnelle.

À l'époque des élections de 1836, la masse de plus en plus nombreuse de réformistes que comptait Halifax détestait Deblois. Il était réputé réactionnaire, et le fait que son frère travaillait dans l'administration municipale, corrompue, le rendait encore plus odieux. Au cours d'une assemblée publique tenue pour réviser l'éligibilité des candidats, on hua et rejeta son nom. Même parmi l'oligarchie certains avaient fini par constater que son extrême partisanerie en faisait un objet de risée. Absent de l'Assemblée, il ne cessa pas pour autant toute activité politique. À la fin des années

Decoigne

1830 et au début des années 1840, il continua de s'opposer à tout changement constitutionnel et consacra une part de son argent et de son influence au soutien d'une résistance d'arrière-garde à la venue d'un gouvernement responsable.

Deblois conserva jusqu'à la fin de sa vie une place de choix parmi l'élite commerçante et mondaine de Halifax. Sa résidence de 13 pièces, rue Gottingen, qui valait environ £1 000 et contenait des meubles et des effets estimés à plus de £400, était tout à fait celle d'un bourgeois de bon ton. Ses dépenses de ménage, y compris la location d'un banc à l'église anglicane St George, un abonnement à la Halifax Library et des leçons de maintien pour les enfants, excédaient chaque année les £400. Son testament donne un autre indice du niveau de vie de l'élite haligonienne : il avait prévu que chacun de ses deux fils toucherait £3 000 à sa majorité, sa fille £2 000 et sa femme, un douaire de £1 500. Ce n'étaient pas là de vaines promesses, puisque la succession s'éleva à plus de £23 000.

D'après une notice nécrologique, Stephen Wastie Deblois avait « un tempérament quelque peu excentrique », remarque qui fait soupçonner qu'il n'était pas attachant. Il heurtait sûrement les membres du mouvement réformiste et pouvait même, quand cela servait ses desseins, déconcerter ceux de l'establishment de Halifax. L'irrégularité de sa vie privée devait susciter des commentaires, d'autant plus qu'en ces temps la classe moyenne accordait de plus en plus de prix à la respectabilité. Bref, Deblois était, semble-t-il, une espèce de renégat, un homme davantage guidé par des motifs égoïstes et par l'ambition que par quelque pensée cohérente. Néanmoins, sa carrière permet de comprendre les divers courants de changement qui animèrent la Nouvelle-Écosse au début du XIXe siècle.

DAVID A. SUTHERLAND

Halifax County Court of Probate (Halifax), Estate papers, D33 ; n° 113 (mfm aux PANS). — Halifax County Registry of Deeds (Halifax), Deeds, 71 : f°s 323, 325 (mfm aux PANS). — PANS, MG 1, 55, n°s 1237, 1357 ; RG 1, 171 : f° 61 ; 173 : f° 265 ; 174 : f° 269 ; 244, n° 103 ; 289, n° 122 ; 314, n° 26. — PRO, CO 217/101 : 50. — N.-É., House of Assembly, *Journal and proc.*, 18 janv. 1821, 25 févr. 1822. — *Acadian Recorder*, 1er juin 1816, 13 mars, 18 sept. 1830, 4 mars, 9 sept. 1837. — *Halifax Journal*, 17 juill. 1820. — *Halifax Morning Post & Parliamentary Reporter*, 31 oct. 1843, 28 déc. 1844. — *Novascotian*, 15–23 sept. 1830, 23 févr. 1832, 18 avril 1833, 23 janv., 13–20 mars 1834, 30 juill. 1835, 18 févr., 17 nov. 1836, 2 avril 1840. — *Nova-Scotia Royal Gazette*, 30 juill. 1799, 14 févr. 1827. — *Times* (Halifax), 30 mars 1841, 30 janv., 31 déc. 1844. — *Belcher's farmer's almanack*, 1824–1844 . — W. E. Boggs, *The genealogical record of the Boggs family, the descendants of Ezekiel Boggs* (Halifax, 1916). — A. W. H. Eaton, « Old Boston families, number one : the De Blois family », *New England Hist. and Geneal. Reg.* (Boston), 67 (1913) : 6–13. — E. A. Jones, *The loyalists of Massachusetts : their memorials, petitions and claims* (Londres, 1930). — Wallace Brown, *The king's friends : the composition and motives of the American loyalist claimants* (Providence, R.I., 1965).

DECOIGNE (De Couagne, Couagne, Coigne, De Coigne, Du Coigne), PIERRE-THÉOPHILE, notaire et patriote, né le 13 mars 1808 à Saint-Philippe-de-Laprairie, Bas-Canada, fils de Louis Decoigne et de Marguerite Bezeau ; en 1832, il épousa Mary McCabe, et ils eurent deux enfants ; décédé le 18 janvier 1839 à Montréal.

Pierre-Théophile Decoigne appartenait à une famille d'origine noble. Selon l'historien Claude de Bonnault, Charles de Couagne*, maître d'hôtel du gouverneur Frontenac [Buade*] et premier membre de la famille à s'établir en Nouvelle-France, était un enfant naturel originaire de Clion, dans le Berry. Il se livra au commerce des fourrures et devint l'un des plus riches marchands de la colonie. L'un de ses fils, Jean-Baptiste de Couagne*, mena une carrière d'officier et d'ingénieur militaire à Louisbourg, île Royale (île du Cap-Breton), tandis que ses autres fils suivirent avec des succès inégaux l'exemple du père. Il est certain que vers 1780 la famille Decoigne avait perdu de son poids dans la société québécoise. Ce déclin se continuera par la suite.

Fils d'un notaire, capitaine d'une compagnie des Chasseurs de L'Acadie pendant la guerre de 1812, Pierre-Théophile marche sur les pas de son père. Après avoir fait des études au petit séminaire de Montréal, il poursuit, semble-t-il, un stage de clerc dans le bureau de son beau-frère, Jean-Baptiste Lukin. Reçu notaire le 7 octobre 1837, il s'installe à Napierville. Son frère Louis-Mars, admis à la profession en 1827, a pris la relève de leur père à Sainte-Marguerite-de-Blairfindie (L'Acadie, Québec) à la mort de ce dernier en 1832.

Très tôt, Pierre-Théophile, Louis-Mars et leur jeune frère Olivier sont associés au mouvement patriote et mêlés de près aux événements révolutionnaires de 1837–1838. En 1837, c'est Louis-Mars qui semble être le plus actif de tous. Après l'assemblée des six comtés, à Saint-Charles-sur-Richelieu, où on décida de révoquer les officiers de milice et les juges de paix nommés par le gouvernement, il décore sa maison de drapeaux à l'enseigne patriote et prend une part active aux charivaris contre les bénéficiaires de commissions du gouvernement, en particulier contre Dudley Flowers, Nelson Mott et Timoléon Quesnel. Chef des patriotes de Sainte-Marguerite-de-Blairfindie, il se tient alors dans le sillage de Cyrille-Hector-Octave CÔTÉ, médecin de Napierville, et de Lucien GAGNON, cultivateur de Pointe-à-la-Mule (Saint-Valentin). Cependant, le 28 novembre 1837, Quesnel annonce qu'il a procédé à l'arrestation de Louis-Mars Decoigne et de François Ranger qui tentaient de gagner les États-Unis. Libéré en juillet 1838 moyennant un cautionnement de £1 000, Louis-

Mars participe à la préparation de la seconde insurrection.

Pierre-Théophile joue un rôle important dans les préparatifs de ce soulèvement. En septembre 1838, a lieu son assermentation à Champlain, dans l'état de New York, à titre de membre de l'Association des frères-chasseurs. Plus tard, il avouera son intention d'infiltrer cette société secrète et d'informer le gouvernement de ses activités. Pourtant, il sera l'un des chefs les plus redoutés de la paroisse Saint-Cyprien, à Napierville. Il propose même de confisquer les biens de François-Xavier Malhiot*, seigneur de Contrecœur. Dans le cadre du plan qui devait regrouper les patriotes de 17 paroisses afin d'aller s'emparer le 3 novembre au soir de William Henry (Sorel), Decoigne est chargé de rassembler la veille les habitants de Verchères, de Saint-Ours et de Contrecœur. À ceux qui seraient tentés de rester neutres, il dira : « ceux qui refuseront de marcher verront leurs propriétés brûlées et seront traités comme leurs plus cruels ennemis ».

À la seconde insurrection, le 3 novembre 1838, Decoigne figure parmi les chefs d'une troupe de 400 à 500 patriotes. Il commande « avec beaucoup d'activité et de dureté, frappant sur ceux qui ne se hâtoient pas d'obéir », selon Jean-Baptiste Fredette. Comme des défauts d'organisation empêchent la réussite du plan, le colonel Édouard-Élisée Malhiot* délègue Decoigne auprès d'Eugène-Napoléon Duchesnois et de Louis-Adolphe Robitaille, respectivement médecin et notaire de Varennes, afin de les prévenir que l'attaque est reportée. Il leur recommande Decoigne en ces termes : « Le porteur est l'homme le plus fiable, vous pouvez communiquer avec lui. »

Le 4 novembre 1838, Pierre-Théophile Decoigne se retrouve comme la plupart des patriotes des paroisses avoisinantes au camp de Napierville à titre de capitaine. Il fait également partie du groupe d'hommes qui affrontent les volontaires bureaucrates à Odelltown le 9 novembre. Il y est en fait capitaine d'une compagnie qui « tire à plusieurs reprises », affirme un témoin. Après cette journée désastreuse pour la cause patriote, Decoigne retourne à Napierville. Le 11 novembre 1838, ses frères Louis-Mars et Olivier réussissent à franchir la frontière. Pierre-Théophile n'a pas la même chance. Il tente à son tour de gagner les États-Unis, mais il est arrêté. Au cours de son interrogatoire, Decoigne mentionne avoir la « Réputation d'Être Bureaucrate » et ajoute : « Aussitôt rendu à champ de bataille, je pris un poste hors de danger et y demeurai jusqu'à la fin sans donner aucun ordre à qui que ce soit. » Le 2 janvier 1839, il est toutefois condamné à mort par un conseil de guerre et, le 18 janvier suivant, il est pendu. Sa veuve sera indemnisée en partie en 1852 des pertes matérielles que son mari et elle avaient subies pendant la rébellion.

FERNAND OUELLET

Le minutier de Pierre-Théophile Decoigne, qui contient des actes passés en 1837 et 1838, est conservé aux AC, Beauharnois (Valleyfield).

ANQ-M, CE1-54, 13 mars 1808. — ANQ-Q, E17/6, nᵒˢ 76a, 77 ; E17/7, nᵒˢ 92–93, 103–109, 128, 146 ; E17/10, nᵒ 402 ; E17/19, nᵒˢ 1236–1237 ; E17/25, nᵒˢ 1732–1732b, 1736, 1753 ; E17/32, nᵒˢ 2510–2511 ; E17/33, nᵒˢ 2654a, 2655–2656, 2658 ; E17/34, nᵒˢ 2675, 2700–2703, 2705, 2708, 2755 ; E17/35, nᵒ 2787 ; E17/37, nᵒ 2985 ; E17/39, nᵒ 3114 ; E17/51, nᵒˢ 4111–4120. — APC, RG 4, B8 : 5205–5207. — Canada, prov. du, Assemblée Législative, *App. des journaux*, 1852–1853, app. VV. — « Papiers Duvernay », *Canadian Antiquarian and Numismatic Journal*, 3ᵉ sér., 7 : 83–86, 92–94. — *Report of state trials*, 1 : 150–215. — *Officers of British forces in Canada* (Irving). — Tanguay, *Dictionnaire*, 3 : 269–270. — J. D. Borthwick, *History of the Montreal prison from A.D. 1784 to A.D. 1886* [...] (Montréal, 1886), 90. — David, *Patriotes*, 222. — Louise Dechêne, *Habitants et Marchands de Montréal au XVIIᵉ siècle* (Paris et Montréal, 1974), 205. — Maurault, *le Collège de Montréal* (Dansereau ; 1967). — S.-A. Moreau, *Histoire de L'Acadie, province de Québec* (Montréal, 1908), 116–117. — Claude de Bonnault, « les Coigne du Berry en Canada », *BRH*, 46 (1940) : 276–284. — J.-J. Lefebvre, « les De Couagne (Decoigne) », SGCF *Mémoires*, 25 (1974) : 214–227.

DELORME, CHARLES-SIMON, menuisier, charpentier, entrepreneur de construction et propriétaire foncier, né le 14 juin 1769 à Montréal, fils de Charles-Simon Delorme et de Catherine Roy ; le 22 novembre 1802, il épousa au même endroit Marie-Marguerite Dufresne, fille de François Dufresne, menuisier ; décédé le 9 juin 1837 dans sa ville natale.

Charles-Simon Delorme étudia au collège Saint-Raphaël à Montréal de 1783 à 1784. Par la suite, il fit probablement un stage d'apprenti avec un maître artisan comme c'était la coutume à l'époque, notamment parmi les métiers de la construction. Dès 1794, il était propriétaire d'un petit atelier dans le faubourg Saint-Laurent où il travaillait seul à fabriquer des portes et des fenêtres afin de fournir les quelques entrepreneurs de Montréal. À partir de 1800, il délaissa cette production peu lucrative pour se consacrer essentiellement à la construction d'immeubles.

Profitant de la croissance démographique que connaissait Montréal au début du XIXᵉ siècle, Delorme mit en chantier plus de 96 maisons et 30 édifices durant sa carrière d'entrepreneur qui s'étendit de 1800 à 1830. Au début, il participa de près à la plupart des étapes dans l'exécution des travaux, mais recourut à l'occasion à quelques travailleurs à gages afin de respecter les délais de livraison exigés par ses clients. À la suite de l'essor rapide de son entreprise, il put se consacrer à l'organisation du procès de travail sur les chantiers et abandonna peu à peu les tâches manuelles, sauf celles qui consistaient à dresser les solives soutenant la charpente des bâtiments. Ainsi, l'embauche de la main-d'œuvre, l'approvisionnement en

Delorme

matériaux et la gestion des affaires courantes devinrent ses principales préoccupations au fil des années. En général, les chantiers de Delorme requéraient la présence d'un maçon, de trois à cinq scieurs de long et d'une demi-douzaine de charretiers. Ici comme ailleurs, le rapport salarial devenait l'essence même de la relation patron-employés et la base de l'accumulation du capital. D'ailleurs, les scieurs de long engagés par Delorme ne préfiguraient-ils pas le prolétariat moderne dans la mesure où ils n'avaient déjà plus la propriété de leurs outils et travaillaient en équipe, sous la direction d'un contremaître, pour un salaire à la pièce ?

Les honoraires de Delorme pouvaient varier de £60 à £1 000. Dans la plupart des marchés de construction, il exigeait une avance qui s'élevait à 10 % du prix total, afin de se procurer les fonds de roulement nécessaires à la mise en chantier. À compter de 1819, à la suite de travaux mal exécutés par des sous-traitants à son service, Delorme s'associa au maçon Joseph Fournier. Cette société était également la résultante d'une période d'intense activité où, durant les années 1816-1817, Delorme avait entrepris la construction de 21 bâtiments à l'aide de 23 ouvriers. Il lui devenait donc impérieux de trouver rapidement un associé en vue d'éviter des délais de livraison et le paiement d'amendes le cas échéant.

Outre la construction de résidences luxueuses, rue Saint-Paul ou place d'Armes, Delorme fut mêlé à la mise en chantier d'édifices civils et religieux. La vocation de plus en plus manifeste de Montréal comme centre d'import-export au début du XIXᵉ siècle lui valut de bâtir plusieurs entrepôts et hangars pour le compte de marchands. En 1809, Louis Charland*, inspecteur des grands chemins, rues et ruelles de Montréal, lui confia le soin de construire une halle de 14 étaux et une « maison à peser », place du Vieux-Marché (place Royale). L'année suivante, Delorme figurait parmi les six entrepreneurs chargés d'édifier l'église de la paroisse Saint-Antoine, à Longueuil ; ce contrat était avantageux puisqu'il représentait £4 020 à partager. Sans doute à cause de la qualité d'exécution de ses ouvrages, d'autres fabriques firent appel à ses services, dont celles de Saint-Constant en 1811 et de Notre-Dame de Montréal pour la construction d'une chapelle en 1816. Delorme compta aussi parmi les entrepreneurs à qui on laissa le soin d'élaborer des sections de l'église Notre-Dame de Montréal, de 1824 à 1829 [V. James O'Donnell*]. C'est toutefois dans le domaine de l'architecture civile qu'il apporta sa contribution la plus importante avec la construction de l'Hôtel-Dieu et de la résidence adjacente des religieuses, qu'il avait entreprise en 1826 et 1827 avec son associé.

Delorme profita également des retombées du développement urbain de Montréal de 1800 à 1830. Ainsi, en 1805, les commissaires de la navigation intérieure le choisirent pour retirer les débris qui obstruaient le chenail de Sault-Saint-Louis (Kahnawake) et pour y construire un quai d'une longueur de 300 pieds. Il semble qu'il ait eu des difficultés à mener à terme ce contrat, puisque l'année suivante la chambre d'Assemblée du Bas-Canada lui accorda des crédits « pour les peines extraordinaires et les pertes dans le cours de son ouvrage l'été [précédent] ». De 1807 à 1810, il effectua divers travaux pour les commissaires chargés d'enlever les fortifications de Montréal. En 1818, par l'entremise de Jacques Viger*, inspecteur des chemins, rues, ruelles et ponts de la cité et paroisse de Montréal, il obtint le contrat pour la construction de trottoirs, de descentes et d'égouts en bois.

Delorme avait su élargir son patrimoine foncier si bien qu'à sa mort il possédait à Montréal 13 terrains, 9 maisons, 12 hangars, 8 écuries, une boutique de menuisier et une autre de tonnelier. Certains indices laissent croire qu'il pratiquait l'élevage de chevaux ; en 1819, la Société d'agriculture du district de Montréal lui avait décerné un prix de « 30 piastres » pour le meilleur étalon de race canadienne présenté dans le cadre d'une exposition. Toutefois, Delorme n'était pas à l'abri d'ennuis financiers. Le 20 avril 1820, un incendie avait détruit sa propriété du faubourg des Récollets ainsi que cinq autres maisons. Trois jours plus tard, les journaux rapportaient que la responsabilité du sinistre incombait à Delorme et que celui-ci n'avait pas d'assurance.

Les surplus qu'avait accumulés Delorme n'étaient pas essentiellement recyclés dans son entreprise ; une partie était réinvestie dans le crédit à court terme et dans d'autres types de placements comme en témoignent les £4 754 de créances qu'il détenait au moment du relevé de son inventaire après décès, ainsi que les £800 d'actions qu'il possédait dans la Banque du peuple et les £500 dans la Compagnie d'assurance de Québec contre les accidents du feu. Le cas de Delorme illustre parfaitement cette frange avancée de la communauté des artisans en voie de consolider ses assises financières et de former les éléments dynamiques d'une moyenne bourgeoisie, peu avant la rébellion de 1837-1838. D'ailleurs, on retrouve les membres de cette moyenne bourgeoisie, dont Delorme, autour d'un projet de société bancaire qu'avaient lancé en 1833 Louis-Michel Viger* et Jacob De Witt* afin d'assurer aux Canadiens les ressources pécuniaires destinées à activer et à encourager le commerce et l'industrie dans la province. Cette société ouvrit ses portes deux ans plus tard sous le nom de Banque du peuple et eut à sa disposition un capital initial de £75 000. Préoccupé également par le problème du transport terrestre dans la colonie, Delorme participa en 1831, à titre d'actionnaire, à la fondation de la Compagnie des propriétaires du chemin à lisses de Champlain et du Saint-Laurent [V. John Molson*].

Même si Charles-Simon Delorme ne se mêla pas

directement à la politique, il ne cacha jamais ses sympathies à l'endroit du parti patriote. Au début des années 1830, il avait refusé un poste de juge de paix en raison de la situation trouble dans laquelle se trouvait son pays. Il mourut le 9 juin 1837 à la suite d'une maladie dont il était affligé depuis plusieurs mois, selon les dires de son médecin, Wolfred Nelson*. À cette occasion, *la Minerve* lui rendit ce témoignage : « C'était un de ces amis sincères des institutions et des libertés de sa patrie. »

ROBERT TREMBLAY

ANQ-M, CE1-51, 14 juin 1769, 27 nov. 1802 ; CN1-16, 21 nov. 1802, 25 juill. 1809, 10 févr. 1816, 21, 26 janv., 12 avril 1819 ; CN1-28, 12 mars, 22 mai 1818, 20 janv., 4 juin 1819, 5 juill. 1823, 7, 15 avril 1824, 5 juill. 1826, 5, 14 mai, 26 oct. 1827, 8 sept. 1837 ; CN1-68, 23, 30 mai 1809, 8 avril 1811, 28 avril 1813, 14 mai 1814, 3, 26 avril, 6 juin 1815, 23 janv. 1826 ; CN1-74, 2 août 1802, 1er mars, 20 août, 22 déc. 1803, 24 janv., 11, 15 mai 1804, 1er mars, 26 août, 21 déc. 1805, 23 juill. 1806, 2 juin 1807, 4 juill. 1809, 5 mai 1810, 20 juill. 1811, 7 sept. 1812, 13 févr. 1813 ; CN1-121, 13 juin 1794, 17 sept. 1803, 20 avril 1804 ; CN1-134, 27 sept. 1816, 1er, 5, 7, 12, 23 mai, 14 juill., 19, 23 août 1817 ; CN1-194, 18 juill. 1809 ; CN1-215, 6 mai 1815 ; CN1-295, 13 avril 1805, 23 déc. 1807 ; CN1-313, 19 juill. 1832. — MAC-CD, Fonds Morisset, 2, dossier C.-S. Delorme.— B.-C., *Statuts*, 1832, chap. 58. — *La Gazette de Québec*, 13 mars 1806, 11 oct. 1819, 5 oct. 1820, 23 avril 1821. — *La Minerve*, 15 juin 1837. — André Giroux *et al., Inventaire des marchés de construction des Archives nationales du Québec à Montréal, 1800–1830* (2 vol., Ottawa, 1981). — Maurault, *le Collège de Montréal* (Dansereau ; 1967) ; *la Paroisse : hist. de N.-D. de Montréal* (1957). — Robert Tremblay, « la Nature du procès de travail à Montréal entre 1790 et 1830 » (thèse de M.A., univ. de Montréal, 1979). — Louis Richard, « Jacob DeWitt (1785–1859) », *RHAF*, 3 (1949–1950) : 537–555.

DÉNÉCHAU, CLAUDE, marchand, officier de milice, homme politique, juge de paix et fonctionnaire, né le 8 mars 1768 à Québec, fils de Jacques Dénéchaud*, chirurgien et apothicaire, et d'Angélique Gastonguay ; le 23 juin 1800, il épousa à Saint-Hyacinthe, Bas-Canada, Marianne-Josette Delorme, qui mourut l'année suivante sans laisser d'enfants, puis le 26 mai 1807 à Québec Adélaïde Gauvreau, fille de Louis Gauvreau*, et ils eurent plusieurs enfants, dont trois fils et quatre filles qui parvinrent à l'âge adulte ; décédé le 30 octobre 1836 à Berthier (Berthier-sur-Mer, Québec).

Claude Dénéchau était le frère jumeau de Charles-Denis, qui devint prêtre en 1793 et exerça son ministère dans la paroisse Saint-Joseph, à Deschambault. De son côté, Claude s'intéressa assez tôt au monde du commerce. Il s'associa d'abord à son frère Pierre avec qui il s'installa rue de la Fabrique, à Québec. Dénéchau agit ensuite pour son propre compte en misant sur le commerce d'import-export. Son négoce lui permit d'amasser assez rapidement d'importants capitaux. En peu d'années, il se tailla une place enviable dans la société de Québec. Sa notoriété et la confiance dont il jouissait lui valurent un nombre impressionnant de responsabilités et de charges, entre autres comme curateur de successions et tuteur de jeunes enfants d'amis et de connaissances.

Afin de consacrer sa réussite en affaires et de consolider ses activités commerciales, Dénéchau acquit en 1811, moyennant £4 000, un domaine à Berthier. En 1813, il loua par bail emphytéotique de 29 ans la seigneurie de Bellechasse, propriété des religieuses de l'Hôpital Général de Québec. Dénéchau s'engagea alors à construire un moulin banal, à fournir aux sœurs 480 minots de blé par année et à leur payer une rente annuelle de £62 10s. Dans le but de rentabiliser son investissement, il chercha à améliorer la qualité du blé. En 1818, la Société d'agriculture du district de Québec récompensa ses efforts en lui décernant des prix.

Pour mieux surveiller la mise en valeur de ses terres, Dénéchau alla s'établir avec sa famille au manoir de Berthier après 1813, tout en conservant une autre résidence à Québec. Soucieux d'améliorer les conditions de vie dans sa région d'adoption, il s'associa à Joseph Fraser en 1818 afin d'exploiter un pont à péage sur la rivière du Sud. Il participa activement à la société d'agriculture locale. De 1821 à 1829, il occupa le poste de commissaire chargé de la décision sommaire des petites causes à Berthier et, de 1817 à 1829, celui de commissaire responsable de l'amélioration des communications dans le comté de Hertford.

Dès 1794, Dénéchau témoignait de son attachement et de sa fidélité à la couronne britannique en signant la déclaration de loyauté à la constitution et au gouvernement. La même année, il s'associa à plusieurs de ses concitoyens dans une adresse au prince Edward* Augustus à l'occasion de son départ pour les Antilles ; Dénéchau semblait déjà jouir de l'amitié de ce haut personnage et leurs bonnes relations se poursuivirent jusqu'au décès du duc de Kent en 1820. Dénéchau signa aussi une adresse au gouverneur Robert Prescott*, rappelé en Angleterre en 1799.

La loyauté de Dénéchau lui permit de bénéficier des faveurs gouvernementales. C'est ainsi qu'il reçut une commission de juge de paix pour le district de Québec en janvier 1808, commission qu'on lui renouvela périodiquement jusqu'en 1830. En vertu d'une loi qui datait de 1796, les juges de paix des districts de Québec et de Montréal étaient responsables de l'entretien et de la construction des chemins et des ponts de leur district ; Dénéchau s'occupa avant tout de cet aspect de sa fonction. En 1812, il obtint une commission qui l'habilitait à faire prêter le serment d'allé-

Dénéchau

geance. Deux ans plus tard, on le nomma commissaire chargé de faire appliquer la loi concernant les aliénés. Enfin, en 1818, on lui confia la surveillance des constructions additionnelles et des réparations à l'Hôpital Général de Québec.

En janvier 1800, Dénéchau avait adhéré à la franc-maçonnerie en entrant dans la St Paul's Lodge de Montréal. La même année, il joignit les rangs de la Merchants' Lodge No. 40, à Québec. C'était un geste plutôt rare chez un Canadien français, car il entraînait bien souvent l'exclusion des sacrements et une véritable mise au ban par ses compatriotes. Seule peut l'expliquer la volonté de Dénéchau de percer et de réussir dans le monde des affaires, alors assez largement tributaire des marchands et des autorités britanniques. Parrainé par le duc de Kent, il connut une ascension rapide au sein de cette organisation secrète. D'abord trésorier de la Provincial Grand Lodge of Lower Canada en 1801, il accéda, cinq ans plus tard, au poste de grand surveillant, troisième fonction en importance dans la hiérarchie d'une loge. En 1812, il devint grand maître de la même loge puis, en 1820, grand maître provincial pour les districts de Québec et de Trois-Rivières. À ce titre, il assista en 1827 à la pose par le gouverneur lord Dalhousie [RAMSAY] de la première pierre du monument dédié à James Wolfe* et à Louis-Joseph de Montcalm*.

Citoyen en vue de la ville de Québec, Dénéchau s'engagea dans la vie sociale, économique et culturelle de son époque en remplissant une foule de fonctions et de postes au sein de nombreuses sociétés et organisations. Ainsi, de 1801 à 1820 au moins, il participa aux activités de la Société du feu de Québec, dont il fut secrétaire-trésorier de 1803 à 1805, puis président en 1808. De 1805 à 1807, il fut secrétaire-trésorier de la Compagnie de l'Union de Québec, société par actions qu'avaient fondée en 1805 des hommes d'affaires de la région de Québec en vue de financer l'achat et l'aménagement de l'hôtel de l'Union, construit sur la rue Sainte-Anne. Cet établissement devint rapidement un haut lieu des événements sociaux et mondains de Québec ; les francs-maçons y tinrent de nombreuses réunions. De 1811 à 1829, Dénéchau fit partie de la commission chargée de superviser la maison de correction du district de Québec. En 1813, il souscrivit à la Loyal and Patriotic Society of the Province of Lower Canada, destinée à venir en aide aux miliciens blessés. Deux ans plus tard, il contribua au fonds Waterloo, créé pour secourir les familles des morts et des blessés de cette grande bataille. Enfin, il occupa la présidence en 1816 et la vice-présidence en 1818 de la Société bienveillante de Québec, fondée en 1789 afin d'établir un fonds de secours financier pour les membres dans le besoin.

La promotion de l'instruction préoccupa Dénéchau. En 1815, il agit donc comme secrétaire-trésorier d'un comité chargé de promouvoir l'éducation dans toutes les couches sociales, en particulier chez les pauvres. La même année, il occupa le poste de trésorier d'un comité favorable à l'ouverture d'une école gratuite dans la haute ville. Enfin, de 1829 à 1832, il fut membre de la Société d'école britannique et canadienne du district de Québec [V. Joseph-François PERRAULT].

En 1808, Dénéchau avait cédé aux sollicitations de son entourage et posé sa candidature dans la circonscription de la Haute-Ville de Québec, où il dut affronter Jean-Antoine Panet*. Fort de l'appui du parti des bureaucrates, particulièrement de Pierre-Amable De Bonne* et de Joseph-François Perrault, il fut élu. Il représenta la circonscription jusqu'au 29 mai 1820. À cette époque où les députés ne recevaient pas de salaire, Dénéchau put compter sur ses importants revenus personnels. Il participa régulièrement et activement aux débats, aux réunions de toutes sortes et aux comités parlementaires. Parmi ses nombreuses prises de position, il faut retenir son opposition, en 1809, à la nomination de Panet comme président de la chambre. La même année, tout comme en 1810, il vota contre l'exclusion des juges de la chambre d'Assemblée [V. Pierre-Amable De Bonne]. En 1811, il participa au comité chargé d'étudier un projet de loi en vue d'établir la Maison d'industrie à Montréal. Enfin, en 1818, il s'opposa à la motion de Denis-Benjamin Viger* qui visait à accorder des frais de déplacement aux députés lorsqu'ils venaient siéger en chambre.

Parallèlement à ses activités de commerçant et d'homme politique, Dénéchau occupa d'importantes fonctions au sein de la milice. En 1804, il était lieutenant dans le 1er bataillon de milice de la ville de Québec. Trois ans plus tard, il obtint le grade de capitaine. Il entreprit la guerre de 1812 à ce titre, puis on le muta dans le 6e bataillon de la milice d'élite incorporée du Bas-Canada le 20 mars 1813. Le 17 mars de l'année suivante, on le nomma caissier suppléant au Bureau des billets de l'armée [V. James Green*]. Dalhousie lui accorda le grade de major du 1er bataillon de milice du comté de Québec le 10 avril 1826. Mais c'est le 9 septembre 1828 que Dénéchau atteignit le faîte de sa carrière militaire en recevant le grade de lieutenant-colonel du 6e bataillon de milice du faubourg Saint-Roch.

À partir de 1829–1830, Dénéchau délaissa l'une après l'autre ses nombreuses fonctions judiciaires, administratives et militaires. Âgé de plus de 60 ans, il quitta définitivement Québec, menacé alors par les épidémies, et alla rejoindre sa famille au manoir de Berthier. De profonds bouleversements marquèrent les dernières années de sa vie. Il connut d'abord des revers de fortune importants qui sont sans doute attribuables aux changements politiques, aux mauvaises récoltes des années 1832–1836, aux créances douteuses et aussi, selon plusieurs contemporains, à sa générosité excessive.

Dénéchau mourut le 30 octobre 1836, victime d'une violente attaque d'apoplexie. À la suite des interventions soutenues de sa famille, surtout celles de son frère Charles-Denis, et du curé de Berthier, et probablement parce qu'il était las de supporter la marginalité où l'avaient confiné ses contemporains, Dénéchau avait abandonné la franc-maçonnerie quelques mois avant de mourir. Aussi, revenu depuis peu dans le giron de l'Église, il eut droit aux secours de la religion et aux honneurs dus à son rang ; on l'inhuma dans l'église de Berthier.

Claude Dénéchau laissa une succession insolvable et onéreuse, à laquelle sa veuve et ses enfants préférèrent renoncer. De plus, Adélaïde Gauvreau abandonna ses prétentions à la communauté des biens stipulée dans son contrat de mariage. Elle conserva toutefois ses biens propres. Elle dut cependant remettre la seigneurie de Bellechasse aux religieuses de l'Hôpital Général en 1838. Quelques années plus tard, elle vendit le domaine, le moulin et le manoir. En dépit de cette situation financière peu reluisante, tous ses enfants reçurent une excellente instruction, exercèrent des professions importantes et contractèrent des alliances matrimoniales avantageuses.

YVES BEAUREGARD

ANQ-Q, CE1-1, 8 mars 1768, 26 mai 1807 ; CE2-2, 3 nov. 1836 ; CN1-205, 8 juill. 1813 ; CN1-212, 1er déc. 1836, 28 juin 1838 ; CN1-230, 8 juill. 1813 ; CN1-253, 1er mars 1826 ; CN1-262, 11 oct. 1811. — APC, RG 68, General index, 1651–1841. — B.-C., chambre d'Assemblée, *Journaux*, 1811 ; 1818. — « Les Dénombrements de Québec » (Plessis), ANQ *Rapport*, 1948–1949 : 159. — *Recensement de Québec, 1818* (Provost). — *Le Canadien*, 10 janv., 13, 17 juin 1807, 24 janv., 4, 14 mars 1810, 14, 28 mars, 4 avril, 9 déc. 1818, 6 janv. 1819, 20 sept. 1820, 31 mars 1824, 29 mars 1833, 18 avril 1834, 25 nov. 1835, 2 nov. 1836. — *La Gazette de Québec*, 1794–1836. — *Quebec Mercury,* 30 mars 1805. — *Almanach de Québec*, 1804–1832. — F.-J. Audet, « les Législateurs du B.-C. ». — Desjardins, *Guide parl.* — *Officers of British forces in Canada* (Irving). — *Quebec directory*, 1790–1791 ; 1826. — P.-G. Roy, *Inv. concessions*, 2 ; 5 ; *Fils de Québec*, 2 : 141–143. — M.-J. et George Ahern, *Notes pour servir à l'histoire de la médecine dans le Bas-Canada depuis la fondation de Québec jusqu'au commencement du XIXe siècle* (Québec, 1923), 148–150. — [E. Dénéchaud], *Biographie de la famille Dénéchaud* (Québec, 1895). — Bernard Dufebvre [Émile Castonguay], *Journal d'un bourgeois de Québec* (Québec, [1960]), 246–247. — George Gale, *Historic tales of old Quebec* (Québec, 1923), 109. — J. H. Graham, *Outlines of the history of freemasonry in the province of Quebec* (Montréal, 1892). — P.-G. Roy, *la Famille Panet* (Lévis, Québec, 1906). — Sulte, *Hist. de la milice.* — E. Dénéchaud, « Claude Denechaud », *BRH*, 8 (1902) : 271–274. — Ignotus [Thomas Chapais], « le Monument Wolfe et Montcalm à Québec », *BRH*, 5 (1899) : 305–309. — Eugène Rouillard, « les Premiers Francs-maçons canadiens », *BRH*, 4 (1898) : 188–190. — P.-G. Roy, « la Seigneurie de Bellechasse ou Berthier », *BRH*, 27 (1921) : 65–74.

DENIS, PIERRE, Indien de la tribu des Malécites qui vécut au Nouveau-Brunswick ; *circa* 1837–1841.

L'instituteur Frederick Dibblee* mentionne un Malécite dénommé Pierdeney sur la liste des personnes qui visitèrent son école à Meductic (près de ce qui est aujourd'hui Meductic, Nouveau-Brunswick) en 1788 ou 1789. Comme son nom est précédé de celui de Joseph Pierdeney, marié et père de cinq enfants, il y a lieu de croire que Pierdeney était un adulte célibataire qui vivait encore avec ses parents. À l'occasion de sa visite, il avait reçu de Dibblee trois livres de poudre et trois livres de pierre à fusil ; celui-ci espérait par de tels cadeaux persuader les Indiens de lui confier leurs enfants.

Il est possible que ce Pierdeney soit le Pierre Denis dont parle Moses Henry Perley*, commissaire aux Affaires indiennes du Nouveau-Brunswick, dans le rapport qu'il fit en 1841 après une tournée des réserves indiennes de la province. Denis avait suivi les conseils que Dibblee et ses collègues donnaient alors aux Indiens : il s'était établi, s'était construit une maison en bois, avait défriché un morceau de terre et parvenait à vivre de sa ferme. Quelques années plus tard, cependant, un Blanc nommé Simon Hébert obtint des autorités un permis d'occupation pour cette même terre, située dans la réserve indienne de Saint-Basile. Denis n'apprécia guère que sa ferme et la petite maison où il vivait confortablement soient louées à un autre, et il refusa d'abord de renoncer à son bien. Finalement, après qu'on eut sommé Hébert de lui verser 50 $, valeur estimative de la maison, et qu'il eut promis de le payer, Denis quitta Saint-Basile en 1837 pour s'installer à la réserve indienne de Tobique. C'est à cet endroit que Perley le rencontra en 1841 ; c'était alors « un vieil homme, sans enfants, [qui] vivait dans la pauvreté ». Perley demanda au gouvernement d'exiger le versement des 50 $, qui se faisait toujours attendre. On ne sait rien de plus au sujet de Denis ; son nom ne figure pas dans les rapports du recensement de 1841, ni pour Saint-Basile, ni pour Tobique.

Perley décrit comme suit les conditions de vie à Tobique : « Les Indiens [...] vivent en grande partie grâce à la chasse, aux emplois occasionnels comme bûcheron et comme flotteur sur les rivières Tobique et Saint-Jean. Ils ne semblent aucunement intéressés à travailler régulièrement ni à cultiver le sol – pourtant, vu les avantages de leur situation et les revenus de la pêche au saumon, ils sont logés assez confortablement et semblent jouir d'une certaine aisance par rapport aux autres [membres] de la tribu. » L'erreur de Pierre Denis fut de s'adapter aux attentes des Blancs trop tôt, trop bien et dans la mauvaise réserve. S'il s'était installé dès le début à Tobique, là où les Blancs

Denke

convoitaient moins les terres et où les ressources étaient suffisantes pour permettre un mode de subsistance traditionnel, il aurait probablement pu finir ses jours en paix.

VINCENT O. ERICKSON

Musée du N.-B., W. F. Ganong papers, box 38, return of Indian families at the entrance of the little Madawaska River ; Antoine Gosselin, return of Indian families at the entrance of the Tobique River, 18 juin 1841. — N.-B., House of Assembly, *Journal*, 1842, app. : xcii–cxxvi. — *Source materials relating to N.B. Indian* (Hamilton et Spray). — *Royal Gazette* (Fredericton), 16 avril 1842. — W. O. Raymond, « The old Meductic fort », N.B. Hist. Soc., *Coll.*, 1 (1894–1897), n° 2 : 221–272.

DENKE (Denkey), CHRISTIAN FREDERICK, missionnaire morave, né le 8 septembre 1775 à Bethlehem, Pennsylvanie, fils de Jeremiah Dencke et de Sarah Test ; le 7 août 1803, il épousa à Lititz, Pennsylvanie, Anna Maria Heckedorn, puis le 12 septembre 1828 Maria Steiner ; décédé le 12 janvier 1838 à Salem (Winston-Salem, Caroline du Nord).

Christian Frederick Denke était le fils d'un Morave natif de Langenbielau (Bielawa, Pologne), qui était devenu un ministre respecté de Bethlehem, important établissement et centre missionnaire morave. À l'âge de dix ans, il entra à Nazareth Hall, l'école secondaire morave de Nazareth, en Pennsylvanie. Il y étudia le latin et d'autres langues, la théologie, l'administration ainsi que la botanique pour laquelle il éprouva un goût particulier. De fait, d'abord à partir de Nazareth Hall, où il devint professeur, puis du Haut-Canada, Denke envoya nombre de lettres et de spécimens botaniques à l'illustre botaniste américain Gotthilf Henry Ernest Mühlenberg, jusqu'à ce que la guerre de 1812 rende toute correspondance impossible.

Pendant qu'il était encore jeune instituteur, Denke, animé d'une foi vive, se sentit appelé à évangéliser les Indiens. À Nazareth, il entendit David Zeisberger* parler de la mission des Loups (Delawares) à Fairfield (près de Thamesville, Ontario) et du projet de christianiser leurs voisins, les Sauteux. Sa formation de linguiste le rendait apte à apprendre autant la langue des Loups que celle des Sauteux pour traduire les Écritures et prêcher ensuite les Indiens dans leur propre langue. Ordonné diacre le 27 avril 1800, il partit en mission avec John Heckewelder. Avant de se rendre à Fairfield, il demeura quelque temps à Goshen (près de Gnadenhutten, Ohio), où Zeisberger lui enseigna les rudiments du dialecte loup. Denke et sa femme essayèrent pendant plusieurs années d'évangéliser les Sauteux semi-nomades dans leurs villages temporaires, le long du ruisseau Big Bear (rivière Sydenham) et de la rivière Saint-Clair. Devant l'insuccès de leurs efforts, ils retournèrent à Fairfield pour y demeurer. Pendant des années, le couple y rendit de précieux services en s'occupant d'éducation et d'œuvres missionnaires.

La guerre de 1812 eut des conséquences désastreuses pour Fairfield. Ardents pacifistes, Denke et son compagnon, John Schnall, s'efforcèrent de convaincre les Indiens de demeurer neutres dans ce conflit, mais certains se joignirent tout de même aux forces britanniques. Après la bataille de Moraviantown, le 5 octobre 1813 [V. Henry Procter*], les Américains incendièrent Fairfield, « en lançant la première torche sur l'église morave ». Les Schnall retournèrent à Bethlehem et laissèrent au couple Denke le soin de conduire les Indiens en lieu sûr près de Burlington Heights (Hamilton, Ontario).

Incapables d'entrer en communication avec Bethlehem, les Denke, avec une certaine assistance du gouvernement du Haut-Canada, assumèrent la charge des Indiens pendant deux ans. Leur campement d'hiver près de Dundas comptait 183 personnes à la fin de 1813. Le printemps suivant, ils partirent s'installer dans le canton de Nelson. Denke était attentif aussi aux besoins spirituels des Blancs de la région. Ainsi, à la fin de juin 1814, il s'occupa des huit hommes condamnés à mort pour trahison aux « assises sanglantes » d'Ancaster [V. Jacob Overholser*] et demeura auprès d'eux nuit et jour jusqu'à leur exécution le 20 juillet.

Le 8 mai 1815, le couple Denke et ses convertis se mirent en route pour Fairfield, voyage que les Indiens mettaient 18 jours à faire à pied. En plus de veiller à la construction d'une nouvelle église et d'un nouveau village, nommé New Fairfield, de l'autre côté de la rivière Thames, Denke défendit les intérêts des autres colons de la région. À titre de membre d'un comité qui représentait six cantons, il rédigea un document pour *Statistical account of Upper Canada* de Robert Gourlay*. D'après ce rapport, il est évident que Denke et les autres missionnaires prônaient une morale rigide tout en décourageant certaines coutumes traditionnelles. On y lit par exemple ceci : « D'autres Indiens peuvent se peindre le corps avec du vermillon obtenu du gouvernement ; mais les Indiens moraves n'ont pas le droit de le faire. »

Les problèmes et les responsabilités engendrés par la guerre et les travaux de reconstruction ruinèrent la santé de Christian Frederick Denke, qui se mit à boire exagérément. Schnall vint le remplacer en novembre 1818 et Denke retourna alors à Bethlehem avec sa femme pour se reposer. Deux ans plus tard, ils acceptèrent un poste à Hope Church dans la région de Salem, en Caroline du Nord, puis à Salem même et à Friedberg, situé tout près, où Anna Maria Denke mourut en 1828. Trois ans plus tard, Denke se retira avec sa seconde femme dans la ville de Salem, où il décéda en 1838.

LESLIE ROBB GRAY

D'après un manuscrit intitulé « Memoir of the married Brother *Christian Friedrich Denke, who went peacefully to sleep in Salem on Jan. 12, 1838* », déposé aux Moravian Arch. (Winston-Salem, N.C.), Christian Frederick Denke aurait publié un alphabet dans la langue des Sauteux, mais nous n'avons pu localiser aucun exemplaire. On croit aussi qu'il est l'auteur d'un dictionnaire qui parut sous le titre de *A Lenâpé-English dictionary ; from an anonymous MS. in the archives of the Moravian Church at Bethlehem, Pa.*, D. G. Brinton et A. S. Anthony, édit. (Philadelphie, 1888). Parmi les ouvrages religieux de Denke, citons sa traduction dans la langue des Loups de *The three Epistles of the Apostle John* [...] (New York, 1818).

American Philosophical Soc. (Philadelphie), G. H. E. Mühlenberg, corr. de C. F. Denke, 1798–1811, incluant « Index floræ Nazarathanæ [...] ». — Moravian Arch. (Bethlehem, Pa.), Church diaries ; Indian mission records, C. F. Denke, report of first visit among the Tschipues [Chippewas], juin 1801 ; report of new Tschipue Mission, sept. 1802–mars 1803 ; Fairfield Mission, boxes A–C. — R. B. McAfee, « The McAfee papers : book and journal of Robt. B. McAfee's mounted company, in Col. Richard M. Johnson's regiment [...] », Ky. State Hist. Soc., *Reg.* (Frankfort), 26 (1928) : 128–129. — *Statistical account of U.C.* (Gourlay ; S. R. Mealing, édit. ; 1974), 141–142. — Elizabeth Graham, *Medicine man to missionary : missionaries as agents of change among the Indians of southern Ontario, 1784–1867* (Toronto, 1975). — E. E. [Lawson] Gray et L. R. Gray, *Wilderness Christians : the Moravian mission to the Delaware Indians* (Toronto et Ithaca, N.Y., 1956). — L. R. Gray, « The Moravian missionaries, their Indians, and the Canadian government », SHC *Rapport*, 1955 : 96–104. — E. E. [Lawson] Gray, « A missionary venture on the St. Clair », Moravian Hist. Soc., *Trans.* (Nazareth, Pa.), 14 (1951) : 341–349.

DENOON (Dunoon), HUGH, marchand, fonctionnaire, juge de paix, juge, recruteur et transporteur d'émigrants, né le 18 septembre 1762, probablement dans la paroisse de Killearnan, près de Redcastle, Écosse, aîné des enfants de David Denoon et de Mary Inglis ; il épousa Catherine Fraser, et ils eurent au moins un fils ; décédé le 24 mars 1836 à Pictou, Nouvelle-Écosse.

Issu d'une famille bien établie dans les Highlands, Hugh Denoon aurait normalement dû aller à l'université d'Aberdeen et devenir ministre de l'Église d'Écosse, mais c'est son jeune frère qui suivit les traces de leur père et finit par lui succéder. Parti pour Halifax, Hugh y fit d'abord du commerce, après quoi il se rendit dans la région de Pictou où, dès 1784, il obtint des terres sur la rivière East. Par la suite, il vécut à Merigomish, où il acquit des droits fonciers d'anciens membres du 82nd Foot. Puis il s'installa dans une maison située à environ un mille au sud du centre de Pictou, cumula graduellement des postes, dont ceux de receveur des douanes, de registrateur adjoint, de juge de paix et de juge à la Cour des plaids communs, et fit du commerce.

Denoon passa la plus grande partie de sa vie d'adulte dans une obscurité respectable à Pictou, mais au début du XIXᵉ siècle il acquit une certaine renommée dans son pays natal : pendant la vague d'émigration qui dura de 1801 à 1803, il fut le premier et le plus haï de ceux qui entreprirent de transporter des émigrants écossais en Amérique du Nord. Non seulement ses méthodes furent-elles largement connues et dénoncées en Écosse, mais elles incitèrent le Parlement à adopter une loi qui visait apparemment à prévenir le genre d'abus dont il s'était présumément rendu coupable en 1801. De surcroît, il devint bientôt un « méchant », aussi bien pour les lairds que pour les émigrants, tant la tendance à broder des légendes autour de la réalité a toujours été forte parmi les Highlanders. Ce n'est donc pas sans peine que l'on peut rétablir les faits.

La première mention des activités de Denoon en Écosse remonte au début de mars 1801 : arrivé d'Amérique peu de temps auparavant afin de recruter des émigrants, il se proposait de revenir avec des navires pour les transporter en mai. Les adversaires de l'émigration ne parvinrent pas à convaincre le Customs Board de bloquer son projet, mais un avocat en vue d'Inverness informa un fonctionnaire de Fort William qu'il était possible d'inspecter les deux navires de Denoon pour vérifier si le logement et les provisions étaient convenables et, le cas échéant, de leur interdire de prendre la mer. Consulté, le procureur général d'Écosse, Charles Hope, répondit qu'« aucune loi ne permet[tait] de garder des gens au pays contre leur volonté », mais il se montra prêt à aviser le Customs Board de ne pas délivrer de permis de sortie aux navires avant d'avoir eu les listes de passagers et d'avoir pu s'assurer que les provisions suffiraient pour la traversée. Denoon se conforma à cet avis et remit les listes demandées. Le *Sarah of Liverpool,* qui jaugeait 350 tonneaux, accueillerait 199 passagers de plus de 16 ans et 151 enfants ; le *Dove of Aberdeen,* de 186 tonneaux, aurait à son bord 149 passagers de plus de 16 ans et 60 enfants. On comptait donc au total 559 passagers. Denoon et le Customs Board entamèrent ensuite des négociations sur une formule qui permettrait de convertir le nombre d'enfants de moins de 16 ans en « unités » de passagers. Convaincu par Denoon que ses navires transportaient 428 unités de passagers, le Customs Board conclut que l'espace ainsi que les provisions, fournies par les émigrants eux-mêmes, étaient suffisants, et donna l'autorisation de partir.

La traversée, qui commença en juin, fut des plus éprouvantes. Elle dura 13 semaines, ce qui était exceptionnellement long, et une épidémie de variole se déclara parmi les passagers. Selon un témoignage de l'époque, 39 enfants de moins de dix ans moururent. Au large des côtes terre-neuviennes, une équipe d'enrôlement forcé de la marine royale aborda l'un des navires et prit plusieurs jeunes gens, qui ne furent

Dentremont

libérés qu'après des pourparlers entre Denoon et l'officier supérieur de la marine. À Pictou, on mit les nouveaux arrivants en quarantaine et, comme ils étaient inaptes au travail, on dut les secourir au moyen d'une souscription publique. Toutefois, ils finirent par s'intégrer à la communauté.

Les agissements de Denoon soulevèrent d'énormes controverses. Dans son premier rapport sur l'émigration, paru en janvier 1802, la Highland Society of Edinburgh rapporta une allégation (qu'on ne prouva jamais d'ailleurs) selon laquelle Denoon, après que les agents des douanes eurent inspecté ses bâtiments et se furent déclarés satisfaits de ce qu'ils comptaient deux étages de couchettes séparés par un passage de dix pieds, aurait retiré une plate-forme qui camouflait un troisième étage où d'autres passagers devaient prendre place après l'obtention du permis des douanes. En outre, la société fit une critique dévastatrice de la formule utilisée pour déterminer le nombre des passagers de Denoon en prenant, comme point de comparaison, le maximum autorisé par la loi sur la traite des esclaves, adoptée quelques années plus tôt. D'après la formule la moins restrictive, à laquelle les Highlanders avaient droit selon la société, le *Sarah of Liverpool* et le *Dove of Aberdeen* n'auraient dû transporter que 355 passagers. La société prenait bien soin de noter qu'elle ne voulait pas comparer les émigrants écossais à des esclaves, mais ses calculs étaient saisissants et les conclusions qu'il fallait en tirer évidentes. Ces données furent l'un des principaux arguments invoqués par un comité parlementaire qui proposa en 1803 une loi pour corriger ces abus (43 George III, chap. 56).

Denoon incarnait une mentalité de plus en plus répandue chez les gens qui s'occupaient de transporter des voyageurs : on assimilait les passagers à des marchandises et on ne se souciait nullement de leur sort une fois qu'ils avaient débarqué en Amérique du Nord. Un autre élément aggravait leur situation : la Grande-Bretagne faisait de plus en plus appel aux colonies de l'Amérique du Nord britannique pour l'approvisionner en bois. Quelques années seulement après l'initiative de Denoon, la plupart des transporteurs étaient des marchands de bois qui remplissaient leurs navires de cargaison humaine plutôt que de lest pour le voyage de retour en Amérique du Nord. Peut-être la loi dont Denoon avait provoqué l'adoption améliora-t-elle les conditions de traversée. Cependant, en même temps, elle nuisit à l'émigration car elle permettait au gouvernement de harceler ceux qui faisaient ce genre de transport et elle provoqua la hausse des tarifs. À compter de 1815, la Grande-Bretagne ne tenta plus de limiter l'émigration. Une nouvelle loi (57 George III, chap. 10), adoptée en 1817, vint remplacer celle de 1803.

On raconta souvent, dans les Highlands, que Hugh Denoon s'apprêtait à revenir recruter des passagers

mais, apparemment, son expérience lui avait suffi ; rien n'indique qu'il la répéta. Il n'avait pas contribué uniquement à l'adoption de la loi britannique de 1803, mais aussi au fort afflux de Highlanders que la région de Pictou connut au début du XIXe siècle. Après son heure de renommée, il retourna à ses anciennes activités commerciales. À sa mort, il laissa plus de £7 000 de petites créances non recouvrées.

J. M. BUMSTED

GRO (Édimbourg), Killearnan, reg. of births and baptisms, 19 sept. 1762. — NLS, Dept. of MSS, MS 9646 [E. S. Fraser of Rilig], « On Emigration from the Scottish Highlands and Isles », 1802), 32–33. — Pictou County Court of Probate (Pictou, N.-É.), Loose estate papers, n° 225 (mfm aux PANS). — PRO, HO 102/18, part. I : fos 53–54, 72, 78 (copies au SRO). — Royal Highland and Agricultural Soc. of Scotland (Ingliston, Écosse), Sederunt books, III : 475–487. — SRO, GD248/3410/10 ; 248/3416/3. — G.-B., Parl., House of Commons paper, 1802–1803, 4, n° 80 : 1–14, *First report from the committee on the survey of the coasts &c. of Scotland : emigration*, 9. — *Bee* (Pictou), 30 mars 1836. — *Novascotian, or Colonial Herald*, 6 avril 1836, 22 nov. 1838. — *N.S. vital statistics, 1823–28* (Holder) ; *1835–39* (Holder). — Scott et al., *Fasti ecclesiæ scoticanæ*, 7. — J. M. Bumsted, *The people's clearance : Highland emigration to British North America, 1770–1815* (Édimbourg et Winnipeg, 1982). — George Patterson, *A history of the county of Pictou, Nova Scotia* (Montréal, 1877 ; réimpr., Belleville, Ontario, 1972), 159–160, 226–228.

DENTREMONT. V. ENTREMONT

DESJARDINS, dit **Desplantes, LOUIS-JOSEPH,** prêtre catholique et missionnaire, né le 19 mars 1766 à Messas, France, fils de Jacques Desjardins de Lapérière, marchand, et de Marie-Anne Baudet ; décédé le 30 août 1848 à Québec.

Louis-Joseph Desjardins, dit Desplantes, fit ses études au petit séminaire de Meung-sur-Loire, en France, et au séminaire Saint-Martin, à Paris ; il reçut la prêtrise le 20 mars 1790 à Bayeux. Durant la Révolution, lui et son frère Philippe-Jean-Louis* furent faits prisonniers et menacés de mort tout comme plusieurs de leurs confrères qui refusaient de prêter serment à la Constitution civile du clergé qu'exigeait l'Assemblée nationale constituante à partir du 1er octobre 1791. Par bonheur, ils parvinrent à s'échapper et à passer en Angleterre à la fin de l'été de 1792.

En 1794, désespérant de rentrer dans sa patrie avant de longues années, Desjardins se résigna à rejoindre son frère qui avait immigré au Bas-Canada un an plus tôt. Il arriva à Québec en juin en compagnie de Jean-Denis Daulé*, de Jean-Baptiste-Marie Castanet* et de François-Gabriel Le Courtois*. Après avoir servi de vicaire au curé de Québec, Joseph-Octave Plessis*, il accepta, en 1795, la proposition de l'évêque de Québec, Mgr Jean-François Hubert*, de desservir, en compagnie de l'abbé Castanet, les établissements disséminés le long des côtes de la baie des Chaleurs, et d'y remplacer Joseph-Mathurin Bourg*. Les missionnaires partirent le 21 juillet, en même temps que l'évêque de Québec qui entreprenait une visite pastorale avec Philippe-Jean-Louis, promu au rang de vicaire général.

Les deux jeunes prêtres n'étaient pas préparés à l'épuisant ministère que le zèle apostolique leur avait fait choisir. Castanet acheva bientôt d'y ruiner une santé déjà précaire et revint à Québec où il mourut le 26 août 1798. Desjardins tint bon encore trois ans. Il gagna l'estime et l'attachement des fidèles qu'il desservait ainsi qu'en témoigne une lettre de son successeur à la baie des Chaleurs, René-Pierre Joyer, à l'évêque de Québec, Mgr Plessis, en 1801 : « J'ai vu partout des gens qui regrettoient infiniment et avec raison mr Desjardins à qui je ne Supplée que très foiblement. » Ce qu'il fallait dans ces contrées, selon Joyer, c'était « un homme d'un caractere aussi aimable que mr Desjardins ». Rappelé en 1801, ce dernier fut d'abord vicaire puis curé de la paroisse Notre-Dame de Québec jusqu'au 15 octobre 1807. Mgr Plessis le nomma alors aumônier des religieuses de l'Hôtel-Dieu de Québec. Il fut aussi supérieur des ursulines de Québec de 1825 à 1833.

Desjardins accompagna Mgr Plessis à sa première visite pastorale dans les Maritimes au cours de l'été de 1811. Il vit à l'organisation matérielle de l'expédition et veilla encore aux préparatifs à l'occasion des visites de l'évêque de Québec dans cette partie de son vaste diocèse en 1812 et 1815. Par la suite, il continua d'assister moralement et financièrement nombre de missionnaires. Lui-même écrivait en 1830 : « J'ai tant à écrire et à calculer que je ne sais trop comment m'en tirer : mes relations avec les missions m'ont toujours été onéreuses. »

Philippe-Jean-Louis Desjardins était retourné en France en 1802 et, en 1817, il expédiait à son frère près de 200 tableaux religieux afin qu'il les distribue dans les communautés et les paroisses du diocèse de Québec. Louis-Joseph s'acquitta avec exactitude de son rôle d'intermédiaire qui lui permit, au cours des ans, de se lier d'amitié avec les peintres Joseph Légaré*, Antoine Plamondon* et certains de leurs élèves. Il leur passa des commandes et les chargea à plusieurs reprises de retoucher des peintures et d'en tirer des copies. Bien mieux, rapportent les annales des ursulines, « Mr Desjardins ne se contentait pas des encouragements ordinaires ; au moyen de souscriptions parmi le clergé et ses amis, il procurait le voyage d'Europe à ses protégés, tâchant de favoriser en tout l'application et le talent ».

En 1836, le grand âge et les infirmités de Louis-Joseph Desjardins, dit Desplantes, dont une entorse qu'il s'était infligée en 1824 et qui l'obligeait à marcher avec des béquilles, le forcèrent à donner sa démission à titre d'aumônier de l'Hôtel-Dieu. Les religieuses, pour marquer leur reconnaissance, lui laissèrent la disposition de ses appartements jusqu'à sa mort en août 1848. Il fut inhumé dans la chapelle du monastère. Au lendemain de son décès, les témoignages furent unanimes à célébrer la bonté de son cœur, sa douceur, l'aménité de ses manières, sa bienveillance et son inépuisable charité.

Noël Baillargeon

AAQ, 311 CN, V : 150–168 ; VI : 4–6, 12, 19. — Arch. du monastère de l'Hôtel-Dieu de Québec, Fonds L.-J. Desjardins, t. 4, c. 600, nᵒˢ 1–5. — Arch. du monastère des ursulines (Québec), Fonds L.-J. Desjardins ; Fonds P.-J.-L. Desjardins. — ASQ, Fonds Viger-Verreau, Sér. O, 085–086. — « Quelques Prêtres français en exil au Canada », ANQ *Rapport,* 1966 : 141–190. — *La Minerve,* 13 févr. 1834. — Caron, « Inv. de la corr. de Mgr Hubert et de Mgr Bailly de Messein », ANQ *Rapport,* 1930–1931. — Barthe, *Souvenirs d'un demi-siècle.* — Burke, *les Ursulines de Québec,* 4. — Dionne, *les Ecclésiastiques et les Royalistes français.*

DES RIVIÈRES, RODOLPHE (baptisé **Michel-Rodolphe Trottier Des Rivières Beaubien** ; il se fit appeler **Rodolphe Des Rivières Beaubien** ou **Rodolphe Des Rivières** et il signait **R. Des Rivières** ou **R. DesRivières**), patriote et marchand, né le 5 mai 1812 et baptisé quatre jours plus tard à Lac-des-Deux-Montagnes (Oka, Québec), fils de Pierre-Charles-Robert Trottier Des Rivières Beaubien et d'Henriette Pillet ; décédé vraisemblablement célibataire le 17 mars 1847 et inhumé trois jours plus tard à Montréal.

Depuis la fin des années 1780 environ, du fait que la forte concurrence des marchands britanniques l'avait alors forcée d'abandonner la traite des fourrures, la famille Trottier Des Rivières Beaubien connaissait un net déclin. Au moment où Rodolphe Des Rivières vit le jour, en 1812, Pierre-Charles-Robert Trottier Des Rivières Beaubien exploitait à Lac-des-Deux-Montagnes un commerce de détail, probablement hérité de son père, Eustache-Ignace*. On ignore si Rodolphe fit des études classiques ou si son père le prit dans son établissement pour l'initier aux affaires. Chose certaine, il acquit quelque formation, car il travaillait en 1837 à titre de teneur de livres à la Banque du peuple [V. Louis-Michel Viger*], à Montréal.

Énergique et combatif de nature, Des Rivières s'intéressa tôt à la politique. En 1837, il s'était joint au groupe des jeunes patriotes montréalais qui militaient dans le parti de Louis-Joseph Papineau* et qui fréquentaient la librairie d'Édouard-Raymond Fabre*. À l'été de cette année-là, il se signala par un exploit que raconte son frère, Adélard-Isidore, dans ses mémoi-

Des Rivières

res. Un soir, Rodolphe et quelques amis assistaient à une représentation donnée à Montréal devant un public composé en majorité de Britanniques. Lorsque l'orchestre joua le *God save the Queen*, les jeunes gens restèrent assis et gardèrent leur chapeau sur la tête. « Hats off ! Hats off ! » leur cria-t-on de toutes parts, mais les patriotes faisaient la sourde oreille. Plusieurs officiers et bureaucrates offusqués voulurent les expulser du théâtre. Peu nombreux, les Canadiens n'eurent pas le choix. L'un des derniers à sortir, Des Rivières reçut un coup de poing sur la nuque. Il se retourna et reconnut le docteur Jones, chirurgien de l'armée britannique. Deux ou trois jours plus tard, il alla trouver son agresseur, rue Notre-Dame, et lui demanda des excuses, que ce dernier refusa de faire. Sur ces entrefaites, Des Rivières ne craignit pas d'affronter ce colosse de 6 pieds 3 pouces et de 230 livres, et il lui administra une véritable correction.

Le 5 septembre 1837, Des Rivières participa à l'hôtel Nelson à l'assemblée de fondation de l'association dite des Fils de la liberté [V. André Ouimet*]. Sa grande popularité et sa réputation de courage contribuèrent à le faire nommer deux semaines plus tard chef de la section n° 6 de l'aile militaire de l'association, sous le commandement du général Thomas Storrow Brown*. Le 4 octobre, il figura parmi les 44 signataires de l'« Adresse des Fils de la liberté de Montréal, aux jeunes gens des colonies de l'Amérique du Nord ». Il avait toute la confiance de Brown, qui lui proposa de venir l'aider à diriger les manœuvres de 600 à 1 200 Fils de la liberté le 22 octobre à la côte à Baron. Le lendemain, Des Rivières assista, selon l'historien Gérard Filteau, à l'assemblée des six comtés à Saint-Charles-sur-Richelieu. Puis, le 6 novembre, il prit part à la tumultueuse assemblée des Fils de la liberté, tenue à Montréal, et dans les batailles de rue qui s'ensuivirent le même jour il tomba à bras raccourcis sur quelques membres du Doric Club.

Pour échapper au mandat d'arrestation que le gouverneur, lord Gosford [ACHESON], était sur le point de lancer contre lui, Des Rivières quitta Montréal dans la nuit du 15 au 16 novembre 1837 et gagna Varennes. Là, il rencontra Brown qu'il accompagna ensuite à Saint-Charles-sur-Richelieu. Arrivé dans ce village le 18 novembre, Des Rivières fit partie du groupe de patriotes qui s'emparèrent du manoir du seigneur Pierre-Dominique DEBARTZCH. Après quoi il entreprit avec les chefs patriotes de l'endroit, Siméon Marchesseault* et Jean-Philippe Boucher-Belleville*, d'établir un camp retranché. Le lendemain, Brown procéda à la formation d'une compagnie militaire, et Des Rivières fut fait colonel. D'après la déposition de John Edward Raymo (Raymond), ébéniste de Saint-Charles-sur-Richelieu, recueillie le 21 novembre, Des Rivières faisait office d'agent seigneurial et, en cette qualité, il avait remis des reçus pour le grain à réquisitionner chez dix habitants des

environs. Simon Talon Lespérance, marchand et juge de paix de La Présentation, que les patriotes détinrent du 22 au 24 novembre, déclara qu'« un détachement de Brigands dont Rodolphe Dérivieres chef des fils de la liberté etoit en tête […] setoient emparé […] de cinq Milles Minots de grain […] [de] [s]es cheveaux [et de] dix cochon gras tué et débité et emporté au camp de S^t charles ».

En compagnie de son frère Adélard-Isidore, Des Rivières arriva à Saint-Denis, sur le Richelieu, le 23 novembre 1837, au moment où la bataille était engagée. Il aida les partisans de Wolfred Nelson* à poursuivre les soldats britanniques en fuite. Deux jours plus tard, de retour à Saint-Charles-sur-Richelieu, et peu avant que la bataille n'éclate, il se vit confier une brigade de patriotes et reçut l'ordre d'aller s'embusquer sur une colline boisée située à proximité du camp, dans le but d'attaquer le flanc de l'ennemi le moment venu. Lorsque le lieutenant-colonel George Augustus Wetherall* et ses troupes se furent avancés à portée de fusil, Des Rivières et ses hommes ouvrirent un feu nourri sur l'assaillant. Les patriotes tinrent leur position jusqu'à ce que Wetherall lance contre eux une compagnie de grenadiers. Étant donné leur infériorité numérique, ils se dispersèrent alors et se cachèrent dans les bois pour se dérober aux Britanniques.

Après cette défaite, Des Rivières se réfugia à Saint-Denis. Le 29 novembre 1837, on mit sa tête à prix : une récompense de £100 était offerte à quiconque le livrerait à la justice. Deux jours plus tard, il s'enfuit vers les États-Unis avec Nelson et quelques autres patriotes. Il fut cependant arrêté à Bedford le 7 décembre en compagnie de Boucher-Belleville, Marchesseault, Timothée Kimber* et un ou deux autres compagnons. D'abord incarcéré au fort Lennox, dans l'île aux Noix, Des Rivières fut transporté le 12 décembre à la prison de Montréal avec notamment Marchesseault et Robert-Shore-Milnes Bouchette*. Le 26 juin 1838, en retour d'une promesse d'amnistie à l'ensemble des prisonniers politiques, il consentit avec sept autres patriotes à signer un aveu de culpabilité. Ce geste imprudent lui valut d'être condamné deux jours plus tard, aux termes de la proclamation de lord Durham [LAMBTON], à l'exil. Le 4 juillet, il partit de Québec à bord de la frégate *Vestal* et il descendit à Hamilton, aux Bermudes, le 28 du même mois.

Relâché le 26 octobre 1838 à cause du désaveu de l'ordonnance de lord Durham, Des Rivières s'embarqua pour les États-Unis. À son arrivée sur le sol américain le 9 novembre, il ne chercha pas, contrairement à la plupart des autres exilés, à rentrer immédiatement au Bas-Canada. Après l'échec de la seconde insurrection, il choisit de s'établir à New York où il s'orienta vers les affaires. Il se mit en contact avec un riche marchand new-yorkais nommé Dempsey, qui le prit comme associé dans sa maison de commerce, sans doute incité par son sens du négoce et son intégrité.

Peut-être est-ce à titre d'agent de cet établissement que Des Rivières fit en 1842 un voyage de plus de huit mois qui, d'après Ægidius Fauteux*, le conduisit en Angleterre, en Italie et en France. De retour aux États-Unis, il aurait eu l'intention en 1843 et en 1844, selon Louis-Joseph-Amédée Papineau*, d'épouser la sœur ou la fille de Dempsey ; toutefois, on n'a trouvé aucune trace d'un mariage. Peu après la création de la Société des amis [V. Guillaume Lévesque*], en novembre 1844, Des Rivières adhéra à cette association à titre de membre correspondant à New York.

Rodolphe Des Rivières ne revint au Bas-Canada qu'après novembre 1844. Il s'établit comme marchand à Montréal sous la raison sociale de DesRivières et Dempsey. Il mourut le 17 mars 1847 d'une maladie du foie, à l'âge de 34 ans seulement, « au moment même, selon un chroniqueur de *la Minerve* du 22 mars, où il commençait à s'élancer sur un horizon commercial élevé et prospère ». Le 6 décembre 1848, un grand nombre de ses amis se réunirent au cimetière catholique de Montréal pour élever sur sa tombe un magnifique marbre portant, entre autres, les mots : « Exilé politique aux Bermudes, en juin 1838 ». On venait d'honorer la mémoire d'un patriote intrépide et généreux.

MICHEL DE LORIMIER

Un portrait au crayon de Rodolphe Des Rivières, dessiné durant son séjour à la prison de Montréal par Jean-Joseph Girouard* en 1837 ou 1838, fait partie de la collection Girouard et est conservé aux APC.

ANQ-M, CE1-51, 20 mars 1847 ; CE6-3, 9 mai 1812. — ANQ-Q, E17/6, nᵒˢ 1–2, 14, 18, 22 ; E17/9, nᵒˢ 291, 352, 354–355 ; E17/15, nᵒˢ 857–858a, 869 ; E17/37, nᵒ 3020 ; E17/39, nᵒ 3150 ; E17/51, nᵒ 4145 ; E17/52, nᵒ 6 ; P-409 ; P-417/11, nᵒ 1037 ; 13, nᵒˢ 1113, 1141. — APC, MG 24, B2, 17–21. — BVM-G, Fonds Ægidius Fauteux, notes compilées par Ægidius Fauteux sur les patriotes de 1837–1838 dont les noms commencent par la lettre D, carton 4. — Univ. of B.C. Library (Vancouver), Special Coll. Division, lettres de Rodolphe Des Rivières. — R.-S.-M. Bouchette, *Mémoires de Robert-S.-M. Bouchette, 1805–1840* (Montréal, 1903), 56–60, 69–115. — T. S. Brown, *1837 : my connection with it* (Québec, 1898), 16–37. — A.-I. Des Rivières, « Insurection de 1837 : mémoires inédites laissées par feu le docteur Adélard-Isidore Des Rivières, l'un des Fils de la liberté », *la Patrie*, 12 mars 1898 : 8. — « Documents inédits », Yvon Thériault, édit., *RHAF*, 16 (1962–1963) : 117–126, 436–440. — L.-J.-A. Papineau, *Journal d'un Fils de la liberté*. — *La Minerve*, 28 août, 7 sept., 5, 9 oct., 9 nov. 1837, 18, 22 mars 1847, 7 déc. 1848. — Fauteux, *Patriotes*, 27–28, 38–39, 56–61, 145–146, 210–212. — Tanguay, *Dictionnaire*, 7 : 353–360. — *Anecdotes canadiennes suivies de mœurs, coutumes et industries d'autrefois ; mots historiques, miettes de l'histoire*, É.-Z. Massicotte, compil. ([2ᵉ éd.], Montréal, 1925), 107–108. — Jean Béraud, *350 ans de théâtre au Canada français* (Ottawa, 1958), 34. — Hector Berthelot, *Montréal, le bon vieux temps*, É.-Z. Massicotte, compil. (2ᵉ éd., 2 vol. en 1, Montréal, 1924), 1 : 47–48. —

J. D. Borthwick, *Jubilé de diamant ; rébellion de 37–38 ; précis complet de cette période ; rôle d'honneur ou liste complète des patriotes détenus dans les prisons de Montréal en 1837–1838–1839 ; date unix lieux des arrestations et autres détails intéressants et inédits sur ce sujet* (Montréal, 1898), 36, 89–91. — Chapais, *Cours d'hist. du Canada*, 4 : 196, 206. — Christie, *Hist. of L.C.* (1866). — L.-O. David, *les Gerbes canadiennes* (Montréal, 1921), 163 ; *Patriotes*, 13–20, 37–42, 65–71, 137–140. — Ægidius Fauteux, *le Duel au Canada* (Montréal, 1934), 225–231. — Filteau, *Hist. des patriotes* (1975), 117, 207–208, 244, 271–276, 301–309, 336–341, 348–349, 390–393. — F.-X. Garneau, *Histoire du Canada depuis sa découverte jusqu'à nos jours*, Hector Garneau, édit. (8ᵉ éd., 9 vol., Montréal, 1944–1946), 9 : 97–98. — Laurin, *Girouard & les Patriotes*, 51. — É.-Z. Massicotte, *Faits curieux de l'histoire de Montréal* (2ᵉ éd., Montréal, 1924), 86–96. — Rumilly, *Hist. de Montréal*, 2 : 228, 243 ; *Papineau et son temps*. — Mason Wade, *les Canadiens français, de 1760 à nos jours*, Adrien Venne et Francis Dufau-Labeyrie, trad. (2ᵉ éd., 2 vol., Ottawa, 1966), 1 : 194–195. — Montarville Boucher de La Bruère, « Louis-Joseph Papineau, de Saint-Denis à Paris », *Cahiers des Dix*, 5 (1940) : 79–106. — Émile Chartier, « Après « l'affaire de Saint-Denis », 1ᵉʳ–12 décembre 1837, d'après un mémoire de Brown », *BRH*, 56 (1950) : 130–147. — Claude Faribault, « Un atlas de Napoléon 1ᵉʳ, Notre-Dame de Stanbridge et la famille DesRivières », *SGCF Mémoires*, 33 (1982) : 26–29. — L.-A. Huguet-Latour, « la Société des amis », *BRH*, 8 (1902) : 121–122. — J.-J. Lefebvre, « la Famille Malhiot, de Montréal et de Verchères », *SGCF Mémoires*, 12 (1961) : 149–154. — Victor Morin, « Clubs et Sociétés notoires d'autrefois », *Cahiers des Dix*, 15 (1950) : 185–218. — R.-L. Séguin, « Biographie d'un patriote de '37, le Dr Luc-Hyacinthe Masson (1811–1880) », *RHAF*, 3 (1949–1950) : 349–366. — Léon Trépanier, « Figures de maires : Édouard-Raymond Fabre », *Cahiers des Dix*, 24 (1959) : 189–208.

DICKSON, JAMES, selon ses propres termes « libérateur des nations indiennes » ; *circa* 1835–1837.

James Dickson, gentleman pour les uns, illuminé, escroc et pirate pour les autres, a fait une incursion brève mais frappante dans l'histoire de Rupert's Land. Pour ce qui est de ses activités avant son apparition à Washington et à New York vers la fin de 1835, les historiens en sont réduits aux conjectures. Il est à peu près certain que c'était un homme instruit, qui avait des appuis financiers ; l'autorité transparaissait de sa personne, et son allure était impressionnante. Son visage, a rapporté George Simpson*, gouverneur de la Hudson's Bay Company, était « balafré et couvert de favoris et de moustaches immenses ». On racontait aussi qu'il était de haut lignage et qu'il avait peut-être du sang anglais, écossais ou même indien. Selon son propre témoignage, il avait passé quelques années au Texas et connaissait plusieurs officiers de l'armée américaine qui avaient servi dans l'Ouest.

Au début de 1836, Dickson exprima le rêve de créer un État indien indépendant ; son projet mûrit rapide-

Dickson

ment, et le territoire qu'il envisageait devint extrêmement vaste – de Rupert's Land au Texas et à la Californie. Sa principale destination devait être le Texas, mais il parlait souvent de son « expédition californienne ». Dans le but de recruter une force militaire, il se dirigea d'abord vers le nord. Peut-être visita-t-il personnellement Montréal ; quoi qu'il en soit, une trentaine de jeunes gens de la région, dont un bon nombre étaient fils de trafiquants de fourrures et d'Indiennes, se laissèrent convaincre de se joindre à lui. On leur dit que l'expédition longerait les Grands Lacs, suivrait la route de la traite des fourrures jusqu'à la rivière Rouge puis descendrait vers le sud. Rien n'indique cependant que Dickson leur donna autant de précisions qu'à ses connaissances de New York, à qui il fit savoir qu'il voulait des volontaires indiens et métis pour attaquer Santa Fe (Nouveau-Mexique), qu'il croyait pouvoir prendre facilement, et qu'une fois cette ville conquise, il pourrait passer en Californie pour y créer une Utopie où les Indiens posséderaient toutes les terres et toléreraient seulement quelques fonctionnaires blancs.

La troupe qui devait réaliser ces objectifs était censée compter environ 200 hommes, mais lorsqu'à la fin de juillet 1836 elle se rassembla à Buffalo, dans l'état de New York, on n'en dénombrait que 60. Cette « armée indienne de libération », comme elle s'appelait, avait Dickson pour général. Son second était le Métis John George MacKenzie, fils d'un *Nor'Wester* à la retraite ; désigné secrétaire à la Guerre, il avait le grade de général de brigade. Martin McLeod, qui au cours des cinq mois suivants tint dans son journal un compte rendu détaillé de l'expédition, reçut une commission de major. Il y avait aussi six capitaines, trois lieutenants et deux enseignes. Quelques recrues étaient américaines, mais presque tous les officiers venaient du Bas ou du Haut-Canada. À Buffalo, l'armée s'embarqua à bord du schooner *Wave* pour se rendre à Sault-Sainte-Marie (Sault Ste Marie, Ontario) ; le voyage dura un mois entier. Il fallut passer une semaine à Detroit pour réparer les dommages que causa une tempête, puis deux jours dans le Michigan pour convaincre les agents de la force publique de lever une accusation pour le vol de trois vaches. Arrivé à Sault-Sainte-Marie le 31 août, Dickson décida d'y rester une quinzaine de jours. Au terme de cette période, toutes les recrues américaines et une partie des recrues canadiennes l'avaient quitté ; le départ le plus éprouvant fut celui de MacKenzie, forcé de rentrer à Montréal pour des raisons de santé. En conséquence, c'est une troupe de moins de 20 hommes qui, à une date dangereusement tardive, entreprit de longer la rive sud du lac Supérieur en *Mackinaw boat* pour se rendre à Fond-du-Lac (Duluth, Minnesota).

Dickson avait dit à William Nourse, commis de la Hudson's Bay Company à Sault-Sainte-Marie, qu'il avait d'abord projeté de suivre la rive nord du lac Supérieur puis l'ancienne route de la traite jusqu'à la colonie de la Rivière-Rouge, mais qu'il avait ensuite choisi un trajet différent ; à partir de Fond-du-Lac, toutefois, il avait l'intention de prendre la direction du nord, vers la Rivière-Rouge, pour descendre ensuite jusqu'à Santa Fe. Dans un manifeste destiné aux habitants de cette ville et daté de novembre 1836, il se donnait le nom de Montezuma II. Le journal de McLeod rapporte les tristes détails du voyage par terre que fit la troupe à travers le nord du Minnesota. Vers la fin, Dickson quitta ses hommes et poursuivit son chemin seul, sans armes à feu ; il n'avait pas non plus suffisamment de vivres, d'allumettes et de vêtements chauds. Il arriva à la Rivière-Rouge avant ses compagnons, affamé et presque gelé. Dix hommes le rejoignirent le 20 décembre.

Pourquoi Dickson avait-il choisi de faire route vers le nord en hiver ? Ses motifs sont aussi obscurs que ceux qui le poussaient, à l'origine, à attaquer Santa Fe en passant par Rupert's Land. S'il y avait une motivation rationnelle à sa conduite, ce devait être la force de la communauté métisse de la Rivière-Rouge et l'espoir que Cuthbert Grant*, surveillant des plaines, userait de son influence pour aider l'expédition. Grant se montra hospitalier au cours des mois suivants, mais il ne pouvait apporter une aide militaire à une armée déjà décimée. Chacun des survivants de l'aventure décida lui-même de ce qu'il allait faire ; tous quittèrent la Rivière-Rouge, certains pour occuper un emploi qu'offrait avec empressement la Hudson's Bay Company. McLeod, quant à lui, se rendit au Minnesota, où il siégea plus tard au conseil territorial. C'est Dickson qui partit le dernier, après avoir fait des adieux théâtraux à Grant et lui avoir remis son épée de cérémonie (qui se trouve maintenant au Manitoba Museum of Man and Nature) ; il passa la frontière américaine au printemps de 1837. Pendant son séjour à la Rivière-Rouge, il avait écrit à d'anciens associés à qui il donnait des descriptions différentes du trajet qu'il entendait emprunter : soit passer par les Rocheuses et aller jusqu'au Columbia, soit passer par le Missouri (ce qu'il fit probablement) jusqu'au fort Leavenworth (Leavenworth, Kansas).

Certains ont vu dans ces contradictions la preuve de la nature sinistre des desseins de James Dickson ; d'autres, comme Nourse et Charles Bankhead, secrétaire de la légation britannique à Washington, tenaient son projet pour le produit d'un esprit confus. Mais, encore aujourd'hui, certains facteurs font que l'expédition mérite d'être étudiée. Au début, le gouverneur Simpson la prit plus au sérieux que l'on aurait pu s'y attendre. Il ignorait tout des capacités de Dickson et de l'étendue de l'appui qu'il pouvait obtenir, mais cependant il était tout à fait conscient des dangers que pouvaient représenter pour les intérêts de sa compagnie des hommes comme John George

Mackenzie, qui avaient quelque instruction et un certain sens de l'organisation, comptaient des parents dans le Nord-Ouest et avaient de forts griefs tant à l'endroit des méthodes de nomination et de promotion de la Hudson's Bay Company que du monopole de traite qu'elle tentait d'exercer. Il devint bientôt évident, toutefois, que Dickson, surtout à partir du moment où MacKenzie le quitta à Sault-Sainte-Marie, n'avait aucune chance de succès. Son échec n'en fit pas moins naître une légende dont il est difficile d'évaluer la portée. L'incursion de Dickson dans l'histoire de Rupert's Land et son plaidoyer en faveur de la libération du peuple qui l'habitait inspirèrent en effet au beau-frère de Grant, Pierre Falcon*, une complainte sur la tournure que les événements auraient pu prendre. Il chantait ce grand général qui était venu rassembler les Métis puis était reparti avec seulement deux guides. On peut considérer cette ballade comme une expression précoce et sentimentale des aspirations encore vagues qui animaient les Métis plus d'une décennie avant qu'ils ne défient avec quelque efficacité le monopole de la Hudson's Bay Company.

ELIZABETH ARTHUR

La Minn. Hist. Soc. (St Paul) conserve, dans les Martin McLeod papers, une copie du manifeste de James Dickson, *Articles of war and of the government of the army of the liberator* (Washington, 1836), de même que plusieurs de ses lettres et une liste des officiers de son armée. Une partie de ces documents a été publiée et annotée par Grace Lee Nute, à l'intérieur de l'article, « Documents relating to James Dickson's expedition », *Mississippi Valley Hist. Rev.* (Cedar Rapids, Iowa), 10 (1923–1924) : 173–181. Le journal de Martin McLeod, dans la même collection, a été édité par Nute et publié sous le titre de « The diary of Martin McLeod », *Minn. Hist. Bull.* (St Paul), 4 (1921–1922) : 351–439.

APC, RG 7, G1, 78 : 471–531. — D. B. Sealey, *Cuthbert Grant and the Métis* (Agincourt [Toronto], 1977). — Margaret Arnett MacLeod, « Dickson the liberator », *Beaver*, outfit 287 (été 1956) : 4–7. — M. E. Arthur, « General Dickson and the Indian Liberating Army in the north », *OH*, 62 (1970) : 151–162. — J. [S. H.] Brown, « Ultimate respectability : fur-trade children in the « civilized world », *Beaver*, outfit 308 (printemps 1978) : 51–52. — G. L. Nute, « James Dickson : a filibuster in Minnesota in 1836 », *Mississippi Valley Hist. Rev.*, 10 : 127–140.

DICKSON, WILLIAM, homme d'affaires, avocat, juge de paix, fonctionnaire, homme politique et agent de développement foncier, né le 13 juillet 1769 à Dumfries, Écosse, deuxième des six fils de John Dickson, marchand, et de Helen Wight, fille d'un ministre presbytérien ; le 12 avril 1794, il épousa à Newark (Niagara-on-the-Lake, Ontario) Charlotte Adlam, et ils eurent trois fils ; décédé le 19 février 1846 à Niagara (Niagara-on-the-Lake).

Après que l'entreprise de son père eut subi des

revers, William Dickson vint rejoindre son cousin Robert Hamilton* dans l'ouest de la province de Québec en 1785. Sous la supervision de Richard Cartwright*, l'associé de Hamilton, il fut d'abord agent transitaire à l'île Carleton (New York), après quoi il géra les moulins et le magasin de son cousin au ruisseau Twelve Mile, dans la presqu'île du Niagara. Vers 1790, il s'installa à Niagara, en face du fort, où, notait plus tard un autre de ses cousins, Thomas Clark*, il « vend[ait] des marchandises aux militaires et négoci[ait] avec les colons du grain, entre autres, acheté en grande quantité pour approvisionner la garnison ». Même s'« il n'[était] à son compte que depuis peu, poursuivait Clark, il s'[était] tout de même fort bien débrouillé jusque-là ». Ses affaires étaient en effet si bonnes qu'en 1790, à l'âge de 21 ans, il fit construire la première maison de brique de la presqu'île.

À l'aide des profits de son négoce, Dickson faisait d'ambitieuses opérations de spéculation foncière, souvent avec ses cousins Clark et Hamilton. En 1792, il demanda au lieutenant-gouverneur John Graves Simcoe* de lui octroyer 48 000 acres de la « terre des Mississagués » [V. Kineubenae*]. On rejeta sa requête, et il ne put faire venir d'Écosse, comme il l'avait prévu, des gens « honnêtes et loyaux » qui auraient constitué, à cet endroit, une « classe de francs-tenanciers ». En 1793, Dickson et Samuel Street* « découvrirent » que les Indiens des Six-Nations désiraient vendre une partie de leurs terres de la rivière Grand et demandèrent à Simcoe d'autoriser la transaction. Le lieutenant-gouverneur refusa, car il estimait que les 570 000 acres concédées aux Indiens le long de ce cours d'eau étaient réservées à leur seul usage, mais le porte-parole des Six-Nations, Joseph Brant [Thayendanegea*], s'opposa vivement à cette façon de voir. Finalement, en 1797, l'administrateur Peter Russell* admit que les Indiens pouvaient disposer de leurs terres. Dès 1798, quelque 350 000 acres étaient divisées en six blocs et mises en vente. L'histoire des transactions qui concernent les terres de la rivière Grand demeure obscure, mais on sait un certain nombre de choses sur la participation de Dickson, qui fut considérable. En 1795, il avait servi de représentant à un groupe d'Américains pressés d'acheter des terres aux Six-Nations. À compter de 1798, il fut à maintes reprises l'agent foncier des Indiens et, par la suite, il leur servit d'avocat dans nombre de transactions qui concernaient les blocs (en 1803, le Parlement adopta une loi qui permettait au lieutenant-gouverneur de lui accorder l'autorisation de pratiquer le droit). Il s'occupa de l'achat de certaines terres du bloc 2 par des mennonites de Pennsylvanie en 1803 [V. Samuel D. Betzner*] ainsi que des affaires de Richard BEASLEY, qui les leur avait vendues. Le 13 mars 1809, en dédommagement de ses services professionnels, les Six-Nations lui

Dickson

cédèrent 4 000 acres à l'embouchure de la Grand, juste à côté du bloc 5.

Dickson spécula aussi pour lui-même sur les terres de la rivière Grand. Dès 1807, il détenait une option sur le bloc 5, qui tirait sa valeur de ce qu'il faisait face au lac Érié, puis en dépit d'une entente selon laquelle son frère Thomas* et Hamilton rachèteraient ce bloc en tout ou en partie, il vendit ses droits au comte de Selkirk [Douglas*]. Il portait aussi un intérêt particulier au bloc 1. Il hypothéqua en 1802 plus de 15 000 acres à Isaac Todd* dans le but exprès d'acheter des terres, peut-être pour financer sa participation à une ou à plusieurs vaines tentatives d'achat du bloc 1. En 1808, il conçut avec Augustus JONES un plan en vertu duquel le beau-père de celui-ci, Henry Tekarihogen*, chef en titre des Six-Nations, les aurait aidés à acheter le bloc, mais le plan échoua. Finalement, en 1811, Dickson l'acheta avec son cousin Thomas Clark ; à ce moment toutefois, on camoufla sa participation à part égale à la transaction. Cinq ans plus tard, on lui transféra toutes les terres.

Dickson ne négligeait pas de prendre part à la vie régionale. Il était membre de la Niagara Agricultural Society et de la Niagara Library, ainsi que commissaire de la *grammar school* du district. Juge de paix, il fut juge assesseur en 1801 au procès de Mary London [Osborn*]. En 1803, on l'élut gardien de fourrière du canton de Niagara. Figure importante de l'élite commerciale qui gravitait autour de Robert Hamilton et dominait la presqu'île, il en fut le candidat aux élections de 1800 avec Street. Cependant, tous deux perdirent au profit d'Isaac Swayze* et de Ralfe Clench*, et ce même si Dickson avait fait, de l'avis de Robert Nichol*, « l'un des meilleurs discours (peut-être) jamais prononcés dans le Haut-Canada ».

Aux assises de 1806 à Niagara, l'avocat William Weekes*, membre éminent de l'opposition politique provinciale, fit des remarques déplacées sur le défunt lieutenant-gouverneur Peter Hunter*. Le président du tribunal, Robert THORPE, l'écouta sans broncher, mais Dickson, avocat au même procès, protesta. Les deux hommes refusèrent de se réconcilier. Weekes exigea des excuses ou une réparation. Un duel eut lieu le 10 octobre en sol américain, dans le voisinage du fort Niagara (près de Youngstown, New York). Blessé, Weekes mourut le lendemain. On ne poursuivit pas en justice Dickson, qui s'en était tiré indemne.

En 1812, Dickson se fit construire une deuxième maison de brique. Il possédait une magnifique bibliothèque qui contenait au delà d'un millier d'ouvrages importés d'Angleterre et dont il estimait la valeur à plus de £600. Contrairement à ses frères Thomas et Robert*, il ne joua pas un rôle important pendant la guerre de 1812. Fait prisonnier avec plusieurs autres civils le 19 juin 1813, au moment où les Américains occupaient Niagara, il fut détenu à Albany, dans l'état de New York, jusqu'en janvier 1814. En décembre

précédent, l'armée américaine en retraite avait incendié sa maison, qui valait £1 000. Le fait de ne pas avoir participé directement à l'effort de guerre ne nuisit toutefois pas à la réputation de Dickson et ne mit pas un frein à son ascension dans la société haut-canadienne. En novembre 1815, il entra au Conseil législatif avec Clark, Thomas Fraser* et Neil McLean*.

Après les hostilités, Dickson se mit à élaborer des plans détaillés pour mettre en valeur le bloc 4. Il fit en 1816 la tournée des terres avec son agent, Absalom Shade*, et autorisa un levé d'arpentage. Les premiers colons s'installèrent à Shade's Mills, sur le futur emplacement de Galt. Cependant, le règlement gouvernemental qui interdisait, dans les faits, de concéder des terres aux immigrants américains empêchait Dickson de promouvoir la colonisation autant qu'il l'aurait voulu. Peut-être appuya-t-il Robert Nichol lorsqu'en 1817 celui-ci tenta, en vain, de faire abroger ce règlement par l'Assemblée. La même année, après l'échec de cette tentative, il se mit à encourager Robert Gourlay*, mari de sa cousine, dont il avait fait la connaissance en 1809 à l'occasion d'une visite en Écosse. La perception que Gourlay avait de la situation haut-canadienne s'inspirait énormément de ses conversations avec Dickson et d'autres spéculateurs fonciers de la presqu'île et, lorsqu'il résolut de produire et de publier un compte rendu statistique sur la province, Dickson l'appuya, dans l'espoir que cette manœuvre stimulerait l'immigration britannique. Vint cependant un moment où les autorités d'York (Toronto) s'opposèrent fortement à Gourlay, et quiconque continuait d'entretenir des liens avec lui risquait de devenir suspect. Dickson, opportuniste, se retourna donc contre lui. Il joua un rôle important dans l'arrestation de Bartemas Ferguson*, rédacteur en chef du *Niagara Spectator,* qui avait publié des écrits de Gourlay, et dans celle de Gourlay lui-même, en 1819, en vertu du *Sedition Act* de 1804. Plus encore, il fut l'un des magistrats qui interrogèrent Gourlay et lui ordonnèrent de quitter la province.

Après cet épisode, William Dickson se consacra à la mise en valeur de ses terres du canton de Dumfries. Pendant son voyage en Écosse, en 1809, il avait pris le pouls de l'opinion sur l'émigration vers le Haut-Canada et avait fait quelques démarches préliminaires pour trouver des agents. Une fois le premier village établi, il expédia à ses agents écossais des imprimés qui décrivaient son canton, publia des articles dans la presse écossaise et communiqua avec d'éminents Écossais, surtout à Dumfries et dans les comtés de Roxburgh et de Selkirk. Dans l'ensemble, il se comportait comme un père avec ses colons. Ils étaient conduits sans délai sur leur terre et recevaient du bétail, des instruments aratoires et des provisions. Dickson avait la réputation de consentir de solides avances monétaires et de ne pas exiger de gros acomptes. En 1825, comme son village – désormais appelé Galt – florissait, il y installa toute sa famille. En 1837, il se retira à Niagara et confia la gestion de ses terres à ses fils.

Bruce Wilson

AO, MU 875–877. — APC, MG 19, A3, 15 : 5161–5163 ; E1, sér. 1 : 14404–14405 ; McDonell papers, vol. 10, Baldoon settlement letter-book, McDonell à Selkirk, 28 nov. 1808 ; MG 23, HI, 1, sér. 3, 2 : 356 ; sér. 4, vol. 6, packet A17 : 5–6, 34–35 (transcriptions) ; MG 24, B130, Thomas Clark à Samuel Clark, 12 oct. 1792 (copie) ; RG 8, I (C sér.), 690 : 120–124 ; 1225 : 8–10 ; RG 19, E5(a), 3740, claim 5. — DPL, Burton Hist. Coll., John Askin papers. — QUA, 2199c, letter-books, Cartwright à Todd, 18 avril 1801 (transcriptions aux AO). — John Askin papers (Quaife). — « Journals of Legislative Assembly of U.C. », AO Report, 1909. — Niagara Argus (Niagara [Niagara-on-the-Lake, Ontario]), 4 mars 1846. — Armstrong, Handbook of Upper Canadian chronology (1967). — Darroch Milani, Robert Gourlay, gadfly. — James Young, Reminiscences of the early history of Galt and the settlement of Dumfries, in the province of Ontario (Toronto, 1880). — J. E. Kerr, « Sketch of the life of Hon. William Dickson », Niagara Hist. Soc., [Pub.], n° 30 (1917) : 19–29.

DIMOCK, JOSEPH, ministre baptiste, né le 11 décembre 1768 à Newport, Nouvelle-Écosse, fils de Daniel Dimock et de Deborah Bailey (Baley) ; le 21 août 1798, il épousa Betsy Dimock, et ils eurent au moins 11 enfants ; décédé le 29 juin 1846 à Bridgetown, Nouvelle-Écosse.

Joseph Dimock appartenait à une famille de la Nouvelle-Angleterre connue, depuis le Grand Réveil, pour son hétérodoxie religieuse et politique. Son grand-père, Shubael Dimock*, et son père avaient eu des démêlés avec les autorités de Mansfield, au Connecticut, de sorte que selon la tradition familiale ils seraient arrivés en Nouvelle-Écosse en 1759, soit six mois plus tôt que d'autres Américains venus avant la guerre d'Indépendance [V. John Hicks*]. Ils s'installèrent d'abord à Falmouth, puis à Newport. Tous deux prédicateurs laïques, ils subirent de plus en plus l'influence des baptistes et reçurent bientôt le baptême par immersion, Daniel en 1763 et Shubael avant 1771. Les Dimock sont donc l'une des premières familles de tradition baptiste au Canada. Joseph fit ses études à la maison ; « [mon père], dit-il, me donna une instruction générale qui, bien que modeste, dépassait celle de tous mes compagnons dans le village où je vivais – m'inspira une soif de connaître telle que je ne me souviens pas d'avoir jamais été absorbé par un passe-temps au point de ne pas l'abandonner avec plaisir pour un livre ». Très sensible aux sermons de Henry Alline*, sa famille se trouva bientôt au centre du mouvement New Light, qu'avait lancé ce prédicateur charismatique.

Converti le 17 juin 1785, Dimock fut baptisé par immersion le 6 mai 1787 et se joignit à la congrégation baptiste de Horton. Il commença à prêcher en avril 1790, sans avoir reçu de formation officielle et sans avoir été ordonné, ce qui était courant chez les New Lights. Comme bien d'autres leaders du mouvement, tels Edward Manning* et Harris Harding*, il se rapprocha rapidement de l'antinomisme et adhéra au mouvement dit de la « nouvelle loi ». Mais à l'instar de Manning, il finit par être effrayé devant les forces que déchaînait ce mouvement et reprit une position plus orthodoxe. Le 10 septembre 1793, il devint ministre de la congrégation New Light de Chester, dont le pasteur précédent avait été le révérend John Seccombe* et qui réunissait aussi bien des fidèles baptisés par immersion que par aspersion. Il allait conserver cette charge jusqu'à la fin de sa vie.

Dimock joua un rôle prépondérant dans l'adhésion graduelle des New Lights au baptême. Il agit à titre de modérateur au cours de la très importante assemblée qui, en juin 1800, transforma la Congregational and Baptist Association en la Nova Scotia Baptist Association, adopta le principe du baptême par immersion et expulsa le congrégationaliste John Payzant*. Même si la congrégation de Dimock était toujours mixte, il ne ménagea aucun effort pour l'orienter vers le baptisme et occupa une place de plus en plus importante au sein de la Baptist Association. Quand, en 1809, l'association décida de réserver la communion aux fidèles baptisés par immersion, la congrégation de Chester quitta ses rangs. Cependant, comme Dimock avait procédé à une « réforme », c'est-à-dire expulsé les fidèles non baptisés par immersion, celle-ci rentrait au bercail dès 1811. La congrégation perdit des membres à la suite de cette mesure, mais elle ne tarda pas à retrouver toute son importance grâce à l'ardeur évangélisatrice de son ministre.

Dimock participa de façon notable aux initiatives que prirent les baptistes de la Nouvelle-Écosse dans la première moitié du xixe siècle. Il appuya fermement la fondation de la Horton Academy et du Queen's College, l'existence d'une presse confessionnelle et le travail missionnaire, tant dans la colonie qu'à l'étranger. Il mourut à Bridgetown le 29 juin 1846 et on l'inhuma à Chester ; deux de ses collègues baptistes, Theodore Seth Harding et Edmund Albern Crawley*, célébrèrent ses funérailles.

Bien qu'il soit considéré comme l'un des principaux « pères » de sa dénomination religieuse, Joseph Dimock était avant tout un prédicateur convaincant qui, surtout dans sa jeunesse, savait émouvoir profondément son auditoire. Au cours de ses longues tournées missionnaires, tant dans les Maritimes qu'en Nouvelle-Angleterre, il forma de nouvelles congrégations et en ranima d'anciennes. Aimable, miséricordieux et humble – ses contemporains, d'après le révérend John Mockett Cramp*, le comparaient à « l'apôtre Jean, en raison de la douceur de son

Doan

tempérament et de la gentillesse de sa conduite » – Dimock symbolisa un genre différent de calvinisme, moins sévère que celui que professaient souvent les baptistes.

BARRY M. MOODY

Comme la plupart des autres ministres de son temps, Joseph Dimock a tenu un journal de la plus grande partie de sa vie d'adulte. Le journal couvre la période comprise entre le 13 oct. 1796 et le 15 déc. 1844 ; il est conservé à l'Atlantic Baptist Hist. Coll., Acadia Univ. (Wolfville, N.-É.) et a été publié dans *The diary and related writings of the Reverend Joseph Dimock (1768–1846)*, G. E. Levy, édit. (Hantsport, N.-É., 1979).

Un portrait de Dimock peint par William VALENTINE est suspendu dans le hall de l'Acadia University.

Atlantic Baptist Hist. Coll., Cornwallis, N.-É., Congregational (Newlight) Church, minute-book ; Edward Manning, corr. ; Nova Scotia Baptist Education Soc., minutes ; Wolfville, United Baptist Church, minutes of Horton Church. — *Baptist Missionary Magazine of Nova-Scotia and New-Brunswick* (Saint-Jean ; Halifax), 1 (1827–1829) : 120–121, 212–213, 280–281 ; 2 (1830–1832) : 116–117 ; nouv. sér., 1 (1834) : 164 ; 3 (1836) : 171–176. — *The Newlight Baptist journals of James Manning and James Innis*, D. G. Bell, édit. (Saint-Jean, 1984). — *The New Light letters and spiritual songs, 1778–1793*, G. A. Rawlyk, édit. (Hantsport, 1983). — John Payzant, *The journal of the Reverend John Payzant (1749–1834)*, B. C. Cuthbertson, édit. (Hantsport, 1981). — *Christian Messenger*, 22 déc. 1848, 16 avril 1856. — J. V. Duncanson, *Falmouth – a New England township in Nova Scotia, 1760–1965* (Windsor, Ontario, 1965 ; réimpr. avec suppl., Belleville, Ontario, 1983). — *A genealogy of the Dimock family from the year 1637*, J. D. Marsters, compil. (Windsor, N.-É., 1899). — Bill, *Fifty years with Baptist ministers.* — Levy, *Baptists of Maritime prov.* — Saunders, *Hist. of Baptists.*

DOAN (Done), JOSHUA GWILLEN (Gillam),

fermier, tanneur et patriote, né en 1811 à Sugar Loaf, Haut-Canada, cadet des fils de Jonathan Doan ; le 29 septembre 1836, il épousa à St Thomas, Haut-Canada, Fanny Milard, et ils eurent un fils ; exécuté le 6 février 1839 à London, Haut-Canada.

Avant la guerre de 1812, Jonathan Doan et sa famille quittèrent la Pennsylvanie pour le district de Niagara, où naquit Joshua Gwillen. En 1813, ils s'installèrent dans le canton de Yarmouth, près du futur emplacement de Sparta. Agent foncier pour la famille Baby qui possédait des terres dans le canton, Jonathan y installa plusieurs colons pennsylvaniens. Il devint aussi un « respectable fermier », minotier et tanneur. Il occupait une place importante parmi les quakers, et c'est dans sa ferme qu'on avait construit la maison où se célébraient les offices.

Joshua Gwillen Doan opta lui aussi pour l'agriculture puis, quand son frère Joel P. ouvrit une nouvelle tannerie, en 1832, il se joignit à l'entreprise. Marié en 1836, il eut un fils l'année suivante. Tout compte fait, il était bien intégré à son milieu, qui était fortement réformiste ou, comme le disait un commentateur hostile, « républicain ». Au cours de l'agitation réformiste de l'automne de 1837, Doan assista à au moins l'une des réunions tenues en vue de former les cellules politiques dont William Lyon Mackenzie* prônait la création.

En novembre et au début de décembre, Mackenzie organisa en toute hâte, à Toronto, une révolte que les autorités réprimèrent sans peine. Cependant, une rumeur laissait croire qu'elle avait réussi et, dans l'ouest de la province, Charles Duncombe*, député réformiste de la circonscription d'Oxford, décida de réunir une deuxième force rebelle près de Brantford afin de profiter de l'avantage qu'avait supposément pris Mackenzie et de prévenir les représailles contre les réformistes des environs. Son appel atteignit le canton de Yarmouth. Au cours d'une assemblée de recrutement à Sparta, le 9 décembre, Joshua Gwillen et Joel P. Doan « prirent la vedette », et le premier fut élu lieutenant des volontaires. Pendant les quelques jours suivants, il se joignit à Martin Switzer*, résident de Streetsville, et à d'autres afin de persuader les gens de s'enrôler et d'amasser des armes. Il rassembla aussi des munitions qu'il distribua à la cinquantaine de rebelles qui, le 12, se mirent en route pour Scotland, près de Brantford, sous le commandement de David Anderson. Son frère Joel fournit les charrettes de vivres. Peu après l'arrivée du groupe à Scotland, les rebelles de Duncombe se dispersèrent devant les hommes d'Allan Napier MacNab* qui fondaient sur eux. En dépit du fait que le gouvernement offrait une récompense de £100 pour sa capture, Doan parvint à passer aux États-Unis. On l'accusa de participation à la rébellion, de même que Joel, qui s'était enfui lui aussi, et on l'exclut de l'amnistie partielle proclamée en octobre 1838.

Aux États-Unis, Joshua rejoignit les patriotes, ces réfugiés haut-canadiens et partisans américains qui espéraient réaliser par l'invasion le but que Duncombe et Mackenzie n'avaient pu atteindre par la révolte. En décembre 1838, il se trouvait à Detroit parmi le groupe qui entendait gagner Windsor en traversant la rivière. On lui affirma, ainsi qu'à d'autres, que 600 résidents de la région de Windsor avaient l'intention de se joindre à eux et que des colons des environs de London s'étaient déjà soulevés. Sous le commandement des « généraux » L. V. Bierce et William PUTNAM, les patriotes lancèrent leur raid le 4 décembre en incendiant le vapeur *Thames* et en tuant une poignée d'habitants. Par la suite, des témoins oculaires prétendirent que Doan avait eu à voir avec au moins l'une de ces morts, ce qu'il nia.

Quand le colonel John Prince* réussit enfin à disperser les patriotes, 25 d'entre eux avaient déjà perdu la vie et un bon nombre, dont Doan, la liberté. On en amena 44 à London afin de les faire comparaître devant un conseil de guerre que présidait Henry

Sherwood*. Doan subit son procès pour trahison au début de janvier ; malgré ses protestations d'innocence, on le jugea coupable et on le condamna à mort. Il présenta en vain, au lieutenant-gouverneur sir George Arthur*, un recours en grâce dans lequel il affirmait que deux témoins s'étaient parjurés et que, contraint de suivre les patriotes, il les avait quittés à la première occasion. Par la suite, il reconnut sa participation au raid et signa une déclaration qui visait à décourager toute tentative d'invasion de la colonie. Il enjoignit à sa femme de « penser le moins possible à [son] triste sort » et l'invita à se préparer à son exécution avec « la grâce et la force d'âme d'une chrétienne ».

Le 6 février 1839, Joshua Gwillen Doan et Amos Perley, un autre des six participants au raid dont la sentence n'avait pas été commuée, montèrent sur l'échafaud et, selon le compte rendu d'un journaliste, basculèrent « dans l'éternité sans la moindre résistance ». On les inhuma tous deux au cimetière quaker de Sparta. Doan laissait le souvenir d'« un homme brave et fidèle ». Par la suite, sa veuve épousa son frère Joel.

COLIN FREDERICK READ

APC, RG 5, A1 : particulièrement 100012–100014, 118327–118331 ; B36, 1–2 ; B37, procès de J. G. Doan. — Trinity Church (Anglican) (St Thomas, Ontario), Reg. of marriages, 29 sept. 1836. — *Rebellion of 1837* (Read et Stagg). — *St. Catharines Journal*, 4 janv. 1838, 14 févr. 1839. — Guillet, *Lives and times of Patriots*. — Read, *Rising in western U.C.*

DORION, PIERRE-ANTOINE, marchand, fonctionnaire, homme politique et juge de paix, né vers 1789, fils de Noël Dorion et de Barbe Trudelle ; décédé le 12 septembre 1850 à Drummondville, Bas-Canada.

Actif et entreprenant, Pierre-Antoine Dorion mit sur pied à Sainte-Anne-de-la-Pérade (La Pérade) un commerce de bois florissant qui lui assura une confortable aisance. En 1829, le Parlement du Bas-Canada adoptait la loi sur les écoles de syndic qui prévoyait l'élection de syndics dont le rôle serait d'administrer les écoles dans chaque localité. On choisit Dorion pour remplir cette fonction à Sainte-Anne-de-la-Pérade. Selon un rapport rédigé en 1832, on y comptait six écoles ; à cette époque, le succès de ces établissements dépendait sans doute de la compétence des instituteurs, mais aussi du dynamisme des syndics. Il faut donc accorder une partie du succès de la loi de 1829 au travail de ceux qui, comme Dorion et Jean-Baptiste Meilleur*, se dévouèrent afin de promouvoir l'éducation.

En assumant ces responsabilités, Dorion attira l'attention de ses concitoyens. Aussi le 26 octobre 1830 il fut élu député de la circonscription de Champlain à la chambre d'Assemblée du Bas-Canada, qu'il représenta jusqu'au 27 mars 1838. On suspendit alors la constitution et on abolit la chambre d'Assemblée en raison de l'insurrection qui se préparait. Pendant qu'il était député, Dorion tint chez lui des réunions qui rassemblaient des députés et des sympathisants patriotes et il se montra un ardent défenseur des principes que Louis-Joseph Papineau* avait mis de l'avant.

Pour administrer les lois scolaires de l'époque, la chambre d'Assemblée constitua en 1831 un comité permanent d'éducation et des écoles, dont le rôle était de recevoir les rapports annuels des députés, nommés visiteurs ou inspecteurs des écoles de leur circonscription. Dorion prit sa tâche d'inspecteur au sérieux. C'est ainsi que dans son rapport de 1835–1836 il signala qu'à Sainte-Anne-de-la-Pérade on enseignait l'anglais, le français, l'arithmétique, la tenue de livres, la géométrie, et « que le maître [était] très capable ». De même, il vit à l'achat de livres à l'intention des élèves pauvres. Il se préoccupa aussi de l'horaire scolaire et se plaignit même du trop grand nombre de jours de vacances.

En août 1830, on avait nommé Dorion commissaire chargé de la préparation des plans et de l'estimation du coût de construction d'un pont sur la rivière Sainte-Anne. Six ans plus tard, il devint commissaire chargé de la construction dudit pont. Enfin, le 13 avril 1837, il reçut une commission de juge de paix pour le district de Trois-Rivières.

Dorion avait, paraît-il, un goût très prononcé pour les procès, goût qu'il partageait avec le seigneur de Sainte-Anne-De La Pérade, Charles-Louis Tarieu* de Lanaudière. Les deux rivaux se rendaient ensemble à Québec, où ils se séparaient pour ne se rencontrer qu'au tribunal. Quelle que fût l'issue du procès, ils retournaient chez eux ensemble d'aussi belle humeur qu'au départ. Peut-être est-ce le goût des procès et des chicanes qui fut à l'origine de la « malheureuse affaire commerciale » qui ruina presque Dorion vers 1837.

Pierre-Antoine Dorion avait épousé Geneviève Bureau, fille de Pierre BUREAU, le 21 février 1814 ; ils eurent dix enfants, dont Antoine-Aimé*, Jean-Baptiste-Éric*, Vincislas-Paul-Wilfrid* et Marie-Céphise, qui devint supérieure des Sœurs de la charité de la Providence.

LOUIS-PHILIPPE AUDET

ANQ-MBF, CE1-48, 21 févr. 1814 ; CE2-6, 14 sept. 1850. — APC, RG 68, General index, 1651–1841. — B.-C., chambre d'Assemblée, *Journaux*, 1835–1836, app. OO. — F.-J. Audet et Fabre Surveyer, *les Députés de Saint-Maurice et de Buckinghamshire*. — Desjardins, *Guide parl.* — P.-G. Roy, *les Juges de la prov. de Québec*. — L.-P. Audet, *le Système scolaire*, 5 ; 6 : 35, 47, 52. — Ægidius Fauteux, « Sir Antoine-Aimé Dorion », *la Rev. du droit* (Québec), 13 (1934–1935) : 589–597.

Duchesnay

DUCHESNAY, MICHEL-LOUIS JUCHEREAU.
V. Juchereau

DU COIGNE. V. Decoigne

DULONGPRÉ, LOUIS, musicien, professeur, régisseur de théâtre, peintre, homme d'affaires et officier de milice, né vraisemblablement le 16 avril 1759 à Paris, fils de Louis Dulongpré, négociant, et de Marie-Jeanne Duguay ; le 5 février 1787, il épousa à Montréal Marguerite Campeau, et ils eurent 13 enfants dont 4 atteignirent l'âge adulte ; décédé le 26 avril 1843 à Saint-Hyacinthe, Bas-Canada.

Il existe deux versions de la venue de Louis Dulongpré en Amérique du Nord. Selon la notice nécrologique parue dans *la Minerve,* il serait arrivé avec l'escadre qui escortait les troupes du comte de Rochambeau envoyées pour prêter secours aux colonies américaines pendant la guerre d'Indépendance et, par amour de la liberté, il serait ensuite passé dans l'armée. D'après la seconde version, qui figure dans *Notice sur M. Jos O. Leprohon, archiprêtre, directeur du collège de Nicolet [...]* (Québec, 1870) de Louis-Édouard Bois*, Dulongpré faisait partie de l'escadre du vice-amiral français Jean-Baptiste-Charles d'Estaing qui, après avoir échappé à une attaque britannique devant Newport, au Rhode Island, fit voile vers les Antilles. Il y aurait vainement cherché un emploi à sa convenance. De retour dans les colonies américaines, Dulongpré, qui appartenait peut-être à la musique d'un corps de marine, aurait voulu se faire transférer dans les troupes de Rochambeau, mais les hostilités prirent fin. Cette version très circonstanciée est sans doute la plus exacte, puisque Joseph-Onésime Leprohon était le fils de Jean-Philippe Leprohon, voisin de Dulongpré et son beau-frère par alliance. Bois a aussi consacré une notice à un parent de Dulongpré, Jean Raimbault.

Après sa démobilisation, Dulongpré visita les États-Unis probablement avec l'intention de s'y installer. Toutefois à Albany, dans l'état de New York, il rencontra des marchands canadiens qui l'incitèrent à venir s'établir dans la province de Québec. Le 30 mai et le 21 décembre 1785, il était à Montréal où il servait de parrain aux filles des artisans Pierre et Jean-Louis Foureur, dit Champagne.

Beau, grand, courtois, affable, élégamment vêtu à la mode de l'Ancien Régime, souliers à boucles en brillants, cheveux poudrés, tel apparut Dulongpré aux Montréalais. D'une grande urbanité, il plaisait à tout le monde et s'entendait parfaitement avec les musiciens et les artistes. Au dire de personnes qui l'ont bien connu, il était un musicien accompli qui jouait de plusieurs instruments à cordes et à vent. Il donna même des leçons de clavecin et de danse. De 1787 à 1792, il annonça régulièrement dans *la Gazette de Montréal* son école de danse et de musique pour garçons et filles et, en février 1791, une « Académie pour les Jeunes Demoiselles » où elles apprenaient non seulement à lire et à écrire le français et l'anglais, mais aussi l'arithmétique, la couture, la musique, la danse et le dessin.

En novembre 1789, avec Jean-Guillaume De Lisle*, Pierre-Amable De Bonne*, Joseph Quesnel*, Jacques-Clément Herse, Joseph-François Perrault et François Rolland, Dulongpré fonda le Théâtre de société de Montréal. À titre de régisseur, il s'engagea à aménager au complet la scène et la salle, de même qu'à assurer la marche de l'entreprise dans ses moindres détails, le tout moyennant £60. Depuis plusieurs mois déjà, Dulongpré avait pris ses dispositions et loué une grande maison rue Saint-Paul.

À sa première saison, de décembre 1789 à février 1790, le Théâtre de société joua six pièces, dont *Colas et Colinette, ou le Bailli dupé,* opéra-comique de Quesnel. L'une des soirées comprenait un ballet et de petites pièces chantées, et on peut penser que Dulongpré et ses élèves s'étaient chargés de cette partie du programme. Toutefois, le curé de la paroisse Notre-Dame de Montréal, François-Xavier Latour-Dézery, avait dénoncé dès le 22 novembre les spectacles en chaire et ajouté qu'il refuserait l'absolution à ceux qui y assisteraient. Cette algarade ne manqua pas de soulever de véhémentes protestations et occasionna une vive polémique dans *la Gazette de Montréal,* à laquelle participèrent même des Québécois. En conséquence, la deuxième saison fut très courte et les sociétaires limitèrent l'auditoire « à un très petit nombre de personnes de haute extraction ou de race noble » ; on les accusa alors de favoriser l'élite et de manquer d'intérêt pour la formation de la jeunesse.

Comme les écoles de Dulongpré ne lui rapportaient pas un revenu suffisant, il donna une orientation nouvelle à sa carrière et se dirigea vers la peinture. Encouragé par ses proches et par le succès du peintre François Malepart* de Beaucourt, installé depuis 1792 à Montréal, il décida d'aller se perfectionner aux États-Unis. Il y séjourna de juin 1793 à mars 1794 et résida principalement à Baltimore, au Maryland.

À son retour, Dulongpré publia une annonce dans *la Gazette de Québec,* où il avisait le public qu'il était arrivé « recemment des Colonies où il a[vait] Cultivé l'art de Peindre les Portraits sous les meilleurs Académiciens [...] qu'il pei[gnait] la Miniature et le Pastelles ». Il est étonnant qu'il ait réussi en moins d'un an à maîtriser son nouveau métier et à atteindre la perfection qui caractérise ses meilleures productions. Outre ses dons naturels, il devait posséder une base artistique solide puisqu'il avait déjà accepté de peindre des décors de théâtre. Il n'est pas impossible non plus qu'avant de partir il ait pris des leçons de Beaucourt, qui venait de séjourner aux États-Unis et qui était en mesure de lui recommander de bons maîtres.

Dulongpré eut peu de concurrents à Montréal, si ce n'est Beaucourt, qui mourut en 1794, John Ramage*, excellent miniaturiste d'origine irlandaise décédé en 1802, et peut-être Louis-Chrétien de Heer*. Quant à William Berczy*, il ne se mettra pour de bon à la peinture qu'une dizaine d'années plus tard. À Québec, il n'y avait que François Baillairgé* qui comptait.

Grâce à ses relations étendues, Dulongpré connut le succès. Au cours d'un quart de siècle, il peignit plus de 3 000 portraits, soit en moyenne une dizaine par mois, ce qui est beaucoup, même en tenant compte des copies qu'on peut attribuer à son fils Louis et à son apprenti Joseph Morant. Dans son journal, l'historien de l'art américain William Dunlap, l'un de ses contemporains, mentionna qu'en 1820 Dulongpré refusait de faire des portraits, et peignait plutôt, à 100 $ chacun, des tableaux historiques pour les églises catholiques. Malgré cette assertion, il est certain qu'il continua de faire des portraits après cette date et qu'il n'avait pas attendu si longtemps avant de s'intéresser à l'art religieux.

Dès son retour, en effet, Dulongpré avait peint plusieurs tableaux de sainteté pour des églises paroissiales et des couvents, et il le fit durant toute sa carrière, si bien qu'on lui en attribue quelque 200. À l'occasion, il exécuta des travaux de dorure et d'architecture. Il fit aussi de la restauration ; il retoucha, entre autres, plusieurs toiles de la collection que Philippe-Jean-Louis Desjardins* envoya au Bas-Canada. En 1809, la fabrique accepta, de préférence à celui du sulpicien Antoine-Alexis Molin, son projet de décoration de la voûte de l'église Notre-Dame de Montréal.

En bon citoyen, Dulongpré s'intéressa à la chose publique. Dès 1791, il fit partie de la Société d'agriculture du district de Montréal. Quelques années plus tard, il se chargea de l'une des clés de la station de pompes de la rue Notre-Dame, importante responsabilité à une époque où toute la population vivait dans la hantise des incendies. Il s'occupa un peu de politique et produisit sur ce sujet une centaine de caricatures assez anodines.

Dulongpré s'engagea aussi dans la milice. Au début de la guerre de 1812, il était capitaine dans le 5e bataillon de la milice d'élite incorporée du Bas-Canada. Avec ses hommes, il remplaça les troupes régulières dans les garnisons de Montréal, de Chambly et des Cèdres. Il fut promu major en septembre 1813. Il participa aussi à la bataille de Plattsburgh l'année suivante et, le 11 avril 1814, on le transféra dans le 3e bataillon de la milice d'élite incorporée du Bas-Canada. Le 30 août 1828, il prit sa retraite avec le grade de lieutenant-colonel, en récompense de ses loyaux services.

Pendant des années, Dulongpré s'occupa des affaires de la famille de sa femme. Le père de celle-ci avait laissé à ses héritiers au moins deux terres dans la banlieue montréalaise, alors en plein développement,

et une maison en pierre de deux étages rue Bonsecours. Ces terres, morcelées en lots, furent louées ou vendues, si bien que Dulongpré passa beaucoup de temps dans les études de notaire, d'autant qu'il devait, lui qui déménagea une bonne vingtaine de fois, s'y rendre très fréquemment pour des baux ou des emprunts.

Dulongpré, qui possédait, à l'angle des rues Notre-Dame et Saint-Jean-Baptiste, un grand terrain sur lequel se trouvait une maison de pierre à un étage, entreprit de faire construire, à côté de cette construction qu'on allait exhausser à la même hauteur, une maison contiguë de deux étages. Il prit l'affaire entièrement en main. Les contrats qu'il passa en 1807 avec deux des meilleurs artisans du temps, le maçon François-Xavier Daveluy, dit Larose, et le menuisier François Valade, sont de véritables devis où absolument rien n'est laissé à leur discrétion. Dulongpré habita sa nouvelle demeure quelques mois seulement. En 1808, il vendit les deux maisons trois fois le prix qu'elles lui avaient coûté. Il fit exécuter en 1816 des modifications considérables à l'ancienne maison de ferme qu'il possédait dans le faubourg Saint-Louis.

En 1812, Dulongpré ouvrit, rue Notre-Dame, une manufacture de tapis peints à l'huile « aussi bien imprimés que ceux importés d'Europe […] à aussi bas prix qu'ils peuvent être importés dans cette province ». La production comprenait des tapis de différentes dimensions, des bandes pour les entrées et les escaliers de même que des tapis pour les « Sanctuaires des Églises […] avec des desseins convenables aux lieux ». Il en déposa un assortiment complet chez un marchand de Québec, mais ses tapis ne purent, semble-t-il, soutenir la concurrence de la toile cirée de Bristol.

En 1832, pour se rapprocher de leurs grands amis les Papineau et les Dessaulles, les Dulongpré quittèrent Montréal et prirent pension à Saint-Hyacinthe. Leurs ressources à cette époque provenaient principalement de la vente de leurs biens immobiliers de Montréal, des leçons de musique que donnait Dulongpré et des modestes rentes constituées de sa femme. Toutefois, il leur tomba bientôt une manne inattendue. En vertu d'un projet de loi que la chambre d'Assemblée avait fait préparer en 1819 dans le but d'allouer des lots aux militaires qui avaient participé à la guerre de 1812, mais auquel il ne fut donné suite qu'en 1835, Dulongpré reçut 1 000 acres de terre dans le canton de Tring.

Sans doute inspiré par les belles paroles qu'il entendait dans le milieu des Papineau, Dulongpré engagea la majeure partie de son avoir dans la Maison canadienne de commerce. Fondée en 1832, cette société par actions se proposait d'établir un vaste entrepôt de marchandises de toutes sortes destinées aux petits marchands et, peut-être, de financer des exportations. Le moment était fort mal choisi : récol-

Dumaresq

tes déficitaires successives, mévente du bois, événements politiques au pays et à l'étranger, tout, dès 1837, contribua à son échec.

Mme Dulongpré dut vendre ses rentes en 1839. Elle mourut le 19 juillet 1840 et Dulongpré fut très affecté par cette perte. Épouse exceptionnelle d'un homme charmant mais passablement insoucieux du lendemain, elle était d'une beauté remarquable, comme le montre un des meilleurs tableaux du peintre, *les Saisons*, qui la représente avec ses trois filles. Comme Dulongpré utilisait souvent son visage dans ses tableaux religieux, on disait plaisamment « qu'elle avait son portrait dans toutes les églises ».

Louis Dulongpré alla résider chez ses filles aux États-Unis, mais il ne se plut pas dans ce pays où il ne connaissait personne et revint donc à Saint-Hyacinthe. À la fin de 1841, il habitait chez un Français qui venait d'ouvrir un très bon hôtel mais qui, un an après, prit un emploi de cuisinier à Montréal. C'est Marie-Rosalie Papineau, femme de Jean Dessaulles*, qui recueillit, trois jours avant sa mort, Dulongpré, très gravement malade, au manoir seigneurial de Saint-Hyacinthe.

JULES BAZIN

ANQ-M, CE1-51, 11 janv. 1768, 10 déc. 1779, 5 févr. 1787, 22 nov. 1794, 7 juill. 1796, 21 nov. 1800, 23 mars 1833 ; CE1-63, 7 févr. 1814, 23 août 1820 ; CE2-1, 21 juill. 1840, 28 avril 1843 ; CN1-16, 24 mars, 15 mai 1804, 26 mai 1806, 11 janv., 24 mars, 17 oct. 1807, 11 oct. 1827 ; CN1-28, 6 oct. 1818, 24, 29 avril, 8 juin, 10–11 août 1819, 5, 7 mai 1821 ; CN1-74, 19 juill. 1791, 5 juill., 17 août 1811 ; CN1-110, 5 juin 1822 ; CN1-121, 28 mai 1789, 29 sept. 1791, 19 sept. 1804, 28 janv., 31 mai 1805, 24, 26 juill., 9 oct. 1811, 5 août 1815, 21 mai 1817, 7 août 1819 ; CN1-126, 31 déc. 1816 ; CN1-128, 30 sept. 1796, 29 sept. 1797, 3 avril, 3 août 1798, 28 avril 1802 ; CN1-134, 22 janv., 24 févr., 2 mars, 29 avril, 16 juin 1816, 22 mai, 22 oct. 1818, 21 juin, 29 sept. 1819, 5, 7 mai 1821, 1er oct. 1822, 18 juin 1824, 30 janv. 1832, 31 mai 1835 ; CN1-158, 4 févr. 1787 ; CN1-184, 22 oct. 1805, 14 août 1806, 30 avril 1808 ; CN1-187, 6 sept. 1832, 11 oct. 1833 ; CN1-243, 1er oct. 1807, 1er févr., 13 nov. 1809, 19 déc. 1810, 7 févr. 1814 ; CN1-255, 14 mars 1800 ; CN1-290, 17 août 1784 ; CN1-295, 23 août 1803, 11, 15 mai, 28 juill. 1804, 27 janv. 1811 ; CN1-313, 23 juill. 1796, 28 juill., 23 sept. 1808 ; CN1-383, 23 févr. 1817. — AP, Notre-Dame de Montréal, Boîte 13, chemise 15 ; Livre de comptes, 1806–1818 ; Plan de décoration de l'église, 27 nov. 1809. — APC, MG 24, B46, 3. — AUM, P 58, C2/299 ; U, Charlotte Berczy à William Berczy, 1er juill. 1808 ; William Berczy à Charlotte Berczy, 18, 22 août 1808 ; Louis Dulongpré à Étienne Guy, 3 juill. 1812 ; Louis Dulongpré à Hugues Heney, 5 juill. 1828 ; Jacques Viger à William Berczy, 12 déc. 1811. — Bibliothèque nationale du Québec (Montréal), Fonds Édouard Fabre Surveyer, Dulongpré et sa famille. — Musée McCord, M21411. — *La Gazette de Québec*, 10 avril 1794, 23 avril 1812, 3 juin 1818, 25 mars 1819. — *La Minerve*, 8 mai 1843. — *Montreal Gazette*, 28 oct. 1787, 20 oct. 1788, 30 sept. 1790, 24 févr., 27 oct. 1791, 27 sept. 1792, 4 mai 1812, 7 août 1814, 10 juin 1816, 14 avril, 9, 16 juin 1819, 21 mai 1825, 8 sept. 1828. — *Montreal Herald*, 25 janv. 1816, 1er févr. 1817. — *Almanach de Québec*, 1794. — F.-M. Bibaud, *Dict. hist.* — *Canada, an encyclopædia of the country : the Canadian Dominion considered in its historic relations, its natural resources, its material progress, and its national development*, J. C. Hopkins, édit. (6 vol. et 1 vol. d'index, Toronto, 1898–1900), 4 : 355. — Caron, « Inv. de la corr. de Mgr Hubert et de Mgr Bailly de Messein », ANQ *Rapport*, 1930–1931 : 223. — Louis Carrier, *Catalogue du musée du château de Ramezay de Montréal*, J.-J. Lefebvre, trad. et édit. (Montréal, 1962). — L.-A. Desrosiers, « Correspondance de cinq vicaires généraux avec les évêques de Québec, 1761–1816 », ANQ *Rapport*, 1947–1948 : 114. — Harper, *Early painters and engravers.* — Langelier, *Liste des terrains concédés.* — Wallace, *Macmillan dict.* — [L.-É. Bois], *Notice sur M. Jos O. Leprohon, archiprêtre, directeur du collège de Nicolet* [...] (Québec, 1870). — C.-P. Choquette, *Histoire de la ville de Saint-Hyacinthe* (Saint-Hyacinthe, Québec, 1930). — [C.-A. Dessaules] Mme F.-L. Béique, *Quatre-Vingts Ans de souvenirs* (Montréal, [1939]). — Émile Falardeau, *Artistes et Artisans du Canada* (5 sér., Montréal, 1940–1946), 2. — Harper, *Painting in Canada.* — Maurault, *la Paroisse : hist. de N.-D. de Montréal.* — Morisset, *Coup d'œil sur les arts ; Peintres et Tableaux ; la Peinture traditionnelle.* — Luc Noppen, *les Églises du Québec (1600–1850)* (Québec, 1977). — Ouellet, *Hist. économique*, 419, 435, 578. — D. [R.] Reid, *A concise history of Canadian painting* (Toronto, 1973). — J.-L. Roy, *Édouard-Raymond Fabre, libraire et patriote canadien (1799–1854) : contre l'isolement et la sujétion* (Montréal, 1974). — Sulte, *Hist. de la milice.* — Philéas Gagnon, « Graveurs canadiens », *BRH*, 2 (1896) : 108–109. — J. E. Hare, « le Théâtre de société à Montréal, 1789–1791 », Centre de recherche en civilisation canadienne-française, *Bull.* (Ottawa), 16 (1977–1978), n° 2 : 22–26. — É.-Z. Massicotte, « le Peintre Dulongpré », *BRH*, 26 (1920) : 149 ; « Un théâtre à Montréal en 1789 », *BRH*, 23 (1917) : 191–192. — « Le Peintre Louis Dulongpré », *BRH*, 8 (1902) : 119–120, 150–151.

DUMARESQ, PERRY, officier de marine, fonctionnaire, juge de paix et juge, né le 19 septembre 1788 dans l'île de Jersey, fils de Philippe (Philip) Dumaresq et de Jersua (Jerusha) Perry ; le 21 novembre 1808, il épousa dans l'église anglicane St Paul, à Halifax, Louisa W. Newton, et de ce mariage naquirent 13 enfants, puis le 6 août 1833 à Dalhousie, Nouveau-Brunswick, Mary Stewart, et ils n'eurent pas d'enfants ; décédé le 13 mars 1839 à Dalhousie.

Issu d'une famille de la noblesse de Jersey, dont les titres remontaient à Guillé Dumaresq, seigneur de La Haule, né en 1360 dans la paroisse Sainte-Brelade, Perry Dumaresq était le petit-fils du mathématicien et astronome jersiais John Dumaresq. De tradition militaire, la famille avait fourni à la marine royale de nombreux officiers. Son père fut agent des douanes à Sydney, île du Cap-Breton, et membre du Conseil exécutif de cette colonie entre 1800 et 1820. Le jeune Perry, à l'instar de ses oncles, servit très tôt dans la flotte britannique de l'Atlantique Nord, dont le port d'attache était Halifax.

Dumaresq navigua successivement sur la *Magicienne*, le *Hawk* et l'*Epervier* et, le 14 avril 1810, il reçut sa commission de lieutenant de marine. Pendant la guerre de 1812, il se vit confier le commandement du schooner *Paz,* qui faisait partie de l'escadre de John Poo Beresford chargée de patrouiller la côte orientale de l'Amérique du Nord ; il s'illustra par de nombreuses captures. On ramenait les prises, pour la plupart des schooners américains, à Halifax où la Cour de vice-amirauté décidait de leur sort.

Le 27 mars 1813, Dumaresq atteignit le sommet de sa carrière avec la capture du *Montesquieu,* important navire commercial armé qui arrivait de Canton (république populaire de Chine) avec une riche cargaison. Ce navire était la propriété de Stephen Girard, banquier de Philadelphie qui finançait le gouvernement américain pendant la guerre. Selon la procédure normale, Dumaresq devait se diriger vers Halifax avec sa capture, mais Beresford entra immédiatement en négociation avec les représentants de Girard qui, après avoir obtenu l'autorisation du gouvernement américain, paya la somme de 180 000 piastres espagnoles en rançon du navire. Dumaresq ne pardonna jamais à Beresford d'avoir usurpé sa prise et toute sa vie il multiplia les démarches, continuées par ses descendants, en vue de reconquérir ce que l'on disait être sa fortune.

Au cours de ses escales à Halifax, Dumaresq rendait visite à un ami de la famille, l'agent des douanes Henry Newton, dont le père, Hibbert Newton, avait occupé le même poste à Annapolis Royal et à Canso pendant de nombreuses années. C'est sa fille Louisa qu'il devait épouser. Après la guerre, Dumaresq bénéficia d'une pension et, en tant que fils et gendre de douaniers, il ne tarda pas à se trouver un poste aux douanes, pour lequel le service militaire l'avait bien préparé. Déjà père de cinq enfants nés en Nouvelle-Écosse, dont Perry John Newton, plus tard agent des douanes à Shippegan, au Nouveau-Brunswick, Dumaresq s'établit vers 1818, à titre d'agent des douanes, à St Peters (Bathurst). À cet endroit naquirent six enfants, auxquels devaient s'en ajouter deux autres, nés à Dalhousie. À St Peters, le bureau des douanes était situé à l'intérieur du havre, sur l'ancienne pointe aux Pères (pointe Ferguson). Dumaresq pouvait y surveiller le trafic des navires qui acheminaient le bois du Nouveau-Brunswick vers la Grande-Bretagne, où le tarif préférentiel adopté au cours des guerres napoléoniennes favorisait le bois qui provenait de l'Amérique du Nord britannique.

Ennuyé d'avoir à se référer au chef-lieu du comté, situé à Newcastle, Dumaresq entreprit d'obtenir une division du comté de Northumberland. En 1825, avec le concours d'hommes d'affaires du nord de la province, il fit présenter à l'Assemblée par son voisin,

le député Hugh MUNRO, une requête qui contenait 600 signatures, dont la sienne en tête de liste. Deux ans plus tard on créait le comté de Gloucester, avec chef-lieu à Bathurst. Dumaresq devint juge de paix, juge de la Cour des plaids communs et membre du conseil d'administration de la *grammar school* du nouveau comté.

À la suite du grand feu de forêt qui avait ravagé à l'automne de 1825 toute la région de la rivière Miramichi jusqu'à St Peters, le port de Dalhousie, à l'entrée de la rivière Restigouche, avait connu un essor remarquable. Le commerce du bois se déplaçait vers le nord de la province et attirait de nombreuses familles de Miramichi, ainsi que des commerçants et des exportateurs de bois. Dumaresq avait senti tourner le vent et décida vers 1830 de s'établir à Dalhousie pour y occuper le poste d'agent des douanes ; il s'installa alors sur un emplacement à l'entrée du havre, où il se fit construire une petite villa qu'il baptisa Bellevue.

Ici encore, Dumaresq ne pouvait supporter de se référer à un chef-lieu distant de quelque 50 milles. Il se joignit donc à ceux qui demandaient un nouveau comté dans le nord de la province et, le 5 décembre 1836, il présida une assemblée publique convoquée dans le but de faire valoir cette proposition. Son nom et celui de Robert Ferguson* figuraient en tête d'une requête qu'il fit présenter à l'Assemblée par le député Peter Stewart ; le 1er mars 1837, la chambre adopta un projet de loi qui créait le comté de Restigouche avec chef-lieu à Dalhousie. L'année suivante, après qu'on eut érigé ce comté officiellement, Dumaresq y devint juge de paix et juge de la Cour inférieure des plaids communs. Mais sa santé se détériorait et, le 13 mars 1839, il mourait à Dalhousie. Par testament, il laissait tous ses biens à sa femme.

Homme loyal, énergique, entreprenant, tenace jusqu'à l'entêtement, et excellent orateur, Perry Dumaresq s'était intéressé à toutes les bonnes causes, particulièrement dans les domaines de l'éducation, de l'administration publique et du commerce.

DONAT ROBICHAUD

APC, RG 8, IV, 75, 79, 94, 100, 130–131. — APNB, RG 2, RS8, education, 2/78 ; RG 3, RS538, B5 : 33 ; RG 4, RS24, S30-R4.2 ; RG 7, RS70, 1839, Perry Dumaresq ; RG 10, RS108. — Arch. privées, Donat Robichaud (Beresford, N.-B.), Papiers Dumaresq (copies). — BL, Add. MSS 21862 (mfm aux APC). — Northumberland Land Registry Office (Newcastle, N.-B.), Registry books, 26 : 295, nº 133. — PANS, Charts, 125 ; MG 1, 849, Newton family ; RG 20B, 5, nᵒˢ 35, 73, 135, 476. — PRO, CO 193/6 : 80, 193–197. — Restigouche Land Registry Office (Campbellton, N.-B.), Registry books, A : 32 ; 553, nº 261. — St James Anglican Church, Rectory (Melford, N.-É.), Records of Christ Church Anglican, Guysborough, N.-É. (mfm aux PANS). — St Paul's Anglican Church (Halifax), Reg. of marriages, 21 nov. 1808

Dumouchelle

(mfm aux PANS). — N.-B., House of Assembly, *Journal*, 3 févr. 1836, 14 janv. 1837, 1836, app. — *Gleaner* (Miramichi [Chatham, N.-B.]), 1er déc. 1829, 2 oct. 1832, 23 juill., 13 août 1833, 19 janv., 25 oct., 20 déc. 1836, 31 janv. 1837, 3 juill., 11, 18 sept. 1838, 26 mars 1839, 10 mars, 17 nov. 1840. — *Mercury*, 29 mai 1827. — *Novascotian, or Colonial Herald*, 24 mai 1832. — *Nova-Scotia Royal Gazette*, 9 déc. 1812, 28 avril 1813. — *Royal Gazette* (Fredericton), 12 sept. 1838. — *United States' Gazette* (Philadelphie), 31 mars, 1er, 8 avril 1813. — *Weekly Chronicle* (Halifax), 22 janv. 1813. — G.-B., Admiralty, *The commissioned sea officers of the Royal Navy, 1660–1815*, [D. B. Smith *et al.*, édit.] (3 vol., s.l., [1954]), 1 ; *Navy list*, 1803 : 8, 10, 16. — J. B. McMaster, *The life and times of Stephen Girard, mariner and merchant* (2 vol., Philadelphie et Londres, 1918).

DUMOUCHELLE (Dumouchel), JEAN-BAPTISTE, marchand, officier de milice, juge de paix et patriote, né le 5 avril 1784 à Sandwich (Windsor, Ontario), fils de Louis-Vital Dumouchelle et de Magdeleine Goyau ; décédé le 29 mars 1844 à Saint-Benoît (Mirabel, Québec).

Jean-Baptiste Dumouchelle vint dans le Bas-Canada en 1795. Il aurait alors fait ses études classiques au collège Saint-Raphaël, à Montréal. Son cours terminé en 1803, il serait entré à titre de commis chez Alexis Berthelot, marchand de Sainte-Geneviève (Sainte-Geneviève et Pierrefonds). Il se serait établi en 1808 comme marchand général à Saint-Benoît où il ne tarda pas à compter parmi les notables du village. Le 13 février 1809, il unit sa destinée à Victoire Félix, sœur de Maurice-Joseph Félix, curé de Saint-Benoît, et future belle-sœur de Jean-Joseph Girouard* ; de ce mariage naquirent quatre enfants. En 1812, il obtint, semble-t-il, le grade de capitaine dans le bataillon de milice de Rivière-du-Chêne et c'est en cette qualité qu'il servit durant la guerre de 1812.

À la fin de la guerre, en 1815, Dumouchelle revint à Saint-Benoît où il reprit son commerce. Beau-frère et ami de Girouard, il s'intéressa à la politique au cours des années suivantes. Pendant la campagne électorale de 1827, des clans se formèrent dans la circonscription d'York [V. Jacques Labrie*] et les patriotes tinrent des assemblées auxquelles Dumouchelle prit une part très active. Cependant, le gouverneur en chef, lord Dalhousie [RAMSAY], jugea ces assemblées injurieuses et par un ordre général de milice daté du 12 juillet de la même année il fit annuler la commission de Dumouchelle en représailles du rôle que celui-ci avait joué au cours de ces assemblées. Réintégré dans ses fonctions probablement après le départ de Dalhousie en 1828, il servait comme major du bataillon de milice du comté de Deux-Montagnes deux ans plus tard.

À la veille de la rébellion de 1837, Dumouchelle était de nouveau la cible des autorités. Il fut alors démis de ses fonctions d'officier de milice et de juge de paix en raison de sa participation aux assemblées révolutionnaires. En guise de protestation, à l'occasion des assemblées de Saint-Benoît et du rang Saint-Joachim, à Sainte-Scholastique (Mirabel), les 1er et 15 octobre 1837, les patriotes décidèrent de réintégrer dans leurs fonctions, par voie d'élection, Dumouchelle et plusieurs de ses compagnons destitués en même temps que lui. Du même coup, les patriotes refusèrent de reconnaître les officiers de milice et les juges de paix nommés par le gouverneur.

En novembre 1837, Dumouchelle organisait des distributions de cartouches dans le comté de Deux-Montagnes et encourageait les habitants à lui apporter du plomb pour en fondre des balles. Il possédait un moule et fabriquait des cartouches dans sa cave, avec l'aide de ses deux fils, Hercule et Camille. Aussi, lorsque sir John Colborne* et ses troupes arrivèrent à Saint-Benoît le 15 décembre 1837, le lendemain de la bataille de Saint-Eustache, ils recherchèrent d'abord Dumouchelle et ses fils, considérés comme les principaux instigateurs de la révolte dans ce village. Incarcéré avec ses fils le 17 décembre, Dumouchelle ne recouvra sa liberté que le 8 juillet 1838, moyennant un cautionnement de £1 000.

Après son élargissement, Dumouchelle retourna à Saint-Benoît, où il trouva sa maison et ses entrepôts incendiés par suite des déprédations commises par les troupes de Colborne en 1837. Il ne réussit jamais à renflouer son commerce et mourut ruiné le 29 mars 1844, quelques semaines seulement après la vente aux enchères de ses biens.

N'eût été sa participation à la rébellion de 1837, Jean-Baptiste Dumouchelle n'aurait laissé que l'image du marchand général aisé, officier de milice et magistrat, notable de Saint-Benoît. Mais en raison de la part qu'il a prise aux assemblées révolutionnaires et pour avoir fabriqué des munitions qu'il distribuait ensuite aux rebelles de son village et des environs, il se classe parmi les patriotes les plus actifs et les plus belliqueux du comté de Deux-Montagnes.

BÉATRICE CHASSÉ

ANQ-M, CE6-9, 13 févr. 1809, 29 mars 1844. — ANQ-Q, E17/13, n° 742 ; E17/14, n°s 805, 824–826, 845 ; P-92. — APC, MG 24, A27, 34 ; RG 68, General index, 1651–1841. — Assumption Church (Catholic) (Windsor, Ontario), Reg. of baptisms, 5 avril 1784. — « Documents inédits », P.-A. Linteau, édit., *RHAF*, 21 (1967–1968) : 281–311. — Alfred Dumouchel, « Notes d'Alfred Dumouchel sur la rébellion de 1837–38 à Saint-Benoît », *BRH*, 35 (1929) : 31–51. — Amury Girod, « Journal tenu par feu Amury Girod et traduit de l'allemand et de l'italien », *APC Rapport*, 1923 : 408–419. — « Lettre de M. Girouard à M. Morin, sur les troubles de '37 dans le comté des Deux Montagnes », *l'Opinion publique*, 2 août 1877 : 361–362. — *La Gazette de Québec*, 14 juin 1827. — *La Minerve*, 9, 16, 23 oct. 1837, 1er avril 1844. — *Almanach de Québec*, 1813–1837. — Fauteux, *Patriotes*, 231–233. — *Officers of*

British forces in Canada (Irving). — G.-F. Baillairgé, *Notices biographiques et généalogiques, famille Baillairgé* [...] (11 fascicules, Joliette, Québec, 1891–1894), 6 : 100–110, 135, 157–160. — J. D. Borthwick, *History of the Montreal prison from A.D. 1784 to A.D. 1886* [...] (Montréal, 1886), 63. — Béatrice Chassé, « le Notaire Girouard, patriote et rebelle » (thèse de D. ès L., univ. Laval, 1974). — L.-O. David, *les Gerbes canadiennes* (Montréal, 1921), 165–166 ; *Patriotes*, 90–93. — Émile Dubois, *le Feu de la Rivière-du-Chêne ; étude historique sur le mouvement insurrectionnel de 1837 au nord de Montréal* (Saint-Jérôme, Québec, 1937), 120. — Filteau, *Hist. des patriotes* (1975). — [C.-A.-M. Globensky], *la Rébellion de 1837 à Saint-Eustache avec un exposé préliminaire de la situation politique du Bas-Canada depuis la cession* (Québec, 1883 ; réimpr., Montréal, 1974). — Laurin, *Girouard & les Patriotes*, 55–56. — Maurault, *le Collège de Montréal* (Dansereau ; 1967). — R.-L. Séguin, *le Mouvement insurrectionnel dans la presqu'île de Vaudreuil, 1837–1838* (Montréal, 1955), 122–123. — L.-O. David, « les Hommes de 37–38 : Jean-Baptiste Dumouchel, père », *l'Opinion publique*, 8 mars 1877 : 109–110. — Madeleine Dufour-Dumouchel, « Jean-Baptiste Dumouchel, le patriote ; ses antécédents et sa descendance », SGCF *Mémoires*, 29 (1978) : 94–107.

DUNLOP, ROBERT GRAHAM, juge de paix, fonctionnaire, capitaine de navire et homme politique, né le 1er octobre 1790 à Keppoch, Écosse, deuxième fils d'Alexander Dunlop et de Janet Graham ; le 4 juillet 1836, il épousa Louisa McColl ; décédé le 28 février 1841 à Gairbraid, près de Goderich, Haut-Canada.

Mousse dans la marine royale dès l'âge de 13 ans, Robert Graham Dunlop se distingua si bien autant sur terre que sur mer qu'il décrocha le grade de lieutenant au cours des guerres napoléoniennes. Une fois les hostilités terminées, il assista à des conférences aux universités de Glasgow et d'Édimbourg, commanda à titre de capitaine de navire des expéditions commerciales aux Indes orientales puis retourna quelque temps dans la marine royale (il fut promu capitaine avant de se retirer en 1823). En 1833, il immigra dans le Haut-Canada. Il fit la traversée en compagnie de son frère cadet, le célèbre docteur William DUNLOP, déjà bien établi dans la région de Goderich et que la Canada Company venait de nommer surintendant général du vaste territoire appelé Huron Tract.

Peu après son arrivée à Goderich, on nomma le capitaine Dunlop juge de paix et commissaire à la Cour des requêtes et, l'année suivante, il commanda pendant une brève période le *Menesetung*, navire à vapeur de la Canada Company qui connut un triste sort. Les deux frères étaient copropriétaires de la terre qui entourait Gairbraid, le domaine du docteur, mais ils semblaient heureux, tels des gentlemen-farmers, de laisser à d'autres le soin de la mettre en valeur. Pour les aider à tenir ce que beaucoup voyaient plutôt comme une maison en désordre, ils firent venir d'Écosse Louisa McColl, une fille de laiterie illettrée.

Elle s'acquittait bien de sa tâche, mais la présence de cette célibataire auprès de deux hommes en scandalisait plusieurs. Selon la légende, les frères Dunlop décidèrent lequel d'entre eux allait l'épouser en lançant trois fois en l'air une pièce que le docteur avait en sa possession et qui présentait deux côtés face. C'est le ministre anglican Robert Francis Campbell qui célébra le mariage de Robert Graham Dunlop et de Louisa McColl.

Au cours de l'été de 1835, le capitaine Dunlop, candidat constitutionnaliste, devint le premier député de la circonscription de Huron à la suite d'une élection partielle qu'il remporta haut la main sur le réformiste Anthony Jacob William Gysbert VAN EGMOND et l'employé de la Canada Company William Bennett Rich. Même s'il s'inquiétait des pouvoirs et privilèges du *family compact* tory, Dunlop était attaché, par patriotisme, à la préservation du lien impérial et soutenait en général le gouvernement de la province. En outre, il croyait fermement que le Haut-Canada, pour se développer, devait recourir à l'immigration et aux travaux publics. Au moment de la crise du Conseil exécutif au début de 1836 [V. Robert Baldwin*], il appuya sans équivoque le lieutenant-gouverneur sir Francis Bond Head* et fut réélu sans opposition aux élections générales qui, plus tard dans l'année, marquèrent la débâcle des réformistes. Au cours de la session de 1836–1837, il noua d'étroites relations avec l'orangiste Ogle Robert Gowan*. C'est probablement en raison de cette amitié qu'il entra en 1837 à la loge d'Orange et qu'il devint l'année suivante le seul membre non irlandais de son conseil provincial. Même s'il avait adhéré à l'Église d'Angleterre, contrairement à son frère qui était presbytérien, Dunlop continuait de favoriser le partage des réserves du clergé entre les principales dénominations protestantes. Toutefois, en février 1837, il évita tout simplement de se prononcer sur une question connexe en s'absentant du débat et du vote sur les *rectories* anglicans qu'avait créés sir John Colborne* l'année précédente. Moins engagé que son frère, il s'intéressa tout de même activement à la rébellion qui éclata en décembre 1837 et on le nomma colonel du 3rd Regiment of Huron militia, qui ne fut cependant jamais constitué. Après la rébellion, il présenta des propositions qui visaient à remercier le shérif du district de Home d'avoir été présent au bon moment dans la rue Yonge et à octroyer 100 acres à tous ceux qui avaient pris les armes contre les rebelles ; par ailleurs, il tenta de limiter à trois ans le désarmement des suspects.

Tout au long de sa carrière de député, le capitaine Dunlop manifesta un intérêt soutenu pour le comté de Huron, notamment en appuyant la Huron Fishing Company et l'amélioration du port de Goderich. Il se prononça en outre pour l'accroissement de l'immigration, l'extension du droit de vote, l'amélioration des

Dunlop

prisons et des soins dispensés aux aliénés, l'établissement d'instituts d'artisans et d'un bureau d'études géologiques ainsi que pour la campagne abolitionniste. Tout en siégeant à l'Assemblée, il passait une partie de l'année à Toronto, où il participait à des activités locales ; ainsi, au cours de l'hiver de 1836–1837, il donna une série de conférences sur l'utilité de l'éducation pour les Noirs de la ville.

Robert Graham Dunlop représenta la circonscription de Huron jusqu'à la clôture de la dernière session de l'Assemblée haut-canadienne, en février 1840 ; mais à compter de 1838 sa santé avait commencé à décliner et il ne quittait plus guère Gairbraid, où il mourut en février 1841. Ce gentleman aimable et tranquille, qui avait bien démontré sa loyauté, fut regretté de tous.

PETER A. RUSSELL

NLS, Dept. of mss, mss 9292–9296, 9303. — *The Dunlop papers* [...], J. G. Dunlop, édit. (3 vol., Frome, Angl., et Londres, 1932–1955), 2 : 233–240, 256–268 ; 3 : 173, 176, 185–186, 189, 197, 219, 224, 228, 233–234, 236, 287–288. — *British Colonist*, 17 mars 1841. — *Christian Guardian*, 11 janv. 1837. — *Patriot* (Toronto), 7, 10, 14 juill. 1835, 5 juill. 1836. — Gates, *Land policies of U.C.* — C. [G.] Karr, *The Canada Land Company : the early years ; an experiment in colonization, 1823–1843* (Ottawa, 1974). — Robina et K. M. Lizars, *In the days of the Canada Company : the story of the settlement of the Huron Tract and a view of the social life of the period, 1825–1850* (Toronto, 1896 ; réimpr., Belleville, Ontario, 1973). — I. A. Stewart, « Robert Graham Dunlop : a Huron County anti-compact constitutionalist » (thèse de M.A., Univ. of Toronto, 1947).

DUNLOP, WILLIAM, dit **Tiger Dunlop,** chirurgien, officier dans l'armée et dans la milice, agent foncier, auteur, juge de paix, homme politique et fonctionnaire, né le 19 novembre 1792 à Greenock, Écosse, troisième fils d'Alexander Dunlop et de Janet Graham ; décédé célibataire le 29 juin 1848 à Côte-Saint-Paul (Montréal) et inhumé d'abord à Hamilton, puis à Goderich, Haut-Canada.

Fils d'un banquier de Greenock, William Dunlop fréquenta l'école dans cette ville puis étudia la médecine à l'University of Glasgow et à Londres. Il fut reçu aux examens de médecine de l'armée en décembre 1812 et nommé adjoint au chirurgien du 89th Foot le 4 février 1813. Plus tard la même année, il partit pour le Haut-Canada, en guerre depuis un an avec les Américains ; dès son arrivée, il soigna des blessés à Crysler's Farm puis à Lundy's Lane. Selon son ami James FitzGibbon*, son rôle fut plus actif à l'occasion de l'attaque contre le fort Érié (Fort Erie), le 15 août 1814 : après avoir transporté une douzaine de blessés hors de portée des armes ennemies, il rafraîchit les survivants épuisés en leur présentant des bidons remplis de vin. Il se trouvait près de Penetanguishene avec une équipe de construction de routes, au printemps de 1815, lorsqu'il reçut « la nouvelle consternante que la paix avait été conclue ».

Même s'il avait fait une « bonne guerre », Dunlop n'avait rien du passionné de la vie militaire ; il se retira donc avec une demi-solde le 25 janvier 1817 et se mit à voyager. Il se rendit d'abord en Inde où, à titre de journaliste et de rédacteur en chef à Calcutta, il contribua fortement à faire assouplir la censure dont la presse était victime. Avec l'espoir de transformer en station touristique l'île Sagar, dans le golfe du Bengale, il tenta sans succès d'en éliminer les tigres, ce qui lui valut son fameux surnom. Une fièvre contractée dans l'île l'obligea à rentrer en Écosse au printemps de 1820. Installé à Rothesay, il publia dans le *Blackwood's Edinburgh Magazine* une série de croquis littéraires inspirés de son séjour en Inde. En 1823, il donna à Édimbourg des conférences sur une science encore embryonnaire, la médecine légale. L'année suivante, il partit pour Londres, où il fut pendant peu de temps rédacteur en chef du quotidien *British Press* et où, en décembre, il lança son propre journal, le *Telescope*, qui parut jusqu'en décembre 1825.

En 1824, le romancier écossais John GALT travaillait à la mise sur pied d'une imposante entreprise de gestion foncière et de colonisation qui ferait affaire dans le Haut-Canada et qu'on constitua finalement en 1826 sous le nom de Canada Company. Plus tard dans l'année, on embaucha Dunlop, qui avait présenté à Galt un plan d'assistance pour les émigrants potentiels, avec le titre impressionnant de gardien des bois et forêts. Officiellement, sa tâche se définissait ainsi : inspecter les terres du Haut-Canada pour lesquelles la compagnie avait conclu un marché (elle devait acheter quelque deux millions et demi d'acres), déterminer quels lots pouvaient être vendus rapidement, enquêter sur les squatters qui occupaient des terres de la compagnie et « mettre fin à la spoliation du bois d'abattage ». D'après la compagnie, Dunlop était « singulièrement qualifié » pour ces responsabilités énormes ; son salaire équivaudrait à la solde d'un capitaine d'infanterie.

Dunlop arriva dans le Haut-Canada à la fin de 1826. Véritable factotum ambulant, il s'affaira à remplir ses fonctions officielles aussi bien qu'à exécuter des tâches qu'il s'imposait lui-même, au moins jusqu'au départ de Galt en 1829. Il assista à l'événement célèbre que fut la fondation de Guelph en avril 1827 et, à l'été, se rendit à travers bois jusqu'à l'emplacement futur de Goderich, où il retourna l'année suivante en compagnie d'une équipe de construction de routes. Il établit bientôt son propre domaine, appelé Gairbraid, juste au nord de Goderich, de l'autre côté de la rivière Maitland, et prit place parmi l'élite locale (on lui avait accordé la première de ses nombreuses commissions de juge de paix en juin 1827).

Pendant ses premières années de service, Dunlop ne cessa d'avoir plein de projets susceptibles de faire progresser la compagnie. Plus d'un, cependant, était irréalisable, tel celui de canaliser la rivière de la Petite-Nation pour relier la rivière des Outaouais au Saint-Laurent. En politique, il n'adhéra jamais strictement à un parti, mais il penchait du côté des tories, ce qui du reste ne l'empêcha pas d'indisposer les principaux représentants des deux grandes formations du Haut-Canada. Dès 1827, le *Colonial Advocate* de William Lyon Mackenzie* parlait de lui en termes défavorables. La même année, parut *Observations on the provision made for the maintenance of a Protestant clergy* [...], pamphlet de John Strachan* qui déclencha une controverse. Dunlop y prit part en écrivant une lettre ouverte, signée Peter Poundtext, dans laquelle il appelait moqueusement Strachan « Cher docteur », « Cher ami », « Ô céleste docteur » et « Ô Théophile ». Sans doute son intervention s'inspirait-elle autant d'un désir de défendre la Canada Company que de son penchant pour la polémique.

Par suite d'une querelle avec les administrateurs de la compagnie en 1829, Galt démissionna et ce sont William Allan*, pilier financier du *family compact*, et Thomas Mercer Jones*, protégé énergique d'Edward Ellice*, qui le remplacèrent. La compagnie envisagea alors de renvoyer Dunlop (qui continuait d'appuyer Galt), mais Allan et Jones le trouvaient tous deux « utile » et « infatigable ». Il demeura donc au service de la compagnie et fut habilité, à compter de 1832, à valider les titres de propriété. Un an plus tard, il devint surintendant général résidant de la Huron Tract ; son salaire passa à £400, à quoi s'ajoutaient £100 pour ses frais de déplacement.

Dunlop fit paraître en 1832 son guide pour les émigrants, *Statistical sketches of Upper Canada* [...], qui contribua à attirer de nouveau sur lui l'attention publique tout autant que le duel journalistique qui l'opposa à Mackenzie à la suite d'une émeute survenue à York (Toronto) le 23 mars de la même année. Ce livre agréable, publié sous le pseudonyme de A Backwoodsman, est un tissu de drôleries parsemé de conseils pratiques et reflète parfaitement le côté fantasque de l'auteur. Ainsi, dans son chapitre sur le climat, Dunlop signale que le Haut-Canada « peut être considéré comme la contrée la plus saine sous le soleil puisque le whisky s'y vend à peu près un shilling sterling le gallon ». Destiné à attirer dans le Haut-Canada de jeunes gens débrouillards, le livre obtint quelque succès : l'éditeur Samuel Thompson* admit plus tard qu'il avait décidé en 1832 de s'embarquer pour le Canada « dans l'espoir de connaître une bonne part des agréments décrits par le docteur Dunlop ». Les administrateurs de la Canada Company avaient espéré quelque chose de plus conforme à leur tempérament sérieux, mais ils acceptèrent de financer le livre,

le lurent et le déclarèrent « intéressant » et « très amusant ».

Dunlop passa l'hiver de 1832–1833 en Grande-Bretagne à conférer avec ses supérieurs de la Canada Company et à visiter des parents et des amis. Il revint dans le Haut-Canada au printemps en compagnie de son frère ROBERT GRAHAM. Tous deux vécurent assez paisiblement à Gairbraid, même si après avoir travaillé un moment pour la Canada Company, Robert Graham s'absenta assez souvent parce qu'il était devenu le premier député de la circonscription de Huron.

William se dépensa beaucoup pour la compagnie pendant cette période. En fait, grâce à la solidité et à la précision du témoignage qu'il présenta en 1835 à l'occasion de l'enquête retentissante que mena Mackenzie au nom de l'Assemblée (et qui aboutit à la rédaction de *The seventh report from the select committee on grievances*), ce fut probablement lui qui évita à la compagnie d'être éclaboussée et de voir son cas porté à l'attention du ministère des Colonies. L'année suivante, Dunlop fit paraître son point de vue dans un pamphlet intitulé *Defence of the Canada Company*.

D'une manière indirecte, Mackenzie allait cependant être la cause de la rupture entre Dunlop et la compagnie. Durant la rébellion du Haut-Canada, en 1837–1838, Dunlop leva un corps de miliciens dont le surnom, « The Bloody Useless », en dit long sur la nature du rôle qu'il joua. Emporté par un sentiment d'urgence, auquel il prenait sans doute plaisir, Dunlop réquisitionna les magasins de la Canada Company pour approvisionner ses hommes en vivres et en matériel. Furieux, Jones exigea son retrait de la milice, mais Dunlop, non moins fâché, décida plutôt de quitter la compagnie en janvier 1838. En dépit des protestations de son frère et d'autres colons influents, les administrateurs de la compagnie à Londres prirent le parti de Jones. Manifestement, ils voulaient que la compagnie affiche une attitude plus discrète que celle que présentait ce diable d'homme. Il avait bien servi la compagnie à plus d'un titre et lui avait donné de la crédibilité et du pittoresque à une époque où elle en avait besoin, mais à mesure qu'elle s'était orientée vers des activités plus conventionnelles, son engouement à lui s'était refroidi.

La démission de Dunlop élargit le fossé qui déjà, dans le comté de Huron, séparait partisans et adversaires de la Canada Company. Il devint le chef de la seconde faction, surnommée les colbornites parce que nombre de ses membres vivaient dans le canton de Colborne. En février 1841, Robert Graham Dunlop, qui avait été député de Huron depuis 1835, mourut. À l'élection tenue plus tard dans l'année, après l'union du Haut et du Bas-Canada, William se présenta contre le candidat de la Canada Company, James McGill Strachan*, fils de l'évêque et beau-frère de Jones. Le *British Colonist* affirma que Strachan

Dunlop

n'avait « pas plus de chances qu'un bœuf à la queue coupée au milieu d'un essaim de mouches », mais pourtant on le déclara élu à la clôture du scrutin. Dunlop protesta et se vit concéder le siège ; aux élections générales de 1844, il gagna par acclamation.

À l'Assemblée, Dunlop agit en tory modéré, et ses discours furent souvent plus remarquables par leur humour que par leur pertinence. Président d'un comité qu'on chargea en 1841 d'entendre les griefs de Robert Fleming Gourlay*, banni du Canada à cause de ses opinions radicales, il rédigea un rapport à la fois tempéré et humain. Sa maxime politique la plus célèbre date cependant d'octobre 1839. Le gouvernement responsable, avait-il déclaré dans une lettre publiée par le *Chronicle & Gazette* de Kingston, était « un piège tendu à des fous par des fourbes », expression qui devint bientôt une sorte de cri de ralliement pour les adversaires du gouvernement responsable.

Pendant qu'il siégeait à l'Assemblée, Dunlop devint également le premier préfet du district de Huron. Quelquefois arbitraire dans ses méthodes, il entraîna le conseil du district dans une malheureuse querelle sur la taxation qui fut finalement réglée à l'avantage de la partie adverse, la Canada Company. Il céda donc son poste de préfet en 1846. Au début de la même année, le cabinet tory de William Henry Draper* et de Denis-Benjamin Viger* se mit à la recherche d'une circonscription sûre pour l'inspecteur général William Cayley*. Celle de Huron semblait tout indiquée et Dunlop se vit offrir en guise de compensation la surintendance du canal de Lachine, qu'il accepta au grand dam de la presse favorable à l'opposition. Il allait donc passer ses dernières années loin de la circonscription de Huron.

Dunlop retomba alors dans une relative obscurité, même si en 1847 le *Literary Garland* de Montréal publia ce qui est probablement son meilleur écrit, « Recollections of the American war ». Évocation très personnelle des années de guerre, cette œuvre se distingue surtout par des portraits littéraires hauts en couleur et, comme toujours, par un humour abondant. Elle attira peu l'attention sur le moment, quoique le *British Colonist* en ait relevé le « style simple mais agréable et captivant ». Dunlop mourut l'été suivant, non loin de Montréal.

Chirurgien, soldat, agent foncier, juge de paix, colonel de milice, homme politique et membre de nombreuses sociétés littéraires et agricoles, Dunlop toucha à maints aspects importants de la vie haut-canadienne. Pourtant, on s'en souvient surtout comme d'un homme engageant, spirituel et excentrique. Plusieurs de ses proches ont laissé entendre qu'il avait délibérément créé son personnage comique et le cultivait. Selon une lettre écrite en 1813 par l'une de ses tantes préférées, son frère aîné, John, le tenait en affection. Mais elle ajoutait : « il voit tes folies et tes sottises aussi bien que tout le monde, car tu les étales comme si c'étaient des exploits ». Dans le roman *Bogle Corbet ; or, the emigrants*, Galt dit d'un personnage directement inspiré de Dunlop : « [il] avait manifestement reçu de la nature quelque excès de drôlerie et, conscient de cela, prenait un vif plaisir à exagérer jusqu'à la caricature ses propres excentricités pour en voir les effets sur autrui ».

Comment l'excentricité de Dunlop a-t-elle survécu à l'oubli ? En grande partie grâce aux écrits mêmes de l'homme. Dans ses deux plus longues compositions, *Statistical sketches* et « Recollections », on reconnaît le ton d'un authentique écrivain qui présente résolument sa propre vision des choses. Ses nombreuses lettres aux journaux mettent souvent en évidence son caractère, et le texte caustique de ses dernières volontés (où il écrit : « Je lègue mon gobelet d'argent, avec un souverain dedans, à ma sœur Janet Graham Dunlop parce que, vieille fille et dévote, elle ne manquera pas de biberonner ») a été reproduit si souvent qu'il a perdu presque toute sa saveur. Par ailleurs, un grand nombre de ceux qui ont connu Dunlop n'ont pu s'empêcher de vouloir perpétuer son personnage dans leurs écrits : c'est ce qu'ont fait en Grande-Bretagne ses compagnons de plume, surtout John Wilson et William Maginn ; dans le Haut-Canada, John Mactaggart*, Samuel Strickland*, sir James Edward Alexander et bien sûr Galt, entre autres ; enfin, par-dessus tout, Robina et Kathleen Macfarlane* Lizars, petites-filles de son ami Daniel Horne Lizars, qui publièrent en 1896 *In the days of the Canada Company* [...], série d'anecdotes sur le comté de Huron dont Dunlop est le grand héros comique. Mais même avant la parution de cet ouvrage, Dunlop était devenu dans sa région une espèce de personnage folklorique. Dans les années 1930, un ancien du comté se souvenait avoir entendu de la bouche de son père une version de l'un des contes les plus connus, et un autre disait à propos des histoires des Lizars qu'il les avait « entendu raconter par les vieux pionniers rassemblés au coin du feu par une soirée d'hiver ».

La personnalité engageante de Dunlop demeure donc sa création la plus substantielle et la plus durable. Il était, essentiellement, un homme d'esprit, un conteur, un grand buveur et un joueur de tours. La plupart des histoires que l'on rapporte à son sujet ne peuvent être ni vérifiées ni étayées : elles ont la véracité de la fiction ou de la légende.

On raconte que Dunlop faisait tout en grand, ce qui n'est nulle part plus évident que lorsqu'il s'agissait d'alcool. Il gardait ses provisions dans un cabinet roulant, en bois, qu'il appelait « les douze apôtres ». Une bouteille était remplie d'eau ; il la surnommait, naturellement, « Judas ». Sa réputation de fabricant de punch « et autres remèdes antibrouillards » était légendaire parmi les fidèles du *Blackwood's Edinburgh Magazine*. À l'Assemblée, un jour où il parlait d'un voyage fait à cheval sans rien d'autre qu'un sac de gruau d'avoine, certains députés crièrent : « Et une gourde ! » Même Susanna Moodie [Strickland*], qui ne le connaissait pas personnellement, parle de son goût pour l'alcool en rapportant qu'une fois on lui servit par mégarde un verre d'eau bénite salée plutôt que de bière d'Édimbourg. Il faisait une consommation tout aussi gargantuesque du tabac à priser, qu'il conservait dans un immense coffret surnommé « le cercueil ». Un chroniqueur parlementaire le décrivit un jour, d'un ton réprobateur, « sortant sa gigantesque tabatière et gloussant comme un clown dans un cirque ». Une autre fois, comme un douanier américain doutait qu'il puisse transporter autant de tabac pour lui seul, Dunlop en lança une poignée en l'air et, en levant le menton pour le renifler tandis qu'il retombait autour de lui, déclara : « Voilà pourquoi j'en ai besoin. C'est comme ça que je le prends. »

Tel un grand écolier indiscipliné, Dunlop adorait stupéfier les gens. Un après-midi, dans un magasin de Goderich, il demanda à tous ceux qui entraient de prendre pour lui quelques clous dans un baril où, incidemment, Samuel Strickland avait placé un porc-épic vivant. Il imposa à un employé de la Canada Company l'épreuve de passer à cheval entre des loups hurlants (simulés par Strickland et lui-même) ; le malheureux en tomba de sa monture, mais Dunlop l'apaisa avec des mots gentils et de l'alcool. En outre, il adorait jouer le rôle du rude homme des bois pour ensuite surprendre les gens par un monologue savant.

Il y a une bonne dose de taquinerie de la part de Dunlop quand il raconte que son frère Robert Graham épousa leur femme de ménage, Louisa McColl, après avoir perdu contre lui à pile ou face – ou plutôt à face ou face, puisque la pièce de William était truquée. Pourtant Dunlop n'avait pas toujours le beau rôle dans ses histoires, comme celle où il parle du navire (il l'appelle « le Lugubre ») qu'il avait piloté à travers les rochers du lac Huron et cette autre, qu'il rapporte dans « Recollections », où son commandant, pour le punir d'une bévue, lui avait donné un bon coup de baguette sur la tête en prétendant qu'il venait de lui tirer un coup de pistolet.

S'il y a des bouffonneries dans les histoires de Dunlop, il y a certes aussi des mots d'esprit. Un jour qu'il était parti dans la forêt avec une chaîne de bûcheron enroulée autour du corps, il rencontra un vieil ami d'Écosse. Au moment de le quitter, il lui demanda de dire à ses amis de là-bas qu'il l'avait trouvé « enchaîné mais bien portant et joyeux ». À une assemblée publique tenue à Goderich en 1840, il donna à l'auditoire trois bonnes raisons pour lesquelles il n'allait pas à l'église : « D'abord on est certain d'y trouver sa femme, deuxièmement, [je ne peux] supporter une réunion où un seul homme fait tous les frais de la conversation et, troisièmement, [je n'ai] jamais aimé chanter sans boire. » Une autre fois,

tandis qu'il parlait de taxation à l'Assemblée, l'un de ses collègues l'interrompit pour lui demander ce qu'il penserait d'un impôt pour les célibataires. « Merveilleux, rétorqua-t-il, taxer le luxe est toujours légitime. »

William Dunlop fut connu sous divers noms, mais l'histoire a retenu celui de Tiger. Dans le Haut-Canada, il fut aussi « le docteur », à l'occasion Peter Poundtext ou Ursa Major, souvent A Backwoodsman. Plus que le cairn élevé à sa mémoire à l'embouchure de la rivière Maitland, c'est le personnage qu'il créa, celui de l'homme des bois à la fois sauvage et raffiné, qui perpétue son souvenir.

GARY DRAPER ET ROGER HALL

La liste la plus complète des publications de William Dunlop se trouve dans D. G. Draper, « Tiger : a study of the legend of William Dunlop » (thèse de PH.D., Univ. of Western Ontario, London, 1978). Nous présentons ici une sélection de ses principaux ouvrages canadiens.

Le guide pour émigrants de Dunlop, *Statistical sketches of Upper Canada, for the use of emigrants : by a backwoodsman*, a été suffisamment populaire pour connaître trois éditions. Les deux premières parurent à Londres en 1832 ; la deuxième édition est identique à la première à l'exception d'une note sur la page de titre qui affirme qu'il s'agit d'une nouvelle édition. La troisième édition qui parut à Londres l'année suivante contient une charmante préface qui n'apparaît pas ailleurs. Peu de temps après, *Statistical Sketches* a été reproduit en tout ou en partie dans un grand nombre de journaux canadiens dont le *Canadian Emigrant, and Western District Commercial and General Advertiser* (Sandwich [Windsor, Ontario]), le *Canadian Freeman*, et la *Montreal Gazette*. Une édition moderne basée sur celle de 1832 parut dans *Tiger Dunlop's Upper Canada [...]*, C. F. Klinck, édit. (Toronto, 1967), 63–137. Un autre ouvrage, « Recollections of the American war », publié d'abord dans *Literary Garland*, nouv. sér., 5 (1847) : 263–270, 315–321, 352–362, 493–496, a paru par la suite sous le titre de *Recollections of the American war, 1812–14 [...]*, A. H. U. Colquhoun, édit. (Toronto, 1905), et dans *Tiger Dunlop's Upper Canada*, 1–62. Les AO possèdent un exemplaire de la brochure *Defence of the Canada Company*, publiée à Gairbraid en 1836.

AO, Canada Company records. — APC, MG 24, I46. — PRO, CO 42, particulièrement 42/396. — Canada, prov. du, Assemblée législative, *App. des journaux*, 1841, app. TT. — *The Dunlop papers [...]*, J. G. Dunlop, édit. (3 vol., Frome, Angl., et Londres, 1932–1955). — John Galt, *The autobiography of John Galt* (2 vol., Londres, 1833) ; *Bogle Corbet ; or, the emigrants* (3 vol., Londres, [1831]). — [Samuel] Strickland, *Twenty-seven years in Canada West ; or, the experience of an early settler*, Agnes Strickland, édit. (2 vol., Londres, 1853 ; réimpr., Edmonton, 1970). — [Susanna Strickland] Moodie, *Life in the clearings versus the bush* (Londres, 1853). — *Albion* (New York), 1828–1848. — *British Colonist*, 1838–1848. — *Canadian Emigrant, and Western District Commercial and General Advertiser*, 1831–1836. — *Canadian Freeman*, 1827–1834. — *Chronicle & Gazette*, 1833–1845. — *Colonial*

Dunoon

Advocate, 1826–1834. — *Gore Gazette, and Ancaster, Hamilton, Dundas and Flamborough Advertiser* (Ancaster, Ontario), 1827–1829. — *Kingston Chronicle*, 1826–1833. — *Montreal Gazette*, 1826–1828, 1830–1832, 1841–1848. — *Toronto Patriot*, 1832–1844. — *Western Herald, and Farmers' Magazine* (Sandwich), 1838–1842. — W. H. Graham, *The Tiger of Canada West* (Toronto et Vancouver, 1962). — R. D. Hall, «The Canada Company, 1826–1843» (thèse de PH.D., Univ. of Cambridge, Cambridge, Angl., 1973). — Robina et K. M. Lizars, *Humours of '37, grave, gay and grim: rebellion times in the Canadas* (Toronto, 1897); *In the days of the Canada Company: the story of the settlement of the Huron Tract and a view of the social life of the period, 1825–1850* (Toronto, 1896; réimpr., Belleville, Ontario, 1973). — I. A. Stewart, «Robert Graham Dunlop: a Huron County anti-compact constitutionalist» (thèse de M.A., Univ. of Toronto, 1947). — *William «Tiger» Dunlop, «Blackwoodian Backwoodsman»: essays by and about Dunlop*, C. F. Klinck, édit. (Toronto, 1958).

DUNOON. V. DENOON

DUQUET, JOSEPH, patriote, né le 18 septembre 1815 à Châteauguay, Bas-Canada, fils de Joseph Duquet, aubergiste, et de Louise Dandurand ; décédé le 21 décembre 1838 à Montréal.

Joseph Duquet commença ses études classiques au petit séminaire de Montréal en 1829 et les termina au collège de Chambly en 1835. Attiré par le notariat, il aurait entrepris cette année-là son stage de clerc à Châteauguay avec Joseph-Narcisse CARDINAL, puis il aurait poursuivi l'année suivante son cours de droit à Montréal chez Chevalier de LORIMIER, deux patriotes et futures victimes de l'échafaud en 1838 et 1839. En octobre 1837, il entra dans l'étude de son oncle Pierre-Paul Démaray*, notaire et patriote de Dorchester (Saint-Jean-sur-Richelieu), auprès duquel il comptait achever sa formation.

Présent dans la nuit du 16 au 17 novembre 1837 à l'arrestation de Démaray, accusé de haute trahison, Duquet accompagna son oncle aux États-Unis après que Bonaventure Viger* et une poignée d'hommes eurent réussi à le libérer en tendant une embuscade au détachement qui le conduisait à la prison de Montréal. Le 6 décembre, il figura parmi les patriotes qui prirent part à l'escarmouche de Moore's Corner (Saint-Armand-Station). Il se réfugia par la suite à Swanton, au Vermont, et participa le 28 février 1838 à la tentative d'invasion du Bas-Canada, que dirigeait Robert Nelson*.

Après l'amnistie de lord Durham [LAMBTON], Duquet put rentrer au Bas-Canada à la mi-juillet 1838. Il entreprit aussitôt une intense campagne de recrutement pour les frères-chasseurs. Il organisa une loge à Châteauguay et convainquit Cardinal d'en prendre le commandement. Le 3 novembre au soir, jour fixé pour le second soulèvement, il partit avec Cardinal et un groupe de partisans pour aller «emprunter» les armes des Indiens de Caughnawaga (Kahnawake). Arrivés à destination le matin du 4 novembre, Cardinal, Duquet et François-Maurice Lepailleur, beau-frère de Cardinal, entrèrent en pourparlers avec les chefs indiens. Ces derniers invitèrent alors l'ensemble des patriotes à prendre part aux entretiens, mais dès qu'ils eurent pénétré dans la réserve les guerriers les encerclèrent et firent 64 prisonniers qu'ils conduisirent aussitôt à la prison de Montréal.

Le 28 novembre 1838, on appela Duquet à comparaître avec 11 compagnons devant le conseil de guerre qu'avait institué sir John Colborne*. Lewis Thomas Drummond*, jeune avocat irlandais, Pierre Moreau, avocat canadien jugé «acceptable» par le conseil, et, un peu plus tard, Aaron Philip Hart, brillant juriste d'origine juive, se portèrent à leur défense. Cependant, on ne leur permit pas d'intervenir directement en procédant à des interrogatoires.

Dès le début, Cardinal déposa un protêt qui contestait la juridiction du conseil, puisque les délits avaient été commis avant l'adoption des ordonnances d'exception du 8 novembre 1838. Il réclama un procès devant un tribunal civil, mais en vain. L'audition des témoins terminée, les procureurs reçurent l'autorisation de présenter leurs commentaires. Drummond, avec l'aide de Hart, y alla d'un vigoureux plaidoyer qui impressionna fort le tribunal, au point qu'il se demanda si, dans un tel cas, la peine capitale n'était pas un châtiment excessif. Le président du conseil, le major général John Clitherow*, s'informa s'il n'était pas possible de prononcer une autre sentence. Le procureur général Charles Richard Ogden* répondit qu'il n'y avait pas d'autre choix et le solliciteur général Andrew STUART opina dans le même sens. En conséquence, le 14 décembre, le conseil de guerre prononça la peine de mort contre tous ceux qui avaient été reconnus coupables.

Les hésitations du tribunal avaient rendu Colborne un peu perplexe. Le 15 décembre 1838, il demanda au Conseil exécutif d'étudier le cas des condamnés, en particulier celui de Duquet. Le conseil estima qu'on devait le considérer comme un récidiviste et que la justice ne pouvait que suivre son cours, tout comme pour Cardinal. Par contre, la peine des autres condamnés était commuée en déportation.

Ni l'intervention de l'évêque auxiliaire de Montréal, Mgr Ignace Bourget*, ni une pathétique supplique de la mère de Duquet n'eurent d'effet. Le 20 décembre 1838, Drummond tenta de son côté une démarche suprême en invoquant les doutes sérieux qui existaient quant à la légalité du procès. Il demandait la suspension de toute action jusqu'à ce qu'un tribunal compétent se soit prononcé. Il déclarait enfin que l'exécution de la sentence ferait des condamnés, de présumés coupables qu'ils étaient, des martyrs de l'arbitraire. Rien n'y fit.

Conformément à la sentence du tribunal, Cardinal

286

et Duquet durent monter à l'échafaud au matin du 21 décembre 1838. On exécuta Cardinal en premier. Quand vint le tour de Duquet de gravir les marches, il se mit à frémir et à claquer des dents. Il fallut le soutenir. Lorsque la trappe tomba, la corde, que le bourreau Humphrey avait mal placée, glissa pour s'arrêter sous le nez du condamné qui se trouva projeté de côté et alla heurter avec violence la charpente ferrée du gibet. La figure meurtrie et saignant avec abondance, le malheureux n'avait pas perdu connaissance et râlait bruyamment. Les spectateurs se mirent à crier : « Grâce ! Grâce ! » Cette agonie se prolongea, dit-on, une vingtaine de minutes, le temps pour le bourreau d'installer une autre corde et de couper la première.

On inhuma les corps de Joseph Duquet et de Cardinal dans la même fosse, dans l'ancien cimetière de Montréal, sur l'emplacement de ce qui est aujourd'hui le square Dominion. Par la suite on retira les restes des deux patriotes martyrs pour les transporter, en 1858, au cimetière Notre-Dame-des-Neiges, où ils reposent toujours sous le monument dédié aux patriotes.

GÉRARD FILTEAU

AC, Beauharnois (Valleyfield), État civil, Catholiques, Saint-Joachim (Châteauguay), 18 sept. 1815. — ACAM, RLB, I : 253. — ANQ-Q, E17/35, n°s 2793, 2795–2799 ; E17/39, n° 3112 ; E17/40, n°s 3176–3178, 3183–3187. — [A.-R. Cherrier], *Procès de Joseph N. Cardinal, et autres, auquel on a joint la requête argumentative en faveur des prisonniers, et plusieurs autres documents précieux* [...] (Montréal, 1839 ; réimpr., 1974). — « Papiers Duvernay », *Canadian Antiquarian and Numismatic Journal*, 3e sér., 6 : 21 ; 7 : 40–41. — F.-X. Prieur, *Notes d'un condamné politique de 1838* (Montréal, 1884 ; réimpr., 1974). — *Report of state trials*, 1 : 17–111. — *Montreal Herald*, 19 nov. 1838. — *North American*, 18 avril 1839. — L. J. Burpee, *The Oxford encyclopædia of Canadian history* (Toronto et Londres, 1926), 173. — Fauteux, *Patriotes*, 237–239. — Michel Bibaud, *Histoire du Canada et des Canadiens, sous la domination anglaise* [1830–1837], J.-G. Bibaud, édit. (Montréal, 1878). — L.-N. Carrier, *les Événements de 1837–38* (2e éd., Beauceville, Québec, 1914). — Christie, *Hist. of L.C.* (1866). — David, *Patriotes*, 207–218, 277–279. — N.-E. Dionne, *Pierre Bédard et ses fils* (Québec, 1909). — Filteau, *Hist. des patriotes* (1975). — William Kingsford, *The history of Canada* (10 vol., Toronto et Londres, 1887–1898), 9–10. — Maurault, *le Collège de Montréal* (Dansereau ; 1967). — J.-A. Mousseau, *Lecture publique sur Cardinal et Duquet, victimes de 37–38* [...] (Montréal, 1860). — Marcelle Reeves-Morache, *Joseph Duquet, patriote et martyr* (Montréal, 1975). — Léon Trépanier, *On veut savoir* (4 vol., Montréal, 1960–1962), 3 : 131–132. — « Le Bourreau Humphrey », *BRH*, 6 (1900) : 281–282.

DURHAM, JOHN GEORGE LAMBTON, 1er comte de. V. LAMBTON

DURNFORD, ELIAS WALKER, officier et ingénieur militaire, né le 28 juillet 1774 à Lowestoft, Angleterre, fils d'Elias Durnford et de Rebecca Walker ; décédé le 8 mars 1850 à Tunbridge Wells (Royal Tunbridge Wells, Angleterre).

Bien que né dans le Suffolk, au bord de la mer du Nord, Elias Walker Durnford passe les toutes premières années de sa vie à Pensacola (Floride), où son père est commandant du génie, puis lieutenant-gouverneur de la colonie britannique de la Floride-Occidentale. Vers l'âge de quatre ans, il revient en Angleterre mais sans ses parents, qui le confient à une tante. Après le retour de son père au lendemain de la guerre d'Indépendance américaine, Durnford, désireux de devenir à son tour ingénieur militaire, fréquente une école préparatoire à la Royal Military Academy de Woolwich (Londres) où il sera admis en octobre 1788. À l'âge de 18 ans, en avril 1793, il obtient une commission dans le Royal Regiment of Artillery ; en octobre, il devient lieutenant en second dans le génie royal. Sa première affectation l'amène aux Antilles, aux côtés de son père. En 1794, il dirige la construction des retranchements de Pointe-à-Pitre, en Guadeloupe, là où il est fait prisonnier par la suite. Après 17 mois de captivité, il obtient sa libération en juillet 1796 en échange d'un officier français. Il reprend alors ses fonctions d'ingénieur en Angleterre, puis en Irlande. Avec sa nomination au poste de commandant du génie royal à Terre-Neuve en 1808, il doit renoncer à son « profond désir » de participer à la guerre d'Espagne.

À Terre-Neuve, Durnford s'occupe surtout de l'entretien et de la construction de batteries côtières ; on lui doit de plus un blockhaus sur le coteau Signal, près de St John's. En 1813, il devient major dans l'armée puis lieutenant-colonel dans le génie royal et il accomplit, outre sa charge d'ingénieur, des tâches de garnison. On le nomme aussi aide de camp du commandant des troupes à Terre-Neuve. Pendant son séjour dans l'île, Durnford obtient une concession de quatre acres de terre, où il cultive la pomme de terre.

De 1816 à 1831, Durnford occupe le poste de commandant du génie royal au Bas et au Haut-Canada. Il réside d'abord dans une section restaurée de l'ancien palais de l'Intendant à Québec pour ensuite occuper, avec sa famille, la résidence officielle attribuée à sa fonction, rue Saint-Louis. La construction de la citadelle de Québec constitue sans aucun doute son œuvre majeure au Canada. Bien que cet ouvrage complète de façon substantielle le système défensif de la ville, le plan classique qu'il a arrêté manifeste la crainte constante qu'éprouvent les militaires à l'égard d'un soulèvement populaire. Toujours à Québec, Durnford dirige la reconstruction de la porte du Palais et mène les réparations à la cathédrale anglicane Holy Trinity. Par ailleurs, il coordonne la réorganisation des défenses coloniales selon le nouveau plan qu'avait élaboré le gouverneur Richmond

Durnford

[Lennox*] après la guerre de 1812 et que le duc de Wellington approuva. Plusieurs ouvrages militaires sont alors construits, entre autres à l'île Sainte-Hélène et à l'île aux Noix, ainsi qu'à Kingston, dans le Haut-Canada. Durnford travaille aussi à la canalisation des rivières Rideau et des Outaouais même si la construction du canal Rideau, sous la direction de son ami l'ingénieur John By, de 1826 à 1831, échappera à sa juridiction. En 1823, il signe un volumineux rapport sur l'état des fortifications et des édifices militaires au Canada. Il obtient en mars 1825 le grade de colonel dans le génie royal et, à ce titre, il sollicite avec succès auprès du gouverneur lord Dalhousie [Ramsay] d'être nommé, tout en conservant sa charge d'ingénieur, commandant des troupes pour le Bas-Canada, poste qui lui a échappé à son grand regret quelques mois plus tôt.

Durnford retourne en Angleterre en 1831, puis il est mis à la retraite six ans plus tard. En 1846, il obtient le grade suprême de colonel commandant dans le génie royal, et, dans l'armée, il se retrouve presque au sommet de la hiérarchie puisqu'il est fait lieutenant général.

Tout au long de sa carrière, Durnford se montre assidu au travail et d'une probité exemplaire, et semble être apprécié de ses collaborateurs et de ses supérieurs. À l'occasion des grandes saisons de travaux, il visite les chantiers très tôt le matin et s'affaire ensuite au bureau des ingénieurs jusqu'à l'heure tardive du souper. Soucieux de l'économie des fonds publics, il a une conduite irréprochable dans les nombreuses transactions effectuées au nom du gouvernement britannique pour l'achat des terrains nécessaires au glacis de la citadelle de Québec. Malgré ce zèle, il n'est pas à l'abri de tout reproche. En 1825, le Board of Ordnance l'accuse de laxisme dans l'administration du corps de génie au Canada, à cause notamment de nominations et d'arrangements salariaux conclus sans avoir suivi la procédure administrative habituelle. Comme la majorité des ingénieurs militaires à l'époque, Durnford s'acquitte mal de sa tâche quand il s'agit d'estimer correctement les coûts de construction des ouvrages militaires. Le cas de la citadelle de Québec est particulièrement révélateur : c'est un projet initialement évalué à £72 400 qui en coûte à la Trésorerie un peu plus du double.

Outre les principes professionnels, les valeurs familiales figurent parmi les plus importantes pour Durnford. Le 30 octobre 1798, il épouse Jane Sophia Mann, fille d'un avocat de Gravesend, en Angleterre. Ils ont 13 enfants dont 4 naissent à Terre-Neuve et 3 à Québec. Leurs six fils suivent les traces de leur père à titre d'officiers de l'armée britannique. Trois d'entre eux travaillent tour à tour auprès de Durnford comme commis au bureau du génie royal à Québec ; l'aîné et le benjamin entrent dans le corps de génie. La famille de Durnford le suit dans tous ses déplacements et, même durant sa retraite, deux de ses filles célibataires l'accompagnent.

Fervent conservateur, Durnford respecte les valeurs traditionnelles de son rang, quoiqu'il n'apprécie guère les réunions mondaines. Il pratique plusieurs sports dont le cricket. Que ce soit à Terre-Neuve, au Canada ou à Tunbridge Wells, il aime se détendre en jardinant et en ayant soin de quelques animaux. De plus, tout comme sa femme, il s'adonne à la lecture ; il savoure particulièrement les œuvres à caractère religieux et philanthropique de Hannah More, qu'il fait d'ailleurs acheter par la Garrison Library de Québec durant son mandat de président.

Il est difficile d'évaluer le niveau de fortune de Durnford. Certes, son salaire d'officier de génie, sa charge de commandant des ingénieurs ainsi que les différentes allocations auxquelles il a droit le placent presque au sommet de la rémunération de l'armée britannique. Il entretient continuellement plus d'un domestique, quelquefois trois ou quatre. Ses fils étudient dans des établissements privés en Angleterre, et il leur fournit des allocations dignes de leur rang. Enfin, Durnford voyage souvent. Cependant, malgré plusieurs démarches, dont un voyage de six mois aux États-Unis en 1820 et plusieurs recours judiciaires en 1838, il ne peut profiter des nombreuses terres que possédaient son père et l'une de ses tantes en Floride et à La Nouvelle-Orléans : on a confisqué ce patrimoine au moment de la perte des colonies, et les titres sont perdus. On ignore s'il touche quelque argent laissé par son père au bénéfice de sa mère mais, à la mort du second mari de sa mère, il hérite de £1 000 (cours d'Angleterre).

En somme, la carrière d'Elias Walker Durnford est principalement axée sur l'administration et ne comporte pas d'apport scientifique important au génie militaire. Le nom de Durnford demeure toutefois célèbre au sein du génie royal, puisque 11 membres de cette famille en perpétuent la présence pendant plus de 150 ans. Outre le père et deux des fils d'Elias Walker, on retrouve son frère Andrew et quatre de ses descendants, ainsi que deux autres Durnford dont on ignore la filiation. La lignée d'un autre fils d'Elias Walker, Philip, assure encore aujourd'hui la présence des Durnford au Canada.

André Charbonneau

Quelque temps avant sa mort, Elias Walker Durnford entreprend la rédaction de son autobiographie, œuvre qui ne sera jamais achevée. Une première partie fut publiée en 1850, l'année de sa mort, dans le *Colburn's United Service Magazine* (Londres), part. II : 605–614, sous le titre de « Scenes in an officer's early life at Martinique, Guadeloupe, &c., during the years 1794 & 1795, recalled in advanced years ».

ANQ-Q, CE1-71 ; CN1-16 ; CN1-49. — APC, MG 24,

F73 ; RG 8, I (C sér.), 393–441 ; II, 80–81. — Arch. privées, E. A. Durnford (Montréal), notes et doc. — PRO, CO 42/136–42/200 ; WO 55/860–55/868. — *Family recollections of Lieut. General Elias Walker Durnford, a colonel commandant of the Corps of Royal Engineers*, Mary Durnford, édit. (Montréal, 1863). — *List of officers of the Royal Regiment of Artillery from the year 1716 to the year 1899* […], John Kane et W. H. Askwith, compil. (4e éd., Londres, 1900). — A. J. H. Richardson *et al.*, *Quebec City : architects, artisans and builders* (Ottawa, 1984). — *Roll of officers of the Corps of Royal Engineers from 1660 to 1898* […], R. F. Edwards, édit. (Chatham, Angl., 1898). — J. E. Candow, *A structural and narrative history of Signal Hill National Historic Park and area to 1945* (Canada, Direction des parcs et lieux hist. nationaux, *Travail inédit*, no 348, Ottawa, 1979). — André Charbonneau *et al.*, *Québec ville fortifiée, du XVIIe au XIXe siècle* (Québec, 1982). — Whitworth Porter *et al.*, *History of the Corps of Royal Engineers* (9 vol. parus, Londres et Chatham, 1889– ; réimpr. des vol. 1–3, Chatham, 1951–1954). — J.-P. Proulx, *Histoire de St-John's et de Signal Hill* (Canada, Direction des parcs et lieux hist. nationaux, *Travail inédit*, no 339, Ottawa, 1978). — A. G. Durnford, « A unique record », *Royal Engineers Journal* (Brompton, Angl.), [nouv. sér.], 2 (1909).

DUROCHER, EULALIE (baptisée **Mélanie**), dite **mère Marie-Rose**, fondatrice et première supérieure des Sœurs des Saints-Noms de Jésus et de Marie au Canada, née le 6 octobre 1811 à Saint-Antoine-sur-Richelieu, Bas-Canada, fille d'Olivier Durocher et de Geneviève Durocher ; décédée le 6 octobre 1849 à Longueuil, Bas-Canada.

Eulalie Durocher était la dixième d'une famille de 11 enfants dont 3 moururent en bas âge. Son père, riche cultivateur, avait fait une partie de ses études classiques, et sa mère avait reçu une formation des plus soignées chez les ursulines de Québec. Tous les deux étaient donc en mesure d'assurer à leurs enfants une éducation de qualité. Les frères d'Eulalie, Flavien*, Théophile et Eusèbe, accédèrent à la prêtrise, et l'une de ses sœurs, Séraphine, devint religieuse chez les sœurs de la Congrégation de Notre-Dame.

Pour sa part, Eulalie ne fréquenta pas l'école de son village ; c'est à la maison que son grand-père paternel, Olivier Durocher, milicien distingué et érudit, se constitua son maître. Toutefois, à la mort de ce dernier en 1821, la fillette entra comme pensionnaire au couvent de Saint-Denis, sur le Richelieu, que tenaient les sœurs de la Congrégation de Notre-Dame. Elle revint à la maison après sa première communion, soit à l'âge de 12 ans, et bénéficia à domicile d'un nouvel enseignement privé sous la direction de l'abbé Jean-Marie-Ignace Archambault, professeur au collège de Saint-Hyacinthe. Désireuse de se consacrer à Dieu dans la vie religieuse, elle entra en 1827 au pensionnat des sœurs de la Congrégation de Notre-Dame à Montréal dans l'intention d'y faire par la suite son noviciat, à l'instar de sa sœur Séraphine. Mais après

deux années d'études, entrecoupées de longues périodes de repos, elle dut renoncer à son projet de vie religieuse à cause de sa mauvaise santé. Elle réintégra son foyer pour attendre alors l'heure de Dieu.

À la mort de sa mère en 1830, Eulalie recueillit l'héritage maternel et devint l'âme de la famille. Douée d'un tempérament ardent, facilement impérieuse, profondément pieuse, elle exerçait un ascendant particulier sur les personnes qui l'entouraient. Son frère Théophile, curé de la paroisse Saint-Mathieu, à Belœil, réussit à convaincre son père de quitter la ferme ancestrale pour venir s'installer au presbytère de Belœil, dont Eulalie sera du même coup la gouvernante de 1831 à 1843. Dans le va-et-vient de ce presbytère très fréquenté, la vocation d'Eulalie se dessina peu à peu. On y discutait aisément des problèmes de l'heure, autant politiques, éducatifs que religieux. La jeune gouvernante, intéressée, prit conscience du besoin urgent de rendre l'instruction accessible aux enfants des campagnes, les pauvres autant que les riches. En raison de la pénurie d'écoles et de maîtres, la situation était alarmante ; elle se mit alors à rêver d'une communauté religieuse qui pourrait facilement multiplier ses couvents. Aussi en 1841, quand le curé de Longueuil, Louis-Moïse Brassard*, fit appel aux Sœurs des Saints-Noms de Jésus et de Marie de Marseille, en France, Eulalie s'inscrivit à l'avance, avec son amie Mélodie Dufresne, comme novice de cette congrégation. Cependant, les sœurs de France se désistèrent. L'évêque de Marseille, Mgr Charles-Joseph-Eugène de Mazenod, fondateur des oblats de Marie-Immaculée, conseilla alors à l'évêque de Montréal, Mgr Ignace Bourget*, d'instaurer, avec les deux femmes désireuses de faire partie du groupe attendu de France, un embryon de communauté religieuse.

Dans l'intervalle, un premier contingent d'oblats, dont faisait partie le père Adrien Telmon, arriva à Montréal. Ce dernier vint à Belœil pour y donner des missions populaires ; il ne tarda pas à reconnaître en Eulalie une éducatrice d'âmes capable de rassembler des émules et de les guider dans les voies spirituelles. Il l'encouragea sans hésiter à fonder une communauté religieuse typiquement canadienne vouée à l'éducation de la jeunesse. Sous la direction des oblats de Marie-Immaculée, les trois premières aspirantes, Eulalie Durocher, Mélodie Dufresne et Henriette Céré commencèrent à se former à la vie religieuse en octobre 1843. Elles s'installèrent à Longueuil dans un immeuble qui servait d'école et où Henriette Céré était institutrice. Le 28 février 1844, Mgr Bourget présida la célébration de la prise d'habit des trois femmes. Eulalie devint sœur Marie-Rose dans la communauté qui adopta le nom et les constitutions des Sœurs des Saints-Noms de Jésus et de Marie de Marseille. Le 8 décembre suivant, dans l'église paroissiale, Mgr Bourget reçut les vœux de religion des trois femmes.

DuVernet

Sœur Marie-Rose devint alors supérieure, maîtresse des novices et dépositaire.

Les épreuves ne manquèrent pas à mère Marie-Rose. Les démêlés de sa communauté avec l'abbé Charles Chiniquy* ne furent pas les moindres. Celui-ci, qui était entré au noviciat des oblats en 1846, voulut prendre en main la direction pédagogique des écoles qu'avaient établies les Sœurs des Saints-Noms de Jésus et de Marie. Devant les fins de non-recevoir de la clairvoyante supérieure, il discrédita publiquement la communauté. Malgré les orages, mère Marie-Rose tint bon. Femme d'une exceptionnelle vertu, très unie au Seigneur, éducatrice à nulle autre pareille, elle donna à la communauté une impulsion que le temps n'a pas arrêtée. À son décès, le 6 octobre 1849, le jour de ses 38 ans, la communauté comptait déjà 30 professes, 7 novices, 7 postulantes et 448 élèves réparties dans 4 couvents.

Au lendemain des funérailles, Mgr Bourget disait aux sœurs endeuillées : « Je vous avoue dans toute la sincérité de mon cœur, que j'ai été tout à fait ému en voyant tant de vertus réunies dans une seule âme [...] Je l'ai priée de m'obtenir la même ardeur pour gouverner mon diocèse, qu'elle avait pour vous diriger. » En 1880, Bourget affirmait : « Je l'invoque en mon particulier comme une sainte et j'espère que le Seigneur la glorifiera devant les hommes, en lui faisant décerner par l'Église les honneurs de l'autel. » Ce dernier souhait fut exaucé le dimanche 23 mai 1982, lorsqu'en la place Saint-Pierre de Rome, devant une foule immense, Jean-Paul II proclama bienheureuse Marie-Rose Durocher.

MARGUERITE JEAN

ACAM, 525.105. — ANQ-M, CE1-3, 6 oct. 1811 ; CE1-12, 8 oct. 1840. — M.-C. Daveluy, « Mère Marie-Rose, 1811–1849 », *Dix fondatrices canadiennes* (Montréal, 1925), 27–31. — P.[-J.-B.] Duchaussois, *Rose du Canada ; mère Marie-Rose, fondatrice de la Congrégation des Sœurs des Saints Noms de Jésus et de Marie* (Paris, 1932). — Germaine Duval, *Par le chemin du roi une femme est venue ; Marie-Rose Durocher, 1811–1849* (Montréal, 1982). — Marguerite Jean, *Évolution des communautés religieuses de femmes au Canada de 1639 à nos jours* (Montréal , 1977). — [J.-H. Prétot], *Mère Marie-Rose, fondatrice de la Congrégation des SS. Noms de Jésus et de Marie au Canada* (Montréal, 1895). — Pierre Lambert, « Eulalie Durocher et les filles de Belœil », Soc. d'hist. de Belœil-Mont-Saint-Hilaire, *Cahiers* (Belœil, Québec), 10 (févr. 1983) : 11–30. — André Lemay, « Mère Marie Rose », *Bull. eucharistique* (Montréal), 8 (août 1945) : 226–256.

DuVERNET, HENRY ABRAHAM (en 1842, il prit le nom de **Henry Abraham DuVernet Grosset Muirhead**), officier, ingénieur militaire et juge de paix, né le 4 avril 1787, aîné des dix enfants d'Abraham DuVernet et de Miriam Grosset Muirhead ; il épousa Martha Maria Iqualin Van Kemper, et ils eurent trois enfants ; décédé le 16 décembre 1843 à sa résidence, Bredisholm, près de Coatridge, Écosse.

Les plus lointains ancêtres connus de Henry Abraham DuVernet vivaient en France en l'an 1150. Après la Réforme, une branche de la famille y demeura tandis que l'autre, huguenote, s'établit aux Pays-Bas puis en Angleterre. Le père de DuVernet, colonel du Royal Regiment of Artillery, était aide de camp du prince William Henry. Après sa mort accidentelle en 1806, le prince prit sa veuve sous sa protection et obtint des commissions pour quelques-uns de ses fils.

Devenu enseigne dans le Royal Staff Corps le 22 décembre 1803, DuVernet accéda au grade de lieutenant le 12 septembre 1805. Il fit ses premières armes en 1808, au cours de l'expédition du major général Brent Spencer en Méditerranée. Par la suite, il se replia sur La Corogne, en Espagne, avec les troupes du lieutenant général sir John Moore. Renvoyé dans ses foyers pour cause de maladie en 1809, il devint capitaine le 30 mai de la même année, major le 2 juin 1825 et lieutenant-colonel le 31 décembre 1828. Mis à la demi-solde le 1er juillet 1834, DuVernet était alors l'officier qui avait accumulé les plus longs états de service au Royal Staff Corps (plus de 30 ans). On le promut colonel en 1840.

Le duc de Richmond [Lennox*], gouverneur en chef de l'Amérique du Nord britannique, avait présenté en 1818 un rapport magistral sur la défense des colonies. Il y faisait valoir l'urgence d'établir une nouvelle liaison entre Montréal et Kingston afin d'éviter, en cas de reprise des hostilités avec les États-Unis, que les convois de canots et de bateaux de ravitaillement ne soient pris au piège sur le haut Saint-Laurent. Envoyé au Canada avec deux compagnies du Royal Staff Corps pour assurer la réalisation de ce projet, DuVernet arriva à Québec le 29 juillet 1819.

Pour aménager le trajet en question, il fallait d'une part contourner les rapides de la rivière des Outaouais qui se trouvaient vis-à-vis l'emplacement actuel de Hawkesbury (Ontario) en creusant trois petits canaux et, d'autre part, canaliser les rivières Rideau et Cataraqui par les lacs Rideau. L'ingénieur militaire John BY construirait le canal Rideau plus tard ; DuVernet devait s'occuper des canaux de l'Outaouais. Arrivé sur les lieux à la fin de l'été de 1819, il s'attendait à recevoir des instructions détaillées de Richmond, qui faisait alors une tournée d'inspection dont l'Outaouais devait être la dernière étape. Par malheur, Richmond mourut avant d'atteindre la rivière, si bien que DuVernet dut se mettre à la tâche avec un minimum d'indications. Jusqu'en 1827, il dut s'en tenir à un budget annuel de £8 000, qu'il ne dépassa qu'une fois.

Malgré ces restrictions, DuVernet se révéla vite un

ingénieur et un administrateur compétent. Le canal de Grenville était déjà en bonne voie quand, en 1826, le duc de Wellington ordonna d'en hâter l'achèvement et d'entreprendre la construction des autres canaux, à Carillon et à Chute-à-Blondeau. Revenu en juillet 1827 d'un long congé en Angleterre, DuVernet dirigea les chantiers jusqu'en novembre 1833 ; les travaux étaient alors à peu près terminés. En raison de l'élévation des terres et de la présence de roche vive, la construction du canal de Carillon avait posé d'épineux problèmes, que DuVernet avait réglés avec beaucoup d'astuce. L'écluse d'entrée haussait de 13 pieds le niveau de l'eau et donnait sur une voie creusée avec moins de difficulté, plus loin à l'intérieur des terres ; à l'autre extrémité, deux écluses ramenaient les bateaux au niveau de la rivière, 23 pieds plus bas. Ce n'est qu'en 1962, année où Hydro-Québec les a submergés en construisant le barrage de Carillon, qu'on a cessé d'utiliser les canaux de l'Outaouais.

La correspondance officielle de DuVernet révèle un ingénieur très respecté de ses supérieurs et toujours attentif à ses hommes. En 1821, il reçut une commission de juge de paix pour le district de Montréal. Durant les mois d'hiver, sa femme et lui habitaient Montréal ou Chambly mais, pendant les travaux, ils campaient sur les chantiers, où ils accueillirent cha-

leureusement des voyageurs de passage sur l'Outaouais, Nicholas Garry* par exemple. Comme bien des officiers, DuVernet était aussi un artiste, mais on n'a retrouvé qu'une seule de ses toiles, où il a représenté avec talent le moulin et la taverne de Philemon Wright aux chutes des Chaudières.

Henry Abraham DuVernet rentra en Angleterre après novembre 1833. En 1842, après la mort de sa mère, il suivit la tradition familiale de celle-ci en adoptant son patronyme. Il hérita du domaine familial, et c'est là qu'il mourut en 1843.

Robert F. Legget

Le tableau de Henry Abraham DuVernet, *Mill and tavern of Philemon Wright at the Chaudière Falls, Hull, 1823*, est conservé aux APC.

APC, MG 24, F29 ; RG 68, General index, 1651–1841. — Arch. privées, Florence DuVernet (Ottawa), renseignements généal. — Nicholas Garry, « Diary of Nicholas Garry, deputy-governor of the Hudson's Bay Company from 1822–1835 : a detailed narrative of his travels in the northwest territories of British North America in 1821 [...] », F. N. A. Garry, édit., SRC *Mémoires*, 2ᵉ sér., 6 (1900), sect. ii : 73–204. — *Burke's landed gentry* (1879).— G.-B., WO, *Army list*, 1810. — *Hart's army list*, 1840–1841. — R. [F.] Legget, *Ottawa waterway : gateway to a continent* (Toronto et Buffalo, N.Y., 1975).

E

EAGAR, WILLIAM, homme d'affaires, peintre et professeur, né vers 1796 en Irlande, fils de William Eagar ; le 23 janvier 1819, il épousa à St John's Maria Saunders, et ils eurent six fils et trois filles ; décédé le 24 novembre 1839 à Halifax, à l'âge de 43 ans.

William Eagar s'était installé à Terre-Neuve quelque temps avant d'épouser Maria Saunders, issue d'une grande famille de l'île. Peut-être avait-il traversé l'Atlantique en vue d'occuper un poste administratif dans les pêches et non pour travailler comme artiste. Le règlement rapide d'une faillite personnelle en 1821 et le fait de posséder, dès avant la fin de cette décennie, une ferme de 20 acres aux abords de St John's indiquent qu'il avait accès à des ressources financières considérables.

Dès la fin de 1829, Eagar offrait ses services en qualité d'artiste et de professeur d'art. Il avait sans aucun doute appris le dessin et le croquis en Irlande, pendant ses études régulières (rien n'étaye l'affirmation, lancée en 1914, selon laquelle il aurait étudié en Italie), et peut-être aussi en travaillant avec un artiste professionnel. Ses scènes urbaines révèlent une solide compréhension des principes du dessin topographique. Le fait de solliciter le poste d'arpenteur général de Terre-Neuve (qui alla à Joseph Noad* en 1832)

suggère qu'il avait aussi quelques connaissances en arpentage.

Eagar se rendit à Londres en 1831, vraisemblablement pour superviser la gravure d'un imposant dessin de sa main, *Town and harbour of St. John's, taken from Signal Hill, June 1st, 1831*. Il y étudia les grands aquarellistes puis, à son retour, avant la fin de l'année, loua une classe en vue d'enseigner la technique de l'aquarelle. Mais il constata bientôt que l'enseignement n'était pas rentable à St John's et se mit à annoncer qu'il était disposé à faire des portraits à l'huile ou à l'aquarelle. On ignore cependant combien il en peignit à Terre-Neuve.

Eagar élut domicile à Halifax en septembre 1834 et se remit à enseigner et à peindre. Ses élèves venaient de familles distinguées pour qui l'art faisait nécessairement partie de l'éducation. En peu de temps, on le reconnut comme un excellent professeur et comme le meilleur paysagiste de la ville. En 1836, le *Novascotian, or Colonial Herald* de Joseph Howe* publia un long article sur lui et son œuvre. Par la suite, le nombre de ses élèves se multiplia ; il donna au moins une conférence au Halifax Mechanics' Institute et réalisa un transparent fort impressionnant de la reine Victoria, qui servit à clôturer le feu d'artifice organisé

Eagar

en l'honneur du couronnement de la souveraine. En outre, il louait un entrepôt où il vendait des marchandises à commission.

En 1836, Eagar annonça son projet le plus ambitieux : une série de paysages de la Nouvelle-Écosse, du Nouveau-Brunswick et du Haut-Canada. Le lieutenant-gouverneur de la Nouvelle-Écosse, sir Colin CAMPBELL, appuya ce projet et la presse encouragea Eagar. Gravé à Édimbourg, le premier jeu, qui comprenait trois scènes néo-écossaises, arriva dans la province en décembre 1837. Eagar signala sa parution prochaine sous le titre de *Landscape illustrations of British North America*. Encouragé par la critique, il annonça le même mois son deuxième volume, composé de scènes du Nouveau-Brunswick. Il avait déclaré en 1836 que, « pour rendre l'ouvrage plus parfait », il offrirait une description de chaque scène aux acheteurs une fois le travail achevé. Il est douteux qu'on ait jamais publié ces textes.

Toutefois, les gravures d'Eagar ne se vendirent pas, et l'artiste, aidé de Hugh Bell*, demanda en février 1838 à l'Assemblée de la Nouvelle-Écosse de le subventionner. En attendant une réponse, il prépara à Halifax une vaste exposition artistique, peut-être en partie pour recueillir de l'argent. En mars, il exposa 125 œuvres, dont certaines de lui-même et de ses élèves, cinq toiles de William VALENTINE ainsi que des tableaux européens empruntés à des collections locales. Quand, le mois suivant, il devint évident que le gouvernement ne le financerait pas, Eagar retira sa requête et décida de lithographier ses derniers paysages. À la fin d'avril, il se rendit donc à Boston pour se procurer du matériel et pour engager un lithographe et un distributeur. Cette décision se révéla particulièrement judicieuse lorsque, au mois d'octobre, parvinrent à Halifax les deux premières parties de *Sketches in Nova Scotia and New Brunswick, drawn from nature and on stone*, de Robert Petley. Officier en garnison à Halifax de 1832 à 1836, celui-ci avait publié ses lithographies à Londres après son retour là-bas. Elles se vendirent deux fois moins chères que les lithographies d'Eagar.

En juillet 1839, dans la capitale néo-écossaise, on mit en vente les premières lithographies d'Eagar, trois scènes de Halifax avec vignette sur la page de titre. Publiées sous le titre de *Nova Scotia illustrated in a series of views taken on the spot and on stone*, elles se vendaient à un prix comparable à celui des *Sketches* de Petley. La deuxième partie de cette série, mise sur le marché en août, contenait trois vues de Halifax et des environs. Les parties trois et quatre parurent à titre posthume en mai et août 1840. Eagar avait préparé les pierres de la troisième partie, deux scènes de la région de Windsor et un panorama de Grand-Pré ; après sa mort, causée par une pneumonie, on décalqua sur pierre ses dessins de la quatrième partie, trois vues de Pictou.

À l'époque, on considérait les publications de William Eagar comme des expressions de patriotisme. D'une part, espérait-on, elles contribueraient à faire connaître la province en Europe ; d'autre part, et cela importait tout autant, elles devaient renseigner les Néo-Écossais sur le potentiel de leur colonie. Joseph Howe, Thomas Chandler Haliburton*, John YOUNG et d'autres croyaient que l'avenir serait radieux si seulement la population se rendait compte des possibilités qui s'offraient à elle. *Nova Scotia illustrated* dévoila à bien des contemporains d'Eagar des coins de la province qui autrement leur seraient peut-être demeurés inconnus. Aujourd'hui, ce document visuel témoigne d'un temps où les Néo-Écossais croyaient que, bientôt, ils se suffiraient à eux-mêmes.

ALEXANDRA E. CARTER

L'ouvrage *200 years of art in Halifax ; an exhibition prepared in honour of the bicentenary of the founding of the city of Halifax, N.S., 1749–1949* (Halifax, 1949) suggère que William Eagar puisse avoir un second prénom, car on l'y appelle William H. Eagar ; bien que cette forme soit utilisée à l'occasion, aucun document n'en justifie l'authenticité. [A. E. C.]

Les principales collections des œuvres d'Eagar se trouvent à la Dalhousie Univ. (Halifax), au Dartmouth Heritage Museum (Dartmouth, N.-É.), au Musée McCord, à la MTRL, au Musée du N.-B., au N.S. Museum (Halifax), aux APC, aux PANS, et au Royal Ontario Museum (Toronto). Les ouvrages suivants reproduisent une ou plusieurs de ses gravures, lithographies ou peintures : A. E. Carter, « William H. Eagar : drawing master of Argyle Street, Halifax », *Journal of Canadian Art Hist.* (Montréal), 7 (1983–1984) : 138–155 ; C. P. De Volpi, *Nova Scotia, a pictorial record ; historical prints and illustrations of the province of Nova Scotia, Canada, 1605–1878* ([Toronto], 1974), planches 76–93 (chaque reproduction est accompagnée de citations tirées de récits de voyage contemporains à Eagar) ; Harper, *Painting in Canada* ; *Nova Scotia scenery : an exhibition of works by William H. Eagar (1796–1839)* ([Halifax, 1983]) ; *A pageant of Canada ; the European contribution to the iconography of Canadian history ; an exhibition arranged in celebration of the centenary of confederation* (Ottawa, 1967) ; Harry Piers, « Artists in Nova Scotia », N.S. Hist. Soc., *Coll.*, 18 (1914) : 141–145, 161–162 ; et Mary Sparling, *Great expectations ; the European vision in Nova Scotia, 1749–1848* (Halifax, 1980).

Cathedral of St John the Baptist (Anglican) (St John's), Reg. of marriages, 23 janv. 1819. — PANL, GN 2/1, 3 avril 1832. — St Paul's Anglican Church (Halifax), Reg. of burials, 1839 (mfm aux PANS). — *Catalogue of Mr. Eagar's exhibition of paintings* (Halifax, 1838). — N.-É., House of Assembly, *Journal and proc.*, 1838 : 25. — *Colonial Pearl* (Halifax), 16 déc. 1837, 29 nov. 1839. — *New-Brunswick Courier*, 9 déc. 1837. — *Novascotian, or Colonial Herald*, 3 sept. 1834, 11 mai, 28 sept. 1836, 3 juill., 7 août, 27 nov. 1839. — *Nova-Scotia Royal Gazette*, 27 nov. 1839. — *Public Ledger*, 3 janv., 29 juin, 10 août 1832. — *Times* (Halifax), 21 mars, 19 déc. 1837, 10 avril, 3 juill., 23 oct. 1838, 26 nov. 1839. — Harper, *Early painters and engravers.* — *Landmarks of Canada ; what art has done for Canadian history* [...] (2 vol., Toronto, 1917–1921 ; réimpr., en 1 vol., 1967), nᵒˢ 45, 2139, 2152, 2154, 2169–2175, 2177–2178, 2181–2184, 3622, 3627, 3629. — A. E. Carter, « William H. Eagar : « sensibilities of no common order » (thèse de M.A., Concordia Univ., Montréal, 1979). — J. W. Reps, *Views and viewmakers of urban America* [...] (Columbia, Mo., 1984).

EENOOLOOAPIK (Bobbie), chasseur, voyageur, guide et trafiquant inuit, probablement né vers 1820 à Qimisuk (île Blacklead), dans la baie Tenudiakbeek (baie de Cumberland, Territoires du Nord-Ouest), fils aîné de Noogoonik ; décédé au cours de l'été de 1847.

Pendant la jeunesse d'Eenoolooapik, plusieurs familles dont la sienne quittèrent Qimisuk et, en longeant la côte de la terre de Baffin, se rendirent jusqu'au cap Enderby (situé probablement sur la côte sud-est de la péninsule de Cumberland). Elles y rencontrèrent l'équipage d'un baleinier britannique avec qui elles se rendirent au cap Searle, sur la rive nord de la péninsule. Après avoir entendu parler du lieu d'origine des pêcheurs, Eenoolooapik conçut le désir de s'y rendre. Cependant, puisque son père avait pris une deuxième femme parmi les autochtones du cap Searle, le jeune homme devait assurer en grande partie la subsistance de sa mère, Noogoonik. Il faillit à plusieurs reprises s'embarquer pour la Grande-Bretagne, mais chaque fois l'angoisse qu'éprouvait sa mère à l'idée d'être abandonnée le dissuada de partir.

En septembre 1839, à l'île Durban, Eenoolooapik fit la connaissance du fougueux capitaine de baleinier William Penny*. Ce dernier avait vécu le déclin de la pêche à la baleine dans l'Arctique et estimait, comme l'avait écrit le capitaine James Clark Ross*, qu'elle tomberait si les pêcheurs de baleine ne diversifiaient pas leurs activités et n'hivernaient pas dans le Nord. Les pêcheurs, toujours à l'affût de nouveaux territoires, avaient entendu parler d'une grande baie, Tenudiakbeek, qui selon les Inuit regorgeait de baleines et assurait la subsistance d'une nombreuse population autochtone. Penny voyait là peut-être l'endroit idéal où s'établir pour relancer la pêche à la baleine, mais en 1839, malgré trois tentatives, il n'était toujours pas parvenu à trouver cette baie. Quand il apprit qu'Eenoolooapik y était né, qu'il connaissait à fond la géographie des environs et qu'il souhaitait visiter l'Écosse, Penny résolut de l'emmener avec lui en Grande-Bretagne. Il espérait, avec son aide, convaincre la marine royale d'explorer la région.

Eenoolooapik s'embarqua sur le navire de Penny, le *Neptune,* et arriva à Aberdeen dans la soirée du 8 novembre. Le lendemain matin, une foule s'assembla dans le port pour l'accueillir et, quelques jours plus tard, il fit une démonstration de kayak sur le Dee. Malheureusement, affaibli par tous ces événements, il contracta une pneumonie qui mit sa vie en danger

pendant plusieurs mois. Aussi Penny dut-il renoncer à lui apprendre, entre autres choses, à construire des bateaux.

Eenoolooapik était un homme intelligent et sympathique qui avait le sens de l'humour et un don pour l'imitation. Ces qualités lui furent précieuses non seulement dans sa vie quotidienne, mais aussi durant son séjour en Écosse. Elles le rendirent cher aux gens de l'endroit, qui en vinrent à tellement se préoccuper de lui que les journaux d'Aberdeen publiaient des bulletins sur sa santé. Elles lui permirent également, après sa guérison, de se conduire en vrai gentleman, que ce soit au théâtre, à des dîners officiels ou à l'occasion de deux bals donnés en l'honneur du mariage de la reine. L'*Aberdeen Herald* du 16 novembre 1839 rapporta l'une de ces reparties d'Eenoolooapik que prisaient les Écossais : « Un des hommes de la chaufferie du *Neptune* dessina la caricature sommaire d'un visage joufflu et dit : « Voici un Esquimau. » Immédiatement, Bobbie lui emprunta son crayon, dessina un visage très allongé, avec un long nez, et dit : « Voici un Anglais. »

Penny fit parvenir à la marine la carte de la région qu'il avait dressée avec Eenoolooapik, mais l'Amirauté, même si elle versa £20 à l'intention de l'Inuk, ne se montra pas intéressée à lancer une expédition. Le 1ᵉʳ avril 1840, nanti de nombreux présents pour lui ainsi que d'une tasse à thé et d'une soucoupe en porcelaine pour sa mère, Eenoolooapik quitta donc l'Écosse à bord du *Bon Accord*. Le navire passa le début de l'été à pêcher la baleine puis, assisté d'Eenoolooapik, Penny se rendit jusque dans la baie Tenudiakbeek. Comme il croyait en être le découvreur, il lui donna le nom de baie Hogarth en l'honneur de l'un de ses bailleurs de fonds. Par la suite, on constata qu'il s'agissait du « golfe » de Cumberland visité par John Davis* en 1585.

Eenoolooapik laissa les pêcheurs de baleine à son lieu de naissance et rejoignit, non loin de là, sa mère et ses frères et sœurs, qui étaient venus à sa rencontre par voie de terre à partir du cap Searle. Peu après, il épousa Amitak, avec qui il eut un fils nommé Angalook. À la grande surprise des pêcheurs, son prestige ne s'accrut pas beaucoup du fait qu'il avait visité un pays « civilisé ». À chaque année où Penny revint, Eenoolooapik fit avec lui la traite des fanons de baleine. Il mourut de consomption au cours de l'été de 1847, sans avoir pu constater tous les effets de l'aide qu'il avait apportée à Penny. Ce n'est en effet que cinq ans après sa mort qu'une première équipe de pêcheurs de baleine s'organisa pour passer l'hiver dans la région. Par la suite, cette pratique devint courante et plusieurs équipages installèrent leur camp à la baie de Cumberland, jusqu'à ce que prenne fin la pêche à la baleine dans l'Arctique. Sans le savoir, l'Inuk avait contribué à la colonisation de la terre de Baffin par les Blancs.

Elder

Eenoolooapik n'était pas le seul voyageur de sa famille. Son frère Totocatapik avait à ce titre une grande réputation parmi les Inuit et l'une de ses sœurs, Kur-King, s'installa à Igloolik. La célèbre Tookoolito (Hannah), qui visita l'Angleterre de 1853 à 1855 et fit de nombreux voyages dans l'Arctique et aux États-Unis avec l'explorateur Charles Francis Hall*, était aussi sa sœur.

SUSAN ROWLEY

Scott Polar Research Institute (Cambridge, Angl.), MS 1424 (William et Margaret Penny, journal, 1857–1858). — *Arctic whalers, icy seas: narratives of the Davis Strait whale fishery*, W. G. Ross, édit. (Toronto, 1985). — « Davis Strait whale fishery », *Nautical Magazine* (Londres et Glasgow), 9 (1840): 98–103. — Alexander M'Donald, *A narrative of some passages in the history of Eenoolooapik, a young Esquimaux* [...] (Édimbourg, 1841). — *Aberdeen Herald and General Advertiser for the Counties of Aberdeen, Banff, and Kincardine* (Aberdeen, Écosse), 1839–1840. — *Aberdeen Journal and General Advertiser for the North of Scotland*, 1839–1840. — Alan Cooke et Clive Holland, *The exploration of northern Canada, 500 to 1920: a chronology* (Toronto, 1978). — C. F. Hall, *Life with the Esquimaux: the narrative of Captain Charles Francis Hall* [...] *from the 29th May, 1860, to the 13th September, 1862* [...] (2 vol., Londres, 1864). — John Tillotson, *Adventures in the ice: a comprehensive summary of Arctic exploration, discovery, and adventure* [...] (Londres, [1869]). — Richard Cull, « A description of three Esquimaux from Kinnooksook, Hogarth Sound, Cumberland Strait », Ethnological Soc. of London, *Journal* (Londres), 4 (1856): 215–225. — Clive Holland, « William Penny, 1809–92: Arctic whaling master », *Polar Record* (Cambridge), 15 (1970): 25–43. — P. C. Sutherland, « On the Esquimaux », Ethnological Soc. of London, *Journal*, 4: 193–214.

ELDER, WILLIAM, ministre baptiste, ministre de l'Église d'Angleterre et auteur, né le 15 décembre 1784 à Falmouth, Nouvelle-Écosse, deuxième des onze enfants de Matthew Elder et de Rebecca Jenkins; probablement entre 1811 et 1813, il épousa à Chester, Nouvelle-Écosse, Elizabeth Fraile, et ils eurent sept enfants; décédé le 10 novembre 1848 à Sydney Mines, Nouvelle-Écosse.

Le XIXe siècle fut témoin d'une étonnante controverse au sujet du mode d'administration du baptême et nulle part elle ne fut plus venimeuse et hargneuse qu'en Nouvelle-Écosse. On publia des douzaines de livres et de brochures et, comme le dit l'historien méthodiste Thomas Watson Smith*, « des hommes de talent usèrent quantité de plumes dans ce débat ». C'est dans l'opuscule que publia William Elder en 1823, *Infant sprinkling, weighed in the balance of the sanctuary, and found wanting* [...], qu'il faut chercher l'origine de cette querelle en Nouvelle-Écosse. Même si certains ouvrages sur le sujet étaient parus dès 1811 dans la province, celui d'Elder fut le premier à réfuter un autre auteur et il déclencha la marée d'écrits qui allaient inonder la presse religieuse des Maritimes pendant un demi-siècle.

Le père d'Elder, un presbytérien du comté de Donegal (république d'Irlande), avait immigré en Nouvelle-Écosse avant 1780; établi à Falmouth, il était devenu un fermier prospère. Avec les deux générations suivantes, la famille acquit une notoriété certaine. John, le frère de William, devint magistrat puis député; l'une de ses sœurs fut la mère de David Allison, second président du Mount Allison Wesleyan College; un neveu, prénommé également William, devint professeur de sciences naturelles à l'Acadia University. Mais comme Elder l'écrivit en 1841, ses « jeunes années ne se passèrent pas dans les pépinières académiques » et il dut parfaire sa formation scolaire en s'astreignant à l'étude et à la lecture. Ses écrits, il est certain, témoignent d'une profonde connaissance des ouvrages théologiques tant modernes que classiques.

Elder était tout jeune homme lorsqu'il quitta la maison paternelle pour Halifax. Il obtint un poste important au chantier naval et commença à fréquenter l'église baptiste du révérend John BURTON, qui exerça sur lui une profonde influence. C'est sous sa direction qu'il devint aspirant à un pastorat baptiste. Le nombre des baptistes n'avait cessé d'augmenter depuis 1800, année où l'évêque anglican Charles Inglis* avait noté dans la province « une grande rage d'immersion ». Un groupe de prédicateurs remarquables, dont la conviction et la ferveur compensaient les lacunes de leur formation, dirigeaient le mouvement. Joseph DIMOCK, Harris Harding* et Edward Manning* faisaient partie de ce groupe, auquel Elder se joignit le 4 janvier 1820. C'est à l'église de Dimock, à Chester, en présence d'une assistance nombreuse, qu'il devint un « élu ». Le révérend David Nutter y prononça le sermon d'ordination, qui dura plus de trois heures et demie. Selon Ingraham Ebenezer Bill*, « un silence de mort régnait dans la grave assemblée, et personne ne se plaignit de la longueur du discours ».

Elder se lança immédiatement dans l'évangélisation et s'installa à Granville en 1821 où il commença par desservir une congrégation de 12 membres. Il œuvra au sein de la Nova Scotia Baptist Association à titre de secrétaire et, à quatre reprises, il en fut le président. Il se fit un devoir de visiter les établissements de l'arrière-pays; son nom est surtout associé à l'ordination de ministres et à la fondation de nouvelles congrégations. En 1823, il avait quitté Granville pour un nouvel établissement bientôt désigné sous le nom de Bridgetown [V. John Crosskill*] et il arrondissait son maigre revenu de ministre en fabriquant des haches et en ferrant des chevaux. En 1828, il participa à la fondation et devint l'un des administrateurs de la Nova Scotia Baptist Education Society, embryon de la Horton Academy puis, finalement, de l'Acadia University. Avec le révérend Richard W. Cunningham,

Elder fit en 1833 une grande tournée missionnaire à l'île du Cap-Breton, dont le compte rendu parut dans le *Baptist Missionary Magazine of Nova-Scotia and New-Brunswick*. C'est la dernière tâche qu'il accomplit en qualité de ministre baptiste.

L'opuscule d'Elder paru en 1823 était une réplique à l'écrit du méthodiste George Jackson, publié l'année précédente pour justifier la légitimité du baptême des enfants par aspersion. La critique d'Elder était gentille et respectueuse, mais Jackson, le ministre presbytérien Duncan Ross* et d'autres la réfutèrent habilement à leur tour. Ce débat marqua pour Elder le début d'une période de torture morale dont le point culminant fut la publication en 1834 d'un opuscule où il se rétractait. C'est le seul cas connu où ce grand débat ait vraiment provoqué un changement d'opinion. Dans *Reasons for relinquishing the principles of adult baptism* [...], Elder suppliait son Église de se montrer tolérante et de reconnaître la légitimité des autres points de vue. La réaction baptiste ne se fit pas attendre : un conseil presbytéral convoqué la même année décida de l'exclure de toutes les organisations baptistes, malgré le plaidoyer touchant qu'il leur avait présenté. Dès lors, le déluge d'écrits s'amorça pour de bon par une critique interminable d'Edmund Albern Crawley*, suivie d'une réponse virulente de Thomas Taylor pour la défense d'Elder.

Pendant ce temps, après avoir assumé la charge de la communauté congrégationaliste de Liverpool pendant un an, Elder devint diacre de l'Église d'Angleterre. On le nomma premier *rector* de l'église Trinity à Sydney Mines en 1841. La même année, il publia un court ouvrage qui expliquait son adhésion à l'Église établie. C'est l'évêque John INGLIS qui l'ordonna à Sydney, le 23 juillet 1843. Son fils Samuel évoque en des termes révélateurs, dans un éloge qu'il lui fit en 1848, son ministère à Sydney Mines. Lui-même ministre baptiste, Samuel écrivit alors, à l'occasion de la première visite qu'il faisait à son père en sept ans : « Dimanche matin, j'ai assisté dans la petite église à un office que célébrait mon père. J'ai éprouvé un sentiment étrange à la vue de mon vénérable père dans ses vêtements sacerdotaux qui, d'une certaine manière, ne semblaient pas lui convenir. L'épiscopal est ce que l'on voyait en surface, mais le non-conformiste transparaît encore [...] Je ne puis voir en mon père autre chose qu'un ministre baptiste, un évêque comme les aimait Paul. »

William Elder mourut subitement le 10 novembre 1848. La grande controverse au sujet du baptême allait continuer encore pendant de nombreuses années. Elder se distingue de certains autres qui s'y engagèrent, car il sut opposer la tolérance au dogmatisme du temps et le sens du compromis à l'inflexibilité très générale des sectes.

FRANKLYN H. HICKS

En plus de ses écrits dans les rapports de la Nova Scotia Baptist Association et dans des périodiques religieux, William Elder est l'auteur de : *Infant sprinkling, weighed in the balance of the sanctuary, and found wanting, in five letters, addressed to the Rev. George Jackson* [...] (Halifax, 1823) ; *Reasons for relinquishing the principles of adult baptism, and embracing those of infant baptism* [...] (Halifax, 1834) ; et *The claims of the established Church of England to the favorable consideration and affectionate support of British Christians* [...] (Halifax, 1841).

Entre 1823 et 1845, 13 livres et brochures qui traitent de la théologie d'Elder furent publiés ; les plus importants sont : Alexander Crawford, *Believer immersion, as opposed to unbeliever sprinkling ; in two essays* [...] *to which are added three letters to Mr. Ross of Pictou, containing strictures on his first letter to Mr. Elder of Annapolis* (Charlottetown, 1827) ; E. A. Crawley, *A treatise on baptism, as appointed by our Lord Jesus Christ* [...] *containing a reply, to Mr. Elder's letters on infant baptism, and a solemn appeal, in favor of a spiritual church* (Halifax, 1835) ; George Jackson, *A further attempt to substantiate the legitimacy of infant baptism and of sprinkling, as a mode of administering that ordinance, in a series of letters addressed to the Rev. William Elder* [...] (Halifax, [1823]) ; Matthew Richey, *A short and scriptural method with Antipedobaptists ; containing strictures on the Rev. E. A. Crawley's treatise on baptism, in reply to the Rev. W. Elder's letters on that subject* (Halifax, 1835) ; James Robertson, *A treatise on infant baptism* [...] (Halifax, 1836) ; Duncan Ross, *Baptism considered in its subjects and mode : in three letters, to the Reverend William Elder* [...] (Pictou, N.-É., 1825) ; et Thomas Taylor, *The Baptist commentator reviewed ; two letters to the Rev. William Jackson, on Christian baptism* [...] (Halifax, 1835).

Annapolis Valley Regional Library, Bridgetown Branch (Bridgetown, N.-É.), « Book of Bridgetown pictures », E. R. Coward, compil. (album de photos, 4 vol., plus un cahier de coupures de journaux, 1958), 1 : 22–23. — Atlantic Baptist Hist. Coll., Acadia Univ. (Wolfville, N.-É.), Samuel Elder, diary. — PANS, MG 100, 138, n° 9 (copie dactylographiée). — *Baptist Missionary Magazine of Nova-Scotia and New-Brunswick* (Saint-Jean ; Halifax), 1 (1827–1829) : 256, 380 ; nouv. sér., 1 (1834) : 73, 126. — Joseph Dimock, *The diary and related writings of the Reverend Joseph Dimock (1768–1846)*, G. E. Levy, édit. (Hantsport, N.-É., 1979). — [John Inglis], *A journal of visitation in Nova Scotia, Cape Breton, and along the eastern shore of New Brunswick, by the lord bishop of Nova Scotia, in the summer and autumn of 1843* (3e éd., Londres, 1846), 32–35. — George Jackson, *An humble attempt to substantiate the legitimacy of infant baptism, and of sprinkling, as a scriptural mode of administering that ordinance* [...] (Halifax, 1822). — N.B. and N.S. Baptist Assoc., *Minutes* (Saint-Jean), 1820–1821. — N.S. Baptist Assoc., *Minutes* (Halifax), 1822–1835. — *Morning Courier : Parliamentary Reporter and Literary Gazette* (Halifax), 14 nov. 1848. — J. V. Duncanson, *Falmouth – a New England township in Nova Scotia, 1760–1965* (Windsor, Ontario, 1965 ; réimpr. avec suppl., Belleville, Ontario, 1983). — Bill, *Fifty years with Baptist ministers*. — A. W. H. Eaton, *The history of Kings County, Nova Scotia* (Salem, Mass., 1910) ; réimpr., Belleville, 1972). — E. E. Jackson, *Windows on the past, North Sydney, Nova Scotia* (Windsor, N.-É., 1974),

Ellis

95. — Levy, *Baptists of Maritime prov.* ; *With the pioneer Baptists in Nova Scotia ; a sketch of the life of David Nutter* (Wolfville, 1929), 55. — Elizabeth Ruggles Coward, *Bridgetown, Nova Scotia : its history to 1900* ([Bridgetown, 1955]), 69–70. — Saunders, *Hist. of Baptists.* — Smith, *Hist. of Methodist Church*, 2.

ELLIS, WILLIAM, ministre méthodiste, né en 1780 dans le comté de Down (Irlande du Nord) ; il se maria et eut six enfants ; décédé le 21 septembre 1837 à Harbour Grace, Terre-Neuve.

À l'âge de 16 ans, William Ellis se convertit au méthodisme et, par la suite, il se consacra à cette secte dans son pays natal en qualité de *class leader* et de prédicateur. Pendant la rébellion irlandaise de 1798, lui et sa famille échappèrent de justesse à la mort. Le 30 octobre 1808, Ellis quitta l'Angleterre pour se rendre à Terre-Neuve à titre de missionnaire méthodiste ; il y débarqua le 23 novembre. Pendant cinq ans, il exerça son ministère avec John Remmington et Samuel McDowell dans les villages situés au nord de la baie Conception et sur la rive sud de la baie Trinity. Ellis devait voir à la construction d'une église à Grates Cove et fut le premier à y prêcher. En 1813, il se rendit à Bonavista, où il n'y avait pas de ministre, pour desservir les 1 200 protestants qui y résidaient. Il s'occupa de mener à terme la construction d'une église entreprise quinze ans plus tôt. Il fut le premier méthodiste à visiter Catalina et, en avril 1814, il prononça le premier sermon jamais entendu à Bird Island Cove (Elliston).

On organisa en 1815 le district de Terre-Neuve de la Conférence wesleyenne britannique et Ellis en devint le président. Deux ans plus tard, il partit pour Trinity où il fonda une école du dimanche, vit à l'érection d'une église et fut en mesure de visiter un grand nombre de communautés situées au nord de la baie. Pendant qu'il était en mission à Port de Grave, en 1819, Ellis baptisa six Indiens que lui amena un *planter* du Labrador. Il fut ensuite affecté à la mission de Blackhead avant de revenir à Bonavista, l'un de ses plus fructueux champs d'action. En 1835, à cause de sa santé chancelante, on l'envoya de nouveau à Trinity où la charge était moins lourde. La lettre du district adressée à la Missionary Society de Londres en 1837 contenait la nouvelle suivante : « Frère Ellis a eu une attaque de paralysie et est incapable de poursuivre son travail ; il est considéré comme surnuméraire [...] Il a une famille de six enfants, le plus vieux a 15 ans, le plus jeune trois mois et, par conséquent, on doit tenter tout ce qui est possible pour les sauver de la misère noire. » Ellis mourut à Harbour Grace le 21 septembre 1837 ; il fut ainsi le premier missionnaire méthodiste à mourir et à être enterré à Terre-Neuve.

Le révérend William Wilson, missionnaire avec William Ellis pendant 14 ans, écrivit à son sujet : « C'était un homme bon et aimable, bien doué, et un orateur très éloquent ; il était dévoué, travailleur et [eut] du succès dans son travail. » Le révérend Philip Tocque* fit la remarque suivante : « Souvent, ses discours étaient émaillés de trouvailles sur le plan théologique et de ses lèvres sortait un flot d'éloquence [typiquement] irlandaise. »

NABOTH WINSOR

SOAS, Methodist Missionary Soc. Arch., Wesleyan Methodist Missionary Soc., corr., Nfld., 1808–1837 (mfm aux APC). — *Wesleyan-Methodist Magazine,* 31 (1808)–60 (1837). — Smith, *Hist. of Methodist Church.* — William Wilson, *Newfoundland and its missionaries [...] to which is added a chronological table of all the important events that have occurred on the island* (Cambridge, Mass., et Halifax, 1866). — *Methodist Monthly Greeting* (St John's), 11 (1899), n° 12 ; 12 (1900), n° 4.

ELSKWATAWA. V. TENSKWATAWA

EMERSON (Emmerson), THOMAS, médecin et officier dans l'armée et dans la milice, né vers 1762 ; décédé le 14 octobre 1843 à Fredericton.

Thomas Emerson arriva au Nouveau-Brunswick en 1784. C'était alors un célibataire d'un peu plus de 20 ans qui, pendant la Révolution américaine, avait servi en Nouvelle-Écosse dans les Royal Fencible Americans [V. Joseph Goreham*]. On lui concéda des terres le long des rivières Digdeguash et Magaguadavic, mais il ne tarda pas à les vendre pour s'installer à St Andrews, où il exerça la médecine .

Emerson retourna à la vie militaire en 1793, au début des hostilités entre la France et la Grande-Bretagne, lorsque le lieutenant-gouverneur Thomas Carleton* leva le King's New Brunswick Regiment, qui devait servir dans la province. Il devint aide-chirurgien, titre qu'on remplaça en 1796 par celui, plus impressionnant, de chirurgien adjoint. Il demeura au sein de ce régiment jusqu'à sa dissolution en 1802.

À la reprise des hostilités en 1803, on organisa vite un nouveau régiment : le New Brunswick Fencibles (rebaptisé 104th Foot en 1810). Emerson s'y enrôla comme chirurgien adjoint en août 1804. Apparemment, on l'affecta à Saint-Jean, où il témoigna à un procès en 1806, et à Fredericton, où quelqu'un exécuta une silhouette de lui l'année suivante. C'est justement le 104th Foot qui, en 1813, durant la guerre contre les États-Unis, longea la rivière Saint-Jean et se rendit jusqu'à Québec en raquettes. Cette célèbre expédition de 350 milles, qui dura 24 jours, dut être épuisante pour Emerson, alors dans la cinquantaine. Jusqu'à la fin du conflit, le régiment, posté dans le Haut-Canada, participa à de longues et sanglantes opérations. Il fut dissous à Québec en 1817, mais Emerson allait demeurer lié à l'armée jusqu'à la fin de sa vie : de 1819 à 1843, il servit à titre de chirurgien de bataillon pour la milice du comté d'York.

Emerson retourna après 1817 à la pratique civile à Fredericton. Les registres de la Fredericton Emigrant Society montrent qu'il toucha £7 16s en 1820 pour avoir soigné des gens qui venaient d'arriver dans la province. Le 31 décembre 1825, en qualité de militaire, il obtint une concession de 800 acres « dans la paroisse de Kent, [située] dans le comté d'York » (probablement à Kentville). Cependant, il l'échangea en 1826 contre une maison et un lot situés à Fredericton, rue Carleton, qu'on évaluait à £200 chacun. C'est probablement là qu'il habita et exerça sa profession.

Au début des années 1830, Emerson s'associa au docteur George P. Peters, fils du procureur général Charles Jeffery PETERS. Dans son autobiographie, William Teel Baird* rapporte que vers l'âge de 14 ans il allait travailler dans leur dispensaire ; le docteur Emerson avait, dit-il, une grosse clientèle et fut « pendant de nombreuses années l'homme le plus connu de Fredericton ». Membre de l'association provinciale des médecins et chirurgiens, il fit partie en 1832 d'un comité de trois membres qui autorisait les nouveaux médecins à exercer. Il dut connaître la prospérité car il acquit d'autres terres. En 1833, il loua du King's College un lot de dix acres et, en 1837, il acheta une ferme à New Maryland.

Emerson se maria deux fois. Sa première femme, prénommée Rebecca, mourut en 1832. Deux ans plus tard, le 20 mai 1834, il épousa Ann Bailey, de Fredericton. Il semble qu'aucun enfant ne naquit de ces mariages.

Thomas Emerson mourut le 14 octobre 1843, à l'âge de 80 ans. Il laissait tous ses biens à sa « chère épouse Ann », qui devait, à sa mort, les léguer à la Christ Church (anglicane). On ignore où se trouve sa tombe. Ann Emerson, morte en 1873, fut inhumée dans l'Old Burying Ground de Fredericton.

ROSLYN ROSENFELD

APNB, RG 7, RS75, 1843, Thomas Emerson ; RG 10, RS108. — Charlotte Land Registry Office (St Andrews, N.-B.), Registry books, A : 38, 278, 343, 401. — MTRL, Hist. Picture Coll., T 13691. — Saint John Regional Library (Saint-Jean, N.-B.), « Biographical data relating to New Brunswick families, especially of loyalist descent », D. R. Jack, compil. (4 vol., copie dactylographiée ; mfm aux APNB). — York Land Registry Office (Fredericton), Registry books, 15 : 65 ; 21 : 412, 421 ; 29 : 144. — Royal Gazette (Fredericton), 18 oct. 1843. — Commissioned officers in the medical services of the British army, 1660–1960, Alfred Peterkin et al., compil. (2 vol., Londres, 1968). — Merchants' & farmers' almanack, 1843 : 53. — W. T. Baird, Seventy years of New Brunswick life [...] (Saint-Jean, 1890 ; réimpr., Fredericton, 1978), 30–31. — L. M. Beckwith Maxwell, An outline of the history of central New Brunswick to the time of confederation (Sackville, N.-B., 1937 ; réimpr., Fredericton, 1984). — Esther Clark Wright, The loyalists of New Brunswick (Fredericton, 1955 ; réimpr., Hantsport, N.-É., 1981). — W. A. Squires, The 104th Regiment of Foot (the New Brunswick Regiment), 1803–1817 (Fredericton, 1962), 189. — W. B. Stewart, Medicine in New Brunswick [...] (Moncton, N.-B., 1974). — Jonas Howe, « The King's New Brunswick Regiment, 1793–1802 », N.B. Hist. Soc., Coll., 1 (1894–1897), n° 1 : 15. — J. W. Lawrence, « The medical men of St. John in its first half century », N.B. Hist. Soc., Coll., 1, n° 3 : 283–284.

ENTREMONT, BENONI D' (il signait **DENTREMONT**), marin, constructeur de navires, fonctionnaire, juge de paix et officier de milice, né vers 1745 à Pobomcoup (Pubnico, Nouvelle-Écosse), fils de Jacques Mius d'Entremont, baron de Pobomcoup, et de Marguerite Amirault ; en juillet 1783, il épousa Anne-Marguerite Pothier, et ils eurent neuf enfants ; décédé le 21 février 1841 à Pubnico, à l'âge de 96 ans.

Benoni d'Entremont pouvait s'enorgueillir d'appartenir à la noblesse, car il était un descendant direct de Philippe Mius* d'Entremont, venu de France en Acadie en 1650 ou 1651 et que le gouverneur de la colonie, Charles de Saint-Étienne* de La Tour, avait fait baron de Pobomcoup. La culture de ses ancêtres compta dans la formation de sa personnalité, mais également les dures conditions d'existence qu'il devait affronter dans son hameau, qui n'avait d'ailleurs guère changé depuis le XVIIe siècle. À l'instar de ses concitoyens, c'était un fervent catholique.

Pour d'Entremont comme pour des milliers d'Acadiens, le milieu du XVIIIe siècle fut un temps de misères et de déchirements. La lutte franco-anglaise pour la domination de l'Amérique du Nord provoqua en 1755 la déportation de quelque 7 000 Acadiens [V. Charles Lawrence*], dont la plupart furent exilés dans les Treize Colonies. Un an plus tard, à l'âge de 11 ans, d'Entremont vit son village presque rasé par les Anglais ; on le captura avec sa famille puis on le déporta à Marblehead, au Massachusetts.

Pour la majorité des Acadiens exilés dans cette colonie puritaine, la vie était éprouvante, pour ne pas dire plus. Privés de prêtres, séparés de leurs proches et empêchés par la loi de les rechercher, nombre d'entre eux perdirent espoir de regagner leurs terres et de vivre comme auparavant. D'autres, simplement sous l'effet du hasard, bénéficièrent d'un meilleur traitement. Ce fut le cas de certains des habitants de Pobomcoup. La tradition raconte que le père de Benoni rencontra à Boston un marin dont il avait sauvé la vie et le bateau environ 35 ans plus tôt. Pour le remercier, l'homme plaida sa cause auprès du gouverneur William Shirley, de sorte que les d'Entremont reçurent des vivres et des vêtements et purent jouir de plus de liberté que la majorité des exilés. On les autorisa même à construire, avec une famille qui leur était très liée, les Amirault, le bateau qui allait les ramener en Nouvelle-Écosse.

À l'âge de 21 ans, d'Entremont revit donc les

Essens

rivages de sa terre natale lorsque, le 29 août 1766, sa famille et huit autres arrivèrent à Pubnico. Établi par la suite sur le côté ouest du port, Benoni suivit bientôt les traces de son père, d'abord en se faisant capitaine au long cours. Il transportait des marchandises sur des bâtiments que ses compatriotes ou lui-même avaient construits et devait parfois affronter d'autres dangers que les éléments. Ainsi un corsaire américain captura son navire au retour de Saint-Pierre et Miquelon en 1778, mais il le reprit héroïquement avec l'aide de deux hommes. Il imita aussi son père en devenant un chef de file, d'abord pour ses compatriotes puis pour toute la population du canton d'Argyle, qui comprenait des colons venus de la Nouvelle-Angleterre après la déportation, sur l'invitation de Lawrence, ancien gouverneur de la Nouvelle-Écosse.

Benoni d'Entremont devait peut-être son rôle de chef dans sa communauté à ses antécédents familiaux, au fait qu'il lisait et écrivait aussi bien le français que l'anglais (chose surprenante, il l'avait appris pendant son exil) ou à des qualités personnelles qui inspiraient admiration et respect à son entourage. Il devint un membre important de sa paroisse et l'assistant du curé Jean-Mandé SIGOGNE, en agissant comme une sorte de délégué des villageois qui avaient des demandes spéciales à formuler à leur pasteur. Les autorités provinciales reconnaissaient aussi son leadership. Après l'adoption, en 1791, d'une loi qui autorisait les Acadiens à occuper des charges publiques, il devint premier trésorier du canton d'Argyle et reçut une commission de juge de paix. De plus, il se montra prêt à défendre sa terre en entrant dans la milice, où il accéda au grade de lieutenant. Un de ses fils, Simon*, servit aussi sa communauté en siégeant à l'Assemblée provinciale.

NEIL BOUCHER

APC, MG 30, C20, 8 : 1803–1804 (mfm au Centre acadien, univ. Sainte-Anne, Pointe-de-l'Église, N.-É.). — Arch. of the Diocese of Yarmouth (Yarmouth, N.-É.), Sainte-Anne-du-Ruisseau, reg. des baptêmes, mariages et sépultures, 1799–1841 (copies au Centre acadien, univ. Sainte-Anne).— PANS, RG 1, 168 : 434. — *Acadian exiles in the colonies*, Janet Jehn, compil. (Covington, Ky., 1977). — Bona Arsenault, *Histoire et Généalogie des Acadiens* (2 vol., Québec, 1965), 1 ; (éd. rév., 6 vol., [Montréal, 1978]), 4. — Edwin Crowell, *A history of Barrington Township and vicinity [...] 1604–1870* (Yarmouth, [1923] ; réimpr., Belleville, Ontario, 1973). — C.-J. d'Entremont, *Histoire du Cap-Sable de l'an mil au traité de Paris, 1763* (5 vol., Eunice, La., 1981). — H. L. d'Entremont, *The Baronnie de Pombcoup and the Acadians : a history of the ancient « Department of Cape Sable », now known as Yarmouth and Shelburne counties, Nova Scotia* (Yarmouth, 1931), 44–45, 51, 53–54, 111–115, 121–122. — *Vanguard* (Yarmouth), 26 sept. 1973.

ESSENS. V. AISANCE

EST, dit **CONDEAU, FRANÇOIS.** V. CONDO, FRANCIS

EVANS, JAMES, instituteur, ministre et missionnaire méthodiste, et linguiste, né le 18 janvier 1801 à Kingston upon Hull, Angleterre, fils de James Evans, capitaine de navire, et d'une prénommée Mary ; en 1822, il épousa Mary Blithe Smith, et ils eurent deux filles, dont l'une mourut enfant ; décédé le 23 novembre 1846 à Keelby, Angleterre.

Après des études dans le Lincolnshire, James Evans travailla dans le domaine de l'épicerie, où il s'initia au commerce et à la sténographie. En 1822, il suivit ses parents dans le Bas-Canada et trouva bientôt une place d'instituteur près du village haut-canadien de L'Orignal. Environ trois ans plus tard, sa femme et lui s'installèrent dans le canton d'Augusta, sur le Saint-Laurent, où il se serait converti au cours d'une assemblée méthodiste en plein air. En 1828, le président du district haut-canadien de l'Église méthodiste épiscopale, William Case*, le persuada d'aller enseigner à l'école du lac Rice, réservée aux jeunes Indiens. Doué pour les langues, il n'eut guère de mal à comprendre le sauteux et se mit bientôt à l'écrire et à le traduire. Case l'encourageait régulièrement à donner suite à son projet de publier un « vocabulaire et [un] dictionnaire de mots indiens ».

En août 1830, pendant le séjour d'Evans au lac Rice, l'Église méthodiste épiscopale (plus tard appelée Église méthodiste wesleyenne) le prit à l'essai à titre de ministre. De 1831 à 1833, il œuvra dans les circonscriptions ecclésiastiques de Credit, d'Ancaster et de St Catharines. On l'ordonna en 1833 et l'année suivante on l'affecta à la mission Saint-Clair (près de Port Sarnia). À son arrivée en juillet, il constata qu'un grand nombre de Sauteux s'opposaient au christianisme [V. BAUZHI-GEEZHIG-WAESHIKUM] mais, en mars 1835, il put rapporter 15 conversions. Grâce à son travail à cet endroit et aux encouragements des autres missionnaires méthodistes, il fit de rapides progrès en linguistique autochtone. Avec Joseph Stinson*, Peter Jones* et Case, ainsi que son frère Ephraim*, il devint membre d'un comité chargé par la Conférence canadienne de l'Église méthodiste de concevoir un système de transcription du sauteux. Dès 1836, il proposa un syllabaire à huit consonnes et quatre voyelles, mais la société biblique de Toronto n'accepta pas de le publier cette année-là. En 1837, il passa quatre mois à New York afin de faire imprimer des traductions de cantiques et de textes bibliques ainsi que son ouvrage *The speller and interpreter, in Indian and English, for the use of the mission schools [...]*.

L'année suivante, la Conférence canadienne envoya Evans en tournée sur la rive nord du lac Supérieur avec Thomas Hurlburt*, lui aussi missionnaire et linguiste. Le 18 mai 1839, Evans rencontra

George Simpson*, gouverneur de la Hudson's Bay Company, et le convainquit de toute évidence que les missionnaires méthodistes ne nuiraient pas aux activités de ses trafiquants dans le Nord-Ouest. En contrepartie, Simpson l'assura que le territoire de sa compagnie était ouvert aux méthodistes. À son retour dans le Haut-Canada, pendant l'été, Evans devint ministre à Guelph. En janvier 1840, Simpson, qui souhaitait confiner les missionnaires anglicans et catholiques à la région de la Rivière-Rouge (Manitoba), annonça qu'en vertu d'une entente avec la Wesleyan Methodist Missionary Society de Grande-Bretagne, on enverrait trois missionnaires nommés par celle-ci en des points stratégiques du Nord-Ouest. Probablement par suite de pressions des wesleyens britanniques, on ajouta un poste de surintendant et, le 7 avril, Evans apprit qu'il en était le titulaire. Aux quatre missionnaires s'ajoutèrent la femme d'Evans et sa fille, de même que les assistants autochtones Peter Jacobs [Pahtahsega*] et Henry Bird Steinhauer* ; le groupe comptait ainsi huit personnes. Evans arriva à Norway House (Manitoba) en août. Dès octobre, tous les autres missionnaires étaient à leur poste : George Barnley à Moose Factory (Ontario), William Mason au lac à la Pluie et Robert Terrill Rundle* au fort Edmonton (Edmonton, Alberta).

Parvenu au sommet de sa carrière, Evans trouvait à la fois exigeant et satisfaisant son travail missionnaire à Norway House et dans le village indien voisin, Rossville. Grâce au syllabaire qu'il avait déjà mis au point pour le sauteux, il put, dans les deux mois qui suivirent son arrivée, ébaucher une écriture analogue pour une autre langue algonquine (le cri), commencer à utiliser le nouvel alphabet syllabique dans ses écoles et pendant ses services religieux et lancer un programme de traduction et de publication. Selon les sources écrites, la Rossville Mission Press publia, pendant son mandat de surintendant, sept ouvrages, tous imprimés en écriture syllabique (à l'aide de caractères grossiers qu'Evans avait coulés lui-même, apparemment avec le plomb des parois de caisses à thé). Par ailleurs, comme il était un homme pieux, qu'il se préoccupait du sort des populations autochtones et qu'il se trouvait à un point de transit important de la Hudson's Bay Company, il en vint à critiquer certaines des directives et pratiques de celle-ci, dont le travail dominical.

La compagnie avait aussi ses griefs : le transport des marchandises que commandaient les missionnaires se faisait à ses frais, Evans interdisait aux Indiens convertis de voyager le dimanche et il manifestait trop d'indépendance. En décembre 1842, Simpson ordonna donc à Donald Ross, agent principal à Norway House, de lui interdire d'assister aux réunions du conseil de la compagnie. L'année suivante, il força la famille Evans à quitter le fort pour s'installer à Rossville : ainsi le missionnaire pourrait moins facile-ment se mêler des affaires de la compagnie, et les rivalités nées dans l'exiguïté du fort, surtout entre les épouses d'Evans et de Ross, s'apaiseraient. En 1845, les trafiquants indépendants [V. Pierre-Guillaume SAYER] menaçaient sérieusement le monopole de la compagnie. Dans une lettre à Simpson, Evans soutint que les autochtones avaient le droit d'échanger des fourrures (pratique qu'ils assimilaient à un échange de cadeaux mais que la compagnie considérait comme une forme de traite contraire à son monopole) et demanda en leur nom l'autorisation de donner une peau à la mission. Immédiatement, en juin, Simpson écrivit à Robert Alder*, de la Wesleyan Methodist Missionary Society, pour demander qu'on retire Evans du territoire de la compagnie. La réponse allait se faire attendre un an.

Entre-temps, des problèmes d'autres sortes accrurent la tension qui pesait sur Evans et aggravèrent la controverse dont il était l'objet. En 1844, tandis qu'il se rendait en canot dans la région de l'Athabasca afin de contrer les efforts du missionnaire catholique Jean-Baptiste Thibault*, il fit feu accidentellement sur Thomas HASSALL, son meilleur instituteur et interprète, et le tua. Jamais il ne se remit du choc. La correspondance de la compagnie commença à signaler que son comportement avait changé et qu'il souffrait de troubles émotifs. À Rossville, il vivait dans une petite maison surpeuplée, car il avait pris en pension plusieurs jeunes Indiennes, et il s'ennuyait de sa fille Eugenia Clarissa, mariée à John McLean* le 18 août 1845. À ce moment, les différends avec la Hudson's Bay Company au sujet de la traite libre et des voyages dominicaux avaient dégénéré en hostilité ouverte. En juin, Simpson ordonna que la compagnie cesse de ravitailler les ménages de la mission et décida d'accorder plutôt une subvention annuelle de £200 pour couvrir « toutes les dépenses ». Dans ce contexte, les problèmes de santé d'Evans – infections rénales et troubles cardiaques – s'aggravèrent.

En février 1846, certaines rumeurs au sujet d'Evans prirent une autre tournure : les Indiens de Rossville l'accusèrent formellement d'avoir des contacts sexuels avec ses jeunes pensionnaires. Evans demanda alors à William Mason de constituer un tribunal ecclésiastique qui examinerait ces accusations à la lumière de la discipline wesleyenne. Tout en concluant à son innocence, le tribunal estima qu'il se montrait imprudent en soignant une jeune malade chez lui. L'affaire semblait classée, mais Evans prit mal le verdict d'imprudence et le fait que Mason avait acheminé les documents du procès à la société missionnaire de Londres. De son côté, le gouverneur Simpson envoya des accusations et des documents supplémentaires dans la capitale britannique.

En juin arriva la réponse d'Alder à la lettre dans laquelle Simpson avait demandé le rappel d'Evans.

Evans

Sans faire mention de cette requête, Alder invitait Evans à venir discuter en Angleterre et laissait entendre que, par la suite, il pourrait retourner à la mission Saint-Clair. À son arrivée à Londres en octobre, Evans comparut devant les secrétaires de la société, Alder et John Beecham. Eux aussi écartèrent les accusations d'abus sexuel, mais ils estimèrent qu'en traitant ses jeunes pensionnaires indiennes avec autant de familiarité que sa fille il avait agi de manière inconvenante. Evans mourut d'une crise cardiaque en novembre, à la suite d'un ralliement missionnaire tenu dans le Lincolnshire. Après son départ du Nord-Ouest, les missions wesleyennes déclinèrent et, pendant un temps, aucun effort ne fut tenté pour les relancer.

Les événements navrants qui marquèrent la dernière année de James Evans n'estompent pas ses nombreuses réalisations, dont la plus notable reste l'invention et la propagation d'une écriture syllabique pour la langue crie. D'apprentissage facile, cette graphie se répandit rapidement parmi les communautés autochtones, d'abord grâce au travail de traduction et d'impression réalisé à Rossville par Evans lui-même, William et Sophia* Mason, Steinhauer, John Sinclair et d'autres. Son syllabaire fut bientôt adopté et adapté par des groupes missionnaires rivaux, soit la Church Missionary Society [V. John Horden* ; James Hunter*] et les Oblats de Marie-Immaculée, qui à leur tour en assurèrent la survie et la diffusion par leurs nombreuses traductions et publications. Qu'il soit encore utilisé aujourd'hui témoigne éloquemment de la valeur du travail d'Evans.

GERALD M. HUTCHINSON

James Evans est l'auteur de : *The speller and interpreter, in Indian and English, for the use of the mission schools, and such as may desire to obtain a knowledge of the Ojibway tongue* (New York, 1837). Il a participé à la traduction de plusieurs publications méthodistes dans la langue des Sauteux, dont : *The first nine chapters of the first book of Moses, called Genesis*, Evans, trad., Peter Jones, réviseur et correcteur (York [Toronto], 1833) ; un recueil de cantiques en sauteux qui parut sous le titre de *Nu-gu-mo-nun O-je-boa* [...], Evans et George Henry, trad. (New York, 1837) ; et plusieurs autres ouvrages recensés dans J. C. Pilling, *Bibliography of the Algonquian languages* (Washington, 1891 ; réimpr. sous le titre de *Bibliographies of the languages of North American Indians* (9 part. en 3 vol., New York, 1973), 2.

Les traductions en langue crie qu'Evans prépara par la suite et fit paraître aux Rossville Mission Press sont recensées et analysées dans les études de Peel et Nichols citées plus bas. Une partie de sa correspondance a été éditée par Fred Landon et imprimée sous le titre de « Selections from the papers of James Evans, missionary to the Indians », *OH*, 26 (1930) : 474–491, et « Letters of Rev. James Evans, Methodist missionary, written during his journey to and residence in the Lake Superior region, 1838–39 », 28

(1932) : 47–70. Le syllabaire qu'il avait mis au point en 1836 pour les Sauteux se trouve dans la James Evans coll. à la Victoria Univ. Library (Toronto) (où il est incorrectement présenté comme l'un de ses derniers syllabaires en cri) et dans les James Evans papers de la Regional Coll. de l'UWOL. Un portrait d'Evans, par John Wycliffe Lowes Forster*, se trouve à l'UCC-C.

Humberside Record Office (Beverley, Angl.), Reg. of baptisms for the parish of Sculcoates (Kingston upon Hull), 19 févr. 1801. — PABC, Add. MSS 635, box 3, folder 78, Simpson à Ross, 1er, 3 déc. 1842, folder 79 ; box 5, folder 176, particulièrement Ross à Simpson, 15 août 1842. — PAM, HBCA, A.12/2 ; B.235/c/1, no 5 ; D.4/25 : fos 47–47d, 62d ; D.4/62 : fos 67d–68 ; D.4/68 : fos 54–55d, 154d–155 ; D.5/8, 11–12, 14, 17–18. — SOAS, Methodist Missionary Soc. Arch., Wesleyan Methodist Missionary Soc., corr., North America, Hudson's Bay territories, boxes 13, 101–105. — UCC-C, John MacLean papers, doc. E99, c88m, William Mason, 30 déc. 1886. — R. M. Ballantyne, *Hudson's Bay ; every day life in the wilds of North America, during six years' residence in the territories of the Honourable Hudson's Bay Company* (2e éd., Édimbourg et Londres, 1848). — Letitia [Mactavish] Hargrave, *The letters of Letitia Hargrave*, Margaret Arnett MacLeod, édit. (Toronto, 1947). — R. T. Rundle, *The Rundle journals, 1840–1848*, introd. et notes de G. M. Hutchinson, H. A. Dempsey, édit. (Calgary, 1977). — Wesleyan Methodist Church, Missionary Soc., *Missionary Notices* (Londres), nouv. sér., 2 (1844) : 413. — Wesleyan Methodist Church in Canada, *The minutes of twelve annual conferences [...] from 1846 to 1857 [...]* (Toronto, 1863). — *Christian Guardian*, 9 janv., 17 avril, 10 mai 1839, 1er avril 1840. — G. H. Cornish, *Cyclopædia of Methodism in Canada, containing historical, educational, and statistical information [...]* (2 vol., Toronto et Halifax, 1881–1903), 1. — *Death notices of Ont.* (Reid). — Boon, *Anglican Church*. — J. W. Grant, *Moon of wintertime : missionaries and the Indians of Canada in encounter since 1534* (Toronto, 1984). — John McLean, *James Evans : inventor of the syllabic system of the Cree language* (Toronto, 1890). — J. D. Nichols, « The composition sequence of the first Cree hymnal », *Essays in Algonquian bibliography in honour of V. M. Dechene*, H. C. Wolfart, édit. (Winnipeg, 1984), 1–21. — B. [B.] Peel, *Rossville Mission Press : the invention of the Cree syllabic characters, and the first printing in Rupert's Land* (Montréal, 1974). — J. E. Sanderson, *The first century of Methodism in Canada* (2 vol., Toronto, 1908–1910). — Nan Shipley, *The James Evans story* (Toronto, 1966). — E. R. Young, *The apostle of the north, Rev. James Evans* (Toronto, 1900). — T. C. B. Boon, « The use of catechisms and syllabics by the early missionaries of Rupert's Land », UCC, Committee on Arch., *Bull.* (Toronto), no 13 (1960) : 8–17. — Nathanael Burwash, « The gift to a nation of a written language », SRC *Mémoires*, 3e sér., 5 (1911), sect. II : 3–21. — J. [S.] Carroll, « James Evans, the planter of Methodist missions in Rupert's Land », *Canadian Methodist Magazine* (Toronto et Halifax), 16 (janv.–juin 1883) : 329–340. — G. M. Hutchinson, « James Evans' last year », Canadian Church Hist. Soc., *Journal* (Sudbury, Ontario), 19 (1977)/UCC, Committee on Arch., *Bull.*, no 26 (1977) : 42–56. — E. R. Young, « James Evans, the inventor of the syllabic characters », *Canadian Methodist Magazine*, 16 : 433–448.

F

FAIRBANKS, CHARLES RUFUS, avocat, homme politique, fonctionnaire, juge et homme d'affaires, né le 25 mars 1790 à Halifax, fils de Rufus Fairbanks et d'Anne (Nancy) Prescott ; décédé le 15 avril 1841 dans la même ville.

Charles Rufus Fairbanks naquit au sein de l'élite commerciale de Halifax. Son père était venu de la Nouvelle-Angleterre au milieu des années 1780 pour s'intégrer à une entreprise familiale créée par un oncle en 1749 et avait épousé la fille d'un grand marchand. Trois de ses cinq fils allaient devenir marchands eux aussi tandis que Charles Rufus et Samuel Prescott* choisiraient le droit. Le premier fit ses études au King's College, établissement anglican de Windsor, et au séminaire de Québec. De retour à Halifax, il entra au cabinet de l'avocat Simon Bradstreet Robie*. En 1815, quatre ans après son admission au barreau, il épousa Sarah Elizabeth Lawson, fille d'un marchand et homme politique éminent, William LAWSON. Six de leurs treize enfants parvinrent à l'âge adulte ; leurs mariages, combinés aux liens commerciaux et matrimoniaux contractés par ses propres frères, garantirent à Charles Rufus une place solide au sein du *family compact* qui domina la société de Halifax tout au long de la première moitié du XIXe siècle.

Relations sociales et réputation d'éloquence servirent de tremplin à Fairbanks, qui amorça sa vie publique en 1823 à l'occasion d'une élection partielle dans le canton de Halifax. Après une chaude lutte, il remporta la victoire sur John YOUNG, en grande partie parce que l'élite commerciale de Halifax voulait un représentant pour défendre ses intérêts contre les attaques des députés des petits villages de pêcheurs. Fairbanks se distingua vite à l'Assemblée et, pendant plus d'une décennie, usa de son influence pour mettre de l'avant les aspirations des capitalistes haligoniens. Il prônait des tarifs réduits sur les comestibles d'importation, l'octroi de subventions aux pêches, la constitution juridique de sociétés commerciales à responsabilité limitée, l'inauguration d'un service transatlantique de navires à vapeur et la réduction des échanges entre les petits villages de pêcheurs et les puissances étrangères. Ce faisant, il visait en partie à protéger ses propres investissements. Meunerie, sciage du bois, assurance maritime, chasse à la baleine, extraction du charbon et spéculation foncière – il fut mêlé à tous ces secteurs durant les années 1820 et la décennie qui suivit.

Fairbanks doit principalement sa réputation d'entrepreneur à sa participation aux travaux du canal Shubenacadie. Depuis les années 1790, les marchands de Halifax réclamaient l'aménagement d'une voie navigable qui, en reliant leur port à la baie de Fundy,

le mettrait en position de disputer à Saint-Jean, au Nouveau-Brunswick, la maîtrise de l'arrière-pays néo-écossais [V. Isaac Hildrith*]. Finalement, en 1826, à la faveur d'une vague de prospérité dans la région, on forma une compagnie pour construire, dans le bassin du lac Grand et de la rivière Shubenacadie, un canal de 8 pieds de profondeur et de 54 milles de longueur. On estimait le coût total à £60 000, et la principale difficulté technique était qu'il fallait construire plusieurs écluses pour combler la dénivellation de 69 pieds entre le lac Grand et le port de Halifax. Fairbanks, secrétaire-trésorier de la compagnie, devint le plus ardent défenseur du projet à l'Assemblée. En faisant valoir que le canal serait comme « une grande route publique », il persuada la chambre, plutôt sceptique, d'octroyer à la compagnie un statut de constitution, une subvention de £15 000 et la garantie d'un rendement de 5 % sur les actions. Les travaux commencèrent pendant l'été de 1826. La Nouvelle-Écosse n'aurait, jusqu'à l'époque du chemin de fer, aucun autre chantier public d'une telle envergure. C'est l'ingénieur écossais Francis Hall qui supervisait la construction et Fairbanks veillait aux finances. Mais les coûts ne tardèrent pas à dépasser les prévisions et, après que l'Assemblée eut refusé que la compagnie émette son propre papier-monnaie, Fairbanks s'embarqua pour Londres dans l'espoir de grossir le fonds de roulement. Les négociations qu'il y mena au long des années 1829 et 1830 furent remarquablement fructueuses. Des investisseurs privés acceptèrent d'acheter des actions pour un total de £27 000, et le gouvernement britannique prêta £20 000 en prenant comme garantie une hypothèque sur le canal.

William Blowers Bliss* disait que Fairbanks avait « escroqué John Bull », et la suite des événements allait lui donner raison. Dès l'hiver de 1831–1832, on dut suspendre les travaux, faute de fonds. On attribuait une telle situation à des erreurs techniques, au gel et aux inondations, aux entrepreneurs qui avaient manqué à leurs engagements, et à l'agitation parmi les ouvriers. Malgré des dépenses de £80 000, le canal était loin d'être terminé. À l'Assemblée, des critiques menés par Young tenaient Fairbanks responsable de la débâcle, mais il refusait d'admettre son erreur. Il conserva même son enthousiasme au point d'investir personnellement £1 500 pour prouver, en faisant réaliser des levés, qu'on pouvait achever le canal. À défaut de susciter une reprise des travaux, les pressions qu'il exerça auprès du gouvernement durant les années 1830 lui attirèrent de nombreux éloges : il était, disait-on, d'une « énergie inépuisable et [d'une] persévérance indomptable ». Dans les années 1850,

Fairbanks

l'un de ses fils, ingénieur civil, supervisa l'achèvement de ce projet auquel Fairbanks avait tant rêvé. Un autre de ses fils acheta le canal en 1870 en croyant, à tort, pouvoir concurrencer les chemins de fer. Ainsi pendant un demi-siècle on associa la famille Fairbanks au canal Shubenacadie.

Fairbanks laissa aussi sa marque comme partisan de réformes politiques. Élevé dans l'orthodoxie conservatrice, il se prit peu à peu d'enthousiasme pour des innovations comme l'instruction obligatoire des masses, la réorganisation des comptes publics, l'érection de Halifax en une municipalité administrée par des conseillers élus et la négociation d'une entente sur la liste civile qui donnerait à l'Assemblée la gestion des revenus publics. Dans sa correspondance personnelle, il allait encore plus loin : on devait éliminer les sinécures de l'administration coloniale, disait-il, et il fallait élargir la représentativité du Conseil législatif tout en nommant les membres pour une durée fixe plutôt qu'à vie. En outre, il pressait Londres de réorganiser le Conseil exécutif en remplaçant les bureaucrates par des entrepreneurs et des députés de premier plan. Ces changements n'auraient pas instauré la démocratie mais, en les prônant, Fairbanks se révélait attentif aux courants de revendication et prêt à sacrifier la tradition au nom de l'efficacité et du progrès matériel.

Non sans raison, des contemporains voyaient l'opportunisme se profiler derrière un grand nombre des actions de Fairbanks. Pendant son séjour à Londres par exemple, il se fit valoir lui-même autant qu'il défendit les intérêts de la compagnie du canal. Il cherchait délibérément, semble-t-il, à gagner les bonnes grâces des whigs, alors en pleine ascension en Grande-Bretagne. Peu après son retour à Halifax en 1831, il parut évident qu'il avait réussi puisque, grâce à l'intervention de Londres, on le nomma solliciteur général et conseiller exécutif. Trois ans plus tard, on le préféra à une masse de candidats pour les postes de maître des rôles et de juge à la Cour de vice-amirauté. Un autre juge, Lewis Morris WILKINS, observait : « Il est extrêmement travailleur, persévérant et porté à la spéculation, mais je crains qu'il n'ait aucun jugement, et il a trop bonne opinion de lui-même, ou trop mauvaise opinion d'autrui, pour rechercher des avis sur quelque question que ce soit. »

En dépit de son arrogance et de sa suffisance, Fairbanks resta longtemps populaire. Comme il se trouvait en Grande-Bretagne en 1830, au moment de la violente querelle législative au sujet du pouvoir financier de la chambre, sa réputation était demeurée intacte. Pendant le débat sur la constitution juridique de la Banque de la Nouvelle-Écosse, deux ans plus tard, puis la controverse sur l'à-propos de permettre la conversion des billets de banque en numéraire, il eut l'astuce de ne s'identifier à aucune faction. Quand, au milieu des années 1830, la crise succéda à la prospérité et provoqua une radicalisation des revendications, il affirma que la Nouvelle-Écosse avait besoin non pas d'une réforme constitutionnelle mais de prêts britanniques pour financer un vaste programme de travaux publics.

Fairbanks n'en finit pas moins par devenir une cible du mouvement réformiste, et ce en premier lieu parce qu'il tarda à démissionner de l'Assemblée après sa nomination comme juge. Des protestataires virent Fairbanks en situation de conflit d'intérêts et se rassemblèrent à Halifax pour une manifestation qui prit finalement à partie l'ensemble du *family compact*. Que le successeur de Fairbanks à l'Assemblée, Hugh Bell*, ait rejeté l'attitude conciliatrice de type whig et prôné des changements plus profonds, à l'exemple des protagonistes du gouvernement responsable, montre que l'opinion publique avait changé.

Peu après avoir obtenu la majorité aux élections de 1836, les réformistes reprirent l'offensive contre Fairbanks et le visèrent cette fois en sa qualité de juge. Comme la Cour de vice-amirauté était depuis longtemps impopulaire en raison des frais élevés qu'elle imposait aux plaideurs, l'Assemblée adopta un projet de loi tel qu'il lui était interdit de trancher les litiges qui mettaient en jeu moins de £20. Dans l'appel qu'il envoya à Londres pour faire désavouer cette loi, Fairbanks nota que l'action de l'Assemblée était préjudiciable à certaines classes sociales. Ainsi les litiges sur les salaires des marins seraient arbitrés par les tribunaux inférieurs où les magistrats, des marchands, trancheraient sans doute en faveur de leurs collègues employeurs. Cette controverse, dont il sortit finalement vainqueur, confirmait qu'il ne suivait pas la tendance dominante des affaires provinciales.

Éclipsé de la scène politique, Fairbanks n'en conservait pas moins de l'influence à Londres. Ses relations étaient telles qu'il fut l'un des rares coloniaux admis à l'abbaye de Westminster pour le couronnement de la reine Victoria. À Halifax, il vivait à l'aise et demeurait un homme respectable. Son traitement de juge dépassait les £650 par an et on estimait ses biens à environ £13 000. Cependant, ses dépenses étaient lourdes : sa maisonnée était nombreuse (15 personnes en 1838) et il devait tenir son rang d'administrateur du King's College et de membre éminent du Halifax Turf Club. Sa bibliothèque, d'une valeur de £500, était l'une de ses plus grandes passions. Outre des ouvrages de droit, elle contenait des romans, de la poésie, des ouvrages de théologie et d'histoire, des récits de voyage ainsi qu'une vaste collection de livres et de périodiques qui traitaient de chimie, de physique et de génie.

Une attaque soudaine, attribuée au surmenage, mit prématurément fin à la carrière de Charles Rufus Fairbanks. Ses exécuteurs testamentaires découvrirent une succession grevée d'hypothèques et de créances irrécouvrables ; ses créanciers durent se contenter d'un remboursement de 20 %. Sa famille survécut cependant à la crise et plusieurs de ses enfants, dont Catherine, poète, atteignirent la renommée dans le Halifax du milieu de l'époque victorienne. Néanmoins, leur réputation ne surpassa jamais celle de leur père qui, par son esprit d'entreprise et son enthousiasme pour les idées nouvelles, incarna l'« éveil intellectuel » dont la Nouvelle-Écosse était le théâtre au xixe siècle.

DAVID A. SUTHERLAND

Halifax County Court of Probate (Halifax), Estate papers, n° 126 (C. R. Fairbanks) (mfm aux PANS). — Halifax County Registry of Deeds (Halifax), Deeds, 64 : f° 154 (mfm aux PANS). — PANS, MG 1, 979, folder 7, n° 23 ; 1596, n° 4 ; 1599, n°s 1–2, 4, 8–9, 11, 13, 15, 26, 34, 36 ; 1604, n° 25 ; MG 2, 728, n°s 504, 514, 543 ; MG 9, 79 : f° 14 ; MG 100, 140, n° 40 ; RG 1, 115 : f° 87 ; 228, n° 124 ; 289, n°s 122–123 ; 295, n° 51 ; 312, n° 86 ; 314, n°s 27, 83 ; RG 2, 45 ; RG 40, 11, n° 23 ; 13, n° 25. — PRO, CO 217/149 : 308 ; 217/151 : 130 ; 217/154 : 145, 368 ; 217/159 : 183 ; 217/168 : 108, 110, 118, 124, 205 ; 217/172 : 96. — [Charter of the Shubenacadie Canal Company with list of shareholders and act of incorporation (Halifax, 1826)]. — N.-É., House of Assembly, Journal and proc., 1824–1835. — Acadian Recorder, 1er avril 1815, 15 févr. 1822, 30 août, 13 sept. 1823, 25 févr., 11 mars 1826, 9 mars 1839. — Colonial Patriot, 28 mai 1828. — Halifax Morning Post & Parliamentary Reporter, 20 avril, 13 juill. 1841. — Novascotian, 12 mars 1825, 11 févr., 1er–8 avril 1826, 22–29 mars 1827, 20 mars 1828, 18–25 mars 1830, 1er–8 mars, 19 avril 1832, 7 mars, 12 déc. 1833, 23 janv., 27 mars, 29 déc. 1834, 8 févr. 1838, 17 sept. 1840, 22 avril 1841. — Nova-Scotia Royal Gazette, 26 févr. 1798, 21 avril 1841. — Times (Halifax), 20 avril 1841. — Belcher's farmer's almanack, 1824–1840. — W. E. Boggs, The genealogical record of the Boggs family, the descendants of Ezekiel Boggs (Halifax, 1916). — Directory of N.S. MLAs. — L. S. Fairbanks, Genealogy of the Fairbanks family in America, 1633–1897 (Boston, 1897). — Barbara Grantmyre, The river that missed the boat (Halifax, 1975). — R. V. Harris, The Church of Saint Paul in Halifax, Nova Scotia : 1749–1949 (Toronto, 1949). — Murdoch, Hist. of N.S., 3.

FARGUES, THOMAS, médecin et fonctionnaire, né le 11 octobre 1777 à Québec, fils de Pierre Fargues et d'Henriette Guichaud ; décédé célibataire le 11 décembre 1847 dans la même ville.

Thomas Fargues appartenait à une famille bourgeoise de Québec. Son père était un homme d'affaires et sa mère, elle-même fille de marchand, avait fait ses études chez les ursulines. Thomas était le septième enfant, mais plusieurs de ses frères et sœurs moururent en bas âge. En 1783, trois ans après le décès de son mari, Henriette Guichaud se remaria avec Thomas Dunn*, personnage bien en vue dans la province. Trois fils naquirent de cette union : Thomas et William, qui firent carrière dans l'armée et avec qui Fargues resta en étroite relation, et Robert.

Fargues étudia au Harvard College de Boston, où il obtint un diplôme en 1797, puis il se rendit en Europe poursuivre des études universitaires en médecine, à Londres et à Édimbourg. Le 21 juin 1811, il reçut le titre de docteur en médecine de l'University of Edinburgh après avoir présenté une thèse en latin sur la chorée, maladie connue sous le nom de danse de Saint-Guy.

De retour à Québec, Fargues adressa une demande au gouverneur sir George Prevost* afin d'obtenir l'autorisation de pratiquer la médecine au Bas-Canada, mais on ne lui accorda le permis que deux ans plus tard. Dès lors, sa renommée ne tarda pas à s'étendre et plusieurs établissements eurent bientôt recours à ses services. Il fut, entre autres, chirurgien général à l'Hôtel-Dieu, médecin des pensionnaires de l'Hôpital Général, des ursulines et de la prison du district de Québec. Fargues recruta aussi une clientèle privée importante : il comptait parmi ses patients l'évêque anglican Jacob Mountain*, le supérieur du séminaire de Québec, Jérôme Demers*, et l'archevêque de Québec, Joseph-Octave Plessis*, qu'il assista d'ailleurs au moment de sa mort en 1825.

En juin 1816, Fargues fut nommé examinateur en médecine du district de Québec. Lorsque ce poste devint électif en 1831, l'assemblée des médecins du district de Québec le choisit comme examinateur et il remplit cette fonction jusqu'au début des années 1840. Médecin informé, Fargues suivait de près l'évolution de sa discipline ; il possédait du reste l'une des bibliothèques médicales privées les mieux garnies du pays. À la fin de sa vie, le développement de l'homéopathie faisait aussi partie de ses préoccupations. Ainsi dans un testament rédigé en 1842 il avait inscrit une clause par laquelle il cédait la somme de £6 000 au McGill College, à Montréal, pour la création d'une chaire d'homéopathie qui porterait son nom.

Considéré comme un homme intelligent et excentrique, Fargues était d'agréable compagnie et versé en métaphysique. Après 1840, il fut cependant atteint d'une grave maladie qui se manifesta par plusieurs attaques de paralysie et qui affecta considérablement ses facultés mentales et physiques. Un de ses neveux s'occupa dès lors d'une bonne partie de ses affaires. En juin 1843, Fargues partit pour l'Angleterre, en compagnie de son ami, le notaire John Greaves Clapham, afin, semble-t-il, de rendre visite à ses demi-frères Thomas et William et de se refaire une santé. Mais celle-ci était toujours aussi chancelante à son retour et elle le resta jusqu'à sa mort.

Thomas Fargues laissa une fortune évaluée à £25 000 qui fit l'objet de convoitises. Outre des propriétés à l'intérieur et à l'extérieur des murs de la ville, il détenait des actions dans des banques canadiennes et des obligations du gouvernement et de la ville de Québec d'une valeur de plus de £6 000 ; ses

Felton

débiteurs, parmi lesquels on trouve quelques hommes d'affaires de Québec, lui devaient plus de £10 000. Selon son dernier testament en date du 21 avril 1844, le principal héritier aurait dû être son cousin, Robert Walker Stansfeld, qui avait vécu chez lui pendant plus de six ans en qualité d'apprenti et à qui il avait payé des études en médecine au McGill College. D'après ce testament, Fargues aurait aussi laissé à René-Édouard Caron* et à Antoine Parant* la somme de £6 000 destinée à la construction d'un asile pour indigents à Québec. La famille Dunn contesta ce testament et un procès s'ensuivit ; on rendit le jugement le 8 juillet 1850. Le juge déclara alors que Stansfeld exerçait une influence indue sur Fargues à la fin de sa vie et il rejeta la demande des exécuteurs testamentaires. La famille Dunn resta ainsi la principale dépositaire des biens.

JACQUES BERNIER

Thomas Fargues est l'auteur de : *De chorea* (Édimbourg, 1811).

ANQ-Q, CE1-61, 11 oct. 1777, 12 déc. 1847 ; CN1-67, 2 juill. 1841 ; CN1-116, 20, 25 mai 1840 ; CN1-208, 10 sept. 1842, 21 avril 1844, 15 déc. 1847 ; T11-1/449, n° 577. — APC, RG 4, B28, 48 : 415–416, 418–419. — ASQ, Séminaire, 128, n° 135. — James Douglas, *Journals and reminiscences of James Douglas, M.D.*, James Douglas, Jr, édit. (New York, 1910). — *Le Journal de Québec*, 18 déc. 1854. — *Quebec Gazette*, 4 nov. 1802, 26 mai 1803, 7 mai 1807, 27 juin 1816, 22 mai 1817, 5 juill. 1821, 13 déc. 1847. — *Almanach de Québec*, 1817–1843. — *Annuaire de l'Hôtel-Dieu du Précieux-Sang* (Québec, 1909). — Sœur Sainte-Léonie, « l'Hôtel-Dieu de Québec, 1639–1900 : notices historiques et dépouillement des registres, 2e partie : 1759–1900 » (thèse de bibliothéconomie, univ. Laval, 1964). — Wallace, *Macmillan dict.* — M.-J. et George Ahern, *Notes pour servir à l'histoire de la médecine dans le Bas-Canada depuis la fondation de Québec jusqu'au commencement du XIXe siècle* (Québec, 1923). — Burke, *les Ursulines de Québec*, 3 : 226 ; 4 : 586–588, 633. — P.-G. Roy, « la Famille Fargues », *BRH*, 44 (1938) : 129–132.

FELTON, WILLIAM BOWMAN, propriétaire foncier, colonisateur, fonctionnaire, juge de paix, officier de milice et homme politique, né en 1782 à Gloucester, Angleterre, fils de John Felton, officier dans la marine royale, et d'Elizabeth Butt ; décédé le 30 juin 1837 à sa résidence, Belvidere, près de Sherbrooke, Bas-Canada.

William Bowman Felton est l'un des officiers à la demi-solde qui vinrent en Amérique du Nord britannique à la fin des guerres napoléoniennes pour s'établir comme propriétaires terriens. De 1800 à 1812, il avait été commissaire du bord en Méditerranée, dans la flotte britannique, puis, jusqu'en 1814, agent pourvoyeur à Gibraltar. Il quitta ce poste permanent parce qu'il croyait devenir consul général en Toscane (Italie), mais le ministère des Affaires étrangères rejeta la recommandation de lord William Cavendish Bentinck, commandant des troupes britanniques en Sicile. Ne sachant trop que faire, Felton offrit au ministère des Colonies d'investir, avec des membres de sa famille, £20 000 dans une vaste terre d'Amérique du Nord britannique sur laquelle ils s'installeraient. Le secrétaire d'État aux Colonies, lord Bathurst, accepta de concéder 5 000 acres à Felton et 1 200 acres à chacun de ses associés, soit ses frères Charles Bridgeman et John, ainsi que ses beaux-frères William et Charles Whitcher. Au printemps de 1815, Felton s'embarqua avec sa femme, Anna Maria Valls, qu'il avait épousée à Minorque en 1811, et leur premier enfant, William Locker Pickmore*.

À son arrivée à Québec, Felton apprit avec stupeur que la concession n'était plus que de 4 000 acres et que lui-même n'en aurait que 2 000. Néanmoins, il alla visiter les Cantons-de-l'Est, région à population clairsemée sur laquelle Bathurst avait attiré son attention parce qu'elle était vulnérable aux attaques américaines. Comme le colonel Frederick George HERIOT établissait une colonie militaire, Drummondville, près de l'embouchure de la rivière Saint-François, Felton choisit un lieu plus en amont et plus proche du cœur de la région, le canton d'Ascot. Au printemps de 1816, il installa sa famille à plusieurs milles de Hyatt's Mill (Sherbrooke), sur une éminence de terrain qu'il baptisa Belvidere. Grâce au travail de 59 ouvriers britanniques venus avec lui pour remplir un contrat de trois ans, ainsi qu'à l'aide de plusieurs Canadiens embauchés à Trois-Rivières, Felton put annoncer dès l'automne qu'il avait défriché et labouré 1 000 acres. Sur ce, Bathurst autorisa l'octroi des 5 800 autres acres promises et garantit en plus 100 acres à chaque ouvrier britannique qui souhaiterait s'établir à l'échéance de son contrat.

À l'instar des autres fermiers de cette région économiquement isolée, Felton élevait du bétail, car il n'y avait aucun moyen de transporter le grain jusqu'aux marchés, mais il avait, pour la propriété foncière, un appétit qui le poussait à vouloir accumuler beaucoup plus de terres que n'en aurait exigées n'importe quelle activité agricole. Dès 1818, il possédait la plupart des moulins et emplacements de moulin de Sherbrooke, qu'il avait payés plus de £5 000 ; pourtant, devenir marchand ou industriel ne l'intéressait pas, puisqu'il louait la plus grande partie de ces propriétés à un entrepreneur de l'endroit, Charles Frederick Henry Goodhue. Il négligea, fort à propos, de signaler qu'il avait déjà obtenu la totalité des terres promises à l'origine et, en 1821, il se mit à en demander d'autres, sous prétexte qu'il avait investi les £20 000 convenues. Non seulement Bathurst donna-t-il son aval, l'année suivante, à une autre concession de 5 000 acres mais, en 1826, il ajouta encore 5 000 acres à l'intention des enfants et des ouvriers de Felton, en imposant, sans toutefois les préciser, les « restrictions habituelles ». En 1830, Felton avait des titres de propriété sur 15 813 acres, principalement dans le fertile canton d'Ascot, tandis que ses enfants en avaient sur 10 861 acres dans le canton voisin, celui d'Orford.

Afin de mettre en valeur ses immenses propriétés, Felton tenta de briser l'isolement des Cantons-de-l'Est. En 1817, à titre de commissaire, il administra les £50 000 allouées à la construction d'une route entre le canton d'Ascot et Drummondville mais, cinq ans plus tard, ce chemin était à peine carrossable, et il n'eut pas de succès lorsque, par la suite, il proposa de superviser d'autres travaux de voirie. Comme les propriétaires absentéistes et le régime des réserves de la couronne et du clergé comptaient parmi les principaux obstacles au peuplement et à la construction d'un réseau routier praticable, Felton décida en 1825 de former une compagnie de colonisation qui acquerrait une bonne partie des terres en friche et investirait dans la région. En suivant le modèle de la Canada Company, créée depuis peu [V. John GALT], il recruta de gros entrepreneurs bas-canadiens qui convinrent d'amasser £1 000 000 (cours d'Angleterre) dans la colonie et en Grande-Bretagne. La Lower Canada Land Company – tel était le nom de leur société – devait tenter d'obtenir toutes les terres de la couronne et un tiers des réserves du clergé situées au sud du Saint-Laurent, dans les districts de Montréal et de Trois-Rivières, puis construire des routes, des ponts, des écoles, des églises, des presbytères et des moulins tout en recrutant des colons britanniques. Felton négocia à Londres une association avec une compagnie sœur et une entente officieuse avec le ministère des Colonies, mais le gouverneur en chef, lord Dalhousie [RAMSAY], dénonça les entreprises monopoleuses de ce genre. Même si le sous-secrétaire d'État aux Colonies, Robert John Wilmot-Horton, appuyait le projet avec enthousiasme, la panique financière de l'automne de 1826 élimina toute chance de réunir le capital nécessaire. Quand, en 1833, on relança l'entreprise sous le nom de British American Land Company, Felton ne s'en occupait plus. D'ailleurs son titre de commissaire des Terres de la couronne, obtenu en 1827, lui interdisait toute participation directe ; en outre, il souhaitait désormais que le ministère des Colonies s'occupe davantage de peuplement. La participation du ministère accroîtrait l'importance de son propre rôle, tandis que la présence d'une compagnie aurait l'effet contraire. Toutefois, lorsque le ministère lui demanda d'identifier les terres qui pourraient convenir à la compagnie, Felton désigna les Cantons-de-l'Est, choix qui avantagerait inévitablement ses propres investissements.

Si Felton eut peu de succès dans ses projets de voirie et de colonisation, il parvint en revanche à influer sur l'établissement des institutions judiciaires qui allaient assurer l'ordre public dans la région et encourager le développement capitaliste. Des deux côtés de la frontière du Bas-Canada et du Vermont, nombre de colons se livraient à la contrebande, à la contrefaçon et au vol de bétail : il s'en plaignit aux autorités. Il devint, avec des membres de son clan, juge de paix ; en 1821, il obtint un grade de lieutenant-colonel dans la milice locale. Finalement, en 1823, on créa le district judiciaire de Saint-François et, grâce à l'influence de Felton, Sherbrooke devint le siège du tribunal ; son frère Charles Bridgeman et son beau-frère Charles Whitcher recevaient respectivement les charges de protonotaire et de shérif du district. Avec Whitcher et Moses Nichols, il se vit confier en 1824, à titre de commissaire, la responsabilité de construire un édifice permanent qui abriterait la prison et le palais de justice. Les travaux durèrent cinq ans, et les trois hommes amassèrent eux-mêmes les fonds pour les payer, soit £2 660. En 1832, l'impôt judiciaire qu'ils avaient eu l'autorisation de percevoir à titre de remboursement n'avait rapporté que £210 ; pourtant, le chef patriote Louis-Joseph Papineau* s'opposait à ce que le gouvernement assume une part quelconque du coût de l'immeuble.

L'intransigeance de Papineau avait probablement pour cause, entre autres, l'alliance que Felton avait nouée avec l'élément tory du Conseil législatif dès sa nomination à cet organisme, le 4 avril 1822. Les vues impérialistes de ce dernier avaient l'avantage de coïncider avec les intérêts des marchands de Montréal et de Québec, bien que des conflits aient surgi à l'occasion. Felton affronta aussi les conseillers plus conservateurs que lui au moment de la présentation d'un projet de loi en faveur de la rémunération des députés – mesure qu'il appuya tout en faisant valoir qu'elle nuirait à ses parrains radicaux en libérant les fermiers de l'emprise des avocats absentéistes, des notaires et des « petits marchands ». Il défendit de nouveau les petits propriétaires contre les députés petits-bourgeois en s'attaquant aux efforts de l'Assemblée pour renforcer les sanctions contre les ouvriers agricoles qui rompaient leurs engagements. Ces gens ne formaient pas une classe servile, déclara-t-il ; ils étaient les fils des propriétaires terriens les plus pauvres, et les incarcérer en ville ne ferait que précipiter leur déchéance. Felton n'était cependant pas un agrarien inconditionnel : il s'opposa avec véhémence au projet de loi sur les fabriques [V. Louis Bourdages*] qui selon lui réduirait l'influence salutaire de l'Église catholique dans les campagnes. Paradoxalement – d'autant plus qu'il prônait le renforcement de l'influence britannique dans le Bas-Canada – Felton ne se souciait pas du tout de la préservation des privilèges de l'Église d'Angleterre, dont il était membre. Non seulement s'opposa-t-il aux réserves du clergé, mais il préconisa l'extension des privilèges civils aux différentes sectes protestantes. Il n'était donc pas un ultra-tory (il tenta même de persuader le

Felton

ministère des Colonies d'accéder aux principales revendications de l'Assemblée en 1826) mais, en général, il s'opposait fermement aux concessions qui pouvaient affaiblir la position politique de la minorité anglo-protestante du Bas-Canada.

Felton fut le premier commissaire bas-canadien des Terres de la couronne, et il joua là son principal rôle sur la scène publique. Probablement devait-il sa nomination à sa très vaste expérience, acquise notamment, à compter de 1822, en qualité d'agent local des Terres de la couronne ; peut-être était-ce aussi une compensation pour la perte de sa compagnie de colonisation. En fait, la vente publique des terres de la couronne, qu'il dirigeait, devait servir de solution de rechange à la compagnie. Felton, qui voyageait beaucoup pour s'acquitter de ses fonctions, percevait rigoureusement les paiements, mais il n'hésitait pas à écarter les instructions qui auraient rendu la vie plus difficile aux colons, soit celles qui exigeaient des frais d'intérêt ou abolissaient le régime de redevances mis en place pour les immigrants pauvres. Après 1828, il s'aliéna la Clergy Reserves Corporation en exigeant moins que le prix du marché pour les réserves qu'il vendait et en refusant de mettre de côté des bénéfices paroissiaux. Si opposé qu'il ait été à l'absentéisme, il demeurait un allié naturel des grands propriétaires terriens. Par la suite, le gouverneur lord Durham [LAMBTON] l'accusa d'avoir vendu la plupart des réserves du clergé à des spéculateurs ; du moins sait-on qu'il arriva à plusieurs reprises que ses agents, en vendant aux enchères des terres de la couronne, assignent tout un bloc de 1 200 acres à un seul acheteur, ce qui suscitait du ressentiment parmi les petits propriétaires de la région.

Le gouverneur et le secrétaire d'État aux Colonies défendaient Felton contre les attaques de la Clergy Reserves Corporation et des résidents mécontents des Cantons-de-l'Est, mais finalement son goût immodéré pour la propriété foncière donna à ses ennemis le moyen de le détruire. En 1835, l'arpenteur général Joseph BOUCHETTE, que Felton avait ouvertement accusé de très grande incompétence, sinon de corruption, remit des documents compromettants à Bartholomew Conrad Augustus Gugy*, député de Sherbrooke, qui avait eu maille à partir avec le clan Felton. À titre de président du comité permanent des griefs de l'Assemblée, Gugy accusa Felton d'avoir profité de son poste d'agent local des Terres de la couronne pendant les années 1820 pour vendre certains lots du canton d'Ascot comme s'ils lui avaient appartenu. Il avait fait délivrer des lettres patentes au nom des acheteurs en expliquant, à ceux qui s'inquiétaient de cette méthode, qu'elle était plus rapide et plus économique que celle qui aurait consisté à obtenir un titre à son propre nom puis à le transférer à ses clients. Le comité de Gugy et l'Assemblée exigèrent sa destitution immédiate, mais le gouverneur, lord Gos-

ford [ACHESON], jugea qu'il fallait d'abord lui donner l'occasion de se défendre. Felton répondit qu'à ses yeux les lots en question faisaient partie de la commission de 5 % qu'il touchait à titre d'agent des Terres de la couronne. Cette explication ne convainquit pas Gosford ; toutefois, on ne put ni la confirmer ni l'infirmer, puisque Felton n'avait jamais précisé, dans une réclamation, les lots qu'il s'était réservés. Gosford dut donc abandonner les poursuites judiciaires intentées contre lui, mais en août 1836 il le suspendit de son poste de commissaire des Terres de la couronne.

En fait, Felton était devenu gênant pour les autorités britanniques, car même la presse tory des Cantons-de-l'Est lui attribuait la montée du radicalisme dans la région. Peut-être aurait-il pu échapper à la colère de ses supérieurs, mais la manière dont il s'y prit pour que ses enfants obtiennent des terres de la couronne leur fit perdre toute confiance en lui. En 1828, il demanda 1 200 acres pour chacun de ses neuf enfants, mais le ministère des Colonies ne leur en accorda que 200. Or, pour une raison quelconque, le cabinet du procureur général avait inscrit neuf parcelles de 1 200 acres chacune dans le canton d'Orford sur les brouillons des titres de propriété que le nouveau gouverneur, lord Aylmer [WHITWORTH-AYLMER], avait signés en toute bonne foi. Felton n'avait rien dit en constatant ce changement inattendu ; par la suite, il allait prétendre avoir supposé que l'administrateur sir James Kempt* avait eu un élan de générosité juste avant de quitter le Bas-Canada en octobre 1830. Le premier à remarquer cette bizarrerie fut le secrétaire d'État aux Colonies, Edward George Geoffrey Smith Stanley, en revoyant, en 1834, les concessions foncières accordées aux conseillers législatifs du Bas-Canada. Le successeur de Stanley, Thomas Spring-Rice, ne fut nullement impressionné par l'explication de Felton ; comme il ne le croyait pas coupable de falsification des documents, il décida donc de ne pas demander son renvoi, mais exigea cependant l'annulation immédiate des concessions octroyées en trop. Felton accepta cette condition avec empressement en janvier 1835 ; cependant, comme la plupart de ses enfants étaient encore mineurs, le transfert des titres souleva des difficultés juridiques. Par la suite, le Conseil exécutif accepta que Felton, comme il le proposait, achète les terres au prix du marché. Toutefois, l'évaluation fut retardée d'un an et, au printemps de 1836, le gouverneur n'était plus en position de se montrer indulgent, car l'Assemblée réclamait que Felton soit démis du poste de commissaire des Terres de la couronne. Gosford exigea une révocation complète de l'octroi des acres supplémentaires, et Felton accepta encore de coopérer, mais il semble que sa suspension, en août, le fit changer d'avis. Démis de ses fonctions à la fin de 1836, il mourut dès le début de l'été suivant, après avoir subi une dernière humiliation : la victoire de

Bouchette, qui l'avait poursuivi en justice pour diffamation. Les poursuites contre ses héritiers traînèrent pendant de nombreuses années ; ce n'est qu'en 1876 qu'on abandonna la dernière.

En 1838, la veuve de William Bowman Felton dut vendre la plupart des propriétés de Sherbrooke à la British American Land Company. Trois ans plus tard, réduite à la pauvreté, elle loua Belvidere et alla s'établir à Québec avec ceux de ses enfants qui étaient toujours à sa charge (les Felton avaient eu en tout 12 enfants). Son fils aîné, l'avocat et homme politique William Locker Pickmore, demeura dans la région, et la plupart de ses filles épousèrent des membres de l'élite provinciale, mais le rêve de Felton – fonder une famille de propriétaires terriens – s'évanouit avec lui. Dans les Cantons-de-l'Est, on ne lui en voulut sans doute pas plus pour ses agissements que pour ce que lui-même et les autres fonctionnaires anglais incarnaient, soit la méfiance et le dédain du gouvernement britannique envers les colons américains, venus les tout premiers s'établir dans cette région.

J. I. LITTLE

ANQ-E, CE1-46, 3 juill. 1837 ; T11-501/D13 ; D24. — ANQ-MBF, CN1-6, 1816–1820. — APC, MG 24, B2 ; RG 1, E1, 36–45 ; L3ᴸ ; RG 4, A1 ; RG 68. — Arch. privées, J.-P. Kesteman (Sherbrooke, Québec), J.-P. Kesteman, « Histoire de Sherbrooke […] » (copie dactylographiée, 1979), 1. — Musée McCord, M21585. — PRO, CO 42 ; 324/73–102. — B.-C., chambre d'Assemblée, *Journaux*, 1823 ; 1834–1836 ; Conseil législatif, *Journaux*, 1822–1837. — Elmer Cushing, *An appeal addressed to a candid public* […] (Stanstead, Québec, 1826). — G.-B., Parl., House of Commons paper, 1826, 4, nº 404 : 1–381, *Report from the select committee on emigration from the United Kingdom*. — « Parliamentary debates » (projet de mfm de l'Association canadienne des bibliothèques des débats de la législature de la province du Canada et du parlement du Canada pour les années 1846 à 1874), 7 mars 1855. — *British Colonist and St. Francis Gazette* (Stanstead), 1823–1837. — *La Gazette de Québec*, 5 avril 1821. — *Missiskoui Standard* (Frelighsburg, Québec), 1835–1837. — *Montreal Gazette*, 1815–1837. — *Sherbrooke Gazette and Townships Advertiser* (Sherbrooke), 1832–1837. — *Vindicator and Canadian Advertiser*, 1835–1836. — Joseph Bouchette, *The British dominions in North America ; or a topographical description of the provinces of Lower and Upper Canada* […] (2 vol., Londres, 1832). — L.-P. Demers, *Sherbrooke, découvertes, légendes, documents, nos rues et leurs symboles* ([Sherbrooke, 1969]). — Philip Goldring, « British colonists and imperial interests in Lower Canada, 1820 to 1841 » (thèse de PH.D., Univ. of London, Londres, 1978). — Norman Macdonald, *Canada, 1763–1841, immigration and settlement ; the administration of the imperial land regulations* (Londres et Toronto, 1939). — Jules Martel, *Histoire du système routier des Cantons de l'Est avant 1855* (Victoriaville, Québec, 1960). — Maurice O'Bready, *De Ktiné à Sherbrooke ; esquisse historique de Sherbrooke : des origines à 1954* (Sherbrooke, 1973). — Ouellet, *Bas-Canada*. — Charlotte Thibault, « Samuel Brooks, entrepreneur et homme politique du XIXᵉ siècle » (thèse de M.A., univ. de Sherbrooke, 1978). — Ivanhoë Caron, « Historique de la voirie dans la province de Québec », *BRH*, 39 (1933) : 438–448. — J. I. Little, « Imperialism and colonization in Lower Canada : the role of William Bowman Felton », *CHR*, 66 (1985) : 511–540.

FERRIE, ADAM, homme d'affaires, né le 11 décembre 1813 à Glasgow, Écosse, cinquième enfant d'Adam Ferrie* et de Rachel Campbell ; il épousa Jane Kinsey, et ils eurent deux fils et une fille ; décédé le 5 février 1849 à Preston (Cambridge, Ontario).

Adam Ferrie appartenait à une vieille famille de commerçants. Son père, un marchand prospère de Glasgow, avait ouvert en 1824 à Montréal une maison d'importation et de commerce général en vue d'assurer l'avenir de ses fils, et s'était installé dans cette ville en 1829 avec sa famille pour prendre la direction de la succursale. L'année suivante, dans le cadre d'un vaste programme d'expansion, deux de ses fils, Colin Campbell* et Adam, qui avaient travaillé dans d'autres succursales de l'entreprise paternelle, établirent un commerce de gros et de détail à Hamilton, dans le Haut-Canada. D'autres magasins, que dirigeaient des associés résidants, s'ouvrirent bientôt dans cinq agglomérations prometteuses de la zone d'influence commerciale de Hamilton : Brantford, Dundas, Nelson (Burlington), Preston et Waterloo.

C'est Adam Ferrie fils et son associé Thomas H. Mackenzie qui fondèrent en 1832 la succursale de Preston ; elle portait le nom d'Adam Ferrie Jr and Company. Non seulement les associés géraient-ils un magasin général et une maison d'expédition, mais ils possédaient une taverne, une grange et une forge. Les Ferrie voulaient aussi bâtir un moulin à farine à Preston, mais ils ne purent obtenir les droits de captage d'eau. En 1834, Adam acheta donc plutôt, pour l'entreprise familiale, une ferme de 300 acres et une scierie sur la rivière Grand, à environ quatre milles de Preston ; par la suite, il put y ajouter un terrain adjacent de 280 acres. Il construisit sur cette propriété un complexe qu'il baptisa Doon Mills (Kitchener) et qui regroupait un moulin à farine, une scierie, une distillerie, une taverne, un entrepôt à grains, une tonnellerie et des logements pour les ouvriers.

Doon Mills s'avéra une exploitation aussi coûteuse qu'impressionnante. Féru de mécanique depuis son jeune âge, Ferrie dessina les plans du moulin à farine, auquel il donna de fort grandes dimensions. Le bâtiment de maçonnerie et son énorme barrage de pierre contrastaient avec les modestes moulins de bois qui peuplaient alors la campagne haut-canadienne. Mais en dépit de sa taille le barrage ne dura guère : il s'effondra en 1840, emportant avec lui la distillerie et d'autres bâtiments. La reconstruction entraîna d'autres dépenses. Ensuite, ce fut la nouvelle distillerie qui posa des problèmes : pour une raison quelconque, son rendement n'était pas bon. Doon Mills était donc une espèce d'éléphant blanc. Lorsqu'en 1847 Robert Ferrie en assuma la gestion à la suite d'Adam, alors malade, il expliqua à leur père que « trop d'argent a[vait] été mis là-dedans pour que ce soit un investissement profitable » et que le complexe coûtait extrêmement cher. On avait assuré les bâtiments pour une valeur de £6 250, ce que Robert jugeait insuffisant.

Par ailleurs, les difficultés d'autres branches de l'entreprise familiale menaçaient Doon Mills. On dut prélever une partie de son capital d'exploitation pour venir en aide à la Colin Ferrie and Company, de Hamilton, qui connut de graves problèmes financiers au début des années 1840. Adam se plaignit alors à Robert qu'il craignait d'être « évincé du marché » en raison d'un manque de liquidités. De plus, dans les années qui suivirent, Colin emprunta de l'argent à Adam et, comme ces emprunts n'étaient toujours pas remboursés en 1847, Robert eut du mal à équilibrer les comptes.

Adam lui-même était en partie responsable de la piètre situation de Doon Mills. Il n'aimait pas s'enfermer dans un bureau et préférait surveiller les activités quotidiennes, traiter personnellement avec les clients et se mêler aux gens qui fréquentaient le magasin général et le bureau de poste qu'on avait ajoutés au complexe. Aussi les comptes de Doon Mills étaient-ils mal tenus, comme Robert le constata en 1847. Constitués principalement de livres en partie simple et de mémorandums, ils n'étaient pas faciles à examiner.

Enfin, l'entreprise familiale pâtit des conflits personnels entre Adam et son père. La fiancée que le premier avait choisie n'avait pas plu au second, qui s'était opposé au mariage. La crise atteignit son paroxysme lorsque Adam vit sa santé se détériorer, en 1847. Atteint de tuberculose, il avait peur de mourir et craignait que sa famille, par hostilité, refuse de reconnaître ou de prendre en charge sa femme et ses deux enfants survivants. Pour les protéger, il modifia son testament en 1847 de façon à leur léguer Doon Mills et la propriété de Preston qui, bien qu'inscrits à son nom, appartenaient légalement à la famille. Il donna également à son fils James sa part de l'entreprise familiale. Les Ferrie prirent très mal la chose, surtout Robert qui, s'il administrait Doon Mills, n'était cependant pas associé à l'entreprise familiale. Pendant plus d'un an, tandis que la santé d'Adam déclinait, son père et ses frères exigèrent qu'il cède ses intérêts dans sa succursale. En juillet 1848, sa mère vint à Preston pour négocier un règlement. Adam accepta de modifier son testament et de renoncer à la propriété ; en retour, son père lui accorda une rente, à lui et à sa famille, et modifia son propre testament de manière à pourvoir aux besoins des enfants d'Adam. Au cours de ses derniers mois, celui-ci fut contraint d'emprunter de l'argent à des amis et de mendier de sa famille de quoi payer ses comptes. Il mourut à Preston

le 5 février 1849 et on l'inhuma au cimetière de Galt. Robert continua d'exploiter Doon Mills.

La carrière d'Adam Ferrie montre bien quels étaient à l'époque les avantages et les inconvénients de l'entreprise familiale. Cette forme d'organisation permettait de fonder des succursales très lointaines et d'orienter les capitaux vers celles qui en avaient le plus besoin. Cependant, la réussite reposait sur la bonne entente, susceptible de s'effriter pour des raisons sans aucun rapport direct avec les affaires.

DAVID G. BURLEY

GRO (Édimbourg), Glasgow, reg. of births and baptisms, December 1813. — HPL, Arch. file, Ferrie family papers. — Adam Ferrie, *Autobiography, late Hon. Adam Ferrie* (s.l.n.d. ; copie à la MTL). — *British Colonist*, 20 févr. 1849. — C. S. Bean, « History of Doon », Waterloo Hist. Soc., *Annual report* (Kitchener, Ontario), 1941 : 164–172. — J. F. Cowan, « Extending commercial interests and public services (a brief study of the Adam Ferrie & Co. in Waterloo County, 1832–60) », Waterloo Hist. Soc., *Annual report*, 1953 : 19–28.

FIRTH, WILLIAM, fonctionnaire, né le 21 juillet 1768 à Norwich, Angleterre, fils de William et d'Elizabeth Firth ; il épousa Anne Watts, et ils eurent cinq enfants ; décédé d'influenza le 25 février 1838 dans sa ville natale.

Barrister et fils d'un marchand de Norwich, William Firth devint en 1803 *city steward,* poste qui faisait de lui le conseiller juridique de la municipalité et le président de la cour du shérif. Il résida probablement à Londres pendant la période où il occupa ce poste ; il démissionna peu après qu'on l'eut nommé, le 19 mars 1807, procureur général du Haut-Canada, grâce aux bons soins du secrétaire d'État aux Colonies, William Windham.

C'est en novembre 1807 que Firth commença à travailler à York (Toronto), et il mettait de grands espoirs dans ce qui n'allait être finalement qu'une brève et triste carrière coloniale. Son poste avait été vacant à compter du 22 janvier 1806, date de la nomination de son prédécesseur Thomas Scott* au siège de juge en chef de la province. Il s'entendit bien avec Scott comme avec celui qui avait assuré l'intérim, le solliciteur général D'Arcy Boulton*, et ce en dépit d'un différend sur les arriérés de rémunération et d'honoraires. Bientôt cependant, il s'irrita de tout : de la plupart de ses collègues, de son rang, de son revenu, de ses perspectives d'avenir, de sa vie à York. En avril 1808, il demanda à être muté au poste de juge en chef du Bas-Canada. Il avait eu le tact, ce qui n'était pas son genre, de s'assurer d'abord que Scott ne désirait pas ce poste, mais on ne retint pas sa candidature. Dès lors, il alla grossir les rangs des fonctionnaires insatisfaits qui assombrirent le premier mandat du lieutenant-gouverneur Francis Gore*.

Firth était allergique à toute manifestation de dissension politique. C'est sur son instance que Gore consentit à poursuivre Joseph Willcocks* pour diffamation – sans succès d'ailleurs. C'est également en suivant son avis, et à l'encontre de celui du juge William Dummer Powell*, que Gore congédia du poste de registrateur du comté de Northumberland ce gêneur qu'était le député David McGregor Rogers*. Toutefois, lorsque, malgré les véhémentes objections de Firth, les légistes de Londres prirent le parti de Powell, le procureur général perdit tout espoir d'être l'homme de confiance de Gore.

Firth touchait un traitement annuel de £300 (cours d'Angleterre) – environ la moitié du coût de son installation dans le Haut-Canada – plus des honoraires d'un montant indéterminé, qu'il s'acharna à faire augmenter au grand dam de Gore comme aussi de Powell, qui éprouvait du ressentiment à l'endroit des Anglais qui détenaient des postes dans la province. Firth lança son offensive en soumettant à l'examen du nouveau juge en chef du Bas-Canada, Jonathan SEWELL, une liste de 19 réclamations mineures. Dans sa réponse du 22 septembre 1809, Sewell appuya certaines des réclamations mais n'autorisa pas d'honoraires supérieurs à £2. Firth réclama ensuite des honoraires pour tous les formulaires standard que délivrait son bureau, et ce même s'il n'avait qu'à les signer. Le 9 mars 1810, le Conseil exécutif refusa d'étudier cette réclamation. Par ailleurs, la chambre d'Assemblée affirma son droit de réduire les frais juridiques de la Cour du banc du roi, dont Firth tirait environ les trois quarts de son revenu, et de limiter la latitude dont il disposait à titre de procureur général dans le choix de l'instance devant laquelle se déroulaient les poursuites publiques. En vain fit-il valoir, avec Boulton, que le nouveau barème d'honoraires qu'avait adopté l'Assemblée « ne permet[tait] absolument pas à un gentleman de mener le train de vie d'[un homme qui exerçait] une profession libérale ». Et ce fut une bien piètre consolation pour lui, le 14 mars 1811, qu'un comité du conseil reconnaisse que certains des honoraires qu'il avait demandés correspondaient à la pratique bas-canadienne, adoptée dans le Haut-Canada en 1802 mais jamais sanctionnée expressément par les autorités impériales.

À l'époque de cette demi-victoire, Firth ne comptait pour ainsi dire plus d'amis dans l'administration provinciale. Scott, par exemple, estimait ne pas pouvoir juger des honoraires qui devaient se rattacher au poste de procureur général car, comme il l'avait déjà occupé, il se serait trouvé en conflit d'intérêts. Firth n'en tenta pas moins une manœuvre trop audacieuse en mars 1811 : il prétendit qu'aucun des instruments juridiques qui portaient le grand sceau de la province n'avait de valeur sans sa signature. Ce faisant, il reléguait au second plan le défi que l'Assemblée avait lancé à son autorité de procureur du

roi et ranimait une querelle entre fonctionnaires au sujet de leur part des honoraires perçus sur les concessions foncières ; il menaçait ainsi la compétence et le revenu du secrétaire de la province, William Jarvis*. Ensuite, tout en maintenant que sa présence était nécessaire à la légalité de la plupart des actes du gouvernement, il demanda un congé pour aller défendre sa cause à Londres. Gore refusa : la discorde que Firth semait dans l'administration l'offensait, il avait déjà accepté que le solliciteur général s'absente, et il était sur le point de partir lui-même. Firth s'embarqua tout de même en septembre 1811, et Gore recommanda sa destitution. Firth avait confié sa maison, sa verrerie et sa bibliothèque à son agent commercial, William Warren BALDWIN, qui prit aussi en charge ses dettes et ses réclamations d'honoraires, qui n'avaient pas été payés selon les barèmes qu'il exigeait.

D'abord, Firth crut que non seulement il obtiendrait satisfaction mais aussi qu'il parviendrait à empêcher Gore – l'homme qui, disait-il à Baldwin, avait « assombri [ses] perspectives d'avenir » – de retourner dans le Haut-Canada. Depuis son premier mémoire au ministère des Colonies, en janvier 1812, jusqu'au témoignage qu'il déposa contre Gore, de sa propre initiative, au cours des procès en diffamation qu'intentèrent quelques années plus tard Charles Burton WYATT et Robert THORPE, il ne cessa d'attribuer ses malheurs à l'entêtement et à la malveillance du lieutenant-gouverneur. Après le départ de Gore en octobre 1811, le Conseil exécutif – « inquisitorial et soumis aux mauvaises influences », notait Firth – avait ajouté à ses griefs. Il refusa en effet deux fois, « à cause des circonstances très particulières dans lesquelles M. Firth a[vait] abandonné ses fonctions dans la province », de le défrayer de sa dernière tournée judiciaire dans le Haut-Canada. Finalement, le 14 mars 1812, sur l'avis des légistes de Londres, Firth consentit à ce qu'on lui verse les honoraires que Sewell avait recommandés en 1809. Tout ce qu'il obtint de plus fut une décision du secrétaire d'État aux Colonies, lord Bathurst, selon laquelle il avait droit à la moitié de son salaire et de ses honoraires pour la période comprise entre son départ de la province et le 13 avril 1812, date de la confirmation de son congédiement.

Retourné à la pratique du droit, Firth fut promu magistrat de la corporation de Londres en 1817 et termina sa carrière là où elle avait commencé, sur le circuit de Norfolk. Il se peut que son travail n'ait pas été rentable. Outre son affection débordante pour ses enfants, sa longue correspondance avec Baldwin révèle des préoccupations financières de plus en plus prononcées qu'il énumère sur un ton plaintif. En 1820, il demanda une concession foncière dans le Haut-Canada, mais on la lui refusa parce qu'il n'y résidait pas. Dans la dernière année de sa vie, il toucha peut-être un revenu en vertu du testament de sa fille

Fisher

aînée, Lucy Rosalind Proctor Firth. Lui-même mourut intestat, en laissant une succession de moins de £200 (cours d'Angleterre).

William Firth écrivit quatre pamphlets politiques qui parurent tous à Norwich. Dans le premier, *An address to the electors of Norwich* [...] (1794), il s'oppose à la guerre contre la France parce qu'elle nuirait au commerce. Dans les trois autres, il donne libre cours à un torysme rigide et amer. Ainsi, dans *A letter to Edward Rigby* [...] (1805), il reproche au maire de Norwich de ne pas avoir célébré la victoire de Trafalgar avec assez d'enthousiasme. *A letter to the Right Rev. Henry Bathurst* [...] (1813) condamne l'évêque de Norwich, qui préconisait la reconnaissance de pleins droits civils aux catholiques et aux protestants non conformistes. *The case of Ireland set at rest* [...] (1825) dénonce les réformes que Robert Peel entendait appliquer en Irlande ; c'est Peel qui, à titre de sous-secrétaire d'État à la Guerre et aux Colonies, avait informé Firth de sa destitution. L'expression la plus vive de l'éternelle hostilité de Firth envers le catholicisme se trouve dans un livre intitulé *Remarks on the recent state trials* [...] (1818), où il recommande aussi de renforcer le châtiment des traîtres et la répression des désordres publics. En somme, même s'il était rentré en Angleterre « heureux de revoir ce pays béni », comme il l'avait écrit à Baldwin en 1812, il y avait trouvé autant de sujets de réprobation que dans le Haut-Canada.

S. R. MEALING

William Firth n'a laissé aucun papier personnel, mais sa correspondance d'affaires avec W. W. Baldwin, conservée dans les papiers de ce dernier à la MTRL et aux APC, MG 24, B11, contient de nombreux commentaires sur sa vie personnelle et sur la politique. Les documents relatifs au déroulement de ses réclamations d'honoraires se trouvent dans les archives du Conseil exécutif (APC, RG 1, E3). Son certificat de décès, daté du 25 févr. 1838, est conservé au GRO (Londres). Le Norfolk Record Office (Norwich, Angl.) possède la caution de l'administrateur de sa succession (Norwich Archdeaconry administrative matters, 1838, n° 5) et le testament de sa fille (Norwich Consistory Court wills, 1839 : f° 321). On trouve des notices biographiques de Firth dans le *Norfolk and Norwich Register,* 1822, dans le *Norfolk Chronicle : or, the Norwich Gazette,* 28 mars 1807, et dans le *Norwich Mercury,* 3 mars 1838. Des informations sur sa carrière juridique se trouvent dans *Clarke's new law list* [...], Teesdale Cockell, compil. (Londres), 1820 : 12, 24, 292 ; et dans le volume de l'année 1822. Pour les études, voir principalement Paul Romney, *Mr Attorney : the attorney general for Ontario in court, cabinet, and legislature, 1791–1899* (Toronto, 1986), et aussi [W. R. Riddell], « William Firth : the third attorney-general of Upper Canada », 1807–1811 », *Canadian Bar Rev.* (Toronto), 1 (1923) : 326–337, 404–417 ; et *The bar and courts of the province of Upper Canada, or Ontario* (Toronto, 1928). [S. R. M.]

FISHER, JOHN CHARLTON, imprimeur, éditeur, journaliste, fonctionnaire et auteur, né le 23 octobre 1794 à Carlisle, Angleterre ; avant son arrivée au Bas-Canada, il épousa Elinor Isabella Auchmuty, et ils eurent une fille ; décédé le 10 août 1849 à bord du navire *Sarah Sands,* au retour d'un voyage en Angleterre.

John Charlton Fisher fit de brillantes études et obtint un doctorat en droit. Il quitta par la suite son Angleterre natale pour aller s'établir à New York. En 1822, en compagnie de John Sherren Bartlett, il devenait l'un des éditeurs fondateurs de l'*Albion,* journal de la métropole américaine. Au cours de l'été de 1823, Fisher décidait d'accepter l'offre que les autorités du Bas-Canada lui faisaient de venir à Québec afin d'y occuper le poste d'éditeur de la *Gazette de Québec.* Le gouverneur lord Dalhousie [RAMSAY] déplorait l'apathie à l'égard des intérêts de la couronne dont faisaient preuve les éditeurs de la *Gazette,* John NEILSON et son fils SAMUEL (ce dernier avait pris la direction de l'entreprise en 1822), et voulait ainsi s'assurer du contenu du journal. De la fin d'août au début d'octobre 1823, de longs pourparlers entre Fisher et Samuel Neilson au sujet du partage des responsabilités et des revenus menèrent à une impasse. Le 10 octobre, mécontent de cette situation, le gouverneur retira à Samuel Neilson sa charge d'imprimeur du roi pour la confier à Fisher. Ce dernier reçut quelques jours plus tard l'autorisation de faire paraître la *Gazette de Québec, publiée par autorité/Quebec Gazette, published by authority.* Les Neilson, aigris par la tournure des événements, protestèrent, en vain, contre l'usurpation du nom de leur journal et, durant de nombreuses années, deux *Gazette de Québec* furent donc publiées simultanément. Le nouveau journal que dirigeait Fisher fut imprimé dès décembre 1823 à la Nouvelle Imprimerie de Pierre-Édouard Desbarats* et de Thomas Cary* fils. Fisher s'était aussi engagé par acte notarié à confier en exclusivité à cette imprimerie les contrats d'impression des documents officiels dont il devait surveiller l'exécution en sa qualité d'imprimeur du roi. On renouvela cette entente en décembre 1826, lorsque William KEMBLE, nouvel imprimeur du roi nommé conjointement avec Fisher le 2 novembre, s'associa avec Desbarats et Cary à la direction de la Nouvelle Imprimerie.

Au cours des années 1830, Fisher continua de cumuler les fonctions d'imprimeur conjoint du roi et d'éditeur de la *Gazette de Québec, publiée par autorité.* Il travailla aussi à titre de journaliste au *Quebec Mercury,* publié par la Nouvelle Imprimerie. Il siégea dès 1838 à titre de greffier, puis de secrétaire de la commission d'enquête sur les pertes subies pendant la rébellion de 1837-1838. En 1840, il cessa d'occuper le poste d'éditeur de la *Gazette de Québec, publiée par autorité,* et décida de lancer en 1841, mais sans succès, son propre journal hebdomadaire, le

Conservative. La même année, sous le nouveau gouvernement de la province du Canada, la ville de Québec perdit son titre de capitale au bénéfice de Kingston puis, en 1844, de Montréal. On nomma alors Stewart Derbishire* et George-Paschal Desbarats* imprimeurs conjoints de la reine dans ces deux villes. Tout en voyant l'importance de ses fonctions diminuer grandement, Fisher n'en conserva pas moins jusqu'à sa mort la charge d'imprimeur de la reine dans la ville de Québec. Son bureau était alors situé dans la rue de la Montagne (côte de la Montagne).

Tout au long du deuxième quart du XIXe siècle, Fisher compta parmi les figures marquantes du milieu culturel anglophone de Québec. Ancien membre de la Literary and Historical Society of New York, il fut l'instigateur d'une association similaire à Québec, avec l'assentiment de lord Dalhousie, qui avait déjà songé à sa création. La Société littéraire et historique de Québec vit le jour en janvier 1824 et Fisher en occupa le premier les postes de trésorier et de secrétaire correspondant. En 1846, on le nomma président de cette société, et vice-président l'année suivante. Le développement des bibliothèques de la ville lui tenait à cœur. Au début des années 1830, il exerça les fonctions de secrétaire et de bibliothécaire de la Garrison Library. Il s'engagea aussi dans l'administration de l'Association de la bibliothèque de Québec dont il assuma la présidence en 1847. Membre de l'Église d'Angleterre, il joua longtemps un rôle actif au sein de la Société de St George de Québec. Fisher s'intéressait à l'histoire de sa ville d'adoption et il collabora de près à la compilation des données et à la rédaction de l'ouvrage d'Alfred Hawkins*, *Hawkins's picture of Quebec* [...], paru en 1834. Durant les années 1840, le docteur Fisher, comme le désignaient ses contemporains, fut l'un des conférenciers les plus en vogue à Québec. Il prononçait ses conférences devant les membres de la Société littéraire et historique de Québec, de l'Association de la bibliothèque de Québec et de l'Institut des artisans (Québec), et il puisait ses sujets dans l'histoire de l'Angleterre ainsi que dans l'antiquité grecque et égyptienne. En 1842, à l'occasion du passage de Charles Dickens à Québec, Fisher eut l'honneur d'être l'hôte du célèbre écrivain anglais.

À la fin de l'été ou au cours de l'automne de 1848, John Charlton Fisher se rendit en Angleterre. À la toute fin du mois d'août 1849, plusieurs journaux de Québec publiaient la nouvelle de sa mort, survenue en mer le 10 août à bord du navire à vapeur *Sarah Sands*, sur lequel il s'était embarqué à Liverpool trois jours plus tôt afin de revenir à Québec. Dans leurs notices nécrologiques, ils rapportaient qu'on avait gardé de Fisher l'image d'un véritable gentilhomme et d'un érudit passionné par l'histoire. Ses talents de journaliste et d'écrivain, « l'élégance et la pureté » de son style y étaient aussi évoqués. Néanmoins, de tout l'œuvre de Fisher, seule une phrase, composée en hommage à James Wolfe* et à Louis-Joseph de Montcalm*, a su résister à l'épreuve du temps : « *Mortem virtus communem / Famam historia / Monumentum posteritas dedit* » (Leur courage leur a donné même mort / L'histoire, même renommée / La postérité, même monument). Cette inscription rédigée par Fisher, devenue de beaucoup plus célèbre que son auteur, subsiste toujours, gravée dans la pierre sur le socle du fameux monument érigé selon la volonté de lord Dalhousie à la mémoire des deux commandants de la bataille des plaines d'Abraham et inauguré le 8 septembre 1828 dans le jardin des Gouverneurs, à Québec, à quelques pas de l'emplacement occupé alors par le château Saint-Louis et aujourd'hui par le château Frontenac.

JEAN-MARIE LEBEL

Outre ses articles rédigés pour les journaux qu'il a dirigés, John Charlton Fisher a écrit « Notes on the ancient English and Anglo-Saxon language », qui parut dans Literary and Hist. Soc. of Quebec, *Trans.*, 3 (1832–1837) : 285–291.

Il a de plus composé un long poème qui fut lu à l'occasion de la réouverture de la salle de théâtre du Masonic Hall, à Québec, en 1831. Pierre-Georges Roy* a retranscrit ce poème dans un article intitulé « le Théâtre du Marché à foin, à Québec », *BRH*, 43 (1937) : 38–40.

Les textes de plusieurs de ses conférences sont conservés sous forme de manuscrits aux ANQ-Q, dans le fonds John Charlton Fisher, sous la cote P-78.

ANQ-Q, CE1-61, 27 déc. 1824, 26 juill. 1848 ; CE1-79, 25 janv. 1860 ; CN1-253, 5 déc. 1823, 13 avril, 23 juill., 11 déc. 1824, 7 juin 1825, 8 déc. 1826, 27 janv., 23 févr. 1827, 18 sept. 1828, 6 août 1829, 19 juin 1832. — APC, MG 24, B1, papers concerning the relations of the proprietors of the *Quebec Gazette* with the government, 24 août, 4, 6, 24 sept., 2–3, 10 oct. 1823. — AVQ, I, 1, 1828–1830. — *The centenary volume of the Literary and Historical Society of Quebec, 1824–1924*, Henry Ievers, édit. (Québec, 1924), 18, 42, 97. — James Douglas, « Opening address », Literary and Hist. Soc. of Quebec, *Trans.*, nouv. sér., 4 (1865–1866) : 5–18. — *Le Journal de Québec*, 1er sept. 1849. — *Quebec Gazette*, 30 août 1849. — *Quebec Mercury*, 30 août 1849. — *Almanach de Québec*, 1824–1841. — Beaulieu et Hamelin, *la Presse québécoise*, 1 : 3, 118. — H. J. Morgan, *Bibliotheca Canadensis*, 124–125 ; *Sketches of celebrated Canadians*, 308–309. — *Quebec directory*, 1847–1849. — Wallace, *Macmillan dict.* — Ginette Bernatchez, « la Société littéraire et historique de Québec (the Literary and Historical Society of Quebec), 1824–1890 » (thèse de M.A., univ. Laval, 1979), 3, 9, 20, 46, 48, 138–139, 143–145. — George Gale, *Historic tales of old Quebec* (Québec, 1923), 56, 167. — Alfred Hawkins, *Hawkins's picture of Quebec ; with historical recollections* (Québec, 1834), 277, 279. — J. M. LeMoine, *Picturesque Quebec : a sequel to* Quebec past and present (Montréal, 1882), 5, 298. — F. L. Mott, *A history of American magazines, 1741–1850* (Cambridge, Mass., 1966), 131. — F.-J. Audet, « John Neilson », SRC *Mémoires*, 3e sér., 22 (1928), sect. I : 81–97. — Bernard Dufebvre [Émile Caston-

Fisher

guay], « la Presse anglaise en 1837–38 : Adam Thom, John Neilson, John Fisher », *Rev. de l'univ. Laval*, 8 (1953–1954) : 267–274. — Ægidius Fauteux, « l'Inscription du monument Wolfe et Montcalm », *BRH*, 30 (1924) : 235–236. — Claude Galarneau, « les Métiers du livre à Québec (1764–1859) », *Cahiers des Dix*, 43 (1983) : 143–165 ; « la Presse périodique au Québec de 1764 à 1859 », SRC *Mémoires*, 4e sér., 22 (1984) : 163. — Ignotus [Thomas Chapais], « le Monument Wolfe et Montcalm à Québec », *BRH*, 5 (1899) : 305–309. — J.-M. Lebel, « John C. Fisher, hôte de Charles Dickens », *Cap-aux-Diamants* (Québec), 2 (1986–1987), no 3 : 29–31.

FISHER, PETER, marchand et historien, né le 9 juin 1782 dans l'île Staten, New York ; décédé le 15 août 1848 à Fredericton.

Peter Fisher est reconnu comme « le premier historien du Nouveau-Brunswick ». Fils d'un soldat et fermier loyaliste, il a laissé deux brefs tableaux de la vie provinciale qui, outre de marquer le début d'une tradition littéraire néo-brunswickoise, ont le mérite d'éclairer les valeurs et les aspirations d'un simple colon loyaliste de la deuxième génération.

Même s'il n'est pas né au Nouveau-Brunswick, Fisher n'avait que 16 mois à son arrivée dans cette colonie ; il ne vécut jamais ailleurs par la suite, et sa carrière fut tout entière façonnée par l'histoire et la conjoncture matérielle de la province. Troisième enfant de Lewis Fisher, membre des New Jersey Volunteers depuis 1776, il naquit au moment où l'île Staten était sur le point de passer des Britanniques aux rebelles américains. De sa mère, nommée Mary Barbra Till, on sait peu de chose, sinon qu'elle est probablement née de parents anglais. Son père, quant à lui, était d'origine hollandaise ; on le prénommait aussi bien Ludovic, Ludwig et Lodewick. Comme beaucoup de colons hollandais d'Amérique, c'était un fidèle partisan du régime britannique. Prisonnier pendant quelque temps au début de la guerre d'Indépendance, il servit ensuite à New York et dans les environs. En septembre 1783, en compagnie de nombreux compagnons d'armes, il s'embarqua à New York sur l'*Esther* avec sa jeune famille pour s'exiler plus au nord, dans la vallée de la rivière Saint-Jean.

Les Fisher s'installèrent à la pointe St Anne, sur des terres réservées aux régiments loyalistes. Cet endroit, qui serait bientôt rebaptisé Fredericton, deviendrait la capitale de la nouvelle province du Nouveau-Brunswick, mais en 1783 c'était un lieu sauvage, inhospitalier et froid. À la fin du XIXe siècle, William Odber Raymond* a raconté la première année de peuplement en s'inspirant des souvenirs de la mère de Peter, consignés dans un document qui appartenait à la famille Fisher. Ce récit, d'une valeur inestimable, décrit de manière vivante les épreuves de l'hiver de 1783–1784. Les familles loyalistes vivaient dans des tentes sans fond et n'avaient que des foyers de pierre. « Beaucoup de femmes et d'enfants, et quelques hommes, moururent de froid. » Les survivants, « à la manière des Indiens », tiraient leur subsistance de la nature : « Les hommes prenaient du poisson et chassaient l'orignal quand ils le pouvaient. Au printemps, rappelle Mme Fisher, nous avons fait du sucre d'érable. Pour apaiser les douleurs de la faim, nous mangions des crosses de fougère, des raisins et même des feuilles d'arbre. » L'arrivée de bateaux de ravitaillement, au printemps, pallia les besoins les plus criants, mais les colons, obligés de construire des abris, de défricher la terre et d'ensemencer, étaient contraints à une vie continuelle de dur labeur, sans avoir grand-chose à se mettre sous la dent : « Pendant des années, il n'y eut pas de bêtes de trait [...] L'hiver, [les] gens devaient parfois traîner eux-mêmes leurs provisions sur une distance de cinquante ou cent milles, sur la glace ou à travers bois. L'été, elles arrivaient dans de lents voiliers. » Bien que l'on n'ait à peu près aucun détail précis sur l'enfance de Peter, il est certain qu'elle fut dominée par ces souffrances et ces périls, qui le marquèrent profondément. Dans ses écrits, il rend un hommage bien senti aux fondateurs loyalistes du Nouveau-Brunswick, qui « s'usèrent par le travail et la pauvreté et qui, par leur infatigable labeur, domestiquèrent une contrée sauvage et la couvrirent d'habitations, de villages et de villes ».

Vivre à Fredericton présentait néanmoins des avantages. L'instruction élémentaire était accessible et l'activité gouvernementale stimulait l'intérêt pour le développement de l'ensemble de la province. L'instituteur de Fisher était Bealing Stephen Williams, maître d'école anglais et ancien commis dans la marine, qui enseigna à Fredericton pendant près de 40 ans. Fisher apprit à lire, à écrire, à compter, et acquit un vif intérêt pour l'étude méthodique de la nature et de l'histoire. Le 15 août 1807, devant le ministre anglican George Pidgeon, il épousa Susannah Stephens Williams, fort probablement la fille de son mentor. Le couple allait avoir sept fils et quatre filles, dont plusieurs se distingueraient sur la scène néo-brunswickoise. Quant à Peter lui-même, on sait malheureusement peu de chose sur ses occupations. Plusieurs documents le qualifient d'important marchand de bois, quelques-uns de forgeron et de marchand général. Sans doute était-il aussi fermier, puisqu'il était normal à l'époque d'exercer deux métiers. Ses contemporains admiraient ce liseur curieux de tout et ce promeneur infatigable, qualités qui expliquent en partie sa connaissance remarquablement précise des diverses régions du Nouveau-Brunswick. En 1892, le sénateur John Glasier* se remémorait un voyage fait dans sa jeunesse avec Fisher, homme déterminé comme on le verra.

En 1829, j'ai fait vers le haut de la rivière un voyage extraordinaire avec le regretté Peter Fisher et un solide nègre appelé Jacques. Nous avons remonté en voilier la partie droite du cours d'eau [Long Reach] puis fait le reste du chemin à pied, franchi le Devil's Back pour arriver le soir, à Oromoncto. Nous n'avions pour nous nourrir tous les trois qu'une miche de pain et une pinte de lait, et nous avons marché de huit heures du matin à dix heures du soir. J'avais passablement mal aux pieds quand nous sommes arrivés à Oromoncto, mais M. Fisher, frais comme une rose, voulait continuer jusqu'à Fredericton après le souper. Or [il] avait alors près de soixante ans. Il a obtenu une chopine de rhum et en a partagé une portion avec moi, mais je ne supportais pas bien cette boisson. M. Fisher a pris le reste du rhum pour baigner sa jambe et son pied. Quand je me suis réveillé, au matin, on m'a dit que le vieil homme était déjà en route pour Fredericton. J'étais alors dans ma vingtième année.

Seuls les écrits de Fisher renseignent véritablement sur sa personnalité. Le style n'en est pas remarquable, mais ils révèlent de grands dons d'observateur et un intérêt intense pour le développement progressif et systématique du Nouveau-Brunswick. Son premier ouvrage connu, signé Un habitant de la province, fut imprimé en 1825 sur les presses de Henry Chubb* et de James Sears à Saint-Jean. Le titre complet en était : *Sketches of New-Brunswick ; containing an account of the first settlement of the province, with a brief description of the country, climate, productions, inhabitants, government, rivers, towns, settlements, public institutions, trade, revenue, population, &c.* Selon une annonce parue dans la *Royal Gazette* du 10 février 1824, Fisher avait publié plus tôt une version simplifiée de cet ouvrage sous le titre *The Fredericton primer*. Destinée aux enfants, elle contenait des exercices de lecture et d'épellation ainsi que de la géographie et une courte histoire de la province. Jusqu'à ce jour, personne n'a trouvé d'exemplaire de ce livre. Le deuxième ouvrage de Fisher, qui existe encore, *Notitia of New-Brunswick, for 1836, and extending into 1837 ; comprising historical, geographical, statistical, and commercial notices of the province*, est une version revue et augmentée du premier. Paru sans mention d'auteur en 1838, il fut aussi imprimé par Chubb. En refusant de s'identifier, Fisher a engendré une confusion considérable. Au XIXᵉ siècle, c'est à Alexander WEDDERBURN qu'on a parfois attribué *Notitia* plutôt qu'à lui. Au XXᵉ siècle, on lui a quelquefois prêté un troisième ouvrage, *The lay of the wilderness* […], poème épique sur la période loyaliste paru à Saint-Jean en 1833. Cependant, à la lecture de ce poème, on relève des indices qui donnent à penser qu'il ne peut pas en être l'auteur, et aujourd'hui les spécialistes concluent que seuls *Sketches* et *Notitia* peuvent lui être attribués.

La préface de *Sketches* annonce que l'auteur entend « brosser un portrait global du pays », avec autant d'exactitude et d'impartialité que le permettent sa courte histoire et l'insuffisance des documents. Fisher est un écrivain influencé par le Siècle des lumières : il croit en la connaissance scientifique et se préoccupe du progrès social. Son livre est essentiellement un catalogue des caractéristiques physiques et humaines du Nouveau-Brunswick. Il y décrit et y classe tout : le climat, la topographie, les cultures, le poisson et le gibier, les arbres et les minéraux, les formes de gouvernement, les Églises et leurs fidèles, les groupes ethniques et leur mode de vie, les villes et leurs activités, les importations, les exportations, l'architecture, les écoles, les degrés de capital investi, les phénomènes naturels (incendies, crues, tremblements de terre), le tempérament des habitants. Une bonne partie de *Sketches* se lit comme un rapport technique : le livre abonde en détails concrets, et Fisher ne se laisse aller qu'à l'occasion à une brève notation descriptive, pour parler d'« un noble cours d'eau » ou de l'« allure sublime et terrifiante » d'une chute.

Pourtant, Fisher ne s'intéresse pas qu'aux faits. Son texte est ponctué de clairs énoncés d'objectifs et de commentaires hautement critiques qui, tous, s'inspirent d'un profond désir de voir sa province se développer. C'est donc un patriote fervent, mais jamais exalté. En bon loyaliste, il considère que le Nouveau-Brunswick devrait d'abord et avant tout être une société agricole, dotée d'une solide classe de francs-tenanciers, et compter, pour le reste, sur la prospérité du commerce du bois et l'expansion des secteurs commercial et industriel. Comme les fondateurs de la province, il croit que le mode de vie agricole est non seulement un gage d'autosuffisance matérielle mais aussi d'ordre, de respect de la propriété et d'indépendance personnelle. Dans *Sketches*, il évalue l'ensemble des groupes ethniques, des activités et des institutions de la province en fonction de leur contribution à cet idéal. Aux leaders loyalistes fondateurs et au premier gouverneur, le « paternel » Thomas Carleton*, il attribue le mérite d'avoir instauré de sains principes de colonisation dans « une région désolée ». Avec un grand souci d'objectivité, il juge les groupes religieux et ethniques selon leur apport à la société. D'après Fisher, les immigrants anglais du Yorkshire et leurs descendants forment « la classe la plus prospère de colons » : le souci qu'ils ont manifesté pour la culture et l'élevage a donné d'abondantes récoltes et du bétail de première qualité. Il admire également l'autosuffisance des Acadiens et la paix qui règne parmi eux ; d'« une race différente de celle des Anglais », ils sont « pleins d'entrain et hospitaliers, mais très négligents dans leur cuisine et la tenue de leurs maisons ». Ils représentent des éléments pacifiques et constructifs de la communauté néo-brunswickoise. Par contre, Fisher déplore que les Noirs et les Indiens n'arrivent pas à devenir des colons utiles. Il est conscient des origines culturelles de leurs difficultés et remarquablement sensible aux langues indiennes, « hardies et métaphoriques », mais il prédit avec pessimisme que, faute de s'adapter au mode de vie des colons, les deux groupes décline-ront et tomberont dans la dépendance. Tout au long du texte, l'idéal de Fisher est le pionnier, l'homme des bois, « qui n'a que sa hache et quelques outils simples, […] se sent parfaitement chez lui dans les profondeurs de la forêt » et peut satisfaire lui-même ses besoins. Avec ferveur et lyrisme, il affirme que « le génie de ces gens diffère beaucoup de celui des Européens – dans les pays neufs, l'esprit humain, laissé à lui-même, déploie toute son énergie ». Comme ils réussissent à se débrouiller seuls, loin de tout, ils acquièrent « confiance en soi et indépendan-ce » ; « leurs manières [ont] une grande liberté naturelle […] qui], alliée à leur vénération pour leur roi, fait d'eux de loyaux sujets et de bons citoyens, dépourvus de passivité aveugle et liés, par l'affection, au gouvernement sous lequel ils ont vu le jour ».

Si Fisher place ses plus grands espoirs dans les capacités des pionniers, les dérèglements du commer-ce du bois lui inspirent les plus vives appréhensions. Son expérience personnelle dans ce secteur, à titre de marchand, donne à ses remarques une crédibilité particulière. Il critique sans ménagement ceux qui cèdent à la tentation de spéculer sur le bois, ce qui amène la surexploitation de la forêt et un mode de vie dissolu. Ces gens, ce sont d'abord les spéculateurs américains qui, les premiers, sont venus exploiter cette richesse naturelle. Même si, en 1825, de nouveaux règlements ont limité l'octroi de permis de coupe aux sujets britanniques, ils n'ont nullement, selon Fisher, empêché les étrangers assoiffés de profit de se livrer à un véritable pillage. Ces aventuriers, dit-il, « ne se préoccupaient pas du bien du pays ; ils n'ont fait qu'occuper un lieu pour en tirer le plus vite possible tout ce qu'ils pouvaient ». Le nord-est du Nouveau-Brunswick, surtout, a été privé du bénéfice que ses grandes forêts auraient dû lui rapporter : « La richesse qu'il a engendrée s'est envolée vers les États-Unis […] les forêts sont dépouillées sans que rien ne soit prévu pour les remplacer », ni grandes villes, ni belles routes, ni ce genre de splendides et somptueux édifices publics qui « témoignent avec éloquence, quoique silencieusement, de l'esprit col-lectif, du goût et de la grandeur d'un pays ».

Ces réserves mises à part, *Sketches* donne du Nouveau-Brunswick un portrait extrêmement opti-miste. Vigoureux et sain, le peuple – Fisher n'en doute pas – parviendra à exploiter les richesses de la terre et du sous-sol, à faire progresser le commerce, à créer des communautés policées. Bien sûr, la jeune province a encore un long chemin à parcourir, et il fait des propositions réfléchies, pratiques, au sujet des besoins les plus pressants. Il faut des données précises sur le climat et les sols pour améliorer l'agriculture ; un réservoir de capitaux et de main-d'œuvre à bon marché pour intensifier le commerce et faire de

l'exploration minière ; de meilleures routes et un canal ; une architecture plus somptueuse pour l'édifi-cation de tous. Et surtout, il faut réorganiser les terres de la couronne pour lier la mise en valeur des ressources forestières au sort des colons permanents, qui conforment leurs intérêts à ceux de la province. Que le Nouveau-Brunswick présente des faiblesses n'amoindrit cependant pas la fierté que Fisher éprouve à son sujet. Il se réjouit en particulier de ce que « le savoir [soit] très florissant dans la province » comme du fait que, grâce au College of New Brunswick, à Fredericton, et aux diverses écoles paroissiales, *grammar schools* et écoles de Madras, « la plupart des habitants [aient] facilement accès [à l'instruction], de sorte qu'ils s'efforceront de bénéficier de ce bien collectif ».

Dans l'ensemble, ce premier ouvrage d'histoire donne un aperçu vivant de la mentalité et de la pensée sociale d'un homme du commun et fils de loyaliste. Tout porte à croire qu'un grand nombre de Néo-Brunswickois partageaient les idées de Fisher sur le progrès social, le développement rationnel de la province et l'indépendance personnelle, et que cette prise de position énergique en faveur de la modernisa-tion de la province n'a pas peu contribué à la prospérité que le Nouveau-Brunswick a connue à compter des années 1820 et pendant les trois décennies suivantes.

Parue en 1838, la deuxième édition de l'ouvrage de Fisher, *Notitia*, permet de réétudier cette mentalité et d'en noter l'évolution. Tout en reprenant la plupart des données publiées dans *Sketches,* le style est plus concis et plus coloré. Le ton aussi a changé : dix ans de prospérité et de progrès culturel sans précédent ont rendu Fisher plus hâbleur, plus combatif, plus roman-tique. Il affirme avec audace : « il est peu de régions aux États-Unis où les gens vivent aussi bien [qu'au Nouveau-Brunswick], et peut-être n'existe-t-il aucu-ne contrée où l'ouvrier a un meilleur salaire, où le génie de l'entrepreneur a un plus vaste champ pour se déployer ». En énumérant les sources de richesse d'un ton beaucoup plus confiant, il note en particulier la construction, à Saint-Jean, de belles demeures et d'établissements commerciaux de qualité ainsi que la création d'organismes voués aux « arts d'agré-ment », des sociétés de floriculture et d'horticulture par exemple. Deux changements sociaux retiennent particulièrement son attention. D'abord, la province accueille un grand nombre d'immigrants irlandais qui, observe-t-il, s'assimilent bien et feront probablement du catholicisme la première religion du Nouveau-Brunswick dans un proche avenir. Ensuite, en 1829, une charte royale a établi le King's College ; il en décrit le programme avec une immense fierté et souligne qu'aucune restriction ne s'applique à l'âge, à la religion et à la formation préalable des candidats.

Par ailleurs, et cela est nouveau, *Notitia* contient des remarques politiques faites sur un ton agressif. On a modifié les règlements sur le bois des terres de la couronne à la satisfaction de Fisher en 1837. Les acheteurs doivent désormais payer intégralement ces terres, ce qui favorise le colon et met fin à la spéculation irresponsable. Cependant, les abus politiques qui profitent aux « spéculateurs étrangers » persistent et poussent Fisher à critiquer sévèrement le lieutenant-gouverneur militaire, sir Archibald CAMP-BELL, les pouvoirs arbitraires du Conseil exécutif et surtout les émoluments extravagants du commissaire des Terres de la couronne, Thomas Baillie*, et de son beau-père, William Franklin ODELL, secrétaire de la province. Là encore, Fisher se fait l'interprète du dégoût qu'éprouve la population devant les pouvoirs du petit *family compact* de Fredericton, ces gens qui, nommés par le gouvernement impérial, profitent de ce qu'ils échappent à la surveillance populaire pour encourager l'exploitation capitaliste des ressources provinciales. Même s'il ne pouvait pas le savoir, Fisher tenait ces propos au moment même où une délégation de l'Assemblée du Nouveau-Brunswick concluait avec le gouvernement de Grande-Bretagne une entente qui non seulement réglait cette question litigieuse mais faisait de la province la première des colonies d'Amérique du Nord britannique à réaliser une réforme démocratique, puisque la gestion des revenus publics et le choix des conseillers exécutifs étaient désormais soumis à la volonté des élus du peuple. Fisher était à la fois un partisan convaincu du régime populaire et du lien colonial, ce qui reflétait bien la tenace ambivalence des loyalistes, attirés par les principes démocratiques apportés des États-Unis mais fidèles, par tradition, à une structure impériale et hiérarchique. L'histoire n'a pas retenu les opinions de Fisher sur les bouleversements d'après 1837, mais il est significatif que son fils Charles Fisher* ait dirigé le mouvement néo-brunswickois en faveur du gouvernement responsable et joué plus tard un rôle clé dans l'entrée de cette province loyaliste au sein de la Confédération.

Veuf depuis 1836, Fisher se remaria le 30 novembre 1847, donc peu de temps avant sa mort, avec Mme Mary Valentine, de Saint-Jean. En plus de Charles, trois autres de ses fils firent aussi leur marque dans la société néo-brunswickoise. Henry succéda pendant quelque temps à Joseph Marshall* de Brett Maréchal au poste de surintendant de l'Éducation du Nouveau-Brunswick ; William fut surintendant des Affaires indiennes pendant quelques années ; Lewis Peter devint un célèbre avocat et philanthrope de l'éducation. Une de ses filles, Ann, épousa Charles Connell*, député au premier Parlement du Dominion, et l'une de ses petites-filles, Annie Connell Fisher, devint la femme de George Robert Parkin*, éducateur renommé et avocat de l'impérialisme. Ainsi pendant au moins trois générations les Fisher furent parmi les meneurs du mouvement loyaliste, formé de colons et

de citoyens de classe moyenne sûrs d'eux-mêmes et travailleurs, qui croyaient au gouvernement populaire tout en demeurant fidèles à l'Empire et prônaient le progrès tout en tenant à ce qu'il se réalise dans la paix et la modération.

Premiers exposés globaux d'un résident permanent sur la situation de la province, les deux ouvrages de Peter Fisher occuperont toujours une place distincte dans l'historiographie du Nouveau-Brunswick. Le lecteur du XXᵉ siècle les considérera davantage comme des recueils de faits que comme des livres d'histoire ; ils étaient cependant conformes aux normes de l'époque, qui dictaient de recueillir systématiquement des données sur le passé et le présent et d'en faire la synthèse pour évaluer les réalisations importantes du peuplement. Les livres de Fisher n'ont ni l'ampleur ni la subtilité de l'ouvrage classique de Thomas Chandler Haliburton*, *An historical and statistical account of Nova-Scotia*, paru en deux volumes à Halifax en 1829, bien que l'un et l'autre auteur ait été soucieux de la précision des détails concrets et ait cru profondément en la vie civilisée. Cependant, parmi les œuvres des premiers historiens du Nouveau-Brunswick, *Sketches* surpasse les écrits de Robert Cooney* et de Moses Henry Perley* par son exactitude et sa critique équilibrée. Il fallut attendre la parution à Londres, en 1847, de *New Brunswick, with notes for emigrants* [...] d'Abraham Gesner* pour avoir une description plus exhaustive et plus complexe de la province. Gesner s'inspirait avec raison des travaux de Fisher et rendait hommage à la contribution de ce pionnier. Les historiens suivants ont continué et continuent de le faire.

ANN GORMAN CONDON

On trouve un certain nombre de documents concernant Peter Fisher et ses ancêtres loyalistes aux APNB dans les registres paroissiaux et les dossiers de succession (RG 7, RS75) ainsi que dans les pétitions pour des demandes de terre (RG 10, RS108) pour le comté d'York ; cependant, une recherche dans les dossiers du commerce du bois de cette époque n'a donné aucun renseignement sur les activités commerciales de Fisher. Son ouvrage *Sketches* a été publié de nouveau avec des notes de William Odber Raymond, à Saint-Jean, N.-B., en 1921 sous le titre de *The first history of New Brunswick* (réimpr., Woodstock, N.-B., 1980). Sur l'hypothèse voulant que Fisher soit l'auteur du poème épique, il faut consulter *The lay of the wilderness by a native of New-Brunswick*, T. B. Vincent, édit. (Kingston, Ontario, 1982).

Robert Cooney, *A compendious history of the northern part of the province of New Brunswick and of the district of Gaspé, in Lower Canada* (Halifax, 1832 ; nouv. éd., Chatham, N.-B., 1896). — M. H. Perley, *A hand book of information for emigrants to New-Brunswick* (Saint-Jean, 1854). — *New-Brunswick Courier*, 4 déc. 1847. — *Royal Gazette* (Fredericton), 10 févr. 1824, 23 août 1848. — Hill, *Old Burying Ground*. — M. W. Barkley, « The loyalist tradition in New Brunswick : a study in the growth and evolution of an historical myth, 1825–1914 » (thèse de

Fleming

M.A., Queen's Univ., Kingston, 1972). — Lawrence, *Judges of N.B.* (Stockton et Raymond). — K. F. C. MacNaughton, *The development of the theory and practice of education in New Brunswick, 1784–1900: a study in historical background*, A. G. Bailey, édit. (Fredericton, 1947). — M. B. Taylor, « The writing of English-Canadian history in the nineteenth century » (thèse de PH.D., 2 vol., Univ. of Toronto, 1984), 1 : 68. — W. O. Raymond, « Peter Fisher, the first historian of New Brunswick », N.B. Hist. Soc., *Coll.*, 4 (1919–1928), n° 10 : 5–56. — *St. John Weekly Sun* (Saint-Jean), 31 août 1892.

FLEMING, MICHAEL ANTHONY, prêtre franciscain, évêque et auteur, né vers 1792 à Carrick on Suir (république d'Irlande) ; décédé le 14 juillet 1850 à St John's.

Dans sa jeunesse, on attribuait à Michael Anthony Fleming « une personnalité agréable, des manières engageantes, une aptitude pour l'étude et un tempérament doux », traits qu'on ne lui reconnut pas toujours à la maturité. Son oncle, le prêtre franciscain Martin Fleming, l'encouragea à opter pour la vie religieuse et, en 1808, Thomas Scallan* admit Michael Anthony comme novice au couvent franciscain de Wexford. On lui conféra les ordres mineurs, le sous-diaconat et le diaconat en septembre 1814 ; il reçut l'ordination le 15 octobre 1815, apparemment quelques mois avant d'atteindre l'âge canonique de 24 ans.

Affecté ensuite au couvent de Carrick on Suir, dont le supérieur était son oncle, Fleming fut associé à la démolition de la chapelle délabrée de l'endroit et à son remplacement par une belle église, encore en chantier lorsqu'il partit pour Terre-Neuve. On allait insinuer plus tard qu'il avait mésusé de fonds recueillis pour les travaux et que le scandale ainsi causé l'avait obligé à quitter l'Irlande. Toutefois le bien-fondé de telles accusations est difficile à déterminer.

Fleming se rendit à Terre-Neuve à l'automne de 1823 sur l'invitation de Scallan, devenu vicaire apostolique de l'île. Au début, semble-t-il, il n'était là qu'en congé, le temps d'amasser des dons pour l'église de Carrick on Suir, et les autorités franciscaines n'acceptèrent une prolongation de son séjour que sur les instances de Scallan. Pendant six ans, il fut son vicaire à St John's. Assistant énergique et compétent, il assuma une part énorme des charges paroissiales, surtout à mesure que la santé de Scallan déclinait. Dès 1824, l'évêque le disait « un véritable trésor » et, plus tard, il déclara que sa collaboration représentait « presque celle d'un associé ».

En fait, les deux hommes différaient tant l'un de l'autre, de tempérament comme d'opinions, que leur relation demeure l'un des aspects les plus énigmatiques de la carrière de Fleming. En 1834, ce dernier allait dire de Scallan : « [c'est] le prélat le plus zélé qui ait jamais occupé ou peut-être occupera jamais le siège épiscopal de Terre-Neuve ». De son côté, dès 1824, l'évêque voyait en lui un successeur possible. Pourtant, Fleming rappellerait en 1835 leurs « fréquentes dissensions », surtout à l'égard d'un groupe de catholiques laïques de St John's que lui-même traitait de « libéraux ». Il faisait alors état de trois conflits majeurs. Le premier, survenu probablement en 1829, avait porté sur la question de savoir qui de lui ou d'un comité laïque de construction devait gérer les sommes recueillies pour l'agrandissement de l'église. Le deuxième avait surgi devant le refus des autorités des Orphan Asylum Schools (dont les instituteurs et les élèves étaient catholiques) de donner des cours de religion même après les heures de classe, « par crainte de déplaire à leurs voisins protestants ». De son propre chef, Fleming avait préparé plus de 500 orphelins de ces écoles à la communion, alors que l'évêque n'avait autorisé qu'une cérémonie privée. Enfin, troisième conflit, Fleming avait reproché à certains catholiques, dont Scallan, d'assister à des offices protestants, car selon lui c'était sanctionner « un culte d'hérétiques ».

Néanmoins, lorsque Scallan demanda au Saint-Siège un coadjuteur en 1827 et soumit à cette fin les trois candidatures requises, il marqua une nette préférence pour Fleming, qu'il disait « doué de toutes les qualités nécessaires à l'évêque qui aurait la charge de [la] mission [de Terre-Neuve] ». Le 10 juillet 1829, Pie VIII nomma Fleming évêque titulaire de Carpasia et coadjuteur de Scallan. Celui-ci procéda à l'intronisation le 28 octobre à St John's ; Thomas Anthony Ewer* et Nicholas Devereux jouaient avec lui le rôle d'évêques consacrants. Scallan mourut à peine sept mois plus tard, et Fleming lui succéda automatiquement à titre de vicaire apostolique le 28 mai 1830.

Recruter des prêtres fut l'une des priorités de Fleming et le préoccupa tout au long de son épiscopat. Même s'il fut porté plus tard à prétendre que Terre-Neuve n'en comptait que sept au moment de son accession, le rapport qu'il envoya à Rome à cette époque en donnait neuf (plus lui-même), répartis dans cinq vastes paroisses qui, selon diverses estimations, totalisaient entre 30 000 et 80 000 catholiques. D'après lui, tant en qualité qu'en nombre, ces prêtres ne suffisaient pas à la tâche. La colonie avait impérativement besoin d'un clergé plus nombreux, estimait-il, et il était possible d'en assurer l'entretien.

Fleming se rendit en Irlande à plusieurs reprises pour faire du recrutement. La première fois, avant la fin de 1830, il obtint quatre nouveaux prêtres, dont Edward Troy*, Charles Dalton* et Pelagius Nowlan, qui arrivèrent au milieu de l'année suivante, de même que deux séminaristes, Michael Berney et Edward Murphy, qu'on ordonna à Terre-Neuve dans les mois suivants. En 1833, à l'occasion d'un deuxième voyage, cinq autres prêtres, dont James W. Duffy*, répondirent à son appel. Très vite, cet apport important de sang neuf et le décès ou le départ de quatre prêtres qui avaient servi sous Scallan changèrent le visage de l'Église catholique de Terre-Neuve. Le clergé de Fleming différait de l'ancien sous plusieurs aspects notables. Il était plus nombreux : durant son mandat, Fleming ne cessa pas d'en grossir les rangs – 21 nouveaux prêtres dans les années 1830 seulement, et non moins de 36 au total. Il était aussi plus stable : la plupart de ses membres étaient des séculiers ordonnés expressément pour Terre-Neuve. Contrairement à beaucoup de leurs aînés, formés sur le continent européen, la majorité des recrues avaient fait leurs études en Irlande, surtout dans les collèges diocésains du sud-est. Ces nouveaux prêtres appartenaient à une génération qui pouvait pratiquer sa religion ouvertement et avait assisté à la victoire du mouvement de Daniel O'Connell en faveur de l'émancipation des catholiques, dont le clergé avait été l'un des moteurs. On pouvait s'attendre qu'ils fassent valoir davantage que leurs prédécesseurs les droits de leurs coreligionnaires et exprimeraient avec plus de force leurs aspirations. En outre, contrairement aux précédents évêques de l'île, tel Patrick Lambert*, Fleming n'envoya pas de candidats à la prêtrise dans les séminaires du Bas-Canada. Plus encore, par crainte de tisser des liens trop étroits avec les insulaires, il n'acceptait pas de Terre-Neuviens de naissance comme aspirants au sacerdoce. Ces lignes de conduite, qui ne changèrent qu'à sa mort, donnèrent bien sûr à son Église une forte teinte irlandaise.

En 1833, Fleming ramena aussi d'Irlande, plus précisément de Galway, des religieuses de l'Order of the Presentation of Our Blessed Lady, les premières à s'établir dans la colonie [V. Mlle Kirwan*, dite sœur Mary Bernard]. Inquiet de ce que garçons et filles fréquentaient les mêmes classes et de ce que les Orphan Asylum Schools ne dispensaient pas d'instruction religieuse, il les avait invitées à venir enseigner aux filles de familles pauvres. Les religieuses reçurent un accueil enthousiaste et ouvrirent à St John's, en octobre 1833, la première école officiellement catholique de Terre-Neuve. Encouragé de voir que l'établissement comptait autant d'élèves que possible, soit 450, l'évêque fit construire moins d'un an plus tard une nouvelle école qui pourrait en recevoir 1 200.

Voyageur infatigable, Fleming ne négligeait pas non plus le territoire de sa mission. Ainsi en 1834 il fit une longue visite pastorale qui le mena dans 46 villages, de la baie Conception à l'île Fogo et lui permit de confirmer plus de 3 000 fidèles. La chaleureuse réception que lui réservèrent les colons, protestants aussi bien que catholiques, allégea beaucoup les considérables rigueurs du voyage. En 1835, il consacra deux mois à une tournée semblable, cette fois de St John's à la baie d'Espoir, à bord d'une petite goélette qu'il s'était fait construire, le *Madonna*. Un des principaux buts de ce voyage était de visiter les Micmacs à Conne River, mais par suite d'un malentendu la plupart ne se trouvaient pas au campement. À son retour à St John's, en septembre, Fleming constata qu'une épidémie de variole s'était déclarée. En novembre, la maladie gagna un village voisin, Petty Harbour ; convaincu de l'inefficacité des autorités civiles, il se rendit sur place et y resta jusqu'à la fin de l'hiver. Il exerça son sacerdoce auprès des habitants de ce village, y construisit une nouvelle église et y aménagea un cimetière.

Malgré les succès de recrutement de Fleming et son indubitable sollicitude pastorale, il reste que les dissensions politiques et religieuses gâchèrent la première décennie de son épiscopat. Causes d'une cassure entre l'Église catholique et les autorités civiles, elles exacerbèrent les craintes et inquiétudes des membres des diverses confessions en même temps qu'elles divisèrent profondément les fidèles mêmes de Fleming. Mais on avait semé les graines de la discorde avant même qu'il ne devienne évêque. Déjà, en 1830, ses ouailles avaient plusieurs motifs d'irritation : deux tentatives visant à mettre en vigueur une loi sur la célébration des mariages qui leur était préjudiciable, l'absence de subventions publiques aux Orphan Asylum Schools, la controverse sur l'admission au Conseil de Terre-Neuve du commandant militaire, qui était l'un de leurs coreligionnaires, et par-dessus tout le fait que l'émancipation civile des catholiques n'était pas réalisée à Terre-Neuve. En 1831, Fleming luimême, d'un ton calme, écrivit à Londres au sujet de cette émancipation, tout comme le gouverneur Thomas John Cochrane*. On reconnut d'emblée le bienfondé de la position catholique, mais aucune mesure immédiate ne s'annonçait. Par contre, on accepta de verser un traitement à Fleming en qualité d'évêque catholique, ce qui fit dire à sir Thomas Spring-Rice, secrétaire d'État aux Colonies : « £75 pour acheter un évêque, voilà qui n'est vraiment pas cher ». Les catholiques terre-neuviens ne devinrent des citoyens à part entière que le 27 août 1832, en même temps qu'entraient en vigueur le gouvernement représentatif et le droit de vote pour une bonne partie de la population masculine.

Pour les sièges de St John's aux élections suivantes, Fleming appuya un marchand estimé, William Thomas, ainsi que les « radicaux » John Kent* et William Carson, soit, comme il l'écrivit plus tard, « un Anglais, un Irlandais et un Écossais, un catholique, un protestant et un presbytérien ». Fait important, il ne soutint pas Patrick Kough*, entrepreneur auprès du gouvernement et membre du groupe de laïques catholiques avec lequel il s'était déjà trouvé en désaccord. Le rédacteur en chef du *Public Ledger*, Henry David Winton*, mit en doute la valeur de Kent, lequel réagit en disant que le journaliste en avait contre son état de catholique irlandais. Sur ce, Winton exigea que Fleming se dissocie de Kent. Le prélat répondit

Fleming

qu'il voyait dans les remarques de Winton une critique de la participation du clergé à la politique. Winton l'attaqua alors de front et écrivit dans le *Public Ledger* que Fleming avait perdu tout droit à la considération des protestants autant que des catholiques « respectables ». Furieux, les catholiques terre-neuviens tinrent une série d'assemblées publiques en faveur de leur évêque. Les résultats des élections, peu concluants (Kent, Thomas et Kough remportèrent la victoire), comptèrent beaucoup moins que le fait suivant : le ton sectaire qu'on avait donné à la campagne transforma la désaffection des catholiques irlandais en une solidarité contre l'establishment. Les choses empirèrent en 1833, au moment de l'élection partielle qui visait à pourvoir le siège laissé vacant par la nomination de Thomas au conseil. Cette fois Carson, réformiste haï de l'establishment, faisait la lutte à Timothy Hogan, autre laïque catholique « libéral » que les marchands soutenaient. Comme Fleming accordait un appui sans réserve à Carson, Hogan se retira de la course en alléguant l'influence indue du clergé. On boycotta alors son commerce et il dut présenter des excuses publiques.

La nuit de Noël, en guise de représailles contre l'appui du *Public Ledger* à Hogan et sa critique du clergé, une foule de catholiques encerclèrent la maison de Winton. Les magistrats appelèrent la garnison, et plusieurs manifestants furent blessés par baïonnette. Tout en prônant l'obéissance à la loi, Fleming protesta auprès du gouverneur Cochrane contre ce qu'il considérait comme un abus de force, puis il déclara publiquement que le gouverneur n'avait pas autorisé l'intervention des militaires. Aux yeux de Cochrane, c'était là un travestissement délibéré de certaines de ses paroles conciliantes et, comme il le dit dans une dépêche à Londres, un indice supplémentaire de la détermination de Fleming à assurer l'ascendant politique des catholiques.

On accusa Cochrane de bigoterie dans une série de lettres signées d'un pseudonyme et parues dans le *Newfoundland Patriot* au début de 1834. Plus furieux que jamais, il commanda au procureur général James Simms* d'en poursuivre l'auteur pour diffamation. L'aveu de l'abbé Edward Troy l'ébahit, car il ne croyait pas ce prêtre assez audacieux pour avoir écrit de telles lettres sans l'approbation de Fleming. C'est seulement au rappel de Cochrane, en novembre 1834, que son successeur Henry Prescott*, désireux d'apaiser les tensions, arrêta les poursuites.

Sur la foi des dépêches de Cochrane, le gouvernement britannique avait entrepris en 1834 des démarches afin que Rome blâme l'activisme politique de Fleming. Le cardinal Capaccini, sous-secrétaire d'État au Vatican, fut saisi de l'affaire. Il jugea inopportun d'y mêler le pape et écrivit en novembre à Fleming une lettre personnelle qu'il envoya d'abord à Londres pour la faire approuver. Sa Sainteté, disait-il,

serait sûrement mécontente d'apprendre de quoi on accusait son évêque ; il ne fallait pas se livrer à des activités « avilissantes pour la dignité sacerdotale ». Fleming s'indigna des plaintes dont il était l'objet. Elles venaient, pensait-il, de la femme du juge en chef Henry John Boulton*, qui s'était jointe depuis peu au groupe de ses adversaires catholiques et qui, à son avis, pratiquait la religion avec mollesse. En juin 1835, dans deux lettres à Capaccini, il mit de l'avant ses réalisations, parmi lesquelles 1 200 conversions, et justifia ses actes. En faisant allusion au laxisme religieux qui avait marqué l'époque de Scallan, il affirma sa résolution « d'extirper d'une main puissante les vices qui depuis si longtemps pourrissaient et infestaient le cœur de la communauté ». Ses principaux opposants, précisait-il, étaient Kough, Hogan, Mme Boulton et Joseph Shea, qu'il qualifiait de catholiques « libéraux », catégorie de gens pour laquelle le pape n'avait pas la moindre sympathie. Politiquement, il avait selon lui appuyé les candidats dont l'élection serait « avantageuse pour le pays » ; la presse avait donné des « versions burlesques » de ce qu'il disait en chaire. Capaccini accepta ce plaidoyer en disant qu'il avait voulu non pas blâmer, mais prévenir ; par bonheur, ajoutait-il, les accusations étaient dénuées de fondement. Il transmit ensuite à Londres les lettres de Fleming et sa propre réponse.

Le départ de Cochrane n'avait guère eu d'effets apaisants. En fait, les agissements du nouveau juge en chef, Boulton, aggravèrent les tensions confessionnelles. Juriste intransigeant, il appliquait de nouvelles règles de procédure et des peines sévères, que plusieurs percevaient comme préjudiciables aux catholiques. Dès juin 1835, Daniel O'Connell présentait des protestations contre lui à la chambre des Communes, sans aucun doute avec l'appui de Fleming.

La situation se détériora manifestement après qu'on eut attaqué Winton, le 19 mai 1835, entre Harbour Grace et Carbonear. Bien que les assaillants soient demeurés inconnus, on attribua communément le crime au « fanatisme religieux » éveillé par les critiques du *Public Ledger* contre le clergé catholique. (Il existe cependant une deuxième hypothèse, tout aussi plausible : Winton avait traité de « canailles » les chasseurs de phoque qui s'étaient réunis en 1832, sur les lieux mêmes où surviendrait l'attentat, pour se liguer contre les marchands ; peut-être certains d'entre eux s'étaient-ils vengés.) Quoi qu'il en soit, protestants et catholiques vitupérèrent à pleines pages les uns contre les autres dans les journaux locaux, et l'archidiacre anglican, Edward Wix*, alla jusqu'à garder dans sa chambre des pistolets chargés.

Entre-temps, en mars 1835, le gouverneur Prescott avait reçu une protestation officielle d'un boutiquier catholique, Michael McLean Little. Parce qu'il avait soutenu Hogan et qu'il était abonné au *Public Ledger*, disait-il, on l'avait dénoncé comme un ennemi du catholicisme et son commerce en avait souffert. Selon lui, Troy avait même affirmé : « tant que McLean Little n'aura pas été réduit à la mendicité, il ne pourra pas devenir un bon catholique ». Si on ne restaurait pas sa réputation à la face de tous, il risquait l'ostracisme et la ruine. D'autres catholiques de St John's avaient eu des expériences similaires. Prescott s'entendait dire par ses conseillers que des poursuites judiciaires contre Fleming seraient inutiles ; déjà, il était convaincu que Rome ne parviendrait pas non plus à tempérer les ardeurs politiques de l'évêque. En mai, il avisa Londres que selon lui le rappel immédiat de Fleming et de Boulton était le seul remède aux maux de Terre-Neuve.

Comme le nouveau secrétaire d'État aux Colonies, lord Glenelg, était réfractaire à l'idée de « recourir à l'autorité du pape dans une dépendance de la couronne britannique » et qu'il croyait que les dénonciations en chaire avaient cessé, il se tourna vers l'évêque de Londres, James Yorke Bramston, qu'on pensait en mesure d'avoir quelque influence sur Fleming. Bramston écrivit donc à son confrère, mais dans sa réponse, en janvier 1836, Fleming fit valoir que, tenu par Prescott dans l'ignorance des accusations qu'on portait contre lui, il ne pouvait pas se défendre.

Puis, en février, Glenelg apprit qu'à St Mary's les personnes accusées avec l'abbé Duffy (qu'on avait déjà appréhendé) de destruction préméditée de propriété avaient résisté aux constables venus les arrêter. Rien ne prouvait que Fleming ni même Duffy avaient approuvé leur attitude, mais l'incident fut l'un des facteurs qui poussèrent Glenelg à communiquer avec le Vatican. D'après son rapport au ministère des Affaires étrangères, il semble qu'en substance Glenelg se plaignait que l'évêque ne tenait pas ses prêtres bien en main et que la population catholique de Terre-Neuve était « poussée aux extrémités les plus atroces par [… sa] conduite et [son] langage ». Il fallait, concluait-il, demander à Rome de rappeler Fleming et Troy ou à tout le moins d'admonester l'évêque.

Après avoir prévenu le Vatican que des « mesures extraordinaires » pourraient être prises si rien ne se faisait à propos de Fleming, le représentant de la Grande-Bretagne à Rome apprit que le cardinal Fransoni, préfet de la Propagande, écrirait à l'évêque de Terre-Neuve. La lettre, datée du 31 mars 1836, passa elle aussi par Londres. De toute évidence, Fleming avait bonne réputation à Rome ; Fransoni l'informait simplement qu'on avait mis la Propagande au courant des dissensions provoquées par la participation du clergé aux affaires politiques, puis il lui rappelait la lettre de Capaccini. En se tenant à l'écart de ces affaires, disait-il, Fleming ne pourrait qu'aider à pacifier sa mission et mettre davantage l'accent sur les charges pastorales.

Lord Glenelg, de son côté, écrivit à Prescott. Il espérait que la lettre du cardinal Fransoni aurait un « effet salutaire » sur Fleming et disait qu'on passerait l'éponge si l'évêque corrigeait sa conduite ; sinon, il faudrait prendre des mesures pour ramener le calme dans l'île.

Paradoxalement, à la même époque, Fleming tentait d'obtenir du gouvernement britannique un terrain à St John's pour une cathédrale. Après avoir reçu la lettre de Fransoni, il se mit bientôt en route pour l'Angleterre afin non seulement de se défendre mais aussi de renouveler sa requête. Sa première demande remontait à novembre 1834 ; adressée au roi, elle portait sur un terrain de six ou sept acres, appelé « the Barrens », qui appartenait au Board of Ordnance mais n'allait plus servir puisque la garnison s'en allait. Les protestants de Terre-Neuve, remarquait-il, avaient reçu nombre de faveurs du gouvernement ; il n'avait rien à en redire, mais la majorité catholique, qui n'en avait reçu aucune, avait tout autant droit à la considération. Dans sa correspondance à propos de ce terrain, il soulignait sans relâche le délabrement de l'église existante, « guère plus solide qu'une écurie mal construite », et proposait de la remplacer par un « bel édifice de pierre » jouxtant une résidence et une école pour 1 500 ou 1 600 élèves. Même si le terrain demandé était « exposé au vent », comme il l'écrivit à O'Connell, il constituait un emplacement superbe qui dominait la ville ; une église élevée à cet endroit serait un impressionnant symbole de la présence du catholicisme dans la colonie. Fleming n'était cependant pas au bout de ses peines : avant d'obtenir cette propriété, il allait devoir supporter, selon ses propres mots, « près de cinq ans d'humiliations et d'ennuis ».

Conformément aux instructions qu'il avait reçues, Prescott informa Fleming en août 1835 qu'on devait « différer » l'examen de sa demande et que toute requête ultérieure devrait passer par le gouverneur. Fleming ne renouvela sa demande qu'en juin 1836, soit à peu près au moment de l'avertissement du cardinal Fransoni et de la lettre de Glenelg à Prescott sur l'oubli des griefs passés, donc juste avant qu'il ne s'embarque pour l'Angleterre. Cette fois, il évoqua les églises catholiques récemment construites dans les petits villages de pêcheurs : de même que ces églises étaient des richesses pour les villages, sa cathédrale serait « un réel et substantiel atout pour St John's ». Manifestement très désireux de se montrer conciliant, il demanda au gouverneur de le soutenir auprès du ministère des Colonies et lui expliqua longuement pourquoi, la première fois, il s'était adressé directement à Londres. Cette tactique était sage car, entre-temps, Prescott avait proposé que toute terre laissée vacante par l'armée revienne au gouvernement terreneuvien.

La présence de Fleming en Angleterre en 1836 poussa sans doute le Board of Ordnance à examiner

Fleming

l'affaire en août. Il n'arriva toutefois à aucune solution. Ce n'est qu'en juin 1837 que l'évêque, de retour à St John's, apprit officiellement que le gouvernement britannique avait décidé de lui concéder, pour les immeubles qu'il entendait construire, « une portion aussi grande que nécessaire du terrain en question ». Une lecture attentive des documents aurait pu lui montrer que les mots « en question » n'étaient vraiment pas limpides : on ne faisait aucune mention explicite du terrain qu'il avait demandé.

À ce stade, les difficultés vinrent largement des autorités terre-neuviennes, qui préconisaient désormais d'élever sur ce terrain un palais de justice et une prison. Leur attitude négative s'était peut-être intensifiée sous l'effet des événements survenus dans la colonie en l'absence de Fleming. C'est l'abbé Troy qui avait alors administré le vicariat, avec des pouvoirs limités. En juillet 1836, Fleming lui avait demandé de mettre fin aux controverses journalistiques et, en septembre, il lui avait écrit : « si de nouvelles élections ont lieu avant mon retour, j'espère que vous ne ferez aucune intervention publique ». Pourtant, à l'occasion des turbulentes élections de novembre, les prêtres catholiques, Troy et Dalton en tête, se firent bien voir. Leur appui fut même, probablement, un facteur décisif de la victoire massive des candidats « radicaux ». Peut-être l'abbé Troy n'avait-il pas reçu la lettre de Fleming avant les élections ; de toute façon on annula celles-ci et, en juin 1837, un nouveau scrutin suivit. Le clergé participa moins bruyamment cette fois mais l'issue fut identique. Par ailleurs, la façon dont on menait en justice la cause de Duffy et d'autres accroissait l'opposition des catholiques à l'endroit de Boulton. Prescott lui-même visait toujours le rappel de Fleming et avait monté un dossier d'accusations contre lui.

Fleming ne prit conscience des difficultés posées par le terrain de la cathédrale qu'en septembre 1837, à l'occasion d'une rencontre avec Prescott. D'abord, il pensa que le gouverneur trouvait, comme lui, que les autres terrains ne convenaient pas ; mais, rappelé le lendemain, il fut prié de choisir tout de suite l'un d'entre eux et de s'engager à y construire. Il refusa tout net et, irrité, repartit pour Londres pendant l'hiver. En mars 1838, dans une lettre à sir George Grey, sous-secrétaire d'État aux Colonies, il récapitula toute l'affaire en disant qu'il avait agi comme si les catholiques de Terre-Neuve devaient « être amenés à ne pas se considérer comme l'objet d'un bannissement politique, à ne pas se voir comme des parias politiques ». C'était une question de principe, affirmait-il. Si le gouvernement ne pouvait juger bon de concéder le terrain, il le paierait plein prix. Un mois plus tard, dans une réponse laconique, Grey lui apprit que le gouvernement britannique avait commandé à Prescott de le mettre sans délai en possession du terrain « si

aucune objection insurmontable ne se pos[ait] ». Quelques semaines plus tard, une équipe dirigée par Troy clôturait neuf acres en moins d'un quart d'heure.

Il est remarquable de voir à quel point Fleming déployait peu d'efforts pour atténuer l'opposition dont il était l'objet dans les cercles gouvernementaux. Persuadé que les catholiques terre-neuviens étaient systématiquement exclus des sphères d'influence et des charges publiques, il n'avait nulle intention de mettre un terme à ses protestations. De plus, il était conscient que ses adversaires catholiques avaient l'oreille du gouverneur et, comme il l'écrivit plus tard, il sentait que Prescott nourrissait envers lui « une haine profonde et inextinguible ». En effet, le gouverneur croyait fermement que le remplacement du vicaire apostolique par un homme « vraiment pieux, éclairé, droit et bienveillant » était « le plus grand besoin » de la colonie, et sans doute ne pouvait-il guère être amené à changer d'avis. Le ministère des Colonies aussi était résolu à presser les autorités vaticanes de maîtriser l'évêque. Aucune accusation nouvelle et précise ne pesait sur Fleming lui-même, mais pendant son absence en 1836–1837 Troy avait assurément harcelé ses opposants catholiques, allant même dans un ou deux cas jusqu'à refuser le baptême ou la sépulture.

Indolent à se défendre devant Londres, Fleming se donnait par contre un mal considérable pour protéger sa réputation à Rome. Il y passa quelque temps en 1837 et fut bien reçu. D'ailleurs, croyait-il, il devait aux attaques de ses ennemis une part de l'attention dont il bénéficiait. Déjà en 1836 il avait fait publier là-bas un document sur sa mission, *Stato della religione cattolica* […]. L'année suivante, il rédigea à l'intention du Saint-Siège un rapport plus complet, intitulé *Relazione* […]. Il y disait être la cible des persécutions et calomnies d'un petit groupe de catholiques riches et « indifférents », appuyés par « deux ou trois » prêtres, mentionnait que le gouvernement lui avait reproché des inconvenances sans toutefois consentir à lui communiquer des accusations précises, donnait un compte rendu impressionnant de ses voyages et de son travail à Terre-Neuve, décrivait les ennuis qu'il venait d'éprouver pour acquérir le terrain de la cathédrale et exposait ses projets d'avenir.

Pourtant, certaines des accusations lancées contre Troy impliquaient l'ordre ecclésiastique, et Rome ne pouvait les négliger. Le 5 janvier 1838, Grégoire XVI lui-même écrivit à Fleming que, à la suite de rapports indéniables sur les agissements de Troy, il jugeait nécessaire que ce prêtre soit relevé de sa charge. « Veillez donc, Vénérable Frère, disait-il, […] à ramener la paix troublée, à éviter le scandale et à vous assurer que nul n'a quelque motif de se plaindre d'un des prêtres soumis à votre autorité. » Cette missive dut avoir de l'effet car quelque temps après (probablement à son retour d'Europe en octobre 1838) Mgr

Fleming retira Troy de St John's et l'affecta à la lointaine paroisse de l'île Merasheen. Du Vatican, Fransoni lui assura qu'il avait bien fait dans les circonstances et que le Saint-Siège avait toujours bonne opinion de lui.

Les relations de Fleming avec Londres connurent alors une période de calme relatif. La mutation de Troy avait éliminé une source importante de mécontentement. Une délégation terre-neuvienne formée de Carson, de Patrick MORRIS et de John Valentine Nugent* avait obtenu, avec l'aide de Fleming, la destitution de Boulton. La question du terrain de la cathédrale était désormais réglée. Le gouvernement posa un autre geste de conciliation. Fleming avait demandé maintes fois, sans résultat, de pouvoir examiner les accusations qui pesaient contre lui, car il se trouvait dans l'intenable position de devoir préparer une défense sans savoir de quoi il retournait. Finalement, en août 1838, Grey lui écrit que les événements en question étaient de l'histoire ancienne et que Glenelg considérait « malavisée » toute autre discussion. Conscient de n'avoir aucune autorité pour juger la manière dont le clergé catholique s'acquittait de ses fonctions, Glenelg comprenait aussi « combien la tranquillité publique serait forcément troublée dans l'île si l'on ressassait cette affaire ». Il proposait donc de tout oublier et exprimait l'espoir que Fleming ferait de même.

La trêve prit fin en 1840, soit au moment où Fleming et le clergé de St John's parvinrent à faire élire le catholique Laurence O'Brien* au lieu de James Douglas*, libéral convaincu mais presbytérien. Comme il jugeait que Fleming était intervenu par « pur amour de la dissension », Prescott redit au nouveau secrétaire d'État aux Colonies, lord John Russell, qu'il fallait un évêque plus modéré. Sur ce, le ministère des Affaires étrangères prévint Rome que, si Fleming n'était pas déposé, le clergé catholique des colonies ne recevrait plus aucune subvention. Par l'entremise du ministre des Affaires étrangères d'Autriche, le prince de Metternich, Rome tentait de nommer un vicaire apostolique à Corfou (Kerkyra, Grèce), alors sous domination britannique. Metternich se fit dire qu'on étudierait cette question si Rome s'occupait de l'évêque de Terre-Neuve.

Fleming eut vent de la manœuvre en août 1840, pendant qu'il se trouvait en Angleterre pour la cathédrale, et il s'empressa d'écrire à Rome au sujet de cette « nouvelle persécution ». À son retour en novembre, il envoya à Russell une lettre où il rappelait les vieilles accusations dont il était victime et blâmait Prescott. Dans sa lettre à Rome, il avait décrit ses efforts en faveur de la cathédrale et les desseins que nourrissait contre lui l'un de ses prêtres, Timothy Browne*. Le refus du gouvernement britannique d'admettre un évêque à Corfou eut beaucoup d'effet : sans s'engager à déposer Fleming, le Vatican informa

Metternich qu'il convoquerait l'évêque. Le 24 novembre, Fransoni écrivit à Fleming : le pape souhaitait qu'il vienne tout de suite, en passant par Londres si possible, où le conflit pourrait peut-être se régler. Cette lettre, Fleming prétendit ne jamais l'avoir reçue. Mais il savait que circulaient à St John's des rumeurs, probablement d'origine gouvernementale, selon lesquelles le Saint-Siège l'avait convoqué. Il continua donc à faire son apologie auprès de Rome, en évoquant les progrès de la cathédrale et en réfutant les allégations de Browne.

En Angleterre, on s'inquiétait de Terre-Neuve. En mai 1841, informé des dissensions confessionnelles, le gouvernement autorisa un comité spécial des Communes à examiner l'ensemble de la situation. Même si le comité ne recueillit que des indices incomplets et ne présenta aucun rapport, une bonne partie des témoignages enregistrés portaient sur les conflits internes de l'Église catholique. De plus, le témoignage impartial de sir Richard Henry BONNYCASTLE suggérait que les autorités coloniales avaient peut-être traité injustement Fleming, quels qu'aient été ses défauts. Russell conclut donc qu'il fallait un nouveau gouverneur et choisit sir John Harvey*, nomination qui changea le climat de la colonie. Lorsque, le 12 juillet 1842, Fransoni écrivit pour savoir pourquoi l'évêque n'avait pas donné suite à sa lettre de convocation, les pressions en faveur de sa destitution avaient diminué. Rome ne semblait plus insister pour sa comparution. Il fallut plus de temps à Fleming pour contrer les représentations de Browne mais, en 1843, il était, semble-t-il, parvenu à se disculper.

Aussi graves qu'ils aient été, ces problèmes ne détournaient guère Fleming de son grand rêve, de son grand œuvre : la construction d'une cathédrale qui commanderait l'attention et le respect. Dès l'acquisition du terrain en 1838, il fit réaliser une esquisse par John Philpott Jones, de Clonmel (république d'Irlande), puis des plans détaillés par un architecte nommé Schmidt, de Hambourg (République fédérale d'Allemagne). À son retour à l'automne, il se rendit à l'île Kellys pour surveiller la taille de la pierre. Au printemps, il fit la tournée des villages de pêcheurs voisins afin de convaincre les propriétaires de bateaux, protestants comme catholiques, de transporter la pierre à St John's. La clôture du terrain, la coupe du bois pour les échafaudages et le traînage de la pierre jusqu'au chantier mobilisèrent une multitude de volontaires. Ainsi en mai 1839 des milliers d'hommes, de femmes et d'enfants passèrent deux jours à creuser les fondations pour excaver plus de 79 000 pieds cubes de terre que les femmes transportaient dans leurs tabliers.

Un coup dur survint en 1840 : la faillite de la banque londonienne qui gardait les fonds du vicariat. Cette perte de £4 700 ne découragea pas Mgr Fleming, et ses

Fleming

fidèles se montrèrent généreux : le 20 mai 1841, jour de la pose de la pierre angulaire, il avait reçu £2 300 en dons ou promesses de dons. Cependant, tous n'approuvaient pas son ouvrage grandiose. Un de ses paroissiens, Henry Simms, se plaignit à Rome en 1843 que la cathédrale était « condamnée par tous les hommes de bon sens », puis il ajouta : « elle ne convient pas à notre situation ». Toutefois, l'opinion qu'exprima le *Newfoundland Vindicator* était probablement plus répandue : « La population est émerveillée [...] – elle suit les travaux avec intérêt de semaine en semaine – les murs, à eux seuls, lui inspirent une sorte de vénération. » Nullement ébranlé par ceux qui prétendaient qu'il tentait l'impossible, Fleming se dévouait corps et âme à sa tâche ; il agissait à titre de maître d'œuvre et exhortait ses fidèles à multiplier leurs efforts. Entre 1840 et 1845, il alla à quatre reprises en Europe pour commander des matériaux de construction ; la dernière fois, il était épuisé et malade à son départ de Terre-Neuve. On avait interrompu les travaux en 1841 ; les dépenses excédaient alors les £21 000. Fleming avait en tête d'amasser assez de matériaux sur le chantier pour qu'on achève l'extérieur en une saison. Quand il revint en septembre 1845, le temps était venu de poser le toit ; l'édifice fut terminé en quelques semaines. L'évêque avait aussi veillé à la construction d'autres édifices : un couvent (adjacent à la cathédrale) pour les Sisters of Mercy, immédiatement après leur arrivée en 1842, et une vaste résidence pour les religieuses de l'Order of the Presentation, achevée en 1845.

Le 9 juin 1846, pendant que Fleming se trouvait de nouveau en Europe pour s'occuper de la cathédrale, un incendie ravagea St John's et détruisit l'école et la résidence des religieuses de l'Order of the Presentation, et avec elles la plupart des objets de valeur et documents de l'évêque, qu'on y avait mis en sûreté. Il estima les pertes à plus de £6 000, somme qu'on ne pouvait guère solliciter auprès d'une population elle-même réduite à l'indigence. À son grand dam, il ne reçut rien du fonds d'aide créé alors en Grande-Bretagne et administré par le gouvernement. Le seul autre édifice à avoir brûlé était la vieille église anglicane, qui devait de toute façon être remplacée sous peu. Une somme de £14 000, soit la moitié du fonds d'aide, alla à la construction d'une cathédrale de l'Église d'Angleterre, et Fleming dut se débrouiller seul. Par bonheur, l'enthousiasme populaire était tel qu'au bout de quelques semaines les paroissiens s'engagèrent à soutenir l'entreprise de Fleming. En avril 1847, celui-ci retourna en Europe afin de se procurer des matériaux pour l'intérieur de la cathédrale et pour la reconstruction du couvent.

Encore inachevée, la cathédrale fut ouverte au culte le 6 janvier 1850. Souffrant, vaincu par le labeur, Mgr Fleming y célébra la messe ; ce fut son unique office dans la nouvelle église. On attribua largement sa mort,

survenue quelques mois plus tard, aux inlassables efforts qu'il avait consacrés à son projet. Comme l'écrivit le *Patriot & Terra-Nova Herald* : « La cathédrale [...] a été l'édifice sur lequel, semble-t-il, il a tout misé. » Elle symbolisait aussi bien la foi de Fleming en l'avenir de Terre-Neuve que son attachement au catholicisme.

L'instruction de la jeunesse avait occupé Fleming presque autant que la cathédrale. Sous sa garde, l'école des religieuses de l'Order of the Presentation prospéra ; dès 1846, il y avait huit religieuses, un nouveau couvent et une école de 2 000 places que fréquentaient des filles de presque toutes les régions de l'île. Cependant, le « laxisme » des catholiques de classes moyenne et supérieure préoccupait toujours Fleming, qui résolut de fonder un deuxième établissement où « les dames catholiques respectables pourraient recevoir une éducation solide et pieuse ». Cette fois, il fit appel aux Sisters of Mercy, de Dublin, qui formèrent en 1842 une mission de trois membres, dont sœur Mary Francis [Marianne Creedon*]. Elles ouvrirent leur école à St John's en mai 1843 et, même si l'entretien de leur communauté posa quelques problèmes au début, l'école continua d'accueillir avec succès une trentaine d'élèves payantes.

En 1836, le Parlement terre-neuvien avait adopté la première loi de la colonie sur l'instruction, qui affectait des crédits aux écoles confessionnelles existantes et à l'établissement d'écoles élémentaires non confessionnelles qu'administreraient des conseils scolaires publics. Fleming, peut-être à contrecœur, accepta cette loi. Là où les catholiques prédominaient, l'instruction religieuse pouvait être assurée en vertu d'un règlement du conseil scolaire qui autorisait les élèves à se retirer à cette fin. Cependant, par voie de règlement, la plupart des régions à majorité protestante inscrivirent au programme la Bible de Jacques Ier d'Angleterre, en précisant qu'on devait la lire sans commentaire, après la classe, à ceux dont les parents le désiraient. Les catholiques s'opposèrent à cette décision et Prescott y mit son veto. De leur côté, la plupart des protestants ne pouvaient accepter l'exclusion de la Bible, de sorte que les conseils de leurs régions refusèrent d'allouer des fonds aux nouvelles écoles. L'avertissement du *Public Ledger* selon lequel le nouveau système « serait un échec total » se vérifia amplement.

En 1843, une nouvelle loi créa des conseils scolaires protestants et catholiques distincts. Les fondations de l'instruction confessionnelle étaient donc posées, et un réseau d'écoles élémentaires catholiques allait s'étendre dans toute l'île. Assez étrangement, Fleming se trouva à s'opposer en 1843–1844 aux écoles secondaires protestantes et catholiques distinctes. À son avis, la loi ne garantissait pas le caractère confessionnel des secondes, et sa propre autorité sur elles n'était pas reconnue. Étant donné cette opposition, on ouvrit un établissement non confessionnel en 1844 ; il ferma ses portes en 1850.

Le problème éducatif le plus persistant auquel Fleming eut à faire face trouva sa solution en 1847. Même si les Orphan Asylum Schools n'avaient toujours que des élèves catholiques et recevaient chaque année une partie de la subvention réservée à l'instruction catholique, elles demeuraient officiellement non confessionnelles. Fleming n'avait pas contesté cette disposition, mais il fut ravi quand la Benevolent Irish Society, qui parrainait ces écoles, le consulta sur leur orientation future. Il avait espéré, dit-il, confier l'éducation des garçons à des frères mais n'avait pas voulu se mêler des affaires d'une institution établie. Avec le consentement de l'association de bienfaisance, quatre frères franciscains irlandais arrivèrent à St John's en septembre 1847 ; dès lors, le caractère des écoles ne fut plus douteux. À la mort de Fleming, le principe de l'instruction catholique était acquis partout à Terre-Neuve.

Tant sur le plan politique que clérical, Fleming donna à son Église un caractère manifestement irlandais. Fidèle partisan de Daniel O'Connell, il put compter plusieurs fois sur l'aide du patriote irlandais dans ses relations avec le gouvernement britannique. Lorsque O'Connell fit campagne pour faire abroger l'union législative de la Grande-Bretagne et de l'Irlande, l'évêque permit qu'on fasse une collecte pour cette cause aux portes des églises, et y contribua lui-même généreusement. D'ailleurs, en matière ecclésiastique, Fleming était plutôt tourné vers l'Europe. Contrairement à ses prédécesseurs, il n'entretenait pas de relations suivies avec l'Église du continent nord-américain, même s'il correspondit à l'occasion avec William Walsh*, évêque de la Nouvelle-Écosse et Irlandais comme lui, et même s'il fut pour quelque chose dans la décision prise par Rome, en 1844, de scinder en deux le diocèse de la Nouvelle-Écosse. C'est justement Walsh qui l'avait prévenu en 1843 qu'on songeait à réunir les diocèses de l'Amérique du Nord britannique sous l'autorité d'un archevêque qui siégerait à Montréal. Fleming protesta auprès de Rome avant même que cette proposition n'y arrive, mais sans donner le véritable motif de son opposition, soit le fait que les évêques canadiens devaient une bonne part de leurs revenus de « la générosité des protestants britanniques ». Pour des raisons semblables, il contra en 1847 un projet de Walsh, celui d'ouvrir avec l'assistance du gouvernement un séminaire dans l'une des colonies anglophones.

Le 4 juin 1847, Pie IX fit du vicariat de Terre-Neuve un diocèse. Cet honneur n'allait pas sans inconvénients : comme le diocèse était annexé à l'archidiocèse de Québec, l'évêque n'avait que le rang de suffragant. Fleming protesta contre cette décision en alléguant la difficulté d'accès au continent. (Il ajouta que l'inclusion du Labrador dans le diocèse de

Terre-Neuve était « peu judicieuse », car ce territoire était plus facile à desservir à partir de Québec.) Il fallut attendre le mandat de son successeur pour que le Vatican se rende aux arguments de Terre-Neuve et place le diocèse sous sa juridiction immédiate.

Le 18 novembre 1847, Fleming, alors âgé de 55 ans seulement, écrivait que sa « constitution [était] devenue si fragile » que voyager était désormais hors de question pour lui. Plus tôt dans l'année, il avait demandé à Rome un coadjuteur en recommandant John Thomas Mullock*, père gardien de la maison des franciscains à Dublin, qui était son ami et conseiller depuis nombre d'années. Malgré certaines réserves – la candidature n'était pas venue de la nouvelle province ecclésiastique de Québec et l'épiscopat de Terre-Neuve ne devait pas être tout bonnement transmis d'un franciscain à un autre – Rome approuva la requête et nomma Mullock avant la fin de l'année. Débarqué à St John's en mai 1848, ce dernier prit en charge une grande partie des affaires diocésaines. Au printemps de 1850, Fleming, de plus en plus faible et déjà dans une semi-retraite, quitta la résidence épiscopale pour s'installer à la maison franciscaine de Belvedere. C'est là qu'il mourut quelques mois plus tard. Le jour où on l'inhuma dans la cathédrale pour laquelle il s'était tant dépensé, des milliers de personnes vinrent lui rendre un dernier hommage.

Malgré ses défauts, Fleming était un pasteur infatigable et dévoué. L'aspect mondain de l'épiscopat ne signifiait rien pour lui ; il aimait mieux « passer des semaines d'affilée à l'île Kellys pour aider les ouvriers à tailler la pierre » que d'aller dîner à la résidence du gouverneur. Les jeunes et les pauvres bénéficiaient toujours d'une attention spéciale de sa part, et il fut généreux pour eux dans son testament. C'était en outre un solide meneur d'hommes, qui voyait loin et savait prendre des décisions. Quand il avait un but en tête, il refusait de transiger ou de se laisser distraire par des questions de moindre importance. Dans ses écrits, les dates, les chiffres, les montants d'argent sont très souvent erronés ou contradictoires ; il ne se souciait pas particulièrement de ces choses. L'important, toujours, était son grand dessein du moment. Malgré le ton souvent emporté, ses lettres sont relativement exemptes de rancœurs personnelles. Il ne réglait pas des comptes ; il défendait des causes. Avant sa mort, il tenta même une réconciliation avec son grand adversaire, Winton. Parfois qualifié d'ignorant, il était en fait doué pour l'organisation et la communication.

On accusait à l'occasion Fleming d'être un bigot qui exploitait les dissensions religieuses pour accroître son pouvoir politique. C'est aussi injuste qu'inexact. Il était plutôt, et tout à la fois, un défenseur rigide de la théologie catholique et un adversaire résolu de la domination protestante (anglicane). Il refusait le paiement des droits de mariage ou d'inhumation qui allaient à l'Église d'Angleterre, mais demandait sans

Fletcher

embarras au pouvoir législatif de la colonie que les méthodistes aient les mêmes privilèges que les anglicans et les catholiques en matière de célébration des mariages. Même en politique, Fleming et son clergé soutinrent des protestants libéraux et combattirent des catholiques proches de l'establishment. Le fait qu'on ne nomma aucun catholique au conseil entre 1825 et 1840, et que nulle part ses coreligionnaires n'avaient un tant soit peu leur juste portion des charges publiques, l'irritait sincèrement. Pour lui, mieux valait supporter la division politique que consentir en silence à une injustice flagrante.

Fleming avait pour principaux adversaires un groupe de laïques et de prêtres catholiques auxquels s'ajoutaient des gens qui, tel Winton, avaient des vues très proches des leurs. Cette opposition, il avait du mal à l'accepter parce qu'il croyait essentiel aux intérêts de l'Église que les catholiques fassent front commun sous la conduite de leur évêque. La majorité de ses fidèles acceptaient volontiers et soutenaient l'autorité du clergé. Ce qu'on reprocha surtout à Fleming, c'est le traitement que son clergé réserva à ceux qui ne partageaient pas cette attitude. Indéniablement, il y eut des injustices et des excès, mais sa responsabilité demeure difficile à déterminer, et des indices montrent qu'il n'approuvait pas automatiquement la conduite de Troy. En outre, la politique proprement dite n'était pas seule en cause : les catholiques qui n'avaient pas les mêmes intentions de vote que lui ne l'appuyaient pas non plus, dans l'ensemble, sur les questions ecclésiastiques.

Mgr Michael Anthony Fleming fut un pivot dans l'histoire de Terre-Neuve. À sa manière, il contribua peut-être plus que tout autre à la transition qui permit à l'île de devenir une colonie organisée, dotée d'institutions semblables à celles de l'Europe et du reste de l'Amérique du Nord. Indirectement, aussi, il fut probablement celui qui fit le plus pour contrecarrer l'hégémonie des marchands et en assurer, à la longue, le remplacement par une forme de gouvernement responsable envers la collectivité. Certes, son épiscopat laissa à Terre-Neuve un héritage de dissensions ; mais il aida aussi un peuple à accéder à la maturité.

RAYMOND J. LAHEY

Parmi les ouvrages publiés de Michael Anthony Fleming, citons : *Letters on the state of religion in Newfoundland, addressed to the Very Rev. Dr. A. O'Connell, P.P.* [...] (Dublin, 1844) ; « Newfoundland » [deux lettres au révérend John Spratt, Dublin, 24 sept., 8 oct. 1834], *Catholic Magazine and Rev.* (Birmingham, Angl.), 6 (1835) : lxxii–lxxxi ; « Religion in Newfoundland » : v–xii ; *Stato della religione cattolica in Terra-Nuova* [...] (Rome, 1836) ; et *Relazione della missione cattolica in Terranuova nell'America settentrionale* [...] (Rome, 1837).

Arch. of the Archdiocese of St John's, Fleming papers ; Howley papers, transcripts of docs. in the Archivio della Propaganda Fide (Rome). — Archivio della Propaganda Fide, Acta, 1847 ; Scritture riferite nei Congressi, America settentrionale, 2 (1792–1830) ; 5 (1842–1848). — Basilica of St John the Baptist (Roman Catholic) (St John's), St John's parish, reg. of baptisms, 1823. — PRO, CO 194/80 ; 194/82 ; 194/85 ; 194/87–93 ; 194/96–97 ; 194/99 ; 194/102 ; 195/18 ; 197/1. — *Gentlemen-bishops and faction fighters : the letters of bishops O Donel, Lambert, Scallan, and other Irish missionaries,* C. J. Byrne, édit. (St John's, 1984). — *Newfoundlander,* 29 oct. 1829, 26 mai, 2, 9 juin, 28 juill., 25 août, 27 oct. 1831, 30 août, 13, 20, 27 sept., 4 oct. 1832, 14 févr., 26 sept. 1833, 25 oct. 1838, 12 janv. 1846, 24 juin, 16, 23 sept. 1847. — *Newfoundland Indicator* (St John's), 16 mars, 20 avril, 1er juin, 20, 27 juill., 17 août 1844. — *Newfoundland Vindicator* (St John's), 27 mars, 3 juill. 1841. — *Patriot & Terra-Nova Herald,* 26 juill. 1843, 29 juill. 1847, 20, 27 juill. 1850. — *Public Ledger,* 24 août 1827, 14, 21, 25 sept., 13 nov. 1832, 9 févr., 18, 25 mai, 19 août, 9 sept., 22, 29 nov. 1836, 25 mai 1841. — *Centenary volume, Benevolent Irish Society of St. John's, Newfoundland, 1806–1906* (Cork [république d'Irlande, 1906]). — Gunn, *Political hist. of Nfld.* — M. F. Howley, *Ecclesiastical history of Newfoundland* (Boston, 1888 ; réimpr., Belleville, Ontario, 1979). — R. J. Lahey, « The building of a cathedral, 1838–1855 », *The Basilica-Cathedral of St. John the Baptist, St. John's, Newfoundland, 1855–1980,* J. F. Wallis *et al.*, édit. (St John's, 1980). — F. W. Rowe, *The development of education in Newfoundland* (Toronto, 1964). — Hans Rollman, « *Gentlemen-bishops and faction fighters* [...] » [recension de livre avec corrections], *Nfld. Quarterly,* 81 (1985–1986), no 4 : 12–14.

FLETCHER, JOHN, avocat, officier de milice, fonctionnaire, juge et juge de paix, né vers 1767 à Rochester, Angleterre ; décédé le 11 octobre 1844 à Sherbrooke, Bas-Canada.

Fils et petit-fils de ministres de l'Église d'Angleterre, John Fletcher fréquenta la St Paul's School à Londres. Il entreprit ensuite des études de droit et fut admis au barreau de cette ville. Brillant avocat, il acquit rapidement une excellente réputation de juriste. Il s'intéressa vivement aux progrès scientifiques de son époque et sut se distinguer tant par ses conférences, toujours très appréciées du public, que par ses articles publiés dans les grandes revues scientifiques londoniennes. Après tant de succès, il est difficile de saisir les motifs qui l'incitèrent à venir s'établir au Bas-Canada en 1810, si ce n'est son esprit d'aventure. Il se fixa à Québec et on l'admit au barreau le 4 décembre de la même année.

En avril 1814, Fletcher tenta de se lancer en politique et se présenta comme candidat dans la circonscription de la Haute-Ville de Québec. Cependant, Jean-Antoine Panet* et Claude DÉNÉCHAU, très populaires dans cette circonscription, se révélèrent des adversaires de taille, et Fletcher se retira avant la fin du scrutin ; il n'avait alors recueilli que 12 voix.

Dès le 16 mai suivant, par favoritisme gouvernemental, on nomma Fletcher coroner du district de Québec, poste qu'il conserva jusqu'au 24 septembre

1815. Le 6 mai précédent, on l'avait désigné commissaire chargé de la réfection du palais de justice de Québec et, le 22 novembre, il devint juge à la Cour des sessions générales de la paix à Québec. Fletcher prit part à la guerre de 1812 à titre d'enseigne dans le 6ᵉ bataillon de la milice d'élite incorporée puis dans le 1ᵉʳ bataillon de milice de la ville de Québec. On le promut capitaine dans ce dernier bataillon le 11 mai 1816.

En octobre de cette année-là, Fletcher et William Bacheler Coltman* furent nommés juges de paix pour le territoire indien du Nord-Ouest. Peu après, on les chargea d'enquêter sur les crimes qu'engendrait le conflit entre les deux grandes compagnies de traite des fourrures du pays, la Hudson's Bay Company et la North West Company. Fletcher, accompagné d'un petit groupe de soldats, se rendit au fort William (Thunder Bay, Ontario) au printemps de 1817. Il aurait dû poursuivre jusqu'à la rivière Rouge, mais il demeura au fort et c'est finalement Coltman qui exécuta seul le mandat qu'on leur avait confié.

De retour à Québec en 1818, Fletcher reprit l'exercice du droit et, le 1ᵉʳ mai 1823, il reçut sa nomination de juge de la Cour provinciale du nouveau district de Saint-François, avec résidence à Sherbrooke. Très excentrique, Fletcher laissa, à tort ou à raison, la réputation d'un juge souvent partial, tyrannique et arbitraire dans ses décisions. En effet, on déposa de nombreuses plaintes contre lui devant la chambre d'Assemblée entre 1828 et 1832. Entre autres, l'affaire Dickerson demeure célèbre. Éditeur du journal *British Colonist and St. Francis Gazette* de Stanstead, Silas Horton Dickerson* inséra dans sa feuille hebdomadaire, entre 1826 et 1828, plusieurs articles qui décriaient la Cour provinciale de Saint-François et les décisions du juge Fletcher. En conséquence, sur les ordres de ce dernier, on arrêta à maintes reprises le journaliste pour outrage à magistrat ; il fut condamné à de fortes amendes et même à des peines d'emprisonnement. L'affaire fut portée, avec d'autres, à l'attention de la chambre d'Assemblée en 1828. On accusa alors Fletcher d'avoir agi à la fois comme plaignant et juge dans certaines causes et d'avoir outrepassé ses pouvoirs juridiques en imposant des amendes et des peines d'emprisonnement pour outrage à magistrat commis hors cour, ainsi que pouvaient le faire les juges des cours supérieures de la province et de Westminster.

Une longue enquête s'ensuivit sans que John Fletcher ne soit appelé à témoigner devant la chambre et, en 1829, celle-ci demanda sa destitution à l'administrateur sir James Kempt*. On n'appliqua jamais cette recommandation, comme celles des commissions d'enquête de 1831, 1832 et 1836. Devant les demandes réitérées de destitution qui émanaient de la chambre, le juge Fletcher accepta enfin d'expliquer sa conduite dans trois longs mémoires datés du 13 février 1832, puis du 20 avril et du 18 mai 1836. Appelé à se prononcer dans cette cause, le nouveau gouverneur, lord Gosford [ACHESON], requit en 1836 un avis juridique du procureur général, Charles Richard Ogden*, et du solliciteur général, Michael O'SULLIVAN, quant à l'étendue des pouvoirs d'un juge de la Cour provinciale en matière d'outrage à magistrat commis hors cour. L'un et l'autre donnèrent raison au juge Fletcher. En dernier recours, lord Gosford décida, à l'exemple de son prédécesseur, d'en appeler au Conseil privé de Londres, qui n'y donna jamais suite. Le juge Fletcher put ainsi continuer à exercer ses fonctions jusqu'à sa mort.

CHRISTINE VEILLEUX

ANQ-E, CE1-41, 11 oct. 1844 ; E4/T/4. — B.-C., chambre d'Assemblée, *Journaux,* 1828–1829, app. MM ; 1831, app. CC ; 1831–1832, app. W. — *Quebec Gazette,* 7, 14, 21 avril 1814, 16 sept., 7 nov. 1816, 14 oct. 1844. — F.-J. Audet, « Commissions d'avocats », *BRH,* 39 : 580 ; « Coroners de Québec (liste révisée) », *BRH,* 8 (1902) : 147. — H. J. Morgan, *Sketches of celebrated Canadians.* — P.-G. Roy, *les Avocats de la région de Québec* ; *les Juges de la prov. de Québec.* — Wallace, *Macmillan dict.* — Buchanan, *Bench and bar of L.C.* — Maurice O'Bready, *De Kiné à Sherbrooke ; esquisse historique de Sherbrooke : des origines à 1954* (Sherbrooke, Québec, 1973). — F.-J. Audet, « le Juge Fletcher », *BRH,* 2 (1896) : 109. — J.-P. Kesteman, « les Premiers Journaux du district de Saint-François (1823–1845) », *RHAF,* 31 (1977–1978) : 239–253. — « Tablette commémorative érigée dans l'église Saint-Pierre, à Sherbrooke », *BRH,* 40 (1934) : 124.

FORBES, sir FRANCIS, juge, né en 1784, probablement à St George, Bermudes, fils du docteur Francis Forbes et de Mary Tucker ; en 1813, il épousa Amelia Sophia Grant, de Kingston, Jamaïque, et ils eurent trois fils ; décédé le 8 novembre 1841 à Newtown (Sydney, Australie).

Francis Forbes grandit aux Bermudes. On sait peu de chose sur son enfance et son adolescence, mais il est probable qu'il se rendit aux États-Unis où sa famille avait des terres. Sir James Dowling, qui siégea en cour avec lui pendant la dernière partie de sa carrière, dans la Nouvelle-Galles du Sud (Australie), a dit un jour de Forbes que « très tôt, de par son éducation, son esprit [avait été] pétri de sympathies américaines », tandis qu'un autre observateur soulignait ses « principes yankees ».

Le jeune Forbes se rendit à Londres en 1803 pour étudier le droit ; on l'admit au barreau de la Lincoln's Inn en avril 1812. En mars 1811, il était devenu procureur général des Bermudes. Deux ans plus tard, on lui confia aussi le poste d'avocat du roi à la Cour de vice-amirauté de St George ; il vivait déjà « confortablement » dans cette ville avec sa femme. La compétence dont il fit preuve dans l'exercice de ces deux fonctions était telle que le 24 août 1816 il prit la succession de Cæsar Colclough* à titre de juge en chef

Forbes

de la Cour suprême de Terre-Neuve. C'est le *surrogate* David BUCHAN qui l'assermenta à St John's le 15 juillet 1817. Un de ses premiers gestes officiels fut de rendre visite aux détenus de la prison vétuste : il recommanda au gouverneur Francis Pickmore* d'exercer son droit de grâce pour certains d'entre eux. Comme l'île avait été privée de juge en chef pendant 18 mois, les prisonniers incarcérés pour des crimes tels que le vol ou le faux témoignage avaient purgé de longues peines sans qu'on ait révisé leur cas. La lettre que Forbes écrivit à cette occasion dénote beaucoup de compassion et de souci de la justice.

En 1817, Terre-Neuve était toujours dépourvu de toute forme de gouvernement électif, mais on avait assisté à St John's à la naissance d'un mouvement de réforme et à l'apparition d'une presse vigoureuse. Les perspectives d'avenir de l'île faisaient l'objet de débat, et une nouvelle classe moyenne, formée de résidents qui exerçaient des professions libérales ou faisaient du commerce, commençait à affirmer son influence dans une société en mutation. L'incertitude et l'effervescence de l'époque étaient d'autant plus grandes que l'économie, fondée sur la pêche, avait connu un effondrement au terme des guerres napoléoniennes et que de 1816 à 1819 St John's fut le théâtre d'une série d'incendies désastreux (dont l'un rasa le palais de justice où siégeait Forbes). Les autorités britanniques tentèrent d'apaiser les pressions qui s'exerçaient pour obtenir des changements en décidant en 1817 que le gouverneur résiderait dans l'île 12 mois par an, mais elles ne firent rien pour modifier son attitude paternaliste. Aussi primitif qu'ait été son système politique, Terre-Neuve était quand même doté, tel que le prévoyait la loi, d'un appareil judiciaire élaboré qui comprenait des cours de sessions, des tribunaux de *surrogate,* une Cour de vice-amirauté et une Cour suprême. La vénérable institution anglaise qu'était le jury d'accusation, que Forbes considérait comme « le seul corps public légitime de l'île », y exerçait aussi un grand pouvoir. Étant donné qu'il n'y avait pas de Parlement, les réformistes comptaient particulièrement sur la Cour suprême pour affirmer les droits constitutionnels et tempérer le pouvoir exécutif. Forbes se trouva donc juge en chef à une époque où, il le savait bien, ses décisions et sa manière de présider les audiences intéressaient vivement la population. « Le pays a les yeux tournés vers nous », dit-il en cour en 1821, au moment de corriger une décision qu'avaient prise deux magistrats.

En décembre 1817, Pickmore rapporta qu'on sollicitait la Cour suprême « comme jamais » mais que Forbes, « compétent », la dirigeait avec « application » et « célérité ». En fait, Forbes semblait aimer la simplicité et la rapidité qui avaient fini par caractériser la procédure du tribunal. « La vitesse à laquelle les procès se déroulent est telle, notait-il, qu'il n'est pas rare qu'une cause soit entendue et jugée à la cour le jour même où on l'a présentée. » Comme il n'y avait aucun « praticien privilégié » au tribunal, c'était le plaignant lui-même ou un tiers étranger à l'affaire qui défendait la cause. Ensuite, Forbes jugeait la cause au fond ou la soumettait à un jury si la demande en avait été faite. Le nouveau juge en chef tenait apparemment peu aux « formalités rigides » et affirmait : « l'accès peu coûteux et facile à la fontaine de justice présente tant de solides avantages que, parmi ceux qui en ont retiré des bénéfices concrets, il en est peu qui consentiraient à y renoncer au nom de quelque crainte imaginaire d'encourager l'esprit de chicane ». Il ne fallut pas longtemps pour que son attitude conciliante suscite des critiques de la part du successeur de Pickmore, sir Charles HAMILTON.

Tout en se montrant soucieux, dans ses premières causes civiles, de reconnaître la légalité de coutumes particulières à la pêche et au commerce terreneuviens, Forbes déclarait que les lois anglaises constituaient « un fonds commun dans lequel la colonie [pouvait] puiser autant et aussi souvent que sa situation l'exige[ait] ». C'était là un des principes qui guidaient ses jugements, principe qu'étayait une disposition de la loi de 1809 sur les tribunaux terre-neuviens dans laquelle on disait que la Cour suprême devait statuer sur les causes civiles « conformément au droit de l'*Angleterre,* dans la mesure où il [pouvait] s'appliquer aux poursuites et aux plaintes » intentées ou soulevées dans l'île. Aussi, de 1817 à 1822, nombre de présomptions, structures officieuses et règlements apparus à Terre-Neuve – bref, « la particularité du gouvernement local », comme le disait Forbes – furent-ils passés au crible de la constitution et du droit anglais. En fait, ce n'était pas la première fois que les coutumes terreneuviennes subissaient un test de ce genre, puisque les légistes de la couronne britannique, en particulier, avaient déjà limité les pouvoirs du gouverneur. Mais ce serait Forbes qui, avec les armes de l'appareil judiciaire, s'attaquerait le plus résolument au régime traditionnel.

Une des premières décisions de Forbes qui embarrassa Hamilton porta sur le paiement de la taxe mensuelle de 6d traditionnellement perçue auprès des pêcheurs et des marins pour le Greenwich Hospital. En dépit de la pénible situation économique d'après-guerre, qui rendait difficile la perception de cette taxe, Hamilton demanda à ses fonctionnaires de procéder à des saisies contre les délinquants. La question parvint en Cour suprême en novembre 1818, à l'occasion du procès qui opposait Le Geyt à la Miller, Fergus and Company. Forbes déclara que les taxes ne pouvaient pas, comme elles l'avaient été dans ce cas, être imposées à des *sharemen* tant que leur fournisseur, s'il avait un droit de rétention sur leurs prises de poisson, n'avait pas pu se prévaloir de ce droit. Il émit également des doutes sur l'assujettissement des pêcheurs terre-neuviens aux lois du Parlement relatives à cette taxe. Dans une longue plainte écrite à la suite du jugement, Hamilton fit valoir aux commissaires compétents la nécessité d'une nouvelle loi qui « assujettirait expressément [les pêcheurs] à la taxe ». Le tribunal avait ébranlé son autorité, ce dont une population vigilante ne pouvait manquer de prendre acte. Peu après, le shérif en chef John Bland* comparut devant Forbes sous l'accusation d'avoir pénétré de force dans un immeuble où des citoyens remisaient une pompe à incendie. Il avait même démoli l'immeuble, sur l'ordre de Hamilton. Pendant le procès, qui opposait Hoyles à Bland, en avril 1819, Forbes informa les jurés qu'ils ne pouvaient faire autrement que de se prononcer en faveur de l'accusé, puisque la maison en question, construite sur une ancienne grave, « échapp[ait] à l'appropriation privée ». Cependant, il souligna que si Bland entrait dans un lieu qui n'appartenait pas à la couronne, « il [serait] un intrus, peu importe l'autorité en vertu de laquelle il agi[rait] » ; de plus, dit-il, même dans l'éventualité où la couronne serait propriétaire, si Bland entrait « de force et sans accomplir les formalités attachées à une procédure judiciaire, il [serait] passible de poursuites au criminel ». L'incident de la maison qui servait de poste d'incendie causa tout un émoi à St John's.

Les commentaires de Forbes dans l'affaire Hoyles-Bland reflètent son inquiétude au sujet du régime foncier de Terre-Neuve. Même si les insulaires, sous bien des rapports, en étaient venus à se comporter comme des propriétaires normaux, leur droit à la propriété foncière était encore juridiquement incertain. Au cours du procès qui opposa Williams à Williams, en février 1818, Forbes sous-entendit que ce droit n'existait pas dans la colonie : « La transmission par voie de succession telle que prévue par la *common law,* déclara-t-il, ne s'applique pas aux biens-fonds de Terre-Neuve. » Toutefois, à l'occasion de deux poursuites qu'intenta la couronne contre ce qui était considéré comme des empiétements, sa position se modifia. Ainsi au cours du procès contre Thomas Row, en novembre 1818, il nia à la couronne le droit de retirer une clôture que le défendeur avait placée sur une parcelle de terrain dont il revendiquait la propriété. Même si Forbes ne souhaitait pas, en cette occasion, trancher la question de « la nature des biens immobiliers à Terre-Neuve » – question que « tous [s]es prédécesseurs [avaient] soigneusement évitée » observa-t-il avec ironie – il indiqua tout de même qu'en vertu d'une loi adoptée en 1699, sous Guillaume III, Row avait droit à la jouissance « paisible » du terrain. À l'occasion du procès de la couronne contre Kough, en août 1819, il dissipa toute équivoque : « De tous les maux de la société, l'incertitude de la loi compte parmi les plus grands, et il ne saurait y avoir

d'incertitude pire que celle qui entoure le droit en vertu duquel un homme est propriétaire de son habitation. » Il analysa les lois britanniques pertinentes et conclut qu'en fait le droit à la propriété privée avait déjà été concédé à Terre-Neuve, puis se prononça en faveur des défendeurs. Ce fut un grand moment dans l'histoire de l'île. Convaincu que Forbes avait « des opinions politiques de la tendance la plus libre », Hamilton rapporta au secrétaire d'État aux Colonies, lord Bathurst, que depuis l'arrivée du juge en chef « la couronne a[vait] perdu presque toutes les causes auxquelles elle a[vait] été mêlée ». Il redemanda donc la nomination d'un procureur général pour protéger les intérêts de la couronne au tribunal. De son côté, Forbes résuma carrément la situation dans une lettre adressée à Hamilton en 1821 : « Il est trop tard maintenant pour contester le droit de tous à posséder des biens-fonds dans l'île. »

Hamilton et Forbes ne voyaient pas non plus du même œil la place de la Cour suprême dans l'appareil judiciaire de Terre-Neuve. Dès son arrivée, Forbes avait agi comme si la Cour suprême était une instance d'appel supérieure à tous les autres tribunaux et n'avait nullement hésité à réformer ou modifier les jugements rendus par eux, sauf lorsqu'ils se fondaient sur la décision d'un jury. Il se défiait particulièrement des décisions rendues par les cours de *surrogate,* que présidaient souvent des capitaines de la marine royale. « Je me suis toujours empressé de corriger toute erreur ou méprise en cassant le jugement de la cour de *surrogate* », nota-t-il à l'occasion du procès qui opposa Roberts à Simpson en décembre 1817. De même, dans la poursuite de la Hutton, McLea and Company contre Kelly, en février 1818, il écarta la décision d'une cour des sessions avec la mise en garde suivante : « si un tribunal inférieur excède sa juridiction et occasionne de ce fait un tort, l'intéressé a le droit d'ester en jugement contre ses membres ». En 1819, Hamilton était si inquiet du nombre d'appels à la suite de jugements qu'avaient rendus des tribunaux inférieurs qu'il demanda à Bathurst de confier aux légistes de la couronne la mission d'éclaircir la fonction d'appel de la Cour suprême. Ils le firent en septembre 1820 à son entière satisfaction : selon eux, cette fonction était extrêmement limitée. Cependant, Forbes exprima son désaccord au moyen d'une argumentation serrée et demanda que son document soit soumis aux légistes de la couronne. Parmi ses causes les plus importantes, plusieurs provenaient d'erreurs commises par les tribunaux inférieurs. Le procès qui opposa Jennings et Long à Hunt et Beard, en octobre 1820, découlait de la décision qu'avait prise à la baie Sandwich, au Labrador, le *surrogate* Hercules Robinson, capitaine de navire, qui avait appliqué les règlements sur la pêche au saumon promulgués par Hamilton. Le *surrogate,* notait Forbes, « avait reçu les ordres de son commandant en chef et n'a[vait] fait qu'y obéir à titre d'officier subalterne, sans s'interroger sur leurs fondements juridiques ». Or, poursuivait-il, comme le gouverneur ne possédait pas l'autorité législative nécessaire pour délivrer sa proclamation, le *surrogate* « a[vait] pris pour un texte de loi ce qui n'en était pas un, de sorte que son jugement était erroné ». Cette opinion extraordinaire, qui avait de toute évidence une portée générale, mina d'un seul coup à Terre-Neuve le régime politique officieux qui relevait du gouverneur. Hamilton était abasourdi ; pourtant, même lui concédait en 1822 qu'« une certaine forme d'autorité locale » serait utile. Dans un autre procès qui fit sensation à St John's en novembre 1820, celui du pêcheur James Lundrigan* contre David Buchan et le révérend John Leigh*, tous deux *surrogates,* Forbes blâma les accusés d'avoir condamné Lundrigan au fouet pour outrage au tribunal.

Forbes ne scruta pas seulement les pouvoirs coutumiers du shérif en chef, des magistrats, des *surrogates* et du gouverneur ; les autorités militaires aussi eurent affaire à lui. Au cours du procès qui opposa la John F. Trimingham and Company à Gaskin, en août 1821, il déclara illégale la pratique qui consistait à faire feu sur les navires qui quittaient le port de St John's sans l'autorisation du gouverneur, et les ordres de tir furent dits « fondés sur une mauvaise compréhension de la loi ». Par suite du jugement rendu contre Gaskin, le canonnier qui avait tiré, Hamilton fut contraint de demander au commandant des troupes britanniques de s'abstenir de « faire feu pour arrêter quelque navire que ce soit » jusqu'à ce que les autorités londoniennes aient pu étudier les détails de l'affaire. Toutefois, les légistes de la couronne se rangèrent du côté de Forbes. Cet incident avait montré encore une fois, de manière frappante, comment le pouvoir arbitraire pouvait se cacher derrière le masque du droit.

Parmi les « milliers de causes » civiles que Forbes eut à entendre au cours de ses cinq années à Terre-Neuve, la plupart ne portaient pas sur les droits constitutionnels mais sur des cas d'insolvabilité et de dettes, sur les salaires des pêcheurs ou sur d'autres questions économiques du même ordre. Dans ce domaine, sa tâche était d'autant plus complexe que les lois britanniques qui régissaient l'île ne correspondaient plus à la conjoncture économique, alors en pleine mutation. Au cours du procès qu'intentèrent les syndics de la Crawford and Company contre la Cunningham, Bell and Company, en octobre 1817, Forbes se plaignit que « Terre-Neuve a[vait] été considéré comme un simple territoire de pêche et [que], par une sorte de fiction politique, tous ses habitants [étaient] censés être soit pêcheurs, soit fournisseurs de pêcheurs ». Or, notait-il, cette idée était « très éloignée de la réalité », puisqu'il se faisait à partir de l'île « un nombre considérable de transactions sans rapport avec la pêche ». Cependant, nombre de procès importants qu'il présida avaient trait

à cette activité. À l'occasion de celui de Stuart et Rennie contre Walsh, en janvier 1818, il statua qu'il était légal de payer les participants à une expédition de pêche en leur donnant une portion des prises au lieu de leur verser un salaire, tandis qu'à l'issue du procès de la Baine, Johnston and Company contre Chambers, en janvier 1819, il se prononça contre un marchand qui avait acheté du poisson d'un pêcheur de la baie Trinity à qui une autre compagnie avait avancé du matériel. L'entente conclue entre le pêcheur et le marchand fournisseur, expliqua-t-il, était « un système de crédit institué de bonne foi, et la Cour a[vait] le devoir de cimenter cette confiance nécessaire entre les parties et d'exercer sa vigilance pour empêcher des tiers d'y porter atteinte ». Le pêcheur n'avait pas le droit de vendre son produit à n'importe quel acheteur éventuel qui lui faisait une offre. Forbes ne s'intéressait donc pas exclusivement à l'affirmation des droits individuels ; il pouvait trancher en faveur des marchands (ou des magistrats) si l'intérêt général était menacé d'une façon quelconque.

Il subsiste peu de détails précis sur la vie privée de Forbes à Terre-Neuve ; dans sa vieillesse, sa femme rappela qu'elle avait vécu des années « heureuses » à St John's. Des indices montrent qu'il s'intéressait aux événements locaux : ainsi, en 1819, il présida une assemblée publique où l'on discuta du sort des Béothuks. Apparemment, il fréquentait nombre de citoyens en vue qui témoignèrent avant son départ des « manières aimables, sociables et affables » de cet homme à qui ils devaient « tant de brillantes conversations ». En dépit de l'intensité du débat politique qui divisait l'île, Forbes maintint par rapport aux parties en présence la distance qui convenait à un juge et gagna le respect de tous. Même Hamilton ne mit jamais en doute ses connaissances ni sa sincérité. (Il faut noter aussi que Forbes nia par la suite que Hamilton se soit jamais ingéré dans l'administration de la justice à Terre-Neuve.) Selon le témoignage des Terre-Neuviens, il était reconnu comme un juge « droit », « clément » et « patient ». Il rendait des jugements si clairs et si persuasifs que même ceux qui pénétraient dans sa salle d'audience « confiants d'obtenir gain de cause en sort[aient] parfaitement satisfaits de jugements prononcés contre [eux] ». Mais dès 1821, affecté physiquement par son travail constant à la cour et par le dur climat de l'île, Forbes demanda un congé pour se rendre en Grande-Bretagne. En mai 1822, il rapporta à Hamilton que sa santé « [avait été] atteinte et l'[était] toujours » et demanda un congé de quatre mois en joignant à sa requête une lettre de son médecin, le réformiste William CARSON. Ayant obtenu la permission de partir, il quitta St John's le 7 mai 1822. Selon le *Public Ledger,* « Monsieur le juge fut accompagné dans un silence solennel jusqu'à la rive et s'embarqua au milieu des pleurs et des soupirs de toute la communauté ».

Conseiller auprès du ministère des Colonies à Londres en 1822 et 1823, Forbes eut sans aucun doute beaucoup d'influence sur la série de nouvelles lois adoptées pour Terre-Neuve en 1824. En s'appuyant sur une argumentation solide, il se prononça contre la création d'un Parlement ; il citait entre autres motifs l'opposition des marchands, les problèmes de communication et de transport internes et le manque de preuves qui indiquaient qu'une chambre d'Assemblée, si elle pouvait être formée, « serait de quelque utilité à l'île ». Si l'on se reporte à certains de ses jugements, cette prise de position était assez inattendue. Au lieu d'un Parlement, il préconisait l'établissement d'une forme de gouvernement municipal à St John's et ailleurs. Une des lois de 1824 autorisait d'ailleurs ce type de gouvernement.

À son arrivée en Angleterre en 1822, Forbes avait fait part à Bathurst de son « espoir d'être relevé » de ses fonctions à Terre-Neuve ; en août, il apprit que s'il le désirait il pouvait devenir juge en chef de la Cour suprême qui venait d'être instituée dans la Nouvelle-Galles du Sud. Un an plus tard, il partit occuper cette fonction, qu'il exerça avec grande compétence jusqu'en juillet 1837. On lui conféra le titre de chevalier en avril de la même année.

Francis Forbes fut juge à Terre-Neuve pendant un peu moins de cinq ans, mais il exerça une influence profonde sur les destinées de l'île. Ses jugements contrèrent les abus de pouvoir des autorités, établirent que les Terre-Neuviens avaient le droit de posséder des propriétés dans l'île et montrèrent la nécessité d'une forme de gouvernement constitutionnel. Ses décisions courageuses en firent un héros parmi les réformistes, qui disaient avec raison que « grâce à lui la Cour suprême a[vait] été instituée sur les vastes principes de la justice et du droit ».

PATRICK O'FLAHERTY

Quelques causes soumises à la Cour suprême au moment où sir Francis Forbes était juge en chef de Terre-Neuve sont reproduites dans : *Select cases from the records of the Supreme Court of Newfoundland* [...] (St John's et Londres, 1829) ; *Decisions of the Supreme Court of Newfoundland : the reports* [...], E. P. Morris et al., édit. (St John's), 1 (1817–1828) ; et State Library of New South Wales, Mitchell Library (Sydney, Australie), ms coll., A740, « Decisions of the Supreme Court of Judicature in cases connected with the trade and fisheries of Newfoundland during the time of Francis Forbes [...] », 28 juill. 1817–15 déc. 1821. D'autres causes sont conservées aux PANL, GN 5/2/A/1, 1817–1821, et occasionnellement dans GN 2/1/A ; et au PRO, CO 194.

Les principales sources concernant la carrière de Forbes à Terre-Neuve sont : PANL, GN 2/1/A, 28–33 ; et PRO, CO 194/60–69. On trouve aussi de la documentation au PRO dans CO 38/20 ; 195/17 ; 323/40–51 ; 323/117–118 ; 325/4 et 325/7. Dans ses collections, la Mitchell Library possède des informations sur les années que Forbes passa à Terre-Neuve

(ms coll., A1381 : 26–42, 50). D'autres renseignements concernant principalement sa carrière en Australie se trouvent dans : State Library of New South Wales, Dixson Library (Sydney), ms coll., Add. 61 ; Add. 155 ; Add. 159 ; CSIL/3 ; MS 108 et MSQ 21.

On trouve des notices biographiques de Forbes dans : *DNB* ; *ADB* ; et *Encyclopedia of Newfoundland and Labrador*, J. R. Smallwood et al., édit. (2 vol. parus, St John's, 1981–). L'étude de C. H. Currey, *Sir Francis Forbes : the first chief justice of the Supreme Court of New South Wales* (Sydney, 1968), 9–20, couvre les années que Forbes passa à Terre-Neuve, tandis que celle d'A. H. McLintock, *The establishment of constitutional government in Newfoundland, 1783-1832 : a study of retarded colonisation* (Londres et Toronto, 1941), donne le contexte général de la période. Le pamphlet, *A report of certain proceedings of the inhabitants of the town of St. John, in the island of Newfoundland* [...] (St John's, 1821), donne un aperçu sur le mouvement de réforme à Terre-Neuve et sur l'idée que les réformateurs se faisaient de Forbes. Le *Newfoundland Mercantile Journal*, 1816–1824, jette un éclairage sur le contexte social dans lequel les décisions furent prises. [P. O'F.]

FORBIN-JANSON, CHARLES-AUGUSTE-MARIE-JOSEPH DE, prêtre catholique, né le 3 novembre 1785 à Paris, second fils de Michel-Palamède de Forbin-Janson, comte de Forbin-Janson, et de Cornélie-Henriette-Sophie-Louise-Hortense-Gabrielle Galléan, princesse de Galléan ; décédé le 11 juillet 1844 dans le château de Guilhermy, près de Marseille, France.

Issu d'une des plus grandes familles nobles de Provence, Charles-Auguste-Marie-Joseph de Forbin-Janson émigra sous la Révolution française avec ses parents en Bavière puis en Suisse, séjourna à Paris en 1795, réintégra la Bavière et ne revint en France qu'en 1800. Sa famille était ardemment légitimiste. Toute sa vie, Forbin-Janson demeura convaincu que la révolution avait résulté des conspirations suscitées par les francs-maçons et les républicains.

Aussi Forbin-Janson se rallia-t-il avec bien des réticences au régime impérial en acceptant en 1805 un poste d'auditeur au Conseil d'État ; dans le même temps, il alla s'inscrire à la Congrégation de la Sainte-Vierge, association religieuse fondée à Paris en 1801. Lorsque cette dernière fut dissoute par Napoléon Ier en 1809, Forbin-Janson se joignit à la société secrète royaliste connue sous le nom de Chevaliers de la foi, que fonda à Paris en 1810 Ferdinand de Bertier.

Forbin-Janson était déjà séminariste. La lutte engagée par Napoléon Ier contre Pie VII lui avait fait abandonner sa carrière dans l'administration et, en 1808, il était entré au séminaire de Saint-Sulpice à Paris, où il joignit une association secrète de piété d'inspiration jésuite. À Saint-Sulpice, il y avait alors un groupe de jeunes clercs dont les imaginations s'évadaient vers les missions, et l'impétueux Forbin-

329

Forbin-Janson

Janson s'enflamma à ces perspectives. Il se lia d'une étroite amitié avec Charles-Joseph-Eugène de Mazenod, qui partageait les mêmes rêves.

Ordonné à Chambéry le 15 décembre 1811, Forbin-Janson fut d'abord supérieur du grand séminaire de l'endroit. À titre de vicaire général, il se rendit à Rome en 1814 où, après avoir consulté Pie VII, il fut convaincu de renoncer à la Chine pour se consacrer à la réévangélisation de la France, devenue impie, à ses yeux, par suite des excès révolutionnaires. Avec l'abbé David de Rauzan il mit sur pied la Société des missions de France, dont le centre était le mont Valérien, situé à l'ouest de Paris. Ce fut l'origine des fameuses missions de la Restauration. Doué d'une facilité oratoire peu commune, capable de déployer une activité prodigieuse, légitimiste convaincu que la restauration de l'autel ne se séparait pas de celle du trône, Forbin-Janson utilisa toutes les ressources d'un zèle ardent et d'une imagination fertile pour multiplier les manifestations religieuses théâtrales où, selon son biographe Paul Lesourd, se donnait libre cours le « cléricalisme politique ». Le point culminant de la mission était l'érection d'un calvaire. Forbin-Janson avait une prédilection pour la croix gigantesque du mont Valérien, visible de Paris et devenue le lieu de pèlerinage favori des Parisiens.

L'historien ecclésiastique Jean Leflon caractérise excellemment l'action de Forbin-Janson dans la Société des missions de France : « Forbin-Janson, on doit en convenir, abusa plus que personne des procédés spectaculaires, bruyants, qu'on [lui] a souvent reprochés ; plus que personne, il chercha les gros effets, mêla la cause royale à la cause de l'Église, convaincu de bonne foi que sans la monarchie la religion ne pouvait subsister. La discrétion n'était point sa vertu majeure et la rectitude de son jugement se trouva plus d'une fois en défaut. Autoritaire, entier, absolu, il n'admettait ni tempéraments, ni précautions, ni nuances ; aucun obstacle ne l'arrêtait, aucune déconvenue ne l'instruisait. »

Fort en vue, Forbin-Janson fut nommé évêque de Nancy et de Toul, et primat de Lorraine, le 21 novembre 1823. On le sacra le 6 juin 1824 dans la chapelle du mont Valérien. Selon Lesourd, il n'avait rien de ce qu'il fallait pour faire un bon évêque. D'un tempérament à ne pas rester tranquille dans les limites étroites d'un diocèse, allergique aux contraintes administratives, autoritaire, cassant dans ses rapports avec ses prêtres auxquels il préférait ses confrères des missions de France, dont il continua à s'entourer, il s'attira, en plus de l'hostilité de son clergé, celle des autorités civiles et du public où dominaient les libéraux réfractaires à la politique « ultra » du gouvernement. Aussi dès l'annonce de la chute de Charles X, à la révolution de Juillet, les émeutiers saccagèrent-ils le séminaire et l'évêché, et Mgr de Forbin-Janson, en tournée de confirmation, dut se résigner à quitter le diocèse. Il croyait à une absence temporaire ; elle fut définitive, car malgré ses instances réitérées la monarchie de Juillet, qui le considérait à bon droit comme un adversaire déterminé, refusa constamment d'autoriser son retour à Nancy. Un autre coup sensible lui fut porté lorsque ses ennemis politiques ruinèrent les œuvres auxquelles il avait consacré beaucoup de soin et d'argent sur le mont Valérien.

Disponible, Forbin-Janson, à la demande des évêques et des supérieurs de communautés religieuses, parcourut la France pour prêcher des retraites. Très proche de l'œuvre de la Propagation de la foi, fondée précisément pour venir en aide aux missionnaires des États-Unis, sa pensée se tourna vers l'Amérique du Nord, où d'ailleurs des compatriotes, qui occupaient des sièges épiscopaux, ne cessaient de l'inviter. Il se rendit à Rome où le pape Grégoire XVI approuva son projet de voyage outre-océan et lui confia même une mission officielle.

Le 18 octobre 1839, Mgr de Forbin-Janson débarquait à New York. Les missions à grand spectacle, par lesquelles Forbin-Janson s'était illustré en France, avaient alors leur pendant aux États-Unis dans les « réveils » (*revivals*) soit protestants, soit catholiques. En effet, comme l'a démontré l'historien américain Jay Patrick Dolan, l'expérience « revivaliste ne fut pas seulement une entreprise protestante ; elle a aussi traversé le catholicisme américain » et a trouvé son expression, vers 1830, dans l'institution de la mission paroissiale, qui se déroulait en une ou plusieurs semaines. Comme les initiateurs de ces missions étaient pour la plupart des Européens, jésuites et rédemptoristes, la tradition catholique européenne, en ce domaine, rejoignit la pratique protestante américaine, de sorte que le message prêché était du type évangélique : dénonciation du péché, effroi de l'enfer, repentir, conversion ; mais cet évangélisme, dont les caractéristiques se retrouvaient dans le revivalisme protestant, comportait un éclairage spécifiquement catholique : le repentir devait conduire à la confession, puis à l'eucharistie. Il s'agissait d'un évangélisme sacramentel. Autre différence que souligne Dolan : la religion prêchée dans les missions, très individualiste, privilégiait surtout une morale de la soumission, de l'acceptation, de la passivité socio-politique, à l'inverse du réveil protestant, tourné plutôt vers une perspective de succès et de progrès.

L'activité de Mgr de Forbin-Janson en Amérique du Nord s'inscrivait donc dans une pratique qui allait se prolonger jusqu'aux abords du xxᵉ siècle. Après s'être attardé un moment à New York, où il se rendit compte que ses compatriotes ne disposaient pas d'une église bien à eux, il prit l'initiative de faire construire un temple dédié à saint Vincent de Paul. En passant par Philadelphie et St Louis, il se rendit ensuite à La

Nouvelle-Orléans, où il prêcha le carême de 1840. Malgré ses appréhensions, provoquées surtout, comme il l'écrivait à un ami, par l'existence de « huit ou dix loges de francs-maçons » qui, dans « cette Babylone du Nouveau Monde », tenaient « presque tous les hommes enchaînés », et dont l'opposition au prédicateur se traduisit par une presse hostile et des scènes d'« anti-prédication » aux portes mêmes de la cathédrale où il prêchait, le succès, à son propre témoignage, « dépassa toutes les espérances ».

Forbin-Janson reprit la direction du nord après avoir assisté au quatrième concile provincial de Baltimore, du 16 au 24 mai 1840. Il donna libre cours à sa frénésie nomade, qui s'alliait fort bien à son ardeur apostolique, et se rendit dans différentes villes des États-Unis et du Haut-Canada. Il gagna ensuite Québec, où il fit son premier sermon à la cathédrale le dimanche 6 septembre 1840. S'ensuivit une retraite de deux semaines, à laquelle participèrent 5 000 à 6 000 personnes, assidues aux prédications quotidiennes d'environ une heure et demie chacune, et qui se termina, comme aux États-Unis, par cet engagement social collectif, qu'était la formation d'une société de tempérance.

Bien des historiens ont analysé la situation du Canada français d'alors : prostration politique à la suite de la crise des années 1830, langueur religieuse attribuable surtout à l'insuffisance numérique et doctrinale du clergé, recrudescence du prosélytisme protestant à la suite du zèle que déployaient depuis 1834 des pasteurs suisses francophones et de la fondation en 1839 de la French Canadian Missionary Society [V. Henriette Odin*]. L'éloquence entraînante de Mgr de Forbin-Janson provoqua une réaction salutaire, plus exactement un réveil religieux tout à fait analogue, compte tenu des différences indiquées plus haut, à ceux que catholiques et protestants expérimentaient outre-frontière. Il faut ajouter que par sa seule présence le prélat français, victime des révolutions de 1789 et de 1830 (cette dernière ne fut pas sans influence sur le déclenchement à retardement des troubles de 1837–1838), ne pouvait qu'ancrer davantage dans les esprits l'appréhension des malheurs qui découlent des révolutions et, en sa qualité d'intransigeant réactionnaire, préparer la voie au cléricalisme ultramontain, dont l'évêque de Montréal, Mgr Ignace Bourget*, saura tirer tous les bénéfices sur les plans religieux et politique.

Dans le succès de la prédication à Québec de Forbin-Janson, qui avait déjà accepté de prêcher dans son diocèse, Bourget avait vu d'emblée un signe, comme il l'écrivait à son clergé le 6 octobre 1840 : « la divine Providence a dirigé vers nous Monseigneur l'Évêque de Nancy pour créer ici ce qu'il a fait avec tant d'avantage ailleurs ». Pour prolonger les effets et le souvenir des prédications à venir de Forbin-Janson, on suivit l'exemple français des relations publiées à l'occasion des missions de la Restauration, en fondant à Montréal, en décembre 1840, les *Prémices des* Mélanges religieux, hebdomadaire qui s'intitulera plus brièvement *Mélanges religieux* dès la fin de janvier 1841 [V. Jean-Charles Prince*].

Faire le décompte des activités multiples de Mgr de Forbin-Janson tantôt à Trois-Rivières, à Montréal ou dans les environs, tantôt à New York, où périodiquement il retournait prêcher et surveiller les progrès de la construction de l'église dédiée à saint Vincent de Paul, serait fastidieux. Qu'il suffise de dire que le prédicateur ne faisait que reprendre dans ses sermons les procédés spectaculaires mis en œuvre durant la Restauration. En voulant provoquer un geste de foi, il cherchait à l'obtenir comme une issue à l'angoisse, à l'épouvante qu'il créait, assentiment nerveux qui allait souvent à l'encontre d'une adhésion libre au message transmis.

L'éloquence théâtrale de Forbin-Janson suscitait d'immenses concours de peuple, et le prédicateur ne se faisait pas faute de relater en termes dithyrambiques dans des lettres à des amis et dans l'*Ami de la religion*, l'organe quasi officiel du clergé français, les prodiges de componction (on n'a jamais versé autant de larmes que durant ces semaines de retraite !), de docilité et d'ardente sympathie qui le consolaient des déboires essuyés dans son ingrate patrie.

Le suprême réconfort de l'apostolat de Forbin-Janson au Bas-Canada, comme sa plus douce revanche, fut l'érection, sur le mont Saint-Hilaire, d'une croix gigantesque, qui faisait un pendant heureux au désastre du mont Valérien. Il voulait en faire un monument grandiose, à la fois religieux et national. Grâce au savoir-faire d'un menuisier de Belœil et à des corvées, elle put enfin s'élever, haute de 100 pieds, large de 6 et épaisse de 4, et recouverte de métal. Des ouvertures éclairaient l'intérieur et des échelles permettaient d'en faire l'ascension. On l'inaugura et on la bénit en grande pompe le 6 octobre 1841.

C'était le couronnement d'un apostolat que Mgr de Forbin-Janson avait réalisé au pas de charge en une soixantaine de localités, du Bas-Canada aux Maritimes. Ce labeur forcé, ajouté aux courses qu'il avait accomplies sur l'immense territoire des États-Unis, l'avait épuisé. Il avait le pressentiment que ses jours étaient comptés lorsqu'il s'embarqua à New York, le 8 décembre 1841, pour regagner l'Europe.

Mgr de Forbin-Janson emportait avec lui un souvenir enchanté de ses « chers Canadiens aux cœurs d'or et aux clochers d'argent ». Lui, l'ardent légitimiste, le paladin des Bourbons, le tenant réactionnaire de l'Ancien Régime à l'encontre de ces libéraux révolutionnaires qui avaient multiplié les ruines dans sa patrie et brisé sa propre carrière épiscopale, il s'était penché, durant son séjour à Montréal, sur le sort des patriotes que des meneurs, animés des principes qui le rebroussaient, avaient égarés et qui, emprisonnés,

Forrester

avaient été condamnés à la déportation et avaient pris le chemin de l'exil le 28 septembre 1839. Avant son départ, le prélat français avait vainement attendu l'arrivée du gouverneur, sir Charles Bagot, pour plaider leur cause. De retour en Europe, il jugea que son intervention aurait des chances d'être davantage efficace, et, le 15 août 1842, il débarquait à Londres. Sa démarche auprès du secrétaire d'État aux Colonies, lord Stanley, en faveur de ses « pauvres Canadiens », fut probablement l'amorce, comme il le crut, des mesures de clémence qui ramenèrent sur le sol natal un premier contingent de 38 exilés en janvier 1845.

Avant ce voyage en Angleterre, Forbin-Janson s'était rendu à Rome en janvier 1842. Grégoire XVI, pour le récompenser des prodiges d'apostolat en terre nord-américaine, dont les échos lui étaient parvenus, le nomma assistant au trône pontifical et comte romain. Mais le pape refusa de s'immiscer dans les différends existant entre le gouvernement de Louis-Philippe et l'évêque, qui, d'une opiniâtreté aveugle à toutes les oppositions, s'obstinait à vouloir rentrer dans son diocèse. Il refusa de démissionner et il devait mourir avec le titre officiel d'évêque de Nancy.

À son retour de Rome, Charles-Auguste-Marie-Joseph de Forbin-Janson mûrit le projet de mettre sur pied une œuvre destinée à intéresser les enfants chrétiens d'Europe au sort des petits Chinois. Il songeait à en faire une annexe à l'œuvre de la Propagation de la foi, mais le conseil central de l'œuvre, à Lyon, y vit une concurrence à son influence. Il dut donc se résoudre à fonder, en toute indépendance, l'œuvre pontificale de la Sainte-Enfance, le 19 mai 1843. Désormais, il consacra ses forces déclinantes à parcourir la France et la Belgique pour recueillir des approbations épiscopales et des souscriptions. Seul l'épuisement total de ses forces mit un terme à ce zèle dévorant. Il se décida à partir pour le Midi, afin d'aller se reposer chez son frère, près de Marseille. Et lui qui, en tant de sermons terrifiants, avait prêché la nécessité de se préparer à la mort, il se laissa surprendre par celle-ci, sans sacrements ni testament, le 11 juillet 1844. On l'inhuma dans le cimetière parisien de Picpus, réservé aux nobles décapités, à leurs descendants et alliés. Jusqu'au tombeau Forbin-Janson protesta donc contre les crimes de la révolution. Par un singulier paradoxe, pour prononcer son éloge funèbre dans la cathédrale de Nancy, le 28 août 1844, on fit appel à un clerc, le dominicain Henri Lacordaire, dont le réalisme politique lui faisait prendre la contrepartie absolue de l'attitude réactionnaire à outrance qui avait été celle de l'évêque défunt.

PHILIPPE SYLVAIN

Catholicisme : hier, aujourd'hui, demain (10 vol. parus, Paris, 1947–   ), 4 : 1442–1443. — DBF, 14 : 398–399. — Dictionnaire de spiritualité ascétique et mystique : doctrine et histoire (12 vol. parus, Paris, 1932–   ). — Dictionnaire d'histoire et de géographie ecclésiastique (20 vol. parus, Paris, 1912–   ), 17 : 1001–1004. — New Catholic encyclopedia (17 vol., Toronto et San Francisco, 1966–1978), 5 : 1001–1002. — N.-E. Dionne, Mgr de Forbin-Janson, évêque de Nancy et de Toul, primat de Lorraine ; sa vie, son œuvre en Canada (Québec, 1910). — J. P. Dolan, Catholic revivalism ; the American experience, 1830–1900 (Notre Dame, Ind., 1978). — Claude Galarneau, « Monseigneur de Forbin-Janson au Québec en 1840–1841 » dans les Ultramontains canadiens-français, sous la direction de Nive Voisine et Jean Hamelin (Montréal, 1985), 121–142. — Élisabeth Germain, Parler du salut ? Aux origines d'une mentalité religieuse, la catéchèse du salut dans la France de la Restauration […] (Paris, 1968). — M.-J. Le Guillou, « Lamennais à la lumière de Vatican II », l'Actualité de Lamennais (Strasbourg, France, 1981). — Paul Lesourd, Un grand cœur missionnaire : Monseigneur de Forbin-Janson, 1785–1844 […] (Paris, 1944). — Léon Pouliot, la Réaction catholique de Montréal, 1840–1841 (Montréal, 1942). — René Rémond, les États-Unis devant l'opinion française, 1815–1852 (2 vol., Paris, 1962), 1. — Ernest Sevrin, les Missions religieuses en France sous la Restauration (1815–1830) (Saint-Mandé, France, 1948). — Paul Catrice, « les Missionnaires de France au Mont-Valérien de 1815 à 1830 », Soc. hist. de Suresne, Bull. (Suresne, France), 6 (1968), n° 27 : 49–60. — Lionel Groulx, « la Situation religieuse au Canada français vers 1840 », SCHEC Rapport, 9 (1941–1942) : 51–75. — J.-M. Mayeur, « Catholicisme intransigeant, Catholicisme social, Démocratie chrétienne », Annales ESC (Paris), 27 (1972) : 483–499.

FORRESTER, THOMAS, soldat, marchand et homme politique, baptisé le 30 août 1790 à Halifax, fils d'Alexander Forrester et d'une prénommée Mary ; décédé le 15 novembre 1841 au même endroit.

Né dans une famille qui, semble-t-il, appartenait à la petite bourgeoisie, Thomas Forrester reçut les rudiments de sa formation scolaire à la Halifax Grammar School et, jeune encore, entra dans l'armée britannique. Pendant la guerre de 1812, il servit en Amérique du Nord britannique dans le Royal Regiment of Artillery. De retour à Halifax à la fin des hostilités, il devint détaillant de marchandises sèches, et plus particulièrement de parures chic. Habile en affaires, il profita de la croissance économique que Halifax connut dans les années 1820 et la décennie suivante. Sa cote d'imposition, de £300 en 1819, passait à £4 000 en 1841, ce qui le plaçait au nombre des Haligoniens les plus riches. Il possédait un bâtiment de pierre où il logeait et avait son magasin, rue Barrington (c'était, a-t-on dit après sa mort, « l'une des meilleures constructions de Halifax »), des immeubles urbains d'un rapport annuel de £350, plus de 1 000 acres de terre dans tous les coins de la province et £2 000 en titres de sociétés, dont 20 actions de la Banque de la Nouvelle-Écosse. Comme il seyait à un nanti, Forrester avait de l'influence dans la congrégation presbytérienne St Andrew et il occupait des postes honorifiques, la présidence de la Nova Scotia Philanthropic Society par exemple. En quelques années donc, il était sorti de l'ombre pour accéder à une « belle indépendance ». Avec sa femme, Elizabeth Martin, qu'il avait épousée le 25 février 1813, et leurs cinq enfants, il « s'entourait des signes de la prospérité ».

Cependant, la réussite matérielle ne satisfaisait pas Forrester qui, dans les années d'après-guerre, se fit aussi connaître comme un homme irascible, un fauteur de troubles. Les lettres qu'il fit publier dans les journaux pour dénoncer la prétendue fraude d'assurances de certains gros marchands locaux lui valurent en 1825 une condamnation pour diffamation et une amende de £100. Cinq ans plus tard, après plusieurs autres démêlés avec les gens en place de Halifax, il consolida sa mauvaise réputation en se plaignant de ce que les avocats, juges et fonctionnaires de la ville s'étaient ligués pour lui faire perdre un procès pour dettes qu'il avait intenté contre un officier de l'armée britannique. Convaincu qu'on l'avait traité injustement, il demanda réparation au lieutenant-gouverneur sir Peregrine Maitland* puis, après avoir essuyé une rebuffade, exposa directement son cas au ministère des Colonies dans une lettre où il réclamait vengeance. Selon un contemporain, c'étaient là les agissements d'un homme « obstiné et intraitable ». Furieux, Maitland observa que Forrester était « l'un de ces malheureux qui frôlent l'aliénation mentale sans être assez dérangés pour bénéficier de la protection accordée à ceux qui sont déclarés fous ». La méfiance des capitalistes de Halifax envers lui devint évidente quand, en 1832, ils rejetèrent en bloc sa candidature au conseil d'administration de la Banque de la Nouvelle-Écosse. Ses problèmes illustrent combien il était difficile, pour qui n'était pas né dans l'oligarchie haligonienne et n'en respectait pas les règles, de pénétrer dans ce milieu. Trop irrévérencieux, Forrester ne pouvait obtenir ni charge publique ni faveurs officielles, ce qui ne pouvait qu'aviver son antagonisme envers les autorités.

Occupé jusque-là de ses griefs personnels, Forrester se lança dans l'arène politique à la faveur du mouvement de protestation qui balaya la Nouvelle-Écosse dans les années 1830. D'abord, aux élections qui firent suite, en 1830, à la querelle du Brandy, il soutint dans le canton de Halifax Beamish Murdoch* contre le candidat de l'oligarchie, Stephen Wastie DEBLOIS, qui remporta la victoire. Dans les années qui suivirent, il devint un habitué des assemblées convoquées pour protester contre les hauts salaires des fonctionnaires, la dévaluation du papier-monnaie de la province et d'autres questions du même genre. Après le fameux procès au criminel où on acquitta Joseph Howe* d'une accusation de diffamation, en 1835, il fut l'un des premiers à se rallier à cet homme en qui il voyait le chef du mouvement réformiste

naissant. En 1836, on les élit tous les deux sous la bannière réformiste. Devenu député du canton de Halifax, Forrester ne tarda pas à joindre l'aile radicale de l'amorphe caucus réformiste.

Peu enclin à la spéculation théorique, Forrester n'exposa jamais ses principes politiques de façon systématique et prit rarement part aux interminables débats sur le sens précis du terme « gouvernement responsable ». Des problèmes plus tangibles l'occupaient davantage : assurer par exemple une meilleure protection législative aux commerçants contre les débiteurs en fuite. Il joua un rôle prépondérant en encourageant une innovation institutionnelle : l'érection de Halifax en municipalité et le remplacement des juges de paix nommés, qui administraient les affaires municipales, par un maire et des échevins élus. En usant d'arguments où entraient aussi bien l'intérêt des contribuables que les idéaux démocratiques, Forrester soulignait que cette réforme créerait une administration municipale honnête, efficace et économique. Halifax, affirmait-il, devait prendre exemple sur Boston, ville que gouvernait la bourgeoisie des propriétaires, où le gouvernement municipal pouvait à la fois taxer les riches et imposer une discipline morale aux « couches inférieures ».

Retenus par des campagnards méfiants à l'endroit de l'expansion urbaine et par une élite opposée au « nivellement » qu'engendrerait l'électivité des postes municipaux, l'Assemblée et les conseils de la province mirent du temps à ériger Halifax en municipalité. Quand on adopta finalement une charte en 1841, Forrester l'accueillit avec colère : la cote d'imposition exigée pour être élu ou électeur était élevée, si bien que la nouvelle administration demeurerait entre les mains de l'élite. Cette précaution, comme les généreuses pensions accordées aux fonctionnaires municipaux sortants, convainquit Forrester que la charte était un « triomphe du torysme ».

Un fossé infranchissable séparait alors Forrester des réformistes modérés. Howe s'était joint à la coalition formée en 1840 sous le lieutenant-gouverneur lord Falkland [Cary*], à l'initiative du gouverneur Charles Edward Poulett THOMSON, mais Forrester ne l'appuyait pas car elle obligeait selon lui à des compromis excessifs. La ferveur de son opposition provenait peut-être en partie du ressentiment qu'il éprouvait du fait qu'on l'avait ignoré au cours des négociations dont la coalition était née. Il en avait été exclu à cause de sa réputation d'irascibilité et d'incohérence. Nombreux étaient ceux qui se rappelaient sa conduite pendant la crise financière de 1837. Quand la panique des Britanniques avait gagné la Nouvelle-Écosse, les banques de Halifax, craignant une ruée sur leurs réserves de caisse, avaient cessé d'échanger le papier-monnaie contre des pièces. Les marchands avaient appuyé cette décision, mais les boutiquiers avaient protesté en affirmant avoir absolument besoin de

Forsyth

numéraire. Peut-être par dépit, Forrester était venu à la rescousse des détaillants de Halifax en intentant une série de poursuites contre la Banque de la Nouvelle-Écosse, qui en vertu de sa charte, disait-il, était obligée de faire le change. La panique s'était résorbée et les paiements avaient repris avant la fin des procès, mais Forrester, en se faisant le champion des gens du commun, avait perdu la confiance des privilégiés.

Malgré sa rupture avec Howe, Forrester était toujours assez populaire, aux élections de 1840, pour conserver son siège. En chambre, il portait le flambeau du radicalisme et dénonçait le menu législatif du gouvernement de coalition. Il s'aliéna encore davantage les modérés en se prononçant en faveur du rappel de l'union parlementaire entre l'Irlande et la Grande-Bretagne. Cependant, des problèmes de santé interrompirent sa carrière politique. Il mourut à la fin de 1841, après une maladie de plusieurs mois. Howe, dans sa notice nécrologique, observa d'assez mauvaise grâce qu'il « avait nombre de qualités qu'on ne lui reconnaissait pas toujours ».

La vie publique de Thomas Forrester est instructive surtout en ceci qu'elle met en relief la tension créée à Halifax par l'« éveil intellectuel » de la Nouvelle-Écosse. La circulation de nouvelles richesses et de nouvelles idées dans cette société coloniale en pleine maturation donna naissance à des revendications que Forrester en vint à incarner. L'élément le plus significatif de sa lutte contre l'oligarchie fut sa requête pour l'érection de Halifax en municipalité. En 1841, l'hésitation des modérés semblait avoir eu raison de son rêve mais, moins d'une décennie après sa mort, aucun obstacle ne s'opposait plus à la création d'une démocratie municipale administrée par la bourgeoisie. Des mains des grands marchands, le pouvoir passait à celles des petits commerçants.

David A. Sutherland

Halifax County Court of Probate (Halifax), Estate papers, nᵒˢ 1138–1139 (mfm aux PANS). — PANS, RG 1, 312, nᵒˢ 63, 86 ; RG 32, 142, 25 févr. 1813 ; RG 35A, 1–3. — PRO, CO 217/151 : 110 ; 217/152 : 83 et suivantes ; 217/153 : 227. — N.-É., House of Assembly, *Journal and proc.*, 1838, app. 75. — *Acadian Recorder*, 29 janv. 1825, 18 sept. 1830, 5 nov. 1836, 24 juill. 1837, 27 mars, 12 juin 1841. — *Halifax Journal*, 20 févr. 1837. — *Novascotian*, 7, 28 juin 1832, 23 janv., 29 déc. 1834, 11 juin, 10–26 nov. 1835, 8 déc. 1836, 20 avril 1837, 8 mars 1838, 17 oct. 1839, 9 avril, 12 nov. 1840, 18 févr., 11 mars, 29 avril, 18 nov. 1841. — *Times* (Halifax), 16 févr. 1841, 26 juill. 1842. — *Weekly Chronicle* (Halifax), 21–28 janv. 1825. — *Belcher's farmer's almanack*, 1841. — *Directory of N.S. MLAs.* — *History of the Bank of Nova Scotia, 1832–1900 ; together with copies of annual statements* ([Toronto, 1900]).

FORSYTH, JOHN, homme d'affaires, officier de milice, juge de paix et homme politique, baptisé le 8 décembre 1762 à Huntly, Écosse, fils de William

Forsyth et de Jean Phyn ; décédé le 27 décembre 1837 à Londres.

Neveu de James Phyn, l'associé d'Alexander Ellice* au sein de la Phyn, Ellice and Company de Londres, John Forsyth immigra dans la province de Québec, probablement en 1779, pour travailler au bureau montréalais de cette société, qui devint la Robert Ellice and Company. Son frère Thomas en était déjà l'employé et en devint plus tard l'actionnaire. Un autre de ses frères, Joseph*, s'établit dix ans plus tard à Kingston, dans le Haut-Canada, et fit affaire avec la Phyn, Ellices, and Inglis (qui avait pris la succession de la Phyn, Ellice and Company), par l'intermédiaire de la succursale montréalaise de celle-ci. À la mort de Robert Ellice* en 1790, John rejoignit Thomas et son cousin John Richardson* au sein de la société montréalaise, qui prit le nom de Forsyth, Richardson and Company. Richardson y prit immédiatement le rôle dominant ; Alexander Thain s'associerait avec eux avant le printemps de 1816, une fois que Thomas Forsyth aurait pris sa retraite.

La Forsyth, Richardson and Company poursuivit les activités de commerce transitaire de la Robert Ellice and Company mais les étendit, en partie grâce à des représentants comme Richard Cartwright* à Kingston, Robert Hamilton* à Niagara (Niagara-on-the-Lake) et John Askin* à Detroit. Elle faisait une bonne portion de ce transit pour les trafiquants de fourrures. D'abord, la compagnie fit affaire dans le Sud et l'Ouest à partir de Michillimakinac (Mackinac Island, Michigan), puis se tourna de plus en plus vers le Nord-Ouest, où la North West Company tentait d'établir un monopole. En 1792, elle parvint à s'introduire dans la North West Company mais n'obtint que 2 des 46 actions qui la constituaient. Comme elle jugeait cette part trop petite, elle quitta la North West Company en 1795 et se remit à lui faire concurrence. En 1798, elle forma le noyau de la New North West Company (appelée parfois la XY Company), dont le but était de rivaliser avec la North West Company [V. John Ogilvy*]. La New North West Company connut en 1800 une période de réorganisation et d'essor grâce à l'arrivée d'Alexander Mackenzie* entre autres, mais sa concurrente, plus chevronnée, l'absorba en 1804 ; l'évaluation de son actif, faite la même année, incomba en grande partie à la Forsyth, Richardson and Company. Celle-ci, qui avait conservé sa base à Michillimakinac, porte d'entrée des territoires du Sud et de l'Ouest, fut en 1806 l'une des principales fondatrices de la Michilimackinac Company [V. John Ogilvy] puis, en 1811, de la Montreal Michilimackinac Company. Bien que Richardson ait apparemment joué le premier rôle dans ces transactions, Forsyth y participa aussi. Il avait fait son premier voyage dans le territoire de traite en 1793 et on l'avait admis au Beaver Club en 1807, en même temps que Richardson.

La Forsyth, Richardson and Company n'avait pas des intérêts que dans la traite des fourrures. Au début des années 1790, elle avait participé à la malheureuse aventure de la Compagnie de la distillerie de Montréal [V. Thomas McCord*]. Elle faisait de l'immobilier dans le Haut et le Bas-Canada ; vers 1825, elle s'intéressa aux avant-projets de fondation de la Lower Canada Land Company [V. William Bowman FELTON]. En outre, elle avait d'autres activités communes aux entreprises bas-canadiennes de l'époque. Grâce à ses liens avec la Phyn, Ellices, and Inglis, elle servait de représentante à des hommes d'affaires britanniques qui avaient des intérêts au Canada ; ainsi en 1814, à titre de syndic de la Hoyle, Henderson and Gibb, de Québec et de Montréal, Forsyth reçut, de la part d'hommes d'affaires londoniens, une réclamation de plus de £40 000. En décembre 1805, les exécuteurs testamentaires d'Alexander Ellice avaient mandaté la Forsyth, Richardson and Company, et dix ans plus tard Forsyth participa au règlement de la succession d'un grand homme d'affaires montréalais, James Dunlop*.

Par ailleurs, et surtout, la Forsyth, Richardson and Company importait une large gamme de marchandises destinées aux grossistes et aux détaillants haut-canadiens et exportait énormément de produits agricoles et de demi-produits du Haut-Canada. Ses importations comprenaient notamment du vin, des alcools de Grande-Bretagne, du sucre de la Barbade, du thé de Canton (république populaire de Chine) et des produits manufacturés, tels du fer, de l'acier, de la toile, des vêtements et de la quincaillerie. Elle exportait surtout, à la Barbade, du bœuf, du porc, du poisson, de la farine, des flocons d'avoine, des pois, des douves et des chevaux, et à Greenock, en Écosse, du blé, des madriers et des douves. Pour les fins de ce commerce, la Forsyth, Richardson and Company acheta en 1793 une action du *Lady Dorchester*, navire jaugeant 120 tonneaux qui parcourait le lac Ontario et dont Cartwright, Hamilton et la Todd, McGill and Company de Montréal [V. Isaac Todd*] étaient les principaux propriétaires. La même année, le groupe fit construire le *Governor Simcoe*, puis un autre navire en 1794. Évidemment soucieux d'améliorer la navigabilité du Haut-Saint-Laurent, Forsyth fut, avec François Desrivières*, l'un des 14 hommes d'affaires qui, en 1818, demandèrent l'autorisation de creuser un canal pour contourner le courant Sainte-Marie et les rapides de Lachine. L'année suivante, il promut la vente d'actions de la Compagnie des propriétaires du canal de Lachine, nouvellement constituée. Il fit partie, en 1824–1825, de la Commission du havre de Montréal, qui recommanda d'entreprendre des travaux d'envergure et de confier la gestion du port à une société indépendante. En 1830, il possédait des actions de la Compagnie de la navigation par la vapeur entre Québec et Halifax, fondée cette année-là. Par

ailleurs, il avait préparé en octobre 1823, avec 11 autres hommes d'affaires, la construction d'une route à péage entre Montréal et Longue-Pointe (Montréal).

La Forsyth, Richardson and Company fit aussi beaucoup pour améliorer les conditions financières dans lesquelles se faisait le commerce colonial. En 1792, avec l'aide de Forsyth, Richardson avait tenté sans succès de former la Canada Banking Company ; en 1817, les deux hommes furent parmi les fondateurs de la Banque de Montréal. Forsyth et Richardson, de même que leur compagnie, souscrivirent chacun le maximum d'actions permis, soit 20. Membre du conseil d'administration de la banque de 1817 à 1820, Forsyth en fut vice-président en 1825–1826. Après la faillite spectaculaire, à la fin de 1825, de Simon McGILLIVRAY, dont la Banque de Montréal, à cause de son président Samuel Gerrard*, était devenue l'un des plus gros créanciers, Forsyth appuya, au conseil d'administration, un règlement qu'avaient proposé Richardson et Gerrard, les syndics de McGillivray. Dans la grave controverse qui eut lieu ensuite sur l'administration financière de la banque, il se joignit à la « vieille garde » des anciens marchands de fourrures qui préconisèrent en vain le maintien de Gerrard à la présidence. Forsyth avait également été, en 1818, l'un des actionnaires fondateurs de la Compagnie de Montréal contre les accidents du feu.

Pour assurer la gestion quotidienne de son entreprise, Forsyth se tenait au courant des transactions effectuées à Montréal, à Chambly, à Kingston et dans les autres endroits où elle faisait affaire, et il endossait ou contestait les notes reçues des trafiquants, représentants, détaillants, aubergistes et fournisseurs. À l'occasion, et peut-être même souvent, il allait sur le terrain. Ainsi en février 1817 il se rendit en traîneau au poste des douanes du fort Saint-Jean (Saint-Jean-sur-Richelieu). La contrebande sévissait dans la région, et on avait déployé le 19th Light Dragoons le long de la frontière pour la réprimer. Sur le chemin du retour, Forsyth traversa de nuit La Prairie (La Prairie) et, à trois endroits, on le somma de s'arrêter. Pour une raison quelconque, il continua à courir ; la troisième fois, rapporte la *Montreal Gazette*, « un Dragoon fit feu sur lui et le blessa au bras ».

Au moins à compter des années 1790, Forsyth évolua dans le cercle mondain auquel les plus grands hommes d'affaires montréalais s'enorgueillissaient d'appartenir. En juillet 1794, l'évêque anglican Jacob Mountain* dîna chez lui avec de nombreux autres convives. « La maison elle-même est élégante, dit-il, et le dîner somptueux. Les gens qui sont ici aiment bien vivre et prennent garde de ne se priver d'aucun luxe. » Forsyth avait des opinions et des activités politiques et sociales semblables à celles des hommes d'affaires les plus influents de Montréal. Dans les années 1790, il accueillit sous son toit des réfugiés de la Révolution française. En 1797, il obtint une

Forsyth

commission d'enseigne dans le Montreal Battalion of British Militia, et au début de 1812 il accéda au grade de capitaine dans le 1er bataillon de milice de la ville de Montréal. Sa compagnie fit partie des Montreal Incorporated Volunteers en 1812–1813, et par la suite il reçut des terres pour services rendus pendant la guerre de 1812. Promu major du 1er bataillon en 1821, il devint lieutenant dans la Royal Montreal Cavalry en juin 1828. En 1821, on l'avait nommé juge de paix. Il fut en outre administrateur à vie du Montreal General Hospital qui, fondé en 1819, était l'une des réalisations auxquelles le milieu des affaires tenait le plus. Actif aux côtés de Richardson au moment de la fondation du Committee of Trade de Montréal en 1822, il en fut élu premier président mais déclina cet honneur, qui échut à Thomas BLACKWOOD. Dans l'ensemble toutefois, pour un homme d'affaires de son envergure, Forsyth se mêlait peu de la vie de son milieu. Ainsi il ne s'occupait guère des affaires de sa communauté (Scotch Presbyterian), plus tard connue sous le nom de St Gabriel Street.

De même, Forsyth ne participa pas autant que Richardson à la tumultueuse vie politique du Bas-Canada. Il soutint néanmoins avec fidélité le parti des bureaucrates et les politiques de l'exécutif colonial. En mai 1824, il fut vice-président d'un dîner organisé en l'honneur du gouverneur lord Dalhousie [RAMSAY] ; en 1827, il présida un dîner public qui réunissait plus de 200 convives, et que Dalhousie considéra comme « une manifestation évidente de [...] leur approbation avouée de [sa] conduite ». La même année, Dalhousie confia à Forsyth et à Richardson le soin de présider, à Montréal, une campagne de souscription en vue d'ériger à Québec un monument à la mémoire de James Wolfe* et de Louis-Joseph de Montcalm*. En juillet 1827, sur la recommandation de Dalhousie, Forsyth entra au Conseil législatif. Cependant, contrairement à bien des gros hommes d'affaires, en particulier son associé, il ne se vit pas offrir, ou n'accepta pas, beaucoup de postes gouvernementaux. En 1824, on le nomma au Bureau d'examinateurs des candidats aux postes d'inspecteurs de potasse et de perlasse, et neuf ans plus tard il reçut une commission d'audition et de jugement des causes criminelles et d'audition générale des délits commis par les personnes emprisonnées.

Le 29 mars 1798, en l'église St Andrew de Québec, Forsyth avait épousé Margaret Grant, fille du grand marchand québécois Charles Grant. Trois hommes d'affaires importants furent témoins à la cérémonie : William Grant*, Robert Lester* et John Blackwood*. Forsyth et sa femme eurent deux fils et une fille, qui contractèrent tous des mariages au sein du cercle d'affaires de leur père : William (qui ajouta par la suite Grant à son nom de famille) épousa une fille de Joseph Forsyth ; John Blackwood, une fille de Samuel Gerrard, et Jane Prescott, un fils de John Gregory*,

ancien collègue de la North West Company et membre du Beaver Club. Un neveu, James Bell Forsyth*, représenta la Forsyth, Richardson and Company à Québec, avec William Walker, à compter de 1821.

Après la mort de Richardson en mai 1831, Forsyth continua pendant quelque temps de tenir la barre. En août, il informa l'homme d'affaires londonien Edward Ellice* qu'il était « dans les meilleurs termes » avec le gouverneur lord Aylmer [WHITWORTH-AYLMER] et qu'il était « un vieil ami intime » du secrétaire civil d'Aylmer, John Baskerville Glegg. Il offrait d'user de ces relations pour promouvoir le développement de la seigneurie de Villechauve, plus communément connue sous le nom de Beauharnois, qui appartenait à Ellice et dont la Forsyth, Richardson and Company supervisait depuis longtemps la gestion. Forsyth passa ses dernières années en Grande-Bretagne, peut-être à Londres, où il mourut en 1837. La Forsyth, Richardson and Company survécut jusqu'en 1847, puis fut dissoute, comme la Forsyth, Walker and Company.

John Forsyth avait été un homme beaucoup plus discret que son associé, tant en affaires et en politique que dans les autres sphères de la vie sociale. En veillant, semble-t-il, à la bonne marche courante de la Forsyth, Richardson and Company, il permit à son associé de mener une vie publique active et assura la prospérité et le prestige de cette maison de commerce, dont Richardson tirait une bonne part de son pouvoir dans la politique bas-canadienne. Comme Forsyth était moins animé de préjugés anticanadiens que son associé impulsif et énergique, on peut avancer qu'il eut un effet modérateur sur ses opinions politiques.

GERALD J. J. TULCHINSKY

ANQ-Q, CE1-66, 29 mars 1798. — APC, MG 24, A2 : 1060–1065, 1099–1100, 1936–1946, 1978–1981 ; L3 : 8838–8839, 9159–9161, 25025–25038 ; MG 30, D1, 13 : 89–107 ; RG 68, General index, 1651–1841. — GRO (Édimbourg), Aberdeen, reg. of births and baptisms, 8 déc. 1762. — Groupe de recherche sur l'hist. des milieux d'affaires de Montréal, Extracts and digests of Montreal notarial arch., Henry Griffin, nos 3410, 4387, 4477, 6063, 6099, 6125, 6522. — QUA, 2199c, letter-books, Richard Cartwright à Forsyth, Richardson and Company, 6 août, 16 oct. 1799, 11, 17 sept. 1800. — Les Bourgeois de la Compagnie du Nord-Ouest (Masson). — Corr. of Lieut. Governor Simcoe (Cruikshank). — John Askin papers (Quaife), 2 : 444–445. — Jacob Mountain, « From Quebec to Niagara in 1794 ; a diary of Bishop Jacob Mountain », A. R. Kelly, édit., ANQ Rapport, 1959–1960 : 121–165. — Ramsay, Dalhousie journals (Whitelaw), 3 : 119. — John Richardson, « The John Richardson letters », E. A. Cruikshank, édit., OH, 6 (1905) : 20–36. — Select documents in Canadian economic history, H. A. Innis et A. R. M. Lower, édit. (2 vol., Toronto, 1929–1933), 2 : 324. — La Gazette de Québec, 4 juill. 1792, 10 oct. 1793, 30 janv. 1794, 30 avril 1812, 14 sept. 1815, 11 juill. 1816, 5 oct., 7 déc. 1818, 12 juill., 5 août 1819, 2 mai, 23 oct. 1821, 24 avril, 17 juill., 21 août, 13 oct. 1823, 17 mai 1824. — *Montreal Gazette,* 13 mars 1838. — *Quebec Commercial List,* 23 mai 1825. — *Almanach de Québec,* 1798 : 106 ; 1810 : 58. — *Officers of British forces in Canada* (Irving), 164. — F. W. Terrill, *A chronology of Montreal and of Canada from A.D. 1752 to A.D. 1893 […]* (Montréal, 1893). — Wallace, *Macmillan dict.* — Creighton, *Empire of St. Lawrence.* — G. C. Davidson, *The North West Company* (Berkeley, Calif., 1918 ; réimpr., New York, 1967). — Denison, *Canada's first bank.* — Innis, *Fur trade in Canada* (1962). — Rich, *Hist. of HBC* (1958–1959). — G. J. J. Tulchinsky, « The construction of the first Lachine Canal, 1815–1826 » (thèse de M.A., McGill Univ., Montréal, 1960), 39. — Wallot, *Un Québec qui bougeait,* 304. — B. G. Wilson, *Enterprises of Robert Hamilton.* — R. H. Fleming, « The origin of « Sir Alexander Mackenzie and Company », *CHR,* 9 (1928) : 137–155. — « Origins of the Montreal Board of Trade », *Journal of Commerce* (Gardenvale, Québec), 2ᵉ sér., 55 (avril 1927) : 28–29. — Adam Shortt, « The Hon. John Richardson », Canadian Bankers' Assoc., *Journal* (Toronto), 29 (1921–1922) : 17–27. — W. S. Wallace, « Forsyth, Richardson and Company in the fur trade », SRC *Mémoires,* 3ᵉ sér., 34 (1940), sect. II : 187–194.

FORSYTH, WILLIAM, fermier, milicien et homme d'affaires, né en 1771, probablement dans le comté de Tryon, New York, fils de James Forsyth et de sa femme, prénommée Mary ; vers 1795, il épousa Mary Ackler, et ils eurent dix enfants, puis en secondes noces une prénommée Jane, et de ce mariage naquirent neuf enfants ; décédé le 27 février 1841 dans le canton de Bertie, Haut-Canada.

À la fin du XVIIIᵉ siècle et au début du XIXᵉ, peu de paysages connus pouvaient rivaliser avec les chutes du Niagara. Renommées pour leur puissance et leur splendeur, elles attiraient des visiteurs de toutes sortes : touristes, excentriques, prétendus poètes et artistes, ou gens moins captivés par la majesté de la scène qu'intéressés à en tirer profit. Depuis, ces lieux ont toujours abrité de ces mercantis qui leur donnent une atmosphère de foire et une allure souvent malpropre. Parmi ces entrepreneurs, William Forsyth fut le premier à s'établir sur la rive canadienne du Niagara.

Le père de Forsyth était un fermier loyaliste qui, en 1783 ou 1784, s'installa avec sa femme et ses cinq enfants du côté ouest du Niagara. La famille élut domicile dans le canton de Stamford, où William habitait lorsqu'en 1796 il demanda une première concession foncière. Trois ans plus tard, identifié comme petit propriétaire terrien, il comparut pour un crime quelconque, dont on l'acquitta. Cependant, le 7 mars, on l'emprisonne pour un crime punissable de mort. Il s'enfuit le lendemain mais, comme il n'avait pas réussi à passer la frontière américaine, il fut remis en prison, où il demanda à l'administrateur Peter Russell* de le libérer en lui promettant de « se bannir lui-même ». Malgré l'appui de l'homme le plus puissant de la région, Robert Hamilton*, l'un des grands commerçants qui faisaient du portage autour des chutes, Russell hésita : le crime de Forsyth, selon lui, mettait en cause « tant de questions de prudence – de politique – et de droit ». À la mi-mai, il n'avait toujours pas pris de décision, et on ignore ce qu'il advint ensuite de l'affaire.

Au moment où il réapparaît dans les annales, Forsyth était fermier près des chutes Horseshoe, la partie canadienne des chutes du Niagara. En réponse à une enquête menée en 1824 sur sa réclamation pour pertes durant la guerre de 1812, son voisin Thomas Clark*, commandant du 2nd Lincoln Militia (où Forsyth avait servi), le décrivait comme « un homme au comportement grossier ». Il avait, se rappelait Clark, causé « quelque déplaisir et quelques difficultés [aux] officiers en quittant son poste et en rentrant chez lui le soir ». Par contre, Clark estimait qu'à la bataille de Beaver Dams, en 1813, Forsyth s'était « très bien conduit puisqu'il a[vait] harcelé les soldats ennemis avant qu'ils ne soient faits prisonniers ». Cet automne-là, les troupes américaines avaient pillé la maison et la ferme de Forsyth. Des Indiens avaient de nouveau endommagé sa maison lorsque le major général Phineas RIALL y avait tenu un conseil. Clark notait aussi qu'en 1814 le major général Louis de WATTEVILLE, qui y avait installé ses quartiers, avait utilisé Forsyth comme espion et l'avait « envoyé de l'autre côté du fleuve », mais que « l'on racont[ait] qu'il avait révélé autant [de renseignements], sinon plus, qu'il n'en avait rapportés ». Cependant, Clark, absent de la province à l'époque, ne pouvait garantir la véracité de cette allégation : « Forsyth, disait-il, est un homme peu aimé, et peut-être a-t-on lancé cette rumeur dans l'intention de lui nuire – ses voisins […] n'ont aucun doute sur sa loyauté – et disent en outre que, quand l'ennemi occupait notre territoire, il a, et cela est bien naturel, ajusté sa conduite aussi bien que possible afin de sauver ses avoirs. » On rejeta d'abord la réclamation de Forsyth (plus de £425), mais il fit appel et, en 1824, après que Clark eut examiné son dossier de guerre, il toucha £90.

Les rumeurs et les insinuations planaient toujours autour de Forsyth comme la bruine au-dessus des chutes. Ce que l'on racontait de son attitude durant la guerre n'entachait pas sa réputation mais lui nuisait tout de même, à cause de l'opportunisme qui y était révélé. Un historien populaire, Gordon Donaldson, a suggéré que Forsyth profitait de sa connaissance du Niagara pour faire de la contrebande avec les États-Unis. On n'a pas corroboré ce fait, mais ses démêlés antérieurs avec les autorités, sa folle évasion de la prison et son tempérament égocentrique laissent planer le doute.

Quelque temps après la guerre, Forsyth construisit une auberge sur sa propriété. Charles FOTHERGILL y séjourna au début d'avril 1817. Deux ans plus tard, le

Forsyth

botaniste John Goldie signala que, parmi les quelques auberges qui avoisinaient le fleuve, elle était « la plus proche » des chutes. En 1818, Forsyth fit construire un escalier couvert grâce auquel les visiteurs, pour un shilling, pouvaient descendre dans la gorge et découvrir une vue différente. Cet escalier, il l'admettait, se trouvait « sur la bande réservée à des fins militaires, devant […] [son] terrain, entre celui-ci et le fleuve ». Les chutes étaient la plus grande attraction naturelle du Haut-Canada, et l'auberge de Forsyth était l'endroit à fréquenter. Le duc de Richmond [Lennox*] y fit un séjour en 1818, et lord Dalhousie [RAMSAY] s'y trouvait un an plus tard. Le duc et sa suite ne furent pas du tout satisfaits de la façon dont Forsyth les reçut, en dépit des efforts que celui-ci prétendait déployer, et il y eut discussion sur la note. Quand Dalhousie arriva, la réputation de Forsyth était suspecte ; néanmoins, il trouva la « taverne et [le] logement […] vraiment très bons, et l'homme lui-même, bien que Yankee et réputé impoli, ne [se montra] pas tel avec [lui et ses amis], mais obligeant et attentif en tout ». Souvent, des visiteurs notaient d'autres traits : selon Adam Fergusson*, Forsyth était un « personnage assez sagace et bien informé » et, d'après Samuel De Veaux, « un homme plein d'initiative ».

Forsyth était un entrepreneur dynamique, impatient de servir le public et de donner de l'expansion à son affaire à mesure que l'afflux des touristes croissait. Il devait donc courtiser le gouvernement plutôt que se le mettre à dos. En octobre 1820, par l'entremise de Robert Randal* (qui se prétendait victime de la partialité de l'appareil judiciaire et des persécutions de l'exécutif), Forsyth s'adressa au Conseil exécutif afin d'obtenir un bail d'occupation sur la bande de 66 pieds de largeur réservée à l'armée et qui longeait le devant de son terrain. En outre, il voulait avoir le privilège d'exploiter un traversier au pied des chutes. Le gouvernement n'avait cependant nulle intention de louer la réserve militaire, et le droit d'exploiter un traversier avait déjà été accordé. Randal avait entendu dire que Forsyth était le « dernier homme à rechercher une faveur quelconque », en raison de son attitude envers Richmond. En mai 1821, Forsyth s'empressa d'expliquer que « beaucoup a[vait] été dit et que cela déform[ait] grandement [sa] conduite en cette occasion ». Cette précision, toute raisonnable qu'elle paraisse, fut inutile.

Les intentions de Forsyth étaient doubles : agrandir l'espace où il pouvait loger des touristes et conserver le point de vue le plus remarquable sur la cataracte. Ses propres terres (héritées de son père) se trouvaient juste en aval du pied des chutes, et il acheta de William DICKSON la ferme adjacente à la sienne. Il avait ainsi le monopole des meilleurs points de vue, et surtout du célèbre affleurement situé près du bord des chutes Horseshoe, Table Rock. Sur sa nouvelle propriété, il acheva de construire en 1822 le Pavilion Hotel, connu

aussi sous le nom de Niagara Falls Pavilion. Dix ans plus tard, Thomas Fowler le décrivait comme un « bel édifice à charpente de bois […] de trois étages, avec une terrasse de chaque côté ». En 1826, Forsyth ajouta des ailes « surtout occupées par des chambres ». Il ne recula pas devant la dépense et, selon lui, c'était « peut-être le plus splendide établissement du genre », « sans équivalent dans ce pays neuf », « un chic lieu de repos – où les visiteurs de rang et de distinction [pouvaient] toujours être bien logés ». En 1827, une réclame parlait d'un établissement de luxe « pour la noblesse et les gentlemen du plus haut rang, avec leurs familles, et pour des parties de plaisir ». Le Pavilion avait de « vastes » chambres, et dans une des pièces principales 100 personnes pouvaient « dîner à l'aise ». Le garde-manger regorgeait de « mets de tous les pays », les caves offraient « les liqueurs et les vins les plus savoureux et les plus chers », et il y avait de bonnes écuries de l'autre côté de la route. En 1832, une forêt séparait encore le Pavilion des chutes ; « [elle] cache la vue jusqu'à la dernière minute, disait Fowler, après quoi la scène apparaît soudain dans son étonnante majesté ! C'est à Table Rock que le visiteur arrive par ce chemin. » De l'hôtel, les chutes ne se voyaient que des balcons situés à l'arrière.

Forsyth assurait quotidiennement, par diligence, la liaison avec Buffalo, Niagara (Niagara-on-the-Lake), Queenston et Lewiston (avec l'aide de Robert Nichol*, il avait obtenu de la chambre d'Assemblée que les Américains n'aient pas le droit d'exploiter des diligences « le long de la frontière du Niagara »). Il louait des voitures et des chevaux de poste et possédait un traversier qui se rendait de l'autre côté de la frontière américaine. Il y avait aussi son escalier, auquel on accédait par Table Rock ; à un moment quelconque, il ajouta au bas des marches une terrasse qui passait derrière les chutes Horseshoe. Pour 50 cents, le visiteur recevait un pantalon ciré, une redingote, un chapeau Dunstable et des chaussures. Forsyth ne ménageait rien pour attirer les touristes et assurer leur confort. « J'ai toujours profondément souhaité, disait-il en 1826, ajouter aux inégalables beautés naturelles du paysage sauvage et romantique au milieu duquel j'habite. » Aussi affirmait-il en 1829 avoir investi « peut-être pas moins de cinquante mille dollars » dans son entreprise.

Dès 1827, Forsyth « récolt[ait], comme le disait un témoignage, une juste récompense d'un généreux public ». Mais il n'était plus roi et maître des lieux : en amont, un certain John Brown avait construit un hôtel, l'Ontario House – qui ne pouvait cependant pas égaler le sien, ou du moins le disait-on. En 1826, pendant qu'un des fils de Forsyth y logeait, un mystérieux incendie ravagea l'hôtel, que Brown reconstruisit l'année suivante. Une note publiée dans le Colonial Advocate de William Lyon Mackenzie* laissait entendre que Brown était l'instigateur d'« infâmes rumeurs » selon lesquelles William Forsyth avait été « complice de l'incendie ». Par ces racontars, poursuivait la note, Brown visait à priver Forsyth – « un homme entreprenant qui a[vait] fait davantage pour le public que tout autre propriétaire de diligence ou tenancier de taverne du Canada » – de sa juste part du marché. Afin d'accroître cette part, Forsyth, jamais à court d'idées, préparait un spectacle – le premier d'une longue série – qui devait attirer un nombre extraordinaire de visiteurs et rapporter un énorme profit. Les jours de carnaval ne faisaient que commencer aux chutes, et il allait y être le premier maître de manège.

En août 1827, Forsyth, Brown et Parkhurst Whitney, propriétaire d'un hôtel situé du côté américain, annoncèrent qu'un schooner « condamné », le *Michigan,* porteur d'une « cargaison d'animaux vivants », serait lâché « dans les profonds rapides écumants du Niagara, [d'où il tomberait] dans le grand précipice et dans le bassin « *en bas* ». Quand le grand jour arriva, au début de septembre, Mackenzie était présent. Les routes étaient bloquées, les hôtels et les balcons « encombrés de gens vêtus à la dernière mode » ; « il n'y avait plus un seul recoin de libre ». Au milieu de la musique des fanfares et des rugissements d'un lion, des « forains, avec des bêtes sauvages, des petits bonshommes en pain d'épice, des étals de gâteaux et de bière, des roues de fortune », criaient leurs marchandises ou exerçaient leur métier ; à midi, selon Mackenzie, la foule comptait de 8 000 à 10 000 personnes. Finalement, vers trois heures de l'après-midi, le navire fit son apparition, avec sa cargaison inconsciente du sort qui l'attendait : 2 ours, 1 bison, 2 renards, 1 raton laveur, 1 aigle, 1 chien et 15 oies. L'équipage descendit à Chippawa, en haut des chutes, et on hala le *Michigan* jusqu'à proximité des rapides avant de le désamarrer. Au premier ressac, la foule, admirative, lança « un tonnerre d'applaudissements ». Au second, le navire perdit sa mâture et plusieurs animaux, dont un ours et le bison. Il parvint aux chutes brisé en deux et s'écrasa à leur pied, sur les rochers. Une seule oie survécut. L'ours avait rejoint à la nage une île située en haut des chutes, où on le reprit ; par la suite, on le vendit comme attraction à un hôtel du côté américain. Bientôt, les visiteurs des chutes du Niagara pourraient régulièrement voir des casse-cou comme Sam Patch et Jean-François Gravelet* accomplir leurs tours de force spectaculaires.

Forsyth avait un réel talent pour transformer le sublime (terme le plus souvent employé par les visiteurs pour décrire la majesté des chutes) en ridicule. Toutefois, sa renommée ne tient pas seulement au fait qu'il conçut le premier piège à touristes du Haut-Canada. Il fut aussi le personnage principal de ce que l'on a appelé l'outrage des chutes du Niagara, événement porté à l'attention du public par Mackenzie

en 1828 et raconté depuis par plusieurs historiens. Pour John Charles Dent* en 1885, comme pour Mackenzie, l'outrage était une « démonstration de force brute, violente et tout à fait injustifiable » qu'avait ordonnée et sanctionnée le lieutenant-gouverneur sir Peregrine Maitland*. Et, selon lui comme selon le chef réformiste, il s'inscrivait dans une série d'événements qui remontaient à l'attaque lancée en 1826 contre l'imprimerie de Mackenzie. Ce type d'interprétation – « un cas patent où la force s'oppose au bon droit » – n'est plus guère de mise chez les historiens. Récemment, Paul Romney est revenu sur cet incident et sur d'autres qui « donn[ent] l'impression que la province était dominée par des hommes prêts à punir par la violence et la coercition toute espèce d'opposition ». Or, ce fut l'affaire Forsyth qui amena la création d'un comité parlementaire chargé d'enquêter sur l'administration de la justice.

La lutte, dont l'outrage des chutes du Niagara fut le point culminant, avait pour enjeu les revenus du tourisme, et elle se livra sur plusieurs fronts. Le principal objet du litige était la réserve militaire qui bordait l'avant de la propriété de Forsyth, et surtout la terre achetée à Dickson. En 1826, Forsyth demanda à Dalhousie, avec qui il avait de bonnes relations, un permis qui lui donnerait le droit d'occuper la réserve et d'y avoir toute liberté. Il avait entendu dire qu'on avait présenté « bien des requêtes » dans ce sens et, « comme c'[était] le seul obstacle entre [ses] terres et la chute, [il était] extrêmement impatient de [s']assurer que personne encore n'en a[vait] la disposition ». Perdre cette bande de terrain, c'était perdre son escalier (et un autre, d'accès gratuit, qu'il projetait de construire en 1827), le chemin qui menait de son hôtel à Table Rock et, pire encore, le monopole qu'il avait sur ce point de vue. Dalhousie se montra rassurant. D'après lui, Maitland n'autoriserait personne à occuper une bande « d'une utilité si immédiate » pour les immeubles de Forsyth. Et, de toute façon, il n'était pas « question de la concéder puisqu'[elle était] expressément réservée à des fins publiques – libre de la mainmise de quiconque ».

Pour l'heure, Forsyth avait à régler un litige contre John Brown, qui avait aménagé un chemin de planches entre l'Ontario House et les chutes et construit un escalier qui, prétendait Forsyth, était sur sa propriété. L'affaire était importante, et Forsyth ne répugnait pas à s'en charger lui-même. Non seulement Brown avait-il subi un incendie en 1826, mais Forsyth avait bloqué son chemin en clôturant sa propriété, de l'hôtel aux chutes, afin de forcer les clients de son rival à passer chez lui. À son tour, Thomas Clark se lança dans la mêlée ; selon un témoignage qu'il fit ultérieurement, il avait dit à Brown que Forsyth « n'a[vait] pas le droit de placer la clôture là où il l'a[vait] mise ». Clark avait des intérêts à défendre dans cette bataille. Premièrement, Forsyth et lui se disputaient farouchement le droit d'exploitation d'un traversier au pied des chutes. Comme Clark s'en plaignit par la suite au procureur général John Beverley Robinson*, même si c'était lui qui avait obtenu le droit d'exploitation en 1825 avec son associé Samuel STREET, Forsyth les harcelait tant qu'ils ne pouvaient occuper les lieux. Sans toutefois avoir de preuves concluantes, Clark accusait le propriétaire du Pavillon de lui avoir fait perdre trois bateaux en 1826 et d'avoir brisé un escalier en 1827. Deuxièmement, comme cela fut révélé au cours d'un témoignage ultérieur, il avait « une option sur » l'hôtel de Brown. Il ne fallut pas longtemps, après que Clark eut fait la remarque que Forsyth n'avait pas le droit d'ériger une clôture, pour que quelques résidents de la région se plaignent à Maitland « d'être [...] coupés du fleuve par l'acte illégal d'un individu ».

En mai 1827, le capitaine George Phillpotts, commandant du génie royal dans le Haut-Canada, se rendit donc aux chutes pour régler l'affaire. Sa décision dépendait de l'emplacement exact de la réserve. Forsyth, par exemple, prétendait que cette bande de 66 pieds commençait au bord du fleuve ; comme une partie se trouvait alors dans la gorge, la bande devenait plus mince au pied des chutes. Deux autres interprétations étaient possibles : ou bien la réserve commençait sur le rebord de la gorge, que les gens de l'époque appelaient rive d'en bas ; ou bien elle commençait sur le rebord de l'escarpement (le Pavillon et l'Ontario House étaient situés près de ce rebord), appelé rive d'en haut. Phillpotts conclut que la réserve commençait à la rive d'en haut, de sorte qu'elle s'étendait presque jusqu'à l'hôtel de Forsyth et embrassait même ses clôtures et certaines de ses dépendances.

Au lieu d'aller en cour, Maitland ordonna en mai 1827 à l'équipe de Phillpotts de démolir la clôture « pour empêcher tout monopole » ; c'est à cette décision du lieutenant-gouverneur d'employer la force militaire pour chasser Forsyth de la réserve qu'on a donné le nom d'outrage des chutes du Niagara. Forsyth installa une autre clôture ; elle fut démolie dans le courant du mois et, en même temps, on jeta en bas de l'escarpement une cabane de forgeron qui lui appartenait. À partir de ce moment-là, les différents protagonistes se retrouvèrent devant les tribunaux. Le 30 août 1827, Brown remporta une poursuite au civil contre Forsyth, qu'on déclara coupable d'avoir détruit le chemin de Brown. Puis, le 3 septembre, Clark et Street gagnèrent contre Forsyth pour obstruction à leur service de traversier. Enfin, Robinson défendit le droit de la couronne à ce qu'elle considérait comme une propriété réservée, au cours d'un procès devant James Buchanan Macaulay* (président du tribunal aux deux procès précédents) et les juges assesseurs Clark et Dickson. Forsyth essuya encore une fois une défaite,

mais il fallut 24 heures au jury pour rendre son verdict. Il intenta des poursuites pour violation de propriété contre Phillpotts et le shérif Richard Leonard, mais il perdit dans les deux cas.

L'affaire prit ensuite une saveur politique. Le 28 janvier 1828, au nom de Forsyth, John Matthews* présenta à l'Assemblée une requête qui suscita un grave affrontement entre la couronne et la chambre. En substance, Forsyth se plaignait de ce qu'il y ait eu « substitution d'une force militaire [au pouvoir judiciaire] pour trancher la question du bon droit [...] dans un pays non soumis à la loi martiale ». Il demandait réparation à la chambre et la pressait de « veiller sur les droits du peuple et [de] les protéger contre l'intervention du pouvoir militaire ». Sa requête alla devant un comité spécial formé de John Rolph*, président, de Robert Randal, de Matthews et de John Johnston LEFFERTY. Quand le comité convoqua l'adjudant général de la milice, Nathaniel COFFIN, et le surintendant intérimaire des Affaires indiennes, James GIVINS, Maitland leur refusa l'autorisation de comparaître. Le 22 mars, on emprisonna les deux hommes pour refus d'obéir ; trois jours après, le lieutenant-gouverneur prorogea la session. L'appui du comité à Forsyth n'était pas étonnant : Rolph avait été son avocat au cours des procès de 1827. James Stephen, sous-secrétaire d'État aux Colonies, prit le parti du comité et, le 20 octobre 1828, le secrétaire d'État aux Colonies, sir George MURRAY, signifia à sir John Colborne*, successeur de Maitland, que celui-ci « se serait montré plus sage s'il avait permis à l'officier et au fonctionnaire de comparaître devant l'Assemblée ». « [Je] regrette, poursuivait-il, qu'il n'ait pas réalisé le but qu'il avait en tête, à savoir prévenir les empiétements de Forsyth, en recourant au pouvoir civil [...] plutôt qu'en faisant appel à la force militaire. »

L'affaire n'allait pas se simplifier par la suite. Le 31 août 1827, l'astucieux Clark avait obtenu avec Street un permis qui les autorisait à occuper la « part de la réserve située en amont et en aval de la traverse ». Selon le solliciteur général Henry John Boulton*, qui avait délivré ce permis, il s'agissait d'« assurer aux locataires la pleine jouissance de leur droit d'exploiter un traversier et de garantir au public, qui en a[vait] été privé par Forsyth, le libre accès à la rive ». Clark avait parlé de ce permis en mai, peu de temps après l'outrage, dans une lettre à George HILLIER, secrétaire de Maitland. Il voulait empêcher Forsyth de faire encore obstruction à l'exercice de ses droits de passeur et l'obliger à abandonner le service de traversier qu'il exploitait sans autorisation. Grâce au permis, il pourrait intenter des poursuites contre son rival – même si, du bout des lèvres, il se disait conscient que cela pourrait « avoir l'air d'une mainmise ou d'un monopole ». Le 14 septembre, permis en main, les associés prévinrent Forsyth que toute autre incursion l'exposerait à des poursuites. Forsyth était maintenant à leur merci, et ils n'hésitèrent pas à profiter de la situation : en décembre 1828, ils lui intentèrent deux procès en violation de propriété, qu'ils gagnèrent. Très ébranlé, Forsyth demanda le 16 janvier 1829 au Conseil exécutif que la réserve, « au lieu d'être convertie en un monopole pour le bénéfice de spéculateurs, soit ouverte au public ». Il trouvait « pénible de [se] voir privé du devant de [son] terrain et de le voir donné à quelqu'un dont les terres n'[étaient] pas adjacentes ». L'octroi du permis lui avait même retiré la propriété de son escalier et d'une partie de ses prés et immeubles. Le conseil ne trouva aucune irrégularité dans la location des droits de traverse à Clark et à Street mais recommanda de ne pas renouveler le permis d'occupation de la réserve. Colborne lui-même nota qu'il faudrait concéder aux associés une « certaine superficie » près de la traverse, mais qu'une petite bande sur le haut de la rive « devrait être ouverte au public pour une route ». Le conseil approuva.

Mackenzie, qui connaissait Forsyth depuis longtemps, fit soulever la question de l'outrage par Joseph Hume au Parlement britannique en 1832. Entre-temps, Forsyth, « harcelé par la loi – lésé par le gouvernement – persécuté à cause de sa propriété et gêné dans ses affaires », vendit son hôtel et son terrain à un groupe d'investisseurs, dont Clark, Street et William Allan*, qui projetaient de subdiviser le terrain pour fonder un complexe appelé « City of the Falls ». Forsyth allait demeurer propriétaire de son hôtel (le groupe avait aussi acheté l'Ontario House) jusqu'en décembre 1833. Au total, la vente de 407 acres de terre et des immeubles lui rapporta £10 250, soit, selon son estimation, 15 000 $ de moins que leur valeur. Clark et Street construisirent ensuite un musée et des bains sur la réserve, ce qui leur valut des poursuites de Colborne. Successeur de Phillpotts, Richard Henry BONNYCASTLE prit « soin de n'employer des militaires en aucune façon » pour leur faire abandonner la partie. Les associés, « pleins de griefs », se tournèrent « alors contre le gouvernement », raconta Bonnycastle, et obtinrent en 1833 des dommages-intérêts – verdict qui, on le comprend, consterna Forsyth.

Forsyth était tout de même loin d'être démuni. En 1832, il avait acheté des terres dans le canton de Bertie, près de Fort Erie. Malgré ses années de litiges et de requêtes, il menait une vie élégante et confortable dans une belle résidence à colonnes, Bertie Hall. Cependant, il espérait toujours qu'on l'indemnise des pertes que, selon lui, l'outrage lui avait causées. En 1835, Mackenzie souleva la question en chambre, avec les résultats que l'on peut supposer. Le comité spécial, qu'il présidait, conclut que Forsyth avait « subi de graves dommages du fait de sir Peregrine Maitland [...] et a[vait] droit à une compensation ».

Le 2 avril 1835, il écrivit à Forsyth : « Peut-être pensez-vous que j'ai négligé votre cas, mais ce n'est pas vrai – j'ai fait tout ce qui était en mon pouvoir. » Des mois après, ayant appris que les droits de traverse de Clark et de Street étaient revenus à la couronne, Forsyth les demanda, mais on lui répondit que le bail n'était pas arrivé à échéance. À l'automne, il demanda un permis pour occuper la portion de ses terres du canton de Bertie qui longeait le Niagara. Toutefois, comme l'expliqua plus tard le conseiller exécutif Robert Baldwin Sullivan*, le conseil ne pouvait concéder « une part quelconque de la réserve [...] originellement affectée à des fins publiques ». Tout au long du XIXe siècle, cette réserve continua de faire l'objet de litiges entre la couronne et des entrepreneurs. John Alexander Boyd*, de la Haute Cour de justice, mit un point final à la querelle en décembre 1892. La « question soumise au jugement, écrivait-il, a, sous diverses formes, suscité des doutes et de la perplexité pendant une centaine d'années » ; c'est le moins que l'on pouvait dire. On confirma le levé que Phillpotts avait fait en 1827.

William Forsyth s'était battu de toutes ses forces pour monopoliser le tourisme aux chutes du Niagara. Quand il n'atteignait pas son but par des moyens légitimes, il n'hésitait pas à employer la coercition. Il bâtit un empire touristique et dut le céder à son plus sérieux concurrent, Clark. Incapable d'obtenir réparation en cour et déjoué par Clark, qui réussit à conclure sa propre entente sur la fameuse bande réservée à l'armée, il vendit tout. Cependant, le Niagara ne perdit jamais son attrait et Forsyth ne le quitta pas. À sa mort, en 1841, il laissa plus de 800 acres et £1 000 à sa femme et à ses enfants. À l'un de ses fils, il légua tout « l'argent que [ses] exécuteurs pourr[aient] recouvrer ou recevoir du gouvernement de Sa Majesté pour réclamations en dommages ». En juin 1850, Nelson Forsyth demanda à Mackenzie de soulever de nouveau la question, mais rien n'en ressortit.

ROBERT LOCHIEL FRASER

Les documents concernant William Forsyth sont dispersés dans les principaux registres de documents gouvernementaux de son époque. Les plus utiles sont : AO, RG 22, sér. 96 ; sér. 125 ; sér. 131 ; sér. 138 ; sér. 155 ; APC, RG 1, E3 et L3 ; RG 5, A1 ; RG 7, G1 ; RG 8, I (C sér.) ; RG 19 ; et PRO, CO 42. Plusieurs autres collections de manuscrits se sont avérées utiles : AO, MS 4 ; MS 75 ; MS 78 ; MS 88 ; MS 198 ; MS 500 ; et MS 516 ; et MTRL, W. W. Baldwin papers.

La documentation la plus complète concernant l'outrage des chutes du Niagara se trouve dans H.-C., House of Assembly, *Journal*, 1828, app., « Report of the select committee on the petition of William Forsyth » ; G.-B., Parl., House of Commons paper, 1833, 26, n° 543 : 1–28, *Upper Canada : return [...] dated 6 February 1833 ; – for, copy of the reports of the two select committees to whom were severally referred petitions addressed to the House of*

Assembly of Upper Canada [...] (copie aux AO, Imperial blue books coll.) et le rapport sur la deuxième pétition de Forsyth que l'Assemblée publia dans *App. to the journal*, 1835, nº 22. Plusieurs cartes aux AO, Map Coll., D-6, décrivent bien la réserve qu'occupaient les militaires. Le Royal Ont. Museum, Sigmund Samuel Canadiana Building (Toronto), possède une belle aquarelle du Pavilion Hotel peinte en 1830 par James Pattison COCKBURN.

On a utilisé les journaux contemporains suivants : *Colonial Advocate*, 1824–1833 ; *Niagara Gleaner*, 1824–1833 ; et *Upper Canada Gazette*, 1823–1828. Les sources régionales les plus utiles sont : Niagara South Land Registry Office (Welland, Ontario), Abstract indexes to deeds for Bertie and Stamford Townships (disponibles sur mfm aux AO), et les registres de la Cour de Surrogate, AO, RG 22, sér. 234, vol. 2. Parmi les sources imprimées, il importe de consulter : « District of Nassau : minutes and correspondence of the land board », AO *Report*, 1905 : 303, 339 ; « Grants of crown lands, etc., in Upper Canada, 1792–1796 », 1929 : 113 ; « Journals of Legislative Assembly of U.C. », 1914 : 157, 164 ; Ramsay, *Dalhousie journals* (Whitelaw), 1 : 133–138 ; « The register of Saint Paul's Church at Fort Erie, 1836–1844 », E. A. Cruikshank, édit., *OH*, 27 (1931) : 150 ; et « Settlements and surveys », APC *Report*, 1891, note A : 3.

Les récits de voyageurs sur les chutes abondent et peu négligent de mentionner Forsyth ou son hôtel. Les plus pertinents de ces récits pour cette biographie sont : Charles Fothergill, « A few notes made on a journey from Montreal through the province of Upper Canada [...] », inscriptions pour 7–14 avril 1817, dans ses papiers déposés à l'UTFL, MS coll. 140, vol. 21 ; John Goldie, *Diary of a journey through Upper Canada and some of the New England states, 1819* (Toronto, 1897) ; Thomas Fowler, *The journal of a tour through British America to the falls of Niagara* [...] *during the summer of 1831* (Aberdeen, Écosse, 1832) ; Adam Fergusson, *Practical notes made during a tour in Canada, and a portion of the United States, in [1831]* (Édimbourg et Londres, 1833) ; W. L. Mackenzie, *Sketches of Canada and the United States* (Londres, 1833) ; Samuel De Veaux, *The falls of Niagara, or tourist's guide to this wonder of nature, including notices of the whirlpool, islands, &c., and a complete guide thro' the Canadas* [...] (Buffalo, N.Y., 1839) ; et R. H. Bonnycastle, *The Canadas in 1841* (2 vol., Londres, 1842). De toutes les histoires de Niagara Falls, la meilleure, aussi bien que la plus récente, est celle de G. A. Seibel, *Ontario's Niagara parks : 100 years ; a history*, O. M. Seibel, édit. (Niagara Falls, Ontario, 1985). Pour un récit de l'outrage, tel qu'il a été véhiculé dans l'historiographie haut-canadienne, on consultera surtout J. C. Dent, *The story of the Upper Canadian rebellion ; largely derived from original sources and documents* (2 vol., Toronto, 1885), et Aileen Dunham, *Political unrest in Upper Canada, 1815–1836* (Londres, 1927 ; réimpr., Toronto, 1963). La tendance, dans la période qui a suivi la Deuxième Guerre mondiale, à minimiser l'importance de l'outrage est évidente dans Craig, *Upper Canada*. Pour des points de vue très différents sur la façon dont le gouvernement traita cette affaire, voir Patrick Brode, *Sir John Beverley Robinson : bone and sinew of the compact* ([Toronto], 1984), et Paul Romney, *Mr Attorney : the attorney general for Ontario in court, cabinet, and legislature, 1791–1899* (Toronto, 1986). Le meilleur résumé de l'opinion de Romney sur la partialité qui prévalait

dans l'administration de la justice se trouve dans son article « From the types riot to the rebellion : elite ideology, anti-legal sentiment, political violence, and the rule of law in Upper Canada », *OH*, 79 (1987) : 113–144. [R. L. F.]

FOSTER, COLLEY LYONS LUCAS, officier dans l'armée et dans la milice, né en 1778 en Irlande ; en 1813, il épousa dans la paroisse de Clonsilla (république d'Irlande) Elizabeth Kirkpatrick, et ils eurent sept enfants, puis le 4 février 1836, à Toronto, Ellen Humphreys, et de ce mariage naquirent un fils et deux filles ; décédé le 7 mai 1843 à Kingston, Haut-Canada.

Colley Lyons Lucas Foster obtint sa commission d'officier dans la milice anglaise en 1798 et passa au 52nd Foot en 1799, quand ce régiment leva un deuxième bataillon. Il servit en Angleterre et en Irlande jusqu'en 1804, la plupart du temps à titre d'adjudant ; il accéda au grade de lieutenant en 1800 et à celui de capitaine en 1804. À la Jamaïque, de 1804 à 1811, il fut aide de camp et secrétaire militaire du lieutenant-gouverneur, sir Eyre Coote, et du gouverneur, le duc de Manchester. Après son retour en Angleterre, il servit quelque temps à Jersey puis devint aide de camp au lieutenant général Gordon Drummond* en Irlande.

En 1813, Foster partit avec Drummond pour le Haut-Canada, où celui-ci venait d'obtenir un commandement. Bientôt mêlé aux combats de la frontière du Niagara, il eut la mission, après la prise du fort Niagara (près de Youngstown, New York) en décembre, d'aller remettre au gouverneur sir George Prevost* les drapeaux pris à l'ennemi. Le 7 février 1814, il devint adjudant général de la milice du Haut-Canada ; en outre, il assuma des responsabilités administratives à titre de secrétaire militaire de Drummond. Pendant l'été, celui-ci mentionna par deux fois, dans des dépêches, l'assistance que Foster apportait aux assiégeants du fort Erie (Fort Erie) à partir du quartier général.

Muté à Québec à la fin des hostilités, Foster passa ses fonctions dans la milice à Nathaniel COFFIN. Nommé sous-adjudant général des troupes régulières du Haut-Canada en 1816, il conservera ce poste jusqu'à sa mort. Il fut promu lieutenant-colonel en juin 1815 et colonel en janvier 1837.

Comme d'autres officiers qui avaient servi pendant la guerre de 1812, Foster reçut de vastes concessions foncières et spécula sur des terres en friche. Il vendit ses concessions, qui totalisaient 1 200 acres et se trouvaient surtout dans les cantons d'Ancaster, de Clinton, de Thorold et de Cartwright, pour financer l'achat d'un lot de ville à Kingston et d'une petite ferme non loin de là ainsi que la construction de bâtiments sur ces propriétés.

De juin 1824 à septembre 1827, Foster agit à titre d'adjudant général adjoint de l'armée du Haut et du Bas-Canada. En cette qualité, il eut fréquemment à remplacer le gouverneur lord Dalhousie [RAMSAY] au cours de cérémonies et à lui servir de secrétaire militaire. Il demanda la permanence dans ce poste, mais l'arrivée du colonel sir Thomas Noel Hill mit fin à ses espoirs.

Par suite du retrait de presque toutes les troupes régulières du Haut-Canada en 1837, Foster obtint le commandement des quelques soldats demeurés sur place. Pendant que les rebelles de William Lyon Mackenzie* se préparaient à descendre la rue Yonge, au début de décembre, il joua un rôle prépondérant dans la formation et l'armement d'une garde constituée de citoyens torontois. Le 7 décembre, quand le lieutenant-gouverneur sir Francis Bond Head* partit à la rencontre de Mackenzie avec une petite unité, il refusa l'aide de Foster car il préférait que l'affaire se règle entre habitants de la province. Entre le moment de l'entrée en vigueur de la démission de Head, en janvier 1838, et l'arrivée du major général sir George Arthur*, en mars, Foster assuma, à titre d'officier ayant le plus d'ancienneté, le commandement de la milice et des troupes régulières du Haut-Canada. Pendant cette période, il eut sous ses ordres jusqu'à 15 000 miliciens, mais lui-même ne participa à aucun engagement. Après la rébellion, il reprit ses fonctions de sous-adjudant général. Pendant ses dernières années, il songea à vendre sa commission et à prendre sa retraite, mais finalement il mourut sans l'avoir fait.

Colley Lyons Lucas Foster fut toute sa vie un administrateur militaire compétent. Sauf à l'époque où il était subalterne, il ne mena jamais de troupes au combat, mais très tôt il se fit remarquer par des officiers supérieurs et, en travaillant dans leur entourage, finit par occuper des postes de responsabilités, en temps de guerre comme en temps de paix.

O. A. COOKE

AO, MS 502, sér. A, C. L. L. Foster, corr. ; sér. B-1, B-3, C. L. L. Foster corr. ; MU 1057. — APC, RG 8, I (C sér.), 187 : 88–91 ; 237 : 64–65 ; 685 : 94–100 ; 704 : 126 ; 1184 : 35 ; 1187 : 11, 88, 95 ; 1191 : 40 ; 1203½M : 18–19 ; 1203½P : 68 ; 1219 : 177–178, 290–293. — QUA, MC, Colley Foster papers.

FOTHERGILL, CHARLES, naturaliste, peintre, écrivain, homme d'affaires, fonctionnaire, juge de paix, imprimeur, journaliste et homme politique, né le 23 mai 1782 à York, Angleterre, fils de John Fothergill et de Mary Anne Forbes ; en décembre 1811, il épousa Charlotte Nevins, et ils eurent au moins trois fils, puis le 19 mars 1825, à Port Hope, Haut-Canada, Eliza Richardson, et de ce mariage naquirent au moins quatre fils et deux filles ; décédé le 22 mai 1840 à Toronto.

Le père de Charles Fothergill, fabricant de brosses et de peignes en ivoire, appartenait à une illustre famille quaker qui habitait depuis longtemps les basses terres du Yorkshire et prétendait descendre de l'un des généraux de Guillaume le Conquérant. Parmi les proches parents de Fothergill, les plus éminents étaient son oncle James Forbes, auteur de *Oriental memoirs,* et deux de ses grands-oncles, le docteur John Fothergill, naturaliste et philanthrope, et Samuel Fothergill, ministre quaker. Charles apprit le métier de son père mais, comme les mœurs du milieu des affaires le rebutaient, il se tourna vers les sciences et les arts. Captivé par l'histoire naturelle depuis son enfance, il publia dès l'âge de 17 ans *Ornithologia Britannica* [...], in-folio de 11 pages qui présentait la classification de 301 espèces d'oiseaux de la Grande-Bretagne. *The wanderer* [...], sa publication suivante, était plutôt un mélange de contes, d'essais et de poèmes ; caractéristique du sentimentalisme facile qui avait cours à l'époque, cet ouvrage cherchait à montrer la supériorité de la vertu sur le vice.

Prodigue, le jeune Fothergill fut bientôt criblé de dettes. En 1804, il descendit à Londres dans l'espoir de faire fortune au théâtre, mais il abandonna ce dessein lorsqu'il découvrit que le métier d'acteur n'offrait aucune sécurité et qu'il lui faudrait demeurer longtemps dans l'ombre de comédiens plus anciens mais, à ses yeux, moins talentueux que lui. Il tenta aussi, mais en vain, d'obtenir une commission dans la marine royale. Pendant son séjour dans la capitale, il se mêla à des adeptes des sports « à la mode » (dont les grands boxeurs professionnels James et Thomas Belcher) et mit en chantier divers ouvrages, principalement « Natural and civil history of Yorkshire ». Il passa une bonne partie de l'année 1805 dans le nord du Yorkshire à faire de la recherche sur le terrain pour ce volume puis, de mai à novembre 1806, il sillonna les Orcades et les Shetland en vue d'un livre qu'il voulait intituler « The northern isles of Britain ». En 1812, plusieurs graveurs de renom, dont Thomas Bewick, Samuel Howitt et John Thurston, travaillaient pour lui à la confection des planches qui illustreraient ces ouvrages ainsi qu'une vaste étude sur la faune (ailée surtout) de la Grande-Bretagne ; cependant, il ne réussit à publier que *An essay on the philosophy, study, and use of natural history*, paru en 1813, qu'il considérait en partie comme un moyen d'annoncer les importants traités à venir. De 1807 à 1812, il habita plusieurs endroits voisins d'York ou de Leeds et dilapida son patrimoine en élevant des chevaux de course.

En 1811, Fothergill épousa Charlotte Nevins au terme d'une cour ardente qui réussit en dépit (ou peut-être en raison) du fait que le père de celle-ci, quaker et fabricant de lainages des environs de Leeds, lui reprochait d'être « frivole et romantique ». Fothergill prétendait s'être corrigé de sa prodigalité, mais il était constamment affligé de difficultés financières qui découlaient soit de ses projets littéraires ou de désastreuses transactions liées surtout à son écurie.

Fothergill

En 1813, il entreprit des études de médecine à Édimbourg, mais il dut s'enfuir à l'île de Man afin d'éviter l'arrestation pour dettes. À cet endroit, après une dernière tentative pour publier « The northern isles of Britain », il se tourna vers l'agriculture, mais perdit aussitôt l'argent qu'il y avait investi (grâce à des emprunts soutirés à des parents) à cause de l'effondrement des marchés agricoles qui survint à la fin des guerres napoléoniennes.

Fothergill songeait depuis longtemps à émigrer ; il avait d'abord pensé se rendre à la Jamaïque, où l'un de ses oncles était planteur, puis dans la colonie du Cap (Afrique du Sud) ou encore en Pennsylvanie, où son beau-père possédait de grands domaines. Il choisit finalement le Haut-Canada ; il y arriva en février 1817. Il se présenta au lieutenant-gouverneur, Francis Gore*, comme le précurseur d'une colonie de gentlemen anglais et obtint qu'on leur réserve une partie du canton de Monaghan et qu'on lui concède personnellement 1 200 acres de terre au bord du lac Rice. Il s'installa à Smith's Creek (Port Hope), qu'il considérait comme la porte naturelle de la région du lac Rice sur les Grands Lacs. Il ouvrit un magasin et acheta beaucoup de biens immobiliers car il avait l'intention de donner au port une vocation commerciale. Il se lia d'amitié avec les Sauteux du lac Rice et aida d'humbles colons des nouveaux cantons de Cavan, d'Emily et de Monaghan. Bientôt, il joua un rôle de premier plan dans le district de Newcastle : il devint le premier maître de poste de Port Hope en 1817, puis juge de paix en 1818 et entra au conseil des terres du district en 1819. Le nouveau lieutenant-gouverneur, sir Peregrine Maitland*, le remercia personnellement en 1818, parce qu'il avait su affronter avec succès Robert Gourlay* au cours d'une assemblée publique à Amherst (Cobourg).

Dès 1820, Fothergill possédait une brasserie et une distillerie à Port Hope de même qu'une scierie et un moulin à farine à l'endroit où se trouve aujourd'hui Peterborough. Malheureusement, comme à son habitude, il avait vu trop grand. Son magasin fit faillite, ses propriétés furent saisies et il quitta Port Hope pour se réfugier dans son domaine près de Monaghan, où sa « colonie de gentlemen » n'avait jamais vu le jour. Aussi fut-il heureux d'apprendre à la fin de 1821 qu'il serait imprimeur du roi à compter du 1er janvier suivant, et il alla s'installer à York (Toronto). Enfin, dans sa quarantième année, Fothergill voyait se réaliser deux vieux désirs : il avait une presse typographique et un revenu stable.

Fothergill montra dans le métier d'imprimeur son penchant pour les projets d'envergure. Son prédécesseur, Robert Charles HORNE, publiait avec le compte rendu officiel des débats de la province, l'*Upper Canada Gazette*, un supplément non officiel, le *York Weekly Post*, ainsi qu'un almanach. Sous la gouverne de Fothergill, le supplément (rebaptisé *Weekly Regis-*

ter à compter du 18 avril 1822) et l'almanach prirent de l'ampleur, ce qui offrait un exutoire à ses énergies d'écrivain. Son projet le plus ambitieux, un volumineux condensé annuel d'informations politiques, agricoles, scientifiques et culturelles qui devait s'appeler « Canadian annual register », ne se réalisa pas. Malgré tout, lorsqu'il cessa d'être imprimeur du roi en janvier 1826, un collègue, le journaliste Francis Collins*, vanta le goût et le talent « très supérieur » dont il avait fait preuve à titre d'imprimeur et d'auteur.

Néanmoins, pendant son mandat, des malheurs tant personnels que professionnels avaient accablé Fothergill. Il n'en était pas toujours la cause : de mai à novembre 1822, pendant que sa femme se mourait de la tuberculose, il souffrit lui-même d'une longue maladie et son dernier-né périt d'une méningite fort douloureuse. Mais dans d'autres cas, notamment lorsqu'il se mêla au scandale du « Spanish Freeholder », c'est lui qui courut au-devant des ennuis.

Dans le *Weekly Register* du 7 octobre 1824, Fothergill fit l'éloge enthousiaste d'une lettre qu'il avait reçue et qu'il disait s'intituler « A FREEHOLDER'S letter to PAWKIE », mais il ne voulait pas la publier car il craignait qu'elle ne soit diffamatoire. Une semaine plus tard, William Lyon Mackenzie* fit paraître dans le *Colonial Advocate,* sous la forme d'une lettre adressée en 1718 au « lord juge en chef Van Pawkie, de La Haye », par quelqu'un qui signait A Spanish Freeholder, un écrit choquant et diffamatoire à l'endroit du juge en chef du Haut-Canada, William Dummer Powell*. Mackenzie prétendait que cette lettre était celle que Fothergill avait vantée. Powell, depuis des années à couteaux tirés avec le lieutenant-gouverneur Maitland, se plaignit à celui-ci que Fothergill avait fait un commentaire favorable sur l'écrit diffamatoire, mais Fothergill nia avec véhémence que la lettre de l'*Advocate* soit celle dont il avait parlé. Comme Fothergill avait fait une dénégation publique, Maitland ne lui demanda pas de produire la lettre, mais il ne le crut peut-être pas pour autant et son mécontentement envers lui dut s'accroître en raison de la nouvelle dispute avec Powell que cette bévue avait provoquée.

Toutefois, à l'époque où Fothergill fut imprimeur, ce sont des questions financières qui lui causèrent le plus de tracas. En raison de son extravagance et de son inefficacité, il dut demander plus d'une fois une avance au gouvernement. Malgré une concurrence de plus en plus serrée, il demandait de forts prix, ce qui lui faisait perdre beaucoup de marchés gouvernementaux et compliquait la perception des comptes. Ses difficultés atteignirent leur paroxysme lorsqu'il présenta la facture de l'impression des lois provinciales de 1824. Ce travail avait été exécuté jusqu'en 1823 contre un forfait de £80, inférieur depuis plusieurs années au coût d'exécution. En 1824, Fothergill convainquit le Parlement de payer l'impression à la page, et ce à un tarif supérieur de 40 % à celui qui était autorisé dans la liste officielle des prix. Il imprima ensuite les lois adoptées pendant cette session en caractères très gras et dans une mise en pages très aérée, de sorte qu'il fallut près de deux fois plus de pages que selon l'ancienne présentation et que sa facture grimpa à £882. Le gouvernement acquitta la somme parce que Fothergill se disait au bord de la ruine, mais il décida plus tard de lui réclamer £367 10s. En novembre 1825, Fothergill dut signer pour cette somme une reconnaissance de dette acquittable sur demande.

Maitland démit Fothergill de ses fonctions deux mois plus tard, non à cause de cet incident, mais pour des raisons politiques. Depuis le début des années 1820, Fothergill avait opéré un revirement spectaculaire. Aux élections générales de 1820, il était intervenu dans la circonscription de Durham en mobilisant en faveur de George Strange Boulton*, frère du solliciteur général Henry John Boulton*, les colons, en majorité irlandais, des nouveaux cantons de l'arrière-pays. Il espérait faire battre celui qui allait finalement remporter la victoire, Samuel Street Wilmot, candidat favori des « Yankees » des cantons riverains et associé de l'arpenteur général Thomas Ridout*. Dans le *Weekly Register,* Fothergill louangea le lieutenant-gouverneur, défendit son gouvernement et proclama que le Haut-Canada était une terre d'avenir. Par contre, en 1824, il se présenta contre Wilmot et Boulton et mena une campagne où il dénonça la stagnation économique du Haut-Canada, qualifia les avocats de parasites et clama ce slogan : « AGRICULTURE et TRAVAUX PUBLICS, sans l'aide de ceux qui MANGENT plus qu'ils ne GAGNENT ». Fothergill récolta beaucoup de voix « yankees », surtout après que Wilmot eut abandonné la course, et arriva ex æquo avec Boulton. Le directeur du scrutin annula trois de ses votes et déclara Boulton élu, mais la chambre d'Assemblée ordonna la tenue d'une nouvelle élection où Fothergill écrasa Wilmot, qui s'était présenté avec le soutien de Boulton.

Pendant la session de 1825–1826, Fothergill s'imposa comme l'un des grands porte-parole de l'opposition parlementaire. Il organisa une offensive contre la politique agraire du gouvernement, présida un comité plénier sur l'état de la province que Maitland qualifiait de « comité des griefs » et adopta notamment des résolutions sur la question des non-naturalisés, l'immigration, les postes et l'indépendance du pouvoir judiciaire. C'est pour cette raison que, sans préavis, on le releva de ses fonctions d'imprimeur du roi le 5 janvier 1826, mais non, comme on l'a dit, de ses fonctions de maître de poste de Port Hope, qu'il avait abandonnées six ans plus tôt. Son renvoi causa tout un émoi et on organisa une souscription publique en sa faveur. Il retourna alors vivre dans le voisinage de Port Hope.

De 1825 à 1828, les discours et les interventions de Fothergill à l'Assemblée figurèrent en bonne place dans le *Colonial Advocate,* et on le reconnut comme l'un des principaux membres de l'opposition. En 1827, c'est d'abord lui qu'on choisit, avec John Rolph*, pour entreprendre la mission de protestation contre le *Naturalization Bill* qui devait finalement incomber à Robert Randal*. Pourtant, même si Fothergill et les autres leaders réformistes s'opposaient tous au gouvernement provincial, leurs principes politiques étaient loin d'être identiques. Fothergill vouait en effet un culte à la constitution « mixte » de la Grande-Bretagne du XVIIIe siècle et souhaitait que le Haut-Canada devienne une vice-royauté dotée d'un Parlement qui aurait le droit de mettre en accusation les conseillers provinciaux de la couronne pour malversation ou dérogation à la constitution. Ces opinions l'éloignaient des réformistes qui, eux, favorisaient la souveraineté populaire, qu'elle se concrétise dans des institutions politiques de type américain ou britannique. De plus, par ses pressions persistantes en faveur de l'annexion de Montréal, Fothergill se coupait du reste de l'opposition haut-canadienne, de plus en plus consciente des susceptibilités canadiennes-françaises. En mars 1829, comme il voyait fondre son capital et qu'il craignait constamment que le gouvernement n'exige le paiement de sa reconnaissance de dette, Fothergill écrivit au nouveau lieutenant-gouverneur, sir John Colborne*, et au procureur général, John Beverley Robinson*, dans l'espoir d'obtenir des subsides pour un journal progouvernemental qu'il souhaitait fonder à Port Hope. On refusa sa demande et le journal ne vit jamais le jour.

Fothergill ne fut pas réélu à l'Assemblée en 1830. En 1831 ou 1832, il s'établit dans le canton de Pickering, où vivait la famille de sa deuxième femme, Eliza Richardson, fille d'un fermier quaker irlandais. Il investit alors le reste de sa fortune dans la construction de moulins et la fondation d'une ville qui devait s'appeler Monadelphia et s'élever à l'endroit où se trouve maintenant Pickering. Encore une fois, il avait montré trop d'ambition et le malheur le frappa : en 1834, à peine ses moulins étaient-ils achevés qu'un incendie les détruisit. Fothergill attribua ce désastre à la rancune d'un braconnier qu'il avait sévèrement puni, à titre de juge de paix, dans l'espoir de contribuer à préserver la pêche au saumon dans le lac Ontario. Aux élections générales de 1834, il se présenta sous l'étiquette de « réformiste conservateur » dans la circonscription de 3rd York, mais un partisan de Mackenzie, Thomas David Morrison*, le battit à plate couture.

Les idéaux que poursuivit Fothergill au cours de sa vie dans le Haut-Canada dénotent chez cet érudit un sens civique réel. Naturaliste infatigable, il espérait toujours publier sous une forme quelconque un ouvra-

Fothergill

ge sur la faune de l'Empire britannique, mais son rêve ne se concrétisa pas. Il termina tout de même deux manuscrits de valeur pour l'époque : « An essay descriptive of the quadrupeds of British North America […] », qui lui valut la médaille d'argent de la Société d'histoire naturelle de Montréal en 1830, et un exposé sur les dangers qui menaçaient la pêche au saumon du lac Ontario, lu à la Société littéraire et historique de Québec en 1835. Soucieux de promouvoir la culture, il se joignit en 1831 à William Rees* et à William DUNLOP pour fonder à York la Literary and Philosophical Society of Upper Canada. À sa grande indignation, John Strachan* et John Beverley Robinson méprisèrent d'abord cet organisme éphémère pour s'en emparer par la suite.

En 1835, Fothergill lança un projet tout aussi grandiose que la fondation du King's College : pendant deux ans, d'abord en collaboration avec Rees puis tout seul, il travailla à la mise sur pied d'un « lycée d'histoire naturelle et des beaux-arts » qui aurait regroupé un musée, une galerie d'art, un jardin botanique et un zoo. Il investit dans cette entreprise une bonne part de l'argent qui lui restait, mais ses demandes de subvention dépassaient ce que le gouvernement ou l'Assemblée étaient prêts à offrir. Au cours des dernières années de sa vie, il tenta d'organiser pour la population de Toronto une exposition des milliers de spécimens d'histoire naturelle qu'il avait recueillis pour ce lycée, mais rien n'indique qu'il y parvint.

Finalement, Fothergill retourna au journalisme et à la politique. À l'automne de 1837, il liquida la plupart de ses propriétés de Pickering et acheta deux journaux torontois, le *Courier of Upper Canada* de George Gurnett* et le *Correspondent and Advocate* de William John O'GRADY, qu'il fusionna sous le nom de *Palladium of British America and Upper Canada Mercantile Advertiser.* Le propriétaire officiel était son fils, Charles Forbes Fothergill. Le premier numéro parut à peine deux semaines après la rébellion du Haut-Canada, et Fothergill fit valoir de prime abord que cette calamité était due principalement à la domination que le *family compact,* au mépris de la constitution, exerçait sur le gouvernement de la province. Le *Palladium* avait une présentation attrayante et fut pendant plusieurs mois le plus grand journal de la province et le plus audacieux porte-parole de l'opposition à Toronto, mais selon Samuel Thompson*, embauché en 1838 pour le gérer, Fothergill s'en désintéressa longtemps avant qu'il ne cesse de paraître, un peu après mai 1839. Moins d'un an plus tard, Fothergill mourait sans ressources. Un mois après sa mort, un incendie supprima nombre de ses papiers et la plupart de ses spécimens.

La carrière de Fothergill fut une suite ininterrompue d'échecs dont il se révéla en grande partie responsable. Doté d'une vaste culture générale et d'une solide érudition, il sut mal en tirer parti car il embrassa des projets bien trop ambitieux pour ses moyens financiers, sinon intellectuels. En Grande-Bretagne, il se lamenta de ne pas trouver de protection et, dans le Haut-Canada, il trouva humiliant de se voir refuser de hautes fonctions par une clique de fonctionnaires qui, à son avis, lui étaient inférieurs de par leur naissance et leur éducation. Cependant, ni dans la métropole ni dans la colonie, il n'adopta de plan rationnel pour obtenir par ses propres moyens la richesse et les loisirs dont il aurait eu besoin pour ses travaux et, dans le Haut-Canada, il gâcha la seule fonction qu'il ait obtenue par faveur gouvernementale. Son penchant autodestructeur pour le risque provenait probablement d'une névrose obsessionnelle semblable à celle du joueur compulsif.

Fothergill écrivait souvent dans un style ampoulé et verbeux, mais lorsque son sujet le passionnait il savait être convaincant et direct. Il avait également des dons d'orateur, mais il lui manquait l'aplomb nécessaire pour s'imposer dans les comités ou les caucus et pour persuader des hommes pratiques de parrainer ses projets. On estime aujourd'hui que sa principale contribution législative – une loi favorisant la formation de sociétés d'agriculture – contribua peu au développement agricole de la province. On peut déplorer que la société haut-canadienne, démesurément matérialiste, lui ait été aussi peu favorable, mais lui-même avait une tendance funeste à négliger les réalités environnantes. Les quelques paysages ontariens à l'aquarelle qui subsistent de sa main sont tous très idéalisés. Néanmoins, de 1824 à 1830, Fothergill fut l'un des grands personnages de la scène politique. Il fut alors dans la province le grand champion du « réformisme conservateur » et, à une époque où bien des gens confondaient encore activité « partisane » et déloyauté, sa distinction et sa respectabilité serviront le jeune mouvement réformiste.

Il reste que ce n'est pas comme homme politique, mais comme observateur et descripteur de la nature que Charles Fothergill excella. D'après R. Delamere Black, ses descriptions d'animaux sont « renversantes » de minutie et d'exactitude. Quant à ses études à l'aquarelle, elles présentent à la fois ces qualités et la « liberté d'élan » qui, selon Fothergill lui-même, caractérisait les meilleures peintures d'oiseaux. « En tant que naturaliste et dessinateur d'animaux, a dit James Little Baillie, il se rangeait parmi les meilleurs de son époque. » Si Fothergill avait réussi à publier son œuvre, il aurait peut-être acquis une part de la notoriété de Thomas Bewick ou de John James Audubon. Il ressentit d'ailleurs comme une ironie amère, peu avant sa mort, d'être invité à s'engager dans une correspondance scientifique par Audubon, qui avait réussi là où lui-même avait échoué.

PAUL ROMNEY

346

Les papiers de Charles Fothergill conservés à la UTFL (MS coll. 140) comprennent divers cahiers de notes, registres de lettres, journaux, brouillons de manuscrits et un peu de correspondance. Ils comprennent également un brouillon partiel de l'ouvrage qu'il projeta d'écrire sur les îles Orcades et les îles Shetland de même que son journal personnel sur sa vie à Londres en 1804–1805. Ses cahiers de notes contiennent tout ce qui existe encore relativement à ses travaux sur le terrain. Les volumes 20, 22, 25 et 28 concernent le Canada et constituent le sujet de « Charles Fothergill's notes on the natural history of eastern Canada, 1816–1837 », R. D. Black, édit., Royal Canadian Institute, *Trans.* (Toronto), 20 (1934–1935) : 141–168. Les volumes 12, 26, 31 et 32 concernent la Grande-Bretagne ; les deux derniers, insérés dans Thomas Bewick, *History of British birds* [...] ([2ᵉ éd.], 2 vol., Newcastle, Angl., et Londres, [1798]–1805), sont intéressants par les ornements que Fothergill y a peints à l'aquarelle sur certaines planches. Le volume 3 est incomplet et contient des aquarelles et des esquisses, notamment quelques dessins exquis représentant des oiseaux. Le volume 21 est constitué par le journal qu'il tint au cours de son voyage en traîneau de Montréal à York (Toronto) en 1817. Les volumes 9–11a furent publiés sous le titre de *The diary of Charles Fothergill, 1805 : an itinerary to York, Flamborough and the north-western dales of Yorkshire,* Paul Romney, édit. (Leeds, Angl., 1984). Le manuscrit de Fothergill intitulé « An essay descriptive of the quadrupeds of British North America [...] » (1830) est déposé aux McGill Univ. Libraries, Blacker-Wood Library.

On connaît de Fothergill quatre aquarelles qui représentent des paysages du Haut-Canada. Les trois qui se trouvent au Royal Ont. Museum, Sigmund Samuel Canadiana Building (Toronto), sont reproduites dans Mary Allodi, *Canadian watercolours and drawings in the Royal Ontario Museum* (2 vol., Toronto, 1974) ; la quatrième, qui représente Port Hope en 1819, appartient à la famille. La Sigmund Samuel collection contient aussi un portrait de Fothergill, peint vers 1834 par Grove Sheldon Gilbert.

Les principales publications de Fothergill sont : *Ornithologia Britannica : or, a list of all the British birds ; in Latin and English* [...] (York, Angl., 1799) ; *The wanderer ; or, a collection of original tales and essays, founded upon facts, illustrating the virtues and vices of the present age* [...] (2 vol., Londres, 1803) ; *An essay on the philosophy, study, and use of natural history* (Londres, 1813) ; *York almanac,* 1823–1826 ; et *Toronto almanac,* 1839. De plus, il publia les journaux suivants : *Upper Canada Gazette,* 1822–janv. 1826 (incluant le *Weekly Register* du 18 avril 1822 jusqu'au 29 déc. 1825 au moins) ; et *Palladium of British America and Upper Canada Mercantile Advertiser* (Toronto), 20 déc. 1837–mai 1839. Il a aussi édité et annoté l'ouvrage de W. L. Mackenzie, *Mackenzie's own narrative of the late rebellion* [...] (Toronto, 1838).

Les sources les plus importantes sont aux APC, RG 1, E3 ; RG 5, A1 ; et RG 7, G16C. Les papiers de James Little Baillie à la UTFL (MS coll. 126, boxes 38–38a) contiennent la biographie manuscrite de même que les différentes recherches que Baillie a faites sur Fothergill. Les principales études sont : Paul Romney, « A man out of place : the life of Charles Fothergill ; naturalist, businessman, journalist, politician, 1782–1840 » (thèse de PH.D., Univ. of Toronto, 1981) ; « A conservative reformer in Upper Canada : Charles Fothergill, responsible government and the « British Party », 1824–1840 », SHC *Communications hist.,* 1984 : 42–62 ; et « The Spanish freeholder imbroglio of 1824 : inter-elite and intra-elite rivalry in Upper Canada », *OH,* 76 (1984) : 32–47 ; et J. L. Baillie, « Charles Fothergill, 1782–1840 », *CHR,* 25 (1944) : 376–396. On trouve des renseignements sur les antécédents familiaux de Fothergill dans : John Fothergill, *Chain of friendship : selected letters of Dr. John Fothergill of London, 1735–1780,* B. C. Corner et C. C. Booth, édit. (Cambridge, Mass., 1971) ; R. H. Fox, *Dr. John Fothergill and his friends ; chapters in eighteenth century life* (Londres, 1919) ; et Bernard Thistlethwaite, *The Thistlethwaite family ; a study in genealogy* (Londres, 1910).

FOURNIER, CHARLES-VINCENT, prêtre catholique, né le 28 janvier 1771 à Orléans, France, fils de Pierre-Laurent Fournier, fabricant d'amidon, et de Marie-Anne Péguy ; décédé le 26 mai 1839 à Baie-du-Febvre (Baieville, Québec).

Charles-Vincent Fournier fait ses études classiques au petit séminaire de Meung-sur-Loire, en France. En 1789, il opte pour la prêtrise et entreprend sa théologie chez les sulpiciens de sa ville natale. Il se lie d'amitié avec un jeune postulant, Jean RAIMBAULT. Intransigeants et passionnés, tous deux brûlent de servir l'Église, s'enflamment pour la cause de la monarchie et s'opposent d'une façon virulente à la crise révolutionnaire de 1789. En 1790, Fournier doit prêter le serment de fidélité à la Constitution civile du clergé mais, à l'instar de ses supérieurs et de ses collègues, il refuse de faire un tel geste et préfère abandonner la soutane. Il revient alors dans sa famille et s'adonne à différents travaux dans la boutique de son père.

Trois ans plus tard, l'Assemblée nationale constituante décrète la conscription de tous les célibataires âgés de 18 à 25 ans. Fournier et Raimbault sont ainsi forcés de s'enrôler dans une unité militaire de leur ville. À la fin de 1793, ils rejoignent leur régiment à Paris. Malgré une surveillance étroite, ils parviennent à s'enfuir et ce n'est qu'après de multiples aventures en Belgique et en Allemagne qu'ils se retrouvent en Angleterre au début de 1795. Horrifiés par les conséquences de la révolution et dans la crainte d'être persécutés dans leur pays, ils décident de se rendre au Bas-Canada.

Fournier arrive à Québec le 24 octobre 1796 ; il s'installe au collège Saint-Raphaël à Montréal où les sulpiciens l'accueillent chaleureusement et l'invitent à parfaire ses études théologiques. Le 23 septembre 1797, Mgr Pierre Denaut*, évêque de Québec, lui confère le sacerdoce. Pour Fournier, qui réalise le rêve de sa jeunesse, la satisfaction est d'autant plus vive qu'il se retrouve dans une colonie britannique où règnent la paix, l'ordre et le respect des autorités religieuses et civiles.

À la fin de 1797, Fournier est nommé vicaire dans la paroisse Saint-Michel, à Vaudreuil, puis un an plus

Fournier

tard dans celle de Saint-Joseph, à Chambly. En 1800, Mgr Denaut lui confie la cure de Saint-François-d'Assise (à Montréal). Dans cette paroisse, l'église est à peine décorée, le presbytère et le cimetière sont mal entretenus. De plus, Fournier se heurte à un affaiblissement du sentiment religieux chez plusieurs de ses paroissiens. Cependant, en quelques années, il parvient à redresser la situation : il encourage la réfection de l'église et du presbytère, s'efforce de donner de l'éclat aux cérémonies religieuses, met sur pied une nouvelle école et se dévoue auprès des plus démunis de sa paroisse.

Fort satisfait du travail de Fournier, Mgr Joseph-Octave Plessis*, évêque de Québec, le nomme à la cure de Saint-Antoine-de-Padoue, à Baie-du-Febvre, en 1810. Dès son arrivée, il doit affronter une épidémie de fièvre. Il s'acquitte dignement de sa tâche en encourageant les familles éprouvées et en administrant avec empressement les derniers sacrements. Il manifeste alors un tel zèle et une telle générosité que ses paroissiens le félicitent. Par la suite, ils n'oseront remettre en cause son autorité dans la paroisse. Fournier met l'accent sur l'embellissement de l'église, signe tangible à ses yeux de la vitalité religieuse de la paroisse. En 1811, il fait restaurer la corniche du sanctuaire. Deux ans plus tard, il achète des ornements de velours et complète la collection des vases sacrés. À partir de 1815, il engage la fabrique dans des dépenses encore plus considérables, qui totalisent plus de 20 000 *ll* : aménagement des chapelles, réfection du retable et du grand autel, achat d'un tabernacle et embellissement du sanctuaire. En 1818, il acquiert dix tableaux que Philippe-Jean-Louis Desjardins* expédie en France. Déjà en 1825, son église est l'une des plus spacieuses et des mieux décorées de la région de Trois-Rivières.

Fournier porte une attention particulière à l'évolution de la pratique religieuse. Par exemple, en 1812, il répand la dévotion du chemin de la croix et fait ériger un calvaire qui deviendra un lieu de dévotions populaires. Il prêche habituellement les dimanches et les jours de fête, mais il lui arrive de le faire aussi dans les temps forts de l'avent et du carême. Ses sermons se distinguent surtout par une grande intransigeance et portent sur des thèmes comme la mort, la douleur, l'enfer, le péché, le jugement final, le salut éternel et le petit nombre des élus. Il s'impose aussi comme un confesseur tenace et exigeant : il veut purifier ses paroissiens du péché et les conduire à la communion fréquente.

En 1816, Fournier chasse un enseignant libéral qui voulait mettre sur pied une école s'inspirant des méthodes pédagogiques de Joseph LANCASTER. À partir de ce moment, l'éducation devient l'une de ses principales préoccupations. En moins de 15 ans, il se construit sous sa direction quatre écoles sur lesquelles il a la haute main. Au même titre, il ne tolère pas que les notables de sa paroisse s'immiscent dans les affaires de la fabrique et va même jusqu'à leur refuser l'accès aux assemblées de la fabrique. Après 1820, il lutte contre la danse et interdit dans la mesure du possible la fréquentation des auberges. En chaire, la luxure et les toilettes féminines deviennent même ses principaux sujets de prédication. Cette pastorale très stricte vise à éliminer toute mauvaise influence susceptible de contaminer la paroisse. Un tel encadrement religieux produit un impact considérable sur les paroissiens. Après 25 ans de ministère, Fournier ne peut qu'être satisfait : sa paroisse constitue un îlot important de chrétienté.

Fournier fait valoir son bien, dirige l'entretien de son jardin et la rentrée de la dîme. Dans cette paroisse opulente, il peut compter sur une dîme de 700 minots de blé et de 400 minots d'avoine, ce qui le place nettement au-dessus de la plupart de ses paroissiens. Il possède une ferme et des animaux. Son presbytère, vaste bâtiment en pierre, revêt l'allure d'un manoir. Son mobilier est luxueux et sa bibliothèque abondamment pourvue de livres religieux et d'ouvrages sur la Révolution de 1789. Des produits alimentaires de luxe et des viandes variées garnissent sa table. Il achète en grande quantité du vin d'Espagne et du rhum des Antilles. Par ses revenus et son mode de vie, il s'identifie très peu à la majorité de ses paroissiens. Il en impose aussi par ses bonnes manières, son savoir et sa culture.

Le pouvoir et le prestige de Fournier ne se limitent pas qu'à sa paroisse. Ses collègues français viennent souvent le visiter. Ces rencontres empreintes de cordialité et de bonne entente sont souvent l'occasion de nombreuses discussions à propos des fonctions sacerdotales. Discipliné et exigeant, Fournier s'impose auprès de ses collègues qui apprécient son bon jugement et ses conseils judicieux. Il entretient de bonnes relations avec les prêtres du séminaire de Nicolet qui l'invitent souvent à venir prêcher dans leur établissement. De même, ses nombreuses rencontres avec son ami Jean Raimbault, curé de Nicolet, supérieur du séminaire et archiprêtre, lui permettent de faire valoir son point de vue sur l'éducation et l'administration paroissiale. Il s'occupe également des missions mises en place dans les Cantons-de-l'Est. À cet effet, il se rend souvent dans celle de Drummondville et, sous son influence et celle de Raimbault, on y érige une première chapelle. Assurés de son dévouement et de sa loyauté, Mgr Plessis et plus tard Mgr Bernard-Claude Panet* lui confient plusieurs missions administratives dans la région de Trois-Rivières et lui demandent à l'occasion de les accompagner dans leur visite pastorale.

Par sa supériorité intellectuelle et morale et la confiance dont il jouit de la part de ses supérieurs, Fournier s'est gagné le respect de ses paroissiens et du milieu ecclésiastique de sa région. Après avoir exercé ses fonctions sacerdotales pendant près de 40 ans, il songe à réorienter son existence, du moins à se créer un nouveau cadre de vie. Il prend sa retraite en 1836 à la suite d'une attaque de paralysie. Le 8 octobre de la même année, il cède sa cure à Michel Carrier* à la condition que ce dernier lui remette le tiers de tous les grains perçus dans les paroisses de Baie-du-Febvre et de Saint-Zéphirin-de-Courval. Propriétaire d'une maison cossue située près de l'église, il s'enferme dans le silence et tente de profiter des quelques moments qui lui restent à vivre. Il consacre alors ses loisirs à la lecture, sa grande passion. Incapable de marcher et ne pouvant plus dire sa messe, il porte un intérêt plus marqué à la prière. Il s'éteint doucement le 26 mai 1839 sur la véranda de sa splendide demeure. Deux jours plus tard, un nombre considérable de prêtres et de laïques de la région de Trois-Rivières assistent à ses obsèques, signe évident de sa notabilité et de sa grande popularité.

Homme du XVIIIe siècle, formé à l'époque de la philosophie des Lumières, marqué profondément par la Révolution de 1789, Charles-Vincent Fournier demeura toujours fidèle aux formules et aux solutions auxquelles l'Ancien Régime était attaché. Dans ce contexte, le développement du libéralisme dans le Bas-Canada au début du XIXe siècle lui est apparu comme une séquelle de l'esprit révolutionnaire français et antireligieux. Non seulement a-t-il combattu cette idéologie de toutes ses forces mais encore veilla-t-il à ce que ses paroissiens n'en subissent pas les influences. Mieux préparé que ses confrères canadiens à sa tâche pastorale, y apportant plus de dévouement et de zèle, rejetant tout compromis idéologique et souhaitant toujours affirmer les principes, il a fait de Baie-du-Febvre une véritable terre de chrétienté. Ses collègues français, établis dans la région de Trois-Rivières après les événements tragiques de la Révolution de 1789, ont servi l'Église canadienne avec le même empressement et la même détermination. Ces prêtres défendaient une société d'Ancien Régime, affirmaient leur hostilité farouche au libéralisme et tendaient à revendiquer l'union de l'Église et de l'État. Unis sur le plan idéologique, bien préparés à leurs fonctions curiales, ils prirent l'habitude de s'entraider, de coordonner leurs efforts, et en se ralliant à l'opinion des plus sages. Ils s'appliquaient d'une façon particulière au bien spirituel de leurs ouailles et obtenaient un succès indéniable dans l'encadrement des masses rurales. Il n'est pas surprenant qu'une forte renaissance religieuse et une solide implantation chrétienne aient marqué cette région bien avant le « triomphalisme religieux » du milieu du XIXe siècle.

RICHARD CHABOT

ACAM, 355.107, 802-1. — AD, Loiret (Orléans), État civil, Orléans, 29 janv. 1771. — ANQ-M, CE3-2, 28 mai 1839. — ANQ-MBF, CN1-21, 6 mars 1835. — AP, Saint-Antoine-de-Padoue (Baieville), Livres de comptes, I ; Saint-François-d'Assise (Montréal), Livres de comptes, I. — Arch. de l'évêché de Nicolet (Nicolet, Québec), Cartable Baie-du-Febvre, I : 77–89. — ASN, AO, Polygraphie, III : 5–30 ; Séminaire, II : 82–101 ; AP-G, L.-É. Bois, G, 1 : 224. — Allaire, *Dictionnaire*. — Caron, « Inv. de la corr. de Mgr Denaut », ANQ *Rapport*, 1931–1932 : 134, 137–138, 152, 178 ; « Inv. de la corr. de Mgr Hubert et de Mgr Bailly de Messein », 1930–1931 : 334–335, 347 ; « Inv. de la corr. de Mgr Panet », 1933–1934 : 393 ; 1935–1936 : 184–185 ; « Inv. de la corr. de Mgr Plessis », 1927–1928 : 256, 275 ; 1928–1929 : 129 ; « Inv. de la corr. de Mgr Signay », 1936–1937 : 315 ; 1937–1938 : 113, 120, 128. — J.-E. Bellemare, *Histoire de la Baie-Saint-Antoine, dite Baie-du-Febvre, 1683–1911* (Montréal, 1911). — Dionne, *les Ecclésiastiques et les Royalistes français*. — Louis Martin, « Jean Raimbault, curé à Nicolet de 1806 à 1841 » (thèse de M.A., univ. de Montréal, 1977). — « Les Morts de 1839 », *BRH*, 32 (1926) : 18.

FRANCIS, TOMA. V. TOMAH, FRANCIS

FRANKLIN, sir JOHN, officier de marine, explorateur et auteur, né le 16 avril 1786 à Spilsby, Angleterre, fils cadet de Willingham Franklin, marchand de tissus, et de Hannah Weekes ; décédé le 11 juin 1847 au large de la terre du Roi-Guillaume (Territoires du Nord-Ouest).

John Franklin fréquenta l'école préparatoire à St Ives, dans le Huntingdonshire, puis dès l'âge de 12 ans la *grammar school* de Louth, près de Spilsby, dans le Lincolnshire. Attiré très tôt par la vie de marin, il se buta d'abord à la résistance de son père, qui ne l'autorisa qu'à regret à faire un voyage d'essai sur un navire marchand qui faisait la liaison entre Kingston upon Hull et Lisbonne. Comme l'expérience avait affermi la résolution de Franklin, son père le fit entrer dans la marine royale à titre de volontaire de première classe sur le *Polyphemus*. Il partit le 23 octobre 1800 pour aller rejoindre le navire, qui participa le 2 avril 1801 à la bataille de Copenhague.

Peu après cependant Franklin, libéré du service, rentra chez lui car ses parents, à sa demande, lui avaient obtenu une affectation plus conforme à ses ambitions : participer à une expédition qui, sous le commandement du capitaine Matthew Flinders, explorerait le littoral de la Nouvelle-Hollande (Australie) pour en dresser la carte marine, encore fort incomplète. Le 27 avril, en qualité de midship, il rejoignit donc l'*Investigator,* qui leva l'ancre de Spithead le 18 juillet. Flinders, son oncle par alliance, le prit sous son aile et lui enseigna la navigation. En 1802 et 1803, l'expédition fit le tour de l'Australie mais, en raison de la piètre navigabilité du bâtiment et du scorbut qui affectait ses hommes, Flinders ne put mener à bien sa mission. On abandonna l'*Investigator* à Sydney et l'équipage s'embarqua pour l'Angleterre à bord du *Porpoise* en août 1803. Toutefois, six jours

Franklin

après son départ, le navire s'échoua sur un récif et l'équipage, réfugié sur un banc de sable, attendit pendant six semaines le retour de Flinders, parti en barque chercher du secours. Finalement, Franklin gagna Canton (République populaire chinoise) sur un navire marchand et revint à bord d'un bâtiment qui faisait le service des Indes orientales. Il arriva en Angleterre pendant l'été de 1804.

Après son licenciement, Franklin retourna à la vie militaire sur le *Bellerophon*. Ce navire participa au blocus de Brest, escorta des transports de troupes en route pour Malte et prit part en octobre 1805 à la bataille de Trafalgar, au cours de laquelle Franklin assuma à titre de midship la responsabilité de la signalisation. Il demeura sur le *Bellerophon,* au large des côtes de France, jusqu'en octobre 1807, puis on le muta sur le *Bedford,* qui allait servir au large de l'Amérique du Sud. Promu lieutenant le 11 février 1808, il participa ensuite durant quatre ans au blocus de la mer du Nord, après quoi, en septembre 1814, le *Bedford* mit les voiles pour La Nouvelle-Orléans, contre laquelle les Britanniques entendaient lancer une offensive pendant l'hiver. Au cours de cette opération, Franklin fut blessé et cité dans des dépêches.

Lorsque le *Bedford* regagna l'Angleterre en mai 1815, les guerres napoléoniennes tiraient à leur fin. En disponibilité sur le *Forth* pendant une brève période, Franklin fut ensuite mis à la demi-solde. Comme bien d'autres jeunes officiers, il voyait l'arrivée de la paix comme une menace à sa carrière ; plus de deux ans s'écoulèrent avant qu'il ait quelque perspective d'emploi.

Franklin dut son salut au regain d'intérêt de la marine royale pour l'exploration de l'Arctique, que John Barrow, deuxième secrétaire de l'Amirauté et voyageur renommé, présenta en 1818 comme un débouché idéal pour les officiers et les hommes de la marine que la fin des hostilités avait condamnés à l'inactivité. Barrow souhaitait principalement que l'on trouve, entre l'Atlantique et le Pacifique, une voie navigable qui passe directement par le pôle Nord ou qui traverse l'Arctique nord-américain entre la baie de Baffin et le détroit de Béring. Ce dernier trajet, communément appelé passage du Nord-Ouest, fut pendant les 36 années suivantes le principal objet des explorations de la marine britannique, et le nom de John Franklin y est aujourd'hui inextricablement lié. On le sélectionna avec une poignée d'hommes, probablement en raison de ses états de service méritoires pendant la guerre et de son expérience en matière d'exploration, acquise sous le commandement de Flinders. Deux expéditions se mirent en route pour l'Arctique en 1818 : l'une, que dirigeait le *commander* John Ross*, chercherait le passage du Nord-Ouest et l'autre, sous le commandement du commander David BUCHAN, tenterait de traverser l'océan Arctique à

partir de l'archipel du Spitzberg, à bord du trois-mâts barque *Dorothea* et du brick *Trent.* Franklin était au commandement du *Trent.* Cette expédition, qui dura six mois, n'avait aucune chance de réussir : les navires tentèrent en vain, pendant plusieurs semaines, de pénétrer le pack au nord-ouest de l'archipel du Spitzberg. Son unique résultat positif fut de prouver que les glaces polaires formaient une barrière infranchissable.

Comme les deux expéditions avaient échoué, Barrow proposa d'en lancer deux autres en 1819, à la recherche du passage du Nord-Ouest. William Edward Parry* chercherait une porte d'entrée par la baie de Baffin ; son expédition connut la réussite et démontra finalement que le détroit de Lancaster (Territoires du Nord-Ouest) donnait accès à l'Ouest. Une deuxième expédition, que Barrow proposa de confier à Franklin, débarquerait à la baie d'Hudson et se rendrait par voie de terre jusqu'à l'embouchure du Coppermine, après quoi elle reviendrait vers l'est en faisant l'exploration et en levant la carte du littoral du continent américain, ce qui lui permettrait de faire le tracé théorique de l'accès le plus direct au Pacifique. Ce plan imposait maintes difficultés à Franklin. Seulement deux explorateurs s'étaient déjà aventurés sur la côte : Samuel Hearne* à l'embouchure du Coppermine en 1771 et Alexander Mackenzie* au delta du Mackenzie en 1789. De plus, cette côte se trouvait à des centaines de milles du territoire que sillonnaient les trafiquants de fourrures. La Hudson's Bay Company et la North West Company devraient conduire Franklin jusqu'aux abords d'un territoire inconnu et l'équiper en vue de son voyage côtier, mais elles n'avaient aucun poste au nord du Grand lac des Esclaves (Territoires du Nord-Ouest), leurs routes d'approvisionnement étaient précaires et elles se livraient bataille pour avoir la haute main sur la traite. Franklin ne disposait que de trois mois pour préparer une expédition qui avait peu de précédents dans les annales de l'exploration. Parmi les rares avis qu'il put recueillir, beaucoup se révélèrent erronés ou exagérément optimistes ; les compagnies de traite lui promirent plus d'assistance qu'elles ne pouvaient lui en donner. Le groupe choisi pour l'accompagner comprenait les midships George Back* et Robert Hood*, le chirurgien et naturaliste John Richardson* ainsi que le marin John Hepburn*.

Partie de Gravesend le 23 mai 1819 à bord du *Prince of Wales,* navire de ravitaillement de la Hudson's Bay Company, l'expédition atteignit York Factory (Manitoba) le 30 août. Comme la compagnie ne pouvait lui prêter qu'un bateau et un homme d'équipage, Franklin dut se résoudre à faire expédier plus tard une bonne partie de ses provisions. C'est donc à bord d'un bateau lourdement chargé que l'équipe emprunta le trajet habituel de la compagnie jusqu'à Cumberland House (Saskatchewan) où, le 23 octobre, elle fit halte pour l'hiver. Franklin découvrit que même à cet endroit il ne pouvait obtenir des indications suffisantes sur la contrée située plus au nord ; à la mi-janvier, avec Back et Hepburn, il partit donc en raquettes pour le fort Chipewyan (Alberta), poste de la North West Company. Hood et Richardson devaient l'y rejoindre au printemps avec les vivres et le matériel. Parvenu au fort Chipewyan, Franklin s'organisa pour recruter des guides et des chasseurs indiens, mais la rareté de la main-d'œuvre lui causa de nouvelles difficultés et il commença à comprendre que les compagnies de traite étaient incapables de lui fournir les généreuses provisions promises à Londres. Toute l'expédition allait se dérouler sous le signe de la pénurie.

Le 18 juillet 1820, après l'arrivée de Richardson et de Hood, le groupe, auquel étaient venus s'ajouter quelques voyageurs, quitta le fort Chipewyan pour se rendre au fort Providence (Old Fort Providence, Territoires du Nord-Ouest), poste de la North West Company situé sur le bras nord du Grand lac des Esclaves. Le trafiquant William Ferdinand Wentzel l'y attendait en compagnie d'Akaitcho, chef de la tribu des Couteaux-Jaunes dont il avait recruté les hommes à titre de guides et de chasseurs. Les explorateurs s'aventurèrent ensuite en territoire inconnu, en suivant la rivière Yellowknife, et, le 20 août, ils atteignirent le lac Winter, près duquel ils construisirent leurs quartiers d'hiver, le fort Enterprise.

À cet endroit, Franklin se trouva aux prises avec une série de problèmes que causait principalement une grave pénurie de denrées essentielles et, frustré, il se mit à réagir sans le moindre tact, voire avec une agressivité tout à fait inhabituelle chez lui. En agissant ainsi, il ne réussit qu'à affaiblir son autorité sur les Indiens et les voyageurs ainsi qu'à décourager en grande partie la bonne volonté qu'avaient manifestée jusque-là les trafiquants de fourrures. Les représentants des compagnies et les Indiens accueillirent avec froideur et irritation ses requêtes de vivres, accompagnées de menaces et d'accusations arbitraires. Back, qui se rendit pendant l'hiver au fort Chipewyan, parvint cependant à récupérer à même le matériel laissé à York Factory des approvisionnements suffisants pour assurer l'avenir immédiat de l'expédition. En juillet 1821, Franklin et ses hommes descendirent le Coppermine pour rejoindre la côte. Leurs vivres et leurs munitions étaient dangereusement limités, et leur plus grand espoir de succès résidait désormais dans la collaboration des Inuit qui vivaient le long du littoral. Ils furent cependant vite déçus. Comme ils avaient aperçu un campement à l'embouchure du fleuve, ils y déléguèrent leurs interprètes, Tattannoeuck* et Hoeootoerock (Junius), mais ils commirent ensuite l'imprudence de trop s'avancer de sorte que les Inuit, effrayés, s'enfuirent. Aucune autre occasion de nouer des relations ne se présenta. Le 21

juillet, le groupe quitta le fleuve pour longer la côte vers l'est ; il ne comprenait plus que 20 hommes et n'avait que deux canots indiens. L'avance fut lente : le 18 août, l'expédition n'était qu'à la pointe Turnagain, dans la péninsule de Kent, quand Franklin décida de rebrousser chemin. L'été s'achevait, les provisions étaient presque épuisées et les voyageurs risquaient de se rebeller. Comme les canots étaient trop endommagés pour un retour par la mer, les hommes remontèrent la rivière Hood dans un seul canot et en furent bientôt réduits à se déplacer surtout à pied. L'expédition tourna vite au cauchemar. Souvent, il n'y avait que du lichen à manger ; le froid et l'effort imposé aggravèrent l'épuisement des hommes. Neuf d'entre eux moururent de faim ou de froid ; un autre, soupçonné plus tard de cannibalisme, fit feu sur Hood et Richardson l'exécuta. Les survivants qui atteignirent le fort Enterprise n'étaient pas au bout de leurs peines, car les Indiens n'y avaient pas stocké les vivres prévus. Finalement, le 7 novembre, après que le groupe eut vécu trois autres semaines en s'alimentant d'un brouet d'os, de lichen et de vieilles peaux de chevreuil, Back trouva des Indiens qui les secoururent et qui les ramenèrent au fort Providence.

L'expédition passa un autre hiver dans le Nord et rentra en Angleterre à l'automne de 1822. Elle avait presque totalement échoué, et les quelques indications géographiques recueillies l'avaient été au prix de nombreuses souffrances et de plusieurs vies humaines. Elle avait également révélé que Franklin, comme explorateur, avait des points faibles : il ne savait pas s'adapter à l'imprévu mais suivait avec une rigueur dangereuse les instructions et les plans établis. Devant tant d'adversité, un explorateur plus chevronné aurait pu abréger ou retarder l'expédition. Certains trafiquants de fourrures avaient des doutes à son sujet. À l'époque de l'expédition, la Hudson's Bay Company et la North West Company se disputaient encore âprement les territoires de traite, et George Simpson*, gouverneur en chef de la première, en voulait à Franklin du soutien évident qu'il avait manifesté à la compagnie concurrente. En février 1821, dans son journal, il avait noté avec mépris et tout à fait injustement : « [Franklin] n'a pas les qualités physiques requises pour un voyage de difficulté moyenne dans notre contrée ; il lui faut ses trois repas par jour, le thé [lui] est indispensable, et même en y mettant tous ses efforts il n'arrive pas à marcher plus de *huit* milles par jour, de sorte qu'il ne faut pas déduire de l'échec de ces messieurs que les difficultés sont insurmontables. » Parmi ses contemporains, personne ne releva jamais les lacunes de Franklin, sauf les trafiquants de fourrures. D'un explorateur on attendait du courage plutôt que du talent, et il s'était montré très brave dans des situations effrayantes. Bientôt célèbre et entouré de respect, il entra au panthéon britannique. Promu *post captain* le 20 novembre 1822 (on l'avait fait

Franklin

commander pendant son absence, le 1er janvier 1821), il fut aussi élu *fellow* de la Royal Society. Par ailleurs, il renoua une vieille amitié avec la poétesse Eleanor Anne Porden, qu'il épousa le 19 août 1823. Pendant cette période, il élabora un plan en vue de poursuivre l'exploration du littoral arctique en partant du delta du Mackenzie et en allant vers l'est et l'ouest. L'Amirauté accepta son projet à l'automne de 1823. Franklin proposait encore une fois de se rendre sur la côte par le continent, mais ses dispositions différaient considérablement de celles de l'expédition précédente.

Franklin avait surtout appris de son expérience qu'il devait terminer ses préparatifs longtemps d'avance et viser l'autosuffisance. Aussi choisit-il de compter moins sur l'aide imprévisible des trafiquants de fourrures, des Indiens et des voyageurs, mais de se fier plutôt aux hommes et à l'équipement de la marine britannique et, par-dessus tout, de se munir d'une quantité suffisante de provisions. À vrai dire, la recherche de l'autosuffisance lui était moins indispensable cette fois : en raison de sa fusion avec la North West Company, la Hudson's Bay Company était maintenant une alliée beaucoup plus sûre et jouerait un rôle essentiel en menant l'expédition jusque dans le Nord. Néanmoins, la prudence de Franklin allait trouver sa justification dans une réussite quasi impeccable.

En 1824, Franklin fit envoyer via York Factory le premier chargement de provisions, de même que trois bateaux construits spécialement pour l'expédition ; il s'assurait ainsi que le tout arriverait sans encombre dans le Nord. Une équipe de marins était aussi du voyage. Lui-même partit pour New York le 16 février 1825 ; Richardson et Back l'accompagnaient encore une fois, ainsi que le midship Edward Nicholas KENDALL. Peu après son arrivée aux États-Unis, Franklin apprit le décès de sa femme, malade depuis la naissance de leur fille l'année précédente. Avec ses compagnons, il remonta vers le nord par les routes de traite et rejoignit les marins et les bateaux près du portage Methy (Portage La Loche, Saskatchewan). Au début d'août, l'expédition atteignit le fort Norman (Fort Norman, Territoires du Nord-Ouest), d'où Franklin et Kendall partirent faire une reconnaissance du Mackenzie jusqu'à la mer, tandis que les autres continuaient jusqu'au Grand lac de l'Ours, où la construction de leurs quartiers d'hiver, près de la source de la rivière de l'Ours (Grande rivière de l'Ours), était en cours. Le 5 septembre, Franklin et Kendall les rejoignirent à cette base d'opérations, baptisée fort Franklin.

Le 22 juin 1826, après un hiver sans histoires, l'expédition se mit en route pour la côte. On forma deux groupes à l'extrémité du delta du Mackenzie et ils se séparèrent le 4 juillet : Franklin, Back et 14 hommes partirent vers l'ouest dans deux bateaux ; Richardson et Kendall dirigeaient le groupe qui allait

vers l'est. Si l'on excepte une escarmouche avec quelques Inuit qui pillèrent ses embarcations, l'équipe de Franklin ne connut aucun incident mais, parce que les glaces et le brouillard gênaient son avance, elle ne franchit qu'un peu plus de la moitié de la distance qui séparait le delta du Mackenzie du cap Icy (Alaska). Comme l'hiver approchait et que ses hommes souffraient du froid, Franklin résolut alors de rebrousser chemin ; il estimait que c'était la seule solution sûre. Le jour même où il le fit, soit le 18 août, partait à sa rencontre une embarcation qu'avait dépêchée le *Blossom*, venu par le détroit de Béring sous le commandement de Frederick William Beechey* et qui l'attendait au cap Icy. L'embarcation se rendit jusqu'à la pointe Barrow, c'est-à-dire à moins de 160 milles de l'endroit où Franklin avait fait demi-tour, à Return Reef (Alaska). S'il l'avait su, déclara-t-il plus tard, rien ne l'aurait empêché de continuer. Son groupe atteignit le fort Franklin le 21 septembre après avoir exploré 370 milles de côte dont on n'avait jamais fait le levé. Quant à Richardson et Kendall, ils étaient déjà rentrés et avaient dressé une carte de la côte à l'est du Coppermine.

Partie pour l'Angleterre après un deuxième hiver au fort Franklin, l'expédition toucha Liverpool le 26 septembre 1827. L'année suivante, Franklin publiait son second récit de voyage. D'autres distinctions attendaient Franklin : il reçut la médaille d'or de la Société de géographie de Paris, fut fait chevalier le 29 avril 1829, en même temps que William Edward Parry, et obtint en juillet un doctorat honorifique en droit civil de l'University of Oxford. En outre, il revit Jane Griffin*, une amie de sa première femme, et l'épousa le 5 novembre 1828 à Stanmore (Londres). Il y avait une gaucherie attendrissante dans la manière dont il fit la cour à ses deux fiancées. Son titre de héros ne l'empêchait pas d'avoir des côtés assez maladroits : sa renommée l'embarrassait un peu et les mondanités le gênaient, tandis que ses écrits se caractérisaient par un style lourd et tortueux. À l'occasion d'une audience tenue à Montréal en août 1827, le gouverneur en chef lord Dalhousie [RAMSAY] l'avait trouvé « timide et discret » mais « plein de connaissances de toutes sortes » ; ses paroles, disait-il, dénotaient « une perception lente mais claire des choses, un bon sens digne et impressionnant, un jugement sûr et de la présence d'esprit ». Physiquement, selon la description de Dalhousie, Franklin était un « homme de forte carrure, mesurant 5 pieds 6 pouces, au teint et à la chevelure sombres, à la tête très ronde, dégarnie et couronnée de grosses boucles de cheveux courts ».

Pendant que Franklin était en pleine gloire, l'Amirauté l'invita à dresser un plan en vue d'achever son exploration de la côte septentrionale, mais quand il le soumit on lui répondit sans la moindre explication que l'Amirauté n'entreprendrait plus d'expéditions dans l'Arctique. Après avoir passé des années à se tailler une réputation d'explorateur, il se trouvait de nouveau devant un avenir incertain.

En 1830, après deux ans d'oisiveté chez lui à Londres, Franklin fut affecté en Méditerranée au commandement de la frégate *Rainbow*. Son rôle consista surtout à veiller au maintien de la paix le long des côtes de la Grèce pendant la guerre d'indépendance de ce pays. En raison des solides qualités diplomatiques qu'il manifesta alors, il devint plus tard membre de l'ordre du Sauveur de Grèce et de l'ordre des Guelfes. Le *Rainbow* rentra au pays en 1833 et on le désarma le 8 janvier 1834. Encore une fois, Franklin se trouva dans l'impossibilité d'obtenir une nouvelle commission. Finalement, en avril 1836, il accepta de succéder à George Arthur* à titre de lieutenant-gouverneur de la terre de Van Diemen (Tasmanie, Australie), jeune colonie qui servait aussi de lieu de transportation pour les criminels.

Arrivé là-bas le 6 janvier 1837, Franklin dut faire face aux dissensions incroyables qu'avait provoquées l'administration agressive d'Arthur. Son inexpérience de l'administration, son appui à la création d'une Assemblée représentative dans une île dont il devait maintenir le caractère de colonie pénitentiaire, la prétendue immixtion de lady Franklin dans les affaires gouvernementales et le souci de réforme que manifesta le couple vice-royal (surtout en éducation) sont autant de facteurs qui suscitèrent des tensions entre Franklin et le ministère des Colonies. Finalement, le secrétaire d'État aux Colonies, lord Stanley, parvint par ses intrigues à le faire destituer en 1843. Les années que Franklin avait passées dans la terre de Van Diemen n'avaient pas été infructueuses, loin de là : il avait stimulé la vie sociale et culturelle, fait échec à la corruption et gagné, par son humanité, l'affection d'un grand nombre de bagnards et de colons. Pourtant, il était très abattu lorsqu'il arriva en Angleterre, en juin 1844. Par bonheur, quelques mois après, l'Amirauté projeta de chercher à nouveau le passage du Nord-Ouest et lui demanda son avis sur la praticabilité du projet. C'était justement le stimulant dont Franklin avait besoin pour reprendre courage. Depuis les expéditions terrestres de Franklin, on avait réalisé des progrès, dont le plus important était que Peter Warren Dease* et Thomas Simpson avaient presque terminé l'exploration de la partie continentale de la côte arctique. La portion inexplorée du passage du Nord-Ouest se réduisait donc à une bande de 300 milles entre le détroit de Barrow et le continent ; on avait grand espoir de pouvoir compléter la carte du trajet sans difficulté. Dès le début, Franklin souhaita ardemment diriger l'expédition, et il reçut en ce point l'appui de ses amis Parry et Richardson ainsi que de sir James Clark Ross*, vétéran des explorations arctiques. L'Amirauté se laissa convaincre par eux de ne pas s'inquiéter des 58 ans de Franklin et lui confia le commandement le 7 février 1845 ; dès lors, on prit des mesures pour organiser l'expédition arctique la mieux équipée jusque-là.

Franklin quitta la Tamise le 19 mai 1845 avec l'*Erebus* et le *Terror,* 134 hommes (nombre qui tomba bientôt à 129) et des provisions pour trois ans. Comme à l'habitude, les navires étaient de robustes galiotes à bombes, mais pour la première fois ils étaient équipés d'hélices mues par moteur à vapeur. On avait tout mis en œuvre pour assurer la santé et le confort des officiers et des marins. Des chaudières à vapeur diffusaient de la chaleur par un réseau de tuyaux ; chaque navire transportait en quantités énormes des conserves préparées selon les méthodes les plus nouvelles, ainsi que de la porcelaine, du cristal taillé et de l'argenterie ; il y avait de grandes bibliothèques et du matériel éducatif. Seuls les vêtements auraient pu sembler inadéquats – tenue habituelle de la marine, à quoi s'ajoutaient simplement des couvertures en peau de loup et des sous-vêtements –, mais l'expédition ne devait pas rester longtemps dans l'Arctique. Franklin avait reçu instructions de pénétrer dans le détroit de Lancaster et de mettre le cap soit vers le nord puis l'ouest, en passant par le détroit de Wellington, soit vers le sud-ouest, en partant du détroit de Barrow et en traversant la région encore inconnue pour se rendre vers le rivage du continent, qu'il avait déjà exploré. Des pêcheurs de baleines furent les derniers à l'apercevoir, le 26 juillet, dans le nord de la baie de Baffin. On ne le revit jamais plus et on ne trouva aucune trace de son expédition avant cinq ans.

La disparition des deux navires déclencha d'énormes recherches dans tout l'Arctique. Ces recherches, qu'avaient lancées soit l'Amirauté soit des intérêts privés, lady Franklin et la Hudson's Bay Company surtout, menèrent à l'exploration d'un immense territoire et furent particulièrement intensives de 1847 à 1859. L'Amirauté abandonna la partie après le retour de l'expédition d'Edward Belcher* en 1854, mais la quête continua. L'ampleur de ces opérations et le vif intérêt que manifestait le public étaient presque certainement dus à lady Franklin elle-même, qui fit une campagne prolongée afin de soutenir les recherches jusqu'à ce qu'on retrouve son mari et qui, en qualité d'épouse loyale et éplorée du héros disparu, suscitait une sympathie extraordinaire. En Amérique du Nord britannique, toutefois, l'intérêt ne fut apparemment pas aussi prononcé qu'en Grande-Bretagne ou même aux États-Unis, où le marchand Henry Grinnell organisa deux expéditions [V. Edwin Jesse De Haven* ; Elisha Kent Kane*]. Du même endroit, Charles Francis Hall* lança lui aussi une mission de recherche. L'accueil chaleureux que lady Franklin reçut à Montréal et en Colombie-Britannique en 1860–1861 dénote un certain intérêt pour son entreprise mais surtout beaucoup de sentiments pour sa personne. Quant aux trafiquants de fourrures, ils

Franklin

manifestèrent toute une gamme d'attitudes, de la participation active à l'indifférence polie. En mars 1849, Letitia Hargrave [Mactavish*], épouse d'un agent principal de la Hudson's Bay Company, écrivait d'York Factory au sujet de l'expédition qu'avaient entreprise, sous le parrainage de l'Amirauté, John Rae*, sir John Richardson et John Bell* : « Les messieurs d'ici ont tous pris un air très courtois et fait comme si l'expédition de sir John [Richardson] était un exploit très réalisable, mais entre eux ils riaient de toute l'affaire ou semblaient ébahis que des êtres raisonnables puissent se lancer dans une recherche aussi inutile. »

Parmi la trentaine de missions organisées de 1847 à 1859, quatre seulement recueillirent des indices qui, mis ensemble, permirent de reconstituer la trame des dernières années de Franklin. En 1850, l'expédition de Horatio Thomas Austin* et celle de William Penny* découvrirent toutes deux qu'il avait passé l'hiver de 1845–1846 à l'île Beechey, dans le détroit de Barrow. En 1854, John Rae, le plus accompli des explorateurs nordiques de la Hudson's Bay Company, apprit par des Inuit que l'expédition s'était trouvée en difficulté dans la région de la terre du Roi-Guillaume et découvrit des vestiges qui confirmaient la chose. Enfin, en 1859, l'expédition de Francis Leopold McClintock* trouva d'autres vestiges et des restes humains sur la terre du Roi-Guillaume, ainsi que deux brefs écrits, les seuls à avoir jamais été découverts, qui donnent presque toutes les indications connues. Ils révèlent qu'après avoir quitté l'île Beechey, Franklin contourna l'île Cornwallis, descendit vers le sud par le détroit de Peel et le détroit de Franklin et qu'en septembre 1846, une fois dans le détroit de Victoria, ses navires se trouvèrent irrémédiablement pris dans les glaces au nord-ouest de la terre du Roi-Guillaume. C'est à cet endroit que Franklin mourut en 1847 ; on ne consigna pas la cause de son décès. Sous le commandement du capitaine Francis Rawdon Moira Crozier, les survivants abandonnèrent les bâtiments en 1848 et moururent presque tous de faim et de scorbut en essayant de gagner le continent. Les rares hommes qui restaient périrent à l'anse Starvation, dans la péninsule d'Adelaide. En touchant le continent, ils avaient effectivement achevé la découverte du passage du Nord-Ouest. Mais les premiers à revendiquer l'exploit furent les membres de l'expédition de recherches menée de 1850 à 1854 par Robert John Le Mesurier McClure*. Après qu'on les eut rescapés de l'*Investigator*, que cernaient les glaces, ceux-ci parcoururent à pied une partie du passage. Leur revendication est compréhensible : ils ignoraient ce que les hommes de Franklin avaient accompli. Personne ne franchit tout le passage en bateau avant Roald Amundsen*, de 1903 à 1906. Comme on ne connut le sort de l'expédition de Franklin qu'en 1854, ses officiers demeurèrent sur le rôle de la marine jusqu'à cette date,

et on promut même Franklin contre-amiral le 26 octobre 1852.

La réputation de sir John Franklin, l'explorateur, a oscillé entre deux extrêmes. Jusqu'à la fin du XIXe siècle, les terribles épreuves de sa première expédition et le mystère qui avait longtemps entouré son dernier voyage avaient fait de lui, dans l'imagination populaire, le type même de l'explorateur polaire héroïque, tout comme le capitaine Robert Falcon Scott allait par ses voyages dans l'Antarctique le devenir pour la génération suivante. Franklin était un homme pieux, modeste à l'excès, doux et un peu maladroit, et pourtant il avait affronté d'épouvantables souffrances avec beaucoup d'énergie morale et physique : tout cela mis ensemble fait qu'on le percevait comme un grand homme. Dans une large mesure, c'est ce qu'il était : aucun explorateur, sauf George Vancouver*, n'a contribué plus que lui à la connaissance des côtes canadiennes. Cependant, pour des observateurs plus neutres, tels nombre de trafiquants de fourrures qui l'avaient rencontré et quelques commentateurs du XXe siècle, notamment Vilhjalmur Stefansson*, auteur d'*Unsolved mysteries of the Arctic,* ces caractéristiques révèlent en même temps ses défauts comme explorateur. Franklin commandait par l'exemple et par son charme personnel mais, dans les moments difficiles, ces qualités ne pouvaient pas remplacer un style de leadership plus autoritaire, comme celui que pratiqua plus tard Amundsen. Son courage était admirable ; cependant, un explorateur plus accompli – Rae ou Stefansson par exemple – aurait évité les situations qui exigeaient pareil courage. Même s'il savait accepter les conseils d'autrui et les leçons de ses expériences mieux que ne l'ont insinué certains de ses détracteurs, il était lent à apprendre et plus lent encore à s'adapter à l'imprévu. Sa détermination à réussir était inébranlable, mais il s'y mêlait un sens extrême du devoir et une dangereuse propension à exécuter aveuglément les instructions. Cette tendance fut l'une des principales causes de l'échec de sa première expédition et contribua peut-être à l'issue fatale de la dernière. Bref, Franklin explorateur prête flanc à la critique, mais ses manquements dans ce rôle sont tout à fait inséparables de ses immenses qualités d'homme.

CLIVE HOLLAND

Les papiers personnels de sir John et de lady Franklin, contenant notamment des journaux d'expédition, des registres de lettres et autre correspondance, se trouvent au Scott Polar Research Institute (Cambridge, Angl.), MS 248.

Franklin est l'auteur de : *Narrative of a journey to the shores of the polar sea, in the years 1819, 20, 21, and 22* [...] (Londres, 1823 ; réimpr., Edmonton, 1969) ; *Narrative of a second expedition to the shores of the polar sea, in the years 1825, 1826, and 1827* [...] (Londres, 1828 ; réimpr., Edmonton, 1971) ; et *Narrative of some passages in the history of Van Diemen's Land, during the last three years of*

Sir John Franklin's administration of its government (Londres, [1842] ; réimpr., Hobart, Australie, 1967).

Des portraits de Franklin se trouvent dans la collection de la National Portrait Gallery (Londres), du NMM et du Scott Polar Research Institute. À ces deux derniers endroits, on trouve des daguerréotypes de Franklin et de ses officiers datés de 1845.

Lincolnshire Arch. Office (Lincoln, Angl.), MISC DON 430 (transcriptions et ouvrages imprimés relatifs à sir John et sir Willingham Franklin) ; MISC DON 447/1–2 (« Life and correspondence of Jane, Lady Franklin », W. F. Rawnsley, compil., 3, part. 1–2) ; Spilsby, reg. of baptisms, 18 avril 1786 ; 2 Thimb 7/6 (15 plaques photographiques concernant sir John Franklin et des coupures de presse relatives à l'inauguration de sa statue, 1861). — PRO, CO 6/15–16. — *HBRS*, 1 (Rich). — Robert Hood, *To the Arctic by canoe, 1819–1821 : the journal and paintings of Robert Hood, midshipman with Franklin*, C. S. Houston, édit. (Montréal et Londres, 1974). — Letitia [Mactavish] Hargrave, *The letters of Letitia Hargrave*, Margaret Arnett MacLeod, édit. (Toronto, 1947). — Ramsay, *Dalhousie journals* (Whitelaw), 3. — John Richardson, *Arctic ordeal : the journal of John Richardson, surgeon-naturalist with Franklin, 1820–1822*, C. S. Houston, édit. (Kingston, Ontario, et Montréal, 1984). — *ADB*. — Alan Cooke et Clive Holland, *The exploration of northern Canada, 500 to 1920 : a chronology* (Toronto, 1978). — *DNB*. — A. H. Beesly, *Sir John Franklin* (Londres, 1881). — R. J. Cyriax, *Sir John Franklin's last Arctic expedition : a chapter in the history of the Royal Navy* (Londres, 1939). — *The Franklin era in Canadian Arctic history, 1845–1859*, P. D. Sutherland, édit. (Musée national de l'homme, Service canadien d'archéologie, paper n° 131, Ottawa, 1885). — G. F. Lamb, *Franklin – happy voyager – being the life and death of Sir John Franklin* (Londres, 1956). — A. H. Markham, *Life of Sir John Franklin and the north-west passage* (Londres, 1891). — Paul Nanton, *Arctic breakthrough : Franklin's expeditions, 1819–1847* (Londres, 1971). — Sherard Osborn, *The career, last voyage, and fate of Captain Sir John Franklin* (Londres, 1860). — Roderic Owen, *The fate of Franklin* (Londres, 1978). — K. [E. Pitt] Fitzpatrick, *Sir John Franklin in Tasmania, 1837–1843* (Melbourne, Australie, 1949). — Vilhjalmur Stefansson, *Unsolved mysteries of the Arctic*, introd. de Stephen Leacock (New York, 1939). — H. D. Traill, *The life of Sir John Franklin […] with maps, portraits, and facsimiles* (Londres, 1896).

FRANKS, JACOB (John), trafiquant de fourrures et homme d'affaires, né vers 1768, probablement à Québec, fils de John Franks et d'une prénommée Appollonia ; décédé le 14 novembre 1840 à Montréal.

Les ancêtres de Jacob Franks, grands marchands juifs de Bavière, arrivèrent en Angleterre dans la seconde moitié du XVIIᵉ siècle, puis certaines branches de la famille s'établirent en Orient, aux Antilles et dans les colonies américaines. Marchand à Halifax dès 1749, John Franks partit pour Philadelphie autour de 1760 puis s'installa à Québec en 1761. En 1768 – premier cas connu où un Juif fut mandaté par les autorités coloniales comme fonctionnaire au Canada – on l'affecta, à titre d'inspecteur, à la prévention des

incendies. Il appartenait à la congrégation Shearith Israel de Montréal [V. Jacob Raphael Cohen*] et, dans ses dernières années, fut propriétaire d'une taverne à Québec. Il mourut en 1794.

Dès 1788, Jacob Franks, alors domicilié à Montréal, faisait la traite des fourrures dans le haut Mississippi et à Michillimakinac (Mackinac Island, Michigan). En 1794, il était commis pour la Ogilvy, Gillespie and Company sur le territoire actuel du Wisconsin et s'établissait à la baie des Puants (baie Green), au lac Michigan. Le 8 août, il obtint des Folles-Avoines un bail de 999 ans sur 1 200 acres réparties des deux côtés de la rivière Renard (rivière Fox), dans la même baie. En 1797, au retour d'un voyage à Montréal en compagnie de son neveu John Lawe (fils de sa sœur Rachel), qui lui servait de commis, il acheta le magasin de la Ogilvy, Gillespie and Company à la baie des Puants. En quelques années, parce qu'il réussit à faire de son magasin un foyer de traite avec les Indiens, il devint un marchand et un trafiquant de fourrures extrêmement prospère. En 1805, il construisit un moulin à farine qui servait aussi de scierie ; c'était le premier de la région du Wisconsin. Il y a lieu de croire qu'il établit aussi une distillerie.

Cette année-là, Franks atteignit le sommet de son succès commercial. En 1796, les Britanniques avaient cédé les postes de traite du Sud-Ouest aux États-Unis, de sorte que finalement, en 1804, ceux-ci avaient nommé dans l'île Mackinac un officier des douanes qui régissait la traite, percevait les droits et délivrait les permis. L'année suivante, on constitua le territoire du Michigan (Michigan et Wisconsin), ce qui remit en question les titres fonciers précédemment acquis. Dans ce contexte mouvant, quatre trafiquants britanniques de Prairie du Chien, sur le Mississippi, s'associèrent en août 1804 à Franks, à la baie des Puants, pour préserver leur part du marché du Sud-Ouest. Robert Dickson* reçut deux des sept parts de la société ; James* et George Aird, ainsi qu'Allen C. Wilmot, les autres trafiquants de Prairie du Chien, en eurent une chacun. Franks eut les deux autres parts – soit autant que Dickson – ce qui témoigne de son importance. Dès 1805, on connaissait la société sous le nom de Robert Dickson and Company.

La concurrence de plus en plus vive des trafiquants américains et la médiocrité de la saison de traite de 1805–1806 causèrent cependant l'échec de la compagnie. Dès juin 1806, elle devait £27 000 à son fournisseur, la James and Andrew McGill and Company de Montréal, qui n'était que l'un de ses nombreux créanciers. La société cessa officiellement d'exister après 1807, mais les associés ne mirent pas fin à leurs relations d'affaires pour autant et, entre autres, ils vendirent ensemble leurs fourrures à la Michilimackinac Company [V. John Ogilvy*]. Dickson reconstitua sa compagnie en 1810 avec des

Franks

associés supplémentaires : John Lawe et Thomas Gummersall Anderson*, qui avaient tous deux été ses commis, et Jean-Joseph Rolette, trafiquant à la baie des Puants.

Cette année-là, pour la première fois, les États-Unis interdirent l'accès de leur territoire indien aux trafiquants qui étaient sujets britanniques. À l'automne de 1810, pour contrer le blocus, les huit associés formèrent un convoi de sept embarcations armées et chargées de marchandises qui partit de nuit du poste britannique de l'île St Joseph (Ontario), passa en douce devant la garnison américaine de l'île Mackinac et se rendit à la baie des Puants, où il n'y avait encore aucun représentant américain.

En arrachant l'île Mackinac aux Américains, le 16 juillet 1812, les Britanniques redevinrent maîtres des lacs Supérieur, Michigan et Huron de même que de la traite dans le Sud-Ouest. Franks participa activement à l'effort de guerre. Il fut, en termes de quantité, le deuxième fournisseur d'équipement destiné aux forces indiennes qui avaient attaqué l'île Mackinac sous les ordres de Dickson. Lui-même avait commandé un détachement de « Canadiens ou voyageurs » à cette occasion et, une semaine plus tard, c'est l'un de ses bateaux à fond plat qui rapporta le matériel du quartier général britannique de l'île St Joseph à l'île Mackinac. L'hiver suivant, il autorisa John Askin fils à tenir un bureau et un commissariat dans sa maison et son magasin de l'île Mackinac. Durant l'occupation de l'île par les Britanniques, qui dura jusqu'à l'été de 1815, il approvisionna la garnison. C'est à lui qu'on demanda d'évaluer les biens trouvés à bord du *Scorpion* et du *Tigress,* pris aux Américains sur le lac Huron en septembre 1814 [V. Miller Worsley*]. Après que les Britanniques eurent abandonné l'île Mackinac, deux maisons dont la sienne furent « pillées sans motif » par les habitants. En guise de compensation, il reçut en 1816 un lot de construction au nouveau poste de l'armée britannique, dans l'île Drummond (Michigan).

À compter de 1813, Franks avait repris la traite avec les Indiens, de concert avec Lawe et James Aird. En 1816, cependant, le Congrès déclara que seuls les Américains pourraient traiter au sud-ouest des lacs Supérieur, Michigan et Huron. À la fin de juin, lorsque Franks arriva à l'île Drummond après un hiver à Montréal, la traite au sud du lac Supérieur était de toute évidence terminée pour les Britanniques. Dans ce climat de restrictions, il découvrit qu'il ne pouvait plus compter sur la North West Company (avec laquelle la Michilimackinac Company avait fusionné) ni pour l'approvisionner ni pour acheter les quelques fourrures que lui-même et ses associés parvenaient à amasser. Il prit donc pour fournisseur la David Stone and Company du New Hampshire et résolut d'écouler les fourrures à Montréal parce qu'il n'avait « nullement l'intention de les sacrifier en les vendant à

Mackinac, comme [lui et ses associés l'avaient] fait pendant tant d'années ».

Au même moment, Franks décida de se marier et de s'installer à Montréal en permanence. À la baie des Puants, il avait épousé à la façon du pays Thérèse de Gère, dit Larose, et ils avaient eu trois fils et deux filles. Le 13 novembre 1816, il épousa à Montréal Mary Solomons, fille de Levy Solomons*, avec laquelle il était « lié par le sang » ; aucun enfant n'allait naître de ce mariage, et Mary Franks allait mourir en 1826. Franks continua de faire de la traite avec Lawe à la baie des Puants pendant trois ans, mais chaque saison se révéla pire que la précédente. En 1818, Aird n'appartenait plus à l'association et Franks était parvenu à la conclusion que, étant donné « toutes les mesures restrictives du gouvernement américain », il n'était possible de faire la traite qu'« en employant de jeunes Américains pour faire sortir les marchandises ». Pour son voyage dans l'Ouest à l'été de 1819, il n'emporta que « très peu de marchandises », fournies par son beau-frère Henry Joseph* et par David David*, de Montréal. Il n'en récupéra jamais le coût et ne retourna jamais dans l'Ouest. Il fit toutefois une autre expédition de traite, en 1819, à Lac-des-Deux-Montagnes (Oka), non loin de Montréal. Moins d'un an plus tard, il vendit tout, légèrement à perte, à la North West Company.

Franks se retira dans une ferme aux Cèdres en 1820. « J'étais certaine, disait sa femme Mary, qu'après s'être esquinté pendant tant d'années, il aurait amassé assez d'économies pour se permettre un minimum d'aisance pendant les quelques années qu'il pourrait lui rester à vivre, mais malheureusement ce n'est pas le cas, et nous devons nous débrouiller tant bien que mal. » Franks se réinstalla à Montréal en 1839, un an avant sa mort. Il avait toujours conservé des liens avec la communauté juive de la ville et laissa un legs à la synagogue.

Tout au long de sa carrière dans les régions de traite, Jacob Franks fut reconnu comme Juif et traité comme un égal. Après l'avoir rencontré pour la première fois avec son neveu en 1800, à la baie des Puants, Thomas Gummersall Anderson nota : « un gentleman anglais du nom de Jacob Franks et son neveu John Lawe, juifs, faisaient de vastes opérations de traite ici ». Il reconnaissait que Franks lui avait donné « les premiers bons conseils » qu'il avait reçus dans l'Ouest et que lui et son neveu avaient « eu l'amitié de [lui] fournir beaucoup d'indications sur la manière de [se] conduire avec les Indiens, tout en [lui] disant de [se] méfier, entre autres, des ruses, tromperies et trahisons des trafiquants auxquels [il] étai[t] sur le point de [se] mêler ».

SHELDON J. GODFREY

ANQ-M, CM1, Jacob Franks, 22 nov. 1839. — APC, MG 8,

G67 (mfm); RG 8, I (C sér.), 256: 219–223; 257: 200–201; 515: 108; 673: 230; 678: 158–159; 1219: 336–338. — Bayliss Public Library (Sault Ste Marie, Mich.), Samuel Abbot, notary-book, Mackinac, 1806–1818: 33–39; Misc. coll., partnership agreement, Robert Dickson *et al.*, 16 août 1804; Port Mackinac, records, 1808–1809. — Halifax County Registry of Deeds (Halifax), Deeds, 2: f°s 41, 75, 79, 154, 202 (mfm aux PANS). — PANS, RG 1, 410: 1 (mfm). — Wis., State Hist. Soc., Grignon, Lawe, and Porlier papers; John Lawe papers, box 1; M. L. Martin papers, box 1. — « Jacob Franks », American Jewish Hist. Soc., *Pub.* (Philadelphie), 9 (1901): 151–152. — *Mich. Pioneer Coll.*, 10 (1886): 607; 15 (1889): 193–195, 246–247, 664–674; 16 (1890): 172, 307–308, 478–479; 25 (1894): 608–610. — Wis., State Hist. Soc., *Coll.*, 9 (1882): 145–146, 178–179; 10 (1888): 90–91, 94–96; 15 (1900): 3–4; 18 (1908): 463; 19 (1910): 316–317, 357–360, 365–369, 461–463; 20 (1911): 34–36, 52–53. — *Montreal Gazette*, 19 nov. 1840. — *Montreal Herald*, 16 nov. 1816. — *First American Jewish families: 600 genealogies, 1654–1977*, M. H. Stern, compil. (Cincinnati, Ohio, 1978), 83. — Jeanne Kay, « John Lawe, Green Bay trader », *Wis. Magazine of Hist.* (Madison), 64 (1980–1981): 3–27.

FRASER, DONALD ALLAN, ministre presbytérien et fonctionnaire, né le 24 novembre 1793 dans la paroisse de Torosay, île de Mull, Écosse, cinquième et dernier enfant d'Alexander Fraser et d'Isabella Maclean; le 3 octobre 1814, il épousa à Crossapol, île de Coll, Écosse, Catherine Isabella Maclean, fille aînée du laird de Coll, et ils eurent dix fils et une fille; décédé le 7 février 1845 à St John's.

Donald Allan Fraser, fils d'un ministre de l'Église d'Écosse, fréquenta la Royal High School d'Édimbourg et commença à se préparer au ministère dès l'âge de 13 ans, à son entrée à l'University of Edinburgh. Le 14 décembre 1813, après qu'il eut obtenu son diplôme, le consistoire de l'île de Mull l'autorisa à prêcher; son ordination eut lieu le 27 mars de l'année suivante.

Après un court ministère à l'île de Mull, à Londres et à Tain, en Écosse, Fraser acquiesça à la requête des colons highlanders du comté de Pictou, en Nouvelle-Écosse, qui réclamaient un ministre parlant le gaélique. Il s'établit à McLellans Mountain en 1817 et organisa la première congrégation de l'Église d'Écosse de ce comté. Vers 1818, on construisit une église à charpente de bois, la première dans la province à être érigée spécifiquement pour l'Église d'Écosse; elle desservait 40 familles. En 1819, on en bâtit une autre pour une congrégation de 25 familles à Frasers Mountain, à six milles de là. Cette église fut réinstallée plus tard à New Glasgow. Non seulement Fraser desservait-il Blue Mountain et Albion Mines (Stellarton), mais il parcourait le comté en tous sens; sa facilité d'expression en gaélique était un atout important. Il fit des tournées missionnaires au Cap-Breton, à l'Île-du-Prince-Édouard et au Nouveau-Brunswick,

mais si l'on excepte l'année 1826, qu'il passa à Saint-Jean au Nouveau-Brunswick, son point d'attache demeura McLellans Mountain. Sa ferme de 100 acres, appelée Torosay, lui assurait un supplément de revenu.

Fraser ne se joignit pas au synode presbytérien de la Nouvelle-Écosse formé en 1817, mais six ans plus tard il servit de premier modérateur au consistoire de l'Église d'Écosse à Pictou. En 1833, on le considérait comme « le doyen des ministres », et c'est lui qu'on désigna premier modérateur du synode de la Nouvelle-Écosse affilié à l'Église d'Écosse, dont la création fit ressortir les conflits entre presbytériens. Fraser admettait en privé qu'il aimait la controverse plus qu'il n'aurait dû: il participa au débat sur l'avenir de la Pictou Academy (collège presbytérien que fonda Thomas McCulloch) jusqu'à son départ pour Lunenburg en 1838. À cet endroit, il desservit une congrégation d'ascendance allemande affiliée depuis peu à l'Église d'Écosse grâce aux efforts de son prédécesseur, le révérend Johann Adam Moschell. Comme il était le seul ministre de cette dénomination dans le comté de Lunenburg, Fraser parcourait à cheval près de 4 000 milles par an. Nommé commissaire d'écoles, il fit campagne afin qu'on prélève un impôt pour l'éducation et qu'on crée un collège dans le comté.

Comme il avait appris qu'un groupe d'Écossais de St John's n'avait ni église ni ministre, Fraser partit pour Terre-Neuve, où il arriva le 24 décembre 1841. En dépit de la diversité de leur presbytérianisme, il parvint à les organiser en une congrégation en août 1842 et accepta d'en assumer la charge. Après s'être absenté quelque temps de l'île, il inaugura en décembre 1843 l'église St Andrew, première église presbytérienne de Terre-Neuve. En chaire, Fraser était d'autant plus imposant que c'était un homme bien bâti, qui mesurait plus de six pieds; il se tailla d'ailleurs une grande réputation de prédicateur. En public, il s'opposa avec éloquence à la création d'un collège protestant à St John's, et préconisa plutôt la fondation d'un seul établissement non confessionnel.

Donald Allan Fraser avait l'estime de ses fidèles. S'il n'était pas mort à l'âge de 52 ans, la congrégation de St Andrew n'aurait probablement pas connu une scission, comme ce fut le cas en 1849. Ses premiers paroissiens de la Nouvelle-Écosse avaient démontré combien ils lui étaient restés attachés en faisant parvenir à St John's la charpente et les installations nécessaires à la construction d'une maison de trois étages. La maison, appelée aussi Torosay, existe encore aujourd'hui.

PAMELA BRUCE

UCC, Maritime Conference Arch. (Halifax), Church of Scotland, Pictou Presbytery, minutes, 1823–1877; D. A. Fraser papers, Fraser à Forrest, 14 déc. 1839 (copies); Synod of Nova Scotia in connection with the Church of Scotland,

Fraser

minutes, 1833–1842. — *Guardian* (Halifax), 28 mars, 4, 25 avril 1845. — *Novascotian, or Colonial Herald,* 15 mars 1832. — *Public Ledger,* 14 févr., 5 déc. 1843. — Scott *et al., Fasti ecclesiæ scoticanæ,* 4 : 124 ; 7 : 659. — J. A. Flett, *The story of St. Andrew's Presbyterian Church, Lunenburg, N.S.* (s.l., 1970). — Gregg, *Hist. of Presbyterian Church* (1885). — W. M. Moncrieff, « A history of the Presbyterian Church in Newfoundland, 1622–1966 » (thèse de B.D., Knox College, Toronto, 1966). — George Patterson, *A history of the county of Pictou, Nova Scotia* (Montréal, 1877 ; réimpr., Belleville, Ontario, 1972). — Prowse, *Hist. of Nfld.* (1895). — *Free Lance* (New Glasgow, N.-É.), 12 oct. 1917. — *Presbyterian Witness* (Halifax), 15 sept. 1889.

FRASER, PETER, homme d'affaires, juge de paix, homme politique, officier de milice et juge, né le 23 septembre 1765 à Forres, Écosse, fils de James Fraser, marchand, et de Jean Rose ; il épousa Maria Berton, fille du loyaliste américain James Berton, et ils n'eurent pas d'enfants ; décédé le 13 août 1840 à Fredericton.

Arrivé à Fredericton en 1784, Peter Fraser devint le plus important commerçant du haut de la rivière Saint-Jean et réussit à gagner la confiance des Indiens et des colons d'expression française de la région du Madawaska. Cinquante ans plus tard, William Teel Baird* le décrivit comme « un acheteur et un exportateur de pelleteries, peut-être le principal de la province ». En 1789, Fraser acheta l'une des propriétés riveraines les plus convoitées de Fredericton et y fit construire un quai et un magasin. À titre d'importateur et de représentant, il avait l'occasion de rencontrer des loyalistes influents, dont Edward Winslow*, et il noua d'étroites relations avec la famille de ce dernier. En 1801, il avait pour associés des membres de deux autres familles bien en vue, George Ludlow et John Robinson*. Malgré la dissolution de cette association en 1806, Fraser demeura lié aux Robinson pour le reste de sa vie.

Aux élections générales de 1802, Fraser et Duncan McLeod, son voisin et compatriote écossais, se présentèrent dans la circonscription d'York contre Archibald McLean*, Stair Agnew*, John Davidson et Walter Price, qui appuyaient unanimement les politiques du lieutenant-gouverneur Thomas Carleton*. Lorsque le shérif annonça la victoire des candidats du lieutenant-gouverneur, Fraser et McLeod alléguèrent qu'il y avait eu irrégularités et demandèrent qu'on déclare l'élection invalide. Mais l'Assemblée s'y opposa après un vote serré au cours duquel le suffrage de James Fraser*, une relation d'affaires de Peter, s'avéra décisif. Ce vote eut une importance capitale pour les partisans du lieutenant-gouverneur, car il leur permit de faire élire des membres de leur propre groupe dans d'autres élections contestées et, par le fait même, de dominer les comités qui avaient la haute main sur les affaires de la chambre et ainsi mettre fin à l'influence politique de James Glenie*.

Aux élections de 1809, cependant, Fraser fut élu de même que McLeod, et le 1er mars 1810, peu après le début de la session, il demanda qu'on lui permette de préparer un projet de loi qui viserait à protéger les catholiques dans l'exercice de leur droit de vote. Sa démarche conduisit à l'adoption d'une mesure qui abolissait l'obligation, pour les électeurs à qui on le demandait, de prêter le serment d'office avant de pouvoir voter. La nouvelle loi n'exigeait à la place qu'un simple serment d'allégeance. En 1802, des colons francophones du Madawaska avaient protesté en se voyant refuser le droit de voter, et on avait considéré leurs pétitions comme un appui à Fraser et à McLeod. Fraser fut réélu député de la circonscription d'York jusqu'en 1827 ; défait cette année-là, il se retira.

Tout au long de sa carrière politique, et notamment sous le régime de George Stracey Smyth*, Fraser vota systématiquement contre les mesures qui étaient de nature à accroître les pouvoirs des fonctionnaires. Il fit de même en 1825, à l'occasion d'un projet de loi qu'appuyait fortement le lieutenant-gouverneur sir Howard Douglas* et qui avait pour objet l'affectation de fonds pour les tribunaux itinérants. En 1821, à l'occasion d'un vote très serré, il s'était joint à la majorité pour appuyer un projet de loi grâce auquel tous les ministres autorisés à prêcher auraient eu la permission de célébrer des mariages. Mais le conseil décida de rejeter ce projet de loi. Fraser était avant tout un whig britannique du XVIIIe siècle, un esprit indépendant, mais capable de s'adapter au système existant. En 1808, pendant que Winslow administrait la province, il accepta un poste de juge de paix et assuma durant un mandat la charge de marguillier de la paroisse anglicane de Fredericton.

Même si Fraser ne semble avoir eu aucune expérience militaire antérieure, il fut nommé en 1824 commandant, avec le grade de major, du 4th Battalion of York County militia. Cette unité nouvellement formée regroupait principalement des habitants francophones du haut de la vallée de la Saint-Jean, et sa création dans un territoire que se disputaient le Nouveau-Brunswick et le Maine avait sans doute pour but de démontrer que la majorité des colons reconnaissaient le gouvernement du Nouveau-Brunswick. Fraser connaissait bien cette région. Il y détenait un certain nombre de propriétés et, en qualité de commerçant, c'est lui qui avait approvisionné les Britanniques et les Américains employés à l'arpentage des frontières de 1817 à 1820. En mai 1828, il témoigna au procès de John Baker, accusé de sédition, de conspiration et de coalition. Cette cause fournit au gouvernement du Nouveau-Brunswick l'occasion d'affirmer son autorité dans la région du Madawaska [V. sir Howard Douglas]. Quand, en 1831, on forma un nouveau comté à partir du haut du comté d'York, Fraser conserva le commandement de son bataillon qui fut réorganisé et prit le nom de 3rd Battalion of Carleton County militia.

Fraser faisait partie de ceux qui présentèrent une pétition pour que la Bank of New Brunswick soit constituée juridiquement ; elle le fut en 1820, et il allait agir à titre de vice-président de l'établissement en 1832. Lorsque sir Howard Douglas mit sur pied la Fredericton Savings Bank en décembre 1824, Fraser en devint le vice-président ; quelques semaines plus tard, il était l'un des membres du comité chargé de chercher un emplacement pour le College of New Brunswick. Comme bien des députés de son temps, on le retrouve également inspecteur de plusieurs routes. Premier président de la St Andrew's Society de Fredericton, il présida les joyeuses réunions de ses membres jusqu'en 1832. Il siégea également à titre de juge de la Cour inférieure des plaids communs. En 1831, l'administrateur William Black* recommanda qu'on le nomme membre du Conseil du Nouveau-Brunswick, mais le ministère des Colonies préféra désigner des hommes venant de régions de la province qui n'avaient pas encore de représentant.

Même si, au début du siècle, Peter Fraser semble avoir été considéré comme un marchand important à l'échelle provinciale et que rien n'indique qu'il ait essuyé de graves revers, son commerce et ses avoirs étaient plutôt modestes dans les années 1830, comparativement à ceux d'un certain nombre d'hommes d'affaires de Saint-Jean. Sa maison, qui subsiste encore à Fredericton, abritait à la fois son magasin et sa résidence et vers 1816, au moment où elle fut achevée, elle figurait parmi les plus imposantes propriétés privées de la capitale. « Des canots, bateaux et chalands allaient et venaient continuellement », selon un historien de l'endroit qui précise en outre que Fraser recevait beaucoup. Il possédait aussi, entre autres, une imposante ferme et plusieurs terrains

dans la campagne, parmi les meilleurs de la vallée. Il mourut à la veille d'une dépression économique qui réduisit la valeur de son actif à environ £8 000. Il fallut presque trois décennies et une loi du Parlement pour que ses exécuteurs testamentaires réussissent à régler sa succession.

D. MURRAY YOUNG

APC, MG 11, [CO 188] New Brunswick A, 44/1 : 194 ; MG 23, D1, sér. 1, J. Johnson à Ward Chipman, 7 août 1817. — APNB, RG 4, RS24, particulièrement S16-P2, S16-P4, S16-R8 ; RG 7, RS75, 1840, Peter Fraser ; RG 10, RS108, Peter Fraser, 1816, 1825. — EEC, Diocese of Fredericton Arch., Christ Church Anglican (Fredericton), records (mfm aux APNB). — GRO (Édimbourg), Forres, reg. of births and baptisms, 29 sept. 1765. — UNBL, MG H2, 11–12 ; 15–16 ; 30–31 ; 36 ; UA, « Minute-book of the governors and trustees of the College of New Brunswick », 1800–1828. — York Land Registry Office (Fredericton), Registry books, 1 : 224, 311, 508 (mfm aux APNB). — W. T. Baird, *Seventy years of New Brunswick life [...]* (Saint-Jean, N.-B., 1890 ; réimpr., Fredericton, 1978). — [Ward Chipman], *Remarks upon the disputed points of boundary under the fifth article of the Treaty of Ghent, principally compiled from the statements laid by the government of Great Britain before the king of the Netherlands, as arbiter* (Saint-Jean, 1838). — N.-B., House of Assembly, *Journal*, 1803 ; 1809–1827, particulièrement 1810 : 14, 19 ; 1821 : 336 ; 1825 : 60–61. — *Royal Gazette* (Saint-Jean ; Fredericton), 1803–1840, particulièrement 27 juin 1820, 21 déc. 1824, 12 mai 1828, 19 août 1840. — *Saint John Gazette*, 26 mai 1806. — *The New Brunswick militia commissioned officers' list, 1787–1867*, D. R. Facey-Crowther, compil. (Fredericton, 1984). — I. L. Hill, *Fredericton, New Brunswick, British North America* ([Fredericton, 1968]). — John Garner, « The enfranchisement of Roman Catholics in the Maritimes », *CHR*, 34 (1953) : 203–218.

FRIAND (Friend). V. TRIAUD

G

GAGNON, ANTOINE, prêtre catholique et vicaire général, né le 12 février 1785 à Petite-Rivière-Saint-Charles, près de Québec, fils de Zacharie Gagnon et de Geneviève Bouin, dit Dufresne ; décédé le 2 juin 1849 à Barachois, Nouveau-Brunswick.

Antoine Gagnon, issu d'une famille de cultivateurs, entra au petit séminaire de Québec à l'âge de dix ans, après avoir fréquenté l'école de sa paroisse. Doué d'une grande intelligence, il termina ses études classiques et théologiques aux petit et grand séminaires de Québec et Mgr Joseph-Octave Plessis* l'ordonna prêtre le 19 décembre 1807 dans la cathédrale Notre-Dame de Québec. Parmi ses compagnons de classe figuraient Louis-Joseph Papineau*, Philippe-Joseph Aubert* de Gaspé et Pierre-Flavien Turgeon*, des

personnalités qui marquèrent, chacune à sa façon, le XIXe siècle québécois. Antoine Gagnon, lui, laissa sa marque en Acadie.

Après son ordination, Gagnon ne demeura que deux ans à Québec, à titre de vicaire de la paroisse Notre-Dame, avant de s'embarquer pour l'Acadie à l'automne de 1809. Sa mission de Richibouctou comprenait une bonne partie du littoral est du Nouveau-Brunswick et englobait tous les villages de population catholique sis entre la baie Sainte-Anne au nord et la baie Verte au sud, soit une distance de plus de 180 milles. Gagnon s'installa dans le village de Richibouctou (Richibucto-Village). La majorité de ses paroissiens étaient des Acadiens, pour la plupart descendants de rescapés des déportations du milieu du

Gagnon

XVIIIe siècle. Des Micmacs, des Irlandais et des Écossais comptaient également parmi ses ouailles.

Les nombreux déplacements qu'occasionnait le ministère dans une mission si vaste, et donc les absences prolongées de l'abbé Gagnon, créèrent un climat d'anxiété au sein de sa communauté. De fait, il s'éleva un conflit au sujet de l'emplacement d'une église dont Mgr Plessis avait ordonné la construction à l'occasion de sa visite pastorale en 1812. Le litige durait depuis déjà sept ans quand en juin 1819 les habitants d'Aldouane, l'un des villages concernés par le débat, adressèrent une pétition à l'évêque de Québec pour demander qu'on divise la mission en deux et que l'abbé Gagnon ne desserve qu'une des parties. En 1820, Mgr Plessis céda à cette requête et créa deux nouvelles missions : l'une au nord, Richibouctou, et l'autre au sud, Gédaïc. Assigné à cette dernière mission, Gagnon s'établit dans le village de Gédaïc (Grande-Digue).

Le bilan des 11 années de mission de l'abbé Gagnon était peu reluisant quand, à l'automne de 1820, il vint prendre en charge sa nouvelle mission, mais durant les quelque 29 années qui suivirent il en fut autrement. Comme son territoire était réduit de moitié, il put consacrer davantage de temps à son ministère de même qu'à la mise en place de structures paroissiales plus solides au sein de sa mission. De 1825 à 1848, on érigea une demi-douzaine d'églises et autant de presbytères dans différents villages. Ces constructions, cependant, ne s'achevèrent pas sans heurts, puisque les fidèles acadiens étaient toujours aussi divisés sur le choix des emplacements. L'abbé Gagnon dut intervenir et, à chaque occasion, cet homme d'un caractère parfois difficile finit par régler le litige. Pendant cette même période, il s'intéressa non seulement à l'administration de sa mission mais également aux affaires ecclésiastiques de son diocèse.

En 1833, Mgr Angus Bernard MacEachern*, premier évêque du diocèse de Charlottetown, qui comprenait alors l'Île-du-Prince-Édouard et le Nouveau-Brunswick, avait nommé l'abbé Gagnon vicaire général du Nouveau-Brunswick. Moins de deux ans plus tard, Mgr MacEachern mourait et l'abbé Gagnon, l'un des plus anciens missionnaires du nouveau diocèse, semblait le candidat tout désigné pour lui succéder. C'était du moins l'avis de l'archevêque de Québec, Mgr Joseph SIGNAY, qui écrivit à Rome pour soumettre la candidature de Gagnon. Toutefois, peu de temps avant sa mort, Mgr MacEachern avait nommé un nouveau vicaire général dans le diocèse, l'abbé Bernard Donald Macdonald* ; il avait en outre confié à l'un de ses amis qu'il jugeait ce jeune prêtre d'origine écossaise digne de lui succéder. À Rome, le clergé écossais, appuyé par le gouvernement britannique, exigea qu'un des leurs succède à MacEachern. En 1837, c'est donc Macdonald que Rome nommait évêque de Charlottetown. Gagnon en fut profondé-

ment déçu. On soumit de nouveau son nom à Rome en 1842 au moment de la création du diocèse du Nouveau-Brunswick, mais cette fois ce fut un Irlandais, William Dollard*, qui accéda à l'épiscopat.

Ce double échec fit de Gagnon un homme très susceptible et méfiant envers les autres membres du clergé, plus particulièrement envers ses évêques anglophones. Il continua néanmoins à exercer ses fonctions de vicaire général sous leur épiscopat, mais non sans frustrations. En effet, Mgr Macdonald lui refusa l'autorisation de fonder un collège classique bilingue à Barachois [V. Joseph-Marie Paquet*] et, en 1845, Mgr Dollard divisa sa mission en deux, Barachois et Grande-Digue, et l'assigna alors à la première.

Depuis les années 1820, l'abbé Gagnon avait acquis dans sa mission des biens-fonds assez considérables : des moulins, des fermes et quelque 14 000 acres de terres boisées. Ces biens devaient lui permettre, disait-il, de soutenir son collège, mais après l'échec de son projet d'institution classique il préféra les faire servir à l'éducation de jeunes ecclésiastiques à Québec, qui se montraient intéressés à venir œuvrer en mission et donc à lui porter assistance. Quand cette aide tant attendue arriva en 1845, elle n'était pas celle qu'espérait l'abbé Gagnon : il ne s'agissait pas d'un de ses protégés, mais de François-Magloire Turcotte, ancien curé de Sainte-Rose (Laval, Québec) impliqué dans la révolte des patriotes quelques années plus tôt.

La nomination de Turcotte à Grande-Digue importuna Gagnon : il perdait ainsi une partie de sa mission et donc de sa dîme, et ceci à un moment très critique. De fait, la mauvaise conjoncture économique, par suite de crises successives dans le commerce du bois durant les années 1840, plaçait l'abbé Gagnon dans une situation financière de plus en plus difficile. Il lui fallait à tout prix se débarrasser de cet intrus.

L'occasion se présenta en 1848. Cette année-là, à la suite de plaintes au sujet d'un mariage qu'avait célébré Turcotte, Mgr Dollard décida de faire une enquête et il en confia la charge à Gagnon. À titre de vicaire général et avec l'approbation de l'évêque, Gagnon suspendit Turcotte de ses fonctions. Offusqués, les paroissiens de ce dernier interdirent à tout prêtre autre que leur curé, réprimandé sans raison selon eux, de pénétrer à l'intérieur de l'église. Ni Jean-Marie Madran*, pourtant choisi par l'évêque comme successeur de Turcotte, ni l'abbé Gagnon, nommé à la desserte de la mission après le départ précipité de Madran, n'y furent admis. En réalité, il s'agissait d'une révolte ouverte des habitants de Grande-Digue contre l'autorité ecclésiastique.

L'abbé Antoine Gagnon, dont la santé avait été minée par son labeur missionnaire, connut au cours de l'hiver de 1848–1849 une aggravation de son état à la suite d'une attaque d'hydropisie, maladie dont il souffrait depuis quelques années. L'amertume que lui avait causé la révolte de ses anciens paroissiens et l'état pitoyable de ses finances précipitèrent sa fin. Il mourut le 2 juin 1849, dans son presbytère de Barachois, et on l'inhuma trois jours plus tard dans le caveau de l'église du même endroit. Il avait légué tous ses biens à son évêque en stipulant qu'ils devaient servir à mettre sur pied un fonds pour le soutien de l'éducation ecclésiastique, mais après qu'on eut satisfait ses créanciers il resta peu de chose.

R. GILLES LEBLANC

AAQ, 210 A, III–XXIV ; 310 CN, I–II ; 311 CN, I–VI. — Arch. of the Diocese of Saint John (Saint-Jean, N.-B.), Dollard papers ; Antoine Gagnon papers. — ASQ, Lettres, N, nᵒˢ 144–153 ; U, nᵒ 94. — R. G. LeBlanc, « Antoine Gagnon and the mitre : a model of relations between *Canadien*, Scottish and Irish clergy in the early Maritime church », *Religion and identity : the experience of Irish and Scottish Catholics in Atlantic Canada*, Terrence Murphy et C. J. Byrne, édit. (St John's, 1987), 98–113 ; « Antoine Gagnon, missionnaire auprès des Acadiens du sud-est du Nouveau-Brunswick (1809–1849) », *Sur l'empremier : la gazette de la Soc. hist. de la mer Rouge* (Robichaud, N.-B.), 1 (1984) : 119–184.

GAGNON, LUCIEN (prénommé parfois **Julien**), cultivateur et patriote, né le 8 janvier 1793 à Laprairie (La Prairie, Québec), fils de Pierre Gagnon, cultivateur, et de Marie-Anne Longtin ; décédé le 7 janvier 1842 à Corbeau, New York, et inhumé le 11 janvier suivant à Saint-Valentin, Bas-Canada.

La famille de Lucien Gagnon habite Laprairie depuis plusieurs générations. Ces cultivateurs se rattachent très vraisemblablement à cette minorité paysanne qui vit dans une certaine aisance. Lucien s'initie très tôt aux tâches agricoles et, à l'instar de ses deux frères, il souhaite devenir propriétaire d'une exploitation qui le rende indépendant. Dans son dernier testament, rédigé en 1811, Pierre Gagnon fait de ses trois fils les héritiers universels de ses biens par égales parts et portions. Le jeune Lucien connaîtra donc rapidement la sécurité matérielle et il pourra s'établir facilement.

Le 18 septembre 1815, Gagnon épouse Catherine Cartier, fille d'un riche cultivateur de Sainte-Marguerite-de-Blairfindie (L'Acadie). Le jour de son mariage, il est déjà propriétaire de deux terres et il dispose de biens s'élevant à plus de 14 000*l*. Sa femme, munie d'une grosse dot, ajoute d'autres richesses à son avoir en apportant argent, biens matériels et bestiaux évalués à 5 000*l*. À la suite de ce mariage, on reconnaît Gagnon comme un cultivateur aisé.

Jusqu'en 1828, la vie de Gagnon n'offre pas d'événements spectaculaires. C'est le décès de son épouse, survenu au printemps de 1828, qui va bouleverser sa vie et celle de ses enfants. Le 8

septembre de la même année, Gagnon se marie avec Sophie Régnier, de Napierville. Ce deuxième mariage l'incite alors à vendre ses terres à Laprairie et à s'installer dans la paroisse Saint-Valentin où la terre est encore abondante mais les redevances seigneuriales fort élevées. Gagnon devient rapidement l'un des cultivateurs importants de l'endroit. Vers 1830, ses terres produisent 200 minots de blé et une quantité aussi considérable d'avoine et d'orge, et son cheptel est impressionnant.

Accablé cependant par la lourdeur des charges seigneuriales et endetté envers Napier Christie Burton, propriétaire de la seigneurie de Léry, Gagnon se joint dès 1834 au mouvement patriote de sa paroisse. Il se lie d'amitié avec le docteur Cyrille-Hector-Octave CÔTÉ, partisan d'une baisse substantielle des redevances seigneuriales au Bas-Canada. La contestation seigneuriale est donc l'élément essentiel qui rapproche Gagnon de l'aile radicale du parti patriote.

En 1837, Gagnon figure parmi les membres les plus actifs de l'organisation révolutionnaire de sa région. Le 17 juillet, il participe à l'assemblée populaire tenue à Napierville. En septembre, avec l'appui d'un groupe de patriotes, il obtient, par la menace et l'intimidation, la démission des juges de paix et des capitaines de milice du comté de L'Acadie, tous partisans reconnus du gouvernement britannique. Un mois plus tard, à Saint-Charles-sur-Richelieu, il prend part à l'importante assemblée des six comtés. Il parcourt par la suite les paroisses du comté de L'Acadie pour tenter de rallier les cultivateurs à la cause révolutionnaire. Il possède de plus en plus l'étoffe d'un leader : il est réaliste, tenace, inflexible, cruel même, car il n'hésite pas à faire des gestes difficiles et compromettants lorsque la situation l'exige.

Dès le mois de novembre 1837, Gagnon est fermement convaincu que les patriotes de sa région doivent passer à l'action. À cet effet, il organise chez lui une importante réunion à laquelle assistent notamment le docteur Côté, Édouard-Étienne RODIER et Ludger Duvernay*. Ensemble, ils projettent d'attaquer le village de Saint-Jean (Saint-Jean-sur-Richelieu) à la fin de novembre. Mais, informés que les militaires britanniques connaissent leur projet, les quatre hommes décident plutôt de traverser la frontière canado-américaine en attendant une occasion propice. À la fin de novembre, à peine installé à Swanton, au Vermont, Gagnon franchit de nouveau la frontière et pousse la témérité jusqu'à se rendre à Saint-Valentin et dans les paroisses environnantes afin d'y recruter des sympathisants. Accompagné d'une soixantaine d'hommes, il parvient à contourner la baie Missisquoi et à retourner à Swanton, où l'attend le gros des effectifs patriotes. Le 6 décembre, les réfugiés, avec Gagnon en tête, tentent une nouvelle incursion, cette fois à Moore's Corner (Saint-Armand-Station). Blessé deux fois pendant la bataille, Gagnon réussit à

Gagnon

s'enfuir grâce à l'appui de deux compagnons de combat. Cet affrontement militaire, le dernier de la rébellion de 1837, se solde par un autre échec des patriotes. Ramené à Swanton, Gagnon n'est pas au bout de ses peines. À la fin de décembre, il apprend que les volontaires rattachés à l'armée britannique ont brûlé sa ferme et jeté sur le pavé sa femme et ses huit enfants qui viennent d'ailleurs le rejoindre à Corbeau, dans l'état de New York, où il est installé depuis quelques semaines.

Après l'échec de la rébellion de 1837, Gagnon joue un rôle de premier plan parmi les réfugiés installés aux États-Unis. De simple leader local qu'il était, il devient en 1838 une figure prédominante dans la haute direction du mouvement patriote. C'est qu'à cette époque l'organisation révolutionnaire est prise en main par les docteurs Robert Nelson* et Côté qui font de Gagnon leur homme de confiance sur le plan militaire. La puissance de Gagnon est renforcée par l'appui qu'il obtient d'une minorité de cultivateurs qui réclament non seulement l'indépendance du Bas-Canada mais aussi l'abolition de la dîme et du régime seigneurial.

Le 28 février 1838, à la tête de 300 à 400 hommes, Nelson, Côté et Gagnon partent en une folle équipée à la conquête du Canada. À peine ont-ils foulé le territoire canadien qu'ils sont cernés et forcés de retourner aux États-Unis. Les autorités américaines emprisonnent Gagnon et plusieurs de ses compagnons pour avoir violé la loi de la neutralité du pays. Néanmoins, ils sont rapidement libérés par un jury sympathique à leur cause. C'est à la suite de cet échec que Nelson, Côté et Gagnon mettent sur pied une organisation militaire secrète, l'Association des frères-chasseurs, dont les ramifications s'étendent aux États-Unis et au Canada.

Au printemps de 1838, Gagnon se rend incognito au Bas-Canada afin d'y établir des loges de chasseurs et d'y recruter des membres. Il profite de l'occasion pour visiter sa femme et ses enfants qui se sont réinstallés à Saint-Valentin. Au cours de l'été, malgré une prime de £100 offerte pour sa capture, il parcourt les comtés de Laprairie, de Chambly, de Beauharnois et de L'Acadie dans le but de rallier les cultivateurs à l'Association des frères-chasseurs. Sûr de lui et convaincu qu'il a réussi à mettre sur pied une organisation efficace de chasseurs dans les comtés qu'il a sillonnés, il retourne aux États-Unis à la fin d'août.

Nelson, Côté et Gagnon fixent alors le deuxième soulèvement au 3 novembre 1838. À la tête de réfugiés et de volontaires américains, ils se donnent comme objectifs d'attaquer les paroisses situées sur la rive sud du Saint-Laurent puis de s'emparer de Montréal, de Trois-Rivières et de Québec. L'opération conduit encore à un échec total. Tout au plus, les patriotes réussissent-ils à traverser la frontière canado-américaine où ils sont repoussés par les troupes et les volontaires rattachés à l'armée britannique. Le 5 novembre, Côté, Gagnon et Philippe Touvrey, officier français recruté par Nelson, dirigent un détachement d'environ 500 patriotes vers Rouses Point, dans l'état de New York, pour y prendre des armes et des munitions. Même s'ils parviennent à repousser un piquet de volontaires de l'armée britannique au pont de Lacolle, à leur retour ils sont facilement battus par des miliciens britanniques qui les attendaient. Gagnon réussit à s'enfuir et à regagner Napierville où est cantonné le gros des effectifs patriotes. Informés de l'arrivée prochaine des troupes régulières commandées par sir John Colborne*, Nelson, Côté et Gagnon mènent alors leurs hommes à Odelltown où s'engage le combat décisif. Le 9 novembre, la bataille se termine par la défaite des patriotes. Jusqu'à la fin des hostilités, Gagnon a fait preuve de courage, et ce n'est que dans les derniers moments, après avoir constaté qu'il n'y avait plus aucun espoir, qu'il a regagné les États-Unis.

Il s'avère plus difficile de suivre la trace de Gagnon après l'échec du mois de novembre. Une chose est certaine : à la fin du mois de décembre, Gagnon assiste à une réunion tenue à Swanton, mais il n'y manifeste aucun enthousiasme. Au cours de l'année 1839, les mésententes, les débats orageux, les conflits de personnalité se multiplient parmi les insurgés. L'organisation révolutionnaire s'affaiblit sans que Gagnon puisse faire quoi que ce soit. Amèrement déçu par la tournure des événements, il abandonne le mouvement patriote à l'été de 1840 et parcourt pendant plusieurs mois les villages de l'état du Vermont dans le but de se trouver du travail. Au début de l'année 1841, il s'installe à Champlain, dans l'état de New York. Sans argent, seul, poursuivi par le gouvernement britannique qui ne veut pas l'amnistier, Gagnon se trouve dans l'impossibilité de se refaire une vie intéressante. Miné par la fièvre et atteint de tuberculose, il s'éteint à Corbeau le 7 janvier 1842. Prévenue de son décès, sa femme répond à ses vœux en faisant transporter son corps à Saint-Valentin, vêtu de la tuque bleue et des vêtements patriotes faits d'étoffe du pays.

Tout compte fait, le rôle important joué par Lucien Gagnon durant les troubles de 1837–1838 témoigne de l'influence marquante d'une minorité paysanne sur les orientations idéologiques du mouvement patriote. L'importance de la question seigneuriale dans le programme de 1838 est fort révélatrice à ce sujet. L'ascendant qu'exerce Gagnon sur l'organisation patriote dénote aussi la présence d'un important leadership populaire au cours des événements de 1837–1838.

RICHARD CHABOT

ANQ-M, CE1-2, 9 janv. 1793 ; CE4-1, 18 sept. 1815 ; CE4-6, 8 sept. 1828 ; CE4-16, 11 janv. 1842 ; CN1-200, 12 févr. 1807, 28 févr. 1811, 13 févr. 1815, 28 févr. 1817 ; CN1-299, 9 août 1832, 15 sept. 1837 ; CN4-14, 14 sept. 1815. — ANQ-Q, E17. — APC, MG 24, B2 : 2973–2978, 3243–3246 ; B78 ; C3, 2 : 867–868, 904–906, 1726–1727 ; RG 1, E1, 41 : 410 ; 62 : 345 ; RG 4, B20, 25 : 11290–11292 ; B37, 1 : 607–608 ; RG 31, C1, 1831, L'Acadie. — BVM-G, Fonds Ægidius Fauteux, notes compilées par Ægidius Fauteux sur les patriotes de 1837–1838 dont les noms commencent par la lettre G, carton 5. — B.-C., chambre d'Assemblée, *Journaux*, 1835–1836. — Canada, prov. du, Assemblée législative, *App. des journaux*, 1852–1853, app. VV. — *Le Canadien*, 26 janv. 1842. — *North American*, 1ᵉʳ mai, 4 sept. 1839, 5 mai, 17 juill. 1841. — F.-D. Brosseau, *Essai de monographie paroissiale : St-Georges d'Henryville et la seigneurie de Noyan* (Saint-Hyacinthe, Québec, 1913), 128–129, 136–137. — Mario Gendron, « Tenure seigneuriale et Mouvement patriote : le cas du comté de L'Acadie » (thèse de M.A., univ. du Québec à Montréal, 1986), 90–91, 107, 112, 115, 148–149, 161–162, 168, 175. — Rumilly, *Papineau et son temps*. — Joseph Schull, *Rebellion : the rising in French Canada, 1837* (Toronto, 1971), 56, 88, 133–135, 153, 167, 169, 210. — Victor Morin, « Clubs et Sociétés notoires d'autrefois », *Cahiers des Dix*, 15 (1950) : 199–203 ; « la « République canadienne » de 1838 », *RHAF*, 2 (1948–1949) : 491–492. — Marcelle Reeves-Morache, « la Canadienne pendant les troubles de 1837–1838 », *RHAF*, 5 (1951–1952) : 106–107.

GALT, JOHN, auteur et colonisateur, né le 2 mai 1779 à Irvine, Écosse, fils de John Galt, capitaine de navire, et de Jean Thomson ; le 20 avril 1813, il épousa à Londres Elizabeth Tilloch, et ils eurent trois fils, dont Thomas* et Alexander Tilloch* ; décédé le 11 avril 1839 à Greenock, Écosse.

John Galt naquit dans une région où les distinctions de classe s'estompaient rapidement et où les horizons intellectuels s'élargissaient sous l'effet conjugué de la philosophie écossaise des Lumières et de la Révolution française. Le métier de son père et la vue des navires qui sillonnaient la Clyde étendirent certainement ses horizons géographiques, mais l'excentricité et le langage pittoresque de sa mère modelèrent bien davantage sa personnalité, en lui instillant ce qu'il appelait sa « prédilection héréditaire pour les bizarreries ». Sa piètre santé le mit à part des autres enfants, le poussa à l'introspection et l'amena à fréquenter les vieilles femmes qui habitaient derrière chez sa grand-mère. En les écoutant raconter leurs souvenirs et leurs histoires, le jeune Galt devint féru de ballades et de contes, ce qui marqua son œuvre d'écrivain, comme il l'admit dans *The literary life* [...]. Sa mère voyait d'un mauvais œil sa passion pour les livres (comme sa fascination pour les fleurs) ; elle l'incitait plutôt à l'action et espérait le voir réussir dans le monde. En contrebalançant sa tendance à l'isolement, l'attitude maternelle contribua peut-être à faire naître en lui cet éternel tiraillement entre la vie littéraire et la vie « active ». Dans son autobiographie, il note que la mort de sa mère, survenue en 1826, « affaiblit [...] le

mobile qui avait auparavant aiguillonné [ses] énergies ».

Galt eut toujours une allure très impressionnante. Selon un camarade de classe, G. J. Weir, à 7 ans il avait déjà la taille d'un garçon de 14 ans. Dès sa jeunesse pourtant, il se crut appelé à se distinguer autrement que par son bel air et sa « carrure herculéenne » ; tout à fait conscient de ses lacunes, il comprit « la nécessité de devenir l'artisan de [sa] propre ascension ». À cause de sa santé fragile et du fait que sa famille vivait tantôt à Irvine, tantôt à Greenock (où elle se fixa finalement vers 1789), il ne fit que des études sporadiques et eut des précepteurs à la maison ou à l'école. À cette époque, dans l'Ayrshire, il n'aurait pas été exceptionnel pour un garçon de son milieu d'aller à l'université, mais apparemment ses parents et lui considéraient le commerce comme un choix naturel. Entré au bureau des douanes de Greenock vers l'âge de 16 ans, il le quitta bientôt pour occuper, dans la même ville, un poste de commis à la James Miller and Company.

Galt put grandement parfaire son éducation en formant un cercle de littérature et de discussion avec deux compagnons d'école, William Spence et James Park. Ensemble ils organisèrent en 1804 une rencontre avec le poète James Hogg – le célèbre berger d'Ettrick – qui rapporta que leur conversation était « bien supérieure à ce qu['il] avai[t] jamais été accoutumé à entendre ». La fréquentation de ses deux amis (emportés toutefois prématurément par la maladie) amena Galt à définir ses priorités : il s'occuperait de commerce le jour, et se consacrerait à la culture et à la littérature le soir ; en outre, elle élargit ses horizons intellectuels grâce à l'émulation et à la critique réciproque. Spence s'intéressait davantage aux mathématiques, et Park à la critique littéraire, qu'à la création proprement dite. D'un naturel combatif, Galt les concurrençait dans leur domaine. La double occupation qui était sienne à cette époque développa en lui une détermination et une discipline telles qu'il avait malgré tout « beaucoup plus de loisirs que la plupart des hommes ». Il mentionna d'ailleurs en 1834 : « [en] bien moins de deux années extrêmement pénibles, j'ai pu dicter et publier dix ouvrages – dont une bonne partie alité ». Voilà qui prouve l'efficacité de son régime de vie et de son « travail sédentaire ».

Dès 1804, Galt sortait du rang : assidu en affaires, il travaillait à la Greenock Library, avait publié quelques poèmes dans le *Greenock Advertiser* ainsi que dans le *Scots Magazine* et avait levé un corps de tireurs d'élite volontaires pour contrer ce qu'il appelait la deuxième guerre révolutionnaire de France. Il était pourtant insatisfait de son sort. Un jour que ses employeurs avaient reçu une lettre d'insultes au sujet de leurs pratiques commerciales, il réagit trop fort : il poursuivit le coupable et le tint en respect jusqu'à ce qu'il ait rédigé une lettre d'excuses. Cet incident, et

363

Galt

peut-être aussi un chagrin d'amour (la jeune fille mourut), le décida à partir pour Londres en mai 1804. Ce fut le premier et le plus dramatique de ses voyages. Son principal objectif était de fonder sa propre entreprise, ce qu'il fit après quelques mois de solitude. Bientôt, la compagnie de consignation et de courtage qu'il forma en 1805 avec un compatriote, John McLachlan, rapporta la somme alors considérable de £5 000 par an. En 1807, il publia dans le *Philosophical Magazine* un premier article sur l'Amérique du Nord : « A statistical account of Upper Canada ». Son cousin et compagnon de classe William Gilkison*, qui avait été capitaine de navire sur les Grands Lacs, lui avait fourni des renseignements pour ce texte qu'il rédigea en toute hâte, en partie pour faire valoir que l'émigration vers le Nouveau Monde allégerait le problème de la surpopulation en Europe. Les succès financiers de Galt lui valurent sans doute une grande renommée dans la Cité et convainquirent son père de lui transférer une forte somme d'argent. Cependant, à cause de la complexité des affaires et de la faillite d'un correspondant (racontée dans *The Autobiography of John Galt*), son entreprise subit de lourdes pertes et ferma ses portes au cours de sa troisième année d'existence.

Ce revers, qui suivait la réalisation de certaines de ses « ambitions démesurées », força Galt à changer d'orientation. Entré à la Lincoln's Inn pour y étudier le droit, il dut cependant abandonner peu après pour cause de maladie et partit en voyage en 1809 dans l'espoir de se remettre. Contrairement à la mode de l'époque, il ne fit pas de grande tournée européenne ; il cherchait plutôt à circonvenir le blocus continental en établissant une route commerciale via l'Empire ottoman. Après un échec, il fit une nouvelle tentative à Gibraltar, avec une compagnie dirigée par Kirkman Finlay, mais les victoires de lord Wellington dans la péninsule Ibérique rendirent son initiative inutile. Galt tomba malade encore une fois, comme dans presque tous les moments de crise. Rentré à Londres en 1811, il épousa deux ans plus tard Elizabeth Tilloch, fille de l'éditeur du *Philosophical Magazine,* et tenta de vivre principalement de sa plume.

Après son retour, Galt publia à compte d'auteur deux amusants récits de voyage. En 1812, il fit paraître un recueil de cinq de ses tragédies, de même que *Life and administration of Cardinal Wolsey,* ouvrage solidement documenté qui connut plusieurs éditions. Les critiques pourfendirent ces pièces : dans une lettre, Walter Scott dit qu'elles étaient « les pires jamais vues ». Par contre, son premier récit de voyage eut un tel succès que, selon Galt, le produit des ventes remboursa son long périple. En 1816, il publia la première partie d'une biographie de Benjamin West, peintre américain et président de la Royal Academy of Arts. Durant cette période, Galt produisit aussi beaucoup de manuels scolaires, principalement

sous les pseudonymes de sir Richard Phillips et de John Souter. Cependant, si l'on exclut les ouvrages d'imagination, il est difficile d'identifier tous ces écrits car, au cours de sa carrière, il utilisa au moins dix noms de plume et publia souvent sous le couvert de l'anonymat. De son propre aveu, il avait voulu, par ses premières incursions en littérature, « acquérir la réputation d'un type brillant », mais ses revers commerciaux et littéraires, comme son besoin désespéré d'argent (sa famille s'agrandissait, et il avait choisi de partager la succession paternelle avec sa mère et sa sœur), l'amenèrent à considérer autrement son travail d'écrivain. Ce qu'il appelait son dernier ouvrage d'amateur, un conte sicilien intitulé *The Majolo* […], parut en 1816.

The earthquake (1820), que Galt considérait comme son premier roman sérieux, fut un échec commercial. En revanche, il remporta un certain succès au théâtre avec *The appeal* […] (1818), dont Scott, affirmait-il, avait composé l'épilogue. L'année 1820 marqua un tournant : il connut une popularité immédiate avec *The Ayrshire legatees* […], roman épistolaire publié en feuilleton par William Blackwood, dans lequel Galt raconte, avec une ironie semblable à celle de Smollett, le voyage que fait à Londres une famille d'Écossais pour toucher un héritage. Suivit en 1821 son ouvrage encore le plus célèbre, *Annals of the parish* […], publié sous forme de livre par Blackwood et que la critique acclama.

Bien que *Annals* ait souvent passé pour un roman, il s'insère dans une catégorie d'ouvrages que Galt qualifiait d'« histoires théoriques ». Écrit sous forme d'autobiographie fictive (genre dont Galt fut l'un des artisans les plus précoces, les plus innovateurs et les plus prolifiques), ce livre dépeint, tels que les voit un prêtre de village, les changements sociaux et industriels qui balayaient l'Ayrshire à l'époque. Encore aujourd'hui, ses compatriotes apprécient fort qu'il y ait employé le dialecte de l'ouest du pays, auquel il tenait au point d'avertir Blackwood de « ne toucher à aucun des idiotismes écossais ». Par contre, cet emploi gêne quelque peu le Nord-Américain qui lit aujourd'hui ses œuvres écossaises. Galt continua dans la veine réaliste en publiant *Sir Andrew Wylie* […] (1822) ; lord Blessington, qui avait à son insu servi de modèle à l'auteur, lui déclara que le personnage de lord Sandiford lui semblait « très naturel, car dans les mêmes circonstances il aurait agi de manière semblable ». Loué avec raison pour sa capacité de recréer le réel, Galt essuyait parfois des reproches à cause de son manque d'imagination. Dans *Autobiography* et *Literary life,* il prit la peine de souligner sa particularité comme écrivain était « l'originalité », et que ses meilleurs livres prouvaient qu'il aurait pu faire encore mieux si la littérature avait été son unique occupation.

La comtesse de Blessington, qui devint sa protectrice littéraire, et lord Byron (avec qui il avait voyagé en

Méditerranée en 1808–1809 et dont il allait publier en 1830 une biographie très critiquée mais très lue) aidèrent Galt à atteindre la renommée. Dans *Literary life*, il note qu'il était en relation avec plus de femmes de la noblesse que du commun et qu'il connaissait une soixantaine de membres du Parlement. Après le succès que connut *The Ayrshire legatees,* il n'avait pas ménagé ses efforts : les plus célèbres de ses contes écossais intitulés « Tales of the west » parurent presque tous entre 1820 et 1822. Il publia en 1822 l'histoire fictive d'un élu municipal, *The provost,* que l'historien de la littérature Keith M. Costain a comparé au *Prince* de Machiavel. Avec *The member* […] (1832) et *The radical* […] (1832), cet ouvrage montre que Galt contribua tôt et de manière importante à l'évolution du roman politique. Il est difficile d'évaluer l'effet de son œuvre sur les hommes politiques, dans un siècle où la littérature avait un immense pouvoir, mais il vaut la peine de noter que George Canning lut *The provost* d'une seule traite en assistant à une séance du Parlement. Apparemment, le succès des contes écossais (*The last of the lairds* […] s'ajouta à la série en 1826) monta à la tête de Galt. Se vantant de mieux connaître l'âme écossaise que Scott luimême, il se mit au roman historique. Trois ouvrages aujourd'hui presque oubliés en résultèrent : *Ringan Gilhaize* […] (1823), *The spaewife* […] (1823) et *Rothelan* […] (1824).

Au début des années 1820, Galt relança sa carrière commerciale en s'occupant de ce qui allait devenir la Canada Company. Cette société naquit à la suite des efforts que déployèrent les loyalistes haut-canadiens de la frontière du Niagara en vue d'obtenir réparation pour les dommages qu'avaient causés les troupes américaines pendant la guerre de 1812. Galt s'était fait un nom dans le milieu des coulissiers parlementaires, particulièrement en facilitant, par ses stratagèmes, l'adoption d'un projet de loi pour la construction du canal Union en Écosse en 1819. Cette renommée, ses lointaines relations familiales en Amérique du Nord et le fait qu'il avait publié « A statistical account of Upper Canada » une douzaine d'années plus tôt incitèrent les loyalistes à le pressentir comme mandataire. La promesse d'une commission de 3 % le convainquit d'accepter. Toutefois, le gouvernement britannique se révéla réticent à indemniser les victimes et, par la suite, Galt ne réussit pas à emprunter pour liquider les réclamations. C'est alors qu'il songea, probablement sous la pression d'un vieil ami et résident du Haut-Canada, le prêtre catholique Alexander McDonell, à utiliser les ressources de la colonie. La solution consistait à vendre les réserves de la couronne et du clergé, établies en vertu de l'Acte constitutionnel de 1791, et à affecter une part de la recette au dédommagement de ceux qui l'avaient mandaté.

Galt mettait beaucoup d'espoir dans cette stratégie,

mais elle ne donna pas grand résultat, du moins sur le moment. En revanche, l'idée de liquider les réserves arrivait à point, et Galt l'employa dans un autre projet : il forma, avec des marchands et des banquiers londoniens, une société par actions qui achèterait les terres de ces réserves et les revendrait à profit à des émigrants britanniques. En 1824, Galt était secrétaire de cette société dont le capital projeté s'élevait à un million de livres et qui réunissait certains des plus éminents financiers de Londres. La Canada Company n'obtint sa charte que le 19 août 1826, au terme de deux ans de disputes avec le gouvernement. Pendant cette période, Galt consacra au projet la plus grande part de son énergie débordante ; ainsi au printemps de 1825 il visita le Haut-Canada avec les quatre autres commissaires chargés d'évaluer les terres à acheter. Par suite de querelles avec des personnages de la colonie, surtout le procureur général John Beverley Robinson* et le révérend John Strachan*, on remplaça les réserves du clergé (c'est-à-dire la moitié du total) par ce qu'on appela plus tard la Huron Tract, soit un million d'acres situées en région sauvage. En définitive, la compagnie choisit d'acheter parmi les réserves de la couronne un million et un tiers d'acres situées un peu partout dans la colonie, en plus de la Huron Tract et de diverses terres qui totalisaient au delà d'un million d'acres. Elle paya le tout un prix uniforme de 3s 6d l'acre.

Comme Galt devait s'occuper sur place des affaires de la compagnie, il élut domicile dans le Haut-Canada en décembre 1826. Dès lors, il eut beaucoup à faire. Au bureau qu'il ouvrit à York (Toronto), il examinait d'innombrables offres d'achat. En avril 1827, il fonda en grande pompe la localité de Guelph puis, grâce à un plan assez ambitieux d'investissement de capitaux, en fit rapidement un foyer de peuplement (il était très influencé par ces espèces de villes champignons qu'étaient les domaines de la Holland Land Company et de Pulteney, qu'il avait visités dans l'ouest de l'état de New York) [V. David Gilkison*]. Parti en expédition de reconnaissance au lac Huron, il arriva à la fin de juin au campement de William Dunlop et de Mahlon Burwell, respectivement gardien et arpenteur au service de la Canada Company. Il fonda à cet endroit une autre ville champignon, Goderich. Dès l'automne de 1828, une route la reliait à Guelph, qui avait continué de se développer rapidement pendant l'année. On embaucha Samuel Strickland* pour gérer les affaires de la compagnie à Guelph et achever les travaux entrepris par Galt. De plus, en 1827 et 1828, Galt ouvrit des agences de la compagnie ailleurs en Amérique du Nord.

Singulière, repliée sur elle-même, la population de la petite ville d'York ne savait comment réagir face à un visionnaire déterminé comme Galt. Quant à lui, même s'il connaissait les idiosyncrasies des communautés isolées (comme il allait le démontrer dans ses

Galt

romans nord-américains), il accumula les bévues : il s'associa à des réformistes comme John Rolph* et fréquenta des gens qui n'avaient pas la faveur de l'establishment local, dont la femme de John Walpole Willis* ; enfin, dans un geste irréfléchi mais compréhensible, il retint des fonds dus au gouvernement afin d'aider les colons indigents de La Guayra, ces immigrants britanniques qui n'avaient pas réussi à s'établir en Amérique du Sud et que, à défaut d'entente officielle sur leur cas, on avait acheminés à la Canada Company dans le Haut-Canada. Galt, qui manqua toujours de déférence envers l'autorité, se brouilla avec le lieutenant-gouverneur sir Peregrine Maitland*, son secrétaire le major George HILLIER, l'archidiacre Strachan et le *family compact*. Tolérant en matière religieuse et bien disposé envers les Indiens des Six-Nations, dont il avait présenté les revendications foncières en Angleterre en 1825 [V. Tekarihogen* (1794–1832)], il ne pouvait pas être accepté d'emblée dans la société étriquée et partiale d'York. Son sentiment d'être victime de complots (sujet abordé dans *Autobiography*) confinait à la paranoïa, mais son principal problème, que l'éloignement de la métropole compliquait encore davantage, était que les administrateurs de la compagnie le soupçonnaient de trop dépenser et de produire des comptes incomplets. De fait, non seulement Galt était-il épouvantablement nul en tenue de livres mais, trop occupé à mettre en valeur les plus vastes domaines de la compagnie, le bloc de Guelph et la Huron Tract surtout, il avait négligé la vente des terres facilement accessibles soit à partir d'York, soit par route ou par eau, ou encore celle des réserves de la couronne qui étaient éparpillées. Au printemps de 1828, la Canada Company dépêcha auprès de lui son comptable, Thomas Smith, en principe pour l'aider mais en réalité pour faire enquête. Lorsque Smith rentra en toute hâte à Londres avec des documents de la compagnie, Galt décida d'y retourner afin de rassurer les administrateurs. À son arrivée à New York, au début de 1829, il apprit qu'il avait été rappelé ; Thomas Mercer Jones* et William Allan* le remplaceraient. Il débarqua le 20 mai en Angleterre, où les journaux avaient annoncé son rappel. Assailli par ses créanciers, il fut bientôt emprisonné pour n'avoir pas payé les frais de scolarité de ses fils.

Comme dans bien des échecs commerciaux de ce genre, les faits demeurent obscurs. Le rappel de Galt coïncida avec une chute des actions de la compagnie sur le marché londonien. Assurément, dans la gestion quotidienne et les ventes courantes, il avait eu moins de panache que lorsqu'il inaugurait des routes et fondait des villes. Ses successeurs allaient être plus discrets, plus attentifs aux petites choses. Il demeure néanmoins que la surintendance de Galt à la Canada Company fut une étape importante dans le développement de la province. Bien que la compagnie ait fait souvent l'objet de controverses [V. Frederick Widder*], elle contribua beaucoup au peuplement et on ne la liquida que dans les années 1950, après la vente de son dernier lot. Quant à Galt, même si son rappel avait nui gravement à sa réputation d'homme d'affaires, il put dès 1833 (soit au moment où les actions de la Canada Company étaient les plus en demande sur le marché, grâce en grande partie au travail de Jones et d'Allan) lancer une entreprise coloniale, la British American Land Company, dont le but était de mettre des terres en valeur dans les Cantons-de-l'Est, au Bas-Canada. Galt en fut le secrétaire mais dut démissionner en décembre 1832 pour des raisons de santé.

Pendant son séjour en prison, Galt s'était remis à écrire afin de s'assurer un revenu. Avec l'aide d'anciens éditeurs comme Blackwood et de nouveaux, tels Henry Colburn et Richard Bentley, il put mettre fin à son incarcération principalement en mettant à profit ses expériences canadiennes. *Lawrie Todd* [...] (1830), *Bogle Corbet* [...] (1831) et *Autobiography* (1833), œuvres qui servent d'ordinaire à mesurer son importance à titre d'écrivain du Nouveau Monde, parurent coup sur coup après sa libération, survenue en novembre 1829, et ce même s'il était déjà gravement handicapé par ce qui semble avoir été de l'artériosclérose. Les cinq dernières années de sa vie furent marquées par d'énormes souffrances et, comme il en témoigna lui-même, par l'invalidité. Il continua néanmoins de publier abondamment livres et articles. En 1834, il quitta Londres avec sa femme pour s'installer à Greenock. Les trois volumes de *Literary life* parurent la même année, et le *Fraser's Magazine* demeura un débouché pour ses talents journalistiques. En 1837 cependant, il avait ralenti son rythme et ne produisait plus que des textes mineurs, des recensions et quelques poèmes. Il mourut à Greenock le 11 avril 1839.

Le Canada ne peut guère prétendre avoir occupé une grande place dans la vie de Galt, puisqu'il y résida moins de trois ans. Il avait eu l'intention de s'y établir en permanence, mais ce furent plutôt ses fils qui le firent, en 1833–1834 : l'aîné, John, devint registrateur du comté de Huron ; Thomas devint juge en chef de l'Ontario ; le benjamin, Alexander Tilloch, travailla pour la British American Land Company et fut l'un des Pères de la Confédération ainsi que le premier haut commissaire du Canada à Londres. John Galt croyait que l'on se souviendrait encore de son passage à la Canada Company « quand [ses] nombreux livres ser[aient] oubliés ». De 1807 à 1836, soit pendant toute la durée de sa vie active, il publia sur l'Amérique du Nord plus de 30 écrits dont la majorité traitent du Canada. Tout à fait conscient d'assister à la naissance de nouvelles identités nationales, il exprimait, notamment dans ses articles du *Fraser's Magazine* sur les « traditions américaines », l'excitation qu'il éprouvait à contribuer, tant dans le réel qu'en littérature, à la mise au monde de la conscience nationale des Haut et des Bas-Canadiens. Dès 1813, dans un ouvrage malicieusement intitulé *Letters from the Levant* […], il avait parlé de son intérêt pour « tout ce qui tend à préserver, à intensifier et à perpétuer ces affections populaires qui, malgré qu'il [ait été alors] à la mode de les qualifier de préjugés, demeurent les sources qui renforcent, élèvent et soutiennent la dignité des nations ».

Attentif à encourager les bons « préjugés nationaux », Galt dépeignit tous les segments de la société nord-américaine, dont les immigrants pauvres dans *Lawrie Todd* et ceux plus fortunés dans *Bogle Corbet*. En employant le slang américain dans *Lawrie Todd* et en utilisant la langue, fort différente, du Canada dans *Bogle Corbet* (qui précéda de cinq ans le premier des livres où Thomas Chandler Haliburton* mit en scène son personnage de Sam Slick), il a laissé d'importantes archives sociales et historiques. Ses portraits de la vie pionnière, qu'il jugeait plus fidèles que ceux de l'Américain James Fenimore Cooper, allaient selon lui devenir de plus en plus précieux avec le temps. La critique Elizabeth Waterston a signalé que *Bogle Corbet* fut le « premier ouvrage d'importance à définir l'identité canadienne par rapport à un modèle américain ». De plus, ce livre raconte l'histoire d'un anti-héros, et le recours fréquent de Galt à des anti-héros masculins non militaires, surtout dans *Bogle Corbet* et *Autobiography,* démontre qu'il avait la conviction que « l'homme qui fait pousser un épi de maïs là où il n'y en a jamais eu fait davantage pour le bien du monde que n'en fit Jules César ». D'autres critiques, dont Clarence G. Karr, ont suggéré que l'intérêt personnel le stimulait plus qu'il ne le laissait croire. Certes, Galt présenta une requête au gouvernement afin d'obtenir une commission sur la vente des terres de la couronne, mais il estimait que sa réclamation était juste, qu'il avait « contribu[é] au bien-être de l'humanité », aidé à « bâtir en terre vierge un asile pour les exilés de la société – un refuge pour ceux qui fuyaient les calamités du vieux monde et ses systèmes voués à l'échec ». Il notait d'ailleurs dans *Literary life* : « Je n'ai pas non plus souvenance d'avoir tiré vanité de quelque louange dont mon propre jugement n'avait pas ratifié, à un degré quelconque, le bien-fondé. »

Dans quelle mesure les efforts et les idées de Galt contribuèrent-ils à la naissance de la conscience canadienne et américaine ? Pareille question ne saurait trouver de réponse. Par contre, on sait que *Autobiography* fut réimprimé deux fois à Philadelphie l'année même de sa publication en Angleterre et qu'en 1849 *Lawrie Todd* en était à sa dix-septième édition. Les réclames de l'époque montrent que certaines œuvres de Galt étaient en vente dans le Haut-Canada ; Henry Chapman réimprima *The life of Lord Byron* à Niagara (Niagara-on-the-Lake) en 1831. On reconnaît le prix

que Galt accordait à ses œuvres nord-américaines par les longues mentions qu'il en fait dans *Autobiography* et dans *Literary life*.

De toute évidence, la renommée de John Galt au Canada tient à ses liens avec la Canada Company, tandis qu'en Grande-Bretagne elle repose sur ses « histoires théoriques » écossaises. En partie parce qu'il avait changé de lieu d'activité et avait cru que littérature et affaires n'étaient pas incompatibles, sa réputation déclina après sa mort. La dichotomie qu'il créa lui-même en racontant successivement, à un an d'intervalle, sa vie d'homme d'affaires et sa vie d'écrivain gêna encore davantage l'appréciation globale de ses réalisations. Le fait qu'il fut rappelé du Haut-Canada au moment même où sa carrière de colonisateur était à son apogée freina ses ambitions nord-américaines, et sa réputation en Grande-Bretagne pâtit de la confusion dans laquelle se trouvaient ses affaires littéraires à sa mort. Ce n'est que récemment que les historiens ont rétabli l'importance du rôle de Galt au Canada, pays où les affaires ont occupé une place centrale, et que la réévaluation et la réédition de ses œuvres ont confirmé l'originalité et l'importance de son apport à la littérature britannique et nord-américaine. Bien qu'il existe de bonnes études littéraires et historiques sur Galt, on attend toujours l'ouvrage définitif qui montrera toute son importance pour les deux continents et pour les mondes de la littérature et des affaires.

ROGER HALL ET NICK WHISTLER

La plupart des manuscrits des ouvrages publiés de John Galt ont été perdus ou détruits ; ceux qui restent ainsi que ses autres papiers sont éparpillés dans plusieurs établissements du Canada et de la Grande-Bretagne. La NLS, Dept. of MSS, conserve un bon nombre de ses lettres de même que quelques manuscrits littéraires. Une partie de la collection de manuscrits divers que Mme Galt rapporta au Canada à la suite du décès de son mari se trouve dans les papiers Galt aux APC, MG 24, I4, tandis que d'autres documents sont inclus dans ses papiers aux AO, MU 1113–1115. Les AO possèdent aussi une volumineuse collection de documents de la Canada Company qui contiennent plusieurs lettres d'affaires de Galt. Au PRO, dans les papiers du ministère des Colonies, particulièrement CO 42/367 ; 42/369 ; 42/371 ; 42/374 ; 42/376 ; 42/379–381 ; 42/383 ; 42/387–389, et aux APC, RG 5, A1, on trouve également beaucoup de documents concernant les entreprises de Galt au Canada.

L'Univ. of Guelph Library, Arch. and Special Coll., dans la ville fondée par Galt, est sans doute le seul établissement qui tente d'acquérir toutes sources manuscrites ou imprimées ayant trait à Galt, que ce soit les différentes éditions de ses ouvrages publiés ou des études critiques le concernant comme auteur ou colonisateur. La bibliothèque possède ainsi une vaste collection d'ouvrages publiés incluant plusieurs éditions originales et rares, de même qu'un grand nombre de collections de documents pertinents, dont la plus remarquable est celle de H. B. Timothy acquise récemment, et un bon

Ganishe

nombre de manuscrits littéraires de Galt, dont sa biographie inédite de sir Walter Scott. Il existe de plus petites collections de documents sur Galt dans les Lizars family papers, la Goodwin-Haines coll., et dans les Canada Company papers.

L'article de Harry Lumsden, « The bibliography of John Galt », Glasgow Biblio. Soc., *Records,* 9 (1931), et l'ouvrage d'I. A. Gordon, *John Galt : the life of a writer* (Toronto et Buffalo, N.Y., 1972), constituent les meilleures sources bibliographiques. Le livre de Gordon avec celui de J. W. Aberdein, *John Galt* (Londres, 1936), et l'article de [D. M. Moir], « Biographical memoir of the author » (paru sous la lettre grecque delta dans l'édition de 1841 de l'ouvrage de Galt, *The annals of the parish and the Ayrshire legatees* [...] (Édimbourg et Londres), i–cxiii), sont les études les plus approfondies sur la carrière littéraire de Galt. P. H. Scott, dans *John Galt* [...] (Édimbourg, 1985), fait une analyse plus limitée, mais il est le premier à accorder aux ouvrages de Galt sur l'Amérique du Nord leur place véritable. Deux recueils d'essais, *John Galt, 1779–1979,* C. A. Whatley, édit. (Édimbourg, 1979), et *John Galt : reappraisals,* Elizabeth Waterston, édit. (Guelph, 1985), présentent des critiques récentes sur Galt.

L'ouvrage le plus érudit concernant l'activité de Galt au sein de la Canada Company est celui de R. D. Hall, « The Canada Company, 1826–1843 » (thèse de PH.D., Univ. of Cambridge, Cambridge, Angl., 1973). On peut aussi consulter : R. K. Gordon, *John Galt* (Toronto, 1920) ; H. B. Timothy, *The Galts : a Canadian odyssey ; John Galt, 1779–1839* (Toronto, 1977) ; Thelma Coleman et James Anderson, *The Canada Company* (Stratford, Ontario, 1978) ; et C. G. Karr, « The two sides of John Galt », *OH,* 59 (1967) : 93–99.

Galt fut un auteur tellement prolifique que ses écrits sur l'Amérique du Nord ont été submergés par la masse de ses autres ouvrages. La liste chronologique suivante de ses publications relatives à l'Amérique du Nord constitue un extrait des titres de l'ensemble de son œuvre et, quoique non exhaustive, une preuve de l'intérêt prolongé de Galt pour les affaires du Nouveau Monde.

« A statistical account of Upper Canada », *Philosophical Magazine* (Londres), [1ʳᵉ sér.], 29 (oct. 1807–janv. 1808) : 3–10. — *The life* [...] *of Benjamin West* [...] (Londres et Édimbourg), une première partie fut publiée en 1816 ; on en fit une nouvelle édition au moment de la publication de la deuxième partie en 1820 et, plus tard, l'édition de 1820 fut réimprimée sous le titre de *The life of Benjamin West (1816–20) ; a facsimile reproduction,* introd. de Nathan Wright (2 vol. en 1, Gainesville, Fla., 1960). — *All the voyages round the world* [...] (Londres, 1820), écrit sous le pseudonyme de Captain Samuel Prior. — « The emigrants' voyage to Canada » et « Howison's Canada », publié anonymement dans *Blackwood's Edinburgh Magazine* (Édimbourg et Londres), 10 (août–déc. 1821) : 455–469 et 537–545. — La préface d'[Alexander Graydon], *Memoirs of a life, chiefly passed in Philadelphia, within the last sixty years* (Édimbourg, 1822). — Trois lettres publiées sous le pseudonyme de Bandana : « Bandana on the abandonment of the Pitt system [...] » ; « Bandana on colonial undertakings » ; et « Bandana on emigration », *Blackwood's Edinburgh Magazine,* 13 (janv.–juin 1823) : 515–518 ; 20 (juill.–déc. 1826) : 304–308 ; 470–478. — *An aunt in Virginia,* pièce de théâtre écrite à New York en 1828, adaptée en prose par la suite et publiée sous le titre de « Scotch and

Yankees : a caricature ; by the author of « Annals of the parish, &c. », *Blackwood's Edinburgh Magazine,* 33 (janv.– juin 1833) : 91–105, 188–198. — Galt écrivit aussi sans la publier une farce intitulée « The visitors, or a trip to Quebec », décrite dans *Autobiography* [V. ci-dessous]. — « Colonial discontent » (sous le pseudonyme de Cabot), *Blackwood's Edinburgh Magazine,* 26 (juill.–déc. 1829) : 332–337. — « Letters from New York [...] » (signées « A »), *New Monthly Magazine and Literary Journal* (Londres), 26 (1829, part. II) : 130–133, 280–282, 449–451 ; 28 (1830, part. I) : 48–55, 239–244. — *Lawrie Todd ; or, the settlers in the woods* (3 vol., Londres, 1830). — « The Hurons : – a Canadian tale, by the author of « Sir Andrew Wylie » ; « Canadian sketches, – nᵒ II [...] » ; « Canadian affairs » ; « American traditions [...] » ; « Guelph in Upper Canada » ; et « American traditions, – nᵒ II [...] », dans *Fraser's Magazine* (Londres), 1 (févr.– juill. 1830) : 90–93, 268–270, 389–398 ; 2 (août 1830– janv. 1831) : 321–328, 456–457 ; 4 (août 1831–janv. 1832) : 96–100. — « The colonial question » (sous le pseudonyme d'Agricola) et « The spectre ship of Salem » (sous le pseudonyme de Nantucket), *Blackwood's Edinburgh Magazine,* 27 (janv.–juin 1830), 455–462 et 462– 465. — *Bogle Corbet ; or, the emigrants* (3 vol., Londres, [1831]). — « The British North American provinces » (signé « Z ») ; et « American traditions, – nᵒ III [...] », *Fraser's Magazine,* 5 (févr.–juill. 1832) : 77–84, 275– 280. — *The Canadas, as they at present commend themselves to the enterprize of emigrants, colonists, and capitalists* [...] ; *compiled and condensed from original documents furnished by John Galt* [...], Andrew Picken, compil. (Londres, 1832). — « Biographical sketch of William Paterson [...] », *New Monthly Magazine and Literary Journal,* [nouv. sér.], 35 (1832, part. II) : 168–176. — « The Canada corn trade », *Fraser's Magazine,* 6 (août–déc. 1832) : 362–365. — *The autobiography of John Galt* (2 vol., Londres, 1833). — L'introduction à l'ouvrage de Grant Thorburn, *Forty years' residence in America* [...] (Londres, 1834). — « The metropolitan emigrant », *Fraser's Magazine,* 12 (juill.–déc. 1835) : 291–299. — Et enfin « Letters concerning projects of improvement for Upper Canada », série de neuf lettres publiées dans le *Cobourg Star* entre le 23 nov. 1836 et le 29 mars 1837 ; ces lettres ont été publiées à nouveau sous le titre de « John Galt's *Apologia pro visione sua* », Alec Lucas, édit., *OH,* 76 (1984) : 151–183. [R. H. et N. W.]

GANISHE. V. GONISH

GATIEN, FÉLIX, prêtre catholique, missionnaire, professeur, administrateur scolaire et auteur, né le 28 octobre 1776 à Québec, fils de Jean-Baptiste Gatien et de Marie-Françoise Aubin-Delisle ; décédé le 19 juillet 1844 à Cap-Santé, Bas-Canada.

Entré au petit séminaire de Québec en 1786, Félix Gatien aurait connu quelques difficultés dans les classes préparatoires. Mais ce fut pour mieux réussir par la suite, puisqu'il passa de la classe de 6ᵉ à celle de 4ᵉ au cours de la même année, en 1790–1791, qu'il était en rhétorique deux ans après et qu'il terminait ses classes de philosophie en août 1796. En rhétorique, il eut un excellent professeur, Joseph-Marie Boisson-nault, et il fit la philosophie et les sciences sous la direction de deux prêtres émigrés, Jean-Baptiste-Marie Castanet* et Jean RAIMBAULT.

Gatien fit ses études de théologie tout en enseignant au petit séminaire et fut ordonné prêtre le 16 février 1800. Après l'avoir nommé vicaire à Saint-Eustache, Mgr Pierre Denaut* le choisit en 1801 pour assister le curé Jean-Baptiste Marchand* à Sandwich (Windsor, Ontario), où il œuvra jusqu'en 1806. Revenu au séminaire de Québec, Gatien fut agrégé le 21 octobre 1806. Il y demeura 11 années durant lesquelles il eut à exercer les fonctions de professeur de théologie, procureur, directeur du grand et du petit séminaire tout en étant membre d'office ou désigné du conseil de la communauté. Normalement il aurait dû passer sa vie au séminaire. Le 7 août 1817, le conseil le nomma de nouveau directeur du grand séminaire, mais le 29 suivant Gatien renonçait à l'agrégation par-devant notaire. On ignore pour quels motifs. Dans une lettre à Mgr Joseph-Octave Plessis*, son coadjuteur Mgr Bernard-Claude Panet* écrivait le 8 septembre que le séminaire était à plaindre avec le départ de Gatien et que ce genre de sortie n'était pas fait pour attirer de nouveaux sujets. Élève brillant, il s'était révélé un professeur remarquable qui jouissait de l'affection de ses élèves.

Mgr Plessis donna à Gatien la cure de Cap-Santé. Cette paroisse, admirablement située sur le Saint-Laurent, comprenait alors les villages de Portneuf et de Saint-Basile. Entièrement dévoué à ses paroissiens, Gatien ne négligea aucun de ses devoirs de pasteur. Fidèle aux conseils de Mgr Plessis, il refusa en 1822 la charge de visiteur de l'école de l'Institution royale pour l'avancement des sciences, érigée dans sa paroisse. Il n'hésita pas non plus cette année-là à parler du haut de la chaire contre le projet d'union des Canadas. Suivant les habitudes de son alma mater, le curé Gatien sortait et recevait peu. Homme d'étude, il employait les loisirs que les longs hivers lui permettaient à lire et à s'instruire. C'est ainsi qu'il écrivit « Mémoires historiques sur la paroisse et fabrique du Cap-Santé depuis son établissement jusqu'en 1831 », ouvrage qui ne sera publié que 40 ans après sa mort. Encore là, il avait entendu les conseils de Mgr Plessis qui encourageait ses prêtres à s'intéresser à l'histoire du Canada. Gatien s'y révèle bien informé de l'histoire du pays et observateur attentif de la vie de son temps et de ses paroissiens.

Doué d'un jugement ferme et droit, plein d'expérience des hommes et des événements, bon administrateur, le curé Félix Gatien savait encore plaire par le charme et la finesse de sa conversation, émaillée d'un peu d'esprit gaulois, comme le rappellera son ancien vicaire, le recteur de l'université Laval Louis-Jacques Casault*. Amateur de peinture éclairé, il a encore été l'un de ceux qui ont eu foi dans le talent du jeune peintre Antoine Plamondon*, à qui il avait commandé un grand tableau pour son église dès 1825. Il se situe dans cette génération de prêtres qui ont fait leurs études à Québec ou à Montréal entre 1780 et 1800, ont connu la Révolution française et les prêtres émigrés et ont exercé le ministère sous la direction de Mgr Plessis. Ils avaient reçu une formation humaniste d'excellente qualité et ont plus tard brillé par l'esprit et le cœur, même s'ils étaient un peu sévères. Qu'on se rappelle les Jérôme Demers* et Jean-Baptiste BOUCHER, pour ne citer que ceux-là. Conscient de ses responsabilités jusqu'à la fin, Gatien avait cru nécessaire d'écrire à son évêque, Joseph SIGNAY, le 13 juillet 1844, qu'il était trop malade pour faire la neuvaine à sainte Anne. Il mourut le 19 suivant.

CLAUDE GALARNEAU

« Mémoires historiques sur la paroisse et fabrique du Cap-Santé depuis son établissement jusqu'en 1831 » de Félix Gatien a été publié à Québec en 1884 sous le titre de *Histoire de la paroisse du Cap-Santé*. De plus, selon François-Maximilien Bibaud*, *le Panthéon canadien* (A. et V. Bibaud ; 1891), Gatien aurait publié *Manuel du chrétien* et *la Semaine sainte*.

AAQ, 20 A, IV : 98 ; 61 CD, Cap-Santé, I : 22 ; 303 CD, I : 98. — ANQ-Q, CE1-1, 29 oct. 1776 ; CE1-8, 22 juill. 1844. — ASQ, Fichier des anciens ; MSS, 12F : 58–63 ; Lettres, O, 125 ; MSS, 433 ; 437 ; MSS-M, 103–104 ; 140 ; 146 ; 153 ; 155 ; Séminaire, 9, nos 27–28 ; 40, no 2 ; 56, no 89 ; 78, no 24H ; SME, 21 oct. 1806. — P.-G. Roy, *Fils de Québec*, 3 : 183–185. — Morisset, *Peintres et Tableaux*, 2 : 137–138.

GEDDIE, JOHN, horloger, né vers 1778 dans le Banffshire, Écosse ; il épousa Mary Menzies, et ils eurent un fils et trois filles ; décédé le 27 avril 1843 à West River (Durham, Nouvelle-Écosse).

Fils d'un tonnelier, John Geddie fit son apprentissage d'horloger en Écosse puis ouvrit son propre commerce. En 1817, comme ses moyens de subsistance se trouvaient compromis en raison de la dépression économique qui suivit les guerres napoléoniennes, il se joignit avec sa famille au mouvement d'immigration vers la Nouvelle-Écosse. Geddie s'installa à Pictou où il ouvrit une boutique dans laquelle il offrait ses propres horloges et montres. Il assuma aussi la charge de conseiller presbytéral dans la congrégation de Thomas McCULLOCH ainsi que celle de responsable de l'aide aux pauvres. À ce titre, il fit des achats que le conseil municipal refusa de payer et, en novembre 1835, un groupe de marchands obtint qu'il soit mis aux arrêts. Le *Bee*, journal de Pictou, fit paraître des lettres et des éditoriaux pleins d'émotion qui appuyaient Geddie, et une assemblée de citoyens en colère réclama sa libération. On finit par le relâcher, et le conseil accepta de verser l'argent.

Il est impossible d'établir le nombre d'horloges que Geddie a fabriquées. Il avait l'habitude de peindre

Gillespie

« John Geddie, Pictou » sur chacun des cadrans, mais le vieillissement et la restauration ont effacé l'identification de plusieurs horloges qui pourraient bien être de lui. Entre 1930 et 1979, on identifia au moins 16 de ses horloges qui subsistaient. Geddie importait probablement les mouvements d'horlogerie d'Écosse et les assemblait. La taille, le matériau et la conception de ses horloges variaient selon les moyens des acheteurs éventuels. Les unes sont faites de pièces d'acajou assemblées avec art, d'autres de pin, et d'autres encore, grossièrement finies, de simple bois du pays. Les cadrans émaillés représentent des scènes variées : un brick et un petit cotre qui naviguent sur une mer couverte d'écume ; un portrait de jeune femme élégante en robe bleue ; des scènes de chasse conventionnelles ou rurales où l'on aperçoit un homme, un chien, des oiseaux et un paysage. Le cabinet d'une de ces horloges renferme même des décorations ; des fleurs aux couleurs vives ont été peintes sur les poids et le balancier. Une autre, en acajou et marqueterie, mesure environ sept pieds de hauteur et porte de chaque côté de la tête une colonne cylindrique dont l'assise et le chapiteau sont en laiton. Les lignes du fronton brisé sont élégantes. La lunette laisse voir une scène de chasse et, comme ornement à chacun des angles, une rose avec son feuillage. Une ouverture arrondie a été pratiquée sous le centre du cadran pour recevoir un calendrier.

En 1936, Harry Piers, conservateur de musée, affirmait que « parmi tous les horlogers professionnels de la Nouvelle-Écosse, Geddie était sûrement celui qui avait le plus de goût et d'habileté, car ses œuvres rivalisaient avec celles d'Angleterre et d'Écosse par la beauté de la ligne et de l'ornementation ainsi que par la perfection du travail ». Geddie lui-même devait pourtant s'attendre à ce que ce soit sa famille plutôt que ses horloges qui le fasse passer à l'histoire. Son fils John* se rendit aux Nouvelles-Hébrides (république de Vanuatu) pour fonder ce qui semble avoir été la première mission étrangère que patronnait uniquement une congrégation coloniale, et trois de ses petites-filles, ainsi que leurs maris, furent également missionnaires.

John Geddie ne fit pas fortune dans l'horlogerie. Sa succession comportait des créances à recouvrer pour une somme de £275 et des biens qui valaient £252. On l'enterra dans le cimetière de Laurel Hill à Pictou. Sur sa pierre tombale on peut lire : « En s'acquittant de ses obligations à titre de conseiller presbytéral, de parent et de citoyen, il déploya un zèle qui lui valut la plus haute estime de tous ceux qui le connaissaient ».

KATHRYN TAIT MACINTOSH

Pictou County Court of Probate (Pictou, N.-É.), Letters of administration (including inventory and appraisal) for the estate of John Geddie, 1843. — Bee (Pictou), 1835–1836. — Eastern Chronicle (Pictou), 1843. — Guardian (Halifax), 12 mai 1843. — D. C. Mackay, Silversmiths and related craftsmen of the Atlantic provinces (Halifax, 1973). — J. M. Cameron, Pictou County's history (Kentville, N.-É., 1972). — Life of Rev. Dr. John and Mrs. Geddie, and early Presbyterian history, 1770–1845, W. E. Johnstone, compil. (Summerside, Î.-P.-É., 1975). — G. E. G. MacLaren, Antique furniture by Nova Scotian craftsmen, sous la direction de P. R. Blakeley (Toronto, [1961]). — J. P. MacPhie, Pictonians at home and abroad : sketches of professional men and women of Pictou County ; its history and institutions (Boston, 1914). — R. S. Miller, Misi Gete : John Geddie, pioneer missionary to the New Hebrides (Launceston, Australie, 1975). — George Patterson, Missionary life among the cannibals : being the life of the Rev. John Geddie, D.D., first missionary to the New Hebrides ; with a history of the Nova Scotia Presbyterian Mission on that group (Toronto, 1882). — « The Geddie clocks », Eastern Chronicle (New Glasgow, N.-É.), 30 janv. 1933. — N.-É., Provincial Museum and Science Library, Report (Halifax), 1935–1936 : 59 ; 1936–1937. — R. D. Steeves, « Cuckoos to weights : he found life's hobby in a maze of cogs and springs », Chronicle-Herald (Halifax), 22 déc. 1964 : 18. — « Two old clocks », Maclean's (Toronto), 52 (1939), n° 20 : 65.

GILLESPIE, GEORGE, marchand, né en 1771 à Wiston, Écosse, fils d'Alexander Gillespie et de Grizzel Paterson ; en 1818, il épousa Helen Hamilton, et ils eurent cinq enfants ; décédé le 18 septembre 1842 à Biggar Park, Écosse.

George Gillespie naquit dans une famille de commerçants ; au moins quatre de ses frères étaient déjà marchands lorsqu'il arriva dans la province de Québec en 1790. Il aurait été associé dès 1796 à la Dickson, Gillespie and Company de Michillimakinac (Mackinac Island, Michigan), qui participait peut-être aux activités de la North West Company dans la région de la baie des Puants (baie Green, Wisconsin), où il servit, croit-on, pendant quelques années. Cependant, il semble plus probable qu'il était associé, peut-être avec John Ogilvy*, à l'Ogilvy, Gillespie and Company, qui fit affaire à partir de Montréal et de Michillimakinac de 1794 à 1797. Apparemment, Gillespie aurait dirigé en 1798 l'important poste de la North West Company au fort St Joseph (île St Joseph, Ontario). L'année suivante, il entra au Beaver Club, dont il ne manquait jamais les soirées de libations quand il était de passage à Montréal.

Dès 1800, Gillespie et son frère John appartenaient, avec Ogilvy, Samuel Gerrard*, John Mure* et d'autres, à une maison de commerce montréalaise appelée Parker, Gerrard, Ogilvy and Company ; John s'occupait des affaires de cette maison à Londres, George à Michillimakinac. La même année, George Gillespie fit partie des membres de cette société qui refusèrent de suivre Ogilvy et Mure à la New North West Company (appelée parfois la XY Company), fondée pour concurrencer la North West Company. Il s'installa à Montréal, probablement en 1803, soit au moment où la Parker, Gerrard, Ogilvy and Company se réorganisait pour accueillir sir Alexander Mackenzie*, mais il convint de se rendre chaque année à Michillimakinac au nom de la compagnie. Il devint membre de la congrégation Scotch Presbyterian, connue plus tard sous le nom de St Gabriel Street, à laquelle il donnait généreusement.

Grâce, en grande partie, aux efforts d'Ogilvy, la Parker, Gerrard, Ogilvy and Company s'associa à la fin de 1806 à trois autres sociétés montréalaises qui faisaient affaire à Michillimakinac pour fonder la Michilimackinac Company. Peu après, notamment avec Josiah Bleakley*, Gillespie négocia pour elle avec la North West Company une subdivision du territoire de traite. En 1808, après que des agents des douanes américains eurent saisi un convoi d'embarcations de la Michilimackinac Company à Niagara (près de Youngstown, New York), il se rendit à Washington pour protester. Deux ans plus tard, il accompagna Toussaint POTHIER à Michillimakinac afin d'acheter les parts des associés hivernants ; ensuite, la Forsyth, Richardson and Company et la McTavish, McGillivrays and Company absorbèrent la compagnie et lui donnèrent le nom de Montreal Michilimackinac Company [V. John Richardson*].

En 1810, George Gillespie et son frère cadet Robert* s'associèrent à un Anglais perspicace et déterminé, George Moffatt* ; en 1816, après plusieurs changements, leur compagnie prit finalement le nom de Gillespie, Moffatt and Company. À cette époque, Gillespie était peut-être déjà retourné en Écosse, où il acheta le domaine de Biggar Park, dans son Lanarkshire natal, et mena la vie d'un baron jusqu'à sa mort en 1842. Son fils Alexander travailla au bureau de la Gillespie, Moffatt and Company à Québec de 1844 à 1849.

GERALD J. J. TULCHINSKY

ANQ-Q, P-668. — APC, MG 19, B1 ; B3. — Arch. privées, Alastair Gillespie (Toronto), Diary of Alexander Gillespie, 1849–1850 ; Diary of Marion Patterson Gillespie, 1842–1849 ; Family trees (pedigrees) of the Gillespies (copies dactylographiées). — « Dickson and Grignon papers – 1812–1815 », R. G. Thwaites, édit., Wis., State Hist. Soc., *Coll.*, 11 (1888) : 272. — *Docs. relating to NWC* (Wallace). — Augustin Grignon, « Seventy-two years' recollections of Wisconsin », Wis., State Hist. Soc., *Coll.*, 3 (1857) : 250, 252. — « Lawe and Grignon papers, 1794–1821 », L. C. Draper, édit., Wis., State Hist. Soc., *Coll.*, 10 (1888) : 90–91. — *La Gazette de Montréal*, 4 avril, 15 août 1796. — Campbell, *Hist. of Scotch Presbyterian Church.* — D. S. Macmillan, « The « new men » in action : Scottish mercantile and shipping operations in the North American colonies, 1760–1825 », *Canadian business history ; selected studies, 1497–1971*, D. S. Macmillan, édit. (Toronto, 1972), 44–103. — R. H. Fleming, « The origin of « Sir Alexander Mackenzie and Company », *CHR*, 9 (1928) : 137–155.

GILMOUR, ALLAN, marchand de bois et propriétaire de navires, né en octobre 1775 dans la paroisse de Mearns, Renfrewshire, Écosse, fils aîné d'Allan Gilmour, fermier, et d'Elizabeth Pollok ; décédé célibataire le 4 mars 1849 à Hazeldean, Mearns, Écosse.

Allan Gilmour étudia à l'école paroissiale de Mearns, qui s'était acquis une grande réputation parmi les excellentes écoles de la région parce qu'elle avait formé nombre de grands hommes d'affaires, particulièrement ceux qui s'étaient taillé une place dans le commerce du bois de l'Amérique du Nord britannique. Il y apprit la tenue de livres et les techniques commerciales et, dès 1795, il dirigeait à Mearns une petite entreprise qui fournissait du bois de la région et de l'Ayrshire à l'industrie de la construction de Glasgow, alors en plein essor, et aux chantiers navals de Greenock. Dès 1802, il était installé à Glasgow et avait élargi son rayon d'action en important des madriers et autres produits forestiers de la Baltique, de la Russie et de la Norvège.

Comme il lui fallait davantage de capitaux pour étendre son entreprise, Gilmour s'associa en 1804, selon des modalités assez larges, à John et à Arthur Pollok, qui lui étaient apparentés. Ceux-ci avaient hérité d'un oncle un gros commerce d'épicerie à Glasgow, qu'ils exploitaient avec succès, et avaient choisi le commerce du bois comme activité secondaire. La nouvelle société disposait d'un capital d'établissement de £1 500, dont les deux tiers provenaient de Gilmour, mais lorsqu'elle prit de l'expansion, deux ans plus tard, chaque associé versa une part égale.

L'entreprise prospéra jusqu'à ce que le blocus continental, que Napoléon Ier imposa en 1806 et 1807, inaugure une période de grave pénurie de bois qui vint menacer la construction navale, industrie vitale pour la Grande-Bretagne, et par le fait même la marine royale et la marine marchande. Gilmour fut l'un des premiers à comprendre que les richesses forestières des colonies nord-américaines pourraient remplacer les importations européennes. Il participa au groupe de pression qui obtint le versement de primes et la réduction des droits d'importation sur le bois des colonies en 1810 et 1811 respectivement en comparaissant devant des comités parlementaires ces deux années-là. Régulièrement, il faisait rapport sur le potentiel d'approvisionnement outre-mer au Navy Board et au Board of Trade ainsi qu'au vicomte Melville, chef de l'Amirauté à compter de 1812. Outre ses relations d'affaires à Glasgow, il avait une foule de contacts dans les milieux commerciaux et politiques de Liverpool, de Manchester, de Londres et d'autres centres de commerce. Gilmour était l'âme dirigeante de la Pollok, Gilmour and Company et, en fait, son directeur général ; à ce titre, il entreprit de trouver dans les colonies des fournisseurs de bois. En 1811 et au début de 1812, il parcourut le Bas-Canada, le Nouveau-Brunswick et la Nouvelle-Écosse, où de

Gilmour

nombreux marchands écossais influents comme John Black*, de Halifax, ou James McGill* et James Dunlop*, de Montréal, l'accueillirent chaleureusement. Grâce à leur expérience du commerce du bois, ces hommes lui donnèrent des renseignements et des conseils précieux.

De retour en Écosse, Gilmour décida d'ouvrir une succursale sur la rivière Miramichi, au Nouveau-Brunswick, où il envoya plus tard en 1812 son jeune frère James Gilmour et Alexander Rankin*, neveu des Pollok. Tous deux avaient travaillé au bureau de Glasgow et, de 1812 à 1818, ils donnèrent à l'agence de Miramichi des bases solides. En 1818, elle employait un grand nombre de bûcherons et d'ouvriers de scierie, et la Pollok, Gilmour and Company, forte d'une flotte de 15 navires, passait pour être la plus grosse entreprise sur le marché du bois de l'Amérique du Nord britannique. Gilmour poursuivait toujours son plan d'expansion : d'autres succursales ouvrirent à Saint-Jean (1822), à Québec (1828), à Montréal (1829), à Bathurst, au Nouveau-Brunswick (1832), à Dalhousie et à Campbellton (1833).

De jeunes Écossais, pour la plupart apparentés à Gilmour ou aux Pollok, dirigeaient toutes ces maisons. C'est Gilmour lui-même qui choisissait chacun d'eux, et il traversait souvent l'Atlantique pour faire la tournée des succursales. John Rankin, historien de la compagnie, a raconté par la suite qu'à l'occasion de ces visites Gilmour ne manquait jamais de donner à ses associés des instructions détaillées : « Avant de reprendre la mer, il précisait à chacun ce qu'il aurait à faire au cours de l'hiver suivant [...] Rien n'était trop insignifiant pour échapper à la critique de M. Gilmour et peu de projets étaient trop audacieux pour lui. »

Chacune des succursales était organisée comme une société distincte afin de limiter la responsabilité de la société mère. Cependant, c'était celle-ci, à Glasgow, qui s'occupait du financement, de l'approvisionnement et de la main-d'œuvre, et même si les succursales traitaient indépendamment l'une de l'autre, toutes leurs exportations allaient à la Pollok, Gilmour and Company. Les succursales de l'Amérique du Nord britannique avaient aussi des liens de dépendance entre elles : la William Ritchie and Company, de Montréal, gérait le fonds de roulement des succursales, et la plupart des navires de la Pollok, Gilmour and Company (on disait au début des années 1830 qu'il y en avait 130) étaient construits dans ses chantiers de Québec ou de Saint-Jean. Les maisons du Bas-Canada jouaient un rôle d'intermédiaires en achetant tous les trains de bois non vendus qui descendaient la rivière des Outaouais et le Saint-Laurent ; les autres s'occupaient directement de l'abattage. En 1834 seulement, la compagnie exporta plus de 300 cargaisons de bois. L'année suivante, devant le comité spécial du Parlement britannique chargé d'étudier les droits sur le bois, Gilmour déclara que 5 000 hommes travaillaient

pour ses établissements nord-américains, dont peut-être un quart dans le nord-est du Nouveau-Brunswick. Dès 1830, la Pollok, Gilmour and Company servait également de représentant britannique à nombre de constructeurs de navires des Maritimes.

La compagnie réalisa de tels bénéfices de 1812 à 1838 que Gilmour fut en mesure d'acheter de vastes domaines en Écosse, dont un de £200 000. En fils de fermier qu'il était, il éprouvait le besoin d'accumuler des terres, mais il les achetait aussi dans le but d'obtenir les droits de vote attachés aux propriétés transmissibles par héritage. Ces suffrages, il les accordait aux whigs, qui selon lui étaient plus favorables aux intérêts des marchands et leur donneraient peut-être plus de poids dans le gouvernement du pays.

Vers 1837, la richesse creusa cependant un fossé entre Gilmour et les Pollok. Lorsque ceux-ci se mirent à passer une partie de l'année dans leurs domaines à l'extérieur de Glasgow, Gilmour allégua qu'ils négligeaient leur travail. Même s'il était toujours aussi énergique et avait gardé son esprit d'entreprise, il devint de plus en plus irascible et, le 5 janvier 1838, se retira de la compagnie. La vente de sa part lui rapporta £150 000. Robert Rankin*, en charge de la succursale de Saint-Jean, lui succéda comme directeur général. Celui-ci, ainsi que son frère Alexander, toujours à Miramichi, et le neveu de Gilmour, Allan Gilmour*, de Québec, étaient alors les associés majoritaires de la société, désormais connue sous le nom de Rankin, Gilmour and Company, que Rankin allait réorganiser et dont il allait installer le siège social à Liverpool. Gilmour l'aîné, fermement convaincu qu'il aurait dû recevoir une plus grosse somme en récompense des efforts qu'il avait consacrés à l'édification de la compagnie, tenta de persuader plusieurs des associés qui dirigeaient les succursales d'outre-mer de quitter en même temps que lui. Seul son neveu William Ritchie*, de Montréal, le fit.

On admirait beaucoup la compétence avec laquelle Gilmour avait sélectionné et formé de talentueux jeunes gens pour leur donner des postes de responsabilité dans la compagnie et, incontestablement, on le considérait comme le moteur de la grande entreprise qu'il avait conçue et édifiée. Dans les années 1840, il continua d'être renommé à Glasgow pour sa verve et son esprit d'entreprise. Homme systématique et précis, il impressionnait par son énergie tous ceux qui le rencontraient. En plus de ses activités commerciales, il s'occupa beaucoup de développement agricole. Passionné de chasse et de pêche, c'était aussi un excellent tireur. Selon John Rankin, Gilmour « ne manquait pas de gentillesse, mais il devait être d'un caractère difficile, sensible à la flatterie, irritable et querelleur, bien qu'il ait été clairvoyant et infatigable. Au terme de sa vie, il fut certainement vindicatif, et sa mauvaise santé lui brouillait parfois l'esprit mais, dans l'ensemble, il put exercer sa volonté de fer jusqu'à la fin. »

Après s'être retiré dans son domaine de Hazeldean, Allan Gilmour vit sa santé décliner constamment. Une crise de paralysie le frappa au début de 1849 et, comme il ne s'était jamais marié, il légua alors presque tous ses biens, dont quatre grands domaines et plusieurs fermes, à ses neveux, les fils de son frère James. Il mourut le 4 mars 1849. Parmi les magnats canado-écossais du bois, c'était indubitablement l'un de ceux qui avaient le mieux réussi.

DAVID S. MACMILLAN

NLS, Dept. of MSS, MSS 6849, 6866, 6913. — SRO, CE.60/1/32–69. — Univ. of Glasgow Arch., Adam Smith Business Records Store, UGD/36 (papiers de famille et d'affaires de la Pollok, Gilmour and Co.). — A. R. M. Lower, *Great Britain's woodyard ; British America and the timber trade, 1763–1867* (Montréal et Londres, 1973). — D. S. Macmillan, « The « new men » in action : Scottish mercantile and shipping operations in the North American colonies, 1760–1825 », *Canadian business history ; selected studies, 1497–1971*, D. S. Macmillan, édit. (Toronto, 1972), 44–103 ; « The Scot as businessman », *The Scottish tradition in Canada*, W. S. Reid, édit. (Toronto, 1976 ; réimpr., 1979), 179–202. — John Rankin, *A history of our firm, being some account of the firm of Pollok, Gilmour and Co. and its offshoots and connections, 1804–1920* (2e éd., Liverpool, Angl., 1921), 12–46, 170–171. — Graeme Wynn, *Timber colony : a historical geography of early nineteenth century New Brunswick* (Toronto et Buffalo, N.Y., 1981). — C. R. Fay, « Mearns and the Miramichi : an episode in Canadian economic history », *CHR*, 4 (1923) : 316–320.

GIROD, AMURY, cultivateur, auteur et patriote, né avant 1800 en Suisse ; décédé le 18 décembre 1837 à Pointe-aux-Trembles (Montréal).

Sur les origines précises d'Amury Girod, les certitudes manquent et l'on en est réduit au plausible. Il serait né, un peu avant 1800, dans l'un des cantons suisses qui sont à proximité des départements français de l'Ain, du Jura et du Doubs. Il aurait reçu son éducation dans l'une des écoles qu'avait créées Philipp Emanuel von Fellenberg, à Hofwyl, en Suisse. Il serait passé ensuite en Amérique, où il aurait servi dans l'armée de libération de Simón Bolívar. Il aurait été également lieutenant-colonel de cavalerie au Mexique (1828–1829) et il aurait combattu avec les Mexicains contre les Espagnols. À cela il faudrait ajouter un séjour d'une année ou deux aux États-Unis. Ce passé, assez extraordinaire, permettrait de comprendre qu'à son arrivée au Bas-Canada l'homme connaissait à la fois le français, l'allemand et l'italien, mais aussi l'espagnol et l'anglais.

Les premières traces de Girod au Bas-Canada datent de 1831. Cette année-là, il prononce devant les membres de l'Institut des artisans de Québec des conférences sur l'application des mathématiques aux

arts mécaniques et, de septembre à décembre, il publie une longue série d'articles dans *le Canadien* sur les méthodes d'enseignement à Hofwyl. Au début de 1832, au moment où l'on tente à Québec de mettre sur pied une école d'agriculture, il signe un contrat notarié avec Joseph-François PERRAULT, promoteur de l'éducation, dans lequel ce dernier s'engage à assurer les bases matérielles d'une ferme-école et Girod la direction effective. Le recrutement s'avère bien en deçà de leurs espérances et, dès l'été de 1832, une rumeur court à l'effet que Girod serait peut-être intéressé à prendre la direction, à Montréal, du journal *l'Ami du peuple, de l'ordre et des lois*. La résiliation du contrat entre Girod et Perrault, le 19 avril 1833, atteste l'échec de l'école d'agriculture.

Venu s'établir dans la région de Montréal et après, croit-on, avoir regardé du côté de Saint-Charles-sur-Richelieu, où se trouve l'entreprenant seigneur Pierre-Dominique DEBARTZCH, Girod loue une terre à Varennes. Là, il se lie d'amitié avec Eugène-Napoléon Duchesnois, jeune médecin marié à Françoise Ainsse, fille de Joseph Ainsse, seigneur de l'Île-Sainte-Thérèse. À Montréal le 25 septembre 1833 en l'église Scotch Presbyterian, appelée plus tard l'église St Gabriel Street, Girod épouse sans publicité préalable, sans cérémonie et sans témoins, la sœur de Françoise, Zoé Ainsse, âgée de 25 ans et veuve depuis deux ans. La jeune femme est fille de seigneur, mais il s'agit dans ce cas d'une seigneurie bien modeste. Le couple s'établit dans l'île Sainte-Thérèse. Girod y sera cultivateur, mais un cultivateur qui aura un engagé et qui préférera la plume à la charrue.

En mai et juin 1834, Girod fait parvenir au *Canadien* une série d'articles qui seront repris en brochure, avec une dédicace à Perrault, sous le titre de *Conversations sur l'agriculture, par un habitans de Varennes*. Puis il écrit sept longs essais, publiés en deux parties, en juin et novembre 1835, *Notes diverses sur le Bas-Canada*. Dans ces 129 pages in-quarto, Girod disserte avec un talent manifeste de la vie sociale, de l'administration de la justice, des finances publiques, de la question des terres, de la tenure seigneuriale et des moyens de transport. Il aborde également le sujet des tensions croissantes entre le Canada et la Grande-Bretagne. Enfin en 1836–1837 paraît à Montréal *Traité théorique et pratique de l'agriculture* [...]. Il s'agit d'une traduction faite par Girod d'un ouvrage de l'agronome William Evans* publié en 1835. Depuis 1831, sous son propre nom ou sous des pseudonymes divers tels que Jean-Paul, Jean-Paul le laboureur, Un habitans de Varennes, Insulaire et Lemanus, Girod écrit dans *le Canadien, la Minerve*, ainsi que dans *l'Écho du pays* et *le Glaneur* de Saint-Charles-sur-Richelieu. Il témoigne aussi devant divers comités de la chambre d'Assemblée du Bas-Canada, notamment sur la question des terres et de l'agriculture, sur l'éducation et sur

Girod

le projet de l'établissement d'une école normale, voire sur la question des pénitenciers. On comprend que son exploitation agricole de l'île Sainte-Thérèse ne soit pas devenue un modèle de réussite.

Sur le plan des activités politiques, Girod est lié au parti patriote depuis son arrivée dans la région de Montréal. Il est actif à Varennes, plus généralement dans le comté de Verchères, mais aussi à Pointe-aux-Trembles. Du printemps à l'automne de 1836, une affaire d'assaut contre Clément-Charles Sabrevois* de Bleury, qui s'était séparé du parti de Louis-Joseph Papineau*, tourne mal pour Girod qui finit par avouer qu'il a agi de façon incorrecte, ce qui donne pratiquement raison à Bleury. Girod y perd du crédit parmi ses alliés politiques, au point qu'il songe à quitter le Bas-Canada pour aller s'établir au Mexique. Un séjour à Saint-Benoît (Mirabel), où il rencontre le notaire Jean-Joseph Girouard*, le curé propatriote Étienne Chartier* et Jean-Baptiste DUMOUCHELLE, et les ouvertures qu'on lui fait alors relativement au lancement d'un journal régional ont pour effet de le rasséréner. Girod réagit vite, dit qu'il peut avoir une presse et des caractères d'imprimerie, pense à cinq ou six jeunes gens dont il aurait besoin et qui apprendraient à la fois l'agriculture, les techniques d'imprimerie, voire le maniement des armes ! Mais le projet, pour le moins original, n'a pas eu de suite.

Dans le mouvement des assemblées populaires qui suivent les résolutions de lord John Russell, Girod est partout : à l'assemblée de Saint-Marc, dès le 15 mai 1837, où il prononce un long discours ; à L'Assomption, durant l'été ; à Sainte-Scholastique (Mirabel), à l'automne. Il est présent le 6 août à Saint-Constant à une réunion des Fils de la liberté du comté de Laprairie ; il fait partie du groupe fondateur de l'Association des Fils de la liberté de Montréal, et son nom figure parmi les signataires du manifeste du 4 octobre [V. André Ouimet*]. Tandis que se prépare, pour le 23 octobre, la grande assemblée de Saint-Charles-sur-Richelieu, Girod est membre du sous-comité chargé d'y représenter les vues du village de Varennes. Il prendra la parole à Saint-Charles-sur-Richelieu et, conjointement avec Jean-Philippe Boucher-Belleville*, il assumera l'importante fonction de secrétaire de l'assemblée qui réunira les représentants de six comtés.

Depuis le 15 juin 1837, date de la proclamation du gouverneur Gosford [ACHESON] contre la tenue des assemblées de protestation, les patriotes sont plus ou moins dans l'illégalité, et le gouvernement tente de s'appuyer sur les juges de paix qui pourraient les poursuivre au nom de l'ordre public. Le gouverneur demande de plus des renforts militaires des Maritimes. La publication, le 13 novembre 1837, d'une nouvelle liste des juges de paix du district de Montréal, qui exclut ceux dont le loyalisme est douteux, et des rumeurs d'opérations imminentes des forces de l'ordre amènent les chefs patriotes à quitter Montréal avant qu'on ne lance des mandats d'arrêt contre eux. C'est ce qui explique la rencontre de Girod, le 15 novembre, avec Papineau et Edmund Bailey O'Callaghan*. Ces derniers sont à Varennes ; ils arrivent de Montréal par Pointe-aux-Trembles et ils se dirigent vers le Richelieu. Ils croisent d'abord Boucher-Belleville, qui sait que Girod est là, à l'hôtel Girard, et qui l'invite à se joindre au groupe.

Dans le journal personnel que Girod a rédigé, en prenant soin de l'écrire en allemand et en italien, on apprend qu'on s'est rendu alors, à quatre, chez Duchesnois, qui était absent. Girod écrit : « Je ne me rappelle pas quel est celui d'entre nous, mais il me semble que ce fut Boucher[-Belleville] qui proposa qu'on convoquât une convention et qu'on établît un gouvernement provisoire. Nous acquiesçâmes à sa proposition, mais nous ajoutâmes que cette première mesure équivalait à un acte de rébellion ouverte et qu'il serait bon de chercher les moyens d'organiser le peuple et de se procurer des armes et des munitions. Nous fûmes tous d'accord sur cette proposition et commençâmes à parler de notre départ. » Girod propose alors que ses trois compagnons se rendent à Saint-Denis, y voient Wolfred Nelson* et tentent de trouver des armes ; quant à lui, il prendra la direction du nord et donnera de ses nouvelles de Grand-Brûlé (Saint-Benoît). Il passe par l'île Sainte-Thérèse, Pointe-aux-Trembles, Rivière-des-Prairies (Montréal) et Sainte-Rose (Laval). Il arrive dans le comté de Deux-Montagnes le 17 novembre. Depuis quatre ou cinq jours, les habitants de Saint-Eustache ont déjà pris les armes.

Ce qu'on sait du mois suivant, le dernier de la vie de Girod, concerne essentiellement son rôle dans l'organisation armée du comté de Deux-Montagnes. Les sources qui permettraient de rendre compte des faits sont sujettes à caution, et souvent contradictoires. Le *Journal historique des événemens arrivés à Saint-Eustache* […] du curé Jacques PAQUIN, paru en 1838, est fortement antipatriote et son auteur n'a pas pu vraiment voir tout ce qu'il rapporte. Les dépositions judiciaires postérieures aux événements ont tendance, pour blanchir les uns, à noircir les autres. Le journal quotidien de Girod, bien sûr, a tendance à le montrer sous son meilleur jour, encore qu'il faille souligner que son caractère secret et immédiat constitue une certaine garantie de précision que ne peuvent donner des témoignages parfois de beaucoup postérieurs aux événements.

De tout cela, il ressort un certain nombre de constatations générales. Girod a beau se réclamer de son expérience militaire et, vaguement, de l'autorité de Papineau, il parvient mal à s'imposer. Les jeunes avocats et notaires de Montréal, souvent membres des Fils de la liberté réfugiés de ce côté, et qui veulent animer la résistance armée, suscitent les mêmes réticences. À cela il faut ajouter que les relations personnelles de Girod, assez bonnes avec les chefs locaux à Saint-Benoît (Girouard, le curé Chartier, Dumouchelle), sont plutôt mauvaises avec ceux de Saint-Eustache (William Henry Scott* et Jean-Olivier CHÉNIER).

Il faut former des cadres militaires, faire du recrutement, construire des retranchements, réquisitionner des armes et des vivres. Affaires délicates. Le 23 novembre, c'est sur la proposition de Chevalier de LORIMIER que Girod, une semaine après son arrivée, est accepté comme chef. On apprend le lendemain la victoire de Saint-Denis, mais le 25 novembre on refuse en conseil l'idée de Girod qui veut passer à l'offensive en se portant contre Montréal. La nouvelle de la défaite de Saint-Charles-sur-Richelieu n'a rien pour favoriser le maintien de la mobilisation. Chef en titre, Girod n'a pas vraiment les choses en main, particulièrement du côté de Saint-Eustache, dont la position stratégique est plus importante que celle de Saint-Benoît. Quand on se rend à Lac-des-Deux-Montagnes (Oka) pour réquisitionner les armes de la Hudson's Bay Company et pour tenter d'obtenir par la persuasion celles des Indiens, Girod et Chénier agissent séparément. Scott va bientôt se désister. Girod a du mal à éviter que les réquisitions tournent au pillage des familles demeurées fidèles au gouvernement ainsi que des maisons abandonnées par leurs occupants. Les dernières lignes de son journal, rédigées le 8 décembre, montrent un homme exténué qui a du mal à ne pas soupçonner tout le monde.

Les troupes du major général sir John Colborne*, qu'appuient des volontaires de Montréal et de Saint-Eustache même, donnent l'assaut le 14 décembre contre les rebelles retranchés dans l'église de Saint-Eustache. Chénier meurt à la tête de ses hommes au cours du tragique « feu de la Rivière-du-Chêne [seigneurie des Mille-Îles] ». Girod, qui était là la veille, est allé chercher du renfort à Saint-Benoît. Tandis qu'il revient, entre Saint-Benoît et Saint-Eustache, on le soupçonne de s'être défilé et on résiste à ses ordres. Il prend alors la fuite, du côté de Sainte-Thérèse-de-Blainville (Sainte-Thérèse), et refait seul dans l'autre sens le trajet qui l'avait conduit de Varennes au comté de Deux-Montagnes. Le 17 décembre, il est à Rivière-des-Prairies. Dénoncé, poursuivi par une petite troupe de volontaires et découvert le lendemain matin à Pointe-aux-Trembles, il se flambe la cervelle. Girod, dont la tête avait été mise à prix, avait toujours dit qu'il ne croyait pas que les adversaires des rebelles allaient passer l'éponge.

Au printemps suivant, le règlement de la succession de Girod confirme que l'homme n'était pas riche. Sa veuve, Zoé Ainsse, renonce à la communauté des biens, qui serait plus onéreuse que profitable, et vend ses meubles. Et voilà qu'on trouve que le beau-père, Joseph Ainsse, curateur de la succession, est aussi le tuteur de « Jhuan Girod, absent, enfant mineur issu du premier mariage du dit Amury Girod » ! Autre surprise : une lettre écrite en anglais, de New York, et datée du 21 septembre 1840, d'une femme qui écrit à un prêtre catholique du nom d'O'Callaghan, pour lui demander où elle peut rejoindre Edmund Bailey O'Callaghan, l'ancien rédacteur en chef du *Vindicator and Canadian Advertiser,* qu'elle croit au courant des affaires de son mari Amury Girod. Elle parle de leur fils, de fausses nouvelles relativement à sa propre mort, de terres que Girod aurait eues en Amérique du Sud. Elle affirme par ailleurs l'avoir quitté en 1833, parce qu'elle était alors au courant d'une conspiration et n'avait voulu ni dénoncer les personnes impliquées, dont son mari, ni paraître y consentir par sa présence auprès de celui-ci. De cette femme et de ce fils, on n'a aucune autre trace.

Selon le témoignage de Thomas Storrow Brown livré au bibliothécaire du McGill College vers 1870, Amury Girod aurait été un homme plutôt grand, bien fait et de bonne apparence. Le portrait moral qu'a jusqu'ici tracé de lui l'historiographie n'est, par contre, pas très joli : le personnage aurait été plus entreprenant que persévérant et, au dernier moment, par manque de courage, il aurait failli à la tâche. Peut-être. Mais pourquoi ne pas retenir aussi l'idée d'un homme qui, venu ici avec une autre culture et d'autres expériences, a apporté sa contribution à la société bas-canadienne ? Cet autre côté de la médaille, le *North American,* journal des patriotes réfugiés aux États-Unis publié à Swanton, au Vermont, l'exprime en décrivant Girod comme « un gentleman aux talents supérieurs à qui le pays est redevable de nombreuses publications de valeur ».

JEAN-PAUL BERNARD ET DANIELLE GAUTHIER

Amury Girod est l'auteur de : *Conversations sur l'agriculture, par un habitans de Varennes* (Québec, 1834) ; et *Notes diverses sur le Bas-Canada* (Saint-Hyacinthe, Québec, 1835). Il a traduit et fait paraître un ouvrage de William Evans, sous le titre de *Traité théorique et pratique de l'agriculture, adapté à la culture et à l'économie des productions animales et végétales de cet art en Canada ; avec un précis de l'histoire de l'agriculture et un aperçu de son état actuel dans quelques-uns des principaux pays, et plus particulièrement dans les Îles britanniques et le Canada* (Montréal, 1836–1837). Enfin, le journal que Girod a rédigé au jour le jour du 15 novembre au 8 décembre 1837 se retrouve dans APC *Rapport*, 1923 : 408–419, sous le titre de « Journal tenu par feu Amury Girod et traduit de l'allemand et de l'italien ».

Une série d'articles portant sur Girod ont été rédigés par Gilles Boileau et publiés dans *la Victoire,* journal de Saint-Eustache, Québec, les 14 oct., 25 nov. 1970, 5 avril 1973, 6, 13, 20 nov. 1975 et 23 déc. 1976.

Bibliothèque nationale du Québec (Montréal), Dép. des MSS, MSS-101, coll. L.-J. Ainsse, nᵒˢ 152–153, 160 ; coll. Ainsse-Delisle, nᵒˢ 9, 13–14, 125, 133, 156, 159. — BVM-G, Fonds Ægidius Fauteux, étude biographique sur

Givins

Amury Girod accompagnée de notes, références, copies de documents, coupures concernant ce patriote. — [Jacques Paquin], *Journal historique des événemens arrivés à Saint-Eustache, pendant la rébellion du comté du lac des Deux Montagnes, depuis les soulèvemens commencés à la fin de novembre, jusqu'au moment où la tranquillité fut parfaitement rétablie* (Montréal, 1838). — Caron, « Inv. des doc. relatifs aux événements de 1837 et 1838 », ANQ *Rapport*, 1925–1926 : 149–150, 179–185, 187 ; « Papiers Duvernay », 1926–1927 : 159, 170, 175. — Émile Dubois, *le Feu de la Rivière-du-Chêne ; étude historique sur le mouvement insurrectionnel de 1837 au nord de Montréal* (Saint-Jérôme, Québec, 1937), 122–124, 177–180. — Labarrère-Paulé, *les Instituteurs laïques*, 50–56. — I.[-F.-T.] Lebrun, *Tableau statistique et politique des deux Canadas* (Paris, 1833), 189, 250. — J.-C. Chapais, « Notes historiques sur les écoles d'agriculture dans Québec », *Rev. canadienne*, 70 (janv.- juin 1916) : 348–350. — Ægidius Fauteux, « Amury Girod ou l'Homme du mystère », *la Patrie*, 19 juill. 1934 : 16–17 ; 26 juill. 1934 : 16–17 ; 2 août 1934 : 16–17. — L.-A. Huguet-Latour et L.-E. de Bellefeuille, « Amury Girod », *BRH*, 8 (1902) : 139–146. — William McLennan, « Amury Girod », *Canadian Antiquarian and Numismatic Journal*, 8 (1879) : 70–80.

GIVINS, JAMES (au début de sa carrière, il signait **Givens**), officier dans l'armée et dans la milice, et fonctionnaire, né vers 1759, peut-être en Irlande ; il épousa à York (Toronto) Angelique Andrews, et ils eurent neuf enfants ; décédé le 5 mars 1846 dans le territoire actuel de Toronto.

Il se peut que James Givins ait passé son enfance en Irlande et qu'il ait été un parent de Henry Hamilton*, qui l'« éleva », selon John Graves Simcoe*, lieutenant-gouverneur du Haut-Canada. Lorsque Hamilton devint lieutenant-gouverneur de Detroit en 1775, le jeune Givins s'y installa avec lui et apprit le sauteux, ce qui allait par la suite se révéler des plus utile pour lui. En 1778, il participa à titre de volontaire à l'assaut de Hamilton contre Vincennes (Indiana). Fait prisonnier en 1779, au moment où les Américains reprirent l'établissement, il passa la plus grande partie des deux années suivantes en captivité à Williamsburg, en Virginie.

On croit que Givins se rendit en Angleterre après sa libération, mais on ignore ce qu'il fit durant la décennie suivante. Puis, le 30 novembre 1791, on le nomma lieutenant dans les Queen's Rangers, nouveau corps placé sous le commandement de Simcoe et formé pour servir dans le Haut-Canada. Pendant quelques années, on le chargea de transmettre des dépêches confidentielles ; il servit également d'interprète à Simcoe dans ses pourparlers avec les Indiens. Il faisait partie des troupes britanniques envoyées vers l'ouest en 1794, au cours de la période de tension internationale qui précéda la bataille de Fallen Timbers [V. Michikinakoua*].

Dès 1793, Simcoe avait recommandé l'entrée de Givins au département des Affaires indiennes et, en juin 1797, l'administrateur Peter Russell* le nomma surintendant adjoint des Affaires indiennes du district de Home, nomination qui fut finalement confirmée en août 1798. Il devait distribuer les présents annuels et faire rapport sur les « dispositions, mouvements et intentions » des Indiens. Toutefois, sa responsabilité première consistait à empêcher Joseph Brant [Thayendanegea*] et les Six-Nations de former une organisation panindienne qui inclurait les Sauteux de la tribu des Mississagués. Brant et Givins ne tardèrent pas à s'affronter ouvertement : le premier accusait le second de restreindre les déplacements des Indiens dans le Haut-Canada et d'acheter, à un prix inférieur à celui du marché, des terres des Mississagués. La querelle devint si grave que Russell exigea de Givins qu'il se rende personnellement auprès de Brant pour lui présenter des excuses. Les deux hommes parvinrent finalement à un *modus vivendi*, mais leur antipathie dura jusqu'à la mort de Brant en 1807.

Le 19 novembre 1803, après le licenciement des Queen's Rangers, Givins avait été nommé capitaine dans le 5th Foot. Il quitta ce régiment par la suite mais reprit du service actif lorsque la guerre éclata en juin 1812 entre la Grande-Bretagne et les États-Unis. Il fut nommé aide de camp provincial d'Isaac Brock* le 14 août et fut promu major dans la milice. Même s'il accompagna Brock à Detroit et combattit par la suite à la frontière du Niagara, ce n'est que le 27 avril 1813 qu'il connut son heure de gloire, quand, avec une petite compagnie de Mississagués, il participa à la défense d'York contre l'invasion américaine. Le commandant des troupes britanniques, sir Roger Hale Sheaffe*, signala sa « résistance courageuse ». Une fois les hostilités terminées, Givins demeura dans la milice. Le 21 janvier 1820, il devint colonel du 3rd Battalion of York militia et, l'année suivante, on le nomma colonel du 1st Battalion of West York militia.

Cependant, après 1814, Givins s'occupa surtout du département des Affaires indiennes. Le retour de la paix fit décliner la valeur stratégique des guerriers indiens, tandis que l'amélioration des relations entre la Grande-Bretagne et les États-Unis, la compression des dépenses et les pressions des groupes humanitaires incitèrent le gouvernement britannique à entreprendre de « civiliser » les Indiens. Givins se lança tôt, et avec enthousiasme, dans une expérience de ce genre, puisqu'il contribua à convaincre les Mississagués et le révérend Peter Jones* de fonder un village modèle sur la rivière Credit, là où se trouve maintenant Mississauga, en Ontario. Lorsqu'en 1828 le secrétaire militaire de lord Dalhousie [RAMSAY], Henry Charles Darling, mena une enquête sur la situation des Indiens, il nota la réussite de la mission de la rivière Credit, qui servit finalement de modèle au système des réserves.

En avril 1830, on divisa le département des Affaires indiennes en deux sections, et on nomma James Givins surintendant en chef de celle du Haut-Canada.

Même s'il était d'un âge avancé et demanda plus d'une fois à prendre sa retraite, il demeura en poste jusqu'au 12 juin 1837, après quoi il quitta le service avec plein salaire. Neuf ans plus tard, il mourait paisiblement dans sa demeure, Pine Grove.

JOHN F. LESLIE

APC, RG 1, L3, 203 : G1/33 ; RG 10, 10018, general order, 13 avril 1830 ; A1, 5, Darling à Dalhousie, 24 juill. 1828 ; B8, 737. — MTRL, James Givins papers. — *Corr. of Hon. Peter Russell* (Cruikshank et Hunter). — *Corr. of Lieut. Governor Simcoe* (Cruikshank). — *Select British docs. of War of 1812* (Wood). — G.-B., WO, *Army list*, 1794. — *Officers of British forces in Canada* (Irving). — R. S. Allen, « Red and white : the Indian tribes of the Ohio valley and Anglo-American relations, 1783–1796 » (thèse de M.A., Dalhousie Univ., Halifax, 1971). — C. W. Humphries, « The capture of York », *The defended border : Upper Canada and the War of 1812* [...], Morris Zaslow et W. B. Turner, édit. (Toronto, 1964), 251–270. — J. F. Leslie, « Commissions of inquiry into Indian affairs in the Canadas, 1828–1858 : evolving a corporate memory for the Indian Department » (copie dactylographiée, Indian Affairs and Northern Development Canada, Treaties and Hist. Research Centre, Ottawa, 1985). — R. S. Allen, « The British Indian Department and the frontier in North America, 1755–1830 », *Lieux hist. canadiens*, n° 14 (1975) : 5–125.

GLACKEMEYER, FREDERICK (baptisé **Johann Friedrich Conrad**), musicien, marchand, professeur de musique et compositeur, né le 10 août 1759 à Hanovre (République fédérale d'Allemagne), fils de Johann Wilhelm Glackemeyer et d'Anna Sabina Queren ; le 25 septembre 1784, il épousa à Québec Marie-Anne O'Neil, et ils eurent 16 enfants, dont Louis-Édouard* et Henriette, qui épousa Théodore-Frédéric Molt*, puis le 2 septembre 1813, dans la même ville, Josephte Just, et de ce mariage naquirent un fils et une fille ; décédé le 13 janvier 1836 à Québec.

Comme en font foi divers documents et des informations transmises par Pierre-Georges Roy*, la vie de Frederick Glackemeyer avant 1784 est peu connue. Enrôlé en 1777, il sert comme chef de musique d'un détachement de troupes allemandes placé sous les ordres du lieutenant-colonel Johann Gustav von Ehrenkrock. On ne peut cependant établir avec exactitude la date de son arrivée dans la province de Québec. Lorsqu'il obtient son congé de l'armée en 1783, le major général Friedrich Adolph Riedesel, commandant des troupes allemandes présentes dans la province, lui offre un poste d'organiste à Lauterbach (République fédérale d'Allemagne), mais Glackemeyer décide de s'établir définitivement à Québec.

De juin 1784 à septembre 1832, les activités de Glackemeyer se regroupent sous trois chefs, selon qu'elles ont rapport aux « amateurs de musique », à certains personnages officiels ou à des figures et établissements de l'Église catholique de Québec. Tout d'abord, au milieu de l'année 1784, il entreprend la première partie de sa longue carrière consacrée aux amateurs de musique et au soutien de certaines activités musicales, plutôt précaires, dans la ville de Québec. De 1784 à 1825, sa résidence constitue le point de vente d'instruments de musique importés d'Angleterre et le lieu où il enseigne le jeu de divers instruments notamment, en 1784, le piano-forte, la guitare, le violon et la flûte, auxquels il ajoute, en 1825, l'alto et le violoncelle. L'ouverture de nombreux établissements commerciaux dès 1785 a pu contraindre Glackemeyer à accepter certaines tâches connexes (copie de musique, réparation et accord de divers instruments), à augmenter sensiblement en nombre et en diversité les accessoires et les instruments de musique qu'il offrait, ainsi qu'à mettre en vente, à compter de 1788, des partitions musicales. Comme ses rivaux, il tire dès lors profit des ressources que lui offre la presse en faisant paraître à intervalles assez réguliers, entre novembre 1788 et novembre 1796, puis de janvier 1808 à avril 1826, des offres de service et des annonces dans *la Gazette de Québec*, le *Quebec Mercury*, le *Quebec Herald, Miscellany and Advertiser* et, après avoir souscrit à sa fondation en 1794, dans *le Cours du temps*. D'autre part, en 1792 et en 1831, Glackemeyer participe à des manifestations musicales en qualité de chanteur ; il tient aussi la partie de ténor principal dans une pièce concertante d'Ignaz Pleyel jouée le 30 janvier 1822 à l'occasion d'un concert de la Société harmonique de Québec. De plus, il est probable que les £10 que lui verse, à la fin de 1790, l'Assemblée de Québec, association qui organise des soirées de danse, rendent compte d'activités professionnelles d'instrumentiste.

La fréquence élevée des déménagements de l'entreprise de Glackemeyer (en octobre 1790, il habite au 25, côte de la Montagne ; en octobre 1792, rue Buade ; en 1795, au 5, rue Sainte-Famille ; en 1798, au 19 de cette même rue ; et de février 1814 jusqu'en 1826 au moins, rue Saint-Joseph (rue Garneau)) correspond peut-être à un succès commercial plutôt mitigé, aggravé par des difficultés financières, une santé chancelante et des problèmes familiaux qui viennent assombrir sa vie vers 1822. Glackemeyer est témoin, à cette époque, de la disparition provisoire de la Société harmonique de Québec, fondée en décembre 1819 et dont on l'avait fait vice-président à l'assemblée générale tenue à Québec le 14 novembre 1820.

Le nom de Glackemeyer est également mis en lumière dans les périodiques de Montréal et de Québec à deux reprises au moins, en décembre 1785 et en août 1791, lorsqu'il signe des adresses avec d'autres citoyens de Québec. Un deuxième moyen choisi par Glackemeyer pour célébrer certains dignitaires est la composition d'œuvres musicales aux titres caractéristiques : *General Craigs March* (œuvre signée, dont la

Glackemeyer

composition remonte au gouvernement de sir James Henry Craig*, soit entre 1807 et 1811) et *The Chateauguay March* (arrangement pour orchestre joué à un dîner offert en l'honneur du lieutenant-colonel Charles-Michel d'Irumberry* de Salaberry, le 24 septembre 1818). Le musicien et journaliste Nazaire Levasseur* affirme d'autre part que Glackemeyer se serait lié d'amitié avec le prince Edward* Augustus, au cours de son séjour à Québec ; celui-ci l'aurait alors nommé chef de la musique d'un régiment de Brandebourg-Schwerin en garnison à Québec par ordre de George III. À ce titre, il aurait donné deux fois par semaine des auditions en plein air sur l'Esplanade. Ce témoignage est toutefois sujet à caution.

Enfin, un dénombrement de la paroisse Notre-Dame de Québec, qu'avait établi à l'automne de 1792 le curé Joseph-Octave Plessis*, précise que Glackemeyer habite la rue Buade, qu'il est musicien, allemand et protestant, et que sa maison loge quatre paroissiens dont deux communiants. Bien que, selon Pierre-Georges Roy, il ne se soit converti à la religion catholique qu'à la fin de sa vie, ses enfants, tout comme ses deux épouses, étaient catholiques pratiquants. Cette situation permet de comprendre pourquoi, entre 1802 et 1824, la fabrique engage Glackemeyer pour régler, accorder et réparer l'orgue, mais non pour en jouer. Par contre, celui-ci se fait fort d'écrire *March composée pour le Revd. Monr. Tabeau* [...], vraisemblablement pour marquer l'arrivée à la tribune de l'orgue du jeune vicaire de la paroisse, Pierre-Antoine Tabeau*, à la fin de juin ou au tout début de juillet 1807. Par ailleurs, les ursulines de Québec saluent en Glackemeyer le plus ancien maître de musique dont il soit fait mention au monastère.

L'état actuel des connaissances sur cette tranche de l'histoire musicale canadienne pendant laquelle Glackemeyer fut actif à Québec ne permet guère de modifier l'appréciation générale laissée à ce jour par ses biographes, appréciation fondée sur les mérites de l'homme plutôt que sur sa prééminence ou l'importance de son apport à la vie culturelle de Québec. En revanche, il paraît justifié de remettre partiellement en question la compétence de Glackemeyer comme professeur des divers instruments qu'il se déclare prêt à enseigner. En effet, il est raisonnable de penser que John Lambert*, qui séjourna à Québec dans la première décennie du xixe siècle, avait Glackemeyer à l'esprit quand il écrivit : « Il y a seulement deux maîtres de musique à Québec, dont l'un est un bon violoniste. » Or Lambert poursuivait : « mais de tous les autres instruments, ils sont tous deux professeurs médiocres ». Sa pièce *March compôsée pour le Revd. Monr. Tabeau* confirme ces propos : les doigtés qui parsèment la partition révèlent un manque évident d'adresse au clavier. Toutefois, cette remise en question de sa compétence ne s'étend pas à l'écriture

et à la technique de composition des œuvres de belle facture qu'on a conservées.

Frederick Glackemeyer a-t-il poursuivi à Québec, comme d'ailleurs après lui Marie-Hippolyte-Antoine Dessane*, un idéal quelconque sur le plan musical ? On ne peut le nier, mais si on se fie à un passage d'une lettre adressée à l'avocat Louis Moquin, de Québec, le 22 juillet 1824, il se révèle plutôt un commerçant soucieux d'améliorer sa petite fortune pour assurer à ses nombreux enfants une bonne éducation et une situation honorable dans la société.

Lucien Poirier

ANQ-Q, CE1-1, 2 sept. 1813, 15 janv. 1836 ; CE1-61, 25 sept. 1784. — AP, Notre-Dame de Québec, Enregistrement des bancs, 1813–1814 ; Livre de comptes, 1802–1824 ; Livre de comptes rendus par le procureur de l'œuvre et fabriques, 1814 ; Orgues, cloches, tableaux, 1802, 1818. — Arch. de la ville de Hanovre (République fédérale d'Allemagne), Reg. des baptêmes, 13 août 1759. — Arch. privées, Béatrice Miller-Desmeules (Québec), Cécile Lagueux, « [Livre de musique] » (mss). — ASQ, S, Carton 7, no 53 ; Carton 11, no 39 ; Coll. Glackemeyer, titre de la reliure F, piano-forte, 52–53, 63–64. — BVM-G, Coll. Gagnon, corr., Frederick Glackemeyer à Louis Moquin, 22 juill. 1824. — John Lambert, *Travels through Canada, and the United States of North America, in the years 1806, 1807, & 1808* [...] (3e éd., 2 vol., Londres, 1816), 1 : 302. — *Recensement de Québec, 1818* (Provost), 241. — *Le Canadien*, 26 sept. 1818, 25 août, 1er sept. 1824. — *Le Cours du temps* (Québec), 18 août 1794, 8 juill. 1795. — *L'Écho du pays* (Saint-Charles[-sur-Richelieu], Québec), 21 janv. 1836. — *La Gazette de Montréal*, 1er déc. 1785, 2 juin 1791. — *La Gazette de Québec*, 24 juin 1784, 7 oct. 1790, 18–19 août 1791, 23 févr., 25 oct. 1792, 18 juill. 1793, 26 juin 1794, 16 juill. 1795, 3 nov. 1796, 14 mai 1801, 13 janv., 26 mai 1803, 14 juin 1804, 27 juin 1805, 12 juin 1806, 30 juin 1808, 25 mai, 14 sept. 1809, 14 juin 1810, 13 juill. 1815, 13 mai 1819, 27 juin 1822, 21 avril 1823, 15 sept. 1825, 8 juin 1831. — *Quebec Herald, Miscellany and Advertiser*, 24 nov. 1788, 20 mai, 9 déc. 1790. — *Quebec Mercury*, 1er mai 1809, 28 juin 1814, 24, 31 janv. 1815, 12 oct. 1819, 24 nov. 1820, 21 juin 1822, 1er juin, 14, 24 août 1824, 13 sept. 1825, 11 avril 1826, 7, 24, 26 sept. 1832. — *Dictionnaire biographique des musiciens canadiens* (2e éd., Lachine, Québec, 1935), 122–123. — *Encyclopédie de la musique au Canada*, Helmut Kallmann et al., édit. (Montréal, 1983), 403–404. — P.-B. Marineau, « De ses archives, « l'église paroissiale de Québec », son service musical, 1760–1865 : investigation, collection et publication » (travail présenté au Conservatoire de musique du Québec, Québec, 1977). — Willy Amtmann, *la Musique au Québec, 1600–1875*, Michelle Pharand, trad. (Montréal, 1976), 28, 272–281, 291, 294, 303, 407. — Burke, *les Ursulines de Québec*, 4 : 673–674. — V. E. DeMarce, *The settlement of former German auxiliary troops in Canada after the American revolution* (Sparta, Wis., 1984). — Bernard Dufebvre [Émile Castonguay], *Cinq femmes et nous* (Québec, 1950), 102, 177–181. — J. M. Gibbon, *Canadian mosaic ; the making of a northern nation* (Toronto, 1938). — Helmut Kallmann, *A history of music in Canada, 1534–1914*

(Toronto et Londres, 1960), 46, 49–52, 54–55, 60–62, 67, 78, 81, 125. — *Le Patrimoine musical canadien*, 4a, Lucien Poirier, édit. (Ottawa, 1985), 13–15 ; 7, Lucien Poirier, édit. (Ottawa, 1987), 78–79.— Marcelle Rousseau, « The rise of music in Canada » (thèse de M.A., Columbia Univ., New York, 1951), 44–45. — Helmut Kallmann, « Frederick Glackemeyer ; des données nouvelles sur sa vie et son style musical », Assoc. pour l'avancement de la recherche en musique du Québec, *Cahier* (Québec), 8 (1987) : 86–92. — Nazaire LeVasseur, « Musique et Musiciens à Québec : souvenirs d'un amateur », *la Musique* (Québec), 1 (1919) : 26–27, 52–53, 62–64, 74–75. — P.-G. Roy, « la Famille Glackemeyer », *BRH*, 22 (1916) : 195–205.

GOESSMAN, JOHN (baptisé **Johann Gohsmann**), arpenteur, fonctionnaire et agent de colonisation, né en 1786 à Gronloh, Hanovre (République fédérale d'Allemagne), et baptisé le 22 mars 1786 dans la paroisse de Badbergen (République fédérale d'Allemagne), fils de Johann Henrich Gohsmann et de Catharina Maria Schulte ; décédé célibataire le 20 janvier 1841 dans le canton de Mono, Haut-Canada.

John Goessman étudia la topographie et le dessin technique à l'académie militaire de la ville de Hanovre. Une fois diplômé, il travailla quelque temps au service municipal du génie. Immigré aux États-Unis en 1818, il s'installa dans le comté haut-canadien d'York en octobre de l'année suivante. Le 19 novembre, il demanda un permis d'arpenteur au lieutenant-gouverneur sir Peregrine Maitland*. L'arpenteur général Thomas Ridout* lui fit alors passer un examen et lui imposa un stage dans le canton de Vespra, sous la surveillance de son adjoint William CHEWETT. Goessman obtint son permis le 9 mars 1821. Par la suite, pour le compte du gouvernement, de la Canada Company ou d'intérêts privés, il fit des levés sur la plage de Burlington, sur les terres des Sauteux du groupe des Mississagués à la rivière Credit ainsi que dans les cantons de Tiny, de Tay, de Flos et de Wilmot. En 1830, il se porta candidat à un poste de commis au bureau de l'arpenteur général, mais sans succès. En étudiant son cas, Chewett nota : « il aurait l'avantage sur presque tous les sous-arpenteurs de la province [… s']il manifestait un peu plus de régularité dans sa conduite ».

Goessman était alcoolique, et c'est probablement ce à quoi Chewett faisait allusion. Souvent, boire le rendait violent. En 1821, à l'embouchure de la rivière Nottawasaga, il se colleta avec des soldats du 68th Foot cantonnés à Penetanguishene. En une autre occasion, dix ans plus tard, il se présenta au greffe de la paix, à York (Toronto), « dans un état d'ébriété avancée et manifestement inconscient de ses actes ». On ne lui retira jamais son permis, mais en 1825, après moins d'un an de service, on le renvoya du poste d'inspecteur de la voirie du district de Home pour absentéisme relié à l'abus d'alcool. Lui-même sem-

blait convaincu d'être au-dessus de tout reproche : aux élections générales de 1824, il affronta l'opinion publique en faisant temporairement campagne pour le siège de député d'York and Simcoe.

Pendant les périodes, évidemment prolongées par l'alcoolisme, où il ne travaillait pas à titre d'arpenteur, Goessman résidait dans le canton de Markham et cherchait d'autres moyens de subsistance. En 1829, il demanda au gouvernement de subventionner la publication d'un almanach en allemand et la fabrication d'un essoucheur de son invention. Deux ans auparavant, il avait tenté sa chance dans la spéculation foncière en achetant de la Canada Company un lot dans le canton de Flos. À l'époque, il négligea de mentionner qu'il y avait là des constructions militaires, et la compagnie refusa de s'en soucier. Au bout du compte, on le blâma du fait que la compagnie avait pu entrer en possession du terrain, parce qu'il avait omis d'identifier les bâtiments sur son levé du canton. La couronne confisqua le lot et il perdit le montant de l'achat, soit £33.

Par ailleurs, Goessman servait de représentant aux colons germanophones du Haut-Canada : il rédigeait les requêtes de concession, obtenait des prolongations du délai alloué pour le défrichement et faisait d'autres travaux reliés à l'occupation et à la mise en valeur des terres. Il agit entre autres pour des luthériens et des anglicans du comté d'York, dont les révérends Johann Dietrich Peterson et Vincent Philip Mayerhoffer*. Sa plus longue correspondance à titre d'agent, qui dura de 1828 à 1830, fut écrite pour le compte des colons amish et mennonites du « bloc allemand », dans le canton de Wilmot, qu'il avait arpenté. Ces gens occupaient le terrain en vertu d'une entente conclue entre le gouvernement et leurs porte-parole, Christian NAFZIGER et Jacob Erb, mais ils n'avaient aucune autorisation écrite, sous forme de billet de localisation par exemple. Quand on concéda le terrain au King's College, en 1828, leurs droits furent « totalement oubliés ». Goessman, c'est tout à son honneur, aida à négocier des conditions d'achat pour ses clients. Il eut cependant moins de succès dans la promotion de l'immigration allemande. Apparemment, ses efforts dans ce sens ne donnèrent qu'un seul résultat : de 1828 à 1837, quelques compatriotes s'installèrent dans le canton de Puslinch, ce qui allait donner naissance à une petite communauté allemande dont le foyer serait le village de Morriston. En décembre 1828, le lieutenant-gouverneur sir John Colborne* avait accordé son « agréable parrainage » aux efforts de Goessman, mais en mars 1830, comme le gouvernement avait été échaudé par l'affaire du canton de Wilmot, il dissuada Goessman de publier dans les journaux de Buffalo, New York, des annonces à l'intention des immigrants allemands.

John Goessman mourut en 1841 dans le canton de Mono, chez Seneca KETCHUM. Sa modeste succes-

Goff

sion alla à son neveu John Gerhard Goessman, imprimeur à Toronto. Il laissait aussi une volumineuse correspondance qui apporte un éclairage intéressant sur l'immigration allemande et les mouvements de peuplement du Haut-Canada, particulièrement en ce qui a trait à la politique gouvernementale. Sa notice nécrologique dans *Der Deutsche Canadier und Neuigkeitsbote* disait que ceux de ses compatriotes auxquels il avait servi d'agent se souviendraient de lui « avec gratitude ».

E. REGINALD GOOD

AO, MU 2114, 1861, n° 15 ; RG 1, A-I-1, 29 ; 45 : 251–254, 263–266, 432 ; A-I-2, 4 : 75, 136, 175–176, 180, 473, 491 ; C-IV, Wilmot Township, lot 5, North Erb Street ; RG 22, sér. 155. — APC, RG 1, L1, 32 : 430–431, 450–451 ; 33 : 198–199, 311 ; L3, 207 : G13/31 ; 208A : G15/42 ; 213 : G21/13 ; 531 : W16/26, 35 ; RG 5, A1 : 22103–22104, 26689–26693, 27486, 27678, 27697–27720, 27894–27897, 37260–37263, 45679–45682, 46021–46024, 46103–46104, 46164–46166, 46356–46357, 46405–46407, 49872–49876, 49958–49960, 50555–50560, 52140–52142, 52557–52560, 52834–52855, 52926–52969, 53378–53381, 53498–53501, 53949–53954, 54183–54186, 54223–54226, 54605–54607, 54651–54659, 54903–54905, 55003–55005, 55029–55030, 55165–55174, 55289–55295, 55658–55660, 55728–55729, 55736–55738, 55889–55891, 55935–55938, 56389–56392, 56714–56716, 56723–56725, 57079–57083, 57287–57295, 58277–58279, 60473–60480, 61342–61352, 61509–61513, 83677–83678, 88115–88116, 93632–93635, 132391–132392. — Evangelisch-Lutherisch Pfarrgemeinde (Badbergen, République fédérale d'Allemagne), Kirchenbuch, 22 mars 1786. — *Canadian Freeman*, 22 nov. 1832. — *Colonial Advocate*, 3 avril 1828. — *Der Deutsche Canadier und Neuigkeitsbote* (Berlin [Kitchener, Ontario]), 12 févr. 1841. — Scadding, *Toronto of old* (Armstrong ; 1966).

GOFF, FADE, homme d'affaires, homme politique, fonctionnaire et juge de paix, né le 17 septembre 1780 à Bryanstown (république d'Irlande), fils aîné de Richard Goff et d'Anna Neville ; le 6 avril 1809, il épousa Mary Somaindyke Ryan, et ils eurent 11 enfants ; décédé le 6 janvier 1836 à Erinvale, lot 34, Île-du-Prince-Édouard.

Issu d'une famille de propriétaires terriens anglo-irlandais dont la prospérité était en déclin, Fade Goff immigra à Terre-Neuve au printemps de 1809 pour rejoindre son beau-père, John RYAN, éditeur de journal à St John's. À son arrivée, il fit la connaissance de John Stewart*, propriétaire terrien de l'Île-du-Prince-Édouard, qui l'embaucha à titre d'agent là-bas. Au printemps suivant, la famille Goff s'installa dans l'île, où Fade accepta dès 1814 d'agir aussi en qualité de représentant d'une maison de commerce londonienne, la George and Alexander Birnie.

Les historiens ont accusé les agents fonciers de l'Île-du-Prince-Édouard, qui formaient une classe d'intermédiaires, d'avoir opprimé leurs tenanciers

tout en détournant les fonds de leurs employeurs absents. Goff ne fut pas un agent de cette sorte. Ses lettres à George Birnie indiquent que pour trouver de bons tenanciers, et les convaincre de s'établir, il devait faire concurrence à ses collègues en offrant divers avantages matériels. Quant à ses rapports avec ses employeurs, c'était ceux d'un suppliant à l'endroit de ses maîtres. Les Birnie ainsi que John Stewart avaient séjourné dans l'île ; ils en connaissaient parfaitement la situation et y avaient de multiples relations. Non seulement un agent aurait-il pu difficilement les tromper, mais ils ne tardèrent pas à tenir Goff sous leur coupe. À son arrivée dans l'île, celui-ci avait fait plusieurs investissements malheureux dans des terres et des marchandises d'importation et avait accepté de grosses avances de ses employeurs pour garantir ses dettes. Dès 1815, il comprit que tant qu'il resterait dans l'île il ne parviendrait probablement pas à se libérer de ses obligations, à moins que l'économie de la province ne se relève ou que lui-même ne décroche une charge publique lucrative. Cette année-là, il posa donc sa candidature à titre d'agent de John HILL à Terre-Neuve, mais Alexander Birnie le poursuivit pour dettes non remboursées. George Birnie arrangea les choses, apparemment en gardant Goff à son poste, et il diminua l'escompte dont celui-ci bénéficiait au magasin des Birnie. Au début des années 1820, soit après plus d'une décennie de travail en qualité d'agent, Goff estima qu'on l'avait « traité de façon cruelle et mesquine » et se lança dans une gamme de petites entreprises, comme la construction d'un moulin à farine et l'établissement d'un bureau d'immigration, qui ne lui rapportèrent guère. Ainsi pendant qu'il élevait sa « jolie bande » d'enfants, il ne réussit jamais à se sortir de ses difficultés financières et n'atteignit un certain équilibre que grâce à son entrée en politique et dans l'administration.

Comme il était lié à la famille Stewart, Goff appartenait automatiquement à une faction de propriétaires que ses détracteurs appelaient souvent la « cabale ». Élu député de Georgetown en avril 1812, il appuya la vive lutte que mena ce groupe contre la faction alors dominante, celle des Loyal Electors, dont James Bardin Palmer* était un membre influent. En septembre, il s'absenta de l'Assemblée avec cinq autres députés dans l'espoir de bloquer, par défaut de quorum, un projet de loi de finances que parrainaient les Loyal Electors. Ce genre de tactique faisait partie d'une campagne de pression que les propriétaires avaient lancée ; elle avait abouti en août à la révocation du lieutenant-gouverneur, Joseph Frederick Wallet DesBarres*, et allait bientôt faire tomber les Loyal Electors, ses protégés.

Un partisan des propriétaires, William Townshend*, devint administrateur lorsque DesBarres partit en octobre, et il en profita pour récompenser les membres de la cabale par des nominations et des émoluments. Goff devint coroner et greffier de la couronne en mai 1813 et se révéla assez souple pour garder ces charges sous le nouveau lieutenant-gouverneur, Charles Douglass Smith*, même si ses anciens alliés de la cabale furent déçus par ce dernier au début des années 1820. Sous Smith, Goff agit en deux brèves occasions à titre de secrétaire de la colonie ; par ailleurs, on le nomma juge de paix en 1814 et shérif en chef en 1831.

Goff n'en connut pas moins, lui aussi, des déceptions politiques. Peut-être parce qu'il avait été trop proche d'un lieutenant-gouverneur impopulaire, il ne fut pas réélu député en 1818. De plus, il dut attendre jusqu'en 1819 la ratification de sa nomination aux postes de coroner et de greffier de la couronne, ainsi que le versement de ses honoraires (et même alors, les Birnie firent saisir son revenu pendant quelque temps). Il démissionna de ces deux postes en avril 1830. Le lieutenant-gouverneur Aretas William Young* le nomma en février 1832 au Conseil de l'Île-du-Prince-Édouard ; il assista d'abord aux réunions par intermittence puis cessa de s'y présenter vu son « indisposition et [ses] embarras pécuniaires ». Il mourut au terme d'une longue maladie.

Selon Palmer, Fade Goff exerça « en coulisse » une influence sur la politique de l'île. En qualité de greffier de la couronne, il était certes en mesure d'informer des propriétaires comme Stewart, qui devaient parfois s'absenter de Charlottetown, des décisions qui pouvaient nuire à leurs intérêts. Les sources sont trop peu nombreuses pour qu'on puisse déterminer dans quelle mesure il agit sur les événements, mais il semble n'avoir pas fait plus que seconder les propriétaires. En raison de ses difficultés financières, il ne put jamais atteindre la position politique et sociale à laquelle il aspirait. « Chaque fois, écrivit-il, que j'ai tenté de servir autrui ou mes intérêts dans l'île, je n'ai obtenu que défaite et déception ; toujours, des événements contraires ou malheureux m'ont ramené en arrière. »

M. Brook Taylor

APC, MG 24, D99, files 1–2. — PAPEI, Acc. 2810/127 ; 2810/173 ; 2849/38 ; 2849/86 ; 2849/128 ; RG 1, commission books, 1812–1813, 1er févr. 1814, 3 avril 1816, 22 janv. 1818, 27 sept., 10 déc. 1819, 26 avril 1830, 4 mai 1831, 2 mai 1832 ; RG 3, journals, 1813 ; RG 16, land registry records, conveyance reg., liber 17 : f° 328 ; liber 20 : f° 78 ; liber 24 : f°s 400, 867, 872. — P.E.I. Museum, « Charlottetown manuscript » (s.d.) ; W. F. Goff coll., Goff family geneal. — PRO, CO 226/26 : 11, 112 ; 226/27 : 82–88 ; 226/29 : 88. — St Paul's Anglican Church (Charlottetown), Reg. of baptisms, marriages, and burials, particulièrement 1er août 1834 (mfm aux PAPEI). — Supreme Court of P.E.I. (Charlottetown), Estates Division, liber 3 : f° 110. — Î.-P.-É., House of Assembly, *Journal*, 3–4 nov. 1818 ; Legislative Council, *Journal*, 1832–1836. — *Prince Edward Island Gazette*, 14 oct. 1818. — *Prince Edward Island Register*, 6 mai 1825, 21 mars 1826, 2 déc. 1828. — *Royal Gazette* (Charlottetown), 7 févr., 3 avril 1832, 9 avril 1833, 18 mars 1834, 12 janv. 1836. — *Weekly Recorder of Prince Edward Island* (Charlottetown), 4 mai 1812. — MacKinnon, *Government of P.E.I.*, 36n. — *Patriot* (Charlottetown), 6 juill. 1872.

GOHN. V. John

GONISH (Ganishe), PETER (Piel, Pier), capitaine micmac qui vécut au Nouveau-Brunswick ; *circa* 1841–1846.

C'est à la suite de la présentation par 14 Indiens d'un mémoire daté de septembre 1801 que le gouvernement du Nouveau-Brunswick créa la réserve indienne de Tabusintac. Parmi ceux qui y avaient apposé leur marque, six appartenaient à la famille Gonish. Celle-ci continua de se distinguer : en 1841, John et Étienne Gonish furent élus seconds ou petits chefs pour assister Noël Briot, grand chef des Indiens de la Miramichi ; Peter Gonish, pour sa part, était capitaine.

Peter Gonish fut l'un des autochtones que rencontra le capitaine Henry Dunn O'Halloran pendant sa tournée du Nouveau-Brunswick en 1841 [V. Joseph Malie]. Ce capitaine d'armée, de foi évangélique, inspira la « mission des trois chefs » dont la visite à Londres allait occasionner un si grand embarras au ministère des Colonies en 1842. En juillet 1843, le gouvernement du Nouveau-Brunswick apprit qu'un autre Micmac projetait de se rendre en Grande-Bretagne. Alarmé, Alfred Reade, secrétaire du lieutenant-gouverneur, donna des directives pour que le commissaire aux Affaires indiennes, Moses Henry Perley*, « lui souligne fermement l'inconvenance extrême » de ce voyage et, dans le cas où l'Indien déciderait d'y aller quand même, Reade le menaçait de dire à la métropole qu'il avait laissé sa femme et ses enfants dans le dénuement. Par surcroît, Reade répéta à Perley quelques-unes des remarques acerbes que le précédent voyage avait inspirées au secrétaire d'État aux Colonies.

Gonish décida tout de même de se rendre en Grande-Bretagne, accompagné d'un autre Micmac, Joseph Dominic. Leur but était d'obtenir une assistance financière pour améliorer leurs fermes et acheter du bétail. Partis de New York, ils débarquèrent à Liverpool où, sans le sou, ils furent contraints de mettre leurs costumes en gage. Ils se rendirent ensuite à Dublin et traversèrent l'Irlande à pied pour rendre visite à O'Halloran. Ce dernier leur fit un bon accueil et les envoya à Londres, où ils reçurent de l'aide, entre autres, du célèbre artiste et ethnologue américain George Catlin qui s'occupa de dégager leurs costumes. On les dirigea ensuite vers l'Aborigines Protection Society, où un autre personnage de passage à Londres les reconnut : Reade lui-même, celui qui avait voulu les dissuader de partir. Les deux Indiens lui annoncèrent qu'ils souhaitaient, après être venus de si loin, se rendre à Paris afin qu'on les présente au roi de France ; ils voulaient, disaient-ils, demander son assistance et le soutien de leurs coreligionnaires catholiques français. Reade leur accorda « une aide immédiate », les dissuada d'aller en France et les tint à l'écart du ministère des Colonies.

Peter Gonish et Dominic revinrent au Nouveau-Brunswick vraisemblablement vers la fin de 1844. On entendit parler de Gonish pour la dernière fois en 1846, lorsqu'il présenta une demande de secours au nom de sa bande. La perte de la récolte de pommes de terre avait plongé les Indiens dans une misère extrême, mais le missionnaire Michael P. Egan, acerbe, fit remarquer que Gonish n'avait pas été mandaté par les siens et ajouta : « il n'a en vue que *son* intérêt ».

L. F. S. UPTON

APNB, RG 1, RS345, A2 : 118–119 ; RG 2, RS7, 40, M. H. Perley à W. F. Odell, 2 oct. 1843 ; RS8, Indians, 1/4, M. P. Egan à J. B. Toldevray, 2 mars 1846. — UNBL, MG H54, memorial, 26 sept. 1801. — Aborigines' Protection Soc., *Proc.* (Londres), 1844 : 2–3. — *Source materials relating to N.B. Indian* (Hamilton et Spray). — Upton, *Micmacs and colonists.*

GOSFORD, ARCHIBALD ACHESON, 2e comte de. V. ACHESON

GOSSELIN, LÉON (baptisé **Antoine-Léon**), avocat, journaliste, propriétaire de journal et fonctionnaire, né le 24 décembre 1801 à L'Assomption, Bas-Canada, fils de Joseph Gosselin, meunier, et de Thérèse Viger ; il épousa Mary Graddon, et ils eurent au moins deux enfants ; décédé le 1er juin 1842 à Montréal.

Par sa mère, Léon Gosselin appartient au puissant réseau des familles Viger, Papineau et Cherrier. Il est le neveu de Louis-Michel Viger* et de Joseph PAPINEAU ainsi que le cousin de Louis-Joseph Papineau* et de Denis-Benjamin Viger*. Il étudie au petit séminaire de Montréal de 1811 à 1819, puis il opte pour le droit. Il est admis au barreau le 6 décembre 1828, mais on ignore s'il pratiqua. En 1830, il se trouve dans l'entourage de Ludger Duvernay*, propriétaire de *la Minerve*. Sans doute collabore-t-il déjà à la rédaction du journal, où il aurait remplacé le député Augustin-Norbert Morin*, accaparé à partir de 1830 par ses fonctions à l'Assemblée.

Au début de 1832, Gosselin succède à Morin au poste de rédacteur en chef. À ce moment, Duvernay purge une peine d'emprisonnement pour diffamation contre le Conseil législatif. En février, Gosselin se croit lui-même menacé et se cache quelque temps. *La Minerve* est alors le porte-parole radical du parti patriote à Montréal. Cependant, comme les journalistes ne signent pas leurs articles, il est difficile d'identifier ce qui est de la plume de Gosselin. Un de ses détracteurs affirmera dans *la Quotidienne*, en 1837, que Gosselin a laissé de son passage à *la Minerve* le souvenir d'un « révolutionnaire renforcé » et rappellera que « c'est lui qui publia le célèbre écrit signé S. et qui faillit par là provoquer un soulèvement parmi le peuple. On sait que dans cet écrit M. GOSSELIN laissait dire à l'auteur qu'une révolution immédiate seule pourrait sauver le pays en l'arrachant à la suprématie du parti breton. »

Au cours de 1832, Gosselin envisage de publier « une gazette des tribunaux canadiens et américains ». Toutefois, ce projet, qui lui aurait permis d'allier sa formation en droit et son intérêt pour le journalisme, ne se réalise pas. Mais sa femme, Mary Graddon, réussit, en décembre 1832, à créer le *Montreal Museum, or Journal of Literature and Arts,* premier journal du Bas-Canada destiné aux femmes et fondé par une femme. Le rôle de Gosselin dans cette entreprise est sans doute des plus modestes. Tout au plus sert-il d'intermédiaire entre son épouse et Duvernay, chez qui on imprime le journal.

Le 4 septembre 1834, Gosselin démissionne subitement de son poste à *la Minerve* et c'est Hyacinthe-Poirier Leblanc* de Marconnay qui le remplace aussitôt. Il se serait alors mis à la pratique du droit. À la fin de 1835, il pose sa candidature au poste de traducteur français à l'Assemblée. Il bénéficie alors de l'appui de Louis-Joseph Papineau mais se heurte à l'hostilité des députés de Québec dont les positions sont plus modérées. On lui préfère finalement un autre candidat. C'est donc dans le courant de l'année 1836 qu'il aurait commencé à prendre ses distances à l'égard des patriotes. Toutefois, la rupture n'apparaît pas encore tout à fait consommée quand Gosselin fonde, avec Leblanc de Marconnay comme rédacteur en chef, *le Populaire,* dont le premier numéro paraît le 10 avril 1837.

Ce journal bihebdomadaire ne présente pas une facture particulière. Sur ses quatre pages s'aligne la matière propre aux journaux de l'époque. La part des affaires provinciales que suscitent les événements d'alors y prend cependant une place prépondérante, accentuée encore par les nombreuses polémiques qui se déchaînent. À en croire son rédacteur en chef, *le Populaire* aurait atteint, dès le second mois, un tirage de 1 400 exemplaires, et cela en dépit d'une consigne de boycottage qu'avait lancée Louis-Joseph Papineau vers la fin du printemps. Les effets de ce boycottage, ajoutés aux problèmes de livraison liés aux événements de novembre et décembre 1837 et à l'hostilité de certains maîtres de poste, expliquent peut-être les difficultés financières du *Populaire* en mars 1838. Les imprimeurs John Lovell* et Ronald Macdonald* ne sont plus payés depuis quelque temps et, le 16 mars, ils refusent d'imprimer le journal. *Le Populaire* interrompt sa publication durant près d'un mois, puis reparaît le 12 avril, en déclarant avoir été victime d'un complot politique. À partir de ce moment, le nom de Gosselin ne figure plus sur la feuille, mais sans que l'on sache s'il a cédé ses titres de propriété. Le journal disparaît brutalement et sans donner de raison le 3 novembre 1838.

Le Populaire a subi les contrecoups d'une conjoncture difficile. Il apparaît le jour où sont connues dans le Bas-Canada les résolutions de lord John Russell, et sa disparition coïncide avec le départ de lord Durham [LAMBTON] pour l'Angleterre. Pendant cet intervalle se déroulent les événements qui aboutissent à la première insurrection en novembre 1837. Dans ce contexte politique, *le Populaire* tente de garder le juste milieu. Il est en faveur du respect des autorités en place, mais il considère de son devoir de les critiquer et de les éclairer. Ainsi soutient-il le gouverneur Gosford [ACHESON] puis, avec plus de réserves, sir John Colborne*. Lord Durham bénéficie de son appui et de sa confiance. Selon *le Populaire,* tous les malheurs viennent des extrémistes ; la ligne de partage de ses sympathies n'est donc pas de nature ethnique. Après avoir soutenu l'action de Papineau, il la combat et condamne l'insurrection, tandis que sous Colborne il se rapproche plutôt des patriotes. En fait, *le Populaire* tente de défendre une position centriste et modérée mais, comme il réagit au coup par coup, son combat le porte parfois un peu plus à droite ou un peu plus à gauche.

Dans le contexte manichéen de cette période, une telle position n'est pas facile à tenir. L'opinion publique semble parfois désemparée par l'attitude du journal. *Le Populaire* reconnaît le malaise quand il écrit le 12 avril 1838 : « Des circonstances affligeantes et le désir d'éviter de grands malheurs ont pu, pendant une certaine période, abuser quelques personnes sur la véritable marche d'un journal, dont le titre prouve assez le but. » Ce malaise l'oblige à réitérer sa profession de foi : « *Le Populaire* est *libéral* par son essence, et *loyal* par ses effets ; il offre au bon gouvernement tout l'appui qu'il doit attendre des sujets qui n'envisagent que la prospérité d'un pays. » L'accuse-t-on de sentiments anticanadiens, il proclame que « le patriotisme ne réside point dans une poignée d'individus qui pouvaient se tromper, mais qu'il était tout entier dans la masse [des] habitans ».

Non seulement cette position est précaire, mais elle expose le journal à l'hostilité. Pour le *Montreal Herald* et la *Montreal Gazette,* les éditeurs du *Populaire* sont des « ennemis acharnés de tous les Bretons ». *Le Libéral* de Québec qualifie le journal « d'obscène » tandis que *la Quotidienne* le voit comme une feuille hostile aux intérêts canadiens. Avec le *Vindicator and Canadian Advertiser* de Montréal, c'est la guerre ouverte. Même avec *l'Ami du peuple, de l'ordre et des lois,* qui se situe à peu près dans la même tendance que lui, les polémiques sont violentes. Il ne trouve grâce qu'aux yeux du *Canadien.*

L'hostilité des patriotes inconditionnels peut expliquer ces qualifications généralement défavorables. *Le Populaire* est aussi l'un des seuls journaux francophones à n'avoir jamais été inquiétés par les autorités, ce qui l'expose à une réelle suspicion. Mais il apparaît bien que, plus que tout, la personnalité de ses animateurs pèse lourdement dans le jugement qu'on porte sur lui. Gosselin et Leblanc de Marconnay traînent longtemps la réputation de vendus et de transfuges. Derrière eux se profilent Clément-Charles Sabrevois* de Bleury et Pierre-Dominique DE-BARTZCH, anciens patriotes largement compromis avec le pouvoir. On présente d'ailleurs très souvent Debartzch comme l'un des fondateurs du *Populaire,* voire comme l'un des propriétaires cachés.

En août 1840, Gosselin sollicite un poste de shérif dans une cour de district. Au moment de l'Union, on retrouve l'un de ses écrits dans *le Fantasque* de Québec du 16 novembre 1840. Il s'attaque aux vues que Louis-Hippolyte La Fontaine* venait d'exposer le 28 août, dans *l'Aurore des Canadas*, dans une adresse aux électeurs de Terrebonne. Les idées que défend Gosselin se rapprochent alors de celles des jeunes radicaux qui diffusent largement ce numéro du *Fantasque*. À la même époque, Gosselin aurait refusé une proposition du gouverneur lord Sydenham [THOMSON] qui voulait fonder un journal pour défendre les intérêts du gouvernement.

Gosselin meurt le 1er juin 1842 après une longue maladie sans qu'on lui consacre la moindre notice nécrologique dans les journaux du Bas-Canada. À sa mort, il était registrateur adjoint du district de Montréal, fonction peu prestigieuse pour cet homme qui avait participé aux débats les plus virulents de son époque.

Léon Gosselin n'apparaît pas avoir été une personnalité de premier plan. Sa carrière de journaliste ou de propriétaire de journal fut somme toute assez courte. Mais son cheminement politique, sans être original, n'est pas inintéressant. Patriote, puis réformiste modéré pendant les insurrections de 1837–1838, il semble être revenu à un réformisme plus radical. Il resta toute sa vie éloigné du pouvoir et il semble que jamais une carrière politique ne l'ait tenté. Peut-être mourut-il trop tôt pour donner véritablement sa mesure.

GÉRARD LAURENCE

ANQ-M, CE1-51, 4 juin 1842 ; CE5-14, 24 déc. 1801. — ANQ-Q, P-68. — « Papiers Duvernay », *Canadian Antiquarian and Numismatic Journal*, 3e sér., 6 : 116. — *L'Ami du peuple, de l'ordre et des lois*, 28 mars 1838. — *Le Canadien*, 1er oct. 1832, 23 mars 1838. — *Montreal*

Grady

Museum, or Journal of Literature and Arts, déc. 1832–mars 1834. — *Le Populaire*, 18 mai 1832, 10 avril, 15 mai, 19 juin, 13 oct. 1837, 12 avril, 28 mai, 4, 20, 25 juin 1838. — *La Quotidienne* (Montréal), 28 déc. 1837. — F.-J. Audet, « Commissions d'avocats », *BRH*, 39 : 585. — Beaulieu et Hamelin, *la Presse québécoise*, 1. — Fauteux, *Patriotes*, 157. — Filteau, *Hist. des patriotes* (1938–1942), 1 : 213. — J.-P. de Lagrave, *les Journalistes-Démocrates du Bas-Canada, 1791–1840* (Montréal, 1975). — J.-M. Lebel, « Ludger Duvernay et *la Minerve* : étude d'une entreprise de presse montréalaise de la première moitié du XIXe siècle » (thèse de M.A., univ. Laval, 1982). — I.[-F.-T.] Lebrun, *Tableau statistique et politique des deux Canadas* (Paris, 1833). — Maurault, *le Collège de Montréal* (Dansereau ; 1967). — Monet, *la Première Révolution tranquille*. — Rumilly, *Papineau et son temps*, 1 : 428. — J.-J. Lefebvre, « la Famille Viger : le maire Jacques Viger (1858) : ses parents – ses descendants – ses alliés », SGCF *Mémoires*, 17 (1966) : 201–238 ; « Pierre-Dominique Debartzch, 1782–1846 », *Rev. trimestrielle canadienne*, 27 (1941) : 179–200. — Benjamin Sulte, « Leblanc de Marconnay », *BRH*, 18 (1912) : 353–354.

GRADY. V. O'GRADY

GRANT, COLIN P., prêtre catholique, né vers 1784 à Glen Moriston, Écosse, fils de Duncan Grant et de Helena Chisholm ; décédé le 31 mars 1839 à Malignant Cove, Nouvelle-Écosse.

Colin P. Grant naquit d'un père presbytérien et d'une mère catholique. Excellent cavalier, il pensa d'abord entrer dans l'armée, mais la famille de sa mère le persuada de se diriger vers la prêtrise. Il fit ses études théologiques au College of Killechiarain, à Lismore, en Écosse, et son cousin, l'évêque John Chisholm, l'y ordonna le 17 avril 1808, jour de Pâques, en même temps qu'Alexander MacDonell, qui allait œuvrer lui aussi en Nouvelle-Écosse. Par la suite, Grant fut missionnaire dans les Highlands pendant dix ans. En 1818, peut-être en réponse à l'une des nombreuses demandes de prêtres pour l'Amérique du Nord britannique, il partit pour le Haut-Canada. Son intention était d'aller servir sous l'autorité d'un ecclésiastique bien connu, Alexander McDonell, Highlander comme lui et vicaire général du Haut-Canada.

Grant arriva en Nouvelle-Écosse en août 1818, et Mgr Edmund Burke* le pria d'aller desservir temporairement Arisaig et Antigonish. L'évêque avait besoin de lui auprès des Highlanders du nord-est de la province, sans prêtre depuis la mort de William Chisholm. En 1819, Grant reçut de l'évêque de Québec, Mgr Joseph-Octave Plessis*, ainsi que de l'abbé McDonell l'autorisation d'œuvrer en Nouvelle-Écosse et, la même année, il fut incardiné dans le nouveau vicariat. Après avoir exercé son ministère à Antigonish et dans les environs pendant près d'un an, il partit pour Arisaig, à une vingtaine de milles au nord, où il travailla à titre de missionnaire durant environ 11 ans.

D'Arisaig, Grant couvrait tout le territoire en bordure du golfe et, en plus, il desservit la région de Pictou durant quelque temps. Comme il s'intéressait vivement à l'éducation, il ouvrit entre les années 1819 et 1828 un certain nombre d'écoles élémentaires, dont une à Arisaig, une à McCara's Brook (McArras Brook) et une autre à Cape St George (Cape George). Il fit agrandir l'église d'Arisaig, et aurait aussi fait construire une petite chapelle à North Side Cape George (Morar), sur les bords du golfe.

Grant jouissait d'une excellente constitution, mais le poids de la tâche pastorale dans une région aussi étendue usa sa santé, si bien qu'en 1828 il demanda qu'on le remplace. Louangé de tous comme missionnaire, il comptait de nombreux amis parmi les presbytériens d'origine écossaise, qui appréciaient sa bonté et sa compassion. Il était très ami avec le célèbre barde gaélique Iain MacGhilleathain, un presbytérien à qui il aurait offert un jour une tabatière qui contenait non seulement du tabac à priser mais aussi cinq livres d'or. En février 1829, Grant résigna sa charge pour raison de santé ; il acceptait toutefois de répondre aux appels importants jusqu'à l'arrivée de son remplaçant. Comme les demandes de pasteurs affluaient à l'évêché en provenance de tout l'est de la Nouvelle-Écosse, ce ne fut pas avant octobre 1830 que Mgr William Fraser* put nommer son successeur, William Bernard MacLeod, premier prêtre originaire de ce qui est aujourd'hui le diocèse d'Antigonish.

Une fois à la retraite, Grant acheta une petite ferme à Malignant Cove, près d'Arisaig. Quoique très pauvre, il ne reçut jamais d'aide de ses voisins, qui craignaient de blesser sa fierté. Ses dernières années furent donc plutôt tristes ; affligé d'une santé précaire et réduit à la pauvreté, il dut par surcroît subir le désagrément d'un court emprisonnement pour dettes en 1838. Il mourut le 31 mars 1839 dans sa trente-et-unième année de prêtrise et on l'enterra dans le vieux cimetière de Lower South River. On déposa sur sa sépulture une dalle non polie qui ne portait aucune inscription. Longtemps après sa mort, on organisa une souscription dans le but d'ériger sur sa tombe un monument convenable, ce qui fut fait avant décembre 1887.

Colin P. Grant fut l'un des nombreux prêtres qui vinrent des Highlands à la fin du XVIIIe et au début du XIXe siècle pour œuvrer en Nouvelle-Écosse. C'est grâce aux efforts de missionnaires comme lui que le nord-est de la Nouvelle-Écosse est devenu un bastion du catholicisme en Amérique du Nord britannique.

RAYMOND A. MacLean

AAQ, 312 CN, VI : 136a (copie aux Arch. of the Diocese of Antigonish, N.-É.). — Arch. of Scots College (Pontifical)

Grant

(Rome), Vicars Apostolic, William Fraser à Angus MacDonald, 8 oct. 1828 (copie aux Arch. of the Diocese of Antigonish). — Arch. of the Diocese of Antigonish, Files of the diocesan historian, A. A. Johnston, manuscript sketches, n° 105 (C. P. Grant). — PANS, MG 100, 103, n° 34. — *Colonial Patriot*, 28 mars 1828. — *Filidh na coille : dain agus orain leis a bhaird Mac-Gillean, agus le Feadhainn Eile* [...], A. MacL. Sinclair, édit. (Charlottetown, 1901), 12, 103. — A. A. Johnston, *A history of the Catholic Church in eastern Nova Scotia* (2 vol., Antigonish, 1960–1971). — Ronald McDonald, *The earliest Highland Catholic mission in Nova Scotia : a sermon preached at the dedication of the Church of St. Margaret's, Arisaig, July 16th, 1878* (Pictou, N.-É., 1878), 10. — [Sagart Arisaig (Ronald MacGillivray)], *History of Antigonish*, R. A. MacLean, édit. (2 vol., [Antigonish], 1976), 2 : 64. — *Casket* (Antigonish), 8 déc. 1887 : 2. — C. S. MacDonald, « Early Highland emigration to Nova Scotia and Prince Edward Island from 1770–1853 », N.S. Hist. Soc., *Coll.*, 23 (1936) : 41–48 ; « West Highland emigrants in eastern Nova Scotia », 32 (1959) : 1–30. — Sagart Arisaig [Ronald MacGillivray], « History of Antigonish, ch.XIV », *Casket,* 15 oct. 1891 : 2.

GRANT, PETER, trafiquant de fourrures, né vers 1764 en Écosse, probablement à Glen Moriston ; décédé le 20 juillet 1848 à Lachine, Bas-Canada.

Peter Grant entra au service de la North West Company en 1784, à titre de commis, probablement grâce à l'influence de John Grant, affréteur et transitaire de Lachine qui, semble-t-il, était son frère. Selon Alexander Henry* le jeune, Grant, d'abord affecté dans le bas de la rivière Rouge, établit le tout premier poste de Pembina (Dakota du Nord). En 1789, la North West Company l'envoya au lac Rouge (probablement le lac Red, Minnesota) avec un trafiquant nommé Desmarais ; l'année suivante, la compagnie leur confia temporairement le poste du lac à la Pluie (près de Fort Frances, Ontario), en remplacement du trafiquant de cet important dépôt, qui était tombé malade.

Après qu'on lui eut refusé une promotion au profit d'un autre, Grant se joignit à une entreprise indépendante qu'avait lancée en 1792 David Grant, avec qui ses liens ne sont pas déterminés. En 1790, ce dernier avait signé avec la North West Company un contrat de commis valable pour deux ans qui, à son expiration, lui donnait le choix de toucher £200 de salaire ou de prendre « pour lui-même un canot de marchandises » qu'il mènerait de Grand Portage (près de Grand Portage, Minnesota) à n'importe quel poste inoccupé. C'est sans aucun doute en raison du revenu insuffisant que lui avait rapporté ce contrat qu'il s'associa à Peter Grant et à une maison montréalaise, l'Alexander and James Robertson ; chacun d'eux détenait une part d'un tiers.

Une fois devenus trafiquants indépendants, les deux Grant commencèrent, en 1793, par délimiter à Grand Portage un terrain pour leur propre dépôt. Cependant, aucun bâtiment ne s'y élevait encore lorsqu'ils partirent vers l'ouest, où Peter établit son camp sur la rivière Qu'Appelle, à quelque cinq lieues du poste de John McDonell. En 1794, il commit l'imprudence d'envoyer quatre canots dans la région déjà surexploitée de la rivière Rouge : la Hudson's Bay Company, la Michilimackinac Company et lui-même y comptaient 14 postes, tandis que la North West Company n'en avait que 7. Mal préparée, la campagne des Grant ne tarda pas à échouer. Les Robertson récoltèrent la totalité des recettes de 1795 mais, dès l'année suivante, ils essuyèrent eux aussi une défaite au terme des poursuites qu'engagea la North West Company. Par suite de transactions ultérieures, ils acquirent les parts que détenaient les Grant mais durent transférer l'actif de la société à la North West Company. En vertu de la même entente, celle-ci offrit une place à Peter Grant et £200 par an en attendant qu'une part d'association devienne disponible, mais elle n'offrit rien à David. On ne sait trop pourquoi elle passa l'éponge dans le cas de Peter et ne le fit pas pour David, qui retourna à Montréal « ruiné ».

Réintégré à la North West Company avec une demi-part, Peter devint en 1797 associé à part entière et propriétaire du département du lac à la Pluie, alors menacé par les empiétements de la Hudson's Bay Company. L'influence de Grant sur les Indiens de la région contribua à chasser les intrus, qu'une autre concurrente eut tôt fait de remplacer, la New North West Company (appelée parfois la XY Company). Après le rendez-vous de 1801 de la North West Company, Grant quitta ce terrain de lutte pour faire son tour de service à Montréal, mais il dut interrompre son congé vers la fin de 1802 pour remplacer, sur l'ordre de la compagnie, le représentant de celle-ci à Sault-Sainte-Marie (Sault Ste Marie, Ontario), qui s'était noyé. En 1803, il assista au premier rendez-vous tenu à Kaministiquia (Thunder Bay, Ontario). L'année suivante, il rédigea sur les Sauteux un exposé qui, selon Louis-François-Roderick Masson*, est le « plus complet et [le] plus élaboré » des comptes rendus que remirent les associés de la North West Company à Roderick Mackenzie pour le livre qu'il projetait de publier sur les Indiens d'Amérique du Nord. Cette étude, conclut Masson, place Grant « au nombre des plus fins observateurs que la North West Company ait comptés ».

Au moment de sa retraite, en 1805, Peter Grant s'installa à Sainte-Anne-du-Bout-de-l'Île (Sainte-Anne-de-Bellevue, Québec), dans une grande maison de pierre connue aujourd'hui sous le nom de maison Thomas Moore. Vers 1820, il s'établit à Lachine, où il mourut en 1848. Durant ces longues années apparemment calmes, il s'occupa presque exclusivement de sa famille ; bien que membre du Beaver Club à compter de 1807, il ne le fréquenta guère. Grant était le père d'au moins trois enfants sang-mêlé, deux filles et un fils. Sa fille Mary et un autre fils ou neveu, Peter,

385

Grece

vécurent avec lui durant ses dernières décennies. Son autre fille et sa femme indienne demeurèrent au lac à la Pluie (lac Rainy, Ontario) et demandèrent une aide financière en 1816. Pendant qu'il était encore en territoire indien, Grant avait reçu des appels semblables de parents appauvris des Highlands, où la plupart des fermiers « [allaient] être bientôt bergers ». La sensibilité qu'il manifeste dans sa correspondance familiale et dans ses écrits sur les Indiens suggère qu'il dut répondre aux appels de ses parents écossais et indiens.

JEAN MORRISON

L'auteur tient à remercier Raymond Dumais, W. Kaye Lamb, Hugh MacMillan et Victoria Stewart pour leur précieuse assistance. [J. M.]

L'étude sur les Indiens sauteux de Peter Grant a paru à la suite de plusieurs changements éditoriaux sous le titre de « The Sauteux Indians about 1804 », les Bourgeois de la Compagnie du Nord-Ouest (Masson), 2 : 303–366. Le manuscrit intitulé « An account of the Sauteux Indians » ([1804]) se trouve à la MTRL.

ANQ-M, CE1-124, 22 juill. 1848 ; CN1-29, 29 janv. 1790, 5 mars 1796. — AO, MU 572. — APC, MG 19, B1, 1 : 21, 41, 115, 160 ; B3 : 7, 76 ; E1, sér. 1 : 8612 ; RG 8, I (C sér.), 363 : 18. — Presbyterian Church in Canada Arch. (Toronto), St Gabriel Street Church (Montréal), reg. of baptisms, 1798, 1804–1806 (mfm aux AO). — UTFL, MS coll. 31, box 24, file 7. — Les Bourgeois de la Compagnie du Nord-Ouest (Masson), 1 : 32, 66, 284. — Docs. relating to NWC (Wallace). — Five fur traders of the northwest [...], C. M. Gates, édit. ([2e éd.], St Paul, Minn., 1965). — Simon Fraser, The letters and journals of Simon Fraser, 1806–1808, W. K. Lamb, édit. (Toronto, 1960). — Duncan McGillivray, The journal of Duncan M'Gillivray of the North West Company at Fort George on the Saskatchewan, 1794–5, introd. de A. S. Morton, édit. (Toronto, 1929). — Alexander Mackenzie, The journals and letters of Sir Alexander Mackenzie, W. K. Lamb, édit. (Toronto, 1970). — New light on the early history of the greater northwest : the manuscript journals of Alexander Henry [...] and of David Thompson [...], Elliott Coues, édit. (3 vol., New York, 1897 ; réimpr., 3 vol. en 2, Minneapolis, Minn., [1965]), 1 : 80–81. — Campbell, Hist. of Scotch Presbyterian Church. — W. S. Wallace, The pedlars from Quebec and other papers on the Nor'Westers (Toronto, 1954). — E. A. Mitchell, « The North West Company agreement of 1795 », CHR, 36 (1955) : 126–145.

GRECE, CHARLES FREDERICK, spécialiste de la culture du chanvre, cultivateur et juge de paix ; décédé le 12 mars 1844 à Sainte-Thérèse-de-Blainville (Sainte-Thérèse, Québec).

L'immigration de Charles Frederick Grece à Montréal à l'automne de 1805 se situe dans la série d'efforts coûteux et infructueux des gouvernements métropolitain et colonial pour lancer la culture du chanvre dans le Bas-Canada au début du XIXe siècle. Diverses raisons stimulent cet intérêt : la raréfaction des approvisionnements européens par suite de la guerre et du blocus continental, le besoin pressant de chanvre pour les cordages de la marine britannique et la nécessité de diversifier la production agricole canadienne pour mieux l'insérer dans l'économie de marché atlantique.

Après une tentative modeste qui échoue sous lord Dorchester [Carleton*], des velléités resurgissent sous des pressions externes et internes : déjà, en 1800, on songe à offrir des primes et des terres incultes. En 1801, tout en constatant la difficulté d'obtenir de la bonne semence, le Conseil exécutif recommande de mener des expériences sur une petite échelle et de donner des primes. Nommés agents pour l'achat du chanvre par le lieutenant-gouverneur sir Robert Shore MILNES, Isaac Winslow Clarke et William Grant* poursuivent des expériences ; le premier expédie même 2 584 livres de chanvre marchand en Angleterre en 1802. Milnes, pressé par Londres, constitue deux comités permanents, l'un à Montréal et l'autre à Québec, encourage les agents – Clarke obtiendra une médaille d'or en 1804 de la Society for the Encouragement of Arts, Manufactures, and Commerce de Londres –, fait voter une somme de £1 200 par la chambre d'Assemblée (loi reconduite en 1804), distribue de petites quantités de semence et assure un « prix généreux » aux producteurs. En réalité, les candidats sont peu nombreux : outre Clarke et Grant, il y a Philippe Robin, de l'île de Jersey, et Philemon WRIGHT, qui exigent des subventions et de vastes étendues de terres (20 000 et 10 000 acres respectivement). Cependant, diverses études circulent dans la province, dont celle de John Taylor, à compter de 1802, et celle de Charles Taylor, à partir de 1806, et les journaux encouragent les cultivateurs à entreprendre cette culture. Le gouvernement multiplie les pressions, même auprès des sulpiciens. Les agents, voire des seigneurs comme Charles-Louis Tarieu* de Lanaudière, font de la publicité et deux spécialistes en la matière, Charles Frederick Grece et James Campbell*, arrivent de Londres.

Charles Frederick Grece est le frère de John William Grece qui a fait le commerce des céréales entre l'Angleterre et la Prusse et qui, en 1804, a offert de lancer la culture du lin et du chanvre au Canada en échange d'un canton ou de 50 000 acres le long de la rivière des Outaouais. Les lords du commerce ont offert une avance de £400 et apparemment une terre défrichée de 150 acres à Charles Frederick Grece et à James Campbell, avance sujette à remboursement si les conditions de l'entente ne sont pas remplies. À son arrivée à Montréal, Grece ne trouve pas la terre défrichée promise, mais il touche depuis son embarquement, le 17 octobre, £200 par année en plus de recevoir 75 minots de mauvaise semence et 100 exemplaires de la brochure de Charles Taylor. En 1806, le Conseil exécutif, qui ne se considère pas autorisé à acheter une terre défrichée, recommande une avance de £300 et une allocation de 10s l'acre pour la location d'une terre appropriée.

Cette inaction dans la colonie pousse Grece à faire intervenir son frère auprès du gouvernement britannique. Charles Frederick demande une compensation, car il a acheté une terre près de Montréal et y a érigé des bâtiments à un coût très élevé. Londres donne instructions au gouvernement colonial d'acheter une terre de 150 acres à Grece ou de le dédommager en proportion, si ce dernier a rempli les conditions de son engagement. En septembre 1807, après une première et minutieuse enquête, le Conseil exécutif conclut que Grece a bel et bien rempli ses engagements, compte tenu des circonstances, dont la mauvaise qualité de la semence. Une seconde enquête, cette fois sur le coût de l'érection des bâtiments, amène le conseil à recommander l'achat de 75 acres de terre à Grece, à un coût maximum de £75, quitte à ce que ce dernier acquitte le solde en marchandises et reçoive du gouvernement une indemnité annuelle de £20. Le conseil considère, en effet, que Grece n'a pas à se plaindre, puisqu'on lui paie le loyer de sa terre en plus de lui verser un salaire annuel de £200. En 1808, le gouverneur sir James Henry Craig* exprime sa satisfaction à l'endroit de Grece. Pourtant, encore en 1811, ce dernier doit quémander les 150 acres promises par Londres et une compensation pour les £346 qu'il a investies dans l'érection des bâtiments. Le Conseil exécutif se contente de préconiser la location pour cinq ou sept ans, à un prix modique, de la terre cultivée par Grece, de façon à lui permettre de présenter ses doléances devant les lords du commerce. Ceux-ci entérinent cette proposition, mais les réclamations de Grece traînent encore en 1814. Puis, la trace de cet homme s'estompe et seuls quelques faits épars sont connus. Ainsi, en 1820 et 1824, il fait des demandes en vue d'obtenir de nouvelles terres à Longue-Pointe (Montréal), où il est déjà établi. D'autre part, il reçoit diverses commissions de juge de paix, plus précisément en 1831, 1833 et 1837. La dernière est reconduite le 31 décembre 1838, date à laquelle on perd la trace de Grece jusqu'à son décès survenu le 12 mars 1844.

Malgré l'injection de capitaux privés et publics de plus de £40 000 entre 1806 et 1809, les efforts pour stimuler la culture du chanvre ont tous échoué. Charles Frederick Grece attribue cet échec à l'explosion de l'industrie du bois et du commerce en général, d'où l'excessive cherté de la main-d'œuvre. Craig est du même avis. Campbell et John Lambert* parleront de complot et d'importation volontaire de mauvaise semence. On ne peut éluder la responsabilité des gouvernements métropolitain et colonial qui refusent de s'astreindre à un effort financier adéquat. Ces facteurs comptent bien davantage que la prétendue opposition des Canadiens causée par leur ignorance et leurs préjugés.

JEAN-PIERRE WALLOT

Charles Frederick Grece est l'auteur de : *Essays on husbandry, addressed to the Canadian farmers*, publié à Montréal en 1817, et de *Facts and observations respecting Canada and the United States of America : affording a comparative view of the inducement to emigration in those countries* [...], paru à Londres en 1819.

APC, MG 11, [CO 42] Q, 87-1 : 243–250 ; 87-2 : 424 ; 88 : 2, 90, 150–155, 175 ; 89 : 4, 70, 75, 79, 90, 249 ; 90 : 334–345 ; 91 : 15–18 ; 97A : 44 ; 100 : 10, 241–265 ; 101-2 : 369 ; 102 : 44, 256 ; 103 : 20 ; 104 : 210–211 ; 105 : 80–86 ; 106-2 : 305, 395, 400–401 ; 107 : 159, 322 ; 117-1 : 104–109, 144–146 ; 117-2 : 185 ; 119 : 211 ; 128-1 : 196 ; MG 17, A7-2, 5 ; RG 1, E1, 31 ; 33 ; L3^L : 5428–5431 ; 47829–47910, 47913–47936 ; RG 7, G1, 1–2 ; RG 68, General index, 1651–1841. — UCC, Montreal Presbytery, St. Therese de Blainville (Sainte-Thérèse), reg. of burials, 16 mars 1844. — B.-C., chambre d'Assemblée, *Journaux*, 1800–1812. — John Lambert, *Travels through Lower Canada, and the United States of North America, in the years 1806, 1807, and 1808* [...] (3 vol., Londres, 1810), 1 : 468–469. — Charles Taylor, *Remarks on the culture and preparation of hemp in Canada* [...] (Québec, 1806). — *Le Courier de Québec*, 1807–1808. — *La Gazette de Québec*, 1792–1824. — Hare et Wallot, *les Imprimés dans le B.-C.*, n°s 35, 123, 137, 201(E), 250(E), 264. — « Papiers d'État – B.-C. », APC *Rapport*, 1892. — Maurice Séguin, *la « Nation canadienne » et l'Agriculture (1760–1850) : essai d'histoire économique* (Trois-Rivières, Québec, 1970). — Douglas Brymner, « Rapport sur les Archives du Canada », APC *Rapport*, 1891 : xlii.

GRIFFITH, JOHN, fabricant de chaises et commerçant ; le 18 août 1825, il épousa à Montréal Sarah McGinnis, et ils eurent dix enfants ; *circa* 1825–1847.

On ne connaît pas les origines de John Griffith ni la date de son arrivée à Montréal. Son nom ne figure pas dans l'annuaire de Montréal de 1819 mais on sait, d'après les registres, qu'il était un « résident de cette ville » en 1825, quand il se maria à la Christ Church, devant le révérend John Bethune*. Il semble improbable qu'il ait été dans les affaires pour son propre compte à ce moment-là. Quelques années plus tard, cependant, il avait mis sur pied une manufacture de chaises dans le faubourg Québec, banlieue de l'est de Montréal. L'existence de sa manufacture au début des années 1830 est attestée par ses cartes d'affaires et les étiquettes qu'il collait sous ses meubles ; celles-ci lui étaient fournies par l'imprimeur George Perkins BULL, qui eut une entreprise à Montréal de 1831 à 1833.

À la différence des ébénistes, qui utilisaient des types de bois de meilleure qualité et souvent importés, les premiers fabricants de chaises à Montréal produisaient des meubles bon marché, non peints ou non vernis. C'est pourquoi ils faisaient presque toujours le commerce des peintures, comme c'était le cas pour Griffith. Celui-ci avait débuté comme peintre (c'est le métier qu'on lui attribua au moment de son mariage) et ce champ d'activité était souligné sur ses étiquettes : « John Griffith, peintre – bâtiments, enseignes,

Grosset

décorations –, fabricant de chaises, etc. » Au fil des années, il continua de s'annoncer entre autres comme peintre d'enseignes « soigneusement exécutées ». Il vendait également des peintures de tous genres, y compris du matériel d'artiste, mais c'est surtout comme fabricant de meubles peints, de chaises en particulier, qu'il cherchait à se faire connaître. Au cours des années 1830, son titre de peintre, dans les registres officiels, sera remplacé par celui de fabricant de chaises.

En plus d'exploiter sa manufacture en banlieue dès 1840, Griffith louait un grand entrepôt pour ses meubles, rue Saint-Paul, dans ce qui était alors le principal secteur commercial de Montréal, et se lançait tant dans le commerce de gros que de détail. En 1843, il faisait de la publicité pour un stock de 2 000 chaises : des chaises cannées, paillées ou Windsor. Il gardait en magasin des châlits, des tables et des consoles de toilette et il fabriquait ce qu'on appelait des « chaises de fantaisie ». Il reste encore de ces chaises de fantaisie dont la traverse supérieure laisse voir des traces de la décoration originale qui représentait des fleurs ou des fruits. Les pieds faits au tour empruntaient parfois l'aspect du bambou et l'imitation devait être accentuée à l'origine par la peinture. Griffith annonçait généralement dans sa publicité « plusieurs modèles différents » de chaises, tous de qualité supérieure garantie. Il faisait parfois des ventes à l'encan où il écoulait jusqu'à 700 chaises à la fois.

À Montréal, dans la première moitié du xixe siècle, peu de fabricants de chaises signaient leurs produits, ce qui rend maintenant toute attribution hasardeuse. Griffith, quant à lui, apposait des étiquettes imprimées dessous ses chaises, et certaines sont demeurées intactes. En outre, il marquait souvent ses pièces de l'inscription « GRIFFITH / MONT-REAL ». À cette époque, il y avait un certain nombre de fabricants de chaises à Montréal, mais Griffith avait, sur la plupart de ses concurrents, l'avantage d'exploiter à la fois une manufacture et un point de vente. Il était sûrement respecté de ses pairs, puisqu'à plusieurs reprises il agit à titre de témoin à des baptêmes ou à des funérailles dans leurs familles. Bien qu'il se soit marié à la Christ Church et qu'il ait fait baptiser ses cinq premiers enfants à cette église anglicane, il finit par se joindre à la congrégation méthodiste St James Street à laquelle appartenaient bon nombre de ses collègues, y compris John Hilton*.

Pendant plus d'une douzaine d'années l'entreprise connut la prospérité, et Griffith fit même des placements dans l'immobilier. En 1846, il mit en vente six lots de terrain à bâtir « de grande valeur », ce qui annonçait probablement des difficultés financières. L'année suivante, on mettait en vente aux enchères le bail de son entrepôt de la rue Saint-Paul en le présentant comme un « local de premier ordre » pour le commerce. Griffith était en faillite : son mobilier

personnel et tout son stock furent vendus. Son aventure dans le commerce du meuble à Montréal eut toutefois une dernière répercussion : en 1850, un certain William Griffith, peut-être son fils aîné, tenait un magasin de peinture à la même adresse, rue Saint-Paul, mais cette entreprise ne dura pas longtemps.

John Griffith s'était lancé dans la fabrication des chaises avec de grandes ambitions. Malheureusement pour lui, cette spécialité de la menuiserie se trouvait en voie de disparition. Dès les années 1860, les annuaires de Montréal, dans leur classification des métiers, ne mentionnaient plus que rarement la fabrication des chaises comme spécialité distincte. Les ébénistes, qui pouvaient offrir à la fois des chaises bon marché et des meubles de luxe, avaient déjà commencé à absorber ce secteur dans les années 1840. Les usines qui utilisaient des machines à vapeur remplaçaient le type d'atelier que Griffith avait établi dans les années 1830. Malgré tout, celui-ci s'était un moment hissé au premier rang des entreprises montréalaises spécialisées dans la fabrication de chaises.

Elizabeth Collard

Quelques chaises fabriquées par John Griffith font partie de la collection du Musée canadien des civilisations (Ottawa). D'autres, dont quelques-unes possèdent toujours l'étiquette, font partie de collections privées.

ANQ-M, CE1-63, 18 août 1825, 21 mai 1826, 3 févr. 1828, 28 mars 1830, 9 avril 1831 ; CE1-109, 22 juin, 17 juill. 1833, 10 sept. 1835, 6 avril 1837, 17 avril 1839, 3 janv. 1844. — La Minerve, 29 mai 1843. — Montreal Gazette, 20 août 1825, 5 nov. 1831, 2 mars, 6 avril 1833, 9 mai 1844, 24 mai 1845, 28 avril, 20 oct. 1847, 21, 31 mai 1849. — Montreal Transcript, 2 avril 1840, 14 sept. 1843, 9, 14 mai, 8 oct. 1844, 2 mai 1846, 24 avril 1847. — Pilot (Montréal), 15 avril 1848. — Montreal directory, 1842–1847. — Elizabeth Collard, « Montreal cabinetmakers and chairmakers, 1800–1850 : a checklist », Antiques (New York), 105 (janv.–juin 1974) : 1132–1146.

GROSSET. V. DuVernet

GUGY, LOUIS (Jean-Georges-Barthélemy-Guillaume-Louis), seigneur, officier de milice, fonctionnaire, juge de paix et homme politique, né en janvier 1770 à Paris, fils de Barthélemy Gugy et de Jeanne-Élisabeth Teissier ; le 27 février 1795, il épousa à Londres Juliana O'Connor, et ils eurent neuf enfants, dont Bartholomew Conrad Augustus* ; décédé le 17 juillet 1840 à Montréal.

Originaire de Suisse, la famille de Louis Gugy est liée par tradition au métier des armes. Il est donc peu surprenant de le retrouver, en 1791, en France où il occupe le rang de lieutenant dans le régiment des gardes suisses que commande son père. L'année suivante, des raisons politiques forcent le départ de

Gugy qui choisit alors de se rendre en Suisse, où il résidera pendant deux années sans interruption. Puis, le 26 juin 1794, il débarque à Québec en provenance de Londres. Il vient dans la colonie dans le but de prendre possession, au nom de son père, de la succession de son oncle Conrad Gugy*. Bien que ce séjour ne dure que quelques mois, il suffit à convaincre Gugy de revenir s'y établir à demeure. Après leur mariage à Londres, Gugy et sa femme s'embarquent le 30 mai 1795 sur le brick *Betsey,* accompagnés de Barthélemy Gugy et de sa famille. Ils arrivent à Québec le 8 juillet suivant.

Héritier des seigneuries Dumontier et de Grandpré ainsi que de la moitié (moins sept arpents) de la seigneurie de Grosbois que possédait son frère Conrad, Barthélemy Gugy s'installe avec les siens au manoir seigneurial à Yamachiche. À sa mort, survenue le 19 avril 1797, c'est Louis qui devient propriétaire de ses biens. Il continue de résider à Yamachiche au moins jusqu'en 1799, mais il préfère ensuite s'établir à Trois-Rivières.

Sa nomination, le 13 août 1805, au poste de shérif de ce lieu marque pour Gugy le début d'une ascension rapide. Juge de paix du district de Trois-Rivières depuis 1803, il voit sa commission renouvelée en 1805 et, trois ans plus tard, on le choisit à titre de commissaire chargé du secours aux aliénés et aux enfants abandonnés du district de Trois-Rivières. Il devient également en 1808 commissaire habilité à administrer le serment aux personnes qui sollicitent des concessions de terre.

À partir de 1803, Gugy s'était également révélé actif au sein de la milice. D'abord lieutenant et adjudant, puis capitaine dans le 1er bataillon de milice de Trois-Rivières, il est par la suite promu major le 19 mai 1812. Transféré au bataillon de milice de Berthier le 18 mars 1813, il est fait lieutenant-colonel de ce corps le 25 septembre suivant.

Parallèlement à toutes ces activités, Gugy participe à la vie politique. Du 23 novembre 1809 au 1er mars 1810, il représente la circonscription de Saint-Maurice à la chambre d'Assemblée. Dans l'esprit de plusieurs, Gugy est associé aux bureaucrates ; on l'accuse même de prendre parti en faveur du gouverneur sir James Henry Craig* aux dépens de l'Assemblée. Pourtant, le 25 avril 1816, Gugy reçoit un nouveau mandat de ses électeurs de Saint-Maurice et demeure député jusqu'à sa nomination à titre de conseiller législatif le 10 avril 1818.

Membre de l'élite trifluvienne, Gugy est nommé commissaire responsable de l'amélioration des communications dans la région de Trois-Rivières, en 1815, et de la construction d'un palais de justice dans sa ville, en 1817. L'année suivante, il est membre de la commission d'examen des candidatures aux postes d'inspecteur de farine. Puis, cinq ans plus tard, il devient commissaire chargé de l'exécution des réparations à l'église anglicane de Trois-Rivières et, en 1826, commissaire responsable de l'amélioration du chemin entre Saint-Grégoire (Bécancour) et la Longue Pointe, dans le canton de Kingsey.

Le 3 mars 1827, on choisit Gugy pour être shérif de Montréal ; il laisse alors la charge identique qu'il remplissait à Trois-Rivières. Les années qui précèdent les troubles de 1837–1838 ne sont guère heureuses pour lui. Ainsi, à la suite des événements du 21 mai 1832, survenus en pleine période électorale dans Montréal-Ouest et au cours desquels des militaires tuent trois Canadiens [V. Daniel Tracey*], les leaders du parti canadien accusent Gugy de partialité dans l'exercice de ses fonctions. Les ennuis du shérif ne font cependant que commencer.

En effet, le 2 mars 1836, un comité de la chambre étudie le premier rapport du comité spécial chargé de s'enquérir des honoraires et revenus perçus, en vertu de leurs charges respectives, par les shérifs, protonotaires et crieurs des cours d'appel et du banc du roi. Il se penche également sur la partie du rapport relative au décès de John Collins à la prison de Montréal, en décembre 1835. Gugy est au cœur du débat. On l'accuse de fraude dans ses rapports financiers, de faux témoignage au cours de son examen par le comité spécial de la chambre et de négligence tant dans la surveillance des officiers subalternes que dans la tenue de la prison. Bref, le comité recommande et obtient qu'on envoie au gouverneur lord Gosford [ACHESON] une adresse le priant de démettre Gugy de sa charge de shérif et de ne lui accorder à l'avenir aucune place d'honneur ou de profit. Le 6 mars 1836, le gouverneur s'engage à prendre les mesures appropriées, après qu'il aura entendu la défense de Gugy. Le cas est ensuite soumis à Londres et la réponse arrive au printemps de 1837 : Gugy doit être démis de ses fonctions. En avril, un nouveau shérif, Roch de Saint-Ours, entre en fonction à Montréal. Trois ans plus tard, Gugy meurt dans cette ville.

La fidélité de Louis Gugy envers la couronne constitue le trait dominant de sa carrière. Cet attachement au pouvoir a été à la base tant de ses succès que de ses déboires.

RENALD LESSARD

ANQ-M, CN1-192, 22 sept. 1838. — ANQ-MBF, CE1-50, 6 déc. 1795, 21 avril 1797 ; CN1-4, 19 mars 1794 ; CN1-5, 17 août 1789 ; CN1-6, 11 mars 1803, 20 mai, 15 juill. 1823 ; CN1-7, 27 juill. 1840 ; CN1-32, 2 mai 1818, 14, 25 mai 1821, 13, 26 juin 1822, 27 août 1824. — ANQ-Q, E18/201, E : 211–225 ; K : 158–159 ; E21/297, 19/55, n° 145 ; P-98/6 ; 10 ; P-365/9. — APC, RG 1, L3ᴸ : 554, 556, 587, 4038, 48772–48775, 48985–49195 ; RG 4, A1 : 40434, 41043 ; B45, 1 : 26 ; B58, 15 ; RG 68, General index, 1651–1841. — ASQ, Polygraphie, XXXVI : 18D. — B.-C., chambre d'Assemblée, *Journaux,* 1832–1833, app. V ; 1834, app. S ; 1835–1836, app. VV, WW ; Conseil législatif, *Journaux,* 1819 : 30–31. — « Documents sur la famille Gugy », *BRH,*

Guy

36 (1930) : 181–182. — *Le Canadien*, 22 juill. 1840. — *La Gazette de Québec*, 3, 24 juill. 1794, 9 juill. 1795, 2 juill. 1807, 30 juin 1808, 22 sept. 1814, 8 juin 1815, 15 mai 1817, 25 juin, 3 sept. 1818, 24 mai 1821. — *La Minerve*, 23 mars, 10 avril 1837. — *Montreal Gazette*, 4, 8, 11 avril 1837. — F.-J. Audet, « Shérifs de Montréal », *BRH*, 8 (1902) : 200 ; *les Députés de Saint-Maurice (1808–1838) et de Champlain (1830–1838)* (Trois-Rivières, Québec, 1934). — Desjardins, *Guide parl.*, 140. — Juliette Dubé, « Inventaire analytique du fonds Édouard-Raymond Fabre », ANQ *Rapport*, 1972 : 135, 138, 141–142, 144–148, 152–153. — Hare et Wallot, *les Imprimés dans le B.-C.*, 229–231. — Le Jeune, *Dictionnaire*, 1 : 723. — H. J. Morgan, *Sketches of celebrated Canadians*, 518–521. — « Papiers d'État – B.-C. », APC *Rapport*, 1897 : 283. — P.-G. Roy, « Shérifs de Trois-Rivières », *BRH*, 7 (1901) : 356. — Turcotte, *le Conseil législatif*, 93. — Raphaël Bellemare, *les Bases de l'histoire d'Yamachiche, 1703–1903* [...] (Montréal, 1901), 95–100, 291–295. — E. H. Bovay, *le Canada et les Suisses, 1604–1974* (Fribourg, Suisse, 1976), 9. — Napoléon Caron, *Histoire de la paroisse d'Yamachiche (précis historique)* (Trois-Rivières, 1892), 27–28. — Denison, *la Première Banque au Canada*, 1 : 293. — Germain Lesage, *Histoire de Louiseville, 1665–1960* (Louiseville, Québec, 1961), 136–137. — Fernand Lefebvre, « la Vie à la prison de Montréal au XIXe siècle », *RHAF*, 7 (1953–1954) : 524–537. — É.-Z. Massicotte, « Famille Gugy », *BRH*, 23 (1917) : 312–314 ; « les Shérifs de Montréal (1763–1823) », 29 (1923) : 109.

GUY, LOUIS, juge de paix, notaire, fonctionnaire, officier de milice et homme politique, né le 27 juin 1768 à Montréal, fils de Pierre Guy*, marchand et propriétaire terrien, et de Marie-Josephte Hervieux ; le 19 octobre 1795, il épousa Josette Curot, de Montréal, et ils eurent quatre fils et cinq filles ; décédé le 17 février 1850 dans cette ville.

La famille de Louis Guy, l'une des plus distinguées de Montréal, descendait de Nicolas Guy, de Paris, grand chambellan sous Louis XIV. En premier lieu, Louis acquit une formation d'arpenteur. Il passa l'hiver de 1791–1792 au College of New Jersey, à Princeton, pour apprendre l'anglais ; son frère Étienne* fréquenta le même établissement quelques années plus tard. À son retour, Louis étudia le droit dans le cabinet de Joseph PAPINEAU et, le 31 août 1801, fut reçu notaire. Il réussit très bien dans cette profession et devint notaire du roi en 1828. À ce titre, il exécuta de nombreux travaux lucratifs pour le gouvernement et l'armée.

Major du 5e bataillon de la milice d'élite incorporée au cours de la guerre de 1812, Guy prit part à la bataille de Châteauguay sous le commandement du lieutenant-colonel Charles-Michel d'Irumberry* de Salaberry. Une fois la paix conclue, il continua de s'intéresser à la milice et n'épargna ni temps ni argent pour en accroître l'efficacité. Aussi fut-il promu colonel en 1830, distinction rare pour un Canadien. Pendant la réorganisation de la milice, la même

année, l'administrateur sir James Kempt* le consulta fréquemment sur des questions relatives aux unités de Montréal.

En 1822, Guy avait été à la tête des Canadiens opposés au projet d'union du Bas et du Haut-Canada. Le 7 octobre, à Montréal, il avait présidé la première assemblée de citoyens qui s'opposaient à cette mesure. En compagnie de Louis-Joseph Papineau*, de Denis-Benjamin Viger*, de Pierre-Dominique DEBARTZCH et d'autres notables, il avait organisé dans la ville un comité constitutionnel pour faire campagne contre l'union. Le 10 juillet 1823, c'est lui qui informa les comités constitutionnels de toute la province que les délégués envoyés à Londres pour défendre leurs intérêts, Papineau et John NEILSON, avaient eu gain de cause : le gouvernement britannique avait écarté le projet d'union.

Par la suite, Guy évita de se mêler de politique populaire, surtout à mesure que le mouvement réformiste de la province, sous la direction de Papineau, se montrait plus agressif. Grâce à sa compétence et à sa promptitude à accepter des responsabilités publiques, il obtint de nombreuses commissions. La première avait été celle de juge de paix du district de Montréal en avril 1800. Par la suite, il se vit confier régulièrement d'autres fonctions, dont celles de commissaire de la voirie et des ponts de la ville et de la région de Montréal, syndic de la Maison d'industrie, commissaire du recensement, commissaire chargé de la construction des églises et des presbytères, en plus de recevoir une commission d'audition et de jugement des causes criminelles. Le 20 décembre 1830, lord Aylmer [WHITWORTH-AYLMER] qui, comme son prédécesseur Kempt, le tenait en très haute estime le nomma au Conseil législatif.

Comme il bénéficiait d'une position sociale et financière sûre, qu'il était doué d'énergie, de compétence et d'affabilité, Guy fut l'un de ces chefs conservateurs de la population canadienne qui appuyaient le régime politique en place et travaillaient à l'intérieur de ses cadres. À l'instar de la plupart des habitants de la province, il désapprouvait l'opposition illégale. Pourtant, lorsqu'à la fin de novembre 1837 des combats éclatèrent entre les insurgés et les troupes gouvernementales à Saint-Denis et à Saint-Charles-sur-Richelieu, il hésita à soutenir les juges de paix de Montréal, qui résolurent de demander au gouverneur lord Gosford [ACHESON] de proclamer la loi martiale dans le district. Il espérait, comme son ami intime Jacques Viger*, premier maire de la ville, que l'armée pourrait mater rapidement l'insurrection sans qu'il faille recourir à de telles extrémités. Son fils Louis, alors officier, faisait partie des soldats que sir John Colborne* avait affectés spécialement à la mobilisation, à Montréal, de volontaires loyalistes.

Louis Guy siégea au Conseil législatif jusqu'en mars 1838 et exerça le notariat jusqu'en 1842. Il partageait avec son ami Viger une passion pour l'histoire du Bas-Canada et avait, disait-on, des talents certains d'archéologue amateur.

ELINOR KYTE SENIOR

ANQ-M, CE1-51, 28 juin 1768, 19 oct. 1795, 17 oct. 1850. — APC, MG 11, [CO 42] Q, 239 : 382 ; RG 68, General index, 1651–1841. — AUM, P 58. — *La Minerve,* 18 févr. 1850. — *Montreal Gazette,* 20 févr. 1850. — Louis Guy, «Lettre de Louis Guy, président du comité constitutionnel de Montréal aux comités des comtés», *BRH,* 38 (1932) : 443–446. — C.-M. d'Irumberry de Salaberry, «Lettre de Charles de Salaberry à Louis Guy», *BRH,* 38 : 135. — L.-J. Papineau, «Lettres de Louis-Joseph Papineau à Louis Guy», *BRH,* 34 (1928) : 81–104. — F.-J. Audet, «les Législateurs du B.-C.». — F.-M. Bibaud, *le Panthéon canadien* (A. et V. Bibaud ; 1891). — *Officers of British forces in Canada* (Irving). — Turcotte, *le Conseil législatif.* — W. H. Atherton, *Montreal, 1535–1914* (3 vol., Montréal et Vancouver, 1914), 3. — Chapais, *Cours d'hist. du Canada,* 3. — François Daniel, *Notice sur la famille Guy et sur quelques autres familles* (Montréal, 1867).

GWILLIM, ELIZABETH POSTHUMA (Simcoe),

auteure et aquarelliste, baptisée le 22 septembre 1762 à Aldwincle, Angleterre, fille du lieutenant-colonel Thomas Gwillim et d'Elizabeth Spinkes ; le 30 décembre 1782, elle épousa John Graves Simcoe*, et ils eurent 11 enfants ; décédée le 17 janvier 1850 à Wolford Lodge, près de Honiton, Angleterre.

Devenue veuve en 1762, Elizabeth Spinkes Gwillim retourna vivre avec sa famille à Aldwincle, dans le Northamptonshire, où elle mourut en donnant naissance à son unique enfant, Elizabeth Posthuma Gwillim. L'enterrement eut lieu le lendemain du baptême. La petite orpheline fut prise en charge par la sœur cadette de sa mère, Margaret, qui épousa le 14 juin 1769 à Aldwincle l'amiral Samuel Graves. Au printemps de 1782, Elizabeth, qui vivait avec les Graves près de Honiton, dans le Devon, fit la connaissance du filleul de l'amiral, John Graves Simcoe ; on célébra leur mariage la même année.

Les Simcoe habitèrent d'abord Exeter, où naquirent leurs trois premiers enfants. Héritière de la fortune de son père et de sa mère, Elizabeth était une femme riche. En 1784, elle acheta près de Honiton le domaine de Wolford, qui s'étendait sur environ 5 000 acres et à l'aménagement duquel elle consacra, avec son mari, beaucoup de temps. Elle vivait «recluse» à Wolford et donnait naissance presque chaque année à une fille ; enfin, en juin 1791, elle eut un fils.

La même année, son mari devint lieutenant-gouverneur de la nouvelle province du Haut-Canada. Les Simcoe laissèrent alors leurs quatre filles aînées à Wolford et s'embarquèrent à Weymouth le 26 septembre en compagnie de leurs deux benjamins. Arrivés à Québec le 11 novembre, ils y passèrent l'hiver, puis

au printemps ils entreprirent leur long voyage vers l'intérieur du pays. Mme Simcoe passa un an à Newark (Niagara-on-the-Lake), où elle accoucha d'une autre fille, puis alla s'installer à York (Toronto) le 30 juillet 1793. Elle avait projeté de laisser son bébé à Queenston – «là où nous allons, il n'y a que des arbres et des moustiques», disait-elle – mais l'enfant mourut à York au printemps de 1794, en l'absence de son père et du médecin de la famille. Après un été à Newark, Mme Simcoe emmena ses enfants à Québec parce qu'une guerre avec les États-Unis menaçait d'éclater. Elle retourna dans le Haut-Canada au printemps de 1795, puis en 1796 son mari obtint un congé. Partis de Québec le 10 septembre, ils n'allaient plus revenir au Canada.

Les Simcoe retrouvèrent leurs autres enfants à Wolford, où ils se mirent à donner de somptueuses réceptions. Simcoe lui-même passa une bonne partie de l'année 1797 à Saint-Domingue (île d'Haïti), mais ensuite son affectation au poste de commandant du district de Western le ramena près de sa famille, puisque son quartier général était situé à Exeter, à 14 milles seulement de Wolford. Deux fils et deux filles naquirent entre 1798 et 1804. En juillet 1806, on nomma Simcoe commandant en chef en Inde. Puis, au moment même où sa femme préparait ses bagages pour l'Orient, on l'envoya en expédition au Portugal, où il tomba malade. Ramené en Angleterre, il mourut à Exeter le 26 octobre 1806. Mme Simcoe continua à demeurer à Wolford avec ses sept filles, dont aucune ne se maria de son vivant. Devenue une fervente évangélique au sein de l'Église d'Angleterre, elle consacrait une bonne partie de son temps à des œuvres de bienfaisance, tout en surveillant étroitement ses vastes propriétés et ses grands enfants. Le plus souvent, pour se distraire, elle allait en excursion dans le sud-ouest de l'Angleterre et au pays de Galles pour y faire des croquis, ou bien elle rendait visite à son unique fils survivant, pasteur en Cornouailles. Son fils aîné avait été tué pendant le siège de Badajoz en 1812, et son autre fils était mort en bas âge.

Les cinq années que Mme Simcoe passa au Canada furent les plus passionnantes de sa longue existence. L'expérience lui plut de bout en bout – la dure traversée de l'Atlantique Nord, la gaieté de Québec, les épreuves du voyage dans un pays neuf, la petite société provinciale de Newark, la vie dans les habitations rudimentaires d'York et même la poursuite par des vaisseaux français au cours du voyage de retour. Avide de connaître les plaisirs de la nouveauté, elle était portée à envisager les difficultés comme des aventures stimulantes. Elle goûtait particulièrement sa position de femme du lieutenant-gouverneur : «Être entourée de gens, écrivait-elle, qui cherchent à me plaire et n'avoir rien d'autre à faire que suivre ma fantaisie, voilà un mode de vie agréable [...] Comme je suis heureuse !» Sa foi irréductible en la supériorité

Gwillim

que lui donnaient son rang et ses talents la soutenait. Lorsqu'elle rendait visite à des colons, elle montrait une assurance aussi sublime que la reine Victoria descendant voir les petits fermiers des alentours du château de Balmoral. Elle écrivait d'ailleurs : « Je vis avec un groupe de gens qui, j'en suis sûre, ne me dépassent pas par leurs connaissances. »

Cette attitude ne lui assurait cependant pas l'affection de tous : Hannah Jarvis [PETERS] la qualifiait de « petite mégère bègue ». Toutefois, la remarque habituelle que l'on trouve à son sujet au Canada veut qu'elle ait été silencieuse. Ce trait découlait peut-être de sa légère difficulté d'élocution comme de sa conception traditionnelle du rôle des femmes. Pendant sa première traversée, par exemple, les questions nautiques la fascinaient mais elle n'osa pas se renseigner. « Je n'aime pas poser des questions, notait-elle, parce que je pense que cela aurait l'air impertinent et serait aussi déplacé que parler politique pour une femme. »

Tout au long de son séjour au Canada, Mme Simcoe tint un journal dont elle écrivait au moins trois versions. La première consistait en des notations brèves, presque quotidiennes, auxquelles s'ajoutaient souvent des esquisses rapides. Elle était le point de départ des deux autres qui, rédigées dans un style plus coulant, contenaient des détails supplémentaires tout en omettant certains faits. Chaque fois qu'elle en avait l'occasion, Mme Simcoe envoyait ces versions en Angleterre, l'une à Wolford et l'autre à sa meilleure amie, Mary Ann Burges, auteure, linguiste et naturaliste réputée.

Non seulement Mme Simcoe notait-elle ses occupations, mais elle parlait du milieu où elle se trouvait. Ses descriptions sont très vivantes ; ses journaux regorgent d'anecdotes colorées – tels les passages où elle raconte la messe de l'Épiphanie à la cathédrale catholique de Québec ou une marche à travers une forêt encore en flammes. Elle avait, comme elle l'écrivait, « le sens du pittoresque ». La flore et la faune, tout comme les aliments et les remèdes que l'on en tirait, l'intéressaient particulièrement. Fascinée par les populations autochtones, elle en parlait dans une perspective anthropologique ou romantique plutôt que personnelle. Dans l'ensemble, les individus suscitaient peu son attention. Bien qu'elle ait été heureuse avec son mari, elle n'a pas révélé grand-chose de la personnalité de celui-ci ; elle a parlé davantage de son petit garçon, Francis Gwillim, que de toute évidence elle chérissait plus que ses autres enfants.

Outre ses journaux, Mme Simcoe a laissé beaucoup d'aquarelles qui dépeignaient des scènes canadiennes et qui, comme ceux-ci, existent en plusieurs versions, que ce soit sous forme d'ébauches tracées sur le vif ou d'œuvres achevées qui allaient régulièrement à des amis en Angleterre. Une fois de retour à Wolford, Mme Simcoe a fait, avec ses filles, d'autres copies de ses scènes canadiennes. Au Canada, elle s'était mise à faire de la gravure à l'eau-forte ; dans sa première lettre adressée en Angleterre, elle avait commandé un jeu d'instruments de gravure car elle avait vu les œuvres de Joseph Frederick Wallet DesBarres* et était « sûre […] de pouvoir les imiter ». Apparemment, elle ne grava que deux petites plaques de qualité plutôt médiocre qu'on envoya en Angleterre en 1794 et qu'on imprima à Bristol et à Londres. Au Canada, deux motifs poussaient Mme Simcoe à dessiner. L'un était artistique ; toujours à l'affût de scènes intéressantes, elle pouvait parcourir de longues distances, dans des conditions difficiles, pour en trouver. L'autre était documentaire ; elle voulait conserver un souvenir de ce qu'elle voyait. « Je n'ai fait aucune esquisse d'un endroit dont je ne veux jamais me souvenir », observa-t-elle à Cap-de-la-Madeleine.

La plupart du temps, cependant, Elizabeth Posthuma Simcoe goûta son séjour au Canada. De ce qu'était le pays dans les années 1790, ses journaux et aquarelles brossent un portrait vivant, remarquablement intéressant, détaillé et fidèle.

EDITH G. FIRTH

La plupart des journaux de Mme Simcoe qui ont été conservés se trouvent dans les Simcoe papers aux AO, MS 517, B3. Plusieurs ont été déposés au Devon Record Office (Exeter, Angl.), 1038, puis microfilmés en 1963 par les APC et font maintenant partie de leur collection de papiers Simcoe (MG 23, H1, 1, sér. 5) ; quatre de ces journaux (folder 25) se trouvent maintenant dans la bibliothèque du David MacDonald Stewart Museum (Montréal). Plusieurs de ses esquisses se trouvent dans la Picture Coll. des AO. Deux cahiers d'esquisses, microfilmés par les APC (MG 23, H1, 1, sér. 5, folder 26), ont été présentés aux Queen's York Rangers (1st American Regiment) et se trouvent au Stewart Museum. La Picture Division des APC possède un album d'esquisses qui est décrit et reproduit dans « Elizabeth Simcoe (1766–1850) », B. G. Wilson, édit., APC, Arch. Canada microfiches ([Ottawa]), n° 9 (1977) (brochure imprimée contenant une fiche). Les 32 aquarelles qui furent présentées à George III se trouvent à la BL. Les lettres de Mme Simcoe à Mme Hunt, qui résidait à Wolford et à qui elle avait confié ses enfants en 1791, sont aux AO, MS 517, B1-1 ; la correspondance familiale, particulièrement après 1800, peut être consultée sur microfilm aux APC. Les lettres quotidiennes de Mary Anne Burges à Mme Simcoe se retrouvent dans deux dépôts : AO, MS 517, B1-2 ; et APC, MG 23, H1, 1, sér. 5, folder 29 (mfm) ; ces lettres sont utiles parce qu'elles décrivent la vie à Wolford et aussi parce que Mlle Burges répond en détail aux lettres de Mme Simcoe qui n'existent plus. On trouve aussi des informations sur Mme Simcoe dans les papiers de son mari ; voir la bibliographie de ce dernier dans DBC, 5.

Les journaux de Mme Simcoe ont été édités par John Ross Robertson* avec annotations, généalogie et illustration, son éloge funèbre , son testament et les souvenirs d'un serviteur, John Bailey. The diary of Mrs. John Graves Simcoe […] a été publié à Toronto en 1911 ; une édition révisée parut en

1934, et une réimpression de l'édition de 1911, en 1973. Une meilleure transcription des journaux déposés aux AO, MS 517, B3, n°s 1–3, et des lettres à Mme Hunt a été éditée par Mary Emma Quayle Innis et publiée sous le titre de *Mrs. Simcoe's diary* (Toronto et New York, 1965). La plupart des études sur Mme Simcoe reposent presque exclusivement sur les journaux publiés. Marian [Little] Fowler, dans « Portrait of Elizabeth Simcoe », *OH*, 69 (1977): 79–100, la décrit comme une femme du XVIIIe siècle; l'article de Ged Martin, « The Simcoes and their friends », *OH*, 69: 101–112, est basé sur les Bland Burges papers de la Bodleian Library, Univ. of Oxford. Hilary Arnold traite de la naissance de Mme Simcoe dans un texte dactylographié, « [Elizabeth Posthuma Gwillim Simcoe: her birth and her Gwillim relatives] » (York, Angl., 1982; copie aux AO, Pamphlet Coll., 1982, n° 23). [E. G. F.]

AO, MS 75. — APC, MG 23, HI, 3; 5. — MTRL, Elizabeth Russell papers. — Northamptonshire Record Office (Northampton, Angl.), All Saints Church (Aldwincle), reg. of baptisms, 22 sept. 1762 reg. of burials, 23 sept. 1762. — Univ. of Guelph Library, Arch. and Special Coll. (Guelph, Ontario), J. MacI. Duff coll., Samuel Peters papers. — John Blackmore, *The Christian in life and death, a sermon, preached in Dunkeswell Church on Sunday, January 27, 1850; on occasion of the death of Elizabeth Posthuma, widow of the late Lieut. General Simcoe, of Wolford Lodge, Devon* (Launceston, Angl., 1850). — « Canadian letters: description of a tour thro' the provinces of Lower and Upper Canada, in the course of the years 1792 and '93 », *Canadian Antiquarian and Numismatic Journal*, 3e sér., 9 (1912): 85–168. — [F.-A.-F. de La Rochefoucauld, duc de] La Rochefoucauld-Liancourt, « La Rochefoucauld-Liancourt's travels in Canada, 1795, with annotations and strictures by Sir David William Smith […] », W. R. Riddell, édit., AO *Report*, 1916: 39, 126, 152; *Voyage dans les États-Unis d'Amérique, fait en 1795, 1796 et 1797* (8 vol., Paris, [1799]), 2: 61. — « Letters from the secretary of Upper Canada and Mrs. Jarvis, to her father, the Rev. Samuel Peters, D.D. », A. H. Young, édit., Women's Canadian Hist. Soc. of Toronto, *Trans.*, n° 23 (1922–1923): 11–63. — John White, « The diary of John White, first attorney general of Upper Canada (1791–1800) », William Colgate, édit., *OH*, 47 (1955): 147–170.

H

HACKETT, NELSON, esclave fugitif, né vers 1810; *circa* 1840–1842.

Pour les esclaves qui vivaient aux États-Unis avant la guerre de Sécession, le Canada était pour ainsi dire le paradis de la liberté. En effet, même si on n'abolit l'esclavage qu'en 1833 dans l'ensemble de l'Empire britannique, la coutume et le droit canadiens l'avaient contré bien avant cette date: dans le Haut-Canada par une loi adoptée en 1793 et dans le Bas-Canada par une décision judiciaire rendue en 1800. De plus, on pouvait généralement compter sur l'intervention des citoyens lorsque la justice se dérobait: en 1837, Solomon Molesby (Mosely) et Jesse Happy, esclaves fugitifs dont les maîtres en colère les accusaient de vol de chevaux, furent arrachés aux autorités judiciaires du Haut-Canada, qui ne purent alors les extrader. Aussi l'esclave Nelson Hackett, de l'Arkansas, qui s'enfuit en juillet 1841 sur un cheval volé et franchit la frontière haut-canadienne six semaines plus tard, avait-il toutes les raisons de croire qu'il serait libre jusqu'à la fin de ses jours.

La liberté du fugitif, qui était bel homme et s'exprimait bien, fut cependant de courte durée, car Alfred Wallace, son maître depuis 1840, décida de lui imposer un traitement exemplaire. Riche marchand de Fayetteville, dans l'Arkansas, Wallace était un personnage dont l'influence s'étendait jusque dans la capitale de l'état puisque le gouverneur, son concitoyen Archibald Yell, figurait parmi ses nombreuses relations. Wallace et l'un de ses associés, George C. Grigg, se lancèrent chacun de leur côté à la poursuite de Hackett. En septembre, à Windsor et à Chatham dans le Haut-Canada, Wallace déposa sous serment contre Hackett pour le vol de son cheval, d'une selle, d'un manteau et d'une montre en or. Grigg présenta lui aussi des dépositions dans le Haut-Canada et le Michigan. Wallace fit arrêter Hackett près de Chatham et le fit incarcérer dans la prison du district de Western, à Sandwich (Windsor). Il retira cependant l'accusation d'avoir violé une « jeune dame respectable », prétendument la fille adoptive de Wallace. Hackett reconnut les vols, mais se rétracta par la suite en affirmant qu'il avait fait cette confession après qu'on l'eut « frappé violemment sur la tête avec un manche de fouet et un gros bâton » pendant son interrogatoire.

Wallace mit ensuite en branle une procédure d'extradition. Avant de rentrer en Arkansas, il prit comme conseiller juridique John Prince*, avocat et député de Sandwich, et comme collaborateur un ami de celui-ci, Lewis Davenport, citoyen de Detroit, originaire de Fayetteville et propriétaire de la traverse Detroit-Windsor. Le 18 septembre 1841, le gouverneur intérimaire du Michigan demanda au gouverneur de la province du Canada, lord Sydenham [THOMSON], de livrer Hackett aux autorités du Michigan. Le 21, Wallace adressa une requête à Sydenham par l'entremise d'un juge de paix de Sandwich, Robert Mercer, qui assura qu'il s'agissait d'une demande « tout à fait honnête et non d'un prétexte pour tout simplement ravoir [Hackett] comme esclave ».

Le procureur général du Haut-Canada, William Henry Draper*, qui avait de sérieux doutes sur les motifs de Wallace et sur la juridiction du Michigan

Hackett

dans les affaires de ce genre, bloqua la procédure d'extradition. Wallace n'abandonna pas la partie pour autant et, le 26 novembre, un grand jury du comté de Washington, en Arkansas, accusa Hackett de vol. Le même jour, Washington L. Wilson, ami de Wallace et propriétaire de la selle volée, présenta une requête pour le retour du fugitif. Le 30 septembre, le gouverneur de l'Arkansas, Yell, avait demandé qu'on confie Hackett à la garde de Davenport, qui veillerait à son rapatriement. Hackett réagit à toutes ces interventions en présentant une requête que rédigea Charles Baby, un avocat de Windsor. Le fugitif suppliait qu'on le garde au Canada, sinon dès son retour en Arkansas il serait « torturé de telle manière qu'une pendaison immédiate serait un geste de miséricorde ». Ce fut la seule occasion où il recourut à la justice.

L'administrateur de la province du Canada, sir Richard Downes JACKSON, reporta sa décision, mais à la mi-janvier 1842 le nouveau gouverneur, sir Charles BAGOT, autorisa l'extradition de Hackett. On exécuta l'ordonnance sans hâte et avec discrétion, en partie pour éviter la répétition d'un coup de force comme celui qui avait sauvé Molesby. Dans la nuit du 7 au 8 février, Hackett, attaché et bâillonné, fut expédié secrètement de l'autre côté de la rivière de Detroit et jeté dans la prison de Detroit, où il languit pendant plus de deux mois. En avril, l'avocat et abolitionniste américain Charles Stewart lui rendit visite ; les antiesclavagistes espéraient mettre ce cas en évidence dans leur campagne. Cependant, ils ne tardèrent pas à y renoncer : leur argument selon lequel Hackett avait simplement pris des outils pour s'enfuir ne tenait plus puisque celui-ci avait volé une montre. En outre, ils ne purent trouver aucune irrégularité dans la procédure judiciaire. Pour les mêmes raisons, le secrétaire d'État de Grande-Bretagne approuva la décision de Bagot d'extrader Hackett.

En 1842, dès le début de la saison de navigation, on mit Hackett à bord d'un navire sous la garde d'Onesimus Evans, de l'Arkansas, que Wallace avait envoyé pour aider Davenport. Quatre passagers new-yorkais furent si touchés à la vue de Hackett qu'ils l'aidèrent à s'enfuir. Il erra deux jours dans une forêt près de Princeton, dans l'Illinois, puis un homme à qui il avait demandé de quoi manger le livra à la police. Finalement, en juin 1842, on le transféra à Fayetteville.

L'extradition n'avait pas manqué de soulever l'indignation populaire. En juin, les abolitionnistes de la chambre des Communes de Grande-Bretagne posèrent des questions au sujet de Hackett. Au Canada, Henry C. Grant, ennemi de Prince et rédacteur en chef du *Western Herald*, conclut que l'esclave avait été pris au piège par Wallace grâce à la complicité de Prince, de Davenport et du shérif adjoint John Mercer. Aiguillonné par la réaction du public, le député William DUNLOP demanda des précisions sur l'affaire au Conseil exécutif de la province. Le mois suivant, au cours d'un débat parlementaire que provoqua Dunlop sur les documents officiels relatifs à cette affaire, on examina la question sous l'angle des traditions et du droit international ainsi que dans une perspective morale, puisqu'il n'existait au Canada aucune loi précise en la matière. La procédure d'extradition qu'appliquaient le Canada et les États-Unis s'inspirait d'une loi ambiguë sur les criminels en fuite, qu'avait adoptée le Haut-Canada en 1833, et qui ne faisait nulle mention des esclaves fugitifs. La plupart des députés doutaient de la constitutionnalité de cette loi, mais le gouvernement avait une position différente, que Samuel Bealey Harrison* exposa en octobre, à savoir que le récent traité Webster-Ashburton, signé en août, donnerait au cas de Hackett « une base suffisante ». Cette position manquait de logique, car l'extradition avait eu lieu avant le début des négociations sur le traité et dérogeait à la coutume canadienne, qui était de refuser la restitution des esclaves fugitifs.

Aux yeux de certains, l'histoire se ramenait à un vol de montre : Hackett s'était enfui après avoir commis un vol, et devenait donc candidat à l'extradition. Mais pour quelques-unes des personnes qui connaissaient bien le cas, ni le traité ni le vol n'avaient une importance décisive. Selon une rumeur persistante, rapporta le *Western Herald*, l'affaire avait coûté à Wallace 1 500 $, les frais de justice y compris, soit beaucoup plus que la valeur marchande de Hackett, et son « principal mobile » pour reprendre le fugitif avait été de « dissuader d'autres esclaves de s'enfuir » en démontrant qu'il n'y avait « aucune sécurité pour eux au Canada et que, s'ils s'enfuyaient, ils pourraient être et seraient ramenés ». Que tel ait été le motif de Wallace, comme beaucoup de Canadiens le soupçonnaient, apparut clairement dans le témoignage, reproduit plus tard dans *Voice of the Fugitive* de Henry Walton Bibb*, d'un autre esclave qui s'était échappé de chez Wallace. Selon cet homme, on n'avait pas jugé Hackett à son retour à Fayetteville ; on l'avait attaché et fouetté à plusieurs reprises, la première fois devant tous les esclaves, et on l'avait « ensuite vendu à l'intérieur du Texas ». Des auxiliaires féminines des sociétés abolitionnistes de Bristol et de Liverpool tentèrent de le racheter, mais il fut impossible de le retrouver.

Hackett n'était que l'un des innombrables esclaves qui avaient fui les États-Unis, mais son cas provoqua un mouvement d'indignation qui, même de courte durée, eut un retentissement international. En apparence, le vol du manteau et de la montre avait perdu Hackett, mais l'allégation selon laquelle un riche propriétaire déterminé à se venger avait obtenu son extradition à force de corruption et d'intrigues semblait plus proche de la vérité. D'ailleurs, la politique ultérieure de la Grande-Bretagne confirma cette interprétation. Une fois qu'on eut parachevé, après de dures négociations, la clause d'extradition du traité

Webster-Ashburton, la menace d'être livrés automatiquement à leurs propriétaires américains ne pesa plus sur les esclaves fugitifs car l'extradition était clairement limitée aux criminels. En outre, l'article 10 du traité établissait l'invalidité de la loi de 1833, que les ennemis de Hackett avaient invoquée, puisque cet article spécifiait qu'il comblait un vide et ne remplaçait aucune loi existante.

En définitive, on ramena Nelson Hackett en Arkansas au mépris de la politique établie, de la jurisprudence, des droits civils garantis par la coutume et des conceptions populaires de la justice et de l'humanité. Ensemble, Wallace et ses appuis dans les milieux judiciaires et politiques de l'Arkansas esclavagiste, ainsi que Prince et ses alliés au Canada, se révélèrent si puissants que les chefs de file de l'abolitionnisme, découragés, déclarèrent publiquement qu'« on ne pouvait plus considérer le Canada comme le refuge des esclaves ». Or, en pratique, l'affaire eut des effets contraires. La publicité dont elle fit l'objet indiqua à d'autres, encore sous le joug, qu'ils pouvaient s'enfuir au Canada et, jusqu'à la fin de la guerre de Sécession, les esclaves fugitifs s'y rendirent en nombre de plus en plus grand [V. John Anderson* ; Henry Walton Bibb].

ELIZABETH ABBOTT-NAMPHY

APC, MG 24, A13, 6 : 97–99. — Library of Congress, MS Division (Washington), Lewis Tappan papers, C22/30–31 (Charles Stewart à Tappan, 9 août 1842, incluant le cas Nelson Hackett) ; C113/133 (Tappan à John Scobie, 23 juill. 1842). — PRO, CO 42/488 : 214–247. — Canada, prov. du, Assemblée législative, *App. des journaux*, 1842, app. S ; *Debates of the Legislative Assembly of United Canada* (Abbott Gibbs *et al.*), 2 : 361–363. — G.-B., Parl., *Hansard's parliamentary debates* (Londres), 3e sér., 64 (1842) : 640–641. — *Brockville Recorder*, 28 sept. 1837. — *Montreal Gazette*, 18 juin 1842. — *Patriot* (Toronto), 22 sept. 1837. — *Voice of the Fugitive* (Sandwich [Windsor, Ontario]), 18 juin 1851. — *Western Herald, and Farmers' Magazine* (Sandwich), 30 juin, 14 juill., 18 août 1842. — R. W. Winks, *The blacks in Canada : a history* (Montréal, 1971). — A. L. Murray, « The extradition of fugitive slaves from Canada : a re-evaluation », *CHR*, 43 (1962) : 298–314. — R. J. Zorn, « An Arkansas fugitive slave incident and its international repercussions », *Ark. Hist. Quarterly* (Fayetteville), 16 (1957) : 140–149 ; « Criminal extradition menaces the Canadian haven for fugitive slaves, 1841–1861 », *CHR*, 38 (1957) : 284–294.

HAGERMAN, CHRISTOPHER ALEXANDER, officier de milice, avocat, fonctionnaire, homme politique et juge, né le 28 mars 1792 dans le canton d'Adolphustown, Haut-Canada, fils de Nicholas Hagerman et d'Anne Fisher ; le 26 mars 1817, il épousa à Kingston Elizabeth Macaulay, fille de James Macaulay*, et ils eurent trois filles et un fils, puis le 17 avril 1834, à Londres, Elizabeth Emily Merry, et de ce mariage naquit une fille, et enfin, en 1846, Caroline Tysen, avec qui il n'eut pas d'enfants ; décédé le 14 mai 1847 à Toronto.

Parmi tous les personnages de l'histoire politique parfois tumultueuse du Haut-Canada, il en est peu qui aient inspiré autant d'hostilité que Christopher Alexander Hagerman. De tous les hommes auxquels les historiens l'ont communément associé, il fut le plus opiniâtre défenseur de l'alliance entre l'Église et l'État. Il manifesta, par tempérament plus que par dessein, une agressivité que l'on ne trouvait pas chez un John Macaulay* et qui, chez un John Beverley Robinson*, était moins patente. Selon Charles Lindsey*, biographe de William Lyon Mackenzie*, Hagerman avait « tendance à pousser l'abus de privilège aussi loin que le souverain le plus despotique avait jamais poussé l'abus de prérogative ». Charles Morrison Durand, avocat de Hamilton qu'il poursuivit en justice après la rébellion de 1837, le qualifiait de « sinistre vieux bouledogue ». Si Macaulay fut le garçon de service des gouvernements qui se succédèrent dans le Haut-Canada depuis sir Peregrine Maitland* jusqu'à sir George Arthur*, Hagerman en fut le fier-à-bras.

Contrairement à des contemporains, tels Robinson, John Macaulay, Archibald MacLean* et Jonas JONES, qui obtinrent sans peine des postes clés, Hagerman accéda au pouvoir par la bande. Il lui manquait ce que Robinson appelait du « crédit », c'est-à-dire un protecteur. Non pas qu'il ait été dépourvu d'atouts ; simplement, il en avait moins que les autres. Il venait d'une respectable famille loyaliste. Nicholas Hagerman, New-Yorkais d'ascendance hollandaise, avait « vite pris fait et cause pour le gouvernement britannique » au moment de la Révolution américaine. Il avait immigré à Québec en 1783 puis s'était fixé, l'année suivante, sur le territoire qui allait devenir le canton d'Adolphustown, dans la baie de Quinte. À titre de capitaine de milice et de juge de paix, il s'était taillé une certaine réputation dans son milieu. En 1797 – événement plus marquant dans sa carrière – il devenait l'un des premiers barristers du Haut-Canada.

Les Hagerman formaient une famille unie, et le jeune Christopher éprouvait une affection particulière pour son frère Daniel et sa sœur Maria. C'est son père, semble-t-il, qui lui instilla sa conscience aiguë de l'héritage loyaliste et sa fidélité absolue à l'Église anglicane. On peut prêter une valeur symbolique au fait que c'est John Langhorn*, l'un des plus farouches défenseurs de l'Église, qui l'avait baptisé. Un ami d'enfance, J. Neilson, raconta en 1873 à Egerton Ryerson* que Christopher n'avait « pas [fait …] beaucoup d'études dans sa jeunesse » ; comme l'historien Sydney Francis Wise l'a démontré, il ne fut jamais l'élève de John Strachan*. En 1807, il commença son apprentissage au cabinet d'avocat de son père, à Kingston. Le droit était alors l'un des plus sûrs moyens de gravir les échelons et d'accéder à une vie

Hagerman

confortable. Son admission au barreau allait avoir lieu au trimestre de janvier 1815.

Hagerman avait une personnalité singulière. En novembre 1810, Robinson, d'York (Toronto), écrivit à John Macaulay, à Kingston : « Depuis deux ou trois semaines, un jeune homme éclairé du nom de Christopher Hagerman nous gratifie de sa présence [;] la modestie ne l'étouffe pas – et l'on peut avancer que jamais il ne se gênera d'étaler ses talents naturels ou ses connaissances pour en tirer le meilleur parti possible. Tout compte fait cependant, il a bon cœur et ne manque pas de qualités [;] bref, il n'est pas aussi fou que les gens le croient. » Comme Robinson l'avait constaté, Hagerman était bravache et suffisant ; ces traits, discernables dans sa jeunesse, n'allaient pas s'estomper avec l'âge.

Hagerman ne dut pas son ascension sociale à des gens en place, mais à ces militaires qui firent un bref séjour dans la province, pendant les années de guerre, et qui se souciaient peu des coteries locales. Dès le début de la guerre de 1812, il s'enrôla comme officier dans la compagnie de milice de son père. Comme il le noterait en 1833, il eut « la bonne fortune d'attirer l'attention et d'obtenir la protection » du gouverneur sir George Prevost*, qui séjourna à Kingston de mai à septembre 1813. C'est au cours de cette période qu'il commença à se faire connaître dans sa région et dans toute la province. En août 1813, il livra des dépêches pour le major général Francis de Rottenburg*, commandant des troupes du Haut-Canada. En novembre suivant, à la bataille de Crysler's Farm, il se distingua comme aide de camp du lieutenant-colonel Joseph Wanton Morrison*. En décembre, il devint aide de camp provincial du lieutenant général Gordon Drummond*, successeur de Rottenburg, en même temps qu'il obtenait le grade de lieutenant-colonel. C'était là une ascension plutôt remarquable.

La chance allait continuer de sourire à Hagerman. Le poste de receveur des douanes à Kingston, vacant depuis la mort de Joseph Forsyth* en septembre 1813, lui revint le 27 mars 1814. En mai, au moment de l'attaque d'Oswego, dans l'état de New York, il était aux côtés de Drummond, qui nota dans sa dépêche avoir reçu de lui « un secours de tous les instants ». Présent au siège du fort Erie en septembre, il livra de nouveau des dépêches le mois suivant. Le successeur de Drummond, sir Frederick Philipse Robinson, frappé lui aussi par la compétence de son jeune subalterne, le nomma, le 5 septembre 1815, « conseiller de Sa Majesté dans et pour la province du Haut-Canada ». Hagerman était donc parvenu à s'introduire au sein de la bonne société haut-canadienne, mais dans le contexte particulier de la guerre. Lorsque les choses revinrent à la normale, au retour du lieutenant-gouverneur Francis Gore*, absent depuis 1811, sa nomination de conseiller du roi se trouva menacée. Gore s'était enquis à ce sujet – en fait, il se

demandait probablement qui était Hagerman – et avait consulté les juges de la Cour du banc du roi. Le 4 novembre 1815, le juge en chef Thomas Scott* rendit compte de leur décision unanime : « étant donné les circonstances dans lesquelles la nomination projetée a eu lieu [...] il n'est pas indiqué, pour l'instant, de lui donner effet ».

À la fin de la guerre, Hagerman reprit la pratique du droit à Kingston. Son ami d'enfance Neilson, le voyant plaider, nota son « grand pouvoir de persuasion », qui allait le mettre en évidence dans sa profession. Cependant, Hagerman découvrit que la fonction de receveur des douanes l'absorbait plus qu'il ne l'avait prévu. Il avait dû louer une maison pour y loger un bureau, « dépense fort disproportionnée avec l'allocation et les honoraires attachés [au poste] ». En 1816, il demanda donc au Conseil exécutif de lui concéder à Kingston un lot vacant où il pourrait construire une maison comportant un bureau. Il reçut un cinquième d'acre. Il possédait déjà des terres : en 1814, il avait obtenu en concession 1 000 acres, qu'il avait choisies dans le canton de Marmora, et 200 autres acres à titre de fils de loyaliste. Comme il seyait à une étoile montante du barreau, il se plongea dans nombre d'activités communautaires. Les « aimables qualités » que lui prêtait Neilson faisaient certes de lui un participant efficace. En 1821, il avait notamment versé des dons ou des souscriptions à la Midland District School Society, à la Kingston Auxiliary Bible and Common Prayer Book Society, à la Kingston Compassionate Society, à l'école Lancastrian, à l'Union Sunday School Society, à la National School Society, à la Society for Bettering the Condition of the Poor in the Midland District et à la Society for Promoting Christian Knowledge. Il fut actionnaire de l'hôpital de Kingston, commissaire de la Midland District Grammar School, trésorier de la Midland Agricultural Society et vice-président de la Frontenac Agricultural Society.

Dans le Haut-Canada, pour faire partie du meilleur monde, on ne pouvait guère se passer d'un mariage respectable. En 1817, Hagerman épousa Elizabeth Macaulay, dont il connaissait bien le frère George. C'était un choix judicieux : le père d'Elizabeth avait de bonnes relations, tant à York qu'à Kingston ; son frère James Buchanan* allait devenir conseiller exécutif en 1825. Hagerman lui-même était un bon parti, promis à un bel avenir. Son attrait pour les femmes, comme la grâce de ses manières, l'aidait sans doute dans ses entreprises romanesques ; en outre, il était grand, vigoureux et beau. (Plus tard, il subit « un accident au nez » qui donna à son visage une allure bizarre », mais cette « difformité faciale », faisait observer John Ross Robertson*, ne fut pas pour lui « un obstacle au succès en amour ».) On connaît peu de détails sur sa vie privée, car il n'existe aucun papier de famille. Les quelques impressions que l'on peut recueillir ça et là suggèrent cependant qu'il avait autant de cordialité en privé qu'en public. Apparemment, il était un père affectueux et un mari aimant. Sa fille aînée naquit en 1820 ; un an plus tard, dans une lettre à un ami, il ajouta ces mots badins à un post-scriptum : « Notre gamine se porte comme à l'habitude. » Il trouva amusant qu' au cours d'un procès en 1826, le juge en chef William Campbell* dise que « les hommes, en tant que maîtres de la création, [avaient] le droit d'infliger une gentille petite correction à [leurs] dames rebelles ». La même année, un bref mais « grave accès de maladie » subi par sa femme le jeta dans le tourment.

Hagerman entra sur la scène politique peu après son mariage. En 1828, il allait déclarer avoir été mû avant tout par « l'impatience [...] de promouvoir en toute occasion les plus hauts intérêts de la province en soutenant les positions et mesures du gouvernement », lesquelles s'inspiraient, il en était convaincu, du plus grand désintéressement et du plus ardent patriotisme. Dès le début, cette impatience prit un tour belliqueux. En juin 1818, il joua un rôle modeste dans la préparation de l'accusation d'écrit séditieux qui fut portée contre l'agitateur écossais Robert Gourlay*. Plus tard le même mois, dans les rues de Kingston, il affronta Gourlay en brandissant un fouet, qu'il utilisa avec grand effet contre son adversaire désarmé. Cet incident, à la suite duquel il fut arrêté puis relâché, révéla clairement sa position politique aux Kingstoniens. Désormais bien connu dans la ville, il accéda, aux élections du 26 et du 27 juin 1820, au siège de député de la circonscription de Kingston. Il recueillit 119 voix, contre 94 pour son concurrent, George Herchmer Markland*, élève de Strachan, ami de Robinson et John Macaulay et fils de l'éminent Kingstonien Thomas MARKLAND.

Au début de la huitième législature (1821–1824), les gens de l'extérieur de Kingston se méprenaient sur les convictions de Hagerman. En février 1821, Robinson, à York, avoua avec surprise à Macaulay qu'il s'était « lourdement trompé » sur lui : « Ce n'est pas du tout un démocrate. Au contraire, sa conduite est virile, correcte, raisonnable, et révèle toujours cette très rare indépendance qui l'amène à défendre une position juste même si elle peut sembler impopulaire. Ses discours lui donnent un grand crédit. » Une telle méprise de la part de Robinson, qui connaissait Hagerman depuis 1810, avait travaillé avec lui (quoique pendant peu de temps) durant la guerre et avait collaboré avec lui à la mise en accusation de Gourlay, indique peut-être que le paysage politique n'était pas bien net. Après tout, au cours de la même législature, Mackenzie prit d'abord Jonas Jones pour un membre de l'opposition. Mais, quelle qu'en ait été la nature, l'erreur de Robinson se dissipa vite. Dès la mi-février, Hagerman et Robinson collaboraient et prenaient ensemble l'initiative de certaines mesures gouvernementales. À la fin de la session, ce dernier envoyait ces mots enthousiastes à John Macaulay : « Notre ami Hagerman est un homme en or, dépourvu de préjugés, et qui penche toujours du bon côté [...] Nous ne pouvons guère nous passer de ses talents et de ses connaissances. »

Hagerman était un « non-libéral », pour reprendre le qualificatif que Robinson emploierait en 1828 pour se définir lui-même (le mot « conservateur » ne faisait pas encore partie du vocabulaire politique du Haut-Canada). Il était aussi, selon une autre expression de Robinson, « partisan de l'alliance entre l'*Église* et l'*État* ». En 1821, il se rangea aux côtés de William Warren BALDWIN, qui défendait l'aristocratie et la règle de primogéniture contre un projet de loi sur les successions des intestats qui était parrainé par Barnabas Bidwell* et David McGregor Rogers*. Selon Hagerman, accorder son suffrage à ce projet équivalait à « renoncer à tout ce qui [était] vénérable, noble et honorable ». « La démocratie, poursuivait-il, s'enroule peu à peu autour de nous, comme un serpent, il faut l'écraser à la première occasion, car si le projet est adopté, il ne restera plus que l'ombre de la Constitution britannique. » À ses yeux, la monarchie et la prérogative de l'exécutif étaient l'essence même de la constitution. Toujours en 1821, il s'opposa à un projet de loi conçu pour annuler la liste civile : « le gouvernement exécutif, disait-il, doit avoir à sa disposition un fonds de cette sorte ; tous les gouvernements en ont un, sauf ceux qui sont purement démocratiques. [...] La monarchie doit être soutenue, et le moindre empiétement menace toute la structure. » Il fut aussi l'un des principaux participants au débat sur le droit, pour Barnabas et Marshall Spring* Bidwell, de siéger à l'Assemblée, débat qui allait s'élargir pour englober la question fort controversée des non-naturalisés.

Sur un autre plan, Hagerman se révéla un bon député, qui conçut et proposa plusieurs mesures d'intérêt local. Son principal rôle sous ce rapport fut de seconder John Macaulay, qui dirigea les forces pro-unionistes de Kingston lorsqu'il fut question en 1822 d'une union avec le Bas-Canada. La dislocation de l'ancienne province de Québec, en 1791, avait eu, soutenait-il, la conséquence « tout à fait anormale de désunir [...] des sujets du même vaste et glorieux empire, dont les intérêts [étaient] inséparables par nature et dont la force comme le progrès repos[aient] entièrement et uniquement sur l'union conférée par la conformité de leurs coutumes et de leurs sentiments, et sur une juste compréhension de leur intérêt commun ». Macaulay faisait valoir les avantages économiques et financiers de l'union ; Hagerman était d'accord avec lui sur ces points mais se concentrait sur les questions politiques et constitutionnelles, qui formaient le gros des préoccupations des anti-unionistes comme Baldwin. Ardent défenseur de

Hagerman

l'Acte constitutionnel de 1791, auquel le Haut-Canada devait sa constitution, Hagerman tenait autant que Baldwin à ce qu'aucun des aspects essentiels de ce document ne soit mis en danger. Pour lui, l'union était un moyen de vaincre par le nombre, et relativement tôt, les opposants bas-canadiens qui, en plaçant les pouvoirs de l'Assemblée au-dessus de ceux du Conseil législatif, menaçaient de rompre « cet équilibre entre la monarchie absolue et la démocratie, qui distinguait si admirablement la Constitution britannique ». Ce qui arrivait dans le Bas-Canada, maintenait-il, aurait tôt ou tard des répercussions dans le Haut-Canada. Pour ne pas risquer de « perdre la constitution sous laquelle ils viv[aient] », les Haut-Canadiens devaient donc cesser d'être des « observateurs indifférents ». Bien que Hagerman ait été populaire auprès des marchands kingstoniens, son appui à l'union ne suffit pas à assurer sa réélection en 1824.

Hagerman sortit en effet perdant d'une lutte à deux (un troisième candidat, Thomas DALTON, brasseur et banquier de la région, s'était retiré), avec seulement 11 voix de moins que son adversaire. Dalton s'attribua le mérite de cette victoire, mais les choses ne sont pas aussi simples. Comme Sydney Francis Wise l'a avancé, Hagerman perdit peut-être des plumes à cause de ses commentaires peu judicieux à l'occasion de la querelle sur la « prétendue » Bank of Upper Canada de Kingston. Il avait fait partie du premier groupe d'administrateurs et d'actionnaires, comme Dalton ; lorsque la banque s'effondra, en 1822, il en était le conseiller juridique, et peu après, à titre de président du conseil d'administration, il en supervisa la dissolution. En mars 1823, le Parlement déclara la banque illégale, imposa aux administrateurs la responsabilité des dettes et forma, pour s'occuper des affaires de l'établissement, une commission composée de John Macaulay, George Markland et John KIRBY. Le rapport des commissaires, déposé l'année suivante, n'était pas favorable aux administrateurs de la banque. Hagerman l'attaqua et défendit le conseil d'administration, à l'exception de Dalton. Celui-ci réagit par une réplique pleine de venin dans laquelle il disait que Hagerman ne critiquait les commissaires que pour la forme et qu'en réalité il complotait avec eux en vue de détruire sa réputation. Étant donné que, dès janvier 1823, des « témoignages et insinuations » avaient laissé entendre que Hagerman n'avait pas défendu au mieux les intérêts de la banque pendant son passage à la présidence, il est possible que les victimes de la faillite aient pris le mors aux dents en lisant, dans la réplique de Dalton, qu'il était lié aux agents de l'élite yorkaise, et que cela ait contribué à sa défaite électorale.

L'outrecuidance de Hagerman, visible dans tous les aspects de sa carrière, contribua peut-être aussi à la défaite. Au cours d'une réunion mondaine à York le 30 décembre 1823, tenue en présence du lieutenant-gouverneur Maitland, du juge en chef William Dummer Powell* et du juge William Campbell, Hagerman insinua (comme Campbell le rapporta au secrétaire de Maitland, le major George HILLIER) : « [les juges ont] l'habitude de statuer indépendamment des lois que nous avons le mandat d'administrer ». Campbell, ennuyé, se vit placé devant l'alternative de passer l'incident « sous silence [en n'y voyant] qu'une manifestation de rudesse et de malséance indigne d'une attention sérieuse, ou de prendre les mesures qu'[il] estimai[t] le plus aptes à défendre [sa] réputation de juge et à signaler à juste titre une insulte personnelle ». Au début de cette année-là, Hillier avait été « fort ébranlé » d'apprendre que Hagerman avait commis une « inconvenance flagrante » envers Robert BARRIE, commissaire du chantier naval de Kingston. Strachan rapporta à Macaulay les « nombreuses rumeurs » qui circulaient au sujet de cette affaire et de la « récente prise de becs » de Hagerman et de Thomas Markland. Ce n'était pas tout. Strachan avait entendu dire que Hagerman souhaitait devenir le conseiller juridique des commissaires qui faisaient enquête sur la banque dont il était déjà conseiller juridique – « grossièreté, soupira-t-il, que je n'aurais pas crue concevable ».

Si Hagerman se gênait peu pour offenser les hommes de son propre rang, il pouvait se montrer carrément insupportable envers les autres. En qualité de receveur, il appliquait rigoureusement les règlements douaniers. En 1821, par exemple, il avait fait irruption dans l'île Carleton, état de New York, pour saisir un dépôt de thé et de tabac tenu par Anthony MANAHAN, qui n'était à ses yeux qu'un contrebandier et un « marchand yankee ». Il laissa même entendre à Hillier qu'il devrait avoir droit, à l'occasion, à une aide militaire. Au début de juillet 1824, un étudiant de son cabinet d'avocat, venu l'assister dans ses fonctions de receveur, fit feu accidentellement sur un dénommé Elijah Lyons. Deux mois plus tard, 31 Kingstoniens se plaignirent à Maitland des « procédés et [de la] conduite » de Hagerman. Mis « entre les mains d'une personne passionnée, vindicative, ambitieuse ou portée à la spéculation », déclaraient les pétitionnaires, les énormes pouvoirs d'un receveur des douanes devenaient « dangereux pour les droits et les biens des individus, la bonne marche des affaires et la paix publique ».

Temporairement écarté de la scène politique, Hagerman retourna à la pratique du droit et à ses diverses autres occupations. Il vendit, acheta et loua des propriétés dans tout le district de Midland et à l'extérieur. Il servit de représentant à plusieurs propriétaires et acquit quelques lots en commun avec d'autres personnes. Il fut vice-président de la Kingston Savings Bank en 1822 et membre du conseil d'administration de la Cataraqui Bridge Company quatre ans plus tard. La faillite de la « prétendue »

Bank of Upper Canada lui avait coûté cher : £1 200 plus des imprévus, selon sa propre estimation ; en 1825, il devait « épargner ». En octobre de la même année, il refusa un siège de juge à la Cour de district, pour la raison suivante : « Je ne puis me permettre d'abandonner une quelconque partie de ma pratique à la Cour du banc du roi, car j'ai des motifs de penser qu'elle pâtirait réellement si je cessais d'accepter des procès au tribunal inférieur. » Cependant, il était disposé à siéger dans un autre district ; le 14 juin 1826, Hillier l'informa de sa nomination dans celui de Johnstown.

Hagerman était un avocat habile qui, avec Bartholomew Crannell Beardsley*, avait défendu John Norton* contre une accusation de meurtre en 1823. Il acquit encore plus de notoriété en représentant, à l'automne de 1826, les jeunes dandys qui avaient détruit la presse et l'atelier d'imprimerie de Mackenzie. Dans les années 1820, son cabinet s'avérait « lucratif », mais Hagerman était de plus en plus las de s'en occuper, et la vie urbaine ne lui plaisait guère. En 1827, il acheta une propriété à la campagne et s'installa avec sa famille dans une « petite mais confortable villa de pierre » en attendant l'achèvement d'une « résidence plus spacieuse ». Il n'avait « nulle intention » de retourner à Kingston : « Je mène depuis assez longtemps un train de vie certes agréable selon mon goût à moi, mais qu'il n'est pas prudent que je continue, eu égard aux besoins de mes petits. »

Cette année-là, Hagerman recherchait une promotion. Il voulait, disait-il à Hillier, « de l'avancement *dans* [*sa*] *profession* », et « dans aucun autre domaine ». Il escomptait ne pas être déçu si une occasion se présentait « sous le *gouvernement en place* ». Au début de l'année suivante, tandis que Campbell essayait, en Angleterre, d'obtenir une pension de retraite, et que le juge D'Arcy Boulton*, dont la santé déclinait, arrivait à la fin de sa carrière, Hagerman adressa une requête à Maitland dans l'espoir d'accéder à la Cour du banc du roi. À l'époque, l'administration de la justice suscitait une vive controverse [V. William Warren Baldwin], qui remontait à janvier 1828, lorsque William s'était plaint à l'Assemblée du traitement arbitraire que lui infligeait Maitland. La destitution du juge John Walpole Willis*, en juin 1828, envenima le climat politique ; le même mois, la nomination imprévue de Hagerman à sa succession dut empirer les choses. Hagerman était beaucoup trop identifié au gouvernement Maitland pour que sa nomination redonne à celui-ci une quelconque part de la confiance qu'il avait perdue à cause de son attitude devant notamment la réforme politique, les réserves du clergé, l'administration de la justice et la question des non-naturalisés. La nomination de Hagerman eut cependant un avantage pour l'opposition : il ne put se présenter aux élections générales tenues cet été-là.

En août 1828, après avoir eu le temps nécessaire pour régler ses affaires à Kingston et s'installer à York afin d'occuper son poste (sa nomination n'avait pas encore été ratifiée), Hagerman partit en tournée. De Brockville, il écrivit à Hillier : « Jusqu'à maintenant, je n'ai rien eu de bien désagréable à faire, aucun événement digne de mention n'est survenu. » Mais ce calme allait s'évanouir dès le 5 septembre, lorsque Hagerman présida à Hamilton le procès de Michael Vincent, accusé du meurtre de sa femme. Au mépris de la tradition qui voulait que le juge joue, auprès de l'accusé, le rôle de conseiller juridique, et non de procureur de la couronne, il déclara au jury que « la personne décédée avait été assassinée par le prisonnier ; et il n'eut aucun mal à dire que tel était son opinion ». Malgré les objections de l'avocat de la défense, John Rolph*, le jury alla délibérer et déclara Vincent coupable. Hagerman le condamna à la peine capitale et à la dissection ; trois jours plus tard, Vincent fut pendu d'une manière grossièrement expéditive. Le rédacteur en chef du *Niagara Herald*, Bartemas Ferguson*, trouva l'allocution de Hagerman « singulière » et se demanda si elle avait inspiré « un parti pris indu au jury ». Francis Collins*, du *Canadian Freeman,* vit dans son geste un écart extraordinaire, une irrégularité de plus dans l'administration de la justice. Selon lui, Hagerman était un incompétent qui n'avait droit à un poste de juge qu'en raison de sa flagornerie. Cette opinion n'était nullement générale, mais elle était courante parmi les adversaires du gouvernement. Robert Stanton* notait qu'après l'inauguration de la neuvième législature, en janvier 1829, il ne se passait pas un jour sans que Hagerman ne se fasse appeler « Judge Kit » (Kit étant un diminutif de Christopher) et ne soit la cible des pires invectives. En juillet, de nombreuses rumeurs annonçaient que sa nomination ne serait pas ratifiée. Elles étaient fondées. Robinson remplaça Campbell, et James Buchanan Macaulay remplaça Hagerman. Le nouveau lieutenant-gouverneur, sir John Colborne*, rapporta au secrétaire d'État aux Colonies que Hagerman s'estimait « victime d'une injustice ».

Tout n'allait quand même pas mal pour Hagerman. Depuis son arrivée en août 1828, Colborne avait fui les principaux conseillers de Maitland : Robinson et Strachan. Hagerman devint l'unique bénéficiaire de la faveur du gouverneur et fut pendant un temps son confident. À titre de compensation pour la perte de son poste de juge, il obtint le 13 juillet 1829 celui de solliciteur général. L'année suivante, sa victoire électorale sur Donald Bethune*, dans Kingston, accrut son prestige. En 1834, il n'eut aucun mal à se faire réélire, cette fois contre William John O'GRADY. Kingston était alors devenu son château fort : il y fut élu par acclamation en 1836.

Comme Robinson était devenu juge, ce furent

Hagerman

Hagerman et le procureur général Henry John Boulton* qui, au nom du gouvernement, dirigèrent les débats de la onzième législature (1831–1834). Cela eut des effets désastreux. Le second était un dandy inepte, le premier n'était pas à la hauteur d'une telle responsabilité. Hagerman tirait sa force de son appui inconditionnel au gouvernement et à l'alliance entre l'Église et l'État. Son grand talent était une éloquence naturelle que vivifiait la passion du moment. Le *Kingston Chronicle* le croqua sur le vif au cours d'un procès tenu en 1826, et le rédacteur en chef eut, en conclusion, ces paroles justes : « Nous avons entendu des personnes qui pouvaient, peut-être, avoir un raisonnement plus serré que celui de M. Hagerman, mais bien peu, vraiment, dont l'éloquence [...] est plus puissante. » Comme Thomas David Morrison* le dirait en 1836, il était « le Jupiter tonnant de Kingston », un homme porté à « l'expression violente de ses opinions ». Hélas ! dans un débat, un discours ou une conversation, une fois qu'il était gonflé à bloc, il nuisait en général à la cause qu'il défendait au lieu de la faire avancer. L'exemple le plus patent de cette faiblesse fut la manière dont, avec Boulton, il fit expulser maintes fois William Lyon Mackenzie de l'Assemblée. Mis au courant de leurs interventions, le secrétaire d'État aux Colonies, lord Goderich, les démit tous deux de leurs fonctions de légistes en mars 1833. Colborne protesta, cependant, et Hagerman (devenu veuf) s'embarqua pour l'Angleterre afin de faire appel. Lorsqu'il revint au pays, l'année suivante, le nouveau secrétaire aux Colonies, lord Stanley, l'avait réintégré dans ses fonctions.

Hagerman était aussi revenu avec une nouvelle épouse. « Ce mariage, a dit George Markland, n'a pas eu l'heur de plaire aux gens d'un certain milieu dans le pays – *ils* ont dit ouvertement que jamais rien ne les avait ennuyés autant. *Cette* demoiselle Merry et Kit Hagerman, oh ! c'était horrible, disaient-ils. » Peut-être était-ce à cause des charmes de sa nouvelle femme que Hagerman se mit à trouver la politique et ses fonctions officielles fastidieuses, ou peut-être éprouvait-il un vif désir de changement comme au milieu des années 1820. Quoi qu'il en soit, Robert Stanton nota en 1835 qu'il n'arriva pas à s'imposer durant la douzième législature et qu'il s'absenta plus souvent de l'Assemblée. Cependant, il y était, et sur la défensive, lorsqu'en 1835 il s'opposa en vain à l'élection de Marshall Spring Bidwell à la présidence de l'Assemblée et quand la chambre fit passer de £600 à £375 son salaire de solliciteur général.

En décembre de la même année par ailleurs, après que Colborne eut commis l'énorme erreur politique de doter 44 *rectories* anglicans, Hagerman se porta à la défense de l'Église d'Angleterre et des réserves du clergé. Pour lui, qui se définissait comme un « homme de la Haute Église et du Roi » et qui avait déjà accusé les non-conformistes d'« infidélité »,

l'Église établie était un rempart essentiel contre l'immoralité, l'égalité et la démocratie athée. Membre dévot de sa propre congrégation, celle de St George à Kingston, il avait, en 1825, aux côtés de John Macaulay et de Stanton, fait partie d'un comité qui avait défendu par un document arrogant la juridiction exclusive des anglicans sur le cimetière de la basse ville. John Barclay* avait ensuite affirmé, dans un écrit, que l'Église d'Écosse avait sur ce cimetière des droits égaux à ceux de sa rivale, et Hagerman, comme le révéla Robinson, fut l'un des trois auteurs anonymes qui lui répondirent. En 1821, il avait tout naturellement établi un lien direct entre une déclaration faite en chambre par Robert Nichol*, selon laquelle il n'y avait pas d'Église officielle dans le Haut-Canada, et la profanation de l'église anglicane d'York survenue plus tard dans la soirée. Vu ses convictions, il n'est pas surprenant qu'il ait volé à la défense de Colborne dans l'affaire des *rectories* anglicans. Toutefois, ses affronts inconsidérés à presque toutes les autres confessions religieuses ne firent qu'aggraver la bourde du lieutenant-gouverneur.

En 1836, Hagerman essaya d'endiguer la colère qui anima l'Assemblée lorsque le lieutenant-gouverneur Francis Bond Head* affronta le Conseil exécutif [V. Robert Baldwin* ; Peter Perry*], mais ce fut peine perdue. Aussi prit-il la résolution « de retourner à la vie privée ». Ses fonctions parlementaires et officielles l'éloignaient de son cabinet d'avocat « plus qu'il n'[était] convenable, sans compter leur grand désavantage pour [son] confort domestique ». En octobre 1834, des rumeurs avaient parlé de sa nomination possible à un autre siège de juge. Un changement survint effectivement dans sa carrière, mais ce ne fut pas celui qu'il espérait. Le 22 mars 1837, il succéda à Robert Sympson Jameson* au poste de procureur général ; William Henry Draper*, qui exerçait dans le même cabinet que lui depuis 1835, devint solliciteur général. Cependant, le secrétaire d'État aux Colonies, lord Glenelg, refusa d'approuver la nomination. Il n'avait rien à redire contre « la moralité privée et le mérite public » de Hagerman, mais il formulait de sérieux doutes quant à la compatibilité de ses opinions religieuses avec les positions du gouvernement. Le problème venait des remarques désobligeantes qu'il avait faites à l'Assemblée le 9 février à propos de l'Église d'Écosse. Les fidèles de la congrégation St Andrew de Kingston (ancienne congrégation de Barclay) avaient fait parvenir au ministère des Colonies une résolution qui condamnait les « déclarations outrageusement incorrectes et le langage excessif » de Hagerman. En septembre, Head expliqua à Glenelg que Mackenzie, dans son journal, avait altéré le discours de Hagerman et l'avait, « à dessein et par malveillance, rendu aussi offensant que possible pour les Écossais ». Cette explication, tout comme les assurances que l'intéressé donna à Glenelg au sujet de ce qu'il avait dit, convainquit celui-ci de ratifier la nomination de Hagerman en novembre.

L'éclatement de la rébellion en décembre 1837 (le 30 novembre, Hagerman avait noté « la tranquillité et la satisfaction générales ») l'amena – ou l'obligea – à replonger avec plus d'ardeur dans les affaires publiques. Tout au long des années 1838 et 1839, il s'occupa de détails administratifs et de questions judiciaires concernant le traitement des rebelles et des patriotes. Bien qu'il ait été le beau-père du secrétaire de Head, John Joseph*, cela ne lui donnait guère que l'avantage d'avoir facilement accès au lieutenant-gouverneur. Robinson était le principal conseiller de Head, et deux recrues du gouvernement, John Macaulay et Robert Baldwin Sullivan*, étaient en pleine ascension. Hagerman ne pouvait rivaliser avec eux en matière de travail administratif, d'analyse ou de politique. Les notes laconiques de Head sur les membres de son exécutif décrivent parfaitement Hagerman : « Bon orateur, loyal défenseur de la constitution, mais je n'ai pas une très haute opinion de son jugement. Solide, honnête. » Lorsque sir George Arthur succéda à Head, en mars 1838, le rang officiel de Hagerman ne changea guère, non plus que la distribution des rôles au gouvernement. Arthur le dépeignait ainsi : « personne honnête et droite – A une bonne vision des choses et sait parler avec vigueur – mais ce n'est pas un gros travailleur ! » La réaction de Hagerman à l'arrivée du rapport de lord Durham [LAMBTON] le consterna : « Il a lu le rapport puis s'est rendu à un dîner – Alors qu'il aurait dû envoyer un mot d'excuse, s'installer tout de suite pour le commenter et le porter sans délai à la connaissance de la chambre. »

L'union du Haut et du Bas-Canada avait préoccupé de plus en plus les esprits dans la seconde moitié des années 1830 ; la position de Hagerman à ce sujet est intéressante. En février 1838, au cours d'un débat, il précisa qu'il n'appuierait l'union que si la suprématie des anglo-protestants était suffisamment garantie. Lorsqu'il prit connaissance du projet d'union de 1839, il le condamna en raison de « sa tendance républicaine » et réclama le renforcement du « principe monarchique ». Le 19 décembre 1839 pourtant, lorsque le projet de loi fut mis aux voix à l'Assemblée, il l'appuya, en dépit de ses intrépides déclarations antérieures. Tout crâneur qu'il ait été, il s'était dégonflé sous les pressions du gouverneur Charles Edward Poulett THOMSON. Le 24 novembre, celui-ci s'était demandé, à l'occasion d'une conversation avec Arthur et John Macaulay, pourquoi « les fonctionnaires semblaient agir comme s'ils n'avaient aucun égard pour la volonté du gouvernement en quelque matière d'intérêt public ». Son premier mouvement fut de congédier son officier de justice récalcitrant, mais il se ravisa sur le conseil d'Arthur. Le 7 décembre, après une franche discussion avec Thomson, Hagerman était toujours hardiment opposé à l'union. Cinq jours plus tard, à l'Assemblée, il nia que les administrateurs pouvaient être contraints d'appuyer le projet de loi. Sa résistance, toutefois, s'effrita vite. Le 19, il expliqua en chambre que, comme les résolutions sur l'union étaient débattues « de par la volonté du souverain », il leur « accorderait son suffrage si le vote en leur faveur […] se maintenait ». John Macaulay écrivit à un correspondant : « [je suis troublé de] voir les amis de Hagerman établir une comparaison entre sa conduite et la mienne dans l'affaire de l'union – je serais embarrassé de crier si fort comme il l'a fait et d'abandonner finalement la partie ». « Vous apprendrez bientôt, poursuivait-il, qu'il est passé […] à une fonction de juge puîné. » En effet, dès que Levius Peters SHERWOOD eut pris sa retraite, Hagerman rejoignit Robinson, James Buchanan Macaulay, MacLean et Jones dans la magistrature le 15 février 1840. Son ancien associé, Draper, lui succéda au poste de procureur général.

Au moment de sa promotion, Hagerman confia son cabinet d'avocat à James McGill Strachan*. Il avait espéré un congé immédiat mais dut attendre la fin d'août 1840 pour partir en Angleterre avec sa femme ; ils revinrent en juillet 1841. À côté des exigences de sa vie passée, la routine du tribunal dut lui paraître assez ennuyeuse. De mars 1840 à octobre 1846, il fit dix fois la tournée des diverses assises et tint presque une cinquantaine d'audiences. En outre, il participa aux audiences régulières où la Cour du banc de la reine siégeait avec les pleins pouvoirs. Sa carrière de juge nécessiterait une étude complète, mais l'un de ses jugements mérite particulièrement d'être relevé. Le 15 avril 1840, à Sandwich (Windsor), il présida le procès d'un Noir, Jacob Briggs, accusé d'avoir violé une fillette blanche de huit ans. En droit, pour conclure à un viol, il fallait qu'il y ait preuve de pénétration et d'éjaculation, ce dont Hagerman informa le jury. Malgré des dépositions contradictoires – un médecin qui témoigna pour la défense soutint qu'« il aurait été impossible pour un homme fait, surtout pour un Nègre, d'entrer dans le corps » d'une petite fille – le jury déclara Briggs coupable, et Hagerman le condamna à mort. Dans son rapport au Conseil exécutif, Hagerman négligea l'obligation de prouver qu'il y avait eu émission de sperme et se limita à la question de la pénétration. Sa conclusion, « la plus conforme au droit et à la raison », fut qu'une condamnation pour viol pouvait être prononcée sans preuve de défloration. Après avoir consulté son collègue James Buchanan Macaulay, Hagerman établit que rien, légalement, ne s'opposait au verdict du jury. Les conseillers exécutifs acquiescèrent mais commuèrent la peine en transportation. L'année suivante, on révisa la loi sur le viol et on abandonna la clause technique concernant la preuve d'éjaculation, décision que les historiennes féministes ont saluée

Hagerman

comme un événement décisif. Bien que rien ne démontre l'existence d'un lien direct entre le rapport de Hagerman et la loi de 1841, il semble raisonnable de conclure que ce rapport, parce qu'il exprimait le point de vue du milieu judiciaire, eut une certaine influence sur les légistes.

Dans les années 1840, Hagerman n'avait plus aucun pouvoir politique. Échaudé par son altercation avec Thomson, il avait affirmé à Arthur, en août 1840, qu'il était résolu à « ne plus [se] mêler d'aucune façon aux luttes ou aux discussions de parti ». L'année suivante, dans une lettre écrite depuis Londres, Arthur rapporta à Thomson, devenu lord Sydenham, qu'il avait vu Hagerman à une réception : « [il] parlait beaucoup, comme toujours, mais se montrait discret dans toutes ses remarques ». Néanmoins, en 1842, Hagerman pria sans hésitation John Solomon CART-WRIGHT d'éviter, « au sein du gouvernement, de [s']associer pour *quelque raison que ce soit* avec des fauteurs de trahison – ou les apologistes de traîtres ».

La mort de sa deuxième femme, en 1842, ébranla Hagerman, mais sa croyance en l'origine providentielle de tout changement lui apporta du réconfort. En 1823, dans un message de condoléances à John Macaulay, qui était en deuil d'un jeune frère, il avait écrit : « Nous ne pouvons espérer traverser cette vie sans afflictions, et quand la Providence nous en envoie, il peut nous faire du bien de songer que, en étant bons et vertueux, nous *éviterons* le *remords* qui s'attache à ceux qui sont obligés de les considérer comme un châtiment du vice. » Ses convictions lui donnèrent la force de supporter ses nombreux malheurs familiaux. À la mort de sa fille Anne Elizabeth Joseph, en 1838, il dit à une connaissance : « il a plu à Dieu de m'enlever cette enfant ».

Hagerman se maria une troisième fois en 1846. Son épouse était Caroline Tysen, une Anglaise de la bonne société tout comme sa deuxième femme. Cette année-là, il projetait de se retirer en Angleterre, mais la maladie l'en empêcha. Son testament, signé d'une écriture à peine lisible, et remarquable par l'absence de toute allusion à la religion, stipulait plusieurs legs, dont les plus importants allaient à ses deux filles survivantes. Il pourvoyait à la subsistance de son fils Frank, vraisemblablement un jeune bon à rien qui l'avait beaucoup déçu, en prévenant les exécuteurs testamentaires de ne lui verser sa rente annuelle que s'ils « considé[raient] la chose convenable [...] après avoir dûment examiné la manière dont il se conduir[ait] ». Le 18 mars 1847, un jeune avocat du nom de Larratt William Violett Smith écrivit : « Le pauvre juge Hagerman languit encore, si faible qu'on peut dire qu'il se meurt. Son vaurien et ivrogne de fils titube à son chevet le jour et passe ses nuits dans la compagnie la plus dépravée. » Hagerman mourut deux mois plus tard, et sa femme retourna en Angleterre peu après.

Christopher Alexander Hagerman avait bien servi les administrateurs qui s'étaient succédé depuis Maitland jusqu'à Arthur. Il fut surtout intime avec Colborne, qui finit cependant par se confier plutôt à Robinson. Surtout à la fin des années 1830, il représenta peut-être assez bien le type du courtisan inflexible de ce qu'on appelait alors le *family compact* – du moins l'*Examiner* de Francis Hincks* le décrivait-il ainsi – mais il n'avait ni les talents ni l'esprit qui assurèrent une plus grande importance à Robinson, Strachan, Macaulay et Jones. Son trait dominant était « le bruit et la fureur », ce qui le mit plus souvent qu'autrement dans l'embarras.

ROBERT LOCHIEL FRASER

Christopher Alexander Hagerman est l'auteur de : *Letter of Mr. Attorney General to the editor on the subject of Mr. Bidwell's departure from this province* [...] (Toronto, 1838). Un discours qu'il prononça à l'Assemblée a été publié dans *Speeches of Dr. John Rolph, and Christop'r A. Hagerman, esq., his majesty's solicitor general, on the bill for appropriating the proceeds of the clergy reserves to the purposes of general education* [...] (Toronto, 1837). Son journal manuscrit, « Journal of events in the War of 1812 », qui couvre les années 1813–1814 est déposé à la MTRL.

AO, MS 4 ; MS 35 ; MS 78 ; MS 186 (mfm) ; MU 1376 ; MU 1838, n° 537 ; MU 2319 ; MU 2818 ; RG 22, sér. 155 ; sér. 159, Nicholas Hagerman, Daniel Hagerman. — APC, MG 24, A40 ; RG 1, E3 ; L3 ; RG 5, A1 ; RG 7, G1. — Law Soc. of U.C. (Toronto), Minutes. — MTRL, William Allan papers. — PRO, CO 42. — « A register of baptisms for the township of Fredericksburgh [...] », John Langhorn, compil., *OH*, 1 (1899) : 34, 38. — *Arthur papers* (Sanderson). — [Thomas Dalton], « *By the words of thy own mouth will I condemn thee* » ; *to Christopher Alexander Hagerman, esq.* ([Kingston, Ontario, 1824] ; copie à la MTRL). — *Doc. hist. of campaign upon Niagara frontier* (Cruikshank), 1–2 ; 6 ; 8–9. — Charles Durand, *Reminiscences of Charles Durand of Toronto, barrister* (Toronto, 1897). — [Charles Grant, 1er baron] Glenelg, *Lord Glenelg's despatches to Sir F. B. Head, bart., during his administration of the government of Upper Canada* [...] (Londres, 1839). — H.-C., House of Assembly, *Journal*, 1832–1840. — F. B. Head, *A narrative, with notes by William Lyon Mackenzie*, introd. de S. F. Wise, édit. (Toronto et Montréal, 1969). — « Journals of Legislative Assembly of U.C. », AO *Report*, 1914. — *Select British docs. of War of 1812* (Wood). — [L. W. V.] Smith, *Young Mr Smith in Upper Canada*, M. L. Smith, édit. (Toronto, 1980). — *British Colonist*, 1838–1839. — *Canadian Freeman*, 1828. — *Chronicle & Gazette*, 1833–1845. — *Examiner* (Toronto), 1838–1840. — *Kingston Chronicle*, 1819–1833. — *Kingston Gazette*, 1815. — *Niagara Herald* (Niagara [Niagara-on-the-Lake, Ontario]), 1828. — *Patriot* (Toronto), 1835–1836. — *Royal Standard* (Toronto), 1836–1837. — *U.E. Loyalist*, 1826. — *Weekly Register*, 1823. — *York Weekly Post*, 1821. — *Death notices of Ont.* (Reid). — *DHB* (biog. de Michael Vincent). — Reid, *Loyalists in Ont.* — C. B. Backhouse, « Nineteenth-century Canadian rape law, 1800–92 », *Essays in the history of Canadian law*, D. H. Flaherty, édit. (2 vol., Toronto,

1981–1983), 2 : 200–247. — D. R. Beer, *Sir Allan Napier MacNab* (Hamilton, Ontario, 1984). — William Canniff, *History of the settlement of Upper Canada (Ontario), with special reference to the Bay Quinte* (Toronto, 1869 ; réimpr., Belleville, Ontario, 1971). — Darroch Milani, *Robert Gourlay, gadfly*. — R. L. Fraser, « Like Eden in her summer dress : gentry, economy, and society : Upper Canada, 1812–1840 » (thèse de PH.D., Univ. of Toronto, 1979). — W. S. Herrington, *History of the county of Lennox and Addington* (Toronto, 1913 ; réimpr., Belleville, Ontario, 1972). — Lindsey, *Life and times of Mackenzie*. — *Robertson's landmarks of Toronto*, 1 : 274. — S. F. Wise, « The rise of Christopher Hagerman », *Historic Kingston*, n° 14 (1966) : 12–23 ; « Tory factionalism : Kingston elections and Upper Canadian politics, 1820–1836 », *OH*, 57 (1965) : 205–225.

HALE, JOHN, fonctionnaire, officier de milice, homme politique, juge de paix et seigneur, né en 1765 en Angleterre, fils aîné du colonel John Hale et de Mary Chaloner ; décédé le 24 décembre 1838 à Québec.

John Hale appartenait à une très vieille famille du nord de l'Angleterre. Ami intime du major général James Wolfe*, son père accompagna le 47th Foot à Québec en 1759. C'est lui que Wolfe, au moment de sa mort, désigna pour transmettre à Londres la nouvelle de la prise de Québec. Hale semblait prédestiné à suivre les traces de son père. Il entra dans les Royal Marines le 2 décembre 1776 et devint lieutenant dans le 2nd Foot le 12 mai 1779. Mis à la demi-solde de capitaine en 1793, il accompagna le prince Edward* Augustus à Halifax au cours des années suivantes, à titre d'aide de camp et de secrétaire militaire. De retour en Angleterre au début de 1798, Hale épousa à Londres le 3 avril de l'année suivante Elizabeth Frances Amherst*. Quatre filles et huit fils, dont Edward* et Jeffery*, naquirent de cette union.

Hale revint à Québec en juin 1799 en qualité de trésorier-payeur général adjoint des troupes britanniques cantonnées au Canada. En 1807, il succéda à Thomas Aston Coffin* comme inspecteur général des comptes publics. Il reçut également quelques commissions. Ainsi en 1800 il était devenu l'un des commissaires chargés de l'administration des biens des jésuites. Puis, en 1811, avec John Mure* et François Bellet*, on le nomma commissaire chargé de faire dresser les plans des nouveaux édifices parlementaires. En 1813, le gouverneur sir George Prevost* le fit juge de paix pour les districts de Québec, de Trois-Rivières et de Montréal. Hale fut désigné en 1818 pour faire partie d'un comité responsable du secours aux étrangers malades et dépourvus. Membre du Conseil législatif du 3 décembre 1808 au 27 mars 1838, il en assuma la présidence du 23 février 1814 au 16 janvier 1815, puis du 21 février 1815 au 21 janvier de l'année suivante et, enfin, du 7 février 1817 au 10 mars 1823. Il siégea également au Conseil exécutif, du 28 décembre 1820 jusqu'à sa mort. À la demande du gouverneur Dalhousie [RAMSAY], il fit aussi partie en 1823 d'un comité de trois membres dont le mandat était d'examiner l'état de la caisse du receveur général John CALDWELL. Ce dernier ayant été trouvé coupable d'avoir détourné des fonds publics, on chargea Hale, le 25 novembre de la même année, de le remplacer. Il allait conserver la charge de receveur général jusqu'à sa mort. À l'instar de son prédécesseur, il ne put échapper aux critiques du parti patriote qui lui reprochait d'autoriser des dépenses sans avoir au préalable consulté la chambre.

Issu de familles bien nanties, le couple Hale possédait des propriétés en Angleterre, ainsi que dans le Haut et le Bas-Canada. En juillet 1799, Hale acheta plusieurs lots de terre et une résidence rue Saint-Louis, à Québec. Il revendit celle-ci avec un bon profit le 3 juin 1815 puis, le 5 mars 1818, il paya £4 210 trois autres lots et une maison de pierre à deux étages, situés rue des Carrières. Le 27 septembre 1819, il acquit de Marie-Anne Tarieu de Lanaudière la seigneurie de Sainte-Anne-De La Pérade. Hale, qui savait se montrer bon seigneur avec tous ses censitaires, n'hésitait pourtant pas à réclamer son dû et il s'était adjoint deux procureurs qui administraient ses affaires dans la seigneurie durant ses absences.

Hale réussit à accroître sa fortune, déjà substantielle, en agissant à titre de procureur ou de bailleur de fonds pour certains commerçants de la ville et de la région de Québec, dont William Bacheler Coltman*, George Waters ALLSOPP, John Cannon*, la veuve du juge en chef John Elmsley*, ainsi que pour le pasteur et les administrateurs de l'église St Andrew.

Hale fut colonel du 3ᵉ bataillon de milice de la ville de Québec de mai 1805 à mars 1812. En 1813, il assuma durant quelques semaines les fonctions de trésorier du bureau de Québec de la Loyal and Patriotic Society of the Province of Lower Canada, destinée à venir en aide aux miliciens blessés. Il siégea à titre de président de la Banque d'épargne de Québec, de 1821 à 1823, puis de vice-président, de 1823 à 1826. Il remplit également les fonctions de vice-président de la Société d'agriculture du district de Trois-Rivières vers 1823. Chaque hiver, Hale et sa famille quittaient le manoir de Sainte-Anne-De La Pérade pour revenir à Québec où le couple participait activement à la vie sociale de la capitale. Hale fut membre de la Société littéraire et historique de Québec et membre du comité de la Société de Québec des émigrés, en 1821–1822, en plus d'être l'un des syndics du musée Chasseur de Québec en 1829 [V. Pierre CHASSEUR].

La réputation de sa famille et sa fidélité au pouvoir sont deux facteurs qui assurèrent à John Hale des postes de confiance auxquels il fit honneur tout au long de sa carrière.

CHRISTINE VEILLEUX

Hamel

John Hale est l'auteur de : « Observations on crickets in Canada », Literary and Hist. Soc. of Quebec, *Trans.,* 1 (1824–1829) : 254–255.

ANQ-Q, CE1-61, 27 déc. 1838 ; CN1-26, 1801 ; CN1-49, 1818–1838 ; CN1-116, 1836–1838 ; CN1-208, 1830–1838 ; CN1-230, 1800–1825 ; CN1-256, 1799 ; CN1-262, 1805–1819 ; P1000-48-931. — APC, MG 23, GII, 18. — *Doc. relatifs à l'hist. constitutionnelle, 1819–1828* (Doughty et Story). — *La Gazette de Québec,* 30 mai, 6 juin 1805, 23 mai 1811, 1er avril 1813, 26 déc. 1838. — *Almanach de Québec.* — F.-J. Audet, « les Législateurs du B.-C. ». — *Cyclopædia of Canadian biog.* (Rose et Charlesworth). — Desjardins, *Guide parl.* — Literary and Hist. Soc. of Quebec, *Index of the lectures, papers and historical documents* […], *1829 to 1891,* F. C. Würtele et J. C. Strachan, compil. (Québec, 1927). — *Officers of British forces in Canada* (Irving). — « Papiers d'État – B.-C. », APC *Rapport,* 1891 : 1–206 ; 1893 : 1–123. — P.-G. Roy, *Inv. concessions.* — Turcotte, *le Conseil législatif.* — R. C. Dalton, *The Jesuits' estates question, 1760–1888 : a study of the background for the agitation of 1889* (Toronto, 1968). — « La Famille Hale », *BRH,* 38 (1932) : 750–751.

HAMEL, ANDRÉ-RÉMI, avocat, juge, fonctionnaire et auteur, né le 22 octobre 1788 à Québec, fils de Charles Hamel, ferblantier, et de Marie Bedouin ; décédé le 24 mars 1840 à Leeds, Bas-Canada.

André-Rémi Hamel fit ses études classiques au petit séminaire de Québec de 1804 à 1812. Il entreprit l'année suivante son stage de clerc sous la direction de Louis Plamondon*, avocat de Québec. Admis au barreau le 20 avril 1818, il commença à exercer la profession d'avocat dans la même ville. Le 23 juin de l'année suivante, il épousa à Québec Marie-Adélaïde Roy, sœur de la mère de Pierre-Joseph-Olivier Chauveau*. Plus tard, d'ailleurs, Chauveau et René-Édouard Caron*, qui allaient devenir respectivement premier ministre et lieutenant-gouverneur du Québec, firent partie des clercs qu'il reçut dans son étude.

Peu intéressé par la politique, Hamel fit toutefois partie en décembre 1827, avec Amable Berthelot, Hector-Simon Huot, Louis Lagueux* et John Neilson, d'un comité de 35 membres nommé par une assemblée d'électeurs de la ville de Québec et que présidait Joseph-Rémi Vallières de Saint-Réal. Ce comité avait pour mission de rédiger et de soumettre à Sa Majesté et aux deux chambres du Parlement de Londres une pétition où l'on exposerait les griefs sur la composition du Conseil législatif et sa dépendance vis-à-vis du pouvoir exécutif, les dépenses exorbitantes imputables aux sinécures, l'inefficacité des sommes votées par la chambre d'Assemblée pour favoriser le progrès de l'éducation, l'affectation des revenus publics sans l'assentiment préalable de l'Assemblée, la mauvaise administration des terres publiques et les tentatives du Parlement impérial pour changer la constitution à l'insu des habitants de la province.

On soumit à Londres cette pétition ainsi qu'une autre, plus virulente, d'un comité de la région de Montréal. Un comité d'étude de la chambre des Communes examina toutes ces requêtes et publia un rapport qui reconnaissait le bien-fondé des griefs des Canadiens. Toutefois, on n'appliqua pas les recommandations de ce rapport, puisque la plupart des griefs exposés en 1828 se retrouvèrent par la suite dans les fameuses Quatre-vingt-douze Résolutions de 1834 [V. Elzéar Bédard].

Tout en continuant d'exercer à titre d'avocat, Hamel publia en 1831, sous le pseudonyme d'Un ami de l'ordre, un ouvrage intitulé *la Question des fabriques,* paru dans une série d'articles de *la Gazette de Québec* quelques mois plus tôt, au moment où la chambre d'Assemblée étudiait un projet de loi présenté par Louis Bourdages* et qui visait à permettre aux propriétaires d'assister à l'élection des marguilliers et à la reddition des comptes de fabrique. L'Assemblée consulta plusieurs curés ; à une ou deux exceptions près, l'ensemble des membres du clergé s'opposait à ce projet de loi. Dans son opuscule, Hamel, se référant à plusieurs lois, édits et canons conciliaires, appuyait les adversaires de l'admission des notables aux assemblées de fabrique. Il basait son argumentation sur le fait que les biens et les revenus de la fabrique, composés de donations libres, de location de bancs et de services rendus, appartenaient exclusivement à l'Église. Comme l'administration de biens privés ne relevait pas de la chose publique, il n'était donc pas requis que l'élection des marguilliers se fasse démocratiquement et que la reddition des comptes ait lieu publiquement. Après y avoir apporté quelques amendements, l'Assemblée adopta quand même le projet de loi, mais le Conseil législatif le rejeta.

Le 11 juillet 1832, on nomma Hamel avocat général du Bas-Canada, en remplacement de George Vanfelson* qui avait démissionné, et c'est en cette qualité qu'il acquit une certaine notoriété. En effet, le 18 février 1834, pendant la session, Hamel fut cité à la barre de la chambre d'Assemblée pour avoir donné, à titre d'avocat général, un avis juridique au gouverneur lord Aylmer [Whitworth-Aylmer] sur l'élection partielle tenue dans la circonscription de Stanstead en décembre 1833, et ce sans l'autorisation des députés. Dans cet avis, Hamel avait confirmé la décision du directeur du scrutin de déclarer Wright Chamberlin élu, bien que son adversaire Marcus Child* ait apparemment obtenu 70 voix de majorité. L'Assemblée vit dans cette recommandation une infraction à ses droits et privilèges, et son président Louis-Joseph Papineau* admonesta publiquement Hamel. Il importe de rappeler qu'on fit cette réprimande à l'époque même où les députés débattaient les Quatre-vingt-douze Résolutions qui dénonçaient entre autres choses l'immixtion directe du gouverneur et des conseillers législatifs dans les élections des représentants du peuple et surtout dans le choix des présidents d'élection. Quoi qu'il en soit, le lendemain, par une résolution, l'Assemblée déclara Child officiellement élu.

Dans son édition du 21 février 1834, *le Canadien* n'en souligna pas moins l'acte de courage de Hamel qui, bien que libre de comparaître devant la chambre d'Assemblée, avait su faire face à ses responsabilités. Six jours plus tard, les membres du barreau de Montréal se réunissaient pour protester contre cette réprimande. Ils voyaient dans cet incident une atteinte directe à l'indépendance du barreau, nécessaire à la protection des personnes et à la défense des droits civiques. Quant à l'historien Robert Christie*, il était d'avis que « l'opinion [de Hamel …] était conforme à la loi et sans aucun doute aussi conforme à la conscience de l'avocat ».

Le 2 mai 1839, on nomma André-Rémi Hamel commissaire de la Cour des requêtes du district de Québec puis, le 14 mai, il devint conseiller de la reine. Il exerçait ses fonctions lorsqu'une attaque d'apoplexie le terrassa à Leeds, près de Québec, le 24 mars 1840, à l'âge de 51 ans. Son corps fut transporté à Québec et inhumé trois jours plus tard dans la crypte de la cathédrale Notre-Dame. Dans la nécrologie qu'elle lui consacra, *la Gazette de Québec* du 28 mars rendit hommage à Hamel dans les termes suivants : « Doué de talents éminents, qui ont été constamment et presqu'exclusivement employés à l'étude de la loi, M. Hamel était un des avocats les plus distingués de [sa province] ; son activité et son zèle, qui l'ont porté à suivre scrupuleusement toutes les exigences d'une loi réputée impraticable, ont fait de lui, pendant le court espace de temps qu'il a administré la justice, un magistrat exemplaire. »

CLAUDE VACHON

André-Rémi Hamel a publié sous le pseudonyme d'Un ami de l'ordre *la Question des fabriques* (Québec, 1831).

ANQ-Q, CE1-1, 23 oct. 1788, 23 juin 1819, 27 mars 1840. — APC, MG 30, D1, 15 : 14–16 ; RG 4, B8 : 7048–7051 ; RG 68, General index, 1651–1841. — ASQ, Fichier des anciens. — *Le Canadien,* 19, 21, 24 févr. 1834. — *La Gazette de Québec,* 19–20 févr. 1834, 28 mars 1840. — F.-J. Audet, « Commissions d'avocats », *BRH,* 39 : 581 ; « Conseils du roi », 41 (1935) : 609–610 ; « Conseils du roi dans le Bas-Canada », 31 (1925) : 57 ; « Procureurs généraux de la province de Québec (1764–1791) », 39 (1933) : 276–277. — Philéas Gagnon, *Essai de bibliographie canadienne* […] (2 vol., Québec et Montréal, 1895–1913 ; réimpr., Dubuque, Iowa, [1962]). — H. J. Morgan, *Bibliotheca Canadensis* ; *Sketches of celebrated Canadians,* 472. — P.-G. Roy, *les Avocats de la région de Québec* ; *Fils de Québec,* 3 : 42–43 ; *les Juges de la prov. de Québec.* — Tanguay, *Dictionnaire,* 4 : 451–452. — Bernard Vinet, *Pseudonymes québécois* (Québec, 1974), 244. — Buchanan, *Bench and bar of L.C.,* 55, 89–90. — Chapais, *Cours d'hist. du Canada,* 3 : 187–202 ; 4 : 16–25. — N.-E. Dionne, *les Trois Comédies du « statu quo », 1834* (Québec, 1909), 40–56. — Edmond Lareau, *Histoire de la littérature canadienne* (Montréal, 1874). — J.-E. Roy, *Hist. de Lauzon,* 5 : 285–341. — Paul Bernier, « le Droit paroissial avant et depuis Mignault », *la Rev. du notariat* (Québec), 46 (1943–1944) : 175–199. — « Les Disparus ; l'honorable André-Rémi Hamel », *BRH,* 31 (1925) : 548. — « Le Docteur John Buchanan », *BRH,* 17 (1911) : 102.

HAMILTON, ALEXANDER, homme d'affaires, officier de milice, juge de paix, fonctionnaire et juge, né le 3 juillet 1790 à Queenston (Ontario), fils de Robert Hamilton* et de Catherine Askin, veuve de Samuel Robertson ; le 25 janvier 1816, il épousa à Niagara (Niagara-on-the-Lake, Ontario) Hannah Owen Jarvis, fille de William Jarvis*, et ils eurent huit filles et trois fils ; décédé le 19 février 1839 à Queenston.

Alexander Hamilton fréquenta des écoles de Queenston et de Niagara puis s'embarqua pour l'Écosse en 1795 afin d'y poursuivre ses études. À son retour, il travailla quelque temps dans les entreprises de son père, mais il n'eut guère l'occasion d'en bien connaître les rouages avant d'hériter en 1809, avec son frère GEORGE, des stocks et installations des grosses compagnies de vente au détail, de commerce transitaire et de portage que Robert Hamilton possédait dans la région des chutes du Niagara. Déjà affaiblies par les changements qui avaient touché l'économie haut-canadienne, ces compagnies naguère florissantes ne tardèrent pas à péricliter en raison de l'inexpérience des deux héritiers et du testament complexe de leur père, qui gelait pratiquement la succession jusqu'à ce qu'un de leurs demi-frères, John*, atteigne l'âge de la majorité, en 1823. Les deux frères compliquèrent davantage leur situation en 1811 en louant de Benjamin Canby, avec leur oncle Charles Askin, des scieries et des moulins à farine situés dans le canton de Canboro. L'année suivante, Askin et Alexander achetèrent ces installations en promettant de verser £22 000. Toutefois, lorsque la guerre éclata, ce dernier renonça à renflouer les entreprises de son père.

Hamilton participa beaucoup à la guerre de 1812, particulièrement au sein de petits détachements de coup de main et de reconnaissance. Devenu, le 1er mai 1812, capitaine dans les Niagara Light Dragoons, alors sous le commandement du major Thomas MERRITT, il servit plus tard sous William Hamilton Merritt* dans la même unité puis dans les Provincial Light Dragoons. Le major général Roger Hale Sheaffe* cita son nom dans des dépêches sur la bataille de Queenston Heights ; il était présent lorsque les troupes britanniques se retirèrent du fort George (Niagara-on-the-Lake) ainsi qu'à nombre d'autres engagements majeurs qui eurent lieu dans la presqu'île du Niagara.

Au sortir de la guerre, Hamilton se trouva aux prises avec les dettes contractées avec ses frères avant le début des hostilités. Il s'enfonça encore davantage en empruntant sur la succession de son père près de £1 000 qu'il engloutit dans les moulins du canton de

Hamilton

Canboro ; ces efforts ne purent empêcher leur faillite en 1817, de sorte que Charles Askin et lui en furent réduits à tenter de les vendre dans l'espoir d'en éponger les dettes. Toutefois, pour un temps, la chance sembla tourner en faveur de Hamilton. Au cours de l'hiver de 1817–1818, il fut pressenti par William Smith (manifestement un ancien membre d'une compagnie de traite des fourrures de Detroit), à qui on avait offert un contrat pour le portage des marchandises de la North West Company à Niagara. Les établissements montréalais de cette compagnie étaient disposés à prêter de l'argent à Hamilton et à Smith en vue de l'achat d'installations. Cependant, celles-ci étaient coûteuses et la concurrence serrée, puisque trois compagnies se disputaient le marché du portage qui, à Niagara, était restreint et fragmenté. Dès 1821, ce fut la catastrophe pour Hamilton et Smith : la North West Company fusionnait avec la Hudson's Bay Company et cessait de faire passer ses marchandises par les lacs Érié et Ontario. Non seulement les deux hommes étaient-ils privés de contrats, mais ils n'avaient pas remboursé les grosses sommes empruntées pour l'achat des installations.

Ce coup dur acheva d'épuiser l'héritage que Hamilton avait reçu de son père. Déjà, il en avait dépensé toute la portion pécuniaire et, pour rembourser sa part des dettes de la Hamilton and Smith, il dut renoncer à sa portion des terres paternelles. En 1828, il ne lui restait plus rien de la succession.

Depuis la fin de la guerre de 1812, Hamilton s'était de plus en plus détourné des affaires pour rechercher les faveurs des autorités et poser systématiquement sa candidature aux postes importants qui devenaient vacants dans le district de Niagara. En 1817, il reçut sa première commission de juge de paix. Ses chances de se placer étaient sans doute d'autant plus grandes que, même s'il applaudit d'abord à l'agitation que suscitait Robert Gourlay*, son appui ne fut pas bruyant, contrairement à celui de plusieurs de ses frères. Le prestige de sa famille et ses relations suivies avec des gens influents l'aidèrent également. Sa correspondance indique qu'il comptait sur l'intervention de son beau-frère, Samuel Peters Jarvis*, et du révérend John Strachan*. Celui-ci était lié depuis longtemps aux Hamilton – c'était Robert Hamilton qui l'avait fait venir d'Écosse pour qu'il devienne précepteur des enfants de Richard Cartwright* – et avait accepté d'être l'un des exécuteurs testamentaires de Hamilton. De toute évidence, l'admiration de Strachan pour les « manières aimables et [la] conduite distinguée » d'Alexander fut très utile à ce dernier. Parmi les principales fonctions qu'il exerça pendant diverses périodes entre 1821 et 1839 figurent celles de maître de poste et receveur adjoint des douanes à Queenston, de juge de la Cour de *surrogate* et de shérif du district de Niagara. En 1833, sa situation était redevenue assez florissante pour qu'il entreprenne à Queenston la construction d'un manoir, Willowbank, qui existe encore.

Pilier de sa communauté, Hamilton s'intéressa à maints projets concernant Queenston : ainsi il fut l'un des premiers présidents de l'Erie and Ontario Railroad Company et commissaire de la Niagara River Suspension Bridge Company. En lançant ces deux entreprises, des hommes d'affaires intéressés à la rivière Niagara, en particulier ceux de Queenston, visaient avant tout à concurrencer le canal Welland et à ranimer le commerce riverain.

Alexander Hamilton s'embarqua en décembre 1837 avec un corps de volontaires qui tenaient à participer à la défense de Toronto ; il fit partie du groupe qui affronta les rebelles de William Lyon Mackenzie*. Le gouvernement provincial le chargea, à titre de shérif du district de Niagara, de recueillir des renseignements sur les séditieux de la région, ce en quoi l'aidèrent des magistrats comme George Rykert*, de St Catharines. En outre, il participa à la surveillance de la frontière du Niagara et mena une enquête sur le raid de Short Hills [V. Linus Wilson Miller*]. Le 30 juillet 1838, comme le bourreau qui devait exécuter la sentence de mort prononcée contre James Morreau, l'un des chefs du raid, ne s'était pas présenté, Hamilton le remplaça. Il fit en sorte, « par bonté », que Morreau tombe d'une hauteur de 18 pieds avant que la corde ne lui rompe le cou. Par la suite, le gouvernement le félicita pour la « manière calme et ferme » avec laquelle il avait mené l'exécution.

Bruce Wilson

AO, MU 1726. — APC, MG 19, A3, 19 : 623–644, 6265–6268, 6277 ; 38 : 304–306 ; MG 24, D45, Alexander Hamilton à James Hamilton, 28 juin 1821 ; I26, 1–2, 4, 6, 10–15, 64–65 ; RG 5, A1 : 35123, 109369–109374, 109742–109745, 109931–109932, 110292–110294, 110419–110424 ; RG 68, General index, 1651–1841 : 428, 539, 668. — DPL, Burton Hist. Coll., John Askin papers, Charles Askin ledger, 1813–1815 ; G. Hamilton à C. Askin, 11 déc. 1817. — MTRL, Alexander Wood papers, John Strachan à Wood, 13 juin 1806. — *Doc. hist. of campaign upon Niagara frontier* (Cruikshank), 4 : 72 ; 5 : 138–139 ; 6 : 178–181, 209. — « Early records of St Mark's and St. Andrew's churches, Niagara », Janet Carnochan, compil., *OH*, 3 (1901) : 38, 43, 48–49, 60, 75. — *John Askin papers* (Quaife), 1 : 539. — « The Niagara frontier in 1837–38 ; papers from the Hamilton correspondence in the Canadian Archives [...] », A. H. U. Colquhoun, édit., Niagara Hist. Soc., [*Pub.*], n° 29 (1916). — « Reminiscences of American occupation of Niagara from 27th May to 10th Dec. 1813 », Niagara Hist. Soc., [*Pub.*], n° 11 (s.d.) : 27–28. — *St. Catharines Journal*, 21 févr. 1839. — Chadwick, *Ontarian families*, 1 : 146. — Read, *Rising in western U.C.*, 150. — B. G. Wilson, *Enterprises of Robert Hamilton*.

HAMILTON, sir CHARLES, officier de marine et gouverneur de Terre-Neuve, né le 25 mai 1767, fils aîné de sir John Hamilton et de Cassandra Agnes Chamberlayne ; le 19 avril 1803, il épousa Henrietta Martha Drummond, et ils eurent un fils ; décédé le 14 septembre 1849 à Iping, Angleterre.

Dès son jeune âge, Charles Hamilton fut destiné à la marine. Son grand-père maternel avait été amiral et son père, capitaine, obtint un titre de baronnet en récompense de sa participation à la défense de Québec en 1775–1776. Charles s'embarqua à l'été de 1776 sur le navire de son père, le *Hector*, à titre d'ordonnance du capitaine. Il fréquenta la Royal Naval Academy de Portsmouth de 1777 à 1779 puis rembarqua sur le *Hector* à titre de midship. Entre 1780 et 1810, il servit aux Indes orientales, aux Antilles, sur la mer du Nord, dans la Méditerranée et au large des côtes de l'Afrique. Promu contre-amiral et commandant en chef sur la Tamise le 31 juillet 1810, il devint vice-amiral de l'escadre bleue le 4 juin 1814. On le nomma commandant en chef de la marine de Terre-Neuve et du Labrador le 25 avril 1818, puis gouverneur le 9 mai. Arrivé sur les lieux le 19 juillet, il prit la relève de l'administrateur intérimaire, le capitaine John Bowker.

Les historiens de Terre-Neuve ont critiqué la nomination d'amiraux au poste de gouverneur en citant des contemporains mécontents, notamment des pétitionnaires de St John's, selon lesquels ces hommes avaient été « éduqués dès leur jeunesse dans un système qui leur était propre », ce qui les rendait inaptes à « l'exercice de cette discrimination et de cette patience si essentielles au gouvernement » des colonies. Dans le cas de Hamilton, cette critique n'est que partiellement justifiée. Il avait quelque expérience de la vie civile, puisque pendant plus d'une douzaine d'années échelonnées entre 1790 et 1812 il avait représenté au Parlement diverses circonscriptions de l'Irlande et du sud de l'Angleterre, même si la plupart du temps il avait été en service actif. En outre, il pouvait prétendre « ne pas être tout à fait ignorant de l'histoire des débuts de la colonisation, [car il avait] passé une grande partie de [sa] vie dans les plantations ».

Malheureusement pour Hamilton, les institutions terre-neuviennes n'avaient pas évolué et ses instructions ressemblaient presque mot pour mot à celles que recevaient les gouverneurs du XVIIIe siècle. Il était profondément conservateur et tenait Terre-Neuve pour « une bonne pépinière de marins », mais il reconnaissait aussi qu'elle ne pouvait pas demeurer simplement « une station de pêche saisonnière ». Tel était d'ailleurs l'avis du ministère des Colonies, puisqu'il s'attendait à ce que Hamilton réside dans l'île toute l'année. Celui-ci fut d'ailleurs le premier gouverneur à se faire accompagner par sa femme.

Consterné par la pénurie d'édifices publics ainsi que par l'étroitesse des rues de St John's et le surpeuplement de ses maisons de bois, Hamilton fit ériger un palais de justice, entreprit la construction d'une prison et tenta d'imposer un code du bâtiment à la ville, surtout après les incendies qui la dévastèrent de nouveau en 1818 et 1819. Il appuya également la construction d'églises par l'Église d'Angleterre, mais il refusa d'étendre le système d'éducation public et protesta quand, en 1823, le ministère des Colonies versa une subvention à la Newfoundland School Society, composée en majorité de non-conformistes et d'anglicans de la Basse Église. Cependant, la plupart des efforts qu'il déploya en vue d'améliorer la vie urbaine furent peu utiles, soit parce qu'il manquait de fonds ou qu'il ne pouvait faire respecter ses règlements. Même après que le Parlement eut élargi son pouvoir législatif, en 1820, il trouva difficile de réaliser des réformes : « ni mes efforts ni les pouvoirs que je détenais, précisa-t-il, ne purent amener les habitants à adopter de meilleures habitudes de propreté ». Cette situation n'empêcha pas les Hamilton de participer activement à la vie sociale de la capitale. Lady Hamilton, « la douce et fidèle amie de la veuve et de l'orphelin », était une artiste de talent et elle a laissé à la postérité un portrait de la Béothuk Demasduwit*.

Ironie du sort, Hamilton accéléra sans le vouloir l'extinction des Béothuks. En 1818, pressé d'« apporter à ce peuple misérable les bienfaits de la civilisation », il autorisa la mission irréfléchie de John Peyton qui, malgré son but premier de nouer des relations amicales, aboutit à la mort de deux Indiens et à la capture de Demasduwit. Hamilton ordonna une enquête, mais il la transforma en ce qui fut qualifié plus tard d'« entreprise de dissimulation ». Il fut responsable d'une autre expédition tout aussi infructueuse, celle du *commander* David BUCHAN, en 1819–1820. Cependant, il porta assistance à Shawnadithit* lorsqu'elle se livra à William Cull* en 1823.

Par ailleurs, Hamilton fut incapable de diversifier l'économie de Terre-Neuve. Le ministère des Colonies lui avait demandé de promouvoir l'agriculture, mais il rapporta bientôt que le sol était « tellement plus mauvais [qu'il] ne l'avait imaginé » que l'on pouvait tout juste y faire pousser « de l'herbe et des pommes de terre ». Même s'il était favorable au versement de petites subventions aux pêcheurs, il fit peu pour qu'ils touchent quoi que ce soit et refusa de faire construire des routes vers l'intérieur des terres en disant qu'elles étaient inutiles, puisque l'île dépendait irrémédiablement de la pêche. L'effondrement du marché de la morue, après les guerres napoléoniennes, le poussa à accorder plus d'importance à la chasse au phoque, qui connaissait alors un essor rapide, et à encourager la pêche à la baleine et au saumon du Labrador. Poussés par la crise économique, les pauvres avaient afflué à St John's. Hamilton envisagea alors la solution suivante : consacrer aux démunis des sommes égales à celles qui étaient recueillies par

Hamilton

souscription privée tout en déportant le plus grand nombre possible de pauvres dans les colonies de l'Amérique du Nord britannique ou dans la mère patrie. En 1822, il alloua environ £370 à la distribution de rations de secours à St John's, mais il versa plus de £468 pour faire transporter des miséreux hors de l'île. Le souci premier de Hamilton était d'accroître les recettes du gouvernement, mais le marasme économique et les décisions juridiques du juge en chef Francis FORBES affaiblissaient ses pouvoirs. Ce dernier avait déclaré par exemple que les proclamations du gouverneur, traditionnellement considérées comme ayant force de loi, étaient nulles.

Aiguillonné par les décisions de Forbes et par l'indignation croissante que soulevait la nomination d'officiers de la marine comme juges des tribunaux de *surrogate*, le ministère des Colonies résolut de modifier l'appareil judiciaire. Hamilton rentra donc à Londres le 18 octobre 1822 pour lui apporter son concours. Cependant, les dispositions du projet de loi de 1823 sur l'administration de la justice à Terre-Neuve furent davantage l'œuvre de Forbes et du conseiller juridique du ministère des Colonies, James Stephen, que de Hamilton. Bien à contrecœur, celui-ci retourna dans l'île en juillet 1823 pour prendre le pouls de la population et clôturer ses comptes. En novembre, il regagna la demeure familiale d'Iping. Il toucha une demi-solde jusqu'au 5 juillet 1824 mais ne détint plus d'autre charge, même si, à l'occasion, le ministère des Colonies le consulta. Promu amiral le 22 juillet 1830, il fut créé chevalier de l'ordre du Bain le 19 janvier 1833. Il était baronnet depuis la mort de son père, en 1784.

En défendant son gouvernement, en 1824, Hamilton avait allégué que « ce n'était pas [sa] faute si le système avait besoin de changement ». Pourtant on ne saurait l'absoudre tout à fait. Il fit preuve de myopie en s'opposant à la constitution de St John's en municipalité ; il retarda l'abolition inévitable des tribunaux de *surrogate* en défendant ce système avec obstination, en partie parce qu'il justifiait le maintien d'un effectif naval plus nombreux. Fait ironique, il favorisa probablement l'émergence d'un courant réformiste en réagissant violemment au moindre signe d'opposition. Sa longue querelle avec William Dawe, l'unique avocat accrédité de l'île, lui nuisit particulièrement. Hamilton le congédia en 1818 à titre de notaire puis lui imposa une amende pour outrage pour avoir, à bon droit, contesté l'autorité d'un tribunal d'audition et de jugement des causes criminelles que le gouverneur lui-même avait établi et qu'il présidait toujours. Les violentes critiques de Dawe à l'égard de Hamilton poussèrent le réformiste anglais Joseph Hume à exiger en 1823 un examen des comptes du gouverneur. Stephen découvrit au cours de son enquête que Hamilton, malgré son salaire de gouverneur, sa solde et ses allocations de vice-amiral, avait revendu

des surplus du charbon acheté pour Government House, mais il le disculpa en grande partie.

Sir Charles Hamilton ne mesura jamais la force des pressions en faveur de la réforme parce qu'il avait peu de respect pour ceux qui les faisaient – des « aventuriers dépourvus de principes (ou de biens …) » ou encore « une poignée d'agitateurs », disait-il. Il n'est donc guère étonnant que le dernier des amiraux-gouverneurs, même s'il résidait en permanence dans l'île, contribua peu à redorer la réputation de cette charge.

PHILLIP BUCKNER

PRO, CO 194/61–72 ; 195/7. — G.-B., Parl., *The parliamentary debates* (Londres), [2ᵉ] sér., 5 (1821) : 1015–1017 ; 8 (1823) : 702–704 ; 9 (1823) : 245–255. — *DNB*. — Marshall, *Royal naval biog.* — W. R. O'Byrne, *A naval biographical dictionary : comprising the life and service of every living officer in Her Majesty's navy* [...] (Londres, 1849). — C. H. Currey, *Sir Francis Forbes : the first chief justice of the Supreme Court of New South Wales* (Sydney, Australie, 1968). — M. A. Lewis, *A social history of the navy, 1793–1815* (Londres, 1960). — A. H. McLintock, *The establishment of constitutional government in Newfoundland, 1783–1832 : a study of retarded colonisation* (Londres et Toronto, 1941). — W. S. MacNutt, *The Atlantic provinces : the emergence of colonial society, 1712–1857* (Toronto, 1965). — Paul O'Neill, *The story of St. John's, Newfoundland* (2 vol., Erin, Ontario, 1975–1976). — Prowse, *Hist. of Nfld.* (1896). — F. W. Rowe, *Extinction : the Beothuks of Newfoundland* (Toronto, 1977). — Marjorie Smith, « Newfoundland, 1815–1840 : a study of a merchantocracy » (thèse de M.A., Memorial Univ. of Nfld., St John's, 1968).

HAMILTON, GEORGE, homme d'affaires, officier de milice, fonctionnaire et homme politique, né en octobre 1788 à Queenston (Ontario), fils de Robert Hamilton* et de Catherine Robertson, née Askin ; le 2 août 1811, il épousa à York (Toronto) Maria (Mary) Lavinia Jarvis, fille de William Jarvis* et de Hannah PETERS, et ils eurent trois fils et cinq filles ; décédé le 20 février 1836 à sa résidence de Hamilton, Haut-Canada.

En 1795, après avoir fréquenté un peu l'école dans le Haut-Canada, George Hamilton s'embarqua pour l'Écosse afin d'y poursuivre ses études ; son père l'accompagnait. À la mort de celui-ci, en 1809, le jeune homme et son frère ALEXANDER héritèrent des diverses entreprises paternelles. Jusqu'en 1812, ils firent de mauvaises affaires et furent en conflit avec leurs frères ainsi qu'avec des parents influents, administrateurs de la succession. Pendant la guerre de 1812, George, officier de milice depuis 1808, détint le grade de capitaine dans les Niagara Light Dragoons de Thomas MERRITT. Il participa à la prise de Detroit et à la bataille de Queenston Heights en 1812, de même qu'à la bataille de Lundy's Lane en 1814.

Déjà sur le déclin au moment du décès de Robert

Hamilton, les affaires familiales souffrirent beaucoup de la désorganisation du commerce et de l'immigration qu'amenèrent les hostilités. Une fois la paix revenue, George entreprit donc de se refaire une situation et choisit Head of the Lake (dans le voisinage du port actuel de Hamilton) comme foyer de ses activités. En juillet 1815, pour la somme de £1 750, il acheta de James Durand* 257 acres dans le canton de Barton. Moins d'un an plus tard, il s'entendait avec un voisin, Nathaniel Hughson, propriétaire foncier lui aussi, pour fonder un village à cet endroit. Les deux hommes confièrent à Durand, député de la circonscription, le mandat de négocier pour eux la vente des lots. Toujours en 1816, le gouvernement résolut de créer dans la région un nouveau district dont cet emplacement serait le chef-lieu. On ignore le détail des tractations politiques et commerciales qui menèrent à ce choix, mais sans doute Hamilton usa-t-il de ses relations et Durand, de son influence à l'Assemblée. Hamilton céda à la couronne deux terrains de deux acres chacun pour la construction des deux principaux édifices publics d'un chef-lieu de district : le palais de justice et la prison. Le village, conçu selon un plan quadrillé comme la plupart des localités de la frange pionnière nord-américaine, fut morcelé en parcelles qu'on arpenta rapidement. Une fois vendus tous les lots d'origine, Hamilton en ajouta d'autres en 1828 et 1829. Dans les années 1830 cependant, il ne régnait plus sur le village (érigé en municipalité en 1833) : ses démarches en vue d'établir le marché sur ses terres furent mises en échec par des rivaux, et il dut se contenter d'un modeste marché à foin.

C'est sa participation à l'agitation qu'avait déclenchée Robert Gourlay* à la fin des années 1810 qui amena Hamilton en politique. Une faillite survenue au plus tard en 1819 (celle d'un moulin qu'il possédait sur la rivière Grand) pourrait expliquer en partie son engagement. Peut-être sont-ce les griefs des habitants de la presqu'île du Niagara, et surtout le temps que les autorités mettaient à régler les réclamations pour pertes de guerre (lui-même en avait déposé) qui alimentèrent son mécontentement, et peut-être ses antécédents presbytériens jouèrent-ils aussi. Ce qui est certain, c'est qu'il considérait les réserves de la couronne et du clergé comme des obstacles au peuplement, donc comme des menaces pour ses propres intérêts. En 1818, avec William Johnson KERR, il présenta les résolutions des partisans de Gourlay au lieutenant-gouverneur sir Peregrine Maitland*, qui les refusa. Hamilton et Kerr réagirent en se présentant aux élections législatives de 1820, qu'ils gagnèrent. Hamilton fut l'un des représentants de la circonscription de Wentworth à la huitième législature (1821–1824), à la neuvième (1825–1828) et à la dixième (1829–1830). Ces années coïncidèrent avec l'essor de son village et furent celles où son influence et sa situation financière atteignirent leur sommet.

À compter de son entrée à l'Assemblée, en février 1821, jusqu'à mars 1828, Hamilton appartint au groupe réformiste. D'abord, il collabora étroitement avec l'autre député de Wentworth, John Willson*. Après l'élection de celui-ci au poste de président de l'Assemblée, en 1825, il s'associa à John Rolph*. Mécontent du traitement qu'infligeait le gouvernement de Maitland à certains partisans de Gourlay, dont Richard BEASLEY, il harcelait le procureur général John Beverley Robinson*. À l'instar des autres réformistes, il approuva la présence de Barnabas Bidwell* en chambre, critiquait l'état des comptes publics et prônait l'affirmation des prérogatives de l'Assemblée. Selon lui, les compressions de dépenses menaçaient le développement de la colonie. Le rang et la hiérarchie impressionnaient peu ce marchand presbytérien. Naturellement, il s'opposait aux diverses mesures et pratiques qui donnaient à l'Église d'Angleterre un statut privilégié ; ses positions religieuses étaient d'ailleurs particulièrement libérales.

Réformisme modéré et préoccupations commerciales allaient de pair chez Hamilton, à preuve l'agacement que lui inspiraient la lenteur du peuplement et la stagnation des travaux publics. En 1823, il appuya une série de résolutions (présentées par William Warren BALDWIN) qui dénonçaient le faible taux d'immigration, proposaient d'éliminer les réserves, préconisaient vivement d'installer de nouveaux colons près des routes et des moulins et recommandaient de concéder des cantons entiers à des hommes qui avaient assez de capital pour construire des moulins et des forges. En bon fils de marchand, Hamilton se méfiait des taxes commerciales et s'opposait aux droits sur le sel et le whisky, perçus pour financer le canal Welland. D'après lui, pour pouvoir financer des travaux, il suffisait de mettre de l'ordre dans les comptes publics – vraisemblablement parce que cette action abaisserait les honoraires versés aux fonctionnaires de la colonie. En mars 1829, il revint sur l'immigration et présenta, avec Willson, un projet de loi pour l'encourager.

Dans les années 1820, Hamilton parraina plusieurs mesures dans l'intérêt immédiat de son village. À compter de 1823, il pressa le gouvernement de creuser un canal entre le lac Ontario et la baie de Burlington (port de Hamilton). Effectivement, on réalisa cet ouvrage d'une grande importance pour la région, mais des difficultés entre les commissaires et leur entrepreneur, James Gordon Strobridge*, jetèrent un peu de discrédit sur ces travaux. De 1825 à 1827, Hamilton tenta d'obtenir des fonds publics pour doter son village d'un nouveau palais de justice et d'une nouvelle prison. Le ressentiment des villages rivaux [V. Peter Desjardins*], qui se manifesta notamment dans des pétitions, l'obligea à lutter ferme pour que son village demeure le chef-lieu du district de Gore. En mars 1828, il pria l'Assemblée d'accepter une

Hamilton

requête qui réclamait une subvention de £2 000 pour le canal Desjardins, mais les réformistes Peter Perry* et Marshall Spring Bidwell* convainquirent la chambre de différer sa décision.

En 1829, ce qu'on a appelé « l'outrage de Hamilton » (on avait pendu en effigie le lieutenant-gouverneur pour avoir refusé de libérer de prison le journaliste Francis Collins* [V. James Gordon Strobridge]) plaça Hamilton dans une position fâcheuse : il fut coincé entre les électeurs et les réformistes. La situation s'envenima, et on emprisonna pour outrage à l'Assemblée Allan Napier MacNab*, avocat du village de Hamilton, après qu'il eut refusé de témoigner devant un comité d'enquête sur l'affaire. Même si Hamilton tenta d'adopter une attitude modérée, il fut le plus souvent, comme Willson d'ailleurs, en conflit avec les réformistes qui voulaient tirer le plus grand parti possible de l'incident. Une autre affaire locale lui causa des embarras semblables : une plainte qu'avait déposée le greffier de la paix George Rolph (frère de John) contre des magistrats du district de Gore, pour renvoi injustifié. Comme cette plainte visait certains de ceux qui, comme lui, appartenaient à la gentry du comté de Wentworth, Hamilton refusa de l'appuyer. Certes, il recula devant la possibilité d'exploiter à des fins partisanes des questions de réforme qui mettaient en cause le district de Gore et menaçaient sa carrière politique mais, contrairement à l'avis de certains historiens, ce louvoiement n'était pas le signe d'une sympathie pour le gouvernement. Hamilton était, fondamentalement, un réformiste. En mars 1829, en même temps qu'avait lieu l'affaire de l'effigie, il appuya, contrairement à Willson, des résolutions qui affirmaient l'autorité de l'Assemblée en matière de finances.

Hamilton perdit son siège aux élections de 1830 en raison et de la controverse qui entourait son rôle de promoteur de village et d'une campagne menée trop mollement. Il se classa dernier dans un combat à quatre : Willson remporta le plus grand nombre de voix et MacNab évinça Durand. Nouveau en politique, MacNab s'était vite fait connaître en refusant de témoigner sur l'affaire de l'effigie et en défendant les intérêts des localités de Hamilton et de Dundas. Hamilton, au même moment, était embarrassé par un déficit dans ses comptes de trésorier du district. Même s'il le combla lui-même, son prestige souffrit peut-être de la divulgation de l'affaire et cette dépense gêna probablement le financement de sa réélection. Il demeura sur la scène publique mais sans avoir de tribune. Il ne pouvait guère contester les initiatives de son affable cadet MacNab, fort engagé dans le développement du transport régional, et il avait découvert, à l'occasion de sa défaite aux élections de 1830, qu'il ne pouvait s'associer aux réformistes radicaux. En 1831, il prononça même un discours contre William Lyon Mackenzie* à une assem-blée politique locale. L'année suivante, il présida un bureau de santé formé en toute hâte pour enrayer l'épidémie de choléra. En 1834, il perdit contre MacNab dans la nouvelle circonscription de Hamilton. Même s'il était encore un membre assez estimé de la gentry de la baie de Burlington, il n'avait plus sa place à l'Assemblée.

George Hamilton s'était lancé en politique pour améliorer sa situation personnelle et pour contribuer à mener la société haut-canadienne vers la prospérité commerciale. Dans la mesure où il défendit des causes et des principes favorables au commerce et à la spéculation foncière, il ne se distingua pas du *family compact*. Cependant, son réformisme rappelle que l'élite coloniale ne formait pas un bloc monolithique. Soucieux d'assurer l'avenir de la colonie, tous n'avaient pas les mêmes objectifs sociaux et ne s'entendaient pas sur la manière de gérer les ressources. Hamilton soutenait la couronne tout en préconisant une constitution très large qui aurait donné préséance à l'Assemblée. Telle allait être de fait la pensée dont s'inspiraient les ententes politiques conclues entre 1840 et 1860. Comme d'autres modérés des années 1820, ce Nord-Américain d'origine écossaise et de milieu privilégié avait trouvé la formule qui, depuis, a souvent été de rigueur sur la scène canadienne : accroissement de l'immigration, tolérance religieuse, développement du transport et collaboration entre les milieux d'affaires et le gouvernement.

JOHN C. WEAVER

AO, RG 1, A-I-6 : 4820–4821, 8728–8731 ; RG 22, sér. 155. — APC, MG 24, D45, 7, Thomas Clarke à James Hamilton, 10 oct. 1821 ; RG 5, A1 : 22753–22755. — Arch. privées, Mlle Ann MacIntosh Duff (Toronto), Family geneal. docs. — Wentworth Land Registry Office (Hamilton, Ontario), Barton Township, deeds, vol. A (1816–1829) (mfm aux AO). — H.-C., House of Assembly, *Journal*, 1821–1830 ; 1826–1827, app. R. — *Kingston Chronicle*, 15 déc. 1826, 16 févr. 1827. — *Upper Canada Herald*, 1er, 15, 29 mars, 24 mai 1825. — Armstrong, *Handbook of Upper Canadian chronology* (1985). — *DHB*. — D. R. Beer, *Sir Allan Napier MacNab* (Hamilton, 1984). — Darroch Milani, *Robert Gourlay, gadfly*. — J. C. Weaver, *Hamilton : an illustrated history* (Toronto, 1982), 16–17. — B. G. Wilson, *Enterprises of Robert Hamilton*.

HAMILTON, GEORGE, homme d'affaires, officier de milice, juge de paix, juge et fonctionnaire, né le 13 avril 1781 à Hamwood (république d'Irlande), troisième fils de Charles Hamilton, homme d'affaires, et d'Elizabeth Chetwood ; décédé le 7 janvier 1839 à Hawkesbury, Haut-Canada, et inhumé près de St Andrews (Saint-André-Est, Québec).

La famille de George Hamilton venait des Lowlands d'Écosse mais avait acquis des terres en Irlande. Au début du XIXe siècle, elle faisait le commerce du bois de la Baltique, des vins de Madère et sans doute d'autres produits, et menait ses affaires surtout à partir de Liverpool. Probablement en 1804, mais sûrement avant juin 1806, George débarqua à Québec afin d'ouvrir une filiale de l'entreprise familiale. En 1808, il vendait des vins de Madère reçus via Liverpool et, en mai 1809, il était associé à son frère William. Au moins jusqu'en 1811, la George and William Hamilton, maison d'« encanteurs et de courtiers », vendit de tout, des clous aux parasols de soie, dans ses locaux de la haute ville.

Après 1807, le blocus continental de Napoléon Ier empêcha quelque temps les Hamilton de Liverpool de s'approvisionner en bois de la Baltique. Attirés par les contrats lucratifs que l'Amirauté britannique passait pour équiper ses navires, ils suivirent la voie qu'avait tracée Henry USBORNE au début des années 1800 et transférèrent au moins une partie de leur commerce de bois au Canada où, pour l'année 1809 seulement, l'Amirauté fit produire du matériel de guerre évalué à £2 500 000. Le 31 août 1809, George et William Hamilton signèrent avec le seigneur de Lauzon, Henry Caldwell*, un bail qui leur assurait pour 21 ans un lot et une plage à l'embouchure de la rivière Chaudière, dans le Bas-Canada. Sans tarder, leur entreprise annonça qu'elle était prête à recevoir des trains de bois et des douves à cet endroit, baptisé « anse de New-Liverpool ». Non seulement les Hamilton exportaient-ils du bois, en partie dans des navires qu'ils avaient eux-mêmes construits à New-Liverpool, mais ils en vendaient à Québec, où la construction navale était en plein essor. En mars et avril 1810, leur entreprise devint la représentante, sur le Saint-Laurent, des assureurs maritimes de Londres, Liverpool, Dundee et Aberdeen ; à ce titre, elle était habilitée à prendre en charge les navires naufragés ou en détresse qu'aucun agent d'assurances autorisé dans le Bas-Canada ne représentait.

En 1809, les Hamilton avaient conclu un marché d'approvisionnement en bois avec deux entrepreneurs forestiers de l'Outaouais, Thomas Mears et David Pattee*, à qui ils versaient des avances sur leurs livraisons afin de financer leurs activités. Cependant, comme Mears et Pattee ne parvenaient plus à honorer leurs engagements, les Hamilton saisirent dès octobre 1811 leur seul bien corporel, une scierie située à Hawkesbury. William alla donc s'installer dans ce village pour s'occuper de la scierie et de l'exploitation forestière, qui se faisait en bonne partie le long de la rivière Rideau. Peu après son arrivée, un incendie rasa les installations et les stocks de bois mais, désireux de profiter de la nouvelle politique tarifaire de la Grande-Bretagne, qui venait de doubler les droits sur le bois de la Baltique, les Hamilton reconstruisirent en plus grand, même si le commerce d'exportation était perturbé en raison de la guerre de 1812. Demeuré à Québec, George veillait à négocier les ventes de bois et à obtenir des contrats de l'Amirauté ; au cours de l'été de 1813, il écoula sur le marché de Québec plus de 300 000 pieds cubes de bois d'œuvre, de douves et de madriers. De mai à décembre 1815, les Hamilton firent affaire avec un troisième associé, George Davies, sous le nom de « Hamilton's and Davies ». En mars 1816, ils mirent l'anse de New-Liverpool en vente ou en location pour le 1er mai ; l'établissement regroupait alors une maison, un quai, des cales de construction, un atelier, une forge, une « chaufferie à vapeur », un entrepôt et des logements pour les ouvriers. Toutefois, ils conservèrent leur entreprise, la George and William Hamilton, jusqu'à la fin de 1816, après quoi William se retira et celle-ci fut dissoute.

Auréolé du prestige de la compagnie de Liverpool, George avait été accueilli d'emblée parmi l'élite de Québec. Au début de 1807, il faisait déjà partie du très sélect Club des barons, qui réunissait Caldwell, Herman Witsius RYLAND, George HERIOT, Thomas Dunn* et 16 autres grands marchands et fonctionnaires d'allégeance conservatrice. De 1807 à 1815, il fut successivement trésorier et maître de cérémonie aux Courses de Québec, qui organisaient des compétitions tant dans le but d'améliorer la qualité des chevaux de la colonie que d'offrir un divertissement ; Hamilton lui-même élevait ou importait des chevaux pour la vente. Pendant la guerre de 1812, on le retrouve lieutenant dans le 3e bataillon de milice de la ville de Québec, puis aide-major et major du 2e bataillon de Lotbinière, sous le commandement de Caldwell. En 1814, il devint juge de paix à Québec. Le 18 mars 1816, à l'âge de 34 ans, il épousa devant l'évêque anglican de Québec, Jacob Mountain*, Susannah Christiana Craigie, alors âgée de 17 ans, fille de feu le conseiller exécutif John Craigie*. Le couple allait avoir au moins sept enfants, peut-être même dix.

Les nouveaux mariés quittèrent bientôt la brillante société québécoise pour les sombres forêts de la vallée de l'Outaouais. Quand William prit sa retraite, George s'associa à ses frères Robert et John. Robert s'occupait de la mise en marché à Liverpool et John s'installa à New-Liverpool ; quant à George, il alla mettre à profit son expérience à Hawkesbury. La scierie occupait un endroit idéal : située à la naissance des rapides du Long-Sault, elle était proche des forêts de la rivière des Outaouais et de ses affluents. Comme les rapides produisaient de l'énergie en abondance et faisaient obstacle à la descente des trains de bois vers Québec, les entrepreneurs forestiers qui ne voulaient pas défaire leurs trains et devoir les reconstituer les vendaient à Hamilton. Enfin, la vallée de l'Outaouais s'ouvrait au peuplement, et les colons étaient heureux d'échanger des grumes abattues sur leurs terres contre des marchandises du magasin que Hamilton avait eu la perspicacité d'ouvrir. Comme il appartenait à une compagnie intégrée, il pouvait, contrairement aux

Hamilton

autres entrepreneurs forestiers de la région, se passer d'intermédiaires à Québec et en Angleterre, d'où des économies de temps et d'argent. L'exploitation de Hawkesbury s'agrandit : en 1818, elle comptait 80 employés, un nombre élevé pour l'époque ; en 1822, elle disposait, disait-on, de 40 scies.

Pour parvenir à de tels résultats, Hamilton dut s'adapter aux conditions qui régissaient le commerce du bois dans la vallée, c'est-à-dire recourir à la force et faire des pressions politiques, probablement par le truchement de ses relations à Québec. De 1816 à 1823, il put s'implanter et asseoir les bases de sa puissance dans la région. En mars 1816, on le nomma juge de paix et juge du nouveau tribunal du district d'Ottawa, dans le Haut-Canada ; en août 1818, avec George Garden* et Joseph PAPINEAU, il devenait commissaire chargé d'améliorer la navigation entre le Bas et le Haut-Canada par le fleuve Saint-Laurent et la rivière des Outaouais ; en avril 1822, tout comme Joel Stone*, il était chargé à titre de commissaire d'appliquer la loi des non-naturalisés dans le district d'Ottawa ; en juin, il recevait une commission de *dedimus potestatem* et devenait lieutenant-colonel de la Prescott Reserve Militia du Haut-Canada ; enfin, en janvier 1823, il était l'un des trois commissaires d'écoles du district d'Ottawa.

D'entrée de jeu, Hamilton avait tenté d'user de sa position pour promouvoir l'ordre social et la prospérité dans la vallée, notamment par la création de grandes entreprises forestières stables, dont la sienne. Son modèle d'autorité locale était le squire anglais, mais il découvrit qu'à Hawkesbury l'entourait une communauté d'Américains qui non seulement se révélaient de rudes concurrents en affaires, mais étaient selon lui la source des idées démocratiques, donc séditieuses, qui se répandaient dans la région. Mears et Pattee, qu'il n'avait mis en échec que temporairement, figuraient parmi les leaders de cette communauté. Mears, solide rival de Hamilton dans le commerce du bois, était le shérif du district ; quant à Pattee, il était juge de paix et juge de la Cour de *surrogate*. Rendu vulnérable par les dépenses engagées pour reconstruire la scierie après l'incendie de 1812, d'origine suspecte, Hamilton se laissa aller à la violence pour soutenir la lutte contre Mears.

Le conflit qui opposait les factions de Hamilton et de Mears s'intensifia à compter de 1819, car le gouvernement du Bas-Canada, privé d'une part de ses revenus à cause d'une longue querelle avec la chambre d'Assemblée [V. George RAMSAY], fit valoir avec plus de rigueur les droits forestiers de la couronne. À ses débuts, l'industrie outaouaise du bois avait largement bénéficié de l'accès aux terres de la couronne, dont le bois devait servir exclusivement à remplir les commandes qu'avait passées l'Amirauté pour ses navires. Une fois la guerre finie, on avait plutôt orienter le commerce du bois vers la satisfaction des besoins des colonies et de la Grande-Bretagne. Cependant, comme l'Outaouais était assez éloigné pour échapper à la surveillance des fonctionnaires, on n'y respectait guère l'exclusivité de l'Amirauté sur le bois des terres de la couronne. Certains stocks, constitués au mépris de cette exclusivité, avaient été saisis, mais le commerce du bois avait pris une telle importance dans l'économie coloniale que l'application des droits de la couronne ne s'était faite que de façon mitigée. Toutefois, à compter de 1819, la saisie des trains de bois devint plus fréquente ; ces derniers étaient ensuite revendus, d'ordinaire à leur propriétaire initial, et le produit de la vente inclus dans les revenus de la couronne. Pour soutenir la concurrence, Hamilton avait coupé illégalement du bois sur les terres de la couronne, et il craignait une dénonciation de Mears.

À la faveur des élections haut-canadiennes de 1820, les factions de Hamilton et de Mears se livrèrent une lutte sauvage dans la circonscription de Prescott and Russell. Finalement, la chambre d'Assemblée déclara Pattee élu aux dépens de William Hamilton, revenu d'Angleterre apparemment pour défendre les intérêts de l'entreprise familiale sur la scène politique. George Hamilton avait bien tenté de noircir la réputation de Pattee en ressortant une vieille accusation de contrefaçon, mais il avait échoué et essuyé une cuisante rebuffade de la part du Conseil exécutif du Haut-Canada, qui avait rejeté l'accusation. En outre, à compter de 1819, il avait dû renoncer en partie à la coupe illégale du bois sur les terres de la couronne pour éviter d'être traduit devant son propre tribunal.

Hamilton n'était d'ailleurs pas au bout de ses peines. En 1821, la crise du marché britannique du bois secoua durement la santé financière de l'entreprise familiale, déjà précaire. C'est la Robert Hamilton, Brothers and Company qui finançait ses activités, et c'est Robert qui assurait la liaison avec les banquiers de Liverpool. Mais ce dernier contracta de lourdes dettes envers la Gillespie, Moffatt and Company de Montréal [V. George Moffatt*], à laquelle il dut consentir un privilège sur les installations de Hawkesbury. De plus, comme il mourut l'année suivante, ses frères eurent probablement encore plus de mal à financer leurs dettes et leurs activités. En mars 1823, ils mettaient en vente, pour le 1er novembre, l'établissement de New-Liverpool (trois maisons, plus de 450 acres de terre, 11 acres de plage, des quais et d'autres constructions) ainsi que celui de Hawkesbury (200 acres de terre, deux scieries et un moulin à farine, trois granges, une forge, une boulangerie, des magasins et des maisons pour les ouvriers). En mai, ils durent céder l'actif de la compagnie à ses créanciers, que représentaient les marchands Henry McKenzie* et George AULDJO, de Montréal, et Mathew BELL, de Québec. Une réorganisation, qui visait probablement à obtenir du financement, avait amené à Québec un nouvel associé, Abraham Gibson (la compagnie avait alors pris le nom de Hamilton and Gibson), et apparemment entraîné le départ de John pour Liverpool ; cette entente prit fin en juillet, mais un prêt obtenu in extremis en Grande-Bretagne permit d'éviter la vente de l'entreprise. Le malheur semblait cependant s'attacher aux pas de George Hamilton : en un court espace de temps en 1822–1823, rapporte le révérend Joseph Abbott*, son frère John mourut, un incendie rasa sa maison de Hawkesbury avec tout son contenu et, tandis qu'il descendait l'Outaouais avec sa famille pour se rendre à Montréal, leur canot chavira dans les rapides, qui engloutirent ses trois jeunes enfants.

Homme plein de volonté et de ressort, Hamilton s'attela à la reconstruction de son entreprise. Malgré les complications juridiques qu'engendrait la succession de John et qui gênèrent sa tâche, il put quand même, grâce à la relance du marché du bois, songer à l'expansion : dès 1825, le nombre de ses employés, de 50 ou 60 qu'il était en 1822, passa à 200. Le règlement de la succession de John lui permit de se réorganiser sur une base solide, et en 1830 il prit comme associé Charles Adamson Low, employé digne de confiance et habitué des luttes contre la faction de Mears. Ensemble, ils créèrent une entreprise évaluée à £66 000 qui, dès 1835, mettait chaque année sur le marché, à partir de trois endroits, quelque 11 500 000 pied-planches de pin. La Hamilton and Low était devenue l'une des trois grandes productrices de madriers au Canada ; ses scieries rivalisaient avec celles des rivières Montmorency et Etchemin, près de Québec [V. Henry Caldwell ; Peter Patterson*], et produisaient près de la moitié des madriers exportés à partir de la vallée de l'Outaouais.

Hamilton, qui avait retrouvé une certaine marge de manœuvre après 1823, se mit à réévaluer l'organisation du commerce du bois et les conditions dans lesquelles il se faisait. Tout en maintenant sa stratégie, qui consistait à promouvoir l'ordre social et les intérêts des grandes compagnies, il modifia sa tactique. Il évitait maintenant la violence : elle déstabilisait le commerce, déjà précaire en raison des constantes fluctuations du marché, et menait ultimement à la faillite des entrepreneurs forestiers respectables. Voilà pourquoi il fut choqué de voir ses collègues entrepreneurs participer aux émeutes des *Shiners* dans les années 1830 [V. Peter Aylen*] ; méprisant à l'égard de ses compatriotes catholiques, comme tout bon Irlandais d'origine écossaise, il n'avait en effet aucune autre raison de déplorer le conflit ethnique et économique qui opposait ouvriers irlando-catholiques et canadiens.

Hamilton comptait de plus en plus sur son influence au gouvernement pour arriver à ses fins, même si apparemment il préféra ne siéger ni au Parlement du Haut-Canada ni à celui du Bas-Canada. Sa principale préoccupation fut d'obtenir la régularisation de l'abattage sur les terres de la couronne. Il s'était naguère senti contraint d'en faire illégalement, mais n'avait jamais accepté la situation. Que la base même de l'industrie soit une activité contraire à la loi lui apparaissait une source de désordre. Une telle situation amenait les petits entrepreneurs à agir selon leur bon plaisir, ce qui contribuait à une dangereuse surproduction et favorisait la violence entre les producteurs, impatients de s'approprier le meilleur bois. Même s'il n'était guère partisan de la préservation des forêts, Hamilton comprenait, contrairement à la plupart de ses contemporains, que celle de l'Outaouais n'était pas inépuisable et qu'il fallait l'exploiter rationnellement. Enfin, l'application des droits forestiers de la couronne, tout en étant plus sévère depuis 1819, demeurait aléatoire, ce qui engendrait une incertitude néfaste pour le commerce du bois en général. De concert avec d'autres grands exploitants, Hamilton pressa donc les gouvernements du Haut et du Bas-Canada de prendre des mesures favorables à l'industrie du bois. Il fallait ou bien céder les forêts de la couronne à des intérêts privés, ou bien délivrer des permis de coupe. L'ensemble des entrepreneurs forestiers penchaient en faveur de la seconde solution, car elle éviterait aux exploitants, petits ou grands, d'avoir à immobiliser du capital pour acheter des terres. Hamilton, quant à lui, entrevoyait qu'elle permettrait aux grosses compagnies d'obtenir des droits sur de grandes surfaces, ou concessions, qui serviraient ensuite de garanties à des emprunts contractés auprès des financiers de Montréal, de Québec ou de Grande-Bretagne. De plus, en regroupant plusieurs concessions, les compagnies intégrées comme la sienne pourraient accroître leur productivité.

Les gouvernements du Haut et du Bas-Canada, alléchés par les revenus stables que leur rapporteraient les permis, réagirent favorablement. En 1826, des règlements vinrent autoriser l'abattage sur les terres de la couronne ; les redevances attachées aux permis devaient être déterminées par vente aux enchères [V. Charles SHIRREFF]. On nomma des inspecteurs généraux des forêts : dans le Bas-Canada, en 1826, John Davidson, ancien représentant commercial de Hamilton, et dans le Haut-Canada, en 1827, Peter ROBINSON. En 1828, Hamilton lui-même devint percepteur des redevances sur la rivière Rouge, dans le Bas-Canada, où il obtint des permis sur une bonne partie des terres à bois. Toutefois, le nouveau régime, comme les modifications qu'il connut par la suite, visait davantage à assurer des revenus aux gouvernements coloniaux qu'à rationaliser la coupe sur les terres de la couronne. Aussi Hamilton en devint-il l'un des principaux critiques : des hommes dépourvus de moyens, faisait-il valoir, pouvaient se lancer dans le commerce du bois, ce qui détruisait le marché, nuisait à la qualité du produit et déstabilisait les revenus des

Hamilton

vrais entrepreneurs forestiers. Il proposa alors des règlements de son cru : en exigeant par exemple un acompte sur les redevances, on découragerait la spéculation sur les privilèges de coupe et placerait le commerce du bois entre les « mains de capitalistes ». Fort de l'appui de Charles Shirreff, agent des forêts de la couronne à Bytown (Ottawa), il convainquit vers 1832 lord Aylmer [WHITWORTH-AYLMER], gouverneur du Bas-Canada, d'adopter son système. Le Haut-Canada l'appliqua aussi, sous une forme légèrement différente.

Après une victoire politique à Québec pour les grandes compagnies, Hamilton mena, à leur tête, une lutte contre les petits entrepreneurs afin d'avoir la haute main sur les concessions elles-mêmes. L'enjeu le plus important de cette bataille fut la vallée de la Gatineau. Principal affluent de l'Outaouais au-dessous des chutes des Chaudières, la rivière Gatineau était devenue à la fin des années 1820 le centre de l'industrie outaouaise du bois. Vers 1830, de grands concessionnaires, dont Peter Aylen, la Philemon Wright and Sons et la Hamilton and Low, s'associèrent en vue de s'assurer l'hégémonie sur la Gatineau en obtenant des privilèges de coupe et l'amélioration du transport sur la rivière. Le groupe gagna sur ces deux points et, avant la fin de 1832, dépensa £2 000 en travaux. Pendant l'hiver de 1831–1832, les associés découvrirent qu'avec la complicité de Shirreff, plusieurs petits entrepreneurs non membres de l'association, dont Nicholas Sparks*, coupaient du bois le long de la rivière sans détenir de permis. Puisque des plaintes à la couronne et au bureau du commissaire des Terres de la couronne du Bas-Canada n'avaient produit aucun résultat, Hamilton fit appel à d'autres fonctionnaires du Bas-Canada avec lesquels il avait cultivé d'excellentes relations. Aidé de John Davidson, qui était devenu l'adjoint du commissaire des Terres de la couronne du Bas-Canada, il rédigea à l'intention d'Aylmer une requête qui demandait qu'on réserve aux associés les concessions de la Gatineau, à des conditions justes et raisonnables. Ce lobbying privé fut, lui, fructueux : en novembre 1832, un arrêté en conseil concédait à l'association ce qui allait s'appeler le monopole de la Gatineau. Les compagnies associées, à l'exception de la Hamilton and Low, auraient pendant deux ans le droit exclusif de prendre un maximum de 2 000 pièces de pin rouge par année et la Hamilton and Low, d'abattre un maximum de 12 000 billots de sciage. Quant à la nomination de Hamilton au poste de surintendant de la rivière, on l'annula après que Shirreff eut bruyamment fait valoir qu'elle empiétait sur ses droits.

L'octroi du monopole de la Gatineau souleva immédiatement un tollé à Bytown comme dans la basse vallée de l'Outaouais et, tandis que la rumeur annonçait des violences imminentes sur la Gatineau, on constitua une commission d'enquête. Elle sanctionna le monopole en reprenant, de la requête de Hamilton à Aylmer, les arguments en faveur des grandes compagnies et en invoquant comme justification les investissements qu'avaient faits les associés au titre des travaux. Malgré des querelles entre les associés, querelles qui tournèrent à la violence en 1841, on renouvela le monopole fréquemment jusqu'en 1843, et la Hamilton and Low parvint même à obtenir pour elle seule un monopole semblable sur la rivière Rouge.

Protégée contre la concurrence de nombreux petits entrepreneurs par ses droits sur la Gatineau et la Rouge et propriétaire de terres à bois dans les cantons haut-canadiens de Plantagenet, de Clarence et de Cumberland, la Hamilton and Low put rapidement accroître sa production de madriers et de bois d'œuvre ; dès 1839, elle employait chaque année « plusieurs centaines » d'hommes. Hamilton continuait de promouvoir la grande entreprise, les politiques de développement économique et l'exercice d'une autorité ferme dans la vallée de l'Outaouais. Vivement intéressé par les événements politiques qui survenaient en Amérique du Nord britannique et dans la métropole, il faisait constamment valoir les positions tories et les besoins de l'Empire, à l'instar de ses collègues entrepreneurs forestiers. Les rébellions de 1837–1838 lui offrirent l'occasion de prêter main-forte, avec ses compagnies de milice, à l'autorité britannique. Toutefois, en se rendant à Plantagenet par mauvais temps au début de décembre 1838 pour passer en revue une compagnie de réserve, il prit un grave refroidissement à la suite duquel il succomba en janvier 1839. Il légua son entreprise à ses fils Robert et George qui, associés plus tard à leur frère John*, poursuivirent son œuvre.

Avec Philemon WRIGHT, qui mourut à peine six mois après lui, George Hamilton fut l'un des premiers de ces grands barons du bois qui jouèrent un rôle important dans la vie publique de l'Amérique du Nord britannique au XIXᵉ siècle. Homme têtu et dogmatique, tory invétéré qui défendait des principes antidémocratiques et avait des tendances élitistes, il pouvait aller jusqu'à enfreindre la loi pour parvenir à ses fins. Par contre, il avait un raffinement de manières et une générosité d'esprit qui furent bénéfiques dans cette région rude et isolée qu'était la vallée de l'Outaouais dans les premières années du commerce du bois. Fait intéressant, il était doué aussi bien pour les affaires que pour le lobbying. Énergique, déterminé et influent, il travailla à édifier une entreprise solide dans un secteur fondamental de l'économie coloniale et à conférer un minimum de stabilité à un commerce qui, en raison des fluctuations constantes du marché et d'une surproduction récurrente, souffrait d'un mal courant dans les colonies productrices de matières premières, le syndrome de la reprise et de la faillite. Cependant, et c'était peut-être inévitable, il en vint à confondre le bien de son entreprise et celui de l'industrie du bois en général.

Robert PETER GILLIS

L'auteur tient à remercier S. J. Gillis qui a mis à sa disposition les fruits de ses recherches sur le commerce du bois, sans quoi la rédaction de cette biographie aurait été impossible. [R. P. G.]

ANQ-Q, CE1-61, 18 mars 1816 ; CN1-262, 31 août 1809 ; E21/1863 ; 1870 ; 1873. — AO, MU 1199, letter-book n° 2 ; RG 22, sér. 155. — APC, MG 24, D7 ; RG 1, E3, 61 : 49, 53–63 ; RG 5, A1 : 23247–23248, 25157–25159, 39235–39238, 68315–68318 ; RG 9, I, B5, 6 ; RG 68, General index, 1651–1841 : 70, 139, 194, 212, 299, 345, 426, 445, 637. — AUM, P 58, U, George Hamilton à James Stuart, 5 févr. 1813 ; Hamilton à William Johnson, 23 mai 1814 ; George et William Hamilton à Michael O'Sullivan, s.d. — B.-C., Conseil législatif, *Journaux,* 1836, app. C. — *Bytown Gazette, and Ottawa and Rideau Advertiser,* 16 janv. 1839. — *La Gazette de Québec,* 17 mai 1804, 29 mai 1806, 20 mai, 2 juill. 1807, 7 juill., 8, 15 sept. 1808, 18 mai, 10, 31 août, 23 nov. 1809, 10, 17 mai, 14, 21 juin, 12 juill., 9, 16, 23 août, 6 sept., 18 oct., 22 nov. 1810, 3 janv., 28 mars, 25 avril, 16 mai, 11 juill., 10 oct. 1811, 23, 30 avril 1812, 17, 24 juin 1813, 27 avril 1815, 18 avril, 16 mai 1816, 4, 16 janv. 1817, 2 sept. 1822, 31 juill., 4, 18 sept., 6 nov. 1823. — *Almanach de Québec,* 1815 : 85. — Armstrong, *Handbook of Upper Canadian chronology* (1967). — H. J. Morgan, *Sketches of celebrated Canadians. — Officers of British forces in Canada* (Irving). — M. S. Cross, « The dark druidical groves : the lumber community and the commercial frontier in British North America, to 1854 » (thèse de PH.D., Univ. of Toronto, 1968). — S. J. Gillis, *The timber trade in the Ottawa valley, 1806–54* (Canada, Direction des parcs et lieux hist. nationaux, *Travail inédit,* n° 153, Ottawa, 1975). — W. D. Lighthall, « English settlement in Quebec », *Canada and its provinces ; a history of the Canadian people and their institutions […],* Adam Shortt et A. G. Doughty, édit. (23 vol., Toronto, 1913–1917), 15 : 160–161. — A. R. M. Lower, « Lumbering in eastern Canada : a study in economic and social history » (thèse de PH.D., Harvard Univ., Cambridge, Mass., 1928) ; *The North American assault on the Canadian forest* (New York, 1938 ; réimpr., 1968). — Ignotus [Thomas Chapais], « le Club des Barons », *BRH,* 4 (1898) : 251–252.

HANINGTON, WILLIAM, homme d'affaires, juge de paix et fonctionnaire, né vers 1759 en Angleterre ; en 1792, il épousa à St Eleanors, île Saint-Jean (Île-du-Prince-Édouard), Mary Derby, fille du loyaliste Benjamin Derby (Darby), et ils eurent cinq fils et sept filles ; décédé le 14 septembre 1838 à Shediac Cape, Nouveau-Brunswick.

William Hanington compte parmi les premiers colons anglais qui s'établirent dans le sud-est du Nouveau-Brunswick, plus précisément, dans son cas, dans la baie de Shédiac. Homme d'affaires dynamique et polyvalent, Hanington constitue une figure importante sur le plan régional, puisqu'il y a monopolisé pendant près de 40 ans la direction du développement économique et cumulé les principales charges publiques.

On ne connaît presque rien de la jeunesse de Hanington en Angleterre. Avant son arrivée au Nouveau-Brunswick, il aurait été, comme son père, marchand de poisson à Londres. En 1784, il se procura, pour la somme de £500 (cours d'Angleterre), une parcelle de 5 000 acres originellement octroyée en 1768 au capitaine Joseph Williams et à d'autres par Michael Francklin*, lieutenant-gouverneur de la Nouvelle-Écosse. Cette terre se trouvait dans la grande région que les Acadiens désignaient sous le nom de Gédaïc et où plusieurs familles acadiennes vivaient déjà. En 1785, Hanington prit possession de son domaine qui comprenait ce que l'on appela plus tard Shediac Cape et Gilberts Corner. Tandis que certains squatters acadiens partaient probablement vers ce qui deviendra Grande-Digue, d'autres seraient devenus métayers sur les terres de Hanington.

Hanington était avant tout un homme d'affaires. Il s'intéressa aux entreprises les plus diverses et ne tarda pas à être reconnu comme l'homme le plus influent de sa communauté et à jouir d'un prestige important au delà de la baie de Shédiac, dont le pôle économique se situait alors à Shediac Cape. Ses intérêts économiques comprenaient, entre autres, la traite des fourrures, le commerce du poisson et du bois, la construction navale, l'agriculture, l'importation, la vente en gros et au détail et la spéculation foncière. William, son fils aîné, suivit ses traces : il fut entrepreneur forestier, propriétaire de moulin et propriétaire foncier dans la région de Cocagne.

Hanington occupa des postes dans diverses sphères de l'activité gouvernementale et peu d'aspects de la vie économique et sociale de la région de Shédiac échappèrent à son influence, puisqu'il fut pendant de longues années le seul fonctionnaire à plusieurs milles à la ronde. Vers 1805, il devint juge de paix et remplit cette fonction pendant plus d'un quart de siècle. Quelque cinq ans plus tard, on le nomma percepteur des impôts à Shédiac, avec des tâches multiples et plus larges que celles de receveur des douanes : il délivrait des permis aux colporteurs, inspectait les navires pour s'assurer de la santé des marins, et percevait la taxe sur le tonnage destinée au fonds d'aide aux marins malades et infirmes. Pendant plusieurs années, il fut aussi inspecteur des grands chemins et des ponts, chargé de faire entretenir les chemins qui menaient de Shédiac aux villages de Dorchester et de Petitcodiac (Dieppe) et de distribuer les fonds qu'allouait le gouvernement pour les matériaux et la main-d'œuvre. Il ne prit sa retraite comme fonctionnaire qu'à un âge avancé, vers 1833. Hanington favorisait le peuplement et il intervint à plusieurs reprises en faveur de pétitionnaires de la région en appuyant leurs demandes pour des terres. En 1814, par exemple, il se fit auprès de l'arpenteur général

Harmon

George Sproule* le défenseur de colons acadiens de la région de Barachois afin que l'on n'octroie pas à d'autres les terres basses sur lesquelles ils étaient installés.

En 1825, Hanington était de très loin le plus grand propriétaire foncier de la baie de Shédiac ; on évaluait ses biens à plus de £4 000, dans une communauté où les autres propriétés valaient en moyenne £300. Presque toutes les activités maritimes importantes de la région se déroulaient sur ses propriétés, où l'on avait construit des quais, des entrepôts, des magasins et un chantier naval. À son décès en 1838, ses propriétés s'étendaient sur environ 7 500 acres, dans la région immédiate de Shediac Cape mais aussi à Grande-Digue, Tidiche (Dupuis Corner), Wellington, Bouctouche (Buctouche), Cocagne, Shemogue et Sussex. Propriétaire de moulins, Hanington était également prêteur et détenait plusieurs hypothèques sur des terres autour de Shediac Cape, Cocagne et Bas-Cap-Pelé, ainsi que des reconnaissances de dette d'emprunteurs de Bouctouche jusqu'au cap Tourmentin (cap Tormentine) ; le missionnaire catholique Antoine GAGNON, de Grande-Digue, lui devait notamment £54, empruntées pour dix ans en 1833. Certaines dettes étaient remboursables en nature, sous forme de denrées agricoles, de bois ou de poisson.

La position de Hanington dans le comté de Westmorland contribua à propulser quelques membres de sa famille sur la scène politique. Son troisième fils, Daniel, d'abord fermier et propriétaire de moulin, devint juge de paix et commandant de milice. Élu pour la première fois à la chambre d'Assemblée en 1834, il fit partie du Conseil exécutif et, plus tard, fut appelé au Conseil législatif. Daniel Lionel*, fils de Daniel, occupa le poste de premier ministre du Nouveau-Brunswick en 1882 et 1883.

La tradition a fait de William Hanington le fondateur de ce qui est devenu la ville de Shédiac. Il serait plus juste de dire qu'il fut le premier et le principal promoteur de l'activité économique dans la région et à l'origine de la paroisse anglicane St Martin's-in-the-Woods, à Shediac Cape, dont il fut l'un des premiers marguilliers. Autour de lui se rassemblèrent des familles anglaises et loyalistes, qui formèrent le noyau de la classe dirigeante anglophone de la région.

JEAN-ROCH CYR

APNB, MC 1156, X : 65–68 ; RG 3, RS538, I1, resignation of Hanington *et al.*, vers 1831–1832 ; P1 : 4 ; RS561, A1, 15 mars 1816 ; RG 4, RS24, account of duties collected at Shediac, 1810–1833 ; S36-P22, S36-R8.28–29, S40-P10, S40-R31.19, S41-R9.31, S43-R12.11 ; RG 7, RS74, A, 1838, William Hanington ; 1849, William Hanington ; RG 10, RS108, William Hanington Sr et Jr, 24 juin 1810 ; William Hanington Jr, 1818 ; John Hanington *et al.*, 1824 ; RS663A, William Hanington, 14 juill. 1818, 1819 ; William Hanington Jr, 1818. — Centre d'études acadiennes, univ. de Moncton (Moncton, N.-B.), A1-4-4 ; A3-1-8 (copies). — Mount Allison Univ. Arch. (Sackville, N.-B.), Parks Canada Webster Chignecto coll., 7001-70 (William Milne papers), William Hanington, account of men belonging to the brigantine *St. Nicholas of Aberdeen,* 18 juin 1812 ; 7001-205 (Shediac papers), D. L. Hanington, « Shediac » (1904) ; William Hanington, memorial to Thomas Carleton, 23 janv. 1789 (copie) ; 7001-226 (Westmorland County, justices of the peace), item 2 ; 7001-261 (Westmorland County, land grants), n° 2393 ; 7001-345 (William Hanington, « Daybook No.4, commenced May 21st, 1827 »). — Musée du N.-B., J. C. Webster papers, indenture, 9 oct. 1784 (copie). — St Martin's (Anglican) Church (Shediac), St Martin's-in-the-Woods, vestry records (mfm aux APNB). — *Royal Gazette* (Saint-Jean, N.-B. ; Fredericton), 1785–1838. — Marilyn Bateman Dumaresq, *Hanington family tree* ([éd. rév., Wabush, T.-N.], 1980). — A. W. Crouch, *Some descendants of Joseph Crouch of Lambourne, Berkshire, William Hanington of London, England, Capt. Archibald MacLean of New Brunswick and related families* (Nashville, Tenn., 1971). — F. C. Bell, *A history of old Shediac, New Brunswick* (Moncton, 1937). — F. R. K. Sayer, *A history of Shediac Cape* (copie miméographiée, [Moncton], 1966 ; copie au Musée du N.-B.). — J. C. Webster, *A history of Shediac, New Brunswick* ([Shediac], 1928). — Clément Cormier, « Petite chronologie de Shédiac », Soc. hist. acadienne, *Cahiers* (Moncton), 3 (1968–1971) : 237–250.

HARMON, DANIEL WILLIAMS, trafiquant de fourrures et auteur d'un journal, né le 19 février 1778 à Bennington, Vermont, quatrième fils de Daniel Harmon et de Lucretia Dewey ; décédé le 23 avril 1843 à Sault-au-Récollet (Montréal-Nord, Québec).

À l'époque de sa naissance, les parents de Daniel Williams Harmon tenaient une auberge à Bennington ; en 1796, ils s'installèrent avec leurs enfants dans une autre localité du Vermont, Vergennes. C'étaient de fervents congrégationalistes, et leur piété allait déteindre sur Harmon et influencer sa vie de trafiquant. Jeune homme, il trouvait cependant trop étouffante l'atmosphère puritaine du foyer, si bien qu'en 1799 il gagna Montréal, où il devint commis dans une maison de courtage en fourrures, la McTavish, Frobisher and Company [V. Simon McTavish*]. Cette année-là ou au début de 1800, la North West Company l'embaucha à titre de commis, au salaire de £20 par an. Le 29 avril 1800, au moment de partir pour le Nord-Ouest, il entreprit le journal dans lequel il devait, durant 19 années, non seulement raconter sa vie quotidienne de trafiquant de fourrures, mais exposer les débats moraux qu'allait susciter en lui son entourage libertaire, voire libertin.

Harmon fut d'abord affecté au fort Alexandria (près de Fort Pelly, Saskatchewan), où il resta cinq ans. En février 1805, nota-t-il avec sa minutie coutumière, le poste devait assurer la subsistance de quelque 70 personnes qui avaient besoin chaque jour d'au moins 450 livres de viande de bison. Dans son journal de 1803, il évoque la violence qui en était venue à caractériser la rivalité entre la North West Company et

Harmon

la New North West Company (appelée parfois la XY Company) : « Cette incompatibilité d'intérêts engendre de constantes mésententes et occasionne des brouilles fréquentes entre les parties adverses […] Ici, le meurtrier échappe aux fers, car aucune loi humaine ne peut atteindre les gens du pays ni avoir quelque effet sur eux. » En février 1805, il apprit avec satisfaction que la fusion de la North West Company et de la XY Company avait mis fin aux hostilités. Par la suite, il évita soigneusement d'être mêlé aux affrontements encore plus violents qui opposèrent les *Nor'Westers* et les hommes de la Hudson's Bay Company.

Plus tard en 1805, on muta Harmon à South Branch House (près de Batoche, Saskatchewan), où il demeura jusqu'en 1807. C'est à cet endroit qu'il se maria, à la façon du pays. Déjà, au fort Alexandria, des chefs cris lui avaient offert leurs jeunes filles, et il avait connu des tourments intérieurs au terme desquels son éducation puritaine avait triomphé de ses inclinations naturelles. « Je rends grâce à Dieu, écrivit-il le 11 août 1802, de n'être pas tombé dans un piège tendu sans doute par le Diable lui-même. » Éprouvé par la solitude, comme « tous les hommes qui pass[aient] une période quelconque dans cette partie du monde », il se laissa cependant gagner, à South Branch House, par une belle Métisse de 14 ans, Lizette Duval, fille d'un voyageur canadien et d'une Indienne snare. « Si nous pouvons vivre dans l'harmonie ensemble, disait-il, je la garderai avec moi aussi longtemps que je resterai dans ce coin non civilisé du monde, mais quand je retournerai dans mon pays natal j'essaierai de la confier à quelque homme honnête et bon avec qui elle pourra passer le reste de ses jours ici. »

Les relations de Harmon et de son épouse métisse – baptisée plus tard Elizabeth, mais qu'il appelait toujours dans son journal « ma femme » ou « la mère de mes enfants » – s'avérèrent exemplaires. Elle l'accompagna en 1806 à Cumberland House (Saskatchewan), puis au lac Sturgeon, dans le département de Nipigon, et ensuite au fort Chipewyan (Alberta), dans le département de l'Athabasca, où Harmon arriva le 7 septembre 1808. Plus tard, ils s'installèrent au fort Dunvegan, dans la région de la rivière de la Paix, et y restèrent jusqu'en 1810. Ils franchirent ensuite les Rocheuses pour se rendre dans le district de New Caledonia, administré par John Stuart et qu'avait ouvert depuis peu à la traite des fourrures Simon Fraser*, lui aussi du Vermont.

Harmon travailla dans cette région pendant neuf ans, le plus souvent au fort St James, sur le lac Stuart, mais aussi au fort Fraser. Ses activités étaient diversifiées. La traite ne lui prenait, estimait-il, que le cinquième de son temps. Par contre, il consacra beaucoup d'efforts à assurer l'autosuffisance alimentaire des forts de New Caledonia en accumulant de grosses réserves de saumon séché (à certains mo-

ments, il y avait 25 000 poissons dans son entrepôt) et en lançant l'agriculture dans la région, dont le bref été, avec ses longues journées de chaleur, était excellent pour la culture maraîchère. De plus, il observa avec soin et relata la vie des Indiens porteurs parmi lesquels il travaillait. Il enseigna l'anglais à sa femme et à ses filles et envoya ses fils faire leurs études au Vermont. Sa famille était nombreuse ; certaines sources parlent de 10 enfants, d'autres de 12 ou même 14, dont au moins quelques-uns moururent en bas âge. En 1818, Harmon devint associé hivernant de la North West Company. L'année suivante, il quitta le district de New Caledonia pour le Bas-Canada.

La mort de son fils aîné avait métamorphosé l'attitude de Harmon envers sa femme, qu'il se sentait désormais incapable d'abandonner. « Comment pourrais-je vivre dans le monde civilisé, écrivait-il, et laisser mes enfants bien-aimés dans une région sauvage ? Cette pensée m'est aussi amère que la mort. Comment pourrais-je les arracher à l'amour de leur mère et la laisser gémir de leur absence jusqu'à son dernier souffle ? » Le 18 août 1819, Harmon arriva au fort William (Thunder Bay, Ontario) avec sa femme et ses enfants. Ce jour-là, il mit fin à son journal. Il partit ensuite pour Montréal avec sa femme, qu'il épousa officiellement plus tard, puis pour Vergennes dans le Vermont, après un arrêt à Burlington où il s'occupa de la publication de son journal. Au moment où celui-ci parut, en 1820, Harmon avait repris la traite des fourrures et dirigeait le poste du lac à la Pluie (près de Fort Francis, Ontario).

Lorsque la Hudson's Bay Company absorba la North West Company en 1821, Harmon devint chef de poste en vertu d'une entente selon laquelle il démissionnerait immédiatement mais conserverait sa part pendant sept ans. Il retourna ensuite au Vermont mais, comme bien des trafiquants de fourrures, il ne connut pas la prospérité après avoir quitté le Nord-Ouest. Il ouvrit avec son frère Calvin un magasin et une scierie, autour desquels ils établirent un petit village du nom de Harmonsville (Coventry). Mais ses affaires allèrent mal, de sorte qu'il partit louer une ferme à Sault-au-Récollet, près de Montréal, probablement au cours de l'hiver de 1842–1843. Il n'y réussit cependant pas mieux qu'à Harmonsville et mourut presque dans le dénuement, le 23 avril 1843, en laissant à sa femme et à ses six enfants une succession de moins de £100.

Daniel Williams Harmon ne fut pas l'un des grands personnages de la traite des fourrures. Il occupa surtout des postes subalternes et ne fit pas d'explorations. Sa renommée repose uniquement sur son journal, œuvre solide qui présente non seulement une narration descriptive de la vie des trafiquants de fourrures au début du XIXe siècle, mais un compte rendu émouvant des dilemmes moraux que l'auteur parvint à résoudre.

GEORGE WOODCOCK

Hart

Le journal de Daniel Williams Harmon, péniblement édité et réécrit par le révérend Daniel Haskel de Burlington, Vt., a paru sous le titre de *A journal of voyages and travels in the interior of North America, between the 47th and 58th degrees of north latitude, extending from Montreal nearly to the Pacific Ocean, a distance of about 5,000 miles, including an account of the principal occurrences, during a residence of nineteen years, in different parts of the country* [...] (Andover, Mass., 1820; réimpr., New York, 1922). Le manuscrit original n'existe plus, mais une copie manuscrite (peut-être même de la main de Harmon) faite en 1816 et envoyée par Harmon à ses connaissances au Vermont se trouve aux Univ. of Iowa Libraries, Special Coll. and MSS (Iowa City); une photocopie est aussi disponible aux APC. Ce manuscrit, intitulé « Copy of a Journal or Narrative of the most material circumstances occured to and some thoughts and reflections [...] during the space of sixteen years while in the North West or Indian Country », a servi à la préparation d'une nouvelle édition parue sous le titre de *Sixteen years in the Indian country : the journal of Daniel Williams Harmon, 1800–1816*, introd. de W. K. Lamb, édit. (Toronto, 1957). Cette édition comprend également, tirées de la version de 1820, les données relatives aux années 1816–1819.

Il existe un portrait de Harmon au Bennington Museum (Bennington, Vt.); il est reproduit dans les deux éditions de son journal et dans John Spargo, *Two Bennington-born explorers and makers of modern Canada* ([Bradford, Vt.], 1950). [G. W.]

Docs. relating to NWC (Wallace). — Brown, *Strangers in blood.* — Marcel Giraud, *The Métis in the Canadian west*, George Woodcock, trad. (2 vol., Edmonton, 1986). — Innis, *Fur trade in Canada* (1930). — Morton, *Hist. of Canadian west* (Thomas; 1973). — Van Kirk, « *Many tender ties* ». — M. [E.] Wilkins Campbell, *The North West Company* (Toronto, 1957); *The Saskatchewan* [...] (New York, 1950). — J. H. Archer, « Tales of western travellers : Daniel Williams Harmon », *Saskatchewan Hist.* (Saskatoon), 4 (1951): 62–67.

HART, EZEKIEL (Ezechiel), homme d'affaires, seigneur, officier de milice et homme politique, né le 15 mai 1770 à Trois-Rivières, Québec, deuxième fils d'Aaron Hart* et de Dorothea Judah; décédé le 16 septembre 1843 dans sa ville natale.

Comme ses frères Moses*, Benjamin* et Alexander (Asher), Ezekiel Hart fait une partie de ses études aux États-Unis. Dès 1792, Aaron Hart l'associe à son magasin de la rue du Platon, à Trois-Rivières, et à son activité liée au commerce des fourrures. L'année suivante, Ezekiel se trouve à New York et loge quelque temps chez Ephraim Hart où il fait la connaissance de celle qu'il épousera en février 1794, Frances Lazarus, nièce de Mme Hart, née Frances Noah. Il s'occupe aussi des affaires de la famille et s'emploie à régler la succession d'un oncle, Henry Hart, qui a été marchand à Albany, dans l'état de New York.

Le 2 décembre 1796, Hart forme avec ses frères Moses et Benjamin une société « pour construire une brasserie et une malterie dans le but de faire des affaires dans le domaine de la fabrication de l'ale ou de la bière [...] et de plus pour ériger une potasserie et une perlasserie [...] et aussi une boulangerie dans le but de fabriquer du pain et des biscuits ». L'entente prévoit que les trois frères, financés par leur père, seront à parts égales dans l'entreprise fonctionnant sous la raison sociale M. and E. Hart Company. Le consentement écrit de chacun des associés est nécessaire pour modifier l'entente prévue pour une durée de six ans. Le 20 mars 1797, Hart achète, rue Haut-Boc, une terre où « le houblon pour la fabrication de la bière [est] cultivé et pouss[e] ». Des terrains sont également acquis près du fleuve et, le 7 novembre, la M. and E. Hart Company embauche Dominique Gougé, maçon, pour la construction de la brasserie « depuis la date du présent jusqu'au 30e jour d'avril prochain au prix de deux chellins cours d'Halifax pour chaque jour ». L'ouvrier s'engage aussi à « travailler la nuit, quand il sera nécessaire sans aucune autre récompense ».

Les divers bâtiments projetés sont bientôt terminés à l'exception, semble-t-il, de la boulangerie. Du moins, il n'en subsiste plus de traces aujourd'hui. La fabrication de la bière devient assez importante, celle de la potasse également. Le 26 mars 1800, la M. and E. Hart Company engage Baptiste Dubois, de Bécancour, « pour commencer la fin de l'autre mois d'avril et continuer jusques toutes les cendres sont employés ». Les termes du contrat sont clairs : Dubois « garanti de faire de bonne potasse [...] Les dits M. E. et B. Hart promet de payer à dit Baptiste Dubois dix-huit piastres chaque mois et s'ils ne sont pas contents de lui aucun temps de lui payer et l'envoyera. »

Lorsque Ezekiel Hart se retire de la M. and E. Hart Company, l'entreprise possède plusieurs terrains où se trouvent « une brasserie en pierres et un battiment à potasse, ensemble toutes les pompes, cuves, tonneau, trois chaudières de potasse, une chaudière de cuivre denviron 120 gallons ». Tout à côté « est batie un hangard à Drêche », ou malterie, plus loin se trouve le terrain du « Haut bocque dans cette ville contenant soixante pieds de front sur cent seize de profondeur [...] icelui complanté en houblon ». Ezekiel vend le tout à Moses pour la somme de £338 6s 8d. On ne connaît pas la date de la transaction, mais elle semble avoir suivi de près la mort d'Aaron Hart, survenue en 1800. Par la suite, Hart s'engage plutôt dans les traces de son père qui, à tous égards, lui sert de modèle. Il importe et exporte, tient un magasin général, ne rate pas une bonne affaire et, outre la seigneurie de Bécancour, reçue en héritage, il acquiert d'importants biens fonciers, principalement à Trois-Rivières et à Cap-de-la-Madeleine.

Hart partage cependant à cette époque avec ses frères Moses et Benjamin un goût effréné pour la politique. Un document conservé dans les archives de l'American Jewish Historical Society, à Waltham, au

Massachusetts, donne les résultats d'une élection qui oppose, dans l'ordre, Louis-Charles Foucher, John Lees*, Pierre Vézina et Hart. Sur quatre pages apparaissent les noms des 138 électeurs et leurs choix. Le 6 août 1804, Foucher et Lees sont élus députés de la circonscription de Trois-Rivières, qui a alors droit à deux représentants. On ne connaît pas les candidats en lice pour l'élection de 1804, mais il est évident que le document mentionné y réfère. De quel Hart s'agit-il ? De Moses ou d'Ezekiel ? Inscrit parmi les électeurs, Moses Hart ne vote que pour un candidat : Hart, évidemment. Sa future compagne Mary McCarthy qui a des biens, donc le droit de vote, accorde ses voix à Foucher et à Hart. Alexander et Benjamin optent pour Lees et Hart. Comme les noms de Foucher, de Lees et de Vézina ne figurent pas parmi les électeurs, ni celui d'Ezekiel Hart, peut-on en déduire que ce dernier est bien le candidat ? Une adresse « aux honorables et indépendants électeurs de la ville de Trois-Rivières », datée du 22 juin 1804 et qui porte le nom d'Ezekiel Hart, conservée également à Waltham, vient confirmer cette hypothèse. « Mon intérêt est lié à vos intérêts », précise le candidat, qui s'engage à remplir les devoirs de la charge qu'il convoite « au mieux de [ses] capacités et cela dans l'intérêt de [sa] *ville natale* ».

La victoire de Hart à l'élection partielle de Trois-Rivières en 1807 donne le signal d'un important épisode politique et d'une controverse qui fera couler beaucoup d'encre et prêtera à bien des interprétations. À cette élection, tenue pour trouver un successeur à Lees, mort cette année-là, quatre candidats se font la lutte : Mathew BELL, Thomas COFFIN, Vézina et Hart. L'historien Benjamin Sulte* raconte que « le juge Foucher représentant, entama l'affaire par un assez long discours, tout favorable à Coffin ». Une première levée de mains met Vézina en minorité, lequel se retire aussitôt en faveur de Coffin. Hart prend quand même les devants avec 59 voix sur 116. Coffin avec 41 voix et Bell avec 16 se retireront à leur tour avant la fin de cette journée du samedi 11 avril 1807. Le président d'élection demande à Hart, candidat élu, de signer certains documents, au grand embarras de ce dernier qui aurait demandé, toujours selon Sulte, qu'on attende la fin du sabbat. Pressé de s'exécuter, il signe tout simplement Ezekiel Hart, 1807, en ne tenant pas compte de la formule « dans l'année de Notre-Seigneur ».

Étant donné que la session se termine à Québec, Hart doit attendre jusqu'au 29 janvier 1808 avant de prêter serment. Anciens adversaires dans la circonscription de Trois-Rivières, Foucher et Hart se retrouvent ensemble à Québec et tous deux en sérieuse difficulté. On les considère comme des hommes politiques favorables au parti des bureaucrates et les députés canadiens, soucieux de s'assurer une majorité stable à la chambre d'Assemblée, contestent leur droit

de siéger. Comme la plupart de ces députés ne peuvent se payer un séjour prolongé à Québec car ils n'ont ni salaire ni allocation de dépenses, ils choisissent d'expulser de l'Assemblée des membres vulnérables du parti adverse : un juge qui ne saurait, selon eux, à la fois voter les lois et veiller à leur application, et un Juif qui, à leur avis, n'a pu prêter le serment prévu. Donc ce dernier « ne peut prendre place, siéger ni voter ». On le chasse de l'Assemblée par une résolution. Contrairement à ce qu'on a souvent écrit, Canadiens et Britanniques n'ont pas fait bloc sur la question. Ainsi le procureur général Jonathan SEWELL a voté en faveur de l'expulsion de Hart. Paradoxalement, Hart, élu par une circonscription peuplée d'électeurs à majorité canadienne et catholique, se fait expulser par une Assemblée dominée par une majorité également canadienne et catholique. « Je soupçonne plutôt, écrit le voyageur John Lambert*, qu'ils [les Canadiens] voulaient conserver la majorité en leur faveur, et si possible, faire entrer un francophone plutôt qu'un anglophone à l'Assemblée. »

Dans sa résolution d'expulsion, l'Assemblée rappelle que Hart est de religion judaïque et qu'il a « prêté le serment selon la manière coutumière propre aux personnes de cette confession ». En effet, Hart a mis une main sur sa tête et remplacé le mot chrétien par le mot juif. Pendant le débat, on souligne qu'un juif ne croit pas au Nouveau Testament, partie intégrante de la Bible. En somme, Hart a prêté un serment dont on conteste la validité. Cette raison, un prétexte selon certains, justifie l'expulsion de Hart. Ce dernier a beau protester, il doit rentrer chez lui. De toute façon, la session tire à sa fin. Quatre années sont passées. Le gouverneur sir James Henry Craig* annonce la tenue de nouvelles élections.

Hart y retrouve ses 59 voix de l'élection précédente. Le juge Foucher, dont la présence à l'Assemblée a soulevé un autre vif débat, se classe quatrième avec 32 voix. Joseph Badeaux*, pour sa part, surclasse Pierre Vézina par une voix. Cette fois, Hart prêtera serment « selon la manière chrétienne ». Le débat reprend tout de même à l'ouverture du Parlement le 10 avril 1809 et est encore plus long. Le 19 avril, après plusieurs votes, l'Assemblée adopte une résolution affirmant que Hart est la même personne déjà chassée « comme professant la Religion Judaïque ». Le débat se complique. Finalement, on refuse à Hart le droit de siéger et de voter à cause de sa religion. Le 5 juin, devant les avis contradictoires reçus, Craig se tourne vers Londres. Le 7 septembre, lord Castlereagh, secrétaire d'État aux Colonies, confirme qu'un Juif ne peut siéger à l'Assemblée. De toute façon, le 15 mai, résolu à mater les députés canadiens, Craig a dissous l'Assemblée et annoncé la tenue de nouvelles élections générales. Que fera Hart ?

Plusieurs historiens ont prétendu que Hart s'est présenté de nouveau. Un M. Hart se classe en effet

Haskins

quatrième avec 32 voix. Il s'agirait, d'après *la Gazette de Québec* du 2 novembre 1809, de Moses Hart. Selon les documents connus, Ezekiel Hart, pour sa part, se tourne alors résolument vers ses affaires. Il appartiendra plutôt à ses fils de poursuivre la lutte politique. Samuel Becancour, Aaron Ezekiel* et Adolphus Mordecai* Hart influenceront fortement la législation de 1831–1832 qui reconnaîtra aux Juifs du Bas-Canada la plénitude de leurs droits civiques.

Admis dans la milice en juin 1803, Ezekiel Hart a servi comme lieutenant dans le 8e bataillon de Trois-Rivières placé sous le commandement du lieutenant-colonel Charles-Michel d'Irumberry* de Salaberry en 1812. Hart se retrouve-t-il alors à la bataille de Châteauguay ? On sait qu'il passe à cette époque au 1er bataillon de milice de Trois-Rivières dont il deviendra capitaine en 1816. Il sera promu colonel du 1er bataillon de milice du comté de Saint-Maurice le 16 mai 1830.

À sa mort en 1843, Hart a droit à des funérailles imposantes. Les magasins de Trois-Rivières ferment leurs portes et le 81st Foot lui rend les derniers hommages. On l'enterre dans le deuxième cimetière juif de Trois-Rivières, sur un terrain qu'il a lui-même donné à cette fin. Hart aurait eu 10 enfants. Au moment où il a dicté son dernier testament, le 20 juin 1839, sa femme était morte depuis 18 ans et il lègue ses biens à Samuel Becancour, Aaron Ezekiel, Ira Craig, Adolphus Mordecai, Esther Eliza, Harriet et Caroline Athalia. Le 30 novembre 1843, les notaires Laurent-David Craig et Joseph-Michel Badeaux entreprennent l'inventaire des biens d'Ezekiel Hart et de Frances Lazarus. Il leur faudra près de trois mois pour faire le tour des biens de la maison et du magasin de la rue du Platon. Hart était riche. Il habitait une immense maison de 16 pièces, confortable et fort bien meublée.

Craig et Badeaux prendront plus de trois jours pour dresser une liste partielle des livres que contient la bibliothèque de Hart. Souvent, ils se contentent d'identifier un lot de vieux livres. Mais leur relevé, pour une valeur de £80, couvre tout de même 17 pages où sont recensés des dictionnaires, dont un dictionnaire hébreu-latin, une histoire universelle en 23 volumes, l'*Encyclopædia Britannica* en 17 volumes, des ouvrages de droit, de médecine, de géographie, d'histoire, parmi lesquels une histoire des Juifs en deux volumes, les lois de Moïse, une bible allemande, une histoire critique de l'Ancien Testament, des récits de voyage et, bien sûr, des traités sur la manière de brasser la bière à côté de classiques comme *Don Quichotte* ou les *Mille et Une Nuits*.

À n'en pas douter, Ezekiel Hart a été un personnage remarquable pour son époque et son milieu. Comme son père, il a entretenu de bonnes relations avec son entourage, avec cette différence qu'il a fréquenté plus aisément la haute société. Des voyageurs illustres se sont arrêtés chez lui. Ezekiel a aussi été un bon mari et un bon père. À ses enfants, il a laissé, outre d'importants biens fonciers, une éducation raffinée et soignée qui se transmettra chez ses descendants.

DENIS VAUGEOIS

Trois importantes collections de documents permettent d'établir la biographie d'Ezekiel Hart, soit le fonds Hart, conservé aux ASTR, sous la cote 0009, les Hart family papers, conservés aux American Jewish Hist. Soc. Arch. (Waltham, Mass.) et les Family of Aaron Hart ou Early Hart papers, conservés au musée McCord, sous la cote M21359. Le château Ramezay (Montréal) possède un portrait à l'huile d'Ezekiel Hart.

L'inventaire des biens d'Ezekiel Hart et de Frances Lazarus compte près de 200 pages, dont le quart environ est consacré au seul inventaire des biens de la maison. L'original de ce document est déposé aux American Jewish Hist. Soc. Arch. Une copie se trouve aux ANQ-MBF, dans le minutier de Laurent-David Craig, sous la cote CN1-19, 30 nov. 1843.

L'historien et archiviste David Rome a dirigé une importante compilation de documents reliés surtout à l'aventure politique des Hart. Il faut voir ses volumineux recueils de textes intitulés « On the early Harts », qui ont été publiés dans *Canadian Jewish Arch.* (Montréal), 15–18 (1980).

Parmi les historiens qui se sont intéressés à la carrière du député Ezekiel Hart, mentionnons Wallot, *Un Québec qui bougeait*, 149–153, 163–164, et « les Canadiens français et les Juifs (1808–1809) : l'affaire Hart », *Juifs et Canadiens,* Naïm Kattam, édit. (Montréal, 1967), 113–121 ; et Benjamin Sulte, « les Miettes de l'histoire », *Rev. canadienne* (Montréal), 7 (1870) : 426–443, et *Mélanges historiques* [...], Gérard Malchelosse, édit. (21 vol., Montréal, 1918–1934), 19 : 47–56.

Le lecteur pourra de plus consulter les ouvrages suivants : John Lambert, *Travels through Lower Canada, and the United States of North America, in the years 1806, 1807, and 1808* [...] (3 vol., Londres, 1810) ; Frederic Gaffen, « The sons of Aaron Hart » (thèse de M. A., univ. d'Ottawa, 1969) ; Denis Vaugeois, « Bécancour et les Hart », *le Mauricien médical* (Trois-Rivières, Québec), 4 (1964) : 65–71. [D. V.]

HASKINS, JAMES, instituteur, médecin et poète, né entre 1802 et 1805 à Dublin, fils de Charles Haskins, marchand, et d'une dénommée Kelly ; le 10 mars 1835, il épousa Mary Ann Everitt, du canton de Kingston, Haut-Canada, et ils eurent un enfant ; décédé le 10 octobre 1845 à Frankford, Haut-Canada.

James Haskins venait d'un milieu assez riche, car son père était marchand et fournissait des vêtements à l'armée britannique. À l'âge de 17 ans, il entra au Trinity College de Dublin, qui lui décerna une licence ès arts en 1824. Au lieu de se joindre à son père, il suivit ses inclinations, et particulièrement son amour de la littérature classique, et enseigna dans diverses localités d'Irlande et d'Angleterre. Ce travail lui permit de faire de longs voyages dans son pays d'origine et sur le continent européen.

Haskins retourna ensuite au Trinity College pour

étudier la chirurgie et obtint en 1833 une licence en médecine. Peu de temps après, en compagnie de sa sœur et d'une tante, il immigra dans le Haut-Canada. Arrivé à Belleville en juillet 1834, il obtint le 13 août un certificat qui l'autorisait à pratiquer la médecine. Selon son propre témoignage, il exerça dans cette ville, mais on n'a guère de renseignements sur ce qu'il fit jusqu'en 1836. Le 10 mars 1835, il épousa Mary Ann Everitt, alors âgée de 15 ans. Selon un historien du comté de Hastings, Gerald E. Boyce, Haskins ouvrit en 1836 une école « classique » et, en septembre de la même année, posa sans succès sa candidature au poste de maître d'une *grammar school* de district dont la fondation était prévue. Il se peut toutefois qu'il ait enseigné à Belleville dans une école secondaire de filles dont sa sœur avait pris la direction en 1834. Le 16 juin 1837, il annonçait dans le *Chronicle & Gazette* de Kingston qu'il ouvrait un cabinet de médecin à « Yarker's Mills », dans le canton de Lough-borough, sur la rivière Trent ; il faisait mention de son accréditation et de ses solides références et indiquait avoir déjà eu une bonne clientèle. Haskins fut très heureux à cet endroit et y écrivit beaucoup de poèmes. Cependant, le malheur ne tarda pas à le frapper : sa femme mourut en donnant naissance à une fille. Haskins en eut tellement de chagrin qu'il partit s'installer à Frankford. Il y vécut dans une relative obscurité en pratiquant la médecine et en écrivant la plupart de ses poèmes, dont quelques-uns parurent dans le *Literary Garland* de Montréal et le *Church* de Cobourg, Haut-Canada.

C'est à propos de cette période de l'existence de Haskins que les deux principales sources d'information sur sa personnalité et sa mort précoce se contredisent d'une manière flagrante. La première est un poème de Susanna Moodie [Strickland*], publié d'abord en 1846, avec des commentaires, dans le *Literary Garland*. Moodie y dépeint Haskins comme un « fils négligé du génie », incapable de s'adapter à une société anti-intellectuelle qui le pousse à la réclusion et à l'alcoolisme . Elle va jusqu'à raconter que Haskins et un autre médecin avaient « convenu par un pacte de boire jusqu'à mourir tous les deux ». Cette anecdote sert le dessein de l'auteure, qui est de montrer combien l'abus de l'alcool était terrible dans les colonies et combien on y considérait les arts avec hostilité et suspicion. Ses observations sont néanmoins appuyées par William Hutton*, qui notait en mars 1844 que Haskins buvait beaucoup. La seconde source d'information, une préface de Henry Baldwin, parut dans *The Poetical works* [...], recueil des œuvres de Haskins publié à titre posthume en 1848. Baldwin, qui se rendait souvent à Frankford pour visiter Haskins, protège la réputation de son ami en ne faisant nulle mention d'un problème d'alcool et en décrivant plutôt un homme qui a choisi la solitude en raison de son chagrin et de sa nature profondément

religieuse. Selon lui, Haskins perdit la santé à exercer la médecine dans la région, ce qui était épuisant, et en raison de la poésie et des travaux intellectuels qui l'accaparaient beaucoup trop. En outre, il observe que Haskins avait souvent des accès de fièvre et qu'il était sujet aux maladies pulmonaires ; ses remarques laissent supposer que son ami mourut peut-être de la tuberculose.

La vérité se situe probablement quelque part entre ces deux points de vue. Les poèmes de Haskins sont bien d'un être très religieux, d'un contemplatif : ils soulignent l'illusion du bonheur terrestre et l'indignité de l'homme en tout. Son œuvre la plus longue, *The Cross,* composée après la mort de sa femme, est une épopée religieuse qui décrit, en strophes spensériennes, le paradis perdu et retrouvé ; elle reflète souvent ses afflictions personnelles et le sentiment de sa propre bassesse. D'autres poèmes – des élégies – montrent à l'évidence combien la disparition de sa femme lui fut cruelle.

Haskins s'intéressait davantage, dans ses poèmes, au symbolisme de la nature qu'aux détails particuliers des lieux. Les images de tempête, de vent et d'obscurité dominent ; elles représentent la condition de l'homme et le pressent de se tourner vers la paix et l'amour du Christ. Son style poétique est plus proche de Blake ou de Shelley que de Wordsworth.

Les textes de Haskins contiennent cependant quelques digressions sur des aspects précis de son existence. Ainsi dans *The Mediterranean Sea ; a poem*, paru dans le *Literary Garland* au début de 1846, il indique que sa vie de médecin au Canada n'était de tout repos : fréquemment appelé par mauvais temps, il devait voyager dans des conditions difficiles et n'était souvent pas assez ou nullement rémunéré. Pourtant, aussi éprouvante qu'ait été sa situation, il précise qu'il n'aurait pu vivre « à l'étroit dans une ville / Comme un aigle en cage » mais qu'il voulait errer « De même que le vent, / Marchant sur la montagne ». Sans doute n'était-il pas reconnu, mais sa solitude était une condition choisie, et non imposée.

Les historiens de la littérature canadienne ont négligé James Haskins comme tant d'autres poètes mineurs. Jusqu'à maintenant, son unique sort a été de servir d'exemple à Susanna Moodie pour exprimer son sentiment d'être en marge de la culture littéraire. Pourtant, à son époque, il remplit d'autres rôles, tant en révélant l'inspiration qu'il puisait chez les grands poètes romantiques anglais et des auteurs classiques qu'en prônant la résistance au progrès, au matérialisme et à d'autres pièges de la vie terrestre. Aussi bien des gens durent-ils, comme Baldwin, éprouver de l'attachement pour cet homme cultivé et profondément croyant.

CARL P. A. BALLSTADT

Les ouvrages publiés de James Haskins comprennent : *The*

Hassall

Mediterranean Sea ; a poem, Literary Garland, nouv. sér., 4 (1846) : 13–16, 73–76 ; et *The poetical works of James Haskins* […], Henry Baldwin, édit. (Hartford, Conn., 1848), tous deux parus après sa mort.

APC, RG 5, B9, 63 : 624. — [Susanna Strickland] Moodie, « Sonnet to the memory of Dr. James Haskins », *Literary Garland,* nouv. sér., 4 : 76. — *Chronicle & Gazette,* 29 avril, 16 juin 1837, 22 oct. 1845. — *Church,* 1838. — *Death notices of Ont.* (Reid). — *An index to the* Literary Garland *(Montreal, 1838–1851),* Mary Markham Brown, compil. (Toronto, 1962). — G. E. Boyce, *Hutton of Hastings : the life and letters of William Hutton, 1801–61* (Belleville, Ontario, 1972). — Walter Lewis et Lynne Turner, *By bridge and mill : a history of the village of Frankford* (Kingston, Ontario, 1979).

HASSALL, Thomas, interprète et guide chipewyan, prédicateur laïque méthodiste et instituteur, né vers 1811 ; le 13 février 1841, il épousa une prénommée Elizabeth, et ils eurent plusieurs enfants ; décédé le 11 septembre 1844.

En 1823, au fort Churchill (Churchill, Manitoba), le révérend John WEST persuada un chasseur d'envoyer son fils à la colonie de la Rivière-Rouge pour le faire instruire par David Thomas JONES, de la mission anglicane. Le jeune garçon allait fréquenter l'école de la mission pendant huit ans ; le 24 juin 1827, Jones le baptisa et lui donna le nom de celui qui avait recommandé sa propre affectation comme missionnaire, Thomas Hassall, de Lampeter, au pays de Galles. En 1831, le jeune Thomas entra au service de la Hudson's Bay Company.

Deux ans plus tard, on engagea Hassall à titre d'interprète pour l'expédition arctique du *commander* George Back*. Il accompagna les explorateurs jusqu'au lac Athabasca, où Back signala que, « puisqu'il n'était pas habitué à parler sa langue maternelle, il n'était pas tout à fait apte à conduire un groupe pour la première fois parmi les Indiens ». Resté au fort Resolution (Territoires du Nord-Ouest) puis au fort Reliance, Hassall rejoignit l'expédition au printemps de 1834 et retourna avec elle à Norway House (Manitoba).

Hassall travailla pour la Hudson's Bay Company jusqu'à l'arrivée de Robert Terrill Rundle* à Norway House, en juin 1840, et de James EVANS, en août. Ils étaient les premiers missionnaires méthodistes à se rendre dans le Nord-Ouest, et Hassall se joignit immédiatement à eux. Le 20 août, il servit de témoin au mariage de Benjamin et de Margaret Sinclair et, en septembre 1841, c'est Evans qui baptisa sa fille Margaret à Cumberland House (Saskatchewan). Ce dernier fit de Hassall l'interprète et l'instituteur de Norway House ; grâce au dévouement de l'Indien, l'école connut « une situation florissante », ainsi que le rapporta Evans à la London Missionary Society en juillet 1844. « Il est vraiment, disait-il, un auxiliaire utile et infatigable pour le missionnaire, et il mérite mes plus grands éloges. Ses aptitudes, sa piété, son travail acharné et son zèle à promouvoir l'œuvre de Dieu et à instruire les autochtones, ainsi que le fait qu'il parle bien l'anglais, passablement bien le français, couramment le cri et le chipewyan (pas le sauteux, mais une langue entièrement différente), qui est [la langue de] la nation à laquelle il appartient et au sein de laquelle il s'est déjà montré très utile, m'ont incité à lui accorder un permis de prédicateur laïque, valide dans notre territoire. » Il n'était pas rare que des autochtones soient *class leaders,* mais les méthodistes en autorisaient très peu à devenir prédicateurs laïques, en partie parce que les fonds manquaient pour les payer. Hassall était le seul à détenir une telle autorisation dans le Nord-Ouest à l'époque ; Henry Bird Steinhauer* et Benjamin Sinclair en eurent une semblable plus tard.

Le 1er août 1844, Evans, Thomas Hassall et trois autres personnes quittèrent Norway House en toute hâte dans l'espoir de parvenir dans la région de l'Athabasca avant qu'un prêtre catholique, Jean-Baptiste Thibault*, n'ait pu compromettre les liens qu'Evans avait établis avec les Indiens. Le 11 septembre, ils n'étaient plus qu'à trois jours d'Île-à-la-Crosse (Saskatchewan), et Evans, du canot, s'apprêtait à tirer sur une volée de canards. « Le coup partit et, par malheur, atteignit le pauvre Thomas sous l'épaule gauche. Il regarda autour de lui, puis s'affaissa : il était mort. »

GERALD M. HUTCHINSON

PABC, Add. MSS 635. — PAM, HBCA, D.5/12 ; E.4/1a : fº 64. — SOAS, Methodist Missionary Soc. Arch., Wesleyan Methodist Missionary Soc., corr., North America, Hudson's Bay territories, William Mason aux secrétaires, 20 août 1844. — UWOL, Regional Coll., James Evans papers, box 4734, items 115, 189–191, 213. — George Back, *Narrative of the Arctic land expedition to the mouth of the Great Fish River, and along the shores of the Arctic Ocean in the years 1833, 1834, and 1835* (Londres, 1836), 56, 89, 281, 465. — James Evans, « Extract of a letter from the Rev. James Evans, general superintendent of the Wesleyan missions in the Hudson's-Bay territories, dated July, 1844 », *Wesleyan-Methodist Magazine,* 68 (1845) : 414. — R. T. Rundle, *The Rundle journals, 1840–1848,* introd. et notes de G. M. Hutchinson, H. A. Dempsey, édit. (Calgary, 1977). — Boon, *Anglican Church.* — G. [M.] Hutchinson, « British Methodists and the Hudson's Bay Company, 1840–1854 », *Prairie spirit : perspectives on the heritage of the United Church of Canada in the west,* D. L. Butcher *et al.,* édit. (Winnipeg, 1985), 28–43. — Nan Shipley, *The James Evans story* (Toronto, 1966).

HEAD, SAMUEL, médecin, marchand, juge de paix, fonctionnaire et juge, né vers 1773 à Halifax, fils de Michael Head ; d'un premier mariage, il eut un enfant, puis le 2 janvier 1817 à Liverpool, Nouvelle-Écosse, il épousa Sophia Augusta Eagleson, fille du révérend John Eagleson*, et ils eurent probablement quatre enfants ; décédé le 16 novembre 1837 à Halifax.

Fils de chirurgien, Samuel Head fit ses études de médecine en Angleterre et devint membre du Royal College of Surgeons de Londres en 1803. Il ouvrit un cabinet de médecin-chirurgien à Halifax vers 1804 et reprit la pharmacie que son père avait établie aux environs de 1790. Comme les médecins étaient relativement nombreux dans la ville, se constituer une clientèle n'était pas facile. La pharmacie devint donc une assise essentielle pour Head, qui l'exploita jusqu'à sa mort. Avant qu'il ne la prenne en main, elle avait été pendant quelque temps le seul établissement du genre à Halifax, et elle demeura par la suite, pour toute la colonie, un important centre d'approvisionnement en médicaments, fournitures médicales et produits tels que plantes médicinales, parfums et teintures. Particulièrement lucratif au cours de la guerre menée contre la France, ce commerce bénéficia aussi de la guerre de 1812 contre les États-Unis, qui provoqua la multiplication des commandes en provenance des navires, de l'hôpital de la marine à Halifax et de celui des prisonniers de guerre, dans l'île Melville.

Dès 1814, Head se sentit donc dans une situation financière assez solide pour ouvrir, rue Water, un hôpital privé doté de 40 à 50 lits et destiné aussi bien aux voyageurs qu'aux marins blessés ou malades. Comme la rénovation du bâtiment se révélait coûteuse, il demanda une subvention à la chambre d'Assemblée, mais en vain. Le gouvernement n'avait nul intérêt à créer des hôpitaux de marine, comme il en existait en Grande-Bretagne et aux États-Unis, et il avait la conviction que l'asile des pauvres répondait tout à fait aux besoins de la santé publique. L'hôpital ne fut jamais tel que son fondateur l'avait rêvé et, même s'il accueillit apparemment assez de patients pour demeurer ouvert jusqu'à la mort de Head, il ne joua aucun rôle manifeste dans le développement de la pratique médicale à Halifax.

En plus de vouloir fournir à la ville de meilleures installations sanitaires, Head s'intéressa à la compétence des praticiens. Bon an mal an, plusieurs citoyens prétendaient avoir acquis une formation en médecine, ce qui le poussa à réclamer en 1819, avec d'autres médecins formés en Grande-Bretagne, la création d'un permis d'exercice qui éliminerait les « charlatans ». Comme cette campagne menaçait de nuire à ceux qui pratiquaient une médecine hétérodoxe, certains hommes politiques n'y virent qu'une manœuvre intéressée, et il fallut attendre jusqu'en 1828 pour que le Parlement accepte l'application d'une méthode simple pour l'enregistrement des médecins.

Le souci de Head pour la qualité des traitements médicaux et les efforts qu'il consacra à son hôpital témoignent de son grand sens civique. Préoccupé par la condition des pauvres, il présida le comité de bienfaisance de la Charitable Irish Society de 1819 à 1834. Il participa à la fondation de la Halifax Poor Man's Friend Society en 1820 et y demeura actif jusqu'à ce qu'elle soit dissoute, en 1827. Autre manifestation de son sens civique : il fut juge de paix à partir de 1810.

Dans les années 1820, et plus particulièrement après la grave épidémie de typhus et de petite vérole de 1827, la population commença à prendre davantage conscience des questions sanitaires. Les soins aux défavorisés relevaient des commissaires des pauvres mais, au moment de l'épidémie, ces derniers avaient estimé devoir s'occuper avant tout des pensionnaires de l'asile des pauvres. Aussi Head et d'autres juges de paix tentèrent-ils d'obtenir que, advenant une nouvelle épidémie, les magistrats assument la direction des opérations. Ils réussirent si bien que, lorsque des cas de petite vérole se manifestèrent en 1831, les magistrats purent ordonner de vacciner les enfants des familles pauvres. Puis, comme la maladie continuait de se propager, ils prirent l'initiative, avec le soutien du gouvernement, d'ouvrir dans l'île Melville un lazaret dont on confia la direction à Head, à John Stirling et à Matthias Francis Hoffmann*. Toutefois, ces mesures ne réglaient pas l'ensemble du problème de l'assistance médicale aux pauvres. Un groupe de médecins, forts de l'appui du jury d'accusation du comté de Halifax, soulevèrent cette question et réclamèrent que l'hôpital de l'asile des pauvres accueille non seulement les indigents, mais aussi les ouvriers démunis ; ainsi se multipliait la clientèle potentielle des médecins. À cette fin, ils pressèrent les magistrats de rompre la mainmise des commissaires des pauvres sur l'hôpital. Tout en se disant sensibles aux objectifs énoncés, les magistrats refusèrent cependant de livrer bataille aux commissaires. Dans ce cas, Head préféra garder le silence plutôt que de critiquer publiquement ses collègues fonctionnaires et le médecin de l'asile, William Bruce ALMON.

Parmi les questions sanitaires, l'accessibilité de l'hôpital de l'asile n'avait cependant qu'une importance secondaire en 1832, car les autorités, le lieutenant-gouverneur sir Peregrine Maitland* en tête, se préparaient à une possible épidémie de choléra. Une nouvelle loi vint, cette année-là, créer un bureau central de santé qui prendrait la situation en main advenant que la maladie se déclare, et une autre établit des groupes locaux d'inspecteurs de santé, chargés d'appliquer des mesures préventives. Ce fut surtout à titre d'inspecteur de santé du quartier St John, à Halifax, que Head participa à la campagne de prévention.

La Nouvelle-Écosse ne connut pas d'épidémie de choléra en 1832, mais les magistrats n'échappèrent pas à la vindicte populaire car ils durent percevoir des impôts pour financer les mesures d'hygiène publique. En fait, qu'ils aient été ou non à blâmer, ils furent en général l'objet des critiques dirigées contre les politiques locales. Cette tendance se manifesta particulièrement pendant l'épidémie de choléra qui se déclara finalement en 1834. Cette année-là, le lieutenant-gouverneur sir Colin CAMPBELL força les bureaux de santé locaux à prendre toutes les décisions relatives à l'épidémie. Head se consacra tout entier à ses fonctions d'inspecteur de santé, mais à l'automne, comme tous les magistrats, il dut subir une série d'attaques dont les plus sérieuses furent des lettres que publia Joseph Howe* dans le *Novascotian, or Colonial Herald*. Ces attaques résultaient en partie de la peur et de la frustration qu'engendrait l'épidémie mais, à la base, celle-ci ne fit que cristalliser le ressentiment accumulé contre les magistrats depuis quelques années.

Head n'était pas disposé à concéder quoi que ce soit à ses détracteurs. Il avait pris ses fonctions à cœur, avait souvent participé aux assises et, en reconnaissance de son dévouement, avait obtenu en 1831 un siège à la Cour inférieure des plaids communs. Il n'acceptait pas non plus que d'autres magistrats soient pris à partie en public. En fait, il croyait comme plusieurs que les magistrats, nommés par l'exécutif, n'avaient de comptes à rendre qu'à celui-ci et qu'on devait les protéger des attaques injustifiées. Aussi fut-il l'un des magistrats qui pressèrent le gouvernement de poursuivre Howe au criminel pour diffamation. Contre toute attente, on acquitta Howe et, ce qui secoua peut-être davantage Head, un comité nommé par le gouvernement provincial conclut que les magistrats n'avaient pas rempli leurs obligations avec sérieux. Contrairement à quelques-uns de ses collègues qui se retirèrent de la vie publique après ces attaques, Head demeura fonctionnaire et on le nomma au bureau central de santé en 1835.

Samuel Head mourut du typhus en 1837 et laissa à sa femme une succession en piètre état. La vente de certaines grandes terres aurait pu éponger ses dettes mais, comme Head était mort intestat, les administrateurs de la succession ne parvinrent à en régler les comptes qu'en 1841.

KENNETH G. PRYKE

PANS, RG 1, 214½ (transcriptions) ; RG 25, C, 5 ; RG 34-312, P, 10. — Royal College of Surgeons of England (Londres), Membership records, 1803–1826. — N.-É., House of Assembly, *Journal and proc.*, 1814–1835. — *Acadian Recorder*, 1804–1837, particulièrement 18 janv. 1817, 18 nov. 1837. — *Nova-Scotia Royal Gazette*, 1804–1837. — J. M. Beck, *Joseph Howe* (2 vol., Kingston, Ontario, et Montréal, 1982), 1. — Geoffrey Bilson, *A darkened house : cholera in nineteenth-century Canada* (Toronto, 1980). — G. E. Hart, « The Halifax Poor Man's Friend Society, 1820–27 ; an early social experiment », *CHR*, 34 (1953) : 109–123.

HEARN. V. HERRON

HECK, SAMUEL, prédicateur méthodiste et fermier, né le 28 juillet 1771 dans le canton de Camden, New York, fils de Paul Heck et de Barbara Ruckle* ; vers 1797, il épousa Lois Wright, et ils eurent huit enfants ; décédé le 18 août 1841 dans sa maison du canton d'Augusta, Haut-Canada.

Paul et Barbara Heck appartenaient à un groupe connu sous le nom de palatins qui partirent d'Irlande en 1760 pour s'établir dans la colonie de New York. En Irlande, nombre d'entre eux étaient devenus des adeptes de John Wesley ; une fois en Amérique du Nord, les Heck, Barbara surtout, prirent une part active dans la formation de la première société méthodiste de la ville de New York. Par la suite, avec d'autres familles palatines ils s'installèrent dans le canton de Camden, près de l'emplacement actuel de Bennington, au Vermont, et y créèrent une communauté méthodiste. Loyalistes, les Heck se réfugièrent hors du pays pendant la Révolution américaine ; en 1785, ils se fixèrent dans le canton n° 7 (canton d'Augusta), sur le territoire qui deviendrait bientôt le Haut-Canada.

Là encore, les Heck et leurs compagnons palatins méthodistes travaillèrent à entretenir leur foi ; leur localité devint l'un des deux foyers de la communauté méthodiste qui commença à s'organiser dans le Haut-Canada en 1790. Samuel Heck se convertit et, impatient de « dire à tous quel doux Sauveur il avait trouvé », reçut un permis de prédicateur, probablement en 1797. Il devint prédicateur régional en 1803, ce qui signifie qu'on l'autorisa à tenir des offices en l'absence du prédicateur itinérant et à l'assister aux réunions en plein air ou en d'autres occasions. On allait renouveler son permis peu de temps avant sa mort. Conformément à la règle de l'Église méthodiste épiscopale des États-Unis, à laquelle appartenaient les sociétés méthodistes du Haut-Canada, Heck fut ordonné diacre en 1817 et ministre en 1828. À ce dernier titre, il avait le droit d'administrer les sacrements mais ne pouvait ni ne devait assumer les charges d'un ministre itinérant.

Fermier dans le canton d'Augusta durant toute sa vie, Heck accueillit dans sa confortable demeure une longue succession de prédicateurs itinérants. Secrétaire de l'Augusta Circuit Quarterly Meeting pendant des années, il prononçait régulièrement des sermons. En 1817, il figurait au nombre des administrateurs chargés de la construction d'un nouveau temple dans le canton. La même année, il adressa à la Conférence britannique une lettre de protestation contre l'intrusion de missionnaires méthodistes wesleyens dans les circonscriptions ecclésiastiques du Haut-Canada. Cependant, il ne se joignit pas aux prédicateurs régionaux qui abandonnèrent la Conférence canadienne en 1833, après sa fusion avec la Conférence britannique, union qui allait donner naissance à une nouvelle Église méthodiste épiscopale dans le Haut-Canada.

Malheureusement, les lettres de Heck n'existent plus. S'il rédigeait ses sermons, ce qui est improbable, eux aussi ont disparu. De toute évidence, c'était un homme bon et humble, qui inspirait beaucoup de respect et d'admiration. « Tous les dons du chrétien, a-t-on dit à son propos, resplendissaient dans les actes et la personne même de notre regretté père, mais nul ne répandait plus de clarté que le don de patience. » Il « était essentiellement un homme de paix », qu'attristaient les divisions du méthodisme canadien, en particulier la scission des Conférences canadienne et britannique en 1840.

Samuel Heck appartenait à un groupe distingué de prédicateurs régionaux qui, en prononçant régulièrement des sermons pendant de longues années, en propageant avec fidélité les principes du méthodisme et en soutenant leur Église, contribuèrent à établir leur communauté sur des bases solides dans le Haut-Canada. Au cours des fréquentes absences des ministres itinérants, ils assurèrent le maintien de l'enseignement et de la discipline et fournirent une bonne partie de l'appui matériel nécessaire à l'institutionnalisation du méthodisme. Ils s'efforcèrent – et ce avec un succès remarquable – de faire accepter une foi évangélique, de maintenir une norme élevée de moralité individuelle, de perpétuer l'alliage de valeurs britanniques et nord-américaines qui caractérisait le Haut-Canada et de convaincre leurs frères que le christianisme devait transcender les frontières nationales.

GOLDWIN S. FRENCH

SOAS, Methodist Missionary Soc. Arch., Wesleyan Methodist Missionary Soc., corr., Canadas, n° 222 (petition, Bay Quinty Circuit, 4 févr. 1817) (mfm à l'UCC-C). — UCC-C, « A collection of documents relating to the Hecks, Emburys, and other clans », Eula [Carscallen] Lapp, compil. (copies) ; Methodist Church, Augusta District, minutes of district meetings, 1834–1844. — *Christian Guardian*, 20 oct. 1841. — J. [S.] Carroll, *Case and his cotemporaries* [...] (5 vol., Toronto, 1867–1877), 4 : 350. — Eula Carscallen Lapp, *To their heirs forever* (Belleville, Ontario, 1977).

HENEY, HUGUES, avocat, officier de milice, juge de paix, homme politique et fonctionnaire, né le 9 septembre 1789 à Montréal, fils d'Hugue Heney, marchand, et de Thérèse Fortier ; le 14 octobre 1817, il épousa à Montréal Marie-Léocadie Foucher, fille du juge Louis-Charles Foucher, et ils eurent sept enfants ; décédé le 13 janvier 1844 à Trois-Rivières, Bas-Canada.

Hugues Heney fit ses études classiques au collège Saint-Raphaël, à Montréal, de 1798 à 1806. À la fin de son cours, il entra dans le bureau de Joseph Bédard, avocat de la même ville, où il travailla en qualité de clerc pendant cinq ans. Admis au barreau le 19 décembre 1811, il exerça alors le droit à Montréal et ne tarda pas à se faire une belle clientèle. Durant la guerre de 1812, il détenait le grade de lieutenant dans

le 2e bataillon de milice de la ville de Montréal . Le 16 octobre 1813, on le muta au 3e bataillon de milice du même endroit dont il fut fait adjudant. Il servit en cette qualité pendant le reste de la guerre.

Le 8 juillet 1815, Heney fut nommé juge de paix du district de Trois-Rivières et, le 21 mai 1818, juge de paix du district de Montréal. Élu député de Montréal-Est deux ans plus tard à la chambre d'Assemblée du Bas-Canada, il représenta cette circonscription jusqu'en 1832. Ami de Louis-Joseph Papineau*, il appartenait au parti canadien et prit part aux luttes que mena ce parti contre le gouvernement provincial. À l'assemblée de protestation tenue à Montréal le 7 octobre 1822, on le nomma membre du comité des 18 notables de la ville et de la région de Montréal formé pour lutter contre le projet d'union du Bas et du Haut-Canada [V. Denis-Benjamin Viger*].

En 1827, Heney signa avec Papineau et six autres députés une déclaration qui condamnait la décision du gouverneur en chef, lord Dalhousie [RAMSAY], de proroger la chambre d'Assemblée et rejetait les accusations portées contre elle par ce dernier. La même année, Dalhousie avait enlevé à Heney ainsi qu'à d'autres miliciens amis de Papineau leurs commissions d'officiers. Son successeur, sir James Kempt*, allait toutefois redonner sa commission à Heney qui obtiendrait plus tard le grade de lieutenant-colonel. En février 1828, celui-ci signa avec Papineau et 15 autres personnes les instructions que le comité de Montréal donna à Denis-Benjamin Viger, John NEILSON et Austin CUVILLIER, agents chargés d'aller exposer aux autorités britanniques les griefs des Canadiens relativement à la situation politique au Bas-Canada. Le 20 juillet 1830, on le nomma commissaire chargé de la construction et de la réparation des églises et, le 18 juin 1831, visiteur des écoles des comtés de Champlain et de Saint-Maurice.

En décembre 1831, Heney différa d'opinion avec Papineau et la majorité des députés du parti patriote quant au célèbre projet de loi sur les fabriques [V. Louis Bourdages*]. Il vota contre ce projet de loi en deuxième lecture et s'abstint de voter en troisième. Il démissionna de ses fonctions de député le 28 février 1832 et, le 1er mars, devint greffier de la chambre d'Assemblée. Nommé le 26 juillet commissaire chargé de l'érection de nouvelles paroisses et, le 27 octobre, commissaire responsable de la subdivision des anciennes paroisses, Heney devint, le 7 décembre de cette année-là, grand voyer du district de Trois-Rivières. En novembre 1832, le gouverneur en chef, lord Aylmer [WHITWORTH-AYLMER], lui offrit la charge de conseiller exécutif. Papineau avait déjà refusé ce poste et avait demandé aux patriotes de décliner toute offre semblable. Malgré cette directive, Dominique Mondelet* avait accepté la nomination le même mois et, de ce fait, il passait pour un traître aux yeux des membres du parti patriote. Heney n'en

Henry

accepta pas moins à son tour l'offre d'Aylmer qui, le 28 janvier 1833, le nomma au Conseil exécutif.

En 1835, Heney écrivit à John Neilson, ancien patriote envoyé en Angleterre par les adversaires du parti de Papineau afin d'aller y porter les doléances des marchands britanniques et des députés modérés de la chambre d'Assemblée de la province, qu'il était entièrement favorable à cette mission. Il ajouta : « il existe des abus [...] dans toutes les institutions humaines [...] il est licite de les corriger et de les faire disparaître par tous les moyens décents et loyaux, sans en appeler à la sédition et à la révolte [...] il faut réparer la maison et non pas la renverser [...] le principe électif, quoique bon en lui-même, devient très vicieux lorsqu'il est exploité dans des vues de haines nationales, de discussions religieuses ou autres motifs intéressés ». Ces mots, qui se voulaient des allusions défavorables au parti patriote, montrent jusqu'à quel point Heney était alors éloigné de son ancien parti. Le 5 novembre 1836, on lui confia le poste de commissaire chargé de la décision sommaire des petites causes à Saint-François-du-Lac.

À l'époque de la rébellion de 1837, Heney participa à la préparation des recommandations que fit le Conseil exécutif relativement à l'insurrection. Le 21 décembre 1837, c'est lui qu'on nomma commissaire chargé de faire prêter le serment d'allégeance. En raison de sa collaboration avec les autorités, les chefs patriotes le jugèrent très sévèrement et l'accusèrent d'avoir renié tous ses anciens principes.

À l'entrée en vigueur de l'Acte d'Union le 10 février 1841, Hugues Heney fut démis de sa charge de conseiller exécutif. Il ne fit pas partie du nouveau Conseil exécutif que forma trois jours plus tard le gouverneur en chef du Canada, lord Sydenham [Thomson]. La même année, il perdit ses fonctions de grand voyer, après l'abolition de cette charge. Toutefois, en 1842, on le nomma avec Alexander Buchanan* et Gustavus William Wicksteed* commissaire chargé de réviser les lois et les ordonnances du Bas-Canada. Il ne s'était pas encore acquitté de cette tâche lorsqu'il mourut à Trois-Rivières le 13 janvier 1844, à l'âge de 54 ans.

Jacques L'Heureux

Hugues Heney est l'auteur de : *Commentaire ou Observations sur l'acte de la 31e année du règne de George III, chap. 31, communément appelé Acte constitutionnel du Haut et du Bas-Canada* (Montréal, 1832).

Les procès-verbaux d'Heney ont été consignés dans P.-G. Roy, *Inventaire des procès-verbaux des grands voyers conservés aux Archives de la province de Québec* (6 vol., Beauceville, Québec, 1923–1932), 3 : 224–238.

ANQ-M, CE1-51, 9 sept. 1789, 14 oct. 1817. — ANQ-MBF, CE1-48, 17 janv. 1844. — APC, MG 24, B1, 6 : 53 ; 8 : 344 ; B2 : 1339, 1538, 1586, 2857 ; MG 30, D1, 15 : 409–423 ; RG 4, B8 : 6753–6761, 10445 ; RG 7, G1, 24 : 644 ; 26 : 19 ; 35 : 279 ; RG 68, General index, 1651–1841 ; 1841–1867. — B.-C., chambre d'Assemblée, *Journaux*, 1830–1832. — *Doc. relatifs à l'hist. constitutionnelle, 1819–1828* (Doughty et Story). — *L'Aurore des Canadas*, 16 janv. 1844. — *Le Canadien*, 19 janv. 1844. — *La Gazette de Québec*, 9 janv. 1812, 28 mai 1818, 7 juin 1819, 20 mars, 20, 24 avril, 3 juill., 21 août, 11 déc. 1820, 26 juill. 1821, 5 déc. 1822, 2 avril 1827. — *Almanach de Québec*, 1810–1823. — F.-J. Audet, *les Députés de Montréal*, 17, 92–94, 153 ; « les Législateurs du B.-C. ». — F.-M. Bibaud, *le Panthéon canadien* (A. et V. Bibaud ; 1891), 116–117. — Desjardins, *Guide parl.* — H. J. Morgan, *Bibliotheca Canadensis.* — *Officers of British forces in Canada* (Irving). — Tanguay, *Dictionnaire*, 4 : 80. — Wallace, *Macmillan dict.* — Michel Bibaud, *Histoire du Canada et des Canadiens, sous la domination anglaise [1760–1830]* (Montréal, 1844 ; réimpr., East Ardsley, Angl., et New York, 1968), 235, 282. — Chapais, *Cours d'hist. du Canada*, 3 : 122–123 ; 4 : 113–114. — Maurault, *le Collège de Montréal* (Dansereau ; 1967). — Ouellet, *Bas-Canada*, 317, 321, 344, 404, 413. — J.-E. Roy, *l'Ancien Barreau au Canada* (Montréal, 1897), 77. — Rumilly, *Papineau et son temps*, 1 : 103, 113, 242, 244, 261. — *Les Ursulines des Trois-Rivières depuis leur établissement jusqu'à nos jours* (4 vol., Trois-Rivières, Québec, 1888–1911), 4 : 73. — F.-J. Audet, « En marge d'un centenaire : citoyen distingué, il rendit à son pays d'éminents services ; c'est le souvenir qu'a laissé à ses concitoyens l'honorable Hugues Heney, jurisconsulte distingué », *la Presse*, 16 sept. 1933 : 30 ; « Grands-Voyers du district de Trois-Rivières », *BRH*, 10 (1904) : 228. — Gérard Malchelosse, « la Famille Heney », *BRH*, 49 (1943) : 361–363. — P.-G. Roy, « les Grands Voyers de 1667 à 1842 », *BRH*, 37 (1931) : 456 ; « les Grands Voyers de la Nouvelle-France et leurs successeurs », *Cahiers des Dix*, 8 (1943) : 232–233.

HENRY, EDME (Edmund), notaire, homme politique, officier de milice, agent foncier, homme d'affaires et fonctionnaire, né le 15 novembre 1760 à Longueuil (Québec), fils d'Edme Henry, chirurgien-major dans le régiment du Royal Roussillon, et de Geneviève Fournier ; il épousa Eunice Parker, puis le 9 octobre 1828, à Laprairie (La Prairie, Québec), Marie-Clotilde Girardin ; décédé le 14 septembre 1841 au même endroit et inhumé dans la crypte de l'église paroissiale.

Après la guerre de Sept Ans, le père d'Edme Henry s'établit aux îles françaises de Saint-Pierre et Miquelon et laissa alors sa femme et ses enfants à Montréal. Henry fréquenta le collège Saint-Raphaël de 1772 à 1778 puis étudia le droit pendant trois ans chez Simon Sanguinet*. Mandaté comme notaire le 2 juillet 1783, il commença à pratiquer à Montréal. De 1787 à 1793, il dut interrompre ses activités professionnelles pour régler des affaires familiales à Saint-Pierre et Miquelon. Après la conquête de ces îles par les forces britanniques de James Ogilvie* en 1793, il fit valoir son statut de sujet britannique et obtint l'autorisation de rentrer au Bas-Canada avec sa famille et ses biens.

Après le renouvellement de sa commission de

notaire le 17 février 1794, Henry ouvrit un cabinet à Laprairie, où il ne tarda pas à se distinguer. Élu député de la circonscription de Huntingdon en 1810, il le demeura jusqu'en 1814 mais assista rarement aux sessions. Lorsque le gouverneur en chef sir George Prevost* l'interrogea à titre personnel sur les motifs de la désaffection des Canadiens pour le gouvernement, il répondit que le mécontentement venait surtout de la jalousie que suscitait le favoritisme et que les insatisfaits, à leur tour, semaient des doutes dans l'esprit du clergé quant aux intentions gouvernementales. Les deux groupes s'opposaient donc de conserve aux projets gouvernementaux. À titre de solutions, il proposait que le gouvernement se décentralise davantage et surtout qu'il tente de multiplier ses appuis dans les régions rurales, parmi les gens du commun plutôt qu'auprès de l'élite.

Si Henry s'absentait de l'Assemblée, c'était en partie à cause de ses engagements militaires. Major du bataillon de milice de Beauharnois à compter du 15 mai 1812, il participa à la bataille de Châteauguay en octobre 1813 [V. Charles-Michel d'Irumberry* de Salaberry] et prit le commandement du bataillon de milice de Boucherville après que le lieutenant-colonel Charles William Grant fut tombé aux mains des Américains en décembre. Le 2 juillet 1822, il fut promu lieutenant-colonel du 2e bataillon de milice du comté de Huntingdon. Le 27 juillet 1825, en reconnaissance de ses états de service, on lui concéda 1 000 acres de terre dans le canton de Kilkenny.

À titre de notaire, Henry connut sa période la plus active de 1794 à 1814 : le total des actes qu'il dressa alors s'élève à 4 352. Son neveu Louis Barbeau étudia à ses côtés de 1800 à 1804 puis, reçu notaire cette année-là, devint son associé. Le seigneur Gabriel Christie* avait été l'un des premiers clients d'Henry. En 1803, une fois que le fils de Christie, Napier Christie Burton, eut hérité de lui, Henry fut mandaté avec Samuel Potts pour percevoir les dettes de la succession. En 1815, lorsqu'il devint évident que Christie Burton ne reviendrait pas au Bas-Canada, Henry devint son agent foncier ; il le demeura jusqu'à la mort du seigneur, le 2 janvier 1835. Il fut aussi nommé agent de la couronne à la seigneurie de la Prairie-de-la-Madeleine, le 15 janvier 1821. Il conserva sa commission de notaire jusqu'en 1831, mais à compter de 1815 il ne dressera que 20 actes et consacrera beaucoup de son temps à son travail d'agent foncier.

Ce rôle contribua à donner à Henry de l'influence dans la région de Laprairie, tout comme son mariage, en 1828, à Marie-Clotilde Girardin, veuve d'un important marchand du même endroit, Jean-Baptiste Raymond*. Il usa alors de sa position d'agent foncier pour acquérir lui-même des terres et accorder à ses parents et amis d'avantageuses concessions et devint ainsi l'un des plus gros propriétaires des environs. Ses biens comprenaient un moulin qui fonctionnait à la vapeur, situé peut-être dans la réserve seigneuriale de Napierville, dont il revendiquait d'ailleurs la propriété, un emplacement de moulin dans le canton de Stanbridge, 60 maisons dans le canton de Sherrington, une grande maison de pierre à Laprairie et plus de 2 500 acres de terre dans diverses parties de la province, dont sa concession du canton de Kilkenny.

Naturellement, Henry était favorable à l'expansion du réseau routier et à la construction d'ouvrages comme le canal de Chambly. À deux reprises, on le nomma commissaire des ponts et de la voirie : le 28 mai 1829, pour assurer l'ouverture d'un chemin entre Dorchester (Saint-Jean-sur-Richelieu) et Laprairie, puis le 1er juin 1830, pour superviser le macadamisage de certaines routes à ce dernier endroit. De plus, il surveilla le tracé d'une grande route qui traversait en diagonale les seigneuries de Bleury et Sabrevois, toutes deux propriétés de Christie Burton.

En qualité d'agent de ce dernier, Henry fonda en 1815 les villages de Christieville (Iberville), Napierville et Henryville. Il fit arpenter la superficie restante des seigneuries et la concéda ; en outre, il loua les emplacements de moulin à des scieurs de bois et à des marchands intéressés à les exploiter. Cependant les censitaires lui reprochaient de vendre les terres non concédées au lieu de les offrir gratuitement. Apparemment, il ne tenait pas de registres détaillés et il avait l'habitude de signer des reçus sur des « bouts de papier » qui s'égaraient facilement, il arrivait que certains censitaires se plaignent par la suite d'avoir été contraints de payer plus d'arriérés qu'ils n'en devaient. Toutefois, tant qu'Henry demeura agent foncier, les plaintes furent étouffées. Robert Hoyle*, député de la circonscription de L'Acadie, préférait taire sa position sur le régime seigneurial et disait : « Il me serait pénible de provoquer ou d'offenser inutilement M. Henry, l'agent, en dévoilant beaucoup de choses. » Le mandat d'Henry prit fin en 1835 mais, en qualité d'exécuteur testamentaire de Christie Burton, il devait encore percevoir les arriérés de fermage. Il fit en sorte qu'ils soient vendus, à très bas prix, au petit-fils de sa femme, l'avocat montréalais Alfred Pinsoneault, fils de Paul-Théophile Pinsonaut*. En pressant le versement des arriérés et en les transformant en obligations portant intérêt, Henry accrut le ressentiment que les censitaires de Christie Burton éprouvaient déjà envers le régime seigneurial et contribua à faire naître des tensions, surtout dans les seigneuries de Léry et de Bleury. Ces deux endroits furent d'ailleurs d'importants foyers de rébellion en 1837–1838.

Par ailleurs, à part le développement foncier, Edme Henry exerçait d'autres activités. Avec entre autres Joseph MASSON, le mari de sa belle-fille, il était copropriétaire du vapeur *Edmund Henry* et fonda à Laprairie, en 1837, la Henry's Bank, qui eut une

Herbert

succursale à Montréal. L'été de la même année, son caissier (directeur général) « décampa en emportant la caisse », soit une somme de 130 000 $, ce qui l'obligea à déclarer faillite. Finalement, il parvint à payer tous ses créanciers, car plusieurs des propriétés qui lui avaient appartenu étaient hypothéquées en faveur de la banque, mais ce dur coup ébranla sans doute grandement sa fortune. En 1840, probablement pour protéger ses propres droits de propriété, sa femme lui intenta une poursuite ; sa terre du canton de Kilkenny, sa maison de Laprairie et un emplacement de moulin à Napierville firent l'objet d'une vente judiciaire. Il mourut l'année suivante en laissant tout le reste de ses biens à sa femme. Comme il avait renoncé à faire dresser un inventaire, on ignore quelle était la valeur de sa succession. Cependant, il est certain que sa position sociale et son influence dans la région de Laprairie avaient été beaucoup plus importantes que ce chiffre ne l'aurait indiqué. En raison de sa profession et de ses relations personnelles, Henry avait en effet occupé une position stratégique dans sa région.

FRANÇOISE NOËL

Le minutier d'Edme Henry, contenant des actes passés entre 1783 et 1831, est conservé aux ANQ-M, sous la cote CN1-200.

ANQ-M, CE1-2, 9 oct. 1828 ; CE1-12, 20 janv. 1760 ; CM1, 1/8, 14 janv. 1842 ; CN1-107 ; CN1-134, 8 oct. 1828 ; CN1-233 ; CN1-299 ; CN4-20. — APC, MG 8, F99 ; MG 19, A2, sér. 3, 183 ; MG 24, B141, 20 déc. 1832 ; MG 30, D1, 15 : 426–444 ; RG 1, L3ᴸ : 18706–18723, 43541–43553, 51572–51582, 73487–73497, 83161–83180, 97121–97130 ; RG 4, B8 : 127–129, 268–275, 546–551, 10445. — Canada, prov. du, Assemblée législative, *App. des journaux*, 1843, app. F. — *Quebec Gazette*, 2 mai 1838. — *Officers of British forces in Canada* (Irving). — Françoise Noël, « Gabriel Christie's seigneuries : settlement and seigneurial administration in the upper Richelieu valley, 1764–1854 » (thèse de PH.D., McGill Univ., Montréal, 1985). — F.-J. Audet, « Edme Henry », *BRH*, 33 (1927) : 150–154. — C. S. Howard, « Canadian banks and bank-notes : a record », *Canadian Banker* (Toronto), 57 (1950), nº 1 : 30–67.

HERBERT, SARAH, auteure, éditrice et éducatrice, née en octobre 1824 en Irlande, fille de Nicholas Michael Herbert et d'Ann Bates ; décédée le 22 décembre 1846 à Halifax.

Il semble que Sarah Herbert arriva en Nouvelle-Écosse dans des circonstances plutôt dramatiques : elle était probablement l'un des deux « petits enfants » qu'on rescapa, avec ses parents et d'autres proches, du *Nassau* lorsque ce navire à passagers, parti d'Irlande pour Québec, se brisa le 13 mai 1826 au large de l'île de Sable. Sa mère, âgée de 23 ans, mourut peu après du typhus à Halifax, comme plusieurs autres membres de la famille, mais dès 1827 son père semblait suffisamment remis de l'épreuve

pour s'établir à titre de cordonnier dans la ville. Il y épousa Catherine Eagan le 3 septembre 1828, et leur fille Mary Eliza* naquit l'année suivante.

Tout au long de leur vie, les sœurs Herbert allaient être connues en qualité d'écrivaines et de collaboratrices littéraires. Au fil des ans, leur père passa de l'état de simple cordonnier et artisan du cuir à celui de fabricant de cirage et de corselets, ce qui améliora sa situation. Par ailleurs, une notice nécrologique de 1871 le présentait comme le fils du révérend Nicholas M. Herbert, de Tipperary, en Irlande, donc comme un proche du comte de Dysart et d'autres membres de la gentry irlandaise. Ce lien avec une famille distinguée peut expliquer en partie l'intérêt que Sarah et Mary Eliza portaient aux héroïnes à la sensibilité raffinée, bien que toutes deux aient manifestement écrit dans le but de satisfaire le goût de la société pour le roman populaire. Les convictions de leur père, ardent wesleyen et champion de la tempérance, allaient aussi se refléter dans leurs romans et poèmes, et davantage chez Sarah que chez Mary Eliza. Dès la fin de son adolescence, Sarah présentait de la poésie et de la prose religieuse à des périodiques des Maritimes tels que l'*Olive Branch*, le *Morning Herald, and Commercial Advertiser* et le *Novascotian*, tous de Halifax, ainsi que l'*Amaranth* et le *British North American Wesleyan Methodist Magazine,* de Saint-Jean, Nouveau-Brunswick.

En septembre 1843, le feuilleton de Sarah, *Agnes Maitland,* remporta un concours d'ouvrages d'imagination organisé par l'*Olive Branch*. Tout comme un autre de ses écrits, *The history of a Halifax belle,* publié dans le même périodique, *Agnes Maitland* était une nouvelle sentimentale dépourvue de tension dramatique et qui préconisait la tempérance et le respect des principes moraux et religieux. Ce fut en partie grâce à cette œuvre, parue ultérieurement sous forme de brochure, que Sarah réussit à se tailler une place importante à l'*Olive Branch*. Dès le 19 avril 1844, elle était l'unique rédactrice et propriétaire de cette publication, dont elle accentua la vocation littéraire et antialcoolique en faisant paraître, en plus de ses propres textes, des écrits des Américaines Harriet Elizabeth Beecher Stowe et Catherine Maria Sedgwick et d'auteurs de la région, dont John MCPHERSON. Contre toute attente cependant, le journal tomba en juillet 1845. La santé déclinante de sa rédactrice en fut peut-être la cause ; quoi qu'il en soit, son poème *Presentiments,* composé le jour de l'An 1846, indique qu'à ce moment elle se savait condamnée. À la fin de cette année, le 21 décembre 1846, elle mourait de tuberculose pulmonaire.

Écrivaine et éditrice, Sarah Herbert se mêla aussi à la vie éducative et religieuse de Halifax. Au début des années 1840, elle tint une école qui visait avant tout à favoriser la « culture morale » et l'« avancement intellectuel » des élèves ; elle promettait, dans son enseignement, « d'illustrer constamment la théorie en se reportant à des exemples et à l'expérience ». Ses activités d'institutrice à l'école du dimanche, de distributrice de tracts et de secrétaire de la Halifax Female Temperance Society furent citées dans son éloge funèbre, « On the death of the much lamented Sarah Herbert », prononcé en janvier 1847 au temple méthodiste wesleyen et publié dans le *Halifax Morning Post*. Dans ce texte, comme dans les récits subséquents de sa vie, apparaît l'aura romantique dont sa vertu et sa mort précoce l'avaient entourée. Deux essais publiés en 1852 dans le *Provincial : or Halifax Monthly Magazine* soulignaient sa piété et sa sensibilité poétique. Même en 1876, Andrew Shiels*, dans *The preface ; a poem of the period*, rendait longuement hommage à ses talents :

> Dans ses pages agréables et polies,
> Elle s'émerveille et les multitudes sont ravies
> ....
> Tandis qu'elle – ah oui ! la primevère se fane une fois
> [éclose
> Sur la tombe où Sarah Herbert repose.

En dépit de l'attachement que suscita Sarah Herbert, il est évident qu'elle n'eut pas la chance de déployer ses talents, contrairement à sa sœur. Les romans de Mary Eliza révèlent une écrivaine qui savait créer des situations comiques et discernait ce que la société du XIXe siècle attendait des femmes. Sarah, par contre, dépasse rarement le sentimentalisme et le moralisme que lui avait légués une éducation axée sur la religion et la tempérance. Toutefois, en étant l'une des premières rédactrices et éditrices de l'Amérique du Nord britannique et en encourageant dès les années 1840 les gens de lettres néo-écossais, elle contribua modestement à la croissance de la culture littéraire dans la province.

GWENDOLYN DAVIES

L'auteure tient à remercier Terrence M. Punch qui lui a permis de découvrir la notice nécrologique du révérend Nicholas M. Herbert dans l'*Acadian Recorder* du 5 déc. 1871. [G. D.]

La nouvelle de Sarah Herbert, *Agnes Maitland* parut d'abord dans l'*Olive Branch* (Halifax) du 13 oct. au 17 nov. 1843, puis sous forme de brochure, dont aucune n'a été localisée, intitulée *Agnes Maitland, a temperance tale* (Halifax, s.d.). *The history of a Halifax belle* parut aussi en feuilleton dans l'*Olive Branch* du 5 janv. au 2 févr. 1844. Une collection des poèmes de Sarah a été publiée après sa mort avec ceux de Mary Eliza dans *The Æolian harp ; or, miscellaneous poems* (Halifax, 1857).

APC, MG 24, C4. — PANS, Churches, Brunswick Street United (Halifax), Methodist reg. of baptisms, nos 21, 133, 263, 358, 569 ; reg. of marriages, 1828–1829, no 14 (mfm) ; MG 5, Halifax County, Camp Hill Cemetery, Halifax, reg. of burials, 1844–1869 (mfm). — *Acadian Recorder*, 15 juill. 1826. — *Free Press* (Halifax), 1er août 1826. — *Halifax Morning Post & Parliamentary Reporter*, 5 janv. 1847. — *Novascotian*, 13 juill., 3 août 1826, 28 déc. 1846. — *Nova-Scotia Royal Gazette*, 31 mai, 14 juin 1826. — *Olive Branch*, 7 janv. 1843–4 juill. 1845 (particulièrement 16 juin, 8 sept. 1843, 19 avril 1844–4 juill. 1845). — *Burke's landed gentry* (1875), 1 : 615–616. — R. J. Long, *Nova Scotia authors and their work : a bibliography of the province* (East Orange, N.J., 1918). — H. J. Morgan, *Bibliotheca Canadensis*. — *The Oxford companion to Canadian literature*, William Toye, édit. (Toronto, 1983). — Tratt, *Survey of N.S. newspapers*. — Albyn [Andrew Shiels], *The preface ; a poem of the period* (Halifax, 1876). — Gwendolyn Davies, « A literary study of selected periodicals from Maritime Canada, 1789–1872 » (thèse de PH.D., York Univ., Toronto, 1980). — J. S. Thompson, « Introductory memoir », John McPherson, *Poems, descriptive and moral* [...] (Halifax, 1862), ix–xix. — *Acadian Recorder*, 17 juill. 1872. — « Half hours with our poets [...] », *Provincial : or Halifax Monthly Magazine*, 1 (1852) : 273–276. — D. C. Harvey, « Newspapers of Nova Scotia, 1840–1867 », *CHR*, 26 (1945) : 294. — M. E. Herbert, « More of Sarah Herbert », *Provincial : or Halifax Monthly Magazine*, 1 : 347–352.

HERIOT, FREDERICK GEORGE, officier dans l'armée et dans la milice, propriétaire terrien, juge de paix, fonctionnaire et homme politique, né le 11 janvier 1786, baptisé à la maison le 14, puis présent à l'église anglicane de Saint-Hélier, île de Jersey, le 11 août, troisième fils de Roger Heriot, chirurgien de l'armée, et d'Anne Susanne Nugent ; décédé célibataire le 30 décembre 1843 à Drummondville, Bas-Canada, où il fut inhumé le 1er janvier 1844.

Par son père, Frederick George Heriot descendait d'une ancienne famille d'Écosse assez en vue, les Heriot de Trabroun. Du côté de sa mère, il se rattachait à la vieille aristocratie irlandaise par les Nugent de Westmeath. On l'a souvent confondu avec son cousin George HERIOT, qui fut maître général adjoint des Postes au Bas-Canada de 1800 à 1816.

Dès l'âge de 15 ans, à l'été de 1801, Heriot entra dans l'armée à titre d'enseigne dans le 49th Foot. L'année suivante, il arriva au Canada sous les ordres du lieutenant-colonel Isaac Brock* et il connut par la suite un avancement rapide : promu capitaine en 1808, il devint major de brigade sous les ordres du baron Francis de Rottenburg* en 1811. Il vécut plusieurs années dans la ville de Québec dont la vie de garnison avait la réputation d'être assez agréable ; dans ses loisirs, il s'adonna avec succès aux courses de chevaux.

Après la déclaration de la guerre par les États-Unis le 18 juin 1812, on nomma Heriot au corps des Voltigeurs canadiens le 26 mars 1813 avec le grade de major intérimaire, sous les ordres du lieutenant-colonel Charles-Michel d'Irumberry* de Salaberry ; le 10 juin, on le désigna à titre d'officier de campagne avec le grade de major honoraire. Le 1er avril, il

Heriot

quitta le camp de Saint-Philippe-de-Laprairie et se dirigea vers le Haut-Canada à la tête de quatre compagnies de Voltigeurs, puis parvint à Kingston le 13 avril. Avec ses troupes, il partagea les fortunes diverses de l'armée britannique et, à la suite de l'expédition de Sackets Harbor, dans l'état de New York, les 28 et 29 mai [V. sir James Lucas Yeo*], on le cita à l'ordre du jour. Mais le danger d'invasion s'intensifiait et, dans le Bas-Canada, la bataille de Châteauguay, livrée le 26 octobre 1813 contre des unités ennemies, allait immortaliser Salaberry et ses Voltigeurs. À ce moment, Heriot et trois de ses compagnies se trouvaient alors à Prescott; ils quittèrent cette ville vers le 6 novembre pour se mettre à la poursuite des Américains qui se dirigeaient vers Montréal. C'est le 11 novembre que se déroula le combat de Crysler's Farm, dans le Haut-Canada [V. Joseph Wanton Morrison*], au cours duquel Heriot faillit être fait prisonnier et ne réussit à s'échapper que grâce à ses talents de cavalier; sa conduite lui valut une nouvelle citation et une médaille d'or. Par la suite, le corps des Voltigeurs fut augmenté et regroupé dans le Bas-Canada, mais Salaberry songeait à en quitter le commandement et offrit à Heriot de l'acheter. Ce dernier, avec l'appui de sir George Prevost*, accéda à ce poste le 11 avril 1814 et conserva le grade de lieutenant-colonel de milice jusqu'à la fin des hostilités.

La guerre finie, on démobilisa les Voltigeurs le 1er mars 1815; quant à Heriot, on lui offrit de reprendre son ancien grade dans le 49th Foot avec la perspective de rentrer bientôt en Angleterre et de médiocres chances d'avancement en temps de paix. Toutefois, pour ce jeune officier de 29 ans, une carrière imprévue allait s'ouvrir.

Comme le gouvernement impérial adoptait une nouvelle politique de colonisation, la chambre d'Assemblée du Bas-Canada recommanda d'accorder des terres non concédées aux soldats démobilisés. C'est ainsi que vit le jour dans la vallée de la rivière Saint-François un établissement semi-militaire; le 1er mai 1815, Heriot en devint le directeur, assisté de Pierre-Amable Boucher de Boucherville et de plusieurs officiers de divers régiments. Ce poste lui assurait £300 auxquelles s'ajoutaient £100 pour ses déplacements, sans compter sa demi-solde. Il se mit immédiatement à l'œuvre, inspecta les lieux et, le 8 juin, sollicita une concession de 1 200 acres dans les cantons de Grantham et de Wickham afin d'y fonder un village. Au cours de l'été de 1815 naquit Drummondville dont les débuts parurent encourageants selon l'administrateur sir Gordon Drummond*, qui se rendit lui-même visiter l'établissement à l'automne. Dès 1816 s'alignaient des maisons, un hôpital, une école et une caserne; un bureau de poste y était déjà implanté. À quelque distance, sur un coteau, Heriot avait aménagé sa vaste demeure, Comfort Cottage; il

faisait défricher sa ferme et construire des moulins. Mais de sérieux revers survinrent: peu ou pas de récoltes en 1815 et 1816, désertions, réduction de l'aide militaire et menace de fermeture en 1819, épidémie en 1820 et finalement un incendie qui ravagea campagne et village en 1826 et n'épargna que la maison du fondateur et les deux chapelles. Malgré ces nombreux désastres, Heriot réussit, grâce à ses efforts inlassables, à maintenir la petite collectivité qui dépendait de lui en tout. En effet, il cumulait les fonctions de juge de paix, de commissaire et visiteur des écoles, ainsi que de commissaire chargé de la construction des routes; attentif aux besoins de ses concitoyens, il venait en aide à tous. Par les dons de terrains qu'il fit, il assura la présence d'une mission catholique et d'une paroisse de l'Église d'Angleterre. Il aurait souhaité les dédier toutes deux à saint George mais, au risque de le vexer, l'évêque catholique, Mgr Joseph-Octave Plessis*, opta pour saint Frédéric.

Les premières concessions de terre que Heriot avait reçues ne dépassaient guère 600 acres. En regard de son dévouement et de ses états de service, il estimait mériter davantage et le fit savoir par de nombreuses pétitions. Certaines de ses demandes furent d'ailleurs agréées, et il agrandit ses domaines par de nombreux achats, de sorte que les enquêteurs qu'avait désignés lord Durham [LAMBTON] affirmèrent en 1838 qu'il possédait 12 000 acres et le classèrent parmi les accapareurs. Cependant, ils négligèrent de souligner qu'il était l'un des six grands propriétaires qui vivaient sur leurs terres, qu'il s'employait activement à la promotion de l'agriculture et de l'élevage, et qu'il déclarait avoir contribué au développement de 40 000 acres.

À la subdivision de la circonscription de Buckingham en 1829, Heriot fut d'emblée élu député de la nouvelle circonscription de Drummond le 7 novembre. Son seul adversaire lui avait même accordé son vote. Réélu sans opposition en 1830, il démissionna le 31 janvier 1833. C'est avec assiduité qu'il avait rempli son mandat, en s'intéressant surtout aux voies de communication. Appelé au Conseil spécial en avril 1840, il prit part à une session seulement.

Entre-temps, les états de service de Heriot lui avaient valu la croix de compagnon de l'ordre du Bain en 1822 et, en 1826, le titre d'aide de camp du gouverneur. Le 22 juillet 1830 il avait atteint le grade de colonel et il allait être promu major général le 23 novembre 1841. Pendant la rébellion de 1837, il s'était vu confier l'organisation militaire des Cantons-de-l'Est et, en décembre, il avait accompli une tournée dans la région du Saint-François pour recruter et organiser les volontaires.

Au cours d'un voyage en Angleterre et en Écosse en 1840, Heriot renoua avec sa famille; deux de ses cousins étaient membres de l'entourage du duc de Wellington dont il fut même l'invité. Au Canada, un autre cousin, Robert Nugent Watts, élu député de Drummond le 15 mars 1841, s'était installé chez lui ; Heriot lui céda une grande partie de ses biens en 1842. Mais il était déjà gravement malade et il s'éteignit le 30 décembre 1843, peu avant d'avoir 58 ans. Toute la population, sans distinction de croyance, lui fit d'émouvantes funérailles, les cloches des deux églises s'unissant à sonner le glas, le 1er janvier 1844.

Frederick George Heriot emportait les regrets de tous ceux qui l'avaient connu ; on louait sa courtoisie, sa tolérance, son esprit de charité, son dévouement, son hospitalité généreuse. Sans prétention, il aimait à se présenter comme simple fermier mais, par l'ampleur de ses biens et son style de vie, il représentait plutôt cette grande bourgeoisie terrienne d'Angleterre qu'on aurait bien voulu implanter au Canada. Homme de cœur et de devoir, il avait réalisé la devise de sa famille : *Fortem posce animum* (Maintiens force et courage).

MARIE-PAULE R. LaBRÈQUE

Même si Frederick George Heriot a toujours signé Heriot, on trouve son nom écrit de diverses façons. À Drummondville, Québec, on l'a même francisé en ajoutant un accent : Hériot. Il est surprenant que Joseph-Charles Saint-Amant, qui aurait eu accès à des documents originaux, ait adopté Herriot en 1896 dans *l'Avenir, townships de Durham et de Wickham, notes historiques et traditionnelles* [...] (Arthabaska, Québec, 1896), erreur qui fut corrigée en 1932 dans *Un coin des Cantons de l'Est ; histoire de l'envahissement pacifique mais irrésistible d'une race* (Drummondville, 1932). Dans presque toutes les références à Heriot on trouve des erreurs, soit qu'on le confonde avec son cousin, soit qu'on le fasse naître en 1766, ou qu'on l'envoie à Drummondville en 1816 au lieu de 1815. Même William Stewart Wallace*, *Macmillan dict.*, et Michelle Guitard, *Histoire sociale des miliciens de la bataille de la Châteauguay* (Ottawa, 1983), répètent la même chose.

Le problème majeur de la recherche au sujet de Heriot est la disparition de ses papiers personnels ; dans son testament, il n'avait laissé aucune disposition à ce sujet. Il n'est donc pas facile de se faire une idée de son éducation, qui semble excellente à en juger par sa correspondance, ni de ses relations familiales ou autres, pas plus que de ses opinions politiques. Parmi les études, seul l'article de l'un de ses parents, J. C. A. Heriot, « Major General, the Hon. Frederick George Heriot, CB », *Canadian Antiquarian and Numismatic Journal*, 3e sér., 8 (1911) : 49–75, donne des indications sur sa famille et sa personne. Joseph-Anatole Saint-Germain, dit frère Côme, a effectué d'excellentes recherches dans les archives et il est le premier à avoir eu recours à des méthodes scientifiques. Son ouvrage, *Regards sur les commencements de Drummondville* (Drummondville), publié en 1978 à partir d'une étude dactylographiée qu'il a faite en 1965, puis revue et augmentée, demeure le meilleur travail disponible, et nous lui devons beaucoup. Nous désirons également remercier Michelle Guitard et Christian Rioux, autrefois de Parcs Canada, pour leurs précieux renseignements sur l'histoire militaire. Nous avons, de plus, utilisé les grandes séries dans les principaux dépôts d'archi-

ves. Il y aurait encore beaucoup à compulser mais, pour cerner le personnage et ses principales activités, nous avons limité la recherche, déjà assez ardue, à ces grandes lignes.

Il existe un portrait de Heriot par Samuel Hawksett, conservé au château Ramezay à Montréal. Le musée McCord, pour sa part, possède un autre portrait, œuvre d'un artiste inconnu, autrefois attribué à son cousin George Heriot et qui semble être la meilleure représentation de Heriot. On trouve également des reproductions d'un portrait non signé dans C. P. De Volpi et P. H. Scowen, *The Eastern Townships, a pictorial record ; historical prints and illustrations of the Eastern Townships of the province of Quebec, Canada* (Montréal, 1962), et en frontispice de l'article de J. C. A. Heriot. [M.-P. R. LB].

AAQ, 210 A, IV–XII ; 69 CD, X : 177–179. — ANQ-MBF, CN1-21, 11 avril 1844. — ANQ-Q, E17 ; E21 ; P-289/1, 3 : 43. — APC, MG 11, [CO 42] Q, 132 : 74, 81 ; 137 : 165 ; 161 : 132 ; 163 : 253 ; 178 : 131 ; 216 : 209 ; RG 1, L3L : 51639 ; RG 4, A1, index ; RG 8, I (C sér.), 202 : 134 ; 622 : 124 ; 625 : 79 ; 683 : 138 ; 1170 : 128–129 ; 1173 : 149a ; 1203½ B-41 : 39 ; 1224 : 77–78 ; 1227 : 137 ; 1706 : 32 ; RG 31, C1, 1825, 1831, Grantham. — Arch. de l'évêché de Nicolet (Nicolet, Québec), Cartable Saint-Frédéric. — Arch. privées, Lucille Richard Pépin (Drummondville), corr., 1963. — Bureau d'enregistrement, Drummond (Drummondville), reg. A, 1, nos 1, 503. — EEC-Q, 50 ; 99. — St George's (Anglican) Church (Drummondville), Reg. of burials, 1er janv. 1844. — « Anticipation de la guerre de 1812 », APC *Rapport*, 1896 : 71. — B.-C., chambre d'Assemblée, *Journaux*, 14 mars 1815 : 365 ; 1830–1832 ; 31 janv. 1833 : 363 ; Conseil spécial, *Journaux*, 20 avril, nov. 1840. — Joseph Bouchette, *Topographical map of the province of Lower Canada* [...] (Londres, 1815 ; réimpr., Montréal, 1980). — Elmer Cushing, An *appeal addressed to a candid public ; and to the feelings of those whose upright sentiments and discerning minds, enable them to « weigh it in the balance of the sanctuary »* [...] (Stanstead, Québec, 1826). — [J. G. Lambton, 1er comte de] Durham, *Report on the affairs of British North America, from the Earl of Durham* [...] ([Londres, 1839]). — Select British docs of War of 1812 (Wood). — Henry Taylor, *Journal of a tour from Montreal, thro' Berthier and Sorel, to the Eastern Townships of Granby, Stanstead, Compton, Sherbrooke, Melbourne, &c., &c., to Port St. Francis* (Québec, 1840), 74. — [Frederic] Tolfrey, *Tolfrey, un aristocrate au Bas-Canada*, introd. de P.-L. Martin, trad. (Montréal, 1979), 69. — Jacques Viger, « Lettres de Jacques Viger à Madame Viger, 1813 », *Rev. canadienne*, 59 (janv.–juin 1914) : 213–219, 306–313. — *British Colonist and St. Francis Gazette* (Stanstead), 13, 27 juill., 3 août 1826. — *La Minerve*, 9 janv. 1844. — *Missiskoui Standard* (Frelighsburg, Québec), 24 nov., 5, 12, 19 déc. 1837. — *Montreal Gazette*, 14 nov. 1829, 7 nov., 7 déc. 1837, 21 avril 1840. — *Montreal Herald*, 26 juin 1826. — *Quebec Gazette*, 1808–oct. 1842, particulièrement 8, 15 juin 1809, 12 juill. 1810, 10 oct. 1816, 6 mai 1822, 28 juin, 3 juill. 1826 ; nov. 1842–1844, particulièrement 5 janv. 1844. — *Quebec Mercury*, 13, 29 août 1816, 17 juin 1826, 4 janv. 1844. — *Sherbrooke Gazette and Townships Advertiser* (Sherbrooke, Québec), 28 déc. 1837. — *Le Spectateur canadien* (Montréal), 14 oct., 9 déc. 1816, 24 févr. 1817. — F.-J. Audet, « les Législateurs du B.-C. ». — G. R. Balleine, A *biographical dictionary of Jersey* (Londres et New York, [1948]). —

Heriot

F.-M. Bibaud, *le Panthéon canadien* (A. et V. Bibaud; 1891), 117. — Joseph Bouchette, *A topographical dictionary of the province of Lower Canada* (Londres, 1832); *The British dominions in North America; or a topographical description of the provinces of Lower and Upper Canada* [...] (2 vol., Londres, 1832); *Topographical description of L.C.* — Caron, « Inv. de la corr. de Mgr Plessis », ANQ *Rapport*, 1928–1929 : 191, 193. — E. A. Cruikshank, *Inventaire des documents militaires du dépôt des archives canadiennes* (Ottawa, 1912). — *The encyclopedia of Canada*, W. S. Wallace, édit. (6 vol., Toronto, [1948]), 3. — F. A. Evans, *The emigrant's directory and guide to obtain lands and effect settlement in the Canadas* (Londres et Édimbourg, 1833). — Langelier, *Liste des terrains concédés*, 401. — Le Jeune, *Dictionnaire*. — Hormisdas Magnan, *Dictionnaire historique et géographique des paroisses, missions et municipalités de la province de Québec* (Arthabaska, Québec, 1925). — *The makers of Canada; index and dictionary of Canadian history*, L. J. Burpee et A. G. Doughty, édit. (Toronto, 1911). — Roger Milton, *The English ceremonial book* [...] (New York, 1972). — H. J. Morgan, *Sketches of celebrated Canadians*, 314. — *Officers of British forces in Canada* (Irving), 105, 107, 109. — P.-G. Roy, *les Noms géographiques de la province de Québec* (Lévis, Québec, 1906). — *The service of British regiments in Canada and North America* [...], C. H. Stewart, compil. (Ottawa, 1962), 223. — « State papers, L.C. », APC *Report*, 1896 : 74–75, 80–81, 90–91. — H. G. Todd, *Armory and lineages of Canada* (Yonkers, N.Y., 1919), 82–85. — L.-P. Audet, *le Système scolaire*, 3–4. — Mark Bence-Jones et Hugh Montgomery-Massingberd, *The British aristocracy* (Londres, 1979), 148–149. — Raoul Blanchard, *le Centre du Canada français*, « province de Québec » (Montréal, 1947). — R. G. Boulianne, « The Royal Institution for the Advancement of Learning : the correspondence, 1820–1829 ; a historical and analytical study » (thèse de PH.D., McGill Univ., Montréal, 1970). — *Bref historique de Drummondville* (Drummondville, 1983). — W. F. Buchan, *Remarks on emigration more particularly applicable to the Eastern Townships, Lower Canada* (2e éd., s.l., 1842). — F. W. Campbell, *Canada post offices, 1755–1895* (Boston, Mass., 1972), 45. — Ivanhoë Caron, *la Colonisation de la province de Québec* (2 vol., Québec, 1923–1927), 2. — T.-M. Charland, *Histoire des Abénakis d'Odanak (1675–1937)* (Montréal, 1964). — Ernestine Charland-Rajotte, *Drummondville, 150 ans de vie quotidienne au cœur du Québec* (Drummondville, 1972). — Christie, *Hist. of L.C.* (1848–1855), 2–3. — L.-P. Demers, *Sherbrooke, découvertes, légendes, documents, nos rues et leurs symboles* ([Sherbrooke, 1969]). — Douville, *Hist. du collège-séminaire de Nicolet*, 1. — [Matilda] Edgar, *General Brock* (Toronto, 1904). — G. [E.] Finley, *George Heriot, peintre des deux Canadas* (Kingston, Ontario, 1978); *George Heriot, postmaster-painter of the Canadas* (Toronto, 1983). — Rodolphe Fournier, *Lieux et Monuments historiques des Cantons de l'Est et des Bois-Francs* (Montréal, 1978). — Gates, *Land policies of U.C.*, 86. — Albert Gravel, *Pages d'histoire régionale* (24 cahiers, Sherbrooke, 1960–1967), 1 ; 3 ; 17. — Gwyn Harries-Jenkins, *The army in Victorian society* (Londres et Toronto, 1977). — J. M. Hitsman, *The incredible War of 1812; a military history* (Toronto, 1965), 159–174. — Claudette Lacelle, *la Garnison britannique dans la ville de Québec d'après les journaux de 1764 à 1840* (Ottawa, 1979). — Jules Martel, « Histoire du système routier des Cantons de l'Est avant 1855 » (thèse de M.A., univ. d'Ottawa, 1960). — Jean Mercier, *l'Estrie* (Sherbrooke, 1964). — A. W. Mountain, *A memoir of George Jehoshaphat Mountain, D.D., D.C., C.L., late bishop of Quebec* [...] (Londres et Montréal, 1866). — Maryse Perrault Gilbert, *Jacques Adhémar, premier marchand canadien-français de Drummondville (1815–1822)* [...] (Drummondville, 1981), 42. — G. F. G. Stanley, *la Guerre de 1812 : les opérations terrestres*, Marguerite MacDonald, trad. (Montréal, 1984). — *The storied province of Quebec ; past and present*, William Wood et al., édit. (5 vol., Toronto, 1931–1932), 2. — Sulte, *Hist. de la milice*. — F. M. L. Thompson, *English landed society in the nineteenth century* (Toronto, 1963). — R. L. Way, « The day of Crysler's Farm », *The defended border : Upper Canada and the War of 1812* [...], Morris Zaslow et W. B. Turner, édit. (Toronto, 1964). — Ivanhoë Caron, « la Colonisation du Canada sous le Régime anglais (1815–1822) », Québec, Bureau des statistiques, *Annuaire statistique* (Québec), 8 (1921) : 503–559. — « Centenaire de Drummondville : manifestations à jamais mémorables », *la Presse*, 2 juill. 1915 : 1. — M. S. Cross, « The age of gentility : the formation of an aristocracy in the Ottawa valley », SHC *Communications hist.*, 1967 : 105–117. — « La Joie règne à Drummondville », *la Presse*, 1er juill. 1915 : 5. — J. H. Lambert, « The Reverend Samuel Simpson Wood, BA, MA : a forgotten notable, and the early Anglican Church in Canada », Canadian Church Hist. Soc., *Journal* (Glen Williams, Ontario), 16 (1974) : 2–21. — Gérard Malchelosse, « Deux régiments suisses au Canada », *Cahiers des Dix*, 2 (1937) : 261–296. — Jules Martel, « les Troubles de 1837–1838 dans la région de Sherbrooke », *la Rev. de l'univ. de Sherbrooke* (Sherbrooke), 5 (1964–1965) : 39–58. — Louis Martin, « le Ministère de Jean Raimbault », *les Cahiers nicolétains* (Nicolet), 4 (1982) : 39–75. — Paul Mayrand, « Histoire de Drummondville », *Rev. Panorama* (Nicolet), 1956–1962. — *Montreal Daily Star*, 2 juill. 1915. — Maurice O'Bready, « la Colonie de George Frederick Heriot », *la Rev. de l'univ. de Sherbrooke*, 5 : 221–228. — *La Parole* (Drummondville), 23 juin 1955. — N. D. Pilchard, « The parish of Drummondville », *Quebec Diocesan Gazette* (Québec), 3 (1945), nos 1–2. — J.-O. Prince, « Notes sur les registres de Drummondville », *le Journal des Trois-Rivières* (Trois-Rivières, Québec), 10 nov. 1865 : 2 ; 14 nov. 1865 : 3 ; 21 nov. 1865 : 2–3 ; 1er déc. 1865 : 2–3 ; 5 déc. 1865 : 2 ; 22 déc. 1865 : 2. — J.-C. Saint-Amant, « l'Honorable Frédéric-George Herriot », *BRH*, 8 (1902) : 171–174. — « Saint-Frédéric de Drummondville », *BRH*, 5 (1899) : 227. — [J.-A.] Saint-Germain, dit frère Côme, « Propos sur les Voltigeurs », *la Parole*, 11 juill. 1973 : 59. — James Stokesbury, « Reposing especial trust », *British Heritage* (Harrisburg, Pa.), 2 (1981), no 4 : 22–31.

HERIOT, GEORGE, fonctionnaire, paysagiste et auteur, né en 1759 à Haddington, Écosse, aîné des quatre enfants de John Heriot, greffier de la cour du Haddingtonshire, et de Marjory Heriot ; décédé célibataire le 22 juillet 1839 à Londres.

Issu de la petite gentry écossaise, George Heriot reçut une solide formation en lettres grecques et latines. Apparemment, il fréquenta d'abord la Duns

Academy et la *grammar school* de Coldstream. Puis, de 1769 à 1774, il étudia à la Royal High School d'Édimbourg auprès de deux grands humanistes, Luke Fraser et Alexander Adam.

Jusqu'en 1777, il semble que Heriot habita Édimbourg, où il suivit très probablement des cours de dessin et de peinture. Grâce au mécène écossais sir James Grant, qui le prit sous son aile et l'encouragea à entreprendre une carrière artistique, Heriot partit pour Londres en 1777 dans cette intention. Mais pour une raison mystérieuse il s'embarqua plutôt pour les Antilles. Pendant les quatre années qu'il y passa, il remplit ses carnets d'esquisses et d'observations sur les coutumes et le paysage des îles et, s'inspirant de ses expériences, écrivit *A descriptive poem, written in the West Indies,* qui parut à son retour en Grande-Bretagne en 1781.

Une fois revenu dans la métropole, Heriot s'inscrivit comme élève officier à la Royal Military Academy de Woolwich (Londres), où il eut des leçons du professeur principal de dessin de l'établissement, l'éminent artiste topographe Paul Sandby. Les élèves officiers apprenaient l'art du paysage, fort utile sur le théâtre des opérations pour établir et exécuter la stratégie de même que pour noter les mouvements et le déploiement des troupes. C'est peut-être aussi aux côtés de Sandby que Heriot s'initia au « pittoresque », vision artistique du paysage qui privilégie, dans la nature et dans l'œuvre picturale, l'irrégularité des formes et l'équilibre des compositions. Souvent, les sujets choisis sont des scènes rurales ou des sites caractéristiques. Le pittoresque est présent dans les aquarelles et croquis que Heriot réalisa dans la seconde moitié des années 1780 ainsi que dans une série d'eaux-fortes des îles Anglo-Normandes qu'il publia en 1789 et 1790. Mais en fait on peut dire qu'il ne délaissa jamais complètement cette conception.

Même s'il n'était plus attaché officiellement à la Royal Military Academy depuis 1783 environ, Heriot continua de vivre à Woolwich, où il occupait un poste de commis civil au Board of Ordnance, et de faire des esquisses dans cette ville de même qu'aux îles Anglo-Normandes et dans le sud de l'Angleterre. Puis, muté à Québec en 1792, il devint trésorier au Board of Ordnance. Il allait demeurer dans le Bas-Canada jusqu'en 1816, ne s'absentant apparemment qu'en 1796–1797 et en 1806. Peu d'indications sur ses premières années à Québec subsistent. Ses croquis montrent cependant qu'il visita non seulement la ville mais la région de Québec de même que Montréal et les alentours, probablement dans le cadre de son travail. En novembre 1792, il publia un croquis de Jersey dans *le Magasin de Québec*; l'année suivante, il exécuta une vue de Québec, peut-être dans l'intention de la publier également. Lorsqu'il retourna en Grande-Bretagne en 1796, il résida à Londres, se rendit sur le littoral sud et fit au moins une excursion de dessin au

pays de Galles. De l'automne jusqu'à Noël, il s'inscrivit à l'University of Edinburgh, après quoi il rentra à Londres. Pour son exposition printanière, la Royal Academy of Arts accepta une aquarelle inspirée de ses croquis gallois et deux paysages canadiens. Peu après sans doute, Heriot s'embarqua pour le Bas-Canada et profita de la traversée pour dessiner et prendre des notes.

Le séjour de Heriot en Grande-Bretagne lui fut grandement profitable. Les œuvres qu'il avait vues là-bas, tout comme son propre succès artistique, l'avaient stimulé. Animé d'un nouvel enthousiasme pour le Canada, il se mit à lire sur l'histoire du pays ; les lieux qu'il visitait, les gens qu'il rencontrait lui inspiraient des observations détaillées et de nombreux croquis. Même sa vision artistique du pays s'était modifiée : ses dessins et aquarelles étaient d'une exécution plus sûre, ses paysages avaient acquis puissance et majesté. À Londres, il avait probablement analysé les aquarelles simples mais remarquablement évocatrices de jeunes artistes britanniques, tels Thomas Girtin, Joseph Mallord William Turner et John Varley. En outre, soit en Grande-Bretagne, soit dans le Bas-Canada, il avait étudié avec soin *Six views of North America* […], qu'avait publié à Londres, en 1796, le lieutenant George Bulteel Fisher* ; cette œuvre le marqua, et particulièrement la manière pittoresque dont Fisher y représentait les paysages canadiens.

La visite de Heriot en Grande-Bretagne fut, semble-t-il, également fructueuse à un autre titre. En 1797, grâce à l'influence de son frère John, éminent rédacteur en chef d'un journal tory, il obtint, sans perdre son poste de trésorier, une position plus élevée, celle d'adjoint du garde-magasin général John Craigie*. Deux ans plus tard, en apprenant qu'il cumulait ces deux fonctions et touchait deux salaires, le prince Edward* Augustus, commandant en chef des troupes de l'Amérique du Nord britannique, lui retira la plus importante. Toutefois, pendant son séjour en Grande-Bretagne, Heriot avait rencontré, toujours grâce aux relations de son frère, le premier ministre William Pitt, qui recommanda en 1799 de lui confier la charge de maître général des Postes adjoint de l'Amérique du Nord britannique, devenue vacante à la destitution de Hugh Finlay*. On nomma Heriot le 18 octobre 1799.

Cette nouvelle fonction, que Heriot occupa à Québec à compter du mois d'avril suivant, sembla d'abord taillée à sa mesure. Au Board of Ordnance, où il travaillait toujours, il s'était révélé un administrateur compétent ; aux Postes, il s'employa à réorganiser la distribution du courrier. Son prédécesseur avait inauguré une liaison bihebdomadaire entre Montréal et Québec, mais à l'est et à l'ouest le service était beaucoup plus lent car les chemins étaient mauvais et les habitations clairsemées. Aussi Heriot lança-t-il un ambitieux programme afin d'améliorer la livraison

Heriot

entre Québec et Halifax ainsi que dans le Haut-Canada. D'abord plein d'enthousiasme, il se heurta bientôt à la rigidité du règlement postal ainsi qu'à l'indifférence et à l'incompréhension de son supérieur immédiat, le maître général des Postes à Londres. En vertu du règlement, tout service postal devait faire ses frais, les dépenses consacrées à l'expansion ou à l'amélioration d'un service devaient générer des recettes correspondantes et il fallait acheminer intégralement les bénéfices au maître général des Postes à Londres. Les supérieurs londoniens de Heriot refusèrent donc qu'il utilise les profits réalisés dans les régions les plus populeuses du Haut-Canada pour financer l'amélioration du service dans le sud-ouest de la province, encore isolé malgré une expansion rapide. Par contre, il put compter sur l'aide du lieutenant-gouverneur Peter Hunter*, à qui il tardait d'améliorer les communications dans la province. Afin d'établir des livraisons plus fréquentes, Heriot fit en 1801, à Niagara (Niagara-on-the-Lake), un premier voyage qui allait être suivi de plusieurs autres. Sa réussite ne fut pas totale, mais dès l'hiver de 1805 Niagara recevait du courrier une fois par mois et non plus une fois par saison, et des malles plus nombreuses desservaient le trajet Montréal-Kingston.

À titre d'employé du Board of Ordnance et des Postes, Heriot entra en contact avec l'élite militaire et administrative du Bas-Canada. Il était probablement l'ami du lieutenant-colonel John Nairne*, dont il avait visité la seigneurie de Murray Bay dès 1798, et des liens très étroits l'unissaient à son cousin Frederick George HERIOT, officier dans l'armée britannique. En 1807 à tout le moins, il fit partie du Club des barons, cercle fermé d'influents administrateurs et marchands de Québec où l'on retrouvait notamment Herman Witsius RYLAND et George HAMILTON.

Les premières années de Heriot aux Postes furent difficiles, mais il trouvait refuge dans l'écriture. Toujours intéressé au passé du Bas-Canada, il publia à Londres en 1804 le premier volume d'un ouvrage intitulé *The history of Canada, from its first discovery* [...]. Largement inspiré de l'ouvrage en trois volumes de Pierre-François-Xavier de Charlevoix*, *Histoire et Description générale de la Nouvelle-France* [...] (Paris, 1744), ce livre fut l'une des premières histoires du Bas-Canada écrites en anglais. Comme celle de Charlevoix, elle se terminait en 1731 et Heriot ne publia jamais de deuxième volume.

Heriot, semble-t-il, aimait voyager. Pour veiller à l'amélioration du service postal, il faisait souvent la navette entre Québec et Montréal, et en 1807 il visita le Nouveau-Brunswick et la Nouvelle-Écosse, où il noua une longue et chaleureuse amitié avec le juge Edward Winslow*. Ces déplacements lui permettaient d'observer le pays et ses habitants, et il avait une telle quantité de notes et de croquis qu'il décida de publier un compte rendu qui serait illustré de ses

propres paysages et études de personnages. Son livre, bien connu, parut à Londres en 1807 sous le titre de *Travels through the Canadas* [...]. La première partie consiste surtout en une description topographique des villes et villages qu'il avait visités ou sur lesquels il avait lu, de Terre-Neuve au lac Supérieur ; il s'y attarde particulièrement aux sites pittoresques, en particulier aux chutes du Niagara qui, dit-il, « dépassent en sublimité toutes les descriptions [...] que les vertus du langage peuvent inventer ». La deuxième partie, faite de nombreux emprunts, décrit les mœurs et les coutumes de diverses nations indiennes. Il ne faut pas sous-estimer l'importance de *Travels* dans le contexte canadien : il s'agit de l'un des premiers livres où domine une vision pittoresque des paysages du Canada.

Malgré le délassement que lui offraient l'écriture et le dessin, Heriot ne pouvait oublier les problèmes constants que les Postes connaissaient en raison de la croissance démographique. Non seulement le règlement freinait-il ses projets d'amélioration des livraisons et d'ouverture de nouvelles routes, mais les choses allaient mal avec le gouvernement de Québec. Mauvais diplomate, Heriot était obstiné et prétentieux ; ces dispositions regrettables l'empêchèrent souvent d'obtenir la collaboration des autorités coloniales. À la fin de 1801, quelques jours à peine après la mort de Finlay, il écrivit à sir Robert Shore MILNES, lieutenant-gouverneur du Bas-Canada, pour lui demander deux charges qu'avait occupées son prédécesseur. Sans doute considérait-il qu'elles lui revenaient de droit, et qu'en plus l'efficacité du service postal exigeait que ce soit lui qui les détienne : en siégeant au Conseil législatif, il serait écouté du gouvernement ; en étant surintendant des postes de relais, il aurait autorité sur le transport et le logement des courriers. Mais il n'obtint aucune de ces deux charges. Milnes nomma Gabriel-Elzéar Taschereau* surintendant, choix qu'il justifia dans une lettre au secrétaire d'État aux Colonies en critiquant par la même occasion le tempérament de Heriot et son manque de compétence. Dès lors, les relations entre Heriot et le lieutenant-gouverneur se détériorèrent . En 1805, Milnes demanda un jour, après la fermeture de la poste, qu'on livre des dépêches à un navire ancré dans le port de Québec ; Heriot refusa. Milnes lui servit par écrit une cinglante réprimande à laquelle il répondit sèchement : « Je considère que m'envoyer des papiers sans demande écrite [...] est extrêmement irrespectueux, et que rien ne m'oblige, officiellement, à faire acheminer quelque lettre ou dépêche à bord d'un navire. » Au fil des ans, les fonctionnaires coloniaux devinrent si irrités par ses mouvements d'humeur qu'ils finirent par envoyer à Londres des plaintes contre lui.

En 1806, Heriot retourna en Grande-Bretagne, probablement pour régler certaines questions de famille. De retour à Québec l'année suivante, il dut affronter le milieu des affaires, de plus en plus mécontent de la lenteur des Postes. La guerre de 1812 aggrava la situation : le gouvernement colonial se mit à lui imposer, ainsi qu'à son service, des exigences qu'il jugeait excessives, voire injustifiées. Dans une lettre au maître général des Postes datée de 1813, il se plaignit de l'ingérence du gouverneur en chef, sir George Prevost* : « Il a pris l'habitude de se mêler des affaires des Postes comme si ce service relevait entièrement de son autorité [… C'est] contraire à tout ce que j'ai connu avant. » Si la guerre avait multiplié les responsabilités de Heriot, la paix ne les allégea pas. Aussi avait-il moins qu'auparavant l'occasion de « cultiver des relations mondaines ». En 1815, il fit valoir au maître général des Postes que ses fonctions habituelles étaient de plus en plus lourdes et qu'en outre il assumait de nouvelles responsabilités, dont la supervision des maîtres de poste et des courriers, l'examen de la comptabilité des Postes, la tenue des feuilles de contrôle (originaux et copies) et la paye des employés. À Londres, on avait eu vent des difficultés qu'il causait au gouvernement colonial et on refusa l'augmentation de salaire qu'il demandait.

Un motif autre que la lourdeur de la tâche expliquait probablement cette demande d'augmentation : Heriot avait perdu au Board of Ordnance le poste de commis à l'inspection qu'il détenait depuis 1804. Un membre du Board of Ordnance avec lequel il s'était déjà querellé décida en 1813 de prendre sa revanche en l'affectant à Kingston, dans le Haut-Canada, tout en sachant bien qu'il devait demeurer à Québec à titre de maître général des Postes adjoint. Heriot refusa donc d'aller travailler à Kingston et fut suspendu.

En 1815, après s'être rendu à New York et à Washington pour discuter de la possibilité de rétablir la liaison postale entre la Grande-Bretagne et le Canada via les États-Unis, Heriot commença à penser à sa démission. Les manœuvres de harcèlement de sir Gordon Drummond*, administrateur du Bas-Canada, qui dans une lettre écrite à la fin d'octobre le pressa de procéder sans délai à certaines réformes aux Postes, hâtèrent sa décision. Heriot répondit à la lettre mais non aux interminables questions de Drummond qui, furieux, envoya à Londres une missive dans laquelle il dénonçait le manque de conscience professionnelle de Heriot. Celui-ci songea d'abord à se rendre en Angleterre pour exposer ses problèmes administratifs au maître général des Postes mais, en janvier 1816, il résolut plutôt de démissionner. Il quitta Québec pendant l'été, conscient qu'il ne remettrait plus les pieds au Canada. Après son retour en Angleterre, il fit de fréquents séjours à l'étranger – en France, en Italie, en Autriche, en Espagne et en Allemagne. En 1824, il publia deux fascicules d'un récit de voyage illustré, *A picturesque tour made in the years 1817 and 1820, through the Pyrenean Mountains* […], qui allait être son dernier ouvrage. Il continua de voyager et d'exercer son art presque jusqu'à la fin de sa vie. Il mourut de vieillesse à Londres, en juillet 1839.

Parmi les artistes topographes britanniques qui travaillèrent au Canada et dont les antécédents étaient semblables à ceux de Heriot se trouvent Thomas Davies* et James Pattison COCKBURN. Comme lui, c'est surtout pendant leurs heures de loisir qu'ils peignirent leurs paysages à l'aquarelle, souvenirs agréables des lieux qu'ils avaient visités au Canada. Cockburn avait un faible pour les scènes urbaines ; Davies, comme Heriot, préférait la campagne et les établissements isolés, quoique tous deux aient été impressionnés par la majesté des forêts et des cours d'eau du pays.

George Heriot demeure un personnage important au triple titre de fonctionnaire énergique, d'auteur et surtout d'artiste. À titre de maître général des Postes adjoint, il lança un ambitieux programme qui devait améliorer la distribution du courrier et multiplier les postes de relais de Halifax jusqu'à Sandwich (Windsor, Ontario). Sur ce plan, il connut un succès mitigé : gêné par le règlement postal, il ne parvint pas souvent à gagner l'appui des fonctionnaires coloniaux, en bonne partie à cause de son caractère désagréable. À titre d'auteur, il enrichit le corpus des premiers récits de voyage au Canada. Toutefois, c'est principalement en qualité de paysagiste qu'il est entré dans l'histoire. Ses dessins et aquarelles (méconnus jusqu'au début du XXe siècle), où se manifestent souvent un beau talent de coloriste et quelquefois un grand sens du détail, sont suprêmement agréables pour l'œil. Même si ces œuvres d'art ne se voulaient pas des documents sociaux, elles ont une valeur inestimable de ce point de vue car elles sont les témoins éloquents d'un mode de vie et de paysages depuis longtemps disparus. Par ailleurs, elles reflètent la culture et le savoir-faire souvent propres à ces individus polyvalents que privilégiait la Grande-Bretagne du XVIIIe siècle et qui rendirent de grands services à l'administration et aux établissements coloniaux.

GERALD FINLEY

Une liste détaillée des aquarelles, tableaux à l'huile, cahiers de dessins et gravures de George Heriot est incluse dans sa biographie, G. [E.] Finley, *George Heriot, postmaster-painter of the Canadas* (Toronto, 1983). Heriot est l'auteur de : *A descriptive poem, written in the West Indies* (Londres, 1781) ; *The history of Canada, from its first discovery, comprehending an account of the original establishment of the colony of Louisiana* (Londres, 1804) ; *Travels through the Canadas* […] (Londres, 1807 ; réimpr. avec introd., Toronto, 1971) ; et *A picturesque tour made in the years 1817 and 1820, through the Pyrenean Mountains, Auvergne, the departments of High and Low Alps, and in part of Spain* (Londres, 1824), dont seulement deux fascicules furent publiés.

APC, RG 8, I (C sér.), 284 ; 1219. — Edinburgh Univ.

Herron

Library, Special Coll. Dept., Matriculation records. — GRO (Londres), Death certificate, George Heriot, 22 juill. 1839. — Library of Congress (Washington), Caldwell Woodruff, « Family of Heriot of Castlemains, Dirleton, Haddington, Scotland […] » (copie dactylographiée, Baltimore, Md., 1918). — PRO, CO 42/121 ; 42/128 ; 42/140 ; 42/144 ; 42/146 ; 42/163. — *Edinburgh Rev.* (Édimbourg et Londres), 12 (1808–1809) : 212–225. — G. E. Finley, *George Heriot* (Ottawa, 1979) ; *George Heriot, painter of the Canadas* (Kingston, Ontario, 1978). — William Smith, *The history of the Post Office in British North America, 1639–1870* (Cambridge, Angl., 1920 ; réimpr., New York, 1973). — Jean Bruchési, « George Heriot, peintre, historien et maître de poste », *Cahiers des Dix*, 10 (1945) : 190–205. — J. C. A. Heriot, « George Heriot », *Canadian Antiquarian and Numismatic Journal*, 3ᵉ sér., 7 (1910) : 101–105.

HERRON (Hearn), WILLIAM, prêtre catholique, né le 11 janvier 1784 à St Bridget of Killaly, probablement près de Blackwater (république d'Irlande), fils de Martin Herron et de Mary Herron ; décédé au début d'octobre 1838 à Placentia, Terre-Neuve.

William Herron, venu d'Irlande, arriva dans la mission de Terre-Neuve au printemps de 1811 à titre d'aspirant au sacerdoce. Presque immédiatement, le vicaire apostolique Patrick Lambert*, qui avait coutume d'envoyer les futurs clercs étudier dans le Bas-Canada, le dépêcha au séminaire de Nicolet. Comme il manquait de prêtres, Lambert tenta de le faire revenir à Terre-Neuve dès septembre 1813, mais on le jugea trop peu avancé dans ses études. Son ordination eut lieu le 21 août 1814 dans la chapelle du couvent des ursulines, à Québec. Il devenait ainsi le second prêtre à être ordonné pour le vicariat de Terre-Neuve.

Désireux de garder Herron pour qu'il desserve les Irlandais de son diocèse, l'évêque de Québec, Mgr Joseph-Octave Plessis*, proposa en février 1816 de l'échanger contre le père Alexander Fitzgerald, dominicain alors à Terre-Neuve mais destiné à servir à Québec. Lambert était absent de Terre-Neuve à ce moment, mais Thomas Anthony Ewer*, son vicaire général, repoussa la requête. En dépit de ce refus, il semble que Herron demeura quelque temps à Québec après son ordination.

D'après ce que l'on sait, la première affectation de Herron à Terre-Neuve fut celle de vicaire d'Ewer à Harbour Grace, de février 1817 à octobre 1818. Ensuite, il est probable qu'il passa directement au district de Placentia, où il allait servir jusqu'à la fin de ses jours. Même si en principe il était vicaire du curé de Placentia, Andrew V. Cleary, Herron s'occupa avant tout, semble-t-il, des catholiques disséminés dans les petits villages de pêcheurs de la baie de Plaisance et le long des côtes sud et ouest. Parmi ses premières réalisations, il faut signaler la chapelle de Burin, construite en 1819 selon une méthode ingénieuse : préfabriquée par un charpentier de la Nouvelle-Écosse, elle fut expédiée ensuite à Terre-Neuve pour l'assemblage. À compter de cette époque, Herron résida à Burin tout en demeurant officiellement vicaire de Placentia.

Selon Thomas Scallan*, successeur de Lambert, pendant ses premières années de prêtrise, Herron se montra « infatigable, dévoué et excellent missionnaire ». On raconte qu'il voyageait constamment par terre et par mer et campait fréquemment en forêt dans des abris de fortune. Malgré l'étendue de son territoire, qui embrassait une longue bande de littoral, il semble avoir visité régulièrement les endroits très éloignés. Ainsi, d'après ses relevés de mariages pour octobre 1826, il bénit des unions à partir de Little Placentia (Argentia) jusqu'à Burgeo. Ses responsabilités pastorales s'étendaient aussi aux Micmacs de la baie St George, sur la côte ouest, qu'il voyait apparemment avec régularité en dépit de la distance. Son dévouement pour les autochtones de Terre-Neuve lui mérita le titre d'« apôtre des Indiens micmacs ».

Sous ce rapport, on affirme parfois que Herron fut le premier homme blanc à traverser l'île de Terre-Neuve, distinction habituellement conférée à William Eppes Cormack* pour son voyage de 1822. Herron aurait réalisé un exploit semblable en 1820, allant de St John's à la baie Notre Dame par mer, puis se rendant à pied par l'intérieur des terres jusqu'à la côte ouest, ce qui représentait environ 200 milles de marche. À l'instar de Cormack, un seul guide indien l'aurait accompagné. Cependant, aucun document antérieur au rapport sur les activités missionnaires de la côte ouest, que rédigea Mgr Thomas Sears en 1877, ne semble faire mention du voyage de Herron. De même, dans le seul document connu où Herron lui-même dit s'être rendu à la baie St George, il ne fait état que d'un voyage par mer.

Herron s'intéressait à la situation de l'Église en Nouvelle-Écosse et au Bas-Canada, ce qui n'était pas exceptionnel parmi les ecclésiastiques terre-neuviens du temps de Lambert et de Scallan, car avant l'épiscopat de Michael Anthony FLEMING les liens étaient plus étroits entre le clergé de Terre-Neuve et celui du continent. Ainsi, de 1822 à 1824, Herron entretint avec Mgr Plessis une correspondance dans laquelle il offrit de trouver, pour le diocèse de Québec, des candidats à la prêtrise terre-neuviens et irlandais. Il soulignait en outre le danger que le prosélytisme protestant représentait pour les jeunes catholiques inscrits dans une école gratuite récemment fondée à Halifax, où il n'y avait pas d'évêque à l'époque.

Herron resta apparemment à Burin jusqu'après la mort du père Cleary, en 1829, puis lui succéda comme curé de Placentia. Cependant, à compter de 1830, il ne fut plus tout à fait le même. Fleming le trouvait encore « infatigable », mais notait qu'il manquait de prudence. Par la suite, l'évêque mentionna qu'il avait déjà souffert d'une maladie mentale. En raison de son état, il ne put que rarement s'acquitter de ses devoirs et pendant plusieurs années Edmond Doyle, un vicaire, dut l'assister. Burin devint une paroisse distincte en 1833 et le père Pelagius Nowlan prit officiellement en charge la région de Placentia en 1835. La mort de Herron survint trois ans plus tard.

Malheureusement, il semble subsister peu de détails sur le missionnariat de William Herron. Toutefois, si l'on considère l'ensemble des ecclésiastiques terre-neuviens de l'époque, le dévouement avec lequel il veilla à s'occuper d'un aussi vaste territoire pendant plus de dix ans paraît tout simplement héroïque. Il n'est guère douteux que son zèle et son activité aient contribué à hâter sa maladie et sa mort.

RAYMOND J. LAHEY

AAQ, 12 A, H ; 210 A, VIII ; 30 CN. — Arch. of the Archdiocese of St John's, Return of marriages, 1825–1827. — Archivio della Propaganda Fide (Rome), Scritture riferite nei Congressi, America settentrionale, 2 (1792–1830). — Cathedral of the Immaculate Conception (Harbour Grace, T.-N.), Reg. of baptisms. — PRO, CO 194/61 ; 194/64 ; 194/66 ; 194/70. — M. [A.] Fleming, *Relazione della missione cattolica in Terranuova nell'America settentrionale* [...] (Rome, 1837). — *Newfoundlander,* 20 août 1829, 18 oct. 1838. — M. F. Howley, *Ecclesiastical history of Newfoundland* (Boston, 1888 ; réimpr., Belleville, Ontario, 1979). — Prowse, *Hist. of Nfld.* (1895). — Thomas Sears, *Report of the missions, Prefecture Apostolic, western Newfoundland,* [M. Brosnan, édit.] ([Corner Brook, T.-N., 1943]). — J. A. O'Reilly, « Priests and prelates of the past (a few of many incidents) », *Nfld. Quarterly,* 2 (1902–1903), n° 4 : 10–11. — Kevin Whelan, « County Wexford priests in Newfoundland », *Past* (Wexford, république d'Irlande), 1985 : 55–67.

HEUSTIS (Huestis), DANIEL D., partisan patriote et auteur, né en 1806 à Coventry, Vermont, fils de Simon Heustis ; décédé après 1846.

Fils d'un fermier « de condition modeste », Daniel D. Heustis appartenait à une famille de dix enfants qui furent éduqués « aussi bien que leurs moyens limités le permettaient », comme il le rappela plus tard dans son autobiographie intitulée *A narrative* [...]. Les Heustis étaient des presbytériens et des républicains convaincus ; même si en 1838 Daniel allait déclarer à son procès n'avoir « aucune religion », il adopta les opinions politiques de son père dès sa jeunesse. « On m'a tôt appris, écrivait-il, à nourrir une vive gratitude pour les bienfaits de la liberté et du gouvernement républicain. Quant à la tyrannie et à l'oppression de toutes sortes, on m'a conduit à les abhorrer et à les détester. » À l'âge de dix ans, il s'installa avec sa famille à Westmoreland, dans le New Hampshire. Un fermier des environs de Roxbury (Boston) l'embaucha d'abord à l'aube de sa vie d'homme, puis un commerçant de cette ville. En 1834, il se fixa à Watertown, dans l'état de New York, où il travailla dans l'« entre-

prise de transport par eau » d'un de ses oncles ; en 1835, il entra dans une compagnie de maroquinerie à titre de préposé aux achats et aux ventes. Deux ans plus tard, il s'associa à un cousin pour se lancer dans la boucherie et le commerce d'épicerie et de marchandises antillaises. L'année suivante, à son procès, il s'identifia d'ailleurs comme boucher. Célibataire à l'époque, il semble qu'il ne se maria jamais.

Ce fut entre 1835 et 1837, à la faveur de ses voyages d'affaires, que Heustis prit connaissance du profond mécontentement qui animait nombre de Haut et de Bas-Canadiens. L'éclatement de la rébellion dans le Bas-Canada, en 1837 [V. Wolfred Nelson*], l'incita à « rallier ceux qui tentaient de libérer le peuple du Canada du joug de la tyrannie britannique ». Toutefois, ce ne fut que le 10 janvier 1838, à Watertown – donc après que William Lyon Mackenzie* eut connu la défaite au nord de Toronto et se fut enfui aux États-Unis –, que Heustis décida d'abandonner les affaires pour se consacrer tout entier à « la cause de la liberté canadienne ». Il se rendit à Rochester, où il rencontra des fugitifs du Haut-Canada, John Rolph*, Donald M'Leod* et Silas Fletcher, qui l'envoyèrent livrer trois canons à Buffalo, quartier général des patriotes [V. Thomas Jefferson Sutherland*]. Heustis y fit la connaissance de Mackenzie et reçut une commission de capitaine dans l'armée des patriotes. Après qu'il eut regagné Watertown avec Mackenzie, on l'arrêta pour violation des lois américaines de neutralité – élément de la réaction des autorités des États-Unis au raid que William Johnston* avait mené sans succès contre l'île Hickory – mais bientôt on le relâcha.

Au printemps, à Watertown, alors l'un des foyers de l'activité patriote, Heustis s'enrôla dans les frères-chasseurs, qui étaient au nombre de 1 900. Plusieurs semaines plus tard, il se trouva parmi les 50 hommes de Watertown qui rejoignirent une force plus importante à Youngstown, dans l'état de New York, dans le but de sauver les patriotes capturés après le raid de Short Hills, en juin, et incarcérés à Niagara (Niagara-on-the-Lake, Ontario). Mais comme on avait transféré les prisonniers, dont Jacob R. BEAMER, Samuel Chandler* et Linus Wilson Miller*, au fort Henry, à Kingston, la troupe se dispersa. Heustis se joignit ensuite au groupe qui partit de Sackets Harbor le 11 novembre pour envahir le Haut-Canada. Deux jours plus tard, sous le commandement de Nils von SCHOULTZ, il participa à la bataille de Windmill Point, près de Prescott, sur le Saint-Laurent. Des 186 hommes de la force d'invasion, 177 furent tués ou faits prisonniers [V. James PHILIPS ; Plomer Young*].

Heustis, qui figurait au nombre des prisonniers, fut conduit au fort Henry pour être traduit devant un conseil de guerre en décembre 1838. Selon une dépêche qu'envoya à une date ultérieure le lieutenant-gouverneur sir George Arthur* à lord Normanby, du

Heustis

ministère des Colonies, des « personnes influentes » présentèrent une exception en faveur de Heustis en alléguant que sa « situation dans la société [semblait] assez supérieure à celle de l'ensemble des brigands ». Toutefois, on rejeta l'exception. Jugé coupable d'« invasion pirate », Heustis fut condamné à mort le 17 décembre. « Nous étions, rappellerait-il sur un ton dramatique, entre les mains des Robespierres du Canada, et la guillotine était prête à expédier ses victimes. » Le premier recours en grâce de Heustis à Arthur, rédigé dans sa cellule vers la fin du mois – et qui brille par son absence dans *Narrative* –, fut suivi de requêtes dans lesquelles des résidents et des personnages haut placés de la région de Watertown affirmèrent tous qu'on l'avait conduit trompeusement à participer aux actions des patriotes. En avril 1839 (on avait déjà pendu dix des patriotes qui avaient participé à la bataille de Windmill Point), Heustis déclara de manière convaincante qu'il avait été entraîné mensongèrement par « des malfaisants et des intrigants de son pays ainsi que des réfugiés et des rebelles de la province à prendre part à la récente et injustifiable attaque » lancée aux environs de Prescott. Par suite des pétitions déposées en sa faveur, le Conseil exécutif envisagea de le gracier, même si un fonctionnaire du gouvernement le tenait encore pour l'« un des brigands les plus actifs et les plus influents ». Finalement, 60 des condamnés, dont Heustis, virent leur sentence commuée en déportation à perpétuité dans la terre de Van Diemen (Tasmanie, Australie), colonie britannique.

Pendant leur incarcération au fort Henry, les prisonniers, presque tous américains, avaient reçu la visite d'Arthur, que Heustis décrivit par la suite comme un « homme trapu […] à l'allure tyrannique ». Peu après, écrit-il, les Américains célébrèrent le « Quatre Juillet, jour à jamais glorieux, […] aussi bien que le permettaient les circonstances ». Il ajoute : « À l'aide de plusieurs mouchoirs de poche, nous confectionnâmes un drapeau aussi semblable que possible à la bannière étoilée […] Nous avions affronté l'ennemi, tels les héros de Bunker Hill, […] et nous ne voyions aucune raison d'avoir honte de nous-mêmes. »

En septembre 1839, les prisonniers furent amenés à Québec, où les rejoignirent 18 patriotes capturés dans l'ouest du Haut-Canada (dont Elijah Crocker WOODMAN), 58 Bas-Canadiens et 5 autres criminels. On les mit tous à bord du transport *Buffalo*, qui mit les voiles le 27 septembre et atteignit Hobart Town (Hobart, Australie) le 12 février 1840. Après quelques jours au bassin, au cours desquels le lieutenant-gouverneur sir John FRANKLIN vint s'adresser aux prisonniers, les Bas-Canadiens, demeurés à bord, furent transportés jusqu'à Sydney tandis qu'on emmena les Haut-Canadiens et les Américains à la station routière de la baie Sandy, sur la côte, à quelques milles de Hobart Town. On les mit au travail sur les routes. Selon

Heustis, ni la composition ni la qualité de leur menu ne variait : « une livre et cinq onces de pain bis, […] trois quarts de livre de viande fraîche, une demi-livre de pommes de terre et une demi-once de sel, à quoi s'ajoutaient deux onces de farine pour la bouillie du matin, et de même le soir. Telle était invariablement la ration quotidienne de chaque homme, d'un bout de l'année à l'autre. » Dans une demi-pinte du bouillon obtenu une fois la viande cuite, « il n'était souvent pas difficile de récolter une cuillerée d'asticots ».

Après quatre mois à la station routière de la baie Sandy, on divisa le contingent de prisonniers : on en envoya certains, dont Heustis, à la station de Lovely Banks, puis à celle de Green Ponds et, plus tard, à Bridgewater (à l'est de Hobart Town), où ils travaillèrent à une chaussée. De là, Heustis et d'autres prisonniers se rendirent à Jericho et à Jerusalem, dans les terres du centre-sud de l'île. « Pendant leur voyage ils traversèrent Jericho et franchirent le fleuve Jourdain », note-t-il amèrement, et à Jerusalem ils « tombèrent au milieu des voleurs. Il n'y avait aucun Samaritain dans la région. » L'étape suivante fut la station de Browns River, à proximité de la côte, où ils trouvèrent des « installations de flagellation […] d'un haut degré de perfection », mais selon lui, pendant son séjour dans l'île, on ne fouetta aucun Américain.

Le 16 février 1842, au terme des deux années normales de probation, Heustis et ses compagnons reçurent des sauf-conduits qui les autorisaient à se déplacer librement à l'intérieur d'une zone désignée. On assigna Heustis à Campbell Town, au cœur de l'île, où il gagna de bons gages à faucher le blé. L'année suivante, il reçut la visite de son frère et fut recruté pour faire la chasse aux convicts fugitifs qui se réfugiaient dans la brousse, mais il n'obtint guère de succès. On le félicita néanmoins pour sa bonne « conduite » et, lorsque des prisonniers commencèrent à être graciés, en 1844, il fut, à Hobart Town, l'un des premiers à l'être. En janvier 1845, un baleinier qui se rendait en Nouvelle-Zélande et au nord-ouest de l'Amérique, le *Steiglitz*, embaucha Heustis avec 25 autres prisonniers pour remplacer son équipage médiocre. Le groupe quitta le navire et se dispersa à Honolulu, dans les îles Sandwich (Hawaï).

Finalement, le 25 juin 1846, après avoir connu diverses aventures et subi plusieurs retards en Californie et au Chili, Daniel D. Heustis arriva à Boston à bord de l'*Edward Everett*. À Watertown, sa famille et ses amis l'accueillirent bruyamment : ils « tirèrent du canon et firent venir une fanfare ». Peu après, il retourna voir le champ de bataille des environs de Prescott ; « je laisse au lecteur le soin d'imaginer les sentiments que j'éprouvai, écrit-il, lorsque je parcourus de nouveau ce lieu d'une lutte mortelle ». L'historien Edwin Clarence Guillet* décrit le récit de Heustis, paru à Boston en 1847, comme « le plus savant des récits de patriotes ». Il révèle à quel point les années de travaux forcés avaient aiguisé les ressentiments de l'auteur en tant que patriote. Celui-ci se réjouissait que le régime de sir George Arthur ait pris fin et, pour lui, *The emigrant,* que venait de publier le prédécesseur d'Arthur, sir Francis Bond Head*, n'était que « le gémissement d'un parasite de l'aristocratie qui s'[était] vu, avec ses amis les plus proches, chassé du pouvoir […] par ceux-là mêmes dont il avait recherché l'appui en versant le sang des patriotes comme si c'eût été de l'eau et en condamnant un grand nombre d'Américains à l'horrible existence des bagnards ». Mais un fait surtout le rendait amer : « le peuple canadien, pour lequel nous avons combattu, écrit-il, a été moins fidèle à la cause de la liberté que nos ancêtres révolutionnaires ». Le récit de Heustis se termine là à l'année 1847 ; on ignore ce qu'il advint de lui par la suite.

GEORGE RUDÉ

L'autobiographie de Daniel D. Heustis, *A narrative of the adventures and sufferings of Captain Daniel D. Heustis and his companions, in Canada and Van Dieman's Land, during a long captivity ; with travels in California, and voyages at sea,* a été publiée à Boston en 1847.

APC, RG 5, A1 : 117005, 117011, 117049–117051, 120741–120755. — Arch. Office of Tasmania (Hobart, Australie), CON 31/22 ; CON 60/1. — Guillet, *Lives and times of Patriots.* — M. G. Milne, « North American political prisoners : the rebellions of 1837–8 in Upper and Lower Canada, and the transportation of American, French-Canadian and Anglo-Canadian prisoners to Van Diemen's Land and New South Wales » (thèse de B.A., Univ. of Tasmania, Hobart, 1965).

HILL, JOHN, homme d'affaires et juge de paix, baptisé le 7 avril 1754 à Topsham, Angleterre, fils de Samuel Hill et d'Elizabeth Summerhill ; le 19 avril 1775, il épousa au même endroit une veuve, Margaret Ferguson, et ils eurent au moins trois fils ; décédé le 28 mars 1841 à Exmouth, Angleterre, à l'âge de 87 ans.

On ne connaît guère les antécédents ni les premières années de John Hill. Il apprit le métier de forgeur d'ancres dans son Devon natal et dès 1775, avec un associé du nom de David Sweetland, il se lançait dans diverses activités commerciales, dont l'achat et la vente de navires et le transport du charbon et du fer. Les documents relatifs au commerce nord-américain le mentionnent pour la première fois en 1783 : il était alors propriétaire du *Diana* et du *Peggy,* qui partirent tous deux pour Terre-Neuve à la faveur de la cessation des hostilités. À ce moment, Hill était encore associé à Sweetland, mais il vivait à Londres (dans Eastcheap, qu'il quitta ensuite pour Rotherhithe). En 1786, il avait sa propre société, la John Hill and Company. Bientôt, il devint l'un des principaux marchands de poisson du district terre-neuvien de Ferryland : il

employait des pêcheurs côtiers, exploitait l'un des morutiers de la région et approvisionnait des chasseurs de phoque. Son premier représentant fut John Barry, suivi de John Baker puis, à compter de 1797, de John Rowe.

Pendant la Révolution américaine, Hill avait aussi acquis des intérêts dans l'île Saint-Jean (Île-du-Prince-Édouard), d'abord avec l'un des premiers propriétaires de l'endroit, Edward Lewis, député au Parlement britannique. Dès 1779, les deux associés possédaient le lot 5, où ils fondèrent un village appelé Lewis Town (Alberton South) en y envoyant en juin 1788 un maître charpentier de navires et plusieurs représentants. Par ailleurs, Hill se lança dans une entreprise commerciale à Charlottetown et dans l'extrémité est de l'île avec les marchands John Cambridge* et William Bowley. Il visita ses installations nord-américaines pour la première fois en 1790. Il vit alors avec fierté l'achèvement du schooner *Industry,* qui jaugeait 41 tonneaux, le premier des nombreux bâtiments qu'il allait faire construire dans l'île. Avec Cambridge et Bowley, il projetait de se tailler une large place dans le commerce du bois et du poisson avec les Antilles et Terre-Neuve, mais il se heurta bientôt à la politicaillerie qui affligeait l'île Saint-Jean. Des officiers de douanes zélés saisirent plusieurs de leurs navires, dont l'*Industry,* pour de prétendues infractions aux lois du commerce, et Hill avait acquis la conviction, à l'occasion de sa visite à Charlottetown pendant l'été de 1790, que le régime du lieutenant-gouverneur Edmund Fanning* était tout aussi hostile aux projets de développement des propriétaires que l'avait été celui de Walter Patterson*. Lorsqu'il rentra à Londres, bien résolu à diriger l'opposition des propriétaires au gouvernement Fanning, il appuya une requête en faveur d'une remise des arriérés de redevances et d'une réduction des versements, ainsi que l'offre d'utiliser l'argent épargné pour envoyer dans l'île des « sujets utiles ».

Le 27 janvier 1791 à Londres, au cours d'une assemblée plénière des propriétaires de l'île à laquelle participaient aussi des marchands londoniens, Hill présenta puis défendit longuement et avec vigueur une ébauche d'adresse contre les agissements du gouvernement Fanning. Il en résulta une requête, datée du 19 juin, qui dénonçait « la quasi-totalité des hautes autorités de l'île qui, par leur collusion et leur grossière incompétence administrative, [avaient] beaucoup retardé le peuplement, entravé et accablé le commerce et nui aux pêcheries de ladite île de [Sa] Majesté ». Cette « collusion », disait le texte, était orchestrée par Fanning, le juge en chef Peter Stewart*, le procureur général Joseph Aplin* et le receveur des douanes William Townshend*. Seulement six propriétaires, dont Hill et Cambridge, signèrent la requête ; les autres s'en dissocièrent. Comme tous les plaignants étaient des partisans reconnus de Patterson, tombé en disgrâce, le document constituait une revanche de l'ancien gouvernement. Il s'avéra impossible de corroborer l'existence d'une conspiration ou de trouver des témoins indépendants pour attester les harcèlements mesquins et les cas de favoritisme énumérés dans la requête, de sorte qu'en 1792 le Conseil privé exonéra de tout blâme le gouvernement de l'île.

Cette attaque maladroite et prématurée allait plus tard mettre le gouvernement Fanning à l'abri d'accusations mieux étayées de mauvaise administration. Elle eut aussi d'autres effets. Les fonctionnaires accusés intentèrent contre Cambridge, devant la Cour supérieure de l'île, un procès pour poursuites injustifiées, qu'ils gagnèrent. Cambridge, à son tour, poursuivit Hill et Bowley pour une part des dommages-intérêts qu'on lui avait imposés. D'abord incapable de trouver un avocat qui n'était pas mêlé à l'affaire, Hill perdit son procès et dut céder à Cambridge les biens qu'il possédait dans l'île. Le capitaine John MacDonald* of Glenaladale, propriétaire résidant, rouvrit le dossier en 1794 au nom de Hill, mais le jury rejeta ses nouvelles preuves et ses opinions appuyées sur la jurisprudence anglaise. Hill et Bowley en appelèrent alors au Conseil privé, et on finit par réformer les jugements au début des années 1800. Hill affirmait ne pas contester le droit de poursuite des plaignants : il s'opposait simplement à ce que la cause soit entendue dans l'île par un tribunal présidé par l'un d'entre eux, Stewart. Il précisait, à l'intention du propriétaire absentéiste James William Montgomery : « [quiconque] tient à sa réputation ou à ses biens [évitera de] s'aventurer parmi des gens aussi dépourvus de principes ; ils ont ruiné tous ceux qui ont tenté jusqu'à maintenant de faire affaire là-bas ». La plupart des propriétaires, dont Montgomery, refusaient cependant d'appuyer Hill ou de faire, comme lui, une critique soutenue du gouvernement Fanning ; ils préféraient s'accommoder des circonstances.

Hill reprit l'offensive en 1801 en soumettant au ministère des Colonies un long exposé sur la situation de l'île. Manifestement écrit avec l'aide de MacDonald, dont on reconnaît le style et la propension au commérage malveillant dans une bonne partie du texte, consacrée aux portraits des grands personnages du régime, l'exposé était méprisant envers presque tous les membres du gouvernement et du Parlement. Tel législateur, peut-on lire, est « si adonné à la boisson que, lorsqu'il apporte chez lui une barrique d'alcool, il reste allongé, ivre, sur son lit, jusqu'à ce que la barrique soit vide, et laisse à sa femme et à ses enfants les labours et les travaux des champs ». Un autre avait « comparu devant le jury d'accusation pour relations incestueuses avec sa belle-fille ». Un éminent fonctionnaire avait « défié toutes les convenances en refusant, après avoir transmis une maladie à sa femme, de payer le médecin qui les a[vait] guéris ». Dans l'ensemble pourtant, malgré leur

méchanceté, ces portraits ont l'air véridique lorsqu'on les examine à la lueur d'autres témoignages.

Vu son cynisme compréhensible envers l'Île-du-Prince-Édouard, il n'est guère étonnant que Hill ait repensé à Terre-Neuve dans les premières années du XIXe siècle. En 1800, il exploitait un morutier, deux barques et une embarcation triplace ; son personnel comprenait 18 pêcheurs et 7 hommes postés à terre. Il exploitait plusieurs navires océaniques (dont le *John MacDonald* et plus tard le *Lord Selkirk*) et il avait toujours des intérêts dans la chasse au phoque. Il demeurait à l'écart de la vie politique de l'île et laissait ses représentants gérer ses affaires. Même si, comme la plupart des marchands de poisson, il était constamment devant les tribunaux, ce n'est, semble-t-il, que vers 1810 qu'il connut de graves difficultés financières à Terre-Neuve, après que son brick, le *Devonshire*, eut heurté les glaces et se fut perdu en mer avec sa cargaison de poisson et d'huile. Déjà, en 1807, Hill avait fait faillite en Angleterre, mais il ne commença à vendre ses avoirs dans le commerce terre-neuvien qu'en 1810. En 1815, la John Hill and Company n'avait plus la moindre solvabilité ; même si les prix de la morue étaient élevés, la vente forcée de son actif ne rapporta que 7s la livre sterling.

Hill était retourné à l'Île-du-Prince-Édouard en 1806, ayant eu gain de cause devant le Conseil privé à peu près à ce moment. Cette année-là, il y avait fait construire un navire pour le commerce terre-neuvien (l'infortuné *Devonshire*) et repris ses opérations à Cascumpec. En 1810, il chercha un forgeron et un tonnelier pour travailler dans l'île. Il avait entamé en 1806 une correspondance avec l'avocat James Bardin Palmer*, qui fut son représentant pendant peu de temps et souligna par la suite combien il était consterné des opinions et objectifs politiques qu'affichait Hill. Ce dernier s'avéra finalement l'un des plus sévères critiques de Palmer et rassembla une bonne partie des preuves dont le gouvernement britannique se servit pour le relever de ses fonctions en 1812. De nouveau plongé dans les méandres de la vie politique de l'île en 1814, Hill fut l'un des principaux signataires d'une pétition de propriétaires qui réclamaient la levée de la restriction selon laquelle on réservait aux protestants étrangers le droit de s'établir sur les concessions originales. La pétition soulignait aussi que les tentatives qui visaient à forcer certains propriétaires à mettre leurs terres en valeur ne devaient pas empêcher les autres de « consacrer leur capital » au même but. « Il est nécessaire, ajoutaient les signataires, que non seulement les titres de propriété soient sûrs, mais que tous aient la conviction qu'ils le sont. »

Hill amorça aussi, en 1814, une correspondance avec le nouveau lieutenant-gouverneur, Charles Douglass Smith*, qui semblait partager nombre de ses réserves et critiques sur l'administration de l'île. Des propriétaires comme lord Selkirk [Douglas*] et sir James Montgomery prenaient Hill au sérieux. À la fin des guerres napoléoniennes, celui-ci était l'unique propriétaire des lots 2, 4, 5 et 6 et il possédait la moitié du lot 7, tous situés à l'extrémité ouest de l'île, qui était sous-exploitée. En dépit de ses activités marchandes, il ne s'intéressait pas beaucoup à la mise en valeur de ses terres, même s'il était prêt à les louer pour 999 ans à des tenanciers, tout en se réservant les droits sur le bois, l'eau et le commerce et en ne leur en accordant que sur les terres elles-mêmes. Apparemment, il attendait beaucoup de déférence de la part de ses tenanciers, dont la plupart étaient engagés dans l'exploitation forestière. Un observateur remarqua d'ailleurs plus tard : « Je me rappelle très bien qu'en sa présence tout le monde enlevait son chapeau et lui manifestait tout le respect possible. »

En 1813, pendant que Palmer tentait, en Angleterre, de refaire sa réputation après qu'on l'eut démis de ses charges publiques, les créanciers de Hill lui parlèrent des biens dont celui-ci avait frauduleusement camouflé l'existence au moment de sa faillite en 1807. De retour à l'Île-du-Prince-Édouard, Palmer tenta de prouver ces allégations ; alarmé, Hill se joignit alors au procureur général William Johnston* pour porter contre son adversaire huit accusations de faute professionnelle et de malhonnêteté politique. À l'audience qui se tint en 1816 à la Cour de la chancellerie, Palmer nia avoir usé d'« artifices malveillants » pour nuire à la réputation de Hill mais reconnut « avoir déployé du zèle pour exposer et étayer honnêtement les faits relatifs à ladite faillite de Hill » dans la colonie, y compris l'issue d'un procès qu'intenta Hill en Angleterre contre William Spraggon ; ce marchand de bois de l'île avec qui Hill avait fait affaire l'avait accusé de « faillite frauduleuse, et le jury a[vait] imposé des dommages-intérêts d'un shilling ». Ainsi que le laisse supposer l'affaire Palmer, Hill avait continué ses activités à l'Île-du-Prince-Édouard comme si la faillite de 1807 n'avait jamais eu lieu, même s'il s'identifia comme « John Hill, insolvable » quand il mit en vente, à Londres et à Terre-Neuve, les terres qu'il possédait dans l'île. En 1818, la William Maddox Hill and Company de Lewis Town (que Hill exploitait avec son fils) prit le nom de John Hill and Son, et à Londres celui de Hill and Son.

Hill faisait constamment la navette entre l'Île-du-Prince-Édouard et Londres à bord de ses navires. Bien que résident irrégulier, il fut nommé juge de paix en 1820. Le malheur le frappa plus tard dans l'année. Des bandits s'introduisirent par effraction dans les magasins de la John Hill and Son à Lewis Town et, après avoir volé, mirent le feu à l'entrepôt pour effacer leurs traces. On évalua les pertes à plus de £8 000. Même si on ne le soupçonna pas d'abord, un employé de Hill, James Christie, immigrant récemment arrivé d'Angleterre, fut bientôt arrêté pour complicité. Il passa aux aveux, exonéra sa famille de toute responsabilité dans le crime et attribua ses agissements à « la puissante tentation du démon ». Il fut promptement jugé et trouvé coupable ; on l'exécuta en mars 1821. L'affaire fit la manchette des journaux locaux pendant des semaines. Même si justice avait été faite, Hill ne se trouvait pas en meilleure situation financière, et la John Hill and Son ne survécut pas longtemps à l'incendie. Dissoute en juillet 1821, elle fut remplacée par la Hill Brothers, propriété de William Maddox Hill et de Samuel Smith Hill.

Apparemment, John Hill se retira des affaires cette année-là, même s'il continua à voyager entre l'Angleterre et l'Île-du-Prince-Édouard. Il passa les dernières années de sa longue existence dans le Devon, en échappant à ses créanciers et en tentant de sauver de la faillite de 1807 une partie des biens qu'il avait dans l'île. Malgré son insolvabilité, il participa aux pressions des propriétaires jusqu'en 1835, puis loua ses terres à Thomas Burnard Chanter*. Il fut, avec John Stewart*, l'un des leaders de la campagne menée en Grande-Bretagne pour la destitution du lieutenant-gouverneur Smith en 1824. En outre, il prit part à l'offensive contre le *Land Assessment Act* de 1833, qui taxait lourdement les terres de l'île et autorisait la saisie et la vente de lots dans les cas où on n'avait pas versé les impôts [V. sir Aretas William Young*]. Selon Hill et ses collègues, ces impôts étaient un moyen détourné de confisquer des terres, et on les avait adopté parce que le cens électoral était si bas que, à l'Assemblée, les propriétaires et leurs représentants n'avaient pas autant voix au chapitre qu'ils auraient dû. Dans une lettre personnelle au secrétaire d'État aux Colonies, Hill nota que cette « constitution britannique en miniature [était] le pire désagrément de la terre ». C'était son mot d'adieu à l'île avec laquelle il avait eu des liens étroits pendant un demi-siècle.

La carrière de John Hill est éclairante pour deux raisons. Elle donne une idée de certains des obstacles que devaient affronter les marchands transatlantiques et explique pourquoi peu d'entre eux réussirent à préserver toute leur fortune. Elle laisse aussi entrevoir – ce qu'on a grandement négligé jusqu'à maintenant – combien les relations commerciales entre l'Île-du-Prince-Édouard et Terre-Neuve étaient étroites à la fin du XVIIIe siècle et au début du XIXe.

J. M. BUMSTED

APC, MG 23, E5, 2. — Church of Jesus Christ of Latter-Day Saints, Geneal. Soc. (Salt Lake City, Utah), International geneal. index, Topsham, Devon, Angl., reg. of baptisms, 5 juill. 1748, 7 avril 1754 ; reg. of marriages, 20 janv. 1745, 19 avril 1775. — GRO (Londres), Death certificate, John Hill, 28 mars 1841. — Hunt, Roope & Co. (Londres), Robert Newman & Co., letter-books, nov. 1793. — PANL, GN 5/1, Ferryland, 25 sept. 1786, 24 nov. 1791, 8 nov. 1794. — PAPEI, Acc. 2702, Smith-Alley coll., « Minutes of the

Hillier

Proceedings of the Proprietors of St. John's Island, June 17, 1790–January 27, 1791 »; 2810/171; 2849/143; 2849/158; RG 6, Court of Chancery, box 1, «Report of Committee of Council for Hearing Appeals from Plantations on Petition of William Bowley to Privy Council, heard 6 Marsh 1799 ». — P.E.I. Museum, File information concerning John Hill. — PRO, CO 226/16: 151, 364; 226/17: 213 et suivantes; 226/30: 177–186; 226/50: 222–232, 249 (mfm aux PAPEI); 231/2, 29 juin 1808. — SRO, GD293/2/78/25–27. — G.-B., Privy Council, *Report of the right honourable the lords of the committee of his majesty's most honourable Privy Council, of certain complaints against Lieutenant Governor Fanning, and other officers of his majesty's government in the Island of St. John* ([Londres, 1792]). — *Colonial Herald, and Prince Edward Island Advertiser* (Charlottetown), 8 mai 1841. — *Newfoundland Mercantile Journal*, 3 juill. 1818. — *Prince Edward Island Gazette*, 8 mai 1818, 22 mai, 7, 25 nov. 1820, 20 janv., 16, 31 mars, 23 juill. 1821. — *Royal Gazette and Newfoundland Advertiser*, mai, juill. 1810, déc. 1815. — *Sherborne Mercury or the Weekly Magazine* (Sherborne, Angl.), 10 févr. 1783. — *Trewman's Exeter Flying-Post, or Plymouth and Cornish Advertiser* (Exeter, Angl.), 20 juin, 16 sept. 1775, 14 mars, 16 mai 1777, 27 août 1779. — *The register of shipping* (Londres), 1800–1810. — *Canada's smallest province : a history of P.E.I.*, F. W. P. Bolger, édit. ([Charlottetown], 1973]). — Basil Greenhill et Ann Giffard, *Westcountrymen in Prince Edward's Isle : a fragment of the great migration* (Newton Abbot, Angl., et [Toronto], 1967; réimpr., Toronto et Buffalo, N.Y., 1975). — Esther Moore, «A study of the settlement of Ferryland» (essai de 1er cycle, Memorial Univ. of Nfld., St John's, 1972; copie aux MHA), 16. — *Pioneer* (Alberton, Î.-P.-É.), 7 févr. 1877.

HILLIER, GEORGE, officier et fonctionnaire, né à Devizes, Angleterre; le 31 janvier 1820, il épousa à York (Toronto) Caroline Ann Givins, fille de James GIVINS, et ils eurent au moins un fils; décédé le 22 décembre 1840 au fort William, Calcutta, Inde.

George Hillier fit son entrée dans l'armée britannique le 23 mars 1809 en qualité d'enseigne dans le 29th Foot. Promu lieutenant le 10 mai 1811, il participa la même année à la sanglante bataille d'Albuera, en Espagne; dans son régiment, il fut l'un des rares à avoir la chance de s'en sortir sain et sauf. Le 29th Foot, décimé, rentra en Angleterre en novembre mais Hillier, attaché à l'armée portugaise avec deux collègues officiers, resta dans la péninsule Ibérique. Le 1er juillet 1813, il accéda au grade de capitaine et passa au 74th Foot, au sein duquel il continua de prendre part à la guerre d'Espagne. Envoyé en Flandre, il combattit avec son unité à la bataille de Waterloo en 1815 et reçut la médaille de Waterloo. Le 21 juin 1817, il devint major honoraire. À un moment quelconque de son séjour en Europe, il servit aux côtés de Peregrine Maitland*. Les deux hommes se lièrent d'amitié, et lorsque Maitland, devenu sir Peregrine, accéda au poste de lieutenant-gouverneur du Haut-Canada, Hillier devint son secrétaire civil.

Hillier arriva à York avec Maitland et sa suite en août 1818. À titre de secrétaire civil, il devait s'occuper de toutes les questions qui étaient portées à l'attention de son supérieur. Aucun pouvoir officiel ne s'attachait à ce poste, mais il était fort possible, pour le titulaire, d'en venir à exercer beaucoup d'influence. Selon sa compétence, la force de sa personnalité, son intimité avec le lieutenant-gouverneur, sa maîtrise des détails, et d'autres facteurs encore, un secrétaire civil pouvait devenir, sur la scène haut-canadienne, un homme de poids. Dans toute l'histoire coloniale de la province, la plupart des secrétaires, pour quelque raison que ce soit, se contentèrent d'agir comme des commis principaux. Peu d'entre eux prirent l'initiative d'être ce que l'on appellerait aujourd'hui des chefs de cabinet. John Macaulay* le fit (et peut-être son successeur Samuel Bealey Harrison*) pendant le mandat de sir George Arthur*, de 1838 à 1841. Mais Macaulay et Harrison n'occupèrent leur poste que peu de temps. Hillier, en revanche, exerça sa fonction pendant dix ans, soit aussi longtemps que Maitland fut lieutenant-gouverneur, et personne, ni avant ni après lui, n'en exploita autant les possibilités intrinsèques.

Une partie de son pouvoir lui vint naturellement. Maitland était un homme distant et, même si quelques Haut-Canadiens, tels John Beverley Robinson* ou John Strachan*, gagnèrent sa faveur et furent probablement aussi proches de lui qu'il était possible de l'être, seul Hillier avait des liens d'intimité avec lui. Gagner la confiance de Maitland était d'autant plus difficile qu'il passait de longues périodes à sa résidence préférée, Stamford Park, près des chutes du Niagara, ce qui rendait souvent impossible toute communication directe. Tant à cause de son amitié avec Maitland que de ses fonctions, Hillier déterminait qui aurait accès au lieutenant-gouverneur et à son entourage. Il n'était pas seulement l'unique truchement par lequel l'information circulait entre le bureau du lieutenant-gouverneur et l'extérieur, mais aussi le principal conseiller de Maitland. Sa position était d'autant plus stratégique que Maitland, en dépit de sa réserve personnelle et de son éloignement physique, exerçait pleine autorité sur tous les détails de l'administration. Il incombait à Hillier de coordonner les activités des grands conseillers du lieutenant-gouverneur, Robinson, Strachan et Macaulay, et de veiller à l'application des directives. À mesure que, dans les années 1820, le gouvernement s'engagea dans des controverses, notamment sur la question des non-naturalisés, des réserves du clergé et de la partialité de l'appareil judiciaire, Hillier, comme Robinson et Strachan, participa de plus en plus aux décisions qui étaient prises par l'entourage de Maitland. En 1828, une lettre adressée au secrétaire d'État aux Colonies dénonçait la «domination militaire et cléricale» qui s'étendait sur la province et mentionnait le traitement réservé à ceux qui refusaient de «faire les quatre volontés du major Hillier, du révérend Strachan et du procureur général Robinson ». Francis Collins*, farouche adversaire du régime Maitland, suggéra en 1828 que Hillier était fort étroitement associé au gouvernement. Dans son journal, le *Canadian Freeman*, il allégua qu'en juillet, à l'élection qui opposait Robinson et Thomas David Morrison* dans York, Robinson avait « tant de mal » à gagner que « le major Hillier, secrétaire particulier de Son Excellence [...], qui n'[était] que de passage [dans la colonie], a[vait] été emmené au bureau de scrutin et a[vait] voté comme locataire ! » « N'est-ce pas, concluait Collins, tout à fait honteux ? »

Ce fut presque sûrement au fil de ses conversations privées avec Maitland que Hillier eut le plus d'influence sur les événements de la colonie, mais il ne reste aucune trace de ces échanges. Hillier était en bons termes avec Robinson, Macaulay, Christopher Alexander HAGERMAN et (dans une moindre mesure) Strachan ; le ton de leurs lettres démontre qu'ils pouvaient compter sur son influence auprès de Maitland et que cette influence était déterminante. En 1822, il intervint auprès du lieutenant-gouverneur pour que Strachan, alors engagé dans une querelle avec le juge en chef William Dummer Powell*, fasse l'objet d'un rapport favorable au ministère des Colonies. En 1824, Robinson fit appel à lui, avec succès, pour que Maitland autorise Strachan à se rendre en Angleterre cette année-là. Deux ans plus tard, Robinson veilla à ce que Hillier aplanisse, avec son supérieur, les problèmes liés aux immigrants de Peter ROBINSON. La recommandation de Hillier permit à Macaulay de décrocher des contrats d'imprimerie du gouvernement, et il aida sûrement Hagerman à obtenir un siège de juge de district en 1826. Cependant, il ne se faisait pas faute, au besoin, de critiquer ses amis. En 1823, il n'avait pas hésité à signaler à Macaulay combien il était chagriné de la façon dont Hagerman, selon ce qu'il entendait dire, s'était comporté envers le commissaire du chantier naval de Kingston, Robert BARRIE.

De temps à autre, Robinson et Hagerman prenaient, dans leurs lettres ou leurs messages à Hillier, un ton familier, mais ils devaient veiller à ne pas dépasser les bornes. En 1826, en réponse à une lettre dans laquelle Hillier lui avait parlé des nouveaux faits dans la question des non-naturalisés, Hagerman s'excusa en ces termes : « Je devrais adopter un style plus réservé et (sûrement) moins libre. Je vous écris comme je vous parlerais, je vous fais part de mes opinions sans retenue mais aussi, je l'espère, sans présomption. » Ces lettres abordaient des questions officielles, traitaient des événements politiques et donnaient des nouvelles personnelles. En décembre 1826, Hillier, tout fier, avait rapporté à Hagerman que son fils « fai[sait] ses dents » et que cela allait « bien ».

Hillier était si proche de Maitland qu'il se prononçait à sa place, ex cathedra, sur toute une gamme de sujets. Il n'avait aucun scrupule à indiquer à Macaulay de quoi il devait parler dans le *Kingston Chronicle*. « Vous feriez bien de noter, écrit-il en 1821, [...] que le procureur général [Robinson] a *accordé* son suffrage au projet de loi préservant l'indépendance des Communes. » De temps à autre, « je vous communiquerai tous les renseignements possibles de cette manière officieuse », poursuivait-il ; à Macaulay de les « apprêter pour la population selon [ses] goûts ». Par la suite, il mentionna « une autre petite histoire » qu'il voulait que Macaulay « raconte à la population dans [ses] propres mots ».

Hillier faisait beaucoup de consultation en prévision des nominations de fonctionnaires et se renseignait auprès de différentes sources sur une foule de sujets, toujours afin d'éclairer Maitland. Celui-ci exerçait jalousement la prérogative royale qui lui permettait de gracier les criminels. Dans chaque cas, Hillier rassemblait consciencieusement les documents nécessaires, ce qui l'obligeait quelquefois à harceler des juges récalcitrants, et les remettait au lieutenant-gouverneur, qui gribouillait sa décision et lui laissait le soin de veiller à ce que l'affaire soit réglée.

Même si Maitland et Hillier recouraient à un certain nombre de conseillers haut-canadiens et étaient disposés à promouvoir leurs intérêts à l'occasion, ils n'étaient pas pour autant des incapables. Un incident survenu en 1828 montre à quel point le lieutenant-gouverneur, avec Hillier, exerçait son propre jugement. Hagerman ayant été nommé temporairement juge, son poste de receveur des douanes à Kingston devint vacant. Macaulay convoitait ce poste depuis longtemps et faisait tout pour l'obtenir. Il se demandait comment aborder Hillier puisqu'un un ami de celui-ci, James Sampson*, était aussi en lice. Hillier se montra rassurant : « Pour ce qui est de votre délicatesse à mon égard (que je remarque et apprécie), soit l'envoi d'une demande officielle, puisque vous savez que Sampson, un autre candidat, est un bon ami, permettez-moi de dire que je vous ai toujours vu, moi aussi, sous un angle favorable. » Ni Sampson ni Macaulay n'obtint le poste de receveur des douanes. Strachan, consterné, dit à Hillier que le rejet de Macaulay « étonn[ait] tous les amis du gouvernement » ; sur quoi, rapporta-t-il ensuite à Macaulay, Hillier ne fit que « hausser les épaules et reconnaître [les] mérites » de Macaulay. « Rien ne pourrait manquer davantage de goût et de cœur, conclut-il, que la manière dont sir P., ou peut-être plutôt le col. Hillier, procède depuis un an en matière de nominations. » Le fossé qui se creusa entre Maitland et ses conseillers haut-canadiens vers la fin de son mandat pourrait expliquer en partie pourquoi il prit l'imprudente décision de ne pas poursuivre William FORSYTH en justice.

Quand Maitland quitta le Haut-Canada, en novembre 1828, Hillier partit aussi. Il avait été nommé, le 24

Hindenlang

juillet, quartier-maître général adjoint en Jamaïque, avec le grade honoraire de lieutenant-colonel. Quatre ans plus tard, il devint major du 62nd Foot, qu'il rejoignit à Bangalore, en Inde. En 1834, le régiment fut affecté en Birmanie, où Hillier devint commandant par intérim ; il servit en cette qualité jusqu'en 1835, puis devint lieutenant-colonel subalterne de son unité. La même année, à titre de général de brigade par intérim, il exerça le commandement à Moulmein et dans la province voisine. En 1839, sa santé le força à aller se reposer à Calcutta, où il retourna l'année suivante, encore pour cause de maladie, et mourut d'apoplexie.

Anglican et franc-maçon, George Hillier avait vécu à York dans une pittoresque villa qui avait déjà appartenu à Peter Russell*. Bien que ce majordome du gouvernement Maitland ait été l'un des hommes les plus puissants de l'histoire du Haut-Canada, sa mort ne fit l'objet que de brefs articles dans la colonie.

ROBERT LOCHIEL FRASER

L'auteur remercie Stuart R. J. Sutherland qui a partagé avec lui ses connaissances sur les sources militaires. [R. L. F.]

Le gros de la correspondance dans APC, RG 5, A1 pour le gouvernement de Maitland est constitué de lettres provenant de et adressées à George Hillier. Dans l'ensemble, ces documents sont de nature officielle. Les aspects politiques de la carrière de Hillier et, jusqu'à un certain degré, sa vie personnelle sont révélés dans sa correspondance avec John Macaulay (AO, MS 78). On trouve aussi d'autres références dans les John Beverley Robinson papers (AO, MS 4), les Strachan papers (AO, MS 35), la correspondance du ministère des Colonies (PRO, CO 42), et dans le *Canadian Freeman*, 17 juill. 1828. Les ouvrages énumérés ci-dessous sont également utiles.

Annual reg. (Londres), 1841 : 210. — *United Service Journal* (Londres), 1841, part. I : 575. — Charles Dalton, *The Waterloo roll call ; with biographical notes and anecdotes* (2e éd., Londres, 1904 ; réimpr., 1971). — *Death notices of Ont.* (Reid). — G.-B., WO, *Army list*, 1809–1841. — H. [E. E.] Everard, *History of Thos. Farrington's regiment, subsequently designated the 29th (Worcestershire) Foot, 1694 to 1891* (Worcester, Angl., 1891). — N. C. E. Kenrick, *The story of the Wiltshire Regiment (Duke of Edinburgh's), the 62nd and 99th Foot (1756–1959)* [...] (Aldershot, Angl., 1963). — *Robertson's landmarks of Toronto*, 1 : 303 ; 3 : 419. — Scadding, *Toronto of old* (Armstrong ; 1966).

HINDENLANG (Hindelang), CHARLES (désigné parfois sous les noms de **Lamartine** et de **Saint-Martin**), patriote, né le 29 mars 1810 à Paris ; décédé le 15 février 1839 à Montréal.

Fils de commerçants parisiens d'origine suisse protestante, Charles Hindenlang s'était enrôlé dans l'armée française au moment de la révolution de Juillet. Il avait conquis plutôt lentement ses premiers grades d'officier. À l'automne de 1838, il se retrouvait à New York où le commerçant français Bonnefoux (Bonnafoux) le recruta pour l'armée des patriotes et le présenta à Ludger Duvernay*. Il s'engagea en même temps qu'un autre officier français, Philippe Touvrey, et deux officiers polonais, Oklomsky et Szesdrakowski. Ils furent envoyés à Rouses Point, dans l'état de New York, où Théophile Dufort les reçut avant de leur faire traverser la frontière avec Robert Nelson*. Ils arrivèrent à Napierville, dans le Bas-Canada, dans la nuit du 3 au 4 novembre 1838. Cyrille-Hector-Octave CÔTÉ salua Nelson comme « président du gouvernement provisoire » et présenta Hindenlang comme « le brigadier général Saint-Martin ». Ce dernier devait apprendre les manœuvres tactiques aux patriotes réunis à Napierville. Mais le temps pressait. Après l'échec des soulèvements de Beauharnois, de Laprairie (La Prairie) et de Caughnawaga (Kahnawake), le lieutenant général sir John Colborne* avait décidé de marcher vers la frontière avec 5 000 hommes. Nelson précipita donc son départ avec Hindenlang et 600 hommes pour Odelltown, lieu stratégique de la frontière américaine. Le 8 novembre, ils étaient à Lacolle et, le 9 au matin, à Odelltown, où des volontaires s'étaient retranchés dans l'église. Sans un seul canon et presque sans armes, les patriotes ne purent assiéger longtemps l'église et durent battre en retraite à la fin de l'après-midi. Revenus à Napierville, ils reçurent l'ordre de se disperser. Hindenlang partit avec un groupe de 14 hommes mais, épuisé, il se retrouva seul avec le jeune Adolphe Dugas, étudiant en médecine, et fut arrêté avant d'avoir pu passer la frontière. Quand les Britanniques surent qui ils avaient arrêtés, ils expédièrent Hindenlang à Montréal où il fut écroué le 14 novembre 1838.

Durant les trois mois suivants, Hindenlang adopta une attitude ambiguë, voire contradictoire. Dès son arrivée à Montréal, il signa une longue « déclaration » dans laquelle il affirmait avoir été trompé par les chefs de la rébellion. Il accablait surtout Nelson, qu'il traitait de fourbe, de lâche et de vendu, et terminait sa confession en offrant de servir la bonne cause pour faire oublier quelques heures d'égarement. Chose surprenante, cet écrit parut dès le 17 novembre 1838 dans le journal montréalais *l'Ami du peuple, de l'ordre et des lois,* en même temps que deux lettres d'Hindenlang, l'une à son compagnon Touvrey, et l'autre à un ami prénommé Henri. Ces lettres étaient ainsi publiées avant même que les destinataires aient pu les recevoir. Dans la lettre à Touvrey, Hindenlang reprenait ses accusations contre Nelson et parlait même de la générosité des Britanniques. Il faut savoir que, d'une part, le jeune officier avait signé sa confession dès son arrivée à la prison de Montréal à la sollicitation et en présence de Pierre-Édouard Leclère*, juge de paix bien connu. D'autre part, Touvrey démentit, dans l'*Estafette* de New York, les propos d'Hindenlang, à savoir qu'il était venu à New York pour s'occuper du commerce familial. Au contraire, selon Touvrey, Hindenlang aurait décidé de venir combattre pour la liberté dès que l'insurrection de l'automne de 1837 avait été connue à Paris. On peut certes se demander comment la déclaration lui fut arrachée. Côté affirma pour sa part le 30 octobre 1839, dans le *North American* de Swanton, Vermont, que Leclère en aurait écrit une partie, notamment le paragraphe sur son offre de collaboration.

Le 22 janvier 1839, Hindenlang subit son procès devant un conseil de guerre. C'est l'avocat irlandais Lewis Thomas Drummond* qui l'assista. Parmi les neuf témoins assignés par la poursuite, il y avait quatre Canadiens, dont le curé de la paroisse Saint-Cyprien, à Napierville, Noël-Laurent Amiot, qui affirma qu'Hindenlang avait traité les Canadiens de lâches après la bataille d'Odelltown. Inculpé sous quatre chefs d'accusation, le jeune Français fut trouvé coupable, mais les juges lui donnèrent deux jours pour préparer sa défense. Le 24 janvier, il invoqua deux arguments de droit pour faire invalider son procès : d'abord, on l'avait cité sous le nom d'Hindelang au lieu d'Hindenlang, puis il ne pouvait être jugé que par ses pairs, c'est-à-dire par un jury, puisqu'il était dans un pays de droit criminel anglais. Les deux points de droit furent rejetés. Il fit ensuite un discours où il affirma que le seul tort qu'il avait eu était de ne pas avoir réussi, mais sans accabler cette fois les chefs patriotes. On le condamna à mort. Le surlendemain, il écrivit une longue lettre au gouverneur Colborne pour lui rappeler que les Britanniques avaient eu la même conduite en Espagne et que, pourtant, ils avaient été considérés comme prisonniers de guerre et non exécutés comme rebelles. Dans cette lettre, il fustigeait encore la conduite de Nelson.

La nouvelle que des exécutions étaient imminentes arriva à la prison de Montréal le 12 février 1839 puis, le lendemain, la liste des cinq condamnés désignés pour la pendaison fut connue. Le 15 février, à neuf heures du matin, Hindenlang monta bravement à l'échafaud, assisté du docteur John Bethune*, *rector* de la Christ Church, à Montréal. Il fit un petit discours et cria « Vive la liberté ! ». Il avait rédigé ce discours en plusieurs exemplaires à partir de six heures du matin, afin que les autres prisonniers le copient et le fassent circuler. L'historien Mason Wade a pu dire qu'Hindenlang avait été condamné parce qu'il avait « refusé de donner des informations à l'État pour avoir la vie sauve ». Le fait est vraisemblable, encore qu'on ne pourra jamais savoir s'il était venu d'abord courir l'aventure de la liberté ou établir le commerce de son père. La postérité a voulu garder un bon souvenir de sa mort courageuse à côté de Chevalier de Lorimier, d'Amable Daunais, de François Nicolas et de Pierre-Rémi Narbonne.

La présence d'Hindenlang pose la question du rôle de la France et des Français dans la rébellion de 1837–1838. Chose certaine, le gouvernement français n'a jamais participé de près ou de loin à l'insurrection. L'ambassadeur de France à Washington, Édouard de Pontois, a suivi les événements en observateur attentif, comme il était de son devoir de le faire. À l'été de 1837, venu dans la vallée du Saint-Laurent, il ne manqua pas de rencontrer les autorités civiles. Il assista encore à une assemblée des patriotes à Saint-Constant, près de Laprairie, et prit même un repas avec Louis-Joseph Papineau*. Après l'arrestation d'Hindenlang, il demanda à son homologue britannique à Washington, Henry Stephen Fox, d'intervenir auprès de Colborne pour que ce dernier traite humainement Hindenlang. Des quelques autres Français qui se sont prononcés, à titre individuel, pour ou contre la rébellion, la plupart se montrèrent favorables aux patriotes. Parmi ces derniers se trouvent les commerçants Bonnefoux et Victor Bréchon, le comédien Firmin Prud'homme, Joseph Lettoré et d'autres. Du côté des bureaucrates, il y eut le supérieur du séminaire de Saint-Sulpice à Montréal, Joseph-Vincent Quiblier*, et les journalistes Alfred-Xavier Rambau* et Hyacinthe-Poirier Leblanc* de Marconnay.

Un dernier épisode allait clore l'histoire de Charles Hindenlang au Bas-Canada. Selon le curé Étienne Chartier*, Papineau aurait voulu poursuivre Colborne aussitôt qu'il sut que le Vieux Brûlot rentrait en Angleterre. Il s'entendit avec l'ancien représentant en Angleterre des intérêts de la chambre d'Assemblée du Bas-Canada, John Arthur Roebuck*, pour intenter, à la Cour du banc du roi, une poursuite au criminel pour meurtre. Le jeune Guillaume Lévesque*, de Montréal, qui avait partagé la cellule d'Hindenlang, et le propre frère de celui-ci se seraient constitués partie civile. Toujours selon Chartier, les ministres de Westminster, ayant eu vent de l'affaire, en avertirent la reine Victoria, qui s'empressa d'élever Colborne à la pairie. Ce qui, à toutes fins utiles, le soustrayait à la justice. Roebuck et Papineau durent abandonner l'idée de poursuivre lord Seaton.

Claude Galarneau

ANQ-M, P1000-3-298. — ANQ-Q, E17/31, n°s 2331–2450; E17/37, n°s 2941–3040; E17/51, n°s 4101–4152; P-68, n°s 3–4; P1000-49-976; P1000-65-1291. — APC, MG 24, B2, 3 : 3346–3349, 3567–3569; B143; MG 30, D56, 18 : 16–17. — AUM, P 58, U, Hindenlang à L. T. Drummond, 9, 13 févr. 1839. — « Confession de Charles Hindenlang (d'abord connu sous le nom de Lamartine) », *BRH*, 42 (1936) : 622–628. — « Papiers Duvernay » *Canadian Antiquarian and Numismatic Journal*, 3e sér., 5 : 182–184; 7 : 77–86. — F.-X. Prieur, *Notes d'un condamné politique de 1838* (Montréal, 1884; réimpr., 1974). — *Report of state trials*, 2 : 5–35. — *L'Ami du peuple, de l'ordre et des lois* (Montréal), 17 nov. 1838, 9, 16 févr. 1839. — *North American*, 30 oct. 1839. — *Le Patriote canadien* (Burlington, Vt.), 4 déc. 1839. — *Le Populaire*,

Holbrook

10 juill. 1837. — Caron, « Papiers Duvernay », ANQ *Rapport*, 1926–1927 : 145–258. — *Le Répertoire national* (Huston ; 1893), 2 : 190. — Christie, *Hist. of L.C.* (1866), 5 : 250–256. — David, *Patriotes,* 171–237. — Jean Ménard, *Xavier Marmier et le Canada, avec des documents inédits : relations franco-canadiennes au XIXe siècle* (Québec, 1967), 179–188. — Mason Wade, *les Canadiens français, de 1760 à nos jours,* Adrien Venne et Francis Dufau-Labeyrie, trad. (2e éd., 2 vol., Ottawa, 1966), 1 : 215–217. — L.-O. David, « les Hommes de 37–38 : Charles Hindenlang », *l'Opinion publique,* 5 févr. 1880 : 61–62. — Ægidius Fauteux, « les Carnets d'un curieux : Charles Hindenlang ou le Lafayette malheureux du Canada », *la Patrie,* 2 juin 1934 : 40–41, 43. — Robert La Roque de Roquebrune, « M. de Pontois et la Rébellion des Canadiens français en 1837–1838 », *Nova Francia* (Paris), 3 (1927–1928) : 238–249, 273–278, 362–371 ; 4 (1929) : 3–32, 79–100, 293–310.

HOLBROOK (Holbroke), JAMES, professeur, né vers 1793, presque certainement en Angleterre ; décédé le 25 avril 1846 à Fredericton.

James Holbrook quitta l'Angleterre pour le Nouveau-Brunswick « dans la fleur de l'âge ». Il demeurait à Sackville lorsque le College of New Brunswick, à Fredericton, lui offrit le poste de professeur de l'*English school.* Le conseil du collège s'était adressé à lui sur la recommandation pressante de William Botsford*, président de la chambre d'Assemblée, qui résidait dans la région de Sackville. Le 22 mars 1822, Holbrook accepta la charge au salaire de £100 par an, auquel s'ajoutaient la totalité des frais de scolarité. On les avait fixés à £4 par an, mais le conseil se réservait le droit de les réduire dans certains cas et d'admettre gratuitement les enfants dont les parents étaient dans l'impossibilité de payer. Tout en prévoyant qu'une rémunération totale de £200 serait attachée à ce poste, le conseil demeurait convaincu que le nombre d'élèves dépendrait du dévouement et de la compétence du professeur. En acceptant, Holbrook s'engageait à partir pour Fredericton aussitôt qu'il aurait réglé ses « petites affaires d'argent ».

À ce moment de son histoire, le College of New Brunswick subissait d'importants changements. Les premières démarches entreprises pour mettre sur pied cet établissement voué à l'enseignement des arts libéraux et des sciences remontaient à 1785, et c'est à peu près deux ans plus tard qu'on avait commencé à donner des cours de niveau primaire et secondaire. En 1800, on lui avait accordé la charte qui lui conférait le titre et les privilèges d'une université sous le nom de College of New Brunswick, mais l'enseignement universitaire ne commença qu'en 1822, lorsque James Somerville* obtint la permission de donner des cours qui menaient à l'obtention d'un diplôme. Les trois niveaux d'éducation furent donnés dans le même bâtiment jusqu'à ce que les classes de l'université soient transférées dans un autre, construit depuis peu, qui ouvrit ses portes en 1829 ; l'établissement, qui avait obtenu une charte royale, prit le nom de King's College.

Lorsqu'il arriva à Fredericton, Holbrook se vit assigner une salle de classe et dut fournir le combustible pour la chauffer. L'enseignement dont il avait la charge à l'*English school* devait être dispensé selon un système où des élèves choisis parmi les grands remplissaient la tâche de moniteurs et assuraient l'instruction des plus jeunes. Holbrook était apparemment très familier avec ce type d'enseignement. On jugeait si fructueux son travail et celui de George McCawley*, chargé de la *grammar school,* ou école classique, dont l'enseignement se donnait parallèlement à celui de l'*English school,* que le 28 décembre 1822 le conseil du collège crut opportun de faire publiquement mention de leur zèle. Grâce aux efforts de ces deux professeurs, leurs élèves respectifs avaient fait beaucoup de progrès. Dans le but d'encourager les étudiants, le conseil décida de décerner des prix à ceux d'entre eux qui se distingueraient aux examens semestriels. Le 27 mars 1824, on augmenta le salaire des deux professeurs de £25, somme qu'on continuerait de leur verser aussi longtemps que le Parlement accorderait une subvention additionnelle de £75 par an au collège.

Manifestement, Holbrook ne prit pas de temps à s'intégrer à l'élite de la minuscule capitale. Il fit construire la première maison sur la colline au sud de Fredericton, dans un domaine connu sous le nom de Frogmore, puis le 22 octobre 1828 il épousa Grace Hailes, fille du lieutenant-colonel Harris William Hailes, qui avait été administrateur de la province en 1816–1817, mais qui était décédé au moment du mariage. Une des filles d'Holbrook (il en eut trois) devait épouser le révérend Charles G. Coster, fils de George Coster*, archidiacre du Nouveau-Brunswick et directeur titulaire du King's College. On vendit par la suite la propriété de Holbrook à James Carter*, juge en chef de la province, dont la troisième femme était la sœur de Charles G. Coster. Une autre des sœurs de Coster épousa James Robb*, le premier professeur de chimie et d'histoire naturelle du collège. Les relations de la famille Holbrook sont un exemple des liens étroits qui existaient entre les membres les plus importants de la société de Fredericton à cette époque.

James Holbrook continua d'enseigner avec grand succès à l'école universitaire, comme on appela cette école préparatoire après 1828. Il y demeura jusqu'à sa mort, survenue à Fredericton à l'âge de 53 ans. Ses anciens élèves firent élever un monument funéraire sur sa tombe dans l'Old Burying Ground, ce qui laisse supposer qu'il était estimé de tous.

ALFRED GOLDSWORTHY BAILEY

UNBL, MG H9, L. M. Beckwith Maxwell, « The Frederic-

Holland

ton High School, the oldest English grammar school in Canada » (copie dactylographiée, 1944) ; UA, « Minutebook of the governors and trustees of the College of New Brunswick », 107–110, 113–115. — *Royal Gazette* (Fredericton), 28 oct. 1828. — Hill, *Old Burying Ground.* — L. M. Beckwith Maxwell, *An outline of the history of central New Brunswick to the time of confederation* (Sackville, N.-B., 1937 ; réimpr., Fredericton, 1984).

HOLLAND, JOHN FREDERICK, arpenteur, officier dans la marine, dans l'armée et dans la milice, propriétaire terrien, juge de paix, fonctionnaire et homme politique, né probablement pendant l'hiver de 1764–1765 dans l'anse Observation (anse Holland, Île-du-Prince-Édouard), fils naturel et premier enfant de Samuel Johannes Holland* et de Marie-Joseph Rollet ; au plus tard en 1790, il épousa Mary Emily Tissable, et ils eurent trois fils et trois filles ; décédé le 17 décembre 1845 à Charlottetown.

Ce sont les voyages de son père, arpenteur général de la province de Québec et du district nord de l'Amérique du Nord de 1764 à 1801, qui déterminèrent les circonstances dans lesquelles John Frederick Holland grandit et commença sa carrière. Samuel Johannes Holland préférait avoir sa famille auprès de lui, et c'est pendant qu'il dressait la topographie de l'île Saint-Jean (Île-du-Prince-Édouard) que John Frederick vit le jour. Celui que l'on surnommait « St. Johns Jack » ne fréquenta jamais d'autre école que le foyer nomade de ses parents. Sa mère lui apprit le français et le latin ; auprès de son père, il acquit les connaissances pratiques du soldat et de l'arpenteur. Lorsque la Révolution américaine éclata, Samuel Johannes Holland s'enfuit de Perth Amboy, au New Jersey, pour gagner l'Angleterre. Devenu chef de famille, John Frederick s'occupa des siens au moment de leur bref emprisonnement puis de leur évacuation. Comme il les savait désormais à l'abri, il entra en 1777 dans la marine britannique en qualité de midship. Il était à bord du *Nautilus* quand, en 1779, ce navire alla libérer le fort George (Castine, Maine) avec l'escadre de sir George Collier*. La même année, il obtint une commission d'enseigne dans le King's Royal Regiment de New York, qu'avait levé sir John Johnson*. Promu lieutenant en 1781, il quitta l'armée dès 1783, à l'âge de 19 ans.

La fin des hostilités ne poussa pas Holland à se ranger. Tandis que son père avait repris ses tâches régulières à Québec et que son parrain, Frederick Haldimand*, y était bien installé dans sa fonction de gouverneur, il décrocha un poste de sous-ingénieur au sein de l'équipe qui arpentait les emplacements prévus à l'intention des loyalistes à l'ouest de la rivière des Outaouais. Durant l'hiver de 1783–1784, il traça le plan du village de Cataraqui (Kingston, Ontario). En 1786, il participa aux travaux de délimitation de la frontière entre le Québec et le Nouveau-Brunswick.

Samuel Johannes Holland espérait ardemment que son fils aîné lui succéderait au poste d'arpenteur général, et il l'envoya en Angleterre en 1789 pour faire approuver leur nomination conjointe. Au lieu de cela, sur la recommandation de sir Joseph Banks*, John Frederick reçut au début de 1790 la mission de tirer au clair la rumeur selon laquelle il y avait, à l'ouest du Grand lac des Esclaves, une voie navigable qui menait peut-être au Pacifique. Ses voyages l'avaient déjà conduit au lac Supérieur, et sa qualité d'arpenteur le rendait apte à faire le tracé d'une voie terrestre. La controverse de la baie Nootka [V. George Vancouver*] retarda son départ et, quand il arriva à Québec, à l'automne de 1790, sa mission n'était plus nécessaire : Alexander Mackenzie* avait découvert que la voie navigable menait à l'océan Arctique.

À ce moment, tout comme son père et son frère Frederick Braham, Holland était marié à une Canadienne française de religion catholique, mais ses occupations n'avaient pas été de nature à lui instiller des habitudes domestiques. Il préférait la société virile des campements et des villages, et ses manières rudes commençaient à menacer sa vie professionnelle. D'abord assuré de la protection de son père et de son parrain, Holland eut ensuite celle du prince Edward* Augustus (plus tard duc de Kent et Strathearn), qui prisait grandement les services qu'avaient rendus Samuel Johannes Holland et sa famille. Le prince nomma John Frederick lieutenant dans son régiment en 1794 et l'affecta à la construction de la citadelle de Halifax à titre d'assistant. Il consentit aussi à être le parrain d'au moins l'un de ses enfants. Hélas ! Même le prince ne pouvait protéger Holland contre luimême. Coupable de certaines indiscrétions à son nouveau poste, il fut dépêché en 1798 à Charlottetown en qualité de commandant d'armes intérimaire, sousingénieur et maître de caserne. On le mit à la demi-solde l'année suivante. Puis le duc de Kent quitta l'Amérique du Nord en 1800 et Holland père mourut en 1801. Dès lors, l'avenir de John Frederick s'obscurcit : on abolit son poste de sous-ingénieur en 1802, il n'était plus commandant d'armes intérimaire en 1805 et il perdit sa charge de maître de caserne en 1817.

Holland se rabattit sur la propriété que son père lui avait léguée à l'Île-du-Prince-Édouard – la moitié est du lot 28 – où sa mère et l'une de ses sœurs s'installèrent. Mais tenir une cour à Charlottetown lui plaisait davantage, et il était renommé pour faire le « pitre » à bien des dîners publics. Juge de paix à compter de 1802 et shérif en chef en 1809–1810, il était connu pour certains écarts, entre autres des fraudes et une complicité dans un duel. En 1812, « pendant que sa femme et sa famille étaient dans une situation de détresse absolue », il ramena, dit-on, « une femme de Halifax et vécut en concubinage notoire avec elle à Charlottetown ». Un de ses fils

447

Holland

« demanda au juge en chef l'autorisation [d']abattre [cette femme] » ; on ignore s'il reçut une réponse.

Les activités politiques de Holland étaient aussi mouvementées que sa vie mondaine. Élu pour la première fois à la chambre d'Assemblée en 1803, il trouva bientôt un allié en la personne de James Bardin Palmer*, lui aussi un nouveau venu dans l'île. En recourant à des tactiques d'opposition, les deux hommes cherchaient à se faire remarquer de l'élite en place et à gagner ses faveurs. Ils furent élus dans Charlottetown en 1806 et, quand l'Assemblée se réunit, Palmer proposa Holland comme président, mais c'est Robert Hodgson* que l'on choisit. Leur alliance prit fin la même année, au moment où l'on nomma Palmer adjudant général de milice, poste que convoitait Holland qui dut se contenter de celui de commis des magasins militaires. Ainsi, lorsque Palmer s'associa à un groupe politique nouveau du nom de Loyal Electors, Holland adhéra au camp adverse, appelé le « vieux parti ». En 1810, afin de contrecarrer les ambitions de Palmer et de ses compagnons, Holland fit annuler la victoire remportée par deux Loyal Electors dans des élections partielles qu'il avait surveillées en qualité de shérif en chef. Deux ans plus tard, aux élections générales, il tenta d'user de son influence sur la garnison pour se faire élire dans Charlottetown Royalty, mais il eut le dessous au cours de l'émeute qui s'ensuivit et perdit son siège.

En 1811, Holland avait participé à une campagne qui visait à faire reconnaître que les Loyal Electors formaient une société secrète de jacobins décidés à usurper le pouvoir légitime. Les Loyal Electors eurent beau qualifier ces accusations de « tout à fait gratuites, imméritées et sans fondement », on les prit au sérieux à Londres, comme d'autres insinuations du même genre. En octobre 1812, le lieutenant-gouverneur Joseph Frederick Wallet DesBarres*, qui avait soutenu les Loyal Electors, apprit qu'on le rappelait. William Townshend* fut nommé administrateur de la province, Palmer fut immédiatement démis de ses diverses fonctions et, avant la fin de l'année, Holland devint adjudant général de milice. À une date inconnue, on le promut colonel dans la milice.

Le nouveau lieutenant-gouverneur, sir Charles Douglass Smith*, se laissa vite convaincre des visées séditieuses des Loyal Electors. Poussé par les circonstances, il se rapprocha de la « cabale » (nom donné au « vieux parti » par ses ennemis) et surtout de Holland, qui lui avait été recommandé par nul autre que le duc de Kent. En fait, comme les Loyal Electors étaient tombés en disgrâce et que les chefs de la « cabale » étaient morts, âgés ou malades, Holland passa soudain au premier plan de la vie politique de l'île. Nommé au conseil le 3 janvier 1815, il agissait en qualité de receveur des douanes, contrôleur et officier de marine. Smith et lui étaient de la même

trempe – tous deux soldats par tempérament aussi bien que par vocation. Lorsque Smith décida en octobre 1815 de resserrer l'application des lois de milice, Holland l'appuya donc sans réserve. Moins d'un mois plus tard, leur tentative faillit provoquer une mutinerie, et Smith félicita son adjudant général d'avoir réprimé le désordre.

Par suite de l'incident de la milice, Holland écrivit à Smith deux lettres importantes dans lesquelles il dépeignait en détail l'agonie de la « cabale » et agitait le spectre d'un retour en force des Loyal Electors. Il croyait que son destinataire le prendrait pour conseiller et homme de confiance, mais il s'était trompé sur lui. Smith avait lui aussi des idées bien arrêtées, et il décida de former son propre groupe de fonctionnaires conciliants, où il fit notamment entrer trois de ses fils et deux de ses gendres. Holland se retrouva donc parmi les nombreux insulaires frustrés d'être ainsi isolés du pouvoir, si bien qu'en 1818, tout comme le procureur général William Johnston*, il n'appuyait plus Smith. Dès lors, sous la houlette de John Stewart*, il aida à former une nouvelle alliance d'opposants. La riposte de Smith vint le 4 janvier 1819 : il démit Holland et Johnston du conseil en faisant mystérieusement allusion à un complot ourdi surtout par la loge maçonnique de Charlottetown, dont Holland fut membre de 1810 à 1827. En fait, sauf Palmer, qui alla encore une fois à contre-courant et passa dans le camp de Smith, presque toutes les factions de l'île aussi bien que les propriétaires établis à Londres finirent par s'opposer au lieutenant-gouverneur, qui dut céder sa place à John READY en 1824.

Holland ne tira aucun avantage du changement de gouvernement : il ne se présenta pas aux élections, ne fut pas réinvité au conseil et ne reçut aucune nouvelle charge administrative. Cette défaveur découlait de ce qu'il avait la réputation de mener une vie instable, mais aussi de ce qu'il avait appliqué rigoureusement l'impopulaire loi de milice même après que Smith l'eut chassé du conseil. Quand la nouvelle Assemblée se réunit, en 1825, elle exigea une réorganisation de la milice. Elle examina aussi les dépenses que Holland avait faites en qualité d'adjudant général et de juge de paix. Il survécut à l'investigation mais, sous Ready, ses fonctions d'adjudant général furent grandement réduites. Lorsqu'on modifia la loi de milice en 1833, c'est un ancien protégé de Smith, Ambrose Lane*, qui remplaça Holland. En 1834, celui-ci tenta deux fois de se faire réélire à l'Assemblée, puis quitta la politique active.

L'enquête sévère de l'Assemblée sur les dépenses de Holland eut des effets négatifs sur sa situation financière. À compter de décembre 1826, il loua sa maison de Charlottetown, Holland Grove, pour qu'elle serve de résidence au gouverneur. En juillet suivant, il vendit sa part de la ferme que son père avait eue près de Québec et, en avril 1835, lui-même et ses cohéritiers vendirent 29 lots de 200 acres dans le canton bas-canadien de Kingsey. Son fils aîné, Samuel John, avait été blessé en 1813 à la bataille de Crysler's Farm et il était décédé en Angleterre neuf ans plus tard ; sa femme mourut en juillet 1831, après une vie de longues souffrances. Il démissionna de son poste de juge de paix le 25 juin 1841.

La carrière de John Frederick Holland fut plus colorée que brillante. Sa jeunesse fait penser à un roman de George Alfred Henty : sur une trame de grands événements historiques, un garçon mène une vie aventureuse puis bénéficie de la protection d'éminents personnages. Mais ce garçon devenu adulte s'accommode mal, par tempérament, du train-train des années de paix. Qu'il ait occupé pendant un temps l'avant-scène politique de l'Île-du-Prince-Édouard en dit plus long sur la qualité de l'élite coloniale que sur ses propres talents. À mesure que la société de l'île crût et prit de la maturité, la turbulence de Holland s'avéra de plus en plus déplacée. Il est typique que son élection à un poste de marguillier à l'église St Paul de Charlottetown, en 1830 (il avait alors 66 ans), ait eu lieu « au milieu d'un grand brouhaha et d'échanges non seulement d'invectives mais de coups de poing ».

M. BROOK TAYLOR

Aucune recherche n'a permis de confirmer la date de naissance de John Frederick Holland que l'on trouve dans l'article de Willis Chipman, « The life and times of Major Samuel Holland, surveyor-general, 1764–1801 », *OH*, 21 (1924) : 11–90. L'auteur, citant des archives familiales non spécifiées, donne la date du 27 oct. 1764, mais ce n'est pas vérifiable. [M. B. T.]

ANQ-Q, CN1-284, 14 oct. 1800 (copie au P.E.I. Museum). — BL, Add. MSS 21728 : 252–262 ; 21730 : 17–19 ; 21737, part. I : 281–282 ; 21745, part. I : 42 ; 21784, part. II : 34–37 ; 21877 : 157–161 (copies aux APC). — PAPEI, Acc. 2541/127 ; 2825/59–60 ; 2849/3 ; 2849/6 : 103 ; 2849/10 ; 2849/39 ; 2849/124–125 ; 2849/135 ; 2881/46, « The Scool Room » ; RG 1, commission books, 13 oct. 1806, 11 mai 1810 ; RG 16, land registry records, conveyance reg., liber 6 : fᵒˢ 36, 41, 45 ; liber 7 : fᵒ 84 ; liber 13 : fᵒ 347. — P.E.I. Museum, File information on Holland family. — PRO, CO 226/19 ; 226/20 : 17, 85 ; 226/21 : 70, 95, 112, 115 ; 226/26 : 11, 60 ; 226/27 : 25, 82–88 ; 226/28 : 3–6, 20–22, 26 ; 226/29 : 67–77 ; 226/30 : 7, 116, 131–139 ; 226/31 : 12–33, 72–77 ; 226/32 : 43 ; 226/35 : 3–5, 15, 71, 166–167 ; 226/36 : 52–53 ; 226/37 : 109–110. — Royal Arch., Windsor Castle (Windsor, Angl.), Add. 7/72–7/414 (mfm à Canada, Parcs Canada, Halifax Defence Complex, Halifax). — St Paul's Anglican Church (Charlottetown), Reg. of baptisms, marriages, and burials, particulièrement 23 déc. 1799 (mfm aux PAPEI). — Supreme Court of P.E.I. (Charlottetown), Estates Division, liber 4 : fᵒ 229 (testament de J. F. Holland) (mfm aux PAPEI). — [Thomas Douglas, 5ᵉ comte de] Selkirk, *Lord Selkirk's diary, 1803–1804 ; a journal of his travels in British North America and the northeastern United States*, P. C. T. White, édit. (Toronto,

1958 ; réimpr., New York, 1969). — « North-western explorations », APC *Report*, 1889 : 29–38. — *Islander*, 20 déc. 1845. — *Prince Edward Island Gazette*, 16 févr. 1818. — *Prince Edward Island Register*, 6 sept., 11 oct. 1823, 18 sept. 1824, 8 janv., 5, 17 févr., 18, 31 mars, 15 avril, 13 sept. 1825, 26 sept. 1826, 1ᵉʳ mai, 3 juill. 1827, 12 juill., 19 août 1828, 13 avril 1830. — *Royal Gazette* (Charlottetown), 19 juill. 1831, 4, 7 févr., 17 avril, 30 oct. 1832, 2, 9 avril, 14 mai 1833, 7 janv., 4, 11, 18 févr., 4 mars, 14, 28 oct., 16 déc. 1834, 20 janv. 1835, 31 juill. 1838, 29 juin 1841, 23 déc. 1845. — *Weekly Recorder of Prince Edward Island* (Charlottetown), 9 févr., 31 août 1811. — G.-B., WO, *Army list*, 1796–1818. — *N.S. vital statistics, 1813–22* (Punch), nᵒ 2697. — Morton, *Hist. of Canadian west* (Thomas ; 1973), 401–402, 410, 412. — I. L. Rogers, *Charlottetown : the life in its buildings* (Charlottetown, 1983). — D. W. Thomson, *Men and meridians : the history of surveying and mapping in Canada* (3 vol., Ottawa, 1966–1969), 1 : 222. — Glyndwr Williams, *The British search for the northwest passage in the eighteenth century* (Londres et Toronto, 1962), particulièrement 250–252.

HOMER, JOHN, capitaine de navire, marchand, homme politique et auteur, né le 3 septembre 1781 à Barrington, Nouvelle-Écosse, fils de Joseph Homer et de Mary Atwood ; en 1812, il épousa Elizabeth B. White, et ils eurent trois fils, puis le 21 juillet 1823, à Halifax, Nancy Crocker, veuve, et de ce mariage naquirent deux fils et deux filles ; décédé le 3 mars 1836 à Halifax.

John Homer était le petit-fils d'un marchand de Boston qui s'était établi à Barrington au début de la Révolution américaine. Son père fut pendant plus de 20 ans commis et teneur de livres chez un autre marchand de la même ville, John Sargent*. John prit la mer très jeune, comme beaucoup d'autres garçons de la côte néo-écossaise. Il se fixa aux États-Unis à l'âge de 17 ans et « pour des raisons commerciales devint citoyen de ce pays ». En 1814, à cause de la guerre qui sévissait entre la Grande-Bretagne et les États-Unis, il prêta le serment d'allégeance à George III, construisit une maison à Barrington et y installa sa famille.

Une fois la guerre terminée, en 1815, Homer, comme d'autres Néo-Écossais, transporta des cargaisons de poisson aux Antilles, investit le produit de ses ventes dans l'achat de denrées et fit souvent voile vers les États-Unis pour y acheter de la farine et des céréales panifiables qu'il revendait ensuite chez lui. Après qu'on eut banni des ports américains les navires immatriculés en Nouvelle-Écosse en septembre 1818, Homer voyagea « sur des navires attachés à Boston, soi-disant à titre de pilote mais en réalité comme capitaine ». En cinq ans, il fit une cinquantaine de voyages au cours desquels il emportait chaque fois « entre trois et trente milliers de dollars » pour acheter de la farine et d'autres marchandises aux États-Unis. Il fit également du commerce en Hollande, au Danemark, en Norvège et en Suède.

Homer

Le 6 juillet 1826, Homer fut élu député du canton de Barrington. Pendant les années où il siégea à l'Assemblée, il n'y avait pas encore de partis politiques organisés, mais en général il vota du côté de la minorité. Ainsi en 1829 il faisait partie du groupe restreint de dix députés qui réclamèrent l'annulation de la résolution qui condamnait le député John Alexander Barry* à l'emprisonnement et, en 1834, il se trouva au sein de la minorité qui vota en faveur d'un conseil électif. Selon le compte rendu du débat sur l'ampleur de la liste civile, tenu la même année, Homer déclara qu'« on lui avait prêté publiquement l'intention de voter contre tout – il voterait contre tout ce qui est mauvais, et il voterait certainement contre tout ajout à la liste civile, quel qu'il soit ». « Est-il conforme à la justice et aux droits de l'homme, demandait-il, qu'un individu qui occupe une charge publique reçoive, à lui seul, 69 fois plus que ce qu'un travailleur peut gagner ? »

Homer fut particulièrement actif au sein du comité des pêches, dont il fit partie de 1827 à 1835. Le coût élevé de l'équipement des expéditions de pêche faisait constamment l'objet de plaintes, et à titre de député d'un canton où presque toute la population mâle travaillait dans les pêches, le transport maritime ou la construction de navires, Homer préconisait que le gouvernement provincial verse des primes généreuses sur le sel, le poisson et le tonnage des bateaux. Avec d'autres députés qui représentaient des régions de pêche, il parvint à faire adopter à cette fin des projets de loi ; cependant, le Conseil de la Nouvelle-Écosse, plus intéressé à l'exportation qu'à la pêche, les bloqua. Toutefois, en 1828, par suite d'un compromis, le Parlement affecta £15 000 au versement de primes sur la morue séchée exportable et sur le tonnage des navires immatriculés dont le propriétaire résidait en Nouvelle-Écosse et qui pêchaient à proximité des rives, en mer ou au Labrador.

En 1833, le comité des pêches recommanda de mettre £12 000 de côté pour aider les pêches pendant trois autres années, mais on n'adopta pas son rapport. L'année suivante, les capitaines des bateaux qui pêchaient au Labrador à partir de Barrington demandèrent une prime « pour encourager [leurs] pêcheurs à faire leurs expéditions à partir de chez eux dans [des] bateaux [néo-écossais] » plutôt qu'américains. En qualité de président du comité des pêches, Homer fit remarquer que le gouvernement américain versait une prime de 4 $ le tonneau et que bien des pêcheurs de Barrington et d'Argyle travaillaient sur des navires attachés à Easport, dans le Maine. Il demanda qu'on verse une prime de tonnage équivalente à la prime américaine ; il réclama également une prime pour ceux qui pêchaient « le maquereau à l'hameçon entre le cap de Sable et le cap Canso ». L'Assemblée accepta de verser pendant trois ans une prime de tonnage, mais le conseil rejeta le projet de loi ; l'Assemblée refusa d'aider la pêche au maquereau.

Homer ne se contenta pas d'une action politique dans le domaine de la pêche. Il fonda la Halifax and Barrington Fishing Association, qui exploita trois bateaux pendant plusieurs années. Les voyages du schooner *Betsey* rapportèrent quelques bénéfices mais, dans l'ensemble, l'entreprise connut des pertes beaucoup plus lourdes que prévu. Au cours d'une réunion des actionnaires à Halifax, en février 1835, Homer déclara que l'association était « une affaire ruineuse », et les actionnaires décidèrent de vendre les bateaux et tous leurs autres biens aux enchères.

Même s'il représentait une circonscription dont l'activité principale était la pêche, Homer demeura « un grand ami des agriculteurs ». Il fit partie du comité d'agriculture de l'Assemblée de 1829 à 1835 et fut président de la Barrington Agricultural Society, fondée en 1831. En 1834, il publia à Halifax *A brief sketch of the present state of the province of Nova-Scotia, with a project offered for its relief*. Il y préconisait de protéger les fermiers néo-écossais par des mesures similaires aux *Corn Laws* britanniques : bannissement de l'importation de farine américaine, aide gouvernementale aux moulins qui produisaient de la farine de blé et d'avoine, établissement d'un grenier central à Halifax où on pourrait inspecter, emballer et distribuer la farine de la colonie. Ces mesures, assurait-il, apporteraient aussi une aide énorme aux pêcheurs, puisqu'elles mettraient fin « à la fuite constante de numéraire [néo-écossais] causée par l'achat de farine aux États-Unis ».

Homer mourut d'une maladie pulmonaire pendant une session législative ; le Conseil de la Nouvelle-Écosse et l'Assemblée suspendirent leurs travaux pour assister à ses funérailles, le 5 mars 1836. On peut lire sur sa tombe, au cimetière St Paul, qu'à titre de député il avait « défendu les droits du peuple avec honnêteté et constance ». L'*Acadian Recorder* rendit hommage à sa « franche sincérité de caractère [et à] l'invariable indépendance de sa conduite », tandis qu'Alexander Lawson* du *Yarmouth Herald* notait : « avec zèle et conviction, il mit toujours ses aptitudes au service de ce qu'il croyait être à l'avantage de sa terre natale ».

Dans son testament, John Homer légua une moitié de ses biens aux fils qu'il avait eus de son premier mariage, et l'autre moitié à sa femme. Malheureusement, il mourut insolvable avec des dettes qui totalisaient £1 238. L'inventaire de la succession révèle qu'il possédait un intérieur plus luxueux que n'en avait d'ordinaire un pêcheur ou un commerçant, car il s'y trouvait une quantité considérable de meubles en acajou, de porcelaine, de verrerie, d'argenterie et de livres – dont des œuvres d'Adam Smith, de Joseph Addison et de sir Walter Scott. On autorisa sa veuve à conserver quelques meubles et ustensiles pour elle et ses quatre jeunes enfants, mais on vendit le reste.

PHYLLIS R. BLAKELEY

PANS, MG 3, 1873 ; RG 1, 227, doc. 20–21 ; RG 5, P, 42, 1834 ; 121–122 ; RG 14, 58, n° 61. — St Paul's Anglican Church (Halifax), Reg. of marriages, 21 juill. 1823 ; reg. of burials, 5 mars 1836 (mfm aux PANS). — « Barrington, Nova Scotia, vital records », A. A. Doane, édit., *Mayflower Descendants* (Boston), 8 (1906) : 140. — N.-É., House of Assembly, *Journal and proc.*, 1826–1836. — *Acadian Recorder*, 11 nov. 1820, 7 févr. 1835, 5 mars 1836. — *Novascotian, or Colonial Herald*, 11 mars, 1ᵉʳ, 29 avril, 17 juin 1830, 8, 16 févr., 29 mars 1832, 27 févr., 10, 17, 24 avril, 4, 11, 25 déc. 1834, 3 mars 1836. — *Yarmouth Herald and Western Advertiser* (Yarmouth, N.-É.), 12, 18 mars 1836. — *Directory of N.S. MLAs.* — Edwin Crowell, *A history of Barrington Township and vicinity […] 1604–1870* (Yarmouth, [1923] ; réimpr., Belleville, Ontario, 1973), 293, 298–299, 311, 418–420, 492–493. — A. A. Lomas, « The industrial development of Nova Scotia, 1830–1854 » (thèse de M.A., Dalhousie Univ., Halifax, 1950), chap. 4. — W. G. Crowell, « John Homer, M.L.A., of Barrington », N.S. Hist. Soc., *Coll.*, 32 (1959) : 31–54.

HONEY, JOHN BURROWS. V. BURROWS, JOHN

HORNE, ROBERT CHARLES, officier dans l'armée et dans la milice, chirurgien, imprimeur, fonctionnaire, éditeur, juge de paix et employé de banque, né vers 1780 en Angleterre ; le 10 mai 1815, il épousa en secondes noces Isabella Leah Gamble, et ils eurent trois fils, dont l'un mourut enfant ; décédé le 26 octobre 1845 à Toronto.

Lorsque Robert Charles Horne arriva au Canada, plusieurs mois avant la guerre de 1812, il était membre du Royal College of Surgeons of London, marié et père d'une fille. Au début des hostilités, il posa sa candidature au poste d'adjoint au chirurgien des Glengarry Light Infantry Fencibles. On approuva sa nomination le 29 octobre 1812, et il rejoignit son régiment au fort George (Niagara-on-the-Lake, Ontario) au début de 1813. Lorsqu'en mai les Américains prirent le fort George, Horne perdit tout son fourniment. Il servit ensuite à Kingston, où sa femme mourut en mai 1814 ; c'est là qu'un an plus tard il épousa Isabella Leah Gamble, sœur de William* et de John William* Gamble. Le 25 août 1816, pendant qu'il était en garnison à York (Toronto), son régiment fut licencié et on mit Horne à la demi-solde. Nommé chirurgien du Regiment of North York militia en 1822, il recouvra trois ans plus tard une solde complète à titre de chirurgien d'état-major de l'effectif médical du Haut-Canada, mais il refusa de servir et le 25 décembre 1826 on le radia du rôle de l'armée.

Immédiatement après qu'on l'eut mis à la demi-solde, en 1816, Horne s'était lancé dans l'imprimerie et l'édition. En décembre, il imprima la constitution de la Bible and Common Prayer Book Society of Upper Canada, organisme qu'il avait fondé avec d'autres à York le 3 du même mois. Peu après l'impression de sa première brochure, Horne devint également imprimeur du roi et propriétaire du journal officiel de la province, la *York Gazette,* qui traversait une phase difficile. Les Américains avaient endommagé ou détruit la presse à la prise d'York en 1813, et les deux éditeurs précédents avaient eu des mandats brefs et improductifs. Horne ne tarda pas à demander au gouvernement d'acheter une presse moderne et un lot suffisant de caractères et de l'autoriser à hausser ses tarifs, ce que le Conseil exécutif accepta avec certaines réserves. De plus, Horne rebaptisa le journal *Upper Canada Gazette.*

Le fait que Horne soit passé sans transition de l'armée à l'imprimerie, tout comme son succès manifeste dans l'édition, suggère qu'il avait déjà acquis quelque expérience, peut-être en Angleterre, mais aucune preuve ne vient étayer cette supposition. Pendant les années où il fut imprimeur du roi, il publia plusieurs livres et pamphlets, dont la réplique de Charles FOTHERGILL à l'attaque que Robert Gourlay* avait lancée en 1818 contre le lieutenant-gouverneur sir Peregrine Maitland*. L'année suivante, il entreprit la publication du périodique de John Strachan*, le *Christian Recorder.* Cependant, son mandat ne se déroula pas sans incidents malheureux. En 1818, il fut assigné à comparaître devant la chambre d'Assemblée pour justifier le fait de s'être « identifié lui-même comme l'auteur » dans une annonce des lois de la province qui avait paru dans la *Gazette* du 19 mars. Horne comparut, reconnut sa culpabilité et formula des excuses. Vers 1820, il engagea l'imprimeur Francis Collins* à qui il confia, au début de 1821, le soin de rapporter les débats de l'Assemblée dans la *Gazette.* Mécontent du caractère ouvertement tendancieux des comptes rendus, le gouvernement convoqua de nouveau Horne, qui comparut le 9 février 1821 et se défendit, semble-t-il, en alléguant qu'il n'avait pas rapporté lui-même les débats. Il s'excusa humblement et s'en tira avec une réprimande sévère. Peu après, Maitland lui refusa l'autorisation de publier des comptes rendus des débats dans la *Gazette.* Le 1ᵉʳ mars, Horne lança donc un supplément à celle-ci, le *York Weekly Post,* où il rapportait les débats. Puis, à la fin de l'année, « dégoûté d'une situation toujours particulièrement inquiétante et désagréable », il démissionna de son poste d'imprimeur du roi. Fothergill lui succéda le 1ᵉʳ janvier 1822 ; Collins, qui avait aussi posé sa candidature, essuya une rebuffade.

Horne se signala de diverses autres façons pendant ces années d'après-guerre. En 1817, il joua un rôle mineur dans les préliminaires du malheureux duel qui opposa John Ridout et Samuel Peters Jarvis* : il fut

Howard

l'un de ceux qui séparèrent les deux hommes pendant leur bagarre dans une rue d'York. Toujours membre de la société biblique, Horne devint secrétaire de la Society of Friends to Strangers in Distress dès sa fondation à York, en octobre 1817. En février 1821, il était secrétaire de l'Agricultural Society of Upper Canada et, pendant plus de 15 ans, à compter du 3 juin 1822, il fut juge de paix dans le district de Home.

Lorsqu'il abandonna l'édition, en 1822, Horne devint premier guichetier à la Bank of Upper Canada, fondée peu de temps auparavant. Même sans aucune aptitude évidente pour cette charge, il donna apparemment satisfaction puisqu'il l'occupa jusqu'à la fin de ses jours. Il est à tout le moins possible qu'au début il ait bénéficié du fait que sa femme et celle de William Allan*, président de la banque, étaient des sœurs ; en outre, son nom figurait sur la demande de constitution de la nouvelle banque. On est peu renseigné sur ses activités au sein de l'établissement, dont l'administrateur le plus important et le plus visible était le caissier (directeur général) Thomas Gibbs Ridout*. Cependant, vu ses opinions conservatrices – faciles à prouver puisqu'il figure sur la longue liste des personnes attaquées par William Lyon Mackenzie* –, Horne devait se sentir à l'aise dans ce milieu dominé par des membres du *family compact*.

Horne ne semble pas avoir exercé la médecine après 1816, mais le 7 avril 1823 on le nomma au Medical Board of Upper Canada, où il joua un rôle actif pendant près de deux décennies. Il fut également trésorier du College of Physicians and Surgeons of Upper Canada, de sa fondation à sa dissolution, soit de mai 1839 à janvier 1841. Mackenzie s'était moqué du Medical Board en 1824 en prévenant les candidats éventuels qu'ils auraient à « subir la *mâchoire* d'un Sampson [James Sampson*], le *quantum sufficit* d'un Horne et les *questions* insignifiantes du docteur-juge-greffier Powell [Grant POWELL], cet Hippocrate des temps modernes ».

Signe encore plus probant de son antipathie envers Horne, Mackenzie mit lui-même le feu à la maison de celui-ci pendant la rébellion de 1837. Horne, tory convaincu et militant, avait supposément refusé à Mackenzie certains des services de la Bank of Upper Canada et lui avait manifesté son mépris. Le 5 décembre 1837, Mackenzie interrompit sa marche sur Toronto pour se rendre chez Horne, rue Yonge, juste au nord de la rue Bloor ; il entra, sans être invité, maltraita les personnes présentes et, de ses propres mains, mit le feu à la maison. Mme Horne dut s'enfuir dans la neige avec ses enfants et, selon l'écrivain William Canniff*, contracta alors un mal qui devait l'affecter en permanence. L'historien John Charles Dent* émet l'hypothèse que Mackenzie n'avait pas toute sa tête à ce moment. Cet acte contribua certes à tourner contre Mackenzie bien des gens qui n'avaient pas encore choisi leur camp. Le 23 février 1839, une commission spéciale recommanda que Horne touche £2 127 18s 9d pour ses pertes.

La dernière intervention connue de Robert Charles Horne est une longue lettre écrite le 26 juin 1841 au maire de Toronto, George Monro*, au sujet de sa « récente proclamation sur les conditions malsaines ». À quelques-unes de ces conditions : les tanneries installées dans les zones populeuses ; les rues sales, encombrées et mal entretenues ; la lessive jetée dans la rue, qui « dev[enait] extrêmement nauséabonde » parce qu'il s'y « form[ait] des flaques, creusées par le passage du bétail et par les porcs qui s'y vautr[aient] », Horne suggérait des remèdes. Jusqu'à la fin, il demeura un médecin préoccupé d'hygiène publique.

CHARLES G. ROLAND

AO, MS 78, John Strachan à Macaulay, 25 févr. 1819 ; RG 22, sér. 305. — APC, RG 1, E3, 10 : 99–114 ; 60 : 240–250 ; RG 5, A1 : 10565–10566 ; RG 8, I (C sér.), 84 : 209 ; 289 : 52–53 ; 1168 : 99 ; 1169 : 106. — CTA, RG 1, B, R. C. Horne au maire [George Monro], 26 juin 1841 (mfm aux AO). — *Colonial Advocate*, 18, 27 mai 1824. — *Upper Canada Gazette*, déc. 1816–déc. 1821. — *York Weekly Post*, 22 févr.–26 déc. 1821. — William Johnston, *Roll of commissioned officers in the medical service of the British army* [...] (Aberdeen, Écosse, 1917). — William Kingsford, *The early bibliography of the province of Ontario* [...] (Toronto et Montréal, 1892). — Canniff, *Medical profession in U.C.* — J. C. Dent, *The story of the Upper Canadian rebellion ; largely derived from original sources and documents* (2 vol., Toronto, 1885). — E. C. Guillet, « Pioneer banking in Ontario : the Bank of Upper Canada, 1822–1866 », *Canadian Paper Money Journal* (Toronto), 14 (1978) : 9–18.

HOWARD, PETER, fermier, homme d'affaires, homme politique, juge de paix, fonctionnaire et médecin, né vers 1771 dans les colonies américaines, celle de New York probablement, quatrième fils de Matthew Howard ; il épousa Sarah Munsel (Munsall), et ils eurent trois fils et deux filles, puis le 17 octobre 1833 une veuve, Margaret Seaman, mais ils n'eurent pas d'enfants ; décédé le 24 novembre 1843 à Brockville, Haut-Canada.

Le père de Peter Howard, fermier, vivait à Pittstown, dans la colonie de New York, lorsque la Révolution américaine éclata. Il prit les armes pour les Britanniques en 1777, servit dans plusieurs unités loyalistes, fit de l'espionnage et tomba plusieurs fois aux mains des rebelles. Après la guerre, il s'établit dans l'ouest de la province de Québec avec sa famille. En 1791, Peter demanda une terre au gouvernement en qualité de fils de loyaliste et reçut 200 acres. Il avait des propriétés dans plusieurs cantons de la nouvelle province du Haut-Canada mais élut résidence dans celui d'Elizabethtown, où vivaient son père et d'autres membres de sa famille. Fermier à l'aise, il possédait, dès 1804, 85 acres en culture, 400 en friche, plusieurs bêtes et un alambic. De plus, pendant un temps il tint une auberge. En 1802, à l'occasion des réformes administratives entreprises par le lieutenant-gouverneur Peter Hunter* pour réduire le nombre de candidats admissibles à des concessions de terre, Howard avait vu son nom radié de la liste des loyalistes. On ignore sa réaction, mais en général les loyalistes accueillirent avec colère ces radiations, qui semblaient désavouer l'intention du roi.

Candidat dans la circonscription de Leeds en 1804, Howard gagna haut la main grâce à l'appui de membres de différentes couches de la population locale, dont Joel Stone*, Levius Peters Sherwood et Peet Selee. Au cours de la quatrième législature (1805–1808), l'opposition se consolida à l'Assemblée, mais Howard ne s'y associa que plus tard, et graduellement. En 1805, il appuya le *District School Bill* d'Ebenezer Washburn*. L'année suivante, il présenta et défendit une pétition (où la signature de William Buell* venait en tête) pour qu'on déplace la prison et le palais de justice et qu'on les installe sur l'emplacement actuel de Brockville. Il appuya aussi une autre initiative de Washburn, soit la constitution d'un bureau qui réglementerait l'exercice de la médecine dans la province. Sa modeste notoriété lui valut d'humbles récompenses, dont une commission de juge de paix de district en 1806. Il s'occupait consciencieusement, au nom de ses électeurs, du règlement de questions relatives aux titres de biens-fonds et, avec Samuel Sherwood, député de la circonscription voisine, Grenville, pressait le gouvernement de faire arpenter convenablement les cantons arrière du comté de Leeds.

En somme, rien n'annonçait que Howard jouerait un rôle dans l'un des épisodes les plus dramatiques dont le Parlement haut-canadien serait le théâtre avant la guerre de 1812. Le 5 mars 1808, avec Thomas Dorland* et David McGregor Rogers*, il se retira de la chambre qui, pendant un temps, se trouva ainsi privée du quorum. Par ce geste, les trois députés protestaient contre un amendement qui aurait éliminé l'échéance légale imposée au *District School Act* de 1807. C'est Sherwood qui, en obtenant qu'on modifie le règlement de la chambre pour permettre le jour même la troisième lecture de l'amendement, avait mis le feu aux poudres. Les trois députés n'avaient que faire de cette manœuvre, antiparlementaire à leur avis, ni de son but. Furieux, le lieutenant-gouverneur Francis Gore* démit Howard et Dorland de leurs fonctions, mais Rogers lui donna plus de fil à retordre. Dans une lettre à Charles Jones d'Elizabethtown (Brockville), Sherwood blâma Howard d'avoir laissé « son tempérament obstiné et contrariant le dominer et le conduire à un acte excessif et des plus violents » ; il concluait en pressant Jones de veiller à ce que « cette affaire [...] soit présentée sous son vrai jour à la population de [son] comté ».

Les élections générales de mai permirent de mesurer la popularité du geste de Howard. Au terme d'une dure campagne où se révélèrent ses forts penchants égalitaristes, il remporta de nouveau la victoire. Ni Dorland ni Rogers n'aimaient tellement le parti pris aristocratique de la constitution britannique ; Howard, lui, ne l'aimait pas du tout et, en fait, manifestait peu de sympathie pour quelque monopole que ce soit. Visé par les « dards enflammés du mensonge », il expliqua à ses électeurs que la perte de sa fonction de magistrat n'avait « rien eu de surprenant » ; « nous avions le choix, disait-il, de rester et de léser nos gens, ou de sortir et de perdre nos postes, et pour ma part je n'ai pas choisi le métier de législateur pour plaire au gouverneur, mais pour défendre vos droits ». Un document anonyme qui circula pendant la campagne et dont l'auteur était Howard ou l'un de ses partisans situait l'affaire dans un contexte plus vaste. L'objet du différend était la prédominance des « hommes de loi » à la chambre et leur propension à « adopter les lois qui leur conv[enaient] le mieux ». Howard, lui, était dépeint comme le champion de ses électeurs et « surtout [...] l'ami des pauvres ». La clique des avocats augmenterait les impôts pour son propre bénéfice et autoriserait les confiscations de terres en paiement des dettes, ce qui permettrait de « découper [la contrée] en domaines et de réduire à l'esclavage les gens du commun ». L'auteur exhortait les fermiers à élire leurs semblables et à « se garantir contre les manœuvres des grands », pour qui « il [était] naturel d'opprimer les pauvres ».

Au cours de la cinquième législature (1809–1812), le fossé s'élargit entre les camps. Howard se rapprochait constamment de l'opposition que dirigeait Joseph Willcocks*. Ainsi en 1810 il se rangea du côté de la minorité qui refusait de condamner le pamphlet de John Mills Jackson comme un écrit séditieux. Ses propres initiatives étaient aussi variées que caractéristiques : intérêt soutenu pour la réglementation de la profession médicale, tentative en vue de prévenir les irrégularités aux élections, présentation d'un projet de loi d'aide aux pauvres et d'un autre qui « interdirait la représentation dans la province, contre gages ou bénéfices, d'intermèdes, de spectacles de marionnettes, de funambules ou de théâtre ». À compter de 1811, il vota de la même façon que les membres les plus radicaux de l'opposition – Willcocks, John Willson* et Benajah Mallory*. Pendant la session de 1812, même s'il appuyait l'objectif global des révisions du *Militia Act*, c'est lui qui, apparemment, par son vote (il présidait le comité plénier) empêcha l'adoption d'un amendement qui exigeait de tous les miliciens qu'ils abjurent toute loyauté envers les États-Unis. De plus, comme William Lyon Mackenzie* le rappellerait en 1833, il fut le premier à présenter une requête en faveur du scrutin secret.

Howard se présenta aux élections générales de juin

Hoyles

1812 mais, en partie à cause de la campagne de diffamation menée contre lui par Charles Jones, c'est Levius Peters Sherwood qui remporta la victoire. Quatre ans plus tard, il reprit son siège. Au cours de la septième législature (1817–1820), il se fit moins remarquer (il n'assista d'ailleurs pas du tout à la session de 1819). Il lui arrivait encore souvent d'appuyer l'opposition, mais au moins dans un cas important il se montra prêt à réduire les droits civils. Mackenzie, dans le survol qu'il fit en 1828 du passé politique de la province, notait que Howard avait soutenu à l'Assemblée l'infâme projet de loi de 1818 qui visait à proscrire toute réunion séditieuse et qui avait pour but de nuire à Robert Gourlay*. Durant le débat, Howard qualifia Gourlay de « grand séducteur [qui] pourrait persuader le peuple de n'importe quoi » ; toujours selon Mackenzie, il « avait déclaré à la population qu'elle n'avait aucun motif de grief ». Howard se présenta de nouveau en 1820 et 1824, mais sans succès. Cependant, il ne se désintéressa jamais de la politique. En 1830, il présida à Brockville une assemblée qui appuyait la candidature de son fils Matthew Munsel et de William Buell* fils. En 1834 et 1836, il prit part à des assemblées du même genre et, toujours en 1836, fut élu président de la Johnstown District Reformer's Society. À ce moment-là, il en était arrivé à représenter la tradition réformiste dans la région. Andrew Norton Buell* intervint personnellement auprès de Howard en 1836, de la part de Mackenzie, afin de récupérer des notes personnelles du journaliste torontois. Howard se montra peu disposé à répondre à cette demande, et Buell écrivit à Mackenzie : « Le docteur [semble] plutôt vouloir différer [la chose …], et il me serait très désagréable d'insister car c'est un vieil ami. De plus, sa famille et ses nombreuses relations sont en général des réformistes, et trop insister pourrait […] nuire à la cause de la réforme. »

Après la guerre, Peter Howard avait été commissaire de la voirie. En 1819, il quitta Elizabethtown pour s'installer près des moulins dont il avait fait l'acquisition dans le canton de Yonge. Même s'il pratiquait déjà la médecine avant la guerre, il passa l'examen du Medical Board du Haut-Canada en juillet 1828 et obtint l'autorisation d'exercer le 5 février 1830. Quand il s'installa de nouveau à Brockville en 1833, le *Brockville Recorder* nota « sa longue pratique [de la médecine] et sa connaissance des maladies auxquelles la communauté [était] sujette ».

ROBERT LOCHIEL FRASER

AO, MS 516, A. N. Buell à W. L. Mackenzie, 21 janv. 1836 ; MS 520 ; MS 537 ; MU 275 ; RG 1, A-I-6 ; RG 21, United Counties of Leeds and Grenville, census records. — APC, MG 24, B7 ; RG 1, E3 ; E14 ; L3 ; RG 5, A1 ; B9 ; RG 68, General index, 1651–1841. — BL, Add. mss 21826–21828 (copies aux APC). — PRO, AO 12 (mfm aux APC). — QUA, 3077. — H.-C., House of Assembly, *Journal*, 1831 : 34, 36, 38. — « Journals of Legislative Assembly of U.C. », AO *Report*, 1909 ; 1911 ; 1913–1914. — *Loyalist settlements, 1783–1789 : new evidence of Canadian loyalist claims*, W. B. Antliff, compil. (Toronto, 1985), 105. — W. L. Mackenzie, *The legislative black list, of Upper Canada ; or official corruption and hypocrisy unmasked* (York [Toronto], 1828). — « Political state of U.C. », APC *Report*, 1892 : 32–135. — « Upper Canada land book C, 29th June, 1796, to 4th July, 1796 ; 1st July, 1797, to 20th December, 1797 ». — « Upper Canada land book D, 22nd December, 1797, to 13th juill., 1798 », AO *Report*, 1931. — *Brockville Recorder*, 1833–1836. — *Colonial Advocate*, 1824, 1833. — *Kingston Chronicle*, 1819–1820. — *Kingston Gazette*, 1816–1818. — *York Gazette*, 1808. — *Death notices of Ont.* (Reid). — *Marriage bonds of Ont.* (T. B. Wilson). — Reid, *Loyalists in Ont.* — T. W. H. Leavitt, *History of Leeds and Grenville, Ontario, from 1749 to 1879* […] (Brockville, Ontario, 1879 ; réimpr., Belleville, Ontario, 1972). — Patterson, « Studies in elections in U.C. », chap. 3.

HOYLES, NEWMAN WRIGHT, capitaine de navire, homme d'affaires, homme politique, fonctionnaire et juge de paix, né le 30 août 1777 à Dartmouth, Angleterre, deuxième fils du docteur William Hoyles et d'Anne Wright ; en 1801, il épousa dans la même ville Lucretia Brown, et ils eurent trois fils et six filles ; décédé le 29 février 1840 à St John's.

Né dans un port de mer du sud du Devon traditionnellement engagé dans la pêche saisonnière à Terre-Neuve, Newman Wright Hoyles prit la mer à l'âge de 15 ans. Capitaine d'un brick à 21 ans, il parcourut les routes de commerce de l'Atlantique Nord en faisant escale dans des ports antillais, européens et terre-neuviens. Dès 1806, il avait ouvert une maison de commerce avec Thomas Follett, membre d'une société du Devonshire établie depuis longtemps à Terre-Neuve. En 1801, son mariage avec Lucretia Brown, fille du médecin affecté à la garnison britannique de Placentia, avait resserré ses attaches avec l'île. Hoyles élut domicile à St John's au plus tard en 1810, année où il se réunit avec 35 autres marchands et *planters* pour fixer le prix du poisson et de l'huile de morue qui s'appliquerait cette saison-là. En 1812, il devint le représentant de la Marine Insurance Society qu'avaient établie les marchands de St John's ; dès 1815, il dirigeait sa propre maison de courtage en assurances et, moins d'un an plus tard, il était le représentant désigné de la Lloyd's de Londres.

Grâce à une nouvelle société qu'il avait formée en 1813 avec Hugh William Brown, marchand de Londres, courtier d'assurances et probablement l'un de ses beaux-frères, Hoyles put survivre au marasme qui frappa le commerce du poisson après 1815. Dotée de succursales à Port de Grave et à Trepassey ainsi que de stations de pêche sur la côte du Labrador, la Brown, Hoyles and Company devint une très grande entreprise commerciale : elle possédait des navires au long cours, importait des marchandises et exportait du poisson.

En 1813, et peut-être avant, on avait élu Hoyles au comité de la Society of Merchants, organisme qui, à défaut d'une autorité locale constituée, jouait un grand rôle dans l'administration de la ville. Hoyles devint membre des comités du phare, de la poudrière et du lamanage. Premier instigateur du règlement sur l'emploi de lamaneurs dans le port, il s'attira la désapprobation du gouverneur John Thomas Duckworth* pour ne pas avoir obtenu préalablement sa sanction. En 1819, Hoyles proclama son appui à l'érection de St John's en municipalité, et il soutint que le lamanage était tombé en discrédit parce qu'il n'existait aucune autorité municipale pour appliquer le règlement. En fait, disait-il, tous les autres services municipaux, dont la police, les corps de sapeurs-pompiers et l'hôpital, avaient connu le même sort. À l'occasion d'une assemblée de citoyens tenue plus tard en 1819 sous sa présidence, il fit savoir que le jury d'accusation, dont il était président, avait décidé à l'unanimité qu'on devait confier à un comité choisi au cours d'une assemblée municipale et autorisé à percevoir des taxes foncières le pouvoir d'établir une police civile, de secourir les pauvres et de réglementer les corps de sapeurs-pompiers, le lamanage, l'hôpital, le phare et la poudrière. Hoyles fit partie du comité élu pour rédiger un projet de loi sur l'érection de St John's en municipalité, mais une dispute à propos de l'évaluation des propriétés empêcha de soumettre le document au gouverneur.

En 1823, on élut Hoyles vice-président de la St John's Chamber of Commerce, qui constituait l'exécutif de la nouvelle Commercial Society. Avec William CARSON et Patrick MORRIS, il servit également à titre de trésorier du « comité des habitants » chargé d'étudier le projet de réorganisation des tribunaux de Terre-Neuve, déposé depuis peu au Parlement britannique. Le comité, résolu à obtenir pour l'île un corps législatif qui superviserait l'utilisation des revenus publics, ébaucha son propre projet de loi. En 1824, on adopta la loi britannique de judicature : elle accordait une charte municipale à St John's, mais était loin de répondre aux espoirs du comité. L'appui que donna Hoyles à la réforme eut d'autant plus de poids qu'il était lui-même un éminent citoyen. Ainsi, à divers moments entre 1819 et 1824, il fut trésorier de la St John's Library Society, économe de la St John's Charity School, marguillier anglican, capitaine du corps de sapeurs-pompiers qu'il forma en 1824, président du comité de secours aux pauvres, de la Marine Insurance Association ainsi que du jury d'accusation. En reconnaissance de cette importance, le gouverneur Thomas John Cochrane* le nomma en 1825 aide de camp, avec le grade de lieutenant-colonel. Au même moment, tout en émettant des

réserves sur le conflit d'intérêts que pouvaient amener ses activités commerciales, il recommanda sa nomination au Conseil de Terre-Neuve, mais sans succès.

En 1827, à titre de président de la St John's Chamber of Commerce, Hoyles fit parvenir à Londres une pétition contre l'extension des droits sur les produits importés. L'année suivante, il fut l'un de ceux qui réclamèrent une assemblée publique dans le but de demander au Parlement britannique de ne pas imposer d'autres droits sur les importations et d'accorder à l'île un corps législatif. Il prit la parole à cette réunion, où il appela Morris « l'O'Connell de Terre-Neuve » et qualifia Carson, qui intervint lui aussi, de « patriote plus grand encore », et soutint qu'un Parlement colonial n'engendrerait aucune difficulté financière. Lorsque Terre-Neuve obtint un gouvernement représentatif, en 1832, Hoyles, qui s'était départi de ses intérêts commerciaux, devint député de la baie Fortune. On le nomma trésorier de la colonie en décembre de la même année.

Newman Wright Hoyles, qui avait proposé Carson comme candidat aux élections de 1832, était partisan de la réforme, mais surtout dans la mesure où celle-ci touchait les griefs des insulaires et l'adoption de règlements municipaux. Il présenta des projets de loi qui visaient à réglementer l'entreposage de la poudre à canon, les corps de sapeurs-pompiers, le lamanage et la protection contre les maladies infectieuses, à faire creuser une tranchée coupe-feu, à porter secours aux marins et pêcheurs frappés d'incapacité et à fonder des hôpitaux. En 1833, il voulut présenter un projet de loi relatif à l'érection de St John's en municipalité, mais il ne put le faire. L'Assemblée connaissait de nombreuses difficultés financières, qu'aggrava l'apparition des luttes partisanes. À titre de trésorier de la colonie, Hoyles s'attira les foudres de l'Assemblée, et surtout des réformistes, en versant en novembre 1834, sur un ordre inconstitutionnel du gouverneur Cochrane, la somme de £853 6s 11d. Il ne siégea plus à la chambre après 1836 mais demeura trésorier de la colonie jusqu'à sa mort. Entre 1838 et 1840, il fit partie du bureau de santé et du bureau des commissaires du lamanage ; il fut aussi juge de paix et caissier (directeur général) de la Savings Bank. Son fils Hugh William* allait être le premier Terre-Neuvien d'origine à devenir premier ministre de la colonie, poste qu'il occupa de 1861 à 1865 ; il fut aussi juge en chef de 1865 à 1880.

PAMELA BRUCE

Arch. privées, N. J. S. Hoyles (Grand Bend, Ontario), « The house of Hoyles », H. L. et N. W. Hoyles, compil. (1913). — Cathedral of St John the Baptist (Anglican) (St John's), Reg. of baptisms and burials. — Devon Record Office (Exeter, Angl.), 2537 A (St Petrox, Dartmouth), reg. of baptisms and marriages ; 2992 A (St Saviour, Dartmouth), reg. of baptisms. — MHA, Hoyles name file. — PANL, GN

Hubert

2/1/A, mai, 9 oct. 1822, 19 oct. 1825. — PRO, BT 98/6–9. — T.-N., House of Assembly, *Journal*, 1833–1835. — *Newfoundland Mercantile Journal*, 1819–1820, 1824. — *Public Ledger*, 1810, 1824, 1827–1829. — *Royal Gazette and Newfoundland Advertiser*, 1810–1813, 1815–1816, 1828, 1832–1834, 1840. — Gunn, *Political hist. of Nfld.* — Leslie Harris, « The first nine years of representative government in Newfoundland » (thèse de M.A., Memorial Univ. of Nfld., St John's, 1959). — A. H. McLintock, *The establishment of constitutional government in Newfoundland, 1783–1832 : a study of retarded colonisation* (Londres et Toronto, 1941). — Prowse, *Hist. of Nfld.* (1895). — Keith Matthews, « The class of '32 : St. John's reformers on the eve of representative government », *Acadiensis* (Fredericton), 6 (1976–1977), n° 2 : 80–94. — *Royal Gazette and Newfoundland Advertiser*, 10 sept. 1907.

HUBERT, LOUIS-ÉDOUARD, marchand, homme politique et officier de milice, né le 15 février 1766 à Montréal, fils de Pierre Hubert et de Marie-Josephte Chartier ; décédé le 9 novembre 1842 à Saint-Denis, sur le Richelieu, Bas-Canada, et inhumé dans le caveau de l'église paroissiale.

Louis-Édouard Hubert descendait d'une honorable famille de magistrats parisiens venue au Canada vers 1665 et qui donna à Québec son neuvième évêque, Mgr Jean-François Hubert*. Son père s'occupa de construction navale à Montréal et fut contremaître et inspecteur des bois de construction sous le Régime français, poste qu'il détenait encore en 1775 à la prise de Montréal par les Américains, qui le chassèrent de son logis et l'obligèrent à se cacher pendant plusieurs mois.

Après des études à Montréal et au petit séminaire de Québec, Hubert s'établit à Saint-Denis, sur le Richelieu, bourg en pleine croissance commerciale implanté dans la prospère seigneurie du même nom et que le curé François Cherrier* voyait même comme le siège d'un futur évêché. C'est à Saint-Antoine-de-la-rivière-Chambly (Saint-Antoine-sur-Richelieu), sur la rive opposée de la rivière, qu'il épousa le 22 novembre 1796 Cécile Cartier, fille du riche marchand Jacques Cartier* et future tante de sir George-Étienne Cartier*. Par sa mère, la mariée était aussi cousine de Mgr Joseph-Octave Plessis*. De leur nombreuse famille on connaît trois filles et quatre fils.

Hubert devint rapidement un notable dans son milieu. Il acquit des propriétés et dirigea un important commerce dans sa paroisse réputée pour sa production de blé. Le 5 juillet 1800, on l'élit député de Richelieu à la chambre d'Assemblée du Bas-Canada où il siégea, avec assez peu d'assiduité, jusqu'en 1804, année où il ne sollicita pas de renouvellement de mandat. Pourtant, à l'ouverture de la première session de la troisième législature, il avait accepté de faire partie du comité chargé de l'établissement des écoles gratuites, mais il était déjà absent au moment de la présentation de ce projet de loi. Dans le cours de tout son mandat, il

ne vota que huit fois, pour appuyer autant le parti canadien que celui des bureaucrates. Par ailleurs, Hubert se ressentait du fléchissement de l'économie et ses affaires prenaient une mauvaise tournure ; en juin 1804, plusieurs créanciers obtenaient une saisie contre un certain nombre de ses propriétés. Cependant, il put rétablir sa situation et, à l'occasion de la visite de sir James Henry Craig* à Saint-Denis, sur le Richelieu, en 1810, il était en mesure de loger aisément dans ses écuries les chevaux du gouverneur et de sa suite.

Pendant la guerre de 1812, Hubert prit une part active à la défense du Canada. Dès le 15 septembre de cette année-là, il reçut une commission de lieutenant quartier-maître dans le 2e bataillon de la milice d'élite incorporée du Bas-Canada. Il rejoignit rapidement le camp de Laprairie (La Prairie), où il se trouvait déjà le 7 octobre. Peu après, il accompagna les soldats jusqu'à Lacolle pour des manœuvres : il marcha par tous les temps et dormit sur la dure, un exercice plutôt rude pour un homme qui approchait de la cinquantaine. À l'exception d'un séjour à Chambly, il semble avoir passé tout le reste de la guerre à Laprairie.

Hubert remit sa démission le 24 mai 1814 et reprit ses activités commerciales et agricoles. Il s'occupa de l'éducation de ses enfants en inscrivant deux de ses fils au collège de Saint-Hyacinthe et l'une de ses filles au couvent des ursulines à Trois-Rivières. Il veilla aussi au règlement de l'importante succession de son beau-père. À titre d'officier de milice, selon une proclamation du prince régent, Hubert avait droit à 500 acres de terre dans les Cantons-de-l'Est ; il entreprit donc des démarches en conséquence et, le 24 juillet 1823, on lui accordait un certificat pour des lots dans le canton d'Upton. Mais il ne parvint jamais à les obtenir malgré des interventions de toutes sortes et des frais d'arpenteur. Outré d'apprendre qu'on avait, malgré lui, concédé ces lots à la famille de Martigny, il accusa celle-ci de collusion avec l'arpenteur général. Il poursuivit ses réclamations jusqu'en 1837 et se vit proposer des terres dans différents cantons, mais sans résultats concrets. Ses services à la couronne ne furent pas plus reconnus que ceux qu'avait rendus son père en 1775, et au nom duquel il avait, sans succès, présenté une semblable requête.

Hubert n'appuya pas les patriotes au moment des troubles de 1837–1838, mais il subit quand même les représailles des troupes britanniques après la bataille de Saint-Denis, et on saccagea sa maison. Deux de ses fils se trouvaient à Saint-Eustache avec Jean-Olivier Chénier, et il connut l'angoisse quand ils furent arrêtés à Saint-Antoine-sur-Richelieu, où ils se cachaient, puis détenus du 6 janvier 1838 jusqu'en juillet lorsqu'on les libéra contre, du moins pour l'un des deux, une caution de £2 000. Un comité du Conseil spécial recommanda, en 1840, de verser à Hubert une compensation de près de £115 pour les dommages subis, mais rien ne fut fait pour lui dans l'immédiat, et toute cette question créa de grands remous pendant une dizaine d'années.

Louis-Édouard Hubert mourut à l'âge de 77 ans, en laissant sa femme et plusieurs descendants. À Saint-Denis, sur le Richelieu, la rue Saint-Hubert rappelle l'existence de cette famille qui y résida jadis et dont le chef fut un membre estimé de cette bourgeoisie, encore trop mal connue, qui par son action sociale, économique et politique a largement influencé son milieu.

MARIE-PAULE R. LaBRÈQUE

Un portrait de Louis-Édouard Hubert, le représentant dans son manteau rouge de milicien, a été peint par son ami le notaire Jean-Joseph Girouard*, à Laprairie, pendant la guerre de 1812.

ANQ-M, CE1-3, 22 nov. 1796 ; CE1-51, 16 févr. 1766 ; CE2-12, 12 nov. 1842. — ANQ-Q, E21. — APC, RG 1, L3L : 108 ; RG 4, A1, index ; RG 31, C1, 1825, 1831, Saint-Denis (Richelieu). — Arch. de la Soc. d'hist. régionale de Saint-Hyacinthe (Saint-Hyacinthe, Québec), Fg-12 ; Notes de Claire Lachance. — ASSH, A, Fg-3 ; Fg-41 ; Fg-46. — B.-C., chambre d'Assemblée, *Journaux*, 1801–1804 ; Conseil spécial, *Journaux*, 1840. — *La Collection Elgin-Grey, 1846–1852*, A. G. Doughty, édit. (4 vol., Ottawa, 1937), 4. — *La Gazette de Québec*, 9 juill. 1800, 14 juin 1804, 8 oct. 1812, 18 juill. 1839. — F.-J. Audet, « les Législateurs du B.-C. ». — F.-J. Audet et Fabre Surveyer, *les Députés au premier Parl. du B.-C.* — J. D. Borthwick, *Montreal, its history, to which is added biographical sketches, with photographs, of many of its principal citizens* (Montréal, 1875). — Bouchette, *Topographical description of L.C.* — Langelier, *Liste des terrains concédés*, 415–419, 636, 1482. — Le Jeune, *Dictionnaire*, 1. — Hormisdas Magnan, *Dictionnaire historique et géographique des paroisses, missions et municipalités de la province de Québec* (Arthabaska, Québec, 1925). — *Mariages de St-Antoine-sur-Richelieu (1741–1965)*, Irénée Jetté et Benoît Pontbriand, compil. (Québec, 1966). — *Officers of British forces in Canada* (Irving). — J.-B.-A. Allaire, *Histoire de la paroisse de Saint-Denis-sur-Richelieu (Canada)* (Saint-Hyacinthe, 1905). — Francine Bouchard et al., *la Vallée du Richelieu : introduction à l'histoire et au patrimoine* (Québec, 1981). — Chapais, *Cours d'hist. du Canada*, 2. — Ouellet, *Bas-Canada*. — J.-B. Richard, *les Églises de la paroisse de Saint-Denis-sur-Richelieu* ([Saint-Hyacinthe], 1939) ; *les Événements de 1837 à Saint-Denis-sur-Richelieu* ([Saint-Hyacinthe], 1938). — Sulte, *Hist. de la milice*. — Alastair Sweeny, *George-Étienne Cartier : a biography* (Toronto, 1976). — B. J. Young, *George-Étienne Cartier, Montreal bourgeois* (Kingston, Ontario, et Montréal, 1981). — J. [E.] Hare, « l'Assemblée législative du Bas-Canada, 1792–1814 : députation et polarisation politique », *RHAF*, 27 (1973–1974) : 361–395.

HUDON, HYACINTHE, prêtre catholique et vicaire général, né le 28 novembre 1792 à Rivière-Ouelle, Bas-Canada, fils de Jérémie Hudon et de Marie Bergereau ; décédé le 12 août 1847 à Montréal.

Après de brillantes études classiques et théologiques au petit et au grand séminaire de Québec, Hyacinthe Hudon fut ordonné prêtre à Nicolet par l'évêque de Québec, Mgr Joseph-Octave Plessis*, le 9 mars 1817. Quelques jours plus tard, on le nomma vicaire de la paroisse Saint-Denis, à Saint-Denis, sur le Richelieu. En août de la même année, on l'assigna à la desserte de la paroisse Saint-Thomas (à Montmagny) puis, en octobre, il devint vicaire à la cathédrale Notre-Dame de Québec. Le 19 octobre 1818, il fut nommé chapelain de la chapelle du faubourg Saint-Roch, où il devait assurer aussi la bonne marche du collège de Saint-Roch et des écoles qu'avait fondées Mgr Plessis.

En 1822, Hudon remplaça Rémi Gaulin* à la mission d'Arichat, en Nouvelle-Écosse. Il revint au Bas-Canada quatre ans plus tard et Mgr Bernard-Claude Panet* le chargea alors de la cure de la paroisse Sainte-Madeleine, à Rigaud, et de la desserte de la seigneurie de la Petite-Nation. Le 16 février 1832, il se vit confier la paroisse Sainte-Famille, à Boucherville. Il occupa ce poste pendant huit ans au cours desquels il s'employa à parachever et à décorer l'église construite en 1801. François-Maximilien Bibaud* nota à ce propos que Hudon « songea à attirer en Canada des artistes italiens et à reformer [les] églises, d'où il voulait faire disparaître beaucoup de mauvais tableaux, qui n'en [étaient] pas de véritables ornements ».

En 1835, Hudon encouragea fortement la création d'un évêché à Montréal. En octobre, il transmit à l'archevêque de Québec, Mgr Joseph SIGNAY, la supplique du clergé montréalais adressée au pape Grégoire XVI en faveur d'un évêché distinct. Puis, devant le refus de Signay de l'expédier à Rome avant d'avoir obtenu le consentement de Londres, il entreprit, avec le concours du supérieur du séminaire de Saint-Sulpice à Montréal, Joseph-Vincent Quiblier*, de faire signer aux prêtres du district de Montréal une copie de la supplique, qui fut envoyée aux autorités romaines le 21 novembre. En 1836, Rome répondit favorablement et procéda à l'érection du district de Montréal en diocèse. Mgr Jean-Jacques LARTIGUE, auxiliaire de l'archevêque de Québec à Montréal, en devint le premier évêque. Il prit possession de son siège épiscopal le 8 septembre. En novembre suivant, il suggéra à la Propagande les noms d'Ignace Bourget*, de François-Xavier Demers et de Hudon pour remplir la fonction de coadjuteur ; on désigna alors Mgr Bourget.

En 1837, au moment des troubles révolutionnaires dans le Bas-Canada, Hudon encourut la réprobation des patriotes qui ne lui pardonnaient pas ses appels à la modération et qui l'accusaient à tort d'être l'ennemi et le délateur de ses propres paroissiens. Ils allèrent même jusqu'à décréter sa mort. Pourtant, Hudon n'avait pas craint de se solidariser avec ses confrères de la vallée du Richelieu, inquiets du mandement de Mgr Lartigue du 24 octobre 1837 et qui avaient prié

Huestis

instamment l'évêque de Montréal d'intervenir en faveur des Canadiens auprès des autorités britanniques. En novembre 1837, il avait même été chargé par ce dernier d'obtenir l'adhésion du clergé à la pétition qui demandait aux autorités britanniques de prendre en considération les besoins de la colonie.

En septembre 1840, le nouvel évêque de Montréal, Mgr Bourget, appela Hudon auprès de lui à l'évêché et le nomma, le 21 janvier 1841, chanoine du chapitre de l'église Notre-Dame. Le 29 avril suivant, Hudon devint vicaire général. Du 3 mai au 23 septembre, il fut amené, tout comme son confrère Antoine Manseau*, à administrer le diocèse, en l'absence de l'évêque, en voyage en Europe.

Préoccupé par la question scolaire dans le Bas-Canada, Hudon protesta énergiquement auprès du gouverneur, lord Sydenham [THOMSON], contre le projet de loi sur l'éducation présenté en juillet 1841 à l'Assemblée législative. En mai 1842, il fut nommé membre du bureau d'examinateurs de la ville de Montréal chargé de désigner les candidats admissibles à l'enseignement. Mgr Bourget le délégua à Kingston, dans le Haut-Canada, en octobre 1843, pour exposer aux législateurs les vues et les désirs des évêques catholiques au sujet des biens des jésuites et de l'établissement d'une université catholique à Québec.

En décembre 1843, l'évêque de Montréal chargea Hudon d'aller à Rome pour hâter la promotion de Jean-Charles Prince* au poste de coadjuteur de l'évêque de Montréal et promouvoir la formation d'une province ecclésiastique, selon le vœu formulé par huit évêques dans leur supplique au pape en juin 1843. Hudon revint à Montréal le 31 octobre 1844 avec le bref d'érection de la première province ecclésiastique au Canada et le pallium du métropolitain qu'il remit solennellement, le 24 novembre 1844, à l'archevêque de Québec, Mgr Signay.

En 1843, Hyacinthe Hudon était devenu le premier chanoine canadien honoraire de Chartres, en France. En avril 1844, on l'élit doyen du chapitre de Montréal. Il mourut le 12 août 1847, victime de son dévouement, pendant qu'il assurait l'organisation des secours aux immigrants irlandais, gravement atteints du typhus. On désigna le chanoine Alexis-Frédéric Truteau* pour lui succéder comme vicaire général.

GILLES CHAUSSÉ

ACAM, 901.117. — ANQ-M, CE1-51, 13 août 1847. — ANQ-Q, CE3-1, 28 nov. 1792. — Arch. de la Compagnie de Jésus, prov. du Canada français (Saint-Jérôme, Québec), A-3-3. — Allaire, *Dictionnaire*. — F.-M. Bibaud, *Dict. hist.* ; *le Panthéon canadien* (A. et V. Bibaud ; 1891). — Caron, « Inv. de la corr. de Mgr Panet », ANQ *Rapport*, 1933–1934 : 256, 293, 310, 336 ; 1935–1936 : 229 ; « Inv. de la corr. de Mgr Plessis », 1932–1933 : 100, 121–122, 140, 190 ; « Inv. de la corr. de Mgr Signay », 1936–1937 : 303, 317. — Desrosiers, « Inv. de la corr. de Mgr

Bourget », ANQ *Rapport*, 1946–1947 : 147–148, 152, 164 ; 1948–1949 : 429, 444, 456, 472 ; « Inv. de la corr. de Mgr Lartigue », 1941–1942 : 492 ; 1943–1944 : 306–307, 324–325. — [L.-A. Huguet-Latour], *Annuaire de Ville-Marie, origine, utilité et progrès des institutions catholiques de Montréal* [...] (2 vol., Montréal, 1863–1882). — [Ignace Bourget], *Mémoires pour servir à l'histoire du chapitre de la cathédrale de S. Jacques de Montréal* (Montréal, 1882). — Chaussé, *Jean-Jacques Lartigue*. — Lemieux, *l'Établissement de la première prov. eccl.*

HUESTIS. V. HEUSTIS

HUMBERT, STEPHEN, boulanger, marchand, homme politique, officier de milice, fonctionnaire, chef laïque méthodiste, professeur de chant, auteur et musicien, né en 1766 ou 1767 dans le New Jersey, fils de Stephen Humbert et d'une prénommée Elizabeth ; il épousa une prénommée Martha, et ils eurent au moins deux fils et trois filles, puis le 25 octobre 1818, à Boston, Mary Adams, née Wyer, et de ce mariage naquirent au moins trois filles, dont l'une mourut en bas âge ; décédé le 16 janvier 1849 à Saint-Jean, Nouveau-Brunswick.

Durant la Révolution américaine, Stephen Humbert travailla à New York avec son père, boulanger de son métier ; en 1783, sa famille, qui était loyaliste, immigra à Parrtown (Saint-Jean). Il continua à pratiquer le métier de son père mais ne tarda pas à diversifier ses intérêts commerciaux et personnels. Il se lança dans le transport maritime et le commerce général et ouvrit au rez-de-chaussée de sa maison, située South Market Wharf à Saint-Jean, une librairie et un magasin de musique.

Humbert siégea à titre d'échevin au conseil municipal de Saint-Jean pendant quelques années entre 1812 et 1822. Il fut député de la ville de Saint-Jean à l'Assemblée du Nouveau-Brunswick de 1809 à 1820, année où il fut battu par Hugh JOHNSTON. Cette même année, on le chargea, en qualité d'agent des douanes, de mettre fin au trafic illégal de plâtre de Paris entre la province et les États-Unis ; son fils John était son adjoint. Peut-être Stephen était-il préparé à ce poste dangereux en raison de ses états de service dans la milice. En effet, après qu'on l'eut nommé capitaine dans le régiment du comté de Saint-Jean en 1805, il avait servi tout au long de la guerre de 1812 et au-delà. Défait lorsqu'il sollicita un nouveau mandat de député en 1827, il protesta auprès de la chambre d'Assemblée en alléguant que l'élection avait été injuste, mais retira ensuite sa plainte contre le vainqueur, Robert Parker*. Il redevint député du comté et de la ville de Saint-Jean au scrutin général de 1830 puis perdit son siège en 1834. Son fils John siégea à l'Assemblée de 1827 à 1834 à titre de représentant de la circonscription de Kings.

Par ailleurs, Humbert prit une part active à l'organisation de la première congrégation méthodiste de

Saint-Jean, fondée en 1791. Selon son propre témoignage, il fut prédicateur laïque pendant plusieurs années au temple de Saint-Jean et dirigea périodiquement la congrégation en l'absence d'un ministre ordonné. Il collabora étroitement avec le chef laïque néo-écossais William Black*, avec Abraham John Bishop, premier prédicateur méthodiste affecté à Saint-Jean, et avec James Man*, qui servit quelque temps dans la circonscription ecclésiastique de Saint-Jean. Dans *The rise and progress of Methodism, in the province of New Brunswick* [...], imprimé en 1836 par la Lewis W. Durant and Company de Saint-Jean, il a raconté comment, de 1791 à 1805, les méthodistes s'étaient installés dans la colonie et de quelle manière les autorités méthodistes de Grande-Bretagne avaient, non sans provoquer des tensions, évincé celles de l'Amérique du Nord. Humbert lui-même eut l'amère surprise de perdre son autorité sur la congrégation de Saint-Jean aux mains de Joshua MARSDEN, missionnaire envoyé dans les Maritimes par la Conférence wesleyenne britannique en 1800. Il prêcha quelque temps dans une localité voisine, Carleton, puis vers 1805, à la demande des fidèles, il recommença à prêcher au temple de Saint-Jean pendant les absences du successeur de Marsden, William Bennett*, méthodiste venu lui aussi de Grande-Bretagne. Toutefois, comme ses différends avec les méthodistes britanniques étaient insurmontables, il finit par quitter le temple principal pour prêcher dans une salle qu'on lui avait offerte. Apparemment, après l'échec de la médiation de Black, il coupa tout lien avec le temple de Saint-Jean.

Peut-être Humbert doit-il principalement sa renommée au fait qu'il fut professeur de chant, compositeur et compilateur du premier recueil de chants en langue anglaise publié au Canada. En octobre 1796, il annonçait l'ouverture d'une école de chant dans une grande salle située à l'étage d'un immeuble de la rue King. Il y enseignait les techniques vocales et les rudiments de la théorie musicale, surtout à l'aide d'un répertoire de chant sacré puisé dans des recueils parus en Nouvelle-Angleterre. Les classes de chant, lieux de loisir aussi bien que d'instruction, étaient populaires dans les colonies américaines depuis les années 1720. Souvent tenues par des maîtres itinérants, elles duraient d'un mois et demi à deux mois, à raison de trois soirs par semaine, et se terminaient par un concert en bonne et due forme où les élèves pouvaient faire entendre ce qu'ils avaient appris. C'était donc une chance pour Saint-Jean que d'avoir un professeur de chant à demeure.

Pour les besoins de son enseignement, Humbert composa son propre recueil, qu'il fit imprimer en Nouvelle-Angleterre en 1801. *Union harmony; or British America's sacred vocal music* [...], annonçait-il en novembre, était en vente à Saint-Jean, à Fredericton, à Annapolis Royal et à Halifax (où Thomas Daniel Cowdell* lui servait d'agent). L'ouvrage comprenait une introduction sur les principes de la musique vocale ainsi qu'une série d'hymnes, de cantiques et de textes choisis par Humbert dans les recueils de la Nouvelle-Angleterre qu'il avait pu consulter. Selon ses réclames, l'édition de 1801 contenait un certain nombre de mélodies de sa composition. La deuxième édition, imprimée à la fin de 1816 ou au début de 1817 par la C. Norris and Company d'Exeter, dans le New Hampshire, avait été « amplement revue et augmentée ». On y trouvait une longue « Introduction to the Grounds of Musick », des exercices vocaux empruntés à l'édition de 1817 d'un populaire recueil de chants du New Hampshire, imprimé par le même éditeur, *The village harmony, or youth's assistant to sacred musick* [...], ainsi que de nombreux airs et hymnes britanniques et quelques musiques originales. Certaines œuvres de Humbert portaient des titres évocateurs : *St. John, Gagetown, Sussex Vale, Halifax, Carleton Side* et *Frederickton*. Les textes comprenaient trois ou quatre parties et l'air était écrit pour une voix de ténor, selon la coutume de l'époque. *Union harmony* devait servir avant tout de manuel à des classes de chant, mais Humbert ambitionnait de le voir utilisé aussi comme recueil d'hymnes et de cantiques. En fait, peut-être avait-il mis davantage d'airs britanniques dans sa deuxième édition pour qu'elle convienne mieux aux offices religieux des méthodistes britanniques et des anglicans. L'ouvrage parut de nouveau en 1831 et en 1840 avec des ajouts. Humbert continua, semble-t-il, à donner périodiquement des cours de chant à Saint-Jean au moins jusqu'en 1840, année où il fonda une société de musique sacrée.

La chanson que Stephen Humbert a intitulée *Singing School* rend bien l'atmosphère d'une classe de chant de l'époque. Il s'agit d'une fugue, forme populaire auprès des compositeurs nord-américains du XVIIIe siècle ; chantée en canon, elle permettait à chacune des sections vocales de la nouvelle chorale de faire valoir ses talents :

> Qu'il est doux pour moi d'évoquer
> Ces heures où, réunis,
> Nous travaillions à exercer
> Nos voix à l'harmonie.
> Souvent, loin du froid maléfique,
> Des sombres soirs d'hiver,
> Nous avons goûté la musique
> Et chanté des prières.

MARGARET FILSHIE LEASK

Aucun exemplaire de la première édition du recueil de Stephen Humbert n'a été retrouvé. La deuxième édition porte le titre d'*Union harmony: or British America's sacred vocal musick, from the most approved English and American composers, with some original musick on special occasions,*

Hunt

to which is prefixed a concise introduction (Saint-Jean, N.-B., 1816). Nous avons puisé les renseignements sur le contenu de cet ouvrage dans Nicholas Temperley, « Stephen Humbert's *Union harmony*, 1816 », « *Sing out the Glad News* » : *hymn tunes in Canada*, John Beckwith, édit. (Toronto, 1987), et dans la documentation amassée par Temperley dans le cadre de son projet sur l'indexation des hymnes (Univ. of Ill., Urbana-Champaign). Pour une histoire de la publication *Union harmony*, incluant la localisation des exemplaires, voir Barclay McMillan, « Tunebook imprints in Canada to 1867 : a descriptive bibliography », Biblio. Soc. of Canada, *Papers* (Toronto), 16 (1977) : 31–57. Le titre complet de l'ouvrage de Humbert sur l'histoire du méthodisme à Saint-Jean est *The rise and progress of Methodism, in the province of New Brunswick, from its commencement until about the year 1805* (Saint-Jean, 1836).

APNB, MC 1156, VII (copie au Musée du N.-B.). — Musée des Beaux-Arts du Canada (Ottawa), J. R. Harper papers, J. R. Harper, « Spring tide : an enquiry into the lives, labours, loves and manners of early New Brunswickers ». — Saint John Regional Library, « Biographical data relating to New Brunswick families, especially of loyalist descent », D. R. Jack, compil. (4 vol., copie dactylographiée), 2 : 129. — *New-Brunswick Courier*, 20 janv. 1849. — *New-Brunswick Royal Gazette* (Saint-Jean ; Fredericton), 1er sept., 3 nov. 1801, 12 oct. 1816. — *St. John Gazette, and Weekly Advertiser* (Saint-Jean), 4 nov. 1796. — APNB, « A new calendar of the papers of the House of Assembly of New Brunswick », R. P. Nason *et al.*, compil. (3 vol., copie dactylographiée, Fredericton, 1975–1977). — *Encyclopedia Canadiana*. — *Encyclopedia of music in Canada*, Helmut Kallmann *et al.*, édit. (Toronto, 1981), 438, 837–838. — W. G. MacFarlane, *New Brunswick bibliography : the books and writers of the province* (Saint-Jean, 1895). — *N.B. vital statistics* [1754–1852] (Johnson *et al.*). — Clifford Ford, *Canada's music : an historical survey* (Agincourt [Toronto], 1982), 29–30. — Helmut Kallmann, *A history of music in Canada, 1534–1914* (Toronto et Londres, 1960). — MacNutt, *New Brunswick*.

HUNT, JAMES, voilier, fonctionnaire, homme d'affaires et homme politique, né le 9 septembre 1779 à Dartmouth, Angleterre, fils de Thomas Hunt ; en avril 1817, probablement à Kingsbridge, Devon, il épousa Mary Sloat Garland, et ils eurent au moins un fils et deux filles ; décédé le 1er avril 1847 à Québec.

Arrivé de Dartmouth en juin 1803, James Hunt loua immédiatement un atelier rue Cul-de-Sac, près de la Place, dans la basse ville de Québec. Il y ouvrit une voilerie et, comme la construction navale commençait à peine à prendre son essor, il eut d'abord peu de concurrents. En juillet 1804, on le nomma constable dans la basse ville, ce qui peut être un indice de son physique imposant. Probablement était-il le « M. Hunt » qui confectionna des voiles pour le *Wolfe,* sloop de la marine construit à Kingston, dans le Haut-Canada, pendant la guerre de 1812. Il fit l'acquisition d'un atelier sur la Place en 1815, puis en acheta un deuxième en 1818, rue Saint-Pierre, où il prit quatre apprentis dans « l'art et les secrets du voilier ».

Hunt était un parent « éloigné » du deuxième associé de la Newman, Hunt and Company de Londres, pierre angulaire d'un complexe remarquablement ancien et solide de sociétés formées à Dartmouth. Elle faisait affaire en Angleterre, en Irlande, au Portugal, en Espagne, dans les deux Amériques et en Afrique orientale ; elle occupait également une place particulièrement importante dans le commerce terre-neuvien. La compagnie considérait Hunt comme « un personnage très respectable », et elle résolut vers 1820 de recourir à ses services « chaque fois » qu'elle avait des transactions à faire à Québec. Naguère d'avis que la concurrence dans le commerce des vins y était trop serrée, elle révisa sa position et se mit à lui expédier chaque année des cargaisons de son célèbre porto. Les associés se plaignirent d'abord de leur nouveau collaborateur, qui avait franchi le cap de la quarantaine mais en était à ses premières armes dans ce domaine. Selon eux, il interprétait mal leurs instructions ou « pass[ait] outre comme si elles n'avaient pas existé » et il n'appliquait pas les « méthodes […] en vigueur dans les maisons de commerce ordinaires ». Mais Hunt sut s'adapter, et le porto de la compagnie fut bientôt une boisson de consommation courante dans les mess de la nombreuse garnison de Québec. Souvent sur le conseil de Hunt, la compagnie ajouta peu à peu à ses envois des produits méditerranéens, du madère et du cognac, du rhum, de la mélasse et du sucre des Caraïbes, du charbon de Newcastle, du fer suédois, du cuivre et du plomb. Hunt, de son côté, lui expédiait des produits forestiers et des comestibles, en particulier de la farine et du « porc du Canada ». Cependant, la compagnie n'en retirait guère de bénéfices : sa succursale terre-neuvienne « n'aim[ait] pas » les bardeaux du Bas-Canada, les douves destinées aux tonneaux de ses ateliers d'Oporto, au Portugal, étaient jugées d'un bois « bien vert » par rapport aux douves américaines, et la farine, parfois « sure », se vendait « très mal ».

Apparemment, Hunt réceptionna et vendit des cargaisons, au moins jusqu'en 1835, au quai Rayner, près de la rue du Cul-de-Sac. En 1826, il acheta des docks sur la rivière Saint-Charles, au bout de la rue Saint-Paul, mais il les loua à bail. En 1837–1838, il fit l'acquisition du quai Hunt, auparavant propriété de son frère Thomas, important architecte et constructeur de Québec à qui le quai devait probablement son nom. Considéré comme le troisième quai de la ville en termes de valeur, il comptait « plusieurs entrepôts spacieux » et bureaux loués à de gros marchands et à la St Lawrence Steamboat Company. Petit à petit, Hunt acheta d'autres propriétés autour de ses ateliers et de ses quais. Ainsi dans les années 1820 il devint propriétaire de plusieurs lots, souvent voisins, dans les rues du Cul-de-Sac, Saint-Pierre et Sous-le-Fort, et d'autres rue Saint-Paul (avec William Henderson, l'un des pionniers de l'assurance à Québec), rue du Sault-au-Matelot et à proximité du marché Saint-Paul. En même temps qu'il s'appropria le quai Hunt, il fit l'acquisition d'un îlot de propriétés qui s'étendait de ce quai à la rue Saint-Pierre, d'un autre îlot dans la haute ville, face au glacis de la citadelle, et de la « Competence Farm » sur la Saint-Charles. À cela s'ajoutaient encore des lots dispersés dans les faubourgs Saint-Jean et Saint-Roch, et rue Champlain en bordure du Saint-Laurent, ainsi qu'une ferme et une scierie dans le canton de Stoneham, au nord de Québec. Il loua à bon prix plusieurs de ces propriétés, aménagées en magasins, auberges ou établissements commerciaux d'un autre type. Hunt avait aussi plusieurs caves voûtées dans lesquelles lui et ses locataires gardaient des vins. Son importance dans le milieu des affaires à compter des années 1820 est évidente : il faisait partie des conseils d'administration du Bureau d'assurance de Québec, de la Compagnie d'assurance de Québec contre les accidents du feu et de la Banque de Québec et était actionnaire de la Banque de la cité (à Montréal), de la Banque de l'Amérique septentrionale britannique, de la Welland Canal Company, de la Compagnie des propriétaires du canal de Chambly et de la Compagnie de la navigation par la vapeur entre Québec et Halifax, entre autres. En 1840, on le nomma conseiller municipal.

Riche et en bonne santé, James Hunt commença, à l'âge de 60 ans, à ralentir son rythme. En 1840, il confia à un employé de longue date, William Hunt, la moitié des actions et la gestion de sa voilerie qui, sous le nouveau nom de James Hunt and Company, continua ses activités dans ses deux ateliers initiaux. Quatre ans plus tard, il transféra son entreprise commerciale à l'un de ses gendres, Weston Hunt, qui en réinstalla le siège social au quai Hunt. Après avoir vécu 40 ans dans le bruit et la foule de la Place, Hunt s'installa dans l'une de ses maisons confortables et tranquilles situées en face de la citadelle, qu'il remplit de meubles de qualité et d'une multitude de livres ; quatre véhicules occupaient une partie des écuries. Au moment de sa mort, il touchait encore des loyers sur ses propriétés ; de plus, sa voilerie lui devait £5 000, et des chefs de file de nombreux secteurs commerciaux de Québec, dont le marchand de bois William Price*, l'homme d'affaires John William Woolsey*, le quincaillier François-Xavier Méthot*, ainsi que l'ancien constructeur de navires John Saxton Campbell*, lui devaient en tout près de £26 000. La famille Hunt continua de prospérer après la mort de James ; dans les années 1880, on disait d'elle qu'elle comptait parmi les plus gros propriétaires immobiliers de la ville.

A. J. H. RICHARDSON

ANQ-Q, CE1-61, 3 avril 1847 ; CN1-16, 20 janv. 1815 ; CN1-49, 9 nov. 1818, 19 avril 1819, 7 mai 1840 ; CN1-67, 7 mai 1840 ; CN1-116, 30 mars 1821, 22 avril 1829 ; CN1-188, 19 févr. 1827 ; CN1-197, 27 oct. 1819, 1er juill., 20–21 nov. 1820, 1er févr., 20 mars, 1er août, 1er sept., 29 oct., 19 nov. 1821, 9 juill. 1822, 25 juin 1823, 20 janv., 1er juin 1825, 11 janv., 10 févr., 25 mars, 7 nov. 1826, 27 févr., 9 mars, 24 avril, 11 juill., 2 oct., 29 déc. 1827, 7 janv., 7 avril 1828, 2, 4 févr., 26 mai, 17 juin, 7 sept. 1829, 9 mars 1830, 13, 17 mai, 31 août 1831, 3, 24 sept., 31 oct., 13 déc. 1832, 9 mars 1833, 10 mars 1834, 17 janv., 22 mai, 22 août 1835, 25, 30 avril, 19, 21 mai 1838, 28 avril 1841, 24 mars, 30 avril, 5 juin, 12 juill., 13 août 1842, 31 oct. 1844, 28 févr., 12 mars, 22 déc. 1845, 18 févr., 31 juill. 1846, 28–29 janv., 11, 18–19 févr., 4 mars, 19 avril 1847. — APC, Coll. nationale des cartes et plans, H2/340-Québec 1835, 1845 ; H3/340-Québec 1829, 1830 ; H3/350-Québec [1836] ; MG 24, D48. — Hunt, Roope & Co. (Londres), Newman, Hunt & Co., records (mfm aux APC). — Mount Hermon Cemetery (Sillery, Québec), Pierre tombale de James Hunt. — « Les Dénombrements de Québec » (Plessis), ANQ *Rapport*, 1948–1949 : 186. — *Recensement de Québec, 1818* (Provost). — *La Gazette de Québec*, 16 juin, 7 juill. 1803, 16 août 1804, 15 juin 1815, 31 oct. 1816, 8 janv. 1818, 18 févr., 6 mai, 14 juin, 29 nov. 1819, 24 févr., 15, 22 juin, 21 août 1820, 25 janv., 5 juill., 15 oct. 1821, 25 juill., 24, 31 oct. 1822, 9 juin 1823, 16 févr. 1824, 17 févr., 17 mars, 19 mai, 13 oct., 14 nov. 1825, 16 mars, 15 juin 1826, 15 févr., 16 août 1827, 17 janv., 17 avril 1828, 17 janv., 19 févr., 14 mai 1829, 17 juin 1830, 20 févr., 16 avril, 14 sept., 15 oct. 1832, 13 févr., 12 août, 14 oct. 1833, 10 janv., 19 mars, 18 avril, 13 juin, 22 oct. 1834, 13 mars, 15 juill., 12 août, 14 sept. 1835, 17 févr., 19 juill. 1836, 15 févr., 17 avril 1837, 23 juin 1838, 17 avril, 15 sept. 1839. — *Quebec Mercury*, 1er mars 1831, 12 févr., 1er mars 1842. — *Almanach de Québec*, 1823 : 117 ; 1828 : 121–123 ; 1833 : 147–148, 152, 154 ; 1838 : 158, 160, 166 ; 1841 : 41, 176. — *Quebec directory*, 1844–1845 ; 1847–1848 ; 1852 ; 1857 ; 1860–1861 ; 1865–1868 ; 1877 ; 1887–1888. — Christina Cameron et Jean Trudel, *Québec au temps de James Patterson Cockburn* (Québec, 1976), 43, 53. — *Quebec Morning Chronicle*, 22 sept. 1882. — F. C. Würtele, « The English cathedral of Quebec », Literary and Hist. Soc. of Quebec, *Trans.*, nouv. sér., 20 (1891) : 63–132.

HUNTER, CHARLES, avocat et journaliste, né le 4 septembre 1808 à Québec, fils de Charles Hunter, marchand tonnelier, et d'Elizabeth Tough ; décédé le 31 juillet 1839 à Rimouski, Bas-Canada.

Charles Hunter fit l'apprentissage du droit à Québec auprès de Joseph-Rémi VALLIÈRES de Saint-Réal et de Charles Panet. On l'admit au barreau le 11 juin 1833. Il participa à l'assemblée de protestation contre les résolutions de lord John Russell [V. Denis-Benjamin Viger*], qui se tint au marché Saint-Paul, à Québec, le 4 juin 1837. À cette occasion, il prit la parole aux côtés d'autres patriotes, dont Augustin-Norbert Morin*, Charles Drolet*, Louis-Théodore Besserer* et Jean Blanchet*, afin de défendre les principes contenus dans les Quatre-vingt-douze Résolutions, où se trouvaient exposés les principaux griefs et demandes de la chambre d'Assemblée.

461

Hunter

Peu après, Hunter se joignit à son ami Robert-Shore-Milnes Bouchette* pour fonder le journal patriote *le Libéral/Liberal,* dont le premier numéro parut le 17 juin 1837 à Québec. Bouchette se chargeait de rédiger la partie française et Hunter la partie anglaise. Le journal se voulait avant tout au service de la démocratie. Pour les rédacteurs, l'extension du principe électif n'était pas incompatible avec une saine administration coloniale. Des institutions libres devraient assurer la prospérité du pays et, de ce fait, contribuer à accroître la richesse de l'Empire. Hyacinthe-Poirier Leblanc* de Marconnay, rédacteur en chef du *Populaire* de Montréal, accusa *le Libéral* d'être une succursale du journal montréalais *Vindicator and Canadian Advertiser.* Hunter et Bouchette récusèrent cette affirmation en admettant toutefois qu'ils défendaient les mêmes principes.

En août, *le Libéral* prit de l'expansion et offrit à ses lecteurs quatre livraisons par semaine, deux dans chaque langue. Mais à la suite d'une bévue de Hunter, l'édition anglaise cessa de paraître le 28 octobre. Un article de sa plume, publié le mercredi 18 octobre, lui attira le dimanche suivant les foudres du curé de la paroisse Notre-Dame de Québec, Charles-François Baillargeon*. Dans cet écrit, Hunter dénonçait l'attitude qu'adoptaient certains membres du clergé face aux questions politiques. Selon lui, les juges, les magistrats et les autorités ecclésiastiques étaient persuadés de posséder l'autorité suprême dans la province. Les prêtres, dont Baillargeon, en exhortant les fidèles à ne pas se préoccuper des questions de l'heure, incitaient d'une certaine façon le peuple à se soumettre passivement aux autorités en place.

Hunter se rétracta le 25 octobre mais, malheureusement, il ne put réparer son erreur. Il affirma n'avoir jamais voulu attaquer la doctrine de l'Église catholique dont il reconnaissait les grands principes, tout protestant qu'il était. Les prêtres détenaient sans doute leur autorité de Dieu en ce qui avait trait aux questions religieuses mais, en homme éclairé, il tenait à faire la part des choses, car la défection politique en cette période de crise n'était absolument pas souhaitable. Le 28 octobre, le *Liberal* annonça donc qu'il cessait de paraître.

Les jours de l'édition française étaient aussi comptés. Même si les directeurs et actionnaires du journal, dont Pierre Chasseur, Joseph Légaré* et Morin, désavouèrent l'article de Hunter, leurs activités politiques les rendaient suspects. Arrêtés au début de novembre, ils furent contraints de se retirer de l'entreprise le 14. Le Comité permanent de Québec, constitué en septembre et auquel Hunter avait adhéré, attribua la persécution des patriotes à Robert Symes, chef adjoint de la police de Québec. L'agitation politique de l'heure eut raison du *Libéral* qui cessa définitivement de paraître le 20 novembre 1837.

On lança des mandats d'arrestation contre Bouchette et Hunter pour haute trahison, mais ce dernier, plus heureux semble-t-il que son associé, échappa aux recherches jusqu'à l'amnistie. C'est sous un nouveau prétexte qu'on l'incarcéra en mars 1839 : on le soupçonnait d'avoir aidé les patriotes américains Edward Alexander Theller* et William Wallin Dodge à fuir Québec après leur évasion de la citadelle à l'automne de 1838.

La liste officielle des prisonniers politiques expédiée à Londres le 23 avril 1839 signalait que le cas de Charles Hunter était à l'étude et mentionnait qu'il avait été, conjointement avec Bouchette, éditeur d'un journal séditieux. On le libéra finalement quelques jours plus tard, le 29 avril, sans lui intenter aucun procès. Il ne put bénéficier très longtemps de sa liberté, puisqu'il mourut à la suite d'un refroidissement, semble-t-il, le 31 juillet de la même année, à Rimouski, où il s'était rendu pour plaider.

GINETTE BERNATCHEZ

ANQ-Q, CE1-66, 25 sept. 1808. — APC, MG 30, D1, 16 : 238–240. — *Le Libéral* (Québec), 17 juin–20 nov. 1837. — Fauteux, *Patriotes,* 271. — P.-G. Roy, *les Avocats de la région de Québec,* 224 ; *les Petites Choses de notre histoire* (7 sér., Lévis, Québec, 1919–1944), 7 : 216–217.

HUNTER, sir MARTIN, officier et administrateur colonial, né le 7 septembre 1757 à Medomsley, Angleterre, fils de Cuthbert Hunter et d'Anne Nixon ; le 13 septembre 1797, il épousa Jean Dickson, et ils eurent sept fils et quatre filles ; décédé le 9 décembre 1846 à Antons Hill, domaine écossais dont sa femme avait hérité.

Martin Hunter fit ses études élémentaires à Allendale, dans le domaine paternel, et à Newcastle upon Tyne. En 1771, on le nomma enseigne dans le 52nd Foot ; on l'envoya ensuite dans le Hampshire, chez le lieutenant général John Clavering, et il fréquenta l'école à Bishop's Waltham. Deux ans plus tard, ce garçon de 16 ans, petit pour son âge, rejoignit son régiment à Québec, puis le suivit à Boston en 1774.

Hunter se trouvait à Lexington lorsque, le 19 avril 1775, eut lieu la fusillade qui déclencha la guerre entre Britanniques et Américains. Pendant les trois années qui suivirent, peu de soldats se trouvèrent sans doute aussi souvent que lui sur le théâtre des opérations. Présent à Bunker Hill le 17 juin, il devint lieutenant le lendemain, et pourtant il n'avait pas encore 18 ans. Après l'évacuation de Boston en mars 1776, il passa quelque temps à Halifax puis alla à New York. Par la suite, il servit surtout dans l'infanterie légère. Il assista à la débandade des Américains à Brooklyn le 27 août 1776 puis participa à l'assaut du fort Washington (New York) et à la poursuite jusqu'au Delaware. Le 11 septembre de l'année suivante, il prit part à la bataille de Brandywine, en Pennsylvanie ; dix jours plus tard, à Paoli, il fut blessé au côté au cours d'une attaque surprise à la baïonnette contre les Américains. Au début d'octobre, à Germantown, l'infanterie légère subit des pertes si lourdes que peu de temps après, à l'âge précoce de 20 ans, Hunter devint capitaine. À l'automne de 1778, après que les Britanniques eurent quitté Philadelphie pour battre en retraite jusqu'à New York, il rentra en Angleterre. Le 52nd Foot avait passé 16 ans en Amérique du Nord et le nombre de ses officiers et hommes tués ou blessés au cours de la guerre d'Indépendance américaine dépassait celui de tout autre régiment.

En 1783, Hunter quitta la Grande-Bretagne pour entreprendre dix années de service en Inde. Il participa à plusieurs engagements au cours de la guerre du Mysore : ainsi il commandait le 52nd Foot au moment de l'attaque de nuit décisive lancée en février 1792 contre le camp retranché du sultan Tippoo Sahib, sous les murs de Seringapatam ; on lui attribua alors le mérite d'avoir empêché la capture du commandant en chef, lord Cornwallis. En outre, il fut grièvement blessé au cours d'une des charges de son régiment.

Hunter avait déjà reçu le grade de major du 91st Foot avant cette bataille ; le 19 juillet 1794, une fois de retour en Angleterre, on le promut lieutenant-colonel. Par la suite, son ascension fut constante. Au début de 1797, muté au 60th Foot, il commanda une brigade à la prise de Trinidad et au siège de Porto Rico. Peu après son mariage en 1797, il joignit les rangs du 48th Foot et l'accompagna à Gibraltar. En 1800, il commanda ce régiment au siège de Malte. Il séjourna de nouveau aux Antilles en 1801 mais rentra en Angleterre tôt l'année suivante, car le traité d'Amiens avait rendu la Martinique à la France.

En juin 1803, en récompense de ses remarquables états de service, on choisit Hunter pour devenir colonel du New Brunswick Fencibles, l'un des quatre régiments d'infanterie qu'on allait lever pour servir exclusivement en Amérique du Nord. En fait de solde, d'habillement, d'armes et d'équipement, ces unités allaient être sur le même pied que les régiments de ligne ; le colonel qui compléterait l'effectif de son régiment pouvait s'attendre à toucher des émoluments aussi intéressants que ceux des commandants de ces régiments. Arrivé au Nouveau-Brunswick à l'automne, Hunter organisa sans délai une vigoureuse campagne de recrutement afin d'attirer d'éventuelles recrues, cependant peu nombreuses en Amérique du Nord. Il obtint surtout du succès dans le Bas-Canada, qui lui fournit un plus fort contingent que les Maritimes. En Écosse, bon nombre d'hommes s'enrôlèrent aussi. Passé en revue en octobre 1805, le régiment, fort de près de 600 hommes, était porté à l'effectif depuis le 25 juin précédent. Cinq ans plus tard, il se vit octroyer le statut de régiment de ligne et devint le 104th Foot. Sous ce nom, il allait se distinguer dans le Haut-Canada en 1813 et 1814, après avoir effectué une marche dans la neige qui le conduisit jusqu'à Québec et qui est demeurée célèbre. Homme équanime, Hunter était plein d'initiative lorsqu'il s'agissait d'attirer des officiers compétents ou d'obtenir des hommes ; il manifestait beaucoup de dévouement et de sens pratique dans le règlement des affaires courantes. Il demeura colonel du 104th Foot jusqu'au licenciement de celui-ci, en mai 1817, et contribua largement à en faire une unité efficace.

Du point de vue militaire, le Nouveau-Brunswick était un district du commandement de la Nouvelle-Écosse, lui-même un district du commandement nord-américain. À titre d'officier le plus haut gradé de l'armée active dans la province, Hunter prit le commandement des troupes du Nouveau-Brunswick au départ du lieutenant-gouverneur Thomas Carleton*, en octobre 1803, et devint en même temps commandant en second du district de la Nouvelle-Écosse. Promu major général en 1805, il assuma le commandement à Halifax, à la mort du lieutenant général William Gardiner en 1806, et l'exerça jusqu'à l'arrivée de sir George Prevost* deux ans plus tard. De nouveau commandant à Halifax en 1808, pendant le séjour de Prevost aux Antilles, il rentra au Nouveau-Brunswick en avril 1809. Hunter retourna à Halifax en août 1811, après qu'on eut muté Prevost à Québec à titre de commandant des troupes d'Amérique du Nord. Il y demeura jusqu'au 16 octobre, date où sir John Coape Sherbrooke* vint assumer les fonctions de lieutenant-gouverneur et de commandant en chef du district de la Nouvelle-Écosse.

Quand, dans les derniers mois de 1807, l'attitude du gouvernement américain convainquit les Britanniques de l'imminence d'une déclaration de guerre, Hunter mobilisa une bonne partie de la milice du Nouveau-Brunswick et de la Nouvelle-Écosse. À la fin de mars 1808, il rapportait au ministre de la Guerre que, selon les renseignements les plus sûrs obtenus, « la guerre contre la Grande-Bretagne [était] décidée par [Thomas] Jefferson et son parti, qui [étaient] obnubilés par les Français et n'attend[aient] qu'un moment favorable pour déclencher les hostilités ». Il se sentit donc tenu de garder la milice sous les drapeaux jusqu'à ce que, en avril, l'arrivée de renforts commandés par Prevost mette fin à l'urgence de la situation. Dans le courant de l'été, Prevost lui remit des instructions qui « visaient à empêcher tout acte qu'on pourrait considérer comme hostile ». Il fallait en particulier prendre garde de ne pas disputer aux Américains la propriété de l'île Moose, dans la baie Passamaquoddy, car c'était un endroit utile pour les marchands de la Nouvelle-Angleterre qui étaient prêts à défier l'interdiction de leur gouvernement en commerçant avec les possessions britanniques. À cause du blocus napoléonien, la Grande-Bretagne avait un urgent besoin des produits américains qui pouvaient transiter par ses colonies.

À compter de 1803, une série de fonctionnaires

Hunter

temporaires avait assuré l'administration civile du Nouveau-Brunswick. On avait séparé les pouvoirs civil et militaire au départ du lieutenant-gouverneur Carleton, mais des instructions datées du 28 janvier 1808 les avaient réunis de nouveau. En tête de la liste des conseillers, on plaça Hunter, ou en son absence le commandant suppléant des troupes. Il succédait à Edward Winslow* et fut assermenté à titre de président du Conseil de la province le 24 mai 1808 ; sauf pendant ses deux séjours à Halifax, Hunter fit office de lieutenant-gouverneur jusqu'en juin 1812, mais sans toutefois en porter le titre. En 1811, le conseil pria le secrétaire d'État aux Colonies de le faire officiellement lieutenant-gouverneur, mais on lui refusa la sécurité et la dignité attachées à cette distinction parce que le gouvernement britannique ne pouvait ou ne voulait pas octroyer de pension à Carleton. Ce dernier conserva en effet le poste jusqu'à sa mort en 1817.

La tâche politique de Hunter fut aisée. En 1808, l'Assemblée était peu divisée par des débats partisans et les sessions législatives portaient uniquement sur les affaires courantes ou sur des questions de défense. La seule exception fut une loi qui, en 1810, accorda le droit de vote aux catholiques en remplaçant par une déclaration de loyauté le serment rigoureusement protestant imposé en 1791. Hunter ne fut probablement pas l'un des grands initiateurs de ce changement, mais il l'appuya presque certainement avec vigueur car, pour autant qu'il ait manifesté des préférences politiques, il penchait du côté des whigs.

Si l'économie connaissait un sérieux marasme à l'arrivée de Hunter au Nouveau-Brunswick en 1803, à son départ en 1812 elle était florissante. Entre-temps, une série de mesures adoptées par le gouvernement britannique avaient fait grimper la rentabilité des pêches et relancé la construction de navires marchands au long cours. Toutefois, l'économie avait bénéficié avant tout des efforts de la Grande-Bretagne pour s'assurer le bois nécessaire à sa flotte et à son marché intérieur. Une crise avait éclaté en 1807 par suite de l'embargo américain et du traité franco-russe qui empêchait presque tout à fait les Britanniques d'acheter du bois de la Baltique. Afin d'encourager les exportations coloniales, on soumit le bois des pays baltes à des droits qu'on n'élimina que deux ans après la fin des hostilités contre la France. Les marchands de bois de l'Amérique du Nord britannique furent prompts à profiter de cette occasion remarquable. Irrigué de nombreux cours d'eau et doté de havres suffisamment profonds, le Nouveau-Brunswick put accroître rapidement sa production : de 1807 à 1810, ses exportations triplèrent. En 1810, Hunter jugea nécessaire de faire pression auprès du ministère des Colonies en faveur d'un resserrement de la surveillance exercée sur l'abattage, mais aucune mesure ne fut prise avant plusieurs années.

Au cours de la session de 1812, l'Assemblée mit à la disposition du gouvernement £10 000 pour la défense de la province. Comme le revenu de l'année 1811 avait été environ deux fois moins élevé, ce geste semble indiquer combien Hunter était populaire, mais il n'eut pas le temps de dépenser la somme puisque le 15 juin George Stracey Smyth* le remplaça. Hunter avait été promu lieutenant général le 1er janvier et avait désormais un grade trop élevé pour son commandement mais aucun ami dans les hautes sphères du pouvoir pour lui en trouver un autre. Même s'il vécut encore 34 ans, il ne détint plus que des charges honorifiques. Devenu général en 1825, il reçut la grand-croix de l'ordre des Guelfes en 1832 et celle de l'ordre de Saint-Michel et de Saint-Georges en 1837.

En 1804, Mme Hunter avait rejoint son mari à Fredericton, qui n'était encore qu'un village d'environ 120 habitations. Jeune, vive, intelligente et enjouée, elle adorait la danse et les réceptions mais ne manquait ni de la grâce ni de la dignité qu'appréciaient ceux qui tenaient à un certain décorum de la part de l'épouse du président, première dame de la société provinciale. Siège du gouvernement et quartier général du régiment, Fredericton prit à l'époque des Hunter l'allure du chef-lieu d'un comté d'Angleterre, et les membres des grandes familles loyalistes, mêlés aux officiers britanniques, retrouvèrent avec enthousiasme les usages de la bonne société. Sir Martin Hunter était lui-même un bel homme à la carrure d'athlète qui aimait à se dépenser physiquement. Pendant son séjour dans les Maritimes, il fit quelques voyages étonnants pour un homme de son âge ; il lui arriva même de se rendre de Halifax à Saint-Jean par voie de terre pour s'assurer que les troupes pourraient emprunter ce trajet au besoin. Apparemment, il gagna l'estime tant de ses supérieurs que de ses subordonnés, même si Winslow doutait de sa connaissance des affaires civiles et croyait qu'il était « remarquablement hors de son élément dans une cour de la chancellerie ou dans un bureau des terres ». Dix-sept ans après sa mort, une vieille amie écrivit que jamais elle n'avait connu personne d'« aussi *peu* égoïste » tout en évoquant « son grand sens de l'honneur, sa scrupuleuse intégrité […], sa modestie discrète, son habituelle délicatesse de manières [ainsi que] sa gentillesse et sa considération sincères pour tout son entourage ».

D. Murray Young

APC, MG 30, D1, 16 : 237–254. — APNB, RG 1, RS330, A6a ; RS333, A3–A5 ; RG 2, RS6, A. — PRO, CO 188/15–18 ; 189/11 ; 324/67. — UNBL, MG H11. — *The journal of Gen. Sir Martin Hunter, G.C.M.G., C.H., and some letters of his wife, Lady Hunter* […], Anne Hunter et Elizabeth Bell, édit. (Édimbourg, 1894 ; copie dactylographiée à la Saint John Regional Library, Saint-Jean, N.-B.). — N.-B., House of Assembly, *Journal,* 1808–1812 ; Legislative Council, *Journal,* [1786–1830], vol. 1, 1808–1812. —

Winslow papers (Raymond). — Royal Gazette (Saint-Jean), 1808–1812. — APNB, « A new calendar of the papers of the House of Assembly of New Brunswick », R. P. Nason et al., compil. (3 vol., copie dactylographiée, Fredericton, 1975–1977), 1. — DNB. — G.-B., WO, Army list, 1771–1837. — D. R. Facey-Crowther, « The New Brunswick militia : 1784–1871 » (thèse de M.A., Univ. of N.B., Fredericton, 1965). — Hannay, Hist. of N.B. — Lawrence, Judges of N.B. (Stockton et Raymond). — MacNutt, New Brunswick. — W. A. Squires, The 104th Regiment of Foot (the New Brunswick Regiment), 1803–1817 (Fredericton, 1962).

HUOT, HECTOR-SIMON, avocat, homme politique et fonctionnaire, né le 16 janvier 1803 à Québec, fils de François Huot*, marchand et homme politique, et de Françoise Villers ; décédé le 25 juin 1846 à Québec.

Après avoir étudié au petit séminaire de Québec, Hector-Simon Huot entreprit son stage de clerc en droit auprès de son beau-frère, Louis Lagueux*, et fut admis au barreau le 2 mai 1825. Il exerça ensuite sa profession à Québec où il se tailla rapidement une belle réputation de juriste.

Du 26 octobre 1830 au 27 mars 1838, Huot représenta, avec François-Xavier Larue*, la circonscription de Portneuf à la chambre d'Assemblée du Bas-Canada. Issu de la bourgeoisie marchande, familier avec les idées des philosophes français (sa bibliothèque comprenait près de 70 ouvrages de Rousseau, de Montesquieu et de Voltaire), Huot ne tarda pas à joindre les rangs des jeunes patriotes modérés de la région de Québec. Ceux-ci réclamaient un organe pour faire valoir leurs idées. En 1830, Huot réussit, avec l'aide d'Étienne Parent*, de René-Édouard Caron*, d'Elzéar BÉDARD et de Jean-Baptiste Fréchette, à recueillir les fonds nécessaires pour relancer le Canadien. De 1831 à 1842, c'est Parent qui en fut le rédacteur ; son influence modératrice incitait les jeunes députés de la région à préconiser une agitation non violente pour amener une réforme constitutionnelle. Cette attitude ne manqua pas de contrer les vues de l'aile radicale des patriotes de la région de Montréal que dirigeait Louis-Joseph Papineau*. Huot, comme la plupart des députés de Québec, signa les Quatre-vingt-douze Résolutions en 1834 [V. Elzéar Bédard]. Cependant, la rivalité entre les deux groupes ne cessait de croître. Aussi lorsqu'il fut question en 1835 d'envoyer un agent en Angleterre pour défendre les vues de la chambre d'Assemblée, les patriotes de Québec s'empressèrent de suggérer Papineau afin de tirer profit de son absence. Mais le 9 avril ce dernier adressa une longue lettre à Huot dans laquelle il déclinait l'honneur et la confiance qu'on lui faisait et démontrait l'inopportunité d'envoyer une délégation à Londres. Dès lors, la scission entre les deux clans parut irrémédiable. Après les rébellions de 1837–1838, Huot quitta la scène politique, mais continua néanmoins de s'intéresser à la chose publique. En 1840, il participa activement à la campagne menée contre le projet d'union du Haut et du Bas-Canada.

C'est surtout dans le domaine de l'éducation que Huot laissa sa marque. En janvier 1831, la chambre d'Assemblée mit sur pied un comité permanent de 11 membres, dont Huot, chargé d'étudier toutes les questions concernant l'éducation. Huot en devint le président en 1835 et il eut le privilège de présenter, le 25 janvier 1836, le premier projet de loi destiné à établir des écoles normales dans le Bas-Canada. On avait prévu l'ouverture de cinq écoles : trois d'entre elles seraient tenues par des communautés religieuses à Québec, à Montréal et à Trois-Rivières ; des laïques devaient administrer les deux autres à Québec et à Montréal. On nomma Huot secrétaire du comité chargé de mettre sur pied l'école laïque à Québec. Faute de ressources et de professeurs compétents et victime des vives réactions des protestants contre la prééminence des catholiques dans l'administration, l'école normale de Québec n'ouvrit jamais ses portes, semble-t-il. Huot œuvra aussi aux côtés de Joseph-François PERRAULT à titre de secrétaire de la Société d'éducation du district de Québec. Selon la notice nécrologique parue dans la Quebec Gazette du 26 juin 1846, il en aurait même été le président durant plusieurs années.

Par ailleurs, en juin 1840, Huot devint secrétaire de la bibliothèque du barreau de Québec. Il fut élu conseiller municipal de la ville de Québec le 15 août de la même année. Il dut cependant résigner cette charge lorsque, le 7 janvier 1842, on le nomma registrateur du comté de Berthier. Engagé le 14 février 1843 à titre de greffier par le bureau du secrétaire de la province, il quitta ce poste en avril de l'année suivante pour exercer la fonction de protonotaire du district de Québec.

Le 16 février 1830, Hector-Simon Huot avait épousé à Québec Josephte Clouet, fille d'un cultivateur de Beauport. Elle était la cousine d'Étienne Parent et la nièce de Michel CLOUET. De cette union naquit une fille. Mme Huot mourut à Québec le 10 mars 1846, trois mois seulement avant son mari. Le couple repose dans la crypte de la cathédrale Notre-Dame de Québec.

CHRISTINE VEILLEUX

ANQ-Q, CE1-1, 16 janv. 1803, 16 févr. 1830, 30 juin 1846 ; CN1-147, 15 févr. 1830 ; CN1-197, 1er mai 1820 ; CN1-255, 4 juill. 1846 ; P1000-51-1006. — ASQ, Fichier des anciens. — B.-C., chambre d'Assemblée, Journaux, 1831–1836 ; 1844–1846. — L.-J. Papineau, « Lettre de L.-J. Papineau à Hector-S. Huot », BRH, 38 (1932) : 282–293. — Quebec Gazette, 4 nov. 1830, 11 mars, 26 juin 1846. — F.-J. Audet, « Commissions d'avocats », BRH, 39 : 583. — Beaulieu et Hamelin, la Presse québécoise, 1. — Desjardins, Guide parl., 129, 151. — « Protonotaires du district de Québec »,

Huot

BRH, 10 (1904): 117. — P.-G. Roy, *les Avocats de la région de Québec*, 224. — L.-P. Audet, *le Système scolaire*, 5–6. — Buchanan, *Bench and bar of L.C.*, 102, 114. — J.-C. Falardeau, *Étienne Parent, 1802–1874* (Montréal, 1975). — J.-J. Jolois, *Joseph-François Perreault (1753–1844) et les Origines de l'enseignement laïque au Bas-Canada* (Montréal, 1969). — Labarrère-Paulé, *les Instituteurs laïques*. — P.-G. Roy, *Toutes Petites Choses du Régime anglais* (2 sér., Québec, 1946). — Benjamin Sulte, *Mélanges historiques* […], Gérard Malchelosse, édit. (21 vol., Montréal, 1918–1934), 14. — F.-J. Audet, « François Huot », *BRH*, 37 (1931): 695–702. — Fernand Ouellet, « Papineau et la Rivalité Québec–Montréal (1820–1840) », *RHAF*, 13 (1959–1960): 311–327.

HUOT, MARIE-FRANÇOISE, dite **Sainte-Gertrude,** sœur de la Congrégation de Notre-Dame, professeure et supérieure de la communauté (supérieure générale), née le 10 octobre 1795 à L'Ange-Gardien, Bas-Canada, fille de Pierre-Michel Huot et de Marie-Françoise Huot; décédée le 8 novembre 1850 à Montréal.

Après un séjour au pensionnat des sœurs de la Congrégation de Notre-Dame à Sainte-Famille, dans l'île d'Orléans, Marie-Françoise Huot entra au noviciat à Montréal en 1815, à l'âge de 19 ans et 9 mois. À sa vêture, le 26 juin 1816, elle reçut le nom de Sainte-Gertrude, puis elle prononça ses vœux le 10 juillet 1817. Elle enseigna ensuite dans différentes missions: celles de Saint-Laurent, dans l'île de Montréal, de Saint-François (à Saint-François-Montmagny), de la basse ville de Québec, de Sainte-Marie-de-la-Nouvelle-Beauce (Sainte-Marie), de Saint-Denis, sur le Richelieu, de Terrebonne et de Berthier, ainsi qu'au pensionnat de la maison mère, à Montréal. Elle était retournée à la basse ville de Québec quand on la choisit comme assistante de la communauté en 1839. L'année suivante, on l'élut supérieure, poste qu'elle n'occupa que trois ans, après quoi elle insista pour qu'on la libère de cette charge en invoquant des raisons de santé. Elle demeura cependant assistante de la supérieure, Marie-Catherine Huot*, dite Sainte-Madeleine, jusqu'en 1848, année de son entrée à l'infirmerie où elle mourut de cancer deux ans plus tard.

Le supériorat de sœur Sainte-Gertrude coïncida avec la prise en main du diocèse de Montréal par Mgr Ignace Bourget*. Dans sa vie interne comme dans son développement extérieur, la Congrégation de Notre-Dame fut alors touchée par le zèle et le gouvernement autoritaire du nouvel évêque qui se déclarait « le premier pasteur dans la communauté ». À la suite d'une visite pastorale où il réunit toutes les sœurs de la maison mère et des missions, Mgr Bourget produisit un mandement sur les affaires de la communauté, le 30 avril 1843. Il y statuait sur un grand nombre d'articles de la règle, allant de la formation religieuse des aspirantes au port de « bonnets de coton, de flanelle, aussi bien que ceux de toile » ou à l'usage de « mouchoirs de couleur foncée si [les sœurs faisaient] usage du tabac ».

Plusieurs amendements à la règle touchaient immédiatement l'enseignement que donnaient les sœurs. Ainsi Mgr Bourget décidait que des maîtresses laïques pourraient leur être adjointes dans les écoles de faubourg, surtout pour l'enseignement de l'anglais. Il ordonnait aux religieuses de changer leur méthode d'enseignement traditionnelle pour celle des Frères de la doctrine chrétienne et d'admettre comme externes dans les missions « les petites filles dont les parents seraient trop pauvres pour payer leur pension au couvent ». C'est avec réticence que les sœurs acceptèrent de tels changements, et sœur Sainte-Gertrude leur servit d'interprète auprès de l'évêque; ce dernier redoutait « les graves inconvénients qu'il y a[vait], dans les communautés comme ailleurs, à faire tourner les autorités comme des girouettes » et se réserva le dernier mot.

Sous le supériorat de sœur Sainte-Gertrude, la Congrégation de Notre-Dame résolut en 1841 de transporter sa mission de Québec, non loin de l'église Notre-Dame-des-Victoires, dans la paroisse Saint-Roch, selon le vœu qu'avait exprimé Mgr Joseph-Octave Plessis* avant de mourir. D'autre part, la communauté fonda un couvent dans la paroisse Saint-Joseph, aux Cèdres, qui devenait la quinzième mission de la congrégation dans les campagnes, malgré le nombre restreint de ses membres, soit environ 80.

Jusque-là, les sœurs de la Congrégation de Notre-Dame n'avaient des établissements que dans les diocèses de Québec et de Montréal, et en milieu francophone seulement même si elles tenaient une classe en anglais pour pensionnaires et demi-pensionnaires à Montréal. À la fin de 1841, elles cédèrent aux pressions de Mgr Rémi Gaulin*, évêque de Kingston, dans le Haut-Canada, et de Mgr Bourget, et fondèrent la mission de Kingston. Parmi les sœurs qui s'étaient offertes volontairement pour la mission, on en choisit trois et Mgr Bourget approuva ce choix. À Montréal, les *Mélanges religieux* du 3 décembre commentaient ainsi la fondation de Kingston: « Il [était] temps que les filles de l'admirable Marguerite Bourgeoys [Marguerite Bourgeoys*, dite du Saint-Sacrement] aillent porter ailleurs l'esprit et les vertus de leur Fondatrice. » Il s'agissait de la première mission, au sens moderne du terme, de la congrégation. En témoignent les sœurs qui avouèrent « qu'à la vue de leur local, […] elles se prirent à envier l'étable de Mère Bourgeoys », et l'abbé Jean-Charles Prince* qui, le 9 janvier 1842, écrivit à la supérieure: « L'œuvre de la fondation de votre Institut à Kingston me paraît assez importante pour intéresser plus tard l'histoire ecclésiastique et religieuse du Canada. » Pendant que s'organisaient le pensionnat et l'externat de Kingston, les sœurs avaient accepté de faire une mission à la Rivière-Rouge (Manitoba) où, selon Mgr Joseph-Norbert Provencher*, la Hudson's Bay Company préférait des religieuses et des prêtres canadiens à des missionnaires français. Mais l'évêque de Québec avait déjà pris des arrangements avec les Sœurs de la charité de l'Hôpital Général de Montréal [V. Marie-Louise Valade*, dite mère Valade], et les sœurs de la Congrégation de Notre-Dame « furent remerciées jusqu'à nouvel ordre ».

La vie de la Congrégation de Notre-Dame sous le supériorat de sœur Sainte-Gertrude met bien en évidence la dépendance de la communauté à l'égard de l'autorité ecclésiastique. Elle contredit donc une certaine historiographie qui voudrait que les religieuses aient été des femmes autonomes et « les premières féministes » de l'histoire canadienne et québécoise. Comme elles avaient renoncé par vœu à l'autonomie individuelle, ces femmes ne manifestaient aucune volonté d'autonomie collective. Elles étaient nettement soumises à l'Église hiérarchique, par conviction et par obéissance.

ANDRÉE DÉSILETS

ACAM, RLB, IV–VI. — ANQ-Q, CE1-3, 11 oct. 1795. — Arch. de la Congrégation de Notre-Dame (Montréal), Reg. des baptêmes et sépultures. — [D.-A. Lemire-Marsolais, dite Sainte-Henriette, et] Thérèse Lambert, dite Sainte-Marie-Médiatrice, *Histoire de la Congrégation de Notre-Dame* (11 vol. en 13 parus, Montréal, 1941–), 8 : 177 ; 9 : 234–241. — Pouliot, *Mgr Bourget et son temps*, 3.

I

INGLIS, JOHN, évêque de l'Église d'Angleterre, né le 9 décembre 1777 à New York, fils du révérend Charles Inglis* et de Margaret Crooke ; le 31 août 1802, il épousa à Windsor, Nouvelle-Écosse, Elizabeth Cochran (Cochrane), et ils eurent huit enfants ; décédé le 27 octobre 1850 à Londres.

Parti pour l'Angleterre avec son fils John et ses deux filles après que les Britanniques eurent évacué New York en 1783, Charles Inglis était revenu en Amérique du Nord en 1787 pour occuper la fonction de premier évêque de la Nouvelle-Écosse. Veuf, il idolâtrait son unique fils, qu'il souhaita toujours voir suivre ses traces. John Inglis fit ses études à Windsor : premier élève inscrit à l'école fondée dans cette ville en 1788 [V. William Cochran*], il passa ensuite cinq ans et demi au King's College, où il suivit « avec un succès remarquable un programme d'instruction libérale qui comprenait aussi bien les humanités que la philosophie naturelle et la philosophie morale ». Devenu secrétaire particulier de son père en 1798, il entreprit deux ans plus tard son premier long séjour officiel en Angleterre. Son rôle consistait surtout à acheter des livres pour la bibliothèque du King's College et à poursuivre sur place les démarches que son père avait amorcées en vue d'obtenir un soutien financier pour de nouvelles missions. Il s'employa en outre à améliorer ses propres perspectives d'avenir en fréquentant l'épiscopat et l'aristocratie. L'archevêque de Cantorbéry fut suffisamment impressionné pour recommander en 1801 à l'University of Oxford de lui décerner une maîtrise ès arts.

Au retour d'Inglis en Nouvelle-Écosse, son père l'ordonna diacre le 13 décembre 1801 et prêtre le 27 juin 1802. On l'affecta comme missionnaire à Aylesford, qui faisait auparavant partie de la mission de John Wiswall* et se trouvait près de Clermont, le domaine des Inglis dans la vallée d'Annapolis. En même temps, l'évêque veilla à ce qu'il devienne son secrétaire officiel ainsi que vicaire général, modeste équivalent de celui d'archidiacre. John exerça ces deux fonctions jusqu'en 1816 et fit d'autres séjours en Angleterre en 1806–1807, 1812–1813 et 1816, tant pour s'occuper des affaires de l'Église coloniale que de sa carrière. On le tenait généralement pour un homme compétent. Toutefois, son manque d'ancienneté, sans parler de sa parenté avec l'évêque, gâcha ses chances de devenir suffragant quand une crise d'apoplexie immobilisa presque son père, puis de devenir évêque à la mort de celui-ci en 1816. C'est plutôt Robert Stanser* qu'on éleva à l'épiscopat, tandis qu'Inglis lui succédait comme *rector* de l'église St Paul à Halifax. Il se révéla un pasteur dévoué et un prédicateur captivant ; visiteur assidu des pauvres de la paroisse et aumônier érudit de la chambre d'Assemblée, il se fit connaître dans tous les milieux.

À titre de « conseiller et confident » de son père puis de « substitut efficace » de Stanser, rentré définitivement en Angleterre dans les derniers mois de 1817, Inglis supervisa le diocèse pendant un quart de siècle avant de devenir, en 1825, le troisième évêque de la Nouvelle-Écosse. Il accorda toujours une attention particulière au King's College. C'est peu après son premier voyage en Angleterre, qu'il effectua en 1800 pour le compte de cet établissement, que celui-ci s'était vu octroyer une charte et une dotation. À l'instar de son père, Inglis estimait que le King's College devait être avant tout un séminaire ; et pourtant l'un des objets de sa visite dans la métropole en 1806–1807 fut de promouvoir une révision des statuts afin qu'on y admette les non-anglicans. Il eut gain de cause : on modifia les statuts de telle sorte que l'adhésion aux Trente-neuf Articles demeurait néces-

Inglis

saire pour avoir un diplôme mais non pour s'inscrire. En outre, Inglis convainquit la Society for the Propagation of the Gospel in Foreign Parts d'offrir des bourses aux fils de missionnaires qui étudiaient au collège.

Au cours des années 1810, les difficultés financières et administratives du King's College causèrent beaucoup de soucis à Inglis. En même temps, un établissement presbytérien, la toute nouvelle Pictou Academy [V. Thomas McCulloch], et le collège multiconfessionnel – projet « tout à fait inutile et romantique », selon Inglis – que le lieutenant-gouverneur lord Dalhousie [Ramsay] voulait ouvrir à Halifax, semblaient menacer le monopole de l'Église d'Angleterre sur l'éducation supérieure. Nommé au conseil d'administration du King's College en 1821, Inglis fut chargé de mener une autre vaste campagne pour obtenir des bourses, créer des chaires et amasser des fonds d'immobilisations – « une combine de mendiant », selon le lieutenant-gouverneur sir James Kempt* –, ce qu'il fit en envoyant une lettre circulaire en Angleterre. L'échec de cette campagne donna lieu à la première d'une série de tentatives qui visaient à unifier le King's College et le Dalhousie College. Favorable à la fusion, Inglis ne parvint cependant pas à convaincre l'archevêque de Cantorbéry qui, à titre de protecteur du King's College, avait le dernier mot sur toute question relative à l'établissement.

Pendant qu'Inglis faisait ainsi campagne pour le King's College, un observateur déplorait le fait que les étudiants, y compris ceux qui se destinaient au ministère, fréquentaient ce qui n'était selon lui qu'une « pépinière de fanatiques ». Les influences évangéliques et calvinistes, à l'œuvre dans toute l'Église, allaient empoisonner l'existence d'Inglis jusqu'à la fin. En tant qu'anglican, il ne rejetait pas le calvinisme et le puseyisme modérés ; ses objections étaient plus politiques que doctrinales. D'après lui, pour conserver ses droits et privilèges, donc sa suprématie dans le diocèse, l'Église devait faire front commun devant ses critiques. Elle ne pouvait se permettre de tolérer des factions car, comme il l'affirmait souvent : « si le petit nombre que nous sommes est divisé, notre utilité sera tragiquement réduite ». Il disait également : « un bon fils ou une bonne fille de l'Église doit obéir de bon cœur à toute directive imposée par son autorité », peu importe que « cette directive soit suffisamment fondée [ou non] ». Il se défiait de son propre jugement, comme il le confessa en 1830, mais n'avait aucun mal à déterminer la position officielle de l'Église : l'opinion de l'épiscopat anglais lui servait de critère absolu. Aussi se méfiait-il des sociétés évangéliques associées à l'Exeter Hall de Londres. Quand il apprit que la hiérarchie anglaise avait condamné les écoles non confessionnelles de la British and Foreign School Society et opté plutôt pour les écoles mises sur pied par la National Society for the Education of the Poor in the Principles of the Established Church, il réagit en ouvrant en 1816, dans la paroisse St Paul, une école de la National Society qui concurrencerait celle que Walter Bromley avait fondée trois ans plus tôt au nom de la Royal Acadian School. Le refus qu'opposa Inglis à toute collaboration avec les autres protestants tout comme le fait qu'il n'appuya pas les œuvres d'éducation ou de charité lancées par des anglicans à l'esprit plus large créèrent dans la population une impression défavorable, et ce au moment même où les privilèges de l'Église d'Angleterre commençaient à éveiller du ressentiment parmi les dénominations rivales et les leaders réformistes de la colonie. Inébranlable, Inglis s'opposa aussi, ouvertement, à ce que la British and Foreign Bible Society vienne concurrencer la Society for Promoting Christian Knowledge ; il aida la seconde à créer des comités locaux pour contrer l'influence que la première exerçait au moyen de ses publications.

Par son exclusivisme, Inglis s'aliéna ses collègues anglicans qui se réclamaient de la Basse Église et qui étaient dans une certaine mesure portés à l'œcuménisme, en particulier ceux qui avaient subi l'influence évangélique pendant leur formation de pasteurs au King's College. Toutefois, jusqu'en 1825, l'Église sembla plus menacée de l'extérieur que de l'intérieur et, fidèle à la position qu'il allait habituellement maintenir pendant quelque 50 ans, Inglis mena un combat d'arrière-garde pour préserver de la « tyrannie des majorités » les privilèges de l'Église établie (à laquelle n'adhérait qu'une minorité de la population). Le monopole de l'Église sur certains droits civils et fonds publics réservés aux fins religieuses et éducatives constituait l'enjeu de cette lutte.

Dans le domaine des droits civils, la prétention de l'Église d'Angleterre à être seule habilitée à célébrer des mariages avec dispense de bans soulevait des contestations particulièrement fortes. Inglis, quant à lui, refusait tout compromis. Quand la congrégation St Matthew de Halifax réclama le même droit pour son ministre, il concéda que c'était là un cas d'exception, puisque St Matthew appartenait à la respectable Église d'Écosse, que subventionnait le gouvernement. Mais, disait-il, « si l'on outrepasse une seule fois la ligne de démarcation claire qui sépare l'Église établie de quelque groupe de non-conformistes, il sera tout à fait impossible d'en déterminer une autre aussi nette entre ce groupe de non-conformistes et *tous les autres* ». En 1819, le gouvernement tory de Grande-Bretagne appuya Inglis et refusa de sanctionner la loi coloniale qui aurait autorisé les ministres non conformistes à célébrer des mariages avec dispense de bans entre des membres de leurs congrégations et selon leurs rites. Ce n'est qu'en 1832 qu'on régla la question en leur faveur.

Inglis était également défavorable à l'émancipation des catholiques. En 1822, il prit parti à l'occasion d'un cas retentissant et s'opposa à l'admission de Laurence Kavanagh* à l'Assemblée en raison, selon lui, des principes étroits et obscurantistes de sa religion. Comme la plupart des protestants de l'époque, Inglis trouvait le catholicisme rétrograde : « chaque jour, se plaignit-il, nous voyons parmi nous des gens fonder les doctrines papistes les plus extravagantes et les plus absurdes sur des miracles fictifs qui sont affirmés avec autant d'assurance et crus avec autant de facilité qu'aux époques les plus ignorantes ». Vers la fin de sa vie, il vit d'un mauvais œil la création du St Mary's College en 1841 et la reconnaissance par le gouvernement en 1849 d'une hiérarchie catholique dans la colonie.

En tant que défenseur de l'Église établie, Inglis lutta même contre la constitution juridique de congrégations non conformistes ou catholiques, ce que d'autres anglicans, dont son beau-frère Brenton Halliburton*, membre du Conseil de la Nouvelle-Écosse, étaient prêts à favoriser. En ce qui avait trait aux privilèges financiers de l'Église, il tenta d'empêcher les non-anglicans d'acquérir le droit à une part des revenus qui provenaient des terres assignées à un bénéfice ou destinées aux écoles qu'on avait réservées au moment de la création des cantons et auxquelles s'étaient ajoutées en 1813, pour le soutien de l'évêque, des terres attribuées au doyen et au chapitre. Propriétaire d'un domaine dans la vallée d'Annapolis, Inglis était assez renseigné sur l'immobilier pour savoir que les concessions rapporteraient à long terme plutôt que dans l'immédiat. Aussi croyait-il qu'elles devaient demeurer intactes pour assurer le financement futur de l'Église. Avant même que les réformistes n'allèguent avec insistance que l'Assemblée avait un droit de regard sur les terres de la couronne, Inglis suggéra de considérer les terres de l'Église comme des terres de la couronne ; il croyait ainsi pouvoir préserver les anglicans de la vindicte des non-conformistes tant que les revenus ne seraient pas assez élevés pour inquiéter la population. Quant à la question encore plus controversée des terres réservées aux écoles, elle donna lieu à un litige précis : en 1821, les administrateurs scolaires de Newport, accoutumés à répartir les recettes entre tous les instituteurs du canton, se virent demander de les remettre toutes au nouvel instituteur de la Society for the Propagation of the Gospel. L'affaire demeura en suspens pendant six ans, après quoi, grâce à leur présence constante au conseil d'administration, les non-conformistes obtinrent quelques droits qui n'éliminèrent cependant pas les privilèges des anglicans.

L'obstination avec laquelle Inglis défendait l'Église établie n'empêcha pas qu'on l'entoure d'un grand respect tant qu'il demeura *rector* de l'église St Paul. Mais la popularité qu'il avait gagnée au sein de l'Église s'évanouit dès qu'il devint lui-même évêque de la Nouvelle-Écosse, après que Stanser eut pris sa retraite. Au cours d'un voyage en Angleterre en 1824, il s'assura d'abord qu'il obtiendrait la succession (ce que confirma sa consécration le 27 mars 1825), et s'occupa ensuite de se faire remplacer à l'église St Paul. Sans consulter l'assemblée des fidèles, qui avait toujours affirmé son droit de choisir son *rector*, il recommanda à la couronne de muter Robert Willis* de Saint-Jean à Halifax, en faisant valoir qu'il était le plus ancien des ministres du diocèse. Ainsi il écartait délibérément son propre vicaire, John Thomas Twining*, de tendance évangélique, qui se révéla avoir l'appui des fidèles. En conséquence, Willis se vit interdire l'accès de l'église et une large proportion des fidèles manifestèrent leur dissidence, d'abord en se plaçant sous l'autorité de Twining puis, finalement, en passant soit à l'autre congrégation anglicane de Halifax, St George, soit à la congrégation baptiste de John Burton ou à l'Église méthodiste. On n'abandonna la procédure intentée devant la Cour de la chancellerie pour replacer l'église St Paul sous l'autorité de l'évêché qu'après le retour d'Inglis dans le diocèse, le 8 novembre 1825. Twining fut inscrit sur une liste noire et empêché d'obtenir toute affectation qui nécessitait la recommandation de l'évêque.

Le diocèse comprenait la Nouvelle-Écosse, le Nouveau-Brunswick, l'Île-du-Prince-Édouard, Terre-Neuve et les Bermudes, ce qui était beaucoup trop pour un seul homme ; Inglis le constata lui-même au fil de ses tournées régulières pendant ses cinq premières années. Bien qu'il s'assistât de quatre archidiacres – Willis en Nouvelle-Écosse et à l'Île-du-Prince-Édouard, George Best* au Nouveau-Brunswick, George Coster* à Terre-Neuve et Aubrey George Spencer* aux Bermudes –, il fit pression en faveur de la subdivision du diocèse. Il eut gain de cause : en 1839, on nomma Spencer évêque de Terre-Neuve et des Bermudes puis, en 1845, John Medley*, évêque de Fredericton. À compter de 1842, l'Île-du-Prince-Édouard eut son vicaire général, Louis Charles Jenkins.

Les fréquentes tournées d'Inglis, auxquelles il consacrait la plus grande partie de ses étés et automnes quand il ne se rendait pas en Grande-Bretagne (il y alla en 1831 et y retourna de 1837 à 1840), étaient pour lui l'occasion d'encourager le clergé des colonies, de confirmer des fidèles, de consacrer des églises et des cimetières, d'ordonner des ecclésiastiques et de surveiller missionnaires et instituteurs. Membre du conseil de chacun des territoires de son diocèse, il conférait assidûment avec les gouverneurs et les citoyens les plus en vue. Il ne négligea aucune partie du diocèse, même si ses deux longues tournées épiscopales à Terre-Neuve et les trois qu'il fit aux Bermudes lui semblèrent tout à fait insuffisantes. Le nombre de nouvelles communautés qu'il pouvait visiter pour la première fois chaque année était pour lui l'objet d'une fierté particulière.

Inglis

Pour cet homme qui avait bien plus le tempérament d'un aristocrate anglais que celui d'un pionnier des colonies – Inglis était, a-t-on dit, « le gentleman le plus raffiné de son temps », après George IV – les tournées épiscopales ont dû être des leçons d'humilité. Elles éveillèrent chez lui une tolérance et une souplesse insoupçonnées. Conscient que l'Église devait s'adapter aux coutumes et aux conditions locales, il acceptait que dans les communautés dépourvues de ministre des laïques puissent baptiser et prêcher. Ému par le mélange de pauvreté et de labeur, d'ignorance et de piété qu'il voyait dans les petites communautés et les villages de pêcheurs, il récompensait les efforts des habitants en consacrant, au mépris des règles, des églises encore en chantier et prêchait aussi bien dans des édifices en construction que dans des granges, dans des chapelles non conformistes, dans des salles de classe ou sur le pont de navires.

Inglis pouvait alléger quelque peu la misère spirituelle et l'ignorance dont il était témoin durant ses tournées, mais il disposait pour cela de fonds de plus en plus réduits et de ressources humaines insuffisantes. L'Église coloniale entra dans sa pire crise dans les années 1830. Ses bases financières commencèrent à s'effriter, moins sous l'effet des attaques des non-conformistes qu'en raison du virage qu'avait pris la politique coloniale de la Grande-Bretagne avec l'accession au pouvoir des whigs, préoccupés davantage d'économie et favorables à l'Église large. Devant la menace du Parlement de cesser avant 1835 d'aider l'Église, tant directement qu'indirectement, par ses subventions à la Society for the Propagation of the Gospel, Inglis réussit à faire garantir le salaire des ministres déjà en poste ; mais pour assurer l'avenir, c'est-à-dire compléter et même remplacer les subventions gouvernementales et les dons de la Society for the Propagation of the Gospel, il dut se tourner vers des sources coloniales. Cependant, jusqu'à la fin de son épiscopat, la plus grande part des salaires et des fonds versés au titre de la construction des églises continuèrent de provenir de cette société. Comme il ne pouvait compter sur les gouvernements coloniaux et que, de toute façon, il se méfiait des non-conformistes qui en faisaient partie, Inglis désespérait toujours du piètre rapport d'une dotation foncière, même s'il consacra des pages et des pages à exposer les droits de l'Église d'Angleterre aux terres assignées à un bénéfice ou réservées aux écoles. En privé, il préconisait d'imposer une taxe globale pour les Églises et d'en allouer le produit selon la préférence confessionnelle des contribuables, mais il savait que les contributions volontaires des assemblées de fidèles constituaient la seule solution véritable. À cette fin, il proposa en 1836 de fonder la Diocesan Church Society, qui eut bientôt des sections dans tous les districts du diocèse. C'est elle qui prit la relève de la Society for Promoting Christian Knowledge quant à la diffusion des publications religieuses. Cet organisme encourageait la formation spirituelle dans les communautés défavorisées en nommant des missionnaires itinérants, contribuait aux fonds qui servaient à construire des églises dans les villages pauvres, aidait des étudiants en théologie et veillait au maintien d'une école anglicane dans chaque mission.

Entre-temps, le King's College continuait de préoccuper Inglis. Depuis 1829 l'établissement accueillait sans restriction les non-conformistes mais, pour la deuxième fois, une tentative de fusion avec le Dalhousie College s'était heurtée à l'opposition de l'archevêque de Cantorbéry. Au grand désespoir d'Inglis, plusieurs des membres d'office du conseil d'administration du collège étaient, dès les années 1830, des non-conformistes. De plus, on inaugura en 1829 le King's College de Fredericton, un rival potentiel. Pour avoir assisté depuis une dizaine d'années à une prolifération des collèges confessionnels, Inglis concluait en 1841 que « jouer ainsi aux universités [était] plutôt méprisable » et qu'un tel émiettement des fonds publics constituait un gaspillage. Au moins un résultat positif, pensait-il, s'ensuivrait : « On nous laissera en paix à Windsor. » Mais les problèmes resurgirent quelques années plus tard. Dès le milieu de la décennie, la Society for the Propagation of the Gospel dut réduire les salaires et l'aide versés au King's College. Comme le gouvernement menaçait aussi de diminuer sa subvention annuelle à l'établissement, le vieil Inglis envoya l'un de ses ministres en Angleterre en 1847 pour recueillir des fonds, mais ce fut en vain.

Parmi les 37 ministres résidants qui se réunirent à Halifax en 1846 au moment de la visite de leur évêque, 26 avaient fait leurs études au King's College, ce qui montre combien celui-ci était essentiel à l'Église. Même si le clergé était manifestement insuffisant, Inglis n'acceptait d'ordonner que les diplômés du King's College ou les candidats qu'approuvait la Society for the Propagation of the Gospel. Il s'attira donc des critiques en refusant ceux que d'autres sociétés anglicanes envoyaient de Grande-Bretagne. Beaucoup de missionnaires servirent pendant de longues années, mais leurs rangs se clairsemèrent périodiquement à cause de la démission forcée de nombreux confrères : certains souffraient de maladie physique ou mentale, d'autres avaient des habitudes d'intempérance ou s'étaient rendus coupables soit de mauvaise conduite, soit d'immoralité (par exemple fornication, homosexualité ou mariage contraire au droit canonique).

Au cours des années 1840, comme il n'était parvenu à arrêter ni l'érosion des privilèges anglicans ni la tendance générale des protestants à collaborer dans maints secteurs de la vie religieuse et morale, Inglis reporta son attention sur les conflits internes de son Église. La Colonial Church Society provoqua l'une de ces dissensions. Cette organisation d'anglicans évangéliques qui s'était donné pour tâche d'envoyer des missionnaires, des catéchistes et des instituteurs auprès des immigrants britanniques pauvres favorisait une collaboration généreuse avec les non-anglicans. Créée en Australie occidentale en 1835, cette société britannique s'implanta dans le diocèse de la Nouvelle-Écosse en 1839, pendant qu'Inglis était en Angleterre, et en vint, en une décennie, à aider 30 villages de la province. Comme la hiérarchie anglicane ne l'avait pas sanctionnée, et qu'elle faisait double emploi avec la Society for the Propagation of the Gospel (toute chancelante que celle-ci fût devenue), Inglis lui refusa son approbation et s'ingénia même à lui mettre des bâtons dans les roues, en particulier après qu'il eut tenté vainement, en 1841, de la placer sous son autorité. Il reprochait surtout à la Colonial Church Society d'être indépendante de la Society for the Propagation of the Gospel, mais il craignait aussi qu'elle ne nuise aux initiatives locales qu'il tentait de favoriser par l'intermédiaire de la Diocesan Church Society.

La Colonial Church Society eut raison d'Inglis, principalement parce qu'elle avait l'appui d'ecclésiastiques et de laïques influents. Parmi le clergé, son principal partisan était Robert Fitzgerald Uniacke*, *rector* de l'église St George à Halifax, auquel se joignirent John Thomas Twining, éternel adversaire évangélique de l'évêque, William Cogswell, vicaire de l'église St Paul, et Louis Charles Jenkins, l'ecclésiastique le plus ancien de l'Île-du-Prince-Édouard. Quand John Medley devint évêque de Fredericton en 1845, la Colonial Church Society put compter sur sa collaboration bienveillante. Comme les lieutenants-gouverneurs des Maritimes la protégeaient aussi, Inglis se trouvait particulièrement isolé.

Préoccupé par les affaires diocésaines, Inglis s'absentait le moins possible de la colonie, et seule sa dernière visite en Angleterre, en 1850, fut motivée par des raisons personnelles. Néanmoins, étant donné ses liens avec la métropole et ses préférences sociales, il était tout à fait approprié qu'il meure en Angleterre, où il était allé se faire soigner. Il convenait aussi que ses funérailles soient modestes – on l'inhuma dans le caveau familial de sir Rupert Dennis George, ancien secrétaire de la Nouvelle-Écosse, au cimetière St Mary à Battersea (Londres) – car, tout comme son père, il n'accordait aucune importance aux cathédrales ou aux monuments grandioses. Un seul membre de sa famille retourna en Nouvelle-Écosse, son fils aîné Charles, qui était médecin et souffrait d'instabilité mentale. Ce dernier légua les biens familiaux au King's College et à l'église St Mary d'Aylesford, mais on contesta avec succès son testament en raison de son état d'aliénation.

Le mérite de John Inglis fut de laisser derrière lui une Église très agrandie qui savait s'adapter au contexte colonial et qui, sous l'empire de la nécessité, apprenait à compter sur ses propres ressources. Cependant, en dépit des efforts de l'évêque, sa position officielle s'était affaiblie ainsi que son influence sociale. À la mort d'Inglis, l'Église d'Angleterre perdit en Nouvelle-Écosse le titre d'Église établie ; son successeur à l'épiscopat, Hibbert Binney*, ne reçut jamais son salaire de Grande-Bretagne et ne siégea pas au Conseil législatif de la province. Quant au King's College, il n'eut plus droit à sa subvention préférentielle. La perte des privilèges anglicans était attribuable non seulement à la démocratisation des institutions coloniales et au retrait graduel de l'aide britannique, mais aussi à la suspicion et à l'hostilité qu'Inglis éveillait tant dans la colonie que dans la métropole. Refusant de promouvoir la coopération interconfessionnelle, incapable de colmater les brèches de l'anglicanisme colonial, préférant un style d'épiscopat autoritaire, il devint à la fin une espèce d'anachronisme dans cette ère de libéralisme où était entrée la société coloniale.

JUDITH FINGARD

Deux collections de papiers ayant appartenu à John Inglis nous ont été transmises par ses descendants. Des copies sur microfilm de la collection de sir John Inglis, un petit-fils de l'évêque, sont disponibles aux PANS, Biog., John Inglis letters, et aux APC, MG 23, C6, sér. 4. Une autre collection est toujours en la possession du colonel John Inglis, de Hope Bowdler, Angl., un arrière-petit-fils.

Inglis est l'auteur de : *A sermon preached in the parish church of St. Paul, at Halifax, on Sunday the 11th of June, 1815, after the funeral of Mrs. Mary Stanser* [...] (Halifax, 1815) ; *A charge delivered to the clergy of his diocese, by John* [...] *bishop of Nova Scotia, at Halifax, in August, 1830 ; at Bermudas, in May, 1830, and at Fredericton, New Brunswick, in August, 1831* (Londres, 1831) ; *A sermon preached in the cathedral church of St. Paul, on Thursday, June 11, MDCCCXXXI, at the yearly meeting of the children of the charity schools in and about the cities of London and Westminster* (s.l.n.d.) ; *Sermon preached in the parish church of St. Paul, at Halifax ; on behalf of the Incorporated Society for the Propagation of the Gospel in Foreign Parts, on the 19th February, 1832* [...] (Halifax, 1832) ; *The judgment seat of Christ ; a sermon, preached on board his majesty's ship, « President », in the harbour of Halifax, on Sunday, the 1st of November, 1835* [...] (Halifax, [1835]) ; *Memoranda respecting King's College, at Windsor, in Nova Scotia* [...] *by one of the alumni* (Halifax, 1836) ; *The claim of the Society for the Propagation of the Gospel, upon all members of the church ; a sermon* (Londres, 1840) ; *Journal of the visitation of the diocese of Nova Scotia, in New Brunswick, in the autumn of 1840, by the right rev. the lord bishop of Nova Scotia* [...] (Londres, 1841) ; *A journal of visitation in Nova Scotia, Cape Breton, and along the eastern shore of New Brunswick, by the lord bishop of Nova Scotia, in the summer and autumn of 1843* (3ᵉ éd., Londres, 1846) ; et *A journal of visitation through the south-western*

Irwin

portions of his diocese, by the lord bishop of Nova Scotia [...] [1844–1845] (2 part., Londres, 1846–1847).

NLS, Dept. of MSS, MSS 2265–2505, 2568–2608, 3022. — PRO, CO 217/98–99; 217/102; 217/140–147; 217/151–155; 217/158–159; 217/161; 217/163; 217/165; 217/167–168; 217/171–173; 217/176; 217/178–181; 217/184–185; 217/194; 217/202; 218/30. — RHL, USPG Arch., C/CAN/NS, 9–11; Dr Bray's Associates, minute-books, 1835–1845; journal of SPG, 28–46. — Univ. of King's College Library (Halifax), Univ. of King's College, Board of Governors, minutes and proc., 1787–1851; corr. relating to King's College. — J. C. Cochran, A sermon in reference to the death of the Right Rev. John Inglis, bishop of Nova Scotia (Halifax, 1850). — Colonial Church and School Soc., Annual report (Londres), 1841–1851. — Diocesan Church Soc. of N.S., Executive Committee, Report (Halifax), 1839–1850; Report of proc. (Halifax), 1839–1850. — Halifax Assoc. in Aid of the Colonial Church Soc., Annual report (Halifax), 1848–1851; Formation and proceedings (Halifax, 1847). — Christian Messenger, 29 nov. 1850. — Church Times (Halifax), 1848–1851. — Colonial Churchman (Lunenburg, N.-É.), 1836–1840. — Morning News (Saint-Jean, N.-B.), 15 nov. 1850. — Susan Buggey, «Churchmen and dissenters: religious toleration in Nova Scotia, 1758–1835» (thèse de M.A., Dalhousie Univ., Halifax, 1981). — A. W. H. Eaton, The Church of England in Nova Scotia and the tory clergy of the revolution (New York, 1891); The history of Kings County, Nova Scotia [...] (Salem, Mass., 1910; réimpr., Belleville, Ontario, 1972). — Judith Fingard, «The Church of England in British North America, 1787–1825» (thèse de PH.D., Univ. of London, Londres, 1970). — H. Y. Hind, The University of King's College, Windsor, Nova Scotia, 1790–1890 (New York, 1890). — C. H. Mockridge, The bishops of the Church of England in Canada and Newfoundland [...] (Toronto, 1896). — H. A. Seegmiller, «The Colonial and Continental Church Society in eastern Canada» (thèse de D.D., préparée à Windsor, N.-É., 1966, pour ACC, General Synod, Huron College, London, Ontario, 1968). — F. W. Vroom, King's College: a chronicle, 1789–1939; collections and recollections (Halifax, 1941). — Peter Burroughs, «Lord Howick and colonial church establishment», Journal of Ecclesiastical Hist. (Cambridge, Angl.), 25 (1974): 381–405; «The search for economy: imperial administration of Nova Scotia», CHR, 49 (1968): 24–43.

IRWIN, THOMAS, instituteur, arpenteur, philologue et auteur; décédé en 1847 près de Naufrage, Île-du-Prince-Édouard.

On ignore quand Thomas Irwin quitta son Irlande natale pour immigrer à l'Île-du-Prince-Édouard et comment il y gagna sa vie avant de recevoir, en 1830, un permis d'instituteur puis, en 1835, un autre d'arpenteur. Linguiste accompli, il obtint une copie manuscrite d'une grammaire en langue micmaque que le père Pierre Maillard* avait composée un siècle plus tôt. En étudiant cette langue, Irwin en vint à faire siens les malheurs des Micmacs. Il était catholique et gaélophone, et très tôt on l'avait contraint d'apprendre l'anglais, langue des oppresseurs protestants de sa patrie. À ses yeux, les Micmacs formaient aussi un peuple dominé, spolié et menacé d'assimilation. Ils souffraient de ce dont lui-même avait souffert, et il jura de consacrer sa vie à les aider.

Irwin figure pour la première fois dans les annales en 1829; il vivait alors à la baie Rollo. Cette année-là, il envoya une copie d'un ouvrage qu'il avait compilé sur «les rudiments de la langue micmaque» au rédacteur en chef du Free Press de Halifax en lui demandant de le publier par tranches, au rythme qui lui conviendrait. Il offrit aussi de publier dans cette langue un recueil de prières matinales et vespérales ainsi qu'un catéchisme. Tous ces projets échouèrent. Les Micmacs, faisait valoir Irwin, étaient un peuple supérieur car leur langue reflétait des facultés mentales de tout premier ordre. Instrument aux ressources quasi infinies, cette langue avait «toute la douceur melliflue de l'italien, la gravité solennelle et majestueuse de l'espagnol [...] l'abondance de l'une et l'autre [langues] et une syntaxe plus philosophique et plus belle qu'aucune des deux». Dès juin 1830, il était prêt à publier une grammaire micmaque, un ouvrage de près de 300 pages qui, annonçait-il, serait imprimé et vendu à un dollar l'exemplaire dès que le nombre de commandes suffirait.

Peut-être pour mousser les commandes, Irwin publia de juin à décembre 1830 huit extraits de sa grammaire dans le Prince Edward Island Register de James Douglas Haszard* puis dans le journal qui le remplaça, la Royal Gazette. Dans ces publications, et deux ans plus tard dans le Novascotian, or Colonial Herald de Joseph Howe*, il condamna les Blancs qui, du cap Horn au Groenland, accusaient les autochtones de cruauté et de déloyauté tout en leur volant leurs terres et en les menant à l'extinction. Il prônait la formation de «sociétés philo-indiennes» qui gagneraient la confiance des autochtones de la colonie et leur enseigneraient l'agriculture. Cet appel n'eut pas plus d'échos que les plans de publication de sa grammaire n'eurent de suites. Malgré de sérieux efforts de promotion, les commandes demeurèrent insuffisantes pour rendre la parution possible.

En avril 1831, Irwin essaya une autre tactique. Au nom des Indiens, il présenta à la chambre d'Assemblée une requête qui demandait qu'on leur dispense l'instruction et qu'on leur donne des terres où ils pourraient s'établir et s'initier à l'agriculture. On chargea un comité d'étudier les moyens de les aider. Entre-temps, en juillet, Irwin brigua les suffrages dans la circonscription de Kings à une élection partielle, mais il la perdit au profit de William Cooper*. À l'inauguration de la session suivante, en janvier 1832, Louis Francis Algimou et quatre autres chefs présentèrent une pétition qu'Irwin avait rédigée; ils réclamaient des terres et des «livres pour montrer de bonnes choses à [leurs] enfants». L'Assemblée examina rapidement la possibilité d'acheter des terres et alloua £50 au bureau d'Éducation pour des livres de niveau élémentaire en langue micmaque. Irwin affirma alors qu'il avait un ouvrage de ce genre « en préparation », à partir d'un syllabaire standard de l'époque, dans lequel se trouvaient aussi des prières que les missionnaires catholiques du siècle précédent avaient traduites en langue micmaque. Faisant fi d'Irwin, le bureau annonça qu'il ne pouvait trouver aucun livre élémentaire dans cette langue et décida de ne pas accorder la subvention. Candidat dans Kings en 1834, Irwin fut défait encore une fois.

En février 1840, Irwin pressentit de nouveau l'Assemblée, cette fois pour l'impression de son manuel élémentaire. Un comité étudia son manuscrit et exprima des inquiétudes quant à son exactitude étant donné que personne n'était qualifié pour l'évaluer, puis recommanda d'allouer un maximum de £50 au lieutenant-gouverneur, sir Charles Augustus Fitz-Roy*, pour l'embauche d'instituteurs qui enseigneraient en anglais aux Micmacs. Trois ans plus tard, Irwin fit une dernière tentative : il offrit d'enseigner gratuitement aux Micmacs dans leur langue pendant un an à l'aide de son manuel élémentaire si l'Assemblée en payait l'impression. L'Assemblée au grand complet débattit cette requête le 20 mars 1843 et la majorité des députés concluren que les Indiens devaient apprendre l'anglais. Toutefois, comme la Nouvelle-Écosse comptait plus de Micmacs que l'Île-du-Prince-Édouard, la chambre offrit à Irwin de le défrayer des coûts de son voyage s'il voulait bien aller tenter de vendre son livre à Halifax.

À bout de patience, Irwin publia le 1er avril 1843 une lettre rageuse dans le *Colonial Herald, and Prince Edward Island Advertiser*. « Ce pays, disait-il, est le patrimoine légitime des Indiens ; la main du pouvoir le leur a arraché, et on ne leur a rien donné d'équivalent en échange. » À présent, l'« esprit de domination des Anglais » exigeait même la destruction de leur langue. Les « Saxons dominateurs » avaient assassiné « les bardes gallois », pillé « les archives d'Écosse » et tenté récemment au Canada d'« éliminer les Français ». Jamais, s'il pouvait contribuer à empêcher cela, la douce langue des Micmacs ne serait supplantée par la « macédoine bâtarde » que parlaient les Saxons. En outre, il suivit le conseil de l'Assemblée et écrivit de nouveau à Howe pour lui demander son aide. Mais celui-ci, devenu commissaire aux Affaires indiennes en Nouvelle-Écosse, croyait lui aussi que les Micmacs devaient apprendre l'anglais. Leur correspondance cessa donc en juin 1843. Il semble bien qu'Irwin ignorait l'intérêt que portait alors Moses Henry Perley* aux Indiens du Nouveau-Brunswick et qu'il ne chercha pas à obtenir son aide.

Les efforts d'Irwin en faveur des Micmacs se soldèrent tous par des échecs. Pendant près de 20 ans, il fut le seul Blanc de l'Île-du-Prince-Édouard à manifester publiquement quelque sympathie aux Indiens. Comme il était catholique, toutes ses propositions soulevaient des réactions partisanes et, par ailleurs, le clergé de son Église ne le soutenait pas. Pourtant son œuvre ne fut pas tout à fait vaine. Le révérend Silas Tertius Rand*, ministre baptiste arrivé à Charlottetown à l'été de 1846, forma la Micmac Missionary Society selon les principes qu'Irwin avait énoncés autrefois. Reconnu mondialement à titre de spécialiste de la langue et de la tradition orale des Micmacs, il reconnaissait avoir d'abord puisé son savoir dans les extraits de la grammaire d'Irwin qu'avaient publiés le *Register* et la *Royal Gazette*.

En 1830, Thomas Irwin avait écrit dans le second journal : « Je conclus que j'ai encore 50 années à vivre (si l'on écarte les accidents en mer et sur terre). » Ce fut justement un accident de cette sorte qui mit fin à ses jours 17 ans plus tard. On le vit vivant pour la dernière fois le 14 février 1847, sur un plan d'eau appelé Big Pond ; il se rendait vers l'est en longeant la côte à partir de Naufrage. Près d'un mois plus tard, on trouva son corps sur les glaces du golfe Saint-Laurent, à quelque distance du rivage. Une enquête conclut qu'il s'était écarté de son chemin et qu'en raison du « temps alors très inclément, [il] était mort de froid ». Depuis au moins dix ans, il habitait St Peters ; il ne laissait aucun parent dans l'île.

L. F. S. UPTON

Aucun manuscrit de Thomas Irwin ne semble avoir été conservé. Deux manuscrits, l'un de 65 pages de son manuel élémentaire et l'autre de 124 pages de sa grammaire, ont été offerts à l'encan, à Paris, en 1884 quand le savant français Alphonse-Louis Pinart vendit la collection décrite dans *Catalogue des livres rares et précieux, manuscrits et imprimés, principalement sur l'Amérique et sur les langues du monde entier* [...] (Paris, 1883) ; leur localisation actuelle est inconnue.

PANS, RG 1, 432 : 159–161, 178–179, 188–194, 216–221. — P.E.I. Museum, File information concerning Thomas Irwin. — Supreme Court of P.E.I. (Charlottetown), Estates Division, papers of administration for Thomas Irwin estate. — Î.-P.-É., House of Assembly, *Journal*, 8–9 avril 1831, 4, 7 janv. 1832, 19 févr. 1840, 20 mars 1843. — *Colonial Herald, and Prince Edward Island Advertiser* (Charlottetown), 29 févr., 11 avril 1840, 18 févr., 4, 25 mars, 1er avril 1843. — *Islander*, 26 mars 1847. — *Novascotian, or Colonial Herald*, 29 août, 5 sept. 1832. — *Prince Edward Island Register*, 2 févr., 27 avril, 4–18 mai, juin, 13, 27 juill., 3–17 août 1830. — *Royal Gazette* (Charlottetown), 31 août, 14, 28 sept., oct., 2 nov., 7 déc. 1830, 31 janv., 7 févr. 1832, 15 oct. 1833, 25 nov., 2, 23 déc. 1834, 13 janv., 24 févr. 1835, 28 mars, 4 avril 1843, 23 mars 1847. — *P.E.I. calendar*, 1837–1847. — Upton, *Micmacs and colonists*. — James Bambrick, « Days of Bishop McEachern, 1790–1836 », *Prince Edward Island Magazine* (Charlottetown), 3 (1901–1902) : 151. — L. F. S. Upton, « Indians and Islanders : the Micmacs in colonial Prince Edward Island », *Acadiensis* (Fredericton), 6 (1976–1977), no 1 : 21–42 ; « Thomas Irwin : champion of the Micmacs », *Island Magazine* (Charlottetown), no 3 (automne–hiver 1977) : 13–16.

Jackson

JACKSON, JOHN MILLS, auteur, marchand et juge de paix, né vers 1764 à l'île Saint-Christophe (Saint Kitts-Nevis), fils du docteur Josiah Jackson et d'Elizabeth Gerrald ; il se maria et eut au moins deux fils et quatre filles ; décédé en 1836 en Angleterre.

Bachelier ès arts du Balliol College d'Oxford en 1783, John Mills Jackson s'installa à l'île Saint-Vincent, où il avait une terre. Selon ses dires, il en perdit une portion « considérable » au cours du soulèvement des Indiens caraïbes en 1795. Quatre ans plus tard, il devint l'aide de camp du commandant en chef de l'île. Ensuite, il retourna en Angleterre (peut-être dans le Wiltshire), mais en 1805 il vint visiter le Bas-Canada. Il possédait dans cette province, « par droit de succession, un titre sur une vaste terre de grande valeur ». Il avait aussi des intérêts dans le Haut-Canada et acheta des terres en Angleterre avant de partir.

Arrivé à York (Toronto) en août 1806, Jackson demanda le 21 septembre une concession foncière au Conseil exécutif, car il souhaitait s'établir comme « colon permanent ». L'arpenteur général Charles Burton Wyatt considéra que c'était un « gentleman respectable ». Jackson se lia à lui ainsi qu'à Robert Thorpe, Joseph Willcocks* et William Weekes*, alors tous d'énergiques adversaires de l'exécutif provincial. C'est dans la fièvre que, d'octobre à décembre, ils firent campagne dans la circonscription de Durham, York East and Simcoe, auparavant représentée par Weekes. Thorpe gagna cette élection partielle et Jackson, qui l'avait appuyé, se trouva ainsi dans le cercle de l'opposition.

Un incident notable était survenu durant la campagne. Le 27 novembre, au cours d'un dîner bien arrosé chez Jackson, la conversation avait dévié vers la politique. Willcocks critiqua alors vertement le lieutenant-gouverneur Francis Gore* et, comme d'autres convives protestaient, Jackson, selon certains d'entre eux, traita le lieutenant-gouverneur de « damné gredin » entouré d'une « maudite clique d'Écossais », allusion à des conseillers tels que John McGill* et Thomas Scott*. Jackson alla jusqu'à dire que le Conseil exécutif et le prédécesseur de Gore, Peter Hunter*, « avaient pillé la contrée ». Indignés, quelques invités étaient partis sur cet au revoir de leur hôte : « Au diable le gouverneur et le gouvernement ; passez la bouteille. » Par la suite, on dressa des dépositions détaillées sur ces paroles dites séditieuses et on les achemina à Gore, qui était homme à punir les coupables. Finalement, Thorpe et Wyatt furent suspendus de leurs fonctions et Willcocks, démis. Le cas de Jackson était différent : son jeune frère était député

au Parlement britannique, ce qui le mettait à l'abri. Selon le solliciteur général D'Arcy Boulton*, il était passible de poursuites mais, comme il était sur le point de regagner l'Angleterre, Gore dit à Boulton d'oublier l'affaire.

De retour en Angleterre au début de l'été de 1807, Jackson écrivit le 5 septembre à lord Castlereagh, secrétaire d'État aux Colonies, une lettre « concernant quelques-uns [des] griefs » qu'il avait entendus dans le Haut-Canada. Gore, qui avait craint cette éventualité, expliqua par la suite à ses supérieurs que « l'hostilité [de Jackson…] venait de ce qu'on lui a[vait] refusé une certaine étendue de terre à cause de l'irrégularité de sa conduite ». En fait, Gore avait attendu jusqu'au 24 janvier 1807, soit quatre mois après la requête de Jackson, pour informer le secrétaire aux Colonies que celui-ci demanderait peut-être une terre. Une fois Jackson parti, le Conseil exécutif rejeta sa requête parce qu'il était absent de la province.

La lettre de Jackson à Castlereagh n'était pour ainsi dire qu'un prologue. Dans un pamphlet intitulé *A view of the political situation of the province of Upper Canada* [...], publié à Londres en 1809, il expliquait comment les citoyens les plus « loyaux, fidèles et tenaces » étaient devenus « chagrins, asservis et irrités » au point d'être tentés par la révolte. Il énumérait une série de « procédés malavisés et tyranniques » puis, citant en exemple les sommes extravagantes que l'on dépensait pour un éléphant blanc comme la marine provinciale d'Alexander Grant*, il faisait remarquer que depuis Hunter le gouvernement haut-canadien s'était signalé par ses « dépenses ruineuses et [sa] mauvaise gestion des fonds publics ». Les griefs des Indiens des Six-Nations [V. Thayendanegea*] et des militaires ou loyalistes qui réclamaient des terres gratuites montraient bien, selon Jackson, que les autorités coloniales n'appliquaient pas fidèlement la politique de l'Empire. L'administration de la justice surtout, disait-il, était partiale. Par contre – et il concluait ainsi – Thorpe, Wyatt et Willcocks étaient des remparts de la constitution, des martyrs de la liberté. Le pamphlet de Jackson n'avait cependant rien de radical. Il demandait plutôt aux autorités impériales de redresser les torts faits dans les colonies, sans quoi on risquait d'entraver la résistance de la Grande-Bretagne au despotisme napoléonien.

En Angleterre, le pamphlet ne fit pas le moindre remous ; le comte de Moira recommanda même au prince régent de lire cet « ouvrage tout à fait intéressant ». Dans le Haut-Canada en revanche, la plupart des contre-révolutionnaires virent en l'opposition de

Jackson au conseil un appel à l'insurrection. La réaction de William Dummer Powell* fut caractéristique : le pamphlet était l'œuvre d'un homme qui n'avait fait que passer dans la colonie et dont la « source de renseignements était une misérable clique d'insatisfaits [et de] mécontents ». Persuadé que le document était en fait l'œuvre de Thorpe, Gore le réfuta point par point dans une lettre à ses supérieurs. Une condamnation publique était prévisible : elle vint d'un citoyen de Kingston, Richard Cartwright*, qui publia en 1810 Letters, from an American loyalist [...]. En mars de la même année survint un épisode que William Lyon Mackenzie* allait plus tard monter en épingle : Crowell Willson et James McNabb* présentèrent à l'Assemblée une motion qui qualifiait la diatribe de Jackson de « libelle mensonger, scandaleux, séditieux et diffamatoire [...] tendant à détourner l'affection du peuple [...] et à le pousser à l'insurrection ». Malgré l'opposition de John Willson*, de Willcocks, de David McGregor Rogers* et de Peter HOWARD, on adopta la motion, tout comme une adresse approuvant le gouvernement de Gore et condamnant l'ouvrage de Jackson. Ces dénonciations n'eurent cependant pas de suites.

Revenu dans la province vers le mois de mai 1810, Jackson ouvrit au plus tard le 30 mai 1811 un magasin général rue Yonge, dans son domaine de Springfield Park, à trois milles au nord d'York. Ses fils se joignirent par la suite à l'entreprise. À la fin de 1811, la rumeur voulait que Jackson ait l'intention de se porter candidat aux prochaines élections générales. En 1816, il se présenta sans succès dans la circonscription d'York East. L'année suivante, il vendit son magasin, ou du moins la part qui lui appartenait. Désireux de se réinstaller dans la province, il demanda une concession de terre au conseil à la fin de 1818, mais on la lui refusa. Le conseil porta son cas à l'attention de sir Peregrine Maitland* en faisant valoir qu'il s'était « associé et identifié à une faction de gens [...] qui en raison de leur conduite [avaient] été suspendus ou démis de leurs fonctions ». Jackson était effectivement demeuré lié aux adversaires de Gore, puisqu'il s'était porté garant pour payer les frais du procès en diffamation de Thorpe contre celui-ci en 1817–1818. La requête fut soumise au secrétaire d'État aux Colonies, qui accepta de ne pas intervenir en faveur de Jackson. Furieux, ce dernier profita de l'occasion pour justifier ses actes prétendument scandaleux. Dans une lettre adressée le 29 décembre 1818 au major George HILLIER, il nia l'existence d'une faction et évoqua « la violence » de l'attitude de Gore : l'ancien lieutenant-gouverneur n'avait-il pas encouru (et perdu) deux procès en diffamation, celui de Thorpe et celui de Wyatt ? Lui-même n'avait fait que demander une terre, en toute légitimité, et son « but [avait été] de convaincre calmement les ministres de Sa Majesté d'examiner et de corriger les causes de mécontente-

ment qui existaient alors [...] et qui, chose certaine, disparaîtr[aient] sous le sage et prudent gouvernement de sir Peregrine Maitland ».

Jackson n'avait jamais versé dans le radicalisme, et la suite des événements montre que ses opinions politiques étaient aussi respectables que sa personne. Après avoir vendu en 1819 son domaine de Springfield Park et quelques autres terres, il acheta en 1828 une propriété au bord du lac Simcoe, dans le canton de Georgina, où il s'installa. Une de ses filles vivait déjà dans ce canton avec son mari. Toutes ses filles firent un bon mariage : l'une d'elles épousa un neveu du comte de Westmorland, une autre devint la femme d'Augustus Warren Baldwin*. Jackson, qui était copropriétaire du vapeur Simcoe, construit à Holland Landing, signa des adresses classiques de fidélité au gouvernement, dont l'une, en 1832, qui condamnait « les efforts que déployaient des individus turbulents, déloyaux et intéressés » pour discréditer le gouvernement de sir John Colborne*. Il était en outre l'un des sept membres du Georgina Club, dont le but était exprimé dans ce distique : « Ruiner McKenzie le menteur / Voilà ce qui nous tient à cœur. » Il n'est donc guère étonnant qu'on l'ait nommé juge de paix en 1833. Deux ans plus tard, il pressait les autorités anglicanes de construire une église dans son canton parce que le dimanche était devenu « dans les couches inférieures de la société un congé dont on profit[ait] pour commettre un grand excès de débauches ». Jackson mourut en 1836 pendant un séjour en Angleterre.

Ce que l'on a pris pour du radicalisme chez John Mills Jackson, Robert Gourlay* l'a interprété mieux que quiconque dans ce passage sur les adversaires du premier gouvernement de Gore : « jamais les principes du gouvernement [n'ont été] remis en question. Les abus du pouvoir exécutif étaient l'unique sujet de mécontentement. » Si l'on considère l'éventail des positions politiques du XVIIIe siècle, Jackson était à la fois un whig et un traditionaliste.

ROBERT LOCHIEL FRASER

On ne trouve aucune information concernant la date et le lieu de décès de John Mills Jackson dans l'index des testaments du Wiltshire ou de celui d'Angleterre (ce dernier est disponible au PROJ. La seule référence à ces renseignements est Robertson's land marks of Toronto, 2 : 705–706. [R. L. F.]

Le titre complet du pamphlet de Jackson paru à Londres en 1809 est A view of the political situation of the province of Upper Canada, in North America ; in which her physical capacity is stated ; the means of diminishing her burden, encreasing her value, and securing her connection to Great Britain, are fully considered.

AO, MS 88 ; MS 537 ; MU 1365, Lake Simcoe South Shore Hist. Soc., « Georgina, history of a township » (chemise de feuilles imprimées non reliées, s.d., 1972) ; RG

Jackson

22, sér. 131. — APC, RG 1, L3; RG 5, A1; RG 68, General index, 1651–1841. — MTRL, James Givins papers; W. D. Powell papers. — PRO, CO 42/362; 42/365. — York North Land Registry Office (Newmarket, Ontario), Abstract index to deeds, Georgina Township (mfm aux AO). — *The correspondence of George, Prince of Wales, 1770–1812*, Arthur Aspinall, édit. (8 vol., Londres, 1963–1971), 6: 399, 409. — *House of Commons, 1790–1820*, R. G. Thorne, édit. [5 vol., Londres, 1986], 4: 289–290. — «Journals of Legislative Assembly of U.C.», AO *Report*, 1911. — «Minutes of the Court of General Quarter Sessions of the Peace for the Home District, 13th Marsh, 1800, to 28th December, 1811», AO *Report*, 1932. — *Statistical account of U.C.* (Gourlay), 2. — *Town of York, 1793–1815* (Firth). — *York, Upper Canada: minutes of town meetings and lists of inhabitants, 1797–1823*, Christine Mosser, édit. (Toronto, 1984). — *Canadian Freeman*, 1832–1834. — *Gleaner, and Niagara Newspaper*, 1819. — *Upper Canada Gazette*, 1817–1819. — *York Gazette*, 1811. — *Alumni Oxonienses; the members of the University of Oxford, 1715–1886* [...], Joseph Foster, compil. (4 vol., Oxford, Angl., et Londres, 1888), 2: 736. — Creighton, *Empire of St. Lawrence*. — Gates, *Land policies of U.C.* — J. E. Middleton et Fred Landon, *The province of Ontario: a history, 1615–1927* (5 vol., Toronto, [1927–1928]), 1: 148–152. — Scadding, *Toronto of old* (Armstrong; 1966). — W. N. T. Wylie, «Instruments of commerce and authority: the civil courts in Upper Canada, 1789–1812», *Essays in the history of Canadian law*, D. H. Flaherty, édit. (2 vol., Toronto, 1981–1983), 2: 3–48. — G. C. Patterson, «Land settlement in Upper Canada, 1783–1840», AO *Report*, 1920. — W. R. Riddell, «The legislature of Upper Canada and contempt: drastic methods of early provincial parliaments with critics», *OH*, 22 (1925): 186–201.

JACKSON, RICHARD. V. RICHARDS, JACKSON JOHN

JACKSON, sir RICHARD DOWNES, officier et administrateur colonial, né en 1777, probablement à Petersfield, Angleterre, fils de Christopher Jackson; décédé le 9 juin 1845 à Montréal.

Richard Downes Jackson entra dans l'armée britannique le 9 juillet 1794 à titre d'enseigne dans le Coldstream Foot Guards. Il servit en Irlande durant la rébellion de 1798, en Allemagne la même année et en 1805, et il participa à l'attaque de Copenhague en 1807. En mars 1810, il se joignit à l'armée d'Arthur Wellesley, futur duc de Wellington, au siège de Cadix et à Barrosa où il se distingua au combat. Il demeura dans la péninsule Ibérique à titre d'adjoint au quartier-maître général de 1811 à 1814, fut promu colonel en 1814 et fait chevalier le 12 avril 1815.

En 1820, Jackson devint colonel du Royal Staff Corps et sous-quartier-maître général. Promu major général dès 1825, il fut nommé colonel honoraire du 81st Foot quatre ans plus tard. Son premier commandement d'importance fut celui du district militaire du nord de l'Angleterre durant les années 1830. La pondération et le sens commun dont il fit preuve en cette période difficile de chartisme et d'agitation contre la législation sur l'assistance publique lui valurent un grand respect. Inquiet de l'insuffisance des ressources mises à sa disposition pour répondre à la menace de troubles civils, il accorda une grande importance à la qualité de l'organisation et à la rapidité du déplacement des troupes. Il reçut le grade de lieutenant général en juin 1838.

L'année suivante, Jackson succéda à sir John Colborne* à titre de commandant en chef des troupes de l'Amérique du Nord britannique. Même s'il devait entrer en fonction le 16 septembre 1839, il n'arriva à Québec que le 17 octobre, à bord du bateau qui amenait le nouveau gouverneur en chef, Charles Edward Poulett THOMSON. Dès les premiers jours qui suivirent son arrivée, il entreprit l'inspection de la vallée du Richelieu, voie propice aux invasions, et il commença immédiatement sa campagne dans le but d'améliorer la défense de la frontière. Ses premières évaluations, où il notait «la précarité de [la] situation» face à un voisin puissant et expansionniste comme les États-Unis, faisaient bien ressortir le besoin d'augmenter les troupes et d'améliorer les communications, mais elles donnaient encore plus d'importance aux fortifications, «remparts» à opposer au pouvoir accru des Américains.

Les réclamations de Jackson demeurèrent cependant modestes, et ce qu'il réussit à obtenir des fonctionnaires britanniques fut à l'avenant. Il comprenait le point de vue de ses interlocuteurs, ce qui était l'un de ses traits caractéristiques, et pouvait sympathiser à la politique d'austérité de Londres. Avec la signature du traité Webster-Ashburton en août 1842, les relations anglo-américaines se détendirent considérablement et Jackson, qui avait vu les effectifs réguliers de l'armée de l'Amérique du Nord britannique s'élever à plus de 12 000 hommes au début de 1842, accepta alors qu'on les réduise substantiellement.

Rien ne prouve que Jackson continua à se préoccuper du problème des frontières durant le reste de son mandat au Canada. C'est Londres qui autorisa son aide de camp et neveu par alliance, Henry James Warre, et le lieutenant Mervin Vavasour* à effectuer une tournée de reconnaissance dans le territoire de l'Oregon en 1845–1846. C'est aussi au gouvernement britannique et non à Jackson que revient l'initiative du relevé hydrographique du Saint-Laurent et des Grands Lacs en 1845, sous la direction du capitaine Edward Boxer*.

Le Canada n'avait pas oublié la rébellion de 1837–1838, et la crainte d'une insurrection demeurait vive. Le pouvoir civil exigeait fréquemment l'appui des troupes. C'est probablement pour faire preuve de solidarité avec la voix du loyalisme et de la raison que Jackson vota aux élections générales de 1844, geste exceptionnel pour un Britannique chargé du commandement en chef d'une garnison de colonie.

À trois reprises, Jackson servit temporairement à titre de chef du gouvernement. En l'absence de Thomson, il fut deux fois administrateur du Bas-Canada, du 18 novembre 1839 au 19 février 1840 et du 8 au 31 juillet 1840. Par la suite, peu après la mort de Thomson, il fut administrateur de la province unie du Canada, du 24 septembre 1841 au 12 janvier 1842, en attendant l'entrée en fonction de sir Charles BAGOT.

Le célèbre écrivain Charles Dickens fut l'invité de Jackson à Montréal en 1844, peu avant la fin du premier voyage qu'il fit en Amérique du Nord. Acteur frustré, il présenta un spectacle d'amateurs à la garnison et prit plaisir à en mener toute l'organisation avec un « despotisme inflexible », autant en qualité d'acteur que de régisseur. C'est peut-être sa conduite à cette occasion qui l'amena à tirer cette conclusion deux mois plus tard, au moment de son départ : « Sir Richard [...] m'a complètement rayé de la liste de ses amis, je le sais. »

Contrairement à Dickens, sir Richard Downes Jackson n'était nullement prétentieux. Warre écrivit à son sujet : « Mon chef était un homme aux manières très simples et un parfait gentleman qui voyageait habituellement vêtu d'un ample complet de tweed. » Il appréciait la solitude de sa résidence d'été à William Henry (Sorel) où il pouvait se reposer et s'adonner à la chasse. Vers 1845, il demanda qu'on le rappelle, car il regrettait d'être demeuré aussi longtemps loin de l'Angleterre et de ses filles (sa femme était morte quelques années plus tôt). Malheureusement, juste à l'arrivée de son remplaçant, Charles Murray Cathcart*, Jackson, qui jusque-là paraissait en bonne santé, fut terrassé par une attaque d'apoplexie au cours des chaleurs du début de l'été. On l'enterra à William Henry, à l'endroit même où, quelques semaines plus tôt, il avait demandé de reposer si jamais il devait mourir au Canada.

NORMAN HILLMER ET O. A. COOKE

APC, MG 24, A17, sér. I, 2 ; sér. II, 6 ; F71, 1 ; 28 ; MG 30, D1, 16 : 358–371 ; RG 8, I (C sér.), 60, 174–176, 282, 305, 675, 750, 769, 827, 916, 960, 1036–1037, 1194B. — PRO, WO 1/536–541 ; 1/552–553 (mfm aux APC). — Charles Dickens, *The letters of Charles Dickens*, Madeleine House *et al.*, édit. (3 vol. parus, Oxford, Angl., 1965–   ), 3. — *Gentleman's Magazine*, juill.–déc. 1845 : 309. — *Montreal Gazette*, 12 juin 1845. — *Quebec Gazette*, 11 juin 1845. — G.-B., WO, *Army list*, 1795–1840. — *Hart's army list*, 1840–1845. — Kenneth Bourne, *Britain and the balance of power in North America, 1815–1908* (Berkeley, Calif., 1967). — J. M. S. Careless, *The union of the Canadas : the growth of Canadian institutions, 1841–1857* (Toronto, 1967). — G.-B., Army, *The record of the Coldstream Guards*, R. J. Marker *et al.*, édit. (3 part. en 1 vol., Londres, 1950). — J. M. Hitsman, *Safeguarding Canada, 1763–1871* (Toronto, 1968). — Edgar Johnson, *Charles Dickens, his tragedy and triumph* (New York, 1952). — Elinor Kyte Senior, *British regulars in Montreal : an imperial garrison, 1832–1854* (Montréal, 1981). — [Daniel] MacKinnon, *Origin and services of the Coldstream Guards* (2 vol., Londres, 1833), 2. — F. C. Mather, *Public order in the age of the Chartists* (New York, 1967).

JANSON. V. FORBIN-JANSON

JARVIS, HANNAH. V. PETERS

JEFFERY, THOMAS NICKLESON, fonctionnaire, homme politique et administrateur colonial, né en 1782 en Angleterre, fils aîné de John Jeffery et d'une prénommée Elizabeth, tous deux de Poole, comté de Dorset ; le 3 mai 1805, il épousa à Halifax Martha Maria Uniacke, fille de Richard John Uniacke* père, et ils eurent quatre fils et une fille ; décédé dans la même ville le 21 octobre 1847.

Thomas Nickleson Jeffery commença sa carrière à Londres en 1798 à titre de préposé à la vérification et, grâce à la protection de William Pitt, fut nommé receveur des douanes à Halifax avant d'avoir atteint la majorité. Il reçut sa commission et entra officiellement en fonction le 13 septembre 1803. Son salaire était modeste mais s'accompagnait d'honoraires intéressants – très élevés même selon ceux qui devaient les verser, c'est-à-dire les marchands, particulièrement ceux qui faisaient du cabotage. En 1820, un comité de la chambre d'Assemblée déclarait : « il y a vraiment bien des maux et des violations de la loi au bureau des douanes de Halifax ». Ces accusations reposaient cependant sur des preuves douteuses ; Jeffery avait précédemment congédié des douanes pour fraude un témoin important. Il avait d'ailleurs entièrement raison quand il disait au lieutenant-gouverneur sir James Kempt* : « c'est l'établissement qui est visé, non les fonctionnaires ». Au moment de la réforme des lois commerciales, en 1825, on abolit les honoraires, mais l'Assemblée jugea toujours excessif le nouveau salaire de Jeffery, établi à £2 000.

Nommé au Conseil de la Nouvelle-Écosse le 8 août 1810, Jeffery se montra un fidèle partisan des positions de son beau-père, Richard John Uniacke, tory et favorable à la Haute Église. Administrateur de la Nouvelle-Écosse du 9 octobre 1832 au 2 juillet 1834, après le départ du lieutenant-gouverneur sir Peregrine Maitland*, il gagna à ce titre l'approbation de Joseph Howe*, qui écrivit dans le *Novascotian, or Colonial Herald* que « l'administration de M. Jeffery a[vait] satisfait hautement toutes les classes [de la société] » et loua son désir « constant [...] de préserver la paix et de promouvoir le bien-être du pays ». Il reçut aussi une très élogieuse adresse signée par 700 citoyens. Peut-être Howe se serait-il montré moins louangeur s'il avait su que dans sa correspondance avec le ministère des Colonies Jeffery s'était opposé tant à la fusion du King's College et du Dalhousie College qu'à la constitution d'un Conseil législatif et d'un Conseil

Jenkins

exécutif à partir du conseil existant. Dans ce dernier cas, les motifs invoqués pour justifier son opposition étaient plutôt fallacieux, car il prétendait qu'« aucun changement ne saurait mettre fin à l'insatisfaction ni faire taire ceux qui se plaign[aient] déjà », tandis que la préséance des conseillers allait engendrer un « mécontentement légitime ». Lorsqu'on divisa le conseil en deux entités distinctes, en janvier 1838, Jeffery entra au Conseil exécutif. Le 1er octobre 1840, il démissionna avec quatre de ses collègues afin de permettre au lieutenant-gouverneur lord Falkland [Cary*] d'y intégrer les leaders du parti réformiste.

En 1815, Jeffery fut chargé de s'occuper des Noirs envoyés en Nouvelle-Écosse à la suite de la guerre de 1812. On ouvrit un dépôt dans l'île Melville, où il remplit apparemment sa mission avec bonté et efficacité : il établit par exemple quelques-unes des familles sur les terres qu'il possédait près de la rivière Shubenacadie. Le salaire d'environ £1 500 qu'il toucha pour ce travail l'aida probablement à financer la construction de Lakelands, sa résidence d'été de style georgien située à 30 milles de Halifax, sur le chemin Windsor, où il devint fermier à ses heures. En 1833, l'ornithologue John James Audubon trouva « sa maison grande, de belle apparence et le domaine [...] bien aménagé ».

De l'avis général, Thomas Nickleson Jeffery était un homme d'un naturel généreux qui donnait temps et argent pour encourager des causes d'intérêt public. Il était, semble-t-il, « charitable jusqu'à la prodigalité », trop charitable peut-être, puisqu'à sa mort sa femme n'eut plus que des moyens « tout à fait insuffisants » pour maintenir son rang. Le lieutenant-gouverneur sir John Harvey* tenta en vain de lui faire verser une pension. Dans une province où les receveurs des douanes ne furent jamais populaires, Jeffery remplit sa charge à la satisfaction de ses concitoyens et de ses supérieurs pendant 40 ans. Le respect qu'il inspirait fut manifeste à ses funérailles : selon le reporter de l'*Acadian Recorder*, « il y avait une foule plus nombreuse que tout ce qu'on av[ait] souvenance d'avoir vu à des obsèques à Halifax » ; même dans des villages de pêcheurs comme Pictou, on mit les drapeaux en berne.

BRIAN CUTHBERTSON

PANS, MG 1, 1489 ; RG 1, 53–54, 112, 119, 214–214½, 229, 420. — PRO, CO 217/86 ; 217/96 ; 217/139 ; 217/143 ; 217/149 ; 217/155–156 ; 218/31. — N.-É., House of Assembly, *Journal and proc.*, 1820–1821. — *Acadian Recorder*, 30 oct. 1847. — *Novascotian, or Colonial Herald*, 3 juill. 1834. — Cuthbertson, *Old attorney general*. — Marion Gilroy, « Customs fees in Nova Scotia », *CHR*, 17 (1936) : 9–22 ; « The imperial customs establishment in Nova Scotia, 1825–1855 », 19 (1938) : 277–291.

JENKINS, WILLIAM, ministre presbytérien, né le 26 septembre 1779 à Kirriemuir, Écosse ; il épousa en Écosse Jane Forrest puis, aux États-Unis, Mary Hatfield Stockton, et de ce mariage naquirent probablement neuf enfants ; décédé le 25 septembre 1843 à Richmond Hill, Haut-Canada.

Durant sa jeunesse, William Jenkins eut l'intention de devenir ministre de l'Associate Synod de l'Église scissionniste d'Écosse, et il fréquenta l'University of Edinburgh, sans toutefois obtenir de diplôme. Vers 1800 il immigra aux États-Unis où il poursuivit ses études de théologie ; il se révéla alors un helléniste et un hébraïsant remarquable. Il étudia en outre les langues de plusieurs nations indiennes de la région. L'Associate Reformed Presbytery de Saratoga l'autorisa à prêcher en 1807 et l'ordonna peu de temps après, présume-t-on, car il fut appelé à desservir à titre de missionnaire un groupe d'Onneiouts à Oneida Castle, dans l'état de New York. Apparemment, il avait déjà travaillé auprès de ce groupe en qualité de missionnaire stagiaire, avec l'aide d'un interprète.

En raison de certaines difficultés avec la Northern Missionary Society, Jenkins alla s'établir dans le Haut-Canada en 1817 et acheta une ferme dans le canton de Markham. En 1819, il se joignit au consistoire des Canadas, organisme canadien indépendant fondé l'année précédente par Robert Easton* et d'autres. Élevé dans l'Église scissionniste, Jenkins était un partisan des contributions volontaires ; à son avis, accepter de l'argent du gouvernement constituait « dans une certaine mesure une approbation tacite » de l'union de l'Église et de l'État, « cause de nombreuses guerres, persécutions et injustices » dans toute la chrétienté. En 1834, il se retira donc de l'United Synod of Upper Canada (qui avait succédé, dans la province, au consistoire des Canadas) parce que l'organisme acceptait des fonds gouvernementaux. On l'admit en 1837 au sein du Missionary Presbytery of the Canadas, affilié à l'United Associate Synod de l'Église scissionniste d'Écosse, formé trois ans plus tôt par William Proudfoot* et d'autres missionnaires de l'Église scissionniste et qui préconisait clairement la séparation de l'Église et de l'État ainsi que les contributions volontaires.

À son arrivée dans le Haut-Canada, Jenkins avait constitué une assemblée de fidèles à Mount Pleasant (Richmond Hill), son point d'attache, et d'autres également dans les cantons environnants. Il allait exercer son ministère jusqu'à Peterborough, la baie de Quinte et la rivière Grand. Selon son registre de mariages, il célébra en tout 852 unions à divers endroits. L'énergie qu'il déployait n'empêcha pas Proudfoot et le révérend Thomas Christie de faire l'observation suivante, en 1835, dans un rapport sur ses assemblées de fidèles : « toutes les congrégations dont s'occupe M. Jenkins dépérissent, en partie parce qu'il ne peut leur apporter son soutien que rarement et irrégulièrement ».

Jenkins était réputé pour son honnêteté, sa charité, sa rigueur morale et son radicalisme politique. Ami et admirateur de William Lyon Mackenzie*, il forma en décembre 1830, notamment avec William Warren BALDWIN, Robert Baldwin*, Egerton Ryerson* et Jesse Ketchum*, un comité qui préconisait l'égalité religieuse dans le Haut-Canada. Leur pétition, acheminée au gouvernement impérial en 1831 au nom des « Amis de la liberté religieuse », exigeait que les ecclésiastiques n'occupent plus de poste politique, que les ministres de toutes les confessions aient des droits égaux, qu'on modifie la charte du King's College et qu'on sécularise les réserves du clergé. Des partisans du *family compact* attaquèrent Jenkins aussi bien verbalement que physiquement, et en 1832 des inconnus tuèrent son cheval en le mutilant sauvagement. Il écrivit alors au *Christian Guardian* : « Croient-ils que pareil traitement m'intimidera au point que je me soustrairai à mon devoir ? J'aimerais mieux mourir en l'accomplissant que vivre en le négligeant. » Ses lettres à son fils James Mairs Jenkins, accusé de participation à la rébellion de 1837 et réfugié aux États-Unis, commentent les suites du soulèvement dans le Haut-Canada. « Quel triste pays, s'exclamait-il en 1839. Quand veillera-t-on à faire régner la justice entre les hommes ? »

Durant les trois dernières années de sa vie, William Jenkins souffrit d'une maladie qui l'obligea peu à peu à réduire ses déplacements et à abandonner certaines de ses assemblées de fidèles, mais il continua de prêcher jusqu'à deux semaines avant sa mort, survenue le 25 septembre 1843. De son vivant, ce personnage haut en couleur avait inspiré plusieurs anecdotes, peut-être inauthentiques cependant. Il aurait un jour réveillé un homme qui ronflait pendant l'office en lui donnant un coup de Bible sur la tête et en lançant : « Vous ne voulez pas entendre la parole de Dieu : alors sentez-la ! » À l'archidiacre John Strachan* qui le taquinait en raison de son manteau râpé, il aurait rétorqué : « Eh oui, Jock, je n'ai pas encore viré [mon capot] de bord. »

JOHN S. MOIR

Une partie de la correspondance de William Jenkins a été conservée par des particuliers et elle constitue la base de l'article de Mariel Jenkins, « Grace seasoned with salt : a profile of Reverend William Jenkins, 1779–1843 », *OH*, 51 (1959) : 95–104. On trouvera de courtes biographies dans : « Memoir of the late Rev. Wm. Jenkins, minister of the United Secession Congregation, Richmond Hill », *Presbyterian Magazine* (London, Ontario), 1 (1843) : 277–279 ; « Sketches from the life of the Rev. William Jenkins, late of Richmond Hill », *Canadian United Presbyterian Magazine* (Toronto), 4 (1857) : 321–324 ; 5 (1858) : 136–138 ; et « Rev. William Jenkins of Richmond Hill », A. J. Clark, édit., *OH*, 27 (1931) : 15–76, qui reproduit le registre des mariages de Jenkins. La UCC-C et les Presbyterian Church in Canada Arch. (Toronto) conservent quelques informations

éparses dont des copies des lettres de Jenkins à son fils James.

JOHN (Gohn), NOEL, chef micmac qui vécut au Nouveau-Brunswick ; *circa* 1821–1841.

Le 1er novembre 1810, le gouvernement du Nouveau-Brunswick autorisait la constitution d'une réserve indienne à Bouctouche (Buctouche) ; d'une superficie de 3 500 acres, elle se trouvait sur le côté nord de la rivière Bouctouche. Les Indiens de cet endroit étaient très liés à ceux de la rivière Richibouctou (rivière Richibucto) et tous se réunissaient le 26 juillet de chaque année dans l'île Richibouctou (île Indian) pour célébrer la fête de sainte Anne.

Les autorités divisèrent certaines parties de la réserve en lots de 100 acres, prêtés pour un nombre déterminé d'années à des membres du groupe. En 1821, Noel John fut l'un de ceux-là. L'homme avait une certaine instruction, puisque le 20 juillet de la même année il écrivit lui-même au secrétaire de la province, William Franklin ODELL, que « certains des Français » tentaient de prendre possession de l'île Cocagne, seul endroit où sa bande pouvait récolter du foin. Obliger les Indiens à abandonner l'île, expliquait-il, ce serait les forcer à renoncer à l'agriculture. De toute évidence, son intervention eut quelque effet car les Indiens purent continuer à se servir d'une partie de l'île.

John ne répugnait toutefois pas à céder un peu de territoire. Ainsi en 1832 il vendit au bord de la rivière un terrain pour la construction d'un moulin et confirma la transaction dans un document qu'il signa en qualité de chef et où il fit des X pour 14 membres de sa bande. Cependant, quand une parcelle se vendit pour la forte somme de 10s l'acre, en 1837, puis une autre pour 3s l'acre en 1839, le produit de ces ventes s'ajouta aux revenus imprévus de la province au lieu de revenir aux Indiens.

Le commissaire des Affaires indiennes du Nouveau-Brunswick, Moses Henry Perley*, qui entreprit en 1841 une vaste étude sur la situation des Indiens de la province, éprouvait beaucoup de considération pour John. Le chef micmac était, selon Perley, « bien au fait des affaires indiennes [et] très intelligent » ; il avait « beaucoup d'influence sur les Indiens » de la région de Bouctouche et de Richibouctou et méritait la médaille qu'on lui avait promise. Les médailles de ce genre avaient une importance considérable, car elles constituaient des symboles de l'approbation des autorités et des insignes de rang, transmis de chef en chef. Perley en remit une à John en octobre 1841, avec le cérémonial d'usage.

Perley demanda à John de l'accompagner, en qualité d'interprète, pour la deuxième étape de son enquête, qui le mènerait dans le nord du Nouveau-Brunswick. John, écrivait-il, possédait « une connaissance parfaite des dialectes de la côte ». On

Johnston

présume qu'après une telle preuve d'estime officielle, John accepta l'invitation.

Le chef Noel John était le seul membre de la bande de Bouctouche à vivre dans une maison, et il possédait également quelques biens. Les autres habitaient des wigwams dans la réserve. Selon Perley, c'était l'un des établissements les plus satisfaisants. Sa population se chiffrait à 93 habitants, dont 51 enfants, ce qui représentait une proportion appréciable et peu commune. Les Indiens vivaient en grande partie de la pêche et de la chasse au gibier ailé, mais ils avaient aussi défriché une centaine d'acres de terre ; ils cultivaient un peu de blé et, en 1840, ils avaient récolté 660 barils de pommes de terre. On comptait cinq squatters blancs sur le territoire de la réserve, qui continua de décroître puisqu'on vendit encore des terres. Au moment de la Confédération, sa superficie dépassait à peine 2 700 acres.

L. F. S. UPTON

APC, RG 10, CII, 469, Harvey à Thomson, 16 juin 1840. — APNB, RG 2, RS7, 26 : 68 ; RS8, Indians, 1/1, John Noel à W. F. Odell, 20 juill. 1821. — Musée du N.-B., W. F. Ganong papers, box 38, item 3, Sydenham à sir John Harvey, 10 déc. 1840 ; items 17–18, M. H. Perley à Alfred Reade, 9–10 août 1841. — PRO, CO 188/106 : 206–233. — UNBL, MG H54, Peter and Albert Smith, pétition adressée à sir Archibald Campbell, 10 avril 1832 ; Noel John, certificate, 14 août 1832. — N.-B., House of Assembly, *Journal*, 1838 : 188 ; 1842, app. : civ–cv, cxxvii–cxxviii. — *Source materials relating to N.B. Indian* (Hamilton et Spray). — Upton, *Micmacs and colonists*.

JOHNSTON, ELIZABETH. V. LICHTENSTEIN

JOHNSTON, HUGH, homme d'affaires, homme politique et juge de paix, né le 3 avril 1790 à Grimross Neck, près de Gagetown, Nouveau-Brunswick, cinquième fils de Hugh Johnston* et d'Ann Gilzean ; le 15 juin 1822, il épousa à Lincoln, Nouveau-Brunswick, Elizabeth Murray Bliss, fille de John Murray Bliss*, puis le 30 avril 1828, à Saint-Jean, Harriet Maria Millidge, fille de Thomas MILLIDGE ; décédé le 13 avril 1850 à Roseneath, son domaine du comté de Queens, Nouveau-Brunswick.

Hugh Johnston était le fils d'un marchand écossais arrivé à Saint-Jean peu après la vague d'immigration loyaliste. L'entreprise de son père, la Hugh Johnston and Company, allait devenir l'une des plus grosses maisons de commerce du Nouveau-Brunswick et avoir de nombreux clients aussi bien aux Antilles qu'au Royaume-Uni. Après des études à Saint-Jean, le jeune Johnston travailla quelque temps pour la compagnie de son père puis s'associa à Robert William Crookshank. Leur société prospéra. En 1826, la Crookshank and Johnston possédait un actif de plus

de £50 000, dont quatre navires, trois établissements commerciaux à Saint-Jean, divers comptes-clients et hypothèques ainsi que des billets à ordre signés de la main de presque tous les grands marchands de la ville. La même année, à l'âge de 36 ans, Johnston décida de se retirer des affaires pour se consacrer à la vie publique. Cette décision suivait la mort de sa première femme. Un autre important homme d'affaires de deuxième génération, Charles Simonds*, dont la carrière allait être intimement liée à la sienne et dont il épouserait la nièce, prit lui aussi une orientation semblable.

Johnston toucha sa part de la Crookshank and Johnston, soit £25 000. Grâce à cette somme et au produit d'autres activités commerciales, il avait en mai 1826 un capital de plus de £40 000, qu'il investit au Nouveau-Brunswick dans diverses opérations de spéculation et de placement. Trois ans plus tard, le septième de la succession de son père lui revint. En 1839, ses investissements au Nouveau-Brunswick totalisaient £37 000 et rapportaient un revenu garanti de £1 200. Cependant, dans les bonnes années, les gains en capital tirés de ses biens immobiliers et de ses actions bancaires pouvaient faire doubler ce revenu. Le dossier des investissements qu'il fit entre sa retraite des affaires en 1826 et sa mort en 1850 reflète les fluctuations que l'économie de la province connut. En 1826, près de 80 % de son portefeuille était constitué d'hypothèques et de reconnaissances de dette, dont la plus importante (£15 000 à 6 % d'intérêt) émanait de son ancien associé. Dans le courant de la décennie suivante, à mesure qu'il recouvrait la créance de Crookshank, Johnston transféra ces fonds dans l'immobilier. En 1835, soit au plus fort de la colonisation de la province, au delà de la moitié de son capital était placé dans le secteur foncier. À compter de 1836, il pencha plutôt en faveur des actions bancaires et des obligations municipales, ce qui témoignait de son intérêt croissant pour les institutions financières. Entre 1830 et 1850, il fit partie du conseil d'administration de la Bank of New Brunswick et de celui de la New Brunswick Marine Assurance Company. Au début des années 1830, il fut aussi administrateur de la New Brunswick Mining Company.

En 1830, Johnston succéda à son père à titre de juge de paix de la ville et du comté de Saint-Jean ; il conserva cette commission jusqu'à sa mort. Toutefois, ce fut surtout sur la scène provinciale qu'il se distingua. Il avait remplacé son père comme député de la ville de Saint-Jean en 1820. Réélu en 1827, il ne se présenta apparemment pas aux élections de 1830. Grâce à l'appui d'un ancien député, Charles Harrison, il remporta en 1834 l'un des sièges de la circonscription de Queens. Son élection n'avait rien d'étonnant. La famille Johnston avait depuis longtemps des attaches solides dans le centre de la vallée de la rivière Saint-Jean, et lui-même était l'un des plus gros propriétaires fonciers des comtés de Queens et de Sunbury.

À la première session législative de 1835, on proposa Johnston au poste de président de l'Assemblée qui, mis à part celui de lieutenant-gouverneur, était peut-être le poste politique doté de la plus grande influence dans la province. Il refusa pourtant d'être mis en candidature pour cette fonction, qui alla à Simonds. Durant la crise politique de 1835–1837, il soutint vigoureusement Simonds et les populistes, qui réclamaient qu'on retire l'administration des terres de la couronne et de leurs revenus au commissaire Thomas Baillie* et au Conseil exécutif pour la confier à la chambre d'Assemblée. L'étendue de son influence en chambre devint évidente en 1837 lorsque sir John Harvey* céda aux exigences des députés réformistes et réorganisa le Conseil exécutif afin d'y faire entrer deux députés. Assermentés le 15 août, Simonds et Johnston furent les premiers membres de l'Assemblée à siéger au conseil. Pendant quatre ans, ils représentèrent les réformistes contre le « parti des fonctionnaires », où se retrouvaient Baillie et des membres de plusieurs familles traditionnellement présentes dans l'administration publique. Simonds et Johnston avaient l'oreille et la sympathie du lieutenant-gouverneur, et usaient de cet avantage dans l'espoir de le détourner des fonctionnaires.

Johnston demeura fidèle à la cause de la réforme tout au long de son mandat au Conseil exécutif. Il fut l'un des six délégués du Nouveau-Brunswick qui se rendirent à Québec en 1838 pour tenter de convaincre lord Durham [LAMBTON] de ne pas quitter son poste de gouverneur général. Cependant, sa réputation de réformiste lui coûta son siège en chambre. Même s'il n'appuyait pas la politique du successeur de Harvey, sir William George MacBean Colebrooke*, qui pour des raisons d'efficacité tentait de centraliser le gouvernement et de créer des administrations municipales, Johnston fut victime du mécontentement que ces projets suscitaient dans la population. Aux chaudes élections de 1842–1843, il perdit dans la circonscription rurale de Queens et quitta le Conseil exécutif. Piqué d'avoir perdu l'appui populaire, Colebrooke réorganisa son gouvernement afin de donner plus de place à l'élément conservateur, devenu dominant à l'Assemblée. Johnston fut tout de même nommé au nouveau Conseil exécutif puis convoqué au Conseil législatif afin de justifier sa nomination. Il demeura au gouvernement jusqu'à ce que, au début de 1845, après la mort de William Franklin ODELL, Colebrooke confie le poste de secrétaire de la province à son propre gendre, Alfred Reade. Avec trois autres conseillers exécutifs, Johnston démissionna alors en signe de protestation contre cette nomination arbitraire et apparemment dictée par l'intérêt personnel. La crise politique qui en résulta ne se régla que par l'intervention du secrétaire d'État aux Colonies, qui refusa de ratifier la nomination et exigea de Colebrooke la formation d'un gouvernement plus conforme à la volonté populaire. Le lieutenant-gouverneur invita Johnston, Edward Barron Chandler* et Robert Leonard Hazen* à siéger de nouveau au gouvernement, mais ils exigèrent d'abord l'instauration du « système canadien » au Nouveau-Brunswick. Comme Colebrooke avait capitulé en janvier 1846, Johnston retourna au gouvernement. Il demeura en poste jusqu'après le départ de Colebrooke, mais offrit sa démission à l'arrivée de sir Edmund Walker Head* en 1848.

Hugh Johnston se retira alors dans son domaine de Roseneath, où il mourut en 1850 à l'âge de 60 ans. Il avait été un membre important de l'Église d'Écosse. Il laissait dans le deuil sa femme, deux fils et cinq filles. Dans son testament, il assurait à sa veuve une rente viagère de £300, lui léguait ses maisons à la ville et à la campagne puis répartissait à peu près également le reste de ses biens entre ses sept enfants.

THOMAS WILLIAM ACHESON

APNB, MC 1156, IV : 67. — Musée du N.-B., Hugh Johnston account-books, I : 5–10, 166–169, 222–225. — *New-Brunswick Courier*, 20 déc. 1834, 24 janv. 1835, 19 août 1837, 6 oct. 1838, 13 avril 1850. — MacNutt, *New Brunswick*.

JOHNSTON, JAMES, homme d'affaires, journaliste et homme politique, né en Irlande ; décédé le 16 juin 1849 à Bytown (Ottawa).

James Johnston immigra au Canada en 1815 et loua une propriété à Bytown en mai 1827. Au cours des deux décennies suivantes, il fut au centre d'une série de conflits locaux, révélateurs des tensions ethniques et religieuses qui sévissaient dans la nouvelle ville. Forgeron de son état, Johnston travailla à Bytown comme marchand général et encanteur. Il acquit également des biens-fonds considérables tant dans la ville que dans les cantons environnants.

Dès ses premières années à Bytown, Johnston montra une vivacité et une pugnacité qui, jointes à son ironie mordante, allaient lui gagner une foule de partisans enthousiastes aussi bien que d'ennemis féroces. En mai 1831, au cours d'un épisode où se faisait jour l'animosité entre les civils et les militaires, Johnston et Alexander James CHRISTIE « bousculèrent et menacèrent » Joseph N. Hagerman, avocat des autorités militaires exploitant le canal Rideau, qui défendait en cour un groupe de soldats. Si cette action indiquait un accord entre Johnston et Christie, ce fut de courte durée car, au début de 1834, le petit encanteur irlandais se plaignit au lieutenant-gouverneur sir John Colborne* que « tous [ses] ennemis écossais » s'étaient joints au « très connu docteur Christie », dans l'intention de l'attaquer. Il

Johnston

allégua que les magistrats écossais faisaient montre d'un préjugé ethnique, plainte reprise quelques années plus tard par le seul magistrat irlandais de la région, Daniel O'Connor. Cependant, Johnston n'avait pas épargné O'Connor non plus. Orangiste, il prétendait que celui-ci, un catholique, n'usait de ses pouvoirs que pour punir ses ennemis. O'Connor répliqua en juillet 1835 que « ni ami ni ennemi ne [pouvaient] échapper » aux accusations de Johnston et que ce dernier était mû par la jalousie. Peu de temps après, dans les derniers jours d'octobre, des inconnus incendièrent la maison de Johnston.

À peine quelques mois plus tard, Johnston entreprit une carrière journalistique qui allait être brève. Lancé le 24 février 1836, son journal, le *Bytown Independent, and Farmer's Advocate,* ne connut que deux parutions, mais elles suffisent à mettre en pleine lumière la personnalité et les préoccupations du rédacteur en chef. Johnston promettait de promouvoir les intérêts de « tout véritable Britannique – les IRLANDAIS et leurs descendants venant en tête de liste » et refusait de « s'engager à plaire aux whigs ou aux tories ». Néanmoins, reconnu alors comme un réformiste, il se montrait critique envers Colborne, attaquait avec virulence le solliciteur général Christopher Alexander HAGERMAN et citait abondamment Marshall Spring Bidwell*. Certains de ses articles frôlaient la diffamation. Après deux numéros, il vendit ses presses à Christie, qui publia par la suite la *Bytown Gazette, and Ottawa and Rideau Advertiser.*

Comme il était prévisible, Johnston en irrita plusieurs par son agressivité et, au début de 1831, il fut la cible d'une série d'attaques brutales. Le 2 janvier, au cours d'une assemblée tenue pour l'élection du conseil du canton de Nepean, il fut, avec plusieurs autres, roué de coups. C'est Peter Aylen* qui avait provoqué la bagarre, alimentée par l'antagonisme religieux ; elle marqua une rupture entre celui-ci et Johnston, qui avait fait de l'action politique avec lui et était alors l'un de ses garants. La maison de Johnston fut prise d'assaut le 9 mars par un groupe de partisans d'Aylen (des *Shiners*) qui le croyaient mêlé à une tentative en vue de faire arrêter leur chef. Quelques semaines plus tard, le 25 mars, trois bûcherons, qui agissaient présumément pour le compte d'Aylen, tentèrent d'assassiner Johnston pendant qu'il traversait le pont Sappers. La victime fut grièvement blessée et on condamna par la suite ses assaillants à trois ans de pénitencier.

La carrière politique de Johnston fut tout aussi orageuse. En 1834 et 1836, il se présenta comme candidat réformiste dans la circonscription de Carleton. Défait par John Bower Lewis puis par Edward Malloch, il prétendit les deux fois qu'il y avait eu fraude électorale, mais on écarta ses protestations. L'animosité entre Johnston et Malloch demeura telle qu'à une audience de la Cour du banc de la reine,

en avril 1840, ils se mirent à se quereller puis « se sautèrent dessus comme des enragés, versant le sang et déchirant leurs manteaux sans pitié ».

Johnston finit par se faire élire dans Carleton en mars 1841, après s'être retiré de la course dans Bytown en faveur de Stewart Derbishire*. Il avait centré sa campagne sur les abus de l'Assemblée précédente et sur la nécessité d'élire des hommes indépendants. Il avait promis de ne jamais devenir « le sycophante servile du gouvernement ni du peuple » et souligné les diverses injustices gouvernementales qui avaient nui à l'industrie du bois. Bien qu'il ait été protestant, c'est le catholique O'Connor qui avait proposé sa candidature, et l'élection dans Carleton se déroula dans un calme surprenant vu l'ampleur des préjugés nationaux et religieux à l'époque.

Durant ses années au Parlement, Johnston travailla à promouvoir les intérêts de la vallée de l'Outaouais et à mousser la candidature de Bytown au titre de futur siège du gouvernement. Même s'il intervenait peut-être trop souvent, il avait du talent pour les débats et, selon Derbishire, « connai[ssait] mieux les affaires et sa[vait] mieux *frapper* fort et viser *juste* que les trois quarts de la chambre ». Toutefois, son obédience orangiste déteignait de plus en plus sur son attitude politique. À la fin de 1843, il s'opposa à un projet de loi pour bannir les sociétés secrètes, ce qui provoqua une nouvelle rupture entre O'Connor et lui. Cela ne l'empêcha cependant pas d'être réélu aisément en 1844.

Même si Johnston avait entrepris sa carrière politique sous l'étiquette réformiste, il votait, dès les années 1840, comme un conservateur modéré indépendant. En outre, ami intime et compagnon de bouteille du député William DUNLOP, il s'opposait avec constance au gouvernement responsable, qui selon lui menaçait l'intégrité des législateurs indépendants. Le 14 mai 1846, moins de trois mois après que Dunlop eut remis sa démission à titre de député pour devenir surintendant du canal de Lachine, Johnston quitta lui aussi son siège en disant que « l'ingratitude et la coercition constante des ministres lui étaient insupportables ». Le correspondant de l'*Examiner* de Toronto, cependant, voyait les choses d'un autre œil : « Ce pauvre Johnston se sent très dépaysé en chambre ; il ne se montre pas souvent, son compagnon l'ivrogne Dunlop étant absent. » Néanmoins, il se présenta le mois suivant à l'élection partielle qui suivit sa démission, mais perdit au profit de George Lyon*. Il fit campagne, encore une fois sans succès, en décembre 1847, et fut de nouveau assailli, cette fois par deux voyous sur la colline des Casernes.

Les dernières années de James Johnston furent difficiles, probablement parce qu'il buvait. À sa mort, il ne laissa dans le deuil que sa femme, Jane ; la valeur totale de sa succession s'élevait à un peu moins de

£700. Malgré les controverses et les conflits associés à son nom, malgré la dissipation qui marqua la fin de son existence, il demeurait une figure populaire à Bytown. Même si ses funérailles n'eurent lieu qu'à quelques heures d'avis, « la plus grosse [foule] que l'on [eut] jamais vue à Bytown », rapporta le *Packet*, qui l'avait combattu, « accompagna les restes de M. Johnston au cimetière – preuve suffisante, s'il en fallait, de la grande renommée dont il jouissait ».

RICHARD M. REID

AO, MU 1858, n° 2366½ ; MU 1860, n° 2526 ; RG 22, sér. 155. — APC, MG 24, I9, 4 : 1100–1101, 1212–1213, 1281 ; MG 29, B15, 48, William Bell notebooks, book 8, avril 1840 ; MG 30, E78, 1, Daniel O'Connor à sir John Colborne, 13 juill. 1835 ; O'Connor à ——, 4 déc. 1844 ; RG 5, A1 : 75052–75054, 95252, 96076–96079. — *Bathurst Courier and Ottawa General Advertiser* (Perth, Ontario), 17 oct. 1834, 2 oct. 1835, 8 juill., 9 sept. 1836, 17 août 1838, 13 mars 1840, 26 mars 1841. — *British Whig*, 17 juin, 8 juill. 1834, 2 avril, 2 oct. 1835, 22 mars 1837. — *Bytown Gazette, and Ottawa and Rideau Advertiser*, 30 juin 1836, 27 sept. 1837. — *Bytown Independent, and Farmer's Advocate* (Bytown [Ottawa]), 24 févr., 10 mars 1836. — *Chronicle & Gazette*, 18 janv. 1845. — *Kingston Chronicle*, 28 avril 1832. — *Packet* (Bytown), 27 nov., 11 déc. 1847, 24 juin 1849. — *Illustrated historical atlas of the county of Carleton (including city of Ottawa), Ont.* (Toronto, 1879 ; réimpr., Port Elgin, Ontario, 1971). — M. S. Cross, « The dark druidical groves : the lumber community and the commercial frontier in British North America, to 1854 » (thèse de PH.D., Univ. of Toronto, 1968), 376, 423, 452–453, 458–459.

JOLIETTE, BARTHÉLEMY, officier de milice, notaire, homme politique, seigneur, homme d'affaires et juge de paix, né le 9 septembre 1789 dans la paroisse Saint-Thomas (à Montmagny, Québec), fils d'Antoine Jolliet (Joliette), notaire, et de Catherine Faribault ; le 27 septembre 1813, il épousa à Lavaltrie, Bas-Canada, Charlotte Lanaudière (Tarieu Taillant de Lanaudière), et ils n'eurent qu'un seul enfant, Charles Barthélemy, qui mourut à l'âge de cinq ans en 1820 ; décédé le 21 juin 1850 à Industrie (Joliette, Québec).

Par son père, Barthélemy Joliette appartient à la famille de Louis Jolliet* et, par sa mère, à celle des Faribault, de L'Assomption. Le notaire Antoine Jolliet meurt peu après la naissance de Barthélemy, soit en 1791. Sa veuve retourne alors vivre dans la région de Montréal et se remarie avec François Pétrimoulx le 23 septembre 1799. Le jeune Barthélemy fréquente l'école du village de L'Assomption et, en 1804, on le place auprès de son oncle maternel, Joseph-Édouard Faribault*, pour apprendre la profession de notaire. Il ne pouvait tomber sur meilleur professeur. Non seulement Faribault est alors un notaire prospère, respecté, mais il est surtout le prototype du notaire-homme d'affaires. En effet, il gère des biens pour diverses personnes et s'occupe de

plusieurs scieries et moulins à farine de la région. Le 3 octobre 1810, Joliette reçoit sa commission de notaire ; il peut alors voler de ses propres ailes.

La carrière de Joliette peut se diviser en trois grandes phases. Une première, de 1810 à 1822, correspond à l'exercice de la profession de notaire et à l'émergence d'une notabilité régionale. La deuxième, de 1822 à 1832, est dominée par ses activités de seigneur et d'entrepreneur, tandis que la dernière, de 1832 à 1850, se rapporte à l'homme d'affaires et à l'homme politique.

La réussite ultérieure de Joliette peut faire oublier sa carrière de notaire ; il est vrai qu'il ne pratique réellement que de 1810 à 1824. Mais durant ses grandes années d'exercice, il dresse annuellement plus de 300 actes et dépasse même régulièrement les 350 après 1815. Il peut donc compter sur des revenus importants et réguliers. Dès 1812, il est en mesure de s'acheter une maison bien placée dans le bourg de L'Assomption et de la faire transformer selon ses besoins. Il faut dire que L'Assomption constitue à l'époque un centre régional de services qui dessert une zone rurale en pleine expansion. Par ailleurs, Joliette jouit d'une bonne réputation et on vient le consulter des paroisses environnantes. D'après son premier biographe, Joseph Bonin, il aurait été reconnu pour ses capacités à débrouiller les affaires compliquées.

Joliette contracte en 1813 un mariage avantageux en convolant avec Charlotte Lanaudière. Cette dernière, fille de Charles-Gaspard Tarieu Taillant de Lanaudière et de Suzanne-Antoinette Margane de Lavaltrie, apporte en dot le quart indivis de la seigneurie de Lavaltrie ainsi que quelques autres propriétés de moindre importance. Pour le moment, ces propriétés ne sont pas encore utiles au jeune couple car la donatrice, la grand-mère maternelle de la jeune fille, s'en est réservé l'usufruit jusqu'à sa mort, qui survient en 1815. Par la suite, les époux Joliette ne touchent pas leur part des revenus de la seigneurie ; ils préférèrent en laisser bénéficier la mère de Charlotte.

Durant ces années, Joliette accède graduellement à la notabilité. Officier de milice depuis 1808, il est nommé capitaine dans le bataillon de milice de Lavaltrie en 1812 et participe à la guerre de 1812 ; il devient major du même bataillon en 1814. Il tâte également de la politique, mais ses premières tentatives sont infructueuses. En effet, il se présente dans Leinster en 1814 mais il est battu par Jacques Trullier*, dit Lacombe. Il conteste avec succès l'élection pour la perdre définitivement par la suite. De nouveau candidat dans la même circonscription en 1820, il est finalement élu, mais la session est prorogée peu après et Joliette ne se représente pas aux élections suivantes. Par ailleurs, on le choisit à titre de commissaire chargé de la reconstruction de l'église paroissiale en 1819. Ainsi au début des années 1820 il apparaît comme un notable bien établi dans la région ;

Joliette

allié à des familles connues, engagé lui-même dans le développement à titre de propriétaire ou de gestionnaire, il détient certains postes et joue un rôle professionnel de premier plan.

L'année 1822 marque une date importante dans la carrière de Joliette. Cette année-là, le décès de sa belle-mère libère l'héritage des Tarieu Taillant de Lanaudière. Les enfants, Pierre-Paul, Charlotte et Marie-Antoinette, deviennent propriétaires. L'aîné reçoit 50 % des droits et les deux sœurs 25 % chacune. Charlotte, qui a déjà reçu sa part en dot, renonce à la succession de sa mère. Les biens sont formés principalement de la seigneurie de Lavaltrie et des premiers rangs du canton de Kildare, qui est limitrophe. S'y ajoutent quelques droits dans les seigneuries du Petit-Longueuil et Saint-Vallier. Joliette abandonne bientôt le notariat pour se consacrer entièrement à de nouvelles activités à titre de seigneur et d'entrepreneur. Il s'agit d'une réorientation complète.

Joliette n'est seigneur qu'indirectement, car c'est véritablement son épouse qui est titulaire des biens. Cependant, il entend être traité comme tel, et c'est son nom qui apparaît dans les divers baux que les seigneurs de Lavaltrie concèdent. Joliette réussit facilement dans l'ensemble à se faire reconnaître en cette qualité, sauf à l'église, où il exige en vain les privilèges seigneuriaux, que lui refuse Mgr Jean-Jacques LARTIGUE en 1826. Il domine toutefois les autres coseigneurs. D'un côté, même s'il détient la moitié des droits sur la seigneurie, l'héritier principal, Pierre-Paul Tarieu Taillant de Lanaudière, ne semble pas intéressé par la gestion quotidienne des affaires qu'il laisse volontiers à son beau-frère. Quant à l'autre sœur, elle est mariée à un médecin, Peter Charles Loedel, qui participe aux entreprises de Joliette. D'un autre côté, ce dernier a pour lui son expérience de notaire et celle qu'il a reçue de son oncle Faribault, lequel a été, de 1812 à 1822, gestionnaire de la seigneurie de Lavaltrie. Enfin, il dispose d'un atout supplémentaire. Après avoir laissé sa belle-mère toucher la totalité des revenus de la seigneurie après 1815, il lui fait signer une reconnaissance de dette en 1820. Comme son épouse avait refusé la succession, ils en sont devenus les créanciers. Une procuration sous seing privé et datée de 1825 vient confirmer le rôle fondamental de Joliette dans la gestion des affaires.

Dès le début, les seigneurs procèdent à la mise en valeur de la seigneurie en recourant à trois grands moyens : le resserrement de la gestion, l'exploitation forestière et la création du village d'Industrie. En 1822, 370 censitaires de Lavaltrie sont endettés auprès des seigneurs pour environ 80 000 *ll* ; moins de trois ans après, la quasi-totalité de cette somme a été remboursée, et il semble bien que l'on soit moins tolérant pour les arrérages. La gestion se fait plus précise. On invite les censitaires à rembourser leurs dettes et certains le font en fournissant du travail ou encore des billots au moulin. Quant aux récalcitrants, 19 d'entre eux doivent faire face à des poursuites judiciaires. Les nouveaux seigneurs surveillent aussi jalousement l'exercice de leur droit de banalité : par exemple, en 1825, ils exigent du curé de la paroisse, Joseph-Marie Bellenger*, qu'il rappelle à ses ouailles leur obligation d'aller porter leur blé au moulin seigneurial. Le curé rapporte d'ailleurs à l'évêque toute l'âpreté de la gestion de Joliette.

Cependant, le projet qui relance véritablement la seigneurie est l'exploitation forestière. La seigneurie de Lavaltrie possède encore quelques terres non concédées mais surtout toutes ses terres ne sont pas occupées, et certaines sont encore en bois debout. On procède donc au remembrement d'un nouveau domaine seigneurial en reprenant cinq terres situées sur la rivière L'Assomption. Ces dernières contiennent une remarquable pinède qu'on exploite pour le marché de Québec. Joliette veut sans doute maximiser ses profits car il ne vend pas son bois équarri mais il le fait scier en madriers de dimensions usuelles en vue de l'exporter en Grande-Bretagne. Toutefois, pour y arriver, il doit d'une part ériger une scierie capable de débiter le bois et, d'autre part, s'assurer d'un transport adéquat pour ses madriers vers Québec. Dès le mois de décembre 1822, on signe les contrats pour la construction d'un imposant moulin de trois étages, en pierre, de 115 pieds sur 50. Cet édifice sera polyvalent : on veut qu'il serve également de moulin à farine et on le dote d'un moulin à bardeaux, d'appareils à carder et à fouler. Les premiers billots passent par le moulin au printemps de 1824. Pour le transport des madriers, on utilise d'abord des traîneaux, afin d'éviter les rapides de la rivière, puis des radeaux jusqu'au confluent avec le Saint-Laurent, où ils sont chargés sur des navires en partance pour Québec.

Une fois le nouveau domaine déboisé, à l'automne de 1826, l'exploitation forestière devient l'entreprise des seuls Joliette et Loedel ; Pierre-Paul Tarieu Taillant de Lanaudière semble écarté. Les associés cherchent à s'assurer d'un approvisionnement régulier et s'entendent avec les seigneurs voisins pour exploiter la forêt sur leurs terres. À l'époque, les seigneuries de deuxième ligne comme celles de Ramezay et d'Aillebout, voisines de celle de Lavaltrie, commencent à peine à se peupler. La vente des madriers se fait à Québec, la première fois par Joliette qui est descendu expressément ; par la suite, il procède par contrats qui comportent des avances, comme en 1827 lorsqu'il fait affaire avec William Price*.

Le développement d'un village forme le troisième volet du projet de rentabilisation. La construction d'un important moulin sert de point de départ à l'agglomération qu'on cherche à implanter. Les avantages sont nombreux. Les lotissements de type villageois représentent pour les seigneurs une occasion de faire des gains supplémentaires surtout par le jeu des lods et ventes. De plus, en canalisant le trop-plein démographique des paroisses environnantes, ils peuvent être assurés d'un réservoir de main-d'œuvre suffisant, qui à son tour pourra attirer ou faciliter certains autres investissements. Le village d'Industrie offre aussi à la population de la région des possibilités d'emploi inexistantes ailleurs.

On concède les premiers emplacements en novembre 1824 puis, en 1826, deux des seigneurs, Joliette et Loedel, décident de se faire construire chacun une résidence imposante, pour l'époque et le lieu, qu'ils appellent leur manoir. La petite agglomération se développe graduellement, stimulée par l'adjonction de services diversifiés. Ainsi vers 1825 l'ancien clerc de notaire de Joliette, Jean-Olivier Leblanc, vient installer son étude à Industrie ; dorénavant il n'est plus nécessaire d'aller à Berthier-en-Haut (Berthierville) ou à L'Assomption pour passer des actes, et les habitants des paroisses environnantes prennent l'habitude de se rendre au village. En 1826, Joliette devient juge de paix et peut dès lors régler les petites causes dans sa région. Il est aussi promu lieutenant-colonel du 2e bataillon de milice du comté de Warwick en 1827. Élu en 1830 député de la circonscription de L'Assomption, témoignage d'estime très apprécié, il conserve son siège jusqu'en 1832, année où on l'appelle au Conseil législatif. Le village, toutefois, ne réussit pas à obtenir d'église, car l'évêque s'y oppose. Pourtant, un aveu et dénombrement effectué en 1829 montre que le village d'Industrie compte déjà 35 maisons et 29 bâtiments divers, tandis que le village de Saint-Paul, voisin d'un peu plus d'un mille, n'en a qu'une vingtaine. Le village d'Industrie affiche sa réussite, dont témoigne un article publié en 1829 dans la *Bibliothèque canadienne* de Michel Bibaud*. Cela ne va pas sans rivalité comme le montre la résistance de l'évêque, car la croissance du village se fait au détriment de Saint-Paul et aussi des concessions ouvertes dans les autres seigneuries.

L'année 1832 marque une nouvelle étape dans la carrière de Joliette. À sa nomination au Conseil législatif, qui a notamment pour effet d'asseoir son prestige, s'ajoute le décès de son beau-frère Pierre-Paul, qui renforce son pouvoir : nommé tuteur des enfants de celui-ci, il a dorénavant la haute main sur 75 % des droits de la seigneurie. Il va maintenant s'efforcer de consolider ses entreprises.

La gestion de la seigneurie semble bien rodée et la seule initiative de Joliette est de faire procéder à la réfection du terrier en 1833. Le bois, par contre, accapare ses énergies. Joliette augmente la capacité de production en faisant construire vers 1837 un second moulin à scier, non loin du premier ; cette année-là, il intéresse à ses entreprises un nouveau venu, le marchand Edward Scallon*. L'approvisionnement en matière première entraîne ses employés de plus en

plus loin vers l'amont des rivières. Ainsi dans les années 1840 on l'autorise à couper son bois le long de la rivière L'Assomption sur une distance de 26 milles de son embouchure de même que sur un territoire de 10 milles de chaque côté de cette rivière et de ses affluents. Il procède à la coupe de deux façons, soit en organisant lui-même des chantiers, soit en recourant à la sous-traitance. Ainsi en 1835 il accorde à un cultivateur du canton de Kildare un contrat pour la fourniture de 5 000 billots de pin ; ce dernier, quelques mois plus tard, distribue la coupe à d'autres cultivateurs, tout en réservant pour son chantier une quantité substantielle de billots.

L'écoulement des madriers se fait toujours à Québec et, de 1839 à 1846, par l'entremise de la Ryan Brothers and Company. Les Ryan accordent une avance à Joliette et s'engagent à vendre, à leur tour, la production moyennant une commission de 5 %. Ce système, avantageux pour un entrepreneur qui manque de capital, ne peut cependant pas tolérer une suite de baisses de prix sur le marché de Québec, parce que le fournisseur devient alors débiteur du marchand et qu'il accumule des déficits. D'ailleurs, vers la fin des années 1840, le commerce du bois connaît certaines difficultés.

Afin de stimuler la croissance du village, Joliette tente de nouveaux investissements. En 1839, il fait construire une distillerie dont il cède rapidement la propriété à son associé Scallon. Il aurait eu également d'autres projets, comme celui d'une fabrique de verre, mais sa réalisation majeure, à la fin des années 1840, est sans contredit son chemin de fer. Dans l'espoir de régler une fois pour toutes le transport des madriers et aussi de réussir à désenclaver le village d'Industrie en lui donnant une porte directe sur le Saint-Laurent, Joliette prévoit une ligne d'une douzaine de milles qui unirait son village à celui de Lanoraie. C'est en février 1847 qu'avec Loedel, Scallon et Gaspard Tarieu Taillant de Lanaudière (son neveu) il fait une demande en vue de constituer une société. Dès la fin de l'année, on met en vente dans la région les actions de la nouvelle firme, nommée Compagnie du chemin à rails du Saint-Laurent et du village d'Industrie. Les travaux de terrassement commencent en 1848 et la voie est terminée en 1850 ; on l'inaugure en grande pompe le 1er mai de cette année-là. Le matériel roulant, usagé, a été acheté à la Compagnie du chemin à lisses de Champlain et du Saint-Laurent.

En même temps qu'il met en place ces éléments de développement économique du village, Joliette réussit à mener à bien deux autres projets, ceux d'une église et d'un collège. Après des années d'attente, l'évêque de Montréal, Mgr Ignace Bourget*, accorde l'autorisation de bâtir une chapelle en 1841. Joliette ne se contente pas de si peu : il entreprend en 1842, en grande partie à ses frais, la construction d'une église et obtient l'année suivante l'érection canonique d'une

Joliette

nouvelle paroisse. Son village dispose alors des fonctions essentielles. Trois ans plus tard, Joliette fait construire un collège qu'il confiera en 1847 aux Clercs de Saint-Viateur, nouvellement arrivés de France [V. Étienne Champagneur*].

L'intérêt de Joliette pour l'éducation n'est pas nouveau. Déjà, à L'Assomption, il s'était occupé des écoles élémentaires en 1825 et 1831. Cependant, il veut que le collège de Joliette offre une éducation différente de celle des collèges classiques, auxquels il reproche de n'enseigner que le latin et de ne pas préparer adéquatement la jeunesse. En effet, il ne tient pas à l'enseignement du latin, mais plutôt à celui de l'anglais et des mathématiques. Manifestement, il voudrait que son collège dispense des cours orientés vers les professions commerciales ou, comme on disait à l'époque, industrielles. Il semble bien qu'il ait convaincu les Clercs de Saint-Viateur de la justesse de ses idées.

Par ailleurs, ces investissements ont des retombées importantes sur la croissance du village d'Industrie qui prend ainsi de plus en plus l'allure d'un véritable centre urbain. Le curé de la paroisse, Antoine Manseau*, tout en reconnaissant les mérites de Joliette, n'est pas dupe du sens général des investissements de ce dernier qui tient à conserver la propriété du collège et de l'église. Il faut ajouter à cet état de fait le caractère autoritaire de Joliette qui se comporte comme le maître de son domaine et qui tient à bien gouverner tout son monde.

La carrière politique de Joliette est sans éclat. Conseiller législatif depuis 1832, il fait partie, à la suite de la suspension de la constitution en février 1838, du Conseil spécial. Au moment de la rébellion de 1837, il demeure fermement loyaliste en refusant d'appuyer le parti de Louis-Joseph Papineau* et en s'opposant activement à toute tentative d'agitation dans sa région. En décembre 1837, il préside une assemblée de magistrats et d'officiers de milice de la région qui réaffirment leur loyauté au gouvernement. Plus tard, il agit directement, en qualité de juge de paix, et signe au moins un mandat d'arrêt, en janvier 1838. Il semble que Joliette ait été absent du Conseil spécial au moment du vote sur l'union du Haut et du Bas-Canada en 1839. Après la proclamation de l'Union, il retourne au Conseil législatif le 9 juin 1841. La même année, il appuie un amendement qui exprime des doutes sur la légitimité de l'Union. Il semble faire son travail de façon sérieuse, en pilotant des pétitions ou en préparant avec soin des adresses pour l'ensemble du conseil.

En 1850, Joliette, malade, cède aux objurgations du curé Manseau et des Clercs de Saint-Viateur : il leur donne respectivement la propriété de l'église et celle du collège, ainsi que les terres attenantes. Avant de mourir, il aura l'occasion de voir en service son chemin de fer, qu'il appelait son dernier ouvrage.

Barthélemy Joliette a exercé une très grande influence qui dépasse le cadre du village qu'il a fondé. Les témoignages de sa notoriété ne manquent pas. En 1864, dans son roman *Jean Rivard, économiste* […], Antoine Gérin-Lajoie* s'inspire nommément du village d'Industrie pour son Rivardville ; dès 1874, sa biographie est publiée. De fait, durant la première moitié du XIXe siècle, Joliette a été un acteur important dans le mouvement de croissance et de développement de l'économie bas-canadienne. Il a su saisir les possibilités offertes par la seigneurie, les censitaires et la conjoncture, afin de réaliser son projet. Que l'on parle d'urbanisation, d'industrialisation, de transition du féodalisme au capitalisme ou de l'évolution du régime seigneurial, il représente un cas intéressant et exemplaire.

JEAN-CLAUDE ROBERT

Le minutier de Barthélemy Joliette, qui couvre la période 1810–1848, est déposé aux ANQ-M, sous la cote CN5-24. Il renferme 3 030 actes dont 2 997 ont été passés avant octobre 1824. Les ensembles documentaires les plus importants concernant Barthélemy Joliette sont les divers dossiers conservés par la Soc. hist. de Joliette (Joliette, Québec) ainsi que le minutier du notaire J.-O. Leblanc, déposé aux ANQ-M, sous la cote CN5-25.

ANQ-M, CE5-6, 27 sept. 1813 ; CE5-13, 23 sept. 1799 ; CE5-14, 9 sept. 1814, 16 juill. 1820 ; CE5-24, 25 juin 1850. — ANQ-Q, CE2-7, 9 sept. 1789. — APC, MG 24, L3 ; MG 30, D1. — *La Bibliothèque canadienne* (Montréal), 9 (1829). — *L'Avenir* (Montréal), 9 août 1850. — *L'Encyclopédie canadienne* (Montréal), 1842–1843. — *Le Populaire*, 11 déc. 1837. — Caron, « Inv. des doc. relatifs aux événements de 1837 et 1838 », ANQ *Rapport*, 1925–1926 : 145–329. — Desjardins, *Guide parl.* — Hélène Lafortune et Normand Robert, *Inventaire des minutes notariales de Barthélemy Joliette, 1810–1848* […] (Montréal, 1980). — *Mariages du comté de Berthier (du début des paroisses à 1960 inclusivement)*, Lucien Rivest, compil. (4 vol., Montréal, 1966). — Turcotte, *le Conseil législatif*. — Hector Berthelot, *Montréal, le bon vieux temps*, É.-Z. Massicotte, compil. (2e éd., 2 vol. en 1, Montréal, 1924). — [Joseph Bonin], *Biographies de l'honorable Barthélemi Joliette et de M. le grand vicaire A. Manseau* (Montréal, 1874). — Antoine Gérin-Lajoie, *Jean Rivard, économiste ; pour faire suite à Jean Rivard le défricheur* (4e éd., Montréal, 1925). — Michelle Guitard, *Histoire sociale des miliciens de la bataille de la Châteauguay* (Ottawa, 1983). — L.-P. Hébert, *le Québec de 1850 en lettres détachées* (Québec, 1985). — Hélène Lafortune, « la Situation de la profession notariale à L'Assomption entre 1800 et 1850 » (thèse de M.A., univ. de Montréal, 1981). — J.-B. Meilleur, *Mémorial de l'éducation du Bas-Canada* (Montréal, 1860). — Monet, *Last cannon shot*. — J.-C. Robert, « l'Activité économique de Barthélemy Joliette et la Fondation du village d'Industrie (Joliette), 1822–1850 » (thèse de M.A., univ. de Montréal, 1971). — Christian Roy, *Histoire de L'Assomption* (L'Assomption, Québec, 1967). — J.-E. Roy, *Hist. du notariat*. — Rumilly, *Papineau et son temps*. — L.-P. Turcotte, *le Canada sous l'Union, 1841–1867* (2 vol., Québec, 1871–1872). — R. R. Brown, « The St. Lawrence and Industrie

Village Railway », Railway and Locomotive Hist. Soc., *Bull.* (Boston), 70 (août 1947) : 39–43. — J.-H. Charland, « Joliette, P.Q., Canada », *Rev. canadienne*, 23 (1887) : 328–338. — « Le Fondateur de Joliette », *BRH*, 43 (1937) : 223. — Ernest Gagnon, « les Frères de Louis Jolliet », *BRH*, 8 (1902) : 313. — J.-C. Robert, « Un seigneur entrepreneur, Barthélemy Joliette, et la Fondation du village d'Industrie (Joliette), 1822–1850 », *RHAF*, 26 (1972–1973) : 375–395. — David Schulze, « Rural manufacture in Lower Canada : understanding seigneurial privilege and the transition in the countryside », *Alternate Routes* (Ottawa), 7 (1984) : 134–167.

JONES, AUGUSTUS, arpenteur, propriétaire foncier, fermier et officier de milice, né en 1757 ou 1758 dans la vallée de l'Hudson, New York, fils d'Ebenezar Jones ; décédé le 16 novembre 1836 près de Paris, Haut-Canada.

Le grand-père d'Augustus Jones quitta le pays de Galles pour l'Amérique du Nord avant la Révolution américaine. La famille s'installa sur les bords de l'Hudson, probablement dans le comté de Dutchess, dans la colonie de New York, puis à proximité de Newburgh, où le nom d'Augustus, qui avait appris le métier d'arpenteur à New York, figure dans des transferts de terrains en 1783–1784. Accompagné ou suivi de son père et de plusieurs de ses frères et sœurs, il partit ensuite pour les nouveaux établissements loyalistes de la presqu'île du Niagara et se fixa dans le canton de Saltfleet. Le 9 juin 1787, il présenta au major Archibald Campbell, commandant du fort Niagara (près de Youngstown, New York), une lettre d'introduction de Cadwallader Colden, fils d'un ancien lieutenant-gouverneur de New York et loyaliste notoire. La lettre, rappela plus tard Jones, attestait sa « bonne moralité et [son] caractère loyal » comme ses compétences d'arpenteur. Assermenté arpenteur de la couronne deux jours plus tard, il commença à travailler avec diverses équipes d'arpentage. En janvier 1788, le commandant des postes d'amont, le capitaine Jonas Watson, le nomma assistant de Philip Frey, arpenteur adjoint du district de Nassau. Jones servit à titre d'arpenteur adjoint par intérim à compter du mois de novembre de l'année suivante jusqu'au début de 1791 puis, sur l'ordre de John Collins*, arpenteur général adjoint à Québec, il remplaça officiellement Frey, qui avait quitté la province.

Ambitieux, Jones avait l'intention de devenir, dans le Haut-Canada, un propriétaire terrien aussi bien nanti que les Colden, dans l'état de New York. En recourant au régime de requêtes et de concessions, il acquit dans les années 1790 de grandes terres dans les cantons de Saltfleet et de Barton ainsi que des lots de ville à Newark (Niagara-on-the-Lake) et à York (Toronto). En 1797 et 1805, le chef de guerre agnier Joseph Brant [Thayendanegea*] lui loua deux terres qui totalisaient environ dix milles carrés, censément pour lui payer des levés faits sur la rivière Grand. En

1801, Jones tenta sans succès d'obtenir du gouvernement une terre encore plus vaste en retour de la construction d'une route qui relierait York à Head of the Lake (près du port actuel de Hamilton).

Cet arpenteur énergique avait une extraordinaire capacité de travail. Durant les années 1790, rappela Jones en 1832, il arpenta « la plus grande partie des cantons situés entre le fort Erie (Fort Erie) et la tête du lac Ontario », les terres qui longeaient la rivière Grand, « la rive nord du lac Ontario, de Toronto à la rivière Trent », des lots de ville pour Niagara (Niagara-on-the-Lake) et York, la rue Dundas, qui reliait le lac Ontario à la frontière de Detroit, et la rue Yonge, qui reliait les lacs Ontario et Simcoe. À l'époque, la tâche des arpenteurs était à la fois difficile et dangereuse. Jones travaillait souvent en plein hiver car, une fois le sol durci et les feuilles tombées, il était plus facile de voir à travers la forêt dense. De toute évidence, c'était un homme vigoureux, doté d'une constitution de fer, aussi à l'aise en raquettes, avec un sac au dos, que dans un canot d'écorce chargé. En été, il avait souvent des accès de fièvre ou de malaria. Un jour, il se fractura le sternum après que son cheval l'eut désarçonné. Au cours de l'été de 1794, ses hommes et lui tuèrent 700 serpents à sonnettes à Head of the Lake, mais rien ne l'arrêtait. Entre 1787 et 1795, selon Rocco Louis Gentilcore, géographe historien, « aucun autre arpenteur du Haut-Canada n'arpenta et ne subdivisa autant de terres importantes ».

Comme il employait des Indiens dans ses équipes, Jones en vint à connaître les Agniers et les Sauteux de la tribu des Mississagués, dont il apprit les langues, et à gagner la confiance de plusieurs d'entre eux. En 1797, après qu'un membre des Queen's Rangers eut assassiné Wabakinine*, grand chef des Mississagués de l'extrémité ouest du lac Ontario, les Sauteux envisagèrent de se rebeller contre les Britanniques et firent part à Jones de leurs plans en lui demandant même de se joindre à eux. Au lieu de cela, l'arpenteur informa immédiatement l'administrateur de la province, Peter Russell*. Quant à Brant, il lui fit faire de nombreux levés sur la rivière Grand. Les deux hommes, qui vivaient chacun à une extrémité de la plage de Burlington, devinrent des amis intimes. Non seulement Brant loua-t-il à Jones des terres sur la Grand, mais il en fit à l'occasion son mandataire, notamment pour l'achat de terres, et le choisit avec d'autres comme exécuteur testamentaire. Cependant, plusieurs Iroquois qui s'opposaient à ce que Brant loue les terres de leur réserve à des Blancs refusèrent de reconnaître la validité des deux baux qu'il avait conclus avec Jones.

Jones noua des liens familiaux avec les Agniers et les Mississagués. Le 27 avril 1798, alors au début de la quarantaine, il épousa Sarah Tekarihogen (Tekerehogen), la fille du chef agnier Henry Tekarihogen* ; elle était âgée de 18 ans. Huit enfants allaient naître de

Jones

cette union. Simultanément, du moins pendant les premières années de son mariage, Jones demeura lié à une jeune Mississaguée, Tuhbenahneequay (Sarah Henry), fille du chef Wahbanosay. Ils eurent au moins deux fils, Thayendanegea [John JONES], né en 1798 et nommé en l'honneur de Brant, et Kahkewaquonaby [Peter Jones*], né en 1802.

En 1800, pour des raisons inconnues, Jones quitta son emploi à temps plein au gouvernement. Peut-être décida-t-il de se retirer dans sa ferme du canton de Saltfleet pour se consacrer à des travaux moins durs que l'arpentage. Peut-être les membres du Conseil exécutif le laissèrent-ils partir parce qu'ils étaient inquiets de ses liens étroits avec Brant qui, principal porte-parole des autochtones dans le Haut-Canada, avait souvent affronté les autorités. Peut-être les cercles gouvernementaux avaient-ils eu vent des doutes qui pesaient sur la prétendue loyauté de sa famille durant la guerre d'Indépendance. On sait qu'un de ses beaux-frères, James Gage, avait combattu du côté des Américains. En outre, il ressort d'une demande de pension que présenta en 1855 au gouvernement des États-Unis la veuve de son frère Ebenezar que celui-ci avait servi dans les forces américaines. La violence des propos que le lieutenant-gouverneur sir Francis Bond Head* tint en 1836 au sujet de Jones – « cet arpenteur américain » qui, « vivant à la face de tous dans l'adultère, a eu des enfants de plusieurs squaws indiennes » – laisse certainement entendre que le gouvernement s'interrogeait sur le loyalisme de sa famille et doutait nettement de la moralité de Jones.

Après sa démission en 1800, Jones s'occupa de sa ferme pendant environ 17 ans ; Ebenezar et son neveu James Gage* étaient ses voisins immédiats. Il devint un colon important dans la région ; capitaine de milice depuis 1794, il le demeura jusqu'en 1811. Avec sa femme Sarah, il joignit vers 1801 les rangs de l'Église méthodiste épiscopale. Selon le révérend Nathan Bangs*, Mme Jones était « une femme très aimable et intéressante » ; un autre témoin de l'époque rapporte que « bien que toujours vêtue à la manière indienne, elle présidait la table avec autant de goût qu'une dame distinguée ». Elle transmit une bonne part des coutumes indiennes à ses enfants et enseigna par exemple à sa fille Catharine à identifier les plantes médicinales et à s'en servir. Dans *Life and journals* [...], Peter, élevé comme son frère John par sa mère naturelle, notait que son père veillait à « instiller des principes moraux à ses enfants » et tentait, avec un succès mitigé, de les empêcher de travailler ou de chasser le dimanche.

En 1817, en compagnie de sa famille, y compris Peter, Jones quitta le canton de Saltfleet pour aller vivre à Mohawk Village (Brantford), auprès du peuple de sa femme, sur la rivière Grand. Des pertes financières et peut-être les préjugés de ses voisins blancs à l'endroit de sa famille indienne sont les motifs les plus vraisemblables de cette décision. Durant la

guerre de 1812, sa ferme avait subi plus de £250 de dommages et, le 27 mai 1815, des incendiaires avaient brûlé sa grange. Jones cultiva la terre pendant plusieurs années dans les plaines situées en bordure de la Grand puis, à plus de 70 ans, il partit vers le nord pour s'installer à Cold Springs, son domaine de 1 200 acres situé rue Dundas, à l'est de Paris. Il subvenait aux besoins de sa famille en exploitant la terre et en vendant des portions de ses grandes propriétés. Infatigable malgré son âge, il projetait de construire un moulin sur sa source d'eau toujours bouillonnante et de délimiter tout autour des lots de ville, lorsque la mort le frappa en 1836.

Bien qu'il ne subsiste, comme telle, aucune description physique d'Augustus Jones, on se le représente aisément à la lecture de ses journaux d'arpentage et de sa correspondance personnelle. Fort et ambitieux, cet homme dont les deux femmes et les meilleurs amis étaient des Indiens vécut simultanément dans deux univers et, particulièrement au cours de ses premières années dans le Haut-Canada, fut entre eux un véritable trait d'union.

DONALD B. SMITH

AO, MU 4756, n° 6 (photocopie) ; RG 1, A-I-1, 32 : 1, 25 ; A-I-6 : 2723–2724, 2729–2732 ; C-I-9, 2 : 57 ; CB-1, boxes 29, 40. — APC, RG 1, L3, 260 : J20/15 ; 261a : J22/1, 3 ; RG 10, D3, 103–104, 108. — PRO, CO 42/439 : 271. — Victoria Univ. Library (Toronto), Peter Jones coll., Eliza-[beth Field] Jones Carey papers, diary, 26 août, 13 sept. 1834. — Nathan Bangs, *An authentic history of the missions under the care of the Missionary Society of the Methodist Episcopal Church* (New York, 1832), 183. — *Corr. of Hon. Peter Russell* (Cruikshank et Hunter), 1 : 50 ; 2 : 261. — *Corr. of Lieut. Governor Simcoe* (Cruikshank), 1 : 24. — « District of Nassau : minutes and correspondence of the land board », AO *Report*, 1905 : 300, 303, 309, 319–320, 327. — *John Askin papers* (Quaife), 2 : 311, 320, 325. — Peter Jones, *Life and journals of Kah-ke-wa-quo-nā-by (Rev. Peter Jones), Wesleyan missionary*, [Elizabeth Field et Enoch Wood, édit.] (Toronto, 1860). — « Records of Niagara, 1805–1811 », E. A. Cruikshank, édit., Niagara Hist. Soc., [*Pub.*], n° 42 (1931) : 117. — *Valley of Six Nations* (Johnston). — *Upper Canada Gazette*, 10 juill. 1794, 22 juill. 1815, 3 juin 1824. — *DHB*. — M. F. Campbell, *A mountain and a city : the story of Hamilton* (Toronto et Montréal, 1966), 22. — Johnston, *Head of the Lake* (1958). — « Augustus Jones », Assoc. of Ont. Land Surveyors, *Annual report* (Toronto), 1923 : 112–121. — Elizabeth [Field] Carey, « Mrs. Sarah Jones, Mohawk », *Christian Guardian*, 13 mars 1861. — Grant Karcich, « Augustus Jones, Upper Canada public land surveyor », *Families* (Toronto), 22 (1983) : 321–326.

JONES, CHARLES, fonctionnaire, homme d'affaires, officier de milice et homme politique, né le 28 février 1781, second fils d'Ephraim Jones* et de Charlotte Coursol (Coursalles) ; le 8 juin 1807, il épousa à Kingston, Haut-Canada, Mary Stuart, fille de John Stuart*, et ils eurent trois fils, puis en 1820

488

Florella Smith, et de ce mariage naquirent trois fils et deux filles; décédé le 21 août 1840 à Brockville, Haut-Canada.

Charles Jones appartenait à l'une des premières familles loyalistes qui s'établirent dans la région du haut Saint-Laurent, soit dans le canton n° 7 (Augusta, Ontario), en 1784. Comme les États-Unis étaient, avec la Grande-Bretagne, le seul pays où l'on dispensait un enseignement satisfaisant pour des parents ambitieux, on y envoya le jeune Charles dans les années 1790. De retour en 1800, il devint greffier à la Cour du district de Johnstown, grâce à Solomon Jones*, membre d'une autre famille de l'establishment non apparentée à celle de Charles. Lui et ses frères, William, JONAS et Alpheus, allaient disputer à cette famille les faveurs des tories; d'ailleurs, à la fin de 1808 ou au début de 1809, c'est le fils de Solomon qui remplaça Charles. À titre de greffier pendant ces huit années, et de trésorier du district de 1803 à 1814, il sillonna en tous sens les comtés de Leeds et de Grenville et acquit ainsi une grande connaissance du potentiel de la région, ce qui lui fut sans doute utile par la suite dans ses nombreuses transactions foncières.

Vers 1802, Jones se fixa dans le canton d'Elizabethtown, tout probablement à Elizabethtown même (Brockville), sur le Saint-Laurent, où il ouvrait dès 1803 le premier magasin général. Son père, qui était marchand, l'avait peut-être aidé à se lancer, mais par la suite ce fut généralement la Parker, Gerrard, Ogilvy and Company, de Montréal, qui s'occupa de ses commandes d'importation. En 1805, Jones acheta 300 acres de terres riveraines juste à côté d'une propriété qui appartenait à William Buell*, ce qui le mit en présence d'une autre famille fondatrice de la région. Tout au long de leur vie, Jones et Buell allaient rivaliser pour occuper la première place dans la localité; Jones, anglican, était un tory conservateur et Buell, qui devint presbytérien, représentait le courant libéral. Tous deux s'entendaient cependant sur la valeur de l'éducation, du travail acharné, de la démocratie parlementaire et du règne du droit; ils étaient même prêts à coopérer quand la chose leur semblait profitable. Ainsi, à compter de 1808, ils participèrent à un projet qui rapporta d'intéressants bénéfices aux deux familles. C'est Jones qu'on choisit pour construire, à Elizabethtown, un bâtiment qui abriterait le nouveau palais de justice et la nouvelle prison du district, et il accepta donc d'organiser une souscription publique pour les travaux. Buell, de son côté, fournit le terrain. Une fois l'édifice achevé, en 1811, leur village prit le pas sur Johnstown, l'ancien centre administratif. Elizabethtown crût rapidement, et on proposa de le rebaptiser en l'honneur de Buell ou de Jones. Le village s'appellerait-il Williamstown ou Charlestown? La mort du major général Isaac Brock* pendant la guerre de 1812 trancha le dilemme et donna aux deux concurrents l'occasion de manifester leur attachement à la Grande-Bretagne et d'arrêter leur choix sur le nom du glorieux général. La lutte avait été intense, mais digne.

Jones possédait des lots et des propriétés locatives à Brockville ainsi que des terres rurales, notamment des emplacements de moulin, partout dans le comté de Leeds et la région de la rivière Rideau. Son père, au moment de sa mort en 1812, détenait quelque 11 000 acres dont une partie figurait peut-être au nombre des 5 200 acres que Charles possédait en 1815 dans le canton d'Elizabethtown. Très fréquemment, Jones achetait et vendait des lots. Certains contemporains, dont Joel Stone*, croyaient discerner en lui un brin d'avarice et d'insensibilité, défauts qui, s'ils étaient réels, viendraient ternir une personnalité généralement intègre. De 1805 à 1840, la portion défrichée de ses terres passa de 5 % à 25 % environ. Ce dernier pourcentage correspondait à la moyenne provinciale, mais Jones l'atteignit surtout en revendant ses terres non défrichées. On doit le considérer comme un homme animé d'un sens aigu des affaires qui sut mettre en valeur le territoire et saisir les bonnes occasions, et non comme un propriétaire absentéiste. Il avait aussi un côté philanthrope: ainsi il donna des terrains à Brockville pour une église épiscopale (1812), pour une école (1819), pour une église presbytérienne (1825) et pour une place au marché (1833). Dans son testament, il légua le terrain de ce qui est aujourd'hui le parc Victoria et offrit d'autres superficies pour une école militaire, pour l'aménagement de rues et pour d'autres fins publiques.

À la campagne, la plus rentable des terres de Jones s'avéra être celle qu'il acheta en 1809 à l'ouest de Brockville, dans le canton de Yonge, où Buell avait des moulins. Avant 1806, il avait construit un établissement qui réunissait une scierie et un moulin à farine, Yonge Mills, et qui allait devenir en 1828 sa principale entreprise. En 1830–1831, il s'en servit comme garantie pour obtenir de Peter McGill* et George Moffatt*, de Montréal, des hypothèques qui totalisaient plus de £11 500. Selon les livres de mouture ou d'expédition et plus de 600 lettres, environ un quart des grains étaient moulus sur commande pour des fermiers de tout le comté de Leeds, tandis que le reste l'était pour de plus gros clients, en l'occurrence des marchands. Yonge Mills était une exploitation d'assez grande capacité à l'époque: elle produisait chaque année environ 12 000 barils de farine pour l'exportation, ce qui, à la fin des années 1830, représentait environ 10 % de tous les stocks de farine qui descendaient le Saint-Laurent. Jones s'absentait de Brockville durant des semaines afin d'acheter du blé et de conclure des marchés de mouture; son territoire englobait tout le pourtour du lac Ontario, du comté de Prince Edward à la presqu'île du Niagara, et à compter de 1840 il comprit aussi l'Ohio. Ses cousins Henry et Sidney Jones, de Brockville, assuraient l'expédition tandis que la compagnie québécoise Tremain and

Jones

Moir était son principal représentant à Québec et à Montréal, auprès des clients qui demeuraient en aval de Brockville et outre-mer. C'était une entreprise aux mailles serrées, qui reposait sur des liens de parenté et sur la loyauté envers les anciens associés.

Jones demeurait convaincu que l'industrie ne pourrait s'implanter au Canada et que l'avenir appartenait à l'agriculture, opinion que défendait aussi William Buell* fils à titre de rédacteur en chef du *Brockville Recorder*. Pour être commercialisable, maintenait Jones, la farine canadienne devait être supérieure à toute autre ; aussi ne permettait-il pas qu'on appose sa marque de commerce sur un produit de qualité inférieure. Il employait des artisans et de l'équipement américains lorsque ceux du Canada n'étaient pas à la hauteur. À compter de 1835, Yonge Mills accrut sa productivité grâce à une diversification des activités : distillation de whisky, utilisation des sous-produits de la mouture pour l'élevage du porc, ouverture d'une tonnellerie.

Bien qu'on ne possède sur son magasin de Brockville aucun dossier postérieur à 1830, la correspondance de Jones concernant les marchandises indique qu'il demeura dans le commerce de détail durant les années 1830. À divers moments au cours de cette période, il détint des actions dans des banques, dans la Cataraqui Bridge Company, dans l'Inland Forwarding and Insurance Company ainsi que dans le schooner *Trafalgar* et le vapeur *Brockville*. De plus, il s'intéressa à l'exploitation d'une mine de cuivre du canton de Bastard et à une fonderie de Furnace Falls (Lyndhurst) [V. Abel Stevens*]. La localité de Woodstock, dans le Haut-Canada, aussi bien que son neveu par alliance, Allan Napier MacNab*, lui demandèrent des prêts. Dans tous ces cas, comme lorsqu'il s'agissait de ses terres, Jones se comportait avec détermination. Par exemple, en 1835, il abandonna ses intérêts dans la compagnie de commerce transitaire et d'assurances pour marquer le mécontentement que lui causait le transfert du siège social de Brockville au village rival de Prescott.

La carrière publique de Jones suivit la même courbe ascendante que ses activités d'homme d'affaires. Nommé capitaine de milice au cours de la guerre de 1812, il fut détenu par les Américains pendant une brève période. En 1819, il devint président de la Johnstown District Agricultural Society, de fondation récente. L'année suivante, le procureur général John Beverley Robinson* le nomma commissaire en vertu de la loi de 1814 sur les non-naturalisés, poste qui l'habilitait à confisquer les terres dont les titres de propriété n'étaient pas en règle. On le mandata à titre de magistrat en juillet 1822, mais il refusa cette responsabilité en alléguant que ses « différentes occupations » prenaient déjà tout son temps. De 1822 à sa mort, Jones fut colonel du 2nd Regiment of Leeds militia et s'occupa activement de l'entraînement, de la

défense et de l'amélioration du mode de distribution des armes. En outre, avec John Macaulay* notamment, il siégea à la commission provinciale de la navigation intérieure. Cette commission présenta en 1823 un rapport sur les levés que Samuel Clowes avait faits dans une région familière à Jones, celle de la rivière Rideau, et qui portaient sur un trajet proposé pour le futur canal entre le lac Ontario et la rivière des Outaouais.

En 1816, Jones s'était porté candidat à l'unique siège de député de la circonscription de Leeds. Particulièrement irrité que l'on ait imposé la loi martiale pendant la guerre, il avait alors vigoureusement défendu la tradition du parlementarisme britannique dans de longs et fastidieux discours. Défait par Peter HOWARD, il se présenta de nouveau en 1821 et remporta cette fois l'un des deux sièges de Leeds. Il le quitta en 1828 parce qu'on lui reprochait la position qu'il avait prise à l'Assemblée concernant l'imposition de droits d'importation à des fins éducatives. Probablement grâce à ses liens d'amitié avec Robinson et John Strachan*, il entra sans délai au Conseil législatif, où il siégea jusqu'à la fin de sa vie.

Tout au long des années 1830, la famille Jones occupa une place prépondérante à Brockville. Nommé au bureau local de santé en 1835, Charles fut président de la Brockville Constitutional Society en 1836 et du bureau de police l'année suivante. En 1836–1837, par opportunisme politique, lui et son frère Jonas s'allièrent à leur concitoyen Ogle Robert Gowan*, organisateur du mouvement orangiste dans le Haut-Canada. Gowan usa de ses liens avec les Jones et d'autres membres de l'establishment tory pour promouvoir son propre avancement et celui de ses idées. De son côté, Jones avait des intérêts dans les régions qu'habitaient les partisans irlandais de Gowan, et l'alliance empêcha la balance du pouvoir de pencher en faveur des Buell. Cependant, en janvier 1838, Jones rompit avec Gowan parce que celui-ci souhaitait créer une brigade irlandaise dans la milice de Leeds. Réfractaire à tout ce qui pouvait « exacerber les distinctions nationales » – mais que le leader orangiste n'avait pas manqué de poursuivre durant la rébellion – Jones mit aussi fin, en mai, à son abonnement au journal de Gowan, le *Statesman*, en raison de la « tendance incendiaire » des éditoriaux de son propriétaire. Les Jones ne reconquirent jamais leur suprématie politique ; en juillet 1839, un orangiste anonyme déclara dans le *Brockville Recorder* que le *family compact* du district avait été « annihilé ».

Un triste déclin marqua les trois dernières années de Jones. Au printemps de 1837, une crise frappa l'économie, naguère florissante, et la récolte de blé fut médiocre. Jones avait du mal à percevoir ses comptes aussi bien qu'à régler ses dettes et fut mêlé à un litige concernant le *Trafalgar*. L'agitation politique de décembre 1837 puis l'appel lancé aux miliciens six mois plus tard afin de contrer une menace d'invasion des forces patriotes regroupées aux États-Unis furent troublants pour des défenseurs du règne du droit comme lui, qui craignait aussi pour ses moulins. Des rebelles exilés allèrent jusqu'à le menacer de mort. Il eut également des différends avec son fils Frederick, étudiant au Yale College, et perdit un autre fils, Stuart, en 1839. Dans l'espoir de refaire sa santé, il passa l'été de 1839 en Angleterre, mais son état empira au printemps suivant. Il s'éteignit en août 1840 ; la cause de sa mort n'a pas été relevée.

L'ère du torysme du *family compact* tirait à sa fin ; Charles Jones n'aurait pu s'adapter à l'époque qui s'ouvrait, celle de l'Union et des réformes gouvernementales. En outre, l'accroissement rapide de l'immigration, l'accélération du défrichement et l'augmentation massive du trafic céréalier et autre sur les Grands Lacs – tout cela vint bousculer le coin isolé où il avait coulé des jours tranquilles et connu un bonheur presque sans mélange.

THOMAS F. McILWRAITH

AO, MS 520, John Elmsley à Solomon Jones, 26 févr. 1800 ; MU 3155–3188 ; RG 21, United Counties of Leeds and Grenville, Elizabethtown Township, assessment rolls, 1800–1805 ; RG 22, sér. 155. — APC, MG 24, B7 ; RG 5, A1 : 28896–28897, 29818–29821, 29925–29927, 33631–33648, 37267–37326, 103404–103409, 115971–115972, 116012–116014, 117198–117205 ; RG 68, General index, 1651–1841 : 447, 670. — Leeds Land Registry Office (Brockville, Ontario), Abstract index to deeds, Elizabethtown Township, concession 1, lots 10–11 ; Yonge Township, concession 1, lot 8 (mfm aux AO). — *Arthur papers* (Sanderson). — *The parish register of Kingston, Upper Canada, 1785–1811*, A. H. Young, édit. (Kingston, Ontario, 1921). — *Chronicle & Gazette*, 24 mai 1834, 15 juin 1835, 26 mars, 11 mai 1836, 4, 19 janv. 1837, 22 août, 25 nov. 1840. — *Kingston Chronicle*, 28 mai 1819, 17 janv. 1823, 2, 9, 23 févr., 16, 30 mars, 6 avril 1827. — Chadwick, *Ontarian families*, 1 : 173–175. — D. H. Akenson, *The Irish in Ontario : a study in rural history* (Kingston et Montréal, 1984). — Ian MacPherson, *Matters of loyalty : the Buells of Brockville, 1830–1850* (Belleville, Ontario, 1981). — R. W. Widdis, « A perspective on land tenure in Upper Canada : a study of Elizabethtown Township, 1790–1840 » (thèse de M.A., McMaster Univ., Hamilton, Ontario, 1977). — W. H. Cole, « The local history of the town of Brockville », *OH*, 12 (1914) : 33–41. — E. M. Richards [McGaughey], « The Joneses of Brockville and the family compact », *OH*, 60 (1968) : 169–184.

JONES, DAVID THOMAS, missionnaire de l'Église d'Angleterre, administrateur scolaire et homme politique, né vers 1796, probablement dans le pays de Galles ; en mai 1829, il épousa Mary Lloyd, et ils eurent six enfants ; décédé le 26 octobre 1844 à Llangoedmor, pays de Galles.

David Thomas Jones fut « élevé en vue d'être fermier » mais en 1820, après deux ans d'études au séminaire de Lampeter dans le pays de Galles, la Church Missionary Society l'accepta comme candidat au missionnariat. On l'ordonna diacre en décembre 1822, et prêtre en avril 1823. Au cours de l'été, il s'embarqua sur un navire de la Hudson's Bay Company, le *Prince of Wales,* afin d'aller remplacer pendant un an John WEST, missionnaire anglican et aumônier de la compagnie dans la colonie de la Rivière-Rouge (Manitoba).

West projetait d'« établir des écoles et des missionnaires dans tout le pays », ce que George Simpson*, gouverneur du département du Nord de la Hudson's Bay Company, jugeait inacceptable pour la compagnie et inutile pour les Indiens ou les sang-mêlé. En 1823, dans une lettre adressée à Andrew Colvile, à Londres, il s'opposa donc au retour de West mais loua Jones : « [il] nous sera d'un grand secours », disait-il. Par la suite, Jones succéda à West comme responsable de la première mission protestante du Nord-Ouest et comme aumônier. Pendant l'été de 1824, il construisit, à quelques milles en aval de la mission originale d'Upper Church (St John), une deuxième église appelée Middle Church (St Paul), où il ouvrit une école de jour.

Jones et son collaborateur, le révérend William Cockran*, qui le rejoignit en 1825, se réclamaient tous deux de la Basse Église et finirent par modifier leur liturgie afin d'attirer les colons de la Rivière-Rouge qui étaient presbytériens et parlaient le gaélique. L'un d'eux, Alexander Ross*, décrivit plus tard Jones comme un « prédicateur remarquable et éloquent ; homme au cœur tendre, aimable et libéral à l'excès […], il était aimé presque jusqu'à l'idolâtrie ». Cependant, Cockran en vint à voir d'un mauvais œil le prestige de Jones et à le trouver trop indifférent aux Indiens. Tous deux partageaient néanmoins une même aversion pour bien des coutumes locales ; en juillet 1824, Jones avait dit considérer comme un sacrilège le fait que West ait baptisé les futures épouses indiennes ou sang-mêlé des trafiquants sans leur donner d'instruction religieuse.

En 1828, Jones quitta la Rivière-Rouge pour un congé. Pendant qu'il était en Angleterre, en février 1829, il prévint le comité de la Church Missionary Society : « L'opinion générale est que notre sphère d'influence ne doit pas déborder les frontières de la colonie. » À l'automne, il reprit ses fonctions de ministre et d'instituteur, accompagné cette fois de Mary Lloyd, qu'il avait épousée au printemps et qui ne tarda pas à nouer des liens étroits avec la femme de Simpson, Frances Ramsay Simpson*. Encouragé par le gouverneur, Jones proposa en 1832 de fonder à la mission d'Upper Church un pensionnat voué « au perfectionnement moral, à l'instruction religieuse et à l'éducation générale des garçons, à savoir les fils des messieurs engagés dans la traite des fourrures ». L'établissement, connu sous le nom de Red River

Jones

Academy, était la première école secondaire anglophone du Nord-Ouest ; Jones en assurait lui-même le financement, mais il avait besoin du parrainage de Simpson et du conseil du département du Nord de la Hudson's Bay Company, notamment pour attirer des élèves. La construction des bâtiments de l'école, entreprise en octobre 1832, se termina l'été suivant. On y aménagea aussi une section réservée aux filles. En août 1832, Jones avait demandé à la Church Missionary Society de trouver une « institutrice […] dotée d'une solide expérience chrétienne » et un « directeur […] ayant des connaissances pratiques en arpentage ». Mary Lowman et John MACALLUM vinrent occuper ces postes à l'automne de 1833.

Au moment même de la fondation de l'école, Jones entreprit de remplacer le bâtiment de la mission d'Upper Church, que West avait construit en bois rond, par une église de pierre qui, en 1861, allait être intégrée à la cathédrale de l'évêque David Anderson*. Une école de jour et une école du dimanche, toutes deux dirigées par Peter Garrioch, étaient attenantes à cette église. On réinstalla à la mission de Lower Church (St Andrew), au bord des rapides Grand, l'école indienne fondée par West et reprise par Jones, et on la plaça sous la responsabilité de Cockran.

Malgré la détérioration des relations entre Cockran et Jones, la Red River Academy, qui selon Simpson était « un honneur et une source de fierté pour la contrée », prospéra : elle comptait 14 élèves en 1833, 40 un an plus tard, et 23 garçons et 24 filles en 1835. Presque tous les élèves, dont beaucoup de sang-mêlé, étaient les enfants de fonctionnaires de la Hudson's Bay Company, tels James Bird*, George Simpson et le père d'Alexander Kennedy Isbister*.

C'est en février 1835 qu'on avait nommé David Thomas Jones au Conseil d'Assiniboia. La mort de sa femme, survenue le 14 octobre 1836, après un accouchement, l'affecta profondément : « Me voici, disait-il, tout à fait incapable de diriger les écoles. » En août 1838, il partit pour l'Angleterre avec ses enfants. Vicaire à Lampeter et professeur de gallois au St David's College, il fut, de mars 1843 jusqu'à sa mort en 1844, *rector* à Llangoedmor. La Hudson's Bay Company lui avait acheté la Red River Academy et en revendit plus tard les bâtiments à son successeur, Macallum.

S. M. JOHNSON ET T. F. BREDIN

APC, MG 19, E1, sér. 1 : 7825, 8011 (mfm aux PAM). — National Library of Wales (Aberystwyth, pays de Galles), Llangoedmor parish, reg. of burials, 30 oct. 1844. — Univ. of Birmingham Library, Special Coll. (Birmingham, Angl.), Church Missionary Soc. Arch., C, C.1/O, journal of D. T. Jones (mfm aux PAM). — *Haul* (Llandovery, pays de Galles), 9 (1844) : 398. — Alexander Ross, *The Red River settlement : its rise, progress and present state ; with some account of the native races and its general history, to the present day* (Londres, 1856 ; réimpr., Edmonton, 1972). — Boon, *Anglican Church*. — D. T. W. Price, *A history of Saint David's University College, Lampeter* (1 vol. paru, Cardiff, pays de Galles, 1977–). — Van Kirk, « *Many tender ties* ». — J. H. Archer, « The Anglican Church and the Indian in the northwest », Canadian Church Hist. Soc., *Journal* (Toronto), 28 (1986) : 19–30. — J. E. Foster, « Program for the Red River Mission : the Anglican clergy, 1820–1826 », *HS*, n° 4 (nov. 1969) : 49–75. — A. N. Thompson, « The wife of the missionary », Canadian Church Hist. Soc., *Journal*, 15 (1973) : 35–44.

JONES, JOHN (Thayendanegea, Tyantenagen), arpenteur, instituteur, prédicateur laïque méthodiste, traducteur et chef sauteux des Mississagués, né le 10 juillet 1798 à la rivière Humber, Haut-Canada, fils d'Augustus JONES et de Tuhbenahneequay (Sarah Henry), fille d'un chef mississagué ; décédé le 4 mai 1847 à London, Haut-Canada.

Le nom agnier de John Jones lui fut donné à sa naissance par Joseph Brant [Thayendanegea*], grand ami de son père. Le jeune Thayendanegea et son frère Kahkewaquonaby [Peter Jones*] grandirent à l'extrémité ouest du lac Ontario, au sein du peuple de leur mère. Celle-ci leur enseigna la religion de ses ancêtres et en fit de bons chasseurs. Leur père, marié légalement à une Agnière, vivait non loin de là et s'intéressait au sort de ses fils mississagués. En 1805, il obtint pour eux, de certains Mississagués, deux concessions de terre de deux milles carrés chacune à la rivière Credit. Les garçons voyaient leur père durant les mois d'été, car la bande de leur mère campait alors sur la partie encore boisée de sa grande ferme. Au cours d'une visite en 1809, le prédicateur méthodiste William Case* baptisa John. Plus tard, probablement après la guerre de 1812, son père l'envoya dans une école des environs. En 1817, John et Peter accompagnèrent leur père et leur belle-mère à leur nouvelle ferme, sur la rivière Grand. Six ans plus tard, à Hamilton, John apprenait le métier de son père, l'arpentage.

Dès la conversion de Peter au méthodisme, en 1823, John devint son bras droit et entreprit avec lui de répandre la parole divine parmi les Mississagués. Il enseigna à l'école de la mission indienne, d'abord à Davisville (près de Brantford) [V. Tehowagherengaraghkwen*] puis à Credit Mission (Mississauga). John WEST, ministre anglican qui se rendit dans sa classe en juillet 1826, notait : « Il [me] parut un instituteur tout à fait qualifié qui, grâce à la vivifiante influence des principes chrétiens, se consacrait tout entier à son travail. »

Dans les derniers mois de 1823, Jones avait épousé Kayatontye, appelée aussi Christiana Brant, la petite-fille de Joseph. L'apport de celle-ci à la vie du village se révéla précieux. Elle avait appris à « tenir maison » comme les Blanches et le montrait aux femmes mississaguées, qui tentaient alors vaillamment de vivre toute l'année dans des cabanes en bois rond plutôt que dans des wigwams. Elle leur enseignait aussi le chant, un art où elle excellait. Cependant, dans les années 1830, une série de tragédies s'abattit sur la famille. La maladie emporta Christiana et quatre des enfants, puis le seul à y avoir échappé se noya dans la rivière Credit. Vers 1830, Jones contracta la tuberculose pulmonaire ; il dut démissionner de l'école de Credit Mission mais continua d'enseigner à l'école du dimanche.

En 1835, remis de sa maladie, Jones épousa Mary Holtby, fille d'un prédicateur méthodiste d'origine anglaise qui vivait juste au nord de la mission. La bande accueillit la jeune femme et lui donna un nom indien, Pamekezhegooqua. Un des quatre enfants nés de cette union, Alfred Augustus Jones (Misquahke), allait enseigner à l'école de la mission et être surintendant de l'école du dimanche de New Credit pendant 35 ans.

À Credit Mission, John Jones épaula fidèlement son frère Peter et son oncle Joseph Sawyer [Nawahjegezhegwabe*], tous deux chefs de la bande. Il enseigna des techniques agricoles à son peuple et fut secrétaire-trésorier d'une compagnie, créée en 1834 à des fins d'exploiter des quais et des entrepôts à l'embouchure de la rivière Credit, appartenait en partie à la bande. Il agit à titre de prédicateur laïque méthodiste et, en traduisant l'Évangile selon saint Jean avec l'aide de Peter, il contribua à donner aux Sauteux une version des Écritures dans leur langue. Vers 1840, il devint l'un des trois chefs de sa bande et, en 1845, fut secrétaire du grand conseil des Sauteux tenu à Saugeen (réserve indienne de Saugeen). Peter Jones donna à son infatigable frère la meilleure épitaphe qui soit en écrivant, quelques mois après sa mort : « Pour moi comme pour la tribu, il demeure irremplaçable. »

DONALD B. SMITH

Une lettre datée du 16 août 1845, de John Jones à l'éditeur du *Christian Guardian*, a paru dans l'édition du 27 août sous le titre de « The Indians of Canada West ». Sa traduction, *The Gospel according to St. John*, éditée par Peter Jones, a paru à Londres en 1831.

UCC-C, Credit Mission, record-book. — [Elizabeth Field Jones], *Memoir of Elizabeth Jones, a little Indian girl, who lived at River-Credit Mission, Upper Canada* (New York, 1847). — Peter Jones, *Life and journals of Kah-ke-wa-quonā-by (Rev. Peter Jones), Wesleyan missionary*, [Elizabeth Field et Enoch Wood, édit.] (Toronto, 1860). — Benjamin Slight, *Indian researches ; or, facts concerning the North American Indians* […] (Montréal, 1844). — John West, *The substance of a journal during a residence at the Red River colony, British North America : and frequent excursions among the north west American Indians* […] (2ᵉ éd., Londres, 1827), 292. — *Christian Guardian*, 6 nov. 1833, 19 mai 1847, 12 janv. 1848. — Betty Clarkson, *Credit valley gateway ; the story of Port Credit* ([Port Credit (Mississauga, Ontario)], 1967).

JONES, JONAS, officier de milice, avocat, homme politique, juge, fonctionnaire, fermier, homme d'affaires et juge de paix, né le 19 mai 1791 dans le canton d'Augusta (Ontario), troisième fils d'Ephraim Jones* et de Charlotte Coursol (Coursolles) ; le 10 août 1817, il épousa à York (Toronto) Mary Elizabeth Ford, et ils eurent 11 fils, dont 3 moururent en bas âge, et 3 filles ; décédé le 30 juillet 1848 à Toronto.

Jonas Jones, fils d'un loyaliste qui avait accumulé richesse et influence après s'être installé dans le canton d'Augusta, grandit dans un milieu privilégié. Comme bien des enfants de l'élite provinciale d'alors, il fit ses études à la *grammar school* de John Strachan* à Cornwall, où il se lia d'amitié avec ses condisciples John Beverley Robinson*, John Macaulay*, George Herchmer Markland* et Archibald McLean*. En 1808, il entama une carrière de droit en entrant comme étudiant au cabinet de Levius Peters SHERWOOD à Elizabethtown (Brockville).

Après leurs études à Cornwall, les amis correspondirent régulièrement pendant un temps, puis leur ardeur se refroidit à mesure que leurs différences de personnalité et de comportement s'affirmaient. D'après Robinson, Markland était trop efféminé, McLean négligeait trop son apparence et Jones (bien que Robinson lui-même n'ait pas été un petit saint) était trop préoccupé par sa vie sexuelle pour un gentleman. En mai 1809, Robinson écrivit à Macaulay que souvent les lettres de Jones « ne nourriss[aient] vraiment pas beaucoup l'esprit, car il ne parl[ait] que de ce qu'il appe[lait] de « *beaux morceaux* ». Irrité que ce joyeux gaillard d'Elizabethtown s'entête à parler libertinage, Robinson mit fin à leur correspondance l'année suivante.

Jones perdit son père en 1812, mais cela ne nuisit pas à sa carrière. Il reçut en héritage environ 900 acres de terre, £200 pour acheter des livres de droit et une somme pour ses « dépenses raisonnables jusqu'à son admission au barreau ». La guerre de 1812 ralentit son apprentissage mais n'empêcha pas son avancement. Il s'enrôla comme lieutenant dans le 1st Leeds Militia et combattit sous les ordres de George Richard John Macdonell* à Ogdensburg, dans l'état de New York, le 22 février 1813. À la fin des hostilités, il était capitaine et commandait une compagnie de flancs-gardes. Il fut admis au barreau en 1815 et ouvrit un cabinet à Brockville.

Jones n'eut aucun mal à entrer sur la scène politique. Sa famille, avec les Sherwood et les Buell, dominait Brockville, chef-lieu du district. Grâce à ses nombreux appuis dans la région, il fut élu en 1816 député de la circonscription de Grenville à la septième législature (1817–1820), fut réélu en 1820 à la huitième (1821–1824) puis en 1824 à la neuvième (1825–1828). Si l'on considère l'échiquier politique à la fin des années 1820 et au début des années 1830, il était normal que des membres de l'opposition, tel William

Jones

Lyon Mackenzie*, confondent Jones avec Robinson, Macaulay et Christopher Alexander Hagerman, comme si leurs opinions politiques étaient identiques. En 1824, Mackenzie prenait Jones pour un adversaire du gouvernement du lieutenant-gouverneur sir Peregrine Maitland*. Jones ne fut certainement jamais un aussi solide partisan de l'exécutif que Robinson et Hagerman ; en fait, ce n'est que pendant la tourmente qui agita la neuvième législature qu'il en vint à appuyer le gouvernement. Tout au long des deux législatures précédentes, il fut un indépendant. Toutefois, ses différends avec les grands courtisans du régime portaient plus sur des détails que sur des questions de fond. Ainsi, il joua un rôle dans le mouvement d'opposition contre Robert Gourlay* en 1818 et, au cours d'une assemblée tenue par celui-ci dans le canton d'Augusta le 27 mai, il tenta de dissuader « les gens […] de se laisser séduire par ses plans trompeurs ». En outre, il fut procureur de la couronne au procès de Gourlay pour écrit séditieux le 31 août. À ses yeux, l'activité de Gourlay était illégitime car elle semblait mettre en question la nature du gouvernement.

Pendant les septième et huitième législatures, Jones dirigea ses critiques contre des mesures qui, selon lui, menaçaient de rompre l'équilibre de la constitution britannique. En 1817, il contesta la loi, présentée l'année précédente par Robert Nichol*, qui assurait pour toujours une subvention annuelle de £2 500 à l'exécutif. Pendant la session parlementaire de 1821–1822, il présenta un projet de loi en vue d'annuler cette subvention, malgré l'opposition du procureur général Robinson et de Hagerman. En vertu des principes de la constitution, estimait-il, « toutes les subventions destinées au gouvernement de Sa Majesté [devaient] être annuelles, et non pas permanentes ». D'après lui, il était « injuste, pour l'ensemble du pays, de retirer » à l'Assemblée « le privilège de disposer des fonds publics » – position qu'il défendit en citant sir William Blackstone. Dans un discours qui amena par la suite Mackenzie à le considérer comme un radical, il se déclara stupéfait de voir que Hagerman semblait disposé à céder à l'exécutif non seulement les « privilèges de la chambre, mais aussi les libertés de ses électeurs et de tout le pays ». Dans une tirade qui déclencha des applaudissements tels que « l'édifice en [fut] ébranlé jusqu'à sa base », il déclara qu'il soutenait la monarchie « mais non au prix d'une obséquiosité d'esclave ». Le pouvoir de l'Assemblée était « le frein que la constitution [donnait] au peuple [pour limiter] l'action des autres composantes du Parlement », et Jones voulait que ce pouvoir soit « inviolable ». C'est le même souci constitutionnel qui le poussa à s'opposer au projet d'union du Haut et du Bas-Canada en 1822. Le 19 novembre, à Brockville, à l'occasion d'une assemblée présidée par Sherwood, Jonas et son frère Charles furent parmi ceux qui s'élevèrent contre divers articles du projet de loi impérial. Pour eux, les plus discutables étaient ceux qui visaient à réduire les prérogatives de l'Assemblée au profit de l'exécutif. Jones avait déjà écrit à Macaulay, principal partisan haut-canadien de l'union : « Vous êtes un farouche défenseur du gouvernement. Je suis aussi disposé que vous ou que quiconque à soutenir le gouvernement quand j'estime cela juste, mais je ne consentirai jamais à transiger sur les privilèges du peuple et à tout sacrifier à l'influence de la couronne. »

Jones manifesta son indépendance en d'autres points. Bien qu'il ait été anglican, sa position sur les privilèges de l'Église d'Angleterre était modérée. À plusieurs reprises, il appuya des projets de loi qui auraient libéralisé le droit matrimonial de la province, alors restrictif. En 1821, il seconda William Warren Baldwin quand celui-ci présenta un projet de loi pour révoquer le Sedition Act de 1804, qui avait rendu possible le bannissement de Gourlay. Robinson et Hagerman faisaient partie des défenseurs – peu nombreux – de cette loi. Jones appuya sa profession en défendant le Law Society Bill de 1821, que son frère, alors député de Leeds, attaqua en disant que « donner un pareil pouvoir à une telle société était dangereux ». Jones pouvait même appuyer certaines des initiatives de ses adversaires sur des questions non politiques. En 1825, il accorda son suffrage au projet de loi par lequel Marshall Spring Bidwell* proposait d'abolir l'article de loi qui autorisait l'imposition de la peine du fouet aux femmes.

Au début de sa carrière parlementaire, la position de Jones sur des questions comme le pouvoir de l'exécutif, la protection des libertés individuelles et les droits de l'Assemblée s'apparentait à celle des députés ruraux d'Angleterre au XVIIIe siècle. En cela, il se distinguait peu de Baldwin ou, à compter de 1816, de Nichol. Par contre, sur une gamme de questions primordiales pour le développement économique de la province, sa position se rapprochait plutôt de la tradition des gens en place qui était particulièrement bien défendue par Robinson et Hagerman. Ceux-ci prônaient un gouvernement fort (quoique, contrairement à Jones, dominé par l'exécutif) et une intervention active de l'État dans des secteurs comme les finances, le développement économique et surtout la construction de grands ouvrages publics. Nichol avait abordé tôt, et souvent, la question de l'amélioration de la navigation, mais ce fut Jones qui, le premier, tenta concrètement d'attirer l'attention de la chambre sur ce sujet. Le 23 février 1818, il proposa que l'Assemblée prenne « en considération l'à-propos d'améliorer la navigation sur le fleuve Saint-Laurent ». Son intérêt pour la canalisation et le progrès économique, qu'il manifestait pour la première fois en public ce jour-là, allait demeurer pendant longtemps. L'Assemblée le nomma président des délégués qu'elle affecta à un comité parlementaire mixte. Le rapport de ce comité, déposé le 26 février, déclarait que l'aménagement du Saint-Laurent était « de la plus haute importance » pour le Haut et le Bas-Canada. Dès le 11 mars, l'Assemblée et le Conseil législatif convenaient de demander au président Samuel Smith*, dans une adresse commune, d'aborder la question de la navigation au cours de ses discussions avec le gouverneur en chef, sir John Coape Sherbrooke*. La présentation de l'adresse fut suivie, dans les deux provinces, par la nomination de commissaires [V. George Garden*] qui adoptèrent, en août 1818, six résolutions en faveur de l'aménagement du fleuve. En octobre, Jones présenta le rapport des commissaires à un autre comité parlementaire mixte qui en approuva le fond mais déclara que les deux provinces ne disposaient pas des crédits nécessaires aux travaux.

Peu à peu, dans les années 1820, l'Assemblée en vint à s'occuper davantage de la planification de grands ouvrages publics, et surtout de canaux. Les principaux stratèges de cette opération furent Nichol, Macaulay et Robinson. Jones, dont la famille était solidement établie dans le circuit commercial du Saint-Laurent (Charles avait des moulins et un magasin), se montra fort utile en soutenant, à l'Assemblée, les initiatives de Robinson. Par exemple, en janvier 1826, il appuya un projet de loi du procureur général qui autorisait le gouvernement à emprunter £50 000 d'obligations et à les prêter à une société privée, la Welland Canal Company [V. William Hamilton Merritt*]. Des prêts de ce genre étaient une abomination pour des membres de l'opposition comme Bidwell et John Rolph*. L'appui de Jones, cependant, n'était pas total. À l'occasion d'un débat, au début de 1827, il s'opposa catégoriquement à ce qu'un autre prêt soit consenti à la compagnie « à moins que [...] les ressources du pays ne le permettent, et ce indépendamment des sommes nécessaires pour d'autres ouvrages publics ». Il craignait en effet que le financement du canal Welland ne se fasse au détriment des canaux du Saint-Laurent, qu'il jugeait prioritaires. Avec Charles Jones, Robinson, McLean et d'autres, il siégea au comité parlementaire mixte qui fut formé en janvier 1827 pour étudier l'aménagement du Saint-Laurent. Plus tard le même mois, le comité conclut, dans son rapport, que le canal dont on projetait la construction devait être un ouvrage « public » et avoir des dimensions suffisantes pour que les schooners, alors les plus gros navires des Grands Lacs, puissent y passer. Toutefois, ce rapport n'eut aucune suite.

Renommé pour son indépendance au début de sa carrière parlementaire, Jones n'avait plus, à la fin des années 1820, pareille réputation. Fait plus important, et peut-être connexe, ses appuis politiques s'effritaient. En 1827, Mackenzie classa les deux frères Jones parmi les amis du gouvernement, les partisans de l'administration corrompue de Maitland. Selon le

réformiste d'origine écossaise, ils étaient « les fiers-à-bras du Parlement : bruyants, mal élevés et querelleurs de nature, ils l'[étaient] d'autant plus que l'Assemblée les laiss[ait] faire ». À l'approche des élections générales de 1828, la rumeur voulait, d'après Mackenzie, qu'ils conservent leur hégémonie politique « surtout grâce à l'influence des *Irlandais* ». Mais tel n'allait pas être le cas. Charles entra au Conseil législatif et Jonas, candidat dans la circonscription de Leeds, ne se classa que troisième, derrière John Kilborn et William Buell* fils. Trois ans plus tard, il tenta de rentrer à l'Assemblée en se présentant à une élection partielle dans Grenville mais fut battu par Hiram Norton.

Plusieurs facteurs contribuèrent aux défaites de Jones. Les luttes de factions étaient courantes parmi l'élite de la région et, même si les combats déréglés de la politique convenaient à son caractère, Jones souffrit des conséquences de ces divisions. De plus, il n'avait plus l'allure d'un indépendant. Premièrement, sous le gouvernement de Maitland, il avait obtenu plusieurs postes : celui de notaire du district de Johnstown (1818), d'administrateur du bureau d'éducation du district, de juge à la Cour du district de Bathurst et à la Cour de *surrogate* (tous deux en 1822), de juge à la Cour de *surrogate* du district de Johnstown (1824) et de juge à la Cour du même district (1828). Deuxièmement, il avait été promu colonel du 3rd Regiment of Leeds militia en 1822. Pour l'opposition, de plus en plus nombreuse, il était devenu l'un des symboles du favoritisme qui semblait caractériser le régime Maitland. Troisièmement, les vieux cantons loyalistes qui longeaient le Saint-Laurent, et qui avaient pour représentants des hommes comme Jones, avaient à se mesurer avec les cantons de l'arrière-pays et les Irlandais qui s'y établissaient. Et, sur une question particulière, celle des non-naturalisés, Jones était vulnérable. Il avait joué un rôle primordial, à la septième législature (1821–1824), dans l'invalidation de l'élection de Barnabas Bidwell*, puis dans la tentative d'invalider celle de son fils Marshall Spring. Mais la question des non-naturalisés, telle qu'elle évolua dans les années 1820, pouvait avoir des répercussions pour les immigrants irlandais aussi bien que pour ceux qui étaient d'origine américaine. En 1826, Jones présenta une requête dans laquelle l'orangiste Joseph K. Hartwell et d'autres habitants du district de Johnstown demandaient à être naturalisés au moyen d'un projet de loi privé si une loi publique n'était pas sur le point d'être adoptée. Que Jones appuie leur requête en « estomaqua plus d'un », selon Robert Stanton*. Au printemps de 1827, il passa beaucoup de temps à expliquer son appui au *Naturalization Bill* du gouvernement ; fidèle à son habitude, il cita Blackstone pour étayer sa position. Mackenzie croyait certainement que les Irlandais appuieraient Jones aux élections de 1828, et peut-être

Jones

le firent-ils. Leur poids se faisait déjà sentir en 1826, et en quelques années, sous la direction d'Ogle Robert Gowan*, ils devinrent une force avec laquelle Jones et d'autres devaient compter.

Par ailleurs, la famille de Jones se multipliait (de 1818 à 1840, sa femme et lui eurent 14 enfants), sa fortune augmentait et son cabinet d'avocat florissait. Entré au conseil de la Law Society of Upper Canada en 1820, il était reconnu comme l'un des membres les plus distingués du barreau. Ses diverses fonctions de juge lui rapportaient des avantages. Le major George HILLIER, secrétaire de Maitland, s'entretenait avec lui des faveurs à accorder dans le district. De temps à autre, il faisait du travail juridique pour le gouvernement à diverses assises. Pourtant, il recherchait d'autres nominations. En 1828, il se porta candidat, sans succès, au poste de receveur des douanes à Kingston, que Hagerman avait quitté pour devenir, temporairement, juge à la Cour du banc du roi. En fait, Maitland avait d'abord choisi Jones pour siéger à ce tribunal, mais Strachan l'avait fait revenir sur sa décision en lui faisant valoir « que la province n'accepterait pas que deux beaux-frères soient juges » (Levius Peters Sherwood, juge lui aussi, avait épousé la sœur de Jones). Comme Strachan l'écrivit à Macaulay, Jones avait la « malchance » d'« appartenir à une famille qui accapar[ait] tant de postes que cela lui nui[sait] ». Si Jones souffrait de cette situation, sa prospérité était là pour le consoler. Outre les terres qu'il avait héritées, il obtint de la couronne plusieurs concessions foncières parce qu'il était fils de loyaliste et avait servi comme officier de milice pendant la guerre. De plus, il acheta de nombreux lots, ce qui fit de lui l'un des plus gros propriétaires terriens du district de Johnstown. Quand la construction du canal Rideau ouvrit de nouvelles régions au peuplement, il put mettre en vente, en 1829, plus de 60 lots disséminés dans 4 districts.

Gentleman-farmer réputé pour être un « agriculteur entreprenant », Jones exploitait une ferme prospère dans les environs de Brockville. Il se spécialisait dans l'élevage du bétail, et surtout du mouton. En 1830, il acheta des animaux de race du commodore Robert BARRIE, du chantier naval de Kingston. Cinq ans plus tard, ses moutons furent primés dans des foires locales ; en 1837, il offrait en vente des juments poulinières, des poulains, des chevaux de trait, des bœufs et des moutons. En outre, Jones avait des intérêts commerciaux. Son frère Charles et lui possédaient en commun des moulins à Furnace Falls (Lyndhurst). En janvier 1837, ils offrirent à deux Américains de leur vendre leur emplacement à cet endroit ainsi que la Beverly Copper Mine. Dans les années 1830, Jones avait harcelé le président de la Bank of Upper Canada, William Allan*, pour qu'il ouvre une succursale à Brockville, mais celui-ci, comme il l'écrivit à Macaulay en juin 1830, n'était « pas

d'accord [...] *pour l'instant* ». Refusant de se laisser abattre, Jones présida à Brockville, en août, une réunion dont les participants demandèrent au Parlement d'accorder une charte à une banque de l'endroit. En 1833, la Bank of Upper Canada ouvrit une succursale, et Jones en devint l'un des administrateurs. La même année, il entra au conseil d'administration de la Saint Lawrence Inland Marine Assurance Company, dont il assuma la présidence en 1834.

Dans les années 1830, Jones se préoccupa plus que jamais de la navigation sur le Saint-Laurent. À l'inauguration de la deuxième session de la dixième législature, en 1830, le lieutenant-gouverneur sir John Colborne* invita le Parlement à s'occuper de la navigation fluviale. Peu de temps après, par suite de l'adoption d'une loi, trois commissaires furent chargés de déterminer le meilleur moyen de faciliter la navigation. La commission, placée sous la présidence de Jones, évalua le coût des canaux qu'il convenait de construire. Une loi qui créait une autre commission chargée d'améliorer la navigation sur le Saint-Laurent fut adoptée en 1833. Jones en fut nommé président ; John Macaulay et Philip VanKoughnet*, entre autres, en faisaient partie. La commission se réunit pour la première fois le 19 février 1833, après quoi Jones et deux autres commissaires se rendirent dans les états de New York, de la Pennsylvanie et du New Jersey pour recueillir des données et discuter avec des ingénieurs américains. Jones déposa le rapport de la commission en décembre. À partir d'un levé de Benjamin Wright, doyen des constructeurs américains de canaux, ce rapport estimait « sans risque d'erreur » qu'un investissement de £350 000 permettrait aux bateaux à vapeur de naviguer sans obstacle du lac Ontario à Montréal. Les commissaires recommandaient fortement d'emprunter la totalité de la somme même si le Bas-Canada ne collaborait pas au projet, car le Haut-Canada « ne risqu[ait] absolument aucun embarras financier ». Pendant son voyage aux États-Unis, Jones avait tenté en vain de lever un emprunt de £70 000. En 1834, par suite des recommandations de la commission, la loi de 1833 fut abrogée et remplacée par une nouvelle. En 1835, le Parlement adopta un projet de loi qui affectait £400 000 à la construction des canaux du Saint-Laurent et au refinancement de la dette publique. Aucune loi dans l'histoire de la province ne témoigne aussi éloquemment de la foi que le Haut-Canada mettait dans les canaux et le développement économique, et Jones avait été l'un des premiers à répandre cette foi. En 1834, sous sa présidence, les travaux avaient commencé au premier chantier, celui du canal de Cornwall ; moins de deux ans plus tard, les plans d'aménagement d'autres sections du Saint-Laurent étaient en cours de préparation.

Les événements politiques du début des années 1830 furent, par contre, moins édifiants. En sautant dans l'arène, Ogle Robert Gowan et ses partisans orangistes, tapageurs et parfois violents, provoquèrent un important réalignement politique dans le district de Johnstown. En 1833, avec Henry Sherwood*, Jones fut élu représentant du quartier est au bureau de police de Brockville, dont il devint président. Les orangistes leur avaient fait la vie dure pendant la campagne. En octobre, l'interruption d'une réunion du bureau tenue sous la présidence de Jones empoisonna davantage le climat. Le trouble-fête était James Gray, rival politique de Jones et ami de Gowan, qui était mécontent. Le 9 janvier 1834, la grange, les écuries et les hangars de la ferme de Jones furent incendiés. Accusé, Gray fut trouvé coupable d'incendie criminel et emprisonné sans droit à une caution. Sa femme et ses amis, dont Gowan, adressèrent en son nom une requête dans laquelle ils se plaignaient de l'« influence illimitée » de Jones « sur le shérif et sur la grande majorité des magistrats ». Le mois suivant, Gowan eut un nouveau motif de récrimination. De retour à Brockville après un voyage, il avait découvert que son neveu était en prison. Incapable d'obtenir sa libération, il était sur le point de se rendre à York quand, nota-t-il, Jones fit délivrer contre lui, « pour complot en vue de nuire à sa réputation, un mandat fondé sur la déclaration sous serment d'une fille de mauvaise vie et d'un habitué [...] d'un bordel de la ville ». Il fut ébahi d'apprendre que sa caution était fixée à £400, que son procès se déroulerait devant des magistrats « dont la majorité [étaient] très montés contre [lui] » et que « M. Jonas Jones [serait son] juge et [son] accusateur ». La tension entre les camps de Jones et de Gowan s'accrut pendant les élections de 1834, où Jones appuya les réformistes William Buell fils et Matthew Munsel Howard. De toute évidence, Jones et ses partisans furent dupés par Gowan, qui remporta la victoire dans Leeds avec un autre tory, le procureur général Robert Sympson Jameson*. Durant cette campagne marquée par la violence des orangistes, Jones fut malmené tandis qu'il essayait de rétablir l'ordre. Sa dernière victoire électorale – en avril 1836, c'est Richard Duncan Fraser*, et non lui, qui fut choisi candidat tory en prévision de l'élection partielle qui devait se tenir ce printemps-là dans Leeds – eut lieu dans Grenville aux élections générales tenues plus tard la même année. Grâce à une trêve conclue non sans difficulté avec les orangistes pour battre les réformistes, il l'emporta, avec Gowan, sur Buell et Howard.

Jones, pourtant, se lassait de la politique. À la première session de la treizième législature (1836–1840), il montra bien peu de l'entrain qui l'animait aux premiers jours de sa carrière parlementaire. Il fut candidat à la présidence de la chambre avec Archibald McLean et Allan Napier MacNab*. McLean fut élu, mais l'éventualité de voir Jones président consterna William Warren Baldwin, qui pensait qu'il « offense-

rait probablement la moitié de ses alliés à l'Assemblée, [car] ses manières grossières et [son attitude] trop assurée [étaient] souvent provocantes ». En février 1837, Jones se fit remarquer par son soutien à Hagerman, qui défendait sans honte les *rectories* anglicans établis peu de temps auparavant par Colborne. Mais ce fut surtout à la présidence du comité des finances de l'Assemblée qu'il se distingua. Ce comité examinait la dette provinciale qui, surtout à cause des travaux publics et principalement des canaux du Saint-Laurent et du canal Welland, frôlait les £600 000. Une crise financière s'annonçait donc [V. John Henry Dunn*], mais Jones demeurait confiant que ces ouvrages seraient « une bonne source de revenus ». De plus, disait-il, ils étaient essentiels à « un pays neuf comme le Canada, doté de revenus limités », et ne pouvaient « être construits qu'avec des crédits de la province ».

Dès que Jones eut l'occasion de quitter la politique, son cabinet d'avocat et Brockville, il le fit. Le 23 mars 1837, le lieutenant-gouverneur sir Francis Bond Head* l'affecta, ainsi que McLean, à l'un des sièges vacants de la Cour du banc du roi. Jones démissionna rapidement de ses autres postes de juge. Il tenta d'abandonner aussi la présidence de la commission du Saint-Laurent mais, Head l'ayant convaincu d'attendre, il ne la quitta que l'année suivante. John McDonald* allait lui succéder, et ce à un moment où la crise économique de 1837 et les bouleversements causés par la rébellion auraient rendu la situation financière de la province encore plus précaire. Pour que lui-même et McLean puissent quitter leur siège de député, Jones proposa à Head de les nommer registrateurs de comté ; autrement, écrivit-il le 29 mai 1837, il craignait que « des embarras et des difficultés ne surviennent ». Head accepta, et Jones obtint la place de registrateur du comté de Dundas, dont il démissionna le 14 juin.

À peine Jones avait-il eu le temps de se faire à ses nouvelles fonctions de juge que la rébellion éclata en décembre. Nommé sans délai l'un des aides de camp de Head, il commanda un petit détachement et fut le premier à entrer à la taverne Montgomery après que les rebelles eurent été mis en déroute. La rébellion et les raids frontaliers qui la suivirent augmentèrent pendant quelque temps la charge de travail des juges. En mai 1838, Jones, tout comme Robinson, recommanda de réduire les exécutions au minimum et de réserver le bannissement, « châtiment effroyable », à quelques coupables. Il répéta cet avis au lieutenant-gouverneur sir George Arthur* en décembre, après la capture de nombreux participants à la bataille de Windmill Point [V. Nils von SCHOULTZ]. La peine de mort avait pour but « d'inspirer la terreur par l'exemple et, ainsi, de prévenir autant que possible » la répétition du crime. Il fallait donc préférer une « sélection judicieuse » au « plus grand nombre d'exécutions », car « de fréquentes exhibitions des derniers moments de l'agonie tend[aient] à produire un effet contraire au but de la peine ». Jones jugea plusieurs cas de trahison et manifesta alors beaucoup moins de sympathie qu'il ne le faisait souvent envers d'autres criminels. Le verdict de culpabilité que le jury prononça à l'endroit de Jacob R. BEAMER lui parut « tout à fait mérité ». Au procès de Benjamin Wait*, le jury recommanda la clémence, ce qui incita Jones à s'enquérir des motifs de cette recommandation, mais le jury ne put en fournir.

Comme la plupart des juges du plus haut tribunal haut-canadien, Jones avait peu de pitié pour les hommes qui maltraitaient les femmes. Quand John Solomon CARTWRIGHT fit suivre une requête en faveur de William BRASS, jugé coupable de viol, Jones déclara à John Joseph*, secrétaire de Head : « Je considère que c'est là un cas très grave, sans aucune circonstance atténuante. » En octobre 1839, il ne donna aucune suite aux pétitions dans lesquelles les chefs des Six-Nations attaquaient la crédibilité et la réputation d'une jeune Indienne qui avait été violée par un Agnier, Noah Powlis. De novembre 1839 à juillet 1840, Jones usa de tous les recours judiciaires possibles pour faire gracier une jeune Noire, Grace Smith, trouvée coupable d'incendie criminel. Voyant que sa recommandation n'avait pas convaincu le Conseil exécutif, qui tenait à faire un exemple, il consulta ses collègues de la magistrature et rapporta que, selon eux, « la peine de mort […] dans ce cas [était] une erreur ». Cette fois, le conseil se laissa fléchir. En octobre 1840, Jones pressa Arthur de ne pas accepter le recours en grâce d'Eliza Mott, jugée coupable de vol avec sa fille de dix ans. Il n'avait condamné la petite fille, une enfant « manifestement très intelligente et […] intéressante », qu'à une semaine de prison, en escomptant que « si on s'occup[ait] d'elle [et la tenait] à l'écart de sa mère, elle [pourrait] encore devenir une bonne citoyenne, [alors que si elle restait] avec elle, cela n'arrivera[it] sûrement pas ».

Politiquement, Jones s'entendait bien avec Head, qui le décrivit par la suite comme « l'homme le plus calme et le moins craintif qu['il ait] jamais eu le bonheur de connaître ». Cependant, il exerçait une influence négligeable sur le gouvernement, même si des hommes de tendance réformiste comme James Buchanan, consul de Grande-Bretagne à New York, le tenaient pour l'un des plus grands personnages du *family compact*. Certes, Jones occupa par intérim la présidence du Conseil législatif en 1839, après que Robinson fut parti en congé, mais il quitta ce poste en juin 1840, au retour du juge en chef. Arthur, qui apparemment avait beaucoup attendu de lui comme président, fut déçu. Quand MacNab tenta d'accéder à ce poste, au début de 1841, Arthur écrivit au gouverneur Sydenham [THOMSON] : « Son ami M. le juge

Jones, qui a cinq fois plus de dons naturels que lui et des connaissances juridiques assez remarquables, n'a pas vraiment été à la hauteur de la tâche. »

À compter de sa nomination à la Cour du banc du roi en 1837, jusqu'à une date proche de sa mort, survenue en 1848, Jonas Jones siégea aux côtés de quelques-uns de ses plus vieux amis (Robinson, McLean et Hagerman). Sa mort étonna tout le monde. Pris de somnolence, il quitta la salle des juges et, sur le conseil de Robinson, décida de faire une promenade avant le dîner. Il s'effondra dans un immeuble qui lui appartenait et fut trouvé plusieurs heures plus tard (un enfant avait rapporté qu'il était étendu là, ivre). Il avait le côté droit entièrement paralysé et ne pouvait plus parler. Il mourut le 30 juillet et fut inhumé avant que plusieurs membres de sa famille n'aient eu le temps de se rendre. Fait peu commun, il laissait par testament tous ses biens à sa femme. Selon une notice nécrologique, « ses remarquables talents […] dans les débats, tout comme son extraordinaire cohérence, [avaient] beaucoup contribué à endiguer le torrent du républicanisme pendant l'orageuse carrière de Mackenzie ». Robert Baldwin* écrivit à Robinson : « J'ai toujours admiré la vigueur et le zèle qu'il consacrait à l'administration de la justice, de même que l'authentique gentillesse par laquelle il se distinguait éminemment je crois, malgré des manières abruptes qui étonnaient, à l'occasion, même ceux qui le connaissaient bien et étaient souvent mal interprétées par ceux qui n'avaient pas ce bonheur. »

Hagerman était mort l'année précédente. Toute une époque semblait prendre fin. Usés par des décennies de lutte politique, ces hommes qui s'étaient liés d'amitié dans leur jeunesse étaient disparus un à un. Au moment de la déclaration de l'Union, le 10 février 1841, les positions qu'ils avaient défendues n'étaient plus de mise. Une génération de chefs politiques nés dans la colonie quittaient la scène rapidement, et dans la plupart des cas discrètement. Ébranlé par ces décès, John Macaulay écrivit à Robinson, dans une longue lettre nostalgique sur l'ère des gentlemen : « Pauvre Christophe, pauvre Jonas ! le premier, que j'aimais bien même s'il manifestait certains sentiments dont le monde parlait parfois trop sévèrement – qui s'est distingué davantage comme avocat que comme juge – le second, vieil ami précieux dont je ne me remets que difficilement de la perte soudaine. »

ROBERT LOCHIEL FRASER

AO, MS 4 ; MS 12 ; MS 35 ; MS 78 ; MU 1054 ; MU 1856, n° 2179 ; RG 22, sér. 155, Ephraim Jones (1812) ; Jonas Jones (1848). — APC, MG 24, B7 ; RG 1, E3 ; L3 ; RG 5, A1 ; RG 43, CV, 1. — MTRL, William Allan papers ; Robert Baldwin papers. — PRO, CO 42. — *Arthur papers* (Sanderson). — H.-C., House of Assembly, *Journal*, 1825–1828, 1836–1837. — « Journals of Legislative Assembly of U.C. », AO *Report*, 1913–1914. — W. L. Mackenzie, *The* legislative black list, of Upper Canada ; or official corruption and hypocrisy unmasked (York [Toronto], 1828). — «Parish register of Brockville and vicinity, 1814–1830 », H. R. Morgan, édit., OH, 38 (1946) : 77–108. — Brockville Gazette (Brockville, Ontario), 1828–1832. — Brockville Recorder, 1830–1836. — Chronicle & Gazette, 1833–1845. — Colonial Advocate, 1825–1834. — Correspondent and Advocate (Toronto), 1836. — Examiner (Toronto), 1848. — Kingston Chronicle, 1819–1833. — Kingston Gazette, 1817–1818. — U.E. Loyalist, 1827. — Chadwick, Ontarian families. — Death notices of Ont. (Reid). — Marriage bonds of Ont. (T. B. Wilson). — Reid, Loyalists in Ont. — D. H. Akenson, The Irish in Ontario ; a study in rural history (Kingston, Ontario, et Montréal, 1984). — R. L. Fraser, «Like Eden in her summer dress : gentry, economy, and society : Upper Canada, 1812–1840 » (thèse de PH.D., Univ. of Toronto, 1979). — Patterson, « Studies in elections in U.C. ». — E. M. Richards [McGaughey], «The Joneses of Brockville and the family compact », OH, 60 (1968) : 169–184.

JUCHEREAU DUCHESNAY, MICHEL-LOUIS, officier dans l'armée et dans la milice, seigneur, juge de paix et fonctionnaire, né le 14 décembre 1785 à Beauport, Québec, fils d'Antoine Juchereau* Duchesnay et de Catherine Le Comte Dupré ; le 3 novembre 1808, il épousa au même endroit Charlotte-Hermine-Louise-Catherine d'Irumberry de Salaberry, et ils eurent six fils et cinq filles ; décédé le 17 août 1838 à Petite-Rivière-Saint-Charles (Québec) et inhumé le surlendemain à Sainte-Catherine, Bas-Canada, sous le banc seigneurial de la chapelle paroissiale.

Michel-Louis Juchereau Duchesnay appartenait à l'une des plus riches familles de l'aristocratie seigneuriale de la région de Québec. Il était le troisième et dernier enfant du deuxième mariage du seigneur de Beauport, qui possédait aussi plusieurs autres seigneuries. Michel-Louis passa son enfance dans l'aisance et le confort. En 1794, sa mère quitta le manoir seigneurial à la suite d'une accusation d'adultère portée contre elle. Confié à la garde de son père, Michel-Louis fut alors placé comme pensionnaire au petit séminaire de Québec.

À l'instar de son frère Jean-Baptiste*, Duchesnay opta pour la carrière militaire et obtint, comme lui, une commission d'enseigne dans le 60th Foot en 1805. Les deux jeunes hommes servirent en Angleterre et tous deux reçurent le grade de lieutenant dans le même régiment en janvier 1806. Cependant, Duchesnay quitta l'Angleterre et l'armée britannique au milieu de l'année suivante et revint au Bas-Canada pour toucher l'héritage qu'avait laissé son père à son décès, le 15 décembre 1806. Toutefois, lui qui espérait hériter d'une fortune considérable n'eut droit qu'à la jouissance des seigneuries de Gaudarville et de Fossambault. Il put néanmoins contracter un mariage avantageux en épousant Charlotte-Hermine-Louise-Catherine, fille d'Ignace-Michel-Louis-Antoine d'Irumberry* de Salaberry. Ce dernier, propriétaire d'une partie du fief de Beauport et personnage influent dans la société québécoise, se montra très satisfait de cette alliance, qui élargissait son réseau de relations et permettait à sa fille de profiter largement de la fortune de Catherine Le Comte Dupré, sa belle-mère. De fait, en 1811, celle-ci prêta la jolie somme de £700 au jeune couple afin qu'il puisse acquérir une terre à Petite-Rivière-Saint-Charles, où il s'établit à demeure.

Duchesnay servit pendant la guerre de 1812 à titre de capitaine dans les Voltigeurs canadiens que commandait son beau-frère Charles-Michel d'Irumberry* de Salaberry. Tout comme son frère Jean-Baptiste, Duchesnay se distingua à la bataille de Châteauguay, le 26 octobre 1813. Au début de l'année suivante, il se retira de son régiment afin de s'occuper davantage de sa famille et de ses propriétés. Il continua tout de même à servir dans la milice à titre de major du bataillon de Lotbinière, où il fut nommé en 1815. Duchesnay put se consacrer alors à la gestion des affaires de sa mère, qui investissait dans la propriété foncière ou plaçait son argent sous forme de rentes constituées et d'obligations. Il vit également au développement et à la mise en valeur des seigneuries de Gaudarville et de Fossambault en concédant des terres et en effectuant divers travaux de réfection aux bâtiments seigneuriaux.

Duchesnay sut profiter de son rang et de son réseau de relations familiales pour obtenir des faveurs du gouvernement. C'est ainsi qu'il reçut une commission de juge de paix pour le district de Québec en 1815, commission qu'on lui renouvela périodiquement. On le nomma aussi juge de paix pour le district de Gaspé en 1819 et en 1824. Toujours en 1815, on le choisit à titre de commissaire responsable de l'amélioration des communications intérieures dans la région de Québec. En 1819, il compta, avec George Waters ALLSOPP, Robert Christie* et Jean-Thomas Taschereau*, au nombre des commissaires chargés d'enquêter sur les titres de propriété dans le district de Gaspé, de régler le contentieux des terres et de s'enquérir des besoins des habitants de la péninsule gaspésienne. Les enquêteurs visitèrent la Gaspésie à trois reprises et soumirent au moins un rapport avant l'expiration de leur mandat en avril 1825. En 1820, Duchesnay, tout comme son demi-frère Antoine-Louis*, fut nommé commissaire chargé de la construction des églises et des presbytères dans le district de Québec ; le gouvernement renouvela sa commission en 1830. En 1827, il remplaça Taschereau, un parent par alliance, au poste d'adjudant général adjoint de la milice du Bas-Canada. L'année suivante, on l'appela à remplir la fonction de surintendant des Affaires indiennes à Québec.

À la fin de 1836, Michel-Louis Juchereau Duchesnay hérita de tous les biens meubles et immeubles de sa mère, décédée le 14 novembre. Il put ainsi vivre dans l'aisance jusqu'à sa mort, deux ans plus tard.

Kalliou

Duchesnay, veuf depuis de nombreuses années, laissait dans le deuil sept enfants qui se partagèrent le patrimoine paternel. L'aîné, Édouard-Louis-Antoine-Alphonse, obtint la meilleure part en héritant des seigneuries de Gaudarville et de Fossambault.

CÉLINE CYR

ANQ-Q, CE1-5, 15 mars 1786, 3 nov. 1808 ; CE1-39, 20 août 1838 ; CN1-147, 9 mai 1808, 13 juin 1815 ; CN1-178, 4 sept. 1823 ; CN1-230, 22 déc. 1806, 27 mars 1811, 14 févr. 1812, 24 juin 1815. — APC, MG 24, G45 ; RG 68, General index, 1651–1841. — Le Jeune, *Dictionnaire*. — *Officers of British forces in Canada* (Irving). — Gilles Paquet et J.-P. Wallot, *Patronage et Pouvoir dans le Bas-Canada (1794–1812) ; un essai d'économie historique* (Montréal, 1973). — P.-G. Roy, *la Famille Juchereau Duchesnay* (Lévis, Québec, 1903) ; *la Famille Le Compte Dupré* (Lévis, 1941). — Céline Cyr, « Portrait de femme : Catherine Dupré, indépendante et rebelle », *Cap-aux-Diamants* (Québec), 2 (1986–1987), n° 1 : 15–18.

K

KALLIOU. V. CALLIHOO

KEMBLE, WILLIAM, officier, fonctionnaire, imprimeur, rédacteur en chef et juge de paix, né en 1781 à Clapham (Londres) ; il épousa Rebecca Franks, et ils eurent deux fils qui moururent en bas âge et une fille ; décédé le 5 mars 1845 à Québec.

Issu d'une importante famille marchande de Londres, William Kemble fit des études classiques et, en 1802, vint s'établir au Canada. Il vécut d'abord dans le Haut-Canada, où il connut le lieutenant-gouverneur Francis Gore*, puis s'installa à Québec en 1807. Il servit dans l'armée britannique, d'abord à titre d'enseigne dans le Royal Newfoundland Regiment, à partir du 26 avril 1810, puis de lieutenant dans les Glengarry Light Infantry Fencibles, à partir du 6 février 1812. Le 12 juillet de cette année-là, on le nomma au poste de secrétaire militaire adjoint du gouverneur sir George Prevost*. Il occupa ces fonctions, à Québec, jusqu'à ce qu'il rejoigne son régiment en juillet 1813. En avril ou mai 1814, on le rattacha au Volunteer Incorporated Militia Battalion of Upper Canada où il remplit la fonction de paie-maître. Il participa, le 25 juillet suivant, à la bataille contre les Américains à Lundy's Lane, dans le Haut-Canada. En juin 1816, on le mit à la demi-solde, et il le demeura jusqu'en 1826.

En mai 1813, Kemble et sa famille s'étaient établis au second étage de la maison du maître charpentier Jean-Baptiste Bédard*, au coin des rues Saint-Joachim et Saint-François (rue d'Youville), dans le faubourg Saint-Jean, à Québec. À la fin du conflit avec les États-Unis, il se vit confier divers postes dans l'armée et dans l'administration publique. En 1816, nommé imprimeur du roi pour le Haut-Canada, il s'installa à York (Toronto). Dans une lettre datée du 20 août de cette année-là, il faisait appel à John NEILSON de Québec, l'imprimeur du roi au Bas-Canada, afin qu'il lui fournisse des armoiries et une liste des tarifs. Mais dès 1817 il devait céder sa place à l'imprimeur Robert Charles HORNE.

De retour à Québec, Kemble devint en 1823 rédacteur en chef du *Quebec Mercury* [V. Thomas Cary* fils]. Trois ans plus tard, son frère Francis, marchand à Londres, lui accorda une aide financière qui lui permit d'investir dans la Nouvelle Imprimerie qui publiait le *Quebec Mercury*. C'est ainsi que Kemble devint, le 5 décembre 1826, l'associé de Pierre-Édouard Desbarats* et de Thomas Cary fils à la direction de la Nouvelle Imprimerie. Peu de temps auparavant, le 2 novembre, on l'avait nommé de nouveau imprimeur du roi, cette fois pour le Bas-Canada, conjointement avec John Charlton FISHER. En 1826, Kemble reçut aussi une commission de juge de paix pour le district de Québec, commission qu'on renouvela deux ans plus tard.

Comme Kemble n'avait pas respecté certains engagements qui le liaient à son frère Francis, celui-ci, le 15 décembre 1828, fit de l'avocat Robert Christie* et du marchand William Stevenson de Québec ses procureurs afin de résilier le prêt. Mais le 6 août 1829, Francis fit volte-face et avança « en bon frère de famille », comme le stipule l'acte notarié, les fonds nécessaires à l'épouse de William, Rebecca Franks, qui devint alors l'une des propriétaires de la Nouvelle Imprimerie en compagnie de Cary fils et de Josette Voyer, la veuve de Desbarats.

Kemble, qui conserva son titre d'imprimeur conjoint du roi jusqu'en 1841, n'en demeura pas moins lié à la Nouvelle Imprimerie et chargé de la rédaction du *Quebec Mercury* jusqu'en 1842. C'était un journaliste réputé dont la mémoire et la connaissance des faits historiques étaient, disait-on, remarquables. Il fut amené à collaborer à plusieurs périodiques, dont le prestigieux *Simmond's Colonial Magazine and Foreign Miscellany* de Londres.

Kemble participa activement à la vie sociale québécoise. Ainsi, le 16 octobre 1835, avec d'autres concitoyens d'origine anglaise réunis à l'Albion Hotel de la côte du Palais, il contribua à la fondation de la Société de St George de Québec. Premier secrétaire de cette association, il en devint par la suite le vice-président et le président et, selon un biographe, son cœur était toujours ouvert aux appels de la charité.

William Kemble, qui avait perdu son épouse le 28 mars 1839, mourut le 5 mars 1845 à sa résidence de la rue des Grisons, et ses funérailles eurent lieu à la cathédrale anglicane Holy Trinity de Québec. Les membres de la Société de St George ouvraient avec leur bannière l'impressionnant cortège. Parmi les signataires de l'acte de sépulture se trouvait celui qui avait longtemps été son confrère, John Charlton Fisher. Le *Quebec Mercury* rendit hommage à son ancien rédacteur en chef et souligna sa vivacité d'esprit ainsi que ses talents de communicateur.

JEAN-MARIE LEBEL

ANQ-Q, CE1-61, 30 mars 1839, 8 mars 1845 ; CN1-81, 15 juill. 1825, 2 févr. 1829, 23 juin 1831 ; CN1-188, 30 juill. 1824, 20 juin, 10 juill. 1826, 31 juill. 1827, 14 janv. 1831 ; CN1-230, 1er févr. 1813 ; CN1-253, 12 nov. 1823, 5 déc. 1826, 19 juin 1827, 6 août 1829. — APC, MG 24, B1, 169. — AVQ, V, B, 1826–1830. — *Quebec Mercury*, 8 mars 1845. — Beaulieu et Hamelin, *la Presse québécoise*. — H. J. Morgan, *Sketches of celebrated Canadians. — Officers of British forces in Canada* (Irving). — George Gale, *Quebec twixt old and new* (Québec, 1915), 239. — J. A. Macdonell, *Sketches illustrating the early settlement and history of Glengarry in Canada, relating principally to the Revolutionary War of 1775–83, the War of 1812–14 and the rebellion of 1837–8* [...] (Montréal, 1893), 183. — Claude Galarneau, « les Métiers du livre à Québec (1764–1859) », *Cahiers des Dix*, 43 (1983) : 150, 159. — « L'Imprimeur du roi William Kemble », *BRH*, 42 (1936) : 361.

KENDALL, EDWARD NICHOLAS, officier de marine, explorateur, hydrographe, arpenteur et auteur, né en octobre 1800, probablement en Angleterre, aîné des quatre enfants d'Edward Kendall et de M. C. Hicks ; en mai 1832, il épousa Mary Anne Kay, et ils eurent quatre enfants ; décédé le 12 février 1845 à Southampton, Angleterre, et inhumé à Carisbrooke, île de Wight.

Fils d'un capitaine de la marine, Edward Nicholas Kendall était issu d'une vieille famille de Cornouailles, les Kendall, de Pelyn, près de Lostwithiel. Le 26 octobre 1814, après des études au Royal Naval College de Portsmouth, il entra dans la marine royale. Il servit à titre de *midship* sur plusieurs bâtiments, dont l'*Erne* qui fit naufrage en 1819 au large des îles du Cap-Vert. En tentant de sauver la cargaison, il subit des blessures dont, selon son propre témoignage, il ne se remit jamais complètement. Dans sa jeunesse, il passa également trois ans à faire des levés dans la mer du Nord, après quoi on le choisit, en 1824, pour devenir hydrographe adjoint de l'expédition arctique de George Francis Lyon. L'expédition, qui devait doubler la presqu'île de Melville (Territoires du Nord-Ouest) et explorer une partie du littoral nord de l'Amérique, dut rentrer en Angleterre sans être parvenue à franchir le détroit de Roes Welcome. Lyon fit un

rapport favorable sur le travail de Kendall, et on le sélectionna pour une autre expédition arctique sous le commandement de John FRANKLIN. En 1825, le groupe remonta par voie de terre jusqu'au Mackenzie afin d'explorer le littoral nord en partant du delta de ce fleuve et en allant vers l'est et l'ouest. Kendall servit alors à titre d'hydrographe adjoint de l'équipe qui, sous la direction du docteur John Richardson*, explora en 1826 la côte vers l'est, du delta au fleuve Coppermine, et en dressa la carte. L'expédition rentra en Angleterre en 1827 ; le 30 avril de la même année, Kendall devint lieutenant. De toute évidence, Franklin et Richardson l'avaient tenu en haute estime tout au long du voyage. À leur retour, Franklin écrivit d'ailleurs à Mme Kendall pour louer « le talent, l'esprit d'initiative et l'infatigable zèle » de son fils ; « son amabilité et sa piété, son équanimité et sa constante bonne humeur, ajoutait-il, ont suscité et affermi en nous l'estime et la considération que nous lui garderons toujours ».

En 1828, Kendall s'embarqua sur le *Chanticleer* pour une expédition scientifique dans l'Atlantique Sud et plus particulièrement dans une région de l'Antarctique, celle des îles Shetland du Sud. Encore une fois, il fit surtout des levés hydrographiques. Puisque l'essentiel des travaux de l'expédition était terminé, il quitta le *Chanticleer* à l'île Sainte-Hélène au début de 1830 et fut muté sur l'*Hecla*, dont on avait interrompu la mission – faire des levés de la côte occidentale de l'Afrique – parce qu'un bon nombre de ses officiers et membres d'équipage avaient succombé à la maladie. Au bout de quelque temps, des défectuosités empêchèrent cependant l'*Hecla* de poursuivre son but, et le vaisseau arriva en Angleterre plus tard en 1830.

Sur l'ordre du ministère des Colonies, Kendall fut chargé confidentiellement, après son retour, d'aller déterminer par des observations astronomiques certains points litigieux de la frontière du Nouveau-Brunswick et du Maine [V. sir Howard Douglas*]. Pendant cette mission, il fit d'autres levés au Nouveau-Brunswick et, une fois de retour en Angleterre en 1831, il participa à la préparation d'une carte de la province. Quand Kendall eut achevé ce travail, lord Goderich, secrétaire d'État aux Colonies, recommanda qu'on lui accorde une promotion. Kendall adressa lui-même une requête au roi dans ce sens, puis Franklin le patronna avec enthousiasme auprès de l'Amirauté, mais tout cela fut sans effet. Kendall demeura lieutenant et, apparemment, il ne reprit jamais du service actif. En 1832, il épousa Mary Anne Kay, nièce de Franklin, qui se montra ravi de l'événement.

Vers 1833, Kendall se lia à la New Brunswick and Nova Scotia Land Company, qu'on avait formée pour promouvoir la mise en valeur, par des immigrants, d'une vaste étendue de terre achetée du gouvernement

Kerr

du Nouveau-Brunswick [V. Thomas Baillie*]. En 1835, en qualité de commissaire de la compagnie à Fredericton, il présenta aux administrateurs un rapport sur l'état général de la colonie, mais on ignore tout de ses relations ultérieures avec l'entreprise. Pendant leur séjour dans cette ville, les Kendall devinrent des amis intimes de James Robb* et de sa famille.

En mars 1838, Edward Nicholas Kendall était de nouveau en Grande-Bretagne où, intéressé par le transport à vapeur, il devint surintendant de la West India Mail Steam Navigation Company. Vers 1843, il travailla pour la Peninsular and Oriental Steam Packet Company, dont il était surintendant à Southampton au moment de sa mort. En 1855, l'un de ses fils, Franklin Richardson, se joignit à cette compagnie.

CLIVE HOLLAND

Edward Nicholas Kendall est l'auteur de : « Observations on the velocity of sound at different temperatures », John Franklin, *Narrative of a second expedition to the shores of the polar sea, in the years 1825, 1826, and 1827* [...] (Londres, 1828 ; réimpr., Edmonton, 1971), app. IV ; « Account of the Island of Deception, one of the New Shetland Isles », Royal Geographical Soc. of London, *Journal* (Londres), 1 (1830–1831), n° 4 : 62–66 ; *Reports nos.1 & 2 on the state and condition of the province of New Brunswick : with some observations on the company's tract ; laid before the court of directors of the New Brunswick and Nova Scotia Land Company* [...] (Londres, 1836) ; et *Remarks on steam communication between England and Australasia ; as combined with a system of weekly communication between the colonies of Australasia* (Southampton, Angl., 1842).

Le compte rendu que fit Kendall de son voyage du fort Franklin (Fort Franklin, Territoires du Nord-Ouest) à York Factory (Manitoba) en 1826–1827 comme membre de la deuxième expédition de John Franklin est toujours manuscrit et il est conservé avec ses papiers aux Royal Geographical Soc. Arch. (Londres). Une copie sur microfilm du journal est disponible aux Glenbow-Alberta Institute Arch. (Calgary). Parmi les cartes produites par Kendall se trouvent celles qui sont répertoriées dans *Maps and plans in the Public Record Office* (3 vol. parus, Londres, 1967–), 2, n°s 632, 1052–1053, 1394, 4174. Ses croquis topographiques sont recensés dans Harper, *Early painters and engravers*.

Isle of Wight County Record Office (Newport, Angl.), Reg. of births, marriages, and burials, 15 févr. 1845. — Musée du N.-B., J. C. Webster papers, packet 137, prospectus, New Brunswick and Nova Scotia Land Company, 28 févr. 1833. — NMM, P&O/100, F. R. Kendall file. — Scott Polar Research Institute (Cambridge, Angl.), MS 248/310 ; 248/432/1–3 ; MS 696. — *The letters of James and Ellen Robb : portrait of a Fredericton family in early Victorian times*, A. G. Bailey, édit. (Fredericton, 1983). — Ramsay, *Dalhousie journals* (Whitelaw), 3. — *Memoirs of hydrography, including brief biographies of the principal officers who have served in H.M. Naval Surveying Service between the years 1750 and 1885*, L. S. Dawson, compil. (2 vol., Eastbourne, Angl., [1883]–1885 ; réimpr., en 1 vol., Londres, 1969), 1 : 105.

KERR, JAMES (il signa **Ker** au moins jusqu'en 1806), avocat, juge et homme politique, né le 23 août 1765 à Leith, Écosse, troisième fils de Robert Kerr et de Jean Murray ; décédé le 5 mai 1846 à Québec.

James Kerr, fils d'un gros marchand de Leith, fréquenta d'abord une *grammar school* de la ville. Le 1er septembre 1785, on l'admit à l'Inner Temple de Londres, où il entreprit ses études de droit. Parallèlement, il s'inscrivit à l'University of Glasgow, sans toutefois y obtenir de diplôme. Admis au barreau, il exerçait en 1793 dans les circonscriptions de tournée de Londres et du Middlesex. Dès l'année suivante, il était marié ; lui et sa femme Margaret auraient au moins sept enfants, dont deux mourraient en bas âge.

Afin d'améliorer ses perspectives d'avenir, Kerr immigra au Bas-Canada, où il reçut le 10 août 1794 l'autorisation de pratiquer le droit. Dès 1795 ou 1796, sa situation était assez solide pour qu'il aille chercher sa femme et ses enfants en Angleterre. Toutefois, un bâtiment français captura son navire pendant la traversée, et on le fit prisonnier. Échangé peu de temps après, il rejoignit sa famille et rentra avec elle au Bas-Canada en 1797. En France, il avait obtenu des renseignements qui, en ses propres termes, furent « jugés importants ». En guise de récompense pour les avoir transmis au gouvernement britannique, il obtint le 19 août 1797 un siège de juge à la Cour de vice-amirauté du Bas-Canada.

Cette nomination n'obligeait cependant pas Kerr à abandonner la pratique du droit, et l'une des causes les plus controversées qu'il défendit fut celle de Clark Bentom*, accusé en 1803 d'avoir exercé illégalement les fonctions de ministre. En réponse à un pamphlet incendiaire qu'il qualifia de « blâme gratuit et malveillant » et dans lequel Bentom l'accusait de l'avoir abandonné et trahi, Kerr publia un vibrant plaidoyer pour se défendre. Le 1er juillet 1809, il abandonna sa pratique pour occuper un siège de juge puîné à la Cour du banc du roi du district de Québec. Nommé au Conseil exécutif le 8 janvier 1812, il devint d'office membre de la Cour d'appel. De 1814 à 1816, en l'absence du juge en chef Jonathan SEWELL, il présida la Cour du banc du roi à Québec, en qualité de doyen des juges, ainsi que la Cour d'appel.

En 1816, Kerr habitait, dans le faubourg Saint-Jean, une maison « élégante » et bien meublée, flanquée d'une remise et d'écuries pour huit chevaux. Il s'intéressait à l'horticulture, car sa propriété comprenait un jardin où l'on trouvait « tous les légumes adaptés au climat », des buissons de groseilles vertes et rouges, des vignes, des aspergières et 90 arbres fruitiers. Devenu veuf en 1816, il mit sa maison en vente ou en location et s'embarqua pour l'Angleterre afin d'aller régler des affaires personnelles. Il se remaria en Écosse quelque temps avant son retour en 1819, mais sa femme, Isabella, qui était de 25 ans sa cadette, mourut à Québec en 1821 ; elle lui laissa au moins un fils.

De 1819 à 1827, avec trois autres conseillers exécutifs, Kerr s'occupa de la vérification des comptes publics. Nommé au Conseil législatif le 21 novembre 1823, il remplaça occasionnellement Sewell à la présidence, surtout en 1827. Très conscient de son rang de juge et de fonctionnaire, et bien résolu à mener un train de vie en conséquence, il dépensait, semble-t-il, plus que ses moyens ne le lui permettaient. En 1824, ses dettes se montaient à £3 227 16s ; on saisit alors ses salaires qui totalisaient £1 333 pour payer ses créanciers. En 1825, l'un de leurs représentants, Mathew BELL, prévint le gouverneur lord Dalhousie [RAMSAY] que, même si Kerr était « agréable en société », il n'était pas entouré de respect ; « irrégulier dans ses transactions monétaires », il avait « des dettes envers ses fournisseurs et [était] toujours dans la dèche ».

En partie à cause de ses difficultés financières, Kerr fut mêlé, à compter de 1828, à une série de querelles qui avaient pour objet sa conduite, son salaire et ses honoraires. Bien qu'un contemporain l'ait qualifié de « parfait gentleman de la vieille école », il était enclin à la colère, même en cour. En 1828, un avoué auprès de la Cour de vice-amirauté, Bartholomew Conrad Augustus Gugy*, qu'il avait suspendu pour outrage au tribunal, soumit à la chambre d'Assemblée une requête que Louis-Joseph Papineau* estima être « la plus vive qu['il eût] jamais vue ». La chambre forma, pour étudier les 51 chefs d'accusation de Gugy, un comité dont les travaux durèrent plusieurs années. Par ailleurs, en décembre 1828, le Committee of Trade de Québec dénonça le barème et le montant des honoraires que Kerr touchait à titre de juge à la Cour de vice-amirauté et affirma même qu'une ordonnance de 1780 avait déterminé son salaire de telle façon qu'il remplace ces honoraires. Au même moment, l'Assemblée affecta des crédits au salaire de Kerr en exigeant qu'il ne reçoive pas d'honoraires. En apprenant ce geste, Kerr affirma qu'il constituait un dangereux précédent : l'Assemblée pourrait mettre de nombreuses conditions à l'adoption de la liste civile, ce qui empiéterait sur les privilèges des conseils exécutif et législatif et créerait une « démocratie française ». Cependant, sir James Kempt*, qui avait succédé à Dalhousie au gouvernement du Bas-Canada, lui ordonna de renoncer à ses honoraires s'il voulait conserver son salaire, décision que le secrétaire d'État aux Colonies, lord Goderich, appuya en 1831.

Toutes ces difficultés incitèrent Kerr à soutenir sans réserve la campagne que les juges du Bas-Canada menèrent, à compter de 1824, pour obtenir que le pouvoir judiciaire soit indépendant des pouvoirs législatif et exécutif. Sous la direction de Sewell, ils cherchèrent à faire garantir leurs salaires et leurs pensions, afin de se libérer de la tutelle de l'Assemblée, et à obtenir des commissions inamovibles pour ne plus être à la merci du bon plaisir du roi. Par ailleurs, comme tous ses collègues, Kerr s'opposa aux efforts que l'Assemblée déployait, de son côté, afin d'éliminer les juges des conseils législatif et exécutif et soustraire ceux-ci à leur influence. Il craignait que cette disposition ne limite la prérogative royale sur les nominations et ne prive les conseils d'hommes compétents ; il n'oubliait pas non plus qu'il risquait de perdre une part de son revenu si la chose se faisait. Par conséquent, lorsque le gouverneur lord Aylmer [WHITWORTH-AYLMER] lui demanda, en 1831, de démissionner du Conseil exécutif et de ne pas assister aux réunions du Conseil législatif, il accepta mais demanda en compensation 6 000 acres de terre pour lui-même et 1 200 pour chacun de ses enfants. On rejeta sa requête.

Au début de 1832, sur la foi de plusieurs des accusations de Gugy, l'Assemblée exigea qu'on suspende Kerr de ses postes de juge. On lui reprochait en particulier de mal connaître le droit bas-canadien, d'« agir avec partialité et injustice », de montrer « un manque de calme et de courtoisie », d'être distrait pendant les audiences, de rendre des jugements contradictoires et d'annuler illégalement ses propres décisions. L'Assemblée affirmait aussi que ses deux postes de juge étaient incompatibles. Aylmer refusa de le suspendre de ses fonctions, et Goderich écarta les accusations puisque Kerr n'avait pas eu l'occasion de se défendre. Celui-ci s'embarqua donc pour l'Angleterre en 1833 afin d'aller défendre sa conduite et présenter diverses réclamations au ministère des Colonies et à l'Amirauté.

Kerr exigeait depuis longtemps une indemnisation pour la perte de revenu subie après le transfert du tribunal des prises de l'Amirauté de Québec à Halifax, en 1801. L'Amirauté exigeait qu'il paie d'abord les £1 190 de droits qui provenaient de la vente de prises qu'il conservait depuis 1816. En Angleterre, cette année-là, Kerr avait déposé l'argent chez son agent mais avait dû ensuite en prélever une partie pour payer son retour au Bas-Canada. Entre-temps, l'Assemblée avait maintes fois refusé d'adopter la liste civile, de sorte que les juges attendaient d'importants arriérés de salaire ; Kerr avait dû emprunter pour acquitter la dette. Aussi fut-il consterné d'apprendre qu'on lui refusait les £4 088 qu'il réclamait pour ses pertes d'honoraires sur les prises et qu'on le démettait, le 24 septembre 1834, de son siège de juge à la Cour de vice-amirauté pour avoir « conservé une somme d'argent qui appartenait au public pour des motifs non valables au sens strict ». À peine avait-il commencé à rédiger une protestation qu'il apprit qu'on exigeait qu'il renonce à son poste de juge à la Cour du banc du roi en raison de son licenciement à la Cour de vice-amirauté. Ce fut en vain qu'il protesta auprès de

Kerr

l'Amirauté, du ministère des Colonies et d'amis, tel Dalhousie, en invoquant surtout ses longues années de loyaux services et les dépenses que nécessitait le maintien de sa position sociale. Il essaya de gagner du temps dans l'espoir de pouvoir négocier une pension ou d'obtenir un meilleur traitement de la part d'un nouveau gouvernement. Il refusa ensuite de démissionner, car une telle attitude aurait été, selon lui, admettre sa culpabilité mais, finalement, on le releva de ses fonctions. Après son retour au Bas-Canada en 1836, il se querella avec le ministère des Colonies au sujet des dates d'échéance de ses commissions et réclama £1 200 en arriérés de salaire. Il publia une demande de réparation adressée à la chambre des Communes mais n'obtint rien.

James Kerr subit « une crise de paralysie de la tête » en janvier 1837 ou un peu avant. Incapable de parler, il passa ses dernières années dans la réclusion ; apparemment, il avait des moyens restreints, car il était à la charge de ses enfants. Fervent anglican, il cherchait le réconfort dans la lecture quotidienne de la Bible. Jusqu'à la fin, il se considéra comme une victime offerte en sacrifice par le gouvernement britannique à une Assemblée factieuse dont il avait suscité l'hostilité en défendant fidèlement la prérogative royale. Probablement n'était-il pas moins compétent que nombre de ses collègues, mais son endettement chronique et sa perpétuelle course aux honoraires et émoluments finirent par le perdre.

PAULETTE M. CHIASSON

James Kerr est l'auteur de : *Letter to Mr. Clark Bentom* ([Québec, 1804]) ; et *Petition of James Kerr, esq., to the Honorable the House of Commons* (Québec, 1836).

Un portrait à l'huile représentant Kerr se trouve aux APC, Division de l'iconographie.

ANQ-Q, CE1-61, 12 juin 1816, 11 févr. 1821, 8 mai 1846 ; CN1-253, 23 août 1824 ; P1000-55-1054 ; Z300076 (microfiche), James Kerr et famille. — APC, MG 24, B167 ; RG 4, B8 : 6325–6327 (mfm aux ANQ-Q) ; RG 68, General index, 1651–1841. — Church of Jesus Christ of Latter-Day Saints, Geneal. Soc. (Salt Lake City, Utah), International geneal. index. — Inner Temple Library (Londres), Admission records. — PRO, CO 42/223 ; 42/230 ; 42/236–238 ; 42/240–241 ; 42/244 ; 42/253 ; 42/255 ; 42/260 ; 42/277 (mfm aux ANQ-Q). — B.-C., chambre d'Assemblée, *Journaux*, 1835–1836, app. V ; Conseil législatif, *Journaux*, 1823–1831. — *Doc. relatifs à l'hist. constitutionnelle, 1819–1828* (Doughty et Story), 240–241. — Ramsay, *Dalhousie journals* (Whitelaw). — *Quebec Gazette*, 24 août, 5 oct., 14 déc. 1815, 1er févr., 13 juin 1816, 23 oct. 1820, 26 nov. 1821, 1er janv. 1824, 11 mai 1846. — *Quebec Mercury*, 9 févr. 1832. — *Browne's general law list, being an alphabetical register of the names and residences of all the judges, serjeants, counsellors [...] attornies* (12 vol., Londres, [1777–1797]), 1793. — Hare et Wallot, *les Imprimés dans le B.-C.* — *The matriculation albums of the University of Glasgow from 1728 to 1858*, W. I. Addison, compil. (Glasgow, Écosse, 1913). — H. J. Morgan, *Sketches of celebrated Canadians*. — P.-G. Roy, *les Juges de la prov. de Québec*. — Buchanan, *Bench and bar of L.C.* — Rumilly, *Papineau et son temps*.

KERR, WILLIAM JOHNSON, fonctionnaire, juge de paix et homme politique, né en 1787, fils de Robert Kerr* et d'Elizabeth Johnson ; il épousa Elizabeth Brant, fille de Joseph Brant [Thayendanegea*], et ils eurent quatre fils et une fille ; décédé le 23 avril 1845 à Wellington Square (Burlington, Ontario).

Petit-fils de sir William Johnson* et de Mary Brant [Koñwatsiʔtsiaiéñni*], William Johnson Kerr se distingua au cours de la guerre de 1812 à titre de fonctionnaire du département des Affaires indiennes. À la bataille de Queenston Heights en octobre 1812, il commanda, avec John Brant [Tekarihogen*] et John Norton*, les combattants des Six-Nations qui contribuèrent à repousser l'envahisseur américain. Au fort Erie (Fort Erie), en novembre, Kerr refoula de nouveau l'ennemi avec ses guerriers, Norton et le major James GIVINS. À Beaver Dams (Thorold), en juin 1813, Kerr et John Brant, à la tête d'une centaine de guerriers de la rivière Grand, combattirent victorieusement avec Dominique Ducharme* et un fort contingent d'Indiens des Six-Nations venus du Bas-Canada. En septembre, un petit détachement indien, que commandaient Kerr et William Claus*, reçut une mention spéciale du major général Francis de Rottenburg* pour sa « conduite courageuse et ardente » dans un engagement récent. Plus tard au cours des hostilités (peut-être à la bataille de Lundy's Lane), on le fit prisonnier et on l'emmena à Cheshire, au Massachusetts, où il passa quelque temps. Un de ses compagnons de captivité, William Hamilton Merritt*, le décrivit comme « un jeune homme très bien, grand et beau ».

L'entrée de Kerr dans la magistrature du district de Niagara, en 1817, témoignait de son appartenance à l'élite régionale et, tout comme d'autres membres de cette élite, il prit part à l'agitation réformiste amorcée par Robert Gourlay*. Le 20 avril 1818, il approuva, avec d'autres résidents du canton de Louth, une adresse de Gourlay et on le désigna pour rédiger le procès-verbal de la réunion. Lorsque les représentants de divers cantons du district se réunirent à St Catharines, le 4 mai, il fut élu secrétaire. Les délégués régionaux s'assemblèrent à York (Toronto) le 6 juillet, et Kerr devint alors membre du comité exécutif de ce congrès. En compagnie de George HAMILTON, il alla discuter des revendications des délégués avec le lieutenant-gouverneur sir Peregrine Maitland*, qui jugea le document inconstitutionnel. La dureté que montra le gouvernement envers Gourlay et le président du congrès, Richard BEASLEY, poussa apparemment Kerr et certains autres à filer doux. Cependant, il comptait assez de sympathisants dans l'électorat pour remporter le siège de 2nd Lincoln en juillet 1820.

Quel qu'ait été leur mobile, il ne semble pas que les activités réformistes de Kerr l'aient desservi à long terme. En 1827, on le nomma juge de paix dans le district de Gore et, dès l'année suivante, il était surintendant du canal de la baie de Burlington, ouvrage financé par le gouvernement et dont la construction, commencée par James Gordon Strobridge*, se poursuivait toujours. À l'époque, Kerr avait probablement rejoint les rangs des partisans d'Allan Napier MacNab*. Du moins est-il certain qu'à Hamilton, à la chaude assemblée politique où on malmena William Lyon Mackenzie*, en mars 1832, Kerr se trouvait parmi la foule des tories. Il empoigna Mackenzie, qui était de petite taille, et le tira à bas de la table où il était monté pour s'adresser à l'auditoire. Plus tard dans la soirée, Kerr recruta quelques hommes de main de la région pour lui administrer une raclée, ce qui lui valut une poursuite et une amende.

En raison de ses liens familiaux et de son rôle durant la guerre de 1812, Kerr avait probablement toujours eu une certaine influence auprès des Six-Nations. Cette influence s'accrut sans aucun doute après la mort du chef principal de cette confédération, Joseph Brant, en 1832. Il incombait à la belle-mère de Kerr, Catharine Brant [OHTOWAʔKÉHSON], de désigner le successeur de Brant, et elle choisit son tout jeune petit-fils, William Simcoe Kerr, le fils de Kerr. Quand Absalom Shade* fit la promotion de la Grand River Navigation Company, au début des années 1830, Kerr fut l'un de ceux qu'il invita à convaincre les Indiens d'acheter des actions. Pendant la rébellion de 1837, une centaine de guerriers se portèrent volontaires pour combattre les rebelles sous le commandement de Kerr. Quelqu'un les avait persuadés que les terres des Six-Nations seraient confisquées si les partisans de Mackenzie et de Charles Duncombe* prenaient le pouvoir. Bien que l'on ne puisse attribuer cette rumeur à Kerr, il affirmait y prêter foi. Pendant l'été de 1838, avec quelques volontaires des Six-Nations, il participa à la capture des rebelles qui avaient lancé un raid contre Short Hills [V. Jacob R. BEAMER].

On envisagea de nommer William Johnson Kerr au Conseil législatif en 1838, mais on retira son nom de la liste finale des membres. Au moment de sa mort, il habitait la maison que Joseph Brant avait construite à Wellington Square. Sa femme s'éteignit deux jours après lui.

EN COLLABORATION

APC, RG 68, General index, 1651–1841. — *Arthur papers* (Sanderson). — *Rebellion of 1837* (Read et Stagg). — *Select British docs. of War of 1812* (Wood). — *Valley of Six Nations* (Johnston). — *Death notices of Ont.* (Reid). — D. R. Beer, *Sir Allan Napier MacNab* (Hamilton, Ontario, 1984). — C. M. Johnston, *Brant County : a history, 1784–1945* (Toronto, 1967), 21–22, 40 ; *Head of the Lake* (1958). — E. A. Cruikshank, « Post-war discontent at Niagara in 1818 », *OH*, 29 (1933) : 14–46. — G. J. Smith, « Capt. Joseph Brant's status as a chief, and some of his descendants », *OH*, 12 (1914) : 89–101.

KETCHUM, SENECA, tanneur, prédicateur laïque anglican et philanthrope, né le 17 août 1772 à Spencertown, New York, fils aîné de Jesse Ketchum et de Mary (Mollie) Robbins ; il épousa Ann Mercer, fille de Thomas Mercer, pionnier du canton d'York, et ils n'eurent pas d'enfants ; décédé le 2 juin 1850 à York Mills (Toronto).

Comme il était courant à l'époque, plusieurs membres de la famille Ketchum s'installèrent successivement dans le Haut-Canada. Seneca Ketchum arriva, dit-on, à Kingston en 1792 et y passa plusieurs années. En 1795, son oncle Joseph obtint une concession dans le canton de Scarborough. Seneca déménagea peut-être avec lui et il gagna probablement York (Toronto) au plus tard en 1797, car lui-même et son jeune frère Jesse* figuraient alors au nombre des résidents de la rue Yonge. Dès cette année-là, il s'intéressa activement à la vie de sa communauté d'adoption et devint pendant une brève période secrétaire de la Rawdon Masonic Lodge. Il se mit à acheter des terres, si bien qu'avec le temps il acquit les secteurs occupés aujourd'hui par Bedford Park et Teddington Park, dans le nord de Toronto ; de plus il ouvrit une entreprise où l'on tannait des cuirs, fabriquait des chaussures et vendait un grand nombre de marchandises. D'autres membres de sa famille, dont son père, vinrent le rejoindre en 1802.

Soit en raison du fardeau que lui imposait l'installation de sa famille, soit – selon une anecdote – par suite du tirage au sort qui lui fit perdre, au profit de Jesse, la main de la jeune et belle Ann Love, leur gouvernante, Ketchum souffrit d'une dépression nerveuse en 1803. Pourtant, il prit vite intérêt aux affaires éducatives et religieuses de son milieu. Fervent anglican, il contribua à l'achat d'un terrain à York Mills pour la congrégation St John, et fournit une bonne partie de la main-d'œuvre nécessaire à la construction de sa première église en 1817. Il ne tarda pas non plus à étendre le champ de ses activités à l'organisation de classes du dimanche et à la tenue d'offices informels dans les établissements isolés.

En 1820, Ketchum obtint une concession dans le canton de Mono, près de l'emplacement actuel d'Orangeville, et au fil des ans il multiplia ses propriétés dans la région. Il habitait toujours rue Yonge en 1830, année où il signa une pétition en faveur de la constitution d'une compagnie de routes à péage, et il y achetait toujours des terrains en 1831. Toutefois, en 1835, le missionnaire anglican Adam Elliot* le trouva dans le canton de Mono où, signala-t-il, il avait « déjà fondé plusieurs écoles du dimanche et enseigné le catéchisme anglican à plus de cent personnes ». En fait, dans son nouveau lieu de résidence, Ketchum déploya encore plus de zèle religieux qu'auparavant.

Kimber

En 1837, il construisit sur sa terre un temple de rondins qui fut l'ancêtre de l'église St Mark, d'Orangeville ; de plus, la tradition locale lui attribue la fondation d'au moins une demi-douzaine d'églises anglicanes dans la région. Il fit aussi plusieurs grosses donations foncières à l'Église, dans des buts aussi divers que l'entretien d'étudiants en théologie et l'ouverture d'un « Foyer du marin ».

Malheureusement, à cause même de son zèle, Ketchum finit par avoir des conflits avec les autorités ecclésiastiques. Dans les dernières années de sa vie, il fit valoir avec tant de vigueur le droit de sa localité à un ministre permanent que l'évêque John Strachan* dut mettre ses concitoyens en garde contre son exubérance. Ketchum, qui avait tant donné à l'Église, accusa amèrement Strachan d'ingratitude. Sa mort survint avant la fin de cette querelle, pendant un séjour chez son neveu par alliance, le ministre presbytérien James Harris. On l'inhuma selon le rituel anglican le 4 juin 1850 à l'église St John.

Apparemment, Seneca Ketchum ne s'était jamais remis tout à fait de ses troubles mentaux ; après sa mort, l'archidiacre Alexander Neil Bethune* le qualifia d'« homme sincère mais pas très sain d'esprit ». Cependant, personne ne mit jamais en doute sa fidélité envers l'Église, son souci particulier de la jeunesse ni sa générosité pour ses voisins. Quant à son esprit œcuménique, il le prouva par son empressement à tenir dans un temple méthodiste une école du dimanche pour les fidèles de toutes confessions ou à se servir du catéchisme presbytérien quand la chose lui semblait opportune. « Très peu de gens avaient autant que lui du lait de la tendresse humaine, et rares sont ceux qui furent aussi peu pleurés sur sa tombe » – tel fut le commentaire concis, quoique peu grammatical, de son neveu Jesse Ketchum, qui s'empressa ensuite de contester son testament.

JOHN WEBSTER GRANT

Les contributions de Seneca Ketchum sont commémorées par un vitrail dans l'église St John, York Mills (Toronto), et par une plaque dans l'église St Mark (Orangeville, Ontario). Les deux communautés le reconnaissent comme leur fondateur. L'église St John possède un portrait le représentant.

AO, Land record index, Joseph Ketchum, Seneca Ketchum ; MS 35, letter-book, 1844–1849 ; MU 597, n° 17. — APC, RG 1, E3, 100 : 153–163. — EEC, Diocese of Toronto Arch., R. W. Allen papers, 34, R. W. Allen, « Notes on the county of Simcoe » (copie dactylographiée, 1945) ; Church Soc. of the Diocese of Toronto, land reg., 1802–1859. — MTRL, E. J. Hathaway papers. — St John's, York Mills, Indentures, 1817 ; Reg. of baptisms, marriages, and burials. — UCC-C, Perkins Bull coll. — The Stewart missions ; a series of letters and journals, calculated to exhibit to British Christians, the spiritual destitution of the emigrants settled in the remote parts of Upper Canada [...], W. J. D. Waddilove, édit. (Londres, 1838), 37, 94. — York, Upper Canada : minutes of town meetings and lists of inhabitants, 1797–1823, Christine Mosser, édit. (Toronto, 1984). — Christian Guardian, 14 avril 1841. — Globe, 4 juin 1850. — Helen Ketchum, « A resume of the ancestry of Seneca Ketchum and his brother Jesse Ketchum II [...] » (copie dactylographiée, 1959 ; copie conservée à l'église St John). — Marriage bonds of Ont. (T. B. Wilson). — W. P. Bull, From Strachan to Owen : how the Church of England was planted and tended in British North America (Toronto, 1937). — M. A. Graham, 150 years at St. John's, York Mills (Toronto, 1966). — E. J. Hathaway, Jesse Ketchum and his times [...] (Toronto, 1929).

KIMBER, RENÉ, marchand, fonctionnaire, juge de paix et officier de milice, né le 1er septembre 1762 à Québec, fils de Joseph-Antoine Jékimbert, ancien soldat dans une compagnie des troupes de la Marine, et de Geneviève Allard ; décédé le 12 novembre 1841 à Trois-Rivières, Bas-Canada.

Dès 1780, à l'âge de 18 ans, René Kimber travaille à titre de commis chez Louis Germain, marchand de Québec. L'ambition ou le hasard ont tôt fait de tracer sa voie, car à son mariage, le 19 mai 1785, il est décrit comme marchand. Le fait de promettre un douaire de 1 000ll à sa femme, Marie-Josette Robitaille, semble indiquer que ses affaires sont florissantes ; des 17 enfants qui naîtront de cette union, 3 seulement survivront à Kimber. En 1789, il loue à John Krepper, marchand pelletier, une partie du deuxième étage d'un immeuble qu'il possède, rue Saint-Joseph, dans la haute ville ; le notaire Joseph-Bernard Planté* est locataire de l'autre partie. Kimber tient un magasin au rez-de-chaussée et demeure lui-même dans cet immeuble jusqu'en 1792. Que se passe-t-il entre 1792 et 1795 ? Cette dernière année, selon le recensement, il habite au 16, rue de la Fabrique, et il est simple commis pour la C. C. Hall and Company. Son commerce aurait-il périclité ? Si tel est le cas, il a dû vite se reprendre puisqu'en 1798 il figure de nouveau au recensement à titre de marchand au 17, rue de la Fabrique.

On ignore à quel moment Kimber décide de s'installer à Trois-Rivières et d'y poursuivre son commerce, mais on sait que le 25 juillet 1799 il signe une adresse des citoyens de cette ville au gouverneur Robert Prescott*. Il ne tarde pas à devenir l'« un des personnages importants de la cité trifluvienne ». En 1809, il s'associe à Pierre Bruneau*, marchand de Québec, ce qui lui permet de maintenir un lien avec les commerçants de sa ville natale ; cette société cessera d'exister en 1812. Il s'approvisionne chez son collègue Moses Hart*, qui lui fait des avances de marchandises pour son magasin de Trois-Rivières. Sa carrière dans le commerce lui vaudra en 1827 une place au sein de la Maison d'industrie à Trois-Rivières.

Entre-temps, dès 1799, Kimber était devenu inspecteur de la Société du feu de Trois-Rivières. En 1811, il reçoit une commission de juge de paix du district de Trois-Rivières, ce qui l'amènera à s'occuper en 1813 et 1814 de la surveillance des travaux d'érection de la maison de correction de cette ville. En 1819, on le nomme capitaine dans le bataillon de milice de la ville de Trois-Rivières. Son fils, René-Joseph, est alors officier surnuméraire du même bataillon, après avoir servi dans le 4e bataillon de la milice d'élite incorporée du Bas-Canada.

Kimber est aussi engagé dans son milieu au point de vue social. De 1803 à 1832 au moins, il exerce les fonctions de commissaire chargé du secours aux aliénés et aux enfants abandonnés dans le district de Trois-Rivières. En 1832, il siège encore à titre de commissaire au bureau de santé de Trois-Rivières. De 1832 à 1839, il remplit la fonction de commissaire chargé de la construction des églises et des presbytères. De 1812 à 1835, il fait partie du conseil d'administration de la maison de correction de Trois-Rivières, où il assume d'ailleurs les fonctions de trésorier de 1816 à 1829. Élu marguillier de la paroisse de l'Immaculée-Conception, à Trois-Rivières, en 1818, il sera aussi président des syndics de la commune de Trois-Rivières.

René Kimber s'est taillé une place remarquable dans la société trifluvienne au début du xixe siècle. Son testament et l'inventaire de ses biens après décès révèlent un philanthrope préoccupé du bien-être de ses concitoyens. Ainsi il n'oublie pas de faire don d'une certaine somme d'argent au séminaire de Nicolet pour l'« éducation de la jeunesse ». Il n'en a pas moins su faire fructifier son avoir, car il peut laisser à ses deux filles un nombre important de biens immobiliers. À sa mort, Kimber est un citoyen regretté. *La Gazette de Québec* du 15 novembre 1841 en fait l'éloge en ces termes : « il a été un bon citoyen, un père de famille exemplaire, aimé et respecté de tous ».

JOHANNE NOËL ET RENALD LESSARD

ANQ-MBF, CE1-48, 17 nov. 1841 ; CN1-6, 26 mars 1800, 10 févr. 1809 ; CN1-47, 15 oct. 1818, 16 sept., 10 déc. 1841. — ANQ-Q, CE1-1, 2 sept. 1762, 19 mai 1785 ; CN1-205, 17 mai 1785 ; CN1-230, 6 juill. 1789. — APC, MG 30, D1, 16 : 774–776 ; RG 4, A1 : 40635–40636, 40937, 41070 ; RG 68, General index, 1651–1841. — ASQ, Séminaire, 16, n° 30. — ASTR, 0009 (copie aux ANQ-Q). — B.-C., chambre d'Assemblée, *Journaux*, 1818–1832. — « Les Dénombrements de Québec » (Plessis), ANQ *Rapport*, 1948–1949 : 11, 65, 114. — *La Gazette de Québec*, 26 déc. 1811, 22 sept. 1814, 15 nov. 1841. — *Almanach de Québec*, 1813. — P.-G. Roy, *Fils de Québec*, 2 : 127–128. — *Les Ursulines des Trois-Rivières depuis leur établissement jusqu'à nos jours* (4 vol., Trois-Rivières, Québec, 1888–1911), 2 : 400. — « La Famille Jékimbert ou Kimber », *BRH*, 21 (1915) : 201–205. — Benjamin Sulte, « Kimber », *le Trifluvien* (Trois-Rivières), 4 déc. 1906 : 6.

KIRBY, ANN (Macaulay), femme d'affaires, baptisée le 11 novembre 1770 à Knaresborough, Angleterre, fille de John Kirby et d'une prénommée Ann ; le 13 février 1791, elle épousa à Crown Point, New York, Robert Macaulay*, et ils eurent trois fils ; décédée le 20 janvier 1850 à Kingston, Haut-Canada.

En 1774, Ann Kirby quittait le Yorkshire avec ses parents et ses deux frères, William et JOHN, pour aller vivre dans l'état de New York. C'est là, à Crown Point plus précisément, qu'elle devait connaître son futur mari, le marchand loyaliste Robert Macaulay, un associé de son frère John. Après son mariage en 1791, elle suivit son époux à Kingston. Devenue veuve à l'âge de 30 ans, elle dut dès lors, et pour le reste de sa vie, élever sa famille et prendre part à la gestion de l'entreprise et des propriétés familiales. Son mariage à Macaulay l'avait assurée d'un certain crédit dans le village tory de Kingston ainsi que d'un réseau d'amis et de parents sur lesquels elle pouvait s'appuyer. Néanmoins, le fait de se retrouver seule avec trois jeunes fils dans une région de pionniers dut être pour elle une expérience démoralisante.

Ann Macaulay considérait que son premier devoir était de prendre soin de sa famille et de subvenir à ses besoins. À ses yeux comme à ceux de bon nombre de ses contemporains du Haut-Canada, l'éducation était la clé de l'avancement et du bonheur. En 1803, elle envoya ses fils aînés, John*, 11 ans, et William*, 9 ans (ce fut le tour de Robert un peu plus tard), à Cornwall afin qu'ils étudient sous la direction de John Strachan* ; elle veilla par la suite à ce qu'ils apprennent le français et reçoivent une formation professionnelle. Comme elle reconnaissait que les filles avaient elles aussi besoin d'instruction, elle insista à maintes reprises au cours des années 1839–1840 pour que l'on envoie l'aînée de ses petites-filles à l'école. Tout au long de sa vie, Ann Macaulay s'intéressa aux progrès de ses trois fils et les encouragea à être « appliqués et raisonnables » dans leurs entreprises. Les nombreuses lettres qu'elle échangea avec chacun d'eux contribuèrent à établir de part et d'autre de solides liens d'affection et de respect.

En femme astucieuse et certainement au fait des affaires de son mari, Ann Macaulay s'occupa de la succession de ce dernier. En société avec son frère John, elle fit partie jusqu'en 1817 de la John Kirby and Company, entreprise créée à même le patrimoine de la famille Macaulay. Après la dissolution de cette compagnie, elle continua à s'intéresser à ses propres investissements, qui étaient considérables. Même si ses affaires étaient gérées en fait par son frère, et plus tard par son fils John, on la consultait et elle donnait son avis. Elle se dévoua également auprès de ses amis et de la collectivité. Membre actif de la congrégation anglicane St George, elle participa après la guerre de 1812, en compagnie d'autres femmes qui jouissaient d'une certaine influence, à plusieurs entreprises philanthropiques. En 1817, elle était membre cotisant de la Kingston Auxiliary Bible and Common Prayer Book Society et, au cours des années 1820, elle

Kirby

occupa le poste d'administratrice et de directrice de la Female Benevolent Society, qui gérait un petit hôpital. On pouvait toujours compter sur elle pour soutenir les causes louables, comme le secours aux victimes des incendies qui ravagèrent en 1825 la vallée de la Miramichi, au Nouveau-Brunswick, ainsi qu'aux victimes du choléra à Kingston ; elle aida le Queen's College, nouvellement établi, la Cataraqui Bridge Company et contribua au fonds pour l'érection d'un monument à la mémoire de sir Isaac Brock*.

Cependant, durant toute sa vie, Ann Macaulay accorda la première place à sa famille. Elle tint maison pour son fils John jusqu'à ce qu'il se marie en 1833. Elle vécut seule par la suite dans sa nouvelle maison de pierre, Knaresborough Cottage, mais retourna bientôt dans la résidence des Macaulay lorsque John alla s'installer à Toronto pour s'occuper de ses intérêts politiques. Et quand ce dernier devint veuf en 1846, c'est elle qui, à 76 ans, joua le rôle de mère auprès de ses quatre enfants, demeurés à Kingston. Elle mourut dans cette ville quatre ans plus tard. À titre de femme du Haut-Canada dans la première moitié du XIXᵉ siècle, Ann Macaulay souscrivait assurément à la conception de la féminité que chérissait alors l'élite coloniale : c'est à la maison, dans son rôle d'épouse et de mère, que réside la sphère d'influence appropriée de la femme. Tout en étant manifestement une femme d'affaires forte et compétente, et un membre actif de sa collectivité, elle donna la primauté à son rôle de mère, qu'elle remplit d'ailleurs consciencieusement et avec succès.

JANE ERRINGTON

AO, MS 78. — Arch. paroissiales, Knaresborough (Knaresborough, Angl.), Reg. of baptisms, 11 nov. 1770. — *The parish register of Kingston, Upper Canada, 1785–1811*, A. H. Young, édit. (Kingston, Ontario, 1921). — *Chronicle & Gazette*, 28 mars 1840. — *Kingston Chronicle*, 8 déc. 1820, 6 juin 1822, 11 août 1826, 4 mai 1827. — *Kingston Gazette*, 22 mars, 12 avril 1817. — *Upper Canada Gazette*, 15 déc. 1825. — Margaret [Sharp] Angus, « The Macaulay family of Kingston », *Historic Kingston*, n° 5 (1955–1956) : 3–12.

KIRBY, JOHN, homme d'affaires, officier de milice, fonctionnaire, juge de paix, homme politique et philanthrope, né en 1772 à Knaresborough, Angleterre, fils de John Kirby et d'une prénommée Ann ; il épousa Mary Nixon, née Macaulay, puis le 28 février 1822 Cecilia Bethune (décédée en 1842), fille de John Bethune* et veuve de Walter Butler Wilkinson, et ils n'eurent pas d'enfants ; décédé le 19 décembre 1846 à Kingston, Haut-Canada.

Partis du Yorkshire, John Kirby et ses parents débarquèrent en Amérique du Nord en 1774 et s'établirent dans une ferme à proximité du fort Ticonderoga (près de Ticonderoga, New York). Deux ans plus tard, son père entra au bureau du quartier-maître général britannique à Saint-Jean (Saint-Jean-sur-Richelieu, Québec), où il se fixa avec sa famille après la guerre d'Indépendance. Même si le Conseil exécutif du Haut-Canada radia son nom de la liste des loyalistes en 1798, sous prétexte qu'il y avait été inscrit à tort, John Kirby père avait manifestement « rencontré les difficultés auxquelles tous les loyalistes étaient exposés ». Quant à John Kirby fils, la solidarité que ces ennuis éveillèrent dans la famille, les relations qu'il se fit au cours des années 1780 et la perspective d'améliorer son sort le poussèrent sans doute à aller s'installer à Kingston, petite communauté compacte de loyalistes, où il se tailla peu à peu une place dans le commerce.

Kirby eut ses entrées dans la ville et dans le milieu kingstonien des affaires grâce à Robert Macaulay*, qui épousa sa sœur ANN en 1791. Peut-être représenta-t-il la Macaulay and Markland à New York avant la dissolution de cette compagnie, survenue en 1792 ou 1793. Il élut domicile à Kingston en 1796, selon son propre témoignage, et continua de collaborer en affaires avec Macaulay jusqu'à la mort précoce de celui-ci, en 1800. Kirby et Ann prirent ensuite conjointement la tête de l'entreprise, dont les activités étaient diversifiées, et fondèrent la John Kirby and Company, qui dura jusqu'en 1817. Non seulement Kirby dirigeait-il les quais et entrepôts de la compagnie, tout en s'occupant des transactions qu'elle faisait à titre d'intermédiaire, mais il exportait à son propre compte de la farine et d'autres denrées locales et importait des marchandises des États-Unis pour les vendre à Kingston. En outre, peut-être par manque de capital, il s'associa avec d'autres pour financer des activités spécifiques, notamment l'importation de tabac et de gin (avec le capitaine Henry Murney) et le transbordement de marchandises à Queenston (avec Thomas Clark*).

Dès le début des années 1820, semble-t-il, Kirby était financièrement assez bien établi et confiant pour s'occuper seul de son entreprise générale de commerce transitaire et de négoce et de divers autres intérêts. Il représenta alors plusieurs hommes d'affaires, dont en 1823 Henry Atkinson, acheteur de bois à Québec pour la marine royale, et en 1826 Allan Macpherson, de Napanee. Il se lança à fond dans la spéculation foncière et prêta souvent de l'argent à des associés. Après la guerre de 1812, il était devenu copropriétaire de deux vapeurs du lac Ontario, le *Frontenac*, lancé en 1816 [V. James McKenzie*], et le *St George*, lancé en 1834. En outre, il fut en 1826 l'un des membres fondateurs de la Cataraqui Bridge Company, qu'il servit pendant dix ans, d'abord à titre de simple administrateur puis de président.

Vers 1825, non seulement Kirby était-il en voie de devenir l'un des hommes d'affaires les plus prospères et les plus respectés de Kingston, mais il participait à des projets régionaux de développement économique.

Au début, c'est sans aucun doute par intérêt personnel qu'il s'était joint, avec d'autres hommes d'affaires, à des groupes plus ou moins officiels qui poursuivaient ce but. Ainsi en 1813 il participa à la fondation de la Kingston Association, qui tenta de régulariser le commerce en convenant d'« émettre et d'accepter des traites pour faciliter les opérations de change ». Six ans plus tard, il faisait partie d'un groupe qui voulait freiner l'évaluation frauduleuse des diverses pièces d'un sou alors en circulation en n'acceptant que les pièces britanniques. L'intérêt de Kirby pour les questions monétaires l'amena à se mêler de plus en plus au milieu bancaire de la colonie. En juillet 1817, il était devenu l'un des administrateurs de la Bank of Upper Canada à Kingston ; on ignore cependant s'il fut ou non associé à la « prétendue » Bank of Upper Canada, mise sur pied pendant que la première attendait que le roi accepte de lui octroyer une charte [V. Thomas DALTON]. En février 1819, on le désigna membre d'un comité chargé d'étudier la possibilité d'établir une première banque d'épargne à Kingston ; en 1822, quand on fonda une banque de ce genre, il en devint l'un des vice-présidents. Et lorsque finalement la « prétendue » Bank of Upper Canada se fit damer le pion par la Bank of Upper Canada à York (Toronto), il s'empressa, semble-t-il, de soutenir celle-ci. En 1823, on mit à contribution sa compétence et sa connaissance directe des affaires de la « prétendue » banque : le gouvernement provincial le chargea à titre de commissaire, avec son neveu John Macaulay* (représentant à Kingston de la banque d'York) et George Herchmer Markland*, d'examiner les affaires de la banque et de les régler. Il entra au conseil d'administration de la Bank of Upper Canada en 1830 et, dix ans plus tard, à celui de la Commercial Bank of the Midland District.

Dans les années 1820, Kirby s'attacha par ailleurs à promouvoir l'union du Haut et du Bas-Canada, que John Macaulay préconisait avec ferveur, et à resserrer les liens entre les milieux d'affaires de Kingston et de Montréal. Mû par ses propres intérêts commerciaux et par son souci du développement régional, il collabora en 1824 à la formation de la St Lawrence Association, qui devait encourager l'amélioration de la navigation sur le fleuve. De plus, il appuya en 1835 le projet de creuser un canal entre le lac Loughborough et Kingston, puis en 1836 la réalisation de nouveaux travaux au canal Welland. Cette année-là, il représenta les propriétaires fonciers dans l'arbitrage sur les terres inondées par le canal Rideau. Parfaitement conscient que le progrès économique de Kingston dépendait du développement global de la colonie, il ne ménageait aucun effort pour favoriser l'un et l'autre.

Les affaires n'étaient cependant pas l'unique ni même peut-être le principal centre d'intérêt de Kirby. Comme plusieurs représentants de sa génération et de sa classe sociale, il se croyait tenu de servir l'ensemble de la collectivité. Peu après son arrivée à Kingston, il noua des liens fructueux et durables avec l'Église d'Angleterre. C'est ainsi qu'en 1802 et 1810 il fut marguillier de l'église St George. Dans les années 1820, parallèlement à son ascension financière et sociale, il devint l'un des principaux cotisants du fonds de construction d'une nouvelle église et on le nomma au comité de supervision des travaux, avec Thomas MARKLAND, Peter Smith*, Christopher Alexander HAGERMAN et d'autres. En 1842, il participa à la fondation de la Midland District Society, créée pour promouvoir l'instruction religieuse dans ce secteur, et tout au long de ses années de résidence à Kingston il fut, semble-t-il, l'un de ceux qui veillèrent à ce que le ministre anglican de l'endroit ait un revenu suffisant. Tout en participant officiellement aux affaires de l'Église, il s'intéressa de plus en plus, surtout à compter de 1815, aux divers organismes de réforme sociale qui voyaient le jour dans le Haut-Canada. Convaincu que l'obéissance aux préceptes divins et l'adhésion à une religion organisée étaient essentielles à l'ordre social et à la moralité publique, il était de ceux qui fondèrent en 1817 la Kingston Auxiliary Bible and Common Prayer Book Society ; il en fut le trésorier jusqu'en 1827. En outre, on le retrouve vice-président de la Society for Promoting Christian Knowledge pendant une bonne partie de cette période, membre et président de la St George's Society dans les années 1830 puis, dans la décennie suivante, cofondateur et vice-président de l'Association to Promote Christian Knowledge and for the Propagation of the Gospel among Destitute Settlers.

Toutefois, Kirby comprenait manifestement que l'instruction religieuse ne suffisait pas à assurer l'ordre et la prospérité : l'instruction générale était elle aussi essentielle. Ainsi il appuya la construction d'une école locale en 1815, versa des fonds au nouveau Queen's College en 1840 et fut trésorier de la Midland District School Society de 1842 à 1844. En 1811, avec d'autres citoyens préoccupés de la situation chancelante de la Kingston Gazette [V. Stephen Miles*], il avait assuré le financement du journal et, dans les années 1810, il donna consciencieusement temps et argent à la bibliothèque locale, comme plus tard au Kingston Mechanics' Institute. En outre, il fut l'un des membres fondateurs de la société locale d'agriculture en 1819 et, tout au long des années 1820, administra avec d'autres la Kingston Assembly, qui organisait des conférences, des bals et d'autres réunions.

À compter de 1815 cependant, Kirby et d'autres citoyens éminents constatèrent qu'à elles seules les églises et les écoles ne pouvaient être la solution aux problèmes que causait l'arrivée massive d'immigrants à Kingston. Souvent pauvres, malades et désillusionnés, nombre d'entre eux étaient mal préparés à s'établir dans le Nouveau Monde. Le devoir chrétien

Kirby

et la préservation de l'ordre public exigeaient qu'on intervienne, ce que Kirby ne tarda pas à faire avec d'autres dirigeants locaux. En 1817, il contribua à la fondation de la Kingston Compassionate Society, dont il devint trésorier. Deux ans plus tard, il se joignit au Committee on the Means of Supporting Paupers in Kingston et en 1820 il versa une donation considérable à la Kingston Benevolent Society. Toujours intéressé au sort des nouveaux arrivants, il se porta candidat en 1832 à la présidence de l'Emigrant Society de Kingston. En outre, entre 1820 et 1830, il appuya sans réserve les activités de sa femme au sein de la Female Benevolent Society, à laquelle il versa souvent des dons. Les résidents de Kingston ne furent d'ailleurs pas les seuls à bénéficier de sa philanthropie : quand, en 1825, le feu ravagea la vallée de la Miramichi, au Nouveau-Brunswick, il organisa et présida l'assemblée convoquée pour recueillir des secours. Enfin, à titre de conseiller législatif de 1831 à 1841, il contribua à l'affectation de fonds gouvernementaux à des hôpitaux et à des œuvres de bienfaisance de toute la colonie.

Le travail que Kirby accomplit pour assurer des services de santé adéquats aux habitants de sa région fut peut-être, parmi l'ensemble de ses activités, l'une des plus utiles à la collectivité et des plus gratifiantes pour lui-même. Il s'intéressait à cette question depuis 1809, année où il avait signé une pétition qui demandait au gouvernement un terrain afin d'y bâtir un hôpital. Dix ans plus tard, il souscrivait à un fonds de construction d'un hôpital. Cependant, il ne s'engagea directement que lorsqu'une épidémie de choléra menaça les habitants de Kingston en 1832. Devenu président du bureau de santé nouvellement créé dans la ville, il se dépensa sans réserve pour organiser la lutte contre la maladie, en appliquant notamment des règlements sanitaires. De plus, Kirby et son comité ouvrirent un hôpital pour cholériques et fournirent des installations de quarantaine destinées aux victimes possibles, dont la plupart étaient des immigrants de fraîche date. Lorsque le choléra sévit de nouveau, en 1835, 1836 et 1837, c'est encore Kirby qui présida le bureau de santé et en dirigea les activités.

À Kingston, Kirby n'était cependant pas connu uniquement comme homme d'affaires et philanthrope. Conservateur tout au long de sa vie, il soutenait ardemment le gouvernement tory de la province. Les Haut-Canadiens avaient, estimait-il, le devoir d'appuyer le gouvernement et la couronne. Il reconnaissait la nécessité d'assurer l'ordre et la stabilité sociale et croyait qu'en vertu de leur fortune, de leur rang et de leurs aptitudes, certains hommes, dont lui-même, avaient une mission de chef. Cette conviction l'amena à s'engager dans la milice locale ; promu lieutenant-colonel en 1838, il devint l'année suivante commandant du 1st Regiment of Frontenac militia.

Une bonne partie de la carrière politique de Kirby se

déroula dans l'est du Haut-Canada, sa principale sphère d'influence. En 1813, on le nomma inspecteur des chemins de Kingston et du canton environnant ; cinq ans plus tard, il obtint dans le district de Midland une commission de juge de paix qu'il allait conserver jusqu'à sa mort. Nommé directeur du scrutin dans la circonscription de Frontenac en 1816, il devint commissaire des élections huit ans plus tard. Quoique la politique n'ait jamais été au centre de sa vie, Kirby appartenait à l'influente élite tory de Kingston en raison de ses convictions, de ses affaires et de ses liens personnels avec des familles en vue, tels les Markland, les Macaulay et les Herchmer. Les tories de Kingston étaient partagés en factions complexes, et Kirby se rangea du côté de John Macaulay et de George Herchmer Markland ; à la fin des années 1820, il était devenu un conservateur digne de confiance. Non seulement avait-il dénoncé publiquement les activités de Robert Gourlay* en 1819, ainsi que d'autres manifestations de radicalisme politique, mais il avait souvent signé des pétitions en faveur du lieutenant-gouverneur et du gouvernement colonial. En 1824, il fut l'un de ceux qui contribuèrent le plus généreusement au fonds constitué pour ériger un monument à la mémoire de sir Isaac Brock*, qui symbolisait de plus en plus, pour les tories de la province, le courage et la loyauté non seulement des Britanniques mais aussi des Haut-Canadiens. Souscrire à ce fonds était plus qu'un acte de civisme : c'était une démonstration quasi obligatoire de loyauté.

Bon serviteur du bien commun et homme au prestige croissant, Kirby fut nommé en 1831 au Conseil législatif, ce qui l'obligea pendant les dix années suivantes à de fréquents séjours à York. Même s'il réduisit apparemment ses activités commerciales – il loua son quai et son magasin à George Wheatley Yarker en 1833 – il conservait un intérêt particulier pour le développement économique de la colonie. Ainsi il accorda une grande attention aux projets de loi qui touchaient le domaine bancaire et appuya les mesures susceptibles d'améliorer le transport et les communications sur le territoire, sans oublier pour autant ses devoirs envers sa ville. Vers 1837, il aida à convaincre le gouvernement de subventionner la création d'un nouvel hôpital à Kingston et soutint, mais sans succès, une motion en faveur de l'établissement dans la région d'une station de quarantaine pour le Haut-Canada.

La fidélité de Kirby au gouvernement provincial se manifesta à l'évidence en 1837–1838, devant l'agitation qui menaçait selon lui de détruire les institutions politiques et sociales qu'il avait défendues pendant une grande partie de sa vie. Au moment de la rébellion, il se joignit aux nombreuses personnes qui exprimèrent leur inquiétude au sujet de la sécurité de la colonie, et un an plus tard il eut la satisfaction de siéger au tribunal militaire qui jugea, au fort Henry,

Nils von SCHOULTZ et d'autres patriotes capturés à proximité de Prescott. Toutefois, l'après-rébellion et le rapport présenté par lord Durham [LAMBTON] le consternèrent. Même s'il avait naguère préconisé une union commerciale avec le Bas-Canada, il s'inquiéta en 1839 de ce que Durham propose d'unir les deux provinces. À l'instar d'autres ultra-conservateurs, il doutait de la valeur de ce projet, du moins à en juger par sa correspondance avec John Macaulay, et il réagissait avec crainte à la perspective de voir le français employé au Parlement et dans les tribunaux. Seule consolation pour Kirby : Kingston devait être la nouvelle capitale.

Les appréhensions de Kirby à l'égard de l'Union et du nouveau gouvernement, tout comme ses problèmes de santé, expliquent sans doute en partie le fait qu'on ne l'ait pas renommé au Conseil législatif en 1841. Pourtant, ce fut sans regret, semble-t-il, qu'il quitta la scène politique pour retourner vivre en permanence à Kingston. Les dernières années de sa vie se passèrent dans une semi-retraite qui lui permit de se consacrer de nouveau à ses préoccupations les plus chères. De 1841 à 1845, il fut juge assesseur aux audiences du district de Midland. En 1844, c'est lui apparemment qui signa en tête de liste une pétition à John Alexander Macdonald* pour l'inviter à se présenter dans Kingston aux élections provinciales de l'automne. Doyen respecté de la ville, président de la St George's Society et commandant de la milice locale, il fut appelé à remplir des fonctions cérémonielles et recommença à participer aux affaires ecclésiastiques et scolaires de sa région. Peut-être pour la première fois de sa vie, il avait le temps de voyager avec sa famille et ses amis. Comme il n'avait pas eu d'enfants, il s'était vivement intéressé à ses neveux John, William* et Robert Macaulay. Il se lia surtout avec John, qui partageait son intérêt pour le commerce et la politique ; cette relation, tout comme celle qui unissait Kirby à sa sœur Ann, sembla se resserrer encore davantage dans les années 1840.

À la mort de John Kirby, en décembre 1846, le rédacteur en chef de l'*Argus* écrivait : « [il était] d'une classe qui, nous regrettons de le dire, n'existera bientôt plus chez nous ». Ses concitoyens de Kingston se souvinrent de lui comme d'un homme d'affaires perspicace, « heureux dans ses entreprises commerciales », toujours « hospitalier et simple, [… et qui] donnait sans compter argent et sympathie chaque fois qu'on faisait appel à sa bienveillance ou à sa charité ». Kirby avait bel et bien été un authentique gentleman tory. Au cours de sa longue existence, il était devenu riche et influent. Venu dans le Haut-Canada à l'époque des premiers colons, il avait veillé à l'établissement et à la croissance de la province, notamment par des contributions substantielles. Il s'était également révélé un champion de l'idéal loyaliste et avait défendu les idéaux conservateurs de

service et de gestion responsable. Bref, il appartenait à cette génération qui avait contribué à faire du Haut-Canada une société britannique et conservatrice.

JANE ERRINGTON

AO, MS 78 ; RG 22, sér. 155. — APC, RG 1, L3, 268 : K3/7 ; 270 : K8/1, 24 ; 271 : K11/33 ; 271a : K13/14 ; RG 5, A1 ; B25, 4, 4 juill. 1824 ; RG 16, A1, 133, files for 1806–1810, 1815 ; 134, file for 1820 ; 135, files for 1823–1824 ; RG 68, General index, 1651–1841 : 432, 670. — QUA, 2199c, letter-books, Richard Cartwright à Peter Hunter, 31 mars 1801 ; 2244, minutes, 1842–1844 ; 2254. — H.-C., Legislative Council, *Journal*, 1832 ; 1836–1837. — *Kingston before War of 1812* (Preston). — *The parish register of Kingston, Upper Canada, 1785–1811*, A. H. Young, édit. (Kingston, Ontario, 1921). — *Argus ; a Commercial, Agricultural, Political, and Literary Journal* (Kingston), 22 déc. 1846. — *Chronicle & Gazette*, 1833–1846. — *Kingston Chronicle*, 1819–1833. — *Kingston Gazette*, 1811–1818. — *Upper Canada Herald*, 15 mars, 22 nov. 1825, 13 nov. 1830. — *Heritage Kingston*, J. D. Stewart et I. E. Wilson, édit. (Kingston, 1973). — K. M. Bindon, « Kingston : a social history, 1785–1830 » (thèse de PH.D., Queen's Univ., Kingston, 1979), 438–442. — Margaret [Sharp] Angus, « The Macaulay family of Kingston », *Historic Kingston*, n° 5 (1955–1956) : 3–12. — H. P. Gundy, « The Honourable John Kirby of Kingston », *Douglas Library Notes* (Kingston), 9 (1960), n° 1 : 2–4.

KIROUET. V. QUIROUET

KITTSON, WILLIAM, officier de milice et trafiquant de fourrures, né vers 1792 dans le Bas-Canada ; décédé le 25 décembre 1841 au fort Vancouver (Vancouver, Washington).

William Kittson était le fils adoptif de George Kittson, de William Henry (Sorel, Québec). Pendant la guerre de 1812, il servit avec les Voltigeurs canadiens ; devenu lieutenant en second en février 1815, il fut mis à la demi-solde en juillet. En 1817, la North West Company l'embaucha à titre de commis débutant et on l'affecta au département de la Colombie. Deux ans plus tard, il se trouvait au fort Nez Percés (Walla Walla, Washington) avec Alexander Ross*, qui raconta par la suite comment Kittson avait été initié à la vie dans l'Ouest. Chargé d'aller ravitailler l'expédition de trappage menée par Donald McKenzie* dans la région de la rivière Snake, le jeune homme se méfiait si peu des autochtones que ses compagnons et lui se firent voler tous leurs chevaux et durent terminer leur voyage à pied. Ils passèrent l'hiver de 1819–1820 avec les membres de l'expédition à Day's Defile (Little Lost River, Idaho). Kittson travailla à Spokane House (près de Spokane, Washington) jusqu'en 1821 et, par suite de la fusion de la North West Company et de la Hudson's Bay Company cette année-là [V. Simon MCGILLIVRAY], il passa au service de cette dernière.

Kohlmeister

En 1824–1825, Kittson participa à titre de commandant en second à l'expédition que fit Peter Skene Ogden* dans la région de la rivière Snake. Son journal, qui va du 20 décembre 1824 au 26 août 1825, ainsi que sa carte de la région permettent de suivre les déplacements du groupe. Fort de l'expérience acquise au sein de la North West Company, Kittson se montra à la hauteur de la situation. Comme Ogden avait du mal avec ses hommes, pour la plupart des trafiquants indépendants qui se révélèrent indignes de confiance, Kittson l'appuya dans ses négociations avec eux et avec les trafiquants américains qu'ils rencontraient. Il était prêt à « affronter n'importe quelle forme de danger », notait le gouverneur George Simpson*. En outre, il parlait la langue des Kootenays et d'autres tribus indiennes et se révélait un bon homme d'affaires.

Kittson dirigea Kootenae House, près du lac Windermere (Colombie-Britannique), de 1826 à 1829, et travailla à Flathead Post (Montana) en 1830–1831. Il revint ensuite à Kootenae House et en assuma la direction pendant trois ans encore. Il donna apparemment satisfaction aux deux endroits si on en croit les commentaires favorables de Simpson dans « Character book » en 1832 : « Petit homme dégourdi, éveillé, prompt à s'emporter, indépendant, pétulant, très peu instruit mais extrêmement actif et désireux de se distinguer [...] Dirige très bien les affaires de son poste. »

En 1834, William Kittson se vit confier la direction de la traite, de l'agriculture et de l'élevage au fort Nisqually (près de Tacoma, Washington). Le rendement en fourrures y avait diminué, ce qu'il attribuait à de la maladie parmi les Indiens. Grâce à sa gestion habile, la traite devint plus productive et l'exploitation agricole donna de bons résultats, même si le sol ne convenait pas tout à fait. En 1839, il fuma un petit champ qui donna 250 boisseaux de blé. Il demeura en charge du fort jusqu'en octobre 1840, puis dut se rendre au fort Vancouver en raison d'ennuis de santé qui l'accablaient depuis le printemps précédent. Son état ne cessa de s'aggraver et il mourut le 25 décembre 1841. Kittson avait épousé à la façon du pays une Walla Walla. Par la suite, il épousa Helen McDonald, fille d'un autre trafiquant de fourrures, Finan McDonald. De cette union naquirent trois fils et une fille qui figurèrent à titre d'héritiers dans son testament.

ERIC J. HOLMGREN

William Kittson a écrit un compte rendu de l'expédition dans la région de la rivière Snake qui parut sous le titre de « William Kittson's journal covering Peter Skene Ogden's 1824–25 Snake country expedition », D. E. Miller, édit., *Utah Hist. Quarterly* (Salt Lake City), 22 (1954) : 125–142.

HBRS, 3 (Fleming) ; 4 (Rich) ; 13 (Rich et Johnson) ; 28 (Williams). — Alexander Ross, *The fur traders of the far west*, K. A. Spaulding, édit. (Norman, Okla., 1956). — *Select British docs. of War of 1812* (Wood), 2 : 372. — Simpson, « Character book », *HBRS*, 30 (Williams) ; *Fur trade and empire : George Simpson's journal [...] 1824–25*, introd. de Frederick Merk, édit. (éd. rév., Cambridge, Mass., 1968). — *Officers of British forces in Canada* (Irving), 107, 109. — Wallace, *Macmillan dict.* — Rich, *Hist. of HBC* (1960), 3. — Van Kirk, « *Many tender ties* ».

KOHLMEISTER, BENJAMIN GOTTLIEB, missionnaire morave et traducteur, né le 6 février 1756 à Reisen (Rydzna, Pologne) ; en 1793, il épousa au Labrador Anna Elizabeth Reimann, et ils eurent quatre enfants ; décédé le 3 juin 1844 à Neusalz (Nowa Sól, Pologne).

Comme beaucoup de missionnaires moraves, Benjamin Gottlieb Kohlmeister venait d'un milieu plutôt humble. Fils d'un boulanger qui déménageait souvent dans l'espoir d'améliorer les conditions de vie de sa famille, il ne fréquenta guère l'école. Peu après la mort de son père, Kohlmeister devint apprenti chez un ébéniste de Varsovie. Une fois son apprentissage terminé, en 1775, il erra de ville en ville pendant quelques années. Déjà fervent chrétien, il entra en relation avec une congrégation morave de Dresde (République démocratique allemande). Il fut si vivement attiré qu'il se rendit à Herrnhut, siège de la secte, où finalement on l'admit comme membre.

Kohlmeister travailla ensuite à l'établissement morave de Christiansfeld, au Danemark, jusqu'en 1790. Cette année-là, il fut appelé à servir comme missionnaire au Labrador et entama un séjour de 12 ans à Okak, le plus septentrional des trois établissements tenus alors par les moraves [V. Jens Haven*]. Intelligent, doué d'une grande faculté d'adaptation et apparemment aimé de son entourage, Kohlmeister prit d'abord la responsabilité de l'école, ce qui lui permit d'apprendre rapidement l'inuktitut. Il supervisa ensuite la traite avec les Inuit et fit également office de médecin. En 1802, on le muta à Hopedale, où il présida à un renouveau religieux qui n'avait pas eu son pareil depuis l'arrivée des moraves au Labrador en 1771. Un sermon prononcé à la fin de décembre 1803 déclencha un vaste mouvement de ferveur qui gagna Nain et Okak. L'événement fut décisif pour la mission, car il mena à l'instauration d'une solide théocratie morave dans le nord du Labrador.

En 1806, Kohlmeister partit en congé pour l'Europe. Retenu là-bas en raison des restrictions de guerre sur les voyages, il put discuter avec le conseil missionnaire de la possibilité d'étendre les missions du Labrador. Un nombre important d'Inuit de l'Ungava (Québec) et du détroit d'Hudson avaient visité les établissements moraves, et les missionnaires croyaient que la plupart des gens de ce peuple vivaient peut-être dans cette région. Kohlmeister reçut donc le mandat d'y mener une expédition et d'en faire rapport. Il passa l'hiver de 1810–1811 à Okak puis, en juin, avec George Kmoch, un autre missionnaire, et 15

Inuit, il se mit en route. Le groupe monta vers le nord en chaloupe jusqu'au cap Chidley et redescendit vers le sud en longeant la rive est de la baie d'Ungava. Après avoir baptisé la rivière George en l'honneur de George III, les missionnaires se rendirent jusqu'à la rivière Koksoak, qu'ils remontèrent jusqu'à l'emplacement actuel de Fort-Chimo. Aux deux endroits, ils identifièrent des lieux propices à la fondation d'une mission.

Kohlmeister rentra à Okak en octobre, impressionné par ce qu'il avait vu et favorable à la création d'un établissement dans l'Ungava. Cependant, malgré l'appui du conseil missionnaire et des missionnaires eux-mêmes, on ne construisit aucun établissement dans cette région – la guerre y faisait toujours rage et les coûts seraient élevés – mais on remit le projet à plus tard et on réexamina même la question. En 1814, les moraves se demandaient s'ils devaient s'en tenir au projet de l'Ungava ou construire plutôt un quatrième établissement au nord d'Okak. Finalement, on adopta la deuxième solution, surtout à cause de l'attitude de la Hudson's Bay Company : même si les moraves faisaient valoir que tout établissement devait contribuer à sa propre subsistance, la compagnie refusait qu'il le fasse par le biais de la traite sur son territoire. Peu après ses discussions avec les moraves, elle commença à explorer et à exploiter la péninsule.

En 1818, Benjamin Gottlieb Kohlmeister devint surintendant général de la mission et s'installa à Nain, qui en était le siège. Il quitta le Labrador six ans plus tard et passa les 20 dernières années de sa vie à Herrnhut et à Neusalz, où il consacra aux affaires de la secte autant d'énergie que son âge et sa santé le lui permettaient. Homme simple et pieux, il n'en était pas moins brillant, plein de curiosité et polyvalent. Il lisait abondamment pour combler son manque d'instruction et devint un botaniste amateur accompli ainsi qu'un bon linguiste ; il fut l'un de ceux qui traduisirent le Nouveau Testament dans le dialecte inuktitut du Labrador. Bref, comme on peut le lire dans l'une de ses notices nécrologiques, c'était « un digne représentant [de la race] des authentiques missionnaires moraves ».

JAMES K. HILLER

Benjamin Gottlieb Kohlmeister et George Kmoch ont publié un récit de leur voyage à la baie d'Ungava en 1812 sous le titre de *Journal of a voyage from Okkak, on the coast of Labrador, to Ungava Bay, westward of Cape Chudleigh ; undertaken to explore the coast, and visit the Esquimaux in that unknown region* (Londres, 1814). Parmi les ouvrages à caractère religieux de Kohlmeister, citons *Tamedsa Johannesib aglangit, ɸkautsiñik Tussarnertuñik, Jesuse Kristusemik, Gudim Erngninganik*, une traduction de l'Évangile selon saint Jean dans le dialecte des Inuit du Labrador ; plusieurs autres ouvrages auxquels il a collaboré sont cités dans J. C. Pilling, *Bibliography of the Eskimo language* (Washington, 1887 ; réimpr. sous le titre de *Bibliographies*

of the languages of the North American Indians, 9 part. en 3 vol., New York, 1973), 1, part. 1.

Moravian Church in G.B. and Ire. Library (Londres), Soc. for the Furtherance of the Gospel, minutes, 15 mars, 25 oct. 1813, 9 mai, 19 déc. 1814, 8 mai, 10 nov. 1815, 17 mai, 16 déc. 1816, 6 avril 1818 (mfm à la Memorial Univ. of Nfld. Library, St John's). — *HBRS,* 24 (Davies et Johnson), xxxvi–xxxviii. — *Memoir of Br. Benj. Gottlieb Kohlmeister, missionary among the Esquimaux in Labrador* [...] (Londres, 1845). — Alan Cooke, « The Ungava venture of the Hudson's Bay Company, 1830–1843 » (thèse de PH.D., Univ. of Cambridge, Cambridge, Angl., 1970), 12. — J. K. Hiller, « The foundation and the early years of the Moravian mission in Labrador, 1752–1805 » (thèse de M.A., Memorial Univ. of Nfld., [1967]), 222–225.

?KWAH (Quâs), chef porteur, né vers 1755 près de ce qui est aujourd'hui le lac Stuart, Colombie-Britannique, fils de Tsalekulhyé et d'une femme de Nat-len (lac Fraser) ; décédé en 1840 au fort St James (Fort St James, Colombie-Britannique).

Une légende rapporte que ?Kwah et son frère Œhulhtzœn (Hoolson) se rendirent célèbres en vengeant la mort de leur père, assassiné par des Porteurs d'un autre clan vers 1780. Cette histoire est sans doute fondée, car il était courant de voir des Porteurs de villages voisins se quereller entre eux, en particulier pour des histoires de femmes ou de jeu. À un certain moment, ?Kwah fut reconnu par les siens comme un noble. Il hérita probablement son titre d'un oncle maternel, puisqu'il appartenait à une tribu matrilinéaire. Les villages des Porteurs d'en haut comptaient de 40 à 120 personnes environ ; chaque village avait un chef et un ou deux nobles. En 1806, lorsque la North West Company construisit le fort St James à l'extrémité est du lac Stuart, ?Kwah habitait tout près avec ses quatre femmes, et les Porteurs le considéraient comme le chef du village. Selon la coutume, il s'imposait à ce titre en donnant périodiquement des festins qui réunissaient plusieurs villages. Un de ses rôles officiels consistait à servir d'arbitre dans les querelles entre villages.

Le premier témoignage direct au sujet de ?Kwah date de 1811 et provient d'un trafiquant de la North West Company, Daniel Williams HARMON. À l'occasion d'une dispute avec ce trafiquant à propos de la traite, ?Kwah affirma que la seule différence entre eux était que Harmon savait lire et écrire. « Tu fais venir des marchandises de très loin, tu es riche et tu ne manques de rien, dit le chef indien. Mais est-ce que je ne mène pas mes affaires aussi bien que toi ? Quand as-tu entendu dire que Quâs risquait de mourir de faim ? [...] Je ne manque jamais de rien et ma famille est toujours bien vêtue. » Les esprits s'échauffèrent et Harmon, persuadé que ?Kwah essayait de l'intimider, le frappa avec une verge. Peu de temps après, ?Kwah fit une fête à Harmon et s'excusa de sa conduite, mais il n'avait pas pour autant fini de donner du fil à

Lafferty

retordre aux trafiquants. Toutefois, même si les sujets d'irritation ne manquaient pas de part et d'autre, ꞭKwah travailla ferme pour que les trafiquants, comme sa propre famille, soient toujours bien pourvus de vivres. Il leur fournissait en particulier du saumon en provenance du barrage qu'il s'efforçait de garder en bon état. Le trafiquant James McDougall écrivit à son sujet : « c'est le seul Indien qui peut et veut donner du poisson et sur lequel nous devons compter en grande partie ». À titre de noble, ꞭKwah avait hérité du droit de trapper le castor sur certains territoires. Assisté de ses fils et de ses gendres, il était, comme ses congénères de haut rang, un important fournisseur de castor et d'autres fourrures pour le fort St James.

Ce que les Blancs ont peut-être le mieux retenu de ꞭKwah, c'est son intervention pour sauver la vie de James Douglas*, responsable du poste de la Hudson's Bay Company. L'incident est relié à un crime commis en 1823 par deux Porteurs qui, à la suite d'une histoire de liaison, avaient tué deux employés de la Hudson's Bay Company stationnés au fort George (Prince George). Les trafiquants avaient demandé aux Indiens de mettre à mort les deux meurtriers, mais ꞭKwah aurait dissuadé ses congénères d'agir ainsi. Plusieurs années après, l'un des coupables se rendit au village de ꞭKwah et, en l'absence du chef, se cacha dans sa maison. Cependant, Douglas et d'autres hommes de la Hudson's Bay Company le découvrirent et l'abattirent. Au retour de ꞭKwah, le chef et tous les siens envahirent le poste et exigèrent une explication. Son neveu pointa une épée sur la poitrine de Douglas, mais ꞭKwah ordonna qu'il n'y ait pas d'effusion de sang. Les Indiens retournèrent chez eux après que les femmes du poste leur eurent lancé des présents ; ils avaient reçu un dédommagement pour leur perte. ꞭKwah, qui avait su garder son calme malgré l'excitation de la bande, avait sans doute compris que s'il s'attaquait aux trafiquants il s'attirerait finalement des représailles.

ꞭKwah mourut au cours de l'été de 1840 et, en novembre, on organisa en son honneur un festin funéraire. On l'enterra au lieu de l'incinérer, contrairement à ses ancêtres. Au moment de sa mort, il était, aux yeux des trafiquants comme des Porteurs, probablement l'Indien le plus important de New Caledonia. Les Blancs l'avaient surnommé le roi des Porteurs. ꞭKwah laissa 16 enfants et de nombreux petits-enfants. Son troisième fils, malgré la tradition matrilinéaire, remplaça un oncle paternel à titre de chef, et on le surnomma le Prince. Au milieu du XIXᵉ siècle, lorsque les missionnaires commencèrent à baptiser les Indiens de la région, la famille reçut le nom de Prince.

CHARLES A. BISHOP

PAM, HBCA, B.119/a/1 ; B.188/a/1–19 ; B.188/b/1–6 ; B.188/e/1–5 (mfm aux APC). — D. W. Harmon, *Sixteen years in the Indian country : the journal of Daniel Williams Harmon, 1800–1816,* W. K. Lamb, édit. (Toronto, 1957). — C. A. Bishop, « Kwah : a Carrier chief », *Old trails and new directions : papers of the third North American Fur Trade Conference,* C. M. Judd et A. J. Ray, édit. (Toronto, 1980), 191–204. — A.-G. Morice, *The history of the northern interior of British Columbia, formerly New Caledonia, 1600 to 1880* (Toronto, 1904). — W. P. Johnston, « Chief Kwah's revenge », *Beaver,* outfit 274 (sept. 1943) : 22–23.

L

LAFFERTY. V. LEFFERTY

LA FRAMBOISE, MARGUERITE-MAGDE-LAINE. V. MARCOT

LALAWETHIKA. V. TENSKWATAWA

LAMARTINE, CHARLES HINDENLANG, dit. V. HINDENLANG

LAMB, HENRY, fermier et homme d'affaires, né probablement en Pennsylvanie ; il se maria et eut quatre fils et une fille ; décédé le 22 janvier 1841 dans le canton de Beverly, Haut-Canada.

D'ascendance écossaise, Henry Lamb était considéré comme un loyaliste par l'historien Robert Kirkland Kernighan, mais on ignore quelle part il prit à la Révolution américaine, s'il en prit une. Selon Richard BEASLEY, juge de paix du canton de Barton, il arriva dans le Haut-Canada en 1799 et se fixa à l'extrémité ouest du lac Ontario. En juin 1803, il demanda une concession foncière, mais on la lui refusa l'année suivante à cause d'un séjour aux États-Unis pendant l'hiver. À son retour, Lamb vécut dans les cantons de Beverly et de Flamborough ainsi que dans la région de la rivière Grand. Apparemment, il acheta des terres, les défricha et les mit en valeur, puis les revendit à des colons assez à l'aise pour payer comptant. Il amassa ainsi du capital et s'établit en permanence dans le canton de Beverly, au plus tard en 1821.

La terre de Lamb jouxtait un grand marécage, le Beverley Swamp, situé le long du chemin qui menait de Shade's Mills (Cambridge) à Dundas. Ce marécage était tout à fait sinistre : il y avait là des Indiens hostiles, des loups et des sables mouvants. Lamb, malgré tout, ouvrit une taverne tout près. Son succès fut considérable. En 1821–1822, il se construisit une grande maison à charpente de bois de deux étages, de 20 pieds sur 40, et l'entoura d'une palissade à l'intérieur de laquelle il gardait des vaches et des cochons. Dès 1825, il avait construit une scierie et était le plus riche propriétaire foncier du canton, ce qu'il demeura jusqu'à sa mort.

Lamb avait le tempérament d'un promoteur. En 1829, il écrivit au commissaire des Terres de la couronne, Peter ROBINSON, pour proposer d'ouvrir un chemin qui relierait Guelph à la route qu'on voulait construire dans les cantons de Waterloo et de Beverly, ce qui réduirait de 11 milles la distance entre Shade's Mills et Guelph. Il n'obtint pas le contrat (on avait déjà ouvert un chemin, expliqua Robinson), mais il continua d'écrire au gouvernement. Il souligna alors avoir encouragé des colons plus distingués à s'établir dans le canton de Beverly et demanda qu'on l'informe des réserves de la couronne et du clergé qui pouvaient devenir disponibles.

Au début des années 1830, Lamb lança son projet le plus grandiose, une cité modèle du nom de Romulus. Le centre en serait sa terre du rang 6 dans le canton de Beverly, à l'ouest de l'emplacement actuel du village de Rockton. Romulus aurait deux cathédrales, l'une anglicane et l'autre catholique. On offrirait gracieusement des terres et des matériaux de construction aux membres de toute autre confession. Il y aurait aussi un marché, un terrain de cricket, une piste de courses, et même un théâtre, une salle de concert et une salle de bal. Par le truchement des journaux anglais, Lamb invita ouvriers et artisans à venir; il promettait le logement gratuit, le bois de chauffage et l'exonération d'impôt municipal pendant 25 ans. Une carte qui montrait sa ville au cœur du monde civilisé faisait partie de sa campagne de promotion. Toutefois, Romulus fut un échec total. Seuls deux colons se présentèrent, en 1834: l'un pour ouvrir un magasin, l'autre pour cultiver la terre. Jamais on ne construisit aucun des édifices publics projetés. Néanmoins, pour les résidents du voisinage, Lamb était « le maire Lamb », une autorité dans la région. Sa scierie et sa taverne continuèrent de prospérer, semble-t-il; en 1837, il édifia un moulin à farine. Un an plus tard (il possédait alors 1 250 acres dans le canton), il exhibait la seule « voiture de plaisance » du lieu.

Henry Lamb était quelque peu mystérieux pour ses contemporains. Sa femme prétendait descendre de l'aristocratie française. On racontait qu'il aurait eu dans sa taverne une chambre secrète où des étrangers à l'allure distinguée se réunissaient pour des cérémonies maçonniques. Aujourd'hui, on le tient pour un Haut-Canadien enthousiaste qui considérait le canton de Beverly comme une terre d'avenir et tenta de fonder une ville dans le Nouveau Monde. Il fut malgré tout un pragmatiste. Sa seule remarque connue sur l'existence, prononcée après qu'il eut repoussé une attaque indienne, est entrée dans le folklore du canton

de Beverly : « Mieux vaut perdre la vie que perdre son cochon. »

PHILIP CREIGHTON

AO, RG 1, A-I-6 : 7662–7665; C-IV, Beverly Township, concession 5, lot 12; RG 21, Wentworth County, Beverly Township, assessment rolls, 1821–1834, 1837–1839; RG 22, sér. 204, reg. F (1840–1843) : 149–152. — APC, RG 1, L1, 26 : 32; L3, 286 : L9/1. — Wentworth Land Registry Office (Hamilton, Ontario), Abstract index to deeds, Beverly Township (mfm aux AO). — « Index to *The pioneers of Beverly* by John A. Cornell », Faye West, compil. (copie dactylographiée, Edmonton, 1980; photocopie aux AO). — J. A. Cornell, *The pioneers of Beverly; series of sketches* [...] (Dundas, Ontario, 1889; réimpr., [Galt (Cambridge), Ontario, 1967]). — Johnston, *Head of the Lake* (1958). — The Khan [R. K. Kernighan], « A city that was not built » et « Legends of Romulus », *Pen and pencil sketches of Wentworth landmarks* [...] (Hamilton, 1897), 118–120, 121–123. — M. F. Campbell, « Romulus recalled : wolves integral part of Beverly's history », *Hamilton Spectator*, 7 déc. 1954 : 25. — « Mouldering ruins only vestige of Beverly dream city [...] », *Hamilton Spectator*, 15 juill. 1946. — Passerby, « Here and there in Wentworth », *Hamilton Spectator*, 28 août 1933 : 18.

LAMBTON, JOHN GEORGE, 1er comte de Durham, administrateur colonial, né le 12 avril 1792 à Londres, fils aîné de William Henry Lambton et de lady Anne Barbara Frances Villiers, fille de George Villiers, 4e comte de Jersey; le 1er janvier 1812, il épousa à Gretna Green, Écosse, Harriet Cholmondeley, et ils eurent trois filles, puis le 9 décembre 1816 lady Louisa Elizabeth Grey, et de ce mariage naquirent deux fils et trois filles; décédé le 28 juillet 1840 à Cowes, île de Wight.

John George Lambton appartenait à une famille aristocratique qui habitait la vallée de la Wear, dans le nord de l'Angleterre, depuis le XIIe siècle au moins. Son ancêtre le plus lointain dont la carrière peut être suffisamment documentée, le seigneur féodal Robert de Lambton, était mort en 1350. Par le jeu des alliances matrimoniales, presque toujours conclues en fonction des intérêts des familles et des affinités sociales, les Lambton s'étaient avec le temps liés aux plus grandes familles anglaises et ils s'étaient même apparentés d'une certaine façon à la royauté. Dans ce milieu privilégié, les traditions militaires et l'attrait pour la carrière politique étaient bien enracinés. C'est ainsi que, tout comme son père avant lui, William Henry Lambton avait été élu député à la chambre des Communes, où il représenta la cité de Durham de 1787 à 1797.

La famille Lambton tirait une part importante de ses revenus de l'exploitation des mines de charbon qui se trouvaient sur ses terres. Vers 1812, cette activité lui rapportait environ £80 000 (cours d'Angleterre) annuellement. En 1833, 2 400 mineurs travailleraient

Lambton

pour lord Durham. Les Lambton entretenaient donc à différents titres de multiples rapports avec la bourgeoisie marchande et industrielle. Et, même si l'attachement sans réserve de Lambton à l'héritage aristocratique allait de soi, cela ne l'empêchera pas de célébrer à sa façon la montée des classes moyennes et d'entretenir avec les ouvriers de sa région, les siens et les autres, des rapports qui n'étaient pas du tout habituels parmi les grands possédants. Il faut dire à cet égard que les tendances radicales n'étaient pas nouvelles dans la famille, puisque le père de John George s'était fait lui-même une réputation de jacobin : en 1792, il faisait partie des créateurs de la Society of the Friends of the People. Cette société l'avait alors chargé de présenter au Parlement une pétition dans laquelle on réclamait avec vigueur une réforme des Communes anglaises.

John George Lambton n'avait pas eu cependant tellement le temps d'être marqué par son père qui mourut de tuberculose en 1797, à l'âge de 33 ans. Le jeune garçon n'avait alors que cinq ans. Sa mère, qui se remaria peu après avec Charles William Wyndham, ne semble pas, à vrai dire, avoir eu le goût de s'occuper elle-même de ses enfants. Aussi John George et son frère William Henry allèrent habiter, jusqu'à ce que le premier ait 13 ans, chez un ami de la famille, le docteur Thomas Beddoes, scientiste aux idées radicales bien connues. John George était hypersensible, de santé fort fragile et, si l'on en croit l'historien Chester William New, il souffrit énormément à la fois de la perte de son père et de l'attitude de sa mère.

Après avoir étudié sous la direction de précepteurs, Lambton s'inscrivit en 1805 à l'Eton College et y resta quatre années. Chose surprenante de la part d'un garçon de santé aussi délicate, au lieu de se diriger vers l'université à la fin de ses études collégiales, il opta immédiatement pour la carrière militaire et, en 1809, joignit en qualité de cornette le 10th Royal Hussars. Imprévisible, il le fut également lorsque, le 1er janvier 1812, il s'enfuit à Gretna Green avec Harriet Cholmondeley qu'il épousa contre la volonté de ses tuteurs. Il faut dire que les choses s'arrangèrent malgré tout assez vite, puisque quelques semaines plus tard le couple accepta de reprendre l'exercice du commencement à la fin. Ce mariage ne dura que trois ans car Harriet mourut de tuberculose en 1815. Consterné par cet événement tragique, Lambton songea à abandonner la nouvelle carrière qu'il avait embrassée depuis son élection en septembre 1813 à titre de représentant du comté de Durham à la chambre des Communes. Il conserva toutefois son siège jusqu'en 1828.

Lambton était, dit-on, de taille légèrement supérieure à la moyenne et élégant. Comme la plupart des membres de sa classe, il adorait les courses de chevaux, la chasse et la pêche mais, plus que la moyenne d'entre eux, il aimait les arts, l'histoire et la politique. Si l'on se fie à ses nombreux détracteurs, il aurait surpassé presque tous les aristocrates par son arrogance, sa vanité et son goût de la magnificence. Pourtant, aucun de ses adversaires n'osa jeter sérieusement le moindre doute sur son exceptionnelle indépendance d'esprit, son courage, sa franchise et sa sincérité. Sir Henry Thomas Liddell qui, en lui retirant son appui politique, reprocherait à Lambton son zèle réformiste, révolutionnaire sous-entendrait-il, en sut quelque chose. En effet, celui-ci lui répliquerait sans ménagement : « Je tiens à dire que j'éprouve de la gratitude pour votre franchise, de la compassion pour vos inquiétudes, peu de crainte devant votre opposition et nul besoin de votre appui. » Lambton avait tout ce qu'il fallait pour mener une carrière de réformiste politique et d'aucuns crurent même qu'il pourrait dans un avenir prochain devenir le chef d'un parti whig renouvelé. Sa santé et bien d'autres circonstances l'empêchèrent d'entrer dans ces vues.

Lambton fut, à n'en pas douter, un authentique réformiste. New le décrit assez justement comme un whig radical et un radical modéré. C'est d'ailleurs dans cet esprit qu'il appuya les grandes mesures réformistes de son temps : les droits des non-conformistes, l'émancipation des catholiques, la liberté du commerce, l'éducation pour tous, la création des instituts des artisans et de l'University of London. Le domaine où Lambton œuvra davantage pendant la première partie de sa carrière fut celui de la réforme parlementaire. Bien que les historiens diffèrent d'opinions quant à la nature de sa contribution à ces débats, il faut admettre qu'il a, avec lord Grey, lord John Russell et lord Brougham, une place privilégiée en ce qui concerne le *Reform Bill* de 1832.

Il est difficile de dire, puisqu'il ne souleva ouvertement la question de la réforme électorale qu'en 1819, quelles étaient les visées exactes de Lambton quand il entra en politique sous la bannière des whigs. Mais on peut supposer qu'en peu de temps il devint conscient de la mésadaptation du système électoral anglais, dont il connaissait sans doute les points faibles. Ce qui l'avait certainement frappé, c'est l'extraordinaire sur-représentation des bourgs par rapport aux comtés, et il savait également que ce système électoral favorisait au maximum la gentry et l'aristocratie aux dépens des classes moyennes et des milieux populaires. Le 17 avril 1821, il déposa en chambre un projet de loi, préfiguration de celui de 1832, qui visait à abolir les bourgs pourris et à étendre le droit de vote. Toutefois, l'opposition farouche des tories et les incertitudes des whigs face à ce projet contribuèrent à sa défaite. En fait, sans pour autant exclure tous les ouvriers de ce festin, c'est à un partage du pouvoir entre l'aristocratie, les classes moyennes et certaines couches populaires que Lambton invitait ses compatriotes en hissant l'emblème de la réforme. Il n'était pas encore disposé à recommander le suffrage universel, il est vrai, mais il favorisait le vote secret et appuyait l'idée d'un renouvellement plus fréquent du mandat des députés.

Lambton avait en particulier compris le rôle déterminant qu'avaient joué les classes moyennes dans l'édification de l'Angleterre industrielle et urbaine. Il en parlait avec enthousiasme et, à ce groupe social, il reconnaissait une suprématie sur le plan des richesses et une égalité quant à la compétence, au talent et à l'intelligence politique. Tous ces facteurs justifiaient pleinement à ses yeux les revendications de cette classe qui voulait participer de plein droit au pouvoir politique. Cette attitude lui valut la sympathie, la confiance et l'appui des éléments radicaux modérés, d'origine bourgeoise, qui agissaient sur l'opinion par l'entremise des journaux, des associations politiques et qui, à ce niveau, étaient en contact constant avec les éléments populaires sensibilisés à l'idée de réforme.

Lambton fut donc pour les aristocrates whigs un personnage à la fois inquiétant et indispensable. Cet aristocrate idéaliste, qui fut créé baron Durham le 29 janvier 1828, ne cessa de les inciter à aller plus loin qu'ils ne le voulaient. Par contre, surtout au moment des crises répétées qui s'échelonnèrent de 1830 à 1832, tout en les exhortant à aller aussi loin qu'ils le devaient, il s'avéra un intermédiaire fiable entre eux, les classes moyennes et les milieux populaires. Tout considéré, il n'est pas étonnant qu'après l'arrivée au pouvoir des whigs en 1830 sous la direction de lord Grey, son beau-père, on ait confié à Durham la présidence d'un comité chargé de préparer un projet de loi sur la réforme parlementaire. Pendant cette période d'extrême agitation qui se termina le 7 juin 1832 et dont l'issue resta douteuse jusqu'à la fin, le baron Durham joua un rôle qui ne laisse planer aucun doute sur la nature de son engagement. À aucun moment il n'eut tendance à accepter l'idée que l'adoption de la loi constituerait la dernière étape de la réforme parlementaire. Si, finalement, ni la bourgeoisie ni les milieux populaires ne trouvèrent vraiment leur compte ou tout leur compte dans la loi de 1832, la responsabilité en revient certes à l'aristocratie mais aussi aux craintes qu'éprouvait alors la bourgeoisie à l'endroit des milieux populaires et, faut-il ajouter, aux réactions similaires de certains membres de « l'aristocratie de la classe ouvrière ».

La période qui va de l'adoption du *Reform Bill* jusqu'à la nomination en 1835 de lord Durham à titre d'ambassadeur en Russie est l'une des plus difficiles dans l'existence et la carrière de ce dernier. Évidemment, les honneurs ne lui firent pas défaut : le 23 mars 1833, le baron Durham fut élevé aux rangs de vicomte Lambton et de comte de Durham. Cependant, une suite presque interminable de malheurs domestiques l'affligèrent et l'affectèrent physiquement et moralement. En effet, il eut à pleurer la mort de son fils aîné

Charles William, décédé le 24 décembre 1831 à l'âge de 13 ans, et celle de sa mère, l'année suivante. Il perdit ensuite en l'espace de quatre ans tous les enfants issus de son premier mariage. À la même époque, il rompit avec des compagnons de vieille date, et sa rupture avec lord Brougham fut un événement public important. Enfin son retrait définitif du cabinet en 1833, à la suite de mésententes répétées avec lord Grey sur des questions diverses liées à l'idée de réforme, marqua certainement pour lui le début de l'isolement.

Même si on mentionna fréquemment le nom de Durham comme futur chef des whigs après 1830, il semble au contraire que ses chances d'accéder à ce poste devinrent alors de plus en plus minces. Ce ne fut pas tout à fait un hasard si, avec l'encouragement de ses chefs, sa carrière, particulièrement après 1832, prit une tournure nouvelle, davantage orientée vers les affaires extérieures. Sur la scène internationale, Durham se trouva mêlé à l'accession à l'indépendance de la Belgique et de la Grèce, à l'élévation du prince Léopold au trône de Belgique, avant de se voir confier une mission auprès du tsar en juillet 1832. De plus, lorsque lord Melbourne devint premier ministre en 1835, il s'empressa de nommer Durham ambassadeur en Russie. Celui-ci y fut décoré de l'ordre de Saint-André, de l'ordre d'Alexandre Nevski, de l'ordre de Sainte-Anne-de-Russie et de l'ordre de l'Aigle blanc de Russie. Il revint en Angleterre deux ans plus tard et on le décora de l'ordre du Bain.

Durham était à peine installé en Angleterre que Melbourne lui proposa, le 22 juillet 1837, de remplir une autre mission à l'extérieur du pays. Cette fois, il s'agissait du Canada où s'envenimait une crise qui, selon la plupart des observateurs, paraissait insoluble. Durham refusa catégoriquement. Toutefois en décembre, après la première rébellion qui frappa à la fois le Haut et le Bas-Canada, Melbourne revint à la charge en lui promettant des pouvoirs quasi dictatoriaux à titre de gouverneur en chef des colonies de l'Amérique du Nord britannique et de commissaire enquêteur. Durham se laissa convaincre.

Du jour où il accepta sa nomination, soit le 15 janvier 1838, jusqu'à son départ pour le Canada, le 24 avril suivant, Durham ne resta pas inactif. En plus de prendre connaissance des dossiers du ministère des Colonies et de discuter avec son personnel le mieux au fait de la situation des colonies, il fut directement en contact, en Angleterre même, avec des hommes engagés à différents titres dans les affaires canadiennes, comme George Moffatt*, William Badgley*, Louis-Hippolyte La Fontaine*, Edward Ellice* et John Arthur Roebuck*. Il procéda de plus à la sélection de son propre personnel, notamment Charles Buller, Edward Gibbon Wakefield* et Thomas Edward Michell Turton.

Le 27 mai 1838, le *Hastings* jetait l'ancre à Québec.

Lambton

Deux jours plus tard, Durham mettait pied à terre et s'empressait de lancer une proclamation dans laquelle il promettait à tous de faire preuve d'un esprit ouvert et de les traiter de façon juste. Le 1er juin, il dissolvait le Conseil spécial qui, avec le Conseil exécutif, avait été chargé de régler les affaires les plus urgentes depuis la suspension de la constitution le 10 février précédent. Le lendemain, il formait son propre Conseil exécutif duquel étaient exclus les membres de l'ancien corps. Buller, Turton, le colonel George Couper, Randolph Isham Routh* et Dominick Daly* y accédaient. Le 28 juin, Durham mit sur pied un nouveau Conseil spécial qui comprenait le vice-amiral sir Charles Paget, sir James Macdonell*, le lieutenant-colonel Charles Grey, Buller et Couper.

De tous les problèmes que le nouveau gouverneur eut à résoudre dans l'immédiat, aucun n'était plus urgent et délicat que le sort des prisonniers politiques bas-canadiens. En effet, 326 détenus avaient déjà été libérés par sir John Colborne*, mais il en restait toujours 161 dans les cachots, qui attendaient leur procès. Durham ne tarda pas à comprendre qu'en suivant la méthode expéditive du lieutenant-gouverneur du Haut-Canada, sir George Arthur*, qui avait fait exécuter quelques prisonniers, il risquait d'envenimer la situation au point de la rendre à jamais insoluble. Il n'avait d'autre part aucun doute quant au caractère dangereux de tout exercice qui nécessiterait le recours à des jurés, car l'état des esprits était tel dans la province que le choix d'un jury impartial paraissait dans les circonstances impossible à réaliser. Pour être clément, tout en reconnaissant la gravité des gestes posés, Durham se sentit donc obligé de recourir à une stratégie dont la réussite dépendait de la capacité de ses agents d'amener les principaux détenus à reconnaître leur culpabilité. Le 26 juin, huit d'entre eux, parmi lesquels Wolfred Nelson*, Siméon Marchesseault* et Rodolphe DES RIVIÈRES, signèrent une déclaration en ce sens. Deux jours plus tard, Durham rendit publique sa décision de déporter aux Bermudes les signataires du document du 26 et d'interdire à 16 autres personnes éminentes du parti patriote, dont Louis-Joseph Papineau*, Cyrille-Hector-Octave CÔTÉ et Édouard-Étienne RODIER, toutes réfugiées aux États-Unis, de rentrer au pays sous peine de mort. Les autres détenus, à l'exception de ceux qui avaient participé à l'exécution de Joseph Armand, dit Chartrand, et du lieutenant George Weir, bénéficièrent d'une amnistie.

Les Bas-Canadiens et, dans un premier temps, les whigs eux-mêmes, y inclus ceux qui lui étaient hostiles, avaient reconnu la sagesse de la solution de Durham. Pourtant, le jour où lord Brougham se mit à dénoncer les aspects illégaux des décisions de Durham, notamment le fait d'avoir exilé, sans procès, de simples accusés, dans une colonie où il n'avait aucune juridiction, et d'avoir de plus prononcé la peine de mort contre des fugitifs, le vent se mit à tourner. Durham perdit en peu de temps l'appui des membres de son parti et celui de son chef, Melbourne, qui donna sa caution au désaveu de l'ordonnance du 28 juin. Durham n'apprit ce désaveu que le 19 septembre, dans un journal de New York. Il eut alors la certitude que, pour des raisons étrangères à sa mission, la haute direction de son parti l'avait trahi. Dès lors, sa démission devenait inévitable et irréversible. Le 9 octobre 1838, en même temps qu'il rendit publics les documents relatifs à son désaveu, Durham annonça officiellement qu'il résignait son poste et rentrait en Angleterre. Le 1er novembre, il s'embarquait sur l'*Inconstant,* à bord duquel il arriva à Plymouth, en Angleterre, le 26 et à Londres, le 7 décembre.

Ce geste ne marqua cependant pas le dénouement ultime de la mission de lord Durham. Car dès les premières semaines de son séjour au Canada le gouverneur avait mis au point un calendrier de travail très chargé. Celui-ci, en plus d'inclure un agenda très lourd de rencontres sociales, comportait de fréquentes entrevues avec des personnages représentatifs de la société coloniale, des voyages dans les Canadas et, surtout, la mise sur pied de commissions chargées d'enquêter sur différents aspects de la vie coloniale : la colonisation, l'immigration, l'éducation, les institutions municipales, la commutation du régime seigneurial dans l'île de Montréal, les bureaux d'enregistrement, la police et le système judiciaire. Du 18 juin au 25 août, six de ces groupes de travail avaient été créés et s'étaient mis immédiatement à l'œuvre.

Ces comités fonctionnèrent si bien que le jour où Durham quitta le Canada il avait déjà une idée assez précise du contenu de son rapport. Il ne lui restait plus qu'à le rédiger, tâche qui l'accapara jusqu'à la fin de janvier 1839. Les épreuves du rapport furent soumises aux ministres le 31 janvier, quatre jours avant que le rapport ne soit présenté au ministère des Colonies. Entre-temps, on ne sait comment, ce document commença à paraître dans le *Times* de Londres, de sorte que le public anglais en connut les éléments essentiels avant que le Parlement en soit officiellement saisi, le 11 février suivant.

Lorsque Durham avait quitté l'Angleterre pour accomplir sa mission canadienne, il avait le sentiment que sa tâche ne serait pas très compliquée. En effet, il croyait découvrir en Amérique du Nord, y compris dans le Bas-Canada, le type de conflits, si fréquents en Europe, auxquels lui-même avait été mêlé en Angleterre lorsqu'il s'était engagé dans le mouvement pour la réforme parlementaire. Cette crise dont il pensait déceler sans peine les manifestations serait, à n'en pas douter, d'abord politique et ensuite sociale. À telle enseigne qu'il suffirait simplement de réformer la constitution pour faire disparaître la source du mal. C'est après sa venue au Canada que Durham en arriva à la conclusion que, vue sous l'angle exclusif d'un besoin de réforme, la solution de la crise, dans le cadre des institutions britanniques, impliquait comme mesure essentielle l'instauration d'un gouvernement responsable. À l'occasion d'une visite que Durham avait faite dans le Haut-Canada, Robert* et WILLIAM WARREN Baldwin avaient d'ailleurs eu l'occasion d'attirer son attention sur ce point capital à leurs yeux.

La position de Durham au sujet de l'extension de la responsabilité ministérielle aux colonies n'était pas différente de celle qu'il avait adoptée à propos de la réforme parlementaire. Selon lui, le gouvernement britannique, en accordant le gouvernement responsable aux colonies, loin de les inciter à devenir indépendantes, non seulement mettrait fin aux luttes stériles et à la violence mais consacrerait la pérennité de certains liens entre l'Angleterre et ses dépendances. « J'admets, écrivit-il, que le régime que je propose placerait de fait la politique intérieure de la colonie dans les mains des colons eux-mêmes [...] La forme de gouvernement, la réglementation des relations extérieures et du commerce avec la mère patrie, les autres colonies britanniques et les nations étrangères, la concession des terres publiques, voilà les seuls points que la mère patrie a besoin de contrôler. » Si Durham avait cru que la crise qu'il avait à résoudre pouvait se réduire seulement à une lutte de classes ou à un conflit entre le pouvoir exécutif et l'Assemblée populaire, il aurait eu les mains libres pour rédiger un rapport centré sur les bienfaits du gouvernement responsable pour les six colonies. Mais en analysant la situation au Bas-Canada, où « la lutte représentée comme une lutte de classes était de fait une lutte de races », il ne pouvait alors se confiner dans un discours sur le gouvernement responsable.

En examinant de plus près la teneur du rapport de Durham, il faut bien se rendre compte que ses conclusions furent beaucoup moins le résultat de considérations ethniques que l'expression de son libéralisme et de sa grande sympathie pour le rôle historique des classes moyennes. On peut croire qu'en bon libéral il eut tendance, parce qu'il retrouva chez les Canadiens français les institutions d'Ancien Régime qui fonctionnaient comme en France autrefois, à simplement reporter sur ces derniers le mépris qu'il éprouvait pour la France absolutiste et féodale. Contrairement à la plupart des autres sociétés contemporaines, il manquait à cette société canadienne-française un ingrédient capital aux yeux de Durham : une forte classe moyenne. C'est précisément à l'absence parmi les Bas-Canadiens francophones de ce groupe qui, selon lui, avait joué un rôle prédominant dans la Révolution française, la révolution industrielle en Angleterre et qui avait imprimé au développement des États-Unis son allure progressiste, que Durham attribuait le caractère paysan de la société canadienne-française : « La société dans son ensemble montra dans le Nouveau Monde les traits propres aux paysans d'Europe. » Il est vrai aussi que Durham avait noté tant chez les francophones que chez les anglophones l'existence d'éléments qui, mis ensemble, auraient pu constituer une solide classe moyenne. Mais lorsqu'il discute les agissements des Canadiens français membres des professions libérales, loin de voir en eux des agents du progrès social, il les définit, bien qu'ils aient régulièrement utilisé le langage du libéralisme et de la démocratie, comme les principaux défenseurs de l'ordre ancien contre les forces nouvelles. Ces forces vraies du développement, il parvint néanmoins à en découvrir la présence dans le milieu anglophone. C'est parmi les marchands, obligés qu'ils furent pour se protéger de chercher un appui auprès des gouverneurs et de la métropole, qu'auraient fermenté les projets de réforme les plus susceptibles d'assurer le progrès économique et le changement social. Mais leur action se trouva, dit-il, paralysée par un conflit si profond que toute la vie coloniale en devint imprégnée. « Je m'attendais, affirme Durham, à trouver un conflit entre un gouvernement et un peuple ; je trouvai deux nations en guerre au sein d'un même État ; je trouvai une lutte, non de principes, mais de races. Je m'en aperçus : il serait vain de vouloir améliorer les lois et les institutions avant que d'avoir réussi à exterminer la haine mortelle qui maintenant divise les habitants du Bas-Canada en deux groupes hostiles : Français et Anglais. »

Durham n'avait pas voulu construire son analyse autour du concept de race, geste qu'il aurait lui-même trouvé révoltant s'il avait eu le sentiment d'avoir procédé ainsi. Mais dans son rapport, ses réactions aux oppositions nationales qui divisaient alors le milieu bas-canadien sont tellement vives qu'il en arrive finalement à presque tout ramener à l'idée de race. Ainsi envisagée, la situation lui parut à ce point irrémédiable et la société canadienne-française si figée et irrécupérable qu'il en vint à préconiser une solution aussi irréaliste et contraire aux principes libéraux que celle de leur assimilation à une culture qu'il jugeait supérieure. En tout cas, il ne fait pas de doute que c'est sa grande préoccupation au sujet de la question ethnique qui l'incita à rejeter l'idée de fédération au profit de celle d'une union législative. Cette recommandation, il est vrai, fut assortie d'une proposition ferme en faveur du gouvernement responsable. Il faut cependant ajouter que, pour réaliser l'assimilation, Durham comptait essentiellement sur le poids des forces démographiques qui, il en était sûr, jouerait en faveur des anglophones, plutôt que sur les simples contraintes légales et institutionnelles.

Cette question de l'union des Canadas, comme celle de l'autonomie des colonies, était dans l'air depuis trois décennies. Les marchands anglophones de Montréal et de Québec n'avaient cessé depuis 1810 de réclamer la réunion des Canadas sous un gouvernement unique. Après l'échec du projet d'union de

Lancaster

1822, sans cependant abandonner leur revendication de base, ils avaient demandé l'annexion de Montréal au Haut-Canada. C'est de l'ensemble de ces problèmes qui agitaient depuis si longtemps les sociétés coloniales et qui avaient leur résonance dans la métropole que Durham avait voulu traiter dans son rapport afin d'y proposer des solutions. Pourtant, Londres n'accepta ni l'idée d'un gouvernement responsable ni celle d'une union législative telle qu'il l'avait définie. Modifié comme il le fut par les clauses sur l'égalité de la représentation, l'Acte d'Union de 1840 ne respectait pas la priorité des principes qu'avait énoncés Durham. Cela dit, il n'en reste pas moins que le débat dans lequel il s'était engagé et dont il avait tenté, plus que tout autre avant et après lui, de faire le tour, ne devait être clos ni en 1841, avec l'union du Bas et du Haut-Canada, ni même avec l'obtention de la responsabilité ministérielle en 1848.

Depuis son enfance, John George Lambton avait été constamment menacé de tuberculose. Son père, sa première femme et quatre de ses enfants en furent avant lui les victimes. Pendant toute sa vie, lorsqu'il ne fut pas obligé à certains moments d'interrompre toutes ses activités pour cause de maladie, il dut remplir ses fonctions en éprouvant régulièrement et parfois pendant d'assez longues périodes de grandes souffrances. Sa santé, toujours chancelante, se détériora bien avant la fin de son séjour au Canada. À son retour en Angleterre, une fois son rapport rendu public, il fut encore incité à réduire son rythme de travail même si ses responsabilités au sein d'une association et d'une compagnie, toutes deux établies pour coloniser la Nouvelle-Zélande, ne l'absorbaient pas tellement. À part quelques rares sorties mondaines où l'occasion se présenta de faire la paix avec d'anciens collègues et amis, entre autres Brougham et Melbourne, il se confina de plus en plus dès février 1840 dans sa résidence de Cowes où il mourut le 28 juillet de la même année. Sa deuxième femme et quatre de leurs cinq enfants lui survécurent.

FERNAND OUELLET

Le rapport de John George Lambton, 1er comte de Durham, a paru à Londres en 1839 sous le titre de *Report on the affairs of British North America, from the Earl of Durham* [...], à la fois comme les Command papers, 1839, 17, n° 3 du Parlement britannique et comme publication distincte. D'autres éditions ont paru sous les titres de : *Lord Durham's report on the affairs of British North America*, C. P. Lucas, édit. (3 vol., Oxford, Angl., 1912 ; réimpr., New York, 1970) ; et *Lord Durham's report*, G. M. Craig, édit. (Toronto, 1963) ; et en français sous celui de *Rapport de Durham*, M.-P. Hamel, trad. et édit. (Montréal, 1948).

[Charles] Grey, *Crisis in the Canadas : 1838–1839 ; the Grey journals and letters*, William Ormsby, édit. (Toronto, 1964). — [L. E. Grey, comtesse de] Durham, *Letters and diaries of Lady Durham*, Patricia Godsell, édit. (Ottawa, 1979). — *Burke's peerage* (1970). — Fauteux, *Patriotes*. — Wallace, *Macmillan dict.* — John Benson, *British coalminers in the nineteenth century : a social history* (Dublin et New York, 1980). — Michael Brock, *The great Reform Act* (Londres, 1973). — Buckner, *Transition to responsible government*. — *The colonial reformers and Canada, 1830–1849*, Peter Burroughs, édit. (Toronto, 1969). — Leonard Cooper, *Radical Jack ; the life of John George Lambton, first Earl of Durham, 1792–1840* (Londres, 1959). — Richard Fynes, *The miners of Northumberland and Durham* (Wakefield, Angl., 1971). — E. J. Hobsbawm, *Labouring men ; studies in the history of labour* (Londres, 1975). — Mark Hovell, *The Chartist movement* (Manchester, Angl., 1963). — Ged Martin, *The Durham report and British policy : a critical essay* (Cambridge, Angl., 1972). — C. W. New, *Lord Durham ; a biography of John George Lambton, first Earl of Durham* (Oxford, 1929). — Ouellet, *Bas-Canada ; Hist. économique*. — Harold Perkin, *The origins of modern English society, 1780–1880* (Londres, 1972). — *Pressure from without in early Victorian England*, Patricia Hollis, édit. (Londres, 1974). — Taft Manning, *Revolt of French Canada*. — E. P. Thompson, *The making of the English working class* (Londres, 1963). — Roger Viau, *Lord Durham* (Montréal, 1962).

LANCASTER, JOSEPH, éducateur, né le 25 novembre 1778 à Southwark (Londres), fils de Richard Lancaster, fabricant de tamis, et de Sarah Foulkes ; le 5 juin 1804, il épousa Elizabeth Bonner, et ils eurent une fille, puis en 1825 Mary Robinson ; décédé le 23 octobre 1838 à New York.

Joseph Lancaster reçut une éducation plutôt modeste. Il apprit à lire dans deux écoles tenues par des dames âgées et on l'initia à la discipline militaire dans un autre établissement que dirigeait un ancien officier de l'armée. À la suite d'une expérience d'ordre religieux, il s'enfuit de chez lui à l'âge de 14 ans afin d'aller à la Jamaïque « apprendre aux pauvres Noirs à lire la Bible ». Mais le manque d'argent l'obligea à s'engager dans la marine à Bristol et il ne réussit à revenir à la vie civile que grâce à des amis. En 1798, après avoir travaillé à deux reprises à titre d'instituteur assistant, il utilisa le domicile de son père pour enseigner à lire à quelques enfants pauvres du voisinage. Trois ans plus tard, il s'installa dans un local plus grand, sur le chemin Borough ; on pouvait y lire l'inscription suivante : « Tous ceux qui le veulent peuvent amener leurs enfants et les faire instruire gratuitement ; ceux qui ne désirent pas [qu'ils] reçoivent l'enseignement pour rien peuvent payer, s'ils le veulent. » Comme il n'avait pas l'argent nécessaire pour avoir des assistants rémunérés, Lancaster choisissait des élèves parmi les grands et les chargeait de remplir la tâche de moniteurs et d'assurer l'instruction des plus jeunes réunis dans de petites classes ; un moniteur en chef supervisait le travail de ces aides. Ce n'était pas la première fois que l'on utilisait des moniteurs dans une école ; chez Lancaster, toutefois, le système élaboré qu'il décrivit dans *Improvements in education, as it respects the industrious classes of the community,* paru à Londres en 1803, était complexe et prévoyait que les moniteurs devaient participer au maintien de la discipline en imposant des sanctions (cage, pilori) et en donnant des récompenses (insigne de grade, ordre du mérite, prix). Le programme d'études ne comprenait que trois matières : la lecture, l'écriture et l'arithmétique. Si Lancaster s'opposait à l'idée d'en offrir plus, c'est qu'il jugeait qu'il en aurait coûté trop cher. Il encourageait les élèves les plus prometteurs en les sélectionnant et en les formant pour qu'ils deviennent à leur tour des enseignants qui propageraient son système.

L'enseignement de Lancaster et les efforts qu'il déploya pour faire connaître sa méthode de monitorat attirèrent l'attention des ducs de Bedford et de Sussex et de lord Somerville ; ils lui valurent aussi l'appui de George III. Mais en 1808 son imprévoyance sur le plan financier obligea ses amis, le baptiste Joseph Fox et le quaker William Allen, à fonder la Royal Lancasterian Society pour administrer les dons et pour assurer l'entretien de l'école-témoin. Appelé en 1805 le « Goliath des schismatiques » par l'une de ses adversaires, Mme Sarah Trimmer, Lancaster, qui était quaker, encourut la colère de l'Église établie parce qu'il affirmait que les écoles publiques ne devaient pas être soumises à l'autorité d'une Église ou être à son service. C'est pour défendre les intérêts des tories anglicans et pour faire concurrence à la Royal Lancasterian Society, soutenue par des non-conformistes et des réformateurs libéraux, que l'on créa en 1811 la National Society for Promoting the Education of the Poor in the Principles of the Established Church, qui appliquait un autre système où des moniteurs participaient à la formation des élèves, celui d'Andrew Bell. La controverse s'étendit jusqu'au Canada où, en 1809, un enseignant et ministre anglican, John Strachan*, attribua à Bell la « découverte » des écoles qui utilisaient la méthode du monitorat et rejeta le système de Lancaster.

Comme Lancaster le mentionna en 1811 dans *Report of J. Lancaster's progress from the year 1798,* les fréquents voyages qu'il avait faits partout dans les îles Britanniques et les nombreuses conférences qu'il y avait prononcées servirent à diffuser sur une grande échelle sa méthode d'enseignement économique et pratique, destinée aux pauvres. Celle-ci gagna d'ailleurs des adeptes aussi loin qu'aux États-Unis et au Venezuela, d'où l'on vint visiter l'école du chemin Borough. Mais son promoteur n'avait pas le sens des affaires, était arrogant et se querellait avec ses amis ; c'est pourquoi le comité de gestion de la Royal Lancasterian Society commença à exercer une plus grande mainmise sur l'administration financière et l'organisation de la société. En 1814, Lancaster perdit

son rôle d'organisateur et on le rétrograda au poste salarié de surintendant. On remplaça même le nom de la société par celui de British and Foreign School Society. Plus tard, la même année, il démissionna après qu'un scandale eut éclaté : des moniteurs auraient été fouettés par plaisir. La Société des Amis le désavoua pour cause de manquement aux obligations financières ; de plus, l'insuccès de l'école privée qu'il avait ouverte à Tooting (Londres) entraîna sa faillite. Lancaster décrivit ces caprices du sort dans un ouvrage publié à Bristol en 1816, *Oppression and persecution ; or a narrative of a variety of singular facts that have occurred in the rise, progress and promulgation of the Royal Lancasterian system of education.*

Même si Lancaster rencontrait des difficultés professionnelles en Angleterre, sa méthode du monitorat, non confessionnelle, était bien accueillie aux États-Unis et en Amérique du Nord britannique. Le comité londonien de la British and Foreign School Society encourageait l'implantation de son système d'enseignement au Canada. Le révérend Thaddeus Osgood* voulut établir à Québec, en 1814, et à Kingston, trois ans plus tard, une école inspirée du modèle lancastérien. C'est peut-être le fait que la méthode du monitorat était utilisée à Québec par Osgood qui amena le comité de l'éducation de la chambre d'Assemblée à se montrer favorable, dans un rapport daté de 1815, au système de Lancaster, jugé économique et efficace. Un extrait de *Improvements* était annexé au rapport et on publia à Montréal cette année-là une édition bilingue de l'ouvrage. En 1816, on rejeta par quatre voix seulement une motion qui voulait qu'on accorde une subvention pour la création d'autres écoles basées sur le système de Lancaster. Plus tard, l'opposition des clergés anglican et catholique finit par entraîner la fermeture de l'école québécoise d'Osgood. Toutefois d'autres écoles qui utilisaient la méthode du monitorat la remplacèrent rapidement : celles de la British and Canadian School Society, qui se servaient du modèle des écoles de la British and Foreign School Society, celles que Joseph-François PERRAULT mit sur pied et enfin, à Québec et à Montréal, les écoles nationales. Dans chacun de ces établissements, la population variait entre 300 et 400 élèves, ce qui finit par leur valoir des subventions de l'Assemblée : £200 en 1823, £1 650 en 1825, encore plus les années suivantes. D'autres écoles purent aussi profiter de subventions de £100 pour les inciter à employer la méthode du monitorat ; c'est ainsi que l'on accorda une subvention à l'école de Trois-Rivières « à la condition qu'on y adopte la méthode du monitorat et qu'on y admette gratuitement les enfants qui détenaient un certificat de pauvreté délivré par les commissaires ». À Halifax, Walter BROMLEY avait créé pendant l'année scolaire 1813–1814 la Royal Acadian School, une école fidèle aux principes de la British and Foreign School

Langford

Society. Des branches de cette dernière proliférèrent dans les colonies pendant la deuxième décennie du siècle : Nouvelle-Écosse (1810), Bas-Canada (1812), Haut-Canada (1816), Île-du-Prince-Édouard (1817), Nouveau-Brunswick (1819), colonie de la Rivière-Rouge (1820) ; pour aider les élèves à apprendre à lire, elles fournissaient des éditions bon marché des Saintes Écritures aux écoles régulières et aux écoles du dimanche qui utilisaient la méthode du monitorat.

Au début des années 1820, la maladie obligea Lancaster à quitter les États-Unis, où il vivait depuis 1818, et à s'établir sous des cieux plus chauds, au Venezuela. Il n'y accumula que des dettes et n'y connut que l'amertume parce que le président du pays, Simón Bolivar, ne l'aida pas comme promis. Pendant ce temps, au Canada, Louis-Joseph Papineau*, président de la chambre d'Assemblée, ainsi que Perrault et d'autres continuaient de louanger le système de l'éducateur anglais. En 1828, un an après s'être établi à New York, il se rendit à Québec où il donna des conférences, visita des écoles et examina les perspectives d'avenir qui lui étaient offertes. Sir James Kempt* lui accorda son patronage en souscrivant £100 pour un journal sur l'éducation que Lancaster se proposait de publier. Il s'installa à Montréal en septembre 1829 et, le mois suivant, il commença à enseigner à des enfants « possédant une connaissance inadéquate de l'alphabet ou incapables d'épeler correctement des mots de deux ou trois lettres ». Moins d'un mois plus tard, certains de ces élèves pouvaient lire « avec aisance « diverses parties » et de « longs passages » du Nouveau Testament ». Par la suite, Lancaster ouvrit une école dans sa demeure, rue Saint-Jacques ; une partie des fonds nécessaires provint de la vente d'un certain nombre de gravures de valeur ; c'est la fille et les beaux-enfants de Lancaster qui assurèrent l'enseignement dans cette école. Le nombre des élèves passa de 30 à 58 après le déménagement dans un local plus spacieux, rue du Canal. Les frais de scolarité étaient de £10 par trimestre, mais moins de la moitié des inscrits les payaient ; s'ajoutaient à ces revenus des subventions de l'Assemblée : £100 d'abord, qui furent doublées en 1830 grâce à l'adoption d'une motion de Papineau, £200 en 1831, puis, en 1832, £100 plus £5 pour chaque élève, jusqu'à concurrence de 10, à qui il apprendrait à enseigner et à administrer une école. En 1832, les inspecteurs d'écoles Jacob De Witt* et Louis-Michel Viger* informèrent l'Assemblée qu'ils jugeaient favorablement les « progrès importants » réalisés dans l'école de Lancaster ainsi que l'ordre qui y régnait. L'opinion d'un autre inspecteur d'écoles, Austin Cuvillier, était différente : « des personnes respectables dont les enfants fréquentent l'école de M. Lancaster […], écrivit-il, se plaignent que leurs enfants ne font pas plus de progrès dans cet établissement qu'ils n'en feraient dans une école ordinaire et que les frais de scolarité y sont plus élevés qu'ailleurs ».

Au départ, Joseph Lancaster avait l'intention de rester à Montréal ou aux environs. Il avait installé une presse typographique et, en octobre 1830, avait lancé la *Gazette of Education and Friend of Man*. Dans le seul numéro qui parut, il fit beaucoup plus de publicité pour son compte personnel qu'il ne fit paraître d'articles originaux sur l'éducation. En 1831, il présenta une requête au roi Guillaume IV en vue d'obtenir une concession de 100 acres de terrain à Laprairie (La Prairie), une localité proche de Montréal, où il comptait « fonder un séminaire, s'établir et finir ses jours » ; on n'acquiesça pas à sa demande. L'année suivante, il se lança dans une diatribe contre le gouverneur en chef, lord Aylmer [WHITWORTH-AYLMER], parce que le bureau de santé avait saisi, pour y installer des personnes qui souffraient du choléra, un refuge qu'il avait contribué à faire construire à l'intention des immigrants pauvres qui arrivaient d'Irlande. La même année, malgré les conseils de deux membres de l'Assemblée qui le soutenaient, De Witt et Papineau, il vota pour Stanley Bagg, le père de l'un de ses élèves, plutôt que pour Daniel Tracey*, à une élection complémentaire extrêmement serrée. Quand on cessa de lui donner des subventions, Lancaster dut fermer son école : les seuls frais de scolarité ne lui permettaient plus de poursuivre son action. Il avait l'intention de la rouvrir après avoir recueilli des fonds, mais il retourna bientôt aux États-Unis. Grâce à l'aide de quelques gentlemen en Angleterre, il put recevoir une rente. Pendant les derniers mois de sa vie, son intérêt pour la formation de moniteurs en Angleterre se raviva, mais il mourut à New York après qu'un cheval emballé l'eut piétiné.

HEATHER LYSONS-BALCON

Joseph Lancaster est l'auteur de nombreux ouvrages, dont la plupart sont mentionnés dans *National union catalog*.

B.-C., chambre d'Assemblée, *Journaux,* 22 mars 1815, 16 févr. 1816, 17 mars 1830, 1831–1832, app. II, 1er rapport. — *Canadian Courant and Montreal Advertiser,* 16 déc. 1829. — *La Gazette de Québec,* 30 mars 1815. — Beaulieu et Hamelin, *la Presse québécoise,* 1. — *DNB.* — William Corston, *A brief sketch of the life of Joseph Lancaster ; including the introduction of his system of education* (Londres, [1840]). — Mora Dickson, *Teacher extraordinary, Joseph Lancaster, 1778–1838* (Sussex, Angl., 1986). — David Salmon, *Joseph Lancaster* (Londres, 1904). — G. W. Spragge, « Monitorial schools in the Canadas, 1810–1845 » (thèse de D.PAED., Univ. of Toronto, 1935). — Judith Fingard, « Grapes in the wilderness » : the Bible Society in British North America in the early nineteenth century », *HS,* 5 (1972) : 5–31. — G. W. Spragge, « Joseph Lancaster in Montreal », *CHR,* 22 (1941) : 35–41.

LANGFORD, JAMES J. (ou **James I.**), orfèvre-bijoutier, né en 1815 ou 1816, fils probablement adoptif de John et de Grace Langford ; le 12 octobre 1843, il épousa à Halifax Jane Grant, mais aucun enfant ne leur survécut ; décédé le 6 février 1847 dans la même ville.

Les documents relatifs aux antécédents familiaux de James J. Langford se contredisent. Dans une requête à la Cour d'enregistrement et d'examen des testaments du comté de Halifax, le second mari de Grace Langford, l'orfèvre Peter Nordbeck*, déclara que Grace était la mère de James Langford. Toutefois, il est impossible qu'elle ait été sa mère naturelle. James, qui mourut à l'âge de 31 ans, devait être né en 1815 ou au début de 1816. Or, aucun registre n'atteste la naissance d'un James Langford dans ce laps de temps ; bien plus, durant cette même période, soit le 1er septembre 1815, John et Grace Langford eurent un fils prénommé William Payne. Il semble donc probable qu'ils adoptèrent James.

L'orfèvre-bijoutier John Langford était arrivé à Halifax venant de Londres peu avant septembre 1809. Il se peut que James ait hérité de lui une riche tradition familiale de travail des métaux. En effet, deux Langford avaient été potiers d'étain en Angleterre à la fin des années 1670, comme le fut en 1751 et dans les années subséquentes Thomas Langford de Londres. De 1719 à 1757, il y eut, également à Londres, un John Langford qui pratiqua aussi ce métier et, en 1780, un second John Langford y travaillait l'étain ; tous deux utilisaient un poinçon qui représentait un avant-bras tenant un marteau au-dessus d'un petit baril couché. En plus de ces cinq potiers d'étain, un John Langford et un Thomas Langford pratiquèrent le métier d'orfèvre en Angleterre entre 1766 et 1776. Ces artisans étaient-ils parents entre eux et avec James Langford et son père ? Le poinçon de James, un bras plié tenant un marteau prêt à frapper, peut le laisser croire.

James Langford était en contact étroit avec d'autres orfèvres de Halifax. Son père avait été associé à Lewis (Ludovic) Hulsman de 1809 jusqu'à 1811 au moins, et James grandit rue Granville, où travaillaient les orfèvres Richard Upham MARSTERS, Gustave La Baume, Peter Nordbeck et Henry Mignowitz. Nordbeck, qui devint son beau-père en 1833, allait s'avérer l'orfèvre le plus prospère du temps en Nouvelle-Écosse. Langford fit peut-être son apprentissage chez Nordbeck ou chez Mignowitz, qui s'associèrent au moins deux fois entre 1824 et 1831. Le 14 juillet 1838, lorsqu'il annonça l'ouverture de son commerce, il se présenta comme « orfèvre travaillant l'or et l'argent, bijoutier, etc. » dans un établissement « adjacent à l'immeuble en pierre de M. Mignowitz ».

Langford, à titre d'orfèvre, se fit une clientèle considérable. Au bout de deux ans, il offrait déjà des pièces creuses ; on a conservé d'ailleurs plusieurs de ses calices, dont un qu'il réalisa en collaboration avec Nordbeck. Les calices fabriqués en Nouvelle-Écosse sont relativement rares, peut-être parce que les commandes de l'Église étaient moins importantes dans cette province en majorité protestante que dans le Bas-Canada, par exemple. En juillet 1841, on offrit une chope à bière commémorative fabriquée par Langford au secrétaire de la Halifax Agricultural Society. Dès avril 1840, il avait pris Franz F. Meyer comme assistant et, le 1er novembre 1841, il en fit son associé. En plus de fabriquer des articles en or et en argent, ils importaient « des bijoux, des articles en plaqué et des nouveautés en général ». Leur association, comme bien d'autres parmi les orfèvres de Halifax, ne dura pas longtemps : elle fut dissoute après 15 mois. À compter de ce moment jusqu'à sa mort, en 1847, Langford semble s'être consacré au travail sur l'argent. Les réclames qu'il faisait alors dans les journaux insistaient sur la variété de ses assiettes et plats de service et précisaient qu'il en fabriquait de tous les modèles.

Langford mourut intestat. Nordbeck et Jane Langford demandèrent alors à la Cour d'enregistrement et d'examen des testaments de nommer Daniel Grant, le père de Jane, et Nordbeck, qui étaient tous deux ses créanciers, administrateurs de la succession. Les orfèvres-bijoutiers Alexander Troup et Charles D. Witham répondirent tous deux de cette nomination. Le bien le plus important de Langford était son commerce et il fut rapidement vendu à William James Veith et à George Witham. Ils reprirent sa marque au bras plié tenant un marteau et, dans leurs réclames, annoncèrent les mêmes produits et les mêmes modèles que Langford. Après la dissolution de leur association, deux ans plus tard, Veith continua seul jusqu'en 1860.

Bien que la carrière de James J. Langford ait été brève, une quantité relativement importante de ses pièces d'argenterie existe encore. Ses meilleures créations, comme les pinces à sucre conservées aux Public Archives of Nova Scotia, sont d'une facture aisée et sûre. L'ensemble de six couteaux qui figurent dans la collection Henry-Birks au Musée des beaux-arts du Canada sont remarquables autant par la délicatesse des feuilles gravées à la base de la lame que par leur rareté, puisque les couteaux sont à peu près inexistants dans l'argenterie canadienne. Langford innovait et expérimentait dans la conception comme dans la réalisation de ses modèles, d'où l'étonnante diversité de son œuvre. Sa mort prématurée priva l'orfèvrerie de Halifax de l'un de ses représentants les plus énergiques, compétents et prometteurs.

BRIAN DUNSTONE MURPHY

On trouve les plus beaux spécimens de l'œuvre de James Langford dans la coll. Henry-Birks du Musée des beaux-arts du Canada (Ottawa) et, dans une moindre importance, au N.S. Museum (Halifax). De plus, chacun des établisse-

Langley

ments suivants possède une de ses cuillères : le Musée des beaux-arts de Montréal, le musée McCord et le Royal Ontario Museum, Sigmund Samuel Canadiana Building (Toronto).

Halifax County Court of Probate (Halifax), Estate papers, nº 205 (James J. Langford) (mfm aux PANS). — PANS, RG 35A, 1–3. — St Paul's Anglican Church (Halifax), Reg. of baptisms. — *Acadian Recorder*, 14 sept. 1833, 14 juill. 1838, 8 févr. 1840, 6 nov. 1841, 5 juill. 1845, 6 févr., 27 mars, 17, 24 avril, 1ᵉʳ, 8 mai 1847. — *Halifax Morning Post & Parliamentary Reporter*, 4 nov. 1841, 25, 27, 29 janv., 1ᵉʳ, 3 févr. 1842. — *Novascotian*, 12 sept. 1833, 9, 16 avril, 9 juill. 1840, 1ᵉʳ sept. 1842, 30 janv., 20, 27 févr. 1843, 8 févr. 1847. — *Times* (Halifax), 27 juill. 1841, 17 oct. 1843. — H. H. Cotterell, *Old pewter, its makers and marks in England, Scotland, and Ireland* [...] (Londres, 1929 ; réimpr., 1963). — C. J. Jackson, *English goldsmiths and their marks* [...] (2ᵉ éd., Londres, 1921 ; réimpr., New York, 1964). — J. E. Langdon, *Canadian silversmiths, 1700–1900* (Toronto, 1966). — D. C. Mackay, *Silversmiths and related craftsmen of the Atlantic provinces* (Halifax, 1973). — Harry Piers et D. C. Mackay, *Master goldsmiths and silversmiths of Nova Scotia and their marks*, U. B. Thomson et A. M. Strachan, édit. (Halifax, 1948). — D. [C.] Mackay, « Goldsmiths and silversmiths », *Canadian Antiques Collector* (Toronto), 7 (1972), nº 1 : 22–26.

LANGLEY. V. Longley

LANGUEDOC, FRANÇOIS (baptisé **François de Borgias**), homme d'affaires, homme politique, fonctionnaire, seigneur, juge de paix et officier de milice, né le 11 octobre 1790 à Québec, fils de Jacques Languedoc et d'Angélique Samson ; le 15 février 1813, il épousa à Québec Anna Maria Philipps, et ils eurent huit enfants ; décédé le 23 septembre 1840 à Saint-Édouard, près de Napierville, Bas-Canada.

François Languedoc passe son enfance dans la basse ville de Québec, rue Notre-Dame, au milieu de marchands comme son père. En 1812, il acquiert un sixième des actions de la John White and Company, qui administre depuis 1810 un magasin de fournitures pour la marine. L'acte d'association, enregistré devant notaire le 13 août 1813, vaut pour quatre ans, mais la société est dissoute le 1ᵉʳ janvier 1814. Seuls Languedoc et White continuent d'exploiter l'entreprise, sous la même raison sociale.

Comme la plupart des marchands de l'époque, Languedoc et White diversifient leur activité. Ils obtiennent des contrats d'approvisionnement et de transport de marchandises pour l'armée ou le gouvernement, et s'occupent d'enchères publiques. En 1816, ils s'associent à John Caldwell et John Goudie* en vue d'exploiter un traversier entre Québec et Pointe-Lévy (Lauzon et Lévis) de même qu'un bateau à vapeur qui reliera Québec et Montréal ; Languedoc est secrétaire et trésorier des deux compagnies. Avec White toujours, il compte parmi les premiers promoteurs du canal de Chambly. De plus, il prend part aux réunions qui préparent l'établissement de la Banque de Québec en 1818.

Bien connu dans son milieu tant par ses activités d'affaires que par sa participation à divers organismes, Languedoc est élu député de la Basse-Ville de Québec en 1816 ; il l'emporte alors par 17 voix de majorité sur Pierre Bruneau*. Son intérêt pour les questions d'affaires ne se dément pas ; à plus d'une occasion pendant son mandat, qui prend fin le 9 février 1820, il présente ou appuie les requêtes des marchands de Québec. Par ailleurs, en 1817, on le nomme commissaire chargé d'améliorer les communications intérieures dans le comté de Québec.

Le début des années 1820 marque une période difficile pour Languedoc qui, « par des malheurs de commerce », ne peut plus honorer ses engagements. Une à une, il met en vente ou cède ses propriétés de Québec, y compris sa maison de la rue du Sault-au-Matelot. L'association avec White est rompue en 1821 ; Languedoc hérite alors des marchandises mais aussi des dettes de la société. Tant bien que mal, il continue à faire du commerce jusqu'en 1824, puis s'installe définitivement dans la seigneurie Saint-Georges, au sud-est de Montréal.

C'est en 1817 que Languedoc a acquis ces 12 000 acres de terre dans le canton de Sherrington. À compter du 21 juin 1823, il les détient officiellement en franc-alleu noble. Sitôt sa qualité de seigneur confirmée, Languedoc s'emploie avec succès à mettre de l'ordre dans l'administration de Saint-Georges : confection d'un terrier, qui dénombre 239 censitaires, construction du manoir seigneurial à Saint-Édouard, achat d'un moulin à scier sur la rive ouest de la rivière de la Tortue où il fait également construire un moulin à farine, maintien des taux des cens et rentes qui prévalaient avant 1823 mais ajout d'un prix de vente variant entre 10s et 20s l'arpent, incitation à régler les arrérages de rentes.

En 1830, Languedoc renoue avec la politique. Élu sans opposition avec Robert Hoyle* député de L'Acadie, il intervient assez peu dans les débats pourtant cruciaux, ne serait-ce qu'en raison de la fameuse question des subsides. Souvent absent pour cause de maladie, il est tout de même à la chambre d'Assemblée lorsque sont présentes les Quatre-vingt-douze Résolutions auxquelles d'ailleurs il s'oppose [V. Elzéar Bédard]. Candidat aux élections de l'automne de 1834, il est défait par, entre autres, Cyrille-Hector-Octave Côté, partisan de Louis-Joseph Papineau*.

Languedoc remplit aussi diverses autres fonctions publiques : commissaire chargé de la décision sommaire des petites causes de 1828 à 1832, juge de paix à partir de 1830, et en 1837 commissaire habilité à faire prêter serment. Officier de milice jusqu'en 1824 dans le 2ᵉ bataillon de milice de la ville de Québec, il joint les rangs du 3ᵉ bataillon de milice du comté de Huntingdon en 1830, avec le grade de lieutenant-colonel. Comme magistrat, Languedoc suscite des rancunes tenaces, notamment celle du patriote Pierre-Rémi Narbonne, qu'il fait arrêter le 7 novembre 1837. Une fois relâché, Narbonne fait jurer solennellement aux membres qu'il recrute dans l'Association des frères-chasseurs d'égorger Languedoc.

François Languedoc échappe à ce triste sort. Il n'est pas davantage assassiné à la porte de son manoir, comme l'a écrit Joseph-Edmond Roy*. Plus simplement, la maladie l'emporte quelques semaines avant son cinquantième anniversaire. Par son testament, ses biens reviennent à parts égales aux enfants qui lui survivent, sa femme étant morte en 1836. Les héritiers vont continuer à administrer la seigneurie et à tirer profit des terres que leur père a acquises dans différents cantons.

ANDRÉE HÉROUX

ANQ-M, CE1-54, 25 août 1827, 18 mai 1832 ; CE4-4, 31 juill., 18 août, 4 nov. 1836, 25 sept. 1840 ; CN1-327, 21 janv., 13 avril, 15 juill. 1825 ; CN4-10, 22 déc. 1835, 2, 20 févr., 2 août 1837, 18 juill. 1839, 2 janv., 4 sept., 13, 26–27 nov., 1er, 4, 7 déc. 1840 ; M-7, 13 nov. 1840. — ANQ-Q, CE1-1, 12 oct. 1790, 15 févr. 1813, 21 janv. 1815, 25 août 1817, 16 août 1819, 20 sept. 1820, 8 déc. 1821, 14 juill. 1824 ; CE1-2, 18 oct. 1821 ; CN1-49, 22 mars 1817, 14 avril 1818, 1er févr. 1826 ; CN1-116, 15 août 1816, 20 janv., 3 févr. 1832, 21 juill. 1835 ; CN1-171, 18 août 1813 ; CN1-208, 3 févr. 1832 ; CN1-230, 26 avril, 20 juin, 29 déc. 1817, 18 juill. 1823 ; CN1-253, 12, 15 janv., 22 févr., 27 mai 1814 ; CN1-262, 14 févr. 1813, 5 août 1815, 5 sept. 1816, 6 déc. 1817, 13–27 juin, 6 août 1818, 22 janv., 3 mars, 16 sept. 1819, 24 févr., 5–6, 8, 10, 12–13, 15–24, 26, 28, 31 mars, 1er–3, 5–10, 12, 15–16, 18–23, 28 avril, 1er, 10, 15, 20–21, 24, 28–29 mai, 10–11, 15–24–25, 30 juin, 1er, 7, 15 juill., 31 août, 14, 20 sept., 9, 14, 26, 28 oct., 4, 8 nov., 15, 23, 28, 29 déc. 1820, 11, 13 janv. 1825, 5 juill., 27 oct. 1827, 26 mai 1830, 26 mai 1834 ; E17/37, no 3033 ; T11-1/425, no 536 ; 1/426, no 537 ; T11-301/3558, 1820, 1 : 239 ; 301/3563, 1822, 1 : 303–305 ; 301/3564, 1823, 1 : 278 ; 301/3567, 1824, 1 : 418. — APC, RG 31, C1, 1825, canton de Sherrington (mfm aux ANQ) ; 1831, Saint-Édouard ; RG 68, General index, 1651–1841. — B.-C., chambre d'Assemblée, Journaux, 1817 : 41, 71, 75, 119, 121, 143, 163, 275, 345, 381, 415, 445, 481, 503, 609, 611, 799 ; 1818 : 39, 47, 64, 72–73, 82, 104, 119, 121, 147, 149, 155–156, 158–159, 174, 182, 193, 195, 198, 202, 213, 217, app. 1 ; 1819 : 19, 27–28, 30, 34–35, 49, 51, 59–60, 69, 72, 80, 93, 110, 120, 192, 207, 215, 218–219, 224 ; 1820, app. G ; 1821–1822 : 162 ; 1823 : 225 ; 1831 : 36, 176, 181, 326 ; 1832 : 37, 256, 283, 289, 311–312, 327, 367, 369 ; 1832–1833 : 102, 305, 352, 547 ; 1834 : 266, 310, 337, 353, 382, 386, 465, 474 ; Statuts, 1818, chap. 18 : 101–157 ; 1823, chap. 14 : 307–315. — « Les Dénombrements de Québec » (Plessis), ANQ Rapport, 1948–1949 : 82, 131, 181. — Recensement de Québec, 1818 (Provost), 202. — Le Canadien, 10 nov., 3 déc. 1834. — La Gazette de Québec, 10 mai 1810, 23 janv. 1812, 22 avril, 30 déc. 1813, 3 mars 1814, 19 oct. 1815, 14, 28 mars, 4, 11 avril, 16 mai, 19 déc. 1816, 13 mars, 3 avril, 1er mai, 11, 18 sept., 13 nov. 1817, 12 févr., 26 mars, 14 mai, 11 juin, 19 oct. 1818, 11–12 janv., 2 févr., 4, 25 mars, 19, 21 avril, 7 juin, 23 août, 14 oct. 1819, 27 mars, 15 juin, 17 août, 21 sept., 12 oct., 23 nov. 1820, 3, 17 mai, 17 juin 1821, 17 juin, 5, 12 déc. 1822, 10 févr., 21 avril, 9 juin, 7 août, 9 oct., 6, 17 nov. 1823, 17 mai 1824, 25 sept. 1840. — Montreal Gazette, 19 oct. 1830, 11 nov. 1834. — Almanach de Québec, 1813 : 80 ; 1814 : 76, 81 ; 1815 : 81 ; 1816 : 75 ; 1817 : 42, 66, 77 ; 1818 : 42, 51, 69, 83 ; 1819 : 83, 138 ; 1820 : 81 ; 1821 : 85 ; 1822 : 89 ; 1823 : 53, 91 ; 1824 : 93 ; 1825 : 95 ; 1829 : 62 ; 1830 : 50, 68 ; 1831 : 42, 68, 71, 179 ; 1832 : 49, 69, 73 ; 1833 : 41, 69, 73, 219 ; 1834 : 44, 72, 249 ; 1835 : 68 ; 1837 : 72 ; 1838 : 47, 58 ; 1839 : 46, 57, 238 ; 1840 : 43, 59 ; 1841 : 45. — Joseph Bouchette, Topographical description of L.C. — Caron, « Inv. de la corr. de Mgr Panet », ANQ Rapport, 1933–1934 : 277–278 ; 1934–1935 : 339 ; 1935–1936 : 169 ; « Inv. des doc. relatifs aux événements de 1837 et 1838 », 1925–1926 : 272. — Desjardins, Guide parl. — Desrosiers, « Inv. de la corr. de Mgr Lartigue », ANQ Rapport, 1942–1943 : 8, 52, 61, 63, 67 ; 1943–1944 : 258. — Fauteux, Patriotes, 331–333. — Langelier, Liste des terrains concédés, 1543, 1559, 1580, 1584–1586. — P.-G. Roy, Inv. concessions, 5 : 106–107. — Raymonde [Landry] Gauthier, les Manoirs du Québec (Montréal, 1976), 86–87. — Roy, Hist. de Lauzon, 4 : 100. — Robert Sellar, The history of the county of Huntingdon and of the seigniories of Chateauguay and Beauharnois from their first settlement to the year 1838 (Huntingdon, Québec, 1888), 493. — « François Languedoc », BRH, 60 (1954) : 49. — « François Languedoc était-il notaire ? », BRH, 58 (1952) : 150–151. — J. P. Heisler, « les Canaux du Canada », Lieux hist. canadiens, no 8 (1973) : 96. — É.-Z. Massicotte, « Louis Roy, dit Portelance, député de Montréal de 1804 à 1820 », BRH, 32 (1926) : 169. — P.-G. Roy, « les Concessions en fief et seigneurie sous le Régime anglais », BRH, 34 (1928) : 321–325.

LARTIGUE, JEAN-JACQUES, prêtre catholique, sulpicien et évêque, né le 20 juin 1777 à Montréal, fils de Jacques Larthigue, chirurgien, et de Marie-Charlotte Cherrier ; décédé le 19 avril 1840 dans sa ville natale.

Fils unique, Jean-Jacques Lartigue appartenait à une famille distinguée de Montréal. Son père, originaire de Miradoux, en France, avait accompagné, peu avant 1757, en qualité de chirurgien, les troupes régulières envoyées en Nouvelle-France. Sa mère, native de Longueuil, était la fille de François-Pierre Cherrier*, marchand et notaire à Longueuil, puis à Saint-Denis, sur le Richelieu. Inscrit dès 1784 en classe préparatoire au collège Saint-Raphaël (qui deviendra en 1806 le petit séminaire de Montréal), Lartigue se montra un élève studieux et brillant. Sa philosophie terminée, il fréquenta en septembre 1793 l'école anglaise que dirigeaient les sulpiciens, puis fit durant trois ans un stage de clerc auprès des avocats montréalais Louis-Charles Foucher et Joseph Bédard. En compagnie de son cousin, Denis-Benjamin Viger*, et à l'exemple de ses oncles Joseph PAPINEAU, Denis Viger* et Benjamin-Hyacinthe-Martin Cher-

Lartigue

rier, députés à la chambre d'Assemblée du Bas-Canada, il développa pour la politique bas-canadienne un intérêt qui ne se démentirait jamais.

En 1797, Lartigue prit une décision qui marqua un tournant dans sa vie. Avant même d'être admis au barreau, il renonça à une carrière prometteuse et opta pour le sacerdoce. « Un événement fortuit et de bien peu d'importance, […] un léger désagrément qu'il éprouva de la part des hommes », selon Mgr Charles La Rocque*, semble avoir été à l'origine de cette décision soudaine. Le 23 septembre 1797, l'évêque de Québec, Mgr Pierre Denaut*, lui conféra la tonsure et les ordres mineurs en l'église paroissiale de Montréal. Lartigue passa les deux années suivantes au collège Saint-Raphaël comme professeur, selon la coutume de l'époque, tout en poursuivant ses études théologiques sous la direction des sulpiciens. En septembre 1798, il consigna dans un acte public sa décision irrévocable d'avancer jusqu'au sacerdoce. Le 30 septembre 1798 et le 28 octobre 1799, il reçut respectivement le sous-diaconat et le diaconat des mains de l'évêque en l'église de Longueuil. Mgr Denaut se l'adjoignit ensuite en qualité de secrétaire à la place d'Augustin Chaboillez*, nommé curé de la paroisse de Sault-au-Récollet (Montréal-Nord).

Lartigue fut ordonné prêtre le 21 septembre 1800 à Saint-Denis, sur le Richelieu, en présence de son oncle, le curé de l'endroit, François Cherrier*, de sa mère et de nombreux parents. En dépit d'une santé chancelante, il déploya beaucoup d'énergie en joignant à sa fonction de secrétaire celle de vicaire à Longueuil, où l'évêque continuait d'exercer la charge de curé. À titre de secrétaire, il accomplit plusieurs tâches importantes, telle la refonte du rituel de Québec, et il accompagna souvent son évêque dans ses tournées pastorales. La visite des Maritimes en 1803, cette partie du diocèse la plus éloignée de l'évêché, là où aucun évêque ne s'était rendu depuis 117 ans, s'avéra la plus pénible. Épuisé et gravement malade, Lartigue faillit mourir à Miramichi, au Nouveau-Brunswick. Il participa aussi très activement à l'administration courante du diocèse et se révéla un conseiller judicieux en l'absence du coadjuteur, Joseph-Octave Plessis*, qui résidait à Québec, au moment où l'Église canadienne faisait face à une vaste offensive de la part du lieutenant-gouverneur sir Robert Shore MILNES et de ses acolytes, Jonathan SEWELL, Herman Witsius RYLAND et Jacob Mountain*.

La mort de Mgr Denaut le 17 janvier 1806 permit à Lartigue de réaliser un rêve qu'il caressait depuis longtemps : devenir sulpicien. La perspective d'une « vie plus calme, plus solitaire, plus recueillie » et d'une vie intellectuelle plus poussée l'attirait particulièrement. Le 22 février 1806, il quitta le presbytère de Longueuil et retrouva ses anciens maîtres, après qu'on l'eut agrégé quelques jours plus tôt, le 15 février. Il était le premier Canadien que recevait le séminaire de Saint-Sulpice depuis la venue en 1793 des sulpiciens français chassés par la Révolution.

Dès son arrivée au séminaire, Lartigue fut attaché au ministère paroissial et eut la responsabilité de l'un des quatre quartiers de la paroisse. Parallèlement, il fut tour à tour procureur et archiviste au séminaire, et se livra à diverses activités intellectuelles, telles la rédaction de « cahiers de cérémonies » pour la paroisse et l'élaboration d'une édition française du Nouveau Testament. Ce dernier projet, si cher au nouvel évêque de Québec, Mgr Plessis, qui s'inquiétait de l'expansion des sociétés protestantes dans la province, requerrait beaucoup de temps de la part de Lartigue, particulièrement en 1818 et 1819, où il s'adonna à cette œuvre de façon privilégiée pendant plusieurs mois.

En 1806, Mgr Plessis avait engagé Lartigue à réfuter la requête du procureur général Sewell dans la cause qui opposait le curé Joseph-Laurent Bertrand* à l'un de ses paroissiens, Pierre Lavergne, en relation avec la légalité de l'érection de nouvelles paroisses. En juillet 1812, le supérieur du séminaire de Saint-Sulpice, Jean-Henry-Auguste Roux*, lui confia la tâche délicate de ramener à la soumission les habitants des régions de Pointe-Claire et de Lachine, qui avaient manifesté violemment contre la conscription. En 1815, Plessis l'invita à rédiger un nouveau catéchisme, mais il ne s'en considéra pas apte. Enfin, il accompagna à six reprises, de 1814 à 1819, le coadjuteur de l'évêque, Mgr Bernard-Claude Panet*, dans ses visites pastorales de la région de Montréal.

Aucune mission, cependant, ne devait revêtir autant d'importance que celle que Lartigue entreprit en 1819, à la demande de son supérieur, auprès du gouvernement britannique. Autant les autorités civiles qu'un certain nombre de juristes réputés contestaient depuis longtemps les titres de propriété du séminaire de Saint-Sulpice relatifs aux seigneuries de l'Île-de-Montréal, du Lac-des-Deux-Montagnes et de Saint-Sulpice. Au printemps de 1819, on avait de nouveau soulevé la question au Conseil législatif. Le danger de spoliation des biens de Saint-Sulpice s'avérait plus réel que jamais. Inquiété par les doutes sérieux du gouverneur, le duc de Richmond [Lennox*], sur la légalité des titres de propriété du séminaire, Roux résolut de porter la cause devant les autorités londoniennes. Le moment était d'autant plus propice que Mgr Plessis s'apprêtait à se rendre à Londres pour solliciter des lettres patentes en faveur du séminaire de Nicolet et obtenir l'autorisation de diviser son diocèse, beaucoup trop vaste pour un seul évêque. La présence de Plessis ne pouvait que faciliter la tâche de l'émissaire du séminaire. Le choix du supérieur se porta sur Lartigue que ses connaissances juridiques et sa maîtrise de l'anglais rendaient particulièrement apte à remplir cette mission. Le 3 juillet 1819,

Lartigue s'embarqua à bord du *George Symes* en compagnie de Mgr Plessis et de son secrétaire Pierre-Flavien Turgeon*.

Arrivé à Londres le 14 août, Lartigue entreprit aussitôt de plaider, avec le concours de Plessis, la cause du séminaire. Il se heurta à l'insouciance des fonctionnaires et au refus répété du secrétaire d'État aux Colonies, lord Bathurst, d'ailleurs prévenu contre lui, qui attendait, avant de se prononcer, le rapport des officiers de la couronne. Les démarches de Lartigue auprès de l'ancien gouverneur en chef de l'Amérique du Nord britannique, sir John Coape Sherbrooke*, du vicaire apostolique de Londres, William Poynter, de l'ambassadeur de France en Angleterre, le marquis de Latour-Maubourg, et d'éminents avocats londoniens ne donnèrent aucun résultat ; pendant son séjour à Paris du 23 octobre au 29 novembre, il ne réussit pas plus à convaincre les autorités françaises d'intervenir auprès du gouvernement britannique. Lorsqu'il quitta Londres pour Montréal, le 6 juin 1820, la cause du séminaire n'était guère plus avancée. Pourtant sa présence n'avait pas été inutile : les autorités britanniques avaient renoncé momentanément à s'emparer des biens de Saint-Sulpice. À son insu, Lartigue avait tout de même préparé l'accord qui allait intervenir 20 ans plus tard au profit du séminaire.

En se rendant à Londres défendre les intérêts du séminaire, Lartigue ignorait tout des desseins que Plessis avait pour lui. À défaut de la division du diocèse de Québec, ce dernier avait obtenu à Londres la reconnaissance de quatre évêques auxiliaires qui le représenteraient dans le Haut-Canada, le Nord-Ouest, les Maritimes et le district de Montréal. Le 17 septembre 1819, Lartigue avait appris que l'archevêque le destinait à ce dernier poste. D'abord réticent à se rendre aux désirs de Plessis, il répondit finalement de façon affirmative, mais à la condition d'un acquiescement de la part de ses supérieurs. Antoine de Pouget Duclaux, supérieur général de Saint-Sulpice à Paris, s'en remit au jugement de Roux. Celui-ci répondit de façon évasive en décembre 1819. Les craintes de Lartigue se confirmaient : son supérieur immédiat semblait consentir à son épiscopat s'il quittait le séminaire. En mars 1820, Lartigue reçut les lettres apostoliques qui le nommaient évêque de Telmesse, en Lycie, et auxiliaire en même temps que suffragant de Plessis. Pour Lartigue, qu'un ordre du pape contraignit peu après à accepter l'épiscopat, une tout autre vie commençait. Il serait sulpicien, mais évêque auxiliaire à Montréal. Peut-être Jean-Baptiste Thavenet avait-il prophétisé plus qu'il ne croyait lorsqu'il lui avait écrit peu auparavant : « Encore un mot sur l'épiscopat qu'on vous offre. Il me rappelle les évêques régionaires du ve siècle : vous seriez évêque non pas de Montréal mais à Montréal. Vous y seriez vicaire de l'évêque, et le grand vicaire ne serait plus rien, etc. Et si vous n'étiez pas membre du Séminaire

(comme infailliblement cela vous arriverait), quelle triste existence pour vous ! »

L'ordination épiscopale de Mgr Lartigue eut lieu à l'église Notre-Dame de Montréal le 21 janvier 1821. Le nouvel évêque devenait responsable du district le plus important du Bas-Canada. Borné au nord-est par la région de Trois-Rivières, au sud par les États américains du Vermont et de New York et au sud-ouest par le Haut-Canada, le district de Montréal comptait une population de près de 200 000 habitants dont 170 000 catholiques répartis dans 72 paroisses et missions. Des 18 767 citoyens de Montréal, près des neuf dixièmes appartenaient à l'Église catholique. Les établissements religieux étaient nombreux et prospères. Outre le séminaire de Saint-Sulpice et l'église Notre-Dame, Montréal comprenait le petit séminaire, la chapelle des récollets, la chapelle Notre-Dame-de-Bonsecours, un couvent pour jeunes filles dirigé par les sœurs de la Congrégation de Notre-Dame et deux hôpitaux, l'Hôtel-Dieu et l'Hôpital Général.

Plusieurs tâches importantes attendaient le nouvel évêque. L'une d'elles concernait la formation théologique et spirituelle du clergé, nettement déficiente à l'époque. Mgr Lartigue voulut y remédier rapidement. En 1825, dans les murs de l'évêché, inauguré peu auparavant, il fonda une école de théologie, le séminaire Saint-Jacques, qui devint rapidement, sous la direction de son secrétaire et bras droit, Ignace Bourget*, un foyer d'ultramontanisme. On y enseignerait l'infaillibilité du pape 40 ans avant que le concile du Vatican ne proclame cette proposition comme un dogme. À une époque où en France s'affrontaient violemment les tenants du gallicanisme et de l'ultramontanisme, Lartigue considérait l'Église comme un corps fortement hiérarchisé, étranger à toute idée démocratique du pouvoir et soumis en tout à l'autorité du pape. La primauté absolue du souverain pontife constituait l'essentiel de cette définition. « Pasteur des pasteurs » et jouissant du caractère de l'infaillibilité indépendamment de l'assentiment des évêques, le pape avait de droit divin « une juridiction pastorale sur tous les évêques du monde », qu'il pouvait déplacer et déposer à volonté.

Cette conception de l'Église et cet amour pour la personne de son chef, Lartigue les tenait en partie de l'admiration qu'il vouait à Hugues-Félicité-Robert de La Mennais, dont il avait lu avec enthousiasme l'*Essai sur l'indifférence en matière de religion* (Paris, 1817), à l'occasion de son voyage en Europe. Lartigue s'était nourri de façon assidue à partir de 1820 des écrits de Joseph de Maistre, de ceux de Philippe-Olympe Gerbet et de La Mennais qu'il recevait régulièrement par l'intermédiaire du libraire parisien Martin Bossange. Abonné à plusieurs journaux ménaisiens dont *le Drapeau blanc, le Mémorial catholique* et *l'Avenir*, il développa une admiration sans borne pour La Men-

Lartigue

nais, « cet écrivain supérieur et ce Papiste complet », qui faisait « aimer la religion et son chef visible sur la terre ». C'est avec douleur et la mort dans l'âme qu'il apprendrait la dénonciation, puis la condamnation en 1832 et 1834, par l'encyclique du pape Grégoire XVI, de celui dont il ne renierait jamais le système philosophique et, à plus forte raison, l'ultramontanisme.

Une autre tâche apparut tout aussi importante à Lartigue : assurer à l'Église canadienne une plus grande cohésion et stabilité. Il travailla ainsi à l'amélioration de la loi concernant la reconnaissance civile des paroisses et le droit pour les corporations et les congrégations religieuses de posséder et d'acquérir des biens immobiliers. De plus, il appuya totalement Mgr Plessis dans son projet de regroupement de tous les diocèses d'Amérique du Nord britannique. Après le décès de Plessis, il en prit lui-même l'initiative de façon telle que le projet se réaliserait en 1844, au moment de l'établissement de la première province ecclésiastique au Canada, celle de Québec.

Imbu de la suprématie de l'Église sur la société civile, Lartigue n'était pas moins soucieux de la formation chrétienne des fidèles de son diocèse. Il exigeait d'eux une docilité absolue aux directives des évêques et comptait en outre sur leur action pour conserver à l'Église ses prérogatives et assurer son rayonnement dans la société. Afin d'y parvenir, il voulut établir une presse religieuse régie par l'épiscopat, pour « former et maîtriser l'opinion publique » et la faire tourner au profit de l'Église. Son successeur, Mgr Bourget, y parviendrait en 1841, en publiant les *Mélanges religieux* [V. Jean-Charles Prince*].

La même préoccupation amena Lartigue à s'intéresser vivement au domaine de l'éducation. Comme il soutenait que l'enseignement était essentiellement une responsabilité de l'Église et non de l'État, il prôna un système d'écoles indépendant de l'Institution royale pour l'avancement des sciences [V. Joseph Langley Mills*] et relié aux paroisses ; il souhaita en 1824, au moment de l'adoption de la loi des écoles de fabrique, que le clergé tire le plus possible avantage de cette loi. Celle-ci autorisait les curés et les marguilliers des paroisses à acquérir des fonds pour l'établissement d'écoles élémentaires et à y consacrer une partie des revenus de la fabrique. Lartigue ne devait pas tarder à donner l'exemple. Dès son arrivée dans le nouvel évêché, il avait ouvert une école gratuite qui comptait près de 80 écoliers en 1826. Peu après, il établit une deuxième école dans une maison acquise à cette fin ; il en confia la direction à l'Association des dames bienveillantes de Saint-Jacques, organisme créé en juillet 1828 dans le but d'éduquer les filles pauvres. Que dire enfin de sa constante sollicitude pour le collège de Saint-Hyacinthe [V. Antoine Girouard*] qui, à partir de 1824, releva de sa juridiction et devint,

sous la direction de Jean-Charles Prince, un véritable « collège lamennaisien ».

L'action de Lartigue se manifesta également sur le plan social. En 1827, il encouragea fortement la fondation d'une association laïque de bienfaisance, l'Association des dames de la charité, dans le but de soulager les miséreux de Montréal [V. Marie-Amable Foretier*]. Puis, à l'été de 1832, au moment de la terrible épidémie de choléra qui s'abattit sur la ville, il appuya l'association dans son projet d'ouvrir un orphelinat pour recueillir les enfants d'immigrés, pour la plupart irlandais, victimes de la maladie. Au nombre des membres les plus actifs de l'association, se trouvait Émilie Tavernier* qui avait Lartigue pour directeur spirituel et qui, à son instigation, avait mis sur pied en 1830 un refuge pour les femmes âgées, malades ou infirmes. De plus, Lartigue et le sulpicien canadien Nicolas Dufresne* avaient secondé Agathe-Henriette Huguet, dit Latour, pour établir en 1829 l'Institution charitable pour les filles repenties.

Ces réalisations prirent toutefois place au cours d'un épiscopat particulièrement tourmenté, marqué de luttes incessantes tantôt contre le séminaire de Saint-Sulpice à Montréal, tantôt contre les autorités britanniques et tantôt contre les nouveaux dirigeants laïques canadiens. En 1837, Lartigue rappellerait avec amertume ces années d'épiscopat où sa vie était « semée de vicissitudes temporelles, et presque également entremêlée de prospérités et d'adversités ». Maintes fois, l'évêque supplierait Mgr Plessis et ses successeurs de le « retirer enfin de cette galère » ; il offrirait à plusieurs reprises sa démission aux autorités romaines.

L'affrontement avec le séminaire de Saint-Sulpice marqua les 15 premières années de l'épiscopat de Lartigue. Il débuta avec la décision de l'évêque, en janvier 1821, de s'établir à Montréal plutôt que dans une paroisse de la rive sud du Saint-Laurent, comme l'aurait souhaité Roux. Celui-ci était fermement convaincu qu'en prenant le parti « d'élever à l'épiscopat un de leurs confrères », Mgr Plessis avait visé « à introduire dans le Séminaire un évêque canadien » pour diminuer l'influence des sulpiciens français et mettre l'institution sous sa dépendance. Cette conviction explique l'exclusion de Lartigue du séminaire en février 1821 – il dut trouver refuge à l'Hôtel-Dieu de Montréal – de même que le geste étonnant des marguilliers de Notre-Dame qui, en juillet, profitèrent de l'absence de Lartigue pour enlever le trône épiscopal de l'église paroissiale. Ainsi on comprend davantage leur décision, en septembre 1822, de construire une nouvelle église [V. James O'Donnell*], vraisemblablement pour contrecarrer le projet de Lartigue, engagé dans la construction de l'église Saint-Jacques.

Entre l'évêque auxiliaire et les sulpiciens, qui avaient toujours exercé une forte emprise sur Montréal depuis leur arrivée en 1657, le conflit était inévitable.

Lartigue avait cru qu'en prenant soin de consulter ses supérieurs sulpiciens et en exigeant un ordre du pape pour accepter l'épiscopat il vaincrait les réticences de ses confrères. En fait, Roux ne voulait point d'un évêque canadien à Montréal, même sulpicien, de peur de modifier le caractère exclusivement français du séminaire : toute décolonisation s'opère rarement sans heurts.

Lartigue fut donc amené à condamner l'activité des sulpiciens qui tentaient à Rome comme à Londres de s'assurer un recrutement d'origine française, à dénoncer la politique de discrimination dont faisaient l'objet les sulpiciens canadiens à l'intérieur de la compagnie et à s'opposer énergiquement en 1833 aux efforts du séminaire en vue d'obtenir à Montréal un préfet apostolique sulpicien et français. Si Mgr Plessis avait mieux soutenu Lartigue, qui ne croyait pas en « une politique tortueuse qui [voulait] tout ménager » et qui « fini[ssait] par tout gâter », celui-ci aurait sûrement rappelé avec plus de vigueur aux sulpiciens qu'ils ne pouvaient constituer une Église dans l'Église et aurait sévi avec plus de fermeté contre certains curés frondeurs, tels Augustin Chaboillez, François-Xavier PIGEON et Jean-Baptiste Saint-Germain*, dévoués à Saint-Sulpice.

Un rapprochement s'effectua toutefois à partir de 1835 entre Lartigue et le séminaire. En août, Lartigue était prêt à se choisir un successeur « agréable à Saint-Sulpice ». En effet, la maladie puis la mort rapide en mai de Pierre-Antoine Tabeau*, qui devait lui succéder, l'avaient beaucoup fait réfléchir. La célébration du jubilé sacerdotal du sulpicien français Jacques-Guillaume ROQUE, le 24 septembre 1835, en présence de l'évêque, acheva de réconcilier les deux parties. Dès lors, la plus grande harmonie régna. En décembre 1836, Lartigue écrivit, non sans une joie évidente, au supérieur Joseph-Vincent Quiblier* : « Je puis vous assurer que j'ai oublié de bon cœur tout le reste de ce qui s'est passé pendant quinze ans pour ne songer qu'à chérir et favoriser votre Maison. » L'année suivante, le supérieur général de Saint-Sulpice à Paris, Antoine Garnier, confiait le séminaire à la protection et à la bienveillance de l'évêque.

Au nombre des objectifs que Lartigue poursuivit inlassablement au cours de son épiscopat, il faut signaler au premier chef l'indépendance absolue de l'Église. Il soutenait que l'Église canadienne était indépendante du pouvoir politique et refusait, pour sa part, d'être regardé « simplement comme un engin entre les mains de l'Exécutif » ; il s'opposa donc énergiquement aux autorités britanniques qui n'avaient pas à dominer l'Église ni à dicter aux chefs religieux leur ligne de conduite. Contrairement à Mgr Plessis, à Mgr Panet et à Mgr Joseph SIGNAY pour qui la liberté de l'Église était fonction de leur soumission aux directives de Londres, Lartigue avait compris que l'Église, dans un pays où existaient des institutions représentatives, ne devait pas solliciter la protection des hommes politiques ; elle disposait elle-même d'un pouvoir autonome en vertu de l'autorité qu'elle exerçait sur les fidèles qui avaient également la qualité d'électeurs. Lartigue, qui enviait la liberté d'action dont jouissait Mgr Benoît-Joseph Flaget, son collègue de Bardstown, au Kentucky, s'était rendu compte qu'avec un gouvernement protestant, ombrageux et chicaneur, une seule politique s'imposait, celle du fait accompli. Il l'appliqua au moment de l'érection du diocèse de Montréal. En insistant au mois d'octobre 1835 auprès de Mgr Joseph-Norbert Provencher*, son collègue du Nord-Ouest en visite à Rome, pour que les autorités romaines ne fassent point cas « du consentement ou de l'approbation du gouvernement britannique en faveur d'un tel arrangement », et en expédiant lui-même au pape, en novembre, à l'insu du gouverneur lord Gosford [ACHESON], la requête du clergé montréalais en faveur d'un évêché à Montréal, il eut, selon Marcel Trudel, « le courage de poser le premier geste d'indépendance absolue ».

Cette politique audacieuse porta fruits. Le 13 mai 1836, le pape Grégoire XVI signait la bulle d'érection du nouveau diocèse de Montréal et le bref préposant Lartigue au siège épiscopal. Mis devant le fait accompli, Londres agréa le nouvel évêque, comme Lartigue l'avait prévu : le 26 mai, le secrétaire d'État aux Colonies donna son accord. L'évêque de Montréal prit possession de son siège épiscopal le 8 septembre dans l'enthousiasme général. Peu après, Lartigue fit un second geste non moins décisif en traitant avec Rome la question de son coadjuteur sans en discuter au préalable avec le gouverneur, voire même l'avertir. À partir de ce moment, les relations entre l'Église canadienne et l'État entrèrent dans une ère nouvelle. Les autorités britanniques interviendraient de moins en moins dans les affaires internes de l'Église, dans la nomination des évêques et dans l'établissement de nouveaux diocèses. L'évêque de Montréal avait ouvert la voie à ses confrères et successeurs. Les relations entre l'Église et l'État avaient franchi un pas capital, qui serait ratifié en 1849 sous le gouvernement responsable, quand l'Église deviendrait indépendante de l'État.

Un autre conflit opposa Lartigue aux dirigeants de la chambre d'Assemblée, notamment à son cousin Louis-Joseph Papineau*. Depuis 1791, au moment de la mise en place des institutions parlementaires dans le Bas-Canada, les nouveaux porte-parole de la collectivité canadienne n'avaient pas tardé à éveiller la méfiance des autorités ecclésiastiques. Celles-ci acceptaient mal d'être supplantées par des chefs, sinon hostiles, du moins peu enclins à accepter leurs directives. Néanmoins, en dépit de leur politique officielle de non-intervention, les représentants de l'Église appuyaient sans aucun doute la cause des Canadiens. Lartigue, pour sa part, ressentait profon-

Lartigue

dément les injustices dont ses compatriotes étaient victimes et manifesta toujours un vif intérêt pour les luttes et les objectifs des chefs politiques. Sa correspondance avec son cousin Viger, bras droit de Papineau, l'atteste éloquemment, notamment en 1822 au moment de la présentation au Parlement de Londres d'un projet de loi sur l'union des deux Canadas et, en 1828, à l'occasion de la mission à Londres de Viger, d'Austin CUVILLIER et de John NEILSON. En 1827, il justifiait d'ailleurs en ces termes la politique non interventionniste du clergé qu'il n'avait jamais cessé de prôner : « il est important pour eux [les Canadiens] que nous ne blessions point en cette occasion la jalousie du gouvernement qui par contrecoup pourrait faire malgré eux beaucoup de mal à la religion [...], d'ailleurs, sans que nous cassions les vitres, le gouvernement en Angleterre n'ignorera pas nos véritables sentiments, et [...] il jugera bien, malgré notre silence, de ce que nous pensons, s'il voit la masse sur laquelle il sait quelle est notre influence se porter presque unanimement en plaintes contre l'administration ».

À partir de 1829, cependant, les relations entre les représentants du parti patriote et les évêques se détériorèrent rapidement. Comme il contestait les objectifs que les chefs de l'Assemblée poursuivaient, notamment dans la loi scolaire de 1829 et en 1831 dans le projet de loi sur les fabriques [V. Louis Bourdages*], où l'on devinait une influence certaine du libéralisme déiste du XVIIIe siècle français et une grande tendance à la démocratie, Lartigue prit la tête d'une contre-offensive ; celle-ci aurait raison des tentatives des libéraux de restreindre l'influence de l'Église sur le peuple et de définir la société canadienne autrement que par son appartenance religieuse. Inquiet en même temps de la montée croissante d'un nationalisme canadien de plus en plus agressif et revendicateur, et du ton nettement révolutionnaire qu'adoptaient des chefs politiques radicaux qui ne lui inspiraient guère confiance, il en vint à s'opposer directement à eux. Il constatait avec alarme que le mouvement d'émancipation des Canadiens se faisait désormais sans l'Église, voire contre elle, et que la liberté très limitée que l'Église canadienne avait réussi à obtenir était menacée à la fois par le gouvernement britannique et par les hommes politiques canadiens eux-mêmes. L'épreuve de force entre les deux pouvoirs eut lieu en 1837. Le 24 octobre, dans un mandement aux fidèles de son diocèse, l'évêque de Montréal condamna l'action des chefs patriotes, en se basant sur la doctrine biblique du pouvoir divin des autorités civiles légitimes. En même temps, il mettait sérieusement en doute, tout comme les tenants de l'aile modérée du parti patriote, la sagesse et le bien-fondé de la politique des radicaux qu'il jugeait aussi imprudente que néfaste. Le divorce amorcé six ans plus tôt entre l'Église et l'Assemblée était consommé.

Les événements donnèrent raison à Lartigue. Vaincus à Saint-Charles-sur-Richelieu, puis à Saint-Eustache, les patriotes perdirent foi en leurs chefs, surtout après que plusieurs d'entre eux les eurent abandonnés. En dépit des premières réactions défavorables qu'avait suscitées son intervention, même au sein d'une partie du clergé, Lartigue ne tarda pas à apparaître comme un véritable chef, indépendant, lucide, soucieux de mériter la confiance de ses compatriotes et capable de leur proposer un programme plus réaliste que celui des responsables du parti patriote. La requête en faveur des droits des Canadiens à laquelle il donna son appui le 9 novembre 1837, à la demande des curés de la vallée du Richelieu, requête que signèrent tous les prêtres du Bas-Canada, puis le soutien que l'évêque et son coadjuteur apportaient aux infortunées victimes qui remplissaient les prisons, particulièrement après la tentative d'insurrection dans la nuit du 3 au 4 novembre 1838, convainquirent les Canadiens du désintéressement de leurs chefs religieux, regroupés autour de Lartigue. Entre-temps, à la fin de janvier 1838, ce dernier était intervenu auprès de lord Gosford pour engager le gouvernement de Londres à ne point modifier la constitution du Bas-Canada ni imposer l'union des deux Canadas comme le souhaitaient ardemment les tenants de la tendance sectaire de 1822. Lorsque furent connues au printemps de 1839 les recommandations du rapport de lord Durham [LAMBTON] qui visaient à « anglifier » et à « décatholiciser » les Canadiens par une union législative et un système d'écoles neutres, Lartigue favorisa la signature par son clergé d'une nouvelle requête destinée à la reine et aux chambres des Lords et des Communes et qui s'opposait au projet.

À ce moment décisif de l'histoire du Canada français, alors que les Canadiens s'étaient vus abandonnés, voire trompés, par leurs chefs politiques, les dirigeants religieux étaient intervenus pour prendre la relève et se mettre au service de la nation. Du coup, l'Église canadienne recouvrit l'autorité qu'elle avait exercée sur la collectivité canadienne avant l'avènement du régime parlementaire. Désormais, elle constituait une force politique avec laquelle les nouveaux dirigeants canadiens, plus raisonnables et plus modérés, devraient compter.

Malade depuis plusieurs années, Mgr Jean-Jacques Lartigue mourut le 19 avril 1840. La presse, le Canadien en particulier, fut unanime à souligner la grandeur de son épiscopat. Plus de 10 000 personnes assistèrent à ses obsèques, le 22 avril, dans l'église Notre-Dame. Autant de fidèles furent présents le lendemain à la cathédrale Saint-Jacques, où Mgr Bourget lui rendit un ultime hommage. À la mort du premier évêque de Montréal, la réaction catholique et ultramontaine dont il avait été le principal artisan était engagée de façon irrémédiable. Son successeur, Mgr Bourget, bien préparé dans ce sens par 16 ans de secrétariat et 3 ans d'épiscopat auprès de lui, poursuivrait son œuvre.

GILLES CHAUSSÉ ET LUCIEN LEMIEUX

Les lecteurs trouveront une bibliographie détaillée sur Jean-Jacques Lartigue et sur la période 1777–1840 dans : Chaussé, *Jean-Jacques Lartigue* ; et Lemieux, *l'Établissement de la première prov. eccl.*

AAQ, 1 CB, VI-VIII ; 26 CP, I-VII. — ACAM, 255.109 ; 295.101 ; .103 ; 465.101 ; 583.000 ; 780.034 ; 901.012– .018 ; .021–.025 ; .028–.029 ; .033 ; .037 ; .039 ; .041 ; .047 ; .050 ; .136–.137 ; .150 ; RII, I–III. — APC, MG 24, B2, 1 ; 2 ; 16–21 ; B6, 1–12 ; B46 ; J15. — Arch. de la Compagnie de Jésus, prov. du Canada français (Saint-Jérôme, Québec), 2196 ; 3182–3183. — Arch. du séminaire de Saint-Sulpice (Paris), Fonds canadien, dossiers 22, 27–29, 52, 55, 59, 63, 67, 73–76, 79–89, 94, 98–99. — ASQ, Fonds Viger-Verreau, Sér. O, 0128. — ASSM, 1bis ; 21 ; 24, B ; 27. — Allaire, *Dictionnaire*. — F.-M. Bibaud, *Dict. hist.* ; *le Panthéon canadien* (A. et V. Bibaud ; 1891). — Desrosiers, « Inv. de la corr. de Mgr Lartigue », ANQ *Rapport*, 1941–1942 ; 1942–1943 ; 1943–1944 ; 1944–1945 ; 1945–1946. — G.-É. Giguère, « la Restauration de la Compagnie de Jésus au Canada, 1839–1857 » (thèse de PH.D., 2 vol., univ. de Montréal, 1965). — J.-P. Langlois, « l'Ecclésiologie mise en œuvre par Mgr Lartigue (relations Église-État) durant les troubles de 1837–1838 » (thèse de L.L., univ. de Montréal, 1976). — Anne McDermaid, « Bishop Lartigue and the first rebellion in the Montreal area » (thèse de M.A., Carleton Univ., Ottawa, 1967). — Yvette Majerus, « l'Éducation dans le diocèse de Montréal d'après la correspondance de ses deux premiers évêques, Mgr J.-J. Lartigue et Mgr I. Bourget, de 1820 à 1967 » (thèse de PH.D., McGill Univ., Montréal, 1971). — Pouliot, *Mgr Bourget et son temps*, 1 ; *Trois Grands Artisans du diocèse de Montréal* (Montréal, 1936). — L.-P. Tardif, « le Nationalisme religieux de Mgr Lartigue » (thèse de L.L., univ. Laval, 1956). — É.-J.[-A.] Auclair, « le Premier Évêque de Montréal, Mgr Lartigue », SCHEC *Rapport*, 12 (1944–1945) : 111–119. — François Beaudin, « l'Influence de La Mennais sur Mgr Lartigue, premier évêque de Montréal », *RHAF*, 25 (1971–1972) : 225–237. — J.-H. Charland, « Mgr Jean-Jacques Lartigue, 1er évêque de Montréal (1777–1840) », *Rev. canadienne*, 23 (1887) : 579–582.

LAWRENCE, ALEXANDER, ébéniste, tapissier et musicien, né le 8 avril 1788 à Methlick, Écosse ; il épousa en Écosse Mary Wilson, et ils eurent quatre fils et deux filles, puis le 6 juin 1833, à Saint-Jean, Nouveau-Brunswick, Margaret Barr, et de ce mariage naquirent deux fils et trois filles ; décédé le 28 octobre 1843 au même endroit.

Parti d'Aberdeen, en Écosse, Alexander Lawrence arriva à Saint-Jean en 1817 à bord du *Protector*. En août, il ouvrit une boutique d'ébéniste et de tapissier rue King. En mai 1819, il forma avec Robert Sheed une société qui dura jusqu'en juin 1821. Le 21 janvier 1820, il prêta le serment de citoyen de Saint-Jean. Après plusieurs déménagements entre 1817 et 1819, il installa sa boutique rue Germain en mai 1820, puis rue King, près du Masonic Hall, en avril 1827 ; il demeura à cet endroit jusqu'à sa retraite.

Lawrence était venu à Saint-Jean en compagnie du révérend George Burns, affecté à la nouvelle église presbytérienne de la ville, St Andrew. Il eut l'occasion de faire de la musique dans cette église, dont il devint le premier chef de chœur. Il le demeura, présume-t-on, jusqu'à son deuxième mariage, puis fréquenta l'église anglicane Trinity. Peu après son arrivée dans la colonie, il avait annoncé son intention de donner des leçons de chant sacré, tant dans une classe hebdomadaire qu'à des particuliers. Son intérêt pour la musique se reflète aussi dans sa participation à la Sacred Music Society, dont il fut président jusqu'à sa mort, après avoir collaboré à sa formation en 1837.

Franc-maçon, Lawrence était membre actif de la St John's Lodge No. 29 de Saint-Jean. Admis en avril 1818, il devint apprenti en juin et atteignit avec le temps les degrés de compagnon de l'ordre et de maître maçon. Le 17 janvier 1820, les degrés des Royal Arch Masons lui furent conférés au chapitre de Carleton. Il servit à titre de premier surveillant en 1827 et 1828, puis de vénérable l'année suivante. Délégué au convent qui forma la Grand Lodge of Free and Accepted Masons of New Brunswick en 1829, il fut élu premier grand diacre de cet organisme pour l'année 1830. En avril de cette année-là, en reconnaissance de ses éminents services, ses frères de la St John's Lodge lui remirent une adresse rédigée en grosse sur parchemin. Par ailleurs, Lawrence collabora en 1838 à la fondation du Saint John Mechanics' Institute, dont il fut administrateur de 1838 à 1841 puis vice-président en 1842.

En septembre 1842, Alexander Lawrence annonça qu'il quitterait les affaires vers le jour de l'An et que ses fils Joseph Wilson* et George Hunter prendraient la relève dans sa boutique d'ébénisterie. Ils la conservèrent d'ailleurs jusque dans les dernières années du siècle. Lawrence se retira dans une ferme à Norton et mourut moins d'un an après, à Saint-Jean.

T. G. DILWORTH

APNB, RG 7, RS71, 1843, Alexander Lawrence. — City of Saint John (Saint-Jean, N.-B.), City Clerk's Office, Common Council, minutes, V : 111 (mfm aux APNB). — Musée du N.-B., St Andrew's (Presbyterian) Church (Saint-Jean), reg. of baptisms, 1817–1835 ; reg. of marriages, 1817–1831 (copie dactylographiée) ; Trinity (Anglican) Church (Saint-Jean), reg. of baptisms, 1835–1860, nos 250, 666 ; vestry minutes, 28 mars 1842 (copie dactylographiée). — *City Gazette* (Saint-Jean), 17 sept., 17 déc. 1817, 28 avril, 5 mai 1819, 10 mai 1820, 13 juin 1821, 13 juin 1833. — *Herald* (Saint-Jean), 10 avril 1839. — *Morning News* (Saint-Jean), 15 avril 1840, 30 oct. 1843. — *New-Brunswick Courier*, 6 sept. 1817, 2 juin 1827, 31 mars 1832, 8 juin 1833, 17 avril 1841. — *Weekly Chronicle* (Saint-Jean), 6 avril, 3 août, 7

Lawson

déc. 1838, 16 août 1839, 7 août, 2 oct. 1840, 14 août 1841, 15 avril, 12 août, 23 sept. 1842, 3 nov. 1843. — *Weekly Observer* (Saint-Jean), 3 avril 1832. — W. F. Bunting, *History of St. John's Lodge, F. & A.M. of Saint John, New Brunswick* [...] (Saint-Jean, 1895). — E. P. Costello, « A report on the Saint John Mechanics' Institute, 1838–1890 » (thèse de M.A., Univ. of N.B., Fredericton, 1974), 37.

LAWSON, WILLIAM, homme d'affaires, homme politique, juge de paix et fonctionnaire, baptisé le 14 mars 1772 à Halifax, fils de John Lawson et de Sarah Shatford ; le 26 novembre 1793, il épousa dans la même ville sa demi-sœur Elizabeth Handyside, et ils eurent 14 enfants ; décédé au même endroit le 29 août 1848.

William Lawson appartenait à une influente famille de Halifax venue de Boston en 1750. Son père était l'un des plus gros marchands de la ville, et les relations de sa famille l'aidèrent sûrement tout au long de sa carrière. En 1800, avec Charles Ramage Prescott*, il possédait une compagnie, la Prescott and Lawson, qui faisait du commerce avec les Antilles, le Bas et le Haut-Canada, l'Espagne et le Portugal. Joseph Allison s'associa à eux en 1809 pour former la Prescott, Lawson and Company. Les associés convinrent de la dissoudre en décembre 1811, mais Lawson demeura dans les affaires. Pendant la guerre de 1812, il importa des États-Unis des vivres et des approvisionnements pour la marine. Tout comme William Bruce ALMON et Lewis Johnston, il fut l'un des principaux actionnaires de la Halifax Sugar Refinery Company, qui prit naissance dans les années 1820 mais subit des pertes par suite de la loi commerciale de 1830 qui ouvrit les Antilles britanniques aux marchands américains.

Lawson était relativement jeune lorsqu'il se lança en politique. Député de la circonscription de Halifax de 1806 à 1836, il entra en janvier 1838 au Conseil législatif, où il siégea jusqu'à la session de 1845. Joseph Howe* déclara en 1837 que Lawson, « bien que riche et tout à fait digne d'être remarqué par le gouvernement », avait toujours été tenu à l'écart de l'ancien conseil parce qu'« il aimait trop son franc-parler et refusait de se plier aux vues de cet organisme ». Lawson avait certes la réputation de ne pas mâcher ses mots. Ainsi en 1812 il dut s'excuser d'avoir fait « diverses remarques sur [Lewis Morris WILKINS], en tant que président de l'Assemblée, ainsi que sur la chambre ».

Lawson participa aussi à l'administration de Halifax. Nommé juge de paix en 1816, 1819 et 1845, il siégea en décembre 1828 au comité de supervision des édifices publics. En outre, et cela importe davantage, il fut trésorier de la ville et du comté de Halifax de 1835 à 1838, commissaire du revenu de 1816 à 1845 et commissaire des pauvres en 1835. Sa nomination au poste de trésorier fut d'ailleurs l'une des causes de sa

défaite aux élections législatives de 1836, car il la devait au conseil, dont les décisions étaient alors de plus en plus impopulaires. Fermier enthousiaste, Lawson fut trésorier du Central Board of Agriculture pendant un an, puis John YOUNG le supplanta en décembre 1819. Toujours membre du comité directeur, il reprocha à Young d'accepter un salaire et d'avoir commis des erreurs dans la gestion des fonds alloués au bureau.

Vers 1826, Lawson et d'autres marchands se mirent à réclamer la création d'une banque publique qui viendrait briser le monopole de la Halifax Banking Company, banque privée fondée en 1825 [V. Henry Hezekiah Cogswell*]. Au début de 1832, les participants à une assemblée publique tenue à Halifax adoptèrent des résolutions en faveur d'une banque publique, et peu après Lawson présenta à l'Assemblée un projet de loi en vue de l'octroi d'une charte bancaire. Avant 1825, les tentatives en vue de fonder des banques publiques s'étaient surtout heurtées à l'opposition des députés ruraux, qui éprouvaient de l'animosité envers les bien-nantis de Halifax et craignaient qu'une banque publique privilégiée ne détienne un monopole permanent. Cependant, les partisans d'une banque publique, dont William Blowers Bliss* et James Boyle Uniacke*, affirmaient que sa charte ne serait pas exclusive et qu'« une douzaine d'autres pourraient être octroyées ». Le débat avait des sous-entendus politiques. Parmi les propriétaires de la Halifax Banking Company, cinq étaient membres du conseil de la province, et les promoteurs d'une banque publique avaient l'appui de députés qui n'étaient pas tant favorables au projet qu'opposés au conseil.

L'Assemblée était en faveur de la création d'une banque publique mais s'inquiétait de la responsabilité de ceux qui l'administreraient. Aussi la charte qu'elle présenta au conseil contenait-elle de strictes garanties, dont une qui exigeait que les actionnaires soient responsables du double de la valeur de leurs avoirs en cas d'insolvabilité. Cette clause était nouvelle en Amérique du Nord britannique, car à l'époque la plupart des banques limitaient la responsabilité de l'actionnaire à la valeur de ses actions. Comme c'était à prévoir, le conseil modifia la charte pour imposer encore plus d'entraves aux opérations de la banque. Le 31 mars 1832, après quelques démêlés entre l'Assemblée et le conseil, on adopta la charte. Elle contenait d'autres restrictions, au total les plus nombreuses en Amérique du Nord britannique. La Banque de Nouvelle-Écosse (c'est le nom que prit l'établissement) comptait dans son conseil d'administration un fort nombre de députés, dont Lawson, Bliss et Uniacke. Lawson fut élu président ; en tête de la première liste d'actions figurait une souscription de £1 000 pour 20 actions à son nom, qu'il paya peut-être avec de l'argent hérité de son père.

Si l'antagonisme entre la Banque de Nouvelle-

Écosse et la Halifax Banking Company découlait de facteurs politiques, il reste que les deux premières années de leur coexistence furent plutôt dominées par une controverse sur l'encaissement des billets de banque. En vertu de sa charte, la Banque de Nouvelle-Écosse était tenue de rembourser ses billets en numéraire, mais elle essuya un refus quand elle demanda que ses billets soient aussi remboursés en numéraire par la Halifax Banking Company. Ce désaccord eut bientôt des répercussions négatives dans la province, et au début de 1833 l'Assemblée s'attaqua au problème. Le 20 avril, elle adopta un projet de loi qui autorisait la Banque de Nouvelle-Écosse à rembourser des billets en papier-monnaie du trésor provincial, ce qui la plaçait sur un pied d'égalité avec sa rivale. Dès 1834, à cause de la dépression qui gagnait la province, les deux banques cessèrent de se quereller pour mettre plutôt sur pied un système d'encaissement des chèques et des billets.

Pendant les années où la Banque de Nouvelle-Écosse se forma, William Lawson en fut le membre le plus influent. Pour vaincre l'opposition de la Halifax Banking Company, il lui fallait de la fermeté et de la détermination, qualités qui sont manifestes dans sa correspondance. La concurrence n'était pas le seul obstacle que les rivaux de la banque mettaient sur son chemin : ainsi, en 1832, Cogswell, en qualité de président du Halifax Board of Health, ordonna que les locaux occupés par le jeune établissement soient transformés en hôpital pour cholériques. La banque connut un essor constant sous la présidence de Lawson, mais les propres affaires de ce dernier déclinèrent, largement à cause de la concurrence américaine. Cette situation fut sans doute l'un des facteurs qui le poussèrent en mars 1837 à quitter son poste de président. En lui rendant hommage, les autres membres du conseil d'administration lui adressèrent leurs « remerciements pour l'infatigable attention [qu'il avait] portée à l'établissement ». Dès lors, Lawson se consacra surtout à ses charges publiques. En 1856, ses héritiers vendirent à John Esson* sa maison, sise à l'intersection des rues Hollis et Salter et construite par Malachy Salter* vers 1760.

JANE HOLLINGWORTH NOKES

Bank of Nova Scotia Arch. (Toronto), Fine Art Coll., portrait of William Lawson ; RG 1, sér. 1, unit 1 (President's letter-book, 1832–1840) ; unit 3 (Directors' minute-book, 1832–1875) ; sér. 2, unit 1 (Annual report, 1832) ; sér. 5, unit 1 (Charter, 1832) ; RG 18 (Capital stock) ; RG 49 (Photo coll.) ; Secondary source file, material on William Lawson. — Halifax County Court of Probate (Halifax), Estate papers, n⁰ 300 (mfm aux PANS). — PANS, MG 100, 174, n⁰ 18 ; RG 5, P, 121. — *Novascotian, or Colonial Herald*, 1835–1836. — *Directory of N.S. MLAs*. — [T. B. Akins], *History of Halifax City* (Halifax, 1895 ; réimpr., Belleville, Ontario, 1973). — *History of the Bank of Nova Scotia*, *1832–1900 ; together with copies of annual statements* ([Toronto, 1900]). — *History of the Bank of Nova Scotia, 1832–1932* ([Toronto, 1932]). — Joseph Schull et J. D. Gibson, *The Scotiabank story : a history of the Bank of Nova Scotia, 1832–1932* (Toronto, 1982).

LEAVITT, THOMAS, homme d'affaires, né vers 1795 à Saint-Jean, Nouveau-Brunswick, fils de Jonathan Leavitt et de Hephzibah Peabody ; le 26 juillet 1822, il épousa dans la même ville Mary Ann Ketchum ; décédé le 24 octobre 1850 au même endroit.

Thomas Leavitt était fils et petit-fils de colons établis dans la vallée de la Saint-Jean avant l'arrivée des vagues d'immigrants loyalistes. Son père avait débarqué à la pointe Portland (Saint-Jean) en 1762, en compagnie de James Simonds*, et avait travaillé comme capitaine de navire et lamaneur pour la Simonds, Hazen, and White avant la Révolution américaine. Son grand-père maternel, le capitaine Francis Peabody, avait été l'un des fondateurs et dirigeants de la colonie de Maugerville [V. Israel Perley*]. Les deux autres filles de Peabody avaient épousé James Simonds et James White. Thomas Leavitt appartenait donc à un réseau familial aussi vaste qu'influent. Son père avait fait fortune comme propriétaire de navires et marin dans la nouvelle ville loyaliste de Saint-Jean et, à sa mort en 1811, il laissa un héritage considérable à ses huit fils et à ses deux filles. Thomas, pour sa part, reçut la moitié de la maison familiale, quatre lots de valeur à Saint-Jean ainsi que le septième d'un grand domaine situé en bordure de la Miramichi.

À titre de marchand, Leavitt fut admis en 1817 comme citoyen de la municipalité de Saint-Jean et, jusqu'à sa mort, il joua un rôle actif et influent dans la vie commerciale du Nouveau-Brunswick. Comme la plupart des grands marchands qui s'établirent tôt dans la ville, il devint locataire perpétuel d'un lot de grève dans le port, ce qui lui permettait d'y avoir son propre quai. Il fit d'ailleurs de cet endroit le foyer de ses activités commerciales : des droits perçus auprès des usagers de son quai, il tirait un revenu modeste mais régulier. Dans les années 1830 et 1840, parvenu au faîte de sa carrière, il serait représentant de la Liverpool Association of Underwriters et de plusieurs compagnies d'assurances maritimes de New York. En 1835, il deviendrait consul des États-Unis à Saint-Jean.

La croissance de ses intérêts commerciaux amena Leavitt à s'intéresser à l'infrastructure financière de la province. Trop jeune pour participer à la formation de la Bank of New Brunswick en 1820, il fit pression à partir de 1824 en faveur de la création d'autres établissements bancaires, comme nombre de jeunes marchands ambitieux qui voulaient pouvoir compter sur une augmentation rapide du capital. Cela le mena

Le Breton

finalement, en 1837, à la présidence de la City Bank puis, après l'absorption de celle-ci par la Bank of New Brunswick en 1839, à la présidence de cet établissement. En outre, il s'associa à deux compagnies d'assurances maritimes de Saint-Jean.

Leavitt fit clairement connaître sa position sur la plupart des questions qui touchaient la communauté marchande de Saint-Jean. Il s'opposa au *Debtors Bill* de 1822, qui aurait allégé les pénalités imposées aux débiteurs en fuite, réclama des sanctions légales contre ceux qui prenaient du bois flottant dans les cours d'eau de la province, s'opposa à la pratique qui consistait à permettre à certains marchands autorisés d'importer directement des biens américains et de les vendre aux enchères publiques et plaida en 1831 en faveur de primes sur le tonnage de tous les navires construits et armés au Nouveau-Brunswick. De plus, il fut un membre actif de la Saint John Chamber of Commerce.

Leavitt était également franc-maçon et membre de l'Église presbytérienne d'Écosse. Actif au sein de la congrégation St Andrew, il participa en 1832 à la lutte que le conseil d'administration mena pour arracher la gestion financière aux conseillers presbytéraux. Dans les années 1830, il milita au sein d'un vaste groupe de presbytériens de la ville qui, en réclamant la nomination de non-épiscopaliens au Madras School Board et au conseil du King's College, contestait le monopole exercé sur l'éducation provinciale par l'Église d'Angleterre.

Thomas Leavitt s'éteignit à Saint-Jean le 24 octobre 1850 à l'âge de 55 ans; il laissait dans le deuil quatre fils et trois filles.

THOMAS WILLIAM ACHESON

APNB, RG 4, RS24, S33-P11; RG 7, RS71, 1811, Jonathan Leavitt. — *A schedule of the real estate belonging to the mayor, aldermen and commonalty of the city of Saint John* [...] *January, 1842* (Saint-Jean, N.-B., 1849; copie aux APNB). — *New-Brunswick Courier*, 28 mars, 14 nov. 1835, 1er avril, 13 mai 1837, 11 mai 1839, 1er janv. 1842, 26 oct. 1850. — *Morning News* (Saint-Jean), 25 oct. 1850.

LE BRETON, JOHN, officier, fermier, propriétaire de moulins et juge de paix, né vers 1779 à Jersey; le 18 novembre 1828, il épousa Susan (Susannah) George, et ils n'eurent apparemment pas d'enfants; décédé le 24 février 1848 à Toronto.

Il semble que les parents de John Le Breton étaient le capitaine de navire John Le Breton, qui participait au commerce avec Terre-Neuve, et sa femme Jane; de toute évidence, ils emmenèrent leur fils dans cette île quand il était bébé. Enrôlé dans le Royal Newfoundland Fencible Regiment à titre d'enseigne en 1795, il devint lieutenant en 1798 et obtint en 1807 une commission permanente de lieutenant d'armée dans le Royal Newfoundland Regiment, qui avait succédé à

son unité. Pendant une affectation à Québec en 1808, il demanda d'être muté à bord d'un vaisseau armé, sur le Saint-Laurent, ou dans un bataillon de milice du Haut-Canada, en qualité d'adjudant. À l'appui de son premier choix, il notait qu'il parlait couramment le français et avait déjà commandé un cotre au large de Terre-Neuve. L'année suivante, on le nomma sous-adjoint au quartier-maître général à Québec, affectation temporaire d'état-major qu'il détint jusqu'en mars 1812. D'avril à octobre, il fut adjudant dans les Voltigeurs canadiens; en novembre, il rejoignit le Royal Newfoundland Regiment, où il servit à titre de sous-ingénieur.

Sûr de lui, Le Breton était un officier dont l'ambition dépassait les mérites. Toutefois, il sut montrer sa valeur au cours de neuf engagements pendant la guerre de 1812. En octobre 1813, le major général Henry Procter* l'envoya à Detroit, à l'occasion d'une trêve, demander aux Américains de traiter avec humanité les prisonniers capturés à Moraviantown et de leur rendre leurs biens. Il devait aussi évaluer, en secret, la force des Américains à Detroit et sur le lac Érié. En décembre, le commodore sir James Lucas Yeo* le qualifia d'« officier intelligent, à l'esprit très clair ». Le Breton revint en février 1814 au bureau du quartier-maître général auquel il resta attaché jusqu'au milieu de 1815. Pendant cette période, il fit pression, mais sans succès, afin d'obtenir l'autorisation de lever et de commander un « corps de *rangers* » haut-canadiens, et en juillet 1814, à Lundy's Lane, il reçut une grave blessure qui le laissa infirme. De juillet 1815 à avril 1816, il obtint une permission qu'il passa en Angleterre et au Canada. Promu capitaine dans le 60th Foot en mars 1816, il fut mis à la demi-solde plus tard le même mois.

En mars 1815, Le Breton avait demandé une terre dans le Haut-Canada. Quatre ans plus tard, il reçut une concession dans le canton de Nepean, situé dans la vallée de l'Outaouais; il s'y établit et par la suite y construisit des moulins. Sa propriété, baptisée Britannia et connue plus tard sous le nom de Le Breton Flats, était située à proximité de celle que Robert Randal* avait aux chutes des Chaudières et dont il tenta de louer ou d'acheter une partie. Dès mai 1819, il y avait édifié un entrepôt. La propriété de Randal occupait un emplacement idéal à Richmond Landing, principal dépôt de transit qui desservait les établissements militaires de Perth et de Richmond. En décembre 1820, à l'occasion d'une vente judiciaire à Brockville, Le Breton l'acheta pour la somme de £449. La transaction était légale, mais elle s'ajouta tout de même à la liste des griefs politiques de Randal et donna immédiatement à Le Breton une vaste réputation de bruyant opportuniste. Le gouverneur lord Dalhousie [RAMSAY] l'accusa d'avoir tiré parti de renseignements confidentiels qu'il aurait obtenus à Richmond au mois d'août précédent, au cours d'un dîner où l'on aurait parlé de l'intention du gouvernement d'agrandir un nouveau dépôt à Richmond Landing. Par la suite, plusieurs membres de la coterie des officiers à la demi-solde et des gentlemen du district appuyèrent Le Breton en témoignant que pareille question n'avait pas été abordée à ce dîner. Celui-ci refusa à plusieurs reprises de céder la propriété au gouvernement pour moins de £3 000, en dépit de l'intervention directe de Dalhousie qui, offensé, mettait en doute la légalité de l'achat et ne supportait pas l'agressivité avec laquelle Le Breton résistait aux autorités. Ce dernier conserva son titre malgré un procès intenté par la couronne en 1828, après quoi il commença à subdiviser la propriété, adjacente au nouveau village de Bytown (Ottawa) et au canal Rideau.

Les modestes réalisations de Le Breton en qualité de colon se noient, dans les annales, sous une série de querelles qui l'absorbèrent pendant près de deux décennies et qui donnent l'impression d'un vétéran amer, toujours occupé à revendiquer. Nommé juge de paix pour la première fois en 1821, dans le district de Montréal, il adressa en 1822 une requête au lieutenant-gouverneur sir Peregrine Maitland* pour qu'on réinscrive son nom sur une liste de magistrats du Haut-Canada dont on l'avait radié sans explication. Sa demande, qui demeura sans effet, était motivée d'une part par un besoin d'argent (il prétendait avoir investi plus de £2 000 dans sa propriété) et d'autre part par l'illégalité effrénée qui régnait dans le canton de Nepean. En 1820, il avait protesté auprès du major George HILLIER, secrétaire de Maitland, contre les vols de bois perpétrés sur sa terre. Des entrepreneurs forestiers l'assaillirent en 1823–1824 ; il les considérait comme des pillards et des brutes, dont certains, Philemon WRIGHT par exemple, lui avaient encore volé du bois. Le solliciteur général Henry John Boulton* allégua en 1824 que les entrepreneurs forestiers accusés par Le Breton cette année-là avaient conclu des marchés avec lui et que tout litige devait donc se régler devant les tribunaux ; Le Breton, qui déposait souvent des accusations de violation de propriété, refusa cependant de faire appel aux tribunaux, peut-être en raison du coût et de l'issue incertaine d'un tel procès. En 1825, il réalisa un revenu supplémentaire en rachetant sa demi-solde ; enfin, en 1830 puis en 1838, il reçut une commission de juge de paix dans le district de Bathurst.

De 1827 à 1839, Le Breton eut des démêlés avec le lieutenant-colonel John BY, d'autres officiers supérieurs et des légistes de la province, parce qu'il réclamait des dommages-intérêts pour les pertes qui résultaient de la construction du canal Rideau et d'ouvrages adjacents. Cette controverse provenait de ce qu'on aurait pris du bois sur sa propriété et de ce que le génie royal, dans le cadre de l'aménagement des abords du canal, avait construit une digue et approfondi une voie d'eau pour amener le bois au-delà des

chutes des Chaudières. Situés près de la propriété de Le Breton, ces ouvrages l'empêchaient de construire sa propre digue et enlevaient toute valeur à l'emplacement de ses moulins. Cette querelle avec les autorités, qui fut probablement la plus longue et la plus complexe à découler de la construction du canal, après celle de Nicholas Sparks*, montre combien Le Breton était peu doué pour la négociation. Il refusa tout autant l'offre d'indemnisation de By qu'un jugement par jury et, même si un officier supérieur soutenait sa cause, les parties ne parvinrent pas à s'entendre sur des modalités d'arbitrage. Finalement, tant le ministère des Colonies que le gouvernement haut-canadien de sir George Arthur* désespérèrent de jamais s'entendre avec lui. Les tribunaux civils devinrent alors son seul recours mais, de toute évidence, il n'entreprit aucune poursuite ; il estimait peut-être que cela lui coûterait cher et ne servirait à rien.

Au milieu de ces tribulations, John Le Breton se maria à Québec et continua de s'y rendre périodiquement. Au début de 1832, il tenta de construire un pont de glace en s'inspirant d'études qu'il avait faites avant la guerre de 1812 sur les mouvements des glaces du Saint-Laurent. Cependant, sa principale occupation demeurait l'agriculture à Britannia (ainsi, en 1842, il occupait 660 acres, dont 60 étaient mises en valeur). Il augmentait son revenu par la vente de terres. Il vendit pour la dernière fois une portion de sa propriété des chutes des Chaudières en 1837 mais continua de s'intéresser à son aménagement ; en 1840, il correspondit avec John George Howard*, qui songeait à construire un pont dans ce secteur. Devenu veuf en juillet 1847, Le Breton s'installa à Toronto, où il mourut l'hiver suivant. Ses cinq nièces, qui y vivaient et à qui il avait légué ses biens, firent ériger à sa mémoire une grande pierre tombale au cimetière St James.

DAVID ROBERTS

Même si John Le Breton est né à l'île de Jersey, une recherche exhaustive de la Soc. jersiaise (St Helier, Jersey) de 1979 à 1981 n'a pas permis de découvrir une référence quelconque à son sujet ou à son baptême. Des recherches plus récentes indiquent qu'il a pu être baptisé à Terre-Neuve, possiblement dans la paroisse anglicane de la baie Conception (Harbour Grace). [D. R.]

AO, MS 516, Charles Waters à Mackenzie, 21, 28 juill. 1835 ; MU 1915, envelope for 1823 ; RG 1, A-I-6, 7, 24 ; RG 22, sér. 155 ; sér. 224, reg. A, John Le Breton, Susan Le Breton. — APC, MG 24, A12, 4, 14, 20 (transcriptions) ; RG 1, E3, 46 : 198–215 ; L3, 286 : L10/33 ; 289 : L13/72 ; 292 : L17/15 ; 305a : L leases/94 ; RG 5, A1 ; RG 8, I (C sér.) ; RG 31, C1, 1842, Nepean Township ; RG 68, General index, 1651–1841 : 354, 358, 471, 484. — Arch. privées, David Roberts (Toronto), A. J. H. Richardson, « Settlements at « Richmond Landing », Ottawa » (copie) ; S. R. J. Sutherland, « Le Breton » (copie dactylographiée). — MHA, Le Breton name file. — MTRL, J. G. Howard papers, journals, 27–28 avril, 4 mai 1840. — Ottawa-Carleton Land

Le Faucon

Registry Office (Ottawa), Nepean Township, abstract index to deeds; deeds, n°ˢ 3859–3860. — PRO, CO 42/362; 42/411; 42/463; WO 27/89, 15 oct. 1805; 27/91, 7 avril 1807; 27/99, 4 juin 1810; 27/103, 14 juin 1811. — St James' Cemetery and Crematorium (Toronto), Record of burials, 26 févr. 1848; tombstone, lot 1, section U. — *Select British docs. of War of 1812* (Wood), 3: 33, 35–36. — *British Colonist*, 25 févr. 1848. — *Packet* (Bytown [Ottawa]), 24 juill. 1847. — *Marriage notices of Ont.* (Reid). — *Officers of British forces in Canada* (Irving), 6, 8, 105. — H. P. Hill, *Robert Randall and the Le Breton Flats: an account of the early legal and political controversies respecting the ownership of a large portion of the present city of Ottawa* (Ottawa, 1919). — R. [F.] Legget, *Ottawa waterway: gateway to a continent* (Toronto et Buffalo, N.Y., 1975). — G. W. L. Nicholson, *The fighting Newfoundlander: a history of the Royal Newfoundland Regiment* (St John's, [1964]). — P.-G. Roy, *Toutes Petites Choses du Régime anglais* (2 sér., Québec, 1946), 1: 269–270. — H. [J. W.] Walker et Olive [Moffat] Walker, *Carleton saga* (Ottawa, 1968).

LE FAUCON. V. Vincent, Nicolas

LEFEBVRE DE BELLEFEUILLE, LOUIS-CHARLES (désigné aussi parfois sous les prénoms de **Charles** ou de **Charles-Louis**), sulpicien et missionnaire, né le 12 janvier 1795 à Saint-Eustache, Bas-Canada, fils cadet d'Antoine Lefebvre de Bellefeuille, seigneur de Cournoyer, et de Louise-Angélique Lambert Dumont, fille d'Eustache-Louis Lambert Dumont, seigneur des Mille-Îles; décédé le 25 octobre 1838 à Montréal.

Louis-Charles Lefebvre de Bellefeuille descend de deux grandes familles canadiennes qui s'étaient illustrées pendant le Régime français. Comme la plupart de ses frères, il suivit le cours classique au petit séminaire de Montréal, de 1807 à 1815. Antoine-Jacques Houdet* et Claude Rivière furent ses principaux professeurs. Sa philosophie terminée, il entreprit ses études théologiques avec Jacques-Guillaume Roque, directeur du petit séminaire. De plus, il exerça alors les fonctions de régent.

À mesure que ses études progressaient, Lefebvre de Bellefeuille franchit les étapes menant au sacerdoce. Il fut ordonné prêtre par Mgr Joseph-Octave Plessis* à Montréal le 5 juin 1819. Bien qu'il ait déjà fait un stage à la mission de Lac-des-Deux-Montagnes (Oka) pour apprendre l'algonquin, on le nomma vicaire à la paroisse Notre-Dame de Montréal la même année. Il fut agrégé au séminaire de Saint-Sulpice à Montréal le 31 janvier 1821. Il avait pour tâches, entre autres, de conférer les baptêmes, d'accompagner les enterrements et de rédiger les actes de l'état civil et religieux. Il visitait les malades et les indigents des faubourgs Saint-Joseph, Saint-Antoine et Sainte-Anne. À l'occasion, il enseignait aussi le catéchisme à la chapelle Notre-Dame-de-Bonsecours et entendait les confessions des religieuses de la Congrégation de Notre-Dame. Chaque année, il prêchait cinq ou six fois, soit aux messes du dimanche, soit durant la neuvaine solennelle de saint François-Xavier, exercice fort suivi à l'époque.

Attiré par son confrère Anthelme Malard, Lefebvre de Bellefeuille fit un deuxième séjour à la mission de Lac-des-Deux-Montagnes de 1824 à 1826 et, après un autre stage de pastorale à Montréal en 1826 et 1827, il fut nommé supérieur de la mission en 1828. Celle-ci comprenait à peu près 900 personnes groupées dans trois emplacements, le village proprement dit où l'on trouvait quelques Blancs et une majorité d'Indiens, le village des Iroquois et la bourgade des Algonquins. Depuis la fondation de la mission en 1721, jamais le séminaire n'avait concédé de terres aux Indiens et il recevait l'usufruit d'une partie raisonnable du domaine réservé à leur usage. À partir de la Conquête, cette disposition suscita des plaintes, surtout de la part des Iroquois au début, et engendra plus tard des différends entre les sulpiciens et tous les groupes de la mission. Lefebvre de Bellefeuille fit l'objet de revendications en juillet 1828. En effet, les Algonquins adressèrent au secrétaire du département des Affaires indiennes, Duncan Campbell Napier*, un mémoire où ils formulèrent 11 griefs qui allaient du refus de Lefebvre de Bellefeuille d'aider les Indiens par des aumônes aux accusations de mauvais traitements à une pauvre veuve. Le 1er août de la même année, le sulpicien réfuta ces allégations et le conseil des Algonquins lui présenta des excuses.

En octobre 1834, Lefebvre de Bellefeuille revint à Montréal et reprit ses fonctions de vicaire. Puis, pendant les étés de 1836, 1837 et 1838, Mgr Jean-Jacques Lartigue l'envoya ouvrir des missions auprès des Amérindiens du nord-ouest du Bas-Canada. Choisi à cause de sa connaissance de l'algonquin, il partit en canot avec Jean-Baptiste Dupuy*, en 1836, gagna le fort Témiscamingue (près de Ville-Marie) où il séjourna 13 jours et d'où il revint après avoir fait 142 baptêmes et 4 mariages. L'année suivante, Lefebvre de Bellefeuille quitta Montréal, seul, revit ses néophytes de l'année précédente au fort Témiscamingue pendant 15 jours, puis se rendit au lac Abitibi où il demeura pour la première fois 9 jours. Mais le manque de provisions le contraignit à prendre le chemin du retour, le long duquel il arrêta à plusieurs postes visités l'année précédente. Il fit en tout 190 baptêmes et 21 mariages. Sa plus grande mission devait cependant se dérouler en 1838: il parcourut alors 1 500 milles. Il visita de nouveau le fort Témiscamingue et le lac Abitibi avant de poursuivre sa route vers le Grand lac Victoria. Une grande fatigue hâta son retour à Montréal. Il semble qu'il ait administré 550 baptêmes au cours de ses trois voyages. Il ouvrait ainsi tout le nord-ouest du Bas-Canada à la foi catholique.

Épuisé par son activité missionnaire, Louis-Charles Lefebvre de Bellefeuille, dont la santé avait toujours été fort chancelante, mourut de la fièvre typhoïde le 25 octobre 1838. Mgr Ignace Bourget* présida deux jours plus tard à son inhumation dans le caveau de l'église Notre-Dame de Montréal. Un missionnaire oblat, Nicolas Laverlochère, écrivit par la suite à son sujet : « Il fallait que le premier missionnaire de ces lieux eût un talent singulier pour s'attacher les cœurs. Bien qu'il y ait déjà sept ans que Dieu l'a rappelé à lui, son nom est encore béni par tous ceux qui l'ont connu de quelque origine ou de quelque religion qu'ils soient. »

BRUNO HAREL

Louis-Charles Lefebvre de Bellefeuille est l'auteur de : « Relation d'une mission faite à l'été de 1837, le long de la rivière de l'Outawa jusqu'au lac de Témiskaming, et au-dela jusqu'au lac d'Abbitibbi dans le district de Monseigneur de Juliopolis » ; et « Précis de la relation de la troisième mission de Mr Bellefeuille à Temiskaming, Abbitibbi et Grand Lac ». Ces deux récits ont été publiés dans Assoc. de la Propagation de la Foi, *Rapport* (Montréal), 2 (1840) : 17–88.

AAQ, 12 A, H : f°s 124, 227–228 ; 303 CD, II, n° 61. — ACAM, 901.137. — ANQ-M, CE1-51, 27 oct. 1838 ; CE6-11, 12 janv. 1795 ; CN6-2, 16 mai 1818. — Arch. du collège de Montréal, Cahiers de la congrégation, 1766–1778 ; Livres de comptes de la congrégation ; Palmarès, 1808, 1810, 1812–1813 ; Reg. des élections ; Reg. des réceptions, 5 févr. 1809. — ASSM, 8, A ; 24, F. — J.-B. Dupuy, « Journal d'un voyage fait à Témiskaming en 1836 », Assoc. de la Propagation de la Foi, *Rapport*, 1 (1839) : 24–53. — Allaire, *Dictionnaire*. — Joseph Bouchette, *A topographical dictionary of the province of Lower Canada* (Londres, 1832). — [J.-]H. Gauthier, *Sulpitiana* ([2e éd.], Montréal, 1926). — Tanguay, *Répertoire* (1893). — Louis Bertrand, *Bibliothèque sulpicienne ou Histoire littéraire de la Compagnie de Saint-Sulpice* (3 vol., Paris, 1900), 2 : 118. — [François Daniel], *Histoire des grandes familles françaises du Canada ou Aperçu sur le chevalier Benoist et quelques familles contemporaines* (Montréal, 1867), 481. — Alexis De Barbezieux, *Histoire de la province ecclésiastique d'Ottawa et de la colonisation dans la vallée de l'Ottawa* (4 vol., Ottawa, 1897), 1 : 186–191. — Donat Martineau, *le Fort Temiskaming* (2e éd., Rouyn, Québec, 1969), 62–65. — Maurault, *le Collège de Montréal* (Dansereau ; 1967). — Sœur Paul-Émile [Louise Guay], *la Baie James, 300 ans d'histoire militaire, économique, missionnaire* (Ottawa, 1952), 76–77. — Yvon Charron, « Monsieur Charles de Bellefeuille, missionnaire de l'Outawais (1836–38) », *RHAF*, 5 (1951–1952) : 193–226. — J.-A. Cuoq, « Anotc kekon », SRC *Mémoires*, 1re sér., 11 (1893), sect. 1 : 137–179. — J.-B. Harel, « Louis-Charles Lefebvre de Bellefeuille, prêtre de Saint-Sulpice, 1795–1838 », SCHEC *Sessions d'études*, 49 (1982) : 7–24. — A. C. de L. Macdonald, « la Famille Le Febvre de Bellefeuille », *Rev. canadienne*, 20 (1884) : 168–176, 235–247, 291–302 ; « Notes sur la famille Lambert du Mont », 19 (1883) : 633–640, 739–747. — Olivier Maurault, « les Vicissitudes d'une mission sauvage », *Rev. trimestrielle canadienne*, 16 (1930) : 121–149. — « Le Premier Évangélisateur de l'Abitibi », Soc. de géographie de Québec, *Bull.* (Québec), 13 (1919) : 309–310.

LEFFERTY (Lafferty), JOHN JOHNSTON (Johnson), médecin, officier de milice et homme politique, né vers 1777 dans l'une des colonies américaines, probablement le New Jersey ; le 17 août 1800, il épousa Mary Johnson, et ils eurent quatre fils et trois filles ; décédé le 26 octobre 1842 à Drummondville, Haut-Canada.

John Johnston Lefferty était, semble-t-il, le fils de Bryan Lefferty, avocat et juge du comté de Somerset, dans le New Jersey, qui était apparenté à la famille de sir William Johnson*. Il arriva dans le Haut-Canada en 1797 et s'installa dans la presqu'île du Niagara, où il pratiqua la médecine. L'année suivante, dans une lettre écrite de Lachine, au Bas-Canada, son parrain, sir John Johnson*, demanda à William Claus* quelle sorte d'aide il pouvait lui apporter : « S'il veut bien m'envoyer une liste des remèdes utiles à sa pratique, disait-il, je la ferai parvenir chez moi et veillerai à ce qu'il les obtienne. » Pendant la guerre de 1812, Lefferty servit comme aide-chirurgien dans la milice ; les troupes américaines détruisirent sa maison, située à Lundy's Lane (Niagara Falls, Ontario), en y mettant le feu.

En 1818, Lefferty était copropriétaire d'une boutique d'apothicaire à St Catharines. Il accéda à la notoriété en se faisant élire député de la circonscription de 2nd and 3rd Lincoln à la neuvième législature (1825–1828). Il se distingua alors par ses critiques contre le gouvernement de sir Peregrine Maitland* ; selon ses propres termes, il parla « beaucoup des fonctionnaires pendant la discussion sur la question des non-naturalisés et sur le canal Welland, mais non sur d'autres sujets ». Une fois, durant le débat sur les non-naturalisés, le président de l'Assemblée, John Willson*, dut le rappeler à l'ordre parce qu'il avait insulté le procureur général John Beverley Robinson*. En une autre occasion, un peu plus tard, Lefferty déclara : « Dans sa proclamation, [sir Isaac Brock*], de regrettée mémoire, avait déclaré que tous ceux qui restaient au pays pendant la […] guerre [de 1812], défendaient noblement la province et combattaient pour leur roi avaient droit au titre de sujets. » Lefferty avait alors ajouté qu'il « préférait laisser son bras pourrir au bout de son épaule plutôt que de consentir à se considérer comme un étranger. » John Clark, lui aussi député de Lincoln, attribuait l'indépendance relative de la chambre d'Assemblée aux efforts d'hommes comme John Rolph*, Marshall Spring Bidwell* et « le savant et très éloquent docteur de Lundy's Lane – fierté de ses électeurs ».

Toutefois, comme Lefferty le notait lui-même, il n'attaqua guère le gouvernement que sur les deux sujets mentionnés. Sur plusieurs questions politiques, il était en complet désaccord avec les autres critiques de l'exécutif. Ainsi il ne s'opposait pas à la coutume qui voulait que les shérifs désignent les jurys d'accusation, ce qui lui valut une violente sortie de la part de

Lefferty

Peter Perry*. En 1826, il appuya un projet de loi qui autorisait les ministres de l'Église méthodiste et d'autres confessions à célébrer des mariages ; cependant, l'année suivante, il dénonça une mesure apparemment semblable. Plusieurs fois, il affronta Perry, Rolph et Bidwell qui s'opposaient à l'adoption de lois sévères contre les débiteurs en fuite. Sa position, dans ce cas, s'inspirait peut-être de son expérience de médecin. Il qualifia de « parfaitement absurde » le projet de loi que Perry présenta en vue d'imposer des corvées aux propriétaires absentéistes, car quiconque posséderait £4 000 de terres en friche devrait fournir 160 jours de travail. De plus, à mesure que son expérience parlementaire s'accrut, il en vint à considérer comme une perte de temps les débats sur des projets de loi que l'Assemblée adopterait sans difficultés mais qui, selon lui, seraient sûrement rejetés par le Conseil législatif. En dépit de ses dissensions avec les autres critiques du régime Maitland, il protesta vivement, avec l'opposition, contre la destitution du juge John Walpole Willis* en 1828.

Avant les élections de 1824, William Lyon Mackenzie* avait allégué, avec raison, que Lefferty avait été l'un des premiers à soutenir, puis à répudier Robert Gourlay*. Par la suite, sans doute à cause de son indépendance d'esprit, il le qualifia de « législateur excentrique ». Cette étiquette ne nuisit toutefois pas à Lefferty qui, en 1828, se classa bon deuxième des quatre élus de la circonscription de 3rd Lincoln. Pendant un débat à la dixième législature (1829–1830), James Hunter SAMSON l'accusa d'avoir tourné casaque : autrefois « injurieux à l'endroit des fonctionnaires d'York », il « se met[tait] à les défendre ». Lefferty expliqua que le gouvernement de la province avait désormais « un autre chef et qu'il en était satisfait ». D'après lui, sir John Colborne* avait fait « plus pour la province, dans la brève période qui s'[était] écoulée depuis son arrivée, qu'aucun des gouverneurs qui l'a[vaient] précédé ».

De toutes les initiatives parlementaires de Lefferty, la plus notable survint à la fin de sa carrière. Au début de 1830, il présenta un projet de loi qui habilitait les magistrats à imposer l'observance du dimanche. Lefferty s'élevait contre les activités comme la chasse ou le patinage le jour du Seigneur. « Il était courant aussi, ajoutait-il, que des gens quittent leur travail, se rassemblent dans des cabarets le samedi soir, boivent et fassent la fête jusqu'au lendemain soir, si bien que non seulement ils ne respectaient pas le sabbat, mais se mettaient dans l'impossibilité de bien faire leur travail le lundi, ou même toute la semaine. C'était non seulement un manquement à la morale mais un danger pour l'industrie du pays. » Au cours du débat, il dépassa même l'intention de son projet de loi et fit observer : « les gens devraient être obligés d'assister quelque part à un office public le jour du sabbat ». Cette déclaration déplut fortement à ses collègues de la chambre et au moins à un journal et ses correspondants.

Aux élections de 1830, William Crooks et Bartholomew Crannell Beardsley* devinrent députés de la circonscription de 2nd and 3rd Lincoln. Peut-être Lefferty ne se porta-t-il pas candidat. Aux élections générales qui se tinrent quatre ans plus tard, le shérif Alexander HAMILTON, directeur du scrutin, le déclara élu par une voix. Son adversaire, David Thorburn, en appela de cette décision à la nouvelle Assemblée, dominée par les critiques du gouvernement, et un comité exigea de Hamilton qu'il modifie son rapport – ce qu'il fit en protestant. Allan Napier MacNab*, vigoureux partisan de l'exécutif, dirigea en chambre la bataille contre l'adoption du rapport. Mais l'Assemblée, à l'occasion d'un vote où les députés se rangèrent clairement selon leur filiation partisane, soutint Thorburn. Il est donc peu étonnant qu'un historien, en relatant l'incident, ait considéré Lefferty comme l'un des « éléments forts » de la « caste dirigeante ».

Lefferty était un personnage éminent dans la région de Niagara. En 1810, un homme qui allait être happé par les chutes avait été sauvé grâce à sa présence d'esprit. Amateur de bons chevaux, il était renommé pour chanter « invariablement « Twelve bottles more » et reprendre sans arrêt la même anecdote ». Sa maison de Lundy's Lane, avant d'être ravagée par le feu dans les années 1820, contenait une foule de « curiosités rares, animées ou inanimées », dont un assortiment d'animaux, des poteries et des ossements indiens, des os de dinosaure et d'autres animaux, divers objets militaires, des livres rares, des patins, un nid de guêpes, « une machine électrisante », des journaux de l'Assemblée, des résolutions sur la question des non-naturalisés, des pharmacopées, des exemplaires soigneusement classés du Colonial Advocate (« remarquable et convaincant exemple de [...] sagesse et de bon sens », selon Mackenzie) et « 3 569 fioles de médecin, bouteilles et pots remplis de liquides, d'onguents et de poudres de différentes sortes ».

C'est peut-être l'un de ses adversaires politiques, Robert Stanton*, qui décrivit le mieux ce législateur affable à l'esprit indépendant qu'était John Johnston Lefferty. En 1826, il parla de son « visage joufflu et bienveillant, plein de drôlerie et d'hilarité » et ajouta : « tout compte fait, son caractère contient une bonne dose du lait de l'humaine tendresse – en chambre, il jacasse et ne cesse de rire, et la seule raison pour laquelle on l'entend est que sa voix est la plus puissante de l'Assemblée – aussi n'est-ce pas à tort que, facétieusement, on le surnomme le représentant des chutes du Niagara ».

PETER A. RUSSELL

AO, MS 74, John Clark à William Chisholm, 26 janv. 1826 ; MS 78, Robert Stanton à John Macaulay, 29 janv. 1826, 6 févr. 1835. — MTRL, W. W. Baldwin papers, B. C.

Beardsley à Baldwin, 1er août 1828. — John Clark, « Memoirs of Colonel John Clark, of Port Dalhousie, C.W. », *OH*, 7 (1906): 157–193. — *Canadian Freeman*, 1er déc. 1825. — *Christian Guardian*, 12 déc. 1829, 27 nov. 1830. — *Colonial Advocate*, 8 juill. 1824, 29 déc. 1825, 4 janv. 1827, 1er févr. 1828. — *Kingston Chronicle*, 4 janv. 1826, 9 févr. 1827. — *Patriot* (Toronto), 3, 6, 19 févr. 1835. — *Upper Canada Herald*, 9, 16 janv. 1827, 12 févr., 18 mars 1828, 20, 27 janv., 10 févr., 17 mars 1830. — Armstrong, *Handbook of Upper Canadian chronology* (1967). — « 1828 Upper Canada election results table », R. S. Sorrell, compil., *OH*, 63 (1971): 67–69. — Canniff, *Medical profession in U.C.* — Ernest Green, « John DeCou, pioneer », *OH*, 22 (1925): 92–116.

LEITH, JAMES, trafiquant de fourrures, né en 1777 à Glenkindie, Écosse, et baptisé le 3 août 1777 dans la paroisse de Strathdon, fils d'Alexander Leith et de Mary Elizabeth Gordon ; décédé le 19 juin 1838 à Torquay, Angleterre.

La famille de James Leith possédait fortune et bonnes relations. James arriva probablement dans le Bas-Canada en 1794 avec George Leith, un marchand de Detroit qui, en 1798, prit part à la fondation de la New North West Company (appelée parfois la XY Company). Le 1er décembre 1799, il faisait partie des associés hivernants de cette compagnie et, en 1801, il était à la rivière de la Paix. Après la fusion avec la North West Company en 1804, il demeura au nombre des associés.

Comme employé de la North West Company, Leith travailla surtout à l'est du fort William (Thunder Bay, Ontario) : il hiverna dans le département de « Folle Avoine » en 1806–1807, à Michipicoten (Michipicoten River, Ontario) de 1807 à 1810 puis dans le département de Monontagué et au lac Nipigon de 1812 à 1815. Il passa quatre hivers à l'ouest du lac Supérieur : l'hiver de 1811–1812 dans la colonie de la Rivière-Rouge et ceux de 1810–1811, 1815–1816 et 1816–1817 au lac à la Pluie (lac Rainy, Ontario). L'hostilité de Leith et de John Haldane* envers les représentants montréalais de la North West Company provoqua la scission du conseil de la compagnie en 1815. L'année suivante, il se trouva mêlé à l'imbroglio qui opposa lord Selkirk [Douglas*] et la North West Company. Il était du nombre des 11 associés qu'Archibald Norman McLeod amena dans la colonie de la Rivière-Rouge pour riposter à la capture par Colin ROBERTSON du *Nor'Wester* Duncan CAMERON et pour distribuer des cadeaux aux Métis qui avaient tué à Seven Oaks (Winnipeg) le gouverneur des territoires de la Hudson's Bay Company, Robert Semple*, ainsi qu'un groupe de colons. On l'envoya de nouveau à la Rivière-Rouge en 1817 pour aider les commissaires spéciaux, William Bacheler Coltman* et John FLETCHER, à réconcilier les opposants comme l'avait exigé le ministère des Colonies.

En octobre 1818, Leith se trouvait à York (Toronto), où se tenait le procès de deux hommes impliqués dans l'affaire de Seven Oaks [V. Thomas Douglas]. À l'automne de 1819, dans le Bas-Canada, il seconda les efforts déployés par McLeod en faveur de certains *Nor'Westers* pour leur obtenir des procès expéditifs ou le retrait des accusations portées contre eux par Selkirk. Même si son nom figure dans certains actes d'accusation, Leith était l'un des associés les moins belliqueux. En 1820, le conseil de la North West Company lui confia le département de la rivière Athabasca ; Leith installa son quartier général à la rivière de la Paix, où l'hiver se passa dans un calme sans précédent.

La fusion de la North West Company et de la Hudson's Bay Company (en 1821) profita à Leith, qui devint agent principal. Sa neutralité dans les luttes avec la Hudson's Bay Company avait agacé certains de ses collègues sans pour autant lui attirer des amis dans le camp opposé. Toutefois Colin Robertson, en parlant en 1822 de sa résistance aux « influences indues », le caractérisa avec exactitude : « Ce gentleman, bien que dépourvu de côtés brillants, possède de grands talents naturels, un gros bon sens et des principes fort honorables. » Leith retourna dans la région de l'Athabasca pour la saison de 1821–1822. Pendant le reste de sa carrière, soit jusqu'en 1829, il dirigea le district de Cumberland House (Saskatchewan), où il avait peu de responsabilités importantes à part celle d'aider les autres districts à effectuer leurs transports d'été.

Gratifié d'un congé pour 1829 et 1830, Leith s'embarqua en direction de Londres le 15 septembre 1829. Il prit officiellement sa retraite le 31 mai 1831. L'année précédente, il avait transféré Colquoich, propriété de 1 000 acres qu'on lui avait assignée, à son frère aîné, sir Alexander Leith. Il s'installa en pension à Torquay, mais demeura en relation avec certains anciens collègues trafiquants, dont l'agent principal John STUART. En 1836–1837, ils firent tous deux le tour du continent.

Personnage distant et terne, Leith n'accomplit rien de remarquable durant sa vie. Si l'on se souvient de lui, c'est à cause d'une œuvre charitable fondée après sa mort. En effet, il légua par fidéicommis la moitié de sa fortune pour « établir, propager et étendre la religion chrétienne protestante parmi les Indiens natifs du […] territoire de la Hudson's Bay Company ». Les preuves de son intérêt pour la religion et les Indiens remontent au début des années 1820. Il avait alors fait campagne pour la Rupert's Land Bible Society et son opinion concernant les Indiens du district de Cumberland House en 1823 était éclairée pour l'époque : « Ils ont, sur bien des points que le monde civilisé appelle une conduite honorable, des idées qui ne supporteraient pas un examen rigoureux, [mais c'est] uniquement en raison des circonstances et de leurs conditions

Lemaire

de vie et non de carences dans leurs dons naturels. » Selon une tradition non corroborée, Leith, qui s'était peut-être marié à la façon du pays, aurait établi le fonds en question parce que des Indiens avaient tué sa femme et ses enfants à Le Pas (Manitoba). Il se peut qu'un tel événement soit survenu avant 1805, mais les récits publiés au sujet de la « noble revanche » de Leith dérivent tous d'une histoire que raconta de toute évidence Henry Budd* à John Henry Lefroy* à Le Pas, en 1843.

Le frère de James Leith, William Hay, et des dignitaires nommés d'office : le doyen anglican de Westminster, l'évêque de Londres, le gouverneur de la Hudson's Bay Company et son adjoint, devaient administrer le legs. Deux des fidéicommissaires déclinèrent cette responsabilité ; leur refus et les protestations de la famille amenèrent la succession devant la Cour de la chancellerie. En 1848, on accorda environ £15 000 pour fonder le diocèse anglican de Rupert's Land [V. David Anderson*] et, un an plus tard, la Hudson's Bay Company s'engagea à verser une allocation annuelle de £300 pour inaugurer de belle façon l'œuvre charitable. Comme il se doit, on peut voir un portrait de Leith au palais épiscopal de Winnipeg.

PHILIP GOLDRING

Un portrait à l'huile de James Leith que possède l'EEC, Diocese of Rupert's Land (Winnipeg), se trouve aux PAM.

APC, MG 19, A35, 7, part. IV : 31–41 ; E1, sér. 1 : 2761–2762, 3962–3964, 3984–3985 ; E2, item 95, Ready à McLeod et Leith, 5 oct. 1819 ; MG 24, A2 : 913–917 ; L3 : 25629–25643 ; RG 4, B46 : 1442–1446, 1458–1468. — PAM, HBCA, A.36/8 : fᵒˢ 225–228 (copie) ; A.38/27–30 ; B.39/e/4 ; B.49/a/42–44 ; B.49/e/3 ; C.1/916. — UTFL, MS coll. 31, box 24, notes on James Leith. — Ross Cox, *The Columbia River : or, scenes and adventures during a residence of six years on the western side of the Rocky Mountains* [...], E. I. et J. R. Stewart, édit. (Norman, Okla., 1957). — *Docs. relating to NWC* (Wallace). — G.-B., Parl., House of Commons paper, 1819, 18, nᵒ 584 : 195–197, 200, *Papers relating to the Red River settlement*. — John Halkett, *Statement respecting the Earl of Selkirk's settlement upon the Red River* [...] ([éd. augmentée], Londres, 1817 ; réimpr., [Toronto, 1970]), app. EE. — *HBRS*, 2 (Rich et Fleming) ; 3 (Fleming). — *La Gazette de Québec*, 3 juill. 1794. — R. A. Pendergast, « The XY Company, 1798 to 1804 » (thèse de PH.D., Univ. of Ottawa, 1957), 64. — J. N. Wallace, *The wintering partners on Peace River from the earliest records to the union in 1821 ; with a summary of the Dunvegan journal, 1806* (Ottawa, 1929). — [H.] B. Willson, *The life of Lord Strathcona & Mount Royal, G.C.M.G., G.C.V.O. (1820–1914)* (Londres et Toronto, 1915). — E. R. Bagley, « James Leith takes his revenge », *Beaver*, outfit 274 (juin 1943) : 36–37.

LEMAIRE, MARIE-MARGUERITE, supérieure des Sœurs de la charité de l'Hôpital Général de Montréal, née le 14 mai 1769 à Lac-des-Deux-Montagnes (Oka, Québec), fille d'Ignace Lemaire, marchand, et de Marie-Louise Castonguay ; décédée le 12 avril 1838 à Montréal.

Marie-Marguerite Lemaire fréquenta une école tenue par les religieuses de la Congrégation de Notre-Dame, où elle fit preuve de talent. Après ses études, elle assista son père dans son commerce, et sa mère dans les travaux domestiques. Pendant ses loisirs, elle lisait principalement des hagiographies. Aussi sérieuse que talentueuse, elle aspirait à la vie religieuse. À 16 ans, elle sollicita son entrée à l'Hôtel-Dieu de Montréal, mais on la refusa à cause d'une légère infirmité qui la faisait boiter. La jeune fille réitéra sa demande auprès de l'Hôpital Général de Montréal, où on l'accepta en raison de ses nombreux talents. Elle entra au couvent le 21 novembre 1785 et prononça ses vœux perpétuels le 24 janvier 1788.

Sœur Lemaire était animée d'une ardeur au travail peu commune. Après s'être dévouée une dizaine d'années à des tâches obscures, elle devint économe de la communauté en 1798. À ce titre, elle administrait la seigneurie de Châteauguay et l'île Saint-Bernard, propriétés de l'Hôpital Général. Ainsi elle dressa elle-même le papier terrier du fief ; elle engagea ensuite un arpenteur pour en fixer officiellement les limites. Elle eut aussi à se défendre contre les Indiens de Caughnawaga (Kahnawake) qui voulaient s'emparer de l'île Saint-Bernard. Elle alla même jusqu'à les braver en arrachant leurs semences. Ils décidèrent de battre en retraite. De son côté, le seigneur de Beauharnois, par l'intermédiaire d'un agent, voulut prendre possession des îles de la Paix et il y fit même abattre des arbres. On porta cette affaire devant les tribunaux, qui donnèrent gain de cause à sœur Lemaire ; on dédommagea la communauté pour les pertes qu'elle avait subies.

Sœur Lemaire fit preuve de vigilance et de fermeté au moment de la construction du canal de Lachine. Les ingénieurs voulurent empiéter sur les terres de la communauté, situées à Pointe-Saint-Charles (Montréal), mais l'économe se rendit sur les lieux des travaux et protesta énergiquement. Les contrevenants reconnurent que les religieuses étaient dans leur droit.

Femme énergique et décidée, sœur Lemaire était aussi reconnue pour son humanité. Ainsi pendant la guerre de 1812 elle soigna un soldat britannique qui, une fois guéri, la remercia avec effusion. À un autre moment, elle sauva bravement des voyageurs en péril sur les glaces du Saint-Laurent et elle leur offrit l'hospitalité au manoir de Châteauguay.

Le 20 juillet 1821, trois jours après le décès de la supérieure, Thérèse-Geneviève Coutlée*, on élut sœur Lemaire pour la remplacer. Contrairement à la coutume, elle conserva son poste d'économe. À l'instar de ses devancières, elle s'employa à recouvrer les rentes que la communauté avait en France. Elle y réussit grâce aux démarches du sulpicien Jean-Baptiste

THAVENET. Mère Lemaire profita de cette rentrée de fonds pour agrandir l'Hôpital Général et surveilla elle-même les travaux. De plus, elle fit apporter des améliorations importantes à la seigneurie de Châteauguay. En 1823, à la demande des sulpiciens qui s'engageaient à payer une partie des frais d'entretien, elle accepta d'héberger 40 orphelines irlandaises. C'est aussi pendant son supériorat que la communauté accueillit des femmes écossaises et irlandaises.

Le 3 septembre 1833, Marie-Marguerite Lemaire démissionna de son poste de supérieure à cause de problèmes de santé ; Marguerite BEAUBIEN la remplaça. Mère Lemaire passa les cinq dernières années de sa vie à l'infirmerie de l'hôpital, où elle mourut le 12 avril 1838. Elle laissa l'image d'une femme intrépide, attentive aux conditions de vie des religieuses et remplie de compassion pour les miséreux. Elle avait grandement contribué à améliorer les conditions matérielles de la communauté.

HUGUETTE LAPOINTE-ROY

Arch. des Sœurs Grises (Montréal), Dossier de sœur M.-M. Lemaire, corr. ; hist. personnelle, doc. 3, 5, 7–8 ; post mortem, doc. 2 ; Reg. des baptêmes et sépultures de l'Hôpital Général de Montréal. — [Albina Fauteux et Clémentine Drouin], *l'Hôpital Général des Sœurs de la charité (Sœurs Grises) depuis sa fondation jusqu'à nos jours* (3 vol. parus, Montréal, 1916–   ).

LE MOYNE DE LONGUEUIL, MARIE-CHARLES-JOSEPH, baronne de LONGUEUIL (Grant), seigneuresse et philanthrope, née le 21 mars 1756 à Montréal, fille de Charles-Jacques Le Moyne de Longueuil, baron de Longueuil, et de Marie-Anne-Catherine Fleury Deschambault ; décédée le 17 février 1841 dans la même ville et inhumée six jours plus tard à Longueuil, Bas-Canada.

Fille posthume du troisième baron de Longueuil, porté disparu après la bataille du lac Saint-Sacrement (lac George, New York), Marie-Charles-Joseph Le Moyne de Longueuil est la sœur jumelle de Marie-Catherine-Joseph, qui mourra quelques mois après sa naissance. Durant sa tendre enfance, Marie-Charles-Joseph vit avec sa mère à l'Hôpital Général de Montréal. Son grand-père, Joseph Fleury* Deschambault, devient son tuteur et s'occupe de ses intérêts.

Peu après la mort de Charles-Jacques Le Moyne de Longueuil, Paul-Joseph Le Moyne* de Longueuil, frère de Charles*, deuxième baron de Longueuil, prétend que le titre de baron lui revient puisqu'il est le dernier descendant mâle du premier baron. L'affaire est portée devant les plus éminents juristes de Paris. Ceux-ci émettent entre 1771 et 1776 trois opinions toutes favorables à Marie-Charles-Joseph à qui le titre de quatrième baronne de Longueuil revient de plein droit. De 1774 à 1777, elle est en France avec sa mère pour y réclamer une pension en considération des

services rendus par son père et les frères de celui-ci, et des pertes subies par sa famille durant la guerre de Sept Ans. Elle obtient pour un temps une pension de 300*ll*.

À son retour dans la province de Québec, Marie-Charles-Joseph épouse le 7 mai 1781 David Alexander Grant, capitaine dans le 84th Foot et neveu de William Grant* qui, 11 ans plus tôt, avait épousé sa mère. Sans doute à cause des obligations militaires de son mari, elle réside d'abord à Québec où elle donne successivement naissance à trois fils, dont Charles William, futur cinquième baron de Longueuil. La famille s'établit ensuite au manoir de l'île Sainte-Hélène, près de Montréal. En 1791, le couple reçoit de William Grant les droits de banalité sur l'île Sainte-Hélène et la baronnie de Longueuil. La même année, Mme Grant accouche de Marie-Élisabeth, future seigneuresse de Pierreville et de Belœil.

Le 20 mars 1806, Mme Grant se retrouve veuve. L'inventaire des biens de la communauté révèle que la fortune de la famille est basée sur la propriété foncière : la baronnie de Longueuil, les seigneuries de Belœil et de Pierreville, 36 400 acres de terre dans les cantons d'Upton, de Roxton, de Barford et de Hereford, dans le Bas-Canada, ainsi que la moitié de Wolfe Island, près de Kingston, dans le Haut-Canada, soit 26 000 acres de terre. Peu après, Mme Grant doit faire face à plusieurs poursuites judiciaires intentées par les censitaires de la baronnie parce que son mari a vendu plutôt que concédé des terres à bois, ce qui allait à l'encontre des règles du régime seigneurial.

Dès 1819, Mme Grant s'installe en permanence à Montréal, rue Sainte-Marie (rue Notre-Dame). Elle possède également une résidence à Longueuil, rue Charlotte. En 1823, elle participe à l'essor économique de Longueuil en y faisant construire un moulin à vapeur qui sert à carder et à moudre. En 1829, elle remet à son fils aîné, Charles William, la moitié de la baronnie de Longueuil pour laquelle celui-ci rend foi et hommage. Par la suite, comme la population du village de Longueuil augmente rapidement, elle fait diviser en 1835 une partie du domaine en lots et préparer un plan de rues par l'arpenteur Joseph Weilbrenner.

Mme Grant est reconnue comme une femme pieuse et charitable. Dès 1809, elle cède une partie de l'emplacement du vieux fort qui tombe en ruine pour la construction d'une nouvelle église à Longueuil. En 1812, elle donne au curé Augustin Chaboillez* un terrain situé près de l'église et sur lequel celui-ci se fera construire une grande maison. Elle lui cède encore, en 1815, un terrain à l'arrière de l'église pour l'agrandissement du cimetière. En 1821, elle souscrit à la Société de Québec des émigrés. La baronnie de Longueuil connaît à cette époque une expansion du côté du village de Dorchester, qui deviendra plus tard la ville de Saint-Jean (Saint-Jean-sur-Richelieu). En

Le Prêtre

1826, Mme Grant donne un terrain qui servira à l'érection d'une église [V. Gabriel Marchand*]. Elle accepte, en 1827, la présidence de l'Association des dames de la charité, œuvre fondée par Angélique Blondeau, veuve de Gabriel Cotté*. En 1832, durant la terrible épidémie de choléra, un groupe de dames pieuses, sous l'inspiration de Mme Cotté, met sur pied l'Orphelinat catholique de Montréal dont Mme Grant est aussi nommée présidente. Elle cumulera ces deux fonctions jusqu'à sa mort.

Marie-Charles-Joseph Le Moyne de Longueuil est la dernière descendante française en titre de la famille Le Moyne de Longueuil au Canada. Tout comme sa mère, par son mariage elle permet aux nouveaux maîtres du Bas-Canada de s'introduire dans les rangs de la noblesse canadienne. Avec sa disparition, la baronnie de Longueuil passe définitivement aux mains de la nouvelle aristocratie britannique. L'abolition du régime seigneurial est proche.

Louis Lemoine

Un portrait de Marie-Charles-Joseph Le Moyne de Longueuil a été reproduit à la page 24 de l'ouvrage de Marie-Claire Daveluy cité plus bas.

ANQ-M, CE1-12, 23 févr. 1841 ; CE1-51, 21 mars 1756 ; CN1-74, 31 mai–16 oct. 1806. — ANQ-Q, CE1-61, 7 mai 1781 ; CN1-25, 5 mai 1781. — APC, MG 24, L3. — Arch. du diocèse de Saint-Jean-de-Québec (Longueuil, Québec), 7A/49, 67 ; 12A/25 ; 14A/19, 28. — Arch. nationales (Paris), Fonds des Colonies, B, 149 : f°s 369, 432 ½ ; 161 : f° 76. — ASN, AP-G, L.-É. Bois, G, 12 : 222. — ASQ, Fonds Viger-Verreau, Sér. O, 0176 : 3–5, 22–39 ; 0178 : 14–18. — BVM-G, Fonds baronnie de Longueuil, pièces 1–508. — « Les Grant de Longueuil », J.-J. Lefebvre, édit., ANQ Rapport, 1953–1955 : 123–184. — La Gazette de Québec, 26 nov. 1821, 15 juill. 1822. — F.-J. Audet et Fabre Surveyer, les Députés au premier Parl. du B.-C., 239–240. — F.-M. Bibaud, le Panthéon canadien (A. et V. Bibaud ; 1891). — Montreal directory, 1819–1820. — P.-G. Roy, Inv. concessions, 2 : 64 ; 4 : 82, 84. — Auguste Achintre et J.-A. Crevier, l'Île Sainte-Hélène : passé, présent et avenir ; géologie, paléontologie, flore et faune (Montréal, 1876), 10–12. — M.-C. Daveluy, l'Orphelinat catholique de Montréal (1832–1932) (Montréal, 1933), 303–304. — Alexandre Jodoin et J.-L. Vincent, Histoire de Longueuil et de la famille de Longueuil [...] (Montréal, 1889). — Robert Rumilly, Histoire de Longueuil (Longueuil, 1974). — T. Beauchesne, « les Barons de Longueuil », Nova Francia (Paris), 4 (1929) : 311–315, 362–367. — Odette Lebrun, « Épouses des LeMoyne : les baronnes de Longueuil », Soc. d'hist. de Longueuil, Cahier (Longueuil), 2 (1973) : 3–10.

LE PRÊTRE, JOHN McDONELL, dit. V. Mc-Donell

LEPROHON, JOSEPH-ONÉSIME, prêtre catholique, professeur et administrateur scolaire, né le 16 février 1789 à Montréal, fils aîné de Jean-Philippe Leprohon, marchand, et de Marguerite Parent ; décédé le 19 mai 1844 à Nicolet, Bas-Canada.

À sept ans, Joseph-Onésime Leprohon est fortement ébranlé par la mort de sa mère. Son père le place alors au collège Saint-Raphaël, qui deviendra le petit séminaire de Montréal en 1806. Malgré une santé chancelante, il fait ses études classiques et se distingue par le souci qu'il porte aux autres. Devenu ecclésiastique en 1809, il est immédiatement envoyé au séminaire de Nicolet à titre de régent et de professeur de syntaxe, de méthode et de rhétorique. Il manifeste un grand intérêt aux élèves et attire facilement leur estime et leur affection. Il poursuit en même temps ses études théologiques et il est ordonné prêtre le 6 février 1814. D'abord vicaire dans la paroisse Saint-Joseph, à Deschambault, puis transféré dans celle de Saint-Mathieu, à Belœil, il devient directeur du séminaire de Nicolet en 1816.

À l'arrivée de Leprohon, cette maison d'éducation est dans une situation délicate, résultat de cinq années de difficultés matérielles considérables et de pénibles dissentiments entre le supérieur Jean Raimbault et le directeur précédent, Paul-Loup Archambault*. C'est pourquoi l'évêque de Québec, Mgr Joseph-Octave Plessis*, avait recherché un homme capable de bien prendre en main l'institution. Leprohon se révèle rapidement l'homme de la situation. Au début, cependant, il note certaines « préventions » contre lui, qui viennent du supérieur, des professeurs et des élèves ; elles sont accompagnées pendant quelques années de frictions avec sa famille – « des affaires mal rangées de [son] père et de [ses] frères » – et de reproches que lui fait son père pour avoir quitté la paroisse « où il [le] voyait pour sa consolation et peut-être pour sa ressource ». À celui-ci, comme à son évêque, à qui il se confie, Leprohon redit son attachement à la maison « pour laquelle [il a] sacrifié tous [ses] intérêts personnels ».

Le travail considérable que Leprohon abat l'aide à passer à travers ces difficultés. À l'instar de ses prédécesseurs, il apporte son aide au curé de Nicolet, Raimbault. Il dirige 175 à 200 pénitents et assiste le curé de son mieux : « pour les grandes messes, les baptêmes, les sépultures, la visite des malades la nuit et les sermons, je fais mon possible, pour répondre à ses désirs parce que ces fonctions m'éloignent moins de la Communauté ». Il est en outre directeur des ecclésiastiques et, presque jusqu'à la fin de son mandat, professeur de théologie. Il apporte aussi sa contribution à l'administration matérielle du séminaire, surtout avant la création du poste de procureur. C'est ainsi qu'il parcourt la région de Québec en 1825 dans le but de ramasser des fonds pour la construction du nouveau séminaire et qu'il a souvent son mot à dire pendant les travaux qui durent presque dix ans.

Leprohon fait sa marque d'abord comme directeur. Responsable du respect du règlement par les maîtres et les élèves, il exige la régularité et gouverne avec sévérité. Il tient, cependant, à ce que les évêques de Québec précisent certains points moins clairs et il essaie, notamment, de faire avancer le début des vacances d'été mais il se bute à un refus. Sous un extérieur austère, Leprohon se révèle bon, paternel, affectueux pour tous et il n'hésite pas, en certaines occasions, à prendre le parti de ses jeunes protégés. En 1836, par exemple, sur la foi de plaintes d'écoliers, il demande à Mgr Joseph SIGNAY de conseiller au procureur du séminaire de bien nourrir son monde. Il s'efforce aussi de varier les loisirs des élèves : il les invite à cultiver des fleurs pour l'autel puis, écrit l'abbé Louis-Édouard Bois*, il « f[ait] tant et si bien qu'il obti[ent] aux écoliers d'abord un petit jardin, puis dans ce jardin, un petit parterre à chacun, puis, enfin, des prix annuels aux plus dévoués, aux plus constants, aux plus laborieux ». Il installe aussi un atelier de menuiserie, d'où sortent des œuvres notables comme, en 1836, une pyramide en treillis et des colonnes surmontées d'un globe faites par le futur évêque de Trois-Rivières, Louis-François Laflèche*.

Leprohon consacre autant de temps à sa fonction de préfet des études. Là aussi, il doit innover et composer avec des pénuries endémiques. Pour tirer le maximum d'un corps professoral peu formé et en continuel renouvellement, il s'efforce de l'équiper de manuels et de matériel didactique – en 1836, par exemple, il fait acheter par l'archevêque de Québec des instruments de physique que rapportera d'Europe l'abbé John Holmes* ; il enrichit la bibliothèque dont il contrôle lui-même les prêts ; il visite régulièrement les classes et donne des devoirs qu'il corrige ; il organise des séances de lecture de livres d'histoire à sa chambre ; il attache une attention spéciale à l'émulation et aux récompenses accordées aux meilleurs ; il conserve les cahiers de notes et les palmarès, compile les cahiers d'honneur où sont transcrits les meilleurs travaux, encourage les examens publics et les distributions solennelles des prix. C'est également au cours de son mandat que sont recrutés des professeurs en théologie et en philosophie. Tous ces efforts permettent au séminaire de Nicolet de se rapprocher des modèles que sont le petit séminaire de Québec et le petit séminaire de Montréal. Mais la double tâche de directeur et de préfet des études devient un handicap. À la fin des années 1830, plusieurs considèrent Leprohon comme dépassé, et sa conception des études vieillie et insuffisante. Mais il est tellement intégré à la maison et son dévouement a été si total que personne n'ose lui demander de quitter « son » séminaire.

La mort de Raimbault en 1841 règle le problème. Prévue depuis longtemps, la succession à la cure de Nicolet est offerte à Leprohon ; c'est une promotion logique et elle ne l'éloigne pas de l'œuvre de sa vie. Il accepte la nomination, tout en gardant la nostalgie du séminaire. Pendant plusieurs semaines, selon Charles Harper*, il « ne peut se décider à prendre son logis au presbytère […] Il s'y ennuie, s'y déplaît et ne fait que parler du Séminaire. » Graduellement, son nouveau poste l'accapare et il devient un bon curé, sur le modèle de son prédécesseur. Mais la maladie le guette ; au début de mai 1844, il souffre d'une inflammation des poumons et, le 19 mai, il meurt à l'âge de 55 ans.

Joseph-Onésime Leprohon est un bon exemple de ces administrateurs qui ont façonné l'âme des collèges classiques du Québec et qui ont laissé un souvenir impérissable à des générations de futurs hommes de profession et de prêtres. Joseph-Guillaume Barthe* a bien décrit le rôle que Leprohon a joué : « Ce martyr du devoir, ce modèle de dévouement, dont pas un de ceux qui ont passé sous sa main *maternelle*, (paternelle ne serait pas assez tendre), ne prononce le nom sans émotion ou sans transport. Il ne fut rien ici-bas qu'un instrument ignoré au dehors, mais vénéré comme un saint au dedans de cette maison, où il a élevé trois générations d'hommes […] qui tous étaient fiers de se reconnaître comme de ses disciples. » On ne peut lui faire qu'un reproche, c'est d'avoir détruit lui-même beaucoup de ses documents et d'avoir, par testament, ordonné de brûler « tous les papiers, lettres, manuscrits et écritures qui se trouver[aient] en sa possession au jour et à l'heure de son décès ».

NIVE VOISINE

Les ASN conservent, daus le fonds AP-G, des cours dispensés par Joseph-Onésime Leprohon et colligés par des élèves : « Traité abrégé de mythologie » (1809) ; « De la versification latine » (1810) ; « Cours de philosophie et physique » (vers 1810) ; « Epitome rhetorices » (1821) ; « Rhetorica » (s. d.).
AAQ, 515 CD. — ANQ-M, CE1-51, 16 févr. 1789. — ANQ-MBF, CE1-13, 21 mai 1844. — ASN, AO, Séminaire, Cahiers de comptes de bibliothèque, J.-O. Leprohon, 1833–1836 ; Fonds Leprohon, I : 44 ; Lettres des directeurs et autres à l'évêque de Québec, II–III. — Barthe, *Souvenirs d'un demi-siècle*. — [L.-É. Bois], *Notice sur M. Jos O. Leprohon, archiprêtre, directeur du collège de Nicolet […]* (Québec, 1870). — Douville, *Hist. du collège-séminaire de Nicolet*. — Claude Lessard, *le Séminaire de Nicolet, 1803–1969* (Trois-Rivières, Québec, 1980).

LÉRY, CHARLES-ÉTIENNE CHAUSSEGROS DE. V. CHAUSSEGROS

LÉTOURNEAU, JEAN-CHARLES, notaire, fonctionnaire et homme politique, né le 28 novembre 1775 à Saint-Pierre-de-la-Rivière-du-Sud, Québec, fils de Joseph-Marie Létourneau et de Marie-Françoise Cloutier ; décédé le 21 avril 1838 dans la paroisse Saint-Thomas (à Montmagny, Québec).

Bien que de famille modeste et peu instruite,

Le Vasseur

Jean-Charles Létourneau fait ses études classiques au petit séminaire de Québec, où il est externe de 1789 à 1792. Ses professeurs le disent alors un élève intelligent, talentueux mais peu discipliné. Il entreprend ensuite un stage de clerc chez Roger Lelièvre et chez Nicolas-Gaspard Boisseau. Le 18 juillet 1803, il est admis à la pratique du notariat et s'établit définitivement à Saint-Thomas.

Le 24 novembre 1806, Létourneau épouse en l'église de sa paroisse Catherine Boisseau, fille de son ancien maître Nicolas-Gaspard Boisseau et de Catherine Gaspé, fille d'Ignace-Philippe Aubert* de Gaspé. Même si aucun enfant ne naît de cette union et qu'une grande différence d'âge existe entre les époux, il semble que le couple mène une vie heureuse jusqu'à ce que la mort emporte Catherine Létourneau, le 13 février 1833.

Homme maigre, aux yeux vifs, vêtu avec recherche, Létourneau se révèle un être spirituel, érudit et patriote. Après avoir connu une jeunesse orageuse, au cours de laquelle il se réclamait de l'école voltairienne, et malgré un fervent esprit nationaliste, l'âge l'aurait assagi et sa fougue aurait fait place à des sentiments « plus raisonnables et plus modérés ».

Dès 1826, des responsabilités civiques échoient à Létourneau. Le 8 mai de cette année-là, il devient commissaire chargé de superviser les réparations à l'école de la paroisse Saint-Thomas, responsabilité qu'il partage avec, entre autres, son beau-frère Ignace-Gaspard Boisseau. Puis, le 29 mai 1829, on le nomme commissaire chargé de l'ouverture des chemins de la paroisse Saint-Thomas et, le 12 mai 1831, commissaire habilité à faire le recensement du comté de L'Islet.

Grand admirateur de Louis-Joseph Papineau*, Létourneau s'intéresse à la politique active et brigue les suffrages des électeurs de la circonscription de Devon le 25 août 1827. Sorti victorieux de cette élection, il remplace Joseph-François Couillard-Després en chambre, où il siège en compagnie de Jean-Baptiste Fortin. Il jouit de la confiance générale de ses électeurs et est réélu dans la nouvelle circonscription de L'Islet aux élections de 1830 et de 1834. Il conserve son poste jusqu'à la suspension de la constitution en février 1838. Il n'est pas surprenant de voir ce disciple de Papineau voter, en 1834, en faveur des Quatre-vingt-douze Résolutions puis s'opposer aux amendements proposés par John Neilson. Létourneau est alors au faîte de sa popularité. Plus tard, dans une histoire de la paroisse Saint-Thomas publiée en 1906, Flavien-Édouard Casault le décrira comme « un homme remarquable ». D'ailleurs Edmund Bailey O'Callaghan* dira de lui qu'il était « un vrai démocrate, et un patriote sincère, amoureux de son pays, qu'il défendait à titre de représentant avec honnêteté et fermeté ».

Le 21 avril 1838, la population magnymontoise et l'isletaine perdait en la personne de Létourneau un « bon parent, [un] ami sincère, [un] citoyen dévoué » qui s'éteignait « après une longue et douloureuse maladie ». Ses obsèques grandioses coûtèrent £25, montant fort élevé à l'époque pour ce genre de cérémonie tenue à la campagne. On l'inhuma dans le caveau de l'église paroissiale de Saint-Thomas.

Grâce à un travail acharné, à une grande précision et à sa science légale exceptionnelle, Jean-Charles Létourneau avait su amasser une jolie fortune. Il possédait notamment une bibliothèque remarquable, composée de volumes rares ; elle était abritée dans une maison coquette et bien meublée, témoin du goût de cet homme. Létourneau légua tous ses volumes à son voisin et grand ami, Étienne-Paschal Taché*.

Nelson Michaud

Le minutier de Jean-Charles Létourneau, contenant des actes passés entre le 23 juill. 1803 et le 6 mars 1838, est déposé aux ANQ-Q, sous la cote CN2-26.

ANQ-Q, CE2-6, 29 nov. 1775 ; CE2-7, 24 nov. 1806, 13 févr. 1833, 21 avril 1838 ; CN2-7, 1787–1789. — APC, MG 24, B2 : 1989–1991, 2294–2297, 2911–2912 ; RG 4, A1, 241 ; 358 ; B8 : 485–489 ; B72, 25–26. — ASQ, Séminaire, 103, nos 29c, 31–32. — La Gazette de Québec, 21 juill. 1803, 11 janv. 1810, 19 févr. 1833. — F.-J. Audet, « les Législateurs du B.-C. ». — Desjardins, Guide parl. — F.-É. Casault, Notes historiques sur la paroisse de Saint-Thomas de Montmagny (Québec, 1906). — Jacques Castonguay, la Seigneurie de Philippe Aubert de Gaspé, Saint-Jean-Port-Joli (Montréal, 1977). — Chapais, Cours d'hist. du Canada, 4. — Gérard Ouellet, Ma paroisse : Saint-Jean-Port-Joly (Québec, 1946). — P.-G. Roy, la Famille Aubert de Gaspé (Lévis, Québec, 1907). — « Cinq Belles Figures de Montmagny », Québec-Hist. (Montmagny, Québec), 2 (1972), no 1 : 65.

LE VASSEUR BORGIA, JOSEPH

LE VASSEUR BORGIA, JOSEPH (il signait **LeVasseur Borgia**), avocat, propriétaire de journal, officier de milice et homme politique, né le 6 janvier 1773 à Québec, fils de Louis Le Vasseur Borgia, forgeron, et de Marie-Anne Trudel ; décédé le 28 juin 1839 dans sa ville natale.

François-Maximilien Bibaud* a affirmé dans le Panthéon canadien que la famille Borgia de Québec était d'origine italienne ; Benjamin Sulte* et d'autres historiens ont repris cette assertion. En fait, les ancêtres de Joseph Le Vasseur Borgia étaient tous de descendance française et son grand-père est le premier Le Vasseur auquel on adjoignit le nom de Borgia.

Joseph Le Vasseur Borgia vécut les premières années de son enfance dans le faubourg Saint-Jean à Québec. Il était âgé de sept ans lorsque sa famille vint s'établir à l'intérieur des murs de la haute ville de Québec, dans la rue Sainte-Famille, à proximité du petit séminaire. Il fit d'ailleurs ses études classiques dans cet établissement de 1786 à 1792. Accusé d'avoir assisté à une pièce de théâtre, il fut chassé du petit séminaire à la fin d'avril 1790 puis réadmis l'année suivante, cette fois à titre de pensionnaire. Le 30 avril 1792, à une séance publique au petit séminaire, il était au nombre des cinq étudiants qui soutinrent des thèses en mathématique, en balistique, en astronomie et en physique devant un imposant auditoire qui entourait le prince Edward* Augustus.

Le Vasseur Borgia fit par la suite son stage de clerc et reçut sa commission d'avocat le 18 juillet 1800. Il ouvrit alors un bureau à Québec et s'illustra au fil des ans par d'austères mais solides plaidoiries. À quelqu'un qui un jour lui soulignait le manque d'éloquence de l'avocat Le Vasseur Borgia, le gouverneur sir James Henry Craig*, qui l'avait vu plaider, rétorqua : « c'est vrai […] mais je crois qu'il y a peu d'avocats dans cette colonie qui aient une connaissance aussi profonde du droit romain ». S'il se porta à la défense de nombreuses personnes, Le Vasseur Borgia se retrouva également, à maintes reprises, au banc des accusés. Il eut en effet de multiples démêlés avec le protonotaire Joseph-François PERRAULT. Les relations entre les deux hommes de loi s'envenimèrent en 1805 lorsque Perrault poursuivit Le Vasseur Borgia pour des honoraires dus. Ils s'affrontèrent dans plusieurs autres causes jusqu'en 1825.

Dès le début de sa carrière d'avocat, Le Vasseur Borgia fut attiré par la scène politique. À la suite du décès de William Grant*, représentant de la circonscription de la Haute-Ville de Québec à la chambre d'Assemblée du Bas-Canada, il annonça, le 10 octobre 1805, sa candidature à l'élection partielle. Lui et Perrault s'y affrontèrent et la division des votes des électeurs de langue française contribua à la victoire du candidat anglophone John Blackwood*. Quelque peu dépité, Le Vasseur Borgia n'en était pas moins décidé à tenter de nouveau sa chance à la première occasion. Il fit d'ailleurs annoncer dans la Gazette de Québec du 19 décembre : « L'APPUI que j'ai reçu […] malgré les efforts combinés de certains cabaleurs publics, est un témoignage […] de l'estime publique à mon égard ! » Le 18 juin 1808, on l'élit représentant de la circonscription de Cornwallis dont il défendit les intérêts à la chambre jusqu'à la fin de sa carrière politique en 1830, à l'exception des années 1820 à 1824.

En 1806, Le Vasseur Borgia s'était joint à Pierre-Stanislas Bédard*, Jean-Thomas Taschereau*, François Blanchet* et d'autres afin de fonder le Canadien, journal qui allait prôner les intérêts des membres des professions libérales de langue française. Irrité par leur soutien à ce journal, qu'il jugeait « une feuille libelleuse et séditieuse », Craig destitua le 14 juin 1808 Le Vasseur Borgia et d'autres propriétaires du Canadien de leurs postes d'officiers de milice. En mars 1810, il fit saisir les presses du Canadien et jeter en prison l'imprimeur Charles Lefrançois* et les propriétaires Bédard, Taschereau et Blanchet.

Contrairement à ce que certains auteurs ont déjà affirmé, Le Vasseur Borgia put échapper aux foudres du gouverneur et ne fut point emprisonné. Sa réputation d'éminent avocat et ses positions modérées auraient contribué à lui éviter le sort des autres dirigeants du journal.

En 1812, le nouveau gouverneur, sir George Prevost*, courtisa les chefs du parti canadien afin de s'assurer leur appui et leur loyauté dans la guerre contre les États-Unis. Le Vasseur Borgia recouvra ainsi sa commission d'officier de milice et fut promu capitaine dans le 1er bataillon de milice de la ville de Québec. La discorde allait bientôt apparaître à l'intérieur de ce bataillon. Une fois de plus, Le Vasseur Borgia entra en conflit avec Perrault. On le mit aux arrêts et on le traduisit devant un conseil de guerre, les 9 novembre et 9 décembre 1812, sous l'accusation d'avoir désobéi à son supérieur, le lieutenant-colonel Perrault, en « tendant à détruire le bon ordre et la discipline militaire ». Il fut finalement acquitté. Une éventuelle participation aux luttes armées contre les envahisseurs américains n'enchantait guère Le Vasseur Borgia. D'ailleurs, selon l'historien François-Xavier Garneau*, il aurait assisté à une réunion secrète qui se tint à Québec afin de délibérer au sujet de l'adoption d'une position de neutralité dans ce conflit qui, dans l'esprit de certains Canadiens, ne regardait que l'Angleterre et les États-Unis.

Dès la fin de 1812, Le Vasseur Borgia était de retour à son poste familier à la chambre d'Assemblée. S'il ne fut jamais un grand orateur, il participa toutefois avec assiduité aux travaux de la chambre et devint membre de nombreux comités. Souvent décontenancé par la violence des débats à l'Assemblée, il avait présenté une motion, le 9 février 1811, afin que le fait d'interrompre un député, « soit en frappant du poing, soit en jurant », constitue une infraction aux privilèges de la chambre. Au cours de sa longue carrière parlementaire, il ne s'emporta qu'une fois. Le 10 mars 1819, il s'en prit au député Samuel Sherwood ; il l'injuria, lui fit des « grimaces menaçantes », selon le témoin Philippe Panet*, et le poursuivit à travers la chambre. Son comportement provoqua de virulents débats qui s'étendirent sur près de huit heures. Denis-Benjamin Viger* alla jusqu'à réclamer l'emprisonnement de Le Vasseur Borgia. Mais, en dernier ressort, l'Assemblée s'entendit pour le mettre sous la garde du sergent d'armes.

Au moment où se produisit cet incident, les députés se penchaient sur une question qui tenait particulièrement à cœur à Le Vasseur Borgia : l'administration de la justice. Le 6 mars 1815, il avait prôné avec conviction à la chambre l'adoption du droit civil anglais au Bas-Canada et l'abrogation de la Coutume de Paris, du droit coutumier et des édits, arrêts, ordonnances et déclarations en usage depuis l'époque de la Nouvelle-France. Sa longue pratique du métier

Le Vasseur

d'avocat lui avait maintes fois prouvé la difficulté « de trouver sa route dans ce dédale inextricable ». Philippe-Joseph Aubert* de Gaspé racontait que Le Vasseur Borgia aurait un jour reconnu avoir perdu 20 ans de sa vie dans l'étude des livres de droit ; il en était venu à la conclusion qu'il valait mieux se fier à son jugement et, afin de se tirer d'embarras, avoir recours au sort à l'aide d'un cornet et de dés.

D'abord membre du parti canadien, Le Vasseur Borgia ne se dissocia point des opinions et décisions de ses confrères. Toutefois, au cours des années 1820, il prit peu à peu ses distances à l'égard de Louis-Joseph Papineau* et de ses partisans. Le 8 janvier 1825, à l'élection au poste de président de la chambre, il appuya la candidature de Joseph-Rémi VALLIÈRES de Saint-Réal plutôt que celle de Papineau. Le Vasseur Borgia se retira de la scène parlementaire en 1830, année où la circonscription de Cornwallis disparut en donnant naissance à celles de Kamouraska et de Rimouski. Il ne se mêla pas non plus aux débats et aux assemblées qui précédèrent les événements de 1837–1838. À la fin de juin 1838, il se rendit présenter ses respects au gouverneur en chef lord Durham [LAMBTON], arrivé depuis peu de temps dans la colonie.

Homme d'une grande culture, Le Vasseur Borgia s'était constitué au fil des ans une imposante bibliothèque, où les manuels de droit et de jurisprudence côtoyaient, entre autres, de nombreux ouvrages d'histoire, de mythologie, de philosophie, d'astronomie et de chimie. Son journal personnel révèle sa passion à l'égard de l'histoire. Des notes de recherche sur la famille Le Vasseur Borgia et sur la monarchie française voisinent avec de minutieuses énumérations des évêques du diocèse de Québec et des gouverneurs de la colonie sous les régimes français et anglais. Au moment de sa retraite, Le Vasseur Borgia calcula avoir consacré, entre 1831 et 1836, quatre mois et dix jours de son temps à mettre de l'ordre dans ses papiers privés et ses « papiers de causes ».

Les dernières années de Le Vasseur Borgia furent assombries par la pauvreté et la perte de son fils Narcisse-Charles. Ce dernier avait fait son stage de clerc sous sa direction à compter de 1825 et reçu sa commission d'avocat le 27 février 1830. Il avait, disait-on, hérité des talents d'avocat de son père. D'une santé délicate, il décéda à l'âge de 30 ans, le 5 novembre 1834. Fort pauvre, Le Vasseur Borgia dut compter sur la générosité d'avocats de Québec qui se cotisèrent afin d'acquitter les frais des funérailles de son fils. En négligeant la pratique du droit pour se consacrer à sa carrière politique, il n'avait pas tardé à faire face à d'épineux problèmes financiers et, dès 1817, il avait dû se départir de sa bibliothèque.

Joseph Le Vasseur Borgia mourut le 28 juin 1839 après « une maladie de quelques semaines », comme le notait le Canadien, et on l'inhuma dans le cimetière des Picotés. Ainsi disparaissait celui qui, depuis 17 ans déjà, était le doyen du barreau du district de Québec. Aubert de Gaspé conservait le souvenir d'un Le Vasseur Borgia « désintéressé, généreux et d'une délicatesse de sentiments remarquable ». Avocat redouté et homme politique respecté, il avait su compenser son manque d'éloquence par de belles argumentations. « C'était un sage », disait Bibaud. S'il joua un rôle plus effacé que plusieurs de ses contemporains, les Bédard, Viger et Papineau, il n'en fut pas moins l'un des hommes politiques les plus consultés et influents du Bas-Canada, de la fondation du journal le Canadien en 1806 jusqu'à son retrait de la vie politique en 1830.

JEAN-MARIE LEBEL

ANQ-Q, CE1-1, 6 janv. 1773, 10 nov. 1834, 2 juill. 1839 ; CN1-230, 28 mai 1811, 8 avril 1813, 20 avril 1815, 27 juill. 1816, 26 févr., 7 nov. 1825 ; CN1-253, 23 avril 1829. — APC, MG 11, [CO 42] Q, 107. — ASQ, C 36 : 102 ; Fichier des anciens ; MSS, 193 ; Polygraphie, XIX, n° 41 ; Séminaire, 73, n°s 1g–1h. — B.-C., chambre d'Assemblée, Journaux, 1809–1819 ; 1825–1830. — « Les Dénombrements de Québec » (Plessis), ANQ Rapport, 1948–1949 : 9, 59, 109, 172. — Recensement de Québec, 1818 (Provost), 266. — Le Canadien, 1er juill. 1839. — La Gazette de Québec, 31 juill. 1800, 10 oct., 19 déc. 1805, 12 mai, 16 juin 1808, 20 avril, 12 oct., 9, 30 nov. 1809, 1er, 8 mars, 26 avril, 3 mai 1810, 4 juin, 1er oct., 19 nov., 24 déc. 1812, 18, 25 avril 1816, 26 mars 1818. — F.-M. Bibaud, le Panthéon canadien (A. et V. Bibaud ; 1891), 32. — Hare et Wallot, les Imprimés dans le B.-C., 90, 139, 234, 237, 315–316. — Le Jeune, Dictionnaire, 2 : 147. — Officers of British forces in Canada (Irving), 141. — P.-G. Roy, les Avocats de la région de Québec, 52 ; Fils de Québec, 2 : 164–166. — Wallace, Macmillan dict. — P.[-J.] Aubert de Gaspé, Mémoires (Ottawa, 1866 ; réimpr., Montréal, 1971). — T.-P. Bédard, Histoire de cinquante ans (1791–1841), annales parlementaires et politiques du Bas-Canada, depuis la Constitution jusqu'à l'Union (Québec, 1869), 65, 100, 104, 111, 120, 135, 162. — Chapais, Cours d'hist. du Canada, 2 : 180, 192, 206 ; 3 : 8, 13, 24, 188. — Ouellet, Bas-Canada, 164, 301. — Gilles Paquet et J.-P. Wallot, Patronage et Pouvoir dans le Bas-Canada (1794–1812) ; un essai d'économie historique (Montréal, 1973), 120. — P.-G. Roy, À travers les mémoires de Philippe Aubert de Gaspé (Montréal, 1943). — Rumilly, Papineau et son temps, 1 : 37, 42–43, 64, 76, 152, 174. — Benjamin Sulte, Histoire des Canadiens-Français, 1608–1880 […] (8 vol., Montréal, 1882–1884), 8 : 66, 73, 76–77, 79. — Taft Manning, Revolt of French Canada, 56, 98. — Wallot, Un Québec qui bougeait, 79, 126, 150, 164. — F.-J. Audet, « Joseph LeVasseur-Borgia », SRC Mémoires, 3e sér., 19 (1925), sect. I : 65–78. — P.-B. Casgrain, « le Moulin à vent et la Maison de Borgia lors de la bataille des plaines d'Abraham », BRH, 6 (1900) : 37–41. — J. [E.] Hare, « l'Assemblée législative du Bas-Canada, 1792–1814 : députation et polarisation politique », RHAF, 27 (1973–1974) : 361–395. — « Le Jeune Avocat LeVasseur Borgia », BRH, 42 (1936) : 96–97.

LEYS, JOHN, mécanicien de marine, né vers 1791 à Aberdeen, Écosse ; décédé le 8 avril 1846 à Sainte-Croix (îles Vierges).

Il se peut que John Leys soit ce John Lees, de Nineveh, Angleterre, qui signa en 1812 un contrat de travail de cinq ans avec la société d'ingénieurs Boulton and Watt de Birmingham. Lees devait être employé aux « travaux de limage, tournage et ajustage de pièces en fer forgé et en fonte, destinées à la fabrication de moteurs à vapeur et à d'autres fins ». On avait fixé son salaire à 19s par semaine pour la première moitié du contrat, et à 20s pour la seconde moitié.

Au printemps de 1816, la Gillespie, Gerrard and Company de Londres [V. Samuel Gerrard*] commanda une machine à vapeur à la maison Boulton and Watt au nom des propriétaires du *Frontenac,* bateau à aubes alors en construction à Bath, dans le Haut-Canada. La compagnie londonienne demandait également d'envoyer un mécanicien compétent, capable d'assembler, d'installer et de faire fonctionner la machine. Leys offrit alors ses services pour deux ans au salaire annuel de £160. La somme parut élevée mais, faute de candidats, on l'engagea. Entre-temps, on avait déjà expédié à Liverpool le moteur de 56 chevaux-vapeur. Leys dut donc précipiter son départ. Il put cependant s'arranger pour qu'une partie de son salaire soit envoyée à sa mère à Aberdeen.

Après la nouvelle du lancement du *Frontenac,* parue dans la *Kingston Gazette* en septembre 1816, on prédisait que le navire serait « terminé et prêt à entrer en service dans quelques semaines ». Tel ne fut pas le cas. Des démêlés survenus à partir de décembre avec des agents des douanes à Québec à propos du moteur expliquent en partie ce retard. Il fallut attendre en mai 1817 pour que le vapeur traverse le port de Kingston, où il endommagea d'ailleurs le mécanisme d'une de ses roues à aubes. Même si le *Frontenac* avait été le premier vapeur à être lancé sur les Grands Lacs, les délais qu'il subit par la suite permirent à son rival américain, l'*Ontario,* d'effectuer le premier voyage à vapeur. Cet échec est en grande partie attribuable aux problèmes posés par le moteur Boulton and Watt.

Une fois le *Frontenac* en service, les relations de Leys avec le capitaine James McKenzie* furent loin d'être harmonieuses, comme l'attesta plus tard Henry Scadding* : « Au début de la navigation à vapeur, les hommes compétents pour surveiller le fonctionnement des machines n'étaient [...] pas nombreux et les capitaines étaient en quelque sorte obligés de ménager leur chef mécanicien quand ils en avaient obtenu un. Le capitaine McKenzie [...] était quelque peu tyrannisé par M. Leys, un Écossais peu traitable ; les voyages du *Frontenac,* les heures de départ et le reste dépendaient pour beaucoup d'une décision en provenance de la cale, indépendante de celle du capitaine en titre. » N'empêche que Leys et McKenzie jouissaient tous deux d'un salaire « énorme », comme le disait en 1817 John Spread Baldwin, un marchand d'York (Toronto).

Au printemps de 1827, dans le canton de Pickering, John Leys (qu'on surnommait familièrement Jock) rompit une vague et brève association avec son frère Francis pour retourner aux Grands Lacs à titre de mécanicien du *Canada,* commandé par Hugh Richardson*. Selon Scadding, Leys « fut longtemps un personnage connu à York ». William Lyon Mackenzie*, notamment, le considérait comme un « bon ami ». En août 1827, il signalait dans le *Colonial Advocate* le départ de Leys pour Montréal dans le but de se procurer un nouvel arbre de roue à aubes pour le *Canada.* Cinq ans plus tard, Leys appuya Mackenzie lorsqu'il se présenta pour être réélu à la chambre d'Assemblée.

Mis à part les emplois qu'il occupa au Canada, la carrière de John Leys à titre de mécanicien de marine reste un mystère. Il est relativement facile d'identifier les capitaines des vapeurs, mais non les hommes d'équipage, qui demeuraient dans l'ombre. Dans le *Toronto directory* de 1837, Leys est tout simplement inscrit comme « mécanicien » vivant rue Lot (rue Queen). Il devait avoir amassé une certaine fortune : la même année, il était l'un des petits actionnaires de la British America Fire and Life Assurance Company. Selon une notice publiée après sa mort, survenue à Sainte-Croix en 1846, il était allé vivre dans cette île pour des raisons de santé. Il laissa plus de £600 et une rente annuelle à sa mère et à ses sœurs, qui vivaient en Écosse. Il avait chargé son exécuteur testamentaire de convertir en espèces le reste de ses biens et d'en investir le montant dans des hypothèques, des biens immobiliers et dans la construction d'immeubles à louer. Les revenus de ces placements devaient revenir à son frère William et aux enfants de ce dernier aussi longtemps qu'ils entretiendraient les propriétés et en payeraient les assurances.

WALTER LEWIS

AO, RG 22, sér. 155. — Birmingham Public Libraries (Birmingham, Angl.), Boulton and Watt coll., articles of agreement concerning employment of John Lees with M. R. Boulton and James Watt Jr, 26 mai 1812 ; letter-book 40, Boulton et Watt à Gillespie, Gerrard and Company, 21, 23, 30 mai, 3, 10 juin 1816. — UTFL, MS coll., Western Assurance Company papers, vol. 100 (British American Assurance Company, day-book, 1837–1841). — *Town of York, 1815–34* (Firth), 39–40. — *Colonial Advocate,* 2 août 1827, 9 févr. 1832. — *Kingston Gazette,* 14 sept. 1816, 24 mai 1817. — *Upper Canada Gazette,* 21 avril 1827. — *Death notices of Ont.* (Reid). — *Toronto directory,* 1837. — Scadding, *Toronto of old* (1873), 556.

LICHTENSTEIN, ELIZABETH (Johnston), auteure, née le 28 mai 1764 à Little Ogeechee, Géorgie,

Lilly

enfant unique de John G. Lightenstone et de Catherine Delegal ; le 21 novembre 1779, elle épousa à Savannah, Géorgie, William Martin Johnston, et ils eurent dix enfants, dont seulement trois survécurent à leur mère ; décédée le 24 septembre 1848 à Halifax.

Originaire de Kronstadt (URSS), le père d'Elizabeth Lichtenstein immigra en Géorgie au milieu du XVIIIe siècle et donna à son patronyme une forme anglaise, Lightenstone. Il servit le gouverneur sir James Wright à plusieurs titres et, durant la guerre d'Indépendance américaine, il fut guide et conseiller des Georgia Light Dragoons. Comme il était souvent absent de la maison, Elizabeth fut surtout élevée par sa mère et, après la mort de celle-ci, par une grand-tante ; toutes deux, semble-t-il, stimulèrent son intérêt pour la lecture et l'écriture. En 1776, son père s'embarqua pour la Nouvelle-Écosse, et Elizabeth, alors âgée de 12 ans, présenta au bureau des commissaires de Savannah une requête qu'avait rédigée son grand-père et dans laquelle elle réclamait la propriété des biens de son père, qui risquaient d'être confisqués en raison de ses activités loyalistes. Elle obtint gain de cause.

Elizabeth épousa en 1779 William Martin Johnston, capitaine dans les New York Volunteers, et s'installa avec lui à New York peu de temps après. Ils retournèrent par la suite à Savannah puis, au début de 1782, se rendirent à Charleston, en Caroline du Sud. Lorsqu'en décembre les Britanniques évacuèrent la ville, elle partit pour St Augustine, en Floride, avec ses enfants. Comme elle le nota plus tard, jamais elle ne fut en meilleure santé que durant ses 18 mois de séjour là-bas. Après la cession de la Floride à l'Espagne en 1784, toute la famille s'embarqua pour l'Écosse, où Johnston termina les études de médecine qu'il avait dû interrompre à cause de la guerre. En 1785, il commença à exercer à Kingston, en Jamaïque, où sa famille le rejoignit l'année suivante. Jusqu'en 1806, Elizabeth et les enfants retournèrent souvent en Grande-Bretagne pour des raisons de santé. Vers la fin de cette année-là, ils se rendirent en Nouvelle-Écosse où, à leur arrivée, ils apprirent que Johnston était mort d'hydropisie. Elizabeth dut rentrer en Jamaïque pour régler la succession de son mari, mais dès 1810 elle était de retour en Nouvelle-Écosse. Elle se fixa d'abord à Annapolis Royal, près de chez son père et de sa fille, Elizabeth Wildman, qui avait épousé Thomas Ritchie* en 1807. Par la suite, elle s'installa à Halifax.

Elizabeth mena une existence relativement calme en Nouvelle-Écosse. Même si elle faisait fréquemment la navette entre Halifax et Annapolis Royal pour visiter parents et amis, elle ne quitta la colonie qu'une seule fois, en 1824, pour aller se faire opérer de la cataracte en Angleterre. Douze ans plus tard, à l'âge de 72 ans, elle écrivit ses mémoires, en bonne partie à l'intention de ses petits-enfants. L'intérêt de *Recollections of a Georgia loyalist* tient à ce que l'auteure avait

connu la vie errante des loyalistes et appartenait à une importante famille coloniale. Elle mourut à Halifax le 24 septembre 1848 et on l'inhuma au cimetière de Camp Hill.

Dans *Recollections*, Elizabeth Lichtenstein révèle une foi profonde, aux accents puritains. Elle était convaincue que tous les chagrins amers qu'elle avait connus étaient un châtiment pour ses péchés. Ses problèmes personnels et ceux de sa famille – la maladie surtout – occupent une grande place dans ses mémoires. Par contre, bien qu'elle fasse allusion aux épreuves que les loyalistes avaient subies à Savannah et cite l'hostilité dont son père fut victime comme exemple de « la violence qui marque les guerres civiles », elle s'intéresse peu à l'idéologie et aux événements militaires de la Révolution américaine. Apparemment, elle prenait pour acquis que la place des femmes était au foyer, et il est évident que, malgré son instruction et sa culture pour l'époque, sa maisonnée constituait le centre de sa vie.

Les enfants d'Elizabeth Lichtenstein s'allièrent par mariage à certaines des plus grandes familles de la Nouvelle-Écosse, dont les Ritchie, les Almon et les Pryor. Un de ses fils, James William Johnston*, devint chef du parti conservateur de la colonie et un autre, John, siégea à la chambre d'Assemblée.

JULIE M. MORRIS ET WENDY L. THORPE

L'ouvrage d'Elizabeth Lichtenstein Johnston, *Recollections of a Georgia loyalist,* a été édité par Arthur Wentworth Hamilton Eaton* et publié à New York et à Londres en 1901.

Halifax County Court of Probate (Halifax), Estate papers, n° 292 (Elizabeth Lichtenstein Johnston) (mfm aux PANS). — PRO, AO 12/4–5 ; 12/59 ; 12/99 ; 12/109 ; 12/125–128 (mfm aux APC) ; 13, bundle 36 (mfm aux PANS). — *Church Times* (Halifax), 29 sept. 1848. — W. H. Siebert, « The legacy of the American revolution to the British West Indies and Bahamas […] », Ohio State Univ., *Bull.* (Columbus), 17 (1913), n° 27.

LILLY, GEORGE, encanteur, notaire, officier de milice, avocat, fonctionnaire et juge, né au début des années 1770 dans les Treize Colonies, peut-être à Boston ; le 25 janvier 1800, il épousa à St John's Mary Ann Roberts, et ils eurent au moins sept enfants ; décédé le 10 septembre 1846 dans cette ville.

George Lilly était probablement le fils du loyaliste William Lilly, magistrat de Harbour Grace, à Terre-Neuve. Selon son propre témoignage, il arriva dans l'île « à un âge très précoce, avec [son] père qui avait quitté les États-Unis à cause de la révolution ». Entré à titre de commis débutant chez un marchand de St John's, Nathaniel Philips, il possédait, en 1810 ou 1811, son propre bureau de notaire public et d'encanteur. Pendant la guerre de 1812, il aida à lever et à équiper une unité de milice au sein de laquelle il servit à titre d'adjudant et de capitaine. Ses services d'encanteur et de notaire spécialisé dans les actes translatifs de propriété furent très en demande de 1815 à 1819, au moment de la crise économique qui sévit à Terre-Neuve, mais l'incendie survenu à St John's le 21 novembre 1817 détruisit ses locaux. Plus tard, il subit des pertes financières par suite de la forte baisse des loyers qu'il percevait sur des propriétés qu'il avait lui-même loué à long terme du gouvernement. Apparemment, il ne connut pas de succès en affaires.

Peu à peu, Lilly se consacra à la pratique du droit. Il n'avait jamais fait d'études dans ce but, mais à l'époque, en l'absence d'avocats formés selon les règles, les juges terre-neuviens autorisaient des attorneys non qualifiés à plaider devant les tribunaux. En 1826, il fut officiellement inscrit à titre de barrister. En 1820, devant la Cour suprême, il n'avait pu obtenir du jury un verdict favorable à ses clients, Philip Butler et James Lundrigan*, deux pêcheurs qui poursuivaient David BUCHAN et John Leigh*, juges d'un tribunal de *surrogate,* pour leur avoir infligé la peine du fouet. Lilly s'était ainsi attiré l'attention des réformistes, et il ne dédaigna pas qu'on l'associe à eux au cours de la décennie. Son nom figure, par exemple, parmi les premières signatures d'une pétition adressée au roi pour protester contre les incidents Butler-Lundrigan, et il appuya par la suite plusieurs requêtes en faveur de la création d'un Parlement. Par contre en 1832, à l'occasion des élections qui visaient à former la première chambre d'Assemblée, il soutint son collègue, l'avocat William Bickford Row*, ce qui indique qu'il associait ses propres intérêts à ceux de l'establishment. Et, en 1834, quand le gouverneur sir Thomas John Cochrane* confia à Lilly le poste de greffier par intérim de la chambre, le réformiste William CARSON s'opposa à cette nomination. De plus, Lilly signa en 1835 une déclaration publique en faveur d'un des principaux adversaires des réformistes, le juge en chef Henry John Boulton*.

Cochrane nomma Lilly juge suppléant par intérim de la Cour suprême en septembre 1834, mais il n'obtint sa permanence qu'en 1845, à la mort d'Edward Brabazon BRENTON. Plusieurs fois il avait réclamé cette charge permanente, mais on ne le considérait pas comme un très bon juge et il ne comptait pas autant d'appuis que les autres aspirants. Il était, notait le gouverneur Henry Prescott*, « le seul barrister à être attiré par le demi-salaire alloué à un fonctionnaire intérimaire ».

Pendant son mandat de juge suppléant par intérim, Lilly joua un rôle clé dans un affrontement qui contribua à miner le gouvernement représentatif à Terre-Neuve. Son courage – et peut-être son discernement – fut remarquable. Le 9 août 1838, Bryan Robinson* lui demanda de délivrer une ordonnance d'habeas corpus en faveur de son client, Edward Kielley*, chirurgien respecté qu'on avait mis aux arrêts en vertu d'un mandat du président de l'Assem

blée, William Carson. Le prévenu avait présumément porté atteinte aux privilèges de l'Assemblée. Lilly rédigea l'ordonnance, exécutoire le lendemain matin et, comme il le devait, Kielley comparut devant lui pour être jugé en référé le 10. Après avoir entendu les arguments de Robinson, et sans examiner alors la question de savoir si l'Assemblée avait le droit d'emprisonner pour offense, Lilly conclut que le mandat était nul et non avenu. Par la suite, il justifia sa décision en disant que le document ne dévoilait aucun « motif suffisant d'incarcération ».

Le 11 août, le sergent d'armes de l'Assemblée, Thomas Beck, flanqué de cinq ou six des « portiers et messagers » de la chambre, pénétra dans le cabinet des juges et tenta d'appréhender Lilly en vertu d'un autre mandat du président. Sur ce, Lilly déclara à Beck qu'il ne reconnaissait ni son autorité ni celle de l'Assemblée et que, si l'arrestation devait être effectuée, « elle [devait] l'être par la force ». Beck et ses aides se saisirent alors de lui : « certains [me prirent] par le collet, raconta Lilly, d'autres par les bras et d'autres encore me poussèrent dans le dos, et ainsi me tirèrent et m'entraînèrent avec une grande violence » jusqu'à un étage inférieur, au bureau du président, car l'Assemblée siégeait dans le même édifice. C'est dans ce bureau qu'on l'enferma d'abord. Peu après, entouré d'« une foule nombreuse d'hommes et de garçons » qui, semble-t-il, s'étaient rassemblés pour assister à cet événement extraordinaire – l'arrestation d'un juge –, Lilly fut conduit chez Beck ; il y resta deux jours. On le relâcha le 13 août, par suite de la prorogation de la législature par le gouverneur Prescott.

Le jour même de sa libération, Lilly statua sur l'emprisonnement de Kielley. Dans un exposé long et convaincant, il réfuta Carson qui disait que l'Assemblée détenait des pouvoirs analogues à ceux de la chambre des Communes. En outre, disait-il, le pouvoir invoqué dans ce cas était superflu. Les députés avaient « particulièrement droit à une protection dans l'exercice légitime de leurs fonctions », mais les lois de la colonie étaient « applicables à eux autant qu'à tout organisme légalement constitué ». On présenta de nouveau les arguments de Lilly en décembre 1838, sous la forme d'une opinion dissidente, au procès de Kielley contre Carson, où la Cour suprême rendit un jugement favorable à l'Assemblée. Toutefois, en janvier 1843, le comité judiciaire du Conseil privé, à Londres, se rangea du côté de Lilly et rejeta les prétentions de l'Assemblée. On ne sait trop dans quelle mesure Lilly avait lui-même préparé les savants arguments qu'il avait présentés. Il en est toujours pour venir au secours de la victoire : tant Robinson qu'Edward Mortimer Archibald*, greffier en chef et registraire de la Cour suprême, s'attribuèrent le mérite d'avoir élaboré l'argumentation. Archibald affirma même qu'il avait « rédigé le jugement » en entier, ce

Lloyd

que Prescott sembla confirmer dans une dépêche officielle à Londres.

Par la suite, George Lilly exerça surtout ses fonctions de juge dans un cadre moins prestigieux, le tribunal itinérant du nord de la colonie. Comme il le signalait en 1845, ce travail l'exposa aux « dangers que présente un voyage en mer par période de gros temps [... et] dont les effets [l'éprouvèrent] énormément ». Selon ses dires, il entendit environ 2 000 causes, dont aucune ne fut portée en appel. Le gouverneur sir John Harvey* nota en 1845 que Lilly, en sa qualité de juge itinérant, avait « gagné, par ses manières douces et conciliantes, une grande faveur auprès des habitants des petits villages de pêcheurs ».

PATRICK O'FLAHERTY

Cathedral of St John the Baptist (Anglican) (St John's), Reg. of baptisms, marriages, and burials (mfm aux PANL). — Law Soc. of Nfld. (St John's), Barristers' roll. — MHA, George Lilly name file ; William Lilly name file. — PANL, GN 2/1/A, 20–22, 34, 39 ; GN 2/2, janv.–avril 1835 : 273 ; juill.–déc. 1838 : 179–236 ; GN 5/2/A/1, 8–9 nov. 1820. — PRO, CO 194/64–126 ; 199/20–42 (copies aux PANL). — Supreme Court of Nfld. (St John's), Solicitors' roll. — T.-N., House of Assembly, *Journal*, 1834–1835. — *Newfoundlander*, 16 août 1838. — *Newfoundland Mercantile Journal*, 1816–1819, particulièrement 11 déc. 1816, 16 janv. 1818. — *Newfoundland Patriot*, 1838. — *Public Ledger*, 1838. — *Royal Gazette and Newfoundland Advertiser*, 25 nov. 1817, 16 juin 1835. — E. J. Archibald, *Life and letters of Sir Edward Mortimer Archibald* [...] (Toronto, 1924). — Prowse, *Hist. of Nfld.* (1895).

LLOYD, JESSE, homme d'affaires, fonctionnaire, rebelle et fermier, né le 11 janvier 1786 dans le canton de Springfield, Pennsylvanie, troisième fils de William Lloyd et de Susannah Heacock ; en 1813, dit-on, il épousa Phoebe Crossley, et ils eurent au moins dix enfants ; décédé le 27 septembre 1838 dans le comté de Tippecanoe, Indiana.

D'après certains indices, William Lloyd et sa famille vinrent à Niagara (près de Youngstown, New York) en 1788, mais retournèrent bientôt aux États-Unis. Probablement immigrèrent-ils dans le Haut-Canada à peu près au même moment que Jesse, le fils cadet, c'est-à-dire au début de 1808. Certains membres de la famille s'établirent dans le canton de King, d'autres dans celui de Whitchurch, où Jesse loua un lot qui faisait partie des réserves du clergé. Issu d'une longue lignée de quakers, il se joignit en 1814 à la congrégation Yonge Street Meeting de la Société des amis, mais sans y jouer un rôle actif. En louant une terre des réserves du clergé, il enfreignait l'une des règles de la congrégation, qui s'opposait aux Églises soutenues par l'État. En revanche, justement à cause de ses convictions de quaker, il refusa qu'on réquisitionne son attelage de chevaux pendant la guerre de 1812.

En 1824, Lloyd acheta dans le canton de Tecumseth un lot sur lequel il aurait construit une scierie. Quatre ans plus tard, il s'intéressait plutôt au canton de King, où son père avait une scierie et servait à titre de fonctionnaire. Dans les cinq années suivantes, il loua, acheta ou tenta d'acheter plusieurs lots, surtout des réserves du clergé situées dans le nord-ouest du canton. Sur une superficie de 60 acres choisie dans l'un de ses lots, il construisit des moulins, qu'il ne tarda pas à vendre, et délimita de nombreux lots de ville qui trouvèrent aussi preneur. Ainsi naquit le village de Lloydtown qui, au milieu des années 1830, était l'un des plus gros et des plus prospères du nord d'York (Toronto). Lloyd lui-même construisit non loin de là une grande maison de brique. Cependant, sa réussite n'alla pas sans inconvénients. En 1836, flairant une bonne affaire, il avait disputé un lot des réserves du clergé à une veuve « pauvre », mais le Conseil exécutif trancha le litige en sa défaveur, et il perdit de l'argent. Cinq ans plus tôt, on l'avait radié de la congrégation de la rue Yonge pour cause d'absentéisme. Apparemment, il n'eut dès lors plus de liens avec les quakers, bien que sa femme et lui aient continué à porter le sobre costume de la secte.

La politique absorbait de plus en plus Lloyd. Sauf pendant un an, il occupa de 1829 à 1836 un poste électif dans le canton de King, soit celui d'inspecteur des grands chemins, de gardien de fourrière ou de commissaire de canton. Il se lança aussi dans la politique provinciale. En 1834, il fut élu à un congrès qui devait choisir des candidats réformistes en prévision des élections générales. On ignore quand et où précisément il avait fait la connaissance de William Lyon Mackenzie* et était devenu l'un de ses partisans, mais cela datait probablement des campagnes électorales qu'avait menées celui-ci au début des années 1830. Dès 1831, Mackenzie connaissait bien Lloydtown et, vers 1835, Lloyd, l'un des grands personnages de la région, était sans contredit un ami intime et un allié du leader réformiste.

Déçus des agissements du lieutenant-gouverneur sir Francis Bond Head*, les réformistes entreprirent en 1837, sous l'impulsion du groupe de Toronto, de former des cellules politiques pour promouvoir leur cause. Lloyd se montra actif dans la cellule de son canton et aida à en fonder d'autres dans les cantons voisins. Apparemment, dès que Mackenzie conclut à la nécessité d'une rébellion, Lloyd fut mêlé aux préparatifs. En octobre 1837, quand John Rolph* eut besoin de s'assurer que les réformistes bas-canadiens étaient prêts à se soulever, on dépêcha Lloyd à Montréal pour en obtenir la preuve. Toutefois, la lettre de Thomas Storrow Brown* qu'il rapporta ne contenait pas la déclaration voulue, mais Mackenzie affirma qu'en lisant entre les lignes on y trouvait un message de rébellion. Comme Lloyd ne le contredit pas, on peut supposer qu'il était de mèche avec

Mackenzie, dont le plan consistait à pousser ses partisans à la révolte en leur donnant des renseignements erronés.

À la mi-novembre, Mackenzie rencontra plusieurs personnages influents du district de Home afin de les convaincre que le projet de rébellion comptait des sympathisants et qu'il suffisait d'une démonstration de ferme résolution pour renverser le gouvernement. Lloyd était présent et, vraisemblablement, appuya ses dires. Il participa aussi au recrutement d'un fort contingent dans la région de Lloydtown, bientôt connue comme un foyer de rebelles. On dit que ce groupe, dont il était l'un des dirigeants, était le mieux entraîné et le plus résolu de ceux qui se rassemblèrent à la taverne Montgomery, au nord de Toronto.

Après la défaite du 7 décembre, Jesse Lloyd s'enfuit aux États-Unis. Un avis du gouvernement qui offrait £500 en récompense de sa capture le décrivait ainsi : « [il a] de longs cheveux raides, assez clairsemés et grisonnants – marche très courbé, n'a presque plus de dents – l'une d'elles, remarquablement proéminente, se voit bien quand il parle, a les épaules très voûtées et parle avec un fort accent yankee, mesure environ cinq pieds dix ou onze pouces ; porte généralement un costume beige ou brun en étoffe du pays ». Le nom de Lloyd était si réputé que Mackenzie l'inscrivit sur la liste des membres du « gouvernement provisoire » qu'il dressa à l'île Navy plus tard en décembre. Cependant, Lloyd ne participa guère, sinon pas du tout, aux incidents frontaliers. En 1838, il alla s'installer dans l'Indiana, où il mourut d'une fièvre à l'automne. Malgré la réussite de Lloydtown, sa succession à lui était modeste : elle comprenait surtout du bétail, et la ferme n'était que partiellement payée. Comme il avait été un rebelle fugitif, sa veuve dut demander l'autorisation de verser le solde dû afin de pouvoir la conserver.

RONALD J. STAGG

L'auteur tient à remercier R. Douglas Lloyd qui lui a fourni des renseignements généalogiques additionnels.

La source d'information la plus évidente sur la vie de Jesse Lloyd, *The bridging of three centuries : the life and times of Pheobe Crossley Lloyd – the girl bride of a rebel of 1837* ([Schomberg, Ontario, 1951] ; copie aux AO), une brochure publiée à partir de documents recueillis par Jesse M. Walton et E. Gladstone Lloyd, est peut-être aussi la plus pauvre, car elle est remplie d'erreurs. Les autres études utilisables, qui s'avèrent meilleures mais contiennent également des contradictions, sont : John Barnett, « Silas Fletcher, instigator of the Upper Canadian rebellion », *OH*, 41 (1949) : 7–35 ; M. E. Garbutt, « King Township, York County, 1800–1867 : a historical sketch », *OH*, 52 (1960) : 85–97 ; une coupure de presse non datée, tirée probablement du *Banner* (Aurora, Ontario), intitulée « The village of Lloydtown […] », qu'on trouve dans le York County hist. scrapbook (AO, MU 2601, n° 45, 1 : 131–133) ; et les notes sur Lloyd dans la C. R. Dent coll. (AO, MU 837).

Pour reconstituer la plus grande partie de la vie de Lloyd, il faut consulter des fragments de diverses collections de documents. Son testament, AO, RG 22, sér. 155, contient un inventaire détaillé de ses biens. Ses transactions foncières se trouvent dans APC, RG 1, L1, 37 : 514 ; L3, 148 : Canada Company : 17a ; 273A : K16/45, K17/18 ; 305 : L leases, 1799–1819/18 ; et 305A : L leases, 1801–1836/111. D'autres registres des terres sont disponibles aux AO, RG 1, C-IV, King Township ; Simcoe Land Registry Office (Barrie, Ontario), Abstract index to deeds, Tecumseth Township (mfm aux AO) ; et York North Land Registry Office (Newmarket, Ontario), Abstract index to deeds, King Township (mfm aux AO). Pour la carrière de Lloyd comme fonctionnaire municipal, voir AO, RG 21, York County, King Township, municipal minute-books, 1809–1844 (mfm). Les renseignements touchant ses liens avec les quakers proviennent de la Pickering College Library (Newmarket), Friends Coll., B-2-83–84, C-3-97, C-3-100. William Lyon Mackenzie parla de Lloyd et de Lloydtown dans le *Colonial Advocate* du 11 août 1831.

On peut suivre Lloyd dans ses activités réformistes dans la Dent coll. aux AO et dans le *Constitution*, 9 août 1837. Son rôle en 1837 est résumé dans *Rebellion of 1837* (Read et Stagg). On trouve une description physique de Lloyd dans l'*Upper Canada Herald*, 12 déc. 1837. Les difficultés occasionnées par le partage de ses biens sont discutées dans APC, RG 1, L3, 296 : L22/21. Des informations sur des membres de sa famille apparaissent dans le testament de William Lloyd, AO, RG 22, sér. 305. [R. J. S.]

LONGLEY (Langley), GEORGE, homme d'affaires, fonctionnaire, fermier, homme politique et juge de paix, baptisé le 22 avril 1787 à Newbiggin, à l'est de Penrith, Angleterre, troisième fils de William Langley, tailleur, et de Sarah Scott ; le 18 février 1824, il épousa Ruth Wells, et ils eurent une fille et trois fils dont l'un mourut en bas âge ; décédé pendant une traversée de Québec à Londres, et inhumé le 13 août 1842 dans la paroisse de Milton-next-Gravesend, comté de Kent, Angleterre.

George Longley immigra à Québec vers 1812 et y entra dans le commerce du bois ; en 1815, les autorités du Bas-Canada le nommèrent maître inspecteur et mesureur, fonctions qu'il pouvait aussi exercer pour les marchands de bois. Longley travailla probablement pour l'une des grandes sociétés de commerce du bois jusqu'en 1823 environ, année où il créa sa propre compagnie, Longley and Dyke, avec Joseph Dyke, ancien commis en chef dans l'entreprise de Peter Patterson*. À leur chantier près de l'anse au Foulon, ils préparaient des cargaisons de bois pour l'exportation et faisaient aussi un peu de construction navale.

Au cours des années 1820, Longley élargit et modifia le champ de ses occupations. En février 1822, il avait acheté un morceau de bonne terre arable au bord du Saint-Laurent, à Pointe-au-Baril, dans le canton haut-canadien d'Augusta. Cette propriété se trouvait tout près de l'endroit où, quelques mois après, Ziba et Jehiel Phillips allaient fonder le village de

Longley

Maitland. Longley épousa deux ans plus tard la fille de William Wells, un homme d'affaires de la région. En 1826, au moment où il s'installa à Maitland, il avait doublé ses avoirs fonciers, qui représentaient alors plus de 460 acres de terre, et était devenu associé majoritaire dans un moulin à eau de la région. Il demeura en association avec Joseph Dyke jusqu'en décembre de cette année-là, après quoi il ne s'intéressa, semble-t-il, au commerce du bois qu'à titre de fournisseur occasionnel, et à Québec seulement. En 1833 encore, il présentait une pétition contre le péage exigé pour le transport du bois sur le canal Rideau.

Dans le Haut-Canada, au cours des années 1820, il était intéressant de moudre du grain en vue de l'exportation pour trois raisons : le canal Welland et le canal de Lachine étaient achevés, on commençait à exploiter les riches terres à blé voisines des lacs Érié et Ontario et, de 1825 à 1827, la Grande-Bretagne avait étendu ses tarifs commerciaux préférentiels au blé et à la farine du Canada. Par ailleurs, comparativement aux ports des Grands Lacs, Maitland jouissait d'avantages qui permettaient un meilleur prix de revient pour la farine. On pouvait la charger directement sur des bateaux de rivière pour son transport jusqu'à Montréal, tandis que la farine produite ailleurs devait souvent être transportée jusqu'au Saint-Laurent à bord de bateaux faits pour les Grands Lacs, et être ensuite transbordée sur des bateaux plus aptes à franchir les rapides et les canaux. Au fait de la faible capacité du moulin à eau, Longley construisit en 1827–1828, à Pointe-au-Baril, un moulin à vent en pierre de 90 pieds de hauteur. Vers 1837, lorsqu'il devint évident que le moulin à vent ne suffisait plus, on l'agrandit et on le modifia pour en faire l'un des premiers moulins à vapeur de la province. Le nouveau moulin pouvait produire jusqu'à 150 barils de farine par jour et employait une vingtaine d'hommes en période de pointe. L'agrandissement du moulin permit à Longley de moudre de grandes quantités de blé pour des clients tels que John McDonald*, important minotier de Gananoque.

L'esprit entreprenant de Longley se manifesta d'autres façons à Maitland. À la fin de 1827 ou au début de 1828, il ouvrit un magasin où il offrait un grand choix d'étoffes ; de plus, il fut maître de poste de 1836 jusqu'à sa mort. Sa ferme était surtout réputée pour son bétail, en particulier les moutons et les bovins ; ses animaux étaient régulièrement vendus et accouplés de manière à améliorer les races et, du même coup, l'élevage. Près du moulin et de la ferme, Longley construisit pour lui-même, en 1828, une « élégante et spacieuse » villa en pierre, qui demeure l'un des meilleurs exemples de l'architecture résidentielle du XIXe siècle dans la province. Il canalisa les efforts qui aboutirent à la construction, en 1826–1827, de l'église anglicane St James à Maitland et joua aussi un rôle de premier plan dans la fondation,

en 1833, de la Maitland Academy, une école privée qui ferma ses portes environ un an plus tard.

Les activités de Longley en dehors de son village furent peu nombreuses mais importantes. Même s'il admirait manifestement les mesures généreuses du tory George Canning, homme d'État britannique, il se présenta en 1828 comme réformiste dans la circonscription de Grenville et remporta une écrasante victoire. Peu loquace en chambre, il fut toutefois un député consciencieux : il appuya en particulier un projet de loi qui accordait des subventions aux sociétés agricoles et fit partie du comité spécial sur la Welland Canal Company. La mort de George IV provoqua en 1830 la dissolution imprévue de l'Assemblée et la tenue d'élections générales ; Longley se présenta de nouveau mais fut battu cette fois.

Dès lors, la carrière publique de George Longley se limita dans une grande mesure aux domaines dont il s'était occupé à titre de député. Il devint le premier président de la Grenville County Agricultural Society, fondée en 1830. La même année, on le nomma membre du comité formé à Brockville pour améliorer la navigation sur le Saint-Laurent et, de 1833 jusqu'à sa mort, il occupa l'un des postes de commissaire des canaux du Saint-Laurent [V. Jonas JONES]. En 1833, il reçut sa première commission de juge de paix. De plus, durant les années 1830, il fit partie des conseils d'administration de la Saint Lawrence Inland Marine Assurance Company et de la succursale de Brockville de la Commercial Bank of the Midland District. Longley mourut en 1842 sur le bateau qui l'amenait en Angleterre, où il espérait trouver un traitement qui lui ferait recouvrer la santé.

STEPHEN A. OTTO

ANQ-Q, CN1-49, 6 oct. 1823 ; CN1-197, 17 sept. 1824. — AO, MU 842, J. G. Malloch, diary, 31–33, 41, 79 ; MU 1760, George Longley à C. & J. McDonald, 24 févr., 2, 19, 27 mars, 4, 9 avril, 20 juin, 11, 19 août, 15, 21 sept., 1er oct. 1840 ; RG 21, United Counties of Leeds and Grenville, Augusta Township, assessment rolls, 1822–1850 ; RG 22, sér. 155. — APC, MG 24, I110, W. F. Wallace à ses oncles d'Angleterre, 2 juill. 1827 (photocopie) ; RG 5, A1 : 65069–65073, 69516–69518 ; B9, 16 : 1036 ; RG 68, General index, 1651–1841 : 174, 176, 479, 492, 509, 517. — Cumbria Record Office (Carlisle, Angl.), Reg. of baptisms, marriages, and burials for the parish of Newbiggin, 22 avril 1787. — EEC, Diocese of Ont. Arch. (Kingston), St James Anglican Church (Maitland, Ontario), subscription list, avril 1825. — Grenville Land Registry Office (Prescott, Ontario), Abstract index to deeds, Augusta Township, concession 1, lots 27, 30–32. — QUA, 2239, box 13, folder 132, list of persons employed at mill (s.d.) ; MC, Wells family papers, Ruth Longley à W. B. Wells, 7 oct. 1826, 9 mars 1830, 21 janv. 1833. — B.-C., Statuts, 1808, chap. 27. — Canada, prov. du, Assemblée législative, App. des journaux, 1846, 1 : app. F, no 16. — H.-C., House of Assembly, App. to the journal, 1833–1834 : 69–79. — Brockville Gazette (Brockville, Ontario), 29 janv., 19 févr., 11 juin 1830, 4 janv. 1831. — Brockville Recorder, 18 mai, 16 nov. 1830, 11 avril

1833, 7 déc. 1837, 23 mai 1839, 20 juill., 14 déc. 1843, 29 janv. 1852, 5 juill. 1855. — *Chronicle & Gazette*, 23 août 1828, 27 nov. 1830, 29 juin 1833, 6 juin 1835, 26 mars 1836, 21 juin 1837, 18 mai 1839, 19 févr., 3 déc. 1842, 19 avril, 22 nov. 1843, 20 nov. 1847. — *Colonial Advocate*, 12 mai 1831. — *La Gazette de Québec*, 13 juill. 1815, 7 juill. 1823. — *Montreal Gazette*, 4 août 1828, 1er nov. 1830. — *Montreal Transcript*, 17 sept. 1842. — *Upper Canada Gazette*, 13 janv. 1827. — *Almanach de Québec*, 1816–1819. — *Quebec directory*, 1822. — W. H. Smith, *Smith's Canadian gazetteer ; comprising statistical and general information respecting all parts of the upper province, or Canada West* [...] (Toronto, 1846 ; réimpr., 1970). — T. W. H. Leavitt, *History of Leeds and Grenville, Ontario, from 1749 to 1879* [...] (Brockville, 1879 ; réimpr., Belleville, Ontario, 1972), 75–76.

LONGUEUIL, MARIE-CHARLES-JOSEPH LE MOYNE DE LONGUEUIL, baronne de. V. Le Moyne

LONGWORTH, FRANCIS, tanneur, homme politique, fonctionnaire, juge de paix et officier de milice, né en 1766 dans le comté de Westmeath (république d'Irlande), fils de Francis Longworth et de Mary Fitzgerald ; le 29 mars 1797, il épousa à Charlottetown Agnes Auld, et ils eurent 13 enfants, dont Francis* et John* ; décédé le 27 février 1843 dans cette ville.

Issu d'une famille anglo-irlandaise de confession anglicane, Francis Longworth immigra à l'île Saint-Jean (Île-du-Prince-Édouard) vers 1791. Tanneur de son métier, il était cependant bien plus qu'un simple artisan : il avait des moyens, de l'éducation et de l'influence. Moins d'une décennie après son arrivée dans l'île, il avait construit une tannerie et accumulé les terres nécessaires à l'implantation d'une ferme modèle dans Charlottetown Royalty. Homme d'affaires reconnu et membre du conseil paroissial de St Paul, il appartenait déjà, au début du XIXe siècle, à la petite élite de Charlottetown.

Vainqueur d'une élection partielle dans Georgetown en 1803, Longworth siégea jusqu'en 1806 à la chambre d'Assemblée, où il soutint, semble-t-il, la faction de Robert Hodgson*, qui était favorable à l'*escheat*. Par la suite, il ne devait pas revenir sur la scène politique et ne trouva son véritable rôle dans la vie publique qu'en février 1814, lorsque le lieutenant-gouverneur Charles Douglass Smith* le nomma juge de paix. Comme il voyait en lui un magistrat à sa convenance, Smith le désigna shérif en chef à trois reprises. Longworth l'en remercia en lui accordant son appui et en soutenant son allié politique dans les années 1820, James Bardin Palmer*.

Smith se fit toutefois beaucoup d'ennemis : il s'aliéna les propriétaires absentéistes en essayant de confisquer leurs terres et inquiéta l'élite coloniale en refusant de se soumettre à elle. Aussi les puissants qu'il avait offensés l'accusèrent-ils de tirer de son poste des avantages personnels et de pratiquer la corruption. Longworth, qui devait sa nomination à Smith et appuyait ouvertement Palmer, ne put échapper au blâme qui retomba sur les quelques alliés du lieutenant-gouverneur lorsque celui-ci fut destitué en 1824. L'année suivante, l'Assemblée accusa Longworth de s'être livré à des « pratiques irrégulières » à titre de juge de paix, ce qui ne lui fut jamais prouvé.

Les vives critiques dont il était l'objet ne parvinrent pas à mater Longworth, qui demeura presque le seul à vouloir défendre le mandat de Smith. Selon lui, en se montrant économe dans le gouvernement de l'île, Smith avait fait mieux que son successeur John Ready, qui accumulait les déficits. Non sans satisfaction, il notait que les députés, après avoir accusé Smith de corruption et dilapidé les surplus budgétaires qu'il avait laissés, étaient forcés d'imposer de nouvelles taxes, en « prenant soin de ne pas s'oublier » dans la répartition des revenus ainsi perçus.

Avec le temps, à mesure que les animosités de l'époque de Smith se calmèrent et que les rangs des premiers colons encore vivants s'éclaircirent, on en vint à considérer Francis Longworth comme un vénérable représentant d'une ère révolue. Patriarche d'une famille nombreuse, il vit ses enfants assumer d'importantes fonctions dans l'île. Lui-même demeura juge de paix et devint de nouveau shérif en chef en 1835. Membre actif de la Central Agricultural Society, il avait participé en 1825 à la fondation de la Benevolent Irish Society, dont il fut le président à compter de 1828. Il se retira de la milice en 1839 avec le grade de lieutenant-colonel. Décédé au terme d'une longue maladie, il fut qualifié d'« homme d'une valeur, d'un honneur et d'une intégrité authentiques » ; pour la circonstance, on évita toute allusion aux controverses passées.

M. Brook Taylor

PAPEI, Acc. 2849/119 ; RG 1, commission books, 1er févr. 1814, 2 mai 1815, 29 mai 1835 ; RG 16, land registry records, conveyance reg., liber 9 : fos 73, 99. — P.E.I. Museum, File information concerning Francis Longworth. — PRO, CO 226/19 ; 226/20 : 81 ; 226/32 : 268 ; 226/36 : 28. — St Paul's Anglican Church (Charlottetown), Reg. of baptisms, marriages, and burials ; Vestry minutes, 1798–1799 (mfm aux PAPEI). — Supreme Court of P.E.I. (Charlottetown), Estates Division, liber 4 : fo 134 (testament de Francis Longworth) (mfm aux PAPEI). — *Prince Edward Island Gazette*, 20 déc. 1817. — *Prince Edward Island Register*, 5 févr., 31 mars 1825, 19 juin 1827, 18 mars 1828, 3 nov. 1829. — *Royal Gazette* (Charlottetown), 26 févr., 19, 26 mars, 26 nov. 1833, 28 oct. 1834, 25 juin 1839, 28 févr. 1843.

LORIMIER, CHEVALIER DE (baptisé François-Marie-Thomas, il reçut par la suite, semble-t-il, de son oncle et parrain, François-Chevalier de Lorimier, le prénom de **Chevalier** ; on le désignait géné-

Lorimier

ralement sous le nom de **François-Marie-Thomas-Chevalier de Lorimier,** mais il signa toujours **Chevalier de Lorimier**), notaire et patriote, né le 27 décembre 1803 à Saint-Cuthbert, Bas-Canada, troisième des dix enfants de Guillaume-Verneuil de Lorimier, agriculteur, et de Marguerite-Adélaïde Perrault ; décédé le 15 février 1839 à Montréal.

Chevalier de Lorimier descendait d'une vieille famille de nobles français qui étaient restés en Nouvelle-France après la Conquête et que le déclin de leur classe amena à s'intégrer à la nouvelle bourgeoisie canadienne ascendante au XIXᵉ siècle. On ne sait quand exactement ses parents vinrent s'établir à Montréal mais, chose certaine, en 1813, le jeune Chevalier commençait ses études classiques au petit séminaire de cette ville. À la fin de son cours en 1820, il ne devait pas encore être fixé sur le choix d'une profession, car ce n'est que trois ans plus tard qu'il amorça son stage de clerc sous la direction de Pierre Ritchot, notaire de Montréal ; durant cette période, il se lia d'amitié avec son patron.

Dans son testament politique, Lorimier a écrit que dès 1821 ou 1822, à l'âge de 17 ou 18 ans, il prit une part active à la politique. Idéaliste, épris de liberté et acquis d'emblée à la cause nationale, il faisait partie du groupe des jeunes gens qui s'engagèrent très tôt dans les luttes que Louis-Joseph Papineau* et ses partisans livrèrent au gouverneur, lord Dalhousie [RAMSAY], et aux Conseils exécutif et législatif du Bas-Canada. Il est à peu près sûr qu'en 1822 Lorimier participa à la vaste campagne de protestation organisée contre le projet d'union du Bas et du Haut-Canada [V. Denis-Benjamin Viger*]. En décembre 1827, au moment où le conflit entre Dalhousie et la chambre d'Assemblée était entré dans une phase de tension aiguë, il signa une pétition des habitants du comté de Montréal, à George IV, roi de Grande-Bretagne et d'Irlande ; entre autres choses, cette pétition condamnait la conduite « arbitraire et despotique » de Dalhousie et demandait son rappel, dénonçait le cumul des charges publiques par un petit groupe de privilégiés et réclamait une représentation proportionnelle à l'augmentation de la population bas-canadienne.

Admis au notariat le 25 août 1829, Lorimier passa son premier acte le 6 septembre suivant. Quelque 15 jours plus tard, il installait son étude dans une maison du faubourg Saint-Antoine, située vraisemblablement non loin de la maison où ses parents demeuraient depuis au moins 1819. Il s'associa par la suite à son ancien patron et ami Ritchot. À la mort de celui-ci en 1831, en signe de reconnaissance et d'amitié, il dressa l'inventaire de ses biens. Le 10 janvier 1832, Lorimier épousa à Montréal Henriette Cadieux, fille aînée de feu Jean-Marie Cadieux, notaire. À la suite de son mariage, il s'établit rue Saint-Jacques, dans une maison dont sa femme avait hérité à la mort de son père, et il y déménagea aussi son étude. De leur union

naquirent cinq enfants, quatre filles et un fils ; ce dernier et deux filles moururent en bas âge. Grâce à son intelligence, à sa grande intégrité et à son assiduité au travail, Lorimier se fit une bonne clientèle. Une analyse de son minutier révèle qu'il recrutait ses clients surtout parmi les membres des professions libérales, les petits marchands, les artisans ainsi que les cultivateurs canadiens de la ville et de l'île de Montréal ; il rédigea notamment pour Gabriel Franchère*, agent principal à Montréal de l'American Fur Company, un grand nombre d'engagements entre 1832 et 1837.

Son activité de notaire et son zèle politique firent bientôt de Lorimier un membre influent de la petite bourgeoisie professionnelle montréalaise et une personnalité proche du groupe des dirigeants patriotes. À l'élection partielle tenue dans la circonscription de Montréal-Ouest en 1832, il se révéla l'un des plus ardents partisans de Daniel Tracey*, éditeur du *Vindicator and Canadian Advertiser* de Montréal, qu'on avait emprisonné pour diffamation envers le Conseil législatif ; il contribua dans une large mesure à le faire élire député à la chambre d'Assemblée. À la fin de cette élection, Lorimier faillit cependant être blessé au cours de l'émeute du 21 mai, marquée par la mort de trois Canadiens, lorsqu'une balle tirée par un soldat du 15th Foot brisa le manche de son parapluie. Aux élections générales de 1834, il prit une part très active à la campagne du parti patriote et soutint les candidats favorables aux Quatre-vingt-douze Résolutions. Deux ans plus tard, il s'empressa de participer à la souscription qu'avait lancée Édouard-Raymond Fabre* dans le but d'indemniser le directeur de *la Minerve,* Ludger Duvernay*, de son emprisonnement pour outrage au tribunal.

Comme la plupart des partisans de Papineau, Lorimier s'insurgea contre l'adoption par le Parlement de Londres en mars 1837 des résolutions de lord John Russell, qui rejetaient catégoriquement les demandes de réforme du parti patriote et consacraient la mainmise de l'exécutif provincial sur le trésor public du Bas-Canada. C'est pourquoi il se lança dans le mouvement de résistance organisé dès avril par les chefs patriotes et assista à presque toutes les grandes assemblées de protestation de la région de Montréal qui précédèrent les insurrections. Ainsi, le 15 mai, on le nomma secrétaire de l'assemblée du comté de Montréal, tenue à Saint-Laurent, dans l'île de Montréal. Au cours de cette assemblée, on mit sur pied un comité central de résistance – le Comité central et permanent du district de Montréal – et Lorimier et George-Étienne Cartier* furent choisis comme cosecrétaires ; ce comité devait se réunir chaque semaine à la librairie de Fabre, rue Saint-Vincent, et aurait pour tâche de « veiller aux intérêts politiques de ce comté [Montréal] » et de « correspondre [coordonner la résistance] avec les [comités des] autres comtés [de la province] ». Le 29 juin, Lorimier agit également à titre de secrétaire de l'assemblée de la ville de Montréal où les participants protestèrent solennellement contre l'application des résolutions Russell qui « annihilaient les droits constitutionnels de la province ». Le 23 octobre, il se fit un point d'honneur d'assister, avec un grand nombre de patriotes montréalais en vue, à l'assemblée des six comtés qui eut lieu à Saint-Charles-sur-Richelieu. Encore présent à l'assemblée des Fils de la liberté, tenue le 6 novembre à Montréal, il fut atteint par une balle à la cuisse au cours de l'échauffourée qui éclata entre les membres de cette association et ceux du Doric Club et qui aboutit au saccage des bureaux du *Vindicator*.

Avant que le gouverneur, lord Gosford [ACHESON], ne lance les mandats d'arrestation contre les chefs patriotes, Lorimier quitta précipitamment Montréal le 14 ou le 15 novembre 1837, en laissant derrière lui femme, enfants, propriété et clientèle, et se dirigea vers le comté de Deux-Montagnes. Arrivé dans ce comté le 15 novembre, il fut nommé peu après capitaine dans le bataillon de milice de l'endroit et reçut l'ordre d'aller à Saint-Eustache se placer sous le commandement de Jean-Olivier CHÉNIER. Durant le mois qui suivit, il joua un rôle important auprès de Chénier et d'Amury GIROD dans la préparation de la lutte armée dans la région. Le 14 décembre, il assista à la bataille de Saint-Eustache, mais devant l'inutilité des efforts pour repousser les troupes de sir John Colborne*, supérieures en nombre, il conseilla en vain à Chénier et à ses partisans de déposer les armes. Au moment où les combats faisaient rage, il se réfugia, pendant qu'il en était encore temps, dans le village voisin de Saint-Benoît (Mirabel). De là, avec quelques compagnons il gagna Trois-Rivières, traversa le Saint-Laurent et parcourut les Cantons-de-l'Est pour finalement entrer aux États-Unis.

Peu après son arrivée en terre américaine, Lorimier passa par Montpelier, dans le Vermont, puis par Middlebury où, le 2 janvier 1838, il était du groupe des patriotes, notamment Papineau, Robert Nelson*, Edmund Bailey O'Callaghan*, Cyrille-Hector-Octave Côté, Édouard-Élisée Malhiot*, Édouard-Étienne RODIER, le curé Étienne Chartier* et Lucien GAGNON, qui s'étaient donné rendez-vous pour discuter de la possibilité d'une nouvelle insurrection. Il est très vraisemblable que l'attitude temporisatrice et hésitante de Papineau au cours de cette rencontre ait déçu Lorimier dans ses attentes. Une semaine plus tard, il assista à l'assemblée de Swanton. À cette réunion, il se rallia sans doute aux vues de Nelson et de Côté et au plan d'invasion du Bas-Canada que ceux-ci projetaient de mettre de l'avant. Après que Nelson eut pris la tête de l'armée patriote et eut commencé à préparer l'invasion, Lorimier alla le rejoindre à Plattsburgh, dans l'état de New York. Le 28 février, il servit comme capitaine dans l'armée qui franchit la frontiè-

re. Il était aux côtés de Nelson lorsque celui-ci lut la déclaration d'indépendance du Bas-Canada. Le manque d'organisation et de préparation et les fuites de renseignements firent avorter cette expédition. Revenu aux États-Unis, Lorimier fut incarcéré avec d'autres pour avoir violé la neutralité américaine. Cependant, un jury favorable à la cause patriote l'acquitta rapidement.

Dès les premiers mois de son exil, Lorimier connut une existence difficile. Il avait cessé à toutes fins utiles d'exercer sa profession et, de ce fait, se retrouvait sans travail et sans argent. Également sans nouvelles de sa famille, il se rongeait d'inquiétude à la pensée qu'il avait laissé celle-ci à Montréal sans aucun moyen de subsistance. Au lieu de se laisser décourager par ses problèmes personnels et par l'échec de février 1838, il décida de se vouer à la réorganisation du mouvement insurrectionnel. À partir de mars, selon toute vraisemblance, Lorimier aurait pris une part active à la mise sur pied de l'Association des frères-chasseurs, à laquelle il n'a pas dû tarder à adhérer ; dans l'esprit de Nelson et de ses collaborateurs, cette société secrète et paramilitaire aurait pour but de soutenir l'armée patriote par un soulèvement à l'intérieur du Bas-Canada une fois lancée une offensive depuis la frontière américaine. En mai, Henriette Cadieux vint rejoindre son mari à Plattsburgh où elle vécut avec lui jusqu'en août ; il est permis de penser que ce séjour dut entraîner de graves tiraillements chez Lorimier entre ses obligations familiales et son engagement révolutionnaire. Cet été-là, il ne rentra pas moins plusieurs fois au Bas-Canada avec mission de recruter des membres pour l'association et de préparer le soulèvement dans les comtés de Deux-Montagnes et de Beauharnois. Fort des promesses de Nelson et de Côté, il assurait aux adhérents qu'une armée encouragée par le gouvernement américain leur apporterait son appui et les armes et les munitions dont ils avaient besoin. De retour à Plattsburgh d'un de ses voyages, en juillet, il s'ouvrait dans une lettre à un ami des sentiments profonds qui l'animaient, à quelques mois de la nouvelle insurrection : « Quant à moi, je suis toujours prêt de *verser mon sang* sur le sol qui m'a vu naître, afin d'abattre le sommet, les branches, les racines, &c. de l'infâme gouvernement Anglais. »

Il est difficile de déterminer avec précision le rôle que Lorimier aurait joué dans le déclenchement de la seconde insurrection, dans la nuit du 3 au 4 novembre 1838. Laurent-Olivier David* s'est contenté de dire que Lorimier se trouvait à Beauharnois lorsque les patriotes de l'endroit s'emparèrent du manoir seigneurial d'Edward Ellice* et arraisonnèrent le navire à vapeur *Henry Brougham*. L'auteur de la biographie parue dans le *North American* de Swanton du 15 mai 1839 et un autre biographe, Hector Fabre*, ont affirmé pour leur part que Lorimier agissait en qualité de brigadier général de l'armée patriote au moment où

Lorimier

ces événements se produisirent. Quant à François-Xavier Prieur, l'un des chefs du soulèvement de Beauharnois et marchand de Saint-Timothée, il a écrit que « de Lorimier n'avait jusque là pris aucune part active, du moins à [sa] connaissance ». Ce qui est sûr, c'est qu'une fois le travail accompli, les patriotes de Beauharnois attendirent vainement les ordres de Nelson. Le 7 novembre, Lorimier et Prieur prirent la tête d'une troupe de 200 hommes pour apporter des renforts aux patriotes du camp Baker, à Sainte-Martine, menacés par l'approche d'un régiment d'infanterie. Un autre chef du soulèvement, Jean-Baptiste BRIEN, médecin de Sainte-Martine, révéla dans une déclaration faite aux autorités deux jours après son emprisonnement, le 18 novembre, que « de Lorimier [...] encourage[a] [alors] les gens à tenir bon [à ne pas abandonner la lutte] ». Le 9 novembre, après que les patriotes du camp Baker eurent repoussé une attaque d'un détachement du 71st Foot, Lorimier adressa de vifs reproches au commandant James Perrigo, marchand de Sainte-Martine, pour avoir dissuadé ses compagnons de se mettre à la poursuite des soldats en fuite. Quelques heures après la fin des combats, les patriotes de Beauharnois apprirent la nouvelle de la défaite de Nelson à Odelltown. Le lendemain, ils se dispersèrent avant l'arrivée de deux bataillons de milice du Haut-Canada. Les plus compromis tentèrent, sous la conduite de Lorimier, de se réfugier aux États-Unis mais celui-ci, pris sous le feu d'un corps de volontaires, s'égara dans la nuit et fut arrêté près de la frontière le 12 novembre au matin. Conduit à pied à la prison de Napierville, il fut transféré le 22 ou le 23 novembre à la prison de Montréal.

Le 11 janvier 1839, Lorimier comparut avec 11 compagnons devant le conseil de guerre que présidait le major général John Clitherow*. Peu après l'ouverture de la cour, on exclut Perrigo du procès. Les accusés se firent représenter par les avocats Lewis Thomas Drummond* et Aaron Philip Hart. Ceux-ci eurent seulement le droit de préparer des plaidoyers écrits pour leurs clients. Après consultation avec ses procureurs, Lorimier déposa d'entrée de jeu un protêt récusant la juridiction du conseil de guerre et réclama un procès devant un tribunal civil. Il fut débouté de sa prétention. Le procès se déroula dans un climat de violence. Lorimier se défendit avec acharnement, dans une salle remplie de bureaucrates assoiffés de sang. Il procéda aux contre-interrogatoires des témoins, les amena à se contredire et contesta toutes les preuves réunies contre lui. Mais c'était peine perdue. À l'insu de Lorimier, Brien, épouvanté par la perspective de l'échafaud, avait déjà signé, contre une promesse d'indulgence des autorités, sa déclaration dans laquelle il dénonçait en particulier son compagnon. Cette confession s'avéra plus préjudiciable à Lorimier que toutes les dépositions des témoins. Faute de n'avoir pu capturer les principaux chefs de la rébellion, les autorités se rabattirent sur celui qu'elles considéraient comme le personnage le plus en vue du groupe des rebelles de Beauharnois. Charles Dewey Day*, juge-avocat suppléant, s'en prit surtout à Lorimier qu'il dépeignit dans son adresse au conseil de guerre sous les traits d'un criminel très dangereux, qui avait fomenté la rébellion et qui méritait de mourir sur l'échafaud. À l'issue du procès, le 21 janvier, tous les accusés furent trouvés coupables de haute trahison ; seul Lorimier ne bénéficiait pas d'une recommandation à la clémence de l'exécutif.

Drummond et Hart firent des démarches répétées auprès du gouverneur Colborne et des membres du Conseil spécial pour sauver la vie de Lorimier, mais en vain. Le 9 février 1839, ils tentèrent une manœuvre ultime en demandant une ordonnance de sursis contre le conseil de guerre. Malheureusement, la Cour du banc du roi rejeta cette requête. Le 14 février, Henriette Cadieux adressa de son côté une lettre à Colborne dans laquelle elle le suppliait de gracier son mari dont l'exécution avait été décidée le jour précédent. Colborne ne daigna même pas répondre à cette supplique.

C'est d'un pas ferme que Lorimier gravit les marches de l'échafaud en compagnie de Charles HINDENLANG, d'Amable Daunais, de François Nicolas et de Pierre-Rémi Narbonne, le 15 février 1839, à neuf heures du matin. À la veille de son exécution, il avait rédigé son testament politique, dans lequel il exprimait l'espoir de voir son pays libéré un jour de la domination britannique et qu'il concluait par ces mots émouvants et pathétiques : « Quant à vous mes compatriotes ! Puisse mon exécution et celle de mes compagnons d'échaffaud vous être utiles. Puissent-elles vous démontrer ce que vous devez attendre du gouvernement Anglais. Je n'ai plus que quelques heures à vivre, mais j'ai voulu partager ce tems précieux entre mes devoirs religieux et ceux [dûs] à mes compatriotes. Pour eux, je meurs sur le gibet de la mort infâme du meurtrier, pour eux je me sépare de mes jeunes enfants, de mon épouse, sans autre appui que mon industrie et pour eux je meurs en m'écriant – Vive la Liberté, Vive l'Indépendance. » On enterra le corps de Lorimier dans une fosse de l'ancien cimetière catholique de Montréal, là où se trouve aujourd'hui le square Dominion. Après la mort de son mari, Henriette Cadieux, incapable de payer les dettes contractées par Lorimier, dut renoncer à sa succession. En 1858, on aurait procédé à l'exhumation des cendres du patriote qui furent transportées fort probablement au monument aux morts dédié aux victimes de 1837–1838, dans le cimetière Notre-Dame-des-Neiges.

En 1883, le journaliste Laurent-Olivier David organisa une souscription publique en faveur d'Henriette Cadieux et de ses deux filles, qui vivaient pauvrement à L'Assomption. Avec l'aide d'Honoré Beaugrand*, éditeur de la Patrie, et de l'écrivain

Louis-Honoré Fréchette*, il réussit à recueillir 1 300 $, dont 1 000 $ furent versés à la veuve de Lorimier en guise de réparation nationale. La même année, par un juste retour des choses, le conseil municipal de la ville de Montréal adopta une résolution qui changea le nom de l'avenue Colborne en celui d'avenue de Lorimier. D'après le *North American,* Lorimier était plutôt de taille moyenne, il avait le teint brun, les cheveux et les yeux noirs. À cette description s'ajoute celle que David avait faite dans son article sur Lorimier, publié dans *l'Opinion publique* du mois de mars 1881 : « [le visage de Lorimier] était ovale, [...] ses traits réguliers ; il avait le front haut, la figure douce et intelligente. On avait l'idée, en le voyant, d'un homme de cœur et d'imagination, d'un esprit distingué. »

Qu'un personnage comme Chevalier de Lorimier ait suscité des perceptions très différentes dans l'historiographie n'est guère surprenant. Il est cependant un point sur lequel ses biographes et les historiens sont d'accord : la sincérité de ses convictions. L'historien Pascal Potvin a condamné l'aveuglement de certains chefs de l'insurrection de 1838, mais il a dû reconnaître la sincérité de Lorimier. Pour leur part, le biographe du *North American* et David ont soutenu que Lorimier était l'un des patriotes les plus convaincus du succès du mouvement insurrectionnel. Fidèle à lui-même, il s'était acquitté de la mission qu'on lui avait confiée : les patriotes de Beauharnois remplirent leur partie du plan d'invasion et ils formèrent ensuite l'un des derniers groupes d'insurgés à avoir résisté à l'armée britannique. Le seul tort de Lorimier serait d'avoir trop fait confiance à Nelson et à Côté – mais aurait-il pu faire autrement dans les circonstances ? – quant à la préparation et au déroulement du soulèvement et d'avoir cru aux promesses de soutien des Américains. Son plus grand mérite est d'être allé jusqu'au bout de son idéal politique et de son engagement révolutionnaire, au prix de sa propre vie. Il reste que Lorimier est passé à l'histoire comme un grand patriote et comme un martyr de la cause indépendantiste bas-canadienne.

Michel de Lorimier

Le minutier de Chevalier de Lorimier, contenant des actes passés entre 1829 et 1838, est conservé aux ANQ-M, sous la cote CN1-122.

Lorimier a de plus laissé une intéressante correspondance qui comprend plusieurs lettres écrites pour la plupart durant son séjour à la prison de Montréal et adressées à sa femme, à ses parents et à des amis. Les originaux et les copies de ces lettres sont disséminés dans différents dépôts d'archives, entre autres : aux ANQ-M, P-224/1, n° 78 ; aux ANQ-Q, E17/37, n° 2972 ; P1000-8-124 ; P1000-49-976 ; P1000-66-1317 ; et P1000-87-1806 ; aux ASQ, Fonds Viger-Verreau, carton 67, n° 6 ; aux ASTR, dans les papiers Wolfred Nelson, qui font partie de la collection Montarville Boucher de la Bruère (0032) ; à la BVM-G, mss, Lorimier à [L.-A.] Robitaille, 12 févr. 1839 ; et au musée David MacDonald Stewart (Montréal), Album lady La Fontaine, Lorimier à [lady La Fontaine (Adèle Berthelot)], 15 févr. 1839. Parmi cette correspondance se trouve également le testament politique que Lorimier a rédigé à la veille de son exécution ; ce document est déposé aux ANQ-Q, sous la cote E17/37, n° 2971 (copies sous les cotes P1000-49-976 et P1000-66-1317).

Cette correspondance a été reproduite dans plusieurs journaux, ouvrages de référence, études et périodiques. Journal des sympathisants américains à la cause patriote, le *North American* a publié la plupart des lettres de Lorimier dans ses éditions des 15 mai, 7 août, 6 nov. 1839, 22 janv., 24 juin et 25 juill. 1840 ; l'édition du 22 janv. 1840 contient une lettre particulièrement éclairante sur ses dispositions au moment de la préparation de la seconde insurrection en juillet 1838. À la même époque, le *Patriote canadien* (Burlington, Vt.), organe des patriotes canadiens réfugiés aux États-Unis, dirigé par Ludger Duvernay, a aussi fait paraître quelques-unes de ces lettres dans son numéro du 13 nov. 1839. Moins de dix ans plus tard, le littérateur James Huston* publia l'ensemble des lettres de Lorimier dans le *Répertoire national* (1848–1850), 2 : 97–108. Puis, vers la fin du XIXe siècle, Laurent-Olivier David publia à son tour cette correspondance dans le cadre d'un article intitulé « les Hommes de 37–38 : de Lorimier », paru dans *l'Opinion publique,* 10 févr. 1881 : 61–62 ; 3 mars 1881 : 97 ; 10 mars 1881 : 109–110 ; David reprit cet article dans *Patriotes,* 237–263. Enfin, au XXe siècle, certains éléments de la correspondance de Lorimier ont été publiés, à savoir : « Testament politique de Chevalier de Lorimier (14 février 1839) » et « Lettre du patriote Chevalier de Lorimier à sa femme (15 février 1839) », ANQ *Rapport,* 1924–1925 : 1, 32 ; « Lettre de Chevalier de Lorimier à Pierre Beaudry (14 février 1839) », 1926–1927 : 145 ; et « Lettre du Chevalier de Lorimier au baron de Fratelin (15 février 1839) », BRH, 47 (1941) : 20.

Un portrait au crayon de Lorimier, attribué à Jean-Joseph Girouard*, se trouve dans l'album de lady La Fontaine, au musée David MacDonald Stewart.

ANQ-M, CC1, 23 avril 1839 ; CE1-51, 10 janv. 1832 ; CE5-19, 27 déc. 1803 ; CN1-32, 10–13 mai, 20 juin 1839 ; CN1-270, 3 sept. 1823, 9 janv. 1832. — ANQ-Q, E17/6, n° 7 ; E17/14, n° 793 ; E17/27, nos 2027–2030 ; E17/28, nos 2031, 2047, 2051, 2058–2060, 2062–2063, 2075 ; E17/37, nos 2968, 2973 ; E17/39, n° 3116 ; P-68/3, n° 313 ; P-68/4, n° 429 ; P-68/5, n° 559 ; P-92. — APC, MG 24, A2, 50 ; A27, 34 ; B2, 17–21 ; B39 ; RG 4, B8 : 2908–2918 ; B20, 28 : 11218–11219, 11256–11259, 11297–11300 ; RG 31, C1, 1825, 1831, Montréal. — Arch. de la ville de Montréal, Doc. administratifs, Procès-verbaux du conseil municipal, 27 juin 1883. — BVM-G, Fonds Ægidius Fauteux, notes compilées par Ægidius Fauteux sur les patriotes de 1837–1838 dont les noms commencent par la lettre L, carton 6. — Musée David MacDonald Stewart, Pétition, janv. 1828. — [Henriette Cadieux], « Lettre de la veuve du patriote de Lorimier au baron Fratelin », BRH, 46 (1940) : 372–373. — Amury Girod, « Journal tenu par feu Amury Girod et traduit de l'allemand et de l'italien », APC *Rapport,* 1923 : 408–419. — « Papiers Duvernay », *Canadian Antiquarian and Numismatic Journal,* 3e sér., 6 : 6–7, 9–10 ; 7 : 20–23, 25–26, 184–185. — L.-J.-A. Papineau, *Journal d'un Fils*

Lorimier

de la *liberté*. — F.-X. Prieur, *Notes d'un condamné politique de 1838* (Montréal, 1884; réimpr., 1974). — *Rapport du comité choisi sur le gouvernement civil du Canada* (Québec, 1829), 351–353. — *Report of state trials*, 1 : 293–376; 2 : 141–286, 548–561. — « Un document inédit sur les événements assez obscurs de l'insurrection de 1837–38 », [F.-L.-G.] Baby, édit., *Canadian Antiquarian and Numismatic Journal*, 3ᵉ sér., 5 (1908) : 3–31. — *Le Canadien*, 15 nov. 1839. — *La Minerve*, 13, 20 déc. 1827, 10, 28 janv. 1828, 21 sept. 1829, 11, 15, 18 mai, 29 juin, 26, 30 oct., 9 nov. 1837. — *Montreal Gazette*, 22 janv., 19 oct. 1839. — *North American*, 22 mai, 4, 11, 18 déc. 1839. — *Almanach de Québec*, 1830–1838. — *Appleton's cyclopædia of American biography*, J. G. Wilson et John Fiske, édit. (7 vol., New York, 1888–1901), 4 : 26–27. — Fauteux, *Patriotes*, 19–20, 65–74, 141–142. — J.-J. Lefebvre, *le Canada, l'Amérique : géographie, histoire* (éd. rév., Montréal, 1968), 175. — Le Jeune, *Dictionnaire*, 2 : 168–169. — *Montreal directory*, 1819. — Wallace, *Macmillan dict.* — J. D. Borthwick, *History of the Montreal prison from A.D. 1784 to A.D. 1886* [...] (Montréal, 1886), 40, 43–44, 51–52, 90–96. — L.-N. Carrier, *les Événements de 1837–38* (2ᵉ éd., Beauceville, Québec, 1914). — Chapais, *Cours d'hist. du Canada*, 3 : 189–191. — Christie, *Hist. of L.C.* (1866). — David, *Patriotes*, 171–172, 277–286. — Émile Dubois, *le Feu de la Rivière-du-Chêne ; étude historique sur le mouvement insurrectionnel de 1837 au nord de Montréal* (Saint-Jérôme, Québec, 1937), 122, 177–178. — Hector Fabre, *Esquisse biographique sur Chevalier de Lorimier* (Montréal, 1856). — Émile Falardeau, *Prieur, l'Idéaliste* (Montréal, 1944). — Filteau, *Hist. des patriotes* (1975), 117, 207–208, 274–276, 301–306, 358–363, 371, 401–422, 435–439. — [C.-A.-M. Globensky], *la Rébellion de 1837 à Saint-Eustache avec un exposé préliminaire de la situation politique du Bas-Canada depuis la cession* (Québec, 1883; réimpr., Montréal, 1974). — Augustin Leduc, *Beauharnois, paroisse Saint-Clément, 1819–1919 ; histoire religieuse, histoire civile ; fêtes du centenaire* (Ottawa, 1920), 175–178. — Michel de Lorimier, « Chevalier de Lorimier, notaire et patriote montréalais de 1837–1838 » (thèse de M.A., univ. du Québec, Montréal, 1975). — É.-Z. Massicotte, *Faits curieux de l'histoire de Montréal* (2ᵉ éd., Montréal, 1924), 86–98. — Maurault, *le Collège de Montréal* (Dansereau; 1967). — Ouellet, *Bas-Canada*, 89–139. — J.-E. Roy, *Hist. du notariat*, 2 : 453; 3 : 7, 9–17. — P.-G. Roy, *Toutes Petites Choses du Régime anglais* (2 sér., Québec, 1946), 2 : 33–36. — Rumilly, *Papineau et son temps*. — Robert Sellar, *The history of the county of Huntingdon and of the seigniories of Chateauguay and Beauharnois from their first settlement to the year 1838* (Huntingdon, Québec, 1888), 505–543. — André Vachon, *Histoire du notariat canadien, 1621–1960* (Québec, 1962). — Mason Wade, *les Canadiens français, de 1760 à nos jours*, Adrien Venne et Francis Dufau-Labeyrie, trad. (2ᵉ éd., 2 vol., Ottawa, 1966), 1 : 342. — Ivanhoë Caron, « Une société secrète dans le Bas-Canada en 1838 : l'Association des Frères Chasseurs », SRC *Mémoires*, 3ᵉ sér., 20 (1926), sect. I : 17–34. — L.-O. David, « les Hommes de 37–38 : de Lorimier », *l'Opinion publique*, 24 mars 1881 : 133–134; 7 avril 1881 : 157–158; 14 avril 1881 : 169–170; 21 avril 1881 : 181. — « De Lorimier », *l'Opinion publique*, 28 juin 1883 : 301. — L.-A. Fortier, « Correspondance : victimes de 37–38 », *la Tribune* (Montréal), 24 mars 1883 : 2. — J.-J. Lefebvre, « Jean-Marie Cadieux, notaire, 1805, et sa descendance », *la Rev. du notariat* (Outremont, Québec), 69 (1966–1967) : 122–132, 196–202. — É.-Z. Massicotte, « la Famille de Lorimier : notes généalogiques et historiques », *BRH*, 21 (1915) : 10–16, 33–45. — Victor Morin, « Clubs et Sociétés notoires d'autrefois », *Cahiers des Dix*, 15 (1950) : 185–218; « la « République canadienne » de 1838 », *RHAF*, 2 (1948–1949) : 483–512. — Pascal Potvin, « les Patriotes de 1837–1838 : essai de synthèse historique », *le Canada français* (Québec), 2ᵉ sér., 25 (1937–1938) : 667–690, 779–793. — Marcelle Reeves-Morache, « la Canadienne pendant les troubles de 1837–1838 », *RHAF*, 5 (1951–1952) : 99–117. — « La Veuve de Lorimier », *l'Opinion publique*, 19 juill. 1883 : 340. — « La Veuve du patriote de Lorimier », *BRH*, 32 (1926) : 330.

LORIMIER, JEAN-BAPTISTE DE (connu sous le nom de **Jean-Baptiste, chevalier de Lorimier**), interprète, fonctionnaire et juge de paix, baptisé le 5 mai 1786 à Caughnawaga (Kahnawake, Québec), deuxième fils de Claude-Nicolas-Guillaume de Lorimier* et de Louise Schuyler ; le 26 novembre 1827, il épousa à Saint-Régis (Akwesasne, Québec) Marguerite Rousseau ; décédé le 4 octobre 1845 à Montréal.

Jean-Baptiste de Lorimier descendait d'une grande famille canadienne qui avait une longue tradition militaire ; le patriote Chevalier de LORIMIER appartenait à une autre branche de cette famille. En mai 1810, Jean-Baptiste obtenait à Caughnawaga un poste d'interprète pour le département des Affaires indiennes, probablement grâce à l'influence de son père, qui était depuis 1775 agent résidant pour le même organisme et au même endroit. Comme sa mère était une Iroquoise de Caughnawaga, il avait des liens étroits avec cette communauté. À compter du 26 septembre 1812, il fut interprète et lieutenant à Lac-des-Deux-Montagnes (Oka) puis, le 11 mai 1813, on le promut capitaine et agent résidant à Saint-Régis. Un peu plus de deux semaines après, le département des Affaires indiennes l'envoyait à la frontière du Niagara, avec d'autres fonctionnaires et un détachement de guerriers indiens du Bas-Canada, afin de participer à la lutte contre les Américains.

Parvenus dans la presqu'île du Niagara au début de juin, Lorimier et quelque 300 Indiens placés sous le commandement général de son beau-frère, le capitaine Dominique Ducharme*, se joignirent à la centaine d'Agniers de la rivière Grand que dirigeait le capitaine William Johnson KERR. Ensemble, ils assurèrent la défaite de l'expédition du lieutenant-colonel Charles Boerstler près de Beaver Dams (Thorold, Ontario) le 24 juin [V. James FitzGibbon*]. Au cours de cet engagement, Lorimier commanda les Indiens de Saint-Régis.

Lorimier demeura dans la région de Niagara pendant encore deux mois, car les Américains continuaient de harceler les troupes britanniques et les miliciens canadiens à partir du fort George (Niagara-on-the-Lake, Ontario), qui était tombé entre leurs mains. Le 17 août, des soldats américains accompagnés d'une poignée d'Iroquois de New York eurent raison du petit détachement de surveillance qu'il commandait. Grièvement blessé, il passa le reste de l'année 1813 en captivité. Avant qu'il soit échangé, au début de 1814, les commandements britannique et américain avaient eu quelques démêlés concernant les conditions de sa captivité. Dans une dépêche du 8 septembre 1813, le major général Francis de Rottenburg* avait fait allusion à « l'ignominieux traitement infligé au capitaine Lorimier ». Toute sa vie, Lorimier allait subir les séquelles de ses blessures et de sa détention.

Le 8 août 1814, Lorimier devint capitaine dans les Embodied Indian Warriors, unité nouvelle dont son père était le surintendant adjoint. Jusqu'à la fin de l'année, il fit partie des patrouilles en canot chargées de protéger les flottilles qui se rendaient aux postes britanniques des lacs Supérieur, Michigan et Huron ; sa connaissance de divers dialectes indiens le rendait particulièrement utile. À la fin de la guerre, il réintégra ses fonctions à Saint-Régis. Comme les Indiens de l'endroit avaient formulé des griefs à la suite de querelles de propriété sur les réserves et avaient accusé leurs voisins blancs de les avoir trompés, il fit partie en juin 1815 d'une commission qui étudia ces questions.

L'année suivante, on affecta Lorimier à l'expédition de lord Selkirk [Douglas*] à la rivière Rouge. Il était présent lorsque celui-ci prit le fort William (Thunder Bay, Ontario) à la North West Company, en août 1816. Envoyé dans l'Est avec quelques-uns des Nor'Westers qui devaient comparaître en justice dans le Haut-Canada, il faillit se noyer dans le lac Supérieur quand une tempête subite fit chavirer son canot, causant la mort de Kenneth MacKenzie* et de huit autres occupants. Le 18 juillet 1817, à la colonie de la Rivière-Rouge (Manitoba), il servit de témoin, avec l'interprète métis Louis Nolin et quatre autres personnes, à la signature d'un traité entre Selkirk et cinq chefs cris et sauteux, dont Peguis*. Au printemps de 1818, Selkirk, qui avait une haute opinion de lui, recommanda qu'il escorte les missionnaires catholiques Joseph-Norbert Provencher* et Sévère Dumoulin* jusqu'à la colonie. Provencher le décrivit comme « un garçon gai, aimable, poli [et] honnête ». Sir John Johnson*, surintendant général des Affaires indiennes, nota que l'expérience de Lorimier le préparait bien à cette mission et veilla à ce que d'autres assument temporairement ses fonctions au département.

Lorimier ne put échapper au conflit de plus en plus aigu qui opposait la North West Company et la Hudson's Bay Company. En juillet 1817, des fonctionnaires gouvernementaux firent enquête pour déterminer s'il avait fait des gestes répréhensibles pendant l'expédition de Selkirk. Même s'il certifia n'avoir de lien direct avec aucune des deux compagnies, on l'accusa en mars 1819, avec plusieurs autres, d'avoir conspiré pour anéantir la traite entre la North West Company et les Indiens. Sans doute inspirées par l'amertume qui régnait au moment de l'expédition de Selkirk, ces accusations furent apparemment levées par la suite et n'eurent aucun effet sur la carrière de Lorimier. Il conserva son poste au département des Affaires indiennes jusqu'à sa retraite, en 1832. En octobre 1821, il avait été nommé juge de paix dans le district de Montréal.

Jean-Baptiste de Lorimier passa la dernière partie de sa vie dans la quiétude et la respectabilité. Il laissa une succession d'environ 6 000*ll*. Sans être spectaculaire, sa carrière fut significative. Il représente bien le groupe de Canadiens d'ascendance sang-mêlé qui servirent le département des Affaires indiennes à divers titres, et avec compétence, à la fin du xviiie siècle et au début du xixe. Quoiqu'il ait dû ses premières affectations à l'influence de sa famille, il finit par se tailler, grâce à son courage et à sa connaissance des langues, une carrière relativement honorable.

DOUGLAS LEIGHTON

ANQ-M, CE1-25, 5 mai 1786 ; CE1-51, 26 nov. 1827, 7 oct. 1845. — APC, RG 8, I (C sér.), 230, 256–258, 363, 679, 688B, 692, 1168, 1170–1171, 1203½A, 1218, 1224 ; RG 10, A3, 488–491, 497 ; A6, 627, 633. — *Documents relating to northwest missions, 1815–1827*, G. L. Nute, édit. (St Paul, Minn., 1942). — Alexander Morris, *The treaties of Canada with the Indians of Manitoba and the North-West Territories, including the negotiations on which they were based, and other information relating thereto* (Toronto, 1880 ; réimpr., 1971). — *La Gazette de Québec*, 11 mars 1819, 25 oct. 1821. — Morice, *Dict. hist. des Canadiens et des Métis*. — *Officers of British forces in Canada* (Irving). — E. J. Devine, *Historic Caughnawaga* (Montréal, 1922). — Rich, *Fur trade* (1967). — Sulte, *Hist. de la milice*. — É.-Z. Massicotte, « la Famille de Lorimier : notes généalogiques et historiques », *BRH*, 21 (1915) : 10–16, 33–45.

LORING, ROBERT ROBERTS, officier, baptisé le 27 septembre 1789 à Englefield, Angleterre, cadet des cinq fils de Joshua Loring et d'Elizabeth Lloyd, petit-fils de Joshua Loring* ; le 3 février 1814, il épousa à York (Toronto) Mary Ann Campbell, fille de William Campbell*, et ils eurent deux fils et trois filles, puis le 19 juillet 1828, à Overton (North Yorkshire, Angleterre), Ann Smith, et de ce mariage naquirent deux fils et deux filles ; décédé le 1er avril 1848 à Toronto.

Robert Roberts Loring entra comme enseigne dans le 49th Foot le 15 décembre 1804 et, en juillet suivant, il débarqua à Québec pour rejoindre son régiment,

Loring

cantonné au Canada depuis 1802. On le promut lieutenant le 3 septembre 1806. Dès le début de sa carrière, Loring manifesta un penchant pour les fonctions d'état-major. Roger Hale Sheaffe*, alors lieutenant-colonel, affirma avoir remarqué le jeune enseigne. De plus, lorsque le lieutenant général Gordon Drummond* prit le commandement des troupes du Canada en 1811, il fut impressionné par la façon dont Loring « s'acquittait des devoirs d'adjudant », et il le prit dans son état-major. Loring accompagna donc Drummond en Grande-Bretagne en octobre 1811 mais, lorsque la guerre avec les États-Unis éclata en 1812, il acquit la certitude que son devoir l'attendait en Amérique du Nord et retourna au Bas-Canada à l'automne.

Le 26 juin 1812, Loring était devenu capitaine dans le 104th Foot et, le 29 octobre suivant, on le nomma aide de camp de Sheaffe, le nouvel administrateur de la province du Haut-Canada. À ce poste, ses tâches étaient souvent routinières, mais elles devinrent plus cruciales à mesure que la guerre prenait de l'ampleur et que Sheaffe portait son attention sur les dispositifs de défense. Tout comme son prédécesseur sir Isaac Brock*, Sheaffe s'inquiétait de la loyauté des civils ; les commissions pour les non-naturalisés qu'il forma à Niagara (Niagara-on-the-Lake), à York et à Kingston imposèrent une besogne considérable à son aide de camp.

Loring prit part au combat pour la première fois lorsque les Américains attaquèrent York en avril 1813. À un moment donné, Sheaffe et Loring se trouvèrent placés entre l'ennemi et les forces britanniques en retraite. Soudain, la poudrière du fort York sauta : l'explosion causa à Loring « une grave contusion » qui allait le priver partiellement de l'usage de son bras droit. Sheaffe retourna en Angleterre en novembre. Lorsque Drummond vint prendre le commandement des forces dans le Haut-Canada en décembre 1813, il affecta Loring à son état-major, d'abord à titre d'aide de camp puis de secrétaire civil. Loring assuma de plus en plus de responsabilités et devint, en pratique, le secrétaire personnel de Drummond.

En décembre 1813, Loring était avec Drummond à la prise du fort Niagara (près de Youngstown, New York) et, le 25 juillet 1814, on lui décerna le grade honoraire de major. Toutefois, avant même d'apprendre sa promotion, il fut capturé au cours de la bataille de Lundy's Lane et passa le reste de la guerre à Cheshire, au Massachusetts. Il eut comme compagnon de captivité le jeune William Hamilton Merritt*. Dans le récit que fit ce dernier de son emprisonnement, qui ne fut pas sans agrément, il mentionne souvent son ami Loring, un homme « intelligent au bureau, calme et déterminé sur le champ de bataille ».

Après son rapatriement, Loring arriva à Québec avec Drummond le 3 avril 1815 ; une semaine plus tard, il était officiellement nommé secrétaire person-

nel de ce dernier. Il conserva ce poste jusqu'en mai 1816, date où Drummond retourna en Angleterre. Loring reprit alors sa carrière militaire et rejoignit le 104th ; le 17 août 1816, on le promut major de brigade à Kingston. Il cessa toutefois d'occuper cette fonction dès le 24 juin 1817, un mois après qu'on l'eut mis à la demi-solde. Loring demeura dans le Haut-Canada et, à la mort de William Jarvis*, secrétaire de la province, offrit sans succès de le remplacer. En septembre 1818, il vivait à Kingston où il possédait un lot de ville, mais jusqu'au 9 décembre 1819, date de son affectation au 79th Foot à titre de capitaine, on ne sait trop comment il arrivait à subvenir à ses besoins et à ceux de sa famille.

Le 20 juin 1820, on nomma Loring adjoint au secrétaire militaire du nouveau commandant en chef de l'Amérique du Nord britannique, lord Dalhousie [RAMSAY], et un an plus tard il devint major de brigade. À Québec, il s'intéressa à différentes organisations telles que la Société d'agriculture et la Société de Québec des émigrés, mais il connut aussi de dures épreuves : il perdit une fille en 1820 et une autre ainsi que sa femme en 1822.

En octobre 1821, on invita Loring à assister le lieutenant-colonel John Harvey* au bureau de l'adjudant général adjoint et il partit pour Montréal avec le titre de surintendant du bureau du quartier-maître général. À compter de septembre 1825, en l'absence du lieutenant-colonel Colley Lyons Lucas FOSTER, il servit à titre d'adjudant général adjoint à York. Mis à la demi-solde le 20 mars 1827, il partit en congé en Angleterre au cours de l'été. Peu après son retour, en septembre 1828, il apprit qu'on l'avait nommé officier supérieur de visite de la milice en Nouvelle-Écosse, avec le grade de lieutenant-colonel. Arrivé dans la colonie au printemps de 1829, Loring y demeura pendant huit ans et y remplit des tâches administratives courantes jusqu'au début de 1837, époque où l'Assemblée coupa les crédits accordés aux officiers de visite de la milice. Le 1er janvier 1838, on le désigna pour être « affecté à un service particulier » au Canada. Mis de nouveau à la demi-solde le 29 octobre, il obtint en novembre 1839 l'autorisation de vendre sa commission. Il se retira alors dans sa maison de Toronto et vécut, semble-t-il, du produit de cette vente jusqu'à sa mort.

Robert Roberts Loring avait l'étoffe d'un officier d'état-major, qualité qu'on lui reconnut dès le début et que plusieurs commandants mirent à profit. On retrouve son nom dans une multitude de lettres, mais presque toutes ne concernent que son travail ; sa vie privée, elle, demeure en grande partie dans l'ombre. On sait cependant qu'il eut à affronter un problème sérieux, directement causé par son appartenance à l'état-major de Drummond. En 1814, ce dernier lui avait accordé une concession de 700 acres dans le comté de Lincoln, dans le Haut-Canada. On avait déjà concédé ces terres à deux autres personnes, mais lorsqu'on avait découvert une source saumâtre dans un des lots on avait incité les premiers concessionnaires à s'installer ailleurs. Par suite d'une succession complexe d'erreurs, deux autres familles en vinrent à s'établir sur ces terres. Lorsque Loring prit possession des lots, on l'accusa d'avoir abusé de son poste. Il tint malgré tout à conserver les deux lots : il défraya l'un des colons des améliorations qu'il avait faites, mais se querella durant des années avec l'autre. Cette affaire émut les habitants de la région ainsi que des hauts fonctionnaires à Toronto et à London. Beaucoup prirent son parti, mais sa réputation demeura entachée, car d'autres ne purent jamais croire qu'il n'avait pas utilisé ses relations pour son bénéfice personnel.

CARL A. CHRISTIE

APC, MG 11, [CO 42] Q, 133, 255, 320–326, 330 ; MG 24, K2 ; RG 8, I (C sér.), 2–4, 51, 122, 126, 170, 192, 203, 234–235, 240, 273, 280, 605, 747, 900, 973, 1176–1177, 1181–1182, 1186, 1188, 1203½P. — *Doc. hist. of campaign upon Niagara frontier* (Cruikshank). — *Select British docs. of War of 1812* (Wood). — *La Gazette de Québec*, 11 juill. 1805, 6 avril 1815, 25 mai 1815–29 févr. 1816, 4 déc. 1817, 19 mars, 31 août 1818, 9 août, 26 nov. 1821, 15 juill. 1822. — G.-B., WO, *Army list*, 1805–1840. — W. R. O'Byrne, *A naval biographical dictionary : comprising the life and service of every living officer in Her Majesty's navy* [...] (Londres, 1849). — C. W. Humphries, « The capture of York », *The defended border : Upper Canada and the War of 1812* [...], Morris Zaslow et W. B. Turner, édit. (Toronto, 1964), 251–270. — G. F. G. Stanley, *The War of 1812 : land operations* ([Toronto], 1983).

LOUNT, SAMUEL, forgeron, aide-arpenteur, homme d'affaires, homme politique et rebelle, né le 24 septembre 1791 à Catawissa, Pennsylvanie, fils aîné de Gabriel Lount et de Philadelphia Hughes ; en 1815, il épousa Elizabeth Soules, et ils eurent sept enfants ; pendu le 12 avril 1838 à Toronto.

Samuel Lount arriva dans le Haut-Canada en 1811, lorsque son père amena sa famille dans le canton de Whitchurch, mais il retourna en Pennsylvanie par affaires et demeura aux États-Unis durant la guerre de 1812. De retour à Whitchurch en 1815, il fit l'apprentissage du métier de forgeron pendant trois ans et devint un excellent artisan. À l'automne de 1818, il se fixa à Newmarket où il tint une taverne pendant deux ans. Durant cette période, Lount, qui était un habile homme des bois, aida son frère George à arpenter les cantons de West Gwillimbury, Tecumseth et Innisfil. De plus, à la demande du gouvernement, il explora la rivière Nottawasaga en vue de la colonisation.

Lount revint demeurer à Whitchurch pendant environ un an et demi, puis s'installa dans la région de Holland Landing. Il travailla principalement comme forgeron, et aida entre autres à construire le premier vapeur du lac Simcoe, le *Sir John Colborne*, mais il tint aussi un magasin avec George pendant plusieurs années et consacra les deux dernières années de sa vie à l'agriculture. D'une générosité extraordinaire, Lount était souvent sollicité par les nouveaux arrivants dans la région du lac Simcoe. Il les conseillait, les aidait sans attendre de retour, et devint ainsi l'un des colons les plus respectés de son milieu. Sa bonne réputation lui valut de se faire offrir des charges publiques et d'être invité à poser sa candidature pour devenir député, mais il préféra demeurer à l'arrière-plan. Il refusa le poste de registrateur du comté de Simcoe au profit de George et, lorsqu'on lui demanda d'entrer dans la course électorale de 1828, il déclina l'offre et accorda son appui à John Cawthra.

En 1834, Lount se laissa persuader de se présenter dans Simcoe et il fut élu. Son grand souci des autres le rapprochait des réformistes, et il devint un ami et un allié de William Lyon Mackenzie*. Battu aux élections de 1836 par William Benjamin Robinson*, qui selon les réformistes profita de certaines pratiques malhonnêtes de l'exécutif provincial, Lount perdit foi dans les démarches politiques normales. Il prit donc part au mouvement d'organisation de cellules politiques qui se forma au cours de l'été et de l'automne de 1837, dans le but de forcer le gouvernement britannique à opérer des réformes. Lount faisait partie des quelques personnalités régionales à qui Mackenzie présenta, à l'automne, le plan qu'il avait mis au point en vue de remplacer le gouvernement provincial par un gouvernement sympathique aux besoins du peuple.

Lount accepta avec empressement ce projet, qui prévoyait une marche sur Toronto le 7 décembre, parce que Mackenzie lui avait assuré que l'intervention pouvait se faire sans effusion de sang et qu'elle recevrait l'approbation de grands amis du gouvernement. Lount utilisa la popularité dont il jouissait dans la région située au sud du lac Simcoe pour persuader nombre de ses concitoyens de se joindre à la marche. Une dépêche du docteur John Rolph* les pressa d'avancer le soulèvement au 4 décembre dans le but de déjouer les préparatifs entrepris, selon la rumeur, par le gouvernement. Lount prit alors le commandement d'un des premiers groupes à se rendre à la taverne Montgomery, au nord de Toronto, quartier général désigné par Mackenzie.

Lount demeura au beau milieu de l'action jusqu'au 7, date où la rébellion fut matée. Toutefois, le fait qu'un insurgé et un soldat gouvernemental aient trouvé la mort au cours de la première nuit le fit sérieusement douter de l'entreprise. Il avait essayé, malgré l'opposition de Mackenzie, d'obtenir des soins médicaux pour le colonel Robert Moodie, qui se mourait. Le 5 décembre, David Gibson* et lui avaient empêché Mackenzie d'incendier la maison du shérif William Botsford Jarvis* après qu'il eut mis le feu à celle du docteur Robert Charles HORNE.

Lugger

Le 7 décembre, lorsque les forces gouvernementales dispersèrent les rebelles, Samuel Lount voulut s'enfuir aux États-Unis. Avec un compagnon, il essaya de traverser le lac Érié à la rame, mais les deux hommes furent refoulés et arrêtés comme présumés contrebandiers. Accusé de haute trahison, Lount plaida coupable et présenta un recours en grâce. Malgré des pétitions en sa faveur, signées par des milliers de personnes, le lieutenant-gouverneur sir George Arthur* et le Conseil exécutif le condamnèrent à mort car ils avaient décidé que des mesures exemplaires s'imposaient. On exécuta Lount avec Peter MATTHEWS le 12 avril 1838, dans la cour de la prison de Toronto. Le gouvernement confisqua alors le peu de biens qu'il avait.

RONALD J. STAGG

Une des meilleures sources d'information sur la vie de Samuel Lount est une lettre écrite par sa femme Elizabeth. Elle se trouve dans les Mackenzie-Lindsey papers, Mackenzie corr., aux AO, MS 516 ; elle est adressée de Pontiac, Mich., à William Lyon Mackenzie et datée du 12 avril 1850. Une étude, qui constitue une bonne source de renseignements, est celle d'A. F. Hunter, *A history of Simcoe County* (2 vol., Barrie, Ontario, 1909 ; réimpr., 2 vol. en 1 part., 1948). On trouve quelques renseignements biographiques dans la pétition que Lount adressa au Conseil exécutif le 2 janvier 1840, APC, RG 1, E3, 46, file 38. La version de Lount sur sa participation à la rébellion est incluse dans une autre pétition, APC, RG 5, A1 : 107033–107038, et sa déposition est conservée sous la cote RG 5, C1, 9, file 1209. Pour une analyse plus complète du rôle de Lount et d'autres indications bibliographiques, il faut consulter R. J. Stagg, « The Yonge Street rebellion of 1837 : an examination of the social background and a re-assessment of the events » (thèse de PH.D., Univ. of Toronto, 1976). [R. J. S.]

LUGGER, ROBERT, ministre de l'Église d'Angleterre et éducateur, né le 11 février 1793 à Plymouth Dock (Devonport, Angleterre), fils de Joseph Lugger et d'une prénommée Elizabeth ; décédé le 28 juin 1837 à Plymouth, Angleterre.

Fils de gentleman, Robert Lugger fréquenta une *grammar school* et se destinait aux professions libérales. Toutefois, appelé à servir dans l'artillerie royale pendant les guerres napoléoniennes, il y demeura après la fin des hostilités et, en 1817, on l'envoya à la Barbade pour participer à des travaux de fortification. Manifestement, tout cela ne l'empêcha pas de se consacrer à la réalisation d'un vieux rêve : devenir instituteur. En 1818, soutenu par la Church Missionary Society, il ouvrit dans l'île ce qu'il appela une « école nationale pour les nègres », où il entreprit de s'attaquer aux effets de l'esclavage en appliquant le système novateur d'Andrew Bell, fondé sur le recours à des moniteurs. L'expérience le convainquit que « *l'éducation seule ne suffira*[*it*] *jamais* » et qu'il fallait « ameublir la terre et semer la *bonne graine* en

même temps ». Par la suite, son travail missionnaire dans le Haut-Canada viserait tout entier à instruire aussi bien qu'à pourvoir aux besoins spirituels.

Libéré de l'armée pour des raisons médicales, Lugger rentra en Angleterre en 1819. Inscrit au St Catharine's College de Cambridge, il fut ordonné en 1823 et obtint son diplôme l'année suivante. Au collège, il s'était apparemment lié avec l'un des frères de sir Peregrine Maitland*, lieutenant-gouverneur du Haut-Canada, dont on connaissait le vif intérêt qu'il portait au sort des Indiens de sa province. Ce lien tout comme l'influence qu'exerçait à Cambridge le mouvement évanglique furent peut-être bien ce qui modela le missionnariat de Lugger et l'amena plus tard à manifester son désir de coopérer avec des missionnaires d'autres confessions.

L'occasion d'agir se présenta en 1827 : après une entrevue, la New England Company accepta Lugger et décida d'en faire son premier missionnaire résidant parmi les Six-Nations de la vallée de la rivière Grand, dans le Haut-Canada. Cette organisation laïque, formée au XVIIe siècle pour évangéliser les Indiens de la Nouvelle-Angleterre, avait dû se tourner vers le Nouveau-Brunswick après la Révolution américaine, mais ses difficultés avec les Micmacs et les Malécites « errants » de là-bas l'avaient amenée à lorgner vers la communauté sédentaire d'Iroquois de la rivière Grand. Parmi les Indiens des Six-Nations, c'étaient les Agniers qui montraient les meilleures dispositions. Depuis quelques années, ils réclamaient un missionnaire anglican à demeure et s'étaient plaints maintes fois de ce que la Society for the Propagation of the Gospel in Foreign Parts, principale œuvre missionnaire à s'occuper d'eux, ne veillait pas régulièrement à leurs besoins. Ils avaient dû se contenter des visites de ministres en poste à Niagara (Niagara-on-the-Lake) ou à Ancaster [V. Ralph Leeming*] et d'offices que célébraient des catéchistes, tel Henry Aaron Hill [Kenwendeshon*]. Pour mettre fin à cette situation, le 15 juin 1827, la New England Company choisit Lugger.

Lugger avait appris à connaître les Iroquois par de nombreuses lectures et par des conversations avec l'abolitionniste William Wilberforce, qui l'avait renseigné sur le travail éducatif que John Norton* avait accompli à la rivière Grand. Comme Norton et comme les frères moraves qui œuvraient parmi les Loups (Delawares) à New Fairfield (Moraviantown) [V. Christian Frederick DENKE], Lugger entendait combiner instruction religieuse courante et formation en arts mécaniques. En outre, il était impatient d'appliquer le système de Bell et avait la certitude de pouvoir « amener l'école des Agniers au plus haut niveau possible afin d'envoyer des instituteurs dans d'autres régions ».

La communauté qui accueillit Lugger en 1827 se composait de quelque 2 200 Iroquois, dont environ

600 Agniers. Depuis des années, des visiteurs d'outremer, revenus de la fascination que « le bon sauvage » avait exercée sur la génération précédente, décrivaient cette communauté en termes peu flatteurs. Cependant, pour l'incurable optimiste qu'était Lugger, il y avait des indices encourageants. Ainsi John Brant [Tekarihogen*], fils estimé de Joseph Brant [Thayendanegea*], avait tenté de poursuivre les initiatives culturelles de son père à la rivière Grand et veillé par exemple à l'achèvement de deux écoles près de la chapelle des Agniers. Après son arrivée, Lugger collabora d'ailleurs quelque temps avec John Brant, notamment à la rédaction d'une grammaire agnière.

Chaleureusement reçu par les Agniers, Lugger eut moins de succès parmi les Tsonnontouans, Goyogouins et Loups qui adhéraient aux enseignements de Skanyadariyoh (Handsome Lake), prophète tsonnontouan qui avait déclenché au début du siècle un retour spectaculaire aux pratiques religieuses traditionnelles des Iroquois et raillé les Indiens parce qu'ils adoptaient le mode de vie des Blancs. Par contre, Lugger réussit assez bien parmi les Onontagués, les Onneiouts et les Tuscarorens. Ces derniers demandèrent même d'avoir leur propre missionnaire ; on leur envoya alors le révérend Abram Nelles*, qui vint assister Lugger.

Lugger avait des concurrents plus rudes que les héritiers spirituels de Handsome Lake : les méthodistes, qui cherchaient à se tailler une place dans la vallée. Leurs succès parmi les Iroquois [V. Tehowagherengaraghkwen*] expliquent probablement l'attitude de Lugger, moins disposé à collaborer étroitement avec d'autres missionnaires et plus enclin à favoriser la Haute Église, comme le nota le ministre presbytérien William Proudfoot* à l'occasion d'une visite. En outre, la rivalité des méthodistes et des anglicans causa une brouille entre John Brant et lui en 1831. Brant et ses partisans chez les Agniers d'en Haut se rangèrent du côté des méthodistes, tandis que les Agniers d'en Bas demeurèrent avec Lugger (on nommait ainsi les deux groupes d'après l'emplacement de leurs villages d'origine dans la vallée de la Mohawk). Brant accusa même Lugger d'avoir tenté de miner son autorité en renvoyant un instituteur pour qui il avait de l'estime. Pour couronner le tout, certains chefs critiquaient l'instruction dispensée dans les écoles de la mission parce que, selon eux, elle affaiblissait des traditions comme la chasse et la pêche.

En dépit des controverses, Lugger n'abandonna pas le projet qu'il caressait depuis longtemps et put enfin ouvrir en 1831 ce qui devint l'orgueil de sa mission : une école technique pour les Indiens, connue à compter de 1850 sous le nom de Mohawk Institute. Malgré le scepticisme et l'hostilité des Indiens, il organisa des classes où l'on enseignait le filage et le tissage aux filles et la menuiserie, la confection de vêtements et l'agriculture aux garçons. Puis en 1836, pour assurer aux élèves une formation encore plus complète, Lugger transforma l'école en pensionnat, même si certains fonctionnaires l'avaient prévenu que cette formule était tout à fait étrangère à la mentalité indienne. L'établissement, qui existe toujours, est récemment devenu un important centre culturel pour les Indiens des Bois.

Son fondateur, cependant, n'eut pas la chance de le voir prospérer. À peine quelques mois après l'ouverture du pensionnat, Lugger, malade, rentra en Angleterre et y mourut. La veille de son départ, une délégation d'Agniers et d'Onneiouts lui avaient exprimé leur reconnaissance : « nous vous remercions sincèrement […] pour toutes les bonnes choses que vous avez faites […] autant pour notre bien temporel qu'éternel ». Ils le félicitèrent, ainsi que son épouse, d'avoir tant travaillé à protéger les Indiens contre les pires effets du monde des Blancs et de leur avoir apporté non seulement la parole de Dieu mais des médicaments et du réconfort en cas de maladie.

Même si l'on a reproché au missionnariat d'être l'aspect spirituel d'un impérialisme agressif et à peine préoccupé des cultures non européennes, il reste que l'œuvre « barbadienne et canadienne » de Robert Lugger fut utile. Ce missionnaire-instituteur contribua à amortir l'impact d'une civilisation dynamique sur d'autres qui l'étaient beaucoup moins et à diffuser les méthodes d'éducation progressistes qui florissaient alors dans la métropole impériale.

CHARLES M. JOHNSTON

AO, MS 35, documents non reliés, extrait d'une lettre de T. G. Anderson à M. Partlock, 6 nov. 1826 ; John Strachan, brouillon de lettre à la Church Missionary Soc., 27 févr. 1827. — BL, Add. MSS 21882 : 106. — Devon Record Office, West Devon Area (Plymouth, Angl.), 166/8 (Stoke Damerel), reg. of baptisms, 19 juill. 1794. — Guildhall Library (Londres), MSS 7913/2 : 166, 171, 175 ; 7920/2 : 75–76, 82, 244–245, 262, 265–267, 273–274 ; 7920/3 : 69, 95 ; 7923 : 148–150, 159 ; 7956, 24 févr. 1806, 17 janv. 1815 (New England Company papers). — RHL, USPG Arch., journal of SPG, 39 : 235, 239. — Six Nations Indian Office Arch. (Brantford, Ontario), Chisholm file, accounts and letters ; Council letter-book, 1832–1837 ; Six Nations vs. New England Company ; Statistical report, 1827. — G.-B., Parl., House of Commons paper, 1836, 7, n° 538 : 1–853, *Report from the select committee on aborigines (British settlements)* […], 49, 635. — John Howison, *Sketches of Upper Canada, domestic, local, and characteristic* […] (Édimbourg et Londres, 1821 ; réimpr. Toronto, 1970). — John Norton, *The journal of Major John Norton, 1816*, C. F. Klinck et J. J. Talman, édit. (Toronto, 1970). — *Valley of Six Nations* (Johnston). — John West, *A journal of a mission to the Indians of the British provinces, of New Brunswick, and Nova Scotia, and the Mohawks, on the Ouse, or Grand River, Upper Canada* (Londres, 1827). — *Alumni Cantabrigienses* […], John et J. A. Venn, compil. (2

Lusher

part. en 10 vol., Cambridge, Angl., 1922–1954). — S. D. Clark, *Church and sect in Canada* (Toronto, 1948). — Elizabeth Graham, *Medicine man to missionary : missionaries as agents of change among the Indians of southern Ontario, 1784–1867* (Toronto, 1975). — C. M. Johnston, «To the Mohawk Station : the making of a New England Company missionary – the Rev. Robert Lugger», *Extending the rafters : interdisciplinary approaches to Iroquoian studies*, M. K. Foster et al., édit. (Albany, N.Y., 1984), 65–80. — J. W. Lydekker, *The faithful Mohawks* (Cambridge, Angl., 1938). — Robert Potts, *Liber Cantabrigiensis* […] (Cambridge et Londres, 1855). — Annemarie Shimony, *Conservatism among the Iroquois at the Six Nations Reserve* (New Haven, Conn., 1961). — Isabel Thompson Kelsay, *Joseph Brant, 1743–1807 : man of two worlds* (Syracuse, N.Y., 1984). — J. D. Wilson, «No blanket to be worn in school» : the education of Indians in early nineteenth-century Ontario», *HS*, 7 (1974): 293–305.

LUSHER, ROBERT LANGHAM, ministre méthodiste et rédacteur en chef, né vers 1787 à Londres ; il épousa une prénommée Esther, et ils eurent au moins un fils et deux filles ; décédé le 10 juillet 1849 à Montréal.

Robert Langham Lusher entra dans le mouvement méthodiste au début de sa vie d'adulte. Admis comme suffragant en 1817, il fut affecté au missionnariat outre-mer par la Conférence wesleyenne britannique. Le lieu de sa première affectation fut Montréal, où il arriva avec sa jeune famille à la fin de 1817. Si l'on excepte l'année qu'il passa à Québec, il œuvra dans la circonscription ecclésiastique de Montréal de 1817 à l'été de 1822. C'est là que la Conférence britannique l'éleva à la dignité de ministre en 1821.

Au moment où Lusher arriva à Montréal, cette ville comptait probablement moins d'une centaine de méthodistes, en majorité des loyalistes issus de la classe des marchands et de celle des artisans. Leur allégeance se partageait entre les autorités ecclésiastiques des États-Unis et de la Grande-Bretagne, mais dès 1820 tous se trouvèrent réunis au sein de la Conférence wesleyenne britannique. Grâce à sa façon de prêcher, Lusher ne tarda pas à rendre le méthodisme respectable dans la ville, c'est-à-dire à vaincre le préjugé tenace selon lequel les prédicateurs de sa dénomination n'étaient, comme le disait une lettre parue dans *la Gazette de Montréal*, que des «enthousiastes ambulants». Il parvint à obtenir des registres civils pour les baptêmes, les mariages et les sépultures. La communauté méthodiste se multiplia, l'affluence aux offices augmenta, si bien qu'il fallut bientôt un temple plus vaste. La Methodist Chapel – tel était son nom – fut achevée en 1821. Sous la houlette de Lusher, les méthodistes collaborèrent, avec des membres d'autres dénominations, à la fondation de plusieurs établissements religieux ou sociétés de bienfaisance comme le Montreal General Hospital et l'Emigrant Society of Montreal. Cependant, un événement survenu au sein de sa propre Église le déçut : l'entente de 1820 entre les autorités méthodistes de Grande-Bretagne et des États-Unis [V. Henry Ryan*], qui laissait le Haut-Canada sous l'influence des prédicateurs américains, dont un bon nombre, estimait-il, avaient «un souverain mépris pour la constitution et le gouvernement» britanniques.

En 1822, on muta Lusher dans la circonscription ecclésiastique de Halifax puis, en 1825, dans celle de Liverpool, en Nouvelle-Écosse. Ces deux affectations l'amenèrent à visiter des établissements isolés le long de la côte sud. De retour en Angleterre en 1827, il exerça son ministère à Oldham, à Halifax, à Manchester et à Bath. En 1838, à la demande de la communauté méthodiste de Montréal, le Comité missionnaire wesleyen de la Conférence britannique l'affecta de nouveau dans cette circonscription ecclésiastique. En même temps, le comité le nomma à la présidence du district du Bas-Canada, qu'il occupa pendant un an.

La tension était vive entre la Conférence wesleyenne britannique, qui exerçait son autorité au Bas-Canada, et la Conférence canadienne, implantée dans le Haut-Canada. Un des motifs principaux en était l'attitude du *Christian Guardian,* journal dirigé par Egerton Ryerson*, lequel n'hésitait pas à critiquer la politique gouvernementale concernant l'utilisation des réserves du clergé. Dans une lettre à son collègue le ministre Robert Alder*, Lusher exprima une horreur peut-être typiquement britannique à propos de ce journal et de son «caractère incendiaire […] conçu pour promouvoir le mécontentement et la désaffection à l'endroit du gouvernement», ainsi que devant «sa position antiwesleyenne sur l'Église d'Angleterre et l'union de celle-ci avec l'État». En août 1840, soit immédiatement après que la Conférence wesleyenne britannique eut rompu officiellement ses liens avec la Conférence canadienne (le Bas-Canada demeurant un district directement rattaché à la première), on procéda au lancement d'un nouveau journal ecclésiastique, le *Wesleyan*. Il paraissait deux fois par mois, à Montréal, et Lusher en fut le premier rédacteur en chef. Le *Wesleyan* avait pour but de répandre des nouvelles et opinions méthodistes britanniques dans le Bas et le Haut-Canada, sans doute pour neutraliser l'influence du *Christian Guardian*. Au bout d'un an, Lusher abandonna la rédaction ; en 1842, il s'installa à Trois-Rivières. Le journal recommença à paraître, mais à Toronto.

La maladie assombrit les dernières années de Robert Langham Lusher. En 1843, après avoir servi pendant moins de deux ans dans la circonscription ecclésiastique de Trois-Rivières, il prit sa retraite et retourna vivre à Montréal, parmi les membres de son ancienne congrégation, qui le vénéraient. Son apport à la vie sociale et religieuse de l'Amérique du Nord britannique fut plus conservateur qu'innovateur. En maintenant, en bon Britannique qu'il était, une attitude de déférence aveugle envers l'autorité, il ne comprit peut-être pas que l'Église coloniale avait besoin d'adapter son témoignage au contexte social dans lequel elle se trouvait.

NATHAN H. MAIR

Robert Langham Lusher est l'auteur de : *A sermon, preached at the Wesleyan Chapel, Quebec, Sunday, March 26th, 1820, occasioned by the death of his late Majesty George the Third* (Montréal, 1820) ; *The last journey : a funeral address, delivered [...] July 8, 1838, occasioned by the death of the late Rev. John Barry [...]* (Montréal, 1838) ; *The laws of Wesleyan Methodism epitomized and arranged [...]* (Manchester, Angl., 1834) ; et *Recollections of the outlines of a sermon, delivered [...] April 3, 1825, on occasion of the death of Mrs. Eunice Waterman [...]* (Halifax, 1827). Il fut rédacteur en chef du premier volume du *Wesleyan* (Montréal) du 6 août 1840 au 8 juillet 1841.

St James United Church (Montréal), Memorial letterbook, 17 janv. 1842. — SOAS, Methodist Missionary Soc. Arch., Wesleyan Methodist Missionary Soc., corr., North America (mfm à l'UCC, Maritime Conference Arch., Halifax). — UCC, Montreal-Ottawa Conference Arch. (Montréal), 7/St J/1/1 ; Montreal Presbytery, St James Street Methodist Chapel (Montréal), reg. — *Wesleyan* (Toronto), 2 (1841–1842)–3 (1842–1843). — Wesleyan Methodist Church, *Minutes of the conferences* (Londres), 11 (1848–1851). — Wesleyan Methodist Church in Canada, *The minutes of the annual conferences [...] from 1824 to 1845 [...]* (Toronto, 1846). — *Wesleyan-Methodist Magazine,* 41 (1818)–43 (1820) ; 48 (1825)–49 (1826) ; 54 (1831). — *Canada Temperance Advocate* (Montréal), févr.–mars 1840. — *Canadian Courant and Montreal Advertiser,* 23, 30 janv., 6 févr., 18 déc. 1819, 5 juin 1821. — *Christian Guardian,* 25 juill. 1849. — *La Gazette de Montréal,* 28 nov. 1808. — *Montreal Herald,* 11 oct. 1817–20 mars 1819, 18 déc. 1819, 17, 24 févr. 1821, 26 janv. 1822. — *Montreal Transcript,* 21 oct. 1837, 2 janv., 31 mai, 14 juin 1838, 8 août 1840, 10 juill. 1849. — Borthwick, *Hist. and biog. gazetteer.* — G. H. Cornish, *Cyclopædia of Methodism in Canada, containing historical, educational, and statistical information [...]* (2 vol., Toronto et Halifax, 1881–1903). — E. A. Betts, *Bishop Black and his preachers* (2ᵉ éd., Sackville, N.-B., 1976). — J. [S.] Carroll, *Case and his cotemporaries [...]* (5 vol., Toronto, 1867–1877). — G. E. Jacques, *Chronicles of the St-James St. Methodist Church, Montreal, from the first rise of Methodism in Montreal to the laying of the corner-stone of the new church on St. Catherine Street* (Toronto, 1888). — N. H. Mair, *The people of St James, Montreal, 1803–1984* ([Montréal, 1984]). — J. H. Turner, *Halifax books and authors [...]* (Brighouse, Angl., 1906).

LYMBURNER, ADAM, marchand, officier de milice, représentant colonial et homme politique, né en 1745 ou 1746 à Kilmarnock, Écosse ; décédé célibataire le 10 janvier 1836 à Londres.

Adam Lymburner vint à Québec pour prendre la relève de son frère John, disparu en mer en 1772.

Associé à Brook Watson* et à Robert Hunter (marchand londonien lié à des hommes de l'Ayrshire qui faisaient du commerce avec la province de Québec), John, débarqué dans la nouvelle colonie britannique dès 1761, avait édifié une entreprise qui faisait notamment la pêche à la baleine et au saumon ainsi que la chasse au phoque sur la lointaine côte du Labrador. Dès son établissement à Québec, Adam s'intégra au triangle du commerce poissonnier, comme en fait foi l'arrangement pris en 1773–1774 : Hunter acheta un navire pour George Cartwright*, marchand du Labrador, qui l'envoya à Cadix, en Espagne, chercher du vin que Lymburner vendit à Québec, où le navire prit, pour le poste de Cartwright à Charles Harbour, du pain et d'autres provisions qui dans l'ensemble étaient « moins chers [...] qu'en Angleterre ».

Pendant l'invasion de Québec par les Américains, en 1775, Lymburner servit dans la milice britannique, où il obtint le grade de lieutenant en second. En octobre, avec d'autres officiers, il « insista » pour que le gouverneur Guy Carleton* oblige les résidents américains à quitter la ville ou à prendre les armes pour la défendre. Cependant, dès le début de décembre, il n'était plus dans la milice. L'historien François-Xavier Garneau* soutient narquoisement qu'il s'était enfui à Charlesbourg, mais les motifs de sa démission demeurent obscurs, tout comme ses déplacements au cours de cet hiver-là. Le 31 décembre, sa maison de la rue du Sault-au-Matelot, dans la basse ville de Québec, fut le théâtre d'un violent combat.

À la fin de 1775, Lymburner avait des intérêts en Grande-Bretagne et jusque dans des endroits passablement reculés de la colonie. Il possédait l'un des 11 navires qui faisaient alors du commerce à partir de Québec (3 appartenaient à Hunter) et avait des liens avec le milieu montréalais de la traite des fourrures. En 1776, il garantit le permis d'un trafiquant de fourrures montréalais équipé par Hunter, et deux ans plus tard il engagea un commis pour Jean-Étienne Waddens*, équipé également par Hunter et lié à John McKindlay*, un « parent » de Lymburner, originaire de l'Ayrshire. En 1787, Lymburner agit à Québec à titre de représentant d'un autre trafiquant de fourrures, Richard Dobie*.

Bien qu'un corsaire américain ait durement frappé en 1779 les comptoirs de pêche de Lymburner et que ceux-ci n'aient « rien rapporté » en 1782, ils demeuraient la base de son entreprise d'import-export. En 1783, avec leurs associés William Grant* et Thomas Dunn*, Lymburner et son frère Mathew dominaient la chasse au phoque sur le littoral du Labrador et du golfe du Saint-Laurent. En raison de la fin des hostilités, survenue cette année-là, les territoires de pêche devinrent l'objet d'une plus vive concurrence. Aussi les marchands de Québec, menés par les frères Lymburner et par le neveu de Grant, David Alexander

Lymburner

Grant, pressèrent-ils les autorités de sévir contre les intrusions des bateaux américains, problème qui perdura au moins jusqu'en 1785.

Vers 1781, Lymburner avait pris son frère et leur neveu John Crawford en qualité de commis dans son entreprise. Formé de manière stricte par Adam, qui entendait rentrer un jour en Grande-Bretagne, Mathew devint son associé en second et, avec Crawford, dirigea les opérations (surtout les pêches) à compter de 1786 ou 1787, à l'intérieur d'une chaîne commerciale dont le maillon londonien était Hunter et les maillons montréalais, McKindlay et William Parker, lui aussi originaire de l'Ayrshire. Libéré par la présence de Mathew, Lymburner put voyager, principalement aux États-Unis, et se lancer dans les débats constitutionnels qui agitaient la province. Comme le notaient en 1785 dans leur journal personnel Joseph Hadfield et Robert Hunter fils, qui ambitionnaient de devenir marchands, Lymburner avait d'exceptionnelles « qualités » mondaines et politiques. D'une courtoisie constante, et hospitalier en dépit d'un asthme chronique, il possédait selon Hunter un « usage du monde » qui lui était précieux auprès de la plupart des « grands personnages » de Québec, tant britanniques que canadiens. En juin, le récit de Lymburner d'une récente tournée américaine, au cours de laquelle il avait notamment rendu visite à George Washington, impressionna Hunter qui se dit frappé qu'il arbore sa « belle chevelure au lieu de porter la perruque comme auparavant ».

En matière constitutionnelle, Lymburner partageait le radicalisme de marchands tels que George Allsopp* et William Grant. À l'occasion d'un débat désordonné sur l'introduction de l'habeas corpus, tenu en avril 1784 au Conseil législatif, il se trouva parmi un petit groupe qui réclamait bruyamment d'entrer dans la salle des délibérations. En novembre, il signa une pétition en faveur d'une Assemblée représentative ; ce document devint bientôt le point d'appui d'une agitation soutenue pour la réforme. En 1787, au cours d'une enquête sur l'administration de la justice [V. sir James Monk*], il exposa les pertes que lui avaient occasionnées des comparutions devant la Cour des plaids communs ; le juge Adam Mabane* parla de lui avec mépris comme étant « l'un de ces sujets qui [avaient] quitté la province en novembre 1775 ». Après l'enquête, un comité canadien et un comité britannique le déléguèrent à Londres pour remettre sur le tapis la pétition de 1784 et exiger la révocation de l'Acte de Québec, une réforme judiciaire ainsi que l'instauration du droit commercial anglais. Considéré par Carleton, devenu lord Dorchester, comme un « homme respectable et sensé » et « dépourvu d'intentions hostiles envers le gouvernement », il arriva à Londres en décembre 1787, nanti d'instructions des deux comités.

Lymburner entreprit alors un lobbying assidu pour porter la question constitutionnelle à l'attention du Parlement. Fort de l'appui d'un groupe de marchands influents, en particulier Hunter père et Brook Watson, il rassembla et rédigea des documents (dont une brochure en 1788), défia ses opposants et défendit sa cause avec éloquence devant la chambre des Communes. Malheureusement, les ministres avaient d'autres chats à fouetter : l'Empire connaissait des problèmes plus généraux, la situation européenne inquiétait, et au pays il y avait le procès de Warren Hastings pour cruauté et corruption en Inde et les présumés accès de folie de George III. Lymburner se plaignait du peu d'intérêt que les hommes politiques de Grande-Bretagne portaient aux affaires canadiennes. Son argumentation, qui frisait souvent la grossière propagande, mobilisa cependant l'opposition parlementaire. « M. [William] Pitt, rapporta-t-il en mai 1788 au comité britannique de Québec, a été malmené et coincé comme jamais à la chambre. J'ai [...] ouvert les yeux du cabinet en ce qui concerne notre province », prétendait-il avec quelque exagération.

En 1788, Lymburner eut tout de même du mal à suivre les comités de la colonie, qui ne pouvaient s'entendre sur les instructions à lui donner. Le comité canadien ne faisait plus qu'appuyer le programme de 1784 : il demandait aussi qu'on rétablisse toutes les lois qui existaient dans la province au moment de la Conquête. De même, il exigeait qu'on soustraie l'Église catholique à la « suprématie du roi » (imposée par l'Acte de Québec) et qu'on reconnaisse les droits de propriété des communautés religieuses. Ces instructions alarmèrent le procureur général de la province, James Monk ; selon lui, Lymburner était naïf de croire (ainsi qu'on le supposait) que les marchands pourraient assurer une majorité aux Britanniques dans une Assemblée. Il conseilla donc à Watson de freiner le zèle du représentant qui, en raison de ses accointances commerciales avec de nombreux Canadiens, dit-il à l'ancien procureur général Francis Maseres*, avait probablement une façon tendancieuse de présenter les choses. Mais Lymburner n'avait pas besoin d'un chien de garde : il camoufla prudemment les revendications des Canadiens et la discordance de ses instructions.

La division de la province, élément primordial du plan constitutionnel qu'avait élaboré dans le plus grand secret en 1789 le secrétaire d'État à l'Intérieur, William Wyndham Grenville, donna à Lymburner plus de fil à retordre. Il s'opposait farouchement à cette division et lui préférait une coexistence du genre de celle qui régnait entre l'Écosse et l'Angleterre. Au printemps de 1790, par l'entremise de deux députés, Thomas Powys et Charles James Fox, il essaya en vain de connaître tous les détails du plan de Grenville. L'année suivante, il présenta avec insistance ses revendications originales à Grenville lui-même, à son successeur Henry Dundas et à l'ancien sous-secrétaire Evan Nepean, toujours sans succès. Le 23 mars 1791, dans un témoignage passionné devant les Communes, il plaida pour une « province unie » en faisant valoir que l'entretien de deux gouvernements affaiblirait la colonie et que les provinces que l'on envisageait de créer étaient liées géographiquement et économiquement. Prophète à sa manière, il ajouta que comme les seuls ports océaniques seraient dans le Bas-Canada les deux colonies seraient condamnées à la querelle fiscale. Il disait représenter à la fois les colons canadiens et britanniques et insista peu sur le fait que les Britanniques se trouveraient en minorité dans le Bas-Canada, en rappelant plutôt des griefs passés : « l'épuisement et la pauvreté » de la province, l'arbitraire du gouvernement, l'incertitude légale et judiciaire. Par la suite, comme on faisait la sourde oreille à son plaidoyer unioniste, il se pencha plutôt sur la composition de la future Assemblée bas-canadienne. Toujours plein d'initiative, il soumit à Dundas un projet qui accorderait à Montréal et à Québec sept députés chacun, ce que ce dernier rejeta carrément. Néanmoins, l'Acte constitutionnel de 1791 retint certaines des réformes que Lymburner avait réclamées au nom des comités britannique et canadien.

Les efforts de Lymburner ne passèrent pas inaperçus. Le 16 septembre 1791, pendant qu'il se trouvait encore en Angleterre, on le nomma au Conseil exécutif du Bas-Canada. Trois mois plus tard, les commerçants de Québec se réunirent au Café des marchands pour adopter à son intention une résolution de remerciement. L'année suivante, on le mit en candidature dans la circonscription de la Basse-Ville de Québec en vue des premières élections générales de la nouvelle province, mais il fut défait in absentia. Il allait plus tard revendiquer le mérite d'avoir obtenu une Assemblée représentative. Toutefois, ce qui attira l'attention sur lui dans le Haut et le Bas-Canada au début des années 1790, ce sont les réserves qu'il formula sur la constitution. En 1794, un loyaliste haut-canadien déçu, Richard Cartwright*, écrivait à Isaac Todd* : « l'expérience m'a presque converti à l'opinion de M. Lymburner […] à savoir que le pays, finalement, ne pourrait pas se payer deux gouvernements ».

Lymburner demeura en Angleterre après 1791 car il souffrait d'une « affection de type asthmatique – pour laquelle on lui signala que le terrible froid des hivers canadiens était extrêmement […] nocif ». Tout en se soignant, il ne rata aucune occasion de présenter au gouvernement ses opinions sur les affaires bas-canadiennes. Son document sur les tensions anglo-américaines de 1793, qui typiquement n'eut aucun effet manifeste, montrait cependant à quel point il saisissait la relation complexe entre le commerce et la diplomatie transatlantique. En 1799, il rentra à Québec. Il tenta en juillet d'occuper son siège au Conseil exécutif mais, comme il avait négligé en 1794 un

avertissement de lord Dorchester qui le sommait d'assister aux réunions du conseil ou de démissionner, il fut honteusement exclu pour absentéisme à la suite d'une motion adoptée à l'unanimité. Il envoya des protestations en Grande-Bretagne, sans résultat.

Malgré ses séjours en Angleterre, Lymburner avait continué de tirer d'intéressants revenus de ses pêcheries du Labrador. En 1795, il vendit ses propriétés commerciales de la basse ville de Québec à son frère, qui continua le commerce du saumon et du phoque jusque vers 1823. Administrés avec vigueur par Mathew, les comptoirs de pêche du Labrador furent exploités principalement par deux compagnies : la Lymburner and Crawford, jusqu'après la mort de ce dernier en 1803, et la New Labrador Company à compter de 1808. Non seulement Adam fit-il immatriculer plusieurs navires avec son frère et William Grant, mais il aida à financer et à approvisionner Mathew, en partie par l'entremise de Joseph Hadfield en Grande-Bretagne. Toutefois, on ne connaît pas avec précision tous ses intérêts.

En 1807, Lymburner retourna à Londres pour de bon, sans pour autant se désintéresser du Bas-Canada. Durant les 16 années suivantes, il correspondit avec l'évêque catholique Joseph-Octave Plessis*, qui le trouvait d'un bon conseil sur les relations entre l'Église et l'État et le tenait pour un « ami des catholiques, quoique protestant ». Par contre, Plessis était presque certainement en désaccord avec Lymburner lorsque celui-ci comparait les catholiques et les anglicans à des « ouvriers travaillant en commun dans des parties différentes de la même vigne ». Les lettres de Lymburner confirment sa propension à la flatterie et à la séduction, et l'évêque surestimait probablement son influence dans les milieux politiques britanniques, même si en 1810 Lymburner avoua les avoir évités depuis son retour. Par ailleurs, comme il était loin du Bas-Canada, il avait du mal à comprendre le climat politique « acrimonieux » qui y régnait pendant le mandat du gouverneur sir James Henry Craig*. En 1814, il déplora que les assemblées du Haut et du Bas-Canada, contrairement à la plupart des assemblées coloniales, n'aient pas à Londres de représentants mandatés pour informer les ministres.

Tout au long des années 1820, Lymburner conserva un intérêt soutenu et quasi nostalgique pour le Bas-Canada. Il souffrait de rhumatisme grave, résultat selon lui de son inactivité durant ses hivers là-bas. Très riche, il parcourut l'Europe en 1822 et fut consterné de voir à quel point les graines « semées par la Révolution française » avaient pris racine. Son humeur s'allégea, plus tard dans l'année, quand Plessis l'invita à s'opposer à un projet de loi impérial pour l'union du Haut et du Bas-Canada, dont les initiateurs étaient des marchands britanniques et des fonctionnaires du Bas-Canada. Éprouvant alors une espèce de tendresse paternelle pour l'Acte constitu-

Lymburner

tionnel de 1791, il favorisait la préservation des intérêts particuliers du Bas-Canada. Confiné chez lui, il n'eut heureusement à faire aucune démarche. Il prévint Louis-Joseph Papineau* et John NEILSON, envoyés à Londres en 1823 pour s'opposer à l'union, que le projet de loi soulevait peu d'intérêt à Westminster. « Les délégués, écrivit-il à Plessis, connaîtront certaines des difficultés auxquelles j'ai dû faire face il y a 33 ou 34 ans pour obtenir la présente constitution de la province [...] Aucune cause de quelque importance ne peut être défendue ici sans une grande dépense d'énergie physique et mentale, car les gens d'ici éprouvent peu d'intérêt pour les affaires des lointaines colonies [...] Il faut avant tout mettre les orateurs au courant de tous les aspects de la question [...] Mais le temps de l'action est révolu pour moi. C'est une nouvelle scène qui attend MM. Papineau et Neilson. »

Décédé le 10 janvier 1836 vers l'âge de 91 ans, Adam Lymburner fut selon ses vœux inhumé à l'église St George, de Bloomsbury (Londres), aux côtés de son vieil ami Alexander Auldjo*, qu'il avait connu dans la colonie. Il laissait des donations ou des rentes qui totalisaient £88 150 à de nombreux neveux et nièces, à leurs enfants, à des enfants de ses amis et à d'autres. Ses propriétés de Kilmarnock, dont certaines lui venaient de son père, allèrent à un petit-neveu de là-bas.

DAVID ROBERTS

Adam Lymburner est l'auteur d'une brochure imprimée à Londres en 1788, dont aucun exemplaire n'a été retracé. Il se peut qu'il s'agisse de *A review of the government and grievances of the province of Quebec, since the conquest of it by the British arms* [...], généralement attribué à Francis Maseres, mais qui reflète le style et les intérêts spécifiques de Lymburner. Celui-ci est également l'auteur de : *Papier lu à la barre de la chambre des Communes par Mr. Lymburner, agent pour les souscrivants aux pétitions de la province de Québec, en date du 24 nov. 1784* (Québec, 1791). Un portrait de Lymburner se trouve à la MTRL. [D.R.]

ANQ-Q, CN1-230, 7 août 1795, 4 nov. 1796, 10 oct. 1804 ; CN1-262, 26 nov. 1799, 26 févr. 1803, 3 janv. 1806 ; P-313, 2, George Allsopp à A. M. Allsopp, 4 nov. 1799, 6 juin 1801. — APC, MG 19, A2, sér. 3, 2 : 23, 97, 104–105 ; 20 : 2755 ; MG 23, A2, 10 : 61–73, 98–100 ; GII, 19, vol. 2 : 66–93 ; GIII, 1, vol. 1 : 150–177 ; MG 24, L3 : 28443–28453 (copies) ; RG 4, A1 : 7103–7104 ; A3, 1 ; RG 42, E1, 1381–1382.— Arch. privées, David Roberts (Toronto), A. J. H. Richardson, « Adam Lymburner, etc. ». — ASQ, Polygraphie, XXXVII, nᵒ 12. — AUM, P 58, U, Adam Lymburner à Jacques Perrault, 25–26 mars 1790, 5 janv., 12 juill. 1791. — BL, Add. MSS 21759 : 116–119 ; 21867 : 145. — Greater London Record Office (Londres), P82/GEO1/59, 72. — McGill Univ. Libraries, Dept. of Rare Books and Special Coll., MS coll., CH293.S253. — PRO, CO 5/147 : 13–15 (copies aux APC) ; CO 42/1 ; 42/5 ; 42/25 ; 42/34 ; 42/48 ; 42/51–52 ; 42/59 ; 42/61 ; 42/63 ; 42/65–66 ; 42/72 ; 42/87–88 ; 42/93 ; 42/104 ; 42/107 ; 42/113–115 ; 42/120 ; PROB 11/1856 : 11292–11294. — William L.

Clements Library, Univ. of Mich. (Ann Arbor), Melville papers, Lymburner à Henry Dundas, 18 sept. 1793. — [George] Cartwright, *Captain Cartwright and his Labrador journal*, introd. de W. T. Grenfell, C. W. Townshend, édit. (Boston, 1911), 148, 170. — *Corr. of Lieut. Governor Simcoe* (Cruikshank), 1. — *Docs. relating to constitutional hist., 1759–1791* (Shortt et Doughty ; 1918), 742–754, 1029.— G.-B., Parl., *The parliamentary history of England* [...] *to the year 1803* [...] (Londres), 27 (1788–1789) : 506–533 ; Privy Council, Judicial Committee, *In the matter of the boundary between the Dominion of Canada and the colony of Newfoundland in the Labrador peninsula, joint appendix* (12 vol., Londres, 1927), 7 : 3466–3478, 3484, 3492, 3531–3532. — Joseph Hadfield, *An Englishman in America, 1785, being the diary of Joseph Hadfield*, D. S. Robertson, édit. (Toronto, 1933). — Robert Hunter, *Quebec to Carolina in 1785–1786 ; being the travel diary and observations of Robert Hunter, Jr., a young merchant of London*, L. B. Wright et Marion Tinling, édit. (San Marino, Calif., 1943), 20. — James Jeffry, « Journal kept in Quebec in 1775 by James Jeffry », William Smith, édit., Essex Institute, *Hist. Coll.* (Salem, Mass.), 50 (1914) : 125, 141. — « Journal of the principal occurrences during the siege of Quebec by the American revolutionists under generals Montgomery and Arnold in 1775–76 », W. T. P. Short, édit., *Blockade of Quebec in 1775–1776 by the American revolutionists (les Bastonnais)*, F. C. Würtele, édit. (Québec, 1906 ; réimpr., Port Washington, N.Y., et Londres, 1970), 55–101. — « Orderly book begun by Captain Anthony Vialar of the British militia [...] », F. C. Würtele, édit., Literary and Hist. Soc. of Quebec, *Hist. docs.* (Québec), 7ᵉ sér. (1905) : 155–265. — Simeon Perkins, *The diary of Simeon Perkins, 1797–1803*, C. B. Fergusson, édit. (Toronto, 1967). — William Smith, *diary and selected papers of Chief Justice William Smith, 1784–1793*, L. F. S. Upton, édit. (2 vol., Toronto, 1963–1965). — *La Gazette de Québec*, 1764–1823. — *Quebec Herald and Universal Miscellany*, 15 déc. 1788, 16 nov. 1789. — Caron, « Inv. de la corr. de Mgr Plessis », ANQ *Rapport*, 1927–1928 ; 1928–1929 ; 1932–1933. — Marie Tremaine, *A bibliography of Canadian imprints, 1751–1800* (Toronto, 1952), 333–334, 361. — E. T. D. Chambers, *The fisheries of the Province of Quebec, part I : historical introduction* (Québec, 1912). — Christie, *Hist. of L.C.* (1866), 1 : 74–115. — John Ehrman, *The younger Pitt : the years of acclaim* (New York, 1964). — F.-X. Garneau, *Histoire du Canada depuis sa découverte jusqu'à nos jours*, Alfred Garneau, édit. (4ᵉ éd., 4 vol., Montréal, 1882–1883), 2 : 453 ; 3 : 71–72, 240, 244. — H. A. Innis, *The cod fisheries ; the history of an international economy* (éd. rév., Toronto, 1954). — H. M. Neatby, *The administration of justice under the Quebec Act* (Londres et Minneapolis, Minn., [1937]) ; *Quebec : the revolutionary age, 1760–1791* (Toronto, 1966). — *The Scots abroad : labour, capital, enterprise, 1750–1914*, R. A. Cage, édit. (Londres, 1985). — Pierre Tousignant, « la Genèse et l'Avènement de la constitution de 1791 » (thèse de PH.D., univ. de Montréal, 1971). — « L'Honorable Adam Lymburner », *BRH*, 37 (1931) : 556–558. — Gérard Malchelosse, « Une seigneurie fantôme : Saint-Paul du Labrador », *Cahiers des Dix*, 10 (1945) : 293–328. — W. H. Whiteley, « Newfoundland, Quebec, and the Labrador merchants, 1783–1809 », *Nfld. Quarterly*, 73 (1977), nᵒ 4 : 18–26.

M

MACALLUM, JOHN, instituteur, administrateur scolaire, ministre de l'Église d'Angleterre, homme politique et fonctionnaire, né en 1806 à Fortrose, Écosse ; en février 1836, il épousa dans la colonie de la Rivière-Rouge (Manitoba) Elizabeth Charles, et ils eurent deux filles ; décédé le 3 octobre 1849 au même endroit.

John Macallum fréquenta le King's College d'Aberdeen de 1820 à 1824 et y reçut une maîtrise ès arts en avril 1832. En septembre 1833, âgé de 27 ans et avec quelque expérience de l'enseignement, il arrivait à la Rivière-Rouge. Il devait, contre un salaire annuel de £100, enseigner à l'école qu'avait fondée le révérend David Thomas JONES à l'intention des « fils des gentlemen engagés dans la traite des fourrures ». Le calibre de ses élèves ne l'impressionna pas. Peu après son arrivée, il nota dans une lettre à James Hargrave*, principal fonctionnaire de la Hudson's Bay Company à York Factory : « l'esprit des jeunes d'ici est d'une attristante vacuité […] sans rien de cette masse d'informations générales qu'un petit Anglais, proprement éduqué, assimile avant d'arriver en quatrième année ». Macallum était résolu à améliorer l'instruction de ces jeunes.

En 1835, l'institutrice de la Red River Academy, Mme Mary Lowman, quitta son poste pour épouser l'agent principal James Bird*, et Macallum prit alors en charge l'éducation des filles aussi bien que des garçons. Apparemment, il obtint quelques résultats positifs avec les premières car bien des parents, dont John Dugald Cameron*, se dirent heureux qu'elles apprennent enfin autre chose que la couture et la cuisine. En 1836, il épousa l'une de ses élèves, Elizabeth Charles, fille sang-mêlé de l'agent principal John Charles ; deux ans plus tard, ce dernier se mariait avec la sœur de Macallum, Margaret. Les liens ainsi noués entre Macallum et Charles causèrent un émoi parmi les dames distinguées de la colonie.

Macallum succéda à Jones comme directeur de l'école en 1837. Au début, il loua les bâtiments de la Hudson's Bay Company, qui en était propriétaire, mais en 1841 il acheta l'école pour la somme de £350. Tout au long de son mandat, il bénéficia de l'appui du gouverneur de la Hudson's Bay Company, George Simpson*, et du conseil du département du Nord, qui lui alloua £100 par an pour assurer la bonne marche de l'établissement.

L'école se maintint à un haut niveau d'excellence sous la direction de Macallum. On y donnait des cours de grec, de latin, de géographie, d'études bibliques, d'histoire, d'algèbre, de rédaction et d'élocution. En 1840, Macallum affirmait avec satisfaction à Hargrave : « les écoles jouissent d'appuis solides, et nous donnent à tous autant de travail que nous sommes capables d'en exécuter ». Deux ans plus tard, il notait à propos de ses élèves : « les progrès sont encourageants, leur comportement correct et leur docilité, leur attention et leur application fort louables ». L'un d'eux, le révérend Benjamin McKenzie, petit-fils de Roderick McKenzie*, rappelait en 1928 que Macallum avait « formé un bon nombre de chefs d'avant-poste, de commis et de futurs chefs de poste et agents principaux » de la Hudson's Bay Company et qu'il était un « travailleur consciencieux et dévoué », même s'il « surestimait peut-être les vertus de la férule ». Les lettres de Letitia Hargrave [Mactavish*] suggèrent aussi qu'il était strict en matière de discipline et doté d'un sens moral aigu. Ainsi elle le blâmait en 1843 de défendre aux mères indiennes ou sang-mêlé non officiellement mariées de rendre visite à leurs enfants, interdiction qu'elle trouvait « terriblement cruelle, car les pauvres mères ne savaient pas qu'il existait une distinction ». Cependant, Macallum était imperméable à la critique et la direction de la Hudson's Bay Company ne semblait guère se préoccuper de ces questions.

En juin 1844, Macallum fut ordonné prêtre par l'évêque George Jehoshaphat Mountain*, en visite dans la colonie. On l'affecta à la paroisse St John, à la Rivière-Rouge, puis il devint en mars 1845 aumônier auxiliaire de la Hudson's Bay Company. Il n'en continua pas moins de se consacrer à ses élèves. « L'école était pour lui son œuvre, sa raison de vivre », rapporta en 1850 David Anderson*, premier évêque de Rupert's Land. Il était l'un des résidents les plus en vue de la région, et en mars 1836 on l'avait nommé au premier gouvernement de la colonie, le Conseil d'Assiniboia. Il en fut le greffier en 1839, fit partie de son comité d'économie en 1845 et agit à titre de coroner de la Rivière-Rouge de 1839 à 1847.

John Macallum eut au cours de l'été de 1849 un accès de jaunisse dont il ne se remit pas. Il mourut le 3 octobre. L'année suivante, Elizabeth Macallum quitta la Rivière-Rouge avec ses filles pour aller vivre avec son père, qui s'était établi à Édimbourg en 1845. La mort de son mari l'avait tant bouleversée qu'elle tenta de se suicider en 1852 et on l'interna dans un asile pendant un an. Macallum avait stipulé dans son testament que la Red River Academy devait être offerte à l'évêque Anderson. Ce dernier accepta et la paya £300. Les élèves de la Rivière-Rouge demeureraient donc en bonnes mains.

ALLAN LEVINE

APC, MG 19, A21, sér. 1, 3, 5–6, 8–9, 11, 15–16, 22, 24.

Macaulay

— PABC, Add. mss 635, folder 93, Ross à Macallum, 15 mars 1848 (photocopie). — PAM, HBCA, B.135/c/2 : f° 96 ; B.239/k/2 : f°s 158, 169, 173, 184, 189d, 196, 199, 207, 210, 219d, 225, 232d, 233, 236 ; D.4/23 : f°s 60d–61 ; D.4/58 : f° 162 ; D.5/4 : f°s 370–371 ; D.5/23 : f°s 357–357d ; D.5/26 : f°s 160, 558–558d, 698–698d ; MG 2, C23, n° 96. — *Canadian North-West* (Oliver), 1 : 63, 85, 275–278, 283–284, 317–327, 355. — Hargrave, *Hargrave corr.* (Glazebrook). — Letitia [Mactavish] Hargrave, *The letters of Letitia Hargrave*, Margaret Arnett MacLeod, édit. (Toronto, 1947). — Boon, *Anglican Church*. — T. F. Bredin, « The Red River Academy », *Beaver,* outfit 305 (hiver 1974) : 10–17. — « Living pupil of 92 recalls Red River academy of 40's : Rev. Benjamin McKenzie [...] describes Red River settlement school attended by H.B. officers' sons 85 years ago », *Manitoba Free Press* (Winnipeg), 3 mars 1928 : 9.

MACAULAY, ANN. V. Kirby

McCONVILLE, JOHN, instituteur, né vers 1793 à Newry (Irlande du Nord), fils de Meredith McConville et de Mary McCardle ; le 7 janvier 1832, il épousa à Berthier-en-Haut (Berthierville, Québec) Mary Magdalen Mackie, et ils eurent trois filles et trois fils dont deux, Joseph-Norbert-Alfred et Arthur, devinrent avocats ; décédé le 10 septembre 1849 à Industrie (Joliette, Québec).

On ne connaît rien de la vie de John McConville avant sa venue au Bas-Canada. Au moment de quitter son pays, au début des années 1810, il avait l'intention bien nette d'entreprendre dans cette province une carrière dans l'enseignement. Son cheminement professionnel s'avère plutôt difficile à suivre, mais on sait qu'il fut d'abord maître d'école à Montréal puis à Vaudreuil et enfin à Berthier-en-Haut où il s'établit définitivement.

McConville poursuit sa carrière au moment où l'Institution royale pour l'avancement des sciences [V. Joseph Langley Mills*] subit les critiques virulentes du clergé catholique, notamment à cause de l'application des règlements d'engagement des instituteurs qui varie selon l'interprétation qu'en font les hommes politiques et les hommes d'Église. Pourtant, l'Institution royale a comme principe de mettre en poste des instituteurs capables d'enseigner en français dans les agglomérations où la population est en majorité canadienne-française et des maîtres anglophones là où les anglophones prédominent. Certains visiteurs n'hésitent cependant pas à refuser des candidats en se basant sur leur religion.

McConville est l'un de ceux qui essuient un tel refus. Le 22 septembre 1823, ayant appris qu'Augustus Wolff quitte l'enseignement, il sollicite, de sa demeure de Vaudreuil, un poste de maître d'école à Berthier-en-Haut. Le conseiller législatif James Cuthbert, qui compte au nombre des visiteurs de l'Institution royale, appuie sa demande. McConville a en effet

enseigné à ses enfants pendant sept ans. Malgré cela, le ministre anglican John Campbell Driscoll, qui répond au candidat, l'évince en évoquant les règlements de l'Institution royale qu'il semble embrouiller à plaisir. Il explique dans sa lettre du 10 octobre 1823 que « l'Institution Royale exige des maîtres *protestants* capables d'*enseigner* et de parler la langue française pour les écoles du *Gouvernement* et [que] l'école de Berthier est l'une de ces écoles ». En fait, McConville, qui est catholique et capable d'enseigner en français, répond aux critères d'engagement, mais ce n'est qu'en 1833 qu'il obtiendra un poste d'instituteur à Berthier-en-Haut. Il terminera d'ailleurs sa carrière à l'école de Berthier [V. Louis-Marie-Raphaël Barbier*].

Par ailleurs, en 1836, on discute sérieusement dans les milieux de l'éducation de l'établissement d'écoles normales qui prépareraient les instituteurs à l'exercice de leur métier. Lorsque le projet prend finalement forme, on mandate l'abbé John Holmes*, du petit séminaire de Québec, pour trouver des professeurs aptes à enseigner dans les écoles normales de la province. Désireux de décrocher un tel poste, McConville écrit, le 27 avril, à Edmund Bailey O'Callaghan*, l'un des membres du comité de régie de l'école normale de Montréal. Il mentionne dans sa lettre les divers postes d'instituteur qu'il a occupés pendant ses 20 ans de carrière et fait l'étalage de ses qualités professionnelles, entre autres son aptitude à enseigner, dans les deux langues usuelles, l'histoire, l'arithmétique, l'écriture, la géographie, l'usage des globes, la tenue de livres, la géométrie, la trigonométrie, l'algèbre, l'arpentage et la navigation. Cependant, comme Holmes tourne plutôt son regard vers l'étranger et essaie de mettre sous contrat des professeurs expérimentés des États-Unis, de France et d'Angleterre, McConville ne sera pas engagé comme professeur d'école normale.

Malgré ses aptitudes, John McConville ne put réaliser pleinement ses ambitions professionnelles. Il n'en demeure pas moins qu'il fut un maître d'école compétent qui connut une longue carrière.

Marîse Thivierge

AAQ, 60 CN, A : 36, 42. — ANQ-M, CE5-1, 7 janv. 1832 ; CE5-40, 12 sept. 1849. — ASQ, Fonds Viger-Verreau, boîte 15, liasse 1, n° 13 ; Polygraphie, XLII : 18. — B.-C., chambre d'Assemblée, *Journaux,* 1831–1832, app. II ; 1835–1836, app. OO. — L.-P. Audet, *le Système scolaire,* 4 ; 6.

McCORMICK, WILLIAM, homme politique, officier de milice, homme d'affaires, fonctionnaire, juge de paix et auteur, né le 30 mai 1784, probablement dans la région de l'Ohio, aîné des enfants d'Alexander McCormick et d'Elizabeth Turner ; le 29 janvier

1809, il épousa dans le canton de Colchester, Haut-Canada, Mary Cornwall, et ils eurent 13 enfants dont l'un mourut en bas âge ; décédé le 18 février 1840 dans l'île Pelee, Haut-Canada.

Pendant la guerre d'Indépendance américaine, le père de William McCormick, trafiquant de fourrures dans la région de l'Ohio, participa à l'expédition du capitaine Henry Bird contre le Kentucky et servit sous les ordres du capitaine William Caldwell* des Butler's Rangers. Après la guerre, il apparaît comme résident de Detroit dans certains documents, mais il tenait également un poste de traite aux rapides de la rivière des Miamis (Maumee River, Ohio). Après la destruction de son poste à la bataille de Fallen Timbers [V. Michikinakoua*] en août 1794, il passa dans le Haut-Canada, où il s'établit d'abord dans le canton de Malden puis dans celui de Colchester. En qualité de fils aîné, William devint chef de famille à la mort de son père en 1803. Six ans plus tard, il affermit sa position dans le comté en épousant Mary Cornwall, fille du loyaliste John Cornwall, important propriétaire terrien et ancien député de l'Assemblée. McCormick nourrit bientôt des ambitions politiques et, en mai 1812, fut élu député de la circonscription d'Essex. Il remporta de nouveau la victoire en 1816 et en 1820. Au cours de ses mandats, il tenta pendant quelque temps, mais sans succès, de faire transférer le chef-lieu de Sandwich (Windsor) à Amherstburg.

Pendant la guerre de 1812, McCormick combattit au sein du 1st Essex Militia, d'abord à titre de lieutenant puis de capitaine ; en 1813, il participa aux attaques lancées contre Frenchtown (Monroe, Michigan) et le fort Meigs (près de Perrysburg, Ohio). Sa capture, à la fin de 1813 ou en janvier 1814, mit fin à son service de guerre. Une fois la paix restaurée, McCormick obtint un contrat en vertu duquel il approvisionnerait le fort Malden (Amherstburg) en porc ; c'est pourquoi il loua d'Alexander McKee l'île Pelee et, avec un associé, y éleva plusieurs centaines de ces animaux. Il eut également, au moins à compter de 1821, un magasin général à Colchester et réussit en outre à obtenir des charges publiques. Ainsi il devint receveur adjoint des douanes à Amherstburg en 1815, juge de paix en 1816 et maître de poste adjoint de Colchester en 1821. Demeuré en service actif dans la milice, il fut affecté en 1816 au Bureau des pensions de la milice, section du district de Western. En 1820, avec le révérend Richard Pollard*, il joua un rôle important dans la construction de la Christ Church à Colchester.

Vers 1819, McCormick avait reçu d'un oncle irlandais un héritage de quelque £10 000, ce qui améliora de beaucoup sa situation financière et lui permit de multiplier ses biens-fonds. Non seulement acheta-t-il le bail de l'île Pelee en 1823, mais il fit de gros investissements fonciers sur la terre ferme : de 1820 à 1824, il acheta 1 290 acres et prit une

hypothèque sur 700 autres. Cependant, après 1825, il vendit plus de terres qu'il n'en acheta – principalement pour financer des activités dans l'île – de sorte qu'à sa mort il possédait moins de 300 acres sur la terre ferme. La spéculation foncière fut rentable pour lui, puisque de 1820 à 1839 elle rapporta £2 770 sur des terres qui lui avaient coûté en gros £900.

Pour régler la succession de son oncle irlandais, McCormick dut se rendre en Angleterre et en Irlande en 1823. Pendant qu'il était à Londres, il fit parvenir à la chambre des Communes, dans le cadre d'une campagne visant à promouvoir l'agriculture dans le district de Western, un mémoire qui préconisait l'imposition par le gouvernement britannique d'un tarif préférentiel sur le tabac. Selon certains propriétaires fonciers du Haut-Canada, cette culture était promise à un avenir radieux et McCormick comptait en tirer un revenu en espèces. En outre, pour attirer des colons dans le district, il prépara un exposé sur la région et le distribua en Irlande ; parmi les documents de l'époque sur la situation du district de Western, le sien demeure le plus complet. McCormick revint dans le Haut-Canada en 1825.

Quand McCormick avait loué l'île Pelee en 1815, un doute pesait sur la légalité du titre de propriété de McKee – doute qui affecta par conséquent la légalité du bail puis la vente de celui-ci – parce que jamais il n'y avait eu extinction du titre indien. Cependant, McCormick était tout à fait convaincu d'être le locataire légitime, et à compter du milieu des années 1820 l'île devint le foyer de ses activités. Il aida à promouvoir la construction d'un phare en 1833 ; en avril suivant, il en fut nommé gardien et, pendant l'été, il installa sa famille dans l'île. Au milieu des années 1830, il conclut avec un entrepreneur de l'Ohio une entente en vue de l'établissement d'une scierie qui fabriquerait des traverses de cèdre pour un chemin de fer alors en construction et situé dans cet état. Il obtint également un contrat en vertu duquel il fournissait des pieux de cèdre au fort Malden. Cependant, il créa de l'animosité en s'appropriant ainsi le cèdre rouge de l'île pour son propre usage. Quelqu'un se plaignit au gouvernement que McCormick agissait illégalement, puisque l'île était encore propriété de la couronne, mais le commissaire des Terres de la couronne trancha en faveur de McCormick. Toutefois, il fallut attendre 1866 pour qu'un arrêté en conseil du gouvernement vienne confirmer le titre des McCormick.

En février 1838, un événement vint sérieusement bouleverser l'existence de William McCormick : un groupe de patriotes, venus de l'Ohio, franchirent les glaces et occupèrent l'île. McCormick s'enfuit alors sur la terre ferme avec sa famille, et un détachement de soldats britanniques força les envahisseurs à se retirer. Deux ans plus tard, il mourut dans l'île Pelee. Il avait tenté, dans son testament, de répartir équitablement l'île entre les membres de sa famille. En outre, il avait

McCulloch

stipulé qu'aucun de ses enfants ou de leurs héritiers ne devait disposer d'aucune parcelle de terre avant la troisième génération, « à moins que ce ne soit au bénéfice d'un cohéritier portant le nom de McCormick ». Son fils aîné ne tarda pas à contrecarrer ses volontés : il s'appropria une grande partie des précieuses terres à bois et vendit des concessions à des gens de l'Ohio.

KENNETH G. PRYKE

Le rapport que William McCormick a rédigé sur le district de Western en 1824 pour le distribuer en Irlande se trouve aux AO, Hiram Walker Hist. Museum coll., 20-135 (G. F. Macdonald papers). Il a été publié sous le titre de *A sketch of the Western District of Upper Canada, being the southern extremity of that interesting province*, R. A. Douglas, édit. (Windsor, Ontario, 1980).

AO, Hiram Walker Hist. Museum coll., 20-148 ; Land record index ; RG 1, A-I-6 : 13710–13711. — APC, MG 19, A3 ; RG 1, L3, 307A : Mc20/147 ; 337 : M11/50 ; 338 : M1/254 ; 341 : M12/203, 241 ; 377 : M misc. 3, 1802–1865/3 ; RG 5, A1 ; RG 8, I (C sér.), 1219 ; RG 9, I, B1. — DPL, Burton Hist. Coll., William McCormick papers. — Joseph Delafield, *The unfortified boundary : a diary of the first survey of the Canadian boundary line from St. Regis to the Lake of the Woods* [...], Robert McElroy et Thomas Riggs, édit. (New York, 1943). — *John Askin papers* (Quaife), 1. — F. C. Hamil, *The valley of the lower Thames, 1640 to 1850* (Toronto, 1951 ; réimpr., Toronto et Buffalo, N.Y., 1973). — Marion McCormick Hooper, *Pelee Island, then and now* ([Scudder, Ontario, 1967]). — K. M. J. McKenna, « The impact of the Upper Canadian rebellion on life in Essex County, Ontario, 1837–42 » (Canada, Direction des parcs et lieux hist. nationaux, *Rapport sur microfiches*, nº 187, Ottawa, 1985). — G. E. Reaman, *A history of agriculture in Ontario* (2 vol., [Toronto, 1970]). — Thaddeus Smith, *Point au Pelee Island : a historical sketch of and an account of the McCormick family, who were the first white owners on the island* (Amherstburg, Ontario, 1899).

McCULLOCH, THOMAS, ministre presbytérien, éducateur, fonctionnaire, juge de paix, auteur et naturaliste, né en 1776 à Fereneze, près de Paisley, Écosse, fils de Michael McCulloch et d'Elizabeth Neilson, deuxième garçon d'une famille de six enfants ; le 27 juillet 1799, il épousa Isabella Walker, et ils eurent neuf enfants ; décédé le 9 septembre 1843 à Halifax.

Deux des phénomènes qui marquèrent l'Écosse au XVIIIᵉ siècle contribuèrent à façonner la personnalité de Thomas McCulloch. D'abord, l'industrialisation : Paisley, centre textile florissant, faisait bien vivre la classe des artisans de la région, à laquelle appartenait son père, maître graveur qui confectionnait des planches servant à l'impression des étoffes. Ensuite, les Lumières, période faste de renouveau scientifique et philosophique. En 1792, Thomas obtint un diplôme de logique à l'University of Glasgow. Doué pour les langues anciennes, il enseigna l'hébreu pendant ses études et, une fois diplômé, continua de parfaire sa connaissance des langues, de l'histoire ecclésiastique et de la constitution britannique. Il commença son cours de médecine mais ne le termina pas, choisissant plutôt de fréquenter l'école de théologie du General Associate Synod de Whitburn (Lothian). C'était le lieu de formation des ministres de l'Église scissionniste, née du schisme provoqué dans l'Église d'Écosse par le départ d'Ebenezer Erskine en 1733.

Autorisé à prêcher par le consistoire de Kilmarnock, McCulloch fut invité en 1799 à desservir Stewarton, au sud-ouest de Glasgow, où il reçut l'ordination. Six semaines plus tard, il épousa Isabella Walker, fille du révérend David Walker, ministre de la congrégation *old light burgher* d'une localité voisine, Pollokshaws (Glasgow). Quatre ans plus tard, il voulut démissionner de son poste de Stewarton parce que, affirma plus tard son fils, il n'y touchait pas un revenu suffisant. Peu après, il demanda au General Associate Synod de l'envoyer en Amérique du Nord et on l'affecta à l'Île-du-Prince-Édouard.

Les études de McCulloch et son milieu d'origine développèrent en lui un calvinisme fervent, une pensée libérale et une grande soif de savoir – traits qui allaient s'exprimer plus tard dans son enseignement, ses écrits et sa vision politique. S'il se tourna vers le missionnariat, c'est, semble-t-il au départ pour ses parents, qui l'avaient élevé dans la piété. Lui-même admettait qu'il lui avait fallu plusieurs années pour se persuader que sa situation était préférable à celle de ses confrères restés au pays.

McCulloch arriva à Pictou, en Nouvelle-Écosse, au mois de novembre 1803, en compagnie de sa famille. Comme on lui déconseillait de franchir le détroit de Northumberland si tard dans la saison, il passa l'hiver à Pictou. La tradition raconte que deux citoyens de l'endroit, voyant les globes qu'il avait apportés (et qui représentaient le monde physique et le monde céleste), résolurent de le convaincre de rester. En juin 1804, on l'installa en l'église du « havre », plus tard appelée l'église Prince Street. Comme ses confrères James Drummond MacGregor* et Duncan Ross*, McCulloch visitait les agglomérations où il n'y avait pas de ministre presbytérien ; Halifax était du nombre. Populaire dans la capitale, il fut invité à s'y établir en 1807, mais l'Associate Presbytery de Pictou jugea qu'il serait plus utile à l'Église en demeurant à son poste. McCulloch fit cependant un bref séjour dans la congrégation de Halifax en 1817 pour arbitrer un conflit entre le ministre et les fidèles. Dans son sermon, publié sous le titre de *Words of peace* [...], il souligna que la discorde engendre de mauvais fruits et reprocha à la congrégation de négliger « ce progrès dans la piété » qui était le devoir des chrétiens et des presbytériens. En 1824, il quitta son ministère de Pictou pour se consacrer tout entier à l'éducation.

Moins de deux ans après son arrivée à Pictou,

McCulloch s'était attaqué à ce qui allait être son grand œuvre, voire son obsession à certains moments. Depuis 1803, les non-conformistes, qui formaient pourtant 80 % de la population provinciale, n'avaient pas accès aux diplômes du King's College de Windsor, unique établissement de haut savoir dans la province. Formé dans les universités écossaises, qui acceptaient des étudiants de toutes confessions, McCulloch ne pouvait souffrir pareil exclusivisme. De plus, soutenait-il, les prédicateurs avaient absolument besoin d'une formation libérale, que seules les universités dispensaient. Conscient de la grande pénurie de ministres presbytériens et reconnaissant que MacGregor faisait preuve de réalisme en soutenant que jamais la province ne serait desservie convenablement si elle ne pouvait compter que sur des ministres instruits en Écosse, McCulloch conçut un plan en vue de former un clergé néo-écossais. Sa première initiative fut d'ouvrir chez lui, en 1806, une école où les garçons recevaient un enseignement plus riche que celui des écoles ordinaires ; dès 1807, il pouvait compter sur une souscription de £1 150 en vue de la création d'un collège. Privé au début de toute aide gouvernementale, l'établissement de McCulloch survécut grâce à des fonds locaux jusqu'à ce que la loi provinciale de 1811 sur les *grammar schools* lui donne droit à une assistance. Quand brûla, en 1814, l'école en rondins qu'il avait construite sur sa propriété, il avait de 30 à 40 élèves ; après avoir fait appel au lieutenant-gouverneur, il reçut £100 de fonds publics pour la reconstruire.

En 1809, certains citoyens hostiles avaient profité de la visite du lieutenant-gouverneur sir George Prevost* à Pictou pour semer, dans l'esprit des autorités, des doutes sur la loyauté de McCulloch. Peu après, une lettre de menaces conseilla à McCulloch de quitter le pays. Toutefois, ses vigoureuses protestations de fidélité et les témoignages d'amis bien placés clouèrent le bec à ses accusateurs, si bien qu'il fut trésorier du district en 1810 et juge de paix au moins pendant cinq ans, jusqu'en 1815. L'un de ceux qu'il avait appelés à sa rescousse était l'évêque Charles Inglis*. En 1803, donc dans le climat de tension instauré par les guerres napoléoniennes, l'évêque anglican, dans une allocution à son clergé, avait lancé des propos malveillants sur la loyauté des catholiques néo-écossais. Le vicaire général catholique, Edmund Burke*, réagit vivement et déclencha une controverse politique et théologique. McCulloch, usant de son savoir, s'en mêla pour défendre les protestants. Dans *Popery condemned* […] (1808), dédié à Inglis, puis dans *Popery again condemned* […] (1810), il exposa la justification théologique du protestantisme et illustra les déviations de Rome à l'aide des Écritures et des enseignements du christianisme. Sa manière de poser les problèmes transforma en un débat surtout religieux ce qui avait été jusqu'alors une querelle largement politique. Les autorités anglicanes apprécièrent tant ses interventions qu'elles lui offrirent officieusement, par l'entremise de William Cochran*, directeur adjoint du King's College, d'entrer dans leur Église et de faire partie du personnel du collège. Mais, comme leurs porte-parole l'apprirent avec un certain étonnement, le presbytérianisme de McCulloch l'empêchait de souscrire aux Trente-neuf Articles de foi de l'Église d'Angleterre, ainsi que l'exigeait pareille nomination. Cet incident persuada encore davantage McCulloch qu'il fallait créer un établissement d'enseignement supérieur pour les non-conformistes de la province.

En 1813–1814, la fondation d'une école interconfessionnelle où les élèves les plus avancés servaient de moniteurs aux plus jeunes poussa McCulloch à reprendre la plume. La Royal Acadian School de Walter Bromley était, à Halifax, la première depuis les années 1780 à accueillir des enfants de condition modeste. Sa fondation déclencha une controverse entre d'une part les tenants de l'Église établie, notamment Richard John Uniacke* et Alexander Croke, selon qui l'éducation devait préparer les enfants à entrer dans l'Église d'Angleterre, et d'autre part les non-conformistes, tel McCulloch, d'après qui les propositions anglicanes en faveur de l'orthodoxie niaient le droit à la dissidence. McCulloch soutenait que, dans les cas où les dénominations, prises individuellement, n'avaient ni l'argent ni l'influence nécessaires pour maintenir leur propre maison d'enseignement, elles pouvaient faire bénéficier leurs enfants d'une éducation chrétienne en se joignant à une association protestante interconfessionnelle qui soutiendrait un seul établissement. Dans un sermon de février 1814, *The prosperity of the church in troublous times* […], il disait voir un signe de la Providence dans le fait que diverses dénominations commençaient à coopérer au sein de sociétés à buts religieux. Même si McCulloch ne fit jamais partie du conseil d'organismes comme la Royal Acadian Society et la British and Foreign Bible Society, il défendit vigoureusement leurs principes dans de nombreuses lettres aux journaux et, ce faisant, définit les paramètres de la tolérance religieuse qui s'instaura dans les faits en Nouvelle-Écosse.

En 1815, les presbytériens, guidés par McCulloch, amorcèrent le processus législatif qui devait mener à la création d'un établissement interconfessionnel de haut savoir à Pictou. Leur principal motif était d'assurer aux futurs ministres du culte la formation classique dont ils avaient besoin. Toutefois, dans leurs interventions publiques, ils mettaient l'accent sur le caractère non sectaire de l'établissement, car pour réussir ils avaient besoin de l'appui des méthodistes, des baptistes et des anglicans libéraux. Leur requête au Parlement se fit sur un ton discret : ils ne parlèrent ni de collation de grades, ni d'enseignement de la

McCulloch

théologie, ni d'assistance financière, mais seulement de la fondation d'une académie. L'Assemblée, où siégeaient des députés de diverses confessions, adopta le projet de loi à l'unanimité. Au Conseil de la Nouvelle-Écosse, dominé par les anglicans, Brenton Halliburton* accepta de promouvoir une académie ouvertement presbytérienne. La loi de constitution, adoptée en 1816, ne contenait aucune restriction quant à l'appartenance religieuse des étudiants mais exigeait qu'administrateurs et professeurs prêtent un serment d'adhésion à l'une des Églises établies, celle d'Angleterre ou celle d'Écosse. Dans l'esprit des promoteurs, le conseil d'administration confessionnel n'était qu'une concession temporaire. Cette loi témoignait de l'astuce du député Edward Mortimer*, qui avait réussi à tempérer l'ardeur de McCulloch et à le convaincre des avantages de s'ajuster à la réalité politique.

La Pictou Academy commença à dispenser des cours en mai 1818, sous la direction de McCulloch. Plus tard dans l'année, en inaugurant l'édifice, il exposa ses convictions dans un discours qui fut publié sous le titre : *The nature and uses of a liberal education illustrated* […]. L'éducation libérale, expliquait-il, englobait à la fois les traditionnelles humanités et les sciences (philosophie, mathématiques, sciences physiques), car l'homme devait pouvoir connaître et comprendre le monde dans lequel il vivait. Elle n'enseignait pas que des faits, mais aussi un ensemble de principes qui permettaient de les classer ; de plus, elle inculquait les aptitudes et l'inclination nécessaires pour continuer à s'instruire. « L'éducation libérale, soutenait McCulloch, tire sa valeur non pas tant de la matière qu'un jeune homme apprend au collège, mais plutôt des habitudes d'abstraction et de généralisation qu'il acquiert imperceptiblement au cours de ses études. » Au début de 1818, dans l'*Acadian Recorder* de Halifax, il réclama « un séminaire d'instruction supérieure, ouvert et général », et souligna les dangers d'un système qui, parce qu'il n'offrait qu'un enseignement supérieur confessionnel, forçait nombre de Néo-Écossais à faire leurs études à l'étranger, aux États-Unis surtout. De l'avis de McCulloch comme de tous les tenants de l'Église établie, l'éducation devait inculquer des principes chrétiens ; son objet était « le développement de l'intelligence et de la morale de l'homme, fondements de son bonheur futur ». Aussi fallait-il exposer de bons et utiles préceptes à la jeunesse. Toutefois, McCulloch affirmait que tous devaient avoir accès à l'instruction, peu importent leurs croyances religieuses.

Dans son rôle éducatif auprès des jeunes gens qui se préparaient aux professions libérales ou au ministère presbytérien, McCulloch était guidé par son exceptionnelle intelligence, à la fois étendue et pénétrante. En Écosse, à son époque, la philosophie sociale fusionnait éducation et religion, et lui-même était un exemple vivant de cette fusion. La technique scientifique était la servante de l'interrogation religieuse : « le professeur [qui œuvre] au sein de l'Église […] doit être un homme qui possède des connaissances et de la facilité à les transmettre » ; cette condition était nécessaire au maintien de l'ordre de l'Église. McCulloch reconnaissait que, dans une contrée où il y avait très peu de maisons d'enseignement, on pouvait fort bien s'instruire soi-même mais, selon lui, son rôle était d'éviter cette nécessité aux ministres non conformistes. Dans sa correspondance avec le révérend Edward Manning*, il cherchait à déterminer les vues communes qu'avaient de l'éducation presbytériens et baptistes, dans l'espoir d'amener ces derniers à appuyer son séminaire.

La Pictou Academy ne se distinguait pas seulement par la conception de l'éducation et le dévouement personnel de McCulloch : les sciences figuraient à son programme. McCulloch éveillait chez ses élèves la curiosité scientifique et une appréciation de la valeur morale de la science. Dès 1820, il avait fait venir d'Écosse de l'équipement d'occasion pour un laboratoire de chimie et, à partir de 1827, il donna aussi des conférences publiques sur les principes de la chimie. Agrémentées d'expériences, ces conférences ajoutèrent beaucoup à sa popularité et à son prestige. Leur succès atteignit son apogée en 1830 ; cette année-là, dit McCulloch, les conférences de Halifax firent « plus grand bien à l'académie et à ses intérêts que tout ce qui était survenu auparavant ». Ses collections d'oiseaux et d'insectes de la région consolidèrent également la réputation scientifique de l'académie. En 1822, en partie pour le remercier de lui avoir fait parvenir une collection d'insectes de la Nouvelle-Écosse, l'University of Glasgow lui décerna un doctorat en théologie. En même temps, avec l'aide de son ami de toujours, le révérend James Mitchell de Glasgow, McCulloch négocia des doctorats en droit pour les deux plus fidèles amis politiques de la Pictou Academy, Samuel George William ARCHIBALD et Simon Bradstreet Robie* ; James MacGregor reçut un doctorat semblable en 1822. L'année suivante, en envoyant une autre collection d'insectes à l'University of Edinburgh, il demanda des diplômes pour Halliburton, le juge James Stewart et le juge en chef Sampson Salter BLOWERS. À cette occasion, il ne manqua pas de souligner que son établissement donnait des cours de mathématiques, de philosophie naturelle et de sciences physiques, contrairement au King's College de Windsor, pourtant favorisé par le gouvernement.

Les premiers adversaires de la Pictou Academy furent des membres de l'establishment tory de Halifax, que dominait l'Église d'Angleterre. Leurs porte-parole au conseil, Uniacke et son gendre Thomas Nickleson JEFFERY, se montrèrent intransigeants. Selon eux, pour que l'élite en devenir grandisse dans le respect des principes de l'ordre social et de la constitution britannique, il fallait que l'enseignement supérieur soit assuré par l'Église établie ; ils rejetaient donc l'idée de McCulloch, qui maintenait que l'éducation libérale non confessionnelle était le meilleur moyen de former de bons citoyens. Le champion du monopole anglican sur l'enseignement supérieur, le révérend John INGLIS, fut aussi l'avocat le plus tenace des adversaires de la Pictou Academy qui, selon lui, était « susceptible de grandir ou de dépérir selon que le collège de Windsor [serait] languissant ou prospère ». Le trésorier de la province, Michael Wallace*, s'opposait également à l'académie ; son animosité envers le district de Pictou datait de la défaite politique qu'il y avait subie en 1799. En outre, certains conseillers avaient des raisons financières de souhaiter contenir les ambitions des commerçants de Pictou.

En 1818, une controverse sur le droit de célébrer des mariages avec dispense de bans donna l'occasion à McCulloch de mobiliser les non-conformistes. À titre de commissaire anglican, Inglis refusait de leur délivrer des dispenses. Voyant cela, McCulloch fit signer par divers ministres non conformistes une pétition demandant au Parlement de leur reconnaître le droit de célébrer des mariages avec dispense de bans. Il défendit aussi cette cause avec ardeur dans la presse locale. Dans une lettre mordante à l'*Acadian Recorder*, signée de son pseudonyme familier, Investigator, il jeta les bases de l'argumentation des non-conformistes. Pour lui toutefois, ce conflit n'était qu'« une épreuve de force » destinée à « attacher le clergé méthodiste et baptiste [au] séminaire » de Pictou et qu'une occasion d'embarrasser l'Église anglicane et de défier Inglis. En 1821, après que le ministère des Colonies eut désavoué un projet de loi autorisant les ministres non conformistes à célébrer des mariages avec dispense de bans, il se désintéressa de cette question, car il avait découvert que « la bonne volonté [des méthodistes et des baptistes] n'irait pas au delà des déclarations ». Il lui suffisait que la question « reste suspendue au-dessus de la tête de l'Église et puisse être ramenée sur le tapis n'importe quand ». Puis, en 1825, il prêta de nouveau attention à ce débat : ce fut l'un des quatre sujets autour desquels il amena l'Église presbytérienne de la Nouvelle-Écosse à tenter de former un conseil interconfessionnel qui coordonnerait l'action des non-conformistes. Il invoqua encore cette question à la fin des années 1820, en invitant les parlementaires à unir leurs efforts en faveur des non-conformistes, afin de gagner des appuis pour son académie.

Grâce à Mortimer, la Pictou Academy toucha en 1819 une subvention gouvernementale de £400, mais ses partisans ne parvinrent pas à obtenir un conseil d'administration non confessionnel. Néanmoins, McCulloch reçut cette année-là, de la part des méthodistes comme des baptistes néo-écossais, de chaleureuses lettres de recommandation en vue d'une tournée à Boston, à New York et au Canada. Toujours en 1819, Mortimer et Robie demandèrent pour lui un doctorat américain en théologie, en reconnaissance de ses écrits en la matière et de sa défense éloquente de la cause non conformiste. Leurs efforts furent infructueux mais, l'année suivante, McCulloch obtint un doctorat en théologie de l'Union College de Schenectady, dans l'état de New York. Le décès de Mortimer, à la fin de 1819, plaça en pratique la responsabilité de l'académie sur les épaules de McCulloch. Ainsi, dans les démarches auprès du conseil et du ministère des Colonies, c'est lui qui proposa en 1821 d'intégrer le projet de loi accordant une charte à l'académie au projet de loi touchant le Dalhousie College. Sur la scène politique, c'est l'habile Archibald qui prit la relève : aidé à l'Assemblée par George Smith de Pictou et Charles Rufus FAIRBANKS, et au conseil par Halliburton, il sut bien défendre chaque année au Parlement les intérêts de l'établissement. McCulloch leur apporta sa collaboration. Il témoigna devant l'Assemblée et le conseil, et diverses pétitions, présentées au moment opportun, vinrent appuyer sa volumineuse correspondance en faveur de l'éducation. En 1821, il déplorait d'être venu si souvent à Halifax pour défendre l'académie ; à tel point, disait-il, « que j'ai honte de [me] montrer le nez en ville quand la chambre siège ». De même, la popularité croissante de ses lettres anonymes à l'*Acadian Recorder*, où il satirisait les bêtises de la société néo-écossaise, lui fit peut-être redouter une trop grande publicité à Halifax. Ces lettres, d'une certaine manière, affermirent McCulloch dans sa vision socio-religieuse de l'académie. Les partisans de l'établissement ne parvinrent à obtenir ni un conseil d'administration non confessionnel, ni l'autorisation de conférer des grades, non plus qu'une subvention permanente, mais l'académie toucha une subvention presque chaque année pendant une décennie, ce qui prouvait son succès politique. Dès 1825, elle était très réputée pour la qualité de son enseignement, le dévouement de son directeur et le fait que les non-conformistes reconnaissaient qu'elle comblait leurs besoins éducationnels.

Les démarches que McCulloch et ses collègues faisaient pour que l'académie ait le droit de conférer des grades avaient rencontré un obstacle en 1817 : lord Dalhousie [RAMSAY] allait fonder, à Halifax, un troisième établissement d'enseignement supérieur. Dalhousie n'avait rien contre la Pictou Academy, mais elle était à son avis l'équivalent d'un pensionnat écossais, et jamais il n'accepterait qu'elle aspire à un statut plus élevé, lequel devait revenir à son propre collège. McCulloch tenta bien de le convaincre de placer ce collège sous l'autorité de l'Église presbytérienne de la Nouvelle-Écosse plutôt que de rechercher une alliance avec le King's College, mais

McCulloch

Dalhousie était trop du côté de l'Église établie et tenait trop à gravir les échelons de l'administration impériale pour adopter pareille solution. De 1823 à 1825, son successeur, sir James Kempt*, essaya en vain de réunir le King's College et le Dalhousie College en une université interconfessionnelle qui serait située à Halifax, et cet échec redonna un certain espoir à McCulloch d'acquérir, pour son propre établissement, le droit de conférer des grades. Toutefois, en 1825, comme il était incapable d'obtenir dans la province les attributions nécessaires, il envoya ses trois premiers finissants de théologie en Écosse, où ils passèrent avec distinction les examens de l'University of Glasgow.

L'Église presbytérienne de la Nouvelle-Écosse avait été fondée en 1817 par les ministres presbytériens de l'extérieur de Halifax, qui étaient pour la plupart des scissionnistes. McCulloch contribua à définir les modalités de l'union et rédigea le premier rapport du synode. Il participa aux activités des comités du synode et servit de modérateur en 1821. Nommé professeur de théologie du synode cette année-là, il demanda, au nom de l'Église, une subvention gouvernementale pour la création d'une chaire de théologie à l'académie. Cette requête fut rejetée, mais jusqu'à la fin de sa vie, moyennant une minime rétribution annuelle du synode, il donna les cours qui menaient habituellement au diplôme de théologie en Écosse. Certes, il se plaignait de la tiédeur et des jalousies qui sévissaient au sein du synode, mais dès 1825 l'Église presbytérienne de la Nouvelle-Écosse considérait la province, surtout la partie est, comme son domaine, et McCulloch en était le chef incontesté.

Alors que McCulloch et d'autres prédicateurs de l'Église scissionniste se dépensèrent pendant plus de 20 ans pour faire progresser le presbytérianisme en Nouvelle-Écosse, l'Église d'Écosse resta désorganisée et ses ministres, isolés. L'est de la province ne compta pas de ministre de cette Église avant l'arrivée du révérend Donald Allan FRASER à Pictou en 1817. Le révérend Kenneth John MacKenzie, envoyé par la Glasgow Colonial Society, aile missionnaire de l'Église, avait rejoint Fraser à Pictou en 1824. Si McCulloch n'avait pas vu, dans les missionnaires que la société promettait d'envoyer, d'éventuels usurpateurs du territoire où il entendait affecter les finissants de la Pictou Academy, tous les ministres que les deux Églises pouvaient fournir auraient peut-être pu trouver à se placer, car il y avait probablement dans l'est de la province assez de colons écossais pour eux. De même, si les scissionnistes et les membres de l'Église d'Écosse n'avaient pas livré bataille pour la même région sous la gouverne de deux hommes aussi ambitieux, obstinés et vifs que MacKenzie et McCulloch, ils auraient pu se compléter au lieu de se heurter.

Au moment même où la Glasgow Colonial Society inaugurait ses activités en Nouvelle-Écosse, McCulloch réalisait un vieux projet, celui de faire une tournée écossaise pour consolider la position de son Église et faire valoir les intérêts de son académie. Nanti de témoignages des méthodistes, des baptistes, des barristers de la province et de députés importants de l'Assemblée, il s'embarqua en juillet 1825. Peu après son arrivée, il eut avec le révérend Robert Burns*, secrétaire de la Glasgow Colonial Society, un entretien orageux qui lui aliéna l'Église d'Écosse. Il fit en effet valoir avec véhémence que la société aurait plus de chances d'atteindre ses objectifs si, au lieu de financer l'installation de ministres écossais en Nouvelle-Écosse, elle aidait à leurs débuts des ministres qui avaient été formés dans la province et qui la connaissaient bien. Dans un écrit vigoureux, intitulé *A memorial* [...] et publié en juillet 1826, il accusa la société de vouloir neutraliser l'œuvre de l'Église presbytérienne de la Nouvelle-Écosse.

A memorial déclencha dans la presse écossaise une controverse hargneuse sur les objectifs et les activités de la société. Au fil de cette polémique, qui ne se termina qu'en 1828, Burns fit paraître *Supplement to the first annual report of the Society* [...], puis McCulloch publia *A review of the* Supplement, auquel Burns répliqua à son tour. Les amis que McCulloch comptait parmi les scissionnistes écossais, soucieux d'aider l'Église presbytérienne de la Nouvelle-Écosse et la Pictou Academy, fondèrent à la fin de 1826 la Glasgow Society for Promoting the Interests of Religion and Liberal Education among the Settlers of the North American Provinces, ce qui aggrava l'animosité entre les Églises d'Écosse. Quant à la campagne de sollicitation que McCulloch mena pour son établissement, elle donna des résultats extrêmement décevants. « J'ai tâté plus d'un métier, se plaignit-il à MacGregor, mais celui de mendiant est le pire. » En raison de ses relations hostiles avec la Glasgow Colonial Society et de la grave crise financière qui éprouvait l'Écosse, il n'eut pas le succès qu'Inglis avait remporté l'année précédente en Angleterre pour le King's College.

La controverse sur la Glasgow Colonial Society déborda les frontières écossaises. Tant MacKenzie que le révérend John Martin, porte-parole de l'Église d'Écosse à Halifax, envoyèrent à Burns leurs commentaires sur *A memorial* de McCulloch. Dès septembre 1826, des lettres parues dans l'*Acadian Recorder* firent connaître la querelle dans la province et, à la fin de l'année, Pictou était devenu le foyer de la polémique journalistique. Même si McCulloch ne rentra en Nouvelle-Écosse qu'en décembre 1826, on les considéra, lui et MacKenzie, du début à la fin, comme les protagonistes de la controverse dans la province. Le débat commença le printemps suivant, lorsque McCulloch publia dans les journaux de Halifax une longue réponse au *Supplement* de Burns. Parce qu'ils maintenaient la séparation entre membres de l'Église d'Écosse et scissionnistes, séparation visible en Écosse mais beaucoup moins dans la colonie, les ministres de l'Église d'Écosse et leur société missionnaire naissante essuyèrent de virulentes attaques de la part de McCulloch. Si les aspirations de ce dernier se réalisaient, ils perdraient, remarquaient-ils, non seulement leur titre de représentants du presbytérianisme dans cette colonie britannique, mais aussi toute importance dans le territoire missionnaire de la Nouvelle-Écosse. Ils trouvèrent un sympathisant en la personne de Michael Wallace, qui exprima leur mécontentement au conseil en même temps que son opposition à l'académie.

Les porte-parole de l'Église d'Écosse, MacKenzie et Fraser, s'opposaient à la Pictou Academy pour trois raisons. Premièrement, même si l'académie était officiellement un établissement de type écossais qui desservait les presbytériens, elle était, dans les faits, un collège interconfessionnel. Elle ne dispensait pas l'instruction élémentaire dont l'est de la province avait besoin, et les ministres de l'Église d'Écosse s'en plaignaient en affirmant représenter la majorité des colons écossais de cette région, qui étaient affiliés à cette Église au moment d'émigrer. Deuxièmement, comme la Pictou Academy remplissait, en pratique, la principale mission pour laquelle avait été fondé le Dalhousie College, affilié à l'Église d'Écosse, elle conférait à l'Église presbytérienne de la Nouvelle-Écosse un statut dont l'Église d'Écosse ne jouissait pas, même si elle le considérait comme son dû. Troisièmement, les ministres de l'Église d'Écosse méprisaient la formation théologique donnée aux futurs ministres de l'Église presbytérienne de la Nouvelle-Écosse. Les administrateurs de la Pictou Academy firent toujours valoir que, si une dénomination souhaitait leur confier la formation de ses candidats au ministère, elle pouvait négocier des arrangements semblables à ceux de McCulloch ; toutefois, tant que l'Église d'Écosse niait la légitimité d'un clergé néo-écossais, une entente de ce genre était impossible. Comme ils refusaient de se soumettre à la dictature que McCulloch exerçait sur le conseil d'administration, MacKenzie et ses collègues ne pouvaient espérer modifier la gestion de l'académie qu'en suscitant un affrontement public.

William B. Hamilton, docteur en philosophie, a dit que de 1820 à 1825 les noms de McCulloch et de la Pictou Academy étaient sur le point de devenir « synonymes de la lutte pour la réforme politique et éducative » et qu'à la fin de cette période « l'étroite querelle confessionnelle s'était transformée en un vaste débat constitutionnel ». C'est un fait que pendant ces années la Pictou Academy devint un brandon de discorde entre l'Assemblée, où dominaient les non-conformistes et les députés ruraux, et le conseil de la province, qui défendait les tenants de l'Église établie et les Haligoniens. En 1825, malgré

l'opposition tenace de Wallace, Uniacke et Jeffery, les subventions parlementaires à l'académie, versées en tranches quasi annuelles de £400, totalisaient £2 600. McCulloch escomptait que son établissement finirait, par « se glisser dans la liste civile » et recevrait, comme le King's College, une subvention annuelle permanente. Cependant, en dépit d'une offensive résolue, l'Assemblée ne parvint pas, en 1825, à faire accepter les trois requêtes que l'établissement avait présentées tant de fois : un statut de collège, un conseil d'administration non confessionnel et une subvention annuelle garantie. En outre, la même année, par suite d'un remaniement, le conseil devint plus réfractaire à l'académie. L'un des nouveaux conseillers était John Inglis, depuis peu évêque de la Nouvelle-Écosse. McCulloch lui imputa le revirement du conseil et le blâma pour ses « tactiques d'araignée qui tisse sa toile ». En fait, l'évêque n'avait pas tant d'influence au sein de l'organisme. Certes, il défendait constamment les intérêts de son Église, de sorte qu'il s'entendait fort bien avec les conseillers qui appuyaient les autorités anglicanes. Cependant, McCulloch n'arrivait pas à faire la distinction, fort importante, entre l'influence d'Inglis et celle de conseillers comme Enos Collins* et Charles Ramage Prescott*, qui en avaient plutôt contre Pictou et ses aspirations économiques. En conséquence, les promoteurs non conformistes de la Pictou Academy attribuaient souvent au vote d'Inglis le refus de ces conseillers, ce qui était simpliste.

De 1826 à 1831, les efforts pour en arriver à un compromis entre l'Église d'Écosse et l'Église presbytérienne de la Nouvelle-Écosse, de même qu'entre l'Assemblée et le conseil, continuèrent de marquer la question de la Pictou Academy. Quant à McCulloch, il acquit de plus en plus la conviction que transiger serait mortel pour son établissement. Dix ans passés à le promouvoir et à le défendre avaient instillé en lui un libéralisme social qui comportait des principes de liberté civile et religieuse incompatibles avec la rigide philosophie conservatrice qui dominait au conseil. La Pictou Academy n'était plus une maison d'enseignement au service de la province : elle était une mission d'œcuménisme chrétien confiée par Dieu à McCulloch. L'entier dévouement avec lequel il la défendait explique la dureté qui marqua la querelle à la fin des années 1820. Dans les derniers mois de 1826, McCulloch se voyait comme un martyr, un « bouc émissaire désigné pour porter les péchés du peuple ». Aigri par l'animosité de la Glasgow Colonial Society et désenchanté devant la tiédeur qu'il percevait chez ses frères d'Écosse, il attaqua le projet de loi qui aurait garanti une subvention annuelle à l'établissement parce que ce document affectait des fonctionnaires gouvernementaux au conseil d'administration de l'académie.

Les administrateurs réagirent au sentiment de crise

de McCulloch par les « Résolutions du Nouvel An » de 1827, dans lesquelles ils vantaient l'académie et en réaffirmaient fermement les objectifs. Même si le directeur admettait que ces résolutions n'étaient « que du boniment », elles provoquèrent « beaucoup de rage parmi les ennemis » et « beaucoup trop de défections parmi les amis » (celle de Brenton Halliburton notamment), car elles invoquaient lourdement les droits naturels et le droit de l'académie à un traitement législatif égal à celui du King's College. Il ne s'ensuivit d'ailleurs aucun résultat positif, puisqu'il n'y eut pas de projet de loi sur la Pictou Academy en 1827. Indifférents aux signes qui leur indiquaient le danger de leur stratégie, les administrateurs, guidés par McCulloch, n'en démordirent pas. Toujours en 1827, dans le *Colonial Patriot* de Pictou [V. Jotham BLANCHARD], les partisans de l'académie publièrent des articles radicaux qui témoignaient de leur connaissance des courants réformistes du Canada et de leur affinité avec eux. Même si McCulloch niait publiquement tout lien direct avec le journal, bien des gens tenaient pour acquis qu'il en était l'éminence grise, et en 1829 il y collaborait ouvertement. Défenseur de la liberté civile et religieuse en Nouvelle-Écosse, le *Colonial Patriot* reflétait et prônait énergiquement la position philosophique dont la Pictou Academy était de plus en plus le symbole.

En politisant de plus en plus ses revendications, à compter de 1827, le conseil d'administration exacerba les tensions religieuses qu'avaient suscitées la controverse de la Glasgow Colonial Society et les « Résolutions du Nouvel An ». Chaque année, de 1828 à 1832, l'Église d'Écosse exposa ses objections à l'académie dans des pétitions au Parlement. Ces pétitions, en raison de l'à-propos de leurs arguments, de leurs nombreuses signatures et de leur origine régionale, renforçaient la position des conseillers de la province qui s'élevaient contre l'académie. Au printemps de 1828, en abordant les questions constitutionnelles connexes, Halliburton nota avec raison que la controverse s'était « échauffée au point de devenir une lutte religieuse pour la domination politique ». Selon lui, l'enjeu était le suivant : « Est-ce que ce seront les non-conformistes ou [les membres de] l'Église d'Écosse qui auront l'ascendant religieux et politique sur toute la partie est de la Nouvelle-Écosse ? » Par ailleurs, le conflit était maintenant lié au débat majeur dans la province : eu égard à la constitution, le conseil avait-il le droit de rejeter des projets de loi de finance présentés, et maintes fois soutenus, par l'Assemblée ? De 1825 à 1830, en effet, le conseil rejeta pas moins de sept projets de loi d'aide financière à l'académie.

« L'académie, disait McCulloch, est la seule chose qui, dans les provinces britanniques, empêche l'[évêque] et la hiérarchie ecclésiastique d'avoir la haute main sur l'éducation, et, dans le secret comme au grand jour, ils recourent à tous les moyens, honnêtes ou fourbes, pour nous abattre. » Comme le Parlement coupa sa subvention après 1828, McCulloch dut redoubler d'efforts pour susciter la générosité des Écossais et amener ses partisans néo-écossais (qui formèrent des sociétés en 1829) à se dévouer encore davantage. En plus, pour contrebalancer les pressions de l'Église d'Écosse, il fallait veiller chaque année à ce que les diverses congrégations et dénominations envoient des pétitions. Au printemps de 1829, McCulloch, au bord du désespoir, concluait : « il faudra mettre le feu à la province pour assurer la sécurité de notre académie ». Pendant l'été, le *Colonial Patriot* flanqua « un savon » au conseil, ce qui l'amena à croire que le journal allait « soit obtenir directement une permanence pour [l'académie], soit, en révolutionnant le conseil, connaître la même fin ». Comme ces interventions pointaient le gouvernement, les adversaires de l'établissement y voyaient moins une stratégie de défense qu'un assaut délibéré contre l'ordre et l'harmonie qui régnaient dans la province.

Enhardi par l'opposition dont l'académie faisait l'objet au conseil, le clergé de l'Église d'Écosse continuait d'affirmer qu'il représentait l'ordre et la fidélité au gouvernement et que sa position sur l'académie tenait compte des besoins locaux. L'Église d'Écosse était beaucoup plus forte à la fin des années 1820 qu'elle ne l'avait été auparavant, et en 1831 la fondation de l'*Observer and Eastern Advertiser*, dirigé par MacKenzie, donna à ses membres le moyen de s'exprimer et d'affirmer leur position. À l'occasion du scrutin de 1830, ils se lancèrent dans l'arène électorale. Les candidats qu'ils soutinrent furent défaits, mais leur succès relatif dans le district de Pictou atteste l'appui populaire qu'ils s'attribuaient. De plus, en adhérant en 1831 à la position selon laquelle le conflit était une querelle religieuse entre presbytériens, ils minèrent l'argument scissionniste qui voulait que défendre l'académie c'était défendre des sentiments réformistes légitimes et soutenir la liberté religieuse, comme d'autres le faisaient en Grande-Bretagne et dans le Haut-Canada.

En 1831, comme aucune des deux parties n'arrivait à prendre le dessus, chacune résolut de faire pression sur le ministère des Colonies. McCulloch rédigea la requête des administrateurs de l'académie, que Blanchard présenta. Étant donné les talents politiques d'Archibald, président du conseil d'administration, et de Halliburton, qui rédigea une longue critique de cette requête, le secrétaire d'État aux Colonies, lord Goderich, en vint à la conclusion que les griefs de la colonie avaient une cause politique, comme on le disait couramment et comme l'expliquaient d'ailleurs Blanchard et Halliburton. En juillet 1831, Goderich donna donc instructions au lieutenant-gouverneur sir Peregrine Maitland* de « faire adopter un projet de loi qui pourrait donner à l'établissement d'enseignement de Pictou […] une aide pécuniaire permanente à même les fonds publics ». Dans sa réponse, Maitland lui fit remarquer qu'« en fait, la querelle oppos[ait…] les membres de l'Église d'Écosse et […] les membres séparés de cette Église » plutôt que seulement « le conseil ou l'Église établie et les partisans » de l'académie. Goderich admit que, dans le cas d'un affrontement entre deux dénominations dont les effectifs étaient réputés à peu près égaux, verser une subvention à une seule ne réglerait rien. Il ordonna donc à Maitland de ne prendre aucune initiative, sinon celle de « tenter de concilier les parties en présence et d'encourager les chambres du Parlement […] à régler la question au moyen de quelque compromis législatif ».

Incapable de régler à l'amiable la querelle de l'académie, le gouvernement la laissa pratiquement de côté. À la fin de 1831, Maitland tenta de réconcilier McCulloch et MacKenzie, mais il se buta à l'intransigeance du premier. Cependant, la crainte de déplaire aux autorités impériales et l'attitude plus modérée de ses nouveaux membres amenèrent le conseil à chercher une fois de plus un règlement à cette querelle dont toutes les parties étaient lasses. Il en résulta la loi de 1832, qui tentait de donner satisfaction à tous. L'académie dispenserait un enseignement élémentaire tout en continuant de donner un enseignement supérieur. Une subvention annuelle de £400, garantie pour dix ans, servirait d'abord à payer le salaire de McCulloch (£250) et du maître chargé de l'enseignement élémentaire (£100). Des 13 administrateurs, 7 resteraient en place ; Maitland, persuadé que les deux parties devaient trouver leur avantage dans le règlement, attribua à des représentants de l'Église d'Écosse quatre des six sièges à pourvoir. En introduisant ainsi le conflit au sein même du conseil d'administration, Maitland espérait sans aucun doute que les administrateurs seraient assez soucieux du bien de l'académie pour trouver un terrain d'entente. C'était compter sans l'antagonisme qui opposait McCulloch et MacKenzie.

La restructuration de la Pictou Academy par la loi de 1832 marqua le début d'une période critique dans l'existence de McCulloch. Jusque-là, il avait pu se considérer comme le véritable chef de l'établissement, mais la présence de quatre adversaires au conseil d'administration, il le constata, réduisait beaucoup son pouvoir. Dès 1833, les réunions du conseil furent l'occasion de tiraillements et d'insultes, et McCulloch n'y assista plus, même s'il en avait l'obligation. À cause d'une récession économique de plus en plus grave, l'académie voyait fondre ses appuis financiers et publics. McCulloch se plaignait constamment que les représentants de l'Église d'Écosse n'assuraient pas l'aide pécuniaire qu'ils avaient promise en entrant au conseil d'administration, et il était toujours exposé à leurs virulentes attaques personnelles. De plus, en 1831, dans l'*Acadian*

Recorder, un correspondant qui signait A Presbyterian l'avait accusé d'avoir détourné au profit de l'académie des fonds amassés en Écosse pour venir en aide aux victimes de l'incendie qui avait ravagé la région de la Miramichi en 1825. Ces accusations avaient été réfutées, mais elles reparurent dans un pamphlet en 1833 ; elles furent niées dans des attestations signées par des Écossais, que l'*Acadian Recorder* publia en 1834, puis réitérées dans l'*Observer* de Pictou en 1835.

En janvier 1835, McCulloch informa le lieutenant-gouverneur sir Colin CAMPBELL que la Pictou Academy n'était plus en mesure de remplir sa mission et lui demanda comment, de « quelque autre manière utile à la province », il pourrait « gagner [sa] vie en instruisant la jeunesse » ; un an plus tard, il présenta la même requête à l'Assemblée. Son découragement venait non seulement du climat d'affrontement qui régnait à l'académie, mais de la mort de deux de ses enfants, en 1834 et 1835. Entouré à l'occasion par les siens (sa mère, sa sœur, ses frères, son neveu, sa femme et ses neuf enfants), McCulloch avait toujours eu besoin de l'appui de sa famille, qui était très unie et partageait ses convictions.

En 1835–1836, on tenta par de nouvelles négociations de réunir le Dalhousie College et le King's College, et les amis de McCulloch manifestèrent le désir de le voir nommé à Dalhousie. McCulloch accepta à contrecœur et, dans une lettre à Mitchell, ne parla que des aspects négatifs de Halifax : l'anglicanisme y dominait, et le milieu urbain était corrompu. En 1836, McCulloch démissionna du poste de professeur de théologie du synode. Par la suite, il affirma avoir fait ce geste parce qu'il sentait que sa présence suscitait du mécontentement et non parce que le synode n'avait pas doté ce poste comme il l'avait promis en 1832. L'année suivante cependant, on le persuada de réintégrer ses fonctions, qu'il exerça jusqu'à sa mort. À l'automne de 1837, après le rejet d'un projet de loi qui aurait redonné à la Pictou Academy sa mission originale, il était si peiné de la situation de son établissement qu'il songea sérieusement à se retirer en Grande-Bretagne.

Pendant la session législative de 1838, comme les négociations en vue de la création d'une université provinciale avaient échoué, Archibald et son fils Charles Dickson* coordonnèrent, avec succès, des démarches qui visaient à libérer McCulloch de Pictou et à lui ouvrir les portes du Dalhousie College. Axé à première vue sur la Pictou Academy, le projet de loi mutait McCulloch au collège de Halifax en même temps qu'il y transférait £200 de la subvention gouvernementale. La discussion de ce projet de loi ramena la querelle qui avait sévi dix ans plus tôt. L'opposition de l'Église d'Écosse se manifesta par le témoignage de Fraser en chambre et par des attaques contre la personne de McCulloch, en particulier la

McCulloch

réédition du pamphlet signé A Presbyterian. D'autres vieux adversaires de l'académie, soit les marchands de Halifax et les anglicans, combattirent le projet qui, selon eux, leur enlevait l'emprise sur l'éducation supérieure. De leur côté, les catholiques et les non-conformistes de diverses dénominations l'appuyèrent, car il offrait des chances de mener à la création d'un établissement d'enseignement supérieur dépourvu de restrictions confessionnelles.

McCulloch devint le premier directeur du Dalhousie College le 6 août 1838, à l'occasion d'une réunion du conseil d'administration. Nommé aussi professeur de logique, de rhétorique et de philosophie morale, il démissionna de la Pictou Academy en septembre pour s'installer dans la capitale. Outre ses cours réguliers, il donna le soir, à de « jeunes gentlemen », une série de leçons de logique et de composition. Reconnaissant combien il était ironique d'occuper pareil poste à Halifax après avoir combattu l'establishment de la capitale pendant 30 ans, il disait : « Dieu m'a confié la garde du domaine de mes ennemis. » Enfin, il se voyait comme le « chef de l'éducation de la province ».

Au cours de cette réunion, le conseil d'administration statua que Dalhousie, en fondant son collège, avait voulu en faire un centre affilié à l'Église d'Écosse ; tous les professeurs, à l'exception de McCulloch, devaient donc appartenir à cette Église. En conséquence, le révérend Alexander Romans, ministre de l'Église d'Écosse à Dartmouth, se vit confier la fonction de professeur d'humanités à la place d'Edmund Albert Crawley*, pasteur de l'église baptiste Granville Street et humaniste réputé à qui on avait promis officieusement ce poste en échange de l'appui des baptistes au projet de loi qui nommait McCulloch. En novembre, furieux d'être laissé pour compte, Crawley convainquit la Nova Scotia Baptist Education Society de fonder un collège en s'associant à la Horton Academy. Comme McCulloch ne semblait avoir eu aucune part dans la décision des administrateurs, ni l'approuver, ses relations avec le clergé baptiste souffrirent peu de l'incident. Lorsque, l'année suivante, Crawley abandonna la chaire de l'église Granville Street pour s'installer au nouveau collège de Wolfville, McCulloch prononça pendant l'intérim des sermons dont la congrégation tira « réconfort et satisfaction ».

Les années que McCulloch passa à Halifax ne furent pas heureuses. Son mandat prévoyait que, en dehors de ce qu'exigeaient ses fonctions, il ne se mêlerait ni de politique ni de questions connexes. Même si les membres de l'Église d'Écosse contestaient encore sa nomination après son entrée en fonction, il rapporta à Mitchell en mai 1839 : « Je ne me frotte à personne et personne, à présent, n'ose se frotter à moi. » On reconnaissait son intelligence, son savoir et ses talents de pédagogue, mais le conseil

d'administration ne lui faisait pas confiance quand il s'agissait de la direction, de la gestion financière ou de l'avenir du collège. Saisi de deux propositions visant à rompre l'affiliation à l'Église d'Écosse, le conseil les rejeta. L'une, que McCulloch appuya, consistait à redonner au collège le caractère non confessionnel qu'avait souhaité son fondateur ; l'autre, à laquelle il s'opposa, à faire entrer un catholique à la faculté.

Par ailleurs, McCulloch s'employa à rétablir, à Halifax, une congrégation affiliée à l'Église presbytérienne de la Nouvelle-Écosse. Il s'indignait du rapprochement qui, tant en Écosse que dans la province, s'esquissait entre scissionnistes et membres de l'Église d'Écosse. Selon lui, les instigateurs de ce mouvement étaient des ministres de culture britannique qui ne comprenaient ni les besoins de la province, ni les profondes animosités qui y régnaient. Il voyait aussi, dans ces propositions d'alliance, de l'indifférence pour la « pureté des Écritures » et comptait sur ses anciens étudiants du synode pour l'aider à combattre inflexiblement les initiatives des ministres, tels les révérends John Sprott* et Thomas Trotter*, qui sondaient la possibilité de réunir les presbytériens de la province.

Durant les années de controverse religieuse et éducative qui avaient précédé son entrée au Dalhousie College, McCulloch avait gardé, sur ses adversaires, l'avantage d'être remarquablement doué pour la composition de sermons, d'argumentations théologiques, de réflexions politiques et de satires. À compter de son installation à Halifax, en 1838, il eut plus de temps pour écrire, mais l'aiguillon de la bataille devait lui manquer, car apparemment il le fit moins souvent que naguère. Malgré tout, la série de 16 lettres satiriques qu'il avait commencé à publier sous le couvert de l'anonymat dans l'*Acadian Recorder* le 22 décembre 1821 avait fermement ancré sa réputation dans l'esprit de la population. Ces lettres, qui soi-disant décrivaient un quelconque canton néo-écossais, ridiculisaient en fait l'indolence, l'agitation et l'appétit du gain rapide des campagnards et des villageois, mais elles révélaient aussi les limites du narrateur de McCulloch, Mephibosheth Stepsure, homme rusé et satisfait de lui-même. Alors qu'au début des lettres Stepsure le boiteux était, de toute évidence, celui qui servirait à mettre en relief le ridicule des autres personnages, il avait, à la fin de la première série (close le 11 mai 1822), une aussi grande soif de reconnaissance sociale que ses voisins. Sa signature, « Gent[leman] », à la fin de la dernière lettre, montrait sans équivoque que la satire avait été employée comme une arme à double tranchant ; de plus, elle levait le voile sur un personnage dont le caractère n'avait été révélé que progressivement, si bien que ces lettres, au lieu d'être de simples épisodes, comme la plupart des morceaux littéraires publiés dans les journaux, se rapprochaient d'un ouvrage d'imagination plus unifié. En ce sens, de par sa structure, la première série des lettres de Stepsure surpasse les premiers tableaux de Sam Slick, publiés par Thomas Chandler Haliburton* en 1835, et les *Sunshine sketches of a little town* (1912), de Stephen Butler Leacock*, même si ces trois œuvres utilisent fort bien à des fins comiques les conventions de l'esquisse journalistique.

Les lettres de Stepsure eurent d'emblée un énorme succès ; comme le disait un correspondant, elles faisaient tellement rire que « les combles de la maison tremblaient littéralement sous l'effet de la clameur et du tapage ». Dans les lettres indiscrètes que Stepsure écrivait à la « gentry de Halifax », McCulloch mettait en scène une galerie de vauriens qui troquaient les valeurs terriennes contre les richesses et la mobilité sociale attribuées au commerce, à la construction navale et à la coupe du bois. Ces personnages, dont les noms eux-mêmes étaient comiques (Monsieur Tipple, Jack Scorem, Shadrach Howl et Mademoiselle Sippit par exemple), McCulloch les faisait connaître en s'adonnant à des arlequinades enjouées ou en recourant à l'humour cinglant de Mephibosheth. Ainsi Monsieur Gypsum n'était « nullement un buveur avoué », l'étranger du village « mourut parce qu'il ne pouvait vivre plus longtemps » et les voisins de Stepsure n'étaient « jamais pressés, sauf au moment de travailler à la ferme, de quitter la maison ou de sortir de l'église ». Les passages consacrés à l'auberge des Whinge montrent particulièrement bien que les villageois ne savaient pas tirer parti de leur situation : non seulement les visiteurs trouvaient-ils des morceaux de souris ou de grenouille et des cheveux dans la soupe, mais ils constataient qu'« ils ne manquaient pas de compagnons de lit ». Northrop Frye a dit de ce type d'humour qu'il était « tranquille, observateur » et « profondément traditionnel au sens humain » ; qu'il se fondait non pas sur de « bons mots » mais sur « une vision de la société ». C'est pourquoi il voit en McCulloch « le créateur de l'humour authentiquement canadien », humour basé sur une compréhension du contexte social et sur la distinction entre le transitoire et le permanent. Stepsure s'inquiète de voir ses concitoyens courir de-ci de-là, s'adonner à des religions charismatiques qu'il trouve vides ou se noyer dans l'alcool, et son attitude illustre la sensibilité sociale et morale qui sous-tend la comédie : « Je n'étais ni grand homme ni fils de grand homme : j'étais Mephibosheth Stepsure, et ma plus haute ambition était d'être simplement un honnête fermier. »

Le message que livraient ces lettres ne pouvait arriver à un meilleur moment. Pendant son mandat de lieutenant-gouverneur, de 1816 à 1820, Dalhousie s'était inquiété du piètre état de l'agriculture provinciale et avait soutenu John YOUNG, qui publiait dans l'*Acadian Recorder* des lettres fort soignées en faveur de l'amélioration des techniques agricoles. De 1828 à 1831, Joseph Howe* allait exploiter le même thème dans ses « Western rambles » et ses « Eastern rambles », qui parurent dans le *Novascotian, or Colonial Herald*. Mais ni lui ni les autres champions d'une économie fondée sur l'agriculture ne communiquaient leur message d'une façon aussi vigoureuse, aussi colorée que le Stepsure de McCulloch. Une houe dans une main et une bible dans l'autre, Stepsure prêchait les vertus de la frugalité, de la culture intellectuelle, du sens communautaire et du respect de la famille. En prônant le dur labeur et en se disant convaincu que « le temps, c'est de l'argent », il rappelait le Poor Richard de Benjamin Franklin, mais la moralité chrétienne qui sous-tendait sa vision sociale le faisait paraître plus altruiste que le narrateur de Franklin. McCulloch comme Franklin sont des maîtres de la litote mordante et savent à merveille discerner les idiosyncrasies des gens. Cependant, les lettres de Stepsure, écrites en un style posé et prosaïque que venaient ponctuer des facéties, des rudesses espiègles, des mots lancés en douce et des expressions moqueusement citées à la lettre, différaient passablement par leur ton des réflexions laconiques du personnage bien connu de Franklin. En outre, tout en sachant aussi bien que Franklin ou Haliburton ciseler un aphorisme (« Celui qui dépense ses gages avant de les gagner paie toujours en retard »), McCulloch allait plus loin qu'eux et explorait les dispositions psychologiques qui menaient ses voisins à leur perte. Alors que les tableaux de Sam Slick étourdissaient le lecteur par leur langage exubérant et la peinture hardie des caractères, les lettres de Stepsure attribuaient des motifs sérieux, quoique prévisibles, au déclin et à la chute des Néo-Écossais. Elles touchèrent certainement une corde sensible chez les lecteurs. À preuve, McCulloch ne trouva plus d'exemplaires présentables quand il voulut en envoyer à ses amis d'Écosse, et l'*Acadian Recorder,* le jour de la conclusion de la première série de lettres, publia le commentaire suivant : « Elles ont dépeint avec une si inimitable vérité les habitudes irréfléchies, luxurieuses et extravagantes de notre population, que nous nous voyions en elles comme dans un miroir […] La correction de ces égarements doit être la première étape de l'augmentation du capital provincial ; et les satires sévères qui sont dirigées contre eux dans les lettres de notre correspondant ne peuvent manquer de produire un effet. » McCulloch expliqua à James Mitchell, de Glasgow, en novembre 1822 : « Aucun écrit [dans] ces provinces n'a jamais tant fait jaser. Presque tous les lecteurs ont été fâchés à leur tour et ont ri de temps à autre de leur voisin. Un des juges m'a dit qu'il croyait que notre gouverneur les savait par cœur. »

Même avant que ses lettres aient connu le succès, McCulloch projetait de se rendre « au moins jusqu'à la vingtième » pour « ensuite ajouter des notes et des illustrations et envoyer le tout [en Écosse] à titre d'exemple de la manière dont [on se] débrouill[ait] dans le monde occidental ». Une fois les 16 premières lettres achevées, en 1822, il les recopia et les polit, y ajouta une lettre comique, écrite en dialecte à l'intention des Écossais par l'ami covenantaire de Stepsure, Alexander Scantocreesh, et les intitula « The chronicles of our town, or, a peep at America ». En novembre 1822, il envoya les originaux de ces lettres anonymes à Mitchell en lui demandant de les porter à un libraire qui « pourrait un jour ou l'autre consentir à publier [ce] tableau des mœurs américaines ». Le 4 janvier 1823, il commença à publier dans l'*Acadian Recorder* une nouvelle série de lettres de Stepsure dans laquelle il développait un long conte moral autour d'un jeune immigrant écossais installé dans la province, William. Cette série différait de la première sous plusieurs aspects : elle mettait en scène un deuxième épistolier (Scantocreesh), élaborait une longue histoire au lieu de plusieurs petites et présentait un narrateur central connu (Stepsure). L'ensemble manquait d'intensité dramatique, même si la parution dans l'*Acadian Recorder,* du 21 décembre 1822 au 25 janvier 1823, de certaines lettres d'un correspondant portant le pseudonyme de Censor poussa McCulloch à poursuivre cette série. Ce mystérieux correspondant accusait Stepsure de « patauger constamment dans un trou de fumier, éclaboussé de saletés et de toutes les marques de la vulgarité ». La quatrième lettre, dans laquelle Stepsure feignait la douleur, et la sixième, qui était une parodie héroï-comique, montraient combien les ressources stylistiques de McCulloch étaient nombreuses. Puis apparemment, après la sixième lettre, publiée le 29 mars 1823, il comprit qu'il avait dévié de son plan original et avait en fait écrit un court roman. Il songea alors à envoyer « William » au rédacteur en chef de l'*Edinburgh Christian Instructor and Colonial Religious Register*. Cependant, le texte ne parut pas dans ce périodique ; McCulloch le souda à une deuxième histoire d'immigrant, « Melville », et apporta les deux manuscrits en Écosse quand il s'y rendit en 1825.

Absorbé par son infructueuse campagne de souscription et sa controverse avec la Glasgow Colonial Society, McCulloch n'eut guère de temps à consacrer à son œuvre littéraire pendant son séjour en Écosse. Il réussit pourtant à faire imprimer deux publications. En janvier 1826, la maison Oliphant publia « William » et « Melville » sous un seul titre, *Colonial gleanings,* et en juin McCulloch supervisa la publication de *A memorial,* réfutation de Robert Burns et de la Glasgow Colonial Society. Comme ils contenaient des observations sur la qualité de la vie pionnière et la souplesse des distinctions sociales en Nouvelle-Écosse, ces deux ouvrages rappelaient les lettres de Stepsure, mais « William » et « Melville », tout en abordant les mêmes thèmes que celles-ci, se situaient

dans un registre beaucoup plus sombre. Ces deux contes reçurent une critique favorable dans l'*Edinburgh Theological Magazine* de février 1826, et le *Novascotian* reproduisit des extraits de « Melville » plus tard dans l'année. Par le thème et le style, « William » était désormais intégré à « Melville » : les deux jeunes gens grandissaient dans la même région, à l'extérieur de Glasgow, cherchaient fortune en Nouvelle-Écosse et perdaient tout ce qu'ils convoitaient en négligeant les préceptes chrétiens. À leur manière, « William » et « Melville » étaient aussi actuels que la série des lettres de Stepsure, car ils montraient de jeunes immigrants aux prises avec les tentations de Halifax et de la campagne, mais ces deux histoires révélaient une nouvelle facette de la sensibilité littéraire de McCulloch. Les allusions à l'histoire des covenantaires de l'ouest de l'Écosse et à la persécution de l'arrière-grand-père de William par celui de Melville faisaient un peu le pont entre les deux contes ; de plus, elles montraient que McCulloch commençait à explorer la veine historique dans ses ouvrages d'imagination. Issu d'une région d'Écosse où les covenantaires avaient été influents, McCulloch s'identifiait aussi à leur tradition par ses positions d'*anti-burgher*. Introduire ce thème dans « Melville » était donc naturel pour lui, étant donné ses antécédents personnels et théologiques, mais il lui donnait une dimension néo-écossaise en faisant du révérend James MacGregor l'un de ses personnages. MacGregor apparaît, dans « Melville », comme un remarquable exemple de la piété et du dévouement chrétiens qui animent aussi les covenantaires mis en scène par McCulloch. En outre, sa présence renforce le ton de plus en plus religieux de la fiction de McCulloch, car dans son long sermon à Melville il expose la vision calviniste qui sous-tendait la moralité de personnages antérieurs, tels Scantocreesh et ce narrateur au prénom biblique, Mephibosheth Stepsure.

Le 16 janvier 1828, un peu plus d'un an après son retour en Nouvelle-Écosse, McCulloch annonça à Mitchell qu'il était absorbé par la composition d'un autre roman. Cette œuvre compterait trois volumes, parlerait de la « papauté et du progrès des Lollards dans l'ouest de l'Écosse » et mettrait aussi en scène « une bonne quantité de sorcières, esprits des eaux et autres dieux auxquels [les anciens Écossais] rendaient un culte ». Les « Auld Eppie's tales », qui se passaient sous le règne de Jacques III, dans les lieux où McCulloch avait vécu enfant, étaient présentés par un narrateur moderne qui, de retour au pays après des années d'errance, faisait cette découverte : « Là où plus d'une génération aux besoins modestes a coulé, dans un confort tout aussi modeste, une existence de tranquille indolence, il n'y a plus que moulins et prés où l'on fabrique, blanchit et imprime le coton ; et cette race ancienne et satisfaite, qui ne connaissait ni labeur ni travail en dehors des sacrements et des foires, a dépéri devant une horde d'intrus affairés au visage avide dont seule la pierre philosophale peut étancher la soif de richesse. » D'autres écrivains écossais, dont sir Walter Scott et John GALT, avaient déjà évoqué la rapidité du changement social. Comme eux, McCulloch tentait d'opposer à ces intrusions du modernisme toute la beauté de l'Écosse, ses légendes et ses traditions. Son roman n'était pas nostalgique pour autant car, en montrant combien l'Église d'avant la Réforme avait trompé le bas peuple, il rappelait les origines de la Réforme et, en un sens, de la montée des covenantaires en Écosse. Sans être au sens strict un roman sur les covenantaires, « Auld Eppie's tales », en mettant au jour le caractère indomptable et l'humour persistant de personnages simples comme Jock of Killoch et Clunk, révélait l'âme du peuple écossais, qui s'exprimerait plus tard dans un mouvement comme celui des covenantaires. On y voyait d'ailleurs nombre de ces touches de couleur locale qui avaient fait la popularité de Scott et de Galt en Écosse : emploi de l'écossais pour le langage de tous les jours, thème de la sorcellerie du pays, présence d'une tour traditionnelle des Lowlands dans l'histoire, caractère populaire d'Auld Eppie et des contes de la vieille Écosse. Même si McCulloch espérait que son roman « amuse », il y voyait une contribution sérieuse à l'éveil de la sensibilité historique et religieuse de ses lecteurs écossais.

Du 29 juin au 29 décembre 1828, McCulloch envoya des tranches de « Auld Eppie's tales » à Mitchell en insistant bien pour conserver l'anonymat. En expliquant qu'il avait écrit ce roman en partie pour réagir au portrait que Scott avait brossé des ancêtres écossais dans *Tales of my landlord*, il révélait en outre qu'il avait besoin d'argent pour ne pas avoir à « [se] mettre à planter des pommes de terre ou autre chose que [sa] famille pourrait se mettre sous la dent ». Le choix de l'éditeur l'inquiétait donc particulièrement. Il suggérait le nom de William Blackwood, qui avait donné des livres à la Pictou Academy en 1826 et avait été « aimable » avec lui durant son séjour en Écosse. Aussi fut-il doublement consterné que Blackwood refuse à la fois « Auld Eppie's tales » et « The chronicles of our town », qui dormait en Écosse depuis 1822. Tout en louant « Chronicles » pour ses « descriptions pittoresques de la vie et des coutumes » et pour son « riche humour », Blackwood faisait valoir que la mode raffinée n'était plus aux écrits qui avaient « le mordant et l'originalité de Swift ». Certes, précisait-il, il n'était pas de « ces gens difficiles de la génération présente ». Il se sentait quand même tenu de rejeter les deux manuscrits en raison de la vulgarité de leurs traits d'esprit ; « un ouvrage de ce genre, qui exploite la même veine que Scott, doit porter la marque d'un talent subtil et présenter le moins possible d'éléments que les lecteurs ordinaires pourraient juger rudes ». En guise de compensation, il proposait à McCulloch, qu'il disait admirer beaucoup, de récrire certaines des lettres de Stepsure pour son périodique. Sa consigne était de les adresser explicitement à un auditoire écossais et de ne pas mentionner leur publication antérieure dans « l'un des journaux canadiens ». Blackwood invita aussi McCulloch à lui présenter d'autres textes pour le *Blackwood's Edinburgh Magazine* ; il lui promettait de 8 à 10 guinées la page pour tout ce qu'il accepterait.

Piqué au vif par les commentaires de Blackwood, McCulloch ordonna à Mitchell de reprendre ses manuscrits et nota : « aussi malpropres que Bl. juge mes romans, je trouve qu'ils sont la pureté même à côté de son magazine, et j'y penserais à deux fois avant d'écrire pour une publication dont la tendance est si irréligieuse ». Certes, dans « Chronicles », on pétait et on vidait des pots de chambre, mais cela donnait du piquant aux pitreries de l'auteur, qu'évoqua avec tant de nostalgie l'une des satires du « Club » de Howe, qui traitait des lettres de Stepsure et parut dans le *Novascotian* du 15 mai 1828 : « Avez-vous jamais lu son Mephiboschetch, qui a fait rire toute la contrée pendant des mois avec ses singulières histoires de pignons de maison et de choux ? » Il faut dire que McCulloch s'était adressé à Blackwood en une période où la presse britannique recherchait de plus en plus des choses raffinées. En 1826, Galt avait éprouvé des difficultés semblables pour publier « The last of the lairds » en feuilleton dans le *Blackwood's Magazine* ; par la suite, l'éditeur avait même considérablement expurgé le roman de Galt pendant son séjour dans le Haut-Canada. McCulloch était bien résolu à ne jamais donner pareille occasion à Blackwood : de 1829 à 1833, il ne cessa de demander à Mitchell de reprendre ses manuscrits et de dire qu'il présenterait ailleurs tout nouveau roman.

Dans une lettre écrite en décembre 1833, McCulloch demanda à Mitchell de s'informer du prix que la maison Oliphant paierait pour un roman d'environ 400 pages, « Days of the Covenant ». Tout comme une histoire inédite sur James MacGregor, une bonne partie de ce manuscrit se trouve dans les papiers McCulloch aux Public Archives of Nova Scotia. Le roman se passe en 1669, dans la décennie qui précéda le meurtre de l'archevêque James Sharp, et confirme combien McCulloch voulait célébrer le courage religieux des covenantaires. On y retrouve maints éléments surnaturels, folkloriques et romantiques des « Auld Eppie's tales » et, comme ce livre et comme les lettres de Stepsure, « Days of the Covenant » montre que McCulloch était beaucoup plus habile à créer des personnages du peuple que des lairds, des abbés et autres personnalités.

En juillet 1834, McCulloch informa Mitchell qu'il avait décidé, vu l'amélioration de sa situation financière et le piètre accueil qu'il avait reçu du public, de

McCulloch

ne plus tenter de publier en Écosse. Il soumit cependant quelques articles légers à des journaux néo-écossais, et il y a lieu de croire qu'il était le Timothy Ticklemup qui écrivit sur le révérend Drone dans l'*Acadian Recorder* du 6 avril 1833 et ce Mr C. Currycomber qui en 1841 collabora au *Morning Herald, and Commercial Advertiser* de Halifax. En 1839, Mitchell avait cherché en vain un éditeur pour un manuscrit de théologie, peut-être « Calvinism : the doctrine of the scriptures », et il en avait conclu qu'il était mieux adapté au contexte et au marché américains qu'écossais. Ce manuscrit parut finalement à Glasgow en 1846. En 1841, McCulloch travaillait à un autre manuscrit sur la divinité du Christ qui, semble-t-il, resta inédit. Il ne fit aucune tentative pour publier dans la province ses ouvrages d'imagination, même après avoir demandé à Mitchell de reprendre ses manuscrits à Blackwood. Les 16 premières lettres de Stepsure, telles qu'elles avaient paru dans l'*Acadian Recorder,* ne sortirent sous forme de livre qu'en 1862.

Pendant ses dernières années, McCulloch ne se détourna pas de ses autres centres d'intérêt. L'histoire naturelle n'était pas le moindre. D'abord passionné d'entomologie après l'ouverture de la Pictou Academy, il s'intéressa aussi à l'ornithologie après son séjour en Grande-Bretagne en 1825–1826. Pendant toutes ses années à Pictou, l'étude de l'histoire naturelle fut à la fois une source de plaisir et un outil d'enseignement. Ses dons de collections d'insectes aux universités de Glasgow et d'Édimbourg, son admission à la Wernerian Society of Edinburgh en 1823, ses apports à des collections privées et ses échanges de plantes avec le naturaliste écossais Patrick Neill le firent aussi connaître avantageusement. En 1828, il tenait dans la pièce ouest de l'académie un musée d'histoire naturelle où il collectionnait « oiseaux, bêtes à quatre pattes et choses rampantes ». John James Audubon fut très impressionné par cette collection lorsqu'il visita Pictou en 1833, d'où il repartit avec des cadeaux – oiseaux, coquillages et minéraux. À compter de cette visite, il collabora pendant des années avec Thomas McCulloch fils, futur professeur de philosophie naturelle au Dalhousie College, qui lui envoya à New York des spécimens ornithologiques de la province. En 1834, McCulloch père, faute de recevoir un soutien des autorités provinciales, attira l'attention du British Museum sur sa collection. Le British Museum refusa cependant d'acheter le Pictou Museum, si bien que Thomas McCulloch fils transporta la collection en Grande-Bretagne et la vendit à divers particuliers, dont le comte de Derby. Comme McCulloch l'écrivit tristement à Mitchell, jamais pareille collection n'avait quitté l'Amérique du Nord mais, refusant de se laisser abattre, il commença à constituer avec son fils une deuxième collection importante quand il s'installa à Halifax. Il passa ses dernières années à

parcourir la province pour recueillir des spécimens et fit notamment une excursion à l'île de Sable avec l'un de ses anciens étudiants, Adams George Archibald*. Dans les années 1820, McCulloch écrivit à Mitchell qu'au retour de ces excursions, il était « piqué à tous les endroits accessibles [du corps] et aussi plein de démangeaisons qu'un pauvre Écossais peut l'être ». Ses lettres de 1841 à Mitchell révèlent que la recherche de spécimens, dont certains se retrouvent dans une petite collection à la Dalhousie University, l'occupait toujours. McCulloch revit une dernière fois son fidèle correspondant à l'occasion d'un autre voyage en Écosse en 1842. Il y retrouva aussi d'anciens collègues ; comme le rappellerait l'un d'eux, il pleura abondamment sur son banc en entendant évoquer des souvenirs, puis monta en chaire et prononça devant « [les] fidèles un discours fort intéressant et fort vivant sur la Nouvelle-Écosse ».

Intelligence supérieure et remarquable énergie, foi calviniste et pensée libérale : telles étaient les forces qui animaient Thomas McCulloch. Ses premiers écrits théologiques le firent connaître comme l'un des grands esprits de la province, et ses polémiques, soutenues dans les journaux ou dans des pamphlets, continuèrent d'attirer sur lui l'attention du public. La logique puissante et la clarté de ses argumentations donnaient de la force à ses prises de position répétées en faveur d'un traitement équitable pour les non-conformistes, dans une province qui reconnaissait le droit à la dissidence. Comme le montrent les lettres de Stepsure, il pouvait utiliser aussi bien la satire que l'érudition ou la logique pour exposer sa vision de la société néo-écossaise. Cette vision s'inspirait de son éducation écossaise et de son appartenance à l'aile scissionniste du presbytérianisme. Animé d'une profonde foi calviniste, il était résolu à « remplir [les] provinces [nord-américaines] d'une race de prédicateurs évangéliques ». En matière séculière, sa conviction fondamentale était qu'une éducation libérale pouvait former une nation chrétienne de citoyens éclairés et responsables. Quand la réalité politique fit obstacle à son idéalisme, il se tourna vers le courant réformiste naissant de la Nouvelle-Écosse et en fit valoir les ressemblances avec les mouvements qui existaient en Grande-Bretagne et au Canada. Toutefois, même si le cadre théorique du mouvement réformiste était en voie de définition, il fallut attendre que Joseph Howe prenne la cause en main pour que s'organise en Nouvelle-Écosse un parti politique voué à la réforme. En raison de son intelligence et de son énergie, McCulloch s'exaspérait de voir des gens se dévouer moins que lui ou, parce qu'ils lui étaient intellectuellement inférieurs, adhérer à des positions dont il avait démontré l'illogisme. Il avait trop confiance en la justesse de ses positions pour ne pas préférer l'affrontement à la coopération, et il était trop sûr de son intégrité pour faire des compromis. Il comptait donc d'ardents admirateurs et des amis dévoués, mais aussi des ennemis jurés. Quand son chemin croisait celui de personnages aussi ambitieux et combatifs que lui, tels Inglis et MacKenzie, il n'y avait aucune possibilité d'entente. En fin de compte, son influence fut réelle, tant parce qu'il contribua à la littérature canadienne que parce qu'il forma nombre de futurs avocats, hommes d'affaires, érudits, ministres du culte, missionnaires, éducateurs et scientifiques.

SUSAN BUGGEY ET GWENDOLYN DAVIES

La plus importante collection de documents rédigés par McCulloch est celle conservée aux PANS, MG 1, 550–558. Elle comprend sa longue correspondance, riche en détails, avec James Mitchell et le fils de ce dernier, James, des brouillons de documents et des lettres d'intérêt régional, des notes sur ses lectures scientifiques et ses papiers théologiques et littéraires. Parmi ceux-ci se trouvent les manuscrits des 16 premières lettres signées Stepsure, des fragments de « William », d'« Auld Eppie's tales » et de « Days of the Covenant », l'histoire de « Morton » et celle de James MacGregor, et diverses pièces.

Parmi les ouvrages religieux de Thomas McCulloch, on trouve *Popery condemned by Scripture and the fathers : being a refutation of the principal popish doctrines and assertions* [...] (Édimbourg, 1808) ; *Popery again condemned* [...] *: being a reply to a part of the popish doctrines and assertions contained in the remarks on the refutation, and in the review of Dr. Cochran's letters, by the Rev. Edmund Burke* [...] (Édimbourg, 1810) ; *The prosperity of the church in troublous times* [...] (Halifax, 1814), réimprimé *with introductory remarks by Rev. Robert Grant* (New Glasgow, N.-É., 1882) ; *Words of peace : being an address, delivered to the congregation of Halifax* [...] *in consequence of some congregational disputes* [...] (Halifax, 1817) ; *The report of a committee, appointed by the synod of the Presbyterian Church of Nova-Scotia, to prepare a statement of means for promoting religion in the church* [...] (Halifax, 1818) ; *A lecture, delivered at the opening of the first theological class in the Pictou academical institution* [...] (Glasgow, 1821) ; *A memorial from the committee of missions of the Presbyterian Church of Nova Scotia, to the Glasgow Society for Promoting the Religious Interests of the Scottish Settlers in British North America* [...] (Édimbourg, 1826) ; *A review of the* Supplement to the first annual report of the Society [...] ; *in a series of letters to the Rev. Robert Burns* [...] (Glasgow, 1828) ; et *Calvinism, the doctrine of the Scriptures*, ouvrage posthume publié à Glasgow, en 1846.

McCulloch figure aussi dans la dédicace d'un manuscrit, comme l'un des membres du comité qui rédigea la brochure intitulée *The subjects and mode of baptism ascertained from Scripture, being a conversation between a private Christian and a minister* [...] *; by a committee of the Associate Presbytery of Pictou* (Édimbourg, 1810), dont un exemplaire est conservé à l'Univ. of Edinburgh Library. Sa conférence sur l'éducation, donnée en 1818, a été publiée sous le titre de *The nature and uses of a liberal education illustrated ; being a lecture, delivered at the opening of the building, erected for the accommodation of the classes of the Pictou academical institution* (Halifax, 1819).

Les ouvrages littéraires de McCulloch, qui ont été publiés, sont : *Colonial gleanings* (Édimbourg, 1826) et les lettres signées Stepsure. Ces lettres n'ont paru sous la forme d'un roman qu'en 1862, lorsque Hugh William Blackadar* les imprima sans nom d'auteur à Halifax sous le titre de *The letters of Mephibosheth Stepsure* (l'année 1860 qui apparaît sur la page de titre est une erreur). Une édition plus récente, accompagnée d'une introduction de Northrop Frye et annotée par John Allan Irving et Douglas G. Lochhead, a été publiée sous le nom de McCulloch et porte le titre de *The Stepsure letters* ([Toronto], 1960) ; une autre édition, accompagnée d'une introduction de Gwendolyn Davies, est en cours de préparation par le Centre for Editing Early Canadian Texts, de la Carleton University, à Ottawa.

Atlantic Baptist Hist. Coll., Acadia Univ. (Wolfville, N.-É.), Edward Manning, corr., vol. 1 ; Thomas McCulloch letters, 1821–1825. — Dalhousie Univ. Arch. (Halifax), DAL, MS 2-40 (Thomas McCulloch papers) ; MS 2-41 (J. J. Audubon letters). — NLS, Dept. of MSS, MS 7638 : 83–84. — PANS, MG 1, 165 ; 793, n°s 27, 39, 44–45, 68–69 ; 1845, folder 2, n° 23 ; MG 100, 181, n°s 22–23 ; Places, Pictou, Pictou Academy papers, including minute-books, 1806–1846 (mfm) ; RG 1, 225, doc. 58–60 ; 227, doc. 89 ; 248, doc. 181 ; 282, doc. 129–145 ; 439, n° 89. — PRO, CO 217/152–154 ; CO 218/29–30. — UCC, Maritime Conference Arch. (Halifax), Family and individual papers, box 22, 82–82g (Thomas McCulloch papers), plus particulièrement 82 (Pictou Academy and other institutions, 1823–1874), 82f (corr., 1807–1843) ; Presbyterian Church of N.S. (United Secession), minutes of the synod, 1 (1817–1842)–2 (1842–1860). — UCC-C, Glasgow Colonial Soc., corr., I (1821–1828)–VI (1836–1838), corr. pour 1824–1836 (mfm aux APC). — [Robert Burns], *Supplement to the first annual report of the Society in Glasgow for Promoting the Religious Interests of Scottish Settlers in North America* [...] (Glasgow, 1826). — *Acadian Recorder*, 1813–1830. — *Colonial Patriot*, 1827–1830. — *Free Press* (Halifax), 1817–1828. — *Novascotian, or Colonial Herald*, sept.–nov. 1838. — *The Oxford companion to Canadian literature*, William Toye, édit. (Toronto, 1983), 480–481. — Wallace, *Macmillan dict.* — Susan Buggey, « Churchmen and dissenters : religious toleration in Nova Scotia, 1758–1835 » (thèse de M.A., Dalhousie Univ., Halifax, 1981). — V. L. O. Chittick, *Thomas Chandler Haliburton (« Sam Slick ») : a study in provincial toryism* (New York, 1924 ; réimpr., 1966), 378–379. — Gwendolyn Davies, « A Past of Orchards » : rural changes in Maritime literature before confederation », *The red jeep and other landscapes : a collection in honour of Douglas Lochhead*, Peter Thomas, édit. (Fredericton, 1987). — W. B. Hamilton, « Education, politics and reform in Nova Scotia, 1800–1848 » (thèse de PH.D., Univ. of Western Ontario, London, 1970) ; « Thomas McCulloch, advocate of nonsectarian education », *Profiles of Canadian educators*, R. S. Patterson et al., édit. ([Toronto], 1974), 21–37. — D. C. Harvey, *An introduction to the history of Dalhousie University* (Halifax, 1938). — *Literary history of Canada : Canadian literature in English*, C. F. Klinck et al., édit. (2e éd., 3 vol., Toronto et Buffalo, N.Y., 1976), 1 : 107–108. — William McCulloch, *The life of Thomas McCulloch, by his son*, [I. W. et J. W. McCulloch, édit.] ([Truro, N.-É., 1920]). — B. F. MacDonald, « Intellectual forces in Pictou, 1803–1843 » (thèse de M.A., Univ. of N.B.,

Fredericton, 1977). — S. G. McMullin, « Thomas McCulloch : the evolution of a liberal mind » (thèse de PH.D., Dalhousie Univ., 1975). — J. S. Martell, « Origins of self-government in Nova Scotia, 1815–1836 » (thèse de PH.D., Univ. of London, 1935). — George Patterson, *A history of the county of Pictou, Nova Scotia* (Montréal, 1877 ; réimpr., Belleville, Ontario, 1972). — J. [E.] Tulloch, « Conservative opinion in Nova Scotia during an age of revolution, 1789–1815 » (thèse de M.A., Dalhousie Univ., 1972). — Marjory Whitelaw, *Thomas McCulloch : his life and times* (Halifax, 1985). — D. C. Harvey, « Dr. Thomas McCulloch and liberal education », *Dalhousie Rev.*, 23 (1943–1944) : 352–362. — Robin Mathews, « *The Stepsure letters* : puritanism and the novel of the land », *Studies in Canadian Literature* (Fredericton), 7 (1982) : 128–138. — Gene Morison, « The brandy election of 1830 », N.S. Hist. Soc., *Coll.*, 30 (1954) : 151–183. — Beverly Rasporich, « The New Eden dream : the source of Canadian humour : McCulloch, Haliburton, and Leacock », *Studies in Canadian Literature*, 7 : 227–240. — H. L. Scammell, « Why did Thomas McCulloch come to Dalhousie ? » N.S. Hist. Soc., *Coll.*, 31 (1957) : 64–72. — Vincent Sharman, « Thomas McCulloch's Stepsure : the relentless Presbyterian », *Dalhousie Rev.*, 52 (1972–1973) : 618–625. — Donald Stephens, « Past or permanent », *Canadian Literature* (Vancouver), n° 10 (automne 1961) : 83–84. — Marjory Whitelaw, « Thomas McCulloch », *Canadian Literature*, n°s 68–69 (printemps–été 1976) : 138–147. — B. A. Wood, « The significance of Calvinism in the educational vision of Thomas McCulloch », *Vitæ Scholasticæ* ([Ames, Iowa]), 4 (1985), n°s 1–2 : 15–30.

MACDONALD, JOHN SMALL, homme d'affaires, homme politique, officier de milice, juge de paix et fonctionnaire, né vers 1791 à l'île Saint-Jean (Île-du-Prince-Édouard), fils de John MacDonald, de West River, île Saint-Jean, et de Margaret MacDonald of Glenaladale ; il épousa à St Andrews, Île-du-Prince-Édouard, Isabella McDonald, fille de Donald et de Catherina McDonald, et ils eurent au moins sept filles et un fils qui vécurent au delà de la petite enfance ; décédé le 20 janvier 1849 à Charlottetown à l'âge de 58 ans.

Si l'on en juge par sa correspondance, John Small Macdonald avait reçu une bonne éducation. Fermier et propriétaire, il passa la plus grande partie de sa vie d'adulte près de la rivière West, dans le comté de Queens. Sa mère était la sœur du capitaine John MacDonald* of Glenaladale, personnage éminent parmi les Highlanders de l'île. Tout comme le fils de celui-ci, Donald*, John Small se voyait jusqu'à un certain point comme le détenteur du prestige et des responsabilités d'un laird des Highlands. Le caractère exceptionnel d'une telle prétention en une ère de plus en plus démocratique confère un intérêt particulier à sa carrière politique.

En 1830, dès la levée des restrictions imposées aux droits politiques des catholiques, dont il était, Macdonald se porta candidat dans la circonscription de Queens et en devint député. En même temps, peut-être d'ailleurs sous l'effet de cette émancipation, commencèrent des pressions en faveur de la création d'un tribunal d'escheat qui confisquerait les terres de ceux qui n'avaient pas respecté les conditions fixées dans les concessions originales, en 1767. Dans les faits, s'il y avait eu escheat, les terres qui appartenaient à de gros propriétaires, pour la plupart absentéistes, auraient été redistribuées aux fermiers à bail. Macdonald se trouva alors dans un dilemme. D'une part, il se sentait quelque responsabilité envers tous les Écossais catholiques des Highlands, dont une forte proportion étaient des fermiers parmi lesquels se trouvaient bon nombre de ses électeurs. D'autre part, lui-même propriétaire, bien que ni important ni absentéiste, il ne pouvait manquer de s'inquiéter d'un mouvement qui menaçait les droits de propriété.

Macdonald choisit toute solution qui apaiserait les tenanciers, sauf la confiscation intégrale. Ainsi, tout en s'opposant au radicalisme de William Cooper*, chef du parti de l'escheat, il se montra favorable à des réformes telles que la tenue d'élections quadriennales, l'adoption de la liste civile par la colonie et même une confiscation limitée, qui toucherait les propriétaires manifestement abusifs. On jugea sa position si acceptable qu'il fut réélu non seulement en 1834 mais aussi en 1838, soit au moment de la grande victoire du parti de l'escheat. Étant donné la défaite subie cette année-là par d'autres modérés, son rôle de porte-parole des Highlanders catholiques dut jouer de façon décisive en sa faveur.

Le mouvement qui favorisait l'escheat se dissipa peu à peu dans les années 1840, de sorte que Macdonald eut moins de mal à exercer ses fonctions politiques ; il fut réélu sans difficulté jusqu'à sa retraite en 1846. Le lieutenant-gouverneur sir Charles Augustus FitzRoy* le nomma en 1839 au Conseil exécutif, et il conserva ce poste jusqu'à sa mort. Sans jamais exercer une influence exceptionnelle ni à l'Assemblée ni au conseil, il veilla à faire dégager des fonds publics pour la société de tempérance et pour l'ouvrage de Thomas IRWIN, qui rassemblait des notions de la langue micmaque. Le dernier de ses grands discours dont il subsiste un compte rendu date de 1845 et portait sur la question de la Bible ; il y disait, avec sagesse, que moins on parlait de ce sujet, mieux cela valait.

Administrateur du St Andrew's College, à St Andrews, puis de la Central Academy, à Charlottetown, Macdonald fut en outre membre et président de la Highland Society ainsi que de la Central Agricultural Society. Il servit également dans la milice à titre de capitaine. De 1825 à sa mort, il fut juge de paix et, en 1839, il devint shérif en chef du comté de Queens.

Macdonald entretint une correspondance intéressante de 1843 à 1848 avec la John Barelli and Company de Londres. Comme nombre de propriétaires terriens de l'île, il tenta sa chance dans la construction navale et chargea Barelli, en qualité de représentant, de vendre ses vaisseaux et leurs cargaisons. Leurs lettres révèlent les frustrations d'un petit constructeur de navires qui dépendait de sous-traitants locaux et de représentants étrangers. Sa barque *Friendship*, qu'il envoya à Barelli, ne se vendit qu'après une longue période d'attente, et à un prix réduit. Selon ce dernier, elle était si mal construite que les réclamations des futurs propriétaires excéderaient le montant du bénéfice. La piètre qualité du *Friendship* donna si mauvaise réputation aux bâtiments suivants de Macdonald qu'il dut les vendre à perte. Apparemment, sa carrière dans la construction navale s'arrêta là. On peut imaginer combien d'autres petites entreprises connurent une fin semblable. Quand Macdonald mourut, il laissait des dettes évaluées à quelque £4 000.

En 1841, l'Assemblée avait décrit John Small Macdonald comme un membre du *family compact*. Il est vrai que son cousin était un gros propriétaire terrien, mais cette étiquette minimise la conscience que lui-même avait de son héritage ethnique et religieux comme elle donne une idée fausse de ses contributions à la vie politique.

M. BROOK TAYLOR

Arch. privées, Jean et Colin MacDonald (St Peters, Î.-P.-É.), MacDonald family papers, docs. 75–184 (copies aux PAPEI). — PAPEI, RG 1, commission books. — P.E.I. Museum, File information concerning J. S. Macdonald. — Supreme Court of P.E.I. (Charlottetown), Estates Division, papers of administration for J. S. Macdonald estate. — Î.-P.-É., House of Assembly, *Journal*, 3, 11 févr., 6 avril 1831, 26 janv. 1835, 22 janv. 1839, 1841 : 151, 24 janv. 1843. — *Examiner* (Charlottetown), 22 janv. 1849. — *Prince Edward Island Register*, 27 oct. 1825, 27 nov. 1827. — *Royal Gazette* (Charlottetown), 14 sept. 1830, 24 janv. 1832, 29 janv., 5, 26 févr., 19 mars, 26 nov. 1833, 1er avril, 9, 23 déc. 1834, 24, 27 févr., 31 mars 1835, 26 avril, 7 juin, 20 sept. 1836, 9 oct., 27 nov. 1838, 12 févr., 12 mars, 7 mai, 23 juill. 1839, 16 févr., 20 avril 1841, 19 juill. 1842, 28 mars, 25 avril, 9 mai, 13 juin, 11 juill., 3 oct., 26 déc. 1843, 30 janv. 1844, 15 avril 1845, 9 avril 1846, 23 janv. 1849. — *Canada's smallest province : a history of P.E.I.*, F. W. P. Bolger, édit. ([Charlottetown, 1973]), 99. — MacKinnon, *Government of P.E.I.*, 53. — *Herald* (Charlottetown), 17 oct. 1888. — J. F. Snell, « Sir William Macdonald and his kin », *Dalhousie Rev.*, 23 (1943–1944) : 321.

MacDONALD, WILLIAM PETER, prêtre catholique, vicaire général, rédacteur en chef et auteur, né le 25 mars 1771 dans la paroisse d'Eberlow, Banffshire, Écosse, fils de Thomas MacDonald et d'Ann Watt ; décédé le 2 avril 1847 à Toronto.

William Peter MacDonald étudia au séminaire de Douai, en France, et au Royal Scots College de Valladolid, en Espagne, où on l'ordonna prêtre le 24 septembre 1796. Après avoir enseigné pendant deux ans au séminaire d'Aquhorthies, en Écosse, il exerça son ministère catholique dans son pays natal de 1798 à 1810. Au cours de cette dernière année, il participa à une expédition organisée pour libérer le roi Ferdinand VII d'Espagne qu'on avait déposé et que Napoléon Ier gardait prisonnier. Deux ans plus tard, il était nommé aumônier du régiment d'infanterie du baron de Roll. Pendant quelque temps, avant son retour en Écosse en 1814, il exerça les fonctions d'aumônier auprès de l'ambassade de Grande-Bretagne à Madrid. Il poursuivit son œuvre dans les missions écossaises jusqu'à ce qu'Alexander MCDONELL, évêque de Kingston, dans le Haut-Canada, l'invite à venir dans son diocèse en 1826. MacDonald accepta cette invitation et fut affecté à la paroisse St Raphaels, dans le comté de Glengarry, où il exerça son ministère de décembre 1826 à 1829 et devint premier recteur du Iona College. Peu après son arrivée, on le promut vicaire général du diocèse de Kingston. La nouvelle recrue de l'évêque ne manqua pas d'impressionner le clergé canadien, d'autant plus que MacDonald avait déjà publié un recueil de poèmes dédié à Edward* Augustus, duc de Kent.

MacDonald allait devenir le pasteur de diverses paroisses du Haut-Canada : Kingston, de 1829 à 1834, Toronto, en 1834–1835, Bytown (Ottawa), en 1835–1836, Brockville, de 1836 à 1838, Hamilton, de 1838 à 1846, et Toronto, en 1846–1847. Au cours de ces années, il écrivit deux autres ouvrages : un tract antiprotestant à caractère polémique et un pamphlet destiné à réfuter les arguments avancés par l'archidiacre anglican de Toronto, John Strachan*, à l'occasion de la conversion au catholicisme de John Elmsley*. Il compila également un recueil de cantiques qui demeura inédit. Dès son arrivée à Hamilton à la fin de 1838, il avait entrepris d'ériger une église et un presbytère, tous deux en pierre ; la première construction fut terminée à l'automne de 1839, la seconde peu de temps après.

MacDonald ne s'entendit jamais très bien avec ses supérieurs ecclésiastiques. Méfiance réciproque, voire mépris, tels sont les sentiments qui, semble-t-il, ont marqué leurs relations. Ainsi, une fois installé à Bytown à l'automne de 1835, MacDonald se mit d'accord avec les catholiques de Hull et de Templeton, qui appartenaient au diocèse de Montréal, pour leur dispenser les services religieux en contrepartie de leur contribution au soutien des deux prêtres de Bytown. L'évêque de Montréal, Mgr Jean-Jacques LARTIGUE, qui n'avait pas été consulté, en fut froissé. L'année précédente, quand Mgr McDonell l'avait nommé à Toronto, le coadjuteur Rémi Gaulin* avait qualifié de très malheureux le choix de MacDonald à titre de pasteur de cette ville, compte tenu de ses piètres qualités d'administrateur de paroisse et de l'inimitié que beaucoup de Torontois entretenaient à

McDonell

l'endroit des Écossais. De son côté, MacDonald ratait rarement une occasion de critiquer ses évêques et ses collègues du clergé.

Le 22 octobre 1830, parut le premier numéro du *Catholic*, hebdomadaire fondé par MacDonald et imprimé à Kingston par Thomas DALTON. La page de titre expliquait la raison d'être de la publication : « exposer la doctrine catholique afin de répudier les calomnies et déclarations erronées qui, bien que maintes fois réfutées, reviennent constamment dans les journaux sectaires publiés dans les provinces ». Un vif débat, qui tournait parfois à l'aigre, s'engagea alors entre le *Catholic*, le *Christian Guardian* d'Egerton Ryerson*, le *Christian Sentinel* d'Adam Hood BURWELL et d'autres journaux. Le dernier numéro du premier volume du *Catholic* parut le 14 octobre 1831 ; l'auteur et éditeur mit fin à la publication, prétextant un surcroît de travail et quelques critiques. Dix ans plus tard cependant, soit en 1841, MacDonald relança le périodique qui parut jusqu'au moment de sa vente, en mai 1844. Durant ces trois dernières années de parution, MacDonald se plaignit souvent de ce que son journal ne bénéficiait pas du soutien financier de certains ecclésiastiques. « Il n'y a rien qui bouge dans notre diocèse », disait-il.

Le 10 mai 1842, Mgr Michael POWER, premier évêque du diocèse de Toronto, qu'on venait de constituer le 17 décembre 1841, fit de MacDonald son vicaire général. Ce dernier fut l'instigateur du premier synode de Toronto, lequel eut lieu au début d'octobre 1842. En mars 1844, cependant, Power démit MacDonald de ses fonctions de vicaire général pour des motifs disciplinaires, mais lui laissa la charge de pasteur de Hamilton. Le principal sujet de plainte de l'évêque était que MacDonald ne portait pas la soutane dans les rues de Hamilton, ce qui allait à l'encontre des règlements du synode de 1842.

Pourtant, moins de deux ans après sa destitution, non seulement William Peter MacDonald avait-il réintégré ses fonctions de vicaire général mais encore, en compagnie du père John James Hay, il avait été choisi par Power pour administrer le diocèse de Toronto pendant le séjour du prélat en Europe, qui devait durer six mois. En décembre 1846, MacDonald quitta Hamilton, où Edward John Gordon* l'avait remplacé, pour aller résider dans le nouveau palais épiscopal de Toronto. Il y mourut le 2 avril 1847, et on inhuma sa dépouille dans la cathédrale St Michael, encore inachevée.

ROBERT CHOQUETTE

Le recueil de poèmes que William Peter MacDonald a dédié au duc de Kent a paru à Londres en 1818 sous le titre de *The moneiad : or, the power of money*. Son tract antiprotestant porte le titre de *The Protestant, or negative faith refuted, and the Catholic, or affirmative faith demonstrated from Scripture* (Kingston, Ontario, 1836). Les Arch. of the Roman Catholic Archdiocese of Toronto possèdent un manuscrit relié de ses hymnes titré « Hymns translated from the latin Originals ; With Others ; and Occasional Poems on Sacred Subjects, composed by the Rev^d. Wm. MacDonald, Vicar General, U.C. » dans les M (Macdonell papers), AE22.01. MacDonald est aussi l'auteur de : *Remarks on Doctor Strachan's pamphlet against the Catholic doctrine of the real presence of Christ's body and blood in the Eucharist* [...] (Kingston, 1834).

ACAM, 255.102, 834-5. — Arch. of the Archdiocese of Kingston, AI (Alexander MacDonell papers, corr.), 1C24-9, 2C3-32, 2C4 ; BI (Remigius Gaulin papers, corr.), 1C15-1, -3, -5 ; CI (Patrick Phelan papers, corr.), 2C21. — Arch. of the Roman Catholic Archdiocese of Toronto, LB 02 (Michael Power, letter-book, 1842–1865) : 130–132, 145–147, 260–261 ; M (Macdonell papers), AE01.01–02, .04 ; AE02.01 ; AE16.01 ; AE19.03 ; CA17.01, .03, .09. — Michael Power, *Constitutiones diocesanæ in synodo Torontina prima latæ et promulgatæ (Toronto, 1842)*. — *Catholic, a Religious Weekly Periodical* (Kingston ; Hamilton, Ontario), 1830–1831, 1841–1844. — Robert Choquette, *l'Église catholique dans l'Ontario français du dix-neuvième siècle* (Ottawa, 1984). — S. D. Gill, « The sword in the Bishop's hand » : Father William Peter MacDonald, a Scottish defender of the Catholic faith in Upper Canada », SCHEC *Study Sessions*, 50 (1983) : 437–452.

McDONELL, ALEXANDER (à compter de 1838, il signa **Macdonell**), prêtre catholique, fonctionnaire, évêque et homme politique, né le 17 juillet 1762 dans Glengarry, Écosse ; décédé le 14 janvier 1840 à Dumfries, Écosse.

Alexander McDonell, à qui Thomas D'Arcy McGee* allait donner un jour le titre de « plus grand tory du Canada », appartenait à un clan des Highlands qui avait soutenu en 1745 le prince Charles, le Jeune Prétendant, et souffert des conséquences de sa défaite. Malgré les mesures sévères que le gouvernement appliqua après la rébellion pour réprimer la culture highlander, les Macdonell et bien d'autres jacobites se hâtèrent d'entrer dans l'armée britannique. Peut-être était-ce par simple résignation devant la fatalité ou, ce qui est plus probable, par acquiescement à la conviction du clergé catholique, pour qui se soumettre au pouvoir était le seul moyen d'obtenir une amélioration de la situation. En raison des lois pénales, le jeune Alexander McDonell, tout comme ses coreligionnaires, ne reçut qu'une formation rudimentaire dans son pays. Il dut donc s'expatrier pour faire des études religieuses. Après avoir fréquenté le Scots College de Paris, il alla, en 1778, terminer sa préparation à la prêtrise au Royal Scots College de Valladolid, en Espagne. Façonné par la théologie et la morale qui s'y enseignaient alors, McDonell en sortit strictement orthodoxe et profondément conservateur. Ordonné le 16 février 1787, il retourna dans les Highlands dans le courant de l'année à titre de missionnaire. Homme corpulent – il aurait toujours des problèmes de poids – Big Sandy ou Mr Alistair, comme on le surnommait, exerça d'abord son sacerdoce à Badenoch puis dans la région de Lochaber, auprès de petits fermiers gaéliques.

Toutefois, le système des clans, avec ses droits et obligations réciproques, s'effondrait. McDonell cherca du travail pour ses paroissiens à Glasgow et réussit à les placer dans l'industrie du coton, alors en plein essor. Au début de 1792, on décida de lui confier la mission de Glasgow. Mais les Highlanders ne connurent qu'un bref répit : en désorganisant le commerce avec l'Europe, les hostilités contre la France révolutionnaire, déclenchées en 1793, les jetèrent de nouveau dans la misère.

Au cours de cette année-là, l'abbé McDonell communiqua avec le jeune chef de son clan, le protestant Alexander Ranaldson Macdonell of Glengarry, à qui il s'associa bientôt. Chacun de leur côté ou ensemble, ils conçurent un projet à l'intention du gouvernement britannique : rassembler les chômeurs highlanders en un régiment qui accepterait de servir hors d'Angleterre ou d'Écosse, contrairement aux autres régiments de *fencibles*. Après être allé présenter cette proposition à Londres, McDonell retourna pour quelque temps à Glasgow, où son évêque, mécontent et inquiet, lui reprocha de négliger sa mission. Malgré ses airs contrits, McDonell était bien résolu à suivre Glengarry : peut-être aspirait-il à le ramener au sein de l'Église catholique ou plus probablement espérait-il trouver quelque autre emploi à ses ouailles.

De toute manière, le gouvernement britannique accepta l'offre. On incorpora le Glengarry Fencibles et on le plaça sous les ordres de Glengarry, nommé colonel ; le 14 août 1794, Alexander McDonell en devint l'aumônier (l'armée britannique n'avait pas compté d'aumônier catholique depuis la Réforme). Envoyé à Guernesey en 1795, le régiment connut une période d'oisiveté relative, car la menace d'invasion française qui avait motivé son affectation ne se concrétisa pas. En 1798, on l'expédia en Irlande, où une rébellion venait d'éclater ; il y servit pendant quatre années au cours desquelles McDonell rata peu d'occasions de vanter la loyauté et le dévouement des Highlanders catholiques. Il tenait à se rendre aussi utile que possible aux autorités britanniques ; déterminer quelle part l'influence ou le favoritisme avait dans le succès des hommes ou des politiques ne l'intéressait pas.

La brève paix d'Amiens, conclue en 1802, amena le licenciement de nombreux régiments de réserve ; les paroissiens de McDonell furent donc, encore une fois, laissés à eux-mêmes. Pire encore, McDonell, trahi par Glengarry, dut injustement assumer la responsabilité de ses dettes et subir l'humiliation d'un séjour en prison. À sa libération, en janvier 1803, l'Écosse n'offrait toujours pas de perspectives encourageantes.

Il décida donc de persuader le gouvernement de récompenser les anciens membres de son régiment en leur concédant des terres dans le Haut-Canada. Vu son conservatisme, les États-Unis lui auraient semblé un refuge inacceptable, et il refusa, comme on le lui proposait, d'emmener ses paroissiens aux Antilles. Si le Haut-Canada l'attirait, c'est que bien des Macdonell of Glengarry, combattants loyalistes au moment de la Révolution américaine, s'étaient établis dans la partie est de cette lointaine province, où un comté portait le nom de Glengarry. De plus, en servant dans l'armée, les hommes de McDonell s'étaient fait des amis influents, dont le lieutenant-gouverneur Peter Hunter* ; ce dernier avait été leur commandant en Irlande et les avait assurés d'un accueil à bras ouverts dans le Haut-Canada.

McDonell quitta l'Écosse au début de septembre 1804. La province où il se rendait comptait peu de catholiques, et il y serait le seul prêtre. En traversant le Bas-Canada, il rendit visite au coadjuteur de l'évêque, Joseph-Octave Plessis*, et le 1er novembre 1804 Mgr Pierre Denaut* lui confia la juridiction ecclésiastique. Plessis, qui succéda à Denaut au début de 1806, fut l'unique membre de la hiérarchie canadienne-française avec qui McDonell noua jamais des relations chaleureuses. Décidé à obtenir une subdivision de l'immense diocèse de Québec, qui englobait toute l'Amérique du Nord britannique, il voyait en McDonell non seulement un grand ami, mais aussi un allié utile. Pour commencer, il en fit son vicaire général et l'informa en privé qu'il le nommerait évêque du Haut-Canada *in partibus* dès que la subdivision serait chose faite.

Entre-temps, McDonell s'était installé à St Raphaels, dans le comté de Glengarry, mais son territoire comprenait toute la province. Il veilla à ce que les anciens *fencibles* reçoivent les concessions foncières promises et que des postes d'arpenteur ou de shérif reviennent à ses amis et parents. En outre, à Kingston et à York (Toronto), il fit l'acquisition de terrains en vue d'y construire des églises. C'était le gouverneur en chef, à Montréal, qui lui versait son salaire. Cet arrangement convenait à McDonell car, outre qu'il lui assurait une certaine indépendance par rapport au gouvernement provincial d'York, il symbolisait, à ses yeux, la reconnaissance des autorités. McDonell entreprit aussi une longue campagne afin que le gouvernement haut-canadien rémunère les prêtres et instituteurs catholiques. Selon lui, cette mesure aurait bien des avantages, tant pour l'Église que pour les autorités. Si ces gens tiraient leur subsistance du gouvernement, affirmait-il, ils lui seraient constamment fidèles, et l'État en retour serait tenu de continuer à soutenir l'Église. De plus, si les prêtres catholiques n'avaient plus à compter sur la générosité de leurs paroissiens, ils pourraient exercer une plus grande influence sur eux. Cette proposition reçut

McDonell

d'abord un accueil favorable, mais plusieurs années s'écoulèrent avant son application, qui se fit au prix d'une rupture de McDonell avec John Strachan*, principal représentant de l'Église d'Angleterre dans la province.

La détérioration des relations américano-britanniques donna entre-temps à McDonell une merveilleuse occasion de se faire valoir et, par la suite, de devenir une célébrité provinciale. En 1807, il avait préconisé l'enrôlement des hommes de Glengarry dans la milice ; le colonel Isaac Brock*, entre autres, au courant de son passé militaire, avait applaudi à cette idée. Toutefois, le gouverneur sir James Henry Craig* avait écarté la proposition car, selon lui, McDonell avait plus d'enthousiasme que de compétence pour lever un régiment. À la veille de la guerre, Brock était administrateur du Haut-Canada et commandant des troupes de la province. Il accueillit chaleureusement McDonell, en visite éclair à York, et accepta sans délai la constitution du régiment de Glengarry : pouvoir compter sur des hommes d'une loyauté éprouvée, alors que l'ensemble de la population lui inspirait une profonde méfiance, le rasérénait. Le gouverneur sir George Prevost* donna son accord et le 24 mars 1812, sans attendre l'aval des autorités britanniques, il ordonna la formation du régiment. L'abbé McDonell, bien sûr, en fut l'aumônier.

McDonell déploya aussi son énergie sur d'autres fronts. Il joua un rôle efficace à l'occasion des élections provinciales de 1812 qui, à cause de la menace de guerre, soulevèrent des passions particulièrement fortes. La circonscription de Glengarry était gagnée d'avance : fermement tory, elle était habitée surtout par des membres du clan Macdonell. Selon l'écrivain John Graham Harkness, ce clan « sembl[ait ...] déten[ir] le monopole des honneurs parlementaires » car, « des députés élus à l'Assemblée [...] de 1792 à 1840, tous [sauf deux] étaient liés aux Macdonell par les liens du sang ou du mariage ». Comme Glengarry ne suscitait aucune inquiétude, l'abbé McDonell, sur l'insistance du futur juge en chef, Archibald McLean*, intervint dans la circonscription de Stormont and Russell en faveur du candidat gouvernemental, John Beikie, qui parvint à déloger le député en place, Abraham Marsh, vigoureux critique du gouvernement. Le message de McDonell à la communauté catholique, livré au moment opportun, eut l'effet attendu.

La position de McDonell s'améliora durant la guerre. De tous les problèmes stratégiques de Brock, le plus aigu consistait à maintenir la ligne de communication avec le Bas-Canada, dont les sections navigables étaient très vulnérables aux attaques américaines. En 1813, avec l'approbation de Prevost, McDonell fut chargé, à titre de commissaire, de superviser la construction d'une route qui relierait les deux provinces. Cette nomination accrut d'autant plus

son prestige qu'elle lui permit de dispenser nombre de faveurs dans le district d'Eastern. Quant au Glengarry Light Infantry Fencibles, il s'acquitta admirablement bien de sa mission durant le conflit. L'écrivain William Foster Coffin* comparerait plus tard McDonell à un « homme de l'Église médiévale, mi-évêque, mi-baron, [qui] combattait et priait, avec un zèle égal, aux côtés d'hommes qu'il en était venu à considérer comme ses partisans héréditaires ». On doubla son salaire, et il reçut un appui chaleureux du nouvel administrateur du Haut-Canada, Gordon Drummond*, quand il proposa de nouveau d'inscrire les prêtres catholiques sur la liste de paie du gouvernement. La loyauté avec laquelle les catholiques haut-canadiens avaient soutenu l'effort de guerre, souligna-t-il à Prevost, démontrait combien un leadership solide et constant aurait des effets bénéfiques.

McDonell eut bientôt l'occasion de défendre sa cause à un échelon plus élevé. En juin 1816, Plessis le rejoignit à Kingston pour y consacrer la première église catholique et inaugurer la longue période de service de McDonell dans ce qui allait devenir son siège épiscopal. Plessis estimait que le moment était venu, puisque la guerre était terminée, de réclamer de nouveau la subdivision du diocèse de Québec. C'est McDonell qui allait lui servir d'intermédiaire à Londres. Par la même occasion, il demanderait aux autorités britanniques d'approuver le versement de salaires gouvernementaux aux prêtres et instituteurs catholiques du Haut-Canada et d'intervenir dans ce sens. À l'automne de 1816, il s'embarqua donc à Halifax pour aller s'acquitter de cette double mission.

À son arrivée à Londres, McDonell entreprit de faire pression sur le ministère des Colonies, et ce, durant presque un an. Le secrétaire d'État, lord Bathurst, semblait tout à fait sympathique aux désirs de Plessis mais, comme McDonell le savait fort bien, l'affaire exigeait d'être menée avec grand soin. Il proposa alors à Bathurst qu'on subdivise le diocèse en vicariats apostoliques plutôt qu'en sièges indépendants ; ainsi il ne serait pas nécessaire de faire des désignations territoriales et l'Église d'Angleterre ne s'alarmerait pas. Fait curieux, il adopta une position gallicane et affirma que, comme les vicaires apostoliques devraient leur position au gouvernement britannique, ils devraient aussi lui être fidèles, si bien que l'Empire y trouverait son compte, tout comme, administrativement parlant, l'Église catholique d'Amérique du Nord britannique. Le secrétaire d'État aux Colonies parut convaincu. Sur ce, les autorités britanniques informèrent le Vatican qu'elles étaient favorables à pareille subdivision du diocèse de Québec et lui firent savoir qui elles souhaitaient voir accéder aux postes de vicaire apostolique. McDonell avait dressé la liste des candidats, et son nom y figurait.

McDonell tenta aussi de convaincre Bathurst que le

gouvernement aurait avantage à subvenir aux besoins des prêtres et instituteurs catholiques. Comme le taux d'immigration du Haut-Canada s'était accru depuis la fin de la guerre, il proposa d'ouvrir un séminaire qui, en formant une élite catholique, protégerait les loyaux sujets contre les pernicieuses influences démocrates des États-Unis. Cette élite occuperait aussi des postes clés dans l'administration provinciale. McDonell savait fort bien que John Strachan, récemment nommé conseiller exécutif, faisait confier des fonctions importantes à ses anciens élèves, et il ne voulait pas que les catholiques soient laissés pour compte. Finalement, après avoir subi les assauts de McDonell, Bathurst surmonta ses hésitations et décida d'un compromis. Le 12 mai 1817, il approuva le versement des salaires, mais exigea qu'on les puise dans les revenus du Haut-Canada. McDonell aurait aimé qu'ils proviennent de Londres pour échapper ainsi aux humeurs du gouvernement provincial, mais il dut se contenter de cette demi-victoire.

McDonell avait donc fait un voyage qui, sans être un triomphe personnel, avait été d'une utilité manifeste, et il rentra dans le Haut-Canada tard à l'automne de 1817. Quelque temps s'écoulerait encore avant que ses négociations sur la subdivision du diocèse ne portent fruit. En effet, ce n'est qu'en janvier 1819 que le Vatican nomma McDonell et Angus Bernard MacEachern* vicaires apostoliques et évêques titulaires subordonnés à Plessis, qui devint archevêque. Ce dernier n'avait pas été consulté et, pour diverses raisons, l'arrangement ne lui plut pas. Les brefs du pape ne furent donc jamais exécutés. On délivra de nouveaux brefs en février 1820 : McDonell devint alors évêque titulaire de Rhesaina, suffragant et vicaire général de l'archevêque de Québec. Son intronisation eut lieu à Québec le 31 décembre 1820, en la chapelle du couvent des ursulines.

Entre-temps, Strachan avait entendu dire qu'on nommerait McDonell évêque et que le gouvernement verserait des salaires aux prêtres et instituteurs catholiques, ce qui l'avait indigné. Comme il tenait jalousement à ce que l'Église d'Angleterre conserve ses prérogatives et qu'il craignait de ne pas avoir lui aussi sa mitre, il usa de son influence, comme McDonell l'avait bien prévu, pour empêcher l'affectation de crédits gouvernementaux à ces salaires. La promesse de Bathurst n'allait être honorée que plusieurs années plus tard. Par ailleurs, McDonell avait dû faire face aux changements (récurrents dans la vie politique coloniale) qu'apportait la nomination d'un nouveau lieutenant-gouverneur. En 1818, Francis Gore* avait été remplacé par sir Peregrine Maitland*, qui pendant dix ans allait être au centre des relations de pouvoir dans le Haut-Canada et exercer une influence déterminante dans le complexe réseau de favoritisme qui soutenait l'élite gouvernante. L'aile politique de cette élite avait pour chefs Strachan

et John Beverley Robinson*, qui prirent beaucoup d'ascendant sur le lieutenant-gouverneur. C'est durant le mandat de Maitland que la puissance des membres de ce *family compact* atteignit son apogée ; jamais ils n'auraient la même position auprès de ses successeurs.

En raison de son indubitable loyauté, de ses opinions conservatrices et de son pouvoir sur la population de son district, McDonell était très utile au gouvernement. Certes, il ne pouvait pas appartenir au *family compact,* qui soutenait avec fermeté le statut officiel de l'Église d'Angleterre, mais il partageait sûrement son opposition farouche aux influences républicaines et égalitaristes. En outre, lui aussi était très attaché à la Grande-Bretagne même si, à l'instar de Strachan, il ne fut jamais un colonial servile. Dans la mesure où il appuyait le gouvernement provincial et ses politiques conservatrices, le régime de favoritisme lui était ouvert, les autorités le consultaient sur les questions qui le touchaient, et on prenait sérieusement en considération ses opinions sur les affaires publiques. En fait, il était un membre associé de l'élite gouvernante et, à la fin des années 1820, les radicaux le considéraient comme l'un des partisans les plus influents du gouvernement.

Pour attirer l'attention de Maitland sur sa personne, McDonell profita de ce que les Écossais, dans le Haut et le Bas-Canada, partageaient les mêmes intérêts. Après avoir obtenu une charte de la Highland Society of London, il fonda la Highland Society of Canada en collaboration avec bon nombre des associés et hauts fonctionnaires de la North West Company. Sur son insistance, Maitland accepta d'en être le premier président ; McDonell lui-même se contenta du poste de vice-président. L'évêque et les *Nor'Westers* n'avaient pas pour seul point commun de conserver pour les Highlands un attachement romantique. Les *Nor'Westers* contribuaient à ses campagnes de construction et endossaient ses emprunts bancaires. Quant à lui, il convainquit Plessis de retarder l'envoi d'autres missionnaires à la rivière Rouge parce que, si une colonie réussissait à s'implanter là-bas, elle menacerait les activités de la compagnie. Ce n'est qu'après la fusion de la North West Company et de la Hudson's Bay Company, survenue en 1821, qu'il donna quelque encouragement à Plessis dans son projet d'étendre l'Église dans l'Ouest.

Comme Maitland voyait en McDonell un allié utile, il le nomma au conseil des terres du district d'Eastern, à un comité qui examinait l'achat de terres indiennes ainsi qu'à une commission chargée de régler le vieux contentieux sur les limites du Haut et du Bas-Canada. Encouragé par ces nominations, McDonell demanda à Maitland d'intervenir pour qu'on verse les salaires promis. Cette fois, il renforça son argumentation en faisant valoir que les Irlandais catholiques arrivaient en nombre croissant et que, étant donné leur

McDonell

« tempérament turbulent et [leur] manque de sang-froid », il faudrait les confier aux bons soins de prêtres et d'instituteurs supplémentaires, Irlandais de préférence. Maitland accéda à sa requête. Cependant, tout en étant ravi que les crédits de 1823 incluent les salaires promis depuis longtemps, McDonell décida de se rendre en Angleterre pour percevoir les arrérages que devait, selon lui, le secrétaire d'État aux Colonies.

Un voyage à Londres lui permettrait aussi de faire avancer d'autres dossiers. Plessis espérait encore une subdivision complète du diocèse de Québec – c'est-à-dire que McDonell et les autres vicaires généraux, MacEachern, Jean-Jacques LARTIGUE et Joseph-Norbert Provencher*, deviennent des évêques résidentiels, nantis de leur propre siège épiscopal, qu'ils soient ses suffragants et que lui-même accède au titre d'évêque métropolitain. Le secrétaire d'État aux Colonies s'était montré réfractaire à cette idée, étant donné les conséquences qu'aurait la nomination de quatre autres évêques catholiques indépendants en Amérique du Nord britannique. Toutefois, forts de l'appui du gouverneur lord Dalhousie [RAMSAY], Plessis et McDonell jugeaient que le moment était opportun pour discuter de cette question en privé avec Bathurst.

Par ailleurs, McDonell était intervenu dans le débat politique de plus en plus intense que la proposition d'union du Haut et du Bas-Canada avait soulevé en 1821–1822. En affirmant que le district d'Eastern s'opposait farouchement à cette union, il avait joint sa voix à celles de Strachan et de Robinson pour dire que l'ensemble du Haut-Canada serait irrémédiablement lésé. Louis-Joseph Papineau* l'invita à faire partie de la délégation bas-canadienne qui se rendait à Londres pour protester. McDonell refusa en invoquant le fait qu'il ne pouvait pas se rendre en Grande-Bretagne avant le printemps de 1823 ; cependant, il écrivit de flatteuses lettres d'introduction pour Papineau. Peu de temps après, il changea d'avis sur lui, mais les effets de toute forme d'union sur les Canadiens français le préoccupaient de toute évidence. Il ne fallait pas les pousser à la désaffection, écrivit-il en janvier 1823 à son vieil ami lord Sidmouth. « Les deux Canadas, précisait-il, se remplissent rapidement de radicaux écossais, de rebelles irlandais et de républicains américains » ; la combinaison de ces éléments pourrait mener à la dissolution du lien impérial. Bien qu'écrite en partie pour frapper l'imagination, cette lettre révèle que les intérêts du Haut-Canada n'étaient pas son seul souci.

McDonell quitta le Haut-Canada au printemps ; son voyage durerait plus de deux ans mais aboutirait à la réalisation de presque tous ses objectifs. Après avoir rencontré par hasard John Beverley Robinson à Londres et avoir appris avec soulagement qu'on avait abandonné le projet d'union, il fit un bref séjour dans les Highlands. Ce fut pour lui l'occasion de courtiser John GALT, l'un des fondateurs de la Canada Company. En échange d'un bon nombre de renseignements utiles sur les questions foncières du Haut-Canada, dont le plus récent rapport du département des Terres de la couronne, McDonell reçut des actions de la nouvelle compagnie et, par la suite, un très beau terrain pour construire une église à Guelph, où la compagnie avait son siège. Dès son retour à Londres, il se consacra aux affaires qu'il devait régler avec le ministère des Colonies. Lord Bathurst le surprit passablement en capitulant tout de suite sur la question des arrérages, et la Trésorerie, grâce à l'intervention opportune du cousin de McDonell, Charles Grant, futur baron Glenelg et futur secrétaire d'État aux Colonies, accepta de verser £3 400 pour solde de tout compte. Un autre geste devait témoigner de l'estime dont jouissait McDonell au ministère : Bathurst porta son salaire à £400, décision qui fut bien accueillie par Maitland, Dalhousie et même Strachan.

L'érection de diocèses séparés en Amérique du Nord britannique prit beaucoup plus de temps. Bathurst ne s'y opposait plus comme au début, en partie parce que Dalhousie avait fait pression sur lui. Cependant, malgré les bonnes dispositions de Bathurst, McDonell dut finalement se rendre à Rome, au printemps de 1825, pour assurer au Vatican que la création de nouvelles juridictions catholiques en terre non catholique ne provoquerait pas de réactions défavorables et avait même l'assentiment du gouvernement britannique. On soumit la question à l'assemblée des cardinaux, après quoi la lourde bureaucratie vaticane se mit en branle et, finalement, le pape sanctionna la formation de trois nouveaux diocèses : ceux de Kingston (1826), de Charlottetown (1829) et de la Nouvelle-Écosse (1842).

McDonell retourna à Londres en août 1825 pour célébrer sa victoire avec le secrétaire d'État aux Colonies. Mais il put bientôt constater que Bathurst se préoccupait alors davantage des conséquences de la hausse de l'immigration irlandaise en Amérique du Nord britannique et, en particulier, du danger que ces gens coordonnent leurs activités avec celles de Daniel O'Connell au Royaume-Uni. McDonell profita de l'occasion et demanda des fonds supplémentaires pour des prêtres irlandais qui pourraient tenir bien en main leurs fidèles agités. C'était un avant-goût des années d'anxiété que lui ferait connaître la communauté irlando-catholique du Haut-Canada. De retour au pays à l'automne de 1825, McDonell fit peu après, avec Maitland, une tournée des districts récemment peuplés par des Irlandais dans la vallée de l'Outaouais et obtint son appui. Bien qu'il ait été sympathique à sa cause, le lieutenant-gouverneur ne lui promit pas de fonds, et c'est de Bathurst que McDonell reçut finalement £750 par an. Le secrétaire d'État aux Colonies détournait ces fonds des recettes de la

Canada Company pour rémunérer des prêtres irlandais supplémentaires.

Au début de 1826, le Haut-Canada devint le diocèse de Kingston (ou Regiopolis, comme McDonell le désignait souvent), et McDonell l'évêque en titre. L'annonce de sa nomination fit un peu verdir de jalousie Strachan mais n'empêcha pas McDonell de collaborer avec l'élite gouvernante aux élections provinciales de 1828. Il tenta même, sans succès, de convaincre le procureur général Robinson de se porter candidat dans Glengarry. Cette circonscription était passablement sûre mais, à la consternation de McDonell, les catholiques ne purent s'entendre sur le choix d'un candidat, et c'est un partisan presbytérien du gouvernement qui remporta la victoire. Pire encore, la nouvelle chambre d'Assemblée contenait une majorité de critiques et d'adversaires de l'exécutif, influencés, sinon dirigés, par le radicalisme croissant de William Lyon Mackenzie*.

Aux événements déjà nombreux de cette année-là, s'ajouta l'arrivée d'un nouveau lieutenant-gouverneur. Quel genre d'homme était le successeur de Maitland, sir John Colborne* ? Nul ne le savait. McDonell lui demanderait bientôt de l'aider à orienter les immigrants irlando-catholiques dans les voies de la respectabilité. Parmi ces immigrants de fraîche date, se trouvait un prêtre nommé William John O'GRADY, dont la conduite désordonnée défierait l'influence de l'évêque sur ses ouailles et l'amènerait à se mêler encore davantage de la politique haut-canadienne.

McDonell accueillit bien O'Grady, car il avait la conviction que les prêtres irlandais étaient le mieux à même de diriger les communautés irlando-catholiques. En janvier 1829, il lui confia la fonction importante, et visible, de curé de la capitale provinciale, puisque les catholiques yorkais étaient très majoritairement irlandais. En outre, il fit d'O'Grady son intermédiaire auprès du lieutenant-gouverneur Colborne et fut même assez satisfait de son travail pour lui donner les pouvoirs de vicaire général au début de 1830. Bientôt de troublantes rumeurs se mirent à circuler dans York : on disait qu'O'Grady négligeait ses obligations pastorales, était trop familier avec une femme de la ville et, pire que tout, se mêlait de politique réformiste et était considéré de plus en plus proche de Mackenzie. Pendant l'été de 1832, McDonell résolut de mettre fin à ce scandale en mutant O'Grady à Brockville. Devant le refus de ce dernier, il conclut qu'il n'avait pas d'autre choix que de le suspendre de ses fonctions sacerdotales.

En janvier 1833, O'Grady demanda à Colborne d'intervenir en sa faveur. L'affaire devint extrêmement gênante car les journaux s'en mêlèrent : le *Colonial Advocate* de Mackenzie soutint O'Grady tandis que le *Canadian Freeman*, dont le rédacteur en chef était Francis Collins*, et le *Patriot and Farmer's Monitor* de Thomas DALTON défendirent fermement

l'autorité de l'évêque. Presque chaque semaine, la population pouvait suivre la controverse dans la presse. Cet épisode fut d'autant plus douloureux pour McDonell qu'il avait mis de grands espoirs en O'Grady. D'après lui, la réputation de loyauté et de respectabilité des catholiques était en jeu, et par conséquent l'avenir même de l'Église dans le Haut-Canada. Qu'O'Grady se mêle de politique passait encore, mais qu'il soutienne la mauvaise cause était inacceptable. Jamais McDonell n'aurait concédé que celui qui soutenait le gouvernement faisait autre chose que son devoir. Cependant, il pouvait difficilement dénoncer l'activité politique d'O'Grady sans être accusé d'hypocrisie. Il fallait donc invoquer, contre le prêtre rebelle, l'insubordination à son supérieur religieux.

Colborne ne se laissa pas impressionner par l'argument tortueux d'O'Grady, selon lequel l'autorité sur l'Église était passée de la France à l'Angleterre au moment de la Conquête, ce qui habilitait le lieutenant-gouverneur, en qualité de représentant de la couronne, à intervenir dans le différend. Après avoir consulté ses légistes, Colborne soumit simplement l'affaire au secrétaire d'État aux Colonies, qui reconnut lui aussi l'autorité de l'évêque. Après une visite infructueuse à Rome, O'Grady abandonna la lutte et, en janvier 1834, retourna dans le Haut-Canada où, à titre de journaliste allié à Mackenzie, il continua de harceler l'évêque. Même si on lui avait donné raison dans cette querelle, McDonell en resta profondément marqué. Jamais plus il ne ferait autant confiance à un nouvel arrivant et, à compter de ce moment, il surveilla son clergé de beaucoup plus près. Il n'envisageait pas non plus de renoncer à intervenir ouvertement en politique puisque la réputation de loyauté des catholiques haut-canadiens devait être rebâtie.

La position publique de McDonell, cependant, demeurait solide. Il admirait sincèrement Colborne qui, de son côté, appréciait son appui. Un des premiers objectifs du lieutenant-gouverneur avait été d'élargir la représentativité du Conseil législatif, et l'évêque fut l'un des premiers candidats dont il recommanda la nomination au ministère des Colonies. L'ordonnance qui convoquait McDonell au conseil était datée du 13 septembre 1830 mais, pour des raisons de santé, il ne prêta serment que le 21 novembre 1831. Même s'il n'assistait pas souvent aux réunions, il considérait sa nomination autant comme un honneur personnel que comme une reconnaissance du fait que les catholiques avaient droit à une place dans la vie publique de la province. Toutes les Églises, espérait-il, seraient désormais placées sur un pied d'égalité ; par Églises, il entendait celles d'Angleterre, d'Écosse et de Rome, car toutes les autres n'étaient que des sectes. Colborne et le nouvel administrateur, sir James Kempt*, lui dispensaient un assez grand

McDonell

nombre de faveurs ; ils lui concédaient des terrains pour de nouvelles églises et lui fournissaient de quoi payer de nouveaux prêtres pour prendre en charge les immigrants irlando-catholiques qui ne cessaient d'arriver.

Comme McDonell continuait de participer à des activités partisanes, il était l'une des cibles des fréquentes diatribes de Mackenzie contre l'exécutif provincial. À l'été de 1832, après qu'on l'eut expulsé plusieurs fois de l'Assemblée, Mackenzie porta sa cause devant le ministère des Colonies. Ses nombreuses critiques comprenaient notamment une attaque directe contre la présence de Strachan et de McDonell au Conseil législatif. La réponse du secrétaire d'État aux Colonies, lord Goderich, sous forme d'une longue lettre datée du 8 novembre 1832 et adressée à Colborne – qui devint largement connue sous le nom de mémoire de Goderich –, fit sensation. Tout en écartant les accusations les plus excessives de Mackenzie, Goderich semblait conclure que bien des choses allaient de travers dans la colonie. Il disait notamment à Colborne que la présence constante de McDonell et de Strachan au Conseil législatif ne lui plaisait guère. En février 1833, au conseil, les tories adoptèrent une réplique cuisante dans laquelle ils dénonçaient Mackenzie, rejetaient l'intervention de Goderich qui reposait sur une information incomplète et défendaient ardemment les deux ecclésiastiques. La Chambre haute, affirmaient-ils, devait conserver son indépendance pour continuer de jouer le rôle essentiel de régulateur de la constitution. Si quelque chose menaçait le lien impérial, c'était l'intervention déplacée de fonctionnaires du ministère des Colonies qui agissaient sur la foi de témoignages pervers et malveillants comme celui de Mackenzie. Peu de temps après, lord Stanley remplaça Goderich et l'affaire se calma, mais les tories haut-canadiens avaient démontré qu'ils n'étaient pas des coloniaux soumis. Dans une lettre à Kempt, McDonell présenta le problème en termes fort clairs. L'allégeance des Haut-Canadiens était fragile et autant l'hésitation du gouvernement impérial à soutenir l'exécutif colonial que les machinations d'un homme dépourvu de principes comme Mackenzie pouvaient l'anéantir.

McDonell passa l'année 1833 à York pour rétablir l'harmonie au sein de ses fidèles et tirer parti de son amitié avec Colborne. Mais il avait tout de même 71 ans et aspirait à se fixer à Kingston. Il souhaitait également se libérer des affaires courantes du diocèse. Aussi avait-il entrepris le laborieux processus de convaincre Québec, Londres et le Vatican d'approuver la nomination d'un coadjuteur. Sa position auprès des autorités, tant politiques qu'ecclésiastiques, était telle que la question finit par se régler avec une rapidité surprenante. Il évita d'éventuelles disputes entre ses paroissiens écossais et irlandais en choisissant un prêtre du Bas-Canada, Rémi Gaulin*, qui

parlait anglais. C'était un choix judicieux ; McDonell put lui confier sans crainte l'administration du diocèse. Il gagna toutefois peu de loisirs et dut demeurer sur la scène publique. En effet, les élections de 1834 replongèrent la province dans la tourmente.

Peut-être les tories étaient-ils trop satisfaits d'eux-mêmes, mais ils firent campagne avec mollesse et ne comprirent absolument pas qu'une vague de mécontentement était sur le point de donner aux réformistes la majorité à l'Assemblée. McDonell n'intervint pas à Kingston, où Christopher Alexander HAGERMAN remporta facilement la victoire sur O'Grady. Dans les autres circonscriptions, y compris celles du district d'Eastern, les candidats tories furent battus à plate couture. Dans Glengarry, l'intransigeant conservateur Alexander McMartin* perdit au profit du radical Alexander Chisholm, cousin de McDonell. Ce n'était vraiment pas la faute de l'évêque. Néanmoins, il devenait évident que même les Highlanders pouvaient être gagnés par l'agitation réformiste et que le gouvernement ne pouvait pas prendre leur soutien pour acquis. Les élections aboutirent à la formation d'une Assemblée insoumise où la majorité réformiste, désunie, comptait surtout des modérés, mais aussi un groupe résolu de radicaux dirigés par Mackenzie. McDonell et les tories allaient payer cher leur négligence.

L'évêque et son collègue du Conseil législatif, l'archidiacre John Strachan, étaient parmi les cibles favorites des députés radicaux, ce qui les rapprocha l'un de l'autre. McDonell alla jusqu'à appuyer la croisade que Strachan continuait de mener pour devenir évêque, notamment en écrivant à son cousin lord Glenelg, alors secrétaire d'État aux Colonies. Strachan fut touché par l'appui de McDonell et, même si cette intervention précise fut infructueuse, il devint évêque de Toronto peu de temps après. Comme Mackenzie continuait ses attaques, les deux hommes auraient encore besoin de s'épauler. Celui-ci avait convaincu l'Assemblée, en 1835, de créer un comité spécial qui, sous sa présidence, étudierait les griefs de la province ; il consacra un temps étonnant à harceler McDonell et Strachan. Nombre des éléments sur lesquels il s'appuyait provenaient des lettres personnelles que McDonell avait écrites à O'Grady pendant que celui-ci faisait fonction de vicaire général. Peu de réformistes modérés prenaient l'ancien prêtre au sérieux, mais l'affaire embarrassa beaucoup McDonell.

Croyant à tort que le rapport du comité spécial reflétait l'opinion bien réfléchie de l'Assemblée, le ministère des Colonies conclut que la situation haut-canadienne était inquiétante et décida de remplacer Colborne. McDonell se porta alors à sa défense et, en décembre 1835, dans une lettre amère à son cousin Glenelg, dénonça Mackenzie et ses fulminations iniques. Entre-temps, Mackenzie avait lancé une enquête sur les fonds que l'évêque recevait de la Canada Company et il exigeait des comptes. McDonell refusa carrément et Glenelg l'appuya.

Arrivé en janvier 1836, le nouveau lieutenant-gouverneur, sir Francis Bond Head*, reçut de l'Assemblée, peu de temps après, une requête qui exigeait notamment que l'on contraigne McDonell et Strachan à démissionner du Conseil législatif. Quand il demanda à Mcdonell ce qu'il en pensait, ce dernier refusa fermement de quitter son poste. Il n'avait nulle intention de commettre, « à la fin de [sa] vie, l'idiotie de renoncer à l'honneur que [lui] a[vait] conféré [son] souverain pour flatter la malveillance vindicative de quelques radicaux dépourvus de principes ». Il défendit aussi Strachan en disant : « Jamais je ne l'ai vu s'engager dans quelque discussion politique que ce soit ! » La « politique », c'était ce à quoi se livraient les adversaires du gouvernement. Apparemment, Head et Glenelg furent satisfaits de sa réponse.

De toute façon, cette querelle perdit bientôt toute importance car les relations entre Head et l'Assemblée aboutirent dans une impasse. Pendant l'été de 1836 eut lieu la campagne électorale la plus violente que la province ait connue jusqu'alors. McDonell se consacra tout entier au district d'Eastern. Le débat était clair : défense de la constitution contre déloyauté. L'évêque fit paraître une adresse « aux propriétaires fonciers catholiques et protestants des comtés de Stormont et de Glengarry ». Il accusait les radicaux de vouloir briser le lien impérial et d'empêcher l'affectation des fonds nécessaires aux routes, canaux et autres ouvrages, puis il poursuivait en qualifiant sir Francis d'authentique réformiste. Même l'ordre d'Orange salua son discours en annulant le défilé qu'il faisait traditionnellement dans la capitale le 12 juillet et en portant un toast au patriotisme de l'évêque. Les candidats gouvernementaux remportèrent 10 des 11 sièges du district. McDonell et les tories semblaient assez contents du résultat, mais la défaite électorale conduirait bientôt Mackenzie à des mesures plus désespérées.

McDonell usa de son crédit considérable auprès de Head et de l'exécutif pour faire adopter au début de 1837 le projet de loi de constitution d'un séminaire. Cependant, les catholiques du Haut-Canada, il le savait bien, n'avaient pas les moyens de financer cet établissement. Il devait donc envisager de retourner en Grande-Bretagne afin d'aller y chercher des fonds pour une dotation convenable. Mais bientôt la situation du Haut-Canada l'absorba de nouveau. La hiérarchie catholique cherchait encore à obtenir la création d'une nouvelle province ecclésiastique en Amérique du Nord britannique. Il fallait donc, et ce n'était pas facile, convaincre le gouvernement britannique de reconnaître l'évêque catholique de Québec comme métropolitain sans provoquer l'anxiété de l'Église d'Angleterre. Les évêques bas-canadiens se tournèrent de nouveau vers McDonell, qui fit une longue visite à Montréal et à Québec pendant l'été de 1837. Il persuada le gouverneur, lord Gosford [ACHESON], d'intervenir auprès de Londres, mais cette affaire lui donnait une raison de plus de se rendre en Grande-Bretagne.

De retour à Kingston au début de l'automne de 1837 pour préparer son départ, McDonell trouva la province dans une grande agitation. Maintenant que nombre de réformistes modérés, dont Robert Baldwin* et Marshall Spring Bidwell*, avaient quitté la politique active, Mackenzie fustigeait au hasard l'ensemble de ses adversaires, qui étaient nombreux. Et, fait aussi important peut-être, les tories avaient perdu confiance en Head, dont les idées sur le développement économique, et surtout sur les banques, étaient contraires aux leurs. Malgré son implacable opposition à Mackenzie, McDonell n'était pas sourd au ressentiment qu'engendrait la domination de l'oligarchie. Dans une lettre écrite à lord Durham [LAMBTON] après la rébellion, il condamna les radicaux mais ne put s'empêcher de souligner que bien des Haut-Canadiens s'irritaient de voir « un certain groupe, à Toronto et dans la région, exercer trop de pouvoir et avoir une influence selon eux excessive […] à tel point qu'il n'y a[vait] guère de postes de confiance ni de postes rémunérateurs qui [n'étaient] occupés par [les membres de ce groupe] ou leurs amis ». Si l'on ajoute à cela le vieux débat des réserves du clergé et des prétentions de l'Église d'Angleterre, la position de McDonell n'était pas très éloignée de celle des réformistes modérés. Cependant, sur la question de la rébellion, il ne pouvait y avoir de position mitoyenne.

Les incidents frontaliers de 1838 tourmentèrent beaucoup McDonell : une bonne partie de la population du Haut-Canada lui semblait peu sûre, les militaires lui paraissaient toujours agir avec ineptie, et il invoqua ses exploits passés pour prôner la formation de régiments de miliciens qui défendraient la province. Quand les choses se calmèrent, c'est un problème familier qui se posa à lui, soit de s'habituer à un nouveau lieutenant-gouverneur. Il fut le premier signataire d'une adresse de bienvenue à sir George Arthur* de la part d'un impressionnant groupe de notables de Kingston. Les deux hommes allaient s'entendre à merveille. En outre, il pressa lord Durham de régler la question des réserves du clergé qui, selon lui, était la plus inquiétante. Durham inclut la lettre de McDonell dans son *Rapport* pour étayer sa critique virulente des réserves. Quand, après le départ de Durham, la rébellion éclata de nouveau dans le Bas-Canada, McDonell, « aussi vieux et perclus » qu'il ait été, offrit même de faire campagne à la tête des membres de son clan. Arthur déclina poliment son offre mais suivit ses conseils en matière de nominations. Le geste le plus efficace de l'évêque fut d'écrire

MacDonell

aux habitants du comté de Glengarry une adresse qui connut une large diffusion et qui les invitait à soutenir le gouvernement. Encouragé par Arthur, il publia une adresse semblable à l'intention des catholiques irlandais de la province.

En 1839, une fois passée la menace d'invasion, les hommes politiques se mirent à débattre de l'exécutif « responsable » recommandé par Durham. McDonell ne prit aucune part aux discussions. Il se préparait à se rendre enfin en Angleterre et en Écosse afin de recueillir des fonds pour son séminaire, le Regiopolis College, dont, plein d'espoir, il posa la première pierre en juin. Sir George Arthur se montra aussi encourageant que possible et proposa même de le nommer officiellement agent provincial d'immigration et de payer ses dépenses. McDonell s'embarqua à Montréal le 20 juin 1839.

Après une quarantaine d'années, McDonell était bien connu au ministère des Colonies, mais en fait il ne put faire grand-chose pour convaincre les fonctionnaires que lui-même et son Église avaient droit à une part des réserves du clergé. L'énergique Charles Edward Poulett THOMSON, qui allait être nommé gouverneur en septembre, préparait justement un plan en vue de leur répartition. McDonell fut donc bien accueilli, mais sa tâche se révéla impossible : il allait devoir compter sur des fonds privés pour faire vivre son séminaire. Au début d'octobre, pour honorer ses engagements envers sir George Arthur, il se rendit en Écosse, puis en Irlande, dans l'espoir de convaincre les évêques d'appuyer ses projets d'émigration. Une pneumonie le terrassa à Dublin et, après une rémission apparente, il retourna en Écosse. Mais, pris d'une faiblesse, il mourut à Dumfries le 14 janvier 1840.

Le décès d'Alexander McDonell coïncida presque exactement avec la fin du Haut-Canada comme province distincte. Les valeurs qu'il jugeait essentielles à la véritable liberté – ordre, stabilité, respect de l'autorité – allaient aussi disparaître de la philosophie des tories haut-canadiens. Son profond conservatisme social et politique deviendrait aussi désuet que l'oligarchie qu'il avait combattue et avec laquelle il avait coopéré dans le but de faire du Haut-Canada un havre britannique pour les Écossais et les Irlandais catholiques.

J. E. REA

Cette biographie a été rédigée presque exclusivement à partir de sources de première main.

AO, MS 4 ; MS 35 (mfm aux APC) ; MS 78 ; MS 498 ; MU 1147 ; MU 1966–1973 ; MU 3389–3390 (photocopies aux APC). — APC, MG 19, A35 ; MG 24, A27 ; A40 ; J1 ; J13, Alexander McDonell, « The Glengarry Highlanders » (copie) ; RG 1, E3 ; RG 5, A1 ; C2 ; RG 7, G1 ; RG 8, I (C sér.). — Arch. of the Archdiocese of Kingston (Kingston, Ontario), A (Alexander MacDonell papers). — Arch. of the Roman Catholic Archdiocese of Toronto, M (Macdonell papers). — Archivio della Propaganda Fide (Rome). — PRO, CO 42. — Scottish Catholic Arch. (Édimbourg), Blairs letters ; Preshome letters. — SRO, GD45 (mfm aux APC). — Arthur papers (Sanderson). — H.-C., House of Assembly, Journals ; Legislative Council, Journals. Canadian Freeman. — Chronicle & Gazette. — Colonial Advocate. — Kingston Chronicle. — Kingston Gazette. — Patriot (Toronto). — Caron, « Inv. de la corr. de Mgr Plessis », ANQ Rapport, 1927–1928, 1928–1929, 1932–1933. — Desrosiers, « Inv. de la corr. de Mgr Lartigue », ANQ Rapport, 1941–1942, 1942–1943, 1943–1944, 1944–1945, 1945–1946. — Craig, Upper Canada. — J. G. Harkness, Stormont, Dundas and Glengarry : a history, 1784–1943 (Oshawa, Ontario, 1946). — Lemieux, l'Établissement de la première prov. eccl. — H. J. Somers, The life and times of the Hon. and Rt. Rev. Alexander Macdonell [...] (Washington, 1931). — Maurice Taylor, The Scots College in Spain (Valladolid, Espagne, 1971). — K. M. Toomey, Alexander Macdonell, the Scottish years : 1762–1804 (Toronto, 1985).

MacDONELL, ALEXANDER, prêtre catholique, né en 1782 à Knockfin (près de Kiltarlity, Écosse), fils de Hugh MacDonell et de Mary Chisholm ; décédé le 19 septembre 1841 à Indian Point (comté d'Inverness, Nouvelle-Écosse).

Alexander MacDonell fit ses études de théologie au College of Killechiarain, à Lismore, en Écosse, de 1803 à 1808. L'évêque John Chisholm l'ordonna prêtre un dimanche de Pâques, le 17 avril 1808, de même que Colin P. GRANT, autre missionnaire catholique des Highlands qui servit en Nouvelle-Écosse. Après son ordination, MacDonell fut affecté dans une mission de Kintail, en Écosse, qu'il dut abandonner en 1811 pour des raisons de santé. À l'automne, il arriva en Nouvelle-Écosse, mais on ignore s'il avait simplement décidé d'y immigrer de son propre chef ou si on l'y avait invité.

Peu après son arrivée, MacDonell devint l'assistant d'Alexander MacDonald dans la paroisse d'Arisaig. Ses premiers mois dans la province furent éprouvants : comme il était l'un des rares missionnaires à parler le gaélique, il devait couvrir un vaste territoire, à pied, à cheval ou en bateau. Tout en s'occupant d'Arisaig, il exerça quelque temps son ministère à Antigonish et parcourut la partie ouest du Cap-Breton. Sa santé lui donna cependant des soucis tout au long de cette période ; d'ailleurs, à la visite pastorale de Mgr Joseph-Octave Plessis* en 1811, l'évêque le trouva maladif. À cette occasion, il lui conseilla d'étudier davantage afin de combler des lacunes dans sa formation théologique, mais en raison de ses énormes responsabilités MacDonell ne put mettre ce conseil en pratique qu'en 1815. Cette année-là, pendant quatre mois, il étudia auprès de François Lejamtel* à Arichat, en Nouvelle-Écosse, puis rentra à Arisaig en novembre.

En avril 1816, la mort de son supérieur, MacDonald, vint alourdir considérablement la charge de travail de MacDonell. Pendant deux ans, il continua de desservir Arisaig et fit du travail missionnaire au Cap-Breton ; en outre, d'octobre 1816 à septembre 1817, il remplaça l'abbé Rémi Gaulin* auprès des fidèles d'Antigonish. Ses paroissiens d'Arisaig, apparemment satisfaits de son œuvre pastorale, demandèrent à Mgr Plessis de l'autoriser à demeurer auprès d'eux. Même si MacDonell n'était pas l'initiateur de cette requête, le vicaire général de la Nouvelle-Écosse, Edmund Burke*, prit pour acquis qu'il l'était et manifesta sa contrariété en faisant valoir à Plessis qu'il serait peut-être préférable qu'on affecte MacDonell au Cap-Breton ou qu'il rentre en Écosse. Plessis le nomma officiellement au Cap-Breton le 15 avril 1818.

À son arrivée là-bas, MacDonell s'installa, dit-on, chez un cousin qui vivait à Indian Point. Il choisit le district de Judique comme point d'attache et, en dépit de sa santé toujours mauvaise, exerça son ministère auprès de tous les Highlanders catholiques de ce qui est aujourd'hui le comté d'Inverness. Au début des années 1820, le Cap-Breton comptait sept villages d'Écossais catholiques et seulement deux prêtres pour les desservir, soit MacDonell et William Fraser*. Le vicaire général de l'Île-du-Prince-Édouard, Angus Bernard MacEachern*, qui assumait la responsabilité du Cap-Breton au début des années 1820, le rencontra à sa première visite pastorale, en 1823. MacDonell, rapporta-t-il, avait besoin d'assistance pour s'occuper de sa vaste mission puisque « il [était] trop lourd pour se déplacer en raquettes et [qu']aucun cheval ne [pouvait] le transporter dans la neige épaisse ». Une autre fois, MacEachern se dit convaincu que MacDonell était tout simplement trop lent pour couvrir son territoire de façon satisfaisante. Le corpulent MacDonell se déplaçait peut-être avec lenteur, mais il ne manquait sûrement pas d'efficacité : avec la collaboration d'autres personnes, il fit construire plusieurs églises, s'occupa de questions éducatives et acquit quelque influence sur le plan politique. En outre, on doit reconnaître qu'avec MacEachern, Grant et Fraser, il contribua à maintenir la position de l'Église catholique dans le nord-est de la Nouvelle-Écosse.

Épuisé par son labeur missionnaire, Alexander MacDonell mourut à Indian Point le 19 septembre 1841 ; jusqu'à ce jour, aucun autre prêtre n'avait servi plus longtemps que lui dans ce qui est devenu le diocèse d'Antigonish. C'est le père Vincent de Paul [Jacques Merle*] qui l'inhuma dans le vieux cimetière mais, en 1894, on transféra ses restes dans le nouveau. Encore aujourd'hui, on chérit sa mémoire dans la région de Judique. Si, parmi ses collègues de la Nouvelle-Écosse, Burke semble l'avoir plutôt méprisé – il parlait de ses « aptitudes très limitées » – Fraser, lui, se montrait plus impressionné. En 1828, devenu vicaire apostolique de la Nouvelle-Écosse, il notait : « [MacDonell] a la corpulence de l'éléphant et, comme l'éléphant, il est d'un bon naturel. Il n'est pas assez actif, mais cela, on ne peut l'espérer ; par ailleurs, il est exemplaire. »

RAYMOND A. MacLEAN

AAQ, 210 A, VIII : 301 ; IX : 354 ; 310 CN, I : 92 ; 312 CN, IV : 3, 122, 125 (copies aux Arch. of the Diocese of Antigonish, N.-É.). — Arch. of Scots College (Pontifical) (Rome), Vicars Apostolic, 12, A. B. MacEachern à Angus MacDonald, 10 août 1830 (copie aux Arch. of the Diocese of Antigonish). — Arch. of the Diocese of Antigonish, Files of the diocesan historian, A. A. Johnston, manuscript sketches, n° 97 (Alexander MacDonell). — PANS, RG 14, 39, 1841, n°s 60, 64. — [H.-R. Casgrain], Mémoire sur les missions de la Nouvelle-Écosse, du Cap-Breton et de l'île du Prince-Édouard de 1760 à 1820 [...] réponse aux Memoirs of Bishop Burke par Mgr O'Brien [...] (Québec, 1895). — J.-O. Plessis, « Journal de deux voyages apostoliques dans le golfe Saint-Laurent et les provinces d'en bas, en 1811 et 1812 [...] », le Foyer canadien (Québec), 3 (1865) : 73, 105 ; Journal des visites pastorales de 1815 et 1816, par Monseigneur Joseph-Octave Plessis, évêque de Québec, Henri Têtu, édit. (Québec, 1903), 61. — Caron, « Inv. de la corr. de Mgr Plessis », ANQ Rapport, 1927–1928 ; 1928–1929 ; 1932–1933. — Mabou pioneers [...], A. D. MacDonald et Reginald Rankin, édit. (2 vol., [Mabou, N.-É., 1952]–1977). — Tanguay, Répertoire (1893). — A. A. Johnston, A history of the Catholic Church in eastern Nova Scotia (2 vol., Antigonish, 1960–1971). — J. L. MacDougall, History of Inverness County, Nova Scotia ([Truro, N.-É., 1922] ; réimpr., Belleville, Ontario, 1976). — J. C. Macmillan, The early history of the Catholic Church in Prince Edward Island (Québec, 1905). — Cornelius O'Brien, Memoirs of Rt. Rev. Edmund Burke, bishop of Zion, first vicar apostolic of Nova Scotia (Ottawa, 1894). — [Sagart Arisaig (Ronald McGillivray)], History of Antigonish, R. A. MacLean, édit. (2 vol., [Antigonish], 1976).

McDONELL, JOHN, dit Le Prêtre (il signa **Macdonell** à partir des années 1830), officier de milice, trafiquant de fourrures, homme d'affaires, juge, fonctionnaire et homme politique, né le 30 novembre 1768 en Écosse, fils de John McDonell of Scothouse ; décédé le 17 avril 1850 à Pointe-Fortune, Haut-Canada.

John McDonell appartenait à une éminente famille catholique, les McDonell of Scothouse (Scotus), de l'île de Skye, qui jouissaient d'une longue tradition militaire. Son père, surnommé Spanish John pour avoir servi dans l'armée espagnole durant la guerre contre les Autrichiens dans les années 1740, avait appuyé la cause des Stuart avant d'immigrer dans le Nouveau Monde. En 1773, il partit avec sa famille et environ 600 membres du clan Macdonell of Glengarry pour la colonie de New York et s'installa dans la vallée de la Mohawk. Pendant la Révolution américaine, Spanish John et son fils aîné, Miles Macdonell*, premier gouverneur d'Assiniboia (1811–1815), se joignirent aux forces loyalistes. Le jeune John servit

McDonell

un certain temps dans la milice après 1788, année où l'on publia sa nomination au grade d'enseigne dans le bataillon de Cornwall and Osnabruck. Entre-temps, sa famille était partie pour la province de Québec et s'était installée près de ce qui est aujourd'hui Cornwall.

En mai 1793, John travaillait à titre de commis pour la North West Company, qui l'envoya à l'ouest, dans la vallée de la rivière Qu'Appelle. Il gravit rapidement les échelons et, vers 1796, il était devenu associé hivernant. Trois ans plus tard, il avait la responsabilité du département du haut de la rivière Rouge et y demeura jusqu'en 1809, lorsqu'on lui confia le département de l'Athabasca. C'est durant son séjour dans le Nord-Ouest qu'on le surnomma Le Prêtre, sans doute à cause de sa piété et de son insistance pour que ses hommes observent les fêtes catholiques.

Au début du printemps de 1812, McDonell se préparait à quitter le Nord-Ouest pour aller faire son tour de service à Montréal. Dans une lettre adressée à son frère Miles en juillet, il se dit incertain de revenir à l'intérieur du pays et, de fait, il quitta la North West Company cette année-là. En juillet, à son arrivée au fort William (Thunder Bay, Ontario), il apprit que la guerre venait d'éclater avec les États-Unis et il décida de se joindre à des trafiquants qui voulaient attaquer la garnison américaine à Michillimakinac (Mackinac Island, Michigan). L'expédition réussit [V. Charles Roberts*], mais McDonell et ses amis arrivèrent trop tard pour y prendre part. En octobre, il reçut une commission de capitaine dans le Corps of Canadian Voyageurs et fut capturé au cours de la bataille de Saint-Régis, après seulement trois semaines de service. En avril 1813, il était établi dans la vallée inférieure de l'Outaouais, où il avait acheté 1 000 acres de terre, situées dans le canton de Hawkesbury et près de Pointe-Fortune, sur la frontière provinciale. À quand remontait son installation ? On ne sait trop. Il est possible qu'il soit demeuré quelque part dans le Haut ou le Bas-Canada pendant au moins une partie de 1814 ; toutefois, il signala plus tard qu'il était à l'intérieur du pays cette année-là. D'autres sources suggèrent qu'en 1814 McDonell songeait à se retirer dans la colonie de la Rivière-Rouge (Manitoba), où le comte de Selkirk [Douglas*] avait offert de lui concéder un canton de 10 000 acres.

Il semble que McDonell déclina cette offre, puisque vers 1817 il était déjà établi dans la partie haut-canadienne de Pointe-Fortune, où il se construisit une grande maison, Poplar Villa, et se mit à cultiver la terre. Il emménagea avec Magdeleine Poitras, une Métisse qu'il avait épousée à la façon du pays quelque temps avant 1797. En juin 1812, à son retour de l'intérieur du pays, il avait écrit à son frère Miles qu'elle était avec lui depuis 18 ans, c'est-à-dire depuis qu'elle était venue se mettre « sous [sa] protection » à l'âge de 11 ans. Toujours conscient de son devoir, il

n'avait pas l'intention d'imiter les nombreux trafiquants de fourrures qui laissaient leur femme derrière lorsqu'ils allaient prendre leur retraite dans l'Est, pratique qu'il jugeait « cruelle ». Il avait plutôt décidé d'emmener Magdeleine et d'assurer à ses enfants une « éducation de base, de sorte qu'ils puissent faire leur chemin dans la vie [en exerçant] un métier honnête ». Il avait déjà envoyé instruire trois enfants dans l'Est et avait emmené les trois autres avec leur mère en 1813. L'année précédente, avant l'expédition de Michillimakinac, il avait fait un testament qui répartissait ses biens en parts égales entre ses enfants et prévoyait une rente de £50 pour Magdeleine. Il se peut toutefois qu'il n'ait jamais fait les démarches voulues pour garantir leurs droits sur ses biens. Un contrat de mariage avait été rédigé le 13 avril 1813, juste avant que McDonell achète la terre de Pointe-Fortune, mais le mariage n'eut manifestement pas lieu. Le 24 avril 1853, trois ans après la mort de John, Magdeleine fit dresser un acte de mariage posthume pour s'assurer qu'elle et ses enfants – ils avaient eu quatre fils et deux filles – seraient les héritiers légaux.

Une fois établi à Pointe-Fortune, McDonell devint le principal homme d'affaires de la région. Il ouvrit un magasin général au village et, en 1819, il était devenu l'un des premiers membres du réseau de transitaires qui assuraient le transport des marchandises sur la rivière des Outaouais, en direction et en provenance de Montréal. Il était associé aux firmes Grant and Duff et Whiting and Crane, qui toutes deux faisaient du transit aussi bien sur cette rivière que sur le Saint-Laurent. Entre Pointe-Fortune et Hull, il travailla avec Thomas Mears, de Hawkesbury Mills, et Philemon WRIGHT, de Hull. Vers 1819, il investit dans un bateau à vapeur ; cette initiative était cependant vouée à l'échec, puisque le navire (alors à Lachine) avait un trop fort tirant d'eau, comme Miles le lui avait d'ailleurs dit en octobre 1819.

Homme de grande taille (au moins six pieds et trois pouces) qui revêtait à l'occasion le costume traditionnel des Highlands, McDonell s'intéressa activement aux affaires publiques. En 1816, on le nomma juge de la Cour de district d'Ottawa, poste qu'il conserva pendant neuf ans ; il servit aussi à titre de commissaire de la voirie du district. De 1817 à 1820, il représenta la circonscription de Prescott à la chambre d'Assemblée du Haut-Canada et, en 1822, reçut le grade de colonel dans la Prescott Reserve Militia.

Malgré ses succès en affaires et sur la scène publique, John McDonell ne parvint jamais à la sécurité et à la stabilité financières. Son placement dans le vapeur se solda sans aucun doute par une perte. De plus, il donna sans compter aux églises, aux écoles et à sa famille. Mgr Alexander McDONELL, évêque de Kingston, faisait régulièrement appel à sa générosité. Son frère Miles, qui avait toujours besoin d'argent, effectuait des retraits répétés de son compte à la North West Company ; il faisait instruire ses filles à Montréal, à grands frais, et c'est John qui payait en grande partie ces dépenses. C'est également John qui s'occupa de Miles lorsque ce dernier tomba malade une fois revenu de l'intérieur du pays. Poplar Villa contribua peut-être aussi à sa détresse financière. En 1820, le gouverneur lord Dalhousie [RAMSAY] reconnaissait que McDonell avait fait fortune avec la North West Company, mais il ajoutait : « comme un fou [... il] a dépensé tout son avoir dans une grosse maison, qu'il dit ne pas pouvoir maintenant se permettre de meubler ». Cette situation amena McDonell à prendre de nombreuses hypothèques sur sa propriété. En 1830, il avait un tel besoin d'argent que, pour tenter de le libérer de sa dette, Donald Æneas MacDonell*, le fils de Miles, jugea nécessaire de céder par écrit ses droits personnels sur l'argent que la succession de Selkirk devait à son père. Les sommes dues par Selkirk ne purent cependant pas être recouvrées et, en 1842, John Mcdonell dut mettre en vente sa maison et son domaine. D'une façon ou d'une autre, il parvint à garder sa maison, où il mourut huit ans plus tard. On l'enterra de l'autre côté de la rivière, à St Andrews (Saint-André-Est, Québec).

HERBERT J. MAYS

Le journal de John McDonell a été publié sous les titres de « Mr John McDonnell : some account of the Red River (about 1797), with extracts from his journal », les Bourgeois de la Compagnie du Nord-Ouest (Masson), 1 : 265–295, et « The diary of John Macdonell », Five fur traders of the northwest [...], C. M. Gates, édit. ([2e éd.], St Paul, Minn., 1965), 61–119.

AO, MU 1780, A-1-1–A-4. — APC, MG 19, E1 ; E4 ; MG 25, 62 : 653–658. — Ont. Heritage Foundation, Property Restoration Unit (Toronto), T. A. Reitz, « Macdonell House, Pointe Fortune, Ontario » (archaeological research report, 1981). — « Journals of Legislative Assembly of U.C. », AO Report, 1912 : 369. — Ramsay, Dalhousie journals (Whitelaw), 2 : 33–34. — Chadwick, Ontarian families. — Legislators and legislatures of Ont. (Forman), 1 : 43. — Reid, Loyalists in Ont., 196. — Brown, Strangers in blood. — J. M. Gray, Lord Selkirk of Red River (Toronto, 1963). — Ruth McKenzie, « The John Macdonell House, "Poplar Villa", Point Fortune, Ontario » (copie dactylographiée, Environnement Canada – Parks, agenda report, no 1969-10, 1969 ; copie à Canada, Parcs Canada, Commission des lieux et monuments hist., Ottawa). — Morton, Hist. of Canadian west (1939). — Rich, Fur trade (1967). — Van Kirk, « Many tender ties ». — M. [E.] Wilkins Campbell, The North West Company (Toronto, 1957). — J. G. Harkness, « Miles Macdonell », OH, 40 (1948) : 77–83. — A.-G. Morice, « A Canadian pioneer : Spanish John », CHR, 10 (1929) : 212–235 ; « Sidelights on the careers of Miles Macdonell and his brothers », 308–332.

McDONELL (Collachie), ALEXANDER, officier dans l'armée et dans la milice, fonctionnaire, homme politique et agent foncier, né le 16 avril 1762 à Fort Augustus, Écosse, deuxième fils d'Allan McDonell of Collachie et de Helen MacNab, et frère d'Angus* ; au début de 1805, il épousa à York (Toronto) Anne Smith, sœur de Samuel Smith*, et ils eurent cinq fils, dont Allan Macdonell*, et deux filles ; décédé le 18 mars 1842 à Toronto.

Dans les années 1770, à l'instar d'autres familles de tacksmen des Highlands d'Écosse, surtout celles qui étaient de foi catholique, les McDonell of Collachie décidèrent d'émigrer en Amérique du Nord pour échapper aux étouffantes exigences économiques de leur chef de clan. En compagnie d'autres familles de MacDonald et de MacDonell, ils débarquèrent à New York en 1773 et s'établirent, sous le parrainage de sir William Johnson*, au cœur de la vallée de la Mohawk. Dès le début de la Révolution américaine, Allan McDonell se porta à la défense de la couronne avec les membres de son clan. Emprisonné par les rebelles en 1776, et détenu jusqu'en 1779, il s'enfuit dans la province de Québec et devint pensionné loyaliste. Son fils Alexander s'enrôla en 1776 comme volontaire dans le 1er bataillon des Royal Highland Emigrants, avec lequel il fit campagne dans les états du Centre et participa à l'occupation de Philadelphie. Après l'évacuation de cette ville, il se rendit à Québec et reçut une commission de lieutenant dans les Butler's Rangers. Pendant les dernières années de la guerre, il mena plusieurs raids dans la vallée de la Mohawk. Officier à la demi-solde, Alexander rejoignit sa famille à Québec puis l'accompagna à Kingston en 1790. Pendant les hostilités, il s'était lié d'amitié avec John Graves Simcoe*, qui lui donna en 1792 un poste important dans le Haut-Canada, celui de shérif du district de Home ; cinq ans plus tard, il élut domicile à York. En 1793, il organisa et fit, sous la direction de Simcoe, une expédition au lac Simcoe et dans la baie Géorgienne ; sa connaissance du français, de l'anglais, du gaélique et des langues indiennes se révéla alors utile, comme elle allait l'être en d'autres occasions tout au long de sa carrière.

Demeuré dans les bonnes grâces des autorités haut-canadiennes après le départ de Simcoe en 1796, McDonell fut élu, en 1800, député de la circonscription de Glengarry and Prescott. Il allait siéger à l'Assemblée par intermittence durant plus de 20 ans. Sans aucun doute, les électeurs highlanders de Glengarry le choisissaient comme représentant à cause de ses liens familiaux et parce qu'il résidait à York. À la session de 1804, il appuya sans succès une motion qui visait à remplacer le nom d'York par celui de Toronto et ne réussit pas non plus à convaincre la majorité de soutenir un projet de loi qui exigeait l'ouverture d'une école dans tous les districts de la province. Un fragment de son journal de 1799 indique que, à l'instar des quelques autres membres de l'élite et célibataires qui habitaient la petite capitale provinciale, il dînait au mess, buvait du thé et du vin en abondance et passait ses soirées à jouer au whist. Au début de 1800, il servit de témoin à John Small* à l'occasion du célèbre duel où le procureur général John White* fut blessé à mort. Quelques années plus tôt, il avait lui-même été provoqué en duel par William Jarvis*.

En 1804, McDonell devint l'agent du comte de Selkirk [Douglas*] dans le Haut-Canada. Selkirk avait fait sa connaissance à la fin de l'année précédente, au cours de sa tournée éclair de l'Amérique du Nord, et McDonell l'avait impressionné. Le comte préféra toujours prendre des Highlanders catholiques comme subalternes, et McDonell, en raison de ses relations politiques et sociales, semblait tout désigné pour superviser le domaine personnel de Selkirk et l'établissement que ce dernier envisageait de fonder près du lac Saint-Clair. Le lieutenant-gouverneur Peter Hunter* tenta bien de le prévenir des faiblesses de McDonell, mais en vain. Hélas ! Baldoon (tel était le nom de l'établissement) ne fut pas une réussite, non plus que la gérance que McDonell y exerça. Selkirk et son agent n'avaient pas prévu combien il serait difficile et coûteux de fonder une colonie de peuplement dans un coin perdu, loin des voies de communication et de commerce. Le comte voulait préserver de l'assimilation ses colons highlanders, et il avait passablement raison de croire que l'emplacement serait idéal pour l'élevage du mouton, surtout à cause des marais avoisinants. Toutefois, ces marais abritaient des moustiques porteurs de malaria, et l'endroit risquait d'être ravagé par les Américains en cas de guerre.

Ce qu'il fallait à Selkirk, même avant la mort de son administrateur résidant, William Burn*, en septembre 1804, c'était un superviseur digne de confiance qui demeurerait sur les lieux. McDonell avait bien accepté, en juin 1804, de s'installer tout près, à Sandwich (Windsor), et de se vouer aux affaires de Selkirk. Tenu par lui d'abandonner toutes ses autres charges, il avait convenu, notait Selkirk, « qu'en acceptant de devenir [son] agent, il prenait un poste permanent et renonçait tout à fait à demander une promotion au gouvernement, soit de lui-même ou par l'intermédiaire de ses amis ». Mais McDonell oublia vite ses promesses. À cause de ses obligations politiques (il fut président de l'Assemblée de 1805 à 1807) et de son ambition d'obtenir des places, tout comme de son mariage en 1805, il s'enracina à York et passa de moins en moins de temps à Baldoon, où les problèmes abondaient.

Plutôt qu'un superviseur résidant, McDonell devint vite un trésorier absentéiste qui n'arrivait ni à comprimer les dépenses ni à maîtriser les rétifs Highlanders arrivés à Baldoon en 1804. Des lacunes comptables et la conversion des monnaies empêchent

d'évaluer avec précision combien Baldoon coûta à Selkirk, mais il est sûr que la somme dépassa les £10 000 (cours d'Angleterre) – tout cela pour n'aboutir pratiquement qu'à des milliers d'acres en friche. En toute justice, il faut noter que McDonell exposa souvent à Selkirk les difficultés de l'emplacement et de l'entreprise. Par contre, il ne l'écouta pas lorsque celui-ci lui enjoignit, après la première épidémie de malaria, d'installer ses colons dans un lieu plus sain. Les administrateurs résidants qui se succédèrent à Baldoon ne parvinrent pas à résoudre les nombreux problèmes créés par le lieu, mais de 1807 à 1809 le docteur John Sims se débrouilla peut-être mieux que McDonell ne le reconnaissait.

Dès 1807, McDonell laissa entendre à Selkirk qu'il souhaitait être relevé de son poste d'agent si une fonction plus intéressante, par exemple celle de receveur général de la province, devenait vacante. Selkirk répondit : « Il me semble depuis quelque temps déjà que vos occupations sont devenues si nombreuses qu'il vous est impossible de consacrer une attention personnelle à mes affaires, étant donné que résider en permanence à Baldoon vous obligerait à sacrifier des objectifs plus importants pour vous. » Mais aucun poste plus intéressant ne se présenta, et McDonell se mit à trouver plus d'attraits à celui qu'il occupait, au moment même où Selkirk, atterré par le montant des factures et par la faiblesse du système comptable, s'apprêtait à le remplacer. Au fil des ans, McDonell avait à maintes reprises négligé les instructions et les ordres de Selkirk, comme il n'avait pas écouté Sims, qui le pressait de trouver un endroit où le millier de moutons de la ferme personnelle de Selkirk seraient à l'abri en cas de guerre contre les Américains. Dès les premiers jours du conflit, prévoyait Sims, « quelque détachement ennemi tenter[ait] de mettre la main sur les moutons de Baldoon » – ce qui allait effectivement survenir en 1812 et détruire l'entreprise d'élevage. Selkirk remplaça McDonell en 1809 par Thomas Clark*, de Sandwich, mais il était trop tard. Après examen des comptes, Clark rapporta qu'il n'y avait pas eu fraude mais négligence dans la conduite des affaires.

Contrairement à son homologue James Williams*, de l'Île-du-Prince-Édouard, McDonell se rendit en Angleterre lorsque Selkirk l'y convoqua pour avoir un état détaillé de son administration et de ses comptes. Parti du Haut-Canada le 29 juin 1811, il revint en 1812, juste à temps pour qu'on le nomme trésorier-payeur général adjoint de la milice, avec le grade de colonel. Fait prisonnier par les Américains à Niagara (Niagara-on-the-Lake) en mai 1813, il fut incarcéré à Lancaster, en Pennsylvanie, dans la prison même où l'on avait détenu son père une trentaine d'années plus tôt. Même si, apparemment, il avait été libéré sur parole et se trouvait à York au début de 1814, il ne fut échangé officiellement et ne put reprendre ses fonctions militaires que le 25 mai 1814. La perte de revenu qu'il avait subie l'éprouva durement.

Une fois les hostilités terminées, McDonell accepta en juillet 1815 la surintendance de l'établissement de Perth, que le gouvernement britannique fonda, trop tard, pour encourager l'immigration écossaise et peupler le Haut-Canada d'hommes aptes au service militaire. Il était extrêmement populaire auprès des immigrants, peut-être parce que le crédit gouvernemental lui permettait des largesses et parce qu'il résida à Perth même, quoique pendant peu de temps. Après avoir passé l'été de 1816 à installer les colons, il devint secrétaire adjoint du département des Affaires indiennes et s'établit temporairement à Niagara, où les dépenses et désavantages que lui imposait l'éloignement d'York furent pour lui un constant sujet de récriminations. En 1818, il construisait à York une vaste résidence qui allait être pendant de nombreuses années un haut lieu mondain. Pour financer ces travaux et subvenir aux besoins de sa nombreuse famille, il pouvait compter sur sa pension militaire, le revenu de ses diverses fonctions et le produit des 10 000 acres de terre de première qualité dont il avait fait l'acquisition dans la province, mais il était toujours à court d'argent et inquiet de sa situation financière. C'est donc avec soulagement qu'il apprit en 1828 sa nomination au poste lucratif d'inspecteur des licences du district de Home ; il devait conserver ce poste jusqu'en 1841. Membre depuis longtemps du *family compact* et de son aile catholique, il fut nommé en 1831 au Conseil législatif, qu'il servit fidèlement jusqu'à son abolition en 1841. En 1835, il entra au conseil d'administration de la Bank of Upper Canada.

À compter de son premier séjour à York, McDonell fut l'un des catholiques les plus en vue de l'endroit ; d'ailleurs, pendant la majeure partie de son existence, il servit comme responsable laïque auprès de ses coreligionnaires. Ami intime de son homonyme l'évêque Alexander McDonell, il participa à l'érection de l'église St Paul d'York en 1821 ; à compter de 1806, il avait été l'un des administrateurs laïques du terrain sur lequel devait s'élever cette église. Trésorier de la paroisse St Paul en 1830, il appuya Mgr McDonell lorsque celui-ci suspendit l'abbé William John O'Grady pour avoir résisté à l'autorité ecclésiastique. Dans les années 1830, il prit plusieurs fois la direction des catholiques yorkais pour soutenir le gouvernement contre les réformistes, et il fut l'un de ceux qui permirent à ses coreligionnaires d'obtenir une position spéciale et des privilèges dans une province en apparence protestante.

La carrière d'Alexander McDonell coïncide avec la transition qui mena le Haut-Canada de la période des loyalistes à celle du *family compact* et, bien qu'elle offre des arguments à ceux qui voient un lien entre ces deux groupes, elle rappelle que ni l'un ni l'autre n'était le monopole des partisans de l'Église d'Angleterre. Comme nombre des membres de son clan établis en Amérique du Nord, McDonell était aussi à l'aise dans les salons qu'en forêt, et il vécut toujours conformément à l'injonction que sa mère lui avait faite jadis de « ne jamais oublier que tout le sang qui coulait dans ses veines était celui d'un gentleman des Highlands ». McDonell était un homme d'honneur et, si son jugement a pu être mis en doute, jamais son intégrité ne l'a été.

J. M. Bumsted

Deux courts journaux tenus par Alexander McDonell (Collachie) ont été publiés, l'un sous le titre de « Diary of Gov. Simcoe's journey from Humber Bay to Matchetache Bay, 1793 », Canadian Institute, *Trans.* (Toronto), sér. 4, 1 (1889–1890) : 128–139, et l'autre, un fragment d'un journal daté de 1799, sous le titre de « A journal by Sheriff Alexander Macdonell [...] », dans J. E. Middleton et Fred Landon, *The province of Ontario : a history, 1615–1927* (5 vol., Toronto, [1927–1928]), 2 : 1246–1250.

APC, MG 19, E1, sér. 1 : 14540–14555, 14601–14604, 14843–14845 ; MG 24, I8, 1–36. — Arch. of the Roman Catholic Archdiocese of Toronto, M (Macdonell papers), AB35, particulièrement 35.08. — *Corr. of Lieut. Governor Simcoe* (Cruikshank), 4 : 10–11. — [Thomas Douglas, 5e comte de] Selkirk, *Lord Selkirk's diary, 1803–1804 ; a journal of his travels in British North America and the northeastern United States,* P. C. T. White, édit. (Toronto, 1958 ; réimpr., New York, 1969), 147, 326, 341. — *Examiner* (Toronto), 23 mars 1842. — Chadwick, *Ontarian families,* 1 : 10–14. — [A. J. Dooner] Brother Alfred, *Catholic pioneers in Upper Canada* (Toronto, 1947), 4, 7–9, 21–23, 25–31. — I. C. C. Graham, *Colonists from Scotland : emigration to North America, 1707–1783* (Ithaca, N.Y., 1956 ; réimpr., Port Washington, N.Y., et Londres, 1972), 81 et suivantes. — Norman Macdonald, *Canada, 1763–1841, immigration and settlement ; the administration of the imperial land regulations* (Londres et Toronto, 1939), 240–245. — J. A. Macdonell, *Sketches illustrating the early settlement and history of Glengarry in Canada, relating principally to the Revolutionary War of 1775–83, the War of 1812–14 and the rebellion of 1837–8* [...] (Montréal, 1893). — A. E. D. MacKenzie, *Baldoon : Lord Selkirk's settlement in Upper Canada,* George Kerr, édit. (London, Ontario, 1978). — Hazel [Chisholm] Mathews, *The mark of honour* (Toronto, 1965), 37–40. — W. L. Scott, « The Macdonells of Leek, Collachie and Aberchalder », SCHEC *Report,* 2 (1934–1935) : 22–32.

McDOUALL, ROBERT, officier, né en mars 1774 à Stranraer, Écosse, deuxième fils de John McDouall, un magistrat de la ville ; décédé célibataire le 15 novembre 1848 au même endroit.

Robert McDouall reçut une instruction convenable en Écosse et en Angleterre avant d'être placé dans un établissement commercial à Londres. Son père et son oncle espéraient qu'il devienne marchand, mais le jeune homme aspirait à une carrière militaire. Avec l'approbation peu enthousiaste de son père, il acheta un grade d'enseigne dans le 49th Foot le 29 octobre

McDouall

1797, et celui de lieutenant dans le 8th Foot trois jours plus tard. McDouall prit part à l'expédition britannique en Égypte, en 1801, et il fut promu capitaine le 24 octobre 1804. Il servit en 1807 pendant l'expédition de Copenhague, puis en 1809 à la Martinique, avant de se rendre au Bas-Canada avec son bataillon en mai 1810. Peu après le début de la guerre avec les États-Unis, à l'été de 1812, McDouall fut nommé aide de camp du gouverneur sir George Prevost*. En mai 1813, il accompagna celui-ci à l'attaque de Sackets Harbor, dans l'état de New York ; on l'envoya alors dans la presqu'île du Niagara avec mission de transmettre des instructions au général de brigade John VINCENT. McDouall prétendit plus tard avoir suggéré l'attaque de Stoney Creek le 6 juin, à laquelle il prit part. Promu major dans les Glengarry Light Infantry Fencibles le 24 juin, il alla porter des dépêches dans son pays ; on le nomma lieutenant-colonel honoraire le 29 juillet. Il revint au Canada avant la fin de la même année.

Si McDouall fut nommé commandant de Michillimakinac (Mackinac Island, Michigan), à la fin de 1813, il le doit certainement à ses liens avec Prevost. Cet établissement, depuis sa prise aux mains des Américains en juillet 1812 [V. Charles Roberts*], constituait le poste clé des Britanniques dans le Nord-Ouest, tant au point de vue militaire que pour la traite des fourrures. Comme McDouall était « pleinement conscient des risques d'attaque ennemie », il discuta plusieurs fois avec Prevost du renforcement du poste et il entretint une correspondance avec William McGillivray*, de la North West Company, pour obtenir son avis sur la situation. Le 18 mai 1814, une expédition placée sous sa direction amena à Michillimakinac les renforts et les approvisionnements tant attendus, après un difficile trajet par York (Toronto), le lac Simcoe et la baie Nottawasaga.

À la fin du mois suivant, McDouall apprit que les Américains s'étaient emparés de Prairie du Chien (Wisconsin), un poste stratégique du haut Mississippi. Il comprit tout de suite que, faute d'en chasser l'ennemi, « c'en serait fini des relations [des Britanniques] avec les Indiens [...] lesquels seraient gagnés ou assujettis tribu après tribu, ce qui anéantirait le dernier rempart qui protégeait les grands établissements de la North West et de la Hudson's Bay Company ». Il envoya donc des troupes commandées par William McKay* « pour déloger le général américain de sa nouvelle conquête », et Prairie du Chien fut repris le 20 juillet.

L'expédition de McKay partie, Michillimakinac n'avait plus qu'une garnison réduite, laquelle devint un sujet d'inquiétude lorsqu'on apprit que les Américains dressaient des plans pour reprendre l'île. On renforça les ouvrages de défense au cours de l'été, mais l'effectif à la disposition de McDouall restait très inférieur aux 1 000 hommes massés dans les quatre

vaisseaux de guerre qui apparurent au large le 26 juillet. Lorsque l'ennemi débarqua, le 4 août, McDouall marcha à sa rencontre avec 140 soldats et plusieurs centaines d'Indiens. Au moment où les forces adverses s'engageaient dans une escarmouche, McDouall reçut un faux rapport qui l'informait que des troupes américaines se trouvaient derrière lui ; il entreprit alors de battre en retraite, imité par la plupart des Indiens. Cependant une bande de Folles-Avoines, restés derrière les autres, « lancèrent une attaque fougueuse » contre l'ennemi. Les Américains, après avoir perdu en peu de temps « leur commandant en second [et] plusieurs autres officiers », se replièrent jusqu'à leurs navires « en toute hâte et dans la plus grande confusion », nota McDouall.

Au cours de la guerre, les Américains détruisirent la base britannique de la baie Nottawasaga mais n'attaquèrent pas Michillimakinac : ils postèrent plutôt deux navires dans les parages pour couper tout approvisionnement de la garnison. Lorsque le lieutenant Miller Worsley* de la marine royale arriva avec des provisions le 30 août, les défenseurs manquaient de vivres. Avec l'approbation de McDouall, Worsley attaqua et captura les navires américains, ce qui assurait aux Britanniques la maîtrise du Nord-Ouest pendant le conflit.

Au printemps de 1815, McDouall apprit qu'on avait signé un accord de paix et ordonné « la restitution mutuelle de tous les forts ». « Profondément peiné de la décision de rendre cette belle île, forteresse que la nature s'était édifiée », il déplora l'entente : « nos négociateurs comme d'habitude ont été grossièrement dupés [...] ils se sont révélés profondément ignorants des affaires de cette partie de l'Empire ». Avant de restituer Michillimakinac, le 18 juillet 1815, les Britanniques avaient établi une base dans l'île Drummond (Michigan), située tout près. McDouall en fut le commandant jusqu'à la réduction des effectifs de la garnison en juin 1816. Avant de repartir pour l'Écosse la même année, il demanda à McKay de poser pour un portrait, car il désirait « agrémenter [sa] retraite » de tableaux de ses amis du temps de guerre.

Robert McDouall passa le reste de sa vie à Stranraer. Il souhaitait ardemment revenir au service actif, mais les choses tournèrent autrement. On le promut colonel en juillet 1830 et major général en novembre 1841. En février 1817, en récompense de son action à Michillimakinac, on l'avait nommé compagnon de l'ordre du Bain. Vers la fin de sa vie, McDouall fut très influencé par les enseignements de l'Église libre d'Écosse. Il consacra généreusement de son temps et de son argent aux œuvres de cette Église et il apporta son soutien aux bibliothèques de ses collèges d'Édimbourg et de Toronto. Officier solide, dévoué et perspicace, McDouall fut le type des officiers de l'armée et de la marine britanniques qui servirent avec courage, distinction et modestie en Amérique du Nord britannique au cours de la guerre de 1812, pendant que leurs confrères se couvraient de gloire aux batailles napoléoniennes de Salamanque et de Vitoria.

ROBERT S. ALLEN

AO, MS 35. — APC, MG 19, E5 ; RG 8, I (C sér.), 685, 688, 1219. — DPL, Burton Hist. Coll., Robert McDouall, orderly book, Drummond Island, 1815. — Andrew Bulger, *An autobiographical sketch of the services of the late Captain Andrew Bulger of the Royal Newfoundland Fencible Regiment* (Bangalore, Inde, 1865). — « Major-General M'Douall, C.B. », Free Church of Scotland, Pub. Committee, *Monthly-Ser. of Tracts* (Édimbourg), n° 58 (juill. 1849). — G.-B., WO, *Army list*, 1798–1848/1849. — *Officers of British forces in Canada* (Irving). — B. L. Dunnigan, « The British army at Mackinac, 1812–1815 », Mackinac Island State Park Commission, *Reports in Mackinac Hist. and Archaeology* (Mackinac Island, Mich.), n° 7 (1980). — A. R. Gilpin, *The War of 1812 in the old northwest* (Toronto et East Lansing, Mich., 1958). — R. S. Allen, « The British Indian Department and the frontier in North America, 1755–1830 », *Lieux hist. canadiens*, n° 14 (1975): 5–125. — B. L. Dunnigan, « The battle of Mackinac Island », *Mich. Hist.* (Lansing), 59 (1975): 239–254.

McDOWALL, ROBERT, ministre de l'Église protestante réformée de Hollande et de l'Église presbytérienne, né le 25 juillet 1768 à Ballston Spa, New York, fils de John McDowall, officier dans l'armée britannique, et d'une dénommée Graham ; en décembre 1800, il épousa Hannah Washburn, fille d'Ebenezer Washburn*, et ils eurent une fille et trois fils ; décédé le 3 août 1841 dans le canton de Fredericksburgh, Haut-Canada.

Mariés à Dumfries, en Écosse, les parents de Robert McDowall s'établirent dans la colonie de New York peu avant sa naissance. Tôt en 1790, celui-ci reçut un permis de prédication du consistoire d'Albany, l'organisme local de l'Église protestante réformée de Hollande, et on l'envoya dans le Haut-Canada à titre de missionnaire. Les raisons de ce voyage sont incertaines, mais on a affirmé, après sa mort, que McDowall s'y était rendu à l'invitation du chef loyaliste Peter Van Alstine, qui venait de la région d'Albany.

Après que McDowall eut passé l'été de 1790 à visiter les villages loyalistes de la rive nord du Saint-Laurent et du lac Ontario et à réunir plusieurs « assemblées de fidèles », les loyalistes des cantons d'Ernestown, de Fredericksburgh et d'Adolphustown lui demandèrent de devenir leur ministre permanent. Cependant, il décida de faire des études avant d'accepter leur invitation. Il alla donc au Williams College de Williamstown, au Massachusetts, termina son cours à l'Union College de Schenectady, dans l'état de New York, et fut ordonné en 1797 par le consistoire d'Albany. Malgré les demandes qu'adres-

saient les presbytériens de la région de la baie de Quinte aux Églises d'Écosse et des États-Unis, le premier territoire de mission de McDowall ne comptait toujours pas de ministre lorsqu'il y retourna en 1798 en qualité de représentant officiel du consistoire d'Albany.

McDowall prêcha quelque temps à Elizabethtown (Brockville) mais refusa d'y rester. Installé plus à l'ouest, là où se trouve maintenant Sandhurst, dans le canton de Fredericksburgh, il y inaugura sa première église le 6 juillet 1798. De là, il se mit à visiter un territoire d'une centaine de milles de longueur, de Meyers' Creek (Belleville) à Elizabethtown. Il alla aussi dans la région d'York (Toronto), et une source de l'époque affirme qu'il se rendit même plus loin encore à l'ouest, jusqu'à Sandwich (Windsor). Il avait l'habitude d'annoncer son arrivée dans un établissement isolé en soufflant dans une corne de chasseur d'orignal. Reconnu comme un strict observateur du dimanche et un calviniste rigide, il débattit pendant toute une journée de la prédestination, en 1804, avec le missionnaire méthodiste itinérant Samuel Coate. La même année, un autre débat, cette fois sur l'ordination épiscopale, l'opposa au ministre anglican de la région, John Langhorn*.

Moins d'un an après son retour dans le Haut-Canada, McDowall avait six districts de mission organisés et un district non organisé, ce qui représentait environ 425 familles. Encouragé par ce succès, le consistoire d'Albany envoya cinq autres missionnaires en tournée dans la province. En 1806, McDowall rapporta que trois assemblées de fidèles avaient été constituées dans la région de la baie de Quinte et que, même s'il prêchait de six à neuf fois la semaine, il lui fallait de trois à six semaines pour faire le tour de sa mission. Des missionnaires d'autres Églises sillonnaient la région, ce qui l'amenait à dire que, si les habitants ne recevaient pas « une assistance immédiate, ils ser[aient] partagés entre tant de sectes qu'ils ser[aient] incapables de subvenir aux besoins d'un ministre de quelque confession ». Le consistoire envoya d'autres missionnaires – au moins 18 jusqu'en 1818 ; toutefois, McDowall demeurait son seul ministre-missionnaire établi dans le Haut-Canada. Dès 1810, le nombre de congrégations qu'il avait fondées entre York et Elizabethtown s'élevait à 14. Mais l'antiaméricanisme qu'engendra la guerre de 1812 vint mettre un terme à ses espoirs de voir l'Église continuer à lui apporter son appui ; en 1819, elle abandonna toute activité missionnaire dans le Haut-Canada. Cependant, McDowall s'était déjà joint au consistoire des Canadas au moment de sa fondation, un an plus tôt [V. Robert Easton*].

En 1819, on transforma ce consistoire en un synode de trois consistoires dont McDowall devint par élection le premier modérateur. Toutefois, le synode se révéla inefficace et on le remplaça par deux

Macfarlane

consistoires distincts – l'un pour le Haut-Canada et l'autre pour le Bas-Canada – en 1825, soit l'année même où l'association missionnaire de l'Église d'Écosse, la Glasgow Colonial Society, s'organisait afin d'envoyer des ministres en Amérique du Nord britannique. En prétendant à une supériorité à la fois religieuse, politique et sociale sur les autres presbytériens, l'Église d'Écosse entraîna la division de nombre de congrégations coloniales, si bien qu'en 1832 le consistoire du Haut-Canada proposa de s'unir à l'Église d'Écosse. Doyen du clergé presbytérien de la colonie, McDowall fut appelé à participer aux négociations avec cette Église mais, quand il découvrit qu'en raison de ses antécédents américains il ignorait les traditions des presbytériens écossais, il se retira des pourparlers. Toutefois, comme la plupart des presbytériens de la colonie, il se joignit au synode de l'Église d'Écosse, formé en 1831.

Membre du comité qui avait fondé l'Ernestown Academy en 1811 [V. William Fairfield*], McDowall fit partie du conseil d'administration de l'école qui ouvrit en 1817 dans le premier rang du canton de Fredericksburgh. Au début des années 1830, il participa à une vaine tentative en vue de fonder un séminaire presbytérien près de Picton ; on dit qu'il fut aussi l'un des initiateurs de la Queen's University. Dans ses dernières années, il consacra beaucoup de temps à l'agriculture. Membre actif de la Midland District Agricultural Society, il remporta en 1835 le prix qu'elle décernait à la plus belle ferme du district.

On inhuma Robert McDowall sur les lieux de sa première église. Une notice nécrologique rapporte que, « à titre de prédicateur, [il] excellait dans l'exposition de la doctrine, il exprimait ses sentiments avec beaucoup de clarté, dans un style et sur un ton extraordinairement vivants, et savait toucher profondément la conscience et le cœur des hommes ». Qu'il ait été un voyageur infatigable et que les ministres aient été rares dans les régions où il travailla, un bilan de ses 40 années de pastorat en témoigne : d'après son registre de baptêmes (dont un tiers a été perdu), il baptisa 1 638 personnes dans 24 cantons différents, et on estime qu'il célébra quelque 1 300 mariages. On marqua le centenaire de son installation dans le Haut-Canada à Sandhurst, en 1898, par des offices religieux et des discours de personnages aussi éminents que George Monro Grant*, directeur de la Queen's University, et le lieutenant-gouverneur sir Oliver Mowat*, que McDowall avait baptisé 77 ans auparavant.

JOHN S. MOIR

Robert McDowall est l'auteur d'une des premières brochures publiées dans le Haut-Canada, *A sermon on the nature of justification through the imputed righteousness of the Redeemer* (York [Toronto], 1805), et d'une collection de sermons parue sous le titre de *Discourses, on the sovereign and universal agency of God, in nature and grace* (Albany,

N.Y., 1806). La plupart de ses papiers personnels ont brûlé en 1876. Un volume manuscrit, contenant ce qui reste de ses registres de baptêmes et de mariages, ainsi que quelques autres documents sont conservés dans les McDowall papers, QUA, 2189 ; des extraits de ce volume ont été publiés sous le titre de « Rev. Robert McDowall's register », T. W. Casey, édit., *OH*, 1 (1899) : 70–108.

En l'absence d'une documentation abondante, il est impossible de vérifier la plupart des éléments qui constituent la légende de Robert McDowall. Les rapports de son travail de missionnaire se trouvent dans Reformed Protestant Dutch Church in North America, General Synod, *Acts and proc.* (New York), 1 (1771–1812) : 307–310, 350–357. Les sources et les études suivantes contiennent des éléments biographiques : *Kingston Gazette,* 21 oct. 1817 ; *Chronicle & Gazette,* 25 août 1841 ; William Canniff, *History of the settlement of Upper Canada (Ontario), with special reference to Bay Quinte* (Toronto, 1869 ; réimpr., Belleville, Ontario, 1971) ; Gregg, *Hist. of Presbyterian Church* (1885) ; R. J. McDowall, « Items of Presbyterian history », *Canada Presbyterian* (Toronto), nouv. sér., 1 (1877–1878) : 804 (une lettre d'un petit-fils de McDowall) ; J. S. Moir, « Robert McDowall and the Dutch Reformed Church mission to Canada, 1790–1817 », *Halve Maen* (New York), 53 (1978), n° 2 : 3–4, 14–16 ; et du même auteur « Robert McDowall, pioneer Dutch Reformed Church missionary in Upper Canada », *Presbyterian Hist.* (Hamilton, Ontario), 23 (1979), n° 1 : 1–4 ; n° 2 : 1–4 ; 24 (1980), n° 1 : 1–4. [J. S. M.]

MACFARLANE, JAMES, homme d'affaires, imprimeur, rédacteur en chef, fonctionnaire, juge de paix et officier de milice, né en Écosse ; le 26 mai 1834, il épousa à Oswego, New York, Isura Carrington, et ils eurent deux fils ; décédé le 29 juillet 1847 dans la même ville.

James Macfarlane quitta l'Écosse peu après la guerre de 1812 et s'établit à Kingston, dans le Haut-Canada, apparemment avec l'aide financière du gouvernement. En novembre 1824, il acheta un journal tory qui occupait une place importante depuis sa fondation en 1819 par John Macaulay* et Alexander Pringle, le *Kingston Chronicle,* dont il déclara vouloir perpétuer la tradition. Macfarlane avait grandi « sous la constitution britannique », et il était déterminé à se laisser « guid[er] par ses principes » ; pendant 23 ans, il allait prendre fait et cause pour l'exécutif colonial et en défendre la politique.

Publier un journal n'était pas une occupation lucrative ; par surcroît, le tirage du *Kingston Chronicle* était faible. Macfarlane, comme beaucoup de ses contemporains, diversifia donc ses activités. En août 1828, il lança la *Brockville Gazette.* Il veilla lui-même à ce que le contenu et l'orientation politique de ce journal reflètent les prises de position tories et s'adjoignit un rédacteur en chef ; l'année suivante, il vendait la *Gazette* à ce dernier ainsi qu'à l'un de ses associés de Kingston. Macfarlane se fit aussi impri-

604

meur de travaux de ville, libraire, relieur et papetier ; tous ces métiers furent pour lui une source de revenus additionnels plus stable et plus importante. Il fut en outre pendant un certain temps le représentant local de l'*Encyclopedia Americana*. Il imprima plusieurs livres et produisit au moins deux almanachs, l'un en 1834, l'autre deux ans plus tard. Cependant, son projet le plus ambitieux fut la compilation et l'impression du recueil *The statutes of the province of Upper Canada* [...] (1831). Après avoir essayé en vain de le réaliser seul, il dut, pour le mener à terme, s'associer à un autre imprimeur bien connu de la région de Kingston, Hugh Christopher Thomson*.

Victime d'un incendie en 1833, Macfarlane prospéra quand même et s'engagea de plus en plus dans d'autres activités commerciales. De 1826 à 1835, il représenta à Kingston l'Alliance British and Foreign Life and Fire Assurance Company of London. En 1830, sous la raison sociale de James Macfarlane and Company, il commença à importer des produits de jardinage tels que des fleurs, des arbres ornementaux et des semences. De temps en temps, il faisait aussi de la spéculation foncière. En 1837, il céda son établissement de reliure à une entreprise montréalaise. Sa principale occupation demeurait toutefois le *Chronicle,* qui l'amena à s'engager de plus en plus dans les affaires locales et à exprimer publiquement ses opinions politiques.

L'intérêt de Macfarlane pour les affaires de Kingston remontait pratiquement à l'acquisition du *Chronicle*. Il y publiait des annonces pour des associations telles que la Dorcas Society et la Female Benevolent Society et permettait volontiers à diverses sociétés et organismes d'utiliser son bureau pour recevoir leurs cotisations. En outre, il donna souvent de son temps et de son argent pour de nobles causes qui touchaient l'éducation et le secours des pauvres. Naturellement, Macfarlane soutint aussi diverses organisations et activités commerciales de Kingston. Enfin, il fut membre de l'Église presbytérienne, de la St Andrew's Society et des Celtic Sons of Upper Canada.

Il n'est sans doute pas surprenant que des chefs de file locaux, notamment Macaulay, John KIRBY et Allan MacLean, aient soutenu publiquement le commerce de semences de Macfarlane et qu'on l'ait nommé à plusieurs postes importants. En 1832, par exemple, on le désigna pour devenir membre du comité chargé d'étudier le rapport du trésorier de district et pour faire partie du bureau de santé. L'année suivante, il devint commissaire de la Cour des requêtes. Sa respectabilité et son influence grandissante lui valurent de remplir des fonctions plus lourdes. En 1836 d'abord, puis en 1837, il supervisa les mesures qu'avait prises le bureau de santé pour faire face aux épidémies de choléra. De 1834 jusqu'à sa mort, survenue subitement en 1847, il fut juge de paix.

À titre de rédacteur en chef du *Kingston Chronicle,* Macfarlane proclama souvent sa fidélité au roi et au pays, et son attachement à la constitution britannique. Il appuya la politique du Conseil exécutif concernant des questions qui touchaient au commerce avec les États-Unis et à la législation bancaire, et il défendit la façon dont le conseil avait traité la question des non-naturalisés [V. sir Peregrine Maitland*]. Macfarlane éprouvait de la consternation devant les agissements de William Lyon Mackenzie* et l'agitation de plus en plus radicale à laquelle celui-ci était souvent mêlé. Officier de milice depuis 1824, il fit partie du conseil de guerre qu'on forma au fort Henry en 1838 pour juger les personnes capturées au cours de l'attaque des patriotes contre Prescott [V. Nils von SCHOULTZ].

Sur le plan personnel autant que professionnel, James Macfarlane avait donc fait beaucoup de chemin depuis son arrivée à Kingston. Un certain nombre de facteurs expliquent aisément sa réussite. D'abord, il avait su maintenir son engagement profond, celui de servir sa communauté, selon une vision tory de ses besoins. Il avait aussi prêté son concours à des activités philanthropiques, à des projets commerciaux et à des organismes culturels de sa région. Les convictions et les gestes généreux de Macfarlane, sans aucun doute sincères, favorisèrent le développement de ses affaires. Son acceptation par l'élite locale ne pouvait manquer de lui assurer la réussite et une indiscutable importance.

JANE ERRINGTON

British Whig, 6 avril 1847. — *Brockville Gazette, and General Advertiser* (Brockville, [Ontario]), 1828–1829. — *Chronicle & Gazette*, 1833–1847. — *Chronicle and News*, 1847–1849. — *Kingston Chronicle*, 1819–1833. — *Upper Canada Gazette*, 12 avril 1825. — *Upper Canada Herald*, 22 nov. 1825. — E. J. Errington, « The « Eagle », the « Lion », and Upper Canada : the colonial elites' view of the United States and Great Britain, 1784–1828 » (thèse de PH.D., Queen's Univ., Kingston, Ontario, 1984). — H. P. Gundy, *Early printers and printing in the Canadas* (2e éd., Toronto, 1964).

MacGHILLEATHAIN, IAIN (John MacLean), poète gaélique, né le 8 janvier 1787 à Caolas, île de Tiree, Écosse, troisième fils d'Allan MacLean et de Margaret MacFadyen ; le 19 juillet 1808, il épousa à Glasgow Isabella Black, et ils eurent quatre fils et deux filles ; décédé le 26 janvier 1848 à Addington Forks, Nouvelle-Écosse.

John MacLean, appelé en Écosse Iain MacAilein (John, fils d'Allan) et Am Bàrd Thighearna Chola (barde du laird de Coll), allait être connu en Nouvelle-Écosse sous le nom d'Am Bàrd MacGhillEathain (barde MacLean). Il fut probablement le dernier de ces bardes qui, traditionnellement, avaient pour fonction d'immortaliser dans des vers les grands

MacGhillEathain

événements de la vie du chef de clan et de sa famille. Pour son époque, c'était un homme instruit, car il parlait et écrivait aussi bien l'anglais que le gaélique. À l'âge de 16 ans, on le plaça à titre d'apprenti chez un cordonnier de l'île de Tiree, où il demeura trois ans. Il travailla ensuite pendant environ un an à Glasgow comme compagnon, puis retourna pratiquer son métier à l'île de Tiree. En 1810, on l'incorpora dans la milice d'Argyll ; comme il était réfractaire à la vie militaire, il se trouva un substitut pour la somme de £40 et, le 17 janvier 1811, on le libéra. Il retourna alors dans l'île de Tiree où, en plus de la cordonnerie, il fit un peu de commerce.

MacLean composait des poèmes depuis un âge assez précoce et, une fois revenu dans son île, il consacra une bonne part de ses loisirs à recueillir des chants gaéliques dans les Highlands. En 1818, il publia à Édimbourg un recueil de poésie, *Orain nuadh Ghlœdhlach, le Iain Mac Illeain, ann an Eilean Tirreadh* (Nouveaux Chants gaéliques par John MacLean de l'île de Tiree). Ce livre, dédié à Alexander MacLean, laird de Coll, renferme 22 poèmes de John MacLean et 34 d'autres grands poètes gaéliques, notamment des chants d'Alexander Mackinnon et de Mary Macleod qui ne se trouvent nulle part ailleurs.

Peu après la parution de son recueil, MacLean décida d'émigrer en Nouvelle-Écosse, pour des motifs qui demeurent incertains. Il n'était pas touché par la clôture des terres des Highlands et bénéficiait sans aucun doute de la prospérité et du prestige normalement attachés au titre de barde du laird de Coll. Cependant, l'un de ses poèmes suggère qu'il avait froissé son chef en louangeant trop un autre ; une réprimande alluma peut-être en lui le désir d'exercer son art en toute indépendance. Il se peut aussi que les offres et promesses des agents d'émigration qui sillonnaient les Highlands en décrivant l'Amérique du Nord britannique comme une terre d'avenir l'aient séduit.

Décidé à émigrer malgré les vives protestations de ses amis, MacLean finança sa propre traversée et celle de sa famille en déposant son livre en garantie. Partie de Tobermory en août 1819 à bord de l'*Economy,* la famille MacLean arriva vers le 1er octobre à Pictou, en Nouvelle-Écosse, où elle passa environ une semaine avant de se rendre en bateau à Merigomish. Au printemps, MacLean défricha une partie du lot qu'il avait acquis et planta des pommes de terre. Pendant l'été, il construisit une petite maison de rondins qu'il baptisa Baile-Chnoic (la Ferme de la colline) ; c'est là qu'il composa son fameux morceau, *Oran do America* (Chant pour l'Amérique), mieux connu sous le titre de *A' choille ghruamach* (la Sombre Forêt). En 1829, avec l'un de ses fils, il défricha une terre près de James River et y construisit une maison. Deux ans plus tard, la famille s'installa à l'endroit appelé aujourd'hui Glen Bard, dans le comté d'Antigonish.

Si l'on exclut ses chants religieux, l'œuvre de MacLean peut se diviser en deux catégories : les poèmes qui se situent dans la tradition des panégyristes du XVIIIe siècle, et qui sont surtout des éloges et des élégies, et ceux qui décrivent des scènes villageoises. La plupart des poèmes qu'il composa en Écosse entrent dans la première catégorie ; ses œuvres néo-écossaises, inspirées d'événements locaux, tels une élection, un mariage, un bal de Highlanders ou même une tombola dans un poste de garde, se classent dans la deuxième. *A'choille ghruamach* annonce l'œuvre d'un autre barde gaélique de la Nouvelle-Écosse, John MacDonald [Iain MacDòmhnaill'Ic Iain*]. MacLean s'y plaint amèrement de la vie dans le Nouveau Monde, et surtout de la solitude, du labeur éreintant, des écarts de température, des nuées d'insectes et des animaux sauvages. Ses invectives s'adressent en bonne partie aux agents qui attiraient tant d'Écossais en Amérique du Nord en leur faisant miroiter richesses et liberté. On envoya le poème dans l'île de Tiree, où il bouleversa les amis de MacLean ; le laird de Coll lui offrit à vie une terre gratuite s'il revenait, mais il refusa. Sa description saisissante de l'existence des pionniers du Nouveau Monde aurait dissuadé bon nombre de gens d'émigrer. Toutefois, à mesure que sa situation s'améliorait dans le courant des années 1820, son mécontentement se dissipa. Apparemment aimé de ses voisins, il était un bon ami du prêtre catholique d'Arisaig, Colin P. GRANT, et un fervent admirateur du révérend James Drummond MacGregor*, de Pictou. Après la scission de l'Église d'Écosse, en 1843, il adhéra à l'Église libre de la Nouvelle-Écosse.

Alexander Maclean Sinclair*, spécialiste du gaélique, a laissé de son grand-père John MacLean ce portrait : « La nature donna au poète un esprit puissant ; mais de toute évidence elle n'entendait pas qu'il devînt un homme riche. Jamais il ne se consacrait régulièrement à son travail ; son esprit était ailleurs. La poésie occupait ses pensées, qu'il brochât des semelles en Écosse ou abattît des arbres en Amérique ; elle l'habitait tout entier […] Attaché à son clan, il prenait plaisir à visiter amis et connaissances. » Selon un autre auteur, MacLean était un « ardent Highlander », qui mesurait « environ cinq pieds et neuf pouces et avait une forte carrure. Ses cheveux étaient foncés et ses yeux gris, son front large et imposant. Doué d'une voix douce et musicale, il chantait bien. »

MAUREEN LONERGAN WILLIAMS

Plusieurs compositions de John MacLean font partie des MacLean MSS aux PANS, MG 15, G, 2, n° 2 ; une copie se trouve dans le Special Coll. Dept., St Francis Xavier Univ. Library, Antigonish, N.-É. D'autres ont été publiées dans *The MacLean songster ; clarsach na coille : a collection of Gaelic poetry,* A. M. Sinclair, compil., Hector MacDougall, édit. (2ᵉ éd., Glasgow, Écosse, 1928) et dans *Dain spioradail le Iain Mac-Gilleain maille ri beagan de laoidhean Mhic Griogair, nach robh gus a so air an clo-bhualadh*, [A. M. Sinclair, édit.] (Édimbourg, 1880), lequel, en plus des chansons religieuses de MacLean, contient quelques hymnes inédits de James Drummond MacGregor. Une traduction de *A' choille ghruamach* faite par Watson Kirkconnell* accompagne l'article intitulé « John MacLean's « Gloomy Forest », *Dalhousie Rev.*, 28 (1948–1949) : 158–162 ; le texte gaélique de cette ballade se trouve dans *The MacLean songster*. La traduction de deux autres chansons avec leur texte en gaélique et une courte biographie de MacLean a été publiée dans *The emigrant experience : songs of Highland emigrants in North America*, Margaret MacDonell, trad. et édit. (Toronto et Buffalo, N.Y., 1982), 68–79. Maureen Lonergan [Williams], dans « The Canadian songs of John MacLean » (thèse de M.A., Univ. of Glasgow, 1977), nous fournit la traduction anglaise des ballades de MacLean relatives à la Nouvelle-Écosse.

Alexander Mackenzie, *The history of the Highland clearances* (2ᵉ éd., Glasgow, 1914). — Derick Thomson, *An introduction to Gaelic poetry* (Londres, 1974). — *Casket* (Antigonish), 6, 13 juill. 1961, 11 janv. 1962. — *Chronicle-Herald* (Halifax), 10 juill. 1961 : 5. — *Post* (Sydney, N.-É.), 23 avril 1921. — D. M. Sinclair, « John Maclean : a centenary », *Dalhousie Rev.*, 28 : 258–265.

McGILLIVRAY, SIMON, homme d'affaires, né vers 1783, ou plus probablement en 1785, dans la paroisse de Dunlichty, Inverness-shire, Écosse, fils de Donald McGillivray et d'Anne McTavish ; le 23 novembre 1837, il épousa Ann Easthope, et ils eurent deux filles, dont l'une posthume ; décédé le 9 juin 1840 à Blackheath (Londres).

Fils d'un pauvre tenancier du domaine de Clovendale, Simon McGillivray bénéficia, à l'instar de ses frères aînés William* et Duncan*, de l'aide de son oncle maternel Simon McTavish*, qui prit en charge son instruction. En raison d'une infirmité qu'il avait à un pied, au lieu de venir au Canada et d'être soumis au même type d'apprentissage que ses deux frères, il travailla pour la firme McTavish, Fraser and Company de Londres. McTavish avait créé cette entreprise dans le but de porter les profits de la North West Company au plus haut niveau possible ; elle devait ravitailler la compagnie montréalaise en produits de traite, lui procurer le crédit dont elle avait besoin, assurer ses cargaisons et écouler ses pelleteries au prix le plus avantageux sur le marché de Londres.

À la mort de son oncle en 1804, McGillivray hérita de £500. L'année suivante, il devint l'un des associés de la McTavish, Fraser and Company qui lui attribua une action sur un total de neuf ; en 1808, il s'en vit octroyer une seconde. En 1811, on le promut associé de la McTavish, McGillivrays and Company (l'ancienne McTavish, Frobisher and Company), qui détenait déjà quatre des neuf actions de la McTavish, Fraser and Company et qui, par le fait même, accrut aux deux tiers sa participation dans l'entreprise.

McGillivray était venu à Montréal à l'occasion de la mort de son oncle. Au cours des années qui suivirent, son expérience des affaires de la compagnie augmenta rapidement. En plus de son rôle dans les transactions ordinaires de l'entreprise, il fut mêlé aux négociations concernant l'obtention d'une charte pour la North West Company et aux démarches de William en vue de s'assurer dans une certaine mesure la haute main sur l'actif de la Hudson's Bay Company. Lorsque lord Selkirk [Douglas*] tourna cette dernière tentative à son profit et annonça sa ferme intention d'établir une colonie sur les bords de la rivière Rouge, on chargea Simon de monter une campagne de presse en Angleterre contre le colonisateur, mais il n'eut pas de succès. Aux hivernants de la North West Company, il écrivit : « on doit *le* [Selkirk] *forcer à l'abandonner* [son projet de colonisation], car s'il réussit c'est l'existence même de notre commerce qui est mise en danger ». En 1814, au moment de la réorganisation de la McTavish, McGillivrays and Company, McGillivray, qui était venu à Montréal pour la circonstance, apparut avec ses trois actions comme l'héritier présomptif de son frère William ; avec celui-ci, il était le seul représentant légitime de la North West Company en Angleterre. Dans la McTavish, Fraser and Company où il travaillait quotidiennement, son autorité n'avait cessé de croître, alors que celle de son parent John Fraser, expert financier de la compagnie à l'époque de McTavish, s'était émoussée peu à peu. Depuis septembre 1808, l'entreprise londonienne ne comptait plus aucun étranger dans ses rangs.

C'est de Londres surtout et dans le cadre des activités de la McTavish, Fraser and Company que McGillivray se trouva à participer, pendant longtemps sans vraiment en saisir la signification, à l'émergence et à l'approfondissement d'une crise au sein de la North West Company. Mais à mesure que s'intensifiait la lutte contre Selkirk et la Hudson's Bay Company, et que se poursuivait la baisse des profits, il devenait impossible de ne pas acquérir le sentiment de la fragilité des choses. En octobre 1820, William McGillivray s'était enfin rendu compte de la gravité de la situation. Dès lors, le rôle de Simon devint prépondérant : la solution qu'il découvrit avec l'aide d'Edward Ellice* consistait en la fusion des deux grandes compagnies de pelleteries. Plus tard, il écrivit : « en décembre 1820, j'entamai des négociations avec la Hudson's Bay Company dans le but d'en arriver à une organisation générale qui reposerait sur une *base nouvelle* ; grâce à la collaboration de mon ami M. Ellice, un accord fut conclu au bout de trois mois ». Colin ROBERTSON notait en janvier 1821 à propos des deux hommes engagés dans les pourparlers au nom de la North West Company : « Je préfère Simon à son ami, membre de la chambre des Communes ; il y a chez ce petit homme cette fierté des Highlanders et une franchise qui me plaisent. » À la

McGray

fin de mars, l'union des deux grands concurrents était réalisée. Le 27 mai, Simon était à Montréal afin de promouvoir l'acceptation des ententes. Accompagné de William, il quitta Montréal le 12 juin pour aller au fort William (Thunder Bay, Ontario) afin d'y rencontrer les associés de la North West Company. Sa mission accomplie, il partit le 21 juillet pour la baie d'Hudson. Le 12, Robertson avait écrit : « Simon McGillivray a mené les choses sans rencontrer la moindre opposition. Le premier jour, il a ouvert les discussions, le deuxième jour on signait l'acte et la décharge et le troisième jour tout n'était plus que paix et harmonie. » Malgré un semblant d'équilibre à l'intérieur de la nouvelle organisation, et malgré la présence de William et de Simon au sein du comité conjoint, la situation ne cessa de se détériorer jusqu'à la disparition de la McTavish, McGillivrays and Company en 1822, sa renaissance cette année-là sous le nom de McGillivrays, Thain and Company et finalement la faillite de 1825.

On peut sans doute s'interroger sur le rôle de Simon McGillivray dans toute cette affaire. Toutefois, il est certain qu'Ellice fut l'un des principaux bénéficiaires de ces transactions. Depuis l'époque de la Révolution américaine, la famille Ellice s'était davantage intéressée à la traite dans le Sud-Ouest, mais elle avait probablement aspiré à maîtriser les richesses du Nord-Ouest. Il ne serait pas surprenant que le dénouement de la crise ait été en partie le résultat d'une longue et patiente recherche de la part de cette famille pour s'assurer la suprématie dans l'économie des pelleteries.

La carrière de Simon McGillivray ne prit pas fin pour autant. En 1829, l'United Mexican Mining Association de Londres le choisit pour participer à la réorganisation administrative de ses mines d'argent. En 1835, de retour de Mexico, il devint l'un des propriétaires du *Morning Chronicle and London Advertiser*. En 1837, il épousa la fille aînée de son associé John Easthope. Lorsqu'il mourut en 1840, il était encore grand maître provincial de la loge maçonnique du Haut-Canada, poste qu'il occupait depuis 1822.

FERNAND OUELLET

Les Bourgeois de la Compagnie du Nord-Ouest (Masson). — *Docs. relating to the NWC* (Wallace). — Innis, *Fur trade in Canada* (1962). — E. A. Mitchell, *Fort Timiskaming and the fur trade* (Toronto et Buffalo, N.Y., 1977). — Rich, *Fur trade* (1967). — J. R. Robertson, *The history of freemasonry in Canada from its introduction in 1749* [...] (2 vol., Toronto, 1899). — M. [E.] Wilkins Campbell, *McGillivray, lord of the northwest* (Toronto, 1962) ; *Northwest to the sea ; a biography of William McGillivray* (Toronto et Vancouver, 1975). — Wallace McLeod, « Simon McGillivray (*ca* 1785–1840) », *Ars Quatuor Coronatorum* (Margate, Angl.), 96 (1983) : 1–35.

McGRAY, ASA, charron, ministre baptiste et fermier, né le 18 septembre 1780 à North Yarmouth (Maine), fils de William McGray ; le 7 mars 1801, il épousa à Durham (Maine), Susanna Stoddard, et ils eurent au moins cinq fils et deux filles ; décédé le 28 décembre 1843 à Centreville, Nouvelle-Écosse.

Asa McGray, fils d'un aubergiste de Durham et charron de métier, se convertit au méthodisme dans ce village en 1805 et fut baptisé par immersion. Il commença à prêcher en 1813. Cependant, de plus en plus intéressé par le mouvement baptiste *Free Will*, il fut ordonné par la congrégation baptiste de Fairfax (Albion) le 26 septembre 1814. Il prêcha pendant deux ans puis partit s'installer à Windsor, en Nouvelle-Écosse, attiré par cette colonie comme nombre d'autres adeptes du mouvement *Free Will* du district du Maine. Il y gagna sa vie en tant que charron et prêcha à l'occasion.

En 1820 ou 1821, McGray s'installa à Centreville, dans l'île du Cap-de-Sable, où existait peut-être déjà une congrégation baptiste de caractère calviniste. Le 22 mars 1821, assisté du ministre Thomas Crowell, il organisa la première congrégation baptiste *Free Will* de la Nouvelle-Écosse, à partir, peut-être, d'une ancienne congrégation. Ce groupe différait des baptistes traditionnels de la colonie, principalement en ce qu'il rejetait le calvinisme et défendait le principe de la communion accessible à tous. Comme l'indiquent les comptes rendus des réunions de la congrégation, ses membres étaient déterminés à considérer les « Écritures comme [la] règle unique et tout à fait suffisante [en matière] de foi et de pratique ». Dans cette question comme dans bien d'autres, ils étaient encore très influencés par l'héritage de Henry Alline* et du Grand Réveil. Soumise à bien peu de rivalités, la congrégation de McGray s'accrut rapidement, alimentée par des revivals périodiques.

McGray joua un rôle déterminant dans la fondation d'autres congrégations baptistes *Free Will* dans les villages environnants de l'île et dans l'ordination de ministres pour les desservir. En 1834, ces congrégations se constituèrent en assemblée ou conférence, sorte d'association peu structurée de congrégations indépendantes qui se réunissaient tous les trois mois. Le 17 juin 1837, les baptistes *Free Will* conclurent une union partielle avec un groupe semblable, les baptistes *Free Christian*, qui avaient à leur tête le révérend Joseph Norton. En 1839, rempli d'amertume par suite des différends qui l'opposaient à Norton, McGray se retira avec la majorité des membres de sa congrégation. Ils reprirent leur ancien nom et, en 1840, se joignirent au Farmington Quarterly Meeting du Maine. Ce n'est qu'en 1867 que les congrégations baptistes *Free Will* et *Free Christian* de la Nouvelle-Écosse s'unirent de nouveau sous le nom de Free Baptist Conference. En 1906, leur association fusionna avec les baptistes calvinistes pour former la United Baptist Convention of the Maritime Provinces.

McGray servit sa congrégation et sa communauté avec désintéressement, notamment en aidant à la construction d'écoles et de ponts. Il fit souvent fonction de médecin et sa femme, de sage-femme. En 1827, il fonda la première école du dimanche de l'île. Suivant la tradition de sa congrégation, il ne reçut pas de salaire pour son travail pastoral et alla même jusqu'à fournir à ses frais le premier lieu de culte en agrandissant et transformant sa maison. Il vivait des produits de sa ferme et des cadeaux que ses fidèles lui offraient à l'occasion. Ce n'est qu'en 1838 que la congrégation accepta de contribuer à son soutien matériel.

La querelle avec Norton n'est qu'un exemple des divisions graves et nombreuses qui ont déchiré le mouvement baptiste et marqué les dernières années d'Asa McGray, à une époque où les évangéliques de la Nouvelle-Écosse essayaient de faire leur choix parmi la prolifération déconcertante des sectes qui prévalait à certains moments. La doctrine *Free Will* de McGray et son insistance pour que l'eucharistie soit offerte à tous jouèrent finalement un rôle important dans la formation de l'opinion des baptistes aux Maritimes. Ironie du sort, il a fallu un prédicateur du Maine pour réintroduire la doctrine de Henry Alline en Nouvelle-Écosse et l'y maintenir à une époque où la plupart des disciples de ce dernier, y compris Edward Manning* et Joseph DIMOCK, adoptaient des voies plus « orthodoxes ».

BARRY M. MOODY

Atlantic Baptist Hist. Coll., Acadia Univ. (Wolfville, N.-É.), Centreville, Shelburne County, N.-É., United Baptist Church records, records of Cape Sable Island Free Baptist Church ; Edward Manning, journals. — A treatise on the faith of the Free Baptists of Nova Scotia (s.l.n.d. ; copie à l'Atlantic Baptist Hist. Coll.). — Christian Messenger, 25 août 1837. — S. B. Atwood, The length and breath of Maine (Orono, Maine, 1973). — Free Baptist cyclopædia, G. A. Burgess et J. T. Ward, édit. (Chicago, 1889). — Bill, Fifty years with Baptist ministers. — Edwin Crowell, A history of Barrington Township and vicinity […] 1604–1870 (Yarmouth, N.-É., [1923] ; réimpr., Belleville, Ontario, 1973), 253–256, 519–520. — Levy, Baptists of Maritime prov. — Saunders, Hist. of Baptists. — I. D. Stewart, The history of the Freewill Baptists for half a century (Dover, N.H., 1862).

McINTOSH, JOHN, fermier, né le 15 août 1777 dans l'état de New York, fils d'Alexander McIntosh et d'une prénommée Juliet ; il épousa Hannah Doran (Dorin), et ils eurent six fils et cinq filles ; décédé entre le 19 septembre 1845 et le 10 janvier 1846 près de McIntosh's Corners (Dundela, Ontario).

Dans la légende canadienne, on associe le nom de John McIntosh à l'une des réussites modernes de l'agriculture ontarienne, voire nationale : on le dit en effet le père de la pomme qui porte son nom. Cependant, le succès dont il s'agit est bien celui de la pomme elle-même, avec laquelle le destin de McIntosh ne fut guère lié que par hasard. Ni le mythe qui entoure ce personnage ni son histoire réelle ne se comparent, même de loin, à la vie remarquable de l'Américain John Chapman, connu sous le nom de Johnny Appleseed.

Venu d'Écosse, le père de John s'établit en 1773 près de Harpersfield, dans la colonie de New York, et soutint la cause loyaliste pendant la Révolution américaine. Selon une source, John arriva dans le Haut-Canada en 1796, selon une autre, en 1801 ; une troisième source dit qu'il immigra à l'âge de 18 ans. Peut-être peut-on concilier les deux premières dates si l'on suppose, d'après la chronologie proposée par un auteur, qu'il débarqua en 1796 et se maria en 1801. Apparemment, il acquit une terre dans la vallée du Saint-Laurent, plus précisément dans le 5e rang du canton de Matilda : il s'agissait de la moitié ouest du lot 9, qu'il acheta le 8 mars 1813 et cultiva jusqu'à sa mort.

C'est dans les buissons de cette propriété que McIntosh (ou son fils Allan, selon certaines sources) trouva et repiqua des plants du pommier qu'on appelle aujourd'hui McIntosh. Aucun document irréfutable n'attribue au père ou au fils la découverte de cette variété, qui était probablement dérivée de la pomme dite Fameuse. D'après une tradition orale et écrite fort répandue, c'est Allan qui comprit toute la valeur de cette pomme, en assura la propagation et ouvrit une pépinière plus tard au XIXe siècle. L'hypothèse en tout cas semble raisonnable.

Les fermiers et le public ne commencèrent à reconnaître les qualités de cette pomme qu'à la fin du XIXe siècle et au début du XXe. Encore en 1876, elle ne figurait pas sur la longue liste des variétés présentées à l'Exposition internationale de Philadelphie par les pomiculteurs ontariens. Dans un exposé prononcé en 1891 à l'assemblée annuelle de l'Ontario Fruit Growers' Association, un New-Yorkais vanta ainsi les mérites de la pomme : « [elle] gagne une grande popularité et se vend dans les marchés de notre ville sur les étals de fruits de premier choix ». Pourtant, même en 1905, un fermier faisait valoir à l'association qu'il fallait trouver « quelque chose de mieux » que la « Mac » et deux autres pommes populaires. Celui qui fit la renommée de cette variété, William Tyrrell Macoun*, horticulteur du gouvernement fédéral, démontra par ses travaux à la ferme expérimentale centrale d'Ottawa qu'elle était remarquablement bien adaptée au climat canadien et aux marchés urbains en plein essor. Convaincu depuis longtemps qu'elle n'avait besoin d'« aucun éloge », il affirmait : « c'est l'une des plus belles et des meilleures pommes de dessert cultivées ». Les stations expérimentales de pomiculture du gouvernement fédéral publiaient de courtes listes de pommes recommandables et de longues listes de pommes non recommandables. La McIntosh figurait immanquablement sur les premières. Elle était grosse, douce, appétissante et donnait des récoltes régulières. Ses seuls défauts – elle était souvent piquée et s'abîmait facilement – pouvaient être corrigés par des pulvérisations de produits chimiques et un emballage approprié. En 1907, Macoun rapportait : « ce fruit n'est très connu que depuis dix ou quinze ans. Sa popularité est telle [...] maintenant que les pépiniéristes ne peuvent répondre à la demande d'arbres. »

En 1909, le président de l'Ontario Fruit Growers' Association, Ernest D'Israeli Smith*, notait que depuis quelques années « les propriétaires de vergers [faisaient] la production massive des pommes, expressément à des fins commerciales ». Macoun avait longtemps pressé les fermiers ontariens de se spécialiser, de réduire la multiplicité des espèces qu'ils cultivaient pour répondre à la demande et baisser les coûts de production. La McIntosh était l'une des variétés qu'il prisait et, dans la première décennie du XXe siècle, la résistance dont elle faisait l'objet s'effritait. En 1909, par voie de résolution, le comité d'histoire de l'association affecta 50 $ à la construction d'un monument commémoratif sur les lieux où le premier plant avait été mis en terre « plus d'un siècle [auparavant] ». La date était improbable, mais cela n'avait pas d'importance. « Cette variété, disait-on, a conquis le rang de meilleur type de fruit de dessert » et a « montré son adaptabilité à des sols très divers ». En 1912, une « souscription populaire » permit d'ériger un monument dans la ferme des McIntosh.

Comme le disait en 1905 Harold Jones, pépiniériste de Maitland en Ontario, les meilleurs types de pomme « provenaient en grande partie de sauvageons. La McIntosh rouge appartenait à cette catégorie, mais elle était unique entre des millions. » Peut-être est-il malheureux que Macoun en ait attribué la paternité à John McIntosh, mais au moins eut-il le bon sens de signaler que c'est Allan qui en assura la propagation. La popularité de ce fruit aurait probablement ébahi John McIntosh, ce fermier illettré et méthodiste fervent qui avait eu la chance d'être propriétaire de l'endroit où l'on trouva l'arbre « unique entre des millions ». Il mourut chez lui, dans le canton de Matilda, peut-être à la fin de septembre 1845.

ROBERT LOCHIEL FRASER

AO, RG 22, sér. 194, reg. D (1842–1860) : 29–31. — Dundas Land Registry Office (Morrisburg, Ontario), Abstract index to deeds, Matilda Township, 1 : 145, 184 (mfm aux AO). — Reid, Loyalists in Ont., 93. — J. S. Carter, The story of Dundas [...] (Iroquois, Ontario, 1905 ; réimpr., Belleville, Ontario, 1973), 243, 394, 433. — J. G. Harkness, Stormont, Dundas and Glengarry : a history, 1784–1945 (Oshawa, Ontario, 1946). — M. E. [Hillman]

Waterston, Pioneers in agriculture : Massey, McIntosh, Saunders (Toronto, 1957). — Ontario, Dept. of Agriculture, Fruit growing opportunities in Ontario, Canada ([Toronto, 1908]) ; The fruits of Ontario, 1906 (Toronto, 1907) ; Dept. of Commissioner of Agriculture and Public Works, Report of the commissioner of Agriculture on the products, manufactures, etc., of Ontario, exhibited at the International Exhibition, Philadelphia, 1876 (Toronto, 1877). — Canadian Horticulturist (Grimsby, Ontario), 22 (1899) : 396–397, 506 ; 23 (1900) : 24, 45–46. — Fruit Growers' Assoc. of Ontario, Annual report (Toronto), 1873, 1876, 1881, 1883, 1885, 1889, 1891–1892, 1894–1895, 1900, 1903, 1905–1906, 1909. — L. A. Morse, « The biggest Mac of all : the MacIntosh – solid, reliable, luscious and our own », Leisure Ways (Toronto), 4 (sept. 1985) : 12–17. — Ontario, Dept. of Agriculture, Annual report of the fruit experiment stations of Ontario, under the joint control of the Ontario Agricultural College, Guelph, and the Fruit Growers' Association of Ontario (Toronto), 1903 ; 1907 : 12–13 ; Fruit Branch, Report (Toronto), 1910.

McKENZIE, JAMES, trafiquant de fourrures, juge de paix et homme d'affaires, né vers 1777 près d'Inverness, Écosse, fils d'Alexander Mackenzie et d'une prénommée Catherine ; décédé le 18 juillet 1849 à Québec.

En 1795, sous la supervision de son frère RODERICK, James McKenzie entama un apprentissage de sept ans au sein de la North West Company, dans le département de l'Athabasca. Les journaux qu'il tint au fort Chipewyan (Fort Chipewyan, Alberta) en 1799 et 1800 dévoilent la rude existence des trafiquants de fourrures, de même que son mépris profond des Canadiens, des Indiens et de ses employeurs. « Tenu de défendre les intérêts de sa compagnie », il maltraitait les « Potties » (surnom donné aux employés de la New North West Company, parfois appelée la XY Company), vendait des Indiennes aux engagés, fournissait aux Indiens du mauvais tabac et du rhum dilué, faisait crédit aux chasseurs endettés envers la XY Company et, un jour, au lieu de le punir, récompensa le chasseur responsable de la mort d'un engagé – tout cela, confessait-il avec cynisme, pour procurer davantage de peaux de castor, donc d'« argent sonnant », aux actionnaires de la North West Company.

Promu associé en 1802, McKenzie fut affecté de nouveau dans la région de l'Athabasca, où s'infiltrait alors la Hudson's Bay Company. Selon Peter Fidler*, qui dirigeait la campagne de cette société, il construisit un « bâtiment de garde » près du poste de traite de la Hudson's Bay Company et ordonna la destruction des biens de celle-ci ; il débaucha des Indiens, détourna des fourrures et « brutalisa » des Indiens et des employés de la Hudson's Bay Company qui avaient fait de la traite ensemble. Finalement, rapporte Fidler, ces « procédés durs et barbares » poussèrent certains Chipewyans à tuer six « hommes de main » de la North West Company. McKenzie intensifia son harcèlement après la fusion de la New North West Company et de la North West Company, en 1804, qui amena son collègue Samuel BLACK dans l'arène. En 1806, la Hudson's Bay Company se retira de l'Athabasca.

Cette année-là, la North West Company affecta McKenzie aux postes du roi et à Mingan. Il devait commencer en 1807, après son tour de service à Montréal. En janvier 1807, pendant qu'il était dans cette ville, il adhéra au Beaver Club. Retenu à Québec par la maladie jusqu'en 1808, il entreprit alors la tournée en canot de son nouveau domaine. Il remonta le Saguenay, traversa le lac Saint-Jean et navigua sur la Chamouchouane jusqu'au fort Ashuapmouchouan (sur le lac Chigoubiche), après quoi il traversa la côte du Labrador jusqu'à Musquaro, où il rencontra des Indiens naskapis, qu'il trouva « d'un naturel peureux », « perfides », « indolents » et « voleurs ». Normalement il hivernait à Tadoussac. Il était également représentant de la North West Company à Québec, ce qui l'amenait parfois à Montréal. Il en profitait alors pour aller voir ses frères Roderick et Henry* ainsi que ses deux fils sang-mêlé (il avait été marié à la façon du pays), non loin de là, à Terrebonne, où il acheta une maison en 1811. C'est à cet endroit qu'en 1815 il aida John McDonald* of Garth à « mettre à la porte » d'une taverne quelque 400 voyageurs de la Hudson's Bay Company. Une liste des associés de la North West Company, dressée vers la même époque à l'intention de lord Selkirk [Douglas*], décrit McKenzie comme un trafiquant « indolent et désinvolte ».

Vers 1818, McKenzie quitta apparemment la North West Company pour devenir marchand indépendant à Tadoussac et à Québec. Il reçut sa première commission de juge de paix en 1821, année où il s'établit peut-être en permanence à Québec. Sa nouvelle situation et l'effet négatif de la fusion de la Hudson's Bay Company et de la North West Company sur ses finances ne modifièrent guère certaines des opinions cyniques qu'il avait à titre de Nor'Wester. Ainsi en 1823, devant un comité de la chambre d'Assemblée sur les terres de la couronne, il déclara que les Indiens des postes du roi étaient « stupides » et « soupçonneux », quand un autre témoin, François Verrault, les disait « doux, charitables et hospitaliers ».

Le 10 février 1825, McKenzie épousa Ellen Fitzsimons, fille mineure de feu le capitaine Thomas Fitzsimons. Les obligations que lui imposait leur contrat – principalement la constitution d'une rente viagère pour sa femme – furent sans doute pour quelque chose dans l'empressement avec lequel il accepta en 1827 d'être le représentant de la Hudson's Bay Company à Québec. En 1840, il devait faire face aux marchands de la ville, qui s'opposaient au bail que détenait la compagnie sur les postes du roi et à ses

activités forestières sur le Saguenay, entreprises dans les années 1830 par William CONNOLLY. Il défendit la compagnie, mais une société dirigée par William Price* obtint tout de même un permis de coupe de trois ans, après quoi on ouvrit la région aux bûcherons sans permis. Fustigé en 1843 par le gouverneur sir George Simpson* pour avoir accepté des actions dans l'entreprise de sciage de James Gibb* à Portneuf, McKenzie se justifia en alléguant les besoins financiers croissants de sa famille.

La gêne poursuivit James McKenzie jusqu'à la fin. Il avait donné des hypothèques à sa femme pour constituer sa rente, et pourtant elle se trouva dans l'obligation de demander une pension à Simpson après la mort de son mari en juillet 1849. Deux mois plus tard, pour expliquer son refus, le gouverneur déclara que McKenzie était « agent de commerce » et non « fonctionnaire mandaté », et qu'il avait de plus laissé un « déficit considérable d'encaisse ». Ellen McKenzie mourut l'année suivante ; quatre de leurs sept enfants lui survivaient.

JEAN MORRISON

L'auteur désire remercier pour son aide Henri McKenzie Masson, d'Outremont, Québec. [J. M.]

Les McGill Univ. Libraries, Dept. of Rare Books and Special Coll., ms coll., conservent sous les cotes CH173.S155 et CH177.S159 respectivement, le journal d'Athabasca de James McKenzie et son rapport sur les postes du roi. Ces documents ont été publiés avec omissions et révisions sous le titre de « Extracts from his journal, 1799–1800, Athabasca District » et « The king's posts and journal of a canoe jaunt through the king's domain, 1808 ; the Saguenay and the Labrador coast », les Bourgeois de la Compagnie du Nord-Ouest (Masson), 2 : 369–399 et 401–454. L'édition du journal de 1808, préparée par Masson, a été réimprimée sous le titre de « Yesterday : a canoe jaunt through the king's domain in 1808 » ; elle accompagne la description qu'a faite de cette région J. A. Burgesse en 1948, « Today : from Quebec to the Saguenay and Lake St. John in 1948 » sous le titre général de « The king's domain, today and yesterday », et qui parut dans le Beaver, outfit 279 (juin 1948), 32–38.

ANQ-M, CN1-29, 6 juin 1795. — ANQ-Q, CN1-197, 18 mars 1848, 20 févr. 1849 ; CN1-253, 5 févr. 1825 ; Z300076 (microfiche), James Mackenzie et famille. — APC, MG 19, B1, 1 : 22 ; B3 : 7, 9 (transcription) ; E1, sér. 1 : 187, 8430–8431 (transcriptions). — PAM, HBCA, A.44/8 : f° 101 ; A.44/9 : f° 53 ; B.170/c/1 : f°s 23–39 ; D.4/40 : f° 9 ; D.5/2 : f°s 115–119, 183–185, 339, 345, 363, 378–379 ; D.5/22 : f°s 166–167. — Presbyterian Church in Canada Arch. (Toronto), St Gabriel Street Church (Montréal), reg. of baptisms, marriages, and burials (mfm aux AO). — B.-C., chambre d'Assemblée, Journaux, 1824, app. R. — Les Bourgeois de la Compagnie du Nord-Ouest (Masson), 1 : 56. — Docs. relating to NWC (Wallace). — Hargrave, Hargrave corr. (Glazebrook). — La Gazette de Québec, 3 déc. 1818, 5 juill. 1821. — Morning Chronicle (Québec), 20 juill. 1849. — J. G. MacGregor, Peter Fidler : Canada's forgotten surveyor, 1769–1822 (Toronto et Montréal, 1966). — C. W. Mackenzie, Donald Mackenzie : « king of

Mackenzie

the northwest » [...] (Los Angeles, 1937). — R. S. Allen, « Peter Fidler and Nottingham House, Lake Athabasca, 1802–1806 », *Hist. and Archaeology* (Ottawa), 69 (1983) : 283–347. — Karlis Karklins, « Nottingham House : the Hudson's Bay Company in Athabasca, 1802–1806 », *Hist. and Archaeology,* 69 : 3–281.

MACKENZIE, RODERICK (on trouve souvent son nom orthographié **McKenzie,** mais il signait **Mackenzie**), trafiquant de fourrures, officier de milice, fonctionnaire, juge de paix, homme politique et auteur, né vers 1761 près d'Inverness, Écosse, fils aîné d'Alexander Mackenzie et d'une prénommée Catherine ; vers 1788, il épousa une Indienne à la façon du pays, et ils eurent trois enfants, puis le 24 avril 1803 Rachel Chaboillez, fille de Charles-Jean-Baptiste Chaboillez*, et de ce mariage naquirent au moins deux fils et trois filles qui atteignirent l'âge adulte ; décédé le 15 août 1844 à Terrebonne, Bas-Canada.

Roderick Mackenzie surpasse en importance ses homonymes qui travaillèrent comme lui dans le commerce des fourrures. Il était le cousin germain de sir Alexander Mackenzie*, explorateur, et trois de ses frères, Donald*, JAMES et Henry*, pratiquèrent aussi le métier de trafiquant de fourrures, tout comme son beau-père et ses beaux-frères Simon McTavish* et Charles Chaboillez*.

Mackenzie arriva dans la province de Québec en 1784 ; on présume que ce sont ses liens avec Alexander Mackenzie qui l'y amenèrent, puisqu'en 1785 il travaillait à titre de commis de la Gregory, MacLeod and Company [V. John Gregory* ; Normand MacLeod*] en plus d'être l'assistant de son cousin. Cette entreprise, après avoir exercé ses activités principalement dans la région de Detroit, s'était tournée vers le Nord-Ouest pendant l'hiver de 1783–1784, mais elle n'avait pu y déployer autant de ressources que sa solide concurrente, la North West Company. Mackenzie travailla au lac Snake (lac Pinehouse, Saskatchewan) pendant l'hiver de 1786–1787 ; l'été suivant, à Grand Portage (près de Grand Portage, Minnesota), il rapporta que la grande rivalité entre les deux compagnies avait abouti au meurtre de John Ross, un associé hivernant de la Gregory, MacLeod and Company. L'affrontement prit fin plus tard en 1787 quand, à l'invitation de McTavish, cette compagnie s'associa à la North West Company.

Dès 1787 Mackenzie avait décidé d'abandonner le commerce des fourrures ; il semble qu'il trouvait sa situation de commis, qui ne lui permettait pas de toucher une part des profits, comparable à celle d'un esclave. Mais Alexander Mackenzie le détourna de son projet et, l'année suivante, il rejoignit son cousin dans le département de l'Athabasca. Celui-ci le chargea de fonder le fort Chipewyan (Alberta) à l'extrémité sud-ouest du lac Athabasca ; pendant

l'absence d'Alexander en 1789, 1791–1792 et 1792–1793, Roderick assuma la responsabilité de ce fort, qui devint le siège principal de la compagnie dans la région. En 1794, Alexander cessa d'être un associé hivernant et Roderick le remplaça comme chef du département. L'année suivante, ce dernier joignit les rangs des associés de la North West Company. En 1798–1799, au retour d'un congé dans l'Est, il découvrit une route de canot utilisée jadis par les Français ; cette découverte permit à sa compagnie de déplacer son centre de transbordement de Grand Portage, alors en territoire américain, à Kaministiquia (Thunder Bay, Ontario).

Après avoir passé près de 15 ans dans le Nord-Ouest, Mackenzie n'avait pas de désir plus cher, à la fin du siècle, que de retrouver le confort de la civilisation. Au dire de tous, c'était un homme résistant et plein de ressources, mais il avait vécu dans l'ombre de son cousin, qui avait la réputation de surcharger de travail ses subalternes. Pourtant, les deux hommes demeurèrent des amis intimes jusqu'en 1799. Cette année-là, Alexander Mackenzie quitta la McTavish, Frobisher and Company, la plus importante des entreprises qui formaient la North West Company ; ce départ était dû en grande partie à une querelle entre l'explorateur et McTavish. Roderick Mackenzie n'eut rien à voir dans ce différend, et c'est lui qui succéda à son cousin : « L'absence de M. Mackenzie, expliqua-t-il, créa une vacance et [...] on me demanda de prendre sa place, ce que j'acceptai, mais avec beaucoup de répugnance. » Cette hésitation s'explique probablement du fait qu'il prévoyait que son geste allait déplaire à son cousin ; il lui faudra en effet attendre jusqu'en 1805 pour que son parent recommence à lui écrire.

En novembre 1800, Mackenzie devint l'un des associés de la McTavish, Frobisher and Company que l'on avait réorganisée avec, comme autres associés, McTavish, Gregory, les frères William* et Duncan* McGillivray et William Hallowell. Mackenzie accepta de passer un dernier hiver, celui de 1800–1801, dans l'Ouest, puis il s'établit à Terrebonne. Quand il cessa d'être un associé hivernant, il dut céder l'une des deux actions qu'il avait dans la North West Company ; il céda l'autre en 1805, au moment de la réorganisation de la compagnie après qu'elle eut absorbé la New North West Company (appelée parfois la XY Company). Le 1er décembre 1806, la McTavish, Frobisher and Company devint la McTavish, McGillivrays and Company, une entreprise dont les associés étaient les McGillivray, les frères William et James Hallowell, Angus Shaw* et Mackenzie. Ce dernier finit par jouer un rôle de moins en moins actif dans cette compagnie, même s'il continua jusqu'en 1808 d'assister aux réunions de la North West Company au fort William (Thunder Bay). Vers 1813, âgé de plus de 50 ans, il décida de se retirer de la compagnie. Les autres associés achetèrent sa part, qui représentait un quinzième de la valeur totale des parts, moyennant £10 000 payables en versements annuels. Dès 1805 peut-être, mais au plus tard en 1812–1813, Mackenzie et son frère Henry, les Hallowell et d'autres trafiquants de fourrures importants s'étaient associés dans la Mackenzie, Oldham and Company, qui avait des liens avec le commerce des fourrures. Mackenzie avait gardé des intérêts financiers dans la McTavish, McGillivrays and Company, et au moment de la faillite de celle-ci, en 1825, il poursuivit ses associés, y compris son frère Henry. Trois ans plus tard, un tribunal lui accorda £7 308 plus les intérêts courus, mais il ne put toucher cet argent et en 1832 il vendit sa créance à Samuel Gerrard* pour un montant de £6 500.

Pendant sa carrière, Mackenzie manifesta de l'intérêt pour les ouvrages de l'esprit, ce qui ne correspond guère à l'idée que l'on se fait habituellement des trafiquants de fourrures. Il semble qu'il se faisait envoyer régulièrement des livres et, selon une source, il mit sur pied une bibliothèque pour les employés de la North West Company dans l'Athabasca. À Terrebonne, il dépensa beaucoup d'énergie à rassembler des documents sur la traite des fourrures, les Indiens et l'histoire naturelle de l'Ouest. En 1806, il se préparait à expédier un questionnaire long de 60 pages à des trafiquants de fourrures, mais des retards d'impression l'obligèrent à leur envoyer plutôt une circulaire d'une page. Bon nombre des documents qu'il trouva furent publiés, dans *les Bourgeois de la Compagnie du Nord-Ouest*, par Louis-François-Rodrigue Masson*, mari de l'une de ses petites-filles. On lui a aussi attribué la paternité de l'histoire de la traite des fourrures qui sert d'introduction au livre de son cousin Alexander, *Voyages from Montreal* […], ainsi que celle d'un texte publié anonymement en 1824 dans la *Canadian Review,* « A brief account of the fur trade to the northwest country […] ». Membre de la Société littéraire et historique de Québec et de l'American Antiquarian Society, Mackenzie fit également partie de la Royal Society of Northern Antiquaries de Copenhague.

En 1814, Mackenzie acheta la seigneurie de Terrebonne de la succession de McTavish pour la somme de £28 000, moyennant un versement initial de £8 000 et le paiement d'une somme annuelle de £1 200. Il voulait continuer le travail qu'avait entrepris McTavish en développant les activités commerciales de la seigneurie, et il écrivait son intention de faire passer les revenus annuels de £1 000 à £3 000. Mais jamais il ne devint seigneur et il dut quitter la propriété en 1824 quand un tribunal, saisi d'une action intentée par la veuve de McTavish, annula la vente qui lui avait permis d'acquérir la seigneurie, parce que les exécuteurs testamentaires avaient outrepassé leur pouvoir en

la vendant. Il continua néanmoins de vivre à Terrebonne.

Mackenzie occupa des postes qu'on avait l'habitude d'attribuer aux hommes de son rang. En 1812, on le nomma lieutenant-colonel de la milice de Terrebonne. De 1804 à 1816, il reçut une commission de juge de paix pour le territoire indien et, de 1821 à 1839, il remplit la charge de juge pour les districts de Montréal, de Québec, de Trois-Rivières, de Gaspé et de Saint-François. En 1817, il fut nommé commissaire de la voirie et des ponts pour le comté d'Effingham, et c'est probablement à ce titre que, deux ans plus tard, il encouragea certaines mesures destinées à faciliter le passage des trains de bois dans la rivière des Prairies. En 1809, on l'avait nommé commissaire chargé de la construction dans Terrebonne-Effingham d'écoles où l'enseignement serait gratuit. En 1832, il faisait partie d'une commission chargée d'étudier les meilleurs moyens de construire un pont entre Montréal et la terre ferme.

Le 10 mai 1817, Mackenzie avait accédé au Conseil législatif du Bas-Canada où il allait rester jusqu'en mars 1838 ; cette nomination, la plus importante qu'il obtint, témoigne de son prestige, puisqu'on recrutait les conseillers parmi les hommes les plus en vue. L'ancien trafiquant de fourrures joua un rôle très actif au sein du conseil dans les années 1820 et fut en bons termes avec le gouverneur en chef, lord Dalhousie [RAMSAY]. En ce qui concerne ses opinions politiques, Mackenzie était représentatif des marchands de Montréal. Il défendit avec ardeur le projet d'union du Haut et du Bas-Canada mis de l'avant en 1822 et s'opposa énergiquement aux idées de la majorité patriote de la chambre d'Assemblée.

On sait peu de chose de la famille indienne que Mackenzie laissa derrière lui dans l'Ouest. Sa fille Nancy* se maria à la façon du pays avec un trafiquant de fourrures, John George McTAVISH, et une autre de ses filles, Louisa, épousa Angus Bethune*, un agent principal de la Hudson's Bay Company. Mackenzie se maria officiellement avec une catholique, mais selon le rite anglican ; il donna cependant de l'argent à l'église presbytérienne St Gabriel Street de Montréal et l'un de ses fils issus de ce mariage y fut baptisé. Alexander et Charles Roderick, deux des enfants nés de cette seconde union, furent respectivement officier dans l'armée britannique et avocat ; ses filles unirent leur destinée à celle d'importants hommes d'affaires ou avocats.

Membre respectable du monde de la traite des fourrures de Montréal, Roderick Mackenzie ne fit toutefois pas partie du groupe des trafiquants les plus en vue. Il ne fut jamais un leader et joua plutôt un rôle de second durant sa carrière ; à la fin de celle-ci, il préféra une semi-retraite à une participation active à la vie commerciale. Il continua de s'identifier aux marchands de Montréal et de défendre leurs intérêts

MacKintosh

jusqu'à ce que sa santé chancelante l'oblige à se retirer de la vie publique dans les années 1830.

PETER DESLAURIERS

Roderick Mackenzie est probablement l'auteur de l'introduction du volume d'Alexander Mackenzie, *Voyages from Montreal, on the river St. Laurence, through the continent of North America, to the Frozen and Pacific oceans ; in the years, 1789 and 1793 ; with a preliminary account of the rise, progress, and present state of the fur trade of that country*, [William Combe, édit.] (Londres, 1801), et de « A brief account of the fur trade to the northwest country, carried on from Lower Canada, and of the various agreements and arrangements under which it was conducted », *Canadian Rev. and Literary and Hist. Journal* (Montréal), n° 1 (juill. 1824) : 154–157.

ANQ-M, CE1-63, 24 avril 1803. — APC, MG 24, L3 : 9550–9558, 26406–26409, 26713–26720 ; RG 68, General index, 1651–1841. — McGill Univ. Libraries, Dept. of Rare Books and Special Coll., ms coll., CH21.S57 ; CH23.S59 ; CH27.S63 ; CH149.S19 ; CH171.S153 ; CH175.S175. — *Les Bourgeois de la Compagnie du Nord-Ouest* (Masson). — *Docs. relating to NWC* (Wallace). — Alexander Mackenzie, *The journals and letters of Sir Alexander Mackenzie*, W. K. Lamb, édit. (Toronto, 1970). — *Montreal Transcript*, 20 août 1844. — F.-J. Audet, « les Législateurs du B.-C. ». — P.-G. Roy, *Inv. concessions*. — Turcotte, *le Conseil législatif*. — Campbell, *Hist. of Scotch Presbyterian Church*. — Henri Masson, *Joseph Masson, dernier seigneur de Terrebonne, 1791–1847* (Montréal, 1972). — W. S. Wallace, *The pedlars from Quebec and other papers on the Nor'Westers* (Toronto, 1954).

MacKINTOSH, WILLIAM, trafiquant de fourrures, né vers 1784 ; décédé le 16 février 1842 à Lachine, Bas-Canada.

On ignore l'identité des parents et le lieu de naissance de William MacKintosh. Entré au service de la North West Company en qualité de commis vers 1802, il fut affecté au Petit lac des Esclaves (Alberta) pour l'hiver de 1803–1804. En 1805, il remplaça John Clarke* à la rivière de la Paix, qui demeura probablement son quartier d'hiver jusqu'en 1819. MacKintosh joua un rôle essentiel dans la lutte que menèrent les *Nor'Westers* contre l'invasion de leur département le plus rentable, la région de l'Athabasca, par la Hudson's Bay Company. Clarke, qui passa au service de cette compagnie en 1815, établit le fort Wedderburn sur le lac Athabasca la même année ; à court de provisions, il décida de faire hiverner son groupe près du poste de MacKintosh, le fort Vermilion (près de Fort Vermilion), où le gibier était d'ordinaire plus abondant.

MacKintosh terrassa son rival. Les provisions étaient rares, et il « usa de toute son influence et d'un peu de force » pour empêcher Clarke de rencontrer des Indiens ou de faire la traite avec eux. Dans une lettre écrite du fort Chipewyan, le *Nor'Wester* Willard

Ferdinand Wentzel exprima sa « jubilation » devant le résultat obtenu : « Pas moins de 15 hommes [plus] 1 commis accompagné d'une femme et d'un enfant sont morts de faim en remontant la rivière de la Paix. » Trois d'entre eux étaient morts au cours de l'hiver, pendant que l'équipe de la Hudson's Bay Company attendait de connaître les conditions de MacKintosh. Chacun des postes de la Hudson's Bay Company établi dans la région de l'Athabasca dut céder des marchandises de traite à son voisin de la North West Company en échange de ravitaillements pour survivre jusqu'à la fin de l'hiver. La North West Company récompensa MacKintosh le 22 juillet 1816 en lui conférant le titre d'associé. Chez la compagnie rivale, on n'oublia jamais ce qu'il avait fait : Nicholas Garry* le dépeignait comme « celui qui [avait] veill[é] à affamer les hommes de M. Clarke dans l'Athapascou ». Quant à Colin ROBERTSON, fonctionnaire de la Hudson's Bay Company, il nota en 1819 : « toute sa conduite dans la présente lutte s'est caractérisée par des actes de la cruauté la plus délibérée et la plus gratuite envers les employés de la compagnie ».

Après la saison de 1815–1816, la Hudson's Bay Company envoya des équipes plus puissantes dans la région de l'Athabasca. En 1818, Clarke lança une attaque surprise contre le fort Vermilion et retint MacKintosh prisonnier un moment. Même si Wentzel conclut alors à une victoire de la North West Company, l'historien Edwin Ernest Rich a établi que Clarke avait repris au fort Vermilion des marchandises dont MacKintosh s'était emparé plus tôt. Au printemps de 1819, le prestige des *Nor'Westers* à la rivière de la Paix était bien moins grand que naguère. À la fin de juin, ils essuyèrent un autre revers aux rapides Grand (Manitoba) : le gouverneur de la Hudson's Bay Company, William WILLIAMS, intercepta et arrêta MacKintosh, Benjamin Joseph Frobisher*, Angus Shaw*, John George McTAVISH et d'autres *Nor'Westers* qui se rendaient à une réunion au fort William (Thunder Bay, Ontario). Au moment de sa capture, le 23, MacKintosh souffrait de diarrhée, ce qui « l'obligeait à se retirer fréquemment » dans les bois. Il en profita pour confectionner un radeau et s'enfuit en laissant des messages de suicide afin de décourager ses poursuivants. Des quatre associés capturés aux rapides Grand, il était le seul disponible pour travailler pendant la saison de 1819–1820. La North West Company le renvoya à la rivière de la Paix, mais au fort Dunvegan plutôt qu'au fort Vermilion. À l'automne de 1819, il fut repris à proximité du portage Frog (près du lac Pelican, Saskatchewan), mais des hauts fonctionnaires de la Hudson's Bay Company le relâchèrent. En janvier, Robertson rapporta avec satisfaction que MacKintosh avait renvoyé de son poste la plupart des familles, qu'il y vivait avec sa femme et manquait de provisions. Quelque temps auparavant, il avait épousé à la façon du pays Sarah Gladu, fille d'un Métis et trafiquant indépendant de la rivière de la Paix.

L'acte unilatéral de fusion entre la Hudson's Bay Company et la North West Company, en 1821, donna à MacKintosh le titre de chef de poste et pourvut à sa promotion au rang d'agent principal en 1823. L'union des deux compagnies le remit en présence de Clarke. Au terme d'une journée où ils avaient voyagé ensemble, probablement pendant l'hiver de 1821–1822, ils vidèrent une querelle en échangeant des coups de pistolet au-dessus d'un feu de camp.

MacKintosh ne détint aucune responsabilité importante à la Hudson's Bay Company. En 1822, le conseil du département du Nord le renvoya au fort Dunvegan, où il supervisait en principe toutes les affaires de la compagnie à la rivière de la Paix mais où, en fait, il se buta à la résistance de ses subalternes et d'Edward Smith, agent principal responsable de tout le district d'Athabasca. Pendant son mandat au fort, une épidémie emporta le quart des autochtones qui y faisaient la traite. De plus, en projetant de déplacer le fort St John (situé près de Fort St John, Colombie-Britannique), il contribua peut-être à irriter les Castors, des partenaires de traite, ce qui entraîna le meurtre de cinq employés.

En 1824, on affecta MacKintosh au Petit lac des Esclaves en compagnie de Clarke. Les deux hommes, évidemment, se querellèrent. Le gouverneur George Simpson* feignit la surprise et, l'année suivante, convainquit le conseil de faire de MacKintosh l'unique fonctionnaire du district du fleuve Nelson, où l'on avait presque exterminé le gibier et les animaux à fourrure. En 1825, un collègue signala à Simpson que d'après lui MacKintosh était tellement soumis à sa femme que les intérêts de la compagnie dans le district en pâtissaient. Au cours de l'été de 1829, MacKintosh assuma la direction de Cumberland House (Saskatchewan), un poste tranquille qui chevauchait la route menant aux districts situés plus au nord et à l'ouest. Après une nouvelle mutation au fort Dunvegan, en 1832, sa santé se mit à décliner. Il obtint un congé de maladie pour l'année 1834–1835 et démissionna le 1er juin 1837, après deux ans de permission. À la colonie de la Rivière-Rouge, le 28 juin 1836, il avait officialisé son mariage devant le révérend David Thomas Jones. Par la suite, il s'établit à Lachine, où il mourut le 16 février 1842 « après une brève maladie ». Son fils aîné, William, mourut neuf jours plus tard. Le plus gros de ses biens alla à son autre fils ; sa fille célibataire reçut £1 000 et ses trois filles mariées, £100 chacune.

William MacKintosh fut si étroitement mêlé à des événements violents et controversés qu'il est difficile de faire un bilan pondéré de sa carrière. Dans un document écrit bien longtemps après sa mort, John Tod* ajoute à la liste de ses crimes une tentative d'empoisonnement commise contre James Murray Yale*. Il évoque « son expression toujours changeante et [son] noir regard inquiet », indices que « la nature l'avait fait tel que sa présence annonçait complots, trahisons et stratagèmes ». La partialité acharnée qui le soutenait à la rivière de la Paix ne trouva plus son exutoire après la fusion de 1821. S'il mérite d'échapper à l'oubli, c'est que Clarke trouva en lui un adversaire à sa taille. Toujours selon Tod, les deux hommes étaient « des voisins immédiats et [furent] toujours considérés, en fait, comme des membres de l'avant-garde des deux compagnies rivales qui avaient maintenu si longtemps la contrée dans un état de guerre civile ».

PHILIP GOLDRING

ANQ-M, CE1-80, 1842. — APC, MG 19, A38 ; B1, 3 : 55. — PAM, HBCA, A.33/4 : fᵒˢ 191–197 ; B.39/b/2 : 33–40, 44–47, 52, 60 ; B.141/e/2 : fᵒˢ 1–2d ; B.239/k/1–2 ; D.5/7 : fᵒ 273d ; E.4/1b ; E.11/1 : fᵒ 170d. — UTFL, ms coll. 31, box 25, file 7. — Les Bourgeois de la Compagnie du Nord-Ouest (Masson), 1 : 117, 123. — Docs. relating to NWC (Wallace). — HBRS, 1 (Rich) ; 2 (Rich et Fleming) ; 3 (Fleming) ; 30 (Williams). — George Simpson, Fur trade and empire : George Simpson's journal [...] 1824–25, introd. de Frederick Merk, édit. (Cambridge, Mass., 1931). — Montreal Gazette, 17 févr. 1842. — Rich, Fur trade (1967). — J. N. Wallace, The wintering partners on Peace River from the earliest records to the union in 1821 ; with a summary of the Dunvegan journal, 1806 (Ottawa, 1929).

McLAREN, NEIL, trafiquant de fourrures, marchand et cultivateur, né en 1766 à Loch Earn, Écosse, fils de Donald McLaren ; décédé le 25 septembre 1844 à Port-au-Persil, Bas-Canada.

Neil McLaren appartient au vieux clan des McLaren (MacLabhrainn) qui habitait Loch Earn, dans le comté de Perth, en Écosse. En 1791, il immigre au Bas-Canada. Dès son arrivée à Québec, la Lymburner and Crawford, société qui se livre à la pêche du phoque et du saumon au Labrador [V. Adam LYMBURNER], l'engage pour une période de trois ans. Puis, vers 1795, il entre au service de la North West Company. En juillet 1799, il travaille à titre de commis au poste de traite de Tadoussac, à l'embouchure du Saguenay.

En avril 1800, McLaren est envoyé à Chicoutimi, à 90 milles en amont du Saguenay ; terminus de la navigation sur cette rivière, Chicoutimi dessert alors tout à la fois trois postes de l'intérieur : Pointe-Bleue, sur le lac Saint-Jean, Ashuapmouchouan, sur la rivière du même nom, et, plus loin encore, le poste du lac Mistassini. Il dirigera l'activité commerciale et sociale de cet important comptoir de fourrures jusqu'en octobre 1805.

Durant son séjour à Chicoutimi, McLaren rédige un journal qui fait connaître la vie quotidienne menée dans l'établissement à l'époque. Homme d'ordre, de

MacLean

discipline et d'une persévérance peu commune, il note dans un gros cahier la température journalière et la course des vents ; il signale les visiteurs de passage, autant les Indiens que les autres ; il décrit le travail exécuté par les hommes pour l'entretien des bâtiments, les travaux saisonniers, le jardinage et l'élevage des animaux domestiques, sans oublier bien sûr la chasse à laquelle on s'adonne l'automne et l'hiver. Rien n'échappe à l'œil averti de McLaren, surtout pas le soin méticuleux qu'il faut apporter à la préparation des marchandises à expédier dans les postes de l'intérieur. Tout est vérifié et pesé ; le choix des Indiens préposés au transport de ces effets précieux n'est laissé à aucun hasard. Au retour des équipages, il classe les fourrures rapportées, en confectionne des ballots bien ficelés, prêts à être expédiés par le prochain bateau frété par la compagnie.

Le 4 octobre 1805, on nomme Jean-Baptiste Taché à la tête du poste de Chicoutimi, en remplacement de McLaren transféré quelques jours plus tard à Musquaro, à l'embouchure de la rivière Romaine, sur la Côte-Nord du Saint-Laurent. Le 26 novembre suivant, McLaren cesse de tenir son journal, signe apparent de son départ définitif pour d'autres parages. On retrouve par la suite sa trace à La Malbaie où il occupe la charge de garde-chasse. C'est là qu'il épouse en 1806 ou 1807 Margaret Hewit, fille de John Hewit, administrateur de la seigneurie de Murray-Bay que possède Christiana Emery, veuve de John Nairne*. Les bonnes relations de son beau-père et de la seigneuresse valent à McLaren la cession en censive de deux terres dans la concession de Port-au-Persil, à quelques milles en aval de La Malbaie ; il s'y installe avec sa famille vers 1815.

McLaren se consacre alors à l'agriculture, ce qui ne l'empêche pas, à l'occasion, de s'occuper du commerce du bois. En 1836, par exemple, il exerce les fonctions d'agent officiel de Peter McLeod* fils, entrepreneur forestier qui laissera sa marque au Saguenay. Cette année-là, la Hudson's Bay Company obtient un permis d'une durée de trois ans pour la coupe du bois dans les postes du roi du Bas-Canada. Elle confie immédiatement à McLeod la tâche d'organiser l'exploitation de la forêt aux alentours de la rivière Noire, près de Saint-Siméon, dans la région de Charlevoix. C'est à McLaren qu'incombe la charge de veiller aux intérêts de McLeod.

Dès la vente du permis de coupe de la Hudson's Bay Company à la Société des entrepreneurs des pinières du Saguenay [V. Alexis Tremblay*, dit Picoté], en 1837, Neil McLaren retourne à Port-au-Persil où il s'affaire à la mise en valeur de ses terres, à l'éducation et à l'entretien de sa famille qui compte quatre garçons et cinq filles. C'est là qu'il meurt dans un malheureux accident, survenu le 25 septembre 1844, à l'âge de 78 ans. Son corps repose toujours dans un caveau funéraire, à Port-au-Persil, à l'ombre de sa maison, berceau de la famille McLaren du Canada.

JEAN-PAUL SIMARD

Neil McLaren est l'auteur d'un journal intitulé « Post journal kept at Chicoutimi, 1800–1805 » dont l'original est conservé aux APC, sous la cote MG 19, D5.

ANQ-Q, CN1-197, 16 oct. 1837 ; CN4-9, 3 janv., 19 avril, 22 oct. 1836, 9, 19 oct. 1837. — ANQ-SLSJ, P-2, dossier 66, pièces 1–3, 6, 10, 23, 25–27. — Cadastres abrégés des seigneuries du district de Québec […] (2 vol., Québec, 1863). — Lorenzo Angers, Chicoutimi, poste de traite, 1676–1852 (Montréal, 1971). — J.-P. Simard, « Biographie de Thomas Simard », Saguenayensia (Chicoutimi, Québec), 20 (1978) : 4–6.

MacLEAN, JOHN. V. MacGhillEathain, Iain

McLEOD, ALEXANDER RODERICK, trafiquant de fourrures et explorateur, né vers 1782 dans la province de Québec ; décédé le 11 juin 1840 dans le Bas-Canada.

Entré au service de la North West Company en 1802, Alexander Roderick McLeod travailla d'abord à la rivière de la Paix et dans la région de l'Athabasca ; il écrivit son journal de l'été de 1806 au fort Dunvegan (sur la rivière de la Paix). D'après l'historien James Nevin Wallace, c'était un homme de forte carrure qui joua un « rôle secondaire » dans la rivalité entre la Hudson's Bay Company et la North West Company. À la fusion des deux compagnies, en 1821, on le nomma chef de poste dans le district de l'Athabasca. Sa carrière de trafiquant de fourrures entra alors dans une phase nouvelle et controversée. Dès la saison de 1822–1823, l'« usage déraisonnable et humiliant [qu'il faisait] de son autorité » dans le district du Mackenzie lui valut des critiques. En 1825, son affectation dans le district de la Colombie, situé plus au sud, fut le prélude d'une série d'incidents dramatiques qui allaient survenir dans la région de l'Oregon, où trafiquants britanniques et américains avaient des droits égaux et se faisaient concurrence.

Tandis que Peter Skene Ogden* ouvrait l'intérieur du territoire à la Hudson's Bay Company en exploitant la région de la rivière Snake, à l'ouest McLeod était chargé de mener une série de missions le long de la côte de l'Oregon à partir du fort Vancouver (Vancouver, Washington). De cette façon, l'agent principal John McLoughlin* espérait battre toute la région à la recherche de fourrures et découvrir si, comme on le disait, il existait vraiment, quelque part entre le Columbia et la baie de San Francisco, une rivière qui coulait des Rocheuses jusqu'au Pacifique. Vu la difficulté de parcourir l'aire d'alimentation de la région de la Snake et du Grand Bassin, cette rivière, qu'on appelait par anticipation Buenaventura, aurait donné, si elle avait été navigable, une impulsion considérable au commerce. En fait, elle n'existait pas, mais pendant un certain temps on espéra que le Sacramento était le cours d'eau recherché. Quoi qu'il en soit, McLeod, que le gouverneur George Simpson* qualifia plus tard de personnage autoritaire, tout en reconnaissant qu'il était « excellent tireur, habile canotier et assez bon dans la traite avec les Indiens », ne se révéla pas particulièrement l'homme qui convenait pour cette recherche. Après avoir atteint le Columbia à l'automne de 1825, il se mit en route pour la rivière Umpqua (Oregon) en mai 1826, avec son convoi, pour passer l'été à faire du trappage. Mais, et cette situation se reproduirait par la suite, il rebroussa chemin avant d'être parvenu à destination. Du moins entendit-il dire par des Indiens qu'il y avait un « grand fleuve » au sud de l'Umpqua. En septembre 1826, comme McLoughlin l'avait chargé « de faire de la chasse et de l'exploration » dans cette région, il quitta de nouveau le fort Vancouver. Il dépassa l'Umpqua et atteignit la Tootenez (rivière Rogue) pour constater que cette rivière, qui n'avait rien de remarquable, était partiellement bloquée à son embouchure par un ensablement. En mars 1827, il était de retour au fort Vancouver.

McLeod passa l'hiver de 1827–1828 sur les bords de l'Umpqua, où il trouva peu de fourrures, puis au cours de l'été de 1828 il commanda une expédition punitive contre les Indiens klallams de Hood Canal (Washington), qui avaient tué cinq employés de la Hudson's Bay Company. La mort de plus de 20 Indiens lui valut un blâme sévère de la part du comité de Londres de la compagnie, mais selon McLoughlin l'expédition avait été « menée très judicieusement ». À son retour, McLeod se vit d'ailleurs confier une tâche plus ambitieuse.

On espérait toujours trouver au sud un fleuve navigable, et de nouvelles précisions sur la région étaient parvenues au fort Vancouver après le meurtre de l'équipe du trafiquant américain Jedediah Strong Smith en juillet 1828. Deux mois plus tard, on chargeait McLeod d'aller récupérer le matériel de Smith et, à l'aide de la carte que celui-ci avait dressée de la piste qui partait de la baie de San Francisco, de mener la pénétration de la Hudson's Bay Company dans la Californie mexicaine. Aucune effusion de sang ne marqua la première partie de la mission, mais McLeod laissa ensuite ses hommes près de l'Umpqua, contrairement aux ordres, et remonta au fort Vancouver « pour recevoir des instructions » et, disaient certains, pour y passer Noël et voir sa famille. Envoyé rejoindre son convoi en janvier, il continua vers le sud et, après avoir combattu les Indiens qui se trouvaient sur son chemin, atteignit la vallée de Sacramento en avril. Toutefois, l'hiver surprit son équipe dans les montagnes du nord de la Californie, au moment où elle remontait vers le nord, hors de la zone d'influence mexicaine. McLeod perdit ses chevaux, cacha ses fourrures (que la fonte des neiges allait abîmer) et, après avoir laissé ses compagnons sur l'Umpqua, arriva au fort Vancouver en février 1830.

Beaucoup jugèrent sa conduite incompétente et irresponsable mais quelques-uns, dont son ami John STUART et, ce qui surprend peut-être davantage, Simpson, virent dans sa mauvaise santé une justification de sa conduite. McLeod lui-même nota combien il avait été difficile de traverser ce territoire accidenté avec des hommes sans enthousiasme. Mais le comité de Londres, pour dénoncer son « manque extrême d'énergie et de zèle », lui refusa en mars la nomination d'agent principal qu'il espérait et le fit muter l'année suivante dans le district du Mackenzie. Même si McLeod n'en rapporta jamais de grandes quantités de fourrures, ses expéditions « dans le sud » contribuèrent quand même nettement à maintenir la présence de la Hudson's Bay Company dans la région de l'Oregon.

Dès lors, la carrière de McLeod fut sans histoires. En 1833, après avoir quitté le fort Simpson (Fort Simpson, Territoires du Nord-Ouest) pour aller refaire sa santé au Canada, il reçut en cours de route une lettre de Simpson. Il lui disait qu'il « aurait fait un excellent guide » et lui promettait d'appuyer sa promotion au rang d'agent principal s'il acceptait d'accompagner l'expédition arctique de George Back*. McLeod accomplit fidèlement cette tâche jusqu'en 1835, en compagnie de sa femme indienne et de ses trois enfants. Toutefois, par suite d'une entente, il ne descendit pas avec l'explorateur la grande rivière des Poissons (rivière Back) jusqu'à l'océan Arctique, mais il chassa, pêcha et monta des campements pour les membres de l'expédition. La compagnie le récompensa en le nommant agent principal en 1836. Affecté au Grand lac des Esclaves de 1835 à 1837 et au fort Dunvegan de 1837 à 1839, il quitta ensuite le Nord-Ouest.

Alexander Roderick McLeod mourut en juin 1840, pendant un congé. Il légua « quelques modestes biens » et environ £5 000 à la femme sang-mêlé qu'il avait épousée à la façon du pays à l'époque où il travaillait pour la North West Company, ainsi qu'à ses sept enfants survivants, dont Sarah* et Alexander Roderick, qui avait appartenu à l'éphémère armée de libération de James DICKSON. À l'encontre de bien des trafiquants pareillement mariés, McLeod considérait sa compagne comme son « épouse légitime ». D'ailleurs en 1841 le Doctors' Commons d'Angleterre déclara leur mariage légalement valide.

GLYNDWR WILLIAMS

PAM, HBCA, A.6/22 : f° 60 ; A.36/10 : f°s 9–18 ; B.39/b/2 : 86 ; D.4/22 : f° 40d ; D.4/123 : f°s 58–66. — George Back, *Narrative of the Arctic land expedition to the mouth of the Great Fish River, and along the shores of the Arctic Ocean in*

McLeod

the years 1833, 1834, and 1835 (Londres, 1836). — *HBRS*, 3 (Fleming) ; 4 (Rich) ; 23 (Davies et Johnson) ; 30 (Williams). — *The Hudson's Bay Company's first fur brigade to the Sacramento valley : Alexander McLeod's 1829 hunt*, D. B. Nunis, édit. (Sacramento, Calif., 1968). — Brown, *Strangers in blood*. — R. H. Dillon, *Siskiyou trail : the Hudson's Bay Company route to California* (New York, [1975]), 163–164, 177. — Van Kirk, « *Many tender ties* ». — J. N. Wallace, *The wintering partners on Peace River from the earliest records to the union in 1821 ; with a summary of the Dunvegan journal, 1806* (Ottawa, 1929), 78, 122–134.

McLEOD, JOHN, trafiquant de fourrures, né en 1788 à Stornoway, Écosse ; décédé le 24 juillet 1849 à Montréal.

John McLeod entra au service de la Hudson's Bay Company en 1811, en Écosse, à titre de commis aux écritures. La première partie de sa carrière fut intimement reliée à la nouvelle colonie de la Rivière-Rouge fondée par lord Selkirk [Douglas*]. Avant de se joindre au premier contingent de colons qui partirent pour la colonie en juillet, il avait aidé à recruter des hommes dans les Hébrides. Contraint d'hiverner à York Factory (Manitoba), McLeod, qui faisait route avec le gouverneur Miles Macdonell*, n'arriva pas à la rivière Rouge avant l'été de 1812. Pendant les quelques années qui suivirent, il établit des postes dans la région qui constitue aujourd'hui le sud du Manitoba, entre autres le poste de la rivière Turtle en 1812–1813 et celui de Portage-la-Prairie en 1813–1814 ; il passait cependant tous ses étés dans la colonie qui, lentement, se développait. Nommé responsable des activités de la Hudson's Bay Company à cet endroit pour la saison de 1814–1815, il tenta de défendre la colonie contre une attaque des *Nor'Westers* et des Métis en juin 1815. Même si les colons furent pratiquement tous dispersés, McLeod demeura sur place avec trois compagnons pour sauver tout ce qu'il pouvait. Plus tard cet été-là, il consolida le fort de la compagnie à Point Douglas (Winnipeg) puis réouvrit la colonie avec Colin ROBERTSON. Il passa l'hiver dans un établissement situé à plusieurs centaines de milles à l'ouest avant de se rendre au poste de la Hudson's Bay Company à Pembina (Dakota du Nord), où il aida le nouveau gouverneur de la colonie de la Rivière-Rouge, Robert Semple*, dans son raid contre le poste que la North West Company possédait à cet endroit. McLeod ne fut pas témoin des autres ravages que subit la colonie en juin 1816, puisqu'à ce moment il emmenait des *Nor'Westers* en captivité à Norway House (Manitoba).

En 1816–1817, McLeod eut la charge du district de la rivière aux Anglais et hiverna à Île-à-la-Crosse (Saskatchewan). Les *Nor'Westers* de Samuel BLACK lui livrèrent là une lutte si vive qu'il fut contraint dès avril de chercher refuge au fort Carlton (Fort Carlton). Plus tard au cours de la saison, les *Nor'Westers*

l'arrêtèrent pour avoir pris part à la confiscation de leurs biens à Pembina. Il se rendit à Montréal à l'été de 1817 pour passer en jugement et défendre les intérêts de lord Selkirk. La plainte portée contre lui fut déboutée et, en 1818, il retourna à la colonie de la Rivière-Rouge à la tête d'un important convoi qui comprenait un groupe de colons canadiens-français et les premiers missionnaires catholiques, Sévère Dumoulin* et Joseph-Norbert Provencher*. La saison suivante, il eut de nouveau la responsabilité du district de la rivière aux Anglais. Au printemps de 1819, au cours d'une visite au fort Carlton, il épousa à la façon du pays Charlotte Pruden, fille d'un fonctionnaire de la Hudson's Bay Company, John Peter Pruden*, et d'une autochtone. McLeod demeura dans le district de la rivière aux Anglais plusieurs années encore, passant certains hivers au lac Buffalo (lac Peter Pond, Saskatchewan). Il se tirait bien d'affaire puisqu'en 1819 Robertson le décrivait comme « un petit bonhomme brave et intéressé ». Après la fusion de la Hudson's Bay Company et de la North West Company, réalisée en 1821, on le promut au rang de chef de poste dans la nouvelle entreprise.

McLeod passa la saison suivante au lac Green, au sud d'Île-à-la-Crosse, où naquit Malcolm, son premier fils. À l'automne de 1822, s'étant vu confier le district de la rivière Thompson, dont le quartier général était le poste de la rivière Thompson (Kamloops, Colombie-Britannique), il traversa les Rocheuses avec sa femme et ses deux jeunes enfants. Il aida la Hudson's Bay Company à commencer l'exploitation de la basse vallée du Fraser en descendant le fleuve jusqu'à son embouchure en 1823 mais, dans l'ensemble, son administration n'impressionna guère le gouverneur George Simpson* lorsque celui-ci visita la côte du Pacifique en 1824–1825. Il trouva McLeod enclin au gaspillage, craintif avec les Indiens et préoccupé par ses problèmes de famille ; il s'arrangea donc pour le faire retirer de la région. McLeod semble être demeuré en territoire indien malgré le congé qu'il obtint en 1825. Il ne partit pour l'Est qu'au début de 1826, après y avoir envoyé presque toute sa famille avec le convoi d'automne, dirigé par l'agent principal James McMillan*. Au terme d'une marche pénible dans la neige épaisse des Rocheuses, McLeod et le jeune Malcolm eurent la surprise de retrouver les autres membres de la famille à Jasper House (Alberta) : bloqués par la neige, ils avaient dû passer l'hiver près du col de la Tête-Jaune où, en février, Charlotte avait donné naissance à une deuxième fille.

À l'été de 1826, John McLeod assuma la direction de Norway House et supervisa la reconstruction d'une grande partie du poste. Le missionnaire anglican David Thomas JONES célébra son mariage à l'église de l'endroit en août 1828. McLeod manifestait un grand souci pour l'éducation et le bien-être de sa famille.

Pendant son congé de 1830–1831, il emmena ses deux fils en Écosse et les y inscrivit dans une école. À son retour, il se trouva relégué à une fonction relativement peu importante : la direction du district de la rivière Saint-Maurice, dans le Bas-Canada, dont le quartier général était à Weymontachingue. La description que Simpson, dans « Character book », fit de lui au cours de cette période est claire. Selon le gouverneur, McLeod demeurait un fonctionnaire médiocre, « bien intentionné » mais « tout à fait grotesque dans ses manières ». Il le trouvait tellement confus et dépourvu de talent qu'il ajoutait : « [il] devrait s'estimer chanceux d'occuper son poste actuel, qui vaut mieux que ce à quoi un homme de sa capacité peut raisonnablement aspirer n'importe où ailleurs dans le monde ». McLeod semble néanmoins avoir bien administré la traite dans son district, malgré les empiétements des petits trafiquants. Il demeura à ce poste pendant le reste de sa carrière, de plus en plus mécontent de son sort et du refus continuel de la compagnie de le nommer agent principal. McLeod estimait mériter cette promotion et en avoir besoin pour payer l'éducation de ses enfants. Il était apparemment encore au service de la Hudson's Bay Company lorsqu'il mourut subitement du choléra en 1849, laissant sa femme et cinq enfants mineurs dans la gêne (ils avaient en tout trois fils et six filles). Malcolm McLeod, plus tard avocat à Montréal, a toujours cru que son père méritait plus de reconnaissance pour le rôle qu'il avait joué dans les débuts de l'Ouest canadien. Il conserva soigneusement ses papiers, qui contiennent une abondante correspondance avec ses compagnons de traite de Rupert's Land.

SYLVIA VAN KIRK

Un volume, qui contient des extraits du journal que John McLeod tint entre 1811 et 1816, et dans lequel il décrit son voyage de Stornoway, Écosse, à la colonie de la Rivière-Rouge, a été compilé et annoté par son fils Malcolm. Le manuscrit se trouve dans les papiers John MacLeod, PAM, MG 1, D5, et il a été publié sous le titre de « Diary, etc., of chief trader, John MacLeod, Senior, of Hudson's Bay Company, Red River settlement, 1811 », H. G. Gunn, édit., N.Dak., State Hist. Soc., Coll. (Bismarck), 2 (1908) : 115–134. On n'a pas retrouvé l'original du journal de McLeod, mais il en existe une photocopie dans ses papiers aux PAM.

ANQ-M, CE1-130, 25 juill. 1849. — APC, MG 19, A23. — PABC, Add. MSS 635, box 4, folder 116, John McLeod à Ross, 1er mars 1848 ; 1249, box 2, folders 7, 13, 15 ; E/E/M22, Malcolm McLeod, Life of John McLeod Sr. — PAM, HBCA, A.10/27 : 513–513d ; D.5/10–42. — Univ. of Birmingham Library, Special Coll. (Birmingham, Angl.), Church Missionary Soc. Arch., C, C.1/0, letters and journals of William Cockran. — HBRS, 1 (Rich) ; 2 (Rich et Fleming) ; 30 (Williams). — Ranald MacDonald, Ranald MacDonald, the narrative of his early life on the Columbia under the Hudson's Bay Company's regime [...], W. S.

Lewis et Naojiro Murakami, édit. (Spokane, Wash., 1923), 100, note 89. — George Simpson, Fur trade and empire : George Simpson's journal [...], introd. de Frederick Merk, édit. (éd. rév., Cambridge, Mass., 1968). — [H. G. Gunn], « The MacLeod manuscript », N.Dak., State Hist. Soc., Coll., 2 : 106–114.

McLEOD, JOHN M., trafiquant de fourrures et explorateur, né en 1795 dans la paroisse de Lochs, île de Lewis, Écosse, fils de Kenneth MacLeod, serviteur ; circa 1816–1842.

John M. McLeod arriva à Montréal en mars 1816 pour remplir un engagement de six ans au service de la North West Company. D'abord commis dans un poste situé sur les bords du fleuve Churchill, il fut probablement celui qui en juin 1821 accueillit George Simpson*, gouverneur de la Hudson's Bay Company, aux rapides Grand (Manitoba) et lui apprit la fusion de leurs deux compagnies. Après avoir joint les rangs de la Hudson's Bay Company, McLeod devint commis à Île-à-la-Crosse (Saskatchewan). Dans les documents de l'entreprise, on l'appelle souvent « John McLeod junior », pour le distinguer du chef de poste John McLEOD. Muté en 1822 dans le district de l'Athabasca, il accompagna Simpson, à l'automne, d'York Factory (Manitoba) jusqu'au fort Chipewyan (Fort Chipewyan, Alberta). Le gouverneur jugea qu'il était un « jeune homme convenable ». Il ajouta par contre : « [ce n'est] pas un type aussi brillant que je le croyais ; il est irréfléchi et a besoin d'être tenu à distance, ce qui est fait ». À peine étaient-ils parvenus au fort Chipewyan, à la fin de décembre, que Simpson dut contre toute attente se résoudre à l'affecter au district du fleuve Mackenzie, où on avait besoin de ses services. En janvier, il le recommanda au chef de poste Alexander Roderick McLEOD : « [voilà un] jeune homme plein de promesses [...] et je serai bien surpris s'il ne se révèle pas une acquisition précieuse pour votre personnel ».

Arrivé dans le district en mars 1823, McLeod allait y demeurer 12 ans et se montrer excellent dans les « voyages de découverte ». Selon les instructions de Simpson, le personnel du district devait étendre son territoire de traite vers l'ouest et entrer en contact avec les tribus indiennes pour stopper la fourniture de pelleteries aux Russes dans le nord de la côte du Pacifique. Durant les étés de 1823 et de 1824, McLeod explora neuf chaînes de montagnes adjacentes à la rivière Nahanni-du-Sud (Territoires du Nord-Ouest). Il rencontra les Nahanis et convint d'un rendez-vous avec eux ; on le louangea pour les « efforts infatigables » qu'il avait consacrés à cette initiative. Jusqu'en 1832 il travailla surtout au fort Simpson ; souvent seul à le gérer, il avait l'entière confiance de l'agent principal Edward Smith, qui s'absentait souvent. À l'été de 1831, il partit chercher la source de l'embranchement ouest de la rivière aux

McLoughlin

Liards (rivière Dease, Colombie-Britannique), repérer un emplacement possible pour un poste et reconnaître la source de tout cours d'eau qui descendait jusqu'à la côte. Durant cette expédition, qui fut couronnée de succès, il parcourut environ 500 milles et fit la connaissance de cinq tribus indiennes.

Au cours du même été, Simpson décida de muter McLeod aux postes du roi, dans le département de Montréal, en raison de ses « solides habitudes en affaires et [de sa] conduite correcte ». McLeod obéit à contrecœur et partit avec le convoi printanier de 1832. Simpson le décrivit alors en ces termes dans son fameux « Character book » : « homme actif, de bonne conduite et assez instruit. Parle cri, comprend un peu le chipewyan, est un excellent trafiquant et a récemment été affecté à des explorations ardues. » Edward Smith et Alexander Roderick McLeod intercédèrent en sa faveur et convainquirent Simpson de le renvoyer « là où pour le moment il [pouvait] être plus utile que partout ailleurs ».

De retour dans le district du fleuve Mackenzie à l'été de 1833, McLeod reçut la mission de réinstaller le fort Halkett à un nouvel endroit (près de la rivière Coal, Colombie-Britannique), sur l'affluent ouest de la rivière aux Liards. En 1834, année où il devint chef de poste, il entreprit à partir de là une expédition plus difficile : il remonta l'affluent ouest jusqu'au lac Dease, un trajet de 311 milles en « territoire jusque-là inconnu ». Du lac Dease, il se rendit au fleuve Stikine ; il trouva là des preuves que les Indiens de la côte s'adonnaient à la traite. Cependant, Simpson avait résolu de mettre fin à l'exploration de cette région parce qu'elle était trop onéreuse et trop lente. Il ordonna de plus de réduire l'effectif du district. Posté à Rivière-au-Liard (Fort Liard, Territoires du Nord-Ouest) en 1835, McLeod ne s'attendait pas à être muté, mais en juin il partit pour le district de la Colombie.

En 1836, John McLoughlin*, agent principal au fort Vancouver (Vancouver, Washington), désigna McLeod pour mener une expédition de traite vers le sud-ouest, dans la région de la rivière Snake, et lui confia la délicate mission d'y rencontrer des trafiquants américains afin de leur vendre des approvisionnements de la Hudson's Bay Company. Ceux-ci l'accueillirent « froidement », mais McLeod atteignit « tous les objectifs » que McLoughlin avait en tête, particulièrement le maintien de l'emprise de la Hudson's Bay Company sur la traite ; on l'envoya donc au rendez-vous des Américains, près de la rivière Green (Wyoming), en 1837. L'année suivante, il s'embarqua sur le *Cadboro*, schooner de la Hudson's Bay Company, pour aller à la recherche des trappeurs de la compagnie qui s'étaient perdus près de la vallée du Sacramento (Californie) ; aidé par les Russes à la baie Bodega ainsi que par des fonctionnaires mexi-

cains, il finit par les retrouver. À la baie Bodega, il s'entretint officieusement avec le directeur général de la Russian American Company, Ivan Antonovitch Kupreianov, des affaires de leurs deux entreprises.

John M. McLeod ne détenait pas de poste permanent dans le district de la Colombie et partit en congé en 1840. L'année suivante, il prit un autre congé ; en 1842, à l'âge de 47 ans, il quitta la Hudson's Bay Company et retourna apparemment en Grande-Bretagne. Pendant les 26 années où il fut trafiquant de fourrures, il se distingua surtout par le zèle et le succès avec lesquels il explora le territoire adjacent à la rivière aux Liards et à ses affluents. C'est en son honneur qu'on a baptisé le mont McLeod, à l'ouest du lac Dease.

S. M. JOHNSON

PAM, HBCA, B.39/b/6 : 44, 62 ; B.85/a/4 ; B.85/a/6 : fᵒˢ 1–10 ; B.200/a/2 : fᵒˢ 1–12 ; B.200/a/5 : fᵒˢ 62–75 ; B.200/a/14 : fᵒˢ 2–17 ; B.200/b/7 : 1–2, 13–15, 21, 26–27, 49 ; B.200/d/51 : fᵒ 45 ; B.200/e/1 : fᵒ 6 ; B.200/e/3 : fᵒˢ 2–3 ; B.200/e/5 : fᵒ 1 ; B.200/e/10 : fᵒ 3 ; B.200/e/11 : 1–3 ; B.200/e/17 : fᵒˢ 6–7 ; B.239/g/1 : fᵒ 63 ; B.239/g/2 : fᵒ 8 ; B.239/g/3 : fᵒ 11 ; B.239/g/69 : fᵒ 28 ; B.239/k ; B.239/x/5a : fᵒ 732 ; D.4/2 : fᵒˢ 19–20 ; D.4/20 : fᵒˢ 15–16 ; D.4/21 : fᵒ 50 ; D.4/98 : fᵒ 39 ; D.4/117 : fᵒ 55 ; D.4/127 : fᵒˢ 50, 81 ; F.5/3, nᵒ 55. — *Canadian North-West* (Oliver), 1 : 660 ; 2 : 799, 816. — *HBRS*, 1 (Rich) ; 3 (Fleming) ; 4 (Rich) ; 6 (Rich) ; 30 (Williams). — Morton, *Hist. of Canadian west* (1939). — R. M. Patterson, « The Nahany lands ; J. M. McLeod's exploration in 1823 and 1824 of the South Nahanni River country », *Beaver,* outfit 292 (été 1961) : 40–47.

McLOUGHLIN, MARIE-LOUISE, dite de Saint-Henri, ursuline, professeure et supérieure, née le 28 août 1780 à Rivière-du-Loup, Québec, fille de John McLoughlin et d'Angélique Fraser, et sœur de John McLoughlin* ; décédée le 4 juillet 1846 à Québec.

Marie-Louise McLoughlin, dont les parents étaient de fervents catholiques, connut une enfance paisible et heureuse. À l'âge de six ans, elle visita pour la première fois son grand-père maternel, Malcolm Fraser*, seigneur de Mount Murray. Charmé par la gentillesse de sa petite-fille, celui-ci insista pour la garder auprès de lui. Il l'inscrivit dans les meilleures écoles protestantes de Québec et lui procura tout ce qui pouvait élargir sa culture de même qu'éveiller ses talents.

La jeune fille, à 15 ans, exprima le désir de fréquenter le couvent des ursulines de Québec, appuyée en cela par ses parents et sa grand-mère maternelle, elle-même catholique. Son grand-père y consentit à contrecœur et déclara tout net qu'il irait jusqu'à déshériter Marie-Louise et les siens si l'élève venait à adhérer au catholicisme. Au grand mécontentement de son aïeul, pendant sa première année de pensionnat, en 1795–1796, Marie-Louise se fit instruire des vérités de la foi par l'abbé Philippe-Jean-Louis Desjardins*, alors aumônier des ursulines et de l'Hôtel-Dieu de Québec. Elle fit sa profession de foi et sa première communion à l'âge de 16 ans. Puis, bravant les représailles de son grand-père et en accord avec sa famille qui acceptait les conséquences matérielles possibles d'un tel geste, elle entra au noviciat le 21 novembre 1798. L'année suivante, le jour de sa vêture, elle prit le nom de Saint-Henri, et l'officiant lui donna la confirmation. Elle prononça ses vœux le 18 février 1800.

Excellente professeure d'anglais, Marie-Louise de Saint-Henri s'initia encore à l'enseignement des sciences grâce aux leçons de l'abbé Desjardins. Mieux que personne, elle comprit la nécessité d'une préparation soignée pour les jeunes religieuses qu'on destinait à l'enseignement. Maîtresse des novices du 16 décembre 1811 au 15 mai 1814, elle obtint que les jeunes religieuses soient libérées de certains travaux ménagers afin de mieux les former par la prière, l'étude et la réflexion à leur tâche d'éducatrices. Son enthousiasme fit merveille.

Marie-Louise de Saint-Henri occupa alternativement les plus hautes charges administratives du monastère. Elle fut économe du 15 mai 1814 au 20 avril 1818, puis du 27 avril 1824 au 26 avril 1830 et enfin du 25 avril 1836 au 24 avril 1839 ; elle remplit les fonctions de supérieure du 20 avril 1818 au 27 avril 1824 et du 26 avril 1830 au 25 avril 1836, et celles d'assistante de la supérieure du 24 avril 1839 au 25 avril 1842. À ces divers titres, elle présida à l'essor considérable que prit l'éducation chez les ursulines dès les débuts du XIXe siècle. Avec un sens de l'organisation peu ordinaire, elle réussit à équilibrer la situation financière du monastère, fort ébranlée depuis la Conquête. De 1837 jusqu'à sa mort, elle fut aidée en cela par Thomas Maguire*, aumônier de la communauté. Elle entreprit notamment la construction d'un édifice, qui devait être loué, fit bâtir deux logements pour familles modestes et fit agrandir la chapelle.

Du côté des classes, les meilleurs professeurs dispensèrent l'enseignement tant aux ursulines qu'aux élèves. Les annales ont gardé les noms de Frederick GLACKEMEYER et de Stephen Codman pour la musique et, pour la peinture, celui de James BOWMAN, qui réalisa le portrait de Marie-Louise de Saint-Henri. En outre, il faut signaler l'arrivée continuelle de matériel didactique envoyé d'Europe par le docteur David McLoughlin, frère de la religieuse. Afin de codifier les pratiques qui existaient déjà dans son établissement d'enseignement, le plus important de la colonie, Marie-Louise de Saint-Henri, avec l'aide de Maguire et à la demande expresse de Mgr Pierre-Flavien Turgeon*, archevêque de Québec, veilla en 1844 à la rédaction du « Règlement des élèves du pensionnat des Dames ursulines de

Québec ». De nouvelles idées, recueillies par Maguire au cours d'un séjour en Europe, y figuraient également. L'enseignement allait désormais se faire en fonction de certains principes, dont celui de regrouper dans une même classe des élèves de force semblable et celui d'insister davantage sur la compréhension que sur la mémorisation.

L'ardeur et la joie de vivre de Marie-Louise de Saint-Henri laissaient croire à une carrière encore fort longue quand, brusquement, elle s'éteignit le 4 juillet 1846, à l'âge de 65 ans. Au moment de sa mort, elle occupait la fonction de zélatrice au service de la supérieure depuis le 25 avril 1842. Femme de tête, mais aussi femme de cœur, elle n'avait jamais oublié les membres de sa famille, et ses nombreuses lettres montrent quelle part elle avait prise à leurs chagrins, à leurs difficultés au sujet de l'éducation de leurs enfants. Aux regrets de sa famille et à ceux de la communauté s'ajoutèrent les témoignages des amis du monastère, qui soulignèrent le goût de cette grande religieuse pour la culture, son sens des affaires et ses rares qualités de cœur.

SUZANNE PRINCE

ANQ-Q, CE3-3, 10 sept. 1780. — Arch. du monastère des ursulines (Québec), Actes de professions et de sépultures, 1 ; Actes des assemblées capitulaires, 1 ; Annales, I : 397, 455–456, 462 ; II : 102, 113–114 ; Livre contenant les actes des assemblées capitulaires, 1802–1842 ; Reg. des professions religieuses et des décès, 1778–1882. — B. B. Barker, *The McLoughlin empire and its rulers* [...] (Glendale, Calif., 1959). — Burke, *les Ursulines de Québec*, 3 : 249, 397 ; 4 : 455, 592. — *Glimpses of the monastery : scenes from the history of the Ursulines of Quebec during two hundred years, 1639–1839* (2e éd., Québec, 1897). — P.-G. Roy, *À travers l'histoire des ursulines de Québec* (Lévis, Québec, 1939).

McMAHON, JOHN BAPTIST, prêtre catholique, né en avril 1796 dans le diocèse de Kilmore (république d'Irlande), fils de Michael McMahon et de Mary Malone ; décédé après 1840, probablement aux États-Unis.

John Baptist McMahon, qui avait déjà été officier dans l'armée britannique, arrive au Bas-Canada en 1821, porteur de lettres testimoniales de l'évêque de Kilmore. En septembre de cette année-là, Mgr Jean-Jacques LARTIGUE le choisit pour enseigner l'anglais au collège de Saint-Hyacinthe. McMahon pourra y étudier la théologie tout en y apprenant le français. Ordonné prêtre le 18 septembre 1824, à Montréal, il est d'abord envoyé à Chambly puis à Saint-Eustache. Il devient, en septembre 1825, chapelain de l'église Saint-Jacques, à Montréal. McMahon conserve une part d'indépendance face à l'archevêque de Québec, Mgr Joseph-Octave Plessis*, et à son auxiliaire à Montréal, Mgr Lartigue, puisqu'il ne s'engage pas par serment à rester au pays

Macnider

et que son titre d'ordination, soit un « patrimoine fixé sur la seigneurie de Monsieur Dessaules [Jean Dessaulles*], de Maska, et sur un autre dans la cité de Québec », lui permet d'assurer sa subsistance. Aussi, en 1828, prétend-il « se prêter » à l'évêque de Québec pour les missions de Percé et de Douglastown et, six ans plus tard, accepte-t-il comme un sacrifice la nouvelle cure de Sherbrooke.

McMahon devient donc en 1834 le premier curé résidant de la nouvelle paroisse Saint-Colomban (Saint-Michel), qui était depuis 1816 une desserte de la mission de Drummondville. Composée de 280 familles, elle compte 1 124 âmes et couvre un immense territoire de 90 milles sur 70 ; une tournée pastorale complète comporte un trajet de 400 milles et nécessite 11 jours de voyage à cheval.

Exigeante par son étendue, la mission de Sherbrooke est rendue plus difficile encore par l'hétérogénéité de sa population. Trois groupes ethniques s'y coudoient : les Britanniques, les loyalistes, d'origine américaine, et les Canadiens. Au sein de ces groupes, au moins trois classes de citoyens se sont constituées : une aristocratie huppée, formée de ministres et de gens de robe ; une bourgeoisie de propriétaires, surtout britanniques ; un prolétariat d'artisans, de journaliers, de serviteurs et de squatters, d'origine américaine ou canadienne. Les paroissiens de McMahon sont loin d'être généreux, et le prêtre se plaint souvent de leur indifférence. Dans une lettre à l'archevêque de Québec, Mgr Joseph SIGNAY, datée du 28 mars 1835, il écrit : « c'est un péché pour un jeune prêtre de dépenser ses meilleures années [...] en demeurant avec des indifférents ». La pluralité ethnique entraîne une multiplicité religieuse, et le prêtre catholique côtoie des pasteurs épiscopaliens, méthodistes, presbytériens, universalistes qui, s'ils se montrent conciliants dans leurs rapports privés, dénoncent le papisme et nourrissent parfois, à l'endroit du catholicisme, une certaine jalousie.

Sans doute est-ce cette situation politico-religieuse qui pousse le curé McMahon à prendre violemment position contre les patriotes en 1837 et 1838. En proclamant sa fidélité à la reine d'Angleterre, il espère gagner la confiance des Britanniques de la région. Aussi publie-t-il dans le numéro de la *Sherbrooke Gazette and Townships Advertiser* du 16 novembre 1837 un long article qui condamne la rébellion. Puis, dans l'octave de Noël, il prononce trois sermons d'une heure sur le devoir d'obéissance à l'autorité constituée. Il convoque aussi une assemblée à Tingwick et fait signer à des Canadiens et à des Irlandais une proclamation de soumission. Jugé intempestif, son zèle lui vaut d'être vertement réprimandé par Mgr Signay.

L'hétérogénéité de la population explique peut-être aussi les accusations dont est victime McMahon au printemps et à l'été de 1839. On le dénonce auprès de Mgr Signay pour ivrognerie, violence contre des non-catholiques, notamment contre des méthodistes, et mauvaises mœurs. Une enquête canonique menée au début d'octobre par le curé de Trois-Rivières et vicaire général Thomas Cooke* et par le curé de Drummondville, Hubert Robson, n'arrive cependant pas à prouver sa culpabilité. Mais considérant le tort qui a été fait à la réputation du curé de Sherbrooke et ses demandes répétées d'exeat, faites en 1835, 1837 et 1838, Mgr Signay accepte au début de 1840 de le laisser quitter sa cure.

John Baptist McMahon est remplacé dans ses fonctions par Peter Henry Harkin qui était jusqu'alors vicaire de la paroisse Saint-Roch, à Québec. En mars 1840, ce dernier reçoit de Cooke des recommandations quant à l'attitude à adopter face au curé déchu, notamment « de ne le voir que rarement et chez lui afin d'éviter l'éclat [et] de le presser d'aller ailleurs offrir ses services ». Cooke craint en effet de voir bientôt « ce pauvre Prêtre, malgré son *Exeat* errer par le pays ». Mais McMahon choisit de se rendre aux États-Unis, où l'on perd sa trace.

ANDRÉE DÉSILETS

John Baptist McMahon est l'auteur de : *Dialogue between a young gentleman and a divine* (Québec, 1833).

AAQ, 2 CB, XI : 8 ; 320 CN, VII : 194. — *Annuaire du séminaire Saint-Charles-Borromée, Sherbrooke, affilié à l'université Laval en 1878, année académique 1916–1917* (Sherbrooke, Québec, 1917). — Desrosiers, « Inv. de la corr. de Mgr Lartigue », ANQ *Rapport*, 1941–1942. — C.-P. Choquette, *Histoire du séminaire de Saint-Hyacinthe depuis sa fondation jusqu'à nos jours* (2 vol., Montréal, 1911–1912), 1. — Albert Gravel, *Messire Jean-Baptiste McMahon, premier curé-missionnaire de Sherbrooke, 1834–1840* (Sherbrooke, 1960). — Maurice O'Bready, *De Ktiné à Sherbrooke ; esquisse historique de Sherbrooke : des origines à 1954* (Sherbrooke, 1973). — Léonidas Adam, « l'Histoire religieuse des Cantons de l'Est », *Rev. canadienne*, 89 (janv.–juin 1921) : 19–34. — É.-J.[-A.] Auclair, « la Pénétration catholique et française dans les Cantons de l'Est », Semaines sociales du Canada, *Compte rendu des cours et conférences* (Montréal), 5 (1924) : 360–373. — J. I. Little, « Missionary priests in Quebec's Eastern Townships : the years of hardship and discontent, 1825–1853 », SCHEC *Study sessions*, 45 (1978) : 21–35. — Gladys Mullins, « English-speaking priests who evangelized the Eastern Townships », SCHEC *Report*, 7 (1939–1940) : 50–52.

MACNIDER, ADAM LYMBURNER, homme d'affaires, officier de milice, fonctionnaire et juge de paix, né le 10 septembre 1778 à Québec ; le 19 septembre 1812, il épousa à Montréal Rosina Aird, et ils eurent six enfants ; décédé le 19 novembre 1840 soit à Métis (Métis-sur-Mer, Québec), soit dans la seigneurie de Mitis, et inhumé à Côte-Sainte-Catherine (Outremont, Québec).

Né dans une famille de marchands de Québec, Adam Lymburner Macnider reçut le nom d'un éminent homme d'affaires, Adam LYMBURNER. Ses oncles John et Mathew Macnider étaient marchands à Québec, et sa tante Margaret Macnider eut comme premier mari James Johnston*, lui aussi marchand de cette ville. Macnider débuta dans les affaires à Montréal avant 1810, probablement à titre de représentant des intérêts commerciaux de sa famille ; en septembre 1811, il exerçait sous son propre nom les fonctions de commissaire-priseur et de courtier. Dès mai 1812, il était associé à Samuel Southby Bridge, un vieil ami de la famille, pour former la société de marchands commissionnaires et de commissaires-priseurs Macnider and Bridge. Peu après la dissolution de cette association au début de 1814, Macnider en forma une semblable avec son beau-frère, John Aird, qui faisait le commerce des biens immobiliers, des spiritueux, des marchandises sèches et des articles d'épicerie. Macnider s'associa également à James Scott, avec qui il se livra à d'importantes activités commerciales à la commission : en 1824, par exemple, leur société vendit un total de 2 000 volumes « rares et de grande valeur ».

En 1825, Macnider était dans les affaires sous trois noms : A. L. Macnider and Company, Macnider, Aird and Company et Macnider and Scott. À cette époque, il comptait probablement parmi les plus importants marchands commissionnaires et commissaires-priseurs de la ville. Il possédait deux navires, le brick *Hibernia* et le schooner *Concordia*, et en recevant un total de 26 chargements de marchandises pour la saison de navigation de 1825 lui et Scott se classèrent au premier rang des importateurs de Montréal. Ils importaient des textiles, des articles de mercerie et de poterie, du charbon et de l'acier de Liverpool, de Londres, de Belfast, ainsi que des villes écossaises de Greenock et de Leith, et ils exportaient du bois, du blé et de la potasse.

Mais la compagnie Macnider and Scott ne parvint pas, malgré son importance, à surmonter la crise commerciale de 1825–1826 [V. George Garden*]. Le shérif vendit aux enchères en 1826 la maison et le magasin de Macnider pour la somme appréciable de £3 850. Incapable de faire face à des dettes totales de £34 617, dont un montant de £22 547 réclamé par des sociétés de Grande-Bretagne, la compagnie fit faillite l'année suivante. La somme de £27 931 avait été portée au crédit de la compagnie Macnider and Scott, mais une partie de cette somme, soit £13 764, était considérée comme mauvaise créance ou créance douteuse. De plus, la compagnie avait perdu £3 225 sur une cargaison de blé, £2 500 sur un chargement de potasse et £3 000 sur les lettres de change. Cette dernière perte résultait principalement de la faillite de Maitland, Garden, and Auldjo [V. George AULDJO]. Macnider ne se considérait toutefois pas comme un

homme fini. Dès août 1828, il avait repris les affaires sous son propre nom et faisait le commerce d'articles aussi divers que des briques de charbon et des poupées hollandaises qu'il vendait aux enchères ou à commission. Il semble qu'il soit parvenu à effectuer un rétablissement remarquable de sa situation financière : en 1836, quand survint une nouvelle crise, il était devenu un important créancier et, cette année-là, il hérita £500 de la succession d'Adam Lymburner.

Macnider ne s'intéressa pas uniquement au commerce en gros. En 1819, il faisait partie du conseil d'administration de la Banque d'épargne de Montréal et était agent, à Montréal, de la Compagnie d'assurance de Québec contre les accidents du feu. Il fut l'un de ceux qui virent à ce que la Banque du Canada soit constituée juridiquement en 1822 et, plus tard, il devint l'un des administrateurs. Membre de la congrégation Scotch Presbyterian (connue par la suite sous le nom de St Gabriel Street), il fit partie de son comité des affaires séculières en 1816–1817, en devint le président en 1824, puis le vice-président en 1825. Il se joignit en 1817 à un comité spécial chargé de réunir des fonds à titre d'aide financière au révérend Henry Esson*, jeune pasteur érudit qui venait d'être nommé à la tête de la congrégation. L'année suivante, Macnider remplit les fonctions de trésorier de la congrégation. Plus tard, à l'occasion d'un conflit malséant concernant la charge et la possession de l'église, il se rangea du côté d'Esson contre une faction qui appuyait le révérend Edward BLACK. En 1820, on le nomma enseigne dans le 1er bataillon de milice de la ville de Montréal, qui regroupait de nombreux hommes d'affaires britanniques de premier plan. Promu capitaine dès 1828, il servit à ce titre dans le 3e bataillon des Montreal Loyal Volunteers à l'occasion des rébellions de 1837–1838. En 1821, il participa à la fondation du Montreal General Hospital, rue Dorchester, et en devint en 1828 l'un des administrateurs. On le nomma gardien de la Maison de la Trinité en 1822 puis, de 1824 à 1827, il fit partie du grand jury d'accusation. Par la suite, il accepta plusieurs autres fonctions : juge de paix en 1830, commissaire du bureau de santé de Montréal pendant l'épidémie de choléra de 1832, président d'élection des conseillers municipaux pour le faubourg Saint-Antoine en 1833 et maître adjoint de la Maison de la Trinité en 1834.

En juin 1839, Adam Lymburner Macnider fut nommé commissaire chargé de la réfection de la route de Métis ou Mitis. Il demeurait alors dans la seigneurie de Mitis, que deux de ses fils avait hérité de John Macnider. C'est là, ou dans le village de Métis, qu'il mourut en novembre 1840. Sa carrière d'homme d'affaires, forgée par les liens de famille et marquée par la diversité des activités, les crises et les redressements de situation, ressemble à celle de bien des hommes de son milieu et de son époque qui,

McPherson

comme lui, ont aussi participé à la vie civile et religieuse de leur communauté.

Carman Miller

ANQ-M, CE1-126, 19 sept. 1812, 2 déc. 1840. — ANQ-Q, CN1-284, 23 août 1800. — APC, RG 5, A1 : 81369–82013 ; RG 68, General index, 1651–1841. — Groupe de recherche sur l'hist. des milieux d'affaires de Montréal, Commercial lists, 17, 23 mai, 22 juill. 1825 ; Cross-reference, protests, Macnider, Aird, Wythe, 7 avril 1820 ; Macnider and Scott à John Moir and Company, 23 janv. 1827. — Musée McCord, M13630. — B.-C., chambre d'Assemblée, *Rapports et Témoignages du comité spécial de la chambre d'Assemblée du Bas-Canada ; auquel ont été référées la pétition des habitans du comté de York, celle des habitans de la cité de Montréal et autres petitions se plaignant de griefs* (s.l., 1829) ; *Report of the special committee, to whom was referred that part of his excellency's speech which referred to the organization of the militia* (Québec, 1829) ; *Statuts, 1821–1822*, chap. 27. — *Canadian Courant and Montreal Advertiser,* 16 mars, 27 avril, 18 mai, 1er juin 1812, 23 janv., 27 févr. 1813, 25 juin 1814, 6 avril 1816. — *Montreal Gazette,* 16 sept., 18, 25 nov. 1811, 25 mai, 21 sept., 12 oct. 1812, 26 avril, 3 mai 1814, 4 mars 1816, 25 janv. 1827, 3, 6, 10 nov. 1828, 28 mai, 13 août, 26, 29 oct. 1829, 22 févr., 1er mars 1830. — *Quebec Gazette,* 14 sept. 1815, 22 mai, 14 août, 16 oct. 1817, 26 oct., 23 nov. 1820, 24 mai 1821, 1er avril 1830. — Borthwick, *Hist. and biog. gazetteer,* 55. — *Montreal directory,* 1819. — Campbell, *Hist. of Scotch Presbyterian Church.* — Elinor Kyte Senior, *Redcoats and Patriotes : the rebellions in Lower Canada, 1837–38* (Stittsville, Ontario, 1985), 214. — J.-C. Lamothe, *Histoire de la corporation de la cité de Montréal depuis son origine jusqu'à nos jours [...]* (Montréal, 1903). — Henri Masson, *Joseph Masson, dernier seigneur de Terrebonne, 1791–1847* (Montréal, 1972). — Robert Sweeny, « Internal dynamics and the international cycle : questions of the transition in Montreal, 1821–1828 » (thèse de ph.d., McGill Univ., Montréal, 1985) ; *Protesting history : 4 papers* (Montréal, 1984). — F.-J. Audet et Édouard Fabre Surveyer, « Matthew McNider », *la Presse,* 13 août 1927 : 41.

McPHERSON, JOHN, instituteur et poète, né le 4 février 1817 à Liverpool, Nouvelle-Écosse, fils de James McPherson ; décédé le 26 juillet 1845 à North Brookfield, Nouvelle-Écosse.

John McPherson passa les 17 premières années de sa vie à Liverpool et y reçut presque toute sa formation scolaire. Il partit ensuite vivre avec son oncle, Donald McPherson, à North Brookfield, dans le nord du comté de Queens. Il y bénéficia de l'influence d'Angus Morrison Gidney*, jeune instituteur affecté à Pleasant River, non loin de là, qui lui inspira l'amour de la poésie et l'encouragea à écrire. Par la suite, à titre de rédacteur en chef d'un journal de Halifax, Gidney l'aida à publier ses poèmes et les signala aux gens de lettres de la capitale. De ceux-ci, c'est John Sparrow Thompson* et Sarah Herbert qui influencèrent le plus la brève carrière littéraire de McPherson.

Dans ses jeunes années, McPherson eut grand mal à trouver ce qu'il voulait faire de sa vie. Entre 1835 et 1840, il s'essaya à divers emplois. Il travailla d'abord à Halifax à titre de commis, puis s'embarqua pour les Antilles à la recherche d'une situation. Il revint cependant bientôt au pays et fit l'apprentissage du métier de charpentier. En même temps, il se consacrait de plus en plus à l'écriture poétique. De 1838 à 1840, un grand nombre de ses poèmes parurent dans des journaux de Halifax, en particulier dans le *Novascotian* et le *Haligonian and General Advertiser,* ainsi que dans le *Colonial Pearl,* une revue littéraire locale.

L'année 1841 fut, semble-t-il, un tournant dans la vie de McPherson. Il trouva un travail plus compatible avec son goût pour la littérature : il se mit à enseigner à Kempt, près de North Brookfield. Il y passa deux années, et le 12 décembre 1841 il épousa sa cousine Irene, fille de Donald McPherson. Il commençait alors à se faire connaître comme un poète fort prometteur et à manifester un style plus personnel. Il enseigna ensuite à Maitland Bridge, dans le comté d'Annapolis, mais il eut tôt fait de revenir à North Brookfield. De toute évidence, son salaire de professeur ne suffisait plus à subvenir aux besoins de sa femme et de leur fille nouveau-née, pas plus d'ailleurs que les revenus qu'il tirait de ses écrits. Désespéré de sa pauvreté grandissante, le jeune homme, déjà frêle, vit sa santé décliner. Il réussit néanmoins à maintenir une intense activité poétique. De 1841 à 1844, il continua de publier fréquemment des poèmes dans des journaux de Halifax et dans l'*Olive Branch,* le journal de Sarah Herbert. En 1843, John Henry Crosskill* publia un poème de McPherson sur la tempérance, *The praise of water [...],* la seule de ses œuvres à paraître sous forme de brochure de son vivant.

En 1843, l'état de santé de McPherson ne lui permettait pas de travailler avec assiduité et ses conditions de vie étaient devenues précaires. Des amis de Halifax, dont un donateur anonyme (on sut plus tard qu'il s'agissait du député William Young*), vinrent alors à son aide en recueillant une somme d'argent qui lui permit d'acheter un lot et d'entreprendre la construction d'un petit cottage. Libéré du fardeau d'avoir à loger les siens, le poète espérait les faire vivre de sa plume. Toutefois, en décembre 1844, lorsque le temps fut venu d'emménager, il était en très mauvaise santé et le cottage, inachevé par manque de fonds, n'était pas vraiment habitable l'hiver. Aussi le 1er mai 1845 dut-on transporter le malade chez son oncle à North Brookfield, où il mourut le 26 juillet 1845, à l'âge de 28 ans ; il laissait dans le deuil sa femme et deux enfants.

Tout comme Grizelda Elizabeth Cottnam Tonge*, poète de la génération précédente, McPherson acquit par sa mort prématurée une place de choix dans le cœur des Néo-Écossais qui avaient le souci d'établir une tradition littéraire qui leur était propre. Les dures conditions de sa vie et la fragilité tragique de sa santé symbolisaient à leurs yeux les difficultés et les sacrifices qu'exigeait le développement culturel de la colonie au début du XIXe siècle. Le cas de McPherson démontre le peu de valeur qu'on accordait alors aux auteurs néo-écossais : il fallut attendre jusqu'en 1862, soit 17 ans après sa mort, pour qu'on publie ses poèmes en un recueil. C'est finalement Thompson qui, à titre posthume, présenta une sélection de ses poèmes.

Grâce aux efforts de Thompson, McPherson, contrairement à Tonge, est devenu plus qu'un mythe littéraire et romantique. Les vers qu'il a produits en assez grande abondance parlent pour lui. Malheureusement, il n'est pas facile, partant de la sélection de Thompson, de déceler toutes les ressources du poète. Dans le choix et l'ordre qu'il a établi pour les poèmes, Thompson ne réussit généralement pas à démarquer, d'une part, la manière conventionnelle dont McPherson traitait certains thèmes moraux et religieux et, d'autre part, les formules poétiques plus pénétrantes que lui inspiraient son contact avec la nature et le sentiment inné qu'il avait de l'essence de sa propre vie. Les meilleurs passages de McPherson sont ceux où il traduit l'état d'âme d'un être en harmonie avec un décor naturel. Dans *Scenes,* par exemple, il écrit :

> J'aime, dans le mystère de la nuit,
> Songer près de la mer majestueuse,
> Et sentir sa force mystérieuse,
> Et observer ses vagues en furie,
> Cependant que mon âme, en visions transportée,
> Obéit au sublime empire de ma pensée.

Mais cette harmonie, idyllique et représentée comme une libération des soucis quotidiens, est habituellement habitée par une conscience aiguë de la fugacité de toutes choses. Souvent donc, un relent de nostalgie, de mélancolie celtique vient colorer fortement le ton et l'ambiance de la poésie de McPherson. Cet effet est très évident dans des poèmes tels que *The may-flower, Autumnal musings, Dying in spring* et *The beautiful is fading.* Pour exprimer ses sentiments devant la beauté réelle et cependant transitoire de l'existence terrestre, le poète a souvent recours à un symbole floral.

On enterra John McPherson sur une colline près de North Brookfield, à l'est de l'ancienne route d'Annapolis, qui surplombe le lac Tupper. Sa femme fit poser une simple pierre sur sa tombe. En 1906, on transféra ses restes dans le cimetière de l'église baptiste North Brookfield.

THOMAS B. VINCENT

Les poèmes de John McPherson ont d'abord paru, à différents moments durant la période 1835–1845, dans bon nombre de journaux des Maritimes, dont l'*Amaranth* (Saint-

Jean, N.-B.), le *Yarmouth Herald and Western Advertiser* (Yarmouth, N.-É.) et, à Halifax, le *Christian Messenger*, le *Colonial Pearl*, l'*Haligonian and General Advertiser*, le *Novascotian*, l'*Olive Branch*, et le *Temperance Recorder*. Son poème sur la tempérance, *The praise of water ; a prize poem*, parut à Halifax en 1843. J. S. Thompson a fait paraître une anthologie de ses œuvres sous le titre de *Poems, descriptive and moral* [...] (Halifax, 1862), pour laquelle il a écrit une préface intitulée « Introductory memoir ».

APC, MG 24, C4. — PANS, MG 1, 848, n° 15. — *Acadian Recorder*, 2 août 1845. — *Novascotian*, 30 déc. 1841. — R. J. Long, *Nova Scotia authors and their work : a bibliography of the province* (East Orange, N.J., 1918), 161. — J. F. More, *The history of Queens County, N.S.* (Halifax, 1873 ; réimpr., Belleville, Ontario, 1972), 196–200. — « Half hours with our poets [...] », *Provincial : or Halifax Monthly Magazine*, 1 (1852) : 83. — D. C. Harvey, « The centenary of John McPherson », *Dalhousie Rev.*, 25 (1945–1946) : 343–353. — R. R. McLeod, « Notes historical and otherwise of the Northern District of Queens County », N.S. Hist. Soc., *Coll.*, 16 (1912) : 117. — « More of John McPherson », *Provincial : or Halifax Monthly Magazine*, 1 : 167–172.

McTAVISH (Mactavish), JOHN GEORGE, trafiquant de fourrures, né vers 1778, probablement à Dunardary, Argyll, Écosse, fils de Lachlan Mactavish, chef du clan Tavish ; décédé le 20 juillet 1847 à Lac-des-Deux-Montagnes (Oka, Québec).

Deuxième fils d'un homme appauvri qui était le dernier chef du clan Tavish, John George Mactavish entra au service de la North West Company en 1798 par l'entremise d'un parent éloigné, l'illustre Simon McTavish*, à la manière de qui il signa son nom de famille. Comme il avait de l'instruction, il passa apparemment ses premières années au siège administratif de la compagnie à Montréal, en qualité de commis, mais il assista en 1802 au rendez-vous d'été à Grand Portage (près de Grand Portage, Minnesota). Montréal n'offrait guère de possibilités d'aventure à l'époque ; il fut donc ravi de participer, en 1803, à l'expédition des *Nor'Westers* qui allaient tenter de défier directement le monopole de la Hudson's Bay Company en construisant des postes à la baie James [V. Simon McTavish]. Parti de Québec en bateau et arrivé dans l'île Charlton (Territoires du Nord-Ouest) au début de septembre, McTavish se vit confier la gestion du fort St Andrews, entrepôt construit sur les lieux, mais il se rendit souvent au poste de l'île Hayes (Ontario), près de Moose Factory. Les relations avec les gens de la Hudson's Bay Company étaient assez cordiales pour qu'il épouse à la façon du pays Charlotte Thomas, fille de John Thomas*, chef du poste de cette compagnie à Moose Factory, et d'une Indienne. Cependant, comme les *Nor'Westers* avaient renoncé à occuper la baie James, McTavish rentra à Québec dès l'automne de 1806, sans emmener Charlotte, qui en fut fort peinée.

Affecté ensuite à l'intérieur des terres, McTavish

McTavish

passa l'hiver de 1808–1809 au fort Dunvegan, sur la rivière de la Paix. On sait qu'il était à Montréal en 1810–1811, car il assista alors aux réunions du Beaver Club, mais dans les mois suivants il fut du convoi qui, sous la direction de John McDonald* of Garth, se rendit au delà des Rocheuses pour approvisionner David Thompson* dans le haut du fleuve Columbia. En 1812, après avoir passé l'hiver à Spokane House (près de Spokane, Washington), il raccompagna Thompson au fort William (Thunder Bay, Ontario). Ensuite, il allait jouer un rôle important dans l'heureuse offensive que lança la North West Company pour concurrencer la Pacific Fur Company sur le littoral. Avec son convoi, il parvint en avril 1813 au fort Astoria (Astoria, Oregon), qui appartenait à cette compagnie, et y attendit un navire ravitailleur de sa propre compagnie ; comme celui-ci n'arrivait pas, il retourna, avec ses hommes et des provisions fournies par ses rivaux, passer l'été aux postes de Spokane. À l'automne, il regagna le fort Astoria, avec une plus grosse flottille, pour annoncer que la Grande-Bretagne et les États-Unis étaient en guerre et que des navires s'apprêtaient à venir prendre le poste américain. Il entama alors des négociations avec la Pacific Fur Company pour qu'elle vende son actif à la North West Company. Il conclut l'entente le 16 octobre, mais on allait lui reprocher d'avoir accepté des conditions défavorables ; il avait cependant le soutien de William McGillivray*, le chef de sa compagnie. Il était devenu associé plus tôt dans l'année. C'est probablement pendant cette période qu'il prit une deuxième épouse à la façon du pays, une autre sang-mêlé appelée Nancy McKenzie*, qui avait été placée par son père, l'ancien Nor'Wester Roderick MACKENZIE, sous la tutelle de John STUART, trafiquant du district de New Caledonia (Colombie-Britannique).

Au fort Astoria, rebaptisé fort George, McTavish connut en 1813–1814 une saison de traite difficile en raison de conflits de gestion et de problèmes avec les Indiens. Au printemps de 1814, il remonta le Columbia avec des hommes en armes pour répliquer à la tribu qui avait attaqué et pillé deux canots de la North West Company aux Cascades (près de Cascade Locks, Oregon). Apparemment, il fut en congé l'année suivante, mais il retourna dans le département de la Colombie pour la saison de 1815–1816.

À compter de la saison de traite de 1816–1817, McTavish travailla, semble-t-il, à l'est des Rocheuses, où il se trouva mêlé aux dernières phases du conflit avec la Hudson's Bay Company. En 1818, on l'envoya hiverner dans la région de l'Athabasca ; l'été suivant, sur le chemin du retour, il fut au nombre des associés que captura aux rapides Grand (Manitoba) le gouverneur de la Hudson's Bay Company, William WILLIAMS. Emmené à York Factory puis envoyé en Angleterre pour y être traduit en justice, il rentra en

Amérique du Nord en mars 1820 à bord du *James Munroe*, après que les poursuites judiciaires eurent avorté. À Montréal, il reçut l'ordre de retourner en toute hâte à l'intérieur des terres afin d'user de représailles. Il dirigea ensuite l'équipe qui arrêta Colin ROBERTSON en juin aux rapides Grand. Dans la saison qui précéda la fusion des deux compagnies, on le plaça à la tête du fort William.

Promu agent principal au moment de la fusion, en 1821, McTavish se vit confier la direction d'York Factory, qui devint alors le principal dépôt de la Hudson's Bay Company dans le département du Nord. C'est dire combien il était influent et estimé. Le gouverneur George Simpson*, qui en était venu à l'apprécier même s'il avait eu rivalité entre eux à propos de la traite à leur première rencontre, sur le *James Munroe*, vantait ses talents en affaires et l'efficacité avec laquelle il administrait York Factory. En 1824, on établit que c'est McTavish qui présiderait le conseil en l'absence de Simpson. Durant les années 1820, sa famille grossit vite : avec Nancy McKenzie, considérée comme Mme McTavish chez les trafiquants de fourrures, il eut au moins cinq filles.

Pourtant, le 22 février 1830, pendant un congé en Écosse, McTavish épousa Catherine A. Turner, de Turner Hall, dans l'Aberdeenshire, répudiant ainsi sa femme sang-mêlé sans avoir pris aucune disposition pour assurer sa subsistance, ce qui ne s'était jamais vu. Simpson, qui l'appuya, fit de même deux jours plus tard. Les McTavish et les Simpson rentrèrent ensemble en Amérique du Nord au cours de l'année et firent le voyage en canot de Montréal à Michipicoten (Michipicoten River, Ontario), après quoi McTavish continua avec son épouse jusqu'à son nouveau poste, Moose Factory, siège du département du Sud. On l'avait aimé pour sa gentillesse et sa générosité mais, maintenant qu'il avait cruellement abandonné sa famille autochtone, McTavish subissait, surtout de la part de John Stuart et de Donald McKenzie*, de sévères critiques qui le blessaient profondément. Simpson, comme le révèle sa correspondance intime et remarquablement détaillée avec lui, le défendit fermement et arrangea un autre mariage pour Nancy McTavish. Néanmoins, il nota dans son « Character book » de 1832 que le mode de vie extravagant et les signes d'intempérance de son ami l'inquiétaient.

Au début des années 1830, McTavish était si corpulent qu'un ami déclarait n'avoir jamais vu « un homme aussi gros ». Après avoir pris congé en 1835–1836 pour raison de santé, il fut muté à un poste tranquille, celui du lac des Deux Montagnes, près de Montréal. En 1837, il acheta la ferme dont la compagnie s'était départie au lac des Chats (près de Quyon, Québec). La mort de sa femme, en octobre 1841, le plongea dans le chagrin ; leur mariage avait été heureux et deux filles en étaient nées. McTavish trouvait le veuvage insupportable ; il épousa donc en mars 1843 une femme beaucoup plus jeune que lui, Elizabeth (Eppie) Cameron, nièce de l'agent principal Angus Cameron*. Deux autres filles naquirent de cette union.

John George McTavish mourut en 1847 après une brève maladie. Sa carrière dans la traite des fourrures avait duré près d'un demi-siècle. Dans son testament, il répartissait ses biens, évalués à quelque £6 000, entre les filles qu'il avait eues avec Catherine Turner, sa veuve ainsi que ses deux dernières filles.

SYLVIA VAN KIRK

Une lettre de John George McTavish a été publiée sous le titre de « The Nor'Westers invade the Bay », W. S. Wallace, édit., *Beaver*, outfit 277 (mars 1947) : 33–34.

ANQ-M, CE1-63, 11 oct. 1841 ; CM1, 1/12, 20 juill. 1847 (testament de J. G. McTavish, copie aux PAM, HBCA). — APC, MG 19, A21, sér. 1. — PAM, HBCA, B.4/b/1 : f° 15 ; B.135/a/91–94 ; B.135/c/2 ; D.4 ; D.5 ; E.4/1a : 39, 44d, 61d ; E.24/4 ; F.3/2 ; J. G. McTavish file. — Gabriel Franchère, *Journal of a voyage on the north west coast of North America during the years 1811, 1812, 1813, and 1814*, W. T. Lamb, trad., introd. de W. K. Lamb, édit. (Toronto, 1969). — *HBRS*, 1 (Rich) ; 10 (Rich) ; 30 (Williams). — Letitia [Mactavish] Hargrave, *The letters of Letitia Hargrave*, Margaret Arnett MacLeod, édit. (Toronto, 1947). — Van Kirk, « *Many tender ties* ».

MALIE, JOSEPH (il signait aussi **Malli** ou **Mally** et était parfois appelé **Tkobeitch**), chef micmac ; *circa* 1841–1846.

Selon la tradition véhiculée dans sa bande, Joseph Malie était arrivé à la réserve indienne de Restigouche en provenance de la Nouvelle-Écosse. Son surnom, Tkobeitch, venait du mot micmac *tgôpetj*, qui signifie jumeau, et Malie, du nom de sa sœur jumelle Marie, qu'on avait ajouté à son prénom pour plus de précision. Ses descendants s'appellent Malley ou Molley.

Malie était le membre le plus important de la « délégation de trois chefs » qui se rendit à Londres au début de 1842 en vue d'obtenir de l'assistance pour les Micmacs de Restigouche. Les deux autres étaient Pierre Basquet* et François Labauve. La délégation avait deux grands griefs à faire valoir : l'habitude des Blancs d'attraper au filet tous les saumons qui pénétraient dans la Restigouche, ce qui empêchait le frai, et un litige vieux de 50 ans concernant les limites des terres micmaques. Un levé erroné, fait par William Vondenvelden* en 1787 (un comité du Conseil exécutif laissa entendre plus tard que l'erreur avait été voulue), avait donné une partie de ces terres à des Blancs. En 1824, par suite d'une protestation présentée par le chef Francis CONDO, le gouvernement du Bas-Canada avait retiré à ces Blancs une portion des terres, mais les Micmacs voulaient une restitution totale. Ils adressèrent une requête à lord Durham

[LAMBTON] en 1838, après quoi la question fut confiée pour examen à un comité du Conseil exécutif, puis à John Wilkie, greffier de la paix à New Carlisle, dans le Bas-Canada. En juin 1840, Wilkie rapporta qu'une partie des terres faisait l'objet d'un litige entre deux Blancs et émit l'avis que, si le gouvernement voulait acheter une superficie aux colons pour la rendre aux Indiens, il devait attendre le règlement de ce litige. À bout de patience, les Micmacs exposèrent leurs problèmes à un officier britannique compréhensif affecté au Nouveau-Brunswick, le capitaine Henry Dunn O'Halloran, qui visita la réserve en 1841. Ce dernier les encouragea à porter directement leur cas à l'attention de Londres et remit à Malie une lettre d'introduction pour le secrétaire d'État aux Colonies, lord Stanley.

Partie de Dalhousie, au Nouveau-Brunswick, en novembre 1841, la délégation indienne eut une entrevue avec Stanley au ministère des Colonies en janvier. Malie jouait le rôle de porte-parole. Il déclara à Stanley qu'il fallait adopter de nouvelles lois pour préserver la pêche au saumon, et recueillir des fonds pour achever la construction d'une église. Les membres de la délégation avaient apporté un présent pour la reine Victoria, qui l'accepta « avec satisfaction » (mais non en personne), exprima « un chaleureux intérêt » pour leur situation et ordonna qu'on remette des médailles à chacun d'eux. Au cours d'une série d'entrevues tenues à l'extérieur du ministère des Colonies, Malie fit connaître l'histoire des terres qu'on avait volées à son peuple. Les Micmacs avaient déjà eu un titre de propriété, mais le prêtre l'avait égaré ; puis les Blancs occupèrent les terres, ce qui lui faisait dire : « les Blancs semblent avoir une conception du bien et du mal que les Indiens ne peuvent pas comprendre ». Il précisa quels présents il voulait, soit une vaste gamme d'objets allant des couvertures aux charrues en fer, et demanda finalement pour lui-même une bande de terre en franche tenure.

Stanley maintenait que tous ces griefs ressortissaient aux autorités coloniales. Il organisa le retour rapide des Indiens à bord du *Warspite*, qui mit les voiles pour New York en février. Là, le consul de Grande-Bretagne assura leur transport jusqu'à Saint-Jean, où ils arrivèrent le 22 avril 1842. Stanley alla cependant jusqu'à exposer les plaintes des Indiens au gouverneur général sir Charles BAGOT et à ordonner des enquêtes sur les lois de pêche et les droits fonciers. Entre-temps, les Micmacs s'empressèrent d'adresser à l'Assemblée de la province du Canada une pétition contre les méthodes de pêche des Blancs ; le nom de Malie venait en tête de la liste des signataires.

De toute évidence, Joseph Malie avait une forte personnalité. En 1846, il était encore actif à Restigouche ; le missionnaire local l'appelait son « bras droit ». Des générations plus tard, on disait dans la

Manahan

réserve : « Il n'y a plus eu de chef depuis Joseph Malli. »

L. F. S. Upton

APC, RG 10, CII, 469–470. — Canada, prov. du, Assemblée législative, *App. des journaux,* 1847, 1 : app.T, n° 96. — *Source materials relating to N.B. Indian* (Hamilton et Spray), 110–113. — *New-Brunswick Courier,* 23 avril 1842. — Upton, *Micmacs and colonists.* — Père Pacifique [de Valigny] [H.-J.-L. Buisson], « Ristigouche, métropole des Micmacs, théâtre du « dernier effort de la France au Canada », Soc. de géographie de Québec, *Bull.* (Québec), 20 (1926) : 171–185.

MANAHAN, ANTHONY, homme d'affaires, juge de paix, officier de milice, homme politique et fonctionnaire, né vers 1794 à Mount Bellew, comté de Galway (république d'Irlande) ; il épousa Sarah Phebe Nugent (décédée en 1847), et ils eurent au moins trois filles, dont l'une mourut en bas âge ; décédé le 21 janvier 1849 à Kingston, Haut-Canada.

On ne connaît ni le nom des parents d'Anthony Manahan, ni le détail de son enfance, mais il est évident qu'il venait d'une famille catholique respectable et avait reçu une instruction élémentaire. Vers 1808, il émigra à l'île de la Trinité (république de Trinité-et-Tobago) avec l'un de ses frères. Selon son propre témoignage, il y « occupa un poste de confiance dans l'administration publique » et gagna la faveur et l'amitié du gouverneur, sir Ralph James Woodford. En outre, il épousa une fille de John Nugent, membre du conseil de l'île. Pour des raisons inconnues, il quitta l'île de la Trinité en 1820 et se rendit à Kingston, où il devint marchand et fonda l'Anthony Manahan and Company, apparemment avec un parent de New York, Patrick Manahan.

En 1824, Anthony Manahan, Peter McGill* et Robert Hayes devinrent syndics de la Marmora Iron Works, dans le comté de Hastings. Implantée en 1820 sous la direction de l'homme d'affaires irlandais Charles Hayes, la fonderie avait connu depuis maintes difficultés, notamment l'absence d'un bon système de transport entre le canton de Marmora et la baie de Quinte. McGill l'acheta en 1825 et en confia l'administration à Manahan l'année suivante, probablement parce que la plupart des ouvriers étaient des catholiques irlandais et que Manahan avait lui aussi investi dans l'entreprise. Toutefois, comme il n'était pas parvenu à la rentabiliser et qu'il avait même perdu « plusieurs milliers de livres », Manahan la quitta en octobre 1831 pour retourner à Kingston. À titre de marchand et de commissionnaire, il tenta de nouveau sa chance dans le commerce, malgré « d'incertaines perspectives de réussite », et essaya, sans résultat immédiat, d'obtenir une charge publique, en plus de la commission de juge de paix qu'il avait reçue en 1829.

Même une fois installé à Kingston, Manahan continua de s'intéresser vivement au comté de Hastings. En décembre 1831, son nom figurait en tête de liste sur une pétition par laquelle les habitants de la région réclamaient l'amélioration de la route qui menait à la fonderie. Nommé major du 2nd Regiment of Hastings militia en 1826 et colonel en 1830, il fit en 1837 du service actif avec ses hommes en supervisant le transport d'armes de Kingston à Belleville. Après avoir proclamé ses « fermes principes constitutionnels » et son opposition à « tout genre d'extrémisme », il avait remporté en 1836 l'un des deux sièges de la circonscription de Hastings. En 1836–1837, à l'Assemblée, il pressa le gouvernement de subventionner la canalisation de la rivière Trent afin de faciliter l'accès à la fonderie « abandonnée » de Marmora. En 1837, Manahan, George Neville Ridley et Isaac Fraser, réunis en commission, étudièrent la possibilité de réinstaller à Marmora le pénitencier provincial de Kingston. Le rapport majoritaire, signé par Manahan et Ridley, recommandait le déménagement et préconisait en outre de faire travailler les détenus à la fonderie, à bas salaire ; il resta cependant lettre morte.

Manahan fut aussi un défenseur de ses coreligionnaires catholiques d'origine irlandaise. En 1838, dans un mémoire adressé à lord Durham [LAMBTON], il alléguait que l'élite haut-canadienne exerçait contre eux une discrimination systématique et demandait justice pour ses « frères catholiques, dont pas un seul », affirmait-il, ne détenait dans le Haut-Canada « quelque charge qui rapportait bénéfices ou émoluments ». À plusieurs autres reprises, il se montra prompt à réagir, soit en public soit dans des lettres personnelles à des fonctionnaires, aux attaques anticatholiques ou à des cas précis de discrimination. Ses interventions, prévoyait-il, lui vaudraient « une foule d'ennemis au sein du fameux *family compact* », ce en quoi il n'avait pas tout à fait tort. En février 1838, impatienté par les plaintes de Manahan au sujet du *family compact* et d'une nomination à la Midland District Grammar School, John Macaulay* écrivait à sa mère : « Je suppose qu'il voulait qu'un catholique soit nommé – seule la suprématie pourra satisfaire de telles gens. » À cette époque, Manahan lui-même était au service du gouvernement. De 1837 à 1844, il fut agent des Terres de la couronne dans les districts de Midland et de Prince Edward ; de 1838 à 1840, et peut-être plus tôt, l'agent principal de l'émigration le chargea de superviser l'installation des immigrants dans la région de Kingston.

En 1841, Manahan devint député de Kingston à l'Assemblée législative. Bien que conservateur et partisan modéré de lord Sydenham [THOMSON], il correspondit avec le solliciteur général et leader réformiste Robert Baldwin*, dont il soutint la campagne électorale dans Hastings. Le 18 juin 1841, soit trois jours après l'inauguration de la législature, il démissionna de son siège pour ouvrir une circonscription au secrétaire de la province nommé par Sydenham, Samuel Bealey Harrison*. Le jour même, en guise de récompense, on le nomma receveur des douanes à Toronto.

C'était enfin, semblait-il, la sécurité garantie pour Manahan, mais en fait ses difficultés financières persistèrent. Désireux d'améliorer l'efficacité du bureau qu'il dirigeait, il dépensa à profusion des fonds publics en loyers, en fournitures, en approvisionnements et en salaires pour des employés additionnels. Le gouvernement n'accepta de sanctionner aucune de ces dépenses car, ainsi que le lui avait souvent répété le bureau de l'inspecteur général, on n'avait voté aucun crédit à cette fin. Le 5 avril 1843, Manahan démissionna en faveur de son gendre William Moore Kelly, qui remplissait ses fonctions depuis quelque temps. Au moment de la vérification de ses comptes, Manahan apprit qu'il devait au gouvernement plus de £400 en dépenses non autorisées et commissions excédentaires. Le commissaire adjoint des Terres de la couronne, Tancrède Bouthillier, et l'agent principal de l'émigration pour le Haut-Canada, Anthony Bewden Hawke*, rapportèrent qu'il avait aussi des dettes envers leurs bureaux, auxquels il avait présenté « diverses réclamations » qui n'avaient pas été autorisées ou encore n'étaient étayées d'aucune pièce justificative, et ce même si on lui avait souvent expliqué « la méthode à suivre pour comptabiliser les fonds publics ». Manahan retourna à Kingston plus tard en 1843. La vente de ses biens, en 1844 et 1845, lui permit d'acquitter ses dettes envers le gouvernement.

Aux élections de 1844, Anthony Manahan se présenta de nouveau dans Kingston, mais ce fut la défaite au profit de John Alexander Macdonald*. Même si le *Kingston Herald* l'avait décrit comme le « plus libéral » des deux, il ne l'avait pas nommé parmi les candidats réformistes des circonscriptions régionales. Le virage politique qu'il avait semblé prendre au début des années 1840 s'explique mal ; peut-être venait-il du désenchantement qui le gagna à force de voir l'injustice avec laquelle l'élite provinciale traitait les catholiques irlandais. Manahan passa ses dernières années à tenter, en vain, de retrouver quelque solvabilité. En 1846, comme il le faisait périodiquement depuis bien des années, il réclama au gouvernement une indemnité de £2 530 pour la perte d'une cargaison de thé et de tabac injustement saisie en 1821 à l'île Carleton, dans l'état de New York, par Christopher Alexander HAGERMAN, alors receveur des douanes à Kingston. Le Conseil exécutif rejeta sa requête. En 1847, il posa sa candidature au poste de magistrat de police de Kingston en faisant valoir qu'il était juge de paix depuis 1829 et avait l'appui du conseil municipal ; sa lettre au secrétaire de la province fut « mise de côté ». Il mourut deux ans plus tard, à l'âge de 55 ans.

J. K. JOHNSON

AO, MS 78, John Macaulay à Ann Macaulay, 8 févr. 1838. — APC, MG 24, D16, 115 : 74820 ; MG 26, A, 2a, 543 : 257107 ; RG 1, E3, 52 : 303–318 ; L1, 32 : 411 ; RG 4, A1, 542 : 67 ; RG 5, A1 : 64912, 125019–125067 ; C1, 9, file 1176 ; 79, file 30549 ; 112, files 6178, 6187 ; 133, file 8112 ; 191, files 15171, 16535, 16605 ; RG 9, I, B5, 3, 6 ; RG 68, General index, 1651–1841 : 467. — Hastings Land Registry Office (Belleville, Ontario), Abstract index to deeds, Marmora Township, concession 4, lot 8 (mfm aux AO). — MTRL, Robert Baldwin papers, A57, nos 45–46. — *Arthur papers* (Sanderson), 3 : 493. — F. H. Baddeley, « An essay on the localities of metallic minerals in the Canadas, with some notices of their geological associations and situation, &c. », Literary and Hist. Soc. of Quebec, *Trans.*, 2 (1830–1831) : 357. — *Debates of the Legislative Assembly of United Canada* (Abbott Gibbs et al.), 1 : 69, 187, 818, 838–839, 901, 1003. — H.-C., House of Assembly, *App. to the journal*, 1839–1840, 1, part. II : 2 ; *Journal*, 1826–1827, app. ; no 12 ; 1829 : 57 ; 1831, app. : 210 ; 1832–1833, app. : 19. — [J. G. Lambton, 1er] comte de Durham, *Report on the affairs of British North America, from the Earl of Durham* […] ([Londres, 1839]), app. A, no 7. — *British Whig*, 23 mars, 7 avril 1838. — *Chronicle & Gazette*, 1834–1844. — *Daily British Whig*, 23 janv. 1849. — *Globe*, 27 janv. 1849. — *Kingston Chronicle*, 7 mars 1823, 14 janv. 1832. — *Kingston Herald*, 1er oct. 1844. — *Patriot* (Toronto), 2 août 1836. — *Upper Canada Herald*, 24 févr. 1826. — *Death notices of Ont.* (Reid), 131, 303, 342. — *Marriage notices of Ont.* (Reid), 229, 269. — *Ont. marriage notices* (T. B. Wilson), 65. — G. E. Boyce, *Historic Hastings* (Belleville, 1967). — Gertrude Carmichael, *The history of the West Indian islands of Trinidad and Tobago, 1498–1910* (Londres, 1961), 383. — N. F. Davin, *The Irishman in Canada* (Londres et Toronto, 1877), 366. — Ontario, Bureau of Mines, *Report* (Toronto), 1892 : 15–16.

MARANDA, JEAN-BAPTISTE, prêtre catholique et vicaire général, né le 10 février 1803 à Saint-Laurent, île d'Orléans, Bas-Canada, fils de Charles Maranda et de Marie-Angèle Beaudoin ; décédé le 10 mars 1850 à Arichat, Nouvelle-Écosse.

Jean-Baptiste Maranda fréquenta le petit séminaire de Québec de 1814 à 1822 puis poursuivit ses études au grand séminaire tout en y enseignant de 1823 à 1827. Après son ordination, le 10 décembre 1826, il demanda à l'archevêque de Québec, Mgr Bernard-Claude Panet*, de lui trouver un poste près de la mer à cause de sa santé. Mgr Panet acquiesça et, le 21 septembre 1827, le nomma à Arichat, dans l'île du Cap-Breton. Maranda y arriva le 12 octobre et aida l'abbé Jean-Baptiste Potvin, également originaire du Bas-Canada, dans son ministère auprès d'une population composée d'Acadiens, de Micmacs, d'Anglais, d'Irlandais et d'Écossais. Comme il n'aimait pas voyager à cause de sa faible constitution, il œuvra principalement à Arichat et dans les environs tandis que Potvin s'occupait des missions plus lointaines. Maranda trouva la population pauvre mais aimable et constata que la plupart des conversations tournaient autour de la pêche. Durant le premier hiver, il étudia

Marcot

l'anglais et, à ses dires, mangea beaucoup de poisson. Sa santé se détériora peut-être, puisqu'il exprima le désir de revenir à Québec. On exauça son vœu et il partit en juillet 1828.

Nommé vicaire à Saint-Gervais, non loin de sa paroisse natale, Maranda y demeura jusqu'à la fin de décembre ; Mgr Panet l'autorisa alors à prendre un congé de maladie à Saint-Jean, dans l'île d'Orléans. D'avril à septembre 1829, il administra cette paroisse et par la suite on le nomma curé à Saint-François, une autre paroisse de l'île. Pendant quatre ans, à compter de septembre 1831, il remplit la charge de curé à Château-Richer, à l'est de Québec, et eut en outre la responsabilité de la paroisse de L'Ange-Gardien en 1831 et 1832. Affligé d'une santé précaire tout le long de sa carrière, il était cependant assez bien en septembre 1835 pour accepter de retourner à Arichat, cette fois à titre de curé.

Maranda arriva à Arichat le 24 septembre. Content d'y revenir, il entreprit sans tarder la construction d'une nouvelle église, qu'il dédia à Notre-Dame, et se dévoua au service de ses 2 300 ouailles. Il parlait alors couramment l'anglais et sa correspondance rend compte du plaisir qu'il avait à travailler parmi ses paroissiens tant francophones qu'anglophones. En outre, ses relations avec Mgr William Fraser*, vicaire apostolique de la Nouvelle-Écosse, étaient excellentes. Peut-être faisait-il allusion à la rébellion de 1837–1838 quand il disait vivre en paix à Arichat, malgré les privations.

Maranda célébra la première messe dans sa nouvelle église en octobre 1837. Malheureusement, 13 mois plus tard, le feu détruisit le presbytère et les registres paroissiaux. Même si on construisit un nouveau presbytère, achevé autour de juin 1840, Maranda demanda qu'on le remplace. On peut penser que cette épreuve l'avait découragé, à moins que des problèmes de santé l'aient de nouveau affecté ou qu'il ait connu des ennuis avec ses paroissiens irlandais catholiques. L'archevêque de Québec, Mgr Joseph SIGNAY, accéda à sa demande le 21 août et désigna pour lui succéder Louis-Alexis Bourret qui n'avait pas encore trois années de prêtrise. Lorsque Maranda et l'abbé John Quinan, un autre missionnaire de la Nouvelle-Écosse, rencontrèrent Bourret à la fin du mois d'août à Arichat, ils convinrent que ce dernier n'avait pas la santé qu'il fallait pour le poste. Bourret consentait à devenir le vicaire de Maranda si Mgr Signay permettait à ce dernier de rester. Maranda se rendit à Québec pour essayer de persuader l'évêque d'accepter ce projet, mais ce fut en vain. Signay l'envoya plutôt à La Malbaie, dans le Bas-Canada. Cependant, devant les supplices réitérées de Maranda, de Bourret et de Fraser, l'évêque écrivit à Bourret le 23 octobre 1840 pour lui ordonner de revenir à Québec, tout en ajoutant que Maranda retournerait à Arichat. En novembre, peu de temps après avoir repris

sa cure à Arichat, ce dernier reçut de Signay, sans même en avoir fait la demande, un exeat qui le détachait de son diocèse d'origine. Ravi, Fraser ne tarda pas à l'incorporer à son vicariat apostolique.

Lorsque Fraser fut sacré évêque d'Arichat le 20 juillet 1845, l'église de l'endroit devint la cathédrale et le curé Jean-Baptiste Maranda en fut le premier recteur. Par la même occasion, si l'on en croit la notice nécrologique de Maranda, Fraser le nomma vicaire général. Malgré ses ennuis chroniques de santé, il poursuivit son excellent travail dans la région d'Arichat, principalement auprès des Acadiens et des Micmacs. Fraser appréciait ses services, car Maranda était l'un des missionnaires francophones qui, comme leurs collègues de langue gaélique, contribuaient à faire de l'Église catholique une institution puissante dans l'est de la Nouvelle-Écosse. On l'inhuma à Arichat en mars 1850, et c'est Étienne Chartier* qui lui succéda.

RAYMOND A. MacLEAN

AAQ, 312 CN, VI–VII (copies aux Arch. of the Diocese of Antigonish, N.-É.). — Arch. of the Diocese of Antigonish, Files of the diocesan historian. — Allaire, *Dictionnaire*. — Caron, « Inv. de la corr. de Mgr Panet », ANQ *Rapport*, 1933–1934 : particulièrement 322. — Tanguay, *Répertoire* (1893). — A. A. Johnston, *A history of the Catholic Church in eastern Nova Scotia* (2 vol., Antigonish, 1960–1971).

MARCOT, MARGUERITE-MAGDELAINE (La Framboise), trafiquante de fourrures, née en février 1780, fille de Jean-Baptiste Marcot et de Marie Neskech ; décédée le 4 avril 1846 à l'île Mackinac, Michigan.

Le père de Marguerite-Magdelaine Marcot faisait la traite des fourrures dans la région des lacs Supérieur, Michigan et Huron depuis les années 1740, et sa mère était la fille d'un chef outaouais. Le lieu de naissance de Marguerite-Magdelaine est incertain mais, en juin 1780, les Marcot habitaient au fort Saint-Joseph (Niles, Michigan). La Révolution américaine les força à s'installer dans l'île Mackinac, que tenaient les Britanniques. La jeune métisse n'avait que trois ans lorsqu'on tua son père ; sa mère retourna alors dans son village natal, près de l'embouchure de la rivière Grand (Michigan). Sa famille était profondément catholique et la fit baptiser le 1er août 1786 à Michillimakinac (Mackinac Island) par un prêtre en tournée. Vers l'âge de 14 ans, elle épousa à la façon du pays le trafiquant Joseph La Framboise. Le 11 juillet 1804, un missionnaire bénit leur union à Michillimakinac.

Grâce au réseau familial de Marguerite-Magdelaine et à la collaboration qu'elle apportait à son mari, le couple devint prospère. La rivière Grand était le centre de leurs activités, mais apparemment Joseph avait aussi des liens avec Montréal et Milwaukee, au

Wisconsin. À l'automne de 1806, Marguerite-Magdelaine, désormais connue sous le nom de Mme La Framboise, était avec lui à leur campement du lac Michigan quand un Indien pris de rage en le voyant agenouillé pour prier le tua. Plus tard, on amena le meurtrier devant elle mais, au lieu de se venger, elle lui pardonna. Après avoir amassé les fourrures de l'hiver, elle retourna, intrépide, à Michillimakinac, puis poursuivit sa route jusqu'à Montréal, où elle régla la succession de son mari avec les proches de celui-ci. Par la suite, elle figura parmi les principaux trafiquants de fourrures des lacs Supérieur, Michigan et Huron.

Mme La Framboise était très en vue à Michillimakinac. Comme elle était absente lorsque sa fille Josette, qui avait fait ses études à Montréal, épousa civilement en 1816 Benjamin Kendrick Pierce, capitaine de l'armée américaine et commandant du fort Michillimakinac, on tint à son retour une deuxième cérémonie grandiose et une réception chez sa bonne amie Elizabeth Mitchell, Outaouaise et trafiquante comme elle, et femme de David Mitchell*. En cette occasion, selon son habitude, elle portait le costume indien. Pierce, dont le frère devint plus tard président des États-Unis, construisit pour sa belle-mère et sa famille une belle maison qui existe encore.

À ce moment, Mme La Framboise envisageait d'abandonner la traite avec les Indiens. Malgré l'accroissement des pouvoirs de l'American Fur Company, elle avait tenu bon comme trafiquante indépendante. En 1818, par son refus d'imiter la compagnie et de restreindre les ventes d'alcool aux Indiens, elle suscita des plaintes acerbes de la part d'un des représentants de celle-ci, Ramsay Crooks*. Finalement, elle joignit les rangs de la compagnie plus tard en 1818, ce qui étendit son territoire jusqu'à la rivière Big Sioux, vu la concurrence que livraient la Columbia Fur Company et d'autres trafiquants. En 1822, elle se retira des affaires et vendit son poste de traite de la rivière Grand. L'année suivante, les Indiens de la région lui manifestèrent leur attachement en lui donnant une portion de terre.

Mme La Framboise, alors riche et retraitée, se consacra à l'éducation des jeunes et à son Église. En 1823, lorsque le révérend William Ferry vint à Michillimakinac dans le but d'ouvrir une école pour les petits Indiens, elle l'accueillit sous son toit même s'il était protestant. Par la suite, elle tint chez elle une école catholique qui fit concurrence à la précédente. Ses élèves étaient nombreux, et elle embaucha des instituteurs pour les former et leur enseigner le catéchisme. En même temps, elle apprit à lire et à écrire tant le français que l'anglais. En 1827, elle donna le terrain où l'on transporta l'église Ste Anne.

Pendant les années 1830 et 1840, Marguerite-Magdelaine La Framboise reçut souvent des personnalités de passage. Ainsi Alexis de Tocqueville et Sarah Margaret Fuller, femme de lettres américaine, s'arrêtèrent chez elle et furent éblouis par ses qualités remarquables. Juliette Augusta Kinzie l'a décrite comme « une femme pleine d'énergie et d'initiative – grande, imposante et d'une allure très digne ». Malgré des faiblesses dues à l'âge, elle se rendait encore fréquemment à Montréal pour voir son fils Joseph, devenu marchand. L'île Mackinac demeurait cependant son foyer, et c'est là qu'elle mourut le 4 avril 1846.

David Arthur Armour

Arch. paroissiales, Sainte-Anne-de-Michillimakinac (Mackinac Island, Mich.), Financial record-book, 1828–1838 ; Liber dofunctorum missions S. Anne, Mackinac, 1825–1826 ; 1844–1891 : 89 ; Reg. des baptêmes, 1823–1889. — Bayliss Public Library (Sault Ste Marie, Mich.), Port Mackinac, records, 19 juin [1811 ou 1819]. — DPL, Burton Hist. Coll., American Fur Company, ledger, 5 nov. 1804, 25 mai 1805 ; James Henry, Mackinac Store journal, 1802–1804 ; Claude Laframboise à John Kinzie, 11 juin 1807 ; George Schindler à Solomon Sibley, 9 juill. 1807. — Mackinac County Courthouse (St Ignace, Mich.), Reg. of the post of Michilimackinac, 99–100. — Mich., Dept. of Natural Resources, Lands Division (Lansing), Private claims, nᵒˢ 710–711. — National Arch. (Washington), RG 75, Records of the Office of the Secretary of War relating to Indian affairs, letters received, abstract of licences to trade in Indian country, 1ᵉʳ sept. 1821–31 août 1822. — Wis., State Hist. Soc., H. S. Baird papers. — *American Missionary Reg.* (New York), 5 (1824), nᵒ 3 : 89–90. — *Mich. Pioneer Coll.*, 10 (1886) : 405–407, 599 ; 11 (1887) : 193, 350 ; 13 (1888) : 58 ; 17 (1890) : 325–326. — H. R. Schoolcraft, *Personal memoirs of a residence of thirty years with the Indian tribes on the American frontiers, with brief notices of passing events, facts and opinions, A.D. 1812 to A.D. 1842* (Philadelphie, 1851 ; réimpr., New York, 1975), 478, 569. — Wis., State Hist. Soc., *Coll.*, 9 (1882) : 144 ; 11 (1888) : 164, 373–374, 376 ; 12 (1892) : 162–163 ; 14 (1898) : 36–47 ; 18 (1908) : 484–485, 507–509 ; 19 (1910) : 44, 59, 65, 77, 86, 109, 133, 140, 146, 150. — « Calendar of the American Fur Company's papers, part II : 1841–1849 », American Hist. Assoc., *Annual report* (Washington), 1944, 3 : 1599, 1638. — L. H. Burbey, *Our worthy commander ; the life and times of Benjamin K. Pierce* (Fort Pierce, Fla., 1976), 21–32. — G. S. Hubbard, *The autobiography of Gurdon Saltonstall Hubbard : Pa-pa-ma-ta-be, « the swift walker »*, introd. de C. M. McIlvaine (Chicago, 1911), 22–23, 133. — I. A. Johnson, *The Michigan fur trade* (Lansing, 1919), 129–133. — D. [S.] Lavender, *The fist in the wilderness* (Garden City, N.Y., 1964), 264–265, 288. — [J. A. Magill] Mme J. H. Kinzie, *Wau-bun, the « early day » in the northwest* […], introd. de Louise Phelps Kellogg, édit. (Menasha, Wis., 1948). — P. C. Phillips, *The fur trade* (2 vol., Norman, Okla., 1961), 2 : 368, 378. — M. M. Quaife, *Lake Michigan* (New York, 1944), 201–203, 207. — E. O. Wood, *Historic Mackinac ; the historical, picturesque and legendary features of the Mackinac country* […] (2 vol., New York, 1918), 2 : 125–133. — M. E. Evans, « The missing footnote or, the curé who wasn't there », American Catholic Hist. Soc. of

Marie-Esther

Philadelphia, *Records*, 84 (1973) : 199. — J. E. McDowell, « Madame La Framboise », *Mich. Hist.* (Lansing), 56 (1972) : 271–286 ; « Therese Schindler of Mackinac : upward mobility in the Great Lakes fur trade », *Wis. Magazine of Hist.* (Madison), 61 (1977–1978) : 125–143. — *Mich. Hist. Magazine* (Lansing), 10 (1926) : 639–641 ; 11 (1927) : 311, 490–492 ; 12 (1928) : 154–156, 615 ; 13 (1929) : 143–146. — V. L. Moore, « A Pocahontas of Michigan », *Mich. Hist. Magazine*, 15 (1931) : 71–79.

MARIE-ESTHER DE SAINT-JOSEPH. V. CHALOUX

MARIE-LOUISE DE SAINT-HENRI. V. MCLOUGHLIN

MARIE-ROSE, EULALIE DUROCHER, dite **mère.** V. DUROCHER

MARKLAND, THOMAS, homme d'affaires, officier de milice, juge de paix et fonctionnaire, né en 1757 dans les colonies américaines ; le 8 juin 1787, il épousa Catherine Herchmer (Herkimer), et ils eurent un fils, George Herchmer Markland* ; décédé le 31 janvier 1840 à Kingston, Haut-Canada.

Avant la guerre d'Indépendance américaine, Thomas Markland était un grand propriétaire foncier de la vallée de la Mohawk, dans la colonie de New York. Loyaliste avoué, il s'établit en 1784 à Cataraqui (Kingston) où, en reconnaissance de son attachement actif à la cause royaliste, on lui donna 24 lots, dont il partageait la propriété de certains avec d'autres loyalistes. Mais, d'après ce que l'on sait, Markland ne s'intéressait guère à l'agriculture ; il considérait plutôt ses lots comme un placement et en vendit une bonne partie à profit dans les dix années qui suivirent. Dès 1788, il s'était associé à un autre loyaliste, Robert Macaulay*, et connaissait des succès en affaires ; ensemble, ils transbordèrent des marchandises, ouvrirent un petit magasin de détail et jouèrent le rôle d'agent pour la congrégation St George et pour des personnages haut placés tels que sir John Johnson*. Pendant les dernières années de leur association, qui prit fin en 1792 ou 1793, il semble que la responsabilité des activités journalières incomba de plus en plus à Markland. Celui-ci exportait pour son propre compte de la farine et du porc au Bas-Canada, importait des produits des États-Unis et dirigeait peut-être un petit commerce de vente au détail. Vers 1800, il était l'un des principaux commerçants de Kingston, et seul Richard Cartwright* achetait et vendait une plus grande quantité de marchandises que lui. À l'époque de la guerre de 1812, Markland était également l'un des principaux propriétaires terriens de sa région. Sa richesse considérable, il la devait principalement à ses activités commerciales et à ses spéculations sur des terrains ; c'est cependant au commerce qu'il s'intéressait d'abord et avant tout.

Commerçant important, Markland était aussi tenu pour un homme qui possédait des biens et qui était digne de considération. Grâce à son association avec Macaulay et à son mariage, il avait établi des liens personnels étroits avec deux vieilles familles respectées de Kingston. Il s'occupait de près des affaires de la congrégation St George et fut l'un des membres du conseil d'administration qui présentèrent en 1789 une requête au gouvernement en vue d'obtenir un terrain à bâtir ; l'année suivante, il souscrivit au fonds de construction. Il louait un banc à l'église et assumait diverses fonctions au sein de la congrégation : membre du conseil d'administration en 1792, marguillier en 1803 et 1805, puis membre du comité chargé d'assurer la succession du révérend John Stuart* en 1811. La défense du pays fut un autre exutoire pour l'énergie de Markland ; en 1791, il faisait en effet partie de l'unité locale de la milice et devint rapidement capitaine. Pendant toute la guerre de 1812, il servit à ce titre dans la compagnie de flancs-gardes du 1st Frontenac Militia. Promu lieutenant-colonel en 1816 et colonel cinq ans plus tard, il se retira avec ce grade en 1839.

Markland commença à jouer un rôle dans les affaires publiques de sa région dans la dernière décennie du xviiie siècle : il devint juge de paix en 1794, siégea à la Cour des requêtes, fit partie d'un comité chargé de surveiller la construction d'une prison et, en 1796, fut nommé trésorier du district de Midland, poste qu'il occupera jusqu'en 1837. On le nomma en 1800 commissaire chargé d'établir la loyauté d'éventuels sujets et de recevoir le serment d'allégeance que devaient prêter tous les nouveaux colons. Quatre ans plus tard, il accepta une autre commission qui l'investit du pouvoir de recevoir des déclarations sous serment. À la fin de la guerre de 1812, Markland, alors âgé de 58 ans et l'un des derniers loyalistes de la première vague encore actifs à Kingston, restait l'un des chefs de file reconnus du monde des affaires et de la société et accumulait toujours des postes.

Tout en continuant de diriger ses entreprises commerciales, Markland joua un rôle de plus en plus actif dans des organisations désireuses de favoriser le développement de la région de Kingston. Pour les marchands de cette ville, le manque d'établissements bancaires revêtait une importance particulière. En août 1813, un groupe de marchands liés à la Kingston Association approuva l'émission de lettres de change convertibles en numéraire [V. Joseph Forsyth*]. Markland n'en faisait pas partie, et c'était là une absence notable. Lui-même considéra son exclusion comme un coup destiné à « nuire à sa réputation ». La raison d'être de ce différend demeure un mystère ; on sait toutefois que l'acrimonie qui l'entourait était chose du passé quand il devint, en 1817, membre du conseil d'administration d'une banque commerciale, la Bank of Upper Canada, qu'on se proposait d'établir à Kingston. Pendant au moins trois ans (1818–1821), il fut aussi le représentant dans cette ville de la Banque de Montréal [V. John Gray*]. En 1819, il étudia la possibilité, avec plusieurs autres marchands, de fonder une caisse d'épargne, finalement créée en 1822. Comme John Macaulay* et John KIRBY, il donna son appui à la Bank of Upper Canada d'York (Toronto), une banque privilégiée, plutôt qu'à la « prétendue » Bank of Upper Canada de Kingston [V. Thomas DALTON]. En 1830, Markland aida à la création dans sa ville de la Commercial Bank of the Midland District, dont il fut l'un des administrateurs en 1832.

L'intérêt de Markland en matière de développement économique ne se limitait pas aux établissements financiers. En 1822 et 1838, par exemple, il prôna l'union du Haut et du Bas-Canada en affirmant qu'elle était essentielle à la prospérité du commerce. En 1824, il joignit les rangs de la St Lawrence Association, qu'on avait créée pour promouvoir l'amélioration de la navigabilité du Saint-Laurent. Tant à titre privé qu'à titre de juge de paix et de trésorier de district, Markland favorisa la construction dans sa région de toute infrastructure – pont, canal, traversiers – qui pouvait faciliter les transports. De plus, même s'il ne s'intéressait pas personnellement à des questions telles que l'amélioration des méthodes d'exploitation des sols, il joua un rôle important dans la formation d'une société d'agriculture en 1819 et en assuma bénévolement la vice-présidence pendant deux ans.

Esprit conservateur du XIXe siècle, Markland, à l'instar de beaucoup de personnes, croyait qu'il était de son devoir de servir sa communauté et il continua de remplir ce devoir après la guerre. Ses liens avec l'Église anglicane se resserrèrent et ses activités dans le monde religieux devinrent plus nombreuses. En 1823, il fut l'un des hommes choisis par la congrégation St George pour gérer le fonds de construction de l'église et en surveiller l'érection. En 1835, il devint membre d'un comité provincial chargé d'étudier la question de l'utilisation des réserves du clergé. De 1819 à 1822, il présida la Kingston Auxiliary Bible and Common Prayer Book Society, dont il avait été l'un des fondateurs. Durant toutes les années 1830, il fut membre et vice-président de la succursale locale de la Society for Promoting Christian Knowledge, ainsi que président de la Kingston Auxiliary of the British and Foreign Bible Society. Markland apporta aussi sa collaboration à d'autres confessions : il donna publiquement son appui au projet de construction d'une église presbytérienne ; en 1817, il contribua à un fonds destiné à assurer la construction à Kingston d'un temple de l'Église wesleyenne britannique et fut membre de la British Methodist Society ; en 1832, il fit un don d'argent à la Wesleyan Methodist Auxiliary Missionary Society.

Jusqu'à sa mort, Markland joua un rôle très important au sein de nombreuses organisations éducatives et sociales. C'est en 1815 qu'il commença à remplir des fonctions dans le milieu de l'éducation : cette année-là, il devint membre du conseil d'administration de la Midland District School Society, qui put compter sur son soutien au cours des 20 années suivantes et dont il fut le président en 1832. Markland fut aussi l'un des bienfaiteurs d'une école où l'on enseignait selon le système de Joseph LANCASTER ; il apporta son soutien à la création des écoles du dimanche Union, fournit une somme d'argent au Queen's College en 1840 et fut pendant une courte période le directeur de la bibliothèque locale. Également l'un des membres fondateurs de la Kingston Compassionate Society, de la Society to Provide Relief for Widows, de l'Emigrant Society et de la Men's Auxiliary of the Society for Promoting Education and Industry among the Indians and the Destitute, il occupa des postes au sein de ces sociétés et leur donna de l'argent chaque année. En 1819, Markland présida des réunions tenues à Kingston et à Bath afin de distribuer des secours aux pauvres. La même année, avec d'autres personnes, il prit des mesures pour construire un hôpital à Kingston ; il fut aussi l'un des sociétaires de cet hôpital et l'un des administrateurs chargés de surveiller l'exécution du projet. En 1832, enfin, Markland se chargea de la présidence de la société antialcoolique locale.

Thomas Markland fut peut-être le membre le plus important du *family compact* de la région de Kingston. Partisan solide du Conseil exécutif pendant la controverse provoquée par Robert Gourlay* et les troubles de 1837, il eut cependant peu de relations directes avec les autorités administratives d'York. Il semble avoir laissé ce soin à son fils qui, en raison de son âge, de ses contacts personnels et de ses convictions politiques, était parvenu à s'intégrer à la société d'après-guerre de la capitale, où il exerça une certaine influence sur les politiques générales de la colonie. Quelques années avant sa mort, Markland résigna son emploi de trésorier du district de Midland ; le *Chronicle & Gazette* annonça la nouvelle, louangea le démissionnaire, un « gentleman [qui était] l'un des citoyens les plus âgés et les plus respectés » de la région, et le remercia « pour les services [qu'il avait] longtemps rendus avec zèle et compétence à titre d'homme public ».

JANE ERRINGTON

ACC, Diocese of Ont. Arch. (Kingston), St George's Cathedral (Kingston), minute-books for St George's Church, vol. I–II. — AO, RG 40, D-1, box 4. — APC, RG 16, A1, 133, dossiers pour 1805–1809, 1815. — QUA, 2244. — « District of Mecklenburg (Kingston) : Court of Common Pleas », AO *Report*, 1917 : 190–353. — *Kingston before the War of 1812 : a collection of documents*, R. A. Preston,

Marquis

édit. (Toronto, 1959). — *The parish register of Kingston, Upper Canada, 1784–1811*, A. H. Young, édit. (Kingston, 1921). — *Chronicle & Gazette*, 1833–1843. — *Kingston Chronicle*, 1819–1833. — *Kingston Gazette*, 1814–1818. — *Officers of British forces in Canada* (Irving). — Reid, *Loyalists in Ont.* — K. M. Bindon, « Kingston : a social history, 1785–1830 » (thèse de PH.D., Queen's Univ., Kingston, 1979). — William Canniff, *History of the settlement of Upper Canada (Ontario), with special reference to the Bay Quinte* (Toronto, 1869 ; réimpr., Belleville, Ontario, 1971). — E. J. Errington, « The « Eagle », the « Lion », and Upper Canada : the colonial elites' view of the United States and Great Britain, 1784–1828 » (thèse de PH.D., Queen's Univ., 1984). — Patterson, « Studies in elections in U.C ». — H. P. Gundy, « The Honourable John Kirby of Kingston », *Douglas Library Notes* (Kingston), 9 (1960), n° 1 : 2–4. — W. D. Reid, « Johan Jost Herkimer, U.E., and his family », *OH*, 31 (1936) : 215–227. — S. F. Wise, « Tory factionalism : Kingston elections and Upper Canadian politics, 1820–1836 », *OH*, 57 (1965) : 205–225.

MARQUIS, PIERRE CANAC, dit. V. Canac

MARRYAT, FREDERICK, auteur, né le 10 juillet 1792 à Londres, deuxième des 15 enfants de Joseph Marryat et de Charlotte Von Geyer ; le 21 janvier 1819, il épousa Catherine Shairp ; ils eurent 11 enfants, dont 3 moururent en bas âge ; décédé le 9 août 1848 à Langham, Norfolk, Angleterre.

Frederick Marryat, reconnu comme un « jeune garnement de la pire espèce » à la Mr Freeman's Academy de Ponders End (Londres), fit deux fugues dans l'espoir de prendre la mer. Frappé par sa détermination, son père, homme d'affaires influent et futur député tory, lui trouva en septembre 1806 une place de volontaire à bord d'une frégate de la marine, l'*Impérieuse*. Marryat servit ensuite sur plusieurs navires qui connurent des épisodes particulièrement mouvementés et il passa son examen de lieutenant en octobre 1812. Sa promotion n'eut lieu que le 26 décembre parce qu'il n'avait pas été baptisé « selon le rite de l'Église établie, l'Église d'Angleterre ».

Entre 1813 et 1815, Marryat commença à souffrir d'hémoptysie, maladie caractérisée par des crachements de sang qui proviennent des voies respiratoires et qu'il avait peut-être contractée en tentant en vain de sauver un marin tombé à la mer. Cité pour son courage et son humanité dans plusieurs certificats datant de l'époque, il reçut une médaille de la Royal Humane Society. En 1815, on le promut *commander*. Capitaine du sloop *Beaver* en 1820 et 1821, Marryat fut l'un des trois officiers qui firent un croquis de Napoléon Ier sur son lit de mort à Sainte-Hélène, le 5 mai 1821. Quatre jours plus tard, il emporta en Angleterre les dépêches qui racontaient la mort de l'ex-empereur. Ensuite, jusqu'à sa mise à la demi-solde en février 1822, il travailla à empêcher la contrebande dans la Manche. En 1823, il s'embarqua pour la Birmanie, où

il se distingua en adaptant aux opérations navales un petit bateau à vapeur. Le 14 avril 1825, on confirma son grade de *post captain*. Rentré en Angleterre en janvier 1826, Marryat désarma son navire et fut fait compagnon de l'ordre du Bain le 26 décembre pour les services rendus en Birmanie. De novembre 1828 à novembre 1830, en qualité de commandant de la frégate *Ariadne*, il protégea les sujets britanniques des Açores pendant la lutte qui se déroulait alors pour le trône du Portugal.

Marryat adopta ensuite le métier d'écrivain, auquel il s'essayait depuis plusieurs années. Il avait déjà publié, à Londres en 1817, *A code of signals for the use of vessels employed in the merchant service,* qui servit de manuel officiel jusqu'en 1857. En 1819, tant à cause de cet ouvrage que de son talent de caricaturiste et de ses connaissances scientifiques, il reçut le titre de *fellow* de la Royal Society. En 1833, la France lui décernerait la croix de la Légion d'honneur pour ses travaux sur la navigation. Son deuxième ouvrage, paru en 1822, traitait de l'abolition de l'enrôlement forcé dans la marine. En 1829, il publia à Londres son premier roman, largement autobiographique, *The naval officer ; or, scenes and adventures in the life of Frank Mildmay.* Marryat devint rédacteur en chef du *Metropolitan Magazine* de Londres en 1831 et en fut propriétaire de 1832 à 1836. Dès 1836, il avait huit autres romans à son actif, dont *Mr. Midshipman Easy,* l'une de ses œuvres les plus connues. Doué pour le récit d'aventures, auquel il apportait esprit et humour, et pour la caractérisation des personnages, il connut immédiatement un succès populaire et financier.

Volage, voire instable, Marryat se détacha peu à peu de sa femme. Le 3 avril 1837, il partit pour l'Amérique, soi-disant « pour étudier les effets d'une forme de gouvernement et d'un climat démocratiques sur un peuple qui, en dépit de toutes ses adjonctions étrangères, [pouvait] encore être considéré comme anglais » ; mais également il envisageait d'intervenir contre les éditeurs américains qui republiaient ses livres sans son autorisation et il souhaitait échapper à ses problèmes conjugaux (en 1838, il allait rédiger un document officiel de séparation). Pendant son séjour en Amérique du Nord, il demeura surtout aux États-Unis. Toutefois, dès qu'il entendit parler des rébellions du Haut et du Bas-Canada, il jugea de son « devoir d'officier de se présenter et d'offrir [ses] services comme volontaire ». À la mi-décembre 1837, il marcha sur le nord de Montréal avec les troupes du major général sir John Colborne* et du lieutenant-colonel George Augustus Wetherall*, puis prit part aux batailles de Saint-Eustache et de Saint-Benoît (Mirabel) contre les patriotes de Jean-Olivier Chénier et d'Amury Girod. Le 18 décembre, il écrivit à sa mère : « Triste scène de sacrilège, de meurtre, d'incendie et de destruction. Tous les combats ont eu lieu dans les églises, que le feu a consumées en entier et où gisent les corps défaits des insurgés. La guerre est déjà une mauvaise chose, la guerre civile est horrible. Dieu merci, tout cela est terminé. » Plusieurs mois après ces batailles, à l'occasion d'un dîner de la Saint-Georges à Toronto, il porta un toast à Andrew Drew*, qui avait intercepté le bateau patriote *Caroline* en décembre 1837. À son retour aux États-Unis, il dut donc braver la colère des foules américaines. Brûlé en effigie dans les villes qu'il visita, il résista à la tempête avec humour et parvint même à accroître sa popularité avant de rentrer en Angleterre, le 20 novembre 1838.

Marryat retira, de son passage éclair au Canada, des connaissances qu'il mit à profit dans *A diary in America* [...] et d'autres livres. *A diary,* écrit après son retour en Angleterre, connut une large diffusion. Cet ouvrage contient de vivantes descriptions des événements de Saint-Eustache et de Saint-Benoît et est l'un des rares comptes rendus de la rébellion bas-canadienne écrits d'un point de vue britannique. Marryat s'y montre très sévère à l'endroit des Canadiens. Selon lui, la principale cause du soulèvement fut la « capitulation continuelle [de la Grande-Bretagne] devant les clameurs et fausses représentations des Français ». Le règlement des problèmes de la colonie, affirme-t-il, passe par l'assimilation totale : « Si [...] on oppose la loyauté des Britanniques à la trahison des Français – l'énergie, l'activité et le capital des Anglais à la mollesse, à l'ignorance et à l'incapacité de la population française –, il ressort que, non seulement par souci de justice et de gratitude [envers les sujets loyaux], mais aussi en vertu de nos propres intérêts, il faut maintenant *retirer entièrement* aux Canadiens français ce pouvoir dont ils ont abusé et cette confiance dont ils se sont révélés indignes. » Le Haut-Canada, qui offre aux immigrants britanniques un climat tempéré, un sol fertile et d'abondantes richesses naturelles, lui inspire des commentaires favorables. Comme il s'adresse surtout à un public britannique, il fait valoir que l'avantage principal que présentent les colonies pour la Grande-Bretagne est celui de servir de rempart contre l'expansionnisme américain. Parmi ses autres livres, *The settlers in Canada* [...], ouvrage « pour la jeunesse » paru en 1844, s'inspirerait de l'histoire d'une famille de la gentry irlandaise installée dans le canton haut-canadien de Clarke en 1796, les Lovekin. En outre, il n'est pas impossible qu'un habitant de Peterborough ait servi de modèle pour le personnage de Dick Short, dans *Snarleyyow ; or, the dog fiend,* publié à Londres en 1837.

À son retour d'Amérique du Nord, Marryat se trouva à court d'argent, malgré un généreux héritage et les profits de ses nombreux livres. Établi en 1843 dans une propriété rurale près de Langham, il vécut des droits de ses livres pour enfants, auxquels il

consacra dès lors la plus grande partie de ses énergies. Il mourut à cet endroit en 1848.

C'est un historien de la marine britannique qui a su le mieux caractériser Frederick Marryat : « d'une énergie au-dessus du commun, doué de talents divers, jamais banal, d'un tempérament et d'une conduite imprévisibles et, comme bien des hommes et des femmes, porté à surestimer le passé à mesure que le temps passe ». Décrit par un admirateur haut-canadien comme « un homme, un gentleman et une personne pleine de force et d'humour », Marryat partageait les valeurs de milliers de colons britanniques des classes moyenne et supérieure qui vivaient en Amérique du Nord au XIXe siècle.

W. A. B. DOUGLAS

Frederick Marryat est l'auteur de nombreux volumes, y compris *A diary in America, with remarks on its institutions* (3 vol., Londres, 1839). Pour une liste détaillée des ouvrages de Marryat, voir *National union catalog.*

NMM, MRY/6, 11 ; C. G. Pitcairn-Jones, notes on sea officers. — Trent Univ. Arch. (Peterborough, Ontario), B-69-001 (Marryat papers). — *DNB.* — G.-B., Admiralty, *The commissioned sea officers of the Royal Navy, 1660–1815,* [D. B. Smith *et al.,* édit.] (3 vol., s.l., [1954]). — Marshall, *Royal naval biog.,* 3, 1re part. : 260. — David Hannay, *Life of Frederick Marryat* (Londres et New York, 1889 ; réimpr., New York, 1973). — M.-P. Gautier, *Captain Frederick Marryat ; l'homme et l'œuvre* (Montréal, 1973). — Robina et K. M. Lizars, *Humours of '37, grave, gay and grim : rebellion times in the Canadas* (Toronto, 1897). — Christopher Lloyd, *Captain Marryat and the old navy* (Londres et New York, 1939). — Florence Marryat, *Life and letters of Captain Marryat* (2 vol., Londres, 1872). — Oliver Warner, *Captain Marryat, a rediscovery* (Londres, 1953).

MARSDEN, JOSHUA, ministre méthodiste wesleyen et auteur, né le 21 décembre 1777 à Warrington (Cheshire, Angleterre) ; en 1804, il épousa à Halifax Mary Seabury, et ils eurent au moins huit enfants, dont cinq moururent en bas âge ; décédé le 11 août 1837 à Hoxton (Londres).

Joshua Marsden descendait d'une famille « respectable » et prospère qui fut cependant réduite, à cause de l'ineptie du père, à vivre modestement. Marsden ne reçut donc qu'une instruction ordinaire, qu'il compléta sans doute par de nombreuses lectures, si l'on en juge par l'érudition et la culture manifestées dans ses écrits. Comme beaucoup d'autres prédicateurs évangéliques, il considérait avoir eu une jeunesse particulièrement dissolue : il se rappelait s'être battu avec ses camarades, avoir trompé ses parents, avoir été « odieusement désobéissant » envers sa mère, avoir joué aux cartes et dansé, s'être « enivré avec des spiritueux » et avoir été « très fort pour chanter des chansons grossières ». Il lui était cependant arrivé de « pleurer » sur sa « propre méchanceté » et de

Marsden

conclure que son « cœur renfermait les germes du péché universel ».

En 1796, Marsden s'enrôla dans la marine, en partie pour échapper aux réprimandes et aux adjurations de sa mère. Dans cet « horrible séminaire du vice », il vit « l'impiété dans toutes ses manifestations diaboliques ». Heureusement peut-être, son navire fit naufrage au large d'Alderney, en décembre 1796. Il revint alors sans le sou en Angleterre mais, comme il craignait les détachements de racoleurs, il se joignit à l'équipage d'un navire marchand. À nouveau il frôla la mort et, dès que le navire arriva à quai, il s'esquiva pour retourner chez lui, ayant désormais perdu tout intérêt pour la vie en mer. Comme il s'était réfugié à la campagne pour échapper aux racoleurs, on l'invita un jour à fréquenter les services méthodistes. Les sermons qu'il entendit touchèrent sa conscience, mais à ce moment encore « l'idée d'une piété véritable, faite d'abnégation et de renoncement au plaisir, ne [lui] plaisait pas du tout ». Souvent envahi par la crainte de la damnation, induit en tentation par sa nature perverse, réconforté par le sermon de John Wesley sur la justification par la foi, il lui arrivait de s'effondrer par terre « dans la plus atroce affliction ». Le dimanche de la Pentecôte 1798, inspiré par la prédication de George Marsden, il vit se dissiper en lui « les sombres nuages de l'incroyance » et il se sentit « capable de saisir le Christ par la foi ». À partir de ce moment, il adopta « l'amour de Dieu […] comme principe souverain, la parole de Dieu comme règle et la gloire de Dieu comme but ».

Après sa conversion, Marsden, rempli d'« un amour ardent pour les âmes », se laissa convaincre d'aller prêcher : on l'engagea sans tarder à titre de prédicateur local dans la circonscription ecclésiastique de Bolton, de la British Methodist Conference. À l'époque, la secte méthodiste, animée par le zèle du révérend Thomas Coke, commençait à établir des missions outre-mer ; Marsden résolut donc de se faire missionnaire itinérant. Ainsi, lorsque William Black* vint en Angleterre, en 1799, pour recruter des ministres capables de remplacer les prédicateurs de l'Église méthodiste épiscopale des États-Unis qui l'avaient aidé à fonder les sociétés méthodistes dans les provinces Maritimes de l'Amérique du Nord britannique, Marsden s'offrit pour devenir missionnaire en Nouvelle-Écosse. À la session de 1800 de la conférence méthodiste, on désigna Marsden, William Bennett* et deux autres à titre de collaborateurs de Black, sous la direction générale de Coke. Ils arrivèrent à Halifax le 4 octobre, et Marsden fut affecté à la circonscription de Cumberland, point de départ de la mission de Black en Nouvelle-Écosse.

L'affectation de Marsden dura jusqu'en 1802, après quoi on l'envoya successivement à Annapolis Royal, à Halifax, à Liverpool et à Saint-Jean, au Nouveau-Brunswick. L'évêque Francis Asbury l'ordonna à la

conférence tenue à New York en juin 1802, et la conférence britannique l'admit sans réserve en 1804. Quatre ans plus tard, l'infatigable Coke persuada Marsden d'accepter une nomination aux Bermudes, colonie inhospitalière qui avait emprisonné son premier missionnaire méthodiste. Marsden arriva aux Bermudes au début de mai 1808, après avoir une fois de plus évité le naufrage de justesse ; « pensif et abattu […], écrivit-il, je trouvais ma seule consolation en Dieu et dans ma bible ».

Là encore, la Providence veilla sur Marsden. Dans cette société fondée sur l'esclavage, il démontra qu'il considérait les Noirs comme des êtres humains, supervisa la construction d'un temple ouvert à tous et créa une école du dimanche pour apprendre la lecture aux Noirs, en trouvant le moyen de museler l'opposition du gouvernement et de la communauté blanche. Au début de son séjour aux Bermudes, on le considéra comme « un imposteur, un exalté ou pire encore » ; à son départ, en 1812, la société méthodiste comptait 136 membres.

L'arrivée de Marsden à New York coïncida avec le début de la guerre de 1812. Comme il ne pouvait se rendre par voie de terre, avec sa famille, en Amérique du Nord britannique, ni partir pour l'Angleterre en bateau, il fut pour ainsi dire interné aux États-Unis. Toutefois, Asbury lui donna une affectation temporaire, sous l'autorité de Freeborn Garrettson*, qui avait auparavant collaboré à l'établissement de la communauté méthodiste des Maritimes. Contrairement à beaucoup de ses compatriotes, Marsden admirait les États-Unis, pays où ne subsistait « presque aucun vestige du papisme, cette superstition jadis trop répandue. En terre de vraie liberté, les conditions doivent toujours retarder la croissance de cette plante vénéneuse. » Il participa à plusieurs assemblées en plein air, « ces formidables sources de grâces », au cours desquelles il était « transporté comme par la force d'un merveilleux torrent ». L'expérience l'amena à conclure que Dieu avait mis « son grand sceau sur ces rites sylvestres ».

Le 23 octobre 1814, Marsden s'embarqua enfin pour l'Angleterre d'où il ne devait plus jamais repartir. Il reçut diverses affectations, à commencer par celle de Plymouth Dock (Plymouth), en 1815. En 1836, en raison de sa santé chancelante, il devint surnuméraire dans la circonscription de First London. Marsden prêcha pour la dernière fois le 30 juillet 1837 dans le fameux temple de City Road : en s'appuyant sur les versets 5 à 8 du chapitre XL du livre d'Isaïe, il souligna alors l'importance de se consacrer à Dieu tôt dans la vie.

Marsden n'était pas un prédicateur exceptionnel et n'atteignit jamais la notoriété chez les méthodistes. Bien qu'il ait manifestement gagné l'estime de ses ouailles et le respect d'Asbury, il ne fut pas un personnage charismatique. Il ne suscita pas de vagues de réveils comme Black et Garrettson. Il se décrivait plutôt ainsi :

Un évêque rural prêchant en tous lieux,
Sous le chêne déployé ou le hêtre majestueux,
Dans les décors sylvestres annonçant le salut
Avec pour temple, les bois, et pour abat-voix, les cieux ;
Ou un prêtre des bois passionné d'absolu,
Portant la lumière jusqu'aux cabanes perdues.

Marsden entretenait des rapports d'amitié avec des hommes en vue comme le lieutenant-colonel Samuel Vetch Bayard et Simeon Perkins*. Il incita les méthodistes de Saint-Jean, malgré la pauvreté ou l'indifférence d'un grand nombre, à construire un nouveau temple, et il participa lui-même aux travaux. Aux yeux de ses coreligionnaires de la Nouvelle-Écosse et du Nouveau-Brunswick, il incarna un méthodisme simple et sans artifice, au sein duquel on ne mettait jamais en question l'identité sociale et culturelle fondamentale des communautés d'Angleterre et d'Amérique du Nord britannique.

À la différence d'un grand nombre de ses confrères, Marsden écrivit beaucoup. Son autobiographie, *Grace displayed* [...], son récit intitulé *The narrative of a mission* [...] et ses nombreux poèmes, sans prétendre à la reconnaissance littéraire, sont tout de même passionnants par ce qu'ils révèlent de ses occupations journalières, de ses dispositions et de sa vie spirituelle.

Autant que possible, Joshua Marsden « divisait sa journée en périodes régulières ». Il se levait ordinairement à quatre heures du matin et, jusqu'à huit heures, il méditait et écrivait ; le reste de l'avant-midi était consacré à des visites pastorales. L'après-midi, il lisait et tenait des réunions de classe, et le soir il présidait des services. Les rudes hivers d'Amérique du Nord l'incommodaient beaucoup. Il voyait son madère tourner en sirop, il se réchauffait en avalant des verres de gin et, pour ses déplacements, il s'emmitouflait dans une véritable montagne de vêtements, mais sans grand résultat. Il nota que le Nouveau-Brunswick était « beaucoup plus froid que la Nouvelle-Écosse (pourtant dotée d'un climat suffisamment rigoureux) ». Ses écrits exposent en toute franchise « son monde de misères », conséquence, selon lui, de son impuissance chronique à résister aux tentations et de son goût pour « les livres et les études insolites et agréables ». Il trouvait tout de même un réconfort et un soutien dans sa foi profonde en la Providence, « gloire et héritage de tout missionnaire chrétien fidèle ». Il admettait qu'aux yeux de beaucoup il paraissait présomptueux « d'imaginer que Dieu tout-puissant arrêtera[it] le cours des éléments à la demande d'un misérable ver de terre ». Néanmoins, il était persuadé que Dieu répondait personnellement à ses prières, par exemple en le protégeant des dangers de la mer ou en

intervenant efficacement dans toutes les phases critiques de sa vie. Pour lui :

Dieu est constamment à nos côtés,
Bouclier d'or contre les dangers ;
Au bord du Niger ou du Nil
Comme au fond des vastes forêts,
Sur la plus lointaine des îles,
Sa bonté te sourit sans arrêt !

On rapporte qu'en août 1837, à la suite d'une brève maladie, « il ferma les yeux et mourut paisiblement pour vivre » dans l'éternité.

GOLDWIN S. FRENCH

Parmi les écrits de Joshua Marsden, on trouve son autobiographie, *Grace displayed : an interesting narrative of the life, conversion, Christian experience, ministry, and missionary labours of Joshua Marsden* [...] (New York, 1813 ; 2e éd., 1814) et *The narrative of a mission to Nova Scotia, New Brunswick, and the Somers Islands ; with a tour to Lake Ontario* [...] (Plymouth-Dock [Plymouth], Angl., 1816 ; réimpr., New York, 1966 ; 2e éd., Londres, 1827). Nous avons consulté la deuxième édition de ces deux ouvrages pour préparer cette biographie. D'autres publications de Marsden, dont plusieurs volumes de poésie, sont recensées dans *National union catalog* et *British Library general catalogue*.

Une gravure de Marsden paraît dans la seconde édition de *Grace displayed*.

SOAS, Methodist Missionary Soc. Arch., Wesleyan Methodist Missionary Soc., corr., North America (mfm à l'UCC-C). — Wesleyan Methodist Church, *Minutes of the conferences* (Londres), 2 (1799–1807)–8 (1836–1839). — G. G. Findlay et W. W. Holdsworth, *History of the Wesleyan Methodist Missionary Society* (5 vol., Londres, 1921–1924), 1. — G. [S.] French, *Parsons & politics : the rôle of the Wesleyan Methodists in Upper Canada and the Maritimes from 1780 to 1855* (Toronto, 1962). — Smith, *Hist. of Methodist Church*.

MARSHALL, JOSEPH, juge de paix, officier de milice, juge, homme politique et fermier, né vers 1755 à Glenkeen (Irlande du Nord), quatrième enfant de Joseph Marshall et d'une prénommée Mary (dont le nom de famille était peut-être Hagan) ; avant 1783, probablement en Géorgie, il épousa une prénommée Margaret, et ils eurent trois fils ; décédé le 3 juin 1847 à sa résidence de Guysborough, Nouvelle-Écosse.

Joseph Marshall avait 13 ans lorsque ses parents immigrèrent en Géorgie en 1769. Ils s'installèrent au bord de la rivière Ogeechee, à l'ouest de Savannah. Selon la tradition familiale, les Marshall allèrent se fixer en Floride-Occidentale, territoire britannique, lorsque la guerre d'Indépendance éclata. Avec plusieurs de ses frères, Joseph se joignit aux forces loyalistes et, en avril 1779, on le nomma lieutenant-colonel d'un régiment de milice de Géorgie. En mai 1780, il reçut sa commission de capitaine dans le

Marsters

Carolina King's Rangers, troupe loyaliste formée dans les Florides mais composée principalement de Géorgiens. Les Rangers participèrent à l'âpre campagne du Sud et se replièrent finalement sur Saint Augustine (Floride), dernier retranchement méridional des Britanniques. En octobre 1783, on transporta la plupart des membres de la troupe à Halifax avec leurs familles, en même temps qu'un groupe de vétérans qui appartenaient à deux autres régiments de Caroline. Ils furent démobilisés au début de novembre et, malgré l'approche de l'hiver, on les conduisit le long de la côte est jusqu'à Country Harbour ; le printemps suivant, on y délimita le canton loyaliste de Stormont.

Quoique pittoresque, le territoire de Country Harbour s'avéra inhospitalier et réservait d'énormes difficultés aux nouveaux colons. Après quelques années, un grand nombre d'entre eux étaient partis sous d'autres cieux en quête d'une situation plus reluisante. Même s'il y avait reçu 1 100 acres de terre en concession, Marshall quitta lui aussi Country Harbour pour aller s'installer sur les rives mieux abritées de la baie Chedabucto. Il acheta des terres à l'est de Guysborough Harbour au début de 1795 et se constitua un imposant domaine qu'il nomma Glenkeen en souvenir de son lieu de naissance.

Toute sa vie, Marshall joua un rôle important dans la région de Guysborough. Nommé juge de paix en mai 1784, il siégea à titre de juge de la Cour inférieure des plaids communs de 1799 jusqu'à l'abolition de cette cour en 1841. Comme il était l'un des plus haut gradés parmi les officiers loyalistes établis à Guysborough, il reçut une commission de major de la milice du comté de Sydney en 1794, mais il ne semble pas avoir servi, par mécontentement peut-être devant la nomination de Thomas CUTLER, moins expérimenté mais plus influent que lui, au titre de lieutenant-colonel. En 1808, on divisa le régiment en deux pour former le 10th (Dorchester) Battalion, dont Marshall devint le lieutenant-colonel, ainsi que le 19th (Guysborough) Battalion, qui eut comme lieutenant-colonel le fils de Cutler, Robert Molleson.

Marshall, par ailleurs, représenta la circonscription de Sydney à la chambre d'Assemblée pendant deux mandats. Il inaugurait ainsi pour sa famille une présence au Parlement qui allait durer trois générations. Élu en février 1800, trop tard pour assister à la première session, il put occuper son siège à la session du printemps de 1801. Même s'il venait d'une des régions les plus isolées de la Nouvelle-Écosse, il parvint à assister régulièrement aux débats animés de la huitième législature. Il fit partie de nombreux comités, principalement ceux qui décidaient de l'affectation des crédits de voirie, et il soutenait généralement le « parti rural » de William Cottnam Tonge*. Réélu en 1806, il continua le plus souvent de se ranger parmi les partisans de Tonge. Par exemple, il appuya ce dernier lorsqu'il voulut faire supprimer les termes élogieux que contenait l'adresse de la chambre au lieutenant-gouverneur sortant, sir John Wentworth*.

En 1811, Marshall ne participa pas aux débats de la chambre et, à l'automne, lorsqu'on annonça les élections, il songea à se retirer au profit de son fils John George*. Le jeune Marshall et John Ballaine, autre candidat nouveau venu, allaient être élus sans opposition quand au dernier moment l'un des députés sortants, John Cunningham, décida de se présenter. Joseph Marshall, Cunningham et Ballaine se réunirent alors et convinrent de laisser élire par acclamation les deux anciens députés, de manière à éviter les frais d'une campagne électorale. John George, qui n'avait pas assisté à la rencontre et s'indignait du résultat, résolut de poser quand même sa candidature. Son père consentit de bonne grâce à se retirer pour l'aider dans sa campagne, qui s'avéra finalement victorieuse.

Contrairement à bien des résidents de Guysborough, Joseph Marshall était d'abord un fermier. En 1819, il faisait partie du premier conseil d'administration de la Guysborough and Manchester Farmer Society. Il représente bien les nombreux loyalistes de classe moyenne qui s'imposèrent comme leaders locaux dans leur patrie d'adoption et, à titre de sudiste, il est encore plus représentatif des loyalistes de la Nouvelle-Écosse qu'on a bien voulu le reconnaître jusqu'ici. En effet, selon une analyse de leur origine, jusqu'à 30 % d'entre eux viendraient des colonies du Sud. Non seulement Marshall figure-t-il parmi les pionniers de l'actuel comté de Guysborough, mais il laissa toute une lignée de fermiers et de marchands prospères qui exercèrent traditionnellement des charges publiques. Le plus illustre d'entre eux est son arrière-petit-fils, sir John George Bourinot*.

JUDITH TULLOCH

PANS, Biog., W. M. Marshall, scrapbook (mfm) ; MG 100, 186, nᵒˢ 17–19 ; RG 1, 169, 171–173. — Harriet Cunningham Hart, *History of the county of Guysborough* (Belleville, Ontario, 1975). — A. C. Jost, *Guysborough sketches and essays* (Guysborough, N.-É., 1950).

MARSTERS, RICHARD UPHAM, horloger, joaillier, graveur et inventeur, né en 1787 à Onslow, Nouvelle-Écosse, fils de Nathaniel Marsters et de Mary Upham ; le 7 mars 1819, il épousa à Halifax Ann McKay, veuve d'un marchand écossais, et ils eurent au moins une fille ; décédé le 25 janvier 1845 à Falmouth, Nouvelle-Écosse.

Selon la généalogie dressée par William Marsters Brown, cousin de Richard Upham Marsters, les Marsters étaient des Juifs anglais qui avaient immigré au Massachusetts. Établis d'abord à Salem, les grands-parents paternels de Richard Upham s'installèrent à Falmouth peu après 1760. Ils étaient probablement apparentés à une autre famille d'horlogers, celle de William Marsters, de Holborn, à Londres, lequel se fixa à St John's en 1787, puis aux États-Unis en 1818. Par le mariage de la sœur de son père, Deborah, Marsters était non seulement cousin de William Marsters Brown mais aussi du célèbre orfèvre Michael Septimus Brown*.

À l'âge de 14 ans, Marsters commença son apprentissage chez David Page, orfèvre et horloger d'Onslow, en Nouvelle-Écosse. Le 31 mai 1817, il tenait à Halifax son propre atelier d'horlogerie, où il réparait aussi des bijoux, des boussoles et des octants. Il disait avoir « de nombreuses années d'expérience dans sa profession ». Probablement s'était-il perfectionné à Falmouth, car certains indices suggèrent qu'à la fin de son apprentissage il habitait chez son grand-père. Une réclame parue en octobre 1819 annonçait ses services habituels et informait ses collègues horlogers qu'il « fabriqu[ait] et dor[ait] tout genre de rouages de montre, conformément aux instructions du client et à bref délai ». La même année, il grava, pour une remise de prix du Central Board of Agriculture, une médaille d'argent qui est maintenant exposée au Wolfville Historical Society Museum. Peu après, il frappa pour le 1st Regiment of Halifax militia une médaille d'or magnifiquement gravée qu'on décerna le 20 juin 1820 à un champion de tir ; cette pièce se trouve au Nova Scotia Museum.

Marsters était un inventeur reconnu auquel l'historien Beamish Murdoch* a attribué un « grand génie scientifique ». En avril 1819, il annonça qu'il avait inventé, pour les bateaux à vapeur et moulins flottants, une « roue hydraulique ou propulsive » conçue pour être totalement immergée. « Grâce à ce dispositif, soutenait-il, l'on peut piloter le plus gros vaisseau sur les mers les plus agitées [...et] l'on peut construire [des moulins] même dans un port ou une baie où le courant est minime, sans l'aide d'aucun type de barrage ». Sept ans plus tard, le 16 février 1826, Marsters demanda à la chambre d'Assemblée de l'aider à payer une lunette méridienne afin de perfectionner le chronomètre ; il toucha £98 en avril. Jusqu'à la fin du mois de février 1828, il annonça, dans le *Halifax Journal,* qu'il avait installé « un observatoire temporaire » grâce auquel il pouvait « régler tous les mécanismes d'horlogerie avec grande précision ». Le 22 août 1831, dans le même journal, ses annonces citaient le capitaine et le lieutenant du brick gouvernemental *Chebucto,* qui affirmaient qu'un petit chronomètre de sa fabrication leur avait donné pleine satisfaction durant leurs voyages aux Bermudes de 1825 à 1830. C'était, dit-on, le premier chronomètre fabriqué en Amérique du Nord.

Richard Upham Marsters avait visité la Grande-Bretagne dans les années 1820 ; en 1832, il habitait

New York. En 1838, il vivait à Windsor, en Nouvelle-Écosse. Vers cette époque, il vécut une rupture conjugale et, en juin 1838, il publia un avis où il déclinait toute responsabilité pour les dettes de sa femme. On ne sait rien des sept dernières années de sa vie. Dans son testament, daté du 9 décembre 1844, il légua tous ses biens à sa fille Ruth ; cependant, les exécuteurs testamentaires furent incapables de la trouver et même de « dire si elle était vivante ou morte ».

DONALD C. MACKAY

PANS, MG 1, 160A ; 1642, n°s 89–133, 187 ; RG 1, 443, n° 8 ; 449, n° 158 ; RG 36, 57, n° 1503, particulièrement item 1. — *Acadian Recorder,* 31 mai, 16 oct. 1817. — *Halifax Journal,* févr. 1828, 22 août 1831, 19 déc. 1832. — *Novascotian, or Colonial Herald,* 14 juin 1838. — *Times* (Halifax), 11 févr. 1845. — D. C. Mackay, *Silversmiths and related craftsmen of the Atlantic provinces* (Halifax, 1973). — Brooks Palmer, *The book of American clocks* (New York, 1950). — Murdoch, *Hist. of N.S.,* 3 : 548. — R. C. Brooks, « Nautical instrument-makers in Atlantic Canada », *Nova Scotia Hist. Rev.* (Halifax), 6 (1986), n° 2 : 45–48.

MARTIN, JOHN WILLS, marchand, juge de paix, fonctionnaire et homme politique, né en Angleterre, probablement dans le Dorset ; le 1er avril 1827, il épousa Phoebe Cooper puis, le 24 janvier 1839, Martha Taylor ; décédé après 1843.

Né vraisemblablement au début des années 1790, John Wills Martin arriva à St John's en provenance de Poole, dans le Dorset, en 1816. On sait peu de chose sur ses premières années à Terre-Neuve, mais en 1821 il travaillait à Trinity à titre de commis de la George Garland and Company de Poole [V. George Garland*], et six ans plus tard on le muta à Twillingate. En 1828, il était le représentant du principal établissement commercial de St Mary's, la Slade, Elson and Company, une autre société de Poole. Dans la biographie de Philip Henry Gosse*, commis de la compagnie, écrite par son propre fils, ce dernier notait qu'il n'y avait « rien de sympathique » chez Martin ; « d'un naturel suffisant et présomptueux, il aimait imposer son autorité ».

En 1830, on nomma Martin juge de paix du district sud. Peu après, il devint membre du bureau d'éducation et, en 1834, commissaire de la voirie du district. En septembre 1830, les autorités des petits villages de pêcheurs avaient reçu instructions du comité central réformiste, à St John's, de consulter les habitants sur la création d'un Parlement terre-neuvien, but que visaient depuis longtemps des réformistes comme William CARSON et Patrick MORRIS. C'est Martin qui présida la réunion publique tenue à St Mary's ; il prononça le discours principal, où il annonçait fièrement sa conversion totale à l'idée du gouvernement représentatif, et compila les résolutions qu'on allait soumettre au comité central.

Martinet

En 1832, Martin remporta l'un des deux sièges de la circonscription de Placentia-St Mary's à la première chambre d'Assemblée. Le processus législatif se déroula sous le signe de la discorde, surtout entre l'Assemblée, élue, et le Conseil de Terre-Neuve, qui était nommé [V. sir Thomas John Cochrane*] ; il provoqua aussi un éveil des animosités religieuses, qui annonçait une période agitée pour la colonie. Les discours de Martin en chambre, quoique ostentatoires et verbeux, montrent qu'il avait l'étoffe d'un législateur pragmatique. Pour des raisons qui tenaient peut-être à son tempérament arbitraire et calculateur, il se révéla en outre un véhément adversaire des réformistes, et surtout de Carson, qu'il considérait comme « son ennemi le plus mortel ».

Martin présenta des projets de loi qui visaient à organiser la force policière de l'île, à construire des phares le long de ses côtes traîtresses et à créer des tribunaux des sessions générales de la paix. Il s'opposa à la rémunération des membres de l'Assemblée et, avec Charles Cozens, député de Conception Bay, à l'idée qu'une faillite devait rendre un député inapte à siéger. Il survécut d'ailleurs à une dure altercation sur sa propre éligibilité car, à titre de représentant de commerce, il n'était pas légalement le propriétaire des locaux qu'il occupait. Il soutenait avec acharnement que les députés devaient être pleinement indépendants de leurs électeurs. En outre, il appuya un projet de loi dont le but était d'augmenter le nombre de sièges à l'Assemblée. Avec Patrick Kough*, il fut l'un de ceux qui contrèrent le plus résolument les efforts que déployait Carson pour doter St John's d'une administration municipale. En 1834, en qualité de député, il devint administrateur de la Savings Bank, fondée peu de temps auparavant à St John's.

L'outrecuidance de Martin apparaît dans une série d'incidents notoires survenus à St Mary's en 1834 et 1835. Lui-même, ses deux commis et un domestique étaient les seuls protestants de ce village catholique d'environ 500 habitants. Selon la déposition que Martin fit par la suite, le prêtre de l'endroit, James W. Duffy*, lui demanda tel terrain pour ériger une église. Après le refus de Martin, le prêtre et ses paroissiens prirent possession des lieux de force et commencèrent les travaux. Le marchand, sur le point d'aller siéger à l'Assemblée, à St John's, ordonna à ses commis de ne faire aucune transaction avec Duffy. Le prêtre, s'étant vu refuser un gallon de brandy, se rendit avec ses fidèles, en janvier 1835, allégua Martin, brûler une claie à poissons que ce dernier avait construite sur une propriété naguère commune qui donnait accès à la nouvelle église. Martin intenta alors des poursuites contre Duffy et neuf autres personnes. En mai 1837, on leva toutes les accusations après que l'on eut découvert que le plaignant avait exagéré et même déformé les faits. En 1835, donc pendant cette querelle, Martin avait arbitrairement démis de ses fonctions le constable local de confession catholique, William Burke. Cinq ans plus tôt, il avait renvoyé un autre constable, Thomas Christopher, mais avait reçu l'ordre, par suite d'une requête, de le réintégrer et d'expliquer ses agissements.

Une fois son mandat terminé, en 1836, Martin ne se porta pas de nouveau candidat à l'Assemblée. On le muta alors à Carbonear, à la tête d'une succursale plus importante de la Slade, Elson and Company. La même année, il devint juge de paix du district nord. Le 30 avril 1838, les succursales terre-neuviennes de la compagnie firent l'objet d'un jugement de faillite du tribunal itinérant du district nord et Martin en devint l'un des trois syndics provisoires. Dans les mois suivants, les syndics réguliers le prirent comme représentant pour liquider l'affaire. L'annonce de la mise en vente, le 1er mai 1839, décrivait l'entreprise comme « l'un des établissements commerciaux les plus complets de Terre-Neuve ». Les créanciers reçurent des dividendes de 1839 à 1847, mais Martin quitta Carbonear au début des années 1840.

En 1843, John Wills Martin devint juge de paix à Fogo. Comme il s'agissait d'un poste subalterne dans le district terre-neuvien le plus respectueux des lois, il est probable que Martin recevait un traitement fixe et avait abandonné le commerce. Son nom ne figure pas dans les listes de nominations publiées pour l'année 1849 par le bureau du gouverneur. Il avait dû rentrer en Angleterre, car on n'a pu trouver aucune mention de son décès à Terre-Neuve.

CALVIN D. EVANS

MHA, Martin name file. — PRO, CO 194/94. — *Dr William Carson, the great Newfoundland reformer : his life, letters and speeches ; raw material for a biography,* J. R. Smallwood, compil. (St John's, 1978), 81. — T.-N., House of Assembly, *Journal,* 1833–1836. — *Newfoundlander,* 26 janv. 1832, 7 mars 1833, 8, 27 févr., 17 mars, 10 juill., 16 oct. 1834. — *Public Ledger,* 26 juin 1827, 17 sept. 1830, 13 janv. 1832, 11, 15 janv. 1833, 7–14 févr., 4, 18 avril 1834, 3 mars 1835, 1er janv., 12 avril, 17, 27 mai, 13, 16 déc. 1836. — *Royal Gazette and Newfoundland Advertiser,* 29 oct. 1816, 11, 29 janv., 27 nov. 1832, 4–25 févr., 18, 25 mars, 1er–22 avril, 17 juin, 8, 29 juill., 21 oct. 1834, 2 juin 1835, 13, 27 déc. 1836, 8 mai, 18 sept., 13 nov., 4 déc. 1838, 7 mai, 24 sept., 17 déc. 1839, 14 juill. 1840, 29 août 1843, 14 déc. 1847. — *Times and General Commercial Gazette* (St John's), 6, 20 janv. 1836, 13 févr. 1839. — E. [W.] Gosse, *The life of Philip Henry Gosse, F.R.S.* (Londres, 1890), 62. — Gunn, *Political hist. of Nfld.* — Joseph Hatton and Moses Harvey, *Newfoundland, the oldest British colony : its history, its present condition, and its prospects in the future* (Londres, 1883), 101–109. — M. F. Howley, *Ecclesiastical history of Newfoundland* (Boston, 1888 ; réimpr., Belleville, Ontario, 1979), 325–338. — Prowse, *Hist. of Nfld.* (1895), 427–439, 664.

MARTINET, dit Bonami, LOUIS, frère récollet et

instituteur, né le 5 décembre 1764 à Montréal, fils d'Henri Martinet, militaire, et de Marie-Joseph Descaris ; décédé le 9 août 1848 à Québec.

Louis Martinet, dit Bonami, demeura quelques années au couvent des récollets à Montréal avant de revêtir l'habit de cette communauté le 6 juin 1785. On ignore où il fit son noviciat mais, le 14 juin 1786, il prononçait ses vœux au couvent des récollets à Québec et, le 26 décembre de la même année, il recevait le sacrement de confirmation des mains du coadjuteur, Mgr Jean-François Hubert*.

Le sort de la communauté des récollets avait été compromis après la Conquête. En octobre 1763, le gouverneur James Murray* recevait des instructions au sujet des ordres religieux. Il devait, autant que possible, empêcher les récollets et les jésuites de recruter de nouveaux membres. En raison d'une certaine tolérance des gouverneurs à l'égard des récollets, ceux-ci admirent au moins dix nouveaux membres entre 1784 et 1794, mais aucun d'eux ne reçut la prêtrise. Les récollets ne furent point chassés de leur monastère, mais celui-ci servit aussi de prison et de dépôt des archives officielles du gouvernement, et ils partagèrent leur église avec les protestants, probablement à partir de 1762.

Cependant, le frère Louis devait être témoin de l'événement qui précipita la fin de la communauté au Bas-Canada. Le 6 septembre 1796, le feu détruisit l'église et le couvent des récollets. Philippe-Joseph Aubert* de Gaspé raconta que durant quelques jours on vit errer les pauvres récollets près des ruines. Le 14 septembre, Mgr Hubert décrétait la sécularisation des récollets de Québec qui avaient fait profession après 1784. Ceux-ci ne vivraient plus en communauté, mais devraient respecter, dans la mesure du possible, les vœux prononcés à leur profession. Peu de temps après, le supérieur, le père Félix Berey Des Essarts, et les 15 frères prirent des directions différentes [V. Pierre-Jacques Bossu*, dit Lyonnais ; Louis Demers*].

Martinet, dit Bonami, que l'on continua à appeler frère Louis, s'établit à Québec, dans le faubourg Saint-Roch, et devint instituteur. À l'automne de 1806, Mgr Joseph-Octave Plessis* lui confia le poste d'économe du séminaire de Nicolet. Le supérieur Jean RAIMBAULT ne fut point satisfait de ses services : le frère Louis aurait manqué de vigilance et laissé paraître une certaine apathie dans ses fonctions. Il revint donc à Québec en 1807 pour reprendre son poste de maître d'école. François-Xavier Garneau*, Stanislas Drapeau* et Antoine Plamondon* comptèrent parmi ses élèves. Après s'être retiré de l'enseignement vers 1830, il fabriqua des hosties durant de nombreuses années pour plusieurs paroisses de la région de Québec.

Le frère Louis possédait de grands terrains dans le faubourg Saint-Roch ; les religieuses de l'Hôpital Général lui en avaient concédé une partie. Il fut l'un des syndics au moment de la construction de la première église Saint-Roch et l'un des signataires, en 1826, d'une requête qui demandait la création de la paroisse Saint-Roch.

Vers 1846, Louis de Gonzague Baillairgé* découvrit, dans le grenier de la demeure du frère Louis, une bannière qu'il prétendit être le drapeau de Carillon. Le frère Louis l'avait récupérée après l'incendie de l'église des récollets, où le père Berey Des Essarts l'aurait déposée à son retour de la bataille de Carillon (près de Ticonderoga, New York) en 1758 [V. Louis-Joseph de Montcalm*], bataille que les Français remportèrent. Le drapeau de Carillon, aujourd'hui conservé au petit séminaire de Québec, fut vénéré comme une relique dans la seconde moitié du XIXᵉ siècle ; on ne le sortait qu'à l'occasion de très grands événements. Octave Crémazie* en fit le sujet de l'un de ses plus célèbres poèmes. En 1915, Ernest Gagnon*, sous le pseudonyme de Pierre Sailly, révélait qu'il s'agissait d'une bannière religieuse et non d'un drapeau. Sa présence à la bataille de Carillon demeure hypothétique.

Le frère Louis, qui avait toujours continué à porter le costume des récollets, était devenu un personnage presque légendaire à Québec. Aux yeux des gens, il représentait l'époque de la Nouvelle-France. L'abbé Charles Trudelle garda un souvenir vivace de cet homme au teint basané, aux yeux vifs et noirs, qui, en s'appuyant sur une canne, se rendait régulièrement au séminaire. À l'automne de 1845, le frère Louis fut atteint de paralysie. Il mourut le 9 août 1848 et on l'inhuma dans l'église Saint-Roch. Ainsi disparaissait le dernier survivant des récollets à Québec. Les frères mineurs, appelés franciscains cette fois, seront de retour dans cette ville au tout début du XXᵉ siècle.

JEAN-MARIE LEBEL

ANQ-M, CE1-51, 5 déc. 1764. — ANQ-Q, CE1-22, 12 août 1848 ; CN1-212, 15 sept. 1827, 2 mai 1829, 3 avril, 15 juin 1832 ; CN1-213, 20 juill. 1843, 20 janv. 1844, 15, 23 mai, 8 août 1846, 14, 21–22 août, 1ᵉʳ sept. 1848 ; CN1-230, 3 mai 1805, 6 nov. 1806, 21 août 1813, 15 mai 1815. — Arch. des franciscains (Montréal), Dossier Louis Martinet, dit Bonami. — ASQ, Polygraphie, XXXI : 1–2. — *Mandements, lettres pastorales et circulaires des évêques de Québec,* Henri Têtu et C.-O. Gagnon, édit. (18 vol. parus, Québec, 1887–   ), 2 : 499–500. — *Le Journal de Québec,* 10 août 1848. — Caron, « Inv. de la corr. de Mgr Panet », ANQ *Rapport,* 1934–1935 : 358 ; « Inv. de la corr. de Mgr Plessis », 1927–1928 : 246 ; 1932–1933 : 77. — Jacques Archambault et Eugénie Lévesque, *le Drapeau québécois* (Québec, 1974). — P.[-J.] Aubert de Gaspé, *Mémoires* (Ottawa, 1866 ; réimpr., Montréal, 1971). — Douville, *Hist. du collège-séminaire de Nicolet,* 1 : 30, 34, 38–39 ; 2 : 3*. — J.-C. Gamache, *Histoire de Saint-Roch de Québec et de ses institutions, 1829–1929* (Québec, 1929), 39–40, 263. — O.-M. Jouve, *les Frères mineurs à Québec, 1615–1905*

Masson

(Québec, 1905). — J. M. LeMoine, *l'Album du touriste* [...] (2e éd., Québec, 1872), 40–41. — J.-B. Meilleur, *Mémorial de l'éducation du Bas-Canada* (2e éd., Québec, 1876). — Morisset, *Peintres et Tableaux*, 2 : 75–76, 117. — Marcel Trudel, *l'Église canadienne sous le Régime militaire, 1759–1764* (2 vol., Québec, 1956–1957), 2. — Charles Trudelle, *le Frère Louis* (Lévis, Québec, 1898). — *L'Abeille* (Québec), 24 févr. 1881. — « Le Frère Louis », *BRH*, 7 (1901) : 206. — Lormière [ ], « le Frère Louis », *BRH*, 7 : 267. — Nicolet [ ], « le Frère Louis », *BRH*, 4 (1898) : 125. — Pierre Sailly [Ernest Gagnon], « le Prétendu Drapeau de Carillon », *Rev. canadienne*, nouv. sér., 16 (juill.–déc. 1915) : 304–309.

MASSON, JOSEPH, homme d'affaires, officier de milice, seigneur, homme politique et juge, né le 5 janvier 1791 à Saint-Eustache, Québec, fils d'Antoine Masson, menuisier, et de Suzanne Pfeiffer (Payfer) ; décédé le 15 mai 1847 à Terrebonne, Bas-Canada, inhumé trois jours plus tard dans l'ancienne église de ce village, et réinhumé le 20 mars 1880 dans l'église actuelle, où se trouve le caveau de la famille Masson.

L'ancêtre de Joseph Masson, Gilles Masson, était né dans le Poitou dans les années 1630, selon les historiens. Il serait arrivé en Nouvelle-France après 1663 et s'y serait marié avec Marie-Jeanne Gauthier en 1668, date à laquelle il habitait le fief de la Poterie où il était censitaire. Il est possible que Gilles Masson et plusieurs de ses descendants aient participé sur une base saisonnière à la traite des pelleteries, mais la tradition principale de la famille sera paysanne. Après plusieurs années d'hésitations et d'instabilité, il finit par se fixer en 1691 à Sainte-Anne-de-la-Pérade (La Pérade), près de Trois-Rivières, où il meurt en 1715, selon Cyprien Tanguay*, ou en 1716, selon Henri Masson. C'est de son troisième fils, Joseph, que descendra l'homme d'affaires Joseph Masson.

Si Antoine Masson est illettré, son fils Joseph fréquente quant à lui l'école. Ce fils unique, qui a trois sœurs dont une seule, Catherine, lui survivra, est placé en apprentissage dans l'établissement du commerçant britannique Duncan McGillis, à Saint-Benoît (Mirabel), où il commence à travailler en 1807 à titre de commis. Son contrat d'apprentissage stipule qu'il s'engage envers son patron pour une période de deux ans, en retour de quoi il sera logé, éclairé, chauffé, nourri et blanchi aux frais de ce dernier et recevra de plus la somme de £36, dont une moitié sera versée au bout d'un an et l'autre, à la fin de son engagement. À l'époque, les termes commis de magasin et apprenti marchand sont presque synonymes. Aussi le commis est-il initié au cours de son stage à tous les aspects de l'activité commerciale. Le jeune Joseph est sans doute au comptoir plus souvent qu'à son tour, mais il profite de l'occasion pour apprendre la comptabilité, la perception des comptes ainsi que la langue anglaise. Il se familiarise aussi avec une activité à laquelle il allait s'adonner pendant une grande partie de sa vie, la

fabrication et la vente de la potasse. Le commerce de la perlasse et de la potasse, qui prend de l'ampleur au début du XIXe siècle en même temps que le commerce du bois, joue alors un rôle fort important dans l'économie des paroisses et des régions où les défrichements ne sont pas trop avancés. Une fois ses obligations remplies à l'égard de McGillis, Masson se rend à Montréal et trouve un emploi chez Mme McNider, commerçante au détail elle aussi.

Peu après son arrivée à Montréal, Masson fait la connaissance du marchand écossais Hugh Robertson, rencontre qui marque incontestablement le point de départ de sa carrière d'homme d'affaires. En effet, en mai 1812, Robertson annonce à William, son frère et associé à Glasgow, qu'il vient d'engager « un garçon très débrouillard, qui va [lui] servir de crieur ». Après des débuts difficiles, Hugh Robertson est venu au Bas-Canada en 1810, à l'âge de 33 ans, comme représentant de la firme Hugh Robertson and Company de Glasgow qui exporte surtout des lainages et d'autres textiles en échange de potasse, de blé et de certains produits forestiers. Pendant plusieurs années, cette entreprise semble ballottée par des vents contraires puis, en 1814, elle est mise en faillite. Le sort de Masson dépend de celui de l'entreprise, de sorte qu'il est tantôt mis à pied, tantôt réengagé. On ignore quelles sont alors ses ambitions mais, beaucoup plus tard, lorsqu'il aura connu le succès, il écrira : « M. Robertson n'a qu'un reproche à me faire, c'est mon ambition de brasser trop d'affaires et, comme il dit, mon désir de faire trop d'*argent*. Mais je lui ai toujours dit que je ferais tout mon foin pendant que le soleil luit et pourquoi prendre vingt ans pour réaliser une fortune si on peut la faire en cinq ans *sans aucun risque*. » C'est principalement à l'intérieur de l'entreprise des frères Robertson qu'allait se dérouler la carrière de Masson.

Une fois remise sur pied, la société Robertson se réorganise de façon à se protéger contre certains revers de fortune par la création de deux maisons : une première à Glasgow, connue sous le nom de W. Robertson and Company, et une seconde à Montréal, désignée sous la raison sociale Hugh Robertson and Company. Comme Hugh Robertson s'adapte fort mal au climat canadien et qu'il espère retourner le plus tôt possible et pour de bon en Grande-Bretagne, il fait des offres intéressantes à Masson à qui il songe confier éventuellement la gestion de la firme montréalaise. Masson refuse la condition de salarié et se fait plutôt accorder celle d'associé à qui on attribue un huitième des profits de la société dès lors dénommée Robertson, Masson and Company, même si la maison écossaise reste entièrement dirigée par les frères Robertson.

Dès avant la date de l'entrée en vigueur de son contrat d'association aux Robertson, le 1er mai 1815, on envoie Masson en Grande-Bretagne pour procéder avec William Robertson aux achats du printemps. C'est un voyage qu'il allait effectuer très souvent, parfois d'année en année, jusqu'à sa mort, de sorte qu'il ne cesserait d'approfondir sa connaissance des marchés canadien et britannique. Une remarque de Hugh à son frère à propos de leur jeune associé canadien encore inexpérimenté quant aux conditions du marché en Grande-Bretagne éclaire ce problème : « J'ai bien confiance, écrit-il en 1814, qu'avec son expérience des besoins du marché local ses dépenses seront justifiées par le bon choix qu'il y fera. » Choisir des marchandises qui s'écoulent bien sur le marché bas-canadien et même haut-canadien et les importer en quantités suffisantes seront toujours les préoccupations majeures de Masson qui entrera souvent en conflit à ce sujet avec Hugh, son associé écossais hanté par la crainte de se livrer à des achats excessifs. En 1821, Masson rassure ce dernier en disant : « Mais même si vos envois sont trop considérables, aucune maison n'a ici de meilleures chances que la nôtre [d'en disposer] car c'est à nous en premier que font appel tous les marchands les plus respectables [...] et il n'existe aucune maison qui puisse vendre moins cher [...] en tout temps je vous recommande d'envoyer si possible une quantité suffisante de chaque article que nous commandons. » Il lui fera même remarquer : « Le soin qu'on apporte en affaires est la moitié de la bataille, et très souvent le manque d'information peut jouer à l'encontre de nos intérêts. »

Hugh Robertson n'attend pas bien longtemps avant de retourner définitivement en Écosse. Le 15 août 1815, il s'embarque sur le *Montréal*, en laissant à Masson la gestion de la maison canadienne. Cet accroissement de responsabilités et l'efficacité avec laquelle ce dernier s'acquitte de sa tâche nécessitent un nouveau partage des profits et pertes de la Robertson, Masson and Company. Le 31 mars 1818, un nouveau contrat d'association augmente à un tiers la participation de Masson aux bénéfices de la compagnie à Montréal. Il peut aussi jouir gratuitement de l'usage de la maison de Robertson à Montréal. En juin 1819, après la mort de William Robertson, Masson est admis à recevoir 50 % des profits.

Jusque-là les succès de Masson, sans être foudroyants, ont été soutenus et assez rapides. Sans investir aucun capital au départ, il est parvenu à accumuler des gains substantiels et surtout à acquérir une grande expérience des affaires. Le 6 avril 1818, il a épousé à Laprairie (La Prairie) Marie-Geneviève-Sophie Raymond, alors âgée de 19 ans, fille de Jean-Baptiste Raymond*, homme d'affaires de ce village. Fils d'un trafiquant de fourrures, Raymond fait aussi le commerce des grains et de la potasse et a été député de la circonscription de Huntingdon à la chambre d'Assemblée du Bas-Canada de 1800 à 1808.

Au début des années 1820, Masson est donc lancé et va dès lors consacrer toutes ses énergies à la croissance de ses entreprises, au mépris même d'invitations à la prudence et à la modération de la part de son associé. En 1843, il écrira à Hugh Robertson : « Vous auriez dû savoir que toute mon ambition et mes sentiments [allaient] à l'intérêt et à l'honneur de mes *entreprises*, car j'ai toujours voulu battre toutes les maisons qui m'entouraient et *les faire tomber*, ce qui est en plein la façon de faire dans le commerce, et ce que j'ai réussi à faire jusqu'ici. » Ces propos non seulement révèlent ses motivations, d'une exceptionnelle intensité, mais ils attirent aussi l'attention sur l'effort extraordinaire déployé par cet homme tellement sûr d'être le maître de son destin. « J'avais, dit-il, une grande confiance en moi et je savais toujours ce que j'étais capable de faire [...] mon temps et mon esprit tout entiers étaient consacrés aux affaires nuit et jour, et je faisais tout moi-même (car j'étais toujours à mon poste) donc j'étais parfaitement maître de ce qui pouvait être accompli et la preuve en est notre *succès* actuel. »

La fortune qu'édifie Masson au gré des ans repose d'abord sur sa compagnie d'import-export qui grossit et se diversifie progressivement. En 1830, cette firme sera formée de trois maisons : une première à Glasgow, la W. and H. Robertson and Company, dirigée par Hugh Robertson ; une deuxième à Montréal, la Robertson, Masson, LaRocque and Company, conduite par Masson, François-Antoine La Rocque* et Struthers Strang ; et une troisième à Québec, la Masson, LaRocque, Strang and Company, gérée par John Strang. Naturellement, à cette date et pendant longtemps encore, Hugh Robertson et Masson détiendront plus de 80 % du capital de ces firmes. En 1833, cet investissement total atteint £80 200 et la valeur des marchandises importées s'élève à environ £100 000. En 1827, les seules ventes de potasse en Grande-Bretagne se chiffrent à £31 678. Masson est sans aucun doute l'homme d'affaires canadien qui a poussé le plus loin la prise de contact avec le marché britannique, mais il n'est pas le seul à son époque à le faire. LaRocque et Charles Langevin, pour ne mentionner que deux de ses collègues, font aussi partie de ce groupe peu nombreux mais visible.

L'engagement de Masson dans l'import-export devait le conduire tôt ou tard à s'intéresser à la navigation, ce qui ne sera pas le cas de la plupart des hommes d'affaires canadiens de l'époque. En 1825, après avoir sérieusement songé à faire construire un bateau pour transporter les produits de la Robertson, Masson and Company, il décide d'en acheter un tout neuf de 290 tonneaux, qu'il baptise *Sophie*, d'après l'un des prénoms de sa femme. Il a d'abord envisagé une participation de 50 % dans cette entreprise, puis il s'est résolu à accepter un plus grand nombre de sociétaires, de sorte que sa part finale ne sera que de

Masson

12,5 %. En 1830, il acquiert au nom de la Robertson, Masson, LaRocque and Company l'*Artemis* puis, en 1832, il ajoute à ces voiliers le *Robertson*. Ce n'est qu'en 1836 qu'il achète une part dans le vapeur *Edmund Henry*. Ces initiatives illustrent bien le processus de diversification des entreprises de Masson.

Il n'est pas étonnant que Masson se soit intéressé à l'amélioration des moyens de communication à l'intérieur du Bas-Canada. Dès 1821, il fait partie d'un groupe d'hommes d'affaires qui demande à la chambre d'Assemblée d'autoriser la formation d'une compagnie dont l'objectif serait la construction d'un canal reliant le lac des Deux Montagnes à Lachine et de là au courant Sainte-Marie, à Montréal. En 1831, avec Horatio Gates*, Daniel ARNOLDI et plusieurs autres entrepreneurs, il revient à la charge, toujours avec l'idée de constituer une compagnie de canalisation. Les projets de construction de chemins de fer suscitent aussi son intérêt, jusqu'à un certain point. La même année, il signe une requête dans le but de construire un chemin à lisses qui relierait Laprairie au lac Champlain. Il figure parmi les premiers signataires de cette pétition avec John Molson* et Peter McGill*. En 1832, il participe à la formation de la Compagnie des propriétaires du chemin à lisses de Champlain et du Saint-Laurent ; il se verra offrir en 1846 une part dans la même entreprise.

Masson paraît donc attentif à toutes les perspectives de profits qu'offre le Bas-Canada de l'époque. Ainsi, en 1836, l'homme d'affaires britannique Robert Armstrong obtient de la chambre d'Assemblée une charte qui lui permet de créer une compagnie qui devait fournir pendant une période de 21 ans l'éclairage au gaz dans la ville de Montréal. Cette firme, la Compagnie de l'éclairage par le gaz de Montréal, construit une usine dont Albert Furniss est nommé gérant. John Strang et Hugh Robertson, qui ont acheté une centaine d'actions de cette entreprise, incitent Masson à imiter leur geste. En 1840, Furniss, qui détient la moitié des actions, Robertson, Strang et Masson sont les seuls actionnaires ; cependant, l'année suivante, Masson ajoute 25 actions à son lot. En 1842, il possède à lui seul plus du tiers des actions de cette compagnie que la ville de Montréal voudra acheter en 1845 pour une somme de £25 000. Mais là ne s'arrête pas l'intérêt qu'il porte à ce genre d'entreprise. En 1842, à Québec, il fonde avec John Strang une compagnie similaire, la Compagnie de l'eau et de l'éclairage au gaz de Québec, dont le capital prévu est de £15 000. En 1841, il s'est déjà engagé avec Furniss dans la mise sur pied de la City of Toronto Gas Light and Water Company. En 1842, sa participation dans cette dernière atteint £24 250 sur £40 000. Trois ans plus tard, il s'en départit en faveur de Furniss.

Un négociant de l'envergure de Masson, dont l'objectif était de dominer tous ses concurrents, devait fatalement pénétrer dans le monde des banques qui, par sa mainmise sur le crédit, exerçait déjà un pouvoir et une influence considérables dans la province. Dès 1824, il achète quelques actions de la Banque de Montréal et, jusqu'en 1830, il en ajoute pour porter son total à 21 actions. Naturellement, Hugh Robertson l'encourage, mais comme à l'accoutumée il l'incite à la prudence. En 1826, Masson est même élu membre du conseil d'administration de la Banque de Montréal. L'année suivante, à l'occasion de sa réélection à l'unanimité au même conseil, il écrit à Robertson, sans doute pour diminuer ses préventions contre les entreprises risquées : « Je vous envoie cette liste [des actionnaires qualifiés pour être élus] pour montrer à quelques-uns de vos amis comment nous nous comportons ici ; en fait, nous sommes maintenant considérés comme la première maison de la ville. » En 1830, il ajoute à son bloc 31 actions, payées £91 5s chacune. Il fait alors remarquer à son associé qu'il ne s'est pas engagé dans cette voie avec des vues de profit, c'est-à-dire de spéculation, mais « simplement pour épater » ; « ce geste eut, écrit-il, exactement l'effet que j'attendais, soit de faire monter sans limite notre crédit à la Banque aussi bien qu'ailleurs […] si notre nom est dessus, il [le billet] passe toujours ». Masson exerce donc de fortes pressions pour que son associé écossais utilise d'une façon systématique le crédit bancaire afin de porter, à des coûts avantageux, leurs achats annuels de £40 000 à £80 000. Pour lui, de toute évidence, la banque n'est pas d'abord un lieu de sécurité pour les épargnes des particuliers ou des entreprises, mais plutôt un organisme de crédit. En 1834, il est porté à la vice-présidence du conseil d'administration de la Banque de Montréal. Il aurait également fait affaire avec la Banque de la cité (à Montréal), la Gore Bank et la Commercial Bank of the Midland District.

Entré sans capital dans le monde des affaires, Masson est parvenu à s'affirmer progressivement dans le cadre d'une entreprise dont l'activité se situe dans le Bas-Canada et en Écosse, mais ce n'est qu'après la retraite de Hugh Robertson, d'abord son protecteur, puis son associé pendant plus de 30 ans, qu'il se libère de ce dernier. Cette fidélité indéfectible de Masson, jointe au sentiment, bien fondé semble-t-il, d'être le plus créateur, le plus productif et d'être exploité jusqu'à un certain point, constitue certainement un trait de sa personnalité qui se concilie parfaitement avec son besoin de domination. L'année 1847 est celle où il occupe finalement dans ses entreprises la place éminente que lui ont value depuis très longtemps son talent et son acharnement au travail. À cette date, la maison de Montréal est placée à l'enseigne de Joseph Masson, Sons and Company, tandis que celles de Québec et de Glasgow portent respectivement les noms de Masson, Langevin, Sons and Company et

Masson, Sons and Company. Alors seulement Masson peut déterminer le volume des achats de marchandises faits par ses maisons canadiennes en Grande-Bretagne et utiliser à sa guise les facilités de crédit mises à sa disposition par les banques de l'endroit.

Sa réussite n'aurait pas été aussi complète si Masson n'avait annexé des terres à sa fortune. Bien sûr, il a acquis de nombreux terrains dans la ville de Montréal, mais ces propriétés foncières ne peuvent constituer le vrai complément d'une position sociale éminente entre toutes. Dès le moment où se dessine sa réussite, Masson commence à lorgner du côté des seigneuries mises en vente. En 1832, il offre £25 150 pour la seigneurie de Terrebonne, mise aux enchères. Il s'agit de l'ancienne seigneurie de Simon McTavish*, vendue en 1814 à Roderick MACKENZIE pour une somme de £28 000, seulement £3 000 de plus que le prix payé par McTavish. En 1824, la veuve de McTavish, Marie-Marguerite Chaboillez, et son second mari, William Smith Plenderleath, avaient recouvré ce fief par décision de la cour. Que cette acquisition flatte chez Masson un certain penchant aristocratique, cela ne fait pas de doute, mais ce sentiment ne l'empêche pas de tirer le maximum d'un investissement qui lui rapporte certaines années plus de £3 000.

Vers 1842, la fortune de Masson se chiffre peut-être à environ £200 000. Qu'il soit promu capitaine de milice en 1823, nommé membre du Committee of Trade de Montréal en 1824, élu premier marguillier de la paroisse Notre-Dame de Montréal en 1828, élevé au rang de conseiller législatif en 1834, nommé juge de la Cour des sessions spéciales de la paix de Montréal en 1836, élu échevin de la ville de Montréal en 1843, quoi de plus normal pour un entrepreneur éminent, grand propriétaire foncier ! C'est un profil de carrière habituel dans le Bas-Canada comme ailleurs dans le milieu social où Masson évolue. Parmi les hommes d'affaires canadiens des années 1830–1840, il est le plus important, celui qui a le mieux réussi à s'imposer parmi les fournisseurs de la Grande-Bretagne, et l'un des seuls à avoir fait affaire jusqu'à Toronto. Les blocages extérieurs qui servent d'habitude à rendre compte de la faiblesse des Canadiens dans le domaine de l'économie (favoritisme, difficulté d'obtenir du crédit, peine à établir des contacts en Grande-Bretagne et des relations d'affaires dans le Haut-Canada) n'ont peut-être pas joué autant qu'on veut bien le dire, pas plus que n'a compté une incapacité ethnique. Les obstacles essentiels se situent au niveau des structures sociales qui sont à l'origine de certains choix.

Il est certain que Masson n'a jamais tenté de jouer le rôle de chef de file d'une bourgeoisie capitaliste canadienne dont l'activité économique s'exerçait à l'échelle d'un marché francophone. Ses collaborateurs et ses concurrents, il les trouve dans les deux groupes ethniques. Ses rapports avec Charles Langevin, Charles Humberston, agent commercial à Liverpool, les frères Strang, John, Struthers et Andrew, et les commis qu'il engage et, surtout, ses relations avec Hugh et William Robertson en sont la preuve. Également, son association avec François-Antoine LaRocque : celui-ci a aussi pratiqué le commerce en gros, mais, comme les frères Langevin, Charles et Jean, il a éprouvé de sérieuses difficultés financières. En 1828, au moment où Masson veut ouvrir sa maison de Québec, il songe déjà à associer La Rocque à ses affaires. C'est en 1830 que ce dernier devient officiellement son associé, avec en théorie un capital de £4 000 et quatre actions. Non seulement La Rocque ne couvre pas le montant de son investissement, mais bientôt il pactise avec un groupe d'hommes d'affaires canadiens, dont Pierre-Louis Le Tourneux (Letourneux), Léonard Bouthillier et Jean-Dominique Bernard, qui se propose de créer une compagnie au capital de £100 000 et entièrement vouée à la réussite canadienne contre les étrangers qui s'enrichissent aux dépens des francophones. Masson est sollicité, mais il est évident qu'il n'a pas l'intention de joindre ce groupe dirigé en fait contre lui. La firme LaRocque, Bernard & Cie, appelée aussi The Great Concern, fondée en 1832, ne survit cependant pas à la crise économique de 1837. En mai 1838, elle fait faillite. Masson n'est pourtant pas insensible aux solidarités ethniques : ses affinités avec son milieu culturel d'origine sont réelles, mais elles restent subordonnées aux solidarités économiques. C'est pourquoi il ne sera jamais un patriote : politiquement, son appui va aux défenseurs des intérêts du groupe des marchands britanniques, ce qui n'exclut pas de sa part une certaine prudence à l'occasion.

Joseph Masson a sans doute été l'un des hommes d'affaires canadiens les plus importants du Bas-Canada au XIXe siècle. De son mariage avec Marie-Geneviève-Sophie Raymond, 12 enfants sont nés, soit 5 filles et 7 garçons. Parmi eux, quatre meurent avant d'avoir atteint l'âge de trois ans. Les survivants contracteront des alliances avec des membres de familles bourgeoises et seigneuriales : les McKenzie, les Globensky, les Bossange, les Dumas, les Burroughs, les Wilson et les Desjardins.

FERNAND OUELLET

ANQ-M, CE1-2, 6 avril 1818 ; CE6-11, 5 janv. 1791 ; CE6-24, 18 mai 1847, 20 mars 1880. — APC, MG 30, D1, 20 : 432–433 ; RG 68, General index, 1651–1841 ; 1841–1867. — ASQ, Fonds Viger-Verreau, Sér. O, 021. — B.-C., *Statuts*, 1831–1832, chap. 58. — Canada, prov. du, *Statuts*, 1841, chap. 65 ; 1842, chap. 23. — *La Minerve*, 17 mai 1847. — *Almanach de Québec*, 1819–1841. — F.-J. Audet, « les Législateurs du B.-C. ». — Borthwick, *Hist. and biog. gazetteer*. — *Montreal directory*, 1819 ; 1842–

Matthews

1847. — Tanguay, *Dictionnaire*, 5 : 561. — Turcotte, *le Conseil législatif*. — Hector Berthelot, *Montréal, le bon vieux temps*, É.-Z. Massicotte, compil. (2ᵉ éd., 2 vol. en 1, Montréal, 1924), 1 : 20–22. — Denison, *la Première Banque au Canada*, 2 : 419. — C.-A. Gareau, *Aperçu historique de Terrebonne ; 200ᵉ anniversaire de fondation et congrès eucharistique* (Terrebonne, Québec, 1927). — J.-P. Hardy et D.-T. Ruddel, *les Apprentis artisans à Québec, 1660–1815* (Montréal, 1977). — J.-C. Lamothe, *Histoire de la corporation de la cité de Montréal depuis son origine jusqu'à nos jours* [...] (Montréal, 1903). — Henri Masson, *Joseph Masson, dernier seigneur de Terrebonne, 1791–1847* (Montréal, 1972). — Raymond Masson, *Généalogie des familles de Terrebonne* (4 vol., Montréal, 1930–1931), 3 : 1700–1712. — Monet, *la Première Révolution tranquille*. — Ouellet, *Bas-Canada* ; *Hist. économique*. — P.-G. Roy, *les Petites Choses de notre histoire* (7 sér., Lévis, Québec, 1919–1944), 5 : 249–251 ; *Vieux Manoirs, Vieilles Maisons* (Québec, 1927), 40–42. — Léon Trépanier, *On veut savoir* (4 vol., Montréal, 1960–1962), 3 : 96–97. — Tulchinsky, *River barons*. — É.-J.[-A.] Auclair, « Terrebonne, les Masson, leur château », SRC *Mémoires*, 3ᵉ sér., 38 (1944), sect. ɪ : 1–14. — F.-J. Audet, « En marge d'un centenaire : la belle carrière de l'hon. Joseph Masson [...] », *la Presse*, 18 nov. 1933 : 47 ; « 1842 », *Cahiers des Dix*, 7 (1942) : 215–254. — Georges Bhérer, « le « Château Masson » », *l'Action catholique, suppl. illustré* (Québec), 17 oct. 1943 : 6, 11. — Léo Boismenu, « les Étapes d'un manoir canadien : le « Château Masson », *Rev. trimestrielle canadienne*, 10 (1924) : 297–309. — « Le Fief et la Seigneurie de Terrebonne », *BRH*, 36 (1930) : 385–390. — J.-J. Lefebvre, « Jean-Moïse Raymond (1787–1843), premier député de Laprairie (1824–1838), natif du comté », *BRH*, 60 (1954) : 109–120. — Wilfrid Le Maistre de Lottinville, « le Collège Masson de Terrebonne », *BRH*, 53 (1947) : 249–252. — « Le Manoir seigneurial de Terrebonne », *BRH*, 30 (1924) : 409. — Henri Masson, « Gilles Masson (1630–1716), « faux seigneur de la côte et seigneurie de Saint-Pierre », SGCF *Mémoires*, 17 (1966) : 162–167.

MATTHEWS, PETER, milicien, fermier et rebelle, né en 1789 ou 1790 dans la région de la baie de Quinte, Ontario, fils de Thomas Elmes Matthews et de Mary Ruttan (Rutan, Rattan) ; au début des années 1830, il épousa Hannah Major, et ils eurent huit enfants ; pendu le 12 avril 1838 à Toronto.

On sait peu de chose des premières années de Peter Matthews. Sa mère venait d'une famille de loyalistes et son père était probablement loyaliste lui aussi. Il est difficile de déterminer le lieu de résidence de sa famille, étant donné les registres incomplets et la négligence de son père en ce qui concerne l'obtention des titres de ses terres. Il semblerait que Thomas Elmes Matthews ait reçu un lot dans le canton de Marysburgh, puis un autre dans celui de Sidney. Vers 1799, il établit sa famille dans le canton de Pickering, où il avait obtenu une concession de 350 acres, et sa femme, une autre de 200 acres.

À Pickering, la famille Matthews fit preuve d'un réel sens communautaire en aidant à la construction d'une école et à la réfection de la principale route de la région, la route Brock. Matthews père occupa un poste dans l'administration locale et, durant la guerre de 1812, il servit dans la milice avec deux ou trois de ses fils, dont Peter, qui devint sergent. Ce dernier s'était engagé à faire un don pour la construction d'un collège méthodiste à Cobourg, mais il mourut avant de pouvoir honorer sa promesse.

C'est apparemment son désir de servir son prochain qui mena Peter Matthews à l'échafaud. Sa famille était mécontente des services que le gouvernement du Haut-Canada offrait aux ruraux. Sans avoir la notoriété de son père comme personnage public, Peter fut mêlé quelque peu au mouvement réformiste régional et aux événements qui précédèrent la rébellion de 1837. Il s'engagea dans le mouvement d'organisation de cellules politiques qui se manifesta au cours de l'été et de l'automne de cette année-là, et qui visait à forcer le gouvernement britannique d'accorder des réformes ; il est évident en outre qu'il fut poussé par certains de ses voisins, plus particulièrement par le ministre baptiste George Barclay* à prendre part au soulèvement projeté par William Lyon Mackenzie*. Très apprécié et bien nanti, Matthews possédait une ferme prospère et bénéficiait du produit de la vente du lot qui appartenait à son père dans Sidney ; il était donc la personne toute désignée pour prendre le commandement des hommes qui s'étaient joints à la rébellion dans Pickering et les cantons voisins.

Matthews quitta Pickering à la tête d'une cinquantaine d'hommes le 5 décembre. Ils arrivèrent le lendemain à la taverne Montgomery, rue Yonge, au nord de Toronto. Le matin du 7, Mackenzie envoya Matthews au pont de la rivière Don, à l'est de la ville, avec environ 60 hommes. Leur présence à cet endroit devait, dans l'esprit de Mackenzie, créer une diversion qui empêcherait les troupes gouvernementales d'arriver à la taverne avant les renforts qu'il attendait. Le détachement de Matthews tua un homme puis mit le feu au pont et à quelques maisons avant d'être mis en déroute par les troupes du gouvernement. L'insurrection fut matée le même jour et Matthews s'enfuit, mais on le captura dans une maison de ferme du canton d'York. Accusé de haute trahison, il plaida coupable et demanda une commutation de peine. Malgré les témoignages contradictoires à son sujet, le Conseil exécutif conclut qu'il avait été l'un des principaux agents du soulèvement et le tint responsable des incendies et de la mort de l'homme tué sur le pont. Malgré les requêtes de milliers de personnes pour lui obtenir la clémence de la cour, on exécuta Matthews avec Samuel LOUNT le 12 avril 1838. La couronne avait saisi ses biens mais, une fois le pardon accordé à la plupart des rebelles, elle les rendit à sa famille en 1848.

RONALD J. STAGG

Le nom de Thomas Elmes Matthews apparaît sur les premières listes de loyalistes, mais non sur les autres ; voir par exemple BL, add. MSS 21827–21828 (mfm aux APC), et AO, RG 1, A-IV, 80. Les documents dans lesquels il affirme être un loyaliste, ceux qui fournissent des indices sur son lieu de résidence et ceux qui donnent quelques renseignements sur sa famille se trouvent aux AO, RG 1, A-I-6 : 1766–1767 ; C-I-3, 14, 18 ; C-I-4, 40 ; Hastings Land Registry Office (Belleville, Ontario), Abstract index to deeds, Sidney Township (mfm aux AO) ; et APC, RG 1, L3, 376 : M misc. 1, 1789–1803/25 ; 379A : M leases/180 ; 380 : M leases/261. Il existe aussi des informations sur la relation entre les Matthews et les Ruttan dans « Ruttan of Canada : research outline for five generations », J. R. Meachem, compil. (copie miméographiée, West Palm Beach, Fla., 1974 ; copie aux AO), et des informations sur les antécédents loyalistes de Mary Ruttan dans AO, MU 1130, n° 27 (« A part of the family of Ruttan », arbre généalogique, H. N. Ruttan, compil. (Toronto, 1975), et MU 2383–2384. L'histoire de la famille Matthews dans le canton de Pickering est racontée avec quelques inexactitudes et contradictions dans W. A. McKay, *The Pickering story* ([Brougham, Ontario], 1961). Pour le rôle de Peter Matthews durant la rébellion et quelques autres détails personnels, voir APC, RG 5, A1 : 99017–99018, 99030–99032, 104969–104989 ; et RG 1, E3, 33 : 61–63 ; 45 : 34–42 ; 50 : 44–47. Le destin de la propriété de Matthews est raconté dans AO, MS 88, Robert Baldwin *et al.*, opinion book, 226. [R. J. S.]

MAUSE. V. MEUSE

MEAGHER, THOMAS, tailleur, homme d'affaires et fonctionnaire, né vers 1764 dans le comté de Tipperary (république d'Irlande) ; il épousa une veuve, Mary Crotty, et ils eurent trois fils ; décédé le 26 janvier 1837 à Waterford (république d'Irlande).

Né d'un père qui était probablement fermier, Thomas Meagher se fixa à St John's au début des années 1780. Il devint apprenti chez un tailleur, lui aussi venu d'Irlande, dont il allait par la suite épouser la veuve. En cette fin du XVIIIe siècle, l'accroissement de la population permanente à Terre-Neuve favorisait l'émergence de nouveaux artisans, entre autres des tailleurs, dont plusieurs étaient irlandais. On ignore comment Meagher organisa sa boutique et quelle importance elle avait, mais des indices révèlent qu'entre 1800 et 1807 il faisait venir ses étoffes de Grande-Bretagne et comptait parmi sa clientèle une forte proportion d'Irlandais catholiques.

Ayant accumulé peu à peu suffisamment de capital pour se lancer dans le commerce de gros et de détail, Meagher abandonna vers 1811 son métier de tailleur. En 1807, il figurait sur la liste des membres de la Society of Merchants de St John's et, l'année suivante, il était propriétaire d'un navire. Déjà, il investissait dans le marché foncier de l'île, ce qui était typique de la classe montante des Irlandais de St John's, et il louait à deux marchands du comté de Tipperary une partie d'un vaste terrain situé sur le front de mer. En 1809, il était copropriétaire de deux installations portuaires construites juste au bord de l'eau et assurées pour £2 500. En outre, il possédait un grand champ au sud-ouest du fort Townshend et un jardin dans la ville. Deux ans plus tard, il loua du gouvernement, à raison de £120 par an, deux autres lots qui auparavant avaient été des graves. La plupart de ces propriétés et de celles qu'il allait acquérir par la suite étaient sous-louées à des boutiquiers et artisans irlandais, ce qui lui procurait du capital pour étendre ses entreprises commerciales.

Dès 1808, Meagher avait acheté le *Mary*, qu'il remplaça l'année suivante par le *Triton* ; à l'automne de 1809, il expédia à Waterford plus de 1 350 quintaux de morue et autres denrées. Au retour, le *Triton* avait à son bord 62 passagers ainsi que des provisions, ce qui illustre le type d'activité que Meagher poursuivit essentiellement pendant plus d'une décennie. Bien vite, ses itinéraires commerciaux en vinrent à comprendre d'autres ports nord-américains. Le moment était propice aux investissements : la demande de morue croissait en Europe méridionale, et le transport des passagers comme des approvisionnements rapportait des bénéfices considérables.

Chaque automne, Meagher préparait la saison suivante en envoyant des commandes d'approvisionnements, des informations pour les passagers et des lettres de change, généralement tirées par des associés ou des représentants à Terre-Neuve de maisons britanniques ou irlandaises. Durant l'hiver, Richard Fogarty, son principal représentant à Waterford, écoulait les marchandises qu'il lui avait expédiées à l'automne ; il s'agissait surtout de morue et d'huile de morue mais aussi de bois et, à l'occasion, de produits de réexportation comme le sucre. Fogarty commandait également à des artisans et commerçants locaux des marchandises pour Terre-Neuve. Waterford n'était cependant pas la seule base d'outre-mer pour Meagher : il recevait régulièrement des cargaisons d'Angleterre, en particulier de Liverpool, où il fit immatriculer en 1813 son troisième brick, le *Beresford,* en remplacement du *Triton*, et prit comme représentante la Ryan and Sons [V. Henry Shea*]. Le succès du commerce d'approvisionnement terre-neuvien reposait en partie sur la diversité des produits, et Meagher en offrait une gamme complète qui allait des aliments et boissons aux vêtements et lits de plumes. Le 1er janvier 1816, soit à un moment où la récession de la pêche entraînait la faillite de plusieurs sociétés de St John's, il prit officiellement comme associés deux de ses fils, Thomas et Henry. Plus encore, il étendit ses opérations de Harbour Grace jusqu'à Burin.

En 1818, Meagher partit s'installer à Waterford pour superviser son commerce et réalisa le rêve de presque tout marchand irlandais en achetant une villa de style géorgien à l'extérieur de la ville. Avec

Meagher

Thomas Beck, un nouvel associé, Thomas fils était demeuré à St John's pour assumer la direction des affaires, mais en 1820 lui et Henry avaient rejoint leur père à Waterford. En se dotant d'une base en Irlande, la Thomas Meagher, Sons and Company était mieux placée pour transiger avec Terre-Neuve, et pourtant au moment même où les Meagher semblaient en position de prendre de l'expansion ils décidèrent d'abandonner la partie. En juin 1820, ils tentèrent sans succès de vendre le *Beresford*. En août, ils signèrent une entente qui mettait fin à leur association avec Beck et, en décembre, ils annoncèrent qu'ils se retiraient de St John's. Pourtant, 1821 fut l'une de leurs années les mieux remplies. Le *Beresford* naviguait toujours, et les Meagher achetèrent de Beck, qui était toujours leur représentant, le *Betty and Nancy*. Celui-ci faisait déjà la liaison entre Waterford et St John's. Un an plus tard, avec Beck, ils firent immatriculer à St John's un sloop, probablement en remplacement d'un schooner perdu sur la côte française de Terre-Neuve.

L'entreprise avait tout de même subi des revers. En juillet 1819, un incendie avait rasé ses principales installations situées sur le front de mer à St John's et, même si la Meagher and Sons se mit sans tarder à les reconstruire, cette tâche draina probablement ses ressources, au moment même où elle affectait des fonds considérables à son entreprise de Waterford. En décembre, elle mit la propriété en vente. La compagnie perdit ou vendit au moins quatre navires entre 1820 et 1823 et ne fut plus inscrite par la suite comme propriétaire de navires, même si en 1824 elle figurait parmi les rares maisons de Waterford qui se spécialisaient dans le commerce terre-neuvien. Cette activité était cependant en pleine chute, et en 1825 la compagnie loua à d'autres marchands la plupart de ses installations de Waterford. On n'a rapporté qu'une seule autre transaction de la compagnie à Terre-Neuve.

Meagher avait réussi à St John's notamment en accumulant des propriétés qu'il sous-louait ensuite. Il adopta une stratégie semblable à Waterford, où il acquit peu à peu une grande partie des vastes propriétés des Quan, famille de marchands avec laquelle il était liée par alliance. En 1829, il vendit son domaine de campagne et s'installa à Waterford même, avec sa femme et leur fils Thomas. Retiré des affaires puis devenu veuf en 1832, il légua tous ses biens aux enfants de Thomas et nomma celui-ci fiduciaire. Il mourut en 1837.

Simple apprenti tailleur devenu marchand prospère, Meagher gagna par sa remarquable réussite le respect des membres de toutes les confessions. À St John's, il fut l'un des rares catholiques irlandais élus à un comité de la Benevolent Irish Society, qui avait été fondée en 1806 ; il en fut d'ailleurs le trésorier de 1814 jusqu'à son départ de Terre-Neuve. En 1812, il fit « un don très généreux de livres » à la nouvelle école du dimanche de la ville et présida le comité paroissial chargé d'organiser la construction d'une résidence pour le clergé catholique. Durant la récession de 1817, sa compagnie se montra, envers les pauvres de la ville, aussi généreuse que le marchand James MacBraire*. En outre, comme il habitait l'île depuis longtemps et en connaissait bien les caractéristiques économiques et culturelles, Meagher servit souvent comme juré ou arbitre dans des litiges concernant le paiement de biens et services, l'application des règlements de transport maritime ou des transferts de propriétés, et à l'occasion de procès pour vol, voie de fait ou meurtre. En 1811, on le nomma membre du jury d'accusation, honneur qui échut seulement à une douzaine d'Irlandais ; il fut aussi responsable de la lutte anti-incendie, constable spécial et membre du comité de l'hôpital. Meagher et sa femme nouèrent des liens étroits avec la nouvelle bourgeoisie irlandaise, en particulier les familles de tailleurs et de marchands du comté de Tipperary. Ainsi il fut parrain du premier enfant de Patrick MORRIS et de la fille de Henry Shea.

Fonctionnaire loyal et impartial, Thomas Meagher se mêla rarement de politique. En 1811, il se joignit aux protestations générales qui s'élevèrent lorsque le gouvernement décida d'autoriser la location des graves de St John's et, en 1813, il siégea au sein du jury qui acquitta le tailleur John Ryan d'une accusation controversée, portée par le gouvernement. Il quitta Terre-Neuve avant la vague d'agitation des années 1820 et, une fois à Waterford, il laissa la politique à son fils Thomas, qui allait devenir le premier maire catholique de la ville depuis 200 ans et siéger par la suite à la chambre des Communes. Le plus célèbre membre de la dynastie des Meagher fut un de ses petits-fils, Thomas Francis. Cet avocat, qu'on surnommait « Meagher of the Sword », était un orateur talentueux. Il se distancia de sa famille en refusant d'appuyer Daniel O'Connell, et devint un leader du mouvement de la Jeune-Irlande ; exilé, il fut par la suite gouverneur intérimaire du territoire du Montana, aux États-Unis.

JOHN MANNION

Basilica of St John the Baptist (Roman Catholic) (St John's), St John's parish, reg. of baptisms, 1803–1817 ; reg. of marriages, 21 nov. 1807, 13 févr. 1809, 24 oct. 1814 (mfm aux PANL). — PANL, GN 2/1/A, 10 : 66 ; 19 : 120 ; 20 : 117 ; 21 : 157 ; GN 5/2/A/1, 1804, 1806–1809, 1811–1816, 1820–1821, 1826 ; GN 16/1, reg. of rents : 2 ; P1/5, 18 déc. 1809, 12 oct. 1811 ; P3/B/14, letter-book, 1811–1813 (photocopies) ; P7/A/18, letter-book and ledger, 12 mars, 6 mai 1814, 17 août 1817, 9, 30 mai 1818. — Phoenix Assurance Company Ltd. (Londres), Jenkin Jones, report to Matthew Wilson on St John's, 6 juin 1809 (photocopie aux PANL). — PRO, BT 107, 1820 : 31, 84 : 1822 : 27 (copies aux MHA). — Registry of Deeds (Dublin), Deeds, 737 : 579 ; 801 : 227 ; 803 : 424, 426 ; 876 : 399, 401. —

« Extracts from the census of the city of Waterford, 1821 », E. W. Kelly, compil., Kathleen Kelly, édit., *Irish Genealogist* (Londres), 4 (1968–1979) : 23. — *Lloyd's List* (Londres), 1810, 1817. — *Morning Post, and Shipping Gazette* (St John's), 22 nov. 1849. — *Newfoundland Mercantile Journal*, 23 mai 1817–2 juill. 1821. — *Public Ledger*, 16 mai 1817. — *Ramsey's Waterford Chronicle* (Waterford, république d'Irlande), 4 avril 1811–18 avril 1822. — *Royal Gazette and Newfoundland Advertiser*, 11 juin 1810–8 déc. 1817, 1er mai 1832. — *Waterford Mirror*, 24 avril 1810, juin 1819, 30 mars 1825, 27 mars 1830, 26 janv. 1837. — *The register of shipping* (Londres), 1808, 1818, 1820. — Michael Cavanagh, *Memoirs of Gen. Thomas Francis Meagher* [...] (Worcester, Mass., 1892). — *Centenary volume, Benevolent Irish Society of St. John's, Newfoundland, 1806–1906* (Cork, république d'Irlande, 1906). — M. F. Howley, « How Meagher became a millionaire ; a true story of old St. John's », *Nfld. Quarterly*, 4 (1904), n° 3 : 2–3.

MENZIES, ARCHIBALD, officier de marine, chirurgien, botaniste et peintre, né à Weem, Écosse, et baptisé le 15 mars 1754, fils de James Menzies et de sa femme Ann ; il épousa une prénommée Janet, et ils n'eurent pas d'enfants ; décédé le 15 février 1842 à Notting Hill (Londres).

Après avoir acquis, à l'école paroissiale de Weem, la formation de base qui donnait si souvent aux jardiniers écossais un avantage sur leurs collègues anglais, le jeune Archibald Menzies travailla comme jardinier pour le chef de son clan, sir Robert Menzies of Menzies, grand amateur de plantes nouvelles. Ses quatre frères exerçaient le même métier que lui ; il rejoignit l'un d'eux, William, qui travaillait à Édimbourg au jardin botanique ouvert en 1763 par le professeur John Hope. Frappé par l'intelligence de Menzies, Hope l'encouragea à étudier à l'University of Edinburgh, où de 1771 à 1780 il suivit des cours de médecine, de chirurgie, de chimie et de botanique. En 1778, Menzies fit une excursion dans l'ouest des Highlands afin de recueillir des plantes rares pour deux médecins de Londres. Au terme de ses études à Édimbourg, il devint l'assistant d'un chirurgien à Carnarvon, au pays de Galles. En 1782, il s'enrôla dans la marine royale en qualité d'adjoint au chirurgien et servit à la bataille des Saintes, aux Antilles. Affecté en 1784 à Halifax, il y amassa des spécimens végétaux et envoya à sir Joseph Banks*, alors le plus influent protecteur des sciences en Grande-Bretagne, des graines pour les Royal Botanic Gardens de Kew (Londres). À son retour en Angleterre, en 1786, il se plongea dans la riche bibliothèque et l'imposant herbier de Banks. Parmi les plantes qu'il avait recueillies en Nouvelle-Écosse se trouvaient des lichens et des algues dont un spécimen fut représenté dans l'étude botanique de Dawson Turner, *Fuci* [...] (1809) ; en outre, on cultivait à Kew les semences qu'il avait envoyées de Nouvelle-Écosse.

Sur la recommandation de Banks, on nomma Menzies chirurgien du *Prince of Wales* qui, sous le commandement de James Colnett*, allait faire une expédition de traite des fourrures sur la côte ouest de l'Amérique du Nord et en Chine. Parti en octobre 1786, le vaisseau atteignit l'année suivante la baie Nootka (Colombie-Britannique) où Menzies passa un mois à herboriser, puis rentra en Angleterre en 1789. Toujours sur la recommandation de Banks, on l'affecta en 1790 au *Discovery* à titre de naturaliste. Le *commander* George Vancouver* avait reçu l'ordre d'aller reprendre aux officiers espagnols le droit de propriété de la baie Nootka, que revendiquait la Grande-Bretagne, et de lever le littoral nord-ouest. Le *Discovery* et son compagnon, le *Chatham*, quittèrent l'Angleterre en 1791. Quand, en 1834, David Douglas* se rendit dans les îles Sandwich (Hawaï), où Vancouver avait séjourné en 1792 et 1794, il constata que les Hawaïens avaient gardé de Menzies le souvenir d'un « homme au visage rouge qui amputait les membres des hommes et ramassait de l'herbe ». Menzies herborisa aussi à la baie Nootka en 1792 pendant que Vancouver et Juan Francisco de la Bodega* y Quadra négociaient le transfert de propriété.

En 1794, tout en parcourant le littoral avant d'entreprendre le long voyage de retour, Vancouver fit des levés à partir de l'inlet de Cook (Alaska), et Menzies recueillit des spécimens chaque fois qu'il en eut l'occasion. À Santiago (Chili), des graines que le gouverneur servit pour dessert piquèrent sa curiosité. Il en mit quelques-unes dans sa poche et les sema à bord du *Discovery* : c'est ainsi que l'araucaria, ou pin du Chili, fit son chemin jusque dans les jardins britanniques. Le *Discovery* toucha l'Angleterre en octobre 1795. À cette époque, les relations entre Menzies et Vancouver, que la maladie avait rendu irascible, s'étaient détériorées. Menzies avait dû remplacer le chirurgien du navire tout en continuant de veiller sur les plantes destinées aux jardins de Kew. Comme une pluie torrentielle avait détruit plusieurs d'entre elles, les deux hommes s'étaient disputés au point que Vancouver avait recommandé de traduire Menzies devant un conseil de guerre ; par la suite celui-ci s'excusa et Vancouver retira ses accusations.

Menzies servit dans la marine royale, aux Antilles surtout, jusqu'en 1802, puis dut la quitter pour cause d'asthme. Il exerça ensuite la médecine à Londres : sa clientèle y était nombreuse, et il était très estimé des naturalistes, particulièrement en raison de sa connaissance des mousses et des fougères. En 1799, le King's College d'Aberdeen lui avait décerné un doctorat en médecine. Retraité en 1826, il mourut en 1842 à l'âge de 88 ans. Son portrait, œuvre d'Eden Upton Eddis, se trouve à la Burlington House de Londres, dans les locaux de la Linnean Society, dont il était membre depuis 1790.

Menzies

Archibald Menzies a laissé peu de publications scientifiques. En revanche, de 1783 à 1795, il recueillit des spécimens d'au moins 400 espèces jusque-là non répertoriées, dont plusieurs sur la côte ouest de l'Amérique du Nord, en particulier dans l'île de Vancouver. Son travail dans cette région dont la flore était très peu connue enrichit beaucoup la botanique. Ses spécimens, à l'instar de ceux de John Scouler, John Richardson*, Thomas Drummond* et David Douglas, furent d'une grande utilité à l'éminent botaniste sir William Jackson Hooker lorsqu'il réalisa *Flora Boreali-Americana*, publié en deux volumes à Londres en 1840. De plus, Hooker baptisa le *Silene menziesii* en son honneur et reproduisit plusieurs de ses illustrations, qui témoignent d'un grand souci du détail et d'une belle sensibilité artistique. Parmi les autres découvertes de Menzies figurent le madroño *(Arbutus menziesii)*, l'un des plus beaux arbres du Canada, et le sapin de Douglas *(Pseudotsuga menziesii)*, l'un des plus grands arbres du pays, dont le nom vernaculaire provient de celui de David Douglas. Des espèces occidentales de delphiniums, de ribes et de spirées, notamment, portent aussi l'épithète botanique de *menziesii*. D'autres espèces baptisées en son honneur croissent à Hawaï, en Nouvelle-Zélande et en Australie. Aujourd'hui, plusieurs toponymes de la Colombie-Britannique rappellent son souvenir, notamment la baie Menzies et le mont Menzies. On peut voir son herbier personnel au Royal Botanical Garden d'Édimbourg, et nombre de spécimens qu'il a amassés sont conservés dans les herbiers du British Museum (histoire naturelle) et des Royal Botanic Gardens de Kew.

WILLIAM THOMAS STEARN

Du petit nombre de recherches publiées d'Archibald Menzies, une seule concerne le Canada ; il s'agit de « A description of the anatomy of the sea otter, from a dissection made November 15th, 1795 », écrite en collaboration avec Everard Home et publiée dans Royal Soc. of London, *Philosophical Trans.* (Londres), 86 (1796) : 385–394. Plusieurs autres travaux scientifiques sont mentionnés dans sa biographie parue dans le DNB. Menzies a tenu un journal complet durant le voyage du *Discovery,* dont des extraits ont été publiés sous les titres de *Hawaii Nei 128 years ago,* [W. F. Wilson, édit.] (Honolulu, 1920) ; *Menzies' journal of Vancouver's voyage, April to October, 1792,* C. F. Newcombe et John Forsyth, édit. (Victoria, 1923) ; « Archibald Menzies' journal of the Vancouver expedition : extracts covering the visit to California », Alice Eastwood, édit., Calif. Hist. Soc., *Quarterly* (San Francisco), 2 (1924) : 265–340 ; et « Le *Discovery* à Rapa et à Tahiti, 1791–1792 ; journal d'Archibald Menzies », Dorothy Shineberg, édit., Soc. d'études océaniennes (Polynésie Orientale), *Bull.* (Papeete, Tahiti), 18 (1981) : 789–826.

GRO (Édimbourg), Weem, reg. of births and baptisms, 15 mars 1754. — Univ. of Aberdeen Library, MS and Arch. sect. (Aberdeen, Écosse), King's College and Univ., record of MD degree, 22 juill. 1799. — Univ. of Edinburgh Library,

Special Coll. Dept., Medical matriculation index, 1771–1780. — « Archibald Menzies », Linnean Soc. of London, *Proc.* (Londres), 1 (1842) : 139–141. — *The Banks letters : a calendar of the manuscript correspondence of Sir Joseph Banks* [...], W. R. Dawson, édit. (Londres, 1958). — *Gentleman's Magazine,* janv.–juin 1842 : 668–669. — George Vancouver, *A voyage of discovery to the North Pacific Ocean and round the world, 1791–1795,* W. K. Lamb, édit. (4 vol., Londres, 1984). — *Dictionary of British and Irish botanists and horticulturists, including plant collectors and botanical artists,* Ray Desmond, compil., introd. de W. T. Stearn (Londres, 1977). — G. [S.] Godwin, *Vancouver ; a life, 1757–1798* (Londres, 1930 ; réimpr., New York, 1931). — F. R. S. Balfour, « Archibald Menzies, 1754–1842, botanist, zoologist, medico and explorer », Linnean Soc. of London, *Proc.,* 156 (1943–1944) : 170–183. — D. J. Galloway et E. W. Groves, « Archibald Menzies, MD, FLS (1754–1842), aspects of his life, travels and collections », *Arch. of Natural Hist.* (Londres), 14 (oct. 1987) : 3–43. — W. L. Jepson, « The botanical explorers of California, 6 : Archibald Menzies », *Madroño* (San Francisco et Oakland, Calif.), 1 (1929) : 262–266. — J. J. Keevil, « Archibald Menzies, 1754–1842 », *Bull. of the Hist. of Medicine* (Baltimore, Md.), 22 (1948) : 796–811.

MENZIES, GEORGE, imprimeur, journaliste, éditeur et poète, né en 1796 ou 1797 à Kincardine, Écosse ; le 13 février 1841, il épousa Harriet Burton ; décédé le 4 mars 1847 à Woodstock, Haut-Canada.

Le 3 avril 1846, et en maintes occasions par la suite, George Menzies fit paraître un avis dans le *Woodstock Herald, and Brock District General Advertiser,* dont il était le rédacteur en chef, pour annoncer la publication prévue de ses « Poetical Scraps », « pièces éparses [écrites au fil] de presque trente ans de communion avec la presse, et qui s'étaient parfois retrouvées dans certains des périodiques les plus distingués des deux hémisphères ». Il avait l'intention de publier en souscription, comme le faisaient la plupart des poètes à l'époque ; mais c'est plutôt sa femme qui, ayant pris le journal en main après sa mort, parvint à faire paraître en 1850 les poèmes de son mari, sous le titre : *The posthumous works of the late George Menzies* [...]. Cet ouvrage ressemble à un journal et, de ce fait, donne un aperçu de la vie religieuse, des convictions et des dispositions d'esprit d'un immigrant écossais de modeste origine qui, grâce à son ambition et à sa ténacité, a réussi à se tailler une place comme porte-parole des modérés dans la presse du Haut-Canada.

Selon la chronique nécrologique du *Herald,* Menzies avait reçu une formation de jardinier en Écosse et avait fait son apprentissage dans la région de Brechin. Une fois cette étape terminée, toutefois, il avait donné libre cours à son amour de l'histoire et de la littérature et parcouru le pays pour visiter les champs de bataille et les lieux célébrés par les chansons et les récits. Menzies « se cultiva » au point de devenir apte à enseigner et il occupa un poste d'instituteur en Écosse pendant plusieurs années. Même si plusieurs de ses poèmes évoquent une déception amoureuse, survenue apparemment vers la trentaine, et d'autres son attrait pour les sites « sublimes » comme les chutes du Niagara, le vrai motif de son départ pour le Haut-Canada en 1833 fut sans doute l'espoir d'y améliorer, comme tant d'autres, sa situation.

Il reste que dès son arrivée Menzies fut, semble-t-il, vraiment attiré par la région de Niagara, et que les chutes le fascinèrent toute sa vie, comme en font foi ses écrits et les curiosités littéraires, tant sérieuses que fantaisistes, qu'il collectionna sur le sujet. En 1846, il publia ces dernières dans une plaquette intitulée *Album of the Table Rock* […], dans laquelle il avait inclus un guide de son cru à l'intention des touristes. Dix ans plus tôt, Menzies avait fait son apprentissage de journaliste et d'imprimeur dans la région de Niagara, au *St. Catharines Journal*. Par la suite, il travailla pour le *Niagara Reporter* et, en septembre 1837, il fonda le *Niagara Chronicle* avec John Simpson*. Menzies laissa ce journal en 1839 puis travailla peut-être quelque temps au *Patriot* de Toronto avec Thomas DALTON. En juillet 1840, associé avec Alexander Hay, il lança le *Woodstock Herald, and Brock District General Advertiser,* dont il était le rédacteur en chef. Après le départ de Hay en octobre 1846, Menzies continua seul jusqu'à sa mort, qui survint au début de l'année suivante.

La devise du journal, *British Connection, with Responsible Government,* rendait bien l'attitude modérée de son rédacteur en chef. Au correspondant qui l'accusait en novembre 1846 de rester sur la clôture, Menzies rétorqua que tel était bien le cas, mais que la clôture en question n'était rien d'autre que la constitution britannique, et que du haut de cette clôture il avait une bonne vue des troupeaux qui s'affrontaient. Telle avait toujours été sa position, disait-il en rappelant aux lecteurs son prospectus, où il avait annoncé son intention de ne pas prendre parti : « conservateur mais non sectaire, libéral mais non égalitaire ». Son désir était que les gouvernements des deux Canadas continuent de s'appuyer sur la constitution britannique, mais que l'on reconnaisse un fait : « des circonstances nouvelles peuvent commander un nouvel ensemble de tactiques ». Une telle opinion fit forcément de Menzies un adversaire du radicalisme de William Lyon Mackenzie*. Elle en fit aussi un partisan du gouvernement responsable ; en 1846 d'ailleurs, il incita le nouveau gouverneur en chef, lord Elgin [Bruce*], à faire preuve de compréhension et de décision en se ralliant à cette idée.

L'approche philosophique générale de Menzies était celle d'un presbytérien écossais austère. Les fréquentes maladies qu'il semble avoir connues avaient peut-être adouci son attitude, surtout au cours des dernières années, mais ses poèmes et ses éditoriaux indiquent plutôt qu'il menait une existence de dur labeur et qu'il croyait profondément que la vie est une épreuve et une illusion à supporter ; la seule consolation était ce « havre sûr dans un monde où le temps n'existe pas ». Même dans les textes où il s'écarte de ces thèmes, les sujets et le ton demeurent graves et mornes. On y sent un profond regret de son pays natal, des images personnelles qu'il évoque, de sa beauté pittoresque et de sa tradition de ménestrels. Même s'il mentionne avoir étudié les classiques et aimer lire les poètes britanniques de son temps, il ne faut pas s'étonner que son poète favori ait été Burns, dont il essaya parfois d'égaler les œuvres.

George Menzies n'était pas toujours d'humeur nostalgique, bien au contraire. Dans le *Herald*, il lui arrivait souvent de remplacer l'éditorial politique par un article au ton familier et sardonique qu'il intitulait « Extracts from an unpublished dictionary ». Chaque fois, il donnait une liste de mots (un pour chacune des lettres de l'alphabet) accompagnée de définitions qui ridiculisaient la bêtise et les prétentions des individus et des institutions. L'éloquence, par exemple, était « le pouvoir d'employer beaucoup de mots équivoques ou vides de sens, utilisé généralement au Parlement et en chaire ». Dans ce genre de rubrique ainsi que dans ses autres travaux journalistiques et poétiques, Menzies manifesta une vision fondamentalement sceptique des activités humaines et tâcha de s'ériger en « gardien du bien existant ».

CARL P. A. BALLSTADT

La principale collection de la poésie de George Menzies, *The posthumous works of the late George Menzies, being a collection of poems, sonnets, &c., &c., written at various times when the author was connected with the provincial press,* a été publiée par sa veuve à Woodstock, Ontario, en 1850 ; une autre édition parut à Aberdeen, Écosse, en 1854. Menzies lui-même a édité et publié *Album of the Table Rock, Niagara Falls, C.W., and sketches of the falls, &c.* (Niagara [Niagara-on-the-Lake, Ontario], 1846).

Chatham Gleaner of News, Literature & General Intelligence (Chatham, Ontario), 16 mars 1847. — *St. Catharines Journal,* 11 mars 1847. — *Woodstock Herald, and Brock District General Advertiser,* juill. 1840–mars 1847. — J. J. Talman, « Three Scottish-Canadian newspaper editor poets », *CHR,* 28 (1947) : 166–177.

MERRITT, NEHEMIAH, homme d'affaires et juge de paix, né le 1er décembre 1770 à Rye, New York, cinquième fils de Thomas Merritt et d'Amy Purdy ; le 29 janvier 1802, il épousa Isabella Milby, de Shelburne, Nouvelle-Écosse ; décédé le 25 mai 1842 à Saint-Jean, Nouveau-Brunswick.

Loyalistes de condition modeste, les Merritt quittèrent le comté de Westchester, dans l'état de New York, après la Révolution américaine et se rendirent à Parrtown (Saint-Jean) en 1783. Le jeune Nehemiah accompagnait ses parents et ses frères adultes mais,

Merritt

quelques années après qu'il eut lui-même atteint la majorité, plusieurs membres de sa famille avaient déjà quitté la ville, dont son frère THOMAS.

D'abord pêcheur, c'est à ce titre que Merritt devint citoyen de Saint-Jean en 1795. Peu à peu, il cessa d'être détaillant de poisson pour devenir marchand général, et il travailla quelque temps avec un associé nommé Gregory VanHorne. Parvenu à l'âge mûr, il appartenait au cercle le plus select des marchands de la ville. Propriétaire d'un quai dans le port de Saint-Jean (et l'un des premiers marchands autorisés à le prolonger jusque sous le niveau des basses eaux), il prenait part aux diverses activités reliées au transport maritime, ainsi qu'à l'achat et à la vente de navires. En 1820, il fut l'un des 20 hommes qui réclamèrent avec succès la création de la Bank of New Brunswick. Dans les années 1820 et la décennie qui suivit, il participa au commerce du bois, alors en pleine expansion. En 1837, il avait l'un des plus gros comptes personnels de la Bank of New Brunswick. Quatre ans plus tard, son entreprise exploitait quatre navires qui jaugeaient en tout près de 1 600 tonneaux, et le rédacteur en chef du *Morning News* de Saint-Jean, George Edward Fenety*, la comptait parmi les compagnies qui faisaient la transformation du bois à Carleton (Saint-Jean). Membre des conseils d'administration de la Bank of New Brunswick, de la New Brunswick Fire Insurance Company, de la New Brunswick Mining Company et de la Saint John Mechanics' Whale Fishing Company, Merritt fut également président de la Saint John Marine Insurance Company. Au moment de sa mort, on le disait l'homme le plus riche de Saint-Jean.

En dépit de son influence dans le milieu des affaires, Merritt n'obtint guère de reconnaissance sociale. En 1829, il faisait encore partie du jury d'accusation, distinction habituellement réservée aux petits marchands en pleine ascension et aux maîtres artisans respectables. Il obtint le poste de maître du port de Saint-Jean la même année, mais ne devint juge de paix du comté et de la ville de Saint-Jean qu'en 1834. Il avait déjà 64 ans lorsqu'il reçut cet honneur fort convoité, signe d'appartenance à la haute bourgeoisie.

Merritt demeura actif bien après avoir dépassé le cap de la vieillesse. En 1835, il fit partie du consortium qui envisageait de construire un pont sur la Saint-Jean, près des chutes Reversing. Cinq ans plus tard, en plein débat tarifaire, avec d'autres marchands, il appuya les meuniers de la colonie. Il mourut à sa résidence de Saint-Jean le 25 mai 1842. Il avait été franc-maçon et membre de l'Église d'Angleterre.

Outre les capitaux considérables qu'il avait injectés dans son entreprise, Nehemiah Merritt laissait une succession estimée à plus de £40 000. Il avait beaucoup investi dans l'achat d'obligations municipales et était, en 1842, le principal créancier particulier de Saint-Jean, qui lui devait plus de £8 000. Le solde de sa succession était surtout constitué de biens immobiliers. Il possédait 12 lots et maisons à Saint-Jean et 17 acres de lotissements de premier ordre dans les environs, 1 100 acres dans la vallée de la Saint-Jean, 800 acres en Nouvelle-Écosse, plus de 3 300 acres dans les comtés de Northumberland et de Norfolk, dans le Haut-Canada, 3 maisons à New York ainsi que des fermes à Niagara Falls, dans l'état de New York, et à Pembroke, dans le Maine. Son testament assurait à sa veuve un intérêt à vie sur la maison familiale plus une rente annuelle de £300. Le reste de sa fortune fut réparti à peu près également entre trois fils et une fille.

THOMAS WILLIAM ACHESON

APNB, RG 2, RS8, magistrates, Saint John, 1834 ; RG 4, RS24, S45-P54, S53-P142 ; RG 7, RS71, B 6 : 131–143. — Musée du N.-B., Bank of New Brunswick, ledger, 1837–1838 ; Saint John, « Register of voters », 1785–1860. — N.-B., House of Assembly, *Journal*, 1842, app. : cclvii–cclxxii. — *A schedule of the real estate belonging to the mayor, aldermen and commonalty of the city of Saint John* [...] *January, 1842* (Saint-Jean, N.-B., 1849 ; copie aux APNB). — *Morning News* (Saint-Jean), 28 avril 1841. — *New-Brunswick Courier*, 18 mars 1815, 8 avril 1820, 14 mars, 6 juin 1829, 28 mai 1842. — W. F. Bunting, *History of St. John's Lodge, F. & A. M. of Saint John, New Brunswick, together with sketches of all masonic bodies in New Brunswick from A.D. 1784 to A.D. 1894* (Saint-Jean, 1895).

MERRITT, THOMAS, officier dans l'armée et dans la milice, et fonctionnaire, né le 28 octobre 1759 à Bedford, New York, fils de Thomas Merritt et d'Amy Purdy, et frère de NEHEMIAH ; le 27 juillet 1781, il épousa à Charleston, Caroline du Sud, Mary Hamilton, et ils eurent un fils et cinq filles ; décédé le 12 mai 1842 à St Catharines, Haut-Canada.

Dans ses mémoires, Thomas Merritt affirme qu'il fit « des études au Harwood [Harvard ?] College pour devenir médecin ». Au début de la Révolution américaine son père, fidèle à la couronne britannique, alla se fixer à New York avec sa famille. Le 1er mai 1778, Merritt obtint une commission de cornette dans les Emmerich's Chasseurs, probablement grâce à l'influence de son père. On le muta ensuite dans le régiment des Queen's Rangers, commandé par John Graves Simcoe*. Pendant la guerre, le jeune officier combattit dans les colonies du Sud et impressionna Simcoe. Un jour, l'ennemi le captura et le jeta « avec vingt autres [prisonniers ...] dans une petite cabane dégoûtante et sombre, faite de rondins, appelée Bull pen ». Merritt organisa aussitôt l'évasion de ses camarades et les conduisit 50 milles plus loin, en zone britannique. Pour le récompenser, on lui offrit un poste de lieutenant dans un autre corps, qu'il refusa, au grand soulagement de Simcoe.

En 1782, Merritt et sa jeune épouse suivirent l'armée britannique à New York. L'année suivante, ils accompagnèrent les Queen's Rangers et presque toute la famille Merritt au Nouveau-Brunswick, où le jeune homme tenta de vivre la vie d'un officier à la retraite après qu'on l'eut mis à la demi-solde en octobre. En mars 1790, le couple se trouvait, semble-t-il, à Bedford, dans l'état de New York, mais Merritt eut rapidement envie d'aller rejoindre son vieux commandant dans le Haut-Canada. En 1794, il se rendit à Newark (Niagara-on-the-Lake), où Simcoe « lui donna tant d'encouragements » qu'il décida de s'établir avec les siens au ruisseau Twelve Mile, près de l'emplacement actuel de St Catharines.

Apparemment, les Merritt s'adaptèrent au train-train de la vie quotidienne des pionniers et devinrent des piliers de leur communauté dans la presqu'île du Niagara. Simcoe attribua à Merritt 2 000 acres de terre dans l'ouest de la province et accorda des concessions à tous les enfants de l'ancien soldat. En 1798, ce dernier demanda et obtint deux lots de ville à Newark. À la fin de la même année, on le nomma inspecteur adjoint des forêts du roi et, le 5 octobre 1803, shérif du district de Niagara. Sa présence au sein de l'exécutif de la société d'agriculture locale est un autre signe de son importance. Il semble qu'il vécut dans l'aisance avec sa famille, même si des indices tendent à démontrer qu'il n'excella jamais en agriculture ni en affaires.

Quand éclata la guerre anglo-américaine de 1812, Merritt fut nommé major commandant d'une troupe de cavalerie de milice appelée les Niagara Light Dragoons. À la bataille de Queenston Heights, il servit honorablement sous les ordres du major général Roger Hale Sheaffe*, semble-t-il, après la mort d'Isaac Brock*. Merritt se reconnut plus tard en partie responsable du manque de préparatifs sur les hauteurs de Queenston ; on n'avait posté aucune sentinelle à cet endroit parce que, disait-il à un ami de la famille, les Britanniques « pensaient que le diable lui-même serait incapable de s'y rendre ». Trois jours après la bataille, il était l'un de ceux qui tenaient les cordons du poêle aux funérailles de Brock.

C'est à cette époque que Merritt, toujours commandant de nom, commença à laisser de plus en plus à son fils, William Hamilton*, le commandement de ses dragons. En octobre 1813, il était malade et fut incapable de se replier du ruisseau Four Mile jusqu'à Burlington Heights (Hamilton) avec l'armée britannique [V. John Vincent]. Le traître Joseph Willcocks* l'emmena en captivité au fort George (Niagara-on-the-Lake), près de Niagara, où il fut détenu peu de temps. On sait que sa propriété subit des dégâts en décembre quand les Américains détruisirent Niagara, mais il n'est pas certain que sa maison fut incendiée. En juillet 1814, on chargea Merritt de surveiller l'exécution des citoyens trouvés coupables de trahison au cours des « assises sanglantes » [V. Jacob Overholser*]. Selon son fils, cette expérience l'affecta profondément et explique peut-être le fait qu'il quitta prématurément ses fonctions officielles. Il demeura néanmoins shérif jusqu'en janvier 1820.

Dans l'après-guerre, il semble que les lacunes de Merritt en agriculture lui attirèrent des ennuis ; seul le sens aigu des affaires de son fils permit que sa situation soit consolidée. Dans les années 1820, Merritt était à la retraite, mais le « train-train de la vie quotidienne » et la fréquentation « d'amis bien choisis » le tenaient occupé. Comme l'écrivit sa belle-fille : « [il] passe son temps [à visiter] le voisinage ou à répandre les nouvelles ». Merritt aimait les fêtes d'une manière particulière. Un ami de la famille écrivit que, à l'occasion de son soixante-seizième anniversaire de naissance, il « finit de manger vers six heures du soir et dansa et joua aux cartes jusqu'à dix heures le lendemain ». Il fut très regretté. À son enterrement, un autre de ses amis remarqua : « il y avait beaucoup plus de monde que je n'en ai jamais vu à des funérailles ».

Thomas Merritt représente bien les loyalistes du Haut-Canada issus d'un milieu moyennement prospère qui, grâce à leurs relations et à leur persévérance, parvinrent à un rang assez important dans leur nouveau pays. Les antécédents militaires de Merritt ne le préparaient guère à exercer les emplois qu'on lui confia plus tard, mais à la fin de sa vie il était l'un des citoyens les plus populaires de St Catharines.

CARL A. CHRISTIE

AO, MS 74. — APC, MG 24, E1 ; K2. — Doc. hist. of campaign upon Niagara frontier (Cruikshank). — G.-B., WO, Army list. — Officers of British forces in Canada (Irving). — C. J. Ingles, The Queen's Rangers in the Revolutionary War, H. M. Jackson, édit. (s.l., 1956).

METCALFE, CHARLES THEOPHILUS, 1er baron METCALFE, administrateur colonial, né le 30 janvier 1785 à Calcutta, deuxième fils du major Thomas Theophilus Metcalfe et de Susanna Selina Sophia Debonnaire, veuve de John Smith ; décédé le 5 septembre 1846 à Malshangar, près de Basingstoke, Angleterre.

Charles Theophilus Metcalfe vint au Canada au terme d'une longue carrière dans l'administration coloniale. Issu de vieilles familles du Yorkshire et de l'Irlande, il était excessivement fier de son père, qui avait amassé une grosse fortune à Calcutta en qualité de préposé aux approvisionnements militaires de l'East India Company. Quelques mois après sa naissance, la famille rentra en Angleterre, où le major Metcalfe fut élu au conseil d'administration de l'East India Company en 1789 et au Parlement en 1796, puis fut fait baronnet en 1802. Mme Metcalfe, fille d'un

Metcalfe

colon sud-africain, était réservée, déterminée et ambitieuse pour ses enfants, et elle avait une préférence marquée pour son fils aîné, Theophilus John.

Metcalfe fréquenta d'abord une obscure école préparatoire de Bromley, dans le Kent, puis entra à l'Eton College en 1796. Bien que les sports ne l'aient nullement intéressé et que son frère Theophilus John, qui était très doué, ait brillé plus que lui, il y fut profondément heureux. Déterminé à devenir un grand homme, il lisait Gibbon, l'Arioste, Voltaire et Rousseau dans ses moments de loisir. Au fil de ses fréquents conflits avec Theophilus John et de ses différends occasionnels avec ses professeurs, il développa l'habitude, qu'il appelait « tenir bon », de défendre opiniâtrement sa position jusqu'à ce qu'il ait gagné ou irrémédiablement perdu.

C'est à regret que Metcalfe quitta Eton en mars 1800 et abandonna la perspective de poursuivre ses études à Oxford ou à Cambridge pour occuper le poste de commis aux écritures que son père avait obtenu pour lui au Bengale, dans l'East India Company. Alors âgé de 16 ans, il était de petite taille et avait une allure des plus ordinaires. Très intelligent, il était d'un naturel chaleureux et d'humeur égale ; il éprouvait un solide attachement pour sa famille et avait l'heureuse capacité d'être très bien organisé. De confession anglicane, il était déjà, à cette époque, un croyant sincère.

Metcalfe arriva en Inde peu avant le début de l'un des derniers mouvements d'expansion qui, de 1757 à 1818, établirent la domination de la Grande-Bretagne sur le subcontinent indien. Il n'avait guère le tempérament d'un conquérant – piètre cavalier, il n'aimait ni la chasse ni le tir –, mais il démontra ses qualités de soldat, à titre de volontaire dans l'avant-garde de lord Lake, au cours de l'assaut lancé contre Dig en 1804. Cependant, en général il préférait « la vie politique ». Sa première affectation importante fut, en 1808–1809, une mission auprès de Ranjit Singh, le grand maharajah sikh du Pañjâb, avec qui, par le marchandage et la menace, il conclut un traité qui le fit reconnaître, de manière quelque peu injustifiable, comme un négociateur adroit. De 1811 à 1818, puis de 1825 à 1827, il fut ministre résident à Delhi, point stratégique de la frontière de l'Inde britannique où, largement indépendant du gouvernement britannique à Calcutta, il était de fait le maître tout en se trouvant au centre d'un réseau diplomatique impérial qui s'étendait jusqu'à l'intérieur du Népal et des États de l'Asie centrale.

Tandis que le régime britannique entrait dans une phase caractérisée par la consolidation et la réforme, la carrière de Metcalfe s'orienta en conséquence : en 1827, il entra au Conseil suprême de l'Inde. On reconnut son rang de second personnage du régime en le nommant en décembre 1833 au poste de gouverneur général provisoire, qu'il détint jusqu'en 1838. Le 20 mars 1835, lord William Cavendish Bentinck se retira pour cause de maladie, et Metcalfe devint gouverneur général par intérim. L'obtention de la grand-croix de l'ordre du Bain, le 14 mars 1836, n'allégea cependant pas sa déception, car le gouvernement whig ne confirma pas sa nomination de gouverneur général. Selon lui, c'était là un affront, qui fut suivi de plusieurs autres. Au lieu de sacrifier sa dignité ou ses principes, il démissionna de l'East India Company le 1er janvier 1838. Célibataire, il avait eu trois fils eurasiens pendant son long séjour en Inde.

De retour en Angleterre après 37 ans d'absence, nanti d'une solide réputation, d'une fortune personnelle de £100 000 et d'un titre de baronnet (depuis la mort de Theophilus John le 14 août 1822), Metcalfe regrettait ses vastes responsabilités et ses graves occupations de naguère. Il accepta donc le poste de gouverneur de la Jamaïque et, durant son mandat, du 26 septembre 1839 au 21 mai 1842, il parvint à dénouer, du moins temporairement, l'importante crise qui opposait la classe intransigeante des planteurs à la population noire récemment affranchie et qui avait été le motif de sa nomination. Aussi le reconnut-on comme un grand conciliateur, et c'est probablement pour cette raison, et à cause des « talents supérieurs de gouvernant » qu'il lui prêtait, que lord Stanley, secrétaire d'État aux Colonies dans le gouvernement conservateur de sir Robert Peel, lui offrit le poste de gouverneur en chef de la province du Canada. Metcalfe l'accepta le 19 janvier 1843.

On considérait alors le Canada comme une colonie en crise, comme la Jamaïque. En septembre 1842, le prédécesseur de Metcalfe, sir Charles BAGOT, avait évité l'impasse en conviant au Conseil exécutif les réformistes bas et haut-canadiens de Louis-Hippolyte La Fontaine* et de Robert Baldwin*. Cette « grande mesure », comme l'appelait Bagot, compromettait deux aspects majeurs de la politique impériale : l'anglicisation des Canadiens et le maintien de la méthode de gouvernement appliquée par lord Sydenham [THOMSON], selon laquelle le gouverneur dirigeait la colonie avec l'appui d'un exécutif qui ne se réclamait d'aucune formation politique en particulier et d'une majorité de députés qui, pareillement, ne défendaient pas la position d'un seul parti. Rassurées par Bagot, qui affirmait avoir esquivé la reconnaissance de la forme extrême de gouvernement responsable que prônait Baldwin (un gouvernement de parti), les autorités britanniques n'en déploraient pas moins amèrement son initiative. Elles choisirent donc Metcalfe dans l'espoir que, sans répudier la « grande mesure », il pourrait, d'une façon plus ou moins définie, restaurer solidement les assises de la politique britannique dans la colonie.

Entré en fonction le 30 mars 1843, Metcalfe parvint bientôt à une évaluation surprenante de la situation coloniale. D'une part, il concluait que les Canadiens avaient protesté à bon droit contre leur exclusion du gouvernement et que le remède que Bagot avait apporté à ce mal se classait au premier rang des « résultats très heureux » de son mandat. D'autre part, il lui paraissait évident que, par suite des événements de septembre 1842 et de la maladie finalement mortelle qui avait frappé Bagot dans les mois suivants, tous les partis du Canada avaient acquis la conviction qu'on avait introduit une forme plus extrême de gouvernement responsable que ne l'avait admis Bagot. On considérait les membres du Conseil exécutif comme des ministres qui formaient un cabinet. Ce « cabinet » était alors dominé par un parti, puisque la plupart de ses membres reconnaissaient le leadership de La Fontaine et de Baldwin. De plus, toujours selon l'interprétation de Metcalfe, ce groupe considérait qu'il était de son intérêt de renforcer ses appuis en se servant du favoritisme. Bref, la situation constitutionnelle était déjà plus épineuse que celle qu'il avait reçu le mandat de corriger.

Cette situation, Metcalfe ne pouvait l'accepter ; son tempérament, sa formation et les instructions qu'il avait reçues l'en empêchaient. Certes, il était prêt à consulter le conseil quand la loi, la coutume ou le bien public l'exigerait, mais il entendait être vraiment le chef du gouvernement et avoir le dernier mot. Il avait l'intention de se concilier toutes les formations politiques, ce pour quoi le favoritisme était à ses yeux un outil essentiel. Il ne voulait être ni « une nullité » ni « l'instrument d'un parti ». Plus clairement que Baldwin lui-même, il comprenait que cette manière d'exercer le pouvoir correspondait à la vision que ses prédécesseurs lord Durham [LAMBTON], Sydenham et Bagot avaient du gouvernement responsable et qu'elle différait fondamentalement du gouvernement de parti que défendait alors La Fontaine, en particulier. Metcalfe jugeait la méthode de gouvernement de Sydenham mal adaptée à la situation coloniale, mais là n'était pas le grand problème ; c'était plutôt que, pour s'y tenir, il allait devoir conserver une majorité à l'Assemblée législative, chose qui, advenant un affrontement avec La Fontaine et Baldwin, serait extrêmement difficile. Dès le 10 mai, il estimait inévitable un tel affrontement.

Metcalfe tenta de faire en sorte que ce conflit porte sur une question de son choix et survienne dans des circonstances qu'il choisirait lui-même. Mais il essaya aussi de l'éviter. Les ministres eux-mêmes souhaitaient vivement l'harmonie. Au début, ses relations avec eux furent donc cordiales, et même par la suite il partagea leur opinion sur de nombreux points. À sa première réunion, le Conseil exécutif soumit trois problèmes urgents à Metcalfe, qui appuya fermement ses recommandations. Les conseillers souhaitaient faire de Montréal la capitale de l'Union ; c'était

« décidément le meilleur endroit », rapporta-t-il à Stanley, et il demanda même qu'on annonce ce choix comme celui du gouvernement impérial afin de réduire au minimum l'opposition haut-canadienne. De même, Metcalfe pressa les autorités impériales d'accorder une amnistie générale à tous ceux qui s'étaient rendus coupables de délits pendant les rébellions de 1837–1838, les meurtriers exceptés. Enfin, même si ses instructions prescrivaient le contraire, il demanda à Stanley la permission d'annoncer à l'inauguration de la législature que, si l'Assemblée votait une liste civile satisfaisante, le gouvernement britannique révoquerait la partie de l'Acte d'Union qui obligeait la province, indépendamment de ses souhaits, à allouer les sommes stipulées.

En appuyant ces mesures, Metcalfe visait à apaiser l'ardent esprit partisan qui l'avait profondément impressionné à son arrivée. En outre, il montrait un grand réalisme politique, par exemple en faisant valoir que toute la province s'opposait à l'article sur la liste civile. Ses arguments révélaient un rejet de la politique d'anglicisation forcée. Ainsi il déclarait : « pour en arriver à gouverner les Canadiens français à leur satisfaction, et comment désirer les gouverner autrement, toute tentative pour les métamorphoser systématiquement en Anglais doit être abandonnée ». Kingston ne devait donc pas être la capitale provinciale, car c'était « une terre étrangère » pour les Canadiens. De plus, Metcalfe insistait pour qu'on modifie l'Acte d'Union de telle sorte que le français et l'anglais auraient une place égale en chambre. Si son opposition à l'anglicisation accrut sa popularité auprès du bloc francophone de l'Assemblée, elle reflétait également de fortes convictions qui provenaient de sa première éducation et s'étaient manifestées dans sa politique en Inde.

Malheureusement pour Metcalfe, Stanley et Peel s'étaient déjà engagés à s'opposer aux mesures qu'il préconisait et, même si Stanley avait l'impression de lui céder beaucoup plus qu'aux autres gouverneurs, les autorités britanniques rejetèrent ses recommandations ou assortirent leur approbation de tant de conditions que Metcalfe se sentit impuissant. Il s'employa donc avec détermination à modifier ou à contourner leurs réponses. Stanley exigeait que le conseil assume les conséquences politiques du choix de la capitale ; contre cela, Metcalfe ne pouvait rien. Par contre, il continua d'aborder sans relâche dans ses dépêches la question de la liste civile et obtint bientôt l'effet pratique, sinon politique, d'une amnistie générale, en partie en graciant – presque de force dans certains cas – des individus qui relevaient de sa compétence.

L'intransigeance du gouvernement impérial affaiblit la position de Metcalfe devant ses conseillers et les fit douter de sa bonne foi. Mais déjà ses relations avec

Metcalfe

eux s'étaient détériorées. Depuis le début, il se battait quotidiennement pour conserver l'autorité qui, selon sa conviction, lui revenait de droit. Dès avril 1843, les nominations suscitèrent des affrontements. Metcalfe ne comprenait pas combien, avant lui, les tories avaient usé du favoritisme à l'avantage de leur parti ; son idéal était une bureaucratie non partisane où la sélection se faisait selon la compétence des individus plutôt que selon leur affiliation. D'autres décisions soulevèrent des conflits. Quand le gouverneur gracia trois importants rebelles haut-canadiens, La Fontaine exigea un traitement semblable pour trois de ses compatriotes, dont le chef exilé Louis-Joseph Papineau*. Tout en comprenant le bien-fondé de cette revendication, Metcalfe résista jusqu'à ce que La Fontaine menace de démissionner, probablement parce qu'il sentait que le ministère des Colonies refuserait cette concession à moins d'être acculé au mur. L'ordre d'Orange [V. Ogle Robert Gowan*] était un autre brandon de discorde : il semblait à Metcalfe que les méthodes par lesquelles les réformistes tentaient de proscrire ce groupe de violents tories portaient atteinte aux libertés civiles et auraient des résultats contraires aux buts recherchés. Il conçut bientôt une extrême aversion pour La Fontaine, qu'il jugeait autoritaire. Tandis que les réformistes le surnommaient méchamment « vieux guindé », « le grand Mogol » et plus tard « Charles le Simple », Metcalfe, lui, les appelait avec dédain, dans ses dépêches, « le parti démocratique ».

Finalement, la rupture survint quand les deux parties jugèrent leurs relations intolérables. Avant l'ouverture de la session parlementaire, le 28 septembre 1843, Metcalfe refusa carrément de retirer la présidence du Conseil législatif au tory Robert Sympson Jameson*, parce que selon lui cette requête de l'exécutif n'était que le reflet d'une animosité partisane. Puis, comme Jameson avait démissionné de son propre chef, le gouverneur manifesta son indépendance en amorçant lui-même des négociations pour combler le poste. Une fois la session ouverte, les activités parlementaires des ministres l'amenèrent à conclure que, sur la question de la liste civile, il avait été victime « du début à la fin » d'« un tel abus de confiance prémédité que plus jamais [il] ne chercherai[t] à avoir des pourparlers confidentiels avec eux ». De plus, sans l'en avoir informé au préalable, les conseillers annoncèrent un important changement : la présidence du bureau des Travaux publics, qu'occupait Hamilton Hartley Killaly*, cessait d'être assortie d'un siège au Conseil exécutif et devenait un simple poste de fonctionnaire. Quant à Metcalfe, à l'insu de La Fontaine, il réserva le projet de loi sur les sociétés secrètes à la sanction royale. Le gouverneur et ses ministres ne s'entendaient pas non plus sur les accusations portées contre le secrétaire de la province, Dominick Daly*. Finalement, le 24 novembre 1843, après que Metcalfe

eut nommé le tory Francis Powell greffier de la paix du district de Dalhousie, La Fontaine et Baldwin exigèrent officiellement qu'il ne procède plus à aucune nomination sans les avoir d'abord consultés et qu'il agisse ensuite d'une manière « non préjudiciable » à leur « influence ». Deux jours de discussions infructueuses suivirent, au cours desquelles les conseillers exécutifs firent valoir que ce principe était essentiel à l'exercice d'un gouvernement responsable, tandis que le gouverneur y voyait la source d'un abandon virtuel de la prérogative de la couronne. Le 26 novembre, tous les conseillers démissionnèrent, sauf Daly. Cinq jours plus tard, après un débat, l'Assemblée législative apporta un appui massif (46 voix contre 23) aux ex-ministres. Elle fut prorogée le 9 décembre.

Le 9 octobre 1843, Metcalfe avait écrit : « Je n'entrevois rien d'autre, comme conséquences probables du renvoi [des ministres], qu'embarras et convulsions. » Néanmoins, il avait fait en sorte que la rupture ait lieu sur la question et de la manière qu'il avait choisies ; maintenant que les ministres avaient démissionné, il était résolu à ne pas céder. Son but était de former un gouvernement de conservateurs modérés, de réformistes modérés et de Canadiens ; si, une fois convoquée, l'Assemblée ne soutenait pas ce gouvernement, il tiendrait des élections générales.

La clé de voûte du plan de Metcalfe était le groupe nombreux mais uni que formaient les députés canadiens. Il était assez astucieux pour se rendre compte que collectivement ils tenaient plus à la survie de leur nation qu'au gouvernement responsable, et il avait déjà fait des démarches en vue d'élever, au rang de rival de La Fontaine, Denis-Benjamin Viger*, qui n'était plus très jeune. À présent il appelait Viger au conseil, en espérant, sans trop y croire toutefois, que le grand prestige et les nombreuses relations de cet homme, surtout dans la famille Papineau, encore puissante, pourraient faire pencher de son côté un nombre substantiel de Canadiens. Entré en fonction le 12 décembre 1843, Viger se mit peu après en quête de partisans dans le Bas-Canada.

Les conservateurs, quant à eux, étaient déjà gagnés à la cause du gouverneur. Certains avaient d'abord déploré sa position sur le gouvernement responsable ; d'autres, comme Metcalfe le comprit, ne se laisseraient pas nécessairement convaincre plus facilement que Baldwin ou La Fontaine d'adopter ses vues sur les relations entre le gouverneur et son conseil. Néanmoins, Metcalfe éprouvait pour eux une sympathie profonde, car il les tenait pour le plus fort groupe de citoyens loyaux de la province. Sir Allan Napier MacNab*, leur leader à l'Assemblée, s'était, par sa résistance violente au gouvernement précédent, rendu inéligible au conseil. Son lieutenant, John Solomon CARTWRIGHT, ne put accepter l'offre de Metcalfe en raison de sa mauvaise santé et de l'opposition de sa femme. William Henry Draper*, conservateur modéré, quitta donc à regret sa retraite politique pour entrer au conseil, le même jour que Viger, et comme lui il ne se vit confier aucun portefeuille.

Les efforts de Metcalfe pour attirer des réformistes modérés se portèrent surtout sur Samuel Bealey Harrison* et William Hamilton Merritt*, mais finalement tous deux refusèrent d'entrer au conseil. Pendant des mois, l'issue de la crise demeura incertaine. Parallèlement aux négociations se poursuivait une lutte pour influencer une opinion publique tantôt passionnée, tantôt indifférente. Metcalfe fut agréablement surpris par les manifestations spontanées de loyauté qui, dans le Haut-Canada, suivirent la démission des ministres et qu'il encouragea grandement par l'éloquence puissante et le ton polémique avec lesquels il répondit aux adresses populaires sur le sujet. Trois modérés influents, Edward Gibbon Wakefield*, Isaac Buchanan* et Egerton Ryerson*, se laissèrent vite gagner. Ils firent campagne pour le gouvernement et publièrent des lettres ou des pamphlets qui, semble-t-il, eurent une influence appréciable. Les candidats progouvernementaux remportèrent une élection partielle dans la circonscription de London de même que les élections municipales de Toronto en janvier 1844. Par contre, le temps que mit le gouverneur à combler les derniers postes du Conseil exécutif nuisit à sa cause ; les réformistes radicaux de l'ouest du Haut-Canada purent se donner une organisation efficace, et Baldwin demeura confiant d'avoir l'appui du peuple.

Gagner le Canada français était essentiel mais, même si Viger répétait qu'il était sur le point de réussir, Metcalfe ne s'y assura l'appui d'aucun groupe important. Il fit ce qu'il put : obtenir la grâce de Canadiens déportés après la rébellion, confirmer que Montréal serait le siège du gouvernement et même recommander le versement des arriérés du salaire de Papineau à titre de président de la chambre du Bas-Canada. « La grâce de leurs compatriotes [...] de même que toute la conduite du gouvernement envers eux durant mon mandat auraient dû me donner une certaine influence sur eux », déclara Metcalfe, ce à quoi il ajoutait de manière significative : « je ne vois rien qui suggère que ce soit le cas ». En avril, une « tendance à s'opposer au gouvernement britannique » se manifesta à Montréal à une élection partielle que le candidat de La Fontaine, Lewis Thomas Drummond*, remporta sur l'homme d'affaires progouvernemental William Molson*. Même si Metcalfe estimait que ce revers n'était dû qu'à la scandaleuse violence des ouvriers irlandais emmenés du canal de Lachine, il confessa que ses partisans bas-canadiens étaient beaucoup plus consternés « qu['il] ne l'avai[t] cru possible étant donné l'événement ». Ses proches collaborateurs se mirent à le presser de dissoudre immédiatement la chambre, mais le gouverneur, « tenant bon » selon son habitude, refusait d'abattre prématurément son dernier atout. Il pressentit des hommes politiques canadiens sans passer par Viger et La Fontaine. Mais l'organisation du leader francophone, comme la tradition de l'unité, était solide : Augustin-Norbert Morin*, Côme-Séraphin Cherrier*, Frédéric-Auguste Quesnel* et René-Édouard Caron* refusèrent d'être nommés, et seuls quatre députés canadiens purent être considérés comme d'éventuels appuis du gouvernement. Le 28 juillet 1844, les négociations avec les Canadiens étaient pour ainsi dire terminées.

Dès lors, on combla rapidement les derniers sièges du Conseil exécutif. Sa composition était satisfaisante sans être remarquable. Denis-Benjamin Papineau* accepta le poste de commissaire des Terres de la couronne. Le poste de procureur général du Bas-Canada alla finalement à James Smith*, avocat montréalais qui avait le double handicap d'être d'origine britannique et de ne pas siéger au Parlement. Viger devint président du conseil et Daly demeura secrétaire de la province. Sur un total de six, quatre conseillers étaient donc des Bas-Canadiens. On nomma Draper procureur général du Haut-Canada et leader du gouvernement ; William Morris*, conservateur modéré et laïque influent de l'Église d'Écosse, devint receveur général. Le poste d'inspecteur général demeura vacant pendant quelque temps après que quatre réformistes haut-canadiens l'eurent décliné. Henry Sherwood*, conservateur torontois qui oscillait imprévisiblement entre des vues extrémistes et modérées, devint solliciteur général du Haut-Canada, sans siéger au conseil. Une fois les nominations faites, Metcalfe décida de ne pas convoquer le Parlement et, le 23 septembre, il déclencha des élections générales.

La campagne fut brève et animée. Metcalfe lui-même s'en mêla et développa avec grand talent le thème de la loyauté. Même si les questions locales comptèrent beaucoup dans bien des circonscriptions, les facteurs décisifs furent d'abord, semble-t-il, l'accueil réservé aux appels de Metcalfe, en particulier de la part de la population immigrante du Haut-Canada, et ensuite l'impopularité, dans cette région, des mesures réformistes. La prospérité économique aida peut-être les conservateurs et contribua sûrement à empêcher la violence et le désordre qui marquèrent le scrutin d'être encore pires qu'ils ne le furent. Dans le Bas-Canada, les luttes furent en général plus calmes, parce que dans bien des cas les jeux étaient faits. Les candidats de Metcalfe remportèrent huit sièges dans les Cantons-de-l'Est, d'allégeance tory, et gagnèrent même Montréal. Cependant, en général l'organisation de La Fontaine fonctionna remarquablement bien, et environ 29 des 42 sièges du Bas-Canada allèrent aux réformistes. Dans le Haut-Canada, le gouvernement rafla tous les sièges, sauf une douzaine. En somme, le nouveau Conseil exécutif avait une majorité petite mais suffisante.

C'était pour Metcalfe un triomphe, qu'on reconnut comme tel non seulement au Canada mais aussi à Londres. Durant sa longue et dure lutte contre La Fontaine et Baldwin, il avait pu compter sur le ferme appui du gouvernement britannique. Apparemment, la reine Victoria tout autant que Peel et Stanley en étaient vite arrivés à admettre qu'un affrontement entre le gouverneur et le conseil était inévitable, et ils n'avaient rechigné que devant les concessions que Metcalfe voulait pour éviter ou retarder ce conflit. Le jour même de la démission de La Fontaine et de Baldwin, Metcalfe avait reçu de Stanley une lettre personnelle qui le prévenait en ces termes : « Il est un point sur lequel je suis sûr qu'il est nécessaire que vous soyez ferme – je veux dire la mainmise sur le favoritisme. » À présent, ils débordaient de gratitude et d'admiration. Le 1er décembre 1844, Peel écrivit à Metcalfe pour lui annoncer que Sa Majesté avait l'intention de le faire baron. En effet, le mois suivant, on lui décerna le titre de baron Metcalfe.

Ce triomphe, Metcalfe l'avait cependant payé cher, personnellement et politiquement. Quelques années avant son départ de l'Inde, il avait commencé à souffrir d'une petite tumeur cancéreuse à la joue droite. Négligée, elle s'était aggravée et, quand il la fit finalement traiter, ce ne fut pas sans effets débilitants. À compter de 1842, il y eut pendant quelque temps une certaine rémission, puis graduellement la tumeur s'étendit. En avril 1844, Stanley, inquiet, envoya un médecin, George Pollock, à qui les plus grands spécialistes de Londres avaient donné des instructions détaillées. Mais pendant le temps où il procéda à des applications d'un caustique, le chlorure de zinc, la santé de Metcalfe se détériora. Il supportait la douleur sans se plaindre, mais il devint aveugle de l'œil droit tandis que son œil gauche s'affaiblissait. Tout à fait conscient de l'effet que son départ précoce aurait sur la situation politique, il faisait son travail de son mieux, dans une pièce obscure, assisté de lecteurs et de secrétaires. Son extraordinaire force de caractère lui gagna une grande sympathie qui contribua tant à sa victoire électorale qu'à l'obtention de son titre de baron.

Par ailleurs, et c'était là le prix politique de son triomphe, Metcalfe avait dû entrer dans le domaine des conflits partisans, lui qui avait voulu, à titre de gouverneur, être au-dessus des partis. Cette contradiction aurait été moins évidente si son nouveau Conseil exécutif n'avait pas prétendu être non partisan, ce qui était fort douteux. Le gouvernement de Metcalfe, à l'exception de Daly qui n'arborait aucune couleur, était formé de conservateurs auxquels s'ajoutaient deux Canadiens qui, après les élections générales, ne purent trouver qu'un partisan à l'Assemblée. Même si c'est surtout l'appui de réformistes modérés aux candidats progouvernementaux qui avait probablement déterminé le résultat des élections, aucun réformiste n'entra au Conseil exécutif, ni avant ni après les élections. (Le poste vacant d'inspecteur général alla à un tory, William Benjamin Robinson*.) En outre, à cause de son état de santé, Metcalfe s'appuyait de plus en plus sur son secrétaire civil, James Macaulay Higginson*, et aussi sur ses ministres, en particulier Draper, qu'il considérait comme le meilleur administrateur dans la province. Fatalement, le pouvoir passa du gouverneur au Conseil exécutif, de sorte que dans les derniers mois de 1845 il y avait entre eux une relation presque identique à celle que Metcalfe avait d'abord entrepris de corriger – à la différence, bien sûr, que le parti en place était, aux yeux de Metcalfe, authentiquement loyal à la Grande-Bretagne.

Cela suffisait, et il y avait des compensations. Avant la fin du mandat de Metcalfe, le gouvernement britannique capitula sur l'amnistie générale, la liste civile et la question linguistique. Dans ce dernier cas, il s'agissait d'une concession particulièrement importante – ni plus ni moins que la renonciation à l'anglicisation comme l'un des éléments de la politique impériale. Metcalfe ne l'obtint que parce qu'on le pressait fortement de préserver la réputation de Viger et de Denis-Benjamin Papineau et d'augmenter, si possible, leurs appuis. Dans le Haut-Canada, le gouvernement finit par éprouver des difficultés parce que ses partisans n'avaient aucune orientation commune et que leur leader manifeste, Draper, manquait totalement d'influence politique. À la toute fin de la session de 1844–1845, un groupe de ses propres partisans, membres de la Haute Église, contraignit donc le gouvernement à retirer sa principale mesure, un projet de loi auquel Metcalfe s'était intéressé personnellement et qui aurait créé une « université du Haut-Canada ». Toutefois, la plupart des résolutions gouvernementales obtinrent à l'Assemblée une majorité de trois à six voix. Même si le mécontentement régnait toujours parmi ceux qui, dans le Haut-Canada, appuyaient l'expérience qu'avait tentée Metcalfe, elle ne semblait pas, dans les derniers mois de 1845, condamnée à l'échec.

Metcalfe s'accrochait à son poste, par souci de faire progresser l'œuvre qu'il avait entreprise et aussi de montrer sa loyauté à ceux qui l'avaient soutenu. Mais, en octobre, une aggravation soudaine de son état l'empêcha d'exercer adéquatement ses fonctions. Il démissionna après que le ministre des Colonies l'y eut autorisé et lorsque ses conseillers l'eurent assuré qu'il ne pouvait rien faire de plus pour le Canada. Charles Murray Cathcart* devint alors administrateur de la province. Le 26 novembre, Metcalfe s'embarqua pour l'Angleterre ; quasi aveugle, il pouvait à peine manger ou parler et avait un orifice béant à la joue. Sa mort survint un peu plus de neuf mois après.

Pendant la première moitié du XIXe siècle, un groupe de « glorieux sahibs » domina la présence britannique en Inde. De tous ceux-là, c'est Metcalfe qui avait la personnalité la plus complexe, et on peut soutenir qu'il fut le plus grand. Assurément, il se comporta en conservateur : animé d'un sens profond de la continuité historique et, en bon homme du XVIIIe siècle, d'une grande tolérance envers les autres cultures, il s'opposa fermement aux efforts d'anglicisation de la société indienne. Mais il se montra aussi d'un progressisme extraordinaire à Delhi, surtout en matière d'esclavage et de châtiment des criminels. De plus, il manifesta une remarquable détermination à gouverner de manière honnête et efficace, même au détriment des intérêts de certains groupes britanniques et, si nécessaire, de sa propre carrière.

On a souvent dit que l'expérience de Metcalfe en Inde l'avait mal préparé à gouverner le Canada, colonie blanche dotée d'une forme avancée de gouvernement représentatif. Mais on peut se demander si cette assertion est juste. Son attitude envers le gouvernement responsable de la colonie était en théorie identique à celle de Stanley et de Peel, et en pratique plus réaliste. Il eut autant de succès politique que Sydenham, le plus grand homme politique parmi les gouverneurs du Canada de cette période, mais dans des circonstances plus difficiles. Et, même s'il devint moins favorable aux Canadiens dans la dernière année de son mandat, il demeura aussi sensible à leurs aspirations que pouvait l'être un représentant impérial à cette époque. Il est difficile de saisir dans toute sa complexité la relation qui unit les différentes étapes de la carrière de Metcalfe car, en dépit du tableau que bien des historiens brossent de son mandat au Canada, c'était un administrateur souple. À toutes ces étapes cependant, on reconnaît une même philosophie de base, une personnalité qui, tout en s'adaptant, conservait des constantes et, surtout, un sens persistant du devoir. Au Canada, le héros faiblissant, gagné par un désespoir byronien, se lança contre les forces inéluctables de l'histoire, jouant jusqu'au dernier épisode l'épopée dans laquelle, écolier, il s'était donné le rôle de paladin.

Même si le succès limité que sir Charles Theophilus Metcalfe remporta sur le plan constitutionnel ne dura pas, son mandat fut assez important dans l'histoire du pays. Comme l'a souligné James Maurice Stockford Careless, Metcalfe éclaircit la notion de gouvernement responsable et contribua, bien malgré lui, à l'application intégrale de la conception qu'en avaient La Fontaine et Baldwin, parce qu'il ne parvint pas à y trouver de solution de rechange viable. En dénouant la brève crise de 1843–1844, il donna au gouvernement impérial le temps de souffler, de s'adapter à la nouvelle réalité des affaires canadiennes. Aussi grâce à lui la transition fut-elle paisible quand le gouvernement responsable devint vraiment réalité en 1848.

L'historien William George Ormsby a, quant à lui, souligné les contributions délibérées et plus positives de Metcalfe à l'évolution du Canada, en particulier le rôle qu'il joua pour qu'on abandonne l'anglicisation comme élément majeur de la politique britannique. Enfin, Metcalfe eut une influence notable sur le conservatisme canadien en le réconciliant avec le gouvernement responsable, sous quelque forme que ce soit. Cependant, en mettant l'accent sur le fait qu'on devait, en définitive, juger les hommes politiques de la colonie selon leur loyauté envers la Grande-Bretagne et en faisant valoir que, en dépit du gouvernement responsable, la métropole devait conserver un pouvoir important sur les affaires internes du Canada, il renforça les éléments conservateurs qui s'opposeraient le plus vigoureusement, en 1849, au projet de loi pour l'indemnisation des pertes subies pendant la rébellion.

Donald Robert Beer

Charles Theophilus Metcalfe est l'auteur de : « On the best means of acquiring a knowledge of the manners and customs of the natives of India », *Essays by the students of the College of Fort William in Bengal* [...] (3 vol., Calcutta, 1802–1804). Il est également l'auteur de plusieurs essais politiques, dont *Friendly advice to conservatives* (s.l., 1838), maintenant introuvable, semble avoir été le seul à être publié. On dit que « Friendly advice to the working classes », présenté en appendice de *Selections from the papers of Lord Metcalfe* (voir ci-bas), contient des opinions semblables à celles de l'autre essai. Le *British Library general catalogue* énumère quelques discours de Metcalfe et d'autres qui lui ont été adressés, en Jamaïque et au Canada.

AO, MS 35 ; MU 1147. — APC, MG 11, [CO 42] Q, 505–527 ; MG 24, A15 (mfm) ; A33 ; B2 ; B6 ; B8 ; B14 ; E1 ; RG 7, G1 ; G3, 1–2 ; 8 ; G14, 10–17 ; G17A, 2–3 ; G17C. — Cornwall Record Office (Truro, Angl.), DD.HL (2)318–361 ; DD.HL(2)469. — MTRL, Robert Baldwin papers. — PRO, CO 537, 141–143 (mfm aux APC). — *Debates of the Legislative Assembly of United Canada* (Abbott Gibbs *et al.*). — Francis Hincks, *Reminiscences of his public life* (Montréal, 1884). — J. W. Kaye, *The life and correspondence of Charles, Lord Metcalfe* [...] (2 vol., Londres, 1854). — [C. T. Metcalfe, 1er baron Metcalfe], *Selections from the papers of Lord Metcalfe ; late governor-general of India, governor of Jamaica, and governor-general of Canada*, J. W. Kaye, édit. (Londres, 1855). — Egerton Ryerson, *Sir Charles Metcalfe defended against the attacks of his late counsellors* (Toronto, 1844) ; « *The story of my life* » [...] (being reminiscences of sixty years' public service in Canada.), J. G. Hodgins, édit. (Toronto, 1883). — E. G. Wakefield, *A view of Sir Charles Metcalfe's government, by a member of the provincial government* (Londres, 1844). — *DHB* (biog. de sir Allan Napier MacNab). — J. M. S. Careless, *The union of the Canadas : the growth of Canadian institutions, 1841–1857* (Toronto, 1967). — Michael Edwardes, *Glorious Sahibs ; the romantic as empire-builder, 1799–1838* (New York, 1969). — George Metcalfe, « William Henry Draper », *The pre-confederation premiers : Ontario government leaders,*

Meuse

1841–1867, J. M. S. Careless, édit. (Toronto, 1980), 32–88. — Monet, *Last cannon shot*. — W. P. Morrell, *British colonial policy in the age of Peel and Russell* (Londres, 1930). — W. [G.] Ormsby, *The emergence of the federal concept in Canada, 1839–1845* (Toronto, 1969). — D. N. Panigrahi, *Charles Metcalfe in India : ideas & administration, 1806–1835* (Delhi, 1968). — Gilles Pesant, « l'Affrontement des deux nationalismes sous Metcalfe, 1843–1845 » (thèse de M.A., univ. de Montréal, 1973). — Eric Stokes, *The English utilitarians and India* (Oxford, 1959). — E. [J.] Thompson, *The life of Charles, Lord Metcalfe* (Londres, 1937). — Philip Woodruff [Philip Mason], *The men who ruled India* (Londres, 1953 ; réimpr., 1971).

MEUSE (Mius, Mause, Muse), ANDREW JAMES, chef micmac qui vécut en Nouvelle-Écosse ; *circa* 1821–1850.

En janvier 1821, au nom de la « division de la nation micmaque qui habitait près du goulet d'Annapolis Royal », Andrew James Meuse présenta à la chambre d'Assemblée de la Nouvelle-Écosse une requête contre l'adoption d'un projet de loi destiné à interdire la chasse au marsouin dans la baie. Cet animal était l'une des principales sources de subsistance des Indiens et, arguait Meuse, le chasser constituait un « droit naturel » qui ne lésait pas les Blancs. Sa présence en chambre fit grande impression. À cette occasion, il aurait dit, comme on le rapporta : « Je ne vois parmi [les députés] qu'un seul visage que je connais, et cet homme tente de retirer à l'Indien son moyen de subsistance. » Il parla longuement des torts infligés à son peuple et en défendit la cause avec éloquence. Le projet de loi, qui avait déjà franchi l'étape de la deuxième lecture, fut rejeté aussitôt après.

Walter BROMLEY, philanthrope de Halifax, fit la connaissance de Meuse, « l'homme qui plaida noblement la cause de son peuple », en septembre 1822. Meuse faisait appel à lui pour qu'il demande au gouvernement, au nom de la bande, une concession de 1 000 acres attenant au camp micmac du bassin d'Annapolis. En 1825, les deux hommes allèrent ensemble en Angleterre. Meuse espérait, dit-on, solliciter des concessions permanentes pour les Indiens afin qu'ils puissent devenir agriculteurs. Selon une anecdote publiée cinq ans plus tard par Thomas IRWIN, de Charlottetown, Meuse avait demandé au lieutenant-gouverneur, sir James Kempt*, une terre située à la rivière Bear, près du bassin d'Annapolis, et s'était vu répondre qu'il pourrait l'avoir mais n'obtiendrait aucun titre de propriété de peur qu'il ne le transfère aux Blancs ; Kempt promettait cependant que les Indiens auraient pleine jouissance des lieux. Indigné, Meuse répliqua : « Avant l'arrivée des Européens dans notre pays, mes ancêtres étaient ici les maîtres légitimes, et moi, leur fils, je dois supplier, de la manière la plus humble, un gouverneur étranger de me donner une parcelle où dresser un wigwam ; pire encore, il me la refuse ! » Au fait de ce que son peuple avait souffert, comment eût-il prêté foi à la parole d'un gouverneur ? « Non, poursuivit-il ; j'irai en Angleterre et ferai appel au roi – de lui seul j'espère réparation. » On ignore s'il s'adressa au roi pendant son séjour à Londres, mais on sait qu'il y fit la connaissance de certains grands philanthropes quakers de l'époque et entama une correspondance avec eux. Il ne parvint pas à obtenir une terre en franche tenure mais, à la demande de l'abbé Jean-Mandé SIGOGNE et du juge Peleg Wiswall, de Digby, on réserva 1 000 acres à la rivière Bear. Meuse devait être responsable de la colonie expérimentale.

On arpenta la terre en 1827 et on la divisa en lots de 30 acres. Toute famille qui cultiverait sa terre pendant trois années consécutives en deviendrait propriétaire, sans toutefois que ce soit en franche tenure ; toute famille qui négligerait son lot pendant trois ans le céderait à un autre cultivateur indien. Les premiers habitants s'installèrent à la rivière Bear en 1828. Le gouvernement de la province leur fournit alors certains biens et les quakers d'outre-mer leur apportèrent un soutien financier.

Le 12 février 1828, Charles Glode* déposa à l'Assemblée une pétition qui portait le nom d'Andrew Meuse, chef des Indiens du district de Western. Le pétitionnaire réclamait « la suppression de la vente de boissons fortes aux Indiens de la province ». Il en résulta finalement une loi inefficace qui laissait l'interdiction de la vente d'eau-de-vie à la discrétion des magistrats locaux. Dans le *Novascotian, or Colonial Herald*, Joseph Howe* écrivit un éditorial sur les vertus des autochtones comme Glode et Meuse.

L'avenir s'annonçait bien. Dès 1831, 17 familles, au total 69 personnes, vivaient à la rivière Bear ; elles avaient défriché leurs lots et obtenu de bonnes récoltes de pommes de terre. À la demande de Meuse, l'Assemblée fournit de l'aide pour la construction d'une route et versa £100 pour ériger une chapelle. En 1831–1832, Meuse fit une deuxième visite en Angleterre au cours de laquelle il passa beaucoup de temps avec des philanthropes fameux : Elizabeth Fry lui remit un portrait d'elle, qu'il suspendit plus tard dans son vivoir. On le présenta au couple royal, qui lui donna une médaille.

Dès le début, l'abbé Sigogne avait craint que le soutien donné par les quakers n'ébranle de quelque façon la foi catholique des Indiens du village. Même avant le deuxième voyage de Meuse en Angleterre, il s'était plaint de l'indifférence du chef envers la religion et de la mauvaise influence qu'il exerçait sur son peuple. Mais le pire restait à venir. Quelque temps après son retour, Meuse se mit à boire ; il plaça la médaille royale en gage et Sigogne dut la racheter. En raison de sa mauvaise conduite, on destitua Meuse de son poste de chef puis on élut Jack Glode à sa place. En 1834, un visiteur rapportait avec tristesse que les Indiens avaient « littéralement gaspillé » ce qu'on avait mis à leur disposition : les terres étaient à l'abandon, et ils festoyaient et flânaient jusqu'à ce que la faim les oblige à mendier.

En dépit de ces échecs, Meuse demeura le personnage le plus important de Bear River. Apparemment, il regagna les bonnes grâces de Sigogne car, en 1835, il reçut de l'abbé une lettre d'introduction avant de partir pour Yarmouth afin de recueillir £25 pour la chapelle. On sait aussi qu'il alla faire des collectes aux États-Unis, peut-être en 1836. Cependant, la colonie continuait de péricliter : en 1841, on y rapportait la présence de sept familles seulement.

En novembre 1841, deux Indiens se rendirent chez Howe, à Halifax. L'un d'eux était certainement Meuse, qui connaissait l'hôte depuis nombre d'années. Howe ne put s'empêcher d'être impressionné par Meuse : il avait devant lui un homme qui était allé à Londres et qui « parl[ait] en termes familiers de M. Gurney, de Mme Fry et d'autres philanthropes distingués ». Les deux visiteurs firent comprendre à Howe qu'il devait non pas penser aux Indiens comme un Blanc, c'est-à-dire en termes de cantons et de comtés, mais les voir comme des bandes dirigées par des chefs de district indépendants. Ils demandèrent avec insistance que chacun des chefs reçoive un plan et une description précise des réserves situées sur son territoire et qu'on le charge de les répartir entre les membres de son peuple. Ils rappelèrent les débuts de Bear River pour signaler que le gouvernement provincial devait remettre des outils, des graines et du bétail à chacun des groupes et qu'il serait souhaitable de construire une maison pour le chef, une chapelle et peut-être une école. Howe s'empressa d'ajouter ces propositions aux siennes dans une lettre destinée au lieutenant-gouverneur, lord Falkland [Cary*]. Il se préparait ainsi à devenir le premier commissaire aux Affaires indiennes de la Nouvelle-Écosse.

En cette qualité, Howe visita Bear River en 1842. Il trouva que le sol était bon et que, du campement, il était facile de se rendre au goulet d'Annapolis Royal pour y chasser le marsouin ou y pêcher le hareng. Tout près, il y avait des « territoires de chasse illimités », et les Indiens pourraient gagner de l'argent en vendant du bois de corde à l'autre campement qui se trouvait sur la rivière Bear. Meuse, malgré ses « toquades », était encore l'homme de la situation. On avait exagéré la désolation qui régnait sur les lieux. La plupart des Indiens avaient fait vœu de tempérance et Howe avait bon espoir que la réserve devienne un centre qui permettrait la « civilisation » des Micmacs. Il dénombra quelque 65 personnes réparties en 14 familles, dont 4 vivaient déjà dans de confortables maisons à charpente de bois. Si seulement Meuse avait été un homme sobre ! Il aurait été « infiniment

précieux tant comme agent du gouvernement que comme guide et exemple pour son peuple ».

Le malheur frappa le village au milieu des années 1840. Les pommes de terre pourrirent dans le sol, le poisson se fit rare et la maladie fit beaucoup de morts [V. Gabriel ANTHONY]. Meuse fut atteint mais survécut. Bear River se remit lentement. Meuse se trouvait parmi les dix chefs qui paradèrent dans les rues de Halifax en février 1849 avec une pétition où ils réclamaient de l'aide pour reprendre la culture, durement éprouvée par le mildiou. La dernière personne à parler de lui fut, en juillet 1850, le missionnaire baptiste Silas Tertius Rand*, qui visitait le bassin d'Annapolis. Rand lisait la Bible quand Meuse le « prévint dans un bon anglais de ne rien dire contre la religion [de son peuple] ». Le missionnaire termina sa lecture par le récit d'une guerre livrée aux Agniers longtemps auparavant. Sigogne aurait approuvé Meuse à la fin.

Andrew James Meuse avait épousé Magdalen Tony, et ils avaient eu quatre fils et deux filles. Louis Noel accompagna son père à l'ocasion de sa deuxième visite à Londres. Cinq des enfants fréquentèrent l'école et apprirent à lire et à écrire l'anglais.

L. F. S. UPTON

Arch. of the Archdiocese of Halifax, Edmund Burke papers, [J.-M. Sigogne] à Joseph Bond, [1835]. — Musée du N.-B., J. C. Webster papers, packet 31, [Walter Bromley], « Report of the state of the Indians in New Brunswick under the patronage of the New England Company, 14th August 1822 ». — PANS, MG 1, 979, folder 8, Bowman à Peleg Wiswall, 10 oct. 1828 ; J.-M. Sigogne à Wiswall, 29 mars 1831 ; liste des Indiens, janv. 1832 ; MG 15, B, 3, n° 104 ; RG 1, 430, n°s 21–22 ; 431, n° 22 ; 432 : 1–6, 111–114 ; RG 5, P, 2. — PRO, CO 217/178 : 89–101. — Micmac Missionary Soc., *Annual report of the committee* (Halifax), 1850. — N.-É., House of Assembly, *Journal and proc.*, 1821 : 30–31, 36, 77–78 ; 1828 : 208 ; 1830 : 578, 584, 701, 705 ; Legislative Council, *Journal and proc.*, 1843, app. 7 : 22. — *Acadian Recorder*, 29 mars 1834. — *Halifax Journal*, 27 déc. 1824. — *Halifax Morning Post & Parliamentary Reporter*, 1er févr. 1842. — *Novascotian, or Colonial Herald*, 13 août 1830. — *Prince Edward Island Register*, 29 juin 1830. — *Times and Courier* (Halifax), 27 févr. 1849. — Murdoch, *Hist. of N.S.*, 1 : 168–171. — Upton, *Micmacs and colonists*. — Judith Fingard, « English humanitarianism and the colonial mind : Walter Bromley in Nova Scotia, 1813–25 », *CHR*, 54 (1973) : 123–151.

MILES, FREDERICK WILLIAM, ministre baptiste et administrateur scolaire, né vers 1806 à Maugerville, Nouveau-Brunswick, aîné des deux fils d'Elijah Miles* et de sa deuxième femme, Elizabeth Harding ; le 29 octobre 1832, il épousa à Boston, Massachusetts, Charlotte Mears, et ils eurent une fille qui mourut en bas âge, puis en seconces noces Eliza

Millar

Billings, née Moore, de Londres, et de ce mariage naquit une fille ; décédé le 2 février 1842 à Fredericton.

Elijah Miles était anglican, mais sa deuxième femme était une non-conformiste, ce qui peut expliquer pourquoi leurs deux fils finirent par embrasser la foi baptiste. Frederick William Miles étudia au King's College de Windsor, en Nouvelle-Écosse, où il obtint son diplôme le 17 juin 1824 et trouva un guide en la personne du révérend David Nutter, prédicateur baptiste réputé dans la région. En 1828, il reçut le baptême au sein de la congrégation baptiste Germain Street, de Saint-Jean, et le 7 septembre de la même année il fut ordonné ministre de cette congrégation. Pendant les deux années où il y exerça ses fonctions, il accueillit 50 nouveaux fidèles.

En 1830, Miles quitta Saint-Jean pour aller étudier au séminaire de Newton, dans le Massachusetts, où il fit probablement la connaissance de sa première femme, Charlotte Mears, originaire de Boston. Il retourna ensuite à sa première affectation, mais peu de temps après, en 1833 ou 1834, on l'appela à servir à l'église baptiste Fredericton. Son arrivée dans la capitale du Nouveau-Brunswick coïncida avec une montée des protestations contre les privilèges que détenait l'Église d'Angleterre, surtout dans le secteur de l'éducation. En 1833, l'Église établie avait en effet la mainmise sur les écoles que subventionnait l'État et jouissait du soutien indéfectible des conseillers législatifs qui, contrairement aux députés de l'Assemblée, n'étaient pas élus mais nommés par la couronne.

Le mérite d'avoir proposé la création du premier séminaire baptiste au Nouveau-Brunswick revient à Miles ainsi qu'à William Boyd Kinnear*, avocat de Fredericton et député. À l'assemblée annuelle de la New Brunswick Baptist Association tenue à St George en juillet 1833, on accepta leur projet, après discussion, et tous deux firent partie du comité de sept membres qui devait préparer un prospectus. En septembre, à l'occasion d'une assemblée publique à Saint-Jean, eut lieu la fondation de la New-Brunswick Baptist Education Society ; le révérend Joseph Crandall* fut élu président et John McNeil WILMOT, vice-président. La société choisit de construire le séminaire à Fredericton et, une fois les travaux terminés, en décembre 1835, elle nomma Miles directeur. Charlotte Miles se vit alors confier la responsabilité des élèves de sexe féminin. En admettant les femmes au même titre que les hommes, affirme George Edward Levy, « le Baptist Seminary de Fredericton faisait œuvre de pionnier au Canada ». Il n'imposait aucun questionnaire religieux et accueillait les membres de toutes les confessions. En fait, la plupart des 70 élèves de la première classe n'étaient pas baptistes.

« Il semble, note un spécialiste contemporain, que l'aide provinciale octroyée à cette école constitua une sorte de précédent à l'égard de l'aide officielle aux écoles non anglicanes. » En 1835, l'Assemblée approuva le versement d'une subvention de £500 à l'établissement, mais le Conseil législatif refusa de l'imiter, malgré une pétition qu'avaient signée « environ six cents personnes respectables qui appartenaient aux diverses confessions de la province ». Le même scénario se répéta plusieurs fois dans les années suivantes ; une pétition portait même 2 000 signatures. Enfin, en 1840, on approuva une subvention de £500, et à partir de 1845 l'école se voyait garantir une somme annuelle.

En juillet 1838, le séminaire, sous la direction de Frederick William Miles, avait déjà accueilli un total de 109 étudiants et 94 étudiantes. La femme de Miles était morte en décembre 1837, et l'année suivante, pour des raisons de santé, lui-même dut laisser temporairement son poste au révérend Charles Tupper*, père de sir Charles Tupper*. On l'envoya en Angleterre dans l'espoir qu'il guérirait et pourrait amasser des fonds pour l'école. Outre une donation spéciale pour une bibliothèque, il recueillit £415. Par ailleurs, il épousa Eliza Billings, veuve et mère d'un petit garçon. Rentré au pays en octobre 1839, il dut malheureusement démissionner de son poste de directeur six mois plus tard : sa santé ne s'était pas suffisamment améliorée. Il continua cependant de travailler pour la New-Brunswick Baptist Education Society jusqu'à sa mort, en février 1842 ; il avait alors 36 ans.

RICHARD WILBUR

N.-B., House of Assembly, *Journal,* 1842–1846 ; Legislative Council, *Journal,* 1842–1846. — *Columbian Centinel* (Boston), 31 oct. 1832. — *Royal Gazette* (Fredericton), 15 avril 1840. — Hill, *Old Burying Ground* ; *Some loyalists and others* (Fredericton, 1976). — Newton Theological Institution, *Historical catalogue* (12e éd., Newton Centre, Mass., 1925). — Bill, *Fifty years with Baptist ministers.* — H. G. Davis, *The history of the Brunswick Street United Baptist Church* [...] ([Fredericton, 1964]). — Levy, *Baptists of Maritime prov.* — K. F. C. MacNaughton, *The development of the theory and practice of education in New Brunswick, 1784–1900 : a study in historical background,* A. G. Bailey, édit. (Fredericton, 1947). — Saunders, *Hist. of Baptists.* — A. A. Trites, « The New Brunswick Baptist Seminary, 1833–1895 », *Repent and believe : the Baptist experience in Maritime Canada,* B. M. Moody, édit. (Hantsport, N.-É., 1980), 103–123.

MILLAR, JAMES, homme d'affaires, officier de milice, juge de paix et fonctionnaire, né vers 1782 à Riccarton, Écosse ; le 27 février 1838, il épousa à Montréal Eleanor Catherine Gibb, la cadette des filles de Benaiah Gibb* ; décédé le 27 juillet 1838 au même endroit.

En 1807, James Millar était établi à Montréal à titre de marchand ; il était associé à Alexander Parlane sous la raison sociale de Millar, Parlane and Company.

Comme il n'avait que 25 ans à l'époque, on peut penser qu'il appartenait à une famille prospère. Son entreprise importait et vendait en gros des tissus fins et des articles de luxe. En 1816, elle se classait parmi les plus importantes sociétés importatrices de Montréal. Sa réussite reflète la prospérité de la bourgeoisie montréalaise, puisque ses clients, des marchands-tailleurs comme la Gibb and Company (exploitée par Benaiah Gibb jusqu'en 1815), habillaient l'élite politique et économique de la ville. La Millar, Parlane and Company, comme d'autres, grandit et se diversifia en fonction de l'économie du Haut et du Bas-Canada. En 1818, elle exportait beaucoup de bois, de farine et de cendres, et ses importations étaient plus variées. En 1820, Alexander Parlane vivait à Liverpool, où il représenta la compagnie jusqu'à sa dissolution en 1824.

Millar et un autre de ses associés, William Edmonstone, formèrent sans tarder une nouvelle société, qu'ils exploitèrent d'abord sous leur ancienne raison sociale, puis rebaptisèrent la Millar, Edmonstone and Company en 1835. Hugh Allan* s'associa avec eux la même année, après s'être joint à l'entreprise à titre de commissionnaire en 1831. La compagnie était en 1837 l'un des trois principaux importateurs généraux de Montréal ; elle reçut cette année-là les cargaisons de 12 bateaux. Millar fut peut-être armateur, mais aucune de ses entreprises ne posséda de navires avant que la Millar, Edmonstone and Company n'acquière en 1836 le *Thistle*, un trois-mâts barque de 214 tonneaux. Par la suite, sous l'influence d'Allan, l'entreprise se transforma rapidement en compagnie de transport maritime.

Comme bien des marchands de son temps, Millar s'occupa d'opérations bancaires. De juin à novembre 1825, il fut membre du conseil d'administration de la Banque de Montréal. Il appuya George Moffatt* et les jeunes administrateurs dans leur lutte victorieuse contre le président Samuel Gerrard* au sujet de la politique de prêt. Millar et Moffatt collaborèrent également en 1831 : on les chargea alors, avec Benjamin Hart*, de gérer l'actif de la faillite de John Spragg, l'un des associés de la Spragg and Hutchinson. En 1836, on désigna Millar comme administrateur par intérim de la succursale montréalaise de la Banque de l'Amérique septentrionale britannique. Il se peut également qu'il ait été administrateur de la Banque d'épargne de Montréal et de la Montreal Insurance Company.

Personnalité du milieu montréalais des affaires, Millar se vit confier maintes charges : les unes étaient honorifiques, les autres comportaient de véritables responsabilités et dénotaient à la fois ses champs d'intérêt et les besoins des gens d'affaires. Comme beaucoup de ses pairs, il fut juge de paix (de 1821 à 1837). En 1820, il devint enseigne et, un an plus tard, lieutenant dans le 1er bataillon de milice de Montréal.

Il s'acquitta de ses responsabilités de citoyen de différentes façons : membre du conseil d'administration du Montreal General Hospital, syndic de la Maison d'industrie à compter de 1827 et président des élections municipales dans le quartier Sainte-Marie en 1833. Il défendit les intérêts du monde des affaires au sein du comité formé en 1821 « pour obtenir des mesures d'aide pour l'agriculture et le commerce du pays » [V. John Richardson*], au Bureau des mesureurs de bois à partir de 1823 et au comité chargé de choisir l'emplacement de la nouvelle maison des douanes en 1834. À partir de 1831, il fut commissaire de la voirie et des ponts pour les cantons de Wickham et de Grantham, où il possédait des terres.

Membre de la seconde génération de marchands montréalais après la Conquête, James Millar ne toucha pas à la traite des fourrures ; la réussite des entreprises qu'il lança repose plutôt sur le commerce de nouveaux produits de base et sur la demande croissante de biens de consommation dans le Haut et le Bas-Canada. Jedediah Hubbell Dorwin*, qui avait connu la Millar, Parlane and Company dans sa jeunesse, la comparait vers 1866 aux maisons qui dominaient le commerce de détail à Montréal dans les années 1860, « les Benjamin et les Mussen, ou les derniers Morgan ». Bien que prospère, Millar fut cependant à son époque un marchand de second plan et n'eut pas le poids économique ni politique d'un George Moffatt ou d'un Peter McGill*.

PETER DESLAURIERS

Il ne faut pas confondre James Millar avec deux de ses concitoyens. Le premier, un homonyme, était un franc-tenancier anglais ; le second, James Morton Millar, était un marchand écossais presbytérien marié à la sœur d'Eleanor Catherine Gibb, la femme du sujet.

L'auteur tient à remercier pour son aide Paulette M. Chiasson du *Dictionnaire biographique du Canada*. [P. D.]

APC, MG 24, D84 : 21–22, 27–48 ; MG 30, D1, 21 : 683 ; RG 68, General index, 1651–1841. — Musée McCord, J. H. Dorwin, « Antiquarian autographs », 18 ; M21411, nos 260, 489. — *La Gazette de Québec*, 27 nov. 1817, 24 mai, 27 août 1821, 3 mai 1824. — *Montreal Gazette*, 1er mars, 28 juill. 1838. — Campbell, *Hist. of Scotch Presbyterian Church*. — Denison, *Canada's first bank*. — Tulchinsky, *River barons*.

MILLIDGE, THOMAS, homme d'affaires, homme politique, juge de paix et juge, né le 12 août 1776 dans le New Jersey, fils de Thomas Millidge* et de Mercy Berker (Barker) ; le 10 septembre 1801, il épousa Sarah Simonds, et ils eurent 12 enfants ; décédé le 21 août 1838 à Saint-Jean, Nouveau-Brunswick.

Thomas Millidge avait sept ans quand il arriva en Nouvelle-Écosse avec ses parents ; c'était en 1783, et la colonie recevait alors un grand nombre d'immigrants loyalistes. Son père, major dans les New Jersey

Milnes

Volunteers, devint l'un des arpenteurs adjoints de la Nouvelle-Écosse, siégea à la chambre d'Assemblée, fut nommé à la magistrature et servit à titre de colonel dans la milice. Il était donc un modèle de réussite pour son fils.

Parvenu à l'âge adulte, Thomas Millidge franchit la baie de Fundy pour gagner Saint-Jean et se fit constructeur de navires sur la Kennebecasis. L'emplacement de son chantier, intégré à la municipalité de Saint-Jean en 1889, allait être baptisé Millidgeville. En 1801, Millidge épousa Sarah Simonds, fille de James Simonds*, membre fondateur d'une compagnie créée à Saint-Jean avant la période loyaliste, la Simonds, Hazen and White. Huit de leurs 12 enfants vécurent jusqu'à l'âge adulte ; de ce nombre, sept s'allièrent par mariage à de grandes familles de loyalistes ou de préloyalistes. Ce faisant, ils contribuèrent au renforcement de l'élite néo-brunswickoise du XIXe siècle, anglicane et en grande partie loyaliste.

En septembre 1816, on élut Millidge député du comté et de la ville de Saint-Jean. Cette année-là, la colonie connut des récoltes désastreuses, ce qui paralysa temporairement son agriculture, déjà loin derrière l'exploitation forestière et la construction navale comme source apparente et réelle de richesse. Millidge était membre du comité de l'Assemblée chargé d'étudier les ravages immédiats de cette crise et ses effets à long terme sur le développement de la province. Le comité recommanda, comme mesure d'urgence, de libérer des crédits pour « l'aide aux pauvres et les besoins essentiels de la province ». En outre, et cela comptait davantage, Millidge et ses collègues présentèrent un projet de loi en faveur du développement agricole. Il conserva son siège aux élections d'octobre 1819.

Au fil des ans, Millidge devint un gros marchand et se hissa à la tête de sa famille, qui se tailla une place de choix parmi les propriétaires de navires. Dans les années 1820, il possédait plusieurs bateaux, dont deux au moins avaient été construits pour lui par John Haws* ; son associé dans la construction navale était Simeon Lee Lugrin, lui aussi d'ascendance loyaliste. Comme d'autres contemporains, Millidge connut les risques inhérents au transport par eau, surtout dans les anses rocheuses de la baie de Fundy. En 1787, son père avait survécu à un naufrage au large de l'anse Musquash (port de Musquash). Des années plus tard, en 1836, une baleinière construite par Millidge, la *Thomas Millidge,* s'échoua près de la même anse, à quelques milles de Saint-Jean.

Millidge fut actif dans de nombreuses sphères de la vie urbaine et commerciale. Il appartint au premier club social de Saint-Jean, la Subscription Room, qui avait son siège à l'Exchange Coffee House et se réunissait souvent pour évaluer les moyens de renforcer et de développer le commerce dans la ville. La croissance démographique et l'expansion commerciale poussèrent Millidge et d'autres à fonder, en 1819, la Saint John Chamber of Commerce. Les mêmes facteurs favorisèrent la création, en 1820, de la première banque à charte d'Amérique du Nord britannique, la Bank of New Brunswick ; Millidge fit partie de son prestigieux conseil d'administration aux côtés d'hommes d'affaires aussi influents que John Robinson*, William Black* et Nehemiah MERRITT. Alors parvenu au milieu de la quarantaine, Millidge était au sommet de sa carrière : marchand, constructeur de navires, député, juge de paix et juge à la Cour des plaids communs du comté de Saint-Jean, il s'illustrait à tous ces titres. Par la suite, il fut président de la Saint John Chamber of Commerce (1828), puis administrateur fondateur de la New Brunswick Fire Insurance Company (1831) et de la Saint John Water Company (1832).

Thomas Millidge était membre de l'Église d'Angleterre. Décédé en 1838, il fut inhumé au cimetière Fernhill à Saint-Jean. Son fils Thomas Edward veilla aux intérêts commerciaux de la famille pendant la seconde moitié du XIXe siècle, période de transformations économiques où le commerce déclina à Saint-Jean. Le contraste avec le passé était net, car la génération de son grand-père avait vécu des années d'espoir et celle de son père, des années de promesses.

ELIZABETH W. MCGAHAN

APNB, MC 1156 (copie au Musée du N.-B.). — N.-B., House of Assembly, *Journal,* 1817, 1831. — *Royal Gazette* (Fredericton), 27 avril 1831. — *Elections in N.B.* — *Millidge ancestors,* E. de B. [Millidge] Crossman, compil. (Winnipeg, 1980). — *N.B. vital statistics, 1784–1815* (Johnson *et al.*). — Esther Clark Wright, *The loyalists of New Brunswick* (Fredericton, 1955 ; réimpr., Hantsport, N.-É., 1981) ; *Saint John ships and their builders* (Wolfville, N.-É., [1975]). — I. L. Hill, *Some loyalists and others* (éd. rév., Fredericton, 1977). — *Historical essays on the Atlantic provinces,* G. A. Rawlyk, édit. (Toronto, 1967 ; réimpr., 1971). — D. R. Jack, *Centennial prize essay on the history of the city and county of St. John* (Saint-Jean, N.-B., 1883), 114. — Graeme Wynn, *Timber colony : a historical geography of early nineteenth century New Brunswick* (Toronto et Buffalo, N.Y., 1981). — T. W. Acheson, « The great merchant and economic development in St. John, 1820–1850 », *Acadiensis* (Fredericton), 8 (1978–1979), nº 2 : 3–27. — J. R. Armstrong, « The Exchange Coffee House and St. John's first club », N.B. Hist. Soc., *Coll.,* 3 (1907–1914), nº 7 : 60–78. — « Board of Trade ; the first St. John Chamber of Commerce : a sketch of the institution from its earliest days down to the present time », *Daily Sun* (Saint-Jean), 3 avril 1889 : 14.

MILNES, sir ROBERT SHORE, administrateur colonial, né vers 1754 en Angleterre, fils aîné de John Milnes, de Wakefield, magistrat et sous-lieutenant de la division Est du Yorkshire, et de Mary Shore, de Sheffield ; le 12 ou le 13 novembre 1785, il épousa

Charlotte Frances Bentinck, arrière-petite-fille de William Bentinck, 1er comte de Portland, et ils eurent trois fils et deux filles ; décédé le 2 décembre 1837 à Tunbridge Wells (Royal Tunbridge Wells, Angleterre).

En général, l'historiographie a souscrit au jugement que l'historien Robert Christie*, contemporain de Robert Shore Milnes, a porté sur ce dernier : administrateur bien intentionné mais peu talentueux, trop influençable et sans confiance en lui. Ce jugement sommaire ne résiste pas à l'examen de l'homme, de ses idées et de son rôle.

Après une carrière militaire dans les Royal Horse Guards, Milnes quitte l'armée en 1788 avec le grade de capitaine. Sept ans plus tard, il est gouverneur de la Martinique. Nommé lieutenant-gouverneur du Bas-Canada le 4 novembre 1797, il est assermenté à ce titre le 15 juin 1799, à l'âge de 53 ans ; à compter du 30 juillet, il remplace Robert Prescott* à titre d'administrateur de cette province. Londres lui décerne le titre de baronnet le 21 mars 1801. Milnes demeure administrateur jusqu'au 12 août 1805 et lieutenant-gouverneur jusqu'au 29 novembre 1808, même s'il s'embarque pour l'Angleterre le 5 août 1805 ; Thomas Dunn* le remplace alors jusqu'à l'arrivée du gouverneur sir James Henry Craig* en octobre 1807.

Milnes remplace le gouverneur Prescott qu'on a rappelé à cause de violentes querelles au sein du Conseil exécutif entre deux factions de Britanniques au sujet des concessions de terre dans les cantons. Ce conflit paralyse le parti des bureaucrates (appelé aussi parti britannique ou gouvernemental) depuis 1797. En outre, la constitution de 1791 a consacré dans les faits la domination de la chambre d'Assemblée par les Canadiens et celle des conseils législatif et exécutif par les Britanniques, ainsi que l'affrontement ouvert de deux partis politiques : le parti canadien et le parti des bureaucrates. Sur le plan international, le climat de guerre se prête aux intrigues et à l'agitation, même dans le Bas-Canada. Enfin, l'intégration grandissante de l'économie coloniale à l'économie atlantique transforme la socio-économie bas-canadienne, qui sera prête à exploiter l'ouverture massive des marchés impériaux au bois canadien, phénomène explosif qui surviendra en 1807.

Très tôt, Milnes réussit d'un coup ce qu'aucun gouverneur britannique n'a encore accompli sans recourir à la force : l'appel d'un huitième de la milice de Montréal et des environs, en 1801, afin de contrer une possible invasion américaine. Même à Trois-Rivières, les volontaires abondent. Bien avant Craig, Milnes communique avec des espions qui lui font rapport à partir des États-Unis. Et il peut se targuer d'envoyer de généreuses cotisations pour le soutien des dépenses de guerre de la mère patrie. Quant aux autres problèmes, il les attaque de façon globale et cohérente, sauf peut-être en matière d'infrastructures coûteuses (les canaux, par exemple) que le Parlement

colonial, encore en déficit, et le gouvernement anglais reportent à plus tard.

Le 1er novembre 1800, Milnes expédie au secrétaire d'État à l'Intérieur, le duc de Portland, une longue dépêche, dans laquelle il diagnostique les difficultés qui gênent le développement de la colonisation britannique dans le Bas-Canada et suggère diverses mesures pour les résoudre. À son avis, la constitution de 1791, malgré ses fondements inattaquables, ne produira ses fruits que si le gouvernement peut s'appuyer sur une aristocratie forte et dynamique, capable de contrebalancer le menu peuple qui élit l'Assemblée. Or, contrairement à la situation qui prévaut en Angleterre, une telle aristocratie terrienne n'existe malheureusement pas dans la colonie, car le régime seigneurial nivelle les classes sociales et appauvrit les seigneurs. En outre, l'Église catholique échappe à tout contrôle de l'État et donc à l'application de la constitution et des instructions royales. Le licenciement de la milice, après la Conquête, a miné cet autre canal de l'influence gouvernementale. Enfin, le parlementarisme accroît les difficultés en créant une Assemblée populaire qui débat les mesures gouvernementales. Autre constatation, qui découle cette fois de l'ensemble de la correspondance du lieutenant-gouverneur : les Canadiens demeurent français et ne se rapprochent guère des Britanniques.

Pour remédier à ces maux importants, Milnes estime qu'il faut favoriser la montée d'une aristocratie puissante et riche, en mesure d'agir tant sur les électeurs que sur l'Assemblée, malheureusement composée d'ignorants facilement influençables. C'est la seule façon de faire équilibre à l'élément populaire qui échappe au contrôle de l'exécutif. Divers moyens concrets peuvent enclencher l'évolution souhaitée : le peuplement rapide des cantons par des Britanniques ; la sujétion du clergé catholique à l'autorité de la couronne ; l'utilisation à des fins politiques, voire électorales, de ce clergé soumis et des capitaines d'une milice réformée, de façon à assurer une majorité progouvernementale à l'Assemblée ; l'accroissement des dépenses civiles et du favoritisme – les seigneurs canadiens quêtent des places tout comme les Britanniques – ainsi que la continuation des subsides métropolitains à titre de soutien partiel au gouvernement civil, subsides bientôt compensés par les revenus des réserves de la couronne dans les cantons ; enfin, l'encouragement à l'instruction.

Milnes fonde ses opinions sur des constatations personnelles et les avis d'un groupe de conseillers britanniques, dont l'évêque anglican Jacob Mountain*, le procureur général Jonathan SEWELL, le secrétaire civil Herman Witsius RYLAND, les marchands John Richardson* et John Young*, ce dernier également conseiller exécutif, tous convaincus que la solution ultime passe par l'assimilation des Canadiens. Ensemble, tantôt aux Conseils exécutif ou

Milnes

législatif, ou encore à la chambre d'Assemblée, tantôt dans divers documents écrits, ils tentent de mettre en œuvre un plan global qui vise à concrétiser dans la colonie, 40 ans plus tard, les conséquences jugées normales de la Conquête : la création et le développement d'une société britannique et protestante. Mais, à l'inverse de Craig, jamais Milnes ne se lance ouvertement dans la mêlée, de sorte qu'il garde ses coudées franches tout en appuyant le parti britannique de façon discrète et efficace. Et, contrairement à ce qui se produira de 1807 à 1811, ce parti ne remet pas en cause la constitution de 1791.

Le duc de Portland partage largement le point de vue de Milnes : tout en avouant qu'on ne peut grand-chose pour les seigneurs – l'importance du favoritisme pour les Britanniques et leurs querelles à ce propos prennent trop de place –, il approuve l'idée de la soumission « prudente » de l'Église catholique à la prérogative royale, quitte à pensionner généreusement l'évêque, et est favorable à une réforme en profondeur de la milice. Avec le temps, selon le secrétaire d'État, la colonisation britannique entraînera forcément une diminution de l'« ascendant » des anciens sujets, les Canadiens.

Milnes déploie son plan d'action sur tous les fronts. Ainsi, malgré ses nombreux débats avec le juge en chef William Osgoode*, homme indépendant exclu de ces manœuvres, il débloque l'impasse au Conseil exécutif, qui distribue plus de 1 400 000 acres entre 1799 et 1809 à une soixantaine de grands propriétaires – hauts fonctionnaires, riches marchands, entre autres – grâce au système des chefs et associés de canton [V. Samuel Gale*]. Paradoxalement, cette spéculation foncière aura pour effet de retarder le peuplement britannique au lieu de le hâter, ce qui constitue pourtant l'objectif premier du lieutenant-gouverneur. En 1822, ce dernier bénéficiera lui-même d'une concession de 50 465 acres dans les cantons de Stanstead, de Compton et de Barnston.

À la suite des plaintes répétées des Canadiens, notamment à l'Assemblée, en ce qui concerne la mainmise de l'État sur les biens des jésuites et le don projeté d'une partie de ces terres au baron Jeffery Amherst* en récompense de ses services militaires, Milnes, avec l'appui de Sewell, du solliciteur général Louis-Charles Foucher et du Conseil exécutif, reprend l'idée émise par Mountain en 1799 : utiliser une partie de ces biens pour financer un réseau d'écoles publiques où l'on enseignerait l'anglais gratuitement aux Canadiens, chez qui cette langue fait peu de progrès. En réalité, pour lui comme pour Mountain, cette ignorance de l'anglais divise la population en « deux peuples [...] que leur situation, leurs intérêts communs et leur égale participation aux mêmes lois et à la même forme de gouvernement devraient unir en un seul ».

Ce plan aboutit à la création en 1801 de l'Institution royale pour l'avancement des sciences [V. Joseph Langley Mills*] en vertu d'une loi que l'Assemblée parvient à voter lorsque l'absentéisme de ses députés place le parti canadien en minorité (on compte plusieurs votes serrés, par exemple 8 à 7, 11 à 10). En pratique, cette loi confère à l'administrateur civil et à ses créatures la maîtrise absolue de l'éducation publique dans le Bas-Canada. Quelques Canadiens « à place » ont appuyé la majorité parlementaire britannique sur certains points. Il faut dire que les intentions premières des auteurs de cette loi n'apparaissent que dans les dépêches confidentielles du lieutenant-gouverneur, qui considère l'Institution royale comme un jalon temporaire et qui soumettra, en 1803, un plan en vue d'utiliser les revenus des terres de la couronne pour financer des collèges et même une université. Il faudra attendre jusqu'en 1824 avant que les autorités britanniques, dans la colonie et en Angleterre, acceptent, et encore de mauvaise grâce, la création d'un réseau parallèle d'écoles publiques contrôlé par les Canadiens.

Inspiré par un scénario de Sewell, Milnes veut abolir graduellement le régime seigneurial. Il propose de faire adopter par le Parlement colonial une loi qui rendrait obligatoire le remboursement des arriérés des redevances seigneuriales dans les seigneuries de la couronne (essentiellement, les villes de Québec et de Trois-Rivières) depuis la Conquête. Un tollé s'ensuivra, croit-il, et ainsi il faudra changer le mode de tenure dans les seigneuries du roi, exemple qui sera suivi peu à peu dans toute la province. Cette mesure a pour but d'attirer les colons britanniques dans la zone seigneuriale, de mêler Britanniques et Canadiens et d'assimiler ces derniers. L'Assemblée toutefois adoucit tellement la loi de 1801 que les remous espérés ne se produiront pas.

En ce qui a trait à l'Église catholique, l'État ne perd aucune occasion de s'immiscer dans son gouvernement intérieur : plaintes contre des curés, demandes de renseignements, notamment aux sulpiciens, refus à la fabrique de Notre-Dame de Montréal de posséder en mainmorte, en sont des exemples. Sewell propose même à Milnes un plan d'ensemble pour soumettre l'Église catholique à la prérogative royale et pour miner son influence tant à l'intérieur (en confiant au gouvernement le « patronage », c'est-à-dire les nominations aux cures) qu'à l'extérieur (en associant l'évêque aux conseils, donc à la politique). Sewell suggère encore d'autres moyens, tels l'isolement du clergé par l'exclusion des prêtres étrangers, la résidence forcée des évêques à Québec et, bien entendu, des conditions matérielles adaptées à leur rang social.

L'évêque anglican aiguillonne Milnes lui aussi. En 1803, 1804 et à plusieurs reprises par la suite, Mountain s'indigne de ce qu'il perçoit comme les pouvoirs étendus, l'autonomie, la richesse, les honneurs et les privilèges dont jouit « l'Église de Rome ». Il réclame des mesures énergiques pour subordonner cette Église et pour mieux établir l'Église anglicane. Il espère toutefois qu'avec le peuplement des cantons, « avant bien longtemps, les protestants de cette province submergeront les papistes ». Ryland partage ce sentiment : il exprime son dégoût à l'endroit des papistes et réclame la soumission du « surintendant » de l'Église romaine à la prérogative royale. Londres, cependant, juge peu opportun de provoquer une guerre de religion dans le contexte international troublé.

Dans les cours de justice, le procureur général Sewell intervient au nom de l'État pour nier l'existence légale de l'évêque catholique et des paroisses créées après la Conquête. En 1805, il négocie durement avec le coadjuteur Mgr Joseph-Octave Plessis*, qui représente l'évêque en titre, Mgr Pierre Denaut*. Séduit par la modération apparente de Milnes, ce dernier finit par soumettre une requête au roi, dans laquelle il sollicite la reconnaissance civile de son titre d'évêque catholique de Québec. Milnes se félicite secrètement de sa victoire et suppute déjà les revenus à tirer des biens des sulpiciens. Il ignore cependant qu'après son départ de la colonie Mgr Denaut mourra, et que l'administrateur Dunn procédera à l'assermentation rapide d'un successeur sans attendre les instructions de Londres.

En matière de lois civiles, Milnes et Londres passent outre à l'opinion minoritaire des juges canadiens et décrètent que les lois anglaises s'appliquent aux questions de succession et de douaire pour les terres tenues en franc et commun socage. Autre volet de sa stratégie, le lieutenant-gouverneur convainc l'Assemblée en 1803 de voter une loi qui réforme sérieusement la milice.

Milnes intervient aussi pour susciter, aux élections de 1804, des candidatures prestigieuses parmi les Britanniques, de façon à renforcer la représentation britannique en chambre. De même, il sollicite secrètement des pétitions à l'effet de doter les cantons de circonscriptions électorales distinctes, de manière à amener à l'Assemblée « dix ou douze membres britanniques » de plus.

Ces projets assimilateurs et régulateurs ne vont pas sans créer des remous, même s'ils constituent souvent des initiatives plutôt modérées et à long terme par rapport aux projets plus radicaux et aux opinions plus tranchées du parti britannique, qui se dispute régulièrement à l'Assemblée avec le parti canadien sur une foule de questions : en 1800, les biens des jésuites, les qualifications des députés, le quorum, les lois civiles ; en 1801, l'abolition de la tenure seigneuriale, l'Institution royale, les lois françaises qui, selon Sewell, rendent impossible la formation d'une aristocratie efficace puisqu'elles empêchent l'existence d'inégalités sociales (l'Assemblée, cependant,

consent à étendre le jugement par jury à tout le domaine civil, projet de loi qui est ironiquement amputé par le Conseil législatif pour une fois composé en majorité de Canadiens) ; en 1802, le remboursement de leurs dépenses aux députés des circonscriptions éloignées de Québec afin de diminuer l'absentéisme (projet qui échoua) ; en 1803, le projet de former des compagnies de volontaires, les demandes des cantons qui réclament, entre autres, des bureaux d'enregistrement, des routes, de nouvelles circonscriptions, une cour des plaids communs, un recensement ; en 1804, l'exercice du « patronage », l'établissement de l'Église presbytérienne dans les cantons (le président doit trancher pour l'un des votes, 8 à 8) ; en 1805, les propositions d'abolition de la tenure seigneuriale et du retrait lignager, l'impression d'une table des matières en français à la *Lex parliamentaria,* le salaire du traducteur de la chambre, lors même qu'un comité du Conseil exécutif, formé seulement de Britanniques, propose au lieutenant-gouverneur de solliciter directement de Londres la création de nouvelles circonscriptions et de cours de circuit, la construction de grandes routes, l'établissement de bureaux d'enregistrement, de l'Église anglicane et de la milice dans les cantons.

Les élections générales de 1800, tout comme celles de 1804, sont très contestées, avec force bagarres, diffamations, insultes. En 1804, la qualité des candidats et les efforts exceptionnels des Britanniques produisent une légère augmentation de leur représentation qui passe de 14 à 17. En 1805, les querelles et les passions s'exacerbent. Le parti britannique se rend compte qu'il est condamné à demeurer une minorité à l'Assemblée, même s'il domine aux conseils. Il essuie un échec cuisant lorsque la majorité impose une taxe sur le commerce plutôt que sur les terres afin d'ériger de nouvelles prisons dans les villes [V. Ignace-Michel-Louis-Antoine d'Irumberry* de Salaberry]. Ses pétitions, dans la colonie et à Londres, se heurtent à une certaine indifférence des autorités, plus sensibles aux intérêts terriens et conscientes de l'urgence de ces constructions.

Le journal du parti des bureaucrates, le *Quebec Mercury,* fondé au début de janvier 1805 [V. Thomas Cary*] et qui attaque déjà la nationalité, les coutumes, les lois et la religion des Canadiens, tempête encore plus vivement et exige que l'on transforme enfin le Bas-Canada en ce qu'il aurait dû être : une colonie anglaise. L'éclat de cette querelle, qui survient à la suite de nombreux accrochages, a fait croire à tort que la « guerre de races » a débuté en 1805. L'absence d'interventions publiques de Milnes dans la politique maintient les débats à un niveau différent de ce qu'il sera sous Craig, qui se présentera comme le chef du parti britannique devenu aussi celui des bureaucrates. Il est indéniable, toutefois, que le climat pourrit et que la collaboration des deux partis sur les questions sociales et économiques (travaux publics, mesures sociales, finances publiques), encore possible jusque-là, deviendra de plus en plus rare et pénible avec les années.

Milnes est un homme sociable, intéressé aux arts et aux lettres, ainsi qu'aux réceptions que rehausse la présence de lady Milnes qui est, dit-on, belle et charmante. Il semble avoir une vie de famille active. Rompu à l'art de l'ambiguïté, il se crée des liens avec des Canadiens bien que, secrètement, il prône leur assimilation. Membre de la Société du feu, il contribue à un fonds d'aide aux victimes de l'incendie survenu à Québec en 1804.

Robert Shore Milnes s'embarque pour l'Angleterre le 5 août 1805, après avoir reçu des adresses de remerciement et de bons vœux. On le consultera de temps à autre sur les affaires canadiennes, mais il ne jouera aucun rôle déterminant, probablement à cause du style direct et engagé de son successeur, Craig. Toutefois, en 1809, 1810 et 1811, ce dernier ne fera que poser le même diagnostic global que Milnes, mais préconisera des moyens différents pour arriver aux mêmes fins. Milnes n'a certes pas manifesté la vigueur de Craig dans l'action. Sa lucidité en tout cas ne fait aucun doute et, en d'autres circonstances, peut-être son programme aurait-il connu un meilleur sort.

JEAN-PIERRE WALLOT

Les documents suivants, déposés aux APC, ont été consultés : MG 17, A7-2 ; MG 23, GII, 10 ; MG 24, B1 ; B3 ; L3 ; RG 7, G1 ; G2 ; G15C ; RG 8, I (C sér.) ; RG 14, A1 ; A3 ; pour la période de 1797–1805 : RG 4, A1 ; A2 ; pour la période de 1797–1808 : MG 11, [CO 42] Q ; RG 1, E1 ; L1 ; L3^L ; pour la période de 1799–1805 : MG 5, B2 (transcriptions) ; RG 9, I, A ; RG 10.

AAQ, 210 A, 1797–1808. — EEC-Q, 72–77, 87–88. — Univ. de Montréal. Service des bibliothèques, coll. spéciales, coll. Melzack. — B.-C., chambre d'Assemblée, *Journaux*, 1793–1809. — *Doc. relatifs à l'hist. constitutionnelle, 1791–1818* (Doughty et McArthur). — *Gentleman's Magazine*, 1785, janv.–juin 1838. — *Mandements, lettres pastorales et circulaires des évêques de Québec*, Henri Têtu et C.-O. Gagnon, édit. (18 vol. parus, Québec, 1887–   ). — *British American Register* (Québec), 1802– 1803. — *Le Canadien*, 1806–1808. — *La Gazette de Montréal*, 1797– 1808. — *La Gazette de Québec*, 1797–1808. — *Quebec Mercury*, 1805–1808. — *Burke's peerage* (1890), 1114– 1116. — Caron, « Inv. de la corr. de Mgr Denaut », ANQ *Rapport*, 1931–1932 ; « Inv. de la corr. de Mgr Hubert et de Mgr Bailly de Messein », 1930–1931 ; « Inv. de la corr. de Mgr Panet », 1933–1934 ; « Inv. de la corr. de Mgr Plessis », 1927–1928 ; 1928–1929 ; 1932–1933. — H. J. Morgan, *Sketches of celebrated Canadians*, 134. — L.-P. Audet, *le Système scolaire*, 3. — Christie, *Hist. of L.C.* (1848–1855), 1 ; 6. — Ouellet, *Bas-Canada*. — Taft Manning, *Revolt of French Canada*. — J.-P. Wallot, *Intrigues françaises et américaines au Canada, 1800–1802* (Montréal, 1965) ; *Un Québec qui bougeait*.

MIUS. V. MEUSE

MOLSON, JOHN (connu aussi sous le nom de **John Molson l'ancien**), homme d'affaires, propriétaire foncier, officier de milice et homme politique, né le 28 décembre 1763 à Moulton, Lincolnshire, Angleterre, fils de John Molson et de Mary Elsdale ; le 7 avril 1801, il épousa à Montréal Sarah Insley Vaughan, et ils eurent trois enfants ; décédé le 11 janvier 1836 à Boucherville, Bas-Canada.

Orphelin de père dès l'âge de six ans et de mère à huit ans, le jeune John Molson fut confié à la tutelle de son grand-père maternel, Samuel Elsdale. Il immigra à Montréal au début de juillet 1782, à l'âge de 18 ans, et commença immédiatement des activités commerciales avec des amis de sa famille arrivés en même temps que lui. Il se lança d'abord dans le commerce de la viande avec les deux James Pell, le père et le fils, tous deux bouchers, puis dans l'entreprise de brasserie que Thomas Loid (Loyd) érigea la même année au pied du courant Sainte-Marie, dans le faubourg Québec.

Issu d'une famille de la gentry anglaise, le jeune Molson aurait désiré posséder un établissement agricole et, dès la première année, il acheta une terre de 160 hectares dans le territoire appelé Caldwell's Manor, au sud de Montréal. Il s'en départit au printemps de 1786 quand il prit la direction de la brasserie. En effet, à l'été de 1784, il avait engagé une poursuite contre Loid en vue de se faire rembourser une créance. Comme Loid avait fait un aveu en justice, les immeubles avaient été saisis et mis aux enchères. À une première vente, le 22 octobre, on n'avait pas trouvé preneur, mais à la deuxième, le 5 janvier 1785, John, majeur depuis le 28 décembre 1784, fut le seul enchérisseur. Il confia la brasserie à James Pell père et, le 2 juin, s'embarqua à New York pour l'Angleterre. Il pouvait maintenant régler lui-même ses affaires.

Molson acheta en Angleterre quelques pièces d'équipement pour la brasserie et revint à Montréal le 31 mai 1786. C'est alors qu'il prit en main la gestion de la brasserie. Il dirigea quelques travaux d'agrandissement et commença d'acheter du grain pour la prochaine saison de maltage et de brassage. Son premier achat, le 28 juillet, lui procura quelque exaltation, comme en témoigne l'inscription dans le petit carnet où il prenait note de toutes ses dépenses : « Le 28, Achetai 8 boisseaux d'orge, la première fois cette saison, pour malter. Mon début sur la grande scène du monde. » On trouve rarement pareille expression de l'esprit d'entreprise, mais il animait tout de même les Bas-Canadiens, comme le précisait Molson en octobre dans une lettre à son chargé d'affaires en Angleterre, Philip Ashley : « les gens ont ici un esprit d'entreprise plus développé que chez nous, car c'est dans une grande mesure cette énergie qui les a poussés à quitter leur rive natale ».

Durant les 20 années subséquentes, Molson ne cessa de se consacrer entièrement à son entreprise. Il y investit tout l'argent dont il put disposer en vue d'agrandir son établissement et d'accroître sa production. On estime qu'il tira environ £10 000 (cours d'Angleterre) de la vente successive des diverses propriétés héritées de sa famille, dont la maison familiale, Snake Hall, vendue le 11 juin 1789. Molson s'était détourné en 1788 du commerce d'import-export, en raison des risques trop élevés et des retours trop lents ; il prévoyait également les difficultés croissantes qu'allait affronter le grand commerce des fourrures. Pour ces raisons, il ne chercha pas à diversifier ses activités durant cette période. En 1806, fortement encouragé par son correspondant D'Arcy Boulton*, originaire lui aussi de Moulton, il pensa ouvrir une brasserie à York (Toronto), mais le projet n'eut pas de suite.

Molson préféra réinvestir constamment dans l'établissement de Montréal et, à cette fin, se rendit à l'occasion en Angleterre, comme en 1795 et en 1797, pour acheter de l'équipement. Le jeune immigrant avait choisi d'investir dans le secteur à la fine pointe des technologies en Angleterre, à la fin du XVIIIe siècle. L'afflux des loyalistes puis les premières arrivées d'immigrants britanniques lui ouvrirent un marché sur lequel même les francophones, jusqu'alors peu portés sur la bière, commencèrent bientôt à imprimer une demande. L'orge était peu cultivée au Canada ; Molson initia donc les cultivateurs à cette production en leur fournissant, au début, le grain sous forme de prêt remboursable en nature à raison de deux pour un.

À son retour d'Angleterre, en 1786, Molson avait commencé à partager sa vie avec Sarah Insley Vaughan, de quatre ans plus âgée que lui. Ils demeurèrent ensemble et eurent trois enfants : John*, qu'on connaît aussi sous le nom de John Molson l'aîné, en 1787, Thomas* en 1791 et William* en 1793. Ils se marièrent le 7 avril 1801 à la Christ Church, à Montréal, et dans le contrat de mariage signé le même jour devant le notaire Jonathan Abraham Gray ils souhaitaient « reconnaître [leur] affection mutuelle » et légitimer leurs trois enfants. Sarah signa d'une simple croix le contrat notarié et le registre d'état civil.

Il existe peu de renseignements sur l'intégration du jeune entrepreneur au groupe des hommes d'affaires de Montréal, largement dominé par les grands marchands de fourrures, surtout écossais. On sait que, de juin à décembre 1791 et de juin 1795 à juin 1796, il remplissait dans la franc-maçonnerie la fonction de vénérable maître de la St Paul's Lodge ; voilà l'indication d'une certaine adhésion à un groupe social et d'une reconnaissance par celui-ci. Molson s'était marié à l'église anglicane, parce qu'à l'époque seule l'Église d'Angleterre, parmi les dénominations pro-

testantes, était habilitée à tenir les registres d'état civil. Mais, dès 1792, il avait apporté son appui financier à la construction de l'église Scotch Presbyterian, connue plus tard sous le nom d'église St Gabriel Street [V. Duncan Fisher*], et il en demeura membre actif au moins jusqu'en 1815. Il fréquentait donc, de cette façon, la communauté des grands marchands écossais de Montréal.

Avec le tournant du siècle, les circonstances des guerres napoléoniennes transformèrent profondément l'économie du Saint-Laurent et lui donnèrent un nouvel essor : l'économie de la fourrure laissa peu à peu la place à celle de la forêt, au moment où l'agriculture se développait, particulièrement dans le Haut-Canada. Une nouvelle source d'énergie, la vapeur, entraîna des innovations technologiques et, après toutes sortes d'expérimentations et d'essais, on allait bientôt pouvoir l'utiliser pour propulser des navires, à tout le moins pour un temps, sur les rivières intérieures. En 1807, Robert Fulton avait commencé à faire naviguer le *Clermont* sur la rivière Hudson ; en 1808, un groupe d'hommes d'affaires de Burlington, au Vermont, avait commandé aux frères John et James Winans de leur ville la construction d'un bateau à vapeur pour effectuer le long trajet menant du lac Champlain et d'une partie de la rivière Richelieu jusqu'à Dorchester (Saint-Jean-sur-Richelieu) ; le *Vermont* entra en service en juin 1809.

Le 5 du même mois, par contrat notarié, Molson devenait le troisième associé d'une société formée de John Jackson, « mécanicien », et de John Bruce, « constructeur de navires », qui avait déjà commencé à construire un bateau à vapeur destiné à transporter des passagers entre Montréal et Québec ; il y entrait à titre de bailleur de fonds. Sur le plan technique, le plus surprenant de cette entreprise fut la construction du moteur à Montréal, dans la fonderie de George Platt. Le 1er novembre 1809, l'*Accommodation* quittait Montréal à deux heures de l'après-midi ; il parvint à Québec 66 heures plus tard, le samedi 4 novembre à huit heures du matin. Il avait jeté l'ancre durant 30 heures sur les hauts-fonds du lac Saint-Pierre ; il mit sept jours à remonter le fleuve jusqu'à Montréal. Il navigua régulièrement de juin à octobre 1810, la force du moteur ayant été accrue durant l'hiver. L'association avec Bruce et Jackson avait pris fin avec l'achat par Molson des parts de ses associés qui ne pouvaient plus, disaient-ils, supporter les pertes considérables de l'entreprise. Entre-temps, le 7 septembre 1810, Fulton avait proposé à Molson une association de leurs deux entreprises ; les termes de cette proposition ne semblaient pas devoir procurer des avantages suffisants à Molson, qui ne lui donna pas suite. À la fin d'octobre, il quittait Montréal pour l'Angleterre, où il allait commander à la firme Boulton and Watt un moteur à vapeur pour le prochain bateau, le *Swiftsure*. Sa construction au chantier de

Molson

Hart Logan, rue Monarque, à Montréal, commença en août 1811 ; le lancement eut lieu le 20 août 1812.

Pour diversifier ses activités, l'entrepreneur avait de nouveau choisi le secteur de l'innovation technologique la plus récente. La brasserie n'avait cessé de s'agrandir depuis 1786 et de lui procurer des profits de plus en plus importants ; Molson était donc en mesure d'assumer les pertes dues à l'expérience de l'*Accommodation*. Toutefois, il tenta d'obtenir une certaine protection en demandant à la chambre d'Assemblée, le 6 février 1811, qu'on lui accorde le monopole de la navigation à vapeur sur le Saint-Laurent, entre Montréal et Québec. Joseph PAPINEAU et Denis-Benjamin Viger* présentèrent cette demande à l'Assemblée, qui l'accepta ; toutefois le Conseil législatif la rejeta. Avec la guerre de 1812, la conjoncture allait cependant se montrer extraordinairement favorable à la navigation sur le Saint-Laurent. Molson offrit son bateau à l'armée pour le temps des hostilités, mais essuya un refus. L'armée dut quand même, sur une base commerciale, utiliser le navire à l'occasion pour le transport des troupes et leur approvisionnement. Molson participa à la guerre à titre de lieutenant dans le 5ᵉ bataillon de la milice d'élite incorporée. Promu capitaine le 25 mars 1813, il démissionna le 25 novembre suivant.

Dès le début de 1814, un autre moteur à vapeur était commandé en Angleterre et le nouveau bateau, le *Malsham* (forme archaïque du nom Molson), construit lui aussi au chantier de Hart Logan, fut lancé en septembre et mis en service immédiatement. Le *Lady Sherbrooke* s'ajouta en 1816 et le *New Swiftsure* en 1817. Déjà, avec la fin des hostilités entre la France et l'Angleterre et avec la crise économique de 1815, des vagues croissantes d'immigrants britanniques allaient affluer à Québec et demander qu'on les transporte plus haut sur le Saint-Laurent, vers les Grands Lacs, sur le Richelieu et sur l'Outaouais. En 1815, de Robert Christie* et de Monique-Olivier Doucet, Molson acquit à Près-de-Ville, à Québec, un quai avec toutes ses installations ; en 1819, il acheta aussi une maison, au 16, rue Saint-Pierre. À Montréal, il construisit un quai après avoir obtenu du Conseil exécutif, le 16 février 1816, par bail emphytéotique, la location de la grève pour 50 ans, avec droit de renouvellement par préférence. Le quai fut construit devant la propriété que Molson avait achetée de sir John Johnson* le 16 décembre 1815 et sur laquelle se trouvait un hôtel particulier, situé au carrefour des rues Saint-Paul et Bonsecours ; en 1816, il y ajouta deux ailes et en fit le Mansion House Hotel. À ce réseau, il semble qu'il faut ajouter le quai de William Henry (Sorel) et toute cette activité commerciale considérable qui consistait à obtenir, par contrats, pour livraison aux divers quais auxquels les bateaux faisaient escale, de part et d'autre du fleuve, le bois nécessaire à la production de la vapeur.

Très tôt, soit vers 1809, Molson avait initié ses fils John, Thomas et William aux diverses productions de ses entreprises. Le 1ᵉʳ décembre 1816, il formait avec eux la première d'une longue série de sociétés connues sous la raison sociale de John Molson and Sons [V. John Molson l'aîné].

En abandonnant à ses fils davantage de responsabilités dans ses entreprises, le père pouvait s'adonner activement à la politique. Aux élections de mars 1816, il fut élu à la chambre d'Assemblée pour représenter la circonscription de Montréal-Est. À ce moment, la politique touchait étroitement à des intérêts fondamentaux des marchands du Bas-Canada. Molson ne siégea pas à la session du Parlement de 1817 ; sans doute s'était-il absenté de la colonie. À la session de 1818, commencée le 7 janvier, il se présenta le 2 février pour prêter le serment d'office et prendre son siège. À la session de 1819, prorogée le 24 avril, il participa depuis le début jusqu'aux environs du 20 mars.

Molson, qui ne se porta pas candidat aux élections de 1820, fut un député très actif. Tous les grands dossiers attirèrent son attention : le commerce, les finances publiques, les banques et la monnaie, la navigation intérieure, l'éducation et la santé, les règlements de police dans les villes, la protection contre l'incendie, la réglementation des tavernes et auberges, la Maison d'industrie (dont il fut, selon Thomas Doige, l'un des syndics en 1819) et la bibliothèque de Montréal. Deux dossiers le touchèrent plus directement : celui du canal de Lachine et celui du Montreal General Hospital. De 1815 à 1821, il prit part au débat sur la construction du canal de Lachine et se prononça clairement pour une entreprise privée et un tracé favorable à ses intérêts maritimes. D'autre part, fort de l'appui des marchands, il présenta à l'Assemblée, en janvier 1819, le projet de création d'un hôpital public à Montréal, le Montreal General Hospital [V. William Caldwell*]. Toutefois l'Assemblée ne reçut pas le projet à cause d'un vice de procédure déclaré le 18 mars ; Molson siégea encore aux séances des 19 et 20 mars, mais il ne reparut plus par la suite à l'Assemblée. La même année, on créa le Montreal General Hospital, un établissement privé, et les quatre Molson participèrent à la souscription lancée en 1820 pour l'achat d'un terrain, rue Dorchester, et la construction d'un édifice.

Même absent de la chambre, Molson continua à suivre de près les événements politiques. En 1822, la présentation aux Communes de Londres d'un projet d'union du Haut et du Bas-Canada suscita une agitation politique considérable dans la colonie. À Montréal, des hommes d'affaires éminents, dont Molson, formèrent un comité favorable au projet, qui tint une assemblée publique et recueillit 1 452 signatures.

On a souvent cité la description qu'Hector Berthelot* a donnée de Molson dans *la Patrie* de Montréal en 1885, sur la foi de souvenirs de vieillards et qui remontaient à 1820 : coiffé d'une tuque bleue, chaussé de sabots et vêtu d'étoffe du pays. On a parfois négligé cependant d'en citer le dernier paragraphe : « Lorsqu'il fermait sa brasserie le soir, il se dépouillait de son costume rustique pour endosser l'habit noir, mettre un gilet blanc et porter un lorgnon attaché à un long ruban. Lorsqu'il était en grande toilette, M. Molson agissait comme propriétaire de vapeur. » Sans doute n'a-t-on pas toujours retenu l'avertissement que donnait Édouard-Zotique Massicotte*, en 1916, en présentant l'édition de la série d'articles de Berthelot : que celui-ci était considéré, de son vivant, moins comme un historien que comme un humoriste !

Au moment où Molson confiait à son fils aîné davantage de responsabilités dans la gestion de l'entreprise de navigation, des groupes financiers à Montréal (notamment les frères John* et Thomas Torrance et Horatio Gates*) et à Québec (John Goudie*, Noah Freer et James McDouall, entre autres) commençaient à se livrer une dure concurrence sur le Saint-Laurent par le lancement de divers navires à vapeur. Cette concurrence conduisit au surinvestissement puis à la consolidation des entreprises. Le 27 avril 1822 était créée la St Lawrence Steamboat Company [V. William Molson], qui regroupait six navires, dont trois appartenaient aux Molson ; la gérance en était confiée à la John Molson and Sons qui détenait 26 des 44 actions. La rivalité avec les Torrance se maintint encore quelque temps, mais se résorba finalement dans des ententes de cartel sur les services, les prix et même la copropriété de certains bateaux.

Entre-temps, un incendie avait détruit le Mansion House Hotel le 16 mars 1821 ; reconstruit en 1824, année où Molson accéda au rang de vénérable porte-épée dans la Provincial Grand Lodge of Lower Canada, il prit le nom de Masonic Hall Hotel. En 1826, Molson devint grand maître provincial pour le district de Montréal et William Henry ; il conserva cette charge jusqu'à la fin de décembre 1833 quand, opposé à son conseil sur une question de principe, il démissionna. En 1831, à la mort de John Richardson*, la présidence du Montreal General Hospital lui échut. À l'occasion de la pose de la première pierre de l'aile qu'on allait nommer Richardson, Molson officia à titre de grand maître provincial au cours d'une cérémonie où furent rendus les honneurs de la franc-maçonnerie.

Au début des années 1820, comme on avait soustrait l'actif navigation du compte de la société John Molson and Sons pour l'inclure dans celui de la St Lawrence Steamboat Company, il fallut réorganiser la firme familiale. De plus, le départ de Thomas Molson, qui avait décidé de quitter le Bas-Canada et de s'établir à Kingston, dans le Haut-Canada,

entraînait une autre soustraction importante à l'actif de l'entreprise familiale. On forma donc en 1824 une nouvelle société John Molson and Sons, avec effet rétroactif au 1er décembre 1823, date à laquelle on avait arrêté les comptes de l'ancienne. C'est William Molson qui prit la relève de Thomas à la direction de la brasserie.

En 1825, Molson l'ancien quitta sa résidence du faubourg Québec, à Montréal, pour occuper Belmont Hall, magnifique villa située au coin des rues Sherbrooke et Saint-Laurent. Depuis quelque temps, il était propriétaire des îles Saint-Jean et Sainte-Marguerite qui comptent parmi les îles de Boucherville. C'est là que ses navires gagnaient à l'automne leurs quartiers d'hiver et que Molson établit un domaine où il put par la suite se retirer à l'occasion. Il y maintenait un élevage de moutons suffisamment important pour que les ventes de viande à des bouchers et de laine à des marchands de gros apparaissent aux comptes de l'entreprise. Le 10 mars 1825, on formait la société du Theatre Royal [V. Frederick BROWN]. Pour le terrain qu'il lui cédait rue Saint-Paul, Molson reçut 44 actions de £25, ce qui en faisait le principal actionnaire.

Si, par son action à la chambre d'Assemblée, Molson s'était intéressé à la création de la Banque de Montréal [V. John Richardson], il ne s'était pas engagé financièrement à ce moment-là ; il avait offert au conseil d'administration d'ériger l'édifice de la banque sur l'un de ses terrains, mais le conseil, à l'unanimité, avait refusé la proposition et décidé, le 10 octobre 1817, que la banque achèterait un terrain et ferait construire elle-même. John Molson l'aîné fut élu au conseil d'administration en 1824. Dans la crise qui déchira le conseil en 1826 [V. Frederick William Ermatinger*] et qui mit le groupe de Richardson en minorité, Ermatinger laissa sa place pour que Molson l'ancien puisse accéder à la présidence. Peu après, c'est John l'aîné qui démissionna pour qu'Ermatinger puisse retrouver son siège. Durant le mandat de Molson l'ancien, qui dura jusqu'en 1830, la banque dut s'occuper de la liquidation des plus grandes entreprises du commerce des fourrures, qui déclarèrent faillite, particulièrement la Maitland, Garden, and Auldjo et les maisons reliées aux frères William* et SIMON McGillivray. C'est sur la recommandation de ce dernier que Molson fut désigné pour succéder à William McGillivray à titre de grand maître provincial pour le district de Montréal et William Henry. Il l'avait lui-même annoncé à l'ancien dans une lettre envoyée de Londres en 1826.

En 1828, la John Molson and Sons vit son mandat se restreindre et elle devint uniquement responsable de la navigation à titre d'agent de la St Lawrence Steamboat Company. On forma une nouvelle société sous la raison sociale de John and William Molson ; elle regroupait les deux John et William. Dès avril 1829, cependant, John l'aîné se retirait, la société était

Molson

dissoute et, le 30 juin, une nouvelle compagnie John and William Molson était créée, qui ne réunissait plus que Molson l'ancien et son benjamin. Molson l'aîné s'était associé le 1er mai, dans une entreprise commerciale, aux frères George et George Crew Davies, sous la raison sociale de Molson, Davies and Company ; quant à William, il s'associait, le 1er mai 1830, à son beau-frère John Thompson Badgley pour mettre sur pied une maison de commerce, la Molson and Badgley. Molson l'ancien servait de bailleur de fonds et de caution financière pour les deux entreprises. En outre, à partir d'un atelier qui faisait partie de la brasserie, rue Sainte-Marie, Molson avait fondé, au milieu des années 1820, une entreprise métallurgique, la St Mary's Foundry, dont il avait confié la direction à William. En 1831, à la veille de l'ouverture de la navigation sur le canal Rideau, Molson l'ancien participa, avec Peter McGill*, Horatio Gates et d'autres, à la formation de l'Ottawa and Rideau Forwarding Company.

Encore une fois, au début des années 1830, les innovations technologiques ouvraient un nouveau champ d'investissement considérable : le chemin de fer. Le 14 novembre 1831, après l'échec d'une première pétition, un groupe de 74 hommes d'affaires de Montréal, dont Molson, demandait à l'Assemblée d'être reconnu juridiquement sous la raison sociale de Compagnie des propriétaires du chemin à lisses de Champlain et du Saint-Laurent, pour construire la première voie ferrée dans l'histoire du Haut et du Bas-Canada, entre Laprairie (La Prairie) et Dorchester [V. John Molson l'aîné]. Molson l'ancien, qui acheta 180 actions de la compagnie, devint ainsi le plus gros actionnaire, mais il ne fut pas désigné au premier conseil d'administration, formé le 12 janvier 1835.

Manifestement, Molson ne se contentait plus que de placements : « Je me suis retiré de toute participation active dans les affaires depuis quelques années », écrivait-il aux banquiers de la firme Thomas Wilson and Company de Londres en 1830. Il s'était présenté aux élections de 1827 dans la circonscription de Montréal-Est, mais n'avait pas été élu. Toutefois, lord Aylmer [WHITWORTH-AYLMER] l'appela au Conseil législatif en janvier 1832, en même temps que Peter McGill. L'année précédente était décédé celui que tous considéraient comme le doyen de la communauté des hommes d'affaires de Montréal, John Richardson, et on avait nommé George Moffatt* au Conseil législatif. Les trois hommes s'occupèrent tellement des mêmes questions et soutinrent tellement les mêmes causes qu'on peut véritablement parler du trio Molson–McGill–Moffatt. Ensemble, ils firent partie de la grande majorité des comités responsables de l'investissement public, de la fiscalité et des affaires monétaires, bancaires et financières. Leur communauté d'opinions et d'intérêts apparut avec éclat dans la dissidence qu'ils exprimèrent, en février 1833, sur la question du partage de la douane de Québec entre le Haut et le Bas-Canada, et ils profitèrent de l'occasion pour demander le détachement des comtés de Montréal et de Vaudreuil du Bas-Canada et leur annexion au Haut-Canada. Molson appartenait, tout comme McGill et Moffatt, à l'Association constitutionnelle de Montréal, même s'il fut moins actif que son fils aîné. Encore davantage qu'il l'avait été comme député 15 ans auparavant, il fut un conseiller assidu durant les quatre années de son mandat ; le 23 décembre 1835, moins de trois semaines avant sa mort, il participait encore à une séance du conseil.

Vers la fin de sa vie, Molson s'intéressa à l'organisation d'une congrégation unitarienne à Montréal qui comptait, parmi ses tenants, bon nombre de marchands originaires de la Nouvelle-Angleterre. En 1832, il fit partie du groupe qui acheta un lot sur lequel on projetait d'ériger un temple. La mort du pasteur interrompit momentanément cette initiative.

William Molson avait ajouté à la brasserie en 1833 une importante distillerie. L'année suivante, Thomas avait quitté Kingston pour rejoindre son frère William à Montréal. Par un nouveau contrat d'association avec leur père, signé le 21 février 1835, mais rétroactif au 30 juin 1834, ils formaient une nouvelle société sous le nom de John Molson and Company [V. William Molson] ; encore cette fois, John l'aîné ne participait pas à l'entreprise.

Veuf depuis le 18 mars 1829, Molson fut atteint dans sa soixante-douzième année d'une maladie qui entraîna rapidement sa mort, le 11 janvier 1836, dans sa propriété de l'île Sainte-Marguerite. Les journaux présentèrent des éloges relativement détaillés, mais *la Minerve* exprima l'un de ses mérites dans une phrase légèrement ambiguë : « Mr. Molson était du petit nombre des Européens qui viennent s'établir en Canada, qui repoussent toute distinction nationale ; aussi comme il avait commencé sa fortune avec les enfants du sol, il avait toujours un grand nombre de Canadiens à son emploi, dont la fidélité dû contribuer à assurer ses gains considérables. » Les funérailles eurent lieu à la Christ Church, à Montréal, le 14 janvier, puis Molson fut enterré au vieux cimetière du faubourg Saint-Laurent avant que ses restes ne soient transférés, avec ceux de son épouse, au cimetière du Mont-Royal, sous l'imposant mausolée que leurs fils firent ériger en 1860. Le lendemain des funérailles, le conseil d'administration de la Banque de Montréal décida que ses membres porteraient le deuil pendant 30 jours.

Quelques minutes avant sa mort, dans un dernier souffle, Molson avait dicté ses dernières volontés à l'oreille du notaire Henry Griffin, en présence du docteur Robert Nelson* et de Frederick Gundlack. Il imposait à ses fils ce qu'ils n'avaient été capables de faire de son vivant : travailler ensemble dans les mêmes entreprises. Au double titre de légataire universel et d'exécuteur testamentaire, chacun était en partie propriétaire des entreprises des autres ou bénéficiaire de leurs revenus, et chacun devait rendre des comptes à ses frères. Comme le testament comportait quelques ambiguïtés sur lesquelles même le notaire et les deux témoins ne s'entendaient pas, les frères intentèrent des poursuites judiciaires les uns contre les autres, d'un côté John l'aîné, de l'autre, Thomas et William ensemble. Ils se lassèrent de ces querelles au bout de cinq ans et, par un singulier retour des choses, demandèrent aux deux personnes que leur père avait désignées dans son testament pour être exécuteurs testamentaires avec eux, Peter McGill et George Moffatt – mais qui s'étaient désistées –, d'agir à titre d'arbitres et de fixer les termes du partage des biens et revenus, des droits et obligations réciproques. Ce n'est qu'en 1843, sept ans après la mort de leur père, que les trois frères purent vraiment respecter ses dernières volontés.

Il existe un portrait de John Molson l'ancien, conservé dans la famille. Dans un testament du 30 janvier 1830, il avait inscrit cette prescription : « C'est ma volonté que mon portrait peint à l'huile soit la propriété de celui de mes fils et de ses héritiers qui possédera la dite brasserie après ma mort. » Ainsi cherchait-il peut-être à indiquer à la postérité laquelle de ses nombreuses entreprises il considérait comme la principale ; c'est celle qui avait marqué ses « débuts sur la grande scène du monde ».

ALFRED DUBUC

Trois livres qui relatent l'histoire des Molson ont été publiés et chacun d'eux fait une place relativement grande à John Molson l'ancien. Il s'agit de : B. K. Sandwell, *The Molson family, etc.* (Montréal, 1933) ; Merrill Denison, *Au pied du courant : l'histoire Molson*, Alain Grandbois, trad. ([Montréal], 1955) ; et S. E. Woods, *la Saga des Molson, 1763–1983*, M.-C. Laduré, trad. (Montréal, 1983). L'ouvrage de Bernard Keble Sandwell* est sérieux, quoique parfois trop glorificateur ; il porte quasi exclusivement sur Molson l'ancien et ses trois fils, et s'avère très utile pour étudier la généalogie de la famille. Le livre de Merrill Denison*, plus étendu que le premier dans son enquête sur l'ensemble de l'histoire de la famille, contient cependant de trop nombreuses affirmations (y compris certaines dates) sujettes à caution, qui n'ont souvent que peu de fondement dans les documents et qui contredisent même à quelques occasions l'information révélée par le document. Le livre de Shirley E. Woods a, quant à lui, été fort mal reçu par la critique, et l'objectif poursuivi par l'auteure d'écrire les dessous de l'histoire de la famille Molson n'a pas soulevé beaucoup d'intérêt.

Les documents Molson se trouvent principalement aux APC, sous la cote MG 28, III 57 ; les volumes 1 ; 10–11 ; 13 ; 19 ; 21 ; 27–30 ; 33 et 35 ont servi à la rédaction de la présente biographie. Les microfilms des documents du Montreal Board of Trade, conservés aux APC sous la cote MG 28, III 44, ainsi que le journal de Jedediah Hubbell Dorwin*, sous la cote MG 24, D12, contiennent également

des références à John Molson. On trouve d'autres documents Molson à Montréal aux endroits suivants : McGill Univ. Libraries, Dept. of Rare Books and Special Coll., CH16.S52 ; CH330.S290 ; Musée McCord, sous les cotes M19110 ; M19113–19115 ; M19117 ; M19124 ; M21228 ; ANQ-M, dans les minutiers des notaires Isaac Jones Gibb (CN1-175), Jonathan Abraham Gray (CN1-185) et Henry Griffin (CN1-187) ; Musée du château Ramezay, doc. 520 et 523 ; Arch. de la Banque de Montréal, livre des minutes, conseil d'administration, 1817–1836. [A. D.]

B.-C., chambre d'Assemblée, *Journaux*, 1816–1820 ; Conseil législatif, *Journaux*, 1832–1836 ; *Statuts*, 1792–1836. — *By-laws of St. Paul's Lodge, n° 514* [...] (Montréal, 1844). — *Doc. relatifs à l'hist. constitutionnelle, 1791–1818* (Doughty et McArthur) ; *1819–1828* (Doughty et Story). — *History and by-laws of Saint Paul's Lodge, n° 374* [...] (Montréal, 1876 ; 2e éd., 1895). — *Select documents in Canadian economic history*, H. A. Innis et A. R. M. Lower, édit. (2 vol., Toronto, 1929–1933), 2 : 140–141, 199–200, 295. — « Union proposée entre le Haut et le Bas-Canada », APC *Rapport*, 1897 : 33–38. — *L'Ami du peuple, de l'ordre et des lois*, 13 janv. 1836. — *La Minerve*, 14 janv. 1836. — *Montreal Gazette*, 12, 16 janv. 1836. — *Morning Courier* (Montréal), 14, 21 janv. 1836. — *Quebec Gazette*, 15 janv. 1836. — F.-J. Audet, *les Députés de Montréal*, 88–91. — Borthwick, *Hist. and biog. gazetteer*, 34–35, 37–38, 44, 50–51, 53. — Joseph Bouchette, *The British dominions in North America ; or a topographical description of the provinces of Lower and Upper Canada* [...] (2 vol., Londres, 1832), 1 : 431 ; *Description topographique du B.-C.*, 489–490. — Desjardins, *Guide parl.* — *Montreal directory*, 1820, 20–21, 23, 26, 30, 108. — F. D. Adams, *A history of Christ Church Cathedral, Montreal* (Montréal, 1941). — W. H. Atherton, *History of the harbour front of Montreal since its discovery by Jacques Cartier in 1535* [...] ([Montréal, 1935]), 3–4 ; *Montreal, 1535–1914* (3 vol., Montréal et Vancouver, 1914), 2 : 138, 271, 275–279, 283, 435, 527, 556, 575–576, 607–608. — Hector Berthelot, *Montréal, le bon vieux temps*, É.-Z. Massicotte, compil. (2 vol. en 1, Montréal, 1916), 1 : 23–25 ; 2 : 11, 18, 53. — *Hochelaga depicta* [...], Newton Bosworth, édit. (Montréal, 1839 ; réimpr., Toronto, 1974). — Campbell, *Hist. of Scotch Presbyterian Church*, 82–83, 121–124. — Christie, *Hist. of L.C.* (1848–1855). — François Cinq-Mars, *l'Avènement du premier chemin de fer au Canada : St-Jean–Laprairie, 1836* (Saint-Jean-sur-Richelieu, Québec, 1986), 47–53, 80–86, 91–97, 109–111. — G. E. Cone, « Studies in the development of transportation in the Champlain valley to 1876 » (thèse de M.A., Univ. of Vt, Burlington, 1945). — J. I. Cooper, *History of St George's Lodge, 1829–1954* (Montréal, 1954). — Creighton, *Empire of St. Lawrence*. — Denison, *la Première Banque au Canada*, 1 : 219–274. — Franklin Graham, *Histrionic Montreal ; annals of the Montreal stage with biographical and critical notices of the plays and players of a century* (2e éd., Montréal, 1902 ; réimpr., New York et Londres, 1969). — J. H. Graham, *Outlines of the history of freemasonry in the province of Quebec* (Montréal, 1892), 168, 170–173, 182. — H. E. MacDermot, *A history of the Montreal General Hospital* (Montréal, 1950), 4 : 2, 4, 12, 34, 41–42, 110. — Peter Mathias, *The brewing industry in England, 1700–1830* (Cambridge, Angl., 1959). — A. J. B. Milbourne, *Freema-*

Mondelet

sonry in the province of Quebec, 1759–1959 (s.l., 1960), 72, 75–76, 78–80, 82. — Ouellet, *Bas-Canada*; *Hist. économique*. — S. B. Ryerson, *le Capitalisme et la Confédération : aux sources du conflit Canada–Québec (1760–1873)*, André d'Allemagne, trad. (Montréal, 1972). — Alfred Sandham, *Ville-Marie, or, sketches of Montreal, past and present* (Montréal, 1870), 91–93. — Maurice Séguin, *la « Nation canadienne » et l'Agriculture (1760–1850) : essai d'histoire économique* (Trois-Rivières, Québec, 1970). — Taft Manning, *Revolt of French Canada*. — G. J. J. Tulchinsky, « The construction of the first Lachine Canal, 1815–1826 » (thèse de M.A., McGill Univ., Montréal, 1960); *River barons*, 14, 25, 51, 111, 213–214, 216–217. — G. H. Wilson, « The application of steam to St Lawrence valley navigation, 1809–1840 » (thèse de M.A., McGill Univ., 1961). — Owen Klein, « The opening of Montreal's Theatre Royal, 1825 », *Hist. du théâtre au Canada* (Toronto et Kingston, Ontario), 1 (1980) : 24–38.

MONDELET, JEAN-MARIE, notaire, juge de paix, homme politique, fonctionnaire et officier de milice, né vers 1771, ou peut-être le 29 avril 1773 et baptisé François à Saint-Charles-sur-Richelieu, Québec, fils de Dominique Mondelet* et de Marie-Françoise Hains; décédé le 15 juin 1843 à Trois-Rivières, Bas-Canada.

Des 12 ou 13 enfants qu'eurent ses parents, Jean-Marie Mondelet fut le seul qui survécut. Il commença son cours classique au collège Saint-Raphaël de Montréal en 1781 et le termina au petit séminaire de Québec de 1788 à 1790. Comme sa mère ne supportait pas qu'il soit toujours absent, il renonça à étudier le droit pour retourner dans la vallée du Richelieu. Élève du notaire Jean-Baptiste Grisé, de Chambly, il reçut sa commission le 24 septembre 1794 puis ouvrit son propre cabinet à Saint-Marc, où vivaient ses parents. Bientôt, il prit à son tour deux élèves, Étienne Ranvoyzé* et Paul-Théophile Pinsonaut*; à compter de 1799, Ranvoyzé sera son associé pendant quelque temps. Lorsque, le 29 janvier 1798, Mondelet épousa à Boucherville Charlotte Boucher de Grosbois, sa fortune et sa réputation étaient encore modestes, mais il occupait une place respectable dans la bourgeoisie rurale des gens de profession libérale. Son contrat de mariage, qui conformément au droit français stipulait la communauté de biens, prévoyait un douaire de £150; son cousin Joseph Ainsse, fils du trafiquant de fourrures Joseph-Louis Ainsse*, et Gabriel Franchère, marchand et père de Gabriel Franchère*, futur trafiquant de fourrures, lui servirent de témoins à la signature du document. Le couple allait avoir trois enfants. Nommé juge de paix du district de Montréal le 1er juin 1798, Mondelet le demeura pendant de nombreuses années et exerça la même fonction dans les districts bas-canadiens de Trois-Rivières (à compter de 1811), de Québec (1815) et de Saint-François (1821) ainsi que dans le district haut-canadien de Johnstown (1815).

Ambitieux, Mondelet voulait se fixer à Montréal. En 1801, il demanda donc à un ami intime, Ignace-Michel-Louis-Antoine d'Irumberry* de Salaberry, d'obtenir pour lui le poste d'inspecteur de police ou celui de greffier du papier terrier. Il était encore à Saint-Marc en mai 1802 mais peu après, à la demande de plusieurs hommes publics de Montréal, il s'installa dans cette ville (en compagnie de sa mère), où il ne tarda pas à se constituer une nombreuse clientèle. En 1804, avec l'homme d'affaires John Richardson*, il devint député de la circonscription de Montréal-Ouest; quatre ans plus tard, avec le solliciteur général James Stuart*, il fut élu sans opposition dans Montréal-Est. Mondelet assistait assez fidèlement aux séances de la chambre et participait plutôt activement aux travaux des comités. La réforme pénitentiaire et la consolidation de la profession notariale, dont la réputation s'était ternie depuis la Conquête, lui tenaient particulièrement à cœur. En 1808, il présenta un projet de loi qui définissait les qualifications des aspirants notaires et qui, incidemment, encourageait les études secondaires en écourtant la période d'apprentissage des diplômés de collège. Adopté par l'Assemblée après de houleux débats, le projet ne passa pas l'étape du Conseil législatif.

Le plus souvent, Mondelet appuyait le parti canadien, d'obédience nationaliste, qui dominait l'Assemblée. De 1805 à 1808, il le soutint à l'occasion de 17 mises aux voix sur 26 et, en 1808–1809, de 4 sur 6. Au moins jusqu'à la fin de 1808, il fréquenta le cercle mondain de la famille Papineau-Viger, influente dans le parti. Cependant, en janvier 1809, tandis que la tension montait entre l'Assemblée et le gouverneur sir James Henry Craig*, un observateur signala à Jacques Viger* que Mondelet « craignoit que [les nationalistes poussent] les choses un peu trop loin » et reprochait de plus en plus au journal du parti, *le Canadien,* d'attaquer le gouvernement. Quand, cet automne-là, Mondelet brigua de nouveau les suffrages dans Montréal-Est, le parti canadien lui opposa le populaire Joseph PAPINEAU, ce qui le força à se désister; passé dans Montréal-Ouest, il subit une cuisante défaite aux mains de Denis-Benjamin Viger*. « J'ai succombé sous l'accusation d'être trop dévoué aux intérêts du gouvernement, écrivit-il à un ami. J'ai vécu et je mourrai dévoué au gouvernement. » Au printemps de 1810, après que Craig eut saisi *le Canadien* et en eut emprisonné les maîtres d'œuvre, Mondelet fut battu de justesse dans Montréal-Ouest, par 287 voix contre 281 : Papineau lui avait coupé l'herbe sous le pied en proclamant, à la dernière minute, sa loyauté et son soutien à Craig.

Veuf depuis 1802, Mondelet, comme pour défier les nationalistes, épousa le 29 décembre 1811 Juliana Walker, veuve du ministre anglican James Sutherland Rudd, après avoir signé un contrat de mariage portant renonciation à toute communauté de biens. Parmi les témoins figuraient Louis Chaboillez* et Michel-Eustache-Gaspard-Alain Chartier* de Lotbinière, dont les positions politiques se rapprochaient sans doute des siennes. Trois enfants allaient naître de ce second mariage. Depuis son arrivée à Montréal, Mondelet accumulait les postes dans l'administration publique. Nommé commissaire chargé d'améliorer et de réparer la route à péage de Lachine en 1805, il était devenu commissaire responsable de la démolition des vieilles fortifications de Montréal en 1807 ; la même année, il agit aussi à titre de commissaire chargé de la construction d'une halle. Après sa défaite électorale de 1809, ses nominations se multiplièrent encore davantage. Trois d'entre elles méritent qu'on les relève : en février 1810, il obtint un poste important dans les affaires municipales et l'administration de la justice, celui de coprésident, avec Thomas McCord*, de la Cour des sessions trimestrielles de Montréal ; en décembre 1811, il devint magistrat de police ; enfin, en août 1812, on le nomma coroner de Montréal.

Après le déclenchement de la guerre de 1812, Mondelet reçut une commission de major dans la milice. En 1813, il fit partie d'un conseil qui, sous la présidence de James McGill*, proposa des moyens de renforcer la milice sédentaire. En juin, le nationaliste Hugues HENEY rapporta à Jacques Viger que « le quasi Général Mondelet » et Louis-Joseph de Fleury Deschambault avaient tenté en vain de lever un 7e bataillon de milice en « gage de leur loyauté et de leur désir sincère... d'obtenir une place ». En fait, Fleury Deschambault incorpora un bataillon de milice sédentaire, connu sous le nom de 7e bataillon de la milice d'élite incorporée, dans lequel il avait le grade de colonel et Mondelet, celui de major. Au licenciement de ce bataillon, en novembre 1813, Mondelet passa à celui de Pointe-Claire, dont il devint lieutenant-colonel en avril 1814 et dont il allait prendre le commandement en 1820.

Dans les derniers temps de la guerre et une fois la paix revenue, à mesure que ses fonctions d'officier diminuaient, Mondelet accepta de nouvelles charges civiles, dont celles de commissaire chargé de la construction des églises et des presbytères (1814), de commissaire responsable de l'amélioration des communications dans le comté de Montréal (1817), de commissaire chargé de la réfection des prisons et des palais de justice (1818) et de syndic de la Maison d'industrie (1818). Sa participation à la vie communautaire prenait aussi d'autres formes. Ainsi il fut l'un des promoteurs de la Compagnie des propriétaires de la bibliothèque de Montréal, fondée en 1819 pour administrer une bibliothèque ouverte vers 1796 par la Montreal Library Association, et en 1821 il souscrivit à la Société de Québec des émigrés. Cependant, il consacrait le plus gros de ses énergies à sa profession et à ses charges publiques, qui se recoupaient à

l'occasion. En juin 1821, on le mandata notaire du roi ; cette nomination accrut de façon considérable la charge de travail de son cabinet déjà prospère, car elle habilitait Mondelet à agir à titre de notaire du gouvernement et de l'armée. Un de ses principaux travaux consista à dresser toutes les concessions foncières de la seigneurie de la couronne à Sorel ainsi que tous les actes relatifs au papier terrier de cette seigneurie, qu'il eut le mandat d'établir en 1822. En septembre 1821, peut-être pour faire face à ses nouvelles obligations, il s'associa à Paul-Édouard Daveluy, de Varennes, près de Montréal ; leur cabinet était commodément situé à côté du bureau du shérif.

Apparemment, vers 1822, Mondelet avait renoué quelque peu avec le parti canadien, principalement, semble-t-il, par l'intermédiaire de Jacques Viger. Comme les membres du parti, il craignait que le projet d'union du Bas et du Haut-Canada ne se réalise [V. John Richardson], mais il considérait cette éventualité comme « un peu [la] faute » de tous les nationalistes. En même temps, il appartenait à un groupe qui préconisait la construction à Montréal d'une cathédrale pour Mgr Jean-Jacques LARTIGUE, cousin de Louis-Joseph Papineau* et de Denis-Benjamin Viger qui, tous deux, le soutenaient dans sa lutte contre le séminaire de Saint-Sulpice, à prédominance française, pour l'hégémonie spirituelle à Montréal. Par la suite, Mondelet amassa des fonds pour la cathédrale, dont les sulpiciens tentèrent d'empêcher la construction en projetant celle de l'imposante église paroissiale Notre-Dame. S'il perdit, en 1824, ses postes de magistrat de police et de coprésident de la Cour des sessions trimestrielles, ce fut, semble-t-il, par suite de nombreuses plaintes contre l'administration de la police, et non en raison de son appui à des causes nationalistes ; McCord, politiquement irréprochable, connut en effet le même sort. Toutefois, pendant le mandat du très soupçonneux gouverneur lord Dalhousie [RAMSAY], le fait que Mondelet paraissait de plus en plus proche du parti canadien, ajouté, sans doute, aux positions encore plus radicales de ses fils Dominique* et Charles-Élzéar*, éroda sa position de favori du régime. En mars 1824, il se vit retirer le mandat d'établir le papier terrier de la seigneurie de Sorel et, en 1827, il perdit son titre de notaire du roi. En novembre de la même année, Dalhousie priva ses fils de leurs commissions dans la milice ; Mondelet, en guise de réplique, abandonna la sienne.

Mondelet n'en demeurait pas moins un nationaliste modéré. Il admirait le zèle de Denis-Benjamin Viger et, en février 1831, trouvait Louis-Joseph Papineau « plus recommandable que jamais ». En même temps, il vantait à Jacques Viger la prudence du successeur de Dalhousie, sir James Kempt*. Dès 1830, il avait recouvré sa commission dans la milice et il la conserva au moins jusqu'en 1839. En mai 1832, il

Mondelet

entra au bureau de santé de Montréal, formé peu de temps auparavant quand une terrible épidémie de choléra avait frappé le Bas-Canada [V. Matthew WHITWORTH-AYLMER]. Cependant, une fois Kempt parti, les tensions augmentèrent entre le gouvernement colonial et le parti patriote (c'était le nom qu'avait pris le parti canadien) et, dans ce contexte, garder une position modérée devenait chose impossible puisqu'on devenait la cible des deux camps. Les nationalistes radicaux allèrent jusqu'à prétendre que, dans le but secret de décimer la population canadienne, le gouvernement et les bureaux de santé avaient fait exprès de ne pas réussir à contenir l'épidémie de choléra. Comme il manœuvrait encore une fois pour éviter l'affrontement, Mondelet fut classé, par les nationalistes, parmi les partisans du gouvernement britannique.

Le 21 mai 1832, au cours d'une élection partielle dans Montréal-Ouest, la troupe britannique tua trois Canadiens [V. Daniel Tracey*] ; après ce drame, Mondelet comprit à quel point il était dangereux de tenir une position mitoyenne dans la politique du Bas-Canada. Il arriva sur les lieux immédiatement après les coups de feu, afin de commencer l'enquête du coroner. À la demande de plusieurs patriotes, Papineau ne tarda pas à le surveiller de près. « [J']ai arrêté quelques bévues de sa part, rapporta-t-il à John NEILSON, à Québec ; sciemment et volontairement il en a commis mille autres. » Quelques jours plus tard, un jury du coroner se prononça à neuf voix contre trois en faveur de l'arrestation de deux officiers britanniques ; comme il estimait que la loi exigeait l'unanimité, Mondelet reporta l'enquête aux audiences criminelles du mois d'août. Il fallut de fortes pressions de la part de Papineau pour qu'il ordonne finalement l'arrestation des officiers, qu'on libéra sous caution par la suite. Le parti des bureaucrates s'indigna : Mondelet avait accepté un jury partial, composé « presque exclusivement de lecteurs de la Minerve » (journal du parti patriote), et Papineau n'avait cessé d'intervenir pour lui dicter comment mener son enquête. En outre, l'un des officiers accusa Mondelet d'avoir refusé de prendre en compte le contexte de la fusillade et, en juillet, le secrétaire d'État aux Colonies, lord Goderich, estima « très regrettable que le jury du coroner ait été autorisé à se séparer sans avoir rendu un verdict [unanime] ». On acquitta les officiers aux audiences criminelles ; à la fin de l'année, alors même que le roi approuvait officiellement leur conduite, Mondelet se faisait cuisiner par un comité d'enquête de l'Assemblée où dominait le parti patriote. Jacques Viger décrivait ainsi son attitude : il « fait de belles phrases, beaucoup de complimens, de termes douceureux, denonciations hasardées sur points de loi, mais surtout beaucoup trop de réticences » dues à « une mémoire fâcheuse ». « Son témoignage, ajoutait-il, ne lui fera pas honneur, et [...] pourra lui faire du mal. » Après

une séance d'interrogatoire, notait Viger, « il a diné [...] au Château », résidence du gouverneur.

Dès 1834, les fils de Mondelet subissaient à leur tour de violentes critiques du parti patriote parce qu'ils acceptaient des nominations du gouvernement. L'année suivante, Mondelet enquêta sur la mort, de faim ou de froid, d'un détenu de la prison de Montréal et ne signa qu'à contrecœur le verdict du jury, qui déclarait coupables de négligence le directeur de la prison, individu méprisable, et d'autres fonctionnaires de l'établissement. Selon lui, c'était aux conditions de détention horribles qu'il fallait s'attaquer, et on raconte qu'il déclara que le décès provenait de ce que le Parlement était trop absorbé par les problèmes politiques pour s'attaquer à une réforme pénitentiaire. Furieuse, l'Assemblée, en suivant une procédure dénoncée depuis longtemps par un ancien secrétaire civil, Herman Witsius RYLAND, et d'autres membres du parti des bureaucrates, examina la conduite de Mondelet et, sans entendre l'accusé, publia en juin 1836 un rapport qui l'accusait de mépris des privilèges de la chambre. Le gouverneur lord Gosford [ACHESON] refusa cependant de démettre Mondelet de ses fonctions de coroner, comme elle l'exigeait. Entretemps, celui-ci, qui tenait particulièrement à ce poste, avait presque rampé devant l'Assemblée pour qu'elle l'entende et l'épargne. On construisit une nouvelle prison en 1837 mais, comme les patriotes de 1837–1838 purent le constater, les conditions n'y étaient guère meilleures que celles que Mondelet avait dénoncées dans l'ancienne.

Des malheurs courants à son époque avaient assombri la vie privée de Mondelet : non seulement sa première femme était-elle morte jeune, mais la moitié de ses enfants moururent en bas âge, et sa mère bien-aimée s'éteignit chez lui en 1813. Mondelet lui-même souffrit longtemps de rhumatismes extrêmement douloureux et de blessures subies dans un accident de calèche. Il perdit peu à peu la vue et l'ouïe et connut de violentes crises d'asthme. Il cessa d'exercer la profession de notaire en juin 1842, après avoir dressé l'acte n° 7041 ; deux ans plus tôt, il avait eu l'honneur d'enregistrer l'installation du successeur de Lartigue, Ignace Bourget*, à la cathédrale de Montréal. Il mourut à Trois-Rivières en 1843, vers l'âge de 72 ans.

Homme libre et franc, Jean-Marie Mondelet fut un fonctionnaire extrêmement consciencieux, compétent et ambitieux. Tant sa carrière de fonctionnaire que sa carrière politique furent prises dans la tourmente de plus en plus violente qui frappa la vie politique du Bas-Canada dans la première moitié du XIXe siècle. Il tenta de défendre un nationalisme modéré mais glissa dans le conservatisme chaque fois que les positions et les actes des nationalistes se radicalisaient. Cependant, faire de la politique l'intéressait moins que servir l'État, et il trouva, surtout dans ses fonctions de coroner, l'occasion d'employer son énergie débordante aussi bien que d'exercer ses talents de juriste et d'administrateur.

EN COLLABORATION AVEC ELIZABETH
ABBOTT-NAMPHY ET MARGARET MACKINNON

ANQ-MBF, CE1-48, 19 juin 1843. — APC, MG 30, D1, 21 : 740–807 ; RG 68, General index, 1651–1841. — ASQ, Fonds Viger-Verreau, Sér. O, 0139 : 130–131, 239–243, 245–248 ; 0141 : 193–195 ; 0143 : 239 ; 0144 : 6, 17–18, 21, 157–159, 167–169 ; 0145 : 57–59, 63 ; 0146 : 168, 326–328 ; 0147 : 19–21, 95–100, 202–203 (mfm aux APC). — AUM, P 58, U, corr. de J.-M. Mondelet, 1811, 1827–1839. — Univ. of B.C. Library (Vancouver), Special Coll. Division, Michaud coll., box 2, file 2. — B.-C., chambre d'Assemblée, *Journaux*, 1805–1809, 1835–1837. — J.-M. Mondelet, « Lettre de M. J.-M. Mondelet à l'honorable M. Louis de Salaberry », *BRH*, 33 (1927) : 249–250. — *Le Canadien*, 9 oct. 1809. — *La Gazette de Québec*, 25 avril 1799, 27 déc. 1804, 7 août 1806, 19 févr., 23 avril, 7 juill. 1807, 3, 17 mars, 26 mai 1808, 20, 27 avril, 4, 11 mai, 15 juin, 16 nov., 14 déc. 1809, 15 févr., 12 avril, 22 nov. 1810, 15 août, 26 déc. 1811, 10 sept. 1812, 6 avril 1815, 5 juin, 18 sept. 1817, 18, 28 mai, 27 août 1818, 7 juin, 28 oct. 1819, 28 févr., 20 avril, 26 oct., 27 nov. 1820, 20 août, 4 oct., 19, 26 nov. 1821, 24 mai 1824. — *La Minerve*, 19 juin 1843. — *Montreal Gazette*, 19 juin 1843. — F.-J. Audet, *les Députés de Montréal*. — Desrosiers, « Inv. de la corr. de Mgr Bourget », *ANQ Rapport*, 1946–1947 : 85 ; « Inv. de la corr. de Mgr Lartigue », 1941–1942 : 385, 396. — P.-G. Roy, *les Juges de la prov. de Québec*. — J. D. Borthwick, *History of the Montreal prison from A.D. 1784 to A.D. 1886* […] (Montréal, 1886), 11. — France Galarneau, « l'Élection pour le Quartier-Ouest de Montréal en 1832 : analyse politico-sociale » (thèse de M.A., univ. de Montréal, 1977), 126–130, 133, 139, 146. — Maurault, *le Collège de Montréal* (Dansereau ; 1967). — Ouellet, *Bas-Canada*. — J.-E. Roy, *Hist. du notariat*, 2 : 229, 275. — Rumilly, *Hist. de Montréal*, 2 ; *Papineau et son temps*. — Taft Manning, *Revolt of French Canada*, 380–381. — André Vachon, *Histoire du notariat canadien, 1621–1960* (Québec, 1962), 88. — F.-J. Audet, « les Mondelet », *Cahiers des Dix*, 3 (1938) : 191–216 ; « Pierre-Édouard Leclère (1798–1866) », 8 (1943) : 109–140. — « Biographie du juge Mondelet », *l'Opinion publique*, 19 déc. 1872 : 601–604. — J. E. Hare, « l'Assemblée législative du Bas-Canada, 1792–1814 : députation et polarisation politique », *RHAF*, 27 (1973–1974) : 361–395. — Fernand Lefebvre, « la Vie à la prison de Montréal au XIXe siècle », *RHAF*, 7 (1953–1954) : 524–537. — Gérard Malchelosse, « Généalogie de la famille Mondelet », *BRH*, 51 (1945) : 51–60. — Victor Morin, « Clubs et Sociétés notoires d'autrefois », *Cahiers des Dix*, 14 (1949) : 187–222.

MONK, MARIA, auteure, née le 27 juin 1816 à Dorchester (Saint-Jean-sur-Richelieu, Québec), fille de William Monk et d'Isabella Mills ; décédée au cours de l'été de 1849 à New York.

Maria Monk fut une enfant difficile. D'après le témoignage de sa mère, vers l'âge de sept ans elle se serait enfoncé un crayon d'ardoise dans une oreille, accident qui aurait irrémédiablement endommagé son cerveau. Elle ne tarda pas à donner des signes d'une conduite déréglée et à se livrer à la prostitution. En novembre 1834, sa mère la fit interner à Montréal, à l'Institution charitable pour les filles repenties, refuge établi et dirigé par Agathe-Henriette Huguet, dit Latour. Mais le comportement de Maria, qui était loin de s'améliorer, la fit exclure en mars 1835 ; elle était alors enceinte.

Maria s'enfuit aux États-Unis, où elle se trouva au centre de la controverse nativiste anticatholique qui avait atteint un sommet avec l'incendie du couvent des ursulines de Charlestown (Boston) par la populace le 11 août 1834. Un journal new-yorkais publiait en octobre 1835 les déclarations de Maria, qui décrivait sa vie de religieuse à l'Hôtel-Dieu de Montréal. Selon ses dires, elle avait dû tuer, par ordre de la supérieure et de l'évêque auxiliaire, Mgr Jean-Jacques LARTIGUE, l'une de ses compagnes qui refusait de se soumettre aux demandes révoltantes des prêtres. L'article annonçait la parution prochaine du « récit complet et détaillé des scènes qui se pass[aient] à l'Hôtel-Dieu ».

En janvier 1836, parut à New York *Awful disclosures of Maria Monk* […], ouvrage dont Maria était censée être l'auteure et dans lequel elle décrivait les infamies qu'elle aurait subies comme religieuse catholique. Le 13 février 1836, Alfred-Xavier Rambau*, rédacteur du journal montréalais *l'Ami du peuple, de l'ordre et des lois*, révélait à ses lecteurs la publication récente de ce livre « aussi plat que menteur ». On y apprenait que Maria Monk avait reçu une éducation protestante mais que, convertie, elle était entrée au couvent de l'Hôtel-Dieu de Montréal. Après qu'elle eut prononcé ses vœux, la supérieure lui enjoignit « d'obéir aux prêtres en toutes choses » et elle découvrit alors « à son extrême étonnement et avec beaucoup d'horreur » qu'elle devait avoir des « relations illicites » avec des prêtres ; ceux-ci pouvaient se rendre chez les religieuses par un passage souterrain qui reliait le couvent au séminaire de Saint-Sulpice. Les enfants nés de ces unions sacrilèges étaient immédiatement baptisés puis étranglés. Par la suite, elle aurait assisté à l'assassinat d'une religieuse qui résistait aux avances des prêtres et à l'étranglement de deux bébés après leur baptême. Elle découvrit l'endroit dans le sous-sol de l'Hôtel-Dieu où l'on enfouissait les cadavres, de même que le tunnel qui communiquait avec le séminaire.

Selon son récit, Maria se trouva bientôt enceinte de l'abbé Patrick Phelan*. Toutefois, incapable d'envisager le sort cruel qu'on infligerait à son enfant, elle s'enfuit du couvent. La première édition de l'ouvrage s'achevait sur cet épisode. Une nouvelle édition, parue la même année, contenait cependant d'autres détails. On y apprenait que la religieuse en fuite se rendit compte qu'il lui serait difficile de quitter Montréal sans être interceptée. Dans un accès de désespoir, elle résolut d'aller se noyer, mais deux ouvriers qu'elle rencontra la persuadèrent de survivre pour révéler les turpitudes du « papisme ». Elle gagna alors New York où, seule et sans ami, elle fut de nouveau tentée de mettre un terme à ses jours par le jeûne. Heureusement des âmes charitables la conduisirent à un hospice, où elle raconta ses aventures à un pasteur protestant. Impressionné par ce récit, ce dernier exhorta Maria à relater ces faits pour qu'on les répande dans le grand public. L'ouvrage se terminait par un compte rendu de son voyage à Montréal, en compagnie du révérend William K. Hoyt, pour témoigner de la véracité de ses révélations et des rebuffades qu'elle dut subir.

Le succès immédiat de la publication permit à la vérité de se faire jour quant aux auteurs réels de cette imposture, car on ne tarda pas à se quereller au sujet du partage des profits. C'est ainsi que des dépositions en justice révélèrent que Hoyt, adversaire résolu du catholicisme, avait assisté Maria dans sa fuite aux États-Unis et que le récit oral de celle-ci avait servi au révérend John Jay Slocum, ministre presbytérien, assisté entre autres de Hoyt et du révérend George Bourne, pour rédiger *Awful disclosures* ; ce sont d'ailleurs eux qui avaient accaparé la majeure partie des profits de ce succès de librairie.

Pour conforter la véracité des révélations sensationnelles de Maria, apparut à point nommé à New York, durant l'automne de 1836, une autre fugitive, sœur Saint Frances Patrick, qui disait venir également de l'Hôtel-Dieu. Elle avait été religieuse en même temps que Maria et pouvait donc corroborer chacune des assertions de cette dernière. Toutes deux firent leur apparition dans une réunion publique et, après s'être embrassées avec effusion, s'entretinrent quelque temps de leur commun séjour à l'Hôtel-Dieu.

La controverse divisait partisans et adversaires de Maria. Pour en avoir le cœur net, une enquête sur place s'imposait. Le 15 octobre 1836, *l'Ami du peuple* apprenait à ses lecteurs que le journaliste américain William Leete Stone s'était rendu à Montréal et avait obtenu l'autorisation de faire une visite complète de l'Hôtel-Dieu, le livre de Maria à la main. À la fin de sa visite, il avoua : « Au bout de dix minutes [l']imposture était devenue aussi claire que le soleil en plein midi. Je déclare maintenant plus franchement et plus hardiment que *jamais que ni Maria Monk ni Francis Partridge n'ont jamais mis les pieds dans le couvent de l'Hôtel Dieu*. » Stone publia d'abord le résultat de son enquête dans son journal, puis en brochure.

La réfutation de Stone fut le coup le plus décisif porté aux États-Unis contre les inventions de Maria Monk. Au Bas-Canada, on s'était également préoccupé de démentir ces infamies. Ce sont John Jones et Pierre-Édouard Leclère*, propriétaires et éditeurs de *l'Ami du peuple*, qui en prirent l'initiative. En leur qualité d'alliés des sulpiciens, il leur revenait de défendre le séminaire contre les calomnies atroces de Maria. Ainsi le 21 août 1836 Mgr Lartigue écrivait à un résident de Mascouche pour le dissuader de rédiger un pamphlet contre le livre infâme de Maria Monk car, selon l'évêque, on imprimait alors à New York une réfutation qu'on publierait également à Glasgow et à Dublin. Ce « serait donner trop d'importance à une histoire si pitoyable et absurde », au jugement de Mgr Lartigue, « qui fai[sait] avaler, doux comme miel, aux presbytériens et méthodistes des États-Unis, toutes ces absurdités ». Le prélat faisait allusion au petit volume dans lequel Jones et Leclère avaient colligé un ensemble de déclarations et de dépositions sous serment qui démolissait les inventions de Maria Monk.

Le révérend John Jay Slocum, directement mis en cause par cette réfutation, s'empressa de publier, au nom de sa protégée, une brochure qui parut au début de 1837. Dès le 22 janvier, Mgr Lartigue en informait l'archevêque de Québec, Mgr Joseph SIGNAY : « Maria Monk a donné au public un nouveau pamphlet, où elle vomit plus d'horreur que jamais contre le clergé de ce pays, où elle a l'ineptie de dire qu'elle a, par ordre, empoisonné elle-même une des Religieuses de l'Hôtel-Dieu de Montréal, lorsqu'elle était sa compagne. » L'évêque se demandait si on ne pouvait pas obtenir du gouverneur de New York l'extradition de cette personne, pour la faire juger sur ses calomnies et diffamations, car beaucoup de gens aux États-Unis, semblait-il, croyaient encore aux infamies qu'elle racontait.

Mais outre-frontière la popularité de Maria Monk commençait à décroître et, selon bien des publications protestantes, il s'agissait d'une imposture. En août 1837, Maria disparut de New York pour se retrouver à Philadelphie, où elle prétendit avoir été kidnappée par des prêtres catholiques désireux de mettre un terme à ses révélations sur les couvents. Toutefois, ses extravagances n'empêchèrent pas certaines personnes d'ajouter encore foi aux faits consignés dans une dernière publication qu'on lui attribua en 1837 : *Further disclosures by Maria Monk, concerning the Hotel Dieu nunnery of Montreal* [...]. Les lecteurs y apprirent que des religieuses des États-Unis et du Canada se rendaient à l'île des Sœurs, près de Montréal, pour y accoucher d'enfants illégitimes. Les 18 mars et 24 avril 1837, Mgr Lartigue confiait au vicaire général de New York qu'il avait, par l'entremise de Stone, donné la permission à une association protestante de New York de visiter de nouveau l'Hôtel-Dieu de Montréal et même l'île des Sœurs, comme le réclamait un journal new-yorkais.

Sans doute le résultat de cette enquête fut-il concluant, car l'affaire Monk connut alors un déclin décisif. En 1838, Maria donna naissance à un enfant de père inconnu, cette fois sans en attribuer la paternité à un prêtre. Elle se maria un peu plus tard, mais elle dissipa par son ivrognerie et ses dérèglements les économies de son mari, de sorte qu'il la quitta bientôt. En 1849, on l'arrêta dans une maison mal famée pour avoir dérobé l'argent de son compagnon du moment et, enfermée dans une prison de New York, elle mourut à demi-démente au cours de l'été.

Maria Monk reste la triste héroïne d'un ouvrage qui a constitué « un instrument sensationnel de la propagande anticatholique », au jugement de l'historien américain Ray Allen Billington. Selon son estimation, 300 000 exemplaires en furent vendus avant la guerre de Sécession.

PHILIPPE SYLVAIN

Maria Monk est l'auteure présumée de : *Awful disclosures of Maria Monk, as exhibited in a narrative of her sufferings during a residence of five years as a novice, and two years as a black nun, in the Hotel Dieu nunnery at Montreal [...]* (New York, 1836), qui connut de nombreuses éditions et traductions. On suppose qu'elle a aussi écrit *Further disclosures by Maria Monk, concerning the Hotel Dieu nunnery of Montreal ; also, her visit to Nuns' Island, and disclosures concerning the secret retreat* (Boston, 1837).

ANQ-M, CE4-17, 23 juill. 1816. — *Affidavit of Madame D. C. McDonnell (matron of the Montreal Magdalen Asylum)* (s.l., 1836). — [John Jones et P.-É. Leclère], *Awful exposure of the atrocious plot formed by certain individuals against the clergy and nuns of Lower Canada through the intervention of Maria Monk [...]* (New York, 1836). — J. J. Slocum, *Furthur disclosures by Maria Monk, concerning the Hotel Dieu nunnery of Montreal [...]* (New York, 1837). — W. L. Stone, *Maria Monk and the nunnery of the Hotel Dieu ; being an account of a visit to the convents of Montreal, and refutation of the* Awful disclosures [...] (New York, 1836). — Desrosiers, « Inv. de la corr. de Mgr Lartigue », ANQ *Rapport*, 1944–1945 : 195, 198, 230, 236, 239. — R. A. Billington, *The protestant crusade, 1800–1860 ; a study of the origins of American nativism* (New York, 1938), 99–109. — Gustavus Myers, *History of bigotry in the United States* (New York, 1943), 154–160. — R. A. Billington, « Maria Monk and her influence », *Catholic Hist. Rev.* (Washington), 22 (1936–1937) : 283–296. — Bernard Dufebvre [Émile Castonguay], « le « Roman » de Maria Monk », *Rev. de l'univ. Laval*, 8 (1953–1954) : 569–580. — Philippe Sylvain, « l'Affaire Maria Monk », *Cahiers des Dix*, 43 (1983) : 167–184.

MONVIEL (Monteil, Montviel), FRANÇOIS VASSAL DE. V. VASSAL

MORRIS, PATRICK, marchand, propriétaire de navires, fermier, auteur, homme politique et fonctionnaire, né probablement vers 1789 à Waterford (république d'Irlande) ; le 26 avril 1814, il épousa à Harbour Grace, Terre-Neuve, Mary Foley, et ils eurent une fille, puis en 1830, à Cork (république d'Irlande), Frances Bullen, et de ce mariage naquirent quatre fils et deux filles ; décédé le 22 août 1849 à St John's.

Patrick Morris vint à St John's vers 1804 pour travailler en qualité de commis chez un marchand originaire de Waterford, Luke Maddock, avec qui il était peut-être parent. Ses origines demeurent obscures, comme celles de la plupart des marchands irlandais de Terre-Neuve, mais il était issu d'un milieu modeste et n'apportait avec lui qu'un maigre capital, sinon rien. Maddock, qui s'était établi dans la colonie 25 ans auparavant, représentait bien la communauté marchande des Irlandais de St John's, en pleine expansion à la fin du XVIIIe siècle. Sa petite entreprise faisait surtout venir, le plus souvent dans des navires anglais, des vivres de Waterford et des produits manufacturés de Liverpool. Ses clients étaient des *planters*, artisans et employés irlando-catholiques de la ville ou des villages de pêcheurs avoisinants. De plus, Maddock tenait un magasin et une taverne dans le centre de St John's, sous-louait des logements à des compatriotes immigrants et exploitait une ferme. En l'espace relativement court de six ou sept ans, Morris accumula, semble-t-il, assez d'expérience, de capital et de relations pour se lancer lui-même en affaires. Il loua des installations sur le front de mer en 1810 et monta vite une entreprise semblable à celle de son ancien employeur dont le décès, survenu peu après, dut lui amener une clientèle stable.

Le commerce de la morue connaissait alors une prospérité extraordinaire. Le coût des approvisionnements et les salaires étaient élevés, mais les bénéfices l'étaient aussi. Les passagers en provenance de l'Irlande, principal pays d'outre-Atlantique à fournir à l'île une main-d'œuvre saisonnière, se multipliaient en même temps que croissait le volume des approvisionnements. En outre, St John's était le foyer d'une bonne partie de cette activité fébrile. Au moment où Morris fonda son entreprise, la ville recevait les quatre cinquièmes des navires qui arrivaient dans l'île. Dès le début, Morris se spécialisa dans le commerce avec Waterford : il transportait des passagers et des vivres en provenance de sa ville natale, et y exportait de la morue et de l'huile. Après avoir largement recouru aux services des propriétaires de navires de Teignmouth, en Angleterre, il acheta un brick à l'automne de 1814, un autre en 1819 puis, au plus tard en 1825, deux bâtiments de haute mer. L'évolution de ses activités reflète bien ce que faisaient les marchands irlandais qui résidaient alors à St John's. Waterford était le foyer du commerce transatlantique, mais avec le temps s'y approvisionner devint de moins en moins avantageux. Morris commença donc d'acheminer ses navires vers Cork et Liverpool, puis à compter de 1825 vers Hambourg (République fédérale d'Allemagne) et Dantzig (Gdańsk, Pologne) où, signalait-il, les comestibles étaient deux fois moins chers que dans les ports britanniques.

Morris

Morris ne se limitait pas au secteur des pêches. St John's, où il n'y avait guère que des immeubles en bois, était en pleine expansion ; après les incendies de 1816 et 1817, la construction y fit un bond spectaculaire. Morris faisait venir du bois de St Andrews et de Miramichi, au Nouveau-Brunswick ; par la suite, à partir de ces ports et de Québec, il en exporta directement à Waterford. De là, ses navires revenaient à St John's chargés de briques, de pierre calcaire et d'ardoise. Il importait aussi une grande variété d'articles ménagers, surtout de Liverpool, de même que du charbon de Sydney, en Nouvelle-Écosse, et de certains ports britanniques.

St John's était non seulement le grand centre de transit des marchandises d'importation et des passagers, mais aussi le noyau du commerce d'exportation terre-neuvien. Les transactions avec les petits villages de pêcheurs étaient fondées sur le crédit et le troc : au printemps, les marchands ravitaillaient les *planters* qui, en retour, s'engageaient à leur remettre du poisson et de l'huile à l'automne. Dès 1812, Morris annonça qu'il emploierait cette méthode. Outre St John's, son territoire commercial comprenait surtout le littoral qui s'étendait au sud de la ville, où les Irlandais étaient majoritaires, et la populeuse baie Conception. À cet endroit, et plus précisément à Harbour Grace, il s'associa officieusement à un autre marchand originaire de Waterford, Thomas Foley, dont il épousa en 1814 la fille, Mary. Vers 1825, Morris avait cinq schooners de cabotage, affectés surtout au commerce avec les villages de pêche. En hiver, il les employait habituellement pour la chasse au phoque, industrie qu'il croyait promise à un brillant avenir. Ainsi en 1832 il envoya dans les glaces six schooners jaugeant en moyenne 75 tonneaux avec à leur bord 132 hommes au total. Ces derniers, presque tous des Irlandais, lui versaient 30s pour une couchette ; en retour il les nourrissait et leur laissait la moitié des prises. Ses capitaines touchaient £5 par mois plus une prime sur chaque peau. Dans sa meilleure saison, Morris expédia sur le marché londonien plus de 10 000 peaux de phoque. Il avait en outre une grave au bord d'un havre au Labrador. Chaque année, en mai, un schooner (d'ordinaire l'un de ceux qui revenaient de la chasse au phoque) partait avec un équipage de six hommes et des provisions pour exploiter cette pêcherie lointaine. Une fois séché, le poisson était livré à St John's et le schooner retournait prendre une deuxième cargaison.

Pour mieux coordonner ses activités, Morris recourait volontiers aux parents qu'il avait des deux côtés de l'Atlantique. Avec son frère James et son beau-frère Robert Kent, il forma en 1813 à Waterford une société qui lui envoyait des passagers et des provisions et qui écoulait ses chargements de morue et d'huile. Un autre de ses frères, Simon, commerçant à Waterford, vint à St John's en 1828 pour travailler avec lui ; il était accompagné de deux fils de James Morris et de quatre autres de Robert Kent. Edward*, fils de Simon, arriva en 1832. James Kent s'associa à Morris en 1828 mais retourna par la suite à Waterford pour s'associer à son frère John Kent*, qui établit à St John's une entreprise indépendante, identique à celle de son oncle Patrick.

Comme il avait des proches à Waterford et qu'il connaissait bien le marché de la main-d'œuvre à St John's et dans l'arrière-pays, Morris était bien placé pour faire du transport de passagers. Avant d'acheter un navire, il avait agi à titre d'agent de voyages pour des marchands irlandais : il exigeait une commission de 5 % pour percevoir le prix des places et envoyer l'argent en Irlande. Dès 1815, année record en termes d'allers retours entre l'Irlande et St John's, il avait son propre navire. De plus, il représentait les propriétaires de deux navires à passagers de Waterford et annonçait que ces bâtiments transportaient voyageurs et marchandises à Halifax et à Miramichi. En septembre, il avisa tous ceux qui étaient arrivés au printemps de « payer leur place au plus tard le 10 novembre sans quoi leurs billets de cautionnement ser[aient] renvoyés à Waterford pour être perçus ». Il fut pendant un temps le marchand le plus actif dans le transport de passagers. À peu près chaque année, de 1815 à 1835, il annonça les départs de ses navires dans les journaux de St John's ou de Waterford. À compter de 1819, comme il faisait aussi le commerce du bois, il emmena directement des émigrants de Waterford à Saint-Jean, à Miramichi et à Québec.

À l'époque où Morris édifia son entreprise, bien des maisons de commerce de St John's fermaient leurs portes à cause de la récession consécutive aux guerres napoléoniennes. Il fut l'un des jeunes marchands ou négociants qui vinrent combler ce vide. Solidement implanté dès 1820, il travailla ensuite à préserver et à améliorer sa position. D'après lui, les maux dont souffrait Terre-Neuve étaient surtout attribuables au gouvernement. Une fois la paix revenue, ce dernier avait accordé à la France et aux États-Unis de généreuses concessions dans les eaux terre-neuviennes, si bien qu'en 1822 ils y pêchaient les deux tiers des prises. Pendant les hostilités, les Terre-Neuviens avaient fait de la pêche côtière dans les secteurs abandonnés par les Français, principalement dans le Nord, mais le retour de ceux-ci les avait empêchés d'étendre cette activité lucrative. Contrairement à la France, la Grande-Bretagne offrait peu d'avantages financiers aux pêcheurs et imposait même des droits sur les farines qui venaient des États-Unis. Comme d'autres, Morris croyait que le développement économique de Terre-Neuve passait d'abord et avant tout par la pêche, mais il affirma aussi toute sa vie que l'agriculture était essentielle. Il accusait les grandes maisons de commerce de chercher à protéger leurs importations de comestibles en prétendant faussement, devant le gouvernement, que l'agriculture commerciale ne serait pas viable dans la colonie. Le prix des aliments était excessif, soutenait-il, et cette situation freinait considérablement la constitution d'une classe prospère de pêcheurs stables. Réduire le prix de revient de la morue grâce à une production alimentaire locale profiterait tant aux pêcheurs qu'aux marchands exportateurs.

Morris était prêt à mettre ses théories à l'épreuve. En 1823, il fit l'acquisition d'une ferme dans le voisinage immédiat de la ville ; en 1836, elle comprenait 40 acres « d'un haut rapport », de nombreuses dépendances et un joli cottage qu'il habitait avec sa famille. Il possédait non loin de là une deuxième ferme, de 50 acres, qu'il louait à un tenancier irlandais. Morris considérait que l'essor de l'agriculture viendrait de ses compatriotes et se produirait principalement dans les régions que ses activités commerciales lui avaient permis de connaître le mieux. Grand importateur de main-d'œuvre irlandaise, président de la Benevolent Irish Society et de l'Agricultural Society, député de 1836 à 1840, il était dans une position idéale pour promouvoir l'établissement de fermes.

Toutefois, Morris surestimait le potentiel agricole de la colonie et exagérait grandement la résistance que le gouvernement opposait à l'agriculture. Bien avant qu'il ne s'installe à St John's, le gouvernement avait cherché à corriger la précarité de l'approvisionnement alimentaire en concédant aux militaires et aux civils de petits lots réservés à l'agriculture de subsistance. Quant aux officiers haut gradés, ils recevaient de vastes concessions pour établir des fermes commerciales. Celle que Morris acquit en 1823 était d'ailleurs l'une d'elles, donnée au capitaine Thomas Skinner* en 1792. Durant la guerre on avait assoupli les règlements concernant les squatters et des civils pouvaient obtenir des concessions pour se lancer dans l'agriculture commerciale. Selon Morris, toutes ces mesures avaient le grand avantage de combattre la pauvreté engendrée par la récession d'après-guerre, et il les cita à titre de précédents quand il lança sa campagne de promotion agricole dans les années 1820. Deux décennies de revendications amenèrent certains progrès. Le gouverneur Thomas John Cochrane*, qui partageait jusqu'à un certain point l'enthousiasme de Morris, mit en place un programme de voirie et donna l'exemple en exploitant lui-même une ferme. Quelques marchands l'imitèrent mais la plupart demeurèrent sceptiques : d'après eux les vues de Morris sur l'agriculture n'étaient que « chimères et utopies ». Pourtant, en 1840, Morris put faire valoir que, simplement dans les environs de St John's, il y avait 300 fermes commerciales et que, dans d'autres parties de l'île, l'agriculture progressait.

La lutte politique qui visait à convaincre le gouvernement de soutenir l'agriculture coloniale s'inscrivait dans un vaste mouvement en faveur d'une réforme globale. En 1800, Terre-Neuve n'était guère qu'un lieu de pêche saisonnière ; en 1820, une bonne partie de la population y résidait en permanence. Néanmoins, son mode de gouvernement n'avait pas changé et ses institutions étaient encore adaptées au cycle de la pêche. Ainsi en allait-il du système judiciaire, que Morris trouvait absurde. Les *surrogates,* souvent choisis au sein de la marine qui patrouillait la côte tous les étés, continuaient de trancher les litiges civils. Même s'ils étaient nommés par le gouverneur, beaucoup d'entre eux, selon Morris et les réformistes, n'avaient ni les qualités ni la compétence requises pour juger. On les percevait comme les successeurs de ces « amiraux illettrés » qui avaient aidé les marchands du sud-ouest de l'Angleterre à maintenir les pêcheurs dans la servitude pendant des siècles.

C'est justement à la suite de deux jugements sommaires qu'avaient rendus des *surrogates* que Morris finit par intervenir sur la scène publique. Les accusés étaient deux pêcheurs de la baie Conception, James Lundrigan* et Philip Butler qui, incapables d'acquitter leurs dettes, furent fouettés en juillet 1820 pour avoir résisté à la confiscation de leurs biens. Avec l'appui des réformistes, ils poursuivirent les *surrogates,* le *commander* David BUCHAN et le révérend John Leigh*, mais on rejeta leurs plaintes. Une assemblée présidée par Morris se tint à St John's afin de protester contre ce qu'il appela « des actes d'une cruauté et d'une injustice flagrantes ». Les participants convinrent de payer les frais de justice de Lundrigan et de Butler, et de subvenir aux besoins de leur famille durant l'hiver. Ils résolurent aussi de recourir à tous les moyens légaux et constitutionnels pour faire abroger les lois qui permettaient la nomination de tels *surrogates*. En novembre 1820, à l'occasion d'une deuxième assemblée publique, on chargea de cette mission un comité de citoyens dirigé par Morris ; à l'intention du gouverneur, sir Charles HAMILTON, on rédigea un mémoire signé par 180 résidents. Ce texte mentionnait d'autres exemples de l'incompétence des *surrogates* et exposait divers griefs, dont un impôt injuste sur les bateaux de pêche, le retard à adopter une loi directrice sur la reconstruction de St John's, éprouvé par les incendies, et l'inexistence d'un corps législatif dans l'île.

Par certains aspects, cette protestation préfigurait le parti réformiste libéral qui allait dominer en grande partie la vie politique de Terre-Neuve pendant une génération. Huit des 13 membres du comité étaient irlandais ; la plupart continuèrent de faire de la politique active et quelques-uns, dont Patrick Doyle* et Thomas Beck, militèrent avec Morris jusqu'à la fin de leur vie. De même, 80 % des signataires du mémoire étaient irlandais ; dans ce groupe, on retrouvait presque tous les marchands et commerçants

Morris

ainsi qu'une bonne partie des boutiquiers, aubergistes et principaux artisans qui résidaient alors à St John's. Les marchands britanniques, qui dominaient le commerce à St John's, ignoraient les réformistes. Par contre, Morris pouvait compter sur le soutien de quelques protestants libéraux, dont son grand ami Robert Roberts Wakeham. Le membre le plus éminent du comité était sans conteste le médecin écossais William CARSON, mentor de Morris, qui militait pour la réforme depuis près de dix ans. En fait, Carson avait déjà diffusé la plupart des revendications et propositions de solution avancées par Morris dans les années 1820.

Bien que majoritairement irlandais, le courant réformiste cristallisé par l'attitude des *surrogates* n'avait aucun caractère ethnique ou confessionnel. Les quatre constables délégués pour expulser Lundrigan et Butler étaient irlandais, et le procès du premier eut lieu chez un *planter* irlandais à Port de Grave. Le shérif, les *surrogates,* le juge et les jurés étaient tous protestants, mais il n'y a aucune allusion à ce fait ni revendication explicite en faveur des droits des catholiques dans les nombreux écrits que Morris rédigea dans les années 1820 sur les problèmes de Terre-Neuve. S'il protestait, c'est avant tout parce qu'il avait la ferme conviction que l'appareil judiciaire était despotique. Même avant l'arrivée de Carson à St John's, en 1808, Morris avait, dans sa correspondance personnelle, désapprouvé les magistrats et juges coloniaux.

Le gouverneur Hamilton transmit le mémoire des insulaires au ministère des Colonies, même s'il ne l'approuvait pas, et le document fut présenté à la chambre des Communes. Londres n'y réagit guère, mais c'était la première fois en 30 ans que les institutions terre-neuviennes faisaient l'objet d'un débat au Parlement, et les réformistes en profitèrent pour rédiger un exposé plus complet en 1822. Écrit en bonne partie par Morris et Carson, il contenait un énoncé des problèmes des pêcheries britanniques, une argumentation en faveur du développement agricole (présenté comme un moyen de combattre la pauvreté et de freiner l'émigration croissante vers les États-Unis) et un appel en faveur d'une réforme institutionnelle. En novembre 1823, Morris présida ce qu'il décrivit comme « l'assemblée la plus nombreuse et la plus respectable jamais tenue à St John's ». Elle étudia en détail un projet de loi britannique « qui visait à améliorer l'administration de la justice à Terre-Neuve », rejeta la plupart des idées de Londres puis présenta une liste de revendications précises, dont la nomination de juges qualifiés, la création d'une force policière, l'instauration d'une autorité constitutionnelle qui orienterait les dépenses, et la levée de toutes les restrictions sur l'agriculture. Quatorze nouveaux membres vinrent s'ajouter au comité de 1820, tous des Britanniques dont certains

appartenaient à de respectables maisons de commerce. Leur intérêt subit venait de la crainte qu'on nomme un conseil pour administrer St John's. Morris, qui allait passer l'hiver à Waterford, se laissa convaincre de se rendre à Londres pour aider l'avocat du comité à « faire valoir le bien-fondé » des revendications. Arrivé là-bas en mars, il fit pendant les deux mois suivants de nombreuses visites à Robert John Wilmot-Horton, du ministère des Colonies, avec qui il eut de vifs échanges sur les propositions du comité. Il rencontra également des députés et des lords qui présentaient et appuyaient le projet de loi dans les deux chambres du Parlement. Afin d'étayer la cause de Terre-Neuve et de faire échec à « la très vile conspiration » de quelques marchands de morue d'obédience conservatrice, Morris acheva et publia à Londres sa première brochure, adressée au secrétaire d'État aux Colonies.

La loi de judicature de 1824 vint finalement récompenser les efforts des réformistes. Elle fit vraiment époque dans l'histoire de Terre-Neuve : le gouvernement reconnaissait enfin que l'île était une colonie de peuplement et que l'ère des pêcheurs saisonniers était révolue. Elle remplaçait le système des *surrogates* par des tribunaux itinérants où siégeaient des juges qualifiés, réorganisait et élargissait la Cour suprême et nommait un gouverneur civil habilité à concéder des terres de la couronne à des fins agricoles. Sous la tutelle de Carson, Morris avait orchestré les pressions des insulaires, si déterminantes dans l'adoption de la loi, et contribué personnellement à en définir le contenu. Jamais, dans toute sa vie publique, il n'eut plus grande source de fierté. À l'occasion d'un vote de remerciement, Carson loua « le zèle assidu de M. Morris, les sacrifices personnels » qu'il avait faits pour servir la population.

Cependant, comme la loi améliorait peu la condition des Terre-Neuviens, les réformistes décidèrent de faire pression en faveur d'un gouvernement représentatif. Ils avaient cité ce point dans leurs desiderata mais ne s'y étaient pas attardés. Fort de son expérience londonienne, Morris incita ses compagnons à la prudence, à la flexibilité et à la cohésion. Comme eux, il n'avait qu'une vague idée de la forme que devait prendre une autorité terre-neuvienne. La loi de 1824 prévoyait une charte qui érigerait St John's en municipalité et l'autoriserait à établir des règlements et à percevoir des impôts. Toutefois les réformistes ne s'entendaient pas tous sur cette dernière question. Morris recommandait que l'assiette d'imposition inclue les propriétaires et qu'on perçoive une taxe sur la valeur locative des propriétés. Il proposait en outre que le conseil municipal soit électif, que tous les candidats aient au moins £100 en biens et que l'on concède le droit de vote à tout homme qui possédait une propriété de £10 en franche tenure ou de £20 en location. Même si plusieurs marchands britanniques bien nantis et résidant à St John's s'étaient joints au comité réformiste en 1823, certains d'entre eux menèrent une contestation du mode d'imposition proposé. Ils se disaient disposés à payer leur part, mais non comme le suggérait Morris. Celui-ci avait bien assuré implicitement au juge en chef Richard Alexander Tucker* qu'il parviendrait à résoudre les différends au sein du comité, mais le projet de constituer St John's en municipalité échoua. C'était un avertissement. Le gouverneur Cochrane en conclut que tenir des élections ne serait pas sage et on abandonna l'idée d'une charte municipale.

Les réformistes orientèrent de nouveau leur campagne vers la formation d'un corps législatif. À Londres, Morris avait réclamé « une forme quelconque de gouvernement constitutionnel pour mettre en valeur les ressources intérieures » de la colonie. À ceux qui prétendaient que Terre-Neuve ne pouvait s'offrir un tel luxe, il présenta les statistiques sur les revenus coloniaux des dix années précédentes. Cependant, Londres ne tint pas compte des vagues représentations du comité en faveur d'un corps législatif et offrit plutôt un conseil nommé, soit justement ce contre quoi le comité avait pressé Morris de protester en 1824. Conscient qu'il fallait produire une argumentation mieux étayée en faveur du gouvernement constitutionnel, Morris rédigea et publia à Londres en 1828 une autre brochure, *Arguments to prove the policy and necessity of granting to Newfoundland a constitutional government*. Une assemblée coloniale, convenait-il, serait dominée par les marchands, mais au moins ce seraient des résidents de Terre-Neuve, favorables à une économie agro-maritime intégrée qui bénéficierait à toutes les classes de la société.

Il est impossible de mesurer l'effet qu'eurent à Londres cette brochure et d'autres, avec leurs propositions floues, leurs statistiques parfois absurdes et leurs élans d'optimisme sur le développement de Terre-Neuve. Ce qui est sûr par contre, c'est que Morris devenait là-bas une figure familière. En 1825, il avait été le seul marchand irlandais dont Cochrane avait recommandé la nomination à un conseil que l'on se proposait de former. En soumettant au ministère des Colonies un autre mémoire de Morris sur les Irlandais, en 1828, le gouverneur notait qu'il était « un marchand très respectable et une personne influente chez les catholiques de Terre-Neuve ». À l'occasion d'une visite à Londres en 1827, Morris avait publié, en réponse à des attaques faites peu auparavant par l'évêque de Chester, un exposé sur la situation sociale, religieuse, éducative et morale de la colonie. De retour dans la capitale britannique au printemps de 1828, il assista à un débat des Communes sur les *Passenger Acts* et présenta sur le sujet au secrétaire d'État aux Colonies un mémoire inspiré de sa propre expérience. Cependant, son autorité au sein du

mouvement réformiste s'était considérablement amoindrie. Installé à Waterford en 1826, il fut cinq ans sans retourner à St John's, où son neveu John Kent lui succéda à titre de principal porte-parole irlandais de la réforme. En Irlande cependant, Morris combattit dans une arène plus vaste : sans toutefois rompre ses liens politiques avec Terre-Neuve, il mit son expérience et son zèle réformiste au service de l'émancipation des catholiques et du rappel de l'union avec la Grande-Bretagne. Au début de 1831 par exemple, il convainquit les marchands de Waterford de signer une pétition en faveur de l'instauration d'un gouvernement représentatif à Terre-Neuve et, de retour à St John's pendant l'été, il participa aux dernières pressions dans ce sens. Il était présent dans la ville quand la nouvelle qu'ils avaient eu gain de cause commença à circuler, mais il repartit pour l'Irlande à l'été de 1832, avant la campagne électorale. Six semaines plus tard, c'en était fait de l'harmonie ethnoreligieuse qui avait caractérisé le mouvement réformiste tout au long des années 1820 et qui, selon les marchands et les administrateurs protestants, était attribuable en grande partie aux talents de conciliation de Morris. John Kent annonça sa candidature dans le district de St John's et se trouva bientôt mêlé à une lutte de pouvoir ouvertement confessionnelle.

Certes, il y avait toujours eu des tensions souterraines entre les ethnies de St John's, mais Morris avait scrupuleusement évité de les exploiter à des fins politiques. Lorsqu'il s'était installé dans la ville, Mgr James Louis O'Donel* était sur le point de quitter son poste. C'était un ami intime de Luke Maddock, et la loyauté de l'élite irlandaise envers ce chef spirituel, comme la bonne entente qui régnait entre les Irlandais catholiques et les autres Terre-Neuviens, avait sûrement impressionné le jeune Morris. Dans ses brochures ainsi que dans les discours qu'il prononça en Irlande sur l'émancipation des catholiques, il soulignait l'importance de l'harmonie religieuse et citait notamment en exemple Mgr Thomas Scallan*, qui avait réuni des bénévoles irlandais pour collaborer à la construction d'une église anglicane à St John's. Selon lui, les prêtres de Terre-Neuve étaient « pieux, instruits et libéraux ». Comme en Irlande, c'étaient les fidèles et non les pouvoirs publics qui assuraient leur subsistance, ce dont il tirait une fierté particulière. En outre, il vantait le tempérament « religieux, moral et paisible » des immigrants irlandais. Plusieurs étaient pauvres, et pourtant ils respectaient l'ordre public. Cette conduite, Morris l'attribuait en partie à l'aide que leur apportaient les résidents de plus longue date, tant protestants que catholiques. Les Irlandais, disait-il, ne tardaient pas à oublier les querelles et préjugés de leur terre natale pour s'intégrer à la société terre-neuvienne, qui ne connaissait pas les conflits religieux. Néanmoins, il prévint le gouverneur de ne pas prendre le calme des Irlandais pour de l'apathie ou

Morris

de l'indifférence à leur sort. On ne devait pas miser aveuglément sur leur loyauté : « ils subissent de grands et nombreux préjudices et se trouvent dans une situation bien plus pénible que leurs coreligionnaires des colonies voisines ». Ainsi les serments d'office inclus dans la loi de 1824 leur fermaient la pratique du droit, et ils ne pouvaient ni devenir magistrats ni occuper d'autres charges officielles. S'ils se taisaient, expliquait Morris, c'était « exclusivement » parce que Mgr Scallan et « les membres les plus influents de son [Église souhaitaient] préserver la bienheureuse harmonie qui [régnait] entre toutes les confessions ». D'accord avec lui, Cochrane fit remarquer au ministère des Colonies que « n'importe quel intrigant, voire n'importe quel individu dépourvu de jugement, [pouvait] encore menacer » cette harmonie. La suite des événements n'allait guère le démentir.

En Irlande, à compter de 1826, Morris intégra Terre-Neuve à la lutte pour l'émancipation des catholiques en remettant un don au mouvement de la part des Terre-Neuviens. Orateur populaire, il se tailla vite une place éminente parmi les protestataires. Quand l'émancipation devint enfin réalité, en 1829, le conservateur James Simms*, procureur général de Terre-Neuve, tenta pour des raisons d'ordre constitutionnel d'empêcher qu'on ne l'accorde aussi dans l'île. Des habitants de St John's signèrent alors une pétition et l'envoyèrent à Morris, en lui demandant de la transmettre à Daniel O'Connell et au marquis de Lansdowne afin que les deux chambres du Parlement en prennent connaissance. Morris jugea, avec raison, que ce n'était pas nécessaire. Le gouverneur Cochrane avait déjà consulté le ministère des Colonies, et l'affaire fut promptement réglée. Certains catholiques de St John's estimaient néanmoins que Morris avait agi de façon arbitraire, ce qui présageait une opposition parmi eux.

En 1833, Morris revint habiter St John's en permanence. L'échiquier politique avait changé depuis son départ. Aux élections de 1832 était apparue une faction irlandaise « populaire », dirigée par un prélat militant, le nouvel évêque Michael Anthony FLEMING, ses prêtres et certains réformistes, en particulier Carson, Kent et Doyle. Ce groupe s'élevait contre les privilèges conservés par les protestants de la colonie et combattait aussi les éléments plus pondérés de la communauté catholique, bourgeois pour la plupart. Morris était un modéré, même si les six années passées en Irlande l'avaient probablement amené à durcir ses positions sur les droits des catholiques ; en même temps, il était étroitement lié ou apparenté aux chefs du nouveau parti « démocrate ». Doyle était probablement son oncle par alliance, Kent était son neveu et protégé, Carson son père en politique. Selon l'opposition conservatrice, il avait parlé contre la nomination de Fleming parce que

celui-ci était un partisan de la ligne dure, et il existait des tensions entre les deux hommes. Certes il aurait fallu chez Morris un changement d'opinion radical pour qu'il n'ait pas des réserves sur certaines attitudes de l'évêque, mais il l'appuya tout de même par loyauté envers l'Église, par instinct politique et parce que leurs familles étaient très liées. La sœur de Fleming, une amie intime d'une des filles de Morris, était en outre la marraine de l'aîné des fils Morris et elle épousa John Kent au début de 1834. De plus, Fleming avait loué le travail de Morris à la présidence de la Benevolent Irish Society et dirigé un comité qui l'avait honoré avant son départ pour l'Irlande en 1832. Enfin, Morris était peiné des critiques de certains compatriotes qui lui en voulaient de ne pas avoir transmis la pétition en faveur de l'émancipation.

Peu après son retour à Terre-Neuve, Morris annula son abonnement au *Times and General Commercial Gazette* de St John's : le rédacteur en chef, John Williams McCoubrey*, presbytérien de Waterford, avait insulté Fleming et l'un de ses prêtres, le fougueux Edward Troy*. Deux semaines plus tard, cinq prêtres recrutés par Fleming en Irlande arrivèrent sur un navire de Morris ; le lendemain, c'est l'évêque qui débarquait au quai de Morris, en compagnie de sœur Mary Bernard Kirwan* et de trois autres religieuses. Devant une foule nombreuse et enthousiaste, Doyle, président du comité des citoyens catholiques, prononça un discours de bienvenue. Carson mit sa voiture à la disposition des religieuses pour qu'elles se rendent à l'évêché. En somme, aucun élément du nouveau parti ne manquait à l'occasion de cette manifestation publique.

En décembre 1833, une élection partielle divisa encore davantage la communauté irlandaise. Carson, candidat réformiste, avait pour adversaire Timothy Hogan, marchand de Tipperary qui avait soutenu Morris et le mouvement réformiste tout au long des années 1820 mais avait appuyé l'opposant catholique modéré de Kent et de Carson en 1832. Morris participa à l'organisation de la campagne de Carson. On s'arracha l'adhésion des Irlandais. Le clergé aurait même menacé de refuser les sacrements aux catholiques qui faisaient affaire avec Hogan ou, pire encore, voteraient pour lui. Ce dernier se retira de la course et quitta l'île par la suite, comme plusieurs de ses principaux partisans irlandais. Henry David Winton*, rédacteur en chef du *Public Ledger*, dénonça la faction de Fleming, et des soldats reçurent l'ordre de disperser une foule en colère réunie devant sa résidence. Au cours d'une assemblée publique, les leaders réformistes, dont Morris, accusèrent le gouverneur de recourir à des tactiques despotiques pour écraser les libertés civiles.

L'arrivée d'un nouveau juge en chef, Henry John Boulton*, en novembre 1833, avait aussi envenimé les choses. Résolument conservateur, Boulton enten-

684

dait bien concentrer le pouvoir entre les mains du gouvernement colonial et de la classe des marchands protestants. Il dicta plusieurs changements juridiques contraires à la volonté de Morris et des réformistes ; le plus choquant pour Morris personnellement, et de loin, fut celui qu'il qualifia de tentative « en vue d'éliminer tout vestige des lois qui pendant des siècles avaient régi le commerce et les pêches dans l'île ». La loi de judicature de 1824 avait confirmé une vieille coutume selon laquelle, en cas d'insolvabilité d'un *planter,* les engagés avaient droit en priorité de prendre le poisson et l'huile, qui leur tenaient lieu de salaire, et les derniers fournisseurs avaient priorité sur les créanciers passés. Fort de l'appui des marchands, Boulton annula arbitrairement ces droits et coutumes des pêches et d'autres encore. Morris allégua qu'à titre de marchand les nouvelles modalités de crédit lui permettraient une économie annuelle de £1 000 à £1 500, « même si [son] entreprise avait beaucoup rapetissé ». Furieux du despotisme de Boulton et de son hostilité à l'endroit des aspirations des Irlandais catholiques, les réformistes résolurent d'avoir sa tête. Morris fouilla dans les archives du ministère des Colonies afin de prouver l'ancienneté et la généralité des privilèges des engagés et des derniers fournisseurs. Les Français aussi bien que les Anglais avaient depuis longtemps adapté à la pêche à la morue ces privilèges issus de la loi sur la grosse aventure. En définitive, fit valoir Morris, il existait entre les marchands, les *planters* et les engagés des liens de crédit fondés sur la confiance. Le *planter* était plus un agent qu'un débiteur du marchand ; chaque printemps, il se rendait dans un havre éloigné avec des biens qui appartenaient au marchand et avec des engagés liés aussi bien au marchand qu'à lui. La règle de la priorité des derniers fournisseurs protégeait toutes les parties. Boulton ne connaissait rien aux subtilités de ce système et ignorait quelle misère et quel chaos il avait engendrés parmi les pêcheurs en le modifiant. En 1838, Morris, alors député, allait faire partie d'une mission de trois délégués qui, à Londres, obtiendrait au moins qu'on démette Boulton de son poste de juge.

À la fin des années 1830, comme le transport de passagers et de marchandises en provenance de Waterford était en déclin, Morris cessa d'en faire. De plus en plus voué à la politique provinciale, toujours à titre de champion de la réforme, il tissa des liens étroits avec les immigrants irlandais de St John's, les plus fraîchement débarqués surtout, dont les pressions l'aidaient à arracher des concessions à un gouvernement récalcitrant. Lorsque Boulton, en 1835, emprisonna Robert John Parsons*, rédacteur en chef du *Newfoundland Patriot,* pour outrage au tribunal, Morris et Carson fondèrent la Constitutional Society afin d'obtenir sa libération. Onze des 13 membres du comité étaient irlandais, y compris Doyle, Morris, son

frère, son neveu et deux autres de ses parents. Une pétition de 5 000 signatures parvint à Londres ; jamais encore autant de gens n'avaient exprimé par écrit leur soutien à une cause terre-neuvienne. En outre, de nombreux manifestants, dont certains menaçaient d'utiliser la violence, s'assemblèrent devant la prison. Le ministère des Colonies ordonna la libération de Parsons ; un défilé de quelque 200 personnes, dirigé par Morris et le comité, célébra l'événement. Les pétitions, discours et défilés bruyants, sanctionnés par l'Église catholique, faisaient partie des tactiques réformistes, mais Morris prônait la protestation constitutionnelle, décourageait le sectarisme et réprouvait la violence.

En 1835, St John's avait pour ainsi dire fini de recevoir de forts contingents d'Irlandais. Les immigrants étaient alors majoritaires dans la ville et formaient le gros des appuis de Morris. Comme il avait longtemps commercé et fait du transport de passagers, la plupart d'entre eux le connaissaient ; venu lui-même du sud-est de l'Irlande, il partageait avec eux des traditions culturelles. Ces liens, Morris les cimenta en travaillant dans des organismes et comités d'aide aux immigrants. Président de la Benevolent Irish Society et du Committee for the Relief of Distress, il était aussi membre du Board of Directors for the Relief of Disabled Seamen and Fishermen et vice-président de la St John's Association of Fishermen and Shoremen. Sa victoire écrasante dans St John's aux élections générales de 1836 et 1837, comme celles de Carson et de Kent, ne surprit personne. Tensions interconfessionnelles, intimidations, menaces de violence avaient marqué la campagne. Après un défilé particulièrement provocateur de quelque 300 personnes dans les rues de la ville, on accusa Morris et son groupe, dont plusieurs prêtres, de s'être attroupés dans une intention séditieuse. Par la suite, un jury protestant écarta ces accusations.

Des 15 sièges de la deuxième chambre d'Assemblée, les catholiques en occupaient 9 ; un dixième réformiste, Carson, en devint président. Morris se distingua rapidement par son activité débordante. Il inondait la chambre de pétitions signées par des centaines de ses électeurs qui réclamaient des routes, des ponts, des concessions foncières, des quais publics. Il demandait de l'argent pour des petits fonctionnaires (des constables entre autres) à la retraite ou dans la misère. Parmi les pétitionnaires, une importante minorité était formée de protestants pauvres, groupe que Morris, durant sa campagne électorale, s'était engagé à défendre. Il présidait des comités d'enquête sur la situation des pêches ou de l'agriculture, ou sur l'administration de la justice, puis rédigeait sur ces questions des rapports que la chambre imprimait. Délégué à Londres en 1838 (c'était la première fois qu'il s'y rendait à titre d'homme politique), il fit pression pour certaines de ses causes

Morris

les plus chères : levée des restrictions sur l'agriculture, instauration d'un régime moins coûteux de concession des terres de la couronne qu'on placerait sous l'autorité de l'Assemblée, attribution de crédits pour les routes et les ponts, versement de primes à la pêche, droits égaux pour Terre-Neuve sur la côte française de l'île, création d'un Conseil législatif élu par l'Assemblée ou fusion des deux chambres. Cependant, comme par le passé, on rejeta ou on mit de côté la plupart de ces revendications.

À Terre-Neuve même, le conseil et les marchands protestants s'opposaient avec vigueur à l'Assemblée et résistaient à la réforme. Selon eux, les hommes politiques libéraux n'étaient que des fauteurs de troubles, des démagogues subjugués par un clergé militant et assoiffé de pouvoir, « des catholiques ignorants et abrutis du sud-ouest de l'Irlande [...] si envoûtés par la papauté qu'ils [étaient] totalement incapables d'exercer convenablement le pouvoir politique ». Morris défendait la deuxième Assemblée avec éloquence : elle n'était ni déloyale ni anarchiste, ne menaçait pas la propriété et ne reflétait pas une domination catholique. Fermement, il faisait valoir qu'elle avait beaucoup accompli, surtout dans les domaines suivants : construction routière, responsabilité fiscale, abolition de taxes sur l'importation de denrées fraîches de première nécessité. Elle aurait pu, maintenait-il, abattre beaucoup plus de travail si le conseil ne s'était pas montré aussi intraitable. Malgré ses réserves à l'égard des réformistes, le gouverneur Henry Prescott* était d'accord avec lui sur ce dernier point. Dans le but d'améliorer les dispositions du conseil, il proposa d'y nommer deux membres de la chambre d'Assemblée, Morris et Doyle. Toutefois, le ministère des Colonies s'inquiéta du rôle exact que ces derniers joueraient dans les communications entre le gouverneur et la chambre, et les nominations n'eurent pas lieu.

Au début de 1840, Morris obtint enfin la récompense de deux décennies de contribution à la vie publique : le poste de trésorier de la colonie, qui rapportait un salaire annuel de £400 (le plus élevé au gouvernement) et donnait droit à un siège au conseil. Sa nomination provoqua maints commentaires dans la presse locale. McCoubrey la dénonça dans le *Times,* Winton dans le *Public Ledger.* Parsons, du *Patriot,* journal libéral, loua la persévérance, la fermeté, l'intégrité et le jugement de Morris, mais signala qu'il devrait se retirer de l'Assemblée. Morris refusa de le faire, ce qui divisa les réformistes. Carson, jaloux, le ridiculisa dans le *Newfoundlander* et amena la Chambre basse à l'expulser.

L'élection partielle qui suivit, en mai 1840, aggrava les dissensions. Morris avait mis en nomination l'un de ses proches alliés, James Douglas*, marchand écossais libéral, qui avait reçu un appui quasi unanime des réformistes. Mais une semaine avant le scrutin,

Mgr Fleming convainquit Laurence O'Brien*, protégé et cousin de Morris devenu marchand, de se présenter. Déçus par le processus électoral, les marchands protestants ne choisirent même pas de candidat, de sorte que l'élection fut surtout une épreuve de force entre les factions réformistes de la communauté irlandaise. Douglas conserva l'appui de Morris, de Doyle et de beaucoup de catholiques modérés et respectables même si, alléguait-on, Fleming soutenait qu'un vote en faveur d'O'Brien était un vote en faveur de l'Église. Au terme d'une campagne agitée, O'Brien remporta la victoire de justesse.

La presse, tant libérale que conservatrice, vit dans le fort soutien accordé à Douglas le signe d'une fin possible de l'hégémonie politique de l'Église catholique, qui s'appuyait sur une base largement constituée d'immigrants irlandais. Pendant la campagne, quelques Terre-Neuviens d'origine (ce groupe grossissait rapidement dans la ville) fondèrent une société vouée au progrès pacifique par l'unité. Pluriconfessionnelle, elle avait l'appui de Morris et de Doyle, lui-même né à Terre-Neuve. Un tel soutien isola davantage les deux hommes du reste de la famille, favorable à Fleming et à son groupe qui, de leur côté, sentaient que ce nouveau parti finirait par les déloger. L'évêque, qui avait accepté de cautionner Morris à titre de trésorier de la colonie, se ravisa sous prétexte que la construction de la cathédrale avait épuisé ses ressources financières. Morris le mit en fureur en déclarant, dans le *Patriot,* que c'était faux. O'Brien remplaça Morris à la présidence de la Benevolent Irish Society ; le *Patriot,* auquel Morris était associé, perdit le titre d'imprimeur de l'Assemblée au profit d'un nouveau journal, le *Newfoundland Vindicator.* Cependant, quand on accusa Morris de spéculer avec les fonds publics, en 1841, sa famille s'empressa de resserrer les rangs derrière lui et le *Vindicator* se porta à sa défense. Chaque trimestre, il avait déposé les avances d'encaisse à la banque locale dont il était administrateur et caissier (directeur général) et dont Edward Morris, son neveu et ancien représentant commercial, était directeur. À l'été de 1841, il avait pris un bref congé pendant lequel son suppléant, qui refusait de suivre sa méthode, avait déposé les fonds au commissariat : la banque, selon lui, n'était qu'une entreprise commerciale, et l'argent ne s'y trouvait pas en sûreté. Au cours d'une réunion, Carson, Kent, Doyle et le gouverneur tranchèrent en faveur de Morris, mais sa gestion du trésor allait plus tard susciter une grande controverse.

Morris profitait pleinement de son siège au Conseil de Terre-Neuve pour plaider en faveur de la réforme. Il continuait de présenter des pétitions d'artisans, de pêcheurs et de fermiers ; il soumettait aussi les projets de loi déposés à l'Assemblée par ses alliés. Malgré ses longs discours et même une autre brochure, le conseil se montrait en général inflexible. Les prises de position de Morris n'étaient d'ailleurs pas toutes populaires. Il appuya un projet de loi sur la milice en dépit d'une opposition de 8 000 signatures et fut d'accord pour que le gouvernement affecte à la reconstruction de l'église anglicane, de la maison des douanes, du palais de justice et de la prison une bonne part des crédits destinés aux victimes d'incendie. Par contre, il recueillit des fonds pour secourir les victimes de la famine dans son pays natal.

Le 20 août 1849, Morris rédigea son testament : il léguait £1 500 à l'une de ses filles, le reste de la succession, estimé à £2 000, allait à sa femme et à ses autres enfants. Il mourut deux jours plus tard dans sa maison de campagne, juste au nord de St John's. Ce même jour, le secrétaire d'État aux Colonies demanda au procureur général de faire vérifier ses comptes de trésorier. Il prescrivit aussi à Edward Morris et au greffier de la trésorerie d'y apporter leur concours. Deux semaines plus tard, les vérificateurs rapportè-rent un déficit d'environ £6 600. Un examen détaillé des comptes à partir de 1840 suivit. Morris avait déposé à la banque d'épargne la plus grande partie des recettes récoltées – £450 000 en huit ans – mais n'avait pas tenu un relevé régulier des retraits. On congédia le greffier, mais le gouverneur John Gaspard Le Marchant* conclut qu'on ne pouvait retracer la fraude parce que « les affaires du défunt [… avaient] été laissées dans un état de grand désordre et embarras ». En septembre, une ordonnance d'exécu-tion fut délivrée contre la succession de Morris. Ses effets personnels – ses meubles, son argenterie, une bibliothèque de 600 livres, l'ensemble des récoltes, du bétail et des instruments aratoires – furent mis en vente. Personne ne contesta la propriété des biens du ménage à Mme Morris, mais l'encan ne rapporta que £640, ce que la famille jugea ruineux. Même si beaucoup croyaient Morris au-dessus de tout soupçon et attribuaient le déficit à une mauvaise tenue de livres, le gouverneur n'eut guère d'autre choix que de se tourner vers ses garants et héritiers. Il informa sèchement l'Assemblée que Morris avait détourné des fonds et, dans sa correspondance personnelle avec le ministère des Colonies, parla de « l'ingéniosité avec laquelle il parvenait à camoufler ses fraudes ». La famille protesta mais la réputation de Morris ne fut jamais lavée. Finalement, pour régler le déficit, James William Tobin*, grand marchand, membre du conseil et beau-frère de Mme Morris, accepta de payer au gouvernement £4 000 en six versements annuels sans intérêt. Mme Morris recevrait de sa succession une rente de £150 par an. Elle partit pour l'Irlande avec ses cinq enfants après avoir loué le cottage et la ferme au frère de son mari, Simon, et au fils de celui-ci, Edward. Après la faillite de Tobin, le fils aîné de Patrick Morris retourna à St John's pour négocier un dernier règlement avec le gouvernement.

Durant sa longue carrière politique, Morris prit toujours fait et cause pour les pauvres et les défavorisés, ce qui ne l'empêchait pas de garder et de cultiver, comme tous les marchands qui avaient réussi, une forte conscience de son rang. Sa deuxième femme était d'ailleurs la fille d'un médecin aisé de Cork. Il pouvait se permettre de traiter avec condes-cendance les « couches inférieures » et surtout les gens qui, à St John's, ne possédaient rien. L'avance-ment politique de la bourgeoisie catholique retenait davantage son attention. La critique selon laquelle une Assemblée terre-neuvienne serait le bastion des marchands ne le troublait pas : ceux-ci, disait-il, avaient grand intérêt à se soucier de toutes les classes sociales. En Irlande, il eut l'occasion de faire étalage de sa richesse. Ainsi le jour de l'anniversaire du roi en 1829, il tint pour 250 « dames et messieurs des plus distingués de la ville de Cork » un « somptueux dîner » et un bal à bord d'un de ses nouveaux navires. Peu après, il fit l'acquisition d'une belle villa entourée d'un terrain de 100 acres, en aval de Waterford.

Morris se servit aussi d'organismes comme la Benevolent Irish Society pour promouvoir ses ambi-tions et diffuser ses idées. Membre fondateur de cette société en 1806, il fit partie en 1815, avec Doyle, d'un de ses comités et assuma la gestion de ses biens et de ses finances. Dès 1823, les dons locaux totalisaient plus de £7 000, indice du sens des responsabilités croissant des Irlandais, que Morris signala avec fierté au gouverneur. Il devint président de la société, probablement en 1824, et il le demeura presque sans interruption jusqu'à sa mort. Comme son prédéces-seur James MacBraire*, c'était un président populaire qui naviguait subtilement, sinon toujours avec succès, au milieu des conflits qui divisaient la communauté irlandaise et la société. C'était aussi un généreux donateur.

Une énergie indomptable, une ambition dévorante et un sens aigu des affaires ont permis à Morris de sortir d'un milieu modeste et de parvenir au succès dans un monde de vive concurrence que dominaient les marchands britanniques de religion protestante. Ce but, il n'aurait cependant pas pu l'atteindre seul. Il fit ses débuts dans un secteur commercial à clientèle irlandaise, sous le parrainage de compatriotes, amis ou parents. Peu à peu, il prit la tête d'un clan politique et commercial qui n'avait probablement jamais eu son pareil parmi les immigrants irlandais de l'Amérique du Nord britannique. À St John's seulement, une douzaine de ses parents étaient marchands ou représen-tants commerciaux. En 1842, six siégeaient à la chambre d'Assemblée ; cinq entrèrent au conseil (avant 1858, ils furent à peu près les seuls catholiques à avoir cet honneur) et deux en devinrent présidents. Pendant près d'un demi-siècle, ils occupèrent presque sans interruption la présidence de la Benevolent Irish Society. John Kent fut président de l'Assemblée puis

Mortimer

premier ministre. Fougueux, Morris combattit publiquement la plupart des membres de ce clan, mais en cas de crise ils se ralliaient inévitablement à sa cause. Plus encore, ils formaient à l'intérieur de la communauté irlandaise de St John's et de la presqu'île d'Avalon un réseau qui était la base même des activités commerciales et politiques de Morris.

Pendant près de 30 ans, Patrick Morris eut la réputation d'être le plus grand laïque irlandais de ce qui était devenu un important centre de peuplement pour ses compatriotes. Parsons écrivit dans le *Patriot* : « Les gens de toutes classes, confessions et opinions politiques le tenaient en haute estime. » Même un vieil adversaire politique, McCoubrey du *Times*, louait son honnêteté, sa sincérité, sa bonté. Lorsque son cortège funèbre passa devant l'église anglicane, le glas sonna pour rendre un dernier hommage à ce vieil ami respecté.

JOHN MANNION

Patrick Morris est, entre autres, l'auteur de : *Observations on the government, trade, fisheries and agriculture of Newfoundland* [...] *by an inhabitant of the colony* (Londres, 1824) ; *Remarks on the state of society, religion, morals, and education at Newfoundland* [...] (Londres, 1827) ; *Arguments to prove the necessity of granting to Newfoundland a constitutional government* [...] (Londres, 1828) ; *Six letters intended to prove that the repeal of the Act of Union and the establishment of a local legislature in Ireland, are necessary to cement the connection with Great Britain* (Waterford, république d'Irlande, 1831) ; et « Memorial of Patrick Morris, esq., to the Right Honourable Lord Glenelg, her majesty's principal secretary of state for the colonies », publié dans T.-N., House of Assembly, *Journal*, 1838 (2e session), app. : 87–105. Plusieurs autres brochures de Morris sont compilées dans *Bibliography of Newfoundland*, A. C. O'Dea, compil., Anne Alexander, édit. (2 vol., Toronto, 1986).

Cathedral of the Immaculate Conception (Harbour Grace, T.-N.), Reg. of marriages, 26 avril 1814. — PANL, GN 2/1, 47 : 365–366, 372, 375 ; GN 2/2, 1826, 1832 ; GN 5/2. — PRO, CO 194/68 ; 194/76–77 ; 194/133 ; 194/137. — T.-N., House of Assembly, *Journal*, 1837, app. : 225–228. — *Lloyd's List* (Londres). — *Newfoundlander*, particulièrement 23 août 1849. — *Newfoundland Mercantile Journal*. — *Newfoundland Patriot*. — *Newfoundland Vindicator* (St John's). — *Patriot & Terra-Nova Herald*, particulièrement 25 août 1849. — *Public Ledger*. — *Royal Gazette and Newfoundland Advertiser*. — *Times and General Commercial Gazette* (St John's). — *Waterford Mirror* (Waterford). — *The register of shipping* (Londres). — Gunn, *Political hist. of Nfld.* — John Mannion, « Patrick Morris and Newfoundland Irish immigration », *Talamh an Eisc : Canadian and Irish essays*, C. J. Byrne et M. [R.] Harry, édit. (Halifax, 1986), 180–202.

MORTIMER, GEORGE, ministre de l'Église d'Angleterre, né le 20 mai 1784 en Angleterre, fils de Harvey Walklate Mortimer, armurier de la rue Fleet à Londres ; le 21 février 1812, il épousa Mary Barford ; décédé le 15 juin 1844 à Thornhill, Haut-Canada.

George Mortimer était encore bébé lorsque sa mère mourut. Confié à la garde d'un parent à Birmingham, il fut victime d'une longue maladie qui le laissa difforme. Son père le reprit après son remariage en 1787 et le fit instruire par des précepteurs. À compter de 1798, George travailla à titre d'apprenti pendant sept ans à la librairie d'un dénommé Otridge, située dans le Strand. Il devint l'un des disciples du philanthrope Joseph Butterworth, un vendeur de livres de droit dont la résidence servait de lieu de rencontre à William Wilberforce et à d'autres membres de la « secte de Clapham ».

Tout en préparant son entrée au collège, Mortimer étudia les Pères de l'Église, dont les écrits devaient inspirer le mouvement d'Oxford, et, par la même occasion, il élargit sa connaissance des chefs évangéliques. Jeune homme sensible, il était souvent ému jusqu'aux larmes à la lecture des auteurs chrétiens. Après avoir obtenu un diplôme du Queen's College de Cambridge en 1811, il travailla dans une paroisse du Shropshire. Bien que l'évêque ait eu quelques doutes sur cet ardent et jeune évangélique, il l'ordonna et lui confia un vicariat en mai 1811. Par la suite, Mortimer fit du ministère à Bristol et dans le Somerset.

Découragé par les conditions politiques et économiques de l'Angleterre et persuadé que les ministres « sans bénéfice ni protection chargés d'une famille nombreuse [devaient...] tôt ou tard décamper », Mortimer partit pour le Haut-Canada en 1832. Il se vit offrir la paroisse de Thornhill où on avait érigé deux ans plus tôt une église à charpente de bois sur un terrain cédé en partie par Benjamin THORNE. L'évêque Charles James STEWART lui garantit à même les réserves du clergé un revenu de £100 ; la paroisse, pour sa part, s'engageait à lui verser un supplément de £40 à £50 et à mettre à sa disposition une maison à loyer modique. Cette situation affligea Mortimer, surtout dans les premiers temps. Il trouvait sa maison petite et croyait que les réserves donnaient à ses fidèles une excuse pour négliger de répondre à ses besoins. Il n'en souffrit toutefois pas, car il bénéficiait d'une rente. En réalité, sur le plan politique, il s'identifiait à la classe « la plus loyale et la plus opulente » et pouvait se permettre de consacrer une partie de la dîme aux pauvres et aux œuvres de bienfaisance. En 1836, déprimé par la maladie, il prit des dispositions pour partir, mais ses paroissiens le supplièrent de rester. Il décida alors de se construire une imposante maison à ses frais et sa santé s'améliora.

La rébellion de 1837 fut une période difficile pour Mortimer. S'étant vu confier l'un des 44 *rectories* créés par sir John Colborne* en 1836, il craignit d'être la cible des groupes de rebelles qui passèrent à sa porte pour se rendre à Toronto en décembre 1837 [V. William Lyon Mackenzie*]. On l'épargna, mais c'est tout de même entouré d'un cortège de gens armés d'épées et de fusils de chasse qu'il procéda à l'enterrement de l'une des victimes, le colonel Robert Moodie, dans le cimetière de la paroisse. Un tel déploiement était, selon lui, « tout à fait injustifié ».

Avec le temps, la situation de Mortimer s'améliora. En 1840, on agrandit l'église, et l'année suivante il écrivait : « En Angleterre, tout n'était que luttes et difficultés et [il n'y avait] aucune possibilité d'installer ma famille ; ici par contre, je suis en mesure d'obtenir tout confort raisonnable. » Il passait la plus grande partie de la journée dans son bureau et réservait deux ou trois heures pour se promener en voiture dans la paroisse. Il visitait toutes les familles, même celles des catholiques et des non-conformistes. Il ne considérait pas l'épiscopat comme essentiel à l'Église et se montrait aimable envers les non-conformistes, mais il les prévenait contre le péché du schisme. Il faisait d'ailleurs la même remontrance à ses paroissiens quand il les soupçonnait de manquer les offices du soir pour assister à des réunions méthodistes. Il fonda une école du dimanche et une société de tempérance. Ses initiatives ne connurent cependant pas toutes le succès. Ainsi, il dut renoncer à faire des réunions en semaine, à la manière des méthodistes : les gens ne prisaient guère les débats sur la religion. Une douzaine de personnes seulement utilisèrent les livres de la Library of Useful Knowledge, qu'il avait aidé à mettre sur pied.

Tout en sachant que sa responsabilité première était de préparer ses ouailles pour le ciel, Mortimer demeurait conscient de son « incrédulité latente en ce qui concerne la réalité du monde à venir ». Le soir du 10 octobre 1841, tandis qu'il prononçait un sermon sur la vie future, il eut une crise de nerfs dont il ne se remit jamais complètement. On confia alors la paroisse à son vicaire, le révérend Adam Townley ; pour sa part, il se chargea de tâches moins exigeantes à German Mills, agglomération située à environ quatre milles de Thornhill. Il reprit la charge de la paroisse en 1843. Le 15 juin 1844, ayant appris que son libraire à Toronto avait reçu une nouvelle commande, il partit pour cette ville. Chemin faisant, il fit une chute à bas de sa voiture et mourut de ses blessures.

George Mortimer accordait beaucoup de prix aux relations familiales. Il vouait une grande affection et un grand respect à sa belle-mère, et il était très attaché à son frère Thomas et à sa sœur Mary, avec qui il correspondit toute sa vie. Sa conception du mariage reflète l'importance nouvelle que son temps accordait à l'amour et à la camaraderie entre conjoints. Avant d'épouser Mary Barford, sa « très chère amie », il prit une série de résolutions : il promit d'éviter la « maussaderie » et l'« entêtement », de « cultiver une attitude tendre et affectueuse [...] en partageant tous les soucis domestiques et maternels ». Il jura de « la consulter en tout [...] de lui donner libre accès à tous [ses] papiers, lettres, et autres [... et] de lui laisser

l'entière conduite de toutes [ses] questions d'argent ». Il écrivit de plus : « En ce qui concerne l'organisation des affaires de la maison, [je ne vais] intervenir que s'il le faut. » Leur ménage fut vraiment heureux : à sa sœur qui allait se marier, Mortimer souhaita un bonheur semblable au sien. Il était père de trois fils et de trois filles qui le remplissaient de fierté. C'est probablement un bon choix qu'il fit lorsqu'il décida d'émigrer par amour pour eux : Arthur était déjà *rector* en 1844 et Herbert devint président du Toronto Stock Exchange.

RICHARD E. RUGGLE

George Mortimer a ordonné qu'on détruise ses papiers après sa mort ; les procès-verbaux du conseil de fabrique de la Holy Trinity Church (Thornhill, Ontario) pour cette période ont été perdus dans un incendie. Seul subsiste le registre paroissial qu'il utilisa ; il est conservé à l'EEC, Diocese of Toronto Arch. [R. E. R.]

AO, MS 35, letter-books, 1839–1843, John Strachan, circular to Mortimer *et al.*, 10 juin 1840 ; corr. to Mortimer, 13 avril 1840, 5 avril 1841, 10 mars 1843 ; 1839–1866 (« to societies »), letter concerning memorials of Deacon and Mortimer, 19 avril 1842 ; 1844–1849, corr. to Dr O'Brien, 7 déc. 1846 ; unbound papers, letters missive authorizing the bishop of Quebec to institute the Rev. Geo. Mortimer to the parsonage at Thornhill, 16 janv. 1836 ; MS 199, M. S. [Gapper] O'Brien, journals, 11 févr. 1834. — *The life and letters of the Rev. George Mortimer* [...], John Armstrong, édit. (Londres, 1847).

MOSCHELL, JOHANN ADAM (il signa **Moschel** jusque vers 1820), ministre de l'Église allemande réformée, né le 3 novembre 1795 à Mannheim (République fédérale d'Allemagne), fils naturel de Johann Friedrich Moschel et de Maria Elisabetha Windenheimer ; le 20 avril 1820, il épousa à Lunenburg, Nouvelle-Écosse, Mary Ann James, et ils adoptèrent au moins une fille ; décédé le 26 janvier 1849 à Hohensachsen, près de Heidelberg, grand-duché de Baden (République fédérale d'Allemagne).

Johann Adam Moschell venait de la capitale du Palatinat, région où prédominait une solide tradition calviniste depuis la Réforme. Les études secondaires qu'il fit dans sa ville natale permettent de déduire que sa famille appartenait à la classe moyenne. Lorsque Moschell commença à étudier la philosophie et la théologie à la Ruprecht Karl Universität, à Heidelberg, en 1813, son beau-père était quartier-maître dans l'armée bavaroise. Deux ans plus tard, après avoir reçu son diplôme, Moschell servit pendant environ un an, à titre de prédicateur auxiliaire de l'Église réformée, non loin de Heidelberg, à Laufen et à Gallenweiler. La date et le lieu de son ordination demeurent inconnus. À son retour à Mannheim, on lui proposa d'aller en Nouvelle-Écosse. L'Église allemande réformée St Andrew, de Lunenburg, avait besoin de quelqu'un pour assister le révérend Bruin

Muirhead

Romkes Comingo*, et le révérend Ferdinand Conrad Temme, pasteur luthérien dans cette même localité, avait accepté d'aider la congrégation sœur en lançant un appel à l'université de Heidelberg.

Moschell se mit en route le 17 octobre 1817 et débarqua en Nouvelle-Écosse le 21 février 1818. À la mort de Comingo en janvier 1820, Moschell demeura seul. Au cours des premières années, il semble avoir mis passablement d'ardeur à s'acquitter de ses devoirs. La prédication se faisait en allemand et le *Catéchisme de Heidelberg,* dont l'enseignement avait débuté avant son arrivée, figurait au programme d'instruction religieuse. Desservir une paroisse aussi étendue exigeait un grand dévouement, car elle comptait 2 000 personnes disséminées sur un territoire de 750 milles carrés, ce qui obligeait Moschell à parcourir 1 500 milles chaque année. La construction et la consécration en 1828 d'une nouvelle église qui pouvait contenir de 800 à 900 personnes assises, pour la somme de £1 200, constituent un exemple éloquent de ses réalisations. Son mariage avec Mary Ann James, une jeune fille de sa paroisse, le lia encore davantage à sa congrégation.

Des difficultés surgirent cependant au cours des dernières années de ministère de Moschell à Lunenburg. Le révérend George Patterson* rapporta dans les années 1880 qu'il « avait malheureusement eu des écarts de conduite sur lesquels la charité se devait de jeter un voile ». Selon lui, la congrégation de Moschell eut à souffrir d'un certain manque de direction et son bien-être commençait à s'en ressentir, mais il ne donne pas de détails. De toute façon, Moschell songeait à retourner en Allemagne et il quitta Lunenburg après qu'on lui eut promis un nouveau poste à Baden en 1837. Avant de partir, dans le but d'assurer la croissance de la congrégation pour les années à venir, il suggéra à ses membres de se joindre au synode de la Nouvelle-Écosse affilié à l'Église d'Écosse. Ses fidèles suivirent ses conseils, même si cela signifiait qu'ils devaient accepter que les offices et l'enseignement religieux ne soient plus faits en allemand. Cette fusion ne semble pas avoir fait grand tort à la paroisse. Le révérend Donald Allan Fraser lui succéda.

Moschell arriva à Mannheim le 31 août 1837. Après un court séjour à Wieblingen, près de Heidelberg, il fit du ministère dans les communautés voisines de Plankstadt et d'Edingen d'avril 1838 à avril 1840 et, par la suite, à Hohensachsen ; il y demeura jusqu'à sa mort survenue en 1849. La même année, sa femme revint en Nouvelle-Écosse.

Johann Adam Moschell a laissé sa marque en Nouvelle-Écosse. Premier ministre dûment formé et ordonné de sa dénomination dans cette province, il réussit à faire accepter sa congrégation par une Église qui professait la même foi. Cet accommodement préserva l'intégrité religieuse d'une communauté qui appartenait à une ethnie distincte tout en facilitant son intégration dans la société néo-écossaise.

UDO SAUTTER

Evangelische Kirchengemeindeamt (Mannheim, République fédérale d'Allemagne), Taufbuch, 1764–1794. — Evangelische Pfarramt (Hohensachsen, République fédérale d'Allemagne), Beerdigungsbuch, 1811–1869 ; Kirchenbuch, 1840–1849. — PANS, MG 1, 742, n° 6. — St Andrew's Presbyterian Church (Lunenburg, N.-É.), Dutch Reformed Church records, J. A. Moschell, *Curriculum vitæ* ; photographic portrait. — Synod of Nova Scotia in connection with the Church of Scotland, *Minutes* (Halifax), 1837 : 48–57. — *N.S. vital statistics, 1813–22* (Punch), n° 1945. — M. B. DesBrisay, *History of the county of Lunenburg* (2e éd., Toronto, 1895 ; réimpr., Belleville, Ontario, 1980), 91–92. — J. A. Flett, *The story of St. Andrew's Presbyterian Church, Lunenburg, N.S.* (s.l., 1970), 13–14, 134–135. — Gregg, *Hist. of Presbyterian Church* (1885). — Udo Sautter, « Ein Deutscher Geistlicher in Neuschottland : Johann Adam Moschell (1795–1849) », *German-Canadian Yearbook* (Toronto), 1 (1973) : 153–159.

MUIRHEAD. V. DuVernet

MUNRO, HUGH, juge, homme d'affaires, juge de paix, homme politique, fonctionnaire, fermier et agent de développement foncier, né vers 1764 dans le Ross-shire, Écosse ; il épousa une prénommée Martha ; père de trois fils et de trois filles ; décédé le 25 septembre 1846 à Bathurst, Nouveau-Brunswick.

Hugh Munro fit ses études primaires en Écosse et immigra à New York avec ses parents en 1774. Parti pour Québec neuf ans plus tard avec d'autres loyalistes, il s'installa à New Carlisle en 1784, lorsqu'on leur offrit des terres en Gaspésie. À l'époque, il était connu comme bûcheron. Nommé en 1792 juge de la Cour des plaidoyers communs, il perdit son siège dès 1794 par suite de la réorganisation du district judiciaire de Gaspé. Il s'établit alors de l'autre côté de la baie des Chaleurs, près de St Peters (Bathurst, Nouveau-Brunswick), où il devint expéditeur de poisson et marchand.

En même temps, Munro ne tarda pas à revenir à l'exploitation forestière. En 1818, il prétendait posséder « le plus gros et le plus ancien établissement » de commerce du bois à la baie Nepisiguit ; cette année-là, ses nombreux employés abattirent quelque 5 000 tonnes de bois. Il construisait aussi des navires, mais les indications à ce sujet sont rares ; on évalua à environ £2 000, avec sa cargaison, un bâtiment construit en 1818. Munro allait dominer longtemps la vie commerciale de St Peters. Ami et associé de Robert Ferguson*, de la région de Restigouche, il faisait également affaire avec la Gilmour, Rankin and Company [V. Alexander Rankin*], de Miramichi.

En 1807, Munro devint juge de paix et juge à la Cour inférieure des plaids communs du comté de Northumberland, au Nouveau-Brunswick. En 1819, il tenta sa chance en politique à titre de candidat à l'un des deux sièges de député de la circonscription de Northumberland. Défait, il affirma dans une protestation que le shérif avait favorisé indûment son adversaire. Il fut cependant élu l'année suivante et conserva son siège jusqu'en 1827, lorsqu'on subdivisa le comté de Northumberland pour créer celui de Gloucester. Cette année-là, comme il était le colon le plus influent du nouveau comté, on le nomma juge de paix, juge à la Cour inférieure des plaids communs, registrateur et commissaire de la *grammar school*. En plus, il devint le premier député de Gloucester à l'Assemblée.

Munro se passionnait pour l'agriculture. Dans sa propriété, Somerset Vale, il avait, disait-on, « une ferme aménagée avec art et cultivée avec talent, qui telle une *oasis* souri[ait] aux forêts sur lesquelles elle a[vait] été gagnée par des années d'infatigable labeur ». En 1825, il fit partie du comité que l'Assemblée avait chargé d'étudier les moyens d'améliorer l'agriculture et de promouvoir l'immigration, et qui recommanda la création de la New-Brunswick Agricultural and Emigrant Society. Membre actif de cette société jusqu'à ce qu'elle disparaisse, Munro fit partie de son comité central de 1828 à 1830. Il fut aussi l'organisateur et le premier président d'une société du même genre formée en 1828 dans le comté de Gloucester.

Au fil des ans, Munro devint impopulaire, et ce pour plusieurs raisons. Dans le but d'acquérir des propriétés, disait-on, il alléguait que telle ou telle personne n'avait pas rempli les conditions fixées au moment de la concession puis, une fois la terre confisquée, usait de son influence à Fredericton pour qu'on la lui concède. On l'accusait de tyrannie envers les Acadiens ; un jour, rapporte-t-on, il emprisonna sans motif un homme et l'assaillit avant sa libération. On disait aussi qu'il avait gardé des fonds que l'Assemblée avait octroyés à ses électeurs pour des travaux de voirie et des primes sur les céréales ; selon Munro, ceux-ci ne dépenseraient pas cet argent avec sagesse, et de toute façon ils ne devaient pas toucher les primes puisque lui-même, leur député, avait voté en chambre contre une telle mesure.

Durant la campagne électorale de 1830, la domination politique que Munro exerçait dans le comté de Gloucester fut cependant défiée par un adversaire, William End*. Au dire de celui-ci, Munro devait son pouvoir au soutien des magistrats locaux, hommes corrompus qui n'avaient été nommés que grâce à son influence. Fort de l'appui des électeurs acadiens et irlandais, à qui il avait promis de mettre fin au despotisme, End remporta la victoire. Presque au même moment, l'arrivée d'autres entrepreneurs,

Joseph Cunard* surtout, dans la région de la baie Nepisiguit, vint menacer la puissance commerciale de Munro. Il fut du nombre des marchands de bois locaux qui protestèrent lorsque le commissaire des Terres de la couronne, Thomas Baillie*, attribua d'immenses concessions forestières à Cunard. Ce dernier finit par perdre ses concessions, mais continua néanmoins à étendre ses activités, ce qui mit fin au règne des marchands de bois de la région.

Hugh Munro demanda à plusieurs reprises au gouvernement de l'indemniser de la perte du poste de juge qu'il avait subie en 1794 à la réorganisation du district de Gaspé. Quand il fit sa dernière tentative, en 1840, le lieutenant-gouverneur sir John Harvey* répondit qu'il était « trop vieux pour [avoir] une charge » et que, malgré sa personnalité « très digne et respectable, [il n'était] pas assez pauvre pour justifier une aide quelconque (ainsi qu'il [pouvait] en être offert aux gentlemen) ». Munro passa paisiblement ses dernières années dans sa ferme, où il mourut en 1846.

WILLIAM A. SPRAY

APC, MG 24, A17, sér. I, 1 : f°s 185–186 ; L6, 3, N.B. Agricultural and Emigrant Soc., minute-book n° 1 (1825–1830). — APNB, MC 1156, IX : 64 ; RG 3, RS538, B5 : 26, 38, 80, 106 ; RG 4, RS24, S28-P28 ; RG 7, RS64, A, 1846, Hugh Monro ; RG 10, RS108, Hugh Munro, 1805, 1807, 1820, 1828. — Musée du N.-B., W. F. Ganong papers, box 32, memorial of Hugh Munro, 25 févr. 1840 ; Hugh Munro, letter-book ; SB 2, F1, n° 11 (E. B. Biggar, « Bathurst, its first settlers and their many and strange adventures », communication faite devant la N.B. Hist. Soc., 1894) (copie dactylographiée) ; J. C. Webster papers, packet 1, Sir Howard Douglas, letter-book, Douglas à lord Dalhousie, 7 mai 1827. — PRO, CO 188/41 : 144–149 ; 189/13 : 29–30, 421–423, 521–522. — Robert Cooney, *A compendious history of the northern part of the province of New Brunswick and of the district of Gaspé, in Lower Canada* (Halifax, 1832 ; réimpr., Chatham, N.-B., 1896), 195. — *Gleaner* (Miramichi [Chatham]), 21 sept. 1830, 24 janv. 1843, 24 janv., 3 oct. 1846. — *Mercury*, 29 mai, 26 juin 1827, 19 févr. 1828. — *New-Brunswick Royal Gazette*, 7 mars 1820. — M. M. Hunter, *Pioneer settlers of the Bay Chaleur in the nineteenth and twentieth centuries* (Bathurst, N.-B., 1978), 13, 17. — MacNutt, *New Brunswick*. — Graeme Wynn, « The assault on the New Brunswick forest, 1780–1850 » (thèse de PH.D., Univ. of Toronto, 1974), 5–6, 43–44, 97–100, 220, 224–225, 271, 286. — Observer [E. S. Carter], « Linking the past with the present », *Telegraph-Journal* (Saint-Jean, N.-B.), 10 avril 1930.

MURRAY, ANNE (Powell), auteure, née le 26 avril 1755 à Wells, comté de Norfolk, Angleterre, fille du docteur John Murray et de Mary Boyles ; le 3 octobre 1775, elle épousa William Dummer Powell*, et ils eurent neuf enfants, dont deux lui survécurent ; décédée le 10 mars 1849 à Toronto.

Le père d'Anne Murray, médecin écossais, s'installa en Angleterre et commença en 1768 à exercer à

Murray

Norwich. Quand sa sœur Elizabeth vint d'Amérique du Nord lui rendre visite, l'année suivante, il avait peine à faire vivre sa nombreuse famille. Elizabeth Murray avait émigré avec son frère James en 1739 et fait ensuite son chemin à Boston comme boutiquière. Elle venait de perdre son deuxième mari, riche distillateur bostonien, et comme elle était fortunée et sans enfants, elle offrit de prendre en charge les trois aînés de son frère, John, Mary et Anne. On envoya d'abord John et Mary à Boston, puis Anne s'y rendit en 1771 en compagnie de sa tante.

Anne avait fait des études à Fakenham, en Angleterre, puis à Norwich, au pensionnat de Mme Palmer, mais sa tante estimait que cette éducation ne préparait les filles que pour « les côtés frivoles de la vie ». Contrairement à la plupart des femmes de son époque, Elizabeth attachait de l'importance à l'apprentissage des affaires, et c'est pourquoi elle établit ses deux nièces en leur faisant ouvrir un magasin de modes à Boston. Mary tenait le magasin et la comptabilité tandis qu'Anne, d'après sa tante, était « très industrieuse aux travaux d'aiguille ». Mary rentra en Angleterre en 1774 mais Anne, même si elle avait le mal du pays, demeura à Boston et devint gérante de la boutique, ce qui ne convenait pas du tout à son tempérament. Douloureusement consciente de l'infériorité sociale des modistes, elle n'oublia jamais sa « déchéance » et, dans sa vieillesse, elle allait se remémorer encore l'« irréparable humiliation » de ces années.

Malgré son sentiment d'infériorité, Anne Murray évoluait librement dans la société commerçante de Boston, où elle fit la connaissance de William Dummer Powell, fils d'un marchand bien en vue. Les deux jeunes gens avaient déjà décidé en secret de leur avenir quand, en raison de ses activités loyalistes, Powell jugea préférable de quitter les colonies. En 1775, la tante d'Anne approuva à contrecœur leur union, mais ses parents ne voulurent pas y donner leur consentement. Quant à Powell, il n'en parla même pas à son père car, écrivit-il plus tard, « son accord était peu probable ». Ils se marièrent juste avant de s'embarquer pour l'Angleterre ; à Boston, on parla d'enlèvement consenti, et Powell lui-même employa cette expression.

Le jeune couple vécut à Norwich et à Londres pendant que Powell étudiait le droit. En 1779, ce dernier partit pour Québec, en laissant Anne et leurs trois fils à Norwich ; l'année suivante, elle le rejignit à Montréal, où il avait ouvert un cabinet. Pendant les 18 années qui suivirent, elle déménagea fréquemment, au gré des occupations et des ambitions de son mari : elle vécut à Montréal (1780–1783), à Boston (1783–1784), à North Yarmouth, au Massachusetts (1784–1785), de nouveau à Montréal (1785– 1789), à Detroit (1789–1791), en Angleterre (1791– 1793), encore à Detroit (1793–1794) puis à Newark, qui devint Niagara-on-the-Lake (1794–1798). Finalement, les Powell s'établirent à York (Toronto), où Anne passera plus d'un demi-siècle.

Au fil de ses déplacements, Mme Powell devint pointilleuse sur le respect des usages et les questions de rang social, et ce en dépit (ou à cause) de son passé de modiste et de son mariage incongru. À titre de capitale du Haut-Canada, York fut dès le début une ville prétentieuse où la hiérarchie sociale était rigide. Quand Mme Powell s'y fixa, elle occupait un rang élevé : son mari était juge. Animée d'un « sens aigu des convenances », selon Thomas Aston Coffin*, et d'une moralité inflexible, elle devint peu à peu l'arbitre du milieu mondain. Ainsi en 1807–1808, elle fit échec au lieutenant-gouverneur lui-même, Francis Gore*, qui tentait de réhabiliter Mme John Small, accusée publiquement d'adultère. En ce temps où le rang social était un puissant facteur de réussite, le pouvoir de Mme Powell était bien réel.

Tout comme la société, le gouvernement était proprement « aristocratique » aux yeux de Mme Powell, et l'opposition politique ne pouvait être que le fait de membres des classes inférieures qui ne savaient pas se tenir. Au début de son séjour dans le Haut-Canada, elle s'était considérée comme une Américaine, mais la guerre de 1812 fit d'elle une ardente Britannique. Elle exécrait tous les adversaires du gouvernement, aussi bien Robert THORPE, « objet de mépris et de dégoût », que William Lyon Mackenzie*, « véritable monstre ». Robert Baldwin* était selon elle « un être moral mais un radical convaincu » ; le cousin de ce dernier, Robert Baldwin Sullivan*, par contre, était « de basse extraction et [… avait] des habitudes dissolues ». Comme d'autres fervents tories, elle s'en prit, après la rébellion, aux gouverneurs en chef eux-mêmes – « lord Durham [LAMBTON], ce traître perfide » et « lord Sydenham [THOMSON], ce grand homme bien *petit* », plein de « mesquinerie et [de] tyrannie ». L'« ennemi par excellence » était cependant John Strachan*, à qui elle attribuait tous les malheurs de son mari dans le Haut-Canada.

L'accession de son mari au poste de juge en chef, en 1816, rehaussa le prestige de Mme Powell, mais son autorité sociale ne put résister au scandale créé par sa fille Anne*. Cette dernière avait été une jeune fille très recherchée. Avec l'approbation de sa mère, elle avait été fréquentée par un « jeune et riche marchand-minotier », mais après « une cour longue et assidue » elle l'avait repoussé. Mme Powell elle-même avait congédié un autre prétendant, « cette brute de St. George [Laurent Quetton* St George] », probablement à cause de son libertinage. Après son idylle malheureuse avec John Beverley Robinson*, Anne devint de plus en plus excentrique. Elle ne cessait d'avoir de violentes altercations avec sa mère, souvent au sujet de la charge des deux petites-filles qui vivaient avec elles. Finalement, en 1820, convaincue que sa fille était folle, Mme Powell voulut la placer loin de la maison ; « mais, dit-elle, j'ai toutes les raisons de croire qu['Anne] ne se séparera pas paisiblement de la famille, et l'idée de l'y contraindre me dégoûte ». En 1822, Anne s'enfuit du foyer parental pour se lancer à la poursuite de Robinson et de sa femme ; elle mourut dans un naufrage au large de l'Irlande. Cette tragédie, avec les rumeurs et les allusions malveillantes qu'elle suscita, jeta le discrédit sur la famille, et Mme Powell se retira de la société.

En 1825, Powell ayant été évincé de ses fonctions judiciaires et administratives pour des raisons politiques, le couple voulut quitter les colonies. Mme Powell rejoignit son mari en Angleterre en 1826, convaincue qu'elle ne reviendrait pas. Déjà en conflit avec certains membres de sa famille au sujet d'un legs de sa tante Elizabeth, elle envoya dans le Haut-Canada une lettre indiscrète qui lui aliéna pour de bon la plupart des parents qu'elle comptait en Angleterre. En 1829, irrités par les « explosions de malveillance » de ceux-ci, les Powell revinrent à York, où ils menèrent une existence tranquille. Powell, de moins en moins lucide, mourut en 1834. Mme Powell conserva sa maison et y resta avec sa fille célibataire, Elizabeth. Sourde et percluse de rhumatismes, elle ne sortait guère, mais plusieurs membres de sa famille faisaient de longs séjours chez elle. Elle s'occupait encore d'œuvres de bienfaisance et veillait au bien-être de ses descendants, même si elle était de plus en plus coupée de leur univers.

Dans sa vieillesse, Mme Powell vit l'une de ses proches frappée d'une « infamie, [d'une] disgrâce ineffaçable » : reconnue coupable d'adultère, sa petite-fille Elizabeth Van Rensselaer Powell, qui avait épousé John Stuart, fut la première personne contre qui un divorce fut prononcé dans le Haut-Canada. Accomplissant les préliminaires indispensables à la soumission de son cas au Parlement, Stuart poursuivit l'amant de sa femme, le lieutenant John Grogan, et obtint en novembre 1839 plus de £600 en dommages-intérêts et frais de justice, ce qui obligea Grogan à vendre sa commission. Le Parlement haut-canadien adopta en février 1840 le projet de loi sur le divorce, peu avant que Mme Stuart ne donne naissance à « une autre victime de sa dépravation », mais on le mit de côté en attendant la sanction royale. Dès que le divorce fut prononcé, en juin 1841, les amants se marièrent et quittèrent la province, pour y revenir cependant l'année suivante. Mme Powell sympathisait sans réserve avec le mari et les enfants délaissés ; jamais elle ne pardonna à sa petite-fille « perverse », et ce fut avec fureur qu'elle vit les Grogan tenter de réintégrer la bonne société de Kingston.

Tout au long de sa vie, Anne Murray Powell fut une infatigable épistolière. Il subsiste plus de 700 lettres de sa main. Les plus anciennes sont adressées à des amis des environs de Boston, mais ses principaux correspondants furent son frère George, de New York, et son mari, qui faisait souvent des tournées à titre de juge ou des voyages en Angleterre. Elle notait avec franchise tous les détails qui concernaient sa vie, sa famille, son milieu. Jamais tiède dans ses opinions ni dans sa manière de les exprimer, elle décrivait par exemple les géraniums de sept pieds qui flanquaient le piano dans son salon, ou encore racontait l'accouchement tout à fait inattendu d'une servante célibataire dans le lit de ses maîtres, évoquait l'effervescence provoquée par l'invasion ennemie en 1813 ou la rébellion armée en 1837 et dénonçait le « régime d'injustice et de vol » mis en place par le *Clergy Reserves Bill* de 1839. Figure dominante des débuts de Toronto, Mme Powell est reconnue aussi comme une grande chroniqueuse de l'élite haut-canadienne.

EDITH G. FIRTH

Une partie de la volumineuse correspondance d'Anne Powell a été publiée sous le titre de « Letters of Mrs. Wm. Dummer Powell, 1807–1821 », Janet Carnochan, édit., Niagara Hist. Soc., [*Pub.*], nº 14 ([1906]) : 1–40.

AO, MS 537 ; MS 787 ; MU 843. — APC, MG 23, HI, 4 ; 8. — Arch. privées, K. M. J. McKenna (Kingston, Ontario), dossiers de recherche et manuscrit d'une thèse de PH.D. en préparation à la Queen's Univ. de Kingston. — Library of Congress, MS Division (Washington), Christian Barnes, letters. — Mass. Hist. Soc. (Boston), Paul Revere papers ; J. M. Robbins papers. — MTRL, S. P. Jarvis papers ; W. D. Powell papers. — James Murray, *Letters of James Murray, loyalist*, Nina Moore Tiffany, édit., assistée de S. I. Lesley (Boston, 1901). — *Town of York, 1793–1815* (Firth) ; *1815–1834* (Firth). — *York, Upper Canada : minutes of town meetings and lists of inhabitants, 1797–1823*, Christine Mosser, édit. (Toronto, 1984). — N. F. Cott, *The bonds of womanhood : « woman's sphere » in New England, 1780–1835* (New Haven, Conn., 1977). — K. M. J. McKenna, « Anne Powell and the early York elite », « *None was ever better [...]* » : *the loyalist settlement of Ontario ; proceedings of the annual meeting of the Ontario Historical Society, Cornwall, June 1984*, S. F. Wise *et al.*, édit. (Cornwall, Ontario, 1984), 31–43 ; « Options for élite women in early Upper Canada : the case of the Powell family » (copie dactylographiée d'une conférence présentée à la réunion annuelle de la SHC, à Winnipeg, en 1986). — M. B. Norton, « A cherished spirit of independence : the life of an eighteenth-century Boston businesswoman », C. R. Berkin et M. B. Norton, *Women of America : a history* (Boston, 1979), 48–67. — W. R. Riddell, *The life of William Dummer Powell, first judge at Detroit and fifth chief justice of Upper Canada* (Lansing, Mich., 1924). — R. J. Burns, « God's chosen people : the origins of Toronto society, 1793–1818 », CHA *Hist. papers*, 1973 : 213–228. — W. R. Riddell, « The first Upper Canada divorce », *Bench and Bar* (Montréal), 2 (1932), nº 3 : 8, 10.

MURRAY, sir GEORGE, officier et administrateur colonial, né le 6 février 1772 à Ochtertyre, près de

Murray

Crieff, Écosse, fils de sir William Murray et de lady Augusta Mackenzie, fille du 3e comte de Cromarty ; le 28 avril 1825, il épousa lady Louisa Erskine, avec qui il avait déjà eu une fille ; décédé le 28 juillet 1846 à Londres.

George Murray fit ses études à la High School of Edinburgh et à l'University of Edinburgh. Il reçut une commission dans le 71st Foot le 12 mars 1789 et le 5 juin, on le muta au 34th Foot ; le 7 juillet 1790, il acheta un poste d'enseigne dans le 3rd Foot Guards et devint capitaine le 16 janvier 1794. En 1793 et 1794, il combattit aux Pays-Bas. Le 5 août 1799, on le promut lieutenant-colonel et il entra au bureau du quartier-maître général. De 1799 à 1806, il participa à plusieurs campagnes mineures, et en 1807, durant l'expédition de Copenhague, il collabora étroitement avec le major général sir Arthur Wellesley, futur duc de Wellington. Devenu quartier-maître général de l'armée du Portugal en 1808, il fut promu colonel le 9 mars 1809. Pendant la guerre d'Espagne, ses manœuvres contribuèrent substantiellement aux victoires de Wellington ; le 4 juin 1811, il devint général de brigade et, le 2 décembre, il obtint le grade temporaire de major général. En raison de sa contribution essentielle à l'organisation de l'avance de Wellington au Portugal et en Espagne en 1812–1813, il reçut une distinction de chevalier du Portugal et on l'investit le 27 septembre 1813 de l'ordre du Bain.

Murray accepta en décembre 1814 une affectation en Amérique du Nord britannique et arriva à Québec le 2 mars 1815, après un dangereux voyage en traîneau à partir de Halifax. Il apprit au gouverneur sir George Prevost* qu'il était démis de ses fonctions et, en attendant l'arrivée du nouveau gouverneur, sir Gordon Drummond*, il consacra son temps à la rédaction d'une étude sur la défense des colonies canadiennes. Le 4 avril, Drummond le nomma commandant des troupes et lieutenant-gouverneur intérimaire du Haut-Canada. Murray entra en fonction le 25 avril, mais il n'avait toujours pas reçu d'instructions lorsqu'il apprit la reprise des hostilités en Europe. À la fin de mai, il partit rejoindre Wellington, mais à son grand regret il manqua la bataille de Waterloo. Nommé chef d'état-major de l'armée d'occupation, il vécut princièrement à Paris et à Cambrai et devint, après Wellington, l'homme le plus décoré de l'armée britannique. À la même époque, il noua une liaison avec lady Louisa Erskine, femme du lieutenant général sir James Erskine of Torriehouse, avec qui il vécut en permanence à compter de 1820 ; il l'épousa en 1825 après la mort de son mari. Cette relation allait lui coûter cher socialement et nuire à son avancement politique. En novembre 1818, on démembra l'armée d'occupation et, le 18 août 1819, Murray devint directeur du Royal Military College. En mars 1824, il fut élu au Parlement et, le 6 du même mois, Wellington le nomma lieutenant général du Board of Ordnance. Murray commanda les troupes engagées en Irlande à compter de 1825, après quoi, le 25 mai 1828, il devint secrétaire d'État aux Colonies dans le cabinet Wellington.

Malgré la faible expérience politique de Murray, on le considérait comme un « bon administrateur », et les gouverneurs de l'Amérique du Nord britannique, dont bon nombre avaient servi à ses côtés au cours des guerres napoléoniennes, accueillirent bien sa nomination. Sir James Kempt* prédit qu'il ferait « un secrétaire d'État aux *Colonies de premier ordre* » et s'attendait à le voir « se tailler une grande réputation au Parlement ». La nomination de Murray réjouit également les tories des colonies, John Strachan* notamment, qui avaient fait sa connaissance à l'occasion de son bref séjour au Canada et qui l'inondaient de conseils. Les deux groupes n'allaient pas manquer d'être déçus. Bien que conservateur, Murray avait une assez forte tendance libérale : il n'était, disait-il, « aucunement ennemi du genre de réforme qui peut se traduire par une adaptation graduelle et prudente [du] système politique [britannique] aux changements de conjoncture que le temps amène ». Il était déterminé à connaître « les opinions des divers partis » des colonies et à donner aux Assemblées une « juste part de pouvoir ». Malheureusement, il ne parvint guère à concrétiser ses bonnes intentions. Piètre orateur, il ne fit pas merveille à la chambre des Communes. De plus, il trouvait pénible son travail de secrétaire et dirigeait mollement son ministère ; selon un subordonné, ce furent des « années de torpeur » que celles qu'il y passa. Enfin, « intimidé » par Wellington, il ne représentait pas efficacement son ministère au cabinet.

En 1828, quand le comité spécial de la chambre des Communes sur le Haut et le Bas-Canada recommanda de réformer en profondeur le gouvernement de ces colonies, Murray se montra hésitant. Il souhaitait mettre fin à la longue querelle de la liste civile qui opposait l'Assemblée du Bas-Canada aux autorités britanniques, mais son indécision permit à l'Assemblée de prendre le dessus et plaça l'administrateur Kempt dans une position intenable. De même, il désirait régler le vieux débat concernant la répartition des réserves du clergé dans le Haut-Canada mais, tout en rejetant le « principe de l'exclusivité », il était décidé à apporter un « encouragement particulier » aux Églises établies d'Angleterre et d'Écosse et ne trouvait pas le moyen de concilier ces objectifs. En 1830, Wellington se vit fortement pressé de lui confier des responsabilités moindres. Quand Murray quitta son poste, en novembre, il n'avait réglé que très partiellement le litige entre les réformistes canadiens et le gouvernement impérial. Son départ fut peu regretté en Amérique du Nord britannique, même par les fonctionnaires qu'il avait nommés, sir John Colborne* par exemple.

Sir George Murray perdit son siège au Parlement en 1832, mais le regagna en 1834. Il servit comme maître général du Board of Ordnance tout en siégeant au cabinet de sir Robert Peel (1834–1835). Il perdit de nouveau son siège en 1835 et fut défait en 1837, 1839 et 1841, mais agit de nouveau à titre de maître général de l'Ordnance, cette fois sans siéger au cabinet, de 1841 à 1846. Lieutenant général depuis le 27 mai 1825, il fut promu général le 23 novembre 1841. Sa réputation d'officier est solide, quoique estompée par celle de Wellington, mais il demeure l'un des secrétaires d'État les plus médiocres de la première moitié du XIXᵉ siècle et, même s'il fut le seul d'entre eux à visiter les colonies d'Amérique du Nord britannique, il n'y exerça guère d'influence durable.

PHILLIP BUCKNER

Les papiers du général sir George Murray se trouvent à la NLS, Dept. of MSS, Adv. MSS 46.1.1–46.10.2. Il existe seulement une dépêche de Murray écrite pendant son séjour au Haut-Canada (PRO, CO 42/356 : 61–63) ; cependant, les dossiers de toutes les colonies de l'Amérique du Nord britannique entre 1828 et 1830 contiennent plusieurs pièces qui le concernent directement et quelques-unes de ses réponses. Un certain nombre de lettres échangées par Murray et le duc de Wellington sont publiées dans *Despatches, correspondence, and memoranda of Field Marshal Arthur, Duke of Wellington, K.G.*, [A. R. Wellesley, 2ᵉ] duc de Wellington, édit. (8 vol., Londres, 1867–1880), et de nombreuses références à Murray se trouvent dans les papiers Dalhousie au SRO, particulièrement GD45/3/27B : 159, 201, 215. Les ouvrages suivants sont utiles : [Edward Law, 1ᵉʳ comte d'] Ellenborough, *A political diary, 1828–30*, [R. C. E. Abbot, 3ᵉ baron] Colchester, édit. (2 vol., Londres, 1881) ; [Harriet Fane] Arbuthnot, *The journal of Mrs. Arbuthnot, 1820–1832*, Francis Bamford et [Gerald Wellesley, 7ᵉ] duc de Wellington, édit. (2 vol., Londres, 1950) ; et Henry Taylor, *Autobiography of Henry Taylor, 1800–1875* (2 vol., Londres, 1885). La carrière militaire de Murray a été étudiée en profondeur dans S. P. G. Ward, « General Sir George Murray », Soc. for Army Hist. Research, *Journal* (Londres), 58 (1980) : 191–208. Le rapport de Murray sur le Haut-Canada a été reproduit dans G. S. Graham, « Views of General Murray on the defence of Upper Canada, 1815 », *CHR*, 34 (1955) : 158–165. D. M. Young dans *The Colonial Office in the early nineteenth century* ([Londres], 1961) et l'auteur de cette biographie dans *Transition to responsible government* ont évalué la carrière de Murray au ministère des Colonies. [P. B.]

MUSE. V. MEUSE

N

NAFZIGER, CHRISTIAN, colonisateur, né en 1776 en Bavière (République fédérale d'Allemagne) ; il épousa une prénommée Maria, et ils eurent trois fils et deux filles ; décédé le 13 avril 1836 dans le canton de Wilmot, Haut-Canada.

Les Nafziger appartenaient à la secte mennonite des amish, issue du courant anabaptiste ou radical de la Réforme. Les amish, généralement considérés comme le plus traditionnel des groupes mennonites, devaient leur nom à Jacob Ammann, évêque mennonite de nationalité suisse sous la direction duquel ils avaient formé un groupe distinct vers 1700.

Dans les derniers mois de 1821, Christian Nafziger, paysan des environs de Munich, en Bavière, laissa sa famille pour se rendre à Amsterdam. Avec l'aide d'amis mennonites de Hollande, il s'embarqua pour Philadelphie en décembre. Apparemment détourné de sa course par les vents, le navire accosta à La Nouvelle-Orléans en mars 1822. Après avoir remonté le Mississippi en bateau à aubes jusqu'à Cincinnati, en Ohio, Nafziger gagna la Pennsylvanie, où vivait une très nombreuse colonie de mennonites. Comme le prix des terres augmentait dans la région, ses amis lui suggérèrent de tenter sa chance au Canada, où l'on pouvait présumément s'établir à meilleur compte.

Nanti de fonds supplémentaires et d'un moyen de transport, Nafziger arriva dans le Haut-Canada en août 1822. Avec l'aide de quelques mennonites du comté de Waterloo, que dirigeait Jacob Erb, il présenta au lieutenant-gouverneur sir Peregrine Maitland*, à York (Toronto), une requête en vue d'obtenir dans le comté de Lincoln des terres pour environ 70 familles amish. Le Conseil exécutif donna son accord de principe le 4 septembre, puis Nafziger retourna sans tarder en Europe, via New York et Londres où, croit-on, George IV lui confirma l'octroi de la concession au cours d'une audience.

Au début de 1824, par suite d'une requête soumise par Erb au nom de Nafziger, on réserva aux nouveaux immigrants une étendue de terre située là où se trouve aujourd'hui le canton de Wilmot, et qu'arpenta John GOESSMAN. Le « German Block », comme on finit par l'appeler, était constitué de lots de 200 acres situés d'un côté ou de l'autre de trois routes parallèles à l'ouest du principal village mennonite. Chaque famille recevrait 50 acres de terre, en échange de quoi elle devrait construire une maison et défricher à l'avant de son terrain une bande où l'on tracerait un chemin. Les 150 autres acres de chaque lot pourraient être achetées plus tard.

Les amish commencèrent d'arriver en 1824. Nafziger, quant à lui, ne revint qu'en 1826 et s'installa avec femme et enfants sur le lot 6, au nord du chemin de Bleam. Peter Nafziger, qui allait être évêque (elder) de la congrégation amish – la première au Canada – jusqu'à son départ pour l'Ohio en 1831, avait traversé l'Atlantique en sa compagnie.

En 1828, on transféra les sections de 150 acres du German Block à l'université subventionnée par la province, King's College, qui haussa leur prix. Par la suite, Christian Nafziger et les colons allemands se plaignirent au commissaire des Terres de la couronne, Peter ROBINSON, qui en janvier 1830 chargea l'arpenteur Samuel Street Wilmot d'inspecter toute la concession puis de faire rapport sur la valeur des terres et le nombre d'habitants habilités à présenter une offre d'achat. Le mois suivant, Wilmot signala que 55 « colons hollandais fort industrieux et paisibles », venus d'Allemagne et de Pennsylvanie, avaient défriché en tout 1 197 acres de terre. Il recommandait qu'on vende les sections de 150 acres à un prix raisonnable aux colons originaux qui avaient rempli les conditions de concession et qu'on oblige les spéculateurs à restituer les terrains qu'ils avaient acquis. De toute évidence, la confusion continua de régner car, en 1832, l'existence d'un titre fait au nom du King's College compliqua l'attribution à Nafziger d'un titre de propriété sur sa section de 150 acres.

On sait peu de chose sur la vie privée et la personnalité de Nafziger. Il ne manquait certes pas de témérité puisqu'il s'était montré prêt à quitter sa famille, à s'endetter et à entreprendre un voyage dangereux. Intéressé à améliorer son propre sort, il n'avait cependant pas oublié d'en faire profiter des membres de sa secte. Pour plusieurs de ses compatriotes, son initiative ouvrit la porte à une vie meilleure dans le Nouveau Monde.

La vague d'immigration amish qu'avaient amorcée les explorations de Christian Nafziger ne tarda pas à s'étendre au delà du German Block, dans les comtés de Perth, d'Oxford et de Huron. Par ailleurs, les nouveaux immigrants allemands n'étaient pas tous des amish : des catholiques et des luthériens venus des mêmes régions d'Europe les rejoignirent bientôt dans le Haut-Canada. Sans partager les mêmes croyances religieuses, ces premiers colons avaient en commun de nombreux traits culturels, et leurs descendants ont vécu et travaillé côte à côte pendant des générations.

ORLAND GINGERICH

AO, RG 1, A-I-6 : 9505–9506 ; C-IV, Wilmot Township, lot 5, North Erb Street. — APC, RG 1, E2, 20 ; L3, 208a : G15/42 ; 209 : G16/8. — *Canada Museum, und Allgemeine Zeitung* (Berlin [Kitchener, Ontario]), 28 avril, 5 mai 1836. — L. J. Burkholder, *A brief history of the Mennonites in Ontario* […] ([Toronto], 1935). — Orland Gingerich, *The Amish of Canada* (Waterloo, Ontario, 1972). — B. M. Dunham, « Mid-European backgrounds of Waterloo County », *OH*, 37 (1945) : 59–70.

NAU, LOUIS, prêtre catholique, né le 15 septembre 1799 à Lanoraie, Bas-Canada, et baptisé le jour suivant dans la paroisse Sainte-Geneviève-de-Berthier (à Berthierville, Québec), fils de Charles Nau, cultivateur, et de Louise Pagé ; décédé en ou après 1843.

De condition modeste sans être pauvres, les Nau habitent l'extrémité sud de la seigneurie de La Noraye, qui sera annexée en 1802 à la nouvelle paroisse Sainte-Élisabeth, dans le diocèse de Joliette. Ils passent pour des gens très religieux ; en initiant très tôt leurs enfants à la prière et à la pratique régulière des sacrements, ils souhaitent avoir un prêtre dans leur famille. Le jeune Louis est sans doute des garçons celui qui montre le plus de dispositions à cet égard, mais comme il n'y aura pas d'école dans sa paroisse avant 1810 il ne pourra terminer ses études primaires qu'à l'âge de 18 ans. Ce n'est donc qu'en 1817 que ses parents, avec la bénédiction de leur curé Joseph-Benjamin Keller, pourront l'envoyer étudier au petit séminaire de Montréal.

Le séjour de Louis Nau dans cette institution n'est pas sans laisser certaines traces chez l'adolescent. Dans ce milieu de prêtres sulpiciens, il est sans doute nourri de traditions monarchistes et gallicanes. Il est même témoin en 1821 des luttes menées par ses professeurs contre Mgr Jean-Jacques LARTIGUE. Non seulement ceux-ci refusent-ils son autorité, mais ils soutiennent de plus que l'érection d'un nouveau diocèse est contraire aux lois canoniques. Le climat d'indépendance qui règne à cette époque au petit séminaire de Montréal contribue sûrement à favoriser chez Nau l'expression de sentiments contestataires.

Ses études classiques terminées en 1825, Nau opte pour la prêtrise et, à l'automne, il fait son entrée au grand séminaire de Montréal. Sitôt installé, il se voit confier une tâche d'enseignement au séminaire de Saint-Hyacinthe. C'est là que Mgr Lartigue lui confère la tonsure le 26 février 1826. L'année suivante, Nau poursuit ses études théologiques au grand séminaire de Québec et, le 25 mars 1829, Mgr Bernard-Claude Panet*, archevêque de Québec, l'ordonne prêtre.

À sa sortie du grand séminaire, l'abbé Nau est considéré comme un bon sujet, fort respectueux des règles de son état. La première note rédigée au moment de son ordination ne laisse planer aucun doute à ce sujet : on le dit pieux, zélé, soumis à ses supérieurs, prêt à servir la cause religieuse à laquelle il est profondément attaché. Mgr Panet le juge aussi un bon candidat, dévoué au bien et doté d'une foi profonde. Ses supérieurs ignorent alors l'envers de sa personnalité : Louis Nau est également un être entêté, opiniâtre, sans tact, sans mesure et qui supporte très mal la contradiction.

Nommé vicaire à Saint-Jacques-de-l'Achigan (Saint-Jacques) en septembre 1829, Nau se met à dos en moins de trois mois le curé de l'endroit, Jean-Romuald Paré. Jugeant qu'il existe une incompatibilité de caractère entre les deux hommes, Mgr Panet, au début de l'année 1830, change Nau de cure et le fait vicaire à Maskinongé. Là encore, le curé du lieu, Louis Marcoux, ne tarde pas à se plaindre de son comportement. Mis au courant de ce nouveau problème en janvier 1831, Mgr Lartigue témoigne qu'il a quand même confiance en Nau, puisqu'il lui trouve un poste de vicaire à Saint-Benoît (Mirabel). Puis en octobre il lui donne les pouvoirs de vicaire à Saint-Hyacinthe. L'évêque de Montréal ne le laisse là que quelques mois, car il veut en faire depuis longtemps un curé de campagne.

Le 27 février 1832, Nau devient officiellement curé de la paroisse Sainte-Madeleine (à Rigaud). Un mois seulement après son entrée en exercice, ses marguilliers lui reprochent d'être arrogant et de vouloir administrer seul les biens de la fabrique. Le conflit s'envenime et s'étend à toute la paroisse lorsque, en 1833, Nau menace de poursuivre en justice tous les paroissiens qui ne paieront pas les frais rattachés au culte. À la fin de l'année, des pétitions qui exigent le rappel immédiat du curé sont envoyées à l'évêque de Montréal. En outre, certaines des ouailles de Nau lui font un charivari et n'hésitent pas à le pendre en effigie devant son presbytère. Souhaitant éviter le pire, Mgr Lartigue somme Nau de quitter les lieux. En janvier 1834, à la suite des sollicitations répétées de Mgr Joseph SIGNAY, archevêque de Québec, il envoie Nau à Saint-Jean-Baptiste-de-Rouville. Entier et intransigeant, celui-ci fait d'abord fi des ordres de l'évêque, et ce n'est que cinq mois plus tard qu'il s'installera dans sa nouvelle paroisse. Un premier affrontement vient donc d'opposer Mgr Lartigue, qui considère que ce prêtre est un éternel importun, et Nau, qui ne veut plus faire acte de soumission à son évêque.

Mais c'est le conflit qu'il vivra à Saint-Jean-Baptiste-de-Rouville qui lancera Nau dans une lutte sans précédent contre l'évêque de Montréal et fera de lui un prêtre maudit. À peine installé, Nau voit encore son autorité contestée par ses marguilliers. De plus, en 1834 et en 1835, on l'accuse entre autres choses d'avoir injurié le seigneur du lieu, Jean-Baptiste-René Hertel* de Rouville, et de s'en être pris en chaire à plusieurs gens de la paroisse. La querelle qui l'oppose au seigneur lui vaut même un sévère avertissement de la part de l'évêque. Dans un tel contexte, les rapports avec ses ouailles ne peuvent que se détériorer rapidement. Des pétitions sont encore envoyées à l'évêque de Montréal, notamment en 1836, et une fois de plus on pend Nau en effigie. Irrité et las de ces querelles, Mgr Lartigue s'empresse de réagir. En août de cette année-là, il ordonne à son curé de se rendre à la paroisse Saint-Valentin où il vient de le nommer. Mais Nau est décidé à ne pas laisser sa cure et il en prend possession devant notaire, ce que voyant Mgr

Lartigue nomme, à la fin de septembre, Pierre Lafrance curé de cette paroisse sans se soucier de savoir si Nau l'a quittée. L'ancien curé tire de ces incidents le sentiment d'être persécuté, tandis que l'évêque en sort convaincu d'avoir affaire à un esprit rebelle. Désormais, les deux hommes refuseront de faire quelque concession que ce soit.

Dans la paroisse, les événements se précipitent. Le 24 octobre, le nouveau curé ordonne à Nau de quitter le presbytère où il s'est barricadé, mais en vain. Puis le 3 novembre, à l'évêché de Montréal, Nau comparaît devant un tribunal ecclésiastique qui le suspend de ses fonctions sacerdotales. Malgré cette condamnation, il se réinstalle dans son presbytère, déterminé plus que jamais à exercer ses fonctions et à ne rien céder à Lafrance. Saint-Jean-Baptiste-de-Rouville devient alors le lieu d'un affrontement comme on n'en a jamais vu ; des clans se forment et défendent les intérêts de l'une ou l'autre partie. L'affaire éclate dans les journaux et ne tarde pas à faire du bruit dans les milieux religieux et laïques. Au début de l'année 1837, certains collaborateurs de Mgr Lartigue et du curé Lafrance décident de prendre d'assaut le presbytère. Armés de pieux et de bâtons, ils réussissent à chasser le curé rebelle, qui parvient quand même à se cacher chez l'un de ses amis de la paroisse.

Dans les circonstances, Nau ne voit plus qu'un moyen de lutter contre Mgr Lartigue et le curé Lafrance, et c'est d'avoir recours aux tribunaux civils. En apportant par des écrits sa caution au milieu patriote, il réussit à s'attirer les faveurs des avocats Louis-Hippolyte La Fontaine* et Amable BERTHELOT qui acceptent de le défendre. En février 1837, ceux-ci en appellent aux tribunaux civils. Ils engagent deux poursuites à la Cour du banc du roi, l'une au montant de £2 000 contre Mgr Lartigue pour avoir suspendu Nau de ses fonctions sacerdotales, l'autre, de £600, contre Lafrance pour avoir usurpé les fonctions curiales à Saint-Jean-Baptiste-de-Rouville. Quelques mois plus tard, La Fontaine apporte un nouvel appui au curé rebelle en publiant à Montréal une brochure intitulée *Notes sur l'inamovibilité des curés dans le Bas-Canada*. Informé de la publication, Mgr Lartigue ne tarde pas à réagir en rédigeant la même année *Mémoire sur l'amovibilité des curés en Canada*. Cette cause judiciaire sert alors de plus en plus de prétexte à des affrontements entre le parti patriote et les autorités ecclésiastiques.

Un an plus tard, les juges James Reid, George Pyke* et Jean-Roch Rolland* rendent leur jugement. Considérant que Nau n'a ni titre ni possession de cette cure, ils rejettent ses demandes et lui signifient de payer les frais judiciaires. En dépit de cet échec cuisant, Nau n'est pas homme à se laisser abattre. Au cours de l'année 1839, il se dit même prêt à continuer la lutte et à en appeler de cette sentence. Mais, ruiné financièrement, il se voit contraint de renoncer à tout nouveau recours judiciaire, d'autant plus que les dirigeants patriotes l'ont abandonné, peut-être à la suite de dépositions sous serment qu'il a faites aux dépens de certains de ses paroissiens en 1838 et 1839.

Dorénavant, la lutte se poursuivra sur le terrain religieux. Au début de l'année 1842, un ami de Nau, le notaire Charles Têtu, de Saint-Jean-Baptiste-de-Rouville, fait paraître *Analyse et Observations sur les droits relatifs aux évêques de Québec et de Montréal, et au clergé du Canada*. Imbu d'idées gallicanes, il soutient que les évêques n'ont aucun droit de regard sur les cures et les bénéfices ecclésiastiques. Même si Nau n'en est pas l'auteur officiel, il est clair qu'il a participé à la rédaction de ce texte. En février et mars de la même année, il écrit dans les journaux : il y médite de vieilles doctrines gallicanes et accorde ouvertement son appui à la brochure du notaire Têtu. Il croit ainsi pouvoir susciter un débat fécond chez ses confrères ecclésiastiques sur la question de l'inamovibilité des curés et sur l'exercice de l'autorité au sein de l'Église. Sans doute souhaite-t-il aussi renforcer un certain courant de mécontentement qui agite depuis une vingtaine d'années les rangs du bas clergé contre certaines formes trop absolues de l'autorité épiscopale. Néanmoins, cet espoir demeurera vain. Isolé, déshonoré, marqué à jamais, Nau n'a d'autre choix que la soumission ou l'exil. On ne peut dire s'il a songé à ce moment-là à défroquer. Était-ce seulement possible ou même pensable à cette époque ? Les pressions sociales, les structures mentales et juridiques étaient telles qu'un prêtre ne pouvait faire ce geste. Il semble cependant qu'une entente soit intervenue au cours de l'été de 1842 entre Mgr Ignace Bourget*, le nouvel évêque de Montréal, et le curé rebelle. Après une explication de vive voix entre les deux hommes, Nau aurait consenti à rédiger un acte de soumission à ses supérieurs et, en retour, l'évêque de Montréal lui aurait offert une cure importante. Mais cet accord sera sans lendemain. En 1843, Nau choisit définitivement l'exil aux États-Unis et jamais plus on n'entendra parler de lui.

Triste destinée que celle de Louis Nau ! La vie de ce personnage de second rang renié par une majorité des siens témoigne en quelque sorte du sort tragique que pouvaient connaître ceux qui refusaient de se soumettre à l'autorité ecclésiastique. Néanmoins, Nau avait couru à sa propre perte en refusant tout compromis avec ses supérieurs.

RICHARD CHABOT

Le cahier de délibération de la fabrique de la paroisse Saint-Jean-Baptiste-de-Rouville, 1798–1840, contient en date du 3 juill. 1834 une note de l'abbé Louis Nau à ses marguilliers. Nau les attaque de façon virulente, notamment pour la manière dont ils administrent les biens de la fabrique. [R. C.]

AAQ, 210 A, XIV : 324, 328 ; XVI : 236. — ACAM, 420.095 ; RLL, VI : 19, 107, 236. — ANQ-M, CE5-1, 16 sept. 1799 ; CN6-4, 27 oct. 1836. — ANQ-Q, E17/45, nᵒˢ 1676, 3601, 3603a. — Arch. de la chancellerie de l'évêché de Saint-Hyacinthe (Saint-Hyacinthe, Québec), XVII.C.41, 17 nov. 1837–17 nov. 1839. Le dossier de Saint-Jean-Baptiste-de-Rouville pour l'année 1836 et une partie de l'année 1837 étant disparu soudainement et mystérieusement, nous n'avons pu le consulter [R. C.]. — Arch. de la chancellerie de l'évêché de Valleyfield (Valleyfield, Québec), Sainte-Madeleine (Rigaud), corr., 20 mai 1832, 4 janv. 1834. — Arch. de l'évêché de Joliette (Joliette, Québec), Cartable Saint-Roch-de-l'Achigan, 3 nov. 1829, 18 févr. 1830. — ASSH, A, Fg-41, 2.1.30–32, 35–36. — L.-H. La Fontaine, *Notes sur l'inamovibilité des curés dans le Bas-Canada* (Montréal, 1837). — [J.-J. Lartigue], *Mémoire sur l'amovibilité des curés en Canada* (Montréal, 1837). — Charles Têtu, *Analyse et Observations sur les droits relatifs aux évêques de Québec et de Montréal, et au clergé du Canada* (Montréal, 1842). — *L'Aurore des Canadas*, 11 févr., 4 mars 1842. — *Le Canadien*, 18, 21 nov. 1836. — *La Minerve*, 24 nov. 1836. — J.-J. Lefebvre, « le Curé Louis Nau (fl. 1799–1843) », SCHEC *Rapport*, 24 (1956–1957) : 65–90. — Honorius Provost, « le Régime des cures au Canada français : l'inamovibilité », SCHEC *Rapport*, 22 (1954–1955) : 85–103.

NEILSON, JOHN, éditeur, imprimeur, libraire, homme politique, agriculteur et officier de milice, né le 17 juillet 1776 à Dornald, dans la paroisse de Balmaghie, Écosse, fils de William Neilson et d'Isabel Brown ; décédé le 1ᵉʳ février 1848 à Cap-Rouge, Bas-Canada.

En 1791, John Neilson rejoint son frère Samuel* à Québec pour l'aider à diriger l'entreprise Brown and Gilmore laissée par leur oncle William Brown* à sa mort en 1789. Déjà, en 1792, Samuel se réjouit des services « essentiels » que lui rend John. Par suite du décès prématuré de son frère aîné, le 12 janvier 1793, John hérite du commerce, mais est soumis à la tutelle du révérend Alexander Spark* jusqu'à sa majorité en 1796. Son jeune frère William vient le trouver depuis l'Écosse, en septembre 1795, mais il s'en retourne en 1797 ou 1798. Une fugue soudaine et inexpliquée de John à New York en 1794 chagrine Spark qui lui en fait reproche. Contrit, le jeune homme parle d'une « folie » attribuable à sa jeunesse, s'excuse et revient rapidement.

À Trois-Rivières, le 6 janvier 1797, Neilson épouse Marie-Ursule Hubert, nièce de l'évêque catholique de Québec, Mgr Jean-François Hubert*, devant le révérend David-François de Montmollin*, de l'Église d'Angleterre, et vraisemblablement devant un prêtre catholique. Ils passent le même jour un contrat de mariage devant le notaire Antoine-Isidore Badeaux, de Trois-Rivières. Ils sont unis sous le régime de la communauté de biens et choisissent la Coutume de Paris pour la gouverner. Lorsque Neilson annonce cet événement à sa mère, en août 1797, il explique qu'en plus de reconnaître les grandes qualités de son épouse, il a voulu symboliser ainsi son implantation définitive au Canada et contribuer à diminuer les préjugés néfastes entre Canadiens et immigrants (britanniques) d'Europe. Pour sa part, sa mère lui recommande régulièrement de persévérer dans la religion de ses ancêtres (l'Église presbytérienne) et d'y élever ses enfants. De ce mariage naîtront au moins dix enfants dont plusieurs mourront en bas âge : Isabel, SAMUEL, Mary, Elizabeth, William, Margaret, Janet, Agnes Janet, Francis et John. Les garçons seront élevés dans la religion presbytérienne, les filles, dans la religion catholique. John demeurera très attaché à l'Église presbytérienne qu'il servira à divers titres à Québec – il sera président de la St Andrew's Society de Québec en 1837 et aura une plaque funéraire à l'église St Andrew –, mais il paiera régulièrement son banc à la paroisse catholique de Québec.

Dès ses débuts en affaires, le jeune John fait preuve d'un jugement sûr, de tact et d'habileté. Il flatte ou menace, juste ce qu'il faut pour récupérer les nombreuses sommes dues à son entreprise et pour étendre sa clientèle. Il doit déployer une ardeur peu commune au travail : l'imprimerie, le journal et la librairie rapportent bien, mais à la condition de tenir minutieusement tous ces petits comptes qui s'accumulent et de réussir à les percevoir systématiquement, quitte à recourir régulièrement aux tribunaux « malgré [sa] répugnance a aller en cour ». Ses livres de comptes atteignent un niveau de détails rarement vu. Il tient même un relevé des pertes de temps en heures et en minutes !

Neilson est avant tout un imprimeur-éditeur et un libraire, « le plus grand consommateur de papier en ce pays » de l'avis de son concurrent James BROWN, de Montréal. En 1800, il acquiert secrètement une part dominante dans les affaires de son principal concurrent de Québec, Pierre-Édouard Desbarats*. Cette consolidation presque monopolistique se double d'efforts du côté de la capacité productive : achat en Angleterre des caractères requis pour imprimer des livres de chants religieux en 1795 ; démarches pour se procurer une nouvelle presse aux États-Unis en 1801 et pour faire venir des apprentis d'Écosse ou des États-Unis – les jeunes Canadiens ne semblent pas faire l'affaire.

L'imprimerie de Neilson tire ses principaux revenus des contrats de l'État (impression de proclamations, de lois, de journaux des débats, et autres), de contrats privés (production d'innombrables formulaires, affiches, cartes d'affaires et autres articles similaires) et de la publication de l'hebdomadaire le plus important dans les deux Canadas : la Gazette de Québec, qui existe depuis 1764. Dans les années 1790 et jusque vers 1806, le nombre d'abonnements – sans compter les copies vendues – oscille autour de 500 par année, atteint près de 900 vers 1809–1810 et dépasse les 1 000 dans les années 1810–1820, pour la moitié

souscrits par des francophones. Entre 1800 et 1820, le journal consacre environ 54 % de son espace à la publicité, 21 % aux nouvelles internationales et aux récits de voyages, 8 % aux questions militaires affectant la colonie, 5 % à des problèmes sociaux, 7 % à la politique, 3 % à l'économie, 1 % à la culture et moins de 1 % à la religion. Neilson publiera bien quelques journaux plus littéraires et divertissants, tels le Magasin de Québec (1792–1794), le British American Register (1803) et le Canadian Visitor (1815), mais sans succès. La population s'avère trop peu nombreuse et trop ignorante pour financer de telles publications. Par ailleurs, Neilson échange des abonnements avec de nombreux journaux anglais, américains et même français, et leur sert d'agent pour prendre des abonnements.

Outre l'imprimerie et le journal, Neilson possède la principale librairie dans les deux Canadas jusque dans les années 1820. Il y vend, bien sûr, toutes sortes d'articles de bureau, de papiers, de cahiers, en plus de relier à l'occasion des volumes pour ses clients. Il fournit aussi les autres imprimeurs-libraires du Bas-Canada et même du Haut-Canada en matériel qu'il importe ou va chercher directement aux États-Unis, voire en Grande-Bretagne, auprès de maisons spécialisées. Il s'approvisionne de livres étrangers de la même façon et tente même d'en obtenir de France, encore qu'il profite parfois de la vente à l'encan de bibliothèques privées. C'est lui qui fournit les principales bibliothèques publiques de la colonie, y compris celle de la chambre d'Assemblée. De plus, grâce à la taille de son imprimerie, il peut produire bon nombre d'imprimés – essentiellement des livres religieux et scolaires impossibles à trouver durant la guerre, des pamphlets politiques, des livres techniques d'intérêt local. Il publie d'ailleurs à intervalles réguliers des catalogues de livres à vendre et annonce ses listes d'ouvrages sur le marché dans la Gazette de Québec. Ses ateliers dominent l'édition dans la province et impriment de 50 % à 60 % des 800 imprimés environ produits dans le Bas-Canada entre 1800 et 1820.

Parce qu'il est imprimeur-éditeur, Neilson vend surtout des livres religieux et scolaires (catéchismes, livres de chant, abécédaires, livres de dévotion). Sur environ 42 120 volumes français vendus à sa librairie entre 1792 et 1812, 70 % portent sur la religion, 21 % concernent les matières scolaires. Du côté des livres anglais, où Neilson peut importer et n'a donc pas à publier, la répartition s'avère différente : 38 % de livres scolaires, 20 % de livres religieux. Si l'on défalque des ventes les livres religieux et scolaires, le volume des ventes annuelles tombe d'environ 3 000 ouvrages à 185 titres anglais et 205 français en moyenne. Ces derniers comprennent les œuvres des Lumières et des penseurs qui marquent la société occidentale de l'époque : Montesquieu, Diderot, Voltaire, Condorcet, Pufendorf, Helvétius, Rousseau,

Neilson

Bernardin de Saint-Pierre, Linné, Condillac, Adam Smith, Malthus, Ricardo, Blackstone, Burke, Bentham, Dodsley, et autres, sans compter les classiques, comme ceux du XVIIe siècle. On trouve aussi des ouvrages liés à la pratique d'une profession (le droit, la médecine, le notariat, l'arpentage). Neilson vend plus de titres français, mais les Britanniques ont accès à un plus large éventail de titres. Toutefois en 1815, après la fin de la guerre, la variété d'ouvrages français s'accroît sensiblement. Les acheteurs francophones, environ la moitié ou un peu plus de la clientèle, viennent du clergé, des professions libérales, du petit commerce, du groupe des seigneurs ; les acheteurs anglophones se recrutent parmi les officiers de la garnison, les hauts fonctionnaires, les marchands, les membres des professions libérales et les artisans.

Homme instruit aux horizons intellectuels larges, parfaitement à l'aise en anglais et en français, Neilson voyage beaucoup et enrichit sa culture. Il entretient une volumineuse correspondance avec diverses personnalités littéraires et politiques de la colonie, dont Joseph Quesnel*, Ross Cuthbert*, l'abbé Jean-Baptiste BOUCHER – de qui Neilson se fait pardonner des erreurs d'impression dans *Recueil de cantiques à l'usage des missions, des retraites et des catéchismes* (1795) en lui en donnant des exemplaires reliés –, Pierre-Stanislas Bédard*, Louis-Joseph Papineau*, Justin McCarthy.

Comme il s'est lancé en politique en 1818, Neilson décide le 29 avril 1822 de céder son entreprise à son fils aîné Samuel (pour les deux tiers) et à un associé, William Cowan, (pour un tiers). Les querelles s'avivent sous le gouvernement de Dalhousie [RAMSAY] et John ne veut pas se trouver en conflit d'intérêts ni nuire à un commerce qu'il a si bien établi. Dalhousie n'en retirera pas moins à Samuel la commission d'imprimeur du roi et la donnera à John Charlton FISHER, en octobre 1823. John continuera à s'intéresser à l'entreprise, mais de plus loin. En mai 1836, Samuel, très malade, cède le commerce à son frère William et, en juillet, confie les pouvoirs de procureur à son père pour régler ses affaires. Celles-ci semblent avoir été bonnes, malgré les obstacles politiques, puisque lorsqu'on tente d'évaluer l'héritage laissé par Samuel, aussi tard qu'en 1848, on estime les seuls stocks de l'imprimerie et de la librairie à £2 717 7s 7d.

Il arrive à Neilson d'écrire des poèmes, même en français, dont un sur la mort. En 1795, il achète les parts du Théâtre canadien. Il est membre de la bibliothèque de Québec de 1799 à 1824, de la Quebec Exchange and Reading Room en 1822 et 1827, et président de cette association en 1831. On le nomme membre associé de la Société littéraire et historique de Québec en 1842. Il se passionne pour les questions d'éducation. Ainsi, il subventionne de diverses façons (dons de livres et d'argent) des maîtres d'école tels Louis Labadie* à Berthier-en-Haut (Berthierville),

Louis Vincent et son école huronne à Jeune-Lorette (Wendake) et Antoine Côté dans la paroisse Saint-Thomas (à Montmagny). En 1816, il est président des souscripteurs de la Quebec Free School [V. Thaddeus Osgood*]. Alors qu'il se trouve à Londres, l'année suivante, il se plaint auprès de la Foreign School Society des difficultés que rencontre la chambre d'Assemblée du Bas-Canada pour développer un système d'écoles sous la direction de marguilliers ou de ministres et de prêtres des diverses Églises. En 1821, il fait partie du comité chargé d'encourager et de promouvoir l'éducation dans les paroisses de campagne. Il s'occupe également d'éducation populaire, notamment en agriculture. Ce n'est pas un hasard non plus s'il est constamment réélu président de l'Institut des artisans à Québec depuis au moins 1834 jusqu'à 1843. On le retrouve visiteur des écoles du Bas-Canada en 1831 et syndic de l'Institution royale pour l'avancement des sciences [V. Joseph Langley Mills*] en 1838 et 1839 au moins.

Au delà de son commerce principal et de son engagement dans le secteur culturel, Neilson œuvre dans plusieurs autres domaines, les uns rémunérateurs, les autres plutôt humanitaires. Ainsi, à compter de 1816, il établit des immigrants à Valcartier. Il y aurait attiré déjà 500 âmes en 1828 et un nombre similaire dans les régions avoisinantes, soit environ 1 000 Écossais et Irlandais, ainsi que quelques Anglais et Américains. Faut-il alors s'étonner qu'il ait été membre de la Société de Québec des émigrés dès 1819 ? C'est principalement à même les biens des jésuites et au grand mécontentement de Herman Witsius RYLAND, qui déteste l'orientation politique de Neilson, que celui-ci a obtenu les lots contigus où il a établi les immigrants. Avec Andrew STUART, il a ainsi acquis 54 concessions de terre de 3 arpents sur 30 en 1816 et 1818. En outre, il avait acheté dès 1802 des terres à Cap-Rouge, auxquelles il en avait ajouté une autre, en 1815, formée de quatre lopins irréguliers et payée £55, où il s'est établi à demeure. Neilson fait aussi exploiter une terre par fermage à cet endroit et une sucrerie à Sainte-Anne-de-la-Pérade (La Pérade). Dans le cours de son commerce, il achète et vend un grand nombre de terres, principalement situées dans la région de Québec . En 1832, il possède 39 terres (dont il loue une partie) à Valcartier, à Cap-Rouge, à Cap-Saint-Ignace et à Sainte-Anne-de-la-Pérade, sans compter 5 maisons, 6 terres dans Stanbridge, 1 200 acres dans Aston, 1 200 dans Barford et des terres pour une valeur de £700 dans le Haut-Canada. Il a aussi investi des capitaux dans un moulin à Valcartier. En 1830, il cherchait à vendre des terres dans Tingwick.

Cet intérêt actif pour l'agriculture et la colonisation se traduit encore par la participation de Neilson à la Société d'agriculture du district de Québec, dont il est vice-président à partir de 1819, ou peut-être même

700

avant, et président de 1826 à 1832 au moins. Il comparaît devant le comité de l'Assemblée qui étudie l'état de l'agriculture dans la province, durant la session de 1823. Il y témoigne de ce qu'il a pu observer, notamment au cours de ses tournées dans un grand nombre de paroisses pendant les étés de 1819 et de 1820. Il expérimente lui-même de nouvelles techniques agricoles. Il reçoit plusieurs prix en 1818 pour avoir inventé une machine à ensemencer, pour avoir réussi le meilleur sillon à l'occasion d'un concours et pour avoir introduit une nouvelle charrue.

Neilson est actionnaire et client de la Banque de Québec et actionnaire de la Quebec Baking Society. Il pratique également le prêt à intérêt soit pour la consolidation de dettes soit pour fournir des espèces sonnantes à diverses personnes qui en ont besoin. Il fait aussi largement crédit à ses clients et acheteurs en déterminant toutefois des échéances de paiement fixes et régulières. L'inventaire après décès de la communauté Neilson, dressé près de 20 ans après la mort de John, dénombre encore £30 143 6s 8d de dettes actives et £692 de biens meubles contre seulement £25 de dettes passives ! Avec les terres, le crédit constitue l'essentiel de la fortune de Neilson après le retrait de ce dernier des affaires. Les immeubles sont encore importants, même en 1867 : le fief Hubert (2 lieues sur 2), 1 maison, 34 lots, 8 terres dans la zone seigneuriale et 9 dans les cantons de Stoneham, de Barford et de Simpson.

Même si la carrière de Neilson glisse graduellement vers la politique, ses premiers pas se révèlent fort orthodoxes. Il signe la déclaration de loyauté, au moment des émeutes de 1794, et l'adresse de bons vœux au gouverneur Robert Prescott*, à l'occasion de son départ en 1799. D'ailleurs, son journal publie rarement des textes osés. Lors des emprisonnements sous le gouverneur sir James Henry Craig*, en 1810, *la Gazette de Québec* appelle au respect de la constitution et à la loyauté. Même sous Dalhousie, Neilson devient lieutenant de la milice de Québec en 1824.

On a qualifié Neilson de « libéral modéré » ou de « réformiste modéré ». De fait, son tempérament stable, patient, peu sujet aux emportements violents, son admiration pour les institutions britanniques – qui se double d'une certaine admiration pour les institutions municipales américaines –, sa recherche de l'équilibre des pouvoirs sont autant de traits qui le rapprochent spontanément d'un homme comme Pierre-Stanislas Bédard, le leader du parti canadien jusqu'en 1811. Convaincu de la nécessité de supprimer les abus qui se sont glissés dans l'application de la constitution de 1791, favorable aux Canadiens français et à leurs institutions, notamment le régime seigneurial, opposé à l'irresponsabilité financière d'une clique de hauts fonctionnaires incontrôlés qui cumulent trop de fonctions, Neilson se rapproche aussi de Louis-Joseph Papineau dont l'ascendant s'affirme sur le parti canadien vers 1818–1822. C'est que Papineau proclame lui aussi les bienfaits de la monarchie, mais combat les abus du pouvoir exécutif dans la colonie.

Neilson est élu député de Québec en 1818 sous la bannière du parti canadien. Il constitue en quelque sorte une caution morale essentielle à ce parti trop identifié au seul groupe canadien-français. Il complète Papineau en lui dispensant force conseils de patience et de persévérance – qualités que Papineau lui-même admet ne pas avoir. Aussi n'est-il pas étonnant que tous deux soient délégués à Londres, au début de 1823, pour présenter les pétitions du Bas-Canada contre le projet d'union soumis aux Communes en 1822. Ils rencontrent le sous-secrétaire d'État aux Colonies, Robert John Wilmot-Horton, sir James McIntosh et lord Bathurst, parmi d'autres. Dans ses notes personnelles, non datées, Neilson argue l'inutilité d'accroître le cens d'éligibilité et souligne qu'un changement de tenure (possible depuis la loi impériale de 1822) ne saurait se produire sans obtenir l'accord des censitaires et sans leur assurer le droit de s'établir gratuitement. D'ailleurs, à l'Assemblée, au cours des auditions de 1823, il se prononce en faveur du régime seigneurial et du droit des censitaires à obtenir une terre sans qu'il leur en coûte rien. Et vers 1825–1826, il recommande au gouverneur de n'appliquer la loi impériale de commutation des tenures (1822 et 1825) qu'en faisant intervenir la couronne de façon à maintenir le droit des censitaires à recevoir une terre gratuitement.

Neilson s'engage dans tout ce qui touche à l'éducation, à l'agriculture et au développement des cantons. Même s'il lui arrive de se démarquer de la position de Papineau, dans l'ensemble il appuie le parti canadien, surtout en matière de contrôle des subsides. En janvier 1828, il part de nouveau pour Londres, cette fois avec Denis-Benjamin Viger* et Austin CUVILLIER, afin d'exposer aux parlementaires britanniques les griefs de l'Assemblée contre l'administration de Dalhousie. Neilson comparaît devant le comité des Communes au début de juin. Il y développe les idées qui lui sont chères : nécessité de remettre toutes les recettes de la province dans les mains de l'Assemblée – proposition que le comité retiendra en partie, en exigeant cependant la garantie du maintien des subsides pour le gouverneur, les membres du Conseil exécutif et les juges – et d'un vote annuel, article par article ; relation de dépendance trop forte entre le Conseil législatif et le gouverneur ainsi que le Conseil exécutif, d'où la paralysie du Parlement ; dépenses non autorisées par l'Assemblée ; abus et arbitraire du gouvernement de Dalhousie ; possibilité d'une entente raisonnable entre l'Assemblée et Londres sur les subsides, si l'on reconnaît les droits de la chambre ; condamnation de l'immixtion du Parlement britannique dans les affaires internes du Bas-Canada (loi

Neilson

impériale de commutation des tenures, 1822 et 1825) ; dangers de fraude avec l'établissement des bureaux d'enregistrement, compte tenu de l'ignorance des Canadiens ; conséquences néfastes de l'absentéisme de trop de propriétaires dans les cantons ; préférence des Canadiens pour les lois canadiennes et la tenure seigneuriale qui leur assure un accès facile et gratuit à la terre, à la condition que le Conseil législatif ne bloque pas les mesures correctives votées par l'Assemblée ; nécessité d'une réforme du Conseil législatif – il préfère la nomination par la couronne de personnes indépendantes de l'exécutif, mais ayant de solides ressources ; défense de l'Église catholique.

Le 29 mars 1830, Papineau remercie publiquement Neilson pour ses services – le rapport des Communes donne en partie raison aux plaintes du parti patriote (nouveau nom du parti canadien depuis 1826). Neilson rédige une série de propositions dans un esprit de conciliation. Mais les temps ont changé. Déjà un fossé profond se creuse entre lui et Papineau, dont la correspondance si chaleureuse des années 1820 fera bientôt place aux injures publiques. Dans une lettre envoyée à Neilson en août 1832, Papineau laisse échapper les mots suivants : « notre détestable constitution ». Or justement, Neilson tient à la constitution, aux liens avec la Grande-Bretagne, aux avantages qui en découlent pour la colonie, à toute une série d'institutions qui ne peuvent s'accommoder des biais de plus en plus républicains de l'aile radicale du parti devenu « patriote ». Neilson ne prise guère non plus l'anticléricalisme et le nationalisme à ses yeux outrancier qui s'y manifestent, lui qui a toujours prêché le redressement des abus, le maintien des institutions, la bonne entente, la tolérance, le respect des diverses origines et religions dans la colonie. Il s'insurge contre le fait que l'Assemblée ne profite guère des compromis avancés par Londres et il redoute les conséquences économiques de la radicalisation d'un fort groupe au sein du parti patriote. Enfin, il écarte l'idée d'un Conseil législatif électif, inconciliable avec la constitution britannique.

Déjà visible en 1831–1832, la brisure est consommée en 1834 avec l'adoption des Quatre-vingt-douze Résolutions dont la violence et le radicalisme répugnent à un esprit pondéré comme celui de Neilson. Lui qui assiste impuissant à la radicalisation qui suit l'élection partielle sanglante de Montréal en 1832 [V. Daniel Tracey*] demande : comment réclamer un gouvernement responsable à la Papineau quand ce dernier ne peut se gouverner lui-même ? Les positions du parti patriote, selon lui, menacent les intérêts des marchands et des industriels qui, à leur tour, rendent possible la prospérité des agriculteurs. Jusqu'en 1831, pense-t-il, l'Assemblée se trouvait sur la défensive. Mais depuis les concessions du gouvernement britannique, elle est devenue « l'assaillant » et prétend arracher à la couronne des droits incompatibles avec la constitution et les institutions monarchiques. Elle a bloqué les subsides, proféré des menaces de rébellion, négligé les demandes de la population, aveuglée qu'elle est par l'ambition de quelques individus assoiffés de pouvoir qui exploitent les distinctions et les jalousies nationales. Dès mars 1833, il écrit dans la *Gazette de Québec* que la constitution a d'abord été trahie par le gouverneur et le Conseil législatif, puis maintenant par l'Assemblée.

Des historiens considèrent que Neilson manquait de souplesse, donc qu'il ne pouvait s'entourer d'alliés et faire contrepoids à Papineau. Quoi qu'il en soit, le groupe radical le traite de traître et Neilson est défait aux élections de 1834 dans la circonscription qu'il a représentée sans interruption pendant plus de 15 ans. Il participe alors à la création d'associations constitutionnelles dans la colonie. En 1835, on lui confie la mission de se rendre à Londres pour faire valoir le point de vue des marchands anglophones modérés. Ce qu'il réclame, c'est le redressement des abus, mais non la sédition ou la révolte. Il tente vainement de prévenir les rébellions.

Neilson devient membre du Conseil spécial le 2 avril 1838 et le demeure jusqu'en 1840, sauf durant l'intermède du passage de lord Durham [LAMBTON]. Fidèle à ses convictions, il combat l'union du Haut et du Bas-Canada, ce qui lui vaut l'appui populaire et son élection à l'Assemblée du Canada-Uni, en 1841. Celle-ci le nomme président en 1844, mais le 25 novembre de la même année il devient conseiller législatif, poste qu'il occupera jusqu'à sa mort.

À côté des affaires et de la politique, Neilson œuvre dans diverses associations. Ainsi il est membre de la Société du feu de Québec à partir de 1797 et en devient président en 1810. En 1809, il est élu vice-président puis président de la Société bienveillante de Québec ; il en redevient président en 1812 et 1817. Neilson occupe les fonctions de commissaire chargé de la démolition de la halle de la haute ville de Québec en 1815 et 1821 ainsi que celles de commissaire chargé d'étudier le système pénitencier en 1815. Juge de paix sans interruption depuis 1815 – son dernier renouvellement date du 23 novembre 1838 –, il est nommé en 1845 commissaire de l'asile de Beauport (centre hospitalier Robert-Giffard). Par ailleurs, sa notoriété et sa probité en font un candidat idéal pour être fondé de pouvoir d'un collègue marchand ou tuteur d'enfants mineurs. Comme il l'explique à des personnes qui sollicitent son aide, « bien que [sa] mission principale soit reliée aux questions politiques du pays, [il sera] toujours heureux de contribuer tout ce qui est en [son] pouvoir à tout ce qui peut conduire au bien-être général » de la colonie.

À sa mort, le 1er février 1848, Neilson laisse une fortune considérable (20 ans plus tard, elle dépassera les £30 000 sans compter les immeubles), mais aussi une réputation d'intégrité et de bon jugement. Il a élevé ses enfants avec affection et discipline – en témoignent leurs nombreuses lettres requérant, vainement, de l'argent ; il s'assure toutefois de leur établissement. Son testament, tout comme celui de sa femme, révèle bien l'homme. Il laisse au survivant l'usufruit de tous les biens de la communauté et interdit à tout héritier de contester légalement le partage sous peine d'être déshérité ipso facto. Peu après sa mort, son fils William achète au coût de £145 un monument pour le mettre dans le cimetière de l'Église d'Écosse, à Valcartier, à la tête de la fosse « ou gît le corps du dit Honorable John Neilson ».

Intelligent, cultivé, travailleur, persévérant, modéré, ferme et patient, telles sont quelques-unes des qualités qui ont permis à John Neilson de mener une carrière peu commune. On a mis en valeur son sens de l'économie. On a peut-être oublié sa générosité, parfois un peu calculée. Ainsi, il souscrit aux victimes de l'incendie de Québec, en 1804, ou encore au soutien des pauvres du district de Québec, en 1818. Pour ses affaires, qu'elles soient commerciales ou familiales, il fréquente beaucoup les notaires, évite les avocats et les juges, s'il le peut, et préfère l'arbitrage, l'arrangement à l'amiable, la mise en garde. Ses occupations trop nombreuses l'amènent parfois à négliger ses propres devoirs civiques, dont celui d'entretenir les chemins. Mais pour l'essentiel, Neilson apparaît comme un des premiers prototypes du « Canadien » au sens contemporain : bilingue, lié à des personnes de diverses origines, croyant en l'avenir du pays. Son échec relatif et son incapacité à se créer des réseaux de liens solides et durables en milieu canadien-français (en affaires et en politique) témoignent de la difficulté de l'entreprise à toute époque.

Sonia Chassé, Rita Girard-Wallot
et Jean-Pierre Wallot

Les papiers de John Neilson sont répartis dans divers dépôts d'archives. Aux ANQ-M, ils sont regroupés sous la cote P1000-3-360 ; aux ANQ-Q, ils se retrouvent dans le fonds de la famille Neilson (P-192) et dans celui de l'imprimerie Neilson (P-193), ainsi que dans divers autres fonds, notamment celui de Ludger Duvernay (P-68), celui de la famille Papineau (P-417) et celui de la famille Napoléon Bourassa (P-418). Aux APC, ils sont conservés sous la cote MG 24, B1 et couvrent la période 1764–1850.
ANQ-MBF, CN1-4, 6 janv. 1797. — ANQ-Q, CN1-16, 24 déc. 1806, 9 sept., 23 déc. 1809, 11, 17 sept., 13, 18, 21, 26 oct., 2 nov., 14–15 déc. 1813, 8, 14–15, 18, 21–22 janv., 15–16 juill., 27 oct. 1814, 31 oct., 26 nov. 1815, 26 janv., 19 févr., 12 juin, 25 juill. 1816, 26 nov., 24, 27 déc. 1817, 5 mai, 27 juill. 1818, 28 mars, 15 avril 1820, 4 mars 1822, 18 juill. 1823, 11 avril, 20 mai 1826 ; CN1-26, 30 juill. 1800, 16 mai 1815, 24 mai 1816, 27 août, 8 sept. 1818, 1er oct. 1823 ; CN1-33, 23 oct. 1866–20 mars 1867 ; CN1-49, 15 janv. 1833 ; CN1-66, 19 oct. 1860, 30 déc. 1865 ; CN1-116, 11 août 1819, 6 févr. 1821, 14 avril 1828, 27 mai, 5 juin, 19 juill., 18 oct. 1830, 26 janv. 1831, 13 août,

7 nov. 1832, 9 avril 1833, 2 mars, 1er avril, 17 oct. 1835, 22 avril, 7, 31 mai, 11 juill. 1836, 4, 26 avril, 20, 22 juill., 19 oct. 1837, 21 mars, 14 avril, 11, 21–22 sept., 12 oct. 1838, 30 avril, 22, 27 mai, 22 août 1839, 25 mai 1841, 9 juin, 1er août, 31 déc. 1843, 19 janv., 12 avril, 3, 23 mai 1844, 14 févr., 2 avril, 5, 28 sept. 1846, 23 avril 1847, 5 janv. 1848 ; CN1-208, 14 oct. 1824, 7 juin 1825, 10 juin 1826, 28 avril, 2 mai 1827, 4 oct. 1828, 17 déc. 1829, 27 oct. 1830, 18 oct. 1832, 19 juin, 20 oct. 1833, 17–18 nov. 1845 ; CN1-213, 28 juill., 21 déc. 1846, 19, 27 oct., 24 déc. 1847, 18, 25 févr., 23 mars, 8, 15 avril, 8–31 mai, 14, 24 juill., 11, 22–23 sept. 1848, 23 avril, 19 mai 1849 ; CN1-228, 11 avril 1826, 2 févr. 1828, 15 nov. 1831, 18 sept. 1833 ; CN1-230, 1er juin 1802, 22 mars, 24 oct. 1803, 13, 29 mars, 13 nov. 1804, 23 mai 1806, 28 juin 1813, 28 mai 1814, 27 mai, 14 sept. 1815, 29 juill. 1816, 31 juill., 29 août, 23 sept., 3 déc. 1817, 21 mars 1818, 6 oct. 1821, 30 oct. 1822, 13 janv., 13 sept. 1823, 9 mars, 10 juin, 2 nov. 1824, 6 juill. 1825 ; CN1-261, 13 oct. 1828 ; CN1-262, 23 mai 1800, 3 nov. 1809, 21 oct. 1811, 21 janv. 1812 ; CN1-267, 28 avril 1819, 23, 27 sept., 16 oct. 1823, 3 févr. 1824, 10 janv. 1825, 27 févr. 1826, 17 sept. 1829, 14, 16 avril 1832, 21 nov., 24 déc. 1833, 5 mars 1836 ; T-11/1, n° 5118 (1799) ; n° 5330 (1801) ; n° 5440 (1802) ; n° 6113 (1807) ; n° 526 (1817) ; n° 1191 (1824–1825) ; n° 11 (1827) ; n° 756 (1829) ; n° 744 (1830) ; n° 763 (1830–1832) ; n° 598 (1837) ; n° 1861 (1847) ; n° 1868 (1847). — APC, MG 11, [CO 42] Q, 193–241 ; MG 55 ; RG 68, General index, 1651–1841 ; 1841–1867. — Univ. de Montréal, Service des bibliothèques, coll. spéciales, coll. Melzack, H. W. Ryland à John Ready, 5 oct. 1819. — Univ. de B.C. Library, Special Coll. Division (Vancouver), Ryland papers. — B.-C., chambre d'Assemblée, Journaux, 1818–1837 ; 1828–1829, app. HH. — Alexis de Tocqueville, Tocqueville au Bas-Canada, Jacques Vallée, édit. (Montréal, 1973). — Quebec Gazette, 1790–1848. — DNB. — Hare et Wallot, les Imprimés dans le B.-C. — Le Jeune, Dictionnaire, 2 : 336. — J. [E.] Hare et J.-P. Wallot, « le Livre au Québec et la Librairie Neilson au tournant du XIXe siècle », Livre et culture au Québec (1800–1850), sous la direction de Claude Galarneau et Maurice Lemire (Québec, 1988), 93–112 ; « les Imprimés au Québec (1760–1820) », l'Imprimé au Québec : aspects historiques (18e–20e siècles), sous la direction d'Yvan Lamonde (Québec, 1983), 78–125. — Ouellet, Bas-Canada. — Taft Manning, Revolt of French Canada. — Claude Galarneau, « les Métiers du livre à Québec (1764–1859) », Cahiers des Dix, 43 (1983) : 143–165. — J.-P. Wallot, « Frontière ou Fragment du système atlantique : des idées étrangères dans l'identité bas-canadienne au début du XIXe siècle, SHC Communications hist., 1983 : 1–29.

NEILSON, SAMUEL, imprimeur, journaliste et éditeur, né le 8 février 1800 à Québec, fils aîné de John Neilson et de Marie-Ursule Hubert ; le 14 juin 1831, il épousa à Québec Margaret McSkimming, puis le 28 mai 1835, à New York, Catherine James ; décédé le 17 juin 1837 à New York.

Samuel Neilson fréquenta la grammar school de Daniel Wilkie*, à Québec, et y reçut une solide instruction. Son père le retira de l'école pour l'envoyer parfaire ses études en Écosse et il s'embarqua avec lui, en juillet 1816, à destination de

Neilson

l'Europe. Après un court séjour à Paris, Samuel s'installa à Glasgow où il s'inscrivit dans un collège de la rue Richmond, sous la direction de William Chrystal. Il y passa trois années à faire du grec, du latin, de la philosophie, des mathématiques et des sciences. Durant les vacances d'été, Neilson suivait des cours spéciaux de tenue de livres, de dessin, d'architecture, de botanique et de français. Il allait aussi passer d'agréables semaines à Gatehouse-of-Fleet, en compagnie de sa grand-mère Neilson, de son oncle William et de ses tantes Isabel et Janet. Enfin, une fois le programme de la rhétorique et des deux classes de philosophie terminé, il put recevoir le diplôme de maître ès arts en 1819.

Neilson revint à Québec à l'été de cette année-là et entra aussitôt au service de son père, propriétaire de la *Gazette de Québec* et de la plus importante officine d'imprimerie, de reliure, de librairie et d'articles de bureau du Bas-Canada. Comme John Neilson, qui occupait la fonction d'imprimeur officiel, s'était fait élire député de Québec en 1818, il était à craindre que des difficultés, sinon des conflits d'intérêts, ne surviennent de l'exercice simultané de ces deux fonctions. Dans le but d'éviter une telle situation, le 29 avril 1822 il céda son entreprise à la société formée de son fils Samuel et de William Cowan. Les associés obtenaient respectivement les deux tiers et le tiers de l'affaire.

Le projet d'union du Haut et du Bas-Canada était au cœur des débats politiques à l'été de 1822, et John Neilson prit alors fait et cause pour le parti canadien. Mécontent, lord Dalhousie [RAMSAY] invita John Charlton FISHER à occuper le poste d'éditeur à la *Gazette de Québec* ; comme ce dernier n'arrivait pas à conclure une entente avec Samuel Neilson, le gouverneur décida alors de retirer à Samuel la commission d'imprimeur du roi qu'il lui avait accordée et la confia le 22 octobre 1823 à Fisher qui reçut aussi l'autorisation de faire paraître la *Gazette de Québec publiée par autorité/Quebec Gazette, published by authority*.

En janvier 1828, John Neilson partit pour Londres avec Denis-Benjamin Viger* et Austin CUVILLIER afin de défendre le point de vue des Canadiens contre la mauvaise administration de Dalhousie. Ce dernier perdit toute mesure, abusa de ses prérogatives en sévissant contre des juges de paix et des officiers de milice et en faisant arrêter les journalistes qui osaient seulement publier dans leur feuille le récit des assemblées populaires qui se déroulaient alors. Samuel Neilson fut ainsi quatre fois appréhendé, accusé de diffamation et relâché sous caution. Ces événements se produisirent en l'absence de son père, mais Samuel ne perdit pas son calme et sut rester digne dans ses articles. On rappela Dalhousie en 1828 et sir James Kempt*, qui lui succéda, fit cesser les poursuites.

La *Gazette de Québec*, fondée en 1764 par William Brown* et Thomas Gilmore*, avait toujours été bilingue et paraissait deux fois la semaine depuis 1818. En mai 1831, Jean-Baptiste Fréchette et Étienne Parent* avaient repris la publication du *Canadien* dont, un an après, ils firent un trihebdomadaire. Sans doute aiguillonné par le succès de ses concurrents, Neilson changea la formule de son journal en avril 1832 : il publia deux éditions, l'une anglaise et l'autre française, au rythme de trois fois la semaine chacune. Cela équivalait à publier un quotidien et imposait à Neilson une tâche quasi surhumaine. Quelque temps après, le terrible fléau du choléra s'abattit sur la ville de Québec et causa des milliers de morts. Ceux qui le pouvaient quittèrent la ville pour la campagne, ce que firent John Neilson et sa famille qui se replièrent sur leur ferme de Cap-Rouge. Quant à Samuel, il demeura à la direction du journal sans abandonner un seul jour l'atelier de la rue de la Montagne (côte de la Montagne) ; il se révéla alors imperturbable et mesuré dans ses propos de la *Gazette* aussi bien que dans les petits mots écrits à son père. On peut cependant imaginer le surmenage auquel il fut soumis durant cette période.

En 1833, Neilson se rendit de nouveau dans les îles Britanniques. Il se reposa plusieurs mois en Irlande, alla en Écosse et poussa jusqu'à Londres d'où il annonça à son père son intention de s'établir en Europe. Il rentra pourtant à Québec et ce n'est que le 30 avril 1836 qu'il mit fin à son association avec Cowan. Le 31 mai, il donna l'entreprise à son frère William et, en juillet, fit de son père son procureur. Malade, ayant consulté les docteurs Thomas FARGUES et James Douglas*, de Québec, il partit en juillet pour l'Europe et s'arrêta à Saratoga Springs et New York pour y consulter d'autres médecins. En novembre 1836, il s'embarqua pour l'île de Madère et la Méditerranée, où il passa l'hiver. Revenu à New York le 16 juin 1837, il mourut de consomption le lendemain à la maison de quarantaine de cette ville.

Destinée tragique que celle de Samuel Neilson ! Fils préféré d'un père dont il avait hérité l'intelligence et le jugement, entièrement dévoué à son travail, il faisait encore à l'automne de 1836 des projets pour améliorer le journal et l'imprimerie. Observateur pénétrant des hommes et de la politique, il possédait aussi des talents d'écrivain et de réelles aptitudes pour le dessin et la peinture, comme le montrent les récits inédits de ses voyages au Saguenay et à Madère. Il était secret et semble avoir été une énigme pour ses proches. Ainsi il contracta un premier mariage sans que paraisse le nom d'aucun membre de sa famille au registre de l'église St Andrew de Québec. Sa femme mourut un an ou deux après et, en 1835, il convolait en secondes noces, cette fois à New York. Si Samuel Neilson demeure l'un des jeunes hommes les plus doués de sa génération, sa mort prématurée et la trop forte personnalité de son père l'empêchèrent de donner toute sa mesure.

CLAUDE GALARNEAU

Les récits de voyage inédits que Samuel Neilson a rédigés à son retour du Saguenay et de Madère sont conservés aux APC. La croisière au Saguenay est classée sous la cote MG 24, B1, 19 : 4, et le séjour à Madère, sous la cote MG 24, B1, 42 : 2157–2348.

Les APC possèdent également plusieurs documents importants concernant Samuel Neilson et sa famille.

ANQ-Q, CE1-66, 16 févr. 1800, 14 juin 1831 ; CN1-116, 29 avril 1822, 22 avril, 7, 31 mai, 11 juill. 1836. — APC, MG 24, B1, 19 : 8 ; 24 : 585 ; 36 : 242–572 ; 38 : 1038–1045 ; 40 : 1452–1487 ; 42 : 1736–2038, 2157–2348. — F.-X. Garneau, *Voyage en Angleterre et en France dans les années 1831, 1832 et 1833* (Québec, 1855), 236–237. — *Le Canadien*, juin 1837. — *La Gazette de Québec*, avril–mai 1822, avril–sept. 1832, avril–mai 1836, juin–août 1837. — *La Minerve*, juin 1837. — *Quebec Mercury*, juin 1837. — Beaulieu et Hamelin, *la Presse québécoise*. — F.-J. Audet, « John Neilson », SRC *Mémoires*, 3e sér., 22 (1928), sect. I : 81–97. — Ignotus [Thomas Chapais], « le Monument Wolfe et Montcalm à Québec », *BRH*, 5 (1899) : 305–309. — *Quebec Chronicle-Telegraph*, 21 juin 1939.

NELLES (Nellis), ROBERT, fonctionnaire, homme d'affaires, juge de paix, homme politique et officier de milice, né le 6 octobre 1761 dans le comté de Tryon, New York, fils aîné de Hendrick William Nelles (Nellis) ; en 1788, il épousa Elizabeth Moore (décédée en 1813), et ils eurent cinq fils et trois filles, puis en 1814 Maria Jane Waddell, veuve de Samuel Bingle, et de ce mariage naquirent deux fils et quatre filles ; décédé le 27 juillet 1842 à Grimsby, Haut-Canada.

Selon la tradition familiale, les ancêtres de Robert Nelles, des huguenots, durent s'exiler dans le Palatinat (République fédérale d'Allemagne) après la révocation de l'édit de Nantes en 1685. Déracinés de nouveau à la suite d'une invasion française en 1709, ils trouvèrent temporairement asile en Angleterre. De là, avec 4 000 autres réfugiés palatins, on les expédia dans la colonie de New York à des fins de peuplement. Les guerres continuèrent de marquer le sort de la famille. Débarqué en Amérique en 1710, William Nelles (Nellis), grand-père de Robert, dut prendre part à une attaque contre la Nouvelle-France moins d'un an plus tard. En 1759–1760, attaché au département des Affaires indiennes que dirigeait sir William Johnson*, le père de Robert participa à la guerre de Sept Ans.

L'amitié des Indiens avait aidé les Nelles à retrouver la prospérité dans la colonie de New York, comme elle le ferait par la suite dans le Haut-Canada. Abandonnés par leurs protecteurs britanniques et privés de titres sur leurs terres, les immigrants palatins avaient pris dans les années 1720 le chemin de l'arrière-pays afin de s'établir parmi les Indiens de la

vallée de la Mohawk. Entre 1750 et 1770 environ, le cousin de Hendrick William Nelles, George Klock, suscita des controverses répétées par sa façon d'obtenir des terres des Agniers à Canajoharie (près de Little Falls, New York). On racontait qu'après les avoir enivrés, il faisait du troc avec eux jusqu'à les dépouiller de leurs vêtements ; il les amenait ensuite astucieusement à lui céder par écrit de vastes terres en échange de presque rien. Bien que Nelles, semble-t-il, n'ait pas été mêlé à des tractations de ce genre, il devint sans aucun doute un gros propriétaire foncier. Quand, en 1777, sous l'influence d'anciennes relations (ou de tensions révolutionnaires), il réintégra le département des Affaires indiennes, il laissait des propriétés qu'il estima plus tard à £3 760, équipement et bétail mis à part.

À compter de 1777, la stratégie du département des Affaires indiennes fut toute simple : détruire, à l'intérieur de la colonie de New York, les établissements qui ravitaillaient l'armée continentale. Le capitaine Nelles (qui à compter de cette époque écrivit son prénom à l'anglaise) fit avec des Indiens de nombreux raids meurtriers dans la vallée de la Mohawk : ils pillèrent les fermes, brûlèrent les récoltes, tuèrent et scalpèrent les colons. Toutefois, grâce à son intervention, on épargna l'église Old Palatine (que sa famille avait aidé à construire) et la propriété des Nelles. En 1780, au cours d'une de ces missions destructrices, il « retrouva » son fils adolescent Robert, qui l'accompagna au fort Niagara (près de Youngstown, New York) et devint lieutenant au département des Affaires indiennes. En 1781 et 1782, Robert mena avec une rage froide, dans les régions isolées, des raids où il se révéla aussi énergique et aussi habile que son père à semer la terreur. Au retour de la campagne de 1782, il traînait fièrement « une bande de nègres et de filles » qui trouvèrent vite preneur au fort Niagara. À la fin de la guerre, son père et lui furent licenciés du département des Affaires indiennes mais on les garda à la demi-solde.

Après la guerre, naturellement, Nelles et son père s'abstinrent de retourner dans le district qu'ils venaient de ravager. Ils suivirent plutôt leurs commettants indiens dans la vallée de la rivière Grand, où ils s'installèrent et firent un peu de traite des fourrures. En février 1787, Joseph Brant [Thayendanegea*] fit dresser un acte qui transférait à Henry Nelles et à ses fils Robert et Warner, ainsi qu'à « leur postérité », quelque 4 254 acres de terre sur la Grand. Quand Henry Nelles mourut en 1791, cinq de ses fils vivaient dans le Haut-Canada. Les Nelles reçurent d'autres concessions foncières, soit pour leur service militaire ou leur loyalisme, soit en guise de compensation pour des propriétés perdues. En 1800, ils possédaient en tout 7 300 acres, la plupart dans le district de Niagara, ce qui les plaçait au sixième rang des propriétaires terriens de la presqu'île.

Nelles

Robert choisit de mettre en valeur plus de 600 acres le long du ruisseau Forty Mile. Il construisit des moulins et un magasin là où se trouve aujourd'hui Grimsby, et mit en chantier une majestueuse résidence de pierre, The Manor, qui subsiste encore. Dans les années 1790, il approvisionnait le petit village en quincaillerie, meubles, textiles et comestibles. À compter de 1800, il expédia du whisky, des céréales et de la farine de son moulin à la W. and J. Crooks de Niagara (Niagara-on-the-Lake) [V. James Crooks*]. Joseph Brant fit appel à ses services autant pour le ravitaillement des campements des Six-Nations que pour l'éducation de ses fils. En 1797, Nelles dut servir de nouveau au département des Affaires indiennes, qui lui demanda de livrer des marchandises de traite aux Sauteux de la tribu des Mississagués dans le cadre du traité que ceux-ci venaient de signer. Quand il fonda sa propre famille, il avait donc une position élevée : riche propriétaire foncier, il avait des revenus commerciaux et touchait toujours sa demi-solde.

Personnalité régionale dans une société respectueuse du pouvoir, Nelles détint diverses charges, dont celles de préfet de village et de juge de paix. Inévitablement, la politique provinciale l'attira. Aux élections générales de 1800, il domina le scrutin dans la circonscription à deux sièges d'York West, 1st Lincoln, and Haldimand. Il siégea à la chambre d'Assemblée jusqu'en 1808 ; le plus souvent, il appuyait la majorité. Apparemment, il veilla surtout à obtenir des crédits pour sa région et à faire officialiser le titre foncier que sa famille revendiquait à la rivière Grand. Pendant ses séjours à York (Toronto), ses frères et plus tard son fils aîné, Henry, dirigeaient le magasin et les moulins tandis que sa femme, Elizabeth, s'occupait de leur famille de plus en plus nombreuse, qui finit par compter huit enfants.

En 1812, devant la menace que la guerre faisait peser encore une fois sur la vie et la propriété, Nelles, ses frères et son fils allèrent sous les drapeaux. Lui-même rejoignit le 4th Lincoln Militia, où il était capitaine, mais il connut d'abord deux années assez calmes. Dans le district de Niagara, où beaucoup d'habitants étaient douloureusement partagés entre les deux camps, on semblait préférer le rôle de spectateur. La milice locale demeurait inactive, manquait d'hommes et était démoralisée, surtout après l'occupation américaine de 1813. Cette situation provoqua en 1814, dans toute la milice de Lincoln, un remaniement complet du commandement dont Nelles sortit lieutenant-colonel du 4th Lincoln Militia. Il compléta rapidement l'effectif en agitant des menaces d'amende et de comparution devant un conseil de guerre. Lui et sa famille participèrent à plusieurs batailles, dont la plus célèbre est celle de Lundy's Lane, où son fils fut capturé et son frère blessé.

À la fin des hostilités, Nelles se remaria et refit une brève apparition sur la scène publique. Par suite de l'expulsion de Joseph Willcocks*, on l'avait élu en février 1814 dans la circonscription de 1st Lincoln and Haldimand, qu'il représenta jusqu'en 1820. Pendant qu'il siégeait à l'Assemblée, son fils Henry gérait les moulins familiaux. La séparation forcée des nouveaux époux les amena à s'écrire de touchantes lettres d'amour, qui forment d'ailleurs une collection précieuse. Extrêmement fier de ses galons, Robert Nelles (au fil des ans, son nom finit par garder cette forme) conservait un vif intérêt pour les affaires de la milice. En 1822, on le promut colonel de son régiment. Le favoritisme éhonté qu'il manifestait dans ses nominations scandalisait et enrageait ses voisins. Pendant 20 ans au moins, la plupart des officiers de son régiment furent des membres de sa famille, ce qui suscita de la jalousie et du ressentiment non seulement dans le comté mais aussi parmi les Nelles. Ainsi en 1822 Robert promut son gendre, mais son frère William estimait qu'il aurait dû avoir la préséance et troubla le défilé annuel de la milice en donnant la bastonnade à son rival.

Par rapport à la moyenne de l'époque, tous les fils de Robert Nelles reçurent une instruction solide. Ils firent leur cours élémentaire dans une école que leur père avait fondée à Forty (Grimsby) et quelques-uns allèrent achever leur formation à York sous la tutelle des Ridout et de John Strachan*. Bien qu'élevé dans la foi luthérienne au sein de la communauté palatine germanophone de la colonie de New York, Nelles devint un membre important de la congrégation anglicane de Grimsby et contribua à la construction de son église. Son fils Abram* se signala à titre de missionnaire de l'Église d'Angleterre auprès des Indiens des Six-Nations. C'est dire combien, en l'espace de trois générations, la situation respective des Nelles et de leurs voisins indiens avait changé. Fils d'une famille aisée et détenteur d'un titre respecté, Abram exerçait son sacerdoce auprès de pauvres gens isolés dans une réserve, descendants des guerriers qui avaient combattu aux côtés de son grand-père et de son père pendant trois guerres et à l'amitié desquels sa famille devait sa richesse foncière.

H. V. NELLES

AO, MS 118 ; MS 502 ; MS 503 ; MU 3296. — APC, MG 19, F1 ; F2 ; F6 ; MG 24, D108 ; RG 9, I, B1 ; B4 ; B5 ; RG 10, A1 ; RG 19, E5(b), 4447. — BL, Add. MSS 21661–21892 (mfm aux APC). — HPL, File information on Robert Nelles. — H.-C., House of Assembly, *Journal*, 1800–1810 ; 1816–1820. — *The papers of Sir William Johnson*, James Sullivan *et al.*, édit. (14 vol., Albany, N.Y., 1921–1965). — *Valley of Six Nations* (Johnston). — D. C. Nellis, [*Nellis family album*] (Topeka, Kans., 1888 ; copie en la possession de H. V. Nelles). — William Gillard et Thomas Tooke, *The Niagara escarpment : from Tobermory to Niagara Falls* (Toronto et Buffalo, N.Y., 1975), 100, 104. — Barbara Graymont, *The Iroquois in the American revolution* (Syracuse, N.Y., 1972). — [L. D. MacWethy et] Milo Nellis, *The old Palatine church, together with a description of the Gen. John Cochran house, also articles on the early Klock and Nellis pioneers* ([3⁰ éd.], St Johnsville, N.Y., 1930). — Milo Nellis, *The Mohawk Dutch and the Palatines ; their background and their influence in the development of the United States of America* (St Johnsville, [1951]). — B. G. Wilson, *Enterprises of Robert Hamilton.* — E. A. Brooks, « The story of William Sampson, first rector of Grimsby, 1817–1822 », *Wentworth Bygones* (Hamilton, Ontario), nᵒ 11 (1975) : 28. — « The coming of the loyalists, 1783–1787 », R. J. Powell, compil., *Annals of the Forty* ([Grimsby, Ontario]), nᵒ 1 (1950) : 4–7, 32–35, 88 ; « Fifty years of municipal government, 1790–1840 », Powell, compil., nᵒ 2 (1951) : 12. — H. V. Nelles, « Loyalism and local power : the district of Niagara, 1792–1837 », *OH*, 58 (1966) : 99–114. — J. G. Rossie, « The Northern Indian Department and the American revolution », *Niagara Frontier* (Buffalo), 20 (1973) : 52–65.

NEWBIGGING, JAMES, homme d'affaires, juge de paix, officier de milice et homme politique, né en 1805 ou 1806, probablement en Écosse ; le 26 janvier 1834, il épousa à York (Toronto) Anne Louise Hagerman, nièce de Christopher Alexander HAGERMAN, et ils eurent au moins deux fils ; décédé le 9 février 1838 à Toronto.

James Newbigging s'initia au monde des affaires canadien en travaillant à Montréal à titre de commis pour la Gillespie, Moffatt and Company. En 1829, il s'installa à York, où il acheta un magasin sur la place du marché. L'année suivante, il s'associa à Alexander Murray, auparavant commis au magasin de gros et de détail de William Proudfoot* à York. La Murray, Newbigging and Company était aussi une entreprise de gros et de détail ; elle vendait toute une gamme d'articles d'épicerie, de marchandises sèches et d'alcools. Les associés possédaient en outre un quai et un entrepôt, achetés de William COOPER en 1830, et agissaient en qualité de commissionnaires. L'élan que les entreprises de Newbigging, de Proudfoot, de Joseph Davis Ridout* et d'autres imprimèrent au commerce de gros à York amena un journal de la ville, le *Courier of Upper Canada*, à proclamer en 1832 : « Les marchands de la région n'ont plus à perdre temps et argent en visites à Montréal, puisqu'ils peuvent trouver à York autant de marchandises, à la fois sous le rapport de la variété et de l'abondance, et [se les procurer] aux mêmes conditions. »

La Murray, Newbigging and Company prospéra rapidement grâce, au début, aux fonds d'un associé commanditaire, le docteur George Gillespie Crawford, à qui son père avait légué une fortune. Crawford subit cependant de « lourdes pertes financières » et, en 1834, on confia ses affaires à deux syndics, John Strachan* et Robert Baldwin*. Apparemment, en dépit de l'importance de son investissement initial, ses difficultés n'ébranlèrent pas la compagnie.

Par ailleurs, dès 1832, la Murray, Newbigging and Company offrait un service de transport par chariot et par bateau qui, trois fois la semaine, reliait Toronto, Newmarket, Holland Landing et les Narrows (Orillia). Elle poursuivit cette activité secondaire au moins jusqu'en 1838, en collaboration avec une série d'associés de l'extérieur de la ville, dont Charles Scadding, de Newmarket, frère de Henry*.

Newbigging, tout jeune qu'il ait été au moment de son établissement à York, ne tarda pas à être reconnu comme un homme d'affaires énergique et compétent, et il s'engagea très vite dans des activités commerciales qui débordaient largement le cadre de son entreprise. Il fit partie du conseil d'administration de la succursale yorkaise de la Commercial Bank of the Midland District dès son inauguration en 1832. La Murray, Newbigging and Company devint la représentante de la Phoenix Assurance Company de Londres en 1833 et, l'année suivante, Newbigging entra au conseil d'administration de la première société d'assurances de Toronto, la Compagnie d'assurance de l'Amérique britannique contre le feu et sur la vie, fondée peu de temps auparavant. Il fut membre d'un comité provisoire chargé d'administrer la succursale torontoise de la Banque de l'Amérique septentrionale britannique au moment de son ouverture en 1837. Pendant la crise économique de 1836–1837, qui engendra une grave pénurie de numéraire dans le Haut-Canada, il figura parmi un petit groupe d'hommes d'affaires torontois appelés à témoigner devant un comité spécial de la chambre d'Assemblée sur le système monétaire de la province. En juin 1837, il proposa, sans succès, que l'Assemblée émette des billets portant intérêt, et les vende tant à la population qu'aux banques, de façon que ces dernières puissent relancer l'activité financière et par le fait même créer des emplois pour des « milliers de travailleurs alors au bord de la famine ».

En outre, dans les années 1830, Newbigging collabora étroitement au premier projet de construction d'une liaison ferroviaire entre Toronto et la baie Géorgienne. Au cours d'une assemblée publique tenue à Toronto le 26 juillet 1834, il fut élu secrétaire-trésorier du comité de promotion du projet. Il eut la responsabilité de superviser une bonne partie des travaux d'arpentage exécutés le long des trajets envisagés et, à titre de trésorier, il recueillait les souscriptions et conservait les livres dans son magasin de Toronto. En 1836, on constitua en société la City of Toronto and Lake Huron Rail Road Company et Newbigging en était administrateur et secrétaire-trésorier. Un des plus gros actionnaires de la compagnie, il s'employait avec un enthousiasme remarquable à faire valoir les avantages du chemin de fer qui, disait-il, serait un lien précieux avec le Midwest américain. Toutefois, en dépit de ses efforts et de ses arguments (peut-être trop optimistes), la

Nisbet

compagnie ne parvint pas à amasser un capital suffisant pour entreprendre les travaux de construction.

James Newbigging n'exerça pas ses talents d'organisateur uniquement dans les affaires. Il participa en 1833 à la fondation de la Commercial News Room et en 1837 à celle de l'Upper Canada Club (Toronto Club), dont il fut directeur et trésorier. De confession presbytérienne, il fit partie du conseil d'administration de la congrégation St Andrews, qu'il servit aussi à titre de secrétaire, en plus d'être directeur de la St Andrew's Society de Toronto. Nommé juge de paix du district de Home en septembre 1837, il reçut le grade de capitaine dans les Toronto City Guards en décembre et fut élu le mois suivant échevin du quartier St David. Sa mort, résultat d'« un épuisement [...] consécutif à la rébellion », selon sa femme, mit précocement fin – il n'avait que 32 ans – à une carrière bien remplie et prometteuse. Peut-être n'avait-il légué à sa veuve que peu de liquidités. Sans ressources, elle allégua en 1844 qu'avant sa mort il avait acheté des droits sur environ 8 000 acres de terre réservées aux loyalistes, mais qu'elle n'en avait obtenu que 3 000, qui s'étaient révélées « sans valeur ».

J. K. Johnson

APC, RG 5, A1 : 100580–100583 ; RG 9, I, B5, 8 ; RG 68, General index, 1651–1841 : 508. — H.-C., House of Assembly, *App. to the journal*, 1837, app., « Report of the select committee, to which was referred the subject of the monetary system of the province », 4–6. — *Town of York, 1815–34* (Firth). — *Colonial Advocate*, 23 avril, 3 déc. 1829, 11 mars, 13 mai, 1er juill., 1er sept. 1830, 6 mars 1834. — *Courier of Upper Canada* (York [Toronto]), 4 août, 29 sept. 1832. — *Patriot* (Toronto), 1er août, 17 nov. 1834, 21 févr., 21 avril 1837, 13 févr. 1838. — *Upper Canada Gazette*, 19 nov. 1835, 7 févr. 1839. — *Marriage notices of Ont.* (Reid). — *Toronto directory*, 1833–1834, 1837. — F. H. Armstrong, « Toronto in transition : the emergence of a city, 1828–1838 » (thèse de ph.d., Univ. of Toronto, 1965). — Canniff, *Medical profession in U.C.*, 316–317. — F. H. Armstrong, « Toronto's first railway venture, 1834–1838 », *OH*, 58 (1966) : 21–41.

NISBET, THOMAS, ébéniste, tapissier, homme d'affaires et officier de milice, né vers 1777 à Duns, Écosse ; le 28 mars 1803, il épousa à Glasgow Margaret Graham, et ils eurent trois fils et quatre filles ; décédé le 28 décembre 1850 à Saint-Jean, Nouveau-Brunswick.

Thomas Nisbet immigra au Nouveau-Brunswick en 1812 après que son père l'eut initié à l'ébénisterie et qu'il eut travaillé quelque temps à Glasgow. Il ouvrit une boutique d'ébéniste et de tapissier rue Prince William, à Saint-Jean. Même s'il allait occuper ensuite différents locaux, son domicile et sa boutique demeureraient dans cette rue. Il prêta le serment de citoyen de Saint-Jean à titre d'ébéniste en 1814.

Peu après, Nisbet fut le premier ébéniste de Saint-Jean à importer une grande quantité d'acajou, qu'il fit venir de Jamaïque. Par la suite, il annonça souvent qu'il vendait de ce bois dans son magasin. Sa préférence allait à l'acajou et au bouleau, mais il utilisait aussi, à l'occasion, de l'érable, du pin et du bois de rose. De styles Hepplewhite, Sheraton, néo-classique, Regency et Empire américain, ses meubles présentaient des motifs alors courants en Grande-Bretagne et aux États-Unis.

Nisbet ne vendait pas du mobilier qu'à Saint-Jean. Ainsi il en expédia un lot à Fredericton en 1817 et un autre en 1830 ; pendant un temps, il eut aussi un représentant dans cette ville. Nombre de compagnons ébénistes, d'apprentis, de tourneurs et de sculpteurs travaillaient pour lui ; il fut même le premier, à Saint-Jean, à offrir des pièces aux autres ébénistes pour leurs propres meubles. Ses annonces révèlent que, outre sa production, il vendait des articles d'importation, tels des boîtes à thé, des écritoires, des épingles à rideaux, des moulures de cadre, des tringles d'escalier en laiton et autres éléments de décoration intérieure. Vers 1822, il étendit ses activités d'importation en formant, avec James Stewart, la James Stewart and Company. Celle-ci importait de la Grande-Bretagne, de l'Inde et des Indes orientales des marchandises qu'elle vendait dans son magasin, situé rue St John ; elle fut dissoute en mai 1828.

En avril 1824, un incendie rasa une partie de Saint-Jean ; il toucha principalement les installations de Nehemiah MERRITT, Noah Disbrow*, Thomas Adams et Nisbet, dont les pertes totales atteignirent les £20 000. Le *New-Brunswick Courier* déclara : « les deux derniers, qui sont des artisans très industrieux, méritent toute notre sympathie ». Nisbet perdit une propriété qu'il venait d'acheter et d'aménager ; elle comprenait une maison d'habitation et un magasin ainsi que des bâtiments arrière, notamment des ateliers et des écuries. Par la suite, il fit circuler un avis pour réclamer à ses débiteurs de le rembourser sous peu, mais rien n'indique qu'il dut hypothéquer ou vendre des biens pour relancer ses affaires. Moins d'une semaine après le sinistre, il reprenait ses activités dans les locaux qu'il avait quittés en achetant sa nouvelle propriété, et dès avril 1825 un immeuble de brique tout neuf, qui abritait sa maison, son magasin et ses ateliers, s'élevait sur le lieu de l'incendie.

Si l'on en juge par la quantité d'annonces que Nisbet fit paraître pour vendre des meubles et embaucher des compagnons ébénistes, sa production atteignit son maximum dans les années 1820. Sa compétence, sa réputation et son sens des affaires se reflètent dans les travaux qu'il fit pour la province. En 1824, à la veille de l'entrée en fonction du lieutenant-gouverneur sir Howard Douglas*, la chambre d'Assemblée affecta £750 à l'achat de mobilier de style

708

pour les salles de réception de la résidence du représentant du roi à Fredericton, et libéra des fonds pour la remise en état de la partie résidentielle de l'édifice. Nisbet participa de quelque façon à la réfection de la résidence, ce pour quoi il toucha plus de £170. À l'origine, le nouveau mobilier des salles de réception devait venir d'Angleterre, par l'entremise de John Bainbridge et de Henry Bliss*, représentants de la province à Londres, mais finalement Nisbet fournit des meubles d'une valeur de plus de £880 tandis que Bainbridge et Bliss envoyèrent des articles évalués à près de £424. On ignore cependant la nature des travaux de réfection que Nisbet exécuta et quels meubles il fournit.

En septembre 1825, le feu ravagea toute la résidence du lieutenant-gouverneur, à l'exception de l'aile nord-ouest. On parvint à sauver le mobilier, mais Nisbet fournit par la suite un certain nombre d'articles non identifiés pour les salles de réception ainsi que des meubles pour la salle du conseil. À peu près au même moment, on le chargea, en qualité d'agent et moyennant une commission, d'acquérir une résidence à Saint-Jean pour le lieutenant-gouverneur.

En 1834, Nisbet s'associa à son fils Thomas pour former la Thomas Nisbet and Son. Il fit dès lors beaucoup moins de réclame qu'auparavant, peut-être parce qu'il avait des intérêts dans d'autres secteurs, mais en 1840 et 1841 la compagnie aménagea et meubla, pour plus de £740, la nouvelle salle du Conseil exécutif. Quand Thomas fils mourut en 1845, à l'âge de 35 ans, Nisbet publia dans les journaux un avis pour demander un règlement aux débiteurs et créanciers de la succession de son fils et de la compagnie. Par la même occasion, il annonça qu'il disposait d'une large gamme de nouveaux meubles de toute première qualité. Ce n'est qu'après que Nisbet eut cédé tout le stock de meubles, de matériel et d'outils à un autre de ses fils, Robert, en 1848, que la Thomas Nisbet and Son fut dissoute. Celui-ci dirigea la nouvelle entreprise jusqu'en 1856.

Depuis 1834, Nisbet s'occupait activement de deux sociétés, la Saint John Mechanics' Whale Fishing Company et la Saint John Hotel Company. Charles Coles Stewart, pionnier de l'industrie de la pêche à la baleine à Saint-Jean, avait équipé en 1833 la première baleinière de la ville, le *James Stewart,* qui revint avec une pleine cargaison d'huile et de fanons en avril 1835. Inspiré par cette réussite, un comité organisateur formé notamment de Nisbet et de John Haws* ainsi que de 130 autres artisans et marchands de Saint-Jean demanda la même année à la chambre d'Assemblée l'autorisation de constituer une compagnie de pêche à la baleine. Le Parlement adopta la loi en juin 1835, et dès le mois d'août les 5 000 actions, à £10 chacune, avaient toutes trouvé preneur. Élu au premier conseil d'administration, Nisbet devint ensuite président et le resta jusqu'à la fin de sa vie.

Entre mai 1836, date de lancement de sa première baleinière, le *Mechanic,* et novembre 1848, date de vente de sa dernière baleinière, la compagnie eut 5 navires qui firent au total 11 expéditions. Cependant, elle envisagea dès la fin de 1845 de se dissoudre parce que l'emploi du pétrole faisait désormais de l'huile de baleine un produit moins recherché. Elle vendit les quatre navires qui lui restaient au cours des quelques années suivantes et ses propriétés furent louées ou vendues ; en 1850, en réponse à une pétition, la chambre d'Assemblée adopta une loi qui autorisait la liquidation de la compagnie. Celle-ci avait manifestement eu du succès, puisque de 1841 à 1854 elle versa régulièrement des dividendes qui atteignirent même 20 % une année.

Quant à la loi qui constituait la Saint John Hotel Company, elle avait été adoptée en 1835. Nisbet, élu au premier conseil d'administration, notamment avec Moses Henry Perley*, occupa la présidence de 1837 à 1849. L'hôtel, le Masonic Hall rénové et meublé, ouvrit ses portes en novembre 1837. Comme il était toujours loué à des tenanciers, la compagnie ne s'occupait pas de son administration courante. À compter de mai 1842, soit pendant la présidence de Nisbet, elle déclara des dividendes semestriels.

Par ailleurs, Nisbet fut conseiller presbytéral et administrateur de l'église presbytérienne St Andrew, membre actif de la St Andrew's Society et de la Highland Society, ainsi que franc-maçon. Il appartenait à la milice de Saint-Jean, dont il se retira avec le grade de capitaine en août 1834.

Thomas Nisbet se signala sur la scène publique et commerciale de Saint-Jean, mais c'est à titre d'ébéniste qu'on se souvient de lui aujourd'hui. Son entreprise était bien gérée et productive ; ses meubles étaient élégants, ses matériaux de premier choix, ses artisans qualifiés. Il fit preuve d'un talent supérieur, comme en témoignent les pièces encore existantes qui portent sa marque. Parmi les plus importantes se trouvent : une table de salon, une table à écrire et à coudre ainsi qu'un canapé, conservés au Royal Ontario Museum de Toronto ; une table à jouer et un pupitre, au Musée du Nouveau-Brunswick à Saint-Jean ; une commode à la Beaverbrook Art Gallery de même qu'un fauteuil et une table à battants au York-Sunbury Historical Society Museum, deux établissements situés à Fredericton ; enfin, une table à jouer et un secrétaire au village historique de Kings Landing, près de Fredericton.

T. G. DILWORTH

APNB, RG 4, RS24, S33-Z1.2, S34-R6.3, S35-R3.33, S37-Z11.5, S45-P84, S46-P1, S57-P67, S63-P328 ; RG 10, RS108, Thomas Nisbet, 1820. — City of Saint John (Saint-Jean, N.-B.), City Clerk's Office, Common Council, minutes, IV : 68 (mfm aux APNB). — Musée du N.-B., Church of England burial ground, Westmorland Road

Odelin

(Saint-Jean), records (mfm) ; Nesbitt family, CB DOC (copie dactylographiée) ; Ward family papers, packet 7, n° 8. — N.-B., House of Assembly, *Journal*, 1826–1827. — *City Gazette* (Saint-Jean), 1812–1841, particulièrement 10 avril 1813, 14 juill. 1819, 16 févr. 1820, 6 juin 1821, 22 mai, 13 juin, 21 nov. 1822, 24 juill. 1823, 15 avril, 24 juin, 2 sept. 1824, 13 mai 1837. — *Herald* (Saint-Jean), 18 août 1841. — *Morning News* (Saint-Jean), 16 août 1841. — *New-Brunswick Courier*, 1812–1850, particulièrement 28 janv., 6 mars 1815, 12 oct. 1816, 9 juin 1821, 10 avril 1824, 24 sept. 1825, 29 mars 1828, 2, 30 août 1834, 4 avril, 12 sept. 1835, 28 mai 1836, 10 juin, 18 nov. 1837, 14 mai 1842, 8 févr., 1er mars, 11 oct. 1845, 2 sept., 18 nov. 1848, 12 mai 1849, 2 nov. 1850 ; aussi 11 oct. 1856. — *Royal Gazette* (Saint-Jean ; Fredericton), 1812–1850, particulièrement 2, 16 mars 1815, 29 juill. 1817, 13 avril 1824, 20 sept. 1825, 23 juin 1830. — *Star* (Saint-Jean), 18 juin 1822, 26 avril, 31 mai 1825. — *Weekly Observer* (Saint-Jean), 19 août 1834, 11 août 1835. — W. F. Bunting, *History of St. John's Lodge, F. & A.M. of Saint John, New Brunswick* [...] (Saint-Jean, 1895), 346–347, 368–369, 397–398. — C. H. Foss et Richard Vroom, *Cabinetmakers of the eastern seaboard : a study of early Canadian furniture* (Toronto, 1977). — D. R. Jack, *History of Saint Andrew's Church, Saint John, N.B.* (Saint-Jean, 1913). — H. G. Ryder, *Antique furniture by New Brunswick craftsmen* (Toronto, 1965).

O

ODELIN, JACQUES, prêtre catholique et polémiste, né le 5 août 1789 à Saint-Constant, Québec, fils de Jacques Odelin et de Marie-Angélique Lavigne ; décédé le 9 juin 1841 à Saint-Hilaire (Mont-Saint-Hilaire, Québec).

On sait peu de chose sur l'enfance et l'adolescence de Jacques Odelin avant son entrée au collège Saint-Raphaël, à Montréal, en 1801. Là, le sulpicien Antoine-Jacques Houdet* enseigne une philosophie où la recherche des critères de vérité occupe une place significative en logique. Houdet à Montréal et l'abbé Jérôme Demers* au séminaire de Québec sont à l'époque les grandes figures de la science et de la philosophie. Odelin quitte le collège en 1811 et, comme il avait opté pour la prêtrise, se rend faire sa théologie à Nicolet. Il y étudie sous la direction d'un professeur ou du supérieur de la maison, Jean RAIMBAULT, et enseigne en même temps les belles-lettres (1811–1812), la philosophie (1812–1813), la rhétorique (1813–1814) et de nouveau la philosophie (1814–1816), en utilisant sans doute ses propres notes de cours prises à Montréal auprès de Houdet.

Ordonné par Mgr Joseph-Octave Plessis* le 4 février 1816, Odelin quitte l'enseignement pour assumer deux vicariats, à Sainte-Marguerite-de-Blairfindie (L'Acadie) du 17 février au 18 septembre 1816, puis à Montréal, dans la paroisse Saint-Laurent, de septembre 1816 à septembre 1817. On le nomme ensuite aumônier de l'Hôpital Général de Québec avec responsabilité de desserte à Notre-Dame de Québec et à Sainte-Foy de septembre 1817 à octobre 1819. Odelin obtient alors sa première cure à Saint-Grégoire (Bécancour) où il œuvrera jusqu'en septembre 1821 et où il fera l'expérience d'une certaine « indifférence » des paroissiens en matière de religion. Les « impertinences » de ces derniers et celles des marguilliers, la difficulté de percevoir la dîme, un procès intenté pour rétablir son autorité lui font écrire à son évêque, dans un esprit ménaisien, qu'il est « convaincu que le ministère intérieur est insépara-blement lié au temporel ». Dans cette région où il a déjà séjourné durant cinq ans, Odelin retrouve cette « petite France » du pourtour du lac Saint-Pierre qu'animent des prêtres français « chassés par la Révolution ». L'un d'eux, l'abbé Jacques-Ladislas-Joseph de Calonne*, fait d'ailleurs découvrir aux Canadiens, précisément en 1819, Hugues-Félicité-Robert de La Mennais, auteur de *Essai sur l'indifférence en matière de religion* (Paris, 1817), qu'il introduit pour la première fois au Canada et qui intéresse vivement le sulpicien Jean-Jacques LARTIGUE.

Les déboires d'Odelin se poursuivent avec sa nomination en septembre 1821 à la cure de Saint-Ours-du-Saint-Esprit (Saint-Esprit) où il demeurera jusqu'en 1827. En septembre 1825 et encore en 1826, des notables de la paroisse adressent une requête à Mgr Lartigue au sujet du scandale que cause leur curé en s'approchant trop souvent de l'alcool et de « personnes du sexe ». « Grand chicanier », Odelin aborde ces accusations en chaire et pense même à « procéder civilement » contre ses accusateurs. Mgr Plessis songe à le maintenir dans sa cure, mais après une enquête du grand vicaire et curé de Varennes, François-Joseph Deguise, l'archevêque de Québec exige la démission d'Odelin et lui retire ses pouvoirs de curé pour une période de près de cinq ans, soit de février 1827 à octobre 1831. En février 1828, Odelin est toujours dans sa paroisse, « vivant en son particulier ». L'année suivante, il est « au Détroit », parti « sans permission ni exeat », et en revient en août 1830. Mgr Lartigue et Mgr Bernard-Claude Panet* s'entendent alors pour le placer en pénitence du mois d'août 1830 jusqu'en octobre 1831 chez le curé Jean-Baptiste Bélanger, de Belœil, et pour lui imposer un « règlement de vie » fait à la fois d'études de théologie dogmatique et morale, de lectures ecclésiastiques choisies avec circonspection et de vigilance à l'égard des liqueurs fortes et des « personnes d'un sexe différent ».

Absous, Odelin est nommé en octobre 1831 curé à

Saint-Hilaire « en récompense » du zèle des paroissiens qui ont enfin consenti à « bâtir une belle église » et à assurer un supplément de dîme au curé. Odelin n'en continue pas moins de connaître d'autres vexations à cette époque d'ascension du libéralisme, d'indifférence religieuse, d'un certain prosélytisme protestant local, de crises agricoles et d'épidémies de choléra. Les paroissiens refusent la répartition de la dîme et négligent de la payer. Pour Odelin, le temporel n'est pas facile : en plus de voir à l'entretien et aux réparations de l'église, ainsi qu'au transfert du cimetière, il doit pour survivre cultiver et « enclore » son jardin, entretenir sans écurie ni étable quelques animaux, exploiter quelques ruches, vendre sur le marché local les pommes reçues parfois en guise de dîme.

C'est dans ce contexte qu'éclate une polémique, philosophique cette fois, dont l'issue devait mériter à Odelin le titre de « métaphysicien canadien ». Censuré par Mgr Lartigue sur le plan disciplinaire, Odelin a alors l'occasion de mettre en cause l'orthodoxie de son censeur, lui-même ménaisien. Les 12 et 13 août 1833, pendant les exercices de fin d'année du séminaire de Saint-Hyacinthe, les élèves défendent publiquement le « système fameux » de La Mennais sur le sens commun comme principe de la certitude. Présent à ces exercices, Odelin trouve la chose si « singulière » qu'il entreprend sur-le-champ de réfuter les élèves. Il discute avec tant de vigueur que leur professeur de philosophie, Joseph-Sabin Raymond*, doit venir à leur rescousse dans une longue joute oratoire qui force l'annulation d'autres exercices au programme.

Insatisfait des réponses apportées séance tenante, Odelin relance le débat dans les colonnes de *l'Ami du peuple, de l'ordre et des lois,* de Montréal, et de *l'Écho du pays,* de Saint-Charles (Saint-Charles-sur-Richelieu). En 1833 et 1834, il y signe une trentaine d'articles, d'abord sous l'anagramme de Dionel, puis de son nom. Du côté des ménaisiens, ce sont Jean-Charles Prince* et surtout Raymond qui lui répondent en publiant une cinquantaine de répliques.

Réprouvant que l'on adopte avec « trop de promptitude et sans examen préalable » une doctrine « aussi nouvelle qu'éblouissante, aussi peu solide qu'inadmissible dans ses conséquences », Odelin devient ainsi, selon un commentateur, le « premier au Canada à percevoir le poison subtil caché dans les écrits du trop fameux Lamennais ». Comme Léon XII avait approuvé la doctrine ménaisienne du sens commun et que Grégoire XVI avait rejeté les idées politiques de cette doctrine, on s'interrogeait au Bas-Canada sur la possibilité de souscrire à la philosophie d'un auteur et non à ses idées politiques. Odelin prétend à l'impossibilité dans ce cas, car il existe un lien entre la doctrine philosophique et les idées politiques.

Pour Odelin, les idées politiques erronées de La Mennais découlent d'une fausse conception du sens commun qu'il érige comme l'unique critère de la certitude, en allant jusqu'à reléguer au second plan l'autorité de la révélation. Il préfère de beaucoup la position de Descartes qui, en cette matière, garantit le privilège inviolable de l'autorité, tout en maintenant les droits sacrés de la raison.

Ce débat sur le sens commun constitue en réalité une interrogation sur ce qui, dans les systèmes philosophiques, peut être donné pour une doctrine orthodoxe. C'est sur cet enjeu que se termine la polémique, lorsque le 15 juillet 1834 Grégoire XVI dans *Singulari nos* condamne *Paroles d'un croyant* et par conséquent toute la philosophie de La Mennais. Même si la suite des événements ne confirmera pas la thèse d'Odelin sur l'orthodoxie du cartésianisme – en 1879, c'est la philosophie de Thomas d'Aquin qu'on proclamera philosophie officielle et universelle de l'Église –, la condamnation des idées philosophiques « en général » de La Mennais l'assure de la victoire contre les professeurs du séminaire de Saint-Hyacinthe. Ces derniers se soumettent, et l'abbé Prince publiquement, à l'interdiction de Mgr Lartigue de rien enseigner « des livres, des systèmes ou de la doctrine » de La Mennais ; l'évêque désirait même, outre le fait de proscrire le nom de La Mennais, que « son autorité ne soit mentionnée en aucune manière dans l'enseignement ».

Sur le plan politique, il semble bien qu'Odelin ait été un prêtre loyal au pouvoir établi. Au moment des insurrections de 1837–1838, il fait sienne la recommandation de Mgr Lartigue d'engager chacun à rentrer chez soi et à témoigner publiquement de sa fidélité au gouvernement. Nationaliste à sa façon, il signe le 25 février 1840 la requête du clergé du diocèse de Montréal contre l'union législative des deux Canadas.

Quelques mois avant de mourir, Jacques Odelin publie quatre nouveaux articles sous le titre général de « Pensées théologico-philosophiques ». Il y discute de l'authenticité des Saintes Écritures et esquisse une étude de l'homme moral, suivie d'une autre qui porte sur l'homme vu à travers ses facultés intellectuelles. Odelin associe la contemplation philosophique et théologique, la raison et la révélation, et montre que l'homme participe de la Trinité dans ses opérations sensorielles et intellectuelles. Car, dit-il, si on analyse « avec clarté et concision les propriétés de l'être incréé et créateur ainsi que les propriétés de l'homme, on apercevra partout *trinité* et *génération dans l'unité* ». C'est donc sur une note relativement sereine que ce « grand chicanier » termine sa vie. Son dernier article paraît à côté de « l'annonce funèbre de son prompt et très inattendu décès » survenu le 9 juin 1841. On enterrera le curé de Saint-Hilaire dans son église le 11 juin suivant.

Yvan Lamonde et Louise Marcil-Lacoste

Odell

La correspondance concernant Jacques Odelin se trouve dans les dépôts d'archives des différents diocèses où il a exercé son ministère : évêchés de Québec, Montréal, Joliette, Nicolet, Saint-Hyacinthe, soit au dossier de la paroisse ou d'Odelin même. On pourra retracer sa correspondance avec Mgr Plessis dans Caron, « Inv. de la corr. de Mgr Plessis », ANQ *Rapport,* 1927–1928 ; 1928–1929 ; 1932–1933, avec Mgr Joseph SIGNAY dans Caron, « Inv. de la corr. de Mgr Signay », ANQ *Rapport,* 1936–1937 ; 1937–1938 ; 1938–1939, et enfin avec Mgr Lartigue dans Desrosiers, « Inv. de la corr. de Mgr Lartigue », ANQ *Rapport,* 1941–1942 ; 1942–1943 ; 1943–1944 ; 1944–1945 ; 1945–1946.

La polémique entre Odelin et des professeurs du séminaire de Saint-Hyacinthe se retrouve essentiellement dans *l'Écho du pays* (Saint-Charles[-sur-Richelieu], Québec) et *l'Ami du peuple, de l'ordre et des lois,* du 15 août 1833 au 25 septembre 1834. On connaît une seule autre publication d'Odelin. Il s'agit de « Pensées théologico-philosophiques », *Mélanges religieux,* 23 avril, 14 mai, 4, 11 juin 1841.

ANQ-M, CE1-18, 6 août 1789 ; CE2-16, 11 juin 1841. — Allaire, *Dictionnaire.* — F.-M. Bibaud, *le Panthéon canadien* (A. et V. Bibaud ; 1891). — Gilles Chaussé, « Un évêque menaisien au Canada : Monseigneur Jean-Jacques Lartigue », *les Ultramontains canadiens-français,* sous la dir. de Nive Voisine et Jean Hamelin (Montréal, 1985), 105–120. — C.-P. Choquette, *Histoire du séminaire de Saint-Hyacinthe depuis sa fondation jusqu'à nos jours* (2 vol., Montréal, 1911–1912), 1 : 162–163. — Douville, *Hist. du collège-séminaire de Nicolet.* — Yvan Lamonde, *la Philosophie et son enseignement au Québec (1665–1920)* (Montréal, 1980), 83–89, 96–105. — Louise Marcil-Lacoste, « Sens commun et Philosophie québécoise : trois exemples », *Philosophie au Québec,* Claude Panaccio et P.-A. Quintin, édit. (Montréal, 1976), 73–112. — Maurault, *le Collège de Montréal* (Dansereau ; 1967). — Armand Cardinal, « Messire Jacques Odelin (1831–1841), premier curé résident à Saint-Hilaire », Soc. d'hist. de Belœil–Mont-Saint-Hilaire, *Cahiers* (Belœil, Québec), 5 (juin 1981) : 3–17. — Émile Chartier, « l'Abbé Jacques Odelin ou Audelin, dit Jolibois (5 août 1789–9 juin 1841) », *Rev. canadienne* (Montréal), 72 (janv.–juin 1917) : 27–37. — Yvan Lamonde, « Classes sociales, Classes scolaires : une polémique sur l'éducation en 1819–1820 », SCHEC *Sessions d'études,* 41 (1974) : 43–59.

ODELL, WILLIAM FRANKLIN, fonctionnaire, notaire, avocat, arpenteur et homme politique, né le 19 octobre 1774 à Burlington, New Jersey, fils unique du révérend Jonathan Odell*, érudit et poète loyaliste, et d'Anne De Cou ; le 31 décembre 1808, il épousa Elizabeth Newall (Newell), petite-fille de Samuel Cooke, premier *rector* anglican de Fredericton, et ils eurent quatre fils et quatre filles qui survécurent à l'enfance ; décédé le 25 décembre 1844 à Fredericton.

Issu du milieu des fonctionnaires d'Amérique du Nord britannique, William Franklin Odell fut prénommé en l'honneur de William Franklin, protecteur de son père et dernier gouverneur britannique du New Jersey. Il avait dix ans quand son père devint, en 1784, secrétaire de la nouvelle province du Nouveau-Brunswick où, comme l'a dit l'historien William Stewart MacNutt*, il « passa un quart de siècle à s'acquitter de la plus grande part des affaires gouvernementales et acheva sa vie dans la pauvreté ». Sans doute est-ce la situation financière de Jonathan Odell qui empêcha son fils de fréquenter l'université. Par contre, comme sa famille avait accès aux petites faveurs officielles, celui-ci put entreprendre une carrière dans l'administration publique. Nommé le 16 mars 1793, à l'âge de 18 ans, greffier suppléant de la Cour suprême, il remplaçait temporairement le greffier Colin Campbell. Le poste de greffier, qui n'exigeait pas non plus de formation juridique, lui revint le 19 juillet 1796. Il cumula deux fonctions pour la première fois à compter du 2 février 1802 en devenant greffier du Conseil législatif. Il avait entrepris ses études de droit au cabinet de Ward Chipman* à Saint-Jean à la fin des années 1790 et devint notaire en 1802, attorney en 1804 et membre du barreau en 1806. Ses responsabilités à la Cour suprême furent élargies en novembre 1804 : nommé greffier de la couronne, il s'occupa dès lors d'affaires criminelles.

En 1807, Jonathan Odell, parvenu à l'âge de 70 ans, n'arrivait plus à s'acquitter de sa charge mais, comme l'administration coloniale ne garantissait pas de pension, il ne pouvait s'offrir le luxe d'une retraite. Au risque de nuire à sa propre carrière, William Franklin, en fils dévoué, devait veiller de plus en plus aux affaires courantes du secrétariat provincial. Ses chances d'en récolter le moindre bénéfice à long terme semblaient minces car le ministère des Colonies jugeait « condamnable, en principe », l'idée qu'il succède à son père. C'est le major général Martin HUNTER, administrateur du Nouveau-Brunswick, qui dénoua cette pénible situation. Comme il éprouvait pour la famille Odell une admiration teintée d'affection, il demanda, « à titre de faveur personnelle » aussi bien qu'en reconnaissance de la fidélité de Jonathan et des qualifications de son fils, qu'on nomme ce dernier secrétaire de la province. William Franklin assuma officiellement cette fonction en 1812, reçut une commission de secrétaire, registraire et greffier du conseil le 31 mars 1815 et prêta le serment de conseiller le 3 avril suivant.

Odell n'avait rien d'un rond-de-cuir. Amateur de grand air, il avait agi à l'occasion, dans sa jeunesse, à titre d'arpenteur adjoint du gouvernement ; en 1808, il avait arpenté les terres des Indiens de la Miramichi [V. John Julien*]. En 1818, il succéda à Joseph BOUCHETTE au poste d'arpenteur principal de l'équipe britannique qui, en vertu de l'article 5 du traité de Gand (1814), devait délimiter avec les États-Unis la frontière du Nouveau-Brunswick et du Maine. Pendant plus de trois ans, il travailla sous l'autorité de ses amis Ward Chipman père et Ward Chipman* fils qui, en qualité de fondés de pouvoir du gouvernement, tentaient de justifier les revendications de la Grande-Bretagne au sujet de la haute vallée de la rivière Saint-Jean. Leur stratégie consistait à localiser, au sud de la vallée de la rivière Aroostook, des accidents de terrain qui pouvaient vraisemblablement correspondre au terme « angle nord-ouest de la Nouvelle-Écosse », employé dans les traités de Versailles (1783). Pendant les étés de 1818, 1819 et 1820, Odell dirigea des équipes d'arpentage composées d'environ 25 hommes qui voyageaient dans plus d'une douzaine de canots. En 1821, il rédigea un rapport dans lequel une carte montrait une chaîne de collines qui, en direction sud-ouest, allait de la rivière Saint-Jean au mont Mars. Les Américains rétorquèrent que cette carte était inexacte et furent particulièrement choqués de ne pas y trouver, près du Saint-Laurent, la plus grande partie de la chaîne de hautes terres sur laquelle ils fondaient leur réclamation. À son tour, Odell nia l'existence d'une chaîne ininterrompue de hautes terres en s'appuyant sur les travaux que Johann Ludwig TIARKS et d'autres avaient faits dans la région. Les négociations échouèrent peu après mais, pendant les deux décennies suivantes, la connaissance qu'Odell avait du terrain s'avéra plusieurs fois utile aux autorités provinciales dans le règlement des tensions frontalières.

Défenseur de la couronne par tradition familiale et par formation, Odell fut lié de très près à la plupart des administrateurs de la colonie, sauf à George Stracey Smyth* et à sir John Harvey*. Dans ces deux cas, il fut mêlé à des dissensions politiques dans lesquelles de ses amis, d'abord Ward Chipman père puis Thomas Baillie*, étaient les figures centrales de l'opposition au gouvernement. En 1819, pendant le mandat de Smyth, le juge en chef Jonathan Bliss* lui retira son poste de greffier de la Cour suprême pour le confier à son propre fils, Henry Bliss*, ce qui nécessita de toute évidence la connivence du lieutenant-gouverneur. Odell fut en excellents termes avec sir Howard Douglas*, qui domina la scène politique de 1824 à 1829, mais après le départ de celui-ci il fut entraîné dans une lutte de pouvoir aux côtés de Baillie, commissaire des Terres de la couronne et chef d'un groupe appelé plus tard le « parti des fonctionnaires ». Leur principal adversaire était Charles Simonds*, dont les partisans éprouvaient un fort sentiment d'appartenance au Nouveau-Brunswick et favorisaient l'exercice du pouvoir par l'Assemblée. Les « fonctionnaires », d'un provincialisme moins étroit, défendaient la prérogative royale et le principe d'un exécutif puissant. En 1832, le mariage de Baillie, veuf, à la fille d'Odell, Elizabeth, cimenta l'alliance des deux hommes.

Titulaires des postes les plus importants de la colonie après celui de lieutenant-gouverneur, Odell et Baillie inspiraient la jalousie et l'inimitié. Ce fut particulièrement le cas lorsque, en 1832–1833, on scinda le Conseil de la province en deux instances, législative et exécutive, et que, grâce à leur influence auprès du ministère des Colonies, on les nomma doyens du nouvel exécutif, formé de cinq membres. Dans le *New-Brunswick Courier,* Robert Gowan* les dépeignit sous les traits de deux canailles, les domestiques Wily Oh'Deil et Tommy, qui tentaient d'arracher la direction du « domaine » au squire écossais, homme bien intentionné mais naïf (l'inefficace lieutenant-gouverneur sir Archibald CAMPBELL). Afin de combattre l'influence du *Courier,* Odell et Baillie financèrent le *Morning Chronicle,* lancé en 1836 – « trop tard », selon MacNutt, « pour retourner l'opinion publique en faveur de ses commanditaires ».

En 1837, le ministère des Colonies transféra à l'Assemblée l'autorité sur les terres de la couronne, nomma un nouveau lieutenant-gouverneur, sir John Harvey, et plaça le Nouveau-Brunswick à l'avant-garde de l'expérimentation constitutionnelle en autorisant des changements qui mettraient le Conseil exécutif au diapason de l'Assemblée. En retour, l'Assemblée s'engagea à pourvoir aux salaires d'Odell et des autres fonctionnaires nommés par lettres patentes. Odell et Baillie soupçonnaient que Harvey allait à l'encontre de la constitution en convoquant le Parlement peu après son arrivée. Tout comme les autres fonctionnaires impériaux Charles Jeffery PETERS, procureur général, et George Frederick Street*, solliciteur général, ils enfreignirent donc le protocole en n'escortant pas le lieutenant-gouverneur à l'ouverture de la session. Ce geste n'empêcha pas le ministère des Colonies de refuser qu'Odell démissionne du Conseil exécutif quand, toujours en 1837, Baillie et Street y furent remplacés par Simonds et Hugh JOHNSTON, hommes politiques qui bénéficiaient de la confiance de l'Assemblée. On jugeait trop indispensable sa connaissance de la province pour qu'on se passe de lui et, pendant quatre ans, il dut travailler avec un lieutenant-gouverneur et des conseillers dont le libéralisme lui répugnait. Au cours de cette période, il fut mêlé à de nouveaux épisodes du litige frontalier avec le Maine. Le règlement de cette question par le traité Webster-Ashburton, en 1842, allégea ses responsabilités mais ne lui apporta guère de contentement, semble-t-il. Son mandat au Conseil exécutif prit fin après les élections de 1842–1843, quand le lieutenant-gouverneur William MacBean George Colebrooke* remania cet organisme.

Des soucis familiaux assombrirent la vieillesse d'Odell. Le changement de la conjoncture politique freinait la carrière de son fils aîné, William Hunter*, que des membres du barreau empêchèrent en 1837 de devenir greffier de la couronne. Le 18 août 1838, Odell en fit officiellement son adjoint au secrétariat de la province, mais la situation n'en devint que plus embarrassante quand, en 1840, le jeune homme

O'Grady

déclencha un scandale par sa conduite irréfléchie. La faillite de Baillie en 1839 toucha aussi Odell, puisque sa fille Elizabeth et ses petits-enfants y perdirent leurs biens. Odell mourut en 1844, le jour de Noël.

Bureaucratie, éducation, distinction : voilà ce qu'évoque le nom des Odell dans les débuts du Nouveau-Brunswick. William Franklin passa sa vie professionnelle à produire et à acheminer le flot de parchemins et de documents par lesquels le gouvernement maintenait son appareil et exerçait son pouvoir. Ensemble, son père et lui occupèrent le poste de secrétaire provincial durant 60 ans. Pendant la plus grande partie de cette période, ils furent les plus proches conseillers des lieutenants-gouverneurs et des administrateurs ; on les consulta en presque toutes les matières ; ils rédigèrent les actes de nomination des membres du conseil, greffiers de comté, juges de paix, shérifs, officiers de milice et autres fonctionnaires provinciaux ; ils entretinrent une correspondance avec les autorités locales au nom du lieutenant-gouverneur et du conseil ; ils tinrent les archives du conseil ; ils participèrent à l'octroi des concessions foncières et à l'émission des titres de propriété ; ils s'acquittèrent de tâches spéciales, comme le recensement [V. Henry George CLOPPER], commandées de temps à autre par le Parlement. Même l'inscription des étudiants au College of New Brunswick (plus tard appelé King's College), à Fredericton, nécessitait l'émission d'un mandement.

Grâce à la période de prospérité qui s'amorça à peu près au moment où il succéda à son père, Odell gagnait en honoraires – perçus surtout sur les concessions des terres de la couronne et les permis – un revenu qui lui permettait de vivre confortablement et de maintenir au secrétariat de la province un personnel suffisant. Il occupa aussi beaucoup de postes mineurs, soit pour l'argent, soit par souci de son devoir de citoyen, soit peut-être par commodité administrative : officier payeur de la milice (1813), membre du conseil d'administration du College of New Brunswick et du King's College, secrétaire des commissaires aux redevances (1832), responsable de la lutte anti-incendie à Fredericton (1823), commissaire de la voirie et greffier de la couronne à la Cour de la chancellerie (1839). Dans les archives, il figure sans cesse comme membre de comités formés pour accomplir des tâches pratiques dans des secteurs aussi divers que la construction et les banques.

Tout au long de son existence, William Franklin Odell put compter sur la solidarité de sa famille, qui était très unie et tentait de maintenir dans une colonie isolée l'idéal de l'anglicanisme cosmopolite distingué. Il semble à propos qu'en plein cœur de Fredericton l'Odell Park and Game Refuge, l'ancienne ferme d'Odell, d'une superficie de 300 acres et dont on a préservé une bonne partie de la forêt, entretienne au Nouveau-Brunswick la mémoire de cet amateur de la nature, également courtisan et bureaucrate.

D. MURRAY YOUNG

APC, MG 23, D1, sér. 1, 53 ; 54 : particulièrement 649–655, 665–670 ; 60 ; MG 24, A3, Vaughan à Douglas, 6 oct. 1827. — APNB, RG 1, RS336, A2, Smyth à Bathurst, 17 avril 1815. — Musée du N.-B., N.B. Hist. Soc. papers, packet 5, n° 1 ; Odell family papers, packets 18–19 ; packet 20, items 9, 31 ; packets 21–25. — PRO, CO 188/17 : f°s 22–23, 38–39 ; 188/29 : f°s 297–298 v° ; 189/11 : 313 ; Goulburn à Odell, 26 févr. 1818. — Royal Gazette (Saint-Jean, N.-B. ; Fredericton), 9 janv. 1809, 11 janv. 1813, 7 janv. 1823, 22 mars 1843, 1er janv. 1845. — Hill, Old Burying Ground. — Lawrence, Judges of N.B. (Stockton et Raymond). — MacNutt, New Brunswick. — W. F. Ganong, « A monograph of the evolution of the boundaries of the province of New Brunswick », SRC Mémoires, 2e sér., 7 (1901), sect. II : 139–449. — W. D. Hamilton, « Indian lands in New Brunswick : the case of the Little South West Reserve », Acadiensis (Fredericton), 13 (1983–1984), n° 2 : 3–28.

O'GRADY (Grady), STANDISH, fermier et poète, né probablement en 1789 ou 1790 dans le comté de Limerick (république d'Irlande), fils de Standish Grady ; il épousa Margaret Thompson, aussi originaire du sud de l'Irlande, et ils eurent au moins trois enfants ; circa 1807–1845.

La vie de Standish O'Grady en Irlande ne saurait faire l'objet d'un récit détaillé ; les éléments connus viennent largement de ses écrits et se contredisent quelquefois. De plus, l'existence de plusieurs contemporains du même nom a brouillé les cartes. Apparemment, O'Grady entra au Trinity College de Dublin le 3 février 1807, à l'âge de 17 ans ; il obtint sa licence ès arts en 1810. Diacre de l'Église d'Irlande à compter du 3 octobre 1813, il fut ordonné prêtre le 24 juillet 1814 dans le diocèse de Limerick. Le 16 septembre 1817, on le nommait au bénéfice de Tullybracky, dans le même diocèse ; auparavant, il avait été vicaire de Cullen, dans le diocèse d'Emly. De 1820 à son départ pour le Bas-Canada en 1836, il fut peut-être rector de Kilnasoolagh et de plusieurs autres paroisses du diocèse de Killaloe. S'il décida d'émigrer, c'est en partie à cause des « guerres de dîmes » qui déchirèrent l'Église d'Irlande entre 1820 et 1840, et qui laissèrent bien des membres du clergé sans rémunération ou, pour reprendre ses termes, dans « la misère la plus abjecte ». Dégoûté « du gouvernement et incapable de subsister dans son pays, [... il] s'embarqua pour l'Amérique, avec un petit pécule ». Un revenu de £382 lui était dû depuis le début des années 1830, mais jamais on ne le lui versa.

Partis de Waterford au début d'avril 1836, O'Grady et sa femme arrivèrent à Québec le 22 mai. En août, ils vivaient dans une ferme près de William Henry (Sorel) ; ils allaient demeurer dans cette région au moins jusqu'en 1842. Ils eurent un fils en juin 1836, mais il mourut en janvier suivant. Un autre naquit en septembre 1837, puis une fille en mars 1839. Assurer la subsistance de sa jeune famille n'était que l'un des nombreux problèmes qui assaillaient alors O'Grady. Inaccoutumé aux durs travaux manuels, surpris par la dureté de l'hiver bas-canadien, incapable de cultiver un sol qui n'était qu'« un véritable amas de sable impropre au labour », il ne réussit pas comme fermier. Un hiver, « un étalon de race canadienne et une misérable vache furent tout ce qui subsista de [son] bétail ». L'agitation qu'engendra la rébellion de 1837–1838 ajoutait à ses difficultés personnelles ; nullement partisan du républicanisme, il qualifia Louis-Joseph Papineau* de lâche parce qu'il s'enfuyait tandis que « les audacieux, intrépides paysans » se sacrifiaient pour sa cause. À la fin, c'est sa mauvaise santé qui l'obligea à changer de mode de vie. O'Grady donne ces détails dans les vers et les notes d'un poème, *The emigrant, a poem, in four cantos*.

Pendant l'été de 1841, O'Grady se rendit à Montréal pour vendre des souscriptions à « une composition poétique ». Les rédacteurs du *Literary Garland*, qui eurent la « faveur de parcourir quelques pages de cette œuvre », signalèrent dans leur numéro d'août 1841 qu'elle présentait « le caractère d'un poème épique, enrichi d'un nombre considérable de notes, de nature à inspirer le rire et contenait ici et là des traits d'esprit et de génie ». Les lignes qu'ils avaient lues étaient « très belles » ; les « noms respectables » qui figuraient sur la liste des souscripteurs, ainsi que « les messages hautement élogieux adressés à l'auteur », achevaient de les convaincre « que l'œuvre méritait la considération ». John Lovell* imprima et publia *The emigrant* à Montréal en 1841, mais on ne fit probablement pas la distribution avant le début de l'année suivante. Le 20 janvier 1842, le *Montreal Transcript* publia un long commentaire en majeure partie favorable à l'ouvrage ; la semaine suivante, il reproduisit une notice brève mais enthousiaste du *Montreal Messenger*.

The emigrant contient un seul des quatre chants annoncés dans le titre, plus des notes abondantes et 13 courts morceaux lyriques. Dans la préface, O'Grady souligne qu'il n'est pas « un ennemi de l'émigration », mais qu'il recommande le Haut-Canada plutôt que le Bas-Canada, où le froid est « excessif » et les hivers « trop longs ». Son « prochain chant », promet-il, en dira davantage sur le Haut-Canada, « de loin un emporium plus intéressant pour [la] trop nombreuse population [de l'Irlande] ». Le premier chant aborde plusieurs thèmes, dont la situation troublée de la « fière Érin », l'émigration, le climat du Bas-Canada, les coutumes des Canadiens et les luttes politiques qui agitaient alors les deux provinces. Ces thèmes présentent une charge émotive du fait qu'ils sont liés, voire entremêlés, à l'histoire de l'auteur et à celle de deux personnages fictifs, Alfred et Sylvia, jeunes amants qui fuient l'Irlande, trouvent refuge au Bas-Canada et y échouent aussi misérablement que le poète lui-même. Le chant, composé de couplets rimés, se termine sur une note optimiste : le « rude printemps » arrive, et des « espoirs réconfortants » renaissent parce que le « puissant Wolfe [James Wolfe*] en Colborne [John Colborne*] survit toujours ». Cependant, la discontinuité qui subsiste dans l'orchestration des thèmes révèle l'impression de déracinement et le désespoir qui habitaient O'Grady lorsqu'il composa « ce premier volume », dédié à « personne ».

Peu après la parution de l'ouvrage *The emigrant*, O'Grady quitta William Henry avec sa famille. En mars 1843, selon un article du *Transcript*, il fit partie d'un comité d'Irlandais de Montréal qui se rendit à Lachine dans l'espoir de mettre fin aux bagarres qui opposaient des factions rivales d'ouvriers irlandais de Cork et de Connaught, en grève à cause des maigres salaires qu'ils touchaient pour la construction du canal de Lachine. Il « contribua principalement au succès de la mission, disait le journal, en réunissant plusieurs centaines d'ouvriers de Cork sur les lieux, où il y eut réconciliation. Ses compatriotes lui réservèrent des applaudissements chaleureux. » Selon le *British Canadian, and Canada West Commercial and General Advertiser*, le « pauvre vieil O'Grady », apparemment installé quelque part dans le Haut-Canada, se trouvait à la fin de 1845 dans une « situation lamentable ». Bien qu'il ait été « issu [...] d'une très respectable famille irlando-protestante », « la main glaciale de la pauvreté s'[était] abattue sur lui » et « sa tête grise se pench[ait] avec chagrin vers la tombe ». Comme O'Grady demeurait « silencieux » à propos de ses « besoins », le journal publiait « cette brève notice, tout à fait à son insu », afin de demander la charité pour lui. On pouvait « avoir des nouvelles » de lui au bureau du *British Canadian*. Après la parution de cet avis, la *Montreal Gazette* offrit de recevoir des « contributions » au nom d'O'Grady. L'*Examiner*, par contre, se scandalisa de ces appels et laissa entendre, assez obscurément, qu'O'Grady avait mené une vie de « dissipation ».

On ignore ce qu'il advint ensuite de Standish O'Grady. Sans doute mourut-il quelque part dans le Haut-Canada. *The emigrant* perpétue sa mémoire : bien qu'incomplet et décousu, ce poème figure encore souvent dans des anthologies et on le cite fréquemment. L'œuvre, où se mélangent espoir et désespoir, sentiment d'aliénation et volonté de s'adapter, rappelle bien la situation d'O'Grady et des milliers d'émigrants irlandais – protestants et catholiques – qui, chassés de leur terre natale, débarquèrent en Amérique du Nord vers le milieu du XIXe siècle.

MARY JANE EDWARDS

O'Grady

Des recherches en Ontario et au Québec pour trouver la date de décès de Standish O'Grady se sont avérées infructueuses. O'Grady est l'auteur de : *The emigrant, a poem, in four cantos* (Montréal, 1841) dont des extraits ont été inclus dans plusieurs recueils de poésie tels que : *The Oxford book of Canadian verse, in English and French,* introd. d'A. J. M. Smith, édit. (Toronto et New York, 1960) ; et *The new Oxford book of Canadian verse in English* (Toronto, 1982).

ANQ-M, CE3-1, 20 août 1836, 27 janv., 9 oct. 1837, 2 avril 1839 (mfm aux APC). — Representative Church Body Library (Dublin), MS 61. — « Our table », *Literary Garland,* 3 (1840–1841) : 432. — *Examiner* (Toronto), 19 nov. 1845, qui cite le *British Canadian, and Canada West Commercial and General Advertiser* (Toronto). — *La Gazette de Québec,* 23 mai 1836. — *Montreal Gazette,* 19 nov. 1845. — *Montreal Transcript,* 20, 27 janv. 1842, 11 mars 1843. — *Alumni Dublinenses* […], G. D. Burtchaell et T. U. Sadleir, édit. (Dublin, 1924). — *The Oxford companion to Canadian literature,* William Toye, édit. (Toronto, 1983). — D. H. Akenson, *The Church of Ireland, ecclesiastical reform and revolution, 1800–1885* (New Haven, Conn., et Londres, 1971). — L. [M.] Lande, *Old lamps aglow ; an appreciation of early Canadian poetry* (Montréal, 1957). — *Literary history of Canada : Canadian literature in English,* C. F. Klinck *et al.,* édit. (2ᵉ éd., 3 vol., Toronto et Buffalo, N.Y., 1976), 1 : 149–150. — M. L. MacDonald, « Literature and society in the Canadas, 1830–1850 » (thèse de PH.D., Carleton Univ., Ottawa, 1984). — H. C. Pentland, « The Lachine strike of 1843 », *CHR,* 29 (1948) : 255–277.

O'GRADY, WILLIAM JOHN, prêtre catholique et journaliste, né en Irlande ; décédé vers le 18 août 1840 à Pickering, Haut-Canada.

Rien, chez William John O'Grady, ne fut ordinaire : ni ses talents ni sa personnalité, et encore moins sa carrière. Ordonné prêtre vers 1816, selon son témoignage, il fut nommé plus tard secrétaire de l'évêque de Cork, poste dont on l'aurait démis si l'on en croit l'évêque Alexander McDONELL, sa bête noire. À la fin des années 1820, il se joignit à titre d'aumônier aux troupes britanniques licenciées qui émigrèrent au Brésil sous le commandement de Connell James Baldwin* ; son frère John l'accompagnait. On ne sait trop quel fut le sort des nouveaux arrivants. Selon une source, on aurait tenté de les enrôler dans l'armée brésilienne et ils se seraient mutinés ; d'après une autre, ils se révoltèrent quand on les désigna pour défricher des terres. McDonell soutint plus tard que les soldats, furieux, s'en étaient pris aux O'Grady et les avaient forcés à fuir le Brésil. John O'Grady prétendit pour sa part que l'ambassadeur de Grande-Bretagne lui avait demandé d'organiser le départ des troupes britanniques, alors dans un « état déplorable ». Après avoir acquiescé à cette demande, il aurait convaincu ses compatriotes d'aller s'établir dans le Haut-Canada. Le 26 juillet 1828, à Rio de Janeiro, 500 hommes embarquaient pour le Nord.

Fait curieux, l'abbé O'Grady était déjà arrivé dans le Haut-Canada en juin. Il alla immédiatement se présenter chez McDonell, à Glengarry ; avant même que l'évêque ahuri ait eu le temps de digérer ses déclarations, O'Grady repartit brusquement. Il gagna York (Toronto) où il devint l'adjoint d'Angus MacDonell, neveu de l'évêque et curé de la paroisse St Paul. McDonell, désireux de recruter des prêtres d'Irlande pour desservir la nouvelle population d'origine irlandaise, finit par confier la paroisse à O'Grady, comme celui-ci le lui avait maintes fois demandé. Cette nomination ne devint cependant officielle qu'en janvier 1829, ce qui contraria quelque peu le nouveau titulaire.

Dans ses nouvelles fonctions, O'Grady se révéla fort intelligent et charmant et sut frayer avec les personnalités d'York, y compris le lieutenant-gouverneur, sir John Colborne*. Il se montra aussi un prêtre extraordinairement compétent et énergique et multiplia les projets destinés à faire progresser le catholicisme. Ses tournées missionnaires l'amenèrent dans plusieurs cantons voisins d'York. Il demandait sans cesse des terrains au gouvernement pour y bâtir des églises. Il supervisa la collecte de fonds organisée pour fonder à York une école catholique, dont il surveilla la construction ; il sollicita en haut lieu de l'aide financière pour construire un couvent ; il suggéra de tenir des assemblées ecclésiastiques pour lutter contre le « caractère rétif & l'impétuosité » de certains prêtres. McDonell en vint à considérer O'Grady comme une bénédiction et lui conféra en janvier 1830 le « pouvoir et [l']autorité » d'un vicaire général. O'Grady prétendit ne pas rechercher ce titre officiel, et effectivement ne le reçut jamais.

O'Grady vécut en 1830–1831 une période décisive : il dut se mêler d'une controverse compliquée à Sandwich (Windsor) et à Amherstburg. Le désordre régnait dans ces paroisses depuis la fin des années 1820, en grande partie parce que Louis-Joseph Fluet, curé d'Amherstburg, et Joseph Crevier, dit Bellerive, curé de Sandwich, ne pouvaient s'entendre sur le choix du lieu de construction d'un couvent. L'hostilité de nombreux habitants, en particulier de francophones, envers la puissante famille Baby, aggravait le problème. Cette animosité – due au ressentiment envers cette famille et aux préjugés ethniques à l'égard du *compact* non francophone dont les Baby étaient des membres très en vue – se manifesta concrètement aux élections provinciales d'octobre 1830, lorsque Crevier et Fluet critiquèrent François Baby*, qui s'était porté candidat dans la région. Enragé par sa défaite, Baby écrivit à O'Grady et à McDonell pour exiger le renvoi des deux prêtres.

McDonell ordonna apparemment à O'Grady de mener une enquête sur place. Ce dernier fut consterné. Crevier avait commis de graves irrégularités dans la gestion financière de sa paroisse ; les deux prêtres négligeaient leurs devoirs pastoraux ; tous deux commettaient des inconvenances dans leur vie privée : Crevier, par exemple, avait « une apparence négligée et presque dégoûtante même à l'autel », et Fluet avait une maîtresse (qu'il épousa plus tard). Il semble que l'abbé O'Grady convainquit ses deux confrères de s'amender et même de cesser de se quereller au sujet du couvent à construire. Mais dès son retour à York, la situation s'était déjà détériorée.

En février 1831, O'Grady retourna à Sandwich à la demande de son évêque. Il recourut cette fois à la manière forte : il jeta l'interdit sur l'église de Sandwich, et ordonna la mutation de Crevier et la suspension de Fluet. Les prêtres organisèrent alors dans l'église de Sandwich une assemblée publique où Crevier aurait dénoncé McDonell et où Fluet aurait affirmé qu'il « se fichait des évêques et des prêtres et même du pape, et qu'il était du devoir de la population de verrouiller la porte des églises et de ne pas souffrir que des étrangers d'Écosse ou d'Irlande les régentent ». Après maintes pétitions et contre-pétitions, McDonell ordonna à O'Grady de rétablir Fluet dans ses fonctions et d'autoriser Crevier à rester à Sandwich au moins jusqu'à ce que l'on ait « des preuves légales de son inconduite ». Selon l'évêque, ces mesures n'étaient pas un désaveu d'O'Grady : elles découlaient plutôt des interventions de Colborne et de l'archevêque de Québec, Bernard-Claude Panet*. Toutefois, cette explication n'apaisa nullement O'Grady. Depuis le début, celui-ci avait répété à McDonell que laisser « deux prêtres égoïstes et entêtés » faire affront à la « dignité épiscopale » amènerait la « fin de tout ordre & [de toute] subordination » dans le diocèse. Son avertissement n'avait cependant reçu aucune attention et, pire encore, on avait sapé publiquement son autorité. Humilié, O'Grady se plaignit de ce que l'action de McDonell l'avait placé dans un « dilemme très gênant » et de ce que « tout le discrédit » de l'affaire allait retomber sur lui. Tout en se disant prêt à « abdiquer [son] propre jugement », O'Grady prévint McDonell que l'« autorité épiscopale » avait reçu un coup mortel. Il lui fit bien comprendre qu'il n'interviendrait pas si la faction de Crevier causait encore des ennuis à l'Église.

Il serait exagéré de dire que l'affaire de Sandwich fut la cause première de la rupture qui allait survenir entre O'Grady et McDonell. Il est toutefois permis de penser qu'elle avait tellement empoisonné leurs relations que, lorsque l'évêque dut rappeler à l'ordre O'Grady lui-même, ce dernier n'était guère d'humeur à tendre l'autre joue. On peut retracer assez facilement les faits qui aboutirent à l'affrontement. Dans la paroisse St Paul, O'Grady avait d'abord mérité l'estime de McDonell par son travail, mais il s'était aussi fait des ennemis. En mars 1829, Mme Irma Boulton et le marguillier William Bergin lui firent des reproches sur son tempérament. En septembre 1830,

les relations entre O'Grady et ses marguilliers étaient tout juste polies. En décembre 1831, certains prêtres accusèrent O'Grady d'avoir détourné des fonds de la paroisse. L'année suivante, on l'accusa de négliger ses devoirs pastoraux, d'être lié à des réformistes radicaux, tel William Lyon Mackenzie*, et d'avoir une conduite déshonorante (Irma Boulton et Francis Collins*, rédacteur en chef du *Canadian Freeman*, prétendirent qu'il avait une liaison). Après avoir dirigé une enquête en juillet 1831, McDonell disculpa son subordonné, mais décida qu'il valait mieux l'affecter à la région plus tranquille de Prescott et de Brockville. O'Grady refusa alors de quitter York – revirement singulier pour un prêtre qui venait de prier son évêque de faire respecter l'autorité épiscopale –, remplaça les marguilliers qui lui étaient hostiles et verrouilla les portes de son église.

McDonell exclut temporairement O'Grady du clergé et jeta l'interdit sur la paroisse St Paul. Il intenta également une poursuite pour reprendre possession de l'église (il gagna sa cause à la fin de 1833, après l'avoir d'abord perdue pour vice de forme). O'Grady demeura aux aguets jusqu'en octobre 1832 ; il proposa alors à McDonell de demander aux sulpiciens de Montréal de trancher leur différend. Il compromit cependant cette démarche de conciliation en se montrant fort grossier envers son évêque, à qui il écrivit ces mots étonnants : « Au nom du sens commun, qu'est-ce qui vous fait perdre la tête ? [...] Toute l'expérience de votre longue vie ne vous a donc pas appris à être utile ? [...] Mais il est trop tard pour que vous commenciez et, au lieu d'apprendre à vivre, il est de votre intérêt d'apprendre à mourir. » Dans sa lettre, farcie de propos du même genre, O'Grady accusait même McDonell d'avoir détourné des fonds de l'Église.

À l'automne de 1832, à la suite de l'intervention de James Baby* et de John Strachan*, il sembla un moment que la paix allait revenir, mais ces efforts se heurtèrent à l'entêtement d'O'Grady. Vers la fin de l'année, ce dernier s'associa à James King pour fonder un journal, le *Canadian Correspondent,* dans lequel il devait continuer de couvrir McDonell d'injures et suivre les politiques des réformistes radicaux. En janvier 1833, après son renvoi officiel du clergé, O'Grady soumit au lieutenant-gouverneur une requête dans laquelle il présentait ce nouvel argument : McDonell ne pouvait l'expulser de sa paroisse puisque, depuis le traité de Paris (1763), les prêtres catholiques relevaient de la couronne britannique. Le procureur général, Henry John Boulton*, et le solliciteur général, Christopher Alexander HAGERMAN, rédigèrent chacun un rapport défavorable au prêtre ; McDonell rejeta lui aussi le raisonnement d'O'Grady et Colborne ne donna pas suite à sa requête.

En mai 1833, McDonell excommunia O'Grady et

ses partisans ; ces derniers lancèrent sans tarder une pétition pour demander qu'on mène une enquête sur la gestion financière de l'évêque. Cette requête connut le même sort que celle d'O'Grady : envoyée à Colborne, elle fut transmise à McDonell pour qu'il fasse ses observations, mais elle n'aboutit à rien. En août, O'Grady partit pour Rome dans l'intention d'en appeler au pape, mais McDonell sabota sa mission en prévenant par écrit des amis de Rome. L'un d'eux, le cardinal Thomas Weld, accueillit froidement l'excommunié et lui conseilla de rentrer et de se soumettre à son évêque. Comme il ne pouvait rencontrer d'autres autorités du Vatican, O'Grady se rendit à Londres pour soumettre sa pétition au roi, puis revint dans le Haut-Canada en janvier 1834. En mars de la même année, il écrivit au ministère des Colonies pour défendre à nouveau sa conduite et accuser McDonell de malversation. Fait assez bizarre, il fit aussi valoir à ce dernier qu'il serait important de régler leur différend. La réponse de McDonell fut cassante : il exigea d'O'Grady qu'il se soumette complètement et rétracte toutes ses « erreurs et faussetés ». Ce fut le dernier échange entre les deux hommes. Devant le refus du ministère des Colonies, O'Grady abandonna le combat qu'il livrait pour garder sa cure et se consacra à son journal.

La lutte entre O'Grady et McDonell avait peu à voir avec les principes : c'était essentiellement un conflit de personnalités. Immensément fier, plein de rancune à la suite de l'affaire Crevier-Fluet, O'Grady s'en prenait à McDonell parce que ce dernier paraissait résolu à l'humilier. Pour l'évêque, O'Grady était un prêtre en qui il avait mis sa confiance et dont la trahison l'avait blessé profondément. C'est avec l'acharnement bien caractéristique des Highlanders qu'il usa de représailles envers lui. Mais ce n'est pas uniquement la colère qui inspira sa réaction. Aux yeux de McDonell, la structure de l'Église était le reflet exact de celle de la société ; par conséquent, en défiant l'autorité épiscopale, O'Grady se trouvait à remettre en question les idées et les postulats qui faisaient partie intégrante de la vision qu'entretenait McDonell d'un ordre social hiérarchisé et stable. Ce qui aggravait la situation, c'est que la désobéissance d'O'Grady, tout comme ses prises de position radicales, mettait en péril les réalisations que caressait McDonell dans le domaine politique. En effet, l'évêque s'était toujours préoccupé au plus haut point de convaincre les autorités civiles que ses ouailles étaient respectueuses des lois, disciplinées et fidèles à la couronne. Par son cirque, O'Grady semblait ridiculiser ses efforts et c'est donc aussi pour cette raison que McDonell réagit rapidement et furieusement contre lui.

O'Grady fut peut-être le grand cauchemar de l'évêque McDonell, mais il y en avait d'autres. Dans les années 1830, en effet, plusieurs prêtres étaient soit rebelles, soit incompétents, ou présentaient ces deux

défauts ; la pénible obligation de traiter avec eux n'était pas sans miner la santé de l'évêque vieillissant, qui devenait de plus en plus grincheux et soupçonneux. S'il n'était pas seul à regimber, O'Grady n'était pas non plus un fauteur de troubles ordinaire. Le scandale qu'il infligea à l'Église était d'une ampleur sans précédent ; même Fluet et Crevier furent loin d'embarrasser autant McDonell. En outre, contrairement aux autres moutons noirs du clergé (à l'exception de Fluet et de Crevier), O'Grady jouissait d'un appui populaire considérable. Parmi ses partisans se trouvaient des libéraux protestants ravis de pouvoir tirer dans les pattes de McDonell ; le plus notable d'entre eux était Mackenzie, mais il s'en trouvait d'autres (les protestants étaient bien représentés à la réunion pro-O'Grady qui eut lieu dans la paroisse St Paul en avril 1833). O'Grady comptait également beaucoup d'alliés parmi les catholiques. Tout au long de ses démarches, un groupe de paroissiens l'appuya et, en deux occasions, soit en février et en juin 1833, des catholiques de York firent circuler une pétition en sa faveur ; ils recueillirent pas moins de 840 signatures la seconde fois. McDonell rejeta les pétitions en invoquant leur caractère frauduleux ; il est fort probable en effet que certains des signataires étaient des protestants et que d'autres avaient signé sans savoir de quoi il retournait. Pourtant, il est difficile d'imaginer que toutes ces signatures, ou même seulement la majorité d'entre elles, en étaient de complaisance. De toute façon, ce qui importe n'est pas tant qu'O'Grady ait pu exagérer le soutien reçu de la part des catholiques, mais qu'il en ait eu un tant soit peu, compte tenu de sa désobéissance flagrante à l'autorité ecclésiastique.

Il n'est pas facile de déterminer pourquoi O'Grady jouissait de l'appui de catholiques. De toute évidence, il y avait un lien étroit entre sa popularité et la présence irlandaise à York. Au début des années 1830, on y comptait un bon nombre d'Irlandais catholiques, et cette population allait continuer de croître rapidement jusqu'à la fin de la décennie. Cette communauté, soudée par l'histoire, la pauvreté et l'absence de pouvoir politique, était obstinément ethnocentrique et, par tradition, réformiste en politique. Il ne faut donc pas se surprendre que McDonell ait toujours eu des opposants parmi les catholiques d'York, tant parce qu'il était écossais que parce qu'il était l'un des piliers de l'oligarchie régnante. Son impopularité explique peut-être en partie pourquoi la paroisse St Paul, peuplée en majorité d'Irlandais de la classe inférieure, fut si indocile non seulement à l'époque d'O'Grady mais aussi avant et après ; en outre, semble-t-il, la nette division dans la paroisse entre Irlandais et non-Irlandais ainsi que la présence d'Irlandais catholiques de la classe moyenne, tel King, qui joua un rôle important dans la mobilisation du mécontentement, n'étaient pas non plus étrangères à la situation. Les difficultés qu'éprouvait McDonell à ramener la paroisse dans le droit chemin étaient d'autant plus grandes qu'O'Grady était un démagogue astucieux, capable d'exploiter l'aversion que ses paroissiens éprouvaient pour leur évêque et de la tourner à son avantage.

Pour connaître la pensée politique et sociale d'O'Grady, il faut puiser abondamment aux pages du *Correspondent,* l'un des journaux les plus radicaux d'avant la Confédération. À partir de la fondation, à la fin de 1832, jusqu'en août 1833, le propriétaire et rédacteur en chef fut en principe King, mais il fait peu de doute que c'est O'Grady qui en fut l'âme. Quand ce dernier dut s'absenter pour se rendre en Europe, King assuma seul la responsabilité du journal, dont la page éditoriale devint de plus en plus fade, voire doucereuse. On ignore à quel titre King s'occupa du journal au cours des six mois qui suivirent le retour de son associé en janvier 1834 mais, à en juger par la fougue et le radicalisme passionné des éditoriaux qui parurent dès lors, O'Grady avait manifestement repris les rênes. En juillet, King coupa les liens avec le *Correspondent* ; officiellement, John Reynolds était le nouveau propriétaire, mais c'est O'Grady qui demeura le véritable dirigeant. En novembre, le journal fusionna avec le *Colonial Advocate* de Mackenzie et on le rebaptisa *Correspondent and Advocate.* O'Grady en fut le rédacteur en chef jusqu'à son effondrement, la veille de la rébellion.

Le *Correspondent* – tout comme les deux autres grands journaux catholiques irlandais d'avant 1867, le *Canadian Freeman* de Collins et le *Toronto Mirror* de Charles Donlevy* – était profondément irlandais. Son patriotisme se traduisait par des attaques contre la Grande-Bretagne et des demandes de rappel de l'union de 1800. Lorsqu'il abordait la question irlandaise, le *Correspondent,* comme le *Freeman* et le *Mirror* d'ailleurs, veillait toutefois à exprimer sa préférence pour l'agitation pacifique de Daniel O'Connell plutôt que pour l'insurrection armée. Le côté radical de la vision d'O'Grady ressortait davantage quand le journal se penchait sur les problèmes sociaux et économiques du Haut-Canada ou encore sur la question plus vaste de la structure de la société. Sa philosophie socio-politique était à l'image de sa personne, remarquablement complexe, et s'inspirait de diverses traditions, dont le rationalisme du Siècle des lumières, le whiggisme radical du XVIIIe siècle, le « jacksonisme » américain et la pensée révolutionnaire du début du XIXe siècle. Mises ensemble, ces traditions formaient un amalgame d'idées libérales bouillonnantes qui placèrent O'Grady et McDonell à des pôles opposés. Ces idées éloignèrent aussi O'Grady des autres réformistes qui – sauf Mackenzie, exception notable – souscrivaient à maintes valeurs sociales et politiques de leurs adversaires tories. À l'instar de Mackenzie, O'Grady avait une tendance très marquée à l'égalitarisme démocratique, qui donnait à sa vision politique un accent nettement révolutionnaire.

Le radicalisme d'O'Grady transparaissait dans tous les éditoriaux du *Correspondent,* lesquels abondaient en attaques contre les monopoles, les sociétés commerciales et le principe de l'aide gouvernementale aux confessions, peu importe leur étiquette. Le *Correspondent* portait aussi un grand intérêt à l'esprit révolutionnaire qui soufflait sur l'Europe pour la débarrasser des « décombres des âges » ; il proclamait inlassablement que le gouvernement tenait son autorité des citoyens et n'existait que pour favoriser leur bonheur ; il s'inquiétait sans cesse du sort lamentable des pauvres et invectivait leurs oppresseurs. À l'occasion, l'égalitarisme démocratique qui inspirait le journal ressortait dans des éditoriaux sereins au raisonnement serré, tel celui-ci : « l'objet légitime d'un bon gouvernement est d'empêcher le plus possible les extrêmes de richesse et de pauvreté et de répartir également les bienfaits de la nature entre toutes les classes » sociales. Le plus souvent, cette volonté d'égalitarisme démocratique poussait le journal à publier de furieuses dénonciations de la « bonne société » haut-canadienne, cette « aristocratie de pensionnés – gens à place, souteneurs, entremetteurs et aspirants ». Un éditorial paru en 1834 affirmait sans ambages : « ces créatures doucereuses et leur famille [devraient] gagner leur pain comme les autres gens, par un travail honnête ».

Tout au long des années 1830, le *Correspondent* s'afficha résolument en faveur des réformistes du Haut-Canada. Il prodiguait des louanges à des héros qu'il s'était donnés, surtout Marshall Spring Bidwell* et Mackenzie, et lançait des injures à tout tory en vue ; au nombre des cibles du journal, il y avait Colborne, l'ancien ami d'O'Grady devenu un « imbécile corrompu et fourbe », et John Beverley Robinson* « qui, dissimulé dans les coulisses de l'intrigue et de la duperie, dirige[ait] chaque mouvement de ses perfides satellites ». O'Grady avait ses remèdes pour assurer le bien-être du Haut-Canada, dont la plupart n'avaient rien de révolutionnaire : administration « bon marché et économe », construction de voies ferrées et de canaux, instauration d'un gouvernement responsable. Le *Correspondent* se démarquait néanmoins des autres : fidèle à ses principes égalitaires, il réclamait un impôt sur la richesse et mettait le cens électoral au rang des « vieilles abominations féodales ». Le journal adopta une position particulièrement rigoureuse sur la question du gouvernement responsable. En février 1836, quand on nomma au Conseil exécutif Robert Baldwin*, John Rolph* et John Henry Dunn*, le *Correspondent* y alla d'une mise en garde : « jamais le peuple ne mettra sa confiance dans un Conseil exécutif composé d'éléments aussi mal accordés et irréconciliables que des tories et des

Ohtowa꤭kéhson

réformistes également divisés ». Dans l'esprit d'O'Grady, manifestement, le Conseil exécutif devait être le reflet fidèle de l'Assemblée, majoritairement acquise à la réforme.

En raison surtout de son association avec le *Correspondent*, O'Grady fut une figure dominante du mouvement réformiste des années 1830. Aux élections provinciales de 1834, il se présenta sans succès contre Hagerman dans Kingston. À la fin de cette année-là, il était membre de la Constitutional Reform Society et faisait partie du conseil d'administration de la Canadian Alliance Society. Au printemps de 1835, il comparut devant le comité spécial de Mackenzie chargé d'examiner les griefs et, vers la fin de la même année, se rendit avec ce dernier dans le Bas-Canada pour rencontrer les principaux réformistes de cette province. En 1836, il joua un rôle important à l'occasion de deux assemblées réformistes tenues à Toronto, en juin et octobre. À la seconde, il fut l'un des militants à qui l'on confia la tâche cruciale de superviser la création de cellules politiques dans toute la province. Au début de 1837, O'Grady faisait partie du conseil d'administration de la Constitutional Reform Society et était un membre actif de la Toronto Political Union. En avril 1837, à l'occasion d'une réunion de cette dernière, il fit adopter une résolution qui préconisait l'organisation d'un congrès réformiste dans le but d'envoyer des délégués à Londres. Une autre de ses résolutions, qu'on adopta également, proposait d'adresser au roi une pétition « sur la situation déplorable de la province et l'activité législative irréfléchie de la chambre d'Assemblée non constitutionnelle d'alors ».

Pour des raisons inconnues, en novembre 1837, O'Grady vendit la presse et la linotype du *Correspondent* à Charles FOTHERGILL contre un terrain dans le canton de Pickering et de l'argent comptant ; après la vente, le journal parut à deux reprises conjointement avec le *Constitution* de Mackenzie, puis il cessa de paraître. On ignore ce que fit O'Grady au cours des mois qui suivirent. Probablement installé dans le canton de Pickering, il semble n'avoir pris aucune part à la rébellion et, chose plus surprenante encore, dans la foulée des raids des patriotes l'année suivante, il aurait même fourni des renseignements militaires au gouvernement. D'après le seul document disponible – une lettre de Robert Baldwin Sullivan* au lieutenant-gouverneur, sir George Arthur* – on ne saurait dire si O'Grady était un espion à la solde du gouvernement ou s'il avait tout simplement fait preuve d'indiscrétion. Aurait-il effectivement trahi Mackenzie et ses vieux amis radicaux, cette volte-face n'aurait été qu'un autre exemple des brusques transitions qui caractérisèrent sa vie.

Quoi qu'il ait pu faire dans les dernières années de sa vie, il semble que William John O'Grady ait continué à défendre la cause de la réforme, sans aller jusqu'à la sédition. Selon John Ryerson*, qui le rencontra chez Thomas David Morrison* en mars 1838, O'Grady n'était nullement abattu par les événements d'alors et pensait toujours que le rêve d'un Haut-Canada réformé était réalisable. Pourtant, même si la nouvelle Jérusalem était à sa portée, il laissait à d'autres le soin d'en susciter l'avènement. À partir de 1838, il aurait mené une existence sans histoires dans le canton de Pickering, où il mourut en 1840. L'enquête du coroner détermina qu'il était décédé de « mort subite ».

CURTIS FAHEY

AO, MS 709 ; RG 1, C-IV, Pickering Township, concession 1, lot 15, particulièrement 339–342. — APC, RG 1, L3, 393A : O15/27, O16/12 ; RG 5, A1 : 52643–52644, 66839–66844, 69249–69254, 69541–69550, 71951–71988, 73285–73286, 76980–76981, 77152–77153, 91128. — Arch. of the Roman Catholic Archdiocese of Toronto, M (Macdonell papers) (mfm aux AO). — Durham Land Registry Office (Whitby, Ontario), [Ontario County], South Pickering Township, abstract index to deeds, vol. A (1795–1955) : 19, 58–59, 140 (mfm aux AO). — PRO, CO 42/418 : 385–394. — *Arthur papers* (Sanderson). — H.-C., House of Assembly, *Journal*, 1835 : 22–23, 26–31, 37–38. — *Town of York, 1815–1834* (Firth). — *Canadian Correspondent* (York [Toronto] ; Toronto), 1833–1834. — *Canadian Freeman*, 1828–1833. — *Cobourg Star*, 27 août 1840. — *Colonial Advocate*, 1833. — *Correspondent and Advocate* (Toronto), 1834–1837. — *Examiner* (Toronto), 19 août 1840. — *Patriot and Farmer's Monitor*, 1833. — *Toronto Patriot*, 21 août 1840. — W. P. Bull, *From Macdonell to McGuigan : the history of the growth of the Roman Catholic Church in Upper Canada* (Toronto, 1939). — J. E. Rea, *Bishop Alexander Macdonell and the politics of Upper Canada* (Toronto, 1974). — C. B. Sissons, *Egerton Ryerson : his life and letters* (2 vol., Toronto, 1937–1947), 1. — *The story of St. Paul's parish, Toronto* [...], Edward Kelly, édit. ([Toronto], 1922).

OHTOWA꤭KÉHSON (Ahdohwahgeseon, Adonwentishon, Catharine, Catharine Brant), matrone du clan agnier de la Tortue, née vers 1759 au bord de la Mohawk (New York), fille de George Croghan et d'une Agnière ; décédée le 23 ou le 24 novembre 1837 près de Brantford, Haut-Canada.

Catharine était la fille d'une Agnière de noble lignage et la petite-fille de Sarah, épouse de Karaghtadie* ; toutes deux avaient probablement été matrones. C'était là un titre important, qui habilitait à nommer ou à déposer le Tekarihogen, grand sachem de la ligue des Six-Nations, non sans avoir mené auparavant une vaste consultation auprès de toutes les classes d'Agniers. Le père de Catharine était agent du département des Affaires indiennes, mais elle grandit dans un milieu entièrement agnier et préféra toujours vivre à la manière des Indiens. Même si elle comprenait l'anglais, elle n'accepta jamais de le parler, même jusque dans ses dernières années. Au moins une fois, elle écrivit son nom (Katerin) ; en d'autres occasions, elle signa d'une croix.

En 1779, pendant la Révolution américaine, Catharine vivait au fort Niagara (près de Youngstown, New York), où nombre d'Indiens demeurés loyaux à la couronne avaient trouvé refuge auprès de la garnison britannique. C'est à cet endroit qu'elle épousa Joseph Brant [Thayendanegea*], d'abord selon la coutume indienne puis, au cours de l'hiver de 1779–1780, selon la loi anglaise. Des prisonniers américains rapportèrent que Brant (marié deux fois devant un ecclésiastique, et deux fois veuf), tout de suite après avoir vu le magistrat John Butler* célébrer un mariage, le pressa de tenir une cérémonie semblable pour Catharine et lui-même.

Aux Indiens des Six-Nations qui ne voulaient pas vivre aux États-Unis, le gouverneur Frederick Haldimand* octroya en 1784 une vaste concession qui s'étendait de la source à l'embouchure de la rivière Grand (Ontario) ; les Brant allèrent s'y établir au printemps suivant. Installés dans la plus belle maison du village agnier, ils recevaient de nombreux invités. Ainsi le voyageur écossais Patrick Campbell* leur rendit visite en février 1792. Catharine, rapporta-t-il, était une belle grande femme aux yeux noirs ; richement vêtue, elle éclipsait tout à fait deux jeunes et jolies Blanches qui étaient présentes. Déjà parents de plusieurs enfants, les Brant en eurent en tout sept.

De noble naissance, Catharine exerçait beaucoup d'influence sur les Six-Nations. Elle avait de l'ascendant sur Henry Tekarihogen*, son demi-frère aîné (ou peut-être son cousin) qu'elle-même ou sa mère avait nommé grand sachem avant 1787, et elle dut être particulièrement écoutée des femmes de la tribu, qui formaient une force politique non négligeable. En 1793, le lieutenant-gouverneur du Haut-Canada, John Graves Simcoe*, refusa aux Six-Nations les droits de jouissance et de propriété sur la concession octroyée par Haldimand. Cette mesure, qui les empêchait de vendre des terrains, mécontenta profondément Joseph Brant. L'agitation se mit à régner à la rivière Grand et les femmes, réunies en conseil, chargèrent leurs guerriers de défendre le territoire. Il est impossible de ne pas voir l'influence de Catharine dans cet épisode, tout comme dans celui de mai 1802, où les femmes de la tribu s'excusèrent auprès de Brant de la part qu'elles avaient prise aux dissensions qui avaient failli mener à son assassinat.

Comme les querelles n'étaient pas éteintes, les Brant allèrent bientôt s'installer sur le territoire actuel de Burlington, à l'extrémité ouest du lac Ontario, où Joseph avait construit sur un domaine d'environ 700 acres, dans le voisinage des Blancs, une grande demeure – un château même, disaient certains. Il aspirait à vivre comme un Anglais de la bonne société, ce qui manifestement n'intéressait pas Catharine.

Même si des domestiques étaient à sa disposition, quand elle avait besoin d'eau, elle n'hésitait pas à envoyer son petit John [Tekarihogen*] en chercher ; aux repas, elle plaçait son chat blanc sur le coin de la table et lui versait une soucoupe de lait. Sophia Pooley, née Burthen, esclave des Brant pendant sa jeunesse, rapportait que Catharine l'avait battue : « [elle] me disait en indien de faire telle chose puis me frappait avec ce qui lui tombait sous la main parce que je ne la comprenais pas ». Un jour, elle blessa la jeune fille au visage avec un couteau ; quand Joseph apprit l'incident, il punit sa femme « comme si elle avait été une enfant ».

Après la mort de son mari en 1807, Catharine retourna vivre dans son ancienne maison de la rivière Grand. Pendant des années, une faction favorable à Brant et une autre, opposée, subsistèrent parmi les Indiens de l'endroit. Henry Tekarihogen, et sans nul doute Catharine elle-même, essayèrent de poursuivre les orientations politiques et économiques de Brant. Ils continuèrent longtemps à réclamer pour les Indiens les terres du haut de la rivière (qu'on leur refusait en raison d'une erreur dans l'acte de concession) et à tenter d'obtenir un acte qui reconnaîtrait leur pleine souveraineté sur tout le territoire. À la mort de Henry, en 1830, ou peut-être un peu avant, quand il devint complètement aveugle, Catharine fit de son fils John, homme plein de ressources, le nouveau Tekarihogen. Comme John à son tour mourut le 27 août 1832, du choléra, elle nomma grand sachem le bébé de sa fille Elizabeth.

Catharine Brant était une maîtresse de maison industrieuse et une chrétienne sincère. On rapporte que, dans les dernières années de sa vie, elle se présentait tous les dimanches à la chapelle des Agniers « vêtue d'une jupe de velours noir, d'une robe chasuble de soie noire, d'une couverture de drap noir et d'une coiffure de velours noir ornée d'une bande de fourrure ». En songeant peut-être aux étranges événements de son existence, elle disait souvent à ses enfants que nul ne sait ce que réserve l'avenir. Elle mourut exactement 30 ans après son mari.

Isabel T. Kelsay

AO, MS 148, sect. I, Brant family ; RG 22, sér. 204, testament de Catharine Brant, homologué le 27 avril 1839. — APC, MG 11, [CO 42] Q, 312-1 : 18–19. — Wis., State Hist. Soc., Draper MSS, 13F25, 13F31, 13F58, 13F94, 14F63, 21F16. — James Buchanan, *Sketches of the history, manners, and customs of the North American Indians with a plan for their melioration* (2 vol., New York, 1824), 2 : 36. — Patrick Campbell, *Travels in the interior inhabited parts of North America in the years 1791 and 1792* [...] (Édimbourg, [1793]), 190–191. — W. W. Campbell, *Annals of Tryon County ; or, the border warfare of New York, during the revolution* (New York, 1831), app., 16–17. — *Corr. of Lieut. Governor Simcoe* (Cruikshank), 2 : 115.

O'Sullivan

— [Thomas Douglas, 5ᵉ comte de] Selkirk, *Lord Selkirk's diary, 1803–1804 ; a journal of his travels in British North America and the northeastern United States*, P. C. T. White, édit. (Toronto, 1958 ; réimpr., New York, 1969), 161. — *The refugee : a north-side view of slavery*, Benjamin Drew, compil. ; introd. de T. G. Edelstein (Reading, Mass., 1969), 135–137. — *Valley of Six Nations* (Johnston), 297. — W. L. Stone, *Life of Joseph Brant – Thayendanegea* (New York, 1838), 2 : 463, 500, 535, 537. — Isabel Thompson Kelsay, *Joseph Brant, 1743–1807, man of two worlds* (Syracuse, N.Y., 1984). — A. I. G. Gilkison, « Reminiscences of earlier years in Brant », *OH*, 12 (1914) : 81–88.

O'SULLIVAN, MICHAEL, avocat, officier de milice, homme politique, juge de paix, fonctionnaire et juge, baptisé le 4 mai 1784 à Clonmel (république d'Irlande), fils de John O'Sullivan et d'Eleonora O'Donel ; décédé le 7 mars 1839 à Montréal.

Michael O'Sullivan, qui était apparenté à l'élite du comté de Tipperary (république d'Irlande), arriva à Montréal dès son jeune âge et s'inscrivit en 1799 au collège Saint-Raphaël que dirigeaient les sulpiciens. Sept ans plus tard, il terminait ses études à la tête d'une classe qui avait compris au moins trois jeunes nationalistes, soit Hugues HENEY, Jean-Moïse RAYMOND et André Jobin*. En décembre 1805, il entra à titre de clerc chez le jeune et brillant avocat montréalais Denis-Benjamin Viger*. Dans le but peut-être d'approfondir sa connaissance du droit anglais et d'améliorer ses chances de réussir dans la pratique privée, il quitta Viger en mars 1808 pour terminer sa formation auprès de l'influent Stephen Sewell*. Il reçut sa commission d'avocat le 6 avril 1811.

Probablement à cause des relations qu'il avait nouées au collège et avec Viger, O'Sullivan écrivit vers 1806 des articles pour *le Canadien*, porte-parole du parti canadien. Le 1ᵉʳ juin 1809, il épousa Cécile Berthelet, fille de l'homme d'affaires Pierre Berthelet* et de Marguerite Viger. Ce mariage resserra ses liens avec la bourgeoisie canadienne de Montréal ; parmi les témoins figuraient Louis GUY, Pierre-Dominique DEBARTZCH et l'avocat Benjamin Beaubien, ainsi que Sewell et le docteur George Selby*. Malheureusement, Cécile mourut en 1811. L'année suivante, O'Sullivan devint lieutenant et adjudant dans le bataillon de milice de Beauharnois. Aide de camp du lieutenant-colonel Charles-Michel d'Irumberry* de Salaberry à la bataille de Châteauguay, en 1813, il fut cité pour bravoure dans des dépêches. Le 9 novembre 1813, il publia un compte rendu de la bataille dans *la Gazette de Montréal* afin de « rendre justice » à Salaberry et de contredire ceux qui, tel le lieutenant-colonel George Richard John Macdonell*, s'attribuaient le mérite de la victoire. O'Sullivan affirmait que, à quelques exceptions près, « ces trois cents hommes et leur brave commandant, étaient tous

Canadiens ». « Qu'on le dise toutes les fois qu'on fera mention de la bataille de Châteauguay, lançait-il, et il faudra que le préjugé cache sa tête hideuse. » Par la suite, tous les Canadiens français qui commentèrent cette bataille allaient s'appuyer sur son récit.

Dans l'intervalle, O'Sullivan s'était constitué une importante clientèle à Montréal et était devenu une autorité en matière de droit. William WALKER, ainsi que Charles-Elzéar* et Dominique* Mondelet furent stagiaires dans son cabinet ; en 1818, avec son ami James Stuart* et Samuel Gale*, il servit de conseiller juridique à lord Selkirk [Douglas*], accusé d'avoir commis des méfaits au fort William (Thunder Bay, Ontario). Il s'associa à James Charles Grant vers 1822 ; jusqu'à la mort de celui-ci en 1836, leur étude conserva une place prépondérante dans le milieu juridique de Montréal.

Avocat brillant, influent et reconnu pour son courage, O'Sullivan n'eut apparemment aucun mal à se faire élire député de la circonscription de Huntingdon en 1814. À l'Assemblée, il collabora étroitement avec Stuart et concentra son attention sur des mesures judiciaires et administratives. Bien que réformiste, il semble qu'il ne joua pas un rôle de premier plan dans les nombreuses batailles qui, à l'époque, opposèrent l'Assemblée et le gouvernement colonial ; il assista à moins de la moitié des sessions durant ses dix années en chambre. Cependant, son opposition ouverte au financement gouvernemental d'un hôpital non confessionnel à Montréal (qui risquait selon lui d'enlever des patients à l'Hôtel-Dieu, un établissement catholique) l'amena à se battre en duel contre l'un des grands promoteurs du projet, le docteur William Caldwell*. Blessé deux fois, O'Sullivan fut dès lors souvent pris de douleurs atroces et souffrit d'une claudication prononcée parce qu'on ne pouvait retirer une balle qui s'était logée près de la colonne vertébrale. Il quitta l'Assemblée en 1824 et son ancien condisciple, Jean-Moïse Raymond, le remplaça. Peut-être avait-il déjà commencé à se distancer du nationalisme prôné par le parti canadien, qui dominait la chambre. En 1822 ou à peu près, il avait tenu un dîner gastronomique pour lequel Jacques Viger* avait composé un chant patriotique mais, dès janvier 1823, Hugues Heney l'accusait de chercher une « querelle d'Allemand » à Denis-Benjamin Viger au sujet d'un projet de loi judiciaire.

Le fait qu'O'Sullivan entretenait toujours d'étroites relations avec ses anciens maîtres, les sulpiciens, à qui il donnait souvent des avis juridiques, dut déplaire au parti canadien à compter de 1820. Cette année-là, les sulpiciens, majoritairement français, perçurent comme une menace pour leur suprématie spirituelle à Montréal l'accession d'un Canadien, Jean-Jacques LARTIGUE, aux titres d'auxiliaire et de suffragant montréalais de Joseph-Octave Plessis*, archevêque de Québec. Sous la conduite de Jean-Henry-Auguste

Roux*, ils intriguèrent dans la colonie, à Londres et à Rome pour miner l'autorité de Lartigue et le forcer à résider hors de la ville. Dans le même temps, Plessis persuada les chefs du parti canadien, surtout Denis-Benjamin Viger et Louis-Joseph Papineau*, cousins de Lartigue, de voler au secours du suffragant. O'Sullivan soutint les sulpiciens et donna des avis sur des questions de droit canonique et civil à Augustin Chaboillez*, prêtre canadien sympathique à leur cause, qui en 1823–1824 contesta publiquement la légalité de la nomination de Lartigue. Toujours à la même époque, O'Sullivan contribua peut-être à faire confier à l'un de ses parents, l'architecte James O'Donnell*, l'élaboration des plans d'un bâtiment plus grand pour l'église Notre-Dame, qu'on devait édifier en partie pour empêcher la construction d'une cathédrale pour Lartigue. En 1824, O'Sullivan parcourut l'Angleterre, la France et l'Italie, soi-disant en touriste, mais dans les faits il avait aussi pour but de faire pression en faveur des sulpiciens. Des amis de Lartigue et Plessis suivaient attentivement ses déplacements. Même si ses efforts échouèrent, ils contribuèrent probablement à rendre la position de Lartigue inconfortable pendant bien des années.

La réputation d'O'Sullivan dans la colonie et dans sa profession ne cessa de croître. On l'avait nommé major du bataillon de milice de Beauharnois en 1821, puis muté au 1er bataillon de milice de la ville de Montréal en 1830 ; en 1832, on le désigna à titre de commissaire chargé de l'érection civile des paroisses. Élu président de l'Advocates' Library and Law Institute of Montreal en 1831 et 1832, il commença à donner des cours de droit, tout comme Sewell, Viger et d'autres avocats éminents ; en décembre 1831, il prononça des conférences publiques sur l'histoire du droit romain jusqu'à Justinien Ier. En 1829, il avait été nommé commissaire enquêteur et, en 1831, il devint conseiller du roi et juge de paix. Par suite de la promotion de Charles Richard Ogden* au poste de procureur général, lord Aylmer [Whitworth-Aylmer] nomma O'Sullivan solliciteur général en avril 1833 en raison de ses antécédents d'avocat et de « l'estime de la population de la province pour sa probité, sa compétence professionnelle et les solides principes constitutionnels [qu'il défendait] en politique ».

O'Sullivan n'évoluait plus dans les mêmes cercles qu'auparavant. Le 17 mai 1831, il avait épousé Jeanne-Marie-Catherine Bruyères, veuve du docteur David Thomas Kennelly et petite-fille de John Bruyères*, ancien seigneur et secrétaire du gouverneur. Au nombre des témoins à ce mariage, on remarquait Toussaint Pothier, conseiller législatif, Charles William Grant, baron de Longueuil et conseiller législatif, le docteur Selby, vieil ami d'O'Sullivan, et – fait étonnant – Joseph Papineau. Les opinions politiques d'O'Sullivan avaient changé aussi : son réformisme avait cédé le pas au torysme. En 1835, Louis-Joseph Papineau estimait que la crise politique du Bas-Canada se dénouerait si seulement Aylmer trouvait le courage de heurter certains fonctionnaires ; « mais, écrivait-il à sa femme, la Politique d'O'Sullivan prévaudra, celle de temporiser, [...] *puis viendra enfin la grande débâcle, qu'il eut été si aisé de prévenir* ». Quand la rébellion de 1837 éclata, O'Sullivan se révéla un solliciteur général efficace. Le 25 octobre 1838, il reçut en récompense le siège de juge en chef de la Cour du banc du roi du district de Montréal, mais il ne fit qu'une seule session : il mourait le 7 mars 1839.

En dépit des revenus que lui avaient rapportés son prospère cabinet d'avocat et ses postes dans l'appareil judiciaire, Michael O'Sullivan avait accumulé de grosses dettes, dont certaines remontaient à 1815. Il ne s'attendait pas à laisser une succession importante, et on peut douter que même la liquidation de ses avoirs, dont quatre propriétés à Montréal et une riche bibliothèque, ait suffi à les rembourser. Malgré sa mort prématurée et sa piètre situation financière, O'Sullivan avait été un personnage éminent du milieu juridique du Bas-Canada. Homme aux aptitudes indéniables, lié personnellement aux plus grandes figures politiques, cléricales et sociales du XIXe siècle montréalais, il doit être considéré comme une grande personnalité catholique de son temps.

Alan Dever

ANQ-M, CE1-51, 1er mai 1809, 12 juin 1811, 17 mai 1831, 11 mars 1839, 20 juill. 1849 ; CN1-28, 8 oct. 1823 ; CN1-126, 7 déc. 1815 ; CN1-134, 1824–1835 ; CN1-187, 31 mai 1824 ; CN1-192, 1834 ; CN1-194, 28 avril 1809 ; CN1-224, 12 avril, 15 mai 1839, 1840 ; CN1-305, 1825 ; CN1-396, 15 mai, 16 août, 19 nov. 1839. — ANQ-Q, P1000-43-833. — APC, MG 11, [CO 42] Q, 206 : 213–214 ; MG 24, B2 : 2072 ; MG 30, D1, 23 ; RG 4, B8 : 6688–6702, 10468 ; RG 68, General index, 1651–1841. — ASTR, 0419. — B.-C., chambre d'Assemblée, *Journaux*, 1814–1837. — L.-J. Papineau, « Correspondance » (Ouellet), ANQ *Rapport*, 1953–1955 : 376. — *L'Aurore des Canadas*, 8, 12 mars 1839. — *Le Canadien*, 11 mars 1839. — *La Gazette de Québec*, 11 avril 1811, 11 avril 1816, 23 mars 1818, 6 avril 1820, 7 juin 1821. — *Montreal Gazette*, 1er mai 1809, 9 nov. 1813, 7 mars 1839. — *Almanach de Québec*, 1813–1832. — Caron, « Inv. de la corr. de Mgr Panet », ANQ *Rapport*, 1935–1936 : 256–257 ; « Inv. de la corr. de Mgr Plessis », 1928–1929 : 192, 198–199 ; « Inv. des doc. relatifs aux événements de 1837 et 1838 », 1925–1926 : 161, 204, 273. — Louise Dechêne, « Inventaire des documents relatifs à l'histoire du Canada conservés dans les archives de la Compagnie de Saint-Sulpice à Paris », ANQ *Rapport*, 1969 : 211, 226. — Desrosiers, « Inv. de la corr. de Mgr Lartigue », ANQ *Rapport*, 1941–1942 : 439, 453, 458 ; 1942–1943 : 153, 155. — Le Jeune, *Dictionnaire*. — Ouellet, « Inv. de la Saberdache », ANQ *Rapport*, 1955–1957 : 121. — Wallace, *Macmillan dict.* — F.-J. Audet, *les Juges en chef de la*

Painchaud

province de Québec, 1764–1924 (Québec, 1927). — Buchanan, *Bench and bar of L.C.* — E. A. Collard, *Montreal : the days that are no more* (Toronto, 1976), 203–208. — Michelle Guitard, « les Miliciens de la bataille de Châteauguay » (thèse de M.A., univ. d'Ottawa, 1980). — Lemieux, *l'Établissement de la première prov. eccl.* — Maurault, *le Collège de Montréal* (Dansereau ; 1967) ; la *Paroisse : hist. de N.-D. de Montréal* (1929). — Camille Roy, *Nos origines littéraires* (Québec, 1909). — J.-J. Lefebvre, « Quelques officiers de 1812 », SRC *Mémoires*, 4e sér., 4 (1966), sect. I : 69–136. — Maréchal Nantel, « l'Étude du droit et le Barreau », *Cahiers des Dix*, 14 (1949) : 14. — Benjamin Sulte, « Qui commandait à Châteauguay ? », *BRH*, 1 (1895) : 97–98.

P

PAINCHAUD, CHARLES-FRANÇOIS, prêtre catholique, missionnaire et administrateur scolaire, né le 9 septembre 1782 à l'île aux Grues, Québec, fils aîné de François Painchaud, navigateur, et d'Angélique Drouin ; décédé le 9 février 1838 à Sainte-Anne-de-la-Pocatière (La Pocatière, Québec).

Charles-François Painchaud est encore tout jeune lorsque ses parents vont s'établir rue Saint-Vallier, dans le faubourg Saint-Roch, à Québec. Son père, doté d'une certaine instruction, lui apprend à lire. Comme le curé Joseph-Octave Plessis* avait remarqué ses talents, Charles-François fait son entrée au petit séminaire de Québec vers 1792. Au milieu de ses études classiques, à l'âge de 15 ans, l'adolescent pleure la mort de son père et Plessis le confie alors au curé de L'Ange-Gardien, Jean RAIMBAULT. C'est dans ce presbytère que Painchaud poursuit ses études jusqu'à la classe de philosophie, qu'il se rend faire au séminaire de Québec en 1799. Pendant ses études théologiques, il sert de précepteur aux enfants du lieutenant-gouverneur sir Robert Shore MILNES.

Ordonné prêtre le 21 septembre 1805, Painchaud occupe pendant quelques mois un poste de vicaire à la cathédrale de Québec, puis il accepte la mission de la baie des Chaleurs. L'un de ses frères plus jeunes, Alexis*, l'accompagne dans ses tournées pastorales. Ses trois premières années de mission accomplies, Painchaud réclame, mais sans succès, son rapatriement ; il devra séjourner dans cette région de 1806 à 1814. Avec des méthodes hardies, qui n'excluent pas le recours à la force physique, le missionnaire mène une croisade contre l'alcoolisme. Il est longtemps seul à desservir la population blanche de la péninsule. Curé de Carleton, il dispense ses services aux fidèles depuis Percé jusqu'à Restigouche. La vie de mission le marque profondément et une fois nommé à la cure de Sainte-Anne-de-la-Pocatière, en 1814, il semble ne pas pouvoir s'acclimater. Après un an à cet endroit, il demande donc une mutation dans la région de Montréal ou celle de Trois-Rivières, en invoquant des raisons de conscience. Mais l'évêque fait la sourde oreille, et Painchaud gardera cette cure jusqu'à sa mort.

Au moment où Painchaud en prend charge, la paroisse compte près de 2 500 fidèles. Plus petite que celle de Rivière-Ouelle, elle n'en constitue pas moins un assez lourd ministère pour un curé sans vicaire. Il est difficile de donner un aperçu du style des rapports de Painchaud avec ses paroissiens, mais il est probablement plus paternaliste qu'autoritaire. Au demeurant, il a la réputation d'un guérisseur. Ses connaissances en médecine populaire et savante sont souvent mises à l'épreuve et on vient de toute part le consulter, si bien qu'en 1834 il prévient ses confrères des paroisses voisines qu'à l'avenir il traitera seulement les malades munis d'un certificat qui atteste leur incapacité de payer un médecin.

Les responsabilités administratives de Painchaud semblent lui causer du souci. Il y a, entre autres, le marguillier en charge qui ne remet pas ses comptes aux dates prévues. À cet égard, il semble qu'on ait suivi avec plus ou moins de régularité les ordonnances de l'archevêque car, à l'occasion de sa visite pastorale à l'été de 1833, Joseph SIGNAY réclame la reddition des comptes de 1832. En outre, en 1813, Plessis décide d'uniformiser le tarif des messes et autres services religieux. Cette réforme touche directement la fabrique et le curé qui se partagent ces sources de revenus, et Painchaud n'accepte pas facilement la nouvelle politique tarifaire. En 1825, on soulève une autre question administrative qui met en cause les revenus et les tâches du curé. Painchaud cumule des honoraires de basses messes pour en chanter des grandes et se tire d'embarras auprès de l'archevêque en expliquant que, faute de temps pour célébrer toutes les messes, il n'a pourtant agi qu'après s'être expliqué avec ses paroissiens sur les mérites supérieurs des grand-messes chantées pour plusieurs intentions à la fois. Apparemment amène avec ses paroissiens, il cause cependant bien d'autres contrariétés à l'épiscopat. Il veut, par exemple, concurrencer, sinon supplanter, la société de secours mutuels du diocèse créée en 1799 avec l'appui de Plessis. Faute d'un nombre suffisant d'adhérents, il ne réussit pourtant pas à ébranler la Société ecclésiastique Saint-Michel. Habitué aux arguties avec ses supérieurs, Painchaud acquiert un sens de l'initiative, de la réplique et de la négociation susceptible de vaincre toute opposition épiscopale à un projet qu'il caresse depuis au moins 1820 : la fondation d'un collège.

C'est dans une conjoncture éminemment difficile que Painchaud lance son projet au milieu des années 1820. Le séminaire de Nicolet est alors en construction, ce qui limite les possibilités d'aide financière de la part du clergé. Une succession de mauvaises récoltes, particulièrement désastreuses dans la région de la Côte-du-Sud, rend la paysannerie régionale plus ou moins capable d'épauler le projet du curé. Comment envoyer un fils au collège et surtout solder les comptes de pension quand le nécessaire manque ? La rivalité des paroisses environnantes constitue à la fois, à court terme, l'obstacle le plus difficile à lever et une occasion propice à l'exécution du projet. Au début de 1823, le vicaire de Kamouraska, Jean-Baptiste Morin, présente un plan de collège à l'archevêque. Plessis répond en énumérant les difficultés de l'entreprise. Sans s'y opposer, il estime qu'il faut d'abord amasser des fonds et remettre l'exécution à plus tard, en plus d'en discuter avec les notables des localités environnantes. L'affaire fait long feu en partie parce que le vicaire Morin n'inspire pas confiance et de surcroît scandalise par un audacieux libertinage.

En dehors des régions peu peuplées ou mal évangélisées, Kamouraska est peut-être l'une des paroisses de l'est de la province où la liberté de mœurs et la tiédeur religieuse causent le plus de soucis à l'archevêque. En revanche, elle compte une population deux fois plus considérable que celle de Sainte-Anne-de-la-Pocatière au milieu des années 1820. Avec ses quelque 3 500 habitants, Rivière-Ouelle qui songe vaguement à fonder un établissement d'enseignement secondaire est un centre plus important que cette dernière. Kamouraska s'affirme néanmoins comme le centre de services le mieux situé du comté. Avec le concours du curé, des notables vont de nouveau y promouvoir la création d'un collège au cours de l'hiver de 1826–1827. Tout en sollicitant l'approbation de Mgr Bernard-Claude Panet*, les promoteurs s'adressent à la chambre d'Assemblée du Bas-Canada pour obtenir une allocation de ressources. Le projet de Kamouraska s'annonce donc comme une entreprise laïque épaulée par l'État. Les vues de Painchaud correspondent davantage à la philosophie de l'éducation du clergé et de l'épiscopat. Une lettre de Panet, datée du 27 janvier 1827, stimule le curé : « Je serai toujours porté à préférer la paroisse où on aura commencé une telle batisse, dès qu'on ne sera pas obligé d'avoir recours à la législature pour cet effet. » Conscient que l'épiscopat semble préférer l'initiative de Painchaud, le groupe de promoteurs de Kamouraska ne se compte pas pour battu. Il maintient auprès de l'Assemblée un véritable lobby jusqu'à ce que le corps politique, au début de 1829, décide de le débouter, afin notamment de ne pas nuire au collège en construction dans la paroisse voisine. À Sainte-Anne-de-la-Pocatière, en effet, la construction d'un immeuble de trois étages, adjugée à un entrepreneur dès le mois de mars 1827, est en bonne voie d'achèvement. L'ouverture des classes y est prévue pour l'automne de 1829.

Une fois le collège construit à coups de corvées et de dons de matériaux, Painchaud n'est pas au bout de ses tribulations. Il faut des maîtres. D'une part, l'autorisation de l'archevêque au projet de Painchaud repose en partie sur la crainte de voir s'ériger un collège laïque à quelques milles de la paroisse. D'autre part, Panet répète à qui veut l'entendre que Painchaud lui a assuré ne pas avoir besoin d'ecclésiastiques. Enfin, on ne pense pas encore à Québec que le collège de Sainte-Anne-de-la-Pocatière pourrait offrir, dans les années suivantes, un cours complet d'études classiques, susceptible de concurrencer le séminaire de Nicolet ou celui de Québec. Et comment d'ailleurs, à Sainte-Anne-de-la-Pocatière, dès les débuts, des régents pourraient-ils poursuivre leurs études théologiques sans encadrement ou presque ? Toutes ces considérations bien pesées, on estime que des finissants laïques du séminaire de Québec pourraient aller enseigner dans le nouvel établissement. Nul besoin donc d'étudiants en théologie pour y donner des cours. Pour obtenir qu'on nomme un prêtre comme directeur et qu'on choisisse des étudiants en théologie comme professeurs, Painchaud ne manque cependant pas d'arguments. Il négocie avec l'archevêque en faisant valoir que la fondation dont il est à l'origine a, entre autres, empêché la création d'un établissement laïque. À l'automne de 1829, il place l'archevêque devant un fait accompli – l'immeuble est construit – et un ultimatum : ou on lui fournit des aspirants au sacerdoce sous l'autorité de l'archevêque pour servir de maîtres, ou Painchaud lui remet le collège. Compte tenu des ressources humaines disponibles et tout en acceptant qu'on le serve après les collèges plus anciens, Painchaud réussit à obtenir du personnel ecclésiastique. Il ne pourra se plaindre que de la qualité des sujets qu'on lui donne.

Painchaud est exaspéré lorsqu'il se rend compte qu'à Québec le clergé du séminaire et de l'archevêché ne semble pas disposé à pourvoir l'établissement d'un cours d'études complet. Pourquoi, pense-t-on dans la capitale, les collégiens de la Côte-du-Sud ne viendraient-ils pas faire leur philosophie au séminaire ? Au milieu des années 1830, Painchaud, secondé par les curés de la région, refuse que le collège de Sainte-Anne-de-la-Pocatière devienne une succursale destinée à « dégrossir » de jeunes paysans pour le séminaire de Québec. Aux yeux du curé, tout semble concourir à la ruine de son établissement. Comme si cela ne suffisait pas déjà, le directeur lui-même, Alexis Mailloux*, venu au collège en 1834 à la condition expresse qu'on exclut Painchaud de l'administration académique et disciplinaire, semble épouser les vues de ceux qui souhaitent un cours incomplet. Au bout du compte, Painchaud réussit à obtenir un

Pambrun

cours d'études complet et des ressources humaines suffisantes. L'année du décès de Painchaud, le collège abritera une centaine d'élèves confiés à sept professeurs, auxquels s'ajoute le personnel de direction composé de trois prêtres.

L'histoire financière de l'institution au temps de Painchaud laisse percevoir le côté presque tragique d'une aventure qui se poursuit malgré une incroyable pénurie de ressources. Seul l'État pouvait combler les déficits de fonctionnement et solder à l'occasion les achats d'équipement. Au moment où le collège de Painchaud ouvre ses portes, les établissements de Chambly et de Saint-Hyacinthe reçoivent des subventions du gouvernement. En 1831, Painchaud obtient une première allocation de £500. Dans les années subséquentes, il reçoit régulièrement quelques centaines de livres qui, ajoutées au produit de sa dîme, suffisent tant bien que mal à nourrir les élèves et le personnel, lequel est rémunéré sur la base du salaire versé aux vicaires. Pour obtenir les faveurs des gardiens du trésor public, Painchaud s'avère là encore un négociateur chevronné. En demandant £1 000 à Louis-Joseph Papineau* en 1836, Painchaud lui fait part de l'importance de son appui, sans lequel le collège pourrait bien être réduit à l'état d'école normale. Il assaisonne alors sa requête d'une profession de foi « libérale » qu'il oppose à l'idéologie des « ultrabureaucrates ecclésiastiques » de Québec. Pendant ce temps, à l'archevêché on s'inquiète de ce que, au moment de la cession du collège à la corporation légale, entre 1835 et 1837, Painchaud a doté l'institution d'un domaine foncier dont la partie située dans la zone seigneuriale est hypothéquée de lourdes charges. Au moment de la fondation, le seigneur de La Pocatière avait bien renoncé aux indemnités seigneuriales normalement perçues pour les biens fonciers entrant en mainmorte, mais la vente subséquente du fief à Amable Dionne* ne liait pas le nouveau propriétaire quant à la remise antérieure. Les craintes de l'archevêché étaient justifiées puisque le paiement des indemnités seigneuriales hypothéquera la santé financière du collège longtemps après la mort du fondateur en 1838.

Entre-temps, des ressources plus ou moins attendues apaisent les créanciers. En 1837, le collège devient le bénéficiaire d'une partie de la succession du marchand Augustin Wexler de Québec. Quelques mois après la mort de Painchaud, le curé Louis-Marie CADIEUX meurt à son tour après avoir disposé de sa succession en faveur soit du collège de Nicolet ou de celui de Sainte-Anne-de-la-Pocatière. C'est ce dernier qui en reçoit finalement les fruits, mais il y a tout lieu de penser que la recette n'est pas considérable. C'est la mort du curé Louis Brodeur, de Saint-Roch-des-Aulnaies, survenue en 1839, qui renfloue le collège pour un temps, car sa succession rapporte quelque £2 000. Voilà qui compense pour le legs de Painchaud

lui-même qui, dans son testament, charge la corporation, sa légataire universelle, de diverses obligations, ce qui ajoute au fardeau de la dette corporative estimée à environ £1 000 en 1838. Selon les volontés inscrites au testament du fondateur, l'institution doit supporter le versement annuel de £25 de rente viagère à sa mère, assurer la subsistance d'une ancienne donatrice, distribuer de petites sommes à des parents ou à des serviteurs pour un montant total de £40, et fournir le vivre et l'éducation à un fils adoptif accueilli par Painchaud. D'abord réticent à recommander l'acceptation de la succession, l'archevêque croit que le collège a une obligation morale à l'égard du fondateur et qu'un refus serait jugé des plus inconvenants.

Les personnes qui ont eu à transiger avec Charles-François Painchaud au cours des dix dernières années de sa vie l'ont trouvé particulièrement irascible. Doté d'un tempérament nerveux propice à le rendre désagréable au moment du revers, il était atteint périodiquement de spleen. Ainsi il écrivait un jour à Chateaubriand que sa lecture du *Génie du christianisme* publié en 1802 l'avait envoûté : « Je dévore vos ouvrages dont la mélancolie me tue, en faisant néanmoins mes délices ; c'est une ivresse. » Des hommes austères de la trempe d'Alexis Mailloux ont fini par écarter de l'institution cet être hypersensible, peu enclin à la discipline ou aux besognes de comptabilité, si essentielles pour la survie de son œuvre. Homme de rêve et d'imagination, propulsé dans l'action au beau milieu d'une conjoncture défavorable, Painchaud devait mourir usé par les contradictions ; il s'estimait payé d'ingratitude pour le rôle de pourvoyeur qu'il avait gardé jusqu'à la fin, en nourrissant les pensionnaires du produit de sa dîme.

SERGE GAGNON

AAQ, 210 A. — ANQ-Q, CE2-1, 7 nov. 1782 ; CE2-7, 14 févr. 1838. — Arch. de l'évêché de Sainte-Anne-de-la-Pocatière (La Pocatière, Québec), Sainte-Anne-de-la-Pocatière ; Collège de Sainte-Anne-de-la-Pocatière ; Fonds Painchaud ; Reg. de copies de lettres et autres doc. reçus ou envoyés. — ASN, AP-G, L.-É. Bois, S, XI. – Charles Bacon, *Éloge de messire C. F. Painchaud, fondateur du collège de Sainte-Anne* (La Pocatière, 1863). — Barthe, *Souvenirs d'un demi-siècle*, 96–101. — N.-E. Dionne, *Vie de C.-F. Painchaud* (Québec, 1894). — Gérard Ouellet, *Histoire de Sainte-Anne-de-la-Pocatière, 1672–1972* (La Pocatière, 1973). — Horace Têtu, *Souvenirs inédits sur l'abbé Painchaud, ancien curé de Ste-Anne-de-la-Pocatière* (Québec, 1894).

PAMBRUN, PIERRE-CHRYSOLOGUE, officier de milice et trafiquant de fourrures, né le 19 décembre 1792 à L'Islet, Bas-Canada, fils d'André-Dominique Pambrun et d'Angélique Hiraque ; en 1821, il épousa à la façon du pays à Cumberland House (Saskatchewan) Catherine Umfreville, fille métisse de Thomas

Umfreville, et de cette union qui fut bénie au fort Vancouver (Vancouver, Washington) le 8 décembre 1838 naquirent neuf enfants ; décédé le 15 mai 1841 au fort Walla Walla (Walla Walla, Washington).

Pierre-Chrysologue Pambrun choisit d'abord la carrière militaire, « l'état le plus honorable, selon son père [lui-même un officier de milice], dans lequel un jeune homme vertueux et courageux [pouvait] se distinguer et se faire un sort ». Pendant la guerre de 1812, il s'engagea dans le corps des Voltigeurs canadiens, commandé par Charles-Michel d'Irumberry* de Salaberry. On le promut caporal en janvier 1813 et sergent le mois suivant. En suivant les conseils de son père et en suppléant par sa bravoure à son manque de formation libérale, il se distingua en octobre à la bataille de Châteauguay, ce qui lui valut le grade de lieutenant en second en 1814. Il vit toutefois ses espoirs de carrière militaire s'écrouler lorsqu'on démobilisa le corps des Voltigeurs au lieu de l'intégrer à l'armée régulière.

En avril 1815, Pambrun entra au service de la Hudson's Bay Company à titre de commis. Pour regagner le commerce du Nord-Ouest accaparé par la North West Company, cette dernière menait une campagne de recrutement auprès des voyageurs canadiens. Pambrun partit en mai pour la rivière Rouge avec le convoi sous les ordres de Colin Robertson. D'abord affecté à Pembina (Dakota du Nord), il accompagna, au début de 1816, le gouverneur Robert Semple* dans sa tournée des postes de la compagnie sur les rivières Rouge et Assiniboine. Envoyé au fort Qu'Appelle (Fort Qu'Appelle, Saskatchewan) le 12 avril chercher des ravitaillements pour les colons de lord Selkirk [Douglas*], il revenait au début de mai avec les 22 hommes de James Sutherland dans cinq canots chargés de 600 sacs de pemmican et de 22 ballots de fourrures. Le 12 mai, au moment où le convoi abordait un violent rapide, quelque 49 employés de la North West Company sous le commandement, entre autres, de Cuthbert Grant* l'attaquèrent. Fait prisonnier, Pambrun dut les suivre du fort Qu'Appelle, qu'ils quittèrent à la fin de mai, au fort Douglas (Winnipeg). Témoin du pillage de Brandon House et des ravages au fort Douglas, il apprit en plus la nouvelle du massacre de La Grenouillère, connu aussi sous le nom de Seven Oaks (Winnipeg), et la mort de Semple. Conduit ensuite au fort William (Thunder Bay, Ontario), siège principal de la North West Company, il fut libéré en août 1816, à la demande de lord Selkirk qui venait d'y arriver. L'« opposition » porta contre lui, en mars 1818, des accusations concernant des vols qui auraient été perpétrés à la rivière Rouge durant l'hiver de 1816–1817. Pendant les années qui suivirent, il fut appelé à servir de témoin pour le compte de son employeur, ce qui l'amena à York (Toronto), à Montréal, ainsi qu'à Londres en 1819, où l'on publia

dans *Narratives* [...] le récit des événements qu'il avait vécus ; ce livre contenait aussi les témoignages de John Pritchard* et de Frederick Damien Heurter.

De retour à la baie d'Hudson en 1820, Pambrun servit à titre de commis dans le district de la Saskatchewan jusqu'en 1825. En 1820–1821, il était à Cumberland House. L'hiver suivant, à York Factory (Manitoba), on lui donna la responsabilité des opérations de pêche de Rock Depot. De juillet 1822 à avril 1823, il dirigea les hommes de l'expédition chargée de la construction d'un poste sur la rivière Bow. De là, il se rendit à Edmonton House (Edmonton) où il était encore en septembre 1823. Il hiverna ensuite sur la rivière Smoky.

De 1825 à 1831, Pambrun travailla à titre de commis dans le district de New Caledonia (Colombie-Britannique), surtout au fort Kilmars (près de Babine), où il arriva en juin 1825. Durant l'été de 1826, il accompagna James Douglas* et Francis Ermatinger dans un voyage de 1 000 milles jusqu'au fort Vancouver, nouveau centre d'approvisionnement du district, puis revint au lac Stuart pour l'hiver de 1826–1827. Par la suite, l'agent principal William Connolly le mit en charge du fort Kilmars (1827–1829, 1830–1831), ainsi que du fort Alexandria (Alexandria) (1829–1830). Après s'être vu refuser un congé en 1829 pour aller à Montréal y régler des affaires personnelles, Pambrun en obtint un en 1831 et se rendit à Norway House (Manitoba), puis à York Factory.

Pambrun reprit son service en 1832, dans le district de la Colombie. John McLoughlin* lui confia le fort Walla Walla, poste important du district et l'un des plus dangereux à cause des « nombreuses tribus audacieuses et belliqueuses » qui vivaient dans les environs. Malgré quelques difficultés en 1835–1836 et en 1840, Pambrun acquit un fort ascendant sur elles. Il leur enseigna même quelques rudiments de catholicisme ; il préparait ainsi le terrain pour les abbés François-Norbert Blanchet et Modeste Demers* qui œuvrèrent dans cette région à partir de 1838.

Pambrun vit arriver les Américains dans l'Oregon. En 1837, George Simpson* le blâma d'avoir vendu du tabac et des marchandises de traite au capitaine Benjamin-Louis-Eulalie de Bonneville, au prix des « hommes libres », ce qui allait à l'encontre des intérêts de la compagnie. Les nombreux visiteurs et colons américains qui passèrent par le fort Walla Walla mentionnèrent la grande hospitalité de Pambrun. D'ailleurs, ce dernier entretint toujours de très bonnes relations avec le missionnaire presbytérien Marcus Whitman et sa femme.

Malgré ses requêtes, Pambrun ne fut promu au rang de chef de poste qu'en 1839, après 24 années de service. Il était l'un des rares Canadiens à atteindre un rang aussi élevé au sein de la Hudson's Bay Company. Pourtant Simpson n'avait pas une très haute opinion du commis si l'on en juge par une note qu'il écrivit en 1832 dans son « Character book » : « Un petit homme actif et sérieux, tiré à quatre épingles, désireux d'être utile mais manquant de jugement et dépourvu de formation – plein de « cran », a une très haute opinion de lui-même et est plutôt un « Petit Maître ». Ne gère pas bien les affaires de son poste, résultat plutôt d'un manque de discrétion et de prévoyance que de l'indifférence et de l'inattention. » D'autres témoignages, tout en mentionnant son manque de formation, mettent par ailleurs l'accent sur ses qualités de leader, son audace et sa persévérance, qui le font choisir pour mener des hommes dans des expéditions dangereuses et qui ont assuré son succès au fort Walla Walla. À sa mort, McLoughlin écrivit de lui : « la compagnie perd un excellent employé et un homme très capable de gérer le poste placé sous sa charge ».

Pierre-Chrysologue Pambrun mourut au fort Walla Walla le 15 mai 1841, des suites d'une chute de cheval. Enterré d'abord au fort, son corps fut transporté, en 1844, au fort Vancouver où il reçut une sépulture religieuse le 9 mars.

GRATIEN ALLAIRE

PAM, HBCA, A.1/61 : f° 87 ; A.34/1 : f°s 61–62 ; A.36/11 : f°s 92–101 ; P. C. Pambrun file. — UTFL, MS coll. 30, J. N. Wallace, « Encyclopedia of the fur trade, biographical & geographical ». — *Catholic Church records of the Pacific northwest ; Vancouver, volumes I and II, and Stellamaris mission*, M. de L. W. Warner, trad., H. D. Munnick, édit. (St Paul, Oreg., [1972]). — *HBRS*, 4 (Rich) ; 18 (Rich et Johnson) ; 30 (Williams). — John McLoughlin, *Letters of Dr. John McLoughlin, written at Fort Vancouver, 1829–1832*, B. B. Barker, édit. (Portland, Oreg., [1948]). — *Narratives of John Pritchard, Pierre Chrysologue Pambrun, and Frederick Damien Heurter, respecting the aggressions of the North-West Company, against the Earl of Selkirk's settlement upon Red River* (Londres, 1819). — Morice, *Dict. hist. des Canadiens et des Métis* (1908). — Benoît Brouillette, *la Pénétration du continent américain par les Canadiens français, 1763–1846* [...] (Montréal, 1939). — George Bryce, *The remarkable history of the Hudson's Bay Company including that of the French traders of north-western Canada and of the North-West, XY, and Astor Fur companies* [...] (Londres, 1900). — C. M. Drury, *Marcus and Narcissa Whitman, and the opening of the old Oregon* (2 vol., Glendale, Calif., 1973). — Michelle Guitard, *Histoire sociale des miliciens de la bataille de la Châteauguay* (Ottawa, 1983). — K. L. Holmes, « Pierre Chrysologue Pambrun », *The mountain men and the fur trade of the far west* [...], L. R. Hafen, édit. (10 vol., Glendale, 1965–1972), 3 : 239–247. — Washington Irving, *The adventures of Captain Bonneville* (New York, 1904). — A. D. Pambrun, *Sixty years on the frontier in the Pacific northwest* (Fairfield, Wash., 1978), 9–11, 143–150. — Joseph Tassé, *les Canadiens de l'Ouest* (2 vol., Montréal, 1878), 2 : 299–320.

PANET, BONAVENTURE, marchand, homme politique, officier de milice, fonctionnaire et juge de paix, né le 27 juillet 1765 à Montréal, fils de Pierre Panet* et de Marie-Anne Trefflé, dit Rottot ; décédé le 12 mars 1846 à L'Assomption, Bas-Canada.

Issu d'une famille de 17 enfants dont les 6 premiers sont morts en bas âge, Bonaventure Panet s'est surtout fait remarquer pour avoir siégé au premier Parlement du Bas-Canada. Déjà bien connu à L'Assomption, où il s'est établi comme marchand quelques années après avoir fait des études au collège Saint-Raphaël, à Montréal, de 1775 à 1782, il est élu le 11 juin 1792 député de Leinster. Comme la plupart des circonscriptions rurales, celle de Leinster a droit à deux députés et, outre Panet, c'est un autre marchand de L'Assomption, François-Antoine Larocque, que les électeurs ont choisi.

À peine un mois après les élections, Larocque et Panet présentent une requête en vue de se faire concéder chacun 1 200 acres de terre au nord de la seigneurie Saint-Sulpice. Les requérants sont sans doute déçus par la décision du comité des terres du Conseil exécutif qui ne leur accorde à chacun que 200 acres dans le canton de Rawdon. Pour le reste, la décision est ajournée jusqu'à ce que l'arpenteur dépose son rapport. Huit ans plus tard, soit le 28 mars 1800, Panet revient à la charge en demandant 1 200 acres additionnelles, mais il essuie un refus.

À l'ouverture de la première session de la chambre d'Assemblée, le 17 décembre 1792, Panet participe au célèbre débat sur le choix du président, débat au cours duquel s'affrontent pour la première fois les députés francophones et anglophones. Panet contribue à faire élire à ce poste son cousin Jean-Antoine Panet* alors que son frère Pierre-Louis* s'y oppose. Comme on le voit, il se trouve en pays de connaissance, pour ne pas dire en famille, à la chambre d'Assemblée où il côtoie, outre son frère et son cousin, son beau-frère Pierre Marcoux* (qui avait épousé Marie-Anne Dunière), son cousin par alliance Pierre Guerout* et son beau-père Louis Dunière*. C'est le 18 novembre 1786 que Panet avait épousé sa cousine Marguerite Dunière, fille de Louis Dunière et d'Élisabeth Trefflé, dit Rottot. Fait étonnant, ce mariage avait été d'abord célébré devant le ministre anglican David-François de Montmollin*. Puis, le 6 avril 1787, les deux époux avaient fait bénir leur union devant un prêtre catholique, à la cathédrale Notre-Dame de Québec.

Aux élections de 1796, Panet est réélu. Il siège en chambre jusqu'au 4 juin 1800. Par la suite, sa carrière politique connaît une éclipse, et ce n'est qu'en 1809 qu'il redevient député de Leinster. Cette fois, il ne siège que peu de temps puisque le gouverneur sir James Henry Craig* procède à la dissolution du Parlement le 1er mars 1810.

De 1806 à 1834, Panet réside à Lachenaie où il agit en qualité de commissaire-priseur. Durant la guerre de 1812, il joue un rôle actif à titre de capitaine et d'aide-major dans le bataillon de milice de Blainville puis, le 1er janvier 1818, il devient major. Sa notoriété est évidente, si l'on en juge par les nombreuses commissions qu'il reçoit. Ainsi le 16 mai 1817 on le nomme commissaire responsable de l'amélioration des communications dans le comté de Leinster. Le 28 juin 1821, il devient commissaire chargé de la décision sommaire des petites causes. Il reçoit également ce jour-là une commission de juge de paix pour le district de Montréal, commission qu'on lui renouvellera en 1826 et 1828. Enfin, le 22 juin 1825, il est nommé commissaire du recensement pour la circonscription de Leinster. En 1834, on honore Panet à l'occasion de la fête de la Saint-Jean-Baptiste, le 24 juin. Le seizième toast porté précise que Panet, l'un des membres survivants du premier Parlement, « après avoir servi son pays à la tribune et dans le camp, [...] consacre ses vieux jours à cultiver le sol qui le nourrit ».

Bonaventure Panet s'éteint le 12 mars 1846 à L'Assomption où il était retourné habiter depuis une douzaine d'années. Au moment de sa mort, il était veuf. De son mariage avec Marguerite Dunière étaient nés un fils et trois filles. Seule une fille lui survécut.

Roger Barrette

ANQ-M, CE1-51, 27 juill. 1765 ; CE5-14, 15 mars 1846. — ANQ-Q, CE1-1, 6 avril 1787 ; CE1-61, 18 nov. 1786. — *La Gazette de Québec*, 31 mai, 21 juin, 20 déc. 1792, 4 mai, 19 oct., 9 nov. 1809, 22 mai 1817, 23 avril 1818, 20 avril 1820. — *La Minerve*, 16 mars 1846. — F.-J. Audet et Fabre Surveyer, *les Députés au premier Parl. du B.-C.* — Desjardins, *Guide parl.* — Marcel Fournier, *Rawdon : 175 ans d'histoire* (Joliette, Québec, 1974). — Christian Roy, *Histoire de L'Assomption* (L'Assomption, Québec, 1967). — P.-G. Roy, *la Famille Panet* (Lévis, Québec, 1906). — F.-J. Audet et Édouard Fabre Surveyer, « Bonaventure Panet », *la Presse,* 17 sept. 1927 : 61, 76. — P.-G. Roy, « le Premier Parlement canadien », *BRH,* 1 (1895) : 122.

PAPINEAU, JOSEPH, arpenteur, notaire, agent seigneurial, homme politique et seigneur, né le 16 octobre 1752 à Montréal, fils de Joseph Papineau et de Marie-Josephte Beaudry ; décédé le 8 juillet 1841 au même endroit.

Le grand-père de Joseph Papineau, Samuel Papineau*, dit Montigny, s'établit au Canada vers la fin du xviie siècle ; après une carrière militaire, il devient cultivateur non loin de Montréal. Son père Joseph cultive aussi la terre mais, après plusieurs échecs, il se tourne vers le métier de tonnelier qu'il exerce à Montréal dans des conditions difficiles. C'est donc dans un milieu simple et modeste, où la vie est dure et l'argent rare, que Papineau développe très tôt l'ambition d'être quelqu'un, de prouver sa valeur, de devenir riche et puissant. Ce désir de réussir explique sa détermination au travail, son existence renfermée et studieuse. La modestie de son origine pèse lourd à sa fierté et à sa jeune ambition. Il n'est pas exagéré de dire que, doté d'une volonté peu commune, c'est lui qui donnera à la lignée des Papineau son impulsion et son caractère.

Le père de Papineau veut que son fils suive ses traces et devienne artisan ou cultivateur mais, en 1758, la construction d'une école primaire par les sulpiciens donne à ce dernier la possibilité de prendre une autre orientation. En 1765, au terme de ses études primaires, Papineau poursuit sa formation sous la tutelle de Jean-Baptiste Curatteau*, curé de Longue-Pointe (Montréal). Son intelligence n'échappe pas à la bienveillante sollicitude de Curatteau ; il entrevoit pour lui un brillant avenir et convainc ses parents de l'envoyer, à l'automne de 1767, au petit séminaire de Québec, afin qu'il puisse achever ses études classiques.

À Québec, l'ardeur de Papineau ne se relâche jamais. Il collectionne les prix et fait l'admiration de ses professeurs et de ses condisciples par son incroyable puissance de travail. Ses succès le rapprochent des prêtres du séminaire qui ont déjà l'œil sur ce brillant jeune homme, sérieux, replié sur lui-même, mais fort doué pour la spéculation philosophique et les mathématiques. L'évolution du jeune Papineau se fait donc sans rupture ni crise profonde, et son aboutissement laisse supposer que le climat religieux et moral du séminaire l'a marqué profondément. Dans ce contexte, ses professeurs n'ont sûrement pas de difficulté à le sensibiliser aux principes de la monarchie de droit divin et aux valeurs sociales d'Ancien Régime.

En juin 1771, ses études terminées, sans ressources financières, Papineau s'installe chez son père et est mis en face d'un choix de carrière limité : la médecine, le droit ou l'arpentage. En septembre, il s'initie à l'arpentage chez Jean De Lisle* qui exerce aussi la profession de notaire. Il bénéficie de l'érudition scientifique et des vastes connaissances en géométrie de ce dernier ; en peu de temps il est apte à exercer sa profession. Le 20 juillet 1773, il reçoit sa commission d'arpenteur et jusqu'en 1775 il accomplit cette tâche à plein temps. Son entrée dans la bourgeoisie des professions libérales signifie qu'à ce moment-là la famille Papineau s'engage dans un processus d'ascension sociale.

À titre d'arpenteur, Papineau fait preuve d'un remarquable esprit systématique. Exigeant pour lui-même comme pour les autres, il déteste le travail superficiel et bâclé, et n'hésite pas à reprendre ce qui lui semble imparfait. Ses qualités professionnelles retiennent rapidement l'attention des sulpiciens, propriétaires de plusieurs seigneuries dans le district de Montréal. Pendant deux ans, Papineau travaille exclusivement pour eux : il vérifie les contours de leurs seigneuries, exécute plusieurs plans et mesure

Papineau

les limites de plusieurs censives. Les relations étroites qu'il noue avec cette importante communauté religieuse lui permettent de mettre à profit ses connaissances en matière de seigneurie et de système seigneurial, et de se bâtir une importante clientèle dans la région de Montréal. Travailleur et économe, il a déjà acquis quelques terrains et bâtiments dans la ville de Montréal.

Cependant, Papineau n'est pas satisfait. La profession d'arpenteur est absorbante et nécessite de longs et difficiles déplacements. Depuis longtemps, le notariat l'attire et lui semble plus près de ses goûts et de son tempérament. En 1775, l'année qui suit la reconnaissance du droit français par l'Acte de Québec, Papineau, sans délaisser ses activités d'arpenteur mais pleinement conscient des possibilités qu'offre la pratique notariale, s'engage à faire un stage de clerc d'une durée de cinq ans chez De Lisle. Au moment de la guerre contre les Américains en 1776, il interrompt ses études et se voue à la défense de la colonie. Chargé de porter des dépêches militaires au gouverneur Guy Carleton*, il se révèle digne de confiance et ardent partisan de la monarchie et des valeurs aristocratiques. Il espère sans doute en la retombée prochaine des faveurs gouvernementales. Malgré sa loyauté, il n'obtiendra pas de contrat d'arpentage de l'administration publique et devra travailler presque exclusivement pour des seigneurs et des particuliers.

La carrière de Papineau est toutefois facilitée par son mariage, le 23 août 1779, avec Rosalie Cherrier, fille de François-Pierre Cherrier*, ancien marchand devenu l'un des notaires les plus en vue de la région du Richelieu et un homme riche ; il a déjà marié l'une de ses filles au chirurgien Jacques Larthigue et une autre au marchand Denis Viger*. Papineau entre ainsi dans une famille fortunée et influente. La dot de la future épouse confirme d'ailleurs la qualité de cette alliance et les avantages économiques que Papineau en retire.

Le 18 juillet 1780, Papineau reçoit la commission de notaire qui l'autorise à exercer dans toute la province de Québec. Déjà, il dispose d'importantes économies, puisque peu après son mariage il a acheté la maison de son père qu'il a fait transformer en une luxueuse maison de pierre de deux étages. C'est là qu'il ouvre son bureau et rédige son premier acte le 5 août 1780, prélude d'une carrière exceptionnellement longue et fructueuse, échelonnée sur plus de 60 ans et au cours de laquelle il dressera plus de 5 000 actes. Sa clientèle se répartit dans un espace géographique très vaste qui couvre la ville de Montréal et ses faubourgs, ainsi que les seigneuries de Saint-Hyacinthe, de l'Île-Jésus, Saint-Sulpice, des Mille-Îles, du Lac-des-Deux-Montagnes, de la Petite-Nation et celles qui sont situées sur les rives du Richelieu ; elle se recrute aussi dans toutes les couches sociales. Sa pratique notariale se divise en deux périodes bien distinctes :

l'une de grande activité, qui va de 1781 à 1803, l'autre plus calme, qui s'échelonne de 1804 à 1841.

Dès le début de sa carrière, Papineau compte parmi ses clients les sulpiciens du collège Saint-Raphaël (aussi appelé collège de Montréal) et plusieurs de leurs censitaires, qui viennent le consulter pour la vente de terres ou la ratification de titres. Sa clientèle s'accroît rapidement, et il fait de plus en plus affaire avec des artisans de la ville et des cultivateurs des environs. De 1781 à 1788, il rédige en moyenne 147 actes par année. Son étude est un observatoire et un moyen efficace de se bâtir un réseau d'influences, voire d'établir des liens de domination.

Cet aspect de ses activités professionnelles amène Papineau à s'intéresser aux affaires publiques. Dès novembre 1784, il se joint au comité réformiste canadien qui regroupe les forces bourgeoises francophones et anglophones. Il joue même un rôle important dans le regroupement du mouvement réformiste de Montréal et de Québec en participant à la rédaction de la pétition du 24 novembre 1784 qui vise à sensibiliser les autorités métropolitaines au projet d'établissement d'une chambre d'Assemblée dans la colonie. Même si Papineau a été formé au contact des institutions monarchiques et est attaché aux valeurs d'Ancien Régime, il n'hésite pas dans ce débat politique à se ranger du côté de la bourgeoisie. Sans doute croit-il que l'établissement d'une Assemblée est le meilleur moyen de préserver les droits de la collectivité d'expression française. En outre, il est fort probable qu'il veuille entretenir des relations avec le petit groupe privilégié des marchands de Montréal, qu'ils soient francophones ou anglophones. D'ailleurs, à partir de 1787, sa clientèle urbaine s'élargit et s'étend aux marchands, aux constructeurs et aux spéculateurs immobiliers.

En 1788, à la demande des autorités du séminaire de Québec, Papineau administre la seigneurie de l'Île-Jésus et celle de la Petite-Nation qui est encore inexploitée. La même année, les sulpiciens lui confient plusieurs fonctions administratives dans leurs seigneuries. Grâce à sa bonne gestion, il gardera ces postes jusqu'au début du XIXe siècle. Mais c'est à titre d'administrateur de la seigneurie de l'Île-Jésus que Papineau se distingue d'une façon particulière. Il obtient d'abord de la part du procureur du séminaire, qui réside à Québec, une large liberté de manœuvre et devient en pratique le seul maître de l'exploitation. C'est lui qui concède les terres, perçoit les redevances fixes, surveille les mutations pour toucher les lods et ventes, vend le blé de rente et de mouture, veille au bon fonctionnement des moulins et à leur entretien. En plus de bien diriger la seigneurie, il en modifie profondément la gestion : d'une part, dans le sens de la rationalisation, notamment lorsqu'en 1804 il entreprend à ses frais la construction d'un deuxième moulin pour mieux desservir les censitaires et vendre le blé à

Montréal et à Québec ; d'autre part, dans le sens du durcissement des modes d'exploitation, par exemple lorsqu'il augmente les rentes et exige le rétablissement de tous les autres droits seigneuriaux.

Agent de ces puissances foncières que sont les communautés religieuses, Papineau en tire avantages économiques et influences. Il en profite aussi pour élargir son champ d'action comme notaire et parfaire ses connaissances des questions seigneuriales. Ainsi de 1789 à 1803 sa clientèle augmente de plus de 40 % dans les seigneuries de l'Île-Jésus, du Lac-des-Deux-Montagnes et Saint-Sulpice. De même, il ne peut manquer de profiter des réseaux d'information privilégiés qui se tissent autour de ses multiples fonctions. Notaire, arpenteur, agent seigneurial, en rapport constant avec les propriétaires fonciers et les marchands influents, situé en quelque sorte au carrefour de trois catégories sociales – petite noblesse seigneuriale, clergé, bourgeoisie –, Papineau est mieux placé que quiconque pour tirer profit du régime seigneurial et de son mode d'exploitation. À la fin du XVIIIe siècle, au moment où le nombre des censitaires augmente d'une façon considérable et que le marché des terres est fort actif, il jouit de positions privilégiées pour effectuer plusieurs opérations foncières tant à la ville qu'à la campagne.

Au départ, les sommes que Papineau investit dans la propriété foncière sont relativement faibles (moins de 2 000*ll* jusqu'en 1788), mais ensuite il fait de brillantes affaires : entre 1788 et 1803, il effectue des achats de terres dont le montant global dépasse 50 000*ll*. Il parvient ainsi à posséder un ensemble de propriétés qui font sa fierté : quelques terrains et maisons dans la ville de Montréal, plusieurs parcelles de terre dans le faubourg Sainte-Marie de Montréal ainsi qu'un ensemble de biens-fonds à Saint-Martin (Laval). Les prêts à intérêt, pour leur part, représentent un débours de plus de 3 000*ll*. Papineau continue malgré l'ampleur de ses affaires à avancer fréquemment de petites sommes d'argent à des cultivateurs, des artisans et des journaliers.

Tout en poursuivant ses multiples occupations, Papineau suit de près la vie politique. En 1791, l'avènement d'un régime constitutionnel qui établit une chambre d'Assemblée dans le Bas-Canada l'incite à se lancer dans l'arène politique. Afin de s'initier au fonctionnement de ce nouveau régime, il doit d'abord faire l'apprentissage de la procédure et d'un ensemble de concepts qui sont nouveaux pour lui. Intéressé par les théoriciens du parlementarisme, il acquiert une connaissance remarquable des auteurs anglais, entre autres John Locke et sir William Blackstone, qu'il lit et commente avec toute la minutie dont il est capable. À quoi s'ajoutent l'étude passionnée du droit naturel dans le volume de Burlamaqui ainsi que celle d'un bon nombre de philosophes français de l'époque, en particulier Bonnot de Mably, Bernardin de Saint-Pierre, Montesquieu, Voltaire et Rousseau. Papineau découvre la notion de souveraineté populaire et devient rapidement un admirateur des institutions britanniques. Toutefois, il n'est pas pour autant partisan de la démocratie et encore moins du républicanisme. Imbu d'un certain libéralisme, ayant rompu avec la tradition absolutiste, il demeure un monarchiste modéré. Selon lui, le modèle politique par excellence réside dans la monarchie constitutionnelle anglaise qui a su maintenir l'équilibre entre les valeurs aristocratiques et bourgeoises en évitant le radicalisme outré et la liberté excessive de la France révolutionnaire. Par ailleurs, la lecture des philosophes du XVIIIe siècle amène Papineau à s'éloigner de la pratique religieuse, malgré les remords qu'il éprouve vis-à-vis de sa mère et de sa femme, toutes deux d'une grande dévotion. Bien qu'il n'ait plus l'âme religieuse, il n'abandonnera le catholicisme que vers les années 1810 pour y revenir à la fin de sa vie.

En politique, Papineau connaît une carrière importante, mais sans grand éclat. D'abord facilement élu dans la circonscription de Montréal en 1792, grâce à l'appui de plusieurs marchands canadiens et britanniques, il est élu sans opposition dans Montréal-Est en 1796. Afin de consacrer plus de temps à ses affaires personnelles, il ne compte pas briguer les suffrages aux élections de juillet 1800, mais les électeurs ne l'entendent pas ainsi, et Papineau se retrouve de nouveau député de Montréal, malgré lui. Cette vie le laisse insatisfait et lui apparaît comme un devoir. Préoccupé avant tout de sa carrière professionnelle, il s'absente souvent de la chambre d'Assemblée. En 1801, par exemple, il ne participe pas au débat relatif à l'implantation de l'Institution royale pour l'avancement des sciences [V. Joseph Langley Mills*]. Cependant, il sait intervenir au moment opportun. Ainsi en 1793, au moment du débat sur la langue de la législation et des délibérations de l'Assemblée – dont le tiers seulement des députés est anglophone –, Papineau proteste de toutes ses forces contre la proposition qui veut qu'on rédige uniquement en anglais les procès-verbaux de l'Assemblée. Grâce, entre autres, à son intervention, la chambre décide qu'ils seront rédigés soit en français soit en anglais, selon qu'ils touchent au droit civil français ou au droit criminel anglais. Sur des questions moins importantes, il partage ses votes entre le groupe des Britanniques et celui des Canadiens. Manifestement, à cette époque, Papineau fait l'apprentissage du système parlementaire et ne se définit pas encore totalement par opposition à la bourgeoisie anglophone.

Comme Papineau a obtenu en 1801 du séminaire de Québec une partie de la seigneurie de la Petite-Nation, en compensation d'honoraires, puis a acheté le reste deux ans plus tard, il est de moins en moins intéressé à siéger et ne se représente pas aux élections de 1804. Son départ de la scène politique se produit au moment

Papineau

où la bourgeoisie des professions libérales francophone prend conscience de son appartenance à une nation canadienne et veut imposer ses vues et son leadership politique. Une lutte sans merci s'engage entre le parti canadien et les marchands et bureaucrates anglophones qui remettent en question les institutions traditionnelles et utilisent l'appareil politique en vue de se constituer en classe dominante. Cette rivalité pour la mainmise sur les institutions politiques rend impossible le bon fonctionnement de l'Assemblée.

C'est dans cette atmosphère survoltée que Papineau, à la demande de plusieurs électeurs de la circonscription de Montréal-Est, revient à l'action politique à la fin de l'année 1809. Même s'il désapprouve les orientations prises par plusieurs députés de la région de Québec, il est déterminé à trouver une solution à la crise politique qui secoue l'Assemblée bas-canadienne. En 1810, l'emprisonnement de Pierre-Stanislas Bédard*, leader du parti canadien, rend sa tâche encore plus difficile. La députation francophone réclame la libération de Bédard, afin qu'il puisse reprendre son siège. Appuyé par son fils Louis-Joseph*, élu lui aussi en 1809, Papineau exige une enquête sur les principaux faits et gestes du gouverneur sir James Henry Craig*. Insatisfait des réponses reçues, il plaide en vain la cause de son collègue auprès de Craig.

Néanmoins, la menace américaine et l'arrivée d'un nouveau gouverneur, sir George Prevost*, reconnu pour ses idées conciliatrices, ont pour effet d'assainir l'atmosphère politique. La fin de la crise parlementaire précipite la fin du leadership de Bédard et ouvre la voie aux ambitions de Louis-Joseph Papineau. En 1815, on l'élit président de la chambre d'Assemblée et, avec la bénédiction de son père, il s'affirme de plus en plus comme le nouveau leader des Canadiens. Louis-Joseph est l'héritier désigné, porteur des espérances familiales sur le plan politique. À la même époque, Denis-Benjamin* administre la seigneurie de la Petite-Nation, André-Augustin est notaire et marchand à Saint-Hyacinthe où habite sa sœur Marie-Rosalie, qui épousera en 1816 le seigneur Jean Dessaulles*, et Toussaint-Victor étudie au petit séminaire de Montréal et se destine à la prêtrise. L'ascension sociale de la famille Papineau est de plus en plus une œuvre collective, à laquelle chacun contribue selon ses facultés et ses capacités. Dans cet élan, les forts entraînent les faibles, et tous profitent dans une certaine mesure de la réussite et des nombreuses relations du père. Papineau est assez proche de ses enfants pour recevoir leurs confidences, mais garde assez de réserve pour empêcher rivalités et excès d'enthousiasme. Conscient de ses responsabilités, il a véritablement assuré l'avenir de la lignée où prédominera de plus en plus l'esprit de clan. Sa réussite financière et son influence ont déterminé l'image de cette famille qui marquera le destin socio-politique du Bas-Canada et du Québec pendant plus d'un siècle.

En 1814, à l'expiration de son mandat de député, Papineau se retire définitivement de la scène politique et concentre son énergie sur la gestion de sa seigneurie de la Petite-Nation. Déjà, une trentaine de colons y sont installés et on a construit deux moulins sur la rivière Petite Nation. Précis et méticuleux, Papineau a fait arpenter plusieurs terres et dresser le plan du territoire occupé. Depuis quelques années, l'exploitation de la forêt seigneuriale alimente un important commerce de bois. Toutefois, le maintien des droits seigneuriaux demeure sa préoccupation majeure. La rédaction des contrats de concession, la mise à jour des taxes de mutation ainsi que la perception régulière des redevances seigneuriales visent à obtenir le maximum des censitaires et à assurer une saine gestion de la seigneurie. Dès le début, les principaux objectifs de Papineau étaient de donner à ses droits une assise solide et de jeter les bases d'une administration efficace, de manière à faire de lui un seigneur tout-puissant. Avant tout percepteur de la rente, il se trouve dans une situation de classe bien caractérisée : celle de l'homme qui s'approprie une part du produit du travail paysan au moyen de la servitude seigneuriale. À cette époque, Papineau continue de placer son argent dans la terre et devient un important spéculateur foncier dans le faubourg Sainte-Marie et à Saint-Martin. Le mode de constitution de son immense fortune essentiellement foncière demeure traditionnel. Au bout du compte, ses attitudes et ses gestes ont concrétisé ses aspirations aristocratiques et nobiliaires.

En 1817, Joseph Papineau vend la seigneurie de la Petite-Nation à son fils Louis-Joseph pour la somme de £500 et se consacre à sa profession. Il n'en continue pas moins de jouer un certain rôle dans l'administration de la seigneurie, en prodiguant dans ses lettres aide et conseils à Denis-Benjamin, qui est resté l'administrateur de l'exploitation. Âgé de 65 ans, il ralentit aussi ses affaires dans le domaine foncier et commence à liquider ses biens. Sur le plan professionnel, cependant, Papineau demeure fort actif, puisque, pendant les 24 dernières années de sa vie, il rédigera pas moins de 1 000 actes. Considéré comme la fine fleur du notariat, il est mêlé de plus en plus à des causes complexes qui concernent de difficiles successions de familles de la bourgeoisie et de la petite noblesse seigneuriale. Qu'une affaire paraisse embrouillée, et l'on recourt à son bon jugement et à son esprit de discernement. En qualité d'arpenteur, il détermine le tracé de plusieurs routes et fait le levé de plusieurs seigneuries du district de Montréal.

Papineau suit aussi de près les événements politiques. La radicalisation de la députation francophone dans les années 1830 l'inquiète. Il n'approuve pas les prises de position de son fils qui parle de démocratie, de constitution républicaine, de souveraineté populaire, d'émancipation de l'État, d'enseignement laïque, de séparation de l'Église et de l'État. Admirateur des institutions britanniques, Papineau maintient sa foi en la métropole et se fait le partisan de réformes constitutionnelles dans le Bas-Canada car, à ses yeux, c'est la minorité anglophone de la colonie qui représente une menace à la survie de la collectivité francophone. Pendant les rébellions de 1837–1838, malgré qu'il soit le père de Louis-Joseph, il n'est pas inquiété par les autorités britanniques. En 1838, à l'âge de 86 ans, il se rend à Saratoga (Schuylerville, New York) où son fils s'est réfugié après la défaite de 1837. Craignant que le gouvernement ne confisque ses biens, il lui conseille de vendre rapidement la Petite-Nation.

À la fin de sa vie, Papineau, qui a déjà avantagé tous ses enfants, n'est pas dépourvu de tout bien. Le montant de ses créances, 2 281*ll*, est assez élevé, mais normal à la fin d'une carrière. Quant à la valeur de ses biens meubles et immeubles, elle se chiffre à £1 796. Sa bibliothèque compte plus de 200 volumes très divers : des ouvrages de droit anglais et français voisinent les œuvres complètes de Rousseau, de Raynal et de Voltaire ainsi que des livres sur le médecin herboriste, l'art des forges et du meunier, le parfait négociant et les récréations mathématiques.

Miné par une grave maladie supportée sans mot dire et marqué par les événements douloureux de 1837–1838, Papineau se tourne vers la religion. Peu avant sa mort, survenue le 8 juillet 1841, il rencontre Mgr Ignace Bourget*, évêque de Montréal, et se réconcilie avec le catholicisme.

Joseph Papineau représente la première génération d'une famille dont l'élévation sociale, la fortune, l'orientation de l'action et des choix politiques sont caractéristiques de certaines élites de son temps. Par ses qualités et ses talents propres, par ses relations et les appuis que celles-ci lui procurent, il engage la lignée dans un processus d'ascension sociale et pose les fondements de sa fortune. Cependant, sa carrière fulgurante et ses multiples occupations rendent difficile toute classification sociale précise. Par sa culture, Papineau est manifestement un homme du début du XIXe siècle, sensible à certains aspects des Lumières et vivant dans une atmosphère intellectuelle et politique propice à l'ébranlement des vieilles structures. Par contre, à titre de propriétaire d'une seigneurie, de défenseur des droits seigneuriaux et d'une gestion de type traditionnel qui s'apparente à celle de la petite noblesse seigneuriale, il appartient aussi au passé. Tout compte fait, il se trouve au carrefour de plusieurs modèles sociaux qui caractérisent la société coloniale en mutation.

RICHARD CHABOT

Les procès-verbaux d'arpentage de Joseph Papineau, rédigés

entre 1773 et 1775, sont conservés aux ANQ-M, sous la cote CA1-71, et son minutier, qui contient 5 564 actes passés entre 1780 et 1841, est conservé aux ANQ-M, sous la cote CN1-313.

ANQ-M, CE1-51, 16 oct. 1752, 8 juill. 1841 ; CE2-12, 23 août 1779 ; CN1-16, 18–19, 22 sept. 1800, 22 mai 1809, 18 août 1813, 26 oct. 1814, 7 mars, 5 avril, 24 juill. 1815 ; CN1-74, 23 juill. 1798 ; CN1-108, 15 sept. 1748, 16 juill. 1753 ; CN1-128, 7 oct. 1796 ; CN1-134, 8, 29 juill. 1822, 7 janv., 24, 28 oct. 1825 ; CN1-158, 18 oct. 1777, 13 avril 1779 ; CN1-194, 23 nov. 1801, 12 janv., 23 déc. 1803, 13 sept. 1804, 1er juin 1805, 4 août 1806, 30 oct. 1807, 3 mars, 17 oct. 1808, 15, 18, 24 févr., 8, 21 mars, 6, 14, 17 avril, 17 juin, 19 août 1809, 24 avril, 10, 29 mai, 7, 30 juin, 18, 20 oct., 5 déc. 1810, 3 avril, 7 juill., 18 août, 15 oct. 1811, 16 juill. 1814, 7 août 1815, 1er, 12 févr. 1816, 7 juill., 18 nov. 1817, 17 oct. 1818 ; CN1-310, 25 déc. 1841 ; CN1-317, 10 oct. 1818 ; CN1-385, 12–13 nov. 1829, 18 sept., 4, 9, 20 oct., 15 nov. 1830, 5 avril 1831, 16 avril, 25 mai 1832, 13 janv. 1835, 19 janv. 1838, 22 nov. 1839, 2 juill. 1840. — APC, MG 24, B2 : 6–25, 78–81, 86–89, 178–181, 212–214, 239, 280–283, 288–290, 293–294, 303–305, 328–331, 433–437, 506–513, 528–531, 550–553, 558–561, 945–947, 1065–1068, 1190–1193, 1354–1357, 1369–1372, 1381–1382, 1435–1438, 1553–1556, 1610–1613, 1774–1777, 2009–2016, 2018–2021, 2041–2044, 2054–2057, 2066–2069, 3018–3020, 3050–3057, 3073–3079, 3084–3086, 3091–3094, 3115–3122, 3145–3148, 3157–3160, 3165–3168, 3183–3190, 3194–3197, 3345–3348, 3371–3374, 3395–3400, 3413–3416, 3465–3468, 3503–3506, 3519–3521, 3548–3551, 3576–3579, 5305–5309, 5329–5331, 5340–5342, 5369, 5486, 5840–5843, 6821–6824 ; L3, 37, 24 avril 1783 ; 39, 13 sept. 1796 ; 44, 9 juin 1787 ; 48, 26 nov. 1787 ; MG 30, D1, 23 : 775–819 ; RG 1, E3, 101 : 55–58 ; RG 4, B8 : 98–99 ; RG 68, General index, 1651–1841. — ASQ, C 36 ; C 37 ; Polygraphie, VI, no 18 ; XXVII, no 76 ; S, 2–3 ; Séminaire, 40, nos 22, 22B–22D, 22F–22P ; 82, nos 2–3, 6, 13, 13C, 16C, 16E–16F, 16H–16M ; 120, nos 401, 407–409, 426 ; 121, nos 395–396, 398–402 ; 122, nos 73, 76, 139–141, 192, 500 ; SME, 17 mars, 21 avril 1788, 21 avril 1793, 26 mars 1794, 22 oct., 9 déc. 1798, 4 mai 1801, 27 juin 1802. — ASSM, 8, A, carton 28 ; 9. — Joseph Papineau, « Correspondance de Joseph Papineau (1793–1840) », Fernand Ouellet, édit., ANQ *Rapport*, 1951–1953 : 160–300. — L.-O. David, *Biographies et Portraits* (Montréal, 1876), 1–19. — Desjardins, *Guide parl.* — Claude Baribeau, *la Seigneurie de la Petite-Nation, 1801–1854 ; le rôle économique et social du seigneur* (Hull, Québec, 1983), 21–27, 61–73, 81–83. — L.-O. David, *Les Deux Papineau* (Montréal, 1896), 5–43. — Gérard Parizeau, *la Société canadienne-française au XIXe siècle : essai sur le milieu* (Montréal, 1976), 383–413. — Rumilly, *Papineau et son temps.* — [R.] C. Harris, « Of poverty and helplessness in Petite-Nation », *CHR*, 52 (1971) : 23–50. — Fernand Ouellet, « Joseph Papineau et le Régime parlementaire (1791) », *BRH*, 61 (1955) : 71–77. — D.-B. Papineau, « Samuel Papineau », *BRH*, 39 (1933) : 331–339.

PAQUIN, JACQUES, prêtre catholique et auteur, né le 9 septembre 1791 à Deschambault, Bas-Canada, fils de Paul Paquin, cultivateur, et de Marguerite

Paquin

Marcot ; décédé le 7 décembre 1847 à Saint-Eustache, Bas-Canada.

C'est dans une famille de cultivateurs bien nantis que Jacques Paquin passe toute son enfance. Son père est aussi sacristain et sa mère se fait remarquer par sa piété et son esprit charitable. Dans ce contexte, le jeune Paquin, qui s'est probablement identifié à ses parents, laisse pressentir déjà une âme passionnée, à la foi fervente. Il reçoit sa première éducation à l'école latine de sa paroisse que tient dans son presbytère le curé Charles-Denis Dénéchaud. Son intelligence précoce n'échappe pas à la bienveillante sollicitude du curé qui déjà entretient l'espérance d'une vocation sacerdotale.

En 1805, Paquin expose son désir de se faire prêtre à ses parents qui, loin d'y mettre obstacle, l'envoient faire ses études au petit séminaire de Québec. En octobre 1808, c'est sans doute la nomination de son oncle, l'abbé Jean-Baptiste Paquin, à titre de directeur du séminaire de Nicolet qui l'incite à s'inscrire à cette institution, où il termine ses études classiques en 1813. La même année, Mgr Joseph-Octave Plessis*, évêque de Québec, le nomme à la mission d'Odanak et à la paroisse Saint-François-du-Lac afin de seconder le curé François Ciquard*. Tout en approfondissant lui-même la théologie, Paquin s'initie à la langue des Abénaquis. Généreux, capable d'enthousiasme, il se donne la peine d'apprendre à lire et à écrire à de jeunes Indiens. Mgr Plessis lui confère le sacerdoce le 24 septembre 1814, après quelques mois d'études théologiques au grand séminaire de Québec, et le nomme vicaire de la paroisse Sainte-Anne, à Varennes. À l'été de 1815, Paquin remplace le curé Charles-Vincent FOURNIER de la paroisse Saint-Antoine-de-Padoue, à Baie-du-Febvre (Baieville), qui doit accompagner Mgr Plessis dans sa visite pastorale.

En septembre de cette année-là, Mgr Plessis désigne Paquin à une cure qu'il connaît bien, celle de Saint-François-du-Lac, et à la mission d'Odanak qui y est rattachée. Paquin, qui possède une exceptionnelle puissance de travail, consacre alors beaucoup de temps à sa paroisse. Par contre, il néglige son ministère auprès des Abénaquis qui se plaignent de ses nombreuses absences de la mission. Il s'attire même des ennuis de leur part en s'exprimant avec violence, rarement avec nuance et finesse. À vrai dire, il ne se plaît plus à cet endroit et, dès 1817, il souhaite qu'on le décharge de son poste. Quatre ans plus tard, Mgr Plessis répond favorablement à son vœu et lui confie la cure de Saint-Eustache.

Dès son arrivée, Paquin se préoccupe de l'administration de la paroisse. Il souhaite redresser rapidement les finances et apporter des améliorations à l'église. Ainsi en 1823 il fait enlever une tour de l'église et demande qu'on la remplace par un portail et deux tours surmontées de clochers à double lanterne. Quant aux finances, il exige que ses marguilliers rendent

régulièrement leurs comptes. Sur le plan spirituel, il se montre aussi fort actif. Il est disponible à toute heure du jour pour confesser, baptiser ou visiter un malade ; il enseigne le catéchisme aux enfants, se dévoue auprès des pauvres et donne beaucoup d'éclat aux cérémonies. Il veille aussi de près à ses intérêts. En 1829, par exemple, lorsque la dîme prélevée sur les céréales diminue, il réclame qu'on la paie aussi sous forme de pommes de terre. Il tient avec la même opiniâtreté à ses positions lorsqu'il s'agit de défendre l'intégrité territoriale de sa paroisse.

Sous la direction de Paquin, l'administration de la paroisse devient plus efficace et la vie spirituelle, plus intense. Aux yeux de Mgr Jean-Jacques LARTIGUE, auxiliaire montréalais de l'archevêque de Québec, Paquin s'avère un pasteur consciencieux, à la foi ardente, à l'âme vraiment sacerdotale. Aussi le propose-t-il comme archiprêtre de la région du lac des Deux-Montagnes. Ses paroissiens, par ailleurs, émettent des opinions partagées sur sa conduite. Certes, il se montre dévoué, zélé, empressé, et partage son temps entre son église et son presbytère, mais on n'apprécie pas pour autant son rigorisme moral, son esprit de domination et son intransigeance idéologique.

C'est que Paquin prend ses distances vis-à-vis le mouvement libéral et laïque de sa paroisse. Dès 1825, il ne tolère pas que certains paroissiens s'immiscent dans les affaires scolaires et il parvient même à convaincre la majorité de la population de construire une école administrée par la fabrique, qu'il aurait entièrement sous sa tutelle. Mais à la suite de l'adoption de la loi sur les écoles de syndic en 1829, Paquin se sent de plus en plus menacé par certains partisans libéraux de sa paroisse qui veulent mettre sur pied des écoles qui favoriseraient le sentiment national. Pour contrer ce mouvement, il réussit difficilement à se faire élire syndic. En 1830, il entreprend de faire construire un couvent. Il veut donc avoir droit de regard sur l'enseignement primaire.

En 1831, face à la loi sur les fabriques, qui vise à restreindre l'influence du curé dans l'administration de la paroisse [V. Louis Bourdages*], Paquin adopte une attitude aussi ferme. Il ne permet jamais à ses paroissiens de s'immiscer dans les affaires de la fabrique. Devant la menace qui pèse sur l'Église, il parvient même à regrouper certains prêtres de la région afin de mener une action concertée contre les laïques libéraux canadiens-français. À cet effet, il propose de fonder un journal ecclésiastique. Déterminé et influent, Paquin souhaite même que Mgr Lartigue organise une assemblée générale du clergé à Montréal ou à Trois-Rivières afin d'étudier les moyens de contrer l'influence des libéraux.

Paquin s'oppose aussi au mouvement nationaliste. Il se sent menacé par la contestation libérale et craint de perdre ses privilèges. Préoccupé de maintenir l'ordre, il n'accepte pas de se lier à un mouvement qui professe la souveraineté du peuple et qui projette éventuellement de renverser le gouvernement. À partir de 1830, il dénonce souvent les organisations patriotes de sa paroisse, qu'il juge trop turbulentes. À la suite des élections de 1834, il refuse même de chanter une messe d'action de grâces pour célébrer la victoire patriote. Durant les événements de 1837, il adopte une attitude encore plus ferme à l'égard du mouvement patriote. À l'instar de plusieurs collègues de la région de Montréal, il s'oppose à la révolte armée et repousse tout ce qui n'est pas retour complet aux valeurs de l'Ancien Régime. Sa vive opposition à la diffusion du livre de Hugues-Félicité-Robert de La Mennais, *Paroles d'un croyant*, publié à Paris en 1834, est fort révélatrice à ce sujet.

Paquin suit fidèlement les directives de Mgr Lartigue et, malgré les menaces de représailles des patriotes de sa paroisse, il ne craint pas de lire en chaire le mandement de l'évêque du 24 octobre 1837. Quelques jours avant la bataille du 14 décembre à Saint-Eustache, les chefs patriotes du comté de Deux-Montagnes, Amury GIROD et Jean-Olivier CHÉNIER, le rencontrent au presbytère et tentent vainement de le convaincre de changer de camp. Il reste hostile à la rébellion malgré les menaces de mort et d'emprisonnement qu'on lui profère. À la veille du combat, accompagné du vicaire François-Xavier Desève, il se réfugie dans sa ferme située près du village. Après le saccage et le pillage de Saint-Eustache, il publie en 1838 *Journal historique des événemens arrivés à Saint-Eustache* [...] où il montre que très peu de ses paroissiens ont participé à la rébellion et que la plupart des chefs rebelles n'habitaient pas la paroisse. Il souhaite ainsi obtenir du gouvernement une indemnité pour la reconstruction de son église détruite au cours de la bataille.

Après l'échec des troubles de 1837–1838, Paquin partage son temps entre l'étude et l'administration. Comme il possède trois terres dont l'une est en prairie, il tire suffisamment de revenus de ses ventes ou de ses fermages pour mener une vie confortable, achever plusieurs travaux d'embellissement de son presbytère et améliorer sa ferme. À l'occasion, il fait des avances en grains ou en numéraire à plusieurs paroissiens. Toutefois, Mgr Ignace Bourget* doit lui servir un sévère avertissement en avril 1841 parce qu'il ne prend pas soin du cimetière et des ruines de l'ancienne église, qu'il laisse les enfants de chœur jouer, rire et se bousculer pendant les offices religieux et aussi parce qu'il prêche trop rarement. Bourget lui demande de remplir son devoir envers sa paroisse qui, dit-il, « a déjà été assez désolée au temporel, sans souffrir la désolation spirituelle ». La même année, Paquin fait reconstruire le couvent détruit par les flammes durant la bataille et projette même d'inviter les religieuses de la Congrégation de Notre-Dame à y enseigner.

En 1843, Mgr Bourget permet à Jacques Paquin de faire le tour des diocèses de Montréal et de Québec pour y poursuivre ses recherches en vue de la rédaction d'une histoire de l'Église, travail qu'il avait entrepris vers 1830 afin de témoigner des grandes œuvres de l'Église et de répondre à ceux qui la contestaient. En 1846, il s'attend à publier le résultat de ses travaux. Un an plus tard, il fait insérer un prospectus dans les colonnes des *Mélanges religieux* pour annoncer la parution prochaine de son livre, mais ce dernier ne verra pas le jour. Paquin meurt le 7 décembre de la même année après une maladie très douloureuse.

RICHARD CHABOT

Jacques Paquin est l'auteur d'une brochure intitulée *Journal historique des événemens arrivés à Saint-Eustache, pendant la rébellion du comté du lac des Deux Montagnes, depuis les soulèvemens commencés à la fin de novembre, jusqu'au moment où la tranquillité fut parfaitement rétablie* (Montréal, 1838). Il a aussi écrit « Mémoire sur l'Église du Canada », manuscrit conservé aux APC, sous la cote MG 24, J15.

ACAM, 420.051 ; 901.021, 831-9 ; RLB, I : 119, 153 ; II : 373, 662 ; III : 615–616 ; IV : 22, 68 ; RLL, I : 151 ; II : 75, 151, 224, 292 ; III : 12, 124, 153 ; IV : 19, 33, 396 ; V : 221 ; VI : 106, 137, 254, 268 ; VII : 52, 291, 332, 402, 628. — ANQ-M, CE6-11, 13 déc. 1847 ; CN1-271, 10 déc. 1843, 8 juill., 9 déc. 1846 ; CN1-326, 22 sept. 1823. — ANQ-Q, CE1-25, 9 sept. 1791. — AP, Saint-Eustache, Cahiers des recettes et dépenses de la fabrique, 1802–1862. — Arch. de l'évêché de Nicolet (Nicolet, Québec), Cartable Saint-François-du-Lac, I, 1813–1821. — Arch. du diocèse de Saint-Jean-de-Québec (Longueuil, Québec), 6A/52. — ASN, AP-G, L.-É. Bois, G, 1 : 428–430 ; 3 : 121, 158 ; 10 : 62. — T.-M. Charland, *Histoire des Abénakis d'Odanak (1675–1937)* (Montréal, 1964) ; *Histoire de Saint-François-du-Lac* (Ottawa, 1942) ; « les « Mémoires sur l'Église du Canada » de l'abbé Jacques Paquin », SCHEC *Rapport*, 2 (1934–1935) : 51–64. — C.-H. Grignon, « la Vie et l'Œuvre du curé Paquin », *Cahiers d'hist. de Deux-Montagnes* (Saint-Eustache) (été 1978) : 61–82. — L.-J. Rodrigue, « Messire Jacques Paquin, curé de Saint-Eustache de la Rivière-du-Chêne (1821–1847) », SCHEC *Rapport*, 31 (1964) : 73–83.

PARENT, LOUIS-FRANÇOIS, prêtre catholique, né le 4 mars 1778 à Québec, fils de Charles Parent et de Charlotte-Cécile Rouillard ; décédé le 1er juin 1850 à Repentigny, Bas-Canada.

Fils d'un boulanger de la haute ville de Québec, Louis-François Parent fit ses études au petit séminaire de Québec de 1789 à 1798. Il y remplit ensuite la fonction de professeur tout en étudiant la théologie au grand séminaire. Il n'avait pas beaucoup de talent pour l'étude si on le compare à son condisciple Joseph SIGNAY, futur archevêque de Québec. Ordonné le 19 décembre 1801, Parent fit ses premières expériences pastorales à titre de vicaire dans les paroisses

Parent

Notre-Dame-de-Liesse, à Rivière-Ouelle (1801–1802), Saint-Joseph, dans la Beauce (1802–1803), l'Immaculée-Conception, à Trois-Rivières (1803–1805), et Sainte-Famille, à Boucherville (1805–1806). On l'envoya ensuite en Acadie, où il desservit pendant trois ans les missions de Richibouctou (Richibucto-Village), Bouctouche (Buctouche) et Gédaïc (Grande-Digue), au Nouveau-Brunswick. Il fit preuve d'une grande compréhension dans ses décisions pastorales. Toutefois, il semble avoir souffert d'être le seul prêtre au milieu d'une population docile, croyante et disséminée le long de la côte. Il manifesta donc le désir qu'on le rappelle. Aussi l'évêque de Québec, Mgr Joseph-Octave Plessis*, le nomma-t-il curé de la paroisse Saint-Henri-de-Mascouche (à Mascouche) à l'automne de 1809.

Parent commença alors à prêter, au taux d'intérêt légal de 6 %, des sommes d'argent remboursables sous forme de rentes viagères. Mais la conduite du curé finit par déplaire à la majorité des paroissiens qui présentèrent une requête en vue d'obtenir sa démission à l'été de 1831. Sans doute convaincu du bien-fondé des allégations des paroissiens, l'archevêque de Québec, Mgr Bernard-Claude Panet*, demanda à Parent de démissionner, mais il lui interdit de prendre sa retraite en continuant de percevoir le tiers de la dîme annuelle de son ancienne paroisse, puisque ses épargnes lui assuraient une honnête subsistance. Parent tardait à quitter sa cure. Mgr Panet dut donc le menacer d'ouvrir une enquête publique sur sa conduite, même s'il n'y tenait pas vraiment. Parent continua quand même de s'accrocher à sa cure à tel point que l'archevêque se vit contraint de lui enlever tous ses pouvoirs sacerdotaux en novembre.

En septembre 1832, Parent réussit, grâce sans doute aux bons soins de son ancien compagnon d'études, Mgr Signay, à se faire nommer curé de la paroisse de la Purification-de-la-Bienheureuse-Vierge-Marie, à Repentigny. Trois ans plus tard, Signay le gratifia du titre d'archiprêtre. Mais les rapports de Parent avec ses paroissiens se dégradèrent encore une fois. Le 19 septembre 1837, une cinquantaine de fidèles adressèrent une humble requête à l'évêque de Montréal, Mgr Jean-Jacques LARTIGUE, où ils dénonçaient en 14 points la conduite du curé. Ils l'accusaient alors de simonie, de manquements répétés aux devoirs pastoraux et de discrimination à l'égard de certains paroissiens. Parent affirma à Lartigue qu'il ne s'agissait là que d'une coterie mue par des visées politiques mais, pour réfuter ces accusations, le curé ne trouva qu'un seul témoin, le premier chantre.

Mgr Lartigue avait des soucis plus pressants à l'automne de 1837 et il voulut étouffer l'affaire. Cependant il connaissait la lésinerie de Parent et savait que ce défaut le rendait insupportable. Au printemps suivant, il lui donna le choix : quitter sa cure et prendre sa retraite ou subir une enquête publique sur les plaintes alléguées contre lui. Parent refusa les solutions proposées. Il s'estimait même propriétaire de sa cure. Mgr Signay réussit à obtenir de lui une promesse de retraite volontaire à Trois-Rivières pour l'année suivante, mais il n'y eut pas de suite. À l'été de 1839, Parent provoqua une nouvelle levée de boucliers parmi ses paroissiens en manœuvrant une minorité de marguilliers pour qu'on procède à la construction d'un nouveau clocher et à des réparations aux fenêtres de l'église, que l'on jugeait inopportunes.

Sans donner aucun signe de ferveur exceptionnelle, la vie morale et religieuse de Repentigny ne semble pas avoir trop souffert de toutes ces tensions, puisque le taux de gens qui firent leurs pâques passa de 80 % à 88 % entre 1838 et 1841. Mais les plaintes concernant l'avarice et la non-disponibilité du curé continuèrent de parvenir au nouvel évêque de Montréal, Mgr Ignace Bourget*, qui, en avril 1845, somma Parent de démissionner. Encore une fois, le curé promit de le faire dès l'année suivante. Devant cette stratégie dilatoire, Bourget vint enquêter sur place et, le 5 septembre, il déchargea Parent de sa cure. Depuis qu'il était en fonction, le vieux curé si économe avait laissé se dégrader totalement les bâtiments confiés à ses soins et il se livrait à un resquillage de bois et de matériaux jugé maladif par son voisin et successeur, le curé François Labelle.

La mort de Louis-François Parent, survenue à Repentigny le 1er juin 1850, donna lieu à une controverse célèbre. Par testament, le curé laissait une succession dont l'actif se chiffrait à près de £20 000 et il désignait Mgr Signay comme légataire universel. Le séminaire de Nicolet se voyait attribuer une rente perpétuelle de £198. Parent ne laissait rien au jeune diocèse de Montréal même s'il y avait administré deux cures assez rentables. De son côté, la corporation épiscopale de Québec héritait d'environ £11 000 qui lui procuraient une rente annuelle de £591. Le clergé montréalais commença donc à murmurer contre l'injustice faite par le vieux Parent, mort sur son or, et qui permettait au diocèse de Québec de payer les dettes écrasantes contractées en vue de la construction du nouveau palais épiscopal.

Bien des membres de la famille de Parent se montrèrent aussi déçus d'avoir été oubliés. Un jeune architecte de Québec et neveu du curé, Joseph-Pierre-Michel Lecourt, envoya même une pétition à divers personnages importants de Londres afin de faire abroger le droit de la corporation épiscopale à recevoir légalement des biens. Cette action, destinée à faire pression sur l'archevêque de Québec, eut un certain retentissement dans les journaux au printemps de 1852. Le *Montreal Witness* et le *Globe* de Toronto appuyèrent Lecourt. Selon eux, il y avait eu extorsion de la part de l'archevêque catholique. D'autres journaux de Québec et de Montréal commentèrent l'affaire et estimèrent qu'on devait respecter les dernières volontés du curé.

Louis-François Parent connut donc une triste célébrité posthume. Pendant plus de 30 ans, il avait fait fructifier le produit de ses économies et de ses rentes. Au sein du clergé, il devint sans doute l'un des plus riches curés catholiques du XIXe siècle, mais il fut aussi l'un de ses cas les moins édifiants.

LOUIS ROUSSEAU

AAQ, 12 A, L : f° 160 ; 210 A, XIV : 463 ; 40 CA, I : 21–25 ; 303 CD, I : 105 ; 516 CD, I : 22 ; 311 CN, V ; 26 CP, VII : 73 ; Sér. E, III. — ACAM, 350.102, 841-5 ; 355.104, 837-4, -5, -7, 839-1, -6, 845-2, 846-2, 850-6 ; RLB, I : 62–63 ; III : 533–534 ; IV : 30, 57. — ANQ-M, CE5-16, 5 juin 1850. — ANQ-Q, CE1-1, 5 mars 1778. — *Mélanges religieux*, 2 avril 1852. — Allaire, *Dictionnaire*, 1. — Caron, « Inv. de la corr. de Mgr Panet », ANQ *Rapport*, 1935–1936 : 188, 194–195, 200, 217 ; « Inv. de la corr. de Mgr Plessis », 1932–1933 : 13, 32 ; « Inv. de la corr. de Mgr Signay », 1936–1937 : 329. — Desrosiers, « Inv. de la corr. de Mgr Lartigue », ANQ *Rapport*, 1942–1943 : 118 ; 1945–1946 : 59, 76. — P.-G. Roy, *Fils de Québec*, 2 : 189–191. — Douville, *Hist. du collège-séminaire de Nicolet*. — Henri Têtu, *Histoire du palais épiscopal de Québec* (Québec, 1896), 177–179.

PAREPOINT. V. PIERPOINT

PARKER, SNOW, capitaine de navire, homme d'affaires, homme politique, officier de milice, juge et juge de paix, né le 16 mai 1760 à Yarmouth, Massachusetts, aîné des enfants de Benjamin Parker et de Mary Snow ; le 17 juillet 1780, il épousa à Liverpool, Nouvelle-Écosse, Martha Knowles, et ils eurent dix enfants ; décédé le 18 septembre 1843 à ce dernier endroit.

Le père de Snow Parker, marin et marchand de poisson, arriva à Liverpool au tout début de la colonie. La plupart de ses fils, sinon tous les cinq, tirèrent aussi leur subsistance de la mer, mais Snow allait faire une carrière particulièrement remarquable : le commerce, la construction navale et la course feraient de lui un homme riche.

Parker atteignit l'âge adulte pendant la Révolution américaine, à l'époque où les corsaires rebelles croisaient dans les eaux de la Nouvelle-Écosse et faisaient parfois des incursions dans les villages côtiers. Il n'avait que 18 ans lorsqu'un corsaire intercepta le navire sur lequel il voyageait de Halifax à Liverpool. Fait prisonnier, il fut conduit à Port Mouton et relâché après avoir payé une rançon. Simeon Perkins*, éminent marchand de Liverpool et député, a consigné cet incident dans son journal où, à partir de cette date et jusqu'à ce qu'il cesse de le rédiger en avril 1812, il relatera souvent les activités de Parker.

Parker commença sa vie d'homme d'affaires à titre de marchand côtier et fit souvent du transport pour le compte de commerçants bien établis, qui exerçaient ce métier depuis plus longtemps que lui, tel Perkins. En mai 1783, avec son frère Benjamin, il acheta la maison, les lots de grève, les magasins, les quais et autres constructions du marchand Benajah Collins, de Liverpool, pour la somme de £550. Les deux frères prirent alors une part très active dans la pêche au saumon et au maquereau au large de Terre-Neuve ; ils capturaient des centaines de barils de poissons qu'ils vendaient non seulement aux marchands des environs mais dans les ports américains. Le lancement, en septembre 1788, du brigantin de 100 tonneaux l'*Union,* dont il était propriétaire avec Joseph Barss et Nathan Tupper, en plus d'en être le capitaine, marqua l'entrée de Parker dans le lucratif commerce avec les Antilles. La construction navale devint l'une de ses principales activités. En 1826, au lancement du *Mary Parker,* bâtiment de 450 tonneaux, il était en mesure d'affirmer avoir construit 46 navires. Certains étaient affectés au commerce le long des côtes de la Nouvelle-Écosse, dans les ports américains de l'Atlantique et du golfe du Mexique, dans les Antilles et même en Europe, tandis que d'autres servaient à la pêche au large des côtes de Terre-Neuve.

Ce sont toutefois les navires bâtis ou équipés pour la course qui permirent à Parker de faire fortune. La déclaration de la guerre avec la France en 1793 et avec les États-Unis en 1812 avait de nouveau fait surgir à la fois la menace des corsaires et la perspective de faire beaucoup d'argent en les finançant. De 1793 à 1815, Liverpool fut le centre d'activité de la course en Nouvelle-Écosse et Parker, le chef de file. Il construisit et posséda des corsaires, il en finança et servit d'agent pour plusieurs ; toutefois, jamais il ne les pilota. La Cour de vice-amirauté de Halifax pouvait reconnaître rapidement la validité des prises, et leurs cargaisons acquises aux enchères à bas prix pouvaient être vendues au détail avec un bon profit. Bien plus, on pouvait acheter, radouber puis utiliser les prises elles-mêmes comme corsaires ou navires marchands.

Ne serait-ce que par le nombre et la diversité de ses activités, Parker fut un entrepreneur remarquable au début des années 1800. Contrairement aux marchands dont toutes les activités se déroulaient sur la terre ferme, comme Perkins et Collins dont il transportait parfois les marchandises dans ses navires, Parker n'était pas un simple commerçant mais également un capitaine. Par ailleurs, comme eux il était à la fois constructeur de navires et, plus important, corsaire. À l'âge d'or de la course, il passait pour l'homme le plus riche de Liverpool. Sa fortune diminua toutefois avec les années, si bien qu'à sa mort il ne valait apparemment pas plus de £1 500.

Parker avait eu son premier contact avec la vie

politique en juin 1798 lorsqu'il avait accompagné Perkins à l'ouverture du Parlement et dîné avec Richard John Uniacke*. Procureur général et avocat général de la Cour de vice-amirauté, ce dernier était en mesure d'aider ceux qui espéraient tirer profit de la course. Lorsque James Taylor, qui avait succédé à Perkins à titre de représentant de la circonscription de Queens, mourut en janvier 1801, Parker se présenta à l'élection partielle tenue en mars et fut élu sans opposition. Perkins écrivit alors dans son journal : « M. Parker distribua aux propriétaires fonciers du vin et des spiritueux en abondance avec un goûter froid [...] Le tout se déroula de façon très respectable. » Parker fut député de Queens sans interruption pendant 25 ans. Ce n'est qu'en 1826 qu'il refusa de se représenter, et c'est John Barss* qui le remplaça alors.

En mai 1797, Snow Parker était devenu capitaine dans la milice du comté de Queens. En mai 1810, on l'avait nommé juge de la Cour inférieure des plaids communs du même comté et, en juin 1811, commissaire d'une *grammar school* sur le point d'être érigée à Liverpool. Il reçut six commissions de juge de paix, la première en juin 1810 et la dernière en décembre 1841 ; il était alors âgé de plus de 80 ans.

BARRY CAHILL

PANS, Places, Liverpool, R. J. Long, « Annals of Liverpool and Queens County, 1760 to 1867 » (mfm) ; RG 1, 172 : f° 57 ; 173 : f°s 34, 40–41, 75 ; 175 : f° 204. — Simeon Perkins, *The diary of Simeon Perkins [...]*, H. A. Innis *et al.*, édit. (5 vol., Toronto, 1948–1978). — *Novascotian*, 16 oct. 1843. — *Epitaphs from the old cemeteries of Liverpool, Nova Scotia*, Charles Warman, compil. (Boston, [1910]), 56–60. — *Legislative Assembly of N.S.* (Elliott). — *Liverpool privateering, 1756–1815*, J. E. Mullins, compil., F. S. Morton, édit. (Liverpool, N.-É., 1936), 25 et suivantes. — J. F. More, *The history of Queens County, N.S.* (Halifax, 1873 ; réimpr., Belleville, Ontario, 1972), 203.

PARKIN, EDWARD, prêtre de l'Église d'Angleterre, fonctionnaire et instituteur, né le 6 février 1791 à Otley, West Yorkshire, Angleterre ; le 15 septembre 1814, il épousa Sarah Cullen, et ils eurent au moins sept enfants ; décédé le 30 janvier 1844 à Fiddington (Market Lavington, Angleterre).

Fils de pasteur, Edward Parkin fut ordonné diacre de l'Église d'Angleterre en mai 1814 et prêtre le 22 décembre. Après avoir lu, dans une publication de la Society for the Propagation of the Gospel in Foreign Parts, que les colonies avaient besoin de missionnaires, il résolut de poser sa candidature pour le Canada. Il laissa donc son poste d'instituteur et débarqua à Québec le 3 septembre 1817 avec sa femme et ses deux enfants.

Le 8 octobre, l'évêque Jacob Mountain* affecta Parkin à Chambly. Au mois d'août précédent, sous la présidence du révérend Brooke Bridges Stevens*, un groupe de résidents britanniques avait décidé de construire une église anglicane. Parkin et cinq responsables laïcs, dont Samuel Hatt, prirent en main la réalisation du projet. En février 1820, François Valade se vit confier, par contrat, la construction d'un bâtiment de pierre doté d'un sanctuaire en saillie et d'une élégante flèche ; l'administrateur de la colonie, sir Peregrine Maitland*, concéda un terrain. Le 11 mai, à l'occasion de la pose de la pierre angulaire, Parkin prononça un sermon ; à peine six mois plus tard, il conduisait ses fidèles en prière à l'inauguration de l'église St Stephen. L'érection civile de la paroisse eut lieu le 30 septembre 1823 et Parkin fut nommé *rector*. De plus, il servait d'aumônier à la garnison du fort Chambly et exerçait son ministère dans les villages environnants. Il encouragea la construction d'une église à Yamaska Mountain (Abbottsford) et y desservit les anglicans jusqu'à l'arrivée du missionnaire William Abbott en 1824.

Parkin n'avait pas cessé de s'intéresser à l'instruction, tant générale que religieuse. Peu avant son départ d'Angleterre ou son arrivée à Chambly, il avait fait paraître à Londres *Ten sermons doctrinal and practical* ; il voulait consacrer les recettes éventuelles à la construction de St Stephen. Il organisa des classes à Yamaska Mountain et à Rougemont de même qu'à South West River (Sainte-Brigide-d'Iberville) et à Mount Johnston (Mont-Saint-Grégoire) où, en 1824, on le nomma commissaire chargé de construire des écoles. Pour abriter des classes qu'il avait ouvertes à Chambly dès 1821, il mit en chantier, en août 1826, un bâtiment de pierre dont il supervisa officiellement la construction à compter d'octobre en qualité de commissaire. Un an plus tard, l'école appartenait au réseau de l'Institution royale pour l'avancement des sciences [V. Joseph Langley Mills*] et comptait une quarantaine d'élèves. Parkin estima par la suite avoir prélevé en tout quelque £1 750 sur ses revenus pour construire des églises et des écoles dans la colonie. Il donna aussi des cours particuliers, notamment à William King McCord* ainsi qu'aux fils du grand marchand montréalais George Moffatt* et du héros de Châteauguay, Charles-Michel d'Irumberry* de Salaberry. En 1827, il formait deux candidats à la prêtrise et préparait, semble-t-il, la fondation d'un séminaire. Cependant, le successeur de Mountain à l'épiscopat, Charles James STEWART, préféra confier ce séminaire à un jeune diplômé d'Oxford, Joseph Braithwaite.

Pendant l'été de 1828, pour faire place à Braithwaite, Stewart muta Parkin à St Catharines, dans le Haut-Canada. On y réclamait depuis longtemps un missionnaire, et Parkin y avait fait une visite en 1827. Toutefois, moins d'un an après son arrivée, il était si ébranlé par la mort d'un de ses enfants et par les effets d'une fièvre qui sévissait dans la région de Niagara qu'il dut rentrer au Bas-Canada avec Stewart. Comme l'évêque allait, en juillet et août 1829, faire une visite pastorale en Gaspésie et une autre de convenances en Nouvelle-Écosse, il prit Parkin avec lui pour le faire profiter de l'air marin.

De retour au Bas-Canada, Stewart affecta Parkin à Sherbrooke et à Lennoxville. Apprenant qu'une paroissienne de Chambly, Mme Mary Adelaide Tierney, institutrice d'expérience, avait grand mal à subvenir aux besoins de sa nombreuse famille, Parkin l'invita en décembre à ouvrir une école de filles à Sherbrooke. Ce même mois, toutefois, Stewart rapporta à la Society for the Propagation of the Gospel que Parkin avait depuis quelque temps « l'esprit dérangé », si bien qu'en mars 1830 celui-ci renonça à sa charge et à son poste de missionnaire de la société. Au début d'avril, il annonça la publication imminente d'une autobiographie et d'un essai sur les Cantons-de-l'Est, mais aucun de ces ouvrages ne parut. Dès l'été de 1830, il put être affecté de nouveau à Sherbrooke, mais il eut d'autres accès de folie et Stewart le força à prendre sa retraite le 1er octobre 1832.

Après la publication de son sermon d'adieu à Montréal, Parkin partit enseigner au Vermont, mais en 1833 sa santé l'obligea à rentrer en Angleterre, sans sa famille, pour tenter d'obtenir un autre poste ou une pension. Une première requête au gouvernement demeura sans effet. En mars 1834, dépité par sa retraite forcée et inquiet de l'accumulation de ses dettes, il réclama une réponse rapide à Edward George Geoffrey Smith Stanley, secrétaire d'État aux Colonies, en invoquant son « esprit naturellement sensible, que n'[avaient] certes *pas raffermi* les indicibles tourments éprouvés depuis *quatre ans* à cause des mesures prises à [son] endroit par [son] ancien diocésain ». Grâce à une recommandation de la Society for the Propagation of the Gospel, il obtint finalement une pension de £100, et il servit quelque temps, en 1836, comme vicaire dans le Wiltshire. En avril de cette année-là, comme le ministère des Colonies s'inquiétait de l'aggravation des conflits politiques au Bas-Canada, Parkin soumit de sa propre initiative un plan de « pacification » à l'un des successeurs de Stanley, lord Glenelg. Il proposait de concéder tous les revenus à la chambre d'Assemblée, sauf ceux des terres de la couronne (quitte à renforcer les troupes de la colonie), d'interdire à la longue l'usage du français au Parlement et dans l'appareil judiciaire, et lancer un programme gouvernemental qui financerait une immigration britannique massive dans les Cantons-de-l'Est et de modifier le régime seigneurial. Toutes ces mesures avaient déjà été proposées par d'autres, mais Parkin se distinguait davantage, surtout en tant qu'anglican, en suggérant de consacrer tout le fonds des biens des jésuites à la création d'un collège parrainé par le gouverneur et présidé conjointement par les évêques catholique et

anglican, le modérateur de l'Église d'Écosse et le chef de l'Église méthodiste wesleyenne de la colonie. Chacune des quatre confessions représentées aurait son propre département de théologie mais, à cette exception près, les cours s'adresseraient à tous.

Entre-temps, la famille d'Edward Parkin était rentrée en Angleterre ; sa femme le quitta cependant en 1837. Dès lors, il vécut surtout dans des établissements pour malades mentaux ; à sa mort, en 1844, il se trouvait à l'asile de Fiddington. Un de ses fils, John Buckworth Parkin*, connut la renommée à Québec comme avocat au criminel ; un autre, Edward Cullen, fut missionnaire de la Society for the Propagation of the Gospel dans le diocèse de Québec de 1845 à 1890. La belle église que leur père avait érigée à Chambly est aujourd'hui classée monument historique. Elle sert encore au culte et témoigne du dévouement de Parkin et de ses paroissiens.

THOMAS A. RAMSEY

Edward Parkin est l'auteur de : *Ten sermons doctrinal and practical* (Londres, s.d.) ; et *Importance and responsibility of the Christian ministry* [...] (Montréal, 1832).

APC, RG 68, General index, 1651–1841 : 264, 266, 312. — EEC, Diocese of Montreal Arch., Edward Parkin papers. — EEC-Q, 104. — McGill Univ. Arch., RG 4, Edward Parkin corr., 1824–1828. — PRO, CO 42/255 : 249–254 ; 42/266 : 427–428 (mfm aux ANQ-Q). — RHL, USPG Arch., C/CAN/Que., folders 373, 474, 501 ; journal of SPG, 32–36 ; 38–40 ; 42–43. — St Stephen's (Anglican) Church (Chambly, Québec), Minutes, 1819–1847 ; Reg. of baptisms, marriages, and burials. — *Montreal Gazette,* 8 avril 1830. — A. R. Kelley, « The Quebec Diocesan Archives : a description of the collection of historical records of the Church of England in the diocese of Quebec », ANQ *Rapport,* 1946–1947 : 189, 195, 267. — R. G. Boulianne, « The Royal Institution for the Advancement of Learning : the correspondence, 1820–1829 ; a historical and analytical study » (thèse de PH.D., McGill Univ., Montréal, 1970), 448–458. — C. P. C. Downman, *A concise chronological and factual history of St. Stephen's Anglican Church, Chambly, Que. : it's 150th anniversary 1820–1970* ([Montréal, 1970]). — T. R. Millman, *The life of the Right Reverend, the Honourable Charles James Stewart, D.D., Oxon., second Anglican bishop of Quebec* (London, Ontario, 1953) ; « Edward Parkin, first S.P.G. missionary at Chambly, 1819–1828 », *Montreal Churchman* (Granby, Québec), 27 (1939), n° 6 : 16–17 ; n° 7 : 7, 19.

PAUL, LOUIS-BENJAMIN PEMINUIT. V. PEMINUIT

PAWPINE. V. PIERPOINT

PAZHEKEZHIKQUASHKUM. V. BAUZHI-GEEZHIG-WAESHIKUM

PEABODY, FRANCIS, marin, homme d'affaires, juge de paix et juge, né le 9 novembre 1760 à Boxford,

Peabody

Massachusetts, fils du capitaine Francis Peabody et de Mary Brown ; il épousa une dénommée Perley puis, le 1er septembre 1808, à Portland (Saint-Jean, Nouveau-Brunswick), une veuve, Lydia Brooker, et aucun enfant ne naquit de ces mariages ; décédé le 4 juillet 1841 à Chatham, Nouveau-Brunswick.

Francis Peabody grandit dans la colonie de Maugerville (Nouveau-Brunswick), dont son père avait été l'un des fondateurs en 1762. Dans ses jeunes années, il fit du commerce sur la rivière Saint-Jean, peut-être au sein de la Simonds, Hazen and White, puisque l'une de ses sœurs avait épousé James Simonds*, et une autre, James White. En 1785, lui et Jonathan Leavitt possédaient un schooner de 16 tonneaux et commerçaient le long de la côte. Peabody vécut plusieurs années à Saint-Jean ; sur la liste des électeurs de 1795, il est inscrit à titre de marin.

La rivière Miramichi était l'un des lieux d'activité de Peabody. En 1799, il reçut un permis pour y vendre de l'alcool. Selon la tradition locale, il remontait la rivière avec une cargaison de marchandises venues de Halifax puis amarrait son schooner à une grande épinette qui allait donner à Chatham son premier nom, The Spruce. À l'époque, il n'y avait pas plus d'une dizaine de colons dans les environs. De son bateau, Peabody échangeait ses marchandises contre du saumon, de l'alose et du gaspareau qu'il revendait à Halifax. En 1801, il acheta un lot qui appartenait à l'un des premiers colons de The Spruce ; autour se développa un village, qu'il baptisa Chatham. En 1804, après plusieurs années de commerce côtier, il élut domicile à cet endroit et y ouvrit un magasin. À ce moment, il était associé à Jonathan, Daniel et Francis Leavitt, de Saint-Jean. En 1807, il devint juge de paix et juge à la Cour inférieure des plaids communs du comté de Northumberland.

Dissocié des Leavitt en 1810, Peabody forma une compagnie la même année avec ses neveux RICHARD et Edward Simonds. Outre des terrains, leur entreprise possédait un magasin à Chatham et une scierie sur la rivière Sabbies. Elle vendit la scierie à l'un des petits-neveux de Peabody, Stephen Peabody, en 1823, puis fut dissoute à peu près au même moment. Avant 1820, Peabody s'était également associé à Isaac Paley, marchand d'origine anglaise qui avait épousé l'une de ses nièces. Entre 1816 et 1829, il construisit cinq navires, dont au moins un avec Paley. Ces bâtiments jaugeaient 1 594 tonneaux et on les évalua à £15 940. L'incendie qui frappa la région de la Miramichi en 1825 détruisit l'un d'eux. L'association avec Paley ayant pris fin en octobre 1829, Peabody fit désormais affaire seul. C'est Joseph Russell* qui acheta son chantier naval en 1832 ; il passa par la suite à Joseph Cunard*.

Au fil des ans, Peabody se porta acquéreur de plusieurs magasins, dont un très grand en pierre, construit en 1838. Il possédait aussi des quais en madriers et des estacades en bois flottantes ainsi que de vastes terrains le long de la rivière ; il émettait constamment des hypothèques, et c'est ainsi qu'il acquit la plupart de ses lots. On reconnaissait qu'il pratiquait des prix équitables et traitait honnêtement ses clients. Un collaborateur du *Gleaner* de Chatham, dans un portrait publié après la mort de Peabody, disait qu'il était « de loin le plus important et le plus respectable des marchands de la Miramichi ». C'était, poursuivait l'article, un homme « joyeux, modeste, d'un naturel discret [...] simple et sans affectation dans ses manières ; simple dans son mode de vie et tout à fait dénué de prétention et d'orgueil ». Son sens de l'hospitalité était notoire. Henry Bliss*, qui en 1819 s'aventura sur les chemins extrêmement rudimentaires qui menaient de Fredericton à Chatham, affirmait qu'un seul dîner chez Peabody faisait oublier tous les désagréments du voyage. De confession presbytérienne, Peabody contribua à la construction de l'église St Andrew à Chatham, ainsi qu'à celle de l'église anglicane St Paul à Bushville. Il ne fit jamais de politique mais appuyait Cunard.

Reconnu pour son souci du bien-être et de la prospérité de son milieu, Francis Peabody faisait partie du comité de secours mis sur pied à l'intention des victimes de l'incendie de la Miramichi ; en 1833, on le nomma au premier bureau de santé du comté de Northumberland. Sa popularité dans Chatham était telle qu'en 1837, pour son soixante-dix-septième anniversaire, ses amis commandèrent un portrait de lui au peintre bostonien Albert Gallatin Hoit. Lorsqu'il mourut, le *Gleaner* parut avec un encadrement noir, en signe de respect, et donna à Peabody, dans sa notice nécrologique, le titre de « Père du village ».

WILLIAM A. SPRAY

APNB, RG 3, RS538, B5 : 38, 48 ; RG 18, RS153, I71, 1er sept. 1808. — Musée du N.-B., Peabody family, CB DOC. — Northumberland Land Registry Office (Newcastle, N.-B.), Registry books (mfm aux APNB). — UNBL, MG 3, H11, Henry Bliss à Simcoe Saunders, 22 nov. 1819. — Robert Cooney, *A compendious history of the northern part of the province of New Brunswick and of the district of Gaspé, in Lower Canada* (Halifax, 1832 ; réimpr., Chatham, N.-B., 1896), 96. — *Gleaner* (Miramichi [Chatham]), 6 oct. 1829, 4 oct. 1836, 3 août 1837, 28 août 1838, 6 juill. 1841, 17 nov. 1843. — *Mercury*, 20 juin 1826, 2 oct. 1827. — *A genealogy of the Peabody family* [...], C. M. Endicott, compil. ; W. S. Peabody, édit. (Boston, 1867). — *Vital records of Boxford, Massachusetts, to the end of the year 1849* (Topsfield, Mass., 1905). — Esther Clark Wright, *The Miramichi : a study of the New Brunswick river and of the people who settled along it* (Sackville, N.-B., 1944), 44–45. — J. A. Fraser, *By favourable winds : a history of Chatham, New Brunswick* ([Chatham], 1975), 19–24. — W. R. Godfrey, *History of Chatham* (Chatham, [1962]), 12–16, 18. — Louise Manny, *Ships of Miramichi : a history of shipbuilding on the Miramichi River, New Brunswick, Canada, 1773–1919* (Saint-Jean, N.-B., 1960), 13–16, 19. — J. McG. Baxter, « Francis Peabody, the founder of Chatham », Miramichi Natural Hist. Assoc., *Proc.* (Chatham), n° 6 (1911) : 35–54.

PECHEGECHEQUISTQUM. V. BAUZHI-GEEZHIG-WAESHIKUM

PEMINUIT (Pominouet) PAUL, LOUIS-BENJAMIN (appelé aussi **Paussamigh Pemmeenauweet** et **Samuel Paul**), chef micmac, né en 1755, probablement en Nouvelle-Écosse, fils de Paul Peminuit ; il épousa une prénommée Madeleine ; décédé en 1843 en Nouvelle-Écosse.

En avril 1814, après la mort de son père, Louis-Benjamin Peminuit Paul devint chef de la réserve indienne de Shubenacadie (n° 14). Lui-même et trois de ses frères, Jean-Lucien, Pierre et François, demandèrent alors au lieutenant-gouverneur sir John Coape Sherbrooke* de confirmer cette nomination. Ce faisant, ils suivaient le conseil de l'abbé Jean-Mandé SIGOGNE, qui rédigea la requête et leur fit exprimer à George III « une loyauté et une fidélité égales à celles qui [les] liaient auparavant aux rois de France ». Par la même occasion, ils firent demander à la nouvelle « Indian Society » (la North American Indian Institution de Walter BROMLEY) de leur procurer des terres et des outils agricoles. Les 120 hommes de Shubenacadie, concluaient-ils, voulaient des terres propres à la colonisation, et non un lot « au fond des bois ».

Sherbrooke répondit par une commission signée de sa main et datée du 28 avril 1814 ; il y certifiait que Peminuit Paul était non seulement chef de Shubenacadie mais chef « de la tribu des Indiens micmacs de la province ». Le document enjoignait à celui-ci de garder les membres de sa tribu « loyaux, industrieux et sobres et d'en faire de bons sujets et [de bons] chrétiens ». Quant à eux, ils devaient obéissance à leur chef. Peminuit Paul reçut une médaille d'argent qui symbolisait son autorité et qu'on allait dûment transmettre à ses successeurs. Par la suite, le libellé de la commission souleva des litiges avec les Micmacs du Cap-Breton, qui ne relevaient pas du gouvernement de la Nouvelle-Écosse en 1814 et avaient leurs propres chefs.

Le 15 juillet 1815, Peminuit Paul se présenta à la tête d'un groupe d'Indiens devant l'évêque de Québec, Mgr Joseph-Octave Plessis*, en visite à Halifax. Son récit concernant les souffrances de son peuple fut si émouvant que le prélat versa des larmes en l'entendant. Plessis parla ensuite de cette rencontre au lieutenant-gouverneur, qui l'assura que le gouvernement ferait l'impossible pour aider ces pauvres gens.

La communauté de Shubenacadie survécut, mais comme elle ne prospérait pas, Peminuit Paul finit par se tourner vers la chambre d'Assemblée, à qui il demanda en mars 1829 de passer des lois pour interdire la vente d'alcool aux Indiens et de faire en sorte qu'« un certain nombre des garçons indiens les plus éveillés » apprennent à lire et à écrire. Son initiative déboucha sur une loi qui laissait l'interdiction de la vente d'alcool à la discrétion des magistrats locaux – qui ne l'appliquèrent jamais – et accordait aux Indiens l'instruction gratuite dans des écoles publiques – qu'un certain nombre fréquentèrent.

L'hiver de 1830–1831 fut marqué par la famine. Conscient que son peuple le considérait comme son protecteur et devait « en un sens compter sur lui pour [obtenir] de l'aide », Peminuit Paul fit appel à l'Assemblée en janvier 1831. Sa requête, rédigée par le révérend William Morris, décrivait la faim et le froid dont sa tribu souffrait ; le gibier dont elle se nourrissait avait fui depuis l'arrivée des colons blancs. Il était aussi difficile pour les Indiens d'apprendre à cultiver la terre que ce l'aurait été pour les Blancs d'adopter le mode de vie des Indiens, et faute de mieux son peuple vendait des pièces d'artisanat pour survivre. Cependant, l'hiver était si dur, et le bois de chauffage si rare autour de Halifax, que les Indiens ne pouvaient s'y rendre pour présenter leurs articles. Seule une assistance immédiate pouvait les sauver. On la préleva sur le budget annuel de £100 prévu pour le secours aux Indiens.

Cette dernière requête de Peminuit Paul fut sans aucun doute écrite sous sa dictée, car elle ne contient aucune des expressions anglaises conventionnelles que renfermaient les précédentes. En s'adressant en anglais à la reine Victoria, avec courtoisie mais comme à une égale, il expliquait : « Je ne peux pas traverser le grand Lac pour aller vous parler parce que mon canot est trop petit, et je suis vieux et faible. Je ne peux pas vous voir parce que mes yeux ne voient pas si loin. Vous ne pouvez pas entendre ma voix de l'autre côté des Grandes Eaux. Alors j'envoie ce wampum et cet exposé sur papier pour dire à la Reine que je suis en difficulté. Mon peuple est en difficulté [...] Pas de territoires de chasse – Pas de castor – pas de loutre [...] pauvre pour toujours [...] Toutes ces forêts autrefois à nous [...] L'Homme blanc a pris tout ce qui était à nous [...] Ne nous laissez pas périr. »

Cette requête parvint au ministère des Colonies, à Londres, le 25 janvier 1841. Cinq jours plus tard, une dépêche était en route vers le nouveau lieutenant-gouverneur de la Nouvelle-Écosse, lord Falkland [Cary*]. La reine avait pris un vif intérêt à l'appel, mais le secrétaire d'État aux Colonies n'avait aucun avis à offrir parce qu'il n'y avait rien au dossier. Il fallait une enquête et un rapport exhaustifs sur la situation des Indiens, et lord Falkland devait se pencher sans délai sur la question.

L'enquête eut lieu, le rapport fut écrit, on adopta

Pépin

des lois et on nomma un commissaire aux Affaires indiennes, Joseph Howe*. Cependant, le débordement d'activités que Louis-Benjamin Peminuit Paul avait déclenché eut peu d'incidence sur la vie des Indiens. Invalide et aveugle, il mourut en 1843. Son frère François lui succéda et, quand celui-ci prit sa retraite au milieu des années 1850, c'est son fils Jacques-Pierre Peminuit* Paul qui devint chef à son tour.

L. F. S. Upton

L'auteur tient à remercier Ruth Holmes Whitehead du N.S. Museum (Halifax) pour son aide dans l'écriture des noms micmacs. [L. F. S. U.]

Guildhall Library (Londres), mss 7956 (New England Company papers) (mfm aux APC). — N.S. Museum, Acc. 08.10 ; 31.24 ; mss, Piers papers, X (archaeology & ethnology), « Micmac genealogies and biographical material, uncatalogued notes ». — PANS, RG 1, 9, doc. 1815, 1820 (transcriptions) ; 430, doc. 176. — PRO, CO 217/177 : 128–129 ; 217/179 : 406–408. — N.-É., House of Assembly, *Journal and proc.*, 1829 : 424 ; 1844, app. 50 : 127 ; Legislative Council, *Journal and proc.*, 1843, app. 7 : 23. — J.-O. Plessis, *Journal des visites pastorales de 1815 et 1816, par Monseigneur Joseph-Octave Plessis, évêque de Québec*, Henri Têtu, édit. (Québec, 1903), 76. — Ruth Holmes Whitehead, *The Micmac ethnology collection of the Nova Scotia Museum* (N.S. Museum, *Curatorial report*, n° 25, 1974). — Upton, *Micmacs and colonists*.

PÉPIN, JOSEPH, menuisier, sculpteur et officier de milice, baptisé le 19 novembre 1770 à Sault-au-Récollet (Montréal-Nord, Québec), fils de Jean-Baptiste Pépin et de Madeleine Lebeau ; le 14 février 1803, il épousa à Boucherville, Bas-Canada, Charlotte Stubinger, et ils eurent au moins 17 enfants ; décédé le 18 août 1842 à Saint-Vincent-de-Paul (Laval, Québec).

À un moment où les paroisses de la région de Montréal procédaient à l'ornementation des églises construites depuis le début du XVIIIe siècle, Joseph Pépin, un artisan remarquable, bénéficia d'une conjoncture favorable à l'exercice de son art. Formé par Philippe Liébert*, il s'installa assez tôt cependant à Saint-Vincent-de-Paul, certainement avant 1792. Dans ce village travaillait déjà Louis Quévillon* ; après le décès de ce dernier en 1823, Pépin allait poursuivre l'œuvre en compagnie de René Beauvais, dit Saint-James, et de Paul Rollin*.

Contrairement à ce qui s'était fait sous le Régime français, lorsque la faiblesse des moyens pécuniaires empêchait les projets d'envergure, à la fin du XVIIIe siècle les syndics chargés de faire terminer les intérieurs d'églises étaient en mesure de passer des commandes pour des ensembles ornementaux. Ceux-ci pouvaient comprendre les voûtes et les boiseries du chœur et de la nef, des pièces de mobilier majeures, tels des tabernacles et des chaires, ou mineures comme des crucifix et des chandeliers. Pépin et son équipe pouvaient répondre à tout. Le maître engagea de nombreux apprentis dont quelques-uns, tel Louis-Thomas Berlinguet, continuèrent plus tard son travail, et il fournit de l'ouvrage à cinq de ses fils ainsi qu'à d'autres enfants de la famille Pépin établie à Longue-Pointe (Montréal).

L'atelier, qui comptait un personnel important, exécuta entre 1806 et 1812 des pièces sculptées pour les églises de Saint-Jacques-de-l'Achigan (Saint-Jacques), de Belœil, de Saint-Roch-de-l'Achigan, de Montréal, de Saint-Ours, de Saint-Jean-Baptiste-de-Rouville, de Soulanges (Les Cèdres) et de Chambly. Pépin assumait seul les commandes que recevait son atelier. Le 3 février 1815, cependant, il s'associa à Quévillon, à Saint-James et à Rollin « pour faire tous les ouvrages de dite profession de sculpteur ». Les associés s'engageaient à travailler ensemble à la même entreprise, et les tâches étaient partagées entre les sociétaires le plus justement possible. De plus, les sculpteurs convenaient de terminer à leur profit personnel les ouvrages qu'ils avaient commencés avant la formation de la société. Il ne semble pas que cette association ait apporté les résultats escomptés, puisqu'elle fut dissoute en janvier 1817.

Pépin poursuivit donc ses travaux à l'église de Chambly en 1819, en y associant ses compagnons de toujours, Quévillon, Rollin et Saint-James, mais cette fois sans obligation légale, bien que les montants en cause aient été assez considérables. L'église de Saint-Charles-sur-Richelieu l'occupa en 1820, celle de Rigaud en 1823 et celle de Saint-Benoît (Mirabel) l'année suivante. Ses fils avaient toutefois déjà pris la relève et contractaient désormais à leur avantage.

Pépin conservait son atelier de Saint-Vincent-de-Paul tout en exerçant sa fonction de capitaine puis celle de major du bataillon de milice de l'Île-Jésus (qui deviendra en 1828 le 3e bataillon de milice du comté d'Effingham). Son ancienneté dans la milice lui conférait une certaine autorité dans la communauté. Mêlé à la rébellion de 1837 en compagnie de son fils Zéphyrin, notaire à Sainte-Scholastique (Mirabel) depuis 1826, Pépin fut accusé de haute trahison et on l'emprisonna le 30 novembre. Relâché le 11 décembre, il retourna à ses occupations de sculpteur. Il fit son testament le 22 novembre 1841 et mourut le 18 août de l'année suivante.

L'œuvre de Joseph Pépin, parente de celles des Quévillon, Saint-James et Rollin, intègre des éléments néo-classiques à des modèles manifestement issus du XVIIIe siècle français que les sculpteurs de l'époque savaient agencer suivant les besoins de l'édifice religieux et les goûts des curés et des fabriciens. La qualité de sa production et l'influence de celle-ci sur la première moitié du XIXe siècle rangent Pépin au nombre des sculpteurs marquants de la région de Montréal.

Raymonde Gauthier

ANQ-M, CE1-22, 14 févr. 1803 ; CE1-59, 19 nov. 1770, 20 août 1842 ; CN1-3, 4 oct. 1815 ; CN1-16, 11 juin 1803, 8 févr. 1821 ; CN1-43, 22 févr. 1812, 7 juill. 1815, 15 févr. 1819 ; CN1-68, 1er avril 1815, 23 mai 1826 ; CN1-80, 8 août 1825 ; CN1-96, 14 oct. 1805, 3 avril 1806, 26 févr. 1808, 16 juin 1810, 31 déc. 1811, 13, 19 févr., 13 juill. 1812, 23 janv. 1814, 28 janv., 4 oct. 1815, 25 janv., 28 mai 1817, 28 mars 1818, 16 mars 1819, 22 janv., 27 nov. 1820, 26 janv., 10 sept., 23 nov. 1821, 29 mars, 12 avril, 12 sept. 1822, 22 janv., 8 mai, 29 oct. 1824, 26 janv., 26 mars, 5 avril 1825, 12 juill. 1826, 28 févr. 1827, 17 mars, 1er août 1828, 23 avril 1832, 24 mars, 19 déc. 1834, 13 janv., 26 févr., 19 sept. 1836, 29 mai 1837, 1er août 1838, 15 févr., 22 nov. 1841, 3 déc. 1845 ; CN1-167, 7 janv. 1794, 13 févr. 1803 ; CN1-173, 25 mai, 26 juin 1830, 14 sept. 1831, 31 janv. 1833 ; CN1-179, 26 janv. 1824 ; CN1-334, 3 févr. 1815 ; CN5-8, 28 juill. 1816 ; CN5-13, 29 janv. 1825 ; CN6-3, 29 juill. 1792, 16 janv. 1793. — MAC-CD, Fonds Morisset, 2, dossier Joseph Pépin. — [F.-X. Chagnon], *Annales religieuses et historiques de la paroisse de St-Jacques le Majeur* [...] (Montréal, 1872), 22. — Maurault, *la Paroisse : hist. de N.-D. de Montréal* (1957), 21. — Émile Vaillancourt, *Une maîtrise d'art en Canada (1800–1823)* (Montréal, 1920), 66–67.

PERRAULT, JEAN-BAPTISTE, trafiquant de fourrures, maître d'école et auteur, né le 10 mars 1761 à Trois-Rivières (Québec), fils de Jean-Baptiste Perrault, négociant, et de Marie Lemaître ; décédé le 12 novembre 1844 à Sault-Sainte-Marie (Sault Ste Marie, Ontario).

Jean-Baptiste Perrault descend d'une famille qui s'est vite taillé une place enviable dans la société canadienne. Il compte parmi ses oncles Jacques*, dit Perrault l'aîné, important négociant de la ville de Québec, ainsi que Joseph-François, grand vicaire, et, parmi ses cousins, JOSEPH-FRANÇOIS, « le père de l'éducation du peuple canadien », Jacques-Nicolas*, marchand puis seigneur, et Olivier*, juge et conseiller législatif. À la fin de ses études au petit séminaire de Québec, le jeune Perrault se tourne vers le commerce et le voyage. À titre de commis, il passe l'hiver de 1783–1784 à Cahokia (Illinois) en compagnie d'un trafiquant ami de son père. De retour à Michillimakinac (Mackinac Island, Michigan) au printemps de 1784, il est engagé pour aller hiverner dans la région du haut Mississippi. Ce rite se répétera annuellement jusqu'en 1805.

Pendant cette période, les activités de Perrault s'exercent dans la région du lac Supérieur et particulièrement dans celle du Mississippi, depuis la rivière Chippewa (Wisconsin) en remontant jusqu'aux nombreux lacs qui forment la tête des eaux du Mississippi. Il travaille d'abord au sein de la General Company of Lake Superior and the South [V. Étienne-Charles Campion* ; John Sayer*]. À la dissolution de cette compagnie vers 1787, avec l'expérience qu'il a du « commerce sauvage », selon son expression, Perrault se lance comme trafiquant

indépendant. En 1793, il entre au service de la North West Company. La première tâche qu'on lui confie est de bâtir le fort St Louis (Superior, Wisconsin), aussi appelé fort du Fond-du-Lac ; l'année suivante, on l'envoie construire un fort au lac du Cèdre-Rouge (lac Cass, Minnesota) pour en prendre la direction. De 1799 à 1805, Perrault est à la tête du poste de la rivière Pic (Ontario) sur la rive nord du lac Supérieur.

Durant ces années et au delà, la North West Company prend de l'expansion et cherche à s'assurer la mainmise sur tout le commerce de la fourrure. Cela ne va pas sans opposition et sans heurt. Assez ironiquement, l'opposition la plus soutenue provient des dissidents de la compagnie même, qui forment la New North West Company (appelée parfois la XY Company). Perrault raconte des anecdotes amusantes et aussi des épisodes cruels de cette lutte dont il sera lui-même victime en 1811 dans le territoire de la rivière Pic. Aussi émet-il ce jugement sévère : « Il faut [...] dire qu'alors le NWt étoit législateur et roi, tuoit, pendoit, voloit et violoit, &c. La mesure de leurs forfaits arrivoit à son comble. »

En 1805, Perrault revient à Rivière-du-Loup (Louiseville, Québec). Il passe l'année auprès de son père malade et il retrouve sa femme amérindienne et ses trois enfants qu'il a envoyés deux ans auparavant « pour les faire entrer dans le christianisme ». Il semble prévoir un retour définitif. Toutefois, comme son contrat avec la North West Company n'expire qu'en 1808, il reprend sa vie de commis hivernant : en 1806–1807, il va dans le haut Saint-Maurice ; il passe l'hiver suivant au poste de la rivière Agatinung (rivière Gatineau). À partir de cette date, son existence devient plus précaire et plus imprévisible que jamais. Pendant deux ans, il tient une école à Saint-François-de-Sales (Odanak). En 1810, il fait partie des membres de l'expédition de John Jacob Astor, qui, par voie de terre, se rendent au fleuve Columbia [V. Alexander MacKay*], mais il quitte le groupe à Michillimakinac. D'aventure en aventure, il échoue à la baie James pour ne revenir que deux ans après au Bas-Canada. Pendant la guerre de 1812, on le retrouve à Kingston, dans le Haut-Canada, puis la North West Company l'embauche comme maître charpentier à Sault-Sainte-Marie. Finalement, en 1817, la Hudson's Bay Company lui confie la direction du poste de Michipicoten (Michipicoten River, Ontario). Deux facteurs semblent surtout responsables de sa situation précaire : d'un côté les difficultés de déplacer constamment une famille qui ne cesse de croître et de l'autre la disparition graduelle des gratifications et des privilèges accordés aux commis pour le transport et la subsistance de leur famille. En 1821, la fusion des deux grandes compagnies de fourrures amène la suspension définitive de ces privilèges. Perrault comprend qu'une ère vient de se terminer et qu'il n'y a plus de place pour

Perrault

lui. Il prend donc sa retraite et se fixe à Sault-Sainte-Marie.

Vers l'âge de 70 ans, à l'instigation de l'ethnologue Henry Rowe Schoolcraft, qui à juste titre voit en lui « un homme instruit, [...] courtois et doué d'une mémoire très fidèle », Jean-Baptiste Perrault décide de raconter sa vie de « voyageur ». Dans son récit, l'auteur reste d'une discrétion extrême à propos de sa vie privée, au point qu'on ne peut même pas dire avec certitude combien d'enfants il a eus. Par contre, on y trouve la chronique très détaillée d'une époque de l'histoire du commerce des fourrures, l'identification de centaines de participants et des routes de pénétration, ainsi que la description des mœurs de cette gent aventureuse, des aléas du métier et des méthodes de troc. L'abondance de détails et l'ordre strictement chronologique du récit révèlent que Perrault a tenu un journal détaillé de ses allées et venues et des événements dont il a été témoin. Le texte est en outre accompagné de 11 cartes qui décrivent les principaux itinéraires de Perrault de manière si éclairante que, selon le géographe Benoît Brouillette, le journal est « encore plus précieux pour les explorations que pour la traite ». Quoi qu'il en soit, la valeur et la richesse de l'information du récit de Perrault ne font pas de doute tant aux yeux des géographes que des historiens.

LOUIS-PHILIPPE CORMIER

Le récit de Jean-Baptiste Perrault s'intitule « Relation des traverses et des avantures d'un marchant voyageur dans les terrytoires sauvages de l'Amérique septentrionale, parti de Montréal le 28e de mai 1783 ». Le manuscrit se trouve à la Library of Congress (Washington), dans les H. R. Schoolcraft papers. Quelques pages de ce manuscrit ont été traduites par Schoolcraft et insérées dans son ouvrage intitulé *Historical and statistical information, respecting the history, condition and prospects of the Indian tribes of the United States* [...] (6 vol., Philadelphie, 1851–1857 ; réimpr., New York, 1969), 3 : 353–359, sous le titre de « Indian life in the north-western regions of the United States, in 1783 [...] ». Une traduction du texte complet a paru dans *Mich. Pioneer Coll.*, J. S. Fox, édit., 37 (1909–1910) : 508–619. L'original français a été publié en 1978 à Montréal sous le titre de *Jean-Baptiste Perrault, marchand voyageur parti de Montréal le 28e de mai 1783*, et édité par L.-P. Cormier.

ANQ-MBF, CE1-48, 10 mars 1761. — APC, RG 68, General index, 1651–1841. — ASQ, Fichier des anciens. — *Les Bourgeois de la Compagnie du Nord-Ouest* (Masson), 2 : 165. — *Docs. relating to NWC* (Wallace), 492. — Wis., State Hist. Soc., *Coll.*, 10 (1888) : 502 ; 18 (1908) : 439, 441 ; 19 (1910) : 173–174 ; 20 (1911) : 397, 403, 430, 454. — Morice, *Dict. hist. des Canadiens et des Métis* (1908), 227. — C. N. Bell, *The earliest fur traders on the upper Red River and Red Lake, Minn., 1783–1910* (Winnipeg, 1928), 16. — Benoît Brouillette, *la Pénétration du continent américain par les Canadiens français, 1763–1846* [...] (Montréal, 1939), 136–142. — P.-B. Casgrain, *la Vie de Joseph-François Perrault, surnommé le père de l'éducation du peuple canadien* (Québec, 1898), 17, 22–24,

147. — Joseph Tassé, *les Canadiens de l'Ouest* (2 vol., Montréal, 1878), 1 : 337, 340.

PERRAULT, JOSEPH-FRANÇOIS, homme d'affaires, éducateur, auteur, fonctionnaire, homme politique, journaliste et philanthrope, né le 2 juin 1753 à Québec, fils de Louis Perrault et de Josephte Baby ; le 7 janvier 1783, il épousa à Montréal Ursule Macarty, et ils eurent 12 enfants ; décédé le 5 avril 1844 dans sa ville natale.

Joseph-François Perrault est issu d'une famille de marchands. Son père et ses deux grands-pères, François Perrault* et Raymond Baby, faisaient la traite des fourrures, tout comme un bon nombre de ses oncles, dont François Baby* et Jacques Baby*, dit Dupéront. Il eut cependant pour parrain le seul de ses oncles qui ne fut point du négoce, le chanoine Joseph-François Perrault. Les événements de la fin du Régime français éprouvèrent sa famille. Son père et plusieurs de ses oncles se réfugièrent à Trois-Rivières durant le siège de Québec en 1759. C'est là que, trois ans plus tard, Joseph-François perdit sa mère, qui laissait 8 enfants dont l'aîné n'avait pas encore 11 ans. Revenu à Québec en 1763, son père passa en France pour s'occuper des fourrures qu'il avait expédiées à La Rochelle et confia alors ses enfants à son frère Jacques Perrault*, dit Perrault l'aîné, et à sa belle-sœur, Charlotte Boucher de Boucherville. Les enfants furent mis en pension chez les ursulines et au séminaire de Québec, où ils reçurent l'éducation et l'instruction que dispensaient ces établissements. Joseph-François commença ses études au petit séminaire le 11 octobre 1765. Il y passa certainement six ans, puisqu'on le retrouve en rhétorique en 1770–1771, et il y fit probablement sa première année de philosophie. Mais Joson, comme on l'appelait, n'eut pas le loisir de faire sa dernière année d'études. Son père, qui avait décidé de s'établir en Louisiane, venait de rappeler ses enfants auprès de lui. Joseph-François partit de Québec en bateau le 24 juin 1772 avec deux de ses frères et ses trois sœurs. Après un voyage aux nombreuses péripéties, ils arrivèrent à La Nouvelle-Orléans en janvier 1773. Ils s'initièrent à une nouvelle société et furent un peu choqués des mœurs de ce pays exotique. Joseph-François trouvait que les fils de créoles étaient débauchés, ignorants et paresseux, alors que les Français étaient instruits et bien éduqués. Pour tromper son oisiveté, il travailla à titre gracieux pour un marchand de Bordeaux, en France, établi à La Nouvelle-Orléans.

Louis Perrault n'avait pu accueillir ses enfants à leur arrivée, car des affaires le requéraient à Saint-Louis (St Louis, Missouri). Au printemps de 1773, il demanda à Joseph-François de le rejoindre. Le jeune homme remonta alors le Mississippi jusqu'à Saint-Louis avec l'officier Philippe-François de Rastel de Rocheblave, le père de PIERRE. Parvenu à destination, il se mit au travail et déploya une énergie extraordinaire à diriger les affaires en l'absence de son père, à apprendre l'espagnol et à servir même de secrétaire français au gouverneur de la partie espagnole de la Louisiane. Il s'attacha à ces contrées lointaines et en vint à connaître les Indiens, les marchands canadiens, français, anglais et américains.

La conjoncture politique allait changer le cours de la vie de Perrault. La révolution des insurgés américains avait atteint la région des établissements du Mississippi et les Canadiens étaient déchirés entre les groupes qui se faisaient une guerre sans merci. Parti en 1779 pour la Virginie, en passant par le Mississippi et l'Ohio, recouvrer l'argent que devait l'officier américain George Rogers Clark à son père, Perrault n'allait jamais revoir ce dernier. La flottille du jeune homme fut attaquée le 4 octobre par des Indiens au service de l'Angleterre et Perrault fut fait prisonnier, puis emmené à Detroit où il arriva le 3 novembre 1779. Après un trajet marqué de souffrances et de privations, au cours duquel il ne dut la vie qu'à sa bonne forme physique et à la chance, il fut accueilli à Detroit par son oncle Baby, dit Dupéront. En attendant la permission de retourner à Saint-Louis, il mit plusieurs mois à refaire sa santé. Fidèle à son tempérament, il sut s'occuper soit à faire la classe à ses cousins et cousines, soit à étudier la comptabilité dans les livres que lui offrait la bibliothèque de son oncle. Il quitta Detroit en mai 1780 et atteignit Montréal au début de l'été. En juillet, il se rendit à Québec où il passa quelques semaines auprès de ses oncles et tantes Perrault et Baby. Reparti le 30 août, il s'arrêta à Montréal et parvint à Detroit à l'automne. Comme il y avait trop de dangers sur la route de Saint-Louis, il reçut encore l'hospitalité de son oncle Baby, dit Dupéront, et reprit donc pour l'hiver sa fonction de précepteur. En 1781, Baby en fit son agent à Montréal et lui prêta £750 pour qu'il puisse faire des affaires à son propre compte. Après une idylle avec une demoiselle Gamelin et un projet de mariage avec Marie-Appolline Bailly de Messein (qui allait finalement épouser Eustache-Ignace Trottier* Desrivières Beaubien), Joseph-François se maria à Montréal le 7 janvier 1783 avec sa cousine Ursule Macarty, fille d'un commerçant de fourrures. Il l'avait rencontrée au pays des Illinois. Au moment du mariage, elle avait 16 ans et lui, 29. Quatre mois plus tard, Joseph-François perdait son père. Il se rendit en Virginie l'année suivante pour tenter une fois de plus de recouvrer l'argent prêté à Clark, mais en vain.

De retour à Montréal, Perrault s'occupa de son commerce de détail mais, à cause de la concurrence trop forte, il dut abandonner en 1787. Il enseigna alors la tenue de livres, traduisit des ouvrages de droit, prépara des factums pour des particuliers, s'occupa aussi de théâtre avec Louis DULONGPRÉ et Pierre-Amable De Bonne*. En 1790, il entra en apprentissage au bureau de l'avocat Pierre Mézières, tout en continuant les nombreuses activités qui lui permettaient d'entretenir les siens. De temps à autre, il écrivait à Québec pour solliciter un emploi auprès du gouverneur. À bout de ressources et n'ayant pu terminer son apprentissage de cinq ans à cause de la mort de Mézières, il présenta en 1794 une pétition à la chambre d'Assemblée pour qu'elle lui permette néanmoins de pratiquer le droit. Un projet de loi fut déposé en ce sens, mais Perrault n'eut pas gain de cause. Toutefois, en 1795, grâce aux bons offices de son ami le juge De Bonne, il fut nommé greffier de la paix et protonotaire à la Cour du banc du roi à Québec. Une autre vie allait commencer.

Installé à Québec, Perrault se fit remarquer par son zèle et sa capacité de travail. Il cumula bientôt les charges de greffier de la paix et de protonotaire à la Cour du banc du roi et celle de gardien des archives d'état civil du district de Québec. En juillet 1796, il fut élu député de Huntingdon. Mais on ne le vit guère à la chambre, car il consacrait le meilleur de son temps à ses nombreuses occupations administratives. Tout semblait aller pour Perrault, qui s'était acheté une propriété, l'Asile champêtre, du côté nord du chemin Saint-Louis, jusqu'à ce qu'il ait la douleur de perdre sa femme, le 23 avril 1800.

Réélu député cette année-là, Perrault participa cette fois de façon très active à la vie parlementaire. En 1801, il déposa un projet de loi sur l'éducation afin de faire opposition à celui qui visait la création de l'Institution royale pour l'avancement des sciences et dont discutait la chambre. Son projet fut rejeté et la chambre put reprendre les débats sur la loi de l'Institution royale et l'adopter. Perrault travailla dans sept comités en 1801, dont l'un préparait un premier plan de maisons de correction pour les différents districts, et il collabora à un second projet sur la même question l'année suivante. Même s'il s'était illustré à l'Assemblée, il fut défait aux élections de 1804. Comme le gouvernement n'avait pas donné suite aux vœux des comités sur les maisons de correction, Perrault reprit la question en proposant le plan d'une maison de réforme qui serait doublée d'une exploitation agricole afin de donner un moyen de subsistance aux délinquants. Il engagea en 1807 une violente polémique avec Pierre-Stanislas Bédard* dans la *Gazette de Québec*. La nomination des officiers de milice en fut le prétexte, mais la vraie raison reposait sur le fait que Perrault se montrait en faveur de l'administration britannique, tandis que Bédard s'y opposait. En 1808, il se présenta de nouveau aux élections, dans Huntingdon, sans plus de succès. Il eut alors à faire face à l'opposition du *Canadien* qui le qualifia de « dangereux individu pour le gouvernement et les Canadiens » et de « suppôt » du juge De Bonne. Perrault alla jusqu'à défiler dans les rues de Québec et à se battre contre les hommes de

Perrault

Jean-Antoine Panet*, finalement élu dans Huntingdon. Il connut encore la défaite aux élections de 1810, cette fois dans la circonscription de Québec. Tout en remerciant ses électeurs, il fustigea « les *Congréganistes, Sacristains et Bedeaux* des ÉGLISES ROMAINES » qui, disait-il, avaient voté contre lui, alors que « les membres et serviteurs des Églises PROTESTANTES » l'avaient soutenu.

D'autre part, en 1816, l'assemblée annuelle des souscripteurs pour le soutien d'écoles gratuites, dont le mouvement avait été créé à Londres et à Québec en 1814, élisait Perrault au comité de direction. Il refusa la charge mais promit d'aider le comité de sa bourse et de sa personne. En 1808, il était devenu membre de la Société littéraire de Québec, en compagnie de son fils aîné Joseph-François-Xavier. Il s'était aussi associé à la franc-maçonnerie, sans qu'on puisse préciser à quel moment. Élu second grand surveillant de la Provincial Grand Lodge of Lower Canada en 1812, il devint premier surveillant six ans après et grand maître provincial adjoint en 1820. Quatre ans plus tôt, il avait fondé une loge à Québec, les Frères canadiens, à titre de maître avec le notaire Michel Berthelot et Joseph Leblond. En 1822, il était inscrit comme « ancien grand officier ».

Tous les efforts que Perrault avait déployés dans le domaine scolaire depuis 1801 allaient tout à coup porter fruit. Ainsi, en 1821, un groupe de citoyens sous la direction de Perrault fondèrent la Société d'éducation du district de Québec, et il en fut le président. On avait établi cette société en vue d'assurer l'instruction gratuite des enfants pauvres de la ville, qui en aurait compté près de 1 000 à ce moment-là. Lord Dalhousie [RAMSAY], Mgr Joseph-Octave Plessis*, le clergé et de nombreux autres notables de Québec lui avaient accordé leur appui. Une souscription publique fut organisée et les directeurs de la société demandèrent des subsides à la chambre d'Assemblée, qui les lui accorda jusqu'en 1846. L'école ouvrit avec 90 enfants et elle allait en compter 415 en 1833, filles et garçons, Canadiens et Irlandais. En 1823, Perrault créait une autre société pour les enfants pauvres, la Société de l'école britannique et canadienne du district de Québec, où aucun enseignement religieux n'était prévu, sauf la lecture de la Bible le samedi. Établie rue des Glacis, au faubourg Saint-Jean, l'école se transporta ensuite au faubourg Saint-Roch. En 1837, elle aurait reçu depuis sa fondation 2 360 enfants des deux sexes et préparé 46 maîtres capables d'enseigner d'après le système de Joseph LANCASTER, dont Perrault s'était fait le plus grand propagandiste ; il avait de plus organisé les écoles gratuites pour les enfants pauvres suivant ce système d'enseignement mutuel.

Le fait que Perrault ait été à la direction des deux sociétés d'éducation à partir de septembre 1823 avait dû lui susciter des difficultés auprès de ses collègues francophones et anglophones. Et il avait contre lui Mgr Jean-Jacques LARTIGUE qui n'aimait ni l'Institution royale, ni l'école de la société britannique et canadienne, « école biblique » disait-il, ni le système de Lancaster. Perrault quitta la Société d'éducation du district de Québec en 1825 puis, trois ans plus tard, donna sa démission à la Société d'école britannique et canadienne de Québec. Cette seconde démission fut suivie d'un autre projet d'éducation. Dès 1829, Perrault construisit une école pour les garçons au faubourg Saint-Louis. Bénite le 29 avril 1830, elle ouvrit ses portes à 229 enfants, dont 169 Canadiens et 60 Irlandais. Il bâtit ensuite une école pour les filles, non loin de l'école des garçons. Le cours élémentaire était fondé sur l'enseignement mutuel, avec un maître et une maîtresse, assistés de moniteurs et de monitrices. Perrault voulait en plus donner une instruction pratique aux enfants de ses écoles : aux garçons, une formation agricole, aux filles, des leçons de tissage, de filage et de tricotage. Il avait même songé à créer une école normale dans les deux établissements scolaires, et il n'offrait l'enseignement religieux qu'à ceux qui le demandaient. En 1832, il fonda, sur les bords de la rivière Saint-Charles, une école pratique d'agriculture, dont il confia la direction à Amury GIROD. Encore là, il voulait y joindre une école normale, mais il dut cependant fermer l'établissement après une année, car le coût était bien au-dessus de ses moyens. Au même moment, il entreprit de rédiger un véritable projet d'organisation scolaire pour le Bas-Canada, qu'il publia dans la *Gazette de Québec* du 3 octobre 1833. Ce projet souleva tous les bien-pensants contre lui, Mgr Lartigue le premier, parce qu'il prêchait l'école gratuite et obligatoire pour tous. En avril 1836, à la suite de l'adoption du projet de loi qui visait à mettre sur pied des écoles normales à Québec et à Montréal, Perrault offrit ses services au comité de régie de l'École normale de Québec, mais sans résultat. L'année suivante, il dut fermer ses deux écoles du faubourg Saint-Louis, car il n'avait plus les moyens de les soutenir et la chambre d'Assemblée avait cessé de lui verser des subsides.

Perrault demeure un personnage énigmatique. C'est d'abord un homme que les épreuves n'ont pas épargné sur le plan personnel, mais qui fut un père et un grand-père exemplaire, un citoyen sur qui on pouvait compter et qui, ne sachant rien refuser, donnait son argent et rendait service à ses amis. Gentil et affectueux dans l'intimité, Perrault avait acquis une façon de vivre originale. Levé à quatre ou cinq heures le matin selon la saison, il écrivait durant trois ou quatre heures et partait ensuite pour le palais de justice où sa ponctualité était proverbiale. Le protonotaire avait développé des habitudes de travail ordonnées que les avocats devaient scrupuleusement respecter. Il semble qu'il ait réservé au palais ses sautes d'humeur et parfois même une violence certaine dans le propos, ce qui ne l'empêchait pas d'avoir à d'autres moments des réparties pleines de finesse et d'humour. Rentré chez lui pour le repas du midi, il consacrait ses après-midi et ses soirées à ses affaires personnelles : visiter les écoles, rédiger des textes, recevoir des amis. Il se mettait invariablement au lit à neuf heures.

Nommé fonctionnaire grâce aux bons offices de son ami De Bonne, franc bureaucrate, Perrault était en quelque sorte prisonnier de sa situation et il se rangea du côté du parti des bureaucrates à compter de 1795. À l'automne de 1806, il contribua avec De Bonne et Jacques Labrie* à la création du *Courier de Québec,* bihebdomadaire vivement opposé au parti canadien et à son journal *le Canadien.* Perrault collabora au *Courier de Québec* jusqu'à ce qu'il cesse de paraître en décembre 1808. Lorsque *le Vrai Canadien,* ce journal très progouvernemental qui ne dura qu'un an, fut fondé à Québec en 1810, Perrault y prit part. Durant les années 1830, Perrault aurait plutôt été du côté des modérés. Il proposa même des réformes dans une brochure parue à Québec en 1832 sous le titre de *Moyens de conserver nos institutions, notre langue et nos lois.* Il n'acceptait cependant pas la prise des armes.

Le grand-père Perrault, comme on appelait déjà Joseph-François Perrault vers 1820, était l'un des grands notables de Québec. Catholique pratiquant, il n'omettait aucun de ses devoirs de chrétien et veillait à ce que son entourage en fasse autant. Mais il était en même temps partisan déclaré, dans ses projets et ses réalisations scolaires, de la neutralité religieuse. Et ce qu'il a donné en argent et payé de sa personne pour l'éducation entre 1820 et 1837 fait de lui un philanthrope au sens propre de son époque. Cette philanthropie lui était certes inspirée par l'amour de son pays, mais encore par l'idéal qu'il s'était fait de rapprocher les grands groupes qui se développaient au Bas-Canada, les Canadiens, les Anglais, les Écossais et les Irlandais, les catholiques et les protestants. Son appartenance à la franc-maçonnerie, qu'aucun de ses biographes n'a signalée, pourrait expliquer son ardeur à promouvoir l'éducation des pauvres. Reconnu comme le père de l'éducation du peuple canadien, titre que *le Journal de Québec* lui accordait dans sa notice nécrologique, il a été de plus rattaché aux origines de l'enseignement laïque par un de ses biographes, Jean-Jacques Jolois. Ce dernier a encore affirmé que Perrault avait été étranger à son temps. Mais, même si les gens de l'époque ne l'ont pas compris ou accepté, il fut l'un de ceux qui ont le plus fortement participé à la vie publique, politique, sociale et éducative du Bas-Canada. Il connut une activité extraordinaire jusqu'à la veille de sa mort, survenue dans son sommeil le 5 avril 1844.

CLAUDE GALARNEAU

Il existe un fonds Joseph-François Perrault aux ANQ-Q, sous la cote P1000-79-1623. On y trouve une série de lettres reçues par Perrault pendant l'automne de 1833.

Les occupations de fonctionnaire, d'homme politique et d'éducateur de Perrault ont été accompagnées d'une œuvre écrite qu'il a poursuivie de 1789 à 1839 et qui comprend une bonne trentaine de publications, des articles dans les journaux de Québec et neuf manuscrits. Dix de ses livres et cinq manuscrits comptent plus de 100 pages. Il s'agit d'une œuvre essentiellement pédagogique, faite de traductions, de compilations et de résumés d'ouvrages parus en Europe.

Pour une liste détaillée des publications de Perrault, voir Réginald Hamel *et al., Dictionnaire pratique des auteurs québécois* (Montréal, 1976) et Jean-Jacques Jolois, *J.-F. Perrault (1753–1844) et les Origines de l'enseignement laïque au Bas-Canada* (Montréal, 1969). [C. G.]

ANQ-M, CE1-51, 7 janv. 1783. — ANQ-Q, CE1-1, 2 juin 1753, 8 avril 1844. — ASQ, Fichier des anciens ; MSS, 104–110. — B.-C., chambre d'Assemblée, *Journaux,* 1793–1794 : 225–227, 293 ; 1795 : 186, 218–220 ; 1801 : 280. — « Quatre lettres inédites de Joseph-François Perrault », L.-P. Cormier, édit., *Rev. de l'univ. Laval,* 17 (1962–1963) : 508–519. — *Le Canadien,* mai–juin 1808. — *La Gazette de Québec,* 14 mai 1795, 16 oct. 1806, 10, 17, 24 sept., 1er oct. 1807, 7 juill. 1808. — *Le Journal de Québec,* 9, 11 avril 1844. — Hare et Wallot, *les Imprimés dans le B.-C.* — L.-P. Audet, *le Système scolaire,* 3 : 57–61 ; 5 : 79–80 ; 6 : 194–236. — Prosper Bender, *Old and new Canada, 1753–1844 : historic scenes and social pictures or the life of Joseph-François Perrault* (Montréal, 1882). — P.-B. Casgrain, *la Vie de Joseph-François Perrault, surnommé le père de l'éducation du peuple canadien* (Québec, 1898). — M.-A. Perron, *Un grand éducateur agricole : Édouard-A. Barnard, 1835–1898 ; essai historique sur l'agriculture de 1760 à 1900* ([Montréal], 1955). — J.-E. Boucher, « The father of Canadian education, J.-F.-X. Perrault, deputy gd. master Lower Canada G.L. ; a talk before the Masonic Study Club », *Masonic Light* (Huntingdon, Québec), 3 (1949) : 76–84, 105–106. — P.-B. Casgrain, « Joseph-François Perrault », *BRH,* 5 (1899) : 175–176 ; « Nos institutions, notre langue et nos lois », 4 (1898) : 181–182. — Marine Leland, « Joseph-François Perrault : années de jeunesse, 1753–1783 », *Rev. de l'univ. Laval,* 13 (1958–1959) : 107–115, 212–225, 417–428, 529–534, 630–639, 689–699, 804–820.

PETERS, CHARLES JEFFERY, avocat, fonctionnaire, juge et homme politique, né le 8 octobre 1773 à Hempstead, New York, deuxième fils de James Peters et de Margaret Lester ; le 23 novembre 1797, il épousa dans le Haut-Canada Elizabeth Baker, et ils eurent 12 enfants, puis le 19 novembre 1823 à Saint-Jean, Nouveau-Brunswick, Marianne Elizabeth Forbes, et de ce mariage naquirent 9 enfants ; décédé le 3 février 1848 à Salamanca Cottage, tout près de Fredericton.

Charles Jeffery Peters reçut d'abord le prénom de Jeffery en l'honneur de sir Jeffery Amherst*, puis celui de Charles après la mort de son frère cadet en 1775. Au printemps de 1783, il s'embarqua avec son père pour la Nouvelle-Écosse, et ils arrivèrent à Parrtown (Saint-Jean) en mai. James Peters, qui avait

Peters

signé la célèbre pétition des 55 [V. Abijah Willard*], était l'une des grandes figures de l'élite loyaliste.

Pendant plusieurs générations, la famille Peters allait avoir de l'influence au Nouveau-Brunswick. James Peters fut nommé juge de paix et juge de la Cour inférieure des plaids communs du comté de Queens peu après son arrivée ; plus tard, il devint lieutenant-colonel dans la milice de ce comté. En 1792, on l'élut à la chambre d'Assemblée et il y demeura jusqu'à sa retraite en 1816. Parmi les frères de Charles Jeffery, plusieurs remplirent des fonctions d'envergure : Thomas Horsfield fut juge de la Cour d'enregistrement et d'examen des testaments du comté de Northumberland de 1825 à 1851 et membre du Conseil législatif de 1845 jusqu'à sa mort en 1860 ; Harry siégea à l'Assemblée de 1816 à 1828 puis fit partie du Conseil exécutif de 1828 à 1832 et du Conseil législatif de 1828 à 1843 ; William Tyng devint greffier du Conseil législatif en 1833 et Benjamin Lester* magistrat de police de Saint-Jean en 1849. Sa sœur Sarah se maria avec Thomas Wetmore*, procureur général de 1809 à 1828 ; son neveu James Horsfield Peters* fut juge de la Cour suprême de l'Île-du-Prince-Édouard et il épousa la fille aînée de sir Samuel Cunard* ; l'une de ses nièces, Mary, épousa Joseph Cunard* (frère de Samuel), qui siégea successivement à l'Assemblée, au Conseil législatif et au Conseil exécutif ; un autre neveu, Benjamin Lester Peters, cumula les postes de greffier municipal et de magistrat de police de Saint-Jean, en plus d'être juge de la Cour de comté pour la ville et le comté de Saint-Jean ; enfin, un cousin, William Peters, exerça la fonction de juge de paix et, dans les années 1820, fit partie de la chambre d'Assemblée.

Peters commença à étudier le droit en 1791 chez l'avocat Ward Chipman* père, bien que ce dernier se soit montré pessimiste quant aux possibilités de faire une carrière juridique au Nouveau-Brunswick. Chipman se rappela plus tard avoir averti James Peters « que la pratique du droit allait si mal dans la province et les provinces voisines que [son] fils pourrait attendre longtemps avant d'être en mesure de subvenir à ses besoins grâce à cette profession ». Peters devint avocat en 1794 et, à la demande de son père, commença à exercer au Nouveau-Brunswick. Mais l'avertissement de Chipman était bien fondé, et il alla s'établir au Canada. En 1796, le lieutenant-gouverneur du Haut-Canada, John Graves Simcoe*, l'autorisa à exercer dans cette province. James Peters dut alors faire face à la requête de Chipman, qui réclamait le paiement des études de Charles Jeffery.

Après avoir pratiqué sa profession à Kingston pendant une courte période, Peters retourna à Saint-Jean. Le 9 janvier 1799, il accepta le poste de greffier municipal, et devint du même coup greffier de la Cour des sessions trimestrielles, greffier de la Cour de comté et greffier de la Cour inférieure des plaids communs. (Il détint cette commission jusqu'au 3 juin 1825, et un neveu, James Peters, le remplaça alors.) Le 5 octobre 1799, il occupa les postes de *surrogate* adjoint et de juge de la Cour d'enregistrement et d'examen des testaments du comté de Saint-Jean, auxquels l'avait nommé le *surrogate general* Edward Winslow*. Il allait assumer ces fonctions jusqu'à ce qu'il prenne un congé exceptionnel en 1827, à une époque où il était aussi solliciteur général ; on lui trouva un remplaçant permanent pour les deux premiers postes en 1828. Peters cumula aussi les charges de juge de la Cour municipale et d'archiviste de la ville et du comté de Saint-Jean. Le 8 février 1808, il devint juge de la Cour de vice-amirauté.

La clientèle du cabinet que Peters tenait à Saint-Jean augmenta considérablement quand on nomma juges en 1809 ses principaux concurrents, Chipman et Jonathan Bliss*, et qu'il devint le doyen des avocats en exercice dans la province. On a dit que pendant de nombreuses années aucun autre membre du barreau ne connut des affaires aussi lucratives que celles de Peters ; ce dernier se fit d'ailleurs construire « une très belle résidence de pierre » à l'intérieur de la ville. Mais il ne tirait pas toujours des récompenses importantes des causes qu'on lui confiait. En 1810, il défendit sans succès le révérend James Innis, ministre baptiste accusé d'avoir violé la législation matrimoniale de la province ; peu après, il fut le conseiller juridique de Henry More Smith, un évadé de prison que Walter BATES immortalisa dans son livre intitulé *The mysterious stranger* [...], publié à New Haven, au Connecticut, en 1817.

Le 24 mai 1823, on nomma Peters conseiller du roi et, le 25 mars 1825, il succédait à Ward Chipman* fils au poste de solliciteur général. Le lieutenant-gouverneur sir Howard Douglas*, qui le décrivit comme « un gentleman talentueux, intègre et très versé en droit », le chargea le 7 septembre 1828 de remplacer son beau-frère Thomas Wetmore au poste de procureur général (Robert Parker* devint alors solliciteur général). Comme ses nouvelles responsabilités exigeaient qu'il consacre presque tout son temps aux affaires gouvernementales, Peters dut déménager à Fredericton et fut du même coup obligé de résigner ses charges juridiques. Il dut aussi renoncer à la plus grande partie de sa clientèle privée, car Fredericton était « un village retiré de l'intérieur » qui offrait moins de débouchés. Mais le sacrifice en valait sans aucun doute la peine puisque la charge de procureur général, si elle ne rapportait qu'un traitement fixe de £150, comprenait aussi des honoraires importants qui portaient normalement la rémunération à plus de £1 000 par année, « somme à peine suffisante, affirmait néanmoins Peters, pour entretenir une famille et la faire vivre convenablement et confortablement ».

La charge de procureur général s'avéra cependant

moins lucrative que ne l'avait espéré Peters. En 1828, le commissaire des Terres de la couronne, Thomas Baillie*, décida de confier à l'avocat général, George Frederick Street*, les poursuites contre les personnes qui abattaient illégalement des arbres, et priva ainsi Peters d'une source importante d'honoraires. De plus, comme son prédécesseur était mort insolvable, on ne put payer Peters pour des travaux dont il dut s'occuper et que Wetmore avait laissés en suspens après avoir touché des avances importantes. Enfin, pendant la réorganisation du système de concession des terres, de 1827 à 1831, le procureur général cessa de jouer le rôle de premier responsable de la préparation des concessions, rôle que l'on confia plutôt au commissaire des Terres de la couronne : les honoraires que Peters recevait à ce titre furent cédés en 1830 contre la somme de £400. Peters affirma que ce montant n'était pas assez élevé et présenta à Londres une requête pour obtenir une compensation, mais ce fut peine perdue.

Même s'il se plaignait, Peters demeurait pourtant l'un des fonctionnaires les mieux payés de la colonie : sa rémunération était au moins aussi considérable que celle de n'importe quel juge puîné, et il avait probablement réussi à se former une vaste clientèle privée. En 1834, après la mort de John Saunders*, il postula l'emploi de juge en chef, mais on dérogea à la « procédure normale » de nomination et on donna la préférence à Ward Chipman fils, qui avait des relations mieux placées à Londres ; on n'offrit pas non plus à Peters, apparemment parce qu'on présumait qu'il le refuserait, le poste de juge devenu vacant par suite de la promotion de Chipman et dont le titulaire était moins bien rétribué. Le 22 octobre 1834, Peters présida la réunion organisée par le barreau pour protester contre la nomination à ce poste d'un avocat britannique, James Carter* ; il fit toutefois preuve de sollicitude à l'égard de ce dernier en ne signant pas la pétition préparée pendant cette réunion. Au cours des années qui suivirent, pendant que les recettes du bureau des terres s'accroissaient et que les responsabilités de Peters augmentaient, celui-ci continua de faire opposition à la décision concernant la somme qu'il avait reçue à titre de compensation ; il prétendait que la perte d'honoraires qu'il avait subie le privait de £700 par année. Pourtant, il refusa en 1845, probablement parce qu'il était trop âgé et peut-être aussi pour des raisons financières, de poser sa candidature au poste de juge qui était sans titulaire depuis la démission de William Botsford*.

La principale responsabilité de Peters à titre de procureur général consistait à défendre les intérêts de la couronne devant les tribunaux et à intenter des poursuites publiques. C'est en partie pour toucher les honoraires auxquels elles donnaient droit que Peters mena lui-même, pendant de nombreuses années, presque toutes les poursuites publiques engagées par le gouvernement dans la colonie. Quelques causes

attirèrent sur lui l'attention de la population, en particulier en 1828 et 1831 quand il engagea des poursuites contre des Américains entrés illégalement dans le territoire contesté de la Madawaska. Pendant tout son mandat, Peters fut mêlé aux problèmes liés à la transmission graduelle à l'Assemblée de l'autorité que le lieutenant-gouverneur exerçait sur les terres et les forêts du Nouveau-Brunswick : il émit des avis sur la légalité du droit de propriété portant sur les terres concédées avant 1784, ainsi que sur les actions de Thomas Baillie. À titre de procureur général, Peters était aussi président du barreau et assistait aux réunions de cet ordre. Il fut également un membre actif de la Law Society of New Brunswick fondée en 1825 et contribua à sa réorganisation en 1844, année où elle prit le nom de Barristers' Society. Mais les apparences donnent à penser que Peters ne fut pas un membre particulièrement remarquable du barreau. Peu d'étudiants en droit séjournèrent dans ses différents cabinets ; et ceux qui le firent semblent avoir étudié sous la direction de son associé et gendre, Abraham K. Smedus Wetmore ; en fait, le seul dont on est certain qu'il étudia le droit avec lui est William Boyd Kinnear*. Enfin, Peters ne fut jamais appelé à faire partie des commissions juridiques formées pendant qu'il était procureur général.

Comme on pouvait s'y attendre, Peters professa surtout des opinions conservatrices. En 1800, par exemple, il fut l'un des avocats qui se précipitèrent pour défendre l'esclavage [V. Caleb Jones*]. Quant à ses idées religieuses, il semble qu'elles étaient éloignées des extrêmes ; il pensait que l'Église d'Angleterre, dont il était un adepte, ne devait pas se reposer sur le gouvernement ni compter sur quelque forme d'« aide extrinsèque » que ce soit. Mais en politique Peters se fit l'ardent champion de la prérogative royale. En 1833, il défendit le droit du lieutenant-gouverneur, sir Archibald CAMPBELL, de percevoir des redevances, même quand le juge en chef John Saunders nia la légalité d'un tel geste. Quelques mois plus tard, Campbell recommanda que Peters devienne membre du Conseil législatif mais, même si le lieutenant-gouverneur le décrivit plus tard comme « un fonctionnaire des plus dévoués et efficaces », Peters n'appartint jamais à la petite chapelle sur laquelle il comptait pour recevoir des avis. Peters ne joua jamais non plus un rôle important dans les délibérations du conseil. En 1837, la décision de céder à l'Assemblée les revenus de la couronne le consterna, comme elle atterra la majorité des fonctionnaires nommés à titre définitif, mais il n'essaya pas de faire obstacle à l'exécution de la nouvelle politique. Il put ainsi continuer d'être dans les bonnes grâces du lieutenant-gouverneur, sir John Harvey*, qui appuya la demande de compensation qu'il présenta quand l'Assemblée décida en 1837 de ne plus accorder annuellement au procureur général une somme de

Peters

£100 à titre de provision. En fait, si Peters conserva sa charge de procureur général pendant les changements politiques tumultueux qui marquèrent la période allant de 1830 à 1850, c'est parce qu'il ne chercha jamais à acquérir une influence semblable à celle qu'exercèrent certains procureurs généraux qui, comme John Beverley Robinson* du Haut-Canada, jouèrent un rôle actif dans le monde politique. Peters fut le dernier procureur général du Nouveau-Brunswick à occuper ce poste à vie. En 1846, soit pendant le mandat du lieutenant-gouverneur sir William MacBean George Colebrooke*, on le nomma au Conseil exécutif.

Il est peu probable que Charles Jeffery Peters aurait pu garder son poste de procureur général, sans faire jouer des influences politiques, pendant la transition vers le gouvernement responsable ; il n'eut cependant pas à relever ce défi puisqu'il mourut le 3 février 1848, « après une maladie brève mais grave ». Quatorze de ses 21 enfants lui survécurent ; ils héritèrent de 22 lots de ville (des constructions s'élevaient sur certains) situés à Fredericton ou à Saint-Jean et dont la location rapportait annuellement £553, ainsi que de 30 lots de ville non loués et d'une ferme près de Fredericton. De 1848 à 1860, les exécuteurs testamentaires de Peters versèrent £7 131 2s 6d ; en 1878, au règlement final de la succession, on versa encore 5 989,74 $. C'est donc un héritage considérable que laissa Peters.

PHILLIP BUCKNER ET BURTON GLENDENNING

On trouve quelques mentions de Peters dans les documents du ministère des Colonies, plus particulièrement au PRO, CO 188/37 : 140 ; 188/41 : 250–252 ; 188/43 : 257–258 ; 188/45 : 153–159 ; 188/46 : 9–11, 38–39 ; 188/49 : 328–331 ; 188/52 : 93–98, 381–382 ; 188/59 : 298–299, 301–311 ; dans les registres des nominations aux APNB, plus particulièrement RG 3, RS538, B5 et I1 ; dans les papiers Winslow, à la UNBL, MG H2, 9 : 115 ; et dans les papiers Harvey, aux APC, MG 24, A17, sér. II, 4 : 1161–1162. Il existe au Musée du N.-B. une petite collection de papiers de la famille Peters. On trouve des renseignements généalogiques utiles dans *A Peters lineage : five generations of the descendants of Dr. Charles Peters, of Hempstead*, M. B. Flint, compil. ([Poughkeepsie, N.Y., 1896]) ; Observer [E. S. Carter], « Linking the past with the present », *Telegraph-Journal* (Saint John, N.-B.), 30 sept.–23 oct. 1931 ; et dans la *New-Brunswick Royal Gazette*, 2 déc. 1823. La seule étude importante est celle de Lawrence, *Judges of N.B.* (Stockton et Raymond).

PETERS, HANNAH (Jarvis), auteure, née le 2 janvier 1763 à Hebron (Marlborough, Connecticut), unique enfant survivante du révérend Samuel Andrew Peters et de sa première femme, Hannah Owen ; le 12 décembre 1785, elle épousa à Londres William Jarvis*, et ils eurent sept enfants ; décédée le 20 septembre 1845 à Queenston, Haut-Canada.

Fille du ministre anglican de Hebron, Hannah Peters perdit sa mère à l'âge de deux ans. On l'envoya à l'école à Boston, et elle demeura dans cette ville lorsque son père dut s'enfuir en Angleterre en 1774 à cause de ses fortes convictions tories. Elle le rejoignit par la suite à Pimlico, alors une banlieue peu peuplée de Londres ; il prétendait qu'elle avait étudié « en Angleterre, en France et en Allemagne ». Une fois mariée à William Jarvis, exilé loyaliste lui aussi, elle demeura avec son mari et son père à Pimlico, où elle donna naissance à ses trois premiers enfants. Nommé secrétaire et registraire du Haut-Canada sur la recommandation de John Graves Simcoe*, Jarvis prit le bateau en avril 1792 avec sa famille. « Mme Jarvis, rapporta-t-il, quitte l'Angleterre d'excellente humeur. »

En septembre 1792, après une dure traversée au cours de laquelle Hannah Jarvis montra un « courage invincible », puis une pause à Kingston, dans le Haut-Canada, la famille parvint à Newark (Niagara-on-the-Lake). Jarvis acheta une cabane en bois rond et entreprit tout de suite de l'agrandir, ce qui pressait puisque Hannah était enceinte. « Je ne doute pas que je m'en tirerai très bien », écrivit-elle quand son unique fils, âgé de cinq ans, mourut de diphtérie. Samuel Peters Jarvis* naquit moins d'un mois plus tard. Deux autres enfants virent le jour à Newark et un dernier après l'installation de la famille dans la nouvelle capitale, York (Toronto), en 1798.

Même si la bonne société yorkaise était peu nombreuse et chauvine, elle avait ses dissensions : Britanniques et Américains d'origine ne s'entendaient guère. Tout comme Anne Powell [MURRAY], Hannah Jarvis en voulait beaucoup aux premiers d'entretenir des préjugés à l'endroit des seconds, y compris les loyalistes. Dès l'abord, elle détesta « le vieux fourbe » (Peter Russell*) et « la petite mégère bègue » (Elizabeth Posthuma Simcoe [GWILLIM]). Non seulement haïssait-elle Mme Simcoe pour sa fortune, mais elle la trouvait parcimonieuse, suffisante, égoïste et influente à l'excès, surtout auprès du lieutenant-gouverneur Simcoe. « L'argent est un dieu que *beaucoup* adorent », remarquait-elle. Les meilleurs amis des Jarvis étaient Robert Hamilton* et sa famille.

Dans la première lettre qu'il adressa à sa fille dans le Haut-Canada, Samuel Andrew Peters l'exhortait, ainsi que son mari, à rechercher la bonne entente avec tous et à vivre modestement. Hélas ! ils ne suivirent pas ces conseils. En 1795, au milieu de querelles acerbes, on redistribua parmi les fonctionnaires de la colonie les honoraires prélevés sur les titres de concession foncière, ce qui enleva à Jarvis une bonne part de son revenu. Comme Mmes Simcoe et Powell, quoique avec moins de raison, Hannah Jarvis avait tellement foi en la compétence de son mari qu'elle considérait comme des ennemis mortels ceux qui le critiquaient ou le harcelaient. Toutefois, il y avait pire que ce véhément parti pris : les Jarvis ne savaient nullement restreindre leurs dépenses. Même avant de

750

s'établir à York, ils s'étaient fait connaître par leur ostentation et leur « extravagance sans bornes ». Ils tentèrent de corriger cette faiblesse. Ainsi en 1801 Hannah Jarvis notait : « Je me suis faite couturière pour ma famille, et même pour le secrétaire. » Ces efforts ne suffirent pas, et l'indemnité de £1 000 versée en 1815 à Jarvis en compensation de ses pertes d'honoraires ne régla pas leurs problèmes financiers. Finalement, en octobre 1816, Jarvis, avec le consentement de sa femme, transféra la totalité de ses biens et de ses dettes à son fils Samuel Peters.

William Jarvis mourut moins d'un an plus tard. Stoïque, Hannah assista seule aux funérailles : Samuel Peters, accusé d'avoir commis un meurtre lors d'un duel, était en prison, et les autres enfants n'avaient pas appris la nouvelle à temps. À l'exception d'une pension gouvernementale de 100 $ par an et d'une concession inexploitée de 1 200 acres (obtenue en qualité de loyaliste) qui était taxée mais ne rapportait aucun revenu, Hannah Jarvis ne possédait rien ; désormais, elle était entièrement à la charge de son fils. Elle demeura quelque temps dans son ancienne maison, devenue propriété de Samuel Peters, puis de mai 1819 jusqu'à sa mort elle fit de longs séjours chez l'une ou l'autre de ses filles, à Hamilton, à Niagara, à Queenston ou à Newmarket. Pendant quelques années, elle toucha le loyer de la maison d'York, ce qui lui permit d'envoyer un peu d'argent à son père, qui vivait pauvrement à New York. En 1825, lorsque Samuel Peters reçut, à titre d'héritier de son père, une autre indemnité de £1 000 pour perte d'honoraires et se lança dans la construction d'une vaste demeure, il vendit 400 acres des terres de sa mère, avec sa permission, pour payer l'entrepreneur.

À compter du début des années 1830, Hannah Jarvis vécut presque en permanence à Queenston, chez sa fille Hannah Owen, qui avait épousé Alexander HAMILTON ; elle l'aidait à tenir sa grande maison et à traverser ses fréquentes grossesses. Elle y était en 1839 quand Hamilton mourut en laissant dans la gêne sa femme enceinte et ses neuf enfants. « Vous êtes tous des enfants de Dieu maintenant », avait dit ce dernier. La maigre pension de Hannah Jarvis était l'unique revenu de la maisonnée. Hannah Owen cousait des chemises à 2s 6d chacune tandis que sa mère, alors âgée de plus de 75 ans, s'occupait de la maison et des jeunes enfants, avec l'aide des plus vieilles de ses petites-filles, et s'acquittait de tous les travaux de la basse-cour et du potager, le bêchage du printemps excepté. Elle qui avait déjà eu huit domestiques et esclaves passait ses journées à laver, repasser, récurer, nettoyer, repriser et cuisiner. Autrefois, elle avait été la première dans le Haut-Canada à posséder une voiture ; maintenant, elle devait emprunter une charrette à bois pour se déplacer. Souvent, il n'y avait pas d'argent à la maison ; parfois, il n'y avait même pas de quoi manger.

Malgré tout Hannah, ou « la vieille dame » comme l'appelaient ses petits-enfants, conservait son énergie habituelle, sa force d'âme et sa gaieté. En 1815, l'une de ses nièces avait dit : « [voilà bien] la femme la plus active que j'ai jamais vue […] il est surprenant de la voir voler d'un coin à l'autre de la maison » ; malgré son âge, elle était « aussi active qu'auparavant ». À la veille de mourir d'une tumeur gastrique, elle rêva que des voleurs s'attaquaient aux dindes de la basse-cour – et acheva de tricoter des jarretières pour tous les petits Hamilton.

Dans sa jeunesse, Hannah Jarvis avait écrit à son père et à son demi-frère, William Birdseye Peters*, de longues lettres où elle dépeignait avec force détails sa vie au sein de l'élite et stigmatisait les gens qu'elle n'aimait pas. Dans sa vieillesse, elle tint un journal pathétique dans lequel elle rendait compte de son labeur et de ses épreuves. Bien sûr, nombre de Haut-Canadiens trimèrent dur pendant toute leur vie, mais Hannah Jarvis était une dame qui vivait dans une société hiérarchisée. À cause de l'imprudence de son mari et de son gendre, comme de l'insensibilité de son fils, elle sombra presque dans la misère. Son malheur fut d'avoir plus d'énergie et de sens des responsabilités que les hommes qui auraient dû normalement la protéger.

EDITH G. FIRTH

Une partie de la correspondance de Hannah et de William Jarvis a été publiée sous le titre de « Letters from the secretary of Upper Canada and Mrs. Jarvis, to her father, the Rev. Samuel Peters, D.D. », A. H. Young, édit., Women's Canadian Hist. Soc. of Toronto, *Trans.*, n° 23 (1922–1923) : 11–63.

AO, MS 787 ; MU 2316. — APC, MG 23, HI, 3. — MTRL, [E. Æ. Jarvis], « History of the Jarvis family » (copie dactylographiée, [190?]) ; S. P. Jarvis papers ; William Jarvis papers. — Univ. of Guelph Library, Arch. and Special Coll. (Guelph, Ontario), J. MacI. Duff coll., Samuel Peters papers. — Samuel Peters, « Bishop » Peters », A. H. Young, édit., *OH*, 27 (1931) : 583–623 ; *A history of the Rev. Hugh Peters, A.M.* […] (New York, 1807). — *Town of York, 1792–1815* (Firth). — *York, Upper Canada : minutes of town meetings and lists of inhabitants, 1797–1823*, Christine Mosser, édit. (Toronto, 1984). — *The Jarvis family ; or, the descendants of the first settlers of the name in Massachusetts and Long Island, and those who have more recently settled in other parts of the United States and British America*, G. A. Jarvis et al., compil. (Hartford, Conn., 1879). — W. B. Sprague, *Annals of the American pulpit* […] (9 vol., New York, 1857–1859). — A. S. Thompson, *Jarvis Street : a story of triumph and tragedy* (Toronto, 1980).

PFOZER, JOHANN GEORG. V. POZER, GEORGE

PHILIPS, HENRY (Heinrich) JOSEPH, facteur de pianos, né le 7 septembre 1811 à Hattersheim (République fédérale d'Allemagne), fils de Henricus Philippus Philips et de Catharina Glöckner ; le 17 mai

Philips

1835, il épousa à Hambourg (République fédérale d'Allemagne) Louisa Carolina Schmidt ; mort après 1850.

Apparemment, Henry Joseph Philips avait appris l'ébénisterie avant d'arriver à Hambourg vers 1830. De 1830 à 1835, il fabriqua des instruments de musique avec un dénommé Wagner. Le 3 avril 1835, il fut admis citoyen de la ville. En 1842, il était inscrit dans l'annuaire de Hambourg comme le successeur d'un certain J. A. M. Schrader, dans une fabrique de piano-forte, et en 1845–1846, en qualité de facteur de pianos.

Venu en 1845 en Nouvelle-Écosse avec des pianos à vendre, Philips connut un tel succès qu'il décida d'ouvrir un atelier à Halifax. Le lieutenant-gouverneur sir John Harvey* lui acheta un instrument ; c'était, dit-on, le premier piano fabriqué non seulement dans la colonie mais même pour l'ensemble du territoire qui allait devenir le Canada. Environ deux ans plus tard, Philips s'associa à un certain John B. Philips, son frère peut-être, arrivé à Halifax vers 1845. En octobre 1847, la H. and J. Philips de la rue Barrington annonçait des « PIANOFORTE de facture locale » et invitait les dames et gentlemen de Halifax : « venez examiner nos nouveaux [pianos] de concert carrés, à cadre métallique, à SEPT OCTAVES et à double échappement ». Les facteurs disaient avoir expressément conçu leurs instruments pour le climat de la colonie et affirmaient : « aucun produit étranger ne peut avoir un timbre plus juste et plus riche ».

La compagnie fut dissoute le 1er août 1848, mais Henry Joseph Philips conserva la Piano Forte Manufactory, qu'il réinstalla plus tard rue Granville. En octobre, il annonçait qu'il venait de fabriquer plusieurs nouveaux instruments « DERNIER CRI, dotés des PERFECTIONNEMENTS LES PLUS RÉCENTS » et les offrait « à UN PRIX MOINDRE que tous les pianos d'importation de mêmes dimensions et de même modèle ». Il continua de faire de la réclame dans les journaux de Halifax tout au long des années 1849 et 1850 ; on ignore ce qu'il advint de lui ensuite. Quant à John B. Philips, il fit des pianos à Halifax jusqu'à ce qu'il vende son établissement, le 29 juillet 1859, puis il quitta apparemment la colonie. Dans une annonce parue en 1857, il s'était présenté comme l'inventeur du « pianoforte breveté à cadre métallique » et avait offert huit instruments de noyer, d'acajou et de bois de rose dont les prix variaient de £35 à £100.

Selon l'historien Harry Piers, « de 1846 environ jusqu'à 1859, Henry J. Philips, la H. and J. Philips et finalement J. B. Philips fabriquèrent [en Nouvelle-Écosse] toutes les pièces de leurs pianos, à l'exception des touches et de la mécanique, qui étaient importées ». Non seulement les Philips furent-ils les premiers facteurs de pianos de l'Amérique du Nord britannique, mais ils encouragèrent la venue d'artisans européens qui poursuivirent leur œuvre en Nouvelle-Écosse pendant plusieurs décennies.

PHYLLIS R. BLAKELEY

PANS, RG 32, 157, 2 sept. 1847. — Staatsarchiv Hamburg (Hambourg, République fédérale d'Allemagne), Bürgerbuch von 1835, n° 191 ; Hamburger Adressbücher, 1839–1846 ; Hochzeitenbuch der Wedde II von 1835, n° 263. — N.-É., Provincial Museum and Science Library, Report (Halifax), 1936–1937 : 29–30. — Morning Courier (Halifax), 5 oct. 1847, 6 juin, 22, 25 juill., 8 août, 3, 24 oct., 30 déc. 1848. — Morning Journal and Commercial Advertiser (Halifax), 26 sept. 1859. — Times and Courier (Halifax), 18 janv. 1849. — Cunnabell's N.-S. almanac, 1857 : 94 ; 1858 : 84. — Halifax and its business : containing historical sketch, and description of the city and its institutions […] (Halifax, 1876), 96–97. — G. E. G. MacLaren, Antique furniture by Nova Scotian craftsmen, sous la direction de P. R. Blakeley (Toronto, 1961), 90–95.

PHILIPS, JAMES, homme d'affaires et patriote, né vers 1800, probablement dans le canton de Yonge, Haut-Canada ; le 19 mars 1823, il épousa Salome Brown, et ils eurent deux filles ; décédé le 13 novembre 1838 à la bataille de Windmill Point, près de Prescott, Haut-Canada.

Les origines de James Philips sont obscures. On sait qu'il est né au Canada, mais on ne peut déterminer l'endroit que de manière indirecte ; il est peut-être le fils de Philip Philips, un Américain de religion baptiste qui a résidé dans le canton de Yonge. En 1825, James s'installa dans une ferme dont l'emplacement correspondait à celui de l'actuel Philipsville, dans le comté de Leeds. En plus d'exploiter sa ferme, il ouvrit un magasin et une taverne en l'espace de quelques années, puis il conclut avec James et Jonah Brown un accord qui leur permettait de construire une scierie et un moulin à farine sur sa propriété. Avec ces constructions, auxquelles s'ajoutèrent par la suite une tannerie et une fabrique de potasse, la ferme de Philips devint le centre d'un village que l'on nomma plus tard en son honneur.

Philips commença à s'occuper de politique au moins à partir de 1831. De tendance réformiste, il fit circuler des pétitions, fut membre de certains comités et, modestement, montra de diverses autres manières son intérêt pour cette cause. Cet engagement occasionnel ne tarda pas, cependant, à lui causer des ennuis, car il résidait dans le comté le plus agité et le plus violent du Haut-Canada. La vie politique locale, déjà marquée par une profonde division entre tories et réformistes, s'anima encore davantage sous l'impulsion de l'ordre d'Orange qui, dirigé par l'agressif Ogle Robert Gowan*, travaillait avec succès à mobiliser de nouveaux immigrants irlandais et communiquait ainsi au comté de Leeds la turbulence propre à la vie politique irlandaise. Gowan et d'autres orangistes usaient de leur influence et de certaines tactiques d'intimidation en faveur des tories. Les manifestations de violence qui en résultèrent amenèrent Philips à jouer un rôle de plus en plus actif et visible au sein du mouvement réformiste.

Pendant la campagne qui précéda les élections générales d'octobre 1834, Philips fut délégué de canton à l'assemblée de mise en candidature de son comté et fit partie d'un comité chargé de rédiger un discours à l'intention des électeurs, au nom des candidats réformistes William Buell* et Matthew Munsel Howard. Pendant le scrutin la violence et l'intimidation atteignirent un degré tel que la chambre d'Assemblée annula l'élection des candidats « constitutionnels » Gowan et Robert Sympson Jameson*, parce qu'il n'y avait pas eu liberté de vote. On procéda à une élection partielle au mois de mars suivant, mais la violence éclata de nouveau au bureau de scrutin et on invalida la réélection de Gowan et de Jameson. Cette élection prit une importance particulière pour Philips, car l'unique bureau de scrutin du comté se trouvait à Beverly (Delta), non loin de sa résidence. Le 3 mars, un groupe d'électeurs, dont un certain nombre d'orangistes, s'arrêtèrent près de sa taverne. Une querelle entre réformistes et tories dégénéra rapidement en une attaque contre la taverne et la résidence de Philips. Un orangiste y trouva la mort, à la suite de quoi on porta une accusation de meurtre contre Philips. Celui-ci fut acquitté en septembre, mais les réformistes utilisèrent l'accusation et le procès à titre d'exemple des extrémités auxquelles pouvaient se porter Gowan et ses partisans dans le but d'écraser un adversaire.

Par la notoriété instantanée que lui procura son procès, Philips acquit une toute nouvelle stature au sein du mouvement réformiste. En janvier 1836, on le proposa comme candidat en vue des futures élections, mais on lui préféra Buell et Howard, lesquels remportèrent l'élection partielle de mars. Il aida à créer des comités locaux de vigilance et de gestion chez les réformistes de la région et, le 11 juillet, on l'élut vice-président de la nouvelle Johnstown District Reformers' Society. La constitution qu'il rédigea avec d'autres membres de cet organisme prévoyait pour le Haut-Canada la « responsabilité dans la conduite du gouvernement », le scrutin secret et la « modification du Conseil législatif en vue d'assurer sa conformité avec les désirs du peuple ». Mais la victoire de Gowan et de Jonas Jones aux élections générales tenues plus tôt ce même mois avait bel et bien arrêté l'élan des réformistes de la région, et entre autres de Philips. Par la suite, ce dernier paraît s'être davantage intéressé à ses propres affaires : en mai 1837, par exemple, il soutenait un projet destiné à améliorer la navigation sur le ruisseau Whitefish (ruisseau Morton) entre Beverly et le canal Rideau.

Après l'échec du soulèvement de 1837 dirigé par William Lyon Mackenzie*, James Philips partit pour les États-Unis avec plusieurs grands réformistes du comté de Leeds. Il se joignit aux frères-chasseurs, organisation secrète formée aux États-Unis dans le but avoué de libérer le Canada du joug britannique. On l'accusa d'avoir participé au raid des frères-chasseurs à l'île Hickory, dans le Saint-Laurent, mais cette accusation resta sans preuve. Au début de juillet 1838, Philips, armé jusqu'aux dents à ce qu'on dit, prit part à une expédition de reconnaissance dans les cantons qui bordent la rivière Rideau. Le 11 novembre de la même année, il accompagna la troupe patriote des frères-chasseurs qui envahit le Haut-Canada, près de Prescott [V. Nils von Schoultz]. Deux jours plus tard, Philips fut tué en repoussant une attaque que menaient des soldats britanniques et des miliciens sous la direction du colonel Plomer Young*.

Harry Pietersma

AO, RG 1, A-II-5, 3 (report book, 1811–1824) ; C-IV, Bastard Township ; RG 21, United Counties of Leeds and Grenville, Bastard Township, census and assessment rolls, 1826–1837 ; RG 22, sér. 12, tavern licences ; sér. 176, 2, James Philips, 1842 ; RG 53, sér. 2, 2 : fᵒˢ 129–132. — APC, RG 1, L3, 410A : P22/29 ; 412 : P3/2. — QUA, 2247, letter-book 1, Benjamin Tett au major Young, 8 juill. 1838. — « A record of marriages solemnized by William Smart, minister of the Presbyterian congregation, Brockville, Elizabethtown, Upper Canada », H. S. Seaman, édit., *OH*, 5 (1904) : 195. — *Brockville Recorder*, 13 oct. 1831, 31 janv., 21 févr., 14, 21 mars, 4, 11 avril, 19 déc. 1834, 2 janv., 6, 13 mars, 11, 18 sept., 25 déc. 1835, 5 févr., 15 mars, 8, 15 avril, 6 mai, 17 juin, 1ᵉʳ, 22 juill. 1836, 20 juin 1837, 14 juin, 15 nov. 1838. — *Chronicle & Gazette*, 5 déc. 1838. — *Statesman* (Brockville, Ontario), 24 févr., 7, 14 juill. 1838. — D. H. Akenson, *The Irish in Ontario : a study in rural history* (Kingston, Ontario, et Montréal, 1984). — Ian MacPherson, *Matters of loyalty : the Buells of Brockville, 1830–1850* (Belleville, Ontario, 1981). — Patterson, « Studies in elections in U.C. », 210.

PICKARD, HANNAH MAYNARD. V. Thompson

PIENOVI, ANGELO (parfois désigné sous le nom de **Pianovi,** ou appelé **M. Angelo,** ou prénommé **Angello** et, ce qu'il semble préférer du moins vers 1833, **Angel**), peintre et décorateur, né vers 1773 à Gênes (Italie) ; décédé le 17 novembre 1845 à Montréal.

Angelo Pienovi aurait acquis sa formation artistique dans une « Académie de Rome », mais sa carrière en Europe reste inconnue. On signale sa présence pour la première fois en Amérique du Nord en 1811 à New York lorsqu'il peint pour un théâtre un rideau d'entracte qui représente des vues de cette ville.

La venue de Pienovi à Montréal en 1828 coïncide avec l'achèvement de la nouvelle église Notre-Dame. En septembre de l'année précédente, l'architecte

Pienovi

James O'Donnell*, qui a déjà exercé sa profession à New York, contacte un agent de la fabrique dans cette ville afin de trouver un artiste peintre pour effectuer des travaux de décoration et de finition à l'intérieur de l'église. Comme Pienovi s'est déclaré disponible, l'agent fait préparer, à la fin d'avril 1828, un contrat par lequel Pienovi s'engage à « peindre et parer et ornementer à fresque ou à l'huile ou aux deux [...] de telle manière et d'après tels dessins, cartons, descriptions et directions que pourrait lui fournir et lui donner » la fabrique. Pour sa part, celle-ci est tenue de lui procurer certaines couleurs très simples, principalement « l'ocre jaune, l'indigo, l'ombre de Sienne et le vert lime ». De plus, comme un ami de la fabrique, qui connaissait aussi l'artiste, avait envoyé à Montréal une mise en garde concernant le caractère de Pienovi, lequel, malgré son « grand talent et excellent goût », serait « plutôt relâché », le contrat insiste sur les sanctions que subira le peintre en cas de manquement à l'ouvrage, notamment une amende journalière égale au double du montant de ses honoraires.

Dès le début, ces craintes se révèlent fondées, car Pienovi, qu'on traitera de « coquin », s'attarde quatre jours à New York et gaspille, à des fins que l'on devine, les deux tiers de son allocation de voyage. Cependant, il semble qu'il n'ait pas encouru la censure de ses employeurs. Tout laisse croire qu'il exécute selon les termes de son contrat de grands travaux de décoration à l'intérieur du nouveau bâtiment, dont la consécration est prévue pour la troisième semaine d'octobre 1828, et que les résultats plaisent assez pour lui valoir au moins un autre engagement de même nature.

En 1832, Pienovi sort à nouveau de l'ombre. Il complète vers la fin d'octobre la « décoration de la voûte du portail » de l'église Notre-Dame, travail mineur dont il ne subsiste d'ailleurs aucune trace. En même temps, il installe des échafaudages pour la décoration à fresque de la nouvelle église des Sœurs de la charité de l'Hôpital Général de Montréal, œuvre qui l'occupe pendant 11 mois.

En septembre et octobre 1833, au moment où prend fin ce travail, Pienovi fait paraître une annonce dans la *Minerve* ; il se réclame de son expérience dans la décoration d'église et sollicite des « ouvrages, dans son genre, [...] tels que : Eglises, Architectures, Salons, Paysages, Ornemens, à fresque, à l'huile ou à détrempe ». Âgé alors d'environ 60 ans, il habite au « marché à foin », non loin de l'église Notre-Dame. Malgré ce qui paraît être un nouveau départ, on ne retrouve la trace de Pienovi qu'en 1841, lorsqu'il exécute la décoration du « transparent du Grand Chassis » de l'église Notre-Dame, qu'on doit considérer comme un travail de moindre importance. Puis, après un autre silence pendant lequel il aurait « erré » dans l'ouest du pays, Pienovi s'éteint à Montréal en 1845 à l'âge déclaré de 72 ans.

Le cas de Pienovi est unique, car il s'agit d'un décorateur italien qui amène en Amérique du Nord une habileté tout européenne (si l'on en juge d'après les témoignages) pour finalement œuvrer dans le cadre d'une architecture néo-gothique, source d'innovations au Canada français, en suivant les indications d'un architecte irlandais protestant qui a travaillé 12 ans aux États-Unis.

À l'époque, les réactions aux travaux de décoration de Pienovi à l'église Notre-Dame sont généralement défavorables. Devant l'inachevé et la pauvreté du décor, un critique parle de « barbouillage de couleurs [...] sans poésie et sans goût », tandis qu'un autre accuse l'artiste d'avoir causé la mort d'O'Donnell, qui aurait eu « le cœur crevé sous le coup du mauvais goût qui gâcha sa création ».

Malheureusement, on ne peut plus voir les traces du pinceau de Pienovi, disparues en 1876 sous les décorations d'un Français du nom de Cleff. Toutefois, à sa décharge, il faut rappeler que le rôle qu'il a joué dans la décoration des voûtes était déterminé par des carences budgétaires qui l'ont forcé à recourir à des expédients et par l'obligation qu'il avait de se conformer aux indications précises des dessins de l'architecte. Ainsi, pour remplacer les nervures initialement prévues par O'Donnell, Pienovi doit peindre en noir les voûtes « creuses » et en gris les éléments qui sont plutôt en saillie. Vraisemblablement, ces tons devaient aussi compenser l'excès de lumière qui venait de la grande fenêtre qu'on avait dû vitrer sans couleurs, faute encore des sommes requises pour la création d'un vitrail.

En outre, en ce qui concerne la décoration des colonnes, il faut dire que, là également, Pienovi dut pallier un défaut d'apparence, celui de la largeur excessive de cette nef que Napoléon Bourassa* appellera « un disgracieux amphithéâtre d'hippodrome ». L'application de la couleur a pour effet d'accroître l'autonomie des éléments verticaux et par ce fait de renforcer l'impression de hauteur. Il est plausible que Pienovi ait doté ces surfaces colorées de motifs décoratifs, conformément au style d'inspiration gothique, ainsi que le suggèrent les termes « bigarrure » et « mouchetées » utilisés par des critiques. Au demeurant, il semble impensable qu'O'Donnell ait fait venir Pienovi depuis New York dans le seul but de l'affecter au plâtrage monochrome de surfaces étendues.

Il reviendra à Victor Bourgeau* de réaliser l'aménagement définitif de l'intérieur de Notre-Dame. Or, il est intéressant de noter que, vers 1830, il fait la connaissance d'un peintre italien que d'aucuns supposent être Angelo Pienovi. Cet artiste lui fait connaître le traité de Vignole, à la suite de quoi Bourgeau s'essayera à la sculpture. C'est ainsi qu'on pourrait attribuer à Pienovi une influence inattendue qui mènera à l'accomplissement de ce qu'il n'a pu qu'ébaucher à titre de solution de rechange économique, sous la direction d'O'Donnell.

DAVID KAREL

ANQ-M, CE1-51, 17 nov. 1845. — AP, Notre-Dame de Montréal, boîte 23, chemise 34, brouillon d'une lettre de la fabrique à James O'Donnell, 16 mai 1828 ; Cahiers des délibérations de la fabrique, 28 sept. 1828 ; Fichier, 20 ou 28 sept. 1827, 20 juin 1828 ; Lettre de John Power à F.-A. Larocque, 14 mai 1828 ; Lettre de Lewis Willcocks à F.-A. Larocque, 30 avril 1828 ; Livres de comptes, 26 oct. 1832 : 194 ; 4 nov. 1841 : 359. — Arch. des Sœurs Grises (Montréal), Livres de comptes, sept. 1832 : 102 ; sept. 1833 : 114. — MAC-CD, Fonds Morisset, 1, Montréal, île de Montréal, église Notre-Dame ; 2, dossier Angelo Pienovi. — E. T. Coke, *A subaltern's furlough* [...] (Londres, 1833), 335. — *La Minerve*, 9 sept.–3 oct. 1833, 24 nov. 1845. — G. C. Groce et D. H. Wallace, *The New-York Historical Society's dictionary of artists in America, 1564–1860* (New Haven, Conn., et Londres, 1957 ; réimpr., 1964). — Harper, *Early painters and engravers.* — Maurault, *la Paroisse : hist. de N.-D. de Montréal* (1957), 63. — Morisset, *la Peinture traditionnelle*, 134. — F. [K. B. S.] Toker, *The Church of Notre-Dame in Montreal ; an architectural history* (Montréal et London, Ontario, 1970), 23, 36, 61, 66, 92.

PIERPOINT (Parepoint, Pawpine), RICHARD, connu aussi sous les noms de **Captain Dick** et de **Black Dick,** soldat, milicien, journalier et fermier, né vers 1744 à Bondu (Sénégal) ; décédé avant le 27 septembre 1838 près de Fergus, Haut-Canada.

Qu'ils aient été esclaves ou affranchis, les Noirs venus dans le Haut-Canada à ses débuts ont laissé peu de traces, à cause de la persistance de l'esclavage, ainsi que de leur faible influence politique, de leur petit nombre et de leur analphabétisme. On a bien retenu certains d'entre eux en raison de faits qui sortaient de l'ordinaire, comme un acte criminel [V. Jack York*], mais sur la majorité des Noirs on ne possède que des renseignements historiques fragmentaires. C'est le cas de Richard Pierpoint.

La captivante odyssée de Pierpoint commença en Afrique occidentale où, vers 1760, il « fut fait prisonnier et vendu comme esclave ». Envoyé dans les colonies américaines, il devint alors l'esclave d'un officier britannique. Au cours de la guerre d'Indépendance, il profita de la chance qu'on offrait aux esclaves de s'engager dans l'armée britannique en échange de leur affranchissement. Il était rare en 1779 de voir des Noirs s'engager dans les forces britanniques du Nord, qui plus est dans les corps provinciaux loyalistes, et Pierpoint fut l'un des premiers à servir au sein des *rangers* de John Butler*. En 1780, il était en garnison dans la région de Niagara, dans la province de Québec d'alors. Le 20 juillet 1784, son nom figurait, avec ceux d'autres *rangers* licenciés, sur une liste de personnes qui souhaitaient s'installer dans cette région. Les Noirs avaient droit à la même étendue de terre que les autres loyalistes et, vers 1788, on accorda à Captain Dick ou Black Dick (noms plus connus de Pierpoint) 200 acres de terre le long du ruisseau Twelve Mile, dans ce qui allait devenir le canton de Grantham. Il reçut ses lettres patentes de concession le 10 mars 1804, mais dès le 11 novembre 1806 il vendait ses lots, dont l'un au personnage le plus en vue de la région, Robert Hamilton*.

Le 29 juin 1794, Pierpoint avait été l'un des 19 « nègres libres » qui signèrent une pétition adressée au lieutenant-gouverneur John Graves Simcoe*. Ce court document jette un éclairage inédit sur la colonisation par les Noirs. Le groupe était composé de vétérans de la « dernière guerre » et d'« autres [individus] qui étaient nés libres et de quelques-uns qui [étaient] venus au Canada après la guerre ». La plupart de ces Noirs, manifestement sans terre et socialement isolés, étaient « désireux de s'établir à proximité les uns des autres de manière à pouvoir venir en aide (par du travail) à ceux qui en [auraient] le plus besoin ». Ils pressaient Simcoe « de leur accorder une étendue de terre pour s'y établir, distincte de celles des colons blancs ». Un comité du Conseil exécutif rejeta rapidement la pétition le 8 juillet. D'après le registre des délibérations, ce refus était attribuable au fait que les Noirs réclamaient des terres séparées de celles des Blancs.

De 1806 à la guerre de 1812, Pierpoint habita probablement le canton de Grantham et gagna sa vie comme journalier. La guerre lui procura une nouvelle occasion de changement : il « proposa de lever un corps d'hommes de couleur sur le front du Niagara ». On refusa son offre mais, en octobre 1812, Robert Runchey rassembla une petite troupe locale composée de Noirs. Le vieux *ranger* se porta aussitôt volontaire et y servit comme simple soldat du 1er septembre 1812 au 24 mars 1815. Le Coloured Corps ou Black Corps, comme on l'appelait parfois, compta entre 27 et 30 hommes, à l'exclusion des sergents et des officiers. Il fut de la bataille de Queenston Heights le 13 octobre 1812 et il prit part au rude combat qui marqua le siège du fort George (Niagara-on-the-Lake), le 27 mai 1813. Par la suite, le corps demeura avec l'armée du général de brigade John VINCENT lorsque celle-ci battit en retraite vers l'ouest, en direction du haut de la baie de Burlington (port de Hamilton), puis la suivit de nouveau en direction est après la bataille de Stoney Creek, le 6 juin 1813. Pendant le reste de la guerre, on affecta les Noirs au service de corvée ou de garnison, soit au fort Mississauga (Niagara-on-the-Lake) ou au fort George, et ils combattirent peut-être à Lundy's Lane le 25 juillet 1814. Lorsque son unité fut dissoute en 1815, Pierpoint retourna à sa vie de journalier dans la région de Grantham.

Le 21 juillet 1821, Pierpoint, qui habitait alors à

Pigeon

Niagara (Niagara-on-the-Lake), implora l'aide du lieutenant-gouverneur sir Peregrine Maitland*, parce qu'il trouvait « difficile de gagner sa vie par son labeur » et qu'il était « avant tout désireux de retourner dans son pays natal ». Toutefois il ne put réaliser son rêve de revenir dans la colonie d'Afrique occidentale qu'il avait quittée, quelque 60 ans plus tôt, pour la cale d'un négrier. Le vieux soldat reçut à la place un billet de localisation pour 100 acres de terre dans le canton encore inhabité de Garafraxa, sur la rivière Grand, près de ce qui s'appelle aujourd'hui Fergus. On accorda à des militaires, y compris deux autres membres du Coloured Corps, Robert Jupiter et John Vanpatten, la plupart des concessions de cette région. Cependant, Pierpoint fut le seul des trois à prendre possession de son bien et devint ainsi l'un des premiers colons de la région. En mai 1825, il s'était entièrement acquitté de ses obligations de colon : il avait défriché et clôturé cinq acres de terre et construit une maison.

Le 28 janvier 1828, Richard Pierpoint rédigea son testament, en présence des fils de deux anciens officiers des Butler's Rangers. Seul Noir dans une colonie de Blancs, il n'avait « ni héritiers ni parents ». Il laissa sa ferme et un droit de propriété sur un de ses anciens lots de Grantham à un habitant du canton de Halton, Lemuel Brown. Malheureusement, Pierpoint avait donné le mauvais numéro de concession pour la propriété de Grantham, et le bureau de l'arpenteur général déclara qu'on ne pouvait établir le bien-fondé de la réclamation. On homologua le testament de Pierpoint le 27 septembre 1838. Il était probablement décédé cette année-là ou à la fin de 1837. Ce vieil Africain que le trafic d'esclaves avait amené sur le front pionnier n'avait jamais considéré le Canada comme son pays.

ROBERT LOCHIEL FRASER

AO, RG 1, A-I-2, 30 : 427 ; C-I-3, 132 : 76 ; C-IV, Garafraxa Township, concession 1 ; Grantham Township, concession 6, lots 13–14 ; concession 8, lot 13 ; RG 22, sér. 235, testament de Richard Pawpine, 1838. — APC, MG 9, D4, 9 : 187 (transcription) ; RG 1, Ll, 19 : 195 ; L3, 196 : F misc., 1788–1795/68 ; L7, 52a ; RG 5, A1 : 26441–26444 ; RG 8, I (C sér.), 688E : 113, 115 ; 1701 : 208. — BL, Add. MSS 21828 : 38 (copie aux APC). — Niagara North Land Registry Office (St Catharines, Ontario), Abstract index to deeds, Grantham Township, 1 : f° 87, 131 (mfm aux AO). — St Catharines Public Library, Corps of Colour, nominal return, 15 mars 1819. — Wellington South Land Registry Office (Guelph, Ontario), Abstract index to deeds, West Garafraxa Township, 5 (mfm aux AO). — « District of Nassau : minutes and correspondence of the land board », AO Report, 1905 : 340. — Doc. hist. of campaign upon Niagara frontier (Cruikshank), 1 : 51 ; 4 : 161, 170 ; 5 : 221, 271 ; 6 : 73, 331 ; 7 : 51. — « Settlements and surveys », APC Report, 1891, note A : 4. — St. Catharines Journal, 24 mai, 12 juin 1856. — The centennial of the settlement of Upper Canada by United Empire Loyalists, 1784–1884 [...] (Toronto, 1885). — G. E. French, Men of colour : an historical account of the black settlement on Wilberforce Street and in Oro Township, Simcoe County, Ontario, 1819–1949 (Stroud, Ontario, 1978). — J. N. Jackson, St. Catharines, Ontario ; its early years (Belleville, Ontario, 1976). — Benjamin Quarles, The negro in the American revolution (Chapel Hill, N.C., 1961). — E. [A.] Cruikshank, « The battle of Fort George », Niagara Hist. Soc., [Pub.], n° 12 (1904) : 21, 29, 34. — W. R. Riddell, « Some references to negroes in Upper Canada », OH, 19 (1922) : 144–146.

PIGEON, FRANÇOIS-XAVIER (baptisé **François**), prêtre catholique, professeur, auteur, administrateur scolaire, éditeur et journaliste, né le 9 novembre 1778 à Sault-au-Récollet (Montréal-Nord, Québec), sixième enfant de Barthelemy Pigeon, menuisier, et de Marie Delorme, lingère ; décédé le 8 octobre 1838 à Laprairie (La Prairie, Québec).

François-Xavier Pigeon fait partie d'une famille de modestes artisans en quête d'ascension sociale qui, avec les journaliers et les engagés de ferme, appartiennent aux couches inférieures de la société rurale de la fin du XVIII* siècle. Les études des enfants représentent alors pour une telle famille un moyen de favoriser cette ascension. Dans ces conditions, les parents de Pigeon misent beaucoup sur lui, car il s'affirme comme un enfant exceptionnellement doué. Il apprend très vite que la vie est dure et l'argent difficile à gagner ; il développe ainsi le goût de l'effort, de la réussite et souhaite devenir respectable. À partir de 1785, Pigeon fréquente l'école de Sault-au-Récollet que dirige le curé Jean-Marie Fortin. Six ans plus tard, il s'initie au latin chez le nouveau curé, Louis-Amable Prevost.

En 1792, Pigeon entre au collège Saint-Raphaël à Montréal. Il montre rapidement des dispositions pour l'étude et la vie intellectuelle. Ses succès scolaires le rapprochent alors de ses professeurs qui ont l'œil sur ce brillant adolescent. À la fin de ses études classiques, ceux-ci le jugent supérieurement intelligent, animé d'une foi profonde et irréprochable moralement. En un mot, son avenir d'ecclésiastique s'annonce très prometteur. Pigeon est par ailleurs très attaché à cet établissement reconnu pour ses idées gallicanes et monarchistes. Néanmoins, il ne semble pas avoir montré toutes les facettes de son caractère, certes ardent, dévoué, zélé, enthousiaste, mais aussi retors, aigre, turbulent et indépendant.

En 1800, Pigeon entreprend des études théologiques au grand séminaire de Québec. Il y approfondit peu ses connaissances théologiques, car il est avant tout occupé à faire de la surveillance et à enseigner au petit séminaire. Il continue de montrer des aptitudes pour la vie intellectuelle ; c'est un travailleur acharné, féru de lecture et passionné de philosophie. Ses supérieurs lui prédisent un brillant avenir dans l'enseignement.

Mgr Pierre Denaut*, évêque de Québec, ordonne Pigeon prêtre en janvier 1803 et le nomme aussitôt professeur de philosophie au petit séminaire de Québec. Cet établissement entreprend alors certaines réformes dans l'enseignement. Un an plus tard, Pigeon publie un ouvrage considéré comme le premier manuel de géographie au Canada, *Géographie à l'usage des écoliers du petit séminaire de Québec*. Il s'affirme comme un cerveau important de l'établissement : il anime et mène une bonne partie de l'activité pédagogique tant au point de vue intellectuel que pratique. En 1804, on le nomme directeur du petit séminaire. Dans ses nouvelles fonctions, il est reconnu, estimé et respecté de tous mais, en même temps, il est l'objet d'une certaine méfiance en raison de son inflexibilité ; il se met même à dos plusieurs professeurs par la franchise et la liberté de ses discussions.

En 1805, Mgr Denaut désigne Pigeon aux postes de directeur des ecclésiastiques et de professeur de théologie au grand séminaire. Ardent et impétueux au point d'être parfois peu mesuré dans ses actions, Pigeon ne tarde pas à éveiller la méfiance et la suspicion. De plus en plus, Denaut redoute cet ecclésiastique fort jaloux de son autorité et de son pouvoir, qui répugne foncièrement aux compromis et veut toujours affirmer ses idées. Visiblement, on ne le désire plus au séminaire de Québec.

Mgr Joseph-Octave Plessis*, le nouvel évêque de Québec, décide de mettre Pigeon au pas en 1806 et l'envoie à titre de vicaire dans la paroisse Sainte-Rose (à Laval), puis à Notre-Dame-de-Saint-Hyacinthe (Notre-Dame-du-Rosaire) l'année suivante. Revenu à de meilleures dispositions, Pigeon est nommé curé de la paroisse des Saints-Anges, à Lachine, à la fin de 1808. À cet endroit, il entretient de bons rapports avec son évêque et ses paroissiens ; il se montre fort actif, met sur pied une école, fait agrandir le presbytère et encourage les formes les plus visibles du culte public.

En 1810, Mgr Plessis octroie à Pigeon la cure de Saint-Philippe-de-Laprairie. Dès son arrivée, ce dernier se préoccupe de rétablir l'ordre dans sa paroisse. Pénétré de ses responsabilités vis-à-vis de ses paroissiens, il exerce une autorité ferme et ne tolère guère d'écarts, exigeant le respect intégral de la morale chrétienne ; il combat le concubinage, accepte plus ou moins les mariages entre consanguins et impose à tous la pratique annuelle du devoir pascal. Parallèlement, il favorise une fréquentation plus grande des sacrements et encourage les processions, signes tangibles à ses yeux de la vitalité religieuse de la paroisse. De plus, il remplace la neuvaine par les quarante heures qui lui apparaissent plus susceptibles de ramener ses paroissiens à la ferveur chrétienne. Ainsi au cours des 12 premières années il s'affiche comme un prêtre exigeant envers ses paroissiens. Zélé

dans son ministère, il fait même partie des quelques prêtres cités en exemple par Mgr Plessis.

La nomination de Mgr Jean-Jacques LARTIGUE à titre d'auxiliaire de l'archevêque de Québec à Montréal en 1820 projette Pigeon à l'avant-scène. À l'instar des sulpiciens, qui n'apprécient guère l'extension des pouvoirs épiscopaux dans l'île de Montréal, Pigeon et quelques prêtres mécontents supportent mal l'arrivée d'un nouvel évêque qui viendra s'immiscer dans les affaires courantes de leur paroisse. La querelle pour l'érection du diocèse de Montréal éclate ainsi au grand jour et crée une situation propice à l'expression de sentiments contestataires au sein du bas clergé canadien-français.

Dans ce contexte, Pigeon devient l'un des chefs de file de ce mouvement de contestation. Dès 1821, il manifeste une certaine divergence de vues avec Mgr Lartigue, à propos du démembrement d'une partie de sa paroisse. Un an plus tard, il refuse catégoriquement de lire en chaire le décret épiscopal relatif à ce démembrement. Sans consulter Lartigue, il érige une école latine dans sa paroisse et projette d'y bâtir une école d'art. La nomination de l'évêque lui donne aussi l'opportunité d'afficher ouvertement ses idées gallicanes. Il s'agit avant tout d'un gallicanisme purement ecclésiastique, hostile à l'arrivée d'un évêque dans le district de Montréal. D'ailleurs Pigeon ne craint pas de recourir à la polémique : il rédige des pamphlets revendicateurs et compose des litanies à l'ironie mordante. En 1822, il envoie à Plessis un mémoire fort injurieux à l'endroit de Lartigue. Tracassier et provocateur, il ne recule pas devant les affrontements avec son évêque ; il lui fait même porter ses lettres par un huissier.

Pigeon et le curé Augustin Chaboillez*, de Longueuil, rédigent pamphlet sur pamphlet, multiplient les articles dans les journaux, dirigent et coordonnent la stratégie dans son ensemble. En 1823, ils affirment catégoriquement que le pape ne peut ériger le district de Montréal en district épiscopal sans le consentement du clergé et des fidèles. La même année, Chaboillez publie une brochure, *Questions sur le gouvernement ecclésiastique du district de Montréal*. En 1824, Pigeon met sur pied une imprimerie pour lutter contre l'évêque et mieux informer le clergé et les fidèles catholiques. Sous ces presses paraissent alors une quinzaine de brochures qui exposent la doctrine de l'Église sur la morale, la discipline ecclésiastique, les sacrements, la vie des saints, la liturgie et la prière. Pigeon entreprend de publier, en deux brochures, sa correspondance avec Lartigue et Plessis, accompagnée de citations d'auteurs gallicans.

En 1826, Pigeon publie un hebdomadaire, *la Gazette de Saint-Philippe*, deuxième journal ecclésiastique paru dans le Bas et le Haut-Canada, et dont il est le seul rédacteur. Dans son journal, il présente un ou deux articles de nature apologétique, donne quelques

Plenderleath

nouvelles religieuses dans une chronique et inclut une partie de la correspondance avec les lecteurs. Il veut ainsi éveiller les fidèles catholiques et ses confrères qui connaissent très peu leurs droits au sein de l'Église. Dans ces conditions, le journal ne tarde pas à se heurter à la résistance de Lartigue. Dès la fin de 1826, *la Gazette de Saint-Philippe* cesse de paraître : la majorité des prêtres du district de Montréal ont manifesté peu d'intérêt pour ce journal et se sont ralliés rapidement au point de vue de l'évêque.

Un an plus tard, Pigeon abdique et se soumet sans restriction à l'évêque. Il modifie alors son attitude : d'une part, il s'attaque au mouvement libéral au sein du parti patriote et, d'autre part, il multiplie les contacts avec Lartigue comme s'il voulait lui donner raison sur la question du libéralisme. À partir de 1830, les échanges entre les deux hommes se multiplient et s'approfondissent. Assuré du silence servile et parfois complaisant de Pigeon, Lartigue peut dorénavant agir en toute quiétude. En 1835, Pigeon n'hésite pas à signer une requête pour exhorter le Saint-Siège à permettre l'érection du district de Montréal en siège épiscopal.

Réconcilié avec son évêque, Pigeon se contente, à la fin de sa vie, de mettre en pratique le rituel, d'administrer les sacrements et de gérer adéquatement sa paroisse. Délivré de tous ses embarras, il mène une existence paisible, partagée entre la prière, la lecture et la visite des prêtres des paroisses voisines. Il lui arrive même de les recevoir dans sa demeure en pierre, entourée d'un vaste jardin. Des 1 000 minots de blé que lui rapporte la dîme, il tire assez de revenus pour vivre confortablement, acheter quelques terres et aider son neveu à entrer dans les ordres. Pigeon possède aussi une bibliothèque imposante, constituée non seulement de livres utilisés pour son ministère mais aussi d'ouvrages servant à défendre les doctrines morales et philosophiques de l'Église.

Durant les troubles de 1837–1838, Pigeon adopte les positions de Lartigue et utilise tous les moyens mis à sa disposition pour empêcher la participation de ses paroissiens à la révolte armée. En chaire, s'il lit le mandement de l'évêque avec une certaine hésitation, c'est qu'il craint les représailles des patriotes de sa paroisse. Épuisé physiquement, il s'éteint le 8 octobre 1838.

François-Xavier Pigeon fait partie de cette minorité de prêtres qui constitue l'élite intellectuelle et sociale du clergé de son époque. Vers 1820, cette minorité s'abreuve aux grandes options doctrinales du monde ecclésiastique et laïque. Certains se font les défenseurs du gallicanisme, d'autres adhèrent à l'école ménaisienne et quelques-uns sont même les propagateurs d'un certain libéralisme. Ces prêtres ne font quand même pas le poids devant une Église fortement hiérarchisée, qu'un catholicisme providentialiste et ultramontain inspire. Du reste, aucune action et

aucune idéologie communes ne lient ces prêtres entre eux. C'est sans doute pour cette raison que Pigeon s'est rallié rapidement à ses supérieurs. Par conséquent, à l'époque des troubles de 1837–1838, l'ensemble du clergé canadien-français suit aveuglément les directives de la hiérarchie ecclésiastique, s'oppose à toute révolte armée et défend ardemment les idéaux d'une société d'Ancien Régime.

RICHARD CHABOT

François-Xavier Pigeon est l'auteur de : *Géographie à l'usage des écoliers du petit séminaire de Québec* (Québec, 1804) ; *Réponse à M. Deshons Montbrun, adressée aux bons et honnêtes habitans de la campagne* (Montréal, 1818) ; et *Rapports entre le curé de St. Philippe et Monseigneur de Québec* (s.l., 1826).

AAQ, 210 A, XII : 521 ; XIII : 75, 242, 372. — ACAM, RLL, I : 66 ; II : 26, 82, 98, 100, 140, 261, 268, 279, 338 ; III : 53, 129, 134, 265 ; IV : 37, 88, 99, 160, 267, 346. — ANQ-M, CE1-4, 9 nov. 1778 ; CE1-54, 11 oct. 1838 ; CN1-233, 23 déc. 1826 ; CN1-245, 16 mars 1837 ; CN4-33, 27 avril 1832, 23 avril, 14 août 1838. — AP, Saint-Philippe (Laprairie), Cahier des recettes et dépenses de la fabrique, 1810–1838 ; Saints-Anges (Lachine), Cahier des recettes et dépenses de la fabrique, 1809. — Arch. du diocèse de Saint-Jean-de-Québec (Longueuil, Québec), 9A/12–105. — ASN, AP-G, L.-É. Bois, G, 10 : 131. — ASQ, Grand livre, 12F, 58 ; Lettres, T, 79, 111–112, 124 ; MSS, 433 : 7, 27, 141, 153 ; 437 : 375–376 ; Séminaire, 120, n° 296A. — *Le Séminaire de Québec : documents et biographies,* Honorius Provost, édit. (Québec, 1964). — C.-P. Beaubien, *le Sault-au-Récollet, ses rapports avec les premiers temps de la colonie ; mission-paroisse* (Montréal, 1898). — Maurault, *le Collège de Montréal* (Dansereau ; 1967). — J.-J. Lefebvre, « Saint-Constant-Saint-Philippe de Laprairie, 1744–1946 ; la vie religieuse », SCHEC *Rapport,* 13 (1945–1946) : 125–158.

PLENDERLEATH, WILLIAM. V. CHRISTIE, WILLIAM PLENDERLEATH

POMINOUET. V. PEMINUIT PAUL

PORTELANCE, LOUIS ROY. V. ROY

PORTEOUS, ANDREW, marchand, officier de milice, fonctionnaire et juge de paix, né vers 1780, peut-être à Montréal, fils de John Porteous, marchand, et de Josepha Carqueville ; il épousa Anne Mompesson, et ils eurent au moins trois enfants ; décédé le 16 décembre 1849 à Toronto.

Déjà dans les affaires à Montréal à l'âge de 17 ans, Andrew Porteous était peut-être associé à son frère William avant 1807, année où Dominique Rousseau* leur devait £1 500. Par la suite, il fut copropriétaire de la Porteous and Hancox and Company de Montréal ainsi que de la Cringan, Porteous and Company de Québec, qui négociaient des marchandises sèches, de l'alcool, du vin, de la poudre à canon, de la cire et du verre. En juin 1817, il put se porter acquéreur d'un vaste lot et d'une maison de pierre dans le faubourg Sainte-Marie. La même année, il acheta un banc de jubé à l'église Scotch Presbyterian (future église St Gabriel Street) ; en 1820, il faisait partie du comité des affaires séculières de sa congrégation. L'année suivante, il devint capitaine dans le 1er bataillon de milice de la ville de Montréal, où il était entré à titre d'enseigne en 1811.

Cependant, par suite d'une série de revers, Porteous était devenu moins fortuné qu'il ne le semblait. Les compagnies auxquelles il était associé avaient été dissoutes en octobre 1817, on avait dérobé en décembre plus de £200 en argent et en marchandises dans son magasin de la rue Saint-Paul, et en mars 1819 le shérif annonçait la mise aux enchères de sa propriété du faubourg Sainte-Marie. En outre, à compter de la fin de 1826, il assuma la charge des sept enfants de deux frères défunts. En janvier 1827, avec le soutien d'un grand nombre d'éminents Montréalais, il demanda au gouverneur lord Dalhousie [RAMSAY] de lui porter assistance en lui donnant une charge dans l'administration publique. Un an et demi plus tard, le 1er juillet 1828, il devenait maître de poste de Montréal.

La réorientation professionnelle de Porteous s'accompagna bientôt d'un renouveau dans sa vie religieuse. Henry Esson* et Edward BLACK desservaient les fidèles de St Gabriel Street, mais la congrégation, incapable d'entretenir plus longtemps ses deux ministres, se divisa violemment sur la question de savoir lequel devait rester [V. William Caldwell*]. Porteous se rangea du côté de Black, évangélique de forte carrure. Après que des arbitres eurent tranché en faveur d'Esson, en 1832, Porteous se joignit à la nouvelle congrégation de Black, qui ouvrit l'église St Paul en 1834, et en devint par la suite un membre influent.

Porteous connut encore des difficultés financières au début des années 1830, mais en mars 1835 il n'avait apparemment plus de dettes, et en novembre il reçut une concession d'une centaine d'acres dans le canton de Shefford. Ce redressement découlait en grande partie des revenus de toutes provenances qu'il réalisa au bureau de poste de Montréal. Leur total s'éleva à £754, dont £200 cependant servirent à payer le salaire de ses trois aides et l'achat de fournitures. Toutefois, ses conditions de travail ne l'enchantaient pas. À la fin de 1834, il convainquit les marchands de la ville de réclamer pour lui une hausse de salaire (il touchait £346), puis en janvier 1835 il signala son mécontentement au maître général des Postes adjoint, Thomas Allen Stayner*, à propos du « caractère insuffisant et peu sûr du [...] bureau de poste ». Le service était situé au-dessus d'une boutique de tailleur et d'un magasin de marchandises sèches, entre une imprime-

rie et une maison de pension ; Porteous redoutait donc « le danger d'incendie auquel le bureau de poste, avec son contenu précieux, [était] exposé à chaque heure ». Il se plaignait aussi que pour se rendre jusqu'à lui les clients devaient emprunter un escalier sans lumière puis se frayer un chemin dans un petit vestibule encombré de bois de chauffage. Ses récriminations n'eurent peut-être aucun effet, car le gouvernement britannique considérait le département des Postes davantage comme une source de revenu que comme un service public. Les marchands montréalais avaient d'ailleurs déposé une plainte semblable plus de 15 ans auparavant. En septembre 1840, « affligé de plus en plus par les infirmités de la vieillesse et convaincu de ne pas être à la hauteur [...] des devoirs de plus en plus lourds de sa charge », Porteous démissionna en faveur de son neveu James Porteous, qui le soutint à même son salaire.

Installé dans le Haut-Canada, Andrew Porteous obtint en avril 1846 une commission de juge de paix dans le district de Newcastle. Vers la fin de sa vie, il habita à Toronto, chez l'une de ses filles et son gendre. C'est là qu'il mourut en décembre 1849, à l'âge de 69 ans, « de la rupture d'une des grandes artères du cœur ». Son inhumation eut lieu au printemps.

MYRON MOMRYK

ANQ-M, CN1-134, 24 juill. 1834, 30 janv., 28 avril 1835 ; CN1-321, 30 déc. 1846 ; CN1-353, 5 janv. 1842. — APC, MG 17, A7-2-3, 13 ; MG 24, L3 : 30618 ; MG 25, 321 ; MG 44, L, 4 : 444 ; 9 : 308 (copies) ; RG 1, L3L : 65065, 77970 ; RG 4, A1, 247 : 63 ; RG 9, I, A5, 4 : 74 ; RG 68, General index, 1841–1867. — B.-C., chambre d'Assemblée, *Journaux*, 1835–1836, app. GG. — *Canadian Courant and Montreal Advertiser*, 26 août, 22 oct. 1814, 18 mars, 2 sept., 14 oct. 1815. — *La Gazette de Québec*, 13 nov. 1817, 1er janv. 1818, 18 mars 1819, 23 mars, 25 mai 1821, 25 juill. 1822, 9 janv. 1823. — *Globe*, 20 déc. 1849. — *Montreal Witness, Weekly Review and Family Newspaper*, 31 déc. 1849. — *Montreal directory*, 1819. — *Officers of British forces in Canada* (Irving). — Campbell, *Hist. of Scotch Presbyterian Church*. — F.-J. Audet, « Andrew Porteous », *BRH*, 42 (1936) : 712–713.

POST, JORDAN, horloger, homme d'affaires et fonctionnaire, né le 6 mars 1767 à Hebron, Connecticut, l'un des huit enfants de Jordan Post et d'Abigail Loomis ; le 3 février 1807, il épousa Melinda Woodruff, et ils eurent trois fils et quatre filles ; décédé le 8 mai 1845 dans le canton de Scarborough, Haut-Canada.

À l'âge de 21 ans, Jordan Post quitta sa famille pour s'initier à l'horlogerie. Une douzaine d'années plus tard, son père, ses frères et ses sœurs décidèrent d'immigrer dans le Haut-Canada. Au moins un de ses frères vivait sur une terre du canton de Pickering depuis 1798 et plusieurs membres de sa famille se

Pothier

fixèrent dans celui de Trafalgar. Post junior, ainsi qu'on finit par l'appeler, s'établit à titre d'horloger à York (Toronto) en 1802.

Comme il n'avait aucun concurrent à cet endroit, Post fit des affaires d'or. Son père, qui le rejoignit vers 1808, devint propriétaire d'une boulangerie et, semble-t-il, se débrouilla bien. En 1804, Post obtint une concession de 200 acres dans le canton de Hungerford, qui n'était pas encore exploité ; il allait acquérir beaucoup d'autres terres dans les 30 années suivantes. Habile, il investit dans l'achat de terrains situés dans la partie ouest d'York et de lots ruraux un peu à l'ouest du village lui-même, là où se trouve aujourd'hui le cœur de Toronto. Ses ventes foncières, qui commencèrent dans les années 1820 et se poursuivirent jusqu'à sa mort, lui rapportaient gros, beaucoup plus que son métier d'horloger. En outre, il se porta acquéreur d'un vaste terrain dans le canton de Scarborough (lots 5 et 6 du rang 1), d'une partie de lot dans le canton de Markham et de quatre lots dans des cantons encore en friche.

Post avait aussi d'autres intérêts commerciaux. En 1813, notamment avec William Allan* et Alexander Wood, il fonda la York Association, qui émettait des « traites comme moyen commode de faire de la monnaie » dans les transactions, car il y avait alors pénurie de numéraire dans le Haut-Canada. Pendant un bref moment durant la guerre de 1812, comme les affaires fonctionnaient au ralenti, il tint une taverne. Faire de l'argent n'était toutefois pas son unique préoccupation. À l'instar de son père, il fut fonctionnaire municipal, plus précisément inspecteur des chemins en 1810 et 1819. Son civisme le poussa en outre à réserver à l'aménagement de marchés deux portions de ses propriétés d'York, sises rues Yonge et George. On ne construisit jamais ces marchés, mais du moins Post avait-il tenté d'offrir à ses concitoyens autre chose que des lots à vendre.

Post s'intéressait aussi au progrès de l'éducation et de la religion. Il contribua en 1820 à la fondation de l'école publique de Thomas Appleton*, à York, et en devint l'un des administrateurs l'année suivante. Toujours en 1820, il s'engagea à livrer dans un délai de quatre ans £100 de bois (cours de Halifax) pour la construction d'une église presbytérienne scissionniste.

Puis soudain, à la fin de 1833 ou au début de 1834, à un âge où d'ordinaire on ralentit son rythme, Jordan Post alla s'établir sur sa terre du canton de Scarborough pour entreprendre une nouvelle carrière. Il construisit une scierie sur le ruisseau Highland, qui traversait sa propriété, et eut bientôt une entreprise prospère qui expédiait du bois aux ports du lac Ontario. De plus, il tenait un magasin. C'est dans ce canton qu'il mourut en 1845. Henry Scadding* le décrivit plus tard en ces termes : « [c'était un] *New Englander* de grande taille et d'aspect sévère [... qui]

portait toujours des lunettes. En raison de l'austérité de son costume et de sa coiffure, on le prenait parfois, bien à tort, pour un mennonite ou un quaker. » Quoique l'on s'en souvienne surtout comme du premier horloger d'York, Post était en fait un homme d'affaires important et, parmi les premiers spéculateurs de la ville, peu connurent autant de succès que lui.

RONALD J. STAGG

L'auteur désire remercier M. William Daniels, de Toronto, pour ses informations et ses critiques constructives, et le révérend C. Glenn Lucas, archiviste-historien de l'UCC-C, pour les documents qu'il lui a fournis concernant l'église méthodiste construite sur un terrain de Jordan Post, situé rue King. [R. J. S.]

AO, RG 22, sér. 155. — APC, RG 1, L1, 24 : 8 ; 31 : 449 ; 32 : 421 ; L3, 401 : P5/48, P7/2 ; 406 : P15/59 ; RG 5, A1 : 47568–47571, 114832–114834. — Conn. State Library (Hartford), Indexes, Barbour coll. — Toronto Land Registry Offices, Abstract index to deeds, City of Toronto ; Scarborough Township, concession 1, lots 5–6 (mfm aux AO). — York North Land Registry Office (Newmarket, Ontario), Abstract index to deeds, Markham Township (mfm aux AO). — « Marriage licenses issued at Toronto, 1806–1809 », *Ontario Reg.* (Madison, N.J.), 2 (1969) : 225. — « Minutes of the Court of General Quarter Sessions of the Peace for the Home District, 13th Marsh, 1800, to 28th December, 1811 », AO *Report*, 1932 : 171, 178. — *Town of York, 1793–1815* (Firth) ; *1815–34* (Firth). — « Wesleyan Cemetery, Highland Creek, Scarborough », W. D. Reid, compil., *Ontario Reg.* (Lambertville, N.J.), 6 (1982) : 141. — *York, Upper Canada : minutes of town meetings and lists of inhabitants, 1797–1823*, Christine Mosser, édit. (Toronto, 1984). — *Death notices from* The Christian Guardian, *1836–1850*, D. A. McKenzie, compil. (Lambertville, 1982). — *A history of Scarborough*, R. R. Bonis, édit. ([2e éd.], Scarborough [Toronto], 1968). — Hazel [Chisholm] Mathews, *Oakville and the Sixteen : the history of an Ontario port* (Toronto, 1953 ; réimpr., 1971). — *Robertson's landmarks of Toronto*, 1–3 ; 6. — Scadding, *Toronto of old* (Armstrong ; 1966). — *The township of Scarboro, 1796–1896*, David Boyle, édit. (Toronto, 1896). — L. B. Jackes, « Jordan Post's original hotel », *Globe and Mail* (Toronto), 20 avril 1954 : 6.

POTHIER, TOUSSAINT (baptisé **Jean-Baptiste**), homme d'affaires, officier de milice, seigneur, homme politique et fonctionnaire, né le 16 mai 1771 à Montréal, fils de Louis-Toussaint Pothier et de Louise Courraud Lacoste ; décédé le 22 octobre 1845 dans la même ville.

Toussaint Pothier était le descendant d'Étienne Potier, dit Laverdure, qui venait de Charenton, en banlieue de Paris. Fils d'un riche commerçant de fourrures qui avait été l'un des fondateurs de la North West Company, il commença tôt à s'occuper de la traite des fourrures. À titre d'agent de la Michilimackinac Company formée en 1806, il signa cette année-là avec, entre autres, Josiah Bleakley* et

George GILLESPIE une entente avec la North West Company en vertu de laquelle les deux sociétés se partageaient les territoires de traite. L'âpreté de la concurrence devait toutefois amener la Michilimackinac Company à vendre en 1810 ses intérêts à deux firmes montréalaises, la Forsyth, Richardson and Company et la McTavish, McGillivrays and Company, toutes deux associées à la North West Company. L'année suivante, ces deux sociétés formèrent avec John Jacob Astor la South West Fur Company. Pothier fit partie de cette nouvelle organisation. Avec les années, il devint un homme riche. Un plan de Montréal tracé en 1815 par l'arpenteur général Joseph BOUCHETTE décrit plusieurs lots de terre qui lui appartenaient dans le centre de la ville, dont un immense emplacement en bordure de l'actuelle rue Craig, où on érigea le colossal manège militaire. Pothier possédait également les seigneuries de Lanaudière (parfois appelée Lac-Maskinongé) et de Carufel, acquises le 17 mars 1814. Il y entreprit des travaux considérables qui donnèrent une grande valeur à ses propriétés et il songea même à faire construire un manoir le long de la rivière Maskinongé.

Pour ses affaires, Pothier se rendait souvent dans la région des Grands Lacs. En juillet 1812, pendant la guerre contre les États-Unis, il avait participé à la prise de Michillimakinac (Mackinac Island, Michigan), au sein d'un détachement composé de Britanniques, d'Indiens et de voyageurs canadiens qu'il avait lui-même recrutés parmi le personnel de la North West Company [V. Charles Roberts*]. La capture de cet important poste de traite américain fut le prélude à la prise de Detroit par le major général Isaac Brock* le 16 août 1812.

À Montréal, le 10 janvier 1820, à l'âge avancé de 48 ans, Pothier épousa Anne-Françoise Bruyeres, fille encore mineure de feu Ralph Henry Bruyeres*. Le 19 mai 1824, le couple eut une fille, Jessé-Louise (Jessy-Louise), qui épousera le 1er octobre 1849 George-Paschal Desbarats*, imprimeur de la reine. Sur la recommandation du gouverneur lord Dalhousie [RAMSAY], Pothier entra au Conseil législatif du Bas-Canada le 22 juillet 1824 et y demeura jusqu'en 1838. En avril de cette année-là, à la demande de l'administrateur sir John Colborne*, il siégea au Conseil spécial, dissous le 1er juin par le gouverneur lord Durham [LAMBTON]. En novembre, après le départ de ce dernier, Colborne nomma Pothier au Conseil exécutif ainsi qu'au Conseil spécial qui approuva les résolutions proposées par lord Sydenham [THOMSON] en vue de l'union des deux Canadas. Pothier fut président de ce dernier conseil de novembre 1838 à novembre 1839. Il cessa définitivement d'exercer des fonctions politiques en février 1841.

L'honorable Pothier remplit plusieurs autres charges importantes. Il fut, entre autres, commissaire chargé de l'amélioration du port de Montréal, membre d'une commission formée en 1821 pour surveiller la construction du canal de Lachine [V. François Desrivières*], commissaire responsable de l'exploitation des terres entre les rivières des Outaouais et Saint-Maurice, et arbitre dans le partage des revenus des douanes entre le Haut et le Bas-Canada. Il fut en outre, en 1827, l'un des fondateurs de la Société d'histoire naturelle de Montréal qui bénéficia de ses libéralités pendant plusieurs années, et le 21 septembre 1839 on le nomma shérif du district judiciaire de Montréal ; toutefois, seulement cinq jours plus tard et pour des raisons inconnues, un shérif de langue anglaise le remplaça à ce poste.

Par ailleurs, Pothier fut l'associé de Peter McGill* dans la Compagnie des propriétaires du chemin à lisses de Champlain et du Saint-Laurent qui construisit entre Laprairie (La Prairie) et Saint-Jean (Saint-Jean-sur-Richelieu) le premier chemin de fer du Haut et du Bas-Canada, inauguré le 21 juillet 1836. De plus, depuis 1815, il administrait la riche succession de son ami Pierre Foretier*. Dès 1816, il avait dû instituer une poursuite contre les héritiers parmi lesquels se trouvait Marie-Amable Foretier*, femme de Denis-Benjamin Viger*, pour les contraindre à rapporter à la masse des biens qu'ils en avaient déjà divertis. Ce procès, qui fait époque dans les annales judiciaires, dura au delà de 25 ans et épuisa toutes les juridictions. En 1841, il se compliqua par la faillite de Pothier, à la suite, semble-t-il, de transactions malheureuses sur des titres de sociétés qui s'occupaient de fourrures. Quatre ans plus tard, Pothier mourait.

Avec les années, Toussaint Pothier devint une figure controversée. Sa présence au sein des organismes du pouvoir, surtout le Conseil spécial où il n'y avait, durant ces années de troubles socio-ethniques, qu'une poignée de Canadiens parmi une majorité écrasante de Britanniques, l'a rendu suspect et même en a fait pour certains un « chouayen » bien identifié. L'historien Gérard Filteau le qualifie de traître à ses compatriotes. Par contre, pour Francis-Joseph Audet*, dans le mémoire qu'il a rédigé en 1829 à la demande de l'administrateur de la colonie, sir James Kempt*, sur la situation politique de la province, Pothier « se révèle homme d'état averti, honnête et vrai patriote » ; selon lui, il « soutient la cause de ses compatriotes qui sont […] les meilleurs sujets de Sa Majesté ».

PHILIPPE POTHIER

ANQ-M, CE1-51, 28 avril 1767, 16 mai 1771, 10 janv. 1820, 21 mai 1824, 25 oct. 1845, 1er oct. 1849. — APC, MG 24, C7 ; RG 68, General index, 1651–1841. — ASSH, A, Fg-5, « Brochures judiciaires ». — *John Askin papers* (Quaife), 2 : 37. — L.-J. Papineau, « Correspondance » (Ouellet), ANQ *Rapport*, 1953–1955 : 278, 283, 307. — Toussaint Pothier, « Mémoire de l'honorable Toussaint

Powell

Pothier », APC *Rapport*, 1913 : 92–103. — *Select British docs. of War of 1812* (Wood), 1 : 397, 429–430, 448–452. — Wis., State Hist. Soc., *Coll.*, 11 (1888) ; 19 (1910). — *La Gazette de Montréal*, 21 avril 1808. — *La Gazette de Québec*, 23 déc. 1813, 16 sept. 1816. — F.-J. Audet, « les Législateurs du B.-C. » ; « Shérifs de Montréal », *BRH*, 8 (1902) : 200. — Caron, « Papiers Duvernay », ANQ *Rapport*, 1926–1927 : 240, 243. — Desjardins, *Guide parl.* — *The encyclopedia of Canada*, W. S. Wallace, édit. (6 vol., Toronto, [1948]), 5 : 146. — *The fur trade in Minnesota ; an introductory guide to manuscript sources*, B. M. White, compil. (St Paul, Minn., 1977), 16, 27. — É.-Z. Massicotte, « Répertoire des engagements pour l'Ouest conservés dans les Archives judiciaires de Montréal [...] [1620–1821] », ANQ *Rapport*, 1944–1945 : 424 ; 1945–1946 : 227, 238–239, 319. — *Officers of British forces in Canada* (Irving), 166–169. — Ouellet, « Inv. de la Saberdache », ANQ *Rapport*, 1955–1957 : 123, 125, 161. — P.-G. Roy, *Inv. concessions*, 3 : 269. — Tanguay, *Dictionnaire*, 6 : 421–422. — Turcotte, *le Conseil législatif*. — K. W. Porter, *John Jacob Astor, business man* (2 vol., Cambridge, Mass., 1931 ; réimpr., New York, 1966). — Rumilly, *Hist. de Montréal*, 2 : 242. — Joseph Tassé, *les Canadiens de l'Ouest* (2 vol., Montréal, 1878), 1 : 148. — F.-J. Audet, « À propos d'un centenaire : un des pionniers pour l'amélioration du port », *la Presse*, 24 juin 1933 : 49 ; « John Bruyères », *BRH*, 31 (1925) : 343. — J.-J. Lefebvre, « la Vie sociale du grand Papineau », *RHAF*, 11 (1957–1958) : 479. — Richard Lessard, « Notes sur la seigneurie de Carufel », *BRH*, 33 (1927) : 359–360 ; « la Seigneurie de Lanaudière ou du Lac Maskinongé » : 219–220. — Frère Marcel-Joseph, « les Canadiens veulent conserver le régime seigneurial », *RHAF*, 7 (1953–1954) : 378, 383. — É.-Z. Massicotte, « le Bourgeois Pierre Fortier », *BRH*, 47 (1941) : 179 ; « l'Honorable Toussaint Pothier », 26 (1920) : 223–224 ; « les Mutations d'un coin de rue », 45 (1939) : 271–274 ; « les Shérifs de Montréal (1763–1923) », 29 (1923) : 110. — « Les Morts de 1839 », *BRH*, 32 (1926) : 21. — Fernand Ouellet, « Toussaint Pothier et le Problème des classes sociales (1829) », *BRH*, 61 (1955) : 147–159.

POWELL, ANNE. V. Murray

POWELL, GRANT, médecin, chirurgien, officier de milice, fonctionnaire, juge et juge de paix, baptisé le 30 mai 1779 à Norwich, Angleterre, troisième fils de William Dummer Powell* et d'Anne Murray ; le 1er mai 1805, il épousa Elizabeth Bleeker (Bleecker) d'Albany, New York, et ils eurent quatre fils et six filles ; décédé le 10 juin 1838 à Toronto.

Grant Powell fit ses études en Angleterre puis on le plaça comme apprenti chez un chirurgien de Norwich. À la fin de son stage, écrivit l'une de ses tantes en 1799, il « ne comprenait pas suffisamment sa profession pour être de quelque manière indispensable » à son maître et avait £80 de dettes. L'incompétence et la dilapidation allaient marquer toute sa carrière. Sa famille, malgré ses relations, ne parvint pas à le placer dans l'armée britannique et son père, juge dans le Haut-Canada, ne put rien obtenir pour lui

ni dans sa province ni dans la voisine. Powell partit donc pour les États-Unis, où il tenta sa chance à plusieurs endroits avant de commencer, en avril 1803, à pratiquer la médecine à Stillwater, dans l'état de New York. Ce ne fut pas un succès, et il s'endetta encore lourdement. À 30 ans, notait sa mère, il était « le seul [de ses] fils à avoir encore besoin de conseils ou d'assistance ». Sa belle-famille refusait de l'aider et son père ne lui trouvait toujours pas de poste. Il songea à s'installer à Albany ou à York (Toronto), mais ses projets échouèrent.

En 1810, Powell abandonna son cabinet et partit pour Montréal, où la mort d'un médecin (probablement Charles Blake*) lui offrit bientôt l'occasion de se tailler une place. Plein d'espoir et promettant d'être prudent, il commença à exercer et, en mars 1812, on le nomma examinateur en médecine du district de Montréal. Lorsque la guerre éclata, en juin, il quitta Montréal et, plus tard au cours de l'été, probablement sur la recommandation du major général Isaac Brock*, il devint chirurgien suppléant de la marine provinciale à York. À la première prise d'York par les Américains, en avril 1813, on pilla sa maison, et à la deuxième, en juillet, lui-même et John Strachan* agirent à titre de porte-parole civils de la ville investie, que les Britanniques avaient quittée. Powell demeura chirurgien suppléant tout au long de l'hiver mais perdit son poste lorsque, par suite du remplacement de la marine provinciale par la marine royale, des médecins militaires britanniques arrivèrent dans le Haut-Canada. Durant le reste de la guerre, il servit à titre de chirurgien dans le Volunteer Incorporated Militia Battalion.

En mai 1813, donc pendant les hostilités, le père de Powell parvint finalement à l'aider en obtenant pour lui le poste de greffier de la chambre d'Assemblée, assorti d'un salaire annuel de £250 ; en avril, il avait été nommé *official principal* (juge) de la Cour d'enregistrement et d'examen des testaments. Nommé juge de paix l'année suivante, il devint en 1818 juge d'un tribunal de district. Au fil du temps, il appartint à plusieurs bureaux, commissions, conseils et sociétés. Selon sa mère, il « refusait » d'exercer la médecine depuis février 1818, mais il demeura lié à sa profession en tant que membre du Medical Board of Upper Canada (1819–1838) et du conseil de l'hôpital d'York (1821) ainsi qu'à titre d'officier de santé d'York et des environs (1832–1833). Il s'intéressait avant tout aux charges publiques et à la vie politique. En 1827, il quitta son poste à l'Assemblée pour devenir greffier du Conseil législatif, charge qu'il conserva jusqu'à sa mort. D'allégeance tory, il appuya en 1828 l'élection de John Beverley Robinson* et en janvier 1830 la candidature du shérif William Botsford Jarvis*, qui avait épousé sa nièce.

En 1819, à l'âge de 40 ans, Grant Powell semblait enfin installé et envisageait l'avenir avec optimisme.

Cependant, il avait à faire vivre une famille de plus en plus nombreuse, et l'argent lui filait toujours entre les doigts, peu importe la somme dont il disposait. En 1826, l'Assemblée refusa d'augmenter son salaire, ce qui fut un dur coup. Son père craignait qu'il n'ait « hypothéqué son avenir » et nota alors que le versement des arriérés de sa demi-solde de chirurgien dans la milice constituerait pour lui un « secours appréciable ». Toujours aux crochets de son père, Powell faisait des prélèvements sur son héritage et lui demandait de l'aide pour ses enfants. Ce furent peut-être son sentiment d'échec et ses constantes inquiétudes financières qui firent de lui un quinquagénaire « intolérable, sarcastique et hautain », comme le disait sa mère à son frère. Powell devint irascible et très pointilleux sur les égards qu'on lui devait : en 1837, il démissionna du conseil du King's College après avoir vu son nom inscrit à la suite de ceux de membres nouvellement nommés. À la même époque, il critiqua le lieutenant-gouverneur sir Francis Bond Head*, ce qui « l'exposa à l'indifférence et à l'incivilité », écrivit plus tard sa mère. Sa mort laissa sa famille dans une pénible situation financière. Son fils William Dummer, appuyé par le juge en chef Robinson, demanda qu'on le nomme greffier du Conseil législatif et sa veuve voulut toucher une pension, mais ni l'un ni l'autre ne furent écoutés.

GEOFFREY BILSON

Academy of Medicine (Toronto), MS 137 (délibérations du Medical Board of Upper Canada, 1819–1848). — AO, MU 1532 ; MU 1537 ; RG 22, sér. 94, 2 : 208 ; sér. 155. — APC, RG 4, B28, 47 : 272–275 ; RG 5, A1 : 19098–19100, 70543, 108854–108855 ; C1, 2, file 291 ; 6, file 603 ; RG 8, I (C sér.), 84 : 221–222, 228–229, 248–249 ; 1168 : 292 ; 1717 : 65 ; RG 19, E5(a), 3745, claim 335 ; RG 68, General index, 1651–1841 : 64, 74, 182, 219. — MTRL, W. D. Powell papers. — Norfolk Record Office (Norwich, Angl.), Archdeacon's transcript for Norwich, St Clements, reg. of baptisms, 30 mai 1779. — Arthur papers (Sanderson), 1 : 195–196. — H.-C., House of Assembly, App. to the journal, 1839, 2, part. II : 844. — [Anne Murray] Powell, « Letters of Mrs. Wm. Dummer Powell, 1807–1821 », Janet Carnochan, édit., Niagara Hist. Soc., [Pub.], n° 14 ([1906]) : 1–40. — Select British docs. of War of 1812 (Wood), 1 : 397 ; 2 : 190–193. — Town of York, 1815–34 (Firth). — Patriot (Toronto), 12 juin 1838. — Armstrong, Handbook of Upper Canadian chronology (1967). — Chadwick, Ontarian families, 1 : 32–34. — Toronto directory, 1833–1834 ; 1837. — R. J. Burns, « The first elite of Toronto : an examination of the genesis, consolidation and duration of power in an emerging colonial society » (thèse de PH.D., Univ. of Western Ontario, London, 1974). — Canniff, Medical profession in U.C., 559–562. — W. G. Cosbie, The Toronto General Hospital, 1819–1965 : a chronicle (Toronto, 1975). — A history of Upper Canada College, 1829–1892 ; with contributions by old Upper Canada College boys ; lists of head-boys, exhibitioners, university scholars and medallists, and a roll of the school, George Dickson et G. M. Adam, compil. (Toronto, 1893), 52. — W. R. Riddell, The life of William Dummer Powell, first judge at Detroit and fifth chief justice of Upper Canada (Lansing, Mich., 1924). — Robertson's landmarks of Toronto, 1 : 188–189, 193 ; 3 : 288. — Scadding, Toronto of old (Armstrong ; 1966). — F. N. Walker, Sketches of old Toronto (Toronto, 1965).

POWER, MICHAEL, prêtre catholique et évêque, né le 17 octobre 1804 à Halifax, deuxième enfant et fils aîné de William Power, capitaine au long cours, et de Mary Roach ; décédé le 1er octobre 1847 à Toronto.

Les parents de Michael Power avaient tous deux quitté l'Irlande pour la Nouvelle-Écosse et s'étaient installés à Halifax, pour ensuite s'y marier. Sur le conseil d'Edmund Burke*, vicaire général de l'évêque de Québec en Nouvelle-Écosse, Michael se prépara au sacerdoce. Le 17 août 1827, après des études à Montréal et à Québec, il fut ordonné à Montréal par l'évêque de New York, John Dubois. D'abord affecté à titre de missionnaire à Drummondville (1827–1831), Power exerça ensuite son ministère à Montebello, dans la vallée de l'Outaouais (1831–1833), à Sainte-Martine, près de Valleyfield (Salaberry-de-Valleyfield) (1833–1839) et à Laprairie (La Prairie) (1839–1842). Durant cette dernière affectation, il fut aussi vicaire général du diocèse de Montréal. Pendant qu'il était à Montebello, son évêque, Jean-Jacques LARTIGUE, à la demande de Mgr Alexander McDONELL, de Kingston, lui confia les missions catholiques qui se trouvaient non loin de là, des deux côtés de la rivière des Outaouais, notamment les missions haut-canadiennes de Plantagenet, Hawkesbury et Pointe-à-l'Orignal. Cependant, au grand regret de McDonell, Power refusa de desservir la rive sud.

Au printemps de 1841, le successeur de McDonell, Mgr Rémi Gaulin*, se mit à chercher de l'aide pour gouverner son vaste diocèse, qui embrassait tout le Haut-Canada. Il demandait qu'on réduise son territoire, soit par une subdivision, soit par la nomination d'un évêque auxiliaire, ou qu'à tout le moins on lui choisisse un coadjuteur. Dans une lettre à Ignace Bourget*, évêque de Montréal, il notait que la province compterait de plus en plus d'Irlandais, et il proposait de conférer le nouveau titre épiscopal à Michael Power : « Ce monsieur, disait-il, est assez Irlandais pour être bien vu ici et assez Canadien pour répondre à tout ce que nous pourrions attendre de lui. » Selon lui, Power conviendrait tout à fait aux autorités de Rome aussi bien que de Londres. Joseph SIGNAY, archevêque de Québec, et son coadjuteur Pierre-Flavien Turgeon* adressèrent sans délai au Saint-Siège une lettre de recommandation dans laquelle ils certifiaient que Power, alors âgé de 36 ans, était un homme d'une haute moralité et digne de l'épiscopat. En mai 1841, en compagnie de Power et

Power

de l'abbé Joseph-Octave Paré*, Mgr Bourget se rendit en Europe, où la subdivision du diocèse obtint le double assentiment du pape et du ministère des Colonies.

Le 17 décembre 1841, on érigeait le nouveau diocèse, qui englobait la moitié ouest du Haut-Canada, et Power en devenait le premier évêque. Il put choisir lui-même la ville où se trouverait l'évêché et recommander un tracé de subdivision entre son diocèse et celui de Gaulin. Les bulles papales qui lui conféraient ses pouvoirs arrivèrent en mars 1842. Par la suite, Rome accepta Toronto comme siège épiscopal ainsi que la limite proposée entre les deux diocèses. Le 8 mai 1842, en l'église paroissiale de Laprairie, Mgr Gaulin, assisté de Mgrs Bourget et Turgeon, consacra Power. Celui-ci arrivait à Toronto le 25 juin, et dès le lendemain il assumait officiellement ses fonctions.

En 1842, le diocèse de Toronto comprenait quelque 50 000 fidèles ; la ville même, peuplée d'environ 13 000 habitants, comptait 3 000 catholiques. Le diocèse était desservi par 19 prêtres dont 16 assistèrent au premier synode, tenu en octobre 1842. Quatre de ces prêtres, dont Jean-Baptiste Proulx*, affecté à l'île Manitoulin, étaient des Canadiens français ; les autres étaient, pour la plupart, d'origine irlandaise ou écossaise, tels les vicaires généraux William Peter MacDonald, de Hamilton, et Angus MacDonell, de Sandwich (Windsor). Le premier synode adopta un code de discipline afin de donner une assise solide au nouveau diocèse et à ses paroisses. Les prêtres ne devaient pas œuvrer hors du territoire qui leur était assigné ; on devait pourvoir les églises de confessionnaux ; le sacrement de pénitence hors du confessionnal était réservé aux sourds et aux malades ; l'administration des sacrements devait se faire sans prélèvement d'honoraires ; il fallait aménager des fonts baptismaux et tenir des registres de baptêmes ; dans la plupart des cas, les baptêmes privés étaient interdits, et le consentement des parents était nécessaire pour baptiser un enfant, sauf s'il était en danger de mort. On ne devait célébrer aucun mariage dans la maison d'un particulier et les immigrants qui souhaitaient se marier feraient l'objet d'un examen sérieux. Les prêtres étaient tenus de résider dans leur paroisse et ne pouvaient la quitter pendant une semaine ou plus sans obtenir une permission de l'évêque. Ils devaient se montrer très prudents dans leurs rapports avec les femmes et toujours se vêtir correctement. Le missel et le bréviaire romains seraient utilisés dans le diocèse ; le catéchisme de Butler ferait autorité dans les missions de langue anglaise, celui de Québec dans les missions francophones. À compter du 1er janvier 1843, les prêtres devaient conserver un double des registres de baptêmes, de confirmations, de mariages et d'inhumations.

Dès son arrivée à Toronto, Power avait manifesté son dynamisme. En août et septembre 1842, il avait entrepris sa première visite pastorale, à Penetanguishene et à l'île Manitoulin ainsi que dans l'ouest du diocèse, à Amherstburg, à Sandwich et à Tilbury. Durant son épiscopat, il eut affaire à plusieurs prêtres indignes, qu'il n'hésita pas à semoncer et à punir sévèrement. La cathédrale St Michael de Toronto, mise en chantier en avril 1845 d'après des plans de William Thomas*, fut l'une de ses grandes réalisations. Power vécut assez longtemps pour assister à l'achèvement du palais épiscopal, situé tout près, qui fut béni le 7 décembre 1846 ; la consécration de la cathédrale n'eut lieu que le 29 septembre 1848, presque un an après sa mort.

Pendant son ministère à Laprairie, Power avait offert à la Compagnie de Jésus, qui ne faisait que commencer à revenir au Canada [V. Clément Boulanger*], de s'établir dans sa paroisse. À l'automne de 1842, il demanda au général des jésuites de lui envoyer des prêtres pour diriger les missions indiennes des régions ouest et nord du diocèse. Quand Pierre Point et Jean-Pierre Choné arrivèrent enfin, en juillet 1843, ils accompagnèrent aussitôt leur supérieur, Jean-Pierre Chazelle, dans la paroisse de L'Assomption, à Sandwich, qui allait être pendant quelques années le foyer de la compagnie dans le diocèse. Les jésuites continuèrent de développer leurs missions à partir de Sandwich jusqu'en 1859, puis partirent lorsque Pierre-Adolphe Pinsoneault*, évêque de London, y établit son siège épiscopal.

En 1847, le diocèse de Toronto comptait 25 prêtres ; parmi les 10 francophones, 7 étaient des jésuites. Toutefois, ce n'était pas suffisant, de sorte qu'en janvier Power s'embarqua pour une visite de six mois en Europe, où il espérait recruter d'autres prêtres et recueillir des fonds pour sa cathédrale. En Irlande, il s'entendit avec les religieuses de la Loretto Abbey pour qu'elles ouvrent une mission à Toronto [V. Ellen Dease*, dite mère Teresa]. Il fut aussi témoin de la famine qui poussait un nombre sans précédent d'Irlandais à émigrer. Plus de 90 000 débarquèrent à Québec en 1847. Le typhus sévissait parmi eux et atteignit les villes canadiennes qui les accueillaient, dont Toronto. Mgr Power contracta cette maladie en visitant certaines des victimes et mourut le 1er octobre 1847. Il avait 42 ans.

Premier évêque de Toronto, Michael Power eut un bref épiscopat, mais grâce à une administration énergique il jeta les fondations d'un diocèse florissant. Il méritait bien que sa statue, sculptée par John Cochrane, orne l'entrée principale du palais épiscopal St Michael à Toronto. C'est Armand-François-Marie de Charbonnel* qui lui succéda en 1850.

Robert Choquette

Michael Power est l'auteur de : *Constitutiones diocesanæ in*

Pozer

synodo Torontina prima latæ et promulgatæ (Toronto, 1842).

ACAM, 255.102, 833-4, -7, 841-3, 842-4, -5 ; 255.104, 841-1, 843-6, -8, 847-3. — Arch. of the Roman Catholic Archdiocese of Toronto, LB 02 (Michael Power, letter-book, 1842–1865), Power à Angus MacDonell, 18 avril 1843 ; Power, lettre circulaire au clergé, 25 août 1845. — Gérard Brassard, *Armorial des évêques du Canada* […] (Montréal, 1940). — Robert Choquette, *l'Église catholique dans l'Ontario français du dix-neuvième siècle* (Ottawa, 1984). — *Jubilee volume, 1842–1892 : the archdiocese of Toronto and Archbishop Walsh*, [J. R. Teefy, édit.] (Toronto, 1892), 107–140.

POZER, GEORGE (il reçut à sa naissance le nom de **Johann Georg Pfozer** ; il signait **Georg Pfozer**, mais portait le nom de **George Pozer**), marchand, propriétaire foncier et juge de paix, né le 21 novembre 1752 à Wilstedt (République fédérale d'Allemagne) ; le 11 janvier 1776, il épousa à Schoharie, New York, Magdalen Sneider, et ils eurent six enfants ; décédé le 16 juin 1848 à Québec.

Issu d'une famille modeste, à peine instruit, George Pozer quitte à 21 ans son village natal et s'embarque pour l'Amérique. Dès 1773, il reste à Schoharie, près d'Albany, mais les circonstances militaires l'amènent environ trois ans plus tard à New York, où il fait commerce de boulangerie et d'épicerie et bénéficie de contrats de fournitures pour l'armée britannique. Dans sa vieillesse, Pozer évoquait souvent cette époque de sa vie, les dangers réels ou imaginaires qu'il aurait courus, la barbarie des Yankees, et sa rencontre avec un compatriote, l'homme d'affaires John Jacob Astor, qui symbolisera toujours pour lui la réussite. À l'automne de 1783, avec sa femme et ses deux fils, il repart pour l'Angleterre en même temps que les troupes et d'autres fidèles sujets forcés d'évacuer la ville. De ses dix années d'expérience, il rapporte £838 d'économies et un certificat de bonnes mœurs et de loyaux services. Après un bref séjour à Wilstedt et quelque temps passé à Londres pour conclure des arrangements avec ses correspondants, il s'embarque pour le Canada au printemps de 1785. Il s'installe à Québec où en 30 ans, depuis sa première épicerie jusqu'aux opérations immobilières, en passant par l'escompte et le prêt, il réussira à se bâtir une fortune. Puisqu'il survit à ses ambitions, il aura 30 autres années pour consolider cette fortune.

À sa mort, le bilan de toutes ces années de patiente accumulation s'établit approximativement comme suit : meubles et argent comptant, £529 ; valeurs mobilières, £12 000 ; dettes actives, £15 029 ; des propriétés urbaines évaluées à environ £60 000 si on se base sur la valeur locative ; trois seigneuries et 6 800 hectares en franc et commun socage. Même si on ne peut évaluer ses propriétés rurales, c'est une fortune considérable, bien visible. Non moins visible était son détenteur qui, au milieu du XIXe siècle,

portait encore haut-de-chausses, bas et souliers à boucles, redingote bleue et tricorne de feutre. Tandis que les héritiers s'impatientaient, que les locataires continuaient d'apporter leur trimestre ou d'implorer un sursis, le vieil Allemand, qu'on disait millionnaire, était devenu un personnage familier pour tous les passants accoutumés à le voir prendre le frais sur le pas de sa porte, rue Saint-Jean, et accueillir avec plaisir ceux qui s'arrêtaient pour causer.

Au point de départ de cette fortune, il y a le commerce, mais rien ne distingue Pozer de tant d'autres marchands, à la fois importateurs et détaillants, qui ne dépassent pas le succès moyen. Il s'approvisionne à Londres, chez Hardess Mantz and Company, en verrerie, faïence, vin, thé et autres épiceries, qu'il fait transporter par un armateur anglais du nom de John Brown. La valeur annuelle de ces importations varie entre £200 et £500. Pozer détaille lui-même la marchandise en même temps que des denrées du pays. Entre 1806 et 1826, il expédie des madriers à Brown, moyennant commission, à raison d'une cargaison par année, rarement plus. De temps à autre, il exécute des contrats de fournitures pour la garnison de Québec, mais il ne compte pas parmi les principaux munitionnaires.

Pour éclairer la zone d'ombre qui sépare ces activités marchandes assez modestes de l'enrichissement spectaculaire, il faudrait analyser un autre ordre de pratiques qui fondent la majeure partie de l'accumulation initiale : le commerce de l'argent par l'escompte et le prêt. Cependant peu de traces subsistent. On rapporte que Pozer aurait fait de bonnes affaires avec les billets de l'armée, auxquels le gouvernement donna cours légal pendant la guerre de 1812, mais il ne s'agirait là que d'une opération parmi tant d'autres. Il pratiqua de façon soutenue l'escompte de billets et de lettres de change ainsi que le prêt à court ou moyen terme, au taux alors en vigueur de 6 %. Les clients étaient surtout des marchands et des commerçants, auquel cas l'avance prenait généralement la forme d'un billet sous seing privé. Les obligations passées devant notaire ne permettent donc pas de reconstituer le mouvement de ces transactions, non plus que les créances consignées dans l'inventaire après décès, composées en grande partie d'arrérages de loyers et de rentes, avec quelques grosses dettes anciennes probablement irrécupérables. Mais à l'époque de sa vie active, le prêt constituait pour Pozer une activité autonome, qui reposait sur une clientèle diversifiée, parmi laquelle les petits emprunteurs étaient assez nombreux pour que n'importe qui se permette de faire appel à lui, comme l'illustre la lettre de Charles Laparé, dont l'original est en anglais : « Monsieur : j'ai décidé de m'établir comme forgeron et, comme je n'ai pas les moyens, je suis obligé de vous demander de me prêter £30, pour une période de deux ans, en vous payant les intérêts. Monsieur

765

Pozer

Rivrain qui me connaît depuis assez longtemps peut vous donner des références sur ma réputation et ma conduite. J'ai l'honneur d'être votre très obéissant et très humble serviteur. »

En 1793, huit ans après son arrivée à Québec, Pozer achète une maison rue Saint-Jean où il installe sa famille et son épicerie. Cet achat marque le début de ses placements dans la propriété urbaine. Dans les 20 années qui suivent, il acquiert 17 autres immeubles, dont 7 sont d'un rapport considérable. Il s'agit d'une auberge rue Buade (1794), d'une boulangerie rue de la Fabrique (1800), du Freemasons' Hall (1804), d'une auberge rue des Jardins, du Belfast Coffee House et du London Coffee House à la basse ville (1808–1809) et d'une autre grosse propriété rue Saint-Jean (1811). Ces placements absorbent au fur et à mesure les profits du commerce et du prêt et, si dans les débuts certains achats dépassent les liquidités du moment, très vite les rentrées de loyers viennent s'ajouter aux autres revenus pour soutenir l'élan jusqu'en 1814. Après quoi, les entreprises dans la seigneurie d'Aubert-Gayon (Aubert-Gallion) et les problèmes familiaux surtout détournent momentanément Pozer du marché immobilier. En 1824, à 72 ans, il recommence à assister aux enchères publiques et ajoute progressivement à son capital foncier 16 autres propriétés ainsi que 165 rentes constituées dans le faubourg Saint-Roch (1825). Certaines acquisitions de cette période lui sont imposées par les circonstances. En plus de faire exécuter quatre saisies réelles sur des débiteurs, Pozer intervient en opposition dans la faillite de Colin McCallum, mari d'une de ses petites-filles, à qui il avait avancé £15 000, sans doute en raison de cette alliance. C'est ainsi qu'il entre en possession du quai St Andrew en 1839.

La gestion de tous ces immeubles est onéreuse. Au moins deux notaires agissent à tour de rôle, moyennant honoraires et commission sur chaque contrat, à titre d'agents de Pozer, ce qui n'empêche pas celui-ci de surveiller lui-même de très près les rentrées et les dépenses occasionnées par les grosses réparations, inévitables sur ces maisons anciennes. Le beau portefeuille de valeurs bancaires et gouvernementales constitué à partir de 1837 correspond à une nouvelle orientation de ses placements.

À sa mort, Pozer possédait trois seigneuries, dont celle de Saint-Normand, dans le district de Montréal, propriété acquise en 1845 en recouvrement de sa créance sur McCallum. Les deux autres fiefs, situés dans la Nouvelle-Beauce, représentent des opérations foncières importantes dans sa carrière. Il en attend beaucoup et n'épargne pas sa peine pour qu'ils répondent à ses espérances. En 1807, il paie £550 pour Aubert-Gayon, terre de 9 666 hectares, peu accessible et encore quasi inhabitée. Pour la mettre en valeur et vraisemblablement pour se distinguer auprès des autorités coloniales, Pozer conçoit un projet de colonisation exemplaire. Il recrute à Wilstedt et aux environs une quarantaine de paysans qui débarquent à Québec avec leurs familles en octobre 1817. Son but est d'introduire dans la seigneurie la culture du chanvre tant prônée par le gouvernement. Les frais sont considérables, car Pozer doit assurer la subsistance de tout ce monde au moins jusqu'à la première récolte. Dès l'année suivante, il est fier d'envoyer en Angleterre une bonne quantité de chanvre apprêté selon les meilleures techniques rhénanes. Mais le produit se vend mal, la prime à l'exportation promise fait défaut, et l'expérience se solde par un échec. D'autre part, ces Allemands, défricheurs inexpérimentés, surpris par l'isolement et la dureté du pays, s'échappent d'Aubert-Gayon sans rembourser les avances. Dès lors, la seigneurie va se développer à un rythme très lent. Pozer mise davantage sur la réserve forestière que sur l'occupation des terres, que la distance et le poids des charges imposées aux censitaires n'encouragent pas. Son fils William, qui s'établit dans la seigneurie vers 1829 et vit médiocrement de ses revenus, n'est pas loin de se croire déshérité lorsqu'il la reçoit en partage avec les 6 800 hectares dans le canton adjacent de Shenley. Mais ces propriétés vaudront leur pesant d'or dans la seconde moitié du siècle.

La mise en valeur de Saint-Étienne, une superficie de 8 900 hectares achetés en 1829 pour £1 700, s'insère dans un tout autre contexte. Plus près des marchés et plus propice à l'agriculture, elle attire rapidement des colons, depuis les seigneuries voisines de Lauzon et de Sainte-Marie. Les charges y seront toujours modérées, mais multipliées par quelque 200 censitaires et ajoutées aux revenus des moulins et des scieries, elles représentent une recette intéressante en regard du faible investissement, même en tenant compte de la lourdeur des arrérages. Pozer confie finalement la gestion de Saint-Étienne à son petit-fils, George Pozer, mais jusqu'à 80 ans passés il se rend régulièrement dans la Beauce pour voir à ses affaires et secouer toute la parenté, qu'il a placée çà et là dans ses moulins et sur ses terres et dont il exige en retour un zèle infatigable.

On peut suivre le fil de la vie familiale et sociale de Pozer grâce au procès en cassation de testament, intenté inutilement d'ailleurs, au cours duquel 97 personnes furent appelées à témoigner sur la conduite et les propos du vieillard. Pozer parlait volontiers de sa famille, mais avec beaucoup d'amertume. Les fils avaient été associés très jeunes aux affaires de leur père, puis encouragés à voler de leurs propres ailes et soutenus financièrement. Seul l'aîné, Jacob, avait fait sa marque mais c'était un extravagant, disait le père, qui se félicitait de ne pas l'avoir cautionné jusqu'au bout. Jacob mourut à 45 ans, précédé par George qui n'avait que 25 ans et suivi par John, à 35 ans, qui comme ses frères ne laissa que des dettes. Pozer ne pouvait plus compter que sur William, considéré longtemps comme un sujet de déception, avec qui les relations s'améliorèrent dès qu'il consentit à s'installer à Aubert-Gayon. Les deux filles se marièrent tard, contre le gré de leur père. Elizabeth épousa un petit commerçant, John Southeron, qui la rendit malheureuse et à qui Pozer voua une haine durable. Hannah s'enfuit avec un menuisier fraîchement immigré qu'il prit deux ans plus tard à son service, lorsque le couple misérable vint solliciter son pardon. Profondément affecté par la mort de sa femme en 1826, qui vint s'ajouter à cette série de deuils et de contrariétés, Pozer vécut par la suite en compagnie de Hannah, devenue veuve et à jamais dévouée, et du fils de celle-ci, issu de son bref mariage, George Alford. Il assumait aussi la responsabilité de ses autres petits-enfants, orphelins et sans ressources, à qui il imposait une rude discipline : le travail dès le plus jeune âge plutôt que l'école, qu'il ne jugeait guère utile. George, le premier-né de toute la descendance, bénéficia seul d'une indulgence inattendue. Il fit des études mais gaspilla sa vie, et son grand-père, qui en éprouvait une peine immense, lui légua malgré tout l'usufruit de Saint-Étienne. Les autres en grandissant avaient échappé à sa mainmise, mais ils se tenaient proche, dans l'espoir d'une juste part de l'héritage. Ils ne reçurent que des legs relativement peu importants ou rien du tout. Pozer laissa sa fortune mobilière et immobilière, à l'exception des biens ruraux, à George Alford, qui avait grandi à ses côtés et dont le dévouement et la docilité ne s'étaient jamais démentis.

Pozer espéra d'abord une reconnaissance sociale à la mesure de son loyalisme envers la couronne, de sa réussite et de ses efforts pour s'intégrer à la société britannique et anglicane qu'il côtoyait. Elle lui fut refusée. On l'exclut du système de promotions et de faveurs qui sanctionnait d'ordinaire la moindre percée dans le monde des affaires. Ainsi, ce n'est qu'au bout de dix ans de négociations que le gouvernement consentit à lui laisser, contre échange, les terres de Shenley. La commission de juge de paix qu'il obtint à 70 ans ne pouvait effacer les déceptions passées ni lui faire oublier qu'aux yeux de la bonne société il n'était que le bonhomme Pozer, l'avare, l'usurier. Les excentricités qu'il afficha dans sa vieillesse, après une existence simple et rangée, n'étaient-elles pas une façon de provoquer ceux qui l'avaient toujours tenu à distance ? Il en va ainsi de ses démêlés avec la municipalité dans l'affaire des perrons. En 1842, Pozer refusa de se plier au règlement qui obligeait les propriétaires à enlever à leurs frais les perrons qui empiétaient sur les trottoirs. Condamné par jugement, plutôt que de payer, il laissa exécuter une saisie sur ses meubles, puis il offrit à cette occasion un banquet à tout le voisinage.

Par son genre de vie surtout, George Pozer, homme du peuple inculte, trop riche, et étranger par surcroît, marquait lui-même ses distances avec la bourgeoisie qui, pour ces raisons, l'avait contraint à la marginalité. Refusant l'intimité qui sied à la fortune, il avait créé autour de lui une sociabilité d'allure villageoise. Il suffisait de pousser la porte sans marteau pour être accueilli en ami. Ceux qui défilaient à longueur de jour dans la chambre du rez-de-chaussée étaient des gens de métier et des petits commerçants qui partageaient avec lui les mêmes origines sociales. Parmi ceux-ci il y avait tout un réseau de compatriotes, et Pozer ne se sentait jamais aussi heureux que lorsqu'il retrouvait avec eux sa langue et les souvenirs de son pays.

LOUISE DECHÊNE

À titre de propriétaire d'un grand nombre d'immeubles dans la ville de Québec et de rentes constituées sur 165 terrains dans le faubourg Saint-Roch, et en tant que prêteur, George Pozer paraît chaque année dans un très grand nombre d'actes notariés, qui sont conservés aux ANQ-Q. Parfois, c'est l'autre partie qui choisit le notaire et c'est ainsi qu'on trouve un petit nombre de ses transactions chez Jean Bélanger (CN1-16), Archibald Campbell* (CN1-49), John Greaves Clapham (CN1-67), Pierre-Louis Deschenaux* (CN1-83), Edward Glackmeyer (CN1-116), Roger Lelièvre (CN1-178), Louis Panet (CN1-208) et Joseph-Bernard Planté* (CN1-230). Le plus souvent toutefois les contrats sont passés devant le notaire attitré de Pozer. De 1803 à 1842, c'est Jacques VOYER (CN1-285) qui remplit ce rôle, et on relève dans son minutier 167 actes à son nom. À partir de 1842, c'est John Childs (CN1-64) qui s'occupe des affaires de Pozer et qui rédige pour lui et pour ses héritiers 217 actes. Les actes relatifs à la succession sont dans ce dernier minutier, entre autres les testaments des 27 oct. et 15 nov. 1847 et du 29 avril 1848 ; les donations à George Alford des 17, 28 juill., 5 oct. 1846, 4 mars et 18 sept. 1847, ainsi que l'inventaire après décès commencé le 6 juill. 1848.

ANQ-Q, P-240, 2 ; 45 ; 52 ; T6-1/44. — APC, RG 1, L3^L : 2464–2473, 78339–78383. — AVQ, VII, E, 1 ; VIII. — Musée McCord, M21968, corr., factures et copie du procès en cassation de testament, Cour du banc de la reine, n° 2150, 30 avril 1849, Alford *vs* Southeron. — *Cadastres abrégés des seigneuries du district de Montréal* [...] (3 vol., Québec, 1863). — *Cadastres abrégés des seigneuries du district de Québec* [...] (2 vol., Québec, 1863). — « Les Dénombrements de Québec » (Plessis), ANQ *Rapport*, 1948–1949 : 1–250. — *Rapport des commissaires nommés pour s'enquérir de l'état des lois et autres circonstances qui se rattachent à la tenure seigneuriale dans le Bas-Canada, et appendice* (Montréal, 1844), 163, 177, 291–292. — *Recensement de Québec, 1818* (Provost). — *Quebec Gazette*, 16 oct. 1817, 1er août 1825, 17 juin 1848. — *Morning Chronicle* (Québec), 19 juin 1848. — *Almanach de Québec*, 1822–1841. — Philippe Angers, *les Seigneurs et Premiers Censitaires de St-Georges-Beauce et la famille Pozer* (Beauceville, Québec, 1927). — George Gale, *Historic tales of old Quebec* (Québec, 1923). — J. M. LeMoine, *Picturesque Quebec : a sequel to « Quebec past and present »* (Montréal, 1882), 156, 236. — Honorius Provost, *Sainte-Marie de la Nouvelle-Beauce ; histoire*

Pring

civile (Québec, 1970). — J.-E. Roy, *Hist. de Lauzon*. — Robert Vézina et Philippe Angers, *Histoire de Saint-Georges de Beauce* (Beauceville, 1935). — Philippe Angers, « le Docteur William-Ernest Munkel », *BRH*, 33 (1927) : 350–351. — Louise Dechêne, « la Rente du faubourg Saint-Roch à Québec, 1750–1850 », *RHAF*, 34 (1980–1981) : 569–596. — « Les Disparus », *BRH*, 35 (1929) : 539. — « Le Millionnaire Jean-George Pozer », *BRH*, 42 (1936) : 358–359.

PRING, DANIEL, officier de marine, né vers 1788 à Ivedon Penn, près de Honiton, Angleterre ; le 27 août 1810, il épousa une prénommée Anne, et apparemment ils n'eurent pas d'enfants ; décédé le 29 novembre 1846 à Kingston Harbour, Jamaïque.

Daniel Pring entra dans la marine royale à titre de midship le 13 février 1800. En janvier 1808, après s'être hautement distingué aussi bien en qualité de midship que de sous-officier de navigation et de lieutenant intérimaire, il devint commandant d'un schooner de 12 canons, le *Paz*, capturé l'année précédente lors d'une offensive contre Montevideo (Uruguay). Il eut la confirmation de son grade le 12 mai 1808 et remporta par la suite de grands succès avec son navire, tant dans les eaux européennes qu'en Amérique du Nord. En septembre 1811, on le muta à Halifax sur l'*Africa* (64 canons), vaisseau du contre-amiral Herbert Sawyer, puis 12 mois plus tard sur le navire amiral de sir John Borlase Warren*, le *San Domingo* (74 canons). Le 5 mars 1813, avec le lieutenant Robert Heriot BARCLAY et plusieurs autres officiers, on l'affecta au commandement de vaisseaux qui sillonnaient les lacs du Canada.

Le 5 mai, Pring assuma le commandement du *Royal George* (22 canons), sur le lac Ontario, mais dix jours plus tard il se voyait confier le *Wolfe* (20 canons) par le capitaine sir James Lucas Yeo*, nouvel officier principal de la marine dans le Haut et le Bas-Canada. Le 17 juillet, ce dernier l'affecta à l'organisation de l'arsenal maritime et des forces navales de l'île aux Noix, dans le Richelieu, ainsi qu'au commandement de la région navale du lac Champlain. La confirmation de son grade de *commander* eut lieu le 13 novembre 1813.

Yeo avait fait un bon choix : grâce à l'énergie et à l'imagination avec lesquelles Pring soutint l'armée, celle-ci put lancer une série de raids et prendre plusieurs mesures défensives qui gardèrent les forces américaines en déséquilibre pendant presque une année. En août 1813, Pring contribua grandement à la destruction d'installations navales et militaires à Plattsburgh, dans l'état de New York, puis en décembre à Cumberland Head, dans le même état. En janvier 1814, à Coteau-du-Lac, il supervisa la construction de canonnières qui devaient protéger Montréal en cas d'attaque venant de l'ouest. Il participa le 30 mars à la défense du blockhaus de la rivière Lacolle en postant des sloops et des canonnières qui fournirent un tir d'appui.

Avec les forces dont il disposait alors, Pring ne pouvait empêcher l'officier exceptionnel qu'était l'Américain Thomas Macdonough de rassembler sur le lac Champlain une flotte puissante et efficace. Sur sa recommandation, on construisit donc deux nouveaux bâtiments, le brick *Linnet* (16 canons) et la *Confiance* (37 canons). En septembre 1814, le capitaine George Downie, nouveau commandant en second de Yeo, prit, à bord de la *Confiance*, la tête de l'escadre du lac Champlain.

Les Britanniques mettaient alors la dernière main aux préparatifs d'une offensive contre la rive ouest du lac Champlain. Comme la *Confiance* n'était pas prête quand l'armée de sir George Prevost* se mit en marche, Pring partit le 3 septembre à bord du *Linnet*, avec 11 canonnières, afin de protéger le flanc gauche de l'armée. La *Confiance*, encore à court d'équipement, de même que les sloops *Chubb* et *Finch* le rejoignirent cinq jours plus tard. Les hommes de la *Confiance* « ne se connaissaient pas et ne connaissaient pas leurs officiers [… et le] navire […], seize jours auparavant, était encore au chantier » ; malgré cela, à l'aube du 11 septembre, Downie entraîna sa flottille au combat. À 7 heures, celle-ci arriva en vue des canonnières et navires américains ancrés dans la baie de Plattsburgh ; à 8 heures, elle ouvrit le feu ; à 11 heures moins quart, Downie était mort, la *Confiance* avait halé bas son pavillon et Pring avait rendu le reste de la flottille à Macdonough.

Cette défaite engendra de vives récriminations entre l'armée et la marine, mais un conseil de guerre naval conclut que Pring et plusieurs autres officiers avaient « montré beaucoup de zèle, de courage et de compétence ». Promu *post captain* le 19 septembre 1815, Pring fut affecté en juin 1816 au commandement du poste naval du lac Érié, à l'embouchure de la rivière Grand. À cause d'une réduction de l'effectif, son affectation prit fin au cours de l'été de 1817 ; ensuite, il toucha une demi-solde pendant près de 20 ans. Le 1er décembre 1836, il devint commandant de l'*Inconstant* (36 canons), vaisseau à bord duquel il ramena en 1838 lord Durham [LAMBTON] de Québec en Grande-Bretagne. Le 28 juillet 1841, il prit le commandement du *Thunderer* (84 canons). Après que ce navire eut été désarmé en décembre 1843, Pring fut mis à la demi-solde jusqu'au 16 septembre 1845 ; on l'affecta alors à l'*Imaum* (76 canons) avec le grade de commodore, et il devint officier supérieur de la marine en Jamaïque. À la fin de 1846, la fièvre jaune se répandit à bord des navires envoyés dans cette île, et il se peut bien que Pring en ait été victime.

Ni Daniel Pring ni ses contemporains ne furent très loquaces sur sa vie privée. Il passa ses premières années et ses périodes de demi-solde à Ivedon Penn, sa maison du Devon. À sa mort, il laissa un bon nombre de terres à sa veuve et d'autres biens à un ami intime, résident de Tavistock. On n'a trouvé aucun portrait de

Pring et aucun monument n'a été élevé à sa mémoire. Il reste qu'il joua un rôle essentiel dans la défense des abords de Montréal durant la guerre de 1812.

W. A. B. Douglas

Les études parlent peu de Daniel Pring ; il a joué un rôle secondaire dans la guerre de 1812, en dépit des responsabilités qui lui ont été imposées. Pour replacer ses activités dans le contexte, il faut consulter des histoires générales de la guerre de 1812. La meilleure bibliographie est *Free trade and sailors' rights : a bibliography of the War of 1812*, J. C. Fredriksen, compil. (Westport, Conn., et Londres, 1985). L'ouvrage d'[E. B. Brenton], *Some account of the public life of the late Lieutenant-General Sir George Prevost, bart., particularly of his services in the Canadas* [...] (Londres, 1823), conteste les déclarations faites au sujet de la défaite de Plattsburgh durant le procès en cour martiale de Pring, mais apporte peu sur Pring lui-même, puisque c'est George Downie qui était l'objet de la controverse. A. T. Mahan, *Sea power in its relations to the War of 1812* (2 vol., Boston, 1919), est une étude qui n'a pas encore été surpassée. Theodore Roosevelt, *The naval war of 1812 ; or, the history of the United States Navy during the last war with Great Britain ; to which is appended an account of the battle of New Orleans* (2 vol., Philadelphie, 1902), demeure un ouvrage tout à fait solide. [W. A. B. D.]

APC, RG 8, I (C sér.), 166, 230, 273, 679–683, 694, 730–732, 1203, 1219–1221. — NMM, C. G. Pitcairn-Jones, notes on sea officers. — PRO, ADM 1/2346–2352 (mfm aux APC) ; 23/106 ; 50/227 ; PROB 11/205. — *Select British docs. of War of 1812* (Wood). — G.-B., Admiralty, *The commissioned sea officers of the Royal Navy, 1660–1815*, [D. B. Smith et al., édit.] (3 vol., s.l., [1954]). — Marshall, *Royal naval biog.*, traite en détail du service que Pring effectua au lac Champlain. [W. A. B. D.]. — W. R. O'Byrne, *A naval biographical dictionary : comprising the life and services of every living officer in her majesty's navy* [...] (Londres, 1849).

PROPHET. V. Tenskwatawa

PROULX (Proust, Prou), LOUIS, cultivateur, homme d'affaires, seigneur et homme politique, né le 29 octobre 1751 à Nicolet (Québec), fils de Jean-Baptiste Proulx, cultivateur, et de Marie-Magdeleine Pinard ; décédé le 3 mars 1838 au même endroit.

Louis Proulx appartient à une famille de cultivateurs qui s'établit dans le district de Trois-Rivières dès le début de la colonisation française. Son père habite depuis 1725 à Nicolet où il a acquis des terres, une superficie totale de plus de 480 arpents, et exerce des activités liées à l'agriculture. Il est fort probable que Louis s'installe très tôt sur l'une des terres familiales pour la cultiver.

En 1779, Proulx engage un navigateur pour transporter du blé à Québec à bord du *Saint-Pierre*, un bateau qui lui appartient, et il se qualifie de marchand, ce qui le situe socialement au-dessus des membres de sa famille. À cette époque, ses spéculations portent avant tout sur deux types de marchandises : les grains, qui constituent l'élément le plus important de ses activités, et les bestiaux. Il achète d'abord du blé à des cultivateurs de Nicolet puis, grâce à un réseau de transport bien organisé, le revend directement à des marchands de la ville de Québec. Quant au commerce des bestiaux, il s'effectue essentiellement sur le plan local, au moyen de la mise à bail d'une partie importante de son cheptel à des cultivateurs de sa paroisse. Proulx s'intéresse aussi, quoique modestement, à l'achat de terres. De plus, il prête de petites sommes d'argent et des grains à des cultivateurs de Nicolet. Enfin, l'exploitation des forêts de sa ferme lui permet d'alimenter le commerce du bois de chauffage dans la ville de Trois-Rivières. Au cours des années 1780, il est l'un des marchands importants de sa paroisse, et l'exploitation maximale d'activités diversifiées sur le plan local constitue le fondement de sa première accumulation de capital.

Le 18 janvier 1784, à l'âge de 32 ans, Proulx épouse Marie-Anne Brassard, fille d'un riche cultivateur de Nicolet. Ce beau mariage lui offre un autre moyen de maintenir son rang social et de consolider sa popularité auprès des cultivateurs de la paroisse. Dès lors, il porte son action à l'échelle régionale et prête une attention gourmande et continue à la terre, qu'il acquiert avec acharnement et ingéniosité. Parfois, il procède directement en achetant une terre qu'il loue ou revend à profit par la suite. Mais il lui arrive aussi d'user de méthodes plus subtiles : à la suite d'activités parafoncières, tels les prêts d'argent ou de grain et les constitutions de rentes, qui sont en fait des prêts maquillés légalement en contrats, il attend que les cultivateurs soient tellement endettés que la vente de leur terre à vil prix soit la seule échappatoire. Il se passe rarement une année sans qu'il ne parvienne, grâce à la vente à réméré, à saisir un bien-fonds situé dans sa paroisse ou dans les environs, tant et si bien qu'entre 1784 et 1798 il s'approprie près de 50 terres qu'il revend à prix fort. Proulx adopte donc une attitude capitaliste à l'égard de la propriété terrienne qu'il considère certes comme un élément sûr et stable, mais aussi comme une source de profit. Il se soucie constamment d'adapter son domaine foncier non seulement aux fluctuations monétaires, mais encore aux possibilités de bénéfices.

Marchand avisé, Proulx s'ingénie, comme au début de sa carrière, à diversifier ses placements. Même s'il a engagé une bonne partie de ses disponibilités dans le secteur foncier, il n'en continue pas moins à spéculer sur des marchandises, tels le blé et le bétail. À titre d'entrepreneur, il s'occupe de la construction et de la réfection d'églises dans sa région. Proulx est vers la fin du XVIIIe siècle un marchand puissant, voire omnipotent, qui étend de plus en plus son action à l'échelle régionale.

Conscient de l'influence et du prestige de son

Purdy

paroissien, le curé de Nicolet, Louis-Marie Brassard*, nomme Proulx premier marguillier en 1798. Six ans plus tard, celui-ci est élu député de la circonscription de Buckingham, qu'il représente à la chambre d'Assemblée jusqu'en 1808. Son importance se mesure en outre au mariage de sa fille unique Marie-Anne, le 23 janvier 1810, avec François Legendre, de Gentilly (Bécancour), arpenteur, également député de la circonscription de Buckingham et fils d'un grand propriétaire foncier décédé ; somme toute, une alliance rêvée pour les deux familles.

Mais, après 1800, Proulx centre son activité sur l'acquisition de seigneuries. Déjà, en 1796, l'occasion idéale s'est présentée lorsque Marie-Josephte Simon, dit Delorme, veuve du seigneur Dominique Debartzch, a pris l'initiative de lui vendre une partie importante de la seigneurie de la Lussodière, riche domaine situé en amont de Nicolet. En 1812, Proulx entreprend d'acquérir la plus grande partie possible de la seigneurie voisine, celle de Saint-François. Il achète d'abord le 23 juillet la part du coseigneur François-Xavier Crevier puis, huit jours plus tard, celle de son frère Joseph-Antoine. Par la suite, en février 1817, il obtient que son propre frère Joseph lui cède tous les droits seigneuriaux qu'il avait acquis de sa femme Geneviève Crevier Descheneaux. Enfin, la même année, il achète toutes les parts et portions qui appartiennent à Joseph Mercure.

Proulx ne se contente toutefois pas de porter le titre de seigneur. Ses propriétés sont des entreprises qu'il veut rentabiliser. Précis et méticuleux, il met d'abord en ordre les cahiers de redevances seigneuriales. En 1818, il fait établir par son gendre le plan de son territoire. Il note ensuite dans un gros registre les noms et prénoms des tenanciers, puis indique pour chacune des parcelles des détails la concernant : sa superficie, sa localisation par rapport aux parcelles voisines, ses redevances et enfin les principales mutations dont elle a été l'objet depuis le bail de concession. Il acquiert ainsi une connaissance parfaite non seulement de ses domaines et de leur production, mais aussi de leurs revenus et de leurs droits seigneuriaux.

En janvier 1828, par un acte de donation, Proulx, âgé de 76 ans, se résigne à remettre à Legendre tous ses biens. Il semble ressentir comme un malheur inavouable le fait de ne pouvoir laisser son avoir à un fils porteur de son nom. Dans les dernières années de son existence, il se contente de mener un train de vie assez simple. Nicolet est vraiment la retraite idéale, d'où il peut tout à loisir observer le travail de la terre et cultiver son jardin. Le 3 mars 1838, il s'éteint paisiblement ; il est inhumé le surlendemain dans l'église paroissiale, signe évident de sa notabilité et de sa notoriété.

Sans doute le premier d'une famille d'agriculteurs à se dégager du travail de la terre, Louis Proulx fournit un bel exemple d'ascension sociale et de constitution

d'une impressionnante fortune. Sa réussite s'inscrit d'abord et avant tout dans le cadre d'une colonie qui, après la Conquête, connaît un essor démographique sans précédent et une ouverture sur les marchés britanniques. De plus, son succès exemplaire confirme la présence dynamique d'une vaste activité commerciale dans les campagnes au Bas-Canada à la fin du XVIIIe siècle et au début du XIXe.

RICHARD CHABOT

ANQ-M, CN3-78, 12 févr. 1817 ; CN3-88, 23 sept. 1796. — ANQ-MBF, CE1-13, 30 oct. 1751, 18 janv. 1784, 23 janv. 1810, 4 mars 1838 ; CN1-4, 15 mars 1792, 8 janv., 19 févr., 4, 15 mars 1796, 1er févr., 24 mai, 28 juill., 8 sept., 18 nov. 1797, 23 mars, 23 avril 1798, 8 févr. 1799 ; CN1-5, 31 juill. 1779, 17 juin 1780, 23 juill. 1781, 16 févr., 6 août 1782, 17 janv., 16 juill. 1783, 16 mars 1784, 27 mars, 25 juill., 2 août 1786, 13 janv. 1787, 21 mars 1788, 15 févr., 16 août 1790, 31 mai 1791, 29 mai 1792, 11 juin 1793, 27 févr., 23 mai 1794, 1er avril, 27 mai, 24 nov. 1795, 7–9, 11 janv. 1796, 27 janv. 1797 ; CN1-6, 31 juill. 1812 ; CN1-31, 25 févr. 1803, 23 mars, 20 août 1812, 7 janv. 1828 ; CN1-35, 8 févr. 1817 ; CN1-79, 23 mars 1807. — AP, La Nativité-de-Notre-Dame (Bécancour), Cahiers des recettes et dépenses de la fabrique, 1764–1785 ; 1786–1832 ; Saint-Antoine-de-Padoue (Baieville), Cahiers des recettes et dépenses de la fabrique, 1735–1818 ; Saint-Édouard (Bécancour), Cahiers des recettes et dépenses de la fabrique, 1784–1930 ; Saint-Jean-Baptiste (Nicolet), Cahiers des recettes et dépenses de la fabrique, 1734–1822. — ASN, AP-G, J.-B. Lozeau, 1–3 ; M.-G. Proulx, reg. des généalogies, 300–306 ; succession, 2, n° 6. — F.-J. Audet, « les Législateurs du B.-C. ». — F.-J. Audet et Fabre Surveyer, les Députés de Saint-Maurice et de Buckinghamshire, 69–74. — Desjardins, Guide parl., 125. — P.-G. Roy, Inv. concessions, 3 : 72, 75–76 ; 5 : 114, 119–120. — Bellemare, Hist. de Nicolet, 86. — T.-M. Charland, Histoire de Saint-François-du-Lac (Ottawa, 1942), 94–96, 220, 264. — J.-P. Wallot, « la Querelle des prisons (Bas-Canada, 1805–1807) », RHAF, 14 (1960–1961) : 262, 265.

PURDY, WILLIAM, propriétaire de moulins, né le 2 août 1769 à Westchester, New York, fils de Jesse Purdy ; il épousa Elizabeth Brundage, puis Hulda Yates et enfin Sabia Wilcox ; décédé le 22 janvier 1847 à Bath, Haut-Canada.

Le père de William Purdy, qui était loyaliste, servit dans les Emmerich's Chasseurs pendant la guerre d'Indépendance américaine. En 1787, William s'installa à Saint-Jean (Saint-Jean-sur-Richelieu, Québec) et, deux ans plus tard, dans les nouveaux établissements loyalistes du haut Saint-Laurent. Il y obtint une concession foncière dans le canton de Yonge. En 1816, il s'établit dans le canton de Vaughan, où il acheta les moulins de John Lyons. L'incendie qui rasa un nouveau moulin à farine en 1828 fut peut-être l'un des motifs qui le poussèrent à vendre toute la propriété, située au nord d'York (Toronto), à Benjamin Thorne et à William Parsons.

En décembre 1829, Purdy demanda un nouvel emplacement de moulin. L'année suivante, le gouvernement lui concéda 400 acres dans le canton d'Ops, district de Newcastle, à la condition qu'il y construise un barrage, une scierie et un moulin à farine. Malgré des difficultés dues aux crues du printemps et à la fièvre, les travaux étaient déjà en bonne voie en septembre 1830. Purdy avait ensemencé une portion des cinq ou six acres qu'il avait défrichées et, là où se trouve aujourd'hui Lindsay, « creusé dans un rocher, sur le bord de la rivière [Scugog], un espace suffisant pour installer [sa] scierie et l'[abée] » ; il avait aussi « érigé une bonne charpente de grandes dimensions ainsi qu'une bonne et solide charpente de barrage ». Selon James Grant Chewett*, du bureau de l'arpenteur général, il devait « bénéficier de tout l'encouragement possible ». John Langton*, qui passa une nuit chez lui en octobre 1833, estima que son barrage de moulin devait être « le plus gros au monde ». Le même mois, Purdy réclama les lettres patentes de sa terre et demanda aussi que les titres de propriété existants et futurs qui étaient ou seraient attachés aux lots déjà inondés par son réservoir contiennent des restrictions qui lui garantiraient le « droit de maintenir l'eau à son niveau actuel » et le protégeraient des poursuites en dommages-intérêts. Le Conseil exécutif accéda à ses demandes le 9 mai 1834.

Le barrage de Purdy modifia considérablement le territoire environnant. La Scugog, qui avait auparavant un cours sinueux, devint navigable sur plus de 30 milles, et ses eaux recouvrirent 1 050 acres de terre et transformèrent une forêt marécageuse de mélèzes en un lac appelé aussi Scugog. Nombre d'habitants étaient heureux d'avoir enfin de bons moulins et une rivière navigable, mais le fait que personne n'avait cherché à prévoir les effets du barrage suscitait de l'inquiétude, et nombreux furent ceux qui perdirent des droits sur des terres ou des moulins à cause de l'inondation.

En 1835, un comité parlementaire chargea l'ingénieur Nicol Hugh Baird de faire rapport sur l'impact du barrage et sur les effets probables de sa démolition. Baird conclut que l'amélioration de la navigation était un atout pour la région et qu'elle s'intégrerait aux efforts que le gouvernement avait entrepris pour relier les lacs Simcoe et Rice par un grand canal, mais il maintenait qu'un barrage d'une hauteur de chute de 5 pieds, au lieu de 12, suffirait. La superficie de la région inondée et de la zone navigable se trouverait ainsi réduite, mais Purdy aurait encore de l'énergie en quantité pour ses moulins qui, affirmait Baird, pouvaient donner un meilleur rendement. L'ingénieur semblait ne pas douter qu'on construirait une route ou un chemin de fer entre Windsor Harbour (Whitby) et le lac Scugog, qu'on creuserait le canal Trent (achevé seulement en 1905) et que les bateaux seraient toujours tels qu'il ne leur faudrait pas des eaux plus profondes. Le gouvernement entérina la principale recommandation de Baird en acceptant de construire son propre barrage, d'une hauteur de chute de 5 pieds, en amont de celui de Purdy. Cependant, il n'incita nullement ce dernier à démolir le sien.

En 1836, Purdy appuya une pétition en faveur de la construction du canal Trent et d'une route à partir de Windsor Harbour. Toutefois, il souhaitait avant tout qu'on l'assure de son impunité. Il avait également espéré qu'on le protège contre les poursuites judiciaires, surtout celles qui pourraient venir des propriétaires à qui on avait délivré les lettres patentes avant 1834, mais il reçut peu d'appui du gouvernement. En janvier 1837, il redemanda à celui-ci de garantir ses droits d'inondation sur les terres recouvertes d'eau depuis la construction de son barrage. Alexander McDonell*, responsable de la colonisation dans la région, confirma que Purdy avait reçu son emplacement parce qu'il savait comment ériger des moulins dans des lieux de ce genre et admit que les moulins « correspond[aient] » en tous points aux besoins de la région environnante ». Néanmoins, il nia avoir eu « connaissance d'une quelconque promesse d'impunité » pour l'inondation des lots dont les lettres patentes dataient d'avant ou d'après 1834.

La rébellion de 1837–1838 exacerba les conflits qu'avait soulevés le barrage de Purdy. On raconta dans la région de Peterborough que William Lyon Mackenzie* se cachait dans les moulins, ce qui était faux. Le 13 décembre 1837, on arrêta Purdy, qui avait apparemment critiqué le *family compact,* et on l'incarcéra dans la prison de district à Cobourg. Tout comme les 11 autres personnes alors appréhendées dans le district de Newcastle, dont John Gilchrist*, on le libéra sans procès. Au cours de l'été de 1838, des colons armés s'attaquèrent à son barrage qui, selon eux, était à l'origine d'une épidémie de fièvre.

Le bureau provincial des Travaux publics avait presque terminé son propre barrage lorsqu'il s'entendit avec Purdy et ses fils sur les conditions de la démolition du leur. En décembre 1843, ils reçurent £400, plus « l'usage de toute l'eau excédentaire qui ne serait pas nécessaire à la navigation » ; en retour, ils abandonnaient toutes réclamations et s'engageaient à maintenir en bon état le nouveau barrage (terminé au début de l'été de 1844). L'entretien de ce barrage et l'administration des moulins incombaient à Hazzard Wilcox et à Jesse Thomas, 2 des 11 enfants de William, qui leur avait cédé progressivement la propriété entre 1836 et février 1839. En 1838, avec Jesse Thomas, il était allé s'installer à Bath, où il passa paisiblement ses neuf dernières années comme fermier. Jesse Thomas hérita de la ferme en 1847 puis la vendit à Hazzard Wilcox en 1850. Par la suite, tous deux s'établirent à Meaford, dans le Haut-Canada, avant de partir pour le Dakota du Nord.

Le barrage continua de susciter la controverse

Purvis

longtemps après leur départ. Quant à William Purdy, toute cette affaire l'avait déçu. Partisan du progrès matériel, comme tant de gens de son époque et comme les propriétaires de moulins de tous les temps, il avait accru le potentiel d'une région fort dépourvue en y améliorant la navigation et en y construisant de bons moulins. Toutefois, même s'il était probablement favorable aux réformistes, ceux-ci prirent son barrage et ses moulins comme exemples des excès du gouvernement qui, lui, ne l'appuya que du bout des lèvres et préféra croire que ses difficultés provenaient de la hauteur excessive de son barrage.

ELWOOD H. JONES

AO, RG 1, A-I-6 : 8289 ; A-II-2, 1 : 209. — APC, RG 1, L1, 35 : 404 ; L3, 402 : P8/64 ; 404a : P12/146 ; 408 : P18/107 ; 418 : P misc., 1775–1795/182 ; RG 5, A1 : 55219–55221, 55319–55325, 60463–60468 ; RG 68, General index, 1841–1867 : 42. — Arch. privées, Elwood H. Jones (Peterborough, Ontario), « Purdy family history », Kaireen Morrison, compil. (copie dactylographiée, 1982). — Bath United Church (Bath, Ontario), Cemetery records. — Ontario, Ministry of Citizenship and Culture, Heritage Administration Branch (Toronto), Hist. sect. research files, Victoria RF.1. — Victoria Land Registry Office (Lindsay, Ontario), Deeds, Ops Township, n°s 542, 568, 744, 3067–3068, 4212 (mfm aux AO). — Canada, prov. du, Assemblée législative, *App. des journaux*, 1843, app. Q, schedule AA ; 1845, app. AA. — H.-C., House of Assembly, *App. to the journal*, 1835, n° 99 ; 1836, n° 13 ; 1837–1838 : 386–387 ; 1839, 2, part. I : 156 ; *Journal*, 1835 : 32, 40, 195, 218, 398–400 ; 1836–1837 : 154, 161. — John Langton, *Early days in Upper Canada : letters of John Langton from the backwoods of Upper Canada and the Audit Office of the Province of Canada*, W. A. Langton, édit. (Toronto, 1926). — *The valley of the Trent*, introd. d'E. C. Guillet, édit. (Toronto, 1957). — *British Whig*, 4 nov. 1834. — *Christian Guardian*, 7 avril, 12 mai 1847. — *Chronicle & Gazette*, 27 déc. 1834. — *Cobourg Star*, 20 déc. 1837. — *« Bless these walls » : Lindsay's heritage*, Moti Tahiliani, édit. (Lindsay, 1982). — *History of Toronto and county of York, Ontario* […] (2 vol., Toronto, 1885), 2 : 127. — L. A. Johnson, *History of the county of Ontario, 1615–1875* (Whitby, Ontario, 1973). — Watson Kirkconnell, *County of Victoria centennial history* (2e éd., Lindsay, 1967), 31–32, 94–95. — Lindsey, *Life and times of Mackenzie*, 2 : 376. — John Squair, *The townships of Darlington and Clarke, including Bowmanville and Newcastle, province of Ontario, Canada* (Toronto, 1927). — F. G. Weir, *Scugog and its environs* (Port Perry, Ontario, 1927).

PURVIS, NANCY, marchande et institutrice, née vers 1790 ; décédée le 9 avril 1839 à Bridgetown, Nouvelle-Écosse.

On ignore où Nancy Purvis naquit, comment s'appelaient ses parents et comment se passa son enfance. On sait qu'elle épousa James Purvis, employé des douanes à Halifax dont les origines sont également inconnues. Il mourut intestat le 15 avril

1830 à l'âge de 57 ans, et laissa Nancy avec trois filles mineures. En juin, sûrement en raison des difficultés financières dans lesquelles l'avait plongée la mort de son mari, elle ouvrit chez elle, en face de la résidence du lieutenant-gouverneur, un magasin de modes et de mercerie. De toute évidence, son entreprise ne dura pas car Mme Purvis cessa de faire de la réclame en septembre. L'année suivante, elle publiait dans le *Novascotian, or Colonial Herald* un avis où elle annonçait son intention d'ouvrir une école à Halifax, avec l'assistance de ses filles. Ses conditions étaient les suivantes : « lecture, écriture, arithmétique, grammaire, géographie, couture simple et broderie, 30 shillings par trimestre. Pour les jeunes enfants, qui peuvent n'avoir qu'à apprendre à lire et à manier l'aiguille, 20 shillings. Français et musique, si désiré, par des maîtres compétents, aux conditions habituelles. » On ne sait pas au juste si cette école eut du succès ou non, mais l'avis parut jusqu'en janvier 1832. En 1834, Mme Purvis et ses filles n'habitaient plus au même endroit, mais s'occupaient encore de l'éducation des jeunes femmes. Les demoiselles Purvis déclaraient dans le *Novascotian* du 18 septembre que leur école était alors prête à recevoir des élèves dont l'« esprit et les manières fer[aient] l'objet de la plus scrupuleuse attention ». Par la suite, il n'est plus fait mention de cette école ; on ignore s'il s'agit d'un nouvel établissement ou du même que précédemment mais situé à un autre endroit.

En 1836, Mme Purvis et ses filles vivaient à Bridgetown. Apparemment, elles y ouvrirent un pensionnat pour jeunes filles, et ce, dit-on, en grande partie grâce à l'appui d'un hôtelier de l'endroit, John Quirk*, et d'autres citoyens désireux de parfaire l'instruction de leurs filles. L'école se trouvait probablement dans une maison qu'avait construite le révérend William ELDER en face de l'école ou du pensionnat public. En fait, l'une des demoiselles Purvis commença à enseigner dans ce dernier établissement le 11 mai 1836, « pour dix shillings par trimestre », et y travailla au moins jusqu'en 1840.

La « Purvis School », comme on l'appelait souvent, passait pour un établissement modèle et offrait aux femmes une formation plus avancée que celle qui se donnait ailleurs dans la région de Bridgetown. Cependant, il semble qu'elle ferma ses portes au bout de trois ans, à la mort de Mme Purvis, le 9 avril 1839. Ce furent sans doute sa fermeture et l'insuffisance des établissements scolaires de la région qui poussèrent les résidents de Bridgetown à demander à l'Assemblée, en 1840, une subvention pour ouvrir une école secondaire ou une école supérieure vouée à l'enseignement des disciplines avancées. La pétition notait qu'à l'aide de leurs seules ressources les habitants ne pouvaient ni embaucher ni conserver des instituteurs « jugés aptes à enseigner ces disciplines ».

À l'époque, les besoins des filles et des jeunes femmes en matière d'éducation étaient très négligés. Du xviiie siècle au milieu du xixe, les écoles destinées aux filles des classes supérieure et moyenne étaient généralement des pensionnats privés, installés dans des maisons ou des résidences, comme celles de Mme Purvis et de ses filles. Dans les grands centres, Halifax par exemple, les établissements de ce genre étaient nombreux et souvent tenus par des particuliers (fréquemment des veuves et leurs filles) [V. Ann Cuthbert Rae*], mais ils n'avaient pas une longue existence. En général, on y enseignait moins les matières scolaires que les ouvrages de dames et la bienséance. Leur but, comme le disait une institutrice de l'époque, était de « former les manières des dames [...] afin qu'elles deviennent les gracieux et élégants ornements d'esprits riches et bien disciplinés ».

Dans les années 1830, d'autres éducateurs firent davantage pour les jeunes Néo-Écossaises, mais Nancy Purvis et ses filles méritent l'attention parce qu'elles furent de celles qui se battirent pour subvenir à leurs besoins après la mort de leur mari ou de leur père. Les femmes de l'époque n'étaient pas toutes étrangères aux affaires ou, comme le croyait Alexis de Tocqueville, confinées dans le « petit cercle des intérêts et des devoirs domestiques ».

WENDY L. THORPE ET JULIE M. MORRIS

Halifax County Court of Probate (Halifax), Estate papers, P94 (James Purvis) (mfm aux PANS). — PANS, MG 4, 2, reg. of burials in Bridgetown and Wilmot : 4 (copie dactylographiée) ; RG 1, 449 : 15. — *Novascotian, or Colonial Herald*, 1830–1839. — Elizabeth Ruggles Coward, *Bridgetown, Nova Scotia : its history to 1900* ([Bridgetown], 1955).

PUSHEE, NATHAN, fermier, propriétaire d'une scierie et officier de milice, né en octobre 1758 à Lunenburg, Massachusetts, aîné des enfants de Nathan Pushee et d'Elizabeth Priest ; le 20 avril 1787, il épousa Jane Porter, née Brown, et ils eurent neuf enfants ; décédé le 31 octobre 1838 à Newport, Nouvelle-Écosse.

Nathan Pushee s'enrôla comme simple soldat dans le Gardner's Massachusetts Battalion dès l'éclatement de la guerre d'Indépendance, en avril 1775, et participa à la bataille de Bunker Hill. Muté en mars 1776 dans la Life Guard de George Washington, garde personnelle du général, il y resta jusqu'à la fin de l'année. En janvier suivant, il s'enrôla de nouveau, cette fois dans le 3rd Continental Light Dragoons, et fut promu trompette-major. Il prit part, avec cette unité, aux batailles de Brandywine, de Paoli, de Germantown et de Monmouth. Par une nuit de septembre 1778, à Old Tappan dans le New Jersey, il fut l'un des rares membres de son régiment à pouvoir s'échapper après une attaque surprise des forces britanniques. S'étant engagé de nouveau en décembre 1779, Pushee devint trompette-major dans les Washington's Light Dragoons (auxquels on avait incorporé son ancien régiment) et partit se battre dans le Sud. Le commandant du régiment était William Washington, parent de George Washington, d'où cette tradition erronée qui veut que Pushee ait été le trompette-major du général en chef. Le 14 avril 1780, Pushee fut victime d'une autre attaque surprise des Britanniques, cette fois à Moncks Corner, où on le fit prisonnier.

Emmené à Charleston, en Caroline du Sud, Pushee y retrouva plus de 500 de ses camarades et comprit que, comme eux, il mourrait presque certainement de maladie et de malnutrition s'il demeurait captif. C'est pourquoi tous acceptèrent de passer à l'armée britannique, à la condition de ne pas avoir à se battre contre leurs compatriotes. Pushee se joignit au Duke of Cumberland's Regiment, une unité provinciale ; on l'envoya à la Jamaïque, où il devint sergent dans la compagnie du capitaine Gideon White*. À la fin de la guerre, ceux qui avaient servi dans des régiments britanniques ne purent rentrer aux États-Unis car ils étaient exclus de l'amnistie générale. Le commandant du régiment de Pushee, lord Charles Greville Montagu, veilla à ce que l'on transporte en Nouvelle-Écosse les hommes qui voulaient des terres ; ils y arrivèrent en décembre 1783. Au printemps de 1784, ils se rendirent dans la baie Chedabucto ; l'année suivante, Pushee reçut 200 acres dans le canton de Manchester.

Désireux d'avoir des terres plus fertiles et plus proches de l'eau, Pushee et certains de ses compagnons quittèrent bientôt la région pour se rendre au havre d'Antigonish, où des soldats licenciés, que dirigeait le lieutenant-colonel Timothy Hierlihy, s'étaient déjà établis à Town Point. Les efforts déployés pour créer un village à cet endroit échouèrent et Pushee s'installa donc dans la riche plaine alluviale qui bordait le sud de la rivière West, là où passera plus tard la rue St Andrew, à Antigonish. Les guerres napoléoniennes engendrèrent une demande de bois en Grande-Bretagne, et Antigonish prospéra : il se trouvait au confluent de deux rivières où l'on pouvait faire du flottage. Pushee construisit une scierie qu'il vendit en 1818 à son fils Henry et à John G. Peabody. Considéré par certains comme le fondateur d'Antigonish, il figurait dans le recensement de 1827 comme fermier propriétaire de 35 acres en culture, de 18 bêtes à cornes, de 30 moutons et de 6 porcs. Officier dans la milice locale et administrateur d'école, il fut aussi l'un des fondateurs de la congrégation presbytérienne de Dorchester.

En 1838, une loi plus clémente du Congrès américain et la publicité que firent les journaux autour d'un de ses anciens compagnons d'armes amenèrent Nathan Pushee à demander une pension de soldat

Putnam

américain. Dans la requête qu'il rédigea à Boston le 6 octobre, il ne parla pas de son service dans l'armée britannique et mentionna seulement que, fait prisonnier à Moncks Corner, il s'était évadé après 11 mois de captivité. Le 12, il toucha des arriérés de 1 056 $. Peu après, il repartit pour la Nouvelle-Écosse et alla visiter de vieux amis à Newport. Excité par son gain et épuisé par le voyage, il y mourut d'une crise cardiaque.

PHYLLIS R. BLAKELEY

Antigonish County Court of Probate (Antigonish, N.-É.), Estate papers, A69 (testament de Nathan Pushee) (mfm aux PANS). — Antigonish County Registry of Deeds (Antigonish), Deeds, vol. ½, 1–3 (mfm aux PANS). — National Arch. (Washington), RG 15, W13835 (Nathan Pushee). — New England Historic Geneal. Soc. Library (Boston), W. P. Greenlaw, « Descendants of Gabriel Pouchi or Pushee ». — PANS, MG 12, Misc., 6, n° 76 ; RG 14, 3, nᵒˢ 6, 16, 63. — A. C. Jost, *Guysborough sketches and essays* (Guysborough, N.-É., 1950), 117–123, 279–281. — [Sagart Arisaig (Ronald MacGillivray)], *History of Antigonish,* R. A. MacLean, édit. (2 vol., [Antigonish], 1976). — D. G. Whidden, *The history of the town of Antigonish* (Wolfville, N.-É., 1934), 39–46.

PUTNAM, WILLIAM, homme d'affaires, officier de milice et patriote, né vers 1794 en Pennsylvanie, fils aîné de Seth Putnam ; il épousa Eleanor Dygart, et ils eurent sept enfants ; décédé le 4 décembre 1838 à Windsor, Haut-Canada.

Seth Putnam, qui s'était rangé du côté des rebelles pendant la Révolution américaine, s'établit vers 1795 dans le Haut-Canada, juste à l'est de la ville actuelle de London. Sa femme et son fils aîné, William, vinrent le rejoindre en 1797. Le jeune William s'avéra, à plus d'un titre, un colon dévoué et prospère : il fut combattant à la guerre de 1812, construisit une scierie et un moulin à farine et, plus tard, fonda une distillerie et exploita une taverne. Il acquit également de grandes terres et en cultiva une partie. À vrai dire, il fut l'un des piliers de sa communauté : il remplit des fonctions cantonales, fut deux fois président du jury d'accusation du district de London, s'éleva jusqu'au grade de capitaine et fut nommé adjudant dans la milice locale et devint grand maître d'une loge maçonnique.

Malgré ses succès, Putnam gardait certains griefs contre le gouvernement. Il estimait qu'on n'avait jamais payé convenablement son père pour d'importants travaux de voirie qu'il avait exécutés, et que lui-même n'avait pas reçu l'étendue de terre qu'il méritait pour son service de guerre. Le refus du gouvernement de lui vendre le lot qu'il avait occupé par erreur et dont il avait défriché une superficie de 25 acres le vexa sans doute également. Tous ces griefs l'ont peut-être poussé à s'engager en politique du côté des réformistes. Il est certain en tout cas qu'il faisait partie de ce mouvement en 1837, au plus fort de l'agitation qui a précédé la rébellion. Cet automne-là, les réformistes du canton de Dorchester le désignèrent comme délégué au grand congrès provincial que projetait William Lyon Mackenzie*. Au début de décembre, il présida une assemblée dans le canton de Delaware en vue d'établir une cellule politique. Le 8 décembre, à London, après que la rébellion eut éclaté, il assista à un rassemblement où des réformistes discutèrent de la position à prendre devant cet événement. Ils décidèrent en substance de ne rien faire. Le 16, au moment où tous savaient qu'on avait écrasé la rébellion, Putnam et d'autres réformistes se rencontrèrent à Delaware et décidèrent d'exhorter les Indiens locaux à ne pas prendre les armes contre les réformistes.

On arrêta bientôt Putnam à cause de ses activités puis on l'emmena à London. Les magistrats y entendirent à son sujet des témoignages incriminants, quoique indirectement, y compris sa déposition insensée dans laquelle il nia avoir assisté à la réunion du 8 décembre à London. Les magistrats refusèrent de le mettre en liberté sous caution. Par la suite, le jury d'accusation l'inculpa de trahison pour avoir participé à un présumé complot tramé à London ; il recouvra sa liberté le 2 mai. Malheureusement, il ne put retourner à sa ferme : pendant son emprisonnement, « un incendiaire politique », dit-on, avait mis le feu à ses bâtiments, qui avaient été complètement rasés.

Putnam apprit, semble-t-il par Mahlon BURWELL, un ami personnel, qu'on l'arrêterait de nouveau. Il s'enfuit alors à Detroit rejoindre les réfugiés patriotes du Haut-Canada et leurs alliés américains, résolus à « révolutionner » le Canada. À la fin de juin, il était de retour dans la province. On ne connaît pas en détail les événements qui s'ensuivirent ; on sait cependant qu'un jour où il se trouvait dans le canton de Dawn, près de la frontière (formée par la rivière Saint-Clair), il abattit d'un coup de fusil un certain capitaine William Kerry (Cary) qui cherchait, semble-t-il, à l'arrêter. Il se réfugia de nouveau à Detroit, où sa famille le rejoignit en exil.

À la fin de novembre, Putnam, devenu « général » dans l'armée patriote, travaillait à l'organisation d'une invasion du Haut-Canada. Comme il avait rassemblé moins de 200 hommes, le chef désigné pour l'expédition, le général L. V. Bierce, voulut abandonner le projet, mais Putnam insista pour qu'on y donne suite. Au petit matin du 4 décembre, avec d'autres leaders, il fit traverser une petite troupe à Windsor, par la rivière de Detroit. Les patriotes mirent le feu aux casernes de la milice locale, tuèrent quelques miliciens et en capturèrent d'autres. Ils brûlèrent ensuite le vapeur *Thames* puis exécutèrent et mutilèrent le chirurgien John James Hume. Les chefs patriotes divisèrent leurs hommes en deux groupes principaux et, comme les miliciens sous la conduite du colonel

John Prince* se ruaient sur eux en provenance de Sandwich (Windsor), Putnam posta ses hommes dans un verger. Ceux-ci, devant le feu nourri des miliciens, ne mirent pas de temps à se disperser et à s'enfuir. Après avoir tenté en vain de contenir leur fuite, Putnam finit par les imiter mais fut rapidement abattu. Le raid prit fin avec sa mort.

William Putnam paya chèrement sa participation aux troubles de 1837–1838. Beaucoup de ceux qui l'avaient bien connu compatirent à son sort. John Talbot*, par exemple, l'ancien rédacteur en chef du *Liberal* de St Thomas, qui avait fui la province en décembre 1837 pour éviter l'arrestation, déplora la participation de Putnam au raid de Windsor, mais écrivit : « Je suis désolé pour ce pauvre Putnam [car] il était honnête et sincère. » Tout compte fait, Putnam était digne de pitié. Il n'avait pas comploté la rébellion en décembre 1837, mais on l'avait tout de même emprisonné. Ce sont des persécutions de ce genre,

réelles ou imaginaires, qui entraînèrent sa perte à Windsor.

Colin Frederick Read

APC, RG 5, A1 : particulièrement 85600–85601, 106669–106686, 106820, 112787–112796 ; B36, 1–2. — Jedediah Hunt, *An adventure on a frozen lake : a tale of the Canadian rebellion of 1837–8* (Cincinnati, Ohio, 1853), 4–7, 28. — Robert Marsh, *Seven years of my life, or narrative of a Patriot exile ; who together with eighty-two American citizens were illegally tried for rebellion in Upper Canada in 1838, and transported to Van Dieman's Land [...]* (Buffalo, N.Y., 1848), 20–25. — *Rebellion of 1837* (Read et Stagg). — Guillet, *Lives and times of Patriots.* — Read, *Rising in western U.C.* — J. M. Gray, « The life and death of « General » William Putnam », *OH*, 46 (1954) : 3–20. — « The Windsor raid of 4 Dec., 1838 », *Putnam Leaflets* (Danvers, Mass.), 3 (1899), nº 2 : 41–65 ; ce document utile vient en grande partie d'un manuscrit relatif à Putnam et rédigé par son fils Warner Herkimer. [C. F. R.]

Q

QUÂS. V. ʔKWAH

QUESNEL, JULES-MAURICE (baptisé **Julien-Maurice**), trafiquant de fourrures, officier de milice, homme d'affaires, fonctionnaire, juge de paix et homme politique, né le 25 octobre 1786 à Montréal, quatrième enfant et deuxième fils de Joseph Quesnel* et de Marie-Josephte Deslandes ; décédé le 20 mai 1842 dans la même ville.

Fils d'un marchand cultivé, Jules-Maurice Quesnel, tout comme son frère aîné Frédéric-Auguste*, étudia chez les sulpiciens, au collège Saint-Raphaël de Montréal, mais pendant seulement deux ans (1797–1799). En 1804, il était commis de la North West Company au fort des Prairies ou fort Augustus (Edmonton). Durant l'hiver de 1805, à titre d'assistant de David Thompson*, il transporta des marchandises dans les Rocheuses en prévision d'une expédition vers l'ouest. En octobre 1806, il se trouvait à Rocky Mountain House (Alberta) ; le mois suivant, il dirigea une mission d'exploration dans les montagnes. À la fin de l'été de 1807, on l'affecta au district de New Caledonia (Colombie-Britannique), où il livra des approvisionnements et apporta à Simon Fraser* des instructions qui lui commandaient de suivre le Columbia jusqu'à son embouchure. En 1808, les deux hommes descendirent et remontèrent ce qui s'avéra être non pas le Columbia, mais un autre fleuve, qui reçut le nom de Fraser. Le premier tributaire important qu'ils rencontrèrent sur leur route périlleuse fut baptisé Quesnel ; par la suite, le lac où il prend sa source et le village qui naquit au confluent du Fraser et de la Quesnel prirent aussi son nom.

Quesnel demeura dans le district de New Caledonia jusqu'en 1811. À son ami Joseph-Maurice Lamothe*, il écrivait tristement, en 1809 : « mes Intérêts me forcant de rester dans le Nord longtemps [...] malgré le peu d'espérance qu'il y a pour les jeunes gens apresant dans se Pays ici, je suis Résolu de Continuer jusqu'au bout la Cariere que j'ai eu le Malheur d'Entreprendre ». Condamné à vivre dans l'isolement, à se nourrir de saumon séché et à n'amasser que peu de fourrures, il estimait que le district de New Caledonia était un endroit où « il n'y a[vait] rien a avoire que de la Misère et de L'Ennui ». Après trois ans, affirmait-il, les hommes les plus résistants devenaient quasi incapables de travailler, ce à quoi il ajoutait : « malgré que je suis d'un Excellent tempérament je m'apperçois dejas que ma santé Décline ».

À l'été de 1811, Quesnel quitta la North West Company et regagna l'Est. Devenu enseigne dans le 2ᵉ bataillon de milice de la ville de Montréal le 2 avril 1812, il fut promu lieutenant le 14 juillet. Peut-être participa-t-il à la guerre de 1812 mais, si ce fut le cas, il ne négligea pas pour autant ses intérêts commerciaux. En 1813, il habitait Kingston, dans le Haut-Canada, et y faisait du commerce ; un an plus tard, il résidait à York (Toronto), où son frère le mit en garde contre les dangers de spéculer pour son propre compte sur le rhum. De 1815 à 1818, Quesnel partagea son temps entre York et Montréal, mais après son mariage avec Josette Cotté, célébré le 10 juin 1816 à Montréal, il souhaita apparemment s'installer dans cette ville, ce qu'il fit, semble-t-il, au plus tard en 1818. Sa femme était la fille de feu le marchand de

Quesnel

fourrures Gabriel Cotté* et la belle-sœur de l'ancien trafiquant de fourrures François-Antoine La Rocque*. Le couple n'eut probablement pas d'enfants.

Quesnel avait déjà travaillé pour la Quetton St George and Company et, au printemps de 1815, avec John Spread Baldwin, frère de WILLIAM WARREN, il s'associa au propriétaire de cette compagnie, Laurent Quetton* St George. La même année, celui-ci retourna dans sa France natale, après avoir confié l'entreprise à Quesnel et à Baldwin, pour ne revenir qu'en 1819. La Quetton St George and Company était petite en comparaison des sociétés montréalaises mais imposante devant les sociétés haut-canadiennes. À Montréal, Quesnel achetait en gros, des importateurs de la ville, une vaste gamme de comestibles, boissons et autres marchandises ; en outre, il vendait des produits haut-canadiens, surtout de la farine et de la potasse, pour un magasin que tenait Baldwin à York et pour un autre à Niagara (Niagara-on-the-Lake). La compagnie ne pouvait éviter de faire crédit et, dès 1819, ses débiteurs, en grande partie des fermiers, lui devaient entre £18 000 et £19 000, soit plus que sa valeur nette.

En mai 1820, Quesnel et Baldwin achetèrent la part de St George contre quatre versements annuels de £1 000, plus un intérêt de 6 %. Baldwin tenta d'abord d'imposer sa suprématie, puis alla jusqu'à se retirer de la nouvelle association, mais il se ravisa bientôt et la société, réorganisée, prit le nom de Quesnel and Baldwin. Elle poursuivit les multiples activités commerciales et financières de la Quetton St George and Company ; peut-être, à l'occasion, fit-elle directement affaire avec des sociétés britanniques et ajouta-t-elle le bois d'œuvre à ses exportations. En raison de la conjoncture économique difficile, Quesnel fut élu, en août 1821, membre d'un comité de 11 marchands montréalais qui devait faire pression sur Londres afin que le grain et la farine du Bas et du Haut-Canada se vendent sans restriction sur le marché britannique. La compagnie exportait surtout de la farine, mais les fluctuations des prix du marché anglais lui causaient souvent des pertes ; sa marge bénéficiaire sur les importations lui apportait des profits plus constants. Elle prospéra suffisamment pour acquitter des dettes de plusieurs milliers de livres avant 1825, mais elle prit peu d'expansion, et le volume de ses affaires demeura plutôt stable. Ainsi il semble que chaque année elle expédiait de Montréal entre 1 000 et 1 500 barils de farine et entre 75 et 125 barils de cendres. En avril 1825, sa valeur nette s'établissait à £15 200, avec des dettes de £10 642 ; en 1832, cette valeur n'était que de £19 134, dont £9 215 en dettes. De 1820 à 1832, Quesnel retira de la compagnie un revenu annuel moyen de £693.

Quesnel et Baldwin avaient aussi d'autres intérêts. Tous deux étaient actionnaires de la Compagnie des propriétaires du canal de Lachine et de la Bank of Upper Canada. Ils refusèrent cependant de tenir une agence de la Banque du Canada, car Baldwin craignait qu'elle ne nuise à leur réputation. La Quesnel and Baldwin détenait une part dans un bateau à vapeur qui faisait la navette entre Kingston et York ; elle prit aussi une part de un dixième dans un vapeur jaugeant 120 tonneaux qu'on lança à York en 1825 et qui allait desservir la ligne York-Queenston.

L'entente qui avait constitué la Quesnel and Baldwin prit fin en 1832 et ne fut pas renouvelée. Apparemment, Quesnel se retira des affaires et mena dès lors une confortable existence de rentier. Il s'intéressa néanmoins à l'exploitation du port de Montréal et à la navigation sur le Saint-Laurent. De 1830 à 1839, il fut syndic de la Maison de la Trinité de Montréal ; cet organisme, dont les membres étaient nommés par le gouvernement, régissait les lamaneurs, les tarifs de lamanage, les phares et les balises du fleuve. De 1839 à 1842, Quesnel exerça les fonctions d'assistant-maître. Par ailleurs, de 1830 à 1836, il fut membre de la Commission du havre de Montréal aux côtés de George Moffatt*, jadis son associé. Le milieu des affaires réclamait alors une hausse des crédits d'aménagement portuaire, et plusieurs marchands canadiens furent membres de cette commission entre 1830 et 1850. En 1832, Quesnel intervint auprès de son frère Frédéric-Auguste, alors député, en faveur des exploitants de navires à vapeur du Saint-Laurent et des marchands montréalais. Quatre ans plus tard, il remplaça George AULDJO à la présidence du Committee of Trade de Montréal ; Austin CUVILLIER lui succéda en 1837.

Dans les années 1830, quiconque voulait promouvoir le développement portuaire devait prendre position dans certains des grands débats politiques. Quesnel penchait du côté du parti des bureaucrates, où les marchands montréalais étaient puissants. Au début de son mandat à la Commission du havre, il vit que la majorité patriote de l'Assemblée refusait d'allouer des crédits à l'aménagement portuaire et crut que sa présence à la commission était l'une des raisons de ce refus ; il manifesta alors son mécontentement en démissionnant de son poste, mais le réintégra peu après. Au début des années 1830, à mesure que les positions du parti des bureaucrates et du parti patriote se radicalisaient, il s'associa à des marchands inquiets, tant britanniques que canadiens (dont Cuvillier, Joseph MASSON et Horatio Gates*), pour réclamer le statu quo en matière constitutionnelle. Nommé juge de paix en 1830, il fut, avec Pierre RASTEL de Rocheblave, Louis GUY et Pierre-Édouard Leclère*, parmi les magistrats canadiens qui, en novembre 1837, prévinrent les Canadiens que ceux qui les « pouss[aient] aux excès » les abandonneraient et qu'ils devaient plutôt suivre ceux qui les « appel[aient] à la paix ». En janvier 1838, avec Cuvillier, Rastel de Rocheblave et d'autres modérés, il prit parti contre le recours aux armes en fondant l'Association loyale canadienne du district de Montréal. Sa nomination au Conseil spécial, faite en avril 1838 et renouvelée en novembre jusqu'à la dissolution de cet organisme, montre qu'il était bien vu du gouvernement, et sa volonté de servir témoigne éloquemment de ses opinions. Le seigneur James Cuthbert, John NEILSON et lui furent les seuls conseillers à voter contre l'union du Bas et du Haut-Canada, que le gouverneur lord Sydenham [THOMSON] pressait le conseil d'approuver. Le fait que Quesnel entra au Conseil législatif en 1841 indique cependant qu'il finit par accepter l'union et ne perdit pas ses sentiments proimpériaux.

Depuis son retour à Montréal, Quesnel avait reçu divers honneurs et nominations. Promu capitaine dans le 2e bataillon de milice en 1825, il demeura disponible pour le service au moins jusqu'en 1830. Syndic de la Maison d'industrie en 1829, il devint commissaire chargé du secours aux immigrants pauvres en 1835 et commissaire des enfants abandonnés et des malades indigents en 1841. En 1838, il accepta de Mgr Jean-Jacques LARTIGUE un poste d'administrateur laïque des revenus de l'Association de la propagation de la foi. Nommé conseiller municipal en 1840, il le demeura jusqu'à sa mort en 1842. Son vieil ami La Rocque, ainsi que le juge Jean-Roch Rolland*, assista à son inhumation en l'église paroissiale Notre-Dame.

Jules-Maurice Quesnel exerça des activités commerciales semblables à celles de nombre de ses contemporains écossais et, tout comme eux, il s'attacha à l'Empire britannique et à ses institutions. Lui-même et certains de ses collègues canadiens ne doutaient pas que le maintien du lien impérial était essentiel à leur réussite. Le radicalisme des chefs petits-bourgeois du parti patriote, de même que l'extrémisme tory de certains marchands britanniques, était donc pure folie à ses yeux.

PETER DESLAURIERS

L'auteur tient à remercier pour son aide Paulette M. Chiasson du *Dictionnaire biographique du Canada*. [P. D.]

ANQ-M, CE1-51, 25 oct. 1786, 10 juin 1816, 23 mai 1842. — ANQ-Q, P-222. — APC, MG 19, A12, 4 ; A16 ; MG 24, L3 : 10792, 11009–11013 ; MG 30, D1, 31 : 358 ; MG 55/24, n° 152 ; RG 68, General index, 1651–1841 ; 1841–1867. — BVM-G, Fonds Jules Quesnel. — *Les Bourgeois de la Compagnie du Nord-Ouest* (Masson), 1 : 397. — Simon Fraser, *The letters and journals of Simon Fraser, 1806–1808*, W. K. Lamb, édit. (Toronto, 1960). — *New light on the early history of the greater northwest : the manuscript journals of Alexander Henry [...] and of David Thompson [...]*, Elliott Coues, édit. (3 vol., New York, 1897 ; réimpr., 3 vol. en 2, Minneapolis, Minn., [1965]). — David Thompson, *David Thompson's narrative of his explorations in western America, 1784–1812*, J. B. Tyrrell,

édit. (Toronto, 1916), xlix. — *Quebec Gazette*, 27 août 1821, 4 sept. 1823. — William Notman et [J.] F. Taylor, *Portraits of British Americans, with biographical sketches* (3 vol., Montréal, 1865–1868). — Turcotte, *le Conseil législatif*. — Chaussé, *Jean-Jacques Lartigue*, 219. — E. A. Collard, *The Montreal Board of Trade, 1822–1972 : a story* ([Montréal], 1972), 53. — Robert Rumilly, *la Compagnie du Nord-Ouest, une épopée montréalaise* (2 vol., Montréal, 1980) ; *Hist. de Montréal*, 2 : 192 ; *Papineau et son temps*. — J.-J. Lefebvre, « les Députés de Chambly, 1792–1967 », *BRH*, 70 (1968) : 3–20. — É.-Z. Massicotte, « la Famille du poète Quesnel », *BRH*, 23 (1917) : 339–342.

QUIROUET (Quirouët, Quirouêt, Kirouet), FRANÇOIS (baptisé **Pierre-François**), marchand, officier de milice, encanteur, juge de paix, fonctionnaire et homme politique, né le 28 février 1776 à Québec, fils de François Quirouet et de Marie-Anne Hil (Isle) ; décédé le 27 septembre 1844 à Saint-Gervais, Bas-Canada.

Les débuts de la vie de François Quirouet restent méconnus. Comme il porte le même prénom que son père et son grand-père, il est probablement issu d'une famille qui chérissait la tradition. À son mariage, le 10 juin 1799, avec Catherine MacKenzie, fille d'un tonnelier de Québec, il se déclare marchand.

De 1805 à 1811, Quirouet agit à titre d'aide-major de la paroisse Sainte-Anne, à Sainte-Anne-de-la-Pocatière (La Pocatière), dans le bataillon de milice de Kamouraska, qui devient en 1810 le bataillon de milice de Rivière-Ouelle. L'année suivante, il est lieutenant dans le 2e bataillon de milice de la ville de Québec. Promu capitaine au sein du même bataillon en 1821, il poursuivra ensuite son ascension jusqu'au grade de lieutenant-colonel. Reflet de son prestige grandissant, la fonction de milicien demeure secondaire dans sa carrière.

Outre son commerce, Quirouet détient en 1811 une licence d'encanteur qu'on lui renouvellera en 1816. Il possède deux maisons à Québec : sa résidence, au coin des rues Sainte-Anne et du Trésor, et son commerce, au 11 de la rue du Sault-au-Matelot. Son ami Martin CHINIC loue une partie de cet immeuble, et c'est là que les associés Chinic, Quirouet et son frère Olivier exploitent une entreprise florissante, la Quirouet, Chinic et Compagnie. Spécialisé dans le commerce d'importation, la vente à l'encan et le courtage, Quirouet amasse une fortune intéressante au cours des trois premières décennies du XIXe siècle et devient un membre respecté des milieux financiers de Québec. Le 7 mai 1818, on l'élit vice-président de la Société bienveillante de Québec dont il est membre depuis 1807. Cette association de secours mutuel prête de l'argent, assiste financièrement et moralement ses membres en cas de maladie, et paye leurs funérailles. Le 6 mai 1819, Quirouet succède à John NEILSON comme président de cette société ; il occupera ce poste

Quirouet

jusqu'en 1829, sauf une interruption en 1822. L'un des administrateurs de la succursale québécoise de la Banque de Montréal en 1820 et 1821 [V. Daniel Sutherland*], il participe aussi à l'implantation du système bancaire à Québec. De plus, il assume la vice-présidence de la Banque d'épargne de Québec dès l'ouverture de cet établissement le 26 mars 1821. Il ne quittera cette fonction que huit ans plus tard.

Quirouet joue également un rôle important dans la vie urbaine de Québec. En 1819, il préside, pour une année, la Société du feu. De 1821 à 1827, on le retrouve au sein de la Société d'éducation du district de Québec. En qualité de juge de paix, il participe activement à l'administration de la ville du 1er août 1821 au 3 juillet 1826. À ce titre, il donne son accord à de nombreux projets qui visent à canaliser, à drainer, à macadamiser, à prolonger et à réparer des rues dans les quartiers de la Haute-Ville et de la Basse-Ville ainsi que dans les faubourgs Saint-Jean et Saint-Roch. Après 1828, son rôle dans la vie sociale de Québec diminue. Il se départit de son immeuble de la rue du Sault-au-Matelot, puis de sa résidence à la haute ville. Il quitte Québec pour s'établir sur la rive sud, à Saint-Gervais, selon le recensement de 1831. Qualifié de « bourgeois », il possède alors une terre de 787 arpents où il cultive de l'avoine, des pommes de terre et des pois. Il est aussi juge de paix de Saint-Gervais et commissaire chargé de la décision sommaire des petites causes dans la seigneurie de Livaudière.

Néanmoins, Quirouet revient fréquemment à Québec pour remplir ses devoirs de parlementaire. En effet, le 11 avril 1820, la population d'Orléans l'a choisi comme son unique député à la chambre d'Assemblée. Il est ensuite réélu à trois reprises. Puis, de 1830 à 1833, il représente cette circonscription en compagnie de Jean-Baptiste Cazeau. Dès son arrivée à l'Assemblée, Quirouet soumet un projet de loi afin de construire un chemin entre Saint-François et Saint-Jean à l'île d'Orléans, mais le Conseil législatif le rejette. Le 26 décembre 1820, il présente, avec succès cette fois, un projet de loi qui pourvoit au maintien de l'ordre dans les églises ; cette loi sera reconduite en 1823. Pendant la même session, le 16 janvier 1821, il propose en première lecture un projet qui vise à reconnaître juridiquement la Compagnie d'assurance de Québec contre les accidents du feu, mais finalement le roi George IV le rejettera. En janvier 1822, il informe la chambre que le conseiller législatif John Richardson* a déclaré, au cours d'une séance du conseil, qu'un comité secret, qui siégeait à la chambre d'Assemblée, délibérait sur la destitution du gouverneur lord Dalhousie [RAMSAY]. La réaction de l'Assemblée est rapide. Après une enquête qui confirme le témoignage de Quirouet, l'Assemblée s'adresse au gouverneur pour le prier de renvoyer Richardson du conseil. Lord Dalhousie refuse d'acquiescer à cette demande en prétextant que la résolution affecte la liberté des débats et que son langage ne convient pas à un corps législatif. En 1823, Quirouet fait adopter un projet de loi qui permet d'ériger des « moulins pédales » à l'usage des maisons de correction. La même année, il tente d'obtenir qu'on érige la ville de Québec en corporation, mais il ne reçoit pas l'assentiment du Conseil législatif. Le 21 mai 1826, il présente son dernier projet de loi, qui porte sur la réparation de la prison de Québec. Dès lors, il travaille surtout dans des comités parlementaires, notamment celui sur les banques en 1826, celui sur les comptes publics en 1831 et ceux sur le commerce en 1831 et 1832. Le 25 octobre 1833, on l'appelle au Conseil législatif, et il prête serment le 9 janvier 1834. Il en fera partie jusqu'à la suspension de la constitution.

La carrière de François Quirouet représente une exception chez les Canadiens de la première moitié du XIXe siècle, mais elle est tributaire de plusieurs intérêts alors en jeu à Québec. Après avoir fait fortune dans le commerce d'importation, Quirouet devient un membre influent de l'élite financière de Québec. Député durant près de 14 ans, il vote d'abord contre le projet d'union de 1822 [V. Denis-Benjamin Viger*]. Il appuie Louis-Joseph Papineau* et de plus s'oppose à l'octroi en bloc des subsides [V. sir Francis Nathaniel Burton*]. Toutefois, en 1833, il semble se dissocier des radicaux et refuse d'appuyer les résolutions qui désavouent l'utilité constitutionnelle du Conseil législatif. La même année, on le nomme conseiller législatif. Contrairement à son collègue Viger, il ne manifeste pas de dissidence face aux décisions du conseil. Lorsque la rébellion éclate, il est nommé commissaire chargé de faire prêter le serment d'allégeance. Il meurt à l'âge de 68 ans et 7 mois, et tous les notables de la région de Bellechasse assistent à ses funérailles. Il est inhumé dans la nef de l'église de Saint-Gervais.

FRANÇOIS DROUIN

ANQ-Q, CE1-1, 29 févr. 1776, 10 juin 1799 ; CE2-17, 30 sept. 1844. — APC, RG 31, C1, 1825, Haute-Ville de Québec ; 1831, Saint-Gervais ; RG 68, General index, 1651–1841. — AVQ, I, 1, juill. 1814–juin 1823 ; V, B, juin 1823–mai 1833 ; VII, E, 1. — B.-C., chambre d'Assemblée, Journaux, 1820–1833 ; Conseil législatif, Journaux, 1834–1837. — Recensement de Québec, 1818 (Provost). — Soc. bienveillante de Québec, Règles de la Société bienveillante de Québec [...] (Québec, 1819). — Almanach de Québec, 1806–1841. — F.-J. Audet, « les Législateurs du B.-C. ». — Desjardins, Guide parl. — J.-J. Lefebvre, le Canada, l'Amérique : géographie, histoire (éd. rév., Montréal, 1968). — Quebec directory, 1822 ; 1826. — Turcotte, le Conseil législatif.

R

RADCLIFF (Radcliffe), THOMAS, officier de milice, juge de paix et homme politique, né le 17 avril 1794 à Castlecoote (république d'Irlande), fils aîné de Thomas Radcliff et d'Elizabeth Mitchell ; il épousa Sarah Ann Armstrong, et ils eurent cinq fils et trois filles ; décédé le 6 juin 1841 à l'île Amherst, Haut-Canada.

Les Radcliff étaient des Irlandais anglicans en vue. Thomas Radcliff père était aumônier du lord-lieutenant d'Irlande ainsi que sous-doyen et prébendier à la cathédrale St Patrick de Dublin. Le jeune Thomas Radcliff fit ses études au Trinity College mais, contrairement à plusieurs de ses frères, c'était l'armée et non l'Église qui l'attirait. Véritable géant – selon la plupart des sources, il mesurait 6 pieds 5 pouces et pesait 210 livres –, il joignit les rangs du 27th Foot à titre d'enseigne en 1811 et devint lieutenant deux ans plus tard.

Radcliff participa à de nombreux engagements pendant la guerre d'Espagne et, muté en Amérique du Nord britannique en 1814, se battit à Plattsburgh, dans l'état de New York. De retour en Europe, il manqua la bataille de Waterloo mais participa à l'entrée triomphale de l'armée alliée dans Paris. Mis à la demi-solde en 1816, il alla travailler au Richmond Penitentiary, en Irlande, où son père était aumônier. En 1832, après avoir vendu sa demi-solde, il quitta l'Irlande, de plus en plus agitée, pour gagner avec son frère William et leurs deux familles le canton haut-canadien d'Adelaide, à l'ouest de London.

Ce canton était en plein essor, comme le soulignèrent les deux frères dans leur contribution à *Authentic letters from Upper Canada* [...], publié par leur père en 1833. Thomas y décrivait les diverses méthodes de déboisage qu'employaient ses « abatteurs d'arbres » et d'autres. Il exposait aussi la situation religieuse de la colonie en décriant la pénurie de ministres anglicans et en indiquant que ceux en poste étaient souvent des « *fainéants* ». La vie dans le Haut-Canada l'impressionnait : « personne, affirmait-il, ne vit aussi luxueusement que les yeomen [d'ici] » ; d'après lui, il « n'exist[ait] vraiment [...] aucun grief » dans la colonie. Pareilles conclusions lui gagnèrent la faveur des autorités et contribuèrent sans doute à convaincre le lieutenant-gouverneur sir Francis Bond Head* que Radcliff était à la fois « intelligent et respectable ».

Dès le 31 mai 1833, on nomma Radcliff juge de paix. En outre, il reçut une commission dans la milice et devint colonel de son régiment en 1837. Après le début de la rébellion, cette année-là, il prit le commandement des miliciens qui gardaient la prison du district et fut l'un des magistrats qui, à London, interrogèrent les personnes accusées de trahison. Le 1er janvier 1838, on le chargea de défendre la frontière de Detroit, que menaçaient alors les patriotes canadiens réfugiés aux États-Unis et leurs sympathisants américains. À son arrivée sur les lieux, il constata que les réserves de vivres et de matériel étaient faibles et que la milice se trouvait « dans un état de désorganisation pitoyable ». Heureusement, l'ennemi n'était guère en meilleure posture. Le 9 janvier, le schooner *Anne,* qui bombardait le fort Malden à Amherstburg, échoua. Radcliff commanda à quelques-uns de ses hommes d'avancer dans l'eau et d'aborder : ils capturèrent 21 patriotes et « toutes sortes d'équipements utiles ». Le commandant du vaisseau, Edward Alexander Theller*, rapporta par la suite que Radcliff avait ordonné de traiter humainement les prisonniers. Au début de février, on voulut que la chambre d'Assemblée lui remette une épée en reconnaissance de ses services ; le projet échoua, mais d'autres récompenses l'attendaient. Au grand dam de certains officiers de milice de la région de London, qui le considéraient comme un « servile flagorneur », il fut nommé lieutenant-colonel du 11th Provisional Battalion le 9 novembre 1838. Et le 27 février 1839, il entra au Conseil législatif.

Après la révolte, Thomas Radcliff s'installa à Port Credit. Il obtint un poste de receveur des douanes à Toronto mais, avant d'avoir pu l'occuper, il mourut à l'île Amherst, en manœuvrant une embarcation à rames. En reconnaissance de ses nombreux services, la couronne versa £150 à sa veuve ; celle-ci se retrouva néanmoins avec ses enfants devant un avenir incertain, car Radcliff n'avait pas laissé de fortune.

COLIN FREDERICK READ

AO, MU 2366. — MTRL, James Hamilton papers. — *Arthur papers* (Sanderson), 1. — *Authentic letters from Upper Canada* [...], Thomas Radcliff, édit., introd. de J. J. Talman (Toronto, 1953). — *Cyclopædia of Canadian biog.* (Rose et Charlesworth). — C. O. [Z.] Ermatinger, *The Talbot regime ; or the first half century of the Talbot settlement* (St Thomas, Ontario, 1904). — R. B. Ross, « The Patriot war », *Mich. Pioneer Coll.,* 21 (1892) : 509–609.

RAIMBAULT, JEAN, prêtre catholique, professeur et administrateur scolaire, né le 3 février 1770 à Orléans, France, fils d'Étienne Raimbault, commerçant, et de Françoise Doucet ; décédé le 16 février 1841 à Nicolet, Bas-Canada.

Cadet d'une famille de quatre enfants, Jean

Raimbault

Raimbault fait ses études classiques au collège royal d'Orléans et, en 1787, il s'inscrit au séminaire de cette ville, que dirigeaient alors les sulpiciens. « Esprit brillant » et étudiant à « la conduite irréprochable », au dire du supérieur du collège, il est admis à la tonsure le 29 mai 1789. Au lieu de prêter le serment de fidélité à la Constitution civile du clergé tel que requis par le décret de 1790, il quitte le séminaire. Il gagne sa vie à titre de précepteur avant d'être conscrit le 6 octobre 1793. En décembre, il déserte son régiment cantonné à la frontière belge et trouve asile à la Maison du refuge de Forest, séminaire fondé à Bruxelles par des évêques français en exil. De là, on l'aide à se rendre à Londres où, dès son arrivée, Mgr Jean-François de La Marche, évêque de Saint-Pol-de-Léon, en France, l'accueille et lui procure assistance. Sachant qu'il ne pourra retourner en France de sitôt, il décide d'immigrer au Canada. Grâce à François-Emmanuel Bourret, ancien directeur du séminaire d'Orléans chargé par Mgr Jean-François Hubert* de financer le transport d'une douzaine de prêtres vers Québec, il s'embarque à Portsmouth, en Angleterre, le 1er juin 1795 et arrive à Québec le 6 juillet.

Mgr Pierre Denaut*, coadjuteur de l'évêque de Québec, accueille Raimbault à son arrivée. Il l'amène à Longueuil et, le 26 juillet, lui confère le sacerdoce. Il lui confie l'enseignement de la philosophie et des sciences au petit séminaire de Québec. Forcé pour des raisons de santé d'abandonner l'enseignement en 1797, Raimbault est alors nommé vicaire à Château-Richer. En octobre 1797, Mgr Denaut, devenu évêque de Québec, lui octroie la cure de L'Ange-Gardien. En plus de ses fonctions de pasteur, Raimbault tient une école dans son presbytère, ce qui au fil des ans mine sa santé. En septembre 1805, Mgr Denaut lui donne la cure de Pointe-aux-Trembles (Montréal) dans l'espoir qu'il pourra y refaire sa santé.

Raimbault a alors 35 ans. C'est un prêtre d'Ancien Régime : frugal, généreux, opposé à toutes les formes de libéralisme, chatouilleux sur les questions de préséance et peu enclin à déléguer son autorité. On le perçoit comme « un homme de mœurs, de lettres et de goûts ». Mgr Joseph-Octave Plessis* le tient en haute estime. Il voit en lui l'homme capable d'assumer la cure de la paroisse Saint-Jean-Baptiste de Nicolet et de veiller sur le devenir du séminaire qu'il vient d'y mettre sur pied.

C'est sans grand enthousiasme que Raimbault accepte cette charge et entre, à l'automne de 1806, dans son nouveau presbytère, une maison solide mais d'apparence modeste, dont une pièce sert de salle paroissiale. Jusqu'à sa mort, il va y mener une vie routinière. Une ménagère s'occupe de la maison, un engagé cultive le lopin de terre de la fabrique et entretient la grange et l'étable. Lui-même se consacre tout entier à ses devoirs sacerdotaux, mais en gardant ses distances avec les seigneurs, la bourgeoisie locale

et les curés canadiens du diocèse. Durant son mandat, Nicolet connaît un essor certain. La paroisse compte 1 200 communiants en 1810 et 2 500 en 1836. Cette croissance démographique, jointe à une dispersion de la population dans la seigneurie, alourdit au fil des ans la tâche du curé.

Raimbault est donc un homme de plus en plus occupé. Son ministère consiste à célébrer les offices liturgiques, à dispenser les sacrements, à tenir les registres de la fabrique et à s'adonner aux bonnes œuvres telles que le soin des malades et l'assistance aux indigents. Il fait montre de zèle dans l'exercice de ses fonctions. Il distribue une partie de sa dîme aux pauvres, prête de l'argent sans intérêt à des paroissiens en difficulté et se soucie de développer le sens liturgique de ses ouailles. En 1817, il achète avec ses propres deniers quelques tableaux de la collection de Louis-Joseph Desjardins, dit Desplantes, afin de créer dans son église un environnement propice à l'élévation de l'âme. Il surveille de près la conduite de ses fidèles et les agissements des protestants.

La renommée du pasteur Raimbault déborde bientôt le cadre de sa paroisse. En 1825, Mgr Plessis le nomme archiprêtre, titre qui l'habilite à conseiller ses confrères, à accorder des dispenses et à absoudre des cas réservés. À plus d'une reprise, il lui confie des missions spéciales relatives à l'érection d'une paroisse ou lui demande son avis sur des projets de loi civils ou sur des amendements à la discipline ecclésiastique. Raimbault est aussi aumônier des ursulines de Trois-Rivières et, durant quelques années, responsable de la desserte de Drummondville. À partir de 1830, le développement des écoles primaires accroît ses tâches. Il est à la fois syndic et visiteur, deux fonctions qui lui donnent la haute main sur le choix des institutrices, le contenu des programmes et la discipline. Ces activités lui laissent quand même quelques loisirs qu'il occupe à correspondre avec sa famille, à lire des ouvrages ecclésiastiques, des revues et des journaux. Il aime aussi visiter ses compatriotes, émigrés comme lui, qu'on retrouve regroupés dans des cures qui, près de Trois-Rivières, constituent une zone qu'on appelle alors « la petite France ». Il consacre le reste de son temps au séminaire dont il est le supérieur.

Dans l'esprit de Mgr Plessis, la tâche du supérieur consistait à cautionner la crédibilité du séminaire « par ses talents, sa science et sa vertu » et à superviser les orientations de cette institution. De fait, ce mandat plutôt vague permet à Raimbault de donner libre cours à son tempérament autoritaire et centralisateur. Rapidement, il en vient à s'immiscer dans tous les aspects de l'administration du séminaire. Il s'occupe de l'agrandissement des locaux de 1806 à 1809, des orientations pédagogiques, voire de l'admission et du progrès intellectuel des étudiants. Entre les directeurs successifs de l'établissement, dont

Paul-Loup Archambault*, et le supérieur, les accrochages sont fréquents. Le supérieur se plaint que les prêtres du séminaire ne l'assistent pas suffisamment dans son ministère paroissial et qu'ils ne le tiennent pas toujours au courant de ce qui se passe au séminaire ; de leur côté, les directeurs lui reprochent d'outrepasser son mandat. En 1816, Mgr Plessis entreprend de stabiliser l'institution. Il nomme Joseph-Onésime LEPROHON directeur et il met en marche le processus qui débouche en 1821 sur la constitution en corporation du séminaire. C'est l'occasion d'une certaine clarification des fonctions. L'évêque garde la haute main sur le séminaire. Il rédige les instructions du directeur et de l'économe de même que le règlement des élèves, mais se réserve toutefois d'autoriser les projets d'expansion. Le supérieur s'occupe sur place des travaux de construction et supervise la vie intellectuelle, spirituelle et matérielle de l'institution. Le directeur s'occupe de l'application des règlements, du contenu des études et de l'acquisition des équipements scolaires, et doit, tout comme l'économe, faire rapport au supérieur. Durant 25 ans, c'est le tandem Raimbault-Leprohon qui dirige le séminaire. De 1825 à 1830, ils procèdent à la construction d'un nouvel édifice, haut de trois étages et recouvert d'un toit à lucarnes, dont les plans sont de Jérôme Demers*. Par la suite, ils se soucient de doter le séminaire d'un corps professoral et d'un esprit propres à former une élite cléricale et laïque au service de l'Église.

Jean Raimbault meurt le 16 février 1841 en laissant le souvenir d'un pasteur zélé et d'un éducateur dévoué. Il lègue tous ses biens à son ami Leprohon, qui le remplace à sa cure, afin qu'il en fasse bénéficier les jeunes qui fréquentent le séminaire.

EN COLLABORATION

Les éléments factuels de cette biographie sont tirés de Louis Martin, « Jean Raimbault, curé à Nicolet de 1806 à 1841 » (thèse de M.A., univ. de Montréal, 1977).

AAQ, 210 A, II–IV, X–XVII. — ANQ-MBF, CE1-13, 19 févr. 1841. — AP, Saint-Jean-Baptiste (Nicolet), Livres des délibérations de la fabrique, 1734–1822 ; Livres de comptes, 1734–1822. — Arch. de l'évêché de Nicolet (Nicolet), Cartable Saint-Jean-Baptiste de Nicolet, corr. Jean Raimbault. — ASN, AO, Polygraphie, I–IV. — Bellemare, *Hist. de Nicolet*. — [L.-É. Bois], *Étude biographique sur M. Jean Raimbault, archiprêtre, curé de Nicolet, etc.* (Québec, 1869). — Douville, *Hist. du collège-séminaire de Nicolet*. — Claude Lessard, « l'Histoire de l'éducation au séminaire de Nicolet, 1803–1863 » (thèse de D.E.S., univ. Laval, 1963).

RAMSAY, GEORGE, 9ᵉ comte de DALHOUSIE, officier et administrateur colonial, né le 22 octobre 1770 à Dalhousie Castle, Écosse, fils aîné de George Ramsay, 8ᵉ comte de Dalhousie, et d'Elizabeth Glene ; le 14 mai 1805, il épousa Christian Broun, et ils eurent trois fils ; décédé le 21 mars 1838 à Dalhousie Castle.

George Ramsay reçut d'abord sa formation scolaire de sa mère, puis il étudia à la Royal High School d'Édimbourg et à l'University of Edinburgh. Après la mort de son père, survenue en novembre 1787, il crut de son devoir, peut-être pour des raisons financières, d'embrasser la carrière des armes ; aussi acheta-t-il en juillet 1788 une commission de cornette dans le 3rd Dragoons. Promu en janvier 1791 capitaine dans une compagnie indépendante qu'il avait levée lui-même, il rejoignit plus tard le 2ᵉ bataillon du 1st Foot, alors à Gibraltar. En juin 1792, il acheta la commission de major du 2nd Foot et, en décembre 1794, accéda au grade de lieutenant-colonel. Commandant du 2ᵉ bataillon de ce régiment aux Antilles à compter de 1795, il fut blessé en décembre au cours d'une attaque manquée contre un détachement français à la Martinique. Affecté en Irlande pendant la rébellion de 1798, Dalhousie participa l'année suivante à une expédition contre Le Helder (Pays-Bas) et reçut le grade honoraire de colonel en janvier 1800. Après avoir servi à Belle-Île-en-Mer, en France, et à Minorque, il commanda en 1801 des assauts contre les forts d'Aboukir et de Rosette (Rachîd), en Égypte. De retour à Gibraltar en 1802, il rejoignit l'état-major en Écosse l'année suivante en qualité de général de brigade et profita de l'occasion pour passer quelque temps dans son domaine, où il procéda à des améliorations agricoles.

Promu major général en avril 1808, Dalhousie prit part à la malheureuse expédition contre l'île Walcheren (Pays-Bas) et devint colonel du 6th Garrison Battalion en août 1809. À l'automne de 1812, on le plaça à la tête de la 7th Division, sous les ordres du marquis de Wellington, dans la péninsule Ibérique, et on le nantit pour la durée de son séjour en Espagne du grade de lieutenant général, qui lui serait accordé à titre permanent en juin 1813. Il participa à des engagements à Vitoria, en Espagne, dans les Pyrénées et à Toulouse, en France. En mai 1813, Dalhousie devint colonel du 26th Foot, distinction qu'il allait conserver toute sa vie. Même si, porté à la lenteur et au pédantisme, il ne comptait probablement pas parmi les meilleurs commmandants de Wellington, il reçut plusieurs honneurs, dont des remerciements de la part des deux chambres du Parlement pour ses services, un titre de chevalier en 1813 ainsi que la grand-croix de l'ordre du Bain en 1815, en même temps que la dignité de baron Dalhousie, pair du Royaume-Uni. Élu en 1796 au nombre des représentants des pairs d'Écosse, il siégeait depuis, en cette qualité, à la chambre des Lords. Il allait être promu général en juillet 1830.

À l'exemple d'un grand nombre d'officiers qui avaient servi sous Wellington dans la péninsule Ibérique, Dalhousie bifurqua vers l'administration coloniale une fois les hostilités terminées. Au printemps de 1816, il demanda à prendre la relève de sir John Coape Sherbrooke* au poste de lieutenant-gouverneur de la Nouvelle-Écosse. De cette façon, il escomptait remplacer un jour Sherbrooke au commandement en chef des troupes du Canada et être libéré d'une part de ses « soucis financiers », conséquence des lourdes dépenses qu'avaient entraînées les constructions qu'il avait faites dans son domaine « en ces temps difficiles pour tous ». Nommé en juillet, Dalhousie arriva à Halifax le 24 octobre. Il avait alors 46 ans. Intelligent, l'esprit bien meublé, il était animé d'un sens extrême du devoir, aimait à commander et s'attendait à être obéi, était froid, distant, quelque peu hautain, et avait une personnalité irritable que venait accentuer une foi austère de presbytérien écossais. Consciencieux jusqu'au scrupule et curieux de tout, il se lança tout de suite à la découverte de la province. Les paysages accidentés lui plaisaient, le progrès agricole le passionnait ; il prit donc l'habitude de faire à la campagne de fréquentes tournées dont il rapportait les impressions dans son journal. Pour rendre d'une façon plus vivante les détails de la vie provinciale, il emmenait avec lui un dessinateur officiel, John Elliott Woolford*, dont il parrainait la production, comme celle de quelques autres artistes.

L'attention de Dalhousie se porta immédiatement sur le sort des colons pauvres et sur celui des immigrants, alors de plus en plus nombreux. S'occuper des réfugiés noirs venus des États-Unis pendant la guerre de 1812 était urgent. Afin de les sauver de la famine, il renouvela la distribution de rations gouvernementales jusqu'en juin 1817 dans l'espoir qu'à cette date, s'ils étaient établis sur des terres et recevaient des semences et des outils, ils pourraient assurer eux-mêmes leur subsistance. Puis, comme le gouvernement britannique prêchait l'épargne, il réduisit de moitié le nombre des bénéficiaires à l'été de 1817 et réserva alors les rations aux vieillards, aux infirmes et aux familles qui avaient défriché leur lot. Néanmoins, il admettait que la plupart des réfugiés auraient encore longtemps besoin d'assistance, ce qui n'éveillait l'enthousiasme ni du Parlement néo-écossais ni des habitants. « Formés et accoutumés à l'esclavage, notait-il avec désespoir, délivrés de la menace du fouet, [les Noirs] confondent la liberté avec l'oisiveté et ne sont donc pas capables de travailler. » On parlait de les rapatrier aux États-Unis ou de les envoyer rejoindre en Sierra Leone les Noirs qui avaient déjà quitté la Nouvelle-Écosse, mais ils refusaient d'aller aux Antilles par crainte de retomber aux mains des négriers.

Dalhousie envisageait à peu près de la même façon la situation misérable des Indiens micmacs. Critique à l'égard de leur air d'indolence, il était disposé à placer des terres en fiducie pour ceux qui se montraient « prêts à s'établir et à cultiver la pomme de terre ». Il appuyait les initiatives humanitaires des prêtres catholiques et des réformateurs sociaux, tel Walter BROMLEY, mais il s'opposait aux efforts déployés par celui-ci et d'autres pour détourner les Micmacs de leurs coutumes et du catholicisme ; selon lui, cette attitude était « inconvenante » et tendait à « ruiner le projet de les rendre sédentaires ».

Au vu des difficultés que les immigrants britanniques éprouvaient eux aussi à s'établir, Dalhousie vantait les bienfaits que la société retirerait à long terme si le gouvernement les aidait à démarrer en leur fournissant des rations, des instruments aratoires et des semences. Acquérir une terre était si compliqué pour eux qu'il comprit bientôt la nécessité de s'attaquer à tous les obstacles qui se dressaient sur leur chemin : lourds honoraires perçus pour l'établissement des titres, déficiences des levés d'arpentage, fraudes des spéculateurs et grandes étendues de terre en friche qui appartenaient à des particuliers. La perspective d'avoir un petit lot bien à eux attirait sans doute les immigrants, mais Dalhousie caressait plutôt le projet de confier de vastes étendues à des propriétaires plus riches qui les loueraient ensuite à long terme aux nouveaux colons. « Tout homme […] est laird ici, constatait-il, et les classes […] constituées en Angleterre par les tenanciers et les paysans n'existent pas dans ces provinces et ne se formeront probablement pas tant qu'on n'aura pas tout à fait éliminé le régime de concessions foncières » pour le remplacer par la vente publique.

Dalhousie était impatient de promouvoir l'amélioration des techniques agricoles. Il noua des relations fructueuses avec John YOUNG, Écossais comme lui et marchand de Halifax qui lui dédia par la suite ses célèbres *Letters of Agricola* […], d'abord publiées de 1818 à 1821. Il pressa le Parlement, réfractaire, d'importer à ses frais, de Grande-Bretagne, des graines et du bétail de race supérieure. Il parraina et présida le Central Board of Agriculture, formé à Halifax. Des sociétés locales qui tenaient des foires annuelles et décernaient des prix suscitèrent un engouement monstre qui cependant s'éteignit bientôt, ce qui poussa Dalhousie à observer : « Il y a dans ce nouveau monde une aversion obstinée contre le progrès, qu'on peut maîtriser mais non déraciner ; une lenteur exaspérante pour un homme de l'autre hémisphère qui a vu combien les sciences et les arts bouillonnent dans les nations d'Europe et qui éprouve le désir de rendre les hommes d'ici aussi curieux, aussi énergiques que ceux de là-bas – mais ils tiennent à leur rythme, et il faudra plus qu'une vie d'homme pour accomplir ce qui selon moi pourrait être fait en quelques années à peine. »

Dalhousie avait cette conviction que le gouvernement provincial pouvait accélérer le développement en construisant des routes : elles ouvriraient la colonie au peuplement et au commerce, favoriseraient la circulation de l'information et pourraient servir aussi à des fins militaires. C'est dans cet esprit qu'on établit des soldats licenciés le long d'un chemin rural qui reliait Annapolis Royal à la côte sud. On réétudia avec sérieux la réunification du Cap-Breton à la partie continentale, envisagée depuis longtemps, car elle signifiait l'intégration de nouveaux habitants et de mines de charbon à une province en pleine évolution. Cependant, même si la Nouvelle-Écosse était « susceptible de grandes améliorations », l'intervention gouvernementale ne pouvait avoir que des effets limités, et Dalhousie était prompt, chaque fois que ses tournées lui permettaient d'en constater des indices, à louer les habitudes individuelles de travail et de sobriété ou à condamner la paresse et l'imprévoyance des couches inférieures.

Issu d'un milieu aristocratique, Dalhousie se sentait à l'aise surtout parmi l'élite civile et militaire de Halifax, dont lady Dalhousie a caricaturé certains des membres dans des portraits délicieusement espiègles. Aussi prêt à se lier avec des non-conformistes qu'avec des anglicans, il préférait sans aucun doute les conseillers aux députés et faisait une distinction entre « les hommes hautement respectables – disposés à appuyer le gouvernement en raison de leur loyauté et de leurs justes principes », et les « politiciens fourbes de Halifax, ou les colonels de province, bien plus portés sur le rhum et le prêche que soucieux de promouvoir le bien de l'État ». Son attitude envers les marchands de la colonie était plus ambivalente, sauf s'ils avaient la chance d'être des compatriotes écossais, mais il appuya avec vigueur les pétitions adressées au gouvernement britannique à propos des clauses de la convention anglo-américaine de 1818 sur le commerce. Les restrictions imposées par le Congrès à l'accès des navires étrangers aux ports américains menaçaient aussi bien la prospérité du secteur néo-écossais de transport des marchandises que l'importation, en provenance de la Nouvelle-Angleterre, d'approvisionnements nécessaires. Dalhousie se réjouit donc lorsque la Grande-Bretagne fit de Halifax un port franc, car ainsi les produits manufacturés qui passaient de la Grande-Bretagne aux États-Unis et les produits agricoles américains destinés aux Antilles pourraient continuer d'y transiter. Selon lui, c'était là « l'unique mesure susceptible de raviver l'initiative et l'humeur des marchands, [alors] au plus bas ». Par contre, comme l'ensemble de la population, Dalhousie s'inquiétait de la réadmission des Américains dans les territoires de pêche, et il appréhendait que de cette façon ils ne resserrent leurs liens commerciaux, et peut-être politiques, avec les petits villages de pêcheurs de la province.

En raison de la formation qu'il avait reçue en Écosse et de sa passion pour le progrès, Dalhousie déplorait le piètre état des études supérieures en Nouvelle-Écosse. Le King's College, incommo-dément situé à Windsor, donc à 40 milles de l'animation de la capitale, manquait de fonds, occupait un édifice délabré et pâtissait de la « violente guerre ouverte » que se livraient le directeur Charles Porter* et son adjoint William Cochran*. Pire encore selon Dalhousie, il n'accueillait que les anglicans, ce qui n'allait pas du tout dans une colonie formée aux trois quarts de non-conformistes. Décidé à briser le monopole de l'Église d'Angleterre et à soustraire l'éducation aux rivalités religieuses [V. Thomas McCulloch], Dalhousie conçut le projet de fonder un collège pour les jeunes de toutes confessions et de toutes classes sociales. Après avoir consulté George Husband Baird, recteur de l'University of Edinburgh, il envisagea d'imiter cet établissement, notamment en offrant des cours d'humanités, de mathématiques et, par la suite, de philosophie morale et naturelle. Le collège s'élèverait carré Grand Parade, à Halifax, et serait d'abord financé par des droits de douane perçus en 1814–1815 à Castine (Maine) pendant l'occupation britannique. Le 22 mai 1820, à l'occasion d'une grande cérémonie maçonnique et militaire, Dalhousie posa la pierre angulaire de l'établissement que, malgré ses sincères réticences, on avait baptisé en son honneur. La difficile tâche de réunir de l'argent pour achever les travaux, d'obtenir une charte royale et d'engager les premiers professeurs retomberait cependant sur les épaules de son successeur et ami sir James Kempt*. Dalhousie lui-même ne pourrait guère qu'observer de loin, impuissant, cette entreprise prématurée, déficitaire et encore sans vie faire long feu au milieu de l'indifférence du Parlement et de l'antipathie inquiète des anglicans de la Haute Église et de leur chef, le révérend John Inglis, dont Dalhousie dirait plus tard qu'il était un « jésuite hypocrite ».

Malgré tout ce qu'il trouvait à redire contre l'exclusivisme des anglicans, Dalhousie n'était pas toujours sensible aux revendications des non-conformistes. En réponse à un déluge de pétitions, le Parlement provincial adopta en 1819 un projet de loi controversé qui donnait aux ministres de toutes les confessions le droit, jusqu'alors réservé au clergé anglican, de célébrer des mariages avec dispense de bans. Dalhousie retint ce projet pour le soumettre au jugement impérial. Deux choses lui paraissaient inacceptables dans la façon habituelle de faire : il n'aimait pas signer des liasses de formules vierges et il considérait dangereuse la coutume suivant laquelle des ministres anglicans, moyennant rétribution, réacheminaient ces permis à leurs collègues non conformistes afin qu'ils puissent officier selon leurs rites. Si l'on devait changer le système, Dalhousie voulait que le mariage avec dispense de bans demeure un privilège et qu'il ne soit assurément pas étendu à des ecclésiastiques autres que ceux de l'Église d'Écosse. Il existait d'amples garanties quant aux principes solides et à l'intégrité du clergé des deux Églises établies, croyait-il, mais non quant à ceux des prédicateurs improvisés qu'entretenaient les congrégations non conformistes.

Dalhousie n'était donc pas d'accord avec l'Assemblée sur les dispenses de bans, mais la réforme de la milice provinciale les opposait bien davantage. Inquiet de la vulnérabilité de la colonie, de ses casernes et fortifications en ruine, du fait que les soldats britanniques suffisaient à peine au maintien d'une garnison régulière à Halifax, Dalhousie tenait beaucoup à une milice efficace. Or, à compter de 1818, deux Assemblées refusèrent successivement d'accueillir ses propositions de réorganisation et d'inspection de la milice parce qu'elles allaient probablement entraîner une hausse des dépenses. Ce débat envenima tant les dissensions que le contrôle des finances suscitait entre le lieutenant-gouverneur et l'Assemblée qu'en 1820 leurs relations jusque-là cordiales s'en trouvèrent rompues. À la fin de la session, tandis qu'il se préparait à aller occuper le poste de gouverneur à Québec, Dalhousie découvrit, trop tard, que l'Assemblée avait omis d'affecter des crédits à l'inspection de la milice, une manœuvre en sous-main, selon lui, bien caractéristique de l'irritabilité grandissante de l'Assemblée. Ne montrait-elle pas depuis quelque temps une propension aux tractations secrètes, irrégulières, « une espèce de jalousie envers le Conseil et une inclination à refuser en cours de session tout rapport avec le gouvernement exécutif » ? Le geste de l'Assemblée était aussi, pour Dalhousie, une insulte personnelle au représentant du roi. « Je suis déçu et irrité, notait-il, qu'une poignée de Yankees intrigants [...] m'aient trompé et vaincu ». Dans un accès de colère, il refusa l'étoile et l'épée d'une valeur de 1 000 guinées que l'Assemblée avait décidé de lui remettre en gage d'estime, à l'occasion de son départ. Puis, blâmant le président de la chambre, Simon Bradstreet Robie*, il déclara qu'il n'aurait pas accepté de nouveau, dans cette haute fonction, cet « avocaillon sournois », inconstant et chicanier. Peut-être valait-il mieux, tant pour le climat politique de la Nouvelle-Écosse que pour sa propre tranquillité d'esprit, que Dalhousie soit sur le point de passer ses pouvoirs à Kempt, plus souple.

Dalhousie avait toujours considéré son séjour en Nouvelle-Écosse comme un apprentissage essentiel en vue du « haut et important commandement du Canada ». Dans son esprit, lui et le comte Bathurst, secrétaire d'État aux Colonies, avaient convenu tacitement qu'il succéderait à Sherbrooke qui au début de 1818, après une attaque d'apoplexie, avait appuyé publiquement sa candidature. Aussi avait-il été blessé et fâché d'apprendre que le commandement qu'il convoitait tant était allé au duc de Richmond [Lennox*], l'impécunieux beau-frère de Bathurst. Au cours d'une grande tournée du Canada, à l'été de 1819, il avait rencontré Richmond et l'avait informé de son intention de démissionner à l'automne. Puis, en septembre, il apprit que le duc était mort de la rage. Dalhousie se retint cette fois de solliciter le poste et attendit de voir s'il irait à Québec ou se retirerait en Écosse. Entre-temps, il médita sur le défi que représentait le Bas-Canada, « contrée où de violents sentiments partisans sépar[aient] depuis longtemps les deux classes distinctes de sujets du roi – les Anglais et les Français ». Occuper ce commandement, songeait-il, serait « jouer quitte ou double ; en réussissant [il se] couvrirai[t] d'honneurs, en échouant [il] perdrai[t] la petite part de considération dont [l'avait] gratifié [son] pays ». Il apprit en novembre, avec un mélange de bonheur et de crainte, qu'il serait gouverneur en chef de l'Amérique du Nord britannique à compter du 12 avril 1820.

Dalhousie quitta Halifax le 7 juin, en emportant avec lui de bons souvenirs et en laissant des regrets sincères parmi ses amis et les conseillers de la province. Il arriva à Québec le 19. Certes, la capitale occupait un site assez majestueux, comme il convenait à la ville d'un vice-roi, mais les rues étaient « étroites et sales, les gens bruyants et criards », et l'on se butait « à chaque tournant [sur] des moines et des religieux ». Le château Saint-Louis, sa résidence officielle, le consterna. L'un après l'autre, les gouverneurs s'étaient transmis, à des prix exorbitants, leurs meubles dépenaillés, ce qui donnait « des appartements bigarrés dans lesquels chaque génération a[vait] payé pour les guenilles de la précédente et, se débarrassant du pire, a[vait] ajouté un peu de neuf pour assurer tant bien que mal son confort ». Contraint de débourser £5 000 avant même d'avoir touché un seul shilling de son salaire, Dalhousie se plaignit de ne pouvoir se payer « le genre de mobilier qui [seyait] à la résidence officielle du gouverneur général des dominions américains de Sa Majesté ».

Comme des élections générales étaient en cours et qu'il n'avait pas à convoquer le Parlement avant plusieurs mois, Dalhousie put tranquillement passer l'été à se familiariser avec le Bas-Canada, ses habitants et leurs affaires. Il s'offrirait ainsi chaque année l'agrément de longues excursions dans le Haut et le Bas-Canada et se réfugierait aussi souvent que possible à la maison du gouverneur à William Henry (Sorel), car il détesterait de plus en plus Québec. Dès le début, il tint à continuer de consacrer seulement trois jours par semaine à ses fonctions officielles, réservant les autres à ses occupations personnelles, à sa correspondance privée et à ses lectures. Malheureusement, le cottage de William Henry était si exigu qu'offrir à des amis un lit pour la nuit ou recevoir des invités à dîner était impossible. Pendant quelques années, Dalhousie tenta en vain de persuader les autorités britanniques de construire dans ce lieu stratégique une maison plus digne de son titre de commandant des troupes. Son échec montre bien que les Britanniques se souciaient comme d'une guigne de ce que le gouverneur ait ou non de quoi tenir son rang, « très mauvaise politique », maugréait-il, dans une province où « une bonne part des maux prov[enaient] du réel *état de mépris* dans lequel le représentant du roi [était] tenu, sans une maison où mener une existence convenable ni pouvoir de récompenser le mérite ou les contributions au bien public ».

Comme en Nouvelle-Écosse, Dalhousie se lança dans l'agriculture. En 1821, il acheta 50 acres adjacentes à la propriété de William Henry pour la somme de £400. Dès 1823, il avait 41 acres de trèfle, 200 moutons et 6 vaches ; de plus, il avait asséché 20 acres de marécages où il cultiva ensuite de l'avoine et de l'herbe. En 1821, il loua 50 acres à Wolfesfield, aux abords de Québec. La même année, il manifesta plus d'ambition en louant, des commissaires des biens des jésuites, un établissement de 250 acres à Beauport où il entendait « aménager pour les gouverneurs futurs une ferme qui servira[it] de dépendance au château, ce qui pourrait non seulement se révéler un exemple pour la population mais aussi être utile à la famille ». Cependant, une mauvaise administration et de « lourdes dépenses » le forcèrent à abandonner moins d'un an plus tard. Lui-même et sa femme commencèrent aussi un jardin botanique et échangeaient assidûment des plantes avec Dalhousie Castle.

Les Dalhousie parrainaient avec dynamisme des organismes sociaux et culturels qui pourraient éveiller au Canada le « progrès intellectuel » alors évident en Grande-Bretagne. Le gouverneur soutenait la Quebec Bible Society et la Société d'école anglaise et canadienne de Montréal [V. William Lunn*] et donnait des livres et de l'argent à des bibliothèques de village. Il remit des castors et des ours à une société zoologique et envoya même une collection d'oiseaux empaillés au musée du collège d'Édimbourg. Afin de préserver les volumineuses notes que les jésuites et d'autres communautés religieuses avaient amassées sur le passé des tribus indiennes et afin de stimuler la recherche, Dalhousie joua un rôle important en 1824 dans la fondation de la Société littéraire et historique de Québec. Puisqu'« en Angleterre, rêvait-il, ces sociétés favoris[aient] toutes les formes d'avancement, celui du loisir, de l'instruction, de la morale et de la religion, au Canada elles [allaient et même devraient] favoriser d'abord l'harmonie dans la vie privée ; l'usage des livres abattra[it] la tyrannie étriquée du clergé catholique, fera[it] éclore de nouvelles idées, de nouveaux sentiments mieux adaptés à l'état présent du monde civilisé ». Il versait £100 par an à la société car, « si on ne lui imprim[ait] pas un élan tout de suite, […] elle risqu[ait] de se faner et de mourir, comme il arriv[ait] dans la province à presque toutes les plantes européennes ou étrangères ». La société fit venir de Londres des livres, des

instruments et un cabinet de spécimens minéralogiques. Cependant, l'assistance aux réunions demeurait faible. « Nous progressons avec une misérable lenteur, se lamentait-il en 1827 ; le manque de talents, d'éducation et de sentiment libéral dont souffre cette terre catholique élève de tristes obstacles devant toute tentative comme celle-là. » La même année, lady Dalhousie présenta à la société un exposé sur la flore canadienne. Si elle montrait pour les sciences un intérêt exceptionnel chez une femme de son époque, elle jouait aussi avec enthousiasme le rôle plus conventionnel qui revenait à l'épouse d'un gouverneur, celui de marraine de la littérature et des arts. En 1824, l'écrivaine Julia Catherine Beckwith* lui avait dédié son roman *St Ursula's convent* […].

Pendant l'été de 1820, avant d'être absorbé par les affaires des colonies, Dalhousie avait entrepris, surtout à des fins militaires, une visite des établissements de l'est du Haut-Canada, de la vallée de l'Outaouais et du sud-ouest du Bas-Canada. L'année suivante, en compagnie de Woolford, il se rendit jusqu'au lac Supérieur. Il renonça à présenter ses lettres de créance de gouverneur du Haut-Canada au Conseil législatif afin de ne pas effaroucher le susceptible lieutenant-gouverneur, sir Peregrine Maitland*. Toutefois, il était convaincu que « le gouverneur en chef devait prendre une part active à l'administration des divers gouvernements confiés à ses soins » ; sans vouloir s'ingérer dans les pouvoirs locaux des lieutenants-gouverneurs, il pensait que ceux-ci devaient le tenir « au courant, par voie confidentielle, des mesures publiques et de la situation générale des provinces ».

Ces tournées d'inspection raffermirent en Dalhousie la conviction qu'il serait utile d'affecter des fonds coloniaux et britanniques à l'amélioration des communications par terre et par eau dans le Haut et le Bas-Canada : la défense militaire s'en trouverait renforcée et de nouvelles régions s'ouvriraient au peuplement. Il fallait en particulier de grandes routes pour relier Montréal à Bytown (Ottawa) et aux Cantons-de-l'Est ainsi que des chemins vicinaux pour desservir les établissements qui se multipliaient dans les districts de l'Ouest. Comme d'autres militaires, Dalhousie favorisait ardemment la canalisation, surtout dans le bassin des rivières des Outaouais et Rideau. On parlait abondamment de la possibilité que l'Assemblée bas-canadienne participe aux frais et, dès 1825, après qu'une commission militaire dirigée par sir James Carmichael SMYTH eut présenté un long rapport sur les besoins du Canada en matière de défense et les crédits qu'il faudrait y affecter, on chargea le Board of Ordnance de creuser et de financer le canal Rideau. En 1826 et 1827, Dalhousie visita le chantier grandiose du colonel John BY, qui allait coûter bien cher au contribuable britannique. Il fut également impressionné par l'importance d'un autre ouvrage public, le canal de Lachine [V. John Richardson*], qu'il alla voir en mai 1826 et auquel, à son grand regret, les Canadiens ne s'intéressaient pas plus qu'à la splendide église Notre-Dame, alors en construction à Montréal [V. James O'Donnell*]. « Il faut conclure, disait-il, qu'il n'existe [ici] aucune disposition naturelle pour les travaux d'utilité générale – [les Canadiens] resteront jusqu'à la fin des temps indolents, satisfaits, dépourvus d'ambition et d'initiative. »

Dalhousie fit valoir aux autorités britanniques que l'aménagement de canaux offrirait en outre des emplois immédiats aux immigrants qui arrivaient en masse à Québec mais dont les deux tiers se laissaient attirer par les États-Unis au lieu de grossir les rangs épars de la population canadienne. La manière dont les Américains s'installaient dans les régions qui entouraient la frontière ouest l'inquiétait profondément ; « [ils se placent], notait-il, entre nous et les dernières tribus de guerriers de cette région pour mettre fin à notre alliance avec elles et [les soustraire] à notre influence ». Il fallait encourager des gens loyaux à s'établir dans l'Ouest et s'atteler à former parmi eux une milice efficace qui ferait preuve de bonne volonté. Par ailleurs, concluait-il, l'afflux d'immigrants britanniques permettait d'interrompre l'établissement de colonies militaires, qui était coûteux.

Au début des années 1820, quelque 10 000 immigrants débarquaient chaque année à Québec. Parmi eux, un bon nombre d'Irlandais pauvres mettaient la générosité et la bonne volonté des colons à rude épreuve, car le Parlement provincial et le gouvernement britannique n'étaient guère disposés à dépenser des fonds publics pour des miséreux dont la venue n'était pas souhaitée. Inquiet de l'invasion de ces Irlandais nécessiteux et turbulents, Dalhousie s'opposait fermement aux programmes d'assistance à l'émigration sanctionnés par le ministère des Colonies en 1823 et 1825. Les nouveaux colons amenés par Peter ROBINSON, alléguait-il, n'étaient pas assez encadrés et occupaient, dans le Haut-Canada, des terres trop isolées et trop proches de la frontière américaine. Selon lui, les fonds publics devaient servir non pas à faire venir des Britanniques, qui de toute façon payaient leur traversée par milliers, mais à préparer des lieux de peuplement. De plus en plus, il en vint à considérer la baie des Chaleurs, en Gaspésie, comme un meilleur endroit pour les immigrants, car elle était accessible par bateau, facile à approvisionner et n'offrait aucune distraction aux individus, qui n'avaient donc d'autre alternative que de travailler ou de mourir de faim.

Comme l'immigration avait pris beaucoup d'importance, les problèmes de l'administration foncière au Canada retenaient encore plus l'attention de Dalhousie qu'ils ne l'avaient fait en Nouvelle-Écosse.

Des milliers d'acres détenues par des propriétaires absentéistes demeuraient à l'état sauvage ; la couronne devait donc avoir le pouvoir de confisquer toutes les concessions en friche. En outre, le peuplement et les communications étaient ralentis par une pratique « contraire tout à la fois à la sagesse, à la saine politique et au bien », celle qui consistait à réserver à la couronne et au clergé, à titre de dotations, des terres qui jusque-là n'avaient rapporté que des revenus négligeables. Personne n'allait accepter de louer une terre de ce genre s'il pouvait avoir un petit lot bien à lui. Quant au monopole anglican sur les réserves du clergé, donc au fait que l'Église établie d'Écosse n'avait droit à aucune part des dotations foncières, il ulcérait le gouverneur presbytérien. Cette iniquité qui, soutenait-il, avait « engendré beaucoup de rancunes et de sentiments peu charitables » entre les clergés anglican et presbytérien devait « être éliminée, sans quoi l'irritation [qu'elle provoquait] se transforme-ra[it] en un mécontentement profond puis [...] finalement en déloyauté ». Tant dans le cas des réserves de la couronne que du clergé, Dalhousie favorisait le remplacement des concessions et des baux par des ventes. Nullement opposé aux grands propriétaires, il rejetait néanmoins le recours à des compagnies de colonisation monopoleuses et spéculatrices, telles la Canada Company [V. John GALT] et la Lower Canada Land Company [V. William Bowman FELTON], pour accélérer le peuplement, qui était nécessairement un lent processus.

Dalhousie souhaitait non seulement resserrer l'autorité du gouvernement sur l'octroi des terres mais renforcer l'appareil qui assurait la loi et l'ordre. « Le pays est devenu trop grand pour les vieux règlements établis, disait-il à Kempt. Il faut maintenant dans chaque comté ce qui, il y a 50 ans, suffisait à toute la province. Le tribunal itinérant, le jury d'accusation et les Sessions t. [la Cour des sessions trimestrielles] ne suffisent plus dans les *districts* ; étant donné l'immensité de la population, il faut plus de magistrats, plus de prisons et une plus fréquente application des lois qu'il n'en fallait autrefois. »

Soucieux de faire régner le calme en politique, Dalhousie était décidé à se tenir au-dessus des querelles partisanes qui avaient agité le Bas-Canada peu de temps auparavant. « On dirait [...] que la popularité a été l'unique objectif de [...] tous les gouverneurs du Canada, et deux chemins seulement y menaient : [appuyer] les Français ou les Anglais, les catholiques ou les protestants, [...] et immanquablement, chaque chef a emprunté la voie contraire à [...] celle de son prédécesseur – il n'y a ni constance ni prudence [...] et le mal a été d'autant plus grand que les gouverneurs ont changé souvent. » Dalhousie voulait n'être redevable à personne, éviter les « manœuvres politiques qui [... avaient] conduit le gouvernement lui-même à être la cause des problèmes ». Ce n'était pas facile dans une collectivité divisée où les hommes politiques poursuivaient les faveurs avec un « appétit vorace ». Comme il ne connaissait personne, il décida de se « méfier surtout des conseils de ceux qui dét[enaient] le pouvoir, parce qu'ils risqu[aient] davantage d'avoir eu l'esprit faussé ou influencé par des discussions antérieures ». Pour les avis politiques et l'assistance administrative, il devait donc se rabattre sur des fonctionnaires ordinaires qui avaient peu de poids. Ainsi son secrétaire civil à compter de 1822, Andrew William COCHRAN, était un assistant et un confident aux qualités admirables mais, hors du cercle des fonctionnaires britanniques, il avait peu de relations politiques utiles. Par choix et en raison des circonstances, Dalhousie comptait sur ses propres ressources ; il était donc vulnérable et bien seul.

Au début, Dalhousie entendait aussi prêter aux Canadiens toute l'attention qu'ils méritaient. Il se sentait spontanément attiré par les simples habitants, qu'il trouvait soumis et respectueux, pleins de « civilité et même de raffinement ». Peut-être lui rappelaient-ils les petits fermiers des Highlands, tout comme les seigneurs canadiens ressemblaient assez aux lairds d'Écosse. « S'il y a de l'agitation et du mécontentement [parmi les Canadiens], notait-il, c'est du côté des avocats, qui de tout temps se sont plu en eaux troubles. » Néanmoins, « la justice exige[ait] que le chemin des honneurs soit ouvert, dans toutes les branches de la fonction publique, aux fils des vieilles familles canadiennes ». Au bout du compte, on gagnerait la loyauté de tous en désavouant toute distinction, religieuse ou ethnique, et en ne distribuant les charges ou les faveurs qu'« en fonction de la compétence ou de la conduite ». Conséquemment, en décembre 1820, Dalhousie nomma le président de l'Assemblée, Louis-Joseph Papineau*, au Conseil exécutif. Non pas parce qu'il l'aimait ; au contraire, c'était d'après lui un « avocat malcommode et maussade, quoique habile, [qui] connai[ssait] à peine les règles de la bonne société ». Il n'entendait pas non plus, par son geste, « flatter ou cajoler » l'Assemblée. Il voulait plutôt que la population « sache qu['il] jou[ait] franc jeu avec elle, sans recourir à l'intrigue ni à l'artifice », et espérait ainsi « pousser chaque homme public à remplir au mieux les devoirs de sa charge et favoriser l'unanimité et la coopération cordiale dans les affaires publiques ».

Cependant, les relations de Dalhousie avec les députés canadiens mirent à rude épreuve ses réserves d'impartialité et de patience. En dépit de ses bonnes intentions, il présentait toujours deux faiblesses funestes : un tempérament irascible et un conservatisme politique mal adapté à la conjoncture. En lisant l'histoire de la Grande-Bretagne, il s'identifiait aux premiers rois de la maison des Stuart et se voyait, comme eux, défendre la prérogative de la couronne contre les empiétements du Parlement. Mais leur situation avait beau lui paraître « particulièrement semblable » à la sienne, elle ne lui fournissait pas un exemple adéquat pour faire face à une Assemblée coloniale résolue à élargir ses pouvoirs aux dépens du gouverneur et des deux conseils. Dalhousie considérait la prérogative royale comme une forme constructive d'autorité et estimait que « le représentant du roi dans les provinces [du Canada devait] servir de guide et de timonier chaque fois qu'une mesure publique touch[ait] l'ensemble des intérêts de la population ». L'Assemblée avait un rôle tout à fait subalterne, et son devoir était d'obéir aux directives de l'exécutif. Dans les inévitables querelles qui l'opposèrent à la chambre, Dalhousie se montra extrêmement jaloux de son autorité et de sa dignité de représentant du souverain et, d'instinct, fit de toute attaque ou de tout revers une affaire personnelle. Faute de souplesse et de sens des proportions, il laissa de banals incidents se transformer en de grands débats constitutionnels. À l'instar de tous les administrateurs impériaux qui se voyaient assiégés, à l'époque comme par la suite, il attribuait les initiatives, les critiques et la résistance de l'Assemblée à une poignée d'agitateurs ambitieux qui ne représentaient pas la portion éclairée de la collectivité mais exerçaient une séduction temporaire sur une masse ignorante.

À la fois sujets satisfaits et politicailleurs turbulents : tels étaient les Canadiens aux yeux de Dalhousie, qui avait une perception tout aussi ambivalente de l'Église catholique du Bas-Canada. La religion catholique, reconnaissait-il, pouvait être une force conservatrice et stabilisatrice ; elle pouvait protéger la colonie contre l'influence américaine, sinon inculquer la loyauté envers l'Empire. Selon lui, on ne devait rien ménager pour encourager l'Église à promouvoir l'instruction de la jeunesse canadienne. Aussi fit-il valoir au secrétaire d'État aux Colonies, fermement mais en vain, qu'il serait avantageux de retirer la surintendance des écoles catholiques à l'Institution royale pour l'avancement des sciences, dominée par les protestants, et de la confier à un organisme parallèle mais catholique [V. Joseph Langley Mills*]. En se faisant le champion des activités éducatives et pastorales du clergé catholique, Dalhousie aurait pu s'assurer de sa part un appui inestimable. Mais il était trop presbytérien pour ne pas se méfier du catholicisme et soupçonner invariablement le prêtre qui se mêlait de politique.

La méfiance de Dalhousie s'étendait à l'influent archevêque de Québec, Joseph-Octave Plessis*, qui aurait pu lui apporter l'appui des Canadiens modérés s'il avait cherché un terrain d'entente avec lui, comme l'avaient fait avec profit sir George Prevost* et Sherbrooke. Dès l'abord, Dalhousie accusa plutôt ses deux prédécesseurs d'avoir trop penché en faveur des Canadiens et de ne pas avoir évité le piège de la partialité. En outre, même s'il partageait avec Plessis certaines vues sur l'éducation, il s'inquiétait du prestige et de l'autorité de l'archevêque et craignait que le clergé ne finisse par avoir une telle emprise sur la province qu'il en devienne outrecuidant. D'abord source de perplexité pour le gouverneur, l'indépendance de Plessis au Conseil législatif l'irrita ensuite, probablement parce qu'il subissait l'influence de Herman Witsius RYLAND et de Andrew William Cochran. De plus en plus, il voyait en Plessis l'un des inspirateurs du parti canadien, un fauteur de discorde entre les deux chambres, un « sombre hypocrite et [un] intrigant ». Selon lui, l'empire de l'archevêque sur les députés, curés et simples électeurs catholiques était si puissant qu'il faussait la liberté des débats et le jeu de la constitution. Le gouverneur ne voyait pas d'un meilleur œil les « pernicieuses machinations » de Jean-Jacques LARTIGUE, cousin de Papineau et de son allié Denis-Benjamin Viger* et suffragant montréalais de l'évêque de Québec. Aussi en vint-il à souligner à Bathurst l'urgence de réaffirmer l'autorité de la couronne sur l'Église et même à prétendre que les prêtres les plus respectables – soit particulièrement, d'après lui, François-Xavier PIGEON et Augustin Chaboillez* – voulaient que le gouvernement le fasse.

Au fil des ans, à mesure que ses relations avec l'Assemblée et le clergé se détérioraient, Dalhousie perdit sa sympathie première pour les catholiques canadiens. Bientôt, sa défiance devint telle que son intention de les accueillir dans l'administration coloniale s'en trouva affaiblie. Il prétendait que la rareté des candidats qui satisfaisaient à ses critères élevés de compétence et de conduite annihilait ses efforts dans ce sens.

Pourtant, Dalhousie avait abordé avec un optimisme considérable sa première session législative, celle de 1820–1821. Les seuls litiges surgiraient probablement autour des finances et devraient être promptement réglés si le gouvernement britannique affirmait sans équivoque que l'affectation des revenus de la couronne et celle des revenus provinciaux devaient demeurer distinctes. Depuis des années, l'Assemblée tentait de grignoter le pouvoir de l'exécutif, notamment en alléguant son droit au contrôle de l'affectation de tous les revenus. En 1818, Sherbrooke avait aménagé un compromis qui aurait pu se révéler un précédent fructueux. Cependant, son successeur, Richmond, avait adopté la ligne dure, recommandant à Bathurst qu'aucun projet de loi sur la liste civile ne soit approuvé à moins qu'on n'ait voté inconditionnellement et de manière permanente le total des crédits demandés. Accepté, cet avis avait été transmis à Dalhousie pour sa gouverne.

Cette stratégie musclée convenait aux inclinations personnelles de Dalhousie. En 1820–1821, il demanda au Parlement provincial d'adopter un projet de loi de finances pour toute la durée de la vie du roi, ce qui provoqua tout de suite un affrontement entre les deux chambres. Sur l'initiative de John Richardson, leader des marchands de Montréal, le Conseil législatif, non content de rejeter le projet de loi, adopta une série de résolutions qui s'intégrèrent au règlement de la Chambre haute. Au mépris de l'usage constitutionnel anglais, et en des termes insultants pour la Chambre basse, le conseil affirma son autorité sur la forme et la procédure d'adoption des futurs projets de loi de finances. Heureux que le conseil montre tant d'audace devant l'Assemblée, qui avait tenté « par un coup de force de dicter toutes les mesures gouvernementales », Dalhousie se rangea d'instinct à ses côtés. À la session de 1821–1822, il redemanda une liste civile permanente, mais l'Assemblée refusa d'adopter un quelconque projet de loi portant affectation de crédits avant que le conseil n'ait retiré ses résolutions offensantes. Lorsque celui-ci parut près de céder, le gouverneur, flairant l'influence de Plessis, alla jusqu'à menacer de destitution ceux qui, parmi les conseillers hésitants, étaient des employés de l'État – tactique qui eut « les meilleurs effets », nota-t-il avec complaisance. Dalhousie était convaincu que les députés avaient beaucoup trop présumé de leur puissance et qu'ils seraient désavoués par leurs électeurs dès que l'impasse financière aurait entraîné une suspension des services provinciaux. De même, les autorités londoniennes les verraient enfin sous leur vrai jour. Il décida donc de s'accorder un moment de répit et d'attendre le salut d'un projet de loi qui, présenté au Parlement impérial en juin 1822, proposait de réunir le Bas et le Haut-Canada, ce qui aurait pour effet de créer un Parlement à majorité anglophone. Même s'il n'avait pas été consulté au sujet de ce projet de loi, il déclara à Cochran : « Je me réjouis de cette percée de soleil sur la province », car il considérait n'avoir sous la constitution de l'époque qu'un « pouvoir de façade ». Mais ses espoirs furent déçus : critiqué à la chambre des Communes, le projet fut retiré par les ministres en juillet.

En 1823, tandis que Papineau était à Londres pour contrer le retour en chambre du projet de loi sur l'union et qu'un homme plus conciliant, Joseph-Rémi VALLIÈRES de Saint-Réal, occupait la présidence de l'Assemblée, les leaders canadiens acceptèrent un accommodement partiel et temporaire quant aux finances. L'Assemblée se montra même si généreuse dans l'affectation de crédits à des fins provinciales qu'elle coupa l'herbe sous le pied à Dalhousie qui, en réaction à l'impasse financière des années précédentes, tentait de sabrer dans les dépenses gouvernementales. En se montrant économe, pensait-il, il aurait assez d'argent pour toutes les dépenses raisonnables, une fois qu'on aurait tiré au clair les comptes publics. Toutefois, il n'avait pas prévu qu'on se rendrait compte cette année-là que le receveur général John CALDWELL avait détourné quelque £96 000 des fonds publics pour faire de la spéculation commerciale. Ce geste, qui éclaboussa le gouvernement de Dalhousie, se mérita un blâme des plus sévères de la part de ce dernier. Au cours de la session de 1824, l'Assemblée enquêta sur l'affaire Caldwell et fit appel à « la justice et [à] la générosité des Britanniques afin qu'ils payent le déficit à la province » ; après tout, Caldwell était un fonctionnaire impérial, et c'était à eux qu'incombait la vérification de ses comptes. En même temps, elle produisit de nouveau une liste d'injustices commises par la métropole, annonçant ainsi qu'elle n'avait plus l'humeur à la conciliation. Elle refusa de voter les crédits, et Dalhousie déplora l'évidente faiblesse du gouvernement en chambre : aucun puissant porte-parole n'était là pour présenter ou défendre le point de vue de l'exécutif ni servir d'intermédiaire entre celui-ci et l'Assemblée. En mettant fin à une session stérile, le gouverneur espérait à part lui qu'aux élections suivantes « les citoyens sensés du pays » rejetteraient les chamailleurs qui leur servaient de représentants et qu'à ce moment le Parlement impérial interviendrait en présentant un nouveau projet d'union.

Dalhousie se mit alors à songer à un prochain congé en Grande-Bretagne et à des projets plus lointains. Périodiquement, depuis ses premiers jours à Québec, il souffrait du mal du pays et pestait contre sa situation. À la fin de 1821, il avait fait ces réflexions : « Je suis irrité et fatigué […] de gaspiller ma vie ici. Je quitterais volontiers mon commandement […] si je pouvais le faire dans l'honneur. Mais puis-je abandonner ma tâche simplement parce qu'elle est assommante, malaisée et difficile ? […] Puis-je m'avouer incapable d'occuper un poste où je me suis en quelque sorte imposé ? Puis-je confesser à mon souverain que mon manque de fermeté et de persévérance me rend indigne de sa considération ? Quoi qu'il advienne, je ne puis m'infliger pareille disgrâce. »

Néanmoins, Dalhousie ne pouvait faire totalement abstraction de ses difficultés personnelles. En 1821, il s'alarma de plus en plus des écarts que présentaient les états financiers de ses représentants en Écosse. Pendant l'été de 1822, il souffrit de nouveau d'une inflammation oculaire et d'une vue embrouillée, malaises qui s'étaient manifestés pour la première fois à la veille de son départ de la Nouvelle-Écosse. La plupart du temps, il restait confiné dans une chambre obscure à William Henry ; ni les ventouses ni les médicaments ne le soulageaient beaucoup. En 1823, on l'autorisa à partir en congé, mais il différa son départ pour faire une visite officielle en Nouvelle-Écosse pendant l'été. Ses vieux amis et admirateurs le reçurent royalement, et il eut droit à des adresses flatteuses. Heureux comme un poisson dans l'eau, il vit dans ces égards « la récompense de [ses] services ». Enfin, le 6 juin 1824, il quitta Québec pour la Grande-Bretagne, sans savoir s'il reviendrait.

Ce voyage, Dalhousie l'entreprenait en partie pour éclairer le ministère des Colonies sur les problèmes bas-canadiens ; les résultats en furent désastreux pour lui, tant du point de vue personnel que politique. Sagace, courtois et conciliant, Bathurst trouvait que le gouverneur n'était qu'un Écossais austère, terne et ennuyant, et il prit bien garde de l'inviter à sa maison de campagne du Gloucestershire, où il recevait pourtant nombre de visiteurs du Canada. Dalhousie lui-même observa : « Je n'abordais jamais les affaires canadiennes avec lui sans qu'il ne m'écoute avec impatience, et il paraissait soulagé quand je me levais pour prendre congé. » Le gouverneur se retira dans son château en Écosse pour régler des affaires personnelles et laissa Cochran discuter de questions officielles à Londres en son nom.

À son départ de Québec, Dalhousie avait confié la suppléance au lieutenant-gouverneur sir Francis Nathaniel Burton* en l'avisant de retarder jusqu'à son retour la convocation de la nouvelle chambre, qui devait être élue à l'été de 1824, à moins qu'il ne se sente prêt à la désagréable tâche de refuser la nomination de Papineau à la présidence. Cependant, conseillé par Herman Witsius Ryland, qui avait une dent contre Dalhousie, Burton entrevit bientôt de quelle gloire il pourrait se couvrir s'il dénouait la crise financière par une initiative audacieuse. Il convoqua le Parlement en 1825, persuada l'Assemblée de voter les crédits pour un an sans soulever d'inopportunes questions de principe puis, surtout par l'intermédiaire de Ryland et de Plessis, obtint que le Conseil législatif approuve le projet de loi. Quand Dalhousie eut vent de ce coup d'éclat, triomphalement rapporté au ministère des Colonies, il protesta que l'arrangement concédait implicitement à l'Assemblée le droit d'affecter les revenus de la couronne. Ses arguments convainquirent Bathurst qui, en juin 1825, blâma Burton d'avoir désobéi aux instructions de 1820–1821 sur les questions financières. Dalhousie revint à Québec à la mi-septembre, confiant d'avoir l'appui de ses supérieurs dans le différend financier, et Burton s'embarqua pour Londres.

La sérénité de Dalhousie fut vite ébranlée. Burton se défendit de manière convaincante et fut lavé de tout blâme par le secrétaire d'État aux Colonies ; triomphant, il informa Papineau et ses amis que Dalhousie avait perdu la confiance de ses supérieurs. Furieux, celui-ci compara à « l'excuse d'un écolier » la prétention de Burton selon laquelle il ignorait les instructions de 1820–1821 parce que Dalhousie les avait emportées en Grande-Bretagne. « Il en connaissait fort bien la substance quand il était au Canada, répliqua-t-il, pour avoir entretenu pendant deux ans avec moi des rapports confidentiels et des relations d'amitié. » En retirant sa réprimande, se plaignit-il, Bathurst le dépouillait de l'autorité nécessaire au rejet d'un projet de loi semblable à celui de Burton.

Ramsay

Profitant, en 1826, d'une visite personnelle du juge en chef Jonathan SEWELL en Angleterre, Dalhousie tenta de convaincre le secrétaire d'État aux Colonies d'intervenir fermement et de faire modifier la constitution provinciale par le Parlement britannique pour sauver l'autorité du représentant de la couronne dans la colonie. Cependant, Sewell affaiblit la position de Dalhousie en soutenant, à l'instar de Burton, que le projet de loi de finances de 1825 n'avait pas remis en cause le droit de l'exécutif de disposer des revenus placés sous son autorité. Les légistes de la couronne parvinrent à la même conclusion, après quoi le sous-secrétaire, Robert John Wilmot-Horton, tança vertement Dalhousie et Cochran pour avoir trompé le ministère des Colonies sur la question.

Abattu, Dalhousie envisagea encore une fois de quitter ce poste ingrat. Cependant, tant qu'il demeurait à la barre, il était résolu à défendre les prérogatives de la couronne contre les prétentions de l'Assemblée. Papineau et Viger se montraient courtois, mais ils ne tardèrent pas à réclamer de nouveau le contrôle des finances, car ils ne voulaient pas abandonner leurs gains de 1825. Comme Dalhousie refusait de sanctionner un autre projet de loi du même genre, aucun crédit ne fut voté. Les députés avaient eu beau être « tout miel et tout sucre », écrivit-il, ils ne s'en étaient pas moins révélés de « détestables dissimulateurs ». « Ils sont vraiment français jusqu'à la moelle – il n'y a pas en eux la moindre parcelle de l'honneur britannique ou d'intégrité, ni de loyauté ou de patriotisme – une demi-douzaine d'avocats démocrates mènent par le bout du nez un groupe de fous ignorants qui, ne sachant pas lire, ne peuvent connaître ni la constitution ni les lois de leur pays – ils sont [...] indignes des hautes responsabilités qui leur ont été dévolues. » Une seule conclusion était possible : « Le pays n'est pas assez évolué pour une institution comme le Parlement » ; la lui avoir accordée était aussi « insensé que de faire jouer un singe ou un ours avec un voile de dentelle ».

Le gouverneur songea à dissoudre le Parlement, mais Sewell et John Richardson, qui avec l'homme d'affaires Mathew BELL étaient ses principaux conseillers, l'en dissuadèrent ; des élections, loin de régler les choses, les envenimeraient. Comme les revenus de la couronne ne suffisaient pas aux dépenses essentielles, Dalhousie se tourna vers Londres. Tout en n'étant pas prêt à restructurer la constitution, le ministère des Colonies l'approuvait de vouloir préserver l'indépendance financière du pouvoir exécutif en n'acceptant d'abandonner les revenus de la couronne qu'en échange d'une liste civile permanente. En conséquence, on autorisa Dalhousie à déposer dans la caisse militaire, ostensiblement à titre de garantie, les recettes excédentaires perçues en vertu des lois provinciales, dont le Parlement avait le droit de disposer, et à y faire des « emprunts » pour acquitter les dépenses gouvernementales.

À l'été de 1826, Dalhousie connut un intermède heureux en Nouvelle-Écosse, où « le champagne coula à flots » au milieu d'« un débordement continuel de plaisirs ». Après une tournée plus calme au Nouveau-Brunswick et en Gaspésie, il alla inspecter le chantier du canal Rideau, dans le Haut-Canada. Le Parlement bas-canadien se réunit en janvier 1827 ; quand, en mars, l'Assemblée rejeta sa demande de crédits, il prorogea abruptement la session, puis dissolut le Parlement, « surtout afin de refuser la présidence à Papineau dans l'avenir ». Peut-être espérait-il aussi que le nombre de députés britanniques ou modérés élus serait suffisant pour offrir en chambre un leadership à ceux qui souhaitaient changer de camp. Pour réaliser cet objectif, il fallait que les représentants du gouvernement interviennent davantage qu'ils ne l'avaient fait jusqu'alors. Tout en professant une tranquille impartialité dans ses dépêches à Londres, Dalhousie se lança avec vigueur dans la campagne, bien résolu à être sans pitié. À titre de résident de William Henry, il en appuya ouvertement le candidat, le procureur général James Stuart*, et blâma le curé de l'endroit, Jean-Baptiste Kelly*, d'encourager l'hostilité envers le gouvernement. À Montréal et à Québec, des opposants furent radiés de la liste des magistrats. Dans toute la province, une purge frappa des officiers de milice, accusés d'avoir refusé de participer aux rassemblements d'été, d'avoir manifesté un esprit de désobéissance (en pensant que, parce que l'Assemblée n'avait pas renouvelé la loi existante sur la milice, aucune n'était en vigueur) ou d'avoir critiqué le gouvernement à des réunions publiques [V. Nicolas-Eustache Lambert* Dumont]. Un recours aussi flagrant à l'intimidation exacerba l'hostilité des paroisses rurales, et par ce chef-d'œuvre de mauvais calcul Dalhousie se trouva devant une Assemblée où il comptait encore moins d'alliés qu'auparavant. Il mit encore une fois la faute sur une poignée d'agitateurs menés par Papineau et soutenus par quelques journaux de Québec et de Montréal. Derrière eux, il y avait « les sombres complots du clergé [...], disait-il, et c'[était] principalement à eux que tout le monde attribuait l'étonnante influence de la faction de Papineau, qui autrement ne s'expliqu[ait] pas ». Ainsi, se dissimulant la vérité ou espérant la rendre conforme à ses vœux, Dalhousie pouvait rassurer les fonctionnaires londoniens : « vraiment, le calme, le contentement, le bonheur des habitants du Bas-Canada sont quasi proverbiaux [...] *absolument rien n'autorise* à [...] parler de « troubles au Canada ».

Rassuré à la pensée qu'il avait toujours suivi fidèlement les instructions que lui avait données Bathurst en 1820–1821, Dalhousie estimait qu'à partir des résultats de la session suivante « le ministre [allait] devoir juger s'il nommera[it] ou non quelqu'un de nouveau ». En fait, il avait déjà demandé officieusement un congé pour aller régler des affaires personnelles en Grande-Bretagne, car il avait eu en octobre 1826 la confirmation d'un malheur qu'il pressentait : la faillite d'un agent de son régiment en qui il avait placé sa confiance. Ses pertes, selon ses estimations, se situaient entre £10 000 et £12 000. Six mois plus tard, il apprit qu'il obtiendrait peut-être un commandement militaire en Inde. Pendant qu'il attendait son congé, le ministère des Colonies l'autorisa à demander une liste civile permanente d'un montant restreint. Il craignait qu'une réduction ne nuise par trop aux activités gouvernementales, et il confia à Kempt qu'il se serait objecté à une pareille reddition s'il n'avait pas été « prêt à [s]'envoler vers d'autres cieux ». « Je ne resterais pas pour céder un seul pouce du terrain que j'ai défendu jusqu'à maintenant. »

Réunie en novembre 1827, l'Assemblée élut, évidemment, Papineau à la présidence. Dans un geste d'éclat, Dalhousie, pour affirmer une dernière fois la prérogative royale, la somma de faire un autre choix. Après que la chambre eut confirmé Papineau dans sa fonction et adopté des propositions à l'effet que « l'approbation du roi n'[était] que simple formalité, mots creux, et tout à fait accessoire », Dalhousie prorogea la session. Il n'avait pu accepter comme président, expliqua-t-il au secrétaire d'État aux Colonies, quelqu'un qui était si intimement lié à des journaux séditieux, occupait « son fauteuil avec une absence aussi notoire de justice, d'impartialité et de modération et annon[çait] publiquement son intention d'user de toute son influence pour contrer les désirs d'accommodement du gouvernement ». Pour Dalhousie, Papineau était l'incarnation même des forces diaboliques contre lesquelles il avait à lutter. Les finances n'étaient plus, si jamais elles l'avaient été, le réel objet de litige. « Son but est le pouvoir – son aiguillon, une animosité personnelle et vindicative envers moi, « le gouverneur » – [c'est un homme] arrogant, têtu, obstiné. » Dalhousie espérait qu'on suspendrait la constitution de 1791 puisque, « au lieu de nouer entre les sujets canadiens et britanniques une amitié mutuelle et une communauté d'habitudes sociales, au lieu de les unir dans l'admiration des principes de la constitution qui leur a[vait] été donnée – [elle] a[vait] eu exactement l'effet contraire ; [...] le Canadien détest[ait] son voisin britannique comme le Britannique détest[ait] le Français : ils [avaient] ça dans le sang ». « Les Canadiens, ajoutait-il, ont réussi à obtenir la majorité des voix à la chambre des Communes de la province – jaloux, haineux de voir que [leur] voisin britannique est plus instruit et plus industrieux, [ils] en [sont] venus à croire que perdre cette majorité signifierait perdre aussi la liberté, les lois, la religion, la propriété et la langue, tout ce qui

est précieux sur terre. » L'autre grande source des maux de la province, maintenait Dalhousie, était l'indifférence, la négligence persistante du ministère des Colonies. « Une plus grande confiance dans le gouverneur de la province aurait immédiatement un effet pacificateur, unificateur, et mettrait fin à toutes les manœuvres de quelques démagogues séditieux », pensait-il.

En rejetant Papineau, Dalhousie sema la consternation à Londres, où la confiance ministérielle lui était de moins en moins acquise. Le nouveau secrétaire d'État aux Colonies, William Huskisson, conclut que la situation ne se réglerait probablement pas tant que Dalhousie resterait dans la province. Peut-être grâce à son protecteur écossais, lord Melville, premier lord de l'Amirauté et ancien président de l'India Board of Control, Dalhousie fut nommé commandant en chef de l'armée de l'Inde. On repoussa cependant sa demande de congé et on l'invita au début de 1828 à partir pour l'Inde le plus tôt possible, sans s'attarder en Grande-Bretagne pour expliquer sa conduite. Jamais il n'avait ambitionné plus haute distinction ; ce commandement était, à ses yeux, « la plus haute marque d'approbation que le roi pouvait donner à [sa] conduite [dans la colonie] ». Toutefois, comme son gouvernement pouvait être critiqué, il voulait une déclaration d'appui non équivoque de la part du secrétaire d'État aux Colonies. D'ailleurs, les chefs du parti patriote ne chômaient pas : ils multipliaient adresses et pétitions de griefs, en recourant, accusait Dalhousie, au secret, à l'intrigue et à l'intimidation pour recueillir des signatures ou convaincre de naïfs habitants canadiens d'apposer une croix sur des rouleaux de parchemin vierges. Pour s'assurer que Londres entendrait son point de vue, il l'exposa à des connaissances et à des parents écossais et envoya l'avocat montréalais Samuel Gale* porter des adresses composées par des citoyens « loyaux, respectables et bien informés », venant surtout des Cantons-de-l'Est, dont celui-ci représentait aussi les intérêts. Gale n'avait pas de relations en Angleterre et ne connaissait pas bien le pays, admettait Dalhousie, mais « il ne [pouvait] manquer d'être bien reçu, car c'[était] un parfait gentleman ».

Loin de craindre qu'un examen des questions bas-canadiennes par les ministres et le Parlement ne lui nuise, Dalhousie y voyait le prélude à une législation correctrice. Au début, les lettres personnelles qu'il reçut de Grande-Bretagne suggérèrent d'ailleurs que dans l'ensemble on approuvait sa conduite. En mai 1828, Huskisson défendit son gouvernement aux Communes et préconisa de modifier l'Acte constitutionnel de 1791. De mai à juillet, un comité spécial entendit les parties intéressées [V. Denis-Benjamin Viger]. Par la suite cependant, l'absentéisme des députés gouvernementaux permit à l'opposition d'adopter le rapport du comité, qui était attentif aux doléances de l'Assemblée et critique envers Dalhousie. Le rapport avait changé par suite de l'arrivée à Londres, après la clôture des audiences du comité, d'une pétition de 87 000 signatures contre la purge faite par Dalhousie dans la milice et la magistrature. Les allégations avaient été ajoutées en annexe au rapport, sans commentaire, mais Huskisson lui-même blâma l'action de Dalhousie.

Juste avant de quitter la colonie, Dalhousie présida la cérémonie au cours de laquelle on coiffa un monument à la mémoire de James Wolfe* et de Louis-Joseph de Montcalm* de son pyramidion. Placé bien en évidence non loin du château Saint-Louis, en un point qui dominait le fleuve, cet obélisque que Dalhousie considérait comme le « monument de Wolfe » était une idée à lui et avait été achevé grâce à ses propres dons, car les Canadiens n'y portaient guère d'intérêt. Pour Dalhousie, il était clair que la cérémonie avait une importance toute particulière, comme celle qui avait entouré la pose de la pierre angulaire du Dalhousie College à son départ de la Nouvelle-Écosse. « J'ai, notait-il, la vanité de croire qu'en un sens c'est un monument en mon propre honneur, en cette dernière heure où je dirige le gouvernement du pays. » Le lendemain, 9 septembre 1828, son successeur Kempt prêta le serment d'office et lui-même partit, entouré de « toute la pompe, [de] tout l'apparat, [de] tout le faste qui [lui] étaient dus à titre de représentant du souverain ».

En Angleterre, Dalhousie lut avec un « ébahissement profond » les témoignages et le rapport du comité spécial et s'offusqua surtout des paragraphes de conclusion, qui le condamnaient unilatéralement. Pire encore, il se buta à un manque évident de sympathie de la part du nouveau secrétaire d'État aux Colonies, sir George MURRAY, officier qui avait servi comme lui sous Wellington et dont il aurait attendu meilleur accueil. Murray ne lui laissa aucun espoir de bénéficier d'une enquête officielle ni d'une défense publique et le pressa plutôt de conserver un silence plein de dignité. En privé (mais non officiellement), il accepta cependant que Dalhousie fasse imprimer et circuler parmi des amis ses commentaires sur les pétitions et témoignages présentés au comité. Dalhousie se contenta donc d'en envoyer des exemplaires à Cochran pour qu'il les distribue à ses proches dans le Bas-Canada. Comme Murray se montrait « froid et insensible », il n'était pas question d'en appeler à Wellington, alors premier ministre. « Autant m'adresser à un mur de pierre », pensait Dalhousie, puisque Wellington serait mille fois plus glacial et indifférent devant quelqu'un qui n'avait pas le « tempérament d'un courtisan ». Dalhousie partit donc pour l'Inde en juillet 1829 sans avoir obtenu la défense désirée.

Le sentiment d'avoir été injustement traité continua de le hanter là-bas, et il conclut, semble-t-il, que sa seule chance d'obtenir réparation était d'exposer son cas au roi. Cependant, la mort de George IV et l'arrivée d'un cabinet whig, en 1830, durent anéantir ses derniers espoirs. La chaleur du pays, qu'il trouvait oppressante, n'améliorait pas son humeur. Il souffrit peut-être d'une crise cardiaque en mars 1830, mais il était assez bien pour faire une tournée en Birmanie l'année suivante, et il trouva quelque soulagement à résider à Simla, station en altitude où l'air était plus frais. Toutefois, comme sa santé était vraiment trop précaire pour ses lourdes responsabilités, il démissionna de son commandement et rentra en Grande-Bretagne en avril 1832. Six mois plus tard, il fit une syncope ; en février suivant, une autre attaque le « clou[a] au lit », et il passa plusieurs mois sans pouvoir voir ni écrire. En 1834, après au moins un an à l'étranger – à Nice (France) et à Strasbourg ainsi qu'à Wiesbaden (République fédérale d'Allemagne), il retourna à son cher Dalhousie Castle. C'est là qu'il passa ses dernières années, usé, souffrant, puis aveugle et sénile. Il mourut le 21 mars 1838. Venu en réponse à une invitation à dîner, un ancien adversaire, l'évêque John Inglis, assista plutôt à ses funérailles, où il fut seul à représenter tous ceux qui, dans la colonie, gardaient du gouverneur un souvenir affectueux ou désagréable. Sa femme bien-aimée, « lady D », mourut moins d'un an plus tard, le 22 janvier 1839. Elle avait suivi son mari partout où il avait exercé sa charge d'administrateur civil, partageant ses intérêts et ses épreuves, et comme lui s'était acquittée de ses devoirs consciencieusement, avec dignité et charme.

Le géologue John Jeremiah Bigsby* a dit de Dalhousie qu'il était « un homme tranquille, studieux, casanier, fidèle à sa parole et aimable, quoique plutôt sec », à quoi il ajoutait : « il parlait et agissait avec précaution, comme s'il s'était trouvé en territoire ennemi ». Un Bas-Canadien anonyme en a laissé une description plus sévère : « homme court, ramassé, aux jambes torses […] souvent surnommé le laboureur écossais », avare – « en fait, épargner était son obsession » – et vaniteux à l'extrême, « passionné et tyrannique ou aimable selon les circonstances », porté à imputer ses difficultés à ses subalternes, il « se mesurait aux hommes de toutes tendances et les quittait fâché ». « La malchance lui collait aux semelles », concluait cet observateur. Malgré leurs différences, ces deux portraits – celui de Bigsby parce qu'il évoque le solitaire qui se tient sur la défensive – indiquent que Dalhousie n'était pas fait pour gouverner une colonie agitée et dotée d'institutions représentatives, théâtre d'inévitables affrontements d'idées et de luttes de factions. Un autre contemporain, l'écrivain John Richardson*, affirma plus tard que Dalhousie n'avait pas « toute la vivacité et la souplesse d'esprit […] nécessaires au gouverneur d'un pays aussi turbulent », contrairement à l'un de ses successeurs, lord Sydenham [THOMSON]. Certes, il n'était pas un lourdaud – plein de curiosité intellectuelle, il lisait beaucoup, avait de vastes intérêts et était sensible aux beautés de la nature – mais il montrait dans l'administration civile la tendance à la lenteur et au pédantisme qui l'avait caractérisé quand il était commandant dans l'armée.

Dalhousie était accoutumé à la hiérarchie d'une société écossaise et militaire où il donnait les ordres et où les autres obéissaient. Ceux qui se montraient irrévérencieux, défiaient l'autorité ou, s'ils appartenaient à la classe inférieure, avaient des velléités de se hisser au-dessus de leur condition, l'exaspéraient. Chez les Bas-Canadiens, ce genre d'attitude provenait en bonne partie, croyait-il, d'une « négligence totale à l'égard de l'éducation ». Dans son monde, les dirigeants veillaient au bien du peuple avec l'autorité d'un père et servaient l'État avec désintéressement, comme le voulait la tradition aristocratique de la Grande-Bretagne. Prôner sans relâche le progrès, tant économique qu'intellectuel, faisait partie intégrante de ce rôle. Cette préoccupation lui avait été inculquée par la formation qu'il avait reçue en Écosse, par la culture dans laquelle il avait baigné et par un certain milieu écossais où les dirigeants, en donnant l'exemple, apportaient à la société la clé du progrès.

En Nouvelle-Écosse, à l'époque de Dalhousie, le mécontentement populaire ne s'était pas encore canalisé dans un courant proprement politique, et la colonie était assez élitiste et déférente pour qu'il puisse jouer le rôle de père bienveillant dont il se croyait investi. À Québec, par contre, il ne put que constater combien son titre de gouverneur le laissait démuni : sans pouvoirs, sans ressources, sans droit de distribuer des faveurs. Incapable de promouvoir le bien public par des actions réfléchies, il en vint à condamner la constitution, à la dire tout à fait inadaptée aux besoins et au caractère de la colonie. « Le gouvernement est vraiment le pire appareil que j'aie jamais manœuvré, déplorait-il ; la Constitution britannique aurait convenu tout aussi bien à des chats et à des chiens qu'aux protestants et aux catholiques qui se chamaillent dans ce pays. » Résultat de son austère presbytérianisme et d'années passées à combattre la France, son aversion bien ancrée pour les catholiques et les Canadiens aggravait sans doute son animosité envers ses opposants politiques du Bas-Canada et lui donnait un aspect particulier.

Il reste que Dalhousie aurait probablement réagi de façon semblable à la critique ou au défi dans n'importe quelle colonie où régnait la dissension. Il n'avait pas le détachement du philosophe. Ses réactions étaient dictées davantage par son tempérament que par son conservatisme politique. Peut-être inquiet d'avoir à croiser le fer avec des hommes politiques plus sagaces que lui, il en vint à voir des complots partout. Il prenait les critiques pour des affronts personnels ; les revers

qu'il essuyait l'obsédaient. Chez lui, la propension à ruminer – que ses profondes convictions religieuses encourageaient et apaisaient tout à la fois – était si forte, maladive même, qu'il sombrait facilement dans la mélancolie. À cause de ces dispositions, sa carrière dans l'administration publique lui inspirait les sentiments les plus contradictoires. Sans être de ces hommes qui en imposent par leurs qualifications, il avait rêvé d'atteindre les plus hauts commandements et de gagner ainsi honneur, renommée et sécurité financière. Néanmoins, il demeurait douloureusement conscient que cette carrière l'avait souvent obligé à sacrifier sa tranquillité d'esprit, qu'elle l'empêchait de se vouer à sa vie domestique, à ses passions, à ses amis, et il entretenait une nostalgie perpétuelle de son Écosse natale. Enfin, les circonstances de son départ du Bas-Canada imprimèrent en lui un sentiment d'injustice, d'ingratitude qui le blessa jusqu'à la fin de ses jours. Malgré tout ce que Dalhousie accomplit à titre de gouverneur colonial, il n'avait pas l'envergure que requiert pareil destin.

PETER BURROUGHS

George Ramsay, 9ᵉ comte de Dalhousie, est le coauteur, probablement avec son secrétaire civil Andrew William Cochran, de : *Observations on the petitions of grievance addressed to the imperial parliament from the districts of Quebec, Montreal, and Three-Rivers* (Québec, 1828). Les journaux de Dalhousie se trouvent au SRO, GD45 (les APC en ont une copie sur microfilm). Une partie de ces journaux a été publiée par Marjory Whitelaw et publiée sous le titre de *Dalhousie journals*. Des portraits de Dalhousie se trouvent à la National Gallery of Scotland (Édimbourg) et à la Dalhousie Univ. (Halifax) ; les APC possèdent une silhouette. Les dessins et peintures de John Elliott Woolford exécutés pour Dalhousie et les caricatures peintes par lady Dalhousie faisaient partie d'une collection considérable de dessins, aquarelles, gravures, plans et autres documents réunie par Dalhousie. Dans les années 1980, cette collection a été ramenée d'Écosse au Canada pour être distribuée à cinq établissements : le N.S. Museum (Halifax), les APNB, le Musée des beaux-arts du Canada (Ottawa), la Dalhousie Univ. et les APC. Pour de plus amples informations, on consultera Marie Elwood, « The study and repatriation of the Lord Dalhousie Collection », *Archivaria* (Ottawa), nᵒ 24 (été 1987) : 108–116.

APC, MG 23, GII, 10 ; MG 24, A64 ; B1 ; B2 ; B3 ; B6 ; B16. — GRO (Édimbourg), Cokpen, reg. of births and baptisms, 18 nov. 1770 ; reg. of deaths, 21 mars 1838. — PANS, MG 1, 253 ; RG 1, 63 ; 111–112 ; 288–289. — PRO, CO 42/185–216 ; 43/25–27 ; 217/98–139 ; 218/29 ; 323/147–157 ; 324/73–90. — B.-C., chambre d'Assemblée, *Journaux*, 1820–1828. — J. J. Bigsby, *The shoe and canoe, or pictures of travel in the Canadas, illustrative of their scenery and of colonial life ; with facts and opinions on emigration, state policy, and other points of public interest* […] (2 vol., Londres, 1850), 1 : 27. — Robert Christie, *Memoirs of the administration of the government of Lower Canada, by the Right Honorable the Earl of Dalhousie, G.C.B., comprehending a period of eight years, vizt : – from June, 1820 till September, 1828* (Québec, 1829). — G.-B.,

Randal

Parl., *Hansard's parliamentary debates* (Londres), 3e sér., 19 (1828) : 300–344 ; House of Commons paper, 1828, 7, no 569, *Report from the select committee on the civil government of Canada* (réimpr., Québec, 1829). — John MacGregor, *British America* (2 vol., Édimbourg et Londres, 1832), 2 : 54–56. — N.-É., House of Assembly, *Journal and proc.*, 1816–1820. — [John] Richardson, *Eight years in Canada ; embracing a review of the administrations of lords Durham and Sydenham, Sir Chas. Bagot, and Lord Metcalfe, and including numerous interesting letters from Lord Durham, Mr. Chas. Buller and other well-known public characters* (Montréal, 1847), 187. — G.-B., WO, *Army list*, 1787–1838. — H. J. Morgan, *Sketches of celebrated Canadians*, 248–251. — *The Scots peerage, founded on Wood's edition of Sir Robert Douglas's peerage of Scotland* […], J. B. Paul, édit. (9 vol., Édimbourg, 1904–1914). — Wallace, *Macmillan dict.* — Susan Buggey, « Churchmen and dissenters : religious toleration in Nova Scotia, 1758–1835 » (thèse de M.A., Dalhousie Univ., 1981). — Christie, *Hist. of L.C.* (1848–1855), 2–3. — Judith Fingard, « The Church of England in British North America, 1787–1825 » (thèse de PH.D., Univ. of London, Londres, 1970). — K. E. Killam, « Lord Dalhousie's administration in Nova Scotia » (thèse de M.A., Univ. of Toronto, 1931). — Lambert, « Joseph-Octave Plessis ». — William Lee-Warner, *The life of the Marquis of Dalhousie* (2 vol., Londres, 1904), 1. — Helen Taft Manning, *Revolt of French Canada* ; « The civil list of Lower Canada », *CHR*, 24 (1943) : 24–47.

RANDAL, STEPHEN, instituteur, fonctionnaire, éditeur et journaliste, né le 1er janvier 1804, probablement à Danby, Vermont, fils de Benjamin Randal et de Roxana Case ; en 1828, il épousa à Saint-Armand, Bas-Canada, Lamira Juliana Munson, et ils eurent au moins deux filles ; décédé le 27 avril 1841 à Stanstead, Bas-Canada.

Stephen Randal était enfant lorsque ses parents franchirent la frontière du Vermont pour s'installer à Saint-Armand, où le missionnaire anglican Charles James STEWART le remarqua. Après la mort de son père en 1811, il devint le protégé du missionnaire, qui paya et dirigea son éducation dans l'intention de le préparer à la prêtrise. En 1819, après des études préparatoires à Saint-Armand, il entra à la *grammar school* de Montréal (à compter de 1821 la Royal Grammar School). Il y étudia, sous la gouverne d'Alexander SKAKEL, jusqu'en 1824. Comme Randal ne se sentait pas la vocation, Stewart s'organisa pour qu'il prenne en charge la *grammar school* (le futur Talbot Seminary) qui devait s'ouvrir en 1825 à St Thomas, Haut-Canada, dans l'établissement de Talbot. Randal y enseigna d'abord les humanités ; il écrivit plus tard que le colonel Thomas Talbot*, fondateur de l'établissement, s'était montré « très aimable » envers lui.

En 1827, Randal posa sa candidature à la direction de la Gore District Grammar School, à Hamilton. Comme les administrateurs ne s'entendaient pas sur le choix d'un candidat (il y en avait trois, dont John Rae*), John Strachan*, en qualité de président du Bureau de surveillance générale de l'éducation, trancha en faveur de Randal. Bien qu'une biographe, Mabel Grace Burkholder, ait affirmé que Randal était « épris des classiques et médiocre en mathématiques », les rapports indiquent qu'il réussissait bien dans l'enseignement. Burkholder donne aussi les précisions suivantes, tirées d'un des comptes rendus de Randal : « Garçons 41, filles 24 ; 16 en latin, 4 en français, 7 en mathématiques ; grammaire anglaise, géographie et astronomie 10 ; arithmétique 25 ; écriture 40. Six élèves ont reçu les cours gratuitement. » Au début des années 1830, Randal proposa d'ouvrir une « école du soir » pour adultes s'il recevait 12 inscriptions, mais ce projet d'avant-garde ne se réalisa jamais.

Randal participait à divers autres aspects de la vie locale. En 1833, année où Hamilton devint une municipalité, il en fut le greffier et il agit aussi pendant quelques mois à titre de secrétaire du nouveau bureau de police. Grand ami de George HAMILTON, fondateur de la ville, Randal, assisté de sa femme et de sa sœur, organisait fréquemment des réceptions pour les jeunes de l'élite locale. En 1835, il fut membre fondateur de la Christ's Church, première église anglicane de Hamilton.

Désireux d'ajouter une corde à son arc, Randal annonça à la fin de 1831, dans un prospectus, qu'il allait publier un bimensuel, le *Voyageur*, « consacré pour moitié à des productions littéraires de la colonie et pour le reste à de bonnes sélections étrangères ». On ignore quand parurent le premier et le dernier numéros, mais il appert que la revue n'existait plus en 1836 ; un contemporain, Charles Morrison Durand, en attribua l'échec au fait qu'« elle [était] trop raffinée pour l'époque ». Fin 1833 ou début 1834, Randal quitta l'enseignement pour devenir rédacteur en chef de l'hebdomadaire radical fondé par William Smith, le *Hamilton Free Press*. Encore une fois, on ne sait trop combien de temps il occupa ce poste, mais en 1836 il affirmait : « les deux partis [politiques m'ont] criblé de balles. Peu au fait de l'administration d'une entreprise de presse, j'ai été trompé, embobeliné et ruiné. »

Après avoir vainement tenté de subvenir aux besoins de sa famille en tenant une école privée, Randal envoya sa femme et ses enfants chez son beau-père pour s'accorder « une année d'errance ». Cependant, en 1836, « surpris du résultat des élections », c'est-à-dire de la défaite de la plupart des réformistes [V. sir Francis Bond Head*], il rentra dans le Haut-Canada, « bien décidé à consacrer le reste de l'année à mieux découvrir les sentiments réels du peuple ». Il parcourut la province, « tantôt comme conférencier politique, tantôt comme rédacteur en chef », et publia à Hallowell (Picton) une nouvelle revue littéraire, le *Randal's Magazine,* qui dura peu.

Quand la rébellion éclata dans le Haut-Canada, en décembre 1837, Randal retourna auprès de sa famille dans le Bas-Canada et prit à la Frost Village Academy un poste d'instituteur qui lui rapportait le maigre salaire de £40. Il mourut pauvre moins de quatre ans plus tard, à l'âge de 37 ans.

Un contemporain a qualifié Stephen Randal de « jeune homme très singulier mais doué ». Selon Durand, « il était fier d'avoir la même démarche et la même allure que lord Byron, qui vivait à la même époque que lui. Byron et lui avaient un pied bot, une chevelure bouclée et un air de génie. » Sa personnalité, sa compétence d'instituteur et ses vues sur la politique et l'éducation expliquent peut-être le fait qu'en dépit de ses nombreux échecs et de la brièveté de son existence, il n'est pas tombé dans l'oubli.

KATHARINE GREENFIELD

HPL, Board of Police, minutes, 16 mars, 17 août 1833 ; Scrapbooks, H. F. Gardiner, 216 : 90 (Charles Durand, lettre à l'éditeur du *Herald* de Hamilton, Ontario, écrite le 16 août 1900) ; C. R. McCullough, « Famous people, landmarks, and events ». — *Documentary history of education in Upper Canada from the passing of the Constitutional Act of 1791 to the close of Rev. Dr. Ryerson's administration of the Educational Department in 1876,* J. G. Hodgins, édit. (28 vol., Toronto, 1894–1910). — *DHB.* — R. W. James, *John Rae, political economist ; an account of his life and a compilation of his main writings* (2 vol., Toronto, 1965). — Johnston, *Head of the Lake* (1967). — Mabel Burkholder, « New light on Hamilton's first school teacher », *Hamilton Spectator,* 7 nov. 1942. — « *Evening Times* ready to move to new quarters ; Hamilton journalism from small beginnings up to the present [...] 1831 to 1888 », *Evening Times* (Hamilton), 3 avril 1888.

RANKIN, WILLIAM, imprimeur, éditeur et journaliste ; décédé en octobre 1837 à Demerara (Guyane).

On ignore tout de ce que William Rankin avait fait avant de se manifester à l'Île-du-Prince-Édouard au début des années 1830. Il était probablement apparenté à un citoyen important, adversaire du gouvernement de la colonie, Coun Douly Rankin*, dont le fils George passa d'ailleurs 30 ans à Demerara, où William allait mourir.

On retrouve la première mention de William Rankin dans un procès tenu à Charlottetown le 8 juillet 1835 et qui mettait en cause John Henry WHITE, imprimeur et éditeur. D'après sa déposition, Rankin avait été imprimeur pendant quelque huit années, et avait travaillé pour White de décembre 1833 à juillet 1834, puis pour James Douglas Haszard*, journaliste lui aussi. Le 2 février 1836, il annonça dans la *Royal Gazette* de Haszard son intention de publier à Charlottetown un hebdomadaire aux « principes

libéraux et patriotiques ». Le 26 mars, le premier numéro du *Prince Edward Island Times* sortait de son imprimerie. L'éditorial déclarait : « on a réclamé à grands cris depuis longtemps [un journal de ce genre], et nous avons confiance qu'il ne sera pas mal accueilli par ceux qui ont appelé sa venue ». Cependant, comme il allait bientôt le constater, la question n'était pas de savoir si ses sympathisants appuieraient son initiative, mais plutôt quel sort lui réserverait l'autre camp.

Rankin connut quelques problèmes au début parce qu'il n'avait pas reçu tous ses caractères d'imprimerie, mais l'excellente présentation de son journal prouvait tout de même qu'il avait une expérience considérable. Il afficha d'emblée sa couleur politique en appuyant fidèlement Coun Douly Rankin et le parti de l'*escheat.* Le Conseil de l'Île-du-Prince-Édouard et ses partisans à la chambre d'Assemblée, qui s'opposaient à l'*escheat,* constituaient selon lui une « structure tyrannique dépourvue de base ». Le journal, qui préconisait « réforme et liberté », prônait des mesures telles que la création d'une société littéraire, d'un institut des artisans et d'un cabinet de lecture de journaux à Charlottetown. Dans l'espoir manifeste d'associer le mouvement en faveur de l'*escheat* à d'autres courants politiques nouveaux de l'Amérique du Nord britannique, il reproduisait des extraits de journaux réformistes de la Nouvelle-Écosse comme du Haut et du Bas-Canada.

À compter du deuxième numéro, le *Times* publia une chronique de poésie gaélique. La plupart des articles qui provenaient de l'île étaient des lettres ouvertes signées d'un pseudonyme, mais une, parue le 10 mai 1836 et qui reprochait au représentant du 6e comte de Selkirk, William Douse*, d'exploiter les cultivateurs à bail, portait les initiales de Coun Douly Rankin. Le *Times* était extrêmement critique envers la *Royal Gazette,* avec laquelle il échangea des invectives éditoriales et politiques tout au long du printemps et de l'été. Les commentaires de Veritas sur le journal progouvernemental reflètent bien le ton de cet échange : « Les habitudes de la chenille et du reptile étaient encore évidentes dans ses pages, et ses principes sentaient le ver de fumier ; *il dégageait une odeur nauséabonde.* » Rankin se plaignit en juin de ce que le service des postes retenait les exemplaires de son journal qui étaient destinés aux abonnés de l'extérieur. Quant à « toute la tribu des représentants des propriétaires », que le *Times* attaquait sans gêne, elle s'impatientait manifestement des exposés et des opinions éditoriales du journal.

On ne retrouve plus de numéro du *Times* après celui du 9 août 1836 ; il s'agit sans aucun doute du dernier. La *Royal Gazette* expliqua la fin de la parution en rapportant laconiquement, le 13 septembre, qu'on avait rejeté en cour pour défaut de comparution du plaignant une plainte pour voies de fait sur la personne

Rastel

de William Rankin (cause opposant le roi à Douse). Apparemment, Rankin avait déjà quitté l'île, et il mourut de la fièvre jaune un an plus tard dans les Caraïbes. L'Île-du-Prince-Édouard n'était pas prête, en 1836, à soutenir ni même à tolérer un journal d'une telle agressivité politique et d'un tel franc-parler, et Rankin fut de toute évidence victime des manœuvres d'intimidation de ceux qu'il avait critiqués publiquement dans les pages du *Times*.

J. M. BUMSTED

P.E.I. Museum, File information concerning William Rankin. — *Report of the trial held at Charlotte-town, Prince Edward Island, July 8th, 1835* [...] (s.l.n.d. ; copie aux PANS), 4–5. — *Prince Edward Island Times* (Charlottetown), 26 mars–9 août 1836 (copie aux PAPEI). — *Royal Gazette* (Charlottetown), 2 févr., 19 avril, 13 sept. 1836. — W. L. Cotton, « The press in Prince Edward Island », *Past and present of Prince Edward Island* [...], D. A. MacKinnon et A. B. Warburton, édit. (Charlottetown, [1906]), 113–120.

RASTEL DE ROCHEBLAVE, PIERRE DE, trafiquant de fourrures, homme d'affaires, officier de milice, juge de paix, homme politique et fonctionnaire, né le 9 mars 1773 à Kaskaskia (Illinois), fils de Philippe-François de Rastel de Rocheblave et de Marie-Michelle Dufresne ; le 9 février 1819, il épousa à Montréal Anne-Elmire Bouthillier, et ils eurent neuf enfants ; décédé le 5 octobre 1840 à Coteau-Saint-Louis, dans l'île de Montréal.

Philippe-François de Rastel de Rocheblave, parfois appelé le chevalier de Rocheblave, arriva en Nouvelle-France pendant la guerre de Sept Ans et semble avoir combattu dans la région de l'Ohio. En 1760, il était au fort de Chartres (près de Prairie du Rocher, Illinois), et au cours des années qui suivirent il s'établit à Kaskaskia à titre d'officier dans les troupes de la Marine. Vers 1765, il quitta cette localité, passée aux mains des Britanniques, pour se fixer à Sainte-Geneviève (Ste Geneviève, Missouri), sur la rive occidentale du Mississippi, territoire que la France avait cédé à l'Espagne. Le chevalier de Rocheblave y assuma le commandement des Illinois pour le compte des Espagnols. Vers 1773 ou 1774, à la suite de démêlés avec le gouverneur espagnol de La Nouvelle-Orléans, il retraversa le Mississippi pour s'établir de nouveau à Kaskaskia où il devint peu après commandant, cette fois au service des Britanniques. En juillet 1778, les troupes américaines, sous le commandement de George Rogers Clark, le firent prisonnier et l'envoyèrent en Virginie. Au printemps de 1780, après, semble-t-il, s'être évadé, il parvint à gagner New York, encore aux mains des Britanniques. Au lendemain de la guerre d'Indépendance américaine, le chevalier de Rocheblave s'établit à Montréal avec sa famille, puis à Varennes à compter de 1789. Après s'être intéressé pendant quelque temps au commerce des fourrures, il fut député de Surrey à la chambre d'Assemblée du Bas-Canada de 1792 jusqu'à sa mort, le 22 avril 1802. Peu auparavant, en mai 1801, on l'avait nommé greffier du papier terrier.

Pierre de Rastel de Rocheblave s'engagea lui aussi dans la traite des fourrures. Dès 1786, il semble s'être occupé des intérêts de son père, à Detroit. À cette époque, le chevalier de Rocheblave achetait des marchandises de traite à Montréal, qu'il acheminait ensuite à Detroit ; il était en relations d'affaires avec, entre autres, Étienne-Charles Campion*, Richard Dobie*, James Fraser et Jean-Baptiste Barthe, beau-frère et agent de John Askin*. Par la suite, Pierre fut commis à Detroit pour le compte de « Messieurs Grant, Alexr Mackenzie [Alexander McKenzie*] et Mcdonell [peut-être John McDonald* of Garth] ». De décembre 1797 à mai 1798, il séjourna à Montréal où, grâce sans doute à l'argent qu'il avait amassé durant la décennie précédente, il engagea 12 voyageurs pour aller à Michillimakinac (Mackinac Island, Michigan) et dans la région du Mississippi.

Le 20 octobre 1798, Rocheblave fut l'un des membres fondateurs de la New North West Company (appelée parfois la XY Company) [V. John Ogilvy*], mise sur pied pour concurrencer la North West Company qui dominait la traite dans le Nord-Ouest. L'un des six associés hivernants de la nouvelle compagnie, Rocheblave se vit confier la direction du département de l'Athabasca. Rapidement, la concurrence entre les deux compagnies devint très vive et dégénéra parfois en actes de violence. En 1803, Rocheblave fut lui-même indirectement impliqué dans l'un de ces incidents. Son commis Joseph-Maurice Lamothe* tua James King, commis de John McDonald of Garth, de la North West Company. Ce dernier, qui a relaté l'événement dans son journal, n'en tint cependant pas rigueur à Rocheblave qu'il qualifia même de « gentleman ».

Au moment de la fusion de la XY Company et de la North West Company, conclue le 5 novembre 1804, Rocheblave était le seul Canadien avec Charles Chaboillez* à accéder au rang de « bourgeois » de la North West Company réorganisée. On lui confia alors la direction du département de la Rivière-Rouge, qu'il assuma jusqu'en 1807. Cette année-là, au rendez-vous annuel, on nomma Rocheblave responsable du département de l'Athabasca, puis, à l'été de 1810, de celui de Pic, sur le lac Supérieur. L'hiver suivant, il ordonna à son commis d'affamer le traiteur indépendant Jean-Baptiste PERRAULT et ses deux engagés, installés sur la rivière Pic. En février 1811, Perrault dut recourir à l'aide de Rocheblave pour sa subsistance, et ce dernier en profita pour obtenir à vil prix ses marchandises de traite.

À l'été de 1811, un incident survenu pendant le rendez-vous annuel des agents et des hivernants de la

North West Company, au fort William (Thunder Bay, Ontario), indique sans équivoque l'influence qu'avait acquise Rocheblave. Le 28 janvier précédent, à New York, William McGillivray*, John Richardson* et John Jacob Astor avaient conclu une entente pour mettre sur pied la South West Fur Company. Selon cet accord, on devait répartir les actions de la nouvelle firme entre Astor lui-même et les deux firmes montréalaises McTavish, McGillivrays and Company et Forsyth, Richardson and Company. De plus, la North West Company devait céder à la future South West Fur Company tous ses postes de traite établis en territoire américain. Enfin, cet arrangement ne deviendrait valide qu'après l'approbation des membres de la North West Company. Or, lorsque McGillivray en soumit les termes en juillet 1811 aux hivernants réunis, plusieurs s'y opposèrent fermement. Après moult discussions, McGillivray parvint finalement à rallier les dissidents en proposant Rocheblave à titre de gérant de la nouvelle compagnie.

Toutefois, il semble que la guerre entre les États-Unis et l'Angleterre ait retardé le début des activités de la South West Fur Company et permis à la North West Company de consolider son emprise sur la traite en territoire américain. De toute façon, Rocheblave n'eut guère le temps de s'occuper de sa charge car, le 2 octobre 1812, il devint capitaine dans le Corps of Canadian Voyageurs recruté parmi le personnel de la North West Company. Après le licenciement de cette unité, il fit partie de l'état-major de la milice sédentaire du Bas-Canada, avec le grade de major des « Tribus Sauvages et des Pays conquis », comme le précisait sa commission du 1er septembre 1814.

Au cours des années qui suivirent la guerre de 1812, le rôle de Rocheblave dans le monde du commerce des fourrures s'accrut sensiblement. Le 6 février 1815, la Forsyth, Richardson and Company, la McTavish, McGillivrays and Company, la North West Company et Rocheblave s'associèrent en vue de former une nouvelle entreprise commerciale pour une durée de huit ans. De cette nouvelle entreprise sans nom, chacune des trois firmes composantes détenait neuf actions, et Rocheblave en avait trois. Ce dernier bénéficia en plus d'un salaire annuel de £500. En contrepartie, il s'engageait à « faire les préparatifs nécessaires pour l'envoi annuel des articles de traite, embaucher et engager les hommes, fournir des bateaux et des canots, des provisions, etc., emballer et transporter les marchandises, et de façon générale s'occuper de tout ce qui s'appelle *envoi des articles de traite* ; il [devait] gérer et régler les opérations de l'entreprise à Michillimakinac ou à tout autre endroit susceptible de convenir aux transactions de l'entreprise, classer et emballer les fourrures à expédier, et fournir à temps à chaque automne une liste exacte des marchandises nécessaires pour l'année à venir ».

Quelques mois plus tard, la Forsyth, Richardson and Company, la McTavish, McGillivrays and Company ainsi que Rocheblave conclurent une nouvelle entente avec Astor pour faire conjointement la traite en territoire américain pendant cinq ans. Toutefois, cet accord prit fin prématurément. En avril 1816, le Congrès américain adopta une loi qui limitait l'octroi des permis de traite sur le territoire des États-Unis aux seuls citoyens de ce pays et, l'année suivante, Astor racheta les intérêts de ses associés canadiens. Entre-temps, le 24 avril 1817, Rocheblave avait succédé à Kenneth MacKenzie* à titre d'agent de la North West Company qui représentait la Sir Alexander Mackenzie and Company. Cette nouvelle nomination lui procurait un salaire annuel de £400 en plus d'un centième des profits de la compagnie. Vers le même temps, on lui confia ainsi qu'à Thomas Thain* la responsabilité du fonds des Voyageurs.

Devenu maître d'œuvre de l'organisation de la traite dans l'Ouest pour les firmes canadiennes, Rocheblave fut inévitablement touché par le conflit qui entoura l'établissement de la colonie de la Rivière-Rouge (Manitoba). Lorsque lord Selkirk [Douglas*] s'empara du fort William en août 1816, il évinça Rocheblave et les autres associés de la North West Company qui s'y trouvaient. Au printemps de 1817, Rocheblave seconda William McGillivray dans son expédition qui aboutit à la reprise du fort. Un an plus tard, on l'appelait à témoigner au procès de Colin ROBERTSON et de quelques autres, accusés d'avoir détruit le fort Gibraltar (Winnipeg) au printemps de 1816 ; le procès se solda par l'acquittement des accusés.

Par ailleurs, au début de 1818, Rocheblave s'occupa d'organiser le transport de deux des premiers missionnaires catholiques dans l'Ouest. En février, Mgr Joseph-Octave Plessis* avait confié à l'abbé Pierre-Antoine Tabeau* le soin de préparer le voyage de quatre missionnaires, les abbés Joseph-Norbert Provencher*, Sévère Dumoulin*, Joseph Crevier, dit Bellerive, et le séminariste William Edge. Pour préserver l'indépendance des missionnaires, Tabeau proposa le transport de deux d'entre eux par la North West Company et des deux autres par la Hudson's Bay Company. Lord Selkirk s'opposa à l'engagement de plusieurs des hommes que lui proposa Tabeau tandis que Rocheblave lui laissa au contraire le choix des voyageurs et le conduisit jusqu'au fort William. De plus, il fournit aux missionnaires des lettres de recommandation pour les postes de la North West Company et, à la grande satisfaction des autorités ecclésiastiques, se chargea de faire parvenir leur courrier à Montréal.

En juillet 1821, lorsque Nicholas Garry* se rendit au fort William pour régler les détails de la fusion de la North West Company avec la Hudson's Bay Company, Rocheblave, qui s'y trouvait, reçut la responsabilité de dresser l'inventaire des biens de la North West Company. Il semble avoir consacré quelques années à cette tâche ; ainsi en septembre 1822 il se rendit dans ce but à Tadoussac, au Bas-Canada, en compagnie de John Stewart.

Deux mois plus tard, à Montréal, on forma la McGillivrays, Thain and Company pour liquider les affaires de la McTavish, McGillivrays and Company et gérer à titre d'agent les intérêts de la Hudson's Bay Company dans le district de Montréal. Mais en août 1825, Thomas Thain, qui dirigeait les affaires de la firme à Montréal, ploya sous la charge et rentra en Grande-Bretagne. Au mois de février 1826, Simon McGILLIVRAY confia à Rocheblave l'administration des affaires de la Hudson's Bay Company. Son passage à ce poste fut cependant bref, car dans une lettre adressée aux dirigeants de la compagnie à Londres, en date du 14 juin 1826, le gouverneur George Simpson* écrivait : « De Rocheblave s'est acquitté très efficacement et correctement de la gestion intérimaire des affaires de la compagnie ici à Montréal. Ses responsabilités ont maintenant pris fin. » Rocheblave agit cependant à titre d'agent de la Hudson's Bay Company à Trois-Rivières en 1826 et 1827 avant de se retirer définitivement du commerce des fourrures où il avait travaillé pendant près de quatre décennies.

Même s'il avait déjà atteint le milieu de la cinquantaine, Rocheblave n'était pas de tempérament oisif. Depuis une dizaine d'années déjà, il canalisait ses avoirs dans l'accumulation de biens fonciers, en particulier à Coteau-Saint-Louis ; il finit d'ailleurs par en acquérir une partie. C'est à cet endroit qu'il s'était établi avec sa jeune femme en 1819, dans la propriété qui avait appartenu à Joseph Frobisher*. Au fil des années, Rocheblave acquit aussi au moins 12 terres, sinon davantage, dans les seigneuries de Châteauguay et de La Salle. Il affermait ces terres, tout comme il louait ses propriétés et ses boutiques situées à Montréal. Il devint en outre propriétaire de 1 000 acres dans le canton de Bristol, sur la rivière des Outaouais. Par ailleurs, il fut aussi l'un des associés de la firme montréalaise LaRocque, Bernard & Cie, en affaires de 1832 à 1838. Il fut encore l'un des quatre Canadiens à promouvoir la construction du premier chemin de fer du Bas et du Haut-Canada, le chemin à lisses de Champlain et du Saint-Laurent, avec son beau-père Jean Bouthillier ainsi que François-Antoine La Rocque* et Joseph MASSON.

En dépit de ses nombreuses activités, Rocheblave prit part à la vie politique. Fils et frère d'ex-députés, il représenta la circonscription de Montréal-Ouest à l'Assemblée de 1824 à 1827. Puis, le 9 janvier 1832, on l'appela au Conseil législatif. Quand on remplaça en 1838 ce conseil par le Conseil spécial, il en devint aussi membre et le demeura jusqu'à sa mort. D'un naturel plutôt conciliant, il a toujours maintenu une attitude modérée en politique, à une époque passablement troublée où les prises de position radicales étaient monnaie courante. À l'Assemblée, il vota tantôt avec le bloc des députés patriotes, tantôt avec celui qui appuyait le gouvernement, ce qui n'empêcha cependant pas Louis-Joseph Papineau* de lui manifester sa confiance. Plus tard, même si parfois l'attitude du gouverneur le choquait, en particulier celle de lord Aylmer [WHITWORTH-AYLMER], Rocheblave ne radicalisa pas pour autant ses positions. En novembre 1837, il signa même avec 11 autres magistrats canadiens une adresse aux habitants du district de Montréal, qui les exhortait à s'abstenir de toute violence. En janvier suivant, il signa, à titre de président cette fois, une déclaration des vues et des motifs de l'Association loyale canadienne du district de Montréal, association qui faisait circuler une requête hostile au projet d'union. Cette attitude conciliante n'eut cependant pas l'heur de plaire à certains patriotes dont Louis-Victor Sicotte* qui, dans une lettre adressée à Ludger Duvernay*, qualifia Rocheblave d'incapable et de pygmée. Pourtant, en décembre 1838, Rocheblave fut de ceux qui témoignèrent devant le conseil de guerre en faveur du jeune patriote Guillaume Lévesque*, qui échappa de justesse à la potence.

Actif en affaires et en politique, Rocheblave assuma de surcroît plusieurs charges à caractère public : marguillier de la paroisse Notre-Dame de Montréal en 1817, juge de paix du district de Montréal en 1821, juré de la Cour d'audition et de jugement des causes criminelles en 1823, trésorier du comité chargé de la construction de la nouvelle église Notre-Dame en 1824, commissaire responsable de l'exploration du territoire compris entre les rivières Saint-Maurice et des Outaouais en 1829, grand juré à la Cour du banc du roi et commissaire de la voirie la même année, commissaire chargé du secours aux aliénés et aux enfants abandonnés, chargé de surveiller la construction du canal de Lachine et chargé de la construction d'une prison dans le district de Montréal en 1830, commissaire responsable de la délimitation de la frontière entre le Bas et le Haut-Canada en 1831, commissaire responsable de la réfection de la propriété du gouvernement située à Montréal en 1832, commissaire chargé de l'érection civile des paroisses pendant plusieurs années à compter de 1832, et commissaire responsable de la construction d'une prison et d'un palais de justice dans le comté de Missisquoi en 1834. De plus, en 1836, après l'expiration de la charte de Montréal, on créa la Cour des sessions spéciales de la paix pour administrer les affaires municipales et Rocheblave en fut nommé membre. L'année suivante, il reçut une commission qui l'autorisait à administrer le serment d'allégeance.

Expliquer le fait que Pierre de Rastel de Rocheblave ait atteint les plus hautes sphères du monde économique et politique de son milieu par ses seules origines sociales serait pour le moins hasardeux. Certes, son père avait occupé un poste de gouverneur au sein de l'administration coloniale, mais dans une région fort secondaire ; il avait aussi été député, mais à une époque où ce titre ne conférait pas nécessairement un rang privilégié ; enfin, il tâtait du commerce des fourrures au moment où Rocheblave fit ses débuts, mais il n'y amassa pas fortune, bien au contraire. En réalité, l'ascension sociale de Pierre de Rastel de Rocheblave semble tenir davantage à sa personnalité, caractérisée par la détermination et un fort sens de la conciliation dans ses rapports humains. La plupart des témoignages de ses contemporains l'attestent. Par ailleurs, seule l'aînée des enfants de Rocheblave put profiter pleinement de sa réussite, car les autres moururent jeunes. Dans le Tout-Montréal de la fin du XIXᵉ siècle, sa fille Louise-Elmire tint un salon qui fut longtemps le rendez-vous des visiteurs de marque, où elle « donnait des dîners magnifiques qui duraient [des] heures ». Elle mourut célibataire à Montréal, le 9 août 1914, et avec elle s'éteignait la lignée canadienne des Rastel de Rocheblave.

PIERRE DUFOUR ET MARC OUELLET

Les papiers de famille et la correspondance de Pierre de Rastel de Rocheblave ont disparu dans l'incendie de la maison de madame de Rocheblave, en 1860. Les sources qui peuvent nous éclairer sur les activités de Rocheblave sont très éparses et, par conséquent, difficiles et longues à rassembler. Cette situation explique sans doute en partie pourquoi Rocheblave n'a pas tenu, dans l'historiographie canadienne, une place proportionnelle à son importance réelle. [P. D. et M. O.]

ANQ-M, CE1-51, 15 janv. 1820, 26 juin, 11 juill. 1821, 1ᵉʳ nov. 1822, 9 sept. 1824, 10 déc. 1826, 14 févr. 1830, 7 juin, 10 juill. 1832, 27 déc. 1834, 30 avril 1835, 3 janv. 1838, 8 oct. 1840, 22 mars 1844, 2 mai 1846 ; CN1-28, 7 déc. 1820 ; CN1-134, 2 mai 1816, 8–9 avril 1817, 17 mars 1819, 3, 7 oct., 29 déc. 1820, 9 févr., 3 mai 1821, 7 janv., 27 avril 1822, 5 août 1823, 30 oct. 1826, 12 juin 1827, 18 janv., 1ᵉʳ mars, 11 avril, 24, 31 mai, 16 juill. 1828, 24 févr., 1ᵉʳ oct. 1829, 23 oct. 1830, 12 janv., 13, 31 mai, 20 juill., 6 août 1831, 19 sept., 27 déc. 1832, 22 juill. 1833, 10 juin 1835, 23 nov. 1836, 12 oct., 10 nov. 1837, 25, 31 janv., 5 févr., 30 mai, 13 oct. 1838, 19 janv., 20 avril 1839 ; CN1-167, 23 juin, 28 sept. 1802, 24, 29 mars 1813 ; CN1-192, 1ᵉʳ août 1835, 29 avril 1836, 9 avril 1839 ; CN1-194, 6 févr. 1819, 9 nov. 1831 ; CN1-216, 6, 26 mars, 5 juill. 1838 ; CN1-224, 23 sept. 1836, 12 oct. 1840, 18 juin, 29 juill. 1841, 12 juill. 1842, 19 sept. 1844, 2 avril 1845 ; CN1-269, 12 juin 1813 ; CN1-320, 20 mai 1835 ; CN1-396, 3 févr. 1836, 30 nov. 1838. — ANQ-Q, P-362/1. — APC, Coll. nationale des cartes et plans, H1/300, 1831 ; MG 8, G14 ; MG 19, B3. — ASQ, Fonds Viger-Verreau, Sér. O, 049, nº 15 ; 0521. — AUM, P 58. — PAM, HBCA, D.4 ; E.20/1 : fº 212. — B.-C., chambre d'Assemblée, *Journaux*, 1828–1829, app. ; 1830, app. — T.-R.-V. Boucher de Boucherville, « Journal de M. Thomas Verchères de Boucherville [...] », *Canadian Antiquarian and Numismatic Journal*, 3ᵉ sér., 3 (1901). — *Les Bourgeois de la Compagnie du Nord-Ouest* (Masson). — Gabriel Franchère, *Journal of a voyage on the north west coast of North America during the years 1811, 1812, 1813, and 1814*, W. T. Lamb, trad., introd. de W. K. Lamb (Toronto, 1969). — D. W. Harmon, *Sixteen years in the Indian country : the journal of Daniel Williams Harmon, 1800–1816*, W. K. Lamb, édit. (Toronto, 1957). — *HBRS*, 2 (Rich et Fleming) ; 3 (Fleming). — Robert La Roque de Roquebrune, *Testament de mon enfance* (2ᵉ éd.), Montréal, 1958). — Alexander Mackenzie, *The journals and letters of Sir Alexander Mackenzie*, W. K. Lamb, édit. (Toronto, 1970). — *New light on the early history of the greater northwest : the manuscript journals of Alexander Henry [...] and of David Thompson [...]*, Elliott Coues, édit. (3 vol., New York, 1897 ; réimpr., 3 vol. en 2, Minneapolis, Minn., [1965]). — « Papiers Duvernay », *Canadian Antiquarian and Numismatic Journal*, 3ᵉ sér., 6 (1909) : 87–90. — L.-J. Papineau, « Correspondance » (Ouellet), ANQ *Rapport*, 1953–1955 : 185–442. — J.-B. Perrault, *Jean-Baptiste Perrault, marchand voyageur parti de Montréal le 28e de mai 1783*, L.-P. Cormier, édit. (Montréal, 1978). — *Thunder Bay district, 1821–1892 : a collection of documents*, introd. de [M.] E. Arthur, édit. (Toronto, 1973). — Wis., State Hist. Soc., *Coll.*, 3 (1857) ; 18 (1908) ; 19 (1910). — *La Gazette de Québec*, 25 oct. 1821, 12 sept. 1822, 26 mai 1823, 7 oct. 1840. — *Montreal Gazette*, 6 oct. 1840. — *Quebec Mercury*, 16 déc. 1805. — *Almanach de Québec*, 1815–1816. — F.-J. Audet, *les Députés de Montréal*. — Caron, « Inv. de la corr. de Mgr Panet », ANQ *Rapport*, 1935–1936 : 157–272 ; « Inv. de la corr. de Mgr Plessis », 1927–1928 : 215–316 ; 1928–1929 : 87–208 ; « Inv. de la corr. de Mgr Signay », 1936–1937 : 123–330. — Béatrice Chassé, « Répertoire de la collection Couillard-Després », ANQ *Rapport*, 1972 : 31–81. — Louise Dechêne, « Inventaire des documents relatifs à l'histoire du Canada conservés dans les archives de la Compagnie de Saint-Sulpice à Paris », ANQ *Rapport*, 1969 : 147–288. — Desjardins, *Guide parl.* — Desrosiers, « Inv. de la corr. de Mgr Bourget », ANQ *Rapport*, 1945–1946 : 135–224 ; « Inv. de la corr. de Mgr Lartigue », 1942–1943 : 1–174 ; 1944–1945 : 175–266. — *The founder of our monetary system, John Law, Compagnie des Indes & the early economy of North America : a second bibliography collected*, L. M. Lande, compil. et édit. (Montréal, 1984). — Philéas Gagnon, *Essai de bibliographie canadienne [...]* (2 vol., Québec et Montréal, 1895–1913 ; réimpr., Dubuque, Iowa, [1962]), 2. — É.-Z. Massicotte, « Répertoire des engagements pour l'Ouest conservés dans les Archives judiciaires de Montréal [...] [1620–1821] », ANQ *Rapport*, 1942–1943 : 261–397 ; 1943–1944 : 335–444 ; 1944–1945 : 309–401. — *Officers of British forces in Canada* (Irving). — Monique Signori-Laforest, *Inventaire analytique des archives du diocèse de Saint-Jean, 1688–1900* (Québec, 1976). — Turcotte, *le Conseil législatif*. — Norman Anick, *The fur trade in eastern Canada until 1870* (Parcs Canada, Direction des parcs et lieux hist. nationaux, *Travail inédit*, nº 207, Ottawa, 1976). — Brown, *Strangers in blood*. — Denison, *la Première Banque au Canada*. — W. T. Easterbrook et H. G. J. Aitken, *Canadian economic history* (Toronto, 1967), 176–177. — R. D. Elmes, « Some determinants of voting blocs in the Assembly of Lower Canada, 1820–

Raymond

1837 » (thèse de M.A., Carleton Univ., Ottawa, 1972). —
G. P. de T. Glazebrook, *A history of transportation in
Canada* (Toronto, 1938 ; réimpr. en 2 vol., New York,
1969), 1 : 43. — *Hochelaga depicta* [...], Newton
Bosworth, édit. (Montréal, 1839 ; réimpr., Toronto, 1974).
— Innis, *Fur trade in Canada* (1962). — J.-C. Lamothe,
*Histoire de la corporation de la cité de Montréal depuis son
origine jusqu'à nos jours* [...] (Montréal, 1903). —
Lemieux, *l'Établissement de la première prov. eccl.* —
B. C. Payette, *The northwest* (Montréal, 1964). — R. A.
Pendergast, « The XY Company, 1798 to 1804 » (thèse de
PH.D., univ. d'Ottawa, 1957). — Linda Price, *Introduction
to the social history of Scots in Quebec (1780–1840)*
(Ottawa, 1981). — Robert Rumilly, *la Compagnie du
Nord-Ouest, une épopée montréalaise* (2 vol., Montréal,
1980) ; *Hist. de Montréal* ; *Papineau et son temps*. — Léo
Traversy, *la Paroisse de Saint-Damase, co. Saint-Hyacinthe*
(s.l., 1964). — Tulchinsky, *River barons*. — M. [E.]
Wilkins Campbell, *The North West Company* ([éd. rév.,
Toronto, 1973]). — Marthe Faribault-Beauregard, « l'Honorable François Lévesque, son neveu Pierre Guérout, et
leurs descendants », SGCF *Mémoires*, 8 (1957) : 13–30. —
É.-Z. Massicotte, « Quelques rues et faubourgs du vieux
Montréal », *Cahiers des Dix*, 1 (1936) : 105–156. —
« Nécrologie : madame de Rocheblave », *la Patrie*, 18 déc.
1886 : 4. — Guy Pinard, « Montréal, son histoire et son
architecture : la prison du Pied-du-Courant », *la Presse*,
30 nov. 1986 : A8 ; « le Club des ingénieurs », 21 sept.
1986 : 28, 53. — Albert Tessier, « Encore le Saint-
Maurice », *Cahiers des Dix*, 5 (1940) : 145–176.

RAYMOND, JEAN-MOÏSE (Jean-Moyse), marchand, manufacturier, officier de milice, homme
politique, juge de paix et fonctionnaire, né le 5 janvier
1787 à La Tortue (Saint-Mathieu, Québec), fils de
Jean-Baptiste Raymond* et de Marie-Clotilde Girardin ; décédé le 8 février 1843 à Saint-Jacques-de-
l'Achigan (Saint-Jacques, Québec), et inhumé à
L'Assomption, Bas-Canada.

Jean-Moïse Raymond passa son enfance à La
Tortue ; vers 1800, sa famille s'installa à Laprairie (La
Prairie). Il fréquenta le collège Saint-Raphaël à
Montréal de 1798 à 1805 et entra comme associé dans
l'entreprise commerciale de son père avant 1810. Le
20 novembre de cette année-là, il épousa une jeune
fille de 16 ans, Archange Denaut, fille d'un marchand
de Laprairie. Cette union resserra ses liens commerciaux et sociaux avec la localité. Cependant, le
malheur ne tarda pas à le frapper : sa fille unique
mourut en 1812 à l'âge de trois mois et Archange la
suivit dans la tombe en janvier 1813.

Le 7 octobre 1813, Raymond obtint, avec le grade
de major, le commandement de deux compagnies du
bataillon de milice de Boucherville qui furent tenues
en réserve à la bataille de Châteauguay plus tard dans
le mois. L'année suivante, de retour à Laprairie, il
reçut de son père, à titre d'avance sur son héritage, un
établissement commercial situé en face de l'église
paroissiale. Comme il était l'unique fils survivant,
Jean-Moïse participait étroitement aux transactions

foncières de son père, infirme et atteint d'une maladie
chronique, ainsi qu'aux affaires de plus en plus
prospères de la Jean-Baptiste Raymond et Fils, qui
produisait de la potasse, sciait du bois et vendait des
meubles et produits manufacturés aux fermiers locaux
contre du blé. Son deuxième mariage, contracté le 5
juin 1815 avec Angélique (Marie des Anges) Leroux
d'Esneval, qui avait 18 ans, fut aussi avantageux que
le premier ; le père d'Angélique était Laurent Leroux*, marchand de L'Assomption et notable de plus
en plus en vue dans la région. Le couple allait avoir 13
enfants, dont 9 parviendraient à l'âge adulte.

Influent et heureux en affaires, Raymond, comme
son père, s'intéressait à la politique. En 1822, il milita
dans un mouvement organisé notamment par le parti
canadien de Louis-Joseph Papineau* pour faire échec
à un projet d'union du Bas et du Haut-Canada. Deux
ans plus tard, il accédait, à l'Assemblée, au siège
électoral de Huntingdon, que son père avait occupé de
1800 à 1808. Il représenta de 1830 à 1838 la
circonscription de Laprairie, qu'on avait formée en
1829 à même celle de Huntingdon. Consciencieux
député de l'arrière-plan, il assistait régulièrement aux
débats (ce que lui permettait la prospérité de ses
affaires) en cette époque où l'absentéisme sévissait. Il
participa activement aux travaux de comités permanents et spéciaux sur le commerce. Fidèle partisan de
Papineau, il appuya le parti patriote (ancien parti
canadien) dans tous les votes importants, y compris
celui des Quatre-vingt-douze Résolutions en 1834.
Cependant, il n'était pas radical et choqua des
patriotes plus extrémistes en s'abonnant, en 1832, à
un nouveau journal conservateur dirigé par les
sulpiciens, *l'Ami du peuple, de l'ordre et des lois*, de
Montréal [V. Alfred-Xavier Rambau*]. Même s'il
représentait l'une des régions les plus agitées de la
province, Raymond ne participa, semble-t-il, à
aucune des assemblées locales de mobilisation tenues
par les patriotes à l'automne de 1837, et il déconseilla
probablement le recours à la violence. En 1830, il était
devenu juge de paix du district de Montréal ; en 1831,
on l'avait nommé inspecteur d'écoles dans le comté de
Laprairie.

Raymond avait pris les rênes de l'entreprise
familiale à la mort de son père, en 1825, et il la
maintint à Laprairie jusqu'à la fin des années 1830.
Toutefois, de maigres récoltes dues à la maladie, des
difficultés de crédit et les ravages causés par les
rébellions de 1837–1838 lui infligèrent de lourdes
pertes. En 1839, il liquida l'entreprise et installa sa
famille à L'Assomption, où il avait obtenu une terre de
Leroux. La même année, il ouvrit une distillerie de
whisky, probablement à Saint-Jacques-de-l'Achigan.
Comme le crédit était toujours difficile à obtenir, il
avait du mal à régler ses factures ; l'un de ses
beaux-frères, Joseph MASSON, protesta en 1839 et
1840 parce qu'il n'avait pas honoré des billets à ordre

et refusa de lui consentir d'autres avances. L'année suivante, à l'occasion des premières élections tenues sous la nouvelle constitution de l'Union [V. Charles Edward Poulett THOMSON], Raymond fut élu par acclamation dans la circonscription de Leinster. Avec Austin CUVILLIER, John NEILSON, Augustin-Norbert Morin*, Frédéric-Auguste Quesnel* et Denis-Benjamin Viger*, entre autres, il dénonça maintes fois l'Union. Cependant, en janvier 1842, peut-être pour des raisons financières, il quitta son siège pour accepter le poste rémunéré de registrateur du comté de Leinster.

Un peu plus d'un an après sa nomination, Jean-Moïse Raymond succomba à la suite d'une « courte mais violente maladie » et fut inhumé en l'église paroissiale de L'Assomption. Au fil du temps, le remariage de sa mère et les mariages de quelques-unes de ses sœurs l'avaient apparenté à plusieurs personnalités de la région de Laprairie et d'ailleurs dans la colonie, notamment Masson, Edme HENRY, Paul-Théophile Pinsonaut*, notaire et homme d'affaires, Pierre-Joseph Godefroy de Tonnancour, avocat et député de Trois-Rivières, et John William McCallum, avocat et major dans la milice. La vie de Raymond, par sa remarquable continuité avec celle de son père, présente bien des traits qui caractérisaient l'élite bas-canadienne des localités et des régions. Ses enfants, par leur vie professionnelle et leur mariage, maintinrent ou consolidèrent la position sociale de la famille. Deux de ses fils devinrent marchands, un autre avocat ; parmi ses filles, l'une épousa un notaire, une autre l'avocat Magloire Lanctôt* tandis qu'une troisième devint religieuse à l'Hôtel-Dieu de Montréal.

ALAN DEVER

ANQ-M, CE1-2, 20 nov. 1810 ; CE1-54, 5 janv. 1787 ; CE5-14, 5 juin 1815, 11 févr. 1843 ; CN1-32, 1837–1840 ; CN1-134, 1828–1840 ; CN1-199, 1832 ; CN1-299, 1836 ; CN1-380, 1840 ; CN1-394, 1833–1836. — B.-C., chambre d'Assemblée, *Journaux*, 1825–1837. — Canada, prov. du, Assemblée législative, *App. des journaux*, 1843, app. F. — *Debates of the Legislative Assembly of United Canada* (Abbott Gibbs *et al.*), 1–2. — *L'Aurore des Canadas*, 16 févr. 1843. — *La Minerve*, 13 févr. 1843. — *Almanach de Québec*, 1814–1825. — F.-J. Audet, « les Législateurs du B.-C. ». — Caron, « Papiers Duvernay », ANQ *Rapport*, 1926–1927 : 145–258. — Desjardins, *Guide parl.* — *Inventaire des actes notariés du village de Laprairie, 1670–1860*, Michel Aubin, compil. (s.l., 1975). — *Mariages de Laprairie (N.-D.-de-la-Prairie-de-la-Madeleine), 1670–1968*, Irenée Jeté et Benoît Pontbriand, compil. (Québec, 1970). — *Mariages du comté de L'Assomption (du début des paroisses à 1960 inclusivement)* (3 vol., Montréal, 1962). — P. G. Cornell, *The alignment of political groups in Canada, 1841–1867* (Toronto, 1962), 5. — Henri Masson, *Joseph Masson, dernier seigneur de Terrebonne, 1791–1847* (Montréal, 1972). — Benjamin Sulte, *la Bataille de Châteauguay* (Québec, 1899). — J.-J. Lefebvre, « Jean-Baptiste Raymond (1757–1825), député de Huntingdon (Laprairie), 1800–1808 », *BRH*, 58 (1952) : 59–72 ; « Jean-Moïse Raymond (1787–1843), premier député de Laprairie (1824–1838), natif du comté », *BRH*, 60 (1954) : 109–120.

READY, JOHN, fonctionnaire, officier, homme politique et administrateur colonial, né vers 1777 ; le 18 juin 1804, il épousa à East Grinstead, Angleterre, Susanna Bromley, et ils eurent deux fils et deux filles, puis le 13 décembre 1836 à Malew, île de Man, Sarah Tobin, fille de sir John Tobin, et de ce mariage naquirent un fils et une fille ; décédé le 10 juillet 1845 à Castletown, île de Man.

John Ready entra dans l'armée britannique à titre d'enseigne le 6 janvier 1796, à l'âge de 19 ans ; c'est la plus ancienne précision que l'on a à son sujet. En 1813, sans avoir acheté aucune commission, il détenait le grade de lieutenant-colonel. Peut-être devait-il son avancement à ses états de service, mais ses nominations ultérieures dans l'administration coloniale étayent l'hypothèse selon laquelle il avait des amis influents. Ainsi d'après la tradition familiale, l'un de ses enfants eut le duc de Wellington pour parrain. Au licenciement de son bataillon, en 1815, Ready fut inscrit sur la liste irlandaise des demi-soldes et devint le secrétaire du lord-lieutenant d'Irlande, Charles Lennox*, duc de Richmond et Lennox. Quand celui-ci devint gouverneur en chef de l'Amérique du Nord britannique, en mai 1818, il choisit Ready comme secrétaire militaire puis, peu après leur arrivée à Québec en juillet, comme secrétaire civil. Chargé la même année, en qualité de commissaire, d'administrer les biens des jésuites, il entra l'année suivante au comité de surveillance de la construction du canal de Lachine [V. François Desrivières*] et devint curateur de la succession de Richmond à la mort de celui-ci, en août 1819.

Le successeur de Richmond, le comte de Dalhousie [RAMSAY], avait fait la connaissance de Ready à l'occasion d'une visite à Québec en 1819 et, ainsi que le montre son journal personnel, celui-ci l'avait favorablement impressionné. Il l'engagea donc à titre de secrétaire civil lorsqu'il revint à Québec l'année suivante et le nomma par la suite aide de camp, secrétaire intérimaire de la province et conseiller exécutif. Cependant, son enthousiasme tomba quand il se mit à travailler avec lui. Ready, nota-t-il dans son journal, cumulait trop de charges et semblait avoir du mal à s'en acquitter, ce qui suscitait du mécontentement. En outre, se plaignait Dalhousie, il ignorait aussi bien les pratiques commerciales que le droit et ne parlait pas français. Mais ce qui indisposait peut-être tout autant le gouverneur, ce sont les liens d'amitié probables de Ready avec les leaders de l'opposition en chambre, John NEILSON et Louis-Joseph Papineau*, et sa sympathie pour leurs idées. Quoi qu'il en soit,

Ready

Dalhousie décida au début de 1822 de l'écarter ; mis au courant le 29 janvier, Ready demanda qu'on présente sa démission comme une initiative de sa part, motivée par le désir de retourner avec sa famille en Angleterre. En novembre, après avoir mis ses affaires en ordre, il était en mer. Andrew William COCHRAN lui avait succédé au poste de secrétaire civil.

On nomma Ready lieutenant-gouverneur de l'Île-du-Prince-Édouard en avril 1824, mais il différa son départ à cause du mauvais état de santé de sa femme, qu'il dut laisser à Brighton. Des comptes rendus favorables circulaient déjà à son sujet dans la colonie ; à son arrivée à Charlottetown, le 21 octobre 1824, une foule nombreuse, ravie du remplacement de l'impopulaire Charles Douglass Smith*, lui réserva un accueil exubérant.

Ready dut dissoudre bientôt la chambre d'Assemblée, qui n'avait pas siégé depuis 1820, et annonça la tenue d'élections. Le nouveau Parlement se réunit le 14 janvier 1825. Dans son discours inaugural, Ready précisa que, s'il avait convoqué les députés, c'était avant tout pour renouveler ou modifier des lois dont l'échéance était proche ou déjà passée et proposa de ne consacrer la session qu'à l'essentiel. L'Assemblée promit de ne présenter « aucune question susceptible de soulever des doutes ou des difficultés ». Avant la clôture de la session, le 24 mars, le président de la chambre, John Stewart*, déclara que celle-ci avait adopté le projet de loi sur le revenu ou projet de loi de finances (qu'elle avait déposé pour percevoir des fonds destinés à l'usage du gouvernement) en raison de la confiance qu'elle avait en Ready, mais il ajouta en guise d'avertissement : « la colonie attend avec beaucoup d'impatience le moment où [Son] Excellence se sentira libre de donner [son] assentiment à une loi annuelle qui viserait l'affectation de l'ensemble du revenu ». Le *Novascotian, or Colonial Herald* de Halifax observa : « la chambre souhaite avant tout la révocation de la loi sur le revenu permanent, qui rendait l'ancien gouverneur indépendant d['elle], et le peuple n'aura de cesse qu'elle ne l'ait accompli ».

Deux lois étaient en jeu : adoptées en 1785 et 1795, elles imposaient des droits sur les spiritueux et la bière. Les fonds ainsi perçus s'appelaient le revenu permanent, dont la gestion relevait du lieutenant-gouverneur et du Conseil de l'Île-du-Prince-Édouard. À l'entrée en vigueur de ces lois, l'île était peu peuplée, et les modestes recettes qui en découlaient suffisaient à peine à régler les dépenses gouvernementales. Cependant, à l'époque de Ready, la population était beaucoup plus nombreuse, et le revenu permanent s'était accru jusqu'à représenter près des deux tiers du revenu total. Ready écrivit à lord Bathurst, secrétaire d'État aux Colonies, pour lui exposer le changement législatif que proposait l'Assemblée. Bathurst lui répondit sans détour qu'il pouvait utiliser tout le revenu au bénéfice de la colonie, mais qu'il était hors de question de modifier les lois. Armé de cette réponse, Ready convoqua le Parlement à une brève session qui se tint à compter du 12 octobre 1825, avant son départ pour l'Angleterre. L'Assemblée avait été avisée de la décision de Bathurst, mais Stewart, tenace, remit la question sur le tapis à la clôture de la session. La confiance que l'Assemblée avait mise d'emblée en Ready, avança-t-il, s'était trouvée justifiée par la manière dont il avait géré les dépenses publiques jusque-là et, tant que ce serait lui qui les administrerait, elle n'aurait aucune inquiétude ; cependant, il partirait un jour et, comme on avait gaspillé ou mal employé le revenu permanent sous certains gouvernements antérieurs, l'Assemblée souhaitait encore en obtenir la mainmise.

Pour faire pression, l'Assemblée décida ensuite d'empêcher le conseil de s'immiscer dans l'affectation du dernier tiers du revenu, qu'elle-même administrait, tant qu'elle n'aurait pas la mainmise sur le revenu permanent. En conséquence, elle ne lui donna pas l'occasion de délibérer séparément de chacun des postes inscrits au projet de loi qui portait affectation de crédits, dans lequel elle précisait à quoi elle consacrerait le revenu. Le conseil adopta le projet à contrecœur mais envoya à l'Assemblée une résolution : dans l'avenir, il refuserait de sanctionner tout projet de loi portant affectation de crédits dont les postes ne lui auraient pas été « soumis auparavant par la chambre d'Assemblée sous forme de résolutions distinctes [...] et n'aur[aient] pas tous été entérinés » par lui. Sur ce, le débat cessa pendant quelque temps. Ready prorogea le Parlement le 27 octobre 1825 puis s'embarqua pour l'Angleterre le 10 décembre afin de régler des questions familiales ; sa femme était là-bas morte en mars. C'est George WRIGHT qui administra la colonie en son absence.

Tout comme Stewart, lui aussi en visite en Angleterre, et l'ancien lieutenant-gouverneur Smith, Ready comparut devant un comité de la chambre des Communes sur l'immigration dans les colonies de l'Amérique du Nord britannique et on le présenta à la cour. Il rentra à l'Île-du-Prince-Édouard le 10 décembre 1826 en compagnie de ses deux filles, dont l'une mourut quelques mois plus tard. Au printemps, il apprit que son fils aîné était mort en Angleterre au mois de janvier.

Comme l'Assemblée n'avait pas encore eu l'occasion de réagir à la résolution qu'avait adoptée le conseil en octobre 1825, elle s'empressa, à l'ouverture de la session, le 20 mars 1827, de lui rappeler que les projets de loi de finances étaient de son ressort à elle et qu'il n'avait pas le droit de les amender. À la fin de la session, elle inclut une clause d'affectation dans chacun de ces projets de loi afin d'obliger le conseil à « les adopter ou les rejeter en bloc ». Le conseil approuva certains des projets et en refusa d'autres, ce qui engendra un déficit. Le Parlement fut prorogé le 7 mai 1827 sans qu'on n'ait adopté aucun projet de loi de finances.

Ready écrivit à Bathurst pour lui demander des instructions et lui fit part de sa sympathie pour l'Assemblée qui, disait-il, ne faisait qu'observer « l'usage invariable [… suivi] depuis l'époque de la première session ». En outre, si les conseillers de la Nouvelle-Écosse, capables et respectés, avaient « voix au chapitre au moment de l'affectation des crédits », Ready ne prêtait pas autant de compétence et d'intégrité aux conseillers de l'île et doutait qu'il soit sage de leur donner « le droit d'intervenir dans l'affectation du revenu additionnel qui [pouvait] être perçu (d'autant plus que la gestion du revenu permanent relev[ait] exclusivement du gouverneur et du conseil) ».

Dans sa réponse, le nouveau secrétaire d'État aux Colonies, William Huskisson, appuya la position de l'Assemblée et déplora que le conseil « ait jugé bon à ce moment, pour la première fois, de donner suite à une prétention dont la légitimité [était] à tout le moins douteuse ». Cependant, dans une lettre personnelle à Ready, il laissa entendre que l'Assemblée, par courtoisie, pourrait autoriser le conseil à examiner le projet de loi de finances article par article, comme c'était la coutume en Nouvelle-Écosse. Ready était donc laissé à lui-même, et à l'ouverture de la session, le 20 mars 1828, il ne put qu'inviter les deux parties à s'entendre, pour le bien de la colonie. L'Assemblée maintint sa position devant le conseil mais lui soumit séparément le projet de loi qui portait affectation de crédits et les projets de loi de finances. Comme le conseil n'était autorisé à modifier aucun des projets de loi de finances auxquels il s'objectait, il refusa d'adopter le projet de loi portant affectation de crédits. Sur ce, le 5 mai, la session prit fin.

Le 27 mai, dans une lettre à Huskisson, Ready émit l'avis que le litige ne se réglerait pas à moins de changements au conseil. Il reconnaissait cependant que l'Assemblée n'était pas irréprochable et recommandait de dissoudre le conseil ou l'Assemblée, ou encore les deux. Le cabinet de Grande-Bretagne avait changé une nouvelle fois, et le 3 juillet ce fut le deuxième sous-secrétaire du ministère des Colonies, Robert William Hay, qui répondit à Ready. Il lui fit voir que céder à l'Assemblée engendrerait « de graves embarras ». Probablement estimait-il nécessaire de dissuader la chambre afin d'éviter des revendications semblables dans les colonies voisines. Enfin, selon lui, on ne pouvait dissoudre le conseil car ses membres avaient été nommés à vie par le roi. Ready rétorqua en septembre que les insulaires avaient une opinion différente : selon eux, puisque les conseillers avaient été nommés par des lieutenants-gouverneurs, un lieutenant-gouverneur pouvait les démettre.

Le ministère des Colonies refusa tout de même de sanctionner la dissolution intégrale du conseil mais accepta, sur l'avis de Ready, de révoquer l'un des antagonistes, Samuel George William ARCHIBALD, juge en chef et président du conseil, et de le remplacer par Edward James Jarvis*, qui fut assermenté le 30 août 1828. En récompensant les conseillers disposés à coopérer et en se débarrassant d'Archibald, Ready amena le conseil à changer de cap et à se montrer plus conciliant. On adopta en 1829 le projet de loi portant affectation de crédits, et les deux organismes entretinrent des relations harmonieuses pendant le reste du mandat de Ready.

Les redevances perçues par le gouvernement britannique demeurèrent un sujet chaud durant cette période, comme elles l'avaient été sous les prédécesseurs de Ready. Lui-même achemina consciencieusement des requêtes en faveur de leur remise, mais obtint seulement l'autorisation d'user de leur produit au bénéfice de l'île.

En juin 1830, Ready apprit que son mandat tirait à sa fin ; en avril 1831, la nouvelle de son départ prochain n'était plus un secret pour personne. L'Assemblée, par crainte que son successeur ne dépense le revenu permanent moins judicieusement que lui, résolut en mai de demander au roi de révoquer les lois sur ce revenu. De plus, elle affecta £400 à l'achat d'un cadeau d'adieu – des pièces d'orfèvrerie – pour remercier Ready de sa bienveillante administration. En août, on reçut la nouvelle que le successeur de Ready, sir Murray Maxwell, était mort avant de quitter la Grande-Bretagne ; on fit alors circuler une pétition pour demander que Ready demeure à son poste. Cependant, avant l'envoi du document, la colonie apprit la nomination d'Aretas William Young*, et Ready se prépara à plier bagage.

Pendant son mandat, Ready n'était donc pas parvenu à résoudre le problème des redevances ni celui des lois sur le revenu régulier. Par contre, il avait largement contribué à améliorer la vie quotidienne du colon moyen en favorisant de grands progrès dans trois secteurs fondamentaux : l'agriculture, la voirie et l'éducation. Il avait promu une société d'agriculture qui continua pendant des années à soutenir et à encourager les fermiers. Il avait importé à ses frais du coûteux bétail de race qui améliora graduellement les troupeaux locaux. En favorisant les travaux de voirie, il avait transformé de « simples pistes cavalières » en de bonnes routes ; ce vaste réseau facilita grandement les communications à l'intérieur de l'île. Il partageait le souci qu'avait l'Assemblée d'étendre les services éducatifs jusqu'à ce qu'il y ait une école dans presque toutes les localités. Le fait qu'il affectait une grande part du revenu permanent au financement de toutes ces réalisations avait sans doute été fort apprécié.

Ready quitta la colonie le 10 octobre 1831, mais pendant des mois avant cette date la *Royal Gazette* de Charlottetown publia maints éloges sur lui-même et son gouvernement. Le rédacteur en chef, James Douglas Haszard*, observait par exemple : « peut-être aucun fonctionnaire n'a-t-il jamais quitté un poste aussi élevé en laissant derrière lui des regrets aussi sincères et aussi universels ».

Nommé lieutenant-gouverneur de l'île de Man en 1832, John Ready fut assermenté à Castletown le 11 décembre. Une adresse de bienvenue faisait état des commentaires favorables qui avaient précédé son arrivée. En novembre 1841, il reçut le grade de major général. Pendant les neuf derniers mois de sa vie, une grave maladie l'empêcha de s'acquitter de ses fonctions. On lui prescrivit alors deux médicaments : de la morphine, et de l'atropine pour usage externe. Le 10 juillet 1845, on lui administra de l'atropine par voie orale ; il succomba quelques heures plus tard. L'enquête du coroner conclut à un empoisonnement accidentel. On inhuma Ready le 17 juillet à Malew avec tous les honneurs militaires. Selon la notice nécrologique parue dans le *Manx Sun*, il avait gouverné avec justice et impartialité, sans se mêler des querelles de factions, et avait été un gentleman indéfectiblement généreux, aimable et courtois, toutes choses qui lui avaient mérité la haute estime des insulaires.

ELINOR B. VASS

Les archives demeurent silencieuses au sujet des parents de John Ready de même qu'au sujet du lieu et de la date de sa naissance. Les sources habituellement consultées pour trouver ces informations sont tellement discrètes à propos de Ready qu'un chercheur professionnel, mandaté par l'auteure, fit la remarque suivante : « J'ai l'impression que cet homme n'a voulu laisser aucune trace de ses origines. » Une mention dans le dossier militaire de Ready (PRO, WO 25/772 : 94) – l'information ayant été fournie par Ready – nous laisse croire qu'il serait né vers 1777, et cela vient en contradiction avec le renseignement donné dans sa nécrologie publiée dans le *Manx Sun* (voir plus bas) qui situe l'événement 5 ans plus tôt. Lord Dalhousie, dans son journal personnel, signale, le 11 mai 1828, qu'il est persuadé que Ready, même s'il « passait pour le frère naturel du comte Bathurst », était plus probablement son fils. Un simple calcul démontre la fausseté de l'affirmation puisque Bathurst était âgé de dix ans en 1772, et on doit demeurer plus sceptique encore puisque Dalhousie, le même jour, fait une remarque semblable au sujet de sir John Harvey*. [E. B. V.]

APC, MG 24, B1, 5 : 98–101. — Church of Jesus Christ of Latter-Day Saints, Geneal. Soc. (Salt Lake City, Utah), International geneal. index. — PRO, CO 226/42 : 7, 41, 315, 363, 569 ; 226/43 : 12 ; 226/44 : 98–99, 103, 197 ; 226/45 : 47, 53, 71–72, 118, 188–189, 191, 205, 301–302, 371, 431 ; 226/46 : 253 ; 226/47 : 145 ; 226/48 : 241 ; 227/7 : 237, 257–258, 261, 302 (mfm aux PAPEI) ; WO 42/39 : 66. — West Sussex Record Office (Chichester, Angl.), East Grinstead, reg. of marriages, 18 juin 1804. — *Annual reg.* (Londres), 1845 : 288. — Î.-P.-É., *Acts of the General Assembly* […], *1773–1834* (Charlottetown, 1834), 90, 222 ; House of Assembly, *Journal,* 27 oct. 1825, 27 mai 1827, 10 mai 1831 ; Legislative Council, *Journal,* 20–21 mars 1827,

2 mai 1828, mars–avril 1829. — Ramsay, *Dalhousie journals* (Whitelaw), 1 : 153, 173 ; 2 : 26, 29, 62, 113–115, 118–123, 132–133, 141, 186 ; 3. — *Manx Sun* (Douglas, île de Man), 18 déc. 1832, 2 sept. 1836, 12, 19 juill. 1845. — *Montreal Gazette,* 17 nov. 1818. — *Novascotian, or Colonial Herald,* 11 mai 1825, 8 juin 1826. — *Prince Edward Island Register,* 24 juill., 28 août, 23 oct., 13 nov. 1824, 20 janv., 31 mars, 11, 20 mai, 20 oct., 8 nov., 20 déc. 1825, 12 déc. 1826, 13 févr., 27 mars, 1er, 8 mai, 6 nov. 1827, 25 mars, 6 mai, 28 oct. 1828, 31 mars, 9 mai 1829. — *Quebec Gazette,* 30 juill., 3 août 1818, 5 août 1819, 27 juin 1820, 4 janv. 1821. — *Royal Gazette* (Charlottetown), 11 janv., 19 avril, 16, 23 août, 6 sept., 11 oct. 1831 (copies disponibles aux PAPEI). — Desjardins, *Guide parl.* — Elinor Vass, « The agricultural societies of Prince Edward Island », *Island Magazine* (Charlottetown), no 7 (automne-hiver 1979): 31–37.

REIFFENSTEIN, JOHN CHRISTOPHER (il signait aussi **John Christoph** ou **Jean Christoph Reiffenstein**), officier dans l'armée et dans la milice, et commerçant, né vers 1779 ; le 14 juin 1806, il épousa à Halifax Miriam Carr, et ils eurent trois enfants ; décédé le 7 mars 1840 à New York.

John Christopher Reiffenstein aurait appartenu, selon Benjamin Sulte*, à une branche de la famille princière allemande de Tour et Taxis. On ne sait rien de son enfance et de sa jeunesse. Il entra dans l'armée britannique en 1795 et, le 22 mai 1804, il reçut une commission d'enseigne dans le 98th Foot ; ce même jour, on le nomma aussi adjudant-major. Au cours des années suivantes, il voyagea avec son régiment. En 1805, il se rendit aux Bermudes puis en Nouvelle-Écosse. Il quitta cette province en 1807 pour se rendre à Québec. Il démissionna du 98th Foot au début de 1808 et devint le 30 juin quartier-maître au Royal Newfoundland Regiment. Il résigna sa commission à la fin de 1811, après qu'une cour martiale eut découvert qu'il exigeait des soldats de son régiment qu'ils paient certaines pièces d'équipement deux fois le prix demandé ailleurs et que, de plus, il avait perdu ou détruit tous les reçus officiels relatifs aux diverses transactions.

Après avoir abandonné sa carrière dans l'armée, Reiffenstein se joignit à la milice. Le 13 juin 1812, on le choisit comme adjudant d'état-major sous les ordres du lieutenant-colonel Augustus Warburton. La guerre contre les États-Unis amena les deux hommes dans la région de Laprairie (La Prairie) de janvier à mars 1813, à Amherstburg, dans le Haut-Canada, en avril, à Detroit et à Sandwich (Windsor, Ontario) de mai à septembre. Reiffenstein participa le 5 octobre à la bataille de Moraviantown au cours de laquelle Warburton fut fait prisonnier et où le grand chef indien Tecumseh* trouva la mort. Reiffenstein, quant à lui, put s'échapper. Effrayé par l'apparente victoire prochaine des troupes américaines, il se rendit à Burlington Heights (Hamilton, Ontario) où il annonça au colonel Robert Young la défaite de l'armée du major général Henry Procter*. Young en informa aussitôt le major général John VINCENT qui se trouvait alors près du fort George (Niagara-on-the-Lake). Ce dernier ordonna à ses hommes de se retirer. Pendant ce temps, Reiffenstein se dirigeait d'abord vers York (Toronto), puis vers Kingston. À ce dernier endroit, il avisa le major général Francis de Rottenburg* et son collègue Duncan Darroch que 8 000 Américains avaient capturé l'armée de Procter et qu'ils avançaient rapidement en direction de Burlington Heights. Mais rien de tout cela n'était vrai. Quelque temps après, Reiffenstein regagna Québec et de là, probablement avant le 25 octobre, on l'envoya à Montréal. Les fausses rumeurs dont il était l'auteur avaient créé un effet de panique à travers tout le Haut-Canada, et Rottenburg tint Reiffenstein responsable de la retraite hâtive de Vincent, qui avait ébranlé la position de l'armée britannique dans la presqu'île du Niagara. Reiffenstein devint adjudant du 1er bataillon de la milice d'élite incorporée du Bas-Canada le 21 novembre, mais on lui retira sa commission d'adjudant d'état-major le 29 janvier suivant, sûrement grâce aux efforts de Procter et de Rottenburg. Il semble avoir servi comme adjudant jusqu'à la fin de la guerre.

De retour à la vie civile, Reiffenstein entreprit une carrière dans le commerce au Bas-Canada. Installé à Québec, il s'associa d'abord à James Robinson, de Londres, sous la raison sociale Reiffenstein and Company. En 1814, il se rendit en Angleterre et, en janvier de l'année suivante, il fit paraître sa première annonce dans la *Gazette de Québec*. Reiffenstein établit d'abord son commerce rue Saint-Pierre puis, le 1er mai 1816, rue du Sault-au-Matelot. Ce jour-là, il changea d'associé ; le marchand de Québec William Phillips remplaça Robinson. Le 1er mai 1817, il y eut dissolution de la société formée par Reiffenstein et Phillips. L'ancien militaire renoua alors avec Robinson, et la Reiffenstein and Company fit du commerce jusqu'en avril 1820. Une nouvelle dissolution incita Reiffenstein à continuer seul, jusqu'à ce que vers 1830 son fils John Edward vienne lui apporter son aide.

Reiffenstein fut durant un quart de siècle un encanteur important et un négociant prospère. Son service dans l'armée lui avait donné, semble-t-il, de bonnes idées quant aux articles à vendre. C'est ainsi qu'il commença par liquider des surplus de guerre qui comprenaient, entre autres, 800 paires de culottes de toile de Russie et 700 havresacs. Il se rendit souvent en Angleterre, en France et en Allemagne. C'est dans ce dernier pays que vivaient ses deux sœurs et son frère John Christian, un marchand de vin. Reiffenstein fit au moins six voyages entre 1814 et 1833, au cours desquels il acheta de grosses quantités de tissus et de vêtements, de meubles et de quincaillerie, de thé, de café et de vin, de tableaux, de gravures et de livres. Au

nombre de ses clients figuraient le séminaire de Québec et le peintre Joseph Légaré*, qui lui avait acheté une quarantaine de tableaux en 1823. Avant 1825, Reiffenstein annonça à quelques reprises dans la *Gazette de Québec* des arrivages de 3 000 à 5 000 volumes, dont beaucoup de livres français. Il faisait également le commerce des ornements d'église et des vases sacrés, ce qui lui valut la clientèle du clergé et des fabriques. Il fut propriétaire du *Highland Lad*, brick qu'avait construit à Québec John Goudie*, et l'utilisa pour le transport atlantique.

Propriétaire d'un grand terrain au faubourg Saint-Jean, John Christopher Reiffenstein chercha à aider les démunis en souscrivant à la Société du feu et à la Société de Québec des émigrés, de même qu'au fonds Waterloo créé pour secourir les familles des morts et des blessés de la grande bataille. Même si l'aventure politique ne semble pas l'avoir attiré, il révéla néanmoins, dans une lettre qu'il écrivit de Paris à John NEILSON en août 1833, son admiration enthousiaste pour la révolution française de 1830.

CLAUDE GALARNEAU

L'auteur désire remercier Stuart Sutherland de Toronto pour les renseignements qu'il lui a fournis sur la carrière militaire de John Christopher Reiffenstein. [C. G.]

ANQ-M, CN1-116, 12 déc. 1817 ; CN1-208, 17 juin 1829 ; P1000-3-360. — ANQ-Q, CE1-61, 2 avril 1809, 5 oct. 1855 ; CN1-49, 14 sept. 1812, 21 juin 1813, 6 nov. 1815. — APC, MG 24, B1, 189 : 4392 ; RG 8, I (C sér.), 226 : 62–63 ; 678 : 164–165 ; 680 : 169, 216–219, 242–246, 259–260, 269–272, 290–294, 319–321 ; 1068 : 68–72 ; 1203½J : 18, 218. — ASQ, Séminaire, 126, nos 272–275. — PRO, WO 17/1509 ; 17/1517 ; 27/99. — *La Gazette de Québec*, 1815–1840. — G.-B., WO, *Army list*, 1810. — Raymond Gingras, *Liste annotée de patronymes d'origine allemande au Québec et notes diverses* (s.l., 1975). — *N.S. vital statistics, 1769–1812* (Punch). — *Officers of British forces in Canada* (Irving). — Réjean Lemoine, « le Marché du livre à Québec, 1764–1839 » (thèse de M.A., univ. Laval, 1981). — J. R. Porter, « Un peintre et collectionneur québécois engagé dans son milieu : Joseph Légaré (1795–1855) » (thèse de PH.D., univ. de Montréal, 1981). — « Le Sieur Reiffenstein », *BRH*, 45 (1939) : 62–63. — Benjamin Sulte, « Reiffenstein », *le Monde illustré* (Montréal), 28 juin 1890 : 131.

RIALL, sir PHINEAS, officier, né le 15 décembre 1775 en Irlande, probablement à Clonmel (république d'Irlande), troisième fils de Phineas Riall, de Clonmel, et de Catherine Caldwell ; le 18 décembre 1819, il épousa à Borgue, Écosse, Elizabeth Scarlett ; décédé le 10 novembre 1850 à Paris.

Phineas Riall entra dans l'armée le 31 janvier 1794 à titre d'enseigne dans le 92nd Foot ; il devint lieutenant en mars, capitaine le 31 mai, puis major du 128th Foot le 8 décembre. Après cet avancement rapide, Riall servit dans le 128th jusqu'au licencie-

Riall

ment du régiment en 1797. Il toucha une demi-solde pendant sept ans, et devint lieutenant-colonel honoraire tout juste deux semaines après son vingt-quatrième anniversaire. Le 21 avril 1804, il joignit les rangs du 15th Foot avec le poste de major et c'est avec cette unité qu'il fit campagne et combattit pour la première fois. Il semble en effet qu'il faisait partie du 15th Foot lorsqu'on envoya ce régiment aux Antilles, en 1805 ; on sait, en tout cas, qu'il prit part en 1809 à l'attaque de la Martinique à titre de chef de brigade. Riall commandait également une brigade au moment de la prise de la Guadeloupe et, à cette occasion, on le cita à l'ordre du jour. Après cette période d'intense activité, il retourna en Angleterre en juillet 1810.

Le 25 juillet, Riall fut promu colonel honoraire en considération de son ancienneté, puis il opta pour le 69th Foot le 27 décembre, y détenant le poste de lieutenant-colonel. Il devint major général le 4 juin 1813, toujours par ancienneté et, le 10 août, on l'affecta au Canada avec le lieutenant général Gordon Drummond*. Le duc d'York, commandant en chef de l'armée britannique, décrivit Riall comme « un jeune homme actif et intelligent ». Riall et Drummond furent sans aucun doute bien accueillis par le lieutenant général sir George Prevost*, commandant en chef en Amérique du Nord britannique, qui avait eu des ennuis avec certains de ses subalternes.

À son arrivée à Québec, en novembre, Riall se vit confier le commandement d'une partie de la région de Montréal. Peu de temps après, il accompagna Drummond dans le Haut-Canada, où ce dernier avait été nommé commandant des forces armées et administrateur. Drummond était déterminé à attaquer les forces américaines à la frontière du Niagara et, le 18 décembre, il organisa une expédition contre le fort Niagara (près de Youngstown, New York). Dès que la force d'assaut atteignit la rive américaine du Niagara, le 19 au matin, Riall traversa à Lewiston avec 500 soldats réguliers et autant d'Indiens. On avait d'abord prévu que ses troupes serviraient de réserve aux attaquants du fort Niagara, mais la prise rapide de celui-ci permit de les diriger ailleurs. Sans presque rencontrer de résistance, Riall pénétra dans Lewiston et s'empara d'une grande quantité de vivres et de munitions. Comme les Américains battaient en retraite, il traversa Youngstown et un village de Tuscarorens, en ne laissant derrière lui que des ruines fumantes, tout comme l'avaient fait les Américains à Niagara (Niagara-on-the-Lake, Ontario) plus tôt au cours du mois. Bien des éléments des troupes de Riall commirent des déprédations, mais les Indiens se montrèrent particulièrement cruels et tuèrent plusieurs civils. Il est malheureux que l'opération n'ait pu être maîtrisée complètement car, à d'autres égards, ce fut une grande réussite. Riall avança au delà du fort Schlosser et de Manchester (Niagara Falls), qui furent tous deux rasés, puis il se rendit jusqu'au ruisseau Tonawanda, à moins de dix milles de Buffalo, avant de retourner à Queenston en passant par Lewiston.

Même si l'on avait pris à l'ennemi un butin considérable et de nombreux soldats, Drummond n'était pas satisfait. Il voulait s'assurer que toute menace serait écartée pour longtemps à la frontière du Niagara et, le 29 décembre, il donna instructions à Riall de retraverser le Niagara, cette fois pour y disperser les forces américaines présentes en nombre croissant et pour détruire les villages de Buffalo et de Black Rock (Buffalo) « de manière à empêcher l'ennemi de s'y mettre à couvert ». Riall devait rapporter des victuailles et de la farine et détruire tout le matériel intransportable. Sa mission était surtout de détruire trois navires américains, à terre, près du ruisseau Buffalo. Drummond avait, cette fois, strictement interdit tout pillage et tout abus d'alcool pour éviter la répétition des excès commis à Lewiston.

À part certaines anicroches, l'opération se déroula à peu près comme prévu. Pendant la nuit du 30 décembre, Riall débarqua en amont des chutes avec une force composée de soldats réguliers, mais aussi de miliciens et d'Indiens. Après avoir repoussé les assauts menés par les Américains contre leur position initiale, les Britanniques passèrent à l'offensive à l'aube et firent face à une forte résistance. Leur attaque soutenue força les défenseurs de la place à se débander puis à fuir, en abandonnant fournitures et matériel. Les Britanniques s'emparèrent de Buffalo, brûlèrent les navires et, selon le compte rendu de Riall, mirent le feu à « une quantité considérable de vêtements, de spiritueux et de farine ». Ils incendièrent également les villages de Buffalo et de Black Rock après en avoir expulsé la population. Riall envoya ensuite un détachement mettre le feu « aux autres couverts de l'ennemi sur la frontière », près du fort Niagara. En l'espace de trois semaines environ, la situation avait complètement changé à la frontière du Niagara. Il est toutefois difficile de déterminer si le mérite des succès britanniques revient davantage à Drummond ou à Riall : le premier assuma la responsabilité de l'offensive et en élabora les plans, le second mena deux des opérations clés.

Après cette campagne, Drummond se rendit à York (Toronto) et confia à Riall le commandement des troupes postées à la frontière. La situation était calme et, au cours des premiers mois de 1814, Riall déploya de grands efforts pour améliorer l'organisation du commissariat. Le 10 juin, il fit savoir que tout allait bien mais, le 23, il signala à Drummond certains mouvements de l'ennemi qui indiquaient qu'il allait attaquer « à bref délai ».

Riall n'eut pas longtemps à attendre. Au matin du 3 juillet, il apprit qu'une force américaine avait débarqué près du fort Erie (Fort Erie). Il partit immédiatement pour Chippawa et appela des renforts. Le fort Erie se rendit après avoir opposé un semblant de résistance et les soldats ennemis, au nombre d'environ 4 000, avancèrent vers Chippawa. À la fin de l'après-midi du 4 juillet, le général de brigade américain Winfield Scott, qui commandait l'avant-garde, put apercevoir les troupes de Riall de l'autre côté de la rivière Chippawa (Welland) ; il se retira environ deux milles plus loin pour la nuit. Le lendemain, les deux armées étaient prêtes à l'attaque. Riall avait reçu des renforts et, convaincu de l'infériorité des effectifs américains, il était prêt à lancer ses quelque 1 500 hommes contre les 2 000 soldats de Scott. Vers cinq heures de l'après-midi, il quitta sa position derrière des ouvrages fortifiés afin d'engager le combat.

Riall constata vite que l'ennemi avait bien employé les derniers mois. Les troupes disciplinées et bien entraînées de Scott lui infligèrent de lourdes pertes dans une bataille classique, à l'européenne. Si l'on a pu blâmer Riall d'avoir mal coordonné l'action des éléments sous ses ordres, on n'a pu lui reprocher d'avoir manqué de courage. Il se tint, en effet, au premier rang de ses troupes. Mais, comme les pertes s'accumulaient et que les Américains se révélaient manifestement trop forts, il ordonna à ses hommes de se replier de l'autre côté de la rivière Chippawa. Ses pertes s'élevèrent à plus de 400 hommes, tués, blessés ou disparus, soit une centaine de plus que du côté américain. Deux jours plus tard, il dut se retirer jusqu'au fort George (Niagara-on-the-Lake) pour éviter l'encerclement par les Américains, qui avançaient sur lui.

Les Britanniques reconnurent avoir perdu cette bataille, mais aucun de leurs dirigeants n'était prêt à s'avouer vaincu. Des renforts affluèrent au fort George pour appuyer Riall, et Drummond lui-même gagna la presqu'île du Niagara. Les Américains avaient suivi Riall jusqu'aux environs du fort George mais, après avoir vainement attendu un appui naval pour attaquer les forts George et Niagara, ils se replièrent vers Chippawa. Riall s'était employé à préparer ses troupes en vue de la bataille inévitable et, après le retrait des Américains, il fit avancer environ 1 000 soldats réguliers, qui constituèrent une solide position défensive à Lundy's Lane, près des chutes du Niagara. Drummond lui avait ordonné de suivre l'ennemi et de le harceler, sans toutefois attaquer ni brusquer les choses. Ainsi, lorsque les troupes de Scott s'avancèrent vers la position de Lundy's Lane, le 25 juillet, Riall commença à se retirer. Heureusement, Drummond arriva avec des renforts et annula l'ordre de Riall. Au cours de la bataille qui s'ensuivit, celui-ci fut grièvement blessé au bras et rapidement capturé : il ne put guère alors s'attribuer le mérite de la victoire.

Riall passa le reste de l'été et la plus grande partie de l'automne en agréable captivité aux États-Unis. Le jeune officier de milice William Hamilton Merritt*,

prisonnier avec lui, le décrivit comme un homme « très brave, myope, plutôt petit mais costaud ». Jusqu'en novembre, on tenta sans succès d'échanger Riall, puis on le mit en liberté sur parole. Avant son départ pour l'Angleterre, en décembre 1814, il alla voir d'autres prisonniers, et se comporta avec eux comme un commandant plein de bienveillance.

On ne sait rien des activités de Riall pendant l'année qui suivit son retour en Angleterre ; probablement soignait-il sa blessure. Le 18 février 1816, il refit surface : on le nomma gouverneur de la Grenade, poste qu'il occupa jusqu'en 1823. Promu lieutenant général le 27 mai 1835, Riall devint chevalier commandeur de l'ordre des Guelfes en 1831. Deux ans plus tard, il reçut le titre de chevalier. Le 20 mai 1835, sir Phineas fut nommé colonel du 74th Foot et, le 24 avril 1846, on le muta à son ancien régiment, le 15th Foot. Il était général depuis le 23 novembre 1841.

Phineas Riall fut l'un de ces jeunes hommes de famille fortunée qui obtint ses premières promotions dans l'armée en achetant des brevets. Appelé ensuite à commander des troupes au combat, il s'en tira avec une certaine distinction et de la sorte sut gagner par sa valeur de nouvelles promotions ainsi que des décorations et des éloges. Pendant son court séjour en Amérique du Nord, il joua un rôle important dans la guerre qui se déroula à la frontière du Niagara.

Carl A. Christie

APC, RG 8, I (C sér.), 230 : 17 ; 388 : 146–151 ; 389 : 174 ; 681 : 38, 240, 249–251, 267, 319 ; 682 : 2, 5 ; 683 : 19–20, 96, 171–174, 183–185, 192, 230, 306 ; 684 : 14–17, 51, 57, 65, 84, 116, 124, 126, 129, 134, 169, 177, 179, 198, 202, 237 ; 685 : 271 ; 686 : 8 ; 688E : 150 ; 692 : 172 ; 693 : 146, 193 ; 694 : 6, 49–50 ; 1171 : 105 ; 1172 : 70a ; 1203½K : 88 ; 1203½L : 78 ; 1219 : 134, 176, 180–182, 230, 245, 260, 266 ; 1221 : 106, 211, 235–236 ; 1222 : 4, 13, 132, 165 ; 1227 : 7, 46, 91. — *Doc. hist. of campaign upon Niagara frontier* (Cruikshank). — *Gentleman's Magazine*, janv.–juin 1851 : 202. — *Select British docs. of War of 1812* (Wood). — *Quebec Gazette*, 4 nov. 1813. — *DNB*. — G.-B., WO, *Army list*, 1800–1836. — *Hart's army list*, 1841–1842, 1847. — *Officers of British forces in Canada* (Irving). — Gilbert Auchinleck, *A history of the war between Great Britain and the United States of America, during the years 1812, 1813, and 1814* (Toronto, 1855 ; réimpr., Londres et Toronto, 1972). — J. W. Fortescue, *A history of the British army* (13 vol. en 14, Londres, 1899–1930), 7 : 12–17 ; 9 : 346–349 ; 10 : 106. — D. E. Graves, « Joseph Willcocks and the Canadian Volunteers : an account of political disaffection in Upper Canada during the War of 1812 » (thèse de M.A., Carleton Univ., Ottawa, 1982). — J. M. Hitsman, *The incredible War of 1812 : a military history* (Toronto, 1965). — G. F. G. Stanley, *The War of 1812 : land operations* ([Toronto], 1983).

RICHARDS, JACKSON JOHN (connu aussi sous les noms de **Jean Richard** et de **Richard Jackson**),

Richards

ministre méthodiste et sulpicien, né le 21 février 1787 à Alexandria, Virginie, fils de Thomas Richards et d'une prénommée Anna ; décédé le 23 juillet 1847 à Montréal.

Jackson John Richards appartient à une famille protestante qui compte au moins trois enfants. Son père le destine très tôt à l'état de ministre protestant et, dans ce but, le confie à un ministre presbytérien qui l'initie au latin et au grec. On sait peu de chose de la vie de Richards jusqu'en 1807. Cette année-là, il est ministre méthodiste itinérant et se dirige vers le Canada. Après un arrêt à Buffalo, dans l'état de New York, et une visite des chutes du Niagara, il gagne York (Toronto). Il prêche à des communautés de foi méthodiste et à des Indiens.

Richards arrive en bateau à Montréal le 19 août 1807 en provenance de Kingston, dans le Haut-Canada. Peu après, il prend contact avec Jean-Henry-Auguste Roux*, Candide-Michel Le Saulnier*, Jean-Jacques LARTIGUE et Simon Boussin, tous sulpiciens. Il semble qu'il ait voulu convertir au protestantisme les prêtres du séminaire de Saint-Sulpice, mais il en a été tout autrement. En effet, le 31 octobre 1807, devant le notaire Thomas Barron et en présence de Denis-Benjamin Viger*, Richards abjure solennellement le protestantisme. De 1807 à 1809, il continue ses études au petit séminaire de Montréal et, comme il veut devenir prêtre, il entreprend des études théologiques tout en servant de régent au même collège.

Ayant reçu de Mgr John Carroll, évêque de Baltimore, la permission d'ordonner Richards, Mgr Joseph-Octave Plessis* lui confère le sacerdoce dans l'église Notre-Dame, à Montréal, le 25 juillet 1813. En 1815, Richards quitte le petit séminaire de Montréal pour entreprendre un long et fructueux ministère paroissial. Il exercera son apostolat surtout à la chapelle Notre-Dame-de-Bonsecours, à Montréal, où il regroupera les catholiques de langue anglaise, la majorité d'origine irlandaise.

Agrégé au séminaire de Saint-Sulpice le 17 février 1817, Richards devient assistant du procureur en 1821. Il acquiert rapidement la confiance du supérieur, Roux. Le personnel du séminaire est à cette époque profondément divisé sur les questions des biens du séminaire et de l'autorité qu'exercent sur celui-ci les archevêques, Mgr Plessis et Bernard-Claude Panet*, à Québec, et Mgr Lartigue, auxiliaire à Montréal. Richards partage l'opinion de la majorité d'origine française, et les lettres des évêques indiquent bien leur opposition à son influence et à ses idées. En juin 1826, il accompagne Roux en Europe et y séjourne jusqu'en août 1828. Il se fait l'interprète de Roux dans les milieux politiques et ecclésiastiques de Londres. Le supérieur y négocie notamment un règlement de la question des biens de Saint-Sulpice, mais les évêques et les prêtres canadiens n'acceptent pas sa solution. Les sulpiciens sont prêts, en effet, à céder une partie de leurs droits seigneuriaux contre une rente fixe et perpétuelle.

De retour à Montréal, Richards reprend son ministère et ses fonctions administratives. L'exaspération de l'archevêque de Québec est portée à son comble quand, en septembre 1829, Roux nomme Richards curé suppléant de Notre-Dame pendant la maladie de Le Saulnier. Mgr Panet conteste la coutume observée par les supérieurs de Saint-Sulpice de désigner d'office les curés sans solliciter une confirmation canonique auprès de l'évêque. De plus, Panet, tout comme Lartigue, considère Richards comme un étranger qui ne connaît pas suffisamment la langue française. En décembre suivant, devant les protestations répétées des deux évêques, Roux remplace Richards par Claude Fay à la cure de Notre-Dame, mais sans toutefois demander de confirmation épiscopale.

En 1831, Richards, naturalisé l'année précédente, devient officiellement le desservant des catholiques de langue anglaise qui possèdent alors leur propre église dans la chapelle du couvent des récollets. Il continuera jusqu'à la fin de sa vie ce ministère auprès des Irlandais. En 1833, il ajoutera à ses autres fonctions celle d'économe du séminaire de Saint-Sulpice sur qui repose la responsabilité de la bonne administration du séminaire et du bien-être matériel des confrères qui y demeurent.

Par la correspondance conservée, on sait que Jackson John Richards exerçait une influence des plus heureuses auprès des prêtres et des fidèles au Canada et aux États-Unis. On lui demandait conseil et parfois aussi des secours matériels. En 1847, lorsqu'une épidémie de typhus se déclara parmi les émigrés irlandais, on regroupa les malades dans des lazarets situés à Pointe-Saint-Charles (Montréal), et Richards n'épargna pas son aide. Il contracta la maladie et mourut le 23 juillet 1847. Mgr Jean-Charles Prince*, coadjuteur de l'évêque de Montréal, l'inhuma le lendemain dans la crypte de l'église Notre-Dame.

BRUNO HAREL

ACAM, 465.101, 818-1, 829-1, -2, -3. — ANQ-M, CE1-51, 24 juill. 1847. — Arch. du séminaire de Saint-Sulpice (Paris), Fonds canadien, MSS 1230. — ASSM, 11, B, n° 25 ; 21 ; 24, B ; E. — Arch. of the U.S. Province of the Sulpician Order, St Mary's Seminary and Univ. (Baltimore, Md.), Obituary notes, vol. 1. — *Mélanges religieux*, 30 juill. 1849. — Desrosiers, « Inv. de la corr. de Mgr Lartigue », ANQ *Rapport*, 1941–1942 ; 1942–1943 ; 1943–1944. — Louis Bertrand, *Bibliothèque sulpicienne ou Histoire littéraire de la Compagnie de Saint-Sulpice* (3 vol., Paris, 1900), 2 : 582. — Chaussé, *Jean-Jacques Lartigue.* — *Golden jubilee of the reverend fathers Dowd and Toupin* [...], J. J. Curran, édit. (Montréal, 1887). — J.-M. Leleu,

Histoire de Notre-Dame de Bon-Secours à Montréal (Montréal, 1900). — Lemieux, *l'Établissement de la première prov. eccl.* — J. R. Danaher, « The Reverend Richard Jackson, missionary to the Sulpicians », SCHEC *Report*, 11 (1943–1944) : 49–54.

RICHARDSON, SAMUEL, arpenteur et fonctionnaire, né en 1795 ou 1796 dans le Pembrokeshire, pays de Galles ; il épousa Prudence Caldwell ; décédé le 2 mars 1843 dans le canton d'Oro, Haut-Canada.

Arrivé dans le Haut-Canada en juillet 1819, Samuel Richardson reçut sa commission d'arpenteur le 10 mars 1821. Cet été-là, il travailla quelque temps à titre de commis surnuméraire au dépôt naval de Sherbrooke, qui était situé là où la rivière Grand se déverse dans le lac Érié ; plus tard, tout en servant sur le schooner *Confiance,* affecté à la même rivière, il collabora à des travaux de délimitation de la frontière entre le Haut-Canada et les États-Unis.

Le 6 novembre 1821, le capitaine Robert BARRIE nomma Richardson garde-magasin de l'établissement naval de Penetanguishene, poste qu'il allait occuper jusqu'à sa libération en juin 1834, après la fermeture de l'établissement. Pendant cette période, il fit aussi plusieurs levés ; William CHEWETT le mentionne comme « un arpenteur adjoint à l'emploi du bureau naval de Penetanguishene ». En juin 1829, on le chargea de trouver « dans le voisinage de Penetanguishene le meilleur emplacement de moulin pour l'établissement », et de juin à septembre il arpenta 20 lots du côté ouest du port de Penetanguishene.

Le transport des marchandises du lac Ontario à la baie Géorgienne posait un problème à l'établissement naval de Penetanguishene, tout comme aux commerçants et aux colons. Depuis les débuts de la colonie, une route fréquentée reliait York (Toronto) au lac Simcoe mais, de là à Penetanguishene, il n'y avait aucun chemin direct. En avril 1830, Richardson traça de la baie Matchedash au chenal Bristol (aujourd'hui le lac Couchiching), en passant par la rivière Coldwater, le trajet d'une route qui allait être fort utilisée pendant des années.

En 1835, une importante expédition partit en exploration vers le nord, à partir du canton de Mara jusqu'au lac Nipissing, afin de prolonger la ligne de démarcation qui séparait les districts de Home et de Newcastle. C'est le lieutenant John Carthew de la marine royale qui dirigeait cette expédition ; elle avait pour géologue le capitaine Frederick Henry Baddeley*, du génie royal, et pour arpenteurs Richardson et William Hawkins. Le groupe travailla de juillet à novembre et traça une nouvelle ligne d'environ 78 milles, à partir du coin nord-ouest du canton de Mara jusqu'à un point probablement situé dans l'actuel canton de Chapman. Le journal des débats de la chambre d'Assemblée reproduit en appendice les longs rapports de Carthew, de Baddeley et de

Hawkins, mais non celui de Richardson, exclusivement consacré à des détails techniques.

À l'ouest des Narrows (Orillia), entre les lacs Simcoe et Couchiching, se trouvait l'une des portes d'entrée stratégiques de la baie Géorgienne et des terres inexploitées plus au nord. Ce territoire s'ouvrit à la colonisation blanche quand, en 1839, les Sauteux de la tribu du chef Musquakie* partirent vers le nord pour se fixer dans le canton de Rama. On chargea alors Richardson de délimiter l'emplacement d'un village sur les lots 7 et 8 du rang 5, dans le canton de South Orillia, là où s'étend aujourd'hui la ville d'Orillia. En 1841, il fit des levés dans le canton d'Eldon, et d'août à novembre 1842 il arpenta plusieurs lots à Barrie.

Quelque temps après la fermeture de l'établissement naval de Penetanguishene, Samuel Richardson s'était installé dans le canton d'Oro. Au cours de l'été de 1841, on le nomma trésorier du comté de Simcoe (le district de Simcoe à compter du 11 janvier 1843) et il siégea à plusieurs reprises à titre de commissaire aux frontières dans le district de Home. Il ne participa jamais activement à la vie politique de la province et, peu avant sa mort, Benjamin Walker Smith, nommé depuis peu shérif du district de Simcoe, le qualifia, dans une lettre à Robert Baldwin*, de « tory modéré ». Richardson s'éteignit le 2 mars 1843 ; il laissait dans le deuil sa femme, deux fils et une fille.

FLORENCE B. MURRAY

AO, Land record index ; MU 2114, 1861, n° 15 ; RG 1, A-I-6 : 17534–17536, 17584–17586 ; CB-1, boxes 9, 22–23, 29, 31. — APC, MG 24, F66, 3 ; RG 5, A1 : 53115–53130 ; RG 8, III, A, 34. — MTRL, Robert Baldwin papers, A65, n° 93a ; A71, n° 57. — Ontario, Ministry of Natural Resources, Survey Records Office (Toronto), Instructions for crown surveys (mfm aux AO). — PRO, ADM 42/2199 ; 42/2202 ; 106/2002. — Simcoe County Arch. (Minesing, Ontario), File information concerning Samuel Richardson. — H.-C., House of Assembly, *App. to the journal,* 1836–1837, n° 37. — *Minutes of the Simcoe District Municipal Council, 1843–1847* (Barrie, Ontario, 1895), 4, 40, 69, 122, 153, 162, 164–165, 197. — *Muskoka and Haliburton, 1615–1875 : a collection of documents,* F. B. Murray, édit. ([Toronto], 1963), xlix–l, 72–82. — A. F. Hunter, *A history of Simcoe County* (2 vol., Barrie, 1909 ; réimpr., 2 vol. en 1, 1948), 1 : 41, 45, 260 ; 2 : 127–130, 161, 269, 300.

ROBERTSON, COLIN, trafiquant de fourrures, marchand et homme politique, né le 27 juillet 1783 à Perth, Écosse, fils de William Robertson, tisserand, et de Catherine Sharp ; vers 1820, il épousa Theresa Chalifoux, et ils eurent sept enfants ; décédé le 4 février 1842 à Montréal.

Colin Robertson naquit au sein d'une famille de tisserands. Dans son enfance, le métier mécanique n'avait pas encore supplanté le métier à bras, et le tissage semblait offrir assez d'avenir pour qu'il s'oriente dans cette voie. Le gouverneur de la Hudson's Bay Company, George Simpson*, qui en vint à le détester, affirmait en 1832 dans « Character book » que c'était un jeune homme « trop paresseux pour vivre du tissage » ; passionné de romans, il serait devenu « sentimental et se [serait pris] pour le héros de tous les contes qui lui passaient entre les mains ». On ignore si Robertson « déserta son maître », comme le prétendit Simpson, mais on sait qu'il ne termina pas son apprentissage et qu'il parvint à se rendre à New York, où il travailla dans une épicerie. Toujours selon Simpson, il « n'était pas assez stable pour conserver [cet] emploi », mais il apparaît qu'à l'époque il acquit assez d'expérience de la vente pour se sentir apte, plus tard, à faire du commerce de gros pendant les périodes où il ne vivait pas de la traite des fourrures.

On ignore quand au juste Robertson arriva au Canada, mais il entra au service de la North West Company à titre de commis débutant avant la fin de 1803. Deux ans plus tard, un trafiquant de la Hudson's Bay Company, William Linklater, rapportait que Robertson, en compagnie de deux autres *Nor'Westers,* les avait rejoint lui et ses hommes au portage Otter (Saskatchewan) et « entend[ait] [leur] tenir compagnie jusqu'à Île-à-la-Crosse ». De toute évidence, Robertson avait mission de suivre les employés de la Hudson's Bay Company sur la rivière Saskatchewan et de les empêcher de traiter avec les Indiens.

En 1809, Robertson quitta la North West Company, d'abord semble-t-il, parce que l'avancement était devenu plus lent depuis l'absorption de la New North West Company (appelée parfois la XY Company) par la North West Company et ensuite parce qu'il avait du mal à travailler avec l'irascible John McDonald* of Garth, contre qui il se battit une fois en duel. Simpson croyait qu'on l'avait congédié, mais la lettre que la North West Company remit à Robertson au moment de son départ indique qu'il laissait volontairement un emploi où il s'était montré loyal et compétent. Néanmoins, il était déjà en contact avec William Auld*, agent principal de la Hudson's Bay Company à qui il avait rendu visite à Cumberland House (Saskatchewan) en 1809, avant de quitter son emploi, et qui était convaincu de la nécessité de lutter vigoureusement contre la North West Company. Cette visite fut apparemment l'occasion d'une entente car, lorsque Robertson s'embarqua pour l'Angleterre, il paya sa traversée avec un prêt d'Auld, qui lui donna aussi une lettre d'introduction auprès du comité de Londres de la Hudson's Bay Company.

Arrivé dans la capitale anglaise, Robertson trouva la Hudson's Bay Company en pleine effervescence et en pleine réorganisation. Lord Selkirk [Douglas*] et Andrew Wedderburn, devenus de puissants actionnaires, imprimaient à la compagnie des orientations qui

l'obligeaient à se montrer plus agressive envers ses rivales. Sans attendre, Robertson proposa d'amorcer l'offensive en pénétrant dans la région de l'Athabasca, alors dominée par les *Nor'Westers,* et de recruter à Montréal pour cette mission des voyageurs canadiens, habitués à parcourir le territoire indien et à y faire la traite. Pour organiser une telle expédition, il suggéra de créer dans cette ville une agence, dont il espérait bien se voir confier la direction. Intéressé par le projet, le comité de Londres jugea cependant qu'il n'était pas réalisable dans l'immédiat et le refusa le 21 février 1810, tout en offrant un emploi à Robertson. Comme celui-ci souhaitait entrer à la compagnie à ses propres conditions, il quitta Londres pour Liverpool, où il s'établit comme marchand général et approvisionneur de navires avec son frère Samuel. En 1812, il créa avec Thomas Marsh, de Liverpool, une entreprise qui allait durer environ cinq ans.

Tout en se préparant apparemment à faire carrière en dehors de la traite des fourrures, Robertson suivit l'évolution rapide des événements dans le Nord-Ouest. En fondant en 1812 la colonie de la Rivière-Rouge (Manitoba), lord Selkirk avait élevé un obstacle sur les grandes routes de traite des *Nor'Westers* et rendu inévitable un affrontement entre les deux compagnies. Convoqué à Londres pour une rencontre avec Wedderburn au début de 1814, Robertson arriva avec un nouveau plan d'attaque contre la région de l'Athabasca, qu'il soumit le 15 mars. Grâce à une réduction des dépenses, le comité avait maintenant les ressources nécessaires pour entreprendre l'expansion dont dépendait la survie de la compagnie. Joseph Howse*, accompagné d'un groupe nombreux, irait rétablir le fort d'Île-à-la-Crosse, mais ce ne serait là qu'une manœuvre de diversion, puisque l'expédition réelle était placée sous l'autorité de Robertson. Pour compenser les pertes que pourrait subir son entreprise pendant son absence de Liverpool, le comité accepta que Marsh et lui fournissent à la Hudson's Bay Company tous les lainages et cotonnades dont elle avait besoin.

Le 22 mai 1814, Robertson quitta Liverpool. Menacé par les vaisseaux de guerre et corsaires français, le navire voguait lentement, de conserve, et fut retardé par plusieurs tempêtes. Aussi Robertson n'arriva-t-il à Québec que le 27 septembre. Il se rendit en toute hâte à Montréal où, se faisant passer pour un représentant de Selkirk venu vendre des terres de la colonie de la Rivière-Rouge, il commença à organiser la première expédition de la Hudson's Bay Company à être équipée à Montréal. Il avait raté une saison, et ce ne fut que le 17 mai 1815 qu'il partit vers l'intérieur du pays avec 16 canots, 160 voyageurs et 3 anciens *Nor'Westers* qu'il avait convaincus de l'accompagner : John Clarke*, François Decoigne* et Robert Logan*.

Dans l'ensemble, Robertson avait les qualités qu'il

fallait pour une telle entreprise. Il connaissait le pays où il se rendait, comme les méthodes des *Nor'Westers* et la personnalité de ceux qu'il allait affronter. C'était un fanfaron, mais il avait une réelle audace, et sa maxime favorite était : « Il faut hurler avec les loups ! » D'un physique impressionnant – il mesurait six pieds, avait un long nez aquilin et une crête de cheveux roux en bataille –, il aimait citer Shakespeare et boire du madère, il était généreux, flamboyant, extravagant, et cultivait ces traits quand il se trouvait parmi les voyageurs, de qui dépendait la réussite de sa mission. « L'emphase brillante, nota-t-il un jour, a un effet remarquable sur les trafiquants indépendants, les Métis et les Indiens. » Mais il était vraiment courageux, prêt à prendre des risques et conscient de l'avantage qu'il y avait à devancer ses opposants. Par le fait même, il ne voyait pas toujours le danger et sous-estimait parfois ses ennemis, mais la réussite globale de son plan dans l'Athabasca, qui annonçait la fin de la North West Company comme organisation indépendante, donne à penser qu'il était loin d'être l'« homme futile, léger et prétentieux » dont parle Simpson.

Même avant d'arriver à la Rivière-Rouge, Robertson constata que l'hostilité des *Nor'Westers* envers la colonie de Selkirk avait dégénéré en violence ouverte. Ceux-ci avaient arrêté Miles Macdonell*, premier gouverneur de l'Assiniboia, et l'avaient emmené dans le Bas-Canada. On avait incendié la colonie, et Robertson rencontra certains des colons dépossédés qui faisaient route vers les Grands Lacs. Il les prit alors avec lui et, à la demande de James Bird* et de Thomas Thomas*, accepta d'aller rétablir la colonie tandis que le 4 août 1815 son groupe repartait vers l'Athabasca sous la direction de Clarke. Le 15 octobre, Robertson prit à la North West Company le fort Gibraltar (Winnipeg) ; puis, après avoir arraché à Duncan CAMERON la promesse que les déprédations des *Nor'Westers* cesseraient, il le lui rendit. Il rebâtit ensuite le fort Douglas (Winnipeg), qui appartenait à la Hudson's Bay Company et que les trafiquants rivaux avaient détruit. Il passa l'hiver sur la rivière Rouge, où il dut déployer beaucoup d'énergie pour faire face aux nouvelles menaces de ses adversaires, et reprit le fort Gibraltar en mars 1816. Malgré ces initiatives vigoureuses, ses relations avec Robert Semple*, venu prendre en novembre 1815 le poste de gouverneur de l'Assiniboia, se détériorèrent gravement. Semple se préoccupait de l'approvisionnement de la colonie, alors que Robertson était décidé à bloquer les cours d'eau et à empêcher les Métis de fournir du pemmican aux convois de *Nor'Westers* en route vers l'ouest. Profondément contrarié, il quitta la colonie de la Rivière-Rouge le 11 juin 1816 afin de rentrer en Angleterre et de s'occuper de son commerce, qui périclitait.

Robertson arriva à York Factory au début de juillet et, en y attendant un navire, apprit deux nouvelles qui entraînaient l'échec de ses plans. Dès qu'il avait quitté le fort Douglas, les *Nor'Westers* avaient intensifié leurs provocations contre les colons de Selkirk et le 19 juin, à Seven Oaks (Winnipeg), on avait tué Semple et une vingtaine de ses hommes. Entre-temps, harcelée par les *Nor'Westers*, l'expédition de Clarke avait connu la famine et l'échec, et son chef lui-même avait été arrêté par Samuel BLACK.

Robertson s'embarqua finalement pour l'Angleterre le 6 octobre, mais son navire fut pris dans les glaces de la baie d'Hudson. Jusqu'à la débâcle, il séjourna à Eastmain Factory (Eastmain, Québec) et à Moose Factory (Ontario). En mars 1817, il savait qu'on l'appréhenderait à Montréal, puisque la North West Company avait porté des accusations contre lui à cause de la prise du fort Gibraltar. Il arriva à Montréal en août, résolu à rétablir sa réputation, mais au bout de quelques mois il se replongea dans la préparation d'une offensive dans l'Athabasca. En refusant qu'on le libère sous caution et en insistant pour qu'on l'emprisonne, il obtint au printemps de 1818 un procès où il fut acquitté. Il était donc libre d'entreprendre dans la région de l'Athabasca une contre-attaque qui, selon lui, pourrait démoraliser la North West Company, dont les associés hivernants manifestaient déjà leur mécontentement. Son commerce de Liverpool avait fait faillite en son absence, mais Selkirk accepta de s'en porter garant et, au cours de l'été, Robertson quitta Montréal avec 10 canots, 10 fonctionnaires et 100 voyageurs.

Lorsque Robertson pénétra dans Rupert's Land, les survivants de la malheureuse expédition de Clarke se joignirent à lui ; au moment où il quitta le lac Winnipeg, il avait ainsi 27 canots et 190 hommes, dont Clarke, qu'on avait libéré. Arrêté en octobre par l'infatigable Black pour tentative de meurtre et incarcéré au fort Chipewyan (Fort Chipewyan, Alberta), Robertson parvint à faire passer à ses hommes des messages qui les encourageaient à résister aux *Nor'Westers*. Puis en juin 1819, à Cumberland House, pendant qu'on l'emmenait hors de la région de l'Athabasca comme prisonnier, il s'enfuit et retourna prendre la tête de l'expédition de la Hudson's Bay Company, qui continua son avance plus tard dans l'année. Il passa l'hiver au fort St Mary (près de la rivière de la Paix, Alberta). Lorsqu'il repartit, à l'été de 1820, il tomba dans une embuscade ; les *Nor'Westers* l'arrêtèrent de nouveau aux rapides Grand (Manitoba), puis l'emmenèrent dans le Bas-Canada. Parvenu à Hull, il s'échappa et descendit aux États-Unis.

De New York, Robertson rentra en Angleterre, mais le garant de son entreprise, Selkirk, était mort en avril 1820, et il dut s'enfuir en France afin d'éviter l'emprisonnement pour dettes. En août 1821, après avoir convenu de verser à ses créanciers deux shillings par livre, il se trouva libre mais, comme si souvent, sans le sou. Il retourna dans le Bas-Canada en passant par les États-Unis. Aux yeux de la loi, Robertson était encore un fugitif, mais il y avait pire : depuis 1819 environ, il avait perdu l'appui du comité de Londres. Aussi ne participa-t-il pas directement aux négociations qui aboutirent en 1821 à la fusion de la Hudson's Bay Company et de la North West Company [V. Simon McGillivray]. Il avait d'ailleurs résisté à cette entente en faisant valoir que la Hudson's Bay Company était sur le point de s'assurer l'hégémonie dans l'Athabasca. Cependant, on ne peut guère douter que ses attaques résolues dans cette région, de 1816 à 1820, avaient largement contribué à briser l'opposition des *Nor'Westers* à la fusion.

En 1821, la compagnie réorganisée nomma Robertson agent principal de Norway House (Manitoba). À cette époque, Simpson et lui – deux hommes énergiques et audacieux – étaient en bons termes. Tout en notant que, comme « homme d'affaires, il ne brill[ait] pas », Simpson écrivait en 1822 que Robertson était « un type distingué et agréable qui n'a[vait] aucune des idées étroites, étriquées et intolérantes si caractéristiques de la gentry de Rupert's Land ». C'est au cours des dix années suivantes que Simpson conçut cette animosité flagrante dans « Character book ». Ce changement d'attitude, peut-on supposer, provenait en bonne partie de ce que les qualités de Robertson, notamment sa combativité, qui l'avaient rendu inestimable dans le conflit avec les *Nor'Westers*, le faisaient paraître grandiloquent et inefficace dans les tâches ordinaires. Depuis 1821, la Hudson's Bay Company n'avait plus besoin d'hommes capables de mener des actions d'éclat. La traite était largement devenue une affaire de tractations et de comptabilité, pour lesquelles Robertson n'avait aucune aptitude innée.

Robertson passa d'un poste à l'autre, la plupart du temps selon les humeurs de Simpson, et n'eut aucune promotion après 1821. Envoyé au fort Edmonton (Edmonton) en 1822, il retourna à Norway House l'année suivante puis on l'affecta au fort Churchill (Churchill, Manitoba) en 1824. Il se rendit en Angleterre en 1825 pour s'occuper des études de son fils aîné, Colin. (Bon mari et bon père, il traitait sa femme, une Métisse, avec une considération dont des hommes plus rudes, tel Simpson, se moquaient.) À son retour en Amérique du Nord, il se rendit de nouveau au fort Churchill, où il resta jusqu'en 1826, alla ensuite au lac Island et à Oxford House, puis enfin, en 1830, au fort Pelly (Fort Pelly, Saskatchewan).

En 1831, Robertson emmena sa femme à la Rivière-Rouge et tenta de la présenter à ce qui tenait lieu de cercle mondain dans cette petite colonie, geste qui irrita les préjugés raciaux de Simpson et suscita entre les deux hommes une grave querelle. Résolu à quitter la compagnie, Robertson se prépara alors à s'embarquer pour l'Angleterre et à tenter de convain-

cre le comité de Londres de lui laisser sa part d'associé hivernant. Mais en 1832, avant de partir, il fut frappé, semble-t-il, par une crise d'apoplexie, qui lui paralysa le côté gauche et dont il ne se remit jamais tout à fait. Pendant les cinq années suivantes, il fut officiellement ou officieusement en congé. Il ne reprit le travail qu'en 1837, à New Brunswick House (sur le lac Brunswick, Ontario).

Robertson prit officiellement sa retraite en 1840, après que la Hudson's Bay Company eut accepté de racheter sa part. Son train de vie était demeuré si extravagant que le produit de cette vente épongea à peine l'hypothèque de sa maison de Montréal. Il fut heureux de recevoir du comité une pension annuelle de £100, mais contracta des emprunts bien supérieurs à cette somme pour se faire élire en 1841 député de la circonscription de Deux-Montagnes à l'Assemblée législative. Cependant, sa carrière politique fut brève. Le 3 février 1842, il fit une chute à bas de son traîneau, et mourut le lendemain.

Pendant quelques années, Colin Robertson avait été un personnage influent dont les actes avaient grandement contribué à changer la configuration de la traite des fourrures et l'histoire du Canada : nul autre n'avait fait plus que lui pour briser la North West Company. À compter de 1821, cependant, il devint un laissé-pour-compte dans la grande compagnie qui lui devait en partie son existence. Enfin, un déclin physique et mental marqua manifestement ses dix dernières années qu'il passa à se remémorer ses anciens exploits pour oublier les frustrations qui les avaient suivis.

George Woodcock

APC, MG 19, E1. — GRO (Édimbourg), Perth, reg. of births and baptisms, 27 juill. 1783. — PAM, HBCA, A.34/2 ; E.10 ; F.1–F.7. — *HBRS*, 1 (Rich) ; 2 (Rich et Fleming). — *Papers relating to the Red River settlement* […] ([Londres, 1819]). — G. C. Davidson, *The North West Company* (Berkeley, Calif., 1918 ; réimpr., New York, 1967). — J. M. Gray, *Lord Selkirk of Red River* (Toronto, 1963). — Innis, *Fur trade in Canada* (1930). — Morton, *Hist. of Canadian west* (Thomas ; 1973). — Rich, *Hist. of HBC* (1958–1959), 2. — M. [E.] Wilkins Campbell, *The North West Company* (Toronto, 1957).

ROBERTSON, WILLIAM, officier, chirurgien, médecin, fonctionnaire, juge de paix et professeur, né le 15 mars 1784 à Kindrochit, le domaine paternel près de Blair Atholl, Écosse, deuxième fils de James Robertson et de Jean Stewart ; le 21 janvier 1806, il épousa à Sydney (Nouvelle-Écosse) Elizabeth Amelia Campbell, et ils eurent 12 enfants ; décédé le 18 juillet 1844 à Montréal.

William Robertson, fils d'un laird écossais, fit ses études en Écosse et, à l'âge de 13 ans, entra dans le 73rd Foot à titre d'enseigne. L'année suivante, au moment de la rébellion irlandaise, il combattit en qualité d'officier. De 1802 à 1805, il fit trois trimestres de médecine à l'University of Edinburgh, mais il n'allait obtenir un diplôme que beaucoup plus tard, soit en 1832, et à titre honorifique, de l'University of Vermont.

Après ses études à Édimbourg, Robertson accepta un poste de médecin à bord d'un navire en partance pour New York et La Nouvelle-Orléans. Le 9 juillet 1805, on le nomma auxiliaire au département médical de l'armée en Amérique du Nord britannique. Il allait rejoindre le personnel médical à la fin de 1805, mais son navire fit naufrage au large des côtes du Cap-Breton et il échappa de justesse à la noyade. Il trouva refuge chez William Campbell*, procureur général du Cap-Breton, dont il épousera la fille par la suite.

Le 23 octobre 1806, Robertson devint aide-chirurgien du 49th Foot et occupa ce poste pendant plus de six ans. Le 29 juillet 1813, il fut promu chirurgien du 41st Foot. Il participa à la guerre de 1812 en accompagnant son régiment à la frontière du Niagara et en prenant part, en décembre 1813, à l'attaque du fort Niagara (près de Youngstown, New York). Mis à la demi-solde en 1815, il s'établit à Montréal à titre de médecin. L'année suivante, on le nomma examinateur en médecine du district de Montréal, poste qui allait lui échoir plusieurs fois de 1816 à 1839.

Quand le Montreal General Hospital ouvrit ses portes en 1819, Robertson était le doyen du personnel médical. Peu après, avec le révérend John Bethune*, Alexander Skakel et d'autres, il reçut une commission pour surveiller la construction d'un nouvel édifice, rue Dorchester, achevé en 1822. C'est Robertson qui fit la première opération notée dans les registres du nouvel hôpital, l'amputation d'une jambe à la hauteur de la cuisse. En 1823, les médecins de cet établissement – Robertson, John Stephenson, William Caldwell* et Andrew Fernando Holmes* – ouvrirent une école, la Montreal Medical Institution. Robertson la dirigeait et y assurait la formation en matière d'obstétrique, et de maladies féminines et infantiles. En 1829, elle devint la faculté de médecine du McGill College ; Robertson y enseignait les mêmes matières en qualité de professeur, en plus d'en être le directeur (on n'utilisera pas le titre de doyen de son vivant). À la mort de Caldwell en 1833, Robertson lui succéda à la chaire de théorie et de pratique médicales, qu'il occupa jusqu'à sa retraite en 1842.

En 1818, Robertson avait été nommé magistrat. Ces fonctionnaires, appelés aussi juges de paix, administraient la ville de Montréal et assuraient, en particulier, le maintien de l'ordre en période d'élections. Le 21 mai 1832, à l'occasion d'une élection partielle qui opposait, dans Montréal-Ouest, Daniel Tracey* et Stanley Bagg, une bagarre éclata à la place d'Armes, près de l'endroit où se tenait le scrutin.

Robertson, l'un des deux magistrats en faction, lut la loi contre les attroupements. La violence augmenta ; les soldats tirèrent sur la foule et tuèrent trois personnes. Par la suite, on accusa Robertson de leur avoir ordonné de faire feu. Même si le jury d'accusation de Montréal le déchargea officiellement de toute responsabilité criminelle, bien des gens, dont Louis-Joseph Papineau*, continuèrent de penser qu'il avait abusé de son autorité et le considérèrent responsable du « meurtre » des trois victimes. Froissé par ces accusations, Robertson provoqua Papineau en duel, mais celui-ci refusa de relever le gant en faisant valoir qu'il le condamnait pour actes commis à titre de magistrat et non à titre personnel. Toutefois le ressentiment persista, et Robertson demeura sans doute impopulaire dans certains milieux. Pourtant, bien des gens devaient lui accorder leur confiance. En 1833, un conseil de ville vint remplacer l'administration des juges de paix, et on le nomma président de scrutin aux premières élections municipales. De 1836 à 1840, les juges de paix administrèrent de nouveau la ville, et Robertson fit encore une fois partie de ces magistrats. En outre, il fut membre du premier bureau de santé de Montréal, fondé en 1832 pour faire face à une éventuelle épidémie de choléra. Sept ans plus tard, on le chargea, à titre de commissaire, de fournir un asile temporaire aux aliénés.

Malade, William Robertson dut cesser toute activité en 1842 ; il mourut deux ans plus tard. On installa une plaque commémorative au Montreal General Hospital, où elle se trouve encore. En 1894, sa famille et ses descendants remirent à la faculté de médecine un portrait de lui, exécuté par un artiste inconnu. En 1907, le feu le détruisit, mais Robert Harris*, à partir d'une photographie, en peignit un autre, que l'on peut voir au McIntyre Medical Sciences Building de la McGill University.

Edward Horton Bensley

ANQ-M, CE1-130, 22 juill. 1844. — APC, RG 8, I (C sér.), 221 ; RG 68, General index, 1651–1841. — GRO (Édimbourg), Blair Atholl, reg. of births and baptisms, 15 mars 1784. — McGill Univ. Arch., RG 38, c.1, minute-book, 1823–1833. — Univ. of Edinburgh Library, Special Coll. Dept., medical matriculation records, 1802–1805. — « The late Dr. Robertson », *Montreal Medical Gazette* (Montréal), 1 (1844–1845), n° 5 : 146–147. — *Vindicator and Canadian Advertiser* (Montréal), 9 déc. 1834. — *Commissioned officers in the medical services of the British army, 1660–1960*, Alfred Peterkin *et al.*, compil. (2 vol., Londres, 1968). — Abbott, *Hist. of medicine.* — W. H. Atherton, *Montreal, 1535–1914* (3 vol., Montréal et Vancouver, 1914). — Campbell, *Hist. of Scotch Presbyterian Church.* — Ægidius Fauteux, *le Duel au Canada* (Montréal, 1934). — S. B. Frost, *McGill University : for the advancement of learning* (2 vol., Montréal, 1980–1984). — R. P. Howard, *A sketch of the late G. W. Campbell* [...]

Robichaux

being the introductory address of the fiftieth session of the medical faculty of McGill University (Montréal, 1882). — H. E. MacDermot, A history of the Montreal General Hospital (Montréal, 1950). — Taft Manning, Revolt of French Canada. — M. E. [S.] Abbott, « An historical sketch of the medical faculty of McGill University », Montreal Medical Journal (Montréal), 31 (1902) : 561–672 ; « Early American medical schools : the faculty of medicine of McGill University », Surgery, Gynecology and Obstetrics (Chicago), 60 (1935) : 242–253. — F.-J. Audet, « Des hommes d'action à la tête de Montréal il y a 100 ans », la Presse, 4 nov. 1933 : 30. — E. H. Bensley, « William Robertson, M.D., first official head of the McGill medical faculty », Montreal General Hospital News (Montréal), 17 (1978), n° 2 : 9–10. — E. A. Collard, « The man who hoaxed Sir John A. Macdonald », Gazette (Montréal), 13 oct. 1984 : B2. — R. W. Quinn, « The four founders », McGill Medical Undergraduate Journal (Montréal), 5 (mai 1936) : 5–11. — R. F. Ruttan, « Dr. William Robertson », McGill Univ. Magazine (Montréal), 1 (1902) : 178–179. — « Sixty-first convocation of the medical faculty of McGill University », Montreal Medical Journal, 22 (1894) : 775–789. — B. R. Tunis, « Medical licensing in Lower Canada : the dispute over Canada's first medical degree », CHR, 55 (1974) : 489–504.

ROBICHAUX, VÉNÉRANDE, femme d'affaires, née le 1er mars 1753 à Annapolis Royal, Nouvelle-Écosse, fille de Louis Robichaux*, marchand, et de Jeanne Bourgeois ; décédée le 22 novembre 1839 à Québec et inhumée trois jours plus tard dans la chapelle Sainte-Anne de la cathédrale Notre-Dame.

Malgré ses bonnes relations avec le gouvernement britannique de la Nouvelle-Écosse, le père de Vénérande Robichaux, pas plus que ses compatriotes acadiens, ne put échapper à l'exil en 1755 [V. Charles Lawrence*]. Il obtint cependant d'être envoyé avec sa famille à Boston, où il comptait des amis parmi les marchands et les hommes d'affaires. Les Robichaux y demeurèrent trois mois puis furent transférés par le gouvernement du Massachusetts dans la localité voisine de Cambridge, où ils semblèrent vouloir se fixer, laissant passer en 1766 l'occasion de retourner en Nouvelle-Écosse avec la plupart de leurs compagnons d'exil. Toutefois, en 1775, la Révolution américaine les amena à prendre le chemin du retour et à s'établir dans la ville de Québec. Les parents de Vénérande n'étaient plus en mesure de supporter d'autres déménagements à cause de leur grand âge, et c'est elle, la cadette de la famille, qui fut leur soutien jusqu'à leur mort : son père, le 20 décembre 1780, sa mère, le 18 mars 1790. Deux de ses frères devaient également mourir peu après leur arrivée à Québec.

Un autre frère de Vénérande, Otho*, devait suivre les traces de son père et s'occuper de commerce. Comme il s'était rendu avec ses frères Frédéric et Florent dans la région de Miramichi, dans le territoire qui allait devenir le Nouveau-Brunswick, il y acheta en 1781 le commerce et la propriété de Pierre Loubert

(Loubère), le mari de sa cousine. Il comptait sur Vénérande pour écouler ses produits et négocier ses achats. Otho vendait dans les marchés de Québec des huîtres, du saumon, du suif, des plumes d'oiseau, du sucre d'érable, des pelleteries, des canneberges et des boîtes d'écorce que les Micmacs avaient décorées de piquants de porc-épic ; de son côté, Vénérande lui envoyait des draps, de la lingerie, des couvertures de lit, de la farine, des rouets, des cardes et des remèdes.

Durant son séjour à Cambridge, Vénérande avait acquis la maîtrise de la langue anglaise ; son père lui avait aussi appris à lire et à écrire le français, et lui avait inculqué des connaissances générales, ainsi qu'en témoigne sa correspondance. En effet, les Robichaud de Neguac ont conservé une quinzaine de lettres qu'elle écrivit entre 1781 et 1831 à Otho Robichaux et à son fils Louis, ainsi qu'à ses parents Michel Allain et Édouard (Nede) LeBlanc, tous de cette localité.

À Québec, Vénérande demeura longtemps chez sa cousine Marie-Vénérande Pelerin, femme de l'orfèvre François Ranvoyzé*. Elle y recevait la visite de gens de Boston, amis de la famille, de même que celle d'Anglais de Miramichi et de Restigouche qui lui servaient parfois de courriers. Les missionnaires de la baie des Chaleurs, tels les abbés René-Pierre Joyer, Louis-Joseph DESJARDINS, dit Desplantes, et Thomas Cooke*, ne manquaient pas d'aller la voir lorsqu'ils passaient à Québec. Des Acadiens de la baie, notamment Jean-Baptiste Robichaux (fils de Jean-Baptiste Robichaux*), qui faisaient du cabotage jusqu'à Québec la visitaient aussi de façon assidue. Elle se dit heureuse, en une occasion, d'avoir reçu les Ganish et les Pominville, deux familles micmaques de Miramichi qui lui apportaient des nouvelles de cette région. Bien au courant de la vie sociale, politique et militaire de Québec, elle en entretenait régulièrement ses correspondants. Tout en conservant de bonnes relations avec les Anglais, elle était demeurée attachée à sa « chère Acadie » et se disait qu'un jour « les Anglais payer[aient] peut-être les peines qu'ils [leur avaient] causées ».

Malgré ses plaintes et ses inquiétudes, Vénérande Robichaux vivait dans une modeste aisance, que révèle l'inventaire de ses biens ; elle constitua son neveu Édouard LeBlanc, de Neguac, son légataire universel.

DONAT ROBICHAUD

ANQ-Q, CE1-1, 25 nov. 1839 ; CN1-212, n° 8310. — Arch. de l'évêché de Bathurst (Bathurst, N.-B.), Papiers Robichaud. — Centre d'études acadiennes, univ. de Moncton (Moncton, N.-B.), Fonds Placide Gaudet, 1.31-13A. — « Les Dénombrements de Québec » (Plessis), ANQ Rapport, 1948–1949 : 20. — Placide Gaudet, « Acadian genealogy and notes », APC Report, 1905, 2, part. III. — Donat Robichaud, Les Robichaud : histoire et *généalogie* (Bathurst, [1967]). — Pierre Belliveau, *French neutrals in Massachusetts* [...] (Boston, 1972).

ROBINSON, PETER, fonctionnaire, homme d'affaires, trafiquant de fourrures, officier de milice, homme politique et juge de paix, né en 1785 au Nouveau-Brunswick, fils aîné de Christopher Robinson* et d'Esther Sayre, frère de John Beverley* et de William Benjamin* ; il eut au moins un fils et deux filles ; décédé le 8 juillet 1838 à Toronto.

Peter Robinson connut dans son enfance plusieurs déménagements. Il vécut trois ans au Nouveau-Brunswick, quatre ans dans le Bas-Canada et six ans à Kingston, dans le Haut-Canada, avant que sa famille ne s'installe à York (Toronto). C'était en 1798, l'année où mourut son père, Christopher Robinson. Ce loyaliste qui avait été inspecteur général des bois et forêts laissait à sa femme et à ses six enfants une place respectable dans la société d'York, mais malheureusement peu de moyens de la tenir. En 1800, à l'âge de 15 ans, Peter dut entrer comme greffier à la Cour des requêtes du district de Home.

Le remariage d'Esther Robinson à un marchand et spéculateur foncier de York qui ne devait pas tarder à s'installer à Newmarket, Elisha Beman*, en 1802, changea le mode de vie de Peter et le mit sur la voie qu'il devait suivre jusqu'en 1822 : celle des affaires. En 1812, établi à Newmarket, il y fit l'acquisition du premier des moulins qu'il allait, avec ses frères, acheter ou construire pour location ; en 1814, il se mit à acheter des lots au nord du village. Au cours des 18 années suivantes, il devint propriétaire de huit lots le long de la rue Yonge, notamment de l'emplacement de Holland Landing, village qui se forma autour d'un moulin qu'il avait construit. Il fit aussi de nombreux autres investissements : une auberge, un schooner du lac Simcoe, une distillerie et des fermes. Mais surtout, il participa à la traite des fourrures en employant des représentants dans l'arrière-pays et fit du commerce en approvisionnant d'autres trafiquants. Même si la rue Yonge n'était pas un haut lieu de la traite, Robinson profita de la prospérité temporaire que la guerre de 1812 apporta le long du trajet qui menait aux lacs Supérieur, Michigan et Huron par le lac Simcoe. Vers 1825, la Robinson Brothers faisait affaire sur la rivière French. Au total, Peter tirait de ses diverses entreprises un revenu confortable qui, dès 1824, excédait ses besoins personnels.

Au début de la guerre, Robinson avait levé une compagnie de fusiliers au sein du 1st York Militia. Formée d'hommes rompus à la vie dans les bois, cette compagnie rejoignit par voie de terre le major général Isaac Brock* et participa avec lui à la prise de Detroit en août 1812. Robinson était l'un des 13 capitaines qui se trouvaient à York lorsque la ville se rendit aux Américains en avril 1813. L'année suivante, il mit de nouveau à contribution sa connaissance des forêts en aidant le fort Michillimakinac (Mackinac Island, Michigan) à maintenir les communications avec York lorsque l'ennemi bloqua l'île.

Robinson ouvrit à York deux magasins qui, apparemment, fermèrent peu de temps après : l'un avec son beau-frère D'Arcy Boulton fils en 1810, l'autre en 1820. Élu député d'York East en 1816 puis, avec William Warren BALDWIN, député de la circonscription d'York and Simcoe en 1820, il passa dès lors plus de temps à York. Partisan loyal du gouvernement, il présida un comité chargé d'étudier la navigation sur le Saint-Laurent et fit rapport sur la réfection et la construction des édifices du Parlement. En 1818, on le manda juge de paix pour la première fois, dans le district de Home. Cinq ans plus tard, il entra au conseil d'administration de la Bank of Upper Canada, de fondation récente.

Les trois frères Robinson se portaient mutuellement assistance et investissaient parfois ensemble ; Peter et William Benjamin étaient associés en affaires. Au fil des ans, John Beverley, marié, père de famille et haut fonctionnaire, propriétaire d'une maison, assuma de plus en plus le rôle de chef de famille, mais Peter allait rarement jusqu'à suivre les judicieux conseils dont son frère était prodigue. Il était en mesure d'offrir l'argent nécessaire à John Beverley dans l'éventualité où il tenterait de s'établir en Angleterre, mais ce fut ce dernier qui ménagea à Peter l'entrevue qui allait lui ouvrir une nouvelle carrière.

En 1822, Peter se rendit en Angleterre pour la première fois, en touriste, avec John Beverley et sa femme. Au début de l'année suivante, celui-ci le présenta à son ami Robert John Wilmot-Horton, nouveau sous-secrétaire d'État aux Colonies, comme un spécialiste de la colonisation des régions isolées. Malthusien enthousiaste, Wilmot-Horton avait conçu un plan pour amener la paix et la prospérité en Irlande : parrainer l'émigration de milliers de tenanciers dépossédés dont la présence bloquait le progrès agricole. Le gouvernement l'avait autorisé à tenter une modeste expérience dans le Haut-Canada, et Peter Robinson était le surintendant qu'il lui fallait.

Pour mettre son plan à l'essai, Wilmot-Horton choisit la vallée de la rivière Blackwater, dans le comté de Cork, parce qu'il n'y avait pas là de tradition d'émigration et que l'*Insurrection Act* y était en vigueur. À sa demande, Robinson se rendit dans cette région trois années de suite, au printemps, ce qui permit à tout le moins à Wilmot-Horton de mesurer la tâche que pouvait accomplir un seul examinateur avenant avec l'appui de quelques personnes influentes. Au début, Robinson constata que bien des gens étaient disposés à ne demander, comme aide à l'émigration, que le transport. Deux ans plus tard, les émigrants potentiels avaient besoin de parrainage même pour s'inscrire sur une liste. Assailli de demandes dans chaque village, Robinson consigna

Robinson

qu'environ 50 000 personnes se disputaient 2 000 places. Finalement, en 1825, au terme d'un tri difficile, il put conclure avec satisfaction que ses candidats constituaient « une meilleure sorte de gens que ceux qui [étaient] partis en [18]23, malgré leur terrible pauvreté » – le dénuement était l'un des critères absolus de Wilmot-Horton. En 1823, Robinson avait quitté le comté de Cork avec 568 personnes pour gagner Lanark et les établissements militaires du district haut-canadien de Bathurst. En 1824, on différa le départ d'un deuxième groupe, mais en 1825 Robinson conduisit 2 024 immigrants dans le district de Newcastle.

Comparativement à son entourage d'York et surtout à son frère John, Robinson semblait d'une tolérance remarquable envers ses protégés catholiques. Les membres du gouvernement de sir Peregrine Maitland* appuyaient son entreprise de colonisation par estime pour lui et par obéissance à Wilmot-Horton, mais tenaient les catholiques irlandais pour les colons britanniques les moins désirables. On surveilla donc avec inquiétude ceux que Robinson avait amenés en 1823. Certains d'entre eux ne parvinrent pas à s'adapter au milieu des protestants irlandais et écossais où on les avait plongés mais, une seule fois, en mai 1824, le groupe comme tel fut mêlé à un incident assez sérieux pour attirer l'attention à l'extérieur de la région. On dépêcha sur place le colonel James FitzGibbon* à titre de médiateur et le gouvernement réitéra son appui, mais il fut décidé que les colons qu'allait amener Robinson en 1825 s'installeraient à l'écart.

Comme les subventions du Parlement britannique au programme d'immigration de 1825, plus vaste et plus ambitieux que le précédent, furent toutes allouées d'un seul coup, Robinson eut du mal à s'organiser. On versa les sommes tard au printemps, si tard qu'il arriva dans le Haut-Canada après les colons. On n'avait pu faire les préparatifs qui auraient peut-être réduit les dépenses. Rétrospectivement, on se disait qu'il aurait fallu construire un dépôt et commencer à préparer le terrain pendant l'hiver, saison où se faisaient habituellement le transport de provisions en vrac par traîneau et le défrichement d'une première clairière. Mais il n'y avait eu ni fonds ni autorisation pour tous ces travaux. Pour la même raison, les médecins de bord qui avaient remonté le Saint-Laurent avec les immigrants avaient dû se contenter des installations existantes. On critiqua vertement les responsables pour avoir gardé les immigrants dans un village de tentes improvisé, à Kingston, jusqu'à l'arrivée de Robinson en août, mais ils avaient agi ainsi sur l'ordre de Maitland. Une fois à Kingston, Robinson mena les colons dans le district de Newcastle, puis sur les lots qu'il choisit pour eux avec énergie et débrouillardise ; manifestement, il était dans son élément.

En 1823, son adjoint, William Marshall, avait critiqué son indulgence ; en 1825, Robinson déclara qu'il se montrerait plus strict au dépôt de Scott's Mills (Peterborough), où se faisait la distribution des vivres. En fait, l'ordre dans la colonie dépendait de la bonne volonté de chacun et de l'ascendant personnel de Robinson sur les immigrants, et il continua de tenter de « les gagner par la gentillesse ». George Hume Reade, qui fut leur médecin en 1825 et observait la situation d'un œil moins sévère que Marshall, releva que Robinson méritait surtout des louanges pour la « manière aimable [et la] droiture » avec lesquelles il traitait « les Irlandais de classe inférieure ». Robinson aimait son travail ; en 1824, comme il préférait collaborer avec Wilmot-Horton, il avait refusé de devenir éventuellement surintendant de la vente des terres de la couronne dans le Haut-Canada au sein de la future Canada Company, comme le lui offrait John GALT.

Dans les cantons peu peuplés du district de Newcastle, au nord du lac Rice, les immigrants de 1825 étaient assurés de recevoir un bon accueil de la part des habitants et de pouvoir choisir de bonnes terres de la couronne. Mais pour s'y rendre, ils firent un voyage long et difficile par un été anormalement chaud. La chaleur aggrava la fièvre contractée sur les lieux et les maladies endémiques dont les immigrants souffraient déjà. Robinson lui-même fut atteint d'une fièvre dont il « ne se remit jamais complètement », et la plupart de ses assistants furent malades eux aussi dans le courant de l'été et de l'automne. À Scott's Mills, Richard Birdsall* arpenta en 1825 l'emplacement d'un village, qu'on baptisa Peterborough, d'après le prénom de Robinson. La localité qui prit naissance autour du dépôt comprenait des scieries et des moulins à farine construits à l'aide de fonds gouvernementaux et devint le noyau d'un réseau routier rudimentaire. Bien des Haut-Canadiens auraient préféré que les subventions gouvernementales servent à autre chose, mais la plupart convinrent que les immigrants de l'endroit avaient ouvert avec succès une nouvelle région. Encore aujourd'hui, Robinson est d'abord reconnu comme le fondateur de Peterborough.

Robinson avait quitté les immigrants de 1823 tout de suite après leur avoir assigné des terres. Il demeura avec ceux de 1825 jusqu'en mars 1826 afin de mener une inspection personnelle de tous les lots et de rédiger un rapport sur les aménagements. En tout, il avait réparti un peu moins de 2 000 immigrants dans neuf cantons du district de Newcastle. Les lots n'étaient pas tous occupés, et certains demeurèrent vacants quelque temps parce que des familles se regroupaient pour en aménager d'abord un seul, mais le total des superficies défrichées et des récoltes, que Robinson communiqua à Wilmot-Horton, indiquait une situation florissante. Aussi était-il très bien vu du ministère des Colonies lorsqu'il retourna en Angleterre, en 1826 et 1827, pour témoigner devant deux comités spéciaux sur l'émigration formés à l'initiative de Wilmot-Horton.

Le plan de Wilmot-Horton, dans sa version irlandaise, s'avéra trop coûteux pour gagner le parrainage du gouvernement ou des propriétaires terriens. Mais tout en avouant son échec en Grande-Bretagne, le sous-secrétaire d'État veilla à ce que l'on continue, même après sa démission en janvier 1828, d'appliquer certains éléments de son programme dans le Haut-Canada. En juillet 1827, il avait fait nommer Robinson commissaire des Terres de la couronne (le premier du Haut-Canada) et inspecteur général des forêts. On avait créé le bureau des Terres de la couronne pour surveiller l'application d'une nouvelle politique concernant la cession des biens publics ; cette politique prévoyait notamment des ventes aux enchères ou à tempérament, moyens susceptibles, selon Wilmot-Horton, de permettre aux immigrants indigents d'acquérir des terres. En novembre, Robinson assuma en plus la fonction de commissaire des réserves du clergé. Ces nominations le firent entrer dans la sphère du pouvoir, d'abord comme membre du Conseil exécutif puis, en 1829, du Conseil législatif. Les seuls revenus publics importants que Robinson percevait en qualité d'inspecteur des forêts étaient des droits sur le bois dans la vallée de l'Outaouais, que recueillaient un commis et des agents [V. Charles SHIRREFF]. Il s'occupait surtout d'administrer la vente des réserves de la couronne et du clergé et, à un degré que ses instructions ne laissaient pas entrevoir, d'assister les colons immigrants.

Même s'il ne fut jamais l'un des protagonistes de la controverse qui entoura les réserves du clergé, Robinson, à titre de commissaire, détermina l'esprit dans lequel serait appliqué le *Clergy Reserves Sales Act,* qu'avait adopté le Parlement britannique en 1827. Cette loi autorisait l'aliénation d'au plus un quart des réserves, à raison d'une somme annuelle fixe, de sorte qu'au moment où Robinson quitta son poste, en 1836, cette portion des terres était en grande partie vendue ou louée. Le paiement des lots pouvait s'étendre sur plusieurs années, par petits versements, ce qui rappelait les modalités qu'avaient proposées les comités sur l'émigration établis par Wilmot-Horton. Robinson interprétait les règlements avec largesse, surtout lorsqu'il s'agissait de transformer une location en franche tenure. Cette attitude ouvrit la porte aux abus mais permit aussi à nombre de colons de devenir propriétaires et à d'autres, dont plusieurs venus avec lui en 1823 ou 1825, d'établir leurs enfants près de chez eux.

Pendant le mandat de Robinson au bureau des Terres de la couronne, l'immigration en provenance des îles Britanniques connut une hausse spectaculaire pour atteindre son point culminant en 1832, année marquée d'une épidémie de choléra. Les statistiques de l'époque sur l'émigration vers l'Amérique du Nord britannique sont en dessous de la vérité et peu fiables, mais elles donnent un aperçu de la réalité. De 12 000 à 13 000 pour les années 1826 jusqu'à 1829, les chiffres passent à 30 000 en 1830, 58 000 en 1831 et 66 000 l'année suivante, puis retombent à 28 000 en 1833. Chaque année, une partie des Haut-Canadiens d'adoption ne parvenaient pas à s'intégrer à l'économie de la province, parce qu'ils ne trouvaient pas de travail et n'avaient pas les moyens de s'établir à leur compte. Le lieutenant-gouverneur sir John Colborne*, qui remplaça Maitland en 1828, demanda à Robinson de mettre son expérience et les ressources de son bureau au service des immigrants indigents. Outre les agents chargés d'un port, d'un établissement ou de la construction d'une route, Robinson embaucha des employés temporaires selon les besoins. Dans les ports des Grands Lacs, des agents acheminaient les immigrants nécessiteux à leurs collègues de l'intérieur des terres ; ceux-ci, à des endroits déterminés, leur offraient du travail (généralement l'ouverture d'une route) et des lots de 50 acres payables à long terme.

Le programme débuta modestement en 1829 dans le canton d'Ops, qui faisait partie du district de Newcastle, puis s'étendit rapidement en 1831–1832. Alexander McDonell* avait supervisé l'expérience d'Ops ; c'est lui qui avait le plus activement secondé Robinson en 1825 et on l'avait récompensé en 1827 par un poste d'agent des Terres de la couronne. Ses rapports sur « le ravitaillement, l'établissement et l'emploi » d'immigrants dans la région de Peterborough entre mai 1831 et avril 1833 indiquent qu'on avait colonisé 11 cantons. En 1832, des annonces dirigeaient aussi les colons indigents vers John McNaughton, qui distribuait des terres de la couronne dans les cantons de Ross, de Pembroke et de Westmeath, dans le district de Bathurst, et vers Wellesley Richey, dans le district de Home, qui faisait de même dans les cantons de Sunnidale, d'Oro, de Medonte et d'Orillia. Quant à Roswell Mount*, il aidait les colons dans les cantons d'Adelaide et de Warwick, du district de Western.

Tous les agents de Robinson avaient de vastes pouvoirs de dépenser. Les instructions que le secrétaire d'État aux Colonies, lord Goderich, avait envoyées à Colborne insistaient sur l'autonomie : il fallait procurer des emplois aux immigrants au lieu de leur verser une aide directe comme l'avait fait Wilmot-Horton. Cependant, les immigrants de fraîche date s'étaient révélés de piètres défricheurs, de sorte que Robinson et ses agents étaient coincés entre les instructions de Goderich et les besoins pressants de familles qui étaient sous leur aile, sans aucun autre recours. En misant sur l'expérience des agents, on laissa beaucoup de choses à leur discrétion, car Robinson n'exigea l'approbation préalable des nouvelles dépenses qu'à partir de mai 1833.

Robinson

L'épreuve la plus difficile était survenue à l'été de 1832, quand les premiers cas de choléra s'étaient déclarés dans le Haut-Canada. Convaincu que le plus grand risque était de laisser de forts groupes d'immigrants s'agglutiner dans des logements temporaires, Colborne conçut une stratégie en conséquence. Il fallait en priorité conduire les immigrants à l'extérieur d'York et des autres agglomérations situées sur leur trajet. Le réseau de Robinson tint bon malgré la pression des circonstances et la peur de l'infection. Les frais de transport augmentèrent et, dans certains villages, toutes les portes se fermaient devant les étrangers. Pourtant, même Mount, le plus lointain maillon de la chaîne des agents, parvint à installer assez bien ses gens pour l'hiver. L'épidémie n'engendra pas de désordre populaire et les nouveaux établissements ne connurent pas la famine. Cependant, au milieu de l'été de 1832, Robinson entrevit combien le tout coûterait. Son principe, comme dans les années 1820, était de veiller d'abord à l'installation des immigrants, et de ne se préoccuper des comptes qu'à la fin de la brève saison pendant laquelle il pouvait leur trouver une place convenable. Mais son programme se révéla si coûteux qu'il s'effondra au lieu de gagner des appuis. Comme Robinson était malade en août, Colborne se mêla de plus en plus de l'affaire en exigeant une réduction des dépenses. Lorsque l'hiver arriva, les factures se firent de plus en plus élevées et nombreuses, et il devint évident que certains agents, Mount surtout, avaient dépassé la mesure. En septembre 1833, après avoir ajouté les dépenses connexes, comme les subventions pour construire des hôpitaux de district, Colborne rapporta au secrétaire d'État aux Colonies, lord Stanley, un total de £13 286, plus du double des £5 000 allouées à l'aide aux immigrants pour l'année 1832–1833. Il eut beau se défendre avec vigueur, les successeurs de Wilmot-Horton aux Colonies étaient mal disposés envers l'aide à la colonisation et tentaient d'y mettre fin.

Pour Robinson, 1833 fut une mauvaise année. De santé chancelante depuis 1831 sinon depuis 1825, il éprouvait alors des difficultés manifestes à s'acquitter de ses responsabilités publiques et à s'occuper de ses affaires personnelles. Il avait plaidé les exigences de ses diverses fonctions pour retarder pendant des années la remise de son compte final à titre de surintendant de Wilmot-Horton. En 1833, les fonctionnaires de la Trésorerie britannique, à bout de patience, suspendirent son salaire jusqu'à ce que, en 1834, il ferme son compte en versant £1 968 17s (cours d'Angleterre) dans les coffres de l'armée. La politique foncière de l'Empire faisait l'objet d'une nouvelle révision et, le 1er juillet 1834, on confia la responsabilité d'un programme d'immigration moins ambitieux à Anthony Bewden Hawke*, qui devint ainsi agent principal de l'immigration du Haut-Canada. Dès lors, il semble que Robinson consacra ses dernières énergies au Conseil exécutif, et particulièrement aux revendications foncières, objet principal des travaux de cet organisme.

En 1836, à titre de conseiller, Robinson participa à deux événements qui donnèrent lieu à des controverses majeures. Juste avant de quitter le Haut-Canada en janvier, Colborne avait attribué des terres à 44 *rectories* anglicans et provoqué ainsi l'ire des réformistes. Robinson et deux autres conseillers, Joseph Wells* et George Herchmer Markland*, avaient approuvé les lettres patentes. En mars, Robinson faisait partie du conseil élargi de six membres qui démissionna pour protester contre la manière dont le lieutenant-gouverneur sir Francis Bond Head* traitait le conseil. Même s'il présidait ce conseil, Robinson n'avait probablement ni la santé ni l'ambition nécessaire pour faire plus que suivre le mouvement, soit en démissionnant (sous les pressions de Robert Baldwin* et de John Rolph*), soit en offrant, avec Wells, Markland et John Henry Dunn*, de retirer sa démission, ce que Head refusa. Il était encore en mauvais termes avec le lieutenant-gouverneur lorsque, le 23 juin, une attaque de paralysie le « priva de l'usage de son côté gauche ». Head pressentait que Robinson ne guérirait pas et exigea sa démission anticipée du bureau des Terres de la couronne ; il offrit la succession à Robert Baldwin Sullivan* pour assurer la bonne marche du bureau. Robinson ferma ses livres de commissaire des Terres de la couronne et des réserves du clergé le 1er août, mais conserva, semble-t-il, son titre d'inspecteur général des forêts jusqu'au 9 mai 1837.

Robinson rédigea son testament le même mois en prenant pour acquis, avec réalisme, qu'on devrait vendre la plupart des terres qui lui appartenaient en propre pour combler les déficits qu'il avait accumulés à titre de commissaire. Une liste de ses biens fonciers, dressée en 1837, fait état de plus de 7 592 acres et d'une ou deux propriétés additionnelles à Toronto. Selon des imprimés familiaux, il mourut célibataire, mais son testament mentionne principalement deux enfants, Isabella et Frederick. Après sa mort, survenue en juillet 1838, son frère John Beverley supervisa une entente qui permit à Isabella d'aller vivre en pension dans la ferme que son père lui avait donnée dans le canton de Whitchurch ; Frederick la rejoignait pendant les vacances scolaires.

John Beverley fut aussi chargé de régler les comptes de Peter avec le gouvernement. En 1835, dans le septième et dernier rapport du comité de l'Assemblée sur les griefs, William Lyon Mackenzie* avait dénoncé les lacunes que présentaient les comptes de Robinson et de ses agents. En 1840, l'un des comités de la commission du lieutenant-gouverneur sir George Arthur* sur les départements publics examina les livres qui avaient servi à établir ces comptes. Le comité, sous la présidence de William Allan*, recommanda de revoir complètement puis de restructurer le système comptable, aussi confus qu'inadéquat. Le problème ne se limitait pas aux terres de la couronne et provenait de ce que le gouvernement haut-canadien, malgré ses responsabilités grandissantes, n'appliquait pas encore les nouvelles méthodes comptables mises au point dans le milieu des affaires. Toutefois, « la répugnance presque insurmontable » de Robinson à retourner fouiller dans de vieux comptes dut favoriser un certain laisser-aller dans son bureau et, même si son honnêteté n'était pas en cause, sa réputation d'administrateur pâtit. Ses exécuteurs testamentaires durent faire des paiements à même sa succession, mais en décembre 1840 John Beverley Robinson pouvait enfin dire à Arthur : « il ne reste maintenant *aucun solde débitable à mon frère dans quelque compte que ce soit* ».

Sans Peter Robinson, les plans d'immigration de Wilmot-Horton auraient été dangereusement théoriques. Il offrait la connaissance des lieux et le sens pratique qui faisaient défaut à bien des programmes de colonisation au XIXᵉ siècle. En outre, il apporta une exceptionnelle dose d'expérience directe au bureau des Terres de la couronne. Aussi longtemps que l'essentiel fut d'ouvrir la province à la colonisation en offrant des terres à défricher, on reconnut sa valeur. Mais quand l'attention se tourna vers l'administration de son bureau, il parut dépassé. Comme le craignait John Beverley Robinson, il était trop terne à York pour que l'on se souvienne de ce qu'il accomplissait ailleurs. Son nom demeure attaché à celui de Peterborough, mais il n'évoque plus l'image d'un homme qui, par son intérêt soutenu pour le peuplement, contribua à façonner bien d'autres régions de la province.

WENDY CAMERON

AO, MS 4 ; MS 524 ; RG 1, A-I-4, 2 ; A-I-6, 7–11 ; RG 22, sér. 155. — APC, RG 5, A1, 59–75, 137–160 ; RG 68, General index, 1651–1841 : 430, 670. — Derby Central Library (Derby, Angl.), Catton Coll., Sir R. J. Wilmot-Horton papers. — PRO, CO 42/415–416 (mfm aux AO) ; CO 384/12–13 (mfm aux APC). — G.-B., Parl., House of Commons paper, 1826, 4, nº 404 : 1–381, *Report from the select committee on emigration from the United Kingdom* ; 1826–1827, 5, nº 550 : 225–882, *Third report from the select committee on emigration from the United Kingdom, 1827.* — *Town of York, 1793–1815* (Firth) ; *1815–34* (Firth). — *The valley of the Trent*, introd. d'E. C. Guillet, édit. (Toronto, 1957). — R. J. Wilmot-Horton, *Ireland and Canada ; supported by local evidence* (Londres, 1839). — D. H. Akenson, *The Irish in Ontario : a study in rural history* (Kingston, Ontario, et Montréal, 1984). — Wendy [Stevenson] Cameron, « Wilmot Horton's experimental emigrations to Upper Canada : his management of the emigrations and his evaluation of the prospects and progress of his settlers » (thèse de B. LITT., Univ. of Oxford, Angl., 1972). — H. I. Cowan, *British emigration to British North America ; the first hundred years* (éd. rév., Toronto, 1961). — Gates, *Land policies of U.C.* — H. J. M. Johnston, *British emigration policy, 1815–1830 : « shovelling out paupers »* (Oxford, 1972). — E. A. Mitchell, *Fort Timiskaming and the fur trade* (Toronto et Buffalo, N.Y., 1977). — C. W. Robinson, *Life of Sir John Beverley Robinson, bart., C.B., D.C.L., chief-justice of Upper Canada* (Édimbourg et Londres, 1904). — W. R. Smith, « The early development of three Upper Canadian towns », York Univ., Dept. of Geography, *Discussion paper* (Toronto), nº 16 (1977). — [Ethel Willson Trewhella et al.], *History of the town of Newmarket* (s.l., [1968]). — [G.] A. Wilson, *The clergy reserves of Upper Canada : a Canadian mortmain* (Toronto, 1968). — Wendy [Stevenson] Cameron, « Selecting Peter Robinson's Irish emigrants », *HS*, 9 (1976) : 29–46. — J. B. Gilchrist, forthcoming article, *Families* (Toronto).

ROCHEBLAVE, PIERRE DE RASTEL DE. V. RASTEL

RODIER, ÉDOUARD-ÉTIENNE (baptisé **Étienne-Édouard**), avocat, homme politique et patriote, né le 26 décembre 1804 à Montréal, fils de Barthélemy Rodier et de Marie-Louise Giroux ; décédé le 5 février 1840 dans sa ville natale.

Édouard-Étienne Rodier appartient à une famille de la petite bourgeoisie urbaine, besogneuse, parcimonieuse, mais sans fortune et sans instruction. Son père est un ancien voyageur qui a réussi à amasser un peu d'argent dans le commerce des fourrures. Après 1800, il s'est lancé dans le commerce de détail et a installé dans le faubourg Saint-Joseph, à Montréal, un magasin de marchandises sèches et de fourrures. C'est donc dans le milieu du petit négoce, à la merci des créanciers et d'entreprises incertaines, que se déroule l'enfance d'Édouard-Étienne. À l'instar de son père, Rodier ne peut compter que sur ses propres forces. S'il veut changer de condition, l'instruction constitue pour lui le seul facteur de promotion sociale.

En 1812, Rodier entre au petit séminaire de Montréal. Après y avoir fait les classes préparatoires, il entreprend en 1814 des études classiques. Il se montre un élève sérieux et attentif à l'enseignement dispensé par les sulpiciens. Rien à cette époque ne révèle en lui le futur porte-parole passionné de l'indépendance du Bas-Canada et d'un nouvel ordre social authentiquement libéral.

Au terme de ses études classiques, Rodier hésite quant au choix de sa carrière. Il songe d'abord à entrer dans les ordres puis opte finalement pour la profession d'avocat, où il pourra s'intéresser à la vie publique qui le passionne. En juillet 1822, il entreprend son stage de clerc dans l'étude de l'avocat Hippolyte Saint-Georges Dupré, à Montréal. Quatre mois plus tard, il entre au service de Dominique-Benjamin Rollin, avocat de grande réputation. Il y reste pendant cinq ans, jusqu'à la fin de ses études de droit, et s'impose par son ardeur au travail et sa largeur de vues.

Rodier

Le 7 janvier 1826, Rodier a épousé à Montréal Julie-Victoire Dumont, fille d'un modeste tonnelier. Dans le contrat de mariage, la dot de la jeune femme et les garanties matérielles consenties par Rodier confirment l'état précaire de leur situation financière. Afin de subvenir à leurs besoins, Rodier doit même travailler à la boutique de son père. Il reçoit enfin sa commission d'avocat le 28 mai 1827 et décide d'exercer sa profession à Montréal. Fin causeur aux talents oratoires déjà reconnus, il élargit son influence en s'établissant un réseau important de relations et de solides amitiés parmi les membres des professions libérales les plus titrés de sa génération. Il parvient ainsi à se constituer rapidement une clientèle importante. De 1827 à 1831, il traite plus d'une soixantaine d'affaires juridiques et plaide plus de 40 causes. Une vie nouvelle commence pour lui : celle d'un jeune avocat brillant, reconnu, adopté par les gens de sa profession. Cette fulgurante réussite est malheureusement assombrie par le décès de son épouse, le 14 juin 1829.

Ses succès professionnels n'incitent pas Rodier à délaisser pour autant les affaires publiques. Au cours des années 1827–1830, l'avocat appuie ouvertement Louis-Joseph Papineau* qui tente de raffermir son autorité et d'unifier le parti canadien, devenu en 1826 le parti patriote. Un nouveau journal de combat, la Minerve, défend les politiques prônées par Papineau. Rodier se montre extrêmement sensible à ces nouvelles orientations et vient rejoindre les rangs du parti patriote dont il représente la relève et la tendance radicale avec Louis-Hippolyte La Fontaine*, Augustin-Norbert Morin*, Charles-Ovide Perrault, Jean-Olivier CHÉNIER*, Clément-Charles Sabrevois* de Bleury, Wolfred* et Robert* Nelson, et Cyrille-Hector-Octave CÔTÉ.

Rodier participe à divers groupes d'étude qui se réunissent chez le libraire Édouard-Raymond Fabre* et chez l'imprimeur Ludger Duvernay*, qui deviendra l'un de ses amis intimes. Dans les années 1830, ces groupes font preuve d'une vitalité intellectuelle débordante. Plusieurs de leurs membres se montrent des admirateurs de la révolution de Juillet en France et des institutions politiques américaines, lisent et citent les philosophes du XVIIIe siècle, s'en prennent aux abus du régime colonial et dénoncent l'impasse constitutionnelle dans laquelle se trouve le Bas-Canada. Rodier est manifestement sensible à ces influences.

En 1831, la carrière politique et professionnelle de Rodier est favorisée par un deuxième mariage. En effet, le 6 juin de cette année-là, Rodier épouse Élise Beaupré, fille aînée de Benjamin Beaupré, l'un des marchands les plus importants de L'Assomption. Les revenus apportés par sa femme permettent en quelque sorte à Rodier de vivre plus aisément et de mener plus librement une carrière politique. Il peut alors abandonner son bureau d'avocat à Montréal et s'installer à L'Assomption, où il se lance en politique. Élu député de la circonscription de L'Assomption, laissée sans représentant par la démission de Barthélemy JOLIETTE, il siégera à la chambre d'Assemblée du 30 juillet 1832 au 27 mars 1838.

Au cours de l'été de 1832, Rodier est témoin des décès de son père et de sa belle-mère, Julie Mercier, tous deux victimes du choléra. Craignant pour sa vie, il décide de rédiger son testament, qu'il débarrasse des invocations religieuses habituelles pour les remplacer par des allusions patriotiques.

Dès janvier 1833, à la reprise de la session, Rodier attire l'attention de son entourage lorsqu'il se montre en faveur d'un Conseil législatif électif, que défend ardemment Papineau. Au cours de l'année, ses prises de position en chambre le mettent en contact avec les plus hautes personnalités patriotes de son temps. Orateur fougueux et d'une rare éloquence, il devient rapidement un instrument de diffusion du message patriote.

C'est à partir de 1834 que Rodier s'engage totalement dans l'action politique et délaisse de plus en plus son bureau d'avocat. Ainsi en 1833–1834 il n'a plaidé qu'une seule fois et dans une cause mineure. Au moment où paraît le programme des Quatre-vingt-douze Résolutions, Rodier est de toutes les actions et de toutes les réunions. En avril 1834, il provoque en duel son meilleur ami, Pierre-Édouard Leclère*, bureaucrate reconnu. Heureusement, les duellistes tirent sans s'atteindre. Trois ans plus tard, à la veille des troubles, Rodier se compromettra dans un autre duel qui se terminera de façon à peu près similaire. Le 24 juin 1834, il prend la parole au premier banquet de la Saint-Jean-Baptiste, à Montréal [V. Jean-François-Marie-Joseph MacDonell*]. Puis, aux élections tenues à l'automne, il fait preuve d'une activité débordante. Partout où il passe, il subjugue les électeurs et il est réélu facilement dans sa circonscription. L'orateur éloquent de la chambre d'Assemblée se double alors d'un orateur populaire.

En 1835, Rodier se fait particulièrement remarquer par son discours de clôture au banquet de la Saint-Jean-Baptiste, à Montréal. Il s'y déclare en désaccord avec les positions officielles de l'Église sur le pouvoir civil et réitère sa foi en la souveraineté du peuple, source naturelle et légitime de tout pouvoir. De ce fait, Rodier représente de plus en plus cette minorité agissante au sein du parti patriote qui souhaite changer les institutions politiques coloniales et chambarder la structure sociale. Partisan de l'implantation d'une république bas-canadienne et favorable à l'abolition du régime seigneurial, Rodier s'oppose au commerce métropolitain que dominent les marchands britanniques. Il se fait le propagandiste d'une économie nationale axée sur l'essor des petits producteurs indépendants et le développement d'une industrie locale. En août 1837, désireux de donner l'exemple à ses compatriotes, il se présente en chambre habillé de vêtements de fabrication domestique.

Durant les troubles de 1837, Rodier participe certainement à l'élaboration de la stratégie des patriotes et est mêlé de près aux événements. Malgré son désaccord avec Papineau sur le maintien du régime seigneurial, il semble s'accommoder assez bien de ses prises de position sur la question nationale. En mai, il adresse la parole aux électeurs de la circonscription de Richelieu. Un mois plus tard, on l'invite à prononcer un discours à Longueuil. À la fin de juillet, il prend la parole à Varennes. Le 23 octobre, à l'assemblée des six comtés tenue à Saint-Charles-sur-Richelieu, il prêche ouvertement la révolte armée. Son rôle ne consiste pas qu'à soulever les foules. Avec Thomas Storrow Brown* et André Ouimet*, il est aussi à la tête des Fils de la liberté, organisation révolutionnaire fondée le 5 septembre et qui regroupe plusieurs étudiants et jeunes membres des professions libérales de Montréal. Le 6 novembre, une émeute qui implique le Doric Club, formé de jeunes Anglais, et les Fils de la liberté éclate à Montréal. Rodier prend part activement à l'échauffourée sanglante. Quelques jours plus tard, soit le 16 novembre, un mandat d'arrêt est lancé contre lui et 25 autres patriotes. Comme il se sait pourchassé, Rodier prend sans tarder la route de Napierville où l'attend le docteur Cyrille-Hector-Octave Côté.

L'entente entre les deux hommes est immédiate. Pendant que Papineau et le docteur Edmund Bailey O'Callaghan* se dirigent vers Saint-Denis, sur le Richelieu, Côté, Rodier, Duvernay, Lucien GAGNON et plusieurs autres mettent sur pied un plan d'action et projettent d'attaquer Saint-Jean (Saint-Jean-sur-Richelieu) à la fin de novembre. Informés de l'arrivée des forces militaires britanniques, Rodier et ses compagnons abandonnent leur projet et décident de se rendre à Swanton, au Vermont, pour mieux s'organiser. Le 6 décembre, Rodier, à titre d'officier d'un petit bataillon de patriotes, prend part à la malheureuse expédition de Moore's Corner (Saint-Armand-Station) d'où on le ramène blessé à Swanton.

Le 2 janvier 1838, à la réunion de Middlebury, au Vermont, où l'on discute de l'éventualité d'une autre insurrection, Rodier s'en prend violemment à Papineau qui s'oppose à l'abolition du régime seigneurial. Point n'est besoin de cette intervention pour mesurer la profondeur du désaccord qui divise alors les deux hommes et qui ne fera que se confirmer dans les mois suivants. Rodier reproche à Papineau son inaction et, dans ce contexte, il accentue son autorité et son pouvoir parmi les réfugiés. Avec les docteurs Robert Nelson et Côté, il devient sans conteste l'un des leaders du mouvement révolutionnaire de 1838. Ainsi est-il amené à jouer un rôle de premier plan dans la préparation de l'invasion de février 1838 et à participer étroitement à la rédaction de la déclaration d'indépendance faite le même mois [V. Robert Nelson].

En mars 1838, Rodier s'installe à Burlington, au Vermont. Après l'échec de l'invasion en février, l'ancien député de L'Assomption est de plus en plus inquiet. Les intrigues, les suspicions et les coups bas se multiplient au sein de l'organisation. Même si Rodier emploie la majeure partie de son temps à essayer de rallier ses compagnons à une cause commune, le mouvement révolutionnaire s'affaiblit et s'épuise dans des luttes intestines. Au demeurant, les relations entre Rodier et Côté ne sont plus au beau fixe. Au cours de l'été, la rupture entre les deux hommes est imminente.

Rodier ne se trouve pas au bout de ses peines. Depuis huit mois, il vit dans les affres de l'incertitude. À Burlington, il est sans argent, sans état, et sans emploi. Pour subvenir à ses besoins, il doit même travailler dans une auberge comme garçon de table. De plus, il voit très peu sa femme et il est sans nouvelles de ses enfants. Le 28 octobre 1838, lorsque sa femme vient le chercher, il quitte sans hésitation ses compagnons. Exclu de l'amnistie décrétée par lord Durham [LAMBTON] le 28 juin, Rodier peut alors rentrer au Canada puisque Londres a désavoué l'ordonnance du gouverneur. Il verse donc un cautionnement de £3 000 aux autorités puis se rend à L'Assomption.

Rodier se propose de ne s'adonner désormais qu'à l'exercice de sa profession. Il souhaite également devenir un époux modèle et un père particulièrement tendre, et mener une existence paisible. Aux yeux de ses anciens amis patriotes, c'est un paria, un lâche, voire un traître, auquel pour répondre aux calomnies dont il est victime il fait paraître une lettre dans le Canadien du 28 novembre 1838.

À 35 ans, en pleine force de l'âge, mais miné par les excès et les échecs, Édouard-Étienne Rodier s'éteint à Montréal le 5 février 1840. Dans un article paru le 12 février suivant dans le North American, publié à Swanton, le docteur Côté se venge à sa façon de Rodier en le surnommant le « vire-capot ».

RICHARD CHABOT

AC, Montréal, Cour du banc du roi, 1822–1837 ; Beauharnois (Valleyfield), Minutiers, Godefroy Chagnon, 21 mai, 4 nov. 1838. — ANQ-M, CE1-51, 7 janv. 1800, 26 déc. 1804, 7 janv. 1826, 7 févr. 1840 ; CE5-14, 6 juin 1831 ; CN1-28, 27 sept. 1817, 18 juin 1819, 29 sept. 1821, 16 juill., 23 oct. 1822 ; CN5-3, 22 mars 1834, 22 mai 1838 ; CN5-8, 19 oct. 1838. — APC, MG 24, B2 : 1690–1693, 1900–1903, 1989–1991, 2847–2852, 2951–2954, 2961–2964, 2983–2986, 2999–3002, 3012–3015, 3031–3034, 3046–3049, 3097–3099, 4103–4106, 6090–6097 ; MG 30,

Roque

D1, 5 ; 26 : 529–535 ; RG 4, B8 : 8206–8209. — ASQ, Fonds Viger-Verreau, carton 22, nᵒˢ 68–69. — ASSH, A, Fg-4, dossier 16. — BVM-G, Fonds Ægidius Fauteux, étude biographique sur É.-É. Rodier par Ægidius Fauteux accompagnée de notes, références, copies de documents, coupures, etc. concernant ce patriote ; notes compilées par Ægidius Fauteux sur les patriotes de 1837–1838 dont les noms commencent par les lettres R et S, carton 9. — *L'Ami du peuple, de l'ordre et des lois,* 26 avril 1834. — *Le Canadien,* 4 mars, 29 avril, 3 juill. 1835, 28 nov. 1838. — *La Minerve,* 1ᵉʳ mai 1834. — *Montreal Gazette,* 21 août 1832. — *North American,* 12 févr. 1840. — *Quebec Gazette,* 28 juin 1832. — Caron, « Papiers Duvernay », ANQ *Rapport,* 1926– 1927 : 162–163, 169–170, 177, 181, 191, 193. — Ægidius Fauteux, *Patriotes* ; *le Duel au Canada* (Montréal, 1934), 124–135, 219–225. — Maurice Grenier, « la Chambre d'Assemblée du Bas-Canada, 1815–1837 » (thèse de M.A., univ. de Montréal, 1966), 93. — Robert Rumilly, *Histoire de la Société Saint-Jean-Baptiste de Montréal : des patriotes au fleurdelisé, 1834–1948* (Montréal, 1975), 19, 24–25, 30, 34–35 ; *Hist. de Montréal,* 2 : 199–201, 203, 208–210, 226, 228, 230, 238, 244 ; *Papineau et son temps.* — L.-O. David, « Édouard Rodier », *la Presse,* 18 juin 1921 : 18. — Ægidius Fauteux, « l'Histoire d'Édouard Rodier, le lion de L'Assomption », *le Devoir* (Montréal), 5 janv. 1938 : 7.

ROQUE, JACQUES-GUILLAUME, sulpicien, administrateur scolaire et vicaire général, né le 24 janvier 1761 à Belmont, France, fils de Guillaume Roque et de Catherine Durand ; décédé le 3 mai 1840 à Montréal et inhumé deux jours plus tard dans la crypte de l'église Notre-Dame.

Jacques-Guillaume Roque entra en 1777 au séminaire de Saint-Charles à Toulouse, où il fit toutes ses études théologiques. Il obtint par la suite un doctorat en droit canon de l'université de cette ville. Ordonné prêtre le 24 septembre 1785, il demanda son agrégation à la Compagnie de Saint-Sulpice. Après son année de solitude (noviciat) à Paris, on l'envoya au séminaire d'Angers pour y enseigner la théologie et il devint directeur de l'établissement en 1789. Il était déjà connu comme un homme de « grand mérite, respecté et aimé de tous ». Deux ans plus tard, il refusa de prêter le serment de fidélité à la Constitution civile du clergé. Emprisonné le 17 juin 1792, il fut condamné à la déportation en Guyanne française ; il réussit cependant à s'échapper et à se rendre en Espagne le 12 septembre. L'évêque d'Orense l'accueillit alors avec bienveillance et le chargea d'enseigner la théologie aux clercs du diocèse.

En 1796, Roque décida de se rendre au Bas-Canada. Dès son arrivée au séminaire de Saint-Sulpice à Montréal, le 24 octobre, on l'appela à remplir des fonctions pastorales dans la paroisse Notre-Dame et on le nomma aussi directeur des religieuses de l'Hôtel-Dieu. Il devint vicaire général en 1806 ; il le demeurera jusqu'à son décès. En octobre 1806, il remplaça son confrère Jean-Baptiste-Jacques Chicoisneau* à la direction du petit séminaire de Montréal, entièrement reconstruit à la suite de l'incendie survenu trois ans plus tôt. Il conserva ce poste jusqu'en 1828. On lui doit la rédaction de plusieurs coutumiers et règlements pour l'établissement. Il participa en outre, avec ses collègues Antoine-Jacques Houdet* et Claude Rivière, à l'élaboration de deux grammaires, l'une française et l'autre latine.

Le 21 janvier 1821, Roque assista l'archevêque de Québec, Mgr Joseph-Octave Plessis*, à l'occasion de la consécration épiscopale du sulpicien Jean-Jacques LARTIGUE, nommé évêque auxiliaire du district de Montréal. Cette nomination donna lieu à un grave conflit qui opposa Lartigue à ses anciens confrères de Saint-Sulpice. Roque adopta alors une attitude neutre et prudente, car il tenait Lartigue en grande estime. Il l'avait dirigé autrefois dans ses études théologiques et lui avait toujours prodigué des conseils judicieux. Toutefois, à la demande de son supérieur, Jean-Henry-Auguste Roux*, il rédigea ses commentaires sur le mémoire du sulpicien canadien Jean-Charles Bédard*, qui s'était prononcé contre les mesures qu'avait adoptées le séminaire pour faire échec à l'établissement de Lartigue.

En octobre 1828, Roque devint aumônier des religieuses de la Congrégation de Notre-Dame. Deux ans plus tard, l'archevêque de Québec, Mgr Bernard-Claude Panet*, lui demanda de remplir temporairement les fonctions de Roux, accablé par la maladie et les infirmités. La célébration du jubilé sacerdotal de Roque le 24 septembre 1835 devait sceller la réconciliation amorcée au printemps entre Lartigue et le séminaire. Les 8 000 fidèles qui prenaient place dans l'église Notre-Dame furent vivement émus par le geste de Roque qui, au cours de la messe célébrée en présence d'une centaine de prêtres, vint « se jeter aux genoux d'un évêque pour renouveler les vœux de sa prêtrise ». C'était véritablement, selon le père Léon Pouliot, « l'union des esprits et des cœurs depuis longtemps perdue, toujours attendue, enfin retrouvée ». Joseph-Vincent Quiblier*, supérieur du séminaire de Saint-Sulpice, le confirmait : « Aucun de nous n'avait rien vu de plus grand, ni de plus attendrissant. Tout le monde sans exception a été ravi d'admiration et de joie [...] Le pape apprendra avec plaisir la tournure de cette affaire [...] Je ne regrette aucun des petits sacrifices que m'a coûté ce rapprochement. L'on dit que l'évêque de Telmesse et le supérieur du Séminaire ne font plus qu'un. »

Jacques-Guillaume Roque mourut le 3 mai 1840. La veille de son décès, Mgr Lartigue lui avait rendu visite et avait recommandé « sa personne et son diocèse » à ses prières. Après sa mort, ses anciens élèves décidèrent de porter le deuil pendant un mois. Tous reconnaissaient sa grande sainteté et plusieurs, dont Lartigue, cherchèrent à s'approprier un morceau de sa soutane ou une mèche de cheveux. Le 2 février

1856, un jeune Montréalais déclara qu'une relique de ses cheveux l'avait guéri miraculeusement.

GILLES CHAUSSÉ

ACAM, 465.101 ; 901.025 ; 901.137. — AD, Aveyron (Rodez), État civil, Belmont, 25 janv. 1761. — ANQ-M, CE1-51, 5 mai 1840. — Arch. du séminaire de Saint-Sulpice (Paris), Circulaires des supérieurs, I, Garnier Mollevault, 14 juin 1840 ; Fonds canadien, dossiers 73, 98–99, 111–114. — ASSM, 1 bis, tiroir 4 ; 11, tiroir 47 ; 13, tiroir 50 ; 24, B ; 27, tiroirs 93, 96 ; 49, tiroir 169. — Mélanges religieux, 7 mai 1841. — Allaire, Dictionnaire. — F.-M. Bibaud, Dict. hist. ; le Panthéon canadien (A. et V. Bibaud ; 1891). — [J.-]H. Gauthier, Sulpitiana ([2e éd.], Montréal, 1926). — Louis Bertrand, Bibliothèque sulpicienne ou Histoire littéraire de la Compagnie de Saint-Sulpice (3 vol., Paris, 1900), 2 : 120–121. — Chaussé, Jean-Jacques Lartigue. — Dionne, les Ecclésiastiques et les Royalistes français.

ROY, THOMAS, arpenteur, ingénieur, auteur et géologue ; décédé le 28 juillet 1842 à Toronto.

Il est probable que Thomas Roy naquit non loin de la Miramichi, dans le nord du Nouveau-Brunswick, et que ses parents étaient des colons écossais. Un rapport rédigé en 1810 par un nommé Thomas Roy, inspecteur des forêts à St Peters (Bathurst, Nouveau-Brunswick), présente une écriture et un style qui ressemblent étonnamment à ceux des rapports établis par le sujet de la présente biographie.

Arrivé à Toronto en juillet 1834, Roy se trouva bientôt du travail en qualité d'inspecteur du port. En septembre, les promoteurs du premier chemin de fer du Haut-Canada, le Simcoe and Ontario, l'embauchèrent à titre d'arpenteur. Il fit des levés sur la plus grande partie du trajet entre Holland Landing et Toronto, mais en raison de difficultés financières on retarda la construction et en mars 1836 il démissionna. Dans des lettres adressées par la suite au député de Toronto William Henry Draper* et au conseil municipal, il critiqua l'adoption d'un nouveau tracé, qui allait jusqu'au lac Huron en contournant le lac Simcoe et une bonne partie de l'arrière-pays situé au nord de Toronto.

En mars 1835, Roy avait postulé un emploi d'ingénieur municipal dont les fonctions consistaient à rendre compte de l'état du port en collaboration avec un ingénieur nommé par le lieutenant-gouverneur. Comme on avait retenu sa candidature, il exécuta sa tâche avec le capitaine Richard Henry BONNYCASTLE, probablement l'ingénieur nommé par le gouvernement, et un certain « M. Call » (peut-être James CULL). Par la suite, la municipalité l'affecta à des travaux de pavage, de drainage et de délimitation des voies publiques. Dans sa notice nécrologique, l'Examiner de Toronto disait qu'il avait « conçu et exécuté les divers travaux publics auxquels la ville devait sa prospérité ».

Roy publia à Toronto en 1841 un ouvrage tout à fait remarquable, Remarks on the principles and practice of road-making, as applicable to Canada, qui contient des indications sur ses travaux de voirie et d'égout et atteste ses solides connaissances techniques. Nombre de ses observations, notamment sur le drainage, sont encore utiles aujourd'hui. Comme d'autres ingénieurs, il s'élevait contre la coûteuse décision de reconstruire la rue Yonge en ligne droite. En outre, il était au fait des problèmes que causait la construction des routes à chaussée de madriers, alors très en vogue au Canada, et espérait que cette « manie […] puisse être enrayée avant de produire trop de dégâts ». Il proposait même qu'on exige un niveau minimum d'instruction de ceux qu'on chargeait de concevoir et de construire les routes. Comme Bonnycastle, Cull et d'autres, il soutenait que les chaussées de macadam se révéleraient plus économiques que celles de planches ; en 1842, il estima le coût du macadamisage d'une partie de la rue Bay, à Toronto. Mais, à l'instar de Cull aussi, il oubliait que la province n'avait pas encore les moyens de s'offrir un réseau macadamisé.

Parallèlement à son travail d'ingénieur, Roy faisait des études d'avant-garde en géologie. Apparemment, c'est à l'occasion de ses levés ferroviaires qu'il avait découvert au nord de Toronto la série d'arêtes qui, à l'époque préhistorique, avaient bordé les divers plans d'eau antérieurs au lac Ontario. Il prononça des conférences sur ces formations géologiques devant le Mechanics' Institute de Toronto et rédigea un exposé sur le sujet pour la Geological Society of London. Lu en son nom par Charles Lyell, géologue britannique réputé, son exposé fut discuté au cours des réunions que tint la société le 22 mars et le 5 avril 1837. Selon le résumé qu'on en publia, il décrivait les stades successifs de la formation des Grands Lacs et indiquait, par des calculs, à quel rythme et de quelle manière leurs eaux avaient baissé jusqu'au niveau actuel. L'étude perspicace de Roy a inspiré d'autres géologues canadiens, dont Arthur Philemon Coleman*.

Roy correspondait non seulement avec Lyell, mais aussi avec James Hall, de la Geological Survey de New York. On a conservé certaines des lettres qu'il lui adressa de 1838 à 1842. Elles montrent qu'il était bien au fait de la géologie de l'Amérique du Nord britannique et des régions américaines adjacentes ; en outre, elles révèlent qu'il connaissait l'Angleterre pour y avoir voyagé. Une carte géologique qu'il avait lui-même tracée présentait une vue en coupe du territoire compris entre le « bassin houiller de la Pennsylvanie et les roches granitiques [situées] au delà du lac Simcoe, en passant par le district de Niagara et le district de Home ». Cette carte acquit une certaine renommée du vivant de Roy ; elle était connue de Lyell et de William Edmond Logan*, qui la

Roy-Audy

vit dans une bibliothèque parlementaire. Apparemment, elle fut détruite dans l'un des incendies qui ravagèrent les premiers édifices du Parlement du Canada.

Lorsque Lyell vint pour la première fois en Amérique du Nord, c'est Thomas Roy qui organisa son bref séjour au Canada. Au printemps de 1842, il l'accueillit aux chutes du Niagara et lui fit ensuite voir les arêtes du nord de Toronto. Lyell le remercia de son aide dans *Travels in North America* [...], mais le premier à lui rendre l'hommage qu'il méritait fut Bonnycastle, dans *Canada and the Canadians, in 1846* : « [Roy] a reçu peu d'estime et encore moins de compréhension de la part des grands personnages de Toronto [allusion certaine à Logan et à ses collègues], et nul ne lui a rendu tant soit peu justice, sauf M. Lyell qui, n'ayant aucun intérêt dans les colonies, n'a pas craint de le faire. » Roy mourut le 28 juillet 1842 ; on sait qu'il était marié mais non s'il avait des enfants.

ROBERT F. LEGGET

L'article de Thomas Roy intitulé « On the ancient state of the North American continent » a paru dans Geological Soc. of London, *Proc.*, 2 (1833–1838) : 537–538.

AO, RG 1, A-I-6 : 17241–17244. — CTA, RG 1, B, 1835, 1837, 1841–1842. — R. H. Bonnycastle, *Canada and the Canadians, in 1846* (2 vol., Londres, 1846), 1 : 186–187. — Charles Lyell, *Travels in North America, in the years 1841–42 ; with geological observations on the United States, Canada, and Nova Scotia* (2 vol., New York, 1845), 2 : 85. — *British Colonist*, 10 août 1842. — *Examiner* (Toronto), 17 août 1842. — *Toronto directory*, 1837. — F. H. Armstrong, « Toronto's first railway venture, 1834–1838 », *OH*, 58 (1966) : 21–41. — A. P. Coleman, « The Iroquois Beach », Canadian Institute, *Trans.* (Toronto), sér. 4, 6 (1898–1899) : 29–44. — M. S. Cross, « The stormy history of the York roads, 1833–1865 », *OH*, 54 (1962) : 1–24. — [G. R. Gilbert], [« Old shore lines in the Ontario basin »], Canadian Institute, *Proc.* (Toronto), sér. 3, 6 (1887–1888) : 2–4. — R. F. Legget, « An early treatise on road making ; Thomas Roy – an unsung hero of early Canadian engineering », *Canadian Consulting Engineer* (Don Mills [Toronto]), 15 (1973), nº 11 : 36, 38 ; « Thomas Roy : an early builder of Toronto », nº 12 : 48–49 ; « Railway survey conflicts cause « mystery » engineer to resign », 21 (1979), nº 2 : 44–47.

ROY-AUDY, JEAN-BAPTISTE, menuisier et peintre, né le 15 novembre 1778 à Québec, fils de Jean-Baptiste Roy-Audy, menuisier, et de Marguerite Gauvreau ; décédé probablement vers le début de 1848 à Trois-Rivières, Bas-Canada, ou dans les environs.

Jean-Baptiste Roy-Audy est baptisé à la cathédrale Notre-Dame de Québec le lendemain de sa naissance. Moins d'un an plus tard, il est orphelin de mère. Dès lors, son enfance se passe auprès de son père, dans leur maison de la rue Saint-Georges (rue Hébert), et de son oncle Pierre Audy. Après des études primaires, il se joint au personnel de la boutique paternelle, dont il tient les comptes tout en apprenant la menuiserie. Au cours de son apprentissage, il prend quelques leçons de dessin chez François Baillairgé*. Une relation amicale lie ces deux familles ; François et Pierre-Florent* Baillairgé signeront d'ailleurs à titre de témoins l'acte de décès de Jean-Baptiste père en 1811.

Déjà en 1800 la réputation d'habile ouvrier que s'est acquise Roy-Audy dépasse le cadre de sa clientèle de Québec. Cette année-là, il réalise pour la fabrique de la paroisse Notre-Dame de Montréal un buffet d'orgue. En mars 1802, il ouvre dans la maison paternelle un atelier de menuiserie où il exécute aussi quelques travaux de peinture tels que des enseignes et du lettrage. Le 27 juillet, il épouse Julie Vézina, et le couple s'installe rue Saint-Georges où il habitera jusqu'en 1808.

La vie professionnelle de Roy-Audy évolue elle aussi. En 1807, il offre ses services à titre de menuisier, de meublier et de charron, et se dit en mesure de peindre et vernir les voitures qu'il fabrique et de les blasonner. Dans une obligation qu'il contracte en 1809, il se déclare peintre. Même s'il est difficile de parler de carrière artistique à ce moment-là, puisque les peintres de l'époque se donnent généralement le titre de « peintre d'histoire et de portrait », il apparaît de plus en plus clairement que Roy-Audy délaisse progressivement la menuiserie de charpente pour s'intéresser aux ouvrages délicats et au travail de précision. En 1818, il a définitivement abandonné les activités artisanales pour se lancer dans la carrière artistique. Des déboires financiers qui se sont soldés par la vente aux enchères de ses biens en 1816, l'arrivée des tableaux de la collection de Philippe-Jean-Louis Desjardins* en 1817 – tableaux qui serviront de modèles et seront l'objet de travaux de restauration – et l'ouverture d'un marché pour la peinture, joints à des aptitudes artistiques personnelles, l'ont orienté dans cette voie.

Établi à Saint-Augustin-de-Desmaures, à l'ouest de Québec, entre 1818 et 1824, Roy-Audy parfait sa formation artistique par la copie de tableaux. Durant cette période, il ne peint qu'occasionnellement des portraits, dont celui de l'abbé François-Joseph Deguise (vers 1821), ceux de Maximilien Globensky* et de sa femme (1823), ainsi que celui du gouverneur, feu sir George Prevost* (1824). Sa principale occupation consiste à réaliser des tableaux religieux pour les églises de Saint-Augustin-de-Desmaures, de Varennes, de Boucherville (1814–1824), de Longueuil (1820–1822), de Rivière-du-Loup (Louiseville) (1820), de Deschambault (1820–1821), de Lotbinière (1820–1823) et de Saint-Roch-de-l'Achigan (1822).

En 1824, Roy-Audy revient à Québec. Malgré la publicité dans les journaux, ses affaires périclitent et, en 1828, il se retrouve dans son refuge de Saint-

Augustin-de-Desmaures, puis à Montréal. En 1831, il exécute deux tableaux pour l'église de Longueuil. C'est pendant cette période que commence la véritable production de Roy-Audy comme portraitiste avec, en 1826, un portrait de lui-même et celui de l'archiprêtre R. Fréchette. Selon les demandes du marché, il peint des originaux ou fait la copie de portraits d'hommes célèbres. Parmi ses œuvres les plus connues figurent aussi les portraits du futur évêque Rémi Gaulin* (1831), de l'abbé Jacques-Guillaume ROQUE (1836 ?) et du futur archevêque François-Norbert Blanchet (1838). Les derniers portraits signés qu'on a retracés datent de 1838.

Après cette date, le mystère entoure la vie et la carrière de Roy-Audy, qui meurt probablement vers le début de 1848 sans laisser de trace. À ce moment, l'art académique envahit le Bas-Canada, et les peintres autodidactes comme Roy-Audy ont presque complètement perdu la faveur du public, malgré la force de leur expression artistique.

L'art de Jean-Baptiste Roy-Audy est avant tout naïf, d'où son intérêt. L'artiste ne maîtrise pas toutes les techniques de la peinture telles que la perspective, l'anatomie, le raccourci et la composition. Certains de ces problèmes techniques s'atténuent évidemment lorsqu'il s'adonne à la copie, approche qu'il utilise pour l'essentiel de sa production religieuse. Par contre, pour les portraits, seul son talent intervient. Livré à lui-même, son instinct de peintre naïf le pousse à scruter l'âme de ses sujets et, au delà de ses moyens techniques limités, à saisir avec beaucoup de succès leur personnalité profonde telle qu'il peut la toiser avec son gros bon sens d'artisan.

MICHEL CAUCHON

ANQ-Q, CE1-1, 16 nov. 1778, 15 juill. 1779, 25 juill. 1802, 9 janv. 1811 ; CN1-16, 21 févr. 1809 ; CN1-253, 1er août 1824. — AP, Notre-Dame de Montréal, Boîte 1800, 1.5–1.6 ; Saint-Antoine (Longueuil), Livres de comptes, 2 : f° 57. — Arch. du monastère des ursulines (Québec), Fonds L.-J. Desjardins. — MAC-CD, Fonds Morisset, 2, dossier François Baillairgé ; dossier J.-B. Roy-Audy. — *La Gazette de Québec,* 25 mars 1802, 14 mai, 4 juin 1807, 25 avril 1816. — Michel Cauchon, *Jean-Baptiste Roy-Audy, 1778– c.1848* (Québec, 1971).

ROY PORTELANCE, LOUIS (il signe également **Roi, Roy,** et **Roi Portelance**), marchand, homme politique et officier de milice, né le 16 octobre 1764 dans la paroisse Saint-Joachim (à Pointe-Claire, Québec), fils de Joseph Roy, dit Portelance, et de Catherine Mallet ; décédé le 2 mars 1838 à Kamouraska, Bas-Canada.

Louis Roy Portelance est le fils d'un laboureur originaire de Lachine, dans l'île de Montréal, qui avait épousé une jeune veuve de Pointe-Claire. De 1778 à 1784, il étudie au collège Saint-Raphaël de Montréal et, par la suite, il s'engage comme voyageur à bord des canots qui servent à la traite des fourrures. Au moment de son mariage, le 7 septembre 1791, à l'église Notre-Dame de Montréal, avec sa cousine germaine Marie-Josephte Périnault, Louis a 26 ans et demeure à Montréal. Sa femme, âgée de 31 ans, a alors trois fils nés de sa première union avec Jacques Varin*, dit La Pistole, orfèvre montréalais mort en janvier de cette année-là ; l'aîné, aussi prénommé Jacques, âgé de presque 14 ans, assiste à la cérémonie. Le 2 mai de l'année suivante, Roy Portelance devient père d'une fille, Sophie, la seule parmi les enfants issus du couple qui survivra jusqu'à l'âge adulte ; elle épousera, le 10 janvier 1814, le marchand montréalais Frederick Glackmeyer, fils du musicien de Québec Frederick GLACKEMEYER.

Roy Portelance devient marchand de bois peu de temps après son mariage. Il installe son commerce rue du Saint-Sacrement, entre les rues Saint-Éloy (rue Saint-Éloi) et Saint-Nicolas, sur des emplacements acquis au moment de la vente des biens de la communauté dissoute entre Marie-Josephte Périnault et son premier mari. Il acquiert également un verger au faubourg Saint-Antoine et achète la terre paternelle à Lachine, moyennant une rente viagère à ses parents. Par la suite, il agrandit sa propriété urbaine en achetant deux autres lots, l'un rue du Saint-Sacrement et l'autre rue Saint-Pierre, qu'il loue à des marchands et à des maîtres d'école.

Le marché montréalais constitue le principal débouché du commerce de Roy Portelance. Dans les actes notariés, nulle trace de transactions pour exporter du bois. Le marchand profite de la croissance démographique que connaît Montréal au tournant du siècle. Il approvisionne en planches et en madriers de nombreux menuisiers, charpentiers et entrepreneurs de la ville et des faubourgs. Parmi ses clients figure un entrepreneur de bâtiments aussi important que Charles-Simon DELORME. Roy Portelance se procure une partie de son bois auprès de son frère Jacques, propriétaire d'un moulin à scier à Saint-Régis. Ce dernier lui envoie au printemps des cages, petits radeaux faits de troncs d'arbres, de planches et de madriers, dont la valeur avoisine 1 000ll chacune.

Relativement prospère, Roy Portelance fait partie de l'élite montréalaise du début du XIXe siècle. Il mérite l'estime de ses concitoyens qui l'élisent député de la circonscription de Montréal de 1804 à 1815, puis de Montréal-Est de 1816 à 1820. Aux élections de 1804, il recueille 1 183 voix, alors que les autres candidats, Benjamin Joseph Frobisher* et Denis-Benjamin Viger*, n'en reçoivent respectivement que 769 et 445. Durant la guerre de 1812, Roy Portelance, à l'exemple de plusieurs députés, participe au commandement de la milice dans sa circonscription. Il reçoit une commission de capitaine dans le 2e bataillon de milice de la ville de Montréal le 3 avril

Ryan

1812 ; par la suite, il sera promu major et lieutenant-colonel.

C'est à Québec, où l'appellent ses fonctions de parlementaire, que Roy Portelance, veuf depuis le 6 janvier 1808, se remarie à la cathédrale Notre-Dame le 4 septembre 1809. Son union avec Louise Languedoc, fille d'un marchand de cette ville et sœur de François LANGUEDOC, est bénie par son beau-fils Jacques Varin, alors curé à Terrebonne. Trois enfants issus de ce mariage atteindront l'âge adulte. Louise Languedoc mourra en 1818, à l'âge de 33 ans, des suites d'un accouchement.

À titre de député, Roy Portelance participe aux travaux de divers comités. Il est membre, entre autres, de ceux qui ont trait à la réglementation du commerce d'exportation du bois, à l'établissement d'une nouvelle place du marché à Montréal, à la construction d'un pont entre l'île Jésus et l'île de Montréal, et à la préservation des vergers dans la paroisse Notre-Dame de Montréal. Au moment des votes, il se range le plus souvent du côté du parti canadien. Ainsi, il appuie les résolutions qui proposent le financement des prisons par la perception de droits sur les importations, en 1805 [V. Ignace-Michel-Louis-Antoine d'Irumberry* de Salaberry], et l'inéligibilité des juges à siéger à la chambre d'Assemblée du Bas-Canada, en 1808 [V. sir James Henry Craig* ; Pierre-Amable De Bonne*]. Pendant les années 1830, son âge avancé l'empêche de prendre une part très active aux affaires politiques. Il demeure cependant sympathique à la cause de Louis-Joseph Papineau*. Ainsi, en 1832, lorsque les radicaux réussissent à expulser de la chambre d'Assemblée Dominique Mondelet* parce qu'il a accepté un poste de conseiller exécutif, on sollicite Roy Portelance pour qu'il se porte candidat dans la circonscription de Montréal. Mais ce projet ne prend pas forme, puisque le gouverneur lord Aylmer [WHITWORTH-AYLMER] refuse de considérer comme vacant le siège qu'occupait Mondelet. Le 15 mai 1837, Roy Portelance accepte de présider une assemblée des habitants du comté de Montréal contre les mesures coercitives du gouvernement britannique [V. Chevalier de LORIMIER].

C'est probablement au cours des années 1820 que Roy Portelance laisse le commerce du bois. Il se contente par la suite de vivre de ses rentes. Cependant, le 12 février 1835, il adhère à un groupe de marchands d'allégeance patriote associés en vue de créer la société Viger, De Witt et Compagnie, qui sera aussi connue sous le nom de Banque du peuple [V. Louis-Michel Viger* ; Jacob De Witt*]. À l'automne de 1837, Roy Portelance quitte Montréal pour aller résider chez son beau-fils, Jacques Varin, curé de Saint-Louis, à Kamouraska. Il y meurt subitement le 2 mars 1838 à l'âge de 73 ans. Il est inhumé dans l'église paroissiale le 5 mars en présence des hommes politiques Jean-Baptiste Taché, Joseph Robitaille et Amable Dionne*.

Louis Roy Portelance apparaît comme un marchand montréalais relativement important du début du XIXe siècle. Estimé de ses concitoyens, il adopte les idées réformistes communes à plusieurs bourgeois canadiens-français de l'époque. Son action politique demeure toutefois limitée, sans doute à cause de son âge avancé au moment du dénouement de la crise dans les années 1830.

LISE ST-GEORGES

ANQ-M, CE1-2, 13 juill. 1840 ; CE1-37, 17 oct. 1764 ; CE1-51, 7 sept. 1791, 2 mai 1792, 14 sept. 1794, 29 juill. 1797, 7 janv. 1808, 10 janv. 1814, 9 juill. 1818, 29 sept. 1829, 7 août 1832, 21 janv. 1834, 17 sept. 1838 ; CN1-74, 30 août, 25 sept. 1798 ; CN1-134, 1824–1835 ; CN1-194, 25 oct. 1808 ; CN1-202, 17 oct. 1760 ; CN1-270, 1824–1835 ; CN1-305, 1824–1835 ; CN1-313, 7 mars 1809 ; CN1-320, 1824–1835. — ANQ-Q, CE1-1, 4 sept. 1809 ; CE3-3, 5 mars 1838 ; CN1-230, 3 sept. 1809. — APC, MG 24, B2 : 1607–1609. — *La Minerve*, 18 févr. 1835, 8, 18 mai 1837. — Allaire, *Dictionnaire*, 530. — F.-J. Audet, *les Députés de Montréal*, 360–363 ; « les Législateurs du B.-C. ». — Caron, « Inv. de la corr. de Mgr Hubert et de Mgr Bailly de Messein », ANQ *Rapport*, 1930–1931 : 250. — Desjardins, *Guide parl.*, 133–134. — Archange Godbout, « Nos ancêtres au XVIIe siècle », ANQ *Rapport*, 1951–1953 : 481. — *Officers of British forces in Canada* (Irving), 167. — Léon Pouliot, « Inventaire analytique de la correspondance de Mgr Ignace Bourget pour l'année 1846 », ANQ *Rapport*, 1965 : 103. — Turcotte, *le Conseil législatif*, 240. — R. S. Greenfield, « la Banque du peuple, 1835–1871, and its failure, 1895 » (thèse de M.A., McGill Univ., Montréal, 1968). — Robert Rumilly, *Hist. de Montréal*, 2 : 116. — Sulte, *Hist. de la milice*, 28. — J. [E.] Hare, « l'Assemblée législative du Bas-Canada, 1792–1814 : députation et polarisation politique », *RHAF*, 27 (1973–1974) : 379–380. — J.-J. Lefebvre, « la Vie sociale du grand Papineau », *RHAF*, 11 (1957–1958) : 479. — É.-Z. Massicotte, « Louis Roy, dit Portelance, député de Montréal de 1804 à 1820 », *BRH*, 32 (1926) : 169. — P.-G. Roy, « la Famille Glackemeyer », *BRH*, 22 (1916) : 202–203. — J.-P. Wallot, « la Querelle des prisons (Bas-Canada, 1805–1807) », *RHAF*, 14 (1960–1961) : 69–70, 262, 265, 267–268.

RYAN, JOHN, imprimeur, éditeur, journaliste, fonctionnaire et marchand, né probablement le 7 octobre 1761 à Newport, Rhode Island ; le 25 juin 1780, il épousa Amelia Mott, fille de John Mott, de l'île Long, New York, et ils eurent huit enfants ; décédé le 30 septembre 1847 à St John's.

Dès sa jeunesse, comme il le déclara plus tard, John Ryan « respecta religieusement son allégeance » à la couronne britannique. À Newport, à la fin des années 1770, il était apprenti chez l'imprimeur loyaliste John Howe*. Ses activités durant la guerre d'Indépendance américaine sont mal connues mais, à l'évacuation du Rhode Island en 1779, on sait qu'il accompagna l'armée britannique à New York, où il resta jusqu'en 1783. En août de cette année-là, il était corédacteur en chef, avec William Lewis*, du *New-York Mercury ; or, General Advertiser.* Vers le 17 octobre, il arriva en Nouvelle-Écosse par la rivière Saint-Jean, avec les autres membres d'une compagnie de miliciens loyalistes réfugiés dont Lewis était capitaine. Sa femme, leur enfant et un domestique l'accompagnaient. Il reçut, avec Lewis, une concession foncière dans l'établissement de Parrtown, à l'embouchure de la rivière ; en 1785, Parrtown et Carleton allaient être réunis sous le nom de Saint-Jean.

C'est à Carleton, le 18 décembre 1783 ou à peu près, que Lewis et Ryan lancèrent le premier journal à paraître sur le territoire de ce qui est aujourd'hui le Nouveau-Brunswick, la *Royal St. John's Gazette, and Nova-Scotia Intelligencer.* Prompt à dénoncer le favoritisme et l'incompétence qui caractérisaient la distribution des terres aux loyalistes, le journal s'attira le mécontentement des autorités. En mars 1784, un grand jury accusa les deux imprimeurs de diffamation. Peut-être la fougueuse rhétorique du journal était-elle surtout le fait de Lewis, car dans la suite de sa carrière Ryan se montra peu enclin à critiquer les fonctionnaires ou les gouvernements. Toutefois, il signa la « Huggeford Petition » du 24 décembre 1784, dans laquelle les loyalistes exposaient longuement leurs griefs au gouverneur Thomas Carleton*.

Pendant près de deux ans, Lewis et Ryan furent les seuls, sur le territoire, à publier un journal et à avoir une presse. Puis, en octobre 1785, un autre loyaliste, Christopher Sower*, qui venait d'être nommé imprimeur du roi, fonda la *Royal Gazette and the New-Brunswick Advertiser,* ce qui obligea Lewis et Ryan à supprimer le mot « Royal » du titre de leur publication. Peut-être la perte des contrats gouvernementaux d'imprimerie au profit de ce concurrent eut-elle pour effet de renforcer la tendance critique de leur journal ; en mai 1786, ils furent de nouveau accusés de diffamation, cette fois devant la Cour suprême du Nouveau-Brunswick. Jugés coupables, ils furent mis à l'amende. Par suite de la dissolution de son association avec Lewis, plus tôt dans l'année, Ryan assumait seul la direction de l'entreprise. Il continua d'imprimer le journal, rebaptisé *St. John Gazette, and Weekly Advertiser,* jusqu'en 1799, puis succéda à Sower comme imprimeur du roi et fit l'acquisition de la *Royal Gazette.* Il vendit la *St. John Gazette* à son beau-frère Jacob S. Mott*.

En 1806, Ryan partit pour Terre-Neuve en laissant la direction de la *Royal Gazette* à son associé et ancien apprenti William Durant. Le 22 septembre, le gouverneur sir Erasmus Gower* lui donna la permission de lancer une imprimerie et un hebdomadaire à St John's. (Deux semaines auparavant, Gower avait autorisé Walter Charles Davids, acteur en tournée, à fonder une imprimerie, mais celui-ci ne l'avait pas fait.) Les magistrats et marchands de St John's avaient recommandé Ryan au gouverneur en le décrivant

comme « une personne de bonne et respectable réputation ». Dans un geste qui montrait l'arbitraire de son pouvoir dans la colonie, Gower exigea de Ryan qu'il dépose à la Cour des sessions trimestrielles une garantie de £200, « sous forme de titres sûrs, qu'avant l'impression de chaque numéro dudit journal il en soumette aux magistrats le contenu détaillé [...] et qu'il n'insère dans ledit journal rien qui, selon leur opinion ou l'opinion du gouverneur à ce moment, [pourrait] tendre à troubler la paix des sujets de Sa Majesté ». Un an plus tard, le gouverneur John Holloway* ajouta à ces restrictions que Ryan « ne [devait] pas tolérer l'insertion, dans son journal, de quelque paragraphe ou extrait d'autres journaux qui contenait quoi que ce soit d'incendiaire contre le gouvernement de la Grande-Bretagne ou ses dépendances, ni quelque paragraphe susceptible de semer la dissension parmi les habitants de l'île, et [qu'il ne devait] jamais exprimer ou tolérer que soit exprimée quelque opinion sur la politique des autres nations ». Tel fut le cadre contraignant dans lequel naquit la presse terre-neuvienne. Ryan et son fils Michael publièrent le premier numéro de la *Royal Gazette and Newfoundland Advertiser* autour du 27 août 1807. Les armoiries royales ornaient le cartouche du journal, dont la devise était : *Fear God : Honor the King.* Dans son prospectus, la « John Ryan & Son » promettait que jamais sa publication n'allait « offenser l'oreille délicate ni affliger le cœur sensible » et que « jamais ses colonnes ne ser[aient] occupées par les controverses partisanes ». En 1810, Ryan se présentait comme « Imprimeur de Sa Très Haute Majesté le Roi », même s'il ne portait pas officiellement le titre et ne touchait pas le salaire de cette fonction.

La *Royal Gazette,* faite d'une seule feuille pliée en deux, comportait quatre pages. Elle parut tous les jeudis jusqu'en 1816, puis le mardi afin d'avoir l'avantage sur un concurrent. Il y avait parfois des numéros « extraordinaires » publiés d'autres jours, ou des suppléments. Un messager livrait le journal dans St John's. La diffusion était modeste. Le contenu consistait en des avis et proclamations des bureaux gouvernementaux, annonces commerciales, « renseignements » tirés de journaux britanniques ou étrangers, comptes rendus de sessions parlementaires ou de congrès et nouvelles locales. Les annonces étaient quelquefois ornées d'illustrations rudimentaires. De temps à autre, en page quatre, on remarquait un « Poet's corner » et des textes légers, tels des anecdotes et de courts essais. Ce qui était peut-être inévitable étant donné les contraintes imposées par Holloway, le journal ne publia presque jamais de commentaires éditoriaux pendant ses premières années. Souvent un simple assemblage de réclames et d'avis, il reflétait l'esprit d'un milieu pour lequel le commerce comptait plus que la politique. Néanmoins, l'apparition d'un journal à St John's était tout un

Ryan

événement : désormais la colonie avait un organe de débat public – même si, bien entendu, il servait peu à cette fin – et la bourgeoisie naissante de la ville pouvait prendre conscience des événements qui survenaient dans les colonies voisines. La lecture de la *Royal Gazette* montrait immédiatement combien Terre-Neuve, sous le rapport des institutions représentatives, était en retard sur le Bas et le Haut-Canada, la Nouvelle-Écosse, le Nouveau-Brunswick et même l'Île-du-Prince-Édouard. Son apparition annonçait inévitablement celle d'un mouvement de revendication en faveur d'un Parlement et d'autres réformes.

En plus de publier la *Royal Gazette*, Ryan faisait des travaux d'imprimerie pour les marchands locaux et le gouvernement. Il imprimait les proclamations gouvernementales, par exemple, et tenait un stock de polices d'assurance, contrats d'apprentissage, connaissements, lettres de change, certificats d'officiers de navigation et de charpentiers ainsi que de diverses formules employées dans le commerce maritime. La plupart sortaient sans aucun doute de sa propre presse. Dès 1807, il imprimait deux brochures pour la Benevolent Irish Society à St John's, mais ce fut une de ses rares initiatives de ce genre. Ryan vendait aussi une grande variété de papeterie d'importation : papier à lettres, cartes-lettres et cartes de visite, registres comptables, calendriers, almanachs, recueils de prières ou de cantiques, manuels scolaires, plumes d'oie et porte-plume, encre, ardoises et bien d'autres articles encore. De plus, il annonçait quelquefois la vente de bardeaux, de porc, de chocolat, de chaises ou de bois d'œuvre. Manifestement, tout imprimeur qu'il ait été, il suivait de près l'ensemble des demandes du marché.

De 1807 à 1814, l'économie terre-neuvienne prit de l'expansion, ce qui eut apparemment d'heureux effets sur la situation de Ryan. Son « attention très assidue à son travail de rédacteur en chef, observait-il en 1813 avec sa sobriété coutumière, [fut] récompensée par un encouragement constant ». En octobre 1809, Holloway l'autorisa à construire une imprimerie et une papeterie. L'année suivante, son fils Michael, qui avait fondé sans succès des journaux à Saint-Jean et à Fredericton avant de venir à Terre-Neuve et qui n'avait alors plus aucun lien avec la *Royal Gazette,* demanda la permission de lancer à St John's un deuxième journal, qui devait s'appeler le « Commercial Register ». Cette requête, écartée par le gouverneur sir John Thomas Duckworth*, indiquait que Ryan encourageait probablement ses enfants à se lancer dans un domaine prometteur à Terre-Neuve. Après le rejet de sa demande, Michael Ryan partit pour la Barbade. En 1813, Alexander Haire et Robert Lee, avec le consentement du gouverneur sir Richard Goodwin Keats*, avaient installé dans la ville une deuxième presse sur laquelle ils imprimaient notamment des prospectus et des documents relatifs au

commerce maritime. En octobre, ils demandèrent officiellement la permission de lancer un journal le printemps suivant ; Keats refusa. En entendant parler de leur requête, Ryan avait demandé que la publication d'un deuxième journal soit ou bien interdite, ou bien confiée à son fils Lewis Kelly Ryan.

Au début de 1814, à Londres, les légistes de la couronne rendirent sur la liberté de la presse à Terre-Neuve une décision capitale : le gouverneur, déclarèrent-ils, ne pouvait empêcher quiconque d'avoir une presse à imprimer ou de publier un journal. Le 2 septembre 1815 ou à peu près, Haire et Lee lancèrent le *Newfoundland Mercantile Journal,* bihebdomadaire qui marquait en fait l'avènement de la presse libre dans la colonie. Un collaborateur, le réformiste William CARSON, ne tarda pas à souligner que la *Royal Gazette* n'était pas libre : elle ne pouvait se permettre d'aborder des sujets comme « les méfaits des magistrats ou les tromperies des bureaucrates ». Lewis Kelly Ryan répliqua que son père, à la direction de la *Royal Gazette,* ne s'était « jamais senti lié par aucune restriction, sinon ce que *sa propre* prudence pouvait dicter et ce que sa *situation* d'imprimeur de Sa Majesté lui imposait ». Pourtant, John Ryan lui-même s'était plaint une fois, en 1813, que les « restrictions et règles » imposées à son journal étaient telles qu'elles le privaient des « multiples bénéfices d'une presse libre ». Il reste que la *Royal Gazette* continua, après la levée des restrictions sur la presse en 1814, à être essentiellement le porte-parole du gouvernement, ce qui montre que Ryan comprenait fort bien, aussi, quels avantages comportaient des liens étroits avec l'establishment. La naissance de publications rivales comme le *Mercantile Journal* lui fit néanmoins perdre une partie des contrats gouvernementaux.

En février 1814, Ryan annonça qu'il quittait Terre-Neuve pour le Nouveau-Brunswick. Du 10 mars de cette année-là au 13 janvier 1818, son fils Lewis Kelly imprima et publia la *Royal Gazette* à sa place. Apparemment, Ryan se rendait dans la colonie voisine pour y liquider ses affaires. En 1814 et 1815, à Saint-Jean, il réclama des sommes qui lui étaient dues et annonça la rupture de son association avec William Durant. Peut-être avait-il des arrangements à conclure avec d'autres sociétés. On ignore au juste quand il rentra à Terre-Neuve : peut-être en apprenant que, le 12 février 1816, un terrible incendie avait frappé St John's et « entièrement détruit » son imprimerie, ou alors après l'incendie du 7 novembre 1817, qui ravagea encore une fois la « plus grande partie » de son établissement. (Entre 1816 et 1846, les bureaux de la *Royal Gazette* furent partiellement ou entièrement détruits par le feu à cinq reprises.) Peu après que John Ryan eut repris en main la direction de la *Royal Gazette*, son fils Lewis Kelly lança le *Newfoundland Sentinel, and General Commercial Register,* premier journal réformiste de la colonie. Il ne subsiste qu'un numéro de ce périodique, paru pour la première fois autour du 4 juillet 1818. Le réformiste Robert John Parsons* le qualifia plus tard de « journal audacieux, téméraire et redoutable pour un gouvernement incompétent ». Imprimé à l'atelier de la *Royal Gazette*, il tomba en 1822.

Les numéros de la *Royal Gazette* qui parurent de 1818 à 1828 ont presque tous disparu. À la fin de cette période, la situation du journalisme avait considérablement changé dans la colonie. Le *Mercantile Journal* et le *Sentinel* n'existaient plus ; le *Public Ledger*, lancé en 1820, et le *Newfoundlander*, le 4 juillet 1827, les avaient remplacés. La baie Conception avait aussi son journal, le *Harbor Grace and Carbonear Weekly Journal, and General Advertiser for Conception Bay*, lancé à Harbour Grace le 6 août 1828. (Un deuxième journal fit son apparition à la baie Conception en 1829.) À mesure que le journalisme terre-neuvien prenait de la vigueur et entrait dans une ère de concurrence, la publication de Ryan apparaissait de plus en plus comme l'ennuyeux journal officiel qui évitait les débats de partis et de factions et choisissait « de rapporter [plutôt] que de commenter ». Toutefois, certains indices permettent de supposer que, même à compter du milieu des années 1820, Ryan voyait d'un mauvais œil les progrès du réformisme. Parmi ces indices, le plus évident fut un éditorial très singulier dans lequel, le 28 septembre 1830, Ryan (si c'était vraiment lui – à ce moment, John Collier Withers assumait une large part de la direction du journal) prenait position contre la création d'un Parlement à Terre-Neuve. La colonie, disait le texte, « n'a[vait] pas encore acquis assez de maturité pour se donner des lois ». En réponse à ceux qui vantaient les bienfaits que les colonies voisines avaient retirés d'un gouvernement représentatif, l'éditorialiste, qui semblait savoir de quoi il parlait, notait : « pas un mot n'a été dit sur les chamailleries, les rancunes, l'hostilité haineuse qui ont marqué les luttes fréquentes des diverses branches du pouvoir législatif, ni sur les partis auxquels elles ont donné naissance ». Il était en mesure de montrer combien le Parlement de l'Île-du-Prince-Édouard avait accompli peu de chose, en dépit des avantages manifestes qu'avait cette colonie. En outre, signalait-il, aucun pouvoir colonial n'aurait de prise dans des domaines aussi critiques que les droits de pêche des Français et des Américains sur la côte terre-neuvienne. Aucun éditorial de l'époque n'a présenté, peut-être, une plus solide argumentation contre le gouvernement représentatif. Mais il y avait évidemment belle lurette que de tels arguments ne pesaient plus et que l'opinion libérale avait cessé de prendre au sérieux les « balivernes » de la *Royal Gazette*.

La tragédie marqua la vie familiale de Ryan. Dans les années 1820, deux de ses fils, Michael et Lewis Kelly, périrent tour à tour en mer en se rendant aux Antilles. Apparemment, Lewis Kelly était parti en toute hâte de St John's en 1821 pour éviter de répondre, en cour criminelle, d'une accusation de diffamation. Un troisième fils, qui avait accompli un « travail indispensable » à l'imprimerie, mourut à l'âge de 17 ans des suites de blessures subies en descendant une côte en toboggan ; un quatrième décéda en rendant visite à son frère Michael à la Barbade. En mai 1832, Ryan perdit sa femme Amelia. Avant la fin de l'année, il s'associa à son employé John Collier Withers afin de poursuivre la publication de la *Royal Gazette* ; de toute évidence, il cessa à la même époque de s'occuper activement de l'imprimerie. En 1847, Withers notait qu'il avait, avec Ryan, « détenu le titre d'imprimeur de la reine pendant les 15 dernières années, période durant laquelle (les infirmités de la vieillesse ayant empêché M. Ryan d'être de quelque secours) [il] a[vait] assumé seul les devoirs de cette charge ». Ryan mourut en 1847 « après une longue et douloureuse maladie ».

John Ryan fut l'un des premiers imprimeurs et propriétaires de journal du Canada. On lui a reconnu le mérite d'avoir instauré une « tradition d'indépendance » dans le journalisme du Nouveau-Brunswick ; et sa *Royal Gazette* fut, pour les habitants de la colonie lointaine et retardataire qu'était Terre-Neuve, une fenêtre sur le monde. À sa mort, on le décrivit, non sans raison, comme « le père de la presse de l'Amérique du Nord britannique ».

PATRICK O'FLAHERTY

La source de renseignements la plus importante concernant John Ryan est sans contredit ses journaux, principalement la *Royal Gazette and Newfoundland Advertiser*. Cependant, la collection de ce journal, qui débute en 1807, est incomplète : les années disponibles, jusqu'à la mort de Ryan, sont 1810–1818 (avec un grand trou en 1816) et 1828–1847. Le *Newfoundland Mercantile Journal*, 1816–1827, et d'autres journaux, comme le *Public Ledger* et le *Newfoundland Patriot*, donnent des informations additionnelles. Personne n'a étudié la carrière de Ryan au Nouveau-Brunswick ni ses activités comme imprimeur avant sa venue dans cette colonie. Cependant, on peut consulter quelques études importantes : D. G. Bell, *Early loyalist Saint John : the origin of New Brunswick politics, 1783–1786* (Fredericton, 1983) ; J. R. Harper, *Historical directory of New Brunswick newspapers and periodicals* (Fredericton, 1961) ; et T. M. Barnes, *Loyalist newspapers of the American revolution, 1763–1783 : a bibliography* (Worcester, Mass., 1974). [P. O'F.]

APNB, MC 1316, J. R. Harper, « Christopher Sower, 1754–1799 » ; RG 5, RS42. — Cathedral of St John the Baptist (Anglican) (St John's), Reg. of baptisms, marriages, and burials (mfm aux PANL). — PANL, GN 2/1/A, 1806–1847 ; GN 2/2, 1826–1847. — PRO, CO 194/45–127. — Saint John Regional Library (Saint-Jean, N.-B.), « Ward scrapbook of early printers and newspapers of New

Ryland

Brunswick », vol. 3 (mfm aux APNB). — J. R. Harper, « Christopher Sower, king's printer and loyalist », N.B. Hist. Soc., *Coll.*, n° 14 (1955) : 67–109.

RYLAND, HERMAN WITSIUS, fonctionnaire et homme politique, né vers 1759, probablement à Warwick, Warwickshire, ou à Northampton, Angleterre, deuxième fils de John Collett Ryland et d'Elizabeth Frith ; décédé le 20 juillet 1838 à Beauport, Bas-Canada.

Herman Witsius Ryland eut sans doute comme premier précepteur son propre père, ministre baptiste et instituteur qui allait devenir un éducateur renommé. Ensuite, après avoir reçu une formation préparatoire à son entrée dans l'armée, il obtint le poste de sous-trésorier-payeur général adjoint des troupes britanniques en Amérique du Nord. Arrivé à New York à l'automne de 1781, en pleine guerre d'Indépendance, il fut affecté auprès des troupes britanniques détenues à Lancaster, en Pennsylvanie. Il exerça ses fonctions avec compétence et à la fin des hostilités rentra en Angleterre avec le commandant en chef, sir Guy Carleton*.

On démobilisa ensuite Ryland, semble-t-il, et il passa près d'une décennie à chercher un emploi. Finalement, Carleton, devenu lord Dorchester et gouverneur du Bas-Canada, le choisit à titre de secrétaire civil en 1793 ; tous deux débarquèrent à Québec le 24 septembre. Ryland devait notamment délivrer lettres patentes et commissions de même que s'occuper de la correspondance de son supérieur. En outre, comme la Grande-Bretagne était en guerre contre la France, il conservait un double de tous les documents relatifs aux intrigues tramées par des Français au Bas-Canada. Son poste, disait-il, en était un « de confiance, comme il y en a[vait] peu dans la colonie ». Grâce à son salaire annuel de £200, il put faire venir à Québec celle qui était sa fiancée depuis dix ans, une Anglaise, Charlotte Warwick, qu'il épousa vers le 26 décembre 1794. Le couple allait avoir neuf enfants, dont cinq, cependant, mourraient avant leur père.

Quand Dorchester retourna en Angleterre en 1796, on pressa Ryland de rester à titre de secrétaire du nouveau gouverneur, Robert Prescott*. Pour le convaincre, on le nomma greffier du Conseil exécutif à la place de Jenkin Williams*, ce qui lui assurait un salaire de £100 auquel s'ajoutaient des honoraires. En cette qualité, il enregistrait les arrêtés en conseil, rédigeait les ordonnances de paiement, classait les requêtes et préparait les comptes publics. Ses qualités ne tardèrent pas à impressionner le gouverneur, mais les deux hommes eurent des démêlés à propos d'une affaire personnelle, si bien que Ryland démissionna du poste de secrétaire en mai 1798, prit un congé comme greffier du Conseil exécutif puis, en juin, partit pour l'Angleterre avec sa famille dans l'espoir

de trouver « un arrangement plus avantageux ». Son navire tomba aux mains de corsaires révolutionnaires français, dont certains furent faits prisonniers à leur tour lorsqu'un vaisseau britannique reprit possession du premier. Parvenu à destination, Ryland obtint qu'ils soient traités avec humanité puis échangés contre les prisonniers britanniques John Black* et Henry Cull*.

Le marchand québécois John Young* envoya des renseignements à Ryland, qui fit pression à Londres pour le rappel de Prescott ; celui-ci était alors engagé dans une embarrassante querelle publique avec des membres du Conseil exécutif au sujet de l'administration des terres de la couronne. Ryland croyait en l'efficacité de ses interventions et, de fait, le lieutenant-gouverneur Robert Shore MILNES remplaça Prescott au Bas-Canada en 1799. Le secrétaire d'État aux Colonies, lord Portland, pressa alors Ryland de retourner à Québec comme secrétaire civil de Milnes, en lui promettant, pour le convaincre, que son revenu annuel atteindrait progressivement £1 000. De fait, son salaire de greffier du Conseil exécutif passa alors à £400.

Dès son retour à Québec, au début de juillet 1799, Ryland noua avec Milnes des relations très cordiales, tant sur le plan professionnel que personnel. Il entretint de nouveau de bons rapports avec l'évêque anglican Jacob Mountain*, car les deux hommes partageaient certaines préoccupations religieuses. Pour Ryland, comme pour la plupart des hommes publics de l'époque, la religion avait d'importantes ramifications politiques. « Du point de vue politique, croyait-il, il importe peu que la masse du peuple soit protestante ou papiste, pourvu que la couronne bénéficie du plein pouvoir de nomination au sein de l'Église ; par contre, dans une province conquise, rien n'est plus générateur de discorde qu'une chambre d'Assemblée composée d'hommes de religion, de langue et de coutumes différentes de celles de la métropole [...] à moins que l'influence et l'autorité de la couronne ne soient suffisantes pour y faire contrepoids. » Le catholicisme ne laissait toutefois pas Ryland indifférent : il le qualifiait de « religion qui diminue et avilit l'esprit humain » et se faisait fort de « saper peu à peu l'autorité et l'ascendant du prêtre catholique ». C'est pourquoi il pressait Mountain d'insister pour que le gouvernement donne à l'Église d'Angleterre une position prestigieuse ; l'évêque aurait ainsi du poids « aux yeux des Canadiens français, qui [étaient] accoutumés [...] au spectacle et au faste ». (En privé toutefois, ce baptiste de naissance et de formation envisageait pour la « hiérarchie de l'Église protestante [...] autant de *splendeur* et aussi peu de *pouvoir* que possible ».) Entre-temps, estimait-il, c'était le gouvernement qui devait autoriser les prêtres à exercer leur ministère ; ainsi « la suprématie du roi serait établie, l'autorité du pape serait abolie, le pays deviendrait protestant ».

Afin de limiter l'influence du clergé catholique, Ryland préconisait la haute main de l'État sur l'éducation et soutenait l'établissement de l'Institution royale pour l'avancement des sciences [V. Joseph Langley Mills*]. Il favorisait la création, à Québec même ou dans les environs, d'un collège placé « sous l'œil du gouvernement », où l'on enseignerait les humanités mais non la théologie. Le système d'éducation serait financé par les revenus consolidés des biens des jésuites – déjà entre les mains du gouvernement – et ceux des sulpiciens, dont l'appropriation, même si elle se faisait à des conditions « généreuses » pour le clergé, serait « grosse […] de conséquences ». Bien des idées de Ryland, que partageaient Mountain et le procureur général Jonathan SEWELL, trouvèrent leur expression en juillet 1805 dans une dépêche de Milnes au secrétaire d'État aux Colonies, lord Camden, sur la situation politique du Bas-Canada.

Avec l'aide de Milnes et de lord Spencer, Ryland obtint graduellement le salaire que Portland lui avait promis. En 1802, Milnes le nomma greffier de la couronne en chancellerie, charge occupée auparavant par Hugh Finlay* et qui rapportait £100 par an ; en 1804, il se vit octroyer une pension annuelle de £300. Milnes partit l'année suivante en emportant une requête dans laquelle Mgr Pierre Denaut* demandait au roi de reconnaître officiellement son titre d'évêque catholique de Québec. Cette requête représentait une victoire tactique pour le parti des bureaucrates de la colonie, dont Ryland était alors une figure éminente, car on présumait que le roi exigerait des concessions en échange, dont le droit de nommer les curés catholiques. En janvier 1806, Denaut mourut. Le gouvernement aurait donc à accepter un successeur et un nouveau coadjuteur ; c'était là, selon Ryland, l'occasion idéale de forcer la main à la hiérarchie catholique. Cependant, malgré de vigoureuses protestations de sa part, l'administrateur de la colonie, Thomas Dunn*, permit à Joseph-Octave Plessis* et à Bernard-Claude Panet* de prêter sans condition leur serment d'office, respectivement à titre d'évêque et de coadjuteur. Ryland en était venu à considérer Plessis comme un homme dangereux en raison de sa stature, de ses qualités diplomatiques et de son indépendance d'esprit. Quant à Panet, il était le frère de l'un des chefs du parti canadien, Jean-Antoine Panet*, président de la chambre d'Assemblée. La nomination du coadjuteur, craignait Ryland, donnerait à Plessis encore plus d'ascendant sur l'Assemblée et assurerait au parti canadien, par l'entremise du président, « tout pouvoir de décision quant aux nominations au sein de l'Église romaine […] et la prodigieuse influence qui l'accompagn[ait] ».

L'Assemblée n'était devenue que récemment un sujet de préoccupation pour Ryland qui, jusqu'à la panique causée par l'idée de la révolution au milieu des années 1790 [V. Robert Prescott], avait eu des opinions assez libérales. Il entrevoyait, avec raison, que ce corps politique tentait de s'arroger unilatéralement les privilèges de la chambre des Communes de Grande-Bretagne. De tous ceux-ci, le plus inquiétant selon lui était « le suprême et dangereux pouvoir de mettre aux arrêts, d'imposer une amende et d'emprisonner », qu'on utilisa en 1805 contre les rédacteurs en chef Thomas Cary* et Edward Edwards* ainsi qu'à l'endroit de l'homme d'affaires montréalais Isaac Todd*, parce qu'ils avaient publiquement critiqué l'Assemblée. « Me voyant, je le crains, coupé pour toujours de mon pays natal, écrivait-il à lord Spencer en août 1806, et mes enfants, selon toutes probabilités, étant destinés à grandir loin de la bienheureuse terre de leurs ancêtres, je ne puis que souhaiter ardemment que l'on adoptera tous les moyens sages et désirables pour lier pendant aussi longtemps que possible cette colonie lointaine à la métropole, pour unir leurs intérêts en assimilant leur religion, leurs coutumes et leur gouvernement, et pour rendre la colonie-fille aussi semblable que possible à la mère patrie. » Si ses vues étaient diamétralement opposées à celles des nationalistes canadiens, il était donc mû par les mêmes considérations : le Bas-Canada était maintenant son pays, et il souhaitait que lui-même et ses descendants en aient la possession tranquille.

Ryland approuva donc la fusion en 1807 des commandements civil et militaire de la colonie, lesquels étaient confiés au lieutenant général sir James Henry Craig*. Aidé de Mountain et de Dunn, il obtint rapidement de conserver son poste de secrétaire civil sous Craig, dont les opinions politiques rejoignaient les siennes, et les deux hommes nouèrent tout de suite une amitié exceptionnelle. Ryland lui fit valoir la nécessité de renforcer, par la nomination de Britanniques méritants (et non de coloniaux canadiens ou américains de souche), tant le Conseil législatif, qu'il considérait comme la première ligne de défense contre les empiétements de l'Assemblée sur la prérogative royale, que l'appareil judiciaire de la colonie. Assuré de l'entière confiance de Craig, Ryland coordonna les services de renseignements à l'approche de la guerre contre les États-Unis ; il recevait des rapports des agents secrets John Henry* (surtout par l'entremise de l'homme d'affaires montréalais John Richardson*) et Daniel Sullivan, sous-secrétaire américain.

À partir de mars 1810, comme ses relations avec l'Assemblée traversaient une crise grave, Craig compta sur Ryland pour justifier en Angleterre les mesures répressives qu'il avait prises et y faire accepter une large gamme de propositions destinées à augmenter l'influence de l'exécutif et la présence britannique dans la colonie. Arrivé là-bas à la fin de juillet, Ryland transmit 16 dépêches à lord Liverpool, secrétaire d'État aux Colonies. Après avoir appris que le cabinet était faible et craignait de se mettre à dos la majorité canadienne, il s'employa à jauger « les

Ryland

sentiments particuliers et la force relative du parti au pouvoir et du parti d'opposition » ainsi qu'à organiser des pressions de la part d'influents marchands britanniques qui faisaient du commerce au Canada. En dépit de l'énergie et de l'ingéniosité qu'il déploya, sa mission finit par s'embourber, car le gouvernement britannique était trop absorbé par ses propres préoccupations. Liverpool refusa de s'aventurer devant la chambre des Communes avec quelqu'une des propositions de Craig qui nécessitait une mesure législative, l'union du Bas et du Haut-Canada par exemple.

En 1811, Ryland se mit à faire pression en faveur de deux mesures qui exigeaient seulement une directive ministérielle au gouverneur, soit l'appropriation des biens des sulpiciens et la nomination aux cures catholiques. Grâce à « un mélange bien dosé d'impudence et de persévérance », il obtint au début d'avril que les deux questions soient soumises aux légistes de la couronne. Trois mois plus tard, parvenait la réponse : la couronne avait le droit d'agir dans les deux cas. Les légistes exprimaient cependant de solides réserves : la couronne avait si longtemps laissé une « sorte de droit de possession » à l'Église qu'elle ne devait tenter de recouvrer ses droits que par « le compromis ou l'entente à l'amiable ».

Ryland transmit cet avis à sir George Prevost* qui avait succédé à Craig à la tête du gouvernement du Bas-Canada en septembre 1811, et qui avait accepté, sur l'insistance de Liverpool, de garder Ryland comme secrétaire civil. Même s'il séjournait en Angleterre depuis de longs mois, celui-ci avait dès lors résolu, à cause de son âge et de sa nombreuse famille, de rentrer dans la colonie : il y détenait tant de charges qu'il n'aurait pas pu trouver meilleure situation. Craig lui avait d'ailleurs confié d'autres responsabilités : en janvier 1811, celle de trésorier de la commission des biens des jésuites, à raison de £150 par an, puis en juin celle de secrétaire ; Ryland faisait cependant partie de cette commission (à titre gracieux) depuis 1807. En outre, Craig avait fortement incité Liverpool à nommer Ryland au Conseil législatif. Cette nomination, faite en décembre 1811, à l'insu de Prevost, Ryland la recherchait depuis plusieurs années, en partie parce qu'il voulait renforcer la résistance du conseil aux empiétements de l'Assemblée, mais aussi parce qu'il y voyait une protection contre la perte du poste de secrétaire civil.

Étant donné « l'accueil très froid » que Prevost réservait à ses communications, Ryland soupçonna, bien avant son retour à Québec en juin 1812, qu'une menace pesait sur sa charge de secrétaire. Déjà déprimé par l'échec d'une mission qui lui avait coûté £1 900, il découvrait que le secrétaire intérimaire, Edward Brabazon BRENTON, et l'assistant de celui-ci, Andrew William COCHRAN, avaient effectivement pris sa place. On avait vidé de ses biens et donné à Brenton la maison à laquelle il avait eu droit à titre de

secrétaire ; son banc de la cathédrale Holy Trinity était passé à des officiers de la garnison. Au cabinet du gouverneur, nota Cochran, Ryland « compt[ait] » désormais « pour rien » ; pour cet homme qui avait été « si longtemps premier ministre, c'[était] un coup extrêmement dur ». Prevost l'humiliait devant tous, supposait Ryland, « pour montrer aussi vigoureusement que possible [...] sa détermination à s'écarter totalement des pratiques de son prédécesseur ». Comme il n'était pas du genre à se laisser insulter sans réagir, Ryland refusa son éviction du secrétariat jusqu'à ce que, en avril 1813, Prevost accepte d'accroître son salaire et ses allocations de greffier du Conseil exécutif. Ainsi, son revenu demeurait le même, et les apparences étaient sauves.

Prevost « s'écarta » de la voie suivie par Craig en gagnant l'appui des chefs du parti canadien – Louis-Joseph Papineau* surtout – ainsi que de Plessis et du clergé catholique. Par ailleurs, il négligeait le parti des bureaucrates et n'interrogea même pas Ryland sur sa mission. D'après celui-ci, l'attitude de Prevost ne faisait qu'encourager l'Assemblée à poursuivre ses efforts pour s'arroger tous les pouvoirs de la chambre des Communes. Dans l'espoir de donner une assise théorique à son opposition à ces tentatives, il affirmait que les privilèges des Communes ne pouvaient pas tous s'appliquer dans la colonie parce qu'ils découlaient d'un usage immémorial et avaient été façonnés dans un contexte britannique particulier, en d'autres termes parce qu'ils s'appuyaient sur la *common law*. Peut-être « une *common law* sur les privilèges des assemblées provinciales » pouvait-elle être déduite « de la pratique en vigueur dans [les] anciennes provinces nord-américaines [de la Grande-Bretagne] », mais les privilèges supplémentaires dont avaient besoin les assemblées provinciales allaient nécessairement devoir « être établis au moyen [...] d'un texte de loi ». Curieusement, en insistant ainsi sur des lois écrites, Ryland se situait dans la tradition française alors que le parti canadien, en tentant de s'appuyer sur des précédents, avait une perspective essentiellement britannique. L'idée d'une *common law* coloniale ne s'enracina jamais parmi les penseurs du parti des bureaucrates, probablement parce que les colonies américaines, à cause de leur révolte, constituaient une référence douteuse ; en revanche, l'idée que la constitution britannique, sous sa forme la plus pure, était un produit inexportable, inséparable de son contexte historique, gagnait en popularité, comme allait le démontrer plus tard Robert-Anne d'Estimauville*. Ryland reprochait aussi à Prevost de courtiser Plessis, qui était « un tyran pour son clergé (bien qu'[il] n'[ait été] que fils de forgeron) et qui, sous le rapport de la duplicité, de la bigoterie et de l'ambition, n'a[vait...] jamais été surpassé ». À l'instar des autres membres du parti des bureaucrates, il n'approuvait pas non plus la stratégie strictement défensive que Prevost appliqua pendant la guerre de 1812. « Assurément, songeait-il en mai 1813, on ne manquera pas de découvrir, tôt ou tard, que le plus sage moyen d'obtenir la paix est de rendre la guerre aussi pénible que possible à l'ennemi. » Il semble donc presque certain que Ryland fut du petit groupe de conseillers législatifs et exécutifs, parmi lesquels figuraient Mountain, Young et Pierre-Amable De Bonne*, qui conspirèrent en 1814 pour le rappel du gouverneur.

Comme Ryland ne pouvait plus influencer la politique de l'exécutif à titre de secrétaire civil, il fit du Conseil législatif son principal forum. De 1814 à 1831, il allait assister à près de 80 % des réunions, ce qui était tout à fait exceptionnel. Très tôt, on le reconnut comme un spécialiste de la procédure et des privilèges en même temps que le gardien des intérêts du conseil vis-à-vis de l'Assemblée. Ce rôle faisait de lui une cible de choix à une époque où, sous l'influence de James Stuart*, l'Assemblée s'acharnait à mettre en accusation les principaux fonctionnaires opposés à ses objectifs, à commencer par les juges en chef James Monk* et Sewell. Au début de 1815, elle réussit à embarrasser Ryland en le mettant en conflit dans l'exercice de deux de ses fonctions. Convoqué, à titre de greffier de la couronne en chancellerie, pour expliquer à un comité de l'Assemblée une irrégularité dans une ordonnance d'élection, Ryland ne pouvait, en qualité de conseiller législatif, témoigner sans l'autorisation du conseil, qui était alors en période d'ajournement. Comme il avait toujours plus d'un tour dans son sac, il demanda à Prevost de remplacer sa commission de greffier par une commission conjointe et de nommer avec lui un certain Thomas Douglas, qu'il envoya comparaître à sa place. Au bout du compte, l'Assemblée dut s'avouer vaincue, mais Ryland ne s'en tira pas indemne. Parut dans la presse une motion présentée à l'Assemblée en vue d'examiner « les Fautes et Négligences grossières et Malversations » dont le rapport du comité prétendait qu'il s'était rendu coupable dans l'exercice de ses fonctions. Il se plaignit à un confident, le secrétaire de la province Thomas Amyot, de n'avoir « aucun espoir d'être réhabilité [...] dans l'opinion publique », puisque les députés pouvaient « publier autant de diffamations qu'il leur plairait sans crainte du pilori ». Prevost pressa le ministère des Colonies de remplacer Ryland au poste de greffier de la couronne en chancellerie, mais c'est plutôt lui qu'on rappela, au grand plaisir de Ryland, avant même que quelque mesure n'ait été prise.

Le successeur de Prevost, sir Gordon Drummond*, s'intéressait davantage aux opinions de Ryland et ne confiait même qu'à lui ses messages au Conseil législatif. Cependant, son mandat fut trop bref pour être marquant, et celui de son successeur, sir John Coape Sherbrooke*, marqua un retour aux politiques

de Prevost et à « la tyrannie de la plus oppressive [...] démocratie qui ait jamais existé ». « L'heure est aux arrestations et aux emprisonnements, à la terreur et à la dilapidation, aux blâmes et aux mises en accusation », écrivit Ryland à Amyot en février 1817. « La presse est tout à fait subjuguée par l'Assemblée [...] Les gens accusés par ce corps n'ont aucun tribunal auquel en appeler dans la province. »

C'est en partie pour contourner ce problème mais aussi pour améliorer le règlement des mises en accusation qu'en 1817 le prince régent conféra au Conseil législatif le pouvoir de trancher le cas du juge Louis-Charles Foucher, mis en accusation sur la foi de charges déposées par Austin CUVILLIER. Comme il flairait une menace pour la prérogative royale et craignait que les fonctionnaires ne soient laissés à la merci du Parlement, Ryland eut l'astuce de faire valoir à Sherbrooke que le conseil, tel un jury d'accusation, pouvait se prononcer seulement sur les charges, et non juger l'accusé lui-même, et que seule la couronne était habilitée à prononcer et à exécuter la sentence. Ryland craignait en outre (et c'était un autre motif de sa prise de position) que le Conseil législatif ne soit sorti affaibli des nominations supplémentaires que Prevost et Sherbrooke y avaient faites. « On peut affirmer, écrivit-il à Amyot, que si une *populace* siège à la Chambre basse, il en faut aussi une à la Chambre haute pour la combattre. » Cependant, c'était moins le nombre que le type de conseillers qui le préoccupait ; il se plaignit en février 1818 que le conseil avait été « remodelé » l'année précédente par la nomination de Plessis. Ainsi en 1819 il ne parvint pas à convaincre le conseil de radier, d'un projet de loi autorisant la construction du canal de Lachine, un article qui protégeait les biens des sulpiciens à titre de propriété privée. Toutefois, avec la complicité du successeur de Sherbrooke, le duc de Richmond [Lennox*], il réussit à relancer la bataille pour l'appropriation de ces biens par le gouvernement [V. Jean-Henry-Auguste Roux*].

La mort prématurée de Richmond en août 1819 jeta une ombre sur les visées politiques de Ryland et sur son ambition de caser ses fils, qui avançaient en âge, dans l'administration provinciale. Le successeur de Richmond, lord Dalhousie [RAMSAY], songea d'abord à prendre « en main l'ensemble des affaires [du gouvernement] avec l'aide du vieux M. Ryland [...] qui [lui] di[sait] qu'il faisait tout lui-même et ne laissait que les formalités au conseil ». En mars 1821, il alla même jusqu'à assurer Ryland qu'il était le seul, avec Sewell, de qui il sollicitait « des avis et des conseils confidentiels ». Cependant, Dalhousie n'aimait pas que l'on « s'approprie des places », ce pour quoi Ryland était renommé. Il fit donc congédier le fils aîné de Ryland, William Deane, du poste d'adjoint d'Amyot à Québec et recommanda que Ryland lui-même soit évincé de la charge de greffier de la couronne en chancellerie. De plus, il envisagea de remplacer par un seul commissaire toute la commission des biens des jésuites, sur laquelle Ryland exerçait, en qualité de commissaire, de secrétaire et de trésorier, une influence politique et administrative.

Lorsque Dalhousie partit en congé en Angleterre, en 1824, Ryland était donc tout disposé à promouvoir le gouvernement de son suppléant, le lieutenant-gouverneur sir Francis Nathaniel Burton*, dans l'espoir qu'il serait nommé en permanence. Comme le principal problème politique de la colonie était la lutte pour la mainmise sur les finances gouvernementales, Ryland signala à Burton qu'il gagnerait beaucoup de crédibilité s'il le résolvait, tout en ne perdant rien s'il n'y parvenait pas. Il lui indiqua même quelle stratégie employer pour obtenir de l'Assemblée un projet de loi de subsides qui soit acceptable puis, une fois que ce fut chose faite, il veilla à son adoption au conseil en s'alliant temporairement avec Plessis contre Richardson, qui y dirigeait l'aile du parti des bureaucrates. Par la suite, quand Dalhousie prétendit que le projet de loi de subsides mettait fin à l'indépendance de l'exécutif colonial, il participa étroitement à la défense de Burton. En fait, il était probablement le plus proche conseiller de celui-ci, qui le mettait au courant du contenu des dépêches, le consultait sur des questions délicates et lui confiait la rédaction des déclarations publiques et des réponses aux lettres importantes. En acceptant ce rôle, Ryland adopta un langage qui lui avait répugné jusque-là. Pour rassurer Burton après l'attaque de Dalhousie, il lui affirma qu'il avait eu raison de « s'engager sur la voie de la conciliation afin d'amener [l'Assemblée], *par degrés*, à procéder d'une manière libérale et constitutionnelle en matière de subsides ».

En 1825, Dalhousie revint, plein de rancune, et Burton, blâmé par les autorités, partit : les beaux jours de Ryland prenaient fin. Dalhousie annonça en avril 1826 l'abolition de la commission des biens des jésuites, puis décida en juin que Ryland ne toucherait plus son salaire de greffier de la couronne en chancellerie. Assiégé de la sorte, Ryland se plaignit amèrement à un bon ami, sir James Kempt*, lieutenant-gouverneur de la Nouvelle-Écosse, qu'il tenait au courant des événements politiques du Bas-Canada. Quand Kempt remplaça Dalhousie en 1828, Ryland le pressa de faire adopter un projet de loi de subsides semblable à celui de Burton afin de dénouer la crise entre l'Assemblée et l'exécutif, qui empêchait toute rémunération aux fonctionnaires. Kempt le fit l'année suivante, et Ryland s'associa avec Sewell pour faire adopter de justesse le projet au Conseil législatif.

Les successeurs de Kempt, lord Aylmer [WHITWORTH-AYLMER] et lord Gosford [ACHESON], consultèrent Ryland sur des questions administratives plutôt que politiques et tirèrent ainsi parti de sa vaste expérience de la procédure. Cependant, ils acceptèrent poliment ses avis politiques ainsi que des copies de sa correspondance londonienne de 1810–1812, et eurent droit, comme tous les gouverneurs depuis Craig, à des notes sur des questions politiques. Sous Aylmer, l'attitude conciliatrice de Ryland en matière financière cessa abruptement quand l'Assemblée refusa de réagir favorablement à la loi sur le revenu de 1831, qui lui donnait sans condition la mainmise sur tous les revenus de la colonie dans l'espoir qu'elle concéderait une liste civile de quelque £6 000. L'exécutif n'eut donc même plus de quoi payer les quelques salaires et pensions qu'il avait maintenus pendant ces récentes années où aucun projet de loi de subsides n'avait été adopté. Au lieu de rechercher un accommodement avec l'Assemblée, Ryland préconisa d'abroger ou de modifier la loi, ainsi que la commission Gosford allait recommander de le faire en 1836. Par ailleurs, comme bien des membres du parti des bureaucrates, Ryland favorisait l'union du Bas et du Haut-Canada, qu'il prônait depuis 1810 au moins. Fidèle à son opposition aux actions de l'Assemblée en pareils cas, il s'objecta, en vain cependant, à ce que le Conseil législatif emprisonne les rédacteurs en chef Daniel Tracey* et Ludger Duvernay*, qui avaient publié des articles « diffamatoires » sur cette institution dont il demeurait pourtant au farouche défenseur. De plus, il se fit de plus en plus, à la Chambre haute, le porte-parole de Québec en présentant et défendant des requêtes pour l'amélioration des routes, des ponts et des marchés de la ville.

Tout en tenant compte des restrictions financières imposées à l'exécutif colonial, Kempt, Aylmer et Gosford appuyèrent les demandes d'indemnisation que Ryland présenta pour les postes, salaires et pensions qu'il avait perdus soit sous Dalhousie, soit parce que l'Assemblée avait refusé de voter les subsides. Il reçut, en novembre 1830, une concession foncière de 2 205 acres dans les cantons de Chester et de Tingwick, mais il ne parvint pas à obtenir des avances sur ses arriérés de rémunération ni des places pour ses fils. Comme, dans toutes ses fonctions, il avait administré les fonds publics avec une honnêteté scrupuleuse, ses dernières années furent assombries par des restrictions financières de plus en plus pénibles. La seule autre propriété qu'on lui connaisse est un « petit domaine » à Beauport, acquis en 1805 et substantiellement agrandi en 1813. Joseph BOUCHETTE notait que les « deux jolies maisons d'habitation en pierre, les jardins et les maisons d'été, ceinturés d'un mur » attiraient beaucoup l'attention car ils offraient une « très belle vue [...] sur le bassin de Québec ». Véritable symbole de la domination britannique à cause de son mur et de son emplacement surélevé, ce domaine, qui était à la fois une retraite estivale et une ferme expérimentale, devint progressivement la résidence permanente de Ryland à compter de 1817. Comme il parlait couramment français, entretenait d'excellentes relations avec les habitants et occupait une place éminente dans le gouvernement, des Beauportois lui demandaient à l'occasion de défendre leurs intérêts contre la bureaucratie, un rôle qui convenait admirablement à son naturel combatif.

Ryland tomba malade vers 1834. Le 18 juin 1838, il demanda au gouverneur lord Durham [LAMBTON] l'autorisation de céder son poste de greffier du Conseil exécutif à son fils George Herman, qui l'assistait depuis 17 ans. Il mourut un mois plus tard, probablement sans savoir qu'après avoir si souvent tenté de placer ses garçons, il avait enfin réussi.

Pendant un siècle et demi, une historiographie hostile a présenté une image déformée de Ryland. Comme il n'était pas porté à l'introspection et au retour sur soi, seuls le ton de ses écrits et les traits que rapportent ses contemporains permettent de brosser un portrait du personnage. Plessis disait qu'il était un « fin politique du reste assez bon quand on [savait] le prendre », mais il voyait aussi en lui « un homme que l'on [ne pouvait pas] interroger ». Mathew BELL le qualifia en 1825 de « vieux fonctionnaire tyrannique ». Ryland aimait la solitude, la vie de famille et le calme de la campagne, ce qui ne l'empêchait pas d'être à l'aise parmi les plus hauts fonctionnaires impériaux de Londres. C'était un passionné ; en 1821, Kempt lui fit cette observation : « [votre] inguérissable *tempérament sanguin* vous porte encore à divers excès ; ou bien vous *aimez tel homme* [...] de tout votre cœur et de toute votre âme, ou bien vous éprouvez une profonde aversion pour lui et pour tout ce qu'il fait ». Ses amis louaient sa discrétion, sa loyauté, sa générosité ; ses ennemis lui reprochaient sa tendance à la dissimulation, sa « duplicité », sa mesquinerie. Son unique forme d'humour était le sarcasme mordant. Il avait un nombre étonnant d'amis intimes : Mountain, Young, Milnes, Craig, Amyot, Burton, Kempt, François Baby* et sir George Pownall*. Presque tous étaient d'origine britannique ; qu'ils aient été canadiens ou américains, Ryland dédaignait les coloniaux, y compris Sewell.

Herman Witsius Ryland partageait, avec les fonctionnaires de l'ère georgienne, un appétit insatiable pour les postes et les pensions, soit pour lui-même ou pour ses fils ; son honnêteté scrupuleuse et sa compétence manifeste étaient peut-être des traits moins courants. Les attaques de l'Assemblée contre son administration se révélèrent chaque fois sans fondement et, même s'il fit souvent l'objet d'enquêtes, il ne fut jamais mis en accusation ; ce sont ses opinions politiques et son influence qui attiraient les coups. Ryland était bien un tory des colonies : il se méfiait de la démocratie, des hommes politiques populaires et des coutumes coloniales, défendait l'aristocratie et la prérogative royale, gardait la nostalgie de la mère patrie. La nature de ses postes,

surtout ceux de secrétaire civil, de greffier du Conseil exécutif et de conseiller législatif, ainsi que le type même du gouvernement bas-canadien, particulièrement la brièveté des mandats des administrateurs coloniaux, assuraient à un homme de son expérience et de sa force une grande influence, quoique discrète ; c'était une éminence grise. En politique, il savait être diplomate et manœuvrer avec les meilleurs ; il était patient et persévérant. Son énergie et sa ténacité égalaient celles des chefs du parti canadien et découlaient d'un motif semblable au leur ; contrairement aux administrateurs britanniques et à bien des fonctionnaires et marchands, mais à l'instar des Canadiens, il savait que lui-même et ses descendants étaient au Bas-Canada pour y rester et que leur avenir dépendait du destin de la colonie. Tandis que les nationalistes canadiens considéraient le Bas-Canada comme un rameau de la culture française, Ryland le voyait comme un avant-poste de la Grande-Bretagne. Il partageait la « mentalité de garnison » – pour reprendre le terme tout à fait juste de l'historien Frank Murray Greenwood – de la plupart des occupants britanniques, mais il ne vivait pas sur la défensive, isolé du peuple ; il connaissait et défendait les préoccupations sociales et économiques de ses concitoyens de Beauport. Probablement avait-il raison de noter, chez les habitants de la région de Québec, un manque de combativité, mais il sous-estimait sûrement la haine de la domination étrangère à laquelle les nationalistes pouvaient en appeler. La rébellion de 1837–1838, qu'il avait entrevue avec anxiété, avait des racines plus profondes qu'il ne le croyait ; aussi les politiques qu'il préconisa contribuèrent-elles largement à déclencher la révolte.

JAMES H. LAMBERT

L'auteur tient à remercier Jacqueline Roy pour l'aide qu'elle lui a apportée dans l'analyse du caractère de Herman Witsius Ryland. Un portrait de Ryland se trouve aux APC. [J. H. L.]

ANQ-Q, CE1-61, 22 juill. 1838 ; CN1-230, 5 nov. 1813 ; CN1-262, 26 juill. 1805 ; E21/73–75 ; P-192/2, nº 121 ; P1000-90-1863. — APC, MG 23, GII, 10 : 7918–7919 ; MG 24, A2 : 2347–2349 ; A40 : 1898–1899 ; B2 : 465, 573, 588, 1399, 5389–5390 ; B3 ; B16 : 160–161 ; MG 30, D1, 27 : 66–105 ; MG 53, nᵒˢ 199, 215 ; RG 1, L3ᴸ : 83, 2244, 2468, 83566 ; RG 4, A1 : 22477, 30073, 41072–41079 ; 141 : H. Dunn à J. Taylor, 3 févr. 1815 ; A2, 35, S. Walcott à H. W. Ryland, 13 sept. 1847 ; RG 8, I (C sér.), 673 : 158. — ASQ, Fonds Viger-Verreau, Sér. O, 0147 : 143. — ASTR, 0461. — EEC-Q, 73, nº 180 ; 74, nᵒˢ 7, 9 ; 75, nᵒˢ 84–85 ; 76, nᵒˢ 1, 7, 10, 16–17, 20, 32, 87 ; 77, nᵒˢ 43, 67, 84, 88, 105 ; 78, nᵒˢ 47, 52 ; 81, nº 70. — McGill Univ. Libraries, Dept. of Rare Books and Special Coll., MS coll., CH10.S46. — PRO, CO 42/107–111, 113, 115, 124, 126, 142–144, 148, 150, 157, 162, 184, 186, 203–204, 209, 211–212, 214, 225, 230, 233, 238, 240, 244, 252, 263, 266, 271, 277, 280 (mfm aux ANQ, APC). — QUA, MC, Thomas Amyot

Sagaunash

letters ; Nathaniel Atcheson letters. — Soc. d'archéologie et de numismatique de Montréal, H. W. Ryland, 1789–1833 (mfm aux APC). — Univ. de Montréal, Service des bibliothèques, coll. spéciales, coll. Melzack. — Univ. of B.C. Library, Special Coll. Division (Vancouver), Ryland papers. — B.-C., Conseil législatif, *Journaux*, 1795–1813 : 5, 106–109 ; 1814 : 9, 30, 35, 37, 76, 81, 92, 111 ; 1815 : 10–11, 15–16, 18, 22, 24, 28, 31, 36–37, 55, 58, 74, 77, 104, 107–109, 118 ; 1816 : 6, 9, 13–15, 19, 29–30, 40 ; 1817 : 8, 16, 27–29, 158 ; 1818 : 12, 20, 58, 66, 136 ; 1819 : 18, 59, 130–131 ; 1820 : 14, 22 ; 1820–1821 : 10, 31, 43 ; 1821–1822 : 10–11 ; 1823 : 14, 18, 28, 91, 104–105 ; 1824 : 13, 202–203 ; 1825 : 13, 35, 62 ; 1826 : 13, 19, 21, 33, 47, 75, 187 ; 1828–1829 : 18, 37, 39, 41, 50, 53–54, 59, 83 ; 1830 : 12, 29 ; 1831 : 52, 63, 81, 83, 125–126, 153–154, 194–195, 220 ; 1831–1832 : 15, 18–19, 48, 52, 109–113, 132, 136 ; 1832–1833 : 28, 68, 89, 252–254 ; 1834 : 13–14, 147–152 ; 1836 : app. F. — « Les Dénombrements de Québec » (Plessis), ANQ *Rapport*, 1948–1949. — [E. P. Gwillim] Simcoe, *The diary of Mrs. John Graves Simcoe* [...], J. R. Robertson, édit. (Toronto, 1911 ; réimpr., [1973]). — William Smith, *The diary and selected papers of Chief Justice William Smith, 1784–1793*, L. F. S. Upton, édit. (2 vol., Toronto, 1963–1965). — *La Gazette de Québec*, 30 juin 1796, 24 mai 1798, 11 juill. 1799, 18 févr. 1802, 8 mai 1806, 23 avril, 22 oct. 1807, 1er, 15 avril 1813, 30 mars 1815, 21 juin 1819, 6 janv. 1820, 27 janv., 25, 29 déc. 1823. — *Quebec Mercury*, 13 févr. 1821. — Bouchette, *Topographical description of L.C.* — Christie, *Hist. of L.C.* (1866), 6. — R. C. Dalton, *The Jesuits' estates question, 1760–1888 : a study of the background for the agitation of 1889* (Toronto, 1968). — Claude Galarneau, *la France devant l'opinion canadienne (1760–1815)* (Québec et Paris, 1970). — Lambert, « Joseph-Octave Plessis ». — T. R. Millman, *Jacob Mountain, first lord bishop of Quebec ; a study in church and state, 1793–1825* (Toronto, 1947). — J.-C. Nadon, « Herman Witsius Ryland et les Intérêts britanniques dans le Bas-Canada » (thèse de M.A., univ. d'Ottawa, 1967). — Taft Manning, *Revolt of French Canada*. — Wallot, *Un Québec qui bougeait*. — F.-J. Audet, « Herman-Witsius Ryland », SRC *Mémoires*, 3e sér., 23 (1929), sect. I : 47–56. — Ignotus [Thomas Chapais], « le Club des Barons », *BRH*, 4 (1898) : 251–252. — Frère Marcel-Joseph, « les Canadiens veulent conserver le régime seigneurial », *RHAF*, 7 (1953–1954) : 387–389. — P.-G. Roy, « les Ponts de la rivière Saint-Charles », *BRH*, 46 (1940) : 86–92.

S

SAGAUNASH. V. Caldwell, Billy

SAINTE-GERTRUDE, MARIE-FRANÇOISE HUOT, dite. V. Huot

SAINT-JAMES, RENÉ BEAUVAIS, dit. V. Beauvais

SAINT-MARTIN, CHARLES HINDENLANG, dit. V. Hindenlang

SAINT-RÉAL, JOSEPH-RÉMI VALLIÈRES DE. V. Vallières

SAMSON, JAMES HUNTER, avocat, homme politique et fonctionnaire, né vers 1800 en Irlande, fils de James Samson, qui allait devenir officier dans l'armée britannique ; le 4 mars 1828, il épousa à Londres Alicia Fenton Russell, nièce et pupille de sir John Harvey*, et ils n'eurent pas d'enfants ; décédé le 26 mars 1836 à Belleville, Haut-Canada.

James Hunter Samson arriva probablement au Canada en 1813, soit au moment où le régiment de son père, le 70th Foot, y entreprit son tour de service. À l'âge de 16 ans, il tenta en vain d'obtenir un poste d'enseigne dans ce régiment. Étudiant à York (Toronto) en 1818, il devint l'ami intime de Robert Baldwin*, avec qui il entretint une correspondance régulière dès l'année suivante, quand il commença à étudier le droit dans le cabinet de Christopher Alexander Hagerman à Kingston. Ses lettres montrent qu'il s'exprimait bien, qu'il était sensible, passionné de poésie, travailleur et ambitieux, mais aussi inquiet, parfois dépressif et d'une extrême jalousie envers quiconque menaçait de s'interposer entre Baldwin et lui.

Admis au barreau en novembre 1823, Samson devint le premier avocat résidant de Belleville. Vivre dans ce village forestier, commerçant et agricole de moins de 500 habitants n'était pas facile. Samson soutint avoir eu « maintes batailles et tempêtes » avec un juge et il connut à l'occasion des difficultés financières. Malgré tout, il finit par se tailler une réputation de « barrister au talent exceptionnel », ce que reconnut la Law Society of Upper Canada, qui l'élut membre de son conseil en 1835. Ardent défenseur de la toute nouvelle congrégation presbytérienne de Belleville, il en fut l'un des administrateurs, écrivit en son nom des lettres à la presse et à divers fonctionnaires et hébergea son premier pasteur lorsqu'il arriva d'Écosse. En 1832, au moment où l'on craignait une épidémie de choléra, il contribua au fonds de construction du premier hôpital de Belleville et supervisa lui-même les travaux, achevés en une quinzaine de jours. En outre, il fut membre du bureau local de santé et du conseil du village.

De 1828 à sa mort, Samson représenta la circonscription de Hastings à la chambre d'Assemblée. Au début, il affirmait être un modéré favorable aux « principes des whigs » mais, au cours de la première session de 1829, il dévoila ses véritables couleurs. Après avoir tenté sans succès de faire rayer de la réponse au discours du trône des commentaires très critiques à l'endroit de l'exécutif, il se retrouva seul, parmi les députés, à voter contre ce texte. Son geste s'explique probablement par ses antécédents militaires, son attachement à Hagerman (que des historiens considérèrent comme un pilier du *family compact*), les liens avec l'aristocratie que lui conférait son mariage, et sa méfiance foncière envers le républicanisme.

La manière dont Samson vota par la suite amena William Lyon Mackenzie* à le qualifier de « créature égoïste et intolérante » et à le mettre en bonne place sur sa « liste noire » de 1830. Piqué par cette attaque, Samson contribua largement à faire accuser Mackenzie de diffamation et d'atteinte aux privilèges de la chambre en décembre 1831. Selon lui, les articles publiés par le réformiste dans le *Colonial Advocate* étaient des « écrits diffamatoires choquants, scandaleux et malveillants – conçus délibérément pour jeter le discrédit sur la chambre et le gouvernement de la province ». L'Assemblée déclara Mackenzie coupable de diffamation et adopta en outre la proposition de Samson selon laquelle il s'était rendu « coupable d'une atteinte grave aux privilèges de la chambre » par sa tactique de défense. Ensuite, Samson fit adopter une motion pour expulser Mackenzie de l'Assemblée et une autre pour réclamer une nouvelle élection.

Les partisans de Mackenzie tinrent alors une série de rassemblements de protestation, et Samson assista à celui de Belleville pour étaler « la fausseté, l'absurdité et l'incohérence » de la position de Mackenzie. Dans la résolution de loyauté qu'il y présenta, s'il reconnaissait que les institutions haut-canadiennes étaient imparfaites, il maintenait : « nous avons moins de motifs de nous plaindre que tout autre peuple de la terre ; et redresser la situation est en notre pouvoir ».

De 1832 à 1835, James Hunter Samson ne joua plus qu'un rôle modeste à l'Assemblée. Il présida plusieurs comités, dont le comité spécial sur les griefs qui examina en 1832 la question des droits civils et préconisa la création de nouvelles banques dans la province. En outre, il fit publiquement valoir la nécessité d'améliorer la navigation sur le Saint-Laurent. En 1836, comme il se trouvait dans l'incapacité de siéger en chambre, les éditorialistes de la région se lancèrent dans des remarques sur sa santé et son état mental. La mort de son père, en 1832, lui avait porté un dur coup, et les différends politiques avaient refroidi son amitié avec Baldwin, jadis si essentielle et chère à ses yeux. Samson trouva refuge dans l'alcool, ce qui hâta sa fin ; il mourut en mars 1836, à l'âge de 36 ans.

GERALD E. BOYCE

AO, MU 2008, n° 21 ; RG 22, sér. 155. — APC, MG 24, C12 ; RG 8, I (C sér.), 6 : 967. — Lennox and Addington County Museum (Napanee, Ontario), Lennox and Addington Hist. Soc. Coll., Benson family papers. — MTRL, Robert Baldwin papers, particulièrement A69 : 19–76. — H.-C., House of Assembly, *Journal*, 1825–1836. — *British Whig*, 1834–1836. — *Chronicle & Gazette*, 1833–1836. — *Colonial Advocate*, 1828–1834. — *Kingston Chronicle*, 1820–1833. — G.-B., WO, *Army list*, 1810–1833. — *The service of British regiments in Canada and North America* […], C. H. Stewart, compil. (Ottawa, 1962). — R. M. et Joyce Baldwin, *The Baldwins and the great experiment* (Don Mills [Toronto], 1969). — G. E. Boyce, *Historic Hastings* (Belleville, Ontario, 1967) ; *Hutton of Hastings : the life and letters of William Hutton, 1801–61* (Belleville, 1972).

SATTIN, ANTOINE, sulpicien et professeur, né le 18 février 1767 à Lyon, France, fils de Joseph Satin et de Pierrette Ocard ; décédé le 23 juin 1836 à Montréal.

Antoine Sattin entra au séminaire Saint-Irénée à Lyon le 1er novembre 1788. Au cours de la tourmente révolutionnaire qui troubla tant cette ville, Sattin, alors sous-diacre, signa une protestation publique contre une adresse publiée dans *le Courrier de Lyon* du 23 juillet 1790, et dont les auteurs auraient été des séminaristes mécontents du régime sévère en vigueur dans l'établissement. Sattin aurait été ordonné le 19 mars 1791. Il entra chez les sulpiciens et fit sa solitude (noviciat) à Paris. À l'instar de nombreux prêtres qui refusèrent de prêter serment à la Constitution civile du clergé, il s'exila en Suisse, d'où il avoua sa détermination de venir au Canada. Il faisait partie du groupe des 11 sulpiciens français qui débarquèrent à Montréal le 12 septembre 1794 [V. Jean-Henry-Auguste Roux*].

Sattin fut agrégé au séminaire de Saint-Sulpice dès le 29 septembre, puis on l'affecta au ministère dans la paroisse Notre-Dame. Il célébrait aussi la messe dans la chapelle Notre-Dame-de-Bonsecours. En 1801, on le nomma professeur au collège Saint-Raphaël (qui deviendra le petit séminaire de Montréal en 1806), où il enseigna le latin et le français.

En 1813, Sattin laissa l'enseignement pour devenir aumônier des religieuses de l'Hôtel-Dieu de Montréal. Puis en 1815 il assista son collègue Jean-Baptiste-Jacques Chicoisneau* qui remplissait la même fonction à l'Hôpital Général, et il le remplaça en 1818. Sattin se consacra dès lors aux pauvres, aux malades et aux retraités. Il fit preuve de dévouement et se révéla un conseiller précieux. Son influence bénéfique sur les religieuses, les novices et les professes stimula leur zèle tout comme ses remarques et avis judicieux aidèrent la communauté à réaliser les projets de la fondatrice, Mme d'Youville [Dufrost*].

Sattin s'intéressa aussi aux aspects matériels de la vie à l'hôpital, tels la qualité de la nourriture, les moyens de combattre les incendies, les constructions nouvelles et les réparations. Le journal des Sœurs de la

Sauvageau

charité le décrit comme un habile ingénieur. En 1832, par exemple, il traça les plans des rénovations de l'hôpital et de la chapelle puis, en 1834, ceux d'un chemin de croix. Il servit aussi la communauté en rédigeant une biographie de la fondatrice à partir de témoignages comme celui de mère Thérèse-Geneviève Coutlée*.

En juillet 1825, Sattin devint directeur de la Confrérie de la Sainte-Famille qui, à tous les deux mardis, rassemblait des femmes dévotes pour prier et entendre les prédications de l'aumônier. Les membres de la confrérie unissaient l'entraide aux prières et s'intéressaient plus particulièrement à certaines consœurs qui avaient besoin d'encouragements ou de support physique et moral. Ce groupe, fort de 60 personnes en 1825, augmenta au rythme de 7 à 8 recrues par année, qui devaient faire un stage de quatre mois avant d'être agrégées. En 1833, plus de 100 femmes faisaient partie de cette confrérie. L'année suivante, un collègue de Sattin, Jean-Baptiste Roupe*, le remplaça à titre de directeur.

Sattin devint membre du grand conseil du séminaire de Saint-Sulpice le 25 janvier 1821 et fit partie du petit conseil, qui assistait le supérieur dans le règlement des affaires courantes, à compter du 2 septembre 1829. Il fut donc mêlé de près aux événements qui bouleversaient la vie de l'établissement. D'abord, il y avait toutes les tensions issues du conflit entre les sulpiciens d'origine française et les sulpiciens canadiens, qui se sentaient menacés, voire écrasés, par les premiers qui détenaient tous les postes de prestige et de pouvoir dans l'établissement. Ensuite, la nomination en 1820 du sulpicien canadien Jean-Jacques LARTIGUE au poste d'évêque de Telmesse et auxiliaire de l'archevêque de Québec à Montréal créa des remous au séminaire [V. Jean-Charles Bédard*] et même parmi le clergé séculier [V. François-Xavier PIGEON ; Augustin Chaboillez*]. Le voyage du supérieur Jean-Henry-Auguste Roux en Europe en 1826, dans le but de régler le problème des droits seigneuriaux des sulpiciens, entretint la désunion. Sattin prit fait et cause pour ses confrères français, car il redoutait beaucoup l'influence des Canadiens.

À partir de novembre 1835, Antoine Sattin bénéficia de l'aide du sulpicien Sauveur-Romain Larré dans son ministère auprès des pauvres de l'Hôpital Général. Déjà sa santé déclinait. Il eut une attaque de paralysie le 1er juin 1836 et mourut le 23 suivant. Le supérieur de Saint-Sulpice, Joseph-Vincent Quiblier*, écrivit alors : « Sa prudence était rare et sa piété des plus tendres. Partout il a réussi à s'attacher la jeunesse et à lui inspirer l'amour de la piété et du travail. »

BRUNO HAREL

Antoine Sattin est l'auteur de : « Vie de madame Youville, fondatrice et première supérieure des Sœurs de la Charité de l'Hôpital Général de Montréal, communément nommées Sœurs Grises, dédiée à cette même communauté » qu'il écrivit en 1828 et dont l'original est conservé aux Arch. des Sœurs Grises (Montréal). Le récit a été publié dans ANQ Rapport, 1928–1929 : 387–436.

Un portrait de Sattin attribué à Louis-Chrétien de Heer* est conservé à la maison mère des Sœurs Grises de Montréal.

ANQ-M, CE1-51, 25 juin 1836. — Arch. du séminaire de Saint-Sulpice (Paris), Fonds canadien, dossier 76. — Arch. des Sœurs Grises (Montréal), Ancien journal, I–III ; Dossier Antoine Sattin. — Arch. municipales, Lyon (France), État civil, Saint-Nizier, 19 févr. 1767. — ASSM, 16 ; 17 ; 21 ; 24, B, 5–6 ; 25, dossier 2 ; 32. — [L.-A. Huguet-Latour], Annuaire de Ville-Marie, origine, utilité et progrès des institutions catholiques de Montréal […] (2 vol., Montréal, 1863–1882). — Louis Bertrand, Bibliothèque sulpicienne ou Histoire littéraire de la Compagnie de Saint-Sulpice (3 vol., Paris, 1900), 2 : 117. — Dionne, les Ecclésiastiques et les Royalistes français. — Robert Lahaise, les Édifices conventuels du Vieux Montréal : aspects ethno-historiques (Montréal, 1980), 496–501. — Gérard Morisset, l'Architecture en Nouvelle-France (Québec, 1949).

SAUVAGEAU (Savageau), CHARLES (Michel-Charles), musicien, chef d'orchestre, professeur, compositeur, auteur et marchand de musique, né probablement en octobre 1807 à Québec, fils de Michel (Michel-Flavien) Sauvageau et de Marie-Angélique Corbin ; le 20 avril 1830, il épousa dans sa ville natale Marie-Angélique Lévêque, et ils eurent au moins 12 enfants dont la plupart moururent en bas âge ; décédé le 16 juin 1849 dans la même ville et inhumé le 19 dans le cimetière Saint-Louis.

Charles Sauvageau est issu du premier mariage de Michel Sauvageau à Québec en 1799 ; devenu veuf, celui-ci se remariera en 1827 avec Marie-Anne Atkin, veuve de Pierre Racine. Charles passe vraisemblablement son enfance et sa jeunesse à Québec où son père est notaire. De ses années de formation, on ne connaît rien sinon qu'il étudie un an, en 1820, au petit séminaire de Québec. Ses contemporains, tel un journaliste de l'Abeille, attribuent sa supériorité dans l'art musical à « une application constante et [à] d'heureuses dispositions naturelles, car il s'était formé seul ».

Sauvageau est désigné comme musicien pour l'une des premières fois en 1832, peut-être à la suite de son engagement à titre de maître de musique d'au moins 12 garçons, que John Chrisostomus Brauneis* avait recrutés à l'hiver de la même année « dans le but de les qualifier pour être musiciens de la bande militaire de l'artillerie de Québec ». L'année suivante, il annonce la mise sur pied le 15 novembre d'une « Quadrille Band ». En 1834 et 1835, d'après les annonces parues dans le Quebec Mercury, cette fanfare est fusionnée à la Band of the Quebec Militia Artillery. Les liens de Sauvageau avec cette dernière formation, composée de 18 exécutants, se resserrent encore car, si l'on en croit Philéas Gagnon*, il en prend la direction en 1836. Ces rapports étroits paraissent se maintenir puisqu'en 1847 c'est toujours la fanfare de la milice canadienne qui semble fournir les effectifs de la Bande de la Société Saint-Jean-Baptiste, que dirige Sauvageau depuis 1842. Par contre, faute de documents, on ignore tout des membres de « l'orchestre ordinaire de Mr. C. Sauvageau » qui jouent pendant les intermèdes, au cours de la soirée musicale des amateurs à l'école des Glacis, le 25 juin 1840. Cependant, on sait que la Quebec Philharmonic Union, qu'il dirige en 1848 et 1849, est formée d'amateurs.

Parallèlement à ses activités de chef d'orchestre, et avec un égal succès, Sauvageau se produit en qualité de violoniste, au moins à partir de 1838, au cours de soirées musicales et dramatiques qu'il organise le plus souvent et qui, selon ce qu'écrit en 1842 le rédacteur du *Fantasque,* Napoléon Aubin*, prennent l'aspect de réunions « qu'on pourrait presque appeler une fête de famille ». Il témoigne de sa virtuosité en exécutant des variations, des imitations au violon de divers instruments et des airs variés sur une corde. Quelques pièces de sa composition, publiées entre 1840 et 1844, ne donnent qu'un faible aperçu de ses talents de compositeur et de virtuose.

Au cours de sa carrière, Sauvageau se consacre également avec zèle à l'enseignement de la musique. C'est à ses élèves qu'il dédie en 1840 les deux valses qui sont les premières pièces de sa composition. Avant que le petit séminaire de Québec l'engage à titre de professeur de musique de 1846 à 1849, il semble avoir enseigné de manière strictement privée, à défaut de réaliser le projet, caressé en 1841, d'ouvrir une académie musicale à l'intention des amateurs. « Premier artiste canadien à Québec, qu'ait enseigné la musique dans toutes ses branches », selon *l'Abeille,* et plus particulièrement le chant et les instruments à cordes, tels le violon et la guitare, il sait susciter l'émulation chez ses jeunes élèves en instituant des soirées musicales, accueillies comme une nouveauté, en 1841, dans la ville de Québec. Tout comme son contemporain et émule, Théodore-Frédéric Molt*, Sauvageau rédige pour ses élèves, mais aussi pour les directeurs d'école et le grand public, un ouvrage théorique, publié par Aubin, *Notions élémentaires de musique, tirées des meilleurs auteurs* [...], dont le titre, le contenu et le prix ont subi d'importantes modifications entre le début de la souscription publique pour la vente du manuel, en février 1844, et l'annonce de sa parution, en mai 1845. Pour approvisionner ses élèves et le public en général, Sauvageau tient boutique à l'intérieur de sa maison. Dans une annonce qu'il fait paraître en mai 1845 dans *le Castor,* on peut lire : « Il [Sauvageau] continue à se charger de fournir des orchestres. On trouvera chez lui de la musique nouvelle, du papier réglé, des instruments de toute espèce, des cordes, etc. ; il se charge aussi de vendre en commission, des instruments de prix et en général tout, ce qui se rapporte à son art. » Des preuves du succès de son enseignement sont fournies par les comptes rendus des soirées musicales offertes par ses élèves, et plus encore par les réalisations exceptionnelles de son fils aîné Flavien (Michel-Charles-Flavien), qui déjà à 10 ans joue du violon en public accompagné par son père au violoncelle ; malheureusement, l'enfant mourra tragiquement à l'âge de 15 ans dans l'incendie du théâtre Saint-Louis, le 12 juin 1846. Sauvageau aurait formé également le musicien et luthier québécois Joseph Lyonnais.

Les réalisations somme toute modestes de Charles Sauvageau, accomplies au cours d'une brève existence – il meurt « âgé de quarante et un ans et huit mois » – pourtant bien remplie, ne diminuent en rien la place du musicien dans l'histoire de la vie culturelle québécoise dans le deuxième quart du XIXe siècle. Il se trouve, en effet, que Sauvageau est l'artisan de la réalisation d'un programme dont les intellectuels du temps, parmi lesquels son beau-frère Napoléon Aubin, ont tracé les lignes. Véritable mentor du musicien, ce dernier ne manque aucune occasion de dégager la portée sociale de l'activité multiforme de Sauvageau. Par le biais d'articles, il lui suggère en 1841 de « former à Québec une classe publique pour l'enseignement du chant populaire », ce que le musicien s'empresse d'accepter. Il corrige l'opinion de ceux qui seraient tentés de comparer Sauvageau à un Nagel, violoniste étranger de passage à Québec en 1842, et définit à cette occasion le sens des « efforts de Mr. Sauvageau pour introduire, cultiver et faire mûrir surtout parmi la classe laborieuse de ses compatriotes le goût d'un art qui cherche ses adeptes et trouve ses sommités dans tous les rangs [...], d'un art qui délasse le riche de sa paresse et le pauvre de son travail ». Il voit dans les trois marches composées par Sauvageau « le style gai pastoral et naïf qui distingue la musique canadienne », et croit qu'à ce titre on doive transmettre ces airs à la postérité avec d'autres plus anciens. Et, passant du discours aux actes, Aubin met ses presses au service de Sauvageau. En outre, il appert que, dans ce premier âge du nationalisme canadien, la carrière musicale de Sauvageau se déroule sous le signe d'un engagement politique dont le succès est mis en évidence dans l'invitation faite aux « *dilettanti* » de Québec, en août 1844 par *le Ménestrel,* d'assister à l'un de ses concerts : « leur nombreux concours témoignera de la popularité dont jouit, à si juste titre, notre musicien national ».

Lucien Poirier

Entre 1840 et 1844, Charles Sauvageau a écrit de la musique pour chant, violon, piano et guitare, et compilé un « ouvrage spécialement dédié à ses élèves », intitulé *Notions élémen-*

Sayer

taires de musique, tirées des meilleurs auteurs et mises en ordre par Charles Sauvageau (Québec, 1844). La liste chronologique de ses pièces imprimées se présente comme suit : « [Accompagnement de piano pour] *le Dépit amoureux, romance composée par N[apoléon] Aubin* », qui fut publiée dans *l'Album artistique et lyrique* (Québec), n° 1 (1840) ; *Deux valses* pour piano, annoncées dans *le Fantasque* (Québec) du 27 avril 1840 et publiées dans le *Literary Garland*, 3(1840–1841) : 476–477, sous forme d'arrangement par W. H. Warren de Montréal ; [*Musique de*] *Chant canadien* (Québec, 1843), dont les paroles sont de François-Réal Angers*, et *Trois marches canadiennes : marche de Josephte, marche de Jean-Baptiste, marche de Pierrot* (Québec, 1843) ; puis *Chant national* [...], dont François-Magloire Derome* a écrit les paroles, *Valse du ménestrel*, « *Solo de violon composé sur le motif d'Auld Robin Gray* », *Gallopade du ménestrel* pour piano, arrangements pour le piano de *Valse de Sophie* et de *Valse de Caroline*, composées par Pierre Petitclair*, et *Valse* pour guitare, toutes œuvres parues dans la partie musicale du *Ménestrel* (Québec), vol. 1, n°s 2, 4–5, 9–11 et 14, en 1844, ainsi que *Chant national* qui parut également dans *l'Artisan* (Québec), 9 juill. 1844. Les variations sur *Long, long, ago*, qu'il composa et exécuta le 20 février 1849, ne nous sont pas parvenues. De toutes ces pièces, *Chant canadien* a connu une fortune unique : elle fut réimprimée, entre autres, dans le *Journal de l'Instruction publique* (Québec et Montréal), 3 (1859) : 109–111, sous la désignation de « Chant national », dans *le Soleil* (Québec), 5 oct. 1901 : 6, ainsi que dans la troisième édition du *Chansonnier des collèges mis en musique* (Québec, 1860), 15–17, dans *la Lyre canadienne* [...] (Québec, 1847), 84, et (4ᵉ éd., 1886), 52, avec la mention « musique de N. Aubin », et dans *la Nouvelle Lyre canadienne* [...] (nouv. éd., Montréal, [1895]), 58, mais sans le nom du compositeur.

ANQ-Q, CE1-1, 12 mai 1804, 5 mars 1831, 1832–1849, 14 juin 1846, 19 juin 1849 ; CE1-22, 20 avril 1830 ; CE1-93, 24 avril 1827 ; P-239/93. — ASQ, C 38 ; C 43 ; Fichier des anciens ; MSS, 433 : 201 ; Séminaire, 218, n° 7. — *L'Abeille* (Québec), 21 juin 1849. — *L'Artisan*, 7, 17, 21 nov. 1842, 9 juill., 20 août, 3 sept. 1844. — *Le Canadien*, 25 févr. 1832, 30 juill., 19 oct. 1841, 24, 27 juin, 7 nov. 1842, 3, 5, 7, 10 juill., 1ᵉʳ sept. 1843, 23 sept. 1844, 18 juill., 25 août 1845. — *Le Castor* (Québec), 29 févr., 19, 27 août 1844, 5 mai 1845. — *Le Fantasque*, 27 oct. 1838, 16 mars, 27 avril, 11 mai, 22 juin, 6 juill. 1840, 2 août 1841, 19 nov. 1842, 3 juill., 3 août 1843. — *Le Journal de Québec*, 8 juill., 5 oct. 1843, 25 juin, 24, 26 sept. 1844. — *Le Ménestrel*, 1 (1844). — *Morning Chronicle* (Québec), 14 janv., 7, 28 févr., 3 mars 1848, 16 janv. 1849. — *Quebec Gazette*, 10, 12 juill. 1843. — *Quebec Mercury*, 19 nov., 24 déc. 1833, 27 déc. 1834, 17 nov. 1835, 15 févr., 21 mars, 23 sept. 1844, 19 avril 1845, 2 mars 1848, 11, 16 janv., 8, 13, 17, 24 févr. 1849. — *Almanach ecclésiastique et civil de Québec, pour 1846* [...] (Québec, 1845), 66. — *Almanach métropolitain de Québec, pour 1849* [...] (Québec, 1848), 26. — *Catalogue of Canadian composers*, Helmut Kallmann, édit. (2ᵉ éd., Toronto, 1952 ; réimpr., St Clair Shores, Mich., 1972), 211. — *Chansons sur texte français II*, Lucien Poirier, édit. (Ottawa, 1987), 32, 98. — *Dictionnaire biographique des musiciens canadiens* (2ᵉ éd., Lachine, Québec, 1935), 272–274. — *Encyclopédie de la musique au Canada*, Helmut Kallmann et al., édit. (Montréal, 1983), 690, 918–919. — Philéas Gagnon, *Essai de bibliographie canadienne* [...] (2 vol., Québec et Montréal, 1895–1913 ; réimpr., Dubuque, Iowa, [1962]), 1 : 449. — A.-G. Lyonnais, *Généalogie de la famille Lyonnais en Canada* (Ottawa, 1901), 49. — J.-G. Sauvageau, *Dictionnaire généalogique des familles Sauvageau au Canada et aux États-Unis, 1669–1969* ([Québec, 1978]), 89, 96. — Willy Amtmann, *la Musique au Québec, 1600–1875*, Michelle Pharand, trad. (Montréal, 1976), 383–385. — Maria Calderisi, *l'Édition musicale au Canada, 1800–1867* (Ottawa, 1981), 15, 22, 28, 37, 63. — H.-J.-J.-B. Chouinard, *Fête nationale des Canadiens français célébrée à Québec en 1880 : histoire, discours, rapport* [...] (4 vol., Québec, 1881–1903), 1 : 570, 624 ; 4 : 307–308, 311, 504, 513, 515, 521–522. — Vivianne Émond, « Musique et Musiciens à Québec : souvenirs d'un amateur » de Nazaire LeVasseur (1848–1927) : étude critique » (thèse de M.MUS., univ. Laval, 1986), 45–52, 59–61. — Clifford Ford, *Canada's music : an historical survey* (Agincourt [Toronto], 1982), 38–39. — Claire Grégoire-Reid, « les Manuels de théorie musicale imprimés au Québec entre 1811 et 1911 » (thèse de M.MUS., univ. Laval, 1987), 15, 72, 79–80, 122, 153–155. — Helmut Kallmann, *A history of music in Canada, 1534–1914* (Toronto et Londres, 1960), 71, 78–79, 82, 114, 188. — T. J. McGee, *The music of Canada* (New York et Londres, 1985), 54. — France Malouin-Gélinas, « la Vie musicale à Québec de 1840 à 1845, telle que décrite par les journaux et revues de l'époque » (thèse de M.A., univ. de Montréal, 1975), 21, 28, 37–39, 52–53, 81, 84–85, 94, 111, 113, 123, 170–171, 175, 178, 182, 186, 189–190, 193–194, 197–200, 206, 209. — Raymond Vézina, « la Société Sainte-Cécile », dans Marc Lebel et al., *Aspects de l'enseignement au petit séminaire de Québec (1765–1945)* (Québec, 1968), 160, 191. — Nazaire LeVasseur, « Musique et Musiciens à Québec : souvenirs d'un amateur », *la Musique* (Québec), 1 (1919) : 76, 86–87, 100–101. — France Malouin-Gélinas, « la Vie musicale à Québec, 1840–45 », *les Cahiers canadiens de musique* (Montréal), 7 (1973) : 9–22. — P.-G. Roy, « À propos de musique : la première fanfare québécoise », *BRH*, 43 (1937) : 353–356 ; « l'Hôtel Union ou Saint-George, à Québec » : 12–14 ; « le Théâtre Saint-Louis, à Québec », 42 (1936) : 186. — Lucien Serre, « l'Ancêtre des Sauvageau », *BRH*, 34 (1928) : 23.

SAYER, PIERRE-GUILLAUME, trafiquant de fourrures, né vers 1796, fils de John Sayer*, trafiquant de fourrures, et de Obemau-unoqua, son épouse à la façon du pays ; décédé après mai 1849.

Le lieu et la date de naissance de Pierre-Guillaume Sayer sont incertains, mais comme on lui donnait 53 ans en 1849 et que son père, de 1793 à 1805, avait surtout fait la traite des fourrures dans le district de Fond-du-Lac, au sud et à l'ouest du lac Supérieur, on peut penser qu'il naquit dans cette région vers 1796. En 1805, son père partit s'établir dans le Bas-Canada et, comme c'était la coutume pour les enfants issus de mariages à la façon du pays, Pierre-Guillaume demeura au milieu du peuple de sa mère. Assimilé aux Métis, il apprit à parler français et devint catholique. En 1824, il se fixa à Grantown (Saint-François-

Xavier, Manitoba), sur l'Assiniboine [V. Cuthbert Grant* ; Joseph-Norbert Provencher*]. C'est là qu'en 1835 il épousa Josette Frobisher, fille aînée du trafiquant de fourrures Alexander Frobisher ; le couple allait avoir au moins un fils. Comme il y a souvent confusion des prénoms dans les recensements de la colonie de la Rivière-Rouge, il est difficile de rassembler des informations précises sur Sayer, mais tout porte à croire qu'il fit un peu de culture. On présume, en outre, qu'il participait chaque année à la chasse au bison avec les Métis de Grantown.

L'importance de Sayer tient au procès qu'il subit le 17 mai 1849 devant la Cour générale des sessions trimestrielles d'Assiniboia. Depuis 1821, des trafiquants indépendants faisaient la traite des fourrures dans la vallée de la rivière Rouge. Leurs activités avaient même pris de l'ampleur à partir de 1843, car il était alors devenu possible de vendre à un concurrent direct de la Hudson's Bay Company, Norman Wolfred Kittson*, posté à Pembina (Dakota du Nord). L'agent principal John Ballenden* arrêta Sayer pour traite illégale et l'emmena devant le tribunal pour lui faire subir un procès qui visait à éprouver la légalité du monopole que revendiquait la Hudson's Bay Company. Sayer avait pour conseiller juridique James Sinclair*, l'un des représentants des trafiquants indépendants de la Rivière-Rouge, et tous deux pouvaient compter sur l'appui de Louis Riel* père qui, avec l'abbé George-Antoine Bellecourt*, avait organisé la protestation des Métis contre leur représentation inadéquate au Conseil d'Assiniboia et contre le monopole de la compagnie. Présidé par le recorder Adam Thom*, le procès se déroula devant un jury et fut équitable. Sayer reconnut avoir fait la traite des pelleteries, mais affirma qu'il avait tout simplement pratiqué une forme de troc courante chez les Indiens : l'échange de présents entre parents.

Le jury rendit un verdict de culpabilité mais recommanda la clémence en alléguant que Sayer avait cru sincèrement que les Métis avaient la permission de faire librement la traite. Ballenden accepta la recommandation et libéra Sayer. Sur ce, Riel déclara que le verdict équivalait à un abandon du monopole de la Hudson's Bay Company, point de vue immédiatement repris par les Métis rassemblés à l'extérieur du palais de justice, qui lancèrent : « Le commerce est libre ! » Ils avaient raison : la Hudson's Bay Company ne chercha plus à maintenir son monopole et entreprit de faire une dure concurrence aux trafiquants indépendants. Le procès de Sayer marqua donc la fin d'une époque dans l'Ouest canadien.

On ne sait où ni quand mourut Pierre-Guillaume Sayer.

W. L. MORTON

Canadian north-west (Oliver), 1 : 352. — *Docs. relating to NWC* (Wallace). — *HBRS*, 19 (Rich et Johnson). —

Alexander Ross, *The Red River settlement : its rise, progress and present state ; with some account of the native races and its general history, to the present day* (Londres, 1856 ; réimpr., Edmonton, 1972), 371–379. — Morice, *Dict. hist. des Canadiens et des Métis*. — Gerald Friesen, *The Canadian Prairies : a history* (Toronto, 1984). — Marcel Giraud, *The Métis in the Canadian west*, George Woodcock, trad. (2 vol., Edmonton, 1986). — Morton, *Hist. of Canadian west* (1939). — G. F. G. Stanley, *Louis Riel* (Toronto et Montréal, 1963).

SAYRE, JAMES, homme d'affaires, fonctionnaire et juge de paix, né le 7 septembre 1761 à Philadelphie, fils du révérend John Sayre, ministre de l'Église d'Angleterre, et de Mary Bowes ; décédé le 22 mars 1849 à Dorchester Island, Nouveau-Brunswick.

Issu d'une famille dont huit enfants survécurent à l'enfance, James Sayre connut plusieurs déménagements dans ses premières années, car son père desservit plus d'une mission anglicane en Nouvelle-Angleterre. Les événements déclenchés par la déclaration d'Indépendance en juillet 1776 l'empêchèrent de faire de bonnes études. Son père, ministre de la Society for the Propagation of the Gospel in Foreign Parts, œuvrait alors à Fairfield, au Connecticut, l'une des places fortes du torysme [V. Daniel Morehouse*]. Il ne faisait pas mystère de son allégeance à la couronne et encourageait ses enfants à porter des provisions aux paroissiens emprisonnés. Déclaré ennemi de la patrie, il fut banni de Fairfield pendant environ sept mois ; à son retour, on limita étroitement ses déplacements.

Le 8 juillet 1779, le major général William Tryon entrait dans Fairfield avec une unité de soldats britanniques. Il donna l'ordre d'incendier les maisons des prorévolutionnaires, ce qui entraîna par inadvertance la destruction de certaines maisons de loyalistes, dont celle de John Sayre. Ruinés, Sayre, sa femme et leurs enfants s'enfuirent à Flushing, dans l'état de New York ; en 1781, ils étaient à New York même. C'est à cet endroit que Sayre s'allia aux loyalistes qui cherchaient à trouver refuge en Nouvelle-Écosse. Il fut l'un des représentants du célèbre groupe de 55 loyalistes qui, en juillet 1783, s'adressèrent au commandant en chef de l'Amérique du Nord, sir Guy Carleton*, pour obtenir de généreuses concessions foncières dans leur province d'adoption [V. Abijah Willard*]. Sayre reçut une concession à Parrtown (Saint-Jean, Nouveau-Brunswick), où il exerça son ministère auprès des nouveaux arrivants loyalistes. Son fils James, arrivé à Parrtown sur la « flotte du printemps » de 1783, obtint une terre dans le voisinage de Gagetown. En 1784, John Sayre habitait Maugerville, où il mourut en août. Par la suite, sa veuve vendit ses terres à James.

Le 17 mars 1790, en l'église Trinity, de Saint-Jean, James épousa une loyaliste du Rhode Island, Polly Smith, fille du docteur Nathan Smith, qui allait être

Schneider

député de la ville de Saint-Jean de 1795 à 1802. Cinq fils et cinq filles naîtraient de cette union. Les époux s'établirent à Maugerville, où Sayre tint un magasin général et un petit moulin. Apparemment, il était aussi associé, d'une façon quelconque, à un gros marchand loyaliste de Saint-Jean, William Pagan*. En 1803, les Sayre s'installèrent à Dorchester Island, chantier naval et port de commerce achalandé qui avoisinait Dorchester, chef-lieu du comté de Westmorland. Ils étaient les premiers loyalistes à élire domicile dans cette île, reliée à la terre à marée basse. Sayre construisit une maison à charpente de bois et acquit lentement des terres, mais n'eut pas de succès en affaires. Son fils William Pagan Sayre écrirait en 1816 : « Mon père n'a pas été très chanceux dans l'accumulation des biens terrestres [...] Plusieurs lourdes pertes et déceptions dans son commerce lui infligèrent un recul considérable. » Néanmoins, Sayre avait vite acquis de l'influence dans son milieu. En 1807, on le nomma fonctionnaire du village et de la paroisse et juge de paix. Sept ans plus tard, il devint shérif en chef et le demeura jusqu'en 1826, année où son fils William Pagan lui succéda. De 1834 à 1849, il fut capitaine de port et receveur des douanes à Dorchester.

À sa mort, en mars 1849, on inhuma James Sayre au Dorchester Pioneer Cemetery, aux côtés de sa femme, décédée 11 ans plus tôt. Mort intestat, il laissait des biens d'une valeur de £455, ce qui peut suggérer que sa situation commerciale s'était améliorée. Sa vie avait été étroitement liée à celle des loyalistes du Nouveau-Brunswick. Vigoureux partisan de la couronne, il avait fui son pays natal, avait épousé une loyaliste et s'était fixé dans la province. Plusieurs de ses fils demeurèrent à Dorchester, épousèrent des filles de loyalistes et jouèrent un rôle actif dans la communauté. Par sa sœur Esther, femme de Christopher Robinson*, Sayre était apparenté à l'une des plus puissantes familles loyalistes du Haut-Canada.

DELLA M. M. STANLEY

APNB, RG 10, RS108, 1785, n° 149 ; 1815, n° 353 ; RG 18, RS159, A1. — Saint John Regional Library (Saint-Jean, N.-B.), A18 (loyalist family papers index), n° 32 (mfm aux APNB). — St Paul's Anglican Church (Sackville, N.-B.), Reg. of burials, 1849 (mfm aux APNB). — Westmorland County Probate Office (Moncton, N.-B.), Probate record book C : 181, 247. — *Royal Gazette* (Saint-Jean ; Fredericton), 8 nov. 1785, 27 juill. 1836, 19 déc. 1838, 9 juin 1841, 5 mai 1843. — T. M. Banta, *Sayre family ; lineage of Thomas Sayre, a founder of Southampton* (New York, 1901). — *N.-B. almanack*, 1829–1849. — Lorenzo Sabine, *Biographical sketches of loyalists of the American revolution* (2 vol., Boston, 1864 ; réimpr., Port Washington, N.Y., 1966). — W. O. Raymond, « Pioneer missionaries of the church in New Brunswick [...] », *Church Work* (Halifax), 9 nov. 1911 : 2.

SCHNEIDER, JOSEPH, colon et propriétaire de scierie, né le 24 mai 1772 dans le comté de Lancaster, Pennsylvanie, fils de Jacob B. Schneider et de Maria Herschi ; le 21 février 1798, il épousa Barbara Eby, sœur de Benjamin Eby*, et ils eurent sept enfants ; décédé le 27 octobre 1843 à Berlin (Kitchener, Ontario).

Le père de Joseph Schneider quitta le Palatinat (République fédérale d'Allemagne) avec ses parents en 1736 pour immigrer en Pennsylvanie. En 1806, trois ans après sa mort, deux de ses fils, Christian et Jacob, s'installèrent dans le bloc 2 (canton de Waterloo), près de l'emplacement actuel de Kitchener. Avec un groupe d'autres mennonites, Joseph les rejoignit après un voyage d'un mois en chariot ; il acheta le lot 17 de la portion du bloc 2 qu'on avait concédée à la German Company, et s'y établit. C'est le bas prix des terres, tout comme le désir de vivre sous un régime britannique, qui dans les années d'après la Révolution américaine attira nombre de mennonites dans la région, entre autres Benjamin Eby et Samuel D. Betzner*. Isolés, ils pouvaient pratiquer librement leur religion et parler leur langue, même si au début ils devaient se rendre dans des centres tels que Dundas pour s'approvisionner et obtenir des services.

Élément actif parmi les colons mennonites, Schneider est souvent considéré, avec Eby, comme l'un des fondateurs de Kitchener. Il travailla à l'ouverture du premier chemin vicinal, qui allait de sa ferme à la route de Dundas et qui porta son nom jusque dans les années 1870. En 1808–1809, avec quatre autres chefs de famille, il embaucha un instituteur pour ouvrir la première école de la région. Quatre ans plus tard, il collabora à la construction du premier temple mennonite, dirigé par Eby, puis en 1834 à celle d'une nouvelle église. Peut-être dès 1816, il avait érigé une scierie sur un ruisseau appelé encore aujourd'hui Schneider, et dans les années 1820 Phineas Varnum construisit une forge et une taverne sur un terrain qu'il lui avait loué. Toutes ces entreprises formaient le noyau commercial d'un village en plein essor nommé Sand Hills ou Ebytown, puis Berlin. En 1835, Schneider appuya vigoureusement la fondation du premier journal local, le *Canada Museum, und Allgemeine Zeitung*, de Heinrich Wilhelm Peterson*, dont il était actionnaire.

Schneider mourut le 27 octobre 1843. Parmi les biens qu'il laissait à sa famille se trouvaient des objets traditionnels chers aux Allemands de Pennsylvanie, notamment une horloge de parquet dont il avait apporté le mécanisme en 1807. Elle se trouve encore dans la maison qu'il construisit vers 1820 et qui a été transformée en musée ; c'est le plus vieil édifice de Kitchener. Deux bibles de sa famille appartiennent à d'autres collections locales : l'une d'elles, aux Mennonite Archives of Ontario, est une édition rare publiée à Zurich en 1560 par Christoph Froschauer et apportée dans le Haut-Canada par Schneider ; l'autre, que possède l'un de ses descendants, a été imprimée dans le comté de Lancaster en 1805 et contient de remarquables exemples de *fraktur* (écriture gothique ornementale) exécutés en 1821 par le professeur et artiste Jacob Schumacher.

Le fils cadet de Joseph Schneider, Joseph E., reprit la ferme et la scierie et, en 1849, fit imprimer à Berlin un petit livret qui relate l'histoire de sa famille ; il s'agit peut-être de la première généalogie publiée au Canada. En 1873, il fut membre fondateur des mennonites réformateurs/réformés (plus tard l'Église missionnaire).

E. Reginald Good et Paul Tiessen

Toronto and York Land Registry Office (Toronto), « Old York County », deeds, 5, n° 1839 (mfm aux AO). — Waterloo South Land Registry Office (Kitchener, Ontario), Waterloo Township, abstract index to deeds, German Company Tract, lot 17 (mfm aux AO). — E. E. Eby et J. B. Snyder, *A biographical history of early settlers and their descendants in Waterloo Township*, avec *Supplement*, E. D. Weber, édit. (Kitchener, 1971), 136. — John English et Kenneth McLaughlin, *Kitchener : an illustrated history* (Waterloo, Ontario, 1983). — *Hannes Schneider and his wife Catharine Haus Schneider, their descendants and times, 1534–1939*, J. M. Snyder, édit. (Kitchener, [1940]). — *Herkommen und Geschlechts Register der Schneider Familie* (Berlin [Kitchener, Ontario], 1849). — P. G. Klassen, « A history of Mennonite education in Canada, 1786–1960 » (thèse de D.ED., Univ. of Toronto, 1970), 73–74. — W. V. Uttley, *A history of Kitchener, Ontario* (Kitchener, 1937 ; réimpr., [Waterloo, 1975]), 17. — M. [H.] Snyder Sokvitne, « The Joseph Schneider house, 1820 », Waterloo Hist. Soc., [*Annual report*] (Kitchener), 1966 : 20–27. — W. V. Uttley, « Joseph Schneider : founder of the city », Waterloo Hist. Soc., *Annual report* (Waterloo), 1929 : 111–119. — G. K. Waite, « Joseph Schneider sawmill operations, 1848–1859 », Waterloo Hist. Soc., [*Annual report*], 1985 : 57–65.

SCHOULTZ, NILS VON (baptisé **Nils Gustaf Ulric**), patriote, né le 6 ou le 7 octobre 1807 à Kuopio (Finlande), deuxième enfant survivant de Nils Fredrik von Schoultz et de Johanna Henrica Gripenberg ; le 20 mars 1834, il épousa à Florence (Italie) Ann Cordelia Campbell, et ils eurent deux filles ; pendu le 8 décembre 1838 au fort Henry, près de Kingston, Haut-Canada.

Jamais gredin aussi séduisant et aussi respecté que Nils von Schoultz ne mit les pieds au Canada ou n'y fit aussi grande impression en si peu de temps. Fils d'un fonctionnaire de niveau intermédiaire, il fut emmené en Suède avec le reste de sa famille quand les Russes envahirent la province de Finlande en 1808. Après la mort de son mari en 1816, Mme von Schoultz ramena tous ses enfants, sauf un, en Finlande, où son frère tenait une école. Schoultz y fit ses études puis, de

retour en Suède avec sa famille en 1821, fréquenta l'académie militaire de Karlberg. La même année, il entra dans le Kunge Svea Artillerie-Regiment et, en 1825, il était sous-officier breveté de deuxième classe. Il abandonna sa commission en novembre 1830, peut-être bien par obligation (il avait des dettes de jeu), et travailla quelque temps pour l'armée en qualité de civil.

En 1831, Schoultz entama l'existence semi-nomade qui allait désormais être la sienne. Il alla d'abord combattre l'envahisseur russe aux côtés des patriotes polonais. Fait prisonnier, il s'évada et trouva refuge en France, où il s'engagea dans la Légion étrangère, puis servit en Afrique du Nord. Toutefois, comme le genre de guerre qui se livrait là-bas lui répugnait, il réussit à quitter la légion en 1832. L'année suivante, il alla visiter certains membres de sa famille à Florence, où il fit la connaissance d'Ann Cordelia Campbell, une jeune touriste écossaise qu'il épousa. En 1834, il s'installa en Suède avec sa femme, sa belle-mère et sa belle-sœur. Avec l'argent que sa belle-mère avait pu tirer d'une partie de ses biens, il acquitta certaines de ses dettes et acheta un moulin. Cependant, il n'avait pas de revenu fixe et eut bientôt deux petites filles à sa charge, outre sa femme, ses beaux-parents et ses domestiques. C'est pourquoi il monta un laboratoire et se mit à faire des expériences dans l'espoir de trouver des procédés de fabrication potentiellement lucratifs.

En juin 1836, Schoultz se rendit en Angleterre, à la fois dans le but de trouver un acheteur pour une teinture rouge de son invention et d'obtenir une plus grande part des biens de sa belle-mère. La teinture se révéla instable ; plus énergique et enthousiaste que patient, Schoultz, semble-t-il, se découragea. Comme un compatriote suédois lui offrait une place à destination des États-Unis, il accepta dans l'espoir d'y faire fortune. En quittant l'Angleterre, il ne prévint ni sa femme ni les parents de celle-ci à Londres, qui l'avaient accueilli.

C'est sous l'identité de Nils Scholtewskii von Schoultz, Polonais de 39 ans, que Schoultz se présenta aux États-Unis. Dès son arrivée à New York en août 1836, son instinct d'entrepreneur le mena aux salines de Salina (Syracuse) et Syracuse, dans le nord de l'état de New York, où le traitement de la saumure devait générer des profits considérables. Schoultz ne tarda pas à concevoir un nouveau procédé d'extraction du sel, le fit tester et se rendit dans les régions du pays où l'on produisait du sel afin d'intéresser des manufacturiers à son invention avant de demander un brevet. Distingué et charmant, il se fit des amis partout où il alla et trouva même des bailleurs de fonds. Il fit l'acquisition d'une propriété en Virginie, demanda la citoyenneté américaine et s'installa provisoirement à Salina avec un nouvel ami, Warren Green, en attendant la délivrance de son brevet. Certains

Secord

témoignages contemporains laissent entendre qu'il courtisait une dame de l'endroit, peut-être Emeline Field, la nièce de Green. Dans une lettre datée de juin 1837, il promit à sa femme de lui envoyer sous peu une forte somme ; ce fut sa seule correspondance avec l'Europe. Selon toute apparence, il tentait de refaire sa vie, mais sa mort prématurée empêche de déterminer quelles étaient ses intentions profondes.

En 1838, la cause du peuple canadien toucha la fibre romantico-héroïque de Schoultz, comme l'avaient fait naguère la cause des Polonais et la perspective de vivre dans la Légion étrangère. Quelqu'un le fit entrer chez les frères-chasseurs, société secrète formée dans les États du Nord après la rébellion de 1837 pour libérer le Haut et le Bas-Canada de la domination britannique. Après avoir fait du recrutement à New York à l'automne de 1838, Schoultz accepta de prendre part à une attaque contre le village haut-canadien de Prescott. Le 11 novembre 1838, le vapeur *United States* quitta Sackets Harbor, dans l'état de New York, puis descendit le Saint-Laurent vers le but de l'expédition en touant deux schooners chargés d'hommes. L'un des schooners, qui transportait de 150 à 200 hommes, dont Schoultz, accosta un peu à l'est de Prescott. Cependant, divers contretemps et le tir d'un vapeur de guerre britannique [V. William Newton Fowell*] empêchèrent les autres navires d'atteindre la rive du Haut-Canada. Schoultz était d'un grade peu élevé mais, comme les officiers supérieurs se trouvaient en sol américain, c'est lui qu'on élut commandant. En se servant comme abris d'un moulin à vent en pierre et de plusieurs maisons de même construction, il organisa une défense qui tint cinq jours contre une forte troupe de miliciens et de soldats réguliers, commandée tour à tour par les colonels Plomer Young* et Henry Dundas et appuyée par les trois vapeurs armés du capitaine Williams Sandom*. Des nouvelles, venues du côté américain, laissèrent croire à l'arrivée de renforts, puis de secours, mais rien ne vint. Le 16, les envahisseurs, qui en étaient alors réduits à tirer des boulons, des charnières de porte et des clous, succombèrent à une attaque massive.

On emmena Schoultz et les autres survivants au fort Henry, où ils comparurent devant un conseil de guerre à compter du 26 novembre. Sur l'avis de certains officiers britanniques que sa prestance et ses antécédents militaires impressionnaient, il recourut aux services d'un jeune avocat kingstonien, John Alexander Macdonald*. Cependant, son naturel chevaleresque joua contre lui. Malgré l'avis de Macdonald, il souligna que, même s'il avait participé à la tentative d'invasion parce qu'il n'avait rien compris aux désirs des Haut-Canadiens, il était tout de même coupable d'avoir attaqué et devait payer pour ses crimes. Le tribunal le condamna donc à la pendaison mais, comme il le prenait pour un officier polonais, il résolut de l'exécuter au fort Henry plutôt qu'à la prison du district, avec les neuf autres condamnés. On exécuta la sentence le 8 décembre.

Nils von Schoultz demeura jusqu'au bout un vaillant romantique. Il rédigea un testament dans lequel il répartissait l'ensemble de ses biens, dont la plupart devaient provenir de la vente du brevet de son procédé d'extraction du sel. Une partie du produit de cette vente devait assurer la subsistance des veuves des quatre soldats du camp britannique tués au cours de la bataille et financer un établissement catholique alors en chantier à Kingston, le Regiopolis College. On devait diviser le reste du même argent également entre sa femme, sa mère, Warren Green et la sœur de celui-ci. De la part de Green, 1 000 $ devaient aller à sa nièce. Rien n'indique cependant que le brevet ait jamais rapporté le moindre sou. Dans des lettres publiées après sa mort, Schoultz demandait aux Américains de ne pas chercher à le venger et reconnaissait que les Haut-Canadiens n'étaient pas mécontents de leur sort. Cet homme à la vie mouvementée était mort à 31 ans.

Ronald J. Stagg

La seule étude qui nous permette de savoir quelque chose sur la vie de Nils Gustaf von Schoultz en Europe est une modeste mais solide biographie d'Ella Pipping, *Soldier of fortune : the story of a nineteenth century adventurer*, Naomi Walford, trad. (Boston, 1971), publiée d'abord en suédois sous le titre de *En orons legionär : Nils Gustaf von Schoultz, 1807–1838* ([Helsinki, Finlande, 1967]). Écrite par une descendante, elle est largement basée sur des papiers de famille. Elle n'est pas aussi bonne pour les événements qui se sont passés en Amérique du Nord mais cette lacune peut être comblée par différentes autres sources. Les récits officiels des événements qui se sont déroulés près de Prescott et du procès de Schoultz se trouvent aux APC, RG 1, E3, 3 : 116–176 ; et PRO, CO 42/451 : 553–561 ; 42/452 : 115, 120–121, 321–323, 338–378. Le testament de Schoultz est reproduit dans CO 42/462 : 133–152. Des récits, souvent très divergents, de la bataille de Windmill Point se retrouvent dans plusieurs journaux de l'époque : voir par exemple la *Mackenzie's Gazette* (New York), 17, 24 nov., 15, 22 déc. 1838 ; le *Chronicle & Gazette*, 14 nov.–29 déc. 1838 ; le *Kingston Spectator*, 30 nov., 7 déc. 1838, 11 janv. 1839 ; l'*Upper Canada Herald*, 13, 20 nov. 1838, 1er janv. 1839 ; et le *Brockville Recorder*, 15 nov., 13, 27 déc. 1838. Ces journaux reproduisent aussi quelques lettres de Schoultz et une fausse biographie (souvent éditée ou modifiée) du « Polonais » Schoultz, d'abord publiée dans l'*Onondaga Standard* (Onondaga, Ontario). La plupart des informations données plus haut apparaissent aussi dans Guillet, *Lives and times of Patriots* ; O. A. Kinchen, *The rise and fall of the Patriot Hunters* (New York, 1956) ; et S. S. Wright, *Narrative and recollections of Van Diemen's Land, during a three years' captivity of Stephen S. Wright* [...], Caleb Lyon, édit. (New York, 1844). [R. J. S.]

SECORD, DAVID, homme d'affaires, juge de paix, homme politique et officier de milice, né en août 1759

844

à New York, fils de James Secord et de Madelaine Badeau ; il épousa Jessie Millard, puis Catharine Smith, et enfin Mary Page, veuve d'un nommé Dunn, et de ces mariages naquirent 14 enfants ; décédé le 9 août 1844 à St Davids, Haut-Canada.

En 1772, la famille de David Secord s'installa dans le comté de Northumberland, dans la vallée de la Susquehanna, en Pennsylvanie. Cinq ans plus tard, pendant la Révolution américaine, James Secord se joignit aux Butler's Rangers [V. John Butler*] et mena 54 de ses voisins et 3 de ses fils, dont David, à Niagara (près de Youngstown, New York). Par la suite, il entra au département des Affaires indiennes. Quant à David, il fut caporal dans les *rangers* à partir d'avril 1777 jusqu'à leur licenciement en juin 1784. Selon un compte rendu, il fut blessé à la cuisse au cours de la bataille d'Oriskany. Après la guerre, il s'établit avec son père près de Queenston, dans la presqu'île du Niagara. Il contribua à l'expansion du village de St Davids, sur le ruisseau Four Mile, en y construisant une scierie en 1791. Peter Secord (peut-être son oncle) avait construit un moulin à farine sur ce cours d'eau en 1789 ; James, frère de David, et sa femme Laura* s'installèrent aussi à cet endroit. En 1812, David était propriétaire, entre autres, de trois maisons, d'un moulin à farine, d'une forge et d'un magasin général.

Secord acquit aussi une certaine importance dans la vie publique : juge de paix en 1796, il fut député de la circonscription de 2nd Lincoln pendant la cinquième législature du Haut-Canada (1809–1812). Nommé lieutenant de milice en 1788, il devint capitaine en 1794 et major du 2nd Lincoln Militia en 1806. Selon son propre témoignage, il prit part à tous les engagements d'importance qui survinrent dans le district de Niagara pendant la guerre de 1812 ; il commandait son régiment à la bataille de Lundy's Lane, le 25 juillet 1814 [V. sir Gordon Drummond*]. Le même mois, l'armée américaine détruisit ses bâtiments de St Davids, qu'il estima plus tard à £3 796.

Après la guerre, Secord siégea à titre de député de la circonscription de 3rd Lincoln pendant la septième législature (1817–1820). Durant cette période, il fut étroitement mêlé à l'agitation réformiste déclenchée par Robert Gourlay*. En avril 1818, il présida une assemblée durant laquelle des habitants du canton de Niagara approuvèrent le troisième exposé de Gourlay et mirent en place le mécanisme d'élection des représentants des autres cantons de la presqu'île qui allaient adresser au prince régent une requête sur la situation du Haut-Canada et assister à une réunion provinciale. En juillet, à York (Toronto), il participa à l'Upper Canadian Convention of Friends to Enquiry. Toutefois, son appui à Gourlay ne dénotait probablement pas une profonde hostilité envers le gouvernement.

Malgré ses réclamations pour pertes de guerre,

David Secord ne reçut aucun versement avant 1837 ; en 1840, il dut demander les intérêts accumulés de son indemnité, soit £1 296. En raison de ses pertes et de ses lourdes obligations familiales, il connut une vieillesse assez pauvre. Décédé en août 1844, il fut inhumé dans le cimetière méthodiste de St Davids.

BRUCE WILSON

APC, MG 11, [CO 42] Q, 427, part. I : 3–16 ; RG 1, E3, 47 : 3 ; L3, 448 : S1/2 ; RG 19, E5(a), 3741, claim 50. — *Doc. hist. of campaign upon Niagara frontier* (Cruikshank), 8 : 72–73. — *Principles and proceedings of the inhabitants of the district of Niagara, for addressing His Royal Highness the Prince Regent respecting claims of sufferers in war, lands to militiamen, and the general benefit of Upper Canada* (Niagara [Niagara-on-the-Lake, Ontario], 1818) (une bonne partie de cette brochure est publiée dans *Statistical account of U.C.* (Gourlay ; Mealing, édit., 1974). — Armstrong, *Handbook of Upper Canadian chronology* (1967). — Chadwick, *Ontarian families*, 2 : 84. — *Death notices of Ont.* (Reid). — « Loyalist and pioneer families of West Lincoln, 1783–1833 », R. J. Powell, compil., *Annals of the Forty* (Grimsby, Ontario), n° 8 (1957) : 26. — Reid, *Loyalists in Ont.*, 277. — Darroch Milani, *Robert Gourlay, gadfly,* 177.

SÉGUIN, FRANÇOIS-HYACINTHE, notaire et auteur, né le 17 août 1787 à Terrebonne, Québec, fils aîné de François Séguin, cultivateur, et de Charlotte Clément ; le 8 juillet 1815, il épousa dans son village natal Marie-Josephte Augé, et ils eurent un enfant, puis le 18 juin 1838 au même endroit une veuve, Geneviève-Luce Robitaille ; décédé le 19 août 1847 à Terrebonne.

En 1801, François-Hyacinthe Séguin entreprend un stage de clerc auprès du notaire Joseph Turgeon qui exerce à Terrebonne. Il ne semble pas avoir gardé un bon souvenir de ses sept années d'apprentissage, puisqu'il qualifie son maître de spéculateur, d'extorqueur et d'intempérant. Il obtient sa commission de notaire le 15 octobre 1808 et ouvre un bureau à Terrebonne où il pratiquera toute sa vie.

Séguin serait probablement tombé dans l'oubli s'il n'avait laissé un journal intime, riche en observations et réflexions sur la société bas-canadienne. Rédigé du 7 février 1831 au 2 mars 1834, ce journal, en plus d'offrir une chronique fort intéressante de la vie religieuse et sociale de Terrebonne, contient l'un des témoignages les plus vibrants et les plus articulés sur le mouvement patriote et le libéralisme républicain. Écrit sur un ton nostalgique, il fourmille de réflexions historiques et politiques. Séguin utilise aussi son journal comme moyen de défoulement contre la société en dessinant sous des traits acerbes ses contemporains et ses proches.

Séguin s'y révèle avide lecteur de journaux et passionné d'actualités politiques. Il se montre profondément religieux, obsédé par la mort et fortement engagé dans sa communauté. Il est attentif aux mutations de la nature, sensible aux phénomènes météorologiques et astronomiques et amateur de pêche. Très critique face à sa profession, il s'interroge sur la pertinence de l'examen d'admission qui ressemble plus, selon lui, « à une moquerie qu'à une enquête sérieuse », d'où l'augmentation des ignorants qui propagent l'esprit de chicane. En plus de s'intéresser aux problèmes financiers, constitutionnels, scolaires et judiciaires du Bas-Canada, il réfléchit sur des questions comme la peine de mort et il professe un rationalisme bien-pensant en dénonçant l'intempérance, les superstitions et les charivaris.

Esprit conservateur et réactionnaire, Séguin craint les conséquences de la Révolution française et les progrès de l'athéisme. Amant de l'ordre et profondément antidémocrate, il soutient que la volonté populaire n'est qu'une « pauvre machine qui se laisse mouvoir par ceux qui l'ont le plus cajolé ou qui ont le plus prodigué les bassesses et les flatteries ».

Séguin trouve dans la vie parlementaire, qu'il suit avec intérêt, maints objets de réflexion. Il est conscient de vivre des années prérévolutionnaires et voudrait revenir au temps où le calme et le bonheur régnaient sur le Bas-Canada. Il en a contre la presse et les clubs politiques et dénonce la stratégie des patriotes à l'Assemblée, qui veulent tout renverser sans rien édifier. De plus, il critique l'Acte constitutionnel de 1791 qui a jeté le trouble dans le pays en introduisant la souveraineté populaire.

Au cours de 1832, trois événements permettent à Séguin d'exprimer ses convictions antipatriotes. En mars, il assiste au retour triomphal à Montréal de Ludger Duvernay* et de Daniel Tracey*, emprisonnés pour avoir publié des écrits séditieux contre le gouvernement. Choqué par cette manifestation populaire, il croit que les autorités auraient dû être plus sévères à l'endroit de ces « deux misérables gazetiers ». Au printemps de 1832, l'élection partielle dans la circonscription de Montréal-Ouest tourne à l'émeute en mai. L'armée britannique tire alors sur la foule et fait trois victimes canadiennes-françaises [V. Daniel Tracey]. Séguin en profite pour dénoncer les provocateurs de désordre et tonner contre les dangers du suffrage populaire. Il pense même que les patriotes ont semé le trouble par peur de perdre l'élection. Enfin, l'épidémie de choléra trouve en Séguin un observateur perspicace et un nécrologue minutieux. Par le biais des journaux, il surveille la progression de l'épidémie à Québec et à Montréal, et il effectue un bilan commenté des mortalités. Il s'agit selon lui d'un fléau envoyé par Dieu pour purger le Bas-Canada des troubles qui y règnent. Il décrit le désarroi de la population, l'impuissance et les avis contradictoires des médecins, ainsi que le renforcement de la pratique religieuse.

François-Hyacinthe Séguin meurt à Terrebonne le 19 août 1847. Sa mort passe presque inaperçue dans la presse montréalaise. Homme paternaliste, épris de stabilité et d'ordre, Séguin était mal à l'aise dans le bouillonnement social et révolutionnaire de son époque. Son journal révèle un homme terne et plein de ressentiments. Ses écrits demeurent un vibrant plaidoyer en faveur d'un Bas-Canada soumis à son roi, à son Dieu et aux traditions séculaires de l'Ancien Régime. Face à une certaine historiographie nationaliste qui a relégué aux oubliettes les défenseurs francophones de l'ordre colonial britannique, Séguin vient rappeler les divisions profondes de la société bas-canadienne.

RÉJEAN LEMOINE

Le minutier de François-Hyacinthe Séguin, qui contient des actes passés entre 1808 et 1847, est conservé aux ANQ-M sous la cote CN6-27. Son journal personnel, qui n'a jamais été publié, se trouve aux APC sous la cote MG 24, I109.
ANQ-M, CE6-24, 17 août 1787, 8 juill. 1815, 18 juin 1838, 23 août 1847. — APC, RG 68, General index, 1651–1841. — La Gazette de Québec, 20 oct. 1808. — Montreal Gazette, 25 août 1847. — Raymond Masson, Généalogie des familles de Terrebonne (4 vol., Montréal, 1930–1931), 4 : 2190–2195.

SELEE (Seeley), PEET (Peer, Peter), forgeron, homme d'affaires et milicien, né le 4 juin 1766 dans les colonies américaines, probablement au Connecticut ; il épousa Rebecca Peet, et ils eurent au moins neuf enfants, puis le 22 janvier 1833 une veuve, Hannah Whooley (Woolley), mais le couple n'eut pas d'enfants ; décédé le 25 novembre 1844 dans le canton d'Elizabethtown, Haut-Canada.

Forgeron de son état, Peet Selee émigra, paraît-il, du Connecticut « avec un groupe qui se rendait dans la baie de Quinte ». Cependant, la seule certitude que l'on a quant à ses déplacements est qu'il s'installa dans le canton de Yonge en 1789, peut-être parce que plusieurs Selee du Connecticut vivaient déjà dans le district de Johnstown. Il cultivait la terre et exerçait son métier de forgeron. L'un des premiers à faire ce travail dans la région, il utilisait le bois des forêts environnantes pour en faire du charbon et fabriquait probablement les outils de fer élémentaires dont les colons avaient besoin. Il devint apparemment prospère et, selon un ouvrage publié en 1879, noua au moins deux associations : l'une avec Caleb Seaman, forgeron lui aussi, l'autre avec Daniel Jones, l'un des premiers propriétaires de moulin de Brockville. Vers 1805, Selee construisit avec d'autres une scierie sur un ruisseau des environs, dans le canton d'Elizabethtown. Il s'installa ensuite à cet endroit, reprit son métier de forgeron et embaucha des apprentis.

Durant la guerre de 1812, Selee servit dans plusieurs détachements de la milice locale. Toutefois, en 1821, on mit en doute sa loyauté pendant les hostilités (il avait prêté le serment d'allégeance en 1801) en prétendant qu'il avait mené clandestinement une opération de traverse sur le Saint-Laurent et spéculé sur des terres américaines. L'un des magistrats se porta à sa défense, en affirmant que pendant son service de guerre Selee n'avait été « nullement soupçonné d'aider ou d'assister l'ennemi ». Mais l'affaire n'en resta pas là et, quatre ans plus tard, on le poursuivit en justice, sans succès finalement, pour avoir prononcé des « paroles séditieuses ».

Après la guerre, Peet Selee avait élargi ses intérêts. Propriétaire d'une taverne, d'une auberge et d'un magasin en 1818, il spéculait un peu sur les terres en friche des cantons voisins. Même s'il travailla dans sa forge et sa scierie jusqu'à sa mort, il réduisit peu à peu la superficie de ses propriétés foncières locales à compter de 1819 et en vendit en 1825 une bonne partie à son fils Truman. En 1832, la taverne et le magasin étaient fermés, mais il exploitait toujours sa scierie ; plus tard on appela Selee's Corners le hameau qui l'entourait. À sa mort, sa femme, Hannah, hérita de la plus grande partie de sa succession, et notamment de ses précieux outils de forgeron.

DAVID ROBERTS

AO, MS 519, Thomas Smyth à Joel Stone, 14 sept. 1821 ; RG 1, C-IV, Elizabethtown and Yonge townships ; RG 21, United Counties of Leeds and Grenville, Elizabethtown Township, census and assessment records, 1797–1845 ; RG 22, sér. 12, 1–8, particulièrement 4 : 62–63 ; sér. 17, box 3, road report n° 19 ; sér. 18, boxes 1, 6–7 ; box 10 : 4. — APC, RG 1, L3 ; RG 9, I, B7, 6. — Leeds Land Registry Office (Brockville, Ontario), Abstract index to deeds, Elizabethtown Township, concession 4, lot 32 ; North Crosby Township, concession 2, lot 23 ; Deeds, Elizabethtown Township, concession 4, lot 35, n° T212 (testament de Peet Selee, enregistré le 26 mai 1845) ; testament de Justus Seelye, enregistré le 9 juill. 1831 (transcription). — MTRL, D. W. Smith papers, A9 : 239–242. — « A record of marriages solemnized by William Smart, minister of the Presbyterian congregation, Brockville, Elizabethtown, Upper Canada », H. S. Seaman, édit., OH, 5 (1904) : 217. — « District of Luneburg : Court of Common Pleas », AO Report, 1917. — « Journals of Legislative Assembly of U.C. », AO Report, 1913. — Brockville Recorder, 5 déc. 1844. — T. W. H. Leavitt, History of Leeds and Grenville, Ontario, from 1749 to 1879 […] (Brockville, 1879 ; réimpr., Belleville, Ontario, 1972). — « Memoirs », New England Hist. and Geneal. Reg. (Boston), 108 (1954) : 311.

SEWELL (Sewall), JONATHAN, fonctionnaire, avocat, musicien, auteur, juge et homme politique, baptisé le 6 juin 1766 à Cambridge, Massachusetts, fils de Jonathan Sewall (Sewell) et d'Esther Quincy ; décédé le 11 novembre 1839 à Québec.

Né dans une famille célèbre et cultivée du Massachusetts, Jonathan Sewell, tout comme son jeune frère Stephen*, grandit entouré de l'amour et des encouragements de ses parents. Son père, loyaliste et procureur général de la colonie, s'attira l'hostilité des patriotes américains ; le 1er septembre 1774, à l'âge de huit ans, le petit Jonathan, terrifié, vit une bande d'émeutiers saccager le manoir familial de Cambridge. Moins d'une semaine plus tard, les Sewall partaient pour Boston ; un an après, ils débarquaient à Londres. En 1778, ils s'installèrent à Bristol, où ils adoptèrent l'orthographe anglaise de leur nom, Sewell. S'étant découvert un talent pour le théâtre, Jonathan joua si bien dans une pièce présentée à l'école que la grande actrice Sarah Siddons le qualifia de « fils béni de Dame Nature ». Il avait en outre des dons innés pour la musique et la peinture, et son père lui trouvait un esprit « impétueux et pénétrant ». Par la suite, Edward Winslow* devait dire qu'il était « l'un des jeunes gens les plus accomplis qu'il [lui avait] été donné de voir ».

Au début de 1785, après un bref séjour au Brasenose College d'Oxford, Sewell quitta l'Angleterre sous la garde de Jonathan Bliss*, procureur général du Nouveau-Brunswick, afin d'aller étudier le droit dans cette colonie auprès d'un vieil ami de la famille, le solliciteur général Ward Chipman*. Désireux d'améliorer ses talents de plaideur, il fonda à Saint-Jean un club d'étudiants qui débattaient des points de droit controversés, la Forensick Society. Il tâta également de la politique conservatrice en faisant campagne pour le parti gouvernemental, dont Chipman était l'un des dirigeants. En octobre 1787, on le nomma greffier de la Cour de vice-amirauté. Admis au barreau en mai suivant, il ne tarda pas à se constituer une clientèle. Tous les membres de sa famille vivaient alors à Saint-Jean, mais pendant l'été de 1789 il partit pour Québec, qui lui offrait de meilleures perspectives d'avenir.

En octobre, par suite des chaleureuses recommandations de Chipman et du juge Joshua Upham*, Sewell obtint sa commission d'avocat. Toutefois, comme il le constata bientôt, les barristers écossais et canadiens monopolisaient les litiges civils, et il envisageait de s'installer à Montréal quand, en octobre 1790, il devint procureur général par intérim de la province de Québec. La permanence alla finalement à James Monk* mais, sous l'impulsion de sa nomination temporaire, la pratique privée de Sewell prospéra. Sa rapide maîtrise du droit civil français, domaine qu'il ne connaissait pas à son arrivée, joua aussi en sa faveur.

La réussite de Sewell provenait en partie de ce que la communauté britannique de Québec l'acceptait bien. Elle lui manifesta encore plus d'amitié quand le prince Edward* Augustus, impressionné par ses qualités de violoniste, en fit l'un de ses protégés et lui confia la direction d'un orchestre d'amateurs qui donna régulièrement des soirées musicales. Sewell se

Sewell

procura les œuvres les plus récentes des compositeurs européens et composa, pour un concert, de nouvelles paroles pour *God save the King*. Elles firent sensation quand, en 1800, après une tentative d'assassinat contre la personne de George III, l'acteur Richard Brinsley Butler Sheridan les chanta sur une scène londonienne. Par ailleurs, les relations mondaines de Sewell n'étaient pas que culturelles ; en septembre 1793, il avait fait baptiser « un enfant naturel », John St Alban Sewell.

Tout comme les gens parmi lesquels il évoluait, Sewell était un libéral modéré. Il appuyait les efforts que déployait le juge en chef William Smith* pour fonder une université non confessionnelle, s'opposait à l'esclavage et était un ferme partisan de l'habeas corpus. Farouche défenseur de la prérogative royale, il n'en prônait pas moins une constitution équilibrée qui donnerait un rôle important à une chambre des Communes élue. Il accueillit avec joie la création d'une Assemblée au Bas-Canada prévue dans l'Acte constitutionnel de 1791 (mais déplora la subdivision de la province) et, pour guider la chambre dans ses délibérations, il publia en 1792 *Extrait des exemples de procédés dans la chambre des Communes de la Grande Bretagne*.

En 1793, le gouverneur lord Dorchester [Carleton*] et Smith obtinrent la nomination de Sewell aux fonctions de solliciteur général et d'inspecteur du domaine du roi. L'année suivante, en compagnie de Monk, Sewell enquêta sur une série d'émeutes qui agitaient la milice et travailla à les réprimer. Tous deux manifestèrent une tendance, courante parmi les coloniaux britanniques, à considérer les émeutiers comme de simples pions d'agents révolutionnaires français et américains. Après l'élévation de Monk à la dignité de juge, en 1794, Sewell entreprit les poursuites qu'il restait à faire, et ce avec une remarquable clémence, conformément à la manière prudente de Dorchester, qui tenait à ménager les délinquants politiques. En 1795, avec le juge en chef William Osgoode* et l'avocat montréalais Arthur Davidson*, Sewell mena une bataille victorieuse contre un projet de loi qui aurait ouvert la pratique du droit à des personnes non qualifiées. Le 9 mai de la même année, grâce à Dorchester et à Osgoode, mais contre la volonté de Monk qui voyait un sérieux rival en cet homme ambitieux et énergique, il accéda aux fonctions de procureur général et d'avocat général. On le nomma juge à la Cour de vice-amirauté en juin 1796.

Le poste de procureur général était important dans l'administration du Bas-Canada. Non seulement son titulaire rédigeait-il les règlements et actes juridiques du gouvernement, mais il intentait aussi des poursuites de toutes sortes, y compris dans les cas de menaces à la sécurité de l'État. Sewell organisa, notamment avec l'aide du marchand et magistrat montréalais

John Richardson*, un réseau de renseignements qui allait être assez efficace pendant plus d'une décennie. En 1796–1797, une nouvelle loi sur les chemins et les ponts déclencha une série d'émeutes ; Sewell rapporta alors au gouverneur Robert Prescott* qu'elles étaient orchestrées par des émissaires français à qui des démagogues comme Joseph PAPINEAU et Jean-Antoine Panet* apportaient leur concours, les deux groupes tablant sur les « prétendus griefs » des Canadiens et sur la « profonde ignorance » qui était « trop certainement la caractéristique » de ce peuple. Sur sa recommandation, on procéda à des arrestations à Québec et on envoya des soldats à Montréal afin de renforcer la détermination de magistrats trop timides. À Québec, il y eut condamnation de 23 des 24 accusés et, à Montréal, de 11 des 13 personnes jugées ; les sentences furent légères, mais le pourcentage de condamnations impressionna.

Convaincu de la fragilité de l'ordre social, comme bien des loyalistes, et craignant qu'une flotte française n'envahisse la colonie, Sewell rédigea la première version de ce qui devint en 1797 l'Acte pour la meilleure préservation du gouvernement de Sa Majesté. Cette loi suspendait l'habeas corpus, dans certains cas sur simple soupçon de « pratiques traîtresses ». De plus, grâce à sa formulation adroite, elle permettait d'emprisonner des députés ; l'objectif était de pouvoir incarcérer la faction Papineau-Panet si la menace d'invasion se concrétisait. En mai 1797, l'arrestation de l'Américain David McLane* pour trahison donna aux autorités la possibilité de faire un exemple. Sewell s'occupait de la poursuite ; trop soucieux de présenter un dossier solide, il participa à des tractations douteuses qui compromirent l'équité de la procédure. Après l'exécution de McLane, les émeutes cessèrent. De toute évidence, les soulèvements populaires ébranlaient le libéralisme modéré de Sewell, d'autant plus qu'il avait peur de voir la population s'organiser et obtenir l'appui d'une milice mécontente.

L'attitude de Sewell devant les causes criminelles ordinaires n'était pas du tout comparable à celle qu'il avait lorsqu'il était question de la sécurité du pays. Il ne contournait pas la loi pour défendre la cause royaliste, mais respectait intégralement les droits des accusés et prônait une interprétation restrictive du droit pénal. En plus d'une occasion même, il se tourmenta à propos du sort de malheureux pris dans l'engrenage. De 1793 à 1802, il dressa environ 400 actes d'accusation, dont seulement 170 contre des Canadiens et 43 contre des femmes.

Sewell passait une bonne partie de son temps à rédiger des avis juridiques à l'intention du gouvernement. Ces documents, qui portent sur des sujets étonnamment divers, sont presque tous d'une clarté remarquable ; les arguments en sont convaincants et bien étayés par des autorités. La plupart témoignent d'un souci de protéger les droits de la couronne ; l'accent que Sewell mettait sur les autorités juridiques jouait au détriment des Indiens, qui présentaient rarement, à l'appui de leurs revendications foncières, « quelque titre ou autre preuve » suffisante pour l'impressionner.

Sewell savait fort bien distinguer une opinion fondée en droit d'une autre appuyée sur une préférence politique, mais dans certains domaines – surtout celui des affaires ecclésiastiques – il franchissait la ligne de démarcation qui les séparait. Quand il était question de l'Église d'Angleterre, il se confinait d'ordinaire aux autorités juridiques, ce qui plus d'une fois, à la consternation de son ami intime l'évêque anglican Jacob Mountain*, l'amena à adopter « une opinion [...] contre [son] gré ». Même s'il considérait que, dans la colonie, l'Église d'Angleterre était privée de certains des droits essentiels à son fonctionnement (celui d'ériger des paroisses par exemple), il était convaincu qu'elle avait le statut d'Église établie. Quant à l'Église catholique, la politique à suivre était d'exercer sur elle la suprématie royale (que, selon lui, le droit sanctionnait) et il recommandait de l'obliger à accepter celle-ci en profitant de la soi-disant ambiguïté du statut que lui concédait le droit britannique. D'abord convaincu que l'Église catholique était « simplement tolérée », il en vint, en 1801, à craindre « avec une trop grande certitude » que l'Acte de Québec, en 1774, ne lui ait conféré le statut d'Église établie. Comme il le signala au lieutenant-gouverneur sir Robert Shore MILNES, l'indépendance de l'Église, ajoutée à l'ignorance et à la superstition de la population, faisait en sorte que le clergé et l'évêque exerçaient sur celle-ci un ascendant « énorme » et « extrêmement dangereux ». Cependant, ajoutait-il, « diriger [l'évêque], c'est diriger tout le monde », et, comme les problèmes de l'exécutif colonial lui semblaient découler du fait qu'il n'avait pas d'influence sur la population, dominer l'Église était le meilleur moyen d'en acquérir. Le gouvernement devait donc user de son « droit, acquis par la conquête du Canada mais jamais encore exercé, de nommer l'évêque, le coadjuteur et le curé ».

Au printemps de 1805, encouragé par Milnes, Sewell entreprit avec Joseph-Octave Plessis*, coadjuteur de l'évêque de Québec, Mgr Pierre Denaut*, des discussions qui visaient à convaincre celui-ci de demander la reconnaissance officielle de son titre et de son Église en échange de sa reconnaissance de la suprématie royale. Au bout du compte, Denaut résolut de demander au roi de reconnaître officiellement son titre en lui délivrant des lettres patentes dont la couronne déterminerait les modalités, ce qui fut une victoire tactique pour Sewell. Quand Denaut mourut, au début de 1806, Sewell et le secrétaire civil Herman Witsius RYLAND tentèrent en vain de convaincre l'administrateur de la colonie, Thomas Dunn*, de ne

pas accepter Plessis comme évêque ni Bernard-Claude Panet* comme son coadjuteur avant que la couronne n'ait répondu à la requête de Denaut. Malgré des rappels réguliers de Sewell, de Mountain et de Ryland, le gouvernement britannique ne répondit jamais.

D'après Sewell, l'exécutif pouvait aussi acquérir de l'ascendant sur la population canadienne en mettant la main sur l'éducation. C'est pourquoi, de concert avec Mountain et Milnes, il élabora un projet qui visait à ouvrir, dans les campagnes, des écoles élémentaires qui seraient financées et dirigées par le gouvernement et où des instituteurs canadiens loyaux enseigneraient la langue anglaise et les bienfaits du régime britannique aux enfants des habitants. La première version du projet de loi gouvernemental qui, amendé par l'Assemblée au point de n'avoir plus aucune incidence sur l'éducation des Canadiens, créa en 1801 l'Institution royale pour l'avancement des sciences était son œuvre.

Pour que la colonie demeure sous la domination britannique, estimait Sewell, il fallait angliciser la population. Le gouvernement pouvait hâter la réalisation de cet objectif en encourageant l'immigration massive, surtout en provenance des États-Unis. Malheureusement, le régime seigneurial décourageait la venue des immigrants ; Sewell indiqua donc à Milnes des moyens juridiques de rendre ce régime si onéreux que la population elle-même finirait par réclamer qu'on le remplace par la franche tenure.

Comme la fonction de procureur général avait un aspect politique, Sewell avait été élu en 1796, peu après sa nomination, député de William Henry (Sorel), l'une des deux circonscriptions où les Britanniques étaient majoritaires. En chambre, il était souvent appelé à rédiger des projets de loi mais, pour ce qui était des affaires gouvernementales, il jouait en général un rôle moins important que celui des dirigeants du parti des bureaucrates, John Young* et Pierre-Amable De Bonne* par exemple. Il appuya ce parti, sauf dans deux controverses – le financement des prisons en 1805 [V. Ignace-Michel-Louis-Antoine d'Irumberry* de Salaberry] et l'expulsion du juif Ezekiel HART – où ses opinions juridiques l'obligèrent à manifester sa dissidence. Il siégea à l'Assemblée jusqu'en 1808.

Sewell poursuivit sa pratique privée après être devenu procureur général. Conscient du risque de conflits d'intérêts, puisque cette fonction officielle lui permettait d'informer rapidement ses clients sur les lois à venir, il invoqua cette raison au moins à trois reprises pour refuser de servir d'avocat à des particuliers. Dès le début du XIXe siècle, son cabinet était probablement le plus prestigieux de la colonie : la plupart de ses clients étaient d'éminents hommes d'affaires, des fonctionnaires et des seigneurs. À cette époque, il défendit Young avec succès au cours d'un procès pour dettes que lui avait intenté Catherine Le

Sewell

Compte Dupré. Dans sa plaidoirie, il affirma que depuis la Conquête la pratique avait modifié le droit français, ce que les nationalistes virent comme une attaque contre la tradition juridique des Canadiens. Sewell forma plusieurs avocats, dont Edward Bowen*, James Stuart*, Jean-Thomas Taschereau* et Philippe-Joseph Aubert* de Gaspé, à qui il instilla un solide respect des règles du droit.

Selon Aubert de Gaspé, Sewell avait, envers ses clercs, une attitude toute paternelle. Le 24 septembre 1796, il avait épousé Henrietta Smith (connue familièrement sous le prénom de Harriet), fille de feu le juge en chef William Smith. Toujours selon le témoignage d'Aubert de Gaspé, elle était à 20 ans « une femme de grande beauté ». Ce mariage d'amour fut heureux. Le couple eut 16 enfants, dont 4 seulement moururent en bas âge. Sewell était un père très attentif ; il lui arriva un jour de protester avec colère parce qu'un de ses fils avait reçu à l'école un châtiment corporel, méthode disciplinaire qu'il avait en horreur. En 1805, il installa sa famille de plus en plus nombreuse dans une grande maison qu'il avait fait construire dans les limites de la ville, près de la porte Saint-Louis. Évaluée à environ £4 000, elle contribua à lancer à Québec le style palladien, alors en vogue en Grande-Bretagne et aux États-Unis. Les Sewell donnaient souvent des dîners, et dans les meilleures maisons britanniques et canadiennes on était toujours très honoré de les recevoir. Membre du chic Club des barons, Sewell était aussi un actionnaire actif de la Compagnie de l'Union de Québec, qui construisit en 1805 l'un des hauts lieux de la vie mondaine à Québec, l'hôtel de l'Union. La bonne société de cette ville lui plaisait beaucoup plus que celle de Montréal, qu'il trouvait libertine et frivole. Il déplorait particulièrement la froideur que les hommes d'affaires montréalais, réunis dans « leurs clubs, compagnies et cafés réservés aux hommes », manifestaient envers leur femme. Quant à Trois-Rivières, c'était, du point de vue social, un « purgatoire », et ce district lui donnait, comme procureur général, « plus de travail, comparativement, que tout le district de Montréal ».

Le 22 août 1808, Sewell prit la succession de Henry Allcock* au poste de juge en chef du Bas-Canada. Cette position, il manœuvrait depuis 1801 pour l'obtenir, avec l'aide d'une pléiade de gens influents. Dès son entrée en fonction, il consulta ses collègues sur les moyens de systématiser et de rationaliser la procédure des tribunaux et, en 1809, il publia des ordonnances et des règles de procédure à l'intention de la Cour du banc du roi de Québec et de la Cour d'appel. Monk fit de même à Montréal deux ans plus tard. Sewell était un juge assidu ; de 1809 à 1823, si l'on exclut les périodes pendant lesquelles il s'absenta de la colonie, il siégea durant 90 % des jours d'audience. Très compétent en matière de droit criminel, il se montrait toujours juste, sauf quand la sécurité de la colonie était en cause. Ses allocutions, faites à l'intention des jurys d'accusation et souvent publiées par la suite, étaient de remarquables leçons sur des domaines complexes du droit.

Sewell croyait que, dans l'ensemble, les crimes graves augmentaient parmi les Canadiens et, à l'instar de bien des hommes de loi de son époque, il soutenait que l'immoralité en était la cause. Suivant la mentalité qui avait cours à la fin du XVIIIe siècle, il voyait une infraction en tout acte fondamentalement malhonnête ou immoral, même s'il n'était pas prévu par la loi. Il fulminait sans cesse contre les tavernes, les maisons de jeu et les bordels – « séminaires publics de dépravation » – et affirmait que ces établissements répandaient la misère et la maladie dans les classes laborieuses dont l'utilité sociale se trouvait ainsi diminuée. Cependant, sa conception du châtiment était quelque peu avant-gardiste. Loin d'adhérer au principe de la terreur sélective, prôné par le théologien William Paley, il s'inspirait de sir William Blackstone qui, en s'appuyant sur la philosophie des Lumières, attaquait la « multitude des lois sanguinaires ». Les sentences de Sewell visaient à prévenir le crime plutôt qu'à punir les coupables ; selon lui, c'était la certitude d'être puni, et non la sévérité du châtiment, qui éloignait du crime. Les coupables repentants pouvaient même escompter qu'il leur épargnerait un casier judiciaire et un emprisonnement aux côtés de criminels endurcis. Tout en jugeant la peine capitale nécessaire en cas de crimes violents ou potentiellement violents, c'était pour lui une épreuve terrible que de la prononcer. À l'occasion, il commentait la preuve de manière à inciter le jury à acquitter ceux qui avaient commis contre la propriété des crimes non violents et punissables de mort, et dans certains cas, y compris de condamnations pour meurtre, il intervint pour sauver le prisonnier de la potence. Jusqu'à la fin, il tenterait de réduire le recours à la peine capitale en diminuant le nombre de crimes punissables de mort et en favorisant la transportation des criminels ; il allait cependant se buter à l'indifférence de l'Assemblée et du ministère des Colonies.

En comparaison des causes criminelles, les poursuites au civil étaient un plaisir pour Sewell. Certes, il avait tendance à favoriser la couronne chaque fois que les intérêts politiques du gouvernement étaient sérieusement menacés mais, si ses jugements n'étaient pas tout à fait impartiaux, ils imposaient tout de même l'admiration car ils étaient clairs, cherchaient à fixer un principe général et s'appuyaient sur une large érudition. Sewell fut probablement celui qui contribua le plus à rehausser la qualité de l'administration de la justice civile avant la codification du droit civil en 1866.

En qualité de juge en chef, Sewell entra au Conseil exécutif en septembre 1808. Pour £100, soit le salaire d'un simple conseiller, il agissait à titre de président de tous les comités pléniers, de tous les comités sur les questions d'État et de la Cour d'appel ; en outre, il présida le comité des comptes publics jusqu'en 1818 et celui des terres jusqu'en 1828. Le gouverneur soumettait la plupart des questions au conseil et suivait généralement son avis ; comme Sewell était le plus assidu aux réunions et que, souvent, pas plus de six conseillers n'étaient présents, son influence sur le gouvernement fut grande. Appelé au Conseil législatif en septembre 1808, il en devint président en janvier 1809. Malgré ce titre, il était habilité à débattre et à voter (deux fois en cas d'égalité des voix) et, là aussi, extrêmement assidu aux réunions, il en vint à avoir sur le conseil un ascendant comparable à celui de Louis-Joseph Papineau* sur l'Assemblée.

Étant donné les positions qu'il occupait, Sewell était bien le plus puissant fonctionnaire de la colonie après le gouverneur. Son influence se fit particulièrement sentir pendant le mandat de sir James Henry Craig*. En 1809, comme le Canadien, journal du parti canadien, s'opposait avec toujours plus de virulence aux politiques de Craig, il prévint un jury d'accusation, en tant que juge en chef, que la « liberté de presse », comme toutes les libertés civiles, était sujette au « bien de la collectivité » et que, « chaque fois que la presse nui[sait] au bien public, elle abus[ait] [de cette liberté] ». Un an plus tard, il faisait partie des conseillers exécutifs qui incitèrent Craig à invoquer l'Acte pour la meilleure préservation du gouvernement de Sa Majesté afin de saisir le Canadien et d'incarcérer, sous les soupçons de pratiques traîtresses, Pierre-Stanislas Bédard* et d'autres personnes liées au journal. Bien que politiquement mêlé à l'arrestation de Bédard, il n'eut aucun scrupule à présider le tribunal qui rejeta la requête en habeas corpus présentée par l'accusé. Ce conflit de juridiction entre le pouvoir politique et l'administration judiciaire, jugé inconstitutionnel par le Parlement britannique en 1806, suscita les critiques du barreau bas-canadien. Confiant en l'emprise que Sewell exerçait sur l'appareil judiciaire, Craig put cependant intimider une Assemblée, jadis turbulente.

En mai 1810, à la demande de Craig, Sewell analysa les problèmes politiques de la colonie. Ceux-ci, croyait-il, découlaient « premièrement des sympathies que la grande majorité des habitants [éprouvait] pour les Français, et deuxièmement du manque d'influence et de pouvoir du gouvernement exécutif ». « Les liens les plus importants entre un gouvernement et ses sujets sont la religion, les lois et la langue », affirmait-il. Ces liens n'existaient pas dans la colonie. Britanniques et Canadiens nourrissaient les uns envers les autres une « antipathie nationale » ; « le mélange de deux éléments si diamétralement opposés [étant] impossible », il concluait que « la province [devait] devenir une

colonie anglaise, sans quoi l'Angleterre finira[it] par la perdre ».

Afin de réaliser cet objectif, Sewell préconisait encore une fois d'encourager l'immigration massive de citoyens américains, de remplacer le régime seigneurial par la franche tenure et d'ouvrir les Cantons-de-l'Est au peuplement en construisant le chemin Craig. La confiscation des biens des sulpiciens permettrait de financer un système d'éducation régi par le gouvernement, et un acte déclaratoire du Parlement confirmerait la suprématie royale sur l'Église catholique. Une réforme politique s'imposait. Sewell recommandait de hausser le cens électoral et le cens d'éligibilité : mis ensemble, le « labeur et [la] persévérance » des Britanniques, la « paresse » des Canadiens et les coutumes successorales propres à chaque groupe assureraient aux colons britanniques la plus grande partie des propriétés foncières. Afin d'accélérer l'anglicisation, il recommandait « une union limitée des deux provinces du Haut et du Bas-Canada » qui laisserait à chacune ses lois. Craig appuya toutes les recommandations de Sewell, sauf celle qui portait sur l'union ; il allait cependant lui donner son aval plus tard.

La Grande-Bretagne ne souscrivit pas au programme de Sewell, et le successeur de Craig, sir George Prevost*, tenta plutôt de se concilier le parti canadien. Ce changement déplut à Sewell mais, après le déclenchement de la guerre contre les États-Unis, il fut agréablement surpris de voir les Canadiens manifester « universellement un désir loyal et sincère de participer de toutes les façons à la défense du pays », et il exerça une influence modératrice sur le parti des bureaucrates. En juillet 1812, il apporta une contribution majeure à l'effort de guerre en proposant l'émission de « billets de l'armée », une idée généralement attribuée à Young qui, en fait, avait plutôt recommandé la création d'une banque provinciale. Le projet de Sewell, que l'on adopta, confiait l'émission du numéraire à l'armée impériale.

En janvier 1814, l'Assemblée troubla le calme relatif qui régnait sur la scène politique de la colonie en attaquant les règles de procédure publiées par Sewell en 1809 et par Monk en 1811. À l'instigation de Stuart, un ancien élève de Sewell qui pour des raisons personnelles avait conçu une « rancœur haineuse » envers lui et son frère Stephen, elle mit Sewell et Monk en accusation, en alléguant notamment que certains de leurs règlements étaient des lois et qu'ils avaient donc usurpé ses propres prérogatives. Cependant, plus des trois quarts des accusations de l'Assemblée étaient politiques, puisque l'on accusait Sewell en particulier d'avoir monté Craig contre les Canadiens, tenté de « retirer à la presse toute liberté raisonnable » et promu la « domination américaine ». Cette affaire ne tarda pas à jeter Sewell dans « un état de détresse pitoyable », nota Andrew

Sewell

William COCHRAN, adjoint au secrétaire civil ; même s'il était « un homme de grand talent, il [était] sensible et a[vait] les nerfs fragiles ». Bientôt, les autres juges et le Conseil exécutif se déclarèrent visés par les mises en accusation qui avaient trait aux règles de procédure. La situation obligea Sewell et Monk à préparer ensemble une défense, avec l'aide de Richardson. Sewell, décida-t-on, irait défendre leur cause à Londres.

Dans les premiers jours de juin 1814, Sewell s'embarqua donc pour l'Angleterre avec sa femme et ses enfants. Au ministère des Colonies, il ne tarda pas à apprendre que les accusations politiques portées contre lui ne feraient même pas l'objet d'un examen, car en tenir compte, déclara lord Bathurst, secrétaire d'État aux Colonies, aurait été « admettre qu'un conseiller était responsable des actes d'un gouverneur, [ce qui était] contraire à tous les principes ». Quant aux règles de procédure, on les soumit au Conseil privé. Pour se défendre, Sewell fit valoir qu'au fond l'Assemblée caressait un « projet révolutionnaire », c'est-à-dire « transférer le pouvoir exécutif et les prérogatives de la couronne au législatif ». La couronne devait donc libérer ses fonctionnaires judiciaires et administratifs de toute dépendance à l'égard des élus. Sa défense se mua même en une attaque contre l'administration conciliante de Prevost. Finalement, celui-ci attribua davantage son rappel aux critiques de Sewell qu'au mécontentement que pouvait avoir causé sa conduite lors de l'assaut lancé en 1814 contre Plattsburgh, dans l'état de New York. En juin 1815, le Conseil privé annonça qu'aucune des règles de procédure n'était inconstitutionnelle. En 1818, elles seraient rééditées sans modification.

Entre-temps, Sewell s'était consacré à d'autres questions. La guerre de 1812 avait placé la défense des colonies au nombre des priorités de Londres. Pour assurer cette défense, Sewell envoya en novembre 1814 au prince Edward Augustus, devenu duc de Kent, un projet d'union de toutes les colonies britanniques d'Amérique du Nord. Les Canadiens, il le comprenait désormais, combattraient les Américains tant et aussi longtemps que les Britanniques leur permettraient de conserver leur langue, leurs lois et leur religion. Mais, pensait-il, pour opposer une résistance solide à l'ennemi américain, plus puissant, toutes les colonies devaient unir leurs efforts. Il envisagea donc un exécutif et un Parlement centraux, chaque colonie conservant un lieutenant-gouverneur et un Conseil exécutif. Ses propositions visaient à renforcer la couronne et l'exécutif aux dépens du Parlement et à garantir les fonctionnaires judiciaires et administratifs contre le harcèlement des assemblées élues. C'est sans doute les critiques suscitées par la petite place qu'il laissait au Parlement central qui l'incitèrent à modifier son projet de manière à confier les affaires strictement locales aux Parlements provinciaux. Ce projet parut apparemment en 1814 sous le titre de *A plan for the federal union of British provinces in North America*. C'était le produit d'un esprit loyaliste de la Nouvelle-Angleterre ; tout comme un projet de fédération conçu par le père de Sewell en 1784, et contrairement à un autre de son beau-père, le New-Yorkais Smith, il tentait d'assurer la stabilité en excluant les masses du processus politique plutôt qu'en les y faisant participer.

Sewell rentra à Québec le 4 juillet 1816, et on le salua par des salves de canons tirées du haut des fortifications ; c'était là un accueil réservé à quelques personnes seulement. Il rapportait une lettre très flatteuse dans laquelle lord Bathurst demandait au gouverneur sir John Coape Sherbrooke* de promouvoir les intérêts du juge en chef. Après en avoir pris connaissance, Sherbrooke avertit Bathurst que Sewell inspirait « dans toutes les classes » de la société, et surtout parmi le clergé, « un sentiment irraisonné qui se rapproch[ait] beaucoup de la haine ». Toutefois, grâce à l'habileté du gouverneur, l'Assemblée alla jusqu'à dégager des crédits de £1 000 pour Sewell, en sa qualité de président du Conseil législatif, tandis que le conseil acceptait de rendre permanent le salaire (équivalent) de Papineau à titre de président de la chambre.

Si Sewell s'occupa fort longtemps d'affaires publiques, il ne négligea pas pour autant les activités sociales. En décembre 1808, il avait assumé le parrainage d'une société littéraire fondée par Aubert de Gaspé et d'autres jeunes gens de Québec. Il encouragea le théâtre et tenta en vain de convaincre Plessis de lever l'interdit par lequel il défendait cette forme d'art aux catholiques. En octobre 1818, on le nomma à l'exécutif de l'Institution royale. Quelques mois plus tard, il présida une réunion des administrateurs du dispensaire de Québec. Membre de la Société d'agriculture depuis longtemps, il lui fit don, en 1819, d'une belle vache d'importation et de son jeune taureau.

Sewell se replongea dans le maelström de la politique bas-canadienne en 1816, ce qui n'améliora pas sa santé. En juillet 1820, le gouverneur lord Dalhousie [RAMSAY], conscient de « la place importante que [Sewell] occup[ait] dans la direction des affaires publiques », fit part de son inquiétude à Bathurst : « des complications, fruit d'un travail intense et de soucis, semblent avoir brisé sa constitution », disait-il. Dalhousie noua une amitié et des relations politiques exceptionnelles avec l'homme sociable, conservateur et bien informé qu'était son juge en chef. En novembre 1820, il signalait à Bathurst : « comme il est mon conseiller personnel dans [...] l'administration du gouvernement, je me tourne vers lui chaque fois qu'un problème surgit ». Néanmoins, Sewell était si impopulaire auprès de l'Assemblée que, pour améliorer l'efficacité du

Parlement, Dalhousie songea à le remplacer, à la présidence du Conseil législatif, par le lieutenant-gouverneur sir Francis Nathaniel Burton*. Ce changement n'eut cependant pas lieu.

Au cours des années 1820, à mesure que ses nombreux fils atteignaient l'âge adulte, Sewell fit preuve d'un népotisme tel que le parti canadien le détesta encore davantage et que Dalhousie, par ailleurs satisfait de lui, en prit ombrage. Le gouverneur fut particulièrement contrarié lorsqu'à la fin de 1822 Sewell commit un geste imprudent sur le plan politique en s'empressant de faire nommer son fils William Smith au poste de shérif de Québec. Naturellement, l'Assemblée protesta en soulignant que cette nomination nuirait à l'administration de la justice. Pourtant, seule la fermeté de Dalhousie découragea Sewell, en 1826, de s'acharner à faire nommer un autre de ses fils, Robert Shore Milnes, protonotaire du district de Québec.

En fait, Sewell abordait les problèmes avec une mentalité de fonctionnaire. En matière de questions financières, par exemple, il insistait pour que, de tous les postes de dépense que comportait la liste civile, les salaires soient payés en priorité. En 1821, il adopta une attitude opposée à celle de ses collègues marchands du parti des bureaucrates en combattant, sans résultat, la constitution de la Compagnie d'assurance de Québec contre les accidents du feu, de la Banque de Québec et de la Banque de Montréal. Au début des années 1820, c'est encore une fois en fonctionnaire qu'il réagit à l'approbation de plus en plus grande que suscitait une union législative du Bas et du Haut-Canada, surtout parmi les marchands montréalais. Il remit à Dalhousie son projet de fédération paru en 1814, mais le gouverneur le rejeta parce qu'il accordait trop d'influence à la couronne et à l'exécutif, et qu'il provoquerait probablement la fureur de l'Assemblée. Pourtant Dalhousie était lui aussi en faveur d'une union législative des deux provinces et, en 1822, il appuya un projet dans ce sens. Sewell prévint alors le ministère des Colonies que les Canadiens y étaient hostiles et présenta de nouveau le projet de fédération qu'il avait conçu pour toutes les colonies. Le sous-secrétaire parlementaire Robert John Wilmot-Horton fit publier cette proposition en 1824, avec un projet du procureur général du Haut-Canada, John Beverley Robinson*, sous le titre de *Plan for a general legislative union of the British provinces in North America*. Entre-temps, au début de 1823, Sewell avait pressé Dalhousie de ne pas permettre qu'un projet de loi sur l'union contienne une disposition relative à la religion, car elle risquait de provoquer les Canadiens. Il proposait plutôt de négocier un « concordat », sur la base de la requête de Denaut, au moment où il faudrait nommer le successeur de Plessis.

L'opposition de Sewell au projet d'union législative du Bas et du Haut-Canada présenté en 1822 ne passa pas inaperçue à l'Assemblée (il avait organisé le rejet par le Conseil législatif d'une motion en faveur de ce projet). À la fin de la session de 1823, Dalhousie nota que « tous les membres de la chambre d'Assemblée [avaient] dîné au domicile particulier du juge en chef » ; seul Papineau avait refusé l'invitation. Pendant la période où Burton administra la colonie, en 1824–1825, les tensions politiques qui avaient caractérisé le régime de Dalhousie s'apaisèrent à tel point que même Papineau se vit obligé d'échanger des invitations avec Sewell. Cependant, les efforts de conciliation que Burton déployait envers les nationalistes canadiens suscitaient un malaise chez le juge en chef. Au début de 1825, il proposa même de rejeter l'élection de Papineau à la présidence de l'Assemblée, mais Burton refusa. Quand celui-ci parvint, avec la chambre, à un compromis sur un projet de loi de subsides, Sewell s'abstint de voter au Conseil législatif. Le projet de loi ne lui plaisait pas, mais il le jugeait politiquement et constitutionnellement acceptable et savait que le conseil y était trop favorable pour qu'un vote négatif de sa part change quoi que ce soit. Déçu, Dalhousie l'accusa par la suite de « ménager la chèvre et le chou ».

Au début des années 1820, en sa qualité de juge, Sewell se montra plus conciliant envers les Canadiens. En 1822, il déclara à un jury d'accusation qu'il était heureux que le droit civil français et le droit pénal anglais soient de plus en plus acceptés et dit voir là « le triomphe du bons sens sur les préjugés nationaux ». Quand le poste d'avocat général devint vacant, au début de 1823, il recommanda de le réserver à « un gentleman canadien [qui avait] une très grande réputation au barreau ». Sewell continua à exercer beaucoup d'influence sur l'amélioration de l'appareil judiciaire mais, pour des raisons de santé, il siégeait de moins en moins souvent. En même temps, la charge de travail des tribunaux augmentait. Ainsi, en 1808, les tribunaux provinciaux du Banc du roi avaient entendu 1 103 causes ; en 1826, ce nombre s'élevait à 3 409. En 1828, Sewell avertit donc Dalhousie que les tribunaux étaient débordés.

La magistrature avait d'autres problèmes. En refusant au début des années 1820 de verser à Monk et à Isaac Ogden des pensions que les juges estimaient raisonnables, l'Assemblée poussa ceux-ci à réclamer, sous la direction de Sewell, d'être financièrement indépendants de la chambre. Ils firent valoir au ministère des Colonies que le pouvoir judiciaire devait être indépendant et demandèrent que leur mandat se poursuive tant que leur conduite était bonne au lieu d'être sujet au bon plaisir du roi. D'après Sewell, le pouvoir judiciaire colonial avait suffisamment mûri pour que ses membres soient placés sur le même pied que leurs homologues de Grande-Bretagne. Le ministère des Colonies accepta que la durée du mandat des juges dépende de leur conduite, à la condition que l'Assemblée leur garantisse une pension et un salaire suffisants. En contrepartie, l'Assemblée réclama l'exclusion des juges du Conseil exécutif et du Conseil législatif et tenta d'utiliser l'établissement d'un salaire et d'une pension fixes pour obtenir la mainmise sur les revenus de la couronne. L'indépendance du pouvoir judiciaire s'ajouta donc aux sujets de controverse pendant les années 1820 et 1830.

Sewell jouait un rôle sans cesse plus important dans la vie sociale et culturelle de Québec. En 1824, à l'occasion d'une vente judiciaire, il dut acheter l'hôtel de l'Union (au prix de £4 215) afin de protéger les sommes importantes qu'il y avait investies. Comme il ne voulait pas se lancer en affaires et ne souhaitait pas que ses fils le fassent, il loua l'hôtel. La même année, il remporta le prix de l'Institution royale pour services rendus à l'éducation ; en 1825–1826, il fut président de cet organisme. Sur l'insistance de Dalhousie, lui-même et son beau-frère, William SMITH, avaient joué un rôle important dans la fondation de la Société littéraire et historique de Québec en 1824. En mars 1824, il en était l'un des vice-présidents et, en mai, il donna la première conférence de la société, soit un exposé sur le droit français avant 1663, tel qu'il s'appliquait dans la colonie. Il fut président de cette société en 1830 et 1831.

Sewell, dont la femme était presbytérienne, soutenait financièrement l'église St Andrew, mais il était un fervent anglican. Pendant nombre d'années, il présida la section québécoise de la British and Foreign Bible Society ; il était aussi l'un des plus éminents fidèles de la cathédrale Holy Trinity. Comme dès 1824 la cathédrale était devenue trop petite, il offrit de construire une succursale à condition que lui-même et ses héritiers puissent en nommer le titulaire. L'évêque Mountain accepta l'offre, et Sewell nomma donc son propre fils, Edmund Willoughby. Il acheta un lot rue Saint-Stanislas et y fit construire l'édifice, appelé chapelle Holy Trinity, selon le plan de la chapelle Ranelagh à Londres. Il dépensa plus de £3 500 pour cette construction qui, inaugurée en novembre 1825, comptait 800 places assises. Dalhousie la trouva « simple et de bon goût » mais jugea Edmund Willoughby « inapte » à remplir ses fonctions.

En juin 1826, Sewell perdit une fille, âgée de 12 ans, et toute la famille en fut profondément bouleversée. Il emmena sa femme et ses plus jeunes enfants en Angleterre et sur le continent européen, laissant à ses trois fils aînés le soin de gérer ses affaires. La famille arriva à Londres au début d'août et, trois semaines plus tard, Bathurst reçut Sewell dans son domaine de Cirencester. Tout de suite après, les Sewell s'embarquèrent pour la France et la Belgique. À Calais, le maire de la ville prit Sewell pour un Français ; à Paris, il acheta 600 ouvrages de droit français pour la bibliothèque des avocats de Québec. À la fin de septembre, les Sewell étaient de retour à Londres.

Sewell fit de fréquents voyages à Cirencester et passa de nombreuses heures au ministère des Colonies, où on le consultait au nom de l'Institution royale, des juges de la province et de Dalhousie. Tout en exposant l'opinion du gouverneur sur le projet de loi de subsides de Burton, il admettait la validité de celui-ci. Il convainquit le ministre de se rendre à la demande de l'Assemblée de rembourser à la colonie les fonds détournés par le receveur général John CALDWELL, mais la Trésorerie refusa de payer. Il apprit que, à l'encontre des souhaits de Dalhousie, le cabinet refusait d'envisager de profondes réformes constitutionnelles. Afin que le gouverneur puisse payer certaines dépenses, Sewell obtint pour lui l'autorisation d'emprunter des fonds sans application déterminée, sur lesquels l'Assemblée avait la haute main, ce qui était un gain important pour l'exécutif.

Les Sewell rentrèrent à Québec tard au printemps de 1827. Reposé, Sewell avait retrouvé toute sa combativité. C'est lui qui, en fait, écrivit le discours provocateur par lequel Dalhousie inaugura la législature à la fin de 1827, et il convainquit le gouverneur de faire un geste radical, soit de refuser l'élection de Papineau à la présidence de l'Assemblée. Aussi les comités constitutionnels du parti patriote l'attaquèrent-ils vigoureusement dans leurs pétitions de 1828. À la prétention selon laquelle la population faisait peu confiance à la Cour du banc du roi de Québec, il répliqua qu'en 20 ans seulement 153 des 4 000 jugements avaient été portés en appel et que, dans la moitié de ces cas, il s'agissait seulement d'obtenir un délai d'exécution. Sewell était si proche de Dalhousie qu'on lui confia la présidence du comité chargé d'ériger un monument que celui-ci considérait comme un symbole de son gouvernement et qui honorerait à la fois la mémoire de James Wolfe* et de Louis-Joseph de Montcalm*.

En 1828, sir James Kempt* prit la succession de Dalhousie à la tête du gouvernement. En mars 1829, il négocia avec l'Assemblée un projet de loi de subsides semblable à celui que Burton avait fait adopter en 1825. Sewell appuya de bon cœur cette mesure et alla jusqu'à utiliser son double vote au Conseil législatif. À la fin de 1829, Papineau supposa que « le juge en chef voul[ait] faire la paix sur ses vieux jours ». Effectivement, quand il devint manifeste, en 1830, que le ministère des Colonies acceptait l'exclusion des juges du Conseil exécutif pour se rendre partiellement à une demande de l'Assemblée (qui exigeait leur exclusion des deux conseils), Sewell offrit sa démission de bonne grâce. Elle fut acceptée le 14 octobre. Il demeura président du Conseil législatif, mais en principe à titre de consultant non partisan.

Sewell considérait tout de même que le gouvernement de Kempt aidait « le lourd char de la démocratie » à avancer aux dépens de la prérogative royale. Il manifesta de plus en plus sa dissidence lorsque le Conseil législatif adoptait des mesures conciliatrices, et en 1834, après des années de débats, le conseil finit par le priver de son double vote, en ne lui laissant que le droit de briser l'égalité. Toutefois, en 1831, Sewell avait réussi à le mobiliser contre le projet de loi sur les fabriques [V. Louis Bourdages*]. Plus tôt dans l'année, quand le conseil, invoquant une autorité légale douteuse, avait arrêté les rédacteurs patriotes Ludger Duvernay* et Daniel Tracey* parce qu'ils avaient publié des articles contre ce corps législatif, Sewell avait réprimandé les deux hommes avant de les envoyer en prison. Par la suite, la Cour du banc du roi de Québec leur refusa une ordonnance d'habeas corpus. Ces incidents mirent la population en furie. Quand une foule marcha sur la maison de Sewell en chantant la Marseillaise et la Parisienne, il trembla de peur au souvenir des émeutiers de 1774.

Ce fut probablement à cause de la radicalisation du parti patriote que les positions politiques de Sewell se durcirent à la fin des années 1820 et au début des années 1830. Un avis qu'il donna en novembre 1834 au gouverneur lord Aylmer [WHITWORTH-ALYMER] – ne plus nommer de Canadiens à la magistrature – témoignait de ce durcissement. Aylmer tint compte de cet avis, mais non son successeur, lord Gosford [ACHESON]. Entre-temps, à cause de ses efforts opiniâtres en faveur de ses fils (trois Sewell travaillaient pour le Conseil législatif en 1832), Sewell était devenu objet de satire dans une populaire chanson patriote, C'est la faute à Papineau. Il ne joua qu'un rôle mineur durant et après les rébellions de 1837–1838, car la plupart des désordres se produisirent dans le district de Montréal. En cour, il interpréta la loi sur la trahison d'une façon radicalement monarchiste mais, avant la suspension de ce recours, il émit des ordonnances d'habeas corpus à plusieurs patriotes de Québec, dont l'homme politique Augustin-Norbert Morin* et le peintre Joseph Légaré*. Le gouverneur lord Durham [LAMBTON] le nomma de nouveau au Conseil exécutif en juin 1838, mais Sewell n'y resta pas après le départ du gouverneur en novembre. Dans son rapport, celui-ci s'attarda au projet de fédération conçu par Sewell en 1814.

À cause de sa santé, Sewell avait quitté son poste de juge en chef le 20 octobre 1838 ; Stuart prit sa succession. Dans une adresse, 62 membres du barreau soulignèrent combien leur profession avait progressé sous son leadership. Sa réputation de juge et de juriste avait d'ailleurs gagné les États-Unis : en 1822, la Louisiane l'avait consulté sur la préparation d'un code pénal ; huit ans plus tard, il avait été élu membre de la prestigieuse American Philosophical Society ; en 1832, la Harvard University lui avait décerné un doctorat honorifique en droit ; en 1835, la Massachusetts Historical Society l'avait élu au nombre de ses membres correspondants ; enfin, vers 1839, l'American Jurist and Law Magazine de Boston déclara que « le principal intérêt » des procès bas-canadiens tenait aux « jugements érudits de ce juriste éclairé et accompli qu'[était] le juge en chef Sewell ».

Durant les années 1830, Sewell avait continué d'animer la vie culturelle de Québec. En 1831–1832, pour sauver un autre investissement substantiel, il avait acheté le Cirque royal et l'hôtel de Nicolas-François Mailhot*. Il transforma le cirque en théâtre, en confia la décoration à des artistes locaux, dont Légaré, puis le loua. Le Theatre Royal ouvrit ses portes au mois de février 1832 en présentant une pièce au bénéfice des pauvres ; apparemment, Sewell avait lui-même composé le discours de bienvenue, qui soulignait la vocation morale et sociale du théâtre. L'entreprise ne prospéra pas, mais ce furent les locataires successifs qui portèrent le fardeau des pertes. En outre, Sewell fonda un quatuor où lui-même et Archibald Campbell* jouaient du violon, Louis-Édouard Glackmeyer* de la flûte et J. Harvicker du violoncelle ; ils donnèrent des concerts, répandirent le goût de la musique classique à Québec et formèrent une génération de musiciens amateurs. Enfin, Sewell hébergea en 1838 le miniaturiste Gerome Fassio*, avec qui il conversait couramment en italien.

Parfois assombrie par ses dépressions, mais le plus souvent égayée par son humour, la vie familiale de Sewell était demeurée idyllique. Comme il l'avait fait dans son jeune âge, il composait des poèmes « For Mrs Sewell My own dear Jewell » et, jusqu'à la fin, il aida généreusement ses enfants à surmonter leurs difficultés – financières ou autres.

Sewell mourut le 11 novembre 1839. Ses obsèques eurent lieu quatre jours plus tard en la cathédrale Holy Trinity. Dans la chapelle du même nom, Henrietta Sewell fit ériger à son effigie un monument qu'elle avait fait sculpter à Londres pour la somme de £600. Il était mort intestat, mais elle obtint un tiers de la succession en vertu de son contrat de mariage ; le reste fut réparti également entre leurs dix enfants survivants et deux petits-enfants orphelins (une part pour les deux). La maison de Sewell reflétait non seulement la richesse de son propriétaire, mais aussi ses opinions et ses goûts : un portrait de Dalhousie ornait l'un des murs de la nursery, deux violons se trouvaient dans la salle d'étude, la cave à vins était richement pourvue et la bibliothèque contenait 1 476 ouvrages (dont 1 120 sur le droit, la politique ou l'art de gouverner). La succession comprenait aussi 14 propriétés situées dans la haute ville (acquises pour la plupart dans les années 1830), un domaine rural à Auvergne, des terres le long de la rivière Saint-Charles ainsi que de vastes terres en friche, que Sewell avait commencé à coloniser, dans les cantons de Ham et de Tingwick. Constituée de propriétés foncières d'une valeur de

Sewell

£20 692, d'obligations anglaises de £16 020, d'un important dépôt à la Banque de Québec et de dettes actives, la succession de Sewell s'élevait à £39 209 après déduction des créances irrécouvrables.

D'une taille quelque peu supérieure à la moyenne de l'époque (5 pieds 7 pouces), beau, intelligent, plein d'esprit et bilingue, Sewell était un être agréable. Aubert de Gaspé disait qu'il était l'« un des hommes les plus estimables qu['il eût] connu ». Contrairement à plusieurs membres des cercles étroits qui formaient le milieu politique bas-canadien, il n'était pas mesquin. Bien qu'extrêmement sensible à la critique, il était capable de détachement philosophique et savait prendre la politique avec un grain de sel. Quand son bureau de président du Conseil législatif fut transformé en salle de service pour un régiment de milice, il écrivit :

> L'Assemblée, cela est connu, a toujours été
> Du désordre le domaine
> Et, comme bien des lois l'ont prouvé,
> Au bureau du président, tout est à la traîne.
> Rien de tel au Conseil, tous ont pu constater
> Que l'ordre y est partout présent
> Et il en va de même pour le bureau du président.
> Gardiens de l'ordre, bienvenue en ce lieu ordonné.

L'ordre, et la façon de l'assurer : tels étaient, en cour comme en politique, les objectifs de ce fils de loyaliste que les débordements de la foule avaient traumatisé dans son enfance et qui, plus tard, avait été bouleversé par le chaos sanglant que semblait être la Révolution française. Sewell craignait que le peuple, sans les brides de la religion, de l'éducation et de la propriété, n'en vienne à exercer sa tyrannie. Il n'avait rien contre la langue française et le droit français, qu'il maîtrisait tous deux ; en outre, il n'était pas bigot. Mais la masse des Canadiens, qu'il trouvait ignorante et soumise aux démagogues ou aux prêtres, l'effrayait car elle était potentiellement révolutionnaire ou despotique.

Dans l'ordre des préoccupations de Jonathan Sewell, sa propre famille et les moyens à prendre pour l'établir solidement avaient à peine moins d'importance que le maintien de l'ordre social. Tout comme d'autres fonctionnaires qui avaient décidé de prendre racine dans la colonie, il était prêt à essuyer de terribles attaques pour assurer l'avenir de ses fils au Bas-Canada. Homme subtil et souple – ce pourquoi Ryland le détestait – il était dans ses actes, sinon dans ses idées, moins rigide que bien d'autres membres du parti des bureaucrates. En même temps, il soupçonnait les gouverneurs conciliants de vouloir acheter la paix et une retraite honorable en Grande-Bretagne, ou encore une promotion, au prix du bien-être des Britanniques de la colonie. Il se fit l'avocat de l'administration rationnelle de la justice, de l'oligarchie des coloniaux britanniques, de l'anglicisation de la colonie et du maintien de la prérogative royale ; tels furent les quatre murs de la forteresse qu'il essaya d'ériger dans l'espoir qu'elle protégerait la communauté britannique – entreprise qui montre qu'il partageait la « mentalité de garnison » de collègues plus inflexibles que lui. En outre, en participant à la fondation d'organismes sociaux et en s'efforçant de favoriser l'éclosion d'une vie culturelle, il contribua à l'émergence d'une conscience collective parmi les Bas-Canadiens britanniques. Renforcés, après la guerre de 1812, par l'immigration et la croissance économique, ceux-ci quittèrent peu à peu leur attitude défensive et tentèrent de façonner la colonie à leur propre image. Cette évolution, à laquelle résistèrent les nationalistes canadiens, fut peut-être l'un des grands éléments déclencheurs des rébellions de 1837–1838.

F. MURRAY GREENWOOD ET JAMES H. LAMBERT

Le Sénat du Canada possède un portrait de Jonathan Sewell, dont une copie est conservée aux APC, C111156.

Jonathan Sewell est l'auteur de : *Extrait des exemples de procédés dans la chambre des Communes de la Grande Bretagne* (Québec, 1792) ; *Orders and rules of practice in the Court of King's Bench, for the district of Quebec, Lower Canada* (Québec, 1809) ; *Rules and orders of pratice in the provincial Court of Appeals* (Québec, 1811 ; 2e éd., 1818) ; *A plan for the federal union of British provinces in North America* (Londres, 1814) ; *An essay on the juridical history of France, so far as it relates to the law of the province of Lower-Canada* [...] (Québec, 1824) ; et, avec John Beverley Robinson, *Plan for a general legislative union of the British provinces in North America* (Londres, [1824]), ouvrage publié dans *General union of the British provinces of North America* (Londres, 1824).

ANQ-Q, CE1-61, 22 sept. 1793, 15 nov. 1839 ; CE1-66, 24 sept. 1796 ; CN1-27, 17 oct. 1832 ; CN1-80, 1er, 8 mai 1832, 12 févr., 3 mai 1842, 31 mai 1844, 7 avril 1847 ; CN1-138, 29 janv. 1840 ; CN1-208, 23 août 1824, 24 juin 1826, 10, 17 sept., 26 oct., 19 déc. 1831, 20 août 1832 ; CN1-256, 24 févr., 23 sept. 1796, 19 oct. 1797 ; CN1-262, 16 avril 1796, 16 févr. 1802, 22 août, 27 oct. 1803 ; P-319 ; P1000-90-1863 ; T11-1, Reg. of the Court of King's Bench, 1808–1830 : 3545–3587 ; T11-1/98 (1804), no 5905 ; T11-1/2684, 3 oct. 1807 ; T13-1/408 : 152, 223–224. — APC, MG 23, D1, sér. 1, 3, 6 ; D2, 1, 5–7, 9 ; GII, 10 ; 14, sér. 1, 2 : 954–958 ; MG 24, A7 ; B1, 173 : 5161–5162 ; B2 : 395, 538, 548, 572–573, 588–589, 604, 1194–1195, 1345, 1779, 3003 ; B3, 3 : 589, 654 ; 4 : 81, 161, 209–210, 310–311, 527 ; B4, 2 : 26–32 ; B10 : 18–19 ; B16 : 14, 422, 594, 654–655, 681–682, 766 ; D4 : 49, 79 ; MG 30, D1, 27 : 575–577 ; RG 1, E1, 33–40 ; L3L : 345, 2416, 4113, 86662–86663, 86667 ; RG 4, A1, Sewell à John Ready, 23 janv. 1822 ; Sewell à Charles Yorke, 19 oct. 1830 ; B8 : 6255–6270 ; B20, 1–2 ; RG 7, G15C, 4 ; RG 8, I (C sér.), 246 : 86 ; RG 68, General index, 1651–1841. — EEC-Q, 62, 123. — McGill Univ. Libraries, Dept. of Rare Books and Special Coll., MS coll., CH27.S63, A. W. Cochran à Roderick Mackenzie, 23 févr. 1835 ; MS 439. — Mass. Hist. Soc. (Boston), Jonathan Sewall papers. — Musée McCord,

Sewell

M21411. — PRO, CO 42/89–90 ; 42/97 ; 42/102 ; 42/104 ;
42/109 ; 42/114 ; 42/116–117 ; 42/119 ; 42/124 ; 42/127–
128 ; 42/130–136 ; 42/138 ; 42/141 ; 42/143 ; 42/148 ;
42/156–157 ; 42/159 ; 42/161 ; 42/165–167 ; 42/170 ;
42/173 ; 42/175 ; 42/178 ; 42/180 ; 42/185–186 ; 42/191 ;
42/194 ; 42/196 ; 42/200 ; 42/203–204 ; 42/209 ; 42/211–
212 ; 42/214 ; 42/216–217 ; 42/220 ; 42/222–225 ; 42/228 ;
42/230 ; 42/232 ; 42/235–236 ; 42/242–243 ; 42/252 ;
42/257 ; 42/262 ; 42/264 ; 42/271–273 ; 42/277–278. —
SRO, GD45/3 (mfm aux APC). — Univ. de Montréal,
Service des bibliothèques, coll. spéciales, coll. Melzack. —
P. [J.] Aubert de Gaspé, *Mémoires* (Ottawa, 1866 ; réimpr.,
Montréal, 1971). — B.-C., chambre d'Assemblée, *Journaux, 1797–1808 ; 1815–1816 ; Procédés dans l'Assemblée
du Bas-Canada, sur les règles de pratique des cours de
justice, et sur les accusations contre Jonathan Sewell et
James Monk, écuyers* (s.l., 1814) ; Conseil législatif,
Journaux, 1795–1839 ; Statuts, 1797, chap. 6. — *Church
and state in Canada, 1627–1867 : basic documents,* J. S.
Moir, édit. (Toronto, 1967). — « Les Dénombrements de
Québec » (Plessis), ANQ *Rapport,* 1948–1949 : 72, 115,
173. — « Desseins des républicains français sur le
Canada », APC *Rapport,* 1891 : 57–85. — *Doc. relatifs à
l'hist. constitutionnelle, 1759–1791* (Shortt et Doughty ;
1921) ; *1791–1818* (Doughty et McArthur) ; *1819–1828*
(Doughty et Story). — G.-B., *Statutes,* 34 Geo. III, chap.
54. — Joseph Papineau, « Correspondance de Joseph Papineau (1793–1840) », Fernand Ouellet, édit., ANQ *Rapport,*
1951–1953 : 191. — L.-J. Papineau, « Correspondance »
(Ouellet), ANQ *Rapport,* 1953–1955 : 191–442. —
Ramsay, *Dalhousie journals* (Whitelaw), 2 ; 3. — *Reports
of cases argued and determined in the courts of King's Bench
and in the provincial Court of Appeals of Lower Canada,
with a few of the more important cases in the Court of Vice
Admiralty [...],* G. O. Stuart, compil. (Québec, 1834). —
William Smith, *The diary and selected papers of Chief
Justice William Smith, 1784–1793,* L. F. S. Upton, édit. (2
vol., Toronto, 1963–1965) ; « The London diary of William
Smith, 1803–1804 », L. F. S. Upton, édit, *CHR,* 47
(1965) : 150. — *Canadian Colonist and Commercial
Advertiser* (Québec), 18 nov. 1839. — *Le Canadien,* 4 juill.
1807. — *La Gazette de Montréal,* 20 mars 1797. — *La
Gazette de Québec,* 4 nov. 1790, 26 mars, 25 juin 1795, 6
oct. 1796, 6 avril 1797, 12 juin 1800, 20 août 1801, 27 déc.
1804, 6 févr. 1806, 12 janv., 22 juin 1809, 5 juill. 1810, 30
mars, 15 avril, 7 déc. 1815, 29 févr., 11 juill. 1816, 9 avril,
10 déc. 1818, 6 sept., 18 oct. 1819, 18 janv. 1821, 23 sept.
1822, 11 déc. 1823, 6 oct. 1825. — *Quebec Mercury,* 15
mars 1814, 19 mars 1822, 2 oct. 1824, 2 juill. 1839. — F.-J.
Audet, *les Juges en chef de la province de Québec,
1764–1924* (Québec, 1927). — Christina Cameron et
Monique Trépanier, *Vieux Québec : son architecture intérieure* (Ottawa, 1986). — Caron, « Inv. de la corr. de Mgr
Panet », ANQ *Rapport,* 1933–1934 ; « Inv. de la corr. de
Mgr Plessis », ANQ *Rapport,* 1927–1928 ; 1932–1933 ;
« Inv. des doc. relatifs aux événements de 1837 et 1838 »,
ANQ *Rapport,* 1925–1926 : 323. — *Encyclopédie de la
musique au Canada,* Helmut Kallmann *et al.,* édit.
(Montréal, 1983). — Fauteux, *Patriotes,* 172, 295. — Hare
et Wallot, *les Imprimés dans le B.-C.* — William Notman et
J. F. Taylor, *Portraits of British Americans, with biographi-
cal sketches* (3 vol., Montréal, 1865–1868). — George
Pyke, *Cases argued and determined in the Court of King's

*Bench for the district of Quebec in the province of
Lower-Canada, in Hilary term, in the fiftieth year of the
reign of George III* (Montréal, 1811). — *Vital records of
Cambridge, Massachusetts, to the year 1850,* T. W.
Baldwin, compil. (2 vol., Boston, 1914–1915). — C. [R.]
Berkin, *Jonathan Sewall : odyssey of an American loyalist*
(New York et Londres, 1974). — Ginette Bernatchez, « la
Société littéraire et historique de Québec (the Literary and
Historical Society of Quebec), 1824–1890 » (thèse de M.A.,
univ. Laval, 1979), 136, 138. — A. R. Beverley, *Trinity
Church, Quebec, a historical sketch* (Québec, 1911), 12. —
Buckner, *Transition to responsible government.* — R. P.
Burns, « The English viewpoint on the proposed union of
1822 to unite the provinces of Lower and Upper Canada »
(thèse de M.A., univ. d'Ottawa, 1966). — *The centenary
volume of the Literary and Historical Society of Quebec,
1824–1924,* Henry Ievers, édit. (Québec, 1924). —
Christie, *Hist. of L. C.* (1848–1855), 1 : 322 ; 6. — *Church
directory and a brief historical sketch of Trinity Anglican
Church, Quebec, P.Q.* ([Québec], 1931). — R. C. Dalton,
*The Jesuits' estates question, 1760–1888 : a study of the
background for the agitation of 1889* (Toronto, 1968). —
H. L. Duff, *The Sewells in the New World* (Exeter, Angl.,
1924). — Mollie Gillen, *The prince and his lady : the love
story of the Duke of Kent and Madame de St Laurent*
(Londres, 1970 ; réimpr., Halifax, 1985). — F. M. Green-
wood, « The development of a garrison mentality among the
English in Lower Canada, 1793–1811 » (thèse de PH.D.,
Univ. of B.C., Vancouver, 1970). — J. [E.] Hare *et al.,
Histoire de la ville de Québec, 1608–1871* (Montréal,
1987), 207. — Helmut Kallmann, *A history of music in
Canada, 1534–1914* (Toronto et Londres, 1960). —
Lambert, « Joseph-Octave Plessis ». — J. W. Lawrence,
*Foot-prints ; or, incidents in early history of New Bruns-
wick, 1783–1883* (Saint-Jean, N.-B., 1883), 14. — J. M.
LeMoine, *Monographies et Esquisses* (Québec, 1885), 157,
160. — MacNutt, *New Brunswick.* — T. R. Millman,
*Jacob Mountain, first lord bishop of Quebec ; a study in
church and state, 1793–1825* (Toronto, 1947). — Rumilly,
Papineau et son temps, 1. — Taft Manning, *Revolt of
French Canada.* — J.-P. Wallot, *Intrigues françaises et
américaines au Canada, 1800–1802* (Montréal, 1965) ; *Un
Québec qui bougeait.* — J.-C. Bonenfant, « les Projets
théoriques de fédéralisme canadien », *Cahiers des Dix,* 29
(1964) : 73–74. — Céline Cyr, « Portrait de femme :
Catherine Dupré, indépendante et rebelle », *Cap-aux-
Diamants* (Québec), 2 (1986–1987), n° 1 : 15–18. — J.-M.
Fecteau, « Régulation sociale et répression de la déviance au
Bas-Canada au tournant du 19e siècle (1791–1815) »,
RHAF, 38 (1984–1985) : 499–521. — F. M. Greenwood,
« l'Insurrection appréhendée et l'Administration de la
justice au Canada : le point de vue d'un historien », *RHAF,*
34 (1980–1981) : 57–93. — J. [E.] Hare, « l'Assemblée
législative du Bas-Canada, 1792–1814 : députation et
polarisation politique », *RHAF,* 27 (1973–1974) : 375–
376, 379. — Frère Marcel-Joseph, « les Canadiens veulent
conserver le régime seigneurial », *RHAF,* 7 (1953–1954) :
45–63, 224–240. — É.-Z. Massicotte, « Nouvelle version
de la chanson *C'est la faute à Papineau* », *BRH,* 24 (1918) :
375–378 ; « Papineau et la Chanson » : 8–9. — André
Morel, « les Crimes et les Peines : évolution des mentalités
au Québec au XIXᵉ siècle », *Rev. de droit* (Sherbrooke,
Québec), 8 (1977–1978) : 385–396. — W. H. Nelson,

857

Shaw

« The last hopes of the American loyalists », *CHR,* 32 (1951) : 22–42. — A. J. H. Richardson, « Guide to the architecturally and historically most significant buildings in the old city of Quebec with a biographical dictionary of architects and builders and illustrations », Assoc. pour l'avancement des méthodes de préservation, *Bull.* (Ottawa), 2 (1970), nᵒˢ 3–4 : 32–33. — P.-G. Roy, « le Cirque royal ou Théâtre royal (Royal Circus ou Royal Theatre) », *BRH,* 42 (1936) : 641–666 ; « l'Hôtel Malhiot, rue Saint-Jean, à Québec » : 449–452 ; « l'Hotel Union ou Saint-George, à Québec », 43 (1937) : 3–17 ; « Une maison historique du Vieux-Québec », 32 (1926) : 703–704. — Christine Veilleux, « les Glackemeyer, deux générations de musiciens », *Cap-aux-Diamants,* 1 (1985), nᵒ 2 : 31. — J.-P. Wallot, « Plaintes contre l'administration de la justice (1807) », *RHAF,* 20 (1966–1967) : 30–31.

SHAW, EMILY ELIZABETH (Beavan), institutrice et auteure, probablement née à Belfast (Irlande du Nord), fille de Samuel Shaw ; *circa* 1838–1845.

Capitaine au long cours, le père d'Emily Elizabeth Shaw faisait souvent la navette entre Belfast et Saint-Jean, au Nouveau-Brunswick, à bord de son brick, l'*Amaryllis.* Emily débarqua au Nouveau-Brunswick vers 1836, pour demeurer selon toutes probabilités chez des parents ; elle figure dans les registres scolaires à titre d'élève, puis d'institutrice. Le 19 juin 1838, elle épousa Frederick William Cadwallader Beavan, qu'on présentait cette année-là, dans le *New-Brunswick almanack,* comme chirurgien de la milice du comté de Queens et qui figure aussi à titre d'instituteur dans les registres scolaires. Après le mariage, le couple vécut à English Settlement, près de Long Creek, dans le comté de Queens.

Durant son séjour, Mme Beavan publia six contes et quatre poèmes dans l'*Amaranth,* qui parut à Saint-Jean de 1841 à 1843, sous la direction de Robert Shives*, et fut la première revue du Nouveau-Brunswick à consacrer l'essentiel de ses pages à des productions littéraires. Ses textes, cependant, sont médiocres. En poésie, Mme Beavan était une disciple enthousiaste de Felicia Dorothea Hemans ; quant à ses contes, ils oscillent entre le sensationnalisme de John Richardson*, auteur de *Wacousta* [...] (1832), et la sentimentalité fleurie de son idole, le professeur John Wilson (le « Christopher North » du *Blackwood's Edinburgh Magazine*). En 1843, les Beavan quittèrent le Nouveau-Brunswick pour l'Irlande, et en 1845 la maison George Routledge de Londres publia l'unique œuvre de Mme Beavan qui lui valut de passer à l'histoire, *Sketches and tales illustrative of life in the backwoods of New Brunswick, North America, gleaned from actual observation and experience during a residence of seven years in that interesting colony.*

Conçu comme un guide à l'intention des futurs colons, *Sketches and tales* dépeint les conditions de vie et l'atmosphère qui régnaient dans les premiers établissements du Nouveau-Brunswick ; il le fait beaucoup mieux d'ailleurs que deux livres du même genre, pourtant plus acclamés, écrits sur la Nouvelle-Écosse et le Haut-Canada : *The old judge* (1849) de Thomas Chandler Haliburton* et *Roughing it in the bush* [...] (1852) de Susanna Moodie [Strickland*]. Non seulement le livre de Mme Beavan est-il plus ordonné et plus objectif, mais il brosse un tableau beaucoup plus complet de la vie coloniale. Elle y traite de multiples sujets : l'éducation et la religion ; les méthodes d'agriculture et d'exploitation forestière ainsi que leur raison d'être ; l'importance du commerce du bois ; les conséquences de la réglementation du droit d'auteur en Amérique du Nord britannique ; l'effet de l'isolement sur les habitudes linguistiques et du climat sur le teint des femmes.

L'ouvrage ne manque pas non plus d'imagination. Emily Elizabeth Beavan sait présenter les faits dans un cadre inventif ; elle décrit la nature, tout comme les efforts déployés par les hommes et les femmes pour la vaincre ou l'apprivoiser, avec un enthousiasme qui a dû gagner les lecteurs de l'époque. Les passages les moins réussis sont ceux où l'auteure s'efforce de faire du style : ses envolées sont parfois alourdies par une syntaxe déficiente, et ses contes et portraits ne sont que de pâles imitations d'autres morceaux du même genre (à l'exception de son compte rendu alerte du grand incendie de la Miramichi, en 1825, écrit dans un excellent idiom). En dépit de ses faiblesses, *Sketches and tales* demeure l'exposé le plus instructif et le plus vivant que l'on ait sur la vie au Nouveau-Brunswick pendant la première moitié du xixᵉ siècle. Non seulement est-il d'une lecture délicieuse, mais il est extrêmement utile à quiconque étudie l'histoire, l'éducation, l'agriculture, la religion et la sociologie.

Fᴿᴱᴰ Cᴏɢsᴡᴇʟʟ

L'ouvrage de Mme Beavan, *Sketches and tales* [...], a été réimprimé à St Stephen, N.-B., en 1980.

UNBL, Marjorie Jardine Thompson, biog. notes on Mrs Beavan, 29 avril 1975. — *Early marriage records of New Brunswick : Saint John City and County from the British conquest to 1839,* B. Wood-Holt, édit. (Saint-Jean, 1986). — *N.-B. almanack,* 1838. — Jonas Howe, « The Amaranth », *Acadiensis* (Saint-Jean), 2 (1902) : 198–206.

SHAWNEE PROPHET. V. Tenskwatawa

SHEA, WILLIAM RICHARD, imprimeur, éditeur et journaliste, né en 1813 à St John's, quatrième fils de Henry Shea* et d'Eleanor Ryan ; décédé le 17 mars 1844 au même endroit.

William Richard Shea appartenait à l'une des grandes familles de St John's. Son père, un marchand, avait participé en 1806 à la fondation de la Benevolent Irish Society. Il dut lui-même acquérir tôt une certaine importance, car il figurait en 1833 au nombre des membres d'un jury de jugement.

Après avoir fait son apprentissage de journaliste chez John Williams McCoubrey*, du *Times and General Commercial Gazette* de St John's, Shea devint en mai 1837 imprimeur et éditeur du *Newfoundlander,* que son frère John avait créé dix ans auparavant. Au début, il en fut peut-être aussi le rédacteur en chef, mais en novembre 1842 c'était son frère Ambrose* qui remplissait cette fonction. Le *Newfoundlander* s'engagea dans une vive et longue controverse avec ses rivaux terre-neuviens, surtout le *Times* et le journal de Henry David Winton*, le *Public Ledger.* Vigoureux défenseur des whigs britanniques, Shea était particulièrement critique à propos des mesures que les tories envisageaient de prendre en Irlande. Il affirmait néanmoins ne pas être un homme de parti.

Tout au long des années 1837 et 1838, le *Newfoundlander* participa à la campagne en faveur de la destitution du juge en chef Henry John Boulton*, accusé de rendre des jugements trop sévères et d'appliquer la loi avec trop de rigidité. En 1838, le célèbre procès du docteur Edward Kielley*, officier de santé, mit en cause Shea, en sa qualité d'imprimeur du *Newfoundlander.* À l'occasion d'une altercation dans les rues de la ville, le 6 août, Kielley, disait-on, avait menacé John Kent*, député réformiste de St John's. Curieusement, Kent demanda à l'Assemblée de régler l'affaire. Le président de la chambre, William CARSON, ordonna l'arrestation de Kielley, qui comparut le 7 août devant l'Assemblée. Il fut ensuite incarcéré de nouveau, mais le juge suppléant George LILLY le relâcha le 10 en déclarant que la chambre avait outrepassé ses pouvoirs. Comme le *Newfoundlander* avait publié un compte rendu sur le jugement de Lilly, la chambre examina une motion qui proposait la convocation de Shea pour répondre d'une accusation d'offense grave à ses privilèges, mais elle n'y donna pas suite.

En 1841, le receveur des douanes, James Morton Spearman, intenta une poursuite en diffamation contre le *Newfoundlander* pour des accusations publiées au début de l'année précédente. Selon le journal, Spearman avait tenté d'obtenir pour lui-même, de la succursale locale de la Banque de l'Amérique septentrionale britannique, un intérêt de 3 % sur des fonds publics de son département, avant les versements trimestriels que la loi exigeait de faire au trésorier de la colonie. Spearman réclama £1 000 de dommages-intérêts, mais en juillet 1842 on rendit le verdict en faveur de la défense. Le procès avait révélé que Spearman avait bien demandé un intérêt au directeur de la succursale mais qu'il s'était vu opposer un refus.

William Richard Shea continua d'imprimer et d'éditer le journal jusqu'à sa mort, survenue après trois jours de maladie. Son frère Ambrose lui succéda. En 1846, un autre de ses frères, Edward Dalton*, prit en charge le *Newfoundlander* et s'en occupera jusqu'en 1884.

CALVIN D. EVANS

Newfoundlander, 18 mai 1837–25 avril 1844. — *Newfoundland Indicator* (St John's), 23 mars 1844. — *Patriot & Terra-Nova Herald,* 20 mars 1844. — *Public Ledger,* 19 mars 1844. — *Royal Gazette and Newfoundland Advertiser,* 19 mars 1844. — *Star and Newfoundland Advocate* (St John's), 21 mars 1844. — *Times and General Commercial Gazette* (St John's), 20 mars 1844. — *A list of names of prominent people at the time Newfoundland was granted representative government : St John's, 1833* (St John's, 1971). — *Newfoundland men ; a collection of biographical sketches* [...], H. Y. Mott, édit. (Concord, N.H., 1894), 1. — *Notable events in the history of Newfoundland ; six thousand dates of historical and social happenings,* [P. K.] Devine et [J.] O'Mara, compil. (St John's, 1900). — *When was that ?* (Mosdell), 117. — P. K. Devine, *Ye olde St. John's, 1750–1936* (St John's, 1936), 16, 96–97, 110–111. — Gunn, *Political hist. of Nfld.,* 52–61. — Joseph Hatton et Moses Harvey, *Newfoundland, the oldest British colony ; its history, its present condition, and its prospects in the future* (Londres, 1883), 87–91. — Paul O'Neill, *The story of St. John's, Newfoundland* (2 vol., Erin, Ontario, 1975–1976), 104, 184, 400–401, 462, 464, 824, 831, 909, 918. — Charles Pedley, *The history of Newfoundland from the earliest times to the year 1860* (Londres, 1863), 399–409. — W. H. Hayward, « Sir Ambrose Shea, K.C.M.G. (1815–1905), one of the fathers of confederation », *Atlantic Guardian* (Montréal), 6 (1949), n° 2 : 27–29.

SHEPARD, JOSEPH, fermier, milicien, propriétaire de moulins, fonctionnaire et organisateur politique, né probablement le 10 août 1765 dans le New Hampshire ; le 11 avril 1803, il épousa Catherine Fisher, et ils eurent quatre fils et au moins quatre filles ; décédé le 3 mai 1837 dans le canton d'York, Haut-Canada.

Né de parents irlandais, Joseph Shepard était jeune homme quand il décida de se rendre dans le Haut-Canada. Bien qu'on ne connaisse pas l'année de son arrivée, il était peut-être le Joseph Shepard qui, en 1790, demanda et reçut à Kingston une concession loyaliste, dont il ne prit cependant pas possession. Cette hypothèse concorde avec la tradition selon laquelle il faisait la traite avec les Indiens dans la région de la baie de Quinte avant d'arriver dans le district de Home. Shepard vint peut-être à York (Toronto) dès 1793, mais le premier document qui atteste sa présence est la demande de terre qu'il présenta avec succès au début de 1796. Un autre document de 1797 rapporte qu'il vivait dans le canton de Hope ; peut-être ne passa-t-il que certaines périodes à York avant de s'installer dans les environs en 1798.

Les 200 acres que Shepard obtint se trouvaient dans la rue Yonge, à environ huit milles au nord d'York, en

Sherwood

pleine forêt. Quelques années plus tard, il acquit aussi le lot voisin, puis d'autres terres dans la région, de même que 100 acres dans le canton de Tecumseth en récompense de ses états de service pendant la guerre de 1812. Simple soldat dans le 3rd York Militia, il prit part à la bataille d'York en avril 1813 ; il fut alors blessé par l'explosion d'une poudrière, assez grièvement pour mériter une pension à vie.

Les premiers lots de Shepard devinrent une ferme très rentable sur laquelle il construisit une scierie et un moulin à farine, exploités par ses fils. Par conscience sociale, il partagea les fruits de sa réussite en donnant un terrain et de l'argent pour la construction d'une église anglicane aujourd'hui connue sous le nom de St John, à York Mills (Toronto). De plus, entre 1804 et 1823, il servit trois fois à titre d'estimateur du canton d'York et deux fois à titre de gardien de la fourrière et d'inspecteur des grands chemins et clôtures. En 1819, l'assemblée des citoyens le chargea, avec Jesse Ketchum*, de superviser la construction d'un pont, sur la rue Yonge.

Le souci que Shepard avait du sort de ses concitoyens fit tôt de lui un champion de la réforme politique, fait inhabituel pour un anglican. Environ 20 ans avant l'émergence d'un mouvement réformiste dans les années 1820, il en était l'un des principaux défenseurs dans le district de Home. En 1807, il présida deux assemblées de soutien à la campagne du juge Robert THORPE contre le gouvernement. En juin 1812, peu avant le début de la guerre, il briga les suffrages dans la circonscription d'York East and Simcoe en se présentant comme un adversaire de l'abrogation de l'habeas corpus. L'administrateur Isaac Brock* exigeait cette abrogation pour faciliter la chasse aux éléments déloyaux de la population, mais Shepard n'admettait pas qu'on accorde un tel pouvoir à des autorités non élues. Le candidat gouvernemental, Thomas Ridout*, le battit à plates coutures, à cause de la division des opposants à l'abrogation.

Dès la création de la Farmers' Storehouse Company, en 1824, Shepard fit partie du conseil d'administration de cette société qui, fondée pour entreposer les produits de ses membres et faire en leur nom des achats et des ventes, convenait au démocrate populiste qu'il était. À la fin des années 1820, deux problèmes retinrent son attention : la question des non-naturalisés [V. sir Peregrine Maitland*] et le sort du juge John Walpole Willis*. Avec trois autres personnes, il était membre du « comité central des habitants du Haut-Canada » qui, en avril 1827, envoya Robert Randal* porter en Angleterre des pétitions contre le *Naturalization Bill*. En juillet 1828, il fut l'un des 44 hommes qui publièrent l'avis de convocation d'une assemblée publique organisée pour discuter de certains griefs. L'assemblée, tenue à York le 5 juillet, adopta sous la forme d'une pétition des résolutions qui

s'opposaient au limogeage de Willis et qui réclamaient des réformes.

La même année, Shepard commença à collaborer avec William Lyon Mackenzie*. À l'instar de bien d'autres sympathisants réformistes, il voyait, paraît-il, d'un mauvais œil les excès de Mackenzie, mais il se laissa convaincre malgré tout de le présenter dans York en vue des élections à l'Assemblée. Il fit de même aux cinq élections suivantes, jusqu'à la division de la circonscription en 1833. Aux élections générales de 1834, Mackenzie se présenta dans l'une des nouvelles circonscriptions d'York et Shepard fut candidat dans une autre, mais il céda gracieusement sa place à un candidat plus jeune, David Gibson*.

Joseph Shepard mourut quelques mois avant la rébellion de 1837. Ses quatre fils participèrent au soulèvement et sa ferme servit de point de ralliement à ceux qui se rendaient vers le sud, à la taverne de John Montgomery*. Sa femme apporta son assistance aux rebelles en nouant autour de leurs bras les bandes d'étoffe qui leur servaient de signe distinctif. Shepard s'était efforcé d'arracher le pouvoir politique à la minorité non élue et, tout naturellement, sa famille tenta de marcher dans la voie qu'il avait tracée.

RONALD J. STAGG

AO, Land record index ; MS 451, York County, York Township, St John's Anglican Church cemetery, York Mills [Toronto] ; RG 1, C-IV, York Township ; RG 22, sér. 305, 1837. — APC, RG 1, L3, 448A : S2/58 ; 450A : S3/232 ; 493A : S misc., 1788–1795/89–90 ; RG 5, A1 : 49388, 50743–50746, 50763–50764. — PRO, CO 42/343 : 200–201 ; 42/347 : 60–61 ; 42/348 : 148–163 ; 42/385 : 51. — *Town of York, 1793–1815* (Firth). — *York, Upper Canada : minutes of town meetings and lists of inhabitants, 1797–1823*, Christine Mosser, édit. (Toronto, 1984). — *Canadian Freeman*, 13 déc. 1827, 11, 24, 31 juill. 1828. — *Constitution* (Toronto), 10 mai 1837. — M. A. Graham, *150 years at St. John's, York Mills* (Toronto, 1966). — P. W. Hart, *Pioneering in North York : a history of the borough* (Toronto, 1968). — *Robertson's landmarks of Toronto*, 1–3.

SHERWOOD, LEVIUS PETERS, avocat, fonctionnaire, officier de milice, homme politique et juge, né le 12 décembre 1777 à Saint-Jean (Saint-Jean-sur-Richelieu, Québec), deuxième fils de Justus Sherwood et de Sarah Bottum ; en 1804, il épousa Charlotte Jones, fille d'Ephraim Jones*, et ils eurent quatre fils et trois filles ; décédé le 19 mai 1850 à Toronto.

Après des études de droit, Levius Peters Sherwood fut admis au barreau du Haut-Canada en 1803. L'année suivante, on le nomma registrateur des comtés de Grenville, de Leeds et de Carleton, ainsi que receveur des douanes et inspecteur de farine, de potasse et de perlasse. Le 16 mars 1812, on le désigna au poste de trésorier suppléant du district de Johnstown. La guerre de 1812 lui permit d'accroître son influence tant à l'intérieur qu'à l'extérieur de ce district. En mars 1814, il participa à la nomination de magistrats pour cette division territoriale et le 24 mai 1816, à titre de lieutenant-colonel dans la milice, il fut chargé d'étudier les demandes de pension militaire de citoyens de cette même région.

Après la guerre, Sherwood continua de prendre de plus en plus d'importance dans la société du Haut-Canada. En juillet 1818, il prit part à l'offensive générale lancée par les conservateurs contre Robert Gourlay*, qui recueillait des informations sur l'état de la province. En octobre, à York (Toronto), il défendit avec succès deux membres d'un groupe de Métis dirigé par Cuthbert Grant*, Paul Brown et François-Firmin Boucher ; on avait porté contre eux des accusations relativement au meurtre de Robert Semple* commis pendant les troubles survenus à la rivière Rouge en 1816. Persuasif, il soutint que la colonie implantée à cet endroit n'était guère plus qu'un camp de trafiquants de fourrures et que, par définition, il s'agissait de gens plutôt violents. Après cette affaire, la carrière d'avocat de Sherwood continua de progresser. En novembre 1820, William Dummer Powell* recommanda avec succès sa nomination au poste de juge de la Cour du district de Johnstown.

Tout en devenant un personnage de plus en plus important dans la province, Sherwood continua d'exercer une grande influence dans son district et à Brockville, là où il s'était fixé. En juillet 1822, il demanda à devenir membre du conseil des terres du district ; pendant un certain temps, il fut un membre actif du bureau d'éducation ; en avril 1825, il fut l'un des trois marguilliers à qui l'on confia un terrain et la mission d'y faire construire l'église anglicane St Peter.

C'est en 1812 que Sherwood se lança dans la politique provinciale ; cette année-là, il défit Peter HOWARD dans la circonscription de Leeds. Il fut de nouveau élu dans Leeds en 1820 par 515 voix. En septembre 1821, il remplissait les fonctions de président de la chambre d'Assemblée ; ce poste l'accapara, surtout pendant la longue controverse au sujet du droit de Barnabas Bidwell* à siéger. À deux reprises au moins, il dut demander un congé pour se libérer de ses devoirs judiciaires et assumer ses responsabilités d'homme politique.

Mais quand Sherwood fut nommé juge de la Cour du banc du roi en 1825, sa carrière judiciaire atteignit son apogée et ses priorités changèrent. Dans les années qui suivirent, il jugea des affaires aussi variées que celles de Dennis Russell, reconnu coupable de viol en 1828, et de Francis Collins*, rédacteur en chef condamné pour diffamation la même année. C'est aussi en 1828 que John Strachan* se porta vigoureusement à sa défense dans une querelle qui l'opposait à un

autre juge, John Walpole Willis*, et le décrivit comme « un homme des plus droits et des plus dévots, désireux d'accomplir son devoir ».

Sherwood devint de plus en plus impopulaire auprès des cercles réformistes. En 1835, la rumeur publique lui prêtait l'intention de prendre bientôt sa retraite. Un groupe réformiste, la Canadian Alliance Society, qui ne tenait pas à voir son nom inscrit sur la liste civile, adopta plusieurs résolutions par lesquelles elle s'élevait contre la suggestion de pensionner Sherwood, puisqu'il était manifestement assez jeune pour continuer de remplir sa charge pendant encore 20 ans. Toutefois, Sherwood ne se retira pas de la magistrature et son importance au sein de l'establishment devint telle que le 17 février 1838 un journal de Kingston, le *British Whig,* alla même jusqu'à l'étiqueter explicitement comme membre du *family compact.*

Au lendemain des troubles de 1837, Sherwood joua un rôle important dans les procès de trahison que l'on engagea en mars 1838 à Toronto. À la fin de cette année-là, le lieutenant-gouverneur, sir George Arthur*, demanda à Sherwood d'émettre un avis sur le sort à réserver aux personnes capturées au cours de l'invasion ratée de Prescott en novembre [V. Nils von SCHOULTZ]. Sherwood recommanda de pendre seulement les chefs et de condamner les autres à passer le reste de leur vie dans une colonie pénitentiaire ; il affirma que les exécutions excitent souvent la pitié, avec le résultat que la leçon que l'on en tire est moins profitable que l'on ne voudrait.

Sherwood était toujours à l'affût d'occasions favorables sur le marché foncier. Grâce à la collaboration du capitaine John LE BRETON, il avait obtenu en 1820 un lot de valeur situé près des chutes des Chaudières, sur la rivière des Outaouais ; plus tard, il acquit d'autres terrains à cet endroit. En 1832, il vivait à York, près du bas de la rue Yonge, et avait acheté un lot adjacent à sa demeure qu'il était prêt à vendre à un prix élevé. En 1840, il voulut louer une partie d'une île de la rivière des Outaouais pour y construire un moulin près des chutes avoisinantes.

Sherwood se retira de la magistrature en 1840, mais il continua de se faire entendre dans les milieux conservateurs. En novembre 1842, il fut l'un de ceux qui fondèrent la Toronto Constitutional Society en réaction contre les politiques du gouverneur, sir Charles BAGOT. En octobre 1843, il fit savoir qu'il appuyait la résolution que William Henry Draper* avait présentée à l'Assemblée pour qu'elle s'oppose au transfert du siège du gouvernement de Kingston au Bas-Canada. À la même époque, soit le 19 août 1842, Sherwood accéda au Conseil législatif et, le 1er novembre 1843, au Conseil exécutif.

Toujours actif durant les dernières années de sa vie, Levius Peters Sherwood continua d'exercer sa profession et de jouer un rôle dans les milieux religieux et éducationnel de sa communauté. Il fut trésorier de la Law Society of Upper Canada en 1842 ; deux ans plus tard, il accepta de retourner à la magistrature à titre de juge de la Cour d'appel. Son attachement à l'Église d'Angleterre le poussa en mai 1842 à offrir d'assumer la vice-présidence de la Church Society. Quatre ans plus tard, on le nomma, avec John Beverley Robinson*, trésorier de la Society for the Propagation of the Gospel in Foreign Parts. Il apporta sa contribution à l'œuvre éducationnelle en devenant, le 27 décembre 1841, membre du conseil du King's College de Toronto. À sa mort en 1850, Sherwood, homme de principes et fervent conservateur, avait servi sa communauté de nombreuses façons pendant près d'un demi-siècle.

IAN PEMBERTON

AO, MS 4, commission appointing J. B. Robinson and L. P. Sherwood as treasurers of the Soc. for the Propagation of the Gospel in Foreign Parts in Canada, 16 juin 1846 ; MS 35, letter-book, 1827–1839, Strachan à James Stephen, 11 avril 1829 ; MS 51, George Bruce à Mackenzie, 30 sept. 1830 ; Charles Waters à Mackenzie, 28 juill. 1835 ; MU 2106, 1832, n° 14 (Robert Thompson à Peter Freeland, 15 févr. 1832). — APC, RG 1, E3, 42 : 233–239 ; 81 : 9–10 ; L1, 39 : 341–342 ; RG 5, A1 : 7995–7996, 9023–9024, 24568–24570, 26874–26875, 29335–29337, 30359–30361, 30591–30593, 32967–32969, 33486–33487, 49486–49488, 49920–49923, 52904–52910 ; B5, 4 : 265–266 ; 4a, Sherwood à J. M. Higginson, 11 juill. 1844 ; B7, 3 ; C2, 1 : 391. — « Parish register of Brockville and vicinity, 1814–1830 », H. R. Morgan, édit., OH, 38 (1946) : 77–108. — British Whig, 23 févr. 1835, 17 févr., 23 mars 1838. — Chronicle & Gazette, 7 févr. 1835, 17, 21 mars 1838, 7 mai, 30 juill., 27 août 1842, 24 oct. 1843. — Kingston Chronicle, 21 juill. 1820. — Kingston Gazette, 6 juill. 1816, 7 juill. 1818. — Marriage bonds of Ont. (T. B. Wilson). — D. B. Read, The lives of the judges of Upper Canada and Ontario, from 1791 to the present time (Toronto, 1888). — Reid, Loyalists in Ont. — Mary Beacock Fryer, Buckskin pimpernel : the exploits of Justus Sherwood, loyalist spy (Toronto et Charlottetown, 1981). — H. M. Jackson, Justus Sherwood : soldier, loyalist and negotiator (s.l., 1958).

SHIRREFF, CHARLES, homme d'affaires, auteur, fonctionnaire et juge de paix, né le 26 juillet 1768 à Leith, Écosse, fils de Robert Shirreff et de Barbara Menzies ; le 29 mai 1793, il épousa Jane Wilson, et ils eurent quatre fils et une fille, puis le 14 septembre 1808 Jane Coxon, et de ce mariage naquirent deux fils et deux filles ; décédé le 5 mai 1847 à Bytown (Ottawa).

Charles Shirreff est issu d'une famille écossaise de marchands et de constructeurs de navires qui avait fait le commerce du bois de la Baltique. En 1817, il quitta Leith, où il faisait des affaires, immigra dans le Haut-Canada et s'installa près de Smith's Creek (Port Hope), sur le lac Ontario. Grâce à des relations dans l'administration provinciale, il obtint dans le haut de la vallée de l'Outaouais une concession de 5 000 acres sur laquelle il s'établit en 1818. Il se lança dans la promotion foncière et le commerce du bois, et fonda le village de Fitzroy Harbour ; il y construisit un moulin à farine en 1831. Un des premiers partisans du creusage d'un canal entre la rivière des Outaouais et le lac Huron ou le lac Simcoe, il publia la même année une brochure, *Thoughts on emigration and on the Canadas, as an opening for it,* dans laquelle il proposait notamment de faire venir des ouvriers pour construire des ouvrages publics, tel le canal du lac Huron, et de les établir ensuite comme fermiers. Cependant, ses propositions n'eurent guère d'échos, et ce fut plutôt dans le commerce du bois qu'il laissa sa marque.

Shirreff lui-même n'était pas un gros exploitant mais, en raison de sa connaissance des problèmes que les coupes illégales causaient aux marchands de bois, c'est lui qui, en leur nom, fit des représentations auprès des gouvernements haut et bas-canadiens afin d'obtenir une réglementation de l'abattage sur les terres publiques. Dans le cadre d'un système instauré en 1826, on recréa dans chaque province le poste d'inspecteur général adjoint des forêts, qui n'existait plus, afin de limiter les permis de coupe, en partie en restreignant la superficie des concessions forestières allouées aux entrepreneurs. On ouvrit une agence pour percevoir les droits ; le bureau, situé à Bytown, s'occuperait de la vallée de l'Outaouais et exercerait sa compétence sur les deux rives, sur les tributaires d'en amont des chutes des Chaudières de même que sur les rivières Gatineau et Rideau. Shirreff se vit offrir la direction de l'agence mais déclina l'offre en faveur de son fils Robert, qui entra en fonction en 1826. Il ne manqua pas de souligner qu'il faudrait deux fonctionnaires : l'un à Bytown pour mesurer le bois et recueillir les dépôts, l'autre à Québec pour percevoir les redevances au moment de la vente des trains de bois. Cependant, les gouvernements estimaient que, malgré l'incommodité de la chose, la perception des droits devait se faire à Bytown. Dès le début, sans nomination officielle, Charles s'occupa de l'agence à Bytown et Robert récolta les paiements à Québec.

Shirreff s'allia aux entrepreneurs forestiers pour préconiser la réforme de ce système et défendre les modifications qu'on y avait apportées. En 1832, on adopta un nouveau système, conçu par le grand marchand de bois George HAMILTON mais proposé par Shirreff. Il permettait aux entrepreneurs de présenter au commissaire des Terres de la couronne une demande de concession dans laquelle ils précisaient les limites du territoire demandé et la quantité de bois qu'ils se proposaient de couper. Le bureau de Bytown prendrait à l'automne un acompte sur les droits prévus et on percevrait le solde au printemps à Québec. Ce système favorisait l'industrie puisque les entrepreneurs pouvaient sous-estimer leurs prévisions de coupe et réduire ainsi leur acompte, ce qui leur laissait plus de comptant pour l'hiver, saison pendant laquelle ils en avaient le plus besoin.

Malgré son appui à Hamilton, Shirreff n'était pas le valet des grands entrepreneurs, comme il le prouva au moment de la crise déclenchée par ce que l'on a appelé le monopole de la Gatineau. Une association d'entrepreneurs forestiers, composée notamment de Peter Aylen* et de la Hamilton and Low, tous détenteurs en bonne et due forme de concessions à la rivière Gatineau, avait commencé des travaux afin de faciliter le flottage. Pendant l'hiver de 1831–1832, ils constatèrent avec colère que plusieurs autres entrepreneurs faisaient illégalement de la coupe sur la rivière. De plus, protesta Hamilton en mars, Shirreff les encourageait à occuper des concessions en prévision de l'année suivante. Par la voix de Hamilton, l'association demanda en août qu'on soustrait la Gatineau au régime de vente publique des concessions, ce que fit le gouvernement bas-canadien trois mois plus tard.

La création de ce monopole souleva un tollé à Bytown. Certains entrepreneurs forestiers avaient entamé leur saison d'hiver sans permis régulier, et le bureau de Bytown ne les ennuyait pas. En novembre, Shirreff se plaignit avec force de ce que les concessions de la Gatineau, « un des hauts lieux du commerce du bois », échappaient à la concurrence, donc à son autorité. Il pressa le commissaire William Bowman FELTON d'annuler le monopole afin d'empêcher la saisie des biens des entrepreneurs exclus, « qui ne se soumettr[aient] sûrement pas [...] sans combattre ». Malheureusement pour lui, une commission d'enquête formée en janvier 1833 conclut en faveur du monopole. Déjoué politiquement, il vit son pouvoir miné. Bientôt, sa réputation serait détruite.

Un scandale relatif à la perception des droits en fut la cause. En 1830, après le départ de Robert Shirreff pour un long voyage aux États-Unis et en Angleterre, Alexander Shirreff était venu aider son père à Bytown, et on avait conclu une entente avec une société de Québec, la Jones, Murray and Company, afin qu'elle s'occupe là-bas des affaires de l'agence. Quand, en 1833, cette compagnie fit faillite, on découvrit que Charles l'avait autorisée à accepter des billets à ordre au lieu de dépôts à titre de garantie pour les droits qu'elle percevait sur le bois et que les provinces avaient ainsi perdu environ £3 600. Certains historiens ont suggéré que les Shirreff avaient trompé les gouvernements et, peut-être, empoché des fonds publics avec des marchands locaux. Toutefois, l'accusation de fraude est difficile à comprendre. En 1836, devant un comité spécial du Haut-Canada, Charles témoigna que le gouvernement avait reconnu, dans des lettres, son rôle officieux dans le processus de perception. En outre, il semble que les autorités étaient au courant de la participation de la Jones, Murray and Company puisqu'elles s'étaient inquiétées de ce qu'une société privée agisse à la place des gens nommés pour remplir cette fonction.

Au fond, les problèmes de Shirreff provenaient peut-être de ses relations avec l'administration. Robert et lui n'avaient jamais été en bons termes avec le département des Terres de la couronne du Bas-Canada, et surtout pas avec Felton, lui-même accusé de fraude dans des transactions foncières. Tout à fait exaspéré par l'attitude des Shirreff dans l'affaire du monopole de la Gatineau et par le fait que Charles percevait des droits sur le bois coupé illégalement au lieu de le saisir, Felton était déterminé à restreindre la latitude dont celui-ci bénéficiait dans l'octroi des permis. Ce que le commissaire ne goûtait pas, c'est qu'en refusant de financer des levés précis le gouvernement entretenait le flou des limites des concessions forestières et encourageait les violations de propriété. Enfin, il avait acquis la conviction que la perception des droits devait se faire par un fonctionnaire mais, apparemment, il n'avait pas commandé à Shirreff de cesser d'employer la Jones, Murray and Company. Le problème n'était donc pas que Shirreff avait dissimulé ses activités, mais plutôt que celles-ci étaient si connues et si critiquées, surtout par Felton, qu'une situation critique avait pris les proportions d'un scandale.

Quant à l'hypothèse d'un détournement de fonds, elle est peu plausible. Shirreff, juge de paix depuis 1826, ne fut accusé ni de fraude ni de corruption durant l'enquête de 1836. En fait, il n'y a pas de doute qu'il réussissait bien en dehors de son travail de percepteur : à titre d'agent, en quelque sorte, il dirigeait les colons éventuels vers les différentes régions et il recueillait des droits de glissoir à la chute du Chat, près de Fitzroy Harbour. Par contre, il s'était certainement montré négligent en n'exigeant pas de la Jones, Murray and Company qu'elle obtienne de solides garanties sur les droits perçus. Le comité spécial recommanda qu'à l'avenir on exige de telles garanties mais n'alla pas jusqu'à blâmer explicitement Shirreff. L'accusation d'incompétence fut cependant suffisante pour ruiner son autorité de percepteur. Robert et lui quittèrent le bureau de Bytown en 1836, soit de leur plein gré ou à la suite d'un congédiement. On considérait leur successeur, James Stevenson*, comme un homme plus perspicace que Charles dans le domaine financier ; toutefois on continua de prélever les paiements à Québec, ce qui prouve bien que cette méthode était la plus pratique.

Dès lors, Charles Shirreff se consacra à ses affaires commerciales et à ses entreprises de colonisation. En 1837, il construisit une scierie à Fitzroy Harbour ; en 1839, il avait un magasin. Il mourut à Bytown en 1847.

ROBERT PETER GILLIS

Signay

Charles Shirreff est l'auteur de deux brochures : *A few reasons against any change in the system of our colonial lumber trade* ; et *Thoughts on emigration and on the Canadas, as an opening for it,* publiées à Québec en 1831.

ANQ-Q, E21/1877–1878. — AO, MU 3289. — APC, MG 11, [CO 42] Q, 338-1 : 177, 179 ; 375-2 : 350–360 ; RG 1, L1, 30 : 441, 450 ; L3, 458 : S11/237 ; 462 : S13/146, 150, 156–157 ; 463 : S14/80 ; RG 5, A1 : 68315–68318 ; RG 68, General index, 1651–1841 : 457. — H.-C., House of Assembly, *App. to the journal,* 1836, app. 54. — *Packet* (Bytown [Ottawa]), 8 mai 1847. — *The Oxford companion to Canadian history and literature,* Norah Story, édit. (Toronto, 1967), 609–610. — Lucien Brault, *Ottawa old & new* (Ottawa, 1946). — M. S. Cross, « The dark druidical groves : the lumber community and the commercial frontier in British North America, to 1854 » (thèse de ph.d., Univ. of Toronto, 1968), 272–273. — S. J. Gillis, *The timber trade in the Ottawa valley, 1806–54* (Parcs Canada, Direction des parcs et lieux hist. nationaux, *Manuscript report,* n° 153, Ottawa, 1975). — R. S. Lambert et Paul Pross, *Renewing nature's wealth ; a centennial history of the public management of lands, forests & wildlife in Ontario, 1763–1967* ([Toronto], 1967), 41–42.

SIGNAY, JOSEPH (il signait **Signaÿ** comme il était encore parfois d'usage à l'époque), prêtre catholique et archevêque, né le 8 novembre 1778 à Québec, fils de François Signaÿ et de Marguerite Vallée ; décédé le 3 octobre 1850 au même endroit.

Les parents de Joseph Signay ont eu 11 enfants qui, à l'exception de ce dernier, sont tous morts avant d'avoir atteint l'âge adulte, la plupart peu après leur naissance. Joseph, le neuvième de la famille, est élevé par sa mère, car son père, navigateur au long cours, s'absente souvent de la maison. Il entre au petit séminaire de Québec en 1791 et s'y révèle un élève talentueux et appliqué. Six ans plus tard, on le retrouve au grand séminaire où il étudie jusqu'en 1802. Bien qu'il soit professeur au petit séminaire pendant ses études théologiques, il n'en obtient pas moins des succès exceptionnels.

Signay est ordonné prêtre à Longueuil le 28 mars 1802 par l'évêque de Québec Mgr Pierre Denaut* puis il est nommé vicaire successivement à Chambly et à Longueuil, et curé de la paroisse Saint-Constant, le 1er octobre 1804. Un an plus tard, premier curé de Sainte-Marie-de-Monnoir (Saint-Nom-de-Marie, à Marieville), il a la charge de visiter et de desservir les catholiques des environs de la baie Missisquoi. Il y demeure neuf ans et se fait remarquer par ses qualités d'administrateur.

À l'automne de 1814, le curé de Québec, André Doucet*, démissionne et, selon la rumeur, c'est Signay qu'on désignerait pour le remplacer. Il s'en défend fortement, mais l'évêque de Québec, Joseph-Octave Plessis*, insiste auprès de lui ; il prend officiellement charge de la cure de Québec le 19 novembre. Les finances de la paroisse et les édifices religieux sont alors en piteux état. Fidèle à sa réputation, Signay y met ordre rapidement. Il ne dépasse jamais les limites de sa paroisse qu'il parcourt toutefois d'un bout à l'autre ; il en fait même le recensement en 1815 et en 1818. Très préoccupé de l'instruction des jeunes enfants, il a, au dire de ses contemporains, un don spécial pour leur enseigner le petit catéchisme.

À la mort de Mgr Plessis, le 4 décembre 1825, Bernard-Claude Panet* lui succède à titre d'archevêque et annonce qu'il a choisi Signay pour coadjuteur. Malgré l'approbation du gouverneur lord Dalhousie [RAMSAY], la ratification de ce choix tarde à Rome, car Panet n'a envoyé que le nom de Signay au lieu des trois noms requis ; de plus, Mgr Jean-Jacques LARTIGUE, auxiliaire de l'archevêque de Québec à Montréal, consulté sur ce sujet, exprime des réticences. Mgr Panet réussit pourtant à passer outre à ces obstacles et les bulles romaines sont finalement signées. Le 20 mai 1827, à la cathédrale Notre-Dame de Québec, Signay est sacré évêque de Fussala *in partibus infidelium*. Il demeure néanmoins curé de Notre-Dame jusqu'au 1er octobre 1831. L'année suivante, le 13 octobre, Mgr Panet démissionne et confie l'administration du diocèse à son coadjuteur. Les autorités romaines acceptent cette démission. Mgr Panet meurt le 14 février 1833 et, deux jours plus tard, Signay devient le troisième archevêque de Québec.

Signay éprouve lui aussi beaucoup de difficultés à faire reconnaître son coadjuteur, Pierre-Flavien Turgeon*, à cause de l'opposition des sulpiciens et de certaines tracasseries administratives à Rome. Fort de l'appui de la majorité du clergé, Signay réclame la ratification de son choix et gagne son point. Le 27 janvier 1834, la Propagande accepte mais demande « de signifier à l'archevêque de Québec que la désignation hâtive et irrégulière du coadjuteur a déplu énormément à la Sacrée Congrégation et d'ordonner qu'à l'avenir le mode d'agir normal soit fermement sauvegardé ». Turgeon est sacré évêque de Sidyme le 11 juin 1834.

Cette victoire est due en grande partie au travail du procureur de l'archevêque à Rome, l'abbé Thomas Maguire*, qui a contribué aussi à faire avancer deux autres dossiers : les biens du séminaire de Saint-Sulpice et l'érection du diocèse de Montréal. Le premier problème remonte loin [V. Jean-Henry-Auguste Roux*], mais il prend une acuité nouvelle quand, dans les années 1827–1828, les sulpiciens se montrent prêts à transiger avec le gouvernement britannique. Alertés par les journaux, le clergé et la population s'y opposent fortement et Mgr Signay suit les traces de ses prédécesseurs en dénonçant le projet. On charge donc Maguire de rectifier les dires du sulpicien Jean-Baptiste THAVENET à Rome et de demander l'interdiction formelle pour les sulpiciens de négocier avec le gouvernement. Même si, en 1834, les cardinaux de la Propagande ne vont pas plus loin que de demander de ne rien innover et de les consulter avant toute autre tentative de négociation, le problème se résout avec le rapprochement de Lartigue et des sulpiciens à propos de la création du diocèse de Montréal.

En effet, la nomination de Lartigue à titre d'évêque auxiliaire en 1820 avait fortement mécontenté ses collègues sulpiciens, mais celui-ci s'était convaincu que ces difficultés prendraient fin avec sa nomination à titre d'évêque de Montréal, en d'autres termes avec l'érection d'un diocèse à Montréal. Lartigue avait donc fait pression sur Plessis, Panet et Signay pour qu'ils obtiennent cette décision de Rome, même sans attendre l'assentiment de Londres. À l'instar de ses prédécesseurs et malgré les demandes réitérées de son auxiliaire, Signay plaide plutôt pour la prudence et le compromis et soutient longtemps que l'accord préalable des autorités britanniques est nécessaire. En février 1835, cependant, il se résout à écrire directement à la Propagande pour demander un diocèse à Montréal, mais Rome tarde à répondre. Les relations entre Lartigue et les sulpiciens s'améliorent, particulièrement à l'occasion du cinquantième anniversaire de sacerdoce du sulpicien Jacques-Guillaume ROQUE le 24 septembre suivant. Le supérieur des sulpiciens, Joseph-Vincent Quiblier*, fait même signer par le clergé une pétition en faveur de l'érection d'un diocèse à Montréal. Prié de l'acheminer à Rome, Signay tergiverse encore pour se donner le temps de sonder les autorités civiles puis, le 24 décembre 1835, il cède enfin aux instances de Lartigue. En mars 1836, la Propagande étudie la supplique, expliquée et appuyée par Mgr Joseph-Norbert Provencher*, de passage à Rome, mais la bulle d'érection n'arrive à Montréal que le 29 août.

Ces événements montrent déjà les perceptions différentes qu'ont les évêques de Québec et de Montréal de certains problèmes ; celles-ci s'accentuent encore dans les années qui suivent en ce qui concerne les relations entre l'Église et l'État ainsi que la gouverne de l'Église canadienne. Si Lartigue et son coadjuteur Ignace Bourget*, fidèles partisans de l'ultramontanisme, prônent une politique d'affirmation de l'indépendance de l'Église par rapport à l'État, Signay, qui est « purement un homme du *statu quo* » au dire du père Jean-Baptiste Honorat*, prêche le respect des coutumes, la prudence et la collaboration avec les autorités britanniques. Il s'efforce d'éviter tout affrontement avec le gouvernement et préfère mettre en veilleuse certaines revendications légitimes. Les trois évêques s'entendent cependant sur un principe général : la neutralité politique du clergé, sauf quand les intérêts religieux sont menacés.

C'est le cas notamment à la prise d'armes de 1837–1838. Parce que la région de Québec demeure plus calme, Signay laisse venir les événements et n'intervient qu'après les premiers combats. Il deman-

de aux curés du Bas-Saint-Laurent d'expliquer à leurs fidèles que les troupes en provenance des Maritimes sont appelées non pas « dans un but hostile », mais « pour protéger les habitants du pays, et pour maintenir la tranquillité publique ». Le 11 décembre 1837, il publie un mandement pour dénoncer l'insurrection, « un moyen [...] pas seulement inefficace, imprudent, funeste à ceux-mêmes qui en font usage, mais encore criminel aux yeux de Dieu et de [la] sainte religion », et il met ses diocésains en garde contre tout ce qui pourrait troubler la paix.

L'état d'insécurité et de prostration dans lequel se trouve alors le Bas-Canada décuple la prudence habituelle de Signay. S'il est favorable à une adresse du clergé canadien au Parlement de Londres contre l'union du Haut et du Bas-Canada (elle sera envoyée en avril 1840), Signay croit également utile de demander à ses prêtres, en juin 1838, de faire connaître les vues du nouveau gouverneur lord Durham [LAMBTON], « soit en faisant lire sa Proclamation à la porte de l'église, soit par tout autre moyen que [leur] prudence pourrait [leur] suggérer ». En janvier 1840, cependant, il engage de nouveau son clergé à user de son influence pour faire signer une requête contre l'union ; avec son coadjuteur Turgeon, il entretient le gouverneur Charles Edward Poulett THOMSON des conséquences funestes du projet impérial et il félicite Bourget de son langage ferme avec ce dernier.

Désormais, Signay abandonne de plus en plus les initiatives au nouvel évêque de Montréal, Mgr Bourget, et il s'enfonce dans un « état apathique » que plusieurs dénoncent. C'est le cas en 1841, à l'occasion de la présentation du projet de loi sur l'éducation, où il ne fait connaître ses réticences qu'après les violentes dénonciations des *Mélanges religieux,* et certains trouvent ses propos bien peu sévères. Il adopte la même attitude à l'égard du projet, entretenu depuis longtemps, d'établissement d'une province ecclésiastique. Pendant que Signay n'y voit que des inconvénients et craint un refus des autorités impériales, Bourget commence des démarches auprès des évêques canadiens et présente un dossier à Rome. En attendant la réponse de la Propagande, l'évêque de Montréal, par son acharnement et son insistance, réussit à diminuer les peurs de Signay et de son coadjuteur et à leur faire signer, en janvier 1843, une supplique au Saint-Siège. Au mois de décembre, Bourget charge Hyacinthe HUDON d'aller à Rome promouvoir la cause qui aboutit finalement à la création de la province ecclésiastique de Québec en mai 1844.

Métropolitain malgré lui, Signay fait tout pour retarder les effets de cette promotion. Il hésite à recevoir le pallium mais y consent en novembre 1844 à condition que « l'organisation *immédiate* de la province ecclésiastique ne (dût) pas s'ensuivre ». De même, il ne voit pas d'un bon œil le projet de réunir un concile provincial. Il se dit favorable au principe d'une telle réunion, mais il veut en retarder la convocation jusqu'au jour où « il aura été possible d'établir au préalable les rapports désirables entre ceux des Évêques qui doivent prendre une part active à cette œuvre ». Semblable situation n'existera pas avant sa démission, que plusieurs désirent.

Mgr Bourget est l'un de ceux-là. De plus en plus excédé par l'immobilisme de Signay et par ses objections continuelles aux changements et aux améliorations proposés, telles l'uniformisation de la liturgie et de la discipline, la rédaction d'un nouveau catéchisme et la création d'une université, l'évêque de Montréal veut profiter d'un voyage à Rome pour demander la démission de son supérieur. Il l'en avertit le 25 septembre 1846 dans une lettre où il résume les raisons qu'il exposera au pape : l'inertie de son administration, le peu de respect et de confiance qu'il inspire, son incapacité de traiter les questions importantes et l'absence de liens avec les suffragants. La franchise de Bourget peine Signay qui ne se rend pas compte que l'évêque de Montréal traduit un sentiment généralisé. Déjà en 1835, *le Canadien* avait dénoncé le despotisme de l'archevêque. Le grand vicaire Alexis Mailloux* n'était pas moins sévère et se demandait si Signay avait « la science et la fermeté unies à cette indépendance de tout pouvoir humain qui rendait un évêque ce qu'il doit être ». Pour répondre « au désir » du secrétaire de la Propagande, l'abbé Charles-Étienne Brasseur* de Bourbourg, historien français de passage au Bas-Canada, rédige lui aussi une charge où il dénonce tour à tour la timidité extrême, le caractère entêté et tracassier de Signay de même que son incapacité « d'embrasser l'ensemble ou d'entrer dans les détails d'une administration régulière » ; il rappelle avec force exemples « la nullité de l'archevêque » et les jugements féroces qui se colportent sur lui. D'abord secrète, cette dénonciation se retrouve presque textuellement dans l'*Histoire du Canada, de son Église et de ses missions* […], qui paraîtra en 1852.

Quoique justifiées en grande partie, ces accusations ne tiennent guère compte d'autres aspects plus positifs. Si timide soit-il, Signay réussit à défendre ses prêtres contre le gouvernement. Ses contemporains louent son zèle et son esprit de charité ; à l'occasion des désastres qui frappent la ville de Québec – deux épidémies de choléra et l'incendie des faubourgs Saint-Roch et Saint-Jean –, c'est lui qui le premier organise des secours et incite à l'entraide. Il n'hésite pas à apporter sa contribution financière dans ces cas précis, de même qu'au moment de la construction du palais épiscopal et du séminaire de Nicolet. Il s'intéresse aussi aux missions et met sur pied l'Œuvre de la propagation de la foi en 1836. Enfin, tout le monde reconnaît sa piété, son goût pour les cérémonies bien faites et la liturgie en général.

Mis au courant par Bourget de la situation de l'archidiocèse de Québec, le pape ne veut pas forcer Joseph Signay à démissionner, car il suffirait, selon lui, que l'archevêque sache qu'un tel geste lui plairait. Informé par Bourget en février 1847, Signay se défend auprès du souverain pontife tout en se disant prêt à résigner ; rien ne bouge à Rome. Insatisfait, l'évêque de Montréal menace l'archevêque d'un mémoire dénonciateur signé par les suffragants. Le 10 novembre 1849, Signay remet l'administration de l'archidiocèse à son coadjuteur. L'acceptation de Rome arrive finalement en mars 1850, mais l'évêque en est déjà à ses derniers mois. Frappé de paralysie le 1er octobre 1850, il meurt deux jours plus tard. Dans un testament très détaillé, il partage ses biens entre plusieurs héritiers, notamment le séminaire de Nicolet, ses serviteurs et les pauvres de la paroisse Notre-Dame de Québec. Ses funérailles donnent lieu au déploiement habituel et c'est l'abbé Elzéar-Alexandre Taschereau* qui prononce l'éloge funèbre.

SONIA CHASSÉ

AAQ, 12 A, N : 192 ; 31-13A ; 20 A, VI : 35, 38, 44, 52 ; VII : 1, 70 ; 1 CB, X : 175 ; XIII : 71, 75, 79, 81 ; XVI : 79 ; CD, Diocèse de Québec, I : 138, 163–164, 167, 180–181, 183, 194 ; VI : 161, 193 ; VII : 134 ; 515 CD, III : 149 ; IV : 20–21, 60 ; VI : 112, 224 ; 516 CD, I : 22, 70–70A, 73A, 77 ; 61 CD, Notre-Dame-de-Québec, I : 18, 57, 60–61, 63 ; 10 CM, IV : 189A, 209, 214 ; 11 CM, II : 141 ; 310 CN, I : 150 ; 60 CN, II : 26–30, 58, 61 ; IV : 135, 137 ; V : 126 ; VII : 31 ; 26 CP, III : 148 ; IV : 147 ; V : 165 ; VI : 230 ; IX : 41–42, 71–71A, 72 ; C : 91–92 ; H : 132 ; 30 CP, I : 3, 6–7 ; Sér. E, II : 24, 38 ; IV : 56. — ACAM, 295.098–.101. — ANQ-Q, CE1-1, 9 nov. 1778, 7 oct. 1850. — Archivio della Propaganda Fide (Rome), Acta, 1834, 194 ; Scritture riferite nei Congressi, America settentrionale, 5 (1842–1848). — ASN, Lettres des évêques, Signay à Harper, 1830–1849 ; Signay à Raimbault, 1826–1841. — ASQ, Évêques, n° 9, 30 nov. 1836 ; n° 218, 2 mai 1841 ; Journal du séminaire, I, 10 sept. 1850 ; Lettres, W, 79 ; Y, 24, 26–27, 32 ; MSS, 885–888 ; MSS-M, 164 ; 208 ; 978 ; Polygraphie, XX : 15, 67 ; Séminaire, 38, n° 35 ; 54, n° 14 ; 75, n°s 6–7, 11, 20, 22–23. — [E.-A. Taschereau], *Oraison funèbre et notice biographique de Sa Grâce l'illustrissime monseigneur Joseph Signay, premier archevêque de Québec* (Québec, 1850). — J.-B.-A. Ferland, « Notice biographique sur Sa Grâce, monseigneur l'archevêque de Québec », *l'Ordre social* (Québec), 10 oct. 1850 : 449–451. — *Mandements, lettres pastorales et circulaires des évêques de Québec*, Henri Têtu et C.-O. Gagnon, édit. (18 vol. parus, Québec, 1887–), 3. — Caron, « Inv. de la corr. de Mgr Signay », ANQ *Rapport*, 1936–1937 ; 1937–1938 ; 1938–1939. — Henri Têtu, *Notices biographiques : les évêques de Québec* (Québec, 1889 ; réimpr. en 4 vol., Québec et Tours, France, 1930), 436–525. — C.-É. Brasseur de Bourbourg, *Histoire du Canada, de son Église et de ses missions depuis la découverte de l'Amérique jusqu'à nos jours* […] (Paris,

1852). — Gaston Carrière, *Histoire documentaire de la Congrégation des missionnaires oblats de Marie-Immaculée dans l'Est du Canada* (12 vol., Ottawa, 1957–1975), 2. — Chaussé, *Jean-Jacques Lartigue*, 89–132. — Jacques Grisé, *les Conciles provinciaux de Québec et l'Église canadienne (1851–1886)* (Montréal, 1979), 19–40. — Lemieux, *l'Établissement de la première prov. eccl.* — Pouliot, *Mgr Bourget et son temps*, 2 : 210–237. — « Les Frères et Sœurs de Mgr Sinaï », *BRH*, 49 (1943) : 122–123.

SIGOGNE, JEAN-MANDÉ, prêtre catholique et juge de paix, né le 6 avril 1763 à Beaulieu-lès-Loches, France, aîné des enfants de Mandé Sigogne et de Marguerite Robert ; décédé le 9 novembre 1844 à Sainte-Marie (Church Point, Nouvelle-Écosse).

De son père, fabricant de tissus, Jean-Mandé Sigogne hérita une force de caractère peu commune qui, avec son rigorisme, allait être son trait prédominant durant ses années de missionnariat en Nouvelle-Écosse. L'instruction était à l'honneur chez les Sigogne, et Jean-Mandé, qui manifestait des dons particuliers, opta finalement pour la prêtrise. Il apprit à fond le grec, le latin et l'hébreu au petit séminaire de Tours, qui dispensait l'enseignement classique conformément à la tradition de la France prérévolutionnaire, après quoi il fréquenta le grand séminaire, où il étudia la théologie auprès d'adversaires vigoureux du jansénisme. On l'ordonna prêtre du diocèse de Tours en 1787.

Alors âgé de 24 ans, Sigogne était un gallican résolu aussi bien qu'un homme raffiné, sensible et cultivé. Au fil de ses années d'études, il s'était monté une impressionnante bibliothèque personnelle où les œuvres religieuses côtoyaient un bel éventail d'ouvrages de référence et de dictionnaires, de livres d'histoire séculière, de classiques grecs et latins ainsi que plusieurs œuvres d'auteurs français. D'après un minutieux inventaire dressé en 1792, année où les révolutionnaires confisquèrent ses biens au bénéfice de l'État, il possédait près de 200 titres, plus « pelle melle dans une grande Boete, une infinité de mauvais volume, relié et non relié, d'aucune valeur ». Le jeune abbé ne s'intéressait d'ailleurs pas qu'à la lecture : une caisse de moindres dimensions contenait « plusieurs coquillage curieux et autres pièces ».

On disait de Sigogne qu'il était petit « et fluet de sa personne. Il a[vait] l'air modeste et même timide. » De santé fragile, il n'était « pas de forte constitution ». En Nouvelle-Écosse, il se plaindrait tantôt d'asthme, tantôt de troubles urinaires ou d'un « léger bourdonnement dans la tête ». Il souffrira à 45 ans d'une grave maladie, à la suite de laquelle ses cheveux grisonneront en peu de temps.

Nommé en 1787 vicaire de Manthelan, village isolé, situé à une douzaine de milles à l'ouest de Beaulieu-lès-Loches, Sigogne occupa cette charge jusqu'en 1791 et n'eut pas d'autre affectation avant son départ de France. Il refusa dès avril 1791 de prêter serment à la Constitution civile du clergé, mais devant la loi sa situation demeura ambiguë quelque temps. Pendant sept mois au cours desquels il figura dans les registres municipaux sous le titre de « cy devant vicaire », il continua d'exercer ses fonctions, peut-être dans une semi-clandestinité, auprès du curé qui, lui, avait prêté serment. À ses problèmes avec les révolutionnaires s'ajoutait l'hostilité de son père, devenu maire de Beaulieu-lès-Loches, qui lui interdisait la maison familiale en raison de son conservatisme politique.

À la fin de 1791, le harcèlement du clergé réfractaire se transforma en persécution ouverte ; Sigogne exerça donc son ministère en secret à compter de novembre. Lorsqu'en juillet 1792 l'Assemblée législative proclama la patrie en danger, la situation des prêtres insermentés devint intenable. Selon certains témoignages, Sigogne échappa de peu à la mort. Soit par ses propres moyens ou grâce à l'influence de son père, il parvint à quitter la France, comme la majorité des prêtres français.

L'abbé Sigogne passa en Angleterre, où on note sa présence dès le 27 août 1792. Un mois plus tard, il reçut une première allocation d'un comité formé peu de temps auparavant pour prêter assistance aux prêtres émigrés. Ensuite, il travailla peut-être quelques semaines comme tourneur sur bois, mais de janvier 1793 à juin 1796 il ne toucha aucun revenu, sinon les deux guinées que le comité d'assistance lui donnait chaque mois. Par la suite, il fut peut-être engagé comme précepteur chez un noble ou comme répétiteur dans une école anglicane privée, à moins qu'il n'ait occupé ces deux emplois. Ses dernières années en Angleterre se passèrent à Rotherhithe (Londres), où il donna des leçons de français, de latin, de grec et de géographie et vendit de la papeterie et des objets de piété. Il avait fini par acquérir une excellente connaissance de l'anglais.

Dans l'Amérique du Nord britannique, et plus précisément dans les Maritimes, on comptait alors de plus en plus sur le clergé émigré en Angleterre pour corriger une grave pénurie de prêtres francophones. Depuis 1790, les Acadiens de la baie St Mary, dans le district de Clare en Nouvelle-Écosse, supportaient de moins en moins l'impuissance des autorités ecclésiastiques à pourvoir à leurs besoins religieux. Les derniers prêtres de langue française à s'occuper de cette région, et encore de manière occasionnelle, avaient été Joseph-Mathurin Bourg* et Jean-Antoine Ledru*. Depuis le départ de ce dernier en 1788, les Acadiens n'avaient eu que des prêtres anglophones : William Phelan et Thomas Power se rendaient de temps à autre dans la baie St Mary et Thomas Grace*, dit père James, y séjourna en 1790 et 1791. Les

Sigogne

requêtes pour obtenir un prêtre francophone résidant et issu du clergé émigré bénéficiaient de l'appui ferme de James Jones*, supérieur des missions des Maritimes, et du lieutenant-gouverneur, sir John Wentworth*. L'évêque de Québec, Mgr Pierre Denaut*, et son coadjuteur désigné Joseph-Octave Plessis* avaient également plaidé la cause des Acadiens en Angleterre. Malgré tout, le problème traîna longtemps. Finalement, en janvier 1799, un prêtre émigré à Boston envoya à Londres 20 guinées pour payer une traversée de l'Atlantique, et en avril le responsable des ecclésiastiques français en Angleterre annonça à Mgr Denaut : « Je viens de procurer le passeport du gouvernement à un bon et vertueux ecclésiastique nommé M. Sigogne, qui est parti pour travailler sous vos ordres. »

Débarqué à Halifax le 12 juin, Sigogne passa une quinzaine de jours chez Jones, son supérieur immédiat, qui lui confia deux paroisses fort éloignées l'une de l'autre. Puis, après avoir juré fidélité à la couronne, il partit en barque de pêche pour Sainte-Anne-du-Ruisseau, dans le district d'Argyle, à la pointe sud-ouest de la province. Trois semaines plus tard, il se mit en route vers le nord et franchit une cinquantaine de milles en région sauvage pour atteindre sa seconde paroisse, Sainte-Marie, dans le district de Clare. Cette mission allait désormais être son point d'attache.

À chaque année de 1799 à 1819, puis occasionnellement après 1824, Sigogne quitta Sainte-Marie, en été et en hiver, pour aller passer deux ou trois mois à Sainte-Anne. C'était un voyage épuisant : trois jours de cheval sur des chemins à peine tracés, avec une étape à Salmon River et à Yarmouth. Par ailleurs, il devait souvent se déplacer pour aller au chevet de quelque malade. Après la fondation d'une desserte à West Pubnico dans le district d'Argyle et d'une autre à Meteghan dans celui de Clare, il dut exercer son ministère dans quatre endroits différents. En 1819, un deuxième prêtre vint enfin prendre en charge la mission du district d'Argyle. Il s'agissait d'André Doucet*, qui fonda peu après une nouvelle mission à Bas-de-Tousquet (Wedgeport) mais qui dut partir en 1824 pour des raisons de santé. Dès lors, Sigogne reprit ses deux voyages annuels dans le district d'Argyle jusqu'à l'arrivée d'un nouveau prêtre en 1829. Celui-ci quitta les lieux à son tour en 1833 de sorte que le vieil abbé, alors septuagénaire, dut exercer de nouveau son ministère dans cette région jusqu'en 1836, lorsqu'on trouva enfin un pasteur permanent. Par surcroît, Sigogne s'occupait de son mieux des catholiques isolés le long de la moitié supérieure de la baie St Mary, entre Sissiboo (Weymouth) et Digby, ainsi que des Micmacs qui se rendaient périodiquement à son presbytère de Sainte-Marie.

À son arrivée chez les Acadiens du sud-ouest de la Nouvelle-Écosse, en 1799, Sigogne ne trouva pas ces communautés idylliques et remplies de crainte de Dieu qu'ont souvent dépeintes le folklore et les écrits historiques. Une génération et demie après la déportation de 1755, une pauvreté abjecte, la négligence des autorités et l'absence d'un clergé stable avaient fait leur œuvre : l'indiscipline, l'ignorance, la superstition et le relâchement moral régnaient. Sigogne fit donc de ses nouvelles ouailles un portrait qui n'a rien de flatteur : « Un peuple ignorant et d'une ignorance crasse [...], entaché des idées d'égalité de liberté, ou plutôt de license et de libertinage [...], et le plus sot souvent est le plus entêté à vouloir donner sa volonté pour règle. » Même les pratiques occultes, qui n'étaient pas inconnues en Acadie, continuaient de proliférer. Encore en 1810, pendant une absence de Sigogne du district d'Argyle, une jeune fille « possédée par un esprit malin, atteinte d'un mal inconnu » reçut un traitement bizarre, fait de prières traditionnelles et d'une mixture concoctée selon une « recette de la vieille Acadie » : 100 épingles et 100 aiguilles, un couteau neuf, le cœur d'un poulet noir et sa propre urine, le tout bouilli dans une marmite de terre cuite fabriquée pour l'occasion.

La réaction plutôt maussade de l'abbé Sigogne devant les Acadiens n'est pas surprenante dans les circonstances. Leur républicanisme primitif le heurtait particulièrement, car il lui rappelait le chaos moral qui l'avait contraint à fuir son pays. Son aversion ressemblait à celle que les fonctionnaires royaux, tant français qu'anglais, avaient manifestée pour ce peuple dès la seconde moitié du xviiᵉ siècle. Plus tôt, Jones avait signalé : « [le missionnaire] aura à faire à des gens difficiles à mener ; ils sont de vrais américains à l'égard de leur police écclésiastique ».

Sans attendre, l'abbé Sigogne s'attela à pourvoir au besoin le plus urgent de ses missions isolées : la reprise de la vie sacramentelle et liturgique. Il administra des centaines de baptêmes, bénit des mariages, se mit à enseigner le catéchisme et forma des conseils d'anciens qui devaient « prendre quelques moyens salutaires et utiles pour [l']avantage spirituel et temporel [de la communauté] et maintenir la Paix, la Justice et l'Union entre [ses membres] suivant la religion, la conscience et L'honneur ». De toutes les tâches de sa vie active, ce sont la construction et le financement d'églises convenables à Sainte-Marie et à Sainte-Anne qui lui causèrent les angoisses les plus grandes et les plus soutenues. Vers 1800, les effets de la croissance démographique naturelle se faisaient sentir dans les deux districts : sans quitter la côte, les jeunes allaient habiter de plus en plus loin de Sainte-Anne et de Sainte-Marie, où s'élevaient les églises, et constituaient de nouveaux villages où l'observance des devoirs religieux devenait de plus en plus difficile. En raison de cette situation, le prêtre et ses paroissiens, de même que les habitants des différents villages, se disputèrent pendant des années au sujet de l'emplacement des nouvelles églises, de la division des paroisses originales et de la création de nouvelles. Sigogne construisit en 1809 de nouvelles églises à Sainte-Anne et à Sainte-Marie car les précédentes ne suffisaient plus aux besoins. Il éleva également la première église de Pubnico en 1815 et celle de Meteghan en 1817. Trois ans plus tard, par suite d'un désastreux incendie qui rasa presque entièrement Sainte-Marie, Petit-Ruisseau (Little Brook) et Grosses Coques, il érigea une nouvelle église et un nouveau presbytère à Sainte-Marie. Vers 1831, il construisit la chapelle micmaque de Bear River et finalement, en 1841, il édifia à Corberrie sa septième église, la seule qui subsiste toujours.

Canaliser les énergies de ses paroissiens récalcitrants demeura une tâche éprouvante pour Sigogne longtemps après qu'il eut résolu le problème des églises. Jusqu'à sa mort, il trouva que les Acadiens étaient des « gens difficiles à contenter et querelleurs ». Il était constamment la cible de rebuffades, de poursuites et de pétitions qu'il ne manquait jamais de signaler à son évêque. Mgr Plessis, successeur de Mgr Denaut en 1806, trouvait manifestement que toute cette agitation sortait de l'ordinaire. Exaspéré, il lui demanda en 1817 : « Quand serez-vous hors de difficultés et de procès ? À votre âge, on vieillit assez sans tous ces chagrins-la. »

Ce qui n'aidait pas, c'est que Sigogne régentait à peu près tous les aspects de la vie temporelle et spirituelle de ses paroissiens. Il n'est pas étonnant que les évêques, l'un après l'autre, aient dû lui signaler ce qui était à leurs yeux des excès de rigueur, et l'inviter à la modération. Ainsi en 1800 Denaut, qui trouvait Sigogne « un peu singulier par sa conduite », lui conseilla d'appliquer avec indulgence les enseignements de l'Église sur des questions comme l'usure, le jeûne et l'abstinence. Pourtant Sigogne, malgré ses invectives contre ce qu'il appelait les « folies, veilleries et la débauche », s'imposait lui aussi de dures pénitences et demandait souvent à l'évêque d'adoucir les règles qui lui semblaient trop sévères pour les fidèles. Par exemple, il lui demanda de comprendre ceux qui, en raison de leur travail, devaient prendre leurs repas chez des protestants, et de permettre aux fidèles de manger des œufs les jours maigres.

Les Acadiens n'en continuaient pas moins de se rebiffer contre l'autoritarisme de l'abbé Sigogne et de se quereller au sujet de la proportion de soutien financier qui devait provenir de chaque village, ce qui mettait sa patience à dure épreuve. Malheureusement pour lui, il ne recevait rien tant que duraient ces disputes et devait souvent mendier du haut de la chaire pour sa subsistance. En dépit de sa constitution fragile, il devait couper et transporter son bois de chauffage et cultiver un potager pour éviter la famine. Les privations de ce genre, comme l'hostilité qui les engendrait, pesaient lourd sur son état d'esprit. Sigogne manquait souvent de confiance en lui et allait jusqu'à regretter d'avoir offert de venir dans le Nouveau Monde. Dans ses accès de découragement, il menaçait de rentrer en France, où la situation religieuse s'était passablement stabilisée. Rejeté par autrui, isolé dans un coin perdu, il écrivait impulsivement des lettres pathétiques et irritées à son évêque ou à des confrères qui ne se donnaient même plus la peine de lui répondre.

L'intérêt de Sigogne pour les choses de l'esprit, sa correspondance, ses sermons, ses amitiés et maints témoignages de ses contemporains confirment qu'il était un homme raffiné et qu'il ne le devint pas moins à force de vivre dans un milieu illettré. Le capitaine William Scarth Moorsom*, à l'occasion d'un voyage en Nouvelle-Écosse à la fin des années 1820, nota que Sigogne, « bien que coupé, dans sa retraite, de toutes les idées et habitudes du monde policé, conserv[ait] l'urbanité des Français de la vieille école ». Il lisait des passages de bréviaire en hébreu et en grec pour ne pas oublier ces langues. Joseph Howe* a dit de lui dans le *Novascotian, or Colonial Herald* qu'il était érudit et avait des manières distinguées. Aux yeux de Thomas Chandler Haliburton*, c'était « un homme d'une puissante intelligence naturelle, bien informé ».

Il arriva au moins une fois que Sigogne, pour défendre ses goûts intellectuels, se mit dans une colère bien peu convenable pour un homme d'Église. Au cours de sa visite pastorale en 1815, Mgr Plessis avait remarqué la prédilection de Sigogne pour le bréviaire gallican ou parisien. De retour à Québec, l'évêque lui écrivit une verte réprimande et lui ordonna de se servir désormais de la version romaine qui, bien que répétitive et moins vivante, était de rigueur dans le diocèse de Québec. Sigogne s'emporta tellement qu'il menaça d'abandonner sa mission pour ce seul motif. « Je suis plus attaché à mon Brévière qu'au pays, rétorqua-t-il au prélat, & [...] l'or vaut mieux que de vieux plomb. » Plessis laissa tomber l'affaire. Il cessa d'ailleurs d'avoir juridiction sur la péninsule néo-écossaise en 1817, année où ce territoire devint vicariat apostolique sous la responsabilité d'Edmund Burke*.

Mis à part ses quelques accès d'impatience, Mgr Plessis fut d'un grand réconfort pour Sigogne. Il ne manqua jamais d'exprimer ses louanges et même son émerveillement devant le travail immense qu'accomplissait l'abbé dans son difficile ministère. Même après 1817, il l'invita à lui écrire comme par le passé. En 1815, en guise de témoignage d'adieux, il l'avait honoré en plaçant la nouvelle église de Meteghan sous le patronage de saint Mandé. Après le grand incendie du district de Clare en 1820, Plessis tenta, mais sans trop de succès finalement, de venir en aide aux Acadiens en recueillant des aumônes pour eux dans le Bas-Canada.

La tradition orale des districts d'Argyle et de Clare fait encore état de l'indéfectible rigorisme de Sigogne et, parmi les sermons qu'on a conservés de lui, nombreux sont ceux qui attestent à l'évidence ce trait de caractère. L'abbé obtenait des résultats singuliers en brandissant la menace de l'excommunication devant des gens simples qui ne pouvaient pas se passer facilement des consolations de la religion. Ainsi malgré de multiples difficultés il ramenait des villages entiers sur le chemin du devoir (au moins pendant ses mois de séjour) : procurer les fonds, la main-d'œuvre et les matériaux nécessaires à la construction des églises, subvenir aux besoins de leur pasteur et se conformer, dans l'ensemble, aux prescriptions morales de la foi.

La sévérité de Sigogne se manifesta particulièrement envers un jeune homme et une jeune femme à qui il avait refusé le mariage en 1826 pour des raisons de consanguinité ; ceux-ci le défièrent en son absence en recourant aux services d'un ministre protestant. À son retour, le prêtre prit résolument l'affaire en main. Il déclara nul le mariage et interdit l'accès de l'église aux jeunes gens, ainsi qu'à neuf de leurs complices, jusqu'à ce qu'ils aient exprimé leur repentir devant tous et accepté une pénitence publique. Moins de deux semaines plus tard, les jeunes gens vinrent demander pardon et entendre leur pénitence : pendant six ans, ils ne pourraient pas dépasser l'entrée de l'église et porteraient des mouchoirs blancs afin que tous les reconnaissent comme des fomentateurs de scandale. Le pasteur conclut sommairement l'incident en vantant les mérites de la pénitence et en louant ceux qui acceptaient d'un cœur généreux de faire amende honorable. Il avait emprunté la manière forte, conformément à sa réputation. Même s'il n'appliqua probablement pas la peine jusqu'au bout, on ne saurait douter de l'efficacité qu'elle eut sur la vie spirituelle et sociale de ses paroissiens.

Sigogne n'était pas qu'un chef spirituel pour les Acadiens. Ses paroissiens avaient besoin de lui pour veiller à leurs intérêts temporels car il était le seul parmi eux qui ait de l'instruction et parle couramment l'anglais. Aidé par son ami le juge Peleg Wiswall, de Digby, il apprit à rédiger en leur nom des actes, des testaments et d'autres documents juridiques qu'il conservait dans une boîte, au presbytère de Sainte-Marie. En tentant de sauver ces papiers de la conflagration de 1820, il subit de graves brûlures qui exigèrent plus d'un mois de soins médicaux attentifs.

Quelques années après l'arrivée de Sigogne, les services qu'il rendait commencèrent à être connus au delà de ses districts. C'est pourquoi en 1806 on lui demanda de remplacer Amable Doucet* à titre de juge de paix, charge qu'il conserva au moins jusqu'en

1841. Il était très utile aux autorités civiles, qui avaient jusque-là prêté peu d'attention aux besoins judiciaires des Acadiens. Étant donné sa réputation dans les milieux officiels de la province, il était également tout désigné pour diriger des délégations au siège du gouvernement à Halifax. En 1807, Sigogne obtint de nouvelles concessions de terre pour la population croissante de Salmon River ; des années plus tard, c'est principalement grâce à lui que des Acadiens s'installèrent pour la première fois à l'extérieur de la région côtière, à Concession et à Corberrie, où il fonda sa dernière paroisse. Même dans l'année qui précéda sa mort, il se signala lorsqu'il comparut devant le lieutenant-gouverneur lord Falkland [Cary*] au sujet d'une affaire d'intérêt public.

L'ignorance était, d'après Sigogne, le pire des maux dont souffraient les Acadiens. Il fit des efforts considérables pour les aider à corriger cette lacune mais n'y parvint pas : les parents étaient apathiques, les enfants indociles, et l'on manquait d'instituteurs qualifiés. Il leur reprochait sans relâche leur indifférence pour le savoir et, partant, leur infériorité lorsqu'ils traitaient avec leurs voisins anglophones. Compte tenu des privations extrêmes qu'avaient connues les Acadiens dans les décennies qui ont suivi la déportation, Sigogne n'était pas tout à fait juste en leur parlant de leur ignorance avec autant de force et de persistance.

L'abbé Sigogne connut quelque succès en réunissant chez lui, à Sainte-Marie, plusieurs jeunes garçons aux talents prometteurs et en les instruisant de son mieux. Parmi eux se trouvaient Frederick Armand Robicheau, qui fut le premier député acadien de la baie St Mary, et d'autres membres de l'élite acadienne du milieu du siècle. Moins d'un demi-siècle après la mort du prêtre, le problème de l'éducation des Acadiens trouva une solution partielle qu'il aurait sans aucun doute approuvée : en 1890, on fonda à Sainte-Marie un petit collège classique à la française, le collège Sainte-Anne, et ce précisément pour commémorer les efforts qu'il avait déployés pour libérer ses ouailles du joug de l'analphabétisme.

Un autre problème pastoral occupait Sigogne : le mépris dans lequel le reste de la communauté tenait les personnes issues d'unions entre Acadiens et Micmacs. « C'est le seul endroit où leur système d'égalité n'a pas lieu », disait-il avec une pointe d'humour forcée. Bientôt, comme la population n'appréciait guère ses interventions, il décida de laisser au temps et aux mariages mixtes le soin de régler le problème. Il eut plus de succès dans ses initiatives pastorales auprès des Micmacs. Le 26 juillet de chaque année, ceux-ci faisaient le voyage de Bear River à Sainte-Marie pour célébrer la fête de leur patronne, sainte Anne. Désireux de bien remplir son ministère auprès d'eux, Sigogne se mit à apprendre leur langue ; en 1804, il versa une somme considérable pour avoir des manuscrits en micmac. Il put bientôt se vanter d'avoir prêché en trois langues un dimanche. Il souhaitait avant tout que les Micmacs conservent leur foi [V. Andrew James MEUSE], mais il conçut aussi pour eux une profonde affection. L'année de sa mort, il évoquait dans une lettre « ce peuple abandonné, qu['il] appelai[t] [ses] enfants ». Il sollicitait régulièrement de l'aide pour eux auprès du gouvernement. Dans les derniers mois de 1827, avec le juge Wiswall, il put établir dans une petite réserve, à Bear River, une vingtaine de familles qui y menèrent par la suite une vie sédentaire. En 1828, Sigogne rapportait des querelles et des discordes entre elles, mais la réserve survécut. En 1831, grâce à une subvention de £100 de la province, il commença la construction de la chapelle Saint-François-Xavier.

Paradoxalement, tout au long de sa vie pastorale, on tint Sigogne en haute estime à l'extérieur des districts francophones, et ses pires croix lui vinrent de la communauté acadienne. De toute évidence, il goûtait la société de ceux qu'il espérait influencer au bénéfice de ses ouailles. Il échangeait régulièrement avec Wiswall des compliments, des livres et des présents – des pommes et du vin. Il avait beaucoup d'estime pour Haliburton, qui le lui rendait bien, et entretenait des relations cordiales avec Joseph Howe, James Boyle Uniacke*, Laurence O'Connor Doyle* et d'autres. En retour de l'assistance que l'abbé lui avait portée pendant la campagne électorale de 1826, Haliburton défendit des causes qui étaient chères à celui-ci, notamment l'éducation, la construction de routes et l'abolition du serment discriminatoire imposé aux catholiques depuis la loi du Test de 1673. En 1826, au cours du débat sur le projet de loi présenté par Richard John Uniacke* en vue de l'émancipation des catholiques, Haliburton rendit un hommage public à la personnalité de Sigogne ainsi qu'à la loyauté exemplaire et à l'ordre général qu'il suscitait chez les Acadiens.

Sigogne inspirait une considération moins enthousiaste à Edmund Burke, son supérieur ecclésiastique en Nouvelle-Écosse. Capricieux, celui-ci croisait constamment le fer avec Sigogne. Il le trouvait têtu et « d'une humeur un peu bilieuse pour ne pas dire acariâtre ». Cette opinion correspondait précisément à celle de bien des Acadiens et provenait largement de plaintes que lui envoyaient les ennemis de Sigogne dans les districts d'Argyle et de Clare. En 1815, Burke rapporta que malgré ses bonnes manières Sigogne n'avait pas beaucoup de culture, ce qui contraste vivement avec les autres portraits du personnage.

En 1844, Sigogne atteignit l'âge de 81 ans. En 44 ans de ministère auprès des Acadiens de la Nouvelle-Écosse, soit depuis 1799, il n'avait jamais quitté la province et n'avait pris aucun congé, sinon pour se rendre périodiquement dans la capitale provinciale à titre de chef d'une délégation. Homme d'une spiritualité profonde, il ne voyait que des explications surnaturelles à la force extraordinaire qui lui permettait de poursuivre son apostolat malgré sa piètre santé et la dureté inouïe de ses conditions de vie. Vers la fin de son existence, il écrivit : « La Divine providence à qui j'ai tout sacrifié m'a fait trouver des resources bien au dessus de mes mérites & tout à fait suffisantes. » Cette conviction explique pourquoi il sut résister, au fil des ans, à la tentation d'abandonner les Acadiens et de retourner en France.

Toujours fragile, Jean-Mandé Sigogne avait commencé dès 1835 à souffrir de paralysie. En 1844, année de sa mort, dans un compte rendu sur l'état du diocèse de Halifax, on mentionna qu'il lui fallait le soutien de deux hommes pour franchir la cour qui séparait son presbytère de l'église. Le 7 novembre, apparemment en disant la messe, Sigogne eut une dernière attaque qui le laissa complètement paralysé. On le transporta au presbytère, où il reçut l'extrême-onction et eut la consolation d'avoir un prêtre à ses côtés. À sa demande, on le replaça dans le sanctuaire de l'église, où il expira au milieu de la matinée du 9. Il fut inhumé à Sainte-Marie. Près d'un demi-siècle plus tard, en 1892, on transféra ses restes de l'autre côté de la route, au centre de la pelouse située devant le collège qu'on venait d'inaugurer à sa mémoire. Le monument érigé à cette occasion subsiste toujours. Sigogne contribua plus que personne à maintenir les traditions françaises et catholiques parmi les Acadiens du sud-ouest de la Nouvelle-Écosse, et c'est encore à ce titre qu'on le révère aujourd'hui dans les districts où il mena son apostolat.

BERNARD POTHIER

Les sources manuscrites concernant Jean-Mandé Sigogne sont éparpillées dans plusieurs dépôts en France, en Angleterre, au Vatican et au Canada. En France, on trouve notamment : AD, Indre-et-Loire (Tours), État civil, Beaulieu-lès-Loches, 1762–1790 ; Manthelan, 1787–1791 ; L^v 642 ; Lz 698 ; Arch. municipales, Beaulieu-lès-Loches, Délibérations du Conseil municipal, 1780–1797 ; et Arch. nationales (Paris), D XIX 21, dossier 338 ; 28, dossier 430. Les sources anglaises importantes sont : PRO, CO 217/67 ; 217/156 ; T 93/26 : 1–8 ; 93/51, part. 1, 3 ; et Westminster Diocesan Arch., Archbishop's House (Londres), Non-British French clergy, nᵒ 37. Au Vatican, la source utile est Archivio della Propaganda Fide (Rome), Scritturi originali riferite nelle congregazioni generali, 965 : fᵒ 760 (mfm aux APC).

Toutes les sources documentaires concernant la carrière de Sigogne en Nouvelle-Écosse se trouvent au Canada, et les plus importantes parmi celles-ci se trouvent aux AAQ : 20 A, II ; 210 A, III ; 1 CB, VIII ; 69 CD, V ; 7 CM ; 311 CN, VI ; et particulièrement 312 CN, I, V, VII (sa propre correspondance ecclésiastique). La majeure partie des papiers personnels de Sigogne (la masse de lettres qu'il dut recevoir de ses supérieurs ecclésiastiques et de ses collègues, de sa famille vivant en France et de ses relations laïques) ont été perdus ; les

Simcoe

autres qu'il conservait au moment de sa mort ont été remis à son exécuteur testamentaire, Louis-Quentin Bourque. Quelque 40 ans plus tard, Placide Gaudet* fit l'acquisition de ces documents qui lui servirent pour écrire une série d'articles intitulés « l'Abbé Jean-Mandé Sigogne » qui parurent dans le *Courrier des provinces maritimes* (Bathurst, N.-B.) de nov. à déc. 1885. Plus tard, en 1908, Gaudet vendit une partie de ces papiers aux APC, où ils constituent aujourd'hui la collection des papiers Sigogne (MG 23, C10). Les autres sont demeurés avec la plupart des papiers de Gaudet et se trouvent aujourd'hui au Centre d'études acadiennes, univ. de Moncton (Moncton, N.-B.), Fonds Placide Gaudet.

D'autres sources manuscrites relatives à Sigogne sont disponibles dans des dépôts d'archives canadiens. On en trouve notamment aux PANS, MG 1, 733A (copie dactylographiée) ; 979, folders 1, 8 ; 1693, n° 10 ; RG 1, 117 ; et RG 5, P, 69. Ce dépôt conserve aussi des copies sur microfilm des papiers d'Edmund Burke et de William Walsh* ; les originaux se trouvent aux Arch. of the Archdiocese of Halifax. Les Arch. of the Diocese of Yarmouth (Yarmouth, N.-É.) possèdent les registres suivants : District du Cap Sable, reg. des baptêmes, mariages et sépultures ; Sainte-Anne-du-Ruisseau, reg. de la fabrique, 1799–1838 ; et Sainte-Marie, reg. de la fabrique. Au même endroit, le fonds Louis Surette contient la correspondance et les registres paroissiaux, originaux et copies dactylographiées, en plus de d'autres documents de la main de Sigogne, dont son dernier testament. Quelques pièces manuscrites se trouvent aux ASQ, Fonds Viger–Verreau, carton 7. Une lettre unique de Sigogne datée de 1842 se trouve dans les papiers de William Fraser* aux Arch. of the Diocese of Antigonish (Antigonish, N.-É.).

Les ouvrages suivants, mentionnés dans l'ordre chronologique des événements qu'ils décrivent, constituent des sources qui font référence à Sigogne : Dionne, *les Ecclésiastiques et les Royalistes français*, 304–306, 438–439 ; « Visite pastorale de Mgr Denaut en Acadie en 1803 », Henri Têtu, édit., *BRH*, 10 (1904) : 289–290 ; J.-O. Plessis, *Journal des visites pastorales de 1815 et 1816, par Monseigneur Joseph-Octave Plessis, évêque de Québec*, Henri Têtu, édit. (Québec, 1903) ; Murdoch, *Hist. of N.S.*, 2 : 571–578, 587–589 ; 3 : 146–147 ; T. C. Haliburton, *An historical and statistical account of Nova-Scotia* (2 vol., Halifax, 1829 ; réimpr., Belleville, Ontario, 1973), 2 : 173 ; et W. S. Moorsom, *Letters from Nova Scotia, comprising sketches of a young country* (Londres, 1830), 256–258.

Les journaux qui ont publié des comptes rendus contemporains ou des sources documentaires sont : *Novascotian*, 9 oct. 1828, 23 janv. 1840, 18 nov. 1844 ; *le Moniteur acadien* (Shédiac, N.-B.), 21 juin 1887 ; et *l'Évangéline* (Weymouth Bridge, N.-É.), 17 juill., 14 août 1889, 30 oct. 1890, avril, 1er, 26 nov. 1891, 12, 26 mai 1892, 18 févr., oct.–nov. 1897.

La première étude sur Sigogne, et la plus intrigante parce qu'elle est aujourd'hui disparue, est une biographie partielle qui parut dans un ou plusieurs numéros d'un journal parisien religieux en 1860, de la plume, paraît-il, du vicomte Joseph-Alexis Walsh. Le titre en était « Vie de Mr l'abbé Sigogne Robert, missionnaire en Acadie (Nouvelle-Écosse) ». La première étude exhaustive sur Sigogne qui existe est celle que Placide Gaudet écrivit en 1885 dans le *Courrier des provinces maritimes*, citée plus haut. Les découvertes de Gaudet ont été reprises pour l'essentiel par la plupart des écrivains qui ont suivi, jusqu'à la publication de l'important article de G.-M. Oury, « les Débuts du missionnaire Sigogne en Acadie », *Cahiers des Dix*, 40 (1975) : 43–86. Les études récentes les plus valables sont : H.-R. Casgrain, *Un pèlerinage au pays d'Évangéline* (Québec, 1887) ; P.-F. Bourgeois, *Panégyrique de l'abbé Jean-Mandé Sigogne, missionnaire français à la baie Sainte-Marie, N.-Écosse, depuis 1799 jusqu'en 1844* [...] (Weymouth, N.-É., 1892) ; Alexandre Braud, « les Acadiens de la baie Sainte-Marie », *Rev. du Saint-Cœur de Marie* (Abbeville, France), 1898 : 90–93, 144–146, 173–176, 276–279, 336–339 ; 1900 : 90–93, 122–124, 176–179, 214–218, 242–248, 309–315, 346–349 ; P.-M. Dagnaud, *les Français du sud-ouest de la Nouvelle-Écosse* [...] (Besançon, France, 1905) ; G. [D.] McLeod Rogers, *Pioneer missionaries in the Atlantic provinces* (Toronto, [1930]) ; H. L. d'Entremont, « Father Jean Mandé Sigogne, 1799–1844 » ; et L. L. Surette, « Notes on the life of Abbé Jean Mandé Sigogne », N.S. Hist. Soc., *Coll.*, 23 (1936) : 103–115 ; 25 (1942) : 175–194. [b. p.]

Allaire, *Dictionnaire*. — Caron, « Inv. de la corr. de Mgr Denaut », ANQ *Rapport*, 1931–1932 ; « Inv. de la corr. de Mgr Plessis », 1927–1928 ; 1928–1929. — [H.-R. Casgrain], *Mémoire sur les missions de la Nouvelle-Écosse, du cap Breton et de l'île du Prince-Édouard de 1760 à 1820* [...] *réponse aux* Mémoirs of Bishop Burke *par Mgr O'Brien* [...] (Québec, 1895). — Henry Faye, *la Révolution au jour le jour en Touraine (1789–1800)* (Angers, France, 1903 [*i.e.* 1906]). — André Latreille, *l'Église catholique et la Révolution française* (2 vol., Paris, 1946–1950), 1. — A. Montoux, *la Municipalité de Beaulieu-lès-Loches avant la Révolution, 1766–1789* (Loches, France, s.d.). — A.-J. Savoie, « l'Enseignement en Acadie de 1604 à 1970 », *les Acadiens des Maritimes : études thématiques*, Jean Daigle, édit. (Moncton, 1980), 419–466. — Upton, *Micmacs and colonists*. — Margery Weiner, *The French exiles, 1789–1815* (Londres, 1960). — René Baudry, « les Pénitences publiques en Acadie », SCHEC *Rapport*, 23 (1955–1956) : 117–123. — Mary Liguori, « Haliburton and the Uniackes : Protestant champions of Catholic liberty (a study in Catholic emancipation in Nova Scotia)», SCHEC *Report*, 20 (1953) : 37–48. — Soc. archéologique de Touraine, *Bull. trimestriel* (Tours), 27 (1943) : 321. — Mason Wade, « Relations between the French, Irish and Scottish clergy in the Maritime provinces, 1774–1836 », SCHEC *Study sessions*, 39 (1972) : 9–33.

SIMCOE, ELIZABETH POSTHUMA. V. Gwillim

SIMONDS, RICHARD, homme d'affaires, homme politique, juge de paix, juge et fonctionnaire, né le 24 avril 1789 à Portland (Saint-Jean, Nouveau-Brunswick), fils de James Simonds* et de Hannah Peabody ; le 18 août 1813, il épousa Ann Charters, et ils eurent sept fils et une fille, puis le 18 mai 1829 à Annapolis Royal, Nouvelle-Écosse, Margaret Walker, veuve du lieutenant John Newton de la marine royale ; décédé le 2 mai 1836 à Saint-Jean.

Richard Simonds naquit dans l'une des principales familles de propriétaires terriens et commerçants du

Nouveau-Brunswick. Après avoir fréquenté l'école à Portland, il augmenta encore ses chances de succès dans la vie en s'associant en 1810 à son oncle maternel, Francis PEABODY, qui était marchand et constructeur de navires à Miramichi. De 1819 à 1824, il dirigea parallèlement sa propre entreprise commerciale, approvisionnant les fermiers-bûcherons et acquérant par la même occasion de nombreux titres de propriété et des hypothèques sur des fermes. Élu à la chambre d'Assemblée aux élections générales de 1816 grâce tout probablement à l'influence de son oncle, qui n'avait pas d'enfants, il devenait ainsi, à 27 ans seulement, l'un des deux députés de la circonscription de Northumberland. Il semble toutefois avoir acquis sa propre influence dans cette circonscription dynamique, agitée et tentaculaire qui couvrait alors plus du tiers de la province. Il fut réélu en 1819, 1820 et 1827. Il devint en outre juge de paix et juge de la Cour inférieure des plaids communs.

En 1820, le frère aîné de Simonds, Charles*, le rejoignit à la chambre d'Assemblée en se faisant élire député de la circonscription du comté et de la ville de Saint-Jean. Les deux frères, dont les carrières politiques devaient être étroitement liées, devinrent le centre d'une coterie de relations d'affaires, de parents par alliance et de cousins qui préconisait une société plus ouverte. Défenseurs indépendants du parlementarisme, ils marchaient sur les traces de leur père, James, qui, pendant la dernière décennie du XVIIIe siècle, avait appuyé Amos Botsford* et James Glenie* dont le parti revendiquait pour l'Assemblée le pouvoir d'affectation des fonds publics et avait imposé des restrictions au lieutenant-gouverneur et au Conseil du Nouveau-Brunswick. En 1821, ils soutinrent un projet de loi qui visait à autoriser les pasteurs non conformistes à célébrer des mariages ; adopté avec deux voix de majorité, ce projet fut rejeté par le conseil. En 1825, le vote de Charles et de Richard Simonds fut décisif dans le rejet d'un projet de loi fortement appuyé par le lieutenant-gouverneur sir Howard Douglas* et ayant pour objet la prévision de fonds pour les tribunaux itinérants.

Au début de 1824, Simonds liquida ses affaires à Miramichi, après avoir manifesté son intention d'aller vivre à Saint-Jean. Ce projet de déménagement avait probablement un lien avec l'administration des vastes terres de son père, propriétés de grande valeur dont il devait en grande partie hériter conjointement avec Charles en 1831. Toutefois, sa visée était peut-être politique aussi bien qu'économique, puisqu'il ne s'installa pas à Saint-Jean mais à Fredericton, où il semble être demeuré la plupart du temps de 1825 à 1828.

En février 1828, à la première session consécutive aux élections de 1827, Simonds fut élu président de l'Assemblée. C'était une position convoitée et prestigieuse car, suivant la coutume de la chambre des Communes britannique et des Parlements des colonies d'Amérique, l'Assemblée conférait à son président une grande autorité sur ses débats. En décembre, après avoir présidé l'Assemblée pendant une seule session, il démissionna de son siège pour prendre la succession de John Robinson* en tant que trésorier de la province, poste dont l'attribution était laissée à la discrétion du lieutenant-gouverneur. Son frère Charles fut alors élu à l'unanimité pour le remplacer à la présidence.

Il y avait, à cette époque, une coïncidence heureuse entre les intérêts des frères Simonds et ceux du lieutenant-gouverneur Douglas. Administrateur dynamique et efficace, Douglas s'était efforcé, depuis son arrivée en 1824, de mettre fin à la coutume qu'avait prise la chambre d'entraver les initiatives de l'exécutif et, pour ce faire, il mettait en œuvre tout son magnétisme dans le but de se lier d'amitié avec les députés. En 1828, il savait parfaitement que travailler avec les frères Simonds présentait des avantages politiques et il avait une bonne idée des qualités d'administrateur de Richard. En effet, avant de devenir président, ce dernier avait participé à plusieurs projets auxquels lui-même s'intéressait. Il avait notamment été l'un des commissaires chargés de distribuer les fonds recueillis pour les victimes de l'incendie qui dévasta la région de la Miramichi, surveillant de la construction de la « grande » route (qui longeait la rivière Nerepis) entre Fredericton et Saint-Jean et secrétaire de la New-Brunswick Agricultural and Emigrant Society. Tout comme le lieutenant-gouverneur, Richard s'intéressait au développement économique et à l'administration des fonds de la province. Pendant qu'il était président de l'Assemblée, il détint le poste rémunéré de secrétaire-trésorier de la New-Brunswick Agricultural and Emigrant Society, prépara son rapport et entreprit la collecte de données destinées à un compte rendu sur les pêcheries ; il fit aussi partie de la commission chargée de la construction de la résidence du gouverneur.

L'alliance avec les frères Simonds ne fut cependant pas aussi féconde que Douglas l'avait espéré. Malgré leur appui, il fut incapable, avant son départ en mars 1829, de résoudre les conflits qui opposaient la métropole et la province à propos de la liste civile, des terres de la couronne et des appointements versés aux employés des douanes. Et cela à cause de la lenteur des autorités britanniques, d'une part, et d'autre part parce que le commissaire des Terres de la couronne, Thomas Baillie*, avait trop d'influence au ministère des Colonies. Par contre, en assurant le King's College de Fredericton d'un financement permanent, il régla le problème crucial qui se posait depuis que le gouvernement britannique avait inclus dans la charte de ce collège des clauses intransigeantes qui, bien que légales, étaient contraires à l'esprit de celles qu'avait établies l'Assemblée en promettant une subvention à l'établissement en 1823. Les frères Simonds appartenaient à l'Église d'Angleterre, mais ils étaient tolérants envers les autres dénominations et s'opposaient à l'exclusivisme anglican. Il est donc paradoxal que, malgré l'opposition de nombreux députés desquels ils étaient généralement solidaires, ils aient encouragé en 1829 l'adoption d'une loi favorable au maintien d'une institution somme toute purement anglicane. Il est évident qu'étant membre du conseil depuis janvier 1829 Richard Simonds participa à l'alignement politique qui imposa à la province un collège fort impopulaire et qu'il en bénéficia. À l'époque, il était, semble-t-il, complètement subjugué par la personnalité de Douglas, dont il louangeait le moindre geste en des termes qui conviennent plus à un courtisan qu'à un parlementaire indépendant.

À la session parlementaire suivante, en 1830, pendant que William Black* administrait la province, l'Assemblée inclut dans le projet de loi de finances un article qui donnait aux juges de paix juridiction sur les causes de contrebande. Cette clause visait à accélérer la confiscation des importations illégales et à resserrer la perception des douanes, mais elle avait aussi pour effet de priver de leurs émoluments les juges de la Cour suprême. Le conseil refusa de l'adopter et le Parlement fut prorogé le 8 mars sans qu'on ait pris des mesures au sujet du revenu. Simonds, qui était parti en congé à Saint-Jean, revint en hâte à Fredericton, où il réussit, à l'autre session convoquée quelques jours plus tard sur la question, à persuader le conseil d'accepter le projet de loi.

En 1831, après les élections qui suivirent la mort de George IV, Charles Simonds tenta vainement de conserver la présidence de la chambre. Thomas Baillie commençait alors à dominer la scène politique ; s'il ne parvenait pas toujours à s'imposer à l'Assemblée, il y arrivait au conseil. Après l'abolition de l'ancien conseil, à la fin de 1832, on nomma Richard Simonds au nouveau Conseil législatif où, jusqu'à la fin de sa vie et à l'instar de George Shore* et de William Black, il allait voter immanquablement contre les politiques de Baillie.

L'entrée de Richard Simonds à la Trésorerie, en décembre 1828, avait rehaussé le niveau d'activité et d'organisation de ce service. Comme le bureau du vérificateur de la province fut réorganisé à peu près au même moment, l'administration des fonds mis à la disposition de l'Assemblée devint beaucoup plus ordonnée. Le trésorier était essentiellement un employé de l'Assemblée chargé de percevoir les revenus, de tenir les comptes, d'administrer les deniers publics et de verser les sommes autorisées selon les ordres du lieutenant-gouverneur. Simonds s'installa à Saint-Jean pour être en mesure de s'acquitter personnellement de ses devoirs de percepteur dans cette ville et, en 1832, il résista avec succès à un ordre du lieutenant-gouverneur sir Archibald CAMPBELL lui enjoignant de revenir à Fredericton. Il était chargé de superviser le travail d'un groupe de sous-receveurs répartis un à un dans les ports de mer et autres points d'entrée de la province. En tant que principal fonctionnaire aux finances, il donnait généralement des avis sur la constitution juridique des banques et des compagnies d'assurances et il aidait à faire des arrangements pour le placement des fonds publics ou pour l'investissement des capitaux de compagnie dans la dette provinciale. Il demeura trésorier jusqu'à sa mort.

Parmi les présidents de l'Assemblée du Nouveau-Brunswick, les frères Simonds furent les premiers à ne pas appartenir au cercle des fonctionnaires loyalistes. Ils avaient de profondes racines dans le monde des affaires, mais par leur mariage et ceux de leurs sœurs ils finirent par avoir de nombreuses relations au sein de l'élite. Les antécédents familiaux, les intérêts personnels, la richesse, tout contribua à leur ascension aux postes de commande. Ils semblent avoir toujours agi de concert en politique, au point que la carrière de Richard, bien que remarquable en soi, paraît à bien des égards n'avoir été qu'un prélude à celle de son frère aîné, lequel, pour sa part, fut en mesure de continuer ce qu'ils avaient commencé ensemble.

Richard Simonds mourut à Saint-Jean « à la suite d'une brève maladie », à l'âge de 47 ans.

D. MURRAY YOUNG

APC, MG 11, [CO 188] New Brunswick A, 43 : 142, 149–150 ; MG 23, D1, 5 : 217–218 ; MG 24, A3, R. Simonds à Douglas, mars 1829 ; L6, 1, material on Miramichi fire, 1825 ; 3, N.B. Agricultural and Emigrant Soc., minute-book, n° 1 (1825–1830). — APNB, MC 1156 ; RG 4, RS24, particulièrement S36-M3.7, S37-Z11.1–6, S42-M3 ; RG 7, RS71, 1831, James Simonds. — Musée du N.-B., Gilbert family records, vol. 4 ; D. R. Jack papers, folder 1 (copie dactylographiée) ; Richard Simonds, account-book. — Northumberland Land Registry Office (Newcastle, N.-B.), Registry books, 1810–1823, particulièrement 9 : 54–60 (mfm aux APNB). — UNBL, MG H11. — N.-B., House of Assembly, *Journal,* 1816–1832 ; Legislative Council, *Journal,* [1786–1830], vol. 2, 1829–1830 ; 1831–1836. — *Mercury,* 23 déc. 1828. — *Royal Gazette* (Fredericton), 10 févr. 1824, 22 avril 1828, 11 mai 1836. — Hill, *Old Burying Ground.* — F. A. Firth, « King's College, Fredericton, 1829–1859 », *The University of New Brunswick memorial volume* […], A. G. Bailey, édit. (Fredericton, 1950), 22–32. — D. M. Young, « The politics of higher education in the Maritimes in the 1820's : the New Brunswick experience » (communication faite devant l'Atlantic Studies Conference, Halifax, avril 1980). — J. McG. Baxter, « Francis Peabody, the founder of Chatham », Miramichi Natural Hist. Assoc., *Proc.* (Chatham, N.-B.), n° 6 (1911) : 35–53.

SIMPSON, ALEXANDER, trafiquant de fourrures et auteur, né le 14 janvier 1811 à Dingwall, Écosse ; décédé après 1845, probablement en Écosse.

Alexander Simpson était le fils de l'instituteur Alexander Simpson et de sa deuxième femme, Mary Simpson. Tous les jeunes de la famille se laissèrent tenter par la traite des fourrures et travaillèrent pour la Hudson's Bay Company : Thomas, frère d'Alexander, dans le département du Nord, et leur demi-frère Æmilius* au service maritime. Quant à leur cousin George* (fils du frère aîné de leur mère), il devint gouverneur de la compagnie en Amérique du Nord en 1826. Lors d'une visite de celui-ci à la famille, en 1825, Alexander s'était dit « si captivé par les pittoresques descriptions des aventures que l'on [pouvait] vivre et des richesses que l'on [pouvait] amasser » qu'il signa un contrat avec la compagnie en 1827 et traversa l'Atlantique l'année suivante.

On affecta d'abord Simpson, en qualité de commis débutant, au bureau de la Hudson's Bay Company à Lachine, dans le Bas-Canada, où en 1830 il fut chargé de la comptabilité. Satisfait de son rendement, George Simpson notait en 1832 qu'il était « instruit, attentif à son travail [...] correct dans sa conduite et son attitude personnelle » et qu'il pouvait s'avérer très utile à ses employeurs. Toutefois, c'était un jeune homme vif, et il se querellait souvent avec James Keith*, surintendant à Lachine. En 1834, au terme d'une dispute apparemment due au fait qu'Alexander avait « posé de tendres regards sur l'une des servantes », Keith en eut assez et décida de l'envoyer à Moose Factory (Ontario). Mécontent, Alexander persuada l'agent principal John George McTavish de le laisser se rendre par canot allégé à la rivière Rouge (Manitoba) afin de plaider sa cause auprès de George Simpson. Celui-ci, quoique assez touché par le malheur de son cousin, fut contrarié par cette perte de temps et d'énergie et lui ordonna de retourner à pied à Moose Factory, « pour se calmer les esprits », et d'y rester en qualité de comptable. En mars 1835, Alexander retourna donc à son poste. Mais tenir les livres, faire d'autres besognes du même genre et passer de temps à autre des commandes privées pour des fonctionnaires et des employés ne ressemblaient guère à la vie aventureuse dont il avait rêvé.

Enfin, après quatre ans, sir George Simpson lui assigna des fonctions plus passionnantes au fort Vancouver (Vancouver, Washington). La Hudson's Bay Company avait convenu, avec la Russian American Company, d'un partage du commerce côtier dans le Nord-Ouest, et le comité de Londres préparait une réorganisation des affaires de la compagnie dans le Pacifique. On ouvrirait des magasins en Californie et aux îles Sandwich (Hawaï) ; une société appelée Puget's Sound Agricultural Company produirait de la laine, du cuir, du suif et d'autres produits pour les marchés de l'Angleterre et du Pacifique [V. William Fraser Tolmie*]. Alexander devait aider l'agent principal John McLoughlin* à réaliser divers aspects de ces projets. À l'automne de 1839, il se rendit donc dans les îles Sandwich afin d'y sonder les possibilités commerciales ; en 1840, il retourna au fort Vancouver par Monterey (Californie) et San Francisco, où il acheta des moutons pour la compagnie agricole et se renseigna sur le commerce, les prix et les ressources de la Californie. McLoughlin fut si content de son travail qu'il le réaffecta aux îles Sandwich à titre d'adjoint de George Pelly, administrateur de la Hudson's Bay Company à Honolulu. Arrivé là-bas en janvier 1841, Simpson fut promu chef de poste deux mois plus tard.

Peu après avoir débarqué dans l'île d'Hawaï, Simpson apprit la mort de son frère Thomas qui, tout en s'étant distingué dans l'exploration de l'Arctique, avait suscité des antipathies par son mauvais caractère et son aversion pour les sang-mêlé. Alexander se rendit en Angleterre pour aider sa famille endeuillée et éclaircir les circonstances mystérieuses de cette mort, qui semblait résulter d'un meurtre ou d'un suicide. À son retour à Hawaï, en 1842, il découvrit que sir George prévoyait le muter au département du Nord. Encore troublé par la mort de son frère, il ne voulait pas s'installer dans une région qui la lui rappelait. Aussi fit-il part à sir George de son intention de démissionner après avoir pris un congé pour l'année de traite 1842–1843. Sir George se montra d'abord réfractaire à sa démission, mais Alexander fut bientôt mêlé à une affaire qui poussa le gouverneur à changer de sentiment.

Alexander était convaincu que la Grande-Bretagne aurait avantage à annexer les îles Sandwich, mais ni la Hudson's Bay Company ni le gouvernement britannique n'étaient particulièrement favorables à cette idée : vu les intérêts français et américains dans le Pacifique, l'annexion risquait de déclencher un conflit international. En revanche, le consul de Grande-Bretagne à Hawaï était d'accord et, lorsqu'il décida, en septembre 1842, d'aller faire pression en Angleterre, il nomma Alexander « consul intérimaire ». Continuant de promouvoir l'annexion, celui-ci se trouva vite au centre d'un différend international qui faillit tourner très mal, puisque des bâtiments de guerre britanniques et américains se postèrent au large d'Oahu. Finalement, il quitta les îles en mars 1843, après leur occupation par les Britanniques, et la Hudson's Bay Company accepta avec soulagement sa démission, en vigueur le 1er juin.

De retour en Écosse, Alexander Simpson se consacra à la défense de plusieurs causes. En 1843, il publia un livre qui plaidait en faveur de l'annexion des îles Sandwich par la Grande-Bretagne et fit paraître un ouvrage de son frère Thomas, *Narrative of the discoveries on the north coast of America [...]*. Pendant deux ans, il correspondit avec le comité de Londres dans l'espoir de rétablir la mémoire de son frère et d'obtenir, en considération des services qu'il avait rendus, une pension pour sa mère. *The life and*

875

Skakel

travels of Thomas Simpson, the Arctic discoverer [...], qu'il publia en 1845 pour gagner la sympathie du public, demeure un intéressant compte rendu d'exploration nordique. On ne sait guère ce que Simpson fit par la suite. Apparemment, il se fixa en Écosse, s'y maria et y mourut, peut-être au début des années 1870. Alexander Caulfield Anderson*, trafiquant de fourrures à la retraite, écrivait en 1878, dans un manuscrit intitulé « History of the northwest coast », qu'il était mort « depuis quelques années ».

KERRY ABEL

Alexander Simpson est l'auteur de : *The Sandwich Islands : progress of events since their discovery by Captain Cook ; their occupation by Lord George Paulet ; their value and importance* (Londres, 1843) ; *The life and travels of Thomas Simpson, the Arctic discoverer* [...] (Londres, 1845 ; réimpr. avec introd. de John Gellner, Toronto, 1963) ; et *The Oregon territory ; claims thereto of England and America considered ; its conditions and prospects* (Londres, 1846).

Bancroft Library, Univ. of California (Berkeley), A. C. Anderson, « History of the northwest coast » (copie dactylographiée aux PABC). — GRO (Édimbourg), Dingwall, reg. of births and baptisms, 26 janv. 1811. — PAM, HBCA, A.1/56 ; A.10/17–18 ; B.135/a/139–143 ; B.135/c/2 ; D.5/4–5 ; 7 ; Alexander Simpson file. — Hargrave, *Hargrave corr.* (Glazebrook). — *HBRS*, 6 (Rich) ; 19 (Rich et Johnson) ; 30 (Williams). — Rich, *Hist. of HBC* (1958–1959), 2.

SKAKEL, ALEXANDER, éducateur, né le 22 janvier 1776 à Fochabers, Écosse, fils d'Alexander Skakel ; le 7 janvier 1808, il épousa à Montréal sa cousine Isabella Skakel, puis le 7 juillet 1823, dans la même ville, Christian Dalrymple, et de l'un de ces mariages naquit au moins une fille, qui mourut en bas âge ; décédé le 13 août 1846 à Montréal.

Alexander Skakel s'inscrivit au King's College d'Aberdeen en 1789 et obtint sa maîtrise ès arts cinq ans plus tard. On dit qu'il fit des études pour devenir ministre presbytérien, mais il opta plutôt pour l'enseignement. En 1798, il s'installa à Québec et y enseigna une année durant. Invité à Montréal, il y ouvrit en 1799 la Classical and Mathematical School, qu'il dirigea avec un succès considérable. En 1811, des particuliers recueillirent £400 pour doter généreusement l'école d'« appareils philosophiques » et permettre ainsi à Skakel d'ajouter à son enseignement des expériences pratiques. À partir de 1813, il donna chez lui des cours du soir pour adultes.

En 1818, on nomma Skakel principal de la *grammar school* de Montréal, où il emmena ses élèves et ses appareils scientifiques. Comme l'école sœur de Québec [V. Robert Raby Burrage*], cet établissement avait été fondé en 1816 en vertu de la loi scolaire provinciale de 1801. Vingt ans plus tard, les deux écoles passeront sous l'autorité de l'Institution royale

pour l'avancement des sciences et recevront le nom de Royal Grammar School. Au cycle préparatoire, le programme d'études comprenait des cours d'anglais, d'écriture, d'arithmétique et de tenue de livres ; au cycle avancé, les élèves suivaient des cours de latin, de grec et de philosophie naturelle. Les parents bien nantis payaient pour leurs fils des frais de scolarité annuels variant de £8 à £12 et, de ce fait, compensaient sans doute en partie la gratuité scolaire accordée chaque année, jusqu'en 1831, à un nombre maximal de 20 élèves (pas nécessairement des indigents). Cette année-là, après que les biens des jésuites eurent été cédés au Parlement provincial, la chambre d'Assemblée, dominée par le parti canadien qui était hostile à l'Institution royale [V. Joseph Langley Mills*], ramena de £200 à £100 le traitement de Skakel, payé à même le revenu des biens des jésuites. En outre, on obligea Skakel à enseigner gratuitement à un nombre minimal de 20 élèves pauvres. On finit par suspendre l'octroi de subventions à son école.

Skakel se mêla aux cercles intellectuels montréalais, où les Écossais se distinguaient. Des liens d'amitié l'unissaient à John Fleming* et au révérend James SOMERVILLE, qu'il accompagna dans des excursions scientifiques, et il connaissait sans aucun doute Daniel Wilkie*, leur ami de Québec. À partir de 1822, Skakel ajouta à ses cours du soir des leçons de chimie, données par l'un de ses anciens élèves, Andrew Fernando Holmes*. Membre actif de la Société d'histoire naturelle de Montréal, fondée en 1827, Skakel en fut le président en 1835. Vers 1834, on lui avait offert un poste de professeur de mathématiques et de philosophie naturelle au McGill College, mais la charte de cet établissement empêcha sa nomination. En 1845, son alma mater lui décerna un doctorat honorifique en droit.

Skakel remplit aussi des fonctions dans des organisations sociales d'origine essentiellement écossaise. En 1810 et en 1821, il agit à titre de président du Montreal Curling Club, qu'il avait fondé avec 19 autres Écossais en 1807 et qui fut le premier club de ce genre en Amérique du Nord. En avril 1820, on l'élut au comité de gestion du Montreal General Hospital, au cours d'une réunion destinée à collecter des fonds pour ce jeune hôpital [V. William Caldwell*] ; il fut président de ce comité de 1822 à 1824. Secrétaire du conseil d'administration à compter de 1823, il en devint membre à vie en 1829.

Skakel mourut en 1846. Il légua au Montreal General Hospital une fondation évaluée à environ £15 000, sous réserve que des intérêts viagers soient versés à sa veuve et à son frère et que le conseil d'administration institue pour les élèves de la Royal Grammar School des prix annuels de grec, de latin et de mathématiques d'une valeur de £10. Au McGill College, Skakel laissa les « appareils philosophiques et mathématiques » qui lui avaient été offerts et ceux qu'il avait lui-même acquis au coût de £200. Dans son testament, il classe ces appareils en diverses catégories : mécanique, hydrostatique, électricité, galvanisme, magnétisme, optique et astronomie ; sa liste comprend des lentilles, des microscopes, des téléscopes, des pompes miniatures, ainsi qu'« une grande machine électrique complète ».

Alexander Skakel fut l'un des pionniers de l'éducation britannique à Montréal. Il voua 48 années de sa vie à l'enseignement dans le Bas-Canada, dont 28 à la Royal Grammar School. Il eut entre autres pour élèves Stephen RANDAL, le docteur Archibald Hall*, sir William Edmond Logan*, géologue et cartographe, Charles Richard Ogden*, procureur général du Bas-Canada, et le juge William Badgley*. Même s'il connut quelque succès, Skakel n'eut pas une vie professionnelle facile. Il faut qu'il ait vécu avec simplicité, ou qu'il ait eu d'autres sources de revenus, car la Royal Grammar School ne pouvait pas l'enrichir beaucoup. Parce qu'elle était placée sous l'autorité de l'Institution royale, les leaders nationalistes canadiens et les chefs de l'Église catholique rejetaient cette école avec mépris. L'élite britannique elle-même, très active dans le commerce et les affaires, estimait de plus en plus que les *grammar schools,* avec leur programme proprement anglais d'études classiques, n'avaient pas leur place. En 1843, des marchands et des membres des professions libérales de Montréal, désireux d'implanter une école mieux accordée aux idées du XIXᵉ siècle sur l'éducation, fondèrent un établissement modelé sur la High School of Edinburgh : la High School of Montreal. Celle-ci obtint, après la mort de Skakel, que le traitement de ce dernier soit désormais versé à son principal, et elle absorba la Royal Grammar School.

STANLEY BRICE FROST

ANQ-M, CE1-63, 7 juill. 1823, 16 août 1846 ; CE1-126, 7 janv. 1808. — GRO (Édimbourg), Bellie, reg. of births and baptisms, 22 janv. 1776. — McGill Univ. Arch., MG 3080 ; RG 4, c.100–c.102 ; RG 96, c.1–c.3. — Univ. of Aberdeen Library, MS and Arch. Sect. (Aberdeen, Écosse), King's College matriculation records and biog. data. — L.-P. Audet, *le Système scolaire,* 3–4. — R. G. Boulianne, « The Royal Institution for the Advancement of Learning : the correspondence, 1820–1829 ; a historical and analytical study » (thèse de PH.D., McGill Univ., Montréal, 1970). — Campbell, *Hist. of Scotch Presbyterian Church.* — E. I. Rexford et al., *The history of the High School of Montreal* (Montréal, [1950]). — M. E. [S.] Abbott, « An historical sketch of the medical faculty of McGill University », *Montreal Medical Journal* (Montréal), 31 (1902) : 561–672. — John Calam, « The royal grammar schools », *Educational Record of the Prov. of Quebec* (Québec), 79 (1963) : 256–262.

SKERRY, JOHN, homme d'affaires, philanthrope et fonctionnaire, né en 1763, probablement au mois d'octobre, à Ballyhale (république d'Irlande), fils aîné de Luke Skerry et de Mary Larissy ; il épousa Bridget Shea (décédée vers 1803), et ils eurent un fils et une fille, puis le 28 mai 1807, à Halifax, Maria Meagher, et de ce mariage naquit une fille ; décédé le 1ᵉʳ septembre 1838 à Dartmouth, Nouvelle-Écosse.

John Skerry venait d'une famille de fermiers catholiques. On ne sait rien de ce que fut sa vie avant son immigration à Halifax en 1796 ou 1797. Peu après son arrivée, il exploitait un service de traversier entre Halifax et Dartmouth : à l'aide de deux grands chalands, il transportait des passagers, des marchandises et même des animaux. Ces embarcations à rames et à voile, plus lourdes que des chaloupes, exigeaient une équipe de deux hommes. Par beau temps, la traversée, longue d'un mille, prenait entre 30 et 40 minutes. Il n'y avait pas d'horaire pour les départs ; lorsqu'un nombre suffisant de voyageurs attendaient, l'un des préposés soufflait dans une conque et criait : « On traverse, on traverse ! »

Pour mettre en valeur son entreprise, Skerry acheta un lot riverain à Dartmouth en 1807 et y construisit un quai et une hôtellerie, qui fut parfois considérée comme un hospice. Dotée d'un bar, l'auberge logeait hommes et bêtes et servait en quelque sorte de bureau de change local. On y trouvait aussi un baril où les usagers du traversier déposaient les 4d requis pour leur passage. Avec ces fonds, Skerry put faire des prêts et acquérir de l'immobilier. Le « skipper Skerry » permettait occasionnellement aux pauvres de puiser dans ses barils. Son honnêteté et sa charité étaient reconnues, ce qui explique probablement pourquoi il ne se fit jamais voler.

La guerre de 1812 donna à Skerry une autre occasion d'exercer sa charité. Quelque 2 000 esclaves noirs de la région de la baie de Chesapeake avaient trouvé refuge à Halifax et des terres leur avaient été assignées à Preston, près de Dartmouth. Ces réfugiés, qui avaient « échangé l'esclavage sous le drapeau de la liberté [fictive] contre la liberté [réelle] sous le drapeau de l'Empire », vivaient une situation lamentable et avaient besoin d'aide. Touché, Skerry mit son auberge à leur disposition et y entreposa leurs provisions. De 1815 à 1818, il transporta ces nouveaux venus (ainsi que les médecins et les ecclésiastiques qui les desservaient) aller et retour sur ses traversiers et en retira moins de £100.

À peu près à la même période, Skerry affronta la concurrence d'une nouvelle sorte de traversier : en 1816, la Halifax Steam Boat Company inaugura un service entre Halifax et Dartmouth avec un bateau à manège. Muni de roues à aubes entraînées par des chevaux, ce bateau se révéla plus rapide et plus efficace que les bacs. Skerry et un autre exploitant protestèrent auprès de la chambre d'Assemblée contre cette menace à leur gagne-pain, sans succès toutefois. Il demeura en affaires mais, comme il pressentait qu'il

Small Eyes

ne pourrait l'emporter sur le « progrès », il accepta en 1822 de vendre ses installations à son concurrent et devint l'un des administrateurs de la compagnie. Les conditions du contrat lui étaient si favorables qu'il fut en mesure de prendre sa retraite.

Skerry poursuivit ses activités éducatives, religieuses et charitables. Il fut commissaire d'écoles à Dartmouth en 1820-1821, et pendant plusieurs années il chercha à faire concéder à cet endroit un lot pour la construction d'une église catholique. Le lieutenant-gouverneur, lord Dalhousie [RAMSAY], appréciait cette idée, mais il la trouvait prématurée. Au début de 1819, il refusa donc d'autoriser la concession en déclarant qu'il ne voulait pas, « en ce moment, voir aucun établissement porter atteinte à la très respectable église » de l'évêque Edmund Burke*, de Halifax. C'est donc Skerry lui-même qui fit don du terrain nécessaire en 1829. Il était aussi membre de la Charitable Irish Society depuis 1812, mais il démissionna en 1832 lorsque la société refusa, pour des raisons inconnues, de verser £10 pour venir en aide aux ouvriers du canal Shubenacadie [V. Charles Rufus FAIRBANKS]. Non seulement quitta-t-il la société, mais il versa le montant de sa poche.

Skerry n'était pas d'accord avec le mouvement de réforme mené par Laurence O'Connor Doyle* et Joseph Howe* dans les années 1830. Il manifesta en 1836 son appui à l'ordre établi, en proposant un candidat tory pour la circonscription de Halifax. Il croyait que le progrès pouvait se faire autrement qu'en changeant les structures politiques. Dans une lettre à un neveu d'Irlande, par exemple, il exhorte ce dernier à faire instruire son fils : « Fais en sorte que ton fils apprenne bien la grammaire ; trop d'écriture et de calcul ne vaut rien sans la grammaire [...] Si ton fils arrive en Amérique sans instruction ni métier, il ne sera d'aucune utilité. »

John Skerry amena un certain nombre de ses parents à sortir d'Irlande et les aida à s'établir dans le Nouveau Monde, mais il aurait été bien affligé s'il avait pu les voir se battre pour ses biens après sa mort. Le litige retarda d'ailleurs de plus de 15 ans le partage de l'héritage. Dans son testament, Skerry avait demandé qu'on lui fasse une sépulture chrétienne, simple et convenable, sans ostentation : « J'espère que ma femme bien-aimée distribuera le prix de ces ornements inutiles aux pauvres pour le bien de mon âme. » Une notice nécrologique rendit compte de sa carrière en ces termes : « Par son heureuse industrie, il acquit compétence et fortune, et les pauvres trouvèrent souvent dans son hospice les douceurs d'un foyer. »

TERRENCE M. PUNCH

Halifax County Court of Probate (Halifax), Estate papers, 573 (mfm aux PANS). — Halifax County Registry of Deeds (Halifax), Deeds, 38 : f° 50 (mfm aux PANS). — PANS, MG 9, n° 42 : 267 ; MG 15, 8–9 ; MG 20, 66 ; RG 5, P, 57 ; RG 36, chancery cases, n° 1371. — St Mary's Roman Catholic Basilica (Halifax), St Peter's Church [St Mary's Cathedral], reg. of marriages, 28 mai 1807 (mfm aux PANS). — *Novascotian, or Colonial Herald*, 6 sept. 1838. — [T. B. Akins], *History of Halifax City* (Halifax, 1895 ; réimpr., Belleville, Ontario, 1973). — M. J. Katzmann, Mrs William Lawson, *History of the townships of Dartmouth, Preston and Lawrencetown ; Halifax County, N.S.*, Harry Piers, édit. (Halifax, 1893 ; réimpr., Belleville, 1972). — J. P. Martin, *The story of Dartmouth* (Dartmouth, N.-É., 1957). — J. M. et L. J. Payzant, *Like a weaver's shuttle : a history of the Halifax–Dartmouth ferries* (Halifax, 1979). — T. M. Punch, *Some sons of Erin in Nova Scotia* (Halifax, 1980) ; « A note on John Skerry, a Kilkenny emigrant to Canada », *Irish Ancestor* ([Dublin]), 4 (1972) : 86–89.

SMALL EYES. V. ABISHABIS

SMITH (Smyth), sir DAVID WILLIAM, officier, fonctionnaire et homme politique, né le 4 septembre 1764 à Salisbury, Angleterre, unique enfant de John Smith et d'Anne Waylen ; en 1788, il épousa Anne O'Reilly, et ils eurent huit enfants, puis en 1803 Mary Tyler, et de ce mariage naquit une fille ; décédé le 9 mai 1837 près d'Alnwick, Angleterre.

Fils d'un soldat de carrière, David William Smith eut des militaires pour précepteurs et obtint en 1779 une commission d'enseigne dans le 5th Foot (qui devint le Northumberland Regiment). En 1790, après un congé de mariage, il partit pour Detroit, où son régiment venait d'être affecté sous le commandement de son père. Il exerça une série de fonctions administratives régimentaires à cet endroit d'abord puis, après la mutation du 5th Foot en juin 1792, au fort Niagara (près de Youngstown, New York). En outre, du 26 décembre 1791 au 7 juin 1792, il occupa le poste de greffier du conseil des terres du district de Hesse.

À la création de la province du Haut-Canada, en 1791, on n'avait pas prévu de poste rémunéré d'arpenteur général, car le secrétaire d'État aux Colonies, Henry Dundas, estimait que les trois arpenteurs adjoints qui y travaillaient pouvaient relever de l'arpenteur général de Québec, Samuel Johannes Holland*. Le nouveau lieutenant-gouverneur, John Graves Simcoe*, appuyé en cela par Holland, voulait cependant un département distinct. À cause de la compétence dont Smith avait fait preuve au conseil des terres du district de Hesse, et aussi parce qu'il tenait le 5th Foot pour le régiment le mieux administré de la province, Simcoe prit l'initiative de lui offrir un poste intérimaire d'arpenteur général adjoint qui ne rapporterait ni salaire ni honoraires jusqu'à ce qu'on approuve la nomination. Smith accepta. À la ratification de son titre d'arpenteur général du Haut-Canada, le 1er janvier 1798, on calcula ses arriérés de salaire non seulement à compter du 28 septembre 1792, date où Simcoe lui avait confié son mandat, mais à partir du 1er juillet 1792, moment de son entrée en service. Il réclama en vain des arriérés d'honoraires, mais n'obtint qu'une modeste commission sur tous les honoraires payés par l'entremise de son bureau.

Financièrement, Smith avait bien parié en servant pendant plus de cinq ans sans salaire autorisé. Quand il dressa son dernier état de comptes aux fins de vérification (au 30 juin 1803), ses propres honoraires totalisaient £2 209 14s 6d (cours d'Angleterre). En vertu de la réglementation foncière, il put aussi, avec sa famille, accumuler plus de 20 000 acres réparties dans 21 cantons, dont 7 800 dans celui de Pickering. On l'accusa d'ailleurs de profiter de son poste pour s'approprier les meilleures terres : « Les lots marqués D.W.S. ne peuvent manquer d'être de tout premier ordre », écrivait en 1803 lord Selkirk [Douglas*]. Pourtant, en optant pour un emploi civil, Smith agissait autant par goût que par intérêt. Les membres du 5th Foot étaient reconnus pour être des gens sociables et, à Niagara, la beauté et le charme de Mme Smith suscitaient l'admiration. Cependant, Smith n'aimait ni la routine ni la monotonie sociale de la vie de garnison. C'était un homme élégant et bien élevé, mais au tempérament réservé, prudent, voire soupçonneux. « Je n'ai pas de compères », écrivait-il à son ami de Detroit John Askin*, le 17 janvier 1793. Il étudia le droit au cabinet du procureur général John White* et figura sur la première liste des avocats autorisés à pratiquer (7 juillet 1794), mais plaider au tribunal ne le tentait pas. On le promut capitaine en 1795 mais, la même année, son père mourut ; l'année suivante, son régiment fut appelé à Québec pour rentrer en Angleterre. Il quitta l'armée dès la ratification de sa nomination civile.

Avec John McGill* et William Osgoode*, qui avaient pourtant dix ans de plus que lui, Smith était le plus sûr, le plus énergique et le plus compétent des subordonnés de Simcoe. C'était son avis qui déterminait l'emplacement des cantons à arpenter et à ouvrir au peuplement. C'est lui qui dressa la « liste [des loyalistes] de l'Empire uni » exemptés de payer des frais de concession et, quand Londres sanctionna enfin cette exemption, le 15 décembre 1798, il obtint qu'on l'étende aux enfants des loyalistes. Le plan quadrillé destiné à la répartition des réserves dans les cantons, qu'on adopta le 15 octobre 1792 et qu'on appliqua quasi uniformément dans toute la province, était son œuvre. Auparavant, les réserves de la couronne et du clergé occupaient les deux septièmes des terres réellement concédées dans chaque canton ; ce plan, plus généreux, leur allouait les deux septièmes de l'ensemble de chaque canton, mais ne prévoyait pas l'arpentage des fractions d'acre. Critiqué par White, Smith répondit avec raison que son

plan respectait l'Acte constitutionnel, lequel exigeait que les réserves du clergé aient autant que possible une valeur égale au septième des terres concédées. Il dressa le premier plan de location des réserves de la couronne ainsi que celui qu'on mit à l'épreuve en 1797. Dans les deux cas, il se préoccupa moins de maximiser les revenus que de faire accepter l'existence des réserves par l'opinion publique. Les levés de canton, faits par 17 adjoints, se révélèrent de qualité inégale, mais ils furent conçus et exécutés systématiquement.

Le bon déroulement des levés n'empêcha pas l'attribution des terres de baigner dans la plus grande confusion, due en partie à l'inefficacité de certains fonctionnaires, et particulièrement du secrétaire de la province, William Jarvis*, chargé de délivrer les titres de propriété. Mais surtout la politique foncière, centralisée, était appliquée de manière inconséquente. D'abord, les conseils des terres de district puis les magistrats locaux purent recommander l'octroi de concessions, mais à compter du 20 juillet 1796 il fallut adresser les demandes directement au Conseil exécutif, où Smith siégea à partir du 2 mars 1796. En abolissant les conseils des terres, le conseil réaffirma la règle qui voulait que tout chrétien respectueux des lois et capable de travail manuel ait droit à une petite concession, mais les dimensions des terres en question suscitaient des attentes si diverses qu'il fallut revenir au plan original, qui prévoyait 200 acres par famille au lieu de 1 200. Avant d'entrer au conseil, Smith avait entrepris une étude sur l'octroi de cantons entiers, méthode dont Simcoe avait naïvement espéré qu'elle permettrait un peuplement systématique, sans fraude ni spéculation. Smith découvrit que, sur 32 concessions de ce genre, 6 seulement étaient occupées par un grand nombre de vrais colons, qui souvent étaient venus d'ailleurs dans la province. Les déchéances de titres de concessions cantonales, qui commencèrent en mai 1796, étaient difficiles à prononcer car on n'avait promulgué aucune règle précise de peuplement ou d'aménagement avant le 15 juillet 1794, et encore celles qui l'avaient été alors ne concernaient-elles que les lots qui longeaient les rues Dundas et Yonge.

Smith n'entretint pas des relations cordiales avec Peter Russell*, qui administra la province à compter du départ de Simcoe en juillet 1796 jusqu'à l'arrivée de Peter Hunter* en août 1799. Comme sa femme était malade (elle mourut à Niagara en 1798, à l'âge de 28 ans seulement), il se tenait à l'écart des clans qui se formaient à Niagara et York (Toronto), même s'il était en demande. Il en voulait à Russell d'accepter de si mauvais gré qu'il rate des réunions du conseil pour demeurer au chevet de sa femme. Les deux hommes parvenaient quand même à coopérer. Au début, les conditions de peuplement applicables à la rue Yonge, publiées le 15 janvier 1794, demandaient simplement

Smith

l'occupation effective de chaque lot concédé et l'érection d'une maison dans l'année qui suivait la délimitation du lot. En juin 1798, ces conditions devinrent plus sévères, exigeant de l'occupant qu'il défriche et clôture une superficie de cinq acres et, en novembre 1802, elles s'étendaient à la plupart des terres arpentées. Le 1er octobre 1798, un nouveau barème vint régler, du moins temporairement, le différend qui entourait depuis longtemps la part touchée par les fonctionnaires sur les frais de concession ; ce barème doublait presque les frais en question, en les portant à £5 (cours d'Angleterre) pour un lot de 200 acres, mais comme la moitié de cette somme était réservée à la couronne, les fonctionnaires reçurent finalement moins qu'auparavant. On songea aussi, pour la première fois, à vendre les terres au lieu de les concéder. En 1798, Smith estima que les terres inexploitées valaient de 6d à 15s l'acre. Au moment de la vente de deux cantons, en 1800, elles ne rapportèrent que 9d l'acre, soit à peine un tiers de plus que n'auraient donné les frais de concession.

Sous Simcoe et Russell, le défaut le plus décrié du régime foncier était le temps qu'il fallait pour obtenir un titre de propriété en bonne et due forme. Soucieux d'accélérer le service, Hunter délivra dans les six dernières années de sa vie (il mourut en août 1805) plus de 7 000 titres, rendement qu'on n'allait pas revoir avant 1824. Pour ce faire toutefois, il dut en fait abandonner les règles de peuplement que Smith s'était efforcé d'appliquer. Insister sur leur application retardait en effet la perception des frais aussi bien que la délivrance des titres, de sorte qu'elles avaient peu de défenseurs dans l'administration provinciale. Smith fit confirmer par le juge en chef John Elmsley* que les enfreindre pouvait être illégal mais, quand Henry Allcock* succéda à ce dernier, il n'eut plus d'allié. Le 30 décembre 1802, le Conseil exécutif fixa des délais : une fois ratifié l'octroi de sa concession, le bénéficiaire aurait trois jours pour acquitter les frais, et trois semaines pour aller chercher le titre de propriété une fois qu'il était dressé. Tout ce qui subsista des règles de Smith fut une clause qui, dans le titre, exigeait trois ans de résidence, mais rien n'était prévu pour l'appliquer.

Dans l'ensemble, d'ailleurs, l'influence de Smith au conseil déclina pendant le mandat de Hunter, même si le lieutenant-gouverneur finit par admirer l'efficacité avec laquelle il dirigeait son bureau. Il lui aurait dit en 1803 : « En six mois, vous en faites davantage pour la province que bien d'autres n'en font en autant d'années. » Cependant Smith ne faisait pas partie du comité qui gouvernait dans les nombreuses occasions où Hunter se rendait à Québec. Il se consolait en songeant à ses honoraires, bien conscient, comme le lui rappela le procureur général Thomas Scott*, qu'une fois que les fonctionnaires auraient délivré tous les titres de concession en souffrance, ce serait

comme si on avait « tué la poule aux œufs d'or ».

Pendant presque tout son séjour dans le Haut-Canada, Smith siégea à la chambre d'Assemblée. Il fut d'abord élu, le 27 août 1792, dans la circonscription de Suffolk and Essex. Bien qu'il n'ait pas eu d'adversaire, il dépensa plus de £233 pour arroser ses électeurs, qu'il ne cessa jamais d'appeler des « paysans ». En 1796, il remporta la victoire dans la circonscription de 3rd Lincoln, puis en 1800 dans celle de Norfolk, Oxford and Middlesex. La dernière fois, il changea de tactique (il distribua du whisky plutôt que du rhum, de la bière, du porto, du fromage et du bœuf rôti), mais les élections demeurèrent pour lui des fêtes populaires qui avaient peu à voir avec la politique. « Plus il y a de visages amochés et de nez rougis, écrivait-il à Askin, plus on se sent en période d'élections. » Selon lui, l'affirmation de « violents principes égalitaires » avait marqué la première législature même si 13 députés sur 16 étaient ou des loyalistes actifs, ou des immigrants britanniques. La chambre accepta la taxe foncière qu'il proposait (le Conseil législatif la rejeta), mais refusa que les magistrats nomment les fonctionnaires paroissiaux et municipaux, comme il le recommandait. Il était convaincu de l'existence d'un « parti du pays » aux sympathies républicaines et estimait qu'il fallait un « parti de cour », formé de gentlemen et de fonctionnaires, pour prendre en main l'Assemblée. Il présida les quatre sessions de la deuxième législature et les deux premières sessions de la troisième, mais il contribua moins qu'il ne le croyait au calme relatif des débats.

En juillet 1802, Smith quitta le Haut-Canada. Il avait obtenu un congé en raison d'accès récurrents de fièvre, mais de toute façon sa position à York le satisfaisait de moins en moins. Il avait trouvé des amis en Elmsley et Scott, mais les cercles yorkais lui semblaient toujours plébéiens. Après dix ans au même poste, une promotion lui aurait fait plus plaisir que de simples éloges. À l'occasion d'un congé antérieur, en 1799, il avait entrepris de se mettre quelque peu en valeur en publiant une description topographique de la province et en annotant pour diffusion privée la traduction anglaise de *Voyage dans les États-Unis* [...] (8 vol., Paris, [1799]), de François-Alexandre-Frédéric de La Rochefoucauld*, en vue de répondre aux critiques de ce dernier sur le gouvernement de Simcoe. En 1802, il emporta en Angleterre une bonne partie des documents de son bureau, peut-être afin de réviser son ouvrage de topographie, dont une deuxième édition parut en 1813. Son plus grand espoir était d'obtenir un siège au Conseil législatif. Hunter voulait le ravoir (sa perte était « quasi irréparable pour la province », disait-il) mais n'était pas prêt à accepter ses conditions. Elmsley lui conseilla de ne pas recommander sa nomination : le rôle de Smith dans la confiscation des concessions cantonales et l'insistance avec laquelle il avait voulu appliquer les règles de peuplement l'avaient rendu trop impopulaire auprès des grands propriétaires terriens. Comme il était déçu, et que d'autre part il s'était remarié en Angleterre, Smith décida de rester dans ce pays. Le 12 mai 1804, il démissionna de tous les postes qu'il occupait dans le Haut-Canada, y compris la lieutenance du comté d'York (depuis le 3 décembre 1798), le commandement de la milice de ce comté et des charges et commissions mineures dont la liste occupait deux pages.

David William Smith avait réussi dans le Haut-Canada, mais il n'était ni assez âgé ni assez à l'aise pour la retraite. Comme Simcoe et Osgoode se disaient incapables de l'aider, il n'avait aucun protecteur à Whitehall. Il n'avait même pas assez d'influence pour obtenir un poste de conducteur de travaux au Board of Ordnance. Tout ce qu'il put gagner fut une pension comprise dans la liste civile du Haut-Canada. Un peu moins d'un an après son retour en Angleterre, il trouva cependant une place, non pas sur la scène publique, mais à titre de régisseur d'un des plus grands propriétaires terriens du pays, le duc de Northumberland, qui avait été colonel de son ancien régiment. La vente progressive de ses terres du Haut-Canada fut d'un rapport décevant : environ la moitié d'entre elles, vendues en 1833 ou avant, ne donnèrent qu'un peu plus du double de ses honoraires fonciers. Il avait choisi de bonnes terres mais, contrairement à John McGill et John Small*, il ne s'était pas limité au territoire d'York et ne pouvait suivre le marché de près. Il put tout de même acheter une belle propriété près d'Alnwick et entreprendre une deuxième carrière, plus longue et plus heureuse que la première.

S. R. MEALING

David William Smith écrivit *A short topographical description of his majesty's province of Upper Canada, in North America ; to which is annexed a provincial gazetteer* (Londres, 1799) pour accompagner la carte qu'il avait préparée et qu'il publia à Londres, en 1800, sous le titre de *A map of the province of Upper Canada, describing all the new settlements [...] from Quebec to Lake Huron*. Une seconde édition de la description topographique et une nouvelle carte furent publiées à Londres en 1813 ; le répertoire géographique, accompagné d'un nouvel appendice sur le Bas-Canada, parut à New York, en 1813, sous le titre de *A gazetteer of the province of Upper Canada [...]*, de même que la carte qui le complétait.

La réponse que fit Smith à La Rochefoucauld est inscrite sous forme de notes manuscrites dans son exemplaire de la traduction préparée en 1799 par Henry Neuman et intitulée *Travels through the United States of North America, the country of the Iroquois, and Upper Canada [...]* (2 vol., Londres, 1799), 1 : 380–591 (pages qui concernent le Haut-Canada), et dans l'appendice qu'il y fit sous le titre de « Notes upon Mr. de Liancourt's *Travels in Upper Canada*,

by an Anglo-Canadian ». Toutes ses remarques furent publiées sous le titre de « La Rochefoucault-Liancourt's travels in Canada, 1795, with annotations and strictures by Sir David William Smith », W. R. Riddell, édit., AO *Report*, 1916.

Sauf l'introduction de Riddell, l'article sur « David William Smith : a supplementary note to the Canadian election of 1792 », C. C. James, édit., SRC *Trans.*, 3ᵉ sér., 7 (1913), sect. II : 57–66, et celui de S. R. Mealing, « D. W. Smith's plan for granting land to loyalists' children », *OH*, 48 (1956) : 133–137, les études ne mentionnent Smith qu'à l'occasion. L'ouvrage le plus utile est celui de S. G. Roberts, « Imperial policy, provincial administration and defence in Upper Canada, 1796–1812 » (thèse de D.PHIL., Univ. of Oxford, 1975). On consultera aussi : Gates, *Land policies of U.C.*, qui ne remplace pas entièrement G. C. Patterson, « Land settlement in Upper Canada, 1783–1840 », AO *Report*, 1920 ; A. F. McC. Madden, « The imperial machinery of the younger Pitt », *Essays in British history presented to Sir Keith Feiling*, H. R. Trevor-Roper, édit. (Londres, 1964), 173–193 ; T. D. Regher, « Land ownership in Upper Canada, 1783–96 : a background to the first table of fees », *OH*, 55 (1963) : 35–48 ; et J. H. Richards, « Lands and policies : attitudes and controls in the alienation of lands in Ontario during the first century of settlement », *OH*, 50 (1958) : 193–209.

Les papiers de Smith et sa correspondance avec John Askin, John Elmsley et Thomas Scott, ainsi que divers documents éparpillés dans les papiers d'autres contemporains, sont les meilleures sources pour rédiger la biographie de Smith. Parmi les autres fonds dignes de mention, signalons : les papiers D. W. Smith et les registres de lettres de John Elmsley à la MTRL ; les papiers Peter Russell (MS 75) et ceux de Simcoe (MS 517) aux AO ; les papiers John Askin (MG 19, A3) et les registres de lettres de Peter Hunter (MG 24, A6) aux APC. Il existe des documents imprimés fort utiles : *Corr. of Hon. Peter Russell* (Cruikshank) ; *Corr. of Lieut. Governor Simcoe* (Cruikshank) ; [E. P. Gwillim] Simcoe, *The diary of Mrs. John Graves Simcoe [...]*, J. R. Robertson, édit. ([nouv. éd.], Toronto, 1934) ; *John Askin papers* (Quaife) ; et *Town of York, 1793–1815* (Firth).

Les documents officiels les plus instructifs sont au PRO, CO 42, procès-verbaux du Conseil exécutif (APC, RG 1, E1) et AO 1, bundle 316, n° 5, vérification des comptes de Smith. Les « Journals of Legislative Assembly of U.C. » pour 1792–1794 et pour 1798–1804 sont reproduits dans AO *Report*, 1909, les « Grants of crown lands in Upper Canada [...] [1792–1798] », dans AO *Report*, 1928–1931, et les « Petitions for grants of land [...] [1792–1799] », E. A. Cruikshank, édit., dans *OH*, 24 (1927) : 17–144 ; 26 (1930) : 97–378. [S. R. M.]

SMITH, TITUS, fermier, arpenteur, fonctionnaire, botaniste, auteur et journaliste, né le 4 septembre 1768 à Granby, Massachusetts, aîné des enfants du révérend Titus Smith et de Damaris Nish ; le 4 janvier 1803, il épousa à Halifax Sarah Wisdom, et ils eurent cinq fils et neuf filles ; décédé le 4 janvier 1850 à Dutch Village (Halifax).

Né au Massachusetts, le père de Titus Smith était ministre itinérant, probablement de foi congrégationa-

Smith

liste, et se passionnait pour les mathématiques, la théologie, la botanique, la chimie, la médecine et les langues. Le jeune Titus étudia d'abord à la maison, auprès de son père, puis dans une école privée de New Haven, au Connecticut. Élève précoce, il lisait couramment dès l'âge de quatre ans. « À sept ans, nota plus tard l'un de ses jeunes frères, William, il avait fait des progrès considérables en latin ; à douze ans, il pouvait traduire les auteurs latins les plus difficiles et était aussi passablement avancé en grec. » Il avait des goûts et un tempérament qui allaient de pair avec de tels résultats : « Dans ses jeunes années, il ne montrait aucun désir de se mêler aux jeux des enfants mais recherchait toujours la compagnie de ceux qui pouvaient lui enseigner quelque chose. D'abord, il sembla surtout vouloir perfectionner sa connaissance des langues comme le latin, le grec, l'allemand et le français. » « Je crois ne pas me tromper, faisait observer William, en disant qu'à compter de l'âge de deux ans il était reconnu pour ne jamais pleurer et rire rarement. Je ne l'ai jamais vu en colère, et rarement transporté de joie. Il poursuivait jusqu'au bout, avec une humeur égale, tout ce qu'il entreprenait. »

Converti en 1768 aux enseignements du révérend Robert Sandeman, le père de Titus devint par la suite ministre de sa secte. Quand la Révolution américaine éclata, Smith et d'autres disciples de Sandeman constatèrent que leur refus de participer aux manifestations de violence et de révolte les exposait aux soupçons des rebelles, pour qui ceux qui n'étaient pas avec eux étaient contre eux. La famille Smith trouva d'abord refuge à l'île Long, dans l'état de New York, puis fut évacuée en 1783 à Halifax, où le révérend Smith accepta de diriger un groupe de fidèles. Les Smith cultivaient aussi une terre à Preston, près de Dartmouth, et s'installèrent en 1796 à Dutch Village, à l'ouest de Halifax.

Titus Smith fils gagnait sa vie comme fermier et à l'occasion comme arpenteur, métier qu'il avait appris dans la vingtaine. De 1808 à 1829, le gouvernement provincial l'embaucha à quatre reprises à titre d'inspecteur des chemins. Le premier à mentionner son goût de la nature fut le lieutenant John Clarkson [V. David George*] : comme il le notait le 12 octobre 1791 dans son journal personnel, il avait fait appel à « un honnête jardinier » qui était « un excellent botaniste et réserv[ait] une partie de son jardin à des expériences ». Smith tentait notamment d'adapter des graines au climat des Maritimes. Les fermiers et jardiniers néo-écossais avaient alors l'habitude d'utiliser des semences importées d'Angleterre. Smith, qui avait remarqué qu'elles avaient tendance à ne rien produire, parvint à les acclimater.

La notoriété de Smith date d'une dizaine d'années plus tard, soit lorsque le lieutenant-gouverneur sir John Wentworth*, au fait de l'étendue de ses connaissances et de ses réalisations, lui confia le mandat de faire un vaste levé de l'intérieur de la province. L'économie néo-écossaise reposait alors sur la mer et la forêt, et il devenait évident qu'il fallait de nouveaux colons et de nouvelles industries. La province était peu connue, et les renseignements qui circulaient à son sujet étaient à la fois contradictoires et peu dignes de foi. Un géographe du XXe siècle, Andrew Hill Clark*, a déclaré que, même si on soupçonnait alors de plus en plus que l'intérieur de la province était surtout formé de rocs et de chapelets de lacs, « on gardait grand espoir de découvrir de vastes étendues de bonne terre et plus encore de bon bois commercialisable ». Il fallait en particulier voir dans quelle mesure la colonie pouvait fournir des matériaux importants pour la marine royale. Selon un comité du conseil de la province, formé par Wentworth pour étudier la possibilité de cultiver du chanvre, « le gouvernement [devait] être bien informé et ne plus s'appuyer sur de vagues rapports dont certains [avaient] souvent déprécié la valeur de la colonie, tandis que d'autres, [ceux] des auteurs français surtout, en [avaient] donné des descriptions trop flatteuses ». C'est pourquoi le comité recommandait de faire un levé « des régions intérieures qui [avaient] été le moins visitées ou demeur[aient] tout à fait inconnues, afin de découvrir les endroits qui [seraient] le plus propices à la culture du chanvre ou [pourraient] fournir d'autres matériaux à la marine ».

Wentworth, qui avait fait la connaissance de la famille Smith en Nouvelle-Angleterre avant la guerre d'Indépendance, chargea Titus, en mai 1801, de « visiter les régions les moins fréquentées, surtout les rives et bordures des différents cours d'eau, lacs et marécages, ainsi que les hautes terres les plus riches ». Il devait faire rapport sur « le sol, l'emplacement des terres, les essences d'arbres, leur qualité et leurs dimensions, de même que sur la quantité de chaque espèce et la facilité avec laquelle le bois [pourrait] être transporté jusqu'aux points de vente ». Ce mois-là, Smith entreprit le premier des trois voyages qu'il allait faire à l'intérieur de la province avant la fin d'octobre 1802. Il passa plus de 150 jours dans les bois, en n'emportant, pour cette expédition pédestre, que ses instructions, une boussole, de quoi écrire, la meilleure carte disponible – « qui [lui] nui[sit] probablement autant qu'elle [l]'aida » – ainsi que les vêtements et objets qu'il pouvait transporter sans trop de peine sur ce terrain, qui comptait parmi les plus rudes du continent.

Au terme de son exploration, Smith remit, en guise de rapport, des carnets de notes, des dessins de plantes faits à l'encre, des listes et descriptions de la flore et une carte qui demeura pendant une trentaine d'années la seule à donner une vue générale de la province. Son rapport regorgeait de détails sur les forêts, les cours d'eau, les caractéristiques géologiques et la faune de la Nouvelle-Écosse. Il y notait par exemple que l'orignal, le caribou et le castor se faisaient de plus en plus rares (« Je n'ai pas vu plus d'une demi-douzaine de barrages habités par des castors pendant toute ma tournée ») et quels en étaient les effets sur la population autochtone (« les Indiens ne fréquentent guère les régions intérieures de la province en hiver »). Il énumérait la plupart des 33 essences forestières indigènes de la partie continentale de la province, 50 espèces d'arbustes, 20 espèces de graminées, de joncs et de roseaux, plaçait 20 autres espèces dans une catégorie générale et identifiait une centaine de plantes médicinales. L'écologiste Eville Gorham a noté en 1955 que les carnets de Smith révélaient « une connaissance du mode et du processus de croissance de la végétation bien supérieure à celle de ses contemporains » et qu'ils « pouvaient bien être la première grande contribution à l'écologie végétale de l'Amérique du Nord ».

Après avoir exploré le cœur de la Nouvelle-Écosse, Smith allait passer presque un demi-siècle à entretenir ses compatriotes de botanique, d'histoire naturelle, d'agriculture et de l'usage qu'il convenait de faire des richesses de la nature en cette ère de révolution industrielle. Quand la Province House fut achevée à Halifax en 1818, on le chargea de choisir et de planter les arbres qui allaient orner le square. Vingt ans plus tard, dans le cadre des enquêtes de lord Durham [LAMBTON], il fut l'un des témoins-experts invités à discuter de la situation néo-écossaise. Pendant son séjour à Québec (seule occasion où, dans sa vie d'adulte, il quitta la Nouvelle-Écosse), il témoigna sur divers sujets : géologie, voirie, prix des terres, conditions de culture et superficie des terres cultivées dans chaque comté, potentiel minier de la province. Ces commentaires détaillés s'appuyaient sur des carnets dans lesquels, précisa-t-il à la commission Durham, il écrivait « chaque soir, pendant qu'[il] faisai[t] ces observations ». En 1841, année de la fondation du Central Board of Agriculture, deuxième organisme de ce nom à Halifax, il en devint le secrétaire ; il allait occuper ce poste jusqu'à sa mort.

Smith écrivit nombre de textes et prononça plusieurs conférences sur des questions reliées à la nature et à son exploitation. En 1839, il encouragea une artiste de Halifax, Maria Frances Ann Morris*, à peindre la flore de la province et composa les légendes de son livre, *Wild flowers of Nova Scotia* [...]. Dans les années 1840, il collabora régulièrement à plusieurs journaux néo-écossais, dont le *Yarmouth Herald* d'Angus Morrison Gidney* et le *Colonial Farmer* de Richard Nugent*, à Halifax, dont il fut rédacteur en chef. On ne se surprendra pas qu'un de ses gendres ait dit : « il avait toujours de l'avance dans son travail. » Pendant des années, jusqu'au moment de sa mort, il rédigea chaque semaine un article sur l'agriculture pour l'*Acadian Recorder* de Halifax et, au moment de

son décès, il avait plusieurs articles prêts à être publiés. » Il fut parmi les fondateurs du Halifax Mechanics' Institute, où il donna des exposés sur la minéralogie, l'histoire naturelle et la peinture. En 1833, le Parlement provincial lui remit une subvention de £15 afin qu'il collectionne des spécimens géologiques, botaniques et minéralogiques pour le musée de cet institut.

Smith était aussi connu comme penseur. Surnommé « le philosophe campagnard de Dutch Village », sobriquet paru pour la première fois en 1828 dans le *Novascotian*, journal de Joseph Howe*, il prônait une « philosophie de la nature » basée sur trois thèmes. D'abord, il croyait profondément en la Providence. Ensuite, il était convaincu que l'humanité avait le devoir de connaître, d'utiliser et de préserver les richesses de la nature. Enfin, selon lui, bien des idées progressistes liées à l'industrialisation ne respectaient pas le rythme de la nature et étaient, par conséquent, fausses.

Dans une conférence prononcée en 1835, Smith qualifiait les forêts de « jardin de Dieu » : rien n'y était superflu, tout y était à sa place. Pour lui, Dieu et la nature étaient inséparables ; le premier concept exprimait la personnalité divine et le second, la puissance de création et de préservation à l'œuvre dans le monde. La vie, écrivait-il, doit suivre les rythmes naturels : « L'homme ne peut manquer de souffrir chaque fois qu'il passe outre aux commandements de la nature. » Il critiquait vivement le gaspillage de richesses naturelles auquel se colons européens, contrairement aux Indiens, se livraient. Usage raisonnable et préservation minutieuse, tel était son message. Le fait qu'il recommanda, dans les années 1840, que Halifax alimente son premier système d'adduction d'eau à partir d'un groupe de lacs – appelés Chain Lakes – situés au nord-est de la ville montre qu'il était enclin à chercher la valeur possible de toute chose. Contrairement à nombre de gens du XIXᵉ siècle, il n'était pas obsédé par le « *progrès* ». Pour lui, l'industrialisation n'était rien d'autre qu'un moyen de créer de grandes fortunes pour les capitalistes et de rendre plus dure la vie des travailleurs. Il croyait que la nature pouvait pourvoir aux besoins de tous si on en ménageait les ressources et si les surplus de population s'installaient dans des régions capables de les faire vivre.

Titus Smith mourut des suites d'un accès de jaunisse qui le frappa à l'automne de 1849 et « qu'il tenta de vaincre en faisant plus d'exercice qu'à l'habitude ». Dans sa notice nécrologique, l'*Acadian Recorder* disait : « Nous croyons qu'il avait l'un de ces esprits de géant qui marquent une époque et, si les circonstances l'avaient placé dans une sphère différente, il aurait eu une place de choix dans l'histoire mondiale. Mais tel ne fut pas son lot. » Contrairement à John YOUNG ou à des gentlemen-farmers

Smith

comme l'évêque Charles Inglis*, Smith avait de l'agriculture néo-écossaise une connaissance empirique et non pas fondée sur des spéculations échafaudées à partir des conditions britanniques ou américaines. Le registre de son savoir était très large, et ses appels suscitaient, chez ses compatriotes, plus qu'un intérêt passager pour la nature et sa préservation. Il pouvait les conseiller et les aider en botanique, en biologie, en écologie, en agriculture. Apparemment, bien des gens voyaient en lui un oracle. Grâce à ses études et à ses voyages, Titus Smith en savait probablement davantage sur sa province que n'importe lequel de ses contemporains. En fait, il est peu probable que les Néo-Écossais aient connu son pareil depuis.

TERRENCE M. PUNCH

Les journaux de Titus Smith sont conservés aux PANS, RG 1, 380–380A. Des extraits en ont été publiés dans : A. H. Clark, « Titus Smith, Junior, and the geography of Nova Scotia in 1801 and 1802 », Assoc. of American Geographers, *Annals* (Washington), 44 (1954) : 291–314 ; Eville Gorham, « Titus Smith, a pioneer of plant ecology in North America », *Ecology* (Durham, C.N.), 36 (1955) : 116–123 ; Barbara Grantmyre, « Two peripatetic gentlemen », *Nova Scotia Hist. Quarterly* (Halifax), 6 (1976) : 375–382 ; et dans Titus Smith, *A natural resources survey of Nova Scotia in 1801–1802* (Truro, N.-É., 1955).

Son témoignage devant la commission d'enquête dirigée par lord Durham a été publié dans *Minutes of evidence taken under the direction of a general commission of enquiry, for crown lands and emigration* [...] (Québec, 1839), Nova Scotia testimony, 18–25 [*i.e.* 29], où on le nomme incorrectement Silas Smith. L'erreur a été corrigée lorsque l'information ramassée par la commission a été réimprimée dans *Report on the affairs of British North America, from the Earl of Durham* [...] ([Londres, 1839]), et le témoignage de Smith est contenu dans l'app. B : 134–140.

Titus Smith est l'auteur de « On the operations of *fungi* in disintegrating vegetable substances » et de « A list of the principal indigenous plants of Nova Scotia », *Halifax Monthly Magazine*, 1 (1830–1831) : 339–342 et 342–345, ainsi que de *Lecture on mineralogy ; delivered by Titus Smith, on March 5, 1834, before the Halifax Mechanics' Institute* (Halifax, 1834). Une autre conférence, donnée au Halifax Mechanics' Institute le 14 janv. 1835, a été imprimée sous le titre de « Natural history of Nova Scotia », dans le *Times* (Halifax), 27 janv. 1835 : 29, et dans le *Magazine of Natural Hist.* (Londres), 8 (1835) : 641–662, où elle est intitulée « Conclusions on the results on the vegetation of Nova Scotia, and on vegetation in general, and on man in general, of certain natural and artificial causes deemed to actuate and affect them ». Smith prépara aussi les descriptions contenues dans l'ouvrage de M. [F. A.] Morris, *Wild flowers of Nova Scotia* [...], *accompanied by information on the history, properties, &c. of the subjects* (1 vol. en 2 part., Halifax et Londres, 1840). La traduction qu'il fit de deux légendes allemandes a été publiée sous le titre de « Translations from the German », *Halifax Monthly Magazine*, 1 : 389–391.

PANS, Map Coll., Nova Scotia general, « A map of Titus Smith's Track through the Interior of Nova Scotia » ; RG 1,

411, [n° 144] ; RG 34-312, P, 8, 18 mars 1816. — John Clarkson, *Clarkson's mission to America, 1791–1792*, introd. de C. B. Fergusson, édit. (Halifax, 1971). — *Acadian Recorder*, 23 mai 1829, 12 janv. 1850. — *Colonial Farmer* (Halifax). — *Novascotian*, 3 juill. 1828, 7 janv. 1850. — *Nova-Scotia Royal Gazette*, 24 mai 1808. — *Encyclopedia Canadiana*. — Sylvester Judd, *History of Hardley* [...] (Northampton, Mass., 1863). — M. J. Katzmann, Mme William Lawson, *History of the townships of Dartmouth, Preston and Lawrencetown ; Halifax County, N.S.*, Harry Piers, édit. (Halifax, 1893 ; réimpr., Belleville, Ontario, 1972), 205–218. — Harry Piers, *Titus Smith, « The Dutch Village philosopher », pioneer naturalist of Nova Scotia, 1768–1850* (Halifax, 1938). — S. B. Elliott, « Titus Smith – the Dutch Village philosopher », *Education Nova Scotia* (Halifax), 4 (1974), n° 16 : 1–2. — C. B. Fergusson, « Mechanics' institutes in Nova Scotia », PANS *Bull.* (Halifax), 14 (1960) : 32, 35. — J. S. Martell, « From Central Board to secretary of agriculture, 1826–1885 », PANS *Bull.*, 2 (1939–1941), n° 3 : 5. — Harry Piers, « Artists in Nova Scotia », N.S. Hist. Soc., *Coll.*, 18 (1914) : 139. — T. M. Punch, « Maple sugar and cabbages : the « philosophy » of the « Dutch Village Philosopher », *Nova Scotia Hist. Quarterly*, 8 (1978) : 19–38. — William Smith, « Some account of the life of Titus Smith », Nova-Scotian Institute of Natural Science, *Trans.* (Halifax), 1 (1863–1866), part. 4 : 149–152. — C. St C. Stayner, « The Sandemanian loyalists », N.S. Hist. Soc., *Coll.*, 29 (1951) : 81–82, 104–105.

SMITH, WILLIAM, officier de milice, fonctionnaire, juge de paix, homme politique et historien, né le 7 février 1769 à New York, fils de William Smith* et de Janet Livingston ; décédé le 17 décembre 1847 à Québec.

William Smith père, grand personnage de la scène politique new-yorkaise, avait été nommé juge en chef de la colonie en 1780, pendant la Révolution américaine. Quand les Britanniques évacuèrent New York, à la fin de 1783, son fils s'embarqua pour Londres, où il le rejoignit. Il doutait fortement des talents du jeune garçon mais, comme c'était son seul fils, il aida le plus possible son apprentissage de la vie. William fréquenta une prestigieuse *grammar school*, l'abandonna bientôt puis eut un précepteur suisse. Il apprit à parler couramment des langues étrangères, dont le français, et prit goût au latin et aux humanités. Initié par son père à la vie culturelle de la grande ville aussi bien qu'aux subtilités des règles du gouvernement de Grande-Bretagne et du milieu des émigrés loyalistes, William apprit surtout, semble-t-il, que les relations étaient la clé du succès, ce qui n'était pas tout à fait faux dans le monde clos qu'habitait son père.

En 1786, William débarqua à Québec en compagnie de son père, nommé juge en chef de la colonie sous lord Dorchester [Carleton*]. Smith ayant tenté en vain de fonder une université, William poursuivit sa formation surtout en acquérant de l'expérience. Il assuma une part de plus en plus grande de la gestion des vastes propriétés que sa famille possédait dans les états de New York et du Vermont. En 1792, il demanda une concession foncière de 108 milles carrés sur la rivière Saint-François, dans le Bas-Canada. Son père, président du comité des terres de la colonie, veilla à ce qu'on recommande l'acceptation de sa requête mais, finalement, William n'obtint jamais cette concession, d'abord parce que sa demande se perdit dans les dédales de la bureaucratie, ensuite parce qu'elle se trouva en butte à une opposition politique [V. Samuel Gale*]. En 1791, il avait obtenu une commission d'enseigne dans le Quebec Battalion of British Militia. L'année suivante, il connut une cuisante défaite aux premières élections de la chambre d'Assemblée du Bas-Canada. Comme son père était l'ami de Dorchester, il accéda, le 15 décembre 1792, à la fonction de greffier du Conseil législatif, pour laquelle l'Assemblée alloua en 1793 un salaire de £450 (cours d'Angleterre).

À la mort de son père, en décembre 1793, William hérita les trois onzièmes des biens familiaux. À titre d'unique héritier mâle, il était officiellement le principal dépositaire de l'héritage mais, à compter de 1796, c'est surtout son beau-frère Jonathan SEWELL, plus compétent en cette matière, qui administra la succession. Le 6 avril 1803, Smith obtint le poste non rémunéré de maître à la Cour de la chancellerie de la province. Sa principale fonction consistait à servir de truchement entre l'Assemblée et le Conseil législatif ; on avait recommandé sa nomination surtout parce qu'on le considérait comme un homme inoffensif. Pourtant, il avait de l'ambition, et en 1803 il se rendit en Angleterre afin d'obtenir un salaire pour ce poste, de solliciter d'autres charges – et de trouver une épouse. Il se sentait « insuffisamment informé des avantages » du mariage et avait longtemps hésité à quitter le célibat, mais la nécessité le poussa à le faire. « L'argent est tout […], écrivait-il à Sewell ; si je n'épouse pas une femme fortunée, ce sera la ruine. » Il trouva en Susanna Webber, nièce du riche et influent marchand sir Brook Watson*, une compagne à sa convenance. Elle avait bien des « attraits », dit-il à Sewell dans une lettre digne de Jane Austen. « Elle est jolie, non pas belle, appartient à une très bonne famille, touche *présentement* £200 par an et en touchera cent de plus à la mort de sa mère – est très gentille, a un caractère égal et du bon sens – et, par-dessus tout, accepte d'aller au Canada, pays [qui], selon les femmes d'[ici, est] le plus barbare et le plus inconfortable au monde. » Smith trouva aussi un protecteur en la personne du duc de Kent [Edward* Augustus], qui avait conçu beaucoup d'admiration pour sa mère à l'occasion d'un séjour au Bas-Canada de 1791 à 1794, et qui l'aida à obtenir un salaire annuel de £81 (cours d'Angleterre) pour son poste de maître à la Cour de la chancellerie. Comme son père

l'avait fait au début des années 1780, Smith tint un journal pendant son séjour à Londres.

Rentré au Bas-Canada avec sa femme en 1804, Smith se remit à une histoire de la colonie qu'il avait apparemment commencée en 1800, peut-être pour suivre l'exemple de son père dont *The history of the province of New-York* […] avait paru en 1757. John NEILSON lui présenta en 1805 et 1809 une estimation des coûts de publication mais, par crainte de l'effet qu'une réaction défavorable des lecteurs pourrait avoir sur sa carrière, Smith n'osa pas publier son ouvrage. En 1810, il reçut une commission de juge de paix et, deux ans plus tard, il commença à manœuvrer pour entrer au Conseil exécutif ; toutefois, il reçut peu d'encouragements, tant de la part de ses amis que du gouvernement. Promu major du 3e bataillon de milice de la ville de Québec peu avant la guerre de 1812, il ne prit part à aucun engagement pendant les hostilités. Il estima alors que le public, au sortir de la guerre, pourrait s'intéresser à son ouvrage, et le fit donc imprimer par Neilson en 1815. La même année, l'un de ses amis, Herman Witsius RYLAND, qui soutenait fermement sa candidature au Conseil exécutif, assura à l'une de ses connaissances en Angleterre que le livre, une fois publié, obligerait la couronne à affirmer ses droits devant l'Assemblée ou à y renoncer. Si l'ouvrage avait paru pendant le règne « énergique » de sir James Henry Craig*, poursuivait Ryland, peut-être aurait-il contribué à convaincre les autorités impériales d'accepter les mesures draconiennes que le gouverneur prenait alors pour étendre l'influence de la couronne et réduire le pouvoir de la chambre. Toutefois, depuis le départ de Craig en 1811, le climat était à la conciliation, non à l'affrontement. Pris de doute, Smith retarda la publication de son ouvrage, prétendument pour y faire des corrections et des ajouts ; il partit ensuite pour l'Angleterre à l'été de 1815, peut-être pour mousser sa candidature à quelque poste. Il avait sans doute été sage en différant la parution de son livre, car à son retour d'Angleterre il trouva un homme conciliant, sir John Coape Sherbrooke*, à la tête du gouvernement. Pendant le mandat de celui-ci, Smith fut nommé commissaire chargé d'administrer les biens des jésuites (novembre 1816), devint membre honoraire du Conseil exécutif (3 février 1817) et fut promu lieutenant-colonel du 3e bataillon de milice de la ville de Québec (mai 1817). Il devint membre à part entière du Conseil exécutif, avec droit de vote, le 3 avril 1823.

Smith ne se désintéressa pas pour autant de son ouvrage d'histoire et, au début de 1823, il fit part au gouverneur lord Dalhousie [RAMSAY] de son inquiétude devant la détérioration et la disparition des documents historiques de la colonie. En avril, Dalhousie l'invita, avec Sewell et Joseph-Rémi VALLIÈRES de Saint-Réal, à participer à la formation d'« une société non pas vraiment *archéologique*,

Smith

mais historique plutôt, et canadienne », qui s'emploierait principalement à étudier les « premiers temps du Canada, et surtout ce qui touche les Indiens », ainsi qu'à collectionner « tous les livres, papiers, actes et documents qui [étaient] censés subsister mais [étaient] négligés ». La Société littéraire et historique de Québec vit le jour l'année suivante ; toutefois, Smith n'y joua apparemment qu'un rôle effacé par la suite. Le moment semblait enfin propice au lancement de son ouvrage : en 1826, après avoir longuement négocié avec Neilson le paiement des coûts d'impression, qui remontait à 1815, Smith publia les deux volumes de son *History of Canada* [...].

Au moment de la parution, l'Assemblée, dominée par le parti canadien (d'obédience nationaliste) et son chef Louis-Joseph Papineau*, tentait de plus en plus d'affirmer sa suprématie sur le gouverneur et les Conseils législatif et exécutif, que dirigeaient Sewell et John Richardson*, du parti des bureaucrates. Smith partageait les idées de ce dernier parti et avait ainsi défini le grand thème de son ouvrage : « une colonie de jour en jour plus riche, prospère et heureuse, par bonheur maintenant placée sous la souveraineté de la Grande-Bretagne et dotée d'une Constitution [...] qui, [...] en assignant à ses diverses composantes des droits particuliers à chacune mais nécessaires à la préservation de toutes, s'est révélée, d'après l'harmonie et la coopération qui règnent entre ses pouvoirs [...], la mieux adaptée à la mentalité et au bonheur d'un peuple libre ». Bien qu'aux yeux de Smith ce livre ait été davantage un « récit » qu'une histoire, il révélait un réel effort d'analyse et de synthèse. De toute façon, il était beaucoup plus consistant que le seul autre ouvrage d'histoire paru en anglais, *The history of Canada, from its first discovery* [...] (Londres, 1804), de George HERIOT. Pour parler du Régime français, sujet de son premier volume, Smith recourt à un certain nombre de manuscrits officiels et privés, mais ses opinions, comme les faits qu'il rapporte, ressemblent beaucoup à ce que l'on trouve dans *Histoire et description générale de la Nouvelle France* [...] (3 et 6 vol., Paris, 1744), de Pierre-François-Xavier de Charlevoix*, et dans « Histoire du Canada depuis l'année 1749 jusqu'à celle 176[0] », de Louis-Léonard Aumasson* de Courville. Il parle avec une relative impartialité des débuts de la colonisation française, mais à mesure qu'il se rapproche de la Conquête ses vues ressemblent de plus en plus à celles du parti des bureaucrates. Ainsi sa vision des relations entre l'Église et l'État devait beaucoup à Sewell, qui s'était longtemps occupé de la question. Dans son deuxième volume, consacré aux années 1763 à 1791, Smith s'efforça peut-être de camoufler ses préjugés, en ne présentant pour ainsi dire qu'une compilation de documents. La plupart d'entre eux avaient un caractère officiel, mais tous

visaient à étayer sa conviction que la colonie, pour progresser, devait adopter entre autres le droit, le système d'éducation et le régime foncier anglais.

Sur un tirage de 300 exemplaires de *History of Canada*, seulement 68 se vendirent en 1826 et 8 autres dans les trois années suivantes. L'histoire, donc, ne passionnait pas le public cultivé ; la Société littéraire et historique elle-même recevait un accueil décevant. L'abbé Thomas Maguire* critiqua allègrement la façon dont Smith parlait de l'Église catholique, mais les chefs du parti canadien choisirent de garder le silence sur l'ouvrage. Joseph-François PERRAULT s'en inspira pour traiter du Régime anglais dans un manuel scolaire intitulé *Abrégé de l'histoire du Canada* [...] (5 parties en 4 vol., Québec, 1832–1836), et le fonctionnaire Michel Bibaud* pour écrire *Histoire du Canada et des Canadiens, sous la domination anglaise* [1760–1830] (1844), mais aucun de ces deux livres ne fit date. Toujours en 1826, Smith avait préparé pour la publication une suite de l'histoire de New York écrite par son père, qui allait jusqu'en 1762.

Après le léger remous que la sortie de son ouvrage avait causé dans la vie de Smith, ce fut le retour au calme. Cependant, en 1835, le gouverneur lord Gosford [ACHESON], envoyé dans la colonie pour apaiser un mécontentement toujours croissant dont l'une des causes était le cumul de fonctions incompatibles, le força à choisir entre le prestige de son poste de conseiller exécutif et le salaire de sa fonction de greffier du Conseil législatif. Smith choisit le salaire, mais pour des raisons politiques il demeura conseiller exécutif jusqu'après la rébellion de 1837. Il tenta en vain de décrocher un titre de chevalier. Au moment de l'union du Bas et du Haut-Canada, en 1841, il dut quitter son poste de greffier en se contentant d'une pension égale à la moitié de son traitement et sans parvenir à convaincre les autorités de laisser l'un de ses fils lui succéder. Il vécut ses dernières années dans la tranquillité, tantôt à la maison d'été qu'il avait fait construire à Cap-Rouge, tantôt dans sa demeure de Québec, où il mourut le 17 décembre 1847. Sa femme et lui avaient eu au moins cinq enfants.

William Smith n'était pas un esprit supérieur. Malgré ses efforts, il ne réussit pas à se hisser au rang de son père. La domination paternelle l'avait même rendu indécis et mou ; Dalhousie l'appelait dédaigneusement « Billy Smith ». Dénué de la largeur de vues de son père, mais formé à la recherche du prestige et de la richesse, il devint, comme le disait Dalhousie (non sans exagération), « un conseiller mesquin [et] intéressé » qui aurait fait ou dit « n'importe quoi pour plaire aux pouvoirs en place ». Néanmoins, sa carrière ressemble beaucoup à celle des autres membres de l'influente oligarchie des fonctionnaires anglophones. Enfin, par ses recherches et par la publication de *History of Canada*, il fit œuvre de pionnier, promut la conservation des documents historiques et tenta d'intéresser les Bas-Canadiens à l'étude du passé.

J. M. BUMSTED

William Smith est l'auteur de *History of Canada* [...] (2 vol., Québec, 1815). Le journal de sa visite à Londres a été édité par L. F. S. Upton dans *CHR*, 47 (1966) : 146–155, sous le titre de « The London diary of William Smith, 1803–1804 ». Smith lui-même a édité *Continuation of* The history of the province of New-York, *to the appointment of Governor Colden, in 1762* (New York, 1826) écrit par son père, William Smith.

ANQ-Q, CE1-61, 23 janv. 1815, 20 déc. 1847. — APC, MG 23, GII, 10 : 1658–1661, 1673–1676, 2412–2415 ; MG 24, B1 ; RG 1, E1, 37 : 124–125 ; 38 : 429 ; L3ᴸ : 142 ; RG 4, A1 : 40690 ; RG 68, General index, 1651–1841. — New York Public Library, Rare Book and MSS Division (New York), William Smith papers. — PRO, CO 47/122. — Univ. de Montréal, Service des bibliothèques, coll. spéciales, coll. Melzack, procuration, 5 juill. 1815 ; Ryland à Thomas Amyot, 20 août 1815 ; Ryland à sir John Coape Sherbrooke, 28 sept. 1816. — Ramsay, *Dalhousie journals* (Whitelaw). — William Smith, *The diary and selected papers of Chief Justice William Smith, 1784–1793*, L. F. S. Upton, édit. (2 vol., Toronto, 1963–1965). — *La Gazette de Québec*, 26 oct. 1786, 24 mai, 20 nov. 1792, 25 avril 1793, 1ᵉʳ août 1816, 22 mai 1817, 21 nov. 1822, 11 janv. 1827. — Ginette Bernatchez, « la Société littéraire et historique de Québec (the Literary and Historical Society of Quebec), 1824–1890 » (thèse de M.A., univ. Laval, 1979), 134, 136. — J. M. Bumsted, « William Smith, Jr. and *The History of Canada* », *Loyalist historians*, L. H. Leder, édit. (New York, 1971), 182–204. — M. B. Taylor, « The writing of English-Canadian history in the nineteenth century » (thèse de PH.D., Univ. of Toronto, 1984), 136–145. — L. F. S. Upton, *The loyal whig : William Smith of New York & Quebec* (Toronto, 1969). — Ægidius Fauteux, « le S... de C... enfin démasqué », *Cahiers des Dix*, 5 (1940) : 231–292. — Gustave Lanctot, « les Prédécesseurs de Garneau », *BRH*, 32 (1926) : 533–534. — « Le Premier Manuel d'histoire du Canada », *BRH*, 46 (1940) : 288. — P.-G. Roy, « William Smith, pluraliste renforcé », *BRH*, 44 (1938) : 215–216.

SMYTH, sir JAMES CARMICHAEL, officier, ingénieur militaire et auteur, né le 22 février 1779 à Londres, aîné des cinq fils de James Carmichael Smyth et de Mary Holyland ; le 28 mai 1816, il épousa à Londres Harriet Morse, fille de Robert Morse*, et ils eurent un fils ; décédé le 4 mars 1838 à Georgetown (Guyana).

Conformément à la volonté de son père, médecin et auteur, James Carmichael Smyth fit ses études à la Royal Military Academy de Woolwich (Londres). Diplômé en 1793, il devint lieutenant en second dans le génie royal en mars 1795 puis servit dans le sud de l'Afrique avec d'autres ingénieurs en chef des troupes britanniques de 1795 à 1808. Pendant cette période, il acquit aussi de l'expérience à titre de fonctionnaire

colonial. En 1808 et 1809, il servit en Espagne sous le commandement de sir John Moore ; de 1813 à 1815, aux Pays-Bas, il occupa un poste élevé parmi les ingénieurs militaires des troupes alliées. En juin 1815, il obtint le grade honoraire de colonel. Sa conduite à Waterloo au sein de l'état-major du duc de Wellington lui mérita l'approbation de celui-ci et lui fit gagner diverses distinctions et décorations.

En 1818, Wellington assuma la charge de maître général du Board of Ordnance, à laquelle était attachée la supervision des ouvrages de défense de tout l'Empire, et Smyth devint l'un de ses principaux adjoints. Fait baronnet en août 1821, il entreprit en 1823, sur l'ordre de Wellington, la tournée des ouvrages de défense et fortifications des Pays-Bas et des Antilles britanniques. Son rapport de 1824 sur les besoins des Antilles en matière de défense servit de base à l'ensemble des plans et travaux réalisés dans ces îles pendant toute une génération. En 1825, toujours sur l'ordre de Wellington, Smyth accomplit une mission identique en Amérique du Nord britannique ; son rapport, daté du 9 septembre, fit autorité dans le domaine des fortifications pendant une vingtaine d'années. Promu major général en mai 1825, Smyth, après quelques travaux de génie en Irlande, devint gouverneur des Bahamas en mai 1829. Muté en juin 1833 au poste de gouverneur de la Guyane britannique (Guyana), il s'attira des éloges, tant dans la colonie qu'à Londres, à cause de la diplomatie avec laquelle il affronta les problèmes issus de l'émancipation des esclaves. Il mourut d'une maladie soudaine dans l'exercice de cette dernière fonction. De 1815 à 1831, il avait publié huit volumes sur le génie militaire, la défense et l'esclavage.

Smyth contribua au développement du Canada par son rapport de 1825, et surtout par son appui à un projet qui était déjà dans l'air : construire un canal pour relier la rivière des Outaouais au lac Ontario en passant par les rivières Rideau et Cataraqui. D'avril à octobre 1825, Smyth et deux autres ingénieurs, tout en faisant la navette sur l'Atlantique, inspectèrent toute la frontière entre l'Amérique du Nord britannique et les États-Unis. Leur examen fut cependant trop rapide pour être vraiment valable. Dans ses instructions, Wellington avait souligné l'importance du canal Rideau ; Smyth conclut que cette voie navigable serait la clé de voûte de la défense des colonies. En s'appuyant sur des estimations civiles, il conçut un canal dont le coût ne dépasserait pas £169 000. Ce chiffre allait se révéler insuffisant pour plusieurs raisons mais, comme il était raisonnable, il contribua à convaincre la Trésorerie. Par ailleurs, la commission que présidait Smyth fixa à £1 646 218 le coût total des ouvrages de défense essentiels à l'Amérique du Nord britannique ; ce chiffre-là parut excessif à la Trésorerie. Toutefois, Wellington et Smyth accordaient la priorité aux canaux destinés à des fins militaires et ils

Somerville

parvinrent à obtenir des fonds pour les construire. Sans l'insistance de Smyth, le canal Rideau n'existerait pas.

Wellington chargea Smyth de superviser le projet à Londres et confia l'exécution des travaux au lieutenant-colonel John BY. Selon Smyth, on envoya By trop tôt, sans lui donner d'instructions suffisamment précises ; le premier rapport de celui-ci, soumis en juillet 1826, confirma ces craintes. By se plaignait que £169 000 ne suffiraient pas ; il annonçait qu'il creuserait un canal au moins deux fois plus large que prévu et ajoutait que les travaux entrepris dépasseraient le budget. Smyth pressa alors Wellington de modérer les ardeurs de By et de le forcer à respecter les estimations et plans initiaux. Cependant, à cause de la lenteur des communications et de l'inertie qui régnait au Board of Ordnance, By put faire à sa tête. L'élargissement du canal n'eut malheureusement guère d'utilité défensive, vu les restrictions imposées aux dimensions des canaux destinés à des fins militaires qui se construisaient le long de la rivière des Outaouais. L'attitude de By et les frais de défense du Canada soulevèrent beaucoup de mécontentement à Londres en 1832 et 1833.

Sir James Carmichael Smyth figure dans l'histoire du Canada à un autre titre, celui d'auteur d'un livre sur les campagnes de l'armée britannique en Amérique du Nord, *Precis of the wars in Canada, from 1755 to the Treaty of Ghent in 1814, with military and political reflections,* publié à Londres en 1826. Consacré surtout aux campagnes de 1813 et 1814, qui avaient mis en évidence les dangers auxquels la marine s'exposait le long de la frontière américaine, ce livre présentait par ailleurs un résumé orthodoxe des guerres du continent.

G. K. RAUDZENS

Les renseignements concernant les principales activités de sir James Carmichael Smyth au Canada se trouvent au PRO, CO 42/205 : 174 ; Wellington à Smyth, 11 avril 1825 ; 193–200 ; WO 44/15 : 297 ; 44/16 : 24–25 ; 44/18 : 65–67, 69–72 ; 44/19 : 17–18 ; 44/24 : 269–270 ; et au SRO, GD45/3/390. Son rôle dans l'histoire du canal Rideau est décrit dans G. [K.] Raudzens, *The British Ordnance Department and Canada's canals, 1815–1855* (Waterloo, Ontario, 1979), et ses activités sont mentionnées dans un certain nombre d'ouvrages relatifs à la défense du Canada, notamment dans celui de Kenneth Bourne, *Britain and the balance of power in North America, 1815–1908* (Londres, 1967). Le *DNB* lui consacre une notice de quatre colonnes.

SOMERVILLE, JAMES, instituteur et ministre de l'Église d'Écosse, né le 1er avril 1775 à Tollcross, Écosse, fils unique de James Somerville, marchand ; décédé le 2 juin 1837 à Montréal.

James Somerville obtint un diplôme ès arts de l'University of Glasgow à l'âge de 17 ans. Après qu'il eut terminé un cours de théologie en 1799, le Relief Presbytery of Glasgow l'autorisa à prêcher. Comme ce consistoire regroupait peu de congrégations, la demande de nouveaux ministres était faible. Las d'attendre une invitation, Somerville accepta avec plaisir un travail que lui proposa un ami de Glasgow : enseigner aux enfants des marchands écossais qui vivaient à Québec. Arrivé dans cette ville le 3 juin 1802, il mit vite sur pied une école où il enseignait « la lecture, l'orthographe, l'arithmétique, la grammaire anglaise et les langues latine et grecque ». Tant ses élèves que leurs parents le trouvaient bon pédagogue.

Même s'il venait de l'Église Relief, qui était scissionniste, Somerville fut bien accueilli par Alexander Spark*, ministre de l'Église d'Écosse et titulaire de l'église presbytérienne Scotch de Québec, probablement attiré par sa personnalité et son éloquence en chaire. Quand, en 1802, on démit de ses fonctions le révérend John Young*, de l'église Scotch Presbyterian de Montréal, plus tard appelée église St Gabriel Street, Spark proposa de le remplacer par Somerville.

Somerville prêcha devant la congrégation montréalaise à l'automne de 1802 et on l'invita à en devenir le ministre. On ne considérait pas son appartenance à l'Église Relief comme un handicap : la congrégation exigeait seulement que son ministre ait reçu un permis d'un consistoire localisé dans une possession britannique. Somerville accepta la charge mais retourna à Québec pour terminer l'année scolaire. Entre-temps, à l'occasion d'une visite à Montréal en avril 1803, Robert Forrest, ministre ordonné qui lui aussi était né et avait étudié en Écosse, prêcha à l'église Scotch Presbyterian et créa parmi les fidèles un clivage socio-ethnique quant au choix d'un ministre. La majorité maintint son invitation à Somerville. Les partisans de Forrest constituèrent alors une congrégation presbytérienne distincte qui, peu après, invita Robert Easton* à être son ministre. Le 18 septembre 1803, Spark, le révérend John Bethune* et Duncan Fisher*, conseiller presbytéral très estimé, ordonnèrent Somerville ; les trois hommes avaient formé le consistoire de Montréal, probablement dans le but exprès de procéder à cette cérémonie.

D'une taille un peu inférieure à la moyenne, la tête garnie d'une chevelure « noire et lustrée qui ondul[ait] facilement », James Somerville devint l'un des grands animateurs de la vie montréalaise. Son nom figure en tête de la liste des membres du Montreal Curling Club, formé en 1807 ; deux ans plus tard, il fonda une société littéraire. Fervent partisan de la fondation du Montreal General Hospital, qui eut lieu en 1819, il contribua, en tant que naturaliste amateur, à l'établissement de la Société d'histoire naturelle de Montréal en 1827. Franc-maçon, il fut aumônier de la Provincial Grand Lodge of Lower Canada en 1829. Cependant, la vie ne l'épargna pas. Sa première femme, Marianne Veitch, une Édimbourgeoise qu'il avait épousée à Québec le 8 juillet 1805, mourut l'année suivante en laissant une toute petite fille. Le 4 avril 1808, Somerville épousa à Montréal Charlotte Blaney, qui donna naissance à un fils en 1814 et mourut cinq ans plus tard. Son fils mourut à la fin de 1832 et sa fille, invalide, s'éteignit quelques mois après. Apparemment instable, l'équilibre mental de Somerville dut être atteint encore davantage par ces épreuves. Pour alléger sa charge, on lui avait adjoint en 1817 un collaborateur, Henry Esson*, mais au cours de l'hiver de 1822–1823 Somerville se retira de la vie publique. Assuré d'une pension annuelle de £150, il demeura cependant ministre principal jusqu'à sa mort, survenue en 1837 ; il laissa la plus grande partie de ses biens à des établissements religieux et à des œuvres de bienfaisance.

ELIZABETH ANN KERR MCDOUGALL

ANQ-M, CE1-63, 4 avril 1808 ; CE1-68, 5 juin 1837. — ANQ-Q, CE1-66, 8 juill. 1805. — UCC, Montreal-Ottawa Conference Arch. (Montréal), St Gabriel Street Church, parish records, box I. — UCC-C, Biog. files. — Borthwick, *Hist. and biog. gazetteer*. — Campbell, *Hist. of Scotch Presbyterian Church*. — [James Croil], *A historical and statistical report of the Presbyterian Church of Canada in connection with the Church of Scotland, for the year 1866* (Montréal, 1867). — Gregg, *Hist. of Presbyterian Church* (1885). — E. A. [Kerr] McDougall, « The Presbyterian Church in western Lower Canada, 1815–1842 » (thèse de PH.D., McGill Univ., Montréal, 1969).

SOU-NEH-HOO-WAY (To-oo-troon-too-ra ; baptisé **Thomas Splitlog),** chef wyandot ; décédé au printemps de 1838, probablement dans le comté d'Essex, Haut-Canada.

Le nom de jeunesse ou nom usuel de Sou-neh-hoo-way était To-oo-troon-too-ra qui, sous sa forme anglaise de Splitlog, est l'appellation invariablement utilisée dans les documents. Jeune frère de Roundhead [Stayeghtha*], l'un des chefs des Wyandots de la région de Sandusky, dans l'Ohio, il est parfois confondu avec Tau-yau-ro-too-yau (Between the Logs), originaire lui aussi de Sandusky et principal conseiller du grand chef des Wyandots américains, Tarhe (Crane).

Avec Roundhead, Splitlog s'opposa à l'expansion américaine dans la vallée de l'Ohio après la guerre d'Indépendance et combattit à Fallen Timbers (près de Waterville, Ohio) en 1794. Par la suite, tous deux et leur jeune frère Warrow se réinstallèrent avec leurs familles à Brownstown (près de Trenton, Michigan), où on les entraîna dans le mouvement que dirigeaient Tecumseh* et Prophet [TENSKWATAWA]. Lorsque la guerre de 1812 éclata, Splitlog devint l'un des plus actifs et fidèles alliés indiens des Britanniques. En

septembre 1812, il participa à l'avance des troupes d'Adam Charles Muir* sur le fort Wayne (Fort Wayne, Indiana) et reconnut personnellement tout le périmètre du secteur où progressait l'armée américaine. Le 14 novembre 1812, sur un cheval blanc, il mena une attaque aux rapides de la rivière des Miamis (Maumee, Ohio) ; des observateurs américains rapportèrent par erreur qu'on l'avait tué ou grièvement blessé. Avec Roundhead et Myeerah*, il fut pour beaucoup dans la défaite de la milice du Kentucky à la bataille de Frenchtown (Monroe, Michigan) le 22 janvier 1813 et aida à capturer le commandant américain. Il accompagna les troupes de Henry Procter* qui, dans leur retraite, remontaient la vallée de la Thames, et il combattit à Moraviantown. En mai 1814, à l'instar du chef potéouatami dissident Mkedepenase (Blackbird), il abandonna les opérations pour protester contre l'insuffisance des rations allouées à leurs guerriers. Toutefois, il se remit en campagne quelque temps après et, au début de novembre, montra beaucoup de courage dans la résistance qu'on opposa, sur la rivière Grand, à un fort contingent américain venu de Detroit sous le commandement du général de brigade Duncan McArthur. En février 1815, le lieutenant-colonel Reginald James comptait sur son assistance pour faire échec à un corps américain de cavalerie et d'infanterie qui, disait-on, était en route pour le village de Delaware.

Après que la nouvelle du traité de Gand eut atteint la colonie, Splitlog et ses partisans s'établirent dans le comté d'Essex, sur les terres désignées communément sous le nom de Réserve huronne. C'est là qu'il devint le leader d'un groupe minoritaire désigné comme le parti de Splitlog. Rassemblement d'Indiens non métissés, catholiques et fidèles aux traditions ancestrales, ce parti, adversaire de la majorité méthodiste en voie d'assimilation, s'opposait vigoureusement à l'abandon de portions de la réserve et à l'attribution des terres restantes à des particuliers – panacée d'après-guerre au « problème indien ». Splitlog eut beau boycotter les conseils qui discutaient d'un éventuel traité et protester régulièrement auprès du département des Affaires indiennes et du lieutenant-gouverneur, ses objections ne reçurent aucune attention, et le gouvernement négocia avec le groupe méthodiste. En 1835, on convint de transférer une partie de la réserve à la couronne et de répartir le reste entre les membres de la bande. Splitlog réclama plusieurs fois la révocation de cette entente, mais en vain. Cependant, à cause de ses longs et prestigieux états de service durant la guerre, on le reconnut comme le plus distingué des chefs jusqu'à sa mort, au printemps de 1838. En 1843, les membres du groupe méthodiste choisirent en grand nombre de se joindre aux Wyandots de l'Ohio et se réinstallèrent dans ce qui est maintenant l'est du Kansas. Les autres membres de la bande, demeurés dans la Réserve huronne, en

Spragg

vendirent graduellement les terres jusqu'aux dernières, qu'on céda en 1892.

JAMES A. CLIFTON

APC, RG 8, I (C sér.), 260 : 306 ; 677 : 97 ; 683 : 218 ; 687 :
114, 136 ; RG 10, A2, 29 : 17347–17349 ; A3, 489 :
29582–29584 ; A4, 60 : 60711–60713 ; 62 : 61508–61511.
— Wis., State Hist. Soc., Draper MSS, 11U97, 11U116. —
Messages and letters of William Henry Harrison, Logan
Esarey, édit. (2 vol., Indianapolis, Ind., 1922), 2 : 220. —
Mich. Pioneer Coll., 16 (1890) : 50. — *Weekly Reg.*
(Baltimore, Md.), 3 (1812–1813) : 217. — P. D. Clarke,
Origin and traditional history of the Wyandotts [...]
(Toronto, 1870).

SPRAGG, JOSEPH, instituteur et administrateur
scolaire, né le 28 mars 1775 à Cantorbéry, Angleterre,
peut-être le fils de Joseph Spragg et d'une prénommée
Frances ; le 18 janvier 1802, il épousa à Londres Sarah
Bitterman, et ils eurent trois filles et quatre fils ;
décédé le 17 décembre 1848 à Toronto.

Joseph Spragg était maître d'école en 1806 et vivait
alors à New Cross (Londres). En 1819, peut-être sur
l'invitation de William Wilberforce, il entra à la
Central School de la National Society for Promoting
the Education of the Poor in the Principles of the
Established Church, à Londres. Wilberforce le
recommanda ensuite au lieutenant-gouverneur du
Haut-Canada, sir Peregrine Maitland*, qui cherchait
quelqu'un pour appliquer dans une première école –
suivie de plusieurs autres, espérait-il – la méthode
d'Andrew Bell, en vigueur dans les établissements de
la National Society en Grande-Bretagne. Il y avait
déjà des écoles nationales dans le Bas-Canada et les
Maritimes [V. Jacob Mountain* ; George Stracey
Smyth*]. Elles ressemblaient à celles de la British and
Foreign Bible Society en ce que les élèves plus âgés et
plus brillants servaient de moniteurs [V. Joseph
LANCASTER], mais elles présentaient aussi une différence essentielle : la National Society, en appliquant
la méthode de Bell, observait les principes de l'Église
d'Angleterre. Convaincu que l'objectif premier de
l'instruction coloniale devait être d'inculquer aux
enfants l'amour de Dieu et du roi, Maitland souhaitait
établir des écoles de ce genre pour faire contrepoids
aux écoles publiques non confessionnelles qui
s'étaient ouvertes dans le Haut-Canada en 1816. Parce
qu'elles employaient souvent des instituteurs et des
manuels américains, il leur reprochait d'« instiller
dans l'esprit de l'élève des principes contraires [au]
gouvernement [de la colonie] ».

Arrivé à York (Toronto) pendant l'été de 1820, à
l'âge de 45 ans, Spragg devint l'un des premiers
instituteurs à travailler, au Canada, dans une école où
des élèves jouaient le rôle de moniteurs. L'établissement où il devait entrer en fonction était pour l'heure
une école publique et avait déjà un titulaire, Thomas
Appleton*. Celui-ci devait quitter son poste, mais il

fallut que le révérend John Strachan*, président du
bureau d'éducation du district, hausse le ton pour qu'il
accepte de démissionner. Des critiques de Maitland,
notamment le réformiste et commissaire d'écoles
Jesse Ketchum*, virent là une tentative délibérée de
remplacer l'école publique par ce qui était ni plus ni
moins qu'une école confessionnelle. Les commissaires démissionnèrent en même temps qu'Appleton, et
Maitland désigna à leur place le procureur général
John Beverley Robinson*, l'arpenteur général Thomas Ridout* et Joseph Wells*. Ensuite, il nomma
Spragg instituteur à l'école, qui prit le nom d'Upper
Canada Central School. Malheureusement pour Maitland, Appleton refusa de partir avec élégance, et son
cas devint bientôt célèbre.

L'Upper Canada Central School ouvrit ses portes
aux garçons et aux filles en septembre 1820 ; comme
dans d'autres écoles de la National Society, on admit
gratuitement la plupart des élèves parce que leurs
parents n'avaient pas les moyens d'acquitter les frais
de scolarité. La première année, il y eut 158 enfants,
dont la plupart n'avaient reçu aucune instruction
auparavant. Spragg mit en place le système des
moniteurs, « aussi profitable à ceux qui ensei-
gn[aient] qu'à ceux qui recev[aient] l'enseignement ». L'école, subventionnée par le gouvernement, était une réplique de la Central School de
Londres et devait former des instituteurs qui essaime-
raient dans toute la colonie, car Maitland souhaitait
fonder des écoles semblables dans chaque village.
Selon un spécialiste de la question, George Warburton
Spragge (arrière-petit-fils de Joseph), il n'y eut pas
plus de quatre ou cinq tentatives ; seule l'école d'York
survécut passablement longtemps.

Spragg avait, en qualité de maître d'école, une
réputation mitigée. Même Wilberforce avait admis en
1820 : « Je ne peux pas dire qu'il m'a particulièrement fasciné, même si j'ai eu des recommandations
très sérieuses à son sujet. » Maitland, qui n'était
peut-être pas objectif, parla favorablement de Spragg
et de l'école en 1822, puis de nouveau deux ans plus
tard, mais les parents, dont on présenta les témoignages en 1828 dans un rapport du comité spécial de la
chambre d'Assemblée sur une requête d'Appleton,
n'étaient pas tous d'accord avec lui. En 1824, Spragg
se construisit une maison aux abords ouest d'York ;
dès lors, il fut souvent en retard à l'école, et les
plaintes sur sa négligence augmentèrent. En 1829,
au cours d'une visite à l'établissement, le lieutenant-
gouverneur sir John Colborne* constata que Spragg
n'était pas encore arrivé à 10 heures ; il le suspendit
pour quelque temps. Avoir des mauvaises notes à son
dossier n'empêchait cependant pas l'instituteur de
demander fréquemment plus d'argent et d'aide
pédagogique et de chercher à avoir de l'avancement en
obtenant un nouveau poste. Il avait une haute opinion
de lui-même, comme en témoignent ces mots de

Henry Scadding* : « même s'il n'était pas entré dans les ordres, il avait l'allure et l'habit d'un digne ecclésiastique ». Dans les années 1820, il parvint à placer assez bien ses trois fils survivants : Joseph Bitterman et William Prosperous devinrent commis au bureau de l'arpenteur général et John Godfrey* entra chez un avocat à titre de clerc.

Joseph Spragg demeura directeur de la Central School jusqu'en 1844 ; il prit alors sa retraite, et l'école ferma ses portes. À l'époque, une école confessionnelle gratuite et financée par le trésor public était devenue une anomalie. Le projet de Maitland ne se réalisa jamais. Non seulement la méthode de Bell, avec son parti pris anglican, était-elle inacceptable pour la majorité des Haut-Canadiens, mais la chambre d'Assemblée soupçonnait que les écoles nationales visaient à affaiblir les écoles publiques non confessionnelles.

J. DONALD WILSON

La thèse de G. W. Spragge, « Monitorial schools in the Canadas, 1810–1845 » (thèse de D. PAED., Univ. of Toronto, 1935), fournit une description complète de ce système d'éducation. Les détails du plan de sir Peregrine Maitland pour introduire une école nationale sont décrits dans la thèse de l'auteur, « Foreign and local influence on popular education in Upper Canada, 1815–1844 » (thèse de PH. D., Univ. of Western Ont., London, 1970), 65–71. G. W. Spragge, dans « The Upper Canada Central School », *OH*, 32 (1937) : 171–191, et E. J. Hathaway, dans « Early schools of Toronto », *OH*, 23 (1926) : 322–327, présentent des opinions divergentes. [J. D. W.]

APC, RG 1, L3, 463A : S14/160 ; RG 5, A1 : 23980–23983, 23987–23995, 26393–26395, 31899–31901, 39075–39077. — National Soc. (Church of England) for Promoting Religious Education (Londres), Reg. of masters from the country, entry for J. Spragg. — PRO, CO 42/365 : 328, 418, 420, 432–433 ; 42/366 : 3 (mfm aux AO). — St James' Cemetery and Crematorium (Toronto), Record of burials, 20 déc. 1848 ; Tombstones, lot 29, sect. P. — Trinity College Arch. (Toronto), G. W. Spragge papers, Spragg family genealogy. — Univ. of Toronto Arch., A73-0015/001, extract of dispatch from Maitland to Bathurst, enclosed in Major Hillier to General Board of Education, 13 mai 1823 (mfm aux AO). — H.-C., House of Assembly, *Journal*, 1828, app., « Report on the petition of T. Appleton ». — John Strachan, *The John Strachan letter book, 1812–1834*, G. W. Spragge, édit. (Toronto, 1946), 212. — U.C. Central School, *First annual report of the Upper Canada Central School, on the British National system of education* (York [Toronto], 1822), 7. — *Globe*, 23 déc. 1848. — Scadding, *Toronto of old* (Armstrong ; 1966).

SPROULE, ROBERT AUCHMUTY, aquarelliste, miniaturiste et professeur de dessin, né à Athlone (république d'Irlande), deuxième fils de Thomas Sproule et de Marianne Ardesoif ; le 8 octobre 1831, il épousa à Montréal Jane Hopper, et ils eurent deux fils et quatre filles ; décédé en 1845 dans le canton de March, Haut-Canada.

Robert Auchmuty Sproule vint au Canada en 1826 et s'installa à Montréal. Le 30 septembre de cette année-là paraissait dans le *Montreal Herald* une annonce où il se déclarait peintre de miniatures et affirmait avoir étudié auprès des « meilleurs maîtres à Londres et à Dublin ». En novembre 1829, il fit connaître son intention de publier six vues de Montréal, qui parurent effectivement l'année suivante. C'est Adolphus Bourne* qui les publia ; elles avaient été gravées sur cuivre par William Satchwell Leney, d'après des aquarelles de Sproule. Cette série marqua le début d'une collaboration fructueuse entre Bourne et Sproule, qui dura jusqu'en 1834 et qui amena l'introduction de la lithographie au Canada. En effet, en 1832, Bourne s'adressa au lithographe londonien Charles Joseph Hullmandel pour qu'il fasse l'impression d'un groupe d'œuvres réalisées par Sproule, dont quatre vues de Québec et un portrait de Louis-Joseph Papineau*. À son retour, il rapporta à Montréal une presse lithographique et se chargea par la suite de lithographier les dessins de Sproule. Parmi ceux-ci figuraient le frontispice du *Montreal Museum or Journal of Literature and arts*, en décembre 1832, un portrait de Mgr Bernard-Claude Panet*, un autre de saint François Xavier, une vue du steamer *Great Britain*, tous trois publiés en 1833, et une vue de l'église Notre-Dame de Montréal, imprimée en 1834. D'autre part, Sproule transposa sur la pierre lithographique les illustrations d'Alexander Jamieson Russel et de quelques autres ; Bourne les imprima pour l'ouvrage d'Alfred Hawkins*, *Hawkins's picture of Quebec ; with historical recollections*, qui parut à Québec en 1834.

À Montréal, Sproule enseigna aussi le dessin, pratique courante chez les miniaturistes de l'époque. Pourtant, les fréquents déplacements de l'artiste et de sa famille après 1834 laissent croire que le milieu montréalais ne lui offrait pas les moyens de subsistance nécessaire. C'est la naissance de ses enfants, et non ses activités artistiques, qui permet de suivre Sproule au Haut-Canada : à Cornwall vers 1836, à Williamstown vers 1838 et enfin dans la région de Bytown (Ottawa). En 1839, il résidait à Huntley, où la famille de son épouse était installée depuis 1836 ; non loin de là, à Richmond, vivait aussi depuis 1820 le père de Sproule. En 1840, Robert Auchmuty et sa femme reçurent du frère de celle-ci, Albert Hopper, deux acres de terrain dans le canton de March. Il semble que Sproule ait tenu un magasin quelque temps à March Corners et, ensuite, un autre à Stittsville. En juin 1844, il annonçait de nouveau sa pratique de peintre de miniatures et de maître de dessin, mais cette fois à Bytown. L'année suivante, à l'occasion de son décès, survenu en novembre ou en décembre, on le disait résident du canton de March.

C'est par le biais de l'estampe que le nom de Robert Auchmuty Sproule s'est perpétué. On a dit des vues de

Stephenson

Montréal (dont on conserve des exemplaires de chaque édition et cinq des aquarelles originales au musée McCord, à Montréal) qu'elles constituent la plus belle série publiée au Canada et qu'elles témoignent de la maturité atteinte dans l'illustration imprimée au cours de la première moitié du XIXe siècle. Les autres estampes issues de la collaboration de Sproule et de Bourne n'ont pas toujours atteint le niveau de qualité des séries de Montréal et de Québec, dû en partie aux contributions respectives de l'excellent graveur Leney et du lithographe Hullmandel. Par ailleurs, mis à part un autoportrait et un portrait de Jane, son épouse, l'œuvre de portraitiste miniaturiste de Sproule demeure encore peu connue.

PIERRE B. LANDRY

On a tiré de *Alumni Dublinenses* [...], G. D. Burtchaell et T. U. Sadleir, édit. (nouv. éd., Dublin, 1935), 772, que Robert Auchmuty Sproule était né en 1799 et avait étudié au Trinity College, à Dublin. Le Robert Sproule mentionné dans cet ouvrage n'est pas le sujet de notre biographie. [P. B. L.]

ANQ-M, CE1-63, 8 oct. 1831. — APC, RG 31, C1, 1842, canton de Goulbourn. — EEC, Diocese of Ottawa Arch., Parish reg., 1838–1869 : 7, 47. — *Bytown Gazette, and Ottawa and Rideau Advertiser,* 5 déc. 1839, 4 juin 1844, 17 avril 1845. — *Canadian Courant* (Montréal), 14 nov. 1829, 8 janv., 24 sept. 1831, 16 juin 1832. — *Le Canadien,* 16 nov. 1832. — *La Minerve,* 13 oct., 12 déc. 1831, 17, 21 mai, 18 juin 1832, 12, 19 août 1833. — *Montreal Gazette,* 2 nov. 1829, 27 juin 1833, 8 mai 1834, 8 déc. 1845. — *Montreal Herald,* 30 sept. 1826. — *A catalogue of the Sigmund Samuel Collection,* C. W. Jefferys, compil. (Toronto, 1948), 74–76, 135. — Mary Allodi, *Canadian watercolours and drawings in the Royal Ontario Museum* (2 vol., Toronto, 1974), 1, nos 727–730. — « An index of miniaturists and silhouettists who worked in Montreal », R. M. Rosenfeld, compil., *Annales d'hist. de l'art canadien* (Montréal), 5 (1980–1981), no 2 : 111–121. — Louis Carrier, *Catalogue du musée du château de Ramezay de Montréal,* J.-J. Lefebvre, trad. et édit. (Montréal, 1962), nos 722, 1589. — *Catalogue of the Manoir Richelieu Collection of Canadiana,* P. F. Godenrath, compil. (Montréal, 1930), nos 110–115. — B. S. Elliott, « Arthur Hopper of Merivale, his children and grandchildren », *The Merivale cemeteries,* J. [R.] Kennedy, édit. (Ottawa, [1981]). — J. R. Harper, *Early painters and engravers,* 295 ; *Everyman's Canada ; paintings and drawings from the McCord Museum of McGill University* (Ottawa, 1962), 41–43. — I. N. P. Stokes et D. C. Haskell, *American historical prints* [...] (New York, 1932 ; réimpr., Detroit, 1974). — Wallace, *Macmillan dict.* — J. C. Webster, *Catalogue of the John Clarence Webster Canadiana Collection, New Brunswick Museum* (3 vol., Saint-Jean, N.-B., 1949), 1, no 1308. — Mary Allodi, *les Débuts de l'estampe imprimée au Canada : vues et portraits* (Toronto, 1980), 64–77, 84–89, 98–103, 126–127. — C. P. de Volpi, *Québec, recueil iconographique* [...], *1608–1875,* Jules Bazin, trad. (s.l., 1971), planches 75–78, 85–93. — C. P. de Volpi et P. S. Winkworth, *Montréal, recueil iconographique* [...], *1535–1885* (2 vol., Montréal, 1963), 2, planches 21–26. — Alfred Hawkins, *Hawkins's picture of Quebec ; with historical recollections* (Québec, 1834). — *Historical sketch of the county of Carleton* (Toronto, 1879 ; réimpr. avec introd. de C. C. J. Bond, Belleville, Ontario, 1971), 199. — Yves Lacasse, « la Recherche dans les musées : le cas du tableau-relief de la mort de saint François Xavier du Musée des beaux-arts de Montréal », *Questions d'art québécois,* J. R. Porter, dir. (Québec, 1987), 98. — Morisset, *la Peinture traditionnelle,* 77. — J. W. Reps, *Views and viewmakers of urban America* [...] (Columbia, Mo., 1984), 208–209. — F. St. G. Spendlove, *The face of early Canada : pictures of Canada which have helped to make history* (Toronto, 1958), 62–64. — Claudine Villeneuve, « les Portraits de Louis-Joseph Papineau dans l'estampe de 1825 à 1845 », *Questions d'art québécois,* 104–105, 116. — Elizabeth Collard, « Nelson in old Montreal : a Coade memorial », *Country Life* (Londres), 146 (juill.–déc. 1969) : 210. — Peter Winkworth, « The pleasures of old Quebec », *Apollo* (Londres et New York), 103 (1976) : 412–417.

STEPHENSON, JOHN, médecin et éducateur, né le 12 décembre 1796 à Montréal, cadet des cinq fils de John Stephenson, débitant de tabac, brasseur et marchand, et de Martha Mair ; le 26 juillet 1826, il épousa à Montréal Isabella Torrance, et ils eurent plusieurs enfants, dont un seul ne mourut pas en bas âge ; décédé au même endroit le 2 février 1842.

John Stephenson fit ses études dans sa ville natale, notamment au petit séminaire de Montréal. Le 29 décembre 1815, il commença sa formation médicale auprès de William ROBERTSON ; ses frais d'apprentissage s'élevaient à £50. Inscrit à l'University of Edinburgh en 1817, il en ressortit avec un diplôme de médecine en 1820. Sa thèse, intitulée « De velosynthesi », décrit une intervention pratiquée sur lui par un autre chirurgien, l'une des premières réparations réussies d'une fissure du palais. Stephenson, qui était pour le reste en bonne santé, avait souffert de cette anomalie depuis sa naissance. Après l'opération, exécutée à Paris par Joseph-Philibert Roux en septembre 1819, sa voix devint plus normale, et il n'eut plus de difficulté à manger ni à boire. La même année, il devint membre du Royal College of Surgeons de Londres.

Rentré à Montréal en 1820, Stephenson reçut l'autorisation d'exercer en octobre 1821 ; Daniel ARNOLDI et Robertson avaient examiné sa candidature. Peu après, lui-même et Andrew Fernando Holmes*, qui avait étudié avec lui en Écosse, se joignirent au personnel médical du Montreal General Hospital. En 1822, il commença à donner des cours d'anatomie et de physiologie dans cet établissement.

Tout comme Holmes et les autres médecins du Montreal General Hospital, soit Robertson et William Caldwell*, Stephenson acquit bientôt la conviction que les Bas-Canadiens devaient avoir la possibilité de faire des études médicales en règle dans la province. En novembre 1822, il rédigea donc, avec Holmes, un mémoire qui recommandait la création d'une école de médecine. Une fois approuvé par leurs collègues, le mémoire fut envoyé au gouverneur en chef, lord Dalhousie [RAMSAY]. Le document s'accompagnait d'une lettre qui suggérait que les examinateurs en médecine du district de Montréal soient des médecins de l'hôpital. Dalhousie approuva les deux propositions. Le personnel de l'hôpital (auquel s'était ajouté Henry-Pierre Loedel) avait donc la prérogative inhabituelle d'accorder des autorisations à des finissants de sa propre école, ce qui n'eut pas l'heur de plaire à tous les médecins montréalais [V. Daniel Arnoldi]. La nouvelle école, baptisée Montreal Medical Institution, ouvrit ses portes à l'automne de 1823 ; Stephenson y était professeur d'anatomie, de physiologie et de chirurgie. On lui confia aussi un poste qui allait acquérir un poids considérable dans les années suivantes : celui de secrétaire de la faculté. Une fois les cours commencés, l'école demanda une charte royale, qu'on lui refusa parce qu'elle n'était pas affiliée à une maison d'enseignement.

À l'époque, les terrains et l'argent que James McGill* avait légués pour la création d'une université ou d'un collège à Montréal risquaient d'être perdus. La charte royale obtenue en 1821 serait annulée si le McGill College ne commençait pas à donner des cours. Or l'organisme n'était pas parvenu à fonder une faculté dans une discipline quelconque. Le dilemme fut résolu en 1829, au terme de négociations qui permirent à la Montreal Medical Institution de devenir la faculté de médecine du McGill College. Stephenson continua d'enseigner l'anatomie, la physiologie et la chirurgie. L'homme d'affaires Peter McGill* lui attribuait un rôle si déterminant que, dit-on, il le décrivit comme « l'homme à qui l'on doit, plus qu'à tout autre, le McGill College ». Ainsi, en 1831, Stephenson envoya au gouverneur lord Aylmer [WHITWORTH-AYLMER] un mémoire qui demandait, au nom du McGill College, le droit de décerner des diplômes. Comme il le soulignait, les finissants de McGill n'avaient aucun mal à obtenir des « distinctions médicales » des pays étrangers, mais le fait qu'ils devaient sortir du Bas-Canada pour les avoir était injuste. Toutefois, avant de pouvoir décerner des diplômes, le McGill College devait faire sanctionner ses statuts par le roi. Stephenson proposa donc des statuts, qui furent approuvés après de légères modifications, et McGill fut habilité à décerner des diplômes de médecine en juillet 1832. À titre de secrétaire-archiviste, Stephenson exerça une influence énorme jusqu'à sa mort, survenue en 1842.

En 1820 ou 1821, Stephenson avait été nommé médecin des sulpiciens de Montréal. Durant sa courte carrière, il eut une nombreuse clientèle, tant en médecine générale qu'en chirurgie. Il avait la réputation d'être aimé de ses patients, même si au moins un de ses élèves, Aaron Hart David, ne le

trouvait pas très courtois. Tel n'était pas l'avis d'un autre étudiant, Joseph Workman*, qui écrivit, peu après la mort de Stephenson, des phrases très louangeuses à son sujet. Ainsi il mentionna d'un ton approbateur que son défunt mentor employait « avec un invariable succès » de fortes doses d'acétate de plomb pour enrayer les hémorragies utérines. Malheureusement, il semble que Workman avait tort de s'enthousiasmer pour ce traitement.

Un portrait de John Stephenson fut détruit par le feu en 1907, mais Andrew Dickson Patterson, à partir d'une photographie, en peignit un autre en 1920. Cette toile orne encore les murs du McIntyre Medical Sciences Building de la McGill University.

C. G. ROLAND

La thèse de John Stephenson fut publiée sous le titre de *De velosynthesi* (Édimbourg, 1820). Elle fut traduite du latin par W. W. Francis et parut sous le titre de « Repair of cleft palate by Philibert Roux in 1819 : a translation of John Stephenson's *De velosynthesi* », introd. de L. G. Stevenson, dans *Journal of the Hist. of Medicine and Allied Sciences* (New York), 18 (1963) : 209–219.

ANQ-M, CE1-126, 10 janv. 1797, 26 juill. 1826 ; CE1-130, 5 févr. 1842. — APC, RG 4, A1 ; B28, 49 : 858. — *Patriot*, 15 févr., 22 mars 1842. — *List of the graduates in medicine in the University of Edinburgh from MDCCV to MDCCCLXVI* (Édimbourg, 1867). — Abbott, *Hist. of medicine*. — J. J. Heagerty, *Four centuries of medical history in Canada and a sketch of the medical history of Newfoundland* (2 vol., Toronto, 1928). — H. E. MacDermot, *A history of the Montreal General Hospital* (Montréal, 1950). — M. E. [S.] Abbott, « An historical sketch of the medical faculty of McGill University », *Montreal Medical Journal* (Montréal), 31 (1902) : 561–672. — A. H. David, « Reminiscences connected with the medical profession in Montreal during the last fifty years », *Canada Medical Record* (Montréal), 11 (1882) : 1–8. — B. R. Tunis, « Medical licensing in Lower Canada : the dispute over Canada's first medical degree », *CHR*, 55 (1974) : 489–504. — William Whiteford, « Reminiscences of Dr. John Stephenson, one of the founders of McGill medical faculty », *Canada Medical & Surgical Journal* (Montréal), 11 (1883) : 728–731.

STEWART, CHARLES JAMES, ministre de l'Église d'Angleterre, évêque et homme politique, né le 13 ou le 16 avril 1775 à Londres, troisième fils survivant de John Stewart, 7e comte de Galloway, et de sa deuxième femme, Anne Dashwood ; décédé célibataire le 13 juillet 1837 à Londres.

Charles James Stewart passa ses premières années en Écosse, à Galloway House, domaine vaste et isolé qui appartenait à son père. On dit que son précepteur, le révérend Eliezer Williams, le savait « promis au plus brillant avenir ». En 1792, il s'inscrivit au Corpus Christi College d'Oxford, où il obtint une licence ès arts en 1795 ; quatre ans plus tard, l'All Souls College lui décernait une maîtrise ès arts.

Stewart

On ordonna Stewart diacre de l'Église d'Angleterre en décembre 1798, à la cathédrale d'Oxford, et prêtre le 19 mai 1799, au même endroit. Le choix de sa vocation, comme son orientation subséquente, fut sans doute influencé par Williams, dont le père avait été converti par le méthodiste évangélique George Whitefield, et par sa sœur Catherine, lady Graham, une amie de William Wilberforce et une disciple d'Isaac Milner, deux autres évangéliques fort connus. En juin 1799, on affecta Stewart au *rectory* d'Orton Longueville (Orton), dont il allait demeurer titulaire jusqu'en 1826.

Stewart avait envisagé depuis longtemps de faire du missionnariat outre-mer, et son évêque, George Pretyman Tomline, le recommanda à l'évêque anglican de Québec, Jacob Mountain*, lorsque celui-ci séjourna en Angleterre à l'occasion d'un congé en 1806. Mountain l'affecta sans tarder à la seigneurie Saint-Armand, dans le Bas-Canada, et laissa même entendre qu'il pourrait lui succéder à l'épiscopat si lui-même obtenait la translation qu'il désirait tant. Toutefois, Mountain n'eut pas de nouveau poste, et c'est en qualité de simple missionnaire que Stewart débarqua à Québec le 27 septembre 1807. « De l'avis général, écrivait une sœur de l'évêque, un homme bien né et indépendant de fortune ne pouvait choisir une voie aussi exceptionnelle que s'il était un enthousiaste et un méthodiste. » Mais Stewart sut apaiser ces craintes au cours de rencontres avec plusieurs membres de l'élite québécoise, dont l'administrateur de la province Thomas Dunn*, John HALE, Herman Witsius RYLAND et Jonathan SEWELL. Après un arrêt à Montréal, où d'importants hommes d'affaires tels que William* et Duncan* McGillivray, Joseph Frobisher*, John Richardson*, James McGill* et Isaac Todd* le reçurent, il se rendit dans sa mission.

La seigneurie Saint-Armand, sur la frontière du Vermont, appartenait à Dunn. Un missionnaire de la Society for the Propagation of the Gospel in Foreign Parts, John Doty, l'avait visitée dès 1798 et, à compter de 1800, trois de ses collègues, James Marmaduke Tunstall, Robert Quirk Short* et Charles Caleb COTTON, installés dans la partie ouest, à Philipsburg, l'avaient desservie. Stewart, lui, s'établit dans l'est, à Frelighsburg. Il prit aussi en charge l'ouest de la seigneurie quand, en 1808, Cotton ouvrit une mission dans le canton adjacent, celui de Dunham.

Dès 1809, Stewart avait acheté un presbytère en rondins à Frelighsburg et fait bâtir un temple, dont il paya la moitié de la construction. On lui donna le nom d'église Trinity, et ce fut le premier endroit permanent où les anglicans des Cantons-de-l'Est purent assister au culte. La cérémonie d'inauguration attira un millier de personnes venues d'un peu partout. Deux ans plus tard, Stewart édifia près de Philipsburg une autre église qui devint elle aussi le lieu de rassemblement régulier de nombreux fidèles. Le succès exceptionnel de Stewart avait été bien vite connu à Québec. En juin 1809, la femme de Mountain écrivait à une amie : « Il a tout à fait modifié le caractère des gens [...] Il apporte son assistance pastorale à tous, d'une manière des plus judicieuses et exemplaires. J'aimerais bien que nous ayons 100 ministres comme lui. On dit qu'il est calviniste, mais c'est sûrement une accusation injuste. »

Stewart passait son temps à voyager, et pas uniquement dans la seigneurie. Chaque année il se rendait à Montréal, parfois en plus d'une occasion, et s'arrêtait en chemin pour donner le baptême, surtout à Caldwell's Manor et à Christie Manor, connus aussi sous les noms de seigneuries Foucault et de Noyan, où il n'y eut pas de missionnaire résidant avant 1815. De 1808 à 1810, il alla aussi dans un canton voisin, Shefford ; en 1810 et 1813, il visita des cantons situés à l'est de Saint-Armand. En outre, il se rendait fréquemment au Vermont, et plus précisément à Sheldon, où il s'occupait d'une assemblée de fidèles.

Le travail pastoral de Stewart prenait de multiples formes. De 1810 à 1814, pour aider ses ouailles à méditer en son absence, il fit imprimer un certain nombre de ses sermons, qu'on distribua gracieusement à des centaines d'exemplaires. Vivement intéressé par l'éducation, il apporta son soutien financier ou moral à la construction de plusieurs écoles, que de nombreux élèves purent ensuite fréquenter à ses frais. En 1812, même s'il doutait quelque peu du jugement du ministre congrégationaliste Thaddeus Osgood*, il l'aida, en lui remettant des lettres d'introduction auprès d'amis influents, à recueillir de l'argent en Angleterre pour fonder des écoles, une société philanthropique et un hospice au Canada, ce qui lui valut la désapprobation de Mountain. Pendant la guerre de 1812, quand les troupes américaines pénétrèrent à deux reprises dans la baie Missisquoi et firent des ravages jusqu'à Frelighsburg, Stewart demeura auprès de ses fidèles pour apporter son aide aux victimes ; de plus, il organisa, par voie d'échange, la libération de miliciens des environs que l'ennemi avait capturés en octobre 1813. Observateur attentif de la région où il travaillait intensivement depuis sept ans, il publia en 1815 *A short view of the present state of the Eastern Townships* [...], qui décrivait succinctement, à l'intention des immigrants éventuels, le climat, la topographie, l'économie et la population de ce coin de pays. Il y encourageait l'accueil des immigrants américains, « sous bien des rapports [...] les meilleurs colons [que puisse avoir] un jeune pays », et affirmait que le plus sûr moyen de gagner leur loyauté était de leur garantir prospérité et bien-être.

En août 1815, libéré de ses obligations par l'ordination de James Reid, instituteur de Saint-Armand, nommé vicaire de l'endroit, Stewart partit faire une visite en Grande-Bretagne. Il consacra alors une bonne partie de son temps et de ses énergies à lever, avec l'autorisation de Mountain, un fonds de £2 500 pour la construction d'églises au Canada. En 1816, l'University of Oxford lui décerna, à titre honorifique, une licence et un doctorat en théologie. Puis, revenu dans le Bas-Canada en novembre 1817, Stewart constata que Reid se débrouillait fort bien dans Saint-Armand et décida de se consacrer à la population de Hatley, village situé à une cinquantaine de milles à l'est. En 1819, il ouvrit une église, et le presbytère était en voie d'achèvement. Comme auparavant, il parcourait les cantons voisins en encourageant sans relâche la construction d'églises, ce qui était alors devenu plus facile grâce au fonds qu'il administrait.

En 1819, Mountain et la Society for the Propagation of the Gospel chargèrent Stewart, à titre de missionnaire itinérant, de consolider la position de l'Église dans tout le diocèse. Or le Haut-Canada accueillait justement ses premières vagues d'immigrants, situation qui commandait un travail sur le terrain, comme il avait l'habitude d'en faire. Ses épuisants voyages se multiplièrent. Parti de Hatley en janvier 1820, il fit une grande tournée du Haut-Canada, de Hawkesbury à Sandwich (Windsor), en passant par Glengarry, Cornwall, Kingston, York (Toronto) et Niagara (Niagara-on-the-Lake). Lorsqu'il revint à son point de départ, en juin, il avait parcouru près de 2 000 milles. Toujours en 1820, il retourna en Angleterre puis, en 1821–1822, passa plus d'un an à voyager à travers le diocèse. En mars 1823, on l'envoya en Angleterre pour défendre les prétentions anglicanes au bénéfice exclusif des réserves du clergé, ces terres mises de côté pour subvenir aux besoins des ecclésiastiques protestants. En outre, il recueillit une nouvelle somme de £2 500 pour la construction d'églises et demanda au gouvernement de soutenir l'Institution royale pour l'avancement des sciences [V. Joseph Langley Mills*], dont il était depuis peu l'un des administrateurs. Après son retour dans le Bas-Canada, en novembre 1824, il fit une autre tournée des Cantons-de-l'Est ; il voyageait dans le Haut-Canada lorsque Mountain mourut, en juin 1825. Comme l'évêque avait toujours voulu qu'il lui succède, Stewart retourna en Angleterre en juillet et on le nomma évêque en novembre. Sa consécration eut lieu à la chapelle du Lambeth Palace le 1er janvier 1826.

Dès lors, Stewart voyagea plus que jamais. Son vaste diocèse, qui embrassait la région peuplée du Bas et du Haut-Canada, comptait 50 paroisses ou missions, autant de ministres et 63 églises. Entre le moment de son retour à Québec, en juin 1826, et son départ suivant pour l'Angleterre, en 1831, il alla dans le Haut-Canada chaque année, fit trois visites pastorales complètes de cette province, visita deux fois les missions de la rivière des Outaouais et des Cantons-de-l'Est, et ce que son prédécesseur n'avait jamais fait, parcourut la Gaspésie et la baie des Chaleurs. Pendant cette première moitié de son épiscopat, il conféra 30 ordinations, inaugura 17 missions et confirma 3 800 fidèles. À compter de 1830–1831, il passa ses hivers à York afin de suivre de plus près les affaires de l'Église dans le Haut-Canada, où les immigrants s'établissaient par milliers. En 1832, malgré l'épidémie de choléra, les ecclésiastiques se réunirent en grand nombre à Montréal et à York pour assister à sa visite pastorale. L'année suivante, il voyagea beaucoup à l'est d'York et, en 1834, il sillonna les Cantons-de-l'Est et le Haut-Canada.

Deux grands problèmes – la question des réserves du clergé et la réduction des subventions que versait le gouvernement à la Society for the Propagation of the Gospel au titre de la rémunération des missionnaires – compliquèrent singulièrement la tâche de Stewart même s'ils eurent pour effet positif de pousser l'Église coloniale sur la voie de la maturité. L'Église anglicane devait combattre sur deux fronts pour défendre ses vues quant aux réserves du clergé. L'Église d'Écosse affirmait avoir droit tout autant qu'elle au produit de la vente ou de la location des réserves, tandis que les membres des autres confessions, et même quelques laïques anglicans, rejetaient les privilèges des Églises établies et exigeaient qu'on sécularise les réserves au profit de l'instruction publique. Stewart soutenait consciencieusement la position anglicane, mais il n'avait pas l'esprit combatif et n'était pas un fin politique. Quoique membre des Conseils législatif et exécutif des deux colonies, il n'assista apparemment jamais aux réunions des conseils du Haut-Canada et ne parut qu'irrégulièrement aux réunions de ceux du Bas-Canada. Comme les pressions en faveur de la sécularisation des réserves étaient plus fortes dans le Haut-Canada, où celles-ci étaient plus étendues, c'est le combatif archidiacre d'York, John Strachan*, qui assumait la défense des anglicans, avec une agressivité qui ne plaisait d'ailleurs pas toujours à Stewart. Partisan de la coexistence pacifique avec les autres confessions, Stewart ne ménageait en fait aucun effort pour dédramatiser le débat, parce qu'il craignait que l'Église ne s'attire la vindicte publique et peut-être aussi parce qu'il comprenait que la société coloniale trouvait inacceptable qu'on privilégie une Église quelconque. Parer aux attaques lui semblait néanmoins essentiel, et il favorisa en 1827 le lancement à Montréal d'une revue diocésaine, le *Christian Sentinel and Anglo-Canadian Churchman's Magazine*, dirigée pendant une partie de sa brève existence par Brooke Bridges Stevens*.

Les conséquences d'une éventuelle sécularisation des réserves du clergé semblaient d'autant plus graves qu'en même temps le gouvernement britannique songeait à ne plus verser de subventions à la Society for the Propagation of the Gospel pour le traitement des missionnaires. Depuis 1815, ces sommes constituaient la principale source de financement du travail de l'Église et permettaient de verser aux missionnaires un salaire annuel moyen de £200. Le gouvernement envisagea d'abord d'éliminer les subventions à compter de 1835 mais finalement, par suite des protestations de Stewart et de la société missionnaire, la rémunération des ecclésiastiques ne subit qu'une réduction d'environ 15 %. Dans le Haut-Canada, le produit de la vente des réserves du clergé remplaça les subventions de la société. Stewart eut aussi des motifs de s'inquiéter de son propre salaire, £2 600 par an auxquelles s'ajoutait une allocation de logement de £400. Ces sommes, comme le traitement d'autres membres du clergé, provenaient des fonds extraordinaires de l'armée, pratique combattue par le mouvement de plus en plus puissant qui, en Grande-Bretagne, réclamait une réforme parlementaire. En définitive, on garantit le versement des salaires, mais seulement jusqu'à la mort des bénéficiaires de l'époque.

Menacée ainsi de perdre ses revenus extérieurs, l'Église dut commencer à compter sur ses propres moyens. En janvier 1834, Stewart lança un premier appel aux anglicans du Canada afin qu'ils soutiennent financièrement leur clergé. En outre, pendant son épiscopat, l'Église coloniale vit naître un mouvement autonomiste : l'Established Clergy Association of Lower Canada fut formée à Montréal en 1831, puis on fonda d'autres organismes semblables ailleurs. Les pressions en faveur de la tenue de synodes diocésains auxquels participeraient des laïques commencèrent à se faire sentir dès 1836, même si le premier synode de ce genre n'eut lieu qu'en 1853. Stewart n'eut pas une part importante dans ces événements, mais il joua un rôle de catalyseur dans l'augmentation de la participation laïque au sein de l'Église. Ainsi la hausse de l'immigration et la baisse des fonds destinés aux salaires du clergé l'amenèrent à adjoindre aux ecclésiastiques des catéchistes auxquels il conféra le rang d'officiants laïques. D'abord sceptique, la Society for the Propagation of the Gospel subventionna quand même le programme, qui s'avéra l'une des plus fructueuses initiatives de Stewart ; en fait, par la suite, on ordonna prêtres dix officiants laïques.

Tout en s'occupant de ces nouveaux problèmes, Stewart ne délaissait pas ses premiers centres d'intérêt, l'éducation et les missions. Au moment de son sacre, les écoles du dimanche étaient sur leur lancée ; il y avait à Montréal, à Québec et à York des écoles nationales où l'on enseignait le catéchisme anglican et où les jeunes élèves étaient confiés à des moniteurs [V. Joseph SPRAGG] ; dans plusieurs écoles de l'Institution royale, l'Église d'Angleterre exerçait beaucoup d'influence. Stewart apporta un soutien personnel à une société d'écoles du dimanche formée en 1830 par son successeur au poste de missionnaire

itinérant, George Archbold. Même s'il reçut le titre d'inspecteur officiel du King's College quand cet établissement obtint sa charte en 1827, il laissa largement au fondateur, Strachan, le soin de s'en occuper. Par contre, nommé d'office directeur de l'Institution royale à compter de 1826, il lutta ferme pour mettre sur pied, à Montréal, le McGill College, dont l'assise financière (un legs de James McGill à l'Institution royale) était menacée par les principaux héritiers du donateur, François* et James McGill Desrivières, qui contestaient ce don en cour. Même si le litige était loin d'être réglé, l'inauguration du collège eut lieu le 24 juin 1829, et Stewart y prononça une allocution ; membre du conseil d'administration, il assista aux réunions tenues à Québec jusqu'en 1835. Cependant, ce fut en réalisant son désir de favoriser les vocations chez les coloniaux de naissance qu'il apporta sa principale contribution à l'éducation. En 1828, il ouvrit à Chambly, sur le Richelieu, un séminaire à la tête duquel il plaça un récent diplômé d'Oxford, Joseph Braithwaite ; on ordonna 12 étudiants pendant les dix années d'existence de l'établissement.

Pendant son épiscopat, le missionnariat fut l'autre grand souci de Stewart. Certes, il avait toujours été favorable à l'évangélisation des Indiens, mais ce furent les méthodistes du Haut-Canada, notamment JOHN et Peter* Jones, et des catholiques comme Joseph Marcoux*, dans le Bas-Canada, qui le poussèrent à agir. Loin de leur envier leurs succès, il exhortait les anglicans à s'inspirer de la ferveur des méthodistes et demanda en 1827 à l'archevêque catholique Bernard-Claude Panet* un exemplaire de la grammaire et du dictionnaire agniers de Marcoux. En octobre 1830, à York, il présida l'assemblée de fondation d'une société de missionnariat auprès des Indiens qui, plus tard dans l'année, décida de s'occuper aussi des colons sans ressources ; elle dura huit ans. Une société semblable vit le jour à Québec en 1835 et une autre, par la suite, à Montréal.

L'aide aux œuvres missionnaires provenait surtout de la Society for the Propagation of the Gospel, mais Stewart devait faire campagne sans cesse, en Angleterre et au Canada, pour obtenir du personnel et des fonds. En 1834, il diffusa largement *Address from the Bishop of Quebec to the British public, in behalf of the Church of England in Canada*, ouvrage dans lequel il exposait les besoins de son diocèse. Inspiré par ce document, le révérend William James Darley Waddilove constitua l'Upper Canadian Travelling Missionary Fund, appelé aussi Stewart Missions, qui, au fil de ses 13 années d'existence, assura la subsistance d'au moins 11 missionnaires. Toujours à la suite de cet ouvrage, on fonda en Angleterre en 1835–1836 l'Upper Canada Clergy Society ; son but était de recruter des missionnaires en Grande-Bretagne et de subvenir à leurs besoins. Cette initiative laïque ne souleva pas au début l'enthousiasme de Stewart, qui avait des doutes sur son affiliation à l'Église d'Angleterre et sur ses relations avec la Society for the Propagation of the Gospel, et qui n'aimait pas non plus que des laïques fassent le choix des missionnaires. Aussi cette organisation ne commença-t-elle ses activités qu'en 1837 et n'envoya-t-elle ou ne paya-t-elle que six missionnaires avant de se dissoudre. Le recrutement du clergé fut tout de même un autre domaine où Stewart réussit assez bien : en 1837, le Haut-Canada comptait 50 ecclésiastiques anglicans et le Bas-Canada, 35. Leur nombre ne croissait pas aussi vite que la population, mais il était respectable étant donné les restrictions financières et les problèmes politiques que l'évêque affrontait.

Épuisé par ses longues années de labeur incessant, Stewart tomba malade à Toronto en avril 1835. Mountain avait déjà réclamé plusieurs fois une subdivision du diocèse pour alléger son fardeau, et Stewart avait fait de même en 1829 et 1831. Son état de santé le décida à faire une autre tentative, et il envoya en 1835 l'archidiacre George Jehoshaphat Mountain* en Angleterre. Celui-ci parvint à obtenir la création d'un poste d'évêque suffragant assorti du titre d'évêque de Montréal, mais aucune rémunération n'y était attachée ; après beaucoup d'hésitation, Mountain consentit à assumer cette charge et fut consacré en février 1836. Quand il revint à Québec, Stewart le chargea d'administrer le diocèse à compter du 17 septembre et, neuf jours plus tard, il s'embarquait pour l'Angleterre. Ses forces déclinèrent lentement, et il mourut à Londres en juillet 1837.

Sacré évêque au terme d'une vingtaine d'années d'expérience de la société coloniale, Charles James Stewart avait assumé ses fonctions dans une perspective différente de celle de son prédécesseur. Certes, il ne dédaignait ni les honneurs ni l'argent attachés à son poste et voulait bien défendre les privilèges de l'Église établie, mais le plus important pour lui était d'assurer le maintien et l'expansion d'une Église autonome qui vivrait en paix avec les autres confessions au sein d'une société pluraliste. Célibataire, bénéficiaire d'un modeste revenu personnel et d'un traitement intéressant, il était à l'abri des problèmes financiers et domestiques qui avaient assailli Jacob Mountain. Aussi pouvait-il voyager beaucoup et dépenser avec libéralité pour l'Église. Il subvenait entièrement aux besoins de certains missionnaires, avançait de l'argent aux ministres et aux catéchistes dans le besoin, payait ses voyages, les salaires et les dépenses de ses aumôniers, subventionnait le *Christian Sentinel and Anglo-Canadian Churchman's Magazine*, contribuait généreusement à des sociétés philanthropiques et à des fonds de construction d'églises – et pourtant il laissa une belle succession à ses neveux et nièces et à leurs familles. Issu de la noblesse, Stewart jouissait d'une position avantageuse en Grande-Bretagne lorsqu'il s'agissait d'exposer les besoins de son diocèse au gouvernement ou à des particuliers. Contrairement à Jacob Mountain, personnage contesté mais au physique avantageux, Stewart était plutôt gauche d'allure et manquait d'éloquence en chaire, mais grâce à la simplicité et à la régularité de son existence, à son humilité, à sa bienveillance et à sa grande piété il était quasi universellement aimé et respecté. Le poète Adam Kidd*, dans quelques strophes simples, a dit qu'il était « le plus aimable et le meilleur des hommes ». Même Strachan, peu porté aux éloges, rendit un chaleureux hommage à son évêque défunt en septembre 1837. Infatigable et fervent, Stewart était un homme sage, doté de sens pratique, qui a accompli une œuvre digne d'inspirer la gratitude.

THOMAS R. MILLMAN

Une liste des publications de Charles James Stewart se trouve en appendice de l'ouvrage de T. R. Millman, *The life of the Right Reverend, the Honourable Charles James Stewart, D.D., Oxon., second Anglican bishop of Quebec* (London, Ontario, 1953). On y trouve également un portrait de l'évêque. Une publication de Stewart a cependant été omise dans cette liste ; il s'agit de *A selection of psalms and hymns* [...], parue à Montréal en 1808.

APC, MG 23, GIII, 3 ; RG 4, A1 ; RG 7, G1. — Bishop's Univ. Library (Lennoxville, Québec), C. J. Stewart à Lucius Doolittle, 1828–1835. — EEC, Diocese of Montreal Arch., G. J. Mountain papers. — EEC-Q, 29 ; 32 ; 40 ; 44 ; 46–71 ; 81 ; 91–96 ; 103–105 ; 107 ; 109–116 ; 118 ; 123 ; 129 ; 330–331. — Holy Trinity (Anglican) Church (Frelighsburg, Québec), Doc. relatifs à l'établissement de la mission de Saint-Armand. — PRO, CO 42. — RHL, USPG Arch., C/CAN/Que., 4 : 370 ; C/CAN/Toronto, 4 : 501 ; journal of SPG, 29–43. — Ernest Hawkins, *Annals of the diocese of Quebec* (Londres, 1849) ; *Annals of the diocese of Toronto* (Londres, 1848). — SPG, [*Annual report*] (Londres), 1808–1812 ; 1814–1815 ; 1818–1819. — *The Stewart missions ; a series of letters and journals calculated to exhibit to British Christians the spiritual destitution of the emigrants settled in the remote parts of Upper Canada, to which is prefixed a brief memoir of* [...] *Chas. James Stewart, lord bishop of Quebec* [...], W. J. D. Waddilove, édit. (Londres, 1838). — Eliezer Williams, *The English works of the late Eliezer Williams, M.A., vicar of Lampeter* [...] *with a memoir of his life*, S. G. A. Williams, édit. (s.l., 1840). — *Christian Sentinel and Anglo-Canadian Churchman's Magazine* (Montréal), 1er, 15 oct., 12 nov. 1830. — *Church*, 30 mars, 12 oct. ; 9 nov. 1839. — *La Gazette de Québec*, 1er oct. 1807, 24 août, 21, 23 sept. 1836. — *Missiskoui Standard* (Frelighsburg), 12 sept. 1837. — *Montreal Gazette*, 27 août 1833. — *Montreal Herald*, 19 août 1815. — *Quebec Mercury*, 6 juin 1826, 11 juin, 17, 20, 22, 27 sept., 11 oct. 1836. — W. B. Heeney, *I walk with a bishop (Charles James Stewart)* (Toronto, 1939). — *Lives of missionaries, North America : John Eliot, Bishop Chase, Bishop Seabury, Bishop Stewart, Rev. J. G. Mountain* (Londres, [1862]). — T. R. Millman, *A brief account of the life of the Honourable and Right Reverend Charles James Stewart, D.D., second lord bishop of Quebec* (Édimbourg,

Stewart

1948) ; *Jacob Mountain, first lord bishop of Quebec ; a study in church and state, 1793–1825* (Toronto, 1947). — G. H. Montgomery, *Missisquoi Bay (Philipsburg, Que.)* (Granby, Québec, 1950). — A. W. Mountain, *A memoir of George Jehoshaphat Mountain, D.D., D.C.L., late bishop of Quebec* […] (Londres et Montréal, 1866). — J. N. Norton, *Life of Bishop Stewart of Quebec* (New York, 1859). — C. F. Pascoe, *Two hundred years of the S.P.G.* […] (2 vol., Londres, 1901). — Cyrus Thomas, *Contributions to the history of the Eastern Townships* […] (Montréal, 1866). — T. R. Millman, « The *Christian Sentinel* and its editors », *Montreal Churchman* (Granby), 27 (1939), n° 12 : 9–10 ; « The earliest collections of prayers printed in the Canadas for the use of members of the Church of England », 31 (1943), n° 10 : 10–11 ; « Home missions in the old Diocese of Quebec », 28 (1940), n° 9 : 10–11 ; « Joseph Braithwaite and the Bishop Stewart Theological Seminary », 27 (1939), n° 8 : 20–22 ; « Royal silver in the Church of England in Canada », 34 (1946), n° 2 : 3–4 ; « Training of theological students in the old diocese of Quebec », 27 (1939), n° 4 : 16–19. — « Philipsburg, St. Armand West », *Church Chronicle for the Diocese of Montreal* (Montréal), 2 (1861–1862) : 167–173. — [James Reid], « Frelighsburgh », *Church Chronicle for the Diocese of Montreal*, 2 : 153–157.

STEWART, THOMAS ALEXANDER, colon, juge de paix, propriétaire de scierie et homme politique, né le 10 juin 1786 dans le comté d'Antrim (Irlande du Nord), fils de William Stewart ; le 17 décembre 1816, il épousa Frances Browne*, et ils eurent cinq fils et six filles ; décédé le 6 septembre 1847 dans le canton de Douro, Haut-Canada.

Issu d'une famille aisée de propriétaires terriens, Thomas Alexander Stewart naquit et grandit près de Belfast, à Wilmont, le domaine familial. Un accident de jeunesse le rendit boiteux pour le reste de ses jours. Pendant l'été de 1816, il fit à Wilmont la connaissance de Frances Browne, qu'il épousa à Dublin six mois plus tard. Le couple demeura six ans dans le comté d'Antrim, où Stewart était copropriétaire d'une entreprise textile. Puis comme celle-ci avait fait faillite il décida avec Robert Reid, son beau-frère et ancien associé, d'aller refaire sa vie dans le Haut-Canada.

En juin 1822, les deux familles quittèrent Belfast pour Québec en compagnie de leurs domestiques. Leurs plans étaient bien arrêtés et devaient leur assurer un bon accueil dans le Haut-Canada. Dans une demande de concession foncière présentée à York (Toronto) en septembre suivant, Stewart nota qu'il avait travaillé dans le « commerce de la toile, de la farine et du coton » et entendait s'établir « agriculteur en utilisant aussi toute application mécanique qu'il pourrait trouver avantageuse ». Par la suite, il obtint 1 200 acres de terre dans le canton encore inhabité de Douro, dans le district de Newcastle, à une trentaine de milles au nord du lac Ontario et de sa rive depuis longtemps peuplée. En outre, Reid et lui furent autorisés en avril 1823 à superviser la mise en valeur d'une superficie de 10 000 acres. Incapables cependant d'y attirer des colons, ils l'abandonnèrent en 1825 au profit des immigrants irlandais amenés par Peter ROBINSON.

Pendant l'hiver de 1822–1823, les Stewart étaient partis s'installer en pleine forêt, aventure qui allait exiger d'eux des trésors de détermination. Inaccoutumés aux travaux de maison les plus simples, ils furent contraints d'en faire un bon nombre, surtout après le départ inattendu de leurs domestiques. L'isolement extrême et le lent développement de la région les démoralisaient. Stewart envisagea alors de s'établir dans une ferme déjà défrichée, près de Cobourg. L'échec de ses demandes d'emploi à la Canada Company et au gouvernement ajouta à son découragement, mais au moins devint-il juge de paix en 1823.

Puis en 1825 le sort tourna en faveur de Stewart. Sous l'impulsion des immigrants de Robinson, la région de Peterborough connut une expansion rapide. Stewart eut bientôt, dans un rayon de quelques milles de sa ferme, plusieurs centaines de voisins. Cette colonisation imprima un essor à toute la région. En 1826, Stewart demanda la permission d'ouvrir à titre privé un bureau des terres à Peterborough, mais en vain. Ensuite, semble-t-il, il s'appliqua à devenir l'un des chefs de file de la communauté. Il présenta des requêtes en faveur de projets locaux, telles la construction d'un pont sur la rivière Otonabee, l'ouverture de la Trent à la navigation et la création d'un nouveau district administratif. En 1831, sa ferme était bien établie : 54 acres étaient défrichées. Stewart n'était cependant pas au bout de ses soucis financiers, puisque trois ans plus tard aucun acheteur ne se présenta quand il mit des terres en vente à 12 $ l'acre. En 1834, il manifesta concrètement son intérêt pour ses concitoyens en construisant une scierie sur l'Otonabee, en face de sa ferme, et en contribuant à l'érection de l'église anglicane St John, à Peterborough.

Les antécédents conservateurs de Stewart le préparaient bien à une nomination au Conseil législatif ; il y entra en 1833 et y siégea jusqu'à l'union du Haut et du Bas-Canada en 1841. Il n'assistait aux réunions que sporadiquement, et en général c'était quand les questions relatives à la région de Peterborough figuraient à l'ordre du jour. Il manifesta sa fidélité à la couronne durant la rébellion de 1837–1838 en aidant à rassembler les forces progouvernementales.

Parvenu à la cinquantaine, Stewart se tourna de plus en plus vers ses propres affaires. En 1840, il engagea un régisseur pour sa ferme, dont 70 acres étaient alors défrichées. À la fin de 1842, il put enfin quitter sa maison de rondins pour emménager dans une habitation à charpente de bois. Les Stewart devaient être ravis d'avoir une famille nombreuse, même si dans les dures années d'établissement de la ferme leurs fils étaient trop jeunes pour être très utiles. Stewart avait, semble-t-il, du mal à rassembler du comptant ; c'est du moins ce qu'indique le fait qu'il tardait beaucoup à payer ses frais de concession et qu'il ne reçut le titre de propriété de sa concession originale qu'en 1843, soit 21 ans après son installation. Apparemment très religieux, il trouvait grand réconfort dans la méditation et la prière et adorait discuter de religion avec sa femme et avec sa sœur, laquelle habitait tout près. Cependant, il ne s'occupait pas que d'affaires locales : en 1847, il porta assistance à des immigrants chassés d'Irlande par la famine.

En septembre de cette année-là, Thomas Alexander Stewart mourut du typhus. Sa femme lui survécut ; les lettres qu'elle écrivit à sa famille en Irlande, publiées en 1889, contiennent beaucoup de détails sur leur vie au Canada. Parmi leurs dix enfants survivants, plusieurs se distinguèrent à Peterborough.

ALAN G. BRUNGER

Thomas Alexander Stewart est l'auteur d'une lettre envoyée à Basil Hall et publiée anonymement dans l'ouvrage de Hall, *Travels in North America, in the years 1827 and 1828* [...] (3 vol., Édimbourg, 1829), 1 : 307–323. La lettre a été réimprimée dans *The valley of the Trent,* introd. d'E. C. Guillet, édit. (Toronto, 1957), 345–352. Il existe un portrait de Stewart au Peterborough Centennial Museum and Arch. (Peterborough, Ontario).

AO, RG 1, A-I-6, 7, 14 ; RG 21, United Counties of Northumberland and Durham, Douro Township, assessment records, 1831, 1840 (mfm aux Trent Univ. Arch., Peterborough). — APC, RG 1, L3, 461 : S13/106 ; RG 5, A1 : 62903–62905, 80133–80136 ; RG 68, General index, 1651–1841 : 452, 670. — Peterborough Land Registry Office, Abstract index to deeds, Douro Township, concession 9, lots 3–4 ; concession 11, lots 1, 3 ; concession 12, lots 1–3 ; concession 13, lot 1 (mfm aux AO). — Trent Univ. Arch., B-74-1005 (Frances [Browne] Stewart letters) ; B-74-1006 (Frances [Browne] Stewart coll.) ; B-78-008 (Frances [Browne] Stewart papers). — Frances [Browne] Stewart, *Our forest home, being extracts from the correspondence of the late Frances Stewart,* E. S. [Stewart] Dunlop, édit. (Toronto, 1889). — A. G. Brunger, « Early settlement in contrasting areas of Peterborough County, Ontario », *Perspectives on landscape and settlement in nineteenth century Ontario,* J. D. Wood, édit. (Toronto, 1975), 141–158. — J. C. Lewis, « The letters of Frances Stewart », *Kawartha heritage : proceedings of the Kawartha Conference, 1981,* A. O. C. et J. M. Cole, édit. (Peterborough, 1981), 83–92. — *Through the years in Douro (Peterborough County – Canada), 1822–1967,* J. A. Edmison, édit. (Peterborough, 1967).

STRANGE, JAMES CHARLES STUART, trafiquant de fourrures, né le 8 août 1753 à Édimbourg, Écosse, fils de Robert Strange et d'Isabella Lumisden ; il épousa Margaret Durham, puis le 18 décembre 1798 Anne Dundas, veuve de Henry Drummond ; décédé le 6 octobre 1840 à Airth Castle, Écosse.

James Charles Stuart Strange, qui compte parmi les pionniers de la traite des fourrures sur la côte nord-ouest de l'Amérique du Nord, est issu de parents jacobites. Son père, graveur, combattit sous les ordres du prince Charles, le Jeune Prétendant, et James Charles Stuart était le filleul de James, le Vieux Prétendant. Robert Strange se fixa à Londres en 1750. Ses fils James Charles Stuart et THOMAS ANDREW LUMISDEN décidèrent de tenter leur chance outre-mer. Tous deux allèrent en Inde et réussirent dans leur domaine : Thomas (qui avait été, pendant une courte période, juge en chef de la Nouvelle-Écosse) devint juge en chef de la Cour suprême de Madras (Inde) et James fit fortune, lui aussi à Madras, comme marchand dans l'East India Company et le secteur privé.

James était en congé en Angleterre quand parut, en 1784, le récit du troisième voyage du capitaine James Cook* dans le Pacifique et, comme bien d'autres, tel ce pionnier de la traite que fut aussi James Hanna*, il prit bonne note des suggestions du capitaine James King* sur la manière de mener une expédition de traite des fourrures sur la côte nord-ouest de l'Amérique du Nord. Il consulta sir Joseph Banks* et, chose plus importante encore, s'assura en Inde l'appui du marchand David Scott, qui faisait du commerce avec la Chine et rêvait d'ébranler le monopole de l'East India Company. Ensemble, Strange et Scott préparèrent une expédition. Ils achetèrent à titre privé deux navires, qu'ils baptisèrent *Captain Cook* et *Experiment,* et les armèrent avec soin. Ils reçurent aussi une assistance de l'East India Company, en l'occurrence un petit groupe de soldats commandés par Alexander Walker*. Strange monterait à bord en qualité de subrécargue et assurerait la direction générale de l'entreprise. L'expédition, partie de l'Inde à la fin de 1785, devait servir la Grande-Bretagne sous le double rapport du commerce et de l'exploration mais, en définitive, elle ne fut guère utile.

Strange était trop prudent, trop circonspect pour réussir à titre d'explorateur ou de trafiquant. Équiper l'expédition s'était révélé si coûteux que, pour compenser l'investissement, il était essentiel que la traite rapporte gros. Or la traversée fut semée d'embûches dès le début. Strange fut incapable d'acheter des marchandises le long de la côte de Malabar pour les revendre en Chine, comme il l'avait prévu, et peu après avoir quitté les eaux indiennes l'*Experiment* fut percé d'une brèche, de sorte qu'il fallut s'arrêter à Batavia (Djakarta, Indonésie) pour la faire colmater. Le scorbut, fléau contre lequel Strange était mal préparé à lutter, avait déjà vaincu de nombreux membres d'équipage. On annula donc l'escale en Chine, ce qui n'empêcha pas l'expédition de parvenir à destination seulement le 25 juin 1786. La

Strange

saison était déjà avancée, mais Strange mouilla dans la baie Nootka (Colombie-Britannique) pendant un mois afin d'amasser la plus grande réserve possible de peaux de loutre marine. Il mena lui-même les négociations de traite et constata, comme l'avaient fait ou le feraient d'autres trafiquants, que les Indiens nootkas avaient un sens aigu des affaires. Plus soucieux de sécurité que de profit, il garda les deux navires ensemble au lieu de les séparer pour couvrir un plus grand territoire. Il laissa John Mackay* établir une base sur le rivage et quitta la baie Nootka à la fin de juillet pour monter plus avant dans le Nord. Il n'aperçut cependant pas la portion de continent qui se dessinait entre la pointe nord de l'île de Vancouver et les eaux de l'Alaska, et encore une fois, lorsqu'il atteignit le détroit du Prince-Guillaume, la saison était trop avancée pour qu'il puisse obtenir beaucoup de fourrures. À la mi-septembre, il repartit donc pour la Chine afin de vendre ce qu'il avait.

Financièrement, l'expédition fut un désastre : la vente des fourrures rapporta £5 600, ce qui ne comblait pas la mise de fonds. En outre, Strange n'avait guère contribué au progrès de l'exploration ou de la science. Il avait bien fait quelques découvertes dans la région du détroit de la Reine-Charlotte, mais il rapportait peu d'indications nouvelles sur la géographie du littoral nord-ouest de l'Amérique. Les Indiens l'avaient peu intéressé, sauf à titre de clients potentiels ; aussi le compte rendu de voyage de Walker contient-il plus de détails ethnographiques que le journal de Strange.

De retour en Inde, James Charles Stuart Strange entra de nouveau au service de l'East India Company à Madras, puis il quitta la compagnie en 1795. Il revint alors en Angleterre où, en mai 1796, on l'élut député du bourg d'East Grinstead, dans le Sussex. Deux ans plus tard, il épousa une fille de Henry Dundas, secrétaire d'État à la Guerre et aux Colonies et ancien commissaire du Board of Control pour les affaires de l'Inde. Ruiné par une faillite bancaire en 1804, Strange retourna faire fortune en Inde. En 1815, il se retira en Écosse, où il mourut en 1840.

ROBIN A. FISHER

Le compte rendu de l'expédition de James Charles Stuart Strange dans le Pacifique a été publié sous le titre de *James Strange's journal and narrative of the commercial expedition from Bombay to the north-west coast of America, together with a chart showing the tract of the expedition*, introd. d'A. V. Venkatarama Ayyar (Madras, Inde, 1928 ; réimpr., 1929). Les PABC conservent deux copies faites à partir de différentes copies manuscrites du récit de Strange, « Narrative of a voyage to the North West Coast of America ». L'une est une copie dactylographiée de la copie qui appartient aux descendants de Strange et l'autre est une copie manuscrite du document de la BL, India Office Library and Records [East India House Arch.], IOR, H/800 : 1–145

(A/A/20/St8A2). De plus, les PABC possèdent le manuscrit original de Strange des ajouts qu'il fit au vocabulaire dressé par le capitaine Cook de la langue parlée à la baie Nootka, 1785–1786 (F/8/St8).

BL, India Office Library and Records, IOR, E/4/316–317, 24 ; E/4/873 : 1239 ; E/4/875 : 333 ; H/494 : 419–427 ; O/6/3 : 577 ; P/240/62 : 137 ; P/241/4 : 124 ; P/241/5 : 603 ; P/241/55 : 1790 (copies aux PABC). — PABC, E/E/St8, pièces relatives à Strange ; M/St8. — James Cook et James King, *A voyage to the Pacific Ocean* [...] (3 vol. et 1 atlas, Londres, 1784), 3 : 438–440. — Alexander Walker, *An account of a voyage to the north west coast of America in 1785 & 1786*, R. [A.] Fisher et J. M. Bumsted, édit. (Vancouver, 1982). — R. [A.] Fisher, *Contact and conflict : Indian-European relations in British Columbia, 1774–1890* (Vancouver, 1977). — B. M. Gough, *Distant dominion : Britain and the northwest coast of North America, 1579–1809* (Vancouver, 1980). — David MacKay, *In the wake of Cook : exploration, science & empire, 1780–1801* (Londres, 1985). — Louisa Mure, *Recollections of by-gone days* (s.l., 1883).

STRANGE, sir THOMAS ANDREW LUMISDEN, juge, né le 30 novembre 1756 en Angleterre, probablement à Londres, deuxième fils de Robert Strange, graveur réputé, et d'Isabella Lumisden, et frère de JAMES CHARLES STUART ; le 28 septembre 1797, il épousa à Londres Jane Anstruther, puis le 11 octobre 1806 Louisa Burroughs, et de ce mariage naquirent de nombreux enfants ; décédé le 16 juillet 1841 à St Leonards (East Sussex, Angleterre).

En 1769, Thomas Andrew Lumisden Strange entra à la Westminster School de Londres, puis en 1774 au Christ Church College d'Oxford, qui lui décerna une licence ès arts en 1778 et une maîtrise ès arts en 1782. Inscrit à la Lincoln's Inn en 1776, il fut admis au barreau en novembre 1785 et nommé juge en chef de la Nouvelle-Écosse en 1789. Peut-être obtint-il ce poste parce que sa mère connaissait bien un ancien ministre du cabinet, lord Mansfield. La chambre d'Assemblée et le Conseil de la Nouvelle-Écosse étaient alors en pleine querelle, notamment au sujet d'accusations de partialité portées contre les juges James Brenton* et Isaac Deschamps*, de la Cour suprême, qui avaient présidé ce tribunal en l'absence d'un juge en chef.

Débarqué à Halifax en mai 1790, Strange devait avant tout veiller à réconcilier les parties qui, constata-t-il, avaient les yeux fixés sur lui. À cette fin, il dîna « avec tous ceux qui [l']invitaient », y compris Jonathan Sterns, avocat dont la suspension, décidée par Deschamps, avait été l'un des éléments déclencheurs de ce qu'on a appelé l'affaire des Juges. Strange réintégra Sterns dans ses fonctions et réussit à nouer de bonnes relations avec les juges, qu'il qualifia de « personnes très aimables, dignes d'estime et très serviables envers [lui] ». Sa diplomatie, le temps et la diversion créée par les hostilités contre la France en 1793 sont autant d'éléments qui résorbèrent la crise.

Dans l'ensemble, les fonctions judiciaires de Strange avaient peu à voir avec le différend entre l'Assemblée et le conseil. Dans les années 1790, la Cour suprême s'occupait surtout de recouvrement de dettes, en général peu élevées, quoique cette année-là elle ait eu à trancher un litige dont l'enjeu dépassait les £24 000. À l'occasion cependant, elle devait statuer sur des affaires à saveur politique. En 1793, le solliciteur général Richard John Uniacke* accusa de diffamation Francis Green*, fils d'un ancien trésorier de la colonie, après avoir tenté, avec d'autres, d'obtenir de lui certains documents. Strange déclara Green coupable et accorda à Uniacke £500 de dommages-intérêts.

Sans négliger pour autant sa principale mission, Strange trouvait le temps, semble-t-il, d'user de son influence de juge en chef pour combattre l'esclavage. Selon son successeur, Sampson Salter BLOWERS, il exigeait, dans les procès intentés contre des esclaves fugitifs, « la preuve irréfutable du droit du maître », si difficile à produire qu'« en général il était très facile de gagner la cause du nègre ». Blowers, alors procureur général, et Strange discutaient souvent de la manière de traiter pareils cas, et Strange préférait agir avec circonspection plutôt que « bazarder une si précieuse « propriété », comme on di[sait] ».

Strange se fit aimer d'emblée par bien des habitants de la colonie. Le gouverneur John Parr* déclara regretter qu'il ne soit arrivé plus tôt, ce qui lui aurait probablement épargné beaucoup de problèmes et d'anxiété. Le successeur de Parr, John Wentworth*, exprima aussi sa satisfaction à maintes reprises. Ainsi, en rapportant en 1793 qu'il y avait plusieurs comtés où la Cour suprême n'avait pas tenu d'audiences cette année-là, il précisa : « [ce] malgré l'extrême diligence de notre bon juge en chef, qui est infatigable au travail ». Lorsque, l'année suivante, il comprit que Strange pourrait choisir d'aller occuper un poste dans une autre colonie, il déclara que « la province et [lui]-même » ne pourraient pas connaître « pire malheur ».

L'évêque Charles Inglis* louait aussi la compétence de Strange à la Cour suprême, sa « vie toute pleine de probité et de vertu » ainsi que sa contribution au progrès du King's College à titre de membre de son conseil d'administration. Apparemment, Strange s'intéressait beaucoup plus à l'établissement que certains autres membres du conseil. Il le visita à plusieurs reprises, travailla avec Inglis aux plans des nouveaux édifices et versa £100 pour une bibliothèque. Il se préoccupait beaucoup plus que l'évêque du coût éventuel du collège, mais exprimait l'espoir de le voir devenir « le plus haut lieu de savoir des possessions du roi de l'autre côté de l'Atlantique ».

En dépit de sa popularité manifeste, Strange finit pourtant par être malheureux en Nouvelle-Écosse. En 1794, il exprima son mécontentement à l'égard de Wentworth et des « habitudes de sa famille », allusion évidente, du moins en partie, à la moralité du lieutenant-gouverneur. De plus, signalait-il, Wentworth ne lui avait pas exposé franchement « ses idées sur le gouvernement ». Cette année-là, Strange sollicita le poste de juge en chef du Haut-Canada et se dit prêt à quitter la Nouvelle-Écosse « à la première occasion ». Des raisons financières, notamment, l'incitaient à vouloir une mutation. En principe, il devait toucher un salaire annuel de £1 000, plus £200 d'honoraires. Cependant, après avoir découvert que ses honoraires « consistaient en de petites sommes qui devaient souvent venir de gens très pauvres, à peine capables de les payer » il répugna à tirer une part quelconque de son revenu d'une source pareille. De temps à autre, il versait au moins une partie des £200 à la caisse d'une bibliothèque juridique ; par la suite, il contribua à la création, dans la ville, d'un fonds de livres « de nature plus populaire ».

En 1795, Strange renonça à obtenir une mutation dans le Haut-Canada et demanda plutôt l'autorisation de faire un voyage aux États-Unis quand la guerre contre la France serait terminée. Son grand ami le révérend Andrew Brown* rentra en Écosse justement cette année-là, ce qui accrut peut-être son sentiment d'isolement et son désir de partir. Le 25 juillet 1796, il s'embarqua pour l'Angleterre. Il n'allait y faire qu'une visite, précisa-t-il, comme il en avait fait une en 1791, mais apparemment on ne le crut pas. En 1797, il informait Wentworth de son intention de démissionner. Un an plus tard, il alla exercer les fonctions de recorder et de président du tribunal à Madras (Inde). Avant de quitter l'Angleterre, il avait été créé chevalier le 14 mars 1798. Devenu juge en chef de la Cour suprême de Madras en 1800, il le resta jusqu'à son retour en Angleterre en 1817. Son ouvrage en deux volumes, *Elements of Hindu law* […], publié à Londres en 1825, fit autorité pendant de nombreuses années.

À l'époque où il était juge en chef de la Nouvelle-Écosse, sir Thomas Andrew Lumisden Strange avait réussi à rétablir la paix et à faire de la Cour suprême une institution respectée. Ce n'est pas un mince exploit. Blowers notait bien que, tout en étant « un remarquable théoricien du droit », il avait peu pratiqué et, dans une affaire de violation de propriété, avait commis une erreur que lui-même avait dû relever, mais ce sont là des vétilles à côté des nombreux éloges que Strange avait inspirés.

DONALD F. CHARD

PANS, MG 1, 480 (transcriptions), 1595–1613 ; RG 39, HX, C, 1790 (A–K), 1792 (S–Z), 1793 (A–Z), 1794 (A–H). — PRO, CO 217/36–37, 217/62–67 (mfm aux PANS). — *Royal Gazette and the Nova-Scotia Advertiser*, 1790. — *DNB*. — Cuthbertson, *Old attorney general*. —

Street

R. W. Winks, *The blacks in Canada : a history* (Londres et New Haven, Conn., 1971). — Margaret Ells, « Nova Scotian « Sparks of Liberty » », *Dalhousie Rev.*, 16 (1936–1937) : 475–492. — J. E. A. Macleod, « A forgotten chief justice of Nova Scotia », *Dalhousie Rev.*, 1 (1921–1922) : 308–313. — T. W. Smith, « The slave in Canada », N.S. Hist. Soc., *Coll.*, 10 (1896–1898) : 1–161.

STREET, SAMUEL, homme d'affaires, juge de paix, officier de milice et fonctionnaire, né le 14 mars 1775 à Farmington, Connecticut, fils aîné de Nehemiah Street et de Thankful Moody ; le 5 septembre 1811, il épousa Abigail Hyde Ransom, et ils eurent un fils et cinq filles ; décédé le 21 août 1844 à Port Robinson, Haut-Canada.

Marchand perspicace, tout entier consacré à ses affaires et installé en un endroit stratégique, Samuel Street avait, au moment de sa mort, amassé l'une des plus grosses fortunes du Haut-Canada. En 1787, après le meurtre de son père à Cold Springs, dans l'état de New York, il était allé vivre chez son oncle Samuel Street* à Chippawa (Ontario). Le fait que cet oncle appartenait à la communauté marchande naissante de la presqu'île du Niagara favorisa certainement ses ambitions et lui garantit un bon début en affaires dans la région. En qualité de fils de loyaliste, Samuel Street junior, comme on en vint à l'appeler, avait droit à une concession de 200 acres, mais son oncle présenta en 1796 une requête qui lui apporta 400 acres de plus et le plaça « sur un pied d'égalité avec les autres personnes de son état ». Pendant cette période, il fit son apprentissage dans l'entreprise de commerce transitaire de son oncle à Niagara (Niagara-on-the-Lake). En 1797, lui-même et Thomas Dickson*, soit pour leur propre compte ou peut-être au nom de Thomas Clark*, reçurent une cargaison de peaux, de mouchoirs et de poudre à canon de la part de Charles Wilson, des chutes du Niagara. C'est là le premier indice qui montre que Street avait commencé à voler de ses propres ailes.

En mai 1798, Street était associé à Clark, important marchand et transitaire de Queenston, mais leur engagement mutuel prit fin l'année suivante. En 1803, il travaillait dans le domaine de la minoterie aux chutes du Niagara. En août de cette année-là, il était en effet commis à la Bridgewater Mills de Chippawa, que Robert Randal* et James Durand* exploitaient alors à titre de locataires. L'année suivante, Street et Durand s'associèrent. La durée de leur association est incertaine, mais vers 1808 ou 1809 Street s'associa pour une deuxième fois avec Clark, formant ainsi une entreprise qui allait devenir l'une des plus importantes du Haut-Canada et subsister jusqu'à la mort de Clark en 1835. Les activités de Street se confondaient si souvent avec celles de la Clark and Street qu'il est difficile d'établir quand il agissait seul. Même par leur personnalité, les associés semblaient identiques : les documents de l'époque les citent rarement comme des individus distincts. La correspondance de Street révèle qu'en raison de problèmes de santé (de l'arthrite peut-être), il quittait rarement la région des chutes du Niagara et laissait les voyages d'affaires à Clark. Leur entreprise se concentra d'abord autour de deux complexes de minoterie : celui de Falls Mills, acheté par Clark à John Burch en 1805 et vendu à Street deux ans plus tard, et celui, tout proche, de Bridgewater Mills. Celui-ci fut acheté à Durand en 1810, selon Clark, qui obtint le titre de la couronne sur la propriété en 1815. Randal contesta le droit de propriété de la Clark and Street, mais en vain, car ses revendications se confondirent bientôt avec une longue guerre politique contre l'élite régionale, dont Street.

L'emplacement des complexes de minoterie, à l'extrémité nord du chemin de portage du Niagara, aida beaucoup la Clark and Street à s'approvisionner en blé et en farine dans les villages de l'arrière-pays. La farine moulue par l'entreprise était transbordée par le chemin de portage jusqu'à Queenston, puis expédiée à Prescott pour être acheminée à Montréal et Québec, points d'exportation d'un volume de plus en plus fort de farine et de blé haut-canadiens. À cause de registres comptables incomplets ou manquants, il est difficile d'évaluer le bénéfice que l'entreprise retira à long terme de ses opérations de mouture et de ses ventes de farine. En 1808, elle vendit à Québec 2 079 barils de farine de qualité variable à John Mure* et d'autres, contre une somme d'environ £4 400. Les registres personnels que Clark tint du 1er janvier au 30 juin 1810 indiquent que pendant cette période l'entreprise réalisa, sur ses ventes de farine à Montréal et à Québec, un bénéfice de £11 461 15s 6d. Les deux complexes, que sir George Prevost* décrivit en 1814 comme « les plus utiles et les plus coûteux du pays », furent incendiés par les Américains en juillet de la même année. Par bonheur, Clark fit partie de la commission chargée d'évaluer et de rembourser les pertes de guerre dans le district de Niagara, ce qui permit à l'entreprise de rattraper une bonne partie de ses pertes. Cependant, à cause des démarches entreprises par Robert Randal, elle ne toucha qu'en 1833 la plus grande partie de l'indemnité relative à la Bridgewater Mills. Même si seul le complexe de Falls Mills (transformé plus tard en fabrique de lainages) fut reconstruit, la Clark and Street conserva le monopole de la meunerie aux chutes du Niagara, comme l'affirma en novembre 1814 James Crooks*, un ancien marchand de l'endroit.

Grâce à la prospérité de leurs moulins, les associés disposaient d'un gros capital, qu'ils utilisaient judicieusement. Comme les banques n'avaient pas beaucoup d'argent à prêter, Street devint l'un des principaux prêteurs et financiers du Haut-Canada. Les modalités et le montant des prêts variaient d'une personne à l'autre. Parmi les emprunteurs, on trouvait aussi bien des gens comme William Haun, fermier du canton de Bertie qui demanda £25 en 1829 pour acheter des semences, que des membres des grands cercles politiques, ecclésiastiques et commerciaux de la province. Les procureurs généraux William Henry Draper* et Christopher Alexander HAGERMAN, le conseiller législatif Adam Fergusson*, John Harris, trésorier du district de London, Joseph Bitterman Spragge, du bureau de l'arpenteur général, l'évêque John Strachan*, William Hamilton Merritt*, James Crooks et le capitaine Hugh Richardson* – tous ces gens et bien d'autres eurent envers la Clark and Street des dettes allant de £100 à £15 000. Même si ces prêts ne rapportaient que 6 % d'intérêt (maximum autorisé par la loi britannique), on conçoit aisément qu'ils enrichirent la compagnie. De plus, Street avait peu de compassion pour les débiteurs retardataires et il les traitait durement. Il fit emprisonner pour dettes un ouvrier du canal Welland, John Callahan, qui ne lui devait pourtant que £6. Par contre, la discrétion était de mise avec des gens comme John Strachan, qui en 1862 devait encore de l'argent à la succession de Street.

Street réinvestissait les profits tirés de ses moulins et de ses prêts dans des actions, des débentures, des entreprises de transport et des terres. À compter des années 1820, sa fortune devint tout à fait évidente. Le 22 août 1824, il souscrivit une obligation de £5 000 à titre de garantie pour le receveur général John Henry Dunn*. Si l'on excepte le gouvernement provincial, Street était le plus gros actionnaire de la Bank of Upper Canada en 1830 et probablement aussi de la Gore Bank ; de plus, il détenait des actions de la Banque de Montréal et beaucoup d'autres de la Commercial Bank of the Midland District. Il possédait au moins £3 500 en débentures provinciales de cinq ans ainsi que des débentures émises par les districts de Gore et de Wellington. Dans le secteur des transports, il détenait au moins £8 000 d'actions de la Welland Canal Company, ainsi que des intérêts dans l'Erie and Ontario Railroad Company, la route Guelph–Dundas, la route Stoney Creek–Hamilton, la Cobourg Harbour Company, la Port Hope Harbour and Wharf Company et la Grand River Navigation Company. En 1844, la part de sa succession qui revint à son fils, Thomas Clark Street*, comprenait des actions, obligations, débentures et créances d'une valeur totale de £44 390 environ. En outre, Street était membre du conseil d'administration de plusieurs des sociétés dont il détenait des actions.

En constituant son portefeuille, Street profitait des multiples occasions que lui signalaient des personnes bien placées. Ainsi, en 1841, avec l'aide de William Hamilton Merritt, il put acheter un grand nombre d'actions de la Welland Canal Company qui devaient être remboursées sous forme de débentures provincia-

les. L'offre du gouvernement était fort avantageuse : l'arriéré de l'intérêt sur les actions devait aussi être remis sous forme de débentures une fois que les péages perçus sur le canal auraient dépassé £30 000. Street ayant du capital et Merritt connaissant les actionnaires, les deux hommes se mirent à acheter allègrement. Leur stratégie était la suivante : Merritt achetait des actions prenables à un prix inférieur à leur valeur au pair ou sur lesquelles il y avait un fort arriéré d'intérêt ; sur papier, les débentures émises en échange rapporteraient, une fois revendues, un gain substantiel par rapport à la mise initiale. Le gouvernement fixa d'abord à 2 % le taux d'intérêt sur les débentures. Cependant, quand Merritt apprit qu'une loi le porterait bientôt à 6 %, il avisa Street en secret de conserver jusqu'à l'adoption de la loi, en 1843, les débentures déjà achetées, et de se procurer entre-temps le plus d'actions possible. Street mourut avant d'avoir profité de cette opération, mais elle donne une excellente idée de la manière dont il amassa sa fortune.

Peu de Haut-Canadiens auraient pu rivaliser avec Thomas Clark et Samuel Street dans la spéculation foncière. Street possédait des terres, ou avait des hypothèques sur des terres, dans à peu près tous les districts de la province. La façon dont il accumulait les propriétés était un autre des secrets de sa réussite comme marchand de la première heure. Il reprenait en effet des fermes dont les propriétaires n'avaient pas payé leurs hypothèques, leurs obligations ou leurs billets à ordre. En maintenant des représentants dans des régions comme la vallée de la rivière Grand, il pouvait acheter les meilleurs lots aux meilleures conditions. De plus, en cette matière comme lorsqu'il s'agissait d'actions et de débentures, Clark et Street recouraient aux services de gens bien informés, dont John Harris, trésorier du district de London. En 1829, ils lui avancèrent de l'argent que le district utilisa pour financer des travaux comme la construction d'une prison et d'un palais de justice. En retour, Harris leur fit des faveurs pour des terres qu'ils possédaient ou voulaient vendre. En outre, il leur annonçait les ventes judiciaires qui allaient se tenir dans telle ou telle partie du district parce que des propriétaires n'avaient pas acquitté leurs impôts. Souvent, c'étaient des représentants, William et Walter Dickson par exemple, qui allaient acheter ces terres pour la Clark and Street. Les Dickson rejoignaient Harris et se rendaient aux ventes, puis déduisaient le prix d'achat de la somme que le district devait à la compagnie. En 1831, la Clark and Street acheta ainsi dans le district de London quelque 3 436 acres de terre dont les propriétaires n'avaient pas payé leurs taxes. En décembre 1839, elle déposa environ £450 pour payer le solde de ses achats aux ventes judiciaires, ce qui indique qu'elle pouvait acheter encore plus qu'elle ne prêtait.

Grand spéculateur sur les concessions réservées aux

Street

loyalistes, Street put obtenir des emplacements grâce à l'aide de John Radenhurst et de Joseph Bitterman Spragge, commis au bureau de l'arpenteur général. Les deux hommes furent d'ailleurs accusés de pratiques douteuses dans la délimitation des terres loyalistes et la remise des lettres patentes de celles-ci. Coïncidence intéressante, Spragge avait envers Street une dette personnelle de £284, mais rien ne prouve clairement que Street abusa de la situation. Il reste que les deux commis ne ménageaient sans doute pas leurs efforts pour l'aider dans ses transactions foncières.

Créanciers intraitables, Clark et Street n'étaient pas plus souples en cas de litiges relatifs à des terres qu'ils avaient achetées ou vendues, et ils gagnaient souvent. Non seulement avaient-ils de solides relations dans les milieux judiciaire et politique (ils consultaient souvent des hommes aussi haut placés que le procureur général Henry John Boulton*), mais ils prenaient la peine de comparaître en cour ou, s'il le fallait, d'assumer les dépenses des gens prêts à témoigner en leur faveur.

La superficie totale des terres que Street possédait est difficile à estimer. En 1832, Clark et Street, de même que William Allan* et William Forsyth, firent partie du groupe d'investisseurs qui acquirent aux chutes du Niagara le Pavilion Hotel (avec 407 acres de terrain), en vue de le transformer en un centre de villégiature modèle qui devait s'appeler « City of the Falls ». Finalement, le projet avorta, mais l'investissement fut sans doute rentable. Toujours en 1832, Street acheta un bon nombre de lots au cœur de Dunnville, au confluent de la rivière Grand et de la tranchée d'alimentation du canal Welland. Comme il possédait déjà une partie de l'arrière-pays de la rivière Grand, faisait partie du conseil d'administration de la Grand River Navigation Company et détenait beaucoup d'actions de la Welland Canal Company, ses achats à Dunnville achevèrent de lui donner le monopole du développement de la région. En 1839, il fit l'une de ses plus grosses acquisitions, soit 14 777 acres dans le canton de Sarnia. Cinq ans plus tard, la part de sa succession qui alla à son fils comprenait 15 680 acres réparties dans tout le sud-ouest et le centre du Haut-Canada.

Membre influent du milieu financier de la province, Street était souvent appelé à représenter des entreprises commerciales. En 1826, la Clark and Street fit, au nom de la Forsyth, Richardson and Company de Montréal, des transactions avec des marchands et des minotiers de la presqu'île du Niagara. À l'automne de 1836, Robert Gillespie* choisit Street comme fondé de pouvoir en matière de finances et de terres, en lui promettant, du moins par ses transactions foncières, une commission de 10 %. Associé d'une compagnie montréalaise, Gillespie était le beau-frère de Thomas Clark et possédait d'assez vastes terres dans le district de Western. À titre d'exécuteur testamentaire d'im-

portants citoyens de la presqu'île du Niagara, Street eut à régler des successions, à acquitter des comptes et à répartir des terres. Souvent, à cause de leur complexité, les successions (par exemple celles de John et de William Crooks, frères de James) mettaient des années à se régler. Dans bon nombre de cas, dont celui des frères Crooks, Street avait déjà fait affaire avec le défunt : c'était donc probablement pour défendre ses propres intérêts qu'il participait au règlement de la succession.

Contrairement à son associé Thomas Clark, qui fut conseiller législatif, Street fuyait la politique. Il détint des charges assez normales pour un homme de son importance – celles de juge de paix à compter de 1796 et de registraire adjoint – mais ne fit apparemment jamais de politique active. Toutefois, lorsque ses fonctions de magistrat l'amenèrent à s'opposer à Robert Gourlay*, celui-ci qualifia Street, qui était né dans le Connecticut, d'« héritier direct des *blue laws* », imputées au gouvernement puritain qui régnait à New Haven au XVIIe siècle. De même, Gourlay dénonça la « pitoyable dépendance » de la Clark and Street à l'endroit du favoritisme gouvernemental, surtout pendant le mandat de Francis Gore*. Sans doute Street consacrait-il tout son temps aux affaires, mais cela n'empêcha pas la Clark and Street d'attirer la colère des réformistes, comme dans le cas du litige de la Bridgewater Mills.

Street semblait conscient des responsabilités que lui imposait son rang dans la région de Niagara. À un moment quelconque, il fut secrétaire de la Niagara Bible Society, à laquelle il fournissait gracieusement des bibles ; il fut aussi membre du Niagara Turf Club, membre à vie de la Niagara District Agricultural Society (en vertu d'une « généreuse donation ») et membre de la Canada Emigration Association. Intéressé aux questions militaires, il devint capitaine dans le 3rd Lincoln militia en septembre 1812, lieutenant-colonel en avril 1822 et colonel en 1839.

Cela dit, à quelque profondeur que l'on sonde pour découvrir les préoccupations de Street, on ne peut guère échapper à la conclusion que sa vie fut axée sur son entreprise. Par son « application et son attention incessantes aux affaires », disait la notice nécrologique du *St. Catharines Journal,* il devint « la personne la plus riche du district de Niagara ». Le périodique nota aussi qu'il avait « coutume d'exiger jusqu'au dernier penny d'intérêt ». Remarque qui semble plus dure encore, un certain Thomas Lundy avait accusé Street en 1824 d'avoir vendu de la farine aux Américains pendant leur occupation du fort George (Niagara-on-the-Lake) en 1813.

Samuel Street mourut à Port Robinson, aux bords du canal Welland, le 21 août 1844. Sa fortune passa à son fils, qui parvint à augmenter sa part, et à ses quatre filles survivantes, qui avaient épousé d'éminents personnages, dont Thomas Brock Fuller*, futur premier évêque anglican de Niagara, et Josiah Burr Plumb*, futur président du Sénat canadien.

BRUCE A. PARKER

AO, MS 500 ; RG 22, sér. 155. — APC, MG 24, B18, 13 : 2319–2321 ; D18 ; E1, 7 ; I26, 52 ; RG 1, E3, 108 ; L1, 20 : 211–212 ; 28 : 15–17, 121–162 ; L3, 448a : S2/70 ; 449 : S2/202 ; 473 : S21/107 ; RG 5, A1 : 8938–8945, 9889–9890, 18532–18533, 21450–21452, 29634, 29678–29679, 29715, 35561–35562, 35924–35927, 36249–36252, 123939–123940, 139227–139229 ; RG 68, General index, 1651–1841 : 402, 425. — MTRL, Samuel Street papers. — Niagara Hist. Soc. Museum (Niagara-on-the-Lake, Ontario), H.VI.1 (mfm aux AO). — Niagara South Land Registry Office (Welland, Ontario), Abstract index to deeds, Stamford Township, lot 174 (mfm aux AO). — UWOL, Regional Coll., John Harris papers. — *Doc. hist. of campaign upon Niagara frontier* (Cruikshank), 1 : 177. — « Early records of St. Mark's and St. Andrew's churches, Niagara », Janet Carnochan, compil., *OH*, 3 (1901) : 37, 40. — *Select British docs. of War of 1812* (Wood), 3 : 147. — *Statistical account of U.C.* (Gourlay ; Mealing, édit., 1974). — *British Colonist*, 8 janv. 1847. — *Canadian Emigrant, and Western District Commercial and General Advertiser* (Sandwich [Windsor, Ontario]), 3 nov. 1835. — *Colonial Advocate*, 10 juin 1830, 3 mars 1831. — *Niagara Gleaner*, 23 avril, 31 déc. 1825, 27 août 1827, 26 juin 1830, 2 juill. 1831. — *Niagara Spectator* (Niagara [Niagara-on-the-Lake]), 11 déc. 1817. — *St. Catharines Journal*, 3 déc. 1840, 23 août 1844. — Chadwick, *Ontarian families*, 2 : 175–176. — *Death notices from* The Christian Guardian, *1836–1850*, D. A. McKenzie, compil. (Lambertville, N.J., 1982). — H. G. J. Aitken, *The Welland Canal Company : a study in Canadian enterprise* (Cambridge, Mass., 1954). — R. C. Bond, *Peninsula village : the story of Chippawa* ([Chippawa, Ontario, 1964]). — E. A. Cruikshank, *A memoir of Colonel the Honourable James Kerby, his life in letters* (Welland, 1931), 13. — William Kirby, *Annals of Niagara*, Lorne Pierce, édit. (2e éd., Toronto, 1927), 116. — J. C. Morden, *Historic Niagara Falls ; corroborated by information gleaned from various sources, with portraits and illustrations* (Niagara Falls, Ontario, 1932). — B. G. Wilson, *Enterprises of Robert Hamilton*. — Ernest Green, « The Niagara Portage Road », *OH*, 23 (1926) : 260–311 ; « Some graves on Lundy's Lane », Niagara Hist. Soc., [*Pub.*], no 22 (1911) : 57–60.

STUART, ANDREW, avocat, homme politique, fonctionnaire et auteur, né le 25 novembre 1785 à Cataraqui (Kingston, Ontario), fils de John Stuart* et de Jane Okill ; il épousa Marguerite Dumoulin, et ils eurent deux fils, dont Andrew*, puis en secondes noces Jane Smith, et de ce mariage naquirent trois filles et un fils ; décédé le 21 février 1840 à Québec.

Issu d'une famille nombreuse, Andrew Stuart était le cinquième fils du ministre de l'Église d'Angleterre John Stuart. Établis à Cataraqui depuis 1785, les Stuart, beaucoup plus par l'influence du père que par

leur fortune, faisaient partie de l'élite de l'endroit. Andrew eut le privilège d'avoir comme précepteur pendant quelques années John Strachan*, puis il alla poursuivre ses études à l'Union College de Schenectady, dans l'état de New York. Il fit son droit au Bas-Canada et on l'admit au barreau le 5 novembre 1807. À l'instar de son frère James*, il allait exercer la profession d'avocat.

En quelques années, Stuart réussit à se tailler une place fort enviable dans le domaine juridique et, malgré l'âpre compétition, il devint l'un des avocats les plus en demande et les mieux rémunérés de la région de Québec. En fait, il était de toutes les causes importantes. Ainsi au début de sa carrière il défendit avec brio Pierre-Stanislas Bédard* qu'on avait emprisonné, en mars 1810, sur les ordres de sir James Henry Craig*. Il ne réussit cependant pas à lui obtenir une ordonnance d'habeas corpus de la Cour du banc du roi. Tout comme François Blanchet* et Jean-Thomas Taschereau* arrêtés en même temps que lui, Bédard participait à la rédaction du journal *le Canadien*. Le choix de Stuart à titre de défenseur s'explique par le fait qu'il entretenait des rapports fort étroits avec Bédard, lequel considérait les frères Stuart comme des « amis des Canadiens ». Stuart fut aussi l'avocat du séminaire de Saint-Sulpice, à Montréal, qui devait défendre la propriété de ses biens contre les prétentions de la couronne [V. Jean-Henry-Auguste Roux*]. La clientèle de Stuart se composait également de financiers et de marchands prospères de Québec, en particulier ceux qui avaient fondé la Banque de Québec en 1818 [V. John William Woolsey*]. Conseiller juridique des administrateurs de la banque, il sut, en plusieurs occasions, les tirer d'un mauvais pas. Ces hommes ne manquaient certes pas d'expérience dans le domaine des affaires, mais ils ne purent que se féliciter de s'être alliés à un juriste aussi renommé.

Il s'avérait intéressant également pour un jeune avocat de s'associer à Stuart. Ce fut le cas de Henry Black* qui, reçu au barreau en 1820, pratiqua sa profession durant un bon nombre d'années en société avec Stuart. Plusieurs jeunes gens qui devaient par la suite s'illustrer auprès de leurs contemporains poursuivirent chez eux leur apprentissage. Joseph BOUCHETTE, ami de Stuart, lui confia au début des années 1820 son fils Robert-Shore-Milnes*, et William Locker Pickmore Felton*, futur député libéral-conservateur, fit aussi un stage de clerc dans l'étude de Stuart et de Black. D'autre part, la communauté irlandaise de Québec fit appel à eux en 1831 lorsqu'elle voulut acquérir un terrain destiné à la construction d'une église catholique pour les anglophones [V. John Cannon*].

Joseph-Guillaume Barthe* rappelle dans *Souvenirs d'un demi-siècle* le procès d'un Indien que la

Stuart

Hudson's Bay Company accusait de meurtre et de brigandage. Andrew Stuart, entouré de plusieurs confrères, occupait le banc de la défense et James Stuart représentait la couronne. Le procès dura une semaine entière et donna aux deux frères l'occasion d'échanger moult arguments. Ces passes d'armes entre les deux Stuart n'étaient pas destinées à amuser la galerie, mais elles faisaient bien un peu partie du jeu. Une autre cause qui opposait Toussaient POTHIER et Marie-Amable Foretier* offrit par ailleurs l'occasion à Andrew de remplacer son frère. Ce dernier en avait assez, semble-t-il, d'affronter Joseph-Rémi VALLIÈRES de Saint-Réal qui ne manquait certes pas de panache dans ses plaidoiries.

Stuart déploya également beaucoup d'énergie dans un autre domaine qui constituait en fait un pendant à sa carrière de juriste : celui de la politique. Il s'y engagea assez tôt, à une époque où la vie politique du pays était en train de se transformer. C'est sous la bannière du parti canadien qu'il se fit élire comme député de la Basse-Ville de Québec à la chambre d'Assemblée du Bas-Canada. Il représenta cette circonscription du 13 mai 1814 au 9 février 1820, puis celle de la Haute-Ville de Québec, du 25 juillet 1820 au 2 septembre 1830. Le parti canadien comptait alors dans ses rangs quelques anglophones, notamment John NEILSON et les frères Stuart, pour qui les droits de l'Assemblée l'emportaient sur les prérogatives de la couronne. Les deux frères en vinrent à exercer un ascendant certain sur le parti dont les membres les plus influents avant 1815 résidaient à Québec. Le lien colonial et les institutions britanniques n'étaient pas encore contestés (ils le seront vers 1830) et c'est avant tout la fameuse question des subsides qui devint leur cheval de bataille.

Aux élections de 1834, Stuart se représenta dans la Haute-Ville, mais il fut battu. Il avait depuis quelque temps déjà quitté les rangs du parti canadien afin de joindre le camp ministériel. Il semble bien que ce changement d'orientation soit attribuable à une certaine fidélité à sa ligne de pensée plutôt qu'à des rapports d'influence au sein même du parti canadien, devenu en 1826 le parti patriote. Louis-Joseph Papineau*, qui le dirigeait, avait radicalisé ses positions et, même s'ils n'étaient pas nombreux, les députés qui voulaient comme Stuart limiter leur engagement à la réalisation de réformes administratives préférèrent abandonner le parti.

Stuart se révéla par la suite un farouche adversaire de Papineau. De nouveau député de la Haute-Ville de Québec, du 26 mars 1836 au 27 mars 1838, en remplacement de René-Édouard Caron* qui avait démissionné de son siège, il en vint à défendre le projet d'union du Haut et du Bas-Canada. À titre de président de l'Association constitutionnelle, qui comptait aussi parmi ses membres William Bristow*, Thomas Cushing Aylwin*, George Pemberton et

Neilson, il se rendit en Angleterre en 1838 afin de promouvoir la cause de l'union. Le 25 octobre de la même année, on le nomma solliciteur général, fonction qu'il occupera jusqu'à son décès.

Les talents de juriste de Stuart conjugués à son engagement politique contribuèrent sans doute à lui ouvrir plus d'une porte. Il réussit aussi à acquérir une notoriété certaine en fréquentant les cercles littéraires et les sociétés savantes de son temps. Il fit partie, avec son frère James, du cercle d'amis de Louise-Amélie Panet qui tenait salon à son manoir de Sainte-Mélanie. Outre les frères Stuart, Jacques Viger*, Denis-Benjamin Viger* et Papineau s'y rendaient.

L'intérêt de Stuart pour la littérature, l'histoire et les sciences l'amena à rédiger plusieurs articles et ouvrages qui dénotent des connaissances approfondies de ces sujets. Élu président de la Société littéraire et historique de Québec en 1832, il présenta devant les membres de cet institut plusieurs conférences sur des sujets aussi variés que la poésie ancienne et l'histoire romaine. De plus, il fournit plusieurs essais intéressants qui furent publiés par cette société.

Le 23 février 1828, on avait nommé Andrew et David Stuart commissaires chargés d'explorer l'intérieur des terres relevant des postes du roi dans la région située au nord du Saint-Laurent et de son golfe. Accompagnés du géologue Frederick Henry Baddeley*, lui aussi membre de la Société littéraire et historique de Québec, ils visitèrent et étudièrent cette région. En 1831, la société publia sous le titre de *Rapport des commissaires nommé pour l'exploration du pays, borné par les rivières Saguenay, Saint-Maurice et Saint-Laurent*, le rapport qu'Andrew rédigea. Stuart contribua aussi d'une façon plus tangible au développement de cette association en lui permettant d'obtenir du gouvernement une première subvention destinée à la publication des mémoires de la société. À l'occasion, il fit quelques dons personnels à sa bibliothèque et à son musée.

Stuart fit aussi partie de la Société pour l'encouragement des sciences et des arts en Canada dont il devint vice-président. Cette association qui vit le jour à Québec en 1827 poursuivait des buts similaires à ceux de la Société littéraire et historique. Les membres les plus actifs de l'une se retrouvaient d'ailleurs souvent à la tête de l'autre. Sir James Kempt* intervint finalement en faveur de leur fusionnement en 1829. Ces sociétés savantes regroupaient, il va sans dire, l'élite intellectuelle de la ville. Andrew Stuart y retrouvait son confrère Henry Black ainsi que ses amis Joseph Bouchette et John Charlton FISHER. De plus, Stuart collabora régulièrement à la rédaction du *Star and Commercial Advertiser/l'Étoile et Journal de Commerce*, qui parut à Québec de 1827 à 1830. Puis, avec Fisher, il recueillit les renseignements qui servirent à Alfred Hawkins* pour la rédaction de son ouvrage historique, *Hawkins's picture of*

Quebec ; with historical recollections, qu'il publia en 1834 à Québec.

Andrew Stuart et son frère James obtinrent tous les deux une grande notoriété dans le domaine du droit où ils excellaient, quoiqu'ils n'aient pas acquis tout à fait la même réputation. Tous deux étaient renommés pour leur éloquence, mais Andrew faisait preuve, semble-t-il, de plus d'indulgence dans l'exercice de sa profession et ses plaidoiries recelaient plus souvent de la mansuétude. Homme aux multiples intérêts, Andrew Stuart s'attira souvent des louanges de ses adversaires politiques, ce qui est somme toute assez exceptionnel.

GINETTE BERNATCHEZ

Andrew Stuart rédigea quelques articles pour le compte de la Société littéraire et historique de Québec ; ce sont : « Journey across the continent of North America by an Indian chief, about the middle of the last century, as taken from his own mouth, and reduced to writing by M. Le Page du Pratz », « Notes on the Saguenay country », « Of the ancient Etruscans, Tyrrhenians or Tuscans », qui parurent respectivement aux pages 198–218, 52–61 et 167–181 du volume 1 (1824–1829) des *Trans.* de cette société, et « Canadian etymologies », « Detached thoughts upon the history of civilization », publiés tous deux dans le volume 3 (1832–1837) des *Trans.*, aux pages 261–270 et 365–386.

Stuart est aussi l'auteur de : *Notes upon the south western boundary line of the British provinces of Lower Canada and New Brunswick, and the United States of America* (Québec, 1830) ; *Review of the proceedings of the legislature of Lower Canada in the session of 1831* […] (Montréal, 1832) ; *An account of the endowments for education in Lower Canada, and of the legislative and other public acts for the advancement thereof, from the cession of the country in 1763 to the present time* (Londres, 1838) ; *Succinct account of the treaties and negociations between Great Britain and the United States of America, relating to the boundary between the British possessions of Lower Canada and New Brunswick, in North America, and the United States of America* (Londres, 1838).

ANQ-Q, CE1-61, 24 févr. 1840 ; P-294. — APC, MG 24, B12 ; MG 30, D1, 28 : 493–517 ; RG 68, General index, 1651–1841 : 9, 199, 202, 214, 272, 661. — *Doc. relatifs à l'hist. constitutionnelle, 1819–1828* (Doughty et Story), 383. — Literary and Hist. Soc. of Quebec, *Index of the lectures, papers and historical documents* […], F. C. Würtele et J. C. Strachan, compil. (Québec, 1927), v, vii, ix–x, xiv, xx, xxiv, xxviii, xl, xlii. — P.-G. Roy, *les Avocats de la région de Québec*, 413–417. — Barthe, *Souvenirs d'un demi-siècle*, 292–298, 314–317. — Ginette Bernatchez, « la Société littéraire et historique de Québec (the Literary and Historical Society of Quebec), 1824–1890 » (thèse de M.A., univ. Laval, 1979), 6, 67, 138. — J. M. LeMoine, *Picturesque Quebec : a sequel to « Quebec past and present »* (Montréal, 1882) ; *Quebec past and present, a history of Quebec, 1608–1876* (Québec, 1876), 276, 415. — Marianna O'Gallagher, *Saint-Patrice de Québec : la construction d'une église et l'implantation d'une paroisse*, Guy Doré, trad. (Québec, 1979). — Benjamin Sulte, *Histoire des Canadiens-Français, 1608–1880* […] (8

vol., Montréal, 1882–1884), 8. — A. H. Young, *The Revd. John Stuart, D.D., U.E.L., of Kingston, U.C., and his family : a genealogical study* (Kingston, Ontario, [1920]).

STUART, JOHN, trafiquant de fourrures et explorateur, né le 12 septembre 1780, probablement à Leanchoil, près de Nethy Bridge, Écosse, fils de Donald Stuart et de Janet Grant ; décédé le 14 janvier 1847 près de Forres, Écosse.

En 1796, ses études terminées, John Stuart entra au service de la North West Company, peut-être par l'intermédiaire de Roderick MACKENZIE, qui l'avait connu enfant. Affecté d'abord au fort Chipewyan (Fort Chipewyan, Alberta), Stuart travailla ensuite dans divers postes du département de l'Athabasca. En 1805, il était l'assistant de Simon Fraser*. Celui-ci avait pour mission de trouver un trajet de ravitaillement par les Rocheuses afin que la North West Company puisse étendre ses activités jusque sur le territoire actuel de la Colombie-Britannique. À l'automne, les deux hommes établirent Rocky Mountain House (Alberta) et, l'année suivante, ce qui deviendrait le fort St James (Fort St James, Colombie-Britannique), sur le lac Stuart. Comme les Indiens aussi bien que les trafiquants souffraient de la faim, on chargea Stuart de trouver un chemin jusqu'à Nat-len (lac Fraser) où, disait-on, les provisions abondaient. Sur la foi de son rapport, Fraser construisit un poste sur ce lac en 1806. Stuart passa l'hiver de 1806–1807 au fort McLeod (McLeod Lake, Colombie-Britannique), établi en 1805 sur le lac du même nom.

Après l'arrivée de renforts et de provisions, à l'automne de 1807, le groupe se prépara à descendre le fleuve qui s'appelle aujourd'hui Fraser mais que l'on prenait à l'époque pour le Columbia. Le 28 mai 1808, Stuart, nommé commandant en second, quitta le fort George (Prince George) en compagnie de Fraser et de 22 hommes pour entreprendre cette descente épique. L'expérience fut des plus éprouvantes : naviguer dans les remous, les rapides et les cañons exigeait une persévérance et une adresse surhumaines. Le 2 juillet, l'équipe dépassa l'emplacement de New Westminster et arriva en vue du détroit de Georgia. Elle remonta ensuite le fleuve et regagna le fort George le 6 août. L'expédition avait été décevante : le cours d'eau était trop dangereux pour servir au ravitaillement et ce n'était pas le Columbia. Néanmoins, Stuart s'était révélé un lieutenant irremplaçable. Navigateur habile, il avait tenu le journal de l'expédition et fait les observations méridiennes ; de plus, il n'avait manifesté aucune crainte devant les Indiens, soupçonneux, dont certains n'avaient encore jamais vu d'homme blanc.

De retour au lac McLeod, Stuart fut placé en 1809 à la tête de la région située à l'ouest des Rocheuses, New Caledonia. En 1813, il se rendit du lac Stuart au Columbia dans le but de trouver une route d'approvi-

Swayne

sionnement entre le territoire de New Caledonia et la côte du Pacifique. En octobre, au fort Astoria (Astoria, Oregon), il signa, avec d'autres, le contrat de vente de la Pacific Fur Company à la North West Company, dont il devint associé la même année. Stuart retourna au fort St James en 1814, soit l'année où des marchandises de traite arrivèrent du fort George par le Fraser, la Thompson, l'Okanagan et le Columbia. Il semble que la North West Company n'adopta pas définitivement ce trajet, qui permettait aux postes de la région de New Caledonia de recevoir leurs approvisionnements d'Angleterre par bateau plutôt que de Montréal par voie de terre.

De 1817 à 1820, Stuart assuma, semble-t-il, la direction de Pierre-au-Calumet (au nord de Fort McMurray, Alberta). Il prit part aux manœuvres de harcèlement par lesquelles les *Nor'Westers* parvinrent à empêcher les hommes de la Hudson's Bay Company, tel John Clarke*, de prendre pied dans la région de l'Athabasca. De retour au fort George au plus tard en mars 1821, il supervisa, cette année-là, l'établissement du fort Alexandria (Alexandria, Colombie-Britannique).

Devenu agent principal après la fusion de la North West Company et de la Hudson's Bay Company en 1821, Stuart demeura à la direction du territoire de New Caledonia jusqu'en 1824. Puis, « incapable de supporter encore les difficultés et les épreuves » qu'il avait acceptées sans broncher jusque-là, il demanda une mutation. À cette occasion, il fit valoir que ses relations avec les Indiens avaient toujours été bonnes et nota que le meurtre de deux employés de la Hudson's Bay Company par deux Porteurs au fort George en 1823 l'avait profondément affecté [V. ?KWAH]. Il assuma ensuite la responsabilité des districts de la Saskatchewan (1824–1826) et de Winnipeg (1826–1832). Inhabituelle pour un fonctionnaire qui avait des inclinations et des états de service comme les siens, son affectation dans le district du fleuve Mackenzie, en 1832, était peut-être une sanction. En 1830, Stuart avait maugréé contre les pratiques commerciales de l'agent principal John McLoughlin* en New Caledonia et reproché au gouverneur George Simpson* et à John George McTavish d'abandonner les femmes autochtones qu'ils avaient épousées à la façon du pays. Le portrait exagérément dur que Simpson brossa de lui dans son « Character book » de 1832 contredisait son jugement précédent. En 1828, Simpson avait en effet dit de Stuart qu'il était « le Père [...] de New Caledonia où, pendant 20 ans, il a[vait été] obligé de mener une vie de misères et de privations [... et où], avec une énergie dont peu d'hommes étaient capables, [il avait] surmonté des difficultés auxquelles la traite n'était exposée dans aucune autre partie du pays ».

Stuart obtint en 1835 un congé qui, pour des raisons de santé, se prolongea jusqu'au 1er juin 1839, date où il quitta la Hudson's Bay Company. Pendant cette période, soit en 1838, il écrivit à Simpson, à Edward Ellice* et à un compagnon de vieille date, Alexander Stewart, pour recommander que la compagnie engage son neveu Donald Alexander Smith*, futur lord Strathcona. Retiré à Forres, en Écosse, Stuart mourut non loin de là, à Springfield House, en 1847. Il avait eu au moins trois enfants : avec une femme dont on ignore le nom, une fille, Isabel, née en 1802, et avec Catherine La Valle, deux fils, Donald et John. En 1827, Stuart avait pris une autre épouse à la façon du pays, Mary Taylor. Elle l'avait rejoint en Écosse en 1836 mais, comme Stuart ne voulait plus tenir sa promesse de l'épouser officiellement, elle était retournée à Rupert's Land en 1838. Au terme d'un grave litige, les sœurs de Stuart parvinrent à faire passer de £500 à £350 la somme qu'il avait léguée à cette femme.

John Stuart était un homme courageux, un bon voyageur et un trafiquant à la fois compétent et honnête dans ses transactions avec les Indiens. Il fut, pour la North West Company, un fonctionnaire d'une qualité exceptionnelle ; quant à la Hudson's Bay Company, il la servit bien, même s'il désapprouvait parfois ses méthodes de gestion. Le lac Stuart, en Colombie-Britannique, perpétue sa mémoire.

SHIRLEE ANNE SMITH

PAM, HBCA, A.1/60 : 90 ; A.5/11 : 160 ; A.10/7 : f° 306 ; A.44/3 : 70 ; B.4/b/1 : f°s 9, 14d–15 ; B.39/a/10 : f°s 1d, 5 ; B.188/a/1 : f°s 49–49d ; B.188/b/1 : f° 43 ; B.200/a/15 : f°s 11d, 29d ; B.239/k/1 : f°s 5d, 11d–12, 26, 43, 64d, 107d, 134d, 160d ; B.239/k/2 : 5, 31, 61 ; B.239/k/3 : f°s 43, 62d, 76d ; C.1/834 ; D.4/116 : f°s 51d–53 ; D.5/31 : f° 482 ; E.24/1 : f°s 14d–15, 31d ; F.1/1 : 271–272 ; John Stuart file. — PRO, PROB 11/2138 : 149–150. — Simon Fraser, *The letters and journals of Simon Fraser, 1806–1808*, W. K. Lamb, édit. (Toronto, 1960). — Hargrave, *Hargrave corr.* (Glazebrook). — D. W. Harmon, *Sixteen years in the Indian country : the journal of Daniel Williams Harmon, 1800–1816*, W. K. Lamb, édit. (Toronto, 1957). — *HBRS*, 1 (Rich) ; 10 (Rich) ; 30 (Williams). — G. C. Davidson, *The North West Company* (Berkeley, Calif., 1918 ; réimpr., New York, 1967). — Rich, *Hist. of HBC* (1958–1959), 2. — Van Kirk, « *Many tender ties* ». — J. N. Wallace, *The wintering partners on Peace River from the earliest records to the union in 1821 ; with a summary of the Dunvegan journal, 1806* (Ottawa, 1929). — W. S. Wallace, « Strathspey in the Canadian fur-trade », *Essays in Canadian history presented to George MacKinnon Wrong for his eightieth birthday*, Ralph Flenley, édit. (Toronto, 1939), 278–295. — Corday MacKay, « With Fraser to the sea », *Beaver*, outfit 275 (déc. 1944) : 3–7.

SWAYNE, HUGH, officier et administrateur colonial, fils aîné de John Swayne, receveur de l'accise à Cork (république d'Irlande) ; décédé le 31 octobre 1836 à Paris.

La carrière militaire de Hugh Swayne débuta en avril 1782 : il devint alors lieutenant en second dans la Royal Irish Artillery. Promu capitaine en août 1793, il servit à Demerara (Guyana) et dans la région de la Berbice en 1797 et 1798. Lieutenant-colonel à partir du 1er septembre 1800, il prit sa retraite avec une solde complète quand la Royal Irish Artillery fusionna avec la Royal Artillery, au début de 1801 ; on le nomma colonel honoraire en 1810. Ses réflexions sur les guerres napoléoniennes le poussèrent à s'intéresser à la préparation des campagnes : il traita ce sujet dans *A sketch of the etat major ; or general staff of an army in the field* […] publié à Londres, en 1810. Ce livre révèle un esprit pratique, disposition qui incita probablement les autorités britanniques à nommer Swayne administrateur du Cap-Breton le 26 août 1812 ainsi que général de brigade. Le 4 juin de l'année suivante, il était promu major général.

Swayne débarqua à Sydney, le jour de l'An 1813, pour prendre la relève de Nicholas Nepean* ; plusieurs problèmes l'y attendaient. Le plus urgent était la protection de l'île, dont on avait qualifié les ouvrages de défense, avant la guerre de 1812, d'« indignes de mention ». En 1811, on avait porté à 168 hommes l'effectif de la garnison et Nepean avait mollement tenté d'organiser une milice. Cependant, si l'on en venait à déclencher des hostilités, ces correctifs seraient insuffisants. Les plus graves menaces venaient de la mer ; or seulement deux navires croisaient le long des côtes. Cette faiblesse s'était révélée dès le début de la guerre : des corsaires américains, en attaquant des bateaux de pêche et des navires marchands au large d'Arichat, avaient désorganisé le commerce dans cette région et dans le détroit de Canso.

Comme Swayne ne pouvait compter sur l'aide de Halifax, il s'employa lui-même à réduire la vulnérabilité de l'île. En avril 1813, afin d'éviter que la famine ne frappe si les provisions cessaient d'arriver de l'extérieur, il suspendit pour six mois l'exportation de certains comestibles. Plus tard dans l'année, afin de protéger les mines de charbon, il reconstruisit à proximité une redoute et une caserne où il affecta des soldats, pour offrir au moins un semblant de résistance en cas d'attaque. De plus, Swayne réorganisa la milice en divisant l'île en 20 districts commandés chacun par un capitaine et deux lieutenants. Dans la mesure du possible, il prit pour officiers des hommes qui avaient déjà connu la vie militaire.

Swayne avait aussi à résoudre des problèmes fonciers. L'octroi de concessions en franche tenure était interdit depuis 1789 et, comme beaucoup d'immigrants n'avaient pas les moyens de payer un fermage, ils occupaient tout simplement des lots vacants. En outre, comme la tenure à bail était toujours incertaine, beaucoup de locataires ne cultivaient que ce qui était nécessaire à leur survie. Swayne

reconnaissait les tares de ce régime et voulait un rétablissement des concessions, d'autant plus qu'elles existaient en Nouvelle-Écosse. On annula l'ordonnance de restriction seulement après son départ, mais ce fut en partie grâce à son insistance.

Swayne comprenait mal les débats politiques du Cap-Breton, dont le principal objet était l'opportunité, pour la colonie, de se doter ou non d'une chambre d'Assemblée, et il les supportait difficilement. Au printemps de 1812, Nepean s'était rangé du côté des partisans de l'Assemblée, dirigés par le procureur général Richard Collier Bernard DesBarres Marshall Gibbons, et avait renvoyé du Conseil exécutif le juge en chef Archibald Charles Dodd*, qui s'opposait à la création d'une Assemblée. Comme Gibbons, Nepean avait jugé qu'en l'absence d'une Assemblée il fallait suspendre la perception de tous les impôts, et surtout du droit fort profitable sur le rhum d'importation. Cette décision ôtait presque tout revenu à la colonie.

Swayne n'avait aucun goût pour ces arguties qui privaient d'argent la colonie en pleine guerre. À l'instar de Dodd, il attribuait les problèmes politiques du Cap-Breton à une poignée d'individus vindicatifs et assoiffés de pouvoir. En avril 1813, après avoir dissous le conseil, il y renomma des adversaires de l'Assemblée, tels Dodd et Richard Stout*. Ensuite, il consulta les « habitants influents », comme il les appelait, et découvrit qu'ils approuvaient la taxe sur le rhum. Il la rétablit donc. Gibbons protesta ; on le pressa de quitter son poste de procureur général mais celui-ci refusa de se laisser intimider et se mit à contester ouvertement la légalité de la taxe. Swayne fit alors venir de Halifax Richard John Uniacke* fils pour qu'il agisse en qualité de procureur général et il intenta une poursuite à Gibbons, en qui il voyait un agent ennemi. Ces mesures énergiques, et le départ de Gibbons (en mars 1814) pour l'Angleterre, où il allait tenter de ravoir son poste, mirent temporairement fin au débat et permirent à Swayne de consacrer la dernière année de son mandat à la défense et aux mines de charbon.

Sous les prédécesseurs de Swayne, le plus souvent on avait loué les mines à des exploitants privés qui versaient au gouvernement des redevances sur chaque tonne de charbon exporté. Cependant, à l'arrivée de Swayne, comme on avait négocié aucun bail, elles étaient presque à l'abandon. Afin d'éviter que l'inflation du temps de guerre ne fasse grimper les prix, Swayne dut, à la fin de 1813, accepter comme locataire la Ritchie and Leaver, qui avait déjà exploité les mines mais n'offrait cette fois qu'une maigre redevance. En dépit des efforts de Swayne, le Parlement de la Nouvelle-Écosse se plaignit que le prix du charbon du Cap-Breton était excessif et revendiqua avec succès, en 1815, le droit d'ouvrir des mines dans sa propre province. Néanmoins, Swayne continua de traiter avec la Ritchie and Leaver, et la

Nouvelle-Écosse, d'acheter toutes les expéditions de charbon du Cap-Breton.

En 1814, les efforts de Swayne avaient apparemment porté des fruits, et le ministère des Colonies se montrait satisfait de ses réalisations. Cette année-là cependant, sa santé commença à décliner ; il demanda donc un congé en juillet 1815, et retourna en Angleterre en septembre. Même si, semble-t-il, il n'eut jamais d'autre affectation, son ancienneté lui valut le 27 mai 1825 une promotion au grade de lieutenant général. Selon toute apparence, il ne se maria jamais.

À la fin du mandat de Hugh Swayne, le Cap-Breton semblait avoir atteint un équilibre propice à la croissance. La milice était armée et organisée ; un calme relatif régnait sur la scène politique ; de nouveau la production de charbon allait bon train. De plus, la colonie bénéficiait de la prospérité qu'avait engendrée dans le reste des Maritimes la guerre de 1812 : son charbon, son poisson et ses produits agricoles faisaient l'objet d'une demande accrue. Bien sûr, ce contexte n'était pas uniquement l'œuvre de Swayne, mais par son attitude libérale en matière de concessions foncières, par sa réorganisation de la milice et par l'apaisement politique qu'il sut apporter durant quelque temps, il avait du moins créé un climat de stabilité.

R. J. Morgan

Hugh Swayne est l'auteur de : *A sketch of the etat major ; or general staff of an army in the field, as applicable to the British service ; illustrated by the practice in other countries* (Londres, 1810).

APC, MG 11, [CO 217] Cape Breton A, 34 ; MG 24, A5 ; RG 8, I (C sér.), 229, 679, 722, 1706. — PANS, MG 1, 262B. — PRO, CO 217/132 ; 220/15 ; WO 1/96. — Le Jeune, *Dictionnaire.* — *The royal military calendar, or army service and commission book* [...], John Philippart, édit. (3e éd., 5 vol., Londres, 1820), 3. — W. S. MacNutt, *The Atlantic provinces : the emergence of colonial society, 1712–1857* (Toronto, 1965).

SWEETMAN, PIERCE, homme d'affaires, né en 1761 ou 1770 dans la paroisse de Newbawn, comté de Wexford (république d'Irlande), fils de Roger Sweetman ; le 8 avril 1791, il épousa à Waterford (république d'Irlande) Juliet Forstall, et ils eurent deux fils et trois filles ; décédé le 17 avril 1841 près de Waterford.

Peu d'Irlandais de Terre-Neuve étaient d'origine aussi respectable que Pierce Sweetman ou avaient dans l'île, avant leur arrivée, des relations aussi prestigieuses. Il venait d'une famille aisée d'agriculteurs dont certains membres avaient occupé des postes élevés dans la hiérarchie catholique, celui d'évêque de Wexford notamment. L'un des plus grands marchands terre-neuviens du XVIIIe siècle, Richard Welsh, né à New Ross, près de Newbawn, était probablement son grand-père maternel. Après sa mort et celle de son fils, l'imposant capital de Welsh, ses installations et son entreprise de Placentia, à Terre-Neuve, passèrent à ses trois filles et à leurs enfants. Une des filles avait épousé William Saunders de Bideford, en Angleterre, alors agent d'administration à Placentia après y avoir été commis, une autre Paul Farrell, marchand de Waterford qui faisait déjà du commerce avec Terre-Neuve, et la troisième probablement Roger Sweetman. Grâce à ses relations en Angleterre et à Waterford, Saunders donna de l'expansion à l'entreprise, particulièrement en traitant avec l'Europe méridionale, si bien que dès 1786 il était l'un des plus gros propriétaires de navires à résider à Terre-Neuve. Dans une lettre envoyée cette année-là de Placentia, le prince William Henry signalait au roi que l'entreprise avait investi plus de £50 000 dans les pêches.

La présence de Pierce Sweetman à Placentia est attestée pour la première fois en 1785 ; il était alors représentant adjoint de l'un des frères cadets de William Saunders, Thomas. Placentia était le principal port de la côte sud de l'île, et la pêche était sur le point d'y connaître son âge d'or. Les registres de lettres écrites à cet endroit de 1788 à 1793 rendent compte des activités de l'entreprise. À compter de 1779, la famille Saunders dirigea ses opérations à partir de Poole, dans le Dorset ; c'était le noyau du réseau de la compagnie, le port d'attache de ses navires et l'endroit où, en dernière instance, on décidait de leur déploiement. Waterford fournissait les provisions de sel et la plus grande partie de la main-d'œuvre saisonnière. Sweetman passa l'hiver et le printemps de 1788 à Waterford et à Poole afin de rassembler du personnel et des approvisionnements. Arrivé à Placentia à l'automne, il aida à expédier de la morue dans la péninsule Ibérique et surveilla le départ, pour Waterford et Poole, de navires qui transportaient des passagers et de l'huile de morue. En décembre, il envoya des équipes couper du bois. Comme la compagnie construisait ses propres bateaux, Sweetman supervisa pendant l'hiver la construction d'un navire de haute mer et la mise en chantier d'un autre. Au début d'avril 1789, il prépara la saison de pêche. Même si déjà, à l'époque, c'étaient surtout des *planters* habitant l'île et des engagés hivernants qui pêchaient à Placentia, un tiers de la main-d'œuvre venait encore des îles Britanniques. La compagnie préférait avoir des employés irlandais, surtout à terre ; selon Thomas Saunders, « pour le travail dur, un jeune Irlandais va[lait] une douzaine [d'Anglais] ». Juin était le mois le plus actif, car il était marqué par l'arrivée de millions de minuscules capelans qui attiraient la morue près des rives, mais Sweetman mit 19 chaloupes à la mer dès le début de mai. Chacune avait à son bord quatre ou cinq hommes ; les équipages étaient commandés par l'un des capitaines de la compagnie qui les avaient emmenés de Waterford. En outre, la compagnie finançait des *planters*. Sweetman leur avançait des provisions au printemps, en échange de quoi ils s'engageaient à lui remettre de la morue et de l'huile à l'automne. À l'arrivée des capelans, au début de juin 1789, Sweetman ordonna l'approvisionnement de 25 *planters*.

Le secteur des pêches expédiait principalement de la morue séchée dans la péninsule Ibérique, en Italie et à St John's, d'où on l'envoyait aux Antilles. On consacrait beaucoup de temps et de soin à choisir et à trier le poisson pour satisfaire les différents goûts des clients étrangers. Thomas Saunders notait en 1789 à propos d'une cargaison : « Sweetman en a supervisé la préparation du début à la fin, donc elle doit être bonne. » Presque chaque mois, de mai à novembre, un ou plusieurs navires de la compagnie quittaient Placentia pour le sud de l'Europe. Chaque capitaine partait, avec des instructions écrites, pour un port donné. La compagnie avait en Europe des représentants qui vendaient la morue en son nom, soit dans leur port d'attache ou ailleurs, selon les prix. Sweetman faisait affaire avec plus d'une douzaine de représentants européens, mais la plupart des cargaisons étaient en consignation chez quelques maisons de commerce liées à des Anglais ou à des Irlandais. Pour la compagnie, les forts liens commerciaux et culturels qui existaient entre l'Irlande et ces pays catholiques qu'étaient l'Espagne et le Portugal constituaient un atout. En 1789, Sweetman se rendit à Cadix sur l'un des navires de la compagnie pour y rencontrer des représentants de Waterford et mieux connaître la conjoncture commerciale de la péninsule.

La mort de William Saunders, en 1788, modifia la position de Sweetman au sein de la compagnie. Il en devint officiellement associé et Thomas Saunders, directeur ; en 1789, l'entreprise abandonna le nom de William Saunders and Company pour celui de Saunders and Sweetman. En épousant en 1791 Juliet Forstall, la fille d'un fermier influent des environs de Waterford, Sweetman renforça sa position de marchand aisé et de membre à part entière de la haute bourgeoisie catholique de la ville. Peu après, il remplaça John Blackney, deuxième mari de l'une des demoiselles Welsh, au poste de directeur des activités de la compagnie à Waterford.

Les guerres avec la France compliquèrent le commerce transatlantique du poisson. D'abord, ce fut la prospérité : Waterford ne connut même jamais, au XVIIIe siècle, une année plus fébrile que 1794. Puis, bientôt, les difficultés surgirent. Le prix des comestibles monta ; pêcheurs et marins devinrent la cible des détachements de racoleurs. Pendant quelques années, le volume des passagers en provenance de Waterford chuta ; les gens qui rentraient en Irlande à l'automne tentaient d'éviter l'enrôlement forcé en obligeant les capitaines à les débarquer dans des havres plus sûrs, à l'ouest du port, ce qui bouleversait les itinéraires de la

compagnie. De plus, les navires subissaient la menace des bâtiments ennemis et devaient voyager dans des convois imposants, ce qui restreignait leur liberté de déplacement. Enfin, les marchés traditionnels de la morue étaient moins sûrs.

En 1796, Sweetman retourna dans sa paroisse natale, confia à un parent la direction des quelques activités qui se faisaient encore à Waterford et prit en charge l'une des grandes fermes de son père. Quelques années plus tard, il installa sa famille sur les rives de la Slaney, à Wexford, dans une chic villa, et se remit à faire la navette entre Poole, Placentia et Waterford pour y relancer le commerce. Il lutta pour maintenir des relations d'affaires avec l'Espagne, mais les hostilités avaient changé tant de choses là-bas que Waterford redevint la principale destination des cargaisons, d'autant plus qu'on avait besoin de morue pour nourrir un nombre croissant d'Irlandais pauvres. En 1803, Sweetman quitta Terre-Neuve pour de bon et se fixa à Waterford. Son frère Michael, qui avait épousé l'unique fille et héritière de Thomas Saunders, demeura à Placentia pour s'occuper de l'entreprise.

Après la mort de Thomas Saunders, en 1808, les Sweetman devinrent les seuls propriétaires de la compagnie et Waterford, son unique base européenne. En 1813, Sweetman envoya son fils Roger F. à Placentia pour qu'il reprenne les affaires en main. Ensemble, ils relancèrent la compagnie. Chaque printemps, Pierce faisait transporter à Terre-Neuve des provisions, et souvent des passagers. Il était l'un des rares marchands d'Irlande à pratiquer encore cette forme désuète de commerce qui exigeait l'envoi de main-d'œuvre saisonnière. Nombre de ses engagés se fixèrent à Terre-Neuve. Quelques-uns s'établirent dans la baie de Plaisance où leurs nombreux descendants se trouvent toujours, conséquence la plus frappante de la longue vie de son entreprise. Peu de marchands irlandais eurent autant d'influence que Sweetman sur les déplacements de main-d'œuvre et le peuplement d'une colonie d'outre-mer, et aucun n'a en conséquence laissé un souvenir aussi vivace dans la tradition populaire des Terre-Neuviens irlandais.

Sweetman se distinguait de la plupart des marchands d'Irlande, et même de la plupart des marchands qui faisaient du commerce entre l'Irlande et Terre-Neuve, par le degré d'intégration verticale de ses activités. Il faisait affaire au nom de la compagnie en utilisant ses propres navires pour recueillir des approvisionnements non seulement à Waterford mais aussi dans des ports anglais et continentaux. De plus, il n'abandonna pas le commerce triangulaire. D'abord et avant tout marchand de morue, il avait aussi des activités secondaires : chasse au phoque, transport de bois de Québec à Waterford, envoi de marchandises de Waterford en Angleterre. Peu d'entreprises survécurent aussi longtemps que la sienne aux fluctuations du commerce terre-neuvien. De toute évidence,

Sydenham

Sweetman devait son rapide succès à ses antécédents bourgeois et à ses impressionnantes relations commerciales, atouts rares parmi la centaine, ou plus, de catholiques irlandais qui devinrent marchands de morue entre 1750 et 1850. Gérer une entreprise dans un secteur réputé pour son instabilité exigeait beaucoup de compétence ; or Sweetman, tout au long de sa carrière, parvint à demeurer aux premiers rangs.

À Newbawn, la famille Sweetman avait été l'un des piliers de l'Église catholique ; Pierce perpétua cette tradition en sol terre-neuvien. Arrivé en 1785 à Placentia pour fonder une chapelle et une paroisse catholiques, le père Edmund Burke* put compter aussi bien sur son aide que sur celle de l'anglican William Saunders. Dans une communauté de plus en plus irlandaise comme Placentia, un marchand catholique se devait, pour réussir, d'entretenir de bonnes relations avec l'Église établie et les autorités civiles. En 1786, seules deux personnes contribuèrent plus généreusement que Sweetman à un fonds destiné à la construction d'une église anglicane à cet endroit. La même année, il prêta le serment d'allégeance devant le nouveau *surrogate,* le prince William Henry. L'évêque de Wexford, Nicholas Sweetman, n'aurait pas approuvé son geste. Les liens familiaux et commerciaux qui unissaient les Sweetman, catholiques, et les Saunders, anglicans, étaient chose rare dans la tradition marchande de Terre-Neuve et favorisèrent beaucoup, à Placentia, la bonne entente entre les ethnies et les confessions religieuses. En janvier 1829, à une réunion du Waterford Liberal Club à laquelle assistait Daniel O'Connell, Patrick MORRIS alla jusqu'à citer les Sweetman en exemple pour leur contribution à l'harmonie religieuse et à dire que, par leur attitude, ils indiquaient aux deux traditions qui coexistaient en Irlande la voie à suivre.

Le 5 avril 1841, dans son testament, Pierce Sweetman divisa son impressionnante fortune entre ses deux filles et son fils survivant, Roger F. Il mourut deux semaines plus tard à Blenheim Lodge, sur les rives de la Suir, dans le voisinage immédiat de Waterford, où il habitait avec sa famille depuis 1810. « Aucun homme, rapporta un journal local, n'incarna mieux, dans des contrées lointaines comme chez lui, le modèle du marchand britannique. Il était un mari, un parent, un ami adoré, avec raison, ainsi qu'un gentleman accompli. » Son fils s'occupa de l'entreprise, d'abord à Waterford puis à Placentia, jusqu'à sa mort en 1862.

JOHN MANNION

Ballygunner cemetery (County Waterford, république d'Irlande), Sweetman family plot. — Clongeen, Faree, and Newbawn cemeteries (County Wexford, république d'Irlande), Sweetman family headstones. — Dorset Record Office (Dorchester, Angl.), D365, F10 (Benjamin Lester diary, 1796–1802), 6 juill. 1798. — National Library of Ireland (Dublin), Dept. of MSS Roman Catholic parish reg., Cathedral parish (Waterford), reg. of baptisms, marriages, and burials, 11 avril 1775 ; St Patrick's (Waterford), reg. of marriages, 8 avril 1791 (mfm aux MHA). — Nfld. Public Library Services, Provincial Reference and Resource Library (St John's), Saunders and Sweetman, letter-book (copie aux PANL). — New Ross, République d'Irlande, Minutes of the corporation of Ross, 2 oct. 1771. — PANL, GN 2/1/A, 10 : 197 ; GN 5/1, Placentia, 10 sept., 27, 29 oct. 1785, 20 juill., 1er, 22, 24 août, 4 sept. 1786. — Placentia cemetery (Placentia, T.-N.), Headstones of R. F. Sweetman, Ann [Welsh] Saunders, and Richard Welsh. — PRO, CO 194/38 ; 194/40 ; PROB 11/965 : 338–341 (Richard Welsh) ; 11/1165 : 135–136 (William Saunders) ; 11/1510 : 321–322 (Thomas Saunders). — Registry of Deeds (Dublin), Deeds, items 9220, 44246, 49222, 59999, 207262, 350184, 389129, 460330, 497381, 574129, 576181, 583108, 596436, 663542, 665552, 689287, 735231. — *Dublin Journal,* 8 sept. 1767. — *Finn's Leinster Journal* (Kilkenny, république d'Irlande), 18 mars, 15 avril 1775. — *Waterford Mail,* 21 avril 1841. — *Waterford Mirror,* 21 janv. 1829.

SYDENHAM, CHARLES EDWARD POULETT THOMSON, 1er baron. V. THOMSON

T

TALBOT, EDWARD ALLEN, inventeur, officier de milice, juge de paix, instituteur, auteur et journaliste, né vers 1796 en Irlande, aîné de Richard Talbot* et de Lydia Baird ; le 11 mai 1821, il épousa à l'église anglicane Christ Church de Montréal Phœbe Smith, et ils eurent huit enfants ; décédé le 6 janvier 1839 à Lockport, New York.

Edward Allen Talbot, qui montra dans son enfance des « signes indéniables de génie inventif », s'était préparé par ses études à faire carrière dans l'armée britannique, mais les perturbations économiques dues aux guerres napoléoniennes et, par la suite, le licenciement de nombreux régiments poussèrent sa famille à quitter l'Irlande en juin 1818, à bord du *Brunswick,* avec un groupe de colons. Même si Richard Talbot était le chef de ce groupe, à l'arrivée dans le Haut-Canada Edward Allen avait acquit un ascendant presque équivalent à celui de son père.

Comme son père et son frère John*, Talbot était tout à fait inapte à la vie de pionnier, mais c'était surtout à cause de son goût pour les sciences et les lettres. Au printemps de 1820, les deux frères quittèrent donc la ferme familiale, dans le canton de London, en vue de regagner l'Irlande. Mais comme

Edward Allen s'était arrêté à Montréal, il renoua connaissance avec la famille de Ralph Smith, un Irlandais ; il resta dans cette ville pendant plus d'un an et épousa la fille aînée de Smith.

Talbot retourna dans le canton de London probablement à l'été de 1821 ; il y poursuivit la rédaction d'un livre consacré à sa traversée en Amérique et à ses voyages au Canada. Il continua aussi à essayer de fabriquer une machine à mouvement perpétuel, comme le firent tant de ses contemporains. Après avoir acheté la maison de ses parents et les 100 acres circonvoisines, vraisemblablement pour assurer l'avenir de sa famille si lui-même ou son père, alors en mauvaise santé, venait à disparaître, il se mit en route pour l'Angleterre en août 1823. Il passa par les États-Unis, désireux, croit-on, de faire avancer son projet d'invention.

En Angleterre, Talbot demanda en vain au ministère des Colonies une aide pour réaliser un plan d'émigration semblable à celui qu'avait exécuté son père en 1818. En revanche, il réussit à obtenir une réponse favorable du secrétaire d'État aux Colonies, lord Bathurst, à la requête présentée par son père pour qu'on lui accorde réparation d'un tort « infligé par le lieutenant-gouverneur [sir Peregrine Maitland*] ». Talbot parvint également à faire publier son manuscrit *Five years' residence in the Canadas* [...]. Cet ouvrage en deux volumes parut à l'été de 1824, mais aux frais de la famille Talbot. Son auteur y apparaît comme un homme instruit et cultivé qui professait des opinions plutôt conservatrices et un observateur très perspicace de la vie au Canada. Sa thèse est révélatrice : le Canada, soutenait-il, récompenserait bien les immigrants pauvres qui étaient travailleurs et prêts à vivre cinq ou six années d'épreuves, mais il n'avait que peu d'attraits pour les gentlemen. En raison du faible nombre d'exemplaires vendus et du fait que la famille ne put évidemment toucher aucun droit d'auteur pour les traductions pirates qui parurent rapidement en France et en Allemagne, la publication du livre fut un échec financier.

Le 12 mars 1824, pendant qu'il était encore dans les îles Britanniques, Talbot fut nommé capitaine dans le 4th Regiment of Middlesex militia. Il semble qu'il retourna dans le Haut-Canada l'année suivante. Très influent dans le nord du comté de Middlesex, il joua un rôle important dans les démarches qui permirent de remplacer Vittoria, une municipalité du comté de Norfolk, par la jeune localité de London comme chef-lieu du district de London. Le 13 juin 1829, il devint juge de paix du district. Ironie du sort, le seul autre magistrat du canton de London était Ira Schofield qui, à titre de major du 4th Regiment, porta cinq accusations contre Talbot en juillet suivant. En mars 1830, devant un conseil de guerre, Talbot réfuta brillamment toutes les accusations, sauf une, qui était mineure. Il put garder ses postes de capitaine dans la

milice et de juge de paix ; en janvier 1833, il présida la Cour des sessions trimestrielles. L'année suivante, en juillet, il fut l'une des personnes désignées par le gouvernement « pour mettre sur pied et former le bureau de santé de la ville de London ». Par bonheur, l'épidémie de choléra qui sévissait cette année-là épargna cette agglomération.

Après son retour des îles Britanniques, Talbot avait consacré beaucoup de temps, d'énergie et d'argent à son idée de machine à mouvement perpétuel et à un nouveau projet : la mise au point d'une machine à vapeur améliorée capable de servir au transport par eau, par terre ou par voie ferrée. En juillet 1834, son Talbot's Atmospheric Propelling Engine fut la première invention pour laquelle le gouvernement du Haut-Canada accorda un brevet. Cette invention s'avéra toutefois peu réaliste, car son auteur n'avait aucune notion de physique et manquait d'argent. Deux autres idées de Talbot se réalisèrent, mais après sa mort : une ligne de chemin de fer entre London et le haut du lac Ontario, et un pont suspendu sur le Niagara, qui devaient probablement faire partie d'une ligne allant du Michigan à l'état de New York. Auparavant, Talbot et le plus jeune de ses frères, Freeman, avaient « construit un grand tour en bois solide » et fabriqué toutes les grosses pièces tournées (notamment celles des escaliers) d'un palais de justice et d'une prison, érigés à London entre 1827 et 1829 [V. John Ewart*].

En 1831, Talbot s'associa à Robert Heron, fils du rédacteur en chef du *Gleaner* de Niagara, pour lancer le *Sun* de London. Premier journal haut-canadien imprimé à l'ouest d'Ancaster, il parut le 7 juillet, puis sporadiquement jusqu'en décembre 1833. Heron rompit ses liens avec le *Sun* à la fin de 1832 ; son successeur, William Conway Keele, l'imita quelques mois plus tard. Dans ses éditoriaux, Talbot en vint graduellement à exprimer une pensée politique plus libérale que celle du gouvernement, bien qu'il fût un partisan de ce dernier. Il se servit de son journal pour défendre son projet de construction d'une ligne de chemin de fer. Il rédigea la charte de la London and Gore Rail Road Company et son nom venait en tête de liste des actionnaires de cette compagnie, le jour de sa constitution juridique, en mars 1834.

C'est après la mort du *Sun*, semble-t-il, que Talbot et sa femme ouvrirent et tinrent une école pendant une courte période, à London. Tous deux se révélèrent des instituteurs excellents et cultivés, de sorte que quelques-uns des notables de la région leur confièrent leurs enfants. Par la suite, après que Talbot eut demandé en vain une concession de 500 acres, à laquelle il avait pourtant droit à l'origine, la famille alla s'établir à Niagara (Niagara-on-the-Lake). Talbot y aurait « dirigé » un journal et poursuivi sa recherche sur le mouvement perpétuel. À la fin de 1835 cependant, ses expériences, auxquelles il avait consacré temps et argent pendant des années et pour lesquelles il avait presque tout sacrifié, aboutirent à un échec. Atteint d'alcoolisme aigu, Talbot regagna London ; c'était alors « un homme à l'air maladif, complètement dépourvu de santé et de ressources, à l'apparence fort misérable, et chargé de la subsistance d'une famille très nombreuse, très pauvre et mal établie » ; il ouvrit encore une fois une école dans son domicile.

Au printemps de 1836, un groupe de modérés de la région de London acheta la presse d'un journal radical de cette ville, le *Wesleyan Advocate,* qui avait paru d'octobre 1835 à avril 1836, et nomma l'anglican Talbot rédacteur en chef du *Freeman's Journal.* Comme au *Sun,* Talbot appuya le gouvernement tout en se faisant le champion de réformes modérées. Même s'il adopta de plus en plus des positions modérées, Talbot demeura toujours un fervent partisan de l'ordre d'Orange ; il fit même partie du comité général de la Grand Orange Lodge of British North America en 1835. Mais tout changea pendant les élections de l'été de 1836.

Les tripotages du lieutenant-gouverneur, sir Francis Bond Head*, dans la circonscription de Middlesex, ainsi que les émeutes de London et leur contrecoup, heurtèrent le sens de la justice de Talbot. Celui-ci attaqua violemment Head et l'ordre d'Orange dans son journal, jusqu'à ce qu'il cesse de paraître à l'automne. Pour cette raison, on ne le renomma pas juge de paix en décembre 1836, une perte qui lui fut particulièrement pénible, et on lui retira son grade de capitaine dans la milice à peu près à la même époque.

Le soir du 8 décembre 1837, certains réformistes de Middlesex, qui craignaient sincèrement que des tories et des orangistes de la région s'en prennent à leurs biens et à leur vie, se réunirent à la Flannagan's Tavern, de London, pour élaborer un plan de défense. Edward Allen et John Talbot assistèrent tous deux à cette réunion, présidée par William E. Niles*. Même s'il avait été confiné chez lui par l'hydropisie pendant les huit derniers mois, Edward Allen rédigea la résolution sur le droit de défense consacré par la constitution et fut le secrétaire de la réunion.

Au début de janvier 1838, le jour même où Talbot comptait partir pour installer sa famille à Ypsilanti, au Michigan (il prévoyait y diriger un journal, comme on le lui avait offert six mois plus tôt), on l'arrêta et on fouilla ses papiers. Par la suite, on l'interrogea et on l'obligea à témoigner contre Charles Latimer, réformiste de London, avant de le remettre en liberté. Il quitta London au grand jour le 13 mai, fit un court séjour à Detroit, après quoi il alla s'établir en Ohio. À cette époque, sa santé, tant mentale que physique, était très détériorée. Il prit en aversion les habitants et le climat de l'Ohio, et c'est avec soulagement qu'il accepta, en juillet, le poste de corédacteur en chef que lui offrait, probablement par pure charité, l'imprimeur

du *Telegraph* de Lewiston, dans l'état de New York. Sous son influence, le journal cessa d'appuyer les patriotes et tomba bientôt « dans un état d'irrémédiable somnolence radoteuse », conséquence de la maladie mentale de Talbot. Quelques semaines avant sa mort, en janvier 1839, ce dernier quitta le *Telegraph* pour se faire soigner à Lockport, près de Lewiston.

Il semble que la famille de Talbot, qui ne l'avait pas accompagné aux États-Unis et qui était probablement demeurée avec ses parents dans le canton de London, ait été informée de sa mort imminente. Après avoir envoyé à sa femme le peu de biens qu'il possédait, Talbot entra volontairement à l'hospice des pauvres de Lockport en tant que nécessiteux ; c'est là qu'il mourut. On l'enterra dans le cimetière de Cold Springs, sans aucun doute dans la fosse commune.

Edward Allen Talbot, probablement le premier à London à posséder autant de génie, du moins en puissance, était « un penseur original et un grand concepteur de projets » ; il disait jouir d'une « grande réputation de lettré » au Canada et dans les îles Britanniques et c'était un « gentleman dans toute l'acception du terme ». Cependant, il n'avait aucune idée de la valeur de l'argent et des biens matériels ; il était trop impulsif, ruina sa santé consciemment et, pendant des années, délaissa presque sa famille.

Daniel J. Brock

Edward Allen Talbot est l'auteur de : *Five years' residence in the Canadas : including a tour through the United States of America, in the year 1823* (2 vol., Londres, 1824 ; réimpr., en 1 vol., East Ardsley, Angl., et New York, 1968).

APC, RG 9, I, B8, 1. — Arch. privées, D. J. Brock (London, Ontario), F. C. Hamil à Fred Landon, 25 juill. 1961 (copie). — *Christian Guardian,* 4 mai 1836, 6 févr. 1839. — *Freeman's Advocate* (Lockport, N.Y.), 11 janv. 1839. — *Gazette* (London), 27 juill. 1836, 2 mars 1839. — D. J. Brock, « Richard Talbot, the Tipperary Irish and the formative years of London Township, 1818–1826 » (thèse de M.A., Univ. of Western Ontario, London, 1969). — F. T. Rosser, *London Township pioneers, including a few families from adjoining areas* (Belleville, Ontario, 1975). — D. J. Brock, « London's first newspaper : researcher discovers long-sought copy of *London Sun* », *London Free Press,* 3 juill. 1971 : 8M. — Fred Landon, « Some early newspapers and newspaper men of London », London and Middlesex Hist. Soc., *Trans.* (London), 12 (1927) : 26–34.

TANNER, JOHN, chasseur, guide et narrateur, né vers 1780 sur les bords de la rivière Kentucky, fils de John Tanner ; il se maria au moins trois fois et eut au moins six enfants ; décédé en 1846 ou après.

John Tanner était le fils d'un ancien prédicateur de Virginie établi dans la région de la rivière Kentucky. Après la mort de sa mère, il avait alors deux ans, sa famille s'installa à Elk Horn (Elkhorn City, Kentucky), puis au confluent de l'Ohio et du Grand

Miami, où son père se fixa dans une ferme. C'est là qu'en 1789 des Chaouanons enlevèrent John. Nommé Shaw-shaw-wa-ne-ba-se (« faucon »), il fut par la suite adopté par une famille indienne. Peu après, une vieille Outaouaise appelée Net-no-kwa l'acheta et l'emmena vivre d'abord à la baie Saginaw (Michigan) puis, quand il eut 13 ans, dans la région de la rivière Rouge, d'où venait son mari, un Sauteux.

Tanner a raconté avec pittoresque, dans *A narrative of the captivity and adventures of John Tanner* [...], comment il s'était adapté à une culture radicalement différente de celle dans laquelle il avait grandi. Enfant, il avait compris à la fois qu'il n'avait aucune chance d'échapper aux Indiens et qu'il était bien mal préparé à survivre parmi eux. Peuple nomade, les Sauteux vivaient encore de chasse et de piégeage dans les forêts nordiques, conformément à leurs traditions ; à l'occasion, ils traquaient aussi le bison dans les Prairies. À l'époque où Tanner se retrouva parmi eux, leurs contacts avec des trafiquants blancs, l'utilisation des armes à feu et la consommation d'alcool étaient en train de changer leur mode de vie : ils abandonnaient la chasse comme moyen de subsistance et commençaient à amasser des fourrures pour en tirer des profits. Cependant, leur structure sociale demeurait fondamentalement la même ; Tanner l'observa et la décrivit avec force détails, de sorte que son récit présente un tableau remarquable de leur culture matérielle. Par contre, il est peu loquace sur leur vie spirituelle : ainsi il ne parle jamais de la grande société chamaniste du Midewiwin, dont les complexes cérémonies d'initiation étaient pourtant les moments les plus forts de l'année tribale. Tanner était-il exclu de l'initiation parce qu'il était de race blanche ? Ou se sentait-il tenu au silence par l'initiation ? Son ouvrage n'éclaircit pas ce mystère.

Protégé, par sa mère adoptive, des brutales manifestations d'impatience des hommes de la tribu, Tanner finit par devenir un chasseur et un trappeur aussi habile qu'eux. Pendant longtemps, semble-t-il, il se résigna à partager leur existence. Dans son récit, il oppose l'honnêteté des Indiens à la rapacité des trafiquants de fourrures. Il apprit à parler leurs langues et oublia presque la sienne, à tel point, nota-t-il plus tard, qu'il ne pouvait plus « parler un anglais compréhensible ».

Tanner se maria pour la première fois en 1800, à la manière indienne, c'est-à-dire sans engagement irrévocable. Sa femme, Mis-kwa-bun-o-kwa, le quitta environ sept ans plus tard ; pour céder aux pressions de la communauté, il se remaria vers 1810. Bientôt, il trouva trop lourdes les exigences de sa nouvelle belle-famille, si bien qu'en 1812 il cherchait un moyen de retrouver le milieu auquel les Chaouanons l'avaient arraché 20 ans plus tôt. Mais la guerre de 1812 interdisait tout déplacement, et il dut donc demeurer dans la région de la rivière Rouge. À l'arrivée des colons de lord Selkirk [Douglas*], pendant l'été de 1812, il chassa le bison afin de leur assurer de la nourriture pour l'hiver. Puis lorsque Cuthbert Grant*, de la North West Company, tenta de persuader les Indiens de se joindre à lui et à ses partisans métis pour attaquer les hommes de la Hudson's Bay Company, il refusa de se ranger dans l'un ou l'autre camp. Toutefois, après que les hommes de Selkirk eurent pris possession du fort William (Thunder Bay, Ontario), en 1816, Tanner les conduisit du lac des Bois au fort Douglas (Winnipeg) et les aida à l'arracher aux *Nor'Westers*. Une fois arrivé dans la colonie de la Rivière-Rouge, Selkirk s'intéressa au cas de Tanner, lui donna une modeste pension et expédia une lettre dans l'espoir d'établir un contact avec sa famille au Kentucky.

Sans attendre de réponse, Tanner quitta le lac des Bois en 1817 ; il s'arrêta à Detroit où son frère était venu à sa rencontre, et rejoignit sa famille. Retourné au lac des Bois vers 1818, il persuada sa deuxième femme et leurs trois enfants de se mettre en route avec lui au printemps suivant, mais elle resta à Michillimakinac (Mackinac Island, Michigan) et l'un des enfants mourut sur le chemin du Kentucky. Tanner ne revit sa terre natale qu'en 1819 et constata que depuis longtemps il n'était plus fait pour l'existence bien réglée d'une communauté agricole. En 1823, il retourna dans le Nord-Ouest afin de réclamer la garde des enfants de son précédent mariage. Sa première femme, qu'il rejoignit au lac à la Pluie (lac Rainy, Ontario), refusa de les lui laisser et convainquit un Indien de recourir à la magie pour le tuer (en lui tirant une balle percée d'un tendon de cerf teint en vert). Tanner survécut grâce aux soins du docteur John McLoughlin*, mais sa première femme disparut avec les enfants.

Tanner n'essaya plus de retourner dans le Kentucky. En 1824, il se rendit à Michillimakinac, où il travailla à titre d'interprète pour l'agent américain des Affaires indiennes et, pendant 15 mois, au service de l'American Fur Company. Sa deuxième femme vécut avec lui quelque temps mais ne le suivit pas lorsque, en 1828, il s'établit à Sault-Sainte-Marie (Sault Ste Marie, Michigan). Il y fut interprète pour l'agent des Affaires indiennes de l'endroit, Henry Rowe Schoolcraft. C'est vers cette époque que Tanner rencontra Edwin James, chirurgien de l'armée américaine, qui nota patiemment ses souvenirs et les fit publier à New York en 1830 avec une section de son cru sur la vie des Indiens et leurs langues. Selon Schoolcraft, dont le témoignage était peut-être partial, Tanner menaça James de violence pour l'avoir fait paraître ridicule, mais à vrai dire *Narrative* semble relater honnêtement son expérience d'immersion dans une culture étrangère.

Congédié par Schoolcraft en 1830, John Tanner connut pendant la décennie qui suivit un deuxième

Tazewell

choc culturel : l'adaptation à un milieu américain, qu'il trouva aussi pénible que sa transformation en petit Indien à l'âge de neuf ans. Apparemment, il se mêla de la querelle que se livraient Schoolcraft et le révérend Abel Bingham pour diriger l'école de la mission de Sault-Sainte-Marie. Au début de 1840, selon toute vraisemblance, il épousa puis perdit une Blanche qui ne pouvait accepter son mode de vie. Les gens de Sault-Sainte-Marie le jugeaient, non sans émoi, de plus en plus méfiant et paranoïaque, sujet à des emportements violents et méprisant à l'endroit des pratiques chrétiennes. Cette animosité mutuelle éclata en 1846, à l'occasion du meurtre de James Schoolcraft, frère de Henry, que Tanner accusait de lui avoir escroqué de l'argent. Tanner disparut au même moment, ce qui fit conclure à sa culpabilité. Personne ne devait le revoir vivant ; on crut qu'un cadavre découvert quelques années plus tard dans un marécage voisin de Sault-Sainte-Marie était le sien, mais l'identification ne fut pas concluante. La culpabilité de Tanner n'était pas certaine non plus : le soupçon pesait aussi sur un officier, le lieutenant Bryant Tilden, qui aurait fait une confession sur son lit de mort. De part et d'autre, les preuves étaient insuffisantes.

GEORGE WOODCOCK

Les mémoires de John Tanner ont été publiés sous le titre de *A narrative of the captivity and adventures of John Tanner, (U.S. interpreter at the Saut de Ste. Marie,) during thirty years residence among the Indians in the interior of North America,* Edwin James, édit. (New York, 1830 ; réimpr. avec introd. de N. M. Loomis, Minneapolis, Minn., 1956). L'ouvrage fut traduit par la suite en français et en allemand. Le récit de Tanner a été repris dans une version abrégée éditée par James Macaulay sous le titre de *Grey Hawk : life and adventures among the Red Indians* (Londres, 1883).
HBRS, 19 (Rich et Johnson). — J. E. Bayliss *et al., River of destiny, the Saint Marys* (Detroit, 1955). — J. T. Fierst, « Return to « civilization » : John Tanner's troubled years at Sault Ste. Marie », *Minn. Hist.* (St Paul), 50 (1986) : 23–36. — G. L. Nute, « Border chieftain », *Beaver*, outfit 282 (mars 1952) : 35–39.

TAZEWELL, SAMUEL OLIVER, horloger, bijoutier, accordeur de pianos et lithographe ; *circa* 1820–1838.

Samuel Oliver Tazewell quitta l'Angleterre pour s'établir dans le Haut-Canada avant le mois de mai 1820. Son nom figure en effet dans le *Kingston Chronicle* du 19 mai 1820, où il annonçait l'ouverture de son atelier de réparation de montres et horloges. Il y mentionnait que, « grâce à de nombreuses années d'expérience à Londres », il était « parfaitement renseigné sur les échappements brevetés à levier, horizontaux et doubles, les horloges à répétition, et autres ». Un an plus tard, dans le même journal, il annonçait qu'il tenait une bibliothèque de prêt de

« plus de mille volumes parmi les mieux choisis, romans, pièces de théâtre, voyages par mer et par terre, et autres ». En juin 1825, il était l'un des « amis de la libre discussion » qui remirent une coupe d'argent au rédacteur en chef de l'*Upper Canada Herald,* Hugh Christopher Thomson*, en signe d'admiration pour la « virile indépendance » avec laquelle il dirigeait le journal ; c'est Tazewell lui-même qui avait gravé cette coupe. Plus tard dans l'année, son nom figurait sur une liste de cotisants à un fonds de secours destiné aux victimes de l'incendie dans la région de la Miramichi, au Nouveau-Brunswick. Le 16 octobre 1828, Tazewell annonçait dans le *Canadian Freeman* son intention d'ouvrir, le 1er novembre, une bijouterie à York (Toronto) et garantissait « entière satisfaction à tous » en raison de ses « années d'expérience dans la ville de Londres ». Cependant, s'il alla à York, ce fut pour peu de temps, car au printemps suivant il était de retour à Kingston où, en plus d'exercer le métier de bijoutier, il réparait des montres, faisait de la gravure et accordait des pianos. En 1831, après avoir découvert à Kingston la pierre calcaire appropriée, il fabriqua sa propre presse et devint le premier lithographe du Haut-Canada.

À la demande de Thomson, Tazewell avait écrit, pour le *Herald* du 24 novembre 1830, un article sur ce procédé d'impression. Neuf mois plus tard, il annonçait dans le *Kingston Chronicle* la mise en service de sa nouvelle presse. Elle pouvait, disait-il, reproduire « des cartes, plans, vues, lettres circulaires, de la musique, des en-têtes de factures commerciales, les horaires des navires à vapeur, avec dessin du navire si désiré, des formules d'acte notarié et de mémorendums, des avis de funérailles illustrés d'emblèmes bien choisis, des lettres de change, et autres » ; en outre, Tazewell fournissait des « caricatures imprimées d'après esquisse ». Le 2 août 1831, le lieutenant-gouverneur sir John Colborne* reçut quelques-unes de ses premières pièces ; avant la fin de l'année, Tazewell avait réalisé un plan de Kingston et un ou deux dessins humoristiques.

En janvier 1832, Thomas DALTON, rédacteur en chef du *Patriot and Farmer's Monitor,* écrivait avec admiration : « Le fait est que Tazewell, à force de chercher, / A découvert que l'église anglaise / Est faite de pierre à lithographier ; / Et pas seulement l'église anglaise / Mais toutes les maisons de pierre de la cité. » Tazewell pouvait aussi compter sur l'appui du capitaine Richard Henry BONNYCASTLE, qui rapporta dans l'*American Journal of Sciences and Arts* de juillet 1833 la découverte, au Canada, d'une pierre qui pouvait servir à la lithographie. L'article, illustré de dessins lithographiés par Tazewell, montre la sorte de pierre qu'il utilisait.

À la fin de 1832, Tazewell avait installé sa presse à York dans l'espoir d'obtenir des contrats gouvernementaux du nouvel arpenteur général, Samuel Proud-

916

foot Hurd*. Il eut bien quelques travaux à commission, mais le dessinateur principal, James Grant Chewett*, se dressa contre lui car les lithographies, moins coûteuses, menaçaient de lui enlever les bénéfices qu'il tirait de ses cartes dessinées à la main. De plus, comme son père, WILLIAM, venait d'être refusé au poste d'arpenteur général, Chewett était résolu à faire la vie dure à Hurd. D'abord, il refusa de laisser sortir du bureau quelque plan ou carte que ce soit, puis il se plaignit que la presse de fabrication artisanale et la pierre canadienne qu'utilisait Tazewell étaient de piètre qualité. Hurd riposta en commandant des pierres importées et une presse new-yorkaise ; Chewett exigea alors que seuls des dessinateurs qualifiés puissent les utiliser. Hurd chercha à gagner du temps en autorisant Tazewell à installer la nouvelle presse dans sa boutique et à s'en servir pour exécuter les commandes que le commissaire des Terres de la couronne avait déjà passées. Sur ce, le 28 mai 1834, Colborne intervint en ordonnant à Hurd de faire transporter la presse dans son service et de ne plus engager Tazewell. Comme aucun des dessinateurs ne connaissait le fonctionnement de la presse, elle resta inutilisée. Pour se faire payer le travail qu'il avait fait, Tazewell dut intenter un procès qui s'acheva en 1835 par un règlement à l'amiable.

À titre de membre de la Society of Artists and Amateurs of Toronto, Tazewell participa en 1834, avec une douzaine d'autres artistes de la ville (dont Paul Kane*), à une exposition publique. Il présenta « six lithographies sur pierre canadienne » et trois croquis des chutes du Niagara. Un de ses fils, présenté dans le catalogue sous le nom de « maître Tazewell », était exposant honoraire, tout comme « maître Hurd », fils de l'arpenteur général.

Privé de contrats gouvernementaux et empêché d'utiliser la presse new-yorkaise, Tazewell écrivit le 9 février 1835 une lettre ouverte dans laquelle il accusait les dessinateurs du gouvernement d'éliminer « l'art utile [qu'est] la lithographie » et d'empêcher « la personne qui a[vait] introduit cet art dans la province de gagner sa vie et d'entretenir sa nombreuse famille ». Colborne refusa tout de même de le réengager. En septembre 1835, installé à St Catharines, Tazewell était de nouveau bijoutier, horloger et accordeur de pianos ; il continua de produire à l'occasion des lithographies.

Le 10 mars 1836, Tazewell adressa au successeur de Colborne, sir Francis Bond Head*, une requête où il accusait Chewett de l'avoir persécuté et d'avoir « anéanti » ses chances de s'établir à titre de lithographe. Lui-même, poursuivait-il, n'était pas le seul à en souffrir ; les colons, après avoir eu l'occasion de se procurer des plans lithographiés « au bas prix d'un quart de dollar », devaient désormais verser 12s 6d pour de petits plans de canton et « jusqu'à dix dollars pour des plus grands ». Head transmit cette requête à Chewett, qui nia toute responsabilité, vilipenda Tazewell et déclara avoir suspendu l'utilisation de la presse « à cause des coûts rattachés à la production des quelques copies demandées ». L'affaire n'eut pas d'autres suites.

À partir de ce moment, les activités de Tazewell deviennent difficiles à retracer. Le 27 février 1837, sa femme, Mary Ann, mourut à St Catharines. L'année suivante, un annonceur anonyme sollicitait, dans le *St. Catharines Journal, and Welland Canal (Niagara District,) General Advertiser*, des souscriptions de 1 \$ pour une lithographie qui représentait la généalogie des membres du *family compact* ; il demandait aux intéressés d'envoyer leur nom à l'« Artist of the Family Compact Map, North American Hotel, Toronto ». Sans doute était-ce le dernier effort tenté par Tazewell dans le Haut-Canada et il quitta probablement la province peu après. Hugh Scobie* fut le premier, après lui, à faire de la lithographie dans le Haut-Canada, près d'une décennie plus tard.

Si Samuel Oliver Tazewell ne parvint pas à obtenir un poste dans l'administration publique, c'est avant tout parce que la bureaucratie l'en empêcha. Cependant, il semble qu'il indisposa même ceux qui lui voulaient du bien par sa suffisance, son caractère récriminateur, son impulsivité et son manque de jugement.

H. P. GUNDY

Il n'existe pas de recension complète des ouvrages de Samuel Oliver Tazewell. La plupart des ses œuvres connues sont présentées et plusieurs sont reproduites dans Mary Allodi, *Printmaking in Canada : the earliest views and portraits* (Toronto, 1980). Une copie du portrait de William DUNLOP (York [Toronto], *circa* 1833), que Tazewell a peint et dont on soupçonnait l'existence, a bel et bien été localisée récemment à la UTFL. La MTRL possède ce qui est probablement le seul exemplaire qui reste de *An introduction to Greek declension & conjugation adapted to the abridgments of Matthiœ's grammar*, un manuel scolaire lithographié par Tazewell pour l'Upper Canada College à York en 1833. De plus, Tazewell est reconnu pour avoir imprimé plus de 20 cartes et plans de ville, dont des copies se trouvent dans la Coll. nationale des cartes et plans, aux APC, dans la Map Coll. aux AO (dont une copie coloriée à la main de la carte de Kingston, Ontario), et au Royal Ont. Museum, Sigmund Samuel Canadiana Building (Toronto).

AO, MU 2106, 1835, n° 5 ; RG 1, A-I-7, 9, file on maps (lithographie). — APC, RG 5, A1 : 89128–89134, 89741–89751. — R. H. Bonnycastle, « On the transition rocks of the Cataraqui », *American Journal of Sciences and Arts* (New Haven, Conn.), 24 (juill. 1833) : 97–104. — *Canadian Freeman*, 16 oct. 1828. — *Kingston Chronicle*, 19 mai 1820, 18, 25 mai 1821, 20 août, 5 nov. 1831, 1er janv. 1832. — *Patriot and Farmer's Monitor*, 6 oct., 7 déc. 1832, 19 juill., 9, 26 nov. 1833. — *St. Catharines Journal, and Welland Canal (Niagara District,) General Advertiser* (St Catharines, Ontario), 12 nov. 1835, 9 mars 1836, 2 mars 1837, 20 sept. 1838. — *Upper Canada Herald*, 13 mai 1823, 21 juin, 22 nov. 1825, 24 nov. 1830. — *Toronto*

Teholagwanegen

directory, 1833–1834. — H. P. Gundy, « Samuel Oliver Tazewell, first lithographer of Upper Canada », *Rev. de l'Assoc. des humanités* (Kingston), 27 (1976) : 466–483.

TEHOLAGWANEGEN (Tehoragwanegen, Tehora Kwanekeu). V. WILLIAMS, THOMAS

TENSKWATAWA (Elskwatawa, d'abord nommé **Lalawethika,** aussi connu sous les noms de **Shawnee Prophet** et de **Prophet**), chef religieux et politique chaouanon, né probablement au début de 1775 à Old Piqua (près de Springfield, Ohio), fils de Puckeshinwa, guerrier chaouanon, et de Methoataske, d'ascendance creek ; il se maria et eut plusieurs enfants ; décédé en novembre 1836 dans ce qui est aujourd'hui Kansas City, Kansas.

Puckeshinwa fut tué avant la naissance de Tenskwatawa, et la mère de celui-ci l'abandonna, en 1779 croit-on. Il reçut d'abord le nom de Lalawethika, qui signifie « crécelle » ou « faiseur de bruit », signe qu'il était d'un naturel exubérant ou turbulent. Élevé par une sœur aînée, Tecumpease, il passa son enfance dans l'ombre de ses deux grands frères Chiksika et Tecumseh*, qui accumulaient les succès et bénéficiaient de l'admiration de leurs pairs. Lui, par contre, était, semble-t-il, un marginal toléré par sa famille mais qu'une bonne partie de la tribu méprisait. Enfant, il perdit accidentellement l'usage de son œil droit ; adolescent, il sombra dans l'alcool. Parvenu à l'âge adulte, il se maria mais demeura un guerrier et un chasseur médiocres. Absent aux victoires des Indiens sur Josiah Harmar et Arthur St Clair [V. Michikinakoua*], il participa à la bataille de Fallen Timbers et assista probablement à la conclusion du traité de Greenville en 1795.

Après la signature de ce traité, Lalawethika vécut dans l'ouest de l'Ohio au sein d'une petite bande de Chaouanons que dirigeait Tecumseh. En 1797, la bande s'installa dans l'est de l'Indiana, où Lalawethika tomba sous la tutelle d'un vieux chaman, Penagashea (Changing Feathers). À la mort de celui-ci, en 1804, il aspira à son titre. À l'époque, les Chaouanons, comme d'autres tribus, tentaient désespérément de conserver leur mode de vie malgré l'avance des colons blancs. Mais la raréfaction du gibier et le déclin de la traite des fourrures démantelaient la base de leur économie. Bon nombre de tribus n'avaient d'autre choix que de céder des terres ; dans d'autres, l'alcoolisme et la maladie sévissaient ; chez toutes, les valeurs traditionnelles semblaient s'effondrer.

Au début, Lalawethika ne réussit pas à titre de chaman, mais en 1805 il eut une série de visions qui bouleversèrent son existence. Entré en transe, rapportait-il, il avait connu la mort et avait été emporté dans l'au-delà, où le Grand Esprit lui avait montré un paradis puis un enfer où les buveurs impénitents comme lui subissaient d'horribles tourments. Il renonça donc à l'alcool et déclara que le Grand Esprit l'avait choisi pour libérer les Indiens de tous leurs maux. Il annonça en outre qu'il porterait désormais un autre nom : Tenskwatawa, « la porte ouverte ».

La doctrine de Tenskwatawa visait à insuffler une nouvelle vie à certains aspects de la culture traditionnelle des Indiens et à en modifier d'autres. Il demandait à ses adeptes de retourner à la vie communautaire de leurs pères et les pressait de maintenir de bonnes relations avec leur famille et leur tribu. Surtout, disait-il, ils devaient renoncer à l'alcool et à bien d'autres produits de la culture américaine. Tandis que le Grand Esprit avait créé les Indiens, les Britanniques, les Français et les Espagnols, expliquait-il, les Américains étaient des enfants du Grand Serpent, puissance maléfique de l'univers. Aussi fallait-il les éviter. En outre, les Indiennes mariées à des Américains devaient retourner dans leur tribu, et les enfants nés de ces unions devaient demeurer avec leur père. Les Indiens qui avaient embrassé la foi chrétienne devaient l'abandonner.

Tenskwatawa exigeait de ses adeptes qu'ils prient le Grand Esprit, ce pourquoi il leur remettait des « bâtons de prière » sur lesquels figuraient des instructions. Il restaura certaines danses et cérémonies traditionnelles des Chaouanons et en interdit d'autres, qu'il remplaça par de nouveaux rites. Il ordonna à ses disciples de se défaire de leurs pochettes de remèdes personnelles, car ces talismans n'avaient plus aucun pouvoir. S'ils suivaient ses indications, ils verraient le gibier repeupler les forêts, leurs parents et amis défunts revenir à la vie. Les Américains disparaîtraient (Tenskwatawa n'expliqua jamais clairement de quelle façon) et les Indiens reprendraient possession de leur territoire.

Ces enseignements trouvèrent une audience parmi les tribus de l'Ohio et de l'Indiana. Pendant l'été de 1805, Tenskwatawa fonda un village près de Greenville, dans l'ouest de l'Ohio. Dans les mois suivants, bon nombre de Loups (Delawares) de l'est de l'Indiana se convertirent. En mars 1806, au village de Woapikamunk, sur la rivière White, Tenskwatawa participa au procès de certains membres de leur tribu accusés de sorcellerie. Au total, quatre hommes moururent sur le bûcher au cours de cette chasse aux sorciers. En mai, Tenskwatawa dirigea une purge semblable chez les Wyandots de la rivière Sandusky, mais cette fois des chefs proaméricains intercédèrent en faveur des accusés.

Alarmé par l'ascendant que prenait Tenskwatawa, et dans l'espoir de le discréditer, le gouverneur du territoire de l'Indiana, William Henry Harrison, recommanda aux Loups (Delawares) de l'inviter à faire un miracle : « Demandez-lui d'arrêter le soleil – de modifier le cours de la lune. » Le 16 juin 1806, Tenskwatawa prédit une éclipse quasi totale du soleil ;

elle eut lieu, ce qui accrut sensiblement son influence. En 1807 et 1808, des Indiens de diverses tribus franchirent des centaines de milles pour aller le voir à Greenville. Des Kicapous, des Sauks et des Renards, des Potéouatamis, des Outaouais, des Folles-Avoines et des Puants étaient du nombre. À l'été de 1808, tant de Sauteux étaient en route pour Greenville que les trafiquants blancs ne trouvèrent personne dans la plupart des villages de la rive sud du lac Supérieur. Inquiets, les fonctionnaires américains envoyèrent plusieurs équipes de représentants faire enquête sur le mouvement de Prophet, mais celui-ci parvint à les convaincre que ses disciples désiraient simplement vivre en paix. Cependant, ses nombreux visiteurs indiens épuisaient ses réserves alimentaires, et les colons américains de l'Ohio demeuraient hostiles à son mouvement. Afin de s'éloigner de la frange pionnière et de s'établir en un endroit plus giboyeux, Tenskwatawa abandonna Greenville et fonda au printemps de 1808 un autre village, Prophetstown (Battle Ground, Indiana), à l'embouchure de la Tippecanoe.

C'est à ce moment que Tenskwatawa noua des relations avec le département britannique des Affaires indiennes. En juin 1808, à sa demande, Tecumseh se rendit à Amherstburg, dans le Haut-Canada, où il demanda des armes et des provisions au surintendant général adjoint des Affaires indiennes, William Claus*, et au lieutenant-gouverneur Francis Gore*. Pour apaiser les soupçons des Américains, Tenskwatawa alla en août 1808 à Vincennes (Indiana), où il convainquit Harrison de son amitié pour les États-Unis et le persuada même d'approvisionner ses disciples. Cependant, il demeurait incapable de nourrir tous ceux qui arrivaient à Prophetstown, et beaucoup moururent pendant l'hiver de 1808–1809. Au printemps, comme les Indiens s'inquiétaient de voir les Américains tenter d'acheter d'autres terres, les relations entre le mouvement de Tenskwatawa et les autorités du pays se détériorèrent.

Le 30 septembre 1809, en signant le traité du fort Wayne, les délégués des Miamis, des Loups (Delawares) et des Potéouatamis cédaient aux États-Unis plus de trois millions d'acres de terre situées dans l'Illinois et l'Indiana. Cet événement marqua un tournant dans la vie publique de Tenskwatawa. Comme il n'avait pas réussi à empêcher la conclusion du traité, nombre de ses disciples rejetèrent son leadership religieux pour se tourner vers Tecumseh, qui avait des visées plus politiques et militaires. Tenskwatawa conserva son influence à Prophetstown mais, peu à peu, Tecumseh l'éclipsa. Tandis que le premier demeurait sur les bords de la Tippecanoe, le second voyageait beaucoup et prenait le mouvement religieux de son frère comme base de l'unification politique et militaire de toutes les tribus.

Pendant l'hiver de 1810–1811, Prophet reçut plusieurs chargements de provisions britanniques. Au printemps, il conféra avec une série d'émissaires du gouverneur Harrison. Il les traita cordialement, mais en juin il saisit sur la rivière Wabash une cargaison de sel américaine. Plus tard durant l'été, Tecumseh quitta Prophetstown pour aller porter son message d'unité aux tribus du Sud ; Tenskwatawa s'engagea à protéger le village tout en évitant l'affrontement avec Harrison. Peu après, le gouverneur se mit en route pour Prophetstown avec un millier de soldats ; arrivé à la Tippecanoe le 6 novembre, il organisa pour le lendemain matin une rencontre avec Tenskwatawa. Décidé à attaquer plutôt que de rendre son village et ses vivres, celui-ci passa la nuit à répéter à ses partisans que sa médecine les protégerait des balles américaines. Le 7 novembre, juste avant l'aube, 700 Indiens attaquèrent le campement américain ; Tenskwatawa, de son côté, demeura au village, à prier pour leur réussite. Après trois heures de combat, les Indiens se replièrent, et Tenskwatawa abandonna Prophetstown. Harrison cria victoire, mais les deux camps avaient subi des pertes équivalentes (de 60 à 70 morts).

Après la bataille de la Tippecanoe, Tenskwatawa cessa de pouvoir prétendre à son autorité religieuse, mais il demeura aux côtés de Tecumseh afin de l'aider à réaliser l'unité politique des tribus. On construisit un nouveau village près de l'emplacement de Prophetstown. Tout en travaillant à persuader les Américains de leurs intentions pacifiques, les deux frères resserrèrent leurs liens avec les Britanniques. En juin 1812, Tecumseh se rendit à Amherstburg tandis que Tenskwatawa accueillait les Indiens qui, de nouveau, affluaient au village. Quand la nouvelle du déclenchement de la guerre de 1812 parvint dans l'Indiana, Tenskwatawa se rendit au fort Wayne pour professer son amitié aux États-Unis ; pourtant, après la prise de Detroit, en août, il pressa les Indiens de son village d'attaquer le fort Harrison (Terre Haute, Indiana). L'attaque échoua, et en décembre, après que des raids américains eurent balayé la vallée de la Wabash, il s'enfuit dans le Haut-Canada.

Le séjour de Tenskwatawa fut bref. Dès le printemps de 1813, avec Tecumseh, il rentra en Indiana, où tous deux recrutèrent des guerriers pour aider les Britanniques à défendre la région de Detroit. Le 16 avril, ils regagnèrent Amherstburg et, en mai, Tenskwatawa se joignit à un nombreux contingent canado-britannique qui assiégea le fort Meigs (près de Perrysburg, Ohio). Il ne participa cependant pas au combat et, de retour dans le Michigan une fois le siège levé, il passa l'été de 1813 au bord de la rivière Huron (rivière Clinton), dans un petit village. Absent des campagnes menées jusque dans l'Ohio par les Britanniques en juillet et août, il s'opposa cependant, à Brownstown (près de Trenton, Michigan), à des Wyandots proaméricains qui tentaient de briser

Tenskwatawa

l'alliance entre Indiens et Britanniques. En septembre, il accompagna les troupes du major général Henry Procter* qui abandonnaient Amherstburg et se repliaient vers l'est. Le 5 octobre 1813, Tenskwatawa assista à la bataille de Moraviantown, sans y participer, puis suivit les forces de Procter qui fuyaient devant l'avance américaine.

Tenskwatawa passa l'hiver de 1813–1814 à l'extrémité ouest du lac Ontario à tenter de réaffirmer son leadership. Au printemps, avec une petite bande de partisans, il s'installa à la rivière Grand, où il reçut l'appui et l'aide matérielle de John Norton*, qui lui avait déjà apporté son soutien durant l'hiver. Bien que réticent à aider encore les Britanniques à défendre le Canada, il accepta finalement, pendant l'été, de mener un parti de guerriers à la frontière du Niagara. Toutefois, il n'arriva sur les lieux que le 6 juillet, après la bataille de Chippawa, et son repli précipité, le lendemain, mit en danger la position britannique en provoquant une retraite générale des Indiens. Dès lors, il refusa toute participation à des engagements militaires, mais il assista en avril 1815 à la conférence de Burlington Heights (Hamilton), où des fonctionnaires des Affaires indiennes annoncèrent que la guerre était finie.

En juin 1815, Tenskwatawa et la plupart des membres des tribus de l'Ouest s'assemblèrent dans la région d'Amherstburg en prévision de leur retour aux États-Unis. En septembre, à Spring Wells, près de Detroit, il assista à la conférence au cours de laquelle les représentants du gouvernement américain négocièrent avec les exilés les conditions de ce retour. D'abord prêt à coopérer, Tenskwatawa, furieux, reprit la route d'Amherstburg quand il vit les Américains s'opposer à son retour dans la vallée de la Wabash. En avril 1816, il se rendit à Detroit, où il s'entretint avec le gouverneur Lewis Cass, qui lui interdit encore de retourner à la rivière Tippecanoe. Déjà, la plupart des Indiens américains étaient repartis vers leurs terres ; pour encourager cet exode, le département britannique des Affaires indiennes diminua les rations allouées aux exilés toujours présents dans le Haut-Canada. En 1817, Tenskwatawa n'avait pour disciples qu'un peu plus d'une vingtaine de Chaouanons, surtout des parents qui comptaient sur lui pour leur subsistance. Amer, il établit un campement sur le ruisseau Cedar, dans le comté d'Essex, où il vécut pendant huit ans. Même s'il devait compter sur des rations britanniques pour subsister, il ne cessa d'être en butte à William Claus, à John Askin fils et à d'autres fonctionnaires des Affaires indiennes.

En 1824, les États-Unis ne considéraient plus Tenskwatawa comme une menace et, en juillet, Cass l'invita à retourner dans l'Ohio et à user de son influence sur les Chaouanons pour les convaincre de s'installer à l'ouest du Mississippi. Pendant l'été de 1825, Tenskwatawa ramena ses quelques fidèles à Wapakoneta, village chaouanon de l'ouest de l'Ohio puis, en octobre 1826, il quitta l'Ohio avec quelque 250 Chaouanons qui prenaient la route de l'Ouest. Après avoir passé l'hiver de 1826–1827 près de Kaskaskia, dans l'Illinois, ils franchirent le Mississippi en août 1827 et se rendirent jusque dans l'ouest du Missouri. Au printemps de 1828, ils arrivèrent à la réserve chaouanone de l'est du Kansas. Tenskwatawa passa les dernières années de sa vie dans une relative obscurité, mais il posa pour le peintre George Catlin en 1832. Il mourut en novembre 1836 dans ce qui est aujourd'hui Kansas City.

Durant la guerre de 1812 et les décennies suivantes, la plupart des Blancs crurent que c'était Tecumseh qui avait dominé le mouvement indien né pendant la première décennie du siècle. Ses vigoureuses prises de position en faveur d'un leadership centralisé, idée étrangère aux Indiens, reflétaient leurs propres conceptions politiques. De plus, comme Tecumseh semblait l'incarnation même du « bon sauvage », les historiens et écrivains ajoutèrent au récit de sa vie des détails apocryphes qui en firent une figure légendaire. En revanche, on a presque toujours dépeint Tenskwatawa comme un charlatan religieux qui exerça quelque temps une influence limitée grâce à son frère. Pourtant, c'est d'abord lui qui domina le mouvement indien, et ce sont ses enseignements qui, tel un aimant, rassemblèrent les tribus. En période de crise économique et sociale, les Indiens se sont souvent tournés vers un chef religieux [V. ABISHABIS] ; par ses promesses, Tenskwatawa semblait leur montrer la voie de la libération. La coalition indienne demeura un mouvement religieux jusqu'en 1810, après quoi Tecumseh se mit à former, à partir du groupe des fidèles de Prophet, une confédération politique et militaire. Comme les Blancs comprenaient mal la vie spirituelle des Indiens, les enseignements de Tenskwatawa leur semblaient étranges et illogiques ; Prophet n'était donc à leurs yeux qu'un bizarre personnage d'importance mineure. Pourtant, sa foi éveilla de profonds échos chez les gens de sa culture. De 1805 à 1810, il fut l'un des Indiens les plus influents de la région des Grands Lacs et dirigea la résistance des tribus à l'expansion américaine.

R. DAVID EDMUNDS

Pour une liste plus complète des documents et des ouvrages publiés qui concernent Tenskwatawa, le lecteur consultera R. D. Edmunds, *The Shawnee Prophet* (Lincoln, Nebr., et Londres, 1983).

Tippecanoe County Hist. Assoc., County Museum (Lafayette, Ind.), George Winter papers. — Wis., State Hist. Soc., Draper MSS, sér. T ; 1YY–13YY. — Benjamin Drake, *Life of Tecumseh and of his brother the Prophet ; with a historical sketch of the Shawanoe Indians* (Cincinnati, Ohio, 1841 ; réimpr., New York, 1969). — B. J. Lossing, *The pictorial field-book of the War of 1812* [...] (New York,

1869). — *Messages and letters of William Henry Harrison*, Logan Esarey, édit. (2 vol., Indianapolis, Ind., 1922). — « Shabonee's account of Tippecanoe », J. W. Whickar, édit., *Ind. Magazine of Hist.* (Bloomington), 17 (1921) : 353–363. — *The battle of Tippecanoe : conflict of cultures*, Alameda McCollough, édit. (Lafayette, 1973). — C. C. Trowbridge, *Shawanese traditions : C. C. Trowbridge's account*, [W.] V. Kinietz et Erminie Wheeler-Voegelin, édit. (Ann Arbor, Mich., 1939).

THAVENET, JEAN-BAPTISTE, sulpicien, né le 2 septembre 1763 à Bourges, France ; décédé le 16 décembre 1844 à Rome.

Jean-Baptiste Thavenet entre au séminaire de Bourges en 1782, puis est ordonné prêtre en 1789. Il avait été admis dans la Compagnie de Saint-Sulpice en mai 1785 pour faire sa solitude (noviciat) à Paris. Dans le sillage de la Révolution française, les sulpiciens, comme bien des membres de communautés religieuses, connaissent certaines difficultés puisqu'ils refusent de prêter serment à la Constitution civile du clergé. Les seuls choix possibles pour les prêtres réfractaires sont la clandestinité ou l'exil ; Thavenet choisit de se réfugier à Londres. Devant l'afflux de prêtres français sur son territoire, la Grande-Bretagne accepte d'autoriser le passage d'un certain nombre vers le Canada ; elle change alors temporairement l'attitude qu'elle avait adoptée depuis la Conquête. Ainsi le 4 juin 1794, en compagnie de dix autres sulpiciens, Thavenet s'embarque à Portsmouth pour le Bas-Canada [V. Jean-Henry-Auguste Roux*].

Après une traversée sans histoires, le groupe parvient à Montréal le 12 septembre. L'arrivée de ces nouveaux membres au séminaire de Saint-Sulpice stimule la communauté, mais crée aussi des tensions qui marqueront très certainement Thavenet. Le séminaire est en voie de canadianisation, puisque, pour combler les vides, on a dû accepter des candidats canadiens qui forment alors la majorité. Un certain nombre d'entre eux voient d'un mauvais œil l'arrivée en force des Français. Ces derniers se méfient des Canadiens et veulent garder la main haute sur l'orientation de la communauté et préserver les liens avec la maison mère à Paris. C'est dans ce climat que Thavenet fait ses premières armes à Montréal.

Dès octobre 1794, Thavenet enseigne au collège Saint-Raphaël (qui deviendra le petit séminaire de Montréal en 1806), mais il s'entend mal avec le directeur de l'établissement, Jean-Baptiste Marchand*. En 1797, l'évêque de Québec, Mgr Pierre Denaut*, le nomme vicaire de la paroisse Saint-Denis, sur le Richelieu, où il assiste le curé François Cherrier*. La même année, il devient vicaire de la paroisse Notre-Dame à Montréal. Puis on l'envoie à titre de missionnaire à Lac-des-Deux-Montagnes (Oka) en 1800. Thavenet y apprend suffisamment l'algonquin pour être en mesure de traduire des ouvrages dans cette langue et de préparer un dictionnaire algonquin-français, qui restera à l'état de manuscrit. Il est de nouveau professeur au petit séminaire de Montréal en 1809, et au mois d'octobre 1815 il s'embarque pour Paris.

Thavenet commence alors sa carrière européenne de représentant financier de plusieurs communautés religieuses et de lobbyiste pour le séminaire de Saint-Sulpice à Montréal. Cette carrière connaît deux phases : de 1815 à 1831, Thavenet travaille en France et en Angleterre et s'occupe beaucoup de questions de recouvrement de créances ; de 1831 à 1844, il est installé à Rome, où il s'assure que le point de vue du séminaire de Montréal soit bien représenté auprès de la curie. Il prend une part active au conflit qui oppose les évêques du Bas-Canada au séminaire de Saint-Sulpice à Montréal et dont les péripéties aboutissent régulièrement à Rome [V. Joseph-Vincent Quiblier*].

Les communautés religieuses du Bas-Canada possédaient un certain capital en France, particulièrement sous forme de rentes. Pendant la Révolution et les guerres napoléoniennes, non seulement on cesse de leur verser les intérêts, mais en plus on remet en question la propriété de ces rentes. À la Restauration, les communautés tentent de récupérer ces divers placements. Thavenet agit plus spécifiquement pour le compte du séminaire de Québec, des ursulines, de l'Hôtel-Dieu de Montréal, de la Congrégation de Notre-Dame et de l'Hôpital Général de Montréal. Le recouvrement des créances est un travail long, mais finalement l'argent est versé. On estime à 1 800 000 francs la somme que reçoivent les trois communautés féminines de Montréal. D'après l'historien Robert Lahaise, cette injection de capital donne le signal d'une prospérité financière qui se traduit par une poussée de constructions conventuelles à Montréal et permet aux communautés de moderniser et d'agrandir leurs installations. Le succès de Thavenet incite même des familles à faire appel à ses services. Ainsi en 1826 Barthélemy JOLIETTE et ses beaux-frères lui demandent de récupérer l'héritage d'un lointain parent dont on avait vendu les avoirs comme biens nationaux.

Cependant, en dépit des résultats positifs de son travail et du dévouement dont il a fait preuve, Thavenet voit ses qualités de gestionnaire mises en doute. Tous s'entendent sur sa façon inadéquate de tenir des livres ; Wilfrid-H. Paradis, qui a examiné ses dossiers à Paris, trouve que ces derniers manquent de clarté et de précision. De plus, Thavenet aurait été victime de la faillite de certains de ses agents et probablement de malversations de leur part. En 1833–1834, l'abbé Thomas Maguire* passe plusieurs mois avec lui pour tenter en vain de comprendre ses comptes ; il pense néanmoins que 150 000 à 160 000 francs ont été perdus à cause de faillites. L'archevêque

Thavenet

de Québec, Mgr Joseph SIGNAY, somme Thavenet de faire une reddition de ses comptes, mais ce dernier tergiverse ; il ne réussit pas à convaincre les représentants que l'archevêque lui envoie à plusieurs reprises, fait imprimer en 1836 une réponse aux objections du comité qui a examiné ses comptes, et semble persuadé qu'il est victime de persécution à cause de son travail auprès des autorités romaines en faveur du séminaire de Saint-Sulpice à Montréal. Finalement, en 1840, l'archevêque lui retire ses pouvoirs d'agent, mais les autorités ecclésiastiques romaines ne saisiront ses papiers que quelques mois avant sa mort.

Thavenet joue aussi un rôle de premier plan à titre de défenseur des intérêts du séminaire de Saint-Sulpice à Montréal. Rapidement, il en devient le principal lobbyiste et, bien placé à Rome, il s'avère un intervenant redoutable pour les adversaires des sulpiciens. Pendant la première moitié du XIXe siècle, ces derniers font face à deux problèmes majeurs. Le premier date de la Conquête et concerne le droit de propriété du séminaire de Saint-Sulpice à Montréal sur la seigneurie de l'Île-de-Montréal : le séminaire de Saint-Sulpice à Paris, qui avait reçu la seigneurie, en a transféré la propriété en 1764 au séminaire de Saint-Sulpice à Montréal, mais le gouvernement ne reconnaît pas formellement ce transfert. Cette situation précaire rend les sulpiciens prudents dans la gestion de leurs biens et encourage leur loyalisme vis-à-vis les autorités coloniales. Ce n'est qu'en 1841 qu'on reconnaît finalement leurs droits. Le second problème, beaucoup plus compliqué, est celui des relations entre le séminaire de Saint-Sulpice et la hiérarchie ecclésiastique bas-canadienne. La croissance de Montréal et de sa région va entraîner la création d'un nouveau diocèse en 1836 et une restructuration du pouvoir clérical. Les sulpiciens, habitués à leur prééminence de fait dans l'île et dans la ville, sont perdants au départ et ne voient pas d'un bon œil ce développement d'autant plus qu'ils craignent que tout nouvel évêque convoite leurs biens. Cette rivalité se double très rapidement d'évidentes frictions ethniques.

Thavenet est mêlé à tous ces problèmes. Dès 1819, il s'occupe des droits du séminaire de Saint-Sulpice avec son confrère Jean-Jacques LARTIGUE, en mission à Londres. Les relations se détériorent rapidement entre le séminaire et la hiérarchie ecclésiastique à partir de 1821. L'élévation de Lartigue à l'épiscopat, le refus de Mgr Bernard-Claude Panet* d'accepter le projet de règlement de 1827 par lequel Saint-Sulpice aurait troqué ses biens contre une rente gouvernementale [V. Jean-Henry-Auguste Roux], la question du pouvoir de l'évêque dans la désignation du curé de la paroisse Notre-Dame de Montréal, l'interdiction faite au séminaire, par l'archevêque de Québec, de recruter des prêtres en France et la création d'un diocèse à Montréal exigent que les sulpiciens interviennent à

Rome pour obtenir gain de cause. L'infatigable Thavenet y sera leur porte-parole. Son rôle est central dans ces querelles et, de l'avis de tous les chercheurs, il a lui-même, par ses prises de position, par sa volumineuse correspondance, par ses mémoires, dont certains sont anonymes, et par ses préjugés à l'endroit des Canadiens, contribué à jeter de l'huile sur le feu et à prolonger la dissension. Cependant, le fait que la rivalité entre le séminaire et l'évêque de Montréal se prolonge longtemps après sa mort indique que les enjeux étaient de taille et dépassaient les simples querelles de personnalité ; en réalité, tout le mode d'encadrement de la population catholique était en cause.

Une dernière facette de l'activité de Thavenet doit être soulignée. Pour les sulpiciens et les communautés montréalaises, il joue le rôle d'agent chargé de l'achat des livres, des objets pieux, ainsi que des accessoires qui servent au culte.

La carrière de Jean-Baptiste Thavenet illustre bien les relations qu'entretient le monde religieux bas-canadien avec l'extérieur, notamment avec les trois pôles fondamentaux que sont Londres, Paris et Rome. Elle montre aussi que dans ce domaine un individu peut être amené à jouer un rôle stratégique. Thavenet occupe une place importante dans la vie religieuse du Bas-Canada même s'il n'y a résidé que de 1794 à 1815.

JEAN-CLAUDE ROBERT

Compte tenu de l'importance du rôle de Jean-Baptiste Thavenet, on retrouve de volumineux dossiers sur lui aux ASSM (section 21, nᵒˢ 17–18) et aux Arch. du séminaire de Saint-Sulpice à Paris. De même, les ACAM et presque toutes les communautés religieuses qui l'ont utilisé comme agent possèdent un dossier de correspondance avec lui. L'article de Wilfrid H. Paradis, « le Nationalisme canadien dans le domaine religieux ; l'affaire de l'abbé Thavenet », *RHAF*, 7 (1953–1954) : 465–482 ; 8 (1954–1955) : 3–24, donne une bonne idée des sources parisiennes. L'ouvrage de Louis Rousseau, *la Prédication à Montréal de 1800 à 1830 : approche religiologique* (Montréal, 1976), décrit l'essentiel de la situation du séminaire de Saint-Sulpice au début du XIXe siècle. Celui de Brian J. Young, *In its corporate capacity ; the Seminary of Montreal as a business institution, 1816–1876* (Kingston, Ontario, et Montréal, 1986), se penche davantage sur les activités économiques. Le livre de Chaussé, *Jean-Jacques Lartigue*, fait le point sur les tensions entre l'évêque et les sulpiciens. [J.-C. R.]

Thavenet est l'auteur de : *Résumé de la discussion des erreurs qu'a cru voir dans mes comptes le comité qui a été chargé de les examiner* (Rome, 1836).

ANQ-M, CN1-295, 15 sept. 1826 ; CN5-25, 10 avril 1826. — ASQ, Fonds Viger-Verreau, Sér. O, 0141 : 134. — BVM-G, Coll. Gagnon, corr., J.-B. Thavenet à Morland and Co., 28 févr. 1831. — Allaire, *Dictionnaire*. — Dionne, *les Ecclésiastiques et les Royalistes français*. — Henri Gauthier, *Sulpitiana* ([2e éd.], Montréal, 1926). — Robert Lahaise, *les Édifices conventuels du Vieux Montréal : aspects ethno-historiques* (Montréal, 1980). — Pouliot,

Mgr Bourget et son temps, 1. — Rumilly, *Hist. de Montréal,* 2.

THAYENDANEGEA. V. JONES, JOHN

THÉORAGWANEGON, THOMAS. V. WILLIAMS, THOMAS

THOM, ALEXANDER, officier, chirurgien, propriétaire de moulins, juge de paix, juge et homme politique, né le 26 octobre 1775 en Écosse, probablement à Aberdeen, fils d'Alexander Thom, fermier ; le 5 décembre 1811, il épousa à Niagara (Niagara-on-the-Lake, Ontario) Harriet E. Smythe (décédée en 1815), et ils eurent des enfants, puis Eliza Montague (décédée en 1820), et finalement Betsy Smythe, et de ce mariage naquirent un fils et deux filles ; décédé le 26 septembre 1845 à Perth, Haut-Canada.

Alexander Thom obtint une maîtrise ès arts du King's College d'Aberdeen en 1791. Le 25 septembre 1795, il entra dans le 88th Foot à titre d'aide-chirurgien ; un an plus tard, il assumait les mêmes fonctions dans le 35th Foot. Il devint adjoint au chirurgien le 9 mars 1797 et chirurgien le 30 août 1799. Au mois de mai 1803, il rejoignit le 41st Foot, alors en garnison dans le Bas-Canada, et y servit jusqu'à ce qu'il devienne chirurgien d'état-major le 29 juillet 1813. Sa présence dans le cortège funèbre officiel de sir Isaac Brock* au fort George (Niagara-on-the-Lake) en octobre 1812 est une preuve du prestige dont il jouissait dans l'armée. Fait prisonnier au moment de la prise du fort George par les Américains en mai 1813, Thom demeura en captivité jusqu'au mois d'août. Il obtint alors du révérend John Strachan* l'autorisation d'utiliser son église, à York (Toronto), en guise d'hôpital.

Vers la fin de la guerre, le gouvernement britannique cherchait des moyens de protéger les voies de communication canadiennes contre les invasions éventuelles en provenance du sud. Le Saint-Laurent s'avérait peu sûr, mais il restait la possibilité de relier Montréal et Kingston par une route le long des rivières des Outaouais et Rideau, à condition d'ouvrir ce secteur à la colonisation. On fit donc des plans dans le but d'y attirer des sujets britanniques fiables avec, de préférence, une certaine expérience militaire [V. sir Francis Cockburn*]. Le premier établissement allait être Perth et, comme il devait demeurer sous la protection de l'armée pendant la période de développement, le gouvernement britannique accepta de fournir un médecin aux pionniers. On recommanda Thom pour occuper ce poste le 15 août 1815. En décembre de la même année, il lui incomba apparemment de présenter un mémoire au gouvernement provincial de la part du premier groupe de colons écossais qui, pour avoir entendu dire que la terre et le climat laissaient à désirer, hésitaient à partir pour Perth. Dès juillet 1816, Thom était à Perth, à la demi-solde. Il retourna à la vie civile le 15 février 1817 et continua de servir à titre officiel de médecin de la colonie jusqu'à la fin de la tutelle militaire en 1822.

Thom demeura à Perth le reste de sa vie et contribua à assurer la survie et la croissance de la ville. Les conditions dans lesquelles il exerça sa profession durant les premières années furent souvent pénibles. En septembre 1816, comme la population avait atteint 1 600 âmes, il réclama la venue d'autres médecins et la construction d'un hôpital. C'est à peu près à ce moment-là qu'il entreprit une carrière d'homme d'affaires, qui allait d'ailleurs bien vite le tenir fort occupé. Il construisit d'abord un moulin à scier sur la rivière Tay, et les premières planches en sortirent au mois de juillet 1817 ; peu après, il bâtit un moulin à farine. Selon William Bell*, premier ministre presbytérien de Perth, Thom se laissa accaparer par ces entreprises au point de négliger parfois ses obligations de médecin. En 1819, il obtint des concessions de terre à Perth et dans les cantons de Bathurst, de Drummond, de Sherbrooke et d'Elmsley. Deux ans plus tard, avec des concitoyens, il signa une pétition pour réclamer l'établissement d'un marché et d'une foire. Magistrat depuis 1816, il fit partie du conseil d'enquête, institué en 1819 par Cockburn, surintendant militaire de l'établissement, qui permit de découvrir les détournements de fonds de Joseph Daverne, secrétaire et garde-magasin de Perth. En 1824, il s'acquitta avec d'autres magistrats de la pénible obligation de réprimer les émeutes survenues dans le canton de Ramsay auxquelles on a donné le nom de « Ballyghiblin » [V. James FitzGibbon*].

À mesure que Perth progressait, l'influence d'Alexander Thom diminuait. D'allégeance tory, il s'était retiré des élections générales de 1824 en faveur d'un autre tory, William Morris*, contre qui il perdit en 1834. Élu à l'élection partielle tenue dans Lanark en février 1836, Thom se fit battre par Malcolm Cameron* et John Ambrose Hume Powell en juillet. Selon William Bell, Thom était un homme respectable et il fut le seul médecin de Perth capable de s'élever au-dessus des soucis financiers pendant l'épidémie de choléra de 1832. Alors que les autres médecins refusèrent de former un bureau de santé, Thom déclara qu'il servirait seul si nécessaire. L'année suivante, il se battit en duel avec Alexander McMillan « pour régler une affaire d'honneur ». Les deux hommes échangèrent des coups de feu et Thom fut légèrement blessé, mais « l'incident se termina amicalement ». Nommé juge de la Cour de district en 1835, il mourut à Perth dix ans plus tard.

CHARLES G. ROLAND

AO, Land record index ; MS 552 (transcription). — APC, RG 5, A1 : 13388–13390 ; RG 8, I (C sér.), 291 : 30 ;

Thoma

RG 68, General index, 1651–1841 : 427, 537. — National Arch. (Washington), RG 98, 685. — Univ. of Aberdeen Library, MS and Arch. Sect. (Aberdeen, Écosse), Kings College and Univ., record of graduates, 30 mars 1791. — [L. W. V.] Smith, *Young Mr Smith in Upper Canada*, M. L. Smith, édit. (Toronto, 1980). — John Strachan, *John Strachan : documents and opinions ; a selection*, J. L. H. Henderson, édit. (Toronto et Montréal, 1969), 45. — *Canadian Correspondent* (York [Toronto]), 26 janv. 1833. — *Globe*, 14 oct. 1845. — *Upper Canada Gazette*, 8 déc. 1821. — *Death notices of Ont.* (Reid), 13, 26, 179. — *A dictionary of Scottish emigrants to Canada before confederation*, Donald Whyte, compil. (Toronto, 1986), 413. — William Johnston, *Roll of commissioned officers in the medical service of the British army* […] (Aberdeen, 1917). — *Legislators and legislatures of Ont.* (Forman), 1 : 77. — Canniff, *Medical profession in U.C.*, 650. — Alexander Haydon, *Pioneer sketches in the district of Bathurst* (Toronto, 1925), 37–38, 48, 51, 147–148. — J. S. McGill, *A pioneer history of the county of Lanark* (Toronto, 1968), 58. — Isabel [Murphy] Skelton, *A man austere : William Bell, parson and pioneer* (Toronto, 1947), 113, 120, 124, 138–140, 263, 286.

THOMA. V. TOMAH

THOMPSON, HANNAH MAYNARD (Pickard), romancière, née le 25 novembre 1812 à Chester, Vermont, cadette des quatre enfants d'Ebenezer Thompson et de Hannah Maynard ; le 2 octobre 1841, elle épousa à Boston le révérend Humphrey Pickard*, et ils eurent deux fils qui moururent en bas âge ; décédée le 11 mars 1844 à Sackville, Nouveau-Brunswick.

Hannah Maynard Thompson avait environ trois ans lorsque ses parents quittèrent Chester pour aller s'installer à Concord, dans le Massachusetts, où elle habita pendant dix années. Elle y grandit dans la foi méthodiste, dont ses parents étaient de fervents adeptes. Dès son jeune âge, elle se fit remarquer par son talent de conteuse et par l'intérêt qu'elle manifestait pour « les livres, l'observation, la conversation et la réflexion ».

Au début du printemps de 1826, les parents de Hannah s'établirent à Wilbraham, au Massachusetts, pour y prendre en charge la résidence des étudiants de la Wesleyan Academy ; elle avait alors 13 ans. L'adolescente étudia dans cet établissement et y entreprit en outre des cours sur le méthodisme. Deux ans plus tard, ses parents se fixèrent à Boston où elle les rejoignit en 1829. À l'exception d'un séjour à Wilbraham, elle demeura dans la capitale jusqu'à son mariage, en 1841.

À Boston, où elle enseigna quelque temps, Hannah Thompson vit s'épanouir son goût pour l'écriture. Elle composa des vers, des saynètes (genre fort apprécié à l'époque) et des morceaux en prose. Certaines saynètes de *Memoir and writings of Mrs. Hannah Maynard Pickard* attestent sa grande ferveur religieu-se et son amour grandissant pour la nature. Voici quelques-uns de ses titres : *The little remembrancer, Farewell of the closing year, Beauty of contentment*, « *Looking unto Jesus* » et *The spider*. Parmi ses morceaux en prose, tous d'environ une page, on retrouve : *Evening, Man alone ungrateful, The storm-bird's flight* et *Prayer*. C'est aussi à Boston qu'elle écrivit et publia ses plus importants ouvrages en prose, *Procrastination ; or, Maria Louisa Winslow* (1840) et *The widow's jewels ; in two stories* (1844), qui portaient pour toute signature la mention « By a lady ».

Procrastination est un récit édifiant de 115 pages sur la certitude de l'incertitude de la vie et sur « le danger de remettre à plus tard les devoirs supérieurs ». Maria, jeune fille de 17 ans « éduquée selon la mode » et entichée de la vie mondaine hivernale à Boston, est incapable de tirer profit de l'expérience religieuse des autres. À cause de sa prédilection pour les toilettes neuves, les bals et les soirées mondaines, elle omet de réconforter une amie souffrante, Elizabeth. Soudainement malade à son tour, elle meurt, toujours victime de cette incapacité de « reconnaître les dangers de ce mal très funeste pour l'âme : la procrastination ». Cette histoire, affirme l'auteure, est authentique ; seuls les noms et les dates ont été changés. *The widow's jewels*, paru après sa mort, s'adressait aux « petits lecteurs ». Par deux histoires, *Robert McCoy* et *Dennis Brooks*, l'auteure tente de faire comprendre aux lecteurs débutants qu'« il y a des joyaux de plus grand prix », en l'occurrence les enfants de Dieu.

En 1838, Hannah Thompson se vit offrir le poste de précepteur de l'académie de Wilbraham. Après quelques hésitations, elle accepta. Son biographe affirme à ce propos : « Son succès fut très remarquable et gratifiant et bien supérieur à ce que sa modestie lui avait jamais permis d'espérer. » Elle avait la responsabilité de superviser et d'instruire plus de 100 jeunes femmes « de tous caractères et comportements ». C'est à Wilbraham qu'elle rencontra son futur mari, Humphrey Pickard, alors étudiant à la Wesleyan University de Middletown, dans le Connecticut. Après le retour du jeune homme au Nouveau-Brunswick, Hannah entretint une correspondance avec lui.

La mère de Hannah Thompson mourut le 18 mars 1841. Cette perte l'affecta profondément, comme en témoignent son journal et les lettres adressées à Pickard, et imprima à sa vie une nouvelle dimension. À la fin de la session du printemps de 1841, elle abandonna son poste à la Wesleyan Academy et retourna à Boston où elle tint maison pour son père. Mais elle était tellement utile à la bonne marche de l'académie que le directeur vint la voir à Boston pour la supplier de revenir et de retarder son prochain mariage avec Humphrey Pickard. Elle refusa et se maria à l'église Bromfield Street à Boston, le 2 octobre 1841. Peu après, le couple se fixa à Saint-Jean, au Nouveau-Brunswick.

Hannah donna naissance à son premier fils, Edward Dwight, le 7 septembre 1842 à Chelsea, au Massachusetts, pendant une visite chez des parents. Elle revint à Saint-Jean avec le bébé le 29 octobre. Pickard fut bientôt nommé directeur de la Wesleyan Academy, nouvellement construite à Sackville [V. Charles Frederick Allison*]. En janvier 1843, les Pickard s'installèrent à Sackville. À compter de cette date, Hannah partagea son temps entre son nouvel état de vie et les tâches inhérentes à la fondation d'un établissement d'éducation. Non seulement elle seconda son mari dans ses fonctions d'administrateur et de prédicateur méthodiste, mais elle s'occupa en outre de l'hébergement des étudiants.

En 1844, les Pickard attendaient leur second enfant. Ce fut un fils, Charles Frederick Allison, qui naquit le 19 février mais ne vécut qu'une semaine. Moins d'un mois plus tard, le 11 mars, Hannah Maynard Thompson mourut elle aussi ; elle avait 31 ans. Le révérend Samuel Dwight Rice*, représentant de l'académie, écrivit alors : « Son âme sanctifiée a trouvé le repos. » Ce témoignage traduit la douleur ressentie par toute la communauté méthodiste, dont elle était un membre dévoué et bien-aimé. Son fils aîné ne lui survécut que deux ans.

DOUGLAS LOCHHEAD

Un jugement sur Hannah Maynard Thompson porté par son beau-frère, Edward Otheman, a été publié à Boston en 1845 sous le titre de *Memoir and writings of Mrs. Hannah Maynard Pickard ; late wife of Rev. Humphrey Pickard, A.M., principal of the Wesleyan academy at Mount Allison, Sackville, N.B.* Cet ouvrage contient aussi de nombreuses lettres écrites par Hannah, Humphrey Pickard et d'autres, ainsi que des poèmes, des notices biographiques et des passages tirés des écrits de Hannah.

Cyclopædia of Canadian biog. (Rose et Charlesworth), 1 : 140–142. — *N.B. vital statistics, 1842–45* (Johnson). — Watters, *Checklist of Canadian literature* (1972).

THOMPSON, TOLER (Tolar), agent de développement agricole, né vers 1780 à Upper Sackville, Nouveau-Brunswick, fils unique de John Thompson et de Mary Toler, veuve de John Grace ; il épousa Alice Charters, et ils eurent huit enfants ; décédé le 23 juin 1846 et inhumé à Sackville Parish, Nouveau-Brunswick.

Toler Thompson est reconnu, au Nouveau-Brunswick, pour les travaux d'aménagement qu'il fit dans les marais Tantramar de l'isthme Chignecto. Les Acadiens, de la fin du XVIIe siècle jusqu'à leur déportation en 1755 [V. Robert Monckton*], avaient quelque peu exploité ces marais. Ils avaient élevé des bâtiments de ferme sur les terres sèches et rendu

arables une partie des terres basses, donc inondées, au moyen d'*aboiteaux* ou digues à vannes équilibrées. Ces vannes se fermaient sous la pression de la marée montante et s'ouvraient, à marée descendante, pour libérer l'eau douce retenue. Les premiers colons anglophones, venus surtout de Nouvelle-Angleterre puis du Yorkshire, en Angleterre [V. Charles Dixon*], recoururent au même système. Cependant, la région était encore assez marécageuse au début du XIXe siècle. En 1816, le missionnaire méthodiste Joshua MARSDEN notait que se rendre à Tantramar causait « à la fois des difficultés et de la fatigue, car le marais était souvent inondé ». « En ces occasions, poursuivait-il, j'étais obligé d'avoir un guide, qui tenait un long bâton qu'il plongeait régulièrement un peu en avant de son cheval, car les eaux où nous avancions étaient vaseuses, pour vérifier la direction des ruisseaux et empêcher que nous tombions dans l'un d'eux par inadvertance. »

Thompson, qui appartenait à la deuxième génération de fermiers des marais, entreprit, pour accroître la superficie des terres arables, divers travaux fort utiles. Ainsi il définit la topographie des marais, ou leur configuration de drainage potentielle, creusa des fossés d'assèchement (dont certains servirent aussi de canaux de transport) et construisit des chemins. Il conçut en outre, pour fertiliser ces terres marécageuses, une méthode qui consistait à les inonder en y amenant périodiquement l'eau limoneuse de la baie de Fundy. Une fois précipités les solides et éléments nutritifs en suspension, l'eau salée était évacuée. Les résidents de la région de Tantramar sont encore reconnaissants à Thompson des riches pâturages et terres de culture qu'ils possèdent aujourd'hui.

On a peu de détails sur les activités de Thompson. Lorsqu'il demanda une concession foncière à l'arpenteur général George Sproule*, en 1817, il précisa avoir entrepris la construction d'une route qui menait de la rivière Great Bridge à Point Midgic (Midgic) et y avoir déjà investi £364. Dans un document présenté à l'appui de cette requête, William Botsford*, membre d'une influente famille de la région, disait que Thompson, « personne pleine d'initiative et de diligence », s'employait depuis environ trois ans à creuser au bout du marais de Sackville un grand fossé « qui [était] déjà et sera[it] encore fort utile à la population et lui a[vait] coûté beaucoup en termes de temps et d'argent ». La même année, Thompson reçut du gouvernement une subvention de £100 pour sa route. En 1817–1818, il travailla au creusage d'un canal entre le ruisseau Mud et le lac Rush, sous la direction des inspecteurs de la « grand-route » et des commissaires des égouts de la région ; en 1822, il tentait toujours d'obtenir le paiement intégral de ses services. En 1821, il avait redemandé de l'aide au gouvernement afin de poursuivre la construction de sa route, pour laquelle il avait encore dépensé £136. Ses ouvrages, notait-il, permettaient aux colons d'occuper des terres non concédées, facilitaient le transport du bois et d'autres matériaux ; ils laissaient entrer la marée, « qui inond[ait] certaines terres, et la boue déposée par ce moyen en [ferait] de bonnes et fertiles prairies » ; enfin, ils empêchaient les inondations qui avaient déjà endommagé la route principale vers Halifax. On ignore le résultat de sa requête.

Selon une tradition populaire assez confuse, qui comporte de nombreuses variantes, Toler Thompson aurait été le petit-fils du pair irlandais John Toler, 1er comte de Norbury. La fille du comte, Mary, se serait enfuie avec John Grace, valet ou cocher de son père, pour se rendre dans la partie néo-écossaise de l'isthme Chignecto, où son mari se serait noyé trois ans plus tard. Par la suite, à Upper Sackville, au Nouveau-Brunswick, elle aurait épousé John Thompson, du Yorkshire. Aussi captivante qu'elle soit, cette histoire n'est guère crédible puisque John Toler ne se maria qu'en 1778, soit environ deux ans avant la naissance de Toler Thompson.

R. J. CUNNINGHAM

La tradition familiale concernant Toler Thompson nous a été rapportée par J. Toler Thompson de Moncton, N.-B., au cours d'une série d'entrevues qu'il nous a accordées. Il nous a aussi permis de consulter un calepin de notes, apparemment compilées au début des années 1900 par un autre descendant, Cogswell A. Sharpe, qui nous a fourni des détails supplémentaires. [R. J. C.]

APNB, RG 4, RS24, S29-P5, S30-P38. — Westmorland Hist. Soc. (Dorchester, N.-B.), Grave marker for Tolar Thompson. — Joshua Marsden, *The narrative of a mission to Nova Scotia, New Brunswick, and the Somers Islands ; with a tour to Lake Ontario* [...] (Plymouth Dock [Plymouth], Angl., 1816 ; réimpr., New York, 1966). — W. C. Milner, *History of Sackville, New Brunswick* (Sackville, 1934) ; « Records of Chignecto », N.S. Hist. Soc., *Coll.*, 15(1911) : 74–75. — C. W. Moffat, « Shall we establish an endowment to the memory of Tolar Thompson ? », *Tribune-Post* (Sackville), 2 juin 1947.

THOMSON, CHARLES EDWARD POULETT, 1er baron SYDENHAM, administrateur colonial, né le 13 septembre 1799 à Waverley Abbey, Angleterre, troisième fils et dernier des neuf enfants de John Poulett Thomson et de Charlotte Jacob ; décédé célibataire le 19 septembre 1841 à Kingston, Haut-Canada.

Le père de Charles Edward Poulett Thomson était copropriétaire de la J. Thomson, T. Bonar and Company de Londres et de Saint-Pétersbourg (Leningrad, Union soviétique), qui fut pendant plusieurs générations l'un des piliers du commerce avec la Russie et les ports de la Baltique. Après avoir fréquenté des écoles privées jusqu'à l'âge de 16 ans, Thomson alla travailler dans l'entreprise familiale à Saint-Pétersbourg. En 1817, il rentra en Angleterre

pour des raisons de santé, puis fit une longue tournée du sud de l'Europe. De retour en Russie en 1821, après un bref séjour au bureau londonien de la compagnie, il sillonna l'Europe de l'Est pendant trois ans. Il s'établit à Londres en 1824, mais continua de se rendre fréquemment sur le continent, et surtout à Paris.

Étant, au dire de son frère George Julius Poulett Scrope (Thomson), « le dernier-né et le plus bel enfant de la famille », Thomson avait été « le chouchou de tous », ce qui l'avait vite rendu ambitieux et sûr de lui. Charles Cavendish Fulke Greville, dans son journal intime, est catégorique : « [c'est] le plus grand fat et le type le plus vaniteux que j'aie jamais vu ». À coup sûr, Thomson se donnait des airs d'aristocrate ; son « amour du beau monde » lui valait d'ailleurs la réprobation de ses collègues marchands et de sa propre famille. Célibataire, surtout d'après son frère à cause de sa santé fragile et de ses absorbantes occupations, il avait une réputation d'épicurien. Son installation au Canada allait, selon les mots de l'écrivain John Richardson*, « annoncer [...] le règne d'au moins une maîtresse ». Libres ou non, toutes les femmes « suscitaient ses hommages », mais les « attentions » qu'il eut pour une Torontoise mariée « étaient, selon Richardson, si marquées que les mauvaises langues allaient bon train ». C'était aussi un gourmet qui allait tenter de propager la « cuisine française » dans les colonies.

Thomson n'avait pas envie de suivre le chemin tracé pour lui et ne réussissait pas particulièrement bien en affaires. En 1825, seule la caution d'un de ses frères aînés, Andrew Henry, l'empêcha de tout perdre dans une entreprise de spéculation. Même s'il parlait couramment le français, l'allemand, le russe et l'italien, Thomson ne pouvait faire carrière dans le service diplomatique, chasse gardée des grandes familles de propriétaires terriens. Il n'avait pas non plus assez de fortune pour acheter un titre de noblesse. Son appui précoce à la réforme parlementaire et à des mesures libérales, comme le scrutin secret et l'abolition des *Corn Laws*, allait révéler l'amertume que lui inspirait sa position incertaine dans le milieu aristocratique.

Tôt gagné à la doctrine du libre-échange, Thomson se lia naturellement d'amitié avec les disciples de Jeremy Bentham et fut élu au Political Economy Club. En 1825, Joseph Hume l'aida à obtenir l'investiture libérale dans la circonscription de Douvres ; aux élections de mai 1826, Bentham lui-même fit campagne en sa faveur. Thomson remporta la victoire, mais uniquement au prix d'énormes dépenses et de l'affection de sa famille, opposée à ses positions libérales. À la chambre des Communes, disait un critique, on le trouva « ennuyeux » ; sa voix était « fluette et efféminée », son allure, celle d'« un apprenti barbier ». Rarement abordait-il les « questions qui passionn[aient] alors les partis », notait son frère Scrope, et ses discours sur le commerce passaient pour dogmatiques. Pourtant, Thomson trouva dans l'aristocratie un éminent protecteur, John Charles Spencer, vicomte Althorp ; ce dernier, devenu chancelier de l'Échiquier dans le cabinet whig formé à la fin de 1830, le fit nommer vice-président du comité de commerce du Conseil privé (communément appelé Board of Trade) et trésorier de la marine. Comme son supérieur au commerce, lord Auckland, était un homme plutôt insignifiant, Thomson prit les rênes du comité. En étroite collaboration avec Althorp, il participa à la préparation du budget libre-échangiste de 1831 (qu'on rejeta), ce qui lui valut l'hostilité éternelle des protectionnistes et acheva de lui aliéner sa famille. Toutefois, ses opinions étaient populaires parmi les industriels du nord de l'Angleterre ; bien que réélu dans Douvres en 1830, 1831 et 1832, il passa donc dans la circonscription de Manchester, où il gagna en 1832 sans faire campagne puis fut réélu en 1834 et 1837. De juin à novembre 1834, puis dans le cabinet whig formé en avril 1835, Thomson détint le poste de président du Board of Trade : il y fit entrer des libre-échangistes, apporta nombre d'allégements mineurs aux règlements douaniers et négocia des ententes commerciales avec plusieurs gouvernements européens. De plus, il étendit les fonctions du Board of Trade et resserra l'examen des bills privés, surtout lorsqu'ils portaient sur des chartes de compagnie de chemin de fer ou de banque. Quand il tenta d'exercer semblable droit de regard sur les lois coloniales, il provoqua un furieux affrontement entre le ministère des Colonies et la chambre d'Assemblée du Haut-Canada au sujet de la monnaie et de la législation bancaire.

Dans l'ensemble, Thomson ne fut pas de ceux qui définirent directement la réaction du cabinet à la crise politique du Canada. Quand la nouvelle des rébellions parvint à Londres, il se montra, selon lord Howick, « tout à fait favorable à l'exécution » des coupables. Même s'il avait déjà été proche de lord Durham [LAMBTON], il vit d'un mauvais œil que celui-ci démissionne parce que le cabinet ne défendait pas l'ordonnance dans laquelle il avait commandé l'exil des rebelles aux Bermudes. Apparemment, il n'accueillit pas le rapport de Durham avec beaucoup d'enthousiasme. À la mi-mars 1839, il fit partie du comité ministériel qui adopta la proposition d'Edward Ellice* en faveur d'une union fédérale du Haut et du Bas-Canada. Cependant, après l'abandon de ce projet, il appuya, avec une faible majorité de députés, une formule d'union législative inspirée des recommandations de Durham.

De plus en plus désenchanté de sa position au gouvernement, Thomson vit avec grand déplaisir le poste de chancelier de l'Échiquier lui passer sous le nez au début de 1839. Toutefois, son principal grief

venait de ce que le cabinet ne réorientait pas radicalement sa politique économique. La conception conformiste que les whigs avaient des finances avait mené le gouvernement au bord de la faillite, et Thomson savait que des réformes s'imposaient. Il savait aussi qu'il ne pourrait pas convaincre les Communes de les adopter. C'est pourquoi il refusa le poste de chancelier de l'Échiquier qu'on lui offrit finalement à l'été de 1839. Le 6 septembre, malgré l'opposition des marchands de bois, il accéda au poste de gouverneur en chef de l'Amérique du Nord britannique. Les rebelles canadiens, croyait-il, « ne [pouvaient] pas être plus déraisonnables que les ultras des deux côtés de la chambre des Communes ». Il réclama un salaire anormalement élevé de £7 000, un équipage de £3 000 et des crédits substantiels pour ses faux frais. On lui promit également une pairie s'il s'acquittait bien de son mandat.

Avant son départ, Thomson eut un entretien avec Durham, qui lui donna sa bénédiction. Son objectif premier était de gagner les Canadiens à une forme d'union acceptable pour le gouvernement impérial, qui de son côté promettait de garantir un prêt important pour les amadouer. Débarqué à Québec le 19 octobre 1839, Thomson prit la relève de sir John Colborne* à la tête du gouvernement bas-canadien. Sa nomination, il le savait, avait consterné les marchands coloniaux. En Nouvelle-Écosse, le *Pictou Observer* le qualifiait de « mesquin et partial marchand de bois russe » et lui souhaitait « un bon bain dans son goudron favori de la Baltique, plus autant de plumes que possible pour se protéger de l'hiver naturel et politique qui l'attendait ». Pourtant, après sa première réception officielle, le 21 octobre, Thomson affirma avoir reçu, même de la part des marchands québécois, un accueil « certainement bon ».

Installé à Montréal le 23 octobre, Thomson rapporta que, même si la province était « calme », seule l'autorité gouvernementale empêchait les Canadiens français de se livrer à des « actes d'insubordination ». Pour décourager la désaffection, il refusa de libérer de prison le chef patriote Denis-Benjamin Viger* et fit arrêter Augustin-Norbert Morin*, qu'il dut cependant relâcher parce que le mandat original, pour haute trahison, ne s'appuyait pas sur des témoignages suffisants. Le 11 novembre, Thomson convoqua le Conseil spécial, formé de membres nommés et reconnus pour leur loyauté, qui avait remplacé le Parlement après la rébellion de 1837. Quinze conseillers seulement bravèrent les neiges pour se réunir à Montréal, et Thomson ne leur donna que deux jours pour débattre le projet d'union. Les modalités qu'il proposait étaient tout à fait injustes pour le Bas-Canada : représentation égale pour le Haut-Canada, moins populeux ; imputation de la dette haut-canadienne, plus lourde, à la province unie ; octroi d'une liste civile permanente, ce à quoi

927

Thomson

l'Assemblée bas-canadienne s'était longtemps opposée. Pourtant, seuls trois conseillers rejetèrent ces modalités, si bien que Thomson put annoncer que la question de l'union était « réglée ». Il se trompait. John NEILSON et d'autres organisèrent des pétitions contre le projet tandis que la presse francophone attaquait directement « le poulet », comme on surnommait le gouverneur.

Ces critiques irritèrent évidemment Thomson. « Si c'était possible, écrivit-il en novembre 1839, la meilleure chose pour le Bas-Canada serait dix autres années de despotisme. » Même avant son départ de Grande-Bretagne, selon la *Colonial Gazette* de Londres, il avait déjà été « convaincu par le rapport, les dépêches et les *propos* de lord Durham qu'une domination des Français dans le Bas-Canada [était] absolument impossible ». En outre, il avait précisé avoir l'intention de « défendre le principe de la domination par la majorité de l'ensemble du Canada ». Admirateur de la France et de la culture française, Thomson n'avait rien contre l'usage du français, qu'il parlait sans peine, ni contre les efforts déployés par les Canadiens français pour conserver leur héritage. Cependant, tout comme Durham, il croyait en la supériorité intrinsèque des institutions britanniques et estimait que des peuples de tradition étrangère pouvaient les adopter. Toujours comme Durham, il jugeait indésirable – et en définitive impossible – que les Canadiens français s'isolent du reste de l'Amérique du Nord britannique. Le cas échéant, ils risquaient de « s'enraciner dans leurs coutumes et préjugés nationaux sans [développer] aucune solidarité avec leurs voisins ». Il méprisait particulièrement les « habitants » – « gens non pas incapables de progrès, mais [qui n'étaient] susceptibles que d'une amélioration très lente et graduelle dans leurs habitudes et leur éducation ». Même s'il blâmait l'Église catholique de tenir ses fidèles sous sa coupe en les condamnant à l'ignorance, Thomson n'était pas anticatholique. Il envisagea d'accorder à cette Église une part du produit des réserves du clergé – dont l'Église d'Angleterre était alors la seule bénéficiaire – et soutint les sulpiciens qui demandaient une indemnité pour leurs droits seigneuriaux perdus. En fait, il admirait les membres de cette communauté (des immigrants français pour la plupart) et voyait en eux « un attachement raisonné, donc stable, au [...] régime britannique, et un parfait mépris pour ces misérables antipathies raciales si universellement répandues parmi les Canadiens d'origine ».

En novembre, Thomson partit pour Toronto, où il assuma le 22 le gouvernement du Haut-Canada. L'Union suscitait une hostilité considérable parmi les fonctionnaires de cette colonie, et surtout ceux qui résidaient à Toronto. Quand Thomson prêta les serments d'office, nota John Macaulay*, il y eut « un semblant d'acclamation qui fut pire qu'un silence ».

Pour dissiper l'opposition, Thomson rencontra en privé les membres du Parlement, qu'il convoqua le 3 décembre. Dans le Haut-Canada, le rapport de Durham avait déclenché une campagne réformiste très populaire dans l'opinion, et Thomson estimait avec raison que la « folle réclamation du *gouvernement responsable* » avait gagné des adeptes à cause du lieutenant-gouverneur sir George Arthur*, qui s'opposait « à toute réforme et [... traitait] de démocrates et de rebelles tous les adversaires du parti en place ». Réfractaire à « tout arrangement qui subordonnerait le pouvoir du gouverneur à celui d'un conseil », Thomson ne désapprouvait cependant pas les « conceptions pratiques [de Durham] sur le gouvernement colonial ». En promettant de diriger les affaires provinciales « conformément aux vœux du Parlement », il gagna l'appui de la minorité réformiste de l'Assemblée. À la majorité conservatrice, il garantit que l'Union et la caution de prêt promise par Londres allégeraient les difficultés financières de la colonie, ce qui, avec l'aide d'Arthur, lui assura le soutien de nombreux modérés.

Le 13 décembre, le Conseil législatif adopta les propositions de Thomson par 14 voix contre 8, malgré la véhémente opposition de l'évêque John Strachan*. À l'Assemblée, Thomson dut composer avec le procureur général Christopher Alexander HAGERMAN, d'abord opposé à l'Union, ainsi que le solliciteur général William Henry Draper*, qui n'aimait pas les modalités proposées par le gouverneur. À la session précédente, la chambre avait accepté l'Union à condition que le siège du gouvernement soit dans le Haut-Canada, que le Haut-Canada ait plus de députés que le Bas-Canada et que l'on utilise seulement l'anglais au Parlement et dans les tribunaux. Même si Thomson rejetait ces conditions « injustes et oppressives » pour les Canadiens français, l'Union fut adoptée le 19 décembre. Les conservateurs poursuivirent cependant leur lutte pour modifier les modalités de Thomson. Le 13 janvier 1840, John Solomon CARTWRIGHT présenta l'ensemble de leurs réclamations dans une adresse qui recueillit 28 voix contre 17. Thomson dut donc faire les concessions suivantes : les comptes rendus des débats en anglais seulement, un cens électoral pour les députés, et les conseillers législatifs nommés à vie. Mais il refusa de désigner Toronto comme siège du gouvernement ; il préférait que le choix de la capitale soit « dicté par les circonstances ».

Soucieux d'intégrer les Canadiens français à l'Union, Thomson avait visé pour la minorité une « juste part de la représentation ». Il n'aurait pu soutirer de meilleures modalités à la province du Haut-Canada. Proscrire le français des documents écrits était une règle indéfendable et, à la limite, inapplicable. Exiger une représentation égale pour les deux provinces, c'était avoir courte vue, car le

Haut-Canada était promis à une croissance plus rapide que le Bas-Canada. Quant à la décision de transférer la dette haut-canadienne à la province unie, elle était injuste, mais Thomson signala avec raison que les dépenses consenties pour « les grands canaux » n'étaient « pas moins à l'avantage du Bas-Canada qu'à celui du Haut-Canada » et que la somme à investir pour achever le réseau de canaux serait « très négligeable » à côté de ce que cela rapporterait à long terme.

Le 23 janvier 1840, Thomson soumit au secrétaire d'État lord John Russell un avant-projet de loi apparemment rédigé avec l'aide du juge en chef James Stuart*. Dans l'ensemble, le texte visait à réaliser l'Union tout en assurant « le moins d'intrusion possible » dans les institutions en place. Il se distinguait ainsi d'un projet de loi préparé l'année précédente par le gouvernement whig : il laissait telle quelle la structure du Conseil législatif, créait 76 circonscriptions à représentant unique pour l'Assemblée législative, imposait un cens électoral de £500 aux députés, prévoyait la publication de tous les comptes rendus en anglais (même si les débats pouvaient se faire dans l'une ou l'autre langue), préservait la forme cantonale d'administration municipale dans le Haut-Canada et l'implantait dans le Bas-Canada. Thomson proposait que Londres rédige les articles sur la liste civile, non sans souligner l'imprudence de « laisser le gouvernement dépendre de l'Assemblée ».

Quelques jours plus tard, Thomson communiqua à ses supérieurs le moyen par lequel il entendait extirper « la racine de tous les maux » du Haut-Canada : les réserves du clergé [V. John Strachan]. La moitié de leur produit irait à parts égales aux Églises d'Angleterre et d'Écosse, et on répartirait de la même manière l'autre moitié entre les autres confessions. Strachan et les tories du *family compact,* comme les réformistes doctrinaires, s'opposèrent à ce projet de loi, mais une écrasante majorité de députés le soutint. En fait, nota Thomas William Clinton Murdoch, secrétaire civil de Thomson, on voyait « pour la première fois au Canada une majorité gouvernementale agir suivant les principes qui régissaient les affaires parlementaires dans la mère patrie ». Même si Thomson refusait, comme le lui demandait l'Assemblée, de montrer les dépêches qu'il avait reçues à propos du gouvernement responsable, il s'était, d'après Murdoch, « rendu aussi loin, dans la reconnaissance du principe de la responsabilité, que les réformistes modérés l'avaient jamais réclamé ». Thomson renforça son gouvernement en élevant Hagerman à la dignité de juge, en le remplaçant par Draper et en nommant Robert Baldwin* solliciteur général. Afin de courtiser l'imposante Conférence canadienne de l'Église méthodiste épiscopale, il insista pour que ce soit elle, et non la Conférence wesleyenne britannique, que le gouvernement subventionne, et il prêta son appui à l'Upper Canada Academy de Cobourg. Il s'attira ainsi l'indéfectible loyauté du *Christian Guardian* d'Egerton Ryerson*, selon lui « l'unique journal sensé des deux Canadas ». Le 10 février 1840, Thomson prorogea le Parlement et déclara à Russell que l'approbation de ses projets de loi sur l'Union et les réserves du clergé – « équivalents canadiens du *Reform Bill* et [de l'opposition aux privilèges de] l'Église d'Irlande » – aurait un effet certain : « Je vous garantis le [soutien du] Haut-Canada. »

Thomson était moins optimiste quant aux chances d'amener les Canadiens français à accepter l'Union. Parti de Toronto en traîneau le 18 février, il ne mit que 36 heures pour arriver à Montréal, un véritable exploit. Il déclara que le Bas-Canada était paisible, que l'Union comptait beaucoup de partisans parmi les modérés et que Vital Têtu, grand marchand chargé d'aller porter à Londres des pétitions contre l'Union, était « une personne sans importance ». Pourtant, dans une lettre personnelle à Russell, il admit que les Canadiens français utiliseraient les institutions représentatives pour contrer toute « démarche pratique d'amélioration ». C'est pourquoi il fit adopter à toute vapeur, par le Conseil spécial, une série de projets de loi destinés à faciliter l'Union. Ces lois érigeaient Montréal et Québec en municipalités, réorganisaient l'appareil judiciaire, accroissaient l'efficacité de la police et prévoyaient l'élimination graduelle des redevances seigneuriales à Montréal.

L'avant-projet de loi d'Union qu'envoya Russell en mai contenait « quelques inexactitudes », et le montant de la liste civile était insuffisant, mais Thomson déclara que cela « pourra[it] aller ». Désireux que les députés canadiens-français s'imprègnent des « idées anglaises », il choisit Kingston comme capitale de la province unie ; pour se concilier les francophones, il offrit le poste de solliciteur général à Louis-Hippolyte La Fontaine*, qui le refusa cependant. À la suite des pressions de Mgr Jean-Jacques LARTIGUE et de l'élite francophone de Montréal, il libéra de prison Denis-Benjamin Viger en mai et, en juin, laissa s'éteindre la suspension d'habeas corpus qui avait permis de l'incarcérer. Aux membres du parti des bureaucrates qui protestaient contre le versement d'une indemnité au séminaire de Saint-Sulpice pour l'extinction de ses droits seigneuriaux, Thomson répliqua en dénonçant l'« esprit d'intolérance » de la minorité britannique. En pourvoyant les postes des nouvelles administrations municipales de Montréal et de Québec, il prit soin de nommer des Canadiens français (en moins grand nombre que les anglophones cependant) et désigna René-Édouard Caron* au poste de maire de Québec. S'il fit preuve de favoritisme envers les Britanniques du Bas-Canada, c'est en partie par nécessité. En effet, il offrit des places à des Canadiens français « dont la loyauté [était] indubitable » et qui acceptaient l'Union comme un fait accompli (notamment Alexandre-Maurice Delisle* et Melchior-Alphonse de Salaberry*), mais peu étaient prêts à tolérer l'étiquette de « vendus ». Néanmoins, les efforts de Thomson contribuèrent probablement à persuader des réformistes modérés tels que La Fontaine d'accepter l'Union et de tenter d'atteindre leurs objectifs au sein du Parlement de la province du Canada.

Thomson était débordé de travail et sujet à des crises de goutte, maladie dont il souffrait depuis l'âge de 30 ans. C'est donc à son « infini déplaisir » qu'il dut partir le 3 juillet pour la Nouvelle-Écosse afin d'aller arbitrer un différend entre l'Assemblée et le lieutenant-gouverneur sir Colin CAMPBELL, qui « fai-[sait] l'âne à Halifax ». Sur son chemin, il s'arrêta deux jours dans les Cantons-de-l'Est, où l'on avait érigé des « arcs de triomphe » en son honneur. Après avoir pris en main le gouvernement de la Nouvelle-Écosse le 9 juillet, il recommanda de remanier le Conseil exécutif en y intégrant des représentants influents des deux partis de l'Assemblée, et d'obliger les principaux fonctionnaires gouvernementaux à siéger à la chambre. Même Joseph Howe* déclara que Thomson conseillait « exactement ce qu'auraient imaginé les partisans de ce qu'on appel[ait] le gouvernement responsable ». Il alla même jusqu'à dire qu'en incluant dans le conseil les principaux fonctionnaires et ministres, Thomson avait fait « une retouche importante » à ses propositions. Campbell, qui refusait les recommandations de Thomson, finit par perdre son poste au profit de lord Falkland [Cary*].

À la fin de juillet, Thomson se rendit à l'Île-du-Prince-Édouard, où il s'entretint avec le lieutenant-gouverneur sir Charles Augustus FitzRoy*. Peu après, avec sir John Harvey*, lieutenant-gouverneur du Nouveau-Brunswick, il fit une visite éclair à Saint-Jean et à Fredericton, puis regagna Halifax encore tout plein d'admiration pour la « parfaite harmonie » que ce dernier, à son avis « la perle des gouverneurs civils », avait instaurée entre les pouvoirs exécutif et législatif. Mais il se ravisa par la suite. Devant les actes d'agression des Américains, Thomson avait pressé la métropole de grossir substantiellement les garnisons d'Amérique du Nord britannique et de dépenser beaucoup plus pour les ouvrages de défense. Or, à la fin de 1840, Harvey se montra si indécis quant à l'emploi des troupes envoyées à sa demande que le gouverneur, plus belliqueux que lui, se fâcha et recommanda avec succès sa destitution. En avril 1841, il pressa le gouvernement britannique d'adopter « à tout prix » une position énergique face aux Américains afin d'obtenir la libération d'Alexander McLeod*, Haut-Canadien injustement incarcéré dans l'état de New York pour avoir été de l'équipage qui coula en décembre 1837 le *Caroline,* navire de ravitaillement rebelle. En poussant les autorités britanniques à se durcir, il contribua à la conclusion satisfaisante du traité Webster-Ashburton en 1842.

Parti de Montréal le 19 août 1840 pour se rendre dans les Cantons-de-l'Est et le Haut-Canada, le gouverneur visita plus de 40 localités et sélectionna des candidats en vue des premières élections du Parlement uni. Au cours de son voyage, il reçut copie de l'Acte d'Union adopté par le Parlement impérial. Il y découvrit que, pour s'assurer l'appui de sir Robert Peel et de l'opposition conservatrice, Russell avait écarté les articles concernant la création d'institutions municipales et accepté de modifier la répartition des sièges bas-canadiens de manière à multiplier les circonscriptions anglophones. Amer, il fit savoir à Russell qu'il déplorerait ces concessions « jusqu'à la fin de [ses] jours » et envisagea de démissionner. Toutefois, il s'adoucit en apprenant qu'on lui avait conféré, le 19 août, le titre de baron Sydenham, et il exprima son intention de « rester et [de] rencontrer le premier Parlement ». Il apprit aussi que Russell avait dû modifier sa loi sur les réserves du clergé pour allouer à l'Église d'Angleterre une proportion à son avis « monstrueuse » des recettes. Néanmoins, après une intervention personnelle auprès des dirigeants de l'Église d'Écosse et d'Egerton Ryerson, il demeurait confiant en sa capacité de « battre à la fois les tories ultras et les radicaux extrémistes » du Haut-Canada aux élections. Sa victoire dans le Bas-Canada lui paraissait moins certaine, cependant, car les chefs canadiens-français avaient bien en tête de saboter l'Union. Même après avoir retouché les circonscriptions de Montréal et de Québec de façon que les deux villes élisent des représentants des milieux d'affaires britanniques, il prédit que les résultats des élections seraient « mauvais » dans cette province parce que les Canadiens français n'avaient « rien oublié ni rien appris de la rébellion ». Sydenham se servit donc du Conseil spécial pour faire adopter 32 mesures auxquelles, il le savait, les Canadiens français s'opposeraient une fois formé le Parlement uni. Une de ces mesures créait des institutions municipales ; une autre, un régime d'enregistrement des terres, réclamé depuis longtemps par la minorité britannique.

Sydenham proclama l'Union le 10 février 1841, jour anniversaire des traités de Versailles (1763) et du mariage de la reine Victoria (1840). Il s'était rendu à Kingston en septembre 1840 pour « préparer à la hâte un endroit [...] où se réunir au printemps » mais, en partie à cause d'« une maladie très éprouvante », il ne put s'installer là-bas qu'en mai 1841. Il devait notamment régler, avec la Trésorerie britannique, les derniers détails de l'octroi d'un prêt de £1 500 000 qui servirait à éponger la dette accumulée par les deux provinces et à parachever des ouvrages publics comme le canal Welland. L'« entière reconstruction » de l'appareil gouvernemental était une tâche encore plus longue et difficile. Mécontent du « manque total d'organisation et d'autorité [dont souffrait] la conduite du gouvernement ainsi que du piètre état de l'administration des départements », Sydenham souscrivait à l'une des principales conclusions de Durham : il fallait réorganiser le gouvernement colonial pour donner à l'exécutif plus de pouvoir réel sur l'Assemblée. S'inspirant des recommandations de Durham et des principes posés par Russell à partir de la pratique britannique, Sydenham disait : « les services du gouvernement [doivent être] organisés de façon que leurs dirigeants en aient la responsabilité et s'acquittent efficacement de leurs devoirs envers le gouverneur et la population ». À l'aide d'études sur le Bas-Canada qu'avait commandées Durham et d'autres faites sur le Haut-Canada par une commission royale formée en 1839 par Arthur, il modifia systématiquement l'organisation des départements en répartissant autrement les fonctions entre les organismes existants (surtout le Conseil exécutif et les bureaux du secrétaire civil, du secrétaire de la province, de l'inspecteur général et du receveur général) et en en créant de nouveaux comme le département des Terres de la couronne et le bureau des Travaux publics. En juillet 1841, il annonça que l'Union était chose faite et que « chaque élément de la fonction publique a[vait] des services efficaces ». Comme l'Acte d'Union, à sa demande expresse, avait donné à l'exécutif le droit exclusif de présenter des projets de loi de finances, le nouveau gouvernement était plus centralisé et plus efficace, sans pour autant pouvoir se passer de l'appui d'une majorité à l'Assemblée.

Pendant plus d'un an, Sydenham avait préparé, comme il le dit le 5 février 1841, la restitution au peuple du pouvoir de régler « ses propres affaires, qui [était] considéré comme le plus précieux privilège des Britanniques ». Les élections se tinrent en mars et avril. Sydenham orchestra soigneusement la campagne. Au Bas-Canada, il reçut l'aide de son secrétaire militaire, le major Thomas Edmund Campbell* ; Murdoch, son autre secrétaire particulier James Hopkirk, Draper et le secrétaire de la province Samuel Bealey Harrison* le secondèrent dans le Haut-Canada. Il choisit des directeurs de scrutin favorables au gouvernement, remit des titres fonciers à ses partisans mais non à ses adversaires, privant ainsi ces derniers du droit de vote, promit à la ronde pensions et places, somma les fonctionnaires récalcitrants de soutenir le gouvernement et plaça les bureaux de scrutin et les soldats de manière à faciliter la tâche à ses sympathisants. Dans le Haut-Canada, l'effondrement du parti du *family compact* et le soutien de tous les réformistes lui assurèrent d'emblée une forte majorité. Au Bas-Canada, où la période des élections fut d'une grande violence, il obtint presque la moitié des sièges en faisant appel à la loyauté de la minorité

britannique, à laquelle l'Acte d'Union assurait une représentation excessive, et surtout en séduisant les électeurs des Cantons-de-l'Est et les gens d'affaires par des tentatives pour éliminer le droit impérial sur le grain et interdire l'entrée de produits agricoles américains au Canada. Quand un certain Alexander Gillespie l'accusa de s'ingérer dans le processus électoral, Sydenham rétorqua : « S'il veut dire que je m'ingère *personnellement,* il est fort mal renseigné, mais les fonctionnaires du gouvernement doivent tenter d'obtenir des sièges au Parlement [...] et ils ont assurément le droit de s'occuper de leurs élections. »

Sydenham avait donc gagné, mais sa position était bien précaire : il se retrouvait à la tête d'une troupe bigarrée d'anglophones venus d'horizons politiques divers. Environ un quart d'entre eux étaient des fonctionnaires soumis à la discipline de l'exécutif, mais sans des indépendants comme Malcolm Cameron* et Isaac Buchanan* le gouvernement de Sydenham ne pourrait pas conserver la confiance de l'Assemblée. En outre, une bonne proportion de députés, dont beaucoup avaient été sélectionnés comme candidats par Sydenham lui-même (c'était le cas de Stewart Derbishire* et de Hamilton Hartley Killaly*), manquaient d'expérience politique et avaient peu d'influence au Parlement. L'appui offert à Sydenham pendant la première session, inaugurée le 14 juin 1841, connut donc d'énormes fluctuations. Son projet de loi qui visait à établir une seule banque d'émission dans la colonie fut battu, mais dans presque tous les autres cas le gouverneur « sortit triomphant » des débats. Il lança un plan global de travaux publics, révisa les règlements provinciaux de douanes, redressa la monnaie, créa des conseils municipaux électifs dans le Haut-Canada, réglementa la vente des terres inexploitées et instaura un réseau d'écoles publiques. Non seulement Sydenham décidait-il lui-même des mesures à présenter au Parlement, mais il concevait, disait Murdoch, « la manière de les présenter et les moyens de prévenir ou vaincre l'opposition ».

Les plus sérieux adversaires de Sydenham étaient les réformistes radicaux du Haut-Canada, que dirigèrent d'abord Robert Baldwin et Francis Hincks*. Favorables à l'Union, ils étaient cependant déçus du projet de loi de Sydenham sur les réserves du clergé (« maigre récompense » pour leur appui, estimaient-ils) et par la façon dont sir George Arthur distribuait les charges publiques. William Warren BALDWIN avait vite conclu que Sydenham serait « l'un de ces faibles et inutiles « sans-parti » et, comme ce dernier avait refusé de diriger un regroupement des réformistes, Hincks et Baldwin avaient tenté d'en former un en s'alliant aux réformistes canadiens-français. À la veille de la session, Baldwin exigea que la composition du Conseil exécutif reflète la force relative des partis en chambre ; Sydenham lui retira le poste de solliciteur général. Pendant la session, des réformistes s'acharnèrent à embarrasser le gouvernement et, le 3 septembre, Baldwin tenta de lui extorquer un engagement ferme en faveur de la responsabilité ministérielle. Sydenham refusait de se plier aux quatre volontés de l'Assemblée et continuait de prendre une part importante à la définition de la politique et au choix du personnel gouvernemental, mais ses ministres, de leur côté, agissaient de plus en plus comme les membres d'un cabinet (pour reprendre l'expression de Sydenham lui-même) et disaient à la chambre qu'ils démissionneraient si elle leur retirait sa confiance. Sydenham savait aussi qu'il ne pourrait « continuer d'administrer les affaires publiques de façon honorable pour [lui]-même ou satisfaisante pour le peuple » si son gouvernement perdait cette confiance.

Sydenham donnait l'impression de croire que son mode de gouvernement durerait au moins dix ans. En août 1841, il écrivait à l'un de ses frères : « [Je laisserai derrière moi] un ministère qui s'appuie sur une majorité manifeste et reconnue, qui peut faire ce qu'il croit juste et qui n'a pas à s'inquiéter de ma succession. » Or son groupe de ministres était au bord de la désintégration dès la fin de la première session. Sans l'appui quasi unanime de la majorité britannique, ce ministère ne pouvait pas survivre, mais pour conserver cet appui, notait Colborne, devenu lord Seaton, Sydenham devait se donner « l'allure d'un tory divisé au Bas-Canada et d'un libéral dans le Haut-Canada ». À mesure que se calmait l'opposition canadienne-française à l'Union, les liens ténus de la coalition de Sydenham se dénouaient et les traditionnelles attaches partisanes des Britanniques refaisaient surface. Perspicace, Seaton faisait observer qu'aucun gouverneur ne pouvait dominer la situation « si la machine n'[était] pas constamment entre les mains d'un artiste aussi habile et dénué de scrupules que celui qui a[vait] réussi à obtenir la majorité à la première session ». Sydenham n'assista pas à l'effondrement de son régime. Comme il était de plus en plus malade, il présenta sa démission en juillet 1841. On lui accorda le 19 août la grand-croix de l'ordre du Bain (division civile), qu'il avait demandée. Quelques jours après avoir appris cette nouvelle et dissous le Parlement, il eut un accident de cheval. Une de ses blessures s'infecta ; il mourut du tétanos le 19 septembre, après une douloureuse agonie. Le 24, selon le *Chronicle & Gazette* de Kingston, de 6 000 à 7 000 personnes s'assemblèrent « en groupes denses le long de la route » pour assister à ses obsèques, qui eurent lieu à l'église St George. Les journaux de langue anglaise louèrent son « urbanité et la condescendance de [son] attitude ». En parlant du « noble esprit qui a[vait] conçu les améliorations et créé les institutions qui marquer[aient] un âge d'or dans les annales de l'histoire canadienne », Egerton Ryerson

exprimait sans aucun doute le sentiment de la majorité. Par contre, en privé, des membres du *family compact,* tel John Beverley Robinson*, dénoncèrent « ce méprisable Poulett Thomson » et prédirent : « il faudra beaucoup de temps pour réparer le mal ». Quant à la presse francophone, elle rappela « ses crimes » et ne pleura guère l'artisan de ce qu'elle considérait comme une oppression.

Ryerson admettait qu'il faudrait du recul pour que le gouvernement de Sydenham soit « apprécié à sa juste valeur ». Pourtant, la controverse entoure encore sa personne. Au début du XXe siècle, la plupart des historiens anglophones le portaient aux nues. Certains de leurs successeurs ont été moins admiratifs. Selon Irving Martin Abella, Sydenham était « un impitoyable disciple de Machiavel, sans scrupules et intrigant, égoïste et mesquin, autocrate, étroit d'esprit et d'une incroyable vanité ». Même l'historien canadien-français qui lui est le plus sympathique, Jacques Monet, ne trouve rien de plus positif à dire qu'il était « goutteux, impatient et, à l'occasion, cloué au lit pendant des semaines ». Assurément, Sydenham s'ennuyait dans les colonies et méprisait passablement ceux qu'il avait le mandat de gouverner. Comme le *Herald* de Toronto avait publié une feuille de vers de mirliton contre lui, il en commanda « des exemplaires additionnels pour les placer sur les guéridons de son salon et amuser ses visiteurs du jour de l'An en les leur lisant lui-même ». Néanmoins, il possédait un charme et un charisme réels, largement confirmés, entre autres, par le fait qu'il sut gagner l'appui de personnages aussi différents que Ryerson et Hincks. Souvent malade, il ne négligeait pas pour autant les devoirs de sa charge ; un jour, il nota qu'il lui arrivait souvent « de ne respirer, manger, boire et dormir que pour le gouvernement et la politique ». Aucun de ses prédécesseurs et successeurs ne fit adopter autant de lois provinciales que lui. Bien des mesures d'inspiration politique – lois de constitution des municipalités, lois sur les écoles publiques, la langue ou la justice – furent refondues ou abrogées par la suite, mais la structure administrative qu'il avait créée demeura presque intacte tout au long de l'Union. À titre d'ancien membre du cabinet britannique, Sydenham avait une influence exceptionnelle auprès des autorités impériales. Ainsi, malgré l'opposition du maître général des Postes adjoint, Thomas Allen Stayner*, il put contraindre le ministère des Postes à diminuer considérablement ses tarifs ; maintes fois, il empêcha la Trésorerie de réduire les dépenses coloniales. Il pensait que la tâche de poser les principes généraux de réglementation du commerce incombait à la métropole, mais il constatait aussi que c'était un « grand inconvénient » que tous les changements viennent de Londres et tentait d'obtenir pour les Parlements locaux le pouvoir de modifier les règlements. Il avait d'ailleurs la chance d'avoir pour allié lord John Russell, qui dominait le ministère des Colonies et le cabinet.

La plupart des contemporains de Sydenham tenaient pour acquis qu'il avait introduit le gouvernement responsable, et des critiques comme Seaton affirmaient qu'à cause de lui il était devenu « impossible de résister aux exigences » de la majorité des députés. La première génération d'historiens du Canada, John Charles Dent* et Adam Shortt* surtout, abondaient dans le même sens, mais plus récemment Kenneth N. Windsor, Donald Swainson, Ged Martin et d'autres ont soutenu le contraire. Leur argumentation accorde cependant trop d'importance au fait que Russell et Sydenham refusaient d'admettre le principe du gouvernement responsable. La *Colonial Gazette* de Londres soulignait en septembre 1839 : « en dépit de la déclaration de lord John Russell contre l'emploi du *terme* Gouvernement Responsable, M. Thomson est d'accord avec lord Durham et admet que « l'administration des affaires coloniales [doit] constamment s'harmoniser avec l'opinion de la majorité des représentants du peuple ». Sydenham tenta bien de ne pas reconnaître la notion de gouvernement responsable au « sens absurde » (c'étaient ses mots) où l'entendait Robert Baldwin – c'est-à-dire l'obligation, pour l'exécutif, de suivre l'avis de la majorité dans tous les cas – mais avant la Confédération aucun gouverneur ne pouvait accepter pareille interprétation.

Les historiens contemporains critiquent également l'interventionnisme de Sydenham. Pourtant, en utilisant l'appareil étatique à des fins partisanes, il ne faisait pas autre chose que ce qui se pratiquait en Grande-Bretagne, même après la réforme parlementaire ; il est vrai cependant qu'en jouant le rôle de premier ministre et chef de parti, Sydenham engageait la couronne plus directement que ne le faisait le monarque en Grande-Bretagne ou que n'allaient le faire ses successeurs. Dans une certaine mesure, comme l'avait déclaré Murdoch, l'ingérence du gouverneur était un corollaire du régime de gouvernement responsable appliqué par Sydenham. Tant qu'il intervenait par le truchement de ministres qui avaient à rendre compte de ses actes et bénéficiaient du soutien de l'Assemblée, il ne faisait cependant rien d'illégal, d'anticonstitutionnel ou de contraire au principe fondamental du gouvernement responsable. Or, dès la fin de la session de 1841, ce principe était la règle au Parlement uni.

On a davantage raison d'accuser Sydenham d'avoir voulu angliciser les Canadiens français. Il les traitait vraiment comme un peuple de vaincus. Cependant, lui reprocher d'avoir agi selon ce qui était sa mission est irrationnel. Son objectif était sans aucun doute de rendre le Bas-Canada « essentiellement britannique » ; « tant que cela ne sera pas fait, estimait-il, il sera impossible de mettre en valeur ses richesses naturelles, d'améliorer la condition de ses habitants ou d'assurer son attachement permanent à la mère patrie ». Il encourageait donc l'immigration en provenance de la Grande-Bretagne et tentait d'apaiser les Haut-Canadiens et la minorité anglophone du Bas-Canada. C'est le cabinet de Grande-Bretagne qui avait décidé de réaliser l'Union et, même avec le recul, il est difficile d'imaginer quelle autre méthode aurait permis de redonner des institutions représentatives au Bas-Canada sans mécontenter les Britanniques des deux provinces. En ce sens, comme l'a écrit Ged Martin, l'Union était « dictée par la logique des événements » ; aux yeux de Sydenham, l'« anglicisation » en était une conséquence inévitable. Comme la plupart des libéraux anglais, il ne voulait pas d'une société multiculturelle ; il croyait, selon Janet Ajzenstat, que les clivages culturels profonds empêchent « le plein exercice des droits libéraux », car ils exposent les membres des cultures minoritaires à l'exploitation.

Au bout du compte, l'Union ne fut pas pour le Canada français aussi désastreuse que ses adversaires l'avaient annoncé. Certes, les Canadiens français devinrent minoritaires, mais ils étaient assez nombreux pour défendre leurs intérêts vitaux et assez sûrs d'eux-mêmes pour se lancer dans une nouvelle ère de collaboration avec la majorité anglophone. Sans cette coopération imposée, la Confédération, solution inapplicable au problème canadien dans les années 1840, n'aurait peut-être pas vu le jour. On peut donc dire que Charles Edward Poulett Thomson, 1er baron Sydenham, ne fit pas que préserver le lien impérial, ce qui était le but de sa mission : il jeta aussi les bases d'une union plus solide et plus large. Aucun gouverneur n'eut une influence aussi profonde sur l'avenir des colonies britanniques d'Amérique du Nord – pas même lord Durham.

PHILLIP BUCKNER

Certaines lettres de Sydenham ont été publiées sous le titre de *Letters from Lord Sydenham, governor-general of Canada, 1839–1841, to Lord John Russell*, Paul Knaplund, édit. (Londres, 1931).

Un portrait de Thomson constitue la page frontispice de *Memoir of the life of the Right Honourable Charles, Lord Sydenham, G.C.B., with a narrative of his administration in Canada*, G. P. Scrope, édit. (Londres, 1843).

AO, MS 4 ; MS 35 ; MS 78. — APC, MG 24, A13 ; A17 ; A27 ; A30 ; A40 ; B29 (mfm aux PANS) ; RG 5, A1 : 6510–7022 ; RG 7, G14, 5–6 ; 8 ; RG 68, General index, 1651–1841 : 72. — MTRL, Robert Baldwin papers. — NLS, Dept. of MSS, MSS 15001–15195. — PRO, CO 42/296–300 ; 42/446–476 ; PRO 30/22/3E–4B. — UCC-C, Egerton Ryerson papers. — Univ. of Durham, Dept. of Palaeography and Diplomatic (Durham, Angl.), Earl Grey papers. — *Arthur papers* (Sanderson). — H. R. V. Fox, baron Holland, *The Holland House diaries, 1831–1840*, A. D. Kriegel, édit. (Londres, 1977). — C. C. F. Greville,

Thorne

The Greville memoirs : a journal of the reigns of King George IV and King William IV, Henry Reeve, édit. (8 vol., Londres, 1874–1887). — *Notices of the death of the late Lord Sydenham by the press of British North America* [...] (Toronto, 1841). — [John] Richardson, *Eight years in Canada ; embracing a review of the administrations of lords Durham and Sydenham, Sir Chas. Bagot and Lord Metcalfe, and including numerous interesting letters from Lord Durham, Mr. Chas. Buller and other well-known public characters* (Montréal, 1847). — Samuel Thompson, *Reminiscences of a Canadian pioneer for the last fifty years : an autobiography* (Toronto, 1884 ; réimpr., Toronto et Montréal, 1968). — *Three early nineteenth century diaries*, Arthur Aspinall, édit. (Londres, 1952). — *Colonial Gazette* (Londres), 18 sept. 1839. — *Novascotian, or Colonial Herald*, 24 oct. 1839. — Janet Ajzenstat, « Liberalism and assimilation : Lord Durham reconsidered », *Political thought in Canada : contemporary perspectives*, Stephen Brooks, compil. et édit. (Toronto, 1984), 239–257. — Lucy Brown, *The Board of Trade and the free-trade movement, 1830–42* (Oxford, Angl., 1958). — Buckner, *The transition to responsible government*. — J. M. S. Careless, *The union of the Canadas : the growth of Canadian institutions, 1841–1857* (Toronto, 1967). — Craig, *Upper Canada*. — J. C. Dent, *The last forty years : the union of 1841 to confederation*, D. [W.] Swainson, édit. (Toronto, 1972). — S. E. Finer, « The transmission of Benthamite ideas, 1820–50 », *Studies in the growth of nineteenth-century government*, Gillian Sutherland, édit. (Totowa, N.J., 1972), 11–32. — Norman Gash, *Reaction and reconstruction in English politics, 1832–52* (Oxford, 1965). — J. E. Hodgetts, *Pioneer public service : an administrative history of the united Canadas, 1841–1867* (Toronto, 1955). — O. A. Kinchen, *Lord Russell's Canadian policy, a study in British heritage and colonial freedom* (Lubbock, Tex., 1945). — Ged Martin, *The Durham report and British policy : a critical essay* (Cambridge, Angl., 1972). — Monet, *Last cannon shot* ; « The personal and living bond, 1839–1849 », *le Bouclier d'Achille : regards sur le Canada de l'ère victorienne*, W. L. Morton, édit. (Toronto et Montréal, 1968), 62–93. — W. [G.] Ormsby, *The emergence of the federal concept in Canada, 1839–1845* (Toronto, 1969). — Adam Shortt, *Lord Sydenham* (Toronto, 1908). — [G.] A. Wilson, *The clergy reserves of Upper Canada : a Canadian mortmain* (Toronto, 1968). — K. N. Windsor, « Historical writing in Canada to 1920 », *Literary History of Canada : Canadian literature in English*, C. F. Klinck, édit. (Toronto, 1967), 231. — I. M. Abella, « The « Sydenham Election » of 1841 », *CHR*, 47 (1966) : 326–343. — Ged Martin, « Confederation rejected : the British debate on Canada, 1837–1840 », *Journal of Imperial and Commonwealth Hist.* (Londres), 11 (1982–1983) : 33–57.

THORNE, BENJAMIN, homme d'affaires, juge de paix, fonctionnaire et officier de milice, né le 4 janvier 1794 à Sherborne, comté de Dorset, Angleterre, fils de Benjamin Thorne et d'une prénommée Heneritta ; le 3 février 1831, il épousa à York (Toronto) Anna Maria Wilcocks, et ils eurent six fils et trois filles ; décédé le 2 juillet 1848 à Thornhill, Haut-Canada.

Benjamin Thorne connut la réussite avec une rapidité sans égale dans le Haut-Canada, mais sa chute fut aussi foudroyante que son ascension. En 1820, lui et son beau-frère, William Parsons, sont venus dans le Haut-Canada dans l'espoir de faire fortune. Presque immédiatement, Thorne acheta un terrain rue Yonge, au nord d'York. Vers la même époque probablement, les deux beaux-frères ouvrirent un magasin. Sous la gérance de Parsons, l'établissement allait devenir un centre vital du village (Thornhill) dont Thorne fut l'un des bâtisseurs au cours des années 1820 et au début des années 1830. Après quelques années, il loua, semble-t-il, une partie ou l'ensemble des installations de William PURDY, situées tout près de là ; elles comprenaient une scierie, un moulin à farine et une tannerie. Lorsqu'il acheta le complexe, en 1829, après qu'un incendie eut détruit le moulin à farine, il avait déjà acquis une réputation d'habile homme d'affaires.

En 1830, Thorne reconstruisit et agrandit le complexe. La Thorne and Parsons, avec son entrepôt à Toronto, devint une grande entreprise d'exportation de farine vers l'Angleterre, d'où elle importait des métaux, des articles d'épicerie et des marchandises sèches. En Angleterre, c'est le frère de Thorne, William, qui s'occupait des achats et des ventes, avec sa compagnie. Pour faciliter l'expédition des marchandises, Benjamin s'associa avec Francis Harris Heward de Montréal.

La Thorne and Parsons continua à se développer tout au long des années 1830 et même dans les années 1840. On confia de nouvelles fonctions administratives au sein de la compagnie à des parents et à des natifs du comté de Dorset. La firme regroupa finalement, en plus des deux fondateurs, Horace S. L. Wilcocks, beau-frère de Thorne, ainsi que Henry Thompson, lesquels épousèrent chacun une fille de Parsons. La croissance rapide de la compagnie peut s'expliquer dans une large mesure par le succès de ses activités d'exportation de farine, résultat de la conjonction de deux facteurs : un moulin de grandes dimensions, situé dans un district à forte production de blé, et la capacité de Thorne de payer comptant le blé, pratique plutôt rare dans la province à l'époque. L'argent utilisé à cette fin provenait de différentes sources, dont les profits de la compagnie, la fortune de sa belle-famille et des prêts bancaires.

Homme d'affaires prospère, Thorne resta en bons termes avec les banques pendant la plus grande partie de sa carrière. Grâce aux valeurs qu'il acheta à la Bank of Upper Canada, il put se faire élire administrateur au moins dès juin 1824, après quoi il le réélut plusieurs fois pour une période d'un an. En 1838, il devint administrateur de la succursale torontoise de la Commercial Bank of the Midland District. Enfin, en 1842, on le nomma administrateur et président de la succursale torontoise de la Banque de Montréal. En 1835, à l'occasion d'une enquête que mena un comité de la chambre d'Assemblée sur le système bancaire provincial, Thorne recommanda que la Bank of Upper

Canada ouvre de nouvelles succursales et augmente son capital-actions de façon à pouvoir accorder davantage de prêts et ainsi accélérer le développement de la province. William Lyon Mackenzie*, adversaire acharné des monopoles financiers, comparut également devant ce comité. Ce n'était pas la première fois que Thorne et Mackenzie différaient publiquement d'opinion, et ce ne fut pas la dernière non plus.

En 1830, malgré son peu d'intérêt pour la politique, Thorne s'était laissé convaincre de se présenter contre Mackenzie aux élections provinciales, mais il fut battu. Pour un conservateur comme lui, les idées de Mackenzie représentaient un républicanisme américain déloyal. En 1837, pendant la nuit du 4 décembre, un jeune homme du nom de Richard Frizzell se présenta chez Thorne et lui demanda de l'aider à gagner Toronto pour avertir les autorités que Mackenzie se préparait à faire une descente sur la capitale. Thorne refusa, car il soupçonnait la présence de sympathisants de Mackenzie parmi ses employés et appréhendait des représailles contre sa propriété. Toutefois, après la défaite des forces commandées par Mackenzie, survenue le 7, les idées conservatrices reprirent le dessus chez Thorne.

À part les ennuis que lui causa Mackenzie, les années 1830 s'écoulèrent sans problèmes pour Thorne. Une grande partie de Thornhill lui appartenait ; en 1829, il avait obtenu qu'on y établisse un bureau de poste et avait cédé un terrain pour la construction d'une église anglicane. Il fut même secrétaire d'une société qui importait des livres pour ses membres. Le groupe restreint qui formait l'élite de la société de Thornhill monopolisait également la plupart des charges gouvernementales dans la région. Thorne, quant à lui, devint juge de paix pour la première fois en 1833. Vers 1837, on le nomma commissaire chargé de terminer le macadamisage de la rue Yonge qu'avait entrepris James CULL, et il fut commissaire à la Cour des requêtes du district de Home au cours des années 1830. Enfin, après la rébellion, il devint capitaine dans le 4th Regiment of North York militia.

Pendant les années 1840, l'expansion des entreprises de Thorne se poursuivit. En 1843 il loua, semble-t-il, le Red Mill de Holland Landing, puis en confia la gestion à l'un de ses associés, John Barwick. Avec cette acquisition, Thorne devenait probablement, à l'échelle de la colonie, le plus important producteur de farine destinée à l'exportation. Une quatrième entreprise, la B. Thorne and Company, fut créée pour prendre charge d'une bonne partie des activités d'exportation de farine et d'importation de métal.

Malgré certains désaccords entre associés, les affaires continuèrent à prospérer jusqu'en 1846. Cette année-là, l'abrogation des *Corn Laws* britanniques, à caractère préférentiel, provoqua une chute brutale de la demande de farine du Haut-Canada. Benjamin

Thorne et ses associés se retrouvèrent alors avec des réserves beaucoup trop considérables et, dès le début de 1847, la Thorne and Barwick fut dissoute. La même année, cependant, grâce à une reprise de la demande et à une augmentation du prix de la farine, Thorne put combler une partie de ses pertes. Malgré une chute des prix vers la fin de 1847, il acheta en toute confiance de fortes quantités de blé pour la saison suivante, sans tenir compte des appréhensions de certains de ses associés. Pour financer ses achats, il emprunta en hypothéquant sa fortune personnelle, qu'il estimait à plus de £85 000. En 1848, année de grave dépression au Canada, le marché britannique s'effondra presque totalement. La Bank of Upper Canada, qui avait financé Thorne pendant les années d'expansion, exigea le remboursement de ses prêts, le conduisant ainsi à la ruine. On dut finalement liquider ses trois compagnies et ses avoirs personnels, mais il n'était pas là pour faire face à cette échéance finale. Pendant la nuit du 1er juillet 1848, Thorne sortit derrière chez lui et se tira un coup d'arme à feu, dont il mourut le lendemain. Ainsi finit cet homme qui, après avoir connu une brillante carrière, avait perdu une imposante fortune par suite d'une seule mauvaise décision.

RONALD J. STAGG

AO, MS 94, William Pitt à John Norton, 16 juin 1820 ; MU 2380, n° 9 ; MU 2577, « An incident of the rebellion : something about the man who warned the people of Toronto of the advance of Mackenzie » (coupure d'un journal non identifié, 1894) ; MU 4734, n° 1 ; RG 22, sér. 155. — APC, RG 1, L1, 36 : 288 ; L3, 510 : T leases/104 ; RG 5, A1 : 23431–23439, 35398, 89543, 93835–93838, 96740–96742, 108407 ; RG 68, General index, 1651–1841 : 472, 507. — CTA, RG 1, B, Benjamin Thorne à A. T. McCord, 22 mai 1841, 4 avril 1842 ; report of committee on Market Block, 9 avril, 20 déc. 1842 (mfm aux AO). — Dorset Record Office (Dorchester, Angl.), Sherborne Abbey, reg. of baptisms, 5 févr. 1794. — MTRL, B. Thorne & Co. papers. — York North Land Registry Office (Newmarket, Ontario), Abstract index to deeds, Markham Township ; Vaughan Township (mfm aux AO). — M. S. [Gapper] O'Brien, *The journals of Mary O'Brien, 1828–1838*, Audrey Saunders Miller, édit. (Toronto, 1968). — H.-C., House of Assembly, *App. to the journal*, 1835, n° 3. — [L. W. V.] Smith, *Young Mr Smith in Upper Canada*, M. L. Smith, édit. (Toronto, 1980). — *British Colonist*, 14 oct. 1844. — *Colonial Advocate*, 10 févr. 1831. — *Globe*, 5 juill., 6 déc. 1848. — *Toronto Mirror*, 7 juill. 1848. — *Commemorative biographical record of the county of York, Ontario* […] (Toronto, 1907). — *Toronto almanac*, 1839. — D. M. FitzGerald, *Old time Thornhill* (s.l., 1970). — D. M. FitzGerald et al., *Thornhill, 1793–1963 : the history of an Ontario village* (Thornhill, 1964). — *History of Toronto and county of York, Ontario* […] (2 vol., Toronto, 1885), 1 : 122, 127. — Audrey Saunders Miller, « Yonge Street politics, 1828 to 1832 », *OH*, 62 (1970) : 101–118.

THORPE, ROBERT, juge et homme politique, né

Thorpe

vers 1764 à Dublin, second fils de Robert T. Thorp, barrister, et de Bonna Debrisay ; il se maria et eut sept enfants ; décédé le 11 mai 1836 à Londres.

Robert Thorpe obtint une licence ès arts en 1788 et une licence en droit en 1789 du Trinity College de Dublin. Il semble aussi qu'on lui ait décerné un doctorat en droit avant 1815. Inscrit au barreau irlandais en 1790, il entra au service du ministère des Colonies en 1801 à titre de juge en chef de l'Île-du-Prince-Édouard.

Cette colonie était gouvernée par Edmund Fanning*, un homme de talent mais quelque peu vénal qui, par sa cordialité, son habile duplicité et sa judicieuse non-intervention, avait réussi depuis 1786 à louvoyer entre les exigences des factions locales et la politique impopulaire du ministère des Colonies. Fanning était de complicité avec les propriétaires terriens de l'île, ce qui n'était pas le cas de Thorpe ; en outre, le lieutenant-gouverneur pratiquait une politique du laisser-faire à laquelle ne pouvait souscrire un homme de l'intransigeance du juge en chef et qui représentait probablement un obstacle à l'ambition de celui-ci de se faire un nom à Londres. La colonie offrait certaines possibilités, admit Thorpe un jour, mais il ajoutait : « avant que des progrès ne puissent être réalisés, le gouvernement doit acquérir de la vigueur et de la respectabilité, les classes moyennes, plus d'intelligence et moins de suffisance, et les classes inférieures doivent être moins ivrognes et moins paresseuses ». Thorpe poussa bientôt le procureur général Peter Magowan* à engager une série de poursuites judiciaires d'importance secondaire, semble-t-il, mais irritantes et peut-être injustifiées. Obligé de vivre avec un salaire qu'on lui versait en retard, Thorpe habitait une petite maison dont le toit laissait entrer la pluie ; il devait y subir les récriminations de sa femme et désespérait de pouvoir éduquer ses sept enfants maladifs. Par ailleurs, il était obligé de « se quereller à différents moments avec les diverses classes sociales, parce qu'il n'y trouvait aucune vertu ». Il en vint à détester la colonie. Dans l'espoir de récupérer son salaire, il partit pour l'Angleterre en 1804, muni d'un plan d'union de l'Île-du-Prince-Édouard, du Cap-Breton et de Terre-Neuve qu'il avait élaboré de sa propre initiative dans le but d'impressionner le secrétaire d'État aux Colonies. Au large des côtes de l'Irlande, les Français le capturèrent et l'emmenèrent en Espagne, d'où il parvint à s'échapper.

En 1805, Thorpe fut nommé juge puîné à la Cour du banc du roi du Haut-Canada. À son arrivée à York (Toronto), le 1er octobre, il trouva à la tête du gouvernement Alexander Grant*, désigné par intérim à la suite du décès du lieutenant-gouverneur Peter Hunter* au mois d'août précédent. Thorpe se mit presque immédiatement à fréquenter un compatriote irlandais, le conseiller exécutif Peter Russell*, qui avait cru obtenir le poste de lieutenant-gouverneur

mais n'avait jamais recouvré le pouvoir ni même l'influence dont il jouissait avant l'arrivée de Hunter. L'opinion que Thorpe avait de Hunter, qu'il n'avait jamais connu, venait très probablement de l'entourage de Russell, tout comme son hostilité envers Grant. Dans un rapport au ministère des Colonies, Thorpe affirma : « Je m'attendais à ce que la cupidité et l'imbécillité du gouvernement [du Haut-Canada] aient un effet très préjudiciable, mais c'est encore bien pire que je ne le craignais. » Il se mit donc à manœuvrer en vue de s'emparer de la direction intérimaire du gouvernement. Il préconisa une mesure assez raisonnable, soit la création d'une Cour de la chancellerie, et prit l'initiative plutôt inoffensive de fonder des sociétés agricoles et de promouvoir la construction de routes au moyen d'une loterie. Mais, chose plus importante, il essaya de diriger une opposition politique, en suivant la conception limitée et erronée qu'il en avait. Grant resta en fonction jusqu'en août 1806, puis un nouveau lieutenant-gouverneur, Francis Gore*, le remplaça.

Dans le Haut-Canada, les divisions politiques avaient une dimension essentiellement locale ; elles s'étaient créées, à l'intérieur des districts, entre les juges de paix qui représentaient les intérêts opposés de divers groupes ou, plus souvent, entre ces fonctionnaires en place et leurs rivaux évincés qui les attaquaient du haut de la tribune électorale. L'antagonisme qui existait entre les loyalistes installés depuis longtemps et les nouveaux arrivants, venus de la république américaine, aggravait souvent ces divisions : les premiers se sentaient envahis par les seconds. Sur le plan idéologique, la politique était donc marquée par la bruyante opposition entre partisans du républicanisme et fidèles du gouvernement légalement constitué, conflit exacerbé par la menace d'une guerre contre les États-Unis. En 1806, on élut à la chambre d'Assemblée quelques porte-parole des mécontents. Mais, dans la capitale, se trouvaient également un certain nombre de personnes alarmées par la menace du républicanisme et en même temps mécontentes du gouvernement de Hunter à cause de sa « mauvaise gestion » et de ses pratiques « inconstitutionnelles » qu'elles considéraient plus ou moins à l'origine de l'agitation sociale. Parmi ces gens figuraient des Anglo-Irlandais – notamment les amis de Russell et le copain de Thorpe, l'avocat démagogue William Weekes* – qui, portés à assimiler les politiques locales à celles d'Irlande, devinrent des amis et des conseillers du juge.

Les idées de Thorpe reflétaient donc celles de son entourage. Elles découlaient aussi de la dialectique et de la théorie constitutionnelle liées au concept d'indépendance de l'Irlande avant l'union de 1800 et, surtout, de l'ancien droit anglais sur lequel se fondait théoriquement cette indépendance et dont on considérait le juge comme une autorité. Il soutenait que le

Haut-Canada ne resterait fidèle à la couronne que si les sujets britanniques pouvaient jouir de certains droits que la loi leur reconnaissait mais que le régime Hunter leur avait déniés. Il incluait dans ces droits, semble-t-il, l'obligation du pouvoir exécutif à rendre des comptes aux représentants élus du peuple. D'ailleurs, Thorpe est probablement l'auteur d'un tract qui affirmait que le lien avec la Grande-Bretagne serait davantage assuré si, comme au Parlement de Westminster, le pouvoir exécutif était détenu par un cabinet responsable, non pas devant le gouverneur, mais devant le corps législatif. Il exposa ses idées politiques à la barre de la chambre d'Assemblée et depuis son siège de juge et, durant la campagne électorale de 1807 qui lui valut la succession de Weekes à la chambre d'Assemblée, il les résuma dans un slogan : « Le roi, le peuple, la loi, Thorpe et la constitution. »

Dans son rôle d'homme politique, Thorpe ne manifesta guère d'intelligence pratique ; toutefois, parce qu'il a fait le lien entre les concepts constitutionnels anglais et irlandais des xviie et xviiie siècles et certaines idées associées par la suite aux principes de gouvernement responsable et d'autonomie politique, il occupe une place assez importante dans l'histoire des idées. Sa pensée et ses actions étaient toutefois incompatibles avec ce qui était alors admis comme la doctrine impériale, et c'est pourquoi Gore le suspendit de ses fonctions en juillet 1807.

Malgré sa réputation de fauteur de troubles, Thorpe fut nommé, en 1808, juge en chef et juge à la Cour de la vice-amirauté de la Sierra Leone. Il ne partit toutefois d'Angleterre qu'en 1811 et y revint en congé en 1813. Il s'engagea alors dans une querelle avec le ministère des Colonies à propos d'une somme de £630 qu'il était censé devoir à celui qui l'avait remplacé en Sierra Leone en son absence. En mars 1814, on ordonna de prélever ce montant sur son salaire. En janvier 1815, Thorpe transmit au secrétaire d'État aux Colonies un certain nombre de plaintes contre Charles William Maxwell, ancien gouverneur de la Sierra Leone, en mettant aussi en cause la probité de l'African Institution, organisation mise sur pied par des philanthropes évangéliques dans le but de venir en aide aux esclaves affranchis. On demandait à lord Bathurst, secrétaire d'État aux Colonies, de donner suite à ces plaintes ou bien de les transmettre au prince régent en conseil. Thorpe présenta en même temps, en son nom, une requête par laquelle il réclamait les £630. Bathurst, qui flaira apparemment un chantage, décida de révoquer Thorpe en alléguant que, même si ses plaintes étaient fondées, il avait fait preuve de négligence en les adressant aussi tardivement.

Jusqu'en 1828, Robert Thorpe rédigea un grand nombre de brochures dans l'espoir de porter sa cause et celle de la Sierra Leone devant le Parlement. En 1827, Joseph Hume demanda à lord Goderich d'intervenir en faveur de Thorpe, « sinon sur le plan juridique, du moins à titre humanitaire, afin de lui éviter, à lui et à sa famille, l'indigence absolue ». À sa mort en 1836, toutefois, l'ancien arpenteur général Charles Burton WYATT fit savoir à William Warren BALDWIN que Thorpe avait laissé « une aimable famille à l'abri des soucis financiers ».

G. H. PATTERSON

Des nombreux pamphlets de Robert Thorpe, un seul traite en détail de son expérience à l'Île-du-Prince-Édouard et dans le Haut-Canada. Le seul exemplaire qui semble exister d'*Appendix to the case of Robert Thorpe, esq., L.L.D., elicited by a letter from Viscount Goderich, to Joseph Hume, esq., M.P.* (Londres, 1828) se trouve au PRO, CO 267/88. Un grand nombre d'articles sur le pamphlétaire Thorpe ont été publiés dans la presse contemporaine. Il existe aussi un bon nombre de références à Thorpe dans G.-B., Parl., *The parliamentary debates* (Londres), parce que, de temps en temps, son activité souleva des questions et des débats à la chambre des Communes. La source la plus importante concernant sa carrière au Haut-Canada est « Political state of U.C. », APC *Report*, 1892 : 32–135. On trouve d'autres documents sur Thorpe dans les W. W. Baldwin papers, à la MTRL, et les Baldwin papers, aux AO, MS 88. Ses séjours à l'Île-du-Prince-Édouard et en Sierra Leone sont commentés dans les séries PRO, CO 226 et CO 267.

Les études suivantes s'avèrent pertinentes : S. D. Clark, *Movements of political protest in Canada, 1640–1840* (Toronto, 1959) ; Craig, *Upper Canada* ; Creighton, *Empire of St. Lawrence* ; R. B. McDowell, *Irish public opinion, 1750–1800* (Londres, 1944) ; la partie consacrée à Thorpe par William Renwick Riddell* dans son ouvrage *Upper Canada sketches : incidents in the early times of the province* (Toronto, 1922) et son article « Scandalum Magnatum in Upper Canada », American Institute of Criminal Law and Criminology, *Journal* (Chicago), 4 (1913–1914) : 12–19. Enfin l'article de l'auteur, « Whiggery, nationality, and the Upper Canadian reform tradition », *CHR*, 56 (1975) : 25–44, contient les arguments qui appuient l'interprétation qu'il fait de Thorpe et établit le fait que « An Upper Canada letter of 1829 on responsible government », K. D. McRae, édit., *CHR*, 31 (1950) : 288–296, renferme probablement une partie d'un important manuscrit de Thorpe. Il est bon de noter que l'auteur a changé radicalement d'opinion sur le juge depuis qu'il a écrit sa thèse « Studies in elections in U.C. ». [G. H. P.]

TIARKS, JOHANN LUDWIG (John Lewis), astronome et arpenteur, né le 10 mai 1789 à Waddewarden (République fédérale d'Allemagne), fils du révérend Johann Gerhard Tiarks et de Christine Dorothea Ehrentraut ; en 1822, il épousa Auguste Antoinette Sophie Toel, de Jever (République fédérale d'Allemagne), et ils eurent plusieurs enfants, dont une fille qui parvint à l'âge adulte ; décédé le 1er mai 1837 à Jever.

Johann Ludwig Tiarks obtint un doctorat en mathématiques de l'université de Göttingen (République fédérale d'Allemagne) en 1808 et s'engagea à titre de précepteur. En 1810, il dut s'enfuir en Angleterre

Tiarks

pour éviter la conscription de Napoléon. Il devint bientôt aide-bibliothécaire et homme à tout faire de sir Joseph Banks* de la Royal Society de Londres. Sur la recommandation de ce dernier, en 1817, on le nomma astronome d'une des commissions établies en vertu de l'article 5 du traité de Gand (1814) pour délimiter la frontière entre l'est de l'Amérique du Nord britannique et les États-Unis. Il remplaça Joseph BOUCHETTE, atteint cette année-là de la « fièvre du lac Champlain », et continua de faire partie de l'équipe chargée de la délimitation quand William Franklin ODELL remplaça Bouchette à titre d'arpenteur principal.

Tiarks arriva en septembre à Saint-Régis (Akwesasne), à l'endroit où le 45e parallèle croise le Saint-Laurent, et y commença ses observations astronomiques. Très impressionné par les Agniers convertis au catholicisme de ce village, il se lia d'amitié avec plusieurs d'entre eux ainsi qu'avec Joseph Marcoux*, le prêtre qui les desservait. Son journal et ses lettres abondent en commentaires sur leur mode de vie. « Jamais je n'ai été aussi touché que lorsque je suis entré à l'église, confesse-t-il. Personne ne voudra croire que ce peuple sauvage assistait aux célébrations de l'Église catholique avec autant de savoir-vivre et de discipline. Les femmes étaient assises d'un côté et chantaient en alternant à chaque verset avec les hommes, qui étaient assis de l'autre côté. » Il comprit jusqu'à un certain point le caractère matrilinéaire de leur organisation sociale et le rôle dominant des femmes agnières dans les ménages. Son enthousiasme pour l'Amérique se traduisait généralement en admiration pour les Indiens. « Il y a chez eux, écrit-il, quelque chose de fascinant qui donne à l'homme civilisé un sentiment de liberté, de santé et de courage renouvelé qu'il ne peut retenir. »

À la fin de juillet 1818, Tiarks et son groupe quittèrent Saint-Régis et se mirent en route vers le lac Champlain avec une équipe d'arpenteurs américains dirigée par Ferdinand Rudolph Hassler, une vieille connaissance de Londres. Parvenues au lac avant l'hiver, les deux équipes constatèrent chacune de leur côté que John Collins* et les autres qui avaient situé le parallèle à cet endroit avaient fait erreur, et que le fort de Rouses Point, dans l'état de New York, bâti par les Américains au coût d'un million de dollars, se trouvait en réalité en territoire britannique. Les Américains qui étaient membres de la commission de la frontière contestèrent cette conclusion et Andrew Ellicott, le remplaçant de Hassler au poste d'astronome, se montra beaucoup moins coopératif que son prédécesseur. On rapporte qu'il fit à Tiarks la suggestion suivante : « nous devrions éviter d'accomplir notre tâche avec autant de rigueur et oublier d'en achever la plus grande partie ». Tiarks sentait que sa réputation était en jeu et refusa donc de se laisser influencer, ce en quoi le commissaire britannique Thomas Henry Barclay* l'appuya fortement.

En 1819, Tiarks travaillait dans la vallée supérieure de la rivière Connecticut, par où l'on projetait de faire passer la frontière. Il passa une partie de l'été de 1820 à faire la carte du territoire qui est devenu le nord-ouest du Nouveau-Brunswick et la région adjacente du Québec. À l'automne, il retourna dans le haut du Connecticut. Cependant, le désaccord entre les commissaires britannique et américain [V. Ward Chipman*] interrompit bientôt ses travaux et, en 1821, il retourna en Europe.

Tiarks revint en Amérique du Nord en 1825 afin de déterminer l'extrémité nord-ouest du lac des Bois, point à partir duquel on avait convenu de tracer la frontière internationale en droite ligne vers l'ouest jusqu'à la rivière Mississippi. L'année suivante, il retourna à Londres et y demeura jusqu'en 1830 pour travailler sur des questions que la commission des frontières jugeait litigieuses. On chargea le roi des Pays-Bas d'arbitrer le différend territorial ; on convoqua donc Tiarks en 1830 à La Haye pour fournir des renseignements sur certains points. Environ un an plus tard, il retournait à Jever.

Johann Ludwig Tiarks avait toujours espéré devenir professeur dans une université allemande, mais on ne lui offrit aucun poste. Par ailleurs, il ne vécut pas assez longtemps pour assister à la signature du traité Webster-Ashburton (1842), qui mit fin à la mésentente au sujet de la frontière. En mars 1837, il subit une attaque d'apoplexie dont il ne se remit jamais. À en croire une lettre écrite à sa mère au cours de son premier hiver passé au Canada, il avait une certaine prémonition de la suite de sa vie : « Ainsi notre avenir repose dans le mystère, nous nous berçons d'espoirs qui ne se réaliseront jamais, nous croyons pouvoir agir autrement, mais nous sommes les jouets du sort. »

VINCENT O. ERICKSON

Les papiers de Johann Ludwig Tiarks furent donnés par deux de ses arrière-petits-fils, Robert von Ranke Graves et Charles Patrick Ranke Graves, à leurs cousins Tiarks d'Angleterre qui les déposèrent dans la bibliothèque familiale à Foxbury. En 1972, Henry F. Tiarks offrit la collection (à l'exception de quelques documents plus personnels et des copies de documents qu'il garda en sa possession à Foxbury) aux APC, où elle est maintenant disponible sous la cote MG 24, H64 ; elle constitue la source documentaire la plus importante de cette étude. Tiarks a laissé une masse de documents non publiés parmi lesquels on trouve ses journaux et sa correspondance, des rapports, des mémoires et des notes. La collection contient aussi cinq volumes imprimés, mais qui ne furent pas mis en circulation, de rapports sur la commission chargée de la délimitation des frontières de même que des copies des rapports scientifiques de Tiarks qui furent publiés ; ceux-ci concernent exclusivement la détermination de la longitude et parurent d'abord entre 1817 et 1829.

Il existe d'autres collections de documents utiles : les Thomas Barclay papers à la Maine Hist. Soc. Library

(Portland) et les Chipman papers (APC, MG 23, D1, sér. 1, 31–60), qui contiennent les procès-verbaux de la commission chargée de la délimitation des frontières. On trouve d'autres renseignements sur Tiarks dans les études suivantes : C. A. H. Franklin, *A short history of the family of Tiarks of Foxbury, Chislehurst, Co. Kent* (Londres, 1929) ; *Allgemeine deutsche Biographie* […] (56 vol., Leipzig, République démocratique allemande, 1875–1912), 39 : 92–94 ; et *Oldenburger Sonntagsblatt* (Oldenburg, Lower Saxony, République fédérale d'Allemagne), 12 (1919), n° 5. Des notices nécrologiques ont été publiées dans *Athenæum* (Londres), 1837 : 366–367 ; *Oldenburgische Blätter* (Oldenburg), 28 nov., 5 déc. 1837, 16, 23 oct. 1838 ; et dans Astronomical Soc. of London, *Monthly Notices* (Londres), 4 (1836–1839) : 108–110. Robert von Ranke Graves, dans *Good-bye to all that ; an autobiography* (Londres, 1929), et Alfred Perceval Graves, dans *To return to all that ; an autobiography* (Londres, 1930), donnent également des informations sur Tiarks, mais ces ouvrages doivent être utilisés avec circonspection.

Pour des renseignements spécifiques sur la question des frontières, le lecteur ferait bien de lire : S. F. Bemis, *A diplomatic history of the United States* (New York, 1936) ; A. B. Corey, *The crisis of 1830–1842 in Canadian-American relations* (New Haven, Conn., et Toronto, 1941) ; W. F. Ganong, « A monograph of the evolution of the boundaries of the province of New Brunswick », SRC *Mémoires*, 2e sér., 7 (1901), sect. II : 139–449 ; J. B. Moore, *History and digest of the international arbitrations to which the United States has been a party* […] (6 vol., Washington, 1898), 1 ; et D. W. Thomson, *Men and meridians : the history of surveying and mapping in Canada* (3 vol., Ottawa, 1966–1969). [v. o. e.]

TIGER DUNLOP, WILLIAM DUNLOP, dit. V. DUNLOP

TKOBEITCH. V. MALIE, JOSEPH

TOBIN, JAMES, homme d'affaires, homme politique, fonctionnaire et juge de paix, baptisé le 19 avril 1774 à Halifax, fils de Michael Tobin et de Catherine Hannah Murphy ; le 25 janvier 1800, il épousa dans la même ville Eleanor Lanigan, fille de Patrick Lanigan, de Callan (république d'Irlande), et ils eurent six enfants ; décédé le 3 novembre 1838 à Halifax.

Les Tobin étaient des Irlandais catholiques venus à Halifax en passant par Terre-Neuve au début des années 1770. Michael Tobin, natif de Waterford, exerçait le métier de boucher. Il atteignit une modeste aisance à titre de fournisseur de poisson et de viande auprès du gouvernement. Après sa mort, en 1804, son fils James prit le commerce en main avec l'aide de son jeune frère Michael. Leurs activités commerciales demeurèrent assez longtemps modestes, et ce n'est qu'à la fin des guerres napoléoniennes que la famille perça dans le milieu commerçant.

Les frères Tobin, en affaires sous le nom de J. and M. Tobin, profitèrent de la modification des itinéraires commerciaux et des autres circonstances favorables qu'amenèrent la guerre de 1812 et le conflit qui se prolongeait en Europe. La valeur des marchandises importées par la compagnie s'accrut rapidement : de £800 environ qu'elle était en 1810, elle passa à £19 183 en 1814 et à £60 797 en 1816. En 1813, la vente des cargaisons de vaisseaux capturés rapporta un montant brut de £9 938. La compagnie faisait le commerce du rhum, de la mélasse et de la cassonade avec les Antilles et importait du vin et des produits manufacturés d'outre-mer.

Les profits de ces opérations étaient investis dans des hypothèques, des prêts et dans la dette de la province. De 1814 à 1837, les Tobin accordèrent 63 prêts hypothécaires qui variaient de quelques dizaines de livres à plusieurs centaines. En 1818, les deux frères détenaient un tiers de la dette de la Nouvelle-Écosse. En 1825, ils avaient des reconnaissances de dette de la province pour près de £5 000 et, en 1836, ils en étaient les principaux créanciers. Leurs placements furent très profitables : dès 1829–1830, les Tobin percevaient 18 % par an sur leurs importantes avances de capitaux. Ils avaient également souscrit des actions dans le projet du canal Shubenacadie en 1829 [V. Charles Rufus FAIRBANKS].

En septembre 1825, avec un investissement de £5 000, James Tobin fut l'un des huit associés fondateurs de la Halifax Banking Company. Cette opération lui rapporta jusqu'à 20 % de dividendes annuels et le plaça au cœur de l'élite commerçante de Halifax. Sa nomination au Conseil de la Nouvelle-Écosse, le 25 janvier 1832, vint confirmer son importance ; il était le premier catholique à atteindre ce poste. Déjà commissaire chargé du jugement sommaire des causes du canton de Halifax depuis le 16 avril 1817, il devenait maintenant non seulement conseiller, rejoignant ainsi ses collègues de la banque Samuel Cunard*, Enos Collins* et Henry Hezekiah Cogswell*, mais aussi commissaire et juge de paix pour toute la province. Au début de 1838, lorsqu'on scinda le conseil en deux corps, législatif et exécutif, il devint membre du Conseil législatif.

Bien que relativement limité, l'engagement de Tobin dans les organisations communautaires reflétait ses origines irlandaises et catholiques. Il se joignit à la Charitable Irish Society le 17 mai 1797 et fit partie à dix reprises de son comité de bienfaisance. Cette fonction n'était pas une sinécure dans les années 1820 et la décennie qui suivit, étant donné la forte immigration d'Irlandais. Son frère et associé Michael accéda à la présidence de la société et le remplaça au Conseil législatif. James fut marguillier de l'église catholique St Peter de 1800 jusqu'à sa mort et, en 1830, il comptait parmi les généreux donateurs qui permirent l'achèvement de la cathédrale St Mary (basilique St Mary), destinée à remplacer cette église. Tobin légua par testament une somme importante aux

Toler

enfants de sa fille Eliza, qui avait épousé un protestant, John James Sawyer. Parmi ses petits-enfants, ceux qui étaient catholiques devaient recevoir leur part d'héritage tandis que ceux qui étaient protestants jouiraient simplement d'un intérêt à vie. Catholique convaincu, Tobin n'était cependant pas bigot. Il appuya la nomination de Thomas McCULLOCH au poste de directeur du Dalhousie College, en 1838, en déclarant devant le conseil que, s'il avait encore des fils à éduquer, il les confierait aux soins de celui-ci.

En 1838, James Tobin était le catholique le plus riche des Maritimes et l'un des hommes les plus fortunés de la Nouvelle-Écosse. À sa mort, on évalua ses biens à £50 360, dont plus de la moitié en placements et marchandises. Ses biens meubles et immeubles étaient aussi de grande valeur. Personne modeste, conservateur prudent et homme d'affaires averti, Tobin avait connu le succès et la reconnaissance sociale. Son influence sur ses coreligionnaires et compatriotes irlandais avait cependant bien diminué après l'ascension du mouvement réformiste dans les années 1830 ; des hommes plus jeunes, tel Laurence O'Connor Doyle*, commencèrent alors à mieux exprimer les sentiments libéraux des électeurs irlandais. Deux des fils de Tobin accédèrent à des fonctions politiques importantes. Michael devint membre du Conseil législatif puis du Conseil exécutif de la Nouvelle-Écosse, et James William* obtint des postes analogues à Terre-Neuve.

T. M. PUNCH

Halifax County Court of Probate (Halifax), Estate papers, T40 ; Wills, 3 : f⁰ˢ 284 et suivants ; 5 : f⁰ˢ 92–110 (mfm aux PANS). — Halifax County Registry of Deeds (Halifax), Deeds, 41 : f° 42 ; 46 : f° 297 ; 47 : f° 298 ; 49 : f° 38 ; 53 : f° 472 ; 58 : f° 1 ; 63 : f° 75 (mfm aux PANS). — PANS, MG 20, 65–66 ; RG 1, 195, 386 ; RG 31-104, 8–9. — St Mary's Roman Catholic Basilica (Halifax), Account-book of St Peter's Church [St Mary's Cathedral], 1801–1858 (mfm aux PANS). — J. S. Martell, « A documentary study of provincial finance and currency, 1812–36 », PANS Bull. (Halifax), 2 (1939–1941), n° 4. — T. M. Punch, « Tobin genealogy », Nova Scotia Hist. Quarterly (Halifax), 5 (1975) : 71–81.

TOLER, JOSEPH, orfèvre, peintre et graveur, né vers 1810 à Halifax, fils de John George Toler ; marié ; circa 1831–1842.

Le père de Joseph Toler était dessinateur à la section civile des Royal Engineers de Halifax et il faisait de l'aquarelle en amateur. On présume qu'il enseigna à son fils les rudiments de la peinture mais nulle part il n'est fait mention de l'apprentissage de Joseph. Au mois de mai 1831, ce dernier tenait une boutique d'orfèvre rue Argyle, à Halifax. Quelques-unes de ses œuvres sont conservées au Nova Scotia Museum.

Elles ne portent pas toutes son poinçon complet, soit les lettres J.T H avec une tête de souverain et un lion léopardé, mais les frappes sont très caractéristiques.

Il semble que Toler ait abandonné l'orfèvrerie quelques années plus tard pour s'adonner à la peinture. D'après une annonce parue le 17 juin 1834 dans le Times de Halifax, il s'était installé au Mrs Grover's Hotel et offrait des portraits en couleurs au prix de 5s, d'autres mordorés au prix de 2s 6d et ce qui semble être des silhouettes, au prix de 1s 3d. En 1837, il occupait un atelier rue Hollis, en face de l'église St Matthew, et faisait aussi des miniatures sur ivoire et sur carton. C'est d'ailleurs à titre de miniaturiste qu'il fit sa publicité dans le New-Brunswick Courier du 21 avril 1838. Il soulignait que son séjour à Saint-Jean serait bref et offrait des miniatures sur ivoire au prix de £1 et sur carton à partir de 6s 6d ; il mentionnait en outre « en avoir fait plus d'un millier à Halifax seulement ». Depuis Saint-Jean, il se rendit à Fredericton, où il annonça ses services dans la Royal Gazette du 20 juillet. Il revint à Saint-Jean l'année suivante. Vers le mois de mars 1840, Toler devint professeur de dessin à l'école qu'avait ouverte le Mechanics' Institute de Saint-Jean en novembre 1839. À la fin de l'année scolaire, au printemps, eut lieu une exposition des travaux de ses élèves. Le Morning News fut très élogieux pour Toler et rappela qu'il n'était chargé des cours de dessin que depuis six semaines environ : « L'habileté acquise par tous ses élèves dans cette courte période, de même que le sens esthétique et le bon goût manifestés dans leurs dessins, atteste à la fois ses talents de professeur et son ardeur à les déployer. »

La suite de la carrière de Joseph Toler est moins connue. Le 16 mars 1840, il avait annoncé dans le Morning News qu'après le 1er mai il comptait cesser de faire des portraits pour revenir au travail sur métal. Mais à peine six semaines plus tard, il manifestait son intention d'ouvrir une école « où seraient enseignées les diverses disciplines du dessin et de la peinture ». On ignore si cet établissement a jamais vu le jour. Du 20 mai à la fin de l'année, il fit paraître un avis dans lequel il offrait ses services pour le travail de l'or et de l'argent, la dorure du métal, la gravure sur bois et la production d'estampes et de miniatures. Enfin, en 1842, il offrait encore des cours de dessin et de paysage. On ne sait rien de plus à son sujet, mais on croit qu'il a pu séjourner un certain temps à Fredericton par la suite. Quelques-unes de ses miniatures sont exposées au Musée du Nouveau-Brunswick.

D. C. MACKAY ET STUART SMITH

Acadian Recorder, 14 mai 1831, 11 févr. 1837. — Morning News (Saint-Jean, N.-B.), 16 mars, 27 avril, 25 mai 1840. — New-Brunswick Courier, 21 avril 1838, 13 avril, 27 juill. 1839, 2 mai 1840. — Royal Gazette (Fredericton), 20 juin

1838. — *Times* (Halifax), 24 nov. 1837. — Harper, *Early painters and engravers*. — D. C. Mackay, *Silversmiths and related craftsmen of the Atlantic provinces* (Halifax, 1973). — G. [B.] MacBeath, « Artists in New Brunswick's past », *Arts in New Brunswick*, R. A. Tweedie *et al.*, édit. (Fredericton, 1967), 121–148.

TOMAH (Thoma), FRANCIS (parfois appelé **Toma Francis**), chef malécite du Nouveau-Brunswick ; *circa* 1813–1850.

Le 15 octobre 1813, à Kingsclear, au Nouveau-Brunswick, en présence de Thomas Wetmore*, procureur général de la province, Francis Tomah fut élu chef à l'unanimité, et le même jour on le reconnut officiellement titulaire de cette charge. Il joua un rôle de premier plan dans les négociations entreprises en 1836 par la tribu des Pentagouets dans l'état du Maine. Irrités par certaines fraudes qu'avaient commises leurs chefs, ces Indiens demandaient qu'on les réunisse aux Malécites et aux Pesmocodys. On s'entendit alors pour reconnaître les Malécites à titre d'associés principaux de l'union, et on remplaça les chefs disgraciés. Cet accord eut toutefois de graves conséquences. Pendant l'hiver de 1838, au plus fort de la « guerre d'Aroostook », plusieurs Malécites se laissèrent convaincre d'adresser à la Chambre des représentants du Maine une requête par laquelle ils déclaraient qu'on les avait expulsés du Nouveau-Brunswick et réclamaient un appui. Tomah s'empressa d'assurer à sir John Harvey*, lieutenant-gouverneur de la province, que les Malécites concernés (à l'exception d'un seul, « un vaurien ») avaient agi par ignorance et que le gouvernement pouvait compter en tout temps sur l'appui des Indiens.

Malgré la loyauté inébranlable des Indiens, leur confiance envers le gouvernement fut soumise à rude épreuve devant l'intrusion sans frein des squatters blancs dans leurs réserves. Au début des années 1840, lorsque le gouvernement décida de régulariser la situation des squatters en leur louant des terres des Indiens et qu'il se déclara favorable à l'installation des Indiens sur des propriétés individuelles, Tomah présida à Kingsclear un conseil plénier afin de protester. À la suite de ce conseil, les Malécites présentèrent au gouvernement, le 10 janvier 1843, une pétition dans laquelle ils affirmaient leur volonté de se faire agriculteurs, d'adopter « un mode de vie sédentaire », de fréquenter l'école et de « profiter des avantages de la civilisation ». Ils prétendaient que tous ces objectifs demeuraient irréalisables tant que se poursuivait le pillage quotidien de leurs terres. Il était nécessaire qu'ils aient la haute main sur ces terres et qu'ils en deviennent collectivement propriétaires pour éviter les perturbations qui résulteraient d'un système de propriété individuelle ; le conseil proposait qu'on fasse une seule concession à toute la tribu en incluant toutes les terres qu'on lui réservait dans la vallée de la rivière Saint-Jean. Le gouvernement ne tint pas compte de cette demande. En 1850, Tomah signa une autre pétition, en réaction contre les empiétements des Blancs sur les terres indiennes du comté de Carleton.

Francis Tomah était un personnage bien connu à Fredericton. Chaque année, au jour de l'An, il se rendait avec son peuple à la réception du lieutenant-gouverneur, pour lui présenter ses respects. Les Indiens avaient alors l'habitude d'exécuter leurs danses puis de regarder les Blancs danser leurs étranges quadrilles et valses. À l'occasion d'une de ces réceptions, en 1841, Harvey remit au « vieux chef respecté » une médaille d'argent sur ruban bleu.

L. F. S. UPTON

APNB, RG 2, RS8, Indians, 1/4, pétition de Francis Toma, 10 janv. 1843. — UNBL, MG H54, Thomas Wetmore à Jonathan Odell, 15 oct. 1813 ; commission de Toma Francis (copie). — N.-B., House of Assembly, *Journal*, 1850 : 171. — *Royal Gazette* (Fredericton), 17 juill. 1839, 6 janv. 1841. — W. O. Raymond, *The River St. John : its physical features, legends and history from 1604 to 1784* (Saint-Jean, N.-B., 1910), 469–471. — L. F. S. Upton, « Indian affairs in colonial New Brunswick », *Acadiensis* (Fredericton), 3 (1973–1974), n° 2 : 3–26.

TO-OO-TROON-TOO-RA. V. SOU-NEH-HOO-WAY

TRIAUD, LOUIS-HUBERT (le nom a souvent été déformé en **Triand, Briand, Friand** et même **Friend**), peintre, professeur de peinture et de dessin, et restaurateur d'œuvres d'art, né en 1790 à Londres, de parents français ; le 7 janvier 1834, il épousa en secondes noces, à Québec, Élizabeth Pagé ; il eut au moins une fille ; décédé le 14 janvier 1836 à Québec.

Louis-Hubert Triaud semble avoir étudié les beaux-arts à la Royal Academy of Arts de Londres. Il figure d'ailleurs quatre fois parmi les exposants de cet établissement : avec un autoportrait, en 1811, et trois portraits de jeune femme, dont deux en 1818 et un autre en 1819. Triaud fait son apparition à Québec au début de l'année 1820. Le 4 janvier, il publie dans le *Quebec Mercury*, conjointement avec le peintre Jean-Baptiste ROY-AUDY, une annonce dans laquelle les deux artistes proposent d'exécuter les « ouvrages qu'on leur demandera dans les Arts susdits », c'est-à-dire le portrait, la miniature et la peinture historique. Ils offrent également d'enseigner « l'Art du dessein et de la peinture dans toutes ses branches, et selon la méthode suivie dans les Académies Anglaises et Françaises ». La collaboration des deux peintres est étroite et, au moins une fois, ils signent une même œuvre. Mais rien ne permet de croire que leur association se soit poursuivie après le premier trimestre de l'année 1820.

Triaud trouve bientôt un protecteur en la personne de l'abbé Louis-Joseph DESJARDINS, dit Desplantes,

Triaud

qui intercède en sa faveur auprès des ursulines de Québec en juillet de la même année. Triaud travaillera pour elles et réalisera son plus fameux tableau, *la Procession de la Fête-Dieu à Québec, en 1821*. Il enseignera aussi aux élèves de ces religieuses à compter de mars 1821, durant quatre mois, à raison de trois ou quatre leçons par semaine. Les matières, selon un témoignage, devaient inclure des « paysages au crayon ainsi que de peinture à l'huile ».

Triaud reçoit aussi, dans sa carrière de peintre, l'aide d'un ami de ses parents, Mgr Alexandre de Thémines, évêque de Blois, en France, qui écrit de Londres à Mgr Joseph-Octave Plessis*, à Québec, le 26 mars 1821, et qualifie l'artiste de « jeune homme de beaucoup de talents surtout pour la peinture ». Peut-être est-ce grâce à cette intervention si Triaud fait en 1821, pour le maître-autel de l'église de Saint-André, près de Kamouraska, un tableau dont le sujet est le martyre du saint de ce nom. Ayant eu ainsi, à plusieurs reprises, l'occasion de prouver sa compétence, Triaud voit grandir sa réputation, et l'abbé Desjardins n'hésite pas à mettre de l'avant le nom de son protégé lorsqu'il s'agit de nouveaux contrats. Il va même jusqu'à préciser que Triaud est capable de réaliser un excellent tableau en trois mois.

Triaud pratique également la restauration d'œuvres anciennes, notamment aux côtés d'Antoine Plamondon* à Saint-Michel, près de Québec, en 1823. Il s'agit alors de « nettoyer, réparer & vernisser Les 4 tableaux de la Nef de L'Église ». Ce type de travail semble comprendre dans certains cas le rentoilage de l'image. L'année suivante Triaud « répare » des toiles chez les ursulines, et il est encore rémunéré par ces religieuses en 1825 pour des travaux de même nature.

En 1827, l'Hôtel-Dieu rejoint le nombre des établissements religieux de la ville de Québec qui bénéficient des talents de Triaud : on lui demande alors de peindre les armoiries de la duchesse d'Aiguillon, fondatrice de cet hôpital. Le musée de l'Hôtel-Dieu de Québec possède également *la Vision de saint Antoine de Padoue*, tableau signé Triaud et daté de 1830. Toutefois, les documents prêtent à croire qu'il s'agit d'une restauration, étant donné qu'une œuvre de ce nom figure dès 1818 dans la chapelle de l'Hôtel-Dieu et que Triaud est payé, en 1829, pour la restauration d'une œuvre portant ce titre.

En 1830, Triaud s'essaie, avec succès, à un genre apparemment nouveau pour lui en peignant à la demande du Theatre Royal de Québec une scène pour une comédie de Richard Brinsley Butler Sheridan, *The Rivals*, et qui représente le château de Windsor, près de Londres. Assisté de J. F. Schinotti, il crée en 1832 la scène principale du même théâtre, à la suite de la réfection complète de la salle.

Dans une veine qu'on pourrait qualifier de peinture festive, Triaud réalise, en 1833, pour la Confrérie des imprimeurs de Québec, à l'occasion de la fête de saint Augustin, leur patron, une peinture sur satin ; on y voit une presse d'imprimerie qui repose sur un globe, le tout orné d'inscriptions appropriées. À partir de ce moment, on ne sait plus rien de l'activité professionnelle de Triaud, exception faite de quelques œuvres non datées. Il convient de signaler un *Baptême du Christ*, à l'église de Rivière-Ouelle, une *Madone et Enfant*, à Sainte-Marie, dans la Beauce, le portrait d'Hector-Simon HUOT de même qu'un autoportrait.

En 1835, sa santé décline, et Triaud pressent sa mort. Il meurt le 14 janvier 1836, à l'âge de 46 ans. Son souvenir demeure très vivant chez l'abbé Desjardins qui réitère les conseils de Triaud à tous ceux qui butent sur les problèmes de la restauration des tableaux. Les recettes communiquées par l'abbé sont à ce point détaillées qu'il y a lieu de se demander si le peintre n'avait pas laissé une version écrite de ses procédés. Quoi qu'il en soit, le vide que créa la disparition de Triaud est ressenti surtout dans le domaine de la restauration des œuvres d'art. « Si Mr *Tri Tri* vivoit, écrit l'abbé Desjardins à mère Saint-Henri [MCLOUGHLIN] le 19 juin 1840, il vous Epargneroit bien de l'Embarras ! »

C'est à travers la correspondance de l'abbé Desjardins que l'on peut entrevoir la personnalité de Triaud. La première fois qu'il en fait mention, il le dit « volage ». S'il s'informe de la conduite de son protégé en 1824, par exemple, il exprime la crainte « qu'il ne voltige » et trouve dommage que cet homme de talent soit si peu responsable. En effet, les finances du peintre sont dans un état désastreux cette année-là, si bien que Desjardins avoue ne plus rien pouvoir pour le sauver de ses créanciers. Pendant l'agonie du peintre, l'abbé s'étonne de constater l'adoucissement du caractère de celui qui est devenu « doux comme une *colombe* plus facile à soigner qu'une *None* & dévot, presque comme un hermite ».

Triaud occupe une place de second rang dans la vie artistique de la capitale pendant le deuxième quart du XIXe siècle, derrière Joseph Légaré*, Antoine Plamondon et Jean-Baptiste Roy-Audy. Mais il se montre supérieur à François Baillairgé* dans le domaine de la peinture. Les rapports de Triaud avec Roy-Audy sont loin d'être clairs, et une meilleure connaissance de ceux-ci pourrait peut-être jeter de la lumière sur le problème de la paternité véritable de certaines œuvres attribuées à ce dernier. De plus, au cours du demi-siècle qui s'étend du retour de Paris de Baillairgé en 1781 à celui de Plamondon en 1830, Triaud se révèle le seul artiste en mesure d'apporter aux peintres de la ville de Québec, tel Légaré, le témoignage vivant des pratiques artistiques d'outre-mer. Finalement, malgré une carrière où il s'est peu consacré à la grande peinture, Triaud, comme en fait foi son annonce de 1820, n'était pas sans ambition à cet égard. Les documents témoignent bien d'une amorce d'activité dans cette veine.

En résumé, le volage Louis-Hubert Triaud, malgré son amour de l'art, trouve plus difficile de vivre que de peindre, et il demeure pratiquement muet. N'eût été de son œuvre maîtresse, *la Procession de la Fête-Dieu*, il serait virtuellement inconnu aujourd'hui.

DAVID KAREL

L'auteur tient à remercier Michel Nadeau pour des recherches qui lui ont permis de rédiger cet article et John R. Porter pour lui avoir gracieusement communiqué des références à plusieurs articles dans les journaux de l'époque. [D. K.]

AAQ, 90 CM, Angleterre, II : 86. — ANQ-Q, CE1-1, 16 janv. 1836 ; CE1-64, 7 janv. 1834. — Arch. du monastère des ursulines (Québec), Fonds L.-J. Desjardins, II : 34, 64 ; III : 27, 89. — MAC-CD, Fonds Morisset, 2, dossier L.-H. Triaud. — *Le Canadien*, 20 janv. 1836. — *Quebec Mercury*, 4 janv. 1820, 20 févr. 1830, 16 févr. 1832, 29 août 1833. — Daphne Foskett, *A dictionary of British miniature painters* (2 vol., New York, 1972). — Algernon Graves, *The Royal Academy of Arts* […] (8 vol., Londres, 1905–1906). — Ulrich Thieme et Felix Becker, *Allgemeines Lexikon der bildenden Künstler von der Antike bis zur Gegenwart* […] (37 vol., Leipzig, République démocratique allemande, 1907–1950). — Burke, *les Ursulines de Québec*, 4. — B. S. Long, *British miniaturists* (Londres, 1928).

TROTTIER DES RIVIÈRES BEAUBIEN, MICHEL-RODOLPHE. V. DES RIVIÈRES, RODOLPHE

TROYER, JOHN, fermier, homme d'affaires, guérisseur et exorciste, né le 3 février 1753 à Brothers Valley, Pennsylvanie, fils aîné de David Michael Troyer et de Magdalena Mast ; il épousa une prénommée Sophrona ; décédé le 28 février 1842 près de Port Rowan, Haut-Canada.

Descendant de Rhénans, John Troyer, qui était de foi baptiste, quitta la Pennsylvanie en 1789 avec sa femme, sa fille et son fils Michael. Il déclara plus tard avoir « beaucoup souffert à cause des rebelles américains, car ils n'eurent aucun scrupule à le dépouiller de tous ses biens ; et il vint […] dans cette province [le Haut-Canada] afin de pouvoir jouir de la paix [dans une colonie] soumise aux bonnes lois de Sa Majesté ». Troyer s'établit près de Long Point, au bord du lac Érié, dans une ferme qui porte encore le nom de Troyer's Flats. Dès 1797, il possédait un moulin et une forge, et avait entrepris de construire un sloop de 38 tonneaux qu'il mit en vente l'année suivante. Le docteur Troyer — c'est ainsi qu'on l'appelait généralement — avait des compétences médicales qui le rendirent célèbre dans sa région ; il n'avait jamais eu de formation en médecine, mais faisait des saignées et prescrivait des remèdes à base de plantes qui firent sa renommée.

Troyer doit sa célébrité non pas à ses exploits de colon de la première heure, mais à la place très importante qu'il occupe dans le folklore de sa région d'adoption. Amelia Harris [Ryerse*], une ancienne citoyenne de Long Point, se souvenait de lui comme d'« un beau vieillard à la longue barbe flottante […] Il avait une connaissance approfondie des sorcières, de leurs faits et gestes, de l'art de les chasser, et de la façon d'utiliser la baguette de sourcier avec laquelle il pouvait non seulement découvrir de l'eau mais aussi déterminer à quelle profondeur se trouvaient des métaux précieux. » Selon la tradition locale, le docteur Troyer et son fils auraient mis la main sur un fameux trésor caché dans leur ferme si, en creusant, ils n'avaient attiré l'attention d'un fantôme qui assurait la garde de ce trésor, un énorme chien noir, qui bondit sur eux et les obligea à fuir. On dit aussi qu'une voisine malicieuse, Jennie Elizabeth McMichael, se mit souvent en frais de tourmenter Troyer en se faisant passer pour une sorcière ; il lui était facile de le faire renoncer à une expédition de chasse – l'habileté au tir de Troyer était bien connue – en se moquant de lui, cachée derrière les buissons, et en traversant son chemin de façon mystérieuse. Réfugié dans sa maison, Troyer trouvait certainement du réconfort dans les signes cabalistiques dont il s'entourait pour se protéger ainsi que dans le piège à sorcière qu'il installait tous les soirs à côté de son lit. Pourtant, une nuit, affirma-t-il, des sorcières entrèrent dans sa chambre et, évitant son piège, le transformèrent en cheval, l'enfourchèrent et lui firent traverser le lac Érié en volant.

À Baldoon, dans la région de la rivière St Clair, commença vers la fin de 1829 l'affaire qui allait mettre le plus durement à l'épreuve la capacité de Troyer de produire des effets merveilleux au moyen de la magie blanche. John T. McDonald, fermier et pêcheur, avait construit sa maison au bord du Snye Carty, sur un terrain dont le choix avait donné lieu à une controverse. BAUZHI-GEEZHIG-WAESHIKUM, chef et sorcier de l'île Walpole (comté de Lambton), prétendit que McDonald avait rasé un petit bois de peupliers hanté par des mamagwesewug (fées) et s'était ainsi attiré de mystérieuses et terrifiantes attaques contre sa maison et sa ferme ; selon d'autres, McDonald commença à avoir des ennuis quand il ne tint pas compte des revendications d'une vieille femme qui vivait près de chez lui, dans une « longue maison basse » ; au XXe siècle, des personnes ont émis l'opinion que les problèmes de McDonald étaient dus à la présence dans sa famille d'une jeune orpheline sujette à des crises provoquées par un esprit frappeur. Pendant trois ans,

Tsaouenhohoui

des balles qui semblaient venir de nulle part fracassèrent des carreaux de sa maison, et d'autres phénomènes inexpliqués troublèrent son existence. La nuit, des bruits de pas mystérieux se faisaient entendre ; de lourdes pierres, des plats, des bûches, des louches, des fusils, la maison même étaient soudainement soulevées par lévitation ; des incendies éclatèrent ; le fantôme d'un chien se manifesta ; des animaux domestiques tombèrent malades et moururent ; des récoltes furent perdues.

Comme aucun des habitants de Baldoon ne semblait pouvoir aider McDonald, un ministre méthodiste lui conseilla de faire appel au docteur Troyer. Les deux hommes se mirent donc en route pour Long Point ; la nuit venue, ils s'arrêtèrent au bord de la rivière Thames, où des sorcières et d'autres esprits malfaisants les attaquèrent et, par leurs cris, les empêchèrent de dormir. À Long Point, la fille de Troyer, après s'être retirée avec la boule de cristal de son père, recouverte du chapeau de ce dernier, la consulta pendant des heures ; ces deux objets étaient reconnus comme de puissants instruments des pratiques de clairvoyance des Troyer. Quand elle revint, épuisée par les expériences qu'elle avait vécues pendant sa transe, elle étonna McDonald par sa connaissance précise de sa situation difficile et du coin de pays qu'il habitait. Elle lui dit de se fabriquer une balle d'argent et de tirer sur une oie étrange qu'on avait vue errer récemment sur sa propriété et dont l'une des ailes portait de bizarres plumes noires. De retour chez lui, McDonald suivit son conseil ; il visa l'oie et l'atteignit à l'aile ; l'oiseau disparut dans les joncs, puis réapparut dans la « longue maison basse » : c'était la vieille femme avec qui McDonald s'était querellé, qui avait maintenant le bras cassé. À partir de ce jour, les souffrances de la famille McDonald cessèrent.

Bien que la personnalité affable et hors de l'ordinaire de John Troyer ne cessa jamais de lui attirer des affaires étranges et d'exciter l'imagination de ceux qui en faisaient le récit, rien dans sa vie n'est aussi mémorable que l'épisode du mystère de Baldoon. Mais les histoires au sujet des derniers jours de son existence sont presque aussi saisissantes que cet épisode. Juste avant sa mort, il tira « un faucon, de but en blanc, du faîte du toit de la grange ». On raconta aussi que des voleurs voulurent dérober des talismans magiques dans sa tombe, mais un grand oiseau blanc les en empêcha. Il ne faudrait peut-être pas que le voile folklorique qui enveloppe aujourd'hui Troyer fasse oublier que non seulement il est la figure paternelle la plus légendaire de la région marécageuse de Long Point, mais qu'il fut aussi le premier habitant du comté de Norfolk à cultiver un jardin, à planter un verger et à posséder un coffre à médicaments.

JAMES REANEY

Le docteur Troyer et tout le folklore qu'il a inspiré ont pris leur place dans l'histoire du théâtre canadien grâce aux trois saynètes de Hilda Mary Hooke, *The witch-house at Baldoon*, *Widows' scarlet* et *More things in heaven*, publiées dans son ouvrage *One act plays from Canadian history* (Toronto, 1942), 79–96, 97–116, 117–130, et, plus récemment, grâce au volume de C. H. Gervais et James Reaney, *Baldoon* (Erin, Ontario, 1976).

APC, RG 1, L3, 495 : T2/73 ; RG 5, A1 : 56322–56335. — Arch. privées, James Reaney (London, Ontario), corr. reçue de Flora Aker, St Williams, Ontario ; O. Morrow, Stirling, Ontario ; R. G. T. Archibald, Unionville, Ontario. — Church of Jesus Christ of Latter-Day Saints, Geneal. Soc. (Salt Lake City, Utah), International geneal. index. — UWOL, Regional Coll., J. A. Bannister papers. — Peter Jones, *History of the Ojebway Indians ; with especial reference to their conversion to Christianity* [...], [Elizabeth Field, édit.] (Londres, 1861). — *Loyalist narratives from Upper Canada*, J. J. Talman, édit. (Toronto, 1946). — *Detroit Gazette*, 14 nov. 1829. — R. S. Lambert, *Exploring the supernatural : the weird in Canadian folklore* (Toronto, [1955]). — N. T. McDonald, *The Baldoon mystery* (Wallaceburg, Ontario, s.d.). — E. A. Owen, *Pioneer sketches of Long Point settlement* [...] (Toronto, 1898 ; réimpr., Belleville, Ontario, 1972). — J. H. Coyne, « David Ramsay and Long Point in legend and history », SRC *Mémoires*, 3e sér., 13 (1919), sect. II : 111–126. — George Laidler, « John Troyer of Long Point Bay, Lake Erie ; an appraisal of associated fact and legend », *OH* (1947) : 14–40.

TSAOUENHOHOUI. V. VINCENT, NICOLAS

TYANTENAGEN. V. JONES, JOHN

U

UNIACKE, NORMAN FITZGERALD, officier de milice, avocat, fonctionnaire, homme politique, juge et juge de paix, né vers 1777, probablement à Halifax, fils de Richard John Uniacke* et de Martha Maria Delesdernier ; le 23 novembre 1829, il épousa à Vaudreuil, Bas-Canada, Sophie Delesdernier ; décédé le 11 décembre 1846 à Halifax.

Issu d'une famille de 12 enfants dont plusieurs allaient s'illustrer en Nouvelle-Écosse, Norman Fitzgerald Uniacke est le fils aîné du procureur général de cette province. Le 1er juillet 1796, il reçoit une commission de lieutenant en second dans le 2th Halifax Militia Regiment commandé par son père. Reçu au barreau de la Nouvelle-Écosse, il se rend à Londres en 1798 afin de parfaire ses études de droit et de cultiver des relations utiles à sa future carrière. Peu avant le début de 1806, il est reçu à la Lincoln's Inn, second Néo-Écossais à être admis au barreau anglais.

Un an après la tentative infructueuse du père d'Uniacke pour le faire nommer secrétaire provincial de la Nouvelle-Écosse, lord Castlereagh le désigne, le 25 août 1808, pour succéder au procureur général du Bas-Canada, Jonathan SEWELL, devenu juge en chef de cette province. Cependant, le gouverneur sir James Henry Craig*, non informé de cette nomination, accorde une commission provisoire à Edward Bowen* le 10 septembre 1808. Celui-ci est donc contraint de démissionner, et Uniacke peut intégrer officiellement son poste le 20 juin 1809.

Craig cherche à se défaire du nouveau procureur général. Le 17 mai 1810, par l'intermédiaire de son secrétaire Herman Witsius RYLAND, il consulte les juges de la Cour du banc du roi sur les capacités d'Uniacke. Sewell, ainsi que Jenkin Williams*, Pierre-Amable De Bonne* et James KERR répondent que ses connaissances en droit criminel sont très superficielles, et souvent insuffisantes en droit civil ; de plus, ses notions de français sont très faibles. Quant aux juges James Reid, James Monk*, Pierre-Louis Panet* et Isaac Ogden, ils déclarent n'avoir eu que trop peu ou pas d'occasions pour évaluer sa compétence. Le 31 mai, Craig suspend Uniacke, lui accorde un congé en Angleterre et délivre de nouveau une commission provisoire à Bowen dont il recommande la nomination à lord Liverpool. Bowen assure donc l'intérim de 1810 à 1812. Le 7 février 1812, le nouveau gouverneur, sir George Prevost*, adresse à Liverpool une pétition de Bowen qui demande à être nommé procureur général du Bas-Canada, et il propose la nomination d'Uniacke dans le Haut-Canada. Mais peu après, grâce à l'influence de son père surtout, on réintègre Uniacke dans ses fonctions.

Élu député de William Henry (Sorel) le 28 août 1824, Uniacke effectue un passage de courte durée à la chambre d'Assemblée puisque, le 1er février 1825, le gouverneur lord Dalhousie [RAMSAY] réussit à lui faire accepter la charge de juge de la Cour du banc du roi pour le district de Montréal. Le 24 mai 1827, on lui demande de remplacer le juge provincial du district de Trois-Rivières, Pierre-Stanislas Bédard*, durant l'absence de ce dernier. De 1826 à 1833, Uniacke reçoit diverses commissions de juge de paix pour différents districts et, de 1827 à 1833, des commissions d'audition et de jugement des causes criminelles et d'audition générale des délits commis par les personnes emprisonnées. Il prend sa retraite en août 1834 et retourne en Nouvelle-Écosse où on le nomme au Conseil législatif de la province en 1838.

Les accusations d'incompétence portées contre Norman Fitzgerald Uniacke sont sans doute en bonne partie fondées. Mais l'antipathie de la haute administration à son endroit provient aussi de ses prises de position : ainsi il est favorable à la reconnaissance civile des paroisses catholiques érigées après la Conquête, alors que Sewell, notamment, en conteste l'existence légale du fait que l'évêque catholique n'a jamais reçu la reconnaissance officielle de son titre ; en outre, au début de 1825, il appuie la candidature de Louis-Joseph Papineau* au poste de président de la chambre d'Assemblée, et provoque par ce geste la colère des bureaucrates. Cette attitude ne pouvait que lui attirer animosité et rancune.

CHRISTINE VEILLEUX

APC, RG 68, General index, 1651–1841. — L.-J. Papineau, « Correspondance » (Ouellet), ANQ *Rapport*, 1953–1955 : 221. — *La Gazette de Québec*, 15 sept. 1808, 22 juin 1809, 4 juin 1827, 21 oct. 1830. — F.-J. Audet, « les Législateurs du B.-C. » ; « Procureurs généraux du Bas-Canada », *BRH*, 39 (1933) : 276. — Caron, « Inv. de la corr. de Mgr Plessis », ANQ *Rapport*, 1932–1933 : 208. — Desjardins, *Guide parl.* — *Directory of N.S. MLAs.* — Lucien Lemieux, « Juges de la province du Bas-Canada de 1791 à 1840 », *BRH*, 23 (1917) : 88. — Ouellet, « Inv. de la saberdache », ANQ *Rapport*, 1955–1957 : 131. — « Papiers d'État – B.-C. », APC *Rapport*, 1893 : 16, 29, 32, 40–44, 49, 56, 62. — P.-G. Roy, *les Juges de la prov. de Québec*. — F.-J. Audet, *les Juges en chef de la province de Québec, 1764–1924* (Québec, 1927). — Buchanan, *Bench and bar of L. C.*, 62–64. — F.-X. Garneau, *Histoire du Canada depuis sa découverte jusqu'à nos jours*, Alfred Garneau, édit. (4e éd., 4 vol., Montréal, 1882–1883), 3 : 111, 211. — F.-J. Audet, « les Juges de Trois-Rivières », *BRH*, 6 (1900) : 246. — N.-E. Dionne, « le Juge Bédard », *BRH*, 5 (1899) : 250–252. — Mary Liguori, « Haliburton and the Uniackes : Protestant champions of Catholic liberty (a study in Catholic emancipation in Nova Scotia) », SCHEC *Report*, 20 (1953) : 37–48. — L. G. Power, « Richard John Uniacke : a sketch », N.S. Hist. Soc., *Coll.*, 9 (1895) : 82–83.

USBORNE, HENRY, homme d'affaires et seigneur, né vers 1780 ; décédé le 23 juillet 1840 à Ryde, île de Wight, Angleterre.

En 1801, Henry Usborne vivait à Londres ; selon ses propres termes, il était alors un « gros manufacturier » de bois et un associé de « l'une des principales maisons » qui commerçaient avec la Russie par la mer Baltique. L'année précédente, la « neutralité armée » de la Russie, de la Suède et du Danemark, quoique temporaire, avait failli priver la Grande-Bretagne et sa marine, en guerre contre la France napoléonienne, de leurs sources de bois d'œuvre ; du même coup, elle fit voir à la compagnie d'Usborne l'urgence de trouver de nouveaux marchés d'approvisionnement. Au début de 1801, Usborne s'installa donc à Québec (il était probablement le premier grand marchand de bois de la Baltique à venir dans la colonie) et annonça son « intention expresse » d'y créer un commerce de bois semblable à celui qui se faisait avec la Russie.

Usborne

À sa première saison, Usborne acheta une vaste cour à bois à l'anse au Foulon, à Québec, et fit l'acquisition de terres à bois et de scieries ; sur la rivière Maskinongé seulement, il acheta un moulin à huit scies et 2 000 acres de terre et demanda une concession foncière de 6 000 à 10 000 acres. En même temps, il prépara, pour 1802, l'envoi de sept cargaisons de pin en Grande-Bretagne ; dès 1803, ses exportations remplissaient 20 navires. Cette année-là, un certain « M. Osborne, gentleman anglais », construisit près de Saint-Jean, au Nouveau-Brunswick, « un moulin de modèle russe [...] qui actionn[ait] quinze scies montées sur un même châssis ». Peut-être était-ce la première scie multiple au Canada, et les antécédents d'Usborne permettent de supposer qu'il en était le constructeur. En 1804, il acheta encore 2 500 acres de terre à bois sur la Maskinongé. Vers la même année, en recourant, à Québec, aux services de maîtres de chantier comme John Goudie*, il lança un programme continu de construction de navires. De 1806 à 1809, il annonça des espaces disponibles sur au moins huit navires en partance de Québec ; en un seul mois, en 1809, pas moins de sept de ses bateaux arrivèrent sur lest dans ce port, probablement pour prendre des chargements de bois.

Le lieutenant-gouverneur sir Robert Shore MILNES, impressionné par l'esprit d'initiative d'Usborne, notait que, dès le début, il avait expédié « une beaucoup plus grande quantité [de bois] que ce qui a[vait] jamais été exporté du Canada en une saison ». Il le recommanda chaleureusement à Whitehall et le soutint lorsqu'en 1803 les officiers charpentiers du chantier de Chatham, en Angleterre, jugèrent que ses spécimens de chêne canadien étaient « impropres » à la construction navale ou au radoub et ne convenaient qu'à des « utilisations inférieures ». Cependant, une coalition de marchands britanniques, en créant des pénuries artificielles, ouvrirent bientôt un marché au bois canadien, et Usborne, à cause de sa longueur d'avance, se trouva en fort bonne posture. En dépit du soutien de Milnes, ce fut tout de même avec une autre société londonienne, la Scott, Idle and Company, que l'Amirauté conclut en 1804 son premier marché d'approvisionnement en mâts, épars et beauprés du Canada. Trois ans plus tard, les représentants bas-canadiens de cette compagnie, John Mure* et James Hare Jolliffe, se plaignirent qu'Usborne « tent[ait] de multiplier les obstacles » pour les empêcher d'honorer leur engagement, coupait illégalement du bois sur les terres de la couronne (réservées à leur usage exclusif pour l'approvisionnement de l'Amirauté) et parlait de « s'adonner encore davantage, pendant la saison suivante, [...] au commerce des mâts et des épars ». En 1809, pour soutenir son expansion, Usborne avait acheté de grandes quantités de chêne et de pin sur les deux rives du lac Champlain.

Usborne participait modérément, semble-t-il, à la vie sociale. Il était membre du comité exécutif de la Société du feu de Québec, inscrivait des chevaux aux Courses de Québec et présida, en avril 1808, une « fête campagnarde » au Sturch's Hotel. Sa maison était élégamment meublée, ses caves remplies, ses écuries bien pourvues. Il possédait, entre autres, « une pipe du meilleur Madère du Brézil, qui a[vait] été 7 ans en Canada », ainsi que « deux excellents fusils de chasse, et une paire de pistolets de poche ». À la fin de 1808, il paradait dans la ville à bord d'une voiture faites à Londres, le printemps [précédent], par un des premiers carrossiers », et pourvue d'« un Harnois complet dans le dernier gout ». En 1803, il avait eu, avec l'épouse illettrée d'un sergent en garnison dans la ville, un fils qui était mort peu après sa naissance.

En 1809, Usborne jugea que ses assises au Bas-Canada étaient solides ; il retourna donc à Londres pour y diriger les activités et forma une nouvelle compagnie avec son frère Thomas et Thomas Starling Benson. La société de Québec passa aux mains de Peter Patterson*, qui travaillait pour lui au moins depuis 1805. Associé, au Bas-Canada, à James Dyke de Québec et à Richard Collins de Montréal, ainsi qu'à Usborne, à Londres, Patterson dirigeait la Patterson, Dyke and Company, dont le siège social se trouvait à l'anse au Foulon. Sous sa gestion, les affaires d'Usborne au Bas-Canada connurent une croissance encore plus rapide qu'auparavant, surtout à compter de 1811, où il acheta de John Goudie et de Henry Black une grosse scierie en construction à la chute Montmorency, près de Québec. Par la suite, grâce au capital et à l'assistance d'Usborne, Patterson agrandit la propriété en faisant d'autres achats et la rendit, selon un spécialiste américain qui la visita, « probablement aussi imposante que toute autre au monde ». Les moulins étaient alimentés, du haut de la chute, par un grand bief en zigzag, creusé dans le roc et bordé de bois, ce qui explique qu'ils aient été parmi les plus coûteux à avoir été construits jusque-là dans le Bas et le Haut-Canada. Dès le début, ces moulins comptèrent plusieurs scies circulaires, apparemment les premières au Bas-Canada. Patterson étendit également les opérations d'abattage, de construction de navires et de transport maritime de la compagnie.

Entre-temps, à Londres (peut-être en 1812, mais sûrement en 1815 au plus tard), Usborne avait conquis sur la Scott, Idle and Company la moitié du marché des mâts, épars et beauprés canadiens. En 1815, pour améliorer les communications, on remplaça l'organisation de 1809 par une société transatlantique intégrée composée des associés londoniens ainsi que de Patterson et Dyke ; elle portait à Londres le nom de Henry Usborne, Benson and Company et à Québec, celui de Peter Patterson and Company. Dès 1818, la Henry Usborne, Benson and Company avait raflé tout le contrat de l'Amirauté, qui incluait une grande quantité de bois en plus des mâts et des épars ; la compagnie conserva ce monopole jusqu'en 1822. En 1820, Usborne déclara, devant un comité de la chambre des Communes britannique, que depuis 1801 sa compagnie avait investi quelque £40 000 dans les activités de sciage au Canada. Dans les années 1820, elle achetait de nouveau du bois en Russie.

En 1823, Patterson et Thomas Usborne quittèrent la compagnie et le premier prit les scieries de Montmorency. Henry Usborne exploita l'installation de l'anse au Foulon jusqu'en 1831, puis la vendit à Benson et à un associé. Il la racheta en 1834 mais la revendit l'année suivante à George William Usborne, qu'on disait être son frère mais qui était plus probablement son neveu. Peut-être était-ce lui qui finançait l'Atkinson, Usborne and Company, dont George William était un associé, et la Longley and Dyke [V. George LONGLEY]. Usborne avait aussi, au Canada, des terres acquises à des fins de spéculation ou en paiement de dettes. Après 1810, il avait acheté une seigneurie de 45 000 acres, celle de Rivière-de-la-Madeleine, en Gaspésie, plus propice à la pêche qu'à l'exploitation forestière. Dans les années 1820, il fit partie du conseil d'administration de la Canada Company, qui possédait, dans le Haut-Canada, de vastes terres dont l'agent John GALT parrainait le peuplement. Il fut aussi l'un des promoteurs de la Lower Canada Land Company, qui devait être organisée comme la précédente mais ne connut pas de succès [V. William Bowman FELTON]. Toutefois, en 1835, il n'avait plus d'intérêts dans la Canada Company et ne figurait pas au nombre des actionnaires de la British American Land Company, qui avait remplacé la Lower Canada Land Company.

En Angleterre, Usborne menait la vie sociale et publique agréable d'un riche marchand. En 1816, année où il épousa Phœbe Ann Birch, fille du député de Lancaster et sœur d'un baronnet, il possédait dans le Norfolk une maison de campagne appelée Heydon Hall, qui datait du XVIᵉ siècle. En 1824, il était shérif en chef du Suffolk et avait peut-être déjà remplacé sa maison de campagne par une autre, Branches Park, dans ce comté. Dix ans plus tard, il louait dans un coin chic de Londres, Portland Place, une grande maison qu'il emplit d'« argenterie, beau linge, verrerie, porcelaine, livres, tableaux, estampes [et] vins » ; ses écuries abritaient plusieurs chevaux et voitures. Il mourut en juillet 1840, apparemment pendant une visite à Ryde, un lieu de villégiature. À cette époque, Branches Park comprenait des « jardins, terrains d'amusement, bureaux et bâtiments » ; Usborne possédait aussi des « fermes, terres, maisons de rapport et immeubles » dans le Suffolk et le Cambridge, plus des « quais et immeubles au Canada ». Il légua à sa femme une somme de £500, la jouissance de toutes ses propriétés et l'actif net de sa succession, et

divisa également entre ses filles survivantes, au moins deux, les fonds en fiducie qu'on devait constituer à partir du produit de la vente de ses propriétés (lequel, prévoyait-il, s'élèverait à environ £20 000).

A. J. H. RICHARDSON

ANQ-Q, CE1-61, 8 mai, 19 nov. 1803 ; CN1-16, 2, 13 nov., 4 déc. 1809, 25 févr. 1811, 10 janv., 12 déc. 1812, 20 sept. 1821 ; CN1-49, 23 mai 1835, 23 juill., 13 août 1836, 20, 26 oct. 1860 ; CN1-116, 23 janv. 1838 ; CN1-145, 27 juill., 4 sept. 1804, 13 nov. 1805, 16 sept. 1807 ; CN1-262, 30 sept., 15 oct. 1801, 21 oct. 1803, 20, 25 oct. 1804, 1ᵉʳ juin, 20 sept. 1805. — APC, MG 24, B1, 189 : 4038, 4042, 4044, 4046 ; D12, 1 ; L3 : 8808–8826, 8898–8903, 26392–26403 ; MG 55/24, nᵒ 146 ; RG 1, L3ᴸ : 39870–39910, 75303, 75799, 93429–93457 ; RG 4, A1, Peter Patterson and Company à sir Gordon Drummond, 27 oct. 1815, William Price à lord Aylmer, 8 janv. 1831 ; B32, 1. — Arch. judiciaires, Québec, Testament olographe de Peter Patterson, 17 juin 1851 (V. P.-G. Roy, Inv. testaments, 3 : 110). — PRO, CO 42/119 : 191–194 ; 42/121 : 121vᵒ ; 42/123 : 105 ; 42/135 : 363–369 ; 42/140 : 154 ; 42/180 : 10, 722–724 ; 42/186 : 16 ; 42/205 : 364vᵒ, 369vᵒ ; 42/248 : 7. — [Thomas Douglas, 5ᵉ comte de] Selkirk, Lord Selkirk's diary, 1803–1804 ; a journal of his travels in British North America and the northeastern United States, P. C. T. White, édit. (Toronto, 1958 ; réimpr., New York, 1969), 195. — J. M. Duncan, Travels through part of the United States and Canada in 1818 and 1819 (2 vol., Glasgow, 1823), 2 : 198–201. — G.-B., Parl., House of Commons, Report from the select committee on timber duties [...] (Londres, 1835), 155 ; House of Commons paper, 1812, 3, nᵒ 210 : 1–668, Minutes of evidence, taken before the committee of the whole house [...], relating to the orders of council, 593, 601, 603, 613 ; House of Lords, First report from the select committee [...], appointed to inquire into the means of extending and securing the foreign trade of the country [...] ([Londres, 1820]), 207–210. — Gentleman's Magazine, juill.–déc. 1816 : 273 ; juill.–déc. 1831 : 464 ; juill.–déc. 1840 : 442. — Francis Hall, Travels in Canada and the United States, in 1816 and 1817 (Londres, 1818), 72. — Benjamin Silliman, Remarks made on a short tour between Hartford and Quebec, in the autumn of 1819 (2ᵉ éd., New Haven, Conn., 1824), 230–231, planche 8. — Winslow papers (Raymond), 489. — Quebec Gazette, 20 août 1801, 15 juill. 1802, 13 janv., 16 juin 1803, 31 mai, 7 juin, 16 août 1804, 16 mai, 11 juill. 1805, 13, 15, 22 mai, 13 sept., 9, 22 oct. 1806, 3 sept. 1807, 31 mars, 21 avril, 5 mai, 23 juin, 8 sept. 1808, 8 juin, 6 juill., 12, 19, 26 oct. 1809, 12 avril, 6 déc. 1810, 5 sept. 1811, 13 juill., 10, 17 déc. 1812, 29 avril, 13 mai, 16 juill. 1813, 5 janv., 28 sept. 1815, 21 mars 1816, 21 sept. 1818, 28 janv., 13 mai, 7 oct. 1819, 18 juill. 1822, 7 juill. 1823, 1ᵉʳ déc. 1847. — Joseph Bouchette, Topographical description of L.C., 425 ; A topographical dictionary of the province of Lower Canada (Londres, 1832) (entrée à Beauport). — Burke's peerage (1880), 115–116. — R. G. Albion, Forest and sea power : the timber problem of the Royal Navy, 1652–1862 (Cambridge, Mass., 1926), 352–355. — André Bernier, le Vieux-Sillery ([Québec], 1977), 23. — J. E. Defebaugh, History of the lumber industry of America (2 vol., Chicago, 1906–1907), 1 : 139–140. — Povl Drachmann, *The industrial development and commercial policies of the three Scandinavian countries* [...], Harald Westergaard, édit. (Oxford, Angl., 1915), 12–13, 33–34, 84–85. — S. J. Gillis, *The timber trade in the Ottawa valley, 1806–54* (Parcs Canada, Direction des parcs et lieux hist. nationaux, *Travail inédit*, n° 153, Ottawa, 1975). — G. S. Graham, *Sea power and British North America, 1783–1820 : a study in British colonial policy* (New York, 1968), 145–147. — J. W. Hughson et C. C. J. Bond, *Hurling down the pine ; the story of the Wright, Gilmour and Hughson families, timber and lumber manufacturers in the Hull and Ottawa region and on the Gatineau River, 1800–1920* (Old Chelsea, Québec, 1964), 27, 29, 31. — J. M. LeMoine, *Picturesque Quebec : a sequel to* Quebec past and present (Montréal, 1882), 156, 236. — A. R. M. Lower, *Great Britain's woodyard : British America and the timber trade, 1763–1867* (Montréal et Londres, 1973), 46–47, 60, 144–145. — MacNutt, *New Brunswick*, 152–153. — Francis Parsons, *Six men of Yale* (Freeport, N.Y., 1971), 78–79. — F. W. Wallace, *Wooden ships and iron men : the story of the square-rigged merchant marine of British North America, the ships, their builders and owners, and the men who sailed them* (Boston, 1937), 14. — *The wood industries of Canada* (Londres, 1897). — A. J. H. Richardson, « Indications for research in the history of wood-processing technology », Assoc. pour l'avancement des méthodes de préservation, *Bull.* (Ottawa), 6 (1974), n° 3 : 35–146.

V

VALENTINE, WILLIAM, peintre, vitrier et daguerréotypiste, né en 1798 à Whitehaven, Angleterre ; le 2 juin 1822, il épousa à Halifax Susannah Elizabeth Smith, et ils eurent deux filles, puis le 12 décembre 1830, dans la même ville, Sarah Ann Sellon ; décédé le 26 décembre 1849 à Halifax.

On ne sait rien de la vie de William Valentine avant qu'il n'immigre à Halifax en 1818. Certains ont prétendu qu'il était un parent et un élève de Robert Field*, le plus grand peintre du début du XIXe siècle en Nouvelle-Écosse, mais apparemment ils ne se rencontrèrent jamais, et Joseph Howe* qui connaissait bien Valentine a affirmé qu'il était autodidacte. Le 23 janvier 1819, par la voie des journaux, Valentine offrit pour la première fois ses services à titre de professeur de dessin et, le 6 mars, de portraitiste et paysagiste. Peut-être à cause de la dépression économique qui sévissait dans la province dans les années d'après-guerre, les « encouragements très abondants » dont il avait bénéficié diminuèrent sensiblement et, en août 1820, il était devenu l'associé de son cousin James Bell dans une « entreprise de peinture pour bateaux, enseignes, maisons et motifs ornementaux, et une vitrerie ». Cette association prit fin en mai 1824, mais Valentine demeura peintre et vitrier au Stairs' Wharf ; trois ans plus tard, il annonça qu'il partait s'installer dans un nouvel atelier à quelque distance de la rue Barrington.

Les plus anciens tableaux de Valentine qu'on connaisse à ce jour datent de 1827. Il manifestait surtout de l'intérêt pour les portraits, mais il lui arrivait à l'occasion de peindre des scènes historiques, comme *King John signing Magna Charta*, réalisé vers 1830 et conservé au Nova Scotia College of Art and Design. Il s'aventura également dans des thèmes classiques, mais les tableaux de ce genre sont perdus. En décembre 1831, il fut membre du premier conseil d'administration du Halifax Mechanics' Institute, auquel il continuera d'ailleurs de s'intéresser toute sa vie. L'année suivante, il offrit à cet institut le portrait du docteur William Grigor*, son premier président, et termina en outre celui de John Howe* pour son fils Joseph. Même s'il prenait de l'importance à titre d'artiste, Valentine dut quitter Halifax pour s'assurer des commandes. En août 1833, une annonce de la *Royal Gazette* de Charlottetown le faisait connaître comme portraitiste et miniaturiste et, l'année suivante, il était à St John's, en quête de travail. Il semble qu'il ait dû revenir à la peinture en bâtiments lorsque les affaires allaient au ralenti.

Vers 1836, Valentine se rendit en Angleterre où il étudia les grands peintres de son époque, dont sir Thomas Lawrence, et copia leurs tableaux. Cette expérience eut un effet appréciable sur sa peinture, dont les tons et les couleurs s'améliorèrent remarquablement ; à son retour en mars 1837, et jusqu'en 1844, il connut ses plus grands succès. Parmi les portraits qu'il fit au cours de cette période, on compte ceux de Samuel George William ARCHIBALD, Thomas Chandler Haliburton*, Brenton Halliburton*, John YOUNG et son fils William*, Peter Nordbeck*, John Sparrow Thompson*, Alexander Keith* et au delà de 100 autres éminents personnages de la Nouvelle-Écosse ainsi que leur femme. Il avait la meilleure clientèle de la région ; il recevait pratiquement toutes ses commandes de gros marchands et de gens de professions libérales.

Valentine retourna en Europe en 1839, l'année même où l'on fit connaître en France le procédé photographique de Louis-Jacques-Mandé Daguerre. Il aurait déclaré avoir reçu une formation en daguerréotypie « à la source même, à Paris », et il est possible qu'il ait étudié avec Daguerre en personne. Le procédé représentait à ses yeux un moyen de réaliser les portraits fidèles et bon marché que ses clients lui demandaient et, de ce fait, une source supplémentaire de revenus. Sa première réclame à titre de daguerréotypiste parut dans le *Morning News* de Saint-Jean, au Nouveau-Brunswick, le 15 novembre 1841 et, le 1er janvier 1842, il annonçait dans le *Times* de Halifax qu'il était « prêt à faire de beaux portraits » à l'aide d'un « appareil de première qualité » acheté aux États-Unis. Il se rendit même à Charlottetown et à St John's pour offrir ses services. La peinture et la photographie ne s'avérèrent cependant pas assez lucratives, puisqu'en 1848 il se retrouva encore dans l'obligation de travailler comme peintre d'enseignes et en bâtiments.

La dernière œuvre de William Valentine est un portrait d'Andrew MacKinlay*, président du Mechanics' Institute, qu'on offrit d'ailleurs à cet institut en octobre 1849. Quelques années avant la mort de Valentine, un incendie éclata dans son studio et détruisit un grand nombre de ses peintures en plus d'endommager ses appareils photographiques. Cette épreuve aurait hâté sa fin. On ne connaît pas le nombre de portraits que Valentine a signés – de 125 à 150 selon l'historien Harry Piers – et il n'y a jamais eu d'exposition complète de son œuvre. Toutefois, il demeure, après Field, le plus important portraitiste néo-écossais du début du XIXe siècle. La notice nécrologique parue dans le *Novascotian* était de la plume de Joseph Howe, qui avait également composé un éloge funèbre. Valentine repose au Camp Hill Cemetery, près de son ami Peter Nordbeck.

D. C. MACKAY

On peut voir des exemples des travaux de William Valentine à l'hôtel de ville de Liverpool, N.-É., et à l'Atlantic School of Theology, aux Law Courts of N.S., au N.S. College of Art and Design, au N.S. Museum et aux PANS, tous situés à Halifax. Son autoportrait à l'huile se trouve aux PANS et est reproduit (face à la page 130) dans l'article de Harry Piers cité plus bas.

Arch. privées, D. C. Mackay estate (Halifax), Harry Piers, deux lettres à L. A. Bowser concernant la peinture de Valentine, *King John signing Magna Charta*, 30 sept. 1929. — Camp Hill Cemetery (Halifax), Gravestone inscription. — PANS, RG 1, 448. — *Catalogue of Mr. Eagar's exhibition of paintings* (Halifax, 1838). — *Acadian Recorder*, 28 janv. 1819. — *Free Press* (Halifax), 8 août 1820. — *Royal Gazette* (Charlottetown), 6 août 1833. — *Times* (Halifax), 1er janv. 1842. — La Galerie nationale du Canada, *Catalogue of paintings and sculpture*, R. H. Hubbard, édit. (3 vol., Ottawa et Toronto, 1957–1960), 3. — Harper, *Early painters and engravers*. — William Colgate, *Canadian art, its origins & development* (Toronto, 1943). — Harper, *Painting in Canada* (1966). — D. [C.] Mackay, « Artists and their pictures », *Canadian Antiques Collector* (Toronto), 7 (1972), n° 1 : 81–86. — Harry Piers, « Artists in Nova Scotia », N.S. Hist. Soc., *Coll.*, 18 (1914) : 101–165.

VALLIÈRES DE SAINT-RÉAL, JOSEPH-RÉMI (baptisé **Joseph-Rémi Vallières,** il signait **Vallieres de St Real**), avocat, officier de milice, homme d'affaires, homme politique, fonctionnaire, juge et juge de paix, né le 1er octobre 1787 à Carleton (Québec), quatrième des huit enfants de Jean-Baptiste Vallières, forgeron, et de Marguerite Corneillier, dit Grandchamp ; décédé le 17 février 1847 à Montréal.

Joseph-Rémi Vallières venait d'une famille établie en Nouvelle-France au moins depuis 1670. Ses parents vécurent quelque temps à Carleton, à la baie des Chaleurs, mais en 1792 ils habitaient Québec. Sept ans plus tard, Joseph-Geneviève de Puisaye*, comte de Puisaye, fondait à Windham, dans le Haut-Canada, une colonie de nobles français réfugiés ; peu de temps après, comme il manquait de main-d'œuvre, il embaucha plusieurs Canadiens, dont Jean-Baptiste Vallières. Joseph-Rémi, que son père avait laissé à Montréal, peut-être pour des raisons financières, fut amené à Windham dès juin 1799. Toutefois, son père mourut moins de deux ans plus tard, en laissant sa mère dans le besoin ; Joseph-Rémi alla alors vivre à Québec chez une tante maternelle mariée au tonnelier Basile Amiot.

En 1803, même s'il avait 15 ans, Vallières n'avait guère fréquenté l'école mais, grâce à son intelligence supérieure, à sa passion pour les livres, à ses nombreux voyages et à son contact prolongé avec le milieu cultivé de Windham, il avait acquis par lui-même de belles manières et un surprenant éventail de connaissances. Le coadjuteur de l'évêque et curé de Québec, Joseph-Octave Plessis*, ne tarda pas à le remarquer ; il l'accueillit à sa résidence et lui servit personnellement de précepteur pendant 17 mois. Au début de 1805, Vallières entra en classe de philosophie au petit séminaire de Québec. Un condisciple, Philippe-Joseph Aubert* de Gaspé, s'avoua aussi ébahi par son intelligence et sa vivacité d'esprit que touché par sa compassion. Ainsi, raconte-t-il, Vallières apprit en trois semaines à parler couramment le portugais, afin de pouvoir faire la conversation à un apprenti commis solitaire (son voisin dans la basse ville) qu'une société commerciale avait fait venir de Lisbonne.

Vallières refusa de se préparer à la prêtrise, ce qui déçut cruellement Plessis. À l'automne de 1806, il obtint du curé de Carleton, Michel-Auguste Amiot (peut-être un parent), une copie authentique de son baptistaire, indispensable pour entreprendre des études de droit ; de sa propre initiative ou à la demande de Vallières, Amiot ajouta les mots « de Saint-Réal » au nom de famille. De février 1807 à octobre 1808, Vallières étudia auprès de Charles Thomas, à Trois-Rivières, puis d'octobre 1808 à mai 1812 auprès d'Edward Bowen*, procureur général intérimaire du Bas-Canada, à Québec. Le 30 mai 1812, il reçut sa commission d'avocat ; Bowen, qu'on venait de nommer juge, lui confia ses dossiers du moment.

Vallières avait à peine commencé à exercer lorsque la guerre de 1812 éclata. Nommé lieutenant dans le 2e

Vallières

bataillon de milice de la ville de Québec en septembre, il fit du service de garnison au moins jusqu'en juin 1813. Entre-temps, le 16 novembre 1812, il épousa à Québec Louise Pezard de Champlain, fille de Pierre-Melchior, « sieur de la Touche de Champlain, Seigneur de Godefroy, Roctaillade et autres lieux ». En septembre 1813, il habitait l'une des rues les plus huppées de Québec, qui, ironiquement, s'appelait rue des Pauvres (côte du Palais).

Vallières recommença à exercer régulièrement sa profession. En tournée comme à Québec, il adorait l'exubérante compagnie de ses meilleurs amis (souvent ses adversaires à la cour) : Aubert de Gaspé, Louis Plamondon* et Jacques Leblond. En 1809, il avait été membre de l'éphémère Société littéraire de Québec avec Aubert de Gaspé et Plamondon. Les clients qu'il représenta à la Cour du banc du roi à Québec de 1815 à 1824 se répartissaient ainsi : entre 25 % et 30 % de petits détaillants, une proportion égale de fermiers, 15 % d'artisans, 10 % de gros marchands, 10 % de membres des professions libérales et de fonctionnaires, 5 % d'ouvriers. À peu près la moitié de sa clientèle venait de Québec ; 45 % habitait des paroisses rurales, situées surtout autour de Québec, dans la Beauce, à Baie-Saint-Paul, La Malbaie, Sainte-Anne-de-la-Pocatière (La Pocatière) et Kamouraska. La John White and Company [V. François LANGUEDOC], les hommes d'affaires John Munn* et James McCallum*, le peintre Jean-Baptiste ROY-AUDY et l'arpenteur général Joseph BOUCHETTE comptaient au nombre de ses clients en vue ; quant aux grands marchands britanniques de la colonie, ils accordaient généralement leur confiance à Andrew STUART. L'archevêque Plessis, qui s'était résigné à l'indépendance d'esprit de Vallières, le consulta régulièrement à compter de 1820, en particulier sur l'érection de paroisses et sur les aspects juridiques du conflit qui l'opposait, avec son homologue de Montréal Mgr Jean-Jacques LARTIGUE, aux sulpiciens et au curé Augustin Chaboillez*. Vallières forma plusieurs étudiants en droit, dont Louis Lagueux* et l'un des fils du juge Olivier Perrault*. En 1822, le gouverneur lord Dalhousie [RAMSAY] émit l'avis que Vallières et Plamondon étaient, « de par leurs talents et leur éloquence, les plus grands membres du barreau de Québec ».

Comme la plupart de ses clients étaient de condition modeste, Vallières devait souvent leur faire crédit ; il percevait donc un certain revenu sous forme d'intérêts. Il prêtait aussi de petites sommes – rarement plus de £25 – à des fermiers, détaillants et artisans dont un bon nombre faisaient partie de sa clientèle. Certains le remboursaient en lui cédant des terres, ce qui explique probablement qu'il se lança dans la spéculation foncière ; nombre de ses acquisitions, à l'extérieur de Québec, se trouvaient dans des paroisses où il comptait des clients. À l'occasion, Vallières

participait à l'exploitation des terres : ainsi, dans la seigneurie de Fossambault, il fournissait du bétail, des semences et des instruments aratoires aux tenanciers, en échange de quoi ces derniers défrichaient et ensemençaient les parties boisées ou lui remettaient jusqu'à la moitié de la récolte. En outre, il obtint des concessions rurales, acquit des intérêts dans de petites seigneuries pour ensuite les revendre et acheta des terres dans les cantons de Ham, Jersey, Ixworth, Windsor et Horton à des fins de spéculation.

Vallières faisait encore plus de transactions foncières à Québec. Il possédait des lots et des maisons dans la haute et la basse ville, de même que dans la paroisse de Sainte-Foy, mais il déployait surtout son activité dans les secteurs dont l'expansion était la plus rapide, soit les faubourgs Saint-Roch et Saint-Jean. Même s'il louait un banc à l'église du quartier ouvrier de Saint-Roch (et un autre à la cathédrale Notre-Dame), c'était surtout le faubourg Saint-Jean qui l'intéressait, car il était habité par des artisans et des boutiquiers, donc des gens de son milieu d'origine et qui formaient une part importante de sa clientèle. En septembre 1815, Vallières obtint des ursulines deux vastes concessions foncières dans ce faubourg, l'une à son nom et l'autre avec Aubert de Gaspé et Plamondon ; par la suite, il racheta la part de Plamondon et fit d'autres acquisitions de moindre importance. De 1819 à 1827, il réalisa en tout £2 623 en vendant au moins cinq grands lots à des spéculateurs. Comme la plupart des concessionnaires potentiels, artisans ou boutiquiers, ne pouvaient payer comptant, l'entente prenait habituellement la forme suivante : ils versaient à Vallières un intérêt (généralement de £2 à £5 par an) sur une rente viagère qui constituait le prix de la transaction, et s'engageaient à construire une maison sur le lot. De 1819 à 1828, Vallières fit au moins 31 transactions de ce genre, ce qui lui rapportait en tout £100 de loyers par an. En 1820, après avoir payé le permis d'alcool d'un aubergiste impécunieux, il exploita une auberge dans le faubourg.

Vallières avait d'autres sources de revenus. En 1819–1820, il acheta les trois quarts du pont à péage Plessis, qui enjambait la rivière Etchemin, près de Québec. En décembre 1819, il était un gros actionnaire de la Compagnie d'assurance de Québec contre les accidents du feu. En septembre 1822, avec l'arpenteur Patrick Henry Smith, il s'associa pour deux ans à la MacPherson and Cuthbertson, de Montréal, afin de produire des madriers et du bois de sciage pour le marché de Québec, alors en plein essor. En 1823, avec François Languedoc et William Phillips, il était associé de la Compagnie des postes du roi et, de 1826 à 1828 au moins, il donna en location le moulin de Bécancour contre une partie (des deux tiers aux trois quarts) de sa production de farine.

En 1819, malgré un train de vie extravagant (ou déréglé, selon certains), Vallières put faire l'acquisition de la maison d'Olivier Perrault, commodément située rue Sainte-Anne, à la place d'Armes. Elle lui coûta fort cher, £3 600, mais grâce au nantissement de Pierre Casgrain*, seigneur de Rivière-Ouelle, il avait 18 ans pour la payer ; en 1825, il y ajouta deux étages de bonnes dimensions. Cette maison témoignait de son ascension sociale, que sa réconciliation avec Plessis accéléra singulièrement. Selon un contemporain, lorsque l'archevêque revint d'un voyage en Europe, en août 1820, Vallières eut l'honneur de prononcer le discours de bienvenue, ce qui le « grandit de dix coudées aux yeux de l'immense foule qui ébranlait les cieux de ses acclamations ». En octobre de cette année-là, Vallières fit une donation à la Société de Québec des émigrés ; l'année suivante, on l'élut à l'exécutif de la Société d'éducation du district de Québec, que présidait Joseph-François PERRAULT. En 1822, lorsqu'on liquida la bibliothèque de Québec, il en était l'un des propriétaires.

En 1814, Vallières avait été élu député de la circonscription de Saint-Maurice. Défait deux ans plus tard, il remporta par quatre voix la victoire sur le conseiller exécutif William Bacheler Coltman* en mars 1820 dans la circonscription de la Haute-Ville de Québec, qui comprenait le faubourg Saint-Jean. En juillet, il fut réélu sans opposition en compagnie d'Andrew Stuart. Tant à l'Assemblée qu'à l'extérieur, il se distingua à titre de membre modéré de l'aile québécoise du parti canadien, d'obédience nationaliste. Ainsi, en 1822, il fut à Québec l'une des têtes d'affiche d'un mouvement populaire d'opposition au projet d'union du Bas et du Haut-Canada, projet qu'appuyait fortement Coltman. En janvier 1823, on délégua Louis-Joseph Papineau*, le vrai chef du parti canadien, pour faire des représentations à Londres contre l'union. Vallières le remplaça à la présidence de l'Assemblée, à la suite d'une motion du tory Charles Richard Ogden*, qu'appuya fortement le nationaliste Louis Bourdages* ; auparavant, la chambre avait rejeté entre autres le candidat et cousin de Papineau, Denis-Benjamin Viger*. Bien qu'unanime, l'élection de Vallières était significative : elle montrait que le leadership du parti, passé à Montréal après l'élévation de Pierre-Stanislas Bédard* à un poste de juge, revenait à Québec, dont les députés étaient en général plus modérés.

En avril 1823, sans doute parce qu'il sentait que le climat politique, après une agitation de plus en plus violente, avait des chances de s'apaiser, le gouverneur lord Dalhousie courtisa Vallières en l'associant aux préparatifs de création d'une société provinciale de littérature et d'histoire [V. William SMITH]. Cependant, à l'assemblée de fondation, tenue à Québec en janvier 1824, Vallières irrita Dalhousie et le Montréalais John Richardson* en convainquant les participants d'adopter le nom de Société littéraire et historique de Québec, plutôt que du Bas-Canada. Pour ce faire, rapporta Dalhousie, il avait fait valoir que Québec avait « droit à cette distinction, étant la capitale, le siège du gouvernement, et englobant pour ainsi dire la province ». Vallières devint, par élection, l'un des vice-présidents de la société. Plus tard en 1824, il accepta un poste d'administrateur à l'Institution royale pour l'avancement des sciences, même si, jugeant cet organisme inapte à superviser l'éducation des jeunes catholiques, les nationalistes canadiens s'y opposaient et Plessis le boycottait [V. Joseph Langley Mills*].

À la fin de 1823, Dalhousie avait noté que, depuis l'accession de Vallières à la présidence de l'Assemblée, une atmosphère à la fois détendue et affairée régnait dans les deux chambres. Vallières reçut même à dîner tous les membres du Parlement ; c'était, fit observer Dalhousie, « la première fois au Canada [que] le président des Communes recevait le roi, les lords et les Communes ensemble ». Le gouverneur entama avec Vallières de prudentes négociations sur la question des subsides, qui compliquait depuis longtemps l'administration de la colonie, mais Papineau, qui était rentré en novembre et avait été le seul à refuser l'invitation de Vallières, durcit l'opposition des députés. Après un duel de procédure entre Vallières et Papineau, on en arriva à un compromis partiel, ce qui n'empêcha pas Dalhousie d'écrire au secrétaire d'État aux Colonies, lord Bathurst : « Je ne puis plus entretenir l'espoir que le bon sens et la modération viendront à bout de l'irritation qui règne à la chambre d'Assemblée. » Une fois Papineau revenu, Vallières se mit d'ailleurs à rehausser sa réputation de nationaliste. En février 1824, il soutint vigoureusement des résolutions de Louis Bourdages contre le *Canada Trade Act,* que le Parlement britannique avait adopté en 1822 à la place d'une loi d'union. D'après Bourdages et lui, l'article qui encourageait la conversion du régime seigneurial en un régime de franc et commun socage était une ingérence dans les affaires de la colonie. Papineau, pour qui cette loi était un produit légitime de la suprématie du Parlement impérial, remporta la bataille, mais Vallières eut aussi son lot de victoires pendant le combat féroce qui continua d'opposer les deux hommes jusqu'à ce que Dalhousie proroge le Parlement, en mars 1824. Le mois suivant, Vallières participa aux préparatifs de l'anniversaire du roi ; par contre, durant l'hiver de 1824–1825, il se plaignit vivement à des députés britanniques en visite que les Canadiens ne recevaient pas leur juste part des nominations gouvernementales, trop souvent selon lui accordées à des protégés britanniques du gouverneur.

Pendant que Dalhousie était en Grande-Bretagne, le lieutenant-gouverneur sir Francis Nathaniel Burton* convoqua un nouveau Parlement, qui se réunit en janvier 1825. Malgré la vigoureuse campagne que Bourdages et Joseph LE VASSEUR Borgia menèrent en

Vallières

sa faveur, Vallières ne recueillit que 12 voix à l'élection à la présidence de l'Assemblée, contre 32 pour Papineau, qui avait l'appui des Montréalais et de certains députés de la région de Québec, dont l'influent John NEILSON. Un fossé se creusa au parti canadien quand Vallières et Bourdages contestèrent sans succès, à l'Assemblée, l'élection de certains partisans de Papineau, tandis que celui-ci stigmatisait « la légèreté, la faiblaisse, l'avidité » de ses adversaires québécois. « Il y a partie liée entre [Jean-Thomas Taschereau*, Andrew Stuart et Vallières] », grommela-t-il en février 1826. « Jamais l'administration n'a eu en Chambre une telle réunion de talens propres à se prêter à tout ce qu'elle demandera d'eux. » Pourtant, tout en continuant de rechercher un compromis sur les subsides, Vallières coupait régulièrement l'herbe sous le pied de Papineau en faisant des déclarations nationalistes sur le régime seigneurial, l'introduction du droit anglais et l'usage du français dans l'appareil judiciaire. En avril 1826, Dalhousie, décontenancé, écrivit : « lors de la session, [Vallières] s'est comporté comme un fétu soufflé par le vent, agissant en contradiction flagrante avec ce qu'il prônait comme président en 1824 ». Bien plus, cette année-là, Viger nota d'un ton désapprobateur, à propos de Vallières : « les habitudes du barreau rétrécissent quelquefois les idées en les concentrant sur des questions de droits individuels » plutôt que de droits nationaux ; Vallières, ajoutait-il, prenait position sur les affaires publiques avec autant d'insouciance qu'un avocat s'occupait de la cause d'un client. Le nationalisme de Vallières était pourtant réel. En 1827, il jugeait que la Société littéraire et historique de Québec était dominée par ses membres britanniques et fonda avec Bouchette et d'autres la Société pour l'encouragement des sciences et des arts en Canada [V. Andrew Stuart].

Aux élections de 1827, dans la circonscription de la Haute-Ville, Vallières et Stuart battirent George Vanfelson* et Amable BERTHELOT, candidats de Papineau ; par contre, les partisans de celui-ci gagnèrent presque partout ailleurs. En novembre, Vallières fut de nouveau mis en candidature à la présidence de l'Assemblée, mais Papineau – proposé par Bourdages – remporta la victoire par 39 voix contre 5. Lorsque Dalhousie refusa d'entériner cette élection, Vallières dénonça néanmoins son geste et affirma que l'approbation du gouverneur était une simple formalité. Dans la région de Montréal, le parti patriote (désormais le nom du parti canadien) se hâta de profiter de l'indignation populaire pour faire signer une pétition monstre contre le gouvernement de Dalhousie. À Québec, un comité de 35 citoyens, que présidait Vallières, jugea la pétition montréalaise trop radicale et, au grand dam de Papineau, en rédigea soigneusement une autre qui détaillait davantage les points controversés tout en étant moins péremptoire.

Furieux qu'il ait participé au mouvement, Dalhousie retira à Vallières sa commission de major de la milice ; si des esprits plus tempérés ne l'en avaient pas dissuadé, il serait allé jusqu'à annuler sa commission d'avocat. Le secrétaire civil Andrew William COCHRAN fit d'ailleurs remarquer au gouverneur : « Aussi inconstant qu'il soit, il est le seul membre de l'Assemblée qui, en cas de nouvelle élection à la présidence, serait choisi à la place de M. P[apineau]. » En novembre 1828, après que sir James Kempt* eut remplacé Dalhousie, Vallières tenta d'amorcer la session législative sur un ton cordial, mais Papineau et ses alliés sabrèrent dans la réponse fleurie qu'il avait préparée pour le discours du trône. Une semaine après, tandis que Papineau se réjouissait de voir la chambre s'enflammer contre le gouvernement, Vallières fit une intervention soudaine. Papineau s'en plaignit à sa femme Julie Bruneau : « Mr Vallières est toujours prêt à pallier les abus qui tendent à découvrir les fautes de l'administration. Il est spécieux, il a entraîné [François QUIROUET, Marc-Pascal de Sales* Laterrière, Louis Lagueux, Robert Christie*] et Ogden, pensant comme lui et tout le reste de la Chambre. » Au début de 1829, Mme Papineau prévint son mari que la plupart des membres du clergé le trouvaient trop tapageur ; comme Pierre-Flavien Turgeon*, ils préféraient le nationalisme plus modéré de Vallières.

La mort de Plessis, survenue en 1825, n'avait pas modifié les rapports que Vallières entretenait avec la hiérarchie ecclésiastique de Québec. Le nouvel archevêque, Bernard-Claude Panet*, lui laissait toute latitude sur des questions comme l'établissement d'un pendant catholique à l'Institution royale pour l'avancement des sciences [V. Joseph Langley Mills] et l'érection civile des paroisses. En février 1828, il proposa même à Lartigue de l'envoyer porter à Londres une adresse du clergé contre la vente des biens des sulpiciens au gouvernement. Mais Lartigue, qui avait ses opinions juridiques sur les affaires de l'Église et qui, les rares fois où il voulait des conseils, consultait ses cousins Viger et Papineau, se méfiait de l'indépendance d'esprit de Vallières ; il insista donc pour que l'on confie plutôt cette mission à un prêtre.

À la fin des années 1820, Vallières en avait assez de la rivalité de plus en plus futile qui l'opposait à Papineau. Après la mort d'Olivier Perrault, en mars 1827, il s'était montré « particulièrement insistant et affairé », au gré de Dalhousie, à solliciter un poste de juge. Peut-être à cause de son élection à la présidence de la chambre, en 1823, son cabinet d'avocat avait prospéré considérablement, et il avait pris un associé, Jean-François-Joseph Duval, âgé de 21 ans. Vallières comptait plusieurs nouveaux clients importants, dont les hommes d'affaires James HUNT, John CALDWELL, John Cannon*, John Goudie*, Moses Hart* et Samuel Gerrard*, ainsi que plusieurs sociétés anglaises et la

Compagnie de l'Union de Québec, mais la plupart ne faisaient appel à lui qu'occasionnellement, et Andrew Stuart avait toujours la meilleure part. En 1824, Vallières et Duval plaidèrent au moins 32 fois devant la Cour du banc du roi, dont 12 fois pour de gros hommes d'affaires, 4 fois pour des fermiers et pas une seule fois pour un artisan ou un ouvrier. En octobre 1827, l'associé de Vallières était non plus Duval, mais Alexander Stewart Scott, lui aussi à ses débuts ; ils traitèrent cependant peu d'affaires ensemble. Dans les milieux judiciaires, Vallières avait acquis une réputation quasi légendaire pour son éloquence spontanée et ses brillantes argumentations, mais aussi pour son excentricité. Un matin, pendant une étape du célèbre procès-marathon qui opposa la femme de Viger, Marie-Amable Foretier*, à Toussaint POTHIER*, Vallières, qui représentait Mme Viger, se présenta au tribunal l'esprit encore embrumé par les libations de la veille au soir. Par erreur, mais brillamment, il plaida la cause de son adversaire, en l'occurrence James Stuart*, jusqu'à ce que le juge, ébahi, le remette sur la bonne piste ; ensuite, avec sa perspicacité coutumière, il démolit ses propres démonstrations. Finalement, comme Stuart et ses adjoints n'avaient pu en produire de meilleures, il obtint un jugement favorable. De fait, en face de Stuart, le seul avocat qui l'intimidait, il pouvait devenir nerveux au point de perdre toute conscience de ses paroles et, n'étant jamais aussi éloquent que lorsqu'il se laissait aller, mettre son adversaire totalement en déroute. À la fin des années 1820, il forma encore des étudiants en droit, dont Étienne Parent* et Charles HUNTER.

En 1829, après la mort de Pierre-Stanislas Bédard, juge provincial à Trois-Rivières, Vallières se porta candidat à ce poste. Kempt le nomma le 13 mai, même si cela signifiait un modéré de moins à l'Assemblée. D'après Viger, il y avait eu une dure concurrence, mais la nomination de Vallières « par[ut] donner une satisfaction générale » parce qu'elle compensait les persécutions que Dalhousie lui avait fait subir. Viger, pour qui l'indolence était aussi un sujet de préoccupation, notait : « Si l'on n'a pas une confiance entière dans M. Vallières comme jurisconsulte constitutionnel ou législateur, on a une juste idée de la supériorité de ses lumières et de ses connaissances en fait de jurisprudence civile. » La Gazette de Québec applaudit la nomination d'un homme « qui a[vait] aussi bien la volonté que la capacité d'administrer la justice selon les lois du pays, sans peur, émotion ni préjugé. » À l'élection partielle subséquente, Duval, son protégé, défit Vanfelson, candidat de Papineau.

Au début de février 1830, Vallières vendit sa maison de Québec à l'avocat et homme d'affaires Daniel McCallum, mais tout le produit de la transaction (£2 000) alla à la succession d'Olivier Perrault. De 1829 à 1833, il effectua ses 15 dernières transactions dans le faubourg Saint-Jean et vendit des terres dans les Cantons-de-l'Est et sur la rive sud du Bas-Saint-Laurent. Peut-être fit-il des acquisitions dans la région de Trois-Rivières. Sa femme Louise, dernière attache personnelle qui le retenait à Québec, était morte en avril 1829 ; un groupe singulièrement hétéroclite de gens, dont James et Andrew Stuart, le solliciteur général Ogden, Vanfelson, Le Vasseur Borgia et Perrault, avaient assisté aux funérailles. À Trois-Rivières, Vallières noua une relation avec la Juive Esther Eliza Hart, fille d'EZEKIEL. Apparemment, en juillet 1831, on délivra à Montréal une dispense de bans, mais elle ne servit probablement pas. Esther vivait toujours lorsque, le 26 avril 1836, Vallières épousa la veuve Jane Keirnan à l'église catholique de Trois-Rivières. Il avait eu au moins un fils avec Louise ; il adopta plusieurs enfants pendant qu'il vécut à Trois-Rivières et devint une figure paternelle pour d'autres, parmi lesquels Joseph-Guillaume Barthe*, qui l'idolâtrait. Selon Barthe et un contemporain de celui-ci, Antoine Gérin-Lajoie*, Vallières était incapable de prononcer une sentence de mort et faisait n'importe quoi pour éviter de le faire. En octobre 1830, il devint juge de paix pour tout le Bas-Canada, et le 10 décembre on remplaça sa commission de juge provincial par une autre de juge résidant de la Cour du banc du roi, district de Trois-Rivières.

Trois-Rivières offrait peu de champ à un homme aussi sociable que Vallières. Premier président de la Société d'éducation de Trois-Rivières, fondée en 1830, il prit aussi part à certaines activités politiques. En mars 1830, il présida un dîner royaliste en l'honneur du député de l'endroit, Ogden. Dans les années 1830 et au début des années 1840, il dirigea, avec René-Joseph Kimber, un mouvement qui prônait la révision du bail des forges du Saint-Maurice, détenu par Mathew BELL, afin d'ouvrir de nouvelles terres à l'agriculture. Après le soulèvement de 1837, Vallières rendit une ordonnance d'habeas corpus à l'avocat Édouard-Louis Pacaud* pour le rebelle André-Augustin Papineau, frère de Louis-Joseph. En juin 1838, le nouveau gouverneur, lord Durham [LAMBTON], qui le considérait comme le plus grand juriste du Canada, le nomma au Conseil exécutif pour arbitrer les juges de Québec et ceux de Montréal quand le conseil agissait à titre de tribunal d'appel.

Peu avant l'arrivée de Durham, l'administrateur sir John Colborne* avait suspendu l'application de l'habeas corpus. En novembre 1838, après le départ de Durham, les juges Elzéar BÉDARD et Philippe Panet* déférèrent cette mesure, qu'ils considéraient inconstitutionnelle, en rendant une ordonnance ; Colborne les suspendit le 10 décembre. Quatre jours plus tôt, mais bien conscient du risque qu'il prenait, Vallières avait lui-même rendu une ordonnance pour un fermier de Rivière-du-Loup (Louiseville). Quand Colborne le somma de produire les documents relatifs

Vallières

à sa décision, il obtempéra, non sans faire valoir fermement qu'une enquête de l'exécutif tendrait à « réduire l'indépendance de la Cour ». Néanmoins, Colborne le suspendit le 27 décembre, avec l'appui du Conseil exécutif, des légistes Ogden et Andrew Stuart ainsi que des juges en chef James Stuart et Michael O'SULLIVAN, entre autres. Quelques jours plus tard, Vallières donna une consultation à Barthe, qui avait appris son arrestation prochaine pour avoir publié un poème jugé subversif ; Vallières le félicita de la publication, lui dit de recevoir son « baptême de patriote et de martyr politique » et lui donna des livres à lire en prison. Même si Vallières se retrouva dans une situation financière difficile, sa suspension ne l'empêcha pas de signer, au printemps de 1840, une pétition contre l'union que la Grande-Bretagne avait résolu d'imposer au Bas et au Haut-Canada par l'intermédiaire du gouverneur Charles Edward Poulett THOMSON, futur lord Sydenham. Comme Papineau était en exil, les nationalistes canadiens s'apprêtaient alors à ramener Vallières sur la scène politique et à le proposer au poste de président de l'Assemblée unie. Toutefois, le 8 août, Thomson réintégra Vallières, Bédard et Panet dans leurs fonctions (avec rétroactivité de salaire) ; il ne voulait pas que des martyrs politiques viennent menacer la fragile union qu'il était en train de réaliser.

Le 1er juin 1842, en vertu d'une décision de sir Charles BAGOT, successeur de Sydenham, Vallières remplaçait O'Sullivan à la Cour du banc du roi du district de Montréal ; il devenait ainsi le premier Canadien à occuper un siège de juge en chef. Comme Bagot le signala à lord Stanley, secrétaire d'État aux Colonies, il était, « *consensu omnium,* [...] le plus grand avocat du pays [...] aussi versé dans la langue et le droit français que dans la langue et le droit anglais ». Cette nomination eut vraiment pour effet d'apaiser les adversaires de l'Union ; les leaders du mouvement, Neilson et Viger, applaudirent sans réserve l'élévation de cet « homme de génie qui depuis 12 ans brillait sous le boisseau ». Toutefois, selon Barthe, Vallières n'était plus, physiquement, que « l'ombre de lui-même » quand il quitta Trois-Rivières. Par la suite, des maux de jambe le firent tellement souffrir qu'il fallait souvent le porter jusqu'à son siège, et le ministère de William Henry Draper* le menaça d'une retraite forcée à cause de ses fréquentes absences. En juillet 1846, il refusa donc avec dédain la présidence du Conseil exécutif, que le même ministère lui offrait dans l'espoir de miner le mouvement réformiste bas-canadien de Louis-Hippolyte La Fontaine*. À la fin de l'année, Vallières habitait un établissement de luxe au cœur de Montréal, le Donegana's Hotel. C'est là que, par une simple phrase, il légua tous ses biens « à [son] épouse bien-aimée Mme Jane Keirnan en propriété entière et indivise ». Il mourut en février suivant. Antoine

Gérin-Lajoie prononça un éloge devant l'Institut canadien de Montréal, regroupement d'intellectuels libéraux dont Vallières avait été membre.

Selon Aubert de Gaspé, Vallières « était l'homme doué de plus de talents naturels qu'ait produit le Canada » ; on a maintes fois souscrit à ce jugement depuis. Bien des auteurs ont comparé Vallières à Papineau dans l'espoir de découvrir pourquoi il n'avait pas réussi à guider le parti canadien dans une voie plus modérée. Aussi intelligent et aussi éloquent que Papineau, et voué à l'étude toute sa vie (il traînait toujours un livre dans sa poche), Vallières aimait trop les plaisirs de la vie pour se consacrer de manière quasi masochiste, comme Papineau, à ses devoirs publics et privés. En outre, c'était un esprit indépendant. Ses schèmes de pensée, issus d'une éducation largement autonome, étaient trop originaux et trop complexes pour emporter l'adhésion de la masse. Ils étaient aussi trop souples pour avoir le soutien d'un parti. En effet, la fin des années 1820 et les années 1830 furent une époque de durcissement qui aboutit à la cristallisation de deux idéologies adverses, le nationalisme libéral et l'impérialisme colonial ; les deux camps ostracisèrent donc Vallières durant toute cette période. Ce n'est que dans les années 1840, lorsque surgirent de nouveaux modes de pensée et de nouvelles alliances, que l'on commença d'apprécier son originalité.

Apparemment, Joseph-Rémi Vallières de Saint-Réal n'a laissé aucun papier personnel ; il demeure donc une énigme pour les historiens, comme il le fut pour les gens de son époque. Sa vie, a écrit Laurent-Olivier David*, « appartient à la tradition plutôt qu'à l'histoire ; il ne reste de lui que le souvenir de ses talents dans la mémoire de ceux qui l'ont connu ». Il faut puiser dans ces souvenirs avec précaution, car Vallières adorait évoquer son mystérieux passé en racontant des histoires à des admirateurs comme Aubert de Gaspé et Barthe, qui les consignèrent dans leurs mémoires. Mais en définitive, si les « faits » que rapportent ses contemporains sont souvent contradictoires ou carrément incroyables, les impressions qu'exprimèrent ses amis – et que ses adversaires confirmaient à contrecœur – ne laissent aucun doute : Vallières de Saint-Réal était un homme extraordinaire.

JAMES H. LAMBERT
EN COLLABORATION AVEC JACQUES MONET

Des centaines d'actes notariés concernant Joseph-Rémi Vallières de Saint-Réal se trouvent aux ANQ-Q, dans différents minutiers : CN1-16 ; CN1-18 ; CN1-38 ; CN1-80 ; CN1-89 ; CN1-147 ; CN1-172 ; CN1-178 ; CN1-179 ; CN1-188 ; CN1-197 ; CN1-208 ; CN1-212 ; CN1-230 ; CN1-253 ; CN1-262 ; CN1-267 ; CN1-284 ; CN1-285 ; une liste de ces actes peut être consultée dans ANQ-Q, P-239/99. Un portrait de Vallières, peint par Théophile Hamel* à partir d'un autre portrait inconnu, fait partie d'une collection de portraits des présidents de la chambre d'Assemblée et de la chambre des Communes et se trouve à l'édifice du Parlement à Ottawa ; les APC en possèdent une photographie. Des portraits de Vallières ont été publiés dans *l'Opinion publique* et dans P.-G. Roy, *les Juges de la prov. de Québec*, cités plus bas.

ANQ-MBF, CE1-48, 26 avril 1836. — ANQ-Q, CE1-1, 16 nov. 1812 ; T11-302/3550–3579. — AP, Saint-Joseph (Carleton), reg. des baptêmes, mariages et sépultures, 1ᵉʳ oct. 1787. — APC, RG 4, B8 : 6793–6809 ; RG 68, General index, 1651–1841. — ASQ, Fonds Viger-Verreau, sér. O, 0145 : 4–7, 9–10, 12–14, 16–21 ; 0146 : 296–298. — AUM, P 58, U, Vallières de Saint-Réal à Samuel Gerrard, 20 nov. 1824 ; Vallières de Saint-Réal à A.-O. Tarieu de Lanaudière, 28 févr. 1820 ; Vallières de Saint-Réal à Marguerite Tarieu de Lanaudière, 31 oct., 9 nov. 1816, 8 août 1818, 4 janv. 1820 ; Vallières de Saint-Réal et John Cannon à George Ryland, 23 juill. 1825. — PRO, CO 42/281 : 446–477 (mfm aux ANQ-Q). — P.[-J.] Aubert de Gaspé, *Mémoires* (Ottawa, 1866), 258. — Barthe, *Souvenirs d'un demi-siècle*. — Julie Bruneau, « Correspondance de Julie Bruneau (1823–1862) », Fernand Ouellet, édit., ANQ *Rapport*, 1957–1959 : 61. — « Les Dénombrements de Québec » (Plessis), ANQ *Rapport*, 1948–1949. — *Doc. relatifs à l'hist. constitutionnelle, 1819–1828* (Doughty et Story), 214–215. — Antoine Gérin-Lajoie, « Éloge de l'honorable Joseph Rémi Vallières de St Réal, juge en chef du district de Montréal », *Album littéraire et musical de la Rev. canadienne* (Montréal), 1847 : 86–90. — L.-J. Papineau, « Correspondance » (Ouellet), ANQ *Rapport*, 1953–1955 : 213, 221, 228, 231, 233, 243, 251, 253. — Ramsay, *Dalhousie journals* (Whitelaw). — *La Gazette de Québec*, 30 oct. 1817, 5 mars, 24 août 1818, 15 mai, 2 déc. 1819, 9 mars, 3, 6 juill., 23 oct. 1820, 10 mai, 27 août, 20 déc. 1821, 17 oct. 1822, 16 janv., 9 oct., 13 nov. 1823, 13 mai 1824, 1ᵉʳ avril 1830. — *La Minerve*, 22 févr. 1847. — F.-J. Audet, *les Députés de Saint-Maurice (1808–1838) et de Champlain (1830–1838)* (Trois-Rivières, Québec, 1934) ; *les Juges en chef de la province de Québec, 1764–1924* (Québec, 1927). — F.-M. Bibaud, *le Panthéon canadien* (A. et V. Bibaud ; 1891). — Caron, « Inv. de la corr. de Mgr Panet », ANQ *Rapport*, 1933–1934 : 321 ; « Inv. de la corr. de Mgr Plessis », 1928–1929 : 148, 177, 184 ; 1932–1933 : 195 ; « Inv. des doc. relatifs aux événements de 1837 et 1838 », 1925–1926 : 398 ; « Papiers Duvernay », 1926–1927 : 227. — Desjardins, *Guide parl.* — Desrosiers, « Inv. de la corr. de Mgr Lartigue », ANQ *Rapport*, 1941–1942 : 431, 434. — *Laurentiana parus avant 1821*, Milada Vlach, compil. (Montréal, 1976). — H. J. Morgan, *Sketches of celebrated Canadians*. — *Officers of British forces in Canada* (Irving). — P.-G. Roy, *les Avocats de la région de Québec* ; *les Juges de la prov. de Québec*. — T.-P. Bédard, *Histoire de cinquante ans (1791–1841), annales parlementaires et politiques du Bas-Canada, depuis la Constitution jusqu'à l'Union* (Québec, 1869), 283. — Buchanan, *Bench and bar of L.C.* — *The centenary volume of the Literary and Historical Society of Quebec, 1824–1924*, Henry Ievers, édit. (Québec, 1924). — Christie, *Hist. of L.C.* (1848–1855), 6 : 396–405. — J. C. Dent, *The last forty years : Canada since the union of 1841* (2 vol., Toronto, [1881]). — Lemieux, *l'Établissement de la première prov. eccl.* — Monet, *Last cannon shot*. — Ouellet, *Bas-Canada*. — Rumilly, *Papineau et son temps*. — Benjamin Sulte, *Mélanges historiques* […],

Gérard Malchelosse, édit. (21 vol., Montréal, 1918–1934), 19 : 61–64, 84. — F.-J. Audet, « Un juge en prison », *BRH*, 8 (1902) : 113–116 ; « Vallières de Saint-Réal », *Cahiers des Dix*, 1 (1936) : 202–212. — L.-O. David, « Galerie nationale : Joseph-Rémi Vallières », *l'Opinion publique*, 18 août 1870 : 1–2. — L.-P. Desrosiers, « Montréal soulève la province », *Cahiers des Dix*, 8 (1943) : 81. — Raymond Douville, « la Maison de Gannes », *Cahiers des Dix*, 21 (1956) : 133–134. — É.-Z. Massicotte, « les Mutations d'un coin de rue », *BRH*, 45 (1939) : 271–274. — Victor Morin, « Clubs et Sociétés notoires d'autrefois », *Cahiers des Dix*, 14 (1949) : 204. — Fernand Ouellet, « Papineau et la Rivalité Québec-Montréal (1820–1840) », *RHAF*, 13 (1959–1960) : 311–327. — P.-G. Roy, « Le nom Vallière de Saint-Réal était-il authentique ? », *BRH*, 29 (1923) : 161–168 ; « les Premières Années de Vallière de Saint-Réal » : 129–133. — Albert Tessier, « Une campagne antitrustarde il y a un siècle », *Cahiers des Dix*, 2 (1937) : 199–206.

VAN EGMOND, ANTHONY JACOB WILLIAM GYSBERT (il signait **Anthonij J. W. G. Van Egmond**), colon et rebelle, né le 10 mars 1775 à Groesbeek, Pays-Bas ; en 1808, il épousa à Mayence (République fédérale d'Allemagne) Marie Susanne Elizabeth Dietz, et ils eurent cinq fils et trois filles ; décédé le 5 janvier 1838 à Toronto.

Aux élections haut-canadiennes de 1835, le colonel Anthony Van Egmond, alors candidat, se fit crier par des colons qu'il venait du bas quartier Five Points de New York. Il s'agissait là d'une malveillante invention. Le colonel déclarait pour sa part descendre des comtes Van Egmond, des Pays-Bas, et il dut s'étonner qu'on juge cette prétention fausse. En fait, elle l'était. À sa mort, la vérité sur ses origines fut tenue secrète. L'extrait de baptême, maintenant en la possession d'un descendant de Van Egmond et dont l'authenticité n'a jamais été contestée, n'est en réalité qu'un camouflage intentionnel de son identité.

Van Egmond, dont le nom véritable est Antonij Jacobi Willem Gijben, naquit le 10 mars 1775 à Groesbeek, aux Pays-Bas. Fils de Johannes Arnoldus Gijben, *schout* (shérif) de la région, et de Maria Bloem, il reçut le baptême à l'église réformée locale, le 12 du même mois. Il n'avait que 12 ans lorsqu'on trouva son père assassiné et, quand il eut atteint une vingtaine d'années, il participa à des activités criminelles qui l'obligèrent à s'enfuir en Allemagne. Il commit sûrement un crime grave car, au début de 1802, la Cour supérieure de sa province natale déplorait qu'on n'ait pas réussi à l'arrêter malgré de nombreuses tentatives et ordonnait de tout faire pour obtenir son extradition aux Pays-Bas. Six mois avant la déclaration de la cour, un « homme d'affaires éminent » d'Emmerich (République fédérale d'Allemagne) avait demandé qu'on lui fasse une copie de l'extrait de baptême de Gijben d'après les registres de Groesbeek. C'est à partir de ce document, peut-on

Van Egmond

suppposer, que fut ingénieusement forgé l'extrait que l'on considérerait longtemps comme authentique. Les noms de Gijben, de ses parents et de certains résidents locaux y sont exacts, mais le lien qui y est fait avec la famille Van Egmond est pure invention, puisque le dernier comte de la lignée était mort sans enfants en 1707.

On a du mal à retracer les allées et venues de Van Egmond (comme on l'appela ensuite) au cours des quelques années subséquentes. Il est peut-être entré dans la marine marchande dans le nord de l'Allemagne ; un autre document démontre qu'il fit partie d'une loge maçonnique à Londres. En 1808, il réapparaît à Mayence où il fut, semble-t-il, soit officier, soit fonctionnaire au sein de l'appareil judiciaire. La vie de Van Egmond jusqu'en 1819 fait toujours l'objet de recherches, mais rien n'atteste encore les histoires romanesques racontées à son sujet pendant bien des années. Il ne fut pas des troupes napoléoniennes qui marchèrent sur Moscou, ni des officiers du contingent néerlandais qui furent blessés à Waterloo, car il ne figure pas sur la liste officielle des pertes. S'il fit une carrière militaire, il est plus que probable qu'elle fut extrêmement brève. Tout ce qu'on peut vérifier, c'est que Van Egmond occupa des emplois en marge de la vie militaire, probablement dans les secteurs des achats, du ravitaillement et du transport.

En 1819, avec sa femme et ses enfants, Van Egmond se rendit jusqu'à Philadelphie, via Amsterdam et Liverpool, en Angleterre. De là, il poursuivit sa route jusque dans la région d'Indiana, en Pennsylvanie, sans doute attiré par la possibilité d'acheter une terre de la Holland Land Company. Il en acheta une finalement et s'y établit, mais ses affaires furent loin d'être prospères. Deux fils et une fille vinrent grossir sa famille et, même lorsque les aînés furent en mesure de donner un coup de main, le succès escompté lui échappa. En 1826, on saisit ses biens et on les vendit aux enchères pour taxes non payées.

Comme la route qui reliait la Pennsylvanie et le Haut-Canada était assez fréquentée à l'époque, Van Egmond entendit sûrement parler des ressources et du sol fertile de la province britannique. Peu après son arrivée en 1828, il acquit une terre de 200 acres dans le canton d'Oxford East. Cet achat, fait auprès de la Canada Company, le mit en contact avec John Galt, représentant de la compagnie dans le Haut-Canada. Galt vit dans ce nouveau venu un homme apte à contribuer à la mise en valeur de la Huron Tract, territoire triangulaire d'un million d'acres que possédait la compagnie en bordure du lac Huron. Van Egmond, en plus d'être capable de parler avec les colons de langue allemande qui arrivaient dans le Haut-Canada, s'y connaissait dans le travail de la terre de même que dans le transport des personnes et du matériel. En outre, il ne répugnait pas à la tâche d'ouvrir des routes à travers bois.

On peut à juste titre considérer Van Egmond comme un « père de la Huron Tract », compte tenu de ses réalisations, de son dévouement envers les colons et de son adéquation à son nouveau rôle. En 1832, il avait déjà construit avec ses fils la majeure partie de la route qui reliait Waterloo et Goderich ainsi qu'une partie du tronçon qui joignait ce qui est devenu Clinton à London. Il établit des auberges le long de la première route, tout en se réservant la gérance de celle qui voisinait Clinton et en confiant les autres à son gendre Andrew Helmer, à Sebastian Fryfogel et à Andrew Seebach. En 1829, il fit la première récolte de blé dans la Huron Tract et, pour marquer l'occasion, plusieurs représentants de la Canada Company, dont William Dunlop, Samuel Strickland* et Thomas Mercer Jones*, se rendirent dîner à son auberge.

Van Egmond éprouvait toutefois un mécontentement croissant à l'égard de la Canada Company. Il semble qu'il ait manqué d'argent dès son arrivée dans le Haut-Canada, mais ce problème commença à le toucher sérieusement lorsque la compagnie le rétribua en considérant ses services comme un acompte pour le paiement de sa terre. De plus, même s'il avait accès à plusieurs milliers d'acres de terre, Van Egmond était incapable d'effectuer les autres paiements. Il était déçu aussi de voir que la compagnie n'attirait pas de colons et n'entreprenait pas de travaux publics propres à stimuler le développement. Van Egmond avait agi à titre de représentant du *Colonial Advocate* dans le territoire et il avait correspondu avec son ancien rédacteur en chef William Lyon Mackenzie*. Il critiqua dans ce journal la gestion de la Canada Company, et il eut même l'occasion de comparaître devant un comité spécial de la chambre d'Assemblée présidé par Mackenzie, qui enquêta en 1835 sur les griefs soulevés à travers la province. Cette année-là, Van Egmond se présenta aux élections dans la circonscription de Huron, mais il fut battu par Robert Graham Dunlop.

Vers la fin de 1837, Mackenzie était à organiser une insurrection dans le Haut-Canada et, comme il croyait que Van Egmond avait une grande expérience militaire, il l'invita à prendre le commandement des forces rebelles. Van Egmond accepta volontiers mais il n'arriva que le 7 décembre au rendez-vous, à la Montgomery's Tavern au nord de Toronto, soit trois jours après le début du soulèvement, parce que Mackenzie en avait avancé la date. Il comprit vite que la cause des rebelles était désespérée, mais demeura sur les lieux pendant toute la durée de l'escarmouche qui opposa, ce jour-là, les rebelles aux forces gouvernementales. Après la défaite des rebelles, il tenta de s'échapper, mais il fut capturé puis emprisonné à Toronto. Durant sa captivité, il contracta une maladie mortelle et, le 30 décembre, on le transféra au Toronto General Hospital pour le faire soigner. Jusqu'à la fin, il protesta de son innocence, mais ses fils eux-mêmes ne le croyaient pas. Après sa mort, il fallut vendre la plus grande partie de sa terre pour rembourser ses dettes ; ses fils réussirent à en conserver une portion suffisante pour reprendre les projets de leur père, sans pour autant adopter ses convictions politiques. Naturalisés en 1841 et en 1842, ils établirent des entreprises prospères dans le secteur qui devint par la suite le village d'Egmondville.

Robina et Kathleen Macfarlane* Lizars avaient peut-être raison d'écrire, dans leurs souvenirs concernant la Canada Company, qu'Anthony Jacob William Gysbert Van Egmond aurait pu prolonger ses jours « s'il ne s'était pas mêlé de politique, [qu'il] compr[enait] mal, dans un pays étranger ». Mais il avait eu le malheur d'être désenchanté de la Canada Company avant bien d'autres.

W. J. VAN VEEN

Cette biographie est basée principalement sur des recherches originales faites au Canada, dans les Pays-Bas, en Allemagne et en Pennsylvanie. On trouve aux Rijksarchief de Gelderland (Arnhem, Pays-Bas) des documents fort utiles : les registres de baptême, Inv. n° RBS 805 ; les documents de trois procédures d'extradition, Inv. n° 5018, 8 janv. 1802 ; les papiers de l'affaire du meurtre de Gijben, Rechterlijk Archief Hoge Heerlijkheid Groesbeek, procédures criminelles, Inv. n° 6. L'acte de naissance de l'aîné de Van Egmond se trouve aux Staatarchiv Mainz (Mainz, République fédérale d'Allemagne), GUI 1808, n° 279 (9 avril 1808).

La première et la plus minutieuse des études sur Anthony Van Egmond a été écrite par Wilfrid Brenton Kerr, professeur d'histoire de l'University of Buffalo, N.Y., et publiée en deux séries d'articles dans le *Huron Expositor* (Seaforth, Ontario) : « Colonel Anthony VanEgmond and the rebellion of 1837 in Huron County », 25 sept.–11 déc. 1931 ; et « The Canada Company and Anthony VanEgmond : the story of 1837 in Huron County », 16 août–13 sept. 1940. La première série parut aussi dans le *Signal* (Goderich, Ontario), 1er oct.–24 déc. 1931, et une copie de la seconde série se trouve aux AO, MS 133 (sous la forme d'un album de coupures de journaux non identifiées). Les travaux de Kerr n'ont pas été reconnus à leur juste valeur. Il avait apparemment l'intention d'écrire une biographie complète, mais la mort l'en empêcha, et ses notes ont disparu. D'autres documents originaux de Van Egmond parurent dans : « Van Egmond's apology for his presence in Mackenzie's camp at Montgomery's », Kerr, édit., *OH*, 33 (1939) : 99–103 ; et dans G. H. Needler, *Colonel Anthony Van Egmond : from Napoleon and Waterloo to Mackenzie and rebellion* (Toronto, 1956). Les pertes hollandaises à Waterloo sont dénombrées dans [François de Bas], *Prins Fredrik der Nederlander en zijn tijd [...]* (4 vol. en 6, Schiedam, Pays-Bas, 1887–191[4]), 3 : 1379–1382. Des renseignements sur le comte Van Egmond se trouvent dans A. W. E. Dek, *Genealogie der heren en graven Van Egmond* (2e éd., Zaltbommel, Pays-Bas, 1970). On trouve une description du comté de Huron dans James Scott, *The settlement of Huron County* (Toronto, 1966), et dans Robina et K. M. Lizars, *In the days of the Canada Company : the story of the settlement of the Huron Tract and a view of the social life of the period, 1825–1850* (Toronto, 1896 ; réimpr., Belleville, Ontario, 1973) ; d'autres renseignements se trouvent dans [Samuel] Strickland, *Twenty-seven years in Canada West ; or, the experience of an early settler*, Agnes Strickland, édit. (2 vol., Londres, 1853 ; réimpr., Edmonton, 1970). L'ouvrage de Guillet, *Lives and times of Patriots*, nous a permis de connaître Van Egmond. [W. J. V. V.]

VASSAL DE MONVIEL, FRANÇOIS (François-Xavier) (les variantes **Monteil** et **Montviel** sont des erreurs), officier dans la milice et dans l'armée, fonctionnaire, juge de paix et propriétaire foncier, né le 4 novembre 1759 à Boucherville (Québec), fils de François-Germain Vassal de Monviel et de Charlotte Boucher de La Perrière ; le 18 janvier 1796, il épousa à Boucherville Louise Perrault, fille de feu Jacques Perrault*, dit Perrault l'aîné, marchand de Québec, et ils eurent au moins une fille, Charlotte, qui le 4 septembre 1821 épousa à Québec Louis-Aubert Thomas ; décédé le 25 octobre 1843 à Québec.

Le père de François Vassal de Monviel est un militaire de carrière venu au Canada avec l'armée régulière française pendant la guerre de Sept Ans. Après sa mort, survenue à la suite de la bataille de Sainte-Foy en 1760, sa femme Charlotte Boucher de La Perrière fonde un nouveau foyer pour son fils François en se remariant, en novembre 1765, avec Pierre-René Boucher de La Bruère, futur seigneur de Montarville, qui appartient, comme elle, à la noblesse canadienne. Ce milieu social encourage toujours la pratique du métier des armes. Aussi Boucher de La Bruère, lui-même ancien militaire, doit-il voir d'un bon œil la participation de François à la campagne des Britanniques contre leurs colonies américaines en révolte. Pour le jeune homme, c'est le début d'une carrière bien remplie dans la milice et dans l'armée.

Vassal de Monviel, âgé d'à peine 17 ans, joint les rangs des compagnies auxiliaires canadiennes en 1776. L'année suivante, il prend part à titre d'enseigne au siège du fort Stanwix (Rome, New York). Il est en service actif jusqu'en 1783 ; après la guerre, il fait un voyage en France pour régler des affaires de famille. En 1787, on lui reconnaît le grade d'enseigne provincial et une demi-solde. On lui accorde alors 500 arpents de terre près de la seigneurie de Beauharnois en récompense de ses services. Certains Canadiens auront la chance d'être appuyés par les autorités coloniales pour décrocher un grade d'officier dans l'armée régulière. Vassal de Monviel est sans doute l'un de ceux-là, puisqu'en 1796 il est dit lieutenant dans le 7th Foot (Royal Fusiliers), régiment en garnison au Canada de 1791 à 1802.

L'année suivante, en 1797, Vassal de Monviel obtient une commission de capitaine dans le Royal

Vassal

Canadian Volunteer Regiment, auquel il appartient jusqu'en 1802, date à laquelle ce corps est licencié. En décembre 1807, pendant le mandat du gouverneur sir James Henry Craig*, on le nomme adjudant général adjoint de la milice du Bas-Canada, puis le 9 octobre 1811 il accède à la position la plus importante de la milice bas-canadienne, celle d'adjudant général. Il remplace alors François Baby*, qui se fait vieux, au moment où les États-Unis menacent la colonie britannique. Cette nomination tient compte de l'expérience militaire de Vassal de Monviel, tant au Canada qu'à l'étranger. Au cours de la guerre de 1812, on lui demande même occasionnellement d'effectuer des travaux généralement confiés à l'adjudant général de l'armée britannique.

Vassal de Monviel est sûrement l'un des officiers les plus soucieux d'efficacité et les plus compétents de la milice. En 1813, il propose un plan de mobilisation massive de la milice sédentaire en cas d'invasion importante par les Américains. Ce plan révèle des considérations tantôt tactiques, notamment l'emploi des Canadiens pour mener une guerre de guérilla, tantôt pratiques, comme la formation de trois brigades composées de 5 088 miliciens sédentaires chacune et tirées des différentes divisions de la province. En octobre de la même année, 11 295 miliciens de la région de Montréal sont conscrits, en vertu d'une décision inspirée en partie de ce plan. Pour le bien du service, Vassal de Monviel aimerait également que les charges d'officiers de la milice sédentaire deviennent vénales ; à son avis, cette mesure éviterait que ces postes ne constituent le refuge des hommes qui veulent se soustraire au service actif.

Après la guerre de 1812, Vassal de Monviel demeure adjudant général jusqu'en 1841, ce qui lui rapporte annuellement pas moins de £320 à £500, parfois même davantage. Il reçoit aussi 1 200 acres de terre dans le canton de Frampton en retour des services qu'il a rendus pendant le conflit, puis 1 200 autres en 1828.

Si ce n'est sa carrière militaire, Vassal de Monviel ne connaît pas une vie publique très chargée ou mouvementée. En 1810, il tente de se faire élire à la chambre d'Assemblée du Bas-Canada, mais sans succès, et il n'est commissaire des transports du district de Québec que durant une brève période, de novembre 1812 à avril 1813. Toutefois, il obtient des commissions de juge de paix de 1813 à 1828 et est nommé, en 1815, commissaire chargé d'étudier les demandes d'indemnités des miliciens victimes de la guerre de 1812, puis commissaire responsable de la construction des églises et des presbytères, de 1816 à 1830. De plus, il est suffisamment populaire pour compter sur l'appui des citoyens de la ville de Québec, qui contribuent à la souscription organisée dans le but de lui venir en aide après l'incendie de sa maison en décembre 1824.

Vassal de Monviel semble avoir effectué consciencieusement son travail d'adjudant général, puisqu'en décembre 1829, devant le comité spécial de la chambre d'Assemblée chargé d'analyser les effets de la remise en vigueur de l'ordonnance de 1787 sur l'organisation de la milice, son témoignage ne provoque pas de remous malgré l'opposition apparente du parti patriote à cette mesure. Cependant, au début de cette année-là, il a soulevé la colère de l'administrateur sir James Kempt*, mécontent que l'adjudant général ait fait imprimer et circuler, sans le lui avoir préalablement soumis, l'état des milices précédé de la malheureuse liste des nombreuses destitutions ordonnées par lord Dalhousie [RAMSAY].

L'imposante correspondance qu'entretient François Vassal de Monviel dans le cadre de ses fonctions laisse très peu de place à l'interprétation, puisqu'il ne s'y révèle pas ; il se contente d'accomplir avec soin et diligence sa besogne, qui consiste à transmettre les ordres de ses supérieurs. Doté d'un « caractère irréprochable », note *la Minerve*, il s'est montré capable de remplir une tâche délicate et importante, car il savait conserver à la fois la confiance des autorités et celle de ses concitoyens.

ROCH LEGAULT ET LUC LÉPINE

ANQ-Q, P1000-102-2057. — APC, MG 24, G5 ; RG 9, I, A1, 69 : 18–19 ; 72 : 104–106 ; A3, 3 ; 5 ; RG 68, General index, 1651–1841. — ASQ, Fonds Viger-Verreau, Sér. O, 0144 : 207–209. — Bibliothèque nationale du Québec (Montréal), RES, AB, 43. — B.-C., chambre d'Assemblée, *Journaux*, 1816–1841 ; *Rapport du Comité spécial auquel a été référé cette partie de la harangue de son excellence relative à l'organisation de la milice* (Québec, 1829). — « Nos miliciens de 1813 », *BRH*, 2 (1896) : 168. — L.-J. Papineau, « Correspondance » (Ouellet), ANQ *Rapport*, 1953–1955 : 267–268, 352. — *Recensement de Québec, 1818* (Provost), 259. — *La Gazette de Québec*, 8 mars 1810. — *La Minerve*, 2 nov. 1843. — *Almanach de Québec*, 1795–1804. — Caron, « Inv. des doc. relatifs aux événements de 1837 et 1838 », ANQ *Rapport*, 1925–1926 : 307, 310. — *Catalogue collectif des mss* (Maurice ; 1975), 2 : 1276. — *Historical record of the Seventh Regiment or the Royal Fusiliers* [...], Richard Cannon, compil. (Londres, 1847), 34–36. — H. J. Morgan, *Sketches of celebrated Canadians*, 92–93. — *Officers of British forces in Canada* (Irving), 100. — Ouellet, « Inv. de la saberdache », ANQ *Rapport*, 1955–1957 : 115, 120, 123–124, 128–130, 140, 143, 149–150, 153. — Michelle Guitard, *Histoire sociale des miliciens de la bataille de la Châteauguay* (Ottawa, 1983), 21. — Roch Legault, « les Aléas d'une carrière militaire pour les membres de la petite noblesse seigneuriale canadienne, de la Révolution américaine à la guerre de 1812 » (thèse de M.A., univ. de Montréal, 1986). — Luc Lépine, « la Participation des Canadiens français à la guerre de 1812 » (thèse de M.A., univ. de Montréal, 1986). — Sulte, *Hist. de la milice*, 19. — Montarville Boucher de

La Bruère, « le « Livre de raison » des seigneurs de Montarville », *Cahiers des Dix,* 4 (1939) : 243–270. — Philéas Gagnon, « le Club des douze apôtres », *BRH,* 4 (1898) : 90. — P.-G. Roy, « les Officiers de Montcalm mariés au Canada », *BRH,* 50 (1944) : 277–278. — Régis Roy, « Vassal de Monviel », *BRH,* 23 (1917) : 20. — « Le « Royal Canadien » ou « Royal Canadian Volunteers », *BRH,* 7 (1901) : 372. — Benjamin Sulte, « Vassal de Monviel », *BRH,* 15 (1909) : 317.

VIAU, PIERRE, prêtre catholique, éducateur, vicaire général et administrateur scolaire, né le 24 juillet 1784 à Saint-Constant, Québec, et baptisé à Saint-Philippe-de-Laprairie, Québec, fils de Pierre Viau, cultivateur, et de Marie-Josephte Barrette ; décédé le 13 juin 1849 à Montréal.

Pierre Viau fit ses études classiques au collège Saint-Raphaël, à Montréal, de 1799 à 1806. Lorsqu'il opta pour le sacerdoce à l'automne de cette dernière année, il resta au petit séminaire de Montréal à titre de régent. L'année suivante, il poursuivit ses études théologiques au séminaire de Nicolet, tout en y enseignant les éléments latins ; le directeur, Jean-Charles Bédard, le considérait comme un excellent professeur auprès des débutants du cours classique. Comme la plupart des ecclésiastiques de son époque, Viau termina sa formation sacerdotale au grand séminaire de Québec. À l'occasion de son accession au sous-diaconat, comme aucun membre de sa parenté ne pouvait lui assurer un titre clérical, il s'en remit avec reconnaissance à Claude Marotte, cultivateur de la côte Sainte-Catherine, à Laprairie (La Prairie). Il n'était pas rare qu'un bienfaiteur s'engageait ainsi à hypothéquer un lot ou une partie de sa terre, afin de garantir une pension annuelle de 150*ll* à un futur prêtre en cas de besoin ou du moins aussi longtemps qu'il serait sans un bénéfice équivalent à ce montant d'argent. Un tel titre clérical rassurait l'évêque sur le fait que « le clerc dans les ordres sacrés aura[it] pendant toute sa vie les ressources nécessaires à son honnête entretien ». Viau fut ordonné prêtre à Québec le 3 décembre 1809.

Aussitôt nommé vicaire de la paroisse Saint-Michel, à Vaudreuil, puis, à l'automne de 1810, vicaire à la cathédrale Notre-Dame de Québec, Viau se trouva avec des curés qui favorisèrent son apprentissage pastoral. Après avoir momentanément œuvré dans la paroisse Sainte-Geneviève-de-Batiscan, près de Trois-Rivières, il fut nommé dès le printemps de 1812 curé de la paroisse Saint-Ignace, à Cap-Saint-Ignace, qui comprenait aussi la desserte Saint-Antoine, à l'île aux Grues. Viau apparut bientôt, par le genre de correspondance qu'il entretint avec l'évêque de Québec, Mgr Joseph-Octave Plessis*, comme le prototype du curé toujours soucieux d'approfondir les exigences de la doctrine catholique, surtout dans les domaines de la morale et du droit canonique. Son approche relevait de la casuistique, mais sa préoccupation était plutôt d'ordre intellectuel.

Il faut admettre tout de même que Viau était plutôt strict dans les cas suivants : l'observance du carême, le pardon des fornicateurs, le port de la soutane et du surplis pour les chantres qui étaient dans le chœur, les sacres et les imprécations, la participation à des bals, les baisers entre fiancés. D'autre part, son correspondant, Mgr Plessis, puisait dans ses connaissances et dans son expérience d'ancien curé des façons de nuancer et de relativiser certains cas, tout en faisant ressortir des principes de base inhérents à la morale chrétienne. À titre d'exemple, il répondit à Viau que les enfants devaient obéir à leurs parents plutôt que de respecter le carême à l'encontre de ces derniers ; que les sacres n'étaient pas des péchés graves à moins d'être proférés durant une véritable colère ; que « vingt péchés mortels de différentes natures commis dans une année [étaient] moins embarrassants pour un confesseur que trois ou quatre rechutes dans un même péché mortel, parce qu'il y a[vait] habitude dans le second cas et non dans le premier » ; que, compte tenu de nombreuses références à quatre épîtres de saint Paul, toute relation sexuelle était défendue hors du mariage légitime.

Le souci d'orthodoxie manifesté par Viau et l'attention mise par Mgr Plessis à lui répondre avec précision révèlent une facette souvent moins connue des tâches pastorales du curé et de l'évêque à cette époque. Au rythme de trois ou quatre fois par année dans le cas de Viau, quoique moins fréquemment pour plusieurs autres curés, l'évêque parachevait les études théologiques de ses collaborateurs et les aidait à acquérir un bon jugement dans l'exercice de leur ministère sacerdotal.

La formation théologique des prêtres canadiens était d'ailleurs fort limitée au début du XIXe siècle. Durant leurs trois années d'études, dont les deux premières se faisaient souvent dans un collège où les ecclésiastiques étaient en même temps professeurs titulaires d'un groupe d'élèves, ils essayaient de saisir les six volumes des *Compendiosæ institutiones theologicæ* [...], édités à Poitiers, en France, en 1778, au total plus de 3 600 pages. Situé dès le point de départ dans la foi, l'étudiant apprenait à connaître Dieu dans ses relations trinitaires, dans son incarnation et dans son aide surnaturelle, avant de se pencher sur l'être humain, d'ailleurs perçu comme pécheur. Celui-ci pouvait renouer contact avec le Seigneur par la prière et par les sacrements. Les deux sources de la révélation, Écriture sainte et Tradition, faisaient l'objet du dernier livre. Il va sans dire que les études théologiques étaient plutôt sclérosées. Elles consistaient dans des connaissances fort précises sur tous les sujets religieux et elles se poursuivaient dans une perspective pastorale stéréotypée.

Viau

En Europe comme au Bas-Canada, la formation des futurs prêtres s'inscrivait alors dans un cadre où primait la vie spirituelle et morale. Ce fut d'ailleurs la pensée de Viau lorsque Mgr Plessis lui demanda en 1818 d'être le directeur des ecclésiastiques du grand séminaire de Québec. « Je sens qu'il y a beaucoup à gagner dans un séminaire du côté des vertus ecclésiastiques. L'exemple des confrères avec lesquels on vit, les exemples et la vie de plusieurs jeunes gens parmi lesquels il s'en trouve de très fervents ne contribuent pas peu à porter à la vertu. » Viau ajouta qu'un second motif de son consentement à cette nomination inattendue était la manifestation de la volonté de Dieu par celle de ses supérieurs.

Ses deux années de directorat et d'enseignement au grand séminaire de Québec ne désappointèrent probablement pas trop Viau, puisque après de brefs séjours aux cures de Saint-Nicolas, près de Québec, de 1820 à 1822, de Sainte-Anne, à Yamachiche, de 1822 à 1825, et de Saint-Pierre-du-Sud, à Saint-Pierre-de-la-Rivière-du-Sud, avec la desserte Saint-François (à Saint-François-Montmagny), en 1825 et 1826, il accepta de rendre un service semblable à Mgr Jean-Jacques LARTIGUE, qui venait d'ouvrir le séminaire Saint-Jacques, à Montréal. Mais son acquiescement avait été précédé d'hésitations, de réflexion devant Dieu et de consultations auprès de « personnes respectables et de bon conseil ». Il ajouta pourtant : « J'aime peu le ministère et comme j'aime cependant à me rendre utile j'accepte volontiers. » Il précisa que son état de santé ne lui permettait de jeûner en aucun temps et reconnut qu'« on [lui] a[vait] toujours reproché d'être trop sédentaire ». De fait, cette seconde expérience fut moins longue que la précédente. Mgr Lartigue s'aperçut rapidement que son collaborateur s'accommodait difficilement de son travail, pour lequel il ne manifestait d'ailleurs pas de talents particuliers. Or la cure de Notre-Dame-de-Liesse, à Rivière-Ouelle, venait d'être ouverte en raison du départ de son curé, Bernard-Claude Panet*, qui devait remplacer à titre d'archevêque de Québec Mgr Plessis, décédé peu auparavant. Comme Mgr Panet avait assez confiance en Viau non seulement pour le nommer à cette cure, mais aussi pour lui donner la responsabilité de vicaire général dans toute la région du Bas-Saint-Laurent, Mgr Lartigue laissa partir celui qui avait été pendant cinq mois le directeur de son séminaire.

Mgr Lartigue et Viau avaient tout de même eu le temps de s'apprécier. Leur correspondance de la décennie suivante le démontra sans équivoque. Autant Viau s'informait de l'opinion de Mgr Lartigue dans certains domaines où à titre de vicaire général il exerçait l'autorité ecclésiastique déléguée par l'évêque (dispense de mariage, cas réservés, exemption de vœux, taux d'intérêt sur prêt), autant Mgr Lartigue faisait part à Viau de son point de vue sur des sujets comme le projet de loi sur les fabriques [V. Louis Bourdages*], ses démêlés avec les sulpiciens, la parution d'un journal ecclésiastique et évidemment l'ultramontanisme.

Viau se permit d'abord de tenter d'atténuer l'engouement de Mgr Lartigue pour ce mouvement ecclésiologique. Il trouvait Alfonso Muzzarelli « un peu avocat » de l'autorité du pape et Hugues-Félicité-Robert de La Mennais peu convaincant pour ce qui avait trait à la doctrine de l'Église des premiers siècles, et il reprochait à Roberto Bellarmino son peu de sens critique (en cela il se référait à Nicolas Bergier et à François-Xavier de Feller). Il avait de plus remarqué que Muzzarelli et La Mennais ne rapportaient pas de la même façon le sixième canon du concile de Nicée et que Bellarmino, Muzzarelli, Charles-René Billuart et Alphonse-Marie de Liguori considéraient différemment la juridiction des évêques.

Mgr Lartigue était trop convaincu de la valeur de l'ultramontanisme pour broncher devant de telles interrogations ou nuances. « Ce serait une erreur grave de croire, affirmait-il, que le pape n'a pas, de droit divin, une juridiction pastorale sur tous les évêques du monde et que par conséquent il ne peut pas les placer, les déplacer, les rétablir, restreindre ou étendre les limites de leur juridiction. » Si l'on trouvait peu de preuves, dans les trois premiers siècles de l'Église, de la nomination ou de la confirmation des évêques par les papes à leur siège respectif, c'est que les documents d'époque avaient disparu à cause des persécutions, poursuivait Mgr Lartigue. Pour sa part, il trouvait solides les fondements sur lesquels se basaient La Mennais et Muzzarelli, même pour les premiers siècles de l'Église. Par ailleurs, l'autorité de Mathias Chardon semblait bien mince à ses yeux, surtout depuis qu'il avait lu l'opinion de ce théologien sur les ordinations présumément sacerdotales chez les anglicans. Le jugement de Feller lui paraissait hasardeux et l'article de Bergier sur la juridiction des évêques pitoyable. Quant à Muzzarelli, il prenait le ton plutôt d'un Italien que d'un avocat. Viau s'avoua vaincu : « Je veux bien croire que je me suis trompé. Vos connaissances sont bien plus étendues que les miennes. »

Rien n'empêche que Charles-François Baillargeon*, curé de la cathédrale et futur archevêque de Québec, se considérait bien moins informé que Viau, son ancien curé à Cap-Saint-Ignace, celui-là même qui lui avait indiqué la voie du sacerdoce. Sans avoir, comme Viau, parcouru les écrits des auteurs de théologie, sans en avoir analysé ni confronté le contenu, sans être remonté jusqu'à leurs sources, Baillargeon partageait cependant l'avis de son correspondant sur l'ensemble des théologiens : « Je suis pleinement convaincu, comme vous, que toute leur science est à refaire, que leur manière de traiter la science de Dieu est en général défectueuse, qu'en introduisant dans cette science sublime une mauvaise philosophie ou plutôt en voulant baser cette science divine sur une pitoyable philosophie [et] sur un tas d'arguties, ils ont rendu un très mauvais service à la religion ; que dis-je, ils ont démoli les fondements de la religion, oubliant qu'elle est essentiellement fondée sur l'autorité et mettant à la place leur raison particulière, leurs petits raisonnements. » On peut voir dans quel sens s'orientait peu à peu la façon de penser de certaines personnes influentes dans l'Église bas-canadienne. Comme on utilisait régulièrement à l'époque le mot religion à la place du mot Église, le critère de l'autorité prenait dans celle-ci une place prépondérante. De ce fait, la papauté et la hiérarchie ecclésiastique étaient valorisées.

Si les liens étaient étroits entre Baillargeon et Viau, surtout après que celui-ci eut placé dans des familles de Rivière-Ouelle six orphelins de parents irlandais récemment décédés à cause du choléra, ils étaient plutôt tendus entre Viau et le successeur de Mgr Panet au siège épiscopal de Québec, Mgr Joseph SIGNAY. Ce dernier encourageait son curé à approfondir l'Écriture sainte et à réfuter des mauvais livres, mais il ne voyait pas comment tout cela pourrait être imprimé et rendre vraiment service. De plus, il le jugeait plaignard : puisque les trois quarts des prêtres souffraient de rhumatismes, comment pouvait-on parler d'infirmités dans son cas plus que dans celui des autres ? Et ces changements fréquents de vicaire exigés par Viau, de quoi dépendaient-ils ? Où l'évêque pourrait-il en trouver un plus parfait que les précédents ?

Il n'est donc pas étonnant que dans un tel contexte Viau ait quitté la région de Québec en 1835 et qu'il ait gagné Montréal pour se rapprocher de Mgr Lartigue. Il se reposa d'abord à la résidence Saint-Jacques, puis devint vicaire général de Mgr Lartigue à l'érection du diocèse de Montréal en 1836. Le travail ne manquait pas à l'évêché cette année-là. Viau, qui le premier en 1831 avait conseillé à Mgr Lartigue de s'adjoindre un évêque coadjuteur, l'encouragea à trouver le plus tôt possible un successeur à son auxiliaire, Mgr Pierre-Antoine Tabeau*, décédé depuis un an déjà, avant même d'avoir été ordonné évêque. C'est ainsi qu'Ignace Bourget* fut proposé comme le plus digne candidat à cette charge. Le pape Grégoire XVI acquiesça à cette proposition.

Toujours en 1836, le Conseil législatif ne renouvela pas la loi sur les écoles de syndics, qui datait de 1829. Viau était depuis longtemps sensibilisé aux lois que le gouvernement avait ratifiées dans le domaine de l'enseignement primaire. Comme beaucoup d'autres curés, il avait refusé en 1822 le poste de visiteur d'une école régie par l'Institution royale pour l'avancement des sciences, que lui avait offert le gouvernement. La loi sur les écoles de fabrique, adoptée en 1824,

correspondait sûrement plus à ses vues. L'année 1836 marqua donc la fin d'une concurrence entre les écoles de syndics et les écoles de fabrique.

Viau participa de plus à la réunion convoquée, le 12 avril 1836, par le maire Jacques Viger* en vue de mettre sur pied une école normale à Montréal, tel que le prévoyait la loi sanctionnée le 21 mars précédent. Il y fut même élu au premier tour de scrutin membre du comité de direction de cette école normale ; il se trouva aux côtés, entre autres, de Louis-Joseph Papineau*, de Viger et du pasteur presbytérien Henry Esson*. On commença à dispenser des cours à l'automne de 1837, mais l'école connut plus ou moins de succès, compte tenu de l'insurrection de novembre 1837. Sur ces entrefaites, on nomma Viau curé de la paroisse Saint-Sulpice, près de Montréal.

Que Viau ait réuni un groupe de prêtres en 1841 au presbytère de Repentigny en vue de protester contre le nouveau projet de loi scolaire, déposé le 20 juillet, puis présenté en deuxième lecture dès le 3 août, ne surprend dès lors nullement. Ce qui était au cœur des discussions, c'était la place qui serait désormais réservée aux diverses confessions religieuses dans l'éducation des enfants. Le point de vue du clergé catholique, dont Viau était l'un des porte-parole, consistait principalement en ce que les évêques « [avaient] de droit divin un droit de regard sur les écoles ». Légèrement modifiée, la loi qui visait à pourvoir plus amplement à l'établissement et au maintien des écoles publiques fut ratifiée le 18 septembre 1841 et commença à s'appliquer le 1er janvier 1842. Un système d'écoles publiques était définitivement établi au niveau primaire dans l'ensemble de la province du Canada. Le principe de la confessionnalité y était assuré, grâce en particulier à l'intervention du clergé catholique canadien.

Trois ans plus tard, à peine âgé de 60 ans, Viau se retira à l'hospice Saint-Joseph, à Montréal. Il y mourut le 13 juin 1849 et fut inhumé à la cathédrale Saint-Jacques quelques jours plus tard. Il avait de son vivant distribué à divers établissements d'enseignement sa magnifique collection de livres.

La personnalité de Pierre Viau n'est pas nécessairement attachante, du moins à première vue. Son besoin de solitude et sa curiosité intellectuelle ont favorisé, en même temps qu'ils les révèlent, ses tendances de chercheur et son souci de la vérité. Son état de santé plus ou moins précaire est peut-être un signe de grande sensibilité qui explique sans doute la difficulté d'adaptation à l'aspect pratique du ministère paroissial. En somme, n'était-il pas un de ces hommes perfectionnistes, particulièrement intelligents, qui ne réussissent pas à se sentir bien dans le monde de leur temps ? Leurs aspirations dépassent de beaucoup ce qu'ils peuvent accomplir.

LUCIEN LEMIEUX

Vincent

AAQ, 12 A, F : fᵒˢ 165, 187–188 ; G : fᵒˢ 154, 172–173, 180 ; 210 A, VII : 452 ; VIII : 76–77, 171b, 506–507 ; IX : 340–344, 357–358 ; XVI : 161–163, 182–184, 293–295, 332–334 ; XVII : 84–87, 113–114 ; 61 CD, Saint-Nicolas, I : 35 ; 303 CD, I : 132. — ACAM, 295.099, 827-5, 831-5, 832-4, 833-5, -6, -7, -8, -9, 834-2 ; 355.108, 837-1, 838-1, -2, 839-1 ; 901.013, 829-1, -2, -4, -6, 830-2, 831-5, 832-1, -2, -3, -4, 833-2, -3 ; 901.029, 833-1, -2, -3 ; 901.044, 826-1 ; RLB, II : 16, 21 ; RLL, IV : 134–143 ; V : 40–42, 44–45. — ANQ-M, CE1-51, 13 juin 1849 ; CE1-54, 24 juill. 1784. — Arch. de l'évêché de Sainte-Anne-de-la-Pocatière (La Pocatière, Québec), Saint-Ignace (Cap-Saint-Ignace), I : 76, 79, 94. — Arch. de l'évêché de Trois-Rivières (Trois-Rivières, Québec), D5, Viau à Plessis, 14 mars 1812 ; G5, Viau à Plessis, 1ᵉʳ août 1822. — Adrien Cance, *le Code de droit canonique : commentaire succinct et pratique* (8ᵉ éd., 4 vol., Paris, 1949–1952), 2 : 428. — J.-C. de La Poype de Vertrieu, *Compendiosæ institutiones theologicæ ad usum seminarii pictaviensis* [...] (6 vol., Poitiers, France, 1778). — *Le Séminaire de Québec : documents et biographies*, Honorius Provost, édit. (Québec, 1964). — *Mélanges religieux*, 13 août 1841. — *La Minerve*, 18 juin 1849. — Allaire, *Dictionnaire*. — Tanguay, *Répertoire* (1893). — L.-P. Audet, *Histoire de l'enseignement au Québec* (2 vol., Montréal et Toronto, 1971), 2 : 44–45. — Chabot, *le Curé de campagne*, 59–60. — [L.-]A. Desrosiers, *les Écoles normales primaires de la province de Québec et leurs œuvres complémentaires ; récit des fêtes jubilaires de l'école normale Jacques-Cartier, 1857–1907* (Montréal, 1909), 55–56. — Douville, *Hist. du collège-séminaire de Nicolet*, 1 : 49. — Labarrère-Paulé, *les Instituteurs laïques*, 60. — Lemieux, *l'Établissement de la première prov. eccl.*, 215, 300, 312, 322, 395. — Maurault, *le Collège de Montréal* (Dansereau ; 1967). — Ouellet, *Bas-Canada*, 260–268. — Pouliot, *Mgr Bourget et son temps*, 1 : 124. — J.-J. Lefebvre, « Saint-Constant–Saint-Philippe de Laprairie, 1744–1946 ; la vie religieuse », SCHEC *Rapport*, 13 (1945–1946) : 125–158.

VINCENT, JOHN, officier, né en 1764 en Irlande, cadet des trois fils de John Vincent et de Catherine Love ; décédé célibataire le 21 janvier 1848 à Londres.

John Vincent joignit les rangs de l'armée à titre d'enseigne dans le 66th Foot en juillet 1781 et fut promu lieutenant en août de l'année suivante. Le 15 décembre 1783, il passa au 49th Foot ; en octobre 1786, il obtenait le grade de capitaine. C'est au sein de ce corps d'armée qu'il servit dans les Antilles, où il participa à la prise de Saint-Domingue (île d'Haïti) en 1793, et qu'il prit part à des expéditions dans le nord de la Hollande en 1799 et à Copenhague en 1801. On l'avait promu major en septembre 1795 et il avait reçu le grade honoraire de lieutenant-colonel en janvier 1800.

En 1802, le régiment de Vincent s'embarqua pour le Bas-Canada. L'année suivante, il se rendit dans le Haut-Canada où, pendant neuf ans, il allait tenir garnison à York (Toronto) et au fort George (Niagara-on-the-Lake). En juin 1812, la guerre éclata entre l'Angleterre et les États-Unis ; comme l'armée britannique avait besoin d'être renforcée dans le Haut-Canada, dès le mois d'août on appela Vincent à gagner Kingston avec cinq compagnies du 49th Foot. Riche de 31 ans de service, Vincent était considéré comme un officier compétent, bien que son expérience du combat ait été limitée. En novembre, il se frotta pour la première fois aux Américains quand le commodore Isaac Chauncey pourchassa le *Royal George* jusque dans le port de Kingston. Vincent savait que la ville était sur le point d'être attaquée, sans doute averti par les volontaires qui y avaient afflué pour se battre et qu'il ne put armer, faute de munitions. Heureusement l'attaque tourna court, car l'artillerie de terre réussit à tenir Chauncey à distance jusqu'à ce que le vent l'oblige à gagner le large. Vincent reçut les éloges du lieutenant général sir George Prevost* pour avoir été l'inspirateur de la défense de la ville.

En février 1813, Prevost nomma Vincent général de brigade et l'envoya à la frontière du Niagara remplacer le major général sir Roger Hale Sheaffe*, qui était malade. Vincent prit alors le commandement d'environ 1 900 hommes ; bon nombre d'entre eux, d'après le commentaire qu'il fit à Prevost en mai, étaient des miliciens sans enthousiasme dont « les désertions nombreuses ne [faisaient] que traduire leur indifférence [à la cause] ». Il informa Prevost que les Américains s'employaient à installer des batteries en face du fort George, sa principale garnison, ce qui laissait présager une invasion. Dans le cadre de ses préparatifs de défense, Vincent répartit ses effectifs en trois divisions ; il confia la division de droite au lieutenant-colonel John Harvey*, celle de gauche au lieutenant-colonel Christopher Myers, et se réserva celle du centre.

Tard dans la journée du 24 mai, la flotte américaine, forte de l'appui des batteries récemment érigées de l'autre côté du Niagara, commença à bombarder le fort George. Le 27, une force militaire américaine d'environ 5 000 hommes débarqua tout près, au ruisseau Two Mile. Conscient des limites de sa troupe, Vincent ordonna d'évacuer le fort, d'enclouer les canons et de détruire les munitions. Les Britanniques se replièrent ensuite vers l'ouest et prirent une position défensive le long de Burlington Heights (Hamilton). Les Américains, qui avaient réussi à s'emparer de la presqu'île, envoyèrent un détachement de 3 500 hommes d'infanterie et de 150 hommes de cavalerie à la poursuite de Vincent. Ce dernier fut promu major général le 4 juin, pendant que l'on attendait l'ennemi.

Le lendemain, Harvey, qui avait été reconnaître la position des Américains à Stoney Creek, pressa Vincent de marcher sur l'ennemi. Vincent acquiesça à sa suggestion d'attaquer de nuit pour surprendre l'ennemi. Aux premières heures du 6 juin, Harvey et quelque 700 hommes des troupes régulières fondirent sur les Américains, qui ne se doutaient de rien ; en moins de trois quarts d'heure, les Britanniques, en dépit de lourdes pertes, forcèrent l'envahisseur à quitter ses positions et à abandonner ses canons. Vincent n'avait cependant pas pris part à cette bataille : désarçonné par son cheval pendant qu'il se dirigeait seul vers les lieux de l'affrontement, il s'était perdu dans la nuit et n'avait retrouvé sa route vers les lignes d'attaque britanniques qu'une fois l'engagement terminé, à l'aube.

Les Américains se replièrent vers le ruisseau Forty Mile, dans l'espoir de pouvoir reprendre l'attaque après avoir été réapprovisionnés. Mais le 7 l'escadron de sir James Lucas Yeo* canonna leur campement avec succès et détruisit ou captura 16 chargements d'approvisionnements. Les Américains se retirèrent alors au fort George. Vincent et ses hommes prirent la direction du ruisseau Forty Mile pour appuyer l'action de Yeo et, selon les termes de Harvey, « pour encourager les membres de la milice et les francs-tenanciers du pays qui partout se dress[aient] devant les Américains en fuite, les faisaient prisonniers et *refusaient de partager* leurs *provisions* ».

Le 23 juin, le major général américain Henry Dearborn envoya une force armée composée d'environ 570 hommes attaquer le poste avancé de Vincent, que commandait le lieutenant James FitzGibbon* et qui se trouvait près de Beaver Dams (Thorold). Le matin du 24 juin, cependant, des Indiens embusqués stoppèrent la marche des Américains ; après des échanges de coups de feu qui durèrent à peine plus de trois heures, ceux-ci se rendirent à FitzGibbon, ce qui mit fin pour le reste de l'année à la menace que les États-Unis faisaient peser sur la frontière du Niagara.

Vincent demeura dans la presqu'île du Niagara jusqu'à ce que l'annonce de la défaite des Britanniques à la bataille de Moraviantown, le 5 octobre [V. Henry Procter*], l'amène à abandonner sa position au ruisseau Forty Mile par crainte de voir les Américains s'avancer depuis l'ouest jusqu'aux magasins de Burlington Heights. Cette avance ne se réalisa jamais, cependant, et en décembre le lieutenant général Gordon Drummond* chargea Vincent du commandement à Kingston ; il le remplaça à la frontière du Niagara par le major général Phineas RIALL. Vincent quitta Kingston en juin 1814 pour aller assurer le commandement de la garnison de Montréal jusqu'à son départ pour l'Angleterre, en congé de maladie, le 18 juillet suivant.

En avril, John Vincent s'était vu offrir la sinécure de lieutenant-gouverneur du château de Dunbarton, en Écosse. Promu lieutenant général en mai 1825 et général en novembre 1841, il était devenu colonel du 69th Foot en février 1836. Il mourut en 1848 à Londres, à l'âge de 83 ans.

OTTE A. ROSENKRANTZ

Annual reg. (Londres), 1848 : 209. — *Doc. hist. of campaign upon Niagara frontier* (Cruikshank). — *Gentleman's Magazine*, janv.–juin 1848 : 542–543. — *Select British docs. of War of 1812* (Wood). — J. B. Burke, *Genealogical and heraldic history of the landed gentry of Ireland*, L. G. Pine, édit. (4e éd., Londres, 1958). — *Hart's army list*, 1846. — *Officers of British forces in Canada* (Irving). — « State papers – L. C. », APC *Report*, 1893 : 99–100. — J. M. Hitsman, *The incredible War of 1812 : a military history* (Toronto, 1965). — J. K. Mahon, *The War of 1812* (Gainesville, Fla., 1972). — Frederick Myatt, *The Royal Berkshire Regiment (the 49th/66th Regiment of Foot)* (Londres, 1968).

VINCENT, NICOLAS (baptisé **Ignace-Nicolas** ; appelé **Tsaouenhohoui**, qui signifie « celui qui plonge des choses dans l'eau », ou **Le Faucon**, nom donné au chef civil héréditaire chez les Hurons de Jeune-Lorette (Wendake, Québec), grand chef huron, né vraisemblablement le 11 avril 1769 à Jeune-Lorette, fils de Louis Vincent (Sawantanan) et de Louise Martin (Thodatowan) ; le 24 novembre 1794, il épousa à Jeune-Lorette Véronique Petit-Étienne, Huronne, et ils eurent neuf enfants, dont Christine qui vécut jusqu'en 1903, puis le 22 janvier 1821, au même endroit, une prénommée Madeleine, Malécite, veuve de Pierre-Jacques Thomas, de Penobscot (Castine, Maine) ; décédé le 31 octobre 1844 à Jeune-Lorette.

En 1699, sans en informer les Hurons, la couronne française avait transféré aux jésuites les titres de propriété de la seigneurie de Sillery, concédée en 1651 aux Hurons et aux autres Indiens chrétiens qui y résidaient. Ce n'est qu'à la suite de la suppression de la Compagnie de Jésus par le pape Clément XIV, en 1773, que les Hurons se rendirent compte qu'ils n'avaient plus droit aux redevances qui découlaient de l'exploitation de leurs terres de Sillery. En 1791, alarmés et acculés à la stricte dépendance, les Hurons de Jeune-Lorette entreprirent une démarche judiciaire qui allait s'échelonner sur près de 50 ans et dont le principal acteur fut le grand chef Nicolas Vincent.

Ils adressèrent alors une première pétition au gouverneur lord Dorchester [Carleton*], en 1791, pour demander la restitution de la seigneurie de Sillery à la nation huronne. Presque annuellement, et à chaque gouverneur, de Robert Prescott* à lord Dalhousie [RAMSAY], ils envoyèrent des pétitions analogues. Dans l'une de ces requêtes typiques, celle du 13 décembre 1823, les propos des Hurons ont cette teneur : « les pétitionnaires croient que le Roi de France ne pouvait pas valablement donner aux Jésuites une chose qu'il avait déjà donnée aux Sauvages. Les Pétitionnaires représentent plus que les autres Sauvages de ce Pays [...] sont en possession paisible des Seigneuries que les Rois Français leur ont permis de retenir en leur Pays. Que les Pétitionnaires seuls, victimes de la simplicité de leurs Pères et de la cupidité des Jésuites, sont dénués de tout et réduits à la

Vincent

plus extrême pauvreté tellement que dans un Pays où leurs Aïeux furent autrefois les Maîtres, ils ont perdu jusqu'au droit de Chasse et n'osent plus entrer dans les Forêts dont ils sont journellement chassés avec violence, par des propriétaires qui les considèrent et les traitent comme des Malfaiteurs. »

En 1824, l'ensemble des familles huronnes désespéraient qu'on accorde une attention réelle à leurs difficultés et confièrent donc à leurs chefs le soin d'aller les représenter en Angleterre auprès du roi George IV. Le 15 novembre, Nicolas Vincent, grand chef du conseil de la nation huronne depuis 1810, ainsi qu'André Romain (Tsohahissen) et Stanislas Koska (Aharathanha), chefs du conseil, et Michel Tsiewei (Téhatsiendahé), chef de guerre, s'embarquèrent sur le brick l'*Indian*. Pendant les trois premiers mois de l'année 1825, « les quatre chefs canadiens » eurent des entretiens avec divers parlementaires et, surtout, ils rencontrèrent le secrétaire d'État aux Colonies, lord Bathurst, qui les traita avec beaucoup de considération et fit payer par le gouvernement anglais les frais de leur séjour.

Le 8 avril 1825, le roi reçut les quatre chefs hurons, comme le souhaitait ardemment leur nation. Le *Times* de Londres rapporta les propos échangés entre le grand chef huron et le souverain britannique au cours de cette « cérémonie », au début de laquelle George IV suspendit lui-même au cou de chacun des quatre chefs une médaille de vermeil à son effigie, frappée à l'occasion de son couronnement.

Le grand chef Vincent livra ensuite en français au souverain un exemple admirable et concis de rhétorique indienne : « Sire, on m'avait dit de ne point parler en la présence royale, à moins que ce ne fût pour répondre aux questions de Votre Majesté, mais je ne puis résister aux sentiments que j'éprouve ; mon cœur est gonflé ; je suis surpris de tant de grâce et de condescendance, et je ne puis douter que Votre Majesté ne me pardonne l'expression de notre gratitude. Le soleil verse ses rayons vivifiants sur nos têtes. Il me rappelle le grand Créateur de l'univers ; celui qui peut faire vivre et faire mourir. Ah ! puisse cet Être bienfaisant, qui promet d'exaucer les prières de son peuple, verser abondamment ses bénédictions sur Votre Majesté ; puisse-t-il vous accorder la santé du corps, et, pour l'amour de vos heureux sujets, prolonger vote vie précieuse ! Ce ne seront pas seulement les quatre individus que Votre Majesté voit devant elle qui conserveront jusqu'à la fin de leur vie le souvenir de cette touchante réception : la nation entière, dont nous sommes les représentants, aimera toujours avec dévouement son grand et bon père. »

George IV répondit en français à Vincent et aux autres chefs qu'il avait toujours respecté l'excellent peuple qui formait les diverses tribus dans ses possessions de l'Amérique septentrionale et qu'il profiterait de toutes les occasions pour accroître son bien-être, assurer son bonheur et se montrer vraiment un père. Il conversa ensuite avec eux en français et de la manière la plus affable pendant plus d'un quart d'heure.

La presse britannique ne fut vraisemblablement pas mise au courant du contenu de la requête des Hurons, mais rapporta qu'on avait fait la promesse aux chefs hurons d'accorder à leur nation une compensation de nature territoriale si « certaines terres », qui leur avaient été enlevées, ne pouvaient leur être rendues. Durant les quatre autres mois que dura ce voyage hautement diplomatique et capital pour tout le peuple indien, les quatre chefs hurons consolidèrent, en même temps que leurs connaissances du système politique de l'Empire britannique, leurs futures stratégies de revendication.

Au cours de sa carrière de chef, fort de l'appui et de la sympathie des plus hautes autorités de l'Empire, Vincent fit à plusieurs reprises des représentations auprès de la chambre d'Assemblée du Bas-Canada à propos des différents griefs de sa nation, notamment au sujet des droits de chasse. Il fut en 1819 le premier Huron à s'adresser officiellement à l'Assemblée. Il répéta l'expérience fréquemment au cours des années qui suivirent, toujours en langue huronne ; son frère aîné, le bachelier Louis Vincent (Sawantanan), ou le chef de guerre Tsiewei traduisaient ses messages. Consignés dans les procès-verbaux, ses divers témoignages révèlent un sens aigu des responsabilités, un esprit clairvoyant et un noble attachement aux valeurs traditionnelles de son peuple.

En janvier 1829, à la demande du gouvernement de la colonie qui désirait tirer au clair les limites territoriales de chacune des sept nations du Bas-Canada, le chef Vincent se chargea de faire la reconnaissance des territoires hurons traditionnels et d'en produire la carte. Ce plan « Vincent » se conformait aux données pictographiques de la ceinture de wampum des territoires qu'expliqua plus tard la même année, à Trois-Rivières, le chef Tsiewei, en présence des chefs des nations amérindiennes concernées et du surintendant des Affaires indiennes à Québec, Michel-Louis JUCHEREAU Duchesnay, qui attesta de l'authenticité des ententes passées, confirmées par les ceintures « de vérité ».

Nicolas Vincent fut le dernier chef huron à porter le nom de Tsaouenhohoui et l'un des derniers chefs héréditaires, car le système autochtone de choix des chefs disparut vers les années 1880, après l'instauration du mode électif par le gouvernement canadien. Le chef Vincent mourut à l'âge de 75 ans ; on l'inhuma le 2 novembre 1844 dans le cimetière des Hurons. On put lire dans le *Quebec Mercury* du 5 novembre : « Le grand chef Nicholas Vincent [...] était le neveu du défunt grand chef [José Vincent] [...] Le défunt était un orateur éloquent dans sa langue maternelle et se distinguait particulièrement par sa dignité personnelle et la grâce de ses manières. » D'après trois portraits qu'on fit de Vincent – le premier à l'occasion du séjour des chefs hurons à Londres en 1825, par le peintre et graveur anglais Joseph Hermeindel, le deuxième par le peintre huron Zacharie Vincent*, vers 1835, et le troisième à Jeune-Lorette, par le peintre Henry Daniel Thielcke, à la suite de la présentation d'un chef honoraire anglais en 1838 –, le grand chef était un homme alerte, de haute taille, aux traits fins et à la physionomie douce.

GEORGES E. SIOUI (ATSISTAHONRA)

ANQ-Q, CE1-28, 11 avril 1769, 22 janv. 1821, 2 nov. 1844. — B.-C., chambre d'Assemblée, *Journaux,* févr. 1819, févr. 1824. — *La Minerve,* 7 nov. 1844. — *Quebec Mercury,* 5 nov. 1844. — *Times* (Londres), 12 avril 1825. — R. C. Dalton, *The Jesuits' estates question, 1760–1888 : a study of the background for the agitation of 1889* (Toronto, 1968). — « Les Chefs hurons auprès de Georges IV », *BRH,* 11 (1905) : 347–350. — Victor Morin, « les Médailles décernées aux Indiens d'Amérique ; étude historique et numismatique », SRC *Mémoires,* 3ᵉ sér., 9 (1915), sect. I : 310–311. — « Mort de la plus vieille sauvagesse de Lorette », *le Soleil* (Québec), 3 oct. 1903 : 11.

VONDY, JOHN, médecin, né vers 1820 à Miramichi, Nouveau-Brunswick, fils de Thomas Vondy et d'une prénommée Janet ; décédé le 29 juin 1847 dans l'île Middle, Nouveau-Brunswick.

Le père de John Vondy quitta l'île de Man et s'établit à Miramichi en 1816. Il exploita longtemps un commerce à Chatham. Vondy fit ses études dans cette localité et reçut sa formation médicale en Angleterre. À son retour, il semble qu'il exerça à Woodstock pendant trois ou quatre ans avant de se fixer à Chatham, où il ouvrit un cabinet dans un hôtel en avril 1847.

À cette époque, le Nouveau-Brunswick faisait face à son plus grand afflux d'immigrants depuis les années 1830. En 1847, des navires puants et mal équipés déversèrent, dans les ports de l'est des États-Unis et de l'Amérique du Nord britannique, des milliers de réfugiés que la famine chassait d'Irlande ; bon nombre de ces immigrants véhiculaient des maladies telles que le typhus. Au Nouveau-Brunswick, c'est à Saint-Jean que la majorité des navires de réfugiés s'arrêtaient ; leurs passagers étaient mis en quarantaine dans l'île Partridge, où on les installait dans des baraques sanitaires et des tentes militaires. Miramichi, qui ne possédait pas d'installations convenables de quarantaine, reçut quelques navires, dont le trois-mâts barque *Looshtauk.*

Venu de Liverpool, le *Looshtauk* atteignit la rivière Miramichi le 2 juin 1847. Cent dix-sept de ses 467 passagers avaient péri du typhus pendant la traversée et 100 étaient malades à l'arrivée à Chatham, le 4 juin. Les autorités étaient alarmées et ne savaient trop que faire. Il fut finalement décidé de construire des bâtiments provisoires dans l'île Middle, à environ deux milles de Chatham ; on y débarqua les immigrants, trois jours après la fin de leur voyage. Pendant cette période de confusion, 40 autres réfugiés avaient trouvé la mort. Les officiers de santé du port, qui n'avaient rien fait pour aider les malades, refusèrent d'aller dans l'île. Les autorités devaient trouver un médecin ; Vondy se porta volontaire.

Vondy se rendit aussitôt dans l'île Middle. Il constata vite que les installations existantes étaient tout à fait inadéquates : de nombreux patients n'avaient même pas d'abri et on n'avait rien prévu pour séparer les malades des personnes valides. Pour s'abriter, fut-il rapporté plus tard, Vondy lui-même avait seulement « un morceau de toile et une peau de bison ». On demandait aux autorités locales d'envoyer des couvertures et des vivres, et de construire d'autres bâtiments, mais ces demandes restaient généralement sans réponse. Quand on recevait de la nourriture fraîche, il était impossible de l'entreposer convenablement et la dysenterie qui en résultait emporta quelques-unes des personnes qui semblaient se remettre de la fièvre. Avec l'arrivée de deux autres navires, le nombre des patients de Vondy s'éleva à plus de 300. À cause de la peur de la maladie, il était difficile de convaincre des personnes d'aller aider Vondy ; celui-ci devait donc se débrouiller avec un homme et un garçon. La tâche du médecin était presque impossible et, chaque jour, des malades mouraient ; 96 passagers du *Looshtauk* succombèrent dans l'île Middle.

Vondy n'était pas autorisé à quitter l'île, car on craignait qu'il ne répande l'infection. Il travaillait des heures et des heures, sans pouvoir se reposer ni même se nourrir comme il le faut, et il finit par contracter le typhus. On tenta alors de lui trouver un remplaçant. Un médecin refusa d'avoir affaire aux immigrants. Finalement, le docteur John Thomson* accepta de visiter les malades tous les jours, mais ne voulut pas demeurer dans l'île. Mal soigné, Vondy vit son état empirer. Sa sœur, qui avait persuadé des amis de la conduire dans l'île, prit soin de lui jusqu'à ce qu'il s'éteigne, le 29 juin, à l'âge de 26 ans. Trois jours plus tard, le docteur James Patrick COLLINS, un volontaire plus jeune encore qui travaillait auprès des fiévreux dans l'île Partridge, mourait lui aussi, victime de la maladie. La sœur de Vondy fut mise en quarantaine et obligée de rester 21 jours dans l'île Middle, au milieu des malades et des mourants. Ses amis tentèrent de la délivrer, mais des gardes armés chargés de patrouiller l'île et d'empêcher les immigrants de gagner le continent les arrêtèrent.

Les personnes qui mouraient du typhus étaient enterrées dans l'île mais, par exception, les autorités permirent que la dépouille de John Vondy soit inhumée à Bushville, dans le cimetière de l'église St

Voyer

Paul. On plaça les restes du médecin dans un cercueil étanche à double paroi et on les transporta jusqu'au port de Bushville ; au passage de l'embarcation funèbre, tous les bateaux baissèrent leur pavillon. On lança peu après une souscription en vue de la mise en place d'une pierre tombale et d'une plaque commémoratives. À l'instar du docteur Collins, de Saint-Jean, John Vondy donna sa vie pour essayer d'aider des immigrants accablés de souffrances, alors que bien des médecins refusaient de les soigner.

WILLIAM A. SPRAY

APNB, MC 216/11 ; RG 18, RS153, G3/5, 11 mars, 3 juill. 1847, et s.d. — G.-B., Parl., Command paper, 1847, 47, [nº 50] : 57, 138–139, *Papers relative to emigration to the British provinces in North America, and to the Australian colonies ; part I : British provinces in North America.* — *Gleaner* (Miramichi [Chatham, N.-B.]), 6 avril, 8 juin–27 juill., 24 août 1847. — Esther Clark Wright, *The Miramichi : a study of the New Brunswick river and of the people who settled along it* (Sackville, N.-B., 1944), 52–54. — J. A. Fraser, *By favourable winds : a history of Chatham, New Brunswick* ([Chatham], 1975), 69–70, 304. — J. McG. Baxter, « Ship fever in 1847 », Miramichi Natural Hist. Assoc., *Proc.* (Chatham), nº 6 (1911) : 7–15.

VOYER, JACQUES, notaire, propriétaire foncier, officier de milice, fonctionnaire et juge de paix, né le 2 janvier 1771 à Québec, fils de Charles Voyer, notaire, et de Françoise-Charlotte Perrault ; le 21 juillet 1800, il épousa à Québec Luce-Monique Pinguet ; décédé le 8 janvier 1843 au même endroit.

Jacques Voyer reçut sa commission de notaire le 5 février 1798 et installa son étude dans sa ville natale. Avant 1812, le jeune Archibald Campbell* fit son stage de clerc chez Voyer, lequel participa cette année-là à la défense du Bas-Canada. Lieutenant-colonel du bataillon de milice de l'île d'Orléans depuis le 5 avril, il devint, le 25 septembre, major du 1er bataillon de la milice d'élite incorporée du Bas-Canada puis, le 26 octobre, lieutenant-colonel du 4e bataillon. Il avait exercé pendant quelques mois les fonctions de paie-maître dans le 1er bataillon. Voyer semble s'être distingué durant la guerre. Chose certaine, il s'y consacra entièrement, puisque aucun acte notarié n'enrichit le répertoire de son greffe en 1814 et 1815. D'ailleurs, dans un avis paru le 25 mai 1815 dans *la Gazette de Québec,* Voyer annonçait son intention « de reprendre les affaires en sa qualité de notaire Public [...] sur la place du Marché [place Notre-Dame] en la Basse Ville ». Par la même occasion, il offrait « ses services au Public et plus particulièrement à Messieurs les Négocians, Marchands et Maîtres de Vaisseaux qui, avant son départ pour la Frontière, l'honoraient de leur Confiance ». Parmi ses clients figurait notamment George POZER, dont il était le notaire attitré.

En 1806, Voyer avait fait partie de la société qui s'était portée acquéreur du canton de Frampton. C'est son beau-frère, Pierre-Édouard Desbarats*, qui avait alors agi à titre de chef de canton. Parmi les autres associés se trouvaient George Pyke*, François VASSAL de Monviel et William Berczy*. En 1826, à titre d'ancien milicien, Voyer reçut 1 200 acres de terre dans le même canton. Il en obtint 1 072 autres en 1838. Considéré comme un gros propriétaire foncier, Voyer suivit les méthodes de colonisation de son beau-frère Desbarats et recruta des colons parmi les Irlandais qui arrivaient en grand nombre au port de Québec. Comme lui, il prit soin de les choisir robustes et de mœurs paisibles. L'avis qu'il fit paraître le 9 avril 1827 dans *la Gazette de Québec* s'adressait en fait aux colons, en majorité irlandais, déjà installés dans Frampton. Voyer leur indiquait qu'il leur « concéder[ait] des terres [...] en raison de dix schelings courant de rente par an, par cinquante arpens sans autres charges quelconques, celles de faire et d'entretenir les chemins seulement exceptées. Ils en jouir[aient] pendant trois ans sans payer de rente. »

Tout au long de sa vie active, Voyer eut à remplir diverses commissions qui témoignent de sa notoriété. Ainsi le 24 mai 1815 on le nomma commissaire chargé d'étudier les demandes d'indemnités des miliciens victimes de la guerre de 1812. Le 22 novembre suivant, il reçut une commission de juge de paix pour le district de Québec, commission qu'on lui renouvela en 1821, 1828, 1833, 1836 et 1838. Au cours de ces deux dernières années, il fut commissaire chargé de la construction des églises et des presbytères dans le district de Québec. D'autre part, Voyer avait toujours manifesté de l'intérêt pour le domaine de l'éducation. En 1821, il participa à la mise sur pied de la Société d'éducation du district de Québec dont Joseph-François PERRAULT avait été élu président. Voyer était membre du comité chargé d'élaborer les règlements de cette société avec, entre autres, Jérôme Demers*, Thomas Maguire*, Joseph SIGNAY, John NEILSON et Joseph-Rémi VALLIÈRES de Saint-Réal.

Jacques Voyer ne semble pas avoir eu d'enfants. Dans le testament olographe qu'il fit le 12 mars 1823, il laissa tous ses biens à sa femme en lui recommandant de transmettre l'héritage à ses neveux et nièces. Il rédigea son dernier acte notarié le 4 août 1842 et mourut le 8 janvier suivant. Sa femme se remaria le 25 juin 1845 avec Étienne Gauvin.

MADELEINE FERRON

Le minutier de Jacques Voyer, contenant des actes passés entre le 9 févr. 1798 et le 4 août 1842, est déposé aux ANQ-Q, sous la cote CN1-285.

ANQ-Q, CE1-1, 2 janv. 1771, 21 juill. 1800, 11 janv. 1843. — *La Gazette de Québec,* 25 mai 1815, 9 avril 1827.

— F.-M. Bibaud, *le Panthéon canadien* (A. et V. Bibaud ; 1891). — Langelier, *Liste des terrains concédés.* — *Officers of British forces in Canada* (Irving). — J.-E. Roy, *Hist. de Lauzon,* 5 : 86, 92 ; *Hist. du notariat.* — P.-G. Roy, « le Notaire du roi Archibald Campbell », *BRH,* 32 (1926) : 736–739.

W

WADE, ROBERT, fermier, né vers 1777 dans le comté de Durham, Angleterre ; vers 1802, il épousa Mary Hodgson, et ils eurent quatre fils et huit filles ; décédé le 16 juillet 1849 dans le canton de Hamilton, Haut-Canada.

Robert Wade venait d'une famille de fermiers qui s'adonnaient à l'élevage du bétail de race. En 1819, il immigra dans le Haut-Canada avec sa femme et ses huit enfants puis acheta une terre de 200 acres dans le canton de Hamilton. Un des premiers agents de développement agricole à venir d'Angleterre, il connaissait à fond les nouvelles méthodes scientifiques d'agriculture en usage en Grande-Bretagne et fut donc consterné par l'ignorance des colons haut-canadiens en la matière.

Les agents de développement agricole établis dans le Haut-Canada au début du XIXe siècle se recrutaient surtout parmi les colons des Lowlands d'Écosse ou d'Angleterre qui avaient le moyen d'acheter et de faire défricher des terres ou encore de les acheter prêtes à être cultivées. Ils arrivaient avec une méthode de culture qu'on avait mise au point, au moment de la révolution agricole, dans le nord-ouest de l'Europe pour maintenir la fertilité du sol. Vers le milieu du siècle, la région de la baie de Quinte, les secteurs qui bordaient la rue Yonge, les terres entre Hamilton et Toronto, les environs de London et la presqu'île du Niagara étaient reconnus pour leur exploitation agricole. Des groupes d'immigrants de diverses origines avaient colonisé ces régions mais, selon l'historien Robert Leslie Jones, ce sont des fermiers britanniques avisés comme Wade qui, bien que peu nombreux, exerçaient « le leadership dans la province, grâce à un plus grand effort pour se tenir au courant des découvertes de leur époque en science agricole ».

Sitôt installé, Wade entreprit de drainer systématiquement des parties trop humides de sa terre afin d'améliorer ses champs. L'habitude de bien labourer et herser le sol avant les plantations lui permit d'obtenir des récoltes beaucoup plus abondantes que la moyenne à l'époque. La culture fruitière était à ses débuts mais Wade constata qu'elle serait viable et suggéra en 1820 que les immigrants apportent avec eux des pépins de pommes et divers noyaux de fruits. Dès cette année-là, il planta des arbres fruitiers dans sa ferme et, en 1824, sa pommeraie comptait à elle seule une centaine d'arbres.

Wade exploitait avec succès une ferme d'élevage et de culture. À l'époque où la plupart des fermiers du Haut-Canada étaient tributaires du blé, il concentra ses efforts sur l'élevage et l'amélioration des races par le croisement. Au début de 1830, il commença à faire venir d'Angleterre et de l'état de New York des bovins Durham (race Shorthorn améliorée) et des moutons Teeswater (race Leicester améliorée). Les Shorthorn étaient bons à la fois pour la viande et pour la production laitière. Afin de rentabiliser ses surplus de lait, Wade installa une petite laiterie sur sa ferme et se mit à fabriquer du beurre et du fromage. Dès 1842, à la foire agricole du comté de Northumberland, son fils Ralph remporta des prix pour son fromage. On devait plus tard attribuer à son petit-fils Henry le mérite d'avoir importé la méthode de fabrication industrielle du fromage de New York et de l'avoir implantée dans le centre du Haut-Canada. Robert Wade s'intéressait aux Leicester parce qu'ils étaient eux aussi doublement rentables. Ralph obtint à la foire du comté en 1842 le premier prix pour son étoffe de laine de fabrication artisanale et, cinq ans plus tard, les Leicester de Wade, qui avaient reçu les plus hauts prix à la première exposition agricole de la province, étaient considérés comme les meilleurs moutons jamais abattus à Toronto, tant pour le poids de la carcasse que pour le rendement en suif. Robert maintint son programme d'élevage jusqu'à sa retraite, en 1848. Ses deux fils, John et Ralph, et son petit-fils Henry, éleveurs de troupeaux de race bien connus dans la seconde moitié du XIXe siècle, poursuivirent ses travaux.

Les inventions susceptibles d'améliorer les techniques agricoles suscitaient l'intérêt dans la famille. Robert Wade considérait que les fermiers du temps avaient surtout besoin d'outillage pour la culture et de machines pour les récoltes. John aurait d'ailleurs inventé un semoir à navets, une machine à laver les pommes de terre et un élévateur à paille pour batteuse. Toutefois, il semble qu'il ne fit breveter qu'une seule machine, une tarière à poteaux, et ce, conjointement avec John Helm, de Port Hope, l'un des premiers fabricants de moissonneuses de la province. John Wade aurait aussi importé en 1844 la seconde moissonneuse du district de Newcastle et peut-être même du Haut-Canada.

Pour fournir une tribune sur les questions agricoles, les Wade accordèrent leur appui à quelques-unes des premières associations agricoles régionales et provinciales. La Northumberland Agricultural Society, fondée en 1828, eut des débuts difficiles et fut dissoute

Walker

puis finalement réorganisée en 1836. À ce moment, l'organisation de comté décida de se doter de comités locaux et on désigna Robert Wade pour représenter le canton de Hamilton. La société organisait des foires semestrielles, fournissait des fonds pour les prix, encourageait les membres à s'abonner aux revues d'agriculture et à rédiger des exposés sur des questions à débattre en matière agricole. John et Ralph Wade assumèrent longtemps la présidence de la société.

Méthodiste fervent, Robert Wade préféra d'abord se joindre à un groupe d'immigrants britanniques de sa dénomination pour les exercices religieux plutôt qu'à la congrégation méthodiste locale d'origine américaine. Au cours des années 1840 cependant, après l'érection à Cobourg de l'église anglicane St Peter, il devint l'un des fidèles de cette église. Il mourut en 1849 et on l'enterra dans le lot familial au cimetière St Peter.

Robert Wade fit beaucoup pour le développement agricole du Haut-Canada durant la première moitié du XIXe siècle. Il s'intéressait autant à la théorie qu'à la pratique de l'agriculture, et il apporta une contribution incontestable dans maints domaines, dont le drainage, le labourage, la culture des fruits, l'élevage des animaux, la production laitière, l'utilisation de la machinerie et l'organisation agricole. Ses fils et ses petits-fils suivirent son exemple et plusieurs d'entre eux furent au nombre des chefs de file des nombreuses associations agricoles que comptait la province.

SUSAN BENNETT

AO, MU 2388, sér. A-1–A-3 ; MU 2883 ; MU 3074 (photocopies). — Edna Barrowclough, « The Wade letters (1819–67) », Cobourg and District Hist. Soc., *Hist. Rev.* (Cobourg, Ontario), 4 (1986). — *British American Cultivator* (Toronto), nouv. sér., 2 (1846) : 399 ; 3 (1847) : 138. — *Canadian Agriculturist* (Toronto), 1849–1863. — *Cobourg Star*, 8 sept. 1847, 15 mars, 19 juill., 2, 23 août, 11, 18 oct. 1848, 18 juill. 1849. — *Dominion short-horn herd book* (Ottawa), 1 (1886–1887). — R. L. Jones, *History of agriculture in Ontario, 1613–1880* (Toronto, 1946 ; réimpr., Toronto et Buffalo, N.Y., 1977). — D. McL. Marshall, *Shorthorn cattle in Canada* (Guelph, Ontario, 1932). — Kenneth Kelly, « The transfer of British ideas on improved farming to Ontario during the first half of the nineteenth century », *OH*, 63 (1971) : 103–111.

WALKER, WILLIAM, avocat, officier de milice, rédacteur en chef et homme politique, né le 8 août 1797, probablement à Trois-Rivières, Bas-Canada, fils de William Walker, marchand ; décédé le 8 avril 1844 à Montréal.

William Walker entreprit l'étude du droit en 1812. Il fit un premier stage chez Michael O'SULLIVAN, de Montréal, puis un deuxième chez Charles Richard Ogden*, de Trois-Rivières. Inscrit au barreau du Bas-Canada le 6 avril 1819, il en devint, selon l'avocat et auteur montréalais Arthur William Patrick Buchanan, « l'un des membres les plus distingués », en plus de s'illustrer à titre de linguiste, de lettré et de grand orateur. De petite taille, il marchait en boitant par suite d'une bataille en duel avec l'un de ses confrères avocats, Campbell Sweeney, dans « une affaire d'honneur » ; il avait eu la jambe brisée entre la cheville et le genou. Walker fut l'un des premiers membres du club The Brothers In Law, organisation sociale qui regroupait des avocats montréalais. Il fut également enseigne dans le 6e bataillon de milice du comté de Montréal et membre de la congrégation presbytérienne St Paul.

Décrit par John Macaulay* comme « un avocat intelligent qui, au dire de certains, lorgn[ait] des postes gouvernementaux », Walker se fit un nom en 1822–1823 pendant les débats sur le projet d'union du Haut et du Bas-Canada : il préconisait alors cette union comme moyen d'améliorer le commerce dans les colonies. Afin d'accroître les installations commerciales de Montréal, lui et certains des hommes d'affaires les plus en vue de la ville prêtèrent de l'argent en 1831 pour aménager une nouvelle place de marché. Aux élections tenues trois ans plus tard, il fit la lutte avec John Donellan, pour le parti des marchands, à l'équipe formée de Louis-Joseph Papineau* et de Robert Nelson*, dans la circonscription de Montréal-Ouest. L'élection fut tumultueuse et ses adversaires l'emportèrent par seulement 40 voix. Walker, Donellan et leurs partisans, piqués au vif pour avoir subi la défaite par cette faible marge, se réunirent peu de temps après en vue de protester contre certaines prétendues irrégularités électorales et ils formèrent un groupe de pression permanent appelé la Loyal and Constitutional Association. En avril 1835, la section de Montréal de l'association choisit Walker pour accompagner à Londres John NEILSON, représentant de la section de Québec, afin d'y réclamer des réformes politiques. Dans leurs entretiens avec le secrétaire d'État aux Colonies lord Glenelg et le premier ministre lord Melbourne, les délégués manifestèrent leur opposition à la création d'un Conseil législatif élu et ils réclamèrent l'adoption de lois destinées à faciliter le commerce. Même si les instructions qu'avait reçues Walker favorisaient l'union des deux colonies ou l'annexion de Montréal au Haut-Canada, le comité de Montréal lui avait conseillé de n'insister sur aucun de ces points, par déférence pour les vues de la section de Québec. En fait, il ne proposa ni l'une ni l'autre de ces mesures, mais il soumit un troisième plan qui visait à remettre le Saint-Laurent entre les mains du gouvernement impérial dans le but de faciliter le commerce. À son retour au Bas-Canada, Walker se rendit à Québec en janvier 1836, avec James Holmes et Turton Penn, pour organiser une petite réunion des deux sections de l'Association constitutionnelle. Une fois sur place, il soumit une idée plus ambitieuse : tenir une assemblée des représentants de toutes les colonies de l'Amérique du Nord britannique. Sans que sa loyauté fut jamais mise en doute pendant les rébellions qui suivirent, Walker fut l'avocat de plusieurs patriotes, dont son vieux rival politique Robert Nelson qui, en août 1838, tentait de négocier un retour au Bas-Canada pour ne pas perdre son cautionnement.

Un des premiers partisans du gouvernement responsable, Walker devint rédacteur en chef du *Canada Times*, journal réformiste fondé à Montréal en 1840 par John James Williams. On avait créé ce journal, semble-t-il, pour combattre l'union du Bas et du Haut-Canada à laquelle s'opposait alors Walker. Ce dernier devint aussi l'adversaire acharné de lord Sydenham [THOMSON] et, d'après Macaulay, ses critiques à l'endroit du gouverneur, dans ses éditoriaux, n'étaient « pas moins fondées que sévères, surtout en ce qui concern[ait] la nomination de simples aventuriers à des postes élevés ». Walker, qui menait de front ses fonctions d'éditorialiste et d'avocat fort recherché, surtout dans le domaine du droit commercial, avait « pour habitude de dicter, souvent simultanément, un éditorial à l'un de ses étudiants en droit et un avis juridique à un autre, tout en occupant ses moments disponibles à conseiller un client ou à lire ».

En juillet 1842, William Walker fut élu député de la circonscription de Rouville. Il prit son siège à l'Assemblée législative le 9 septembre mais, dans les dix jours qui suivirent, il obtint un congé pour le reste de la session, probablement pour cause de maladie. Il démissionna le 26 août 1843 et mourut moins de huit mois plus tard. Réformiste, disciple de Francis Hincks*, Walker était un avocat talentueux qui s'exprimait avec facilité, avait de bons rapports avec les gens d'affaires de Montréal et semblait destiné à un brillant avenir dans le monde politique du Canada-Uni. Son décès à l'âge de 46 ans vint mettre fin à ce qui s'annonçait comme une carrière publique remarquable.

CARMAN MILLER

Le sujet de cette biographie ne devrait pas être confondu avec William Walker, agent à Québec pour la Forsyth, Richardson and Company, membre du Conseil spécial en 1838 et du Conseil législatif de 1842 jusqu'à son décès en 1863. [C. M.]

William Walker est l'auteur de : *Mr. Walker's report of his proceedings in England, to the executive committee of the Montreal Constitutional Association* (Montréal, 1836).

ANQ-M, CE1-130, 11 avril 1844. — APC, RG 4, B8 : 7061–7071. — Musée McCord, M21413. — *Arthur papers* (Sanderson), 3 : 1945. — Canada, prov. du, Assemblée législative, *Journaux*, 1842. — *La Gazette de Québec*, 14 avril 1831. — *Montreal Gazette*, 5 juill. 1842, 9 avril 1844. — *Montreal Transcript*, 11 avril 1844. — *Pilot* (Montréal), 9 avril 1844. — Beaulieu et Hamelin, *la Presse québécoise*,

1. — Desjardins, *Guide parl.* — *Political appointments and elections in the Province of Canada from 1841 to 1865*, J.-O. Coté, compil. (2e éd., Ottawa, 1866). — Buchanan, *Bench and bar of L.C.* — Creighton, *Empire of St. Lawrence.* — Ægidius Fauteux, *le Duel au Canada* (Montréal, 1934). — Elinor Kyte Senior, *Redcoats and Patriots : the rebellions in Lower Canada, 1837–38* (Stittsville, Ontario, 1985). — Ouellet, *Lower Canada.*

WARD, JOHN, homme d'affaires, officier de milice, homme politique et juge de paix, né le 8 novembre 1753 à Peekskill, New York, probablement le fils d'Edmund Ward et d'Elizabeth Strange ; en 1777, il épousa Elizabeth Strange, et ils eurent quatre fils et deux filles ; décédé le 5 août 1846 à Saint-Jean, Nouveau-Brunswick.

Pendant la guerre d'Indépendance américaine, John Ward combattit du côté des loyalistes. Nommé enseigne dans le Loyal American Regiment en 1776, il fut promu lieutenant le 7 octobre 1777. Lorsque le major John André s'embarqua à bord du *Vulture* en 1780 pour rejoindre le major général Benedict Arnold*, qui transmettait des renseignements aux Britanniques, c'est Ward qui commandait les troupes d'escorte ; après l'arrestation d'André par une patrouille rebelle, Ward conduisit Arnold en lieu sûr. Il commanda également les dernières troupes provinciales à quitter New York pour Parrtown (Saint-Jean) en 1783. Comme la saison était avancée, ses hommes furent contraints d'hiverner à cet endroit, sous la tente. Les Ward eurent un fils, John, en un glacial mois de décembre.

Ward quitta Parrtown en 1784 pour s'installer dans la localité qui devint plus tard Wards Creek. Mais comme il se trouvait trop loin du centre commercial de la nouvelle province du Nouveau-Brunswick, il revint bientôt à Parrtown. Il y fonda sa première entreprise commerciale, spécialisée dans la vente en gros des vins et spiritueux. Il fut le pionnier du commerce des boissons antillaises à Saint-Jean, qui contribua largement à la prospérité de la ville. L'établissement de Ward, situé au South Market Wharf, au cœur du secteur commercial de la ville, connut une expansion rapide et se transforma bientôt en magasin général, pour répondre aux besoins des navires qui arrivaient chaque jour au Market Slip et pour servir les résidents qui fréquentaient le Market Square. L'entreprise finit même par comprendre une scierie et une fonderie ; l'une de ses usines était située à la pointe Wolfe, qui fait aujourd'hui partie du parc national de Fundy.

Le 21 février 1812, Ward et cinq autres hommes d'affaires adressèrent une requête à la chambre d'Assemblée par laquelle ils obtinrent le droit exclusif, pour une période de dix ans, de fournir des services de transport par bateau à vapeur entre Saint-Jean et la capitale provinciale, Fredericton. La guerre contre les États-Unis retarda leur projet mais, en 1816, le groupe, auquel s'était joint Hugh Johnston*, réussit à lancer le *General Smyth*. Le navire partit pour la capitale le 20 mai, inaugurant ainsi le transport par vapeur sur le fleuve Saint-Jean. Par la suite, Ward fut de nouveau associé au lancement d'autres bateaux semblables qui naviguaient sur ce même cours d'eau. En 1814, la compagnie John Ward and Son (Caleb, l'aîné de ses fils vivants, s'était joint à l'entreprise) commanda le premier navire gréé en carré à être construit à St Martins. Lancé en 1815, le *Waterloo*, un bâtiment de 391 tonneaux dont elle avait confié la construction à James Moran, partit immédiatement à destination de Liverpool avec une cargaison de bois d'œuvre et de douves. Ward montra un intérêt constant pour la zone de construction navale de St Martins, puisqu'il s'était fait construire une maison dans la région. Entre 1830 et 1850, François-Lambert Bourneuf*, de Clare, en Nouvelle-Écosse, construisit plusieurs navires de la compagnie. Il ne fait aucun doute que l'entreprise connut beaucoup de succès. Il semble même qu'au moins pendant une courte période, aux alentours de 1837, la plupart des immeubles de South Market Wharf aient été entre ses mains.

Ward prit aussi part aux affaires publiques. En avril 1799, il fut élu conseiller municipal à Saint-Jean ; il conserva ce poste jusqu'en octobre 1809, c'est-à-dire jusqu'au moment où il devint député provincial de la circonscription qui regroupait le comté et la ville de Saint-Jean. Réélu en 1816 et en 1819, il siégea à la chambre d'Assemblée jusqu'à la dissolution du Parlement en 1820, après quoi il se retira de la politique. Son fils John représenta la même circonscription de 1827 à 1834. À lire les journaux de la chambre d'Assemblée, Ward père ne paraît pas avoir apporté une contribution notable aux délibérations. Il n'y a pas de doute, cependant, qu'il profita de son poste de député pour favoriser les intérêts de sa compagnie. À compter du 9 juin 1818, par exemple, il fit partie de la commission chargée de faire le tracé de la route qui reliait Loch Lomond à la baie Quaco, l'emplacement de son chantier naval. Encore en 1818, on le nomma juge de paix et, finalement, il devint le doyen des magistrats de la ville et du comté de Saint-Jean. Pendant près de 40 ans, il fut commissaire responsable des phares de la baie de Fundy. Non seulement sa compagnie fournissait les matériaux de construction et l'équipement pour les phares, mais c'est elle qui s'occupait aussi des soumissions présentées.

Ward s'intéressa toujours aux choses militaires, même après son arrivée au Nouveau-Brunswick. Le 4 mai 1793, il avait été l'un des officiers fondateurs de la Loyal Company of Artillery de Saint-Jean ; le 12 novembre 1806, on le promut major. En août 1816, il commandait le 1st Battalion of the Saint John County militia et, plus tard, il eut sous ses ordres toute la milice du comté, avant de prendre sa retraite le 23 juin 1830.

John Ward incarnait pour ses concitoyens les valeurs traditionnelles des loyalistes. En reconnaissance des services qu'il rendit à Saint-Jean, on lui décerna le titre de « père de la cité » et, à l'occasion des festivités qui marquèrent les cinquantième et soixantième anniversaires de l'arrivée des loyalistes, on le traita comme l'invité d'honneur. Après son décès, en août 1846, le *New-Brunswick Courier* publia ce poème :

> Reçois cet hommage d'un barde,
> Qui le juge mérité au mieux.
> Paix à tes cendres, père WARD,
> Écoute patriarche, adieu.

Le dynamisme et la détermination de Ward manquèrent sûrement à l'entreprise qu'il avait fondée, car celle-ci ne franchit pas le cap des années 1860. Un écrivain avait prédit en 1846 que le nom de Ward « passerait intact à la postérité et serait vénéré des générations futures ». Cette prophétie ne s'est pas réalisée : John Ward est presque oublié aujourd'hui, à Saint-Jean.

HAROLD E. WRIGHT

APNB, MC 1156 ; RG 4, RS24, S21-P16. — City of Saint John (Saint-Jean, N.-B.), City Clerk's Office, Common Council, minutes, 1785–1846 (mfm à la Saint John Regional Library). — Musée du N.-B., A15 (John Ward) ; A141 (John Ward, account-book, 1785–1789) ; Ward family papers, packet 20, items 135, 139 ; packet 29, items 12, 16, 21–29. — N.-B., House of Assembly, *Journal*, 1809–1820. — *Winslow papers* (Raymond). — *Morning News* (Saint-Jean), 7 août 1846. — *New-Brunswick Courier*, 8, 29 août 1846. — J. B. M. Baxter, *Historical records of the New Brunswick Regiment, Canadian Artillery* (Saint-Jean, 1896). — A. G. Finley, « The Morans of St. Martins, N.B., 1850–1880 : toward an understanding of family participation in maritime enterprise », *The enterprising Canadians : entrepreneurs and economic development in eastern Canada, 1820–1914*, L. R. Fischer et E. W. Sager, édit. (St John's, 1979), 37–54. — G. [B.] MacBeath et D. F. Taylor, *Steamboat days : an illustrated history of the steamboat era on the St. John River, 1816–1946* (St Stephen[-Milltown], N.-B., 1982). — Richard Rice, « The Wrights of Saint John : a study of shipbuilding and shipowning in the Maritimes, 1839–1855 », *Canadian business history ; selected studies, 1497–1971*, D. S. Macmillan, édit. (Toronto, 1972), 317–337. — T. W. Acheson, « The great merchant and economic development in St. John, 1820–1850 », *Acadiensis* (Fredericton), 8 (1978–1979), n° 2 : 3–27. — J. R. Harper, « St. Martins' men build a ship in 1814 », *American Neptune : a Quarterly Journal of Maritime Hist.* (Salem, Mass.), 21 (1966) : 279–291.

WASHBURN, SIMON EBENEZER, officier de milice, avocat, fonctionnaire et homme politique, né probablement en 1794 dans le canton de Fredericksburgh, Haut-Canada, fils d'Ebenezer Washburn* et de Sarah De Forest ; le 12 avril 1821, il épousa Margaret FitzGibbon ; décédé le 29 septembre 1837 à Toronto.

Issu d'une éminente famille loyaliste, Simon Ebenezer Washburn était le sixième de neuf enfants. Après avoir fréquenté la *grammar school* de Kingston, il servit dans la milice durant la guerre de 1812. Il étudia le droit à York (Toronto) sous la direction de William Warren BALDWIN et fut inscrit au barreau du Haut-Canada en janvier 1820. Il exerça ensuite en société avec Baldwin jusqu'au moment où il établit son propre cabinet, en mai 1825. Il devint un avocat prospère et fort respecté. Parmi ceux qui étudièrent avec lui, on peut citer William Hume Blake*, George Duggan* et Joseph Curran Morrison*.

Washburn fut greffier de la paix pour le district de Home à partir d'octobre 1828 jusqu'à sa mort. À ce titre, il administrait la Cour des sessions trimestrielles, enregistrait les actes de procédure et conservait les archives judiciaires ; cette fonction lui rapporta des honoraires moyens de £290 par année. Il était également chargé de faire prêter divers serments, dont celui d'allégeance. Le 4 mai 1829, Washburn devint greffier à la Cour du banc du roi, maïs il résigna cette charge six mois plus tard en invoquant un surcroît de travail. Du 3 novembre 1829 jusqu'à sa mort, il fut membre du conseil de la Law Society of Upper Canada. Durant l'épidémie de choléra de 1832, il fit partie du bureau de santé d'York.

Dans l'histoire du Haut-Canada, on associe le nom de Washburn à deux controverses. Lorsqu'en juin 1828 le juge John Walpole Willis* émit des doutes quant à la légalité des opérations de la Cour du banc du roi, Washburn, de concert avec William Warren Baldwin et son fils Robert*, demanda par écrit de connaître l'opinion du juge Levius Peters SHERWOOD sur cette question. Washburn n'alla pas plus loin dans cette affaire, cependant, et ne se mêla pas davantage des querelles qui suivirent. Plus tard, en 1830, à l'occasion d'un scandale aux douanes, on reprocha à Washburn d'avoir remis £75 à un douanier pour la libération d'une certaine quantité de porc que William Bergin, un marchand d'York, avait supposément passée en contrebande. James FitzGibbon*, beau-frère de Washburn et greffier de la chambre d'Assemblée, qui s'était occupé de trouver l'argent, fut accusé de corruption. Même s'il avait servi d'agent à FitzGibbon dans cette affaire, Washburn s'en tira honorablement.

En politique, Washburn n'obtint que peu de succès. En deux tentatives, aux élections de 1830 et de 1832, il ne parvint pas à déloger William Lyon Mackenzie* de la circonscription d'York. En 1837, cependant, il réussit à se faire élire échevin du quartier St David, à Toronto. Il servit par ailleurs dans la milice, où il s'éleva jusqu'au grade de colonel, en 1835, au sein du 2nd Regiment of West York. À titre de marguillier de l'église St James, il collabora à la campagne de financement menée en 1833 par l'archidiacre John Strachan* en vue de la construction d'une église en pierre.

Bien que Washburn ait été conservateur, Mackenzie souligna dans une notice nécrologique que, « dans une certaine mesure », il « se rangea du côté libéral en politique » ; il faisait probablement allusion à son association avec les Baldwin dans l'affaire Willis. Mackenzie ajoutait qu'à titre d'avocat Washburn avait posé des gestes « très bienveillants et généreux », particulièrement en faveur de Noirs et d'autres personnes condamnées au fouet, à l'exécution ou à l'emprisonnement prolongé pour des délits relativement légers. On est à peu près certain qu'il avait gracieusement fourni une assistance judiciaire à ces gens.

Simon Ebenezer Washburn fit preuve de générosité et de sens civique. Il aimait la vie, comme le démontre son goût pour le patinage ; avec son monocle, il passait pour légèrement excentrique.

RUTH MCKENZIE

AO, MS 35 ; MU 3054, « Data on United Empire Loyalists [...] », W. D. Reid, compil. (copie dactylographiée, vers 1930) ; RG 22, sér. 155 ; sér. 159, 1801–1858, R–Z, n° 50. — APC, RG 1, E3, 95 : 143 ; RG 5, A1 : 7788, 7790–7791, 24504–24508, 37966–37967, 41455–41465, 46906–46910, 50113–50115, 52129–52130, 54174–54175, 61342–61348, 61847, 62353–62356, 65145–65147, 65757–65758, 65928–65930, 98196–98197 ; B9, 15 : 636 ; RG 9, I, B3, 5 ; RG 68, 78 : 385–386, 576 ; 79 : 108 ; 127 : 33–34. — CTA, RG 1, B (mfm aux AO). — Law Soc. of U.C. (Toronto), Minutes ; Rolls. — MTRL, William Allan papers. — PRO, CO 47/144 ; 47/148–152 (mfm aux APC). — « A register of baptisms for the township of Fredericksburgh [...] », John Langhorn, compil., *OH*, 1 (1899) : 35, 38, 42, 47. — *Canadian Freeman*, 15, 22, 29 juill., 23 sept. 1830. — *Colonial Advocate*, 19 juin, 2, 9 juill. 1828. — *Constitution*, 4 oct. 1837. — *Upper Canada Gazette*, 12 mai 1825. — J. C. Dent, *The story of the Upper Canadian rebellion ; largely derived from original sources and documents* (2 vol., Toronto, 1885), 1 : 163–192. — Lindsey, *Life and times of Mackenzie*, 1 : 184–185, 241–242. — W. R. Riddell, *The bar and the courts of the province of Upper Canada, or Ontario* (Toronto, 1928). — *Robertson's landmarks of Toronto*, 1 : 454–455. — Scadding, *Toronto of old* (Armstrong ; 1966).

WATTEVILLE, LOUIS DE (bien qu'issu de la branche de Rubigen de la famille von Wattenwyl et que l'enregistrement de sa sépulture le désigne sous le nom de **Carl Ludwig von Wattenwyl,** il utilisa surtout le français et signa **Louis de Watteville**), officier, né en 1776 à Berne, Suisse, et baptisé le 26 juillet, fils de David de Watteville et de Magdalena (Élisabeth) Jenner, fille d'Abraham Jenner, bailli de

Watteville

Grandson, canton de Vaud, Suisse, de 1775 à 1780 ; le 28 septembre 1807, il épousa à Wichtrach, canton de Berne, Sophie de Tavel, et ils eurent neuf enfants ; décédé le 16 juin 1836 à Rubigen, canton de Berne.

Grâce sans doute à son père, officier au service des Pays-Bas, Louis de Watteville entreprend une carrière militaire en Europe. Il combat contre la France, d'abord dans un régiment suisse au service des Pays-Bas en 1793 et 1794, puis au sein d'un corps suisse de l'armée autrichienne, levé en mars 1799 à l'aide de subsides britanniques.

Après la signature du traité de Lunéville par la France et l'Autriche le 9 février 1801, l'Angleterre, qui continue les hostilités contre la France, décide de regrouper les divers corps suisses en un seul régiment affecté en Méditerranée. Le 1er mai 1801, on nomme Watteville lieutenant-colonel de ce nouveau régiment, lequel porte le nom de son oncle Frédéric de Watteville qui en est le colonel-propriétaire. Suivent 12 années de service dans divers pays méditerranéens. Avec son régiment, Watteville se distingue particulièrement à la bataille de Maida, livrée le 4 juillet 1806 dans le sud de l'Italie et à l'issue de laquelle l'armée britannique met en déroute son opposante française. Par suite de cette brillante action, Watteville est décoré le 22 février 1808 de la médaille d'or décernée aux chefs des corps présents à la bataille.

Le 25 avril 1810, Watteville accède au grade de colonel dans l'armée puis, le 7 mai 1812, il remplace son oncle à titre de colonel-propriétaire du régiment de Watteville. Unité suisse au service de l'Angleterre, le régiment est en majeure partie composé d'Allemands, d'Italiens, de Polonais, de Hongrois et de Russes, et compte même quelques Grecs et Français. Environ un cinquième seulement de son effectif est suisse, dont presque tous les officiers.

Watteville est à Cadix, en Espagne, depuis la fin de 1811 lorsqu'il reçoit, le 15 mars 1813, l'ordre de s'embarquer avec son régiment pour le Canada. L'objectif est d'aller renforcer la petite garnison britannique qui résiste aux tentatives d'invasion des États-Unis, en guerre contre l'Angleterre depuis l'année précédente. Le 5 avril 1813, Watteville et 41 officiers, 1 414 soldats, 8 domestiques, 45 femmes et 38 enfants montent à bord de six navires ; ils quittent le port le lendemain et, après une escale à Halifax, arrivent à Québec le 4 juin.

Deux jours plus tard, Watteville et son unité continuent leur voyage vers Kingston, dans le Haut-Canada, où le régiment est affecté. Watteville y arrive le 29 juin et rencontre aussitôt sir George Prevost*, gouverneur général et commandant en chef des armées britanniques en Amérique du Nord, également officier d'ascendance suisse. Les deux hommes éprouvent de la sympathie l'un pour l'autre, et on trouve plusieurs mentions de « dîné chez le Général Prévost » dans le journal de Watteville. Pour Prevost, l'arrivée d'un officier d'expérience est un atout précieux. Aussi dès le 5 juillet le colonel Watteville est-il nommé commandant de la garnison de Kingston. L'état-major à Londres semble du même avis, car quelques semaines plus tard, soit le 11 août, Watteville apprend qu'il a été promu major général le 4 juin, et ce, sans avoir occupé le grade de général de brigade. Il doit donc laisser l'habit écarlate à distinctives de velours noir et à galons d'argent de son régiment pour revêtir l'uniforme des officiers généraux, écarlate lui aussi mais à distinctives bleu foncé et à broderies dorées. De plus, bien qu'il reste propriétaire de son régiment, il doit en passer le commandement à un autre officier.

Avec son nouveau grade, Watteville ne reçoit pas d'instructions au sujet de sa nouvelle affectation, ce qui l'empêche d'être employé à titre de major général au Canada. Il passe donc les mois d'août et de septembre 1813 à Kingston, à attendre impatiemment. À part une mention – la seule de cette nature pendant tout son séjour au Canada – consignée dans son journal à la date du 12 septembre, où il écrit qu'il a été « bien malade tous ces derniers jours », il n'y a rien à signaler. Bientôt rétabli, Watteville décide d'aller en Angleterre, vend ses effets, puis quitte Kingston le 12 octobre 1813. Arrivé à Montréal le 16, il apprend que Londres l'a désigné à l'état-major en Amérique du Nord le 29 juillet. L'ordre général qui annonce cette nouvelle est enfin promulgué à Montréal le 17 octobre, ainsi que l'affectation de Watteville au district de Montréal. Du fait même, il a le commandement des troupes au sud-ouest de Montréal, et il installe son quartier général au presbytère de Châteauguay le 19 octobre.

Déjà il est rumeur que l'armée américaine s'assemble près de la frontière. Watteville ne peut compter que sur très peu de troupes régulières britanniques. Il dispose surtout des Voltigeurs canadiens et de bataillons de la milice d'élite incorporée du Bas-Canada, souvent des conscrits, sous le commandement du lieutenant-colonel Charles-Michel d'Irumberry* de Salaberry. Celui-ci, après avoir fait une reconnaissance sur l'ordre de Watteville, lui rapporte, le 22 octobre, que l'ennemi est « en grande force » : une armée d'environ 5 000 soldats, réguliers pour la plupart, dont les premières unités ont traversé la frontière le matin du 21.

À l'avant-poste, Salaberry commence à préparer une position défensive. Watteville rassemble aussitôt ses troupes, afin de former un échelon défensif le long de la rive ouest de la Châteauguay, et il s'installe aux « Fourches » où le 26 octobre 1813, entre 11 heures et midi, il accueille Prevost. À une heure de l'après-midi, les deux officiers partent à cheval pour se rendre aux avant-postes mais, en chemin, ils reçoivent la nouvelle « que [leurs] postes [sont] engagés avec l'ennemi depuis 11 heures ». Watteville prend immédiatement les devants. Quand il arrive, le feu a déjà cessé, et la bataille de Châteauguay est terminée. Le lendemain, il transmet à Prevost le rapport de Salaberry accompagné d'une lettre « de [sa] part, dans laquelle [il] di[t] que le succès doit être [attribué] tant à la bravoure des troupes, qu'à l'activité et au jugement déployé par le Lieutenant Colonel de Salaberry en choisissant et fortifiant en peu de jours la position ». Bel éloge de la part d'un officier d'expérience !

Cependant, le major général Richard Stovin et le colonel Edward Baynes prennent Watteville à partie pour ne pas avoir exploité le succès et ne pas avoir fait poursuivre et harasser les Américains. Celui-ci consulte Salaberry puis répond, le 31 octobre, en démontrant de manière détaillée le « plus grand danger » qu'aurait couru le détachement envoyé dans une telle poursuite. On sait aujourd'hui que l'armée américaine se retira dans l'ordre à la suite de son revers du 26 octobre. Il aurait en effet été très risqué d'attaquer une force surtout composée de soldats réguliers, plus sûrs que des miliciens, et qui restait disciplinée.

Le 29 novembre 1813, Watteville revient au presbytère de Châteauguay, où il est logé en échange de 6 $ par semaine. Mais, le 28 décembre, comme il ne supporte pas que le curé ait envoyé une lettre « insolente » à son aide de camp, il claque la porte du presbytère. Entre-temps, on l'a nommé président d'une commission chargée d'examiner les réclamations en dommages de guerre, tâche administrative délicate dont il s'acquitte sans heurts jusqu'à la fin de janvier 1814.

Le 22 juin 1814, Watteville est affecté à Chambly afin de prendre le commandement d'une brigade de la milice d'élite incorporée et, à la fin de juillet, il rejoint les avant-postes à Lacolle, où se trouve Salaberry. Le secteur est assez calme, si ce n'est d'occasionnelles fusillades entre éclaireurs canadiens et américains. Mais ce répit est de courte durée puisque, le 8 août 1814, Watteville reçoit une nouvelle affectation dans le Haut-Canada. Chemin faisant il dîne le 15 à Montréal avec Prevost et plusieurs officiers supérieurs. Arrivé au camp britannique qui assiège le fort Erie (Fort Erie), il rencontre le commandant des troupes du Haut-Canada, sir Gordon Drummond*. Le 17 septembre, les Américains tentent une sortie dans le secteur commandé par Watteville. Une vive bataille s'engage, mais la position britannique est bien disposée, et l'ennemi doit finalement se retirer. Les pertes sont très lourdes cependant : environ 600 hommes dans chacun des camps, selon Watteville. Dans son rapport officiel du 19 septembre, Drummond fait l'éloge du jugement et du zèle de Watteville durant cette bataille. Par la suite, ce dernier est disposé avec l'avant-garde à Black Creek (Niagara Falls).

La guerre contre les États-Unis tire cependant à sa fin. Déjà, le 8 octobre 1814, Watteville apprend l'arrivée à Québec de sa femme et de ses enfants puis, le 25, il demande avec succès un congé de deux mois pour se rendre à Montréal. Il y arrive enfin le 20 décembre pour retrouver sa famille « après une absence de plus de deux ans », note-t-il avec émotion dans son journal. Deux années qui furent longues, car il aime profondément Sophie de Tavel. À maintes reprises il mentionne dans son journal la réception ou l'envoi de lettres à sa femme et combien il espère sa venue au Canada. Sophie de Tavel est, elle aussi, amoureuse de son mari. Elle aurait pu se retirer en Suisse, libre depuis le début de 1814, mais elle a affronté un pénible voyage de quatre mois avec ses enfants afin de rejoindre son mari. La Noël de 1814 est certes mémorable pour eux. Le congé de Watteville est cependant assorti d'un devoir assez délicat, même pénible pour lui, car il fait partie du conseil de guerre qui doit siéger à Montréal pour juger le major général Henry Procter*.

En février 1815, Watteville quitte Montréal pour retourner à la presqu'île du Niagara, accompagné de son frère Rodolphe. Le 20 de ce mois, ils sont en train de dîner à York (Toronto) avec Drummond lorsque leur parvient la nouvelle que l'Angleterre et les États-Unis ont signé la paix à Gand, en Belgique, le 24 décembre. Enfin, la guerre est finie !

Watteville reste au Haut-Canada encore plus d'un an. De son quartier général au fort George (Niagara-on-the-Lake), il commande les troupes britanniques dans la région de Niagara, puis il s'installe à Kingston avec sa famille en juillet. Nommé commandant en chef des forces armées dans le Haut-Canada le 7 octobre 1815, il désire cependant se retirer du service, ce qu'il obtient finalement. Le 27 juillet 1816, les Watteville quittent Kingston, puis séjournent à Londres de septembre 1816 à janvier 1817 pour arriver à Berne le 18 janvier. Par la suite ils s'installent au château de Rubigen, où Watteville réside jusqu'à sa mort en juin 1836.

Louis de Watteville était un homme pondéré, discret et efficace. Par son expérience militaire, son amour de l'ordre et du travail, il contribua à améliorer la qualité de l'état-major britannique au Canada durant une période critique pour la défense du pays. De plus, ses positions tactiques, toujours méticuleuses, furent déterminantes à Châteauguay et au fort Erie. Officier exigeant, il était juste et reconnaissait à ses subalternes le mérite qui leur revenait. En ce sens, il joua un rôle déterminant dans l'élévation de Salaberry au rang de héros militaire des Canadiens français. Enfin, sous les dehors de l'officier réservé et méthodique, se cachait un homme patient et compréhensif, qui éprouvait un attachement profond pour les siens. Il avait certes des défauts, mais l'Histoire ne les a pas retenus.

René Chartrand

Wedderburn

On connaît deux portraits de Louis de Watteville. Sur le premier, dont la facture est relativement naïve, il est représenté en uniforme de major général par un peintre inconnu. Ce tableau fut, semble-t-il, peint au Canada, probablement à Montréal, entre 1813 et 1816. Le second portrait, exécuté par un artiste plus habile mais également inconnu, le représente en habit bourgeois vers 1820. D'après ces deux œuvres, Watteville était bel homme et séduisant. Ces tableaux sont conservés par ses descendants à Berne, en Suisse. On peut en voir des reproductions dans P.-E. de Vallière, *Honneur et Fidélité : histoire des Suisses au service étranger* (Lausanne, Suisse, 1940), 651, pour le premier, et dans E. H. Bovay, *le Canada et les Suisses, 1604–1974* (Fribourg, Suisse, 1976), 25, pour le second.

La source la plus importante pour cet article est le journal tenu par Watteville lui-même de 1801 à 1826. L'original en 4 volumes se trouve dans les archives privées de la famille de Watteville, au château d'Au, dans le canton de Saint-Gall, en Suisse, mais la Bibliothèque militaire fédérale à Berne en possède une copie dactylographiée et les APC une copie sur microfilm. Le volume 3, qui couvre la période du 1er octobre 1810 au 30 septembre 1815, est le plus important. [R. C.]

APC, RG 8, I (C sér.), 229 : 138 ; 233 : 58, 77, 81 ; 680 : 326, 331 ; 681 : 100, 105, 130 ; 685 : 164, 267 ; 686 : 90, 93, 150, 168, 188, 200 ; 1170 : 362 ; 1171 : 117, 143, 291, 333 ; 1203½I : 46, 246 ; 1203½S : 86, 93 ; 1219 : 125, 290, 293 ; 1221 : 211. — Arch. de l'État (Berne), Reg. des sépultures, 16 juin 1836. — Arch. privées, DBC, dossier Louis de Watteville, lettre des Arch. cantonales vaudoises (Chavannes-près-Renens, Suisse). — *Annual reg.* (Londres), 1815 : 259–260. — *Dictionnaire historique et biographique de la Suisse* (6 vol. et 1 suppl., Neuchâtel, Suisse, 1921–1934), 4 : 236–237. — G.-B., WO, *Army list*, 1803 : 234 ; 1813 : 448 ; 1816 : 516. — *Officers of British forces in Canada* (Irving), 9, 11. — Ouellet, « Inv. de la saberdache », ANQ *Rapport*, 1955–1957 : 139. — « Papiers d'État – B.-C. », APC *Rapport*, 1896 : 36, 38, 43. — *The royal military calendar, or army service and commission book* [...], John Philippart, édit. (3e éd., 5 vol., Londres, 1820), 3 : 306–307. — F.-M.-L.-R. Grouvel, *les Corps de troupe de l'émigration française, 1789–1815* [...] (3 vol., Paris, 1957–1964), 1 : 329–334. — C. T. Atkinson, « Foreign regiments in the British army, 1793–1802 », Soc. for Army Hist. Research, *Journal* (Londres), 22 (1943–1944) : 13–14, 316–320. — F.-J. Audet, « Abraham-Louis-Charles de Watteville », *BRH*, 32 (1926) : 749–751. — Gérard Malchelosse, « Deux régiments suisses au Canada », *Cahiers des Dix*, 2 (1937) : 279–296.

WEDDERBURN, ALEXANDER, homme d'affaires, fonctionnaire et auteur, né vers 1796 à Aberdeen, Écosse ; le 15 janvier 1823 à Saint-Jean, Nouveau-Brunswick, il épousa Jane Heaviside, fille de Thomas Heaviside, marchand de bois, et sœur de Mary Heaviside*, et ils eurent un fils et trois filles ; décédé le 17 juin 1843 à Saint-Jean.

Selon une légende qui avait cours dans la famille, peu de temps après la bataille de Waterloo l'officier de marine Alexander Wedderburn vit une jeune fille s'embarquer sur un paquebot en partance pour l'Amérique. L'histoire veut que, la trouvant attirante,

il s'enquit de son nom et de sa destination, la rejoignit à Saint-Jean en 1815 et, par la suite, l'épousa. Wedderburn s'établit dans cette ville comme marchand de vins et spéculateur foncier ; il se porta acquéreur de plusieurs portions de terrain en copropriété avec des compatriotes, les marchands de bois William* et Thomas Black. En août 1829, probablement grâce à l'influence des Black, il fut nommé agent des douanes à St Andrews puis, en février 1831, il obtint un poste analogue à Saint-Jean. Durant les années 1820, il agit à titre de secrétaire de la Saint John Agricultural and Emigrant Society et aida effectivement les immigrants à s'établir. Il déclara avoir payé de fortes sommes de sa poche pour les aider et reçut une compensation de £100 de la chambre d'Assemblée en 1827 et 1828. L'année suivante, il demanda qu'on lui concède une terre de 12 000 à 14 000 acres à titre de compensation supplémentaire pour ses services. William Black, qui dirigeait le gouvernement en l'absence du lieutenant-gouverneur sir Howard Douglas*, appuya sa requête, et le ministère des Colonies consentit à une concession de 1 000 acres.

Comme le nombre d'immigrants augmentait au Nouveau-Brunswick après 1826, le ministère des Colonies décida d'ouvrir un poste d'agent d'immigration à Saint-Jean, le premier de la province, et en juillet 1831 William Black y nomma Wedderburn au salaire annuel de £300, ce qui représentait une très bonne rémunération pour un petit fonctionnaire. Pendant un certain nombre d'années, Wedderburn semble s'être acquitté consciencieusement de ses obligations. Cependant, le nombre d'immigrants diminua au début des années 1830, et Wedderburn passa de plus en plus de temps à s'occuper de ses propres affaires, ce qui ne manqua pas de lui attirer la défaveur du successeur de Douglas, sir Archibald CAMPBELL, qui réduisit son salaire à £100 en 1834.

Après la nomination de sir John Harvey* au poste de lieutenant-gouverneur, en 1837, Wedderburn fit appel à lui pour obtenir son salaire original. Il prétendit avoir été emprisonné pour les dettes qu'il avait contractées depuis 1831 au nom de certains immigrants, et qu'on ne l'avait pas dédommagé de ses frais. Harvey appuya sa demande et déclara qu'il serait préférable d'abolir le poste plutôt que de payer un salaire insuffisant pour les services d'un gentleman à temps plein. Le ministère des Colonies refusa toutefois d'intervenir. En 1839, le gouvernement britannique reprocha à Wedderburn d'envoyer ses rapports directement à Londres et l'informa qu'il devrait à l'avenir les soumettre au lieutenant-gouverneur. Wedderburn se mit également à dos le successeur de Harvey, sir William MacBean George Colebrooke*, et en 1842 il reçut l'ordre de se limiter à sa charge d'agent d'immigration et de ne plus s'occuper de « ce qui n'avait rien à voir avec la dite fonction ». D'autre part, certains indices permettent de croire que son penchant pour l'alcool nuisit à la bonne marche de son bureau. En 1843, il était si malade que, le 1er juin, on désigna Moses Henry Perley* pour le remplacer temporairement. Wedderburn mourut au cours du mois et Perley lui succéda.

En 1835, Alexander Wedderburn avait fait imprimer par Henry Chubb*, de Saint-Jean, *Statistical and practical observations relative to the province of New-Brunswick, published for the information of emigrants*. En annonçant la parution prochaine, un journal de St Andrews avait alors loué « le talent reconnu » de l'auteur et ses « efforts infatigables pour obtenir tous les renseignements officiels [jugés] nécessaires ».

WILLIAM A. SPRAY

APNB, RG 1, RS345, A2 : 85 ; RG 2, RS8, immigration, 1/1, Wedderburn à sir John Harvey, 24 janv. 1838 ; 1/4, undated information, collected 1841 for the commissioners of colonial lands and emigration ; 6/2 ; RG 3, RS13, A3, W. F. Odell à Wedderburn ; RS538, B5 : 36, 39 ; RG 10, RS108, Alexander Wedderburn, 1820, 1825, 1830, 1835, 1840. — Musée du N.-B., Day family, CB DOC, information on Alexander Wedderburn ; J. C. Webster papers, packet 1, Sir Howard Douglas, letter-book, Douglas à R. W. Hay, 18 sept. 1829 (copie dactylographiée). — PRO, CO 188/39 : 441–442 ; 188/41 : 198, 314–320 ; 188/50 : 90–92 ; 188/60 : 250–253 ; 188/62 : 457–458 ; 188/67 : 274. — N.-B., House of Assembly, *Journal*, 1827 : 104 ; 1828 : 120. — *Gleaner* (Miramichi, N.-B.), 25 août 1835 (qui cite le *Standard* de St Andrews). — *Royal Gazette* (Fredericton), 23 janv. 1823, 28 juin 1843.

WENTWORTH, THOMAS HANFORD, peintre, homme d'affaires et daguerréotypiste, né le 15 mars 1781 à Norwalk, Connecticut ; décédé le 18 décembre 1849 à Oswego, New York.

C'est un oncle qui éleva Thomas Hanford Wentworth, à Saint-Jean, au Nouveau-Brunswick, mais dès 1806 il était retourné aux États-Unis. Il est possible qu'il soit d'abord allé en Angleterre en 1805, avant d'élire domicile à Oswego. Cette hypothèse expliquerait le fait que, dans les années 1930, les historiens le croyaient anglais. À son arrivée à Oswego, il acheta tous les emplacements de la région susceptibles de fournir de l'énergie hydraulique ; il semble également s'être occupé de commerce transitaire et de transport. Ses affaires étaient manifestement prospères : pendant la guerre de 1812, des voleurs visitèrent sa résidence et s'y emparèrent de l'argenterie et de 20 canards rôtis qu'on avait préparés pour un dîner.

Selon le dictionnaire des artistes américains de Mantle Fielding, Wentworth fut un peintre de portraits à l'huile, un miniaturiste et un spécialiste du profil au crayon. En s'appuyant sur le fait qu'une série de 6 croquis au crayon qu'il fit de la famille Pease d'Auburn, dans l'état de New York, est numérotée de 3 225 à 3 230, on a estimé à plus de 3 000 les portraits qu'il a exécutés au crayon avant 1824. Comme ces portraits sont datés de 1824 à 1826 et que Wentworth fut actif au moins jusqu'en 1842, sa production totale dut être bien supérieure à 3 000. Si Wentworth fut très prolifique comme portraitiste, il doit surtout sa réputation, aux États-Unis, à une série de 15 vues des chutes du Niagara, dont il fit les dessins et prépara des lithographies et des gravures en taille douce. Il obtint d'ailleurs, le 4 juin 1821, des droits d'auteur sur un ensemble de trois gravures.

Wentworth revint en 1831 à Saint-Jean où il s'établit à titre de portraitiste. Le 12 décembre, il annonça que « sa façon de procéder sera[it] de faire un PROFIL puis un PORTRAIT, et ensuite une miniature sur papier ou sur ivoire ». Il offrit également au public des répliques de ses tableaux qui représentaient les chutes du Niagara et lança une souscription dans le but de graver une vue de Saint-Jean qu'il avait peinte. En 1837, à la suite d'un incendie majeur qui dévasta une partie de Saint-Jean, il réalisa l'estampe qui lui valut son plus grand succès. Comme son atelier donnait sur le secteur portuaire principal et sur la rue Prince William, il put représenter la scène dans les moindres détails, avec un spectaculaire arrière-plan de flammes et de fumée. À Saint-Jean, en plus d'exercer son art, Wentworth faisait aussi le commerce des cuisinières et l'on peut supposer, sans toutefois en avoir la preuve, que s'il revint dans cette ville, c'est dans une certaine mesure parce que son oncle y avait une entreprise.

Thomas Hanford Wentworth prospéra à Saint-Jean pendant plusieurs années. En 1842, il se présentait, dans sa publicité, comme portraitiste et, manifestant encore une fois son esprit d'entreprise, comme daguerréotypiste. Ce sont des daguerréotypistes américains de la firme Hodgkinson and Butters qui lui avaient enseigné cette technique de photographie à l'occasion de leur passage à Saint-Jean, à l'été de 1842. On ignore à quel moment Wentworth retourna à Oswego, mais l'on sait qu'il y mourut, paralysé, en 1849. Marié, il avait eu au moins deux fils, dont William Henry, qui fut également portraitiste.

STUART SMITH

New-Brunswick Courier, 24 déc. 1831, 14 juin 1832, 29 mars 1834, 28 sept. 1842, 19 juin 1847, 19 janv. 1850. — Mantle Fielding, *Dictionary of American painters, sculptors, and engravers ; with an addendum containing additional material on the original entries*, J. F. Carr, compil. (New York, 1965). — Harper, *Early painters and engravers* ; *Painting in Canada* (1966). — *Antiques* (New York), 31 (janv.–juin 1937) : 10, 291 ; 32 (juill.–déc. 1937) : 7–8 ; 33 (janv.–juin 1938) : 311. — G. [B.] MacBeath, « Artists in New Brunswick's past », *Arts in New Brunswick*, R. A. Tweedie *et al.*, édit. (Fredericton, 1967), 121–148.

West

WEST, JOHN, missionnaire de l'Église d'Angleterre, éducateur et auteur, né en novembre 1778 à Farnham, Surrey, Angleterre, et baptisé le 18 décembre, fils de George West et d'Ann Knowles ; le 2 octobre 1807, il épousa à Wethersfield, Angleterre, Harriet Atkinson, et ils eurent 12 enfants ; décédé le 21 décembre 1845 à Chettle, Angleterre.

Comme John West était le fils d'un pasteur anglican, l'habitude de la vie presbytérale et la nécessité de s'assurer un état digne d'un gentleman influèrent probablement sur le choix de sa carrière et sur son éducation. West marcha sur les traces de son frère aîné : diacre le 13 décembre 1804, ordonné ministre le 21 septembre 1806, il obtint le 8 juin 1809 une maîtrise ès arts du St Edmund Hall, à Oxford. Après son ordination, il remplit des fonctions vicariales dans des paroisses du comté d'Essex, où il se lia d'amitié avec le *rector* évangélique Henry Budd. On ne lui confia un bénéfice permanent qu'au début de 1820, quand on le nomma *rector* de Chettle, dans le Dorset. À cette époque cependant, il semble que West avait adopté la manière de penser du mouvement évangélique, et il avait déjà offert de servir la Church Missionary Society en pays de mission.

Apparemment, c'est Benjamin Harrison, administrateur de la Hudson's Bay Company et membre fondateur de la Church Missionary Society, qui procura à West un emploi d'aumônier au sein de la Hudson's Bay Company en 1819. Comme le comité londonien de cette compagnie prévoyait que la guerre commerciale qu'elle livrait à la North West Company se terminerait par la fusion des deux entreprises (elle allait se réaliser en 1821), il voulait permettre aux employés excédentaires ou retraités des deux compagnies, ainsi qu'aux jeunes orphelins sang-mêlé et à toute personne de la communauté protestante de l'Ouest, de satisfaire leurs besoins spirituels dans la colonie de la Rivière-Rouge (Manitoba). Un aumônier engagé par la Hudson's Bay Company y établirait des écoles, dispenserait l'enseignement religieux et assumerait les responsabilités de pasteur. L'affectation de West à la Rivière-Rouge témoigne aussi de la volonté d'Andrew Colvile et de John Halkett*, exécuteurs testamentaires de lord Selkirk [Douglas*] et membres du comité de Londres, d'assurer le progrès de cette colonie. De plus, le comité pensait pouvoir obtenir l'appui financier de l'une des sociétés missionnaires si l'évangélisation s'étendait aussi aux enfants indiens de la région de la Rivière-Rouge.

Premier missionnaire protestant à visiter Rupert's Land, West s'embarqua pour cet endroit le 27 mai 1820 avec l'instituteur George Harbidge ; il laissait derrière lui son épouse et des enfants en bas âge, mais avait, semble-t-il, l'intention de retourner les chercher une fois sa mission bien assise. West s'attarda sur les objectifs des évangéliques dans les missions créées en faveur des autochtones non chrétiens plutôt que sur ses fonctions d'aumônier de la Hudson's Bay Company ; il écrivit d'ailleurs dans son journal que la compagnie lui avait donné l'ordre « de [s']établir dans la colonie de la Rivière-Rouge et, avec l'appui de la Church Missionary Society, [...] de tenter d'instruire les autochtones et d'améliorer leur condition ». Dès son arrivée à York Factory (Manitoba) en août, il visita les Indiens et constata que le nombre d'enfants orphelins, sang-mêlé et autochtones, était très élevé. Il s'empressa alors d'établir un plan dont le but était de venir en aide aux enfants indigents et d'assurer leur instruction par le moyen d'écoles qu'on créerait dans la colonie de la Rivière-Rouge. Il remit ce plan à William WILLIAMS, gouverneur résidant de la Hudson's Bay Company, pour qu'il le soumette au comité de Londres, mais on n'y donna pas suite. Comme West était convaincu que la meilleure façon de christianiser la région était de convertir les enfants autochtones, il finit par obtenir qu'on lui confie un jeune Indien d'York Factory qui l'aiderait à l'école qu'il se proposait de mettre sur pied à la Rivière-Rouge. À Norway House, il prit sous sa responsabilité un autre jeune orphelin, un Cri des Marécages, plus tard baptisé sous le nom de Henry Budd*. Pendant tout son séjour à Rupert's Land, West recueillit ainsi des garçons [V. Thomas HASSALL ; Charles Pratt*] ; même si leur nombre ne fut pas élevé, il déclara avoir été l'initiateur de la pratique selon laquelle les « Indiens nord-américains de ces régions se sépar[aient] de leurs enfants pour qu'ils puissent être élevés dans la foi et le savoir des Blancs ».

West arriva à la Rivière-Rouge en octobre 1820 et, dès le mois suivant, ouvrit une école à Kildonan (Winnipeg), dans une cabane en rondins, pour pouvoir évangéliser les Indiens de la région. Les habitants de la colonie voisine de la Rivière-Rouge se mirent à y envoyer leurs enfants, ce qui amena une certaine réorientation de l'école afin de répondre aux besoins de la communauté permanente de la colonie. À ses élèves, West parlait longuement de « civilisation » et de christianisme. Il commença aussi à élaborer un plan d'études religieuses et pratiques qui prévoyait l'enseignement des arts ménagers aux filles et de l'horticulture et de l'agriculture aux garçons. West voulut donner la même formation aux enfants sang-mêlé de langue crie, mais il ne réussit pas à obtenir l'appui financier suffisant.

West avait commencé à exercer son ministère à la Rivière-Rouge à une époque cruciale. La haine et la méfiance nées de la violence qui avait cours depuis une décennie dans la traite des fourrures ne s'étaient pas estompées entièrement et avaient créé un malaise dans la colonie hétérogène. Les frustrations qu'engendraient des récoltes incertaines, la peur d'une attaque des Sioux ou la crainte de voir ces derniers faire obstacle à la chasse aux bisons, aliment de base des

Indiens et des colons, de même que la difficulté d'adapter les valeurs sociales d'un groupe fondé sur la traite des fourrures à une communauté de colons, se traduisirent par un conflit entre ceux-ci et la Hudson's Bay Company au sujet de ses tentatives pour lutter contre la traite illégale. Dans ce conflit, West adopta avant tout une attitude de neutralité, mais sa situation exigeait de l'ingéniosité et du tact, et il ne fut pas assez souple pour modifier les pratiques de l'Église d'Angleterre de façon qu'elles conviennent à ses ouailles. Les fidèles assistaient régulièrement aux offices et les élèves fréquentaient l'école de jour et une école du dimanche créée à Upper Fort Garry (Winnipeg) à l'intention des épouses indiennes et des enfants indiens plus âgés, mais les rapports entre le missionnaire et sa congrégation composite devinrent tendus à cause de la nature de ses sermons et de ses principes très stricts quand il s'agissait d'admettre quelqu'un à la communion. Nicholas Garry*, l'un des administrateurs de la Hudson's Bay Company, écrivit plus tard que « West n'[était] pas un bon prédicateur ; malheureusement, il essa[yait] d'improviser ses sermons à partir de notes – un art qu'il ne poss[édait] pas –, [et] ses discours [étaient] décousus et mal faits. De plus, il se tromp[ait] lorsqu'il pens[ait] susciter le repentir chez ses fidèles en leur reprochant leurs fautes sur un ton sévère et plein de sous-entendus. » Même si les évangéliques comme West ne croyaient pas possible de libérer une société de pécheurs de tous ses maux temporels, ils maintenaient qu'aucun compromis n'était possible dans le cas de fautes intentionnelles qui contrevenaient d'une façon claire à la loi divine. Il condamna par exemple le mariage à la façon du pays, car il le considérait comme une institution immorale qui minait la société. Pour se soustraire à de nouveaux blâmes, bon nombre de fonctionnaires des postes de la Hudson's Bay Company et beaucoup de colons, parmi les plus importants de la Rivière-Rouge, officialisèrent leur union, parfois à contrecœur.

Dans la colonie, certains groupes avaient particulièrement de la difficulté à suivre West. Les presbytériens d'origine écossaise, à qui lord Selkirk avait promis leur propre ministre, étaient mécontents de voir West se montrer inflexible dans sa façon d'utiliser la liturgie anglicane. Il est d'ailleurs manifeste que West n'était pas reçu aussi chaleureusement que le serait son successeur, David Thomas JONES, qui sut faire des visites pastorales profitables et tenir compte des désirs des presbytériens. Avec les colons d'origine suisse et ceux qui venaient du régiment de De Meuron, West ne connut pas plus de succès. Ainsi il offensa tout le monde en refusant, un jour, de baptiser un enfant illégitime. À l'exception de plusieurs visites agréables qu'il aurait faites au chef Peguis*, le pasteur négligea les Sauteux du ruisseau Netley. Il commença cependant à apprendre une langue indienne (on ignore

laquelle) pendant son séjour dans la colonie. West ne s'immisça pas dans les affaires des missionnaires catholiques Sévère Dumoulin* et Thomas-Ferruce Picard* Destroismaisons, qui signalaient ses déplacements à leurs supérieurs, Joseph-Norbert Provencher* et Joseph-Octave Plessis*. Le fait qu'il distribua des bibles françaises et la nouvelle de son intention d'apprendre le français avec Destroismaisons firent craindre qu'il puisse vouloir dépasser les frontières religieuses qu'il avait été convenu de tracer à la Rivière-Rouge, mais il ne résulta rien d'autre de ses efforts.

West connut donc plus ou moins de succès à la Rivière-Rouge parce qu'il concentrait tous ses efforts sur les Indiens et voulait que son action porte sur tout Rupert's Land, et non pas seulement sur la colonie. Pour étendre le territoire où il exerçait son ministère, West se rendit en carriole à Brandon House et au fort Qu'Appelle (Fort Qu'Appelle, Saskatchewan) au début de 1821 ; ses déplacements les plus importants furent toutefois ses visites à York Factory durant les mois d'été de 1821, 1822 et 1823. Avec la collaboration de Nicholas Garry, West y fonda en 1821 une succursale de la Bible Society, grâce à une aide pécuniaire substantielle des fonctionnaires de la Hudson's Bay Company, réunis à cette occasion. L'année suivante, West exulta quand il apprit que pour seconder ses efforts la Church Missionary Society verserait de l'argent et enverrait Elizabeth Bowden, institutrice compétente et fiancée de George Harbidge, enseigner aux jeunes Indiennes de la Rivière-Rouge et se charger de leur surveillance. Quand John Halkett, l'un des membres du conseil d'administration de la Hudson's Bay Company, vint à la Rivière-Rouge pour convaincre les colons, au bord de la mutinerie, de ne pas quitter la colonie, West l'accompagna à Pembina (Dakota du Nord), puis à York Factory ; devant cet interlocuteur bien disposé à l'écouter, il insista sur les intérêts de sa vaste mission. Pendant son séjour à York Factory en 1822, West rencontra les membres de l'expédition nordique du capitaine John FRANKLIN ; ce dernier, qui explorait l'Arctique depuis 1819, l'encouragea à aller exercer son action missionnaire plus loin au nord, chez les Inuit du fort Churchill (Churchill). L'été suivant, West fit à pied un aller et retour d'York Factory au fort Churchill.

Dès 1822, les membres du conseil du département du Nord de la Hudson's Bay Company commencèrent à craindre que la traite des fourrures ne souffre des efforts que déployait West afin que l'on appuie son projet d'établir des écoles pour les Indiens depuis la Rivière-Rouge jusqu'au Pacifique et pour attirer les autochtones dans la colonie de la Rivière-Rouge. Le gouverneur George Simpson* se fit leur porte-parole en s'objectant, pour des raisons d'ordre pratique, au ravitaillement de missions permanentes. West ne voulut cependant pas accepter de compromis ni reconnaître qu'il avait besoin du soutien du conseil aussi bien que de celui du comité de Londres. Il continua donc d'insister pour que l'on observe rigoureusement le dimanche et de lutter contre l'ivrognerie. Il aurait même menacé Simpson pour qu'il use de son influence auprès du comité de Londres afin que l'on interdise la consommation d'alcool, ce qui amena le gouverneur à lui reprocher d'être « porté à se mêler trop librement de politique ». Dans le contexte de la traite des fourrures, où l'alcool jouait un rôle commercial, cérémoniel et thérapeutique important, on ne pouvait écarter à la légère les menaces de West. La nomination prévue du pasteur au Conseil d'Assiniboia ne fut pas confirmée avant la fin de son séjour dans la colonie.

En juin 1823, West s'embarqua pour l'Angleterre ; son absence devait être temporaire, mais le comité de Londres mit fin à son engagement au début de l'année suivante. Si sa situation à Rupert's Land s'était détériorée à ce point, c'est autant à cause de son tempérament de militant et de son incapacité à faire des concessions que des circonstances moins que favorables auxquelles il dut faire face dans la colonie et de la politique encore indéterminée de la Hudson's Bay Company en ce qui concernait les missions. Le fait que ses fonctions d'aumônier et de missionnaire de la Church Missionary Society étaient mal définies ajouta aussi à ses difficultés. Néanmoins, en mettant l'accent sur le travail missionnaire auprès des Indiens et sur tout le territoire de Rupert's Land, West fut l'initiateur de cette coutume de former des garçons autochtones pour qu'ils propagent la foi chrétienne et il laissa à ses successeurs, entre autres Jones, John MACALLUM et William Cockran*, une mission anglicane qui avait déjà pris forme.

En 1824, West fit paraître son *Journal*, dans lequel il faisait connaître au public son expérience missionnaire. Réimprimé en 1827, l'ouvrage comprenait cette fois le compte rendu d'un voyage qu'il fit en 1825–1826 dans le cadre d'une enquête pour la British and Foreign Bible Society et la New England Company [V. Oliver Arnold* ; Molly Ann Gell*]. Son itinéraire comprenait des visites à New York, à Boston et dans la mission de la New England Company à la rivière Kennebecasis, au Nouveau-Brunswick ; il fit aussi un bref séjour à Fredericton et à Annapolis Royal, en Nouvelle-Écosse. C'est en partie son rapport, dans lequel il critique la conduite peu édifiante et l'avidité des Blancs responsables des activités de la New England Company au Nouveau-Brunswick et où il apparaît découragé par la foi inébranlable des Indiens convertis au catholicisme, qui poussa la compagnie à mettre fin à son action dans cette région en 1826. En voyageant à l'intérieur des terres depuis Albany, dans l'état de New York, West put observer les activités missionnaires des méthodis-

tes et de la Society for the Propagation of the Gospel in Foreign Parts, et il recommanda à la New England Company d'envoyer un missionnaire anglican se fixer parmi les Agniers de la rivière Grand [V. Robert LUGGER].

En Angleterre, John West reprit sa fonction de *rector* à Chettle et, en 1834, il eut en plus la charge de la paroisse de Farnham, dans le Dorset. Il continua de s'intéresser vivement aux missions de l'Amérique du Nord britannique et revint au Canada en 1828 pour aider à raviver l'intérêt pour les sections canadiennes de la British and Foreign Bible Society. West s'occupa aussi des travailleurs agricoles qui immigraient en Nouvelle-Galles du Sud (Australie) et joua un rôle important dans la création d'une National School en Angleterre. En 1834, il devint l'aumônier personnel du baron Duncannon, l'un des auteurs du *Reform Bill* de 1831. Pendant les dernières années de sa vie, il fit partie d'un groupe de ministres et de gentlemen aux idées réformistes qui fondèrent une école près de Chettle pour instruire les bohémiens et leur apprendre un métier. West, qui mourut en décembre 1845, laissait quatre fils et deux filles.

RICHARD A. WILLIE

L'auteur désire remercier M. Jack Bridcut, de Farnham, Surrey, Angl., et M. Ian H. S. Stratton, de Salisbury, Angl., pour l'aide qu'ils lui ont apportée. [R. A. W.]

John West est l'auteur de : *The substance of a journal during a residence at the Red River colony, British North America ; and frequent excursions among the north-west American Indians, in the years 1820, 1821, 1822, 1823* (Londres, 1824) ; la seconde édition, publiée à Londres en 1827, contient *A journal of a mission to the Indians of the British provinces, of New Brunswick, and Nova Scotia, and the Mohawks, on the Ouse, or Grand River, Upper Canada* ; ce journal parut séparément la même année. Ses autres ouvrages sont : *A brief memoir of William B — — — [...] with some remarks on the nature of true religion* (2e éd., Blandford, Angl., 1839) ; *Memoir of Mrs. John West, who died at Chettle, Dorset, March 23, 1839* (2e éd., Londres, 1842), dont une quatrième édition fut publiée à Londres, en 1866, accompagnée de *A brief biographical notice of the author*.

GRO (London), Death certificate, John West, 21 déc. 1845. — PAM, HBCA, A.1/52 : fos 39–39d ; A.5/6 : 194 ; A.5/7 : fos 128, 131d ; p. 236 ; A.10/2 : fos 398–399, 404–405 ; B.235/a/5, 13 mars 1823 ; D.4/3 : fos 74–74d, 76d–77 ; D.4/8 : fo 15d ; P337, files 4–8 ; P2543, particulièrement E. J. Lawson, « The unfulfilled : a study of John West, his family, friends and times, 1778–1845 » (copie dactylographiée). — Surrey Record Office (Guildford, Angl.), Reg. of baptisms for the parish of Farnham, 18 déc. 1778. — Univ. of Birmingham Library, Special Coll. (Birmingham, Angl.), Church Missionary Soc. Arch., C, C.1/L.1, 1821–1824 ; C.1/M.1, nos 3–5, 10–11, 13 ; C.1/O, corr. and journal of John West, 1822–1823 (mfm aux APC). — *Canadian north-west* (Oliver), 1 : 225, 638. — Church Missionary Soc., *Proc. for Africa and the East* (Londres), 1819–1824.

— *Documents relating to northwest missions, 1815–1827,* G. L. Nute, édit. (St Paul, Minn., 1942). — Nicholas Garry, « Diary of Nicholas Garry, deputy-governor of the Hudson's Bay Company from 1822–1835 : a detailed narrative of his travels in the northwest territories of British North America in 1821 [...] », F. N. A. Garry, édit., SRC *Mémoires,* 2ᵉ sér., 6 (1900), sect.ɪɪ : 139–140, 157. — *Gentleman's Magazine,* janv.–juin 1839 : 554 ; janv.–juin 1846 : 213–214. — *HBRS,* 3 (Fleming). — George Simpson, *Fur trade and empire : George Simpson's journal* [...] *1824–1825,* introd. de Frederick Merk, édit. (Cambridge, Mass., 1931). — Sarah Tucker, *The rainbow in the north : a short account of the first establishment of Christianity in Rupert's Land by the Church Missionary Society* (Londres, 1851).

Boon, *Anglican Church.* — V. K. Fast, « The Protestant missionary and fur trade society : initial contact in the Hudson's Bay territory, 1820–1850 » (thèse de ᴘʜ.ᴅ., Univ. of Man., Winnipeg, 1984). — J. E. Foster, « The Anglican clergy in the Red River settlement, 1820–1826 » (thèse de ᴍ.ᴀ., Univ. of Alta, Edmonton, 1966). — W. B. Heeney, *John West and his Red River mission* (Toronto, 1920). — I. H. S. Stratton, « The work and ideas of John West, 1778–1845 » (thèse de ᴍ.ᴀ., Univ. of Durham, Durham, Angl., 1977). — A. N. Thompson, « The expansion of the Church of England in Rupert's Land from 1820 to 1839 under the Hudson's Bay Company and the Church Missionary Society » (thèse de ᴘʜ.ᴅ., Univ. of Cambridge, Cambridge, Angl., 1962). — J. H. Archer, « The Anglican Church and the Indian in the northwest », Canadian Church Hist. Soc., *Journal* (Toronto), 28 (1986) : 19–30. — V. [K.] Fast, « A research note on the journals of John West », Canadian Church Hist. Soc., *Journal* (Sudbury, Ontario), 21 (1979) : 30–38. — Judith Fingard, « Grapes in the wilderness » : the Bible Society in British North America in the early nineteenth century », *SH,* 5 (1972) : 26–28 ; « The New England Company and the New Brunswick Indians, 1786–1826 : a comment on the colonial perversion of British benevolence », *Acadiensis* (Fredericton), 1 (1971–1972), nᵒ 2 : 37–39. — J. E. Foster, « Program for the Red River mission : the Anglican clergy, 1820–1826 », *SH,* nᵒ 4 (nov. 1969) : 49–75. — C. J. Jaenen, « Foundations of dual education at Red River, 1811–1834 », Man., Hist. and Scientific Soc., *Trans.* (Winnipeg), 3ᵉ sér., 21 (1965) : 35–68. — J. J. Talman, « John West's visit to Ontario », *Canadian Churchman* (Toronto), 8 août 1940 : 452. — A. N. Thompson, « John West : a study of the conflict between civilization and the fur trade », Canadian Church Hist. Soc., *Journal* (Sudbury), 12 (1970) : 44–57.

WHITE, JOHN HENRY, imprimeur, journaliste et homme d'affaires, né vers 1797 près de Birmingham, Angleterre ; décédé le 28 juillet 1843 à Goose River, lot 42, Île-du-Prince-Édouard.

On trouve peu de renseignements sur les premières années de White. Il apprit le métier de relieur à Warwick, en Angleterre ; en 1825, à Boston, on le désignait comme imprimeur et relieur, et peut-être élut-il domicile à Halifax dès l'année suivante. Il est impossible de vérifier l'assertion selon laquelle il aurait également vécu à Saint-Jean, au Nouveau-Brunswick. Son départ pour Charlottetown, en août 1829, fut peut-être déterminé par une annonce parue un an plus tôt dans des journaux de la Nouvelle-Écosse. L'avis faisait savoir qu'un comité de Charlottetown, qui comprenait James Bardin Palmer*, un homme aux grandes ambitions politiques, désirait fonder un journal qui serait « loyal, libéral et impartial » ; en pratique, ce journal servirait à exprimer les opinions qui ne trouvaient pas de place dans le *Prince Edward Island Register* de James Douglas Haszard*.

Peu importe ce qui incita White à déménager, il reste qu'une fois dans l'île, c'est Palmer qui lui confia l'un de ses premiers contrats d'impression, une affiche électorale datée du 7 septembre 1830. D'autres travaux d'impression suivirent. Vers juin 1832, il commença à imprimer un journal religieux, le *Christian Visitor,* pour un éditeur anglican non identifié. Le 6 août, après avoir patiemment recruté des abonnés, il lança son propre journal, le *British American.* En 1833, sa soumission pour une impression révisée des lois de l'île l'emporta sur celle de Haszard et, au cours des années suivantes (1834, 1837, 1839), il imprima le *Journal* de la chambre d'Assemblée de même que diverses brochures éducatives et religieuses, dont une édition de poche des psaumes de David.

Parmi tous les ouvrages qu'il publia, le plus remarquable est son édition par stéréotypie de la Bible de 1611. Il en avait commencé l'impression à Halifax et l'acheva une fois installé à Charlottetown. À l'aide de plaques vraisemblablement obtenues à Boston, il réalisa l'ouvrage en format in-quarto, qu'il disait « incontestablement le meilleur pour l'usage familial ». La Bible de White était agrémentée d'illustrations lithographiées ainsi que d'une section destinée au registre familial, et se vendait en deux volumes reliés en cuir. White la décrivait comme « le seul ouvrage d'envergure imprimé dans la colonie et dans toutes les possessions de sa Majesté britannique en Amérique du Nord » ; effectivement, elle semble avoir le mérite d'être la première Bible de 1611 éditée dans le territoire qui forme aujourd'hui le Canada. Outre les risques financiers habituels, il pesait sur l'entreprise de White une menace supplémentaire du fait que la couronne britannique s'était réservé le droit exclusif de publier cette version de la Bible. Toutefois, rien ne démontre que son initiative ait attiré à White des ennuis, ni même qu'on ait remarqué la transgression commise. Il évita donc le sort du ministre presbytérien américain d'York (Toronto) qui, malgré l'interdit, avait tenté en 1827 d'importer des exemplaires d'une édition américaine de cette même version de la Bible, et qui avait été dénoncé le même été par William Lyon Mackenzie* dans une feuille imprimée et dans son journal, le *Colonial Advocate.*

Whitworth-Aylmer

Si White échappa à la controverse quand il édita la Bible, il s'y heurta à presque tous les autres tournants de sa carrière d'imprimeur. Les opinions conservatrices exprimées dans le *Christian Visitor* soulevaient de vives réactions aussi bien dans la *Royal Gazette* de l'Île-du-Prince-Édouard que dans le *Colonial Patriot* de Pictou, en Nouvelle-Écosse. Ce dernier, tout en convenant que White ne faisait qu'imprimer le journal, le mit en garde contre le danger de se laisser entortiller par les dirigeants de celui-ci. White utilisait son propre journal, le *British American,* pour favoriser les ambitions politiques de ses commanditaires, le groupe de Palmer, en critiquant fréquemment la faction au pouvoir. Son parti pris lui valut de nombreux ennemis. Ainsi les commissaires chargés de superviser l'impression révisée des lois refusèrent son ouvrage, lorsqu'il en présenta une partie pour approbation au début de 1834 ; ils confièrent la tâche à Haszard et, par la suite, poursuivirent White pour rupture de contrat. White engagea alors William Young*, un avocat de Halifax, pour le défendre. Au cours du procès, tenu en juillet 1835 devant le juge en chef Edward James Jarvis*, Young fit valoir, entre autres, que les inimitiés soulevées par le *British American* étaient en grande partie responsables de cette poursuite. Le jury se prononça en faveur de White et, en 1839, un comité de la chambre d'Assemblée décida que ses frais judiciaires devaient lui être remboursés.

Les difficultés dues à ses liens avec le *British American,* dont le dernier numéro conservé date du 29 juin 1833, limitèrent le nombre de contrats que White put obtenir du gouvernement et l'obligèrent à se tourner vers d'autres occupations. En août 1835, il lança un sloop qu'il baptisa *Triumph* en souvenir de sa victoire du mois précédent. Incapable de le vendre avec le profit qu'il avait escompté, il en fit lui-même l'exploitation. Le 25 juillet 1843, après avoir déchargé une cargaison à Goose River, le *Triumph* fut jeté à la côte. Trois jours plus tard, pendant que White essayait de sauver le gréement du bateau, le mât se brisa et, en tombant sur lui, le tua.

La carrière de John Henry White démontre bien que, dans une petite colonie, la vie était loin d'être assurée pour un imprimeur qui obtenait peu de contrats du gouvernement. Malgré les réalisations qui émaillèrent ses 14 années à l'Île-du-Prince-Édouard, White y éprouva des difficultés que seule sa mort prématurée put lever. Il ne laissa aucun parent dans l'île.

MARIANNE G. MORROW ET NICOLAS DE JONG

On trouve le livre de John Henry White, *The Holy Bible, containing the Old and New testaments : translated out of the original tongues* [...] (3 vol. en 2), dans cinq dépôts : American Bible Soc. Library (New York) ; Dalhousie Univ. Library, Special Coll. (Halifax) ; Newberry Library (Chicago) ; PAPEI ; et Acadia Univ. Library, Rare Book Coll.

(Wolfville, N.-É.). Tous les volumes furent édités à Halifax, sauf deux des trois exemplaires de l'Acadia Univ. qui furent imprimés à Charlottetown. Aucun volume ne porte de date de publication. La presse typographique et les bibles de White, de même que quelques planches, comptaient parmi les nombreux articles vendus à l'encan peu après son décès ; on ignore ce qui est advenu des planches. Aucun numéro du *Christian Visitor* (Charlottetown) n'a été conservé et son rédacteur en chef n'a jamais été identifié. La seule série connue du *British American* (Charlottetown), 6 août 1832–29 juin 1833, se trouve aux PAPEI.

APC, RG 42, E1, 1349. — PAPEI, Acc. 2702/859 ; RG 3, petitions, 1836. — St Paul's Anglican Church (Charlottetown), Reg. of burials, 30 juill. 1843 (mfm aux PAPEI). — Î.-P.-É., House of Assembly, *Journal,* 1836 : 54. — *Report of the trial held at Charlotte-town, Prince Edward Island, July 8th, 1835* [...] (s.l.n.d. ; copie aux PANS). — *Colonial Herald, and Prince Edward Island Advertiser* (Charlottetown), 29 juill. 1843. — *Colonial Patriot,* 18 avril 1828, 1er, 15 sept., 6 oct. 1832. — *Islander,* 4 août, 1er sept. 1843. — *Phenix* (Charlottetown), 21 avril 1828. — *Royal Gazette* (Charlottetown), 17–24 juill. 1832, 1er août 1843. — *The Boston directory,* 1825, 1826. — *The English Bible in America ; a bibliography of editions of the Bible & the New Testament published in America, 1777–1957,* M. T. Hills, édit. (New York, 1961 ; réimpr., 1962), xviii–xix, 86. — M. G. Morrow, « John Henry White, the unknown printer », *Island Magazine* (Charlottetown), no 22 (automne-hiver 1987) : 29-30.

WHITWORTH-AYLMER, MATTHEW, 5e baron AYLMER, officier et administrateur colonial, né le 24 mai 1775, aîné des cinq enfants de Henry Aylmer, 4e baron Aylmer, et de Catherine Whitworth ; le 28 juillet ou le 4 août 1801, il épousa Louisa Anne Call, fille de sir John Call, et ils n'eurent pas d'enfants ; décédé le 23 février 1850 à Londres.

Matthew Aylmer n'avait que 10 ans lorsqu'il succéda à son père à la vieille baronnie irlandaise d'Aylmer et 12 ans lorsqu'il entra au 49th Foot à titre d'enseigne. Il devint lieutenant en 1791 et capitaine en 1794. Quatre ans plus tard, il participa à un malheureux raid britannique sur Ostende (Belgique), où on le captura ; il passa six mois dans une prison française. Son commandant, le lieutenant-colonel Isaac Brock*, le couvrit d'éloges pour son rôle à la bataille d'Egmont-op-Zee (plus correctement Egmond aan Zee, Pays-Bas) en 1799. Deux ans plus tard, Aylmer accéda au grade de major du 85th Foot, puis en 1802 à celui de lieutenant-colonel. Cependant, on le mit à la demi-solde jusqu'à son entrée dans les Coldstream Foot Guards en juin 1803. Le 25 juillet 1810, il devint colonel et aide de camp du roi ; le 4 juin 1813, major général. Sous-adjudant général puis, à compter de janvier 1812, adjudant général adjoint de l'armée de lord Wellington, il commanda une brigade au cours de plusieurs des grandes batailles de la guerre d'Espagne, durant laquelle il obtint la croix militaire avec agrafe. On lui décerna le titre de chevalier commandeur de l'ordre du Bain le 2 janvier 1815 et celui de chevalier le 6 juin. Nommé adjudant général des troupes britanniques d'Irlande en 1814, il demeura dans ce pays jusqu'en 1823. Sans emploi de 1823 à 1830, il passa une bonne partie de son temps à parcourir la Suisse et l'Italie. Le 27 mai 1825, on le promut lieutenant général, et cette année-là, à la mort de son oncle, le comte de Whitworth, il changea son nom de famille pour celui de Whitworth-Aylmer. Colonel du 56th Foot en 1827, il fut muté au 18th Foot cinq ans plus tard.

L'inactivité forcée d'Aylmer prit fin quand sir James Kempt* démissionna de son poste d'administrateur du Bas-Canada. En juin 1830, le secrétaire d'État aux Colonies, sir George MURRAY, qui avait aussi servi sous Wellington pendant la guerre d'Espagne, lui offrit la succession. On le nomma commandant des troupes britanniques en Amérique du Nord le 11 août, et il prit la tête du gouvernement le 20 octobre, en débarquant à Québec. Son mandat de gouverneur en chef était daté du 24 novembre 1830 mais ne fut enregistré officiellement à Québec que le 12 février 1831. Aylmer était peu qualifié pour ce poste : sans aucune expérience politique, il n'avait jamais été administrateur civil et, de son propre aveu, « tout ce qui touch[ait] » le Bas-Canada lui était « parfaitement étranger ». Pourtant, Murray ne l'avait pas choisi que par amitié. Aylmer était l'un des officiers de son grade les plus distingués et les plus compétents, il était francophile et, comme le notait Louis-Joseph Papineau*, parlait français « avec la plus grande facilité et élégance ». Bien qu'en politique britannique il ait penché du côté des conservateurs, ce n'était pas un homme de parti, et les réformistes du Bas et du Haut-Canada, rassurés par leurs alliés en Grande-Bretagne, l'accueillirent comme « un homme intelligent et capable, d'un naturel conciliant, libéral dans ses principes et sincèrement disposé à bien agir ».

Aylmer admettait ses lacunes mais prédisait que bientôt il ne ferait « plus partie des *bleus* ». Il entreprit une série de tournées qui le menèrent finalement dans toutes les régions du Bas-Canada et se déclara enchanté par « le pays, la population et le climat ». Lady Aylmer et lui prenaient au sérieux leurs responsabilités vice-royales. Divers organismes, dont une fondation d'aide aux immigrants, le Female Orphan Asylum et le Quebec Driving Club (l'une des nombreuses sociétés que lady Aylmer prit sous son aile), bénéficièrent de leur générosité. Ils veillaient à promouvoir les arts et la culture et assistaient à de nombreuses activités communautaires : concours de labour ou courses annuelles à Trois-Rivières, où Aylmer offrit une coupe d'argent pour un cheval élevé dans la province. Riche, il donnait souvent de somptueuses réceptions au château Saint-Louis, résidence du gouverneur. Cependant, notait le *Vindicator*

and Canadian Advertiser, journal réformiste montréalais, il évitait l'erreur « dans laquelle la plupart [des] gouverneurs [de la province étaient] tombés », c'est-à-dire de « tenter de faire croire aux « autochtones » que venir d'outre-Atlantique conf[érait] quelque supériorité ». À l'occasion d'une visite à la réserve indienne du lac des Deux Montagnes, il se laissa convaincre de se joindre à la danse.

Aylmer souhaitait particulièrement persuader les Canadiens français de ses bonnes intentions. Peu après son arrivée, il donna de l'argent pour marquer d'une plaque l'endroit « où repos[aient] les restes du brave Montcalm [Louis-Joseph de Montcalm*] ». Les partisans de l'assimilation le hérissaient. Selon lui, il n'y avait pas de sujets britanniques « plus loyaux et fidèles que les habitants du Bas-Canada » ; les assimiler affaiblirait leur loyauté et les jetterait dans les bras des États-Unis. Il défendait le régime seigneurial et demandait l'autorisation de concéder, à des Canadiens français qui n'avaient pas les moyens d'acheter des terres en franche-tenure, des parties de seigneuries que gérait la couronne. Son désir de répartir avec la plus grande impartialité les postes gouvernementaux était sincère : il réintégra des officiers de milice qu'un de ses prédécesseurs, lord Dalhousie [RAMSAY], avait démis pour opposition à l'administration, augmenta le nombre de juges canadiens, distribua équitablement entre francophones et anglophones les commissions de juge de paix, et 8 des 14 premiers conseillers législatifs qu'il nomma étaient des Canadiens français. En 1831, pour démontrer qu'il était « libre de toute attache partisane », il offrit aux chefs du parti patriote, Papineau et John NEILSON, d'entrer au Conseil exécutif. Tous deux refusèrent, mais les députés réformistes francophones Philippe Panet*, Dominique Mondelet* et Hugues HENEY acceptèrent l'un après l'autre une offre identique. De toute évidence, il fut trop timide : les Conseils législatif et exécutif, comme les échelons supérieurs de la fonction publique, étaient toujours dominés par des anglophones réfractaires aux exigences de l'Assemblée. Néanmoins, il alla aussi loin, et parfois plus loin, que ses supérieurs londoniens ne le voulaient et, du moins au début, convainquit Papineau qu'« il aim[ait] et [voulait] le bien de la province ».

Pendant le mandat d'Aylmer, le Parlement se réunit pour la première fois en janvier 1831. Pris d'« une grave indisposition », ce fut « littéralement de [son] lit » qu'il dut prononcer le discours du trône. Tout au long de la session, il s'occupa avec diligence des griefs de l'Assemblée, dont un bon nombre, il l'admettait, étaient « fondés ». Il appliqua de nouvelles mesures d'économie dans la fonction publique, présenta à l'Assemblée presque tous les documents de l'exécutif qu'elle demandait, protesta auprès du gouvernement britannique contre les retards mis à étudier les lois coloniales dont la sanction avait été réservée, refusa d'alléger des règlements pour accommoder les parties intéressées, exigea un resserrement des normes de comptabilité des fonds publics, ouvrit une enquête sur les abus du régime de concession des terres et invita les juges (à l'exception du juge en chef Jonathan SEWELL) à ne pas assister aux réunions du Conseil législatif pendant que le ministère des Colonies délibérait sur une vieille requête en faveur de leur exclusion de cet organisme. En prorogeant le Parlement, en mars, il s'inquiéta de savoir si l'Assemblée n'avait pas négligé « quelque plainte isolée ».

À la fin de la session, l'Assemblée réclama la démission du procureur général James Stuart*, virulent adversaire du parti patriote : c'est en cette occasion qu'Aylmer fit sa tentative d'apaisement la plus controversée. Le 9 septembre 1831, cédant aux pressions de l'Assemblée, il suspendit Stuart en attendant que les accusations qu'elle avait portées contre lui aient été examinées en Grande-Bretagne. Réprimandé par le ministère des Colonies pour avoir suspendu Stuart avant qu'il n'ait eu l'occasion de se défendre devant l'Assemblée, Aylmer souligna avec raison qu'en n'agissant pas il aurait provoqué « une effervescence et une agitation extrêmes ». En novembre 1832, le ministère des Colonies renvoya Stuart, qui provoqua Aylmer en duel, sans succès. Ceux qui, parmi la minorité britannique de la colonie, croyaient qu'Aylmer « n'os[ait] pas déplaire au citoyen Papineau, qui […] le [tenait] entièrement sous sa coupe », firent de Stuart un martyr. Cependant, par son attitude dans cette affaire, Aylmer devint encore plus populaire auprès des réformistes, et surtout de Papineau, qui l'avait reçu avec lady Aylmer à sa maison de campagne en juin 1831. Mais, bien qu'il ait été « en bons (et même en très bons) termes » avec Papineau, Aylmer savait qu'un profond désaccord les séparait sur nombre de questions.

Depuis plus d'une décennie, l'Assemblée cherchait avant tout à s'assurer la mainmise sur les revenus de la province, y compris ceux que la loi de Québec sur le revenu avait réservés en 1774 à la couronne [V. sir Francis Nathaniel Burton*]. À la demande du successeur whig de Murray aux Colonies, lord Goderich, Aylmer soumit des prévisions de dépenses réduites à la chambre et lui réclama une liste civile permanente en guise de préalable à une reddition des revenus de la couronne. L'Assemblée porta peu d'attention aux prévisions de Goderich et n'étudia pas sa demande de liste civile, mais elle adopta tout de même des crédits pour un an. Pendant l'été de 1831, contre l'avis d'Aylmer et sous l'influence de son sous-secrétaire parlementaire, lord Howick, Goderich déposa au Parlement britannique un projet de loi qui cédait inconditionnellement les revenus de la couronne. Puis, en septembre, il ordonna à Aylmer de convoquer l'Assemblée pour redemander une liste

civile relativement modeste. L'Assemblée refusa de pourvoir aux salaires de plusieurs des fonctionnaires inscrits sur la liste de Goderich. Sur ce, Aylmer eut la sottise de tenter de l'y contraindre en laissant entendre qu'il réserverait la sanction de tout projet de loi non conforme aux intentions de Goderich. L'Assemblée répliqua en refusant un salaire permanent à tous les fonctionnaires. Peut-être les propositions de Goderich, qui ne recueillirent que 9 voix sur 51, n'auraient-elles pas eu l'aval de l'Assemblée même si Aylmer s'était montré plus subtil. Déçu, il clôtura la session, en reconnaissant que ses relations avec les chefs du parti patriote s'étaient grandement refroidies.

Un autre événement allait élargir le fossé qui les séparait : le 21 mai 1832, au cours d'une orageuse élection partielle dans Montréal, des soldats britanniques tuèrent trois Canadiens français [V. Daniel Tracey*]. Aylmer écrivit à Papineau pour lui exprimer ses regrets, mais il ne désapprouva pas le comportement des soldats. Il refusa d'intervenir dans les poursuites judiciaires qui suivirent le drame, même lorsque le chef patriote réclama une enquête militaire. Il encouragea le solliciteur général Charles Richard Ogden* à porter l'affaire devant un jury d'accusation mais, par la suite, félicita publiquement le jury d'avoir exonéré les soldats de tout blâme. Dès lors, Papineau refusa ouvertement d'assister aux réceptions du château Saint-Louis.

L'épidémie de choléra qui fit plus de 7 000 victimes dans la colonie en 1832 attisa la colère du parti patriote. En prévision de cette tragédie, Aylmer avait convaincu le Parlement de mettre sur pied une station de quarantaine à la Grosse Île et un bureau de santé à Québec, et d'autoriser l'établissement d'installations semblables ailleurs quand elles seraient nécessaires. Il appliqua consciencieusement les règlements de quarantaine et subventionna les bureaux de santé et la Montreal Emigrant Society, mais ces mesures se révélèrent tout à fait insuffisantes. De plus, en insistant pour que seuls les légistes de la couronne intentent des poursuites, il nuisit au travail des bureaux de santé et, en encourageant les gens à fuir pour réduire l'incidence du choléra dans les villes, il contribua à la diffusion de la maladie. Tout compte fait cependant, il ne méritait pas le blâme de l'Assemblée, qui lui reprocha aussi de distribuer des fonds sans son approbation et de ne pas réduire l'afflux des immigrants. En fait, Aylmer souhaitait limiter l'immigration et proposa d'imposer une taxe sur les immigrants pour recueillir de l'argent. Quand l'Assemblée se réunit, en novembre 1832, elle n'était pas d'humeur à concéder quoi que ce soit : elle déclara le siège de Dominique Mondelet vacant lorsque celui-ci entra au Conseil exécutif, vota un projet de loi de subsides qui ne pourvoyait pas à une liste civile et que le Conseil législatif se sentit tenu de rejeter, et adopta une adresse semblable à celle qu'elle avait refusée à la session précédente et qui réclamait un Conseil législatif électif.

Aylmer, qui voyait là des preuves d'intransigeance, demanda à Londres l'autorisation d'utiliser les fonds non alloués que le *Revenue Act* de Goderich avait cédés en 1831 au Parlement colonial. Même s'il comprenait la difficulté de la situation, Edward George Geoffrey Smith Stanley, futur lord Stanley, qui remplaça Goderich au ministère des Colonies en avril 1833, refusa d'agir avant que l'Assemblée n'ait eu l'occasion de reconsidérer ses décisions. En convoquant de nouveau le Parlement en janvier 1834, Aylmer allait donc presque certainement provoquer un affrontement. Il ne consentit pas à accorder à l'Assemblée £7 000 de fonds de réserve, réserva la sanction de 11 des 12 projets de loi adoptés par le Parlement et refusa de sanctionner le douzième. En retour, l'Assemblée refusa d'adopter une loi de subsides et présenta une liste de 92 griefs qui réclamait notamment le rappel du gouverneur. Affirmant que les Quatre-vingt-douze Résolutions équivalaient à une « Déclaration d'indépendance », Aylmer envoya à Stanley un avant-projet de loi qui permettrait au gouvernement de reprendre en main les revenus de la couronne cédés à l'Assemblée en vertu du *Revenue Act* de lord Goderich. Stanley était disposé à abroger la loi de Goderich et soumit donc les Quatre-vingt-douze Résolutions à un comité spécial de la chambre des Communes qui, croyait-il, blanchirait Aylmer. Toutefois, il fut remplacé en juin 1834 par un whig irlandais, Thomas Spring-Rice, qui, allergique aux querelles, convainquit le comité des Communes d'attribuer le conflit bas-canadien à des « incompréhensions mutuelles ». Après avoir rencontré des délégués de l'Assemblée, Spring-Rice autorisa Aylmer, en septembre, à emprunter £31 000 à la caisse militaire pour verser des salaires impayés, en prenant pour acquis (ce en quoi il se trompait) que l'Assemblée accepterait de rembourser l'emprunt. Les actions de Spring-Rice et le fait que le comité spécial ne défendit pas sa propre conduite consternèrent Aylmer.

Ironiquement, Aylmer avait amené le ministère des Colonies à s'assouplir en faisant valoir que les radicaux de l'Assemblée perdaient des appuis. Pendant les sessions de 1833 et de 1834, une scission était apparue au sein du parti patriote, et Aylmer tentait de l'exploiter, surtout en courtisant la hiérarchie de l'Église catholique, qui s'opposait aux politiques des radicaux. Bien qu'il ait été un anglican convaincu, Aylmer était d'une rare tolérance religieuse. Il souhaitait modifier le serment imposé aux juges de paix afin de pouvoir nommer des juifs [V. Aaron Ezekiel Hart*]. Il assistait aux offices religieux aussi bien à la cathédrale catholique que dans la sienne et refusait d'aller aux offices d'un prêtre anglican de la ville qui avait protesté parce qu'il apportait une aide financière à l'Église catholique. Il offrit aux ursulines de Québec de se réfugier au château Saint-Louis quand un incendie frappa leur couvent, recommanda que l'évêque catholique soit nommé au Conseil exécutif et découragea le ministère des Colonies de s'ingérer dans la question des biens des sulpiciens. Cultiver l'Église n'était d'ailleurs pas le seul élément de sa stratégie : il choisissait délibérément ses candidats à des postes gouvernementaux parmi les membres les plus conservateurs et les plus « respectables » du parti patriote.

Cependant, les nominations d'Aylmer éclaircissaient les rangs des députés modérés puisque les nouveaux titulaires perdaient leur siège. De toute façon, lui-même n'était pas en mesure de multiplier le nombre des « vendus ». Progressivement déçu par ce qu'il considérait être de l'ignorance et de l'ingratitude de la part des Canadiens français, il se mit dès septembre 1832 à prétendre que « l'influence britannique au Bas-Canada [... devait] dominer sous peu » et que les Canadiens français devaient « finir par accepter un sort qui ne [pouvait] être conjuré ». En octobre, il servit cet avertissement à sir John Colborne*, lieutenant-gouverneur du Haut-Canada : « quand on donne aux sujets du roi le nom d'étrangers et parle des Canadiens comme d'une *nation* tenue dans la servitude par une autre nation, il convient que les autorités constituées se tiennent sur leurs gardes ». Dès le printemps de 1834, il était convaincu que, tant que l'Assemblée compterait un fort nombre de Canadiens français, « la constitution de la province [...] ne fonctionnera[it] jamais bien ». Après l'adoption des Quatre-vingt-douze Résolutions, il tenta surtout de se concilier les Américains d'origine qui peuplaient les Cantons-de-l'Est ainsi que les communautés irlandaises de plus en plus nombreuses à Montréal et à Québec en confiant des postes d'importance à certains de leurs représentants. En juin 1835, en dépit de la véhémente opposition de l'Assemblée, il appuya fermement « une association de gentlemen » des Cantons-de-l'Est qui voulait obtenir, pour l'achat d'une grande superficie de terres, des conditions semblables à celles dont bénéficiait la British American Land Company [V. sir Alexander Tilloch Galt*].

En fait, Aylmer s'était peu à peu soumis à l'influence des fonctionnaires depuis longtemps en place. En avril 1834, il nomma l'un des protégés de Dalhousie, David CHISHOLME, coroner de Trois-Rivières. Lorsque John FLETCHER dut refuser une promotion de juge offerte en compensation des « années de persécution » que lui avait fait subir la chambre d'Assemblée, Aylmer recommanda de nommer plutôt Samuel Gale*, qui avait été l'agent de Dalhousie en Angleterre en 1828 et l'avocat des officiers en devoir au moment du « massacre » de Montréal. Cette recommandation souleva une vive

Whitworth-Aylmer

opposition au ministère des Colonies, qui céda cependant à Aylmer en exigeant que le prochain poste vacant aille à un Canadien français.

La nomination de Gale choqua bien des modérés, dans les deux camps. Aylmer se rendit encore plus impopulaire en refusant de verser de l'argent à Montréal à l'occasion d'une deuxième épidémie de choléra en 1834 et en se retirant, au plus fort de l'épidémie, à la maison de campagne réservée au gouverneur à William Henry (Sorel). Aux élections qui se tinrent à la fin de cette année-là, les radicaux remportèrent une écrasante victoire et éliminèrent presque les modérés de l'Assemblée. Ce résultat ne déplut pas à Aylmer, car il avait « éveillé dans la population britannique un sentiment (jusque[-là] latent) » qui, toutefois, risquait d'« avoir de très graves répercussions s'il n'[était] pas utilisé avec prudence ». Il accueillit avec enthousiasme la formation, à Québec et à Montréal, d'associations militantes de défense de la constitution et fit valoir que la minorité britannique ne tolérerait plus la domination de l'Assemblée. Selon lui, la victoire des patriotes découlait de « la complaisance avec laquelle le comité sur le Canada [de 1834] a[vait] écouté des griefs factices » ; la nouvelle Assemblée, prédisait-il, serait moins raisonnable que la précédente. Quand l'Assemblée se réunit, en février 1835, il fit de cette prédiction une réalité en refusant de lui allouer des fonds de réserve. La chambre répliqua en refusant encore de voter les subsides et se plaignit qu'Aylmer avait des préjugés contre les Canadiens français. Le 18 mars, Aylmer prorogea le Parlement et demanda à la Grande-Bretagne de trouver une solution à l'impasse constitutionnelle et financière.

Remplacer Aylmer fut la solution qu'adopta le ministère des Colonies. Spring-Rice avait commencé à lui chercher un successeur à l'automne de 1834 et lui avait promis un autre poste de gouverneur s'il démissionnait. Aylmer, cependant, voulait être disculpé, et il suggéra de faire venir une commission parlementaire pour examiner les accusations de l'Assemblée. En avril 1835, on nomma une commission de trois membres, mais son président, lord Gosford [ACHESON], allait aussi devenir le successeur d'Aylmer. Celui-ci accueillit sa destitution avec d'autant plus d'amertume que Gosford, qui prit la tête du gouvernement le 24 août 1835, se dissocia de lui. Son terrible voyage de retour, raconté par lady Aylmer dans *Narrative of the passage of the Pique across the Atlantic* paru à Londres en 1837, ne fut pas de nature à le rasséréner. Une fois en Angleterre, il exigea, pour accepter le commandement des troupes d'Irlande, que les autorités approuvent d'abord sa conduite, mais en vain. Au moins parvint-il à forcer le gouvernement à lui décerner la grand-croix de l'ordre du Bain le 10 septembre 1836 ; le 23 novembre 1841, il devint général. Cependant, il n'obtint jamais une pairie anglaise, même s'il estimait y avoir droit, ni un autre poste administratif. Le 23 février 1850, il mourut d'un anévrisme cardiaque dans sa maison de Londres.

En quittant la colonie, Matthew Whitworth-Aylmer avait déploré que ses « ardents efforts pour promouvoir le bien-être général du Bas-Canada aient produit des résultats si inférieurs » à ses attentes ; il éclata en sanglots quand la petite foule réunie au quai pour lui faire ses adieux l'acclama. En vérité, Aylmer fut un personnage tragique. Il était bien intentionné et aussi compétent que la plupart des militaires qui gouvernèrent l'Amérique du Nord britannique après les guerres napoléoniennes. Mais le Bas-Canada avait besoin, comme gouverneur, d'un habile politique, et non de celui qui avait noté, en octobre 1831 : « Ici, je ne puis demander conseil ni trouver d'appuis en dehors du cercle de ma famille, qui se compose de soldats comme moi ; et de [… l'autre] côté de l'océan, je n'ai absolument aucune relation dans le monde politique. » Plutôt mal préparé à sa tâche, il s'était trouvé « obligé de se mesurer en même temps à ceux qui [avaient] consacré leur vie à l'étude du droit et à la politique ». Selon le *Vindicator and Canadian Advertiser,* il avait « gagné, dans l'histoire du Canada, une place à côté des Craig [sir James Henry Craig*] et des Dalhousie et s'[était] attiré la haine d'un demi-million de personnes ». Les whigs lui attribuaient l'échec de leur politique de conciliation, et les historiens qui penchent de leur côté, Helen Taft Manning par exemple, ont renouvelé ce reproche. Pourtant, malgré ses nombreuses erreurs de jugement, Aylmer a souvent été critiqué à tort. Nombre de ses bourdes, comme le note l'historien Fernand Ouellet, furent « plus ou moins provoquées ». Il ne devint jamais un aussi violent francophobe que Craig ou Dalhousie, ne perdit jamais son sang-froid en public, ne ferma jamais les portes du château Saint-Louis à ses opposants. Certes, il contribua à la polarisation des ethnies du Bas-Canada, mais il n'en fut pas responsable, et il n'aurait pas davantage pu l'empêcher que Gosford, qui était un civil doté d'une expérience politique considérable. De plus, Aylmer souffrit des nombreux changements de gouvernement que la Grande-Bretagne connut au début des années 1830 : il servit sous cinq secrétaires d'État dont les vues sur le Bas-Canada différaient considérablement. Privé de « relations dans le monde politique » britannique, il fut sacrifié au nom de la bonne entente avec l'Assemblée bas-canadienne. Ironie du sort, ce sacrifice fut vain, car à ce moment les rébellions de 1837–1838 étaient probablement devenues inévitables.

PHILLIP BUCKNER

APC, MG 24, A43 ; F66, 1 ; RG 1, E1, 40–41 ; RG 68, General index, 1651–1841 : 72. — PRO, CO 42/230–257 ; 43/28–30 ; 387/1–11. — B.-C., chambre d'Assemblée,

Journaux, 1830–1835. — L. A. [Call Whitworth-Aylmer, baronne] Aylmer, *Narrative of the passage of the Pique across the Atlantic* (Londres, 1837) ; « Recollections of Canada, 1831 », ANQ *Rapport*, 1934–1935 : 279–318. — *Montreal Herald*, 8 sept. 1832, 18, 23 août, 2 oct. 1834, 8 janv., 9 févr. 1835. — *Quebec Gazette*, 13, 17, 24 janv., 19, 24 févr., 5 mars, 9, 21 avril, 20 juin, 29 août 1834, 2 janv., 23 févr., 26 juin, 10 août, 9, 16 sept. 1835, 30 mars 1850. — *Times* (Londres), 26 févr. 1850. — *Vindicator and Canadian Advertiser*, 19 oct., 26, 30 nov., 21, 24 déc. 1830, 1er févr., 24, 28 juin, 1er juill., 27 déc. 1831, 3, 7 févr., 2 mars 1832, 21 mars, 12 mai, 23 juin 1835. — *Burke's peerage* (1890), 73. — G.-B., WO, *Army list*, 1788–1850. — Geoffrey Bilson, *A darkened house : cholera in nineteenth-century Canada* (Toronto, 1980). — Ouellet, *Lower Canada*. — Rumilly, *Papineau et son temps*, 1. — Taft Manning, *Revolt of French Canada*.

WHYTE, JAMES MATTHEW, homme d'affaires, né vers 1788 en Écosse, fils de James Whyte, de Newmains, Lanarkshire ; décédé le 9 juin 1843 à Hamilton, Haut-Canada.

On sait peu de chose sur les origines et les débuts de James Matthew Whyte, mais il semble qu'il grandit dans une famille aisée qui se piquait d'être unie par mariage à la gentry écossaise. Après avoir reçu selon toute apparence une bonne éducation, il fit son service militaire et devint lieutenant dans le 1st Dragoon Guards en 1806 puis capitaine en 1812. Il démissionna au bout de trois ans mais, d'après une inscription sur sa pierre tombale, il servit plus tard à titre de lieutenant-colonel du Surrey Regiment of Horse.

En 1811, Whyte avait acheté en Jamaïque, à proximité du village de Morant Bay, une plantation appelée Cave Bottom. C'était une modeste exploitation, qui n'employait que 12 esclaves en 1817, mais Whyte l'avait obtenue à un moment favorable : après les guerres napoléoniennes, la demande de sucre et de café jamaïquains augmenta. Il semble que Whyte prospéra et acquit une certaine importance dans la colonie, puisqu'il fut juge de la Cour d'assises et membre du conseil de l'île. Au début des années 1830, cependant, les plantations se ressentirent de la baisse des prix, de l'augmentation croissante du nombre des esclaves et de l'inquiétude grandissante des insulaires, qu'aggravèrent l'action du mouvement abolitionniste anglais et la révolte des esclaves de 1831. En 1834, la proscription de l'esclavage par le Parlement britannique, accompagnée d'une mesure qui accordait une compensation aux planteurs, donna à Whyte l'occasion de réaliser ses biens et de quitter la colonie.

En quête de possibilités d'investissement, Whyte songeait à immigrer au Canada ; au début de 1834, il s'embarqua pour Hamilton, dans le Haut-Canada. Il s'intéressa vite au marché foncier, car il se fit concéder dès avril une terre dans le canton de Cayuga. En janvier 1835, il vendit cette propriété £500 à Allan Napier MacNab*. Whyte contribua au développement des deux grandes entreprises de Hamilton, la London and Gore Rail Road et la Gore Bank, laquelle fut l'affaire la plus importante pour lui. Il n'avait pas été parmi ses promoteurs (le projet remontait à 1833), mais il contribua à son démarrage. Le 1er septembre 1835, année où la banque reçut sa charte, Whyte présida une réunion de promoteurs où l'on prit des dispositions pour ouvrir des registres de souscription d'actions. Le 26 novembre, on l'autorisa, avec Colin Campbell Ferrie*, à répartir les actions et à organiser l'élection des administrateurs. Whyte acquit 40 actions évaluées à £500 et obtint la confiance d'un nombre assez élevé d'actionnaires pour être élu au premier conseil d'administration en février 1836. Les administrateurs l'élurent aussi président de ce conseil, le préférant à Ferrie, qui avait pourtant recueilli plus de votes chez les propriétaires d'actions au moment de son élection au conseil.

Whyte assuma cette présidence de 1836 à 1839. Il s'occupa quotidiennement des activités de la banque et gagna la confiance des correspondants de cette dernière. Il sut également établir des liens étroits avec la Bank of Upper Canada, qui ferma son bureau de Hamilton en 1836 et vendit à la Gore Bank tous les effets escomptés qu'elle y possédait. Whyte reçut la procuration de maints actionnaires de la Bank of Upper Canada qui avaient également investi dans la Gore Bank, et continua d'exercer ce privilège même après avoir quitté la présidence. En septembre 1839, un établissement bancaire de Londres, la Reid, Irving and Company, considérait que son efficacité à titre de correspondant anglais de la Gore Bank dépendait de sa confiance dans la gestion de Whyte.

Malgré la présidence efficace de Whyte, un conflit surgit chez les administrateurs de la banque peu après sa constitution en société. Au début, c'est l'élite locale, entre autres MacNab, John Willson*, Absalom Shade* et Whyte, qui dominait le conseil d'administration. Mais bientôt d'autres membres, comme les Ferrie, Edmund Ritchie et John Young*, qui appartenaient au milieu commerçant de Hamilton, s'élevèrent contre l'influence de MacNab. Celui-ci avait vendu à la banque, pour qu'elle y construise son immeuble, un terrain que beaucoup jugèrent surévalué. En 1838, on le blâma aussi pour sa conduite à titre de conseiller juridique de la banque, et l'on désigna John Ogilvie Hatt, son associé, pour le remplacer. Mais la faction des marchands, qui se heurta à de graves difficultés financières après l'effondrement de 1837, en avait surtout contre la façon dont la banque facilitait l'obtention du crédit à MacNab. En 1839, ils accusèrent l'établissement d'avoir accepté des garanties insuffisantes pour les dettes de ce dernier, qui dépassaient, disait-on, celles de tous les commerçants de Hamilton réunis. En réaction, les marchands voulurent, pour s'assurer plus de votes à l'élection des administrateurs, procéder à la cession d'actions entre eux et obtenir que des actionnaires de l'extérieur de la province (qui ne pouvaient pas voter par procuration) cèdent leurs actions à des personnes de Hamilton qui les appuyaient. La faction de MacNab contre-attaqua en contestant les cessions concernées devant la Cour de la chancellerie. Les marchands parvinrent néanmoins à faire élire une majorité d'administrateurs favorables à leur cause à l'assemblée annuelle d'août 1839. Whyte, qui avait essayé avec un certain succès de se démarquer de MacNab, fut réélu président ; toutefois, comme il se trouvait devant des administrateurs qui désapprouvaient la politique en vigueur jusque-là, sa situation devint bientôt intenable et il démissionna du conseil d'administration.

Le groupe des marchands, dont l'un des membres, Ferrie, était devenu le président de la banque, pécha autant que celui de MacNab, en accaparant les opérations par lesquelles la banque escomptait les lettres de change et les billets à ordre. En 1842, la presse répandit le bruit que l'endettement excessif de certains administrateurs – Ferrie, Ritchie et Richard Juson – mettait la banque en danger. La même année, on tenta sur deux fronts, comme le dit MacNab, de « faire chavirer l'équipage d'indigents » qui la dirigeait. On choisit Whyte et David Thompson pour faire partie d'un comité d'actionnaires chargé d'étudier un projet de modification de la charte de la banque. Le débat se transporta ensuite à l'Assemblée législative, où le député de Haldimand, Thompson, présida un comité qui avait reçu la même mission que le comité précité et dont faisait aussi partie MacNab. En septembre 1842, ce comité proposa d'apporter à la charte de la banque une modification, conçue par MacNab, qui aurait empêché la banque d'escompter tout « effet de commerce signé ou endossé par le président, ou de n'importe quelle entreprise ou société en nom collectif dont celui-ci [pouvait] être membre ». Mais cette tentative n'aboutit pas.

À sa mort, en 1843, Whyte était à l'aise et fort respecté à Hamilton. Il avait de bonnes relations à Londres ; il eut même l'occasion de recommander, entre autres, MacNab à certaines d'entre elles. La maison de Whyte, Barton Lodge, construite en 1836 au bord de l'escarpement qui domine Hamilton, était l'une des plus belles villas de l'agglomération ; sa bibliothèque, qui comptait au delà de mille livres, devait être l'une des plus imposantes de la région. Whyte laissa une succession importante. Dans une lettre qu'il avait envoyée à sa belle-sœur en 1827 et dans laquelle il se disait un « priseur invétéré », il se définissait comme un « vieux célibataire expatrié » ; pourtant, dans son testament, il laissa des biens à un « fils putatif », John Whyte, un Jamaïquain. Whyte, qui était presbytérien, estimait assez le révérend Alexander Gale* pour lui léguer son argenterie. En plus de sa maison, dont son frère John Lionel hérita, il possédait des biens immobiliers dans le canton de Harwich et à Picton, dans le Haut-Canada, ainsi qu'en Jamaïque. Il avait également £1 750 en actions de la Bank of Upper Canada, plus £227 de dividendes non réclamés. À la Gore Bank, il jouissait d'un crédit de caisse de plus de £200, mais ne détenait que £100 d'actions. Il avait aussi £320 en actions de la British American Fire and Life Assurance Company, et plus de £1 000 de prêts consentis à des particuliers.

Comme d'autres membres de la gentry à qui la Grande-Bretagne ouvrait peu de perspectives d'avenir, James Matthew Whyte s'était tourné vers les colonies. Grâce au capital amassé en Jamaïque, il put faire des investissements notables dans les établissements financiers naissants du Haut-Canada et atteindre ainsi, dans ce secteur comme dans la société, une importance qui n'aurait pas été possible dans son vieux pays d'origine.

DAVID G. BURLEY

AO, RG 1, C-IV, Cayuga Township, concession 1 (North Talbot Road), lots 3–6 ; RG 22, sér. 155. — APC, MG 24, D18. — Haldimand Land Registry Office (Cayuga, Ontario), Abstract index to deeds, North Cayuga Township, concession 1 (North Talbot Road), lots 3–6 (mfm aux AO). — HPL, Clipping file, Hamilton biog. — *Burke's landed gentry* (1914), 453. — *DHB*. — G.-B., WO, *Army list*, 1808, 1813, 1815. — D. R. Beer, *Sir Allan Napier MacNab* (Hamilton, Ontario, 1984). — Victor Ross et A. St L. Trigge, *A history of the Canadian Bank of Commerce, with an account of the other banks which now form part of its organization* (3 vol., Toronto, 1920–1934), 1 : 173, 177–180, 205–208, 214.

WILKINS, LEWIS MORRIS, officier de milice, avocat, fonctionnaire, homme politique et juge, né vers 1768 à Morrisania (ville de New York), fils du révérend Isaac Wilkins et d'Isabella Morris, sœur de Lewis Morris, l'un des signataires de la Déclaration d'indépendance américaine ; le 13 août 1799 à Lunenburg, Nouvelle-Écosse, il épousa Sarah Creighton, fille de John Creighton*, et ils eurent sept enfants, dont Lewis Morris* et Martin Isaac* ; décédé le 3 janvier 1848 à sa résidence de Windsor, Nouvelle-Écosse.

Loyaliste new-yorkais, le père de Lewis Morris Wilkins amena sa famille à Shelburne, en Nouvelle-Écosse, en 1784. Les détails manquent concernant l'éducation de Lewis Morris. Il se peut qu'il ait étudié le droit avec son oncle Martin S. Wilkins, attorney à Shelburne. Vers 1798, on l'admit au barreau de la Nouvelle-Écosse. Nommé lieutenant dans la milice du comté de Lunenburg le 6 juillet 1793, il obtint deux ans plus tard une petite concession dans le canton de Lunenburg.

Wilkins fut shérif du comté de Halifax de 1798 jusqu'à 1804, année de sa démission. Il se consacra ensuite à la pratique du droit et plaida entre 1804 et 1814 un nombre toujours croissant de causes devant les tribunaux de Halifax. Il avait en outre une nombreuse clientèle dans le comté de Lunenburg et le district de Pictou, où son principal concurrent était Samuel George William ARCHIBALD, et il comptait parmi les avocats de la Cour de vice-amirauté à Halifax. John George Marshall*, qui avait étudié le droit à son cabinet, en parlait comme de son « bon, toujours sûr et précieux ami ».

La carrière politique de Wilkins commença en 1799 : on l'élut alors dans le canton de Lunenburg, qu'il représenta à la chambre d'Assemblée durant toute sa carrière de député. Au début de la session de 1806, la chambre désigna William Cottnam Tonge* à titre de président, mais le lieutenant-gouverneur sir John Wentworth*, qui était en mauvais termes avec lui, s'opposa. Le 20 novembre, après deux jours de débats sur ce geste sans précédent dans l'histoire de la Nouvelle-Écosse, les députés élirent Wilkins. Wentworth approuva le choix de Wilkins, personnage moins controversé ; au terme de la session, il rapportait à lord Castlereagh, secrétaire d'État aux Colonies, que Wilkins avait, « pendant les séances, accompli les devoirs de sa charge avec impartialité, application et dignité ». Pourtant, Wilkins avait eu en cours de route un conflit avec le lieutenant-gouverneur au sujet d'une élection dans le canton d'Annapolis que l'Assemblée avait déclarée nulle. Wentworth et le conseil refusaient de lancer un nouveau mandat de convocation, sous prétexte que l'Assemblée n'était pas seule à avoir le droit d'invalider une élection. C'est seulement après que les légistes anglais eurent appuyé le point de vue de l'Assemblée que Wentworth accepta de remettre le mandat à Wilkins.

Les débats furent relativement sereins pendant quelques années, mais il y eut tout de même des accrochages. En 1809, Wilkins se signala en s'élevant contre le veto que l'administrateur Alexander CROKE avait opposé au projet de loi portant affectation de crédits et, en 1812, il amena l'Assemblée à blâmer le conseil pour sa décision de modifier un projet de loi de finances. En plus de diriger l'Assemblée, Wilkins correspondait avec des présidents parlementaires d'autres colonies et avec l'agent de l'Assemblée à Londres. Il fut également du nombre des commissaires responsables des dépenses pour l'ameublement de la résidence du gouverneur et fit partie du comité chargé des plans d'aménagement intérieur de Province House.

Le 30 mars 1816, on nomma Wilkins troisième juge suppléant de la Cour suprême et, au mois de février suivant, il démissionna de son poste de député. Peu de temps après sa nomination, il s'installa à Windsor, où on le reconnut vite pour sa généreuse hospitalité envers ses visiteurs, entre autres son ami intime William Edward Parry*, navigateur de l'Arctique, et le lieutenant-gouverneur lord Dalhousie [RAMSAY]. À cause des exigences de son rang ou bien de celles de sa nombreuse famille, Wilkins était « très pauvre » à la fin des années 1820, du moins si l'on en croit son collègue le juge James Stewart. Ce dernier ajoutait que Wilkins essayait continuellement de faire augmenter le traitement des juges et qu'il se trouvait en désaccord avec à peu près tout le monde en raison de ses difficultés financières qui le poussaient à faire preuve d'indépendance. Chose certaine, il était loin d'être courtois au tribunal. En septembre 1829, à Pictou, il fut si impoli à l'égard d'un plaignant que l'avocat de ce dernier, James William Johnston*, le blâma.

Il ne fait aucun doute que les responsabilités de Lewis Morris Wilkins lui pesaient. En 1816, le système de tribunaux itinérants, en vigueur jusque-là dans certains comtés, s'étendit à toute la province. Les deux juges nécessaires pour tenir audience devaient faire des voyages longs et pénibles et Wilkins, en vieillissant, devenait moins capable de les supporter. C'est sans doute pour cette raison qu'il tenta pendant plusieurs années de faire changer la loi, de manière à permettre à un juge seul de siéger. Il y parvint en 1834 et se réjouit d'autant plus que les jeunes juges allaient pouvoir remplir la plus grande partie des tâches. En 1838, Wilkins obtint un congé pour aller refaire sa santé en Angleterre. À partir de cette époque, semble-t-il, ses « infirmités physiques » l'empêchèrent de faire des tournées, bien qu'il ait siégé à Horton en 1839, et à Kentville en 1845. À sa mort, les barristers de la province firent son éloge en ces termes : « l'un des avocats les plus populaires, éloquents et efficaces [… il se] distingua […] en tant qu'« ami du pauvre ». Il laissa tous ses biens par testament à sa femme et à son fils aîné.

PHYLLIS R. BLAKELEY

PANS, MG 1, 979–980 ; RG 1, 303–305 ; RG 5, A, 6–22 ; R, 1 ; RG 39, HX, C, 78–88 ; J, 14–22, 102 ; KI, J, 5. — N.-É., House of Assembly, *Journal and proc.*, 1800–1817, 1834–1836. — *Reports of cases, argued and determined in the Court of Vice-Admiralty, at Halifax, in Nova-Scotia, from* […] *1803, to the end of the year 1813* […], James Stewart, compil. (Londres, 1814). — *Reports of cases argued and determined in the Supreme Court of Nova Scotia* […], James Thomson, compil. (Halifax), 2, part. I (1856). — *Acadian Recorder*, 8 janv. 1848. — *Novascotian*, 10 janv. 1848. — *Royal Gazette and the Nova-Scotia Advertiser*, 20 août 1799. — *A calendar of official correspondence and legislative papers, Nova Scotia, 1802–15*, Margaret Ells, compil. (Halifax, 1936). — Beck, *Government of N.S.* — Cuthbertson, *Old attorney general.* — J. G. Marshall, *A brief history of public proceedings and events, legal, – parliamentary, – and miscellaneous, in the province of Nova Scotia, during the earliest years of the present century* (Halifax, [1878]). — Murdoch, *Hist. of N.S.*, 3. — C. J. Townshend, *History of the Court of Chancery in Nova Scotia* (Toronto, 1900). — Margaret Ells, « Governor Wentworth's patronage », N.S. Hist. Soc., *Coll.*, 25 (1942) : 49–73.

Williams

WILLIAMS, THOMAS (aussi connu sous les noms de **Tehoragwanegen, Teholagwanegen, Tehora Kwanekeu** et **Thomas Théoragwanegon**), chef iroquois, né vers 1758 à Caughnawaga (Kahnawake, Québec) ; décédé le 16 septembre 1848.

Petit-fils d'Eunice Williams* et arrière-petit-fils du révérend John Williams*, de Deerfield, au Massachusetts, Thomas Williams était le fils de Sarah Williams et d'un Indien de Caughnawaga dont on ignore l'identité. Élevé dans la communauté catholique indienne de Caughnawaga, peut-être par sa tante maternelle, il passa des saisons de chasse dans la région du lac Saint-Sacrement (Lake George, New York), et son enfance n'eut apparemment rien d'exceptionnel pour un Indien. Au début des années 1770, il fut recruté par Levi Frisbie, un agent d'Eleazar Wheelock, pour aller à la Moor's Indian Charity School, à Hanover, New Hampshire. Williams accepta l'invitation mais ne put y donner suite parce qu'il contracta une maladie (peut-être la variole).

Williams devint chef à Caughnawaga en 1777 et il commanda, cette année-là, un groupe d'Indiens alliés du major général John Burgoyne*, au cours des batailles du fort Ticonderoga (près de Ticonderoga, New York), de Bennington, dans le Vermont, et de Saratoga (Schuylerville, New York). Son fils et biographe, Éléazar Williams*, a prétendu qu'il chercha principalement à éviter « toute effusion de sang [chez les Américains] », mais cette assertion est peu plausible, et il est impossible de faire le détail de ses activités. D'après la même source, Williams participa l'année suivante à un raid infructueux dans la vallée de la Mohawk. En mars 1780, il accomplit une audacieuse mission avec le lieutenant Joseph Launière, du département des Affaires indiennes. Les membres de l'expédition lancèrent une attaque contre la base américaine de Machias (Maine) mais se retirèrent rapidement à cause de leur infériorité numérique. Ils retournèrent ensuite à Québec, après avoir remis des dépêches aux Britanniques de fort George (Castine, Maine). En mai, Williams aurait accompagné l'expédition de sir John Johnson* dans la vallée de la Mohawk. Il aurait également été sur place lors de l'attaque dirigée contre le colonel Frederick Visscher et sa famille. Pendant cette période, il participa aussi aux raids menés par le lieutenant Richard Houghton contre des localités frontalières américaines, et la dernière fois qu'il servit ainsi la cause britannique ce fut le 16 octobre 1780, à l'attaque du village de Royalton, dans le Vermont.

Après la guerre, Williams reprit ses activités saisonnières dans le nord de l'état de New York et fit la connaissance des fonctionnaires de l'endroit. Pendant plusieurs années, à partir de 1793 et peut-être même de 1789, il fut l'un des représentants des Sept-Nations du Canada, en compagnie notamment d'Atiatoharongwen*, d'Ohnaweio (Good Stream) et de William Gray, aux négociations avec l'état de New York concernant des revendications territoriales dans la région de la mission Saint-Régis. Les Sept-Nations du Canada, ainsi que se désignaient eux-mêmes les Indiens des différentes missions catholiques, étaient composées des Iroquois de Caughnawaga et de Saint-Régis (Akwesasne), des Iroquois, des Algonquins et des Népissingues de Lac-des-Deux-Montagnes (Oka), des Hurons de Jeune-Lorette (Wendake) et des Abénaquis de Saint-François-de-Sales (Odanak). Cet ensemble était à la fois distinct et géographiquement séparé de la ligue des Six-Nations. En 1796, Williams fut l'un des signataires du traité qui établit St Regis Reservation dans l'état de New York. L'année suivante, d'après son fils, les autorités britanniques à Québec lui confièrent une mission secrète de reconnaissance au lac Champlain. Le succès de cette mission contribua à briser un complot qu'aurait tramé David McLane*.

À l'exemple de sa grand-mère Eunice, Williams visitait périodiquement ses parents de la Nouvelle-Angleterre et, en 1800, il emmena deux de ses fils à Longmeadow, au Massachusetts, pour leur faire suivre des études. Au printemps de 1803, la McTavish, Frobisher and Company l'engagea pour faire partie d'un convoi de trafiquants de fourrures à destination du fort Moose (Moose Factory, Ontario). Williams accompagna ainsi les trafiquants dans l'Ouest, comme d'autres Iroquois de Caughnawaga, dont certains se rendirent au delà de la rivière Rouge jusqu'aux Prairies et aux montagnes Rocheuses.

Durant la guerre de 1812, Williams fut du groupe d'Indiens qui partirent de Caughnawaga, en 1813, pour se ranger du côté des Américains, acceptant une invitation permanente du président Thomas Jefferson. Le général américain Henry Dearborn témoigna de son influence en persuadant un grand nombre d'Indiens du Bas-Canada de ne pas s'insurger contre les Américains. Il recommanda que Williams soit récompensé pour sa collaboration. Le comité de la Chambre des représentants pour les affaires militaires reconnut plus tard officiellement les services rendus pendant la guerre par Williams (d'après son fils, il aurait, entre autres, participé à la bataille de Plattsburgh). Pendant plusieurs années, Williams et ses héritiers présentèrent des requêtes à des comités du Congrès. Ils reçurent un soutien occasionnel, mais rien n'indique que le gouvernement américain ait jamais accordé à Williams une pension en reconnaissance de ses services ou une compensation pour ses biens perdus au Bas-Canada, dont la valeur se situait entre 7 000 et 14 000 dollars. Comme Williams avait épousé la cause américaine, il lui était devenu impossible de retourner à Caughnawaga et, en 1816, il s'était installé à la St Regis Reservation. Il continua, par la suite, à représenter sa tribu dans ses pourparlers avec l'état de New York, agissant comme délégué aux négociations de 1816, de 1818 et de 1824 et, enfin, pour la conclusion du traité de 1825 qui précisait les limites de la réserve.

Williams avait épousé Konwatewenteta (Konantewanteta), appelée aussi Mary Ann Rice, le 7 janvier 1779. Le couple eut 12 ou 13 enfants entre 1780 et 1807. La plupart des renseignements concernant la vie de Williams proviennent de son fils Éléazar, qui devint missionnaire chez les Onneiouts et à Saint-Régis et qui, plus tard, profitant du fait que sa date de naissance n'était consignée nulle part, chercha à se faire passer pour le « dauphin disparu » de France. Les informations contenues dans son œuvre sont sujettes à caution : on doit les considérer comme douteuses tant qu'elles ne sont pas confirmées par d'autres données.

On ne sait quand Thomas Williams retourna à Caughnawaga, mais il s'y trouvait certainement depuis longtemps lorsqu'il mourut, « dans sa 90ᵉ année ». Sa veuve y demeura elle aussi jusqu'à sa mort, survenue le 1ᵉʳ mai 1856, et ses descendants y habitent encore.

GEOFFREY E. BUERGER

ANQ-M, CN1-74, 25 avril 1803. — BL, Add. mss 21771, 21773, 21777, 21792–21793, 21809–21810 (mfm aux APC). — Mo. Hist. Soc. (St Louis), Eleazer Williams coll. — Wis., State Hist. Soc., Eleazer Williams papers. — É.-U., House of Representatives report, 31st Congress, 2nd session, n° 89, 3 mars 1851 ; 34th Congress, 3rd session, n° 83, 16 janv. 1857 ; 35th Congress, 1st session, n° 303, 17 avril 1858 ; 35th Congress, 1st session, n° 459, 29 mai 1858 ; Senate report, 31st Congress, 2nd session, n° 311, 20 févr. 1851 ; 35th Congress, 1st session, n° 86, 24 févr. 1858. — New England Hist. and Geneal. Reg. (Boston), 3 (1849) : 103. — N.Y., Commissioners of Indian Affairs, Proceedings of the Commissioners of Indian Affairs [...], introd. de F. B. Hough (2 vol. en 1, Albany, N.Y., 1861). — Boston Daily Journal, 17 oct. 1848. — Handbook of American Indians north of Mexico, F. W. Hodge, édit. (2 vol., Washington, 1907–1910), 2 : 723–724. — E. J. Devine, Historic Caughnawaga (Montréal, 1922). — J. H. Hanson, The lost prince : facts tending to prove the identity of Louis the Seventeenth, of France, and the Rev. Eleazar Williams, missionary among the Indians of North America (New York, 1854). — F. B. Hough, A history of St. Lawrence and Franklin counties, New York, from the earliest times to the present time (Albany, 1853). — W. W. Wight, Eleazer Williams – his forerunners, himself (Milwaukee, Wis., 1896). — Eleazer Williams, Life of Te-ho-ra-gwa-ne-gen, alias Thomas Williams, a chief of the Caughnawaga tribe of Indians in Canada (Albany, 1859).

WILLIAMS, WILLIAM, gouverneur de la Hudson's Bay Company ; décédé le 14 janvier 1837 à Brixton (Londres).

Avant d'être engagé par la Hudson's Bay Company, William Williams travailla, peut-être à titre de capitaine de navire, pour l'East India Company. Les archives de cette dernière contiennent une déclaration sous serment où un nommé William Williams affirme être né à Shirley (Londres) le 3 avril 1771 ; une personne de ce nom y est également inscrite pour des voyages faits en Inde entre 1788 et 1799. Quelles que soient les particularités du fait, il semble indubitable que le sujet de cette biographie exerça le métier de marin ; dans les années 1820, le capitaine John FRANKLIN le qualifiait de « navigateur expérimenté ». La Hudson's Bay Company engagea Williams au poste de gouverneur en chef de Rupert's Land le 20 mai 1818. Selon son employeur, qui lui versait un traitement annuel de £1 000, il était doté d'un « esprit entreprenant et actif et pourvu des aptitudes et des habitudes de vie nécessaires pour imposer l'obéissance et une discipline stricte à toutes les personnes placées sous son autorité ».

Williams arriva à York Factory (Manitoba) à bord du *Prince of Wales* en août 1818, et il établit son quartier général à Cumberland House (Saskatchewan). Il passa l'hiver à écrire des lettres de présentation à ses fonctionnaires et à les encourager dans leurs diverses tâches. La campagne de l'Athabasca, pendant laquelle Colin ROBERTSON, John Clarke* et d'autres employés de la Hudson's Bay Company se mesurèrent à la North West Company, fut importante du point de vue tactique. On avait chassé la Hudson's Bay Company de ce territoire en 1815–1816, mais elle était alors déterminée à s'y implanter. Néanmoins, ses hommes vécurent des moments difficiles au cours de cet hiver de 1818–1819 en raison du harcèlement de la North West Company ; ils virent, entre autres, Samuel BLACK et Simon McGillivray arrêter Robertson au fort Wedderburn (Alberta). Quand Williams apprit cette « agression illégale », le 30 décembre, il décida d'agir. Il se rendit dans la colonie de la Rivière-Rouge (Manitoba) au printemps de 1819 et rassembla 30 hommes. En juin, aux rapides Grand, il organisa la capture de *Nor'Westers* en route pour le fort William (Thunder Bay, Ontario). Il exécuta des mandats d'arrêt pour meurtre, vol et cambriolage lancés à Montréal contre plusieurs *Nor'Westers* en vertu d'actes d'accusation dressés par un grand jury du Bas-Canada. Williams signa lui-même des mandats d'arrêt, à titre de juge de paix de Rupert's Land, contre John George McTAVISH, Angus Shaw* et d'autres personnes soupçonnées de délits dans la région de l'Athabasca. La North West Company répliqua par la présentation à Québec d'un acte qui accusait Williams de voies de fait et d'arrestation illégale. Le mandat d'arrêt contre Williams ne fut cependant pas signifié ; le gouverneur aurait pu être appréhendé aux rapides Grand, au printemps de 1820, s'il n'avait quitté les lieux la veille de l'arrivée des *Nor'Westers*.

Williams avait outrepassé ses pouvoirs en décer-

Williams

nant des mandats d'arrêt pour des infractions commises à l'extérieur du territoire concédé à la Hudson's Bay Company dans sa charte. Il faut dire, à sa décharge, que l'arrestation illégale de Robertson ne fut que la dernière d'une longue suite de provocations inutiles. Par ailleurs, nombre d'éléments viennent étayer la déclaration de la compagnie faite en 1820 à lord Bathurst, secrétaire d'État aux Colonies, à savoir qu'elle avait « soumis en vain au gouvernement de Sa Majesté, année après année, des preuves indéniables des actes extrêmement illégaux commis par la North West Company » et qui n'avaient jamais été réparés.

Après la fusion des deux compagnies en 1821, la Hudson's Bay Company nomma Williams gouverneur de son département du Sud [V. Thomas Thomas*], avec un traitement annuel de £1 200. Ce département s'étendait à l'est du lac à la Pluie (lac Rainy, Ontario) et comprenait notamment le fort William, Moose Factory et Eastmain Factory (Eastmain, Québec). On confia à George Simpson* le département du Nord, plus grand et plus riche. Aux conseils qui réunissaient les deux hommes, c'est toutefois Williams qui devait jouer le rôle de gouverneur principal. Ces nominations délicates furent l'œuvre de Nicholas Garry*, que Londres avait chargé de réaliser la fusion des deux compagnies et qui jugea bon d'écarter Williams du département du Nord en raison de son influence perturbatrice. On ne sait trop pourquoi, mais Williams se réjouit de sa nomination. Peut-être pensait-il que le département du Sud allait être plus facile à administrer, malgré sa surexploitation ; ou peut-être voulait-il, avant la venue de sa femme et de sa fille alors en Angleterre (elles arrivèrent en 1822), s'éloigner de Sally Fidler, la fille de Peter Fidler*, qu'il avait épousée à la façon du pays, et des deux enfants qu'ils avaient eus.

Williams passa l'hiver de 1821–1822 à Cumberland House. Il arriva à Moose Factory le 10 juillet 1822 pour prendre la direction du département du Sud. Les fonctionnaires qui formaient son conseil, entre autres Thomas Vincent* et Angus Bethune*, étaient tous des vétérans de la traite des fourrures et répugnaient à reconnaître qu'il fallait, comme l'avaient maladroitement prescrit le gouverneur adjoint et le comité de Londres, commencer à gérer la compagnie d'« une manière efficace et économique ». Ils voulurent donc passer outre aux ordres de Williams en écrivant directement au gouverneur et au comité de Londres, qu'ils irritèrent par leurs recommandations indues. Williams n'était cependant pas assez au fait de la traite des fourrures ni assez habile administrateur pour avoir la haute main sur des fonctionnaires aussi bien ancrés dans leurs fonctions.

Vu les tempéraments de Williams et de Simpson, il était inévitable que des frictions se produisent entre eux. Des désaccords surgirent bientôt, notamment au sujet des limites de territoire et des moyens de transport. Williams, ferré en marine, contredit Simpson sur des questions concernant l'utilisation de caboteurs à York Factory et à Moose Factory. Par ailleurs Simpson, dans les communications personnelles qu'il adressait au département du Sud, se montrait sarcastique, bas et peu obligeant. Mais cet homme, qui savait être affable et diplomate, jouissait de l'entière confiance d'Andrew Colvile, l'un des membres les plus puissants du comité de Londres, et eut facilement le dessus sur Williams, aux manières plus directes.

À la demande du gouverneur et du comité, Simpson se rendit à Londres à l'automne de 1825 afin d'avoir des « entretiens personnels […] sur de nombreuses questions qui touchaient les intérêts et le bien-être des trafiquants de fourrures ». Au cours de ces entretiens, on examina le problème du département du Sud, qui n'était pas « dirigé d'une manière satisfaisante ». Quand Simpson repartit de Londres, en février 1826, il portait une dépêche qui convoquait Williams dans la métropole, parce que la compagnie voulait « apporter des changements considérables à la façon de mener la traite ». Avec sa femme et son fils, né à Moose Factory, Williams quittait ce poste le 9 septembre 1826.

À son retour à Londres, Williams fut relevé de ses fonctions ; on s'engagea à lui verser pendant six ans une allocation de retraite annuelle de £300. Il plaça cet argent chez la Rowland Stephenson, mais en août 1835 la ruine financière de cet établissement le laissa sans ressources. Williams mourut à Brixton le 14 janvier 1837.

C'est en désespoir de cause, semble-t-il, que le gouverneur et le comité de la Hudson's Bay Company nommèrent William Williams gouverneur en chef de Rupert's Land en 1818. Ce choix était étrange, car l'homme était agressif, carré, et de plus inexpérimenté en affaires. Mais la compagnie s'était manifestement rendu compte que les mesures passives de ses fonctionnaires ne pouvaient plus prévaloir contre la North West Company. Elle fit donc appel à un homme doté d'un grand courage et résolu à défendre ses droits en une période où ses fonctionnaires, à Rupert's Land, faisaient piètre figure face aux Nor'Westers. Au terme des hostilités entre les deux compagnies, en 1821, Williams subit cependant le sort de beaucoup de batailleurs et il cessa d'être la personne qu'il fallait : gérer la Hudson's Bay Company pendant son tranquille monopole, marqué au coin du sens de la rigueur et de l'économie, n'était pas un travail fait pour lui.

SHIRLEE ANNE SMITH

APC, MG 19, E1, sér. 1 : 8037–8038 (mfm aux PAM). — BL, India Office Library and Records [East India House Arch.], IOR, L/MAR/C/656 : 207 ; L/MAR/C/657 : 54, 209 ; L/MAR/C/669, n° 293. — PAM, HBCA, A.1/51 : f° 114 ; A.1/52 : f° 107 ; A.1/53 : f° 39d ; A.1/55 : f° 85 ;

A.5/7 : 51 ; A.5/8 : 314 ; A.6/19 : f°s 64d, 90, 113 ; A.6/20 : f° 26 ; A.6/21 : f°s 38, 71d, 83 ; A.8/1 : f° 83, 83d–84 ; pp. 164, 170 ; A.10/3 : f° 369 ; A.10/4 : f° 25 ; B.22/a/21 : f° 47d ; B.39/a/14 : f° 23 ; B.49/a/34 : f° 15 ; B.49/a/37 : f° 38 ; B.51/a/2 : f°s 4d, 5 ; B.135/k/1 : 40–41 ; C.1/229 : f°s 5d, 42 ; C.1/787 ; C.1/788 : f°s 2d, 49 ; D.1/1 ; D.1/4 : f°s 26–30, 31–31d ; D.1/7 : f°s 6d, 17, 17d, 18 ; D.1/c/1 : f°s 63–68. — John Franklin, *Narrative of a journey to the shores of the polar sea in the years 1819, 20, 21 and 22* […] (2e éd., 2 vol., Londres, 1824), 1 : 100. — Nicholas Garry, « Diary of Nicholas Garry, deputy-governor of the Hudson's Bay Company from 1822–1835 : a detailed narrative of his travels in the northwest territories of British North America in 1821 […] », F. N. A. Garry, édit., SRC *Mémoires*, 2e sér., 6 (1900), sect. II : 155, 166. — *HBRS*, 1 (Rich) ; 2 (Rich et Fleming) ; 3 (Fleming). — Morton, *Hist. of Canadian west* (1939). — Rich, *Hist. of HBC* (1960). — Van Kirk, *« Many tender ties »*.

WILLOUGHBY, MARK, ministre de l'Église d'Angleterre et éducateur, baptisé le 24 juin 1796 à Chew Magna, Angleterre, fils de William Hall Willoughby et de sa femme, prénommée Mary ; le 10 janvier 1844, il épousa à Montréal Janet Scougall, veuve de Robert Liston, et ils n'eurent pas d'enfants ; décédé le 15 juillet 1847 au même endroit.

Mark Willoughby se joignit à la Newfoundland Society for Educating the Poor dès sa fondation en 1823. Un groupe d'évangéliques de l'Église d'Angleterre, Samuel Codner* en tête, avaient créé cet organisme, plus communément appelé Newfoundland School Society, parce qu'ils étaient convaincus de la nécessité de dispenser, aux nouveaux habitants des colonies, une instruction fondée sur la vérité des Écritures. Secrétaire adjoint de la société dès 1823, Willoughby se rendit à Terre-Neuve trois ans plus tard puis y retourna en 1829 en qualité de surintendant. Il tint à St John's une classe d'études bibliques que fréquentait notamment William Bennett Bond*, futur primat de l'Église d'Angleterre au Canada. En 1832–1833, il visita le Bas-Canada à titre de représentant de la société.

Peu après que le révérend Aubrey George Spencer*, évêque de Terre-Neuve, l'eut ordonné diacre en 1839, Willoughby s'installa au Bas-Canada. Dès son arrivée, il parcourut le vaste diocèse de Québec en compagnie de l'évêque du lieu, le révérend George Jehoshaphat Mountain*, qui prôna, pendant cette tournée, l'extension de l'œuvre de la Newfoundland School Society. Le 10 février 1840, Mountain l'ordonna prêtre.

Willoughby fut bientôt assigné à la chapelle Trinity de Montréal, dont on avait entrepris la construction pour délester l'unique paroisse anglicane de la ville, Christ Church. C'est le bienfaiteur de la chapelle, William Plenderleath CHRISTIE, qui l'avait choisi comme titulaire, et Mountain avait accepté sa nomination. Le 20 mai 1840, on consacra l'immeuble, décrit par un contemporain comme « une très élégante chapelle » de style gothique, « sobre » à l'intérieur ; en même temps, on investit officiellement Willoughby de sa fonction. Grâce à ses talents d'administrateur autant qu'à un attachement manifeste à sa vocation, Willoughby, assisté de deux vicaires, ne tarda pas à gagner la confiance et l'affection de ses ouailles ; selon un membre de sa congrégation, aucun ministre, à Montréal, n'était plus aimé que lui. Bientôt, des personnalités comme le docteur Andrew Fernando Holmes*, Samuel Gale*, Charles Dewey Day* et Christopher Dunkin* eurent leur banc à la chapelle ; les gouverneurs Sydenham [THOMSON], METCALFE (quand il visitait la ville) et Cathcart* y venaient parfois.

Une fois curé, Willoughby continua de s'occuper d'instruction. Sous ses soins, l'école du dimanche de la chapelle Trinity devint l'une des meilleures du diocèse. En 1842, il entra au bureau des examinateurs créé en vertu d'une récente loi provinciale sur l'éducation. En outre, il demeura quelque temps surintendant des écoles que parrainait la Newfoundland School Society ; en 1845, il affirma avoir fondé 70 écoles de ce genre dans le diocèse de Québec.

En 1847, des milliers d'immigrants souffrant ou se mourant du typhus débarquaient des navires qui mouillaient dans le port de Montréal. Mark Willoughby visita les hangars où logeaient ces malades afin de leur apporter nourriture et réconfort spirituel. En juillet, il contracta cette terrible maladie et mourut ; quatre autres prêtres anglicans du diocèse qui œuvraient eux aussi auprès de ces immigrants allaient connaître le même sort. Pendant sa maladie, les sulpiciens de la ville s'informèrent souvent de son état. On inhuma d'abord sa dépouille au cimetière de la rue Dorchester, puis on la transféra au cimetière du Mont-Royal en 1871.

MARY NAYLOR

ANQ-M, CE1-84. — APC, RG 68, General index, 1841–1867. — *Berean* (Québec), 7 oct. 1847. — Philip Carrington, *The Anglican Church in Canada ; a history* (Toronto, 1963). — *Jubilee history of Trinity Church, Montreal, 1840–1890*, Henry Mott, compil. ([Montréal, 1890]). — Brian Underwood, *Faith at the frontiers : Anglican evangelicals and their countrymen overseas (150 years of the Commonwealth and Continental Church Society)* (Londres, 1974). — T. R. Millman, « The church's ministry to sufferers from typhus fever in 1847 », *Canadian Journal of Theology* (Toronto), 8 (1962) : 126–136.

WILMOT, JOHN McNEIL, homme d'affaires, homme politique et juge, né vers 1775 à Poughkeepsie, New York, fils de Lemuel Wilmot, capitaine dans le Loyal American Regiment, et d'Elizabeth Street, sœur du marchand Samuel Street* ; le 27 octobre 1808, il épousa à Saint-Jean, Nouveau-Brunswick, Susanna (Susan) Harriet Wiggins ; décédé le 7 septembre 1847 à Lincoln, Nouveau-Brunswick.

Wilmot

John McNeil Wilmot arriva en 1783, à l'époque de la migration loyaliste, dans ce qui allait devenir le Nouveau-Brunswick. Son père reçut une terre près de Fredericton, et c'est dans cette région pionnière peuplée de loyalistes qu'il éleva sa famille. Chez John et son frère William, les attentes créées par l'appartenance à l'élite et leur rejet, en tant que pionniers, des valeurs de celle-ci produisirent un curieux amalgame. Fils d'un officier loyaliste très respecté, ils étaient à l'aise parmi les aristocrates de la première génération de loyalistes, qui avaient conscience de leur rang ; ils s'allièrent par mariage à ce groupe et bénéficièrent des avantages dont jouissaient ses membres en affaires. John se maria avec la fille aînée de Samuel Wiggins, un commerçant en vue ; William épousa une fille de Daniel Bliss, membre du Conseil du Nouveau-Brunswick. Les deux frères avaient grandi dans le centre rural du Nouveau-Brunswick, précisément à l'époque où le mouvement *New Light*, inspiré par Henry Alline*, devenait cette grande force du front pionnier des Maritimes, le mouvement baptiste. Ils furent parmi les premiers convertis de cette secte, et parmi ses adeptes les plus ardents. Mais il y avait un prix à payer pour qui narguait ainsi les conventions loyalistes : les Wilmot, bien que reconnus comme des gens respectables, ne furent jamais acceptés dans la chapelle tory qui dominait l'appareil administratif de la province.

Comme tant de loyalistes ambitieux, Wilmot renonça dans sa jeunesse à la vie rurale et chercha fortune dans le commerce. Il travailla d'abord à Fredericton, peut-être en tant qu'agent pour une entreprise de Saint-Jean, et démontra d'excellentes dispositions pour l'état qu'il avait choisi. En 1808, son union par mariage à l'une des plus importantes familles commerçantes de Saint-Jean vint couronner sa réussite. En peu d'années, Wilmot était parvenu à s'implanter dans cette ville portuaire, où sa firme, la John M. Wilmot, vendait des marchandises sèches en gros et au détail. En 1813, il obtint un bail perpétuel pour un lot de grève du South Market, preuve de son importance dans le milieu des affaires de Saint-Jean. Ce bail lui permit de construire son propre quai et de jouer un rôle important dans le commerce provincial.

En 1818, Wilmot obtint un permis d'encanteur et devint l'agent de marchands de l'extérieur du Nouveau-Brunswick, qu'il aida à vendre leurs marchandises. L'année suivante, il s'associa avec James Kirk pour fonder la John M. Wilmot and Company, une entreprise qui s'engagea graduellement dans le commerce du bois, alors en plein essor. Au cours des 18 années qui suivirent, Wilmot joua un grand rôle dans ce commerce et passa en général pour l'un des principaux marchands de la province. Après 1830, deux de ses fils se joignirent à lui ; l'un d'eux, Robert Duncan*, le représenta à Liverpool, en Angleterre, pendant plusieurs années. Le commerce du bois était à

la fois payant et extrêmement risqué. En effet, presque tout le bois du Nouveau-Brunswick était exporté au Royaume-Uni et les commerçants devaient fixer les prix et les quantités un an d'avance. De plus, le marché britannique connaissait des ralentissements périodiques qui pouvaient mettre en faillite tout marchand qui avait pris des engagements excessifs. C'est justement ce que fit Wilmot en 1837 ; son entreprise survécut à l'épreuve, mais il semble qu'en 1840 il s'était retiré au profit de son fils Robert Duncan.

Les activités professionnelles de Wilmot débordaient largement le cadre d'une seule entreprise. L'un des premiers chefs de file du monde des affaires de Saint-Jean, il s'occupa activement de la Saint John Chamber of Commerce et de questions qui intéressaient l'ensemble des commerçants de la province. En 1812, il fit partie d'un groupe qui offrit de construire et d'exploiter un vapeur qui assurerait un transport régulier entre Saint-Jean et Fredericton, à condition que le gouvernement leur accorde un monopole de 20 ans ; cette offre fut rejetée [V. John WARD]. Six ans plus tard, Wilmot et Lauchlan Donaldson, désireux de mettre fin à l'énorme contrebande de plâtre de Paris entre les territoires britannique et américain, affrétèrent une goélette armée dont ils se servirent pour patrouiller l'ouest de la baie de Fundy.

Au début des années 1830, Wilmot devint l'un des protagonistes du projet de création à Saint-Jean d'une deuxième banque, destinée à soutenir le commerce du bois, alors en expansion. L'établissement bancaire existant, la Bank of New Brunswick (1820), était administrée surtout par des fonctionnaires qui appartenaient à l'élite loyaliste et par une poignée de gros marchands qui s'étaient associés à eux. En 1833, Wilmot présidait le comité qui coordonnait la défense du projet dans la province et qui collectait des souscriptions pour la banque partout au Nouveau-Brunswick ainsi qu'à Boston, New York et Philadelphie. Avec l'aide d'un député de Saint-Jean, William Boyd Kinnear*, ce comité réussit à deux reprises à faire adopter par la chambre d'Assemblée le projet de loi qu'il désirait, mais chaque fois le Conseil législatif le rejeta. Finalement, le comité parvint à contourner l'appareil législatif et obtint, le 16 août 1834, avec l'aide du lieutenant-gouverneur sir Archibald CAMPBELL, la constitution en société, en vertu d'une charte royale, de la Commercial Bank of New Brunswick. Wilmot fut l'un des administrateurs de cette banque pendant la majeure partie des dix années qui suivirent.

Wilmot s'occupa d'autres entreprises. Dans les années 1830, il fut successivement l'un des promoteurs, l'un des administrateurs et le président de la New Brunswick Fire Insurance Company. Il contribua aussi à la fondation de la New Brunswick Mining Company, créée pour exploiter le charbon de la région du lac Grand, au cœur du Nouveau-Brunswick.

Aux yeux de Wilmot, les affaires publiques et

religieuses revêtaient autant d'importance que ses intérêts commerciaux et financiers. Dans la province, il fut toute sa vie l'un des principaux laïques et porte-parole baptistes calvinistes. Le mouvement baptiste des Maritimes est un exemple parfait des mouvements issus de régions pionnières : il se développa dans des centaines de petites communautés rurales, puis gagna les agglomérations urbaines grâce à des migrants tels que Wilmot et Amasa COY, de Fredericton. En 1810, Wilmot fonda avec d'autres la congrégation baptiste stricte (calviniste) de Saint-Jean. Il participa aussi aux efforts qui visaient à implanter sa dénomination au Nouveau-Brunswick et à lui assurer l'égalité avec l'Église d'Angleterre. Il se préoccupa surtout d'obtenir pour les jeunes baptistes un bon établissement d'enseignement. En 1833, il se joignit à plusieurs coreligionnaires bien vus afin de lancer la New-Brunswick Baptist Education Society. Wilmot et Joseph Crandall* assumèrent respectivement la vice-présidence et la présidence de cette association, créée pour établir un séminaire baptiste dans la province. Ce séminaire ouvrit ses portes en 1836 à Fredericton. Dirigé par le révérend Frederick William MILES, il connut pendant ses premières années de graves difficultés financières parce que le Conseil législatif, après avoir accepté de lui accorder une première subvention, refusa de lui en verser d'autres, tout en continuant d'aider les établissements de l'Église d'Angleterre et de l'Église catholique.

En plus d'œuvrer pour sa dénomination, Wilmot s'intéressa beaucoup au mouvement œcuménique de diffusion de l'Évangile, qui anima le XIXe siècle. Il fit partie du conseil d'administration d'une organisation interconfessionnelle, la Saint John Sunday School Union Society, formée au début des années 1820 pour apprendre aux enfants pauvres à lire et à écrire. Mais l'organisme dont il s'occupa le plus fut la section du Nouveau-Brunswick de la British and Foreign Bible Society ; il présida cette association influente pendant un certain nombre d'années et s'en retira en 1839.

Wilmot prit aussi une part active aux affaires publiques. Il fut élu en 1815 et 1816 dans le quartier Dukes, qu'il représenta au conseil municipal de Saint-Jean. En 1817, il devint échevin du quartier Kings, qu'il servit jusqu'en 1821, puis de 1824 à 1828. En tant qu'échevin, Wilmot prit part à l'administration de la ville, et il agit à titre de juge de la Cour inférieure des plaids communs et de juge de la Cour des sessions trimestrielles du comté de Saint-Jean.

Pendant une grande partie des années 1820, Wilmot représenta également le comté et la ville de Saint-Jean à la chambre d'Assemblée. Élu pour la première fois en 1820, il garda son siège jusqu'en 1827. En 1833, le lieutenant-gouverneur sir Archibald Campbell le désigna pour remplacer William Black* comme maire de Saint-Jean. On le démit de cette charge dès l'année

suivante, signe certain qu'il était tombé en défaveur auprès des autorités (il aurait apparemment fait connaître ses opinions radicales). Plus tard, la même année, il remporta l'élection dite des « terres de la couronne » [V. Charles Simonds*] dans son ancienne circonscription électorale. À la chambre d'Assemblée, il s'attacha à améliorer la navigabilité de la rivière Saint-Jean et à servir les intérêts des gens d'affaires de la région et ceux de la Commercial Bank. Réélu en 1837, il ne se représenta cependant pas à l'élection de 1842.

John McNeil Wilmot mourut le 7 septembre 1847 à Belmont, sa propriété de Lincoln, comté de Sunbury, qu'il avait achetée en 1834 des héritiers de John Murray Bliss*, beau-frère de son frère William. « Il fut, écrivit le New-Brunswick Courier, un chrétien honnête et solide, et […] fit des préceptes de l'Évangile la règle de sa vie. » Malgré une carrière publique bien remplie, il eut moins de rayonnement au Nouveau-Brunswick que son fils Robert Duncan et son neveu Lemuel Allan Wilmot*.

THOMAS WILLIAM ACHESON

APNB, MC 1156, VII : 59 ; RG 4, RS24, S21-P12, S24-P43, S26-P19. — Musée du N.-B., Ward family papers, packet 23, Wilmot à C. Ward, janv. 1836, 26 janv. 1838. — *A schedule of the real estate belonging to the mayor, aldermen and commonalty of the city of Saint John* […] *January, 1842* (Saint-Jean, N.-B., 1849 ; copie aux APNB). — *New-Brunswick Courier*, 11 avril 1818, 4 juin 1831, 8 déc. 1832, 23 mars, 6 avril, 21 sept. 1833, 15 nov. 1834, 11 sept. 1847. — Lawrence, *Judges of N.B.* (Stockton et Raymond). — A. R. M. Lower, *Great Britain's woodyard ; British America and the timber trade, 1763–1867* (Montréal et Londres, 1973).

WINNIETT, JAMES, officier, fonctionnaire et juge de paix, né vers 1777 ; décédé le 13 août 1849 près de Brantford, Haut-Canada.

James Winniett était officier de carrière. Entré dans le 68th Foot en 1795, à l'âge de 18 ans, il y demeura pendant 34 années au cours desquelles il prit part à 13 engagements militaires durant la guerre d'Espagne et accéda au grade de major. On envoya le 68th Foot en Amérique du Nord britannique à la fin de l'époque de Napoléon Ier pour servir dans la garnison de l'île Drummond (Michigan) ; Winniett fut chargé des préparatifs pour la visite du gouverneur Charles Lennox*, 4e duc de Richmond et Lennox, au cours de l'été de 1819. Par la suite, on l'affecta pour des périodes variables à Kingston, à York (Toronto) et à Québec. À la fin des années 1820, le régiment faisait partie de la garnison de Montréal. En août 1829, Winniett vendit sa commission et partit pour le comté d'York, dans le Haut-Canada. Il demanda une terre en janvier 1830 et obtint ainsi la première de plusieurs concessions (à sa mort, elles allaient totaliser 900 acres).

Winniett

Winniett s'installa près de Brantford en 1830 et vécut pendant les deux années qui suivirent comme un gentilhomme campagnard d'âge mûr. À l'instar de bien des militaires à la retraite, il chercha à obtenir un poste gouvernemental. Ses contacts avec le gouvernement du Haut-Canada lui avaient manifestement permis d'en espérer un. La mort soudaine, en 1832, de John Brant [Tekarihogen*], surintendant des Six-Nations, libéra un poste juste au bon moment. En novembre, le lieutenant-gouverneur sir John Colborne* nomma Winniett surintendant du département des Affaires indiennes, « avec affectation à la rivière Grand et mission de visiter occasionnellement les établissements indiens du Haut-Canada ». Il laissait entendre que la tâche ne serait pas facile. Les factions qui divisaient les Six-Nations, la mauvaise gestion des terres des Indiens et le problème des squatters blancs compromettaient les espoirs du gouvernement de mener rapidement à bien sa politique d'assimilation. Winniett reçut l'ordre de chasser les squatters, de collaborer avec les missionnaires et de renforcer les structures de son service.

La propriété des terres de l'établissement de la rivière Grand soulevait d'âpres querelles, à cause de la complexité de la concession initiale de 1784, et aussi parce que Joseph Brant [Thayendanegea*] en avait vendu ou loué de grandes parties par la suite. Les squatters, qui y vivaient sans aucune autorisation légale, étaient nombreux, et le vol de bois était chose commune. Winniett dut finalement demander des renforts afin de réduire les pertes. On nomma alors Marcus Blair, de Hamilton, premier inspecteur adjoint des forêts de la rivière Grand, et on lui donna Charles Bain comme assistant. Blair avait l'esprit contestataire ; il acceptait mal la politique du département et le fait d'employer des Indiens à titre d'agents de police. Il protesta donc auprès de Winniett : « Je ne peux certes en aucune façon accepter que le premier Indien venu puisse à son gré me prendre mon travail. » Les relations entre les deux hommes furent souvent tendues.

En 1834, Winniett était président de la Grand River Navigation Company. Sa présence à ce poste découlait de ce que les Six-Nations détenaient 25 % des actions de la compagnie. Cet investissement, décidé avec l'approbation de Colborne mais sans le consentement formel des Indiens, s'avéra une grave erreur, que la présence de Winniett au conseil d'administration ne put corriger. Les hommes qui dirigeaient réellement la compagnie, William Hamilton Merritt* et David Thompson, firent en sorte que les Indiens soient obligés de verser de plus en plus d'argent dans l'entreprise pour sauver leur mise de fonds initiale. Ils en vinrent ainsi à posséder plus de 80 % de cette entreprise peu rentable. Entre-temps, Winniett avait demandé et obtenu du département des Affaires indiennes la permission de se retirer du conseil d'administration.

La prestation de Winniett à titre de surintendant laissa parfois à désirer. Bien que les prévisions annuelles concernant les présents à distribuer aux Indiens l'autorisaient à commander de l'équipement supplémentaire, il omit de s'en prévaloir en 1836 ; il fallut que le surintendant en chef, James Givins, lui rappelle de le faire. En d'autres occasions, il lui arriva d'égarer des dossiers du département. Colborne avait laissé entendre que Winniett avait une chance de remplacer Givins, qui vieillissait, mais malheureusement pour Winniett Colborne quitta son poste avant que ce changement ne puisse se faire. Son successeur, sir Francis Bond Head*, était au courant de la situation ; toutefois, cela ne l'empêcha pas de confier le poste à Samuel Peters Jarvis* en 1837. En fait, lorsqu'on prépara un remaniement général du gouvernement, à la fin des années 1830, on inscrivit Winniett sur la liste des fonctionnaires destinés à une retraite anticipée, sans doute à cause de ses piètres qualités d'administrateur. Cette tentative d'éviction le remplit d'amertume. Seules la protestation énergique qu'il fit et la loyauté que les Six-Nations manifestèrent envers la couronne durant les troubles de 1837–1838 lui permirent de demeurer à son poste. Une commission royale, qu'institua le gouverneur sir Charles Bagot, fit enquête sur le département des Affaires indiennes de 1842 à 1844, et à la fin de celle-ci Winniett fut mis à la retraite. Au milieu de 1844, David Thorburn, de Queenstown, assuma quelques-unes de ses fonctions et, un an plus tard, il lui succéda à titre de surintendant.

Winniett continua de vivre dans la région de Brantford. Il était déjà juge de paix et receveur du droit de péage sur la rivière Grand, charges qu'il garda vraisemblablement après sa retraite. La notice parue à sa mort dans le *Hamilton Spectator, and Journal of Commerce* le décrit comme un homme « respecté de tout son entourage ». On sait peu de chose de sa vie familiale. On lui connaît une fille qui épousa le docteur Robert Coucher, de Brantford. Il légua £200 pour l'éducation et l'entretien de Francis Alexander Atkins, du canton de Brantford, qui était peut-être son fils illégitime.

La carrière de James Winniett ne sort guère de l'ordinaire. Il était le type même de ces militaires retraités qui détinrent des postes mineurs dans l'administration du Haut-Canada durant la période qui entoura l'union politique de 1841. Le récit de sa vie nous éclaire tout de même sur les difficultés que posait l'administration des Affaires indiennes au niveau régional, sur la nature du favoritisme politique et sur la composition des élites locales à cette époque.

Douglas Leighton

AO, RG 1, A-VII ; RG 22, sér. 155. — APC, MG 9, D7, 40, vol. 8, file 36 ; MG 24, A25, 2 ; RG 1, E3, 52, 102 ; L1,

33 : 116 ; L3, 148 : Canada Company : 32b–c, 41h ; 531 : W16/15 ; 541 : W6/21 ; RG 5, B9, 1–2, 4, 71 ; RG 8, I (C sér.), 142, 363, 965 ; RG 10, A1, 121–122 ; A6, 718–719 ; B8, 628 ; CI, 6, vol. 803, part. I–II, 806. — *Globe*, 21 août 1849. — *Hamilton Spectator, and Journal of Commerce* (Hamilton, Ontario), 22 août 1849. — J. D. Leighton, « The development of federal Indian policy in Canada, 1840–1849 » (thèse de PH.D., Univ. of Western Ontario, London, 1975). — B. E. Hill, « The Grand River Navigation Company and the Six Nations Indians », *OH*, 63 (1971) : 31–40.

WINNIETT, sir WILLIAM ROBERT WOLSELEY, officier de marine, né le 2 mars 1793 à Annapolis Royal, Nouvelle-Écosse, troisième enfant du shérif William Winniett et de Mary Totten, et arrière-petit-fils de William Winniett* ; le 10 août 1828, il épousa à Woolwich (Londres) Augusta Julia Fenwick, fille du colonel William Fenwick des Royal Engineers et filleule de feu Edward* Augustus, duc de Kent, et ils eurent trois fils et une fille ; décédé le 4 décembre 1850 à Accra (Ghâna).

William Robert Wolseley Winniett fréquenta probablement l'école de John McNamara à Annapolis Royal. À 14 ans, il entra dans la marine royale à titre de volontaire de seconde classe sur la frégate *Cleopatra*, alors stationnée à Halifax. En 1809, le *Cleopatra* combattit les Français à la Guadeloupe et à la Martinique et, au premier endroit, aida à capturer la frégate française *Topaze*. Le 20 août 1811, Winniett, devenu midshipman, fut muté à bord de l'*Africaine* et servit aux Indes orientales durant deux ans, où il assuma la charge de sous-officier de navigation de juin 1812 à octobre 1813. Il servit ensuite sur divers vaisseaux au large de l'Amérique du Nord, de l'Europe ou des Antilles jusqu'à la fin de 1818. Le 24 décembre de cette année-là, on l'affecta au *Morgiana*, qui patrouillait la côte africaine dans le but de réprimer le commerce des esclaves. Promu lieutenant le 29 janvier 1821, il demeura en poste en Afrique. Le 17 mars 1837, il prit le commandement du schooner *Viper* et, à compter du 1er janvier 1843, il commanda le *Lightning*, l'un des premiers vapeurs que la marine royale utilisa comme bâtiments de guerre. Devenu *commander* le 5 octobre 1843, il fut nommé lieutenant-gouverneur de la Côte-de-l'Or (Ghâna) le 24 octobre 1845.

En 1843, les établissements britanniques dispersés sur le territoire de la Côte-de-l'Or avaient été constitués en colonie et laissés sous la dépendance de la Sierra Leone. Lorsque le lieutenant-gouverneur Winniett arriva à Cape Coast Castle (Ghâna), en avril 1846, il avait deux priorités : la protection des marchands britanniques et la répression du trafic des esclaves. Avec son premier objectif en vue, il se rendit en avril 1847 au royaume du Dahomey, l'état le plus puissant de l'Afrique occidentale, et persuada le roi Guézo de signer un traité d'amitié et de commerce. En novembre 1848, il dépêcha une autre mission à Abomey (Bénin), capitale du Dahomey, mais Guézo refusa d'abolir la traite des Noirs, dont son royaume tirait des profits considérables. Winniett déploya autant d'énergie sur d'autres fronts. Lorsque le roi d'Amanahia, un état côtier, se mit à harceler et assassiner des Européens et des Africains, il convainquit d'autres chefs locaux de se joindre à lui dans une expédition qui permit de capturer le roi et de le faire prisonnier. En septembre de la même année, Winniett se rendit au royaume d'Achanti (Ghâna) et tenta de convaincre le roi Kwaku Dua Ier d'abolir la coutume des sacrifices humains. C'était la première fois qu'un gouverneur britannique visitait Koumassi, capitale d'Achanti.

Au cours d'un congé qu'il passait en Angleterre en 1849, Winniett fut fait chevalier le 29 juin, « pour les services importants qu'il avait rendus en signant des traités d'amitié avec plusieurs des plus puissants rois d'Afrique ». Ses efforts reçurent une reconnaissance supplémentaire le 24 janvier 1850 lorsque les établissements de la Côte-de-l'Or furent constitués en colonie indépendante et qu'il en devint le premier gouverneur. En mars 1850, il présida au transfert des forts danois de la côte aux autorités britanniques et, plus tard dans l'année, il soumit un rapport complet et optimiste sur les progrès de la colonie. Atteint de « dysenterie chronique », il mourut en décembre. Il fut « sincèrement regretté, autant par ses compatriotes et ses collègues [de la marine] en général que par les dizaines de milliers de Noirs » qu'il avait gouvernés. En Nouvelle-Écosse, il laissa le souvenir d'un officier de marine accompli et d'« un colonial [qui avait atteint] l'un des plus hauts postes accessibles à un sujet britannique, non seulement celui de lieutenant-gouverneur, mais celui de gouverneur général ».

PHYLLIS R. BLAKELEY

PRO, ADM 9/16/5732 ; 196/6 : 582. — St Luke's (Anglican) Church (Annapolis Royal, N.-É.), Reg. of baptisms, 1782–1817 (mfm aux PANS). — *Acadian Recorder*, 4 oct. 1828. — *Novascotian*, 25 févr. 1850, 31 mars 1851. — W. R. O'Byrne, *A naval biographical dictionary : comprising the life and services of every living officer in her majesty's navy* [...] (Londres, 1849), 1310. — W. A. Calnek, *History of the county of Annapolis, including old Port Royal and Acadia* [...], A. W. Savary, édit. (Toronto, 1897 ; réimpr., Belleville, Ontario, 1972). — W. Claridge, *A history of the Gold Coast and Ashanti* [...] (2e éd., 2 vol., Londres, 1964). — G. W. Hill, *Nova Scotia and Nova Scotians* [...] (Halifax, 1858), 27–28. — Christopher Lloyd, *The navy and the slave trade : the suppression of the African slave trade in the nineteenth century* (Londres, 1968). — A. W. Savary, *Supplement to the « History of the county of Annapolis »* [...] (Toronto, 1913 ; réimpr., Belleville, 1973). — D. C. Harvey, « Nova Scotia and the Canadian naval tradition », *CHR*, 23 (1942) : 247–259.

Wolhaupter

WOLHAUPTER, JOHN, horloger, orfèvre et joaillier, né vers 1771 à New York, fils de Gottfried Wolhaupter ; décédé le 12 janvier 1839 à Richmond Parish, Nouveau-Brunswick.

Originaire de Bocken, près de Schneeberg, en Saxe (République démocratique allemande), le père de John Wolhaupter se fixa à New York au plus tard en 1759. John fit son apprentissage dans cette ville et, d'après les factures et comptes qui subsistent, travailla à son compte au moins à partir de 1790. Cette année-là, il entra chez les francs-maçons, à la Hiram Lodge. En 1795, il épousa à New York Mary Payne Aycrigg, fille de feu le docteur John Hurst Aycrigg et de Rachael Lydekker ; celle-ci s'était installée en 1785 à Saint-Jean, au Nouveau-Brunswick, avec son deuxième mari. Quant à Wolhaupter, il s'établit à Saint-Jean avant 1799. Une annonce parue dans la *Royal Gazette* du 21 mai 1799 dit en effet : « JOHN WOOLHAUPTER, HORLOGER, [...] REVENU depuis peu de New York POUR S'ÉTABLIR dans la ville [...] a élu domicile rue Germain. » Les mots « revenu depuis peu » semblent significatifs car, lorsque Wolhaupter demandera une concession foncière en 1820, il affirmera être venu au Nouveau-Brunswick avec les loyalistes.

On admit Wolhaupter à titre de citoyen de la ville de Saint-Jean en 1799. Demeuré franc-maçon, il devint trésorier de la St John's Lodge No. 29 dès sa formation, en 1802. Toutefois, le 28 mai 1803, il annonça dans la *Saint John Gazette* qu'il avait l'intention de « quitter sous peu la province pour quelques mois ». En novembre, il mit en vente une maison et un lot adjacent à la sienne, mais ces biens n'avaient toujours pas trouvé preneur quand l'annonce cessa de paraître le 2 janvier 1804.

Il semble que Wolhaupter retourna à New York, où il travailla à titre d'horloger, mais le 25 mai 1805 il était de retour à Saint-Jean et tenait boutique rue Prince William. Cinq ans plus tard, soit en juillet 1810, il annonça la vente d'une partie de ses propriétés et son intention d'abandonner l'horlogerie pour la joaillerie. Plus tard dans l'année, il parla de s'installer à Fredericton ; il y était en 1813, rue Queen. Dans une réclame du 12 mai 1818, il annonçait qu'à sa boutique il nettoyait et réparait des horloges et des montres et qu'il faisait aussi la réparation de pièces d'orfèvrerie, d'argenterie et de vaisselle. À cette époque, son fils Benjamin*, qui était son apprenti, avait sa propre boutique ; l'annonce disait qu'aux deux endroits on ferait le travail avec une « attention minutieuse ».

En 1819, Wolhaupter alla s'établir rue Camperdown et annonça qu'il entendait faire de l'orfèvrerie et de l'argenterie. Cependant, il semble qu'il abandonna son métier en 1820, l'année même où Benjamin acheva son apprentissage. Jamais, à compter de 1821, les annonces de celui-ci ne mentionnent le nom de son père, et rien n'indique non plus que John Wolhaupter

continua seul. En 1826, il obtint une concession dans Richmond Parish, près de Woodstock. Il ne s'y installa qu'en 1831 et y mourut huit ans plus tard. Sa femme s'éteignit en 1842 ; le couple avait eu au moins six enfants, quatre garçons et deux filles.

La carrière de John Wolhaupter rappelle que les événements obligèrent bien des artisans loyalistes à se réorienter. On a pu identifier quelques cuillers à thé de sa fabrication (certaines d'entre elles sont exposées au York-Sunbury Historical Society Museum de Fredericton), mais aucune horloge, montre ou bijou. Les témoins les plus nets de sa vie demeurent une série d'achats et de ventes de terres, et on suppose qu'il constitua une bonne partie de son capital à l'occasion de ses fréquents et longs séjours à New York.

D. C. MACKAY ET STUART SMITH

City of Saint John (Saint-Jean, N.-B.), City Clerk's Office, Common Council, minutes, 6 nov. 1799. — Saint John County Land Registry Office (Saint-Jean), Record books, C1 : 116 ; F1 : 175 ; H1 : 4, 248 (mfm aux APNB). — *Royal Gazette* (Saint-Jean ; Fredericton), 21 mai 1799, 12 mai 1818, 18 mai 1819, 23 janv. 1839. — *Saint John Gazette,* 28 mai, 5 nov. 1803, 2 janv. 1804, 27 mai 1805. — D. C. Mackay, *Silversmiths and related craftsmen of the Atlantic provinces* (Halifax, 1973). — Brooks Palmer, *The book of American clocks* (New York, 1950). — W. F. Bunting, *History of St. John's Lodge, F. & A.M. of Saint John, New Brunswick* [...] (Saint-Jean, 1895).

WOOD, ALEXANDER, homme d'affaires, officier de milice, juge de paix et fonctionnaire, né en janvier 1772 et baptisé le 25 à Fetteresso, près de Stonehaven, Écosse, fils de James Wood et de Margaret Barclay ; décédé célibataire le 11 septembre 1844 à Woodcot, dans sa paroisse natale.

Alexander Wood arriva jeune dans le Haut-Canada et, vers 1793, s'installa à Kingston où il investit £330 dans l'achat de la Kingston Brewery ; ses associés étaient Joseph Forsyth* et Alexander Aitken*. En 1797, il partit pour York (Toronto) afin d'y ouvrir un commerce et s'associa à William Allan*. « Aucun des deux n'avança de fonds, ce qui [les] mettait sur un pied d'égalité », mais ils construisirent leur magasin sur la terre d'Allan. Après que l'association fut dissoute, le 13 avril 1801, le partage des biens fut pénible au point qu'ils refusèrent tous les deux de renouer, « ne serait-ce que par un simple mot ».

Wood ne tarda pas à ouvrir son propre magasin. Tous les automnes, il commandait un vaste assortiment de marchandises de Glasgow et de Londres ; il se souciait moins du prix de la qualité du produit et du soin apporté à l'emballage. Il faisait presque tout venir de Grande-Bretagne, à l'exception du thé et du tabac. Avant que l'*Embargo Act* des États-Unis ne vienne entraver la navigation intérieure en 1808, il faisait venir ces produits de ce pays par l'entremise de

Robert Nichol*. Quant aux menus articles nécessaires à la vie courante, il les commandait à Montréal et à New York. Wood avait la chance d'avoir en Écosse son frère aîné, James, qui payait les sommes qu'il devait à ses fournisseurs britanniques en attendant qu'il puisse expédier le paiement total du Haut-Canada. Il comptait parmi ses clients le lieutenant-gouverneur Francis Gore*, une bonne partie des gens aisés d'York, des officiers et l'intendance, mais personne ne payait dans les délais que Wood aurait souhaités. Il faisait aussi affaire avec les fermiers des environs ; il leur fournissait des vivres et exportait leur farine. Malgré les fréquentes fluctuations dans les stocks et les prix, Wood fit tout de même de bonnes affaires avec la farine. Il ne fut cependant pas aussi chanceux avec la potasse et le chanvre ; quant à la traite des fourrures, il ne s'y risqua qu'une seule fois et ce fut sans succès.

Avant la guerre de 1812, Wood était l'un des principaux marchands d'York, avec William Allan et Laurent Quetton* St George. Cet endroit n'était guère plus qu'une éclaircie dans la brousse lorsqu'il s'y installa, et le commerce était loin d'être aussi développé qu'à Kingston ou que dans les villes de la presqu'île du Niagara mais, grâce aux mises de fonds du gouvernement et à la colonisation de l'arrière-pays, la croissance fut rapide. Wood faisait partie des « colporteurs écossais » dont le juge Robert THORPE déplorait tant l'influence. « Ils forment une chaîne qui relie Halifax à Québec, Montréal, Kingston, York, Niagara et ainsi de suite jusqu'à Detroit », écrivait-il en 1806. Wood entretenait une correspondance régulière avec James Irvine*, de Québec, James Dunlop* et James Leslie*, de Montréal, Joseph Forsyth, de Kingston, Robert Hamilton* et Thomas Clark*, de la presqu'île du Niagara, Robert Nichol, du fort Erie (Fort Erie) et de Dover (Port Dover), et autres marchands écossais. Leur correspondance avait pour but d'échanger des services et de donner des nouvelles du commerce et de leur région.

Wood était l'un des rares marchands admis dans l'élite d'York ; ses meilleurs amis étaient William Dummer Powell* et sa famille, dont il était « un invité régulier », et George Crookshank* et sa famille. De sa correspondance suivie avec le révérend John Strachan*, de Cornwall, naquit une vive amitié entre les deux hommes. En 1807, Strachan écrivait : « Nous nous entendons à peu près sur tout. » On publia la nomination de Wood au grade de lieutenant dans la milice d'York en 1798 ; deux ans plus tard, il devenait juge de paix et, en 1805, commissaire de la Cour des requêtes. Il s'intéressait de près à tous les mouvements qui cherchaient à améliorer la vie communautaire et prenait part aux divertissements sociaux. Wood n'avait qu'un seul problème, sa santé. Le docteur Alexander THOM déclarait en 1806 qu'il souffrait « d'un trop-plein dans les vaisseaux san-guins du cerveau ». Anne Powell [MURRAY] précisait dans une lettre : « sa maladie […] quoique sans danger pour sa vie, demeure, j'en ai bien peur, une menace pour ses facultés intellectuelles ». Les Powell consultèrent d'ailleurs des médecins à New York et à Londres à son sujet.

En juin 1810, le monde de Wood s'écroula. La rumeur courut à York qu'il avait, en sa qualité de juge de paix, interrogé individuellement plusieurs jeunes hommes, en leur disant qu'une certaine Mlle Bailey les avait accusés de viol. À son dire, la plaignante avait égratigné les organes génitaux de son assaillant. Pour prouver son innocence, chacun des accusés permit donc à Wood de procéder à un examen intime. John Beverley Robinson* qualifia Wood « d'inspecteur général des comptes privés, […] nom que le public ne manqua pas de lui servir à l'occasion pour l'injurier dans la rue ». Selon le commis de Quetton St George, même si Wood avait reçu une cargaison de Grande-Bretagne, personne ne s'approchait de son magasin. Le juge Powell s'enquit de l'authenticité de cette histoire auprès de son ami et fut horrifié devant les aveux de Wood : « Je me suis exposé au ridicule et à la malveillance [et] je ne sais plus comment m'en sortir ; j'ai tout lieu de craindre qu'on en fera des gorges chaudes et que mes ennemis ne manqueront pas l'occasion de se moquer de moi. » Powell lui riposta que l'offense était plus grave encore, puisqu'il était passible d'amende et d'emprisonnement pour avoir abusé de son pouvoir de juge de paix. On fit une déposition au ministère public « mais, à cause de son caractère odieux, l'affaire fut étouffée », à condition que Wood quitte le Haut-Canada. Il s'embarqua donc pour l'Écosse le 17 octobre 1810 en laissant son commerce à la garde de son commis.

Malgré le scandale, Wood revint à York le 25 août 1812, juste après la déclaration de la guerre, et reprit toutes ses occupations, y compris celles de juge de paix. Il avait perdu l'estime des Powell mais, par contre, l'amitié des Crookshank s'avéra à l'épreuve de tout. Quant à Strachan, établi à York, il écrivait en 1816 : « Monsieur Wood passe généralement une couple de soirées avec nous et dîne à la maison une fois la semaine. » Même si les transports et le ravitaillement étaient devenus difficiles à cause de la guerre, Wood arrivait à s'en tirer. Toutefois, les livres de comptes de la garnison d'York témoignent de l'état de ses affaires : le montant de ses ventes atteignait à peine le tiers de celles de Quetton St George et d'Allan. Même si son magasin demeura ouvert jusqu'en 1821, il était pratiquement retiré de ce commerce depuis 1815.

En 1817, Wood hérita du domaine familial et partit pour l'Écosse, mais il revint dans le Haut-Canada en 1821 pour régler ses affaires. Il allait demeurer encore 21 ans à York, où il s'occuperait davantage des intérêts des autres que des siens. Depuis son premier

Wood

séjour dans cette ville, Wood y avait joué le rôle
d'agent d'affaires pour des propriétaires absentéistes
et d'autres investisseurs comme D'Arcy Boulton*
père, James Macaulay*, lord Selkirk [Douglas*],
George Okill Stuart* et la veuve du juge en chef John
Elmsley*. Wood n'investit ni ne spécula jamais sur les
terres pour son propre compte, mais il passa beaucoup
de temps à faire des transactions et à administrer les
propriétés de ses amis ou de ses clients. Tout le temps
qu'il vécut dans le Haut-Canada, il fut membre du
conseil d'administration ou directeur de nombreux
organismes, comme la Bank of Upper Canada, la
Home District Agricultural Society, la St Andrew's
Society et la Toronto Library, de même que trésorier
ou secrétaire dévoué d'autres organisations, telles la
Home District Savings Bank, la Loyal and Patriotic
Society of Upper Canada et la Society for the Relief of
the Orphan, Widow, and Fatherless.

Entre autres engagements publics, Wood participa
à plusieurs commissions qu'avait instituées le gouvernement. Nommé à la seconde Commission des
héritiers et légataires en 1808, il était le seul
commissaire à n'être ni conseiller exécutif ni juge de
la Cour du banc du roi. Sans doute à cause des
nombreux services qu'il rendait à titre de président du
jury d'accusation du district de Home, on le nomma à
des commissions chargées de la construction de
prisons (1838) et d'un asile d'aliénés (1839). En 1837,
il était membre de la commission spéciale chargée de
faire enquête sur les personnes accusées de haute
trahison pendant la rébellion. Sur la recommandation
de Strachan, on le nomma en 1823 à la commission
chargée d'examiner les réclamations en dommages de
guerre, mais le juge en chef Powell refusa de
l'assermenter pour des raisons de moralité. Wood
intenta immédiatement une poursuite en dommages et
intérêts contre Powell, et le scandale de 1810 refit
surface. Wood eut gain de cause, et on condamna
Powell à £120 d'amende plus les frais ; ce dernier
refusa cependant de payer et publia une brochure sur
cette histoire en 1831. Après la mort de Powell, Wood
alla rendre visite à sa veuve et lui fit grâce de la dette.
Madame Powell, qui d'habitude réagissait violemment contre quiconque s'était déjà opposé à son mari,
écrivit alors : « Cette générosité est tout à l'honneur
de [celui qui fut] naguère notre ami dévoué et
sincère. »

Wood fit un voyage en Écosse en 1842. Il avait
l'intention de revenir, mais il y mourut intestat en
1844. Tous ses frères et sœurs étaient déjà morts,
célibataires, y compris Thomas qui était parti de la
Jamaïque pour venir s'établir à York avant 1810 et qui
était décédé en 1818. Comme la loi canadienne qui
régissait les successions ab intestat différait de celle
de l'Écosse, il fallut d'abord établir le lieu de résidence
de Wood. On présenta la cause à la Court of Session
(Cour suprême d'Écosse) en 1846 et à la chambre des
Lords deux ans plus tard. En 1851, il fut finalement
établi que Wood était demeuré un résident d'Écosse
malgré ses 45 années passées au Canada et, selon la loi
écossaise, son importante fortune passa aux mains
d'un cousin éloigné « dont il ignorait probablement
l'existence ».

Alexander Wood était arrivé dans le Haut-Canada
nanti d'une bonne éducation et d'un certain capital,
avec en plus l'assurance de l'appui financier de son
frère en Écosse. Il devint un ami intime de Powell et
de Strachan, les deux hommes les plus influents de la
province à cette époque. À titre de marchand, il évita
généralement la spéculation et les risques démesurés,
probablement parce qu'il était un conservateur-né et
qu'il avait le sentiment que son séjour au pays était
temporaire. Grâce à son sens des affaires, à l'influence de ses puissants amis et à la qualité de son travail de
fonctionnaire, il réussit à ne pas se laisser stigmatiser à
tout jamais par le scandale de 1810. À sa mort, le
British Colonist le décrivit comme l'un des « habitants les plus respectés » de Toronto.

EDITH G. FIRTH

AO, MS 6 ; MS 35 ; MS 88 ; MU 2828 ; MU 4742 ; RG 22,
sér. 94 ; RG 40, D-1. — APC, RG 5, A1. — GRO
(Édimbourg), Fetteresso, reg. of baptisms, marriages, and
burials. — MTRL, William Allan papers ; Early Toronto
papers, Board of Health papers, 20 juin 1832 ; John McGill
papers, B40 : 42 ; W. D. Powell papers ; Laurent Quetton de
St George papers ; Alexander Wood papers and letter-books.
— Royal Canadian Military Institute (Toronto), York
garrison accounts. — Can., prov. du, *Statuts*, 1851, c.168.
— J. [M.] Lambert, « An American lady in old Toronto :
the letters of Julia Lambert, 1821–1854 », S. A. Heward et
W. S. Wallace, édit., SRC *Mémoires*, 3e sér., 40 (1946),
sect. II : 101–142. — Loyal and Patriotic Soc. of U.C.,
Explanation of the proceedings (Toronto, 1841) ; *The report
of the Loyal and Patriotic Society of Upper Canada ; with an
appendix, and a list of subscribers and benefactors*
(Montréal, 1817). — « Minutes of the Court of General
Quarter Sessions of the Peace for the Home District, 13th
mars, 1800, to 28th December, 1811 », AO *Report*, 1932.
— [W. D. Powell, *A letter from W. D. Powell, chief justice,
to Sir Peregrine Maitland, lieutenant-governor of Upper
Canada, regarding the appointment of Alexander Wood as a
commissioner for the investigation of claims* [...] (York
(Toronto), 1831)]. — John Strachan, *The John Strachan
letter book, 1812–1834*, G. W. Spragge, édit. (Toronto,
1946). — *Town of York, 1793–1815* (Firth) ; *1815–1834*
(Firth). — *York, Upper Canada : minutes of town meetings
and lists of inhabitants, 1797–1823*, Christine Mosser, édit.
(Toronto, 1984).
British Colonist, 29 oct., 1er nov. 1844. — *Church*, 1er
nov. 1844. — *Examiner* (Toronto), 6 nov. 1844. — *Toronto
Patriot*, 1er nov. 1844. — *Upper Canada Gazette*,
1797–1828. — *Toronto directory*, 1833–1834, 1837. —
*One hundred years of history, 1836–1936 : St Andrew's
Society, Toronto*, John McLaverty, édit. (Toronto, 1936),
3–4, 87–88, 103. — W. R. Riddell, *The life of William
Dummer Powell, first judge at Detroit and fifth chief justice*

of Upper Canada (Lansing, Mich., 1924). — *Robertson's landmarks of Toronto,* particulièrement 2 : 1007–1021. — Scadding, *Toronto of old* (1873). — T. W. Acheson, « The nature and structure of York commerce in the 1820s », *CHR,* 50 (1969) : 406–428. — E. G. Firth, « Alexander Wood, merchant of York », *York Pioneer* (Toronto), 1958 : 5–29. — H. P. Gundy, « The family compact at work : the second Heir and Devisee Commission of Upper Canada, 1805–1841 », *OH,* 66 (1974) : 129–146. — Douglas McCalla, « The « loyalist » economy of Upper Canada, 1784–1806 », *SH,* 16 (1983) : 279–304.

WOOD, CHARLES, architecte naval et constructeur de navires, né le 27 mars 1790 à Port Glasgow, Écosse, fils de John Wood, constructeur de navires, et d'Elizabeth Household (Cameron) ; célibataire et père d'une fille ; décédé le 27 mai 1847 dans sa ville natale.

Charles Wood et son frère aîné John travaillèrent au chantier naval de leur père. Quand celui-ci mourut, peu de temps après avoir monté, en 1811, la quille d'un nouveau type de bateau, le vapeur *Comet,* commandé par Henry Bell, ils reprirent le chantier et terminèrent le bâtiment. Par la suite, ils conçurent et construisirent divers bateaux et 18 vapeurs qui furent affectés au transport de voyageurs sur la Clyde, et ils acquirent une excellente réputation. Parmi les navires conçus par Charles Wood, il y eut un chaland de cérémonie destiné à la navigation sur le Rhin et vendu au roi du Danemark, ainsi que le *James Watt* (1820) qui révolutionna le dessin de la coque des vapeurs.

Au début des années 1820, Wood trouva des bailleurs de fonds pour un projet audacieux : transporter de Québec à Londres, au moyen d'immenses bateaux-radeaux, des pièces de bois et mâts en pin de très grande dimension, que les bateaux ordinaires ne pouvaient guère, sinon pas du tout, prendre à leur bord ; à la fin du voyage, les radeaux, faits de bois équarri, devaient être démontés et leur bois vendu. Wood vint à Québec, loua en août 1823 un vaste emplacement à l'extrémité ouest de l'île d'Orléans et entreprit d'y construire un premier bateau, le *Columbus,* qui jaugeait 3 690 tonneaux ; jusque-là, le plus gros navire marchand construit dans le port avait été le *Harrison,* bâtiment de 720 tonneaux lancé en 1811. Le projet de Wood contribua au redressement de l'industrie navale, laquelle était dans le marasme depuis la guerre de 1812 ; de plus, selon *la Gazette de Québec,* le « grand nombre » de charpentiers et de manœuvres au service de Wood « [obtenaient] de bons gages », étant donné que d'autres chantiers navals demandaient eux aussi de la main-d'œuvre. Le projet, original et gigantesque, attira beaucoup d'attention. On savait que son auteur était un constructeur de navires « aux talents remarquables », qui avait une « connaissance profonde des principes scientifiques de [son] art », mais certains croyaient que le

Columbus ne pourrait jamais flotter. Le 28 juillet 1824, cependant, le nouveau navire, lourd d'une cargaison de 4 000 tonnes, fut lancé avec succès. Des vapeurs fluviaux étaient là pour l'événement, et le Saint-Laurent fourmillait de petits bateaux à voiles (une centaine, estima-t-on). Une foule de 5 000 personnes, qui avait commencé à se former la veille, assista à la mise à l'eau du bâtiment, qui se fit en douceur aux accents du *God Save the King* interprété par des musiques de régiment et au son des salves d'artillerie.

Le *Colombus* appartenait à un consortium écossais ; son personnel comprenait un capitaine et 90 hommes d'équipage recrutés en Écosse. Avec Wood à bord, il leva l'ancre le 5 septembre, lourdement chargé, et fut remorqué par le vapeur *Hercules* jusqu'à Bic. Il fit ensuite route sous les voiles, mais échoua à Betsiamites et on dut se défaire d'une partie de la cargaison pour qu'il puisse repartir. Malgré cet échouement, qui avait ébranlé quelque peu sa structure, et le mauvais temps, le *Columbus* arriva à Londres à la fin d'octobre, au milieu des acclamations. Même si son constructeur l'avait conçu pour résister à un seul voyage, les armateurs exigèrent que le navire entreprenne une nouvelle traversée cinq mois plus tard ; il devait prendre une cargaison au Nouveau-Brunswick, mais sombra dans une tempête, à laquelle heureusement tout son personnel survécut.

Avant de s'embarquer sur le *Columbus,* Wood avait monté la quille d'un bateau semblable, mais encore plus gros : le *Baron of Renfrew,* de 5 294 tonneaux. Lancé avec une certaine difficulté en 1825, ce navire traversa l'Atlantique sans incident, mais ses pilotes l'échouèrent à l'embouchure de la Tamise et il se disloqua plus tard sur la côte française. Même si une grande partie de la cargaison fut sauvée, il devint impossible, après ce revers et la perte du *Columbus,* d'assurer les bateaux-radeaux et on dut renoncer à en construire d'autres.

De 1834 à 1836, Wood exploita à Bowling, en Écosse, sur la rive nord de la Clyde, avec un associé du nom de George Mills, une entreprise baptisée Mills and Wood. En 1836, il reprit le chantier naval de James Lang à Dumbarton et y construisit, entre autres, le *Caledonia* pour la compagnie Cunard. Homme intelligent et pratique, Wood se rendit à Londres dans les années 1830 et réussit à faire modifier les lois sur le tonnage pour qu'elles considèrent la capacité réelle des navires de transporter des cargaisons rentables.

Wood se tenait au courant de l'évolution politique du Bas-Canada, où la situation devenait explosive. Dans une lettre écrite en 1836 au secrétaire d'État aux Colonies, lord Glenelg, il soutenait que « les habitants français […], hommes et femmes, étaient les honnêtes gens les plus simples qu'[il ait] jamais connus, et [qu'ils étaient] très faciles à contenter ». Selon lui, on aurait dû « s'occuper d'eux avec le plus

Wood

grand tact », mais « les Britanniques [étaient] trop portés à les traiter comme s'ils étaient à vrai dire des Noirs ». Dans sa lettre, Wood blâmait les « grands discoureurs » du parti anglais, qu'il jugeait n'être « pas moins dangereux que M. Papineau [Louis-Joseph Papineau*] et les autres avocats français » qui avaient par malveillance excité le mécontentement « à l'égard du gouvernement paternel et énergique de lord Dalhousie [RAMSAY] ». Sachant que les ruraux canadiens étaient presque tous incapables de s'exprimer en anglais et que « maintes fois ils [avaient] fait appel à [lui] pour cela », il estimait que chacun devait apprendre à parler cette langue « parfaitement ». Ainsi, expliquait-il, les Canadiens « ne risqueraient plus d'être assujettis par les impertinents Anglais, ni leurrés par les rusés Français ». Enthousiasmé par le succès des vapeurs, qui rendaient la traversée de l'Atlantique « rapide et sûre », Wood concluait : « Le Canada devrait être uni à la Grande-Bretagne et avoir des pairs et des députés au parlement britannique. »

Au début des années 1840, Wood installa son chantier naval à Castle Green, dans la municipalité de Dumbarton, mais un contrat malheureux concernant un navire destiné à la West Indian Line de la Royal Mail Company entraîna sa ruine. Après cette affaire, Wood travailla à Amsterdam comme conseiller technique en construction navale ; il retourna à Port Glasgow avant la fin de la décennie et finit ses jours chez son frère John.

John Scott Russell, qui fut dans la Grande-Bretagne du XIXe siècle un architecte naval et un inventeur de machines fort renommé, considérait Charles Wood comme « un génie à sa manière ». Selon lui, l'amendement des lois sur le tonnage des navires fut l'un des « bienfaits les plus importants accordés à la Grande-Bretagne [du] vivant [de Wood] », un bienfait duquel les constructeurs de navires étaient redevables à cet homme « dans une grande mesure et en premier lieu ». Wood et son frère John s'étaient « distingués par leur éminent savoir [et ...] par leur générosité à partager ce savoir », même avec leurs concurrents directs. Les constructeurs de navires de Québec ont sans aucun doute tiré avantage de ces qualités de Charles Wood pendant son séjour parmi eux.

EILEEN MARCIL

L'auteure voudrait remercier pour leur aide à la recherche madame May Scott de Bowling, Écosse, et monsieur Michael Moss, archiviste, Univ. of Glasgow. [E. M.]

Charles Wood est l'auteur de *Ballast* (Glasgow, 1836).

ANQ-Q, CN1-197, 4 août 1823. — Arch. privées, Madame May Scott (Bowling, Écosse), papiers de la famille Wood. — GRO (Édimbourg), Port Glasgow, reg. of births and baptisms, 27 mars 1790. — Mitchell Library (Glasgow), J. C. Osborne, « John and Charles Wood : 18th century shipbuilders » (copie dactylographiée). — Charles Wood, « Une lettre du constructeur Wood », *BRH*, 36 (1930) : 543–544. — *La Gazette de Québec*, 29 juill. 1824. — *Times* (Londres), 2 nov. 1824, 1er juin 1825. — M. S. Cross, « The dark druidical groves : the lumber community and the commercial frontier in British North America, to 1854 » (thèse de PH.D., Univ. of Toronto, 1968), 144–145. — Paul Terrien, *Québec à l'âge de la voile* (Québec, 1984). — J. S. Russell, « On the late Mr. John Wood and Mr. Charles Wood, naval architects, of Port Glasgow », Institution of Naval Architects, *Trans.* (Londres), 2 (1861) : 141–148.

WOOD, ROBERT, inspecteur et marchand de bois, et propriétaire de navires, né le 10 août 1792 à Québec ; le 4 octobre 1817, il épousa dans la même ville Charlotte Gray, la fille d'un commis militaire, et ils eurent 11 enfants ; décédé le 13 avril 1847 à Savannah, Géorgie, et inhumé à Québec.

Bien que des générations de descendants aient romancé et entouré de mystère les origines de Robert Wood, il ne semble plus y avoir de doute qu'il était bien le fils de Robert Wood, un domestique qui accompagna le prince Edward* Augustus à Québec en août 1791. Le 28 décembre de cette année-là, Wood père épousait à Québec Marie Dupuis, dit Caton, et l'année suivante on le nommait huissier du Conseil exécutif. Il était aussi marchand à sa mort, en novembre 1806. Au cours du même mois, sa veuve se présenta devant la Cour du banc du roi pour demander la tutelle des sept enfants nés de leur mariage, y compris l'aîné, Robert.

En avril 1812, Robert Wood reçut une commission d'inspecteur du bois d'œuvre. De son accession à ce poste, on peut déduire qu'il était déjà mêlé à cette industrie en plein essor dans le port de Québec. Trois ans plus tard, on le nommait inspecteur et mesureur de mâts et de bois d'œuvre. Tout en conservant ce poste jusqu'en 1837, Wood établit lentement son propre commerce. Le 1er mai 1818, il s'associa à son frère George pour former la compagnie Robert and George Wood. À titre de marchands de bois et de charpentiers, ils fournissaient du bois à des constructeurs de navires comme John Munn*. Cinq ans plus tard, le 31 mai 1823, Wood prit William Petry comme associé, et la firme changea son nom pour celui de Robert Wood and Company. Leur commerce était situé dans l'anse Saint-Michel à Sillery.

Au début du XIXe siècle, le commerce du bois dans la colonie était soumis à des fluctuations cycliques. La flambée des prix de 1824 et de 1825 s'accompagna d'une demande accrue pour des navires construits dans la colonie. En 1825, Wood fit construire le *Charlotte and Maria* par Patrick Flemming et, en 1826, il commanda deux trois-mâts barques, le *Georgiana*, de 403 tonneaux, et le *Corinthian*, de 391 tonneaux. Mais déjà cette année-là les prix commencèrent sérieusement à dégringoler. En mai, la Robert Wood and Company céda les deux barques à la

Gillespie, Finlay and Company, qui accepta d'avancer £1 500 pour achever la construction des deux bateaux puis de les vendre en Angleterre. Une fois qu'elle aurait recouvré son prêt plus les frais, elle consentait aussi à rembourser £8 121 que la compagnie de Wood devait à la Banque de Montréal et, s'il restait de l'argent, à le remettre à celui-ci. Au cours de l'automne, la Robert Wood and Company, qui devait £17 579 à ses créanciers, déclara faillite. On vendit les deux barques en 1827 et 1828, probablement avec une perte considérable, puisque le marché était saturé. Wood semble néanmoins s'en être remis rapidement. En effet, bien que le marché du bois ne se soit amélioré que graduellement après 1827, il avait commencé dès la fin de 1829 à se construire une imposante maison de trois étages à l'anse Saint-Michel.

En 1847 ou quelque temps auparavant, Wood s'embarqua pour les Antilles dans l'espoir de refaire sa santé ; il allait cependant mourir en Géorgie, durant le voyage de retour. Il laissait un actif de £54 152 ainsi qu'une maison de trois étages rue Sainte-Ursule et trois lots dans le canton d'Acton. Ses biens personnels comprenaient, entre autres, une bibliothèque bien garnie de livres d'histoire, de biographies et d'œuvres poétiques.

Ce n'est toutefois pas à titre de marchand de bois prospère qu'on se souvient de Robert Wood. Il est mieux connu comme l'un des enfants qui seraient nés de la liaison du prince Edward Augustus et de Thérèse-Bernardine Montgenet*, connue sous le nom de Madame Saint-Laurent. Selon la tradition familiale, le prince l'aurait donné à son ancien serviteur pour qu'il l'élève comme son fils. On a longtemps considéré comme un indice de sa descendance royale le fait que la naissance et le baptême de Wood ne furent consignés dans aucun registre (la date exacte apparaît dans la demande de tutelle de sa mère et dans le vitrail que ses enfants ont fait installer à sa mémoire dans la cathédrale Holy Trinity de Québec), ce qui piqua la curiosité de nombreux historiens. Toutefois les renseignements sur lesquels repose la légende des origines de Wood se sont avérés inexacts et de récentes études ont établi que le prince et sa compagne n'avaient eu aucun enfant durant les 27 années que dura leur liaison. Pourtant un mystère plane, car on ne sait toujours pas quand, ni comment, ni pourquoi la naissance de Wood est devenue l'objet de telles spéculations.

EN COLLABORATION
AVEC MARIANNA O'GALLAGHER

ANQ-Q, CC1, 24 nov. 1806 ; CE1-61, 29 déc. 1791, 4 oct. 1817, 21 mai 1847 ; CN1-116, 22 févr. 1827, 29 déc. 1829, 7 oct. 1847 ; P-239 ; P1000-105-2105. — APC, RG 68, General index, 1651–1841. — *Quebec Gazette*, 7 mai 1818, 2 juin 1823, 23 avril 1847. — *Almanach de Québec*, 1794 ; 1830–1838. — Mollie Gillen, *The prince and his lady : the love story of the Duke of Kent and Madame de St Laurent* (Londres, 1970 ; réimpr., Halifax, 1985). — A. R. M. Lower, *Great Britain's woodyard ; British America and the timber trade, 1763–1867* (Montréal et Londres, 1973). — Paul Terrien, *Québec à l'âge de la voile* (Québec, 1984).

WOODMAN, ELIJAH CROCKER, homme d'affaires et patriote, né le 22 septembre 1797 à Buxton (Maine), fils d'Edmund Woodman et de Lydia Crocker ; en février 1819, il épousa Apphia Elden, de Buxton, et ils eurent trois fils et quatre filles ; décédé le 13 juin 1847 près des îles Juan Fernández.

Elijah Crocker Woodman, issu d'Américains de la sixième génération, travailla comme fermier, bûcheron et maçon avant de s'installer, en 1830, dans le Haut-Canada. Il construisit alors une scierie sur le ruisseau Big Otter, près de Dereham Forge (Tillsonburg). Deux ans plus tard, sa femme et ses enfants le rejoignirent dans cette région riche en bois d'œuvre. En 1836, il était associé à Reuben W. Lamb mais, par suite de la crise économique qui sévit cette année-là, son entreprise de bois s'effondra, ce qui le poussa à s'installer à London. Cette faillite, ajoutée au souci de réforme sociale qui devait l'animer en qualité d'universaliste, explique peut-être qu'il se soit rangé du côté des radicaux haut-canadiens.

Woodman ne participa ni à la tentative de soulèvement qu'organisa près de Toronto William Lyon Mackenzie* en décembre 1837 ni à celle que dirigea Charles Duncombe* dans le sud-ouest de la province. Cependant, comme il le reconnut plus tard, il aida les rebelles incarcérés à London en trouvant des témoins pour leur procès et en leur portant assistance en prison. Arrêté en juin 1838 sous l'accusation de leur avoir fait parvenir des couteaux et des limes, il passa l'été en prison, de toute évidence sans être jugé. Une fois libéré, à la fin d'août, il se rendit aux États-Unis, où il se joignit aux frères-chasseurs, ces patriotes canadiens et américains qui avaient juré de libérer le Canada de l'oppression britannique.

Au début de décembre, à bord du *Champlain*, Woodman quitta Detroit avec le groupe de patriotes qui projetaient d'envahir le Haut-Canada à partir de Windsor. À son procès, il allait prétendre que son navire devait se rendre à Black River, au Michigan, où il avait une affaire à traiter, mais qu'il avait été « entraîné de force » près de Windsor avec les envahisseurs. Apparemment, il participa d'une quelconque manière à l'escarmouche qui s'ensuivit [V. John Prince*], mais il réussit à prendre la fuite. Le 5 décembre, on l'arrêta sur la route de Chatham.

Emprisonné à London, Woodman passa en conseil de guerre au mois de janvier devant le juge-avocat Henry Sherwood*. Même s'il plaida non coupable, il confia à son journal personnel que, eu égard à sa famille, il avait prié pour être fusillé plutôt que pendu.

Wright

Trouvé coupable d'« invasion pirate », il fut d'abord condamné à mort, puis à être déporté à la terre de Van Diemen (Tasmanie, Australie). Au début d'avril, on l'amena avec d'autres compagnons de prison à Toronto, en chariot, voyage qu'il a décrit en termes évocateurs dans son journal ; six semaines plus tard, on les transféra au fort Henry, à Kingston. En septembre, conduits à Québec, ils s'embarquèrent avec les prisonniers bas-canadiens sur le bâtiment de transport *Buffalo*. Pour Woodman, les quatre mois de traversée se déroulèrent sans incident et, dans l'ensemble, il les trouva moins durs que ses neuf mois d'incarcération.

Le navire arriva à Hobart Town (Hobart, Australie) le 12 février 1840 et, tandis que les prisonniers bas-canadiens reprenaient la mer pour se rendre à Sydney, on conduisait Woodman, Daniel D. HEUSTIS et les autres prisonniers du Haut-Canada à la station routière de la baie Sandy, près de Hobart Town, pour travailler sur les routes. La discipline, surtout durant les premières semaines, fut extrêmement sévère. Woodman notait que le régime pénitentiaire était beaucoup plus « rigide » qu'il ne l'avait prévu (et encore son journal est-il le moins plaintif de tous ceux qu'ont laissés les patriotes) ; pourtant, comme l'un de ses compagnons, Linus Wilson Miller*, le signalait dans ses carnets, Woodman conservait une bonne humeur et un courage remarquables. En juin, il fit partie du groupe qu'on transféra à la station de Lovely Banks, où les conditions étaient encore pires. C'est là qu'après deux ans de travaux forcés il obtint sa libération conditionnelle et un emploi de charpentier et de constructeur de moulins à Mona Vale, le domaine de William Kermode, au nord de Hobart Town. En février 1844, Kermode appuya sa requête de grâce conditionnelle, qui ne lui fut jamais accordée. Il fut cependant gracié le 23 juillet 1845, ce qui lui permettait de rentrer au pays s'il en avait les moyens. Mais il était en mauvaise santé, approchait de la cinquantaine et était presque dans la misère. Franc-maçon depuis longtemps, il reçut une aide financière de la loge maçonnique de Hobart Town ; malgré cela, ce n'est que le 2 mars 1847, après avoir amassé assez d'argent pour le voyage de retour, qu'il put s'embarquer sur le *Young Eagle,* une baleinière qui se rendait aux États-Unis en passant par le cap Horn. Atteint de tuberculose, il déclina pendant la traversée et mourut le 13 juin au large des îles Juan Fernández. Deux jours plus tard, en vue de la côte sud-américaine, on jeta son corps à la mer.

Le *Young Eagle* fit naufrage peu après, mais une partie des journaux et des papiers d'Elijah Crocker Woodman purent être récupérés et finalement retournés à sa famille, qui vivait près de London. Sa fille Emeline avait épousé Elijah Leonard*, et leur fils Frank Elton Leonard, après avoir rassemblé ces documents et d'autres papiers de son grand-père, fit des copies de nombre d'entre eux.

GEORGE RUDÉ

Guillet, *Lives and times of Patriots.* — Fred Landon, *An exile from Canada to Van Diemen's Land ; being the story of Elijah Woodman, transported overseas for participation in the Upper Canada troubles of 1837–38* (Toronto, 1960). — M. G. Milne, « North American political prisoners : the rebellions of 1837–8 in Upper and Lower Canada, and the transportation of American, French-Canadian and Anglo-Canadian prisoners to Van Diemen's Land and New South Wales » (thèse de B.A., Univ. of Tasmania, Hobart, Australie, 1965).

WRIGHT, GEORGE, fonctionnaire, homme d'affaires, officier de milice, juge de paix, homme politique et administrateur colonial, né le 29 décembre 1779 à Charlottetown, fils de Thomas Wright* et de Susanna Turner ; décédé le 13 mars 1842 dans la même ville.

Le père de George Wright, qui devint en 1773 le premier arpenteur général de l'île Saint-Jean (Île-du-Prince-Édouard), fonda l'une des nombreuses familles de fonctionnaires de cette colonie et laissa surtout, dans la mémoire de ses contemporains, le souvenir d'un homme qui avait eu beaucoup d'enfants. George travailla pour lui pendant des années à titre d'arpenteur adjoint. Le 28 décembre 1807, il épousa Phebe Cambridge, fille de l'influent propriétaire et marchand John Cambridge* ; le couple allait avoir six enfants. Charles*, son frère cadet, resserra par la suite les liens étroits qui unissaient les deux familles en épousant lui aussi une fille de Cambridge.

En 1808, George s'associa à Cambridge et à son fils Lemuel. Après la dissolution de la société en juin 1813, il garda la direction de la brasserie et des moulins du ruisseau Bird Island (ruisseau Wrights), près de Charlottetown. Apparemment, son affaire prospéra.

Entre-temps, Wright avait commencé à cumuler postes, nominations et émoluments, comme cela était courant dans l'île. Il fut shérif en chef en 1810–1811. Pendant la guerre de 1812, il passa rapidement du grade de capitaine de milice à ceux de major puis de lieutenant-colonel. En janvier 1824, il devint juge de paix, avec le titre de *custos rotulorum*, et, en 1828, juge suppléant à la Cour suprême. Il fut un éminent paroissien de St Paul, à Charlottetown, et il participa en 1827 à la fondation de la Central Agricultural Society, dont il devint président en 1830.

En outre, Wright avait accédé au conseil de la province le 10 juillet 1813, peu avant l'arrivée du lieutenant-gouverneur Charles Douglass Smith*. Dans les premières années du mandat de Smith, on considérait Wright comme un allié de James Bardin

Palmer*. En 1815, comme il avait défié le lieutenant-gouverneur au sujet de cas d'insubordination dans la milice, celui-ci tenta en vain de le renvoyer du conseil. Durant les controverses qui entourèrent Smith au début des années 1820, Wright se fit discret ; il s'absenta fréquemment des réunions importantes du conseil, mais en général il appuya le gouvernement. À titre de doyen et de président du conseil, il administra la colonie à compter du 10 décembre 1825. Il allait assumer cette charge intérimaire quatre autres fois par la suite, notamment durant une période d'un an, pendant que le successeur de Smith, John READY, était en Angleterre. En qualité d'administrateur, Wright s'occupait des affaires courantes, présidait les réunions du conseil, faisait parvenir des rapports au ministère des Colonies, accusait réception des dépêches et envoyait des requêtes et autres documents. Un de ses rares gestes fermes fut de suspendre James Luttrell DesBarres du poste de contrôleur des douanes pour négligence professionnelle, par suite de plaintes de Lemuel Cambridge et d'autres marchands de l'île.

Le 12 novembre 1827, un incendie qui avait pris naissance dans un séchoir rasa le complexe du ruisseau Bird Island, qui regroupait un moulin à farine, un moulin à orge, une scierie et une distillerie, tous bien équipés. Une bonne partie de la population de Charlottetown s'assembla sur les lieux pour combattre les flammes ou observer le spectacle ; des membres de la Fire Engine Company étaient là, en « casquettes et pèlerines », mais malheureusement sans leur pompe ; celle de la garnison ne suffit pas à éteindre le brasier. Selon des témoignages de l'époque, Wright, qui n'avait aucune assurance, subit des dommages évalués à £1 500. Heureusement pour lui, il prit la succession de son frère Charles, arpenteur général, qui mourut en avril suivant ; Wright devenait le troisième membre de la famille à occuper ce poste. Il demeura dans les affaires, ce qui, dans les années 1830, le mena à plusieurs reprises à Bristol, en Angleterre, mais il comptait surtout sur ses charges et ses terres pour maintenir son train de vie.

Wright administra la colonie du 19 mai au 29 septembre 1834, pendant que le lieutenant-gouverneur sir Aretas William Young* se trouvait en Angleterre, puis du 2 décembre 1835 au 30 août 1836, depuis la mort de Young jusqu'à l'arrivée de sir John Harvey*. En ces deux occasions, il veilla, semble-t-il, aux affaires courantes mais ne prit pas beaucoup d'initiatives. Dans les années 1830, à cause de la formation du parti de l'*escheat* de William Cooper*, la question foncière suscitait de violentes controverses, et rester au-dessus de la mêlée n'était pas facile. En 1837, dans l'une des rares déclarations politiques de Wright dont le texte existe encore, celui-ci se justifia d'avoir, à titre d'administrateur, concédé des terres dans Georgetown Royalty en dépit des résolutions des habitants du lieu et de la chambre d'Assemblée. Concéder des terres était pratique courante, disait-il, et les résidents n'avaient perdu aucun droit puisqu'ils n'avaient été admis au suffrage qu'après les concessions. En septembre 1838 par contre, avec d'autres délégués de l'île, il souligna à lord Durham [LAMBTON] les maux que suscitait la possession de terres par des propriétaires absentéistes et la nécessité d'une réforme.

Wright administra l'île pendant une courte période en 1837 et en 1841, avant et après le mandat de sir Charles Augustus FitzRoy*. Des lois spéciales vinrent entériner par la suite les mesures qu'il avait prises en 1841, mais il est faux de prétendre, comme l'a fait un historien, qu'il était « dépourvu d'autorité constitutionnelle ». En effet, une longue tradition voulait que le président du conseil dirige le gouvernement en l'absence du lieutenant-gouverneur.

George Wright ne fut pas vraiment un grand personnage politique de l'Île-du-Prince-Édouard, mais sa carrière montre très bien quelle importance pouvaient avoir les descendants de nombre des premiers fonctionnaires de l'île et à quel point ils s'attachaient à certains postes, ce qui équivalait à des droits héréditaires (le lendemain de sa mort, on nomma son fils George* arpenteur général à titre intérimaire). Elle illustre aussi, bien sûr, la pratique du cumul de postes et l'étroite alliance qui existait entre les fonctionnaires, les propriétaires et les hommes d'affaires de l'île. Ce qui étonne, c'est que Wright sortit relativement indemne des imbroglios politiques de son temps.

J. M. BUMSTED

APC, MG 24, B133 (photocopies ; copies aux PAPEI). — PAPEI, Acc. 2810/12 ; Acc. 3466, marriage licence, 26 déc. 1807 ; RG 1, commission books, 72 ; RG 5, minutes, 10 juill. 1813, 6 janv. 1824 ; petition, 1er juill. 1806. — P.E.I. Museum, File information concerning George Wright. — PRO, CO 226/43 : 243–245 (mfm aux PAPEI). — St Paul's Anglican Church (Charlottetown), Reg. of baptisms, marriages, and burials (mfm aux PAPEI). — Lydia Cambridge Wright, « Lydia's perilous landing at St. George's Bay », N. J. de Jong, édit., *Island Magazine* (Charlottetown), n° 11 (printemps–été 1982) : 3. — *Prince Edward Island Gazette*, 16 août 1819, 17 févr. 1820. — *Prince Edward Island Register*, 20 déc. 1825, 12 déc. 1826, 13 nov. 1827. — *Royal Gazette* (Charlottetown), 15 mars 1842. — Duncan Campbell, *History of Prince Edward Island* (Charlottetown, 1875 ; réimpr., Belleville, Ontario, 1972), 77. — *Canada's smallest province ; a history of P.E.I.*, F. W. P. Bolger, édit. ([Charlottetown, 1973]), 110. — MacKinnon, *Government of P.E.I.*, 89. — Elinor B. Vass, « The agricultural societies of Prince Edward Island », *Island Magazine*, n° 7 (automne–hiver 1979) : 31–37.

WRIGHT, PHILEMON, agent de développement

Wright

foncier, fermier, homme d'affaires, officier de milice, juge de paix, fonctionnaire et homme politique, né le 3 septembre 1760 à Woburn (Massachusetts), fils de Thomas Wright, cultivateur, et d'Elizabeth Chandler ; en 1782, il épousa Abigail Wyman, et ils eurent neuf enfants ; décédé le 3 juin 1839 à Hull, Bas-Canada.

L'ancêtre de Philemon Wright était arrivé dans ce qui allait devenir Salem, au Massachusetts, vers 1620, et ses descendants avaient passé leur existence à Woburn où ils pratiquaient principalement la culture de la terre. Thomas Wright avait épousé en 1744 Patiance Richardson qui mourut quatre ans plus tard en lui laissant deux enfants. Philemon, né du second mariage de Thomas, était le cinquième d'une famille de sept enfants. Âgé de 15 ans seulement, il se rangea du côté des rebelles américains au moment de la guerre d'Indépendance ; il aurait, semble-t-il, participé à la bataille de Bunker Hill. Comme les autres membres de sa famille, il apprit à cultiver le sol et, vers 1796, il possédait trois lopins de terre. Il avait quelques dettes, sans doute des économies et, en plus de ses biens, un grand désir de réussir.

Sa rencontre avec Jonathan Fassett, de Bennington, au Vermont, aurait pu changer complètement le projet que Wright caressait de venir s'établir dans le Bas-Canada, où le gouvernement commençait à ouvrir à la colonisation les terres situées en dehors de l'aire seigneuriale. En effet, le 12 août 1796, Wright achetait de Fassett la moitié des cantons de Hull, de Ripon, de Grandison et de Harrington au prix de £600 (cours d'Angleterre). Il ignorait alors que le gouvernement avait annulé la concession de Fassett, mais une fois mis au courant il ne se laissa pas décourager pour autant. Le 17 avril 1797, il demanda en son nom le canton de Hull tout en s'engageant à procéder à l'arpentage et au recrutement des associés et des colons. Son premier geste fut de tenter de recruter ses hommes dans le Bas-Canada, mais les pressions démographiques y étaient encore trop faibles et trop circonscrites pour inciter des engagés et, à plus forte raison, des colons à venir s'établir dans une région aussi éloignée que l'Outaouais. C'est finalement à Woburn même et dans les environs que Wright trouva ses huit associés. Il les choisit à l'intérieur et à l'extérieur de sa famille et de sa parenté. Ainsi que le voulait la pratique du temps, les associés qui avaient reçu 1 200 acres de terre en remirent 1 000 à Wright, ce qui accrut évidemment la part de ce dernier. On ne signa l'acte de concession définitif que le 3 janvier 1806 et il portait en fait sur moins d'un quart du canton de Hull dont l'étendue était de 82 429 acres.

Le 20 mars 1800, après avoir prêté avec ses compagnons et compagnes le serment de fidélité, Wright arriva à l'endroit où on allait ériger la ville de Hull ; il était accompagné de 37 hommes, 5 femmes et 21 enfants, à qui s'ajoutaient 14 chevaux et 8 bœufs. Le groupe comprenait, outre les associés et les 18 membres de la famille immédiate de Wright, plus d'une dizaine de journaliers. À l'époque où Wright entreprit la colonisation de Hull, il possédait une certaine vision de l'avenir. Non seulement la valorisation de l'activité agricole comptait-elle parmi les traditions de son milieu d'origine, mais elle semblait également coller à l'idée que Wright se faisait de son rôle personnel dans l'aménagement d'une société nouvelle, qui devait prendre appui sur l'agriculture et la propriété foncière. D'ailleurs, au moment où il débuta, le blé était avec les pelleteries l'une des deux bases du commerce extérieur bas-canadien ; l'exploitation forestière ne représentait encore qu'un élément secondaire de l'économie. Même après 1806, quand le commerce du bois devint l'activité commerciale dominante, Wright continua de prôner les vertus stabilisatrices de l'agriculture dans la vie économique. Cela se comprend, puisque la culture du sol s'avérait indispensable pour assurer à des coûts raisonnables, dans un endroit aussi éloigné et aussi isolé que Hull, la subsistance des habitants et jusqu'au fonctionnement de l'exploitation forestière et des industries que Wright rêvait d'établir.

Pour Wright, posséder beaucoup de terre en propre, c'était donc créer des conditions minimales pour favoriser l'expansion de la production agricole et celle des autres secteurs. Il n'entendait pas abandonner à d'autres la mise en valeur directe du territoire. C'est pour cette raison qu'il chercha constamment à élargir son propre domaine foncier, quitte à en laisser pour un temps des portions inexploitées. En 1835, en plus des 57 879 acres sur lesquelles sa famille avait la mainmise à différents titres dans le canton de Hull, dont 14 013 acres qui lui appartenaient en propre, Wright en possédait 22 965 autres dans les cantons voisins. En accumulant ainsi des propriétés foncières à son profit, Wright ne voulait ni se confiner dans un rôle unique de spéculateur ni se donner les apparences d'un fils de la gentry ou même celles d'un lord. C'est pourquoi son goût pour la terre ne l'empêcha pas de se montrer assez libéral à l'égard de ses compatriotes de la Nouvelle-Angleterre qui l'accompagnèrent ou vinrent le retrouver. Pas plus au reste qu'elle ne l'incita à sevrer les immigrants qui, plus tard, arrivèrent en assez grand nombre d'Écosse et surtout d'Irlande pour avoir des terres. En 1806, seulement 1 021 acres des terres concédées dans Hull appartenaient aux colons tandis que 12 190 étaient la propriété des Wright. En 1842, trois ans après la mort de Wright, le partage s'établissait à 38 552 acres contre 15 054 respectivement.

Les accusations de corruption qu'on porta contre Wright après sa nomination à titre d'agent des terres en 1819 étaient sans doute fondées, mais elles ne découlaient pas, comme on l'a dit, d'un désir de spéculer. Il faut voir que, même si les besoins de Wright en ce qui a trait aux réserves forestières se révélaient fort considérables, celui-ci se devait de concéder des terres. Pour cultiver ses propres terres, faire marcher ses chantiers, transporter son bois jusqu'à Québec et faire fonctionner ses moulins, il devait pouvoir compter sur un réservoir substantiel de main-d'œuvre saisonnière à bon marché. Nombre d'immigrants pouvaient se contenter de louer des terres dans les rangs ou de prendre des emplacements dans les villages établis par les Wright. La plupart d'entre eux cependant ne pouvaient subsister ou être retenus à Hull s'ils n'avaient pas accès à la propriété foncière, ce qui leur laissait quand même la possibilité de jouir d'un revenu d'appoint en dehors de l'agriculture. En 1817, Wright avait à son service 120 hommes alors que les quelque 68 autres familles du canton n'engageaient que 15 journaliers. Trois ans plus tard, le volume de cette main-d'œuvre qu'employaient les Wright s'élevait à 175 personnes dont 11 femmes. En outre, la famille donnait du travail à sept maçons, à six charpentiers, à quatre forgerons, à deux menuisiers, à deux tanneurs, à un boulanger, à un sellier et à deux commis. En 1820, plus de la moitié de la population adulte mâle du canton était rémunérée par les Wright.

Wright joua un rôle primordial dans le développement économique de son canton. D'ailleurs, la survie de son établissement en dépendait au plus haut point. Dès la première année de son installation dans le canton de Hull, Wright défricha suffisamment de terre pour obtenir une abondante récolte de pommes de terre et de blé. Il perdit alors 1 000 boisseaux de pommes de terre à cause d'erreurs d'entreposage, mais trouva ailleurs des compensations, puisque son blé lui donna 40 boisseaux à l'acre. À cette étape initiale de la colonisation de Hull, Wright put compter sur les profits que lui rapporta la vente de sa production de chanvre, culture qu'il pratiqua avec beaucoup de succès et que le gouvernement britannique subventionna pendant nombre d'années. Le feu ravagea ses moulins en 1808, mais Wright les reconstruisit de la meilleure façon. En 1813, la récolte de blé donna à elle seule 3 000 boisseaux. Sept ans plus tard, la production de ses fermes, dont la réputation s'étendait très loin dans le Bas-Canada, s'éleva à 35 785 boisseaux. Le blé, dont la culture était en recul chez lui depuis 1810, ne constituait que 13 % de la récolte tandis que la pomme de terre en représentait 74,3 %. En 1823, les Wright dépassaient cette performance unique dans le Bas-Canada : leur récolte de grains atteignait 71 630 boisseaux. À cette époque, les maîtres du canton de Hull produisaient entre 50 % et 60 % de tous les grains récoltés dans le canton. Cependant, au cours des années 1830, la production de leurs terres déclina de façon considérable. L'appauvrissement du sol fut peut-être pour quelque chose dans ces revers mais, hors le fait que les fils s'intéressaient moins que leur père à l'agriculture, les habitants du canton ainsi que les Wright cessèrent

de défricher de nouvelles terres pendant une vingtaine d'années après 1831. Il faut aussi rattacher cette mauvaise fortune à l'incidence qu'eurent sur les coûts de production la construction du canal Rideau et l'amélioration de la navigation sur la rivière des Outaouais entre Hull et Montréal.

C'est non seulement par la production d'avoine, de pommes de terre et, à certains moments, de maïs que Wright mit l'agriculture au service de l'économie forestière après 1806, mais aussi par une pratique extensive de l'élevage qui faisait appel aux façons de faire les plus avancées aux États-Unis et en Grande-Bretagne. En 1814, les troupeaux des Wright, qui comptaient des bovins dans une proportion de 45 %, des chevaux, des moutons, des porcs et des chèvres, regroupaient 295 bêtes. Dix ans plus tard, leur nombre atteignait 1 189, soit 35 % de tous les animaux de mêmes catégories élevés dans le canton. Vers la fin des années 1820 cependant, les Wright, sans doute incapables de surmonter la concurrence extérieure ou celle des habitants de l'endroit, se retirèrent assez rapidement de ce secteur. En 1830, les effectifs de leurs troupeaux avaient fondu de 50 % et ne constituaient plus que 11,6 % des bêtes du canton.

Wright joua un rôle tellement central dans l'économie du canton de Hull que sa présence dans le commerce d'importation et de détail, dans l'hébergement et dans la petite industrie allait presque de soi. La construction d'un moulin à farine et d'un moulin à chanvre, d'un autre à carder, la mise sur pied d'une distillerie, d'une tannerie et d'une cordonnerie parurent à cet homme entreprenant des gestes normaux qui découlaient, tout comme la création d'une société d'agriculture, de ses interventions massives dans la production agricole. Qu'il ait au surplus aménagé des forges, une scierie, une manufacture de potasse et qu'il ait érigé un immense magasin ainsi que l'hôtel Columbia relèvent d'une stratégie orientée vers la constitution de son pouvoir économique.

D'ailleurs, quelles qu'aient été ses déclarations à saveur bucolique au sujet des bienfaits de l'agriculture, la base du pouvoir incomparable de Wright se trouvait de plus en plus du côté de l'économie forestière. En 1806, lorsque le commerce du bois prit de l'expansion dans le Bas-Canada et les Maritimes à la suite du blocus continental, Wright écrivit : « il était temps que je cherche un débouché qui puisse contrebalancer mes importations ». C'est précisément cette année-là qu'il fit flotter ses premiers radeaux de bois équarri de Hull vers le port de Québec. Afin d'accroître l'efficacité de ses entreprises forestières, il créa en 1814 avec ses fils Tiberius, Philemon et Ruggles la firme Philemon Wright and Sons. Au cours des années 1820, il envoya quatre ou cinq radeaux à Québec annuellement et, pendant la décennie suivante, il augmenta ce nombre à huit ou à neuf. Au commencement, il acheta son bois surtout des colons

Wright

puis, à mesure que le bois marchand se fit plus rare sur leurs terres, il dut recourir toujours davantage à ses propres chantiers pour alimenter son commerce. Évidemment, tout ce qui concernait l'industrie forestière intéressa au plus haut point le fondateur de Hull. Soit à titre personnel ou en qualité de chef du canton, ou encore de représentant du grand voyer de la province, il participa à la mise en place des réseaux routiers dans le canton et même dans l'Outaouais. Afin d'éviter les chutes et les rapides, qui détérioraient ses pièces de bois, Wright, en s'inspirant de ce qui se faisait en Europe du Nord, conçut des glissoires que le gouvernement acheta par la suite. En 1819, il fit même construire un navire à vapeur, l'*Union of the Ottawa,* dont l'une des fonctions était d'acheminer ses radeaux sur la rivière des Outaouais. Il va sans dire que cet homme puissant fut en contact fréquent, amical ou non, avec tous les entrepreneurs forestiers de la vallée : les Hamilton, les Gilmour, les Egan, les Aumond, les Moore, les McConnell et bien d'autres. Son pouvoir et son esprit d'initiative étaient tels qu'il est difficile d'imaginer la mise en place à cette époque d'une entreprise même mineure en dehors de lui. En 1814, il avait établi une briqueterie et peu après une cimenterie. À la fin de 1826, il devint même le président d'une nouvelle compagnie formée dans le but d'exploiter le minerai de fer de la région, la Hull Mining Company. Celle-ci comptait parmi ses administrateurs John Mactaggart*, Alexander James CHRISTIE, Thomas McKay*, John Redpath* et Robert Drummond*. Naturellement, une activité aussi fébrile et aussi universelle que celle de Wright ne produisit pas toujours tous les résultats escomptés et nombre de ses entreprises eurent la vie courte. Surtout, il y eut des moments, comme en 1829 ou à la veille de sa mort, où Wright semble avoir frôlé la faillite. Il n'en reste pas moins que son œuvre, durable à bien des égards, démontre que le développement économique nécessite, en plus de circonstances favorables, un leadership vigoureux et imaginatif.

Wright possédait un pouvoir économique si étendu qu'on doit bien y voir la source d'une domination qui imprégnait tous les aspects de l'existence des habitants du canton. Ainsi lorsque le gouvernement eut à choisir des officiers de milice, il ne put éviter de recourir à Wright qui, en 1808, fut nommé capitaine dans le bataillon de milice d'Argenteuil. Vers 1822, ses fils Ruggles et Tiberius ainsi que ses gendres devenaient officiers dans le même corps. Le même phénomène joua aussi quand il fallut confier des responsabilités de juge de paix à des personnes respectables du canton. En 1806, le gouverneur nomma Wright à cette charge. En 1821, ce fut le tour de son fils Ruggles et, dix ans plus tard, de son autre fils Tiberius et de son gendre Thomas Brigham. Quoi d'étonnant alors que, pour dispenser la basse justice, Wright soit devenu en 1817 commissaire chargé de la décision sommaire des petites causes, fonction qu'assumèrent en 1835 Brigham et Charles Symmes, neveu de Wright.

L'analyse de l'accumulation des pouvoirs et des influences par un seul homme et par une seule famille dans une société nouvelle serait incomplète si elle ne pénétrait davantage le domaine social. En effet, Wright s'intéressa aussi à l'éducation. C'est d'ailleurs par son entremise qu'on demanda en 1808 à l'Institution royale pour l'avancement des sciences d'établir une école à Hull, tâche qui fut confiée à Robert Chambers. L'instituteur commença à dispenser son enseignement dans une maison construite par Wright, mais la situation instable de cette communauté rurale en voie de formation rendait les choses difficiles pour le maître d'école. On ferma l'établissement à quatre reprises avant de mettre sur pied en 1819 une école payante pour une dizaine de familles. Après 1820, on ouvrit une autre école royale, mais la diffusion de l'instruction ne se fit d'une façon plus régulière que pendant la décennie suivante.

Assez peu religieux, quoique croyant, Wright ne tint pas complètement ses distances à l'endroit des divers courants religieux qui pendant toutes ces années circulèrent dans le canton de Hull. Des baptistes, des presbytériens, des congrégationalistes, des méthodistes, des anglicans et des catholiques s'y côtoyaient. Il y eut d'abord les congrégationalistes, groupe auquel Wright se rattachait originellement et qui fut lent à s'organiser pour répandre son message. Puis vinrent les prêcheurs méthodistes qui, de 1809 à 1823, assurèrent d'une façon irrégulière le service religieux à une population qui regroupait peu de fidèles de cette dénomination. C'est en 1823 seulement que six ou sept habitants de Hull eurent l'idée de fonder une congrégation méthodiste. Wright, que le caractère flou de l'organisation des Églises inquiétait, aurait été pour sa part disposé à accepter un ministre résidant de quelque allégeance qu'il ait été. Mais lui à qui il arrivait de prendre la parole à l'occasion de rencontres pieuses le dimanche en vint peu à peu à pencher pour une Église qui lui sembla mieux représenter l'esprit de la catégorie sociale à laquelle il était maintenant associé : l'Église d'Angleterre. C'est pourquoi il joua un rôle tellement important, financièrement ou autrement, dans la construction de l'église anglicane de Hull, qui fut complétée en 1832. En agissant ainsi, il se démarquait des allégeances religieuses des groupes moins bien nantis, en particulier les Irlandais et les Canadiens français, méthodistes ou catholiques.

Il y a donc peu de domaines qui échappèrent complètement à l'intervention du chef du canton de Hull. En 1813, au moment où les notables de l'endroit songeaient à fonder une loge maçonnique, ils s'empressèrent de proposer à Wright d'en être le maître. Pour couronner le tout, celui-ci voulut jouer un rôle politique conforme à sa situation et à son rang social. C'est pour cette raison qu'en 1830 il se fit élire député de la circonscription d'Ottawa à la chambre d'Assemblée du Bas-Canada. Après quatre années de présence plus ou moins assidue à la chambre, il décida de ne pas demander un renouvellement de mandat. D'autre part, jamais on ne l'appela à siéger au Conseil législatif.

Philemon Wright exerça pendant 40 ans un pouvoir presque absolu et universel dans une région qu'il avait façonnée selon ses idées et ses intérêts. Il put obtenir ce résultat parce qu'il s'était engagé directement dans tous les aspects du développement du canton de Hull, de sorte que rien de substantiel n'avait pu échapper à sa vigilante attention. Les seules personnes qui purent, jusqu'à un certain point, participer à son pouvoir furent les membres de sa famille. Parmi ses fils, Ruggles fut le seul à prendre la relève ; Philemon était mort en 1821 et Tiberius et Christopher Columbus suivirent de peu leur père dans la tombe, soit en 1841 et 1843 respectivement. Toutefois, Ruggles ne joua jamais un rôle comparable à celui du fondateur de Hull. Des filles de Wright, seules Abigail (1796–1877), qui épousa Thomas Brigham, et Christiana (1803–1871), qui épousa Jacob L. Morrison, lui survécurent. L'unique opposition à son autorité vint de son neveu Charles Symmes, le fondateur d'Aylmer, qui utilisa les rivalités existantes entre les deux communautés pour mener la lutte contre l'influence et le pouvoir que Wright exerçait non seulement sur les institutions locales mais même sur les partis politiques.

FERNAND OUELLET ET BENOÎT THÉRIAULT

Philemon Wright est l'auteur de : « An account of the first settlement of the township of Hull, on the Ottawa River, L.C. [...] », qui parut dans le *Canadian Magazine and Literary Repository* (Montréal), 3 (juill.–déc. 1824) : 234–246.

ANQ-O, M-122-9, 9 juin 1839 ; P-2. — APC, MG 24, D8, 6 ; 33 ; 112–113 ; 120 ; 124 ; 126 ; 129–130 ; RG 1, L3ᴸ, 1–2 ; 7 ; 88 ; 208 ; RG 31, C1, 1825, 1842, 1851, canton de Hull. — B.-C., chambre d'Assemblée, *Journaux*, 1823–1824, app. R. — P. M. O. Evans, *The Wrights : a genealogical study of the first settlers in Canada's National Capital Region* (Ottawa, 1978). — Lucien Brault, *Hull, 1800–1950* (Ottawa, 1950). — E.-E. Cinq-Mars, *Hull, son origine, ses progrès, son avenir* (Hull, Québec, 1908). — C. H. Craigie, « The influence of the timber trade and Philemon Wright on the social and economic development of Hull Township, 1800–1850 » (thèse de M.A., Carleton Univ., Ottawa, 1969). — Ouellet, *Hist. économique.* — Léo Rossignol, « Histoire documentaire de Hull, 1792–1900 » (thèse de PH.D., univ. d'Ottawa, 1941). — B. S. Elliott, « The famous township of Hull » : image and aspirations of a pioneer Quebec community », *HS*, 12 (1979) : 339–367.

WYATT, CHARLES BURTON, fonctionnaire, né vers 1778 à Londres, fils de James Wyatt, architecte renommé, et de Rachel Lunn ; le 29 mars 1805, il épousa Mary Rogers, et ils eurent cinq enfants ; divorcé pour cruauté en 1811 par jugement d'une cour écossaise, il se remaria par la suite ; décédé le 4 septembre 1840 à Barston, Angleterre.

Charles Burton Wyatt passa son enfance à Londres et dans le domaine rural de son éminente famille. De 1799 à 1801, il fut commis aux écritures à l'East India Company. En mai 1804, en partie grâce à l'influence de son père, il prit la succession de David William SMITH au poste d'arpenteur général du Haut-Canada. Un salaire annuel de £300 plus des honoraires s'attachaient à cette fonction. Cependant, la suspension, le 13 janvier 1804, de la commission de l'arpenteur général sur les levés avait réduit ces honoraires. Déjà en difficultés financières, Wyatt craignait que « [son] mariage, contracté sans le consentement de [son] père, ne serve d'occasion de [le] priver de cet important approvisionnement monétaire sur lequel, si les choses s'étaient déroulées autrement, [il] aurai[t] pu compter à [son] arrivée en Amérique ». Néanmoins, son père l'aida à acheter la maison de Smith à York (Toronto), au coût de £750.

En novembre 1806, Wyatt se plaignit de la réduction de ses honoraires au secrétaire d'État aux Colonies, William Windham. Il s'en prit aussi à un fonctionnaire de son propre bureau, l'arpenteur général adjoint William CHEWETT, l'accusant d'avoir bâclé les levés de la vaste étendue de terre achetée des Mississagués en 1805 [V. Kineubenae*]. De plus, il provoqua la colère du lieutenant-gouverneur Francis Gore* en soumettant la question à la chambre d'Assemblée plutôt qu'à l'exécutif. En septembre 1806, son autre assistant, le commis Thomas Gibbs Ridout*, s'était dit insatisfait de son poste. Wyatt tenta d'abord de le remplacer puis, le 31 décembre, sans tenir compte de Gore ni du Conseil exécutif, le démit de ses fonctions. Sur l'avis du conseil, Gore ordonna de réintégrer Ridout, mais Wyatt refusa en faisant valoir que c'était « incompatible avec [son] mandat, [sa] propre sécurité et celle de la population ». Suspendu par Gore le 19 janvier 1807, et démis de ses fonctions par la suite, Wyatt quitta la province au début de février.

La querelle de Wyatt et de Gore découlait en partie d'une interprétation divergente des prérogatives attachées aux commissions de la couronne. Wyatt estimait que son mandat l'habilitait à diriger son bureau sans faire approuver au préalable ses décisions par l'exécutif. Par contre, Gore, le conseil et le solliciteur général D'Arcy Boulton* croyaient que son pouvoir était de fait limité par son mandat et qu'il ne pouvait pas remplacer des fonctionnaires nommés à son bureau par la couronne ou ses représentants. Ce débat présentait un aspect politique, car on croyait que

Young

Wyatt avait démis Ridout de ses fonctions parce qu'il avait voté contre le juge Robert THORPE à l'élection partielle tenue pour remplacer William Weekes*. On associait Wyatt, avec raison, à quelques-uns des plus durs critiques du gouvernement, dont Thorpe et Joseph Willcocks*.

Par ailleurs, à titre d'arpenteur général, Wyatt avait uni sa voix aux protestations qui avaient commencé de s'élever quand, au début de la première décennie du XIXe siècle, le lieutenant-gouverneur Peter Hunter* avait tenté de restreindre les droits fonciers des loyalistes. Sensible aux critiques de Hunter, il estimait que les gouverneurs avaient agi, l'un après l'autre, au mépris de la politique impériale. Sa propre suspension lui apparaissait comme un autre exemple de la propension qu'avaient les autorités coloniales de contrevenir, par une action injustifiée, à la politique impériale. Pourtant, disait-il, seul l'animait « un sincère et vif désir de [s']acquitter, au meilleur de [son] jugement et de [sa] compétence, des fonctions [qui lui avaient été] confiées, [et ce] avec fidélité, bénéfice et honneur pour [lui-même], pour ses employeurs aussi bien que pour la population ».

Tout de suite après sa suspension, Wyatt retourna en Angleterre pour demander justice. Sa famille avait de meilleures relations que Gore et, comme il l'espérait, elle l'aida à acheminer sa plainte par les canaux officiels. Gore avait justifié sa suspension en invoquant un vague motif, « l'opposition générale », et un autre, précis, celui d'avoir effacé un nom d'un registre de localisation des terres pour inscrire le sien. La première accusation était trop générale pour que Wyatt tente de s'y attaquer. Quant à la deuxième, il en fut lavé parce qu'il avait pris toutes les dispositions requises pour vérifier la propriété du lot.

Se présentant comme une victime du « despotisme colonial » qui ne pouvait obtenir justice des autorités, Wyatt intenta un procès à Gore en Angleterre en juin 1814. Il accusait le lieutenant-gouverneur de l'avoir suspendu « par malveillance, et sans raison sérieuse », d'avoir envoyé « de fausses représentations au gouvernement » et de l'avoir diffamé en l'accusant de « désaffection [...] et [de] mauvaise conduite générale dans l'exercice de [ses] fonctions ». Le 11 juillet 1816, le président du tribunal conclut qu'il n'avait pas prouvé que sa suspension était injustifiée mais déclara Gore coupable de diffamation et le condamna à verser £300 à Wyatt en dommages-intérêts. Deux ans plus tard, Thorpe obtint aussi des dommages-intérêts dans un procès semblable contre Gore.

Au début des années 1830, Wyatt vécut dans le comté d'Essex ; sa situation financière était fort précaire. En 1836, il se retira dans le Warwickshire avec sa « douce épouse ». Affligé depuis longtemps d'une maladie de la vessie, il passa ses cinq derniers mois « dans de grandes souffrances ». Selon la plupart des historiens, Wyatt surestimait autant son influence que la solidité de sa position et comprenait mal la nature de ses fonctions. Cependant, comme le fait observer l'historien Gerald Marquis Craig : « Peut-être son plus grand tort fut-il d'être l'ami des mécontents, surtout de Thorpe. » D'autres difficultés surgirent parce qu'il se préoccupait du fait que son département n'agissait pas, avec les Indiens et les loyalistes, conformément à la politique impériale. Finalement, tant de ce côté-ci de l'Atlantique que de l'autre, ses relations politiques ne furent pas assez solides pour le sauver.

ELWOOD H. JONES

AO, MS 88. — APC, RG 1, E3, 93. — MTRL, W. D. Powell papers ; D. W. Smith papers. — PRO, CO 42/350. — W. W. Baldwin, « A recovered letter : W. W. Baldwin to C. B. Wyatt, 6th April, 1813 », J. McE. Murray, édit., *OH*, 35 (1943) : 49–55. — [Richard Cartwright], *Letters, from an American loyalist in Upper-Canada, to his friend in England ; on a pamphlet published by John Mills Jackson, esquire : entitled,* A view of the province of Upper Canada (Halifax, [1810]). — Joseph Farington, *The Farington diary*, James Greig, édit. (8 vol., Londres, [1923–1928]). — Clement Gatley, *Gatley on libel and slander*, R. [L.] McEwen et P. [S. C.] Lewis, édit. (7e éd., Londres, 1974). — [J. M. Jackson], *A view of the political situation of the province of Upper Canada* [...] (Londres, 1809). — « Political state of U.C. », APC *Report*, 1892 : 32–135. — John Strachan, *The John Strachan letter book, 1812–1834*, G. W. Spragge, édit. (Toronto, 1946). — *Town of York, 1793–1815* (Firth). — H. M. Colvin, *A biographical dictionary of English architects, 1660–1840* (2 vol., Londres, 1954). — Antony Dale, *James Wyatt, architect, 1746–1813* (Oxford, Angl., 1956). — Derek Linstrum, *Sir Jeffry Wyatville* (Oxford, 1972). — H. H. Guest, « Upper Canada's first political party », *OH*, 54 (1962) : 275–296. — G. [H.] Patterson, « Whiggery, nationality, and the Upper Canadian reform tradition », *CHR*, 56 (1975) : 25–44.

Y

YOUNG, JOHN, marchand, auteur et homme politique, né le 1er septembre 1773 à Falkirk, Écosse, fils du marchand William Young et d'une prénommée Janet ; il épousa Agnes Renny, et ils eurent neuf enfants, dont trois parvinrent à l'âge adulte ; décédé le 6 octobre 1837 à Halifax.

John Young entra vers 1790 à l'University of Glasgow, où il fit de brillantes études théologiques, qu'il ne termina pas. Il souhaitait plutôt s'orienter vers la médecine, mais son père, qui avait espéré le voir devenir ministre presbytérien, refusa d'assurer plus longtemps sa subsistance. Le jeune homme se lança donc en affaires à Falkirk, puis à Glasgow, sans guère de succès.

Young décida d'immigrer en Nouvelle-Écosse probablement parce que la prospérité commerciale engendrée par la guerre de 1812 l'impressionnait. Arrivé à Halifax le 30 avril 1814 en compagnie de sa femme et de ses quatre fils, il se mit sans délai à vendre l'imposant stock de marchandises sèches qu'il avait apporté. Peu après, il fonda une entreprise, la John Young and Company. En septembre, les troupes britanniques s'emparèrent de Castine (Maine) et, en y ouvrant un bureau des douanes, permirent la reprise des échanges entre les Maritimes et la Nouvelle-Angleterre. Sautant sur l'occasion, Young se rendit à Castine où, durant les huit mois de l'occupation britannique, il pratiqua « un commerce fort lucratif, tant par des voies légales qu'illégales ». Son représentant à Halifax, qui n'était nul autre que son fils William*, âgé d'à peine 15 ans, lui expédiait les marchandises que la compagnie importait de Grande-Bretagne ; un autre de ses fils, George Renny*, qui avait 12 ans, l'aidait à Castine. Les profits amassés là étaient réinvestis dans l'entreprise de Halifax, mais Young disait à William qu'il s'installerait aux États-Unis si les perspectives étaient favorables. Effectivement, tout de suite après la guerre, William fut pendant une courte période son représentant à New York.

La correspondance que Young entretenait à cette époque montre qu'il avait un sens aigu des affaires et tenait à réussir. Dans une lettre où il exprimait sa vision des choses, il conseillait à William de donner une impression de libéralité, d'être précis dans ses transactions, d'étudier le tempérament des gens afin de décrocher les meilleures aubaines et d'« exercer une stricte économie ». Il se réjouissait du sens des affaires naissant de ses fils, qui allaient demeurer tous deux dans le commerce pendant plusieurs années. Leurs lettres révèlent que de solides liens d'affection unissaient la famille Young.

L'économie néo-écossaise, florissante pendant la guerre de 1812, sombra dans le marasme peu après la fin des hostilités. Les fermiers ne recevaient plus, de l'armée, de grosses commandes de bœuf, de porc et de foin ; et, ce qui empira leur détresse, l'année 1815 fut marquée par un été particulièrement pluvieux ainsi que par une invasion de mulots, et 1816 fut si froide qu'elle a gardé le nom d'« année sans été ». Le gouvernement se vit contraint d'importer et de distribuer des semences. Malgré de meilleures récoltes en 1817, l'agriculture se portait encore mal l'année suivante. La situation était d'autant plus précaire que la Nouvelle-Écosse n'avait pas la réputation d'être une bonne colonie agricole. Selon un auteur contemporain, bien des gens étaient convaincus que la province « n'offrait que des pâturages et ne compenserait jamais les coûts d'une culture régulière ».

La nécessité de développer l'agriculture néo-écossaise s'imposa à l'esprit de Young. Avant son arrivée, il avait acquis quelque expérience en travaillant pour l'un des pionniers de la réforme agricole en Écosse, sir John Sinclair ; on croit qu'il avait aussi amassé de solides connaissances, probablement en étudiant *Elements of agricultural chemistry* [...] (Londres, 1813) de sir Humphry Davy et le *Traité élémentaire de chimie* [...] (2 vol., Paris, 1789) d'Antoine-Laurent Lavoisier. C'est en comparant la médiocrité de l'agriculture néo-écossaise à l'excellence de l'agriculture écossaise d'alors (qui, selon un commentateur du XXe siècle, était « la plus habile [...] qui se puisse trouver ») que Young résolut d'intervenir. Le 25 juillet 1818, sous le pseudonyme d'Agricola, il commença à publier une série de lettres dans l'*Acadian Recorder* de Halifax.

Dans sa première lettre, Young proposait qu'on fonde des sociétés locales d'agriculture. Dans la deuxième, il préconisait la création d'un bureau central d'agriculture que les sociétés locales devraient « considérer comme le principal guide de leurs activités et comme le point de convergence de leur influence et de leurs énergies rassemblées ». Faisant valoir combien les sociétés d'agriculture avaient été bénéfiques ailleurs, il proposait qu'elles organisent divers concours et décernent des prix. Dans sa quatrième lettre, il invitait les « fermiers compétents » à lui communiquer, dans un document daté, signé de leur nom et indiquant leur lieu de résidence, les résultats de toutes les expériences qu'ils avaient faites. Dans ses lettres suivantes, Young entreprit d'examiner les facteurs qui influaient sur la végétation et la culture ; il parla d'abord du climat et du sol, puis des machines agricoles, du défrichement et de travaux comme le labourage et le hersage. Il ne manquait jamais de préciser quelles améliorations les fermiers néo-écossais pouvaient apporter à leurs méthodes, en insistant surtout sur l'équipement agricole, l'état des terres, la jachère estivale et la rotation des cultures. Il projetait aussi d'aborder d'autres sujets, notamment le bétail, mais quand ses lettres cessèrent de paraître, au printemps de 1821, sa section sur la végétation et la culture n'était même pas terminée. En tout, il écrivit 64 lettres, dont 38 parurent en 1822 sous forme de recueil.

Sans doute Young, en rédigeant ces lettres, ne songeait-il pas uniquement au progrès de l'agriculture ; il devait aussi espérer se faire remarquer « des classes de la métropole qui inspiraient le respect » et, en s'assurant leur protection, améliorer ses affaires. Quoi qu'il en soit, il provoqua un engouement considérable. Des centaines de personnes lui écrivirent et,

Young

dès décembre 1818, quatre comtés avaient leur société d'agriculture. Le lieutenant-gouverneur lord Dalhousie [RAMSAY], lui-même fermier enthousiaste, loua les efforts d'Agricola, dont l'identité était encore inconnue. Dans une lettre, il le pressa de convoquer une réunion afin de rédiger la constitution d'une société provinciale d'agriculture. À l'occasion d'un banquet de la North British Society, le 30 novembre 1818, il lui porta un toast et proposa qu'on fonde une société d'agriculture à Halifax.

L'appui de Dalhousie fut déterminant : le 15 décembre eut lieu l'assemblée de fondation d'une société provinciale d'agriculture qui servirait de modèle aux futures sociétés locales et renseignerait les fermiers. Beaucoup de représentants de l'élite figuraient parmi les 120 personnes qui devinrent membres ; Dalhousie fut nommé président de la société et Agricola, secrétaire. Young prétendit ne pas être prêt pour ce poste ; il avait « écouté avec une parfaite impassibilité tous les éloges qui avaient surgi en cours de discussion [...] Mais tout honnête observateur de la nature humaine aurait compris, à le voir s'exciter et rougir malgré lui en apprenant sa nomination, que c'était lui le mystérieux Agricola ».

Les participants de la réunion avaient résolu de demander une constitution au Parlement. En mars 1819, un projet de loi qui constituait le Central Board of Agriculture en société pour une durée de sept ans reçut l'approbation de Dalhousie et, neuf mois plus tard, le Parlement accorda une charte à l'organisation. Le Central Board avait pour mandat de correspondre avec les sociétés de comté, de publier des informations utiles sur l'agriculture, d'encourager la compétition en offrant des prix ainsi que d'importer et de distribuer du bétail, des instruments aratoires et des semences. En décembre, Young, qui avait déjà révélé son identité, fut élu sans opposition secrétaire et trésorier.

Le Central Board connut des débuts fort prometteurs : les cotisations de ses membres représentaient quelques centaines de livres, et le Parlement lui accorda une subvention de £1 500 en 1819. Young espérait que ces sommes suffiraient aux dépenses et souhaitait utiliser £500 de la subvention pour récompenser ceux qui démontreraient, dans des concours, qu'ils avaient remarquablement accru la qualité de leur bétail ou de leurs cultures. Comme il avait fait valoir qu'il négligeait ses propres affaires pour s'occuper de la société, il touchait, à titre de secrétaire et de trésorier, un salaire annuel de £250. Non seulement avait-il l'entière responsabilité de la correspondance et des finances, mais il devait veiller à ce qu'on tienne des concours sur les légumes, le lin, les semences et les produits laitiers, que les épreuves de labour et les expositions de bétail se déroulent conformément au règlement de la société et qu'on verse des primes pour la culture céréalière, le défrichement,

la jachère estivale, la fertilisation et la construction de moulins à farine d'avoine. En outre, les réunions du conseil d'administration nécessitaient des préparatifs. Les membres apportaient parfois de nouveaux instruments aratoires ; il fallait discuter de leurs qualités respectives et prendre une décision quant à leur achat. Les administrateurs montaient également une bibliothèque d'agriculture, à laquelle ils avaient eu la sagesse d'affecter une modeste part des fonds recueillis par la société.

Dès 1825, il existait 30 sociétés locales, dont 19 avaient vu le jour entre 1818 et 1820. Organisées comme la société centrale (chacune avait un président, un vice-président et un secrétaire), elles s'engageaient à réaliser chaque année un certain nombre d'expériences. Leurs dépenses devaient être acquittées à même les cotisations, qui représentèrent d'abord une somme imposante. La société centrale leur apportait quelque assistance, par exemple en payant pendant un temps l'entretien des animaux de race élevés pour la reproduction. Les administrateurs des sociétés locales correspondaient régulièrement avec Young et empruntaient parfois de l'argent à la société centrale pour acheter des semences ou des instruments aratoires.

On fonda des sociétés locales jusqu'en 1824, mais dans l'ensemble l'engouement pour l'agriculture se refroidit à compter de 1820. Indice de ce déclin : en novembre 1822, le Central Board proposa de vendre les instruments aratoires qui servaient de modèles. Quelques mois plus tard, il était sur le point de se départir de l'étalon qu'il avait importé. Son effectif diminua régulièrement : de 235 en 1819, il passa à 79 en 1824. L'année suivante, la chambre d'Assemblée refusa de lui verser la subvention annuelle qu'elle lui donnait depuis 1819 ; en 1826, elle rejeta un projet de loi sur le renouvellement de la charte : c'en était fini, pour le moment, de l'aide gouvernementale à l'agriculture. Plusieurs sociétés locales s'effondrèrent peu après.

Divers facteurs concoururent à l'échec des sociétés d'agriculture. L'un des plus importants fut que Young, pris par d'autres occupations, ne pouvait pas bien s'acquitter de ses fonctions de secrétaire et de trésorier. Certes, l'agriculture l'intéressait, mais il essayait toujours d'étendre ses activités commerciales, même s'il protestait vertueusement du contraire. En fait, comme ses papiers le montrent abondamment, il se consacrait plus au commerce qu'à l'agriculture. Tout en travaillant pour la société centrale, il continuait d'importer et de vendre des marchandises sèches et faisait aussi le commerce du poisson et du bois. De plus, il présenta une soumission en vue d'approvisionner la garnison de Halifax en fumier et conclut un marché pour recueillir les cendres dans les casernes.

On se plaignait que Young tardait à répondre à la correspondance du Central Board, mais on trouvait aussi à redire contre ses méthodes de tenue de livres, contre la lenteur des livraisons d'approvisionnements et contre le peu de précisions qu'il donnait sur les concours. C'est à lui qu'il incombait d'importer et de répartir les semences et le bétail et, trop fréquemment, il s'acquittait mal de cette responsabilité. Souvent, parce qu'il n'avait pas vu avec assez de soin à leur transport, les animaux et les arbres fruitiers étaient morts lorsque les sociétés locales les recevaient. Les semences arrivaient quelquefois trop tard dans la saison, et pas toujours en bon état. De temps à autre, les sociétés locales, au lieu des animaux de race qu'elles avaient payés d'avance, recevaient du bétail de qualité inférieure. Ces cas de négligence coûtèrent fort cher à Young et, dans les dernières années d'existence du Central Board, les fermiers lui manifestèrent un mécontentement de plus en plus vif. Aux sociétés locales, qui réclamaient leur juste part de la subvention gouvernementale, il répondait que « les gentlemen indépendants et les riches marchands » de Halifax étaient seuls compétents pour gérer ces fonds. Cette condescendance creusa davantage le fossé qui le séparait de la population des agriculteurs, qu'il appelait parfois « notre paysannerie ». Elle rend aussi plausible l'accusation selon laquelle il voulait moins aider le fermier moyen que se faire valoir auprès de l'élite haligonienne.

Young avait aussi des adversaires au sein même du Central Board. Certains de ses collègues, dont William LAWSON, lui reprochaient de cumuler les postes de secrétaire et de trésorier et de recevoir un salaire. On lui imputait de temps à autre la difficulté d'acquérir des animaux de race et des semences de qualité à des prix raisonnables, ou encore les retards de livraison ou de perception des comptes. De fait, il était à la source de ce dernier problème, entre autres. Il n'y a guère de doute aussi qu'il tirait un avantage personnel de sa position. Ainsi, en 1821, il envoya son fils William acheter du bétail à Boston au nom de la société puis, à titre de trésorier, approuva sa forte note de frais. Par ailleurs, il persuada ses collègues du conseil d'administration de faire de Willow Park, qu'il avait acheté en 1819 près de Halifax, la ferme modèle de la société. Il put dès lors utiliser les semences, le bétail et les instruments de la société, ce qui réduisit ses coûts d'exploitation. Les produits de cette ferme qu'il présenta à des concours remportèrent de nombreux prix ; il faut cependant préciser, à sa décharge, qu'il en remit certains à la société.

Le ton de supériorité que Young empruntait dans sa correspondance avec les sociétés locales transparaissait parfois dans ses articles, ce qui n'améliorait pas son cas. On lui reprochait en particulier une tendance à l'arrogance et au didactisme. Lorsque, dans la quatrième lettre d'Agricola, il exposa les règles que ses correspondants devaient suivre, il les décrivit comme « le rempart derrière lequel Agricola s'[était]

retranché afin d'accomplir sa mission sans être dérangé et sans être ennuyé par l'imbécillité des lourdauds ». Il interprétait et expliquait bien ses sources, mais son style s'adressait davantage à l'élite cultivée qu'au fermier moyen. « Il ne quitte jamais les hauteurs et déclame toujours en employant le plus sublime langage de la passion », déplora en 1823 un correspondant de l'*Acadian Recorder*. En conséquence, certains fermiers se désintéressèrent de ses idées.

Une polémique suscitée par des lettres parues dans le *Free Press* de Halifax illustre mieux que tout les réactions que provoquait la personnalité de Young. À compter de janvier 1819, plusieurs articles signés de pseudonymes contestèrent certaines de ses théories sur l'agriculture. Persuadé que James Cuppaidge Cochran* et James William Johnston*, notamment, figuraient parmi les auteurs, Young réagit à outrance et menaça, s'ils ne mettaient pas fin à leurs attaques, de révéler que les responsables étaient les rédacteurs en chef du *Free Press*. Ses critiques répondirent par d'autres articles, dont certains étaient particulièrement drôles : avec son ton majestueux, son refus de la contestation et ses distributions de prix, Young, faisaient-ils remarquer, ne contribuait guère au progrès de l'agriculture. En voyant que ses critiques avaient passé outre à ses menaces, Young fut encore plus irrité, et Cochran lui servit en privé ce conseil : « apprenez à supporter la contradiction, comme des hommes plus sages ont dû le faire avant vous […] ne laissez plus la vanité être la disposition prépondérante de votre caractère ».

Young avait tout de même des partisans : Dalhousie, le lieutenant-gouverneur sir James Kempt*, le juge William Hersey Otis Haliburton* et un certain nombre de fermiers issus de toutes les régions de la province. Certes, il méritait une bonne part des reproches qu'on lui adressait, mais c'est quand même lui qui avait fait ressortir les forces et les faiblesses de l'agriculture néo-écossaise. Même si, en 1824, les sociétés locales n'avaient pas réalisé toutes leurs ambitions initiales, elles comprenaient sûrement mieux la nécessité d'améliorer les techniques agricoles. Les articles de Young n'étaient pas d'une lecture facile pour le fermier moyen, mais les lettres que les administrateurs des sociétés locales lui envoyaient montrent qu'ils comprenaient ses textes et pouvaient en expliquer le contenu à d'autres. Diffuser de l'information était son but et, même si ses écrits ne produisirent pas le résultat désiré ou escompté, l'expérience fut certainement utile. Les renseignements amassés à tous les échelons étaient fort impressionnants, et Young les rendait accessibles au public. Grâce à lui, plus de gens comprirent que l'agriculture était un ensemble de travaux complexes et non une activité pour ignorants.

Les lettres d'Agricola parurent à une époque où les Néo-Écossais vivaient ce qui a été qualifié de « réveil

1011

intellectuel », et il faut les replacer dans ce contexte. Au moment même où ces écrits achevaient de paraître, Thomas McCulloch commençait à publier, dans l'*Acadian Recorder*, une série de morceaux satiriques, les lettres de Stepsure. Il s'y servait de son personnage principal, Mephibosheth Stepsure, pour vanter les mérites de la vie pastorale, du dur labeur et de la frugalité, tous éléments qui, sous-entendait Young, étaient essentiels à la réussite.

On ne saurait imputer seulement à Young la mort du Central Board of Agriculture. Bien sûr, sa personnalité n'aida pas, non plus que ses trop nombreuses occupations et sa répugnance à donner plus d'autonomie aux sociétés locales. Mais le changement de lieutenant-gouverneur entra aussi en jeu. Dalhousie eut une part déterminante dans le succès initial de la société ; tant qu'il demeura en Nouvelle-Écosse, il s'y intéressa vivement et assista fidèlement à ses réunions. S'il était resté après 1820, peut-être aurait-il pu en prolonger l'existence. Cependant, la première vague d'enthousiasme reflua après son départ, même si son successeur, Kempt, paya sa cotisation à l'organisme.

De 1819 à 1826, le Central Board et les sociétés locales dépensèrent au delà de £7 000 des fonds publics, en plus de l'argent qu'ils avaient collecté eux-mêmes. Quelque £2 500 furent distribuées en primes et prix, £490 furent remises aux constructeurs de moulins à farine d'avoine, £422 servirent à l'achat de semences et £72 furent affectées à l'achat d'ouvrages sur l'agriculture. Toutefois, le Central Board commit des erreurs. Les semences d'importation étaient de piètre qualité et arrivaient trop tard ; il cessa donc d'en commander en 1821. Il mit également fin à la remise de primes au défrichage quand il constata que les forêts se dépeuplaient trop vite. La sélection des animaux reproducteurs suscitait aussi des désaccords, et l'importation de ce type de bétail cessa après 1821, comme les expositions animales tenues dans diverses parties de la province. Le principal objectif du Central Board était de faire en sorte que la Nouvelle-Écosse produise assez de blé pour ses besoins ; survalorisé, il ne fut jamais atteint, peut-être parce qu'il était prématuré ou irréaliste.

Dès sa fondation, le Central Board avait eu des difficultés avec plusieurs groupes de la colonie. Maints fermiers n'arrivaient pas à se soustraire au poids de la tradition. Ils continuaient donc d'ouvrir des terres à la culture au lieu d'accroître la productivité du sol par de nouvelles techniques. Les communautés de pêcheurs, regroupées surtout dans la moitié occidentale de la province, contestaient la légitimité de la subvention annuelle à l'agriculture car leur propre industrie ne recevait rien de comparable. Quant aux marchands, ils s'intéressèrent d'abord aux articles de Young parce qu'ils comptaient sur un renouveau agricole pour aider à surmonter la crise économique. En 1818, la Grande-Bretagne, au moyen de change-

ments législatifs, permit aux colonies d'importer des comestibles américains par des ports francs désignés, dont Halifax. Une fois levées les interdictions sur les produits agricoles des États-Unis, les Néo-Écossais ne sentaient plus l'urgence d'accroître leur propre production. En outre, comme la Grande-Bretagne tendait, dès 1825, à libéraliser les échanges, ainsi que le montraient les modifications apportées cette année-là aux règlements impériaux sur le commerce, il devenait évident que le secteur agricole céderait le pas au commercial.

Bien avant de terminer les lettres d'Agricola, Young avait manifesté du goût pour la politique, et en 1820 il avait sérieusement envisagé de se lancer dans l'arène. En 1823, il brigua les suffrages, sans succès, dans la circonscription du canton de Halifax. Pendant cette campagne où Charles Rufus Fairbanks lui faisait la lutte, on apprit que le fils de Young, William, apprenti au cabinet d'avocat de Fairbanks, avait dévoilé la stratégie électorale de son employeur à son père. Young dut donc user de son influence auprès du juge en chef Sampson Salter Blowers et d'autres juges pour que William soit délié de son contrat d'apprentissage.

Young se représenta en 1824, cette fois à une élection partielle dans la circonscription de Sydney. Il remporta la victoire, mais peu après qu'il eut pris possession de son siège, le 15 février 1825, l'Assemblée reçut des pétitions où des électeurs se plaignaient d'irrégularités dans le scrutin et qu'il n'était pas franc-tenancier dans la circonscription. Un comité de l'Assemblée annula l'élection, mais Young fut réélu au scrutin suivant et put occuper son siège à compter du 1er février 1826 sans plus de difficultés. Néanmoins, le fait qu'il résidait à Halifax déplaisait à nombre de ses électeurs, et dès avril 1826 Thomas Cutler, de Guysborough, le prévint que cela pourrait lui nuire.

En qualité de député, Young s'exprimait volontiers et, d'ordinaire, avec à-propos. Selon un commentateur de la fin du XIXe siècle, il défendait ses positions avec « une éloquence claire et lucide » ; il faisait preuve à l'occasion d'un bel humour. Par contre, ses exposés étaient plus longs que nécessaire, et il cherchait trop à donner l'impression d'être un homme à principes. La Pictou Academy fut l'un des premiers sujets auxquels il s'intéressa. Même s'il appuyait l'idée de subventionner cet établissement et de l'aider au même titre que les autres, il refusa toujours que la subvention devienne permanente. Son opposition s'explique par la séparation entre l'Église d'Écosse, dont il était membre, et les presbytériens scissionnistes, auxquels appartenait le directeur de la Pictou Academy, Thomas McCulloch. Toutefois, il se souciait des besoins de l'ensemble de ses coreligionnaires, et en 1827 il réclama en chambre qu'on donne au clergé presbytérien tous droits de célébrer des mariages.

À l'occasion de la querelle du Brandy, en 1830 [V. Enos Collins*], Young défendit les droits de l'Assemblée contre le Conseil de la Nouvelle-Écosse en affirmant que ses électeurs et ceux de ses collègues pâtiraient des pertes fiscales que pourrait entraîner ce différend. Réélu cette année-là, il prit souvent la parole durant les sessions de la quatorzième Assemblée. Il consacrait une attention particulière à l'examen des dépenses, surtout dans les cas où pesait un soupçon de favoritisme. Au début des années 1830, il se prononça sur le canal Shubenacadie [V. Charles Rufus Fairbanks], les salaires des fonctionnaires des bureaux de douanes, les redevances, les banques et la monnaie. Il se plaignit aussi du fait que Halifax recevait une part excessive du revenu provincial. En 1835, il indiqua quels postes superflus le gouvernement pourrait abolir pour épargner et parla de réduction des dépenses en soulignant que l'État pourrait avantageusement recourir à de saines pratiques commerciales.

Après ses interventions en chambre sur la réduction des dépenses, Young publia dans l'*Acadian Recorder* 20 lettres signées du pseudonyme de Joe Warner. Il y déclarait que l'Assemblée avait besoin de députés soucieux d'apporter des réformes et d'accomplir la volonté du peuple ; son deuxième objectif était de prévenir la population contre le danger d'élire trop d'avocats car, selon lui, ces hommes tenaient trop à leurs propres intérêts pour être de bons députés. Il dénonçait la manière dont on dépensait les fonds publics et disait que ce gaspillage découlait en partie de la collusion de certains députés avec le conseil. Il se montra particulièrement virulent envers le président de l'Assemblée, Samuel George William Archibald, qu'il accusa d'user de son poste à des fins personnelles. Les désaccords entre les deux hommes découlaient sans aucun doute de leurs positions contraires quant à la Pictou Academy.

Les élections de 1836 furent pénibles pour Young. Cette année-là, on divisa sa circonscription, Sydney, et il fit campagne dans la partie qui constitue maintenant le comté d'Antigonish. Le ressentiment causé par le fait qu'il n'était pas résident refit surface, et à la fin du deuxième jour de scrutin il se classait bon dernier sur trois candidats. Ce soir-là, une délégation de ses partisans rendirent visite au vicaire apostolique de la Nouvelle-Écosse, Mgr William Fraser*, qui vivait à Antigonish, pour l'inviter à faire connaître son opinion sur la course électorale. Le lendemain matin, Fraser donna son appui à Young, ce qui permit à celui-ci de se hisser au deuxième rang et d'obtenir un siège. Les motifs de l'intervention de Fraser sont difficiles à déterminer. Peut-être agissait-il par amitié personnelle et voulait-il remercier Young d'avoir œuvré en 1830 pour la pleine émancipation des catholiques. Sans son soutien, Young aurait certainement perdu.

Young assista, le 31 janvier 1837, à la réunion de la nouvelle Assemblée. Malgré sa santé chancelante, il ne ménagea pas ses énergies : il s'opposa à un projet de loi contre l'exportation des céréales et des pommes de terre, proposa une réduction du salaire des greffiers de la chambre et présenta une motion en faveur de la formation d'un comité conjoint d'examen des comptes publics. Le principal débat de la session tourna autour de résolutions où l'Assemblée reprochait au conseil de refuser à la population de participer à ses débats lorsqu'il agissait à titre d'instance législative. Après que le conseil eut opposé une fin de non-recevoir et laissé entendre que la chambre pourrait être rappelée à l'ordre, Young présenta deux résolutions qui visaient à éviter un affrontement direct avec la Chambre haute, comme celui de 1830. Joseph Howe*, convaincu de l'inefficacité des résolutions de Young, en présenta 12 de son cru, à la fois plus globales et plus précises. Young les appuya, mais il regretta peut-être que ce soit Howe, et non lui-même, qui devienne le héros du jour.

En juin 1837, Young était si malade qu'il devait passer le plus clair de son temps assis dans son lit ou dans un fauteuil. En août, il écrivit à son fils George Renny qu'il se sentait mieux, mais il mourut à Willow Park le 6 octobre.

Sous bien des rapports, John Young représente le type de l'homme instruit qui, à son arrivée dans les colonies, vit des possibilités que d'autres avaient négligées ou laissé échapper faute de confiance en eux-mêmes. En éduquant ses fils, il leur laissait entendre que l'intérêt personnel était le mobile des actions humaines ; lui-même sembla souvent obéir à ce motif au cours de sa carrière en Nouvelle-Écosse. Cependant, en conciliant ses objectifs avec l'intérêt public, il sut rendre service à sa terre d'adoption.

R. A. MacLean

John Young a publié, sous le pseudonyme Agricola, *The letters of Agricola on the principles of vegetation and tillage, written for Nova Scotia, and published first in the* Acadian Recorder *by John Young, secretary of the Provincial Agricultural Board* [...] (Halifax, 1822).

NLS, Dept. of mss, ms 790. — PANS, MG 1, 88–89, 554, 793 ; MG 2, 719–720, 726–732 ; RG 5, P, 1–3 ; RG 7, 2–3 ; RG 8, 1–2. — *Catalogue of the Provincial Agricultural Library, with the rules and bye laws* (Halifax, 1825 ; copie aux PANS). — *Glimpses of Nova Scotia, 1807–24, as seen through the eyes of two Halifax merchants, a Wilmot clergyman and the clerk of the assembly of Nova Scotia,* C. B. Fergusson, édit. (Halifax, 1957). — T. C. Haliburton, *An historical and statistical account of Nova-Scotia* (2 vol., Halifax, 1829 ; réimpr., Belleville, Ontario, 1973), 2. — N.-É., House of Assembly, *Journal and proc.,* 1825–1837. — William Young, « Journal of William Young, 1839 », PANS, Board of Trustees, *Report* (Halifax), 1973, app. B. — *Acadian Recorder,* 1818–1823, 1836. — *Colonial Patriot,* 1827–1834. — *Free Press* (Halifax), 1819–1820, 1830. — *Novascotian, or Colonial Herald,* 1825–1837. —

Young

Directory of N.S. MLAs. — Beck, *Government of N.S.* — Duncan Campbell, *Nova Scotia, in its historical, mercantile, and industrial relations* (Montréal, 1873). — *Contributions toward the improvement of agriculture in Nova-Scotia ; with practical hints on the management and improvement of live stock* [...], J. W. Dawson, compil. (2ᵉ éd., Halifax, 1856). — V. C. Fowke, *Canadian agricultural policy : the historical pattern* (Toronto, 1946 ; réimpr., 1978). — A. C. Jost, *Guysborough sketches and essays* (Guysborough, N.-É., 1950). — Israel Longworth, *Life of S. G. W. Archibald* (Halifax, 1881). — J. L. MacDougall, *History of Inverness County, Nova Scotia* ([Truro, N.-É., 1922] ; réimpr., Belleville, 1976). — T. M. Punch, « The Halifax connection, 1749–1848 : a century of oligarchy in Nova Scotia » (thèse de M.A., St Mary's Univ., Halifax, 1972). — Howard Trueman, *Early agriculture in the Atlantic provinces* (Moncton, N.-B., 1907). — D. C. Harvey, « Pre-Agricola John Young, or a compact family in search of fortune », N.S. Hist. Soc., *Coll.*, 32 (1959) : 125–159. — J. S. Martell, « The achievements of Agricola and the agricultural societies, 1818–25 », PANS *Bull.* (Halifax), 2 (1939–1941), nᵒ 2 ; « From Central Board to secretary of agriculture, 1826–1885 », nᵒ 3. — J. L. Martin, « Farm life in western Nova Scotia prior to 1850 », N.S. Hist. Soc., *Coll.*, 37 (1970) : 67–84. — Gene Morison, « The brandy election of 1830 », N.S. Hist. Soc., *Coll.*, 30 (1954) : 151–183. — « The Young family », *Journal of Education* (Halifax), 4ᵉ sér., 8 (1937) : 230–233.

SIGLES ET BIBLIOGRAPHIE GÉNÉRALE

Sigles

AAQ	Archives de l'archidiocèse de Québec	*HBRS*	Hudson's Bay Record Society, *Publications*
AC	Archives civiles	HPL	Hamilton Public Library
ACAM	Archives de la chancellerie de l'archevêché de Montréal	*HS*	*Histoire sociale*
AD	Archives départementales	MAC-CD	Ministère des Affaires culturelles, Centre de documentation
ADB	*Australian dictionary of biography*	MHA	Maritime History Archives
ANC	Archives nationales du Canada	MTRL	Metropolitan Toronto Reference Library
ANQ	Archives nationales du Québec		
AO	Archives of Ontario	NLS	National Library of Scotland
AP	Archives paroissiales	NMM	National Maritime Museum
APC	Archives publiques du Canada	NWC	North West Company
APNB	Archives provinciales du Nouveau-Brunswick	*OH*	*Ontario History*
		PABC	Provincial Archives of British Columbia
ASN	Archives du séminaire de Nicolet		
ASQ	Archives du séminaire de Québec	PAM	Provincial Archives of Manitoba
ASSH	Archives du séminaire de Saint-Hyacinthe	PANL	Provincial Archives of Newfoundland and Labrador
ASSM	Archives du séminaire de Saint-Sulpice, Montréal	PANS	Public Archives of Nova Scotia
		PAPEI	Public Archives of Prince Edward Island
ASTR	Archives du séminaire de Trois-Rivières		
		PRO	Public Record Office
AUM	Archives de l'université de Montréal	QUA	Queen's University Archives
AVQ	Archives de la ville de Québec	*RHAF*	*Revue d'histoire de l'Amérique française*
BL	British Library		
BRH	*Le Bulletin des recherches historiques*	RHL	Rhodes House Library
BVM-G	Bibliothèque de la ville de Montréal, Salle Gagnon	SCHEC	Société canadienne d'histoire de l'Église catholique
CHR	*Canadian Historical Review*	SGCF	Société généalogique canadienne-française
CTA	City of Toronto Archives		
DAB	*Dictionary of American biography*	SHC	Société historique du Canada
DBC	*Dictionnaire biographique du Canada*	SOAS	School of Oriental and African Studies
DBF	*Dictionnaire de biographies françaises*	SRC	Société royale du Canada
		SRO	Scottish Record Office
DHB	*Dictionary of Hamilton biography*	UCC	United Church of Canada
DNB	*Dictionary of national biography*	UNBL	University of New Brunswick Library
DOLQ	*Dictionnaire des œuvres littéraires du Québec*	USPG	United Society for the Propagation of the Gospel
DPL	Detroit Public Library		
EEC	Église épiscopale du Canada	UTFL	University of Toronto, Thomas Fisher Rare Books Library
GRO	General Register Office		
HBC	Hudson's Bay Company	UWOL	University of Western Ontario Library
HBCA	Hudson's Bay Company Archives		

Bibliographie générale

La bibliographie générale fait état des sources les plus fréquemment citées dans les bibliographies particulières du volume VII du *Dictionnaire,* mais elle ne fournit pas une liste exhaustive de la documentation disponible sur l'histoire du Canada au XIXe siècle.

La section I décrit les fonds d'archives de différents dépôts, répartis selon les pays. La section II est divisée en deux parties : la partie A contient les sources imprimées, y compris les publications officielles des gouvernements coloniaux, et la partie B fournit une liste descriptive des journaux les plus importants. La section III comprend des dictionnaires, diverses listes de noms, des répertoires, des inventaires de documents, des almanachs et des annuaires. Dans la section IV se trouvent des études, incluant certains ouvrages d'histoire générale, les collections les plus importantes et les thèses. La section V, enfin, donne les principaux périodiques et les publications de certaines sociétés.

SECTION I : ARCHIVES

CANADA

ARCHIVES CIVILES. Voir QUÉBEC, MINISTÈRE DE LA JUSTICE

ARCHIVES DE LA CHANCELLERIE DE L'AR-CHEVÊCHÉ DE MONTRÉAL. On trouve un inventaire détaillé de plusieurs registres et dossiers de ce dépôt dans *RHAF,* 19 (1965–1966) : 652–664 ; 20 (1966–1967) : 146–166, 324–341, 669–700 ; 24 (1970–1971) : 111–142.

Séries citées dans le vol. VII :
Dossiers
255 : Diocèses du Canada
  .102 : Kingston.
  .104 : Toronto.
  .109 : Saint-Boniface.
295 : Diocèses du Québec
  .098–.101 : Québec.
  .103 : Saint-Hyacinthe.
350 : Paroisses
  .102 : Rapports pastoraux.
355 : Paroisses en particulier
  .104 : Purification-de-la-Bienheureuse-Vierge-Marie.
  .107 : Saint-François d'Assise.
  .108 : Saint-Sulpice.
420 : Prêtres en particulier
  .051 : Paquin, Jacques.
  .095 : Lafrance, Pierre.
465 : Communautés d'hommes en particulier
  .101 : Compagnie de Saint-Sulpice.
  .103 : Compagnie de Jésus.
525 : Communautés de femmes en particulier
  .105 : Sœurs des Saints-Noms de Jésus et de Marie.
583 : Lettres de laïques
  .000 : M.
780 : Associations et divers
  .034 : Journaux.
901 : Fonds Lartigue-Bourget
  .012 : G.-J. Brassier, vicaire général.
  .013 : Notice biographique de Mgr Plessis ; érection du diocèse de Montréal.
  .014 : Mgr Lartigue : de Mgr de Philadelphie ; de Mgr de New York ; de Mgr de Bradstown ; de Mgr Poynter.
  .015 : Mgr Lartigue : contre l'admission des notables.
  .016 : Mgr Lartigue : lettres personnelles.
  .017 : Messieurs Maguire et Tabeau ; division de Québec et biens de Saint-Sulpice ; missions à Rome ; projet de journal ecclésiastique.
  .018 : Mgr Lartigue : gouvernement anglais et évêché de Montréal.
  .021 : Question des notables ; érection des paroisses ; bills pour les communautés religieuses ; éducation ; écoles normales.
  .022 : Mgr Lartigue : lettres de sa famille.
  .023 : Mgr Lartigue : recensement ; de D.-B. et Jacques Viger.
  .024 : Mgr Lartigue : de François Bonin.
  .025 : J.-G. Rocque et J.-V. Quiblier à Lartigue et Bourget.

.028 : Mgr Lartigue : de Montgolfier ; de prêtres et d'amis ; règlements divers ; documents.

.029 : Lettres de Viau, Terrasse, Duclaux, Roux.

.033 : Mgr Lartigue : testament ; M.-F.-J. Deguise : testament.

.037 : Mgr Lartigue : travaux.

.039 : Mgr Lartigue : sermons.

.041 : Mgr Lartigue : travaux d'Écriture sainte.

.044 : Diverses lettres à Mgr Bourget.

.047 : Mgr Lartigue : sermons.

.050 : J.-B. Thavenet à Lartigue.

.055 : Mgr Bourget : lettres personnelles et voyages à Rome (1846–1847 et 1854–1856).

.062 : Lettres personnelles de Bourget.

.117 : M. H. Hudon à Bourget.

.136 : Notre-Dame : division de la paroisse.

.137 : Notre-Dame et Saint-Sulpice.

.150 : D.-B. Viger à Lartigue.

RL : Registres de lettres

RLB : Registres des lettres de Mgr Bourget. Un inventaire de la correspondance de Mgr Ignace Bourget* de 1837 à 1843, compilé par L.-A. Desrosiers, a été publié dans ANQ *Rapport* [voir section III].

RLL : Registres des lettres de Mgr Lartigue. On trouve un inventaire de la correspondance de Mgr Jean-Jacques LARTIGUE de 1819 à 1840 compilé par L.-A. Desrosiers dans ANQ *Rapport* [voir section III].

ARCHIVES DE L'ARCHIDIOCÈSE DE QUÉBEC.
On peut consulter un guide de ces archives dans SCHEC *Rapport*, 2 (1934–1935) : 65–73.

Séries citées dans le vol. VII :

A : Évêques et archevêques de Québec

12 A : Registres des insinuations ecclésiastiques.

20 A : Lettres manuscrites des évêques de Québec.

210 A : Registres des lettres expédiées. On trouve l'inventaire de la correspondance de plusieurs évêques de Québec compilé par Ivanhoë Caron* dans ANQ *Rapport* [voir section III].

211 A : Registres des requêtes.

31-13 A : Papiers personnels de Mgr Joseph Signay.

C : Secrétairerie et chancellerie

CA : Statut du diocèse

40 CA : Corporations archiépiscopales.

CB : Structures de direction

1 CB : Vicaires généraux.

2 CB : Vicaires administrateurs et capitulaires.

CD : Discipline diocésaine

303 CD : Titres cléricaux.

515 CD : Séminaire de Nicolet.

516 CD : Séminaire de Québec.

61 CD : Paroisses.

69 CD : Visites pastorales.

Diocèse de Québec (en cours de reclassement).

CM : Église universelle

10 CM : Correspondance de Rome.

11 CM : Curie romaine-indults.

7 CM : États-Unis.

90 CM : Angleterre.

CN : Église canadienne

30 CN : Terre-Neuve.

310 CN : Île-du-Prince-Édouard.

311 CN : Nouveau-Brunswick.

312 CN : Nouvelle-Écosse.

320 CN : Haut-Canada.

60 CN : Gouvernement du Canada.

CP : Église du Québec

26 CP : Diocèse de Montréal.

30 CP : Diocèse de Saint-Hyacinthe.

E : Administration temporelle.

ARCHIVES DE LA VILLE DE QUÉBEC.
Parmi les publications de ce dépôt d'archives, citons l'*État sommaire des Archives de la ville de Québec* (Québec, 1977), rédigé par Murielle Doyle-Frenière.

Séries citées dans le vol. VII :

I : Juges de paix

1 : Procès-verbaux des Sessions spéciales relatives aux chemins et ponts.

V : Série chemins

B : Juges de paix.

VII : Série finances

E : Bureau des cotiseurs

1 : Rôles d'évaluation et d'imposition.

VIII : Série marchés.

ARCHIVES DE L'UNIVERSITÉ DE MONTRÉAL.
Le Service des archives de l'université de Montréal a préparé une importante série de publications portant sur les fonds et collections dont il a la garde ; on peut en trouver la liste dans *Bibliographie des publications du Service des archives* (5ᵉ éd., Montréal, 1987), rédigée par Denys Chouinard *et al.*

Collection citée dans le vol. VII :

P 58 : Collection Baby. Le chercheur peut consulter avec profit le *Catalogue de la collection François-Louis-Georges Baby*, rédigé par Camille Bertrand, préface de Paul Baby et introduction de Lucien Campeau (2 vol., Montréal, 1971). La majeure partie de cette collection, maintenant en cours de classement, est conservée sous forme de transcriptions aux APC, sous la cote MG 24, L3.

C : Colonisation

C2 : Ventes et échanges.

S : Papiers William Berczy.

U : Correspondance générale.

ARCHIVES DU SÉMINAIRE DE NICOLET,

Nicolet, Québec. Actuellement en cours de classement.

Séries citées dans le vol. VII :

AO : Archives officielles

Polygraphie.

Séminaire.

Transfert du séminaire de Nicolet.

AP : Archives privées

G : Grandes collections

L.-É. Bois

D : Documents historiques.

G : Garde-notes.

S : Succession/correspondance.

J.-O. Leprohon.

J.-B. Lozeau.

M.-G. Proulx

Registre des généalogies.

Succession/correspondance.

Lettres des évêques.

Seigneurie de Nicolet

Cahier du cens et rentes.

Terrier.

ARCHIVES DU SÉMINAIRE DE QUÉBEC.

Séries citées dans le vol. VII :

C : Livres de comptes du séminaire.

Collection Glackemeyer.

Évêques.

Fichier des anciens.

Fonds Viger-Verreau

Boîtes : Papiers de H.-A.-J.-B. Verreau ; Jacques Viger.

Cartons : Papiers de H.-A.-J.-B. Verreau ; Jacques Viger.

Série O : Cahiers manuscrits

021 : Élection du 25 avril et du … dans Montréal-Ouest.

049 : Album de 30 dessins par John Drake et de 2 par William Berczy.

085 : Extrait de décisions et remarques tirées de la Coutume de Paris.

086 : Journal des missions de 1811 et 1812 par Mgr Plessis.

0128 : Annales de l'Hôtel-Dieu de Montréal, 1734 à 1828.

0139–0152 : Ma saberdache de Jacques Viger.

0176 : Baronnie de Longueuil, famille Lemoyne de Longueuil par Jacques Viger.

0178 : Les barons de Longueuil et la famille Lemoyne.

0521 : Livre de comptes de la Compagnie du Nord-Ouest.

Journal du séminaire.

Lettres.

MSS : Cahiers manuscrits divers

12 : Grand livre.

104–110 : J.-F. Perrault.

141 : N.-L. Amyot, Journal de voyage.

193 : Jos. Levasseur, Journal et notes.

218–219 : J.-F. Boucher, Lettres dogmatiques.

281 : J. Mannock, Manuel abrégé de controverse.

433 : A.-E. Gosselin, Officiers et professeurs du séminaire de Québec.

436–437 : A.-E. Gosselin, Notices sur les prêtres du séminaire.

885–888 : Joseph Signaÿ, Recensement de la ville de Québec.

MSS-M : Cahiers de cours manuscrits

103 : Cours de rhétorique par François Leguerne.

104 : Cours de rhétorique par J.-M. Boissonnault.

140 : Félix Gatien, Cours d'arithmétique par Jean Raimbault.

146 : Cours de philosophie.

153 : Félix Gatien, Cours de philosophie par J.-B. Castanet.

155 : Félix Gatien, Cours de philosophie par J.-B. Castanet.

164 : Joseph Signaÿ, Cours de philosophie par Jérôme Demers.

208 : Joseph Signaÿ, Cours de théologie par P.-J. Bossu.

978 : Cours d'histoire ancienne par Joseph Signaÿ.

Polygraphie : Affaires surtout extérieures.

S : Seigneuries du séminaire

2 : Terrier censier (Île-Jésus).

3 : Censier (tome I) (Île-Jésus).

Séminaire : Affaires diverses.

SME : Décisions du Conseil du séminaire.

ARCHIVES DU SÉMINAIRE DE SAINT-HYACINTHE, Saint-Hyacinthe, Québec.

Séries citées dans le vol. VII :

Section A : Archives du séminaire

Fg-3 : Raymond, J.-S.

Fg-4 : Leclère, P.-É.

Fg-5 : Morin, A.-N.

Fg-41 : Saint-Pierre, P.-A.

Fg-46 : Allaire, J.-B.-A.

ARCHIVES DU SÉMINAIRE DE SAINT-SULPICE, Montréal.

Sections citées dans le vol. VII :

Section 1 bis : Démêlés relatifs aux biens.

Section 8 : Seigneuries, fiefs, arrière-fiefs et domaines.

Section 11 : Enseignement.
Section 13 : Communautés religieuses anciennes.
Section 16 : Émigration, immigration, colonisation.
Section 17 : Finance, banque, monnaie.
Section 21 : Correspondance générale.
Section 24 : Histoire, géographie et biographies
    B : Biographies.
    E : Catalogues des prêtres de Saint-Sulpice.
    F : Cahiers Faillon.
Section 25 : Séminaire de Saint-Sulpice
    Dossier 2 : Emplois.
Section 27 : Séminaire, évêchés et paroisses.
Section 32 : Contrats de mariage, certificats.
Section 49 : Prédication et prônes.

ARCHIVES DU SÉMINAIRE DE TROIS-RIVIÈRES, Trois-Rivières, Québec. Un inventaire sommaire de ce dépôt a été compilé par Yvon Thériault et publié dans ANQ *Rapport*, 1961–1964 : 67–134, et un nouvel *État général des fonds et collections conservés aux Archives du séminaire de Trois-Rivières* (Trois-Rivières, 1985), rédigé par Denise Maltais *et al.*, donne le nouveau système de classification.

Séries citées dans le vol. VII :
0009 : Fonds Hart, famille.
0032 : Collection Montarville Boucher de la Bruère.
0123 : Fonds L.-M. Cadieux.
0329 : Fonds Thomas Coffin.
0419 : Fonds Michael O'Sullivan.
0461 : Fonds H. W. Ryland.

ARCHIVES NATIONALES DU CANADA, Ottawa. Nous avons conservé le nom d'Archives publiques du Canada (APC), nom officiel utilisé jusqu'en 1987, tout au long du vol. VII ; dans la présente description, nous utiliserons le nouveau nom d'Archives nationales du Canada (ANC).

Les ANC ont publié des guides pour les documents qu'ils conservent dans leurs différentes divisions, dont : *Collection des guides généraux, Division des archives fédérales,* Terry Cook et Glenn T. Wright, compil. (1983), et *Collection des guides généraux, Division des manuscrits,* [E.] Grace [Maurice] Hyam et Jean-Marie Leblanc, compil. (1984).

Les inventaires suivants des collections des divisions des manuscrits et des archives fédérales ont servi à la préparation du vol. VII :
Inventaire général, manuscrits, volume 1, MG 1– MG 10 (1971).
Inventaire général, manuscrits, volume 2, MG 11– MG 16 (1976).
Inventaire général, manuscrits, volume 3, MG 17– MG 21 (1974).
Inventaire général, manuscrits, volume 4, MG 22– MG 25 (1972).
Inventaire général, manuscrits, volume 5, MG 26– MG 27 (1972).

Inventaire général, manuscrits, volume 7, MG 29 (1975).
Inventaire général, manuscrits, volume 8, MG 30 (1977).
Collection de l'inventaire général : archives ayant trait aux Affaires indiennes (RG 10), Peter Gillis *et al.*, compil. (1975).
Collection de l'inventaire général : archives de Statistique Canada (RG 31), Sandra G. Wright et Thomas A. Hillman, compil. (1977).
Collection de l'inventaire général : archives du ministère des Travaux publics (RG 11), B. Hallett, compil. (1977).
Collection de l'inventaire général : archives du ministère des chemins de fer et canaux (RG 43), Glenn T. Wright, compil. (1986).
Une série d'inventaires préliminaires publiés ont été remplacés avantageusement par des inventaires inédits disponibles aux ANC :
Record Group 1, Executive Council, Canada, 1764–1867 (1953).
Record Group 4, Civil and Provincial secretaries' offices, Canada East, 1760–1867 ; Record Group 5, Civil and Provincial secretaries' offices, Canada West, 1788–1867 (1953).
Record Group 7, Governor General's Office (1953).
Record Group 8, British military and naval records (1954).
Record Group 9, Department of Militia and Defence, 1776–1922 ([1957]).
Sont également utiles : *Recensements, 1666–1881, Archives publiques du Canada* (1982) et *Répertoire de registres paroissiaux, 1986* (4ᵉ éd., 1987). Le catalogue de la Division des archives cartographiques et architecturales (anciennement la Collection des cartes et plans) a paru sous le titre de *Catalogue de la Collection nationale des cartes et plans, Archives publiques du Canada* (16 vol., Boston, 1976).

Les ANC publient également le *Catalogue collectif des MSS* [voir sect. III] qui répertorie les documents de la Division des archives fédérales et ceux de la Division des manuscrits. Cet organisme a également publié *Guide des archives photographiques canadiennes,* Christopher Seifried, édit. (1984). D'autres ajouts aux inventaires publiés et un grand nombre d'inventaires et d'instruments de recherche inédits et microfilmés sont aussi disponibles.

Sont cités dans le vol. VII :
MG 5 : Ministère des Affaires étrangères, Paris
    B : Mémoires et documents
        2 : Angleterre.
MG 8 : Documents relatifs à la Nouvelle-France et au Québec (XVIIᵉ–XXᵉ siècle)
    F : Documents relatifs aux seigneuries et autres lieux
        74 : Saint-François-du-Lac.

99 : Papiers McGinnis.
G : Archives paroissiales
   14 : Illinois (Église catholique).
   67 : Shearith Israel congregation, Jewish, Montreal.
MG 9 : Documents relatifs aux provinces, aux territoires et aux municipalités
A : Nouveau-Brunswick
   10 : Reports on archives and local records.
D : Ontario
   4 : Department of lands and forests.
   7 : Church records
      40 : Ontario cemetery recordings.
MG 11 : Colonial Office, Londres
[CO 42]. Q series. Les transcriptions de la série Q ont été effectuées par les ANC avant la réorganisation du PRO en 1908–1910. Elles comprennent la majeure partie des documents jusqu'en 1841, que l'on trouve maintenant dans CO 42, et certains documents de CO 43 ainsi que des documents en provenance d'autres séries. Les documents couvrant la période du vol. VII ont été répertoriés dans APC *Rapport,* 1890–1893 ; 1896–1902 ; 1941–1945.

[CO 188]. New Brunswick A. Les transcriptions de la série New Brunswick A., préparées par les ANC, sont presque identiques aux documents de la série CO 188 pour la période postérieure à 1801.

[CO 217]. Nova Scotia A ; Cape Breton A. À partir de 1802, les transcriptions de la série Cape Breton A citées dans le vol. VII proviennent de CO 217 et ont été cataloguées dans APC *Rapport,* 1895.

MG 17 : Archives religieuses
A : Église catholique
   7–2 : Séminaire de Saint-Sulpice, Montréal.
MG 19 : Documents relatifs aux Indiens et au commerce des fourrures
A : Commerce des fourrures
   2 : Ermatinger estate.
   3 : Askin, famille.
   12 : LaMothe, famille.
   16 : Quesnel, Jules-Maurice.
   21 : Hargrave, famille.
   23 : MacLeod, John.
   35 : McGillivray, Simon.
   38 : Newton, William Henry.
B : Commerce des fourrures, compagnies et associations
   1 : North West Company.
   3 : Beaver Club.
D : Commerce des fourrures, registres et journaux des postes
   5 : Fort Chicoutimi.
E : Établissement de la Rivière-Rouge
   1 : Selkirk, Thomas Douglas, 5ᵉ comte de.

2 : Établissement de la Rivière-Rouge.
4 : Macdonell, Miles.
5 : Bulger, Andrew.
F : Indiens
   1 : Famille Claus.
   2 : Famille Johnson.
   6 : Brant, Joseph, et famille.
MG 23 : Documents de la fin du dix-huitième siècle
A : Hommes d'État britanniques
   2 : Chatham, William Pitt, 1ᵉʳ comte de.
B : Révolution américaine
   35 : Berthelot, Amable.
C : Nouvelle-Écosse
   6 : Inglis, famille.
   10 : Sigogne, Jean-Mandé.
D : Nouveau-Brunswick
   1 : Chipman, Ward, père et fils.
   2 : Winslow, Edward.
   9 : New England Company.
E : Île-du-Prince-Édouard
   5 : Fanning, Edmund.
GI : Québec et Bas-Canada : gouvernement
   3 : Chilsolme, David.
GII : Québec et Bas-Canada : hommes politiques
   10 : Sewell, Jonathan, et famille.
   14 : Smith, William.
   18 : Hale, John, et famille.
   19 : Monk, James, et famille.
GIII : Québec et Bas-Canada : marchands et colonisateurs
   1 : Allsopp, George, et famille.
   3 : Ruiter (Ruyter), famille.
GV : Québec et Bas-Canada : documents divers
   1 : Boisseau, Nicolas-Gaspard.
HI : Haut-Canada : hommes politiques
   1 : Simcoe, John Graves.
   3 : Jarvis, William, et famille.
   4 : Powell, William Dummer, et famille.
   5 : White, John.
   8 : Murray, George W.
HII : Haut-Canada : marchands et colonisateurs
   6 : Berczy, William von Moll.
MG 24 : Documents du dix-neuvième siècle antérieurs à la Confédération
A : Personnalités politiques et officiels britanniques
   2 : Ellice, Edward, et famille.
   3 : Douglas, sir Howard, et famille.
   5 : Swayne, Hugh.
   6 : Hunter, Peter.
   7 : Milnes, sir Robert Shore.
   12 : Dalhousie, George Ramsay, 9ᵉ comte de.
   13 : Bagot, sir Charles.
   15 : Derby, Edward George Geoffrey Smith Stanley, 14ᵉ comte de.
   17 : Harvey, sir John.
   19 : Roebuck, John Arthur.
   21 : Campbell, sir Archibald.

25 : Head, sir Francis Bond, et famille.

26 : Buller, Charles.

27 : Durham, John George Lambton, 1er comte de.

30 : Sydenham, Charles Edward Poulett Thomson, baron.

33 : Metcalfe, Charles Theophilus Metcalfe, baron.

40 : Colborne, sir John, 1er baron Seaton.

43 : Aylmer, Matthew Whitworth-Aylmer, 5e baron, et famille.

64 : Burton, sir Francis Nathaniel.

B : Personnalités politiques et événements nord-américains

  1 : Collection Neilson.

  2 : Famille Papineau.

  3 : Ryland, Herman Witsius, et famille.

  4 : Young, John.

  6 : Viger, Denis-Benjamin.

  7 : Jones, Charles.

  8 : Morris, William.

10 : Dunn, Thomas.

11 : Baldwin, William Warren et Robert.

12 : Stuart, sir James.

14 : La Fontaine, sir Louis-Hippolyte.

16 : Cochran, Andrew Wilson.

18 : Mackenzie, William Lyon.

28 : Kimber, Joseph-René.

29 : Howe, Joseph.

34 : Nelson, Wolfred.

36 : Walcott, Stephen.

37 : Perrault, Charles-Ovide et Louis.

39 : Brien, Jean-Baptiste-Henri.

46 : Cherrier, Côme-Séraphin.

78 : Gagnon, Lucien.

126 : Quesnel, Frédéric-Auguste.

127 : Fabre, Édouard-Raymond.

130 : Clark(e), Thomas, et famille.

133 : Wright, Charles.

141 : Hoyle, Robert.

143 : Hindenlang, Charles.

147 : Caldwell, William.

167 : Kerr, James, et famille.

C : Correspondants de personnalités politiques

  3 : Duvernay, Ludger.

  4 : Thompson, John Sparrow.

  7 : Pothier, Jean-Baptiste-Toussaint.

11 : Brown, Thomas Storrow.

12 : Benson, Alicia.

37 : McMartin, Alexander.

D : Industrie, commerce et finance

  4 : Goring, Francis.

  7 : Hamilton, George.

  8 : Wright, Philemon, et famille.

12 : Dorwin, Jedediah Hubbell.

16 : Buchanan, Isaac, et famille.

18 : Whyte, James Matthew.

19 : Papiers Ward.

45 : Hamilton, James.

48 : Hunt, James.

61 : Campbell, Archibald M.

84 : Bayley, H. C.

99 : Birnie, George et Alexander.

108 : Nelles, Robert.

E : Transport

  1 : Papiers Merritt.

F : Personnalités de l'armée et de la marine

29 : Communications and settlement.

66 : Barrie, Robert.

71 : Warre, sir Henry James.

73 : Durnford, Elias Walker.

G : Milice

  5 : Vassal de Monviel, François.

45 : Salaberry, famille de.

46 : Burwell, Mahlon, et famille.

H : Explorations, voyages et levés

64 : Tiarks, Johann Ludwig.

I : Immigration, terres et colonisation

  4 : Galt, John.

  8 : Macdonell of Collachie, famille.

  9 : Collection Hill.

26 : Hamilton, Alexander.

46 : Canada Company.

102 : Christie, Alexander, et famille.

109 : Séguin, François-Hyacinthe.

110 : Fussey, William.

J : Religion

  1 : Strachan, John.

13 : Macdonell, Alexander.

15 : Paquin, Jacques.

40 : Barnley, George.

K : Éducation et développement culturel

  2 : Coventry, George.

13 : Société d'éducation de la ville de Trois-Rivières.

L : Divers

  3 : Collection Baby.

  6 : Collection Delancey-Robinson.

MG 25 : Généalogie

62 : Collection Kipling.

321 : Famille Porteous.

MG 26 : Papiers des premiers ministres

A : Macdonald, sir John Alexander.

MG 27 : Hommes politiques

I : 1867–1950

  E : Députés de la chambre des Communes et sénateurs

    30 : Collection Ferguson.

MG 28 : Archives de collectivités postérieures à la Confédération

III : Entreprises commerciales

18 : Robin, Jones and Whitman Limited.

44 : Montreal Board of Trade.

57 : Molson archives.

MG 29 : Manuscrits du dix-neuvième siècle postérieurs à la Confédération
B : Domaine scientifique
15 : Bell, Robert.
D : Domaine culturel
61 : Morgan, Henry James.
106 : Woodburn, Alexander Smith.
MG 30 : Manuscrits de la première moitié du vingtième siècle
C : Domaine social
20 : Gaudet, Placide.
D : Domaine culturel
1 : Audet, Francis-Joseph.
56 : Leymarie, A.-Léo.
E : Carrières professionnelles et publiques
78 : Willis-O'Connor, famille.
MG 44 : Grande-Bretagne, General Post Office.
MG 53 : Collection Lawrence Montague Lande.
MG 55 : Documents divers.
RG 1 : Conseil exécutif : Québec, Bas-Canada, Haut-Canada, Canada, 1764–1867
E : Délibérations de l'État
1 : Québec, Bas-Canada, Haut-Canada, Canada : Conseil exécutif, registres de procès-verbaux d'État.
2 : Québec, Bas-Canada, Haut-Canada, Canada : Conseil exécutif, brouillons des procès-verbaux et rapports.
3 : Haut-Canada : Conseil exécutif, mémoires présentés concernant l'État.
11 : Oaths of allegiance and of office.
14 : Québec, Bas-Canada, Haut-Canada, Canada : Greffier du Conseil exécutif, papiers du.
L : Documents relatifs aux terres
1 : Québec, Bas-Canada, Haut-Canada, Canada : Conseil exécutif, registres des procès-verbaux concernant les terres.
3 : Haut-Canada et Canada : comité foncier, demandes de terres.
3L : Québec et Bas-Canada : comité foncier, demandes de terres et documents connexes.
6 : Documents des bureaux
B : Bas-Canada, Haut-Canada et Canada : arpenteur général.
7 : Québec, Bas-Canada, Haut-Canada, Canada : documents divers.
RG 4 : Bureaux des secrétaires civils et provinciaux, Québec, Bas-Canada et Canada-Est
A1 : Québec et Bas-Canada : série S (correspondance reçue).
A2 : Bas-Canada : secrétaire civil, brouillons de correspondance envoyée.
A3 : Québec, Bas-Canada, Canada : secrétaire civil et greffier du Conseil exécutif, registres et copies de lettres.
B8 : Québec et Bas-Canada : demandes concernant l'autorisation d'assumer les charges de notaire et d'avocat.
B20 : Québec, Bas-Canada et Canada-Est : demandes de pardon ou de clémence.
B28 : Québec, Bas-Canada, Canada-Est : demandes de licences, titres et certificats.
B32 : Québec, Québec : registres maritimes du port de Québec.
B37 : Bas-Canada et Canada-Est : dossiers de la rébellion.
B45 : Bas-Canada : déclarations des étrangers.
B46 : Bas-Canada : commission chargée d'enquêter sur les troubles de la rivière Rouge.
B53 : Bas-Canada et Canada-Est : commissions relatives à la tenure seigneuriale.
B58 : Québec, Bas-Canada, Canada-Est : registres des douanes.
B72 : Bas-Canada et Canada-Est : greffier de la couronne en chancellerie, dossiers d'élection.
C : Secrétaire provincial, correspondance, 1841–1867
2 : Québec, Bas-Canada et Canada-Est : copies de lettres.
RG 5 : Bureaux des secrétaires civils et provinciaux, Haut-Canada et Canada-Ouest
A1 : Upper Canada sundries : correspondence of the civil and provincial secretaries.
B5 : Haut-Canada et Canada-Ouest : commissions and letters patent.
B7 : Haut-Canada et Canada-Ouest : applications for appointments to public office.
B9 : Haut-Canada et Canada-Ouest : bonds, certificates, and applications for licenses.
B25 : Haut-Canada et Canada-Ouest : clerk of the crown in chancery, election records.
B36 : London District, U. C. : records relating to the treason hearings by the magistrates of the.
B37 : London District, U. C. : militia general courts martial.
C : Canada-Ouest : Bureau du secrétaire provincial
1 : Correspondance constituée en dossiers.
2 : Copies de lettres.
RG 7 : Canada : cabinet du gouverneur général
G1 : Dépêches du Colonial Office.
G2 : Dépêches du Colonial Office.
G3 : Dépêches secrètes et confidentielles du Colonial Office.
G14 : Dossiers divers.
G15C : Copies de lettres du secrétaire civil.
G16C : Haut-Canada : civil secretary's letter-books.
G17A : Cabinet du gouverneur général : governor general's internal letter-books, Canada.
G17C : Cabinet du gouverneur général : civil secretary's letter-books, Canada.

RG 8 : Archives militaires et navales britanniques
  I : C series (British military records).
  II : Ordnance records.
  III : Admiralty records.
  IV : Vice-Admiralty records, Halifax.
RG 9 : Milice et défense
  I : Archives antérieures à la Confédération
    A : Bureau de l'adjudant général, Bas-Canada
      1 : Correspondence.
      3 : General orders.
      5 : Registers of officers.
    B : Bureau de l'adjudant général, Haut-Canada
      1 : Correspondence.
      3 : Militia : general orders.
      4 : Pensions and land grants.
      5 : Registers of officers.
      7 : Nominal rolls and paylists.
      8 : Special records.
RG 10 : Affaires indiennes
  A : Archives administratives du gouvernement impérial
    1 : Archives du gouverneur général et des lieutenants-gouverneurs
      1–7 : Haut-Canada, contrôle civil.
      120–123 : Pétitions.
    2 : Archives du Bureau du surintendant
      26–46 : Bureau du sous-surintendant général : correspondance.
    3 : Archives militaires
      488–497 : Bureau du secrétaire aux Affaires militaires, Montréal.
    4 : Archives du Bureau du surintendant en chef, Haut-Canada
      47–77 : Correspondance.
      124–139, 739, 748, 751 : Correspondance Jarvis.
      498–509, 749 : Livres de copies de lettres.
    6 : Archives générales
      625–627 : Dossiers divers.
      629–648 : Comptes.
      718–719 : Rapport Macauly.
  B : Archives administratives ministérielles
    3 : Dossiers des archives centrales
      1855–3554 : La série rouge (pour l'Est).
    8 : Archives de l'administration centrale
      628, 782 : Cabinet du gouverneur général.
      737, 766–768A : G. M. Matheson, notes et index.
      10017–10031 : Blue books.
  C : Archives des bureaux régionaux
    I : Archives des surintendances
      2 : Surintendance de l'Ouest (Sarnia)
        569–571 : Livres de copies de lettres.
      6 : La surintendance des Six-Nations (Grande Rivière)
        803–893 : Correspondance.
    II : Archives des agences

Agence du nord-est du Nouveau-Brunswick
    469–470 : archives de l'administration générale.
  D : Archives des terres indiennes
    3 : Surintendance des Six-Nations (Grande Rivière)
      103–113 : Revendications à la Grande Rivière.
RG 11 : Ministère des Travaux publics
  A : Bureau des travaux publics
    1 : Correspondance officielle
      40–77, 148 : Dossiers-matière de correspondance.
    2 : Registres et répertoires
      93–95 : Registres-matière.
      96–106 : Registres des lettres reçues.
      110 : Registres des nominations.
    3 : Procès-verbaux, copies de lettres et rapports
      112–115 : Procès-verbaux de réunions.
      116–131 : Copies de lettres.
      132 : Copies de lettres du secrétaire du Bureau des travaux publics.
      136–140 : Rapports.
RG 14 : Archives du Parlement, 1791–1867
  A : Bas-Canada
    1 : Legislative Council, minutes, adresses, and petitions.
    3 : Legislative Assembly, journals.
RG 16 : Revenu national
  A : Douanes
    1 : Correspondence and returns.
RG 19 : Ministère des Finances
  E : Departmental correspondence
    5(a) : Board of claims for War of 1812 losses.
    5(b) : Loyalist victualling list, Upper Canada.
RG 30 : Chemins de fer nationaux du Canada
  274–281 : Montreal and Lachine Railroad.
RG 31 : Statistique Canada
  C : Division du recensement
    1 : Recensements.
RG 37 : Archives nationales du Canada
  A : Correspondance générale, dossiers-matière.
RG 42 : Direction de la Marine
  E : Enregistrement des navires
    1 : Registres des navires.
RG 43 : Chemins de fer et canaux
  C : Archives sur les canaux
    II : Canal Trent
      1 : Archives de la commission.
    V : Canaux du Saint-Laurent
      1 : Commission chargée d'améliorer la navigation sur le fleuve Saint-Laurent.
RG 68 : Registraire général.

ARCHIVES NATIONALES DU QUÉBEC. En 1980, ces archives ont entrepris d'établir un nouveau cadre de classement uniforme pour tous les centres régionaux. Des inventaires, des catalogues, des guides, des tables de concordance et d'utiles instruments de recherche sur microfiches sont disponibles dans tous les centres régionaux des ANQ.

Séries citées dans le vol. VII :

Centre régional de l'Estrie, Sherbrooke

C : Pouvoir judiciaire, archives civiles

  CE : État civil

    1 : Sherbrooke

      41 : Hatley Anglican Church.

      46 : Protestant Episcopal mission at Sherbrooke and Lennoxville.

    2 : Bedford

      8 : Sainte-Anne-de-la-Rochelle.

      38 : Dunham Anglican Church.

  CN : Notaires

    2 : Bedford

      21 : Gale, Samuel.

      26 : Lalanne, Léon.

T : Justice

  11 : Cour supérieure

    501 : Saint-François.

Centre régional de Montréal

C : Pouvoir judiciaire, archives civiles

  CA : Arpenteurs

    1 : Montréal

      71 : Papineau, Joseph.

  CC : Tutelles et curatelles

    1 : Montréal.

  CE : État civil

    1 : Montréal

      2 : La-Nativité-de-la-Très-Sainte-Vierge (Laprairie).

      3 : Notre-Dame-de-la-Prairie-de-la-Madeleine.

      4 : La Visitation (Sault-aux-Récollets).

      5 : Saint-Enfant-Jésus (Pointe-aux-Trembles).

      10 : Sainte-Anne (Varennes).

      12 : Saint-Antoine (Longueuil).

      18 : Saint-Constant.

      22 : Sainte-Famille (Boucherville).

      25 : Saint-François-Xavier (Sault-Saint-Louis, Kanawake).

      37 : Saint-Joachim (Pointe-Claire).

      51 : Notre-Dame de Montréal.

      54 : Saint-Philippe (Laprairie).

      59 : Saint-Vincent-de-Paul (Laval).

      63 : Christ Church Anglican (Montréal).

      68 : St George's Anglican Church (Montréal).

      80 : St Stephen's Anglican Church (Lachine).

      84 : Trinity Church (Montréal).

      92 : Evangelical Congregational Church (Montréal).

      109 : St James Street Methodist Church (Montréal).

      124 : St Andrew's Presbyterian Church (Lachine).

      125 : St Andrew's Presbyterian Church (Montréal).

      126 : St Gabriel's Presbyterian Church (Montréal).

      130 : St Paul's Presbyterian Church (Montréal).

      132 : Church of the Messiah (Montréal).

    2 : Saint-Hyacinthe

      1 : Saint-Hyacinthe-le-Confesseur (Saint-Hyacinthe).

      10 : Saint-Charles (Saint-Charles-sur-Richelieu).

      12 : Saint-Denis (Saint-Denis, sur le Richelieu).

      16 : Saint-Hilaire.

    3 : Sorel

      1 : Christ Church (Sorel).

      2 : Saint-Antoine (Baie-du-Febvre).

      6 : Immaculée-Conception (Saint-Ours).

    4 : Saint-Jean

      1 : Sainte-Marguerite-de-Blairfindie (L'Acadie).

      4 : Saint-Édouard (Napierville).

      6 : Saint-Cyprien-de-Napierville.

      16 : Saint-Valentin.

      17 : Caldwell Anglican Church (Saint-Jean).

    5 : Joliette

      1 : Sainte-Geneviève-de-Berthier (Berthierville).

      6 : Saint-Antoine (Lavaltrie).

      13 : Saint-Sulpice.

      14 : Saint-Pierre-du-Portage (L'Assomption).

      16 : Purification-de-Repentigny (Repentigny).

      19 : Saint-Cuthbert.

      24 : Industrie (Joliette).

      40 : Saint-Paul (Joliette).

    6 : Saint-Jérôme

      3 : L'Annonciation (Oka).

      9 : Saint-Benoît (Mirabel).

      11 : Saint-Eustache.

      24 : Saint-Louis (Terrebonne).

  CM : Testaments

    1 : Montréal.

  CN : Notaires

    1 : Montréal

      3 : Adhémar, J.-B.

      7 : Arnoldi, G.-D.

      14 : Baret, M.-G.

      16 : Barron, Thomas.

      21 : Cressé, L.-M.

      28 : Bédouin, Thomas.

      29 : Beek, J. G.

      32 : Belle, Joseph.

      43 : Boileau, René.

      68 : Cadieux, J.-M.

69 : Cadieux, G.-H.
74 : Chaboillez, Louis.
80 : Charet, Michel.
96 : Constantin, J.-B.
107 : Dandurand, R.-F.
108 : Danré de Blanzy, L.-C.
110 : Daveluy, P.-É.
116 : Deguire, Charles.
117 : Deguire, J.-B.
121 : De Lisle, J.-G.
122 : Lorimier, Chevalier de.
126 : Desautels, Joseph.
128 : Desève, J.-B.
134 : Doucet, N.-B.
135 : Doucet, Théodore.
158 : Foucher, Antoine.
167 : Gauthier, J.-P.
173 : Germain, Césaire.
175 : Gibb, I. J.
179 : Girouard, J.-J.
184 : Gray, E. W.
185 : Gray, J. A.
187 : Griffin, Henry.
192 : Guy, Étienne.
194 : Guy, Louis.
199 : Hébert, Médard.
200 : Henry, Edme.
202 : Hodiesne, Gervais.
208 : Hunter, J. S.
215 : Jobin, André.
216 : Jobin, J.-H.
224 : Lacombe, Patrice.
233 : Lanctôt, Pierre.
243 : Latour, Louis Huguet.
245 : Leblanc, F.-H.
255 : Leguay, François (fils).
269 : Lukin, Peter (père).
270 : Lukin, Peter (fils).
271 : Mackay, Stephen.
273 : Manthet, Nicolas.
290 : Mézières, Pierre.
295 : Mondelet, J.-M.
299 : Moreau, L.-A.
305 : O'Keefe, Richard.
310 : Papineau, A.-B.
313 : Papineau, Joseph.
317 : Payment, Joseph.
320 : Peltier, Généreux.
321 : Pelton, T. J.
326 : Pinet, Alexis.
327 : Pinsonnault, P.-P.
334 : Prévost, Charles.
353 : Ross, William.
375 : Soupras, L.-J.
380 : Terroux, C.-A.
383 : Thibaudault, Louis.
385 : Truteau, Z.-J.

391 : Vallée, Paul.
394 : Varin, J.-B.
396 : Weekes, George.
2 : Saint-Hyacinthe
  27 : Dutalmé, P.-P.
  79 : Têtu, Charles.
3 : Sorel
  78 : Robin, Antoine (1805–1853).
  88 : Robin, Antoine (1760–1808).
4 : Saint-Jean
  10 : Brisset, Joseph.
  14 : Decoigne, Louis.
  20 : Gamelin, Pierre.
  24 : Jobson, T.-R.
  30 : Lukin, J.-B.
  33 : Petrimoulx, F.-M.
5 : Joliette
  3 : Archambault, Eugène.
  8 : Bédard, Thomas.
  13 : Charland, J.-B.-J.
  24 : Joliette, Barthélemy.
  25 : Leblanc, J.-O.
6 : Saint-Jérôme
  2 : Berthelot, J.-A.
  3 : Chatellier, Augustin.
  4 : Coursolles, E.-G.
  27 : Séguin, F.-H.
M : Microfilms
  7 : Tutelles.
P : Fonds et collections privées
  26 : Trudeau, Romuald.
  224 : Fils de la liberté.
P1000 : Petits fonds
  1-57 : Bouchette, Joseph.
  3-298 : Hindenlang, Charles.
  3-360 : Neilson, collection.
  61-1240 : Cardinal, J.-N.

Centre régional de la Mauricie–Bois-Francs, Trois-Rivières

C : Pouvoir judiciaire, archives civiles
  CE : État civil
    1 : Trois-Rivières
      12 : Saint Bartholemew's (Nicolet).
      13 : Saint-Jean-Baptiste (Nicolet).
      48 : Immaculée-Conception (Trois-Rivières).
      50 : St James Protestant Congregation Church (Trois-Rivières).
    2 : Arthabasca
      6 : Saint-Frédéric (Drummondville).
  CN : Notaires
    1 : Trois-Rivières
      4 : Badeaux, A.-I.
      5 : Badeaux, J.-B.
      6 : Badeaux, Joseph.
      7 : Badeaux, J.-M.
      19 : Craig, L.-D.
      21 : Cressé, L.-M.

31 : Dumoulin, F.-L.
32 : Dumoulin, J.-E.
35 : Duvernay, J.-M. Crevier.
47 : Guillet, Valère.
56 : Leblanc, A.-Z.
62 : Lemaître Lottinville, Flavien.
79 : Ranvoyzé, Étienne.
91 : Trudel, Augustin.

Centre régional de l'Outaouais

M : Microfilms
122-9 : Église anglicane St James (Hull).
P : Fonds et collections privées
2 : Fonds Wright-Mackay.

Centre d'archives de Québec

C : Pouvoir judiciaire, archives civiles
CC : Tutelles et curatelles.
  1 : Québec.
CE : État civil
  1 : Québec
    1 : Notre-Dame de Québec.
    2 : Notre-Dame-de-l'Annonciation (L'Ancienne-Lorette).
    3 : L'Ange-Gardien.
    4 : Saint-Étienne (Beaumont).
    5 : Notre-Dame de Miséricorde (Beauport).
    8 : Sainte-Famille (Cap-Santé).
    11 : Sainte-Famille (île d'Orléans).
    12 : Saint-Pierre (île d'Orléans).
    22 : Saint-Roch (Québec).
    25 : Saint-Joseph (Deschambault).
    28 : Saint-Ambroise (Loretteville).
    39 : Sainte-Catherine.
    61 : Holy Trinity Cathedral (Québec).
    64 : St Paul's Chapel (Québec).
    66 : St Andrew's Presbyterian Church (Québec).
    68 : Wesleyan Methodist Church (Québec).
    71 : Garrison of Quebec Anglican Church (Québec).
    75 : Aubigny Anglican Church (Lévis).
    79 : St Michael's Anglican Church (Sillery).
    93 : Hôpital Général de Québec.
  2 : Montmagny
    1 : Cap-Saint-Ignace.
    2 : Notre-Dame-de-l'Assomption (Berthier-en-Bas).
    6 : Saint-Pierre-de-la-Rivière-du-Sud (Montmagny).
    7 : Saint-Thomas-de-la-Pointe-à-la-Caille (Montmagny).
    17 : Saint-Gervais.
    18 : Saint-Jean-Port-Joli.
    25 : Saint-Roch-des-Aulnaies.
  3 : Kamouraska
    1 : Notre-Dame-de-Liesse (Rivière-Ouelle).
    3 : Saint-Louis (Kamouraska).
    11 : Saint-André (près de Kamouraska).

CN : Notaires
  1 : Québec
    16 : Bélanger, Jean.
    18 : Belleau, R.-G.
    21 : Bernard, Joseph.
    25 : Berthelot Dartigny, M.-A.
    26 : Berthelot, Michel.
    27 : Besserer, L.-T.
    28 : Bigué, Paul.
    33 : Bolduc, Henri.
    38 : Boudreault, Étienne.
    49 : Campbell, Archibald.
    64 : Childs, John.
    66 : Cinq-Mars, Charles.
    67 : Clapham, J. G.
    80 : DeFoy, C.-M.
    81 : De Léry, William.
    83 : Deschenaux, P.-L.
    89 : Dugal, Charles.
    104 : Fraser, Alexander.
    116 : Glackmeyer, Edward.
    138 : Hunt, Joseph.
    145 : Jones, John.
    147 : Laforce, Pierre.
    171 : Lee, Thomas.
    172 : Lefebvre, F.-X.
    178 : Lelièvre, Roger.
    179 : Lelièvre, Siméon.
    188 : Lindsay, E. B.
    197 : McPherson, L. T.
    205 : Panet, J.-A.
    208 : Panet, Louis.
    212 : Parent, A.-Archange.
    213 : Parent, A.-Ambroise.
    228 : Planté, C.-D.
    230 : Planté, J.-B.
    253 : Scott, W. F.
    255 : Sirois-Duplessis, A.-B.
    256 : Stewart, Charles.
    261 : Tessier, Michel.
    262 : Têtu, Félix.
    267 : Vaillancourt, F.-X.
    284 : Voyer, Charles.
    285 : Voyer, Jacques.
  2 : Montmagny
    6 : Boisseau, I.-G.
    7 : Boisseau, N.-G.
    12 : Fraser, Simon.
    21 : Larue, Abraham.
    24 : Fournier, P.-C.
    26 : Létourneau, J.-C.
    28 : Michaud, Thadée.
    34 : Pelletier, S.-N.
    35 : Piuze, Rémi.
    48 : Verreau, G.-A.
  3 : Kamouraska
    7 : Boisseau, N.-G.

8 : Bernier, Ignace.
11 : Cazes, Louis.
17 : Dionne, Augustin.
4 : Saguenay
9 : Gauvreau, C.-H.
E : Pouvoir exécutif
4 : Secrétariat provincial.
17 : Justice
6–52 : Événements de 1837–1838.
18 : Registraire.
21 : Terres et forêts
73–75 : Biens des jésuites, administration.
297 : Demandes de terres des miliciens.
356 : Arpenteur général.
1863 ; 1870 ; 1873 ; 1877–1878 : Administration des terres publiques.
P : Fonds et collections privées
34 : Chandler, famille.
40 : Chaussegros de Léry, famille.
52 : Couillard Després, Azarie.
68 : Duvernay, Ludger.
69 : Fabre, É.-R.
78 : Fisher, J. C.
92 : Girouard, J.-J.
98 : Gugy, famille.
144 : Bédard, Elzéar.
184 : Banque de Québec.
192 : Neilson, famille.
193 : Neilson, imprimerie.
222 : Quesnel, Jules.
239 : Roy, P.-G.
240 : Seigneuries.
289 : Salaberry, famille de.
294 : Stuart, famille.
313 : Allsopp, George.
319 : Sewell, famille.
362 : Rastel de Rocheblave, famille.
365 : Hart, famille.
386 : Chaussegros de Léry, famille.
398 : Baillairgé, François.
409 : Desrivières, famille.
417 : Papineau, famille.
418 : Bourassa, Napoléon, famille.
600 : Collection initiale
4 : Cartes et plans.
668 : Richardson, A. J. H.
P1000 : Petits fonds
2-26 : Allsopp, G. W.
2-34 : Amiot, Laurent.
8-124 : Beaudry, P.-J.
11-184 : Berthelot, Amable.
14-255 : Bouchette, Joseph.
43-833 : O'Sullivan, Michael.
48-931 : Hale, famille.
49-976 : Hindenlang, Charles.
51-1006 : Huot, H.-S.
55-1054 : Kerr, James.

65-1291 : Lévesque, Guillaume.
66-1317 : Lorimier, Chevalier de.
79-1623 : Perrault, J.-F.
87-1806 : Robitaille, L.-A.
90-1863 : Ryland, H. W.
102-2057 : Vassal de Monviel, famille.
105-2105 : Wood, Robert.
T : Pouvoir judiciaire
6-1 : Cour de justice, Régime britannique.
11-1 : Cour supérieure.
11-301 : Cour supérieure, reg. des jugements.
11-302 : Cour du banc du roi, reg. des jugements.
Z : Copies de documents conservés en dehors des ANQ
Q : Québec (en dehors des ANQ)
6 : État civil, Catholiques
45 : Saint-François-d'Assise (Beauceville).
300076 : Index des baptêmes, mariages et sépultures des protestants de la région de Québec, *circa* 1790–1815.

Centre régional du Saguenay–Lac-Saint-Jean, Chicoutimi
P : Fonds et collections privées
2 : Tremblay, Victor.

ARCHIVES OF ONTARIO, Toronto. Des instruments de recherche inédits disponibles aux archives, dont quelques-uns se retrouvent sur microfiches, complètent l'ouvrage *A guide to the holdings of the Archives of Ontario,* B. L. Craig et R. W. Ramsey, édit. (2 vol., Toronto, 1985) .
Séries citées dans le vol. VII :
Canada Company records.
Hiram Walker Historical Museum Collection.
Land record index.
Map Collection.
MS : Microfilm Series
4 : Robinson, sir John Beverley.
6 : Crookshank-Lambert letters.
12 : Robinson, Peter.
35 : Strachan, John.
74 : Merritt, William Hamilton.
75 : Russell family.
78 : Macaulay family.
88 : Baldwin family.
94 : Norton, John.
106 : Chisholm family.
107 : Church records, St Andrew's Presbyterian Church (Williamstown, Ontario).
118 : Nelles, William.
148 : Flamborough West manuscript collection.
186 : Cartwright family papers, John Solomon Cartwright and Robert Cartwright letters.
198 : Reive, W. G., collection.
296 : Jones, William.
302 : Bates family.
393 : Baird papers.

451 : Cemetery records collection.
498 : Baby, Jacques Duperon.
500 : Street, Samuel and Thomas.
502 : Nelles, Abraham.
503 : Nelles, Robert, papers.
516 : Mackenzie-Lindsey papers, Mackenzie correspondence.
517 : Simcoe, John Graves, papers, Canadian section.
519 : Stone, Joel.
520 : Jones, Solomon.
524 : Robinson, Peter.
526 : Berczy, William von Moll.
537 : Ridout papers.
552 : Bell, William.
709 : Macdonell, Alexander.
787 : Jarvis-Powell papers.
MU : Manuscript Units
    275 : Blanchard, Harry D.
    281 : Bonnycastle, Richard H.
  500–515 : Cartwright family.
    572 : Clark, Duncan.
  593–692 : Commercial records collection.
    837 : Dent, Charles R.
    842 : Diaries collection.
  875–877 : Dickson, William.
  934–944 : Douglas, H. Townley, collection.
  1057 : Foster, Colley Lyons Lucas.
1113–1115 : Galt, John.
1116–1139 : Genealogies collection.
  1147 : Gowan, James R. and Ogle.
1197–1284 : Hamilton Brothers records and Hawkesbury Lumber Company records.
1364–1365 : Henry, Margaret Dodds Snell, collection.
1375–1381 : Hodgins, John George.
1532–1537 : Jarvis-Powell papers.
  1726 : Hamilton, Alexander.
  1760 : McDonald, Colin and John.
  1780 : Macdonell, John « Le Pretre ».
1817–1910 : Mackenzie-Lindsey papers, Mackenzie newspaper clipping collection.
1915–1917 : Mackenzie-Lindsey papers, Robert Randall records.
1966–1973 : McMartin, Alexander.
2005–2012 : Marriage records collection.
2031–2083 : Military records collection.
2095–2147 : Miscellaneous collection.
2196–2205 : Northwest Company collection.
  2316 : Peters, Samuel.
2319–2320 : Pilkington estate papers.
  2366 : Radcliffe family.
  2380 : Rebellion of 1837.
2383–2384 : Reid, William collection.
2388–2389 : Riddell family.
2554–2555 : Rousseau family.
  2577 : Rebellion of 1837–1838, scrapbook.

  2601 : Scrapbooks collection.
2813–2822 : Small-Gowan papers.
2828–2831 : Smith, Frederick Peter.
  2883 : Steele, John.
  3054 : United empire loyalists miscellaneous materials.
3074–3075 : Wade family letters.
3155–3188 : Yonge Mills records.
  3289 : Shirreff, Charles, family.
  3296 : Nelles, Henry William.
  4734 : Thorne, Benjamin.
4736–4753 : Jackes papers.
  4756 : Miscellaneous records.
RG 1 : Ministry of Natural Resources
A : Office of surveyor general, commissioner of crown lands, and minister
  I : Correspondence
  1 : Letters received, surveyor general.
  2 : Surveyor general's letter-books.
  4 : Commissioner's letter-books.
  6 : Letters received, surveyor general and commissioner.
  7 : Subject files.
  II : Reports and statements
  1 : Surveyor general's reports.
  2 : Commissioner's reports.
  5 : Heir and Devisee Commission reports.
  IV : Schedules and land rolls.
  VII : Miscellaneous records.
B : Financial Services Branch
  IV : Survey accounts.
C : Lands Branch
  I : Land grants
  3 : Fiats and warrants.
  4 : Location.
  9 : Miscellaneous records.
  IV : Township papers.
CB : Surveys and Mapping Branch
  1 : Survey diaries and field notes.
RG 4 : Ministry of the Attorney General
  32 : Central registry, criminal and civil files.
RG 8 : Records of the provincial secretary
I-1 : Main office
  P : Pre-confederation correspondence.
RG 21 : Municipal records.
RG 22 : Court records
Court of General Quarter Sessions of the Peace
  Brockville (Leeds and Grenville)
    sér. 12 : Minutes.
    sér. 17 : Road and bridge records.
    sér. 18 : Tavern and shop licensing records.
  Toronto (York)
    sér. 94 : Minutes.
    sér. 96 : Filings.
Court of King's Bench
    sér. 125 : Term-books.
    sér. 131 : Judgement docket-books.

sér. 138 : Criminal filings.
Court of Probate
    sér. 155 : Estate files.
Surrogate courts
    Brockville (Leeds and Grenville)
        sér. 176 : Registers.
    Cobourg (Northumberland and Durham)
        sér. 187 : Registers.
    Cornwall (Stormont, Dundas, and Glengarry)
        sér. 194 : Registers.
    Hamilton (Wentworth)
        sér. 204 : Registers.
        sér. 205 : Estate files.
    Kingston (Frontenac)
        sér. 159 : Estate files.
    Ottawa (Carleton)
        sér. 224 : Registers.
    St Catharines (Niagara North)
        sér. 234 : Registers.
        sér. 235 : Estate files.
    Toronto (York)
        sér. 302 : Registers.
        sér. 305 : Estate files.
RG 40 : Heir and Devisee Commission
    D : Claims case files
        1 : Second commission.
RG 53 : Recording Office
    Records of land
        sér. 2 : Index to land patents by district.

ARCHIVES PAROISSIALES. Les archives paroissiales du Québec conservent plus particulièrement les registres des baptêmes, mariages et sépultures, dont une copie est déposée aux Archives civiles [voir Québec, ministère de la Justice] du district judiciaire où se trouve la paroisse. Elles renferment habituellement d'autres documents, dont les livres de comptes, les livres des délibérations de la fabrique, les registres des confréries de la paroisse, les cahiers de prônes et, parfois, de la correspondance.

ARCHIVES PROVINCIALES DU NOUVEAU-BRUNSWICK, Fredericton. Pour plus d'informations sur la documentation manuscrite des APNB, on pourra consulter *A guide to the manuscript collections in the Provincial Archives of New Brunswick,* A. C. Rigby, compil. (Fredericton, 1977), toujours utile même si le système de classification qui y est décrit a été révisé depuis.
    Séries citées dans le vol. VII :
MC 1 : Family history collection.
MC 216 : Kathleen Williston collection.
MC 239 : Coy family papers.
MC 288 : New Brunswick Barristers' Society collection.
MC 300 : York-Sunbury Historical Society collection.

MC 1156 : Graves papers.
MC 1316 : John Russell Harper collection.
RG 1 : Records of the lieutenant governors and administrators
    RS330 : Thomas Carleton.
    RS333 : Martin Hunter.
    RS336 : George Stracey Smyth.
    RS345 : William Colebrooke.
RG 2 : Records of the central executive
    RS6 : Minutes and orders-in-council of the Executive Council.
    RS7 : Executive Council records, Ottawa series. Il s'agit d'une collection artificielle disponible sur mfm aux APNB et aux APC, MG 9, A1 ; un inventaire sommaire se trouve dans APC, *Inventaire général, manuscrits, 1.* Les originaux se trouvent aux APNB mais ils ont été réorganisés.
    RS8 : Executive Council records, New Brunswick series. Il s'agit d'une collection artificielle disponible sur mfm. Les APNB possèdent les originaux qui ont été réorganisés.
RG 3 : Records of the provincial secretary
    RS13 : Departmental correspondence.
    RS266 : Population returns and statistics, Saint John County.
    RS307 : Administration of state oaths.
    RS538 : Appointments and commissions.
    RS561 : Administration of roads.
RG 4 : Records of the New Brunswick General Assembly
    RS24 : Legislative Assembly sessional records. Les APNB ont préparé un catalogue couvrant les années 1786 à 1832 intitulé « A new calendar of the papers of the House of Assembly of New Brunswick », R. P. Nason, *et al.,* compil. (3 vol., copies dactylographiées, Fredericton, 1975–1977).
RG 5 : Records of the superior courts
    RS42 : Supreme Court records : original jurisdiction.
RG 7 : Records of the probate courts
    RS64 : Gloucester County.
    RS66 : Kings County.
    RS69 : Queens County.
    RS70 : Restigouche County.
    RS71 : Saint John County.
    RS74 : Westmorland County.
    RS75 : York County.
RG 10 : Records of the Department of Natural Resources
    RS108 : Land petitions.
    RS663 : Timber and sawmill petitions.
RG 11 : Records of the Department of Education
    RS657 : College of New Brunswick.
RG 18 : Records of the Department of Municipal Affairs

RS153 : Northumberland County Council records.
RS157 : Sunbury County Council records.
RS159 : Westmorland County Council records.

ARCHIVES PUBLIQUES DU CANADA. Voir
ARCHIVES NATIONALES DU CANADA

BIBLIOTHÈQUE DE LA VILLE DE MONT-RÉAL, SALLE GAGNON.
Séries citées dans le vol. VII :
Collection Gagnon.
Fonds Ægidius Fauteux.
Fonds baronnie de Longueuil.
Fonds Jules Quesnel.
MSS.

CITY OF TORONTO ARCHIVES.
Séries citées dans le vol. VII :
RG 1 : City Council
B : Papers.

ÉGLISE ÉPISCOPALE DU CANADA, DIOCESE
OF QUEBEC ARCHIVES, Lennoxville, Québec.
Pour une description de ces archives, voir : A. R.
Kelley, « The Quebec Diocesan Archives ; a description of the collection of historical records of the
Church of England in the diocese of Quebec », ANQ
Rapport, 1946–1947 : 181–298 ; [A.]M. Awcock,
« Catalogue of the Quebec Diocesan Archives »
(copie ronéotypée disponible aux archives, Shawinigan, Québec, 1973).
Documents cités dans le vol. VII :
29 : Letters patent appointing C. J. Stewart to
be bishop of Quebec.
32 : Notarial certificate on consecration of C. J.
Stewart as bishop.
40 : Appointments.
44 : Episcopal seals in wax.
47–71 : Parish reports, correspondence, and other
material relating to the parishes
50 : Drummondville.
62 : Quebec : Trinity.
72–80 : Correspondence of Jacob Mountain.
81 : Correspondence of Jacob Mountain, [C.] J.
Stewart, and G. J. Mountain.
82–102 : Copies of letters and papers referring to
diocese of Quebec.
103–104 : Letters from C. J. Stewart to J. Reid.
105 : Stewart letters.
107–108 : Correspondence between bishops of Quebec and SPG.
109 : Correspondence between bishops of Quebec and Society for the Promotion of
Christian Knowledge.
110 : Clergy reserves and erection of parishes.
111–113 : Clergy reserves.
114 : Travelling missionaries.

115 : Stewart missions.
116 : Cathedral and parish of Quebec with institutions in Quebec.
118 : Education : McGill, Bishop's, Bishop's
College School, etc.
123 : Unbound manuscripts.
129 : Copies of correspondence of C. J.
Stewart.
330–331 : Episcopate of C. J. Stewart.

HAMILTON PUBLIC LIBRARY, SPECIAL
COLLECTIONS DEPARTMENT, Hamilton, Ontario.
Pour la préparation du vol. VII, nous avons
utilisé les dossiers d'archives, les coupures de presse,
les albums et autres documents.

McGILL UNIVERSITY ARCHIVES, Montréal.
On trouve des informations sur les différentes collections de documents conservées à l'université McGill
dans *Guide des sources d'archives à l'université
McGill,* Marcel Caya *et al.,* édit. (3 vol., Montréal,
1985).
Séries citées dans le vol. VII :
Private archives
MG 1007 : McGill, James.
MG 3080 : Skakel, Alexander.
Archival records of McGill University
RG 4 : Secretariat of the Royal Institution for the
Advancement of Learning and the Board of
Governors.
RG 38 : Faculty of Medicine.
RG 96 : Montreal General Hospital.

McGILL UNIVERSITY LIBRARIES, Montréal.
Les fonds de ce dépôt sont répertoriés dans *Guide des
sources d'archives à l'université McGill,* Marcel
Caya *et al.,* édit. (3 vol., Montréal, 1985).
DEPARTMENT OF RARE BOOKS AND SPECIAL
COLLECTIONS
Séries citées dans le vol. VII :
CH10.S46 : Ryland, H. W.
CH16.S52 : Molson, William.
CH21.S57 : McKenzie, Roderick.
CH23.S59 : McKenzie, Roderick.
CH27.S63 : McKenzie, Roderick.
CH149.S19 : MacTavish, Frobisher & Co. ; McTavish, McGillivrays & Co.
CH171.S153 : McKenzie, Roderick.
CH173.S155 : MacKenzie, James.
CH175.S175 : McKenzie, Roderick.
CH177.S159 : MacKenzie, James.
CH202.S180 : Christie, A. J.
CH293.S253 : Comité canadien.
CH330.S290 : Molson, William.
MS430 : Blackwood, Thomas.
MS433 : Frobisher, Joseph.

MS435 : McGill, James.
MS439 : De Léry Macdonald papers.

MARITIME HISTORY ARCHIVE, Memorial University of Newfoundland, St John's. Pour des renseignements sur les collections de ce dépôt, voir *Preliminary inventory of records held at the Maritime History Group,* Roberta Thomas sous la direction de Keith Matthews, compil. ([St John's, 1978]) ; *Check list of research studies pertaining to the history of Newfoundland in the archives of the Maritime History Group* (7ᵉ éd., [St John's], 1984) ; et *An index to the name files* [...], Gert Crosbie sous la direction de Keith Matthews, compil. ([St John's], 1981). D'autres index concernant des collections individuelles sont également disponibles.

Série citée dans le vol. VII :
Name file collection : il s'agit de quelque 20 000 dossiers sur des personnages engagés d'une façon ou d'une autre dans le commerce et la pêche à Terre-Neuve de 1640 à 1850. Ces dossiers, tous classés en ordre alphabétique, sont préparés à partir d'une variété de sources documentaires et chacun indique l'origine des informations qui s'y trouvent.

METROPOLITAN TORONTO REFERENCE LIBRARY. Pour plus d'informations sur les manuscrits déposés à la MTRL, voir *Guide to the manuscript collection in the Toronto Public Libraries* (Toronto, 1954).

Séries citées dans le vol. VII :
William Allan papers.
Robert Baldwin papers.
William Warren Baldwin papers.
John Elmsley letter-book.
James Givins papers.
Samuel Peters Jarvis papers.
William Dummer Powell papers.
Laurent Quetton de St George papers.
Peter Russel papers.
Sir David William Smith papers.
Alexander Wood papers.

MINISTÈRE DES AFFAIRES CULTURELLES, CENTRE DE DOCUMENTATION. Voir Québec, ministère des Affaires culturelles

MUSÉE DU NOUVEAU-BRUNSWICK, Saint-Jean, N.-B. Pour une description des archives conservées dans ce dépôt, voir New Brunswick Museum, *Inventory of manuscripts, 1967* ([Saint-Jean, 1967]).

Principales séries citées dans le vol. VII :
Bank of New Brunswick, ledger, 1828–1838.
Files of miscellaneous original and photocopied documents relating to New Brunswick designated A (original record books), cb doc (vertical file), F (folders), and SB (scrapbooks).

William Francis Ganong collection.
Jarvis family papers.
New Brunswick Historical Society papers.
Saint-John, « A register of voters for the purposes of the elections of mayor, aldermen, councillors, and constables, of the city of Saint John : prepared from the records of the city freemen [...] », 1785–1869.
Ward family papers.
John Clarence Webster papers.

MUSÉE McCORD, Montréal. Les fonds de ce dépôt sont répertoriés dans *Guide des sources d'archives à l'université McGill,* Marcel Caya et al., édit. (3 vol., Montréal, 1985).

Séries citées dans le vol. VII :
M13630 : Bridge, Samuel Southby.
M19110 ; M19113–M19115 : Molson, Thomas, diaries.
M19117 : Molson, Thomas, licence.
M19124 : Molson, Thomas, diary.
M20483 : Hale, Edward.
M21228 : Molson family.
M21359 : Hart family.
M21411 : McCord family.
M21413 : Brothers-in-Law Society of Montreal.
M21585 : Morris and Felton family.
M21968 : Pozer family.

PRINCE EDWARD ISLAND MUSEUM AND HERITAGE FOUNDATION, Charlottetown. Différents dossiers ont été utiles pour établir, dans le vol. VII, les renseignements biographiques et généalogiques des insulaires. Nous avons plus particulièrement consulté :
« Charlottetown manuscript » (s.d.)

PROVINCIAL ARCHIVES OF BRITISH COLUMBIA, Victoria. En 1975, ce dépôt inaugura un nouveau système de classement pour les manuscrits. Ceux qui ont été classés depuis ont reçu la cote Additional manuscript (Add. MSS) accompagnée d'un nombre. Les manuscrits déja classés recoivent graduellement la nouvelle cote.

Séries citées dans le vol. VII :
Add. MSS 345 : Gertrude A. Rhodes papers, documents relating to the Red River settlement.
Add. MSS 635 : Donald Ross collection.
Add. MSS 1249 : Malcolm McLeod collection.
E/E/St8 : Louisa Mure, « Recollections of bygone days » (1883).
M/St8 : James Charles Stuart Strange, miscellaneous material.

PROVINCIAL ARCHIVES OF MANITOBA, Winnipeg. Pour une description des archives conservées dans ce dépôt, voir *Preliminary inventory, 1955* (Winnipeg, [1955]).

Séries citées dans le vol. VII :
MG 1 : Indians, exploration and fur trade
  D : Fur trade, individuals
    5 : MacLeod, John.
MG 2 : Red River settlement
  C : Individuals and settlement
    23 : Logan, Robert.
    38 : Garrioch, Peter.
MG 7 : Church records and religious figures
  D : Roman Catholic
    13 : Belleau collection.
P337 : Archives of the Ecclesiastical Province of Rupert's Land.
P2543 : Lawson, Elsie J., collection.

Hudson's Bay Company Archives. Le PRO et les APC possèdent des microfilms des documents de ces archives pour les années 1670 à 1870 et, pour les années 1871 à 1904, au fur et à mesure qu'elles sont microfilmées. Pour plus de renseignements concernant les copies conservées aux APC et les instruments de recherche disponibles, voir *Inventaire général, manuscrits, 3*. On peut consulter avec profit les articles de R. H. G. Leveson Gower, « The archives of the Hudson's Bay Company », *Beaver*, outfit 264 (déc. 1933) : 40–42, 64 ; et de Joan Craig, « Three hundred years of records », *Beaver*, outfit 301 (automne 1970) : 65–70. Pour les séries des HBCA publiées par la HBRS, voir section II.

Section A : London office records
  A.1/ : London minute-books.
  A.5/ : London correspondence books outward – general.
  A.6/ : London correspondence books outward – HBC official.
  A.8/ : London correspondence with her majesty's government.
  A.10/ : London inward correspondence – general territories.
  A.12/ : London inward correspondence from governors of HBC territories.
  A.30/ : Lists of servants.
  A.31/ : Lists of commissioned officers.
  A.32/ : Servants' contracts.
  A.33/ : Commissioned officers' indentures and agreements.
  A.34/ : Servants' characters and staff records.
  A.36/ : Officers' and servants' wills.
  A.38/ : Legal cases.
  A.44/ : Register book of wills and administrations of proprietors, etc.
Section B : North America trading post records
  B.3/a : Albany journals.
  B.3/b : Albany correspondence books.
  B.4/b : Fort Alexander correspondence books.

B.8/a : Fort Assiniboine journals.
B.22/a : Brandon House journals.
B.32/a : Chatham House journals.
B.39/a : Fort Chipewyan journals.
B.39/b : Fort Chipewyan correspondence books.
B.39/e : Fort Chipewyan reports on districts.
B.42/a : Fort Churchill journals.
B.49/a : Cumberland House journals.
B.49/e : Cumberland House reports on districts.
B.51/a : Fort Dauphin journals.
B.85/a : Fort Halkett journals.
B.94/a : Jasper House journals.
B.115/a : Lesser Slave Lake journals.
B.119/a : McLeod Lake journals.
B.135/a : Moose Factory journals.
B.135/c : Moose Factory correspondence inward.
B.135/k : Moose Factory minutes of council.
B.141/a : Nelson House journals.
B.141/e : Nelson House reports on districts.
B.149/a : Nipigon House journals.
B.159/a : Fort Pelly journals.
B.170/c : Quebec correspondence inward.
B.177/a : Red Lake journals.
B.179/a : Reindeer Lake journals.
B.188/a : Fort St James journals.
B.188/b : Fort St James correspondence books.
B.188/e : Fort St James reports on districts.
B.198/a : Severn House journals.
B.198/b : Severn House correspondence books.
B.200/a : Fort Simpson journals.
B.200/b : Fort Simpson correspondence books.
B.200/d : Fort Simpson account-books.
B.200/e : Fort Simpson reports on districts.
B.235/a : Winnipeg journals.
B.235/c : Winnipeg correspondence inward.
B.235/d : Winnipeg account-books.
B.239/a : York Factory journals.
B.239/b : York Factory correspondence books.
B.239/c : York Factory correspondence inward.
B.239/d : York Factory account-books.
B.239/g : York Factory abstracts of servants' account.
B.239/k : York Factory minutes of council.
B.239/x : York Factory servants' ledgers.
B.239/z : York Factory miscellaneous items.
Section C : Records of ships owned or chartered by the HBC
  C.1 : Ships' logs.
Section D : Governors' papers
  D.1/ : Wiliam Williams.
  D.4/ : George Simpson outward correspondence books.
  D.5/ : George Simpson correspondence inward.
Section E : Miscellaneous records
  E.4/ : Red River settlement, register of baptisms, marriages, and burials.
  E.5/ : Red River settlement, census returns.

E.6/ : Red River settlement, land registers and records.
E.8/ : Red River settlement, papers relating to the disturbances.
E.10/ : Colin Robertson records.
E.11/ : Nicholas Garry records.
E.20/ : Papers relating to kings' post.
E.24/ : John Stuart records.
Section F : Records of allied and subsidiary companies
F.1/ : North West Company minute-books.
F.2/ : North West Company post journals.
F.3/ : North West Company correspondence.
F.4/ : North West Company account-books.
F.5/ : North West Company servants' contracts.
F.6/ : North West Company and North West Company Partners' Trust deeds and agreements.
F.7/ : North West Company and North West Company Partners' Trust legal opinions and legal cases.

PROVINCIAL ARCHIVES OF NEWFOUND-LAND AND LABRADOR, St John's. Pour des renseignements sur ce dépôt, voir *Preliminary inventory of the holdings* […] ; et *Supplement* […] (2 numéros, St John's, 1970–1974).
Séries citées dans le vol. VII :
GN : Government records – Newfoundland
GN 2 : Department of the Colonial Secretary
1 : Letter-books, outgoing correspondence.
2 : Incoming correspondence.
GN 5 : Court records
1 : Surrogate Court.
2 : Supreme Court.
GN 16 : Department of surveyor general
1 : Register of rents.
P : Private records
P1 : Governors' private papers
5 : Duckworth papers.
P3 : Pre-1855 papers
B : Mercantile
14 : Richard Fogarty collection, Waterford, [Republic of Ireland].
P7 : Businesses
A : Fishing related
18 : Ryan & Morris collection, Burin.
P8 : Benevolent organizations
11 : Congregational Church.

PUBLIC ARCHIVES OF NOVA SCOTIA, Halifax. Une description des collections se trouve dans *Inventory of manuscripts in the Public Archives of Nova Scotia* (Halifax, 1976).
Séries citées dans le vol. VII :
MG 1 : Papers of families and individuals
11 : William Bruce Almon diary.
18–83 : Mather Byles Almon business papers.
88 : Archibald family correspondence.

89 : Samuel G. W. Archibald correspondence.
109–124 : Winthrop P. Bell documents.
160A : William M. Brown genealogy.
165 : John Cameron diary.
181–218 : Chipman family documents.
253 : Copy of thesis concerning Lord Dalhousie's administration in Canada.
262B : Dodd family documents.
334 : Brenton Halliburton papers.
479–480 : Charles Inglis documents.
550–558 : Thomas McCulloch documents.
733A : Isabella Owen, notes from scrapbooks.
742–744 : George Patterson documents.
793 : Simon B. Robie documents.
817–863 : Thomas B. Smith collection.
947–962 : White family documents.
979–980 : Peleg Wiswall documents.
1489 : T. N. Jeffery family documents.
1595–1613 : Bliss family papers.
1619–1650 : Charles St C. Stayner collection.
1693 : Haliburton family papers.
1845 : C. B. Fergusson papers.
MG 2 : Political papers
719–725 : George Renny Young papers.
726–730 : John Young papers.
731–782 : William Young papers.
MG 3 : Business papers
154 : Halifax Fire Insurance Company documents.
306–317 : Robert Thomson, Shelburne, business papers.
1873 : John and P. F. Homer, Barrington, account-book.
MG 4 : Churches and communities
2 : St James' Anglican Church (Bridgetown), records.
MG 5 : Cemeteries.
MG 9 : Scrap-books.
MG 12 : Great Britain, army.
MG 15 : Ethnic collections
B : Indians.
C : Negroes.
G : Gaelic collection.
MG 20 : Societies and special collections
61–70 : Charitable Irish Society, Halifax.
180 : Halifax Poor Man's Friend Society.
670 : Nova Scotia Historical Society MSS.
MG 100 : Documents, newspaper clippings, and miscellaneous items.
RG 1 : Bound volumes of Nova Scotia records for the period 1624–1867
5–11 : Transcripts relating to the government at Annapolis Royal.
29–185 : Documents relating to the government of Nova Scotia : dispatches, letter-books, and commission books.

186–214½H : Council, minutes.
219–285 : Miscellaneous documents.
286–300 : Legislative Council, selections from the files.
301–314 : Legislative Assembly, selections from the files.
385–387 : Correspondence between the governors of Nova Scotia and the British minister at Washington.
410–417 : Papers of the settlement of Halifax.
419–422 : Papers of negro and maroon immigrations and settlements.
430–432 : Indians.
438–439 : Schools and school lands.
443–454 : Census and poll tax.
491–498 : Records of proceedings of the Vice-Admiralty Court of Nova Scotia.
525 : Annotated copy of Murdoch, *Hist. of N.S.* [voir section IV].

RG 2 : Records of the governors' and lieutenant governors' offices.
RG 4 : Records of the Legislative Council of Nova Scotia
LC : Petitions, reports, resolutions, and miscellaneous papers.
RG 5 : Records of the Legislative Assembly of Nova Scotia
A : Assembly papers.
P : Petitions.
R : Reports and resolutions.
RG 7 : Records of the provincial secretary of Nova Scotia.
RG 8 : Records of the Central Board of Agriculture of Nova Scotia.
RG 14 : Education.
RG 20 : Lands and forests
A : Land grants and petitions.
B : Cape Breton land papers.
C : Crown lands.
RG 25 : Public health
C : Miscellaneous.
RG 31 : Treasury
102–120 : Impost, excise, and revenue.
RG 32 : Vital statistics
132–169 : Marriage bonds.
RG 34 : Court of General Sessions of the Peace
312 : Halifax County.
321 : Shelburne County.
RG 35A : Halifax city and county assessments
1–4 : Halifax city assessments.
RG 36 : Court of Chancery.
RG 39 : Supreme Court
AP : Annapolis County.
HX : Halifax County.
KI : Kings County.
RG 40 : Court of Vice-Admiralty.

PUBLIC ARCHIVES OF PRINCE EDWARD ISLAND, Charlottetown.
Séries citées dans le vol. VII :
Acc. 2541 : Natural History Society for Prince Edward Island.
2702 : Smith-Alley collection.
2810 : Ira Brown papers.
2825 : T. E. MacNutt papers.
2849 : Palmer family papers.
2881 : Peake-Brecken collection.
2918 : Bell papers.
3466 : Prince Edward Island Heritage Foundation collection.
RG 1 : Lieutenant Governor.
RG 3 : House of Assembly.
RG 5 : Executive Council.
RG 6 : Courts.
RG 16 : Registry Office, land registry records.

QUÉBEC, MINISTÈRE DE LA JUSTICE, Québec. Les archives civiles et les archives judiciaires du Québec, qui relèvent conjointement des tribunaux et du ministère de la Justice, constituent maintenant deux dépôts distincts, résultant d'un reclassement des anciennes Archives judiciaires. Ces archives sont déposées au palais de justice du chef-lieu des 34 districts judiciaires du Québec.

On trouvera une liste des districts judiciaires dans l'*Annuaire téléphonique judiciaire du Québec*, Andrée Frenette-Lecoq, édit. (Montréal, 1980).

Archives civiles. Ces archives conservent pour les 100 dernières années les registres de l'état civil, les minutiers des notaires et les procès-verbaux des arpenteurs ayant exercé dans les différents districts ; les documents antérieurs sont confiés aux ANQ.

QUÉBEC, MINISTÈRE DES AFFAIRES CULTURELLES, CENTRE DE DOCUMENTATION, Québec. Le ministère des Affaires culturelles a regroupé en un seul Centre de documentation tous les centres qui existaient auparavant, dont celui de l'Inventaire des biens culturels.
Séries citées dans le vol. VII :
Fonds Morisset
1 : Inventaire de l'art et de l'architecture.
2 : Dossiers des artistes et artisans.

QUEEN'S UNIVERSITY ARCHIVES, Kingston, Ontario. Pour des informations sur ce dépôt, voir *A guide to the holdings of Queen's University Archives*, Anne MacDermaid et G. F. Henderson, édit. (2e éd., Kingston, 1986).

En plus des documents de la série MC (Manuscript collection), plusieurs documents ont été utilisés dans la préparation du vol. VII, particulièrement :

2189 : Robert McDowall papers.
2199a : John Solomon Cartwright papers.
2199c : Richard Cartwright papers.
2239–2240 : Jones family papers.
2244 : Midland District School Society records.
2247 : Tett family papers.
2254 : John Kirby papers.
2256 : John Macaulay papers.
2263 : Presbyterian Church of Canada records.
2270 : Kirkpatrick–Nickle legal collection, Auldjo family papers.
2402 : William Bell papers.
3077 : Joel Stone papers.

UNITED CHURCH ARCHIVES. Ce dépôt d'archives s'est formé à partir de documents produits aux XIXᵉ et XXᵉ siècles par les méthodistes canadiens, les presbytériens, les congrégationalistes et l'Evangelical/ United Brethren in Christ bodies. Les Central Archives of the United Church of Canada, logées à la Victoria University, à Toronto, couvrent l'ensemble du pays. Les archives d'intérêt régional, plus particulièrement les documents officiels de chacune des conférences, sont conservées sur place.
Central Archives, Toronto
Plusieurs documents ont été utilisés pour la préparation du vol. VII, particulièrement :
Egerton Ryerson papers.

UNIVERSITY OF NEW BRUNSWICK LIBRARY, ARCHIVES AND SPECIAL COLLECTIONS DEPARTMENT, Fredericton.
Séries citées dans le vol. VII :
BC-MS : Beaverbrook collection
Sir Howard Douglas letter-books.
MG H : Historical
H2 : Winslow family papers.
H9 : Lilian Mary Beckwith Maxwell papers.
H11 : Saunders papers.
H54 : Indian affairs – New Brunswick.
UA : University archives
« Minute-book of the governors and trustees of the College of New Brunswick », 1800–1828.

UNIVERSITY OF TORONTO, THOMAS FISHER RARE BOOK LIBRARY. Pour des informations sur ce dépôt, voir *The Thomas Fisher Rare Book Library : a brief guide to the collections* (Toronto, 1982).
Séries citées dans le vol. VII :
MS coll. 30 : James Nevin Wallace, « Encyclopedia of the fur trade, biographical & geographical ».
MS coll. 31 : William Stewart Wallace collection.

MS coll. 126 : James Little Baillie papers.
MS coll. 140 : Charles Fothergill papers.

UNIVERSITY OF WESTERN ONTARIO, REGIONAL COLLECTION, London, Ontario. Une description des documents municipaux et des collections privées de manuscrits est disponible sur microfiches sous le titre de *Regional Collection : the D. B. Weldon Library catalogue,* S. L. Sykes, édit. (4 fiches, London, 1977).
Différentes collections privées de manuscrits ont été utiles dans la préparation du vol. VII, particulièrement :
James Evans papers.

ÉTATS-UNIS

DETROIT PUBLIC LIBRARY, BURTON HISTORICAL COLLECTION.
Plusieurs documents ont été utilisés pour la préparation du vol. VII, particulièrement :
John Askin papers.

STATE HISTORICAL SOCIETY OF WISCONSIN, Madison. Pour des renseignements sur leur collection de manuscrits, voir *Guide to the manuscripts of Wisconsin Historical Society,* A. M. Smith, édit. (Madison, 1944), *Supplement number one,* J. L. Harper et S. C. Smith, édit. (1957), et *Supplement number two,* J. L. Harper, édit. (1966). Les Draper MSS ne sont décrits dans aucun de ces volumes, mais ils sont répertoriés en détail dans *Guide to the Draper manuscripts,* J. L. Harper, édit. (1983).
Différentes collections ont été utilisées au vol. VII, particulièrement :
Draper MSS.

FRANCE

ARCHIVES DÉPARTEMENTALES. Pour la liste des inventaires analytiques, on consultera les publications de la Direction des archives de France : *État des inventaires des archives nationales, départementales, communales et hospitalières au 1ᵉʳ janvier 1937* (Paris, 1938) ; *Supplément, 1937–1954,* [par R.-H. Bautier] (Paris, 1955) ; et *Catalogue des inventaires, répertoires, guides de recherche et autres instruments de travail des archives départementales, communales et hospitalières* […] *à la date du 31 décembre 1961* (Paris, 1962). Pour les copies des documents que les APC possèdent, voir *Inventaire général, manuscrits, 1* : 87–99. On utilise le même système de classification dans tous les dépôts d'archives départementales.

GRANDE-BRETAGNE

BRITISH LIBRARY, Londres. DEPARTMENT OF MANUSCRIPTS. Pour un guide succinct des catalogues et index des collections de manuscrits, voir M. A. E. Nickson, *The British Library : guide to the catalogues and indexes of the Department of Manuscripts* (2ᵉ éd., Londres, 1982). L'*Index of manuscripts in the British Library* (10 vol., Cambridge, Angl., 1984–1986) recense les noms de personnes et de lieux contenus dans toutes les collections acquises jusqu'en 1950. Au sujet des copies de documents de la BL conservées aux APC, voir *Inventaire général, manuscrits, 3.*

Séries citées dans le vol. VII :

Add. MSS 21661–21892 : Official correspondence and papers of Lieutenant Governor Sir Frederick Haldimand.

INDIA OFFICE LIBRARY AND RECORDS. Pour des renseignements concernant cette bibliothèque qui possède les archives de l'East India Company et de son successeur l'India Office, voir S. C. Sutton, *A guide to the India Office Library, with a note on the India Office Records* (Londres, 1967), et M. I. Moir, *A general guide to the India Office Records* (Londres, 1988). Sous la juridiction du ministère des Affaires étrangères et du Commonwealth jusqu'en 1982, elle constitue maintenant une section de la British Library's Humanities and Social Sciences Division.

India Office Records
E : East India Company : General correspondence
  E/4 : Correspondence with India.
H : Home miscellaneous series.
L : Departmental records
  L/MAR : Marine Department.
O : Biographical records.
P : Proceedings of the government of India and of the presidencies and provinces.

GENERAL REGISTER OFFICE, Londres. Les registres des décès ont été consultés pour différents personnages dans la préparation du vol. VII.

GENERAL REGISTER OFFICE FOR SCOTLAND, Édimbourg. L'information concernant les registres des paroisses déposés au GRO est disponible dans *Detailed list of old parochial registers of Scotland* (Édimbourg, 1872). Les registres des baptêmes, mariages et sépultures de plusieurs paroisses d'Écosse ont été utilisés dans la préparation du vol. VII.

NATIONAL LIBRARY OF SCOTLAND, DEPARTMENT OF MANUSCRIPTS, Édimbourg. Des informations se trouvent dans *Catalogue of manuscripts acquired since 1925* (5 vol. parus [1–4 ; 6], Édimbourg, 1938–   ).

Séries citées dans le vol. VII :
Advocates' manuscripts

Adv. MSS 46.1.1–46.10.2 : Murray papers.
Manuscripts
MSS 789–802 : Constable & Cadell letter- and business-books.
MSS 2264–2505, 2568–2608, 3022 : Cochrane papers.
MSS 6660–7000 : William Wilson & Son papers.
MSS 7638–7658 : United Presbyterian Church, letter-books.
MSS 9250–9307 : Dunlop papers.
MSS 15001–15195 : Ellice papers.

NATIONAL MARITIME MUSEUM, Londres. Pour des informations sur les collections de manuscrits, voir *Guide to the manuscripts in the National Maritime Museum,* R. J. B. Knight, édit. (2 vol., Londres, 1977–1980).

Séries citées dans le vol. VII :
Personal collections
BIE : Barrie papers.
MRY : Marryat papers.
C. G. Pitcairn-Jones, « The commissioned sea officers of the Royal Navy, 1660–1815 ».
Records of business and non-governmental organizations
P&O, Personal histories.

PUBLIC RECORD OFFICE, Londres. Pour un aperçu du contenu et du classement de ces archives, voir *Guide to the contents of the Public Record Office* (3 vol., Londres, 1963–1968). Au sujet des copies disponibles aux APC, voir *Inventaire général, manuscrits, 2.*

Séries citées dans le vol. VII :
Admiralty
  Accounting departments
    ADM 42 : Yard pay books.
  Admiralty and Secretariat
    ADM 1 : Papers.
    ADM 9 : Returns of officers' services.
    ADM 12 : Indexes and compilations, sér. III.
    ADM 50 : Admirals' journals.
  Navy Board
    ADM 106 : Navy Board records.
  Admiralty
    ADM 196 : Officers' service records, sér. III.
Board of Trade
  Registrar general of shipping and seamen
    BT 98 : Agreements and crew lists, sér. I.
    BT 107 : Ships' registers.
Colonial Office. [Voir R. B. Pugh, *The records of the Colonial and Dominions offices* (Londres, 1964).]
  America and West Indies
    CO 5 : Original correspondence, etc.
  America, British North
    CO 6 : Original correspondence.
  Australia, South

CO 13 : Original correspondence.
CO 15 : Sessional papers.
Bermuda
CO 38 : Entry books.
Canada
CO 42 : Original correspondence.
CO 43 : Entry books.
CO 47 : Miscellanea.
Ceylon
CO 54 : Original correspondence.
Malta
CO 158 : Original correspondence.
New Brunswick
CO 188 : Original correspondence.
CO 189 : Entry books.
CO 193 : Miscellanea.
Newfoundland
CO 194 : Original correspondence.
CO 195 : Entry books.
CO 197 : Sessional papers.
CO 199 : Miscellaneous.
Nova Scotia and Cape Breton
CO 217 : Original correspondence.
CO 218 : Entry books.
CO 220 : Sessional papers.
Prince Edward Island
CO 226 : Original correspondence.
CO 227 : Entry books.
CO 231 : Miscellanea.
Sierra Leone
CO 267 : Original correspondence.
Colonies, General
CO 323 : Original correspondence.
CO 324 : Entry books, sér. I.
CO 325 : Miscellanea.
Emigration
CO 384 : Original correspondence.
Private collections
CO 387 : Aylmer papers.
Supplementary
CO 537 : Correspondence.
Exchequer and Audit Department
AO 1 : Declared accounts (en rouleaux).
AO 12 : Claims, American loyalists, sér. I.
AO 13 : Claims, American loyalists, sér. II.
Home Office
Channel Islands, Scotland, Ireland, etc.
HO 102 : Scotland, correspondence and papers.
Prerogative Court of Canterbury
PROB 11 : Registered copy wills.
Public Record Office
Documents acquis par cadeau, dépôt ou achat
PRO 30/22 : Russell papers.
PRO 30/55 : Carleton papers.
Registrar general
RG 4/965 : Authenticated register, Bow Meeting House (Presbyterian), Exeter.

Treasury
Expired commissions, etc.
T 93 : French Refugees Relief Committee.
War Office
Correspondence
WO 1 : In-letters.
WO 43 : Selected « Very Old Series » and « Old Series » papers.
Returns
WO 17 : Monthly returns.
WO 25 : Registers, various.
WO 27 : Inspection returns.
WO 42 : Certificates of birth, etc.
WO 76 : Officers' services, records of.
Ordnance office
WO 44 : In-letters.
WO 55 : Miscellanea.
Judge Advocate General's office
WO 85 : Deputation books.
Private collections
WO 211 : Hart papers.

RHODES HOUSE LIBRARY, UNIVERSITY OF OXFORD, Londres. UNITED SOCIETY FOR THE PROPAGATION OF THE GOSPEL ARCHIVES. En 1985, le dépôt d'archives de la société a fermé et les documents ont été transférés à la Rhodes House Library. Pour des informations concernant les documents relatifs au Canada, voir William Westfall et Ian Pearson, « The archives of the United Society for the Propagation of the Gospel and Canadian history », Canadian Church Hist. Soc., *Journal* (Toronto), 25 (1983) : 16–24.

Une partie des documents, particulièrement les séries C/CAN, a été réorganisée et reclassifiée par la USPG après avoir été microfilmée. En conséquence, la classification utilisée par les APC et les autres dépôts canadiens qui possèdent des copies sur microfilm ne correspond pas toujours à celle que l'USPG a elle-même utilisée. Pour les copies des documents des archives de la USPG conservées aux APC, voir *Inventaire général, manuscrits, 3.*

Séries citées dans le vol. VII :

C/CAN : Unbound letters from Canada, 1752–1860. Des lettres de la Nouvelle-Écosse, du Québec et de Toronto ont été utilisées.
Dr Bray's Associates, minute-books.
Journal of proceedings of the Society for the Propagation of the Gospel. Ce journal comprend des volumes reliés, accompagnés d'un index, qui contiennent les procès-verbaux des assemblées générales tenues à Londres depuis 1701, et quatre appendices, A, B, C, D (1701–1860).

SCHOOL OF ORIENTAL AND AFRICAN STUDIES LIBRARY, University of London, Londres. Les collections d'archives de plusieurs sociétés missionnaires y sont déposées.

Séries citées dans le vol. VII :

Council for World Mission Archives. Un guide général de cette collection a été publié : C. S. Craig, *The archives of the Council for World Mission (incorporating the London Missionary Society) : an outline guide* (Londres, 1973).
London Missionary Society
  Correspondence, North America.

Methodist Missionary Society Archives. Les documents concernant le Canada ont été microfilmés par les APC en 1955, à l'époque où les originaux appartenaient à la Methodist Missionary Society ; voir APC, *Inventaire général, manuscrits, 3*
Wesleyan Methodist Missionary Society
  Correspondence, North America.

SCOTTISH RECORD OFFICE, Édimbourg. Une liste complète des documents relatifs au Canada se trouve dans SRO, « List of Canadian documents » (copie dactylographiée, 1977, avec mises à jour jusqu'en 1983), disponible dans les principaux centres d'archives canadiens. Un appendice fournit la liste des documents canadiens déposés dans des archives privées, laquelle a été recensée par le National Reg. of Arch. (Écosse).

Séries citées dans le vol. VII :

CE : Customs and excise
  CE60 : Port Glasgow and Greenock
    1 : Collector of customs, letter-book.
GD : Gifts and deposits
  GD45 : Dalhousie muniments.
  GD51 : Melville Castle muniments.
  GD248 : Seafield muniments.
  GD293 : Montgomery of Stanhope estate papers in the muniments of Messrs Blackwood and Smith, W.S., Peebles.

SECTION II : SOURCES IMPRIMÉES

A. DOCUMENTS ET PUBLICATIONS OFFICIELLES

ARCHIVES NATIONALES DU CANADA (ont porté officiellement le nom d'Archives publiques du Canada jusqu'en 1987)
  BUREAU DES PUBLICATIONS HISTORIQUES
  Doc. relatifs à l'hist. constitutionnelle, 1759–1791 (Shortt et Doughty ; 1921).
  Docs. relating to constitutional hist., 1759–91 (Shortt et Doughty ; 1918).
  PUBLICATIONS NUMÉROTÉES [Voir aussi section III]
  9 : *Canadian north-west* (Oliver).
  AUTRES PUBLICATIONS [Voir aussi section III]
  Doc. relatifs à l'hist. constitutionnelle, 1791–1818 (Doughty et McArthur).
  Doc. relatifs à l'hist. constitutionnelle, 1819–1828 (Doughty et Story).
  Docs. relating to constitutional hist., 1791–1818 (Doughty et McArthur).
  Docs. relating to constitutional hist., 1819–28 (Doughty et Story).
  Rapport/Report. 1881–19 . Parution annuelle, avec quelques omissions, jusqu'en 1952 ; irrégulière depuis. Pour les index, voir section III.

ARCHIVES NATIONALES DU QUÉBEC, Québec
  PUBLICATIONS [Voir aussi section III]
  Rapport. 54 vol. De 1920–1921 à 1976–1977. Il existe un index pour les 42 premiers volumes : *Table des matières des rapports des Archives du Québec, tomes 1 à 42 (1920–1964)* ([Québec], 1965).

ARCHIVES OF ONTARIO, Toronto
  PUBLICATIONS
  Report. 1903–1933. 22 vol.

ARCHIVES PUBLIQUES DU CANADA, Ottawa. Voir Archives nationales du Canada

The Arthur papers ; being the Canadian papers, mainly confidential, private, and demi-official of Sir George Arthur, K.C.H., last lieutenant-governor of Upper Canada, in the manuscript collection of the Toronto Public Libraries. Charles Rupert Sanderson, édit. Toronto, 1957–1959. 3 vol.

BAS-CANADA/LOWER CANADA
  CHAMBRE D'ASSEMBLÉE/HOUSE OF ASSEMBLY
    Journaux/Journals. Québec, 1792/1793–1837.
  CONSEIL LÉGISLATIF/LEGISLATIVE COUNCIL
    Journaux/Journals. Québec, 1792/1793–1837.
  CONSEIL SPÉCIAL/SPECIAL COUNCIL
    Journaux/Journals. Montréal, 1838–1841.
  Les Statuts provinciaux/Provincial statutes. Québec, 1792/1793–1837.
  Pour plus d'informations, voir Thériault, *les Pub. parl.* [section III].

Les Bourgeois de la Compagnie du Nord-Ouest : récits de voyages, lettres et rapports inédits relatifs au Nord-Ouest canadien. Louis-[François-] Rodrigue Masson, édit. Québec, 1889–1890. 2 vol. Réimpr., New York, 1960.

CANADA, PROVINCE DU
  ASSEMBLÉE LÉGISLATIVE/LEGISLATIVE ASSEMBLY
    Appendice [...] des journaux de la province du Canada/Appendix to the [...] journals of

the Legislative Assembly of the Province of Canada. 1841–1859. Voir aussi *The Legislative Assembly of the Province of Canada : an index to journal appendices and sessional papers, 1841–1866*, P. A. Damphouse, compil. (London, Ontario, 1974).
Journaux/Journals, 1841–1866.

CONSEIL LÉGISLATIF/LEGISLATIVE COUNCIL
Journaux/Journals, 1841–1866.

Statuts/Statutes, 1841–1866. Les statuts ont paru sous les titres de *Statuts provinciaux du Canada/ Provincial statutes of Canada* de 1841 à 1851 et *Statuts de la province du Canada [...]/Statutes of the Province of Canada* [...] de 1852 à 1866.
Pour une bibliographie analytique des publications de langue anglaise de la province du Canada, voir Bishop, *Pub. of government of Prov. of Canada* [section III].

Canadian Antiquarian and Numismatic Journal. Montréal. Publié par la Société d'Archéologie et de Numismatique de Montréal. [1re sér.], 1 (1872–1873)–13 (1886) ; 2e sér., 1 (1889–1890)–3 (1893–1894) ; 3e sér., 1 (1898)–13 (1916) ; 4e sér., 1 (1930)–4 (1933). N'a pas été publié en 1884, 1887–1888, 1891, 1895–1897, 1900, 1903–1907, et 1917–1929.

The Canadian north-west, its early development and legislative records ; minutes of the councils of the Red River colony and the Northern Department of Rupert's Land. Edmund Henry Oliver, édit. Ottawa, 1914–1915. 2 vol. (Publication des APC, 9.)

CHAMPLAIN SOCIETY, Toronto
PUBLICATIONS
55 vol. parus sans compter la Hudson's Bay Company series [Voir *HBRS*], l'Ontario series, et les séries non numérotées. Seuls des membres choisis et peu nombreux reçoivent les publications de cette société.
13–15 ; 17 : *Select British docs. of War of 1812* (Wood).
22 : *Docs. relating to NWC* (Wallace).
24 : Hargrave, *Hargrave corr.* (Glazebrook).

ONTARIO SERIES
13 vol. parus. Cette série est accessible à tous.
5 : *Town of York, 1793–1815* (Firth).
7 : *Valley of Six Nations* (Johnston).
8 : *Town of York, 1815–34* (Firth).
12 : *Rebellion of 1837* (Reed et Stagg).

The correspondence of Lieut. Governor John Graves Simcoe, with allied documents relating to his administration of the government of Upper Canada. Ernest Alexander Cruikshank, édit. Toronto, 1923–1931. 5 vol. (Publication de l'Ontario Historical Society.)

The correspondence of the Honourable Peter Russell, with allied documents relating to his administration of the government of Upper Canada during the official term of Lieut.-Governor J. G. Simcoe, while on leave of absence. Ernest Alexander Cruikshank et Andrew Frederick Hunter, édit. Toronto, 1932–1936. 3 vol. (Publication de l'Ontario Historical Society.)

Debates of the Legislative Assembly of United Canada, 1841–1867. Elizabeth Abbott [Nish] Gibbs, édit. en chef. Montréal, 1970– . 12 tomes en 28 parus.

« Les Dénombrements de Québec faits en 1792, 1795, 1798 et 1805 ». Joseph-Octave Plessis, compil. ANQ *Rapport*, 1948–1949 : 1–250.

The documentary history of the campaign upon the Niagara frontier [...]. Ernest [Alexander] Cruikshank, édit. Welland, Ontario, [1896]–1908. 9 vol. (Publication de la Lundy's Lane Historical Society.)

Documents relatifs à l'histoire constitutionnelle du Canada [...]. Adam Shortt *et al.*, édit. Ottawa, 1911–1935. 3 vol. (Publication des APC.)
[1] : *1759–1791.* Adam Shortt et Arthur George Doughty, édit. 2e éd., 1921, 2 part. (APC, Bureau des publications historiques.)
[2] : *1791–1818.* Arthur George Doughty et Duncan A. McArthur, édit.
[3] : *1819–1828.* Arthur George Doughty et Norah Story, édit.

Documents relating to the constitutional history of Canada [...]. Adam Shortt *et al.*, édit. Ottawa, 1907–1935. 3 vol. (Publication des APC.)
[1] : *1759–1791.* Adam Shortt et Arthur George Doughty, édit. 2e éd., 1918, 2 part. (APC, Bureau des publications historiques.)
[2] : *1791–1818.* Arthur George Doughty et Duncan A. McArthur, édit.
[3] : *1819–1828.* Arthur George Doughty et Norah Story, édit.

Documents relating to the North West Company. William Stewart Wallace, édit. Toronto, 1934. (Publication de la Champlain Society, 22.)

Gentleman's Magazine. Londres, 1731–1907. Mensuel.

HARGRAVE, [JAMES]. *The Hargrave correspondence, 1821–1843.* Introd. de George Parkin de Twenebrokes Glazebrook, édit. Toronto, 1938. (Publication de la Champlain Society, 24.)

HAUT-CANADA
HOUSE OF ASSEMBLY
Appendix to the journal. 1835–1839/1840.
Journal. 1821 ; 1825–1839/1840. Pour la période qui s'étend de 1792 à 1824, voir « Journals of Legislative Assembly of U.C. », AO *Report*, 1909 ; 1911–1914.
LEGISLATIVE COUNCIL
Journal. 1828–1839/1840. Les journaux précé-

dant cette période sont reproduits dans « The journals of the Legislative Council of Upper Canada [...] [1792–1824] », AO *Report*, 1910 ; 1915.

Statutes. 1793–1840.

HUDSON'S BAY RECORD SOCIETY, Winnipeg
PUBLICATIONS

33 vol. Éditeur général pour les vol. 1–22, Edwin Ernest Rich ; vol. 23–25, Kenneth Gordon Davies ; vol. 26–30, Glyndwr Williams ; vol. 31–33, Hartwell Bowsfield. Les vol. 1–12 ont été publiés en collaboration avec la Champlain Society et réimprimés en 1968 à Nendeln, Liechtenstein. Le vol. 13 a été réimprimé au même endroit en 1979.

1 : Simpson, George. *Journal of occurrences in the Athabasca Department by George Simpson, 1820 and 1821, and report*. Edwin Ernest Rich, édit. Introd. de Chester [Bailey] Martin. Toronto, 1938.

2 : Robertson, Colin. *Colin Robertson's correspondence book, September 1817 to September 1822*. Introd. d'Edwin Ernest Rich, édit. Robert Harvey Fleming, assistant. Toronto, 1939.

3 : *Minutes of Council, Northern Department of Rupert Land, 1821–31*. Robert Harvey Fleming, édit. Introd. de Harold Adams Innis. Toronto, 1940.

4 : McLoughlin, John. *The letters of John McLoughlin from Fort Vancouver to the governor and committee, first series, 1825–38*. Edwin Ernest Rich, édit. Introd. de William Kaye Lamb. Londres, 1941.

6 : McLoughlin, John. *The letters of John McLoughlin from Fort Vancouver to the governor and committee, second series, 1839–44*. Edwin Ernest Rich, édit. Introd. de William Kaye Lamb. Londres, 1943.

10 : Simpson, George. *Part of a dispatch from George Simpson, esqr, governor of Ruperts Land, to the governor & committee of the Hudson's Bay Company, London, March 1, 1829 ; continued and completed March 24 and June 5, 1829*. Edwin Ernest Rich, édit. Introd. de William Stewart Wallace. Londres, 1947.

13 : Ogden, Peter Skene. *Peter Skene Ogden's Snake country journals, 1824–25 and 1825–26*. Edwin Ernest Rich, édit. Alice Margaret Johnson, assistante. Introd. de Burt Brown Barker. Londres, 1950.

18 : [Black, Samuel.] *A journal of a voyage from Rocky Mountain Portage in Peace River to the sources of Finlays Branch and North West Ward in summer 1824*. Edwin Ernest Rich, édit. Alice Margaret Johnson,

assistante. Introd. de R. M. Patterson. Londres, 1955.

19 : Colvile, Eden. *London correspondence inward from Eden Colvile, 1849–1852*. Edwin Ernest Rich, édit. Alice Margaret Johnson, assitante, Introd. de William Lewis Morton. Londres, 1956.

21–22 : Rich, *Hist. of HBC* [Voir section IV].

23 : Ogden, Peter Skene. *Peter Skene Ogden's Snake country journal, 1826–27*. Kenneth Gordon Davies, édit. Alice Margaret Johnson, assistante. Introd. de Dorothy O. Johansen. Londres, 1961.

24 : *Northern Quebec and Labrador journals and correspondence, 1819–35*. Kenneth Gordon Davies, édit. Alice Margaret Johnson, assistante. Introd. de Glyndwr Williams. Londres, 1963.

28 : Ogden, Peter Skene. *Peter Skene Ogden's Snake country journals, 1827–28 and 1828–29*. Glyndwr Williams, édit. Introd. et notes de David Eugene Miller et de David H. Miller. Londres, 1971.

29 : Simpson, George. *London correspondence inward from Sir George Simpson, 1841–42*. Glyndwr Williams, édit. Introd. de J.S. Galbraith. Londres, 1973.

30 : *Hudson's Bay miscellany, 1670–1870*. Introd. de Glyndwr Williams, édit. Winnipeg, 1975.

ÎLE-DU-PRINCE-ÉDOUARD
HOUSE OF ASSEMBLY

Journal. Charlottetown, 1788–1893. Le titre varie et il n'a pas été publié de 1798 à 1805.

LEGISLATIVE COUNCIL

Journal. Charlottetown, 1827–1860.

The John Askin papers. Milo Milton Quaife, édit. Detroit, 1928–1931. 2 vol. (DPL, « Burton historical records », 1–2.)

« The journals of the Legislative Assembly of Upper Canada [...] [1792–1824] ». AO *Report*, 1909 ; 1911–1914. Il manque les journaux pour une partie de 1794, pour 1795–1797, 1809, 1813 et 1815.

LITERARY AND HISTORICAL SOCIETY OF QUEBEC/ SOCIÉTÉ LITTÉRAIRE ET HISTORIQUE DE QUÉBEC, Québec
PUBLICATIONS

Transactions. [1re sér.], 1 (1824–1829)–5 (1861–1862) ; [nouv. sér.], 1 (1862–1863)–30 (1924).

Literary Garland. Montréal. [1re sér.], 1 (1838–1839)–4 (1841–1842) ; nouv. sér., 1 (1842–1843)–9 (1851). Le sous-titre varie. La Société bibliographique du Canada a publié *An index to the* Literary Garland (*Montreal, 1838–1851*), Mary Markham Brown, compil. (Toronto, 1962), et des ajouts et corrections dans M. L. MacDonald, « *An index to the* « Literary Garland » updated »,

Soc. bibliogr. du Canada, *Cahiers*, 19 (1980) : 79–83.

Michigan Pioneer Collections. Lansing. De 1874/1876 à 1929. 40 vol. Afin d'éviter la confusion, la Michigan Historical Commission, Department of State, Lansing, a uniformisé les titres de ces volumes, publiés à l'origine par divers organismes sous des titres différents. Les volumes sont habituellement identifiés par la date apparaissant au dos de la couverture.

NEW BRUNSWICK HISTORICAL SOCIETY, Saint-Jean
PUBLICATIONS
Collections. 4 vol. (12 tomes) et 22 autres tomes parus. 1894/1897– . Utilisées principalement pour les documents qui y sont reproduits.

NOUVEAU-BRUNSWICK
HOUSE OF ASSEMBLY
Journal. Saint-Jean, 1786–1814 ; Fredericton, 1816– . Le titre varie : *Journal of the votes and proceedings* ; *Journal and votes* ; *Journals*.

LEGISLATIVE COUNCIL
Journal. Fredericton, 1831–1892. Avant 1831, il a été publié sous le titre de *Journal of the Legislative Council of the province of New Brunswick* [...] [1786–1830]. Fredericton, 1831. 2 vol.

NOUVELLE-ÉCOSSE
HOUSE OF ASSEMBLY
Journal and proceedings. Halifax, 1761– . Le titre varie ; ce titre est utilisé depuis 1789.

LEGISLATIVE COUNCIL
Journal and proceedings. Halifax, 1836–1928.

ONTARIO HISTORICAL SOCIETY, Toronto
PUBLICATIONS
Corr. of Hon. Peter Russell (Cruikshank et Hunter).
Corr. of Lieut. Governor Simcoe (Cruikshank).
OH [voir section v].

« Papiers de Ludger Duvernay ». *Canadian Antiquarian and Numismatic Journal*, 3ᵉ sér., 5 (1908) : 167–200 ; 6 (1909) : 1–33, 87–138, 151–186 ; 7 (1910) : 17–48 ; 8 (1911) : 21–43, 76–96.

PAPINEAU, LOUIS-JOSEPH. « Correspondance de Louis-Joseph Papineau [...] [1820–1839] ». Fernand Ouellet, édit. ANQ *Rapport*, 1953–1955 : 191–442.

PAPINEAU, [LOUIS-JOSEPH-] AMÉDÉE. *Journal d'un Fils de la liberté, réfugié aux États-Unis, par suite de l'insurrection canadienne, en 1837*. Montréal, 1972– . 2 vol. parus.

« Political state of Upper Canada in 1806–7 ». APC *Report*, 1892 : 32–135.

[RAMSAY, GEORGE, 9ᵉ COMTE DE] DALHOUSIE. *The Dalhousie journals*. Marjory Whitelaw, édit. [Ottawa], 1978–1982. 3 vol.

The rebellion of 1837 in Upper Canada : a collection of documents. Colin [Frederick] Read et Ronald John Stagg, édit. Toronto, 1985. [Éd. normale.] [Ottawa], 1985. (Publication de la Champlain Society/Ontario Heritage Foundation.)

Recensement de la ville de Québec en 1818 par le curé Joseph Signay. Honorius Provost, édit. Québec, 1976.

Report of the state trials, before a general court martial held at Montreal in 1838–9 : exhibiting a complete history of the late rebellion in Lower Canada [...]. Montréal, 1839. 2 vol.

Select British documents of the Canadian War of 1812. Introd. de William [Charles Henry] Wood, édit. Toronto, 1920–1928. 3 vol. en 4. (Publications de la Champlain Society, 13–15, 17.) Réimpr., New York, 1968.

SIMPSON, GEORGE. « The « Character book » of Governor George Simpson, 1832 ». *HBRS*, 30 (Williams), 151–236.

Source materials relating to the New Brunswick Indian. Willis D. Hamilton et William A. Spray, compil. Fredericton, 1976. Autre éd., 1977.

Statistical account of Upper Canada, compiled with a view to a grand system of emigration. Robert [Fleming] Gourlay, compil. Londres, 1822. 2 vol. Réimpr., East Ardsley, Angl., et New York, 1966. Éd. abrégée en 1 vol. avec introd. de Stanley Robert Mealing, Toronto, 1974.

TERRE-NEUVE
GENERAL ASSEMBLY
Journal. St John's, 1843–1846. De 1842 à 1847, la House of Assembly et le Legislative Council ont été unis en une seule General Assembly. Il n'y eut aucune session en 1842 et en 1847.

HOUSE OF ASSEMBLY
Journal. St John's, 1833–1933. Pour la période de 1842 à 1847, voir General Assembly.

The town of York, 1793–1815 : a collection of documents of early Toronto. Edith Grace Firth, édit. Toronto, 1962. (Publication de la Champlain Society, « Ontario series », 5.)

The town of York, 1815–1834 : a further collection of documents of early Toronto. Edith Grace Firth, édit. Toronto, 1966. (Publication de la Champlain Society, « Ontario series », 8.)

The valley of the Six Nations ; a collection of documents on the Indian lands of the Grand River. Charles Murray Johnston, édit. Toronto, 1964. (Publication de la Champlain Society, « Ontario series », 7.)

Wesleyan-Methodist Magazine. Londres, 1778– . Le titre varie : *Arminian Magazine*, 1–20 (1797) ; *Methodist Magazine*, 21 (1798)–44 (1821), 150 (1927)– ; *Wesleyan-Methodist Magazine*, 45 (1822)–136 (1913) ; *Magazine of the Wesleyan-Methodist Church*, 137 (1914)–149 (1926).

Winslow papers, A.D. 1776–1826. William Odber Raymond, édit. Saint-Jean, N.-B., 1901.

WISCONSIN, STATE HISTORICAL SOCIETY, Madison
PUBLICATIONS
Collections. 1854–1931. 31 vol.

B. JOURNAUX

Plusieurs ouvrages de référence ont été utilisés pour établir les différents titres d'un journal et sa périodicité. Parmi ceux-ci, nous avons consulté pour les journaux de toutes les régions du Canada : Assoc. canadienne des bibliothèques, *Catalogue de journaux canadiens sur microfilm* (3 vol. en 2 part., Ottawa, 1959–1969) ; *Liste collective des journaux canadiens disponibles dans les bibliothèques canadiennes* (Ottawa, 1977) et, pour les journaux de la période précédant 1800, Marie Tremaine, *A bibliography of Canadian imprints, 1751–1800* (Toronto, 1952) ; pour le Nouveau-Brunswick : J. R. Harper, *Historical directory of New Brunswick newspapers and periodicals* (Fredericton, 1961) ; pour Terre-Neuve : « Chronological list of Newfoundland newspapers in the public collections at the Gosling Memorial Library and Provincial Archives », Ian McDonald, compil. (copie dactylographiée aux Nfld. Public Library Services, Provincial Reference and Resource Library, St John's) ; et *Serials holdings in Newfoundland libraries* (13ᵉ éd., 4 vol., St John's, 1987) ; pour la Nouvelle-Écosse : D. C. Harvey, « Newspapers of Nova Scotia, 1840–1867 », *CHR*, 26 (1945) : 279–301 ; Tratt, *Survey of N.S. newspapers* [voir section III] ; et *An historical directory of Nova Scotia newspapers and journals before confederation*, T. B. Vincent, compil. (Kingston, Ontario, 1977) ; pour l'Ontario : *Catalogue of Canadian newspapers in the Douglas Library, Queen's University*, L. C. Ellison *et al.*, compil. (Kingston, 1969) ; *Dict. of Toronto printers* (Hulse) [voir section III] ; *Early Toronto newspapers* (Firth) [voir section III] ; *Inventory of Ontario newspapers, 1793–1986*, J. B. Gilchrist, compil. (Toronto, 1987) ; et W. S. Wallace, « The periodical literature of Upper Canada », *CHR*, 12 (1931) : 4–22 ; pour l'Île-du-Prince-Édouard : PAPEI, « Checklist and historical directory of Prince Edward Island newspapers, 1787–1986 », Heather Boylan, compil. (copie dactylographiée, Charlottetown, 1987) ; et pour le Québec : Beaulieu et Hamelin, *la Presse québécoise* [voir section III]. Pour les publications officielles des gouvernements des provinces Maritimes, on consultera Bishop, *Pubs. of governments of N.S., P.E.I., N.B.* [voir section III].

Acadian Recorder. Halifax. Publié du 16 janv. 1813 à mai 1930.

L'Ami du peuple, de l'ordre et des lois. Montréal. Publié du 21 juill. 1832 jusqu'au 18 juill. 1840 au moins.

L'Aurore des Canadas. Montréal. Publié du 15 janv. 1839 au 23 mars 1849.

British Colonist. Toronto. Publié du 1ᵉʳ févr. 1838 à sept. 1859.

British Whig. Kingston, Ontario. Publié du 8 févr. 1834 au 29 nov. 1926, il porte différents titres, dont : *British Whig* (jusqu'au 16 janv. 1835) ; *British Whig, and General Advertiser for the Midland District* (à partir du 20 janv. 1835) ; et *British Whig, and General Advertiser for Canada West* (dès les années 1840). Un quotidien paraît à partir du 1ᵉʳ janv. 1849 sous le titre de *Daily British Whig*. Le 1ᵉʳ déc. 1926, il fusionne avec le *Daily Standard* pour devenir le *Whig-Standard*, qui paraît encore aujourd'hui.

Brockville Recorder. Brockville, Ontario. Publié du 16 janv. 1821 au 22 févr. 1957, il porte différents titres. Jusqu'au 15 juill. 1847, il portait le titre complet de *Brockville Recorder, and the Eastern, Johnstown, and Bathurst Districts Advertiser* ; il devient le *Brockville Recorder* le 1ᵉʳ sept. 1853.

Bytown Gazette, and Ottawa and Rideau Advertiser. Ottawa. Publié du 9 juin 1836 jusqu'en 1861 environ, il porte différents titres.

Canadian Freeman. Toronto. Publié de juin 1825 environ jusqu'en août 1834.

Le Canadien. Québec ; Montréal. Publié à Québec du 22 nov. 1806 au 4 déc. 1891, puis, à Montréal, jusqu'au 11 févr. 1893 et du 22 déc. 1906 au 11 déc. 1909.

Christian Guardian. Toronto. Publié du 21 nov. 1829 au 3 juin 1925. Un index général couvrant les années 1829–1867 est disponible aux UCC-C.

Christian Messenger. Halifax. Publié du 6 janv. 1837 à la fin de 1884 ; il fusionne avec le *Christian Visitor* (Saint-Jean, N.-B.) pour devenir le *Messenger and Visitor* (Saint-Jean). Le titre complet : *Christian Messenger and Repository of Religious, Political, and General Intelligence for Nova Scotia and New Brunswick*.

Chronicle & Gazette. Kingston, Ontario. Publié du 29 juin 1833 jusque vers oct. 1847, il devint alors le *Chronicle and News*. Le titre complet : *Chronicle & Gazette, and Weekley Commercial Advertiser* (du 29 juin 1833 au 3 janv. 1835) ; et *Chronicle & Gazette, and Kingston Commercial Advertiser* (du 7 janv. 1835 à 1847), sauf une brève période en 1840 durant laquelle le sous-titre fut retiré. Ce journal remplace la *Kingston Gazette* (publié du 25 sept. 1810 au 29 déc. 1818) et le *Kingston Chronicle* (publié du 1ᵉʳ janv. 1819 au 22 juin 1833).

Chronicle and News. Kingston, Ontario. Voir *Chronicle & Gazette*

Church. Cobourg, Ontario ; Toronto ; Hamilton. Publié à Cobourg du 6 mai 1837 au 7 juin 1840 et du 14 juill. 1843 au 3 juill. 1846, puis, à Toronto, du 11 juill. 1840 au 30 juin 1843 et du 17 juill. 1846 au 26 juill. 1855, et, à Hamilton, du 3 août 1855 au 25 juill. 1856.

Cobourg Star. Cobourg, Ontario. Publié du 11 janv. 1831 à la fin de 1879 ; le 8 janv. 1880, il fusionne avec le *Sentinel* pour devenir le *Sentinel-Star*, qui paraît encore aujourd'hui. Le titre complet : *Cobourg Star and Newcastle District Gazette*, jusqu'au 22 sept. 1841, alors que le sous-titre est retiré.

Colonial Advocate. Queenston, Ontario ; York [Toronto]. Publié à Queenston du 18 mai au 18 nov. 1824, puis, à York, jusqu'au 30 oct. 1834. Le titre varie : *Colonial Advocate and Journal of Agriculture, Manufactures and Commerce* (jusqu'au 30 sept. 1824) ; *Colonial Advocate* (du 7 oct. 1824 au 28 nov. 1833) ; *Advocate* (du 5 déc. 1833 au 30 oct. 1834). Le 4 nov. 1834, il fusionne avec le *Canadian Correspondent* pour devenir le *Correspondent and Advocate* (de nov. 1834 à nov. 1837).

Colonial Patriot. Pictou, N.-É. Publié du 7 déc. 1827 au 20 mai 1834. Le titre complet : *Colonial Patriot and Miscellaneous Selector* (du 17 déc. 1828 au 9 déc. 1829).

Constitution. Toronto. Publié du 4 juill. 1836 au 6 déc. 1837.

Daily British Whig. Kingston, Ontario. Voir *British Whig*

Examiner. Charlottetown. Publié du 7 août 1847 jusqu'au 29 mai 1922 au moins, il porte différents titres.

Examiner. Toronto. Publié du 3 juill. 1838 au 29 août 1855, il est absorbé par le *Globe*.

La Gazette de Montréal/Montreal Gazette. Publié depuis le 25 août 1785, ce journal bilingue poursuit la publication de *la Gazette littéraire, pour la ville & district de Montréal* (1778–1779). D'août 1822 jusqu'à aujourd'hui, le journal est publié sous plusieurs titres et paraît seulement en anglais.

La Gazette de Québec/Quebec Gazette. Publié à compter du 21 juin 1764. Le journal demeure bilingue jusqu'au 29 oct. 1842, mais à partir du 2 mai 1832 il paraît alternativement en français et en anglais ; à partir du 1er déc. 1842, l'édition française est remplacée par *le Journal de Québec* [voir ce titre] et seule l'édition anglaise est publiée jusqu'au 30 oct. 1874.

Gleaner. Miramichi [Chatham, N.-B.]. Publié du 28 juill. 1829 au 17 avril 1880.

Gleaner, and Niagara Newspaper. Niagara [Niagara-on-the-Lake, Ontario]. Publié du 4 déc. 1817 jusqu'en 1837. Entre févr. et avril 1830, il porte parfois le titre de *Niagara Gleaner*.

Globe. Toronto. Publié du 5 mars 1844 au 21 nov. 1936. Le 23 nov. 1936, il fusionne avec le *Daily Mail and Empire* pour devenir le *Globe and Mail*, qui paraît encore aujourd'hui.

Halifax Morning Post, & Parliamentary Reporter. Publié du 1er oct. 1840 au 30 juin 1848 ; le sous-titre varie.

Islander. Charlottetown. Publié du 2 déc. 1842 au 26 déc. 1873 au moins, il porte différents titres. Jusqu'au 31 déc. 1852, son titre complet : *Islander, or Prince Edward Weekly Intelligencer and Advertiser*.

Le Journal de Québec. Publié du 1er déc. 1842 au 1er oct. 1889, son titre varie. Il remplace *la Gazette de Québec* [voir ce titre] lorsque ce dernier cessa sa publication en nov. 1842.

Kingston Chronicle. Kingston, Ontario. Voir *Chronicle & Gazette*

Kingston Gazette. Kingston, Ontario. Voir *Chronicle & Gazette*

Mélanges religieux. Montréal. Publié du 14 déc. 1840 au 6 juill. 1852, il porte différents titres : *Prémices de mélanges religieux* (jusqu'au 19 janv. 1841) ; *Mélanges religieux* (du 20 janv. 1841 à oct. 1842) ; et *Mélanges religieux, scientifiques, politiques, et littéraires* (d'oct. 1842 à août 1847).

Mercury. Miramichi [Chatham, N.-B.]. Publié du 21 févr. 1826 au 31 mars 1829, il est remplacé par le *Gleaner* [voir ce titre].

La Minerve. Montréal. Publié du 9 nov. 1826 au 27 mai 1899, il porte différents titres.

Montreal Gazette. Voir *La Gazette de Montréal*

Montreal Herald. Publié du 19 oct. 1811 au 18 oct. 1857.

Montreal Transcript. Publié du 4 oct. 1836 jusque vers 1873, il porte différents titres.

Morning Chronicle. Québec. Publié du 18 mai 1847 au 30 juin 1925, il porte différents titres. Le 2 juill. 1925, il fusionne avec le *Quebec Daily Telegraph* pour devenir le *Chronicle-Telegraph*, qui paraît encore aujourd'hui.

Morning News. Saint-Jean, N.-B. Publié du 16 sept. 1839 au 8 avril 1884, il porte différents titres, dont celui de *Morning News*, le plus utilisé, et celui de *Commercial News and General Advertiser*, utilisé jusqu'à la fin de mars 1840.

New-Brunswick Courier. Saint-Jean, N.-B. Publié du 2 mai 1811 jusqu'en 1865.

New-Brunswick Royal Gazette. Saint-Jean ; Fredericton. Voir *Royal Gazette*

Newfoundlander. St John's. Publié de 1827 jusqu'à la fin de 1884.

Newfoundland Mercantile Journal. St John's. Publié depuis le 2 sept. 1815 environ jusqu'en 1827 ; le premier numéro conservé date de 1816.

Newfoundland Patriot. St John's. Voir *Patriot & Terra-Nova Herald*

Niagara Gleaner. Voir *Gleaner, and Niagara Newspaper*

North American. Swanton, Vt. Publié du 11 avril 1839 jusqu'au 12 août 1841 au moins. Ce journal dévoué à la cause des patriotes était « publié par des Canadiens et des Américains » et consacré « aux droits et à l'indépendance des Canadiens ».

Novascotian. Halifax. Voir *Novascotian, or Colonial Herald*

Novascotian, or Colonial Herald. Halifax. Publié du 29 déc. 1824 jusqu'en 1926. On n'a cependant trouvé aucun exemplaire paru après le 25 déc. 1925. Il porte le titre de *Novascotian, or Colonial Herald* à ses débuts, puis celui de *Novascotian* à partir du 2 janv. 1840.

Nova-Scotia Royal Gazette. Halifax. Publié sous ce titre du 3 janv. 1801 au 9 févr. 1843. Il paraissait sous le titre de *Halifax Gazette* depuis le 23 mars 1752. Sa publication se poursuit sous différents titres, dont celui de *Royal Gazette and the Nova-Scotia Advertiser* (du 7 avril 1789 au 30 déc. 1800). Le 16 févr. 1843, le journal devient la *Royal Gazette*, qui paraît encore aujourd'hui.

L'Opinion publique. Montréal. Publié du 1er janv. 1870 au 27 déc. 1883.

La Patrie. Montréal. Publié du 24 févr. 1879 au 9 janv. 1978.

Patriot. Kingston, Ontario ; York [Toronto]. Publié à Kingston du 12 nov. 1829 au 23 oct. 1832, puis, à York, du 7 déc. 1832 à nov. 1855. Son titre varie : *Patriot and Farmer's Monitor* (jusqu'au 18 mars 1834) ; *Patriot* (jusqu'à la fin de 1839) ; et *Toronto Patriot* (à partir du 3 janv. 1840). Le journal est absorbé par le *Leader* en 1855, mais maintient une édition hebdomadaire jusqu'en oct. 1878.

Patriot and Farmer's Monitor. Kingston, Ontario ; Toronto. Voir *Patriot*

Patriot & Terra-Nova Herald. St John's. Publié de juill. 1833 à juin 1890, il porte différents titres, dont celui de *Newfoundland Patriot*, jusqu'au 6 juill. 1842. Le premier numéro conservé date de 1834.

Le Populaire. Montréal. Publié du 10 avril 1837 au 3 nov. 1838.

La Presse. Montréal. Publié depuis le 20 oct. 1884.

Prince Edward Island Gazette. Charlottetown. Voir *Royal Gazette*

Prince Edward Island Register. Charlottetown. Voir *Royal Gazette*

Public Ledger. St John's. Publié sous différents titres à partir de 1820 environ jusqu'à la fin de 1882, il a pour titre complet *Public Ledger and Newfoundland General Advertiser*, jusqu'au 17 juill. 1860, lorsque le sous-titre est retiré. Le premier numéro conservé date de 1827.

Quebec Gazette. Voir *La Gazette de Québec*

Quebec Mercury. Publié du 5 janv. 1805 au 17 oct. 1903, il porte différents titres.

Royal Gazette. Charlottetown. Publié du 24 août 1830 jusqu'à aujourd'hui ; il devient le journal officiel du gouvernement en juill. 1851. Il succède entre autres au *Weekly Recorder of Prince Edward Island* (du

17 sept. 1810 au 25 nov. 1813 au moins), à la *Prince Edward Island Gazette* (vers janv. 1814 jusqu'au 11 mai 1822 au moins), et au *Prince Edward Island Register* (depuis au moins le 26 juill. 1823 jusqu'au 17 août 1830).

Royal Gazette. Saint-Jean, N.-B. ; Fredericton. Publié du 11 oct. 1785 jusqu'à aujourd'hui. Le journal est publié à Saint-Jean jusqu'au 10 mars 1815, date à laquelle il déménage pour s'installer à Fredericton. Il paraît d'abord sous le titre de *Royal Gazette, and the New-Brunswick Advertiser*. À partir du 1er déc. 1802, il s'intitule simplement *Royal Gazette*, sauf du 4 janv. 1808 au 11 avril 1814, où il paraît sous le titre de *Royal Gazette, and New-Brunswick Advertiser*, et pour la période du 18 avril 1814 au 12 mai 1828, où il porte le titre de *New-Brunswick Royal Gazette*.

Royal Gazette and Newfoundland Advertiser. St John's. Publié à partir du 27 août 1807. En oct. 1924, il devient le journal officiel du gouvernement, la *Newfoundland Gazette*, titre sous lequel il paraît encore aujourd'hui.

Royal Gazette and the Nova-Scotia Advertiser. Halifax. Voir *Nova-Scotia Royal Gazette*

St. Catharines Journal. St Catharines, Ontario. Publié du 15 oct. 1835 jusque vers 1917 ou 1918, il porte différents titres, dont : *St. Catharines Journal, and Welland Canal Niagara District, General Advertiser* (jusqu'à la fin de 1843, et on ajouta, entre parenthèses, *Niagara District* à partir du 15 déc. 1836) ; et *St. Catharines Journal* (à partir du 3 janv. 1844). Il succède au *Farmer's Journal and Welland Canal Advertiser* (publié du 1er févr. 1826 au 20 janv. 1834) et au *British American Journal* (publié du 28 janv. 1834 au 24 sept. 1835).

Times. Halifax. Publié du 3 juin 1834 au 27 juin 1848.

Times and General Commercial Gazette. St John's. Publié du 15 août 1832 au 23 mars 1895.

Toronto Patriot. Voir *Patriot*

U.E. Loyalist. York [Toronto]. Voir *Upper Canada Gazette*

Upper Canada Gazette. Newark, qui devient Niagara [Niagara-on-the-Lake, Ontario] ; York [Toronto]. Publié à Newark du 18 avril 1793 au 25 août 1798, puis, à York, jusque pendant l'année 1849 ; le dernier numéro conservé date du 9 mars 1848. Il porte différents titres : *Upper Canadian Gazette ; or, American Oracle* (jusqu'au 28 mars 1807) ; *York Gazette* (du 15 avril 1807 à la fin de 1816) : *Upper Canada Gazette* (à partir du 2 janv. 1817). De 1821 à 1828, il paraît en deux parties : une, intitulée *Upper Canada Gazette*, qui comprend les annonces officielles ; l'autre, le journal proprement dit, paraît sous différents titres : *York Weekly Post* (du 22 févr. au 26 déc. 1821) ; *Weekly Register* (du 18 avril 1822 jusqu'à la fin de 1825 au moins) ; et *U.E. Loyalist* (du 3 juin 1826 au 24 mai 1828).

Upper Canada Herald. Kingston, Ontario. Publié du 9 mars 1819 jusqu'au 31 janv. 1851 au moins, il porte différents titres, dont : *Upper Canada Herald* (jusqu'au 19 juill. 1836) ; *Upper Canada Herald, a Political, Agricultural & Commercial Journal* (du 26 juill. 1836 au 9 févr. 1841) ; et *Kingston Herald ; a Canadian Journal, Political, Agricultural & Commercial* (à partir du 16 févr. 1841).

Vindicator and Canadian Advertiser. Montréal. Publié du 12 déc. 1828 au 7 nov. 1837, il porte différents titres : *Irish Vindicator, and Canada General Advertiser* (du 12 déc. 1828 au 17 févr. 1829) ; *Irish Vindicator, and Canada Advertiser* (du 20 févr. au 24 juill. 1829) ; *Vindicator and Canada Advertiser* (28 juill. 1829 au 1er juill. 1831) ; *Vindicator* (5 juill. 1831 à oct. 1832) ; et *Vindicator and Canadian Advertiser* (d'oct. 1832 au 7 nov. 1837).

Weekly Chronicle. Halifax. Publié du 28 mai 1786 jusqu'en 1826. Le 5 janv. 1827, il est remplacé par l'*Acadian, and General Advertiser*.

Weekly Register. York [Toronto]. Voir *Upper Canada Gazette*

York Gazette. York [Toronto]. Voir *Upper Canada Gazette*.

York Weekley Post. York [Toronto]. Voir *Upper Canada Gazette*

SECTION III : OUVRAGES DE RÉFÉRENCE

ALLAIRE, JEAN-BAPTISTE-ARTHUR. *Dictionnaire biographique du clergé canadien-français*. Montréal et Saint-Hyacinthe, Québec, 1908–1934. 6 vol.
[1] : *Les Anciens*. Montréal, 1910.
[2] : *Les Contemporains*. Saint-Hyacinthe, 1908.
[3] : [*Suppléments.*] Montréal, 1910–1919. 6 part. en 1 vol.
[4] : *Le Clergé canadien-français : revue mensuelle* ([Montréal]), 1 (1919–1920). Un seul volume de cette revue a été publié.
[5] : *Compléments*. Montréal, 1928–1932. 6 part. en 1 vol.
[6] : Sans titre. Saint-Hyacinthe, 1934.

ALMANACHS. Les almanachs ont été regroupés sous cette rubrique afin d'aider le chercheur à les identifier. Comme le titre de ces almanachs varie d'une année à l'autre et que l'éditeur ou le compilateur change assez régulièrement, nous avons souvent réuni les almanachs d'une même collection sous un titre général où l'on donne les différents titres et éditeurs mentionnés sur la page de titre.

Almanach de Québec/Quebec almanac. Québec, 1780–1841 (excepté en 1781, 1790 et 1793). Éditeurs : William Brown, 1780–1789 ; Samuel Neilson, 1791–1792 ; John Neilson, 1794–1823 ; Neilson et Cowan, 1824–1836 ; S. Neilson, 1837 ; W. Neilson, 1838–1841. Son titre varie comme son orthographe et sa langue mais, de 1780 à 1789, il paraît en français seulement sous le titre de *Almanach de Québec*, et de 1813 à 1841, il paraît en anglais seulement sous le titre de *The Quebec almanack ; and British American royal kalendar*.

Belcher's farmer's almanack. Halifax, 1824–1930. Éditeurs : Clement Horton Belcher, 1824–1870, et, par la suite, la société McAlpine and Barnes et la McAlpine Publishing Company. De 1824 à 1831, il porte le titre de *The farmer's almanack* […] ; en 1832, il devient le *Belcher's farmer's almanack*

[…], titre qu'il conserve, à quelques variantes près, jusqu'à sa disparition.

Cunnabell's Nova-Scotia almanac. Halifax, 1834–1868. Éditeurs : Jacob Sparling Cunnabell, 1834–1836 ; William Cunnabell, 1837–1868. De 1834 à 1841, il porte le titre de *Nova-Scotia almanack* […] ; en 1842, il devient le *Cunnabell's Nova-Scotia almanac* […] et, en 1851, le *Cunnabell's Nova Scotia almanac, and farmer's manual* […].

Halifax almanac. Publié à Halifax de 1790 à 1821 au moins. À ce moment-là son titre était : *An almanack* […] *calculated for the meridian of Halifax, in Nova-Scotia* […]. Éditeurs : John Howe, 1790–1815 ; David Howe, 1816 ; inconnu, 1817–1820 ; John Munro, 1821.

The merchants' and farmers' almanack […]. Saint-Jean, N.-B., 1839–1863. Éditeur : William L. Avery. De 1839 à 1841, il porte le titre de *The merchants' and farmers' almanac* […].

Montreal almanack, or Lower Canada register […]. Publié à Montréal de 1829 à 1831 par Robert Armour.

New-Brunswick almanack. Saint-Jean, 1812–1864. Publié par Henry Chubb, et plus tard par sa maison d'édition. Son titre varie et, de 1812 à 1830, c'était *An almanack* […].

Nova-Scotia calender, or an almanack […]. Halifax, 1769–1801. Éditeur : Anthony Henry.

Prince Edward Island calendar. Charlottetown, 1836–1873. Éditeurs : James Douglas Haszard, 1836–1850 ; J. D. et G. T. Haszard, 1851 ; inconnu, 1852–1854 ; G. T. Haszard, 1855, 1857–1862 ; Haszard and Owen, 1856 ; inconnu, 1863–1864 ; Laird & Harvie, 1865–1866 ; David Laird, 1867–1873.

Quebec almanac. Voir *Almanach de Québec*

The Toronto almanac and royal calender, of Upper Canada […]. Toronto, 1839. Éditeur : Charles Fothergill. Voir aussi : *York almanac*.

York almanac. Publié à York [Toronto] de 1821 à 1826. Son titre varie : *The York almanac, and provincial calendar* [...], 1821–1822, R. C. Horne, imprimeur ; T*he York almanac and royal calendar, of Upper Canada* [...], 1823–1826, Charles Fothergill, édit.

ANNUAIRES. Les annuaires, qui ont d'abord été des publications isolées, paraissent de façon régulière – le plus souvent annuelle – au XIXe siècle. Comme le titre de ces publications varie souvent d'une année à l'autre et que l'éditeur ou le compilateur change régulièrement, nous avons réuni les annuaires les plus souvent cités dans le vol. VII selon les régions et en composant un titre général sous lequel on fournit les années utilisées. Pour connaître les différents titres et éditeurs mentionnés sur la page de titre ainsi que le lieu où on peut trouver ces annuaires, on consultera l'ouvrage de Ryder, *Répertoire des annuaires canadiens* [voir plus bas].

Montreal directory. Montréal. Les annuaires cités dans le vol. VII sont : *An alphabetical list of the merchants, traders, and housekeepers, residing in Montreal* [...], Thomas Doige, compil. (1819 ; réimpr., 1899 ; 2e éd., 1820) ; et *The Montreal directory* [...], R. W. S. Mackay, compil. (de 1842–1843 à 1847).

Quebec directory. Québec. Les annuaires utilisés au vol. VII sont : *The directory for the city and suburbs of Quebec* [...] (1790) et *Number II of the directory* [...] (1791), Hugh McKay, compil. ; *The Quebec directory* [...], T. H. Gleason, compil. (1822) ; John Smith, compil. (1826) ; Alfred Hawkins, compil. (1844–1845, 1847–1848) ; *Mackay's Quebec directory* [...], R. W. S. Mackay, compil. (1848–1849 à 1852) ; *McLaughlin's Quebec directory* [...], Samuel McLaughlin, compil. (1857) ; *The Quebec directory* [...], G.-H. Cherrier, édit. (1860–1861, 1865–1866, 1867–1868) ; *Cherrier's Quebec directory* [...], A.-B. Cherrier, compil. (1877) ; et *Almanach des adresses Cherrier de la ville de Québec/Cherrier's Quebec City directory* [...], A.-B. Cherrier, compil. (1887–1888).

Toronto directory. Toronto. Les annuaires cités dans le vol. VII sont : *York commercial directory, street guide, and register, for 1833–4* [...], George Walton, compil. ([1833]) ; et *The city of Toronto and the Home district commercial directory and register with almanack and calendar for 1837* [...], George Walton, compil. (1837).

ARCHIVES NATIONALES DU CANADA, Ottawa (ont porté officiellement le nom d'Archives publiques du Canada jusqu'en 1987)
PUBLICATIONS NUMÉROTÉES
1 : *Index to reports of PAC.*
AUTRES PUBLICATIONS [Voir aussi section II]
Catalogue collectif (Gordon *et al.* ; Maurice Hyam).

Catalogue collectif, suppl. (Maurice Hyam *et al.*).
Guide des rapports des APC (Caron-Houle).
Inventaires du contenu de la Division des manuscrits [Voir section I].
ARCHIVES NATIONALES DU QUÉBEC, Québec
PUBLICATIONS [Voir aussi section II]
P.-G. Roy, *Inv. concessions.*
—— *Les Juges de la prov. de Québec.*
ARCHIVES PUBLIQUES DU CANADA. Voir Archives nationales du Canada.
ARMSTRONG, FREDERICK HENRY. *Handbook of Upper Canadian chronology and territorial legislation.* London, Ontario, 1967. (Publication de la Lawson Memorial Library, University of Western Ontario.) Éd. rév., Toronto et London, 1985.
AUDET, FRANCIS-JOSEPH. « Commissions d'avocats de la province de Québec, 1765 à 1849 », *BRH*, 39 (1933) : 577–596.
—— *Les Députés de Montréal (ville et comtés), 1792–1867* [...]. Montréal, 1943.
—— « Les Législateurs du Bas-Canada de 1760 à 1867 ». Manuscrit déposé à la bibliothèque Morisset, univ. d'Ottawa, 1940. 3 vol.
—— ET ÉDOUARD FABRE SURVEYER. *Les Députés au premier Parlement du Bas-Canada, [1792–1796]* [...]. Montréal, 1946.
—— *Les Députés de Saint-Maurice et de Buckinghamshire (1792–1808).* Trois-Rivières, Québec, 1934.
Australian dictionary of biography. Douglas Pike *et al.*, édit. Melbourne, 1966– . 10 vol. parus.
BEAULIEU, ANDRÉ, ET JEAN HAMELIN. *La Presse québécoise des origines à nos jours.* [2e éd.], Québec, 1973– . 7 vol. parus [1764–1944].
Belcher's farmer's almanack. Voir ALMANACHS
BIBAUD, [FRANÇOIS-MAXIMILIEN]. *Dictionnaire historique des hommes illustres du Canada et de l'Amérique.* Montréal, 1857.
—— *Le Panthéon canadien ; choix de biographies.* Nouv. éd., revue, augmentée et complétée par Adèle et Victoria Bibaud, Montréal, 1891.
A bibliography of Canadiana, being items in the Public Library of Toronto, Canada, relating to the early history and development of Canada. Frances Maria Staton et Marie Tremaine, édit. Toronto, 1934 ; réimpr., 1965. 2 suppl. parus, 1959– .
1 : Gertrude Mabel Boyle et Marjorie Maud Colbeck, édit., 1959 ; réimpr., 1969.
2 : Sandra Alston et Karen Evans, édit. 2 part. parues, 1985– .
BIBLIOTHÈQUE NATIONALE DU CANADA, Ottawa
PUBLICATIONS
Bishop, *Pubs. of government of Prov. of Canada.*
—— *Pubs. of governments of N.S., P.E.I., N.B.*
Ryder, *Répertoire des annuaires canadiens.*
BISHOP, OLGA BERNICE. *Publications of the government of the Province of Canada, 1841–1867.*

Ottawa, [1964]. (Publication de la Bibliothèque nationale du Canada.)

————— *Publications of the governments of Nova Scotia, Prince Edward Island, New Brunswick, 1758–1952*. Ottawa, 1957. (Publication de la Bibliothèque nationale du Canada.)

BORTHWICK, JOHN DOUGLAS. *History and biographical gazetteer of Montreal to the year 1892*. Montréal, 1892.

BOUCHETTE, JOSEPH. *A topographical description of the province of Lower Canada, with remarks upon Upper Canada, and on the relative connexion of both provinces with the United States of America*. Londres, 1815 ; réimpr.; Saint-Lambert, Québec, 1973. Publié en français sous le titre de *Description topographique de la province du Bas Canada [...]* (Londres, 1815 ; réimpr., J. E. Hare, édit., [Montréal, 1978]).

The British Library general catalogue of printed books to 1975. Londres, 1979–1987. 326 vol. parus.

BURKE, JOHN. *A genealogical and heraldic history of the commoners of Great Britain and Ireland, enjoying territorial possessions or high official rank ; but uninvested with heritable honours*. Londres, 1833–1837. 4 vol. 18ᵉ éd. parue sous le titre de *Burke's genealogical and heraldic history of landed gentry*. Peter Townend, édit. 1965–1972. 3 vol.

————— *General and heraldic dictionary of the peerage and baronetage of the United Kingdom [...]*. Londres, 1826. 105ᵉ éd. parue sous le titre de *Burke's genealogical and heraldic history of the peerage, baronetage and knightage*. Peter Townend, édit. 1970.

The Canadian biographical dictionary and portrait gallery of eminent and self-made men. Toronto, 1880–1881. 2 vol.

The Canadian encyclopedia. James Harley Marsh, édit. Edmonton, 1985. 3 vol.

CARON, IVANHOË. « Inventaire de la correspondance de Mᵍʳ Bernard-Claude Panet, archevêque de Québec ». ANQ *Rapport*, 1933–1934 : 235–421 ; 1934–1935 : 341–420 ; 1935–1936 : 157–272.

————— « Inventaire de la correspondance de Mᵍʳ Jean-François Hubert, évêque de Québec, et de Mᵍʳ Charles-François Bailly de Messein, son coadjuteur ». ANQ *Rapport*, 1930–1931 : 199–351.

————— « Inventaire de la correspondance de Mᵍʳ Joseph-Octave Plessis, archevêque de Québec, 1797 à [1825] ». ANQ *Rapport*, 1927–1928 : 215–316 ; 1928–1929 : 89–208 ; 1932–1933 : 3–244.

————— « Inventaire de la correspondance de Monseigneur Joseph Signay, archevêque de Québec – [1825–1840] ». ANQ *Rapport*, 1936–1937 : 125–330 ; 1937–1938 : 23–146 ; 1938–1939 : 182–357.

————— « Inventaire de la correspondance de Mᵍʳ Pierre Denaut, évêque de Québec ». ANQ *Rapport*, 1931–1932 : 129–242.

————— « Inventaire des documents relatifs aux événements de 1837 et 1838, conservés aux Archives de la province de Québec ». ANQ *Rapport*, 1925–1926 : 146–329.

————— « Papiers Duvernay conservés aux Archives de la province de Québec ». ANQ *Rapport*, 1926–1927 : 147–252.

Catalogue collectif des manuscrits des archives canadiennes/Union list of manuscripts in Canadian repositories. Éd. rév., E. Grace Maurice [Hyam], édit. Ottawa, 1975. 2 vol. (Publication des APC.) *Supplément/Supplement*. E. Grace Maurice Hyam *et al.*, édit. 1976– . 4 vol. parus.

CHADWICK, EDWARD MARION. *Ontarian families : genealogies of United-Empire-Loyalist and other pioneer families of Upper Canada*. Toronto, 1894–1898. 2 vol. Réimpr., Lambertville, N.J., [1970], 2 vol. en 1. Réimpr. du vol. 1 avec une introd. de William Felix Edmund Morley, Belleville, Ontario, 1972.

Cunnabell's Nova-Scotia almanac. Voir ALMANACHS

A cyclopædia of Canadian biography [...]. George MacLean Rose et Hector [Willoughby] Charlesworth, édit. Toronto, 1886–1919. 3 vol. Les sous-titres et les titres de la série varient.

Death notices of Ontario. William D. Reid, compil. Lambertville, N.J., 1980.

DESJARDINS, JOSEPH. *Guide parlementaire historique de la province de Québec, 1792 à 1902*. Québec, 1902.

DESROSIERS, LOUIS-ADÉLARD. « Correspondance de Mᵍʳ Ignace Bourget [... 1837–1843] ». ANQ *Rapport*, 1944–1945 : 137–224 ; 1946–1947 : 85–175 ; 1948–1949 : 347–477.

————— « Inventaire de la correspondance de Mᵍʳ Jean-Jacques Lartigue ». ANQ *Rapport*, 1941–1942 : 347–496 ; 1942–1943 : 3–174 ; 1943–1944 : 212–334 ; 1944–1945 : 175–226 ; 1945–1946 : 45–134.

Dictionary of American biography. Allen Johnson *et al.*, édit. New York, 1928–1958. 20 vol., un index et 2 compléments [à 1940]. Réimpr., [1946]–1958, 22 vol. en 11 et un index. 5 autres compléments parus [à 1965], Edward Topping James *et al.*, édit., [1973]– . *Concise DAB*. 3ᵉ éd., 1980.

Dictionary of Hamilton biography. Thomas Melville Bailey *et al.*, édit. Hamilton, Ontario, 1981– . 1 vol. paru [à 1875].

Dictionary of national biography. Leslie Stephen et Sidney Lee, édit. Londres, 1885–1903. 63 vol., 3 compléments, un index et un abrégé [à 1900]. Réimpr. sans index, 1908–1909, 22 vol. 7 autres compléments parus [à 1970], Sidney Lee *et al.*, édit., 1912– . *Concise DNB*. [1953]–1961. 2

vol. *Corrections and additions to the* Dictionary of national biography. Boston, Mass., 1966.

A dictionary of Toronto printers, publishers, booksellers, and the allied trades, 1798–1900. Elizabeth Hulse, compil. Toronto, 1982.

Dictionnaire de biographie française. Jules Balleau *et al.*, édit. Paris, 1933– . 16 vol. et 3 fascicules [fasc. 97–99] parus [A à Hautier].

Dictionnaire des œuvres littéraires du Québec. Maurice Lemire *et al.*, édit. Montréal, 1978–1987. 5 vol.

Directory of the members of the Legislative Assembly of Nova Scotia, 1758–1958. Introd. de Charles Bruce Fergusson. Halifax, 1958. (Publication des PANS, « Nova Scotia series », 2.) Voir aussi *Legislative Assembly of N.S. (Elliott).*

Early Toronto newspapers, 1793–1867 : a catalogue of newspapers published in the town of York and the city of Toronto from the beginning to confederation. Edith Grace Firth, édit., introd. de Henry Cummings Campbell. Toronto, 1961.

Elections in New Brunswick, 1784–1984/Les Élections au Nouveau-Brunswick, 1784–1984. Fredericton, 1984. (Publication de la Bibliothèque de l'Assemblée législative du Nouveau-Brunswick.)

Encyclopædia Britannica ; a new survey of universal knowledge. [14ᵉ éd.], Warren E. Preece *et al.*, édit., Chicago, 1966. 23 vol. et un index. *The new Encyclopædia Britannica.* 15ᵉ éd., 1977. 30 vol.

Encyclopedia Canadiana. John Everett Robbins *et al.*, édit. Ottawa, 1957–1958. 10 vol. [Éd. rév.], Kenneth H. Pearson *et al.*, édit. Toronto, 1975.

FAUTEUX, ÆGIDIUS. *Patriotes de 1837–1838.* Montréal, 1950.

GIROUX, ANDRÉ, *et al., Inventaire des marchés de construction des Archives nationales du Québec, à Montréal, 1800–1830.* Ottawa, 1981. 2 vol. (Canada, Parcs Canada, Direction des parcs et lieux historiques nationaux, Histoire et archéologie, 49.)

GRANDE-BRETAGNE, ADMIRALTY. *A list of the flag-officers of his majesty's fleet* […]. Londres, 1777–1840.

——— *The navy list* […]. Londres, 1815– .

——— WAR OFFICE. *A list of the general and field-officers, as they rank in the army* […]. Londres, 1754–1868. Cité dans les bibliographies individuelles sous le titre abrégé : Army list. Voir aussi Hart, *The new annual army list.*

Grand Larousse encyclopédique. Paris, 1960–1964. 10 vol. 2 compl., 1969–1975. *Grand dictionnaire encyclopédique Larousse.* 1982–1985. 10 vol.

Guide des rapports des Archives publiques du Canada, 1872–1972. Françoise Caron-Houle, compil. Ottawa, 1975. (Publication des APC.)

Halifax almanac. Voir ALMANACHS

Handbook of North American Indians. William C. Sturtevant *et al.*, édit. Washington, 1978– . 7

vol. parus [5–6 ; 8–11 ; 15]. (Publication de la Smithsonian Institution.)

HARE, JOHN [ELLIS], ET JEAN-PIERRE WALLOT. *Les Imprimés dans le Bas-Canada, 1801–1840 : bibliographie analytique.* Montréal, 1967. Un seul volume, *1801–1810,* a été publié.

HARPER, JOHN RUSSELL. *Early painters and engravers in Canada.* [Toronto], 1970.

HART, HENRY GEORGE. *The new annual army list* […]. Londres, 1840–1916. La couverture du livre porte le titre de *Hart's army list.* Voir aussi G.-B., War Office, *A list of the general and field-officers.*

HILL, ISABEL LOUISE. *The Old Burying Ground, Fredericton, N.B.* Fredericton, 1981. 2 vol. en 1.

Index to reports of Canadian archives from 1872 to 1908. Ottawa, 1909. (Publication des APC, 1.)

[LANGELIER, JEAN-CHRYSOSTÔME.] *Liste des terrains concédés par la couronne dans la province de Québec, de 1763 au 31 décembre 1890.* Québec, 1891. Paru aussi en anglais sous le titre de *List of lands granted by the crown in the province of Quebec from 1763 to 31st December 1890* (1891).

LEBŒUF, JOSEPH-[AIMÉ-]ARTHUR. *Complément au dictionnaire généalogique Tanguay.* Montréal, 1957–1964. 3 sér. (Publication de la SGCF, 2 ; 4 ; 6.) Voir aussi Tanguay, *Dictionnaire.*

The Legislative Assembly of Nova Scotia, 1758–1983 : a biographical directory. Shirley B. Elliott, édit. [Halifax], 1984. Éd. rév. du *Directory of N.S. MLAs* [Voir précédemment].

Legislators and legislatures of Ontario : a reference guide. Debra Forman, compil., [1792–1984]. [Toronto, 1984]. 3 vol. (Publication de l'Ontario Legislative Library, Research and Information Services.)

Le JEUNE, LOUIS[-MARIE]. *Dictionnaire général de biographie, histoire, littérature, agriculture, commerce, industrie et des arts, sciences, mœurs, coutumes, institutions politiques et religieuses du Canada.* Ottawa, [1931]. 2 vol.

Marriage bonds of Ontario, 1803–1834. Thomas B. Wilson, compil. Lambertville, N.J., 1985.

Marriage notices of Ontario. William D. Reid, compil. [et Thomas B. Wilson, édit.]. Lambertville, N.J., 1980. Voir aussi *Ont. marriage notices* (T. B. Wilson).

MARSHALL, JOHN. *Royal naval biography ; or, memoirs of the services of all the flag-officers, superannuated rear-admirals, retired-captains, post-captains, and commanders, whose names appeared on the Admiralty list of sea officers at the commencement of the present year, or who have since been promoted* […]. Londres, 1823–1835. 4 vol. en 8 et 4 compl.

Merchant's and farmers' almanack. Voir ALMANACHS

Montreal almanack. Voir ALMANACHS

Montreal directory. Voir ANNUAIRES

MORGAN, HENRY JAMES. *Bibliotheca Canadensis : or a manual of Canadian literature*. Ottawa, 1867 ; réimpr., Detroit, 1968.

—— *Sketches of celebrated Canadians, and persons connected with Canada, from the earliest period in the history of the province down to the present time*. Québec et Londres, 1862 ; réimpr., Montréal, 1865.

MORICE, ADRIEN-GABRIEL. *Dictionnaire historique des Canadiens et des Métis français de l'Ouest*. Kamloops, C.-B. 1908 ; Québec, 1908. 2ᵉ éd., augmenté d'un suppl., Québec. 1912.

The national union catalog, pre-1956 imprints [...]. Londres et Chicago, 1968–1981. 754 vol.

New-Brunswick almanack. Voir ALMANACHS

New Brunswick vital statistics from newspapers. Voir *Vital statistics from New Brunswick newspapers*

Nova-Scotia calender. Voir ALMANACHS

Nova Scotia vital statistics from newspapers [...]. Terrence Michael Punch et Jean M. Holder, compil. Halifax, 1978– . 7 vol. parus [1769–1847]. (Royal Nova Scotia Historical Society, Genealogical Committee publications, 1 ; 3 ; 5–6 ; 8 ; 10–11.) Les vol [1] : *1813–1822* et [3] : *1769–1812* ont été compilés par Punch et les autres par Holder. La couverture porte le titre déjà cité et le titre de la page de titre varie. Jusqu'en 1986, la Nova Scotia Genealogical Association était une section de la Royal Nova Scotia Historical Society [Voir section v].

Officers of the British forces in Canada during the War of 1812–15. Lukin Homfray Irving, compil. [Welland, Ontario], 1908. (Publication du Canadian Military Institute.)

Ontario marriage notices. Thomas B. Wilson, compil. Lambertville, N.J., 1982. Compl. *Marriage notices of Ont.* (Reid) [Voir précédemment].

OUELLET, FERNAND. « Inventaire de la saberdache de Jacques Viger ». ANQ *Rapport*, 1955–1957 : 39–176.

« Papiers d'État – Bas-Canada, [1791–1823] ». APC *Rapport*, 1891 : 1–206 ; 1892 : 155–293 ; 1893 : 1–123 ; 1896 : 1–256 ; 1897 : 257–402. Voir aussi « State papers – L.C. ».

Place-names and places of Nova Scotia. Introd. de Charles Bruce Fergusson. Halifax, 1967 ; réimpr., Belleville, Ontario, 1976. (Publication des PANS, « Nova Scotia series », 3.)

Places in Ontario : their name origins and history. Nick et Helma Mika, compil. Belleville, Ontario, 1977–1983. 3 part.

Prince Edward Island calendar. Voir ALMANACHS

PUBLIC ARCHIVES OF NOVA SCOTIA, Halifax

NOVA SCOTIA SERIES

2 : *Directory of N.S. MLAs*.

3 : *Place-names of N.S.*

Quebec almanac. Voir ALMANACHS

Quebec directory. Voir ANNUAIRES

RAYBURN, ALAN. *Geographical names of New Brunswick*. Ottawa, 1975. (Comité permanent canadien des noms géographiques, « Toponymy study », 2.)

—— *Geographical names of Prince Edward Island*. Ottawa, 1973. (Comité permanent canadien des noms géographiques, « Toponymy study », 1.)

REID, WILLIAM D. *The loyalists in Ontario : the sons and daughters of the American loyalists of Upper Canada*. Lambertville, N.J., 1973.

Le Répertoire national, ou Recueil de littérature canadienne. James Huston, compil. Montréal, 1848–1850. 4 vol. Réimpr. sous le titre de *Répertoire national*, Robert Melançon, édit., 1982. 2ᵉ éd., 1893.

ROY, PIERRE-GEORGES. *Les Avocats de la région de Québec*. Lévis, Québec, [1937].

—— *Fils de Québec*. Lévis, Québec, 1933. 4 sér.

—— *Inventaire des concessions en fief et seigneurie, fois et hommages et aveux et dénombrements, conservés aux Archives de la province de Québec*. Beauceville, Québec, 1927–1929. 6 vol. (Publication des ANQ.)

—— *Les Juges de la province de Québec*. Québec, 1933. (Publication des ANQ.)

RYDER, DOROTHY EDITH. *Répertoire des annuaires canadiens, 1790–1950/Checklist of Canadian directories, 1790–1950*. Ottawa, 1979. (Publication de la Bibliothèque nationale du Canada.)

SCOTT, HEW, et al., *Fasti ecclesiæ scoticanæ, the succession of ministers in the Church of Scotland from the Reformation*. Édimbourg, 1866–1871. 3 vol. en 6. Nouv. éd., 9 vol. parus, 1915– .

« State papers – Lower Canada, [1808–1818] ». APC *Report*, 1893 : 1–119 ; 1896 : 1–252. Voir aussi « Papiers d'État – Bas-Canada ».

TANGUAY, CYPRIEN. *Dictionnaire généalogique des familles canadiennes depuis la fondation de la colonie jusqu'à nos jours*. Montréal, 1871–1890. 7 vol. Réimpr., Baltimore, Md., 1967, et New York, 1969. Voir aussi Lebœuf, *Complément*.

—— *Répertoire général du clergé canadien par ordre chronologique depuis la fondation de la colonie jusqu'à nos jours*. [2ᵉ éd.], Montréal, 1893.

THÉRIAULT, YVON. *Les Publications parlementaires d'hier et d'aujourd'hui*. [2ᵉ éd.], Québec, 1982. Paru en anglais sous le titre de *The parliamentary publications, past and present* (1983).

Toronto almanac. Voir ALMANACHS

Toronto directory. Voir ANNUAIRES

TRATT, GERTRUDE ELLA NAOMI. *A survey and listing of Nova Scotia newspapers, 1752–1957, with particular reference to the period before 1867*. Halifax, 1979. (Dalhousie University Libraries/

School of Library Service, « Occasional papers »,
21.)

TURCOTTE, GUSTAVE. *Le Conseil législatif de Québec, 1774–1933.* Beauceville, Québec, 1933.

Vital statistics from New Brunswick newspapers [...].
Daniel F. Johnson, compil. [1784–1863]. Saint-
Jean, N.-B., 1982–   . 20 vol. parus. Les vol.
1–5 : [1784–1834] ont été publiés par la New
Brunswick Genealogical Society sous le titre de *New
Brunswick vital statistics from newspapers,* D. F.
Johnson *et al.,* compil. (Fredericton, 1982–1984).

WALLACE, WILLIAM STEWART. *The Macmillan dictionary of Canadian biography.* William Angus

McKay, édit. 4e éd., Toronto, [1978]. Publication
originale parue sous le titre de *The dictionary of
Canadian biography* (1926).

WATTERS, REGINALD EYRE. *A checklist of Canadian
literature and background materials, 1628–1960*
[...]. 2e éd., Toronto et Buffalo, N.Y., 1972.

*When was that ? A chronological dictionary of im-
portant events in Newfoundland down to and
including the year 1922 ; together with an appendix, « St. John's over a century ago », by the late
J. W. Withers.* Harris Munden Mosdell, compil. St
John's, 1923.

York almanac. Voir ALMANACHS

SECTION IV : ÉTUDES (livres et thèses)

ABBOTT, MAUDE ELIZABETH [SEYMOUR]. *History of
medicine in the province of Quebec.* Toronto,
1931. Montréal, 1931.

AUDET, LOUIS-PHILIPPE. *Le Système scolaire de la
province de Québec* [1635–1840]. Québec, 1950–
1956. 6 vol.

BARTHE, JOSEPH-GUILLAUME. *Souvenirs d'un demi-
siècle : ou, Mémoires pour servir à l'histoire
contemporaine.* Montréal, 1885.

BECK, JAMES MURRAY. *The government of Nova
Scotia.* Toronto, 1957.

BELLEMARE, JOSEPH-ELZÉAR. *Histoire de Nicolet,
1669–1924.* Arthabaska, Québec, 1924. Seule la
première partie, *La Seigneurie,* a été publiée.

BILL, INGRAHAM EBENEZER. *Fifty years with the
Baptist ministers and churches of the Maritime
provinces of Canada.* Saint-Jean, N.-B., 1880.

BOON, THOMAS CHARLES BOUCHER. *The Anglican
Church from the Bay to the Rockies : a history of the
ecclesiastical province of Rupert's Land and its
dioceses from 1820 to 1950.* Toronto, 1962.

BROWN, JENNIFER STACEY HARCOURT. *Strangers in
blood : fur trade company families in Indian country.* Vancouver et Londres, 1980.

BUCHANAN, ARTHUR WILLIAM PATRICK. *The bench
and bar of Lower Canada down to 1850.* Montréal,
1925.

BUCKNER, PHILLIP ALFRED. *The transition to responsible government : British policy in British North
America, 1815–1850.* Westport, Conn., et Londres, 1985.

[BURKE, CATHERINE, DITE DE SAINT-THOMAS.] *Les
Ursulines de Québec, depuis leur établissement
jusqu'à nos jours.* Québec, 1863–1866. 4 vol. [2e
éd.], les deux premiers volumes seulement, 1878.

CAMPBELL, ROBERT. *A history of the Scotch Presbyterian Church, St. Gabriel Street, Montreal.*
Montréal, 1887.

CANNIFF, WILLIAM. *The medical profession in Upper

Canada, 1783–1850 : an historical narrative, with
original documents relating to the profession,
including some brief biographies.* Toronto, 1894 ;
réimpr., 1980.

CHABOT, RICHARD. *Le Curé de campagne et la
Contestation locale au Québec (de 1791 aux
troubles de 1837–38): la querelle des écoles,
l'affaire des fabriques et le problème des insurrections de 1837–38.* Montréal, 1975.

CHAPAIS, [JOSEPH-AMABLE-]THOMAS. *Cours d'histoire du Canada* [1760–1867]. Québec, 1919–
1934. 8 vol. Autre éd., Montréal, [1944–1945]. 8
vol. ; réimpr., [Trois-Rivières, Québec, 1972].

CHAUSSÉ, GILLES. *Jean-Jacques Lartigue, premier
évêque de Montréal.* Montréal, 1980.

CHRISTIE, ROBERT. *A history of the late province of
Lower Canada, parliamentary and political, from
the commencement to the close of its existence as a
separate province* [...]. Québec et Montréal, 1848–
1855. 6 vol. [2e éd.], Montréal, 1866.

CRAIG, GERALD MARQUIS. *Upper Canada : the formative years, 1784–1841.* [Toronto], 1963.

CREIGHTON, DONALD GRANT. *The commercial empire of the St. Lawrence, 1760–1850.* Toronto,
1937 ; réimpr. sous le titre de *The empire of the St.
Lawrence,* 1956 et 1970.

CUTHBERTSON, BRIAN [CRAIG UNIACKE]. *The old
attorney general : a biography of Richard John
Uniacke.* Halifax, [1980].

DARROCH MILANI, LOIS. *Robert Gourlay, gadfly : the
biography of Robert (Fleming) Gourlay, 1778–
1863, forerunner of the rebellion in Upper Canada,
1837.* [Thornhill, Ontario, 1971].

DAVID, LAURENT-OLIVIER. *Les Patriotes de 1837–
1838.* Montréal, [1884] ; réimpr., [1937].

DENISON, MERRILL. *Canada's first bank : a history of
the Bank of Montreal.* Toronto et Montréal, 1966–
1967. 2 vol. Traduit en français par Paul A.
Horguelin et Jean-Paul Vinay sous le titre de *la

Première Banque au Canada : histoire de la Ban-que de Montréal (2 vol., Toronto et Montréal, 1966–1967).

DIONNE, NARCISSE-EUTROPE. *Les Ecclésiastiques et les Royalistes français réfugiés au Canada à l'époque de la révolution – 1791–1802*. Québec, 1905.

DOUVILLE, JOSEPH-ANTOINE-IRÉNÉE. *Histoire du collège-séminaire de Nicolet, 1803–1903, avec les listes complètes des directeurs, professeurs et élèves de l'institution*. Montréal, 1903. 2 vol.

FILTEAU, GÉRARD. *Histoire des Patriotes*. Montréal, 1938–1942. 3 vol. [Nouv. éd.], 1975.

GATES, LILLIAN FRANCIS [COWDELL]. *Land policies of Upper Canada*. Toronto, 1968.

GREGG, WILLIAM. *History of the Presbyterian Church in the Dominion of Canada, from the earliest times to 1834 ; with a chronological table of events to the present time, and map*. Toronto, 1885.

GUILLET, EDWIN CLARENCE. *The lives and times of the Patriots ; an account of the rebellion in Upper Canada, 1837–1838, and the Patriot agitation in the United States, 1837–1842*. Toronto, 1938 ; réimpr., 1963 et 1968.

GUNN, GERTRUDE E. *The political history of New-foundland, 1832–1864*. Toronto, 1966.

HANNAY, JAMES. *History of New Brunswick*. Saint-Jean, N.-B., 1909. 2 vol.

HARPER, JOHN RUSSELL. *Painting in Canada : a history*. [Toronto], 1966. 2e. éd., Toronto et Buffalo, N.Y., 1977. Publié en français sous le titre de *la Peinture au Canada, des origines à nos jours* ([Québec], 1966).

INNIS, HAROLD ADAMS. *The fur trade in Canada : an introduction to Canadian economic history*. New Haven, Conn., et Londres, 1930. Éd. rév., [Mary Quayle Innis *et al.*, édit.], Toronto, 1956. [Éd. abrégée] basée sur l'éd. rév. de 1956, avec préface de Robin William Winks, 1962. Éd. rév. (réimpr. de l'éd. de 1956 avec préface rév. de 1962), 1970.

JOHNSTON, CHARLES MURRAY. *The Head of the Lake ; a history of Wentworth County*. Hamilton, Ontario, 1958. 2e éd., 1967.

LABARRÈRE-PAULÉ, ANDRÉ. *Les Instituteurs laïques au Canada français, 1836–1900*. Québec, 1965.

LAMBERT, JAMES HAROLD. « Monseigneur, the Catholic bishop : Joseph-Octave Plessis ; church, state, and society in Lower Canada : historiography and analysis ». Thèse de D. ès L., université Laval, 1981.

LAURIN, CLÉMENT. *J.-J. Girouard & les Patriotes de 1837–38 : portraits*. Montréal, 1973.

LAWRENCE, JOSEPH WILSON. *The judges of New Brunswick and their times*. Annotations d'Alfred Augustus Stockton [et de William Odber Ray-mond], édit., [Saint-Jean, N.-B., 1907] ; réimpr.

avec introd. de David Graham Bell, Fredericton, [1985].

LEMIEUX, LUCIEN. *L'Établissement de la première province ecclésiastique au Canada, 1783–1844*. Montréal et Paris, 1968.

LEVY, GEORGE EDWARD. *The Baptists of the Mari-time provinces, 1753–1946*. Saint-Jean, N.-B., 1946.

LINDSEY, CHARLES. *The life and times of Wm. Lyon Mackenzie ; with an account of the Canadian rebellion of 1837, and the subsequent frontier disturbances, chiefly from unpublished documents*. Toronto, 1862. 2 vol. Réimpr., 1971.

MACKINNON, FRANK [FRANCIS PERLEY TAYLOR]. *The government of Prince Edward Island*. Toronto, 1951 ; réimpr., 1974.

MACNUTT, WILLIAM STEWART. *New Brunswick, a history : 1784–1867*. Toronto, 1963.

MAURAULT, [JEAN-LÉON-]OLIVIER. *Le Collège de Montréal, 1767–1967*. 2e éd., Antonio Dansereau, édit., Montréal, 1967.

——— *La Paroisse : histoire de l'église Notre-Dame de Montréal*. Montréal et New York, 1929. Éd. rév. et augmentée, Montréal, 1957.

MONET, JACQUES. *The last cannon shot : a study of French-Canadian nationalism, 1837–1850*. Toronto, 1969 ; réimpr., Toronto et Buffalo, N.Y., 1976. Traduit en français par Richard Bastien sous le titre de *la Première Révolution tranquille : le nationalisme canadien-français (1837–1850)* (Montréal, 1981).

MORISSET, GÉRARD. *Coup d'œil sur les arts en Nouvelle-France*. Québec, 1941 ; réimpr., 1942.

——— *Peintres et Tableaux*. Québec, 1936–1937. 2 vol.

——— *La Peinture traditionnelle au Canada fran-çais*. Ottawa, 1960.

MORTON, ARTHUR SILVER. *A history of the Canadian west to 1870–71, being a history of Rupert's Land (the Hudson's Bay Company's territory) and of the North-West Territory (including the Pacific slope)*. Londres, [1939]. 2e éd., Lewis Gwynne Thomas, édit., Toronto et Buffalo, N.Y., 1973.

MURDOCH, BEAMISH. *A history of Nova-Scotia, or Acadie*. Halifax, 1865–1867. 3 vol.

OUELLET, FERNAND. *Le Bas-Canada, 1791–1840 : changements structuraux et crise*. Ottawa, 1976. (Université d'Ottawa, « Cahiers d'histoire », 6.) Traduit et adapté par Patricia Claxton sous le titre de *Lower Canada, 1791–1840 : social change and nationalism* (Toronto, 1980).

——— *Histoire économique et sociale du Québec, 1760–1850 : structures et conjoncture*. Montréal et Paris, 1966 ; réimpr. en 2 vol., Montréal, 1971. Traduit sous le titre de *Economic and social history of Quebec, 1760–1850 : « structures » and « con-jonctures »* ([Toronto], 1980).

PATTERSON, GRAEME HAZLEWOOD. « Studies in elections and public opinion in Upper Canada ». Thèse de PH.D., University of Toronto, 1969.

POULIOT, LÉON. *Monseigneur Bourget et son temps.* Montréal, 1955–1977. 5 vol.

PROWSE, DANIEL WOODLEY. *A history of Newfoundland from the English, colonial, and foreign records.* Londres et New York, 1895 ; réimpr., Belleville, Ontario, 1972. 2ᵉ éd., Londres, 1896. 3ᵉ éd., avec ajouts de James Raymond Thoms et de Frank Burnham Gill, St John's, 1971.

READ, COLIN [FREDERICK]. *The rising in western Upper Canada, 1837–8 : the Duncombe revolt and after.* Toronto, 1982.

RICH, EDWIN ERNEST. *The fur trade and the northwest to 1857.* Toronto, 1967 ; réimpr., 1976.

—— *The history of the Hudson's Bay Company, 1670–1870.* Londres, 1958–1959. 2 vol. (*HBRS,* 21–22.) [Éd. normale], Toronto, 1960. 3 vol. Un exemplaire de cet ouvrage est disponible aux APC et contient des notes et des renseignements bibliographiques non publiés.

Robertson's landmarks of Toronto : a collection of historical sketches of the old town of York from 1792 until 1833, and of Toronto from 1834 to [1914] [...]. John Ross Robertson, édit. Toronto, 1894–1914. 6 vol. Les vol. 1 à 3 ont été réimprimés à Belleville, Ontario, en 1976, 1987 et 1974 respectivement.

ROY, JOSEPH-EDMOND. *Histoire de la seigneurie de Lauzon* [1608–1840]. Lévis, Québec, 1897–1904. 5 vol. Réimpr., [1985].

—— *Histoire du notariat au Canada depuis la fondation de la colonie jusqu'à nos jours.* Lévis, Québec, 1899–1902. 4 vol.

RUMILLY, ROBERT. *Histoire de Montréal.* Montréal, 1970–1974. 5 vol.

—— *Papineau et son temps.* Montréal, 1977. 2 vol.

SAUNDERS, EDWARD MANNING. *History of the Baptists of the Maritime provinces.* Halifax, 1902.

SCADDING, HENRY. *Toronto of old : collections and recollections illustrative of the early settlement and social life of the capital of Ontario.* Toronto, 1873. Nouv. éd. abrégée sous le titre de *Toronto of old,* Frederick Henry Armstrong, édit., Toronto, 1966.

SMITH, THOMAS WATSON. *History of the Methodist Church within the territories embraced in the late conference of Eastern British America, including Nova Scotia, New Brunswick, Prince Edward Island and Bermuda.* Halifax, 1877–1890. 2 vol.

SULTE, BENJAMIN. *Histoire de la milice canadienne-française, 1760–1897.* Montréal, 1897.

TAFT MANNING, HELEN. *The revolt of French Canada, 1800–1835 ; a chapter in the history of the British Commonwealth.* Toronto, 1962.

TULCHINSKY, GERALD JACOB JOSEPH. *The river barons : Montreal businessmen and the growth of industry and transportation, 1837–53.* Toronto et Buffalo, N.Y., 1977.

UPTON, LESLIE FRANCIS STOKES. *Micmacs and colonists ; Indian-white relations in the Maritimes, 1713–1867.* Vancouver, 1979.

VAN KIRK, SYLVIA. « *Many tender ties* » *: women in fur-trade society in western Canada, 1670–1870.* Winnipeg, [1980].

WALLOT, JEAN-PIERRE. *Un Québec qui bougeait : trame socio-politique du Québec au tournant du XIXᵉ siècle.* Québec, 1973.

WILSON, BRUCE GORDON. *The enterprises of Robert Hamilton : a study of wealth and influence in early Upper Canada, 1776–1812.* Ottawa, 1983.

SECTION V : PÉRIODIQUES

Acadiensis : revue de l'histoire de la région atlantique/Journal of the History of the Atlantic Region. Fredericton. Revue publiée par le département d'histoire de l'université du Nouveau-Brunswick. 1 (1971–1972)– . *The* Acadiensis *index, vols. I–XII (autumn 1971 to spring 1983),* E. L. Swanick et David Frank, compil. (1985).

Beaver : Magazine of the North. Winnipeg. Revue publiée par la HBC. 1 (1920–1921)– . *Index :* 1–outfit 284 (juin 1953–mars 1954). Le titre varie.

Le Bulletin des recherches historiques. Publié le plus souvent à Lévis, Québec, d'abord par la Société des études historiques, il devient, en mars 1923, l'organe du Bureau des archives de la province de Québec (maintenant les ANQ). 1 (1895)–70 (1968). *Index :* 1–31 (1925) (4 vol., Beauceville, Québec, 1925–1926). Pour les années suivantes, voir l'index sur microfiches disponible aux ANQ-Q.

Les Cahiers des Dix. Montréal et Québec. Revue publiée par les Dix. 1 (1936)– .

CANADIAN CATHOLIC HISTORICAL ASSOCIATION. Voir Société canadienne d'histoire de l'Église catholique

Canadian Historical Review. Toronto. 1 (1920)– . *Index :* 1–10 (1929) ; 11 (1930)–20 (1939) ; 21 (1940)–30 (1949) ; 31 (1950)–51 (1970). L'université Laval a aussi publié un index : Canadian Historical Review, *1950–1964 : index des articles et des comptes rendus de volumes,* René Hardy, compil. (Québec, 1969). Cette revue fait suite à la *Review of Historical Publications relating to Canada* : 1 (1895–1896)–22 (1917–1918) ; *Index* : 1–10 (1905) ; 11 (1906)–20 (1915).

Dalhousie Review. Halifax. Revue publiée par la Dalhousie University. 1 (1921–1922)– .

Histoire sociale, revue canadienne/Social History, a Canadian Review. Ottawa. Revue publiée sous la direction d'un groupe interdisciplinaire d'universitaires canadiens. N° 1 (avril 1968)– .

Historic Kingston. Kingston, Ontario. Revue publiée par la Kingston Historical Society. N° 1 (1952)– . Réimpr. des n°s 1–10 en 1 vol., Belleville, Ontario, 1972. *Index* : n°s 1–20 (1972).

Lieux historiques canadiens : cahiers d'archéologie et d'histoire/Canadian Historic Sites : Occasional Papers in Archaeology and History. Ottawa. Publié par Canada, Direction des parcs et lieux historiques nationaux. N° 1 (1970)– .

Newfoundland Quarterley. St John's. 1 (1901–1902)– . Revue publiée par la Newfoundland Quarterley Foundation depuis le vol. 78 (1982–1983).

Niagara Historical Society, Niagara-on-the-Lake, Ontario. [*Publications*]. N° 1 (1896)–44 (1939). Le premier numéro s'intitule *Transactions* ; les n°s 2 (1897)–44 donnent la liste des articles qu'ils contiennent, mais n'ont pas de titre général ; cependant les n°s 38 (1927)–44 sont appelés « Records of Niagara [...] ».

Nova Scotia Historical Society, Halifax. Voir Royal Nova Scotia Historical Society

Ontario History. Toronto. Revue publiée par l'Ontario Historical Society. 1 (1899)– . Les vol. 1–49 ont été réimprimés, Millwood, N.Y., 1975. Un index des vol. 1 à 64 (1972) a été publié sous le titre de *Index to the publications of the Ontario Historical Society, 1899–1972* (1974). Le titre varie : *Papers and Records* jusqu'en 1946.

Revue canadienne. Montréal. 1 (1864)–80 (1922). Les vol. 17 (1881)–23 (1887) sont aussi identifiés comme nouv. sér., 1–7 ; les vol. 24 (1888)–28 (1892) aussi identifiés 3e sér., 1–[5] ; et les vol. 54 (janv.–juin 1908)–80, nouv. sér., 1–27. Le sous-titre varie. Les *Tables générales des 53 premiers volumes de la* Revue canadienne, *1864 à 1907*, ont été publiées en 1907.

Revue d'histoire de l'Amérique française. Montréal. Publication de l'Institut d'histoire de l'Amérique française. 1 (1947–1948)– . *Index* : 1–10 (1956–1957) ; 11 (1957–1958)–20 (1966–1967) ; 21 (1967–1968)–30 (1976–1977).

Revue trimestrielle canadienne. Montréal. Revue publiée par l'Association des anciens élèves (après 1942, l'Association des diplômés de Polytechnique) de l'École polytechnique, université de Montréal. 1 (1915)– . Le titre varie : *L'Ingénieur*, 1955– .

Royal Nova Scotia Historical Society, Halifax
GENEALOGICAL COMMITTEE PUBLICATIONS
1 ; 3 ; 5–6 ; 8 ; 10 : *N.S. vital statistics* (Punch et Holder) [Voir section III].
AUTRES PUBLICATIONS
Collections. 1 (1878)– . Les vol. 1–8 (1892–1894) ont été réimprimés en 2 vol., Belleville, Ontario, 1976–1977. *Index* : 1–32 (1959) se trouve dans le vol. 33 (1961). Les vol. 1–40 (1980) ont été publiés sous le nom original de la société, la Nova Scotia Historical Society.

Société canadienne d'histoire de l'Église catholique/Canadian Catholic Historical Association, Ottawa. Elle publie simultanément un *Rapport* en français et un *Report* en anglais, entièrement différents l'un de l'autre. 1 (1933–1934)– . *Index* : 1–25 (1958). Le titre varie : *Sessions d'étude/Study sessions* à partir de 1966. Depuis 1984 le titre du périodique en anglais est *Canadian Catholic Historical Studies*.

Société généalogique canadienne-française, Montréal.
PUBLICATIONS NUMÉROTÉES
2 ; 4 ; 6 : Lebœuf, *Complément* [Voir section III].
AUTRES PUBLICATIONS
Mémoires. 1 (1944–1945)– . Un index des vol. 1–25 (1975) a paru sous le titre de *Index onomastique des* Mémoires *de la Société généalogique canadienne-française, 1944–1975*, R.-J. Auger, compil. (2 vol., Lac-Beauport, Québec, 1975).

Société historique du Canada/Canadian Historical Association, Ottawa. *Annual report*, 1922– . *Index* : 1922–1951 ; 1952–1968. Le titre varie : *Communications historiques/Historical papers* à partir de 1966.

Société royale du Canada/Royal Society of Canada, Ottawa. *Mémoires et comptes rendus/Proceedings and Transactions*. 1re sér., 1 (1882–1883)–12 (1894) ; 2e sér., 1 (1895)–12 (1906) ; 3e sér., 1 (1907)–56 (1962) ; 4e sér., 1 (1963)–22 (1985) ; 5e sér., 1 (1986)– . *Index général* : 1re sér.–2e sér. ; *Table des noms d'auteurs* : 3e sér., 1 (1907)–35 (1941) ; l'Association canadienne des bibliothèques a publié *A subject index to the Royal Society of Canada Proceedings and Transactions : third series, vols. I–XXXI, 1907–1937*, M. A. Martin, compil. (Ottawa, 1947.)

COLLABORATEURS

Collaborateurs

ABBOTT-NAMPHY, ELIZABETH. Historian and free-lance journalist, Montréal, Québec.
Nelson Hackett. Jean-Marie Mondelet [en collaboration avec M. MacKinnon].

ABEL, KERRY. Post-doctoral fellow in history, University of Manitoba, Winnipeg, Manitoba.
Alexander Simpson.

ACHESON, THOMAS WILLIAM. Professor of history, University of New Brunswick, Fredericton, New Brunswick.
Thomas Barlow. Hugh Johnston. Thomas Leavitt. Nehemiah Merritt. John McNeil Wilmot.

ALLAIRE, GRATIEN. Professeur agrégé d'histoire, University of Alberta, Edmonton, Alberta.
Pierre-Chrysologue Pambrun.

ALLEN, ROBERT S. Deputy chief, Treaties and Historical Research Centre, Indian and Northern Affairs Canada, Ottawa, Ontario.
Robert McDouall.

ARMOUR, DAVID ARTHUR. Deputy director, Mackinac Island State Park Commission, Michigan, U.S.A.
Marguerite-Magdelaine Marcot (La Framboise).

ARTHUR, ELIZABETH. Professor emeritus of history, Lakehead University, Thunder Bay, Ontario.
James Dickson.

†AUDET, LOUIS-PHILIPPE. Ex-professeur, Sillery, Québec.
Pierre-Antoine Dorion.

BAILEY, ALFRED GOLDSWORTHY. Professor emeritus of history, University of New Brunswick, Fredericton, New Brunswick.
James Holbrook.

BAILLARGEON, NOËL. Historien, Séminaire de Québec, Québec.
Louis-Joseph Desjardins, dit Desplantes.

BAKER, MELVIN. Archivist-historian, Memorial University of Newfoundland, St John's, Newfoundland.
Benjamin Bowring.

BALLSTADT, CARL P. A. Professor of English, McMaster University, Hamilton, Ontario.
David Chisholme. Alexander James Christie.
James Haskins. George Menzies.

BARRETTE, ROGER. Directeur, Développement des ressources humaines, Ministère de la Main-d'œuvre et de la Sécurité du revenu du Québec, Québec.
Bonaventure Panet.

BAZIN, JULES. Ex-conservateur des bibliothèques de la ville de Montréal, Québec.
Louis Dulongpré.

BEAUREGARD, YVES. Coéditeur, *Cap-aux-Diamants,* Québec, Québec.
Claude Dénéchau.

BECK, J. MURRAY. Professor emeritus of political science, Dalhousie University, Halifax, Nova Scotia.
Samuel George William Archibald. Jotham Blanchard.

BÉDARD, MICHEL. Historien, Environnement Canada, Parcs, Québec, Québec.
Mathew Bell [en collaboration avec A. Bérubé et J. Hamelin].

BEER, DONALD ROBERT. Senior lecturer in history, University of New England, Armidale, New South Wales, Australia.
Charles Theophilus Metcalfe, 1er baron Metcalfe.

BELL, D. G. Assistant professor of law, University of New Brunswick, Fredericton, New Brunswick.
George Frederick Street Berton.

BENNETT, SUSAN L. Research and reference librarian, Ontario Agricultural Museum, Milton, Ontario.
Robert Wade.

BENSLEY, EDWARD HORTON. Honorary Osler librarian and professor emeritus of medicine, McGill University, Montréal, Québec.
William Robertson.

BERNARD, JEAN-PAUL. Professeur d'histoire, Université du Québec à Montréal, Québec.
Jean-Baptiste-Henri Brien. Jean-Olivier Chénier. Amury Girod [en collaboration avec D. Gauthier].

BERNATCHEZ, GINETTE. Historienne, Charny, Québec.
Charles Hunter. Andrew Stuart.

BERNIER, JACQUES. Professeur agrégé d'histoire, Université Laval, Québec, Québec.
Thomas Fargues.

BÉRUBÉ, ANDRÉ. Chef adjoint, Sites historiques, Environnement Canada, Parcs, Québec, Québec.
Mathew Bell [en collaboration avec M. Bédard et J. Hamelin].

†BILSON, GEOFFREY. Formerly professor of history, University of Saskatchewan, Saskatoon, Saskatchewan.
Grant Powell.

BISHOP, CHARLES A. Professor of anthropology, State University of New York-Oswego, New York, U.S.A.
?Kwah.

†BLAKELEY, PHYLLIS R. Formerly archivist emeritus, Public Archives of Nova Scotia, Halifax, Nova Scotia.
Sampson Salter Blowers. John Homer. Henry Joseph Philips. Nathan Pushee. Lewis Morris Wilkins. Sir William Robert Wolseley Winniett.

BOUCHER, NEIL. Directeur, Centre acadien, Université Sainte-Anne, Pointe-de-l'Église, Nouvelle-Écosse.
Benoni d'Entremont.

BOUDREAU, CLAUDE. Étudiant au doctorat en géographie, Université Laval, Québec, Québec.
Joseph Bouchette [en collaboration avec P. Lépine].

BOYCE, GERALD E. Teacher, Hastings County Board of Education, Belleville, Ontario.
James Hunter Samson.

†BREDIN, THOMAS F. Formerly vice-principal, St John's-Ravenscourt School, Winnipeg, Manitoba.
David Thomas Jones [en collaboration avec S. M. Johnson].

BROCK, DANIEL J. Teacher, Catholic Central High School, London, Ontario.
Edward Allen Talbot.

BROCK, THOMAS L. Club historian, Royal Military College of Canada, Victoria, British Columbia.
Sir Robert Barrie.

BROWN, JENNIFER S. H. Associate professor of history, University of Winnipeg, Manitoba.
Abishabis. Duncan Cameron.

BRUCE, PAMELA. St John's, Newfoundland.
Richard Barnes. Donald Allan Fraser. Newman Wright Hoyles.

BRUNGER, ALAN G. Associate professor of geography, Trent University, Peterborough, Ontario.
John Bostwick. Thomas Alexander Stewart.

BUCKNER, PHILLIP. Professor of history, University of New Brunswick, Fredericton, New Brunswick.
Archibald Acheson, 2ᵉ comte de Gosford. John Gervas Hutchinson Bourne. Sir Archibald Campbell. Sir Colin Campbell. Sir Donald Campbell. Sir Charles Hamilton. Sir George Murray. Charles Jeffery Peters [en collaboration avec B. Glendenning]. *Charles Edward Poulett Thomson, 1ᵉʳ baron Sydenham. Matthew Whitworth-Aylmer, 5ᵉ baron Aylmer.*

BUERGER, GEOFFREY E. Chairman, History Department, Mentor College, Mississauga, Ontario.
Thomas Williams.

BUGGEY, SUSAN. Director, Architectural History, Canadian Parks Service, Ottawa, Ontario.
Thomas McCulloch [en collaboration avec G. Davies].

BUMSTED, J. M. Professor of history, University of Manitoba, Winnipeg, Manitoba.
Hugh Denoon. John Hill. Alexander McDonell (Collachie). William Rankin. William Smith. George Wright.

BURLEY, DAVID G. Assistant professor of history, University of Winnipeg, Manitoba.
Adam Ferrie. James Matthew Whyte.

BURROUGHS, PETER. Professor of history, Dalhousie University, Halifax, Nova Scotia.
George Ramsay, 9ᵉ comte de Dalhousie.

BUSH, EDWARD F. Formerly historian, Historical Research Division, Environment Canada, Parks, Ottawa, Ontario.
John Burrows.

CAHILL, BARRY. Manuscripts archivist, Public Archives of Nova Scotia, Halifax, Nova Scotia.
Edward Brabazon Brenton. Snow Parker.

CAMERON, WENDY. Partner, Wordforce, Toronto, Ontario.
Peter Robinson.

CARTER, ALEXANDRA E. Administrative assistant, Public relations, Grace Maternity Hospital, Halifax, Nova Scotia.
William Eagar.

CASTONGUAY, JACQUES. Recteur, Collège militaire royal de Saint-Jean, Saint-Jean-sur-Richelieu, Québec.
Antoine-Gaspard Couillard.

CAUCHON, MICHEL. Directeur, Centre de conservation du Québec, Ministère des Affaires culturelles du Québec, Québec.

Jean-Baptiste Roy-Audy.

CHABOT, RICHARD. Chercheur autonome, Laval, Québec.
Noël-Laurent Amiot. Kenelm Conor Chandler. Cyrille-Hector-Octave Côté. Charles-Vincent Fournier. Lucien Gagnon. Louis Nau. Joseph Papineau. Jacques Paquin. François-Xavier Pigeon. Louis Proulx. Édouard-Étienne Rodier.

CHARBONNEAU, ANDRÉ. Historien, Environnement Canada, Parcs, Québec, Québec.
Elias Walker Durnford.

CHARD, DONALD F. Historic parks planner, Environment Canada, Parks, Halifax, Nova Scotia.
Sir Thomas Andrew Lumisden Strange.

CHARTRAND, RENÉ. Conseiller principal, Direction de l'interprétation, Parcs et lieux historiques nationaux, Environnement Canada, Parcs, Ottawa, Ontario.
Louis de Watteville.

CHASSÉ, BÉATRICE. Historienne, Ministère des Affaires culturelles du Québec, Québec.
Jean-Baptiste Dumouchelle.

CHASSÉ, SONIA. Directrice, Musée régional de la Côte-Nord, Sept-Îles, Québec.
Pierre Bureau. John Neilson [en collaboration avec R. Girard-Wallot et J.-P. Wallot]. *Joseph Signay.*

CHAUSSÉ, GILLES. Professeur d'histoire de l'Église, Université de Montréal, Québec.
Hyacinthe Hudon. Jean-Jacques Lartigue [en collaboration avec L. Lemieux]. *Jacques-Guillaume Roque.*

CHÉNÉ, LUCIE. Historienne, Sainte-Foy, Québec.
James Brown.

CHIASSON, PAULETTE M. Rédactrice-historienne, *Dictionnaire biographique du Canada/Dictionary of Canadian biography*, Les Presses de l'université Laval, Québec, Québec.
James Kerr.

CHOQUETTE, ROBERT. Professeur titulaire de sciences religieuses, Université d'Ottawa, Ontario.
William Peter MacDonald. Michael Power.

CHRISTIE, CARL A. Senior research officer, Directorate of history, Department of National Defence, Ottawa, Ontario.
Robert Roberts Loring. Thomas Merritt. Sir Phineas Riall.

CLARKE, JOHN. Professor of geography, Carleton University, Ottawa, Ontario.
Mahlon Burwell.

CLIFTON, JAMES A. Frankenthal professor of anthropology and history, University of Wisconsin, Green Bay, Wisconsin, U.S.A.
Billy Caldwell. Sou-neh-hoo-way.

CLOUTIER, JULIETTE. Archiviste, Monastère des Augustines de l'Hôpital Général de Québec, Québec.
Marie-Esther Chaloux, dite de Saint-Joseph [en collaboration avec R. Lessard].

CLOUTIER, NICOLE. Conservatrice, Art canadien ancien, Musée des beaux-arts de Montréal, Québec.
René Beauvais, dit Saint-James.

COGSWELL, FRED. Professor emeritus of English, University of New Brunswick, Fredericton, New Brunswick.
Walter Bates. Emily Elizabeth Shaw (Beavan).

COLLARD, ELIZABETH. Author, historian, and honorary curator, McCord Museum of Canadian History, Montréal, Québec.

John Griffith.

CONDON, ANN GORMAN. Associate professor of history, University of New Brunswick, Saint John, New Brunswick.
Peter Fisher.

COOKE, O. A. Senior archival officer, Directorate of history, Department of National Defence, Ottawa, Ontario.
Nathaniel Coffin. Colley Lyons Lucas Foster. Sir Richard Downes Jackson [en collaboration avec N. Hillmer].

CORMIER, LOUIS-PHILIPPE. Professeur émérite de langues modernes, University of Lethbridge, Alberta.
Jean-Baptiste Perrault.

CREIGHTON, PHILIP. Chartered accountant, Toronto, Ontario.
Henry Lamb.

CUNNINGHAM, ROBERT JOHN. Local historian, Sackville, New Brunswick.
Toler Thompson.

CUTHBERTSON, BRIAN C. Head, Heritage Unit, Department of Culture, Recreation and Fitness, Halifax, Nova Scotia.
Thomas Nickleson Jeffery.

CYR, CÉLINE. Rédactrice-historienne, *Dictionnaire biographique du Canada/Dictionary of Canadian biography,* Les Presses de l'université Laval, Québec, Québec.
Michel Clouet. Michel-Louis Juchereau Duchesnay.

CYR, JEAN-ROCH. Étudiant au doctorat en histoire, Université de Montréal, Québec.
William Hanington.

DALTON, IAN ROBERT. Associate professor of electrical engineering, University of Toronto, Ontario.
Thomas Dalton.

DAVIDSON, STEPHEN ERIC. Teacher, Cavalier Drive School, Lower Sackville, Nova Scotia.
John Burton.

DAVIES, GWENDOLYN. Associate professor of English, Acadia University, Wolfville, Nova Scotia.
Sarah Herbert. Thomas McCulloch [en collaboration avec S. Buggey].

DECHÊNE, LOUISE. Professeure titulaire d'histoire, McGill University, Montréal, Québec.
George Pozer.

DE JONG, NICOLAS. Provincial archivist, Public Archives of Prince Edward Island, Charlottetown, Prince Edward Island.
John Henry White [en collaboration avec M. G. Morrow].

DESCHÊNES, GASTON. Chef, Division de la recherche, Bibliothèque de l'Assemblée nationale, Québec, Québec.
Amable Charron.

DÉSILETS, ANDRÉE. Professeure d'histoire, Université de Sherbrooke, Québec.
Marie-Françoise Huot, dite Sainte-Gertrude. John Baptist McMahon.

DESLAURIERS, PETER. History instructor, Dawson College, and doctoral student in history, Concordia University, Montréal, Québec.
Roderick Mackenzie. James Millar. Jules-Maurice Quesnel.

DEVER, ALAN. Television journalist, Canadian Broadcasting Corporation, Montréal, Québec.
Michael O'Sullivan. Jean-Moïse Raymond.

DILWORTH, T. G. Professor of biology, University of New Brunswick, Fredericton, New Brunswick.
Alexander Lawrence. Thomas Nisbet.

DOUGLAS, W. A. B. Director, Directorate of history, Department of National Defence, Ottawa, Ontario.
Robert Heriot Barclay. Sir Isaac Coffin. Frederick Marryat. Daniel Pring.

DRAPER, GARY. Head, Reference and Collections Development Department, Dana Porter Library, University of Waterloo, Ontario.
William Dunlop, dit Tiger Dunlop [en collaboration avec R. Hall].

DROUIN, FRANÇOIS. Étudiant au doctorat en histoire, Université Laval, Québec, Québec.
Pierre Canac, dit Marquis. François Quirouet.

DUBUC, ALFRED. Professeur titulaire d'histoire, Université du Québec à Montréal, Québec.
John Molson.

DUCHESNE, RAYMOND. Professeur d'histoire et de sociologie, Télé-Université, Université du Québec, Québec.
Pierre Chasseur.

DUCLOS, LAURETTE, S.G.M. Archiviste, Archives des Sœurs Grises, Montréal, Québec.
Marguerite Beaubien.

DUFOUR, PIERRE. Historien, Québec, Québec.
Pierre de Rastel de Rocheblave [en collaboration avec M. Ouellet].

DUNLOP, ALLAN C. Associate provincial archivist, Public Archives of Nova Scotia, Halifax, Nova Scotia.
John Albro.

DUVAL, MARC. Avocat, Beauceville, Québec.
Charles-Étienne Chaussegros de Léry [en collaboration avec R. Lessard].

EDMUNDS, R. DAVID. Professor of history, Texas Christian University, Fort Worth, Texas, U.S.A.
Tenskwatawa.

EDWARDS, MARY JANE. Professor of English and director, Centre for Editing Early Canadian Texts, Carleton University, Ottawa, Ontario.
Standish O'Grady.

ELLIOT, ROBERT S. Curator, History Department, New Brunswick Museum, Saint John, New Brunswick.
John Coffin.

ENNALS, PETER. Associate professor and head, Department of geography, Mount Allison University, Sackville, New Brunswick.
James Gray Bethune. John Covert.

ERICKSON, VINCENT O. Professor of anthropology, University of New Brunswick, Fredericton, New Brunswick.
Pierre Denis. Johann Ludwig Tiarks.

ERRINGTON, JANE. Assistant professor of history, Royal Military College of Canada, Kingston, Ontario.
Ann Kirby (Macaulay). John Kirby. James Macfarlane. Thomas Markland.

EVANS, CALVIN D. Area librarian, Humanities and Social Sciences Library, McGill University, Montréal, Québec.
George Cubit. John Wills Martin. William Richard Shea.

FAHEY, CURTIS. Editor, James Lorimer & Company Ltd, Publishers, Toronto, Ontario.
William John O'Grady.

FERRON, MADELEINE. Écrivaine, Québec, Québec.
Jacques Voyer.

†FILTEAU, GÉRARD. Sillery, Québec.

Joseph Duquet.

FILTEAU, HUGUETTE. Codirectrice de la rédaction, *Dictionnaire biographique du Canada/Dictionary of Canadian biography*, Les Presses de l'université Laval, Québec, Québec.
Thomas Coffin.

FINGARD, JUDITH. Professor of history, Dalhousie University, Halifax, Nova Scotia.
Walter Bromley. John Inglis.

FINLEY, GERALD. Professor of art history, Queen's University, Kingston, Ontario.
George Heriot.

FIRTH, EDITH G. Formerly head, Canadian History Department, Metropolitan Toronto Reference Library, Ontario.
William Cooper. Elizabeth Posthuma Gwillim (Simcoe). Anne Murray (Powell). Hannah Peters (Jarvis). Alexander Wood.

FISHER, ROBIN A. Professor of history, Simon Fraser University, Burnaby, British Columbia.
James Charles Stuart Strange.

FRASER, ROBERT LOCHIEL. Hamilton, Ontario.
William Warren Baldwin. Richard Beasley. James Martin Cawdell. William Forsyth. Christopher Alexander Hagerman. George Hillier. Peter Howard. John Mills Jackson. Jonas Jones. John McIntosh. Richard Pierpoint.

FRENCH, GOLDWIN S. Professor of religious studies, Victoria University, Toronto, Ontario.
Stephen Bamford. Samuel Heck. Joshua Marsden.

FROST, STANLEY BRICE. Director, History of McGill Project, McGill University, Montréal, Québec.
Thomas Blackwood. Alexander Skakel.

GAGNON, SERGE. Professeur d'histoire, Université du Québec à Trois-Rivières, Québec.
Nicolas-Gaspard Boisseau. Charles-François Painchaud.

GALARNEAU, CLAUDE. Professeur titulaire d'histoire, Université Laval, Québec, Québec.
Jean-Baptiste Boucher. Félix Gatien. Charles Hindenlang. Samuel Neilson. Joseph-François Perrault. John Christopher Reiffenstein.

GALLICHAN, GILLES. Responsable, Secteur des monographies, Bibliothèque nationale du Québec, Montréal, Québec.
Amable Berthelot.

GAMELIN, ALAIN. Directeur, A. G. H. Recherchiste-conseil, Trois-Rivières, Québec.
Louis-Marie Cadieux.

GARDNER, DAVID. Free-lance actor, director, and theatre historian, Toronto, Ontario.
Frederick Brown.

GAUTHIER, DANIELLE. Historienne, Belœil, Québec.
Amury Girod [en collaboration avec J.-P. Bernard].

GAUTHIER, RAYMONDE. Professeure d'histoire de l'art, Université du Québec à Montréal, Québec.
Joseph Pépin.

GIGUÈRE, GEORGES-ÉMILE. Directeur général, Fondation Robert Giguère Inc., Montréal, Québec.
Jean-Pierre Chazelle.

GILLIS, ROBERT PETER. Treasury Board Secretariat, Ottawa, Ontario.
George Hamilton (1781–1839). Charles Shirreff.

GINGERICH, ORLAND. Clergyman, Kitchener, Ontario.
Christian Nafziger.

GIRARD-WALLOT, RITA. Agente de développement, Université Saint-Paul, Ottawa, Ontario.
John Neilson [en collaboration avec S. Chassé et J.-P. Wallot].

GLENDENNING, BURTON. Coordinator, Historical Division, Provincial Archives of New Brunswick, Fredericton, New Brunswick.
Charles Jeffery Peters [en collaboration avec P. Buckner].

GODFREY, SHELDON J. Lawyer, Toronto, Ontario.
Jacob Franks.

GOLDRING, PHILIP. Historian, Environment Canada, Parks, Ottawa, Ontario.
Andrew William Cochran. James Leith. William MacKintosh.

GOOD, E. REGINALD. Doctoral student in history, University of Saskatchewan, Saskatoon, Saskatchewan.
John Goessman. Joseph Schneider [en collaboration avec P. Tiessen].

GRANT, JOHN WEBSTER. Professor emeritus of church history, Victoria University, Toronto, Ontario.
Seneca Ketchum.

GRAY, LESLIE ROBB. Formerly vice-president and secretary-treasurer, Silverwood Dairies, London, Ontario.
Christian Frederick Denke.

GREENFIELD, KATHARINE. Formerly head, Special Collections, Hamilton Public Library, Ontario.
Stephen Randal.

GREENWOOD, F. MURRAY. Associate professor emeritus of history, University of British Columbia, Vancouver, British Columbia, and legal history consultant, Montréal, Québec.
Jonathan Sewell [en collaboration avec J. H. Lambert].

GUNDY, H. PEARSON. Professor emeritus of English, Queen's University, Kingston, Ontario.
Samuel Oliver Tazewell.

HALL, ANTHONY J. Assistant professor of native studies, Laurentian University, Sudbury, Ontario.
John Aisance.

HALL, ROGER. Associate professor of history, University of Western Ontario, London, Ontario.
William Dunlop, dit Tiger Dunlop [en collaboration avec G. Draper]. *John Galt* [en collaboration avec N. Whistler].

HAMELIN, JEAN. Directeur général adjoint, *Dictionnaire biographique du Canada/Dictionary of Canadian biography*, Les Presses de l'université Laval, Québec, Québec.
Mathew Bell [en collaboration avec M. Bédard et A. Bérubé].

HAREL, BRUNO, P.S.S. Archiviste, Séminaire de Saint-Sulpice, Montréal, Québec.
Louis-Charles Lefebvre de Bellefeuille. Jackson John Richards. Antoine Sattin.

†HARPER, J. RUSSELL. South Lancaster, Ontario.
James Bowman.

HÉROUX, ANDRÉE. Étudiante au doctorat en géographie, Université Laval, Québec, Québec.
Sir John Caldwell. François Languedoc.

HICKS, FRANKLYN H. Physician, Ottawa, Ontario.
William Elder.

HILLER, JAMES K. Associate professor of history, Memorial University of Newfoundland, St John's, Newfoundland.

Benjamin Gottlieb Kohlmeister.

HILLMER, NORMAN. Senior historian, Directorate of history, Department of National Defence, Ottawa, Ontario.
Sir Richard Downes Jackson [en collaboration avec O. A. Cooke].

HOLLAND, CLIVE. Historian, Scott Polar Research Institute, Cambridge, England.
Sir John Franklin. Edward Nicholas Kendall.

HOLMAN, HARRY TINSON. Adviser, Access to information, Science and Technology Canada, Ottawa, Ontario.
John Brecken.

HOLMGREN, ERIC J. Historical consultant, Edmonton, Alberta.
William Kittson.

HOWELL, COLIN D. Professor of history, St Mary's University, Halifax, Nova Scotia.
William Bruce Almon.

HUTCHINSON, GERALD M. Thorsby, Alberta.
James Evans. Thomas Hassall.

JANSON, GILLES. Responsable des archives historiques, Service des archives, Université du Québec à Montréal, Québec.
Daniel Arnoldi.

JANZEN, CAROL ANNE. Businesswoman, Kentville, Nova Scotia.
Sir Alexander Croke.

JEAN, MARGUERITE, s.c.i.m. Directrice, *Courrier Bon-Pasteur,* Sainte-Foy, Québec.
Eulalie Durocher, dite mère Marie-Rose.

JOHNSON, J. K. Professor of history, Carleton University, Ottawa, Ontario.
Anthony Manahan. James Newbigging.

JOHNSON, STEPHEN M. Assistant head, Glenlyon-Norfolk School, Victoria, British Columbia.
David Thomas Jones [en collaboration avec T. F. Bredin]. *John M. McLeod.*

JOHNSTON, CHARLES M. Professor of history, McMaster University, Hamilton, Ontario.
Robert Lugger.

JONES, ELWOOD H. Professor of history, Trent University, Peterborough, Ontario.
William Purdy. Charles Burton Wyatt.

KAREL, DAVID. Professeur titulaire d'histoire, Université Laval, Québec, Québec.
Angelo Pienovi. Louis-Hubert Triaud.

KELSAY, ISABEL T. Free-lance historian, Media, Pennsylvania, U.S.A.
Ohtowaʔkéhson.

KEYES, JOHN. Historian, Québec, Québec.
William John Chapman Benson.

KIRWIN, WILLIAM. Formerly professor of English, Memorial University of Newfoundland, St John's, Newfoundland.
David Buchan.

KOS RABCEWICZ ZUBKOWSKI, LUDWIK. Président, Centre canadien d'arbitrage, de conciliation et d'amiable composition, Ottawa, Ontario.
Pierre-Dominique Debartzch.

LABERGE, ANDRÉ. Étudiant au doctorat en histoire, Université Laval, Québec, Québec.
Henry Musgrave Blaiklock.

LABRÈQUE, MARIE-PAULE R. Historienne, Acton-Vale, Québec.

John Church. Frederick George Heriot. Louis-Édouard Hubert.

LAHEY, RAYMOND J. Bishop, Diocese of St George's, Corner Brook, Newfoundland.
Michael Anthony Fleming. William Herron.

LAMBERT, JAMES H. Rédacteur-historien, *Dictionnaire biographique du Canada/Dictionary of Canadian biography*, Les Presses de l'université Laval, Québec, Québec.
Herman Witsius Ryland. Jonathan Sewell [en collaboration avec F. M. Greenwood]. *Joseph-Rémi Vallières de Saint-Réal* [en collaboration avec J. Monet].

LAMBERT, THÉRÈSE, c.n.d. Montréal, Québec.
Marie-Victoire Baudry, dite de la Croix.

LAMONDE, YVAN. Professeur agrégé d'histoire, McGill University, Montréal, Québec.
Jacques Odelin [en collaboration avec L. Marcil-Lacoste].

LANDRY, PIERRE B. Conservateur adjoint, Art canadien, Musée des beaux-arts du Canada, Ottawa, Ontario.
Robert Auchmuty Sproule.

LAPOINTE-ROY, HUGUETTE. Professeure, Collège Durocher, Saint-Lambert, Québec.
Marie-Marguerite Lemaire.

LAURENCE, GÉRARD. Professeur d'information et de communication, Université Laval, Québec, Québec.
Léon Gosselin.

LEASK, MARGARET FILSHIE. Toronto, Ontario.
Stephen Humbert.

LEBEL, JEAN-MARIE. Chargé de recherche, Groupe de recherche sur la production des catéchismes, Université Laval, Québec, Québec.
John Charlton Fisher. William Kemble. Joseph Le Vasseur Borgia. Louis Martinet, dit Bonami.

LEBLANC, R. GILLES. Archiviste, Centre d'études acadiennes, Université de Moncton, Nouveau-Brunswick.
Charles-Dominique Auffray. Antoine Gagnon.

LEBRETON, CLARENCE. Directeur, Aquarium et Musée marin, Shippagan, Nouveau-Brunswick.
Tranquille Blanchard [en collaboration avec A. Lepage].

LECHASSEUR, ANTONIO. Chercheur, Institut québécois de recherche sur la culture, Québec, Québec.
Charles-Eusèbe Casgrain.

LEGAULT, ROCH. Étudiant au doctorat en histoire, Université de Montréal, Québec.
François Vassal de Monviel [en collaboration avec L. Lépine].

LEGGET, ROBERT F. Formerly director, Division of Building Research, National Research Council of Canada, Ottawa, Ontario.
John By. Henry Abraham DuVernet. Thomas Roy.

LEIGHTON, DOUGLAS. Associate professor of history, University of Western Ontario, London, Ontario.
Jean-Baptiste de Lorimier. James Winniett.

LEMIEUX, LUCIEN. Vicaire épiscopal et curé de la paroisse Sainte-Julie, Québec.
Jean-Jacques Lartigue [en collaboration avec G. Chaussé]. *Pierre Viau.*

LEMOINE, LOUIS. Directeur adjoint, École secondaire Joseph-François-Perrault, Longueuil, Québec.
Marie-Charles-Joseph Le Moyne de Longueuil, baronne de Longueuil (Grant).

LEMOINE, RÉJEAN. Historien, Groupe de ressources techni-

1061

ques en aménagement du Québec, Québec.
François-Hyacinthe Séguin.

LEPAGE, ANDRÉ. Contractuel, Québec, Québec.
Tranquille Blanchard [en collaboration avec C. LeBreton].

LÉPINE, LUC. Archiviste-historien, Pierrefonds, Québec.
François Vassal de Monviel [en collaboration avec R. Legault].

LÉPINE, PIERRE. Responsable, Secteur des cartes, Bibliothèque nationale du Québec, Montréal, Québec.
Joseph Bouchette [en collaboration avec C. Boudreau].

LESLIE, JOHN F. Chief, Treaties and Historical Research Centre, Comprehensive Claims Branch, Indian and Northern Affairs Canada, Ottawa, Ontario.
James Givins.

LESSARD, RENALD. Archiviste, Archives nationales du Québec, Québec.
Marie-Esther Chaloux, dite de Saint-Joseph [en collaboration avec J. Cloutier]. *Charles-Étienne Chaussegros de Léry* [en collaboration avec M. Duval]. *Louis Gugy. René Kimber* [en collaboration avec J. Noël].

LEVINE, ALLAN. Teacher of history, St John's-Ravenscourt School, Winnipeg, Manitoba.
John Macallum.

LEWIS, WALTER. Assistant chief librarian, Halton Hills Public Library, Georgetown, Ontario.
William Chisholm. John Leys.

L'HEUREUX, JACQUES. Professeur titulaire de droit, Université Laval, Québec, Québec.
Hugues Heney.

LITTLE, J. I. Associate professor of history, Simon Fraser University, Burnaby, British Columbia.
William Bowman Felton.

LOCHHEAD, DOUGLAS G. Writer in residence, Mount Allison University, Sackville, New Brunswick.
Hannah Maynard Thompson (Pickard).

LORIMIER, MICHEL DE. Historien, Montréal, Québec.
Joseph-Narcisse Cardinal. Rodolphe Des Rivières. Chevalier de Lorimier.

LYSONS-BALCON, HEATHER. Associate professor of education, University of Alberta, Edmonton, Alberta.
Charles Buller. Joseph Lancaster.

MCDOUGALL, ELIZABETH ANN KERR. Research historian, Westmount, Québec.
Edward Black. James Somerville.

MCGAHAN, ELIZABETH W. Instructor of history, University of New Brunswick, Saint John, New Brunswick.
Thomas Millidge.

MCILWRAITH, THOMAS F. Associate professor of geography, University of Toronto, Ontario.
Charles Jones.

MACINTOSH, KATHRYN TAIT. Halifax, Nova Scotia.
John Geddie.

†MACKAY, DONALD C. Halifax, Nova Scotia.
Richard Upham Marsters. Joseph Toler [en collaboration avec S. A. Smith]. *William Valentine. John Wolhaupter* [en collaboration avec S. A. Smith].

MCKENZIE, RUTH. Free-lance writer, editor, and researcher, Ottawa, Ontario.
Simon Ebenezer Washburn.

MACKINNON, MARGARET. Legislative counsel, Office of the Legislative Council, Toronto, Ontario.
Jean-Marie Mondelet [en collaboration avec E. Abbott-

Namphy].

MACLEAN, RAYMOND A. Formerly professor of history, St Francis Xavier University, Antigonish, Nova Scotia.
Colin P. Grant. Alexander MacDonell. Jean-Baptiste Maranda. John Young.

†MACMILLAN, DAVID S. Formerly professor of history, Trent University, Peterborough, Ontario.
Allan Gilmour.

MCNALLY, LARRY S. Science and engineering archivist, Manuscript Division, National Archives of Canada, Ottawa, Ontario.
Alfred Barrett.

MAIR, NATHAN H. Clergyman, Digby, Nova Scotia.
Robert Langham Lusher.

MANNION, JOHN. Professor of geography, Memorial University of Newfoundland, St John's, Newfoundland.
Thomas Meagher. Patrick Morris. Pierce Sweetman.

MARCIL, EILEEN REID. Historian, Charlesbourg, Québec.
Charles Wood.

MARCIL-LACOSTE, LOUISE. Professeure de philosophie, Université de Montréal, Québec.
Jacques Odelin [en collaboration avec Y. Lamonde].

MAYS, HERBERT J. Director of research administration, University of Winnipeg, Manitoba.
John McDonell.

MEALING, S. R. Professor of history, Carleton University, Ottawa, Ontario.
William Firth. Sir David William Smith.

MICHAUD, NELSON. Adjoint législatif auprès du solliciteur général du Canada, Ottawa, Ontario.
Jean-Charles Létourneau.

MILLER, CARMAN. Associate professor of history, McGill University, Montréal, Québec.
William Allen Chipman. Adam Lymburner Macnider. William Walker.

MILLMAN, THOMAS R. Formerly archivist, Anglican Church of Canada, Toronto, Ontario.
Charles Caleb Cotton. Charles James Stewart.

MOIR, JOHN S. Professor of history, University of Toronto, Ontario.
William Jenkins. Robert McDowall.

MOMRYK, MYRON. Archivist, Manuscript Division, National Archives of Canada, Ottawa, Ontario.
Andrew Porteous.

MONET, JACQUES, S.J. President, Regis College, Toronto, Ontario.
Sir Charles Bagot. Austin Cuvillier [en collaboration avec G. J. J. Tulchinsky]. *Joseph-Rémi Vallières de Saint-Réal* [en collaboration avec J. H. Lambert].

MOODY, BARRY M. Associate professor of history, Acadia University, Wolfville, Nova Scotia.
Joseph Dimock. Asa McGray.

MORGAN, ROBERT J. Professor of history and director, Beaton Institute, University College of Cape Breton, Sydney, Nova Scotia.
George Robert Ainslie. Hugh Swayne.

MORRIS, JULIE M. Manuscripts archivist, Public Archives of Nova Scotia, Halifax, Nova Scotia.
Elizabeth Lichtenstein (Johnston). Nancy Purvis. [Articles écrits en collaboration avec W. L. Thorpe.]

MORRISON, JEAN. Supervisor, Library and Research Services, Old Fort William, Thunder Bay, Ontario.
Peter Grant. James McKenzie.

MORROW, MARIANNE G. Free-lance journalist, Charlotte-town, Prince Edward Island.
John Henry White [en collaboration avec N. de Jong].

†MORTON, W. L. Formerly professor of history, University of Manitoba, Winnipeg, Manitoba.
Pierre-Guillaume Sayer.

MURPHY, BRIAN DUNSTONE. Archivist, Manuscript Division, National Archives of Canada, Ottawa, Ontario.
James J. Langford.

MURRAY, FLORENCE B. Professor emeritus of library science, University of Toronto, Ontario.
Samuel Richardson.

NAYLOR, MARY. Westmount, Québec.
Mark Willoughby.

NELLES, H. V. Professor of history, York University, Downsview, Ontario.
Robert Nelles.

NICKS, GERTRUDE. Associate curator-in-charge, Department of Ethnology, Royal Ontario Museum, Toronto, Ontario.
Louis Callihoo.

NOËL, FRANÇOISE. Assistant professor of history, Memorial University of Newfoundland, St John's, Newfoundland.
William Plenderleath Christie. Edme Henry.

NOËL, JOHANNE. Assistante de recherche en histoire, Sainte-Foy, Québec.
René Kimber [en collaboration avec R. Lessard].

NOKES, JANE HOLLINGWORTH. Corporate archivist, Bank of Nova Scotia Archives, Toronto, Ontario.
William Lawson.

O'DEA, SHANE. Associate professor of English, Memorial University of Newfoundland, St John's, Newfoundland.
Nicholas Croke.

O'FLAHERTY, PATRICK. Professor of English, Memorial University of Newfoundland, St John's, Newfoundland.
Peter Brown. William Carson. Sir Francis Forbes. George Lilly. John Ryan.

O'GALLAGHER, MARIANNA. Historian, Sainte-Foy, Québec.
Robert Wood [en collaboration].

OTTO, STEPHEN A. Author and consultant, Toronto, Ontario.
George Longley.

OUELLET, FERNAND. Professeur d'histoire, York University, Downsview, Ontario.
Pierre-Théophile Decoigne. John George Lambton, 1er comte de Durham. Simon McGillivray. Joseph Masson. Philemon Wright [en collaboration avec B. Thériault].

OUELLET, MARC. Chercheur autonome, Sillery, Québec.
Pierre de Rastel de Rocheblave [en collaboration avec P. Dufour].

PARKER, BRUCE A. Teacher, Port Hope, Ontario.
Samuel Street.

PATTERSON, GRAEME H. Associate professor of history, University of Toronto, Ontario.
Robert Thorpe.

PEEL, BRUCE. Librarian emeritus, University of Alberta, Edmonton, Alberta.
William Connolly.

PEMBERTON, IAN. Associate professor of history, University of Windsor, Ontario.

Levius Peters Sherwood.

PFAFF, CATHERINE MCKINNON. Teacher of English, Bishop Strachan School, Toronto, Ontario.
John Cochrane [en collaboration avec L. R. Pfaff].

PFAFF, LARRY ROBERT. Deputy librarian, Art Gallery of Ontario, Toronto, Ontario.
John Cochrane [en collaboration avec C. M. Pfaff].

PIETERSMA, HARRY. Supervisor, Agricultural Programming, Upper Canada Village, Morrisburg, Ontario.
James Philips.

POIRIER, LUCIEN. Professeur agrégé de musique, Université Laval, Québec, Québec.
Frederick Glackemeyer. Charles Sauvageau.

POTHIER, BERNARD. Historian, Canadian War Museum, Ottawa, Ontario.
Jean-Mandé Sigogne.

POTHIER, PHILIPPE. Juge à la retraite, Saint-Hyacinthe, Québec.
Toussaint Pothier.

PRINCE, SUZANNE. Professeure de français, Collège Mérici, Québec, Québec.
Marie-Louise McLoughlin, dite de Saint-Henri.

PRIOUL, DIDIER. Historien d'art, Sainte-Foy, Québec.
James Pattison Cockburn.

PRYKE, KENNETH G. Professor of history, University of Windsor, Ontario.
Samuel Head. William McCormick.

†PULLEN, H. F. Chester Basin, Nova Scotia.
Sir Philip Bowes Vere Broke.

PUNCH, TERRENCE M. President, Genealogical Institute of the Maritimes, and vice-president, Royal Nova Scotia Historical Society, Halifax, Nova Scotia.
John Skerry. Titus Smith. James Tobin.

RAMSEY, THOMAS A. Clergyman, Montréal, Québec.
Edward Parkin.

RAUDZENS, GEORGE KARL. Senior lecturer in history, Macquarie University, North Ryde, New South Wales, Australia.
Sir Richard Henry Bonnycastle. Sir James Carmichael Smyth.

REA, J. E. Professor of history, University of Manitoba, Winnipeg, Manitoba.
Alexander McDonell.

READ, COLIN FREDERICK. Associate professor of history, University of Western Ontario, London, Ontario.
Jacob R. Beamer. Robert Davis. Joshua Gwillen Doan. William Putnam. Thomas Radcliff.

REANEY, JAMES. Professor of English, University of Western Ontario, London, Ontario.
John Troyer.

REID, RICHARD M. Associate professor of history, University of Guelph, Ontario.
James Johnston.

RICHARDSON, ARTHUR JOHN HAMPSON. Formerly chief, Architectural History Division, National Historic Parks and Sites Branch, Indian and Northern Affairs Canada, Ottawa, Ontario.
James Hunt. Henry Usborne.

ROBERT, JEAN-CLAUDE. Professeur d'histoire, Université du Québec à Montréal, Québec.
Barthélemy Joliette. Jean-Baptiste Thavenet.

ROBERTS, DAVID. Manuscript editor, *Dictionary of Canadian biography/Dictionnaire biographique du Canada,*

University of Toronto Press, Ontario.
George Waters Allsopp. Martin Chinic. John Le Breton. Adam Lymburner. Peet Selee.

ROBERTSON, ALLEN B. Lecturer in history, Mount Saint Vincent University, Halifax, Nova Scotia.
Robert Barry.

ROBERTSON, IAN ROSS. Associate professor of history, University of Toronto, Ontario.
Frederick John Martin Collard.

ROBICHAUD, DONAT, MGR. Vicaire général et curé de la paroisse Saint-Augustin, Paquetville, Nouveau-Brunswick.
Perry Dumaresq. Vénérande Robichaux.

ROLAND, CHARLES G. Jason A. Hannah professor of the history of medicine, McMaster University, Hamilton, Ontario.
Robert Charles Horne. John Stephenson. Alexander Thom.

ROMNEY, PAUL. Private scholar, Baltimore, Maryland, U.S.A.
Joseph Cawthra. Charles Fothergill.

ROSENFELD, ROSLYN. Part-time instructor, University of New Brunswick, Fredericton, New Brunswick.
Thomas Emerson.

ROSENKRANTZ, O. A. Free-lance writer and journalist, London, Ontario.
John Vincent. ·

ROUSSEAU, LOUIS. Professeur de sciences religieuses, Université du Québec à Montréal, Québec.
Louis-François Parent.

ROWLEY, SUSAN. Researcher, Department of Anthropology, Smithsonian Institution, Washington, District of Columbia, U.S.A.
Eenoolooapik.

RUDÉ, GEORGE. Formerly professor of history, Concordia University, Montréal, Québec.
Daniel D. Heustis. Elijah Crocker Woodman.

RUGGLE, RICHARD E. Rector, St Paul's Anglican Church, Norval, Ontario.
George Mortimer.

RUSSELL, PETER A. Resident tutor in economic history, Fircroft College, Birmingham, England.
Robert Graham Dunlop. John Johnston Lefferty.

ST-GEORGES, LISE. Étudiante au doctorat en histoire, Université de Montréal, Québec.
Louis Roy Portelance.

SAINT-PIERRE, DIANE. Assistante de recherche, Institut québécois de recherche sur la culture, Québec, Québec.
Allison Davie.

SAUTTER, UDO. Professor of history, University of Windsor, Ontario.
Johann Adam Moschell.

SENIOR, ELINOR KYTE. Assistant professor, St Francis Xavier University, Antigonish, Nova Scotia.
Francis Badgley. Louis Guy.

SENIOR, HEREWARD. Professor of history, McGill University, Montréal, Québec.
George Perkins Bull.

†SIMARD, JEAN-PAUL. Ex-professeur d'histoire, Université du Québec à Chicoutimi, Québec.
Neil McLaren.

SIMPSON, RICHARD J. Indexer-editor, Canadian Periodical Index, Toronto, Ontario.

William Chewett.
SIOUI, GEORGES E. Étudiant au doctorat en histoire, Université Laval, Québec, Québec.
Nicolas Vincent.

SMITH, DONALD B. Associate professor of history, University of Calgary, Alberta.
Bauzhi-geezhig-waeshikum. Augustus Jones. John Jones.

SMITH, SHIRLEE ANNE. Keeper, Hudson's Bay Company Archives, Provincial Archives of Manitoba, Winnipeg, Manitoba.
John Stuart. William Williams.

SMITH, STUART ALLEN. Professor of art history, University of New Brunswick, Fredericton, New Brunswick.
Joseph Toler [en collaboration avec D. C. Mackay]. *Thomas Hanford Wentworth. John Wolhaupter* [en collaboration avec D. C. Mackay].

SPRAY, WILLIAM A. Vice-president (academic), St Thomas University, Fredericton, New Brunswick.
William Abrams. Hugh Munro. Francis Peabody. John Vondy. Alexander Wedderburn.

SPRY, IRENE M. Professor emeritus of economics, University of Ottawa, Ontario.
William Hemmings Cook.

STAGG, RONALD J. Professor of history, Ryerson Polytechnical Institute, Toronto, Ontario.
Jeanne-Charlotte Allamand (Berczy). Jesse Lloyd. Samuel Lount. Peter Matthews. Jordan Post. Nils von Schoultz. Joseph Shepard. Benjamin Thorne.

STANLEY, DELLA M. M. Part-time professor of history, St Mary's University and Mount Saint Vincent University, Halifax, Nova Scotia.
James Sayre.

STEARN, WILLIAM THOMAS. Senior principal scientific officer, British Museum, London, and visiting professor, University of Reading, England.
Archibald Menzies.

STEWART, J. DOUGLAS. Professor of art history, Queen's University, Kingston, Ontario.
John Solomon Cartwright [en collaboration avec M. Stewart].

STEWART, MARY. Graduate student in English, Queen's University, Kingston, Ontario.
John Solomon Cartwright [en collaboration avec J. D. Stewart].

SUTHERLAND, DAVID A. Associate professor of history, Dalhousie University, Halifax, Nova Scotia.
Andrew Belcher. Stephen Wastie Deblois. Charles Rufus Fairbanks. Thomas Forrester.

SYLVAIN, PHILIPPE. Professeur émérite d'histoire, Université Laval, Québec, Québec.
Charles-Auguste-Marie-Joseph de Forbin-Janson. Maria Monk.

TAYLOR, M. BROOK. Assistant professor of history, Mount Saint Vincent University, Halifax, Nova Scotia.
Charles Binns. Fade Goff. John Frederick Holland. Francis Longworth. John Small Macdonald.

TEATERO, WILLIAM. Policy analyst, Ontario Ministry of Health, Kingston, Ontario.
William Brass.

TELLIER, CORINNE. Bibliothécaire-historienne, Winnipeg, Manitoba.
Jean-Édouard Darveau.

THÉRIAULT, BENOÎT. Chercheur autonome, Hull, Québec.

Philemon Wright [en collaboration avec F. Ouellet].

THIVIERGE, MARÎSE. Conseillère, Service des ressources pédagogiques, Université Laval, Québec, Québec.
John McConville.

THOMPSON, JOHN BESWARICK. Historian-writer, Low, Québec.
William Redmond Casey.

THORPE, WENDY L. Public records archivist, Public Archives of Nova Scotia, Halifax, Nova Scotia.
Elizabeth Lichtenstein (Johnston). Nancy Purvis. [Articles écrits en collaboration avec J. M. Morris.]

TIESSEN, PAUL. Professor of English, Wilfrid Laurier University, Waterloo, Ontario.
Joseph Schneider [en collaboration avec E. R. Good].

TREMBLAY, ROBERT. Étudiant au doctorat en histoire, Université du Québec à Montréal, Québec.
Charles-Simon Delorme.

TULCHINSKY, GERALD J. J. Professor of history, Queen's University, Kingston, Ontario.
George Auldjo. Austin Cuvillier [en collaboration avec J. Monet]. *John Forsyth. George Gillespie.*

TULLOCH, JUDITH. Project historian, Environment Canada, Parks, Halifax, Nova Scotia.
Thomas Cutler. Joseph Marshall.

TURNER, LARRY. Historian, Commonwealth Historic Resource Management Ltd, Ottawa, Ontario.
William Bell.

†UPTON, L. F. S. Formerly professor of history, University of British Columbia, Vancouver, British Columbia.
Gabriel Anthony. Francis Condo. Peter Gonish. Thomas Irwin. Noel John. Joseph Malie. Andrew James Meuse. Louis-Benjamin Peminuit Paul. Francis Tomah.

VACHON, CLAUDE. Chargé de projet, Régie des rentes du Québec, Québec.
Elzéar Bédard. André-Rémi Hamel.

VAN KIRK, SYLVIA. Associate professor of history, University of Toronto, Ontario.
John McLeod. John George McTavish.

VAN VEEN, WIM J. Formerly shortwave-radio broadcaster and foreign correspondent, Toronto, Ontario.
Anthony Jacob William Gysbert Van Egmond.

VASS, ELINOR B. Acting assistant provincial archivist, Provincial Archives of Prince Edward Island, Charlottetown, Prince Edward Island.
John Ready.

VAUGEOIS, DENIS. Historien et éditeur, Sillery, Québec.
Ezekiel Hart.

VEILLEUX, CHRISTINE. Étudiante au doctorat en histoire, Université Laval, Québec, Québec.
John Fletcher. John Hale. Hector-Simon Huot. Norman Fitzgerald Uniacke.

VILLENEUVE, RENÉ. Conservateur adjoint, Art canadien ancien, Musée des beaux-arts du Canada, Ottawa, Ontario.
Laurent Amiot.

VINCENT, THOMAS B. Professor of English and philosophy, Royal Military College of Canada, Kingston, Ontario.
Peter John Allan. John McPherson.

VOISINE, NIVE. Professeur à la retraite, Pointe-au-Père, Québec.
Joseph-Onésime Leprohon.

WALLOT, JEAN-PIERRE. Archiviste national, Archives nationales du Canada, Ottawa, Ontario.

Charles Frederick Grece. Sir Robert Shore Milnes. John Neilson [en collaboration avec S. Chassé et R. Girard-Wallot].

WEAVER, JOHN C. Professor of history, McMaster University, Hamilton, Ontario.
James Cull. George Hamilton (1788–1836).

WESTFALL, WILLIAM. Professor of history, York University, Downsview, Ontario.
Amos Ansley.

WHALEN, JAMES MURRAY. Archivist, Government Archives Division, National Archives of Canada, Ottawa, Ontario.
James Patrick Collins.

WHISTLER, NICK. Doctoral student in history, University of Cambridge, England.
John Galt [en collaboration avec R. Hall].

WILBUR, RICHARD. President, Fundy Promotion Ltd, and part-time lecturer, University of New Brunswick, Saint John, New Brunswick.
Frederick William Miles.

WILLIAMS, GLYNDWR. Professor of history, University of London, England.
Alexander Roderick McLeod.

WILLIAMS, MAUREEN LONERGAN. Special collections librarian, Angus L. Macdonald Library, St Francis Xavier University, Antigonish, Nova Scotia.
Iain MacGhillEathain.

WILLIAMS, R. J. MICHAEL. Graduate student in English, University of Western Ontario, London, Ontario.
Adam Hood Burwell.

WILLIE, RICHARD A. Assistant professor of history and head, Social Science Division, Concordia College, Edmonton, Alberta.
John West.

WILSON, BRUCE. Assistant to the director general, Public Programs Branch, National Archives of Canada, Ottawa, Ontario.
William Dickson. Alexander Hamilton. David Secord.

WILSON, J. DONALD. Professor of the history of education, University of British Columbia, Vancouver, British Columbia.
Joseph Spragg.

WINSOR, NABOTH. Clergyman, Wesleyville, Newfoundland.
William Ellis.

WITHAM, JOHN. Head, Historical Research, Environment Canada, Parks, Cornwall, Ontario.
Nicol Hugh Baird.

WOODCOCK, GEORGE. Professor emeritus of English, University of British Columbia, and former editor, *Canadian Literature,* Vancouver, British Columbia.
Samuel Black. Daniel Williams Harmon. Colin Robertson. John Tanner.

WRIGHT, HAROLD E. Coordinator, Partridge Island Research Project, Saint John, New Brunswick.
John Ward.

YOUNG, D. MURRAY. Formerly professor of history, University of New Brunswick, Fredericton, New Brunswick.
David Burpe. Henry George Clopper. Amasa Coy. Peter Fraser. Sir Martin Hunter. William Franklin Odell. Richard Simonds.

IDENTIFICATION DES PERSONNAGES

DIVISIONS

Agriculture

Architectes

Arpenteurs

Artisans

Artistes

Auteurs

Clergé

Divers

Éducation

Employés de l'État

Explorateurs

Forces armées

Gens d'affaires

Hommes politiques

Ingénieurs

Interprètes et traducteurs

Inventeurs

Journalistes

Marins

Médecine

Peuples autochtones

Philanthropes et réformateurs sociaux

Professions juridiques

Scientifiques

Traite des fourrures

Identification des personnages

Le tableau ci-dessous a été conçu dans le but d'aider le lecteur à retrouver rapidement les sujets qui l'intéressent dans ce volume du *Dictionnaire*. Autant que possible, les personnages ont été regroupés selon leurs occupations et, dans certains cas, selon leur secteur d'activité au Canada. Ce découpage ne pouvait toutefois s'appliquer aux peuples autochtones possédant une organisation et des structures bien particulières, et nous avons décidé d'identifier leurs représentants en les rattachant à la tribu (ou au peuple) à laquelle ils appartenaient, sous la rubrique PEUPLES AUTOCHTONES. Le lecteur intéressé par les mouvements migratoires ou par l'histoire des groupes ethniques du Canada consultera la première division de la Répartition géographique, où les personnages sont classés d'après leur lieu de naissance.

Quelques explications s'imposent afin d'aider le lecteur à repérer plus facilement les personnages qui l'intéressent. Ainsi, sous AGRICULTURE apparaissent une variété de gens engagés dans le développement agricole : les Colons, c'est-à-dire les individus qui ont peuplé et défriché une nouvelle région ; les Agents de développement, qui comprennent les agents fonciers et les colonisateurs ; les Fermiers, qui représentent toute personne, propriétaire ou non, qui exploite un domaine agricole ; et, finalement, les Seigneurs. Il est à noter que les spéculateurs fonciers se retrouvent sous le titre GENS D'AFFAIRES, Immobilier. Sous la rubrique EMPLOYÉS DE L'ÉTAT figurent les Administrateurs coloniaux, c'est-à-dire les fonctionnaires de haut rang : gouverneurs, lieutenants-gouverneurs et administrateurs.

La démarcation entre l'arpenteur, l'hydrographe et le cartographe étant assez difficile à faire, nous les avons regroupés sous la désignation ARPENTEURS. Sous le titre MARINS se trouvent réunis les capitaines de navire, les pilotes et les navigateurs, tandis que les officiers de marine apparaissent sous la rubrique FORCES ARMÉES. Nous avons intégré dans la catégorie TRAITE DES FOURRURES les trafiquants de fourrures, les administrateurs et les commis des compagnies de traite. Enfin, nous avons classé dans DIVERS les personnages qui ont réalisé des exploits, qui ont exercé des professions particulières ou encore qui échappaient au classement.

Dans certains cas, le lecteur devra consulter plusieurs rubriques afin de tirer le maximun de renseignements. Ainsi, s'il s'intéresse à l'architecture, à l'urbanisme et à la construction, il devra nécessairement se référer à la division INGÉNIEURS aussi bien qu'aux titres ARCHITECTES, ARTISANS (pour les maçons et les charpentiers, entre autres) et GENS D'AFFAIRES, Immobilier (pour les entrepreneurs de construction). Celui qui désire en connaître plus sur l'histoire de la médecine devra se reporter à la rubrique MÉDECINE, sans oublier celle qui s'intitule CLERGÉ, où l'on trouve aussi bon nombre de personnages ayant présidé à la fondation d'hôpitaux et d'hospices.

Bien que le DBC/DCB tente d'encourager la recherche dans les secteurs nouveaux autant que familiers, il est évident qu'il demeure tributaire, dans le choix des personnages susceptibles d'avoir une biographie, de la documentation existante et des recherches en cours. Ce tableau, par conséquent, ne saurait être utilisé pour une analyse quantitative de la période étudiée dans le volume VII ; il décrit avant tout le contenu du volume.

AGRICULTURE

Agents de développement

Allamand, Jeanne-Charlotte (Berczy)
Beasley, Richard
Dickson, William

Felton, William Bowman
Galt, John
Goessman, John
Henry, Edme
McDonell (Collachie), Alexander

Munro, Hugh
Papineau, Joseph
Thompson, Toler
Wright, Philemon

IDENTIFICATION DES PERSONNAGES

Colons

Cook, William Hemmings
Davis, Robert
Doan, Joshua Gwillen
Nafziger, Christian
Schneider, Joseph
Stewart, Thomas Alexander
Van Egmond, Anthony Jacob William Gysbert

Fermiers

Auffray, Charles-Dominique
Beasley, Richard
Burpe, David
Carson, William
Cartwright, John Solomon
Chisholm, William
Cotton, Charles Caleb
Covert, John
Forsyth, William
Gagnon, Lucien
Girod, Amury
Grece, Charles Frederick

Heck, Samuel
Howard, Peter
Jones, Augustus
Jones, Jonas
Lamb, Henry
Le Breton, John
Lloyd, Jesse
Longley, George
McGray, Asa
McIntosh, John
McLaren, Neil
Marshall, Joseph
Matthews, Peter
Morris, Patrick
Munro, Hugh
Neilson, John
O'Grady, Standish
Pierpoint, Richard
Proulx, Louis
Pushee, Nathan
Shepard, Joseph
Smith, Titus
Troyer, John
Wade, Robert
Wright, Philemon

Seigneurs

Allsopp, George Waters
Bell, Mathew
Caldwell, sir John
Chandler, Kenelm Conor
Chaussegros de Léry, Charles-Étienne
Christie, William Plenderleath
Coffin, sir Isaac
Coffin, Thomas
Couillard, Antoine-Gaspard
Debartzch, Pierre-Dominique
Gugy, Louis
Hale, John
Hart, Ezekiel
Joliette, Barthélemy
Juchereau Duchesnay, Michel-Louis
Languedoc, François
Le Moyne de Longueuil, Marie-Charles-Joseph, baronne de Longueuil (Grant)
Masson, Joseph
Papineau, Joseph
Pothier, Toussaint
Proulx, Louis
Usborne, Henry

ARCHITECTES

Blaiklock, Henry Musgrave

Croke, Nicholas

Wood, Charles

ARPENTEURS

Bostwick, John
Bouchette, Joseph
Burrows, John
Burwell, Mahlon
Chewett, William
Coffin, Nathaniel
Cull, James

Goessman, John
Holland, John Frederick
Irwin, Thomas
Jones, Augustus
Jones, John
Kendall, Edward Nicholas
Lount, Samuel

Odell, William Franklin
Papineau, Joseph
Richardson, Samuel
Roy, Thomas
Smith, Titus
Tiarks, Johann Ludwig

ARTISANS

Albro, John
Beamer, Jacob R.
Beauvais, dit Saint-James, René
Bowring, Benjamin
Brown, James
Bull, George Perkins
Chasseur, Pierre
Croke, Nicholas

Delorme, Charles-Simon
Doan, Joshua Gwillen
Fisher, John Charlton
Fothergill, Charles
Geddie, John
Horne, Robert Charles
Humbert, Stephen
Hunt, James

Kemble, William
Ketchum, Seneca
Lawrence, Alexander
Longworth, Francis
Lount, Samuel
Macfarlane, James
McGray, Asa
Marsters, Richard Upham

1071

Smyth, sir James Carmichael
Young, John

Poésie, prose et théâtre

Allan, Peter John
Burwell, Adam Hood
Cawdell, James Martin
Croke, sir Alexander
Dalton, Thomas
Galt, John
Haskins, James
Herbert, Sarah
Humbert, Stephen

McCulloch, Thomas
MacGhillEathain, Iain
McPherson, John
Marryat, Frederick
Menzies, George
O'Grady, Standish
Shaw, Emily Elizabeth (Beavan)
Thompson, Hannah Maynard (Pickard)

Récits d'aventures et de voyages et journaux de bord

Bates, Walter
Bonnycastle, sir Richard Henry

Franklin, sir John
Heriot, George
Heustis, Daniel D.
Marryat, Frederick
Marsden, Joshua
Shaw, Emily Elizabeth (Beavan)
Simpson, Alexander
Talbot, Edward Allen
West, John

CLERGÉ

Anglicans

Ansley, Amos
Burwell, Adam Hood
Cotton, Charles Caleb
Elder, William
Inglis, John
Jones, David Thomas
Ketchum, Seneca
Lugger, Robert
Macallum, John
Mortimer, George
Parkin, Edward
Stewart, Charles James
West, John
Willoughby, Mark

Baptistes

Burton, John
Christian, Washington
Côté, Cyrille-Hector-Octave
Dimock, Joseph
Elder, William
McGray, Asa
Miles, Frederick William

Catholiques

Congrégation de Notre-Dame

Baudry, Marie-Victoire, dite de la
  Croix
Huot, Marie-Françoise, dite Sainte-
  Gertrude

Franciscains

Fleming, Michael Anthony

*Hospitalières de l'Hôpital Général de
  Québec*

Chaloux, Marie-Esther, dite de Saint-
  Joseph

Jésuites

Chazelle, Jean-Pierre

Récollets

Martinet, dit Bonami, Louis

Séculiers

Amiot, Noël-Laurent
Boucher, Jean-Baptiste
Cadieux, Louis-Marie
Darveau, Jean-Édouard
Desjardins, dit Desplantes, Louis-
  Joseph
Forbin-Janson, Charles-Auguste-
  Marie-Joseph de
Fournier, Charles-Vincent
Gagnon, Antoine
Gatien, Félix
Grant, Colin P.
Herron, William
Hudon, Hyacinthe
Lartigue, Jean-Jacques
Lefebvre de Bellefeuille, Louis-Charles
Leprohon, Joseph-Onésime
MacDonald, William Peter
McDonell, Alexander
MacDonell, Alexander
McMahon, John Baptist
Maranda, Jean-Baptiste
Nau, Louis

Odelin, Jacques
O'Grady, William John
Painchaud, Charles-François
Paquin, Jacques
Parent, Louis-François
Pigeon, François-Xavier
Power, Michael
Raimbault, Jean
Signay, Joseph
Sigogne, Jean-Mandé
Viau, Pierre

*Sœurs de la charité de l'Hôpital
  Général de Montréal*

Beaubien, Marguerite
Lemaire, Marie-Marguerite

*Sœurs des Saints-Noms de Jésus et de
  Marie*

Durocher, Eulalie, dite mère Marie-
  Rose

Sulpiciens

Lartigue, Jean-Jacques
Lefebvre de Bellefeuille, Louis-Charles
Richards, Jackson John
Roque, Jacques-Guillaume
Sattin, Antoine
Thavenet, Jean-Baptiste

Ursulines

McLoughlin, Marie-Louise, dite de
  Saint-Henri

Catholiques apostoliques

Burwell, Adam Hood

Divers

Abishabis

Église allemande réformée

Moschell, Johann Adam

Église protestante réformée de Hollande

McDowall, Robert

Méthodistes

Bamford, Stephen
Barry, Robert
Burton, John
Cubit, George
Ellis, William
Evans, James
Hassall, Thomas
Heck, Samuel
Humbert, Stephen
Jones, John
Lusher, Robert Langham
Marsden, Joshua
Richards, Jackson John

Moraves

Denke, Christian Frederick
Kohlmeister, Benjamin Gottlieb

Presbytériens

Black, Edward
Fraser, Donald Allan
Jenkins, William
McCulloch, Thomas
McDowall, Robert
Somerville, James

DIVERS

Badgley, Francis
Berthelot, Amable
Brass, William
Callihoo, Louis
Cartwright, John Solomon
Cawdell, James Martin

Dickson, James
Dulongpré, Louis
Eenoolooapik
Grece, Charles Frederick
Hackett, Nelson
Horne, Robert Charles

Leys, John
Lymburner, Adam
Pierpoint, Richard
Shepard, Joseph
Tanner, John
Troyer, John

ÉDUCATION

Administrateurs scolaires

Bromley, Walter
Cadieux, Louis-Marie
Cardinal, Joseph-Narcisse
Gatien, Félix
Jones, David Thomas
Leprohon, Joseph-Onésime
Lugger, Robert
Macallum, John
McCulloch, Thomas
Miles, Frederick William
Painchaud, Charles-François
Pigeon, François-Xavier
Raimbault, Jean
Roque, Jacques-Guillaume
Spragg, Joseph
Viau, Pierre

Éducateurs

Allamand, Jeanne-Charlotte (Berczy)
Auffray, Charles-Dominique
Barry, Robert
Baudry, Marie-Victoire, dite de la Croix

Black, Edward
Bromley, Walter
Cadieux, Louis-Marie
Cawdell, James Martin
Cooper, William
Côté, Cyrille-Hector-Octave
Dulongpré, Louis
Eagar, William
Evans, James
Gatien, Félix
Glackemeyer, Frederick
Haskins, James
Hassall, Thomas
Herbert, Sarah
Holbrook, James
Humbert, Stephen
Huot, Marie-Françoise, dite Sainte-Gertrude
Irwin, Thomas
Jones, John
Lancaster, Joseph
Leprohon, Joseph-Onésime
Lugger, Robert
Macallum, John
McConville, John
McCulloch, Thomas

McLoughlin, Marie-Louise, dite de Saint-Henri
McPherson, John
Martinet, dit Bonami, Louis
Parkin, Edward
Perrault, Jean-Baptiste
Perrault, Joseph-François
Pigeon, François-Xavier
Purvis, Nancy
Raimbault, Jean
Randal, Stephen
Robertson, William
Sattin, Antoine
Sauvageau, Charles
Shaw, Emily Elizabeth (Beavan)
Skakel, Alexander
Somerville, James
Spragg, Joseph
Sproule, Robert Auchmuty
Stephenson, John
Talbot, Edward Allen
Triaud, Louis-Hubert
Viau, Pierre
West, John
Willoughby, Mark

EMPLOYÉS DE L'ÉTAT

Administrateurs

Acheson, Archibald, 2e comte de
  Gosford
Ainslie, George Robert
Bagot, sir Charles
Buchan, David
Campbell, sir Archibald
Campbell, sir Colin
Campbell, sir Donald
Croke, sir Alexander
Hamilton, sir Charles
Hunter, sir Martin
Jackson, sir Richard Downes
Jeffery, Thomas Nickleson
Lambton, John George, 1er comte de
  Durham
Metcalfe, Charles Theophilus, 1er
  baron Metcalfe
Milnes, sir Robert Shore
Murray, sir George
Ramsay, George, 9^e comte de
  Dalhousie
Ready, John
Swayne, Hugh
Thomson, Charles Edward Poulett, 1er
  baron Sydenham
Whitworth-Aylmer, Matthew, 5^e baron
  Aylmer
Wright, George

Fonctionnaires

Abrams, William
Albro, John
Allsopp, George Waters
Almon, William Bruce
Archibald, Samuel George William
Arnoldi, Daniel
Auldjo, George
Baldwin, William Warren
Barry, Robert
Bates, Walter
Bell, Mathew
Berton, George Frederick Street
Bethune, James Gray
Binns, Charles
Blackwood, Thomas
Blaiklock, Henry Musgrave
Blowers, Sampson Salter
Boisseau, Nicolas-Gaspard
Bostwick, John
Brecken, John
Brenton, Edward Brabazon
Buchan, David
Bull, George Perkins
Buller, Charles
Burpe, David

Burwell, Mahlon
Caldwell, Billy
Caldwell, sir John
Canac, dit Marquis, Pierre
Carson, William
Casgrain, Charles-Eusèbe
Chandler, Kenelm Conor
Chaussegros de Léry, Charles-Étienne
Chewett, William
Chinic, Martin
Chipman, William Allen
Chisholm, William
Chisholme, David
Christie, Alexander James
Clopper, Henry George
Clouet, Michel
Cochran, Andrew William
Coffin, John
Coffin, Nathaniel
Coffin, Thomas
Cooper, William
Couillard, Antoine-Gaspard
Cutler, Thomas
Debartzch, Pierre-Dominique
Deblois, Stephen Wastie
Dénéchau, Claude
Denoon, Hugh
Dickson, William
Dorion, Pierre-Antoine
Dumaresq, Perry
Dunlop, Robert Graham
Dunlop, William, dit Tiger Dunlop
Entremont, Benoni d'
Fairbanks, Charles Rufus
Fargues, Thomas
Felton, William Bowman
Firth, William
Fisher, John Charlton
Fletcher, John
Fothergill, Charles
Fraser, Donald Allan
Givins, James
Goessman, John
Goff, Fade
Gosselin, Léon
Gugy, Louis
Guy, Louis
Hagerman, Christopher Alexander
Hale, John
Hamel, André-Rémi
Hamilton, Alexander
Hamilton, George (1788–1836)
Hamilton, George (1781–1839)
Hanington, William
Head, Samuel
Heney, Hugues
Henry, Edme
Heriot, Frederick George

Heriot, George
Hillier, George
Holland, John Frederick
Horne, Robert Charles
Howard, Peter
Hoyles, Newman Wright
Humbert, Stephen
Hunt, James
Huot, Hector-Simon
Jeffery, Thomas Nickleson
Jones, Charles
Jones, Jonas
Juchereau Duchesnay, Michel-Louis
Kemble, William
Kerr, William Johnson
Kimber, René
Kirby, John
Languedoc, François
Lawson, William
Létourneau, Jean-Charles
Lilly, George
Lloyd, Jesse
Longley, George
Longworth, Francis
Lorimier, Jean-Baptiste de
Macallum, John
McCormick, William
McCulloch, Thomas
Macdonald, John Small
McDonell, Alexander
McDonell, John
McDonell (Collachie), Alexander
Macfarlane, James
Macnider, Adam Lymburner
Manahan, Anthony
Markland, Thomas
Martin, John Wills
Meagher, Thomas
Merritt, Thomas
Millar, James
Mondelet, Jean-Marie
Morris, Patrick
Munro, Hugh
Nelles, Robert
Odell, William Franklin
O'Sullivan, Michael
Panet, Bonaventure
Parkin, Edward
Perrault, Joseph-François
Peters, Charles Jeffery
Porteous, Andrew
Post, Jordan
Pothier, Toussaint
Powell, Grant
Quesnel, Jules-Maurice
Quirouet, François
Randal, Stephen
Rastel de Rocheblave, Pierre de

IDENTIFICATION DES PERSONNAGES

Raymond, Jean-Moïse
Ready, John
Richardson, Samuel
Robertson, William
Robinson, Peter
Ryan, John
Ryland, Herman Witsius
Samson, James Hunter
Sayre, James
Sewell, Jonathan
Shepard, Joseph
Sherwood, Levius Peters

Shirreff, Charles
Simonds, Richard
Skerry, John
Smith, sir David William
Smith, Titus
Smith, William
Street, Samuel
Stuart, Andrew
Thorne, Benjamin
Tobin, James
Uniacke, Norman Fitzgerald
Vallières de Saint-Réal, Joseph-Rémi

Vassal de Monviel, François
Voyer, Jacques
Washburn, Simon Ebenezer
Wedderburn, Alexander
Wilkins, Lewis Morris
Winniett, James
Wood, Alexander
Wood, Robert
Wright, George
Wright, Philemon
Wyatt, Charles Burton

EXPLORATEURS

Black, Samuel
Buchan, David
Franklin, sir John

Kendall, Edward Nicholas
McLeod, Alexander Roderick

McLeod, John M.
Stuart, John

FORCES ARMÉES

Britanniques

Armée : officiers

Ainslie, George Robert
Bonnycastle, sir Richard Henry
By, John
Campbell, sir Archibald
Campbell, sir Colin
Cawdell, James Martin
Chandler, Kenelm Conor
Cockburn, James Pattison
Coffin, John
Dunlop, William, dit Tiger Dunlop
Durnford, Elias Walker
DuVernet, Henry Abraham
Emerson, Thomas
Foster, Colley Lyons Lucas
Givins, James
Heriot, Frederick George
Hillier, George
Holland, John Frederick
Horne, Robert Charles
Hunter, sir Martin
Jackson, sir Richard Downes
Juchereau Duchesnay, Michel-Louis
Kemble, William
Le Breton, John
Loring, Robert Roberts
McDonell (Collachie), Alexander
McDouall, Robert
Merritt, Thomas
Murray, sir George

Ramsay, George, 9e comte de
    Dalhousie
Ready, John
Reiffenstein, John Christopher
Riall, sir Phineas
Robertson, William
Smith, sir David William
Smyth, sir James Carmichael
Swayne, Hugh
Thom, Alexander
Vassal de Monviel, François
Vincent, John
Watteville, Louis de
Whitworth-Aylmer, Matthew, 5e baron
    Aylmer
Winniett, James

Armée : soldats

Bamford, Stephen
Forrester, Thomas
Pierpoint, Richard

Marine : officiers

Barclay, Robert Heriot
Barrie, sir Robert
Bouchette, Joseph
Broke, sir Philip Bowes Vere
Buchan, David
Coffin, sir Isaac
Dumaresq, Perry
Franklin, sir John

Hamilton, sir Charles
Holland, John Frederick
Kendall, Edward Nicholas
Menzies, Archibald
Pring, Daniel
Winniett, sir William Robert Wolseley

Milice : officiers

Abrams, William
Albro, John
Allsopp, George Waters
Auldjo, George
Badgley, Francis
Baldwin, William Warren
Beasley, Richard
Bell, Mathew
Bell, William
Berthelot, Amable
Bethune, James Gray
Binns, Charles
Blackwood, Thomas
Bostwick, John
Bouchette, Joseph
Burwell, Mahlon
Canac, dit Marquis, Pierre
Cardinal, Joseph-Narcisse
Cartwright, John Solomon
Cawdell, James Martin
Chandler, Kenelm Conor
Chaussegros de Léry, Charles-Étienne
Chewett, William
Chisholm, William

Church, John
Clouet, Michel
Cochran, Andrew William
Coffin, Nathaniel
Coffin, Thomas
Couillard, Antoine-Gaspard
Covert, John
Cutler, Thomas
Cuvillier, Austin
Debartzch, Pierre-Dominique
Dénéchau, Claude
Dulongpré, Louis
Dumouchelle, Jean-Baptiste
Dunlop, William, dit Tiger Dunlop
Emerson, Thomas
Entremont, Benoni d'
Felton, William Bowman
Fletcher, John
Forsyth, John
Foster, Colley Lyons Lucas
Fraser, Peter
Givins, James
Gugy, Louis
Guy, Louis
Hagerman, Christopher Alexander
Hale, John
Hamilton, Alexander
Hamilton, George (1788–1836)
Hamilton, George (1781–1839)
Hart, Ezekiel
Heney, Hugues
Henry, Edme
Heriot, Frederick George
Holland, John Frederick
Horne, Robert Charles
Hubert, Louis-Édouard
Humbert, Stephen
Joliette, Barthélemy
Jones, Augustus
Jones, Charles
Jones, Jonas
Juchereau Duchesnay, Michel-Louis
Kimber, René
Kirby, John
Kittson, William
Languedoc, François
Le Vasseur Borgia, Joseph

Lilly, George
Longworth, Francis
Lymburner, Adam
McCormick, William
Macdonald, John Small
McDonell, John
McDonell (Collachie), Alexander
Macfarlane, James
Mackenzie, Roderick
Macnider, Adam Lymburner
Manahan, Anthony
Markland, Thomas
Marshall, Joseph
Masson, Joseph
Merritt, Thomas
Millar, James
Molson, John
Mondelet, Jean-Marie
Neilson, John
Nelles, Robert
Newbigging, James
Nisbet, Thomas
O'Sullivan, Michael
Pambrun, Pierre-Chrysologue
Panet, Bonaventure
Parker, Snow
Pépin, Joseph
Porteous, Andrew
Pothier, Toussaint
Powell, Grant
Pushee, Nathan
Putnam, William
Quesnel, Jules-Maurice
Quirouet, François
Radcliff, Thomas
Rastel de Rocheblave, Pierre de
Raymond, Jean-Moïse
Reiffenstein, John Christopher
Robinson, Peter
Roy Portelance, Louis
Secord, David
Sherwood, Levius Peters
Smith, William
Street, Samuel
Talbot, Edward Allen
Thorne, Benjamin
Uniacke, Norman Fitzgerald

Vallières de Saint-Réal, Joseph-Rémi
Vassal de Monviel, François
Voyer, Jacques
Walker, William
Ward, John
Washburn, Simon Ebenezer
Wilkins, Lewis Morris
Wood, Alexander
Wright, George
Wright, Philemon

Milice : miliciens

Forsyth, William
Matthews, Peter
Pierpoint, Richard
Selee, Peet
Shepard, Joseph

Patriotes et rebelles

Beamer, Jacob R.
Brien, Jean-Baptiste-Henri
Cardinal, Joseph-Narcisse
Chénier, Jean-Olivier
Côté, Cyrille-Hector-Octave
Davis, Robert
Decoigne, Pierre-Théophile
Des Rivières, Rodolphe
Doan, Joshua Gwillen
Dumouchelle, Jean-Baptiste
Duquet, Joseph
Gagnon, Lucien
Girod, Amury
Heustis, Daniel D.
Hindenlang, Charles
Lloyd, Jesse
Lorimier, Chevalier de
Lount, Samuel
Matthews, Peter
Philips, James
Putnam, William
Rodier, Édouard-Étienne
Schoultz, Nils von
Van Egmond, Anthony Jacob William Gysbert
Woodman, Elijah Crocker

GENS D'AFFAIRES

Commerce

Abrams, William
Albro, John
Allsopp, George Waters
Auldjo, George
Badgley, Francis
Barlow, Thomas

Barnes, Richard
Barry, Robert
Beasley, Richard
Belcher, Andrew
Bell, Mathew
Bell, William
Benson, William John Chapman
Bethune, James Gray

Binns, Charles
Blackwood, Thomas
Blanchard, Tranquille
Bostwick, John
Bowring, Benjamin
Brass, William
Brecken, John
Brown, James

Brown, Peter
Bull, George Perkins
Bureau, Pierre
Burwell, Mahlon
Caldwell, Billy
Caldwell, sir John
Canac, dit Marquis, Pierre
Cawthra, Joseph
Charron, Amable
Chinic, Martin
Chipman, William Allen
Chisholm, William
Christie, Alexander James
Church, John
Clouet, Michel
Coffin, John
Coffin, Thomas
Cooper, William
Coy, Amasa
Cull, James
Cutler, Thomas
Cuvillier, Austin
Dalton, Thomas
Deblois, Stephen Wastie
Dénéchau, Claude
Denoon, Hugh
Des Rivières, Rodolphe
Dickson, William
Dorion, Pierre-Antoine
Dumouchelle, Jean-Baptiste
Eagar, William
Eenoolooapik
Ferrie, Adam
Fisher, Peter
Forrester, Thomas
Forsyth, John
Fothergill, Charles
Franks, Jacob
Fraser, Peter
Gillespie, George
Gilmour, Allan
Glackemeyer, Frederick
Griffith, John
Hamilton, Alexander
Hamilton, George (1781–1839)
Hanington, William
Hart, Ezekiel
Head, Samuel
Hill, John
Homer, John
Hoyles, Newman Wright
Hubert, Louis-Édouard
Humbert, Stephen
Hunt, James
Jackson, John Mills
Johnston, Hugh
Johnston, James
Jones, Charles
Kimber, René
Kirby, Ann (Macaulay)
Kirby, John
Langford, James J.
Languedoc, François

Lawson, William
Leavitt, Thomas
Lilly, George
Longley, George
Lount, Samuel
Lymburner, Adam
McCormick, William
McDonell, John
Macfarlane, James
McGillivray, Simon
McKenzie, James
McLaren, Neil
Macnider, Adam Lymburner
Manahan, Anthony
Markland, Thomas
Martin, John Wills
Masson, Joseph
Meagher, Thomas
Merritt, Nehemiah
Millar, James
Millidge, Thomas
Molson, John
Morris, Patrick
Munro, Hugh
Neilson, John
Nelles, Robert
Newbigging, James
Nisbet, Thomas
Panet, Bonaventure
Parker, Snow
Peabody, Francis
Perrault, Joseph-François
Philips, James
Porteous, Andrew
Pothier, Toussaint
Pozer, George
Proulx, Louis
Purvis, Nancy
Quesnel, Jules-Maurice
Quirouet, François
Rastel de Rocheblave, Pierre de
Raymond, Jean-Moïse
Reiffenstein, John Christopher
Robertson, Colin
Robichaux, Vénérande
Robinson, Peter
Roy Portelance, Louis
Ryan, John
Sauvageau, Charles
Sayre, James
Secord, David
Selee, Peet
Shirreff, Charles
Simonds, Richard
Street, Samuel
Sweetman, Pierce
Thorne, Benjamin
Tobin, James
Usborne, Henry
Ward, John
Wedderburn, Alexander
Wentworth, Thomas Hanford
White, John Henry

Wilmot, John McNeil
Wood, Alexander
Wood, Robert
Wright, Philemon
Young, John

Édition

Brown, James
Bull, George Perkins
Cawdell, James Martin
Christie, Alexander James
Cull, James
Dalton, Thomas
Debartzch, Pierre-Dominique
Fisher, John Charlton
Fothergill, Charles
Gosselin, Léon
Herbert, Sarah
Horne, Robert Charles
Johnston, James
Le Vasseur Borgia, Joseph
Macfarlane, James
Menzies, George
Neilson, John
Neilson, Samuel
Perrault, Joseph-François
Pigeon, François-Xavier
Randal, Stephen
Rankin, William
Ryan, John
Shea, William Richard
Talbot, Edward Allen
White, John Henry

Énergie et ressources

Bell, William
Joliette, Barthélemy
Jones, Charles
McCormick, William
Masson, Joseph
Munro, Hugh
Shirreff, Charles
Sweetman, Pierce
Woodman, Elijah Crocker
Wright, Philemon

Immobilier

Baldwin, William Warren
Beasley, Richard
Bell, Mathew
Bell, William
Bethune, James Gray
Binns, Charles
Burwell, Mahlon
Canac, dit Marquis, Pierre
Cartwright, John Solomon
Chisholm, William
Church, John
Coffin, John
Cooper, William

IDENTIFICATION DES PERSONNAGES

Covert, John
Deblois, Stephen Wastie
Delorme, Charles-Simon
Dickson, William
Dunlop, William, dit Tiger Dunlop
Fairbanks, Charles Rufus
Felton, William Bowman
Forsyth, John
Forsyth, William
Foster, Colley Lyons Lucas
Fothergill, Charles
Goff, Fade
Hamilton, George (1788–1836)
Hanington, William
Hart, Ezekiel
Henry, Edme
Heriot, Frederick George
Hill, John
Holland, John Frederick
Hunt, James
Johnston, Hugh
Johnston, James
Jones, Augustus
Jones, Charles
Jones, Jonas
Kirby, John
Lamb, Henry
Lloyd, Jesse
McCormick, William
Macdonald, John Small
Markland, Thomas
Masson, Joseph
Meagher, Thomas
Nelles, Robert
Post, Jordan
Pothier, Toussaint
Pozer, George
Proulx, Louis
Rastel de Rocheblave, Pierre de
Robinson, Peter
Selee, Peet
Shirreff, Charles
Simonds, Richard
Skerry, John
Street, Samuel
Vallières de Saint-Réal, Joseph-Rémi
Vassal de Monviel, François
Voyer, Jacques
Wedderburn, Alexander
Whyte, James Matthew
Wood, Alexander
Wright, Philemon

Institutions financières

Baldwin, William Warren
Bethune, James Gray
Brecken, John
Cartwright, John Solomon
Clopper, Henry George
Cuvillier, Austin
Dalton, Thomas
Fairbanks, Charles Rufus

Forsyth, John
Fraser, Peter
Henry, Edme
Hoyles, Newman Wright
Johnston, Hugh
Jones, Jonas
Kirby, John
Lawson, William
Leavitt, Thomas
Macnider, Adam Lymburner
Markland, Thomas
Masson, Joseph
Millar, James
Molson, John
Post, Jordan
Skerry, John
Street, Samuel
Thorne, Benjamin
Tobin, James
Vallières de Saint-Réal, Joseph-Rémi
Whyte, James Matthew
Wilmot, John McNeil

Manufactures

Abrams, William
Allsopp, George Waters
Barlow, Thomas
Barnes, Richard
Beasley, Richard
Bell, Mathew
Benson, William John Chapman
Bethune, James Gray
Brown, James
Caldwell, sir John
Chisholm, William
Church, John
Coffin, John
Coffin, Thomas
Cooper, William
Covert, John
Dalton, Thomas
Davie, Allison
Dulongpré, Louis
Entremont, Benoni d'
Ferrie, Adam
Forsyth, John
Fothergill, Charles
Franks, Jacob
Goff, Fade
Griffith, John
Hamilton, Alexander
Hamilton, George (1788–1836)
Hamilton, George (1781–1839)
Hanington, William
Hart, Ezekiel
Hill, John
Howard, Peter
Joliette, Barthélemy
Jones, Charles
Jones, Jonas
Lamb, Henry
Le Breton, John

Lloyd, Jesse
Longley, George
Macdonald, John Small
Manahan, Anthony
Millidge, Thomas
Molson, John
Munro, Hugh
Nelles, Robert
Parker, Snow
Peabody, Francis
Philips, Henry Joseph
Philips, James
Post, Jordan
Purdy, William
Pushee, Nathan
Putnam, William
Raymond, Jean-Moïse
Robinson, Peter
Sayre, James
Schneider, Joseph
Secord, David
Selee, Peet
Shepard, Joseph
Shirreff, Charles
Stewart, Thomas Alexander
Street, Samuel
Thom, Alexander
Thorne, Benjamin
Troyer, John
Usborne, Henry
Vallières de Saint-Réal, Joseph-Rémi
Ward, John
White, John Henry
Wood, Charles
Wright, George
Wright, Philemon

Secteur des services

Beamer, Jacob R.
Brown, Frederick
Bureau, Pierre
Chasseur, Pierre
Chisholm, William
Church, John
Cooper, William
Ferrie, Adam
Forsyth, William
Howard, Peter
Lamb, Henry
Lount, Samuel
Philips, James
Post, Jordan
Putnam, William
Selee, Peet
Skerry, John
Vallières de Saint-Réal, Joseph-Rémi
Wright, Philemon

Transport

Auldjo, George
Barlow, Thomas

IDENTIFICATION DES PERSONNAGES

Barnes, Richard
Bell, William
Benson, William John Chapman
Bethune, James Gray
Bowring, Benjamin
Chisholm, William
Covert, John
Denoon, Hugh
Fairbanks, Charles Rufus
Forsyth, John
Forsyth, William
Gilmour, Allan

Henry, Edme
Hill, John
Hoyles, Newman Wright
Johnston, Hugh
Joliette, Barthélemy
Kirby, John
Languedoc, François
McDonell, John
Macnider, Adam Lymburner
Masson, Joseph
Meagher, Thomas
Merritt, Nehemiah

Millar, James
Millidge, Thomas
Molson, John
Morris, Patrick
Newbigging, James
Parker, Snow
Skerry, John
Sweetman, Pierce
Ward, John
Wood, Robert
Wright, Philemon

HOMMES POLITIQUES

Représentants coloniaux, provinciaux et territoriaux

Élus

Albro, John
Allsopp, George Waters
Archibald, Samuel George William
Badgley, Francis
Baldwin, William Warren
Barlow, Thomas
Barnes, Richard
Beasley, Richard
Bédard, Elzéar
Belcher, Andrew
Bell, Mathew
Berthelot, Amable
Binns, Charles
Blanchard, Jotham
Blowers, Sampson Salter
Boisseau, Nicolas-Gaspard
Bostwick, John
Brecken, John
Brown, Peter
Bureau, Pierre
Burwell, Mahlon
Caldwell, sir John
Cameron, Duncan
Canac, dit Marquis, Pierre
Cardinal, Joseph-Narcisse
Carson, William
Cartwright, John Solomon
Casgrain, Charles-Eusèbe
Chipman, William Allen
Chisholm, William
Clouet, Michel
Coffin, John
Coffin, Nathaniel
Coffin, Thomas
Côté, Cyrille-Hector-Octave
Cutler, Thomas
Cuvillier, Austin
Dalton, Thomas
Debartzch, Pierre-Dominique

Deblois, Stephen Wastie
Dénéchau, Claude
Dorion, Pierre-Antoine
Dunlop, Robert Graham
Dunlop, William, dit Tiger Dunlop
Fairbanks, Charles Rufus
Forrester, Thomas
Fothergill, Charles
Fraser, Peter
Goff, Fade
Gugy, Louis
Hagerman, Christopher Alexander
Hamilton, George (1788–1836)
Hart, Ezekiel
Heney, Hugues
Henry, Edme
Heriot, Frederick George
Holland, John Frederick
Homer, John
Howard, Peter
Hoyles, Newman Wright
Hubert, Louis-Édouard
Humbert, Stephen
Huot, Hector-Simon
Johnston, Hugh
Johnston, James
Joliette, Barthélemy
Jones, Charles
Jones, Jonas
Kerr, William Johnson
Languedoc, François
Lawson, William
Lefferty, John Johnston
Létourneau, Jean-Charles
Le Vasseur Borgia, Joseph
Longley, George
Longworth, Francis
Lount, Samuel
McCormick, William
Macdonald, John Small
McDonell, John
McDonell (Collachie), Alexander
Manahan, Anthony
Marshall, Joseph

Martin, John Wills
Millidge, Thomas
Molson, John
Mondelet, Jean-Marie
Morris, Patrick
Munro, Hugh
Neilson, John
Nelles, Robert
O'Sullivan, Michael
Panet, Bonaventure
Papineau, Joseph
Parker, Snow
Perrault, Joseph-François
Proulx, Louis
Quirouet, François
Rastel de Rocheblave, Pierre de
Raymond, Jean-Moïse
Robertson, Colin
Robinson, Peter
Rodier, Édouard-Étienne
Roy Portelance, Louis
Samson, James Hunter
Secord, David
Sewell, Jonathan
Sherwood, Levius Peters
Simonds, Richard
Smith, sir David William
Stuart, Andrew
Thom, Alexander
Thorpe, Robert
Uniacke, Norman Fitzgerald
Vallières de Saint-Réal, Joseph-Rémi
Walker, William
Ward, John
Wilkins, Lewis Morris
Wilmot, John McNeil
Wright, Philemon
Young, John

Nommés

Almon, William Bruce
Belcher, Andrew
Bell, Mathew

1079

IDENTIFICATION DES PERSONNAGES

Blowers, Sampson Salter
Brecken, John
Brenton, Edward Brabazon
Buller, Charles
Caldwell, sir John
Carson, William
Casgrain, Charles-Eusèbe
Chaussegros de Léry, Charles-Étienne
Christie, William Plenderleath
Cochran, Andrew William
Coffin, John
Coffin, Thomas
Cook, William Hemmings
Couillard, Antoine-Gaspard
Croke, sir Alexander
Debartzch, Pierre-Dominique
Dickson, William
Fairbanks, Charles Rufus
Felton, William Bowman
Forsyth, John
Goff, Fade
Gugy, Louis
Guy, Louis
Hale, John
Heney, Hugues
Holland, John Frederick
Jeffery, Thomas Nickleson
Johnston, Hugh
Joliette, Barthélemy

Jones, Charles
Jones, David Thomas
Kerr, James
Kirby, John
Lawson, William
Lymburner, Adam
Macallum, John
Macdonald, John Small
McDonell, Alexander
McDonell (Collachie), Alexander
Mackenzie, Roderick
Masson, Joseph
Molson, John
Morris, Patrick
Neilson, John
Odell, William Franklin
Peters, Charles Jeffery
Pothier, Toussaint
Quesnel, Jules-Maurice
Quirouet, François
Radcliff, Thomas
Rastel de Rocheblave, Pierre de
Ready, John
Robinson, Peter
Ryland, Herman Witsius
Sewell, Jonathan
Sherwood, Levius Peters
Simonds, Richard
Smith, sir David William

Smith, William
Stewart, Charles James
Stewart, Thomas Alexander
Tobin, James
Uniacke, Norman Fitzgerald
Vallières de Saint-Réal, Joseph-Rémi
Wright, George

Représentants municipaux

Élus

Bédard, Elzéar
Canac, dit Marquis, Pierre
Cawthra, Joseph
Humbert, Stephen
Huot, Hector-Simon
Masson, Joseph
Newbigging, James
Ward, John
Washburn, Simon Ebenezer
Wilmot, John McNeil

Nommés

Burrows, John
Hunt, James
Quesnel, Jules-Maurice
Wilmot, John McNeil

INGÉNIEURS

Baird, Nicol Hugh
Barrett, Alfred
Blaiklock, Henry Musgrave
Bonnycastle, sir Richard Henry

Burrows, John
By, John
Casey, William Redmond
Cull, James

Durnford, Elias Walker
DuVernet, Henry Abraham
Roy, Thomas
Smyth, sir James Carmichael

INTERPRÈTES ET TRADUCTEURS

Evans, James
Hassall, Thomas

Jones, John
Kohlmeister, Benjamin Gottlieb

Lorimier, Jean-Baptiste de

INVENTEURS

Baird, Nicol Hugh

Marsters, Richard Upham

Talbot, Edward Allen

JOURNALISTES

Badgley, Francis
Blanchard, Jotham
Bull, George Perkins
Burwell, Adam Hood
Carson, William
Chisholme, David
Christie, Alexander James
Collard, Frederick John Martin
Côté, Cyrille-Hector-Octave
Cull, James
Dalton, Thomas

Fisher, John Charlton
Fothergill, Charles
Gosselin, Léon
Hunter, Charles
Johnston, James
Kemble, William
Lusher, Robert Langham
MacDonald, William Peter
Macfarlane, James
Menzies, George
Neilson, Samuel

O'Grady, William John
Perrault, Joseph-François
Pigeon, François-Xavier
Randal, Stephen
Rankin, William
Ryan, John
Shea, William Richard
Smith, Titus
Talbot, Edward Allen
Walker, William
White, John Henry

MARINS

Davie, Allison
Dunlop, Robert Graham
Entremont, Benoni d'

Homer, John
Hoyles, Newman Wright

Parker, Snow
Peabody, Francis

MÉDECINE

Almon, William Bruce
Arnoldi, Daniel
Baldwin, William Warren
Bauzhi-geezhig-waeshikum
Brien, Jean-Baptiste-Henri
Carson, William
Chénier, Jean-Olivier
Christie, Alexander James
Collins, James Patrick

Côté, Cyrille-Hector-Octave
Couillard, Antoine-Gaspard
Dunlop, William, dit Tiger Dunlop
Emerson, Thomas
Fargues, Thomas
Haskins, James
Head, Samuel
Horne, Robert Charles
Howard, Peter

Lefferty, John Johnston
Menzies, Archibald
Powell, Grant
Robertson, William
Stephenson, John
Thom, Alexander
Troyer, John
Vondy, John

PEUPLES AUTOCHTONES

Agniers

Callihoo, Louis (?)
Ohtowa?kéhson (Catharine Brant)

Chaouanons

Tenskwatawa

Chipewyans

Hassall, Thomas

Cris

Abishabis

Hurons

Vincent, Nicolas

Inuit

Eenoolooapik

Iroquois

Williams, Thomas

Malécites

Denis, Pierre
Tomah, Francis

Micmacs

Anthony, Gabriel

Condo, Francis
Gonish, Peter
John, Noel
Malie, Joseph
Meuse, Andrew James
Peminuit Paul, Louis-Benjamin

Outaouais

Bauzhi-geezhig-waeshikum (?)

Porteurs

ʔKwah

Sauteux

Aisance, John
Bauzhi-geezhig-waeshikum (?)
Jones, John

Wyandots

Sou-neh-hoo-way

PHILANTHROPES ET RÉFORMATEURS SOCIAUX

Bromley, Walter
Ketchum, Seneca
Kirby, John

Le Moyne de Longueuil, Marie-
Charles-Joseph, baronne de
Longueuil (Grant)

Perrault, Joseph-François
Skerry, John

PROFESSIONS JURIDIQUES

Avocats

Archibald, Samuel George William
Baldwin, William Warren
Bédard, Elzéar
Berthelot, Amable
Berton, George Frederick Street
Binns, Charles
Blanchard, Jotham
Blowers, Sampson Salter
Brenton, Edward Brabazon
Caldwell, sir John
Cartwright, John Solomon
Casgrain, Charles-Eusèbe
Cochran, Andrew William
Collard, Frederick John Martin
Cutler, Thomas
Debartzch, Pierre-Dominique
Dickson, William
Fairbanks, Charles Rufus
Fletcher, John
Gosselin, Léon
Hagerman, Christopher Alexander
Hamel, André-Rémi
Heney, Hugues
Hunter, Charles
Huot, Hector-Simon
Jones, Jonas
Kerr, James
Le Vasseur Borgia, Joseph
Lilly, George
Odell, William Franklin
O'Sullivan, Michael
Peters, Charles Jeffery
Rodier, Édouard-Étienne

Samson, James Hunter
Sewell, Jonathan
Sherwood, Levius Peters
Stuart, Andrew
Uniacke, Norman Fitzgerald
Vallières de Saint-Réal, Joseph-Rémi
Walker, William
Washburn, Simon Ebenezer
Wilkins, Lewis Morris

Juges

Abrams, William
Archibald, Samuel George William
Baldwin, William Warren
Bédard, Elzéar
Blowers, Sampson Salter
Bourne, John Gervas Hutchinson
Brenton, Edward Brabazon
Buchan, David
Burpe, David
Cartwright, John Solomon
Chipman, William Allen
Clopper, Henry George
Cochran, Andrew William
Coffin, John
Croke, sir Alexander
Cutler, Thomas
Denoon, Hugh
Dumaresq, Perry
Fairbanks, Charles Rufus
Fletcher, John
Forbes, sir Francis
Fraser, Peter
Hagerman, Christopher Alexander

Hamel, André-Rémi
Hamilton, Alexander
Hamilton, George (1781–1839)
Head, Samuel
Jones, Jonas
Kerr, James
Lilly, George
McDonell, John
Marshall, Joseph
Masson, Joseph
Millidge, Thomas
Munro, Hugh
O'Sullivan, Michael
Parker, Snow
Peabody, Francis
Peters, Charles Jeffery
Powell, Grant
Sewell, Jonathan
Sherwood, Levius Peters
Simonds, Richard
Strange, sir Thomas Andrew Lumisden
Thom, Alexander
Thorpe, Robert
Uniacke, Norman Fitzgerald
Vallières de Saint-Réal, Joseph-Rémi
Wilkins, Lewis Morris
Wilmot, John McNeil
Wright, George

Juges de paix

Abrams, William
Allsopp, George Waters
Arnoldi, Daniel
Auldjo, George

IDENTIFICATION DES PERSONNAGES

Badgley, Francis
Baldwin, William Warren
Barry, Robert
Beasley, Richard
Belcher, Andrew
Bell, Mathew
Bethune, James Gray
Blackwood, Thomas
Blaiklock, Henry Musgrave
Bostwick, John
Brown, Peter
Burpe, David
Burwell, Mahlon
Canac, dit Marquis, Pierre
Cartwright, John Solomon
Chaussegros de Léry, Charles-Étienne
Chewett, William
Chinic, Martin
Chipman, William Allen
Chisholm, William
Christie, Alexander James
Clopper, Henry George
Clouet, Michel
Cochran, Andrew William
Coffin, John
Coffin, Nathaniel
Couillard, Antoine-Gaspard
Covert, John
Cutler, Thomas
Cuvillier, Austin
Dénéchau, Claude
Denoon, Hugh
Dickson, William
Dorion, Pierre-Antoine
Dumaresq, Perry
Dumouchelle, Jean-Baptiste
Dunlop, Robert Graham
Dunlop, William, dit Tiger Dunlop
DuVernet, Henry Abraham
Entremont, Benoni d'
Felton, William Bowman
Fletcher, John
Forsyth, John
Fothergill, Charles
Fraser, Peter
Goff, Fade
Grece, Charles Frederick
Gugy, Louis
Guy, Louis
Hale, John

Hamilton, Alexander
Hamilton, George (1781–1839)
Hanington, William
Head, Samuel
Heney, Hugues
Heriot, Frederick George
Hill, John
Holland, John Frederick
Horne, Robert Charles
Howard, Peter
Hoyles, Newman Wright
Jackson, John Mills
Johnston, Hugh
Joliette, Barthélemy
Jones, Jonas
Juchereau Duchesnay, Michel-Louis
Kemble, William
Kerr, William Johnson
Kimber, René
Kirby, John
Languedoc, François
Lawson, William
Le Breton, John
Longley, George
Longworth, Francis
Lorimier, Jean-Baptiste de
McCormick, William
McCulloch, Thomas
Macdonald, John Small
Macfarlane, James
McKenzie, James
Mackenzie, Roderick
Macnider, Adam Lymburner
Manahan, Anthony
Markland, Thomas
Marshall, Joseph
Martin, John Wills
Merritt, Nehemiah
Millar, James
Millidge, Thomas
Mondelet, Jean-Marie
Munro, Hugh
Nelles, Robert
Newbigging, James
O'Sullivan, Michael
Panet, Bonaventure
Parker, Snow
Peabody, Francis
Porteous, Andrew

Powell, Grant
Pozer, George
Quesnel, Jules-Maurice
Quirouet, François
Radcliff, Thomas
Rastel de Rocheblave, Pierre de
Raymond, Jean-Moïse
Robertson, William
Robinson, Peter
Sayre, James
Secord, David
Shirreff, Charles
Sigogne, Jean-Mandé
Simonds, Richard
Smith, William
Stewart, Thomas Alexander
Street, Samuel
Talbot, Edward Allen
Thom, Alexander
Thorne, Benjamin
Tobin, James
Uniacke, Norman Fitzgerald
Vallières de Saint-Réal, Joseph-Rémi
Vassal de Monviel, François
Voyer, Jacques
Ward, John
Wilmot, John McNeil
Winniett, James
Wood, Alexander
Wright, George
Wright, Philemon

Notaires

Boisseau, Nicolas-Gaspard
Cardinal, Joseph-Narcisse
Christie, Alexander James
Decoigne, Pierre-Théophile
Guy, Louis
Henry, Edme
Joliette, Barthélemy
Létourneau, Jean-Charles
Lilly, George
Lorimier, Chevalier de
Mondelet, Jean-Marie
Odell, William Franklin
Papineau, Joseph
Séguin, François-Hyacinthe
Voyer, Jacques

SCIENTIFIQUES

Fothergill, Charles
Irwin, Thomas
McCulloch, Thomas

Menzies, Archibald
Roy, Thomas

Smith, Titus
Tiarks, Johann Ludwig

TRAITE DES FOURRURES

Beasley, Richard
Black, Samuel
Brass, William
Callihoo, Louis
Cameron, Duncan
Connolly, William
Cook, William Hemmings
Franks, Jacob
Grant, Peter
Harmon, Daniel Williams
Kittson, William
Leith, James

McDonell, John
McKenzie, James
Mackenzie, Roderick
MacKintosh, William
McLaren, Neil
McLeod, Alexander Roderick
McLeod, John
McLeod, John M.
McTavish, John George
Marcot, Marguerite-Magdelaine
  (La Framboise)

Pambrun, Pierre-Chrysologue
Perrault, Jean-Baptiste
Quesnel, Jules-Maurice
Rastel de Rocheblave, Pierre de
Robertson, Colin
Robinson, Peter
Sayer, Pierre-Guillaume
Simpson, Alexander
Strange, James Charles Stuart
Stuart, John
Williams, William

RÉPARTITION GÉOGRAPHIQUE

CANADA

Alberta

Colombie-Britannique
Île de Vancouver
Terre ferme

Île-du-Prince-Édouard

Manitoba

Nouveau-Brunswick

Nouvelle-Écosse
Île du Cap-Breton
Terre ferme

Ontario
Centre
Est
Niagara
Nord
Sud-Ouest

Québec
Bas-Saint-Laurent–Gaspésie/Côte-Nord
Montréal/Outaouais
Nord-Ouest/Saguenay–Lac-Saint-Jean/
   Nouveau-Québec
Québec
Trois-Rivières/Cantons-de-l'Est

Saskatchewan

Terre-Neuve et Labrador
Terre-Neuve
Labrador

Territoires du Nord-Ouest

Yukon

AUTRES PAYS

Antilles
Bermudes
États-Unis
Finlande
France
Îles Anglo-Normandes
Inde
Irlande
Italie
Pays-Bas

Pologne
République d'Irlande
République du Ghāna
République fédérale d'Allemagne
Royaume-Uni
Saint Kitts-Nevis
Sénégal
Suisse
Tasmanie

ONTARIO

V

I

II

IV

III

I—Est
II—Centre
III—Niagara
IV—Sud-Ouest
V—Nord

QUÉBEC

I—Bas-Saint-Laurent–Gaspésie/Côte-Nord
II—Québec
III—Trois-Rivières/Cantons-de-l'Est
IV—Montréal/Outaouais
V—Nord-Ouest/Saguenay–Lac-Saint-Jean/Nouveau-Québec

Répartition géographique

Le lecteur trouvera sous ce titre deux grandes divisions : LIEUX DE NAISSANCE, dans laquelle sont groupés les personnages d'après le lieu de leur naissance, et LIEUX D'ACTIVITÉ, selon le lieu où ils ont fait carrière. Chacune d'elles comprend les subdivisions CANADA et AUTRES PAYS.

Pour plus de clarté, le CANADA a été divisé en douze sections d'après les frontières actuelles des dix provinces et des deux territoires. De plus, cinq provinces ont été subdivisées : d'une part, la Colombie-Britannique, Terre-Neuve et le Labrador, et la Nouvelle-Écosse, chacune en deux sous-sections ; d'autre part, l'Ontario et le Québec, en cinq sous-sections chacune. La subdivision AUTRES PAYS est répartie selon les dénominations actuelles des pays auxquels s'ajoutent séparément les territoires d'outre-mer. Seul le Royaume-Uni a été subdivisé en sous-sections.

LIEUX DE NAISSANCE. Dans cette première division, les personnages sont groupés selon leur lieu de naissance, au Canada comme à l'étranger. Lorsqu'il n'est que probable qu'un personnage soit né dans une région donnée, son nom est suivi d'un point d'interrogation. De plus, il faut souligner que l'utilisation des divisions politiques actuelles cause certains anachronismes : ainsi, une personne née à Hanovre apparaîtra sous la section République fédérale d'Allemagne. Enfin, les documents mentionnent parfois le lieu de naissance de façon très générale. Exemple : Irlande. Nous avons donc dû créer une section Irlande, mais le lecteur devra aussi consulter la section République d'Irlande et la sous-section Irlande du Nord.

LIEUX D'ACTIVITÉ. Dans cette deuxième division, les personnages ont été distribués géographiquement d'après l'endroit où s'est déroulée leur activité à l'âge adulte ; les lieux des études, de la retraite et de la mort n'ont pas été retenus. Cependant, les personnages, tels les gouverneurs et les évêques, qui, de par leur fonction, avaient juridiction sur plusieurs régions ont été classés selon la section ou sous-section où était situé le siège de cette fonction en tenant compte aussi de leur activité décrite dans la biographie. Pour leur part, les hommes d'affaires sont classés d'après leur principale place d'affaires, à moins qu'il ne se soient engagés dans une autre activité, et les explorateurs selon les lieux qu'ils ont découverts.

Sous la subdivision AUTRES PAYS, seuls les Canadiens nés sur le territoire actuel du Canada et dont une partie de la carrière se passe à l'étranger ont été retenus. Le pays où ils ont séjourné sert donc de critère d'inclusion.

LIEUX DE NAISSANCE

Canada

Abishabis	Condo, Francis	Hassall, Thomas

COLOMBIE-BRITANNIQUE

Terre ferme

ᕓKwah

ÎLE-DU-PRINCE-ÉDOUARD

Brecken, John
Holland, John Frederick

Macdonald, John Small

Wright, George

NOUVEAU-BRUNSWICK

Barlow, Thomas
Berton, George Frederick Street
Blanchard, Tranquille (?)
Clopper, Henry George
Denis, Pierre (?)
Gonish, Peter (?)

John, Noel (?)
Johnston, Hugh
Leavitt, Thomas
Miles, Frederick William
Robinson, Peter

Roy, Thomas (?)
Simonds, Richard
Thompson, Toler
Tomah, Francis (?)
Vondy, John

NOUVELLE-ÉCOSSE

Anthony, Gabriel (?)
Malie, Joseph (?)
Meuse, Andrew James (?)
Peminuit Paul, Louis-Benjamin (?)

Terre ferme

Albro, John
Almon, William Bruce
Archibald, Samuel George William

Belcher, Andrew
Brenton, Edward Brabazon
Chisholm, William
Cochran, Andrew William
Dimock, Joseph
Elder, William
Entremont, Benoni d'
Fairbanks, Charles Rufus
Forrester, Thomas
Head, Samuel

Homer, John
Langford, James J. (?)
Lawson, William
McPherson, John
Marsters, Richard Upham
Power, Michael
Robichaux, Vénérande
Tobin, James
Toler, Joseph
Winniett, sir William Robert Wolseley

ONTARIO

Aisance, John
Philips, James

Centre

Jones, John
Matthews, Peter

Est

Ansley, Amos
Bethune, James Gray

Brass, William
Cartwright, John Solomon
Hagerman, Christopher Alexander
Jones, Jonas
Philips, James (?)
Stuart, Andrew
Washburn, Simon Ebenezer

Niagara

Burwell, Adam Hood
Doan, Joshua Gwillen

Hamilton, Alexander
Hamilton, George (1788–1836)

Sud-Ouest

Beamer, Jacob R.
Dumouchelle, Jean-Baptiste

QUÉBEC

Collard, Frederick John Martin (?)

Kittson, William

McLeod, Alexander Roderick

RÉPARTITION GÉOGRAPHIQUE

Bas-Saint-Laurent–Gaspésie/Côte-Nord

Casgrain, Charles-Eusèbe
Hudon, Hyacinthe
McLoughlin, Marie-Louise, dite de Saint-Henri
Vallières de Saint-Réal, Joseph-Rémi

Montréal/Outaouais

Arnoldi, Daniel
Baudry, Marie-Victoire, dite de la Croix
Beauvais, dit Saint-James, René
Brien, Jean-Baptiste-Henri
Cadieux, Louis-Marie
Callihoo, Louis (?)
Cardinal, Joseph-Narcisse
Charron, Amable
Chénier, Jean-Olivier
Connolly, William
Debartzch, Pierre-Dominique
Decoigne, Pierre-Théophile
Delorme, Charles-Simon
Des Rivières, Rodolphe
Duquet, Joseph
Durocher, Eulalie, dite mère Marie-Rose
Gagnon, Lucien
Gosselin, Léon
Guy, Louis
Heney, Hugues
Henry, Edme
Hubert, Louis-Édouard
Lartigue, Jean-Jacques
Lefebvre de Bellefeuille, Louis-Charles
Lemaire, Marie-Marguerite
Le Moyne de Longueuil, Marie-Charles-Joseph, baronne de Longueuil (Grant)
Leprohon, Joseph-Onésime
Lorimier, Chevalier de
Lorimier, Jean-Baptiste de
Martinet, dit Bonami, Louis
Masson, Joseph
Mondelet, Jean-Marie
Monk, Maria
Nau, Louis
Odelin, Jacques
Panet, Bonaventure
Papineau, Joseph
Pépin, Joseph
Pigeon, François-Xavier
Porteous, Andrew (?)
Pothier, Toussaint
Quesnel, Jules-Maurice
Raymond, Jean-Moïse
Rodier, Édouard-Étienne
Roy Portelance, Louis
Séguin, François-Hyacinthe
Sherwood, Levius Peters
Stephenson, John
Vassal de Monviel, François
Viau, Pierre
Williams, Thomas

Québec

Allsopp, George Waters
Amiot, Laurent
Amiot, Noël-Laurent
Bédard, Elzéar
Berthelot, Amable
Boisseau, Nicolas-Gaspard
Boucher, Jean-Baptiste
Bouchette, Joseph
Bureau, Pierre
Caldwell, sir John
Canac, dit Marquis, Pierre
Chandler, Kenelm Conor
Chasseur, Pierre
Chaussegros de Léry, Charles-Étienne
Chinic, Martin
Clouet, Michel
Côté, Cyrille-Hector-Octave
Couillard, Antoine-Gaspard
Cuvillier, Austin
Darveau, Jean-Édouard
Dénéchau, Claude
Fargues, Thomas
Franks, Jacob (?)
Gagnon, Antoine
Gatien, Félix
Hamel, André-Rémi
Hunter, Charles
Huot, Hector-Simon
Huot, Marie-Françoise, dite Sainte-Gertrude
Joliette, Barthélemy
Juchereau Duchesnay, Michel-Louis
Kimber, René
Languedoc, François
Létourneau, Jean-Charles
Le Vasseur Borgia, Joseph
Macnider, Adam Lymburner
Maranda, Jean-Baptiste
Neilson, Samuel
Painchaud, Charles-François
Pambrun, Pierre-Chrysologue
Paquin, Jacques
Parent, Louis-François
Perrault, Joseph-François
Quirouet, François
Roy-Audy, Jean-Baptiste
Sauvageau, Charles
Signay, Joseph
Vincent, Nicolas
Voyer, Jacques
Wood, Robert

Trois-Rivières/Cantons-de-l'Est

Beaubien, Marguerite
Hart, Ezekiel
Perrault, Jean-Baptiste
Proulx, Louis
Walker, William

TERRE-NEUVE ET LABRADOR

Terre-Neuve

Barnes, Richard
Shea, William Richard

TERRITOIRES DU NORD-OUEST

Eenoolooapik

Autres pays

BERMUDES

Forbes, sir Francis (?)

ÉTATS-UNIS

Barrett, Alfred
Barrie, sir Robert
Bates, Walter
Bauzhi-geezhig-waeshikum
Beasley, Richard
Blanchard, Jotham
Blowers, Sampson Salter
Bostwick, John
Bowman, James
Burpe, David
Burwell, Mahlon
Caldwell, Billy
Casey, William Redmond
Chipman, William Allen
Christian, Washington
Cockburn, James Pattison
Coffin, sir Isaac
Coffin, John
Coffin, Nathaniel
Coffin, Thomas
Coy, Amasa
Cutler, Thomas
Deblois, Stephen Wastie
Denke, Christian Frederick
Fisher, Peter
Forsyth, William
Hackett, Nelson
Harmon, Daniel Williams
Heck, Samuel

Heustis, Daniel D.
Howard, Peter
Humbert, Stephen
Inglis, John
Jones, Augustus
Ketchum, Seneca
Lamb, Henry (?)
Lefferty, John Johnston
Lichtenstein, Elizabeth (Johnston)
Lilly, George
Lloyd, Jesse
Lount, Samuel
McCormick, William
McDowall, Robert
McGray, Asa
McIntosh, John
Markland, Thomas
Merritt, Nehemiah
Merritt, Thomas
Millidge, Thomas
Nelles, Robert
Odell, William Franklin
Ohtowaʔkéhson (Catharine Brant)
Parker, Snow
Peabody, Francis
Peters, Charles Jeffery
Peters, Hannah (Jarvis)
Post, Jordan
Purdy, William

Pushee, Nathan
Putnam, William
Randal, Stephen
Rastel de Rocheblave, Pierre de
Richards, Jackson John
Ryan, John
Sayer, Pierre-Guillaume (?)
Sayre, James
Schneider, Joseph
Secord, David
Selee, Peet
Sewell, Jonathan
Shepard, Joseph
Smith, Titus
Smith, William
Sou-neh-hoo-way (?)
Street, Samuel
Tanner, John
Tenskwatawa
Thompson, Hannah Maynard (Pickard)
Troyer, John
Ward, John
Wentworth, Thomas Hanford
Wilkins, Lewis Morris
Wilmot, John McNeil
Wolhaupter, John
Woodman, Elijah Crocker
Wright, Philemon

FINLANDE

Schoultz, Nils von

FRANCE

Auffray, Charles-Dominique
Chazelle, Jean-Pierre
Desjardins, dit Desplantes, Louis-
   Joseph
Dulongpré, Louis

Forbin-Janson, Charles-Auguste-
   Marie-Joseph de
Fournier, Charles-Vincent
Gugy, Louis
Hindenlang, Charles

Raimbault, Jean
Roque, Jacques-Guillaume
Sattin, Antoine
Sigogne, Jean-Mandé
Thavenet, Jean-Baptiste

ÎLES ANGLO-NORMANDES

Dumaresq, Perry

Heriot, Frederick George

Le Breton, John

INDE

Buller, Charles

Metcalfe, Charles Theophilus, 1er
  baron Metcalfe

IRLANDE

Acheson, Archibald, 2e comte de
  Gosford
Brown, Peter
Eagar, William
Foster, Colley Lyons Lucas

Givins, James (?)
Herbert, Sarah
Irwin, Thomas
Johnston, James
O'Grady, William John

Riall, sir Phineas
Samson, James Hunter
Swayne, Hugh (?)
Talbot, Edward Allen
Vincent, John

ITALIE

Pienovi, Angelo

PAYS-BAS

Van Egmond, Anthony Jacob William
  Gysbert

POLOGNE

Kohlmeister, Benjamin Gottlieb

RÉPUBLIQUE D'IRLANDE

Baldwin, William Warren
Bull, George Perkins
Collins, James Patrick
Croke, Nicholas

Davis, Robert
Fleming, Michael Anthony
Goff, Fade
Hamilton, George (1781–1839)

Haskins, James
Herron, William
Longworth, Francis
McMahon, John Baptist

1093

Manahan, Anthony
Meagher, Thomas
Morris, Patrick
O'Grady, Standish

O'Sullivan, Michael
Radcliff, Thomas
Skerry, John
Sproule, Robert Auchmuty

Sweetman, Pierce
Thorpe, Robert
Uniacke, Norman Fitzgerald

RÉPUBLIQUE FÉDÉRALE D'ALLEMAGNE

Glackemeyer, Frederick
Goessman, John
Moschell, Johann Adam

Nafziger, Christian
Philips, Henry Joseph

Pozer, George
Tiarks, Johann Ludwig

ROYAUME-UNI

Angleterre

Abrams, William
Allan, Peter John
Badgley, Francis
Bagot, sir Charles
Bamford, Stephen
Bell, Mathew
Bell, William
Benson, William John Chapman (?)
Binns, Charles (?)
Blaiklock, Henry Musgrave
Bonnycastle, sir Richard Henry
Bourne, John Gervas Hutchinson
Bowring, Benjamin
Broke, sir Philip Bowes Vere
Bromley, Walter
Brown, Frederick
Burrows, John
Burton, John
By, John
Cawdell, James Martin
Cawthra, Joseph
Chewett, William
Christie, William Plenderleath
Cook, William Hemmings
Cooper, William
Cotton, Charles Caleb
Covert, John
Croke, sir Alexander
Cubit, George
Cull, James
Dalton, Thomas
Davie, Allison
Durnford, Elias Walker
Evans, James
Felton, William Bowman
Firth, William
Fisher, John Charlton
Fletcher, John
Fothergill, Charles

Franklin, sir John
Gwillim, Elizabeth Posthuma (Simcoe)
Hale, John
Hanington, William
Hill, John
Hillier, George
Holbrook, James (?)
Horne, Robert Charles
Hoyles, Newman Wright
Hunt, James
Hunter, sir Martin
Jackson, sir Richard Downes
Jeffery, Thomas Nickleson
Kemble, William
Kendall, Edward Nicholas (?)
Kirby, Ann (Macaulay)
Kirby, John
Lambton, John George, 1er comte de Durham
Lancaster, Joseph
Longley, George
Loring, Robert Roberts
Lugger, Robert
Lusher, Robert Langham
Marryat, Frederick
Marsden, Joshua
Martin, John Wills
Milnes, sir Robert Shore
Molson, John
Mortimer, George
Murray, Anne (Powell)
Parkin, Edward
Powell, Grant
Pring, Daniel
Ready, John (?)
Ryland, Herman Witsius
Smith, sir David William
Smyth, sir James Carmichael
Spragg, Joseph
Stewart, Charles James
Strange, sir Thomas Andrew Lumisden

Tazewell, Samuel Oliver (?)
Thomson, Charles Edward Poulett, 1er baron Sydenham
Thorne, Benjamin
Triaud, Louis-Hubert
Valentine, William
Wade, Robert
West, John
White, John Henry
Willoughby, Mark
Wyatt, Charles Burton

Écosse

Ainslie, George Robert
Auldjo, George
Baird, Nicol Hugh
Barclay, Robert Heriot
Barry, Robert
Black, Edward
Black, Samuel
Blackwood, Thomas
Brown, James
Buchan, David
Cameron, Duncan
Campbell, sir Archibald
Campbell, sir Colin
Campbell, sir Donald
Carson, William
Chisholme, David
Christie, Alexander James
Cochrane, John
Denoon, Hugh
Dickson, William
Dunlop, Robert Graham
Dunlop, William, dit Tiger Dunlop
Ferrie, Adam
Forsyth, John
Fraser, Donald Allan
Fraser, Peter
Galt, John

Geddie, John
Gillespie, George
Gilmour, Allan
Grant, Colin P.
Grant, Peter
Heriot, George
Jenkins, William
Kerr, James
Lawrence, Alexander
Leith, James
Leys, John
Lymburner, Adam
Macallum, John
McCulloch, Thomas
MacDonald, William Peter
McDonell, Alexander
MacDonell, Alexander
McDonell, John
McDonell (Collachie), Alexander
McDouall, Robert
Macfarlane, James
MacGhillEathain, Iain

McGillivray, Simon
McKenzie, James
Mackenzie, Roderick
McLaren, Neil
McLeod, John
McLeod, John M.
McTavish, John George
Menzies, Archibald
Menzies, George
Millar, James
Munro, Hugh
Murray, sir George
Neilson, John
Newbigging, James (?)
Nisbet, Thomas
Ramsay, George, 9e comte de
   Dalhousie
Robertson, Colin
Robertson, William
Shirreff, Charles
Simpson, Alexander
Skakel, Alexander

Somerville, James
Strange, James Charles Stuart
Stuart, John
Thom, Alexander
Wedderburn, Alexander
Whyte, James Matthew
Wood, Alexander
Wood, Charles
Young, John

Irlande du Nord

Ellis, William
McConville, John
Marshall, Joseph
Shaw, Emily Elizabeth (Beavan) (?)
Stewart, Thomas Alexander

Pays de Galles

Jones, David Thomas (?)
Richardson, Samuel

SAINT KITTS-NEVIS

Jackson, John Mills

SÉNÉGAL

Pierpoint, Richard

SUISSE

Allamand, Jeanne-Charlotte (Berczy)   Girod, Amury   Watteville, Louis de

LIEUX D'ACTIVITÉ
Canada

ALBERTA

Black, Samuel
Callihoo, Louis

Franklin, sir John
Harmon, Daniel Williams

Leith, James
McDonell, John

McKenzie, James
Mackenzie, Roderick
MacKintosh, William

McLeod, John M.
McTavish, John George
Quesnel, Jules-Maurice

Robertson, Colin
Stuart, John

COLOMBIE-BRITANNIQUE

Île de Vancouver

Menzies, Archibald
Strange, James Charles Stuart

Terre ferme

Black, Samuel

Connolly, William
Harmon, Daniel Williams
Kittson, William
ʔKwah
McLeod, Alexander Roderick
McLeod, John
McLeod, John M.

McTavish, John George
Menzies, Archibald
Pambrun, Pierre-Chrysologue
Quesnel, Jules-Maurice
Stuart, John

ÎLE-DU-PRINCE-ÉDOUARD

Archibald, Samuel George William
Auffray, Charles-Dominique
Bamford, Stephen
Binns, Charles
Brecken, John
Campbell, sir Donald
Collard, Frederick John Martin

Fraser, Donald Allan
Goff, Fade
Hill, John
Holland, John Frederick
Irwin, Thomas
Longworth, Francis
Macdonald, John Small

Rankin, William
Ready, John
Thorpe, Robert
Valentine, William
White, John Henry
Wright, George

MANITOBA

Abishabis
Cameron, Duncan
Connolly, William
Cook, William Hemmings
Darveau, Jean-Édouard
Dickson, James
Evans, James
Franklin, sir John
Grant, Peter

Hassall, Thomas
Jones, David Thomas
Leith, James
Lorimier, Jean-Baptiste de
Macallum, John
McDonell, John
MacKintosh, William
McLeod, John
McLeod, John M.

McTavish, John George
Pambrun, Pierre-Chrysologue
Rastel de Rocheblave, Pierre de
Robertson, Colin
Sayer, Pierre-Guillaume
Tanner, John
West, John
Williams, William

NOUVEAU-BRUNSWICK

Abrams, William
Allan, Peter John
Auffray, Charles-Dominique
Bamford, Stephen
Barlow, Thomas
Bates, Walter
Berton, George Frederick Street
Blanchard, Tranquille

Bromley, Walter
Burpe, David
Campbell, sir Archibald
Clopper, Henry George
Coffin, John
Collins, James Patrick
Condo, Francis
Coy, Amasa

Denis, Pierre
Dumaresq, Perry
Emerson, Thomas
Fisher, Peter
Fraser, Donald Allan
Fraser, Peter
Gagnon, Antoine
Gilmour, Allan

Gonish, Peter
Hanington, William
Holbrook, James
Holland, John Frederick
Humbert, Stephen
Hunter, sir Martin
John, Noel
Johnston, Hugh
Kendall, Edward Nicholas
Lawrence, Alexander
Leavitt, Thomas
Malie, Joseph
Marsden, Joshua
Merritt, Nehemiah

Miles, Frederick William
Millidge, Thomas
Munro, Hugh
Nisbet, Thomas
Odell, William Franklin
Parent, Louis-François
Peabody, Francis
Peters, Charles Jeffery
Ryan, John
Sayre, James
Sewell, Jonathan
Shaw, Emily Elizabeth (Beavan)
Simonds, Richard

Thompson, Hannah Maynard (Pickard)
Thompson, Toler
Tiarks, Johann Ludwig
Toler, Joseph
Tomah, Francis
Valentine, William
Vondy, John
Ward, John
Wedderburn, Alexander
Wentworth, Thomas Hanford
West, John
Wilmot, John McNeil
Wolhaupter, John

NOUVELLE-ÉCOSSE

Île du Cap-Breton

Ainslie, George Robert
Elder, William
Fraser, Donald Allan
Hudon, Hyacinthe
MacDonell, Alexander
Maranda, Jean-Baptiste
Robertson, William
Swayne, Hugh

Terre ferme

Albro, John
Almon, William Bruce
Anthony, Gabriel
Archibald, Samuel George William
Bamford, Stephen
Barry, Robert
Belcher, Andrew
Blanchard, Jotham
Blowers, Sampson Salter
Brenton, Edward Brabazon
Broke, sir Philip Bowes Vere
Bromley, Walter
Brown, Frederick
Burton, John
Campbell, sir Colin
Chipman, William Allen
Coffin, sir Isaac

Croke, sir Alexander
Cutler, Thomas
Deblois, Stephen Wastie
Denoon, Hugh
Dimock, Joseph
Dumaresq, Perry
Eagar, William
Elder, William
Emerson, Thomas
Entremont, Benoni d'
Fairbanks, Charles Rufus
Forrester, Thomas
Fraser, Donald Allan
Geddie, John
Gilmour, Allan
Grant, Colin P.
Head, Samuel
Herbert, Sarah
Holland, John Frederick
Homer, John
Hunter, sir Martin
Inglis, John
Jeffery, Thomas Nickleson
Langford, James J.
Lawson, William
Lichtenstein, Elizabeth (Johnston)
Loring, Robert Roberts
Lusher, Robert Langham
McCulloch, Thomas

MacDonell, Alexander
MacGhillEathain, Iain
McGray, Asa
McPherson, John
Marsden, Joshua
Marshall, Joseph
Marsters, Richard Upham
Menzies, Archibald
Meuse, Andrew James
Moschell, Johann Adam
Parker, Snow
Peminuit Paul, Louis-Benjamin
Philips, Henry Joseph
Purvis, Nancy
Pushee, Nathan
Ramsay, George, 9ᵉ comte de
  Dalhousie
Reiffenstein, John Christopher
Sigogne, Jean-Mandé
Skerry, John
Smith, Titus
Strange, sir Thomas Andrew Lumisden
Tobin, James
Toler, Joseph
Valentine, William
White, John Henry
Wilkins, Lewis Morris
Winniett, sir William Robert Wolseley
Young, John

ONTARIO

Centre

Aisance, John
Allamand, Jeanne-Charlotte (Berczy)
Badgley, Francis

Baird, Nicol Hugh
Baldwin, William Warren
Beasley, Richard
Bethune, James Gray
Bonnycastle, sir Richard Henry

Bouchette, Joseph
Bowman, James
Bull, George Perkins
Cartwright, John Solomon
Cawdell, James Martin

Cawthra, Joseph
Chazelle, Jean-Pierre
Chewett, William
Chisholm, William
Christian, Washington
Cochrane, John
Coffin, Nathaniel
Cooper, William
Covert, John
Cull, James
Dalton, Thomas
Dunlop, William, dit Tiger Dunlop
Evans, James
Firth, William
Foster, Colley Lyons Lucas
Fothergill, Charles
Galt, John
Givins, James
Goessman, John
Gwillim, Elizabeth Posthuma (Simcoe)
Hagerman, Christopher Alexander
Haskins, James
Hillier, George
Horne, Robert Charles
Howard, Peter
Jackson, John Mills
Jenkins, William
Jones, John
Jones, Jonas
Kemble, William
Ketchum, Seneca
Kirby, Ann (Macaulay)
Leys, John
Lloyd, Jesse
Loring, Robert Roberts
Lount, Samuel
MacDonald, William Peter
McDonell, Alexander
McDonell (Collachie), Alexander
McDowall, Robert
Manahan, Anthony
Marryat, Frederick
Matthews, Peter
Mortimer, George
Murray, Anne (Powell)
Newbigging, James
O'Grady, William John
Ohtowaʔkéhson (Catharine Brant)
Peters, Hannah (Jarvis)
Porteous, Andrew
Post, Jordan
Powell, Grant
Power, Michael
Purdy, William
Quesnel, Jules-Maurice
Richardson, Samuel
Robinson, Peter
Roy, Thomas
Samson, James Hunter
Shepard, Joseph
Smith, sir David William
Spragg, Joseph
Stewart, Charles James

Stewart, Thomas Alexander
Tazewell, Samuel Oliver
Thomson, Charles Edward Poulett,
  1er baron Sydenham
Thorne, Benjamin
Thorpe, Robert
Van Egmond, Anthony Jacob William
  Gysbert
Vincent, John
Wade, Robert
Washburn, Simon Ebenezer
Wood, Alexander
Wyatt, Charles Burton

Est

Ansley, Amos
Arnoldi, Daniel
Bagot, sir Charles
Baird, Nicol Hugh
Barrie, sir Robert
Bell, William
Bonnycastle, sir Richard Henry
Brass, William
Brown, Frederick
Burrows, John
Burwell, Adam Hood
By, John
Cameron, Duncan
Cartwright, John Solomon
Chewett, William
Christie, Alexander James
Cull, James
Dalton, Thomas
Dunlop, William, dit Tiger Dunlop
Durnford, Elias Walker
DuVernet, Henry Abraham
Evans, James
Foster, Colley Lyons Lucas
Hagerman, Christopher Alexander
Heck, Samuel
Heriot, Frederick George
Heustis, Daniel D.
Holland, John Frederick
Horne, Robert Charles
Howard, Peter
Johnston, James
Jones, Charles
Jones, Jonas
Ketchum, Seneca
Kirby, John
Le Breton, John
Leys, John
Longley, George
Loring, Robert Roberts
MacDonald, William Peter
McDonell, Alexander
McDonell, John
McDonell (Collachie), Alexander
McDowall, Robert
Macfarlane, James
McIntosh, John
Manahan, Anthony

Markland, Thomas
Metcalfe, Charles Theophilus, 1er
  baron Metcalfe
Mondelet, Jean-Marie
Perrault, Jean-Baptiste
Peters, Charles Jeffery
Philips, James
Purdy, William
Quesnel, Jules-Maurice
Reiffenstein, John Christopher
Robinson, Peter
Schoultz, Nils von
Sherwood, Levius Peters
Shirreff, Charles
Smyth, sir James Carmichael
Sproule, Robert Auchmuty
Tazewell, Samuel Oliver
Thom, Alexander
Thomson, Charles Edward Poulett, 1er
  baron Sydenham
Vincent, John
Washburn, Simon Ebenezer
Watteville, Louis de
Wood, Alexander

Niagara

Barrett, Alfred
Beamer, Jacob R.
Beasley, Richard
Bonnycastle, sir Richard Henry
Bull, George Perkins
Burwell, Mahlon
Cawdell, James Martin
Chisholm, William
Christian, Washington
Cockburn, James Pattison
Cull, James
Denke, Christian Frederick
Dickson, William
Doan, Joshua Gwillen
Dunlop, William, dit Tiger Dunlop
Evans, James
Ferrie, Adam
Forsyth, William
Foster, Colley Lyons Lucas
Givins, James
Gwillim, Elizabeth Posthuma (Simcoe)
Hamilton, Alexander
Hamilton, George (1788–1836)
Hillier, George
Horne, Robert Charles
Jones, Augustus
Kemble, William
Kerr, William Johnson
Lamb, Henry
Le Breton, John
Lefferty, John Johnston
Lorimier, Jean-Baptiste de
Loring, Robert Roberts
MacDonald, William Peter
McDouall, Robert
Menzies, George

Merritt, Thomas
Nelles, Robert
Parkin, Edward
Peters, Hannah (Jarvis)
Pierpoint, Richard
Randal, Stephen
Reiffenstein, John Christopher
Riall, sir Phineas
Richardson, Samuel
Robertson, William
Secord, David
Smith, sir David William
Sou-neh-hoo-way
Street, Samuel
Talbot, Edward Allen
Tazewell, Samuel Oliver
Tenskwatawa
Thom, Alexander
Vincent, John
Watteville, Louis de
Whyte, James Matthew

Nord

Abishabis
Badgley, Francis
Cameron, Duncan
Cawdell, James Martin
Chazelle, Jean-Pierre
Cook, William Hemmings
Dickson, James
Evans, James
Franks, Jacob

Gillespie, George
Grant, Peter
Harmon, Daniel Williams
Leith, James
Lorimier, Jean-Baptiste de
Mackenzie, Roderick
McTavish, John George
Perrault, Jean-Baptiste
Rastel de Rocheblave, Pierre de
Robertson, Colin
Simpson, Alexander
Tanner, John
Williams, Thomas
Williams, William

Sud-Ouest

Barclay, Robert Heriot
Bauzhi-geezhig-waeshikum
Beamer, Jacob R.
Beasley, Richard
Bostwick, John
Burwell, Adam Hood
Burwell, Mahlon
Caldwell, Billy
Chazelle, Jean-Pierre
Christian, Washington
Cochrane, John
Cull, James
Davis, Robert
Denke, Christian Frederick
Dickson, William
Doan, Joshua Gwillen

Dunlop, Robert Graham
Dunlop, William, dit Tiger Dunlop
Evans, James
Ferrie, Adam
Galt, John
Givins, James
Goessman, John
Hackett, Nelson
Jones, Augustus
Jones, John
Le Breton, John
Lugger, Robert
McCormick, William
McDonell (Collachie), Alexander
Menzies, George
Nafziger, Christian
Ohtowaʔkéhson (Catharine Brant)
Pierpoint, Richard
Putnam, William
Radcliff, Thomas
Randal, Stephen
Reiffenstein, John Christopher
Schneider, Joseph
Sou-neh-hoo-way
Street, Samuel
Talbot, Edward Allen
Tenskwatawa
Troyer, John
Van Egmond, Anthony Jacob William Gysbert
West, John
Winniett, James
Woodman, Elijah Crocker

QUÉBEC

Bas-Saint-Laurent–Gaspésie/ Côte-Nord

Cadieux, Louis-Marie
Canac, dit Marquis, Pierre
Casgrain, Charles-Eusèbe
Charron, Amable
Coffin, sir Isaac
Collard, Frederick John Martin
Condo, Francis
Connolly, William
Desjardins, dit Desplantes, Louis-Joseph
Holland, John Frederick
Juchereau Duchesnay, Michel-Louis
McKenzie, James
Mackenzie, Roderick
McLeod, John M.
McMahon, John Baptist
Macnider, Adam Lymburner
Malie, Joseph
Munro, Hugh
Painchaud, Charles-François

Parent, Louis-François
Quirouet, François
Tiarks, Johann Ludwig
Usborne, Henry
Viau, Pierre

Montréal/Outaouais

Allamand, Jeanne-Charlotte (Berczy)
Amiot, Noël-Laurent
Ansley, Amos
Arnoldi, Daniel
Auldjo, George
Badgley, Francis
Barrett, Alfred
Baudry, Marie-Victoire, dite de la Croix
Beaubien, Marguerite
Beauvais, dit Saint-James, René
Bédard, Elzéar
Black, Edward
Blackwood, Thomas
Boucher, Jean-Baptiste

Bouchette, Joseph
Bowman, James
Brien, Jean-Baptiste-Henri
Brown, Frederick
Brown, James
Bull, George Perkins
Burwell, Adam Hood
By, John
Cardinal, Joseph-Narcisse
Casey, William Redmond
Casgrain, Charles-Eusèbe
Charron, Amable
Chazelle, Jean-Pierre
Chénier, Jean-Olivier
Chewett, William
Chisholme, David
Christie, Alexander James
Christie, William Plenderleath
Coffin, Nathaniel
Coffin, Thomas
Côté, Cyrille-Hector-Octave
Cotton, Charles Caleb
Cuvillier, Austin

Debartzch, Pierre-Dominique
Decoigne, Pierre-Théophile
Delorme, Charles-Simon
Des Rivières, Rodolphe
Dulongpré, Louis
Dumouchelle, Jean-Baptiste
Duquet, Joseph
Durocher, Eulalie, dite mère Marie-
Rose
DuVernet, Henry Abraham
Forbin-Janson, Charles-Auguste-
Marie-Joseph de
Forsyth, John
Fournier, Charles-Vincent
Franks, Jacob
Gagnon, Lucien
Gatien, Félix
Gillespie, George
Gilmour, Allan
Girod, Amury
Gosselin, Léon
Grece, Charles Frederick
Griffith, John
Gugy, Louis
Guy, Louis
Hamilton, George (1781–1839)
Harmon, Daniel Williams
Heney, Hugues
Henry, Edme
Heriot, Frederick George
Hindenlang, Charles
Hubert, Louis-Édouard
Hudon, Hyacinthe
Huot, Marie-Françoise, dite Sainte-
Gertrude
Jackson, sir Richard Downes
Joliette, Barthélemy
Juchereau Duchesnay, Michel-Louis
Kittson, William
Lancaster, Joseph
Languedoc, François
Lartigue, Jean-Jacques
Lefebvre de Bellefeuille, Louis-Charles
Lemaire, Marie-Marguerite
Le Moyne de Longueuil, Marie-
Charles-Joseph, baronne de
Longueuil (Grant)
Leprohon, Joseph-Onésime
Lorimier, Chevalier de
Lorimier, Jean-Baptiste de
Lusher, Robert Langham
McConville, John
McDonell, John
McGillivray, Simon
McKenzie, James
Mackenzie, Roderick
McMahon, John Baptist
Macnider, Adam Lymburner
McTavish, John George
Marcot, Marguerite-Magdelaine
(La Framboise)
Marryat, Frederick
Martinet, dit Bonami, Louis

Masson, Joseph
Metcalfe, Charles Theophilus, 1er
baron Metcalfe
Millar, James
Molson, John
Mondelet, Jean-Marie
Monk, Maria
Nau, Louis
Newbigging, James
Odelin, Jacques
O'Grady, Standish
O'Sullivan, Michael
Pambrun, Pierre-Chrysologue
Panet, Bonaventure
Papineau, Joseph
Paquin, Jacques
Parent, Louis-François
Parkin, Edward
Pépin, Joseph
Perrault, Jean-Baptiste
Perrault, Joseph-François
Pienovi, Angelo
Pigeon, François-Xavier
Porteous, Andrew
Pothier, Toussaint
Powell, Grant
Power, Michael
Pring, Daniel
Quesnel, Jules-Maurice
Raimbault, Jean
Rastel de Rocheblave, Pierre de
Raymond, Jean-Moïse
Reiffenstein, John Christopher
Richards, Jackson John
Robertson, Colin
Robertson, William
Rodier, Édouard-Étienne
Roque, Jacques-Guillaume
Roy-Audy, Jean-Baptiste
Roy Portelance, Louis
Sattin, Antoine
Séguin, François-Hyacinthe
Shirreff, Charles
Signay, Joseph
Simpson, Alexander
Skakel, Alexander
Somerville, James
Sproule, Robert Auchmuty
Stephenson, John
Stewart, Charles James
Thavenet, Jean-Baptiste
Thomson, Charles Edward Poulett, 1er
baron Sydenham
Tiarks, Johann Ludwig
Uniacke, Norman Fitzgerald
Vallières de Saint-Réal, Joseph-Rémi
Viau, Pierre
Vincent, John
Walker, William
Watteville, Louis de
Williams, Thomas
Willoughby, Mark
Wright, Philemon

Nord-Ouest/Saguenay–Lac-Saint-Jean/Nouveau-Québec

Kohlmeister, Benjamin Gottlieb
Lefebvre de Bellefeuille, Louis-Charles
McLaren, Neil
Williams, William

Québec

Acheson, Archibald, 2e comte de
Gosford
Allsopp, George Waters
Amiot, Laurent
Amiot, Noël-Laurent
Baird, Nicol Hugh
Baudry, Marie-Victoire, dite de la Croix
Bédard, Elzéar
Bell, Mathew
Benson, William John Chapman
Berthelot, Amable
Blackwood, Thomas
Blaiklock, Henry Musgrave
Boisseau, Nicolas-Gaspard
Bouchette, Joseph
Bowman, James
Brenton, Edward Brabazon
Brown, Frederick
Brown, James
Buller, Charles
By, John
Cadieux, Louis-Marie
Caldwell, sir John
Canac, dit Marquis, Pierre
Casgrain, Charles-Eusèbe
Chaloux, Marie-Esther, dite de Saint-
Joseph
Chandler, Kenelm Conor
Charron, Amable
Chasseur, Pierre
Chaussegros de Léry, Charles-Étienne
Chewett, William
Chinic, Martin
Clouet, Michel
Cochran, Andrew William
Cockburn, James Pattison
Coffin, Nathaniel
Couillard, Antoine-Gaspard
Darveau, Jean-Édouard
Davie, Allison
Dénéchau, Claude
Desjardins, dit Desplantes, Louis-
Joseph
Durnford, Elias Walker
Fargues, Thomas
Fisher, John Charlton
Fletcher, John
Forbin-Janson, Charles-Auguste-
Marie-Joseph de
Gagnon, Antoine
Gatien, Félix
Gilmour, Allan
Glackemeyer, Frederick

RÉPARTITION GÉOGRAPHIQUE

Gwillim, Elizabeth Posthuma (Simcoe)
Hale, John
Hamel, André-Rémi
Hamilton, George (1781–1839)
Heriot, Frederick George
Heriot, George
Hudon, Hyacinthe
Hunt, James
Hunter, Charles
Huot, Hector-Simon
Huot, Marie-Françoise, dite Sainte-
   Gertrude
Juchereau Duchesnay, Michel-Louis
Kemble, William
Kerr, James
Kimber, René
Lambton, John George, 1er comte de
   Durham
Languedoc, François
Le Breton, John
Leprohon, Joseph-Onésime
Létourneau, Jean-Charles
Le Vasseur Borgia, Joseph
Longley, George
Loring, Robert Roberts
Lymburner, Adam
McKenzie, James
Mackenzie, Roderick
McLaren, Neil
McLoughlin, Marie-Louise, dite de
   Saint-Henri
Maranda, Jean-Baptiste
Martinet, dit Bonami, Louis
Milnes, sir Robert Shore
Molson, John
Mondelet, Jean-Marie
Murray, sir George
Neilson, John
Neilson, Samuel
Odelin, Jacques
Parent, Louis-François

Perrault, Joseph-François
Pigeon, François-Xavier
Pozer, George
Quirouet, François
Raimbault, Jean
Ramsay, George, 9e comte de
   Dalhousie
Ready, John
Reiffenstein, John Christopher
Robichaux, Vénérande
Roy-Audy, Jean-Baptiste
Ryland, Herman Witsius
Sauvageau, Charles
Sewell, Jonathan
Signay, Joseph
Skakel, Alexander
Smith, Titus
Smith, William
Somerville, James
Stewart, Charles James
Stuart, Andrew
Triaud, Louis-Hubert
Uniacke, Norman Fitzgerald
Usborne, Henry
Vallières de Saint-Réal, Joseph-Rémi
Vassal de Monviel, François
Viau, Pierre
Vincent, Nicolas
Voyer, Jacques
Whitworth-Aylmer, Matthew, 5e baron
   Aylmer
Willoughby, Mark
Wood, Charles
Wood, Robert

Trois-Rivières/Cantons-de-l'Est

Amiot, Noël-Laurent
Arnoldi, Daniel
Bell, Mathew
Berthelot, Amable

Bureau, Pierre
Burwell, Adam Hood
Cadieux, Louis-Marie
Chandler, Kenelm Conor
Chisholme, David
Church, John
Coffin, Nathaniel
Coffin, Thomas
Dorion, Pierre-Antoine
Felton, William Bowman
Fletcher, John
Forbin-Janson, Charles-Auguste-
   Marie-Joseph de
Fournier, Charles-Vincent
Gugy, Louis
Hale, John
Hart, Ezekiel
Heney, Hugues
Heriot, Frederick George
Kimber, René
Leprohon, Joseph-Onésime
Lusher, Robert Langham
Mackenzie, Roderick
McLeod, John
McMahon, John Baptist
Martinet, dit Bonami, Louis
Mondelet, Jean-Marie
Nau, Louis
Odelin, Jacques
O'Grady, Standish
Paquin, Jacques
Parent, Louis-François
Parkin, Edward
Perrault, Jean-Baptiste
Power, Michael
Proulx, Louis
Raimbault, Jean
Randal, Stephen
Stewart, Charles James
Vallières de Saint-Réal, Joseph-Rémi
Viau, Pierre

SASKATCHEWAN

Black, Samuel
Connolly, William
Cook, William Hemmings
Franklin, sir John
Harmon, Daniel Williams
Hassall, Thomas

Leith, James
McDonell, John
Mackenzie, Roderick
MacKintosh, William
McLeod, John

McLeod, John M.
Pambrun, Pierre-Chrysologue
Robertson, Colin
West, John
Williams, William

TERRE-NEUVE ET LABRADOR

Terre-Neuve

Barnes, Richard

Bonnycastle, sir Richard Henry
Bourne, John Gervas Hutchinson
Bowring, Benjamin

Brenton, Edward Brabazon
Brown, Peter
Buchan, David

ROYAUME-UNI

Angleterre

Belcher, Andrew

Brenton, Edward Brabazon
Juchereau Duchesnay, Michel-Louis

Wright, George

TASMANIE

Beamer, Jacob R.

INDEX

VOLUMES PARUS

VOLUME EN PRÉPARATION

Index

L'index qui suit comprend les noms des personnes mentionnées dans le volume VII, lesquelles sont inscrites sous leur nom de famille, suivis des titres retenus et des prénoms. Les femmes mariées sont citées sous leur nom de jeune fille suivi, entre parenthèses, du nom de famille de leur (et parfois de leurs) époux. Les religieux sont présentés sous leur nom civil suivi, s'il y a lieu, de leur nom de religion. Dans la mesure du possible, on s'est efforcé d'identifier en entier les désignations apparaissant dans le texte courant sous une forme incomplète. L'astérisque signifie qu'un personnage a sa biographie dans un volume déjà publié ou qu'il l'aura probablement dans un prochain volume, et la date du décès ou la dernière date inscrite entre parenthèses indique dans quel volume la biographie doit apparaître. Les chiffres en caractère gras renvoient aux pages où se trouvent les biographies dans le présent ouvrage. De nombreux renvois secondaires tiennent compte des titres, des surnoms, des orthographes différentes, des alliances matrimoniales et des noms de religion.

DATE DUE

R			